江西道教通史

上卷

曹国庆　主编
陈金凤　吴国富等　著

江西人民出版社
Jiangxi People's Publishing House
全国百佳出版社

导论

鲁迅先生尝言："前曾言中国根柢全在道教，此说近颇广行。以此读史，有许多问题可以迎刃而解。"[①] 英国现代汉学家李约瑟亦言："中国人的特性中，很多最吸引人的地方，都有来自道家（道教）的传统。中国如果没有道家（道教），就像大树没有根一样。"[②] 诚然也。与儒学佛教鼎足而三，共同构成中华传统文化思想精髓的道家思想道教文化，是中华民族的精神命脉，是涵养社会主义核心价值观的重要源泉，也是我们在世界文化激荡中站稳脚跟的根基。江西是中国道教的大省，道教历史悠久、底蕴深厚、博大精深，是中国道教至为重要的发源地、发祥地、兴盛地之一，是中国道教的一个缩影。江西道教在中国道教的建设发展中，发挥过极其关键的作用。其思想文化、实践方式，都对中国道教产生了极其深刻的影响，千百年来曾经在多个历史时期较为长期地引导和规范中国道教的发展情势，是中国道教的主干和

① 鲁迅：《1918年8月20日致许寿裳》（收入《书信》），载《鲁迅全集》第11卷，人民文学出版社1981年版，第353页。

② ［英］李约瑟：《中国科学技术史》（第二册），科学出版社1975—1978年版，第197页。

基本构成之一。因此，开展江西道教文化及其历史研究，是江西学术界、宗教界共同的使命，对于践行社会主义核心价值观，推动坚持我国宗教（道教）中国化方向，都具有重要的理论意义和现实意义。

一

江西，历史悠久、文化厚重，向称文明发达之区，有文章节义之邦、儒学重镇、理学渊薮、汉传佛教祖庭、道教发祥地等美誉。形成这种文化特征的重要因子之一，便是江西独特的地理优势和区位优势，江西道教文化在相当意义上正是江西地理环境深厚沉淀的产物。

江西，位于祖国的东南部、长江中下游南岸，地处北纬 24° 29′—30° 05′、东经 113° 35′—118° 29′之间。东邻闽浙，西界沅湘，南接古粤，北毗鄂皖，所谓“吴头楚尾，粤户闽庭”是也。江西在地理上自成单元，三面环山，东和东北有武夷山、怀玉山，南有大庾岭、九连山，西有罗霄山脉，井冈山处其中段，西北为幕阜山，庐山属其东延余脉。由此地理形势大略呈一倒“山”字形，地势周高中低，由外向里、自南向北，渐次向鄱阳湖倾斜，构成一个往北开口的盆地。地形地貌以山地、丘陵为主，赣江、修水、抚河、饶河、信江五大水系均汇流鄱阳湖而注入长江，交通堪称便利。江西境内山地丘陵起伏，江河湖泊纵横，绿水青山绵延，风景名胜多有。江西属亚热带气候带，气候温暖湿润，四季分明，土地类型多样，物产丰富，自古为鱼米之乡，铜冶胜地，非常宜居。上述种种，无一不是传统社会建书院、修寺庙、筑道观的理想之地。

地理环境是人类赖以生存和发展的物质基础，也是人类的意识和精神的文化基础。江西地理环境的这种丰富性、优越性、独特性，深刻地影响着江西民众的人文精神，孕育出形态众多和独具特色的赣鄱文化，道教文化就是其中的典型代表。历史上，河流因水源与交通优势给江西带来繁荣与财富的同时，也曾以反复无常的姿态给这片土地带来深重的灾难。在水害频繁为患的情况下，江西民众除了加筑堤坝、排洪祛灾外，往往是祈求神灵赐予风调雨顺，让灾祸平息。正是这样的愿景，在江西的民间传说和神话故事的传承中，在与恶劣环境相抗争、人天关系相适应的历程中，开始逐渐衍生出神仙道教与民间信仰。

早在上古时期，江西地区较为活跃的图腾崇拜、神鬼信仰、仙道活动、巫觋行为就不断萌生了道教的因子。至迟于秦汉时期，江西地区已有较为成熟的鬼神信仰文化系统，形成了浓厚的仙道文化氛围。东汉中期以来，张陵、葛玄等高道在江西多地活动，江西由此成为中国道教发生发展的策源地之一。曹魏时期，第四代天师张盛于龙虎山创立天师道龙虎宗，龙虎山由此确立了中国天师道（正一派）祖庭的地位。经过魏晋南北朝及隋代四百年的沉淀、积累，至唐代，龙虎山天师道开始崛起。两晋南北朝是道教趋于成熟和多方向发展的时期，葛家道（灵宝道）、李家道、南天师道、孝道派、上清派等在江西传播发展，江西由此成为中国早期道教传播发展的重区之一。隋唐五代时期，江西道教紧随中国道教的步伐，开始进入兴盛阶段：西山、麻姑山、庐山、閤皂山等地道教成为中国南方的知名山头；北帝派、孝道派形成；龙虎山道教及其人物开始受到统治者的关注，龙虎山天师体系建构基本成形；江西成为中国道教外丹向内丹转型发展最突出的区域之一。两宋时期，江西道派纷起，外来道派亦纷纷进入江西，江西呈现出道派竞争与整合的繁盛景象。其中，龙虎山天师道（龙虎宗）风头最劲，最终发展成为统领江西符箓三山的尊主。蒙元时代，龙虎山道教首领正式获得朝廷封赐的"天师"名号，天师道（正一派）成为全国道教的主流代表；以龙虎宗道士为主流道教新派"玄教"，成为统领全国道教的主体道派；以许逊信仰为中心的"孝道派"在三教合一的背景下契理契机地完成向"净明忠孝道"（净明道）的转型。明前期，在朝廷道教政治势力的强力干预下，正一道、全真道成为中国道教的两大宗派。作为正一道核心的龙虎山天师道依然受到特别的重视，多位龙虎山"天师"为明代道教文化做出了重要贡献：或主持编纂《道藏》，或确立《道门十规》。天下数十知名道派，与江西相关者庶几占有大半。道教无论是符箓、丹鼎，内丹、外丹，还是正一、全真，都与江西道教密切联系。符箓三山（龙虎山、茅山、阁皂山）江西有其二；道教四大宗坛（龙虎宗坛、灵宝宗坛、茅山宗坛、净明宗坛）江西有其三。千百年来，江西境内先后形成了“天师道（正一派）”“灵宝派（阁皂宗）”“孝道派”“北帝派”“天心派”“神霄派”“广惠派”“净明道”“伍柳派”“正乙派”等宗派，兴衰沉浮；创立于江西之外的“葛家道”“李家道”“上清派”“重玄派”“闾山派”“钟吕派”“东华派”“清微派”“金丹南宗”“全真道”“龙门派”等宗派，也纷纷进入江西境内积极活动，蔚然成为江西道派繁盛之气象。

江西道教史上，仙道活跃，高道辈出。前道教时代，伶伦、大禹、王子乔、匡俗、萧史、张丽英、梅福、麻姑、栾巴等中国神仙谱中的不少“神仙”已在江西留下丰富“仙迹”。江西既是外籍道士的活跃之地，张陵、葛玄、董奉、葛洪、魏华存、陆修静、吴筠、叶法善、施肩吾、吕洞宾、谭峭、白玉蟾、娄近垣……江西更是本土道教人士的成长之地，出现了丁令威、丁义、吴猛、许逊、胡慧超、邓紫阳、王文卿、章哲、黄元吉、徐慧、张宗演、吴全节、陈致虚、张宇初、赵宜真、刘渊然、朱权、朱道朗、傅金铨等大量在中国道教史上有重要影响的人物。此外，还有不少与道教缘分极深的文人士大夫，像陶渊明、李白、李渤、颜真卿、白居易、宋齐丘、徐铉、王钦若、苏轼、苏辙、黄庭坚、朱熹、陆九渊、赵孟頫、吴澄、王阳明、罗顺钦、汤显祖、八大山人……活动于赣鄱大地。

道教贯通于现实人生，深刻地渗透进人们日常的生产生活、生老病死、婚丧嫁娶、衣食住行之中。江西道教涵养了许多人文精神。历史上江西地区的思想、文化、艺术，尤其书画学、地图学、医药学、文学，无不与道教密切相关。江西道教文化底蕴深厚，创造力强劲，形成了江西特有“天师文化”“净明文化”“福主文化”“杏林（道医）文化”“巫傩文化”“堪舆（风水）文化”“道教文学”等等道教文化。江西也是中国道教理论构建的重地，在这块土地上，不仅涌现出丰富的符箓、灵宝、上清、净明等道派的道法道术，而且创造出一批在中国道教史上极有影响的道教典籍。如张陵的《老子想尔注》、刘玉的《净明忠孝录》、谭峭的《化书》等。江西道教人士往往在道教发展的关键时刻，引领道教前行的方向。江西是唐代以来三教合流的重地，是理学（心学）的策源地。在传统社会中，道教涵养了江西人的文化精神，成就了宋代以来江西作为中国“三教”重区地位。

江西道教名山众多，庐山、西山、三清山、灵山、葛仙山、龙虎山、麻姑山、阁皂山等闻名全国。“洞天福地”的数量在全国省区之中亦属最多者之一，有5个洞天和12个福地列入道教“正史”。

江西道教与封建国家政治关系密切，影响至深至广。天师道自创立以来就几乎与封建皇权相辅相成，所谓“麒麟殿上神仙客，龙虎山中宰相家”，“南张北孔”成为中国封建政治文化的两大名片。江西高道们频繁出入“庙堂”，陆修静与刘宋孝武帝，胡慧超与唐高宗、武则天，张高与唐玄宗，张继先与宋徽宗，张留孙与元世祖，张宇初与明太祖，娄近垣与清雍正帝……皇权利用道教服务统治，道教借助皇权发展自身谋取利益。明中叶以后，随着传统社会的转型，资本主义萌芽的产生和科学技术的进步，江西道教亦与全国道教一样，逐渐走向衰落。至清朝前期，朝廷开始对正一道作出较大的限制，江西道教在政治层面上明显衰落，但道教的民间化发展却呈兴盛的情势。同时，清廷为稳定社会，大倡全真道，在一定程度上推动了全真龙门派的兴旺。江西地区的净明道、天师道与全真龙门派有所融合，在江南地域产生了较大的影响，其中“伍柳派”成为典型的代表。清中后期以来，由于国运不振，西方宗教的入侵，科技文明兴起，江西道教也陷入了沉沦的命运。民国时期，江西道教勉力维持，世俗化更加严重。以天师道为主的江西道教有所活动，欲建立重振全国道教的“中华道教总会”。然因国运衰败，战乱频仍，江西道教几无振作，继续式微。

二

江西道教既具有全国性，又具有本土性。江西道教的发展不仅仅是江西本土道教的发展，而且带有跨地域性、全国性，极大地影响了中国道教的发展情势，也形成了自己的区域文化特色。在全国性的背景下，叙述江西道教的内容，分析比较江西道教与全国道教的异同，江西道教的地位、影响、意义等，自可得到说明与证明。

江西道教的发展在一定意义上是道派的纷起、竞争和整合的发展，是以天师道派（正一道派）为主线的发展。江西道派在整合中发挥了自己的力量并表现得十分突出，是江西（中国）道教发展史上的重要宗教文化现象，在全国道教发展中具有典型性、示范性。江西道派整合是江西（中国）道教发展的重要内容，也是道教中国化的重要内容。道派整合是道教（道派）发展的必然要求，是道教（道派）应对发展危机的重要方式。江西道派总体而言在整合中适应了社会要求，赢得了发展机遇。因此，关注江西诸色道派（尤其是天师道派）的历史演变，自是《江西道教通史》写作的重点内容。

道教发生发展的历史，本质上还是人（道士、信众）活动的历史。道士与广大信众，是道教发展的主导者、践行者、贡献者。江西道教的产生、发展、兴盛等很大程度上就是由江西的高道引领广大信众激励与推动的，很多高道也是通过在江西建立的道教功业而著名，并影响全国的。由此，必须关注历代龙虎山天师、葛洪、陆修静、叶法善、施肩吾、白玉蟾、张留孙、吴全节、刘玉、陈致虚、陈景元、伍守阳、柳华阳等活动于江西的道教人物在江西道教发生、发展、兴盛中的作用，同时也要密切关注诸如陶弘景、杜光庭、张君房、金允中、王重阳等虽然没有在江西活动，却对江西道教发展产生了较大影响的人物，以及相关的事件、宫观、经籍、仪轨等。

江西作为道教的重点区域，历代高道在道教活动实践中不断探索思考，创造了不少有地位有影响的道教思想理论，对江西（中国）道教的发展产生重要影响。张陵《老子想尔注》、魏华存《黄庭经》、葛洪《抱朴子》、陆修静“三洞”、施肩吾《钟吕传道集》《西山群仙全真记》、谭峭《化书》、刘玉《净明忠孝全书》、张宇初《岘泉集》《道门十规》、伍守阳的《天仙正理直论》《仙佛合宗语录》、柳华阳的《慧命经》《金仙证论》、娄近垣《龙虎山志》、傅金铨《济一子道书十七种》《济一子顶批道书四种》等等，自应成为研究关注的重点。此外，对于《云笈七签》《上清灵宝大法》《道藏》等道教典籍中涉及江西道教理论的内容，也是必须要关注的。

自两晋以来，统治者施行儒释道三教并用的政策，三教各自兴盛发展，相互论争，而最高统治者多采取调和、折中的态度，至唐代中后期“三教合一”的局面逐渐形成，此后“三教合一”成为中国文化发展演进的基本模式。江西道教以道为本，吸收儒、佛，发展、完善自己的理论思想和实践方式。江西是道教兴盛之地，也是儒（理学）、佛（禅宗）兴盛之地，自东晋以来相互之间就形成了竞争与交融的情势，自中唐以来发展成为中国“三教合一”的典型地域。故应以江西境内的天师道（正一道）、净明道、玄教、全真道、伍柳派等道派为中心，探讨江西道派“三教合一”的内容、表现、影响，阐明江西（中国）道教的文化融汇性格。

道士虽处世外，但又与世内密切联系。江西不少道士出入“江湖”“庙堂”，进行政治服务、政治参与，在世出世人之间展开信仰文化的特别价值与意义。这也是撰著《江西道教通史》应特别注意的内容。此外，道士与政治界、社会界相交流相结合，主动或被动地攀附官僚贵族、文人士大夫是一个基本的形式。事实上，文人士大夫是社会文化精英，对道教的发展作用影响极大。因此，对于江西道士与官僚贵族、文人士大夫的交往及其关系也应做出恰当的说明。

道教是民生宗教，与民众生产生活密切相关。江西道教主体原本兴起于民间，后虽常与国家（朝廷）合作，列入官方祀典，甚或成为国教，其根本毕竟仍在民间。故研究江西道教，应密切关注民间社会力量、广大民众与道教的互动关系，民间宗教信仰与江西道教的关系。如江西地区流行的神鬼信仰、巫傩信仰、风水信仰等，往往都与道教产生密切的关联。江西道教在天文、地理、医学、物理、化学等诸方面都有重要的贡献，与文学、音乐、舞蹈、书法、美术等的互动关系及其作用影响，在江西（中国）道教文化中也可谓独树一帜。

三

20世纪80年代以前，国内学界基本上没有专门针对江西道教的研究。近半个世纪以来，随着中国道教文化的复兴，关注“中国暨江西道教”庶几成为学术的重点、热点，相关的论著蔚为可观。择其要者而言，有任继愈的《中国道教史》(1989)、卿希泰主编的《中国道教》(1994)，还有《中国道教史》(1996)、《中国道教思想史》(2010)等全国性的道教史均有相当文字涉及江西道教发生发展、代表人物、道法道术、理论思想、交流整合等问题。与此同时，直接关于江西区域道教的研究也陆续展开，许怀林《江西史稿》(1993)，陈文华、陈荣华主编《江西通史》(1999)，曹国庆、马雪松《赣文化通志》(2004)把视野都投向了江西道教。尤其是孔令宏、韩松涛的《江西道教史》(2011)较为系统地叙述了上起汉魏下迄民国的江西道教历史，涉及众多的宗派、人物、事件、思想等，颇具开拓性的学术意义。吴国富《庐山道教史》(2011)用较为翔实的资料，描述了庐山道教历史发展演进的情形，在相当程度上填补了庐山道教学术研究的空白。

因江西道教有道派众多而又相对独立的特点，学界相关的研究一般都以道派的形式分别展开。

（1）天师道（龙虎宗、正一道）是江西道派的核心，尤为学界重视。卿希泰、郭树森、李刚、王见川、[日]松元浩一、孔令宏、曹国庆、吴小红、张金涛等均有突出的成果。其中，郭树森《天师道》(1990)以概略方式，系统地说明了天师道（正一道）产生、发展、兴衰的历史，对龙虎山天师的贡献多有说明。其中也涉及了各个历史时期以天师道为中心江西（江南）的“三山符箓”整合、历代皇权与天师道的关系问题。吴小红《宋元时期的龙虎山道教》（2015）主要研究天师道与地方文化社会的关系。曹国庆《朱元璋与天师道》（1999）、《娄近垣与龙虎山志》（1999）重点关注了明清时期皇权政治与天师道的深刻关系及龙虎山的高道活动。另外，张金涛《中国龙虎山天师道》（2000）概括地叙述了天师道的历史、教义、道术与养生、宫观府院与天师世系等内容。盖建民主编5卷本《中国历代张天师评传》（2014）则系统地对历史时期63位龙虎山“张天师”作了评述。

（2）对历史时期江西道教人物的专题研究，除了“张天师”外，主要集中于东晋葛洪、南朝刘宋陆修静上。关于葛洪，代表性的研究有蓝秀隆《抱朴子研究》（1989）、卢央《葛洪评传》（2011）两著均叙述了葛洪的长生成仙理论及其学术思想，高度评价了葛洪对中国道教理论的贡献。早在20世纪90年代初，日本道教学者小林正美《六朝道教史研究》（1990）书中从“三洞派”的名号出发特别地探讨了陆修静对汉晋以来天师道的改革与整合问题。王承文《敦煌古灵宝经与晋唐道教》（2002），对晋唐间以陆修静为代表的用“三洞”编辑道教经典的方式进行道教“整合”过程的清晰说明。钟国发《陶弘景评传附陆修静评传》（2011）对陆修静通过整理早期道教文献的方式对汉晋以来的道派进行了理论上的整合。

（3）渊源于许逊孝道派（西山派）的净明道是兴盛于江西著名的道派。自20世纪60年代以来，［日］秋月观暎围绕着南昌西山地域文化与净明道的形成关系、净明道的教团史、净明道与其他道派关系等问题进行了研究，发表了以《中国近世道教的形成》（1983）一书为代表的成果。黄小石《净明道研究》（1999）一书对净明道的发展脉络、主要思想作了比较系统的阐述。章文焕《中华人杰许真君》（1995）和《万寿宫》（2004）两部著作，分别以许真君（许逊）、万寿宫为中心，对许真君文化的发生发展及其影响，作了较为全面系统的介绍。陈立立等《万寿宫民俗》（2005），对西山万寿宫的民俗文化作了较全面的叙述。郭武《〈净明忠孝全书〉研究》（2005）一书对净明忠孝文化的源流及其思想特点、与江西地域文化及国家政权的关系等作了比较全面系统的梳理，揭示了净明道的宗派特色。

（4）20 世纪 90 年代以来，卿希泰、朱越利、李刚、李远国、李志鸿、唐代剑、丁培仁、陈文龙、［美］韩明士等对天心、神霄、清微、东华等派展开研究，说明了这些宗派的代表人物、道法道术、主要思想及其在道教发展中的地位和影响。李远国著作《神霄雷法》（2003）比较系统地说明了神霄派产生发展、代表人物思想、道法道术以及与正一道派的关系。李志鸿博士论文《雷神、雷法与清微道派研究》（2004）从民间的雷神信仰的角度来论说神霄雷法与清微派的密切关系。

（5）近年来关注灵宝派（阁皂宗）的诸学人中，张泽洪发表了《道教灵宝派授箓论略》《阁皂山灵宝派初探》《论道教的灵宝斋法》等系列论文，考察了灵宝派（阁皂宗）道法道术与斋醮仪轨等问题，分析说明了灵宝道整合传统的道法道术的事实及其在道教发展史上的意义。

卿希泰、陈兵、张广保、詹石窗等在著作中均关注到了全真道进入江西并与江西道教交流、竞争、融合的事实。值得注意的是，随着唐宋时期钟离权、吕洞宾、施肩吾、白玉蟾等道人在江西的活动，江西成为内丹道（金丹南宗）传播发展的重要地区，而这正是江西道教和全真道南北宗发生联系与整合的重要基础。张广保《唐宋内丹道教》（2001）、李申《道教本论》（2001）等著作对此问题都有较多的揭示；盖建民《道教金丹派南宗考论——道派、历史、文献与思想综合研究》（2013）系统而深入地探讨道教金丹派南宗，尤其在史料文献稽考和道教宗派问题诸多方面有重要的学术推进。

专门研究江西道法道术、斋醮科仪、思想理论等的著作虽然少见，但陈耀庭、刘仲宇、胡孚琛、李远国、张泽洪、卢国龙等论著中也均涉及江西道派的道法道术问题。其中，张泽洪《道教斋醮科仪研究》（1997）、《道教斋醮符咒仪式》（2001）、吕鹏志《唐前道教仪式史纲》（2008）等著作对天师正一道、灵宝道等符箓道法的道法道术、斋醮科仪作了比较全面的认识，直接或间接地涉及了江西各道派之间道法道术的整合问题。李远国对神霄雷法与江西道法的关系深有认识。思想理论方面，以卿希泰主编《中国道教史》《中国道教思想史》为代表，一定程度上说明了各道派之间思想的同异与交流。

"三教合一"是唐代以来道教文化的重要内容，自20世纪90年代以来颇引学人关注。如刘固盛《宋元老学研究》(2001)对宋元老学作了全面深入的探讨，得出了"儒、道、释三教思想在老学中融摄与统一"的结论；杨军《宋元三教融合与道教发展研究》(2009)认为宋元儒佛道在理论上的高度融合对道教的发展产生了重要影响。唐大潮《明清之际道教"三教合一"思想论》(2000)更是就明清之际道教与"三教合一"的问题展开了深入的探讨。这些研究虽不是专门针对江西道教（道派）的整合问题，却也颇具参照意义，因为中唐以来直至晚明江西正处于浓厚的儒、道、佛文化氛围之中，江西道派的"三教合一"色彩也相当显著。

对江西道教艺术的研究，自20世纪90年代以来也受到一定的关注。代表性的研究著作有：曹本治、刘红《龙虎山天师道音乐研究》(1996)、傅利民《斋醮科仪 天府神韵——龙虎山天师道科仪音乐研究》(2003)，黄剑敏《明清以来江西道教与地方音乐文化研究：以宜春、南昌、鹰潭为中心》(2016)。

另外，江西道教资料特别丰富。一直以来，受到一些研究者和相关部门的重视。自20世纪90年代以来，江西学术界、道教界和政府有关部门的收集、整理、编撰、出版了一批方志（山志）或道教志。其中既有对《龙虎山志》《麻姑山志》《庐山志》《阁皂山志》《武功山志》《西山志略》《万寿宫通志》《玉笥实录》等传统山志的重新编撰、点校，又有新时期编著的《江西省宗教志·道教》《龙虎山志》《葛仙山志》《瑞昌道教志》《泸溪道教》《宁都宗教·道教》。另外，还有诸如程宗锦《洞天福地：江西道教名山游》(2002)、卢国龙《灵宝教典》(2019)之类的资料性著作。

值得欣喜的是，在近年来的国家社科基金一般项目（含后期资助项目）中，直接与江西道教相关的就有：孔令宏《江西道教史》（2008）、吴小红《宋元时期的龙虎山道教与地方社会研究》（2015）、陈雅岚《江西道教碑刻收集、整理与研究》（2016）、曾勇《江西修水稀见道书与民间生命礼俗研究》（2018）、张晟《道教香仪及其文化内涵研究》（2018）、王卉《明清时期江西道教灵宝派研究》（2020）等，这表明在国家级人文社科研究层面，江西道教已受到了相当程度的重视，一批学术新人在成长。

概言之，江西道教研究已取得了较为丰硕的成果：总体上说明了江西道教发生发展的历史；较为全面和深刻地阐扬了江西道教的贡献、地位、影响、意义；对于诸如江西的天师道、净明道、灵宝派、上清派等知名道派的研究，无论深度还是广度都已达到了相当的水平。

毋庸讳言，江西道教研究还是留存着较大的深入研究的空间。受研究旨趣及其问题意识的影响，迄今为止学术界对江西道教的研究总体上仍然是点状或线状的研究，少有将它视作一个整体而进行全面系统的研究，因而仍留存着不少问题。诸如：江西道派研究，江西道教名山（洞天福地）研究，江西高道研究，江西道教思想研究，江西道教科仪研究，江西道教道法道术研究，江西民间道教研究，江西道教与民间宗教（民间信仰）的关系，江西道教文学研究，江西道教典籍研究，江西儒释道三教关系研究，江西道教与国家宗教政治关系研究，江西道教与基层社会关系研究，江西道教与民众生活研究，江西道教与经济社会发展研究，江西道教现代化研究，等等。由此，学术界对江西道教的研究事实上还不充分、不全面、不系统，江西道教的研究无论广度还是深度还有待进一步的努力。

四

鉴往而知来。

在新时代，对江西道教史的研究，必须坚持以辩证唯物主义与历史唯物主义为指导，以马克思主义宗教观为根本遵循，坚持我国宗教中国化方向，坚持论从史出与史论相结合的原则，坚持大通史观，既要把江西道教放入中国传统社会中国道教的大历史、大背景、大格局之中，又应致力写出江西道教的特色，在前人研究的基础上有所创新、有所深入、有所超越。

一方面，道教史料的特殊性、局限性，使得道教文献资料天然地具有杂驳性、神秘性的特点，不免“空虚”，其重复、矛盾、穿凿附会的不少，对此必须仔细地甄别，努力考据还原历史的本相。另一方面，道教自身的特点决定着道教的学说、活动包含有神秘莫测，甚至荒诞无稽、不合现代科学精神的内容，对此又不能简单地用当代意识进行简单粗暴的批判与否定，而是应回归历史的时空，采取“历史的理解”“历史的观照”的态度，予以客观理性的看待，由此去粗取精、去伪求真。

回眸江西道教的历史发展，我们看到了道教智慧在社会发展、文明进步中的深刻烙印；近观江西道教的现实传播，我们看到了高道大德们筚路蓝缕、砥砺前行的社会责任感和远见抱负；展望江西道教的未来传承，我们更应看到道教界在发挥积极作用中的坚强引领与责任担当。

道教文化的生命力在于传承与发扬。希冀道教理论研究者们、道教界人士及其他有志之士，在对道教教义做出适应时代进步要求的阐释及弘扬中华优秀传统文化中贡献江西智慧，在推动坚持我国宗教中国化方向、引领宗教与社会主义社会相适应中谱写江西篇章。

曹国庆

2021 年 12 月 31 日于南昌

目录

先秦秦汉篇

魏晋南北朝篇

隋唐五代篇

先秦秦汉篇

第一章　先秦江西的原始宗教与道教渊源

基于良好的自然地理和人文环境，江西以原始农业为核心的图腾信仰与灵神崇拜在新石器时代即已萌芽。历经上古三代，在中原及吴、越、楚文化等的影响作用下，江西较为系统成熟的原始宗教在春秋战国时期也大体形成。先秦[①]江西在前道教时代，事实上已成为中国巫鬼文化、仙道文化的较为发达地区，成为中国道教重要的文化源头之一。

第一节　中国原始宗教的产生发展

早期先民在生产生活中，由万物有灵，到图腾崇拜，到祭天祀祖，逐渐形成了充满巫鬼、仙道、方术意味的神秘文化类型。原始宗教由此萌芽、发展并趋于成熟，成为中国道教的重要渊源，也成为江西道教文化萌芽的重要背景。

① 中国人文历史，始于五千年前以炎黄为主的三皇五帝时代，随后进入尧舜禹时代，进入夏商周时期，再进入春秋战国时期。从此开始，直到秦朝统一天下之前（前221），史学上一般都把它统称为“先秦”。

一、万物有灵及原始鬼神观念的产生

距今18000年前旧石器时代晚期，以北京周口店山顶洞人为标志，中国人类已产生了朦胧的原始宗教意识——灵魂不灭的观念，而这一观念当是基于人类“万物有灵”的思维意识。

在原始蒙昧时期，人们开始认为万物有灵，自然界的一切现象，都具有灵魂，这种灵魂被称之为神或灵。神以超人的神秘力量，不仅主宰自然界，也主宰着人类。早期神的创造，完全是由于人类无奈与卑微于自然力，抑或是对大自然懵懂无知而幻想出来的。神佑就成为原始人类普遍信崇的一种文化心理。原始先民基于“万物有灵”，在不断进步的生产生活中，产生了与人类自己生活劳动相适应的神文化。

直面自然界的生息变化、人类的生老病死等问题，在神灵的意识下，长生不死的观念在先民的思维中萌芽、形成并随着时间的推移而日渐流行。例如，中国最早的神话史书《山海经》，便有各种各样的长寿民或不死国的传奇性描述。如《山海经·大荒西经》称：在轩辕国中，寿命最短者也有八百岁。《山海经·海外西经》谓白民之国有“乘黄”，背上生角，其寿二千岁。《山海经·大荒南经》更称，有不死国、不死民。《山海经》一书之主体虽然大约形成于战国时期，部分内容甚至还是汉代增补的，但就其史源而论，则是起于原始时代。根据《山海经·大荒西经》所述“死而复苏”的颛顼故事推测，其长生不死的观念很可能在传说中的“三皇五帝”时代即已萌发。[①]神的观念、长生不死的观念，促使了先民神仙意识的产生与成长。他们将“神”与“人”密切结合，创造出长生不死、能力超人的“神人”。这其中，先民伴随着生产力的发展以及思维的发展，逐渐生发出通过自己的努力或神的恩典而不死的“仙”观念，以便与神建立更好的联系。神在人们心目中仍然是高深莫测、生来即是、与天地同寿的，而仙则由得道之人修炼而成，并且有阶次之分，若能修得成仙，则“能劾百神，朝而使之”。“仙”若再勤勉修炼还能循序渐进，增至“神人”的阶位。由此，“神”和“仙”虽有区别，但人们

① 詹石窗：《道教文学史》，上海文艺出版社1992年版，第15页。

往往不再区别，人可做“神仙”遂逐渐确立并流行起来。

古代（原始）社会，人与自然、人与人关系的神秘化而神异化，在长时段的历史发展进程中产生了各种神灵鬼魂。然而“神秘化”“神异化”并不是纯主观的臆想，而是以主观形式包裹的“集体无意识”，它既充满了偶然性，也呈现出必然性；既受到特定自然环境及特定历史阶段的影响，也是对自然生活经验及历史经验的一般性总结；为此不断影响着历史的进程，也为神话的孕育与发展打下了基础。“神话是观念的产物，观念是现实的反映，神话不是历史，但它折射历史。”① 神话的功能“就在于它能用往事和前例来证明现存社会秩序的合理，并提供给现社会以过去的道德价值的模式，社会关系的安排，以及巫术的信仰等”②。

早期人类生产力水平低下，思想贫乏，懵懂直面大自然和人类自身，往往感到神秘而恐惧，因此有关大自然和人类的神异化崇拜由此产生，这无疑是产生原始宗教文化的重要基础。

二、原始崇拜文化的兴起

随着万物有灵、超自然神鬼观念的产生，先民表达自己思想意志的原始崇拜文化也在不断产生、发展、成熟。崇拜最重要的方式就是“祭祀”。

一般认为，早期人类社会的“崇拜”大体可分为自然崇拜为主的初级阶段、图腾崇拜为主的中级阶段、傩崇拜为主的高级阶段。这三大阶段贯穿了原始宗教从萌芽到产生、到成熟的过程。万物有灵的自然崇拜阶段是生产力相当落后的产物，动植物图腾崇拜阶段是生产力有一定发展的产物，而以“傩”为主要崇拜对象，则是生产力出现了较大飞跃、社会进入了文明时代的产物。早期人类的崇拜主要经历了图腾崇拜阶段。图腾是指原始社会的人们把与其生活关系非常密切的某种动物、植物或某一自然现象视为氏族或部落的亲属、祖先或守护神。约于旧石器时代

① 傅小凡、杜明富：《神话溯源——女娲伏羲神话的源头及其哲学意义·序》，甘肃人民美术出版社 2006 年版，第 5 页。

② ［英］马林诺夫斯基著，费孝通等译：《文化论》，中国民间文艺出版社 1987 年版，第 73 页。

晚期的氏族公社时期，中国许多氏族或部落已进入了所谓的“图腾崇拜”时期。此后，随着氏族、部落的不断融合统一，图腾崇拜的内涵外延都有了大的扩展，主要由原来纷繁杂乱的“图腾”，融汇成较为统一的“图腾”。其崇拜仪式也日渐成熟，最终进化到了以“傩”或“傩图腾”为代表的新阶段。傩，是参与活动者戴着特制的图腾面具，以巫觋舞蹈形式进行的驱鬼逐疫祈求人得福远祸的原始宗教仪式。傩已有较为明确的宗教心理和宗教组织。

先民认为万物有灵，比较广泛地崇拜赋予了“灵”意义的天地、山川、日月星辰、风雨雷电、动植物等自然万物。随后又进一步产生了以“人”为中心的鬼神崇拜。“原始人把一切突发事故归于人的作用或鬼神与精灵的作用。好运与坏运初颇归因于超级力量，被归因于它们对人的所作所为的喜怒与好恶。这些观念构成了人们的鬼灵信仰，并渗透在他们的整个世界之中。”[①] 随着社会的不断发展进步，先民对人类自身力量的认识也不断加深，由对自然万物的图腾崇拜、鬼神崇拜又发展了以人为本的“祖先崇拜”“英雄崇拜”。祖先崇拜与英雄崇拜混融在一起，一切有力量影响作用于人类生产生活的“大人物”，不管其生还是死，都可纳入崇拜的行列。由此，自然神、人格神、祖先神、英雄神，以及一切人鬼神，都被有所选择地纳入了人类崇拜的系列。先民大都相信灵魂不灭，并主要形成了两种基本观念：一是人死后魂魄一起离开肉体变成鬼。二是魄随肉体消失，魂能变成鬼，延续人的精神活动。人一旦死后，灵魂所变的鬼会具有非凡的能力和作用，鬼能附于某些自然物，可以影响甚至决定人的命运。因而又产生了对鬼神的崇拜，随之各种丧葬礼仪，以及祭鬼、驱鬼的仪式逐渐形成。例如，《竹书纪年》载：“黄帝崩，其臣左彻取衣冠几杖而庙祀之。”《礼记·表记》载：“夏道尊命，事鬼敬神。”“殷人尊神，率民以事神，先鬼而后礼。”《礼记·祭法》说：“山林川谷丘陵，能出云，为风雨，见怪物，皆曰神，有天下者祭百神。”

《尚书·舜典》：“（舜）肆类于上帝，禋于六宗，望于山川，遍于群

① 高丙中：《民俗文化与民俗生活》，中国社会科学出版社 2001 年版，第 177 页。

神。”《周礼》:“大宗伯之职，掌建邦之天神、人鬼、地祇之礼。”依据“天人合一”的观念，上帝（天神）即是被神化了的总祖先。因此，祭祀的主要是“祀天祭祖”“敬天法祖”。

中国自进入阶级社会以来，“国之大事，惟祀与戎”。至迟于西周，祭祀已较发达。例如,《周礼·冬官·考工记》:“匠人建国……左祖右社。”《墨子·明鬼》:“昔者，夏商周三代之圣王，其始建国营都，必择国之正坛，置以为宗庙，必择木之修茂者，主以为丛社。”《礼记·外传》:“五谷既登，又报功也。国以民为本，人以食为天，故建国，君先命民立社。”从“三皇五帝”到“夏商周”，统治者事实上已是非常自然地利用神权来加强其统治和从事政治、经济、文化活动。而被统治的普通民众自然深受影响，“神”的思维也广泛而深入。

三、巫的功能及其文化意义

先民“筚路蓝缕，以启山林”，生存与发展的欲望需要宗教观念的帮助来超越自我，由此创造出了别具特色的巫文化。巫术是“人类为了有效地控制环境（外界自然）与想象中的鬼灵世界所使用的手段”[①]。在先民的崇拜、祭祀活动中，巫术是不可或缺的元素。其种类十分繁杂，诸如祝颂、诅咒、祈禳、占卜等等，其功能涉及辟邪鬼、御凶灾、测祸福、迎生送死等方面，几乎涵括了人类活动的所有领域。从事巫术或祭祀的神职人员一般都称为“巫”“巫觋”“巫祝”“巫师”等。《说文》曰：“巫，祝也。女能事无形、以舞降神也。”《周礼订义》:“古者民之精爽不携贰者，神明降之，在男曰觋，在女曰巫。”巫是古代社会精神文明的主要创造者、弘传者，他们用神秘的象征借代手法，主要以祭祀的方式来表达自己或群体的观念和理想。通过巫觋祷告，请求赐降福祉、禳除灾祸。曾经在一个较长的时段，几乎每个人都可以自己行使巫术，后来才产生了专职的巫。到了阶级出现，巫于是开始与政治权力相结合，享有崇高的政治和社会地位。例如,《山海经》提到巫彭、巫阳、巫抵、巫履、巫凡、巫相等;《归藏》载，黄帝时有巫咸。夏商周三代文化以巫为核

① 张紫晨:《中国巫术》，上海三联书店 1990 年版，第 37 页。

心。《周书》所谓“绝天地通”，实际上是政治力量对巫权力的垄断。周王朝建立后，崇尚礼制，盛倡“敬天保民”，使得天帝信仰趋于人格化，巫、祝等神职人员的地位因之下降，但势力和影响依然很大。

祭祀是阶级社会最主要的文化之一，统治者占有并控制着核心的祭祀权。通天礼神并不是每一聚落成员都有资格的，只有“民之精爽不携贰者，而又能齐肃衷正，其智能上下比义，其圣能光远宣朗，其明能光照之，其聪能听彻之”的巫觋，才能“知山川之号，高祖之主，宗庙之事”以及“知四时之生，牺牲之物，玉帛之类，采服之仪，彝器之量，次主之度，屏摄之位，坛场之所，上下之神，氏姓之出”，才能承担沟通天地人神的重任。由此巫觋阶层也典型地分化。

随着时间的推移，文化的发展，人们在祭祀中不断增添新的形式与内容。约在春秋战国之际，巫祭“驱逐疫鬼”的观念日渐上升为主流，当然祀天祭祖依然是重要内容。其中以“巫傩”最具特色。“傩”并非只是一种“赶鬼驱疫”的活动，它也是一种有主神崇拜，有原始教仪与思想，有组织文化的原始宗教。中国的巫傩文化源远流长。七千年前的湖南澧县城头山遗址就有祭坛，约六千九百年的浙江河姆渡遗址陶纹中有跳傩的面具，传说上古黄帝时代有傩祭。“傩”在周时代已流行。《通典》卷七九引《周礼·夏官》记：岁终，“方相氏掌蒙熊皮，黄金四目，玄衣朱裳，执戈扬楯，帅百隶而时傩，以索室殴疫”。又引《汉旧仪》曰：“方相帅百隶及童子，以桃弧、棘矢、土鼓，鼓且射之，以赤丸、五谷播洒之。”[①] 周时“傩”分为“有司傩”和“乡人傩”。有司傩为宫廷祭祀的仪式，又称国傩、大傩。据《周礼·月令》，一年中至少要举行三次天子和众诸侯都要参加的“国傩”。而“乡人傩”，则是每年正月寻常百姓人家迎神驱除疫鬼的仪式。周代成为全民性风俗的主要宗教祭祀除以人为对象的“傩”祭外，还有以大地为对象祈求丰收的蜡祭和以天为对象专事求雨的雩祭。这些原始祭祀活动，对形成中华民族以人为中心的“三才”观念及中国传统文化、中国哲学的基本精神和最具代表性的文化特

---

① （元）马端临：《文献通考》，山东画报出版社 2004 年版，第 552 页。

征“天人合一”思想关系密切。①

商以来，南方的巫文化程度已是很高，图腾崇拜发达。例如，鸟图腾比较广泛地流行。先民对鸟的崇拜可能在渔猎时代就已萌芽，但把鸟当作图腾，形成“傩”的信仰，却是始于农耕时代。中国最早的农耕文化是从稻作文化开始的，稻作文化约萌芽于一万年前的湖南道县的玉蟾洞和江西万年的仙人洞，但两处都未发现有明显的宗教信仰。到了距今八九千年的湖南彭头山、河南的贾湖等稻作遗址中，才出现了太阳纹、月亮纹和“X”形的巫术符号，这些符号中不见有神鸟纹，缺乏傩崇拜的主要特征——神鸟符号，还不能证明这时已经有了傩崇拜。直到距今8000年至7000年之间神鸟纹才大量涌现。如湖南的高庙遗址出现了从太阳的产门中生出的神鸟符号，长沙南沱的大塘遗址中出现了与高庙遗址相似的“太阳鸟神灵纹”的符号，浙江的河姆渡遗址，也出现了类似的太阳鸟、月亮鸟和神鸟伴嘉禾纹、神鸟伴人面纹等符号，正好与古籍《白虎通义》所描述的“炎帝者，太阳也。祝融者，其精为鸟，离为鸾”的说法相印证。因此，似可认定这时已产生了较为系统的傩文化。②

至迟于春秋战国时期，南方的吴、越、楚之地，神鬼之风流行，巫觋祭祀旺盛。战国中晚期屈原的鬼神思想就是典型代表，他的《九歌》详细描述了先秦（春秋战国）的楚国祭祀。如他在《东皇太一》章中写道：“吉日兮辰良，穆将愉兮上皇。抚长剑兮玉珥，璆锵鸣兮琳琅。瑶席兮玉瑱，盍将把兮琼芳。蕙肴蒸兮兰藉，奠桂酒兮椒浆。扬枹兮拊鼓，疏缓节兮安歌，陈竽瑟兮浩倡。灵偃蹇兮姣服，芳菲菲兮满堂。五音兮繁会，君欣欣兮乐康。”

四、先秦诸子文化发展与仙道化倾向

春秋以来，周王朝的权威顿挫，“礼乐征伐自诸侯出”“道术将为天

① 张岩、张允建：《原始神秘又独具特色的萍乡傩文化》，《赣文化研究》第13辑，北京图书馆出版社2006年版。

② 林河：《中国巫傩史》，花城出版社2001年版，第241—242页。

下裂”，但却极大地推动了文明的进步。不少思想者高扬“以人为本”的理性精神，从“怪力乱神”的巫觋文化中脱离出来，追求现实的政治理想和人生成就，蔚成“诸子百家”的文化运动。较为系统的儒、墨、道、农、兵、阴阳等诸家思想理论形成。

儒道文化根源的《周易》(《易经》)，传说源自于周文王观天文拟人事的演卦活动。《周礼·春官宗伯》载大卜掌三《易》之法：“一曰《连山》，二曰《归藏》，三曰《周易》。其经卦皆八，其别皆六十有四。”又载筮人“掌三《易》，以辨九筮之名”。这三部经典都是由八卦衍生六十四卦，用于占卜吉凶的。前两部早已失传，仅《周易》留存。《周易》分《易经》《易传》两部分，后者是对前者的解释说明。但通常人们所言《易经》，往往涵盖了经传的《周易》。《易经》包括由阴爻、阳爻组成的六十四卦。阳爻以一条连接的横线符号“—”表示，其数为九；阴爻由以断开的横线符号“– –”表示，其数为六。爻有爻位，自下至上分别冠以“初、二、三、四、五、上”名称。阴阳二爻象征自然万物、人类社会等广泛存在的相互对立的种种事物与现象。在此基础上，以阴阳符号为“画”，每三画叠成一卦，形成八个“经卦”。八卦各有名称、形式，分别是☰乾、☷坤、☳震、☴巽、☵坎、☲离、☶艮、☱兑，对应自然界八种基本物质：天、地、雷、风、水、火、山、泽。此后，八卦两两相重，出现了六十四个重卦（别卦)。每一别卦含六爻，并产生解说六十四卦所寓哲理的卦爻辞。《周易》作为一部卜筮之书，其表层结构是“卦象＋卦辞＋爻辞”，但其深层的结构则是“天道（意）＋卦象（象）＋卦辞和爻辞（言)”，于是派生出“意—象—言”的关系①。《易传·系辞上》云：“子曰：‘书不尽言，言不尽意。’然则圣人之意，其不可见乎？子曰：‘圣人立象以尽意，设卦以尽情伪，系辞焉以尽其言，变而通之以尽其利，鼓之舞之以尽其神。’”《周易》这种言意不尽的“天人之学”，成为后来道家道教的主要理论依据。

道家思想起始于哲学家老子。老子，姓李名耳，是春秋末期楚国苦

① 陈波：《言意之辨：诠释与评论》，《江海学刊》2005年第3期。

县（今河南鹿邑）人，学识渊博，曾作周王室的守藏史，因见周王朝衰微不免，遂辞官隐逸，周游多地，“西出函谷关”后而不知所终。老子一生深思“道”理，最终据说应函谷关关吏尹喜之请著成《老子》一书。其主旨是一切因道而生、遵道而行、得道而成。《老子》认为，“道”是宇宙自然、天地万物的总根源，具有本原性与化生性。“道可道，非常道，名可名，非常名。无名，天地之始；有名，万物之母。”“道冲，而用之或不盈，渊兮，似万物之宗。”道具有实在性与超感官性。“道之为物，惟恍惟惚。惚兮恍兮，其中有象；恍兮惚兮，其中有物。窈兮冥兮，其中有精；其精甚真，其中有信。”“有物混成，先天地生，寂兮寥兮！独立而不改，周行而不殆。可以为天下母。”在其宇宙生成论哲学体系中，《老子》强调：“道生一，一生二，二生三，三生万物。万物负阴而抱阳，冲气以为和。”《老子》以虚空喻“道”：“谷神不死，是谓玄牝。玄牝之门，是谓天地之根。绵绵呵若存也，用之不勤。”这样就把玄虚的“无”导向无所不具无所不能的“神”。而“谷神不死”，故能长生。《老子》提出了“顺自然”“法自然”的“自然无为”方法论。正因为“道”自然无为，所以才能做到无不为。《老子》基于“无为”，阐发了“理身治国”的圣人论，提出“清静自正”“治大国若烹小鲜”“小国寡民”等治国理念。《老子》宣称“反者道之动”“载营魄抱一，能无离乎？抟气致柔，能婴儿乎？”道是天地万物之本、根、始、母，而万物都要归根复命。要得道，也就是要得到这个本、根、元、始。道是“有象”“有物”“有精”“有信”，是客观存在之物，故云“道之为物”“有物混成”。《老子》还提出，“知足”“寡欲”“返朴”“致虚寂，守敬笃”，抱一守雌等修身理念。《老子》哲理深邃，玄奥莫测，而老子被蒙上了神秘色彩，被圣人化、神仙化。《史记·老子列传》载：“（孔子）谓弟子曰：‘鸟吾知其能飞，鱼吾知其能游，兽吾知其能走。走者可以罔，游者可以纶，飞者可以矰，至于龙，吾不能知其乘风云而上天。吾今日见老子，其犹龙耶！’”又云：“盖老子百有六十余岁，或言二百余岁，以其修道而养寿也。”由此，老子及《老子》本身蕴含着不少具有“道”的宗教性质的思想成分。

宋国庄子（庄周，前369—前286），是老子学说的重要继承者，与老子并称为“老庄”。庄子著有《庄子》一书，积极地继承与发展了老子的“道论”。例如，《庄子·大宗师》：“夫道，有情有信，无为无形；可传而不可受，可得而不可见。自本自根，未有天地，自古以固存。神鬼神帝，生天生地。在太极之先而不为高，在六极之下而不为深，先天地生而不为久，长于上古而不为老。”又如，庄子强调“道”无所不在。《庄子·知北游》：东郭子问于庄子曰：“所谓道，恶乎在？”庄子曰：“无所不在。”东郭子曰：“期而后可。”庄子曰：“在蝼蚁。”曰：“何其下耶？”曰：“在荑稗。”曰：“何其愈下耶？”曰：“在瓦甓。”曰：“何其愈甚耶？”曰：“在屎溺。”庄子继承发挥了老子万物皆由道衍生而来的思想，进一步认为万物皆有道。主要表现在，其一，主张“万物齐一”与超越自我的神游境界。《庄子》：“天地一指也，万物一马也……道通为一。其分也成也，其成也毁也。凡物无成与毁，复通为一。”“天地与我并生，万物与我为一。”其二，反对“独断”的认识论，主张相对主义。《庄子·逍遥游》：“乘天地之正，而御六气之辩。”“人之生，气之聚也。聚则生，散则为死。”其三，提出了培养“神人”“真人”“至人”的思想。《庄子·逍遥游》描述“神人”：“藐姑射之山，有神人居焉。肌肤若冰雪，淖约若处子。不食五谷，吸风饮露。乘云气，御飞龙，而游乎四海之外。”《庄子·大宗师》称，古之真人，“登高不栗，入水不濡，入火不热”“不知说生，不知恶死”“其寝不梦，其觉不忧，其食不甘，其息深深，真人之息以踵，众人之息以喉。”“不知说生，不知恶死。其出不䜣，其入不距。翛然而往，翛然而来而已矣。不忘其所始，不求其所终。受而喜之，忘而复之，是之谓不以心捐道，不以人助天。”《庄子·田子方》：“夫至人至矣，上窥青天，下潜黄泉，挥斥八极，神气不变。”《庄子·齐物论》中又借王倪之口描述了“大泽焚而不能热，河汉沍而不能寒，疾雷破山，飘风振海而不能惊”，“乘云气，骑日月，而游乎四海之外，死生无变于己”的“至人”，并由衷感叹：“至人神矣！”庄子所描磅的“神人”“真人”“至人”，凸显了“人”突破时间界限自由飞升的观念。它是对神仙形象最初的生动概括，反映了战国时期神仙思想的一种状况。[1]其四，具体地提出了修身养性的方法。例如，服气之法。《庄子·逍遥游》："乘天地之正，而御六气之辩。"庄子认为，"人之生，气之聚也。聚则生，散则为死"，藐姑射之山的仙人，就是"吸风饮露，乘云气，御飞龙"。《庄子·刻意》记载当时的"导引之士，养形之人"，他们重视身体的修炼，"吹呴呼吸，吐故纳新，熊经鸟申，为寿而已矣"。庄子本人则更重视精神的修炼，《庄子·大宗师》："堕肢体，黜聪明，离行去智，同于大通。"庄子以心斋、坐忘为特色的无知无虑的体道境界。庄子认为，"至道"的精髓其实不在动而在静。"静"包括形静和神静，但关键在神静。《庄子·在宥》："抱神以静，形将自正。必静必清，无劳女（汝）形，无摇女精。乃可以长生。"然什么样的境界才是"静"?《庄子·刻意》："一而不变，静之至也。"《庄子·刻意》："纯粹而不杂，精一而不变，惔而无为，动而以天行，此养神之道也。"《庄子》的修身养性观，是为后世道教修炼思想的重要思想基础。

西汉司马谈《论六家之要指》称："道家使人精神专一，动合无形，瞻足万物。"东汉班固《汉书·艺文志》言："道家者流，盖出于史官，历记成败存亡祸福古今之道，然后知秉要执本，清虚以自守，卑弱以自持，此君人南面之术也。"老庄道家思想兼综治国治身。它将自然的、形而上的、有哲学本体性质的"道"作为世界的根本，代替了"上帝"或"天"的至上神地位。他们认为，一个人如果把握了"道"，也就把握了鬼神的本质，"能无卜祀而知吉凶"，而且不用害怕鬼神对人的伤害。《老子》说："以道莅天下，其鬼不神。非其鬼不神，其神不伤人。"老庄思想诞生于南方荆楚地区，该地区"信巫鬼，重淫祀"，反思和超越原始宗教和民间宗教的结果，使老庄的"道"论有自然主义的泛神论色彩。以老庄为代表的思想家推动了道家理论及其神仙文化的建设，成为后来道教思想重要的来源。

墨子开端的墨家学派具有较浓厚的宗教色彩。宋国墨子（墨翟，约前476—约前390）创立墨家学派。其主要思想有"兼爱""非攻""尚

① 参见赵芃：《山东道教史》，中国社会科学出版社2015年版，第61—62页。

贤”“尚同”“天志”“明鬼”“非命”“非乐”“节葬”“节用”等。其中，墨子主张尊天明鬼，实现人类社会的“兼相爱，交相利”。此外，墨子较为重视科学技术，成为积极探索未知科学领域的代表人物。葛洪《抱朴子内篇·金丹》记有《墨子·丹法》，《遐览》记有“变化之术”的《墨子五行记》。墨家学虽到秦统一中国之前已成绝学，但其天意、鬼神、平等、变化等思想，成为后来道教创立发展的重要理论来源。葛洪把墨子列入《神仙传》，说他“外治经典，内修道术”，后“得地仙”。

战国以来，以邹衍为代表的阴阳家，规范了社会上的阴阳五行观念。使阴阳五行理论，不仅用于治国，也用于治身。其中，“金木水火土”五行相克相生的“五行”理论，不仅是物质世界变化的规律，也是人类社会发展的模型，与五行思想相关的五方、五色等内容则与神灵互相关联，成为对民众生活产生巨大影响的因素。

黄老学说在战国时期也开始流行。黄帝被视为中华人文始祖，随着“五帝”崇拜的兴起，黄帝在信仰中的地位也凸显。在阴阳五行学说中，黄帝色尚黄，土德，居中，为五帝之首。战国初期，依托黄帝的“黄帝之学”已基本形成，《管子》《慎子》《尉缭子》《鹖冠子》《庄子》《尸子》《战国策》等文献都应用了黄帝之言。随着老庄学说的流行与影响，黄帝之学与老庄之学结合融汇起来，形成了以老子道家学说为中心、吸收儒、法、阴阳各家而兼综一体的“黄老学”。其涉及诸如天象、历算、星占、望气、地理、医方、养气、神仙等诸多内容。

顺便提及，儒家主张人神（人鬼）分离，“敬鬼神而远之”，虽然更少了神秘文化的色彩，但并不排斥鬼神，反而对鬼神予以崇敬。这是因为儒家立足于“家国一体”的思维，又力主“神道设教”，故其宗教思想亦相当浓厚。

总之，春秋战国时期，诸子文化发达，其中不少涉及鬼神、方术、祭祀等内容，注重修身养性、身国同治的思想观念已是流行，并且日渐理论化、系统化，这成为后世道教创立与发展的重要文化基础。

五、方仙道的创立

先民追求长生神仙的实践活动，要远远早于作为宗教的道教。不少道教信仰者、研究者，常称中国道教五千年，即是感于道教的理论思想与实践方式渊源悠长。早在人文初成的三皇五帝时代就已萌发，“黄帝”是形象代言人。事实上，道教以神仙信仰为基本信仰，其重要的渊源是春秋战国时期的“方仙道”[①]。

春秋战国时期，“人事”与“鬼神”日渐分离，由此使得巫、祝等神职阶层向两个方向上下发生分化。至迟从春秋中晚期始，其中的一部分衍变为方士，并致力于方术。方术其实也是巫术，但方术把巫术转化为既有行为也有思想的操作系统，并增加了由观察、归纳、试验等步骤构成的效果分析与检验程度，是一个更趋于理性化、知识化的过程。不少方士或出于自己的信仰追求，或为了自身的名利，大力鼓吹和践行所谓长生不死的神仙方术，以所谓不死药方成就神仙事业，发展出“方仙道”。从事方仙道的方士或称为方仙士。方仙士为了达到长生成仙的目的，创造出了专门性的系列方仙术，诸如咒术、祭祀、服药、烧炼、按摩导引、存思等。此外，更生动形象的神仙境界、神仙人物也不断地被创造出来。如在《山海经》中，即建构了不死国、不死山、不死树、不死药等。西方昆仑之墟有大山，山上有神人西王母，掌握不死之仙药。[②]战国时期南方荆楚、吴越、巴蜀一带的方仙道就“传行气、导引、吐纳、冥想之术，祖述王子乔、赤松子”[③]。春秋战国时期，以长生、成仙为中心的修仙活动就已经在特定群体之中颇有影响地流传。至迟于《庄子》成书的战国时代，这一群体及一系列指向长生、成仙的理论与技术就已初具规模且日趋成熟了。

至迟到战国时期，长生不死的观念已进一步发展成了修炼成仙的思想，日渐形成了一股社会潮流，并受到社会上层的重视。据《史记·封

① 参见李远国 :《道教成立战国论——论方仙道即道教》,《世界宗教文化》2017 年第 5 期。

② 参见中国社科院世界宗教研究所道教室编 :《道教文化面面观》，齐鲁书社 1990 年版，第 4 页。

③ 胡孚琛、吕锡琛 :《道学通论——道家 · 道教 · 仙学》，社会科学文献出版社 1999 年版，第 269—271 页。

禅书》载，齐威王、齐宣王之时（前356年—前301年），“驺子之徒论著终始五德之运”；而燕人宋毋忌、正伯侨、充尚、羡门高等，“为方仙道，形解销化，依于鬼神之事”。这些神怪夸诞的燕齐方士宣称：海上有蓬莱、方丈、瀛洲三座神山，山上禽兽皆白，以金银为宫阙，“诸仙人及不死之药皆在焉”。齐威王、齐宣王及燕昭王等听信这些方士之言，先后使人入海寻找三神山以图仙药，未能成功，“然则怪迂阿谀苟合之徒自此兴，不可胜数也”。

方仙道文化是神仙信仰与成仙方术结合的产物，是后来道教创立的直接渊源和文化基础。而南方广大地区是方仙士们活动的重要地区，这对于南方地区成为后来道教创立与发展的圣地无疑极具积极意义。

第二节　先秦江西原始宗教信仰的发生与特色

先秦以来，受自然地理与人文环境的作用影响，不同时期的自然崇拜、图腾崇拜、鬼神崇拜、祖先崇拜等，在江西地区有相当的表现；神话传说、不死信仰、方仙道术，在江西也有一定的展开。这在相当意义上良好地奠定了早期江西道教的思想与实践的基础。

一、族群关系的展开与江西原始宗教生态

据考古发现，江西至少在20万年前已有人类活动，至迟在距今4万至5万年前人类活动已是明显趋于活跃。而鲜明展现江西早期文明成就的万年县仙人洞洞穴遗址，大约距今8000—10000年。[①]然而，值历史进入三皇五帝的时期，江西文明总体上仍处于主流文明之外，荒蛮而原始。直至商周时期，随着中原文明及吴、越、楚文明的扩展，不少人口从中原或邻近江西的地域进入江西，江西文明开始较为缓慢地发展进步。

上古炎黄时代，苗民在其首领蚩尤的率领下，由甘青高原沿着黄河北岸东迁到冀中，其间征服属于炎帝族的黎氏族（九黎）。其后因争夺对

① 江西省文物管理委员会：《江西万年大源仙人洞洞穴遗址试掘》，江西博物馆编《江西考古资料汇编·原始社会部分》，1977年编印，第1页。

华北平原的控制权，与华夏族主体黄帝族激战。涿鹿一役，蚩尤战败被黄帝所杀。余下的苗民部族（含被征服的一些九黎民）被迫南迁长江中下游的江汉、洞庭湖、彭蠡泽（鄱阳湖）一带。他们与当地土著（蛮人）相融合而成苗蛮，生息繁衍，建立了涵盖九黎三苗（黎苗）集团的“三苗国”。其后，“三苗国”又不断与中原华夏族争战。《礼记·缁衣》“正义”引郑玄注《吕刑》载：“苗氏，谓之九黎之君也。九黎之君于少昊氏衰，而弃善道，上效蚩尤，重刑必变。……颛顼代少昊诛九黎，分统其子孙，居于西裔者为三苗。至高辛之衰，又复九黎之恶，尧兴又诛之。尧末又在朝，舜臣尧又窜之。禹摄位又在洞庭逆命，禹又诛之。”从颛顼、帝喾一直到尧舜禹时代，与中原争斗屡屡失败的三苗部族，除一部分维持在原地或迁往中原接受华夏族的统治外，还有不少向四周逃散。有一部分西迁至西北，所谓“窜三苗于三危”；有一部分继续南迁，这其中又有相当一部分大约于舜帝时期到达彭蠡泽地区。《战国策·魏策》记：“昔者三苗之居，左彭蠡之波，右洞庭之水，文山在其南，而衡山在其北。”《太平御览》卷一七〇引周景式《庐山记》云：“柴桑、彭泽之郊，古三苗国，旧属庐江地。”赣北山地丘陵地带逐渐成为其栖息的主要区域之一，亦成为江西早期的土著居民之一。

夏商周三代时期，江西属百越之地，栖居其上的主要族群是古越族，还有部分由中原迁入的华夏族及其他族裔。其中，黄帝裔族扬人，周宣王时迁居江汉地区，逐渐与当地越人结合而成扬越人。周夷王时，楚国熊渠吞庸、鄂、扬越，部分扬越人徙入江西。又，江淮地域的部分越章人亦南徙入今江西九江及南昌一带。西周末，邗国（定都于今扬州）干人的一支徙入江西余干，与当地古越人、越章人、扬越人结合，形成新型的干越人。春秋初（前659年前后）吴灭邗国后，迁都于邗，又称干吴。有部分干人因此又徙入江西余干，进而又融汇入干越人系之中。干越的势力不断增强，至迟应在春秋中期后已在赣东北立国。[①]另外，盘瓠（又作槃瓠、盘古）为伏羲、女娲的后裔族（属黄帝族系），兴起于四

① 杨东晨：《论先秦时期鄂湘赣的民族和文化》，《益阳师专学报》1996年第2期。

川岷山一带，经历漫长的迁徙，至西周已有部分进入江西地带。今江西会昌有盘古山，于都有盘古岭，或是盘瓠族裔在赣南活动的历史印记。又，夏商之际，中原有一些人口从山东南下，部分进入了闽赣交界的武夷山区。春秋末，黎部落被狄人所灭，部分黎人由河南逃入江汉地区，又被楚人驱逐，遂徙入鄱阳湖苗蛮及黎蛮地。

春秋战国时期，南方的楚国成为历史舞台上的重要角色，对江西地区的影响也随着时间的推移而日益增大。《淮南子·兵略训》曰："昔者楚人地，南卷沅湘，北绕颍泗，西包巴蜀，东裹郯邳。颍汝以为洫，江汉以为池。"楚国在春秋时不断东扩，进攻淮夷，势力拓展到了鄂东、皖西地区，与江西隔江相望。在东扩的过程中，楚国与吴国发生了剧烈冲突，相互争战。公元前473年，吴国被越国所灭。在吴楚交战期间，赣东北地区先是被吴国占领。吴王阖闾十一年（前504），夫差伐楚，取番地。此时越国与楚国结盟，共同对付吴国。越国势力由此沿着信江流域进入了今上饶、鹰潭地区。吴国灭亡之后，越国意图继承吴国的霸业，又很快陷入了对楚国的战争之中，但以失败而告终。公元前306年前后，楚灭越，江西全境又归属于楚。其后直到公元前221年秦统一中国。

赣地是中国原始稻作文化的发源地之一，万年县吊桶环遗址，有约距今1万年栽培水稻的遗迹。至五六千年前，江西先民已普遍地从事农业生产。阳鸟夷及三苗国存在的时间，大致相当于考古学上的新石器时代晚期。这一时期江西境内的文化遗存均处在彭蠡泽周边和赣江流域，居址多为台地，其面积往往在1万平方米以上，说明当时的原始农业发达，氏族部落繁荣。此后到了夏代及商代前期，在六七百年之内，江西境内的文化遗存骤减，而且规模都比较小。[①] 推测是聚集在彭蠡泽周边的江西先民，因大禹南征，大量逃散或迁徙到了别处。夏商之际，江西原始农业又开始发展，人口增长。至商代中晚期，江西的经济文化有了突出的表现。个中主要原因，是商王朝的势力进入。位于樟树市境的吴城遗址，面积约62万平方米，不但是江南最大的商代城邑，也是

① 江西省文物考古研究所：《江西考古的世纪回顾与思考》，《考古》2000年第12期。

整个先秦时代江西最大的城邑。城内分布有居住区、墓葬区、铸铜区、窑区和祭祀区。这大体反映了江西地区当时处于兴盛发展状况，而且出现了较为强大的地方政权，这个政权得到了商王朝的大力扶持。吴城遗址距离古彭蠡泽至少有150公里，这表明江西的经济社会中心在商时期已经偏离了彭蠡泽周边地区。就江西全境相对而言，赣北经济文化开发较早较成熟。因赣北处于比较重要的交通地理上，以铜矿为代表的经济资源比较丰富，外来战争亦比较频繁。居民人口围绕此地的迁移活动较为活跃频繁，民族种属总是在不断地变化之中。这大大加速了当地历史的进程。

诸越族和迁入赣地的华夏族等，在赣地耕耘、生息，创造了丰富的文化。吴城出土了大批陶器和青铜器，发现了大型制窑和刻画符号及文字。吴城文化是一支有别于中原商文化，独立发展、自成系统的南方青铜文明。又，20世纪60年代发现的商代万年遗址和墓葬，出土了大批陶瓷器皿和陶支座、陶垫、陶拍等制陶工具，工具和器皿上已出现刻画符号1500多个。角山窑出土的印纹陶，在陶器的胎质、制法、器形上与万年陶器一致。铜器也具地方特征。万年、角山的文化类型，是商代江西地区有别于吴城文化的另一支青铜文化，它主要分布在赣东北和赣东部分地区，并进入相邻的浙、闽境内。宜丰县天宝、遂川县枚江等地还发现了带铭文的铜器，瑞昌市夏畈乡铜岭地区还发现一处大型遗址，都证明了江西越民及华裔在商代已有较为发达的农业和手工业、矿冶业。西周时期，诸越及华裔的徙入江西，使江西的经济、文化有所发展，文化遗址多达数百处。其中，重要遗址有湖口县下石钟山、九江县神墩、进贤县寨子峡、乐平市湾里山、萍乡市赤山，以及万载县仙源井窝墓等。这些遗址出土了大批陶器。婺源县出土了西周兽面纹铜鼎，新余、鹰潭、万载、清江、武宁、靖安、吉安、太和、吉水、丰城等县市出土了西周铜钟，基本都是仿自中原，时代多属西周中晚期。说明西周中晚期，江西的诸民族，大多已进入阶级社会，经济和文化有了较大发展。总之，赣地至少赣北一带在商中晚期以来已不再是荒蛮之地，而是和中原一样，已进入了较为发达的文明时代。

西周王朝较为关注南方地区，不断以军政手段强化其在南方的影响力，由此江西也时受影响。例如，第三任君主周康王，于十六年（前1005年）南巡，到达九江、庐山[①]。第五任君主周穆王，率大军征伐楚国时，曾涉及江西地区。周穆王之后，周厉王、周宣王亦曾发动过大规模的战役，讨伐叛乱的淮夷、东夷。自此之后，西周进入了衰微时期，不再有大规模的南征之举。西周的南征，对江西地区产生了较大的影响。吴城遗址所在的城邑就是在此时被彻底破坏，成为废墟。其邻近的西周筑卫城，规模远不及吴城[②]。除此之外，江西境内没有发现别的有一定规模的西周城市遗址，同时还出现了很多商代村落骤然消失的现象。另外，瑞昌商周铜矿出现了西周时期的选矿场，其规模之大，乃是空前绝后的[③]。这些反映出西周王朝不但摧残了江西的地方社会，也加剧了对江西铜矿资源的掠夺。西周及春秋战国时期，外来势力不断压迫江西，使活动于赣江、鄱阳湖一带的江西先民饱受战争之苦，不断逃离适宜生产生活的滨江带湖之地而退入山区，沦落到散居杂处的山地部落状态。《吕氏春秋·恃君览》说："扬、汉之南，百越之际，敝凯诸、夫风、馀靡之地，缚娄、阳禺、讙兜之国，多无君；……其民麋鹿禽兽，少者使长，长者畏壮，有力者贤，暴傲者尊，日夜相残，无时休息，以尽其类。"江西的状况，亦大致如此。就考古情况而言，西周及春秋战国时期江西并没有出现较成规模的城邑，也几乎没有明确属于西周及楚、吴、越贵族的大型墓葬，表明当时的江西境内并没有形成相对独立的政权。这一方面加剧了江西地区被恣意蹂躏的情况，另一方面也使江西总是较大程度地受到西周及楚吴越文化的影响。

江西因地理形势，颇受中原、吴、越、楚等地作用和影响，难以形成一以贯之的文化系统，却形成了"杂而多端"的文化特色。商朝及楚、吴、越等国流行尚鬼神、崇巫觋、喜卜好祀之风；周虽号称重人事、主

---

① 《竹书纪年》，影印文渊阁四库全书，第303册，上海古籍出版社1987年版，第26页。

② 参见江西省博物馆等：《江西清江筑卫城遗址第二次发掘》，《考古》1982年第2期。

③ 江西省文物考古研究所：《江西考古的世纪回顾与思考》，《考古》2000年第12期。

民德，但对鬼神亦宽容、崇敬，亦富含宗教气息。春秋战国时期，吴、越、楚流行崇信巫鬼之风。其中，楚国崇神好鬼极其笃诚。《国语·楚语》所记“自公子以下至于庶人，其谁敢不齐肃恭敬致力于神”，正是这一风俗的反映。举凡天神、地祇、人鬼乃至自然万物，均系祭祀、膜拜的对象，乃至史书时有此地民间流行的“淫祀”的记载。《吕氏春秋·异宝》载：“荆人畏鬼，而越人信禨。”汉代王逸《楚辞章句·九歌章句》亦云：“昔楚国地郢之邑，沅湘之间，其俗信鬼而好祀。其祠必作歌乐鼓舞，以乐诸神。”《楚辞·九歌》从头到尾是巫在酣歌恒舞，其功能正如《国语·楚语》所云，在于“上下说于鬼神，顺道其欲恶”。又据《汉书·地理志下》，先秦以来，楚人“信巫鬼，重淫祀”，吴“与楚接比，数相并兼，故民俗略同”。由此，即使不受外来文化的影响，江西先民也已有浓厚的以鬼神信仰为中心的原始宗教信仰。另外，楚人也有丰富的图腾崇拜，以为飞禽、爬虫、走兽，无论善恶，都有与人相通的灵性。楚人深信祝融是自己的先祖，而祝融正是凤的化身，莫不尊凤。同时，楚人受中原文化的影响，亦崇尚龙。在楚人心中，只要借助龙与凤的力量，可登天入地而无所不达。这种图腾文化，对包括江西在内的南方地区造成了极为深刻的影响。

总之，江西地处长江中下游，介于岭南、东南、华中之间，号称“吴头楚尾”“粤户闽庭”。先秦江西在自我发展进步中，长期受到中原文化、荆楚文化和吴越文化的影响，海纳百川，博采众长，这是赣文化的鲜明持征，表现在原始宗教文化上也是如此。

二、江西图腾崇拜演变及其宗教文化意蕴

受多种文化的影响作用，先秦赣鄱大地的图腾崇拜比较发达，复杂而多元。代表性的有阳鸟崇拜、龙崇拜、虎崇拜、鸟虎合一崇拜、羽人崇拜。其中，鸟崇拜在其中居于根本性的地位，成为贯穿先秦江西图腾崇拜的主线。

（一）阳鸟崇拜

阳鸟崇拜，是上古以来族群认“鸟”为始祖神与太阳崇拜结合的产物。“阳鸟”是指随太阳迁徙的候鸟，种类非一，以雁、鹤为代表。《相鹤经》曰：“鹤，阳鸟也，而游于阴，盖羽族之宗长，仙人之骐骥也。”[①]《苏氏易传》卷五注“鸿渐于干”云：“鸿，阳鸟而水居者也。”[②]或以为，鸿雁春避阳暑而北，秋避阴寒而南，正与太阳之冬南至、夏北至行迹相应，故或谓之随阳鸟。鸿雁既为随阳之鸟，自得谓即阳气之精；若由随阳鸟名义寻之，当为季候之神或炕旱之神[③]。这些受到人们崇拜的“阳鸟”，到后来逐渐演变为象征祥瑞的朱雀、凤鸟（凤凰）之类。以鸟为图腾部落、族群，在古代中国可谓古老、庞大。例如，大汶口遗址出土陶器发现的古象形纹符“鸟”，即为“丹凤朝阳”的图腾徽铭，也是少昊阳鸟夷的族徽。在新石器时期黄河流域仰韶文化的彩陶中，有大量的鸟纹。《墨子·非攻下》记载大禹部族的神灵，“人面鸟身”。《诗经》云：“天命玄鸟，降而生商。”现代考古在长江中下游地区发现了许多4000年前至3000年前的陶器，不少带有飞鸟图腾[④]。

江西正是阳鸟崇拜的重区之一。约公元前4000年，夏朝建立前，江西居民大都聚居在彭蠡泽周边，已被归属于“阳鸟夷”中。《史记·夏本纪》云：“淮海维扬州。彭蠡既都，阳鸟所居。……鸟夷卉服。”栖息古彭蠡泽一带的候鸟，种类繁多，数量巨大，尤以鸿雁、白鹤为最。这自是江西兴起阳鸟图腾崇拜的“物质”基础。不过，江西流行起阳鸟崇拜，则与阳鸟夷文明的传入密切相关。蚩尤被黄帝战败后，本属“阳鸟夷”东夷族的九黎族，其一部分流入到彭蠡泽一带，他们自然把原始的鸟图腾带到了“阳鸟王国”的江西。由此“阳鸟图腾”在江西得以发扬光大。在新干大洋洲商墓出土的诸多青铜器以至于陶瓷器物上，往往装饰有鸟形象的图案。例如，在一件夔形扁足鼎的立耳上，各铸一凤鸟。在青铜镈的舞部，左右各铸一伏鸟，均呈浮雕状，并与伏鸟有外省青铜器上不多见的“燕尾纹”。另外，在吴城文化遗址中，在多个青铜器、陶器之

① 余欣：《敦煌的博物学世界》，甘肃教育出版社2013年版，第312页。

② 曾枣庄、舒大刚主编：《三苏全书》第一册，语文出版社2001年版，第308页。

③ 丁山：《古代神话与民族》，商务印书馆2005年版，第224页。

④ 陈勤建：《中国鸟文化：关于鸟化宇宙观的思考》，学林出版社1996年版，第56页。

上，都有“鸟”的装饰。樟树刘公庙出土的铜鼎立耳上铸有一对飞鸟，还有商代文化遗址中出土的诸多鸟首形陶质研磨棒、鸟形陶把手及鸟形或饰有鸟形图案的陶制品等。江西阳鸟图腾如何展开，史无明言。1985年11月，湖南长沙县南托乡大塘遗址出土了一件距今约7000年彩绘双耳陶罐的残件。残件上绘有一幅农业祭祀图，罐颈上有一圈干阑式房屋的图案，屋前绘有一圈流水纹，两耳部各有一朵花瓣，耳下及腹两侧各画一只高冠长尾鸟，鸟嘴含一束禾苗，鸟头前方高悬着光芒四射的太阳，四鸟之间各以一组树冠图案分隔。此物为农耕祭祀时神坛上供奉的祀神器物，图案表现了荆蛮傍水而居的情景，寓意春暖花开、风和日丽，天降神鸟、赐我嘉乐、教我耕种。这一文物的出土，也证实了7000年前与江西毗邻的洞庭湖地区崇拜阳鸟[①]，当大致可以反映江西境内阳鸟夷的崇拜情况。又，1989年12月，杭州市发现了一件良渚文化墓葬中出土的大玉璧。玉璧上刻有图案，显示了一个五级阶梯形的祭坛，祭坛顶端有一只身体椭圆、头尾分明、两翼舒展的小鸟，配有太阳、新月等图案[②]。这是一个典型的阳鸟祭祀图，可以反映5300—4500年前良渚文化“阳鸟崇拜”的祭祀仪式。江西境内的“阳鸟夷”，其祭祀阳鸟的仪式，大致应该类似于此。或建有简单的祭坛，或其他器具上刻上部族图腾，然后举行祭祀仪式，向神灵祈求福祉。

至迟从新石器时代中晚期始，江西就已形成了以原始农业为中心的图腾崇拜模式。崇拜节候性的“阳鸟”，以借助“神”的威力提醒人们及时从事农业生产。江西先民的“阳鸟崇拜”有相当的生产生活的适用性，并不完全只是出于精神的图腾。

（二）龙崇拜

随着外来文化的渗透与输入，主要聚居在彭蠡泽周边的江西先民，在信奉鸟图腾的同时，又有了龙崇拜。“龙图腾”源于上古时代天象崇拜的原始信仰，在夏、商、周三代已是较为流行。《左传·昭公二十九年》:

---

① 韩作荣：《另一种散文》，明天出版社2007年版，第142页。

② 胡尔克编：《中国百年考古大发现》，兵器工业出版社2001年版，第256页。

“故帝舜氏世有畜龙。及有夏孔甲，扰于有帝，帝赐之乘龙，河、汉各二，各有雌雄。”河南偃师二里头遗址出土的陶器残片上，发现了夏代龙纹，有链状鳞纹、鳍须、短肢、五爪及边饰云雷纹等[①]。

一般说来，靠近江河湖海的部族，比较容易创造依托于水体的龙神形象。江西位于长江南岸，境内又有巨大的彭蠡泽；彭蠡泽一带是赣地农业生产理想的区域，也是水产资源的重要区域。又由于境内蛇、蛟纵横，给本区先民的生产生活带来了相当大的困扰。江西先民应很早就接受了龙图腾崇拜。1993 年，毗邻江西九江的湖北黄梅县白湖乡张城村焦墩遗址的西北部发现了一条用不同色彩的河卵石摆塑而成的全长 4.46 米的巨龙。龙塑时间距今约 6000 年，属大溪文化，人称“长江第一龙”[②]。在上古时期，不断上涨的海潮给彭蠡泽带来了大量的海生动物，其中就应当包括长江一带“龙”的原型。活动于南方的三苗有显著的崇拜龙神的行为。《山海经·海内经》：“有人曰苗民。有神焉，人首蛇身，长如辕，左右有首，衣紫衣，冠旃冠，名曰延维，人主得而飨食之，伯天下。”汉应劭《风俗通》记：“齐公出于泽，见衣紫衣，大如毂，长如辕，拱手而立。”有方士告诉他：“此所谓泽神委蛇者也，唯霸王乃得见之。”因此可知，“苗民之神”属于“泽神”，即一种“龙神”。属于“三苗”而居于彭蠡泽一带的江西先民自然也崇奉龙图腾。然而，在大禹南征三苗国之后，江西的阳鸟夷以及三苗人被迫退让，不少人或迁徙到山地。商朝中期以后，外来势力不断进入彭蠡泽周边地区，更逼迫原先居此的江西民众不断逃入山区，因此江西地区的原始崇拜，其山地色彩也就不断强化，而以水为主体的“龙崇拜”遭到了严重的弱化。

自龙崇拜兴起后，随着时间推移至春秋战国，不少中原诸侯国已以龙为不祥之物。《国语·鲁语下》：“水之怪曰龙。”《左传·昭公十九年》：“郑大水，龙斗于时门之外洧渊。国人请为禜焉。”与“龙”相关

① 庞进：《中国龙文化》，重庆出版社 2007 年版，第 49 页。

② 郑军、徐丽慧编著：《中国传统龙纹艺术》，北京工艺美术出版社 2012 年版，第 60 页。

的“蛟”，在中原地区更是视为暴虐邪恶之物，从欲诛之而后快。如《吕氏春秋·仲夏纪》：“是月也，令渔师伐蛟取鼍，升龟取鼋。”又《吕氏春秋·知分》记载有荆人次非斩杀两条蛟龙的故事。相较之下，水文化发达的吴越地域却很崇拜龙或蛟龙，视之为祥瑞。当时，海洋开发程度较低，吴越地域民众的生计主要依赖于江河湖泊的水产品，从而导致他们感恩“江湖”，创造了许多与之相关的神话传说及原始崇拜。如《吴越春秋·阖闾内传》：“吴在辰，其位龙也，故小城南门上反羽为两鲵鳐，以象龙角。”又如《吴越春秋·越王无余外传》：“禹济江，南省水理，黄龙负舟，舟中人怖骇。”大禹自称“受命于天”“颜色不变”，龙便“曳尾舍舟而去”。这两处记载，恰好可以反映中原人忌讳龙，吴越之人则把它视为保护神。吴越人笃诚于祭祀江湖水神，相信江湖水神与他们的生活息息相关。如《越绝书》卷八：“江东中巫葬者，越神巫无杜子孙也。死，句践于中江而葬之。巫神，欲使覆祸吴人船。”卷十四载：“春祭三江，秋祭五湖。因以其时，为之立祠。”《吴越春秋》卷九：“祭陵山于会稽，祀水泽于江州。事鬼神二年，国不被灾。”[①] 吴越人借助于江湖北上或西进，是江湖成就了他们的霸业，为此崇拜江湖水神，也就不难理解。由于春秋战国时期，江西总是有来自吴、越国的威胁与破坏，江西人进一步对传统的龙崇拜产生了分化心理。

就自然地理而言，鄱阳湖与长江是江西对外开放的最大口子，输入更为先进的政治经济文化，但同时也往往带来战争与被掠夺的深重灾难。因此，江西先民身处于水道极为便利、水资源极为丰富的环境中，却很少创造关于江湖的正面形象，而倾向于在山地里创造“神仙”。江西民众依山傍水，其生产生活并不完全依赖江河湖泊的水族，因此对于各类“水神”，也是爱恨交加、信疑不定，特别是当江湖成为外力进入的路径，构思出多半为害人的蛟龙之类。早期江西境内的龙崇拜，与长江中下游流域的龙崇拜是一致的。但随着江西先民不断被挤压到山地，龙崇拜也与吴、越的龙崇拜产生了差异。江西先民习惯于在山中求雨，祈求的对

① 参考李永鑫主编：《绍兴通史》第一卷，浙江人民出版社 2012 年版，第 294 页。

象就是龙神，但它们是“山地龙神”而不是“江湖龙神”了。在长江、彭蠡泽周边的“江湖龙”，则逐渐演变为作恶害人的“蛟龙”，由此驱蛟、除蛟便成为一种正义的行为。

概言之，以彭蠡泽为活动中心的阳鸟夷及三苗被大禹征服之后，原主要依据江湖的江西先民大量向山地迁徙或逃散，相关的阳鸟崇拜、龙崇拜，也就逐渐降位、消隐。然而，鸟崇拜、龙崇拜植根于江西民众思想的深度，在历史长河中并没有消失。

（三）虎崇拜与鸟虎崇拜

至商朝中后期，鼎盛于江西吴城一带的部族，已远离彭蠡泽周边，深入山间盆地。思想意识中不再以阳鸟、龙为崇拜主体，而逐渐演变为具有山地色彩的虎神崇拜。

1989 年冬在新干县大洋洲考古发掘商代遗址中，出土了大量祭祀物品。这其中的不少器物既具有高度的写实性，又有丰富的想象力，比较充分地反映了商文化与江西文化的互动交融，也很好地反映出当时江西原始宗教信仰的若干情形。其青铜器中，“虎”引人注目。其中有 3 件方鼎和 7 件扁足鼎的双耳上均铸卧虎，这 10 件鼎上的 20 件雕卧虎，虽大小有异，但造型一致，均与伏鸟双尾虎形器之虎姿势雷同。此外，尚有 3 件扁足鼎的足部，3 件曲内戈的内部，均呈变体虎形和虎头装饰；还有青铜箕形器柄部两侧用阴刻的侧面虎形，乃至其他青铜器上的大量兽面纹中的变形虎纹等等。其中，有一个仅见于江西的青铜头像，类似于由两个面具合成、中空的立体头像，被称为“双面神人青铜头像”。此头像造型非常奇特。头像额部宽，下颈部窄，形似倒置的等腰梯形。五官外形似人，却长有獠牙、圆目、阔鼻和尖耳，龇牙咧嘴，怒目圆睁，双耳高耸，是为半人半神的形象。青铜头像的头顶有圆管，下部有方形柄。头顶两侧各有一根修长而卷曲的羽毛，饰有阳线卷云纹。推测这是一个在人脸基础上呈现“虎”特征的造像。头颅的尺寸与虎头的尺寸相似，而圆颅方颔又体现了虎的脸部特征。眼睛圆睁、龇牙咧嘴、尖耳高耸，正是老虎发怒显威时的状态。综合起来，这是一只“怒虎”，而两耳之上羽毛的造型，又表示这是一只“飞虎”。推测这个“双面神人青铜头像”

不但是平时祭祀的对象，也是在战时被当作保护神祭出来以威吓敌人的神像。或是一幅图腾化的巫傩神器。另外，新干县大洋洲出土玉器中有16件双耳上饰圆雕卧虎，卧虎扁足圆腹鼎的扁足亦作虎形，无一例外均如此。又，据樟树吴城遗址的考古发现，在出土了大批商代中晚期文物中，亦有多只老虎造型的青铜器物。尤其是在吴城出土的重要礼器鼎上广泛装饰虎的形象，显示虎对吴城文化的族群有特殊意义①。或者说，吴城文化族群树立起了“虎图腾”。

赋予神性的动物纹样是商周时期青铜器上常见的装饰艺术母题。“商周青铜器上的动物纹样有其图像上的意义，它们是协助觋沟通天地神人的各种动物的形象”“兽食人母题即代表动物是巫师沟通天人的助手，张开的兽口可能是把彼岸（如死者的世界）同此岸（如生者的世界）分隔开的最初形象，青铜器上的人形非巫师莫属，他正在动物的帮助下升天。”②“虎”之所以成为青铜器装饰艺术母题，正是基于人们对其神性的信仰。《风俗通义》曰：“虎者阳物，百兽之长也，能执精挫锐，噬食鬼魅。”虎还被视为镇守天门的神兽。《楚辞·招魂》曰：“君无上天些，虎豹九关。”进而神也以虎的形象出现。如《山海经·西山经》：“西南四百里，曰昆仑之丘，是实惟帝之下都，神陆吾司之，其神状虎而九尾，人面虎爪，是神也，可天之九部及帝之囿时。”《山海经·大荒西经》：“有神，人面虎身，有文有尾，皆白。”新干大洋洲商墓青铜器虎形象与商周时期的动物纹样一样，是沟通天地神人的中介。③“虎”作为江西商代青铜器重要的装饰艺术对象，当是受外来的虎氏文明的影响。虎氏本是甘青高原的一个古老的“虎图腾”氏族，早年随黄帝族一同东迁华北，成为夏人的姻亲部族。商汤灭夏桀时，有一支虎氏南奔，在赣鄱地区定居下来，其主体人口与土著居民一起创造了灿烂的吴城文化，后势力张大，最终形成一附属于商王朝的“虎方国”。虎氏来自文化发达的中原，掌握

① 吴志刚：《吴城文化族属源流考辨》，《四川文物》2011年第1期。

② ［美］张光直：《美术·神话与祭祀》第四章，辽宁教育出版社1998年版。

③ 彭明瀚：《关于新干商墓虎形象的几个问题》，《南方文物》1993年第2期。

了先进的文化知识和技术，诸如文字、陶范铸造技术、祭祀礼仪、通神术等，拥有相当的话语权。由于虎氏以虎为图腾，在江西吴城一带蔚成了浓厚的虎崇拜氛围。当然，江西山地纵横，森林茂密，山林中老虎多有也是一大原因。

虎形象成了吴城文化青铜器装饰艺术的母题，作为祭祀重器的青铜鼎，或在双耳上铸圆雕卧虎，或在腹部饰虎头兽面纹，或将鼎足做成变体虎形，以招致神灵前来享用丰厚的牺牲；兵器戈内部亦铸成虎头形，以便给戈添上巫祝的力量，保佑战士奋勇杀敌；作为王权标志的大钺，中部也铸有一张口露齿的虎口形，以增加王权的神秘色彩。以殷墟考古的情况推测，商朝人早期并不崇拜虎。而到了武丁时代的王墓中，却突然出现了虎神造型，并且只出现在王家礼器上，表示其信仰仅与王族有关。殷墟的虎神形象表现为臣服状的“跪虎像”，与江南的虎神形象不同。[①] 殷墟的虎神不仅被当作保护殷王王宫的神兽，还被当作保护王畿国境的边疆神。[②] 吴城遗址产生的年代，与殷墟中出现虎神形象的年代非常接近，而吴城遗址中大量的虎形象，显示它与商代的虎方国有密切关联。

大约与虎图腾盛行的前后，江西地区的鸟虎合一的图腾也开始出现。吴城文化的“伏鸟青铜虎”是“虎方”政治集团的神物。鸟骑在虎背上，正视前方，威不可犯，虎在下，屈腿低头，虎威似有若无，一副寄人篱下之态。此器或是信奉虎鸟图腾两个民族或氏族整合的象征，或是祭祀远古女始祖和男始祖的合体神主。新干商墓中出土的兽面神人玉饰，亦属一件鸟虎合体器。该玉饰分上中下三层雕饰。上部为羽冠，象征鸟图腾；中部有眼、耳、鼻、口、腔、脸，像人形；而神人口中却露出上下两排方齿和上下各两对外卷的虎形獠牙，又象征虎图腾。整个玉饰的正面，雕琢成一个头戴高冠的巫师形象，是为鸟、人、虎三者合体的图腾神像。从玉饰上两边的圆穿（孔）分析，此玉饰应为缀于酋长兼

---

① 郭静云：《天神与天地之道：巫觋信仰与传统思想渊源》，上海古籍出版社 2016 年版，第 346 页。

② 郭静云：《试释“虎朦”——兼论老虎为殷王室保护神的作用》，《甲骨文与殷商史》第四辑，上海古籍出版社 2014 年版，第 101 页。

巫师的傩舞引领着法衣上的某个部位，或单独于图腾神主的某个部位，让族人崇拜的神器。值得注意的是，《山海经》记载的江西原住民“赣巨人”正是“虎首鸟足”。《山海经·海内经》载：“南方有赣巨人，人面长臂，黑身有毛，反踵，见人笑亦笑，唇蔽其面，因可逃也。”“又有黑人，虎首鸟足，两手持蛇，方啖之。”《山海经·海内南经》载：“枭阳国，在北朐之西，其为人，人面长臂，黑身有毛，反踵，见人则笑，左手操管。”郭璞注解说，“赣巨人”即“枭阳也”。所谓“赣巨人”或“枭阳”，实际上是赣域的一种古老的原住民。“虎首鸟足”的赣巨人，与新干那种背伏一鸟、虎首鸟足的伏鸟双尾虎形器就极为接近。中原南迁赣鄱地区的虎氏族与本地土著的鸟氏族结成联盟，相互融合，形成了一个强大的政治实体。“虎首鸟足”的青铜伏鸟虎形神器，较为充分地说明，虎氏族与鸟氏族已有机地融合到一起了。

在西周王朝摧毁了包含虎方国在内的吴城文化后，虎神象征的权力也就大体消失，仅呈现为山地生活所敬畏的神灵了。鸟图腾因与民众日常生产生活密切相关，已积淀成了江西人基本的文化心理，影响至深至巨。

三、羽人崇拜及其宗教文化意义

羽人，又称羽民，是身上长着羽毛或披着羽毛外衣的奇异之人。《山海经·海外南经》称，羽民国“在其东南，其为人长头，身生羽。一曰在比翼鸟东南，其人为长颊”。郭璞注引《归藏·启筮》云：“羽民之状，鸟喙赤目而白首。”推测其现实的情形是：“羽人”崇拜鸟，惯于以羽毛装饰自己，又如鸟般结巢而居。“羽人”在历史上最早于何时出现，已是茫然，但至迟在商朝建立时就已产生。商人将玄鸟作为自己的始祖，所谓“天命玄鸟，降而生商”。此“玄鸟”其实就是鸟和人结合的羽人。当然，商人的“玄鸟”及其信仰，并不完全同于《山海经》中所言的“羽人”，他们的羽人观念及其形象，是一种祖先图腾，应属于“神格羽人”阶段。不过，商人“玄鸟”肯定对于后世“羽人”的产生有着相当的影响。随着神仙观念产生，羽人也不断地被神化，日渐形成了鸟图腾与神仙崇拜结合的羽人崇拜。

先秦时代，伴随着“不死”“成仙”思想的兴起与流行，“羽人”也就逐渐演化为仙人的形象。《吕氏春秋·求人》载，大禹四方求贤，“南至交趾、孙朴、续樠之国，丹粟、漆树、沸水漂漂九阳之山，羽人、裸民之处，不死之乡”。在此，“不死之乡”就是指南方的“羽人、裸民之处”，而它们为人所知，乃是因为大禹的“发现”。“不死之乡”源于“不死之人”。屈原《楚辞·远游》曰：“仍羽人于丹丘兮，留不死之旧乡。朝濯发于汤谷兮，夕晞余身兮九阳。”东汉王逸注曰：“因就众仙于明光也。丹丘，昼夜常明也。……《山海经》言有羽人之国，不死之民。或人得道身出羽毛也。”“羽人”本身类似于仙人，甚至等同于仙人。东汉王充《论衡·无形》：“图仙人之形，体生毛，臂变为翼，行于云……”“身生羽翼，变化飞行，失人之体，更受异形”。北宋洪兴祖补注中则言：“羽人，飞仙也。”[①]“羽人”有着长生之术，并能够沟通上天与人间，引导人类成仙。而包括江西在内的南方社会广泛奉行的鸟图腾，正是“羽人”信仰的一大基础。

羽人不死成仙已是一种相当典型的神仙观念和原始宗教实践。羽人形象在春秋战国时的出土文物中多处出现，如在战国早期曾侯乙墓内棺的漆画中，有两个羽人，尖头大耳，身生羽翼，持戟站立，旁有四个持戟神怪。又，2000年湖北荆州天星观2号墓出土了一件战国时期的漆凤鸟羽人木雕。这些羽人形象，大多数出土于楚地。从文献记载和出土文物可知，春秋战国时期，羽人信仰盛于南方，都在楚文化覆盖或影响范围之内。江西地区也是“羽人”生活的主要地区之一，其羽人不死成仙观念的形成甚至早于一般的南方地区。《淮南子·原道训》称，舜帝说：“夫能理三苗，朝羽民，徙裸国，纳肃慎，未发号施令而移风易俗者，其唯心行者乎？”其中“羽民”即“羽人”,“裸国”即“裸民”，两者并举，也反映他们处于同一地域，且存在于尧舜禹时代。《淮南子·坠形训》说海外有三十六国，自西南至东南方，有“结胸民、羽民、讙头国民、裸

① 文渊阁四库全书集部《楚辞补注》卷五《远游》,（台北），商务印书馆1996年版，第1062册第206页。

国民、三苗民”等。又云：“洋水出其西北陬，入于南海羽民之南。”明确指出“羽民”生活在“南海”地区。如前所述，三苗生活在彭蠡泽和洞庭湖之间的“南海”地区。“羽民”“裸国”这两个“不死之乡”都是三苗的邻居，也都处于彭蠡泽和洞庭湖之间，与江西地区颇有关联。《尚书·禹贡》：“彭蠡既潴，阳鸟攸居。”在大禹时代，江西境内最集中的居民就是“阳鸟夷”。《大戴礼记·五帝德》记载舜帝“使禹敷土，主名山川，以利于民”，又“南抚交趾”以至于“东长夷、鸟夷、羽民”。“鸟夷”即“阳鸟夷”。“鸟夷”与“羽民”并举，反映两者是相邻的部族。《归藏·启筮》云：“金水之子，其名曰羽蒙，乃之羽民，是生百鸟。”通常认为这个“羽蒙”就是“羽民”，但从叙述语气来看，“羽蒙”是一个人，或是“羽民”的部落首领。总而言之，“羽民”与“阳鸟夷”“三苗”同为大禹时代的江西部落。

至迟于商朝中期江西地区已兴起了羽人崇拜。在新干大洋洲商代大墓中，出土了一件造型奇巧、工整精美的“玉羽人”。羽人通高11.5厘米，用青田玉浮雕而成，呈枣红色，作侧身蹲伏状且两侧对称。眉毛粗壮，有“目”字形的大眼，半环形的大耳，鸟喙状的大嘴，头顶有鸟冠状饰物，头顶后部悬有用掏雕技法琢出的三个相套链环。双臂卷曲于胸前，拳心向内，蹲腿，双膝微上耸，腰背至臀部有阴刻的鳞片纹和羽纹，肘下至臀部雕刻出羽翼[①]。“羽人”从头至腿部都充分表现出“鸟”的特征，但头、面、目、身躯、手、脚等却是人的特征，人与鸟集于一身，赋有浓厚怪诞色彩[②]。这个形象特别的“玉羽人”，或正是“羽民”的写照，反映新干大洋洲的商代部族之中就有“羽民”的后裔。可以佐证江西就是大禹时代“羽民国”“不死之乡”所涉及的地理区域。虽然这件“玉羽人”崇奉鸟图腾氏族的巫师在祭祀时佩戴之物，可能只是作为巫祀仪式的伴生物，既没有宗教伦理的理论准备，亦不可能对仙界作出具体

① 王水根：《鸟图腾及相关问题》，《殷都学刊》1994年第1期。

② 彭明瀚：《新干大洋洲商墓的发现与研究》，《商代江南》，中国社会科学出版社2006年版。

的设计，更无后世具体升仙手段，但当时的人已经存在羽化登仙的朦胧愿望，则是真实无疑的。值得注意的是，原始宗教产生后，玉器已成为巫师通神的基本器具，后发展为王权的标志。江西地区至迟在商代就已形成了羽人崇拜，这一方面是当地鸟图腾鸟崇拜盛行，另一方面也与神仙不死信仰在此地的流行密切相关。换言之，江西的羽人信仰，正与境内奉行的鸟图腾和神仙追求密切相关。

大禹及其部族称为羽人为“不死民”，称羽人生活的区域为“不死之乡”，实是他们对“不死”追求的真切反映。他们认为，“羽民”之所以“不死”，是因为羽民掌握了“仙药”或“仙术”。大禹家族内出现了“不死草”“太乙禹余粮”及“彭祖八百岁”的传说，当与这种认识有关。这就催生了最早的“长生不老之术”，这种方术的基本要素就是像羽人那样，借助于“仙药”或“仙术”而做到“长生不死”。这对后世的道教产生了不小的影响。魏晋以来流行的“人鸟山形图”，被炼丹家奉为圭臬，它就是以“羽人”“不死”为基础而创作的图经，如《玄览人鸟山经图》云：“无数诸天，各有人鸟之山，有人之象，有鸟之形，峰岩峻极，不可胜言。”羽人崇拜促进了羽人方仙道化。西晋王嘉《拾遗记》记载周昭王曾梦见羽人，教以“上仙”之术，这个传说或能反映“羽人”方仙道化的传说在西周早期就已经流行。道教创立后，“羽人”成仙已是道人的基本意识。以至于“羽人”“羽客”成为道士的代名词，而道士去世也被称为“羽化”了。江西是羽人崇拜的重区，产生出了以“羽人”为中心的方仙文化。魏晋时期江西成为著名的“毛衣仙女”故事的发源地，自有其特别的文化基因。

四、丧葬观念中的原始宗教意识

诚如《孟子·滕文公》所言：“盖上世尝有不葬其亲者，其亲死，则举而委之于壑。”最初，人类对同类的尸体的处理简单、随意。进入文明社会之后，如何“文明”地对待死亡，便成为必须直面之事。基于记忆、感情、梦境等心理活动的综合作用，他们普遍相信灵魂不死，死者神圣，死者以“鬼”或“神”的形态存活在另一世界里。由此形成了“事死如生”的丧葬观念和礼仪文化，铸成了一种类似宗教的情感。《荀子·礼论》云："丧礼者，以生者饰死者也，大象其生以送其死。故事死如生，事亡如存，终始如一也。"[①] 这种观念、情感，至迟于新石器晚期（约相当于尧舜禹时代）就已经出现了，并较为深刻地影响到江西地区。而江西先民也形成了自己的丧葬观念与做法，丰富了原始宗教的内容。

依考古发现，江西先民大多采用群居模式，同一氏族、同一部落的居民聚集在一起，过着"集体"生活。以城邑形式聚居的如樟树的吴城遗址，以村落形式聚居的如修水山背遗址、新余拾年山遗址、九江县神墩遗址、赣州竹下园遗址，以崖居穴处形式聚居的如万年仙人洞遗址、龙虎山仙岩遗址等。他们在从事渔猎、采集、种植时，应该都是集体行动的；在生产力水平低下的情况下，这种群居住、群劳动的模式，不仅有利于提高生产生活能力，而且有利于抵御外敌入侵。这在葬俗中也较为充分地显示出来。例如，靖安郑家坳考古发掘的十数个新石器晚期墓地，这些墓葬分布密集，显示这里是一处氏族公共墓地。[②] 新余拾年山为江西新石器晚期最典型的遗址，共清理墓葬 100 余座、房址 10 余处，出土文物 3000 余件。墓葬分布在遗址南部，从葬俗上看均为二次葬，存在有圹、无圹两种形制[③]。这是墓葬区与居住区紧密相连的一个典型例子。又如，赣州市竹下园遗址商周遗存，房屋坐北朝南，基本分布在一条南北中轴线上，墓葬一般分布在房屋周围。墓葬均为长方形土坑竖穴墓，一类墓坑窄小，无随葬品，另一类墓坑稍大，似经火烤，随葬品堆放于墓内一侧[④]。樟树市吴城遗址，城内分布有居住区、墓葬区、铸铜区、窑区和祭祀区[⑤]。将墓葬区安排在城内，反映了生者与死者同群同在的观念。再如，大约产生于春秋战国交替时期的龙虎山仙水岩的崖墓悬棺葬，崖墓数以百计，棺木安放在悬崖峭壁之上的洞穴里，一片悬崖就是一个

① 武乾：《夷夏之间：长江流域的礼制与法制》，长江出版社 2014 年版，第 9 页。

② 彭适凡：《江西先秦考古与研究概述》，《南方文物》1986 年第 1 期。

③ 刘诗中：《江西新石器时代文化探讨》，《考古》1993 年第 12 期。

④ 江西省文物考古研究所等：《江西赣州市竹园下遗址商周遗存的发掘》，《考古》2000 年第 12 期。

⑤ 江西省文物考古研究所：《江西考古的世纪回顾与思考》，《考古》2000 年第 12 期。

公共墓地。仙水岩上还有很多日常生活的痕迹，可知当时的部族也生活在悬崖的洞穴之中。江西滨江带湖及平原地区的墓葬，偶尔也呈现了商周或楚文化的影响，但并不占主体；众多的山地部落各有各的葬俗，都与商、周及楚、吴、越的葬俗不同；还突出体现了一种“公共墓葬”的特点。这种公共墓区与居住区紧密相连，显示江西古人俨然把亡者当成了群落的一部分。总结起来，江西先民基于群体活动的情感、祖先崇拜以及部族的“自保”意识，其墓葬具有浓厚的群体色彩。他们采用了公共墓葬的形式，与居民区毗邻共处，颇有祈求“祖宗保佑”的意味，但严格说来是祈求“祖宗群体保佑子孙群体”。

“生死同享”是先秦以来丧葬的基本观念，这在江西地区表现得亦相当浓厚的。在靖安郑家坳发掘的一批新石器晚期墓地中，大多数都发现了随葬品，多者一墓十余件，少的一墓也有四五件，基本上都是陶器，有鼎、豆、壶、罐等[①]。就当时的生活水平而言，陶器应该是最重要的用品了，把它们安葬到墓地里，表明当时的人们已经产生了“生死同享”的观念。新余拾年山新石器晚期遗址，常见的葬品有鼎、豆、壶、器盖等生活用品，钺、锨、刀等石质工具；稍晚出现了琮、环、钺等石质礼器，这些是象征性的，没有实用价值[②]，但宗教意识却较为显著地增强了。随着生产力的发展、社会财富的积累、社会阶层的分化以及外来文明的输入，江西先民这种“生死同享”的概念也被演绎到极致。例如，新干大洋洲的商代大墓，出土随葬品极为丰富，有青铜器、玉器、陶器和原始瓷器 1374 件，包括礼器、兵器、农具、工具和生活杂器等，以兵器和生产工具数量居多。[③] 这些随葬品不仅生动形象地反映墓主人生前的生活状态，而且表明了对死后生活的追求。随葬品之多反映了殷商葬俗的影响，而随葬品多为日常生活用品，则又体现了江西地区的特点。另外，在赣州竹下园的商周遗址里，共发掘了 10 座墓葬，有的没有陪葬

① 彭适凡：《江西先秦考古与研究概述》，《南方文物》1986 年第 1 期。

② 刘诗中：《江西新石器时代文化探讨》，《考古》1993 年第 12 期。

③ 中国文物学会专家委员会编：《名家点金・文物知识系列（青铜器卷）》，山东教育出版社 2013 年版，第 210 页。

品，有随葬品的则堆放于墓内一侧，主要有鱼篓罐和豆等。从村庄遗址的出土情况来看，鱼篓罐和豆也是这里居民的主要炊具和用具，可知陪葬品与生活用品没有多少区别[①]。赣州竹下园墓葬与大洋洲商代大墓，就社会阶层而言形成了极为明显的对比，但在丧葬观念上却依然具有共性。而这种浓厚世俗生活化的丧葬观念影响到江西以后，积淀为江西人的文化心理之一。例如，2007 年初，在靖安县李洲坳发掘了一个属于春秋晚期大型墓葬。这个墓葬为土坑竖穴，有大量封土。墓穴内共有 47 具棺木，棺木由圆木挖空而成，上下合拢，其中 22 具棺木发现了人的遗骸，经鉴定均为年轻女性。出土各类文物 650 余件，涵有竹木器、漆器、玉器、青铜器、原始青瓷器、金器、金属器、纺织品。纺织品上绣有狩猎纹、车轮纹，金器上铸有龙纹[②]。1978 年，龙虎山仙水岩的崖墓悬棺出土了大批大约产生于春秋晚期到战国早期的遗物，其中陪葬品有陶器、原始青瓷器、骨器、玉器、竹木器、纺织品、纺织工具、古乐器等 220 余件。[③]棺木中还有房屋模型，顶盖呈两坡，两头上翘，底部悬空，由六足支撑，应是仿照生前干栏式住房而制成的葬具。[④]

夏商周三代，生产生活离不开占卜之类的巫术，择居和相墓都要进行卜筮。《礼记》：“宅谓葬地。大夫尊，故得卜宅与葬日。”这是堪舆中阴宅理论发展的基础[⑤]。江西先秦墓葬，普遍上采用“集体墓地”方法，或还没有明显的卜葬意识。不过，与其他诸多地区一样，围绕丧葬的巫术思想和实践也在不断展开。从新干大洋洲商周大墓、靖安古墓的情况来看，当时的鼎器、陶器、金器上已经有不少龙纹、虎纹、鸟纹，显示先民们已经开始把保护神的概念引入了幽冥世界。

---

① 江西省文物考古研究所、赣州地区博物馆、赣州市博物馆：《江西赣州市竹园下遗址商周遗存的发掘》,《考古》2000 年第 12 期。

② 《靖安东周墓入选十大考古新发现》，中国经济网，2008 年 4 月 9 日；徐长青、刘新宇编著：《湮没的王国：靖安李洲坳大墓探密》，江西人民出版社 2012 年版，第 9—20 页。

③ 彭适凡：《江西先秦考古与研究概述》,《南方文物》1986 年第 1 期。

④ 江西省文物考古研究所：《江西考古的世纪回顾与思考》,《考古》2000 年第 12 期。

⑤ 蔡杰：《中国古代堪舆小史》，中国长安出版社 2015 年版，第 29—30 页。

随着世俗成仙观念的产生和展开，江西葬俗之中也开始赋予亡者成仙观念。春秋战国之际的龙虎山仙水岩崖墓悬棺葬就是较为典型的说明。宋祝穆《方舆胜览》卷十七载："峰峦削立，高出云表。岩石嵌空，多为洞穴、房室、窗牖、床榻、仓廪、棺椁、鸡犬、禽鸟之状。"明徐学谟《游龙虎山二十四岩记》说悬崖上有很多"生人养生送死必需之具"。龙虎山悬棺葬应当就是"羽民"葬俗的一种遗存。另外，在赣东及赣南一带，还有很多"仙人石室""仙人城"的传说，也多半与"羽民"的葬俗有关。如德兴石虹山，《鄱阳记》云："中有石砥，平如床，可容数百人，旁列石障如屏风，篆书为八十三字。有横石跨水而渡，文彩青若虹霓焉，因名石虹山。"弋阳有仙人城，"山峰壁立，高五十丈，形如层城，群仙之室，上有池，水清冷。"又《鄱阳记》云："弋阳岭上多穴岩，宋元嘉中有人见其岩内有三铁镬，可容百斛，中生莲花，他日往寻，不知所在。"又余干仙人城，"其城皆峭壁危石，亭上宫殿仓廪，历历可见。"赣县黄唐山石室，《舆地志》云："口方八尺，如数十间屋，上通天窗，下有方榻，有二石人巾栉而坐，傍有小石室七所相通，悉有石人。室前时有车马迹，春夏草不生，无诸毒虫。林木繁茂，水石幽绝，盖灵仙窟宅也。山下居人每丙日，辄闻山室有笳鼓箫乐之音。"[①] 这些在后人看来是仙人居住的地方，多半就是"羽民"的安葬之地，他们根据不同的山势地形，布置了形形色色的"彼岸世界"，使之与山川自然融为一体，显得神奇而飘逸。"羽民"死后的居住地被人们看作是"仙居"，而"羽民"也就被看成死后成仙的"不死民"矣。

总之，先秦以来的江西先民形成了"生死同群""生死同享"的观念，习惯采用公共墓葬的形式。又基于不断渲染夸张死后之享受的心理，以"礼器"代替日常用品的现象变得越来越明显，巫师在其中的功能也不断发挥，而死者也不断被"神化""仙化"。

① （宋）乐史撰，王文楚等点校：《太平寰宇记》，第五册，中华书局 2007 年版，第 2146、2153、2152、2141、2174 页。

五、祭祀活动的盛行与原始宗教色彩

至迟自商代以来，在内外文明的影响作用下，江西的祭祀文化不断地发展成熟起来，并形成了自己的一些原始宗教文化特色。

据清江县（今樟树市）吴城遗址的考古发掘，作为虎方国都城的吴城大约建于商代中期，面积约62万平方米。城内布局整齐，分布有居住区、墓葬区、手工业区和祭祀区，其中祭祀区处于中心部位。整个祭祀区（祭祀场）呈日字形，由对称廊道、一处约30平方米的大房子、祭祀台和红土广场等几部分构成。两条廊道，均有90余米长。广场中部为半月形祭台，用烧土铺垫，在周围有若干个柱洞，呈梅花状分布，推测这些密集的柱洞可能是用来插木主类祭祀标志的①。

至迟到三代，人们已直接崇拜生养人类的土地，形成土地神（社神）崇拜。随着宗教观念的发展，人们在祭地时置设一个土堆作为祭祀对象，或规定一个地方作为祭祀场所。这个土堆或祭祀场所天长日久，就变成了土地神的象征或神体。故《诗经·大雅·绵》把隆起在地平面上而象征土地神的高大土堆称为“冢土”。汉应劭《风俗通义》云：“社者，土地之主，土地广博，不可遍敬，故封土以为社而祀之，报功也。”商代，社祀已很盛行，所谓“宅殷社茫茫”。当是受殷商文化的影响，吴城居民也盛行封土祀社的习俗。新干大洋洲赣江沿岸高出地平5~6米（当时肯定更高）的三个鼎峙而立的椭圆形沙土堆（现当地民众称作的“三把伞”）就是其物证。据考古证明，“三把伞”实为封土祀社。在吴城文化遗址出土的陶文中，有一组是“入土材田”四个字。“土”即社，“材田”，即犁翻地里的杂草，以便播种。这件陶文的意思是“祭祀田神，犁耕田地”。② 社神是农业神，立社的祭祀活动自然少不了农具。大洋洲社祀坑中出土了包括开荒起土、中耕锄草、收割用具在内的各类农具65件，计有斧、凿、锥、犁、锸、耒、耜、铲、锛、斨、镬、镰、铚13类，涵盖了商代的基本农具，这也是商代农具出土最多的一次。这批

① 江西省文物考古研究所：《江西考古的世纪回顾与思考》，《考古》2000年第12期。

② 参见赵峰：《清江陶文及其所反映的殷代农业和祭祀》，《考古》1976年第4期。

青铜农具中有的铸造精巧、纹饰精美；有的铸工粗糙、素面无纹。这些器物可能是立社时举行农耕巫术后投入坑中的。社祭有时甚至有用人牲。新干社祀遗存中也有人牲的遗迹，遗存中出土了24枚牙齿，据测定，它们分属1—1.5、10—11、20—30岁三个不同年龄组的女性个体，如果把它们理解为社祀时的人牲的牙齿，正好与在庄稼成长不同阶段为社神供上不同年龄的人牲这一民俗相合，而且遗址中同样出土了处死人牲时所必须用到的农具铲和镰。[①] 据此，江西地区已有较显著的土地神信仰的观念。

社神还是战神、军神。《周礼·春官·小宗伯》："立军社，奉车主。"又《尚书·甘誓》："用命，赏于祖，弗用命，戮于社，予则奴戮汝。"正因为社神有军神的性质，新干商代社祀坑中出土大量兵器。社祀坑中的矛，锋部均朝西，正好向着赣江西岸的商代城址——吴城，这样摆放的目的也在于使社神能更好地保护吴城。[②]

祭祀祖先、英雄也是江西先民的一大活动。新干大洋洲出土了一件青铜双面神人头像形器。此器为中空的扁平形双面人首造型。前后各有一个面孔，眼睛洞穿，眼、鼻、耳、口、齿齐全，略显狰狞之状。似人非人而称之为神者，一是口中左右各露一类似虎牙的獠牙；二是头顶贯穿一圆管，头下有方銎；三是头部两侧各出一扁角。器形较大，通高53厘米，是祭祀的重器。从器形分析，系先民在举行巫祭之时，此器头部管中，必将插入饰物，头下銎中，或安有木柄。如此神圣之器，可由一人擎举或两人抬举，行进在巫祭队伍的显著或中心位置，由族人子孙顶礼膜拜。此器上的一对扁角，使人联想起英雄蚩尤。蚩尤是南方蛮族崇拜的君主（"九黎之君"），"耳鬓如剑戟，头有角"[③]。《管子·地数》甚至

① 彭明瀚：《江西新干晚商遗存出土青铜农具浅析——兼及商代是否大量使用青铜农具》，《中原文物》1994年第1期。

② 彭明瀚：《江西新干大洋洲商代遗存性质新探——兼与墓葬说商榷》，《中原文物》1994年第1期。

③（萧梁）任昉：《述异记》卷上，收载《百子全书》，岳麓书社1993年版，第4359页。

说到他与江西的直接关系，所谓“蚩尤受庐山之金而作五兵”。自然，这样的英雄祖先，正是新干商墓时代先民们所崇敬的巫祭祖先之一。

靖安县老虎墩遗址的祭祀台，出现在新石器时代晚期（略晚于吴城遗址时期）。此祭祀台大体处于墓葬区中心，为黄土筑成。祭祀台不是一次完成的，因为在祭祀过程中，不断累加墓葬，周边土层不断抬高，故而祭祀台也就不得不陆续加筑抬高，局部加高到了 80 厘米。祭祀台大致分成三个区域，中间为方形土台，东侧有密集的柱洞。方形土台之南，为一组红烧土建筑，北部为密集的墓葬排列区，先后安葬的坟墓形成了层叠累加之势。方形祭祀台的面积为 20~30 平方米，高出墓地 30 厘米左右。此方形平台，应该就是祭祀人员的活动平台。这个不算很大的平台，最多只能容纳一两个巫觋在上面活动。靖安老虎墩遗址祭祀台之南的建筑，应当是一个简易的大木棚，为送葬队伍的停留场所。总之，相比吴城遗址的祭祀台，靖安老虎墩遗址的祭祀台是一个规模较小但原理、功能相似的祭祀场所。由于这个祭祀台位于墓葬区，又足以推断这种祭祀是属葬礼的内容。另外，位于土台之南的红烧土建筑上有四个大木柱子洞，还有一些小柱洞，可知有木结构建筑。墓葬为东西向排列，多为土坑墓，少量有烤壁。墓坑内有火烧过的骨渣及残破的陶器，陶器有鼎、豆、壶等[①]。从祭祀台的情况来看，这里应是神像、图腾之类的供奉场所。吴城遗址的祭祀台上，也有密集的柱洞，或是供奉“木主”之类的地方。推测当时的部族图腾，就被刻画在这些木柱子上面，并密集地竖立在祭祀台上，以供人们礼敬膜拜。密集的柱洞，反映当时的人们除了部落图腾之外，还有其他需要崇祀的神灵。因为各地的图腾和崇拜是明显不同的，所以雕刻在木柱子上的神灵，也就有不同的形象。如商代青铜的动物纹饰有兽面纹、夔纹、龙纹、蝉纹、鸟纹、蚕纹、龟纹等[②]。楚

① 徐长青、刘新宇编著：《湮没的王国：靖安李洲坳大墓探密》，江西人民出版社 2012 年版，第 157—158 页。

② 李力：《中国文物》，五洲传播出版社 2010 年版，第 33 页。

国青铜器的动物纹饰有龙纹、凤纹等[①]。越人崇拜蛇、鸟之类，葬品中亦多此类纹饰。江西新干大墓的动物纹饰主要是虎，靖安古墓中发现了直径达30厘米的金龙神徽，是同时期体量最大、结构最为繁复的金器[②]。木主上的形象，与先民的崇拜对象应是一致的。

随着经济开发的展开和居民人口的迁移，江西地区的祭祀文化更为广泛地展开。例如，德安县米粮铺乡的黄牛岭发现两处祭祀土台，其中1号台（大台），台面约51×17米，台高2.2米，据出土陶器判定，为西周时期遗迹；2号台（小台），台面约为7×12.8米，台高0.92米，属商代后期遗迹。2号小台被叠压在1号台下。由小台而大台，正反映出随着时间的推移，当地祭祀的规模扩大的情形。在这两个土台的界牌岭地带，商贾遗址分布密集，可以想见当年这里人口密集，而这两个土台则是居民集会或祭祀的中心。

祭祀，主要以“通灵通神”的乐舞方式进行相关活动。在江西，全境所发现先秦青铜器音乐文化有：镈1件，大铙21件，甬钟7件，錞于1件，钮钟3件，铎18件，铃17件。可谓品类多，数量多。另有吹奏乐器埙2件，一件是在樟树营盘里遗址所出土的商代鸡形泥质红陶埙，另一件是在德安陈家墩遗址出土的泥质灰陶鸟形埙。这两件陶埙，都蕴含图腾气息。又，新干大洋洲商墓中，出土4件青铜打击乐器。其中3件大铙中，有2件为合瓦形腔铙，论其纹饰，与中原两类器物有一定相似性，但其花纹及制作技法，却颇具赣地特色。特别是1件六边形腔铙，因其铙腔断面独具六边形特色而令人耳目一新。3件大铙之外，还有1件在中原地区殷商时期尚未得见的青铜镈。此镈平舞、舞部饰类似蝉纹的阴刻卷云纹，横向两端各铸一伏鸟。4件乐器，可以看出当地音乐文化的先进性。春秋战国时期，江西更多地受周边文化的影响，乐舞文化也更为丰富多彩。考古出土的音乐文物，既有巴楚式的，又有吴越式的。

① 赵倩倩、李兰兰：《从汉江流域青铜纹饰到传统绘画“图像”艺术的流变》，范明华、黄有柱主编：《美学与艺术研究》第5辑，武汉大学出版社2014年版，第425页。

② 孙刚主编：《文化遗产在江西》，江西教育出版社2014年版，第87页。

其中在修水县上杉出土的环钮錞于和南昌市收集的战国虎钮錞于及九江市、南昌市所收集的钟腔特扁的甬钟，均属巴楚型式；在樟树临江出土的有吴国铭言语“工渔王”钟 11 件和相传出土于樟树、高安的越国“能原镈”，又属吴越型式。典型的越式乐器是 20 世纪 70 年代的贵溪仙水岩春秋崖墓中所发现的两件古筝和 1 件小扁鼓。古筝有 13 弦，并在两边侧板沿口内侧有一嵌口，嵌口底面与首尾两个横梁的肩相平，加盖板后，就形成一个长方形的音箱。筝在中原地区直到战国晚期才出现，而且主要在今陕西地区的西方秦国（故名“秦筝”），而贵溪古筝却在春秋晚至战国初期出现。在贵溪崖墓与古筝同时出土的还有一残损的小扁鼓。这也说明流行于江西的巫觋祭祀中的鼓乐器出现甚早。

先秦以来，江西地区的祭祀，是巫师主导的重要文化活动，也是鬼神文化、礼法文化的一大体现。江西祭祀活动的活跃，不仅表明江西的巫文化的兴盛，也反映出江西的宗教信仰文化进入到了一个新阶段。

第三节　先秦江西仙道人物活动及影响

至迟到春秋战国时期，江西的仙道文化活跃起来。江西之外的方仙术士纷纷进入，其中一些甚至江西本土化而成为江西仙道形象。由于时代久远和方仙士活动神秘，往往仅遗留一些模糊的传说，考证他们实际的生平事迹殆无可能，但从中仍可以在一定程度上揭示当时江西境内仙道文化的内容。

一、黄帝及尧舜禹在江西的仙迹

三皇五帝、尧舜禹是华夏民族古老的英雄人物，是上古先秦时期的神话化人物，也是后世道教中的重要神仙。在长江中下游地区，有关黄帝及尧舜禹的传说较为丰富，并形成了一个人文系统，江西亦留下了尧舜禹活动的不少神迹。

黄帝大体生活于五千年前新石器时代。《史记·五帝本纪》：“黄帝者，少典之子，姓公孙，名轩辕。生而神灵，弱而能言，幼儿徇齐，长而敦敏，成而聪明。轩辕之时，神农氏世衰。诸侯相侵伐，暴虐百姓，而神农氏弗能征。于是轩辕乃习用干戈，以征不享，诸侯咸来宾从。而蚩尤最为暴，莫能伐。炎帝欲侵陵诸侯，诸侯咸归轩辕。”黄帝统一了中原纷乱、混战的氏族部落，成为中华民族的人文始祖。据说，黄帝著有指导治国修身的《黄帝四经》，经中既有“道经”“玄德”“观国”等道家述语，也有儒家、墨家之名词。《淮南子·务修训》曰：“故为道家，皆託之于神农、黄帝，而后能入说。”从学术思想上将黄帝尊为道家之始祖。传说中的黄帝曾周游天下，曾至江西。《全唐文》卷八一八王瓘《广黄帝本行记》：“帝受道毕，东过庐山，署九天使者，秩次青城丈人，比御史，主总仙官之籍，为五岳之监司也。”与此同时，由于蚩尤部落的一些人口进入赣地，其文化遗存比较显著。例如，据《山海经·大荒南经》载，蚩尤与黄帝争战失败后，戴着刑枷被斩首。后刑枷化为枫木，枫叶秋后变为血红，说是为蚩尤鲜血所染。大约蚩尤这段悲壮而浪漫的传说，遗留在傩文化的传统中，至今萍乡傩舞中三元将军面具的耳翅和开山的双角正是传说中蚩尤“耳鬓如剑戟，头有角”的形象体现。而所请的枫仙，亦是蚩尤的化身。[①]

尧舜时期，水害严重，治水成为主题。江西水域广布，常发水灾，亦为尧舜所重。如尧因此至鄱阳的尧山视察，因而鄱阳有一避水高地名为尧山。尧山下有相传为尧帝的行宫尧亭。《鄱阳记》所记载石虹山的“篆书为八十三字”，传说即为尧舜时期记录治水的铭刻。又，唐谢通修《玉笥实录》记：“唐尧曾遗丹砂金药埋于左司坛上，在玉山之半崖山顶，亦号元阳真人。”

大禹或是先秦时期与江西最有亲缘的帝王级人物。大禹曾率兵讨伐三苗国，江西作为三苗国的腹地之一，他自然进入了江西。大禹征三苗时使用了巫术方式。《墨子·非攻下》：“禹亲把天之瑞令以征有苗，四电诱祇，有神人面鸟身，若瑾以待，扼矢有苗之祥，苗师大乱，后乃遂几。”其中“人面鸟身”是大禹祭出的“神灵”，用它来对付“有苗之祥”，就导致“苗师大乱”。古语中，“祥”有“祥瑞之兆”之意义，亦是

① 曲六乙：《漫话赣傩情思》，《赣文化研究》总第12辑，中国社会出版社2005年版。

一种祭祀仪式。

作为治水大神的大禹，又曾在江西展开政治性很强的治水活动，留下了很多踪迹。《墨子·兼爱》：大禹治水，“南为江汉淮汝，东流注之五湖之处，以利荆楚，干越与南夷之民”。据《尚书·禹贡》，大禹治水遍及黄河、长江流域，其中也包括对“九江”一带的治理。事实上“九江”“彭蠡”“敷浅原”三个名字都产生于大禹时期。大禹在庐山多有活动。传说，庐山紫霄峰金阙洞，大禹至敷浅原，过此刻石。《太平广记》卷三九七《上霄峰》曰：“庐山有上霄峰者，去平地七千仞，上有石迹，云是夏禹治水之时，泊船之所。凿石为窍，以系缆焉。磨崖为碑，皆科斗文字，隐隐可见。则知大禹之功，与天地不朽矣。”彭蠡泽还出现了与大禹有关的“神鸟”传说。《永乐大典》卷二二六〇《九江志》：“案《郡国志》，彭蠡湖周回四百五十里，内有石高数十丈，大禹刻其石以记功焉。又有乞乌随舡行，舟人掷抟饭，接之高下，不失一粒。”清陈炳星《江西要览》卷四《形胜》附名山：《浔阳记》云，大孤山“山形如鞋，高数十丈，禹尝刻石记功”。北魏郦道元《水经注》卷三十九《庐江》引《山海经·海内东经》：“庐江出三天子都，入江，彭泽西。一曰天子鄣。”可知庐山最初名“三天子都”或“天子鄣”，其名正与大禹相关。又因“庐江”而名为“庐山”，此“庐江”与“庐宫溪水”密切相关。《永乐大典》卷六六九七载东晋张僧鉴《寻阳记》云：“庐山东南有三宫，所谓三天子都也，庐宫溪水出焉。上宫人所不至，其下有三石梁，长十余丈，阔才盈尺，其下无底。中宫在别岩，悉是文石，两旁有小圆峰，号为古鄣，形若军马夹道。下宫，宫亭庙旧所也。”其中的“庐宫溪水”，应该就是《山海经》所说的“庐江”。所谓的“庐宫”，则又包括上宫、中宫、下宫，应都是大禹驻扎庐山时留下的痕迹。《礼记·丧大记》：“父母之丧，居倚庐、不涂，寝苫枕块，非丧事不言。君为庐宫之。”据此“庐宫”乃是君王为父母守丧的场所。《史记·夏本纪》：“舜登用，摄行天子之政，巡狩。行视鲧之治水无状，乃殛鲧于羽山以死。天下皆以舜之诛为是。于是舜举鲧子禹，而使续鲧之业。”大禹的父亲鲧因治水无功而被舜所杀，而旋即接替了父亲的职位。推测“禹疏九江”时，他还处于服丧期，因此在庐山建“庐宫”以守丧。“庐宫”后来被演绎成神仙地域。例如，庐山有三宫，上宫居岩表，人不能及。次宫隔一谷，有界城，悉是平石，两边有小圆峰，呼为左右帐，立群石，如驼马之形；下宫在彭蠡湖际。其山有紫芝田四十亩，常有二仙童采芝，人若逐之，但闻呼曰“猖客”，若觅芝草，寂无所见云。[①] 唐谢修通《玉笥实录》记：大禹曾登临峡江玉笥山，于玉笥山大秀洞府接受太上混元的九迹禹步治水之文及上清宝箓符图。

据说，大禹在南方治水时，曾用“不死草”以救防风氏。《艺文类聚》卷九十六引《括地图》云：“禹诛防风氏。夏后德盛，二龙降之。禹使范氏御之以行，经南方，防风神见禹，怒射之。有迅雷，二龙升去。神惧，以刃自贯其心而死。禹哀之，瘗以不死草，皆生，是名穿胸国。”在南方，又有能服食后“令人飞行长生”的“太乙禹余粮”的传说。《神农本草经》卷一引张华《博物志》曰：“世传昔禹治水，弃其所余食于江中，而为药也。”又传此物盛产于会稽山中：“昔大禹会稽于此，余粮者，本为此尔。”[②] 另外，道士在科仪中常用的步罡踏斗的步法动作“禹步”，相传为大禹所创。题为唐朝李淳风注并序的《金锁流珠引》说：“太上老君授禹，禹因传世，谓之禹步。”又说：“昔禹皇妹飞仙娘见兄步纲，因而学之。一年，小疾除。”宋周去非《岭外代答》云：“尝闻巫觋以禹步咒诀，鞭笞鬼神，破庙殄灶。余尝察之，南方则果有源流。”认为南方是禹步的起源之地。道教经典《洞神八帝元变经·禹步致灵第四》载：禹王南巡到南海之滨，见到“鸟”（指装扮神鸟的巫师）正在作“禁咒”巫术，能教大石翻动。巫师在施巫术时，脚底下常跳着一种特别的舞步。禹王便模仿和记下这种舞步的跳法，把它运用到自己的巫术之中，创制出“禹步”。自他从南海回来以后，其巫术大为应验。道家所记述和宣扬的“禹步”事迹，其实表明：禹本也是巫师，但其巫术开始不太高明，

---

① （民国）吴宗慈编撰，胡迎建注释：《庐山志》纲之七《杂识》“匡庐山三宫”，江西人民出版社 1996 年版，下册第 594—595 页。

② （明）李时珍《本草纲目》第二卷，吉林大学出版社 2009 年版，第 62 页。

在向“南海”巫师学习后，水平得到很大的提高。

江西境内“羽民”生活的地域，被想象成“不死之乡”，从而引发了大禹及其家族追求长生不死的行为。大禹之子启是夏朝的建立者，传说他乘龙升仙。《太平御览》卷九二九引《归藏明夷》云：“昔夏后启上乘龙飞，以登于天，皋陶占之，曰：吉。”郭璞注《山海经·海外西经》曰：“夏后启筮御飞龙登于天，吉，明启亦仙也。”一直至春秋时期，北方还不太流行“长生”“成仙”的说法。现存先秦典籍，绝大部分出自中原及北方地区，他们在记载春秋时期的历史时，很少有关于“成仙”或“不死”的描述。所谓“经传无神仙之说”[①]。但早在春秋以前，大禹后裔中就已经开始流行“不死”“长生”及“成仙”的说法，“彭祖八百岁”的传说也在这个家族中产生。史称，钱铿[②]，颛顼玄孙，因进献雉羹于尧，尧封于彭城，谓之彭祖。庐山上最早传说的神仙就是“彭祖”。彭祖曾过蠡湖（后因名彭蠡湖）之滨，造其名岳，遍游洞府，以窥仙人圣迹。已而把钓于蠡湖，得双鲤，双鲤化为双龙，负彭祖冲天而去。《神仙传·彭祖》云：“（彭祖）至殷末年已七百六十七岁，而不衰老，遂往流沙之西，非寿终也。”彭祖活了八百岁乃是虚诞之词，或是指其封国传了八百年。然而传说彭祖长寿升仙，当有一定的事实依据，与他善于养生有关。如《列仙传·彭祖》载：“（彭祖）常食佳芝，善导引行气。历阳有彭祖仙室，前世祷请风雨，莫不辄应。常有两虎在祠左右，祠讫，地即有虎迹，云后升仙而去。”《三洞群仙录》卷十八引《神仙传》：彭祖，“有道引术，每有疾则闭气以攻所息。其气云行体中，下达指末，寻即体和。尝云：上士别状，中士异被，下士服药。服药百最，不如独外。后人集其探纳之术为《彭祖经》，行于世。”彭祖在庐山的传说，正是庐山早期仙道修炼养生的反映。

---

① （清）严可均著，孙宝点校：《严可均集》，浙江古籍出版社2013年版，第131页。

② 据《史记·楚世家》集解、索引等书引《世本》佚文说及《历世真仙体道通鉴》卷三引《庐山名贤传》、清雍正《江西通志》卷一〇五《仙释》“彭铿”条、吴宗慈：《庐山志》纲之七《杂识》“钱铿钓龙”条等记。

二、西山洪崖仙话的创造

位于南昌西郊的西山，又称洪崖山、飞鸿山、伏龙山、南昌山、散原山、厌原山、逍遥山等，是江西仙道传说最重要的发源地之一。其中，西山之所以被称为洪崖山，即与传说的仙道人物洪崖先生（伶伦）在此活动密切相关。

相传，洪崖先生，本是伶伦，为轩辕黄帝管理家庙、主持祭祀的乐官，后隐逸修真而得道成仙。《列仙传·洪崖先生》载："古仙人洪崖先生，黄帝之近臣，能歌善舞，三皇时伎人也。"《吕氏春秋·古乐》："昔黄帝令伶伦作为律"，定黄钟大吕、五律。东汉以来，人们习惯于将洪崖与尧帝时代的隐士巢父、许由并列。《艺文类聚》卷三十七引东汉胡广《征士法高卿碑》："亚洪崖，超由夷，董英声，扬景晖。"东汉蔡邕《郭泰碑》："将蹈鸿涯之遐迹，绍巢许之绝轨。"西晋皇甫谧《高士传序》："洪崖先生创高道于上皇之世，许由、善卷不降节于唐虞之朝。"西晋郭璞《游仙诗》云："左抱浮丘袂，右拍洪崖肩。"又云："姮娥扬妙音，洪崖颔下颐。"《北史·隐逸传》称洪崖肇开隐逸之始。

伶伦或洪崖先生的仙道化，与江西密切相关，因为豫章西山是建构其隐逸仙道形象的最重要之地。《太平御览》卷四八引唐梁载言《十道志》云："以豫章有铜山，山中有洪井，飞流悬注，其深无底是也。山有洪崖先生炼药之井，亦号洪崖山，有石臼存焉。"洪崖子在西山留下了以"丹井"（"洪井""洪崖丹井"）、鸾冈为代表的诸多遗迹。西山中伏虎山北岩右有洪井，井上有石坛，坛北里许有五春臼坛，南二里有鸾冈。其中，鸾冈相传为先生炼丹捣药及乘鸾憩息故址。在鸾冈之南有鸾陂，又名凤池。此处众溪汇合，水鸟翔集，传说为洪崖驾鸾飞升处。西山后来成为江西道教圣地，与洪崖先生传说密切相关。南唐徐铉《洪州西山重建应圣宫碑铭》说："此山登晨之士接武，而洪崖为之冠。列仙之墟连属，而洪井为之宗。"[①]

正是以豫章西山建构的洪崖先生为基础，洪崖先生成为后世人们追

---

① （清）董诰等：《全唐文》，中华书局1983年版，第9242页。

慕的一个重要的仙道对象，不断有人借他以自我神化，或干脆假托洪崖之名以自神，其活动的时空越来越广阔。《神仙传》卷二《卫叔卿》载，汉武帝时，方士卫叔卿说自己与洪崖先生、许由、巢父、王子晋、薛容等几个仙人博戏于华山石上。卫叔卿意在借此引起潜心仙道的汉武帝的关注，足以反映在汉武帝时代洪崖先生颇负盛名。又如东汉初班固的《西京赋》云："洪崖立而指麾，纷羽毛之纤丽。"亦可反映洪崖在西汉时期早已影响巨大。南朝梁陶弘景《真诰》卷十四记，"洪涯先生墓在武威姑臧县，洪涯先生以尸解的方式成仙，成仙之后，受封为青城真人。"大约出于东晋的古灵宝经之一《太上洞玄灵宝灭度五炼生尸妙经》中云："洪崖先生师金母，并受灵宝灭度五练之法，升天之传。……洪崖先生死于武威姑臧县浪山中，并受此文以镇其墓。……洪崖先生百廿年墓开，尸形飞腾，受书为青城真人。……此之近事，非复悠远之传。"《太平御览》卷六五九引《太上八素真经》："羡门子师夜光，高丘子师石公，洪崖先生师金母，并受灵宝灭度五炼之法、升天之传。"这个说法多少能反映三人所学的东西是一样的，为此后人常将羡门子、高丘子、洪崖先生并称。不过所谓的"灵宝灭度五炼之法"，乃是魏晋时期新出的名词，在当时，这三人所学的只能称为"方仙道"。综合起来，由《太上洞玄灵宝灭度五炼生尸妙经》洪崖先生为"近者"，以及汉武帝时卫叔卿托洪崖先生以自我神化这两点，大致可以认为洪崖先生也是战国晚期的方士。另外，南朝宋雷次宗《豫章记》曰："洪井西鸾岗、鹤岭，旧说洪崖先生与子晋乘鸾鹤憩于此。"[①] 这个子晋，就极有可能是浮丘公的弟子、崔文子的师父王子晋，生活在战国晚期至于秦朝。从文献记载的情况来看，洪崖先生能产生巨大影响，首先得益于与羡门子、高丘子齐名，而后又得益于秦始皇曾经访求过羡门子。在此，洪崖先生演绎成了战国晚期燕齐地方的人物，曾经做过齐国或燕国的乐官，后来与羡门子、高丘子等人一起去寻求长生不老之方。为了寻找药物，洪崖先生四处游历，并曾在江西待了很久，同时羡门子也到了江西。托名王子晋的方士此时也在江西活动，

① 俞绍初等：《新校订六家注文选》第2册，郑州大学出版社2013年版，第995页。

与洪崖先生有交往。

洪崖先生随着道教的创立发展，被视为将经教传入人间的一大仙真，在道教神仙谱系中居于重要的地位，在中国仙道文化史上影响较大。《历世真仙体道通鉴》卷四《洪崖先生》对之作了较为全面的说明。另外，《无上秘要》卷三十二记载洪崖先生是"青城真人"，并引《洞真九赤斑符内真经》："九赤者，乃九天之炁，飞玄羽章，结成玉文。元始丈人以传太上大道君，元始天王以传南极上元君，太上以传扶桑太帝，太帝以传太微天帝君，太微天帝君以传后圣金阙帝君，金阙帝君以传上相青童君，青童君以传南极上元君，上元君以传洪崖先生，洪崖先生以传太极四真人，皆炁炁相传。"洪崖先生的服食之法，是丹道文化的一大源泉。《历世真仙体道通鉴》卷四引司马天师《五岳朝仪》云："青城山洞周回二千里，昔洪崖先生服琅玕之花而隐，代为青城真人。"按《神农本草经》，琅玕，即"孔雀石"，是一种矿物药，以青者入药为佳，有治疗身痒、火疮痈疡、疥瘙死肌等功效[①]。洪崖先生三人所服用的"琅玕"，可能就是这种矿石。《神仙传·卫叔卿》说卫叔卿是一个"服云母得仙"的人，所服之药乃"五色云母"，又有仙方，"按之合药服饵，令人长生不死，能乘云而行。"按《抱朴子内篇·仙药》记载有服食"五色云母"的方法，乃是用各种方法把"五色云母"化成水而服用，久服可以成仙。卫叔卿说自己与洪崖先生等人游，他的仙方未必是洪崖先生留下来的，但服食"五色云母"的方法，多少也与洪崖先生有些关系。《云笈七签》卷一〇六《阴真君传》记载汉和帝时马明生给阴长生传授度世之道，以太清金液神丹授之，又说马明生曾与"南岳真人、洪崖君、云成公、瀛洲仙女数人共坐"，以论传授之道。马明生所创的"太清金液神丹"，是用各种矿石烧制而成的，包括水银、铅、胡粉、丹砂等，烧炼起来比较复杂，应在一定程度上吸收了洪崖先生的烧炼方法。唯其如此，《历世真仙体道通鉴》卷四说洪崖为"众仙之长久矣"，允为事实。

洪崖先生是先秦江西的著名方士。后代的炼丹道士也就经常称道洪

① 任犀然编：《彩色图解〈神农本草经〉》，北京联合出版公司2016年版，第362页。

崖先生，或假托遇见成仙的洪崖先生以自我神化。在外丹盛行的魏晋南北朝时期，洪崖先生的名望有增无减，因此传说歧出，假冒众多。这却也正说明其影响不凡。

三、早期庐山匡俗仙道信仰的建构

庐山，又名匡山、匡庐，此外还有辅山、敷山、敷浅原、天子都、天子障、南障山等名，号称“神仙之庐”。“庐山”及“神仙之庐”名称，很大意义上渊源于方士匡俗的仙道化事迹。

匡俗，或称匡续，字君平、子孝、子希、君季，号匡阜先生，南楚人，传为夏禹后裔。生而神灵，自小有物外志，最后在庐山修炼成仙，并由此构建起庐山得名的传说。不过，匡俗栖隐庐山的事迹，颇为神秘，仅活动的时空就跨越了千百年。在周朝历史上，就至少有三位“匡俗”在庐山活动。（一）生活于周武王时期（约前1087—前1043）的匡俗。晋张僧鉴《寻阳记》云：“匡俗，周武王时人，屡逃征聘，结庐此山。后登仙，空庐尚在，弟子等呼为庐山，又名匡山，盖称其姓。”东晋慧远《庐山记》云：“有匡俗先生者，出殷周之际，隐遁潜居其下，受道于仙人而共岭，时谓所止为仙人之庐而命焉。”《水经注》卷三十九引晋周景式《庐山记》曰：“庐山匡俗……出周武王时，生而神灵，屡逃征聘，庐于此山，时人敬事之。俗后仙化，空庐犹存，弟子睹室悲哀，哭之旦暮，事同乌号。世称庐君，故山取号焉。”《历世真仙体道通鉴》卷十《匡续》：“周武王时，师柱下史老聃[①]，得长生之道，遂结茅於南幛山虎溪之上隐焉。室中无所有，唯置一榻，简策数编而已。武王闻其名，屡加征聘，不起。”（二）生活于周定王时期（前606—前586）的匡俗。南朝齐谢灏《广福观碑》云：“先生名续，字子希，周时师柱下史老聃，得久视之道，结茅于南障虎溪之上，修炼七百年，定王常问柱下史伯阳父，方今神仙之在世者。伯阳父举五岳诸仙以对，先生其一也。王召之，

① 按：周武王与老聃（老子）并不生活在同一时代，老子生卒于约公元前571年—约公元前471年。此处按历史学而言，自当误；然据道教学则又可解，在道教文献中，多有言说老聃生活于西周初年者。

先生不见。”[①]《历世真仙体道通鉴》卷十《匡续》、清雍正《江西通志》卷一〇五《仙释》亦有以上类似的记载。据《国语·周语》，柱下史伯阳父生活在周幽王时期（前781—前771），比周定王时期的柱下史伯阳父早了170余年。不过考虑到周朝的官爵通常都是家族世袭，或可以认为周幽王时期的柱下史伯阳父，乃是周定王时期柱下史伯阳父的先祖。所谓的“伯阳父”，也是一个氏族称号而非一个人的名字。（三）生活于周威烈王（前425—前402）时的匡俗。据晋周景式《庐山记》载，周威烈王时，匡俗“生而神灵”，有物外之志，曾在南障山虎溪结茅庐隐居，求仙学道，“时人敬事之”。某天，得仙人指引，飞天成仙，留茅庐于山下。神仙家遂将此山称之于庐山或匡庐。又，南朝齐谢灏《广福观碑》云：“后二百载，威烈王复遣使以安车迓之，未至之二日，白日轻举，使者访其隐所，仅有草庐焉。回奏，因命南障山为靖庐山，邦人以先生姓呼匡山，又曰匡阜。至今其乡若社，因先生而命名虎溪。”[②]《历世真仙体道通鉴》卷十《匡续》及清雍正《江西通志》卷一〇五《仙释》亦有类似的记载。以上三个“匡俗”在庐山活动的时代虽然有异，但故事情节大致相似，交叉重合，反映了匡俗修道的情形及其成就，说明了“庐山”得名之由来。

匡俗的仙道事迹，在江西其他地区也有流传。例如，瑞昌相传有安葬匡俗的匡葬山。清乾隆《瑞昌县志》卷二十一：“周匡俗先生墓，归义乡，兄弟七人修道于庐山，莫知所终，虽此山有墓，仅遗蜕耳，故至今称匡葬山。”又，道史有匡俗隐居今赣州兴国的覆笥山（或写作覆筍山）之说。六朝见素子《洞仙传》载：匡俗，“少以孝悌著称，召聘不起，至心学真，游诸名山。至覆筍山，见山上有湖，周回数里，多生灵草异物，不可识。其傍有石井，泉通湖中；又有石雁，至春秋时，皆能群飞；复有小石笋，中有玉牒，多记名山福地，及得道人姓名。后服食得道。”

当因匡俗学道于老聃（老子）的说法，又有老子活动于庐山的传

① 吴宗慈：《庐山金石汇考》卷上，《庐山志副刊》之一，民国二十三年刊印本。

② 吴宗慈：《庐山金石汇考》卷上，《庐山志副刊》之一，民国二十三年刊印本。

说。《庐山纪事》引论列道家洞天的早期道经《九微志》云："周武王时，方辅先生与老聃骑白驴入山，修丹得道，仙去，惟庐存，故名庐山。"[①]又张僧鉴《寻阳记》记载庐山有青牛谷，在五老峰下，传云："老君隐佚之所。"故号青牛谷[②]。方辅先生就是匡俗，庐山因此又名辅山。

刘越是与匡续相关联的仙道人物。传说，匡续修道于南障山，有一少年数来相访，言论奇伟，匡续异之，问："熟子风猷有日矣，借问乡邦姓字？"少年答："予姓刘名越，居在山之左。山下有石，高二尺许，叩之即当相延。"匡续如其语访之，叩石，石忽自开，双户洞启。有一小鬟迎匡续行数十步，继有二青衣绛节前导，渐见台榭参差，金碧掩映，珍禽奇兽，草木殊异。真人（刘越）冠玉冠，朱绂剑佩来迎。匡续心知其异，意欲留居之，真人已觉，谓匡续曰："子阴功易满，后会可期，他日相从不晚也。"饮玉酒三爵，延龄保命汤一啜而出。匡续返顾所叩石，宛然如初。他日复叩，无所应矣。即石建亭，曰仙石亭。其石上有"刘仙"二字，因号"刘越洞天"。匡续自得遇刘越之后，神观日益精明，而功行不辍，最终飞升。匡续有高弟二人，一号白鹿真人，一号洪子真。今庐山有炼丹洪井、白鹿洞，是其遗迹。[③]

依据以上匡俗（匡续）在周朝三个历史时期的活动，可以推测，周朝数百年间，以匡俗为祖先的匡氏族人活动于庐山，多有修习和成就方仙道者，人们因称其所居之地为"神仙之庐"，也为匡俗之姓名而名之其所居之山为匡山、匡阜、匡庐、庐山等。

四、浮丘公与王子乔在江西的仙迹

传说中有师徒关系的浮丘公、王子乔是中国著名的仙道人物，千百年来不时出世，主要周游各地，在江西地区亦有较多的活动。在此仅说

---

① （民国）吴宗慈编撰，胡迎建注释：《庐山志》纲之七《杂识》"方辅老聃"条，江西人民出版社 1996 年版，下册第 593 页。

② （宋）晏殊：《类要》卷一，《四库存目丛书》子部 166 册。《舆地纪胜》卷五引此，文字略有不同。

③ （元）赵道一：《历世真仙体道通鉴》卷六《刘越》，《道藏》第 5 册第 140 页；同时参见（民国）吴宗慈编撰，胡迎建注释：《庐山志》纲之七《杂识》"刘越石"三则，江西人民出版社 1996 年版，下册第 620—621 页。

明出现于先秦时代在江西活动的浮丘公、王子乔。

浮丘公[1]（又作浮丘伯，“丘”或写作“邱”），北海人，或说与黄帝、容成子等都有交往。居嵩山修道，白日飞升。其间，尝作《原道歌》云：“虎伏龙亦藏，龙藏先伏虎。但毕河车功，不用堤防拒。诸子学飞仙，狂迷不得住。左右得君臣，四物相念护。乾坤法象成，自有真人顾。”相传还撰著了一篇仙意盎然的《相鹤经》。浮丘公活动于大江南北，江西是其活跃的地区之一。据《华盖山浮丘王郭三真君事实》卷一引《豫章职方乘》云：“昔浮丘公隐于华林山，故山之南一峰号曰浮丘。其山三峰，皆卓拔高险危秀，周回百里，不生恶草及猛兽。有三观曰浮丘，今在豫章奉新县西南五十里。及有华林泉，亦是浮丘遗迹。”抚州崇仁的华盖山、奉新的华林山，皆因浮丘公而染上了仙气，留下了很多仙迹，因此浮丘公堪称两山的开辟者。浮丘公一生著名的事业之一就是培育了弟子王子晋。《华盖山浮丘王郭三真君事实》卷一记载，浮丘公度周灵王太子王子晋，说：“天台山神仙浮丘公降授道要，使修石精金光藏景炼形之法。”又授丹药及所撰《相鹤经》予王子晋。浮丘公是周灵王太子晋的师父。周灵王于公元前571—545年在位，如此则浮丘公应当为春秋中期时人。

王子晋，或称王乔、王子乔，幼有成德，聪明博达，于治国之道颇有见地。然为人倜傥风流，好仙道，成为传说中的著名神仙。《列仙传·王子乔》载：王子乔“好吹笙，作凤凰鸣，游伊洛间，道士浮丘公接以上嵩高山上。三十年后，求之于山上，见桓良，曰：‘告我家，七月七日，待我于缑氏山头。’至时，果乘白鹤驻山头。望之不得见，举手谢时人，数日而去。亦立祠于缑氏山下，及嵩高首焉。妙哉王子，神游气爽。笙歌伊洛，拟音凤响。浮丘感应，接手俱上。挥策青崖，假翰独往”。据《逸周书·大子晋解》及《三洞群仙录》卷二引《王氏神仙传》，

① （元）赵道一：《历世真仙体道通鉴》卷四《浮丘公》，《道藏》，第5册第126—127页；（清）谢希桢编撰，吴小红校注：《华盖山志》卷三《仙真志》“浮邱公”条，《西山志略》《云居山志》《武功山志》《怀玉山志》《华盖山志》合集，江西人民出版社2002年版，第900—901页。

王子晋成仙后，被天帝列为上宾，初补南岳司命侍宸，再补桐相真人。王子乔神仙化，颇为后人所企羡。屈原《远游》：“春秋忽其不淹兮，奚久留此故居？轩辕不可攀援兮，吾将从王乔而娱戏。餐六气而饮沆瀣兮，漱正阳而含朝露。保神明之清澄兮，精气入而粗秽除。顺凯风而从游兮，至南巢而一息。见王子而宿之兮，审一气之和德。”王子晋在江西地区多有遗迹（与汉代王乔的遗迹混在一起）。例如，南昌西山，即与王子晋密切相关。《江西青云谱志》“凡例”言：“周灵王太子，讳晋，字子乔，受祝鸡仙翁浮来子，指豫章南为道所，为修德处。”[①] 王子晋乘鸾鹤云游四方，寻访名山，结交名士，曾休憩于豫章西山鸾冈。又驾白象至高安荷山。王子晋成仙飞升的嵩山缑氏山，却转而坐实为豫章西山的缑岭。此后，江西王子晋活动的传说及地点越来越丰富，庶几遍布全境。

据说，王子晋将浮丘公所传《相鹤经》传给崔文子，崔文子藏之于嵩山石室，后西汉淮南公刘安得之，遂行于世。《列仙传》载，崔文子，太山（泰山）人。世好黄老之事，擅医术，居潜山下，作黄散赤丸，救死扶伤，济人无数。师从王子晋学仙道，最终成功，成为仙道史上善制长生不死药者。《抱朴子内篇·金丹》曰：“崔文子丹法，纳丹鹜腹中，蒸之服，令人延年，长服不死。”受王子晋的影响，崔文子抑或在江西活动过。《云笈七签》卷二十七《洞天福地部》载：“第十五鬼谷山洞，周回七十里，名曰贵玄司真天。在信州贵溪县，真人崔文子治之。”说崔文子掌管贵溪鬼谷山洞，或与崔文子曾在此处修炼有关。又，《墉城集仙录》卷六《盱母》载：“以惠帝元康二年壬子八月十五日，太上命玉真上公崔文子、太玄真卿瑕丘仲，册命拜许君为九州都仙大使高明主者。”许逊的主要活动范围在江西，太上老君命玉真上公崔文子前来册封许逊，或亦能表明崔文子与江西的特别关系。

五、其他人物的仙道化事迹

先秦江西地区，有影响的仙道化人物除上述外，其实还有不少。以

---

① 江西高校古籍整理研究委员会整理：《江西旅游文献》（寺观卷），江西人民出版社 2018 年版，第 66 页。

下所举就是其中的一些代表，从中可略见当时江西仙道文化发展兴盛的情形。

柏成，字子高，传说为尧时高士，亦为著名仙道。《山海经·海内经》:“华山青水之东，有山名曰肇山。有人名曰柏子高，柏子高上下于此，至于天。”柏子高后或讹变为白子高。[①]《渊鉴类函》卷三九二引《世语》曰：“白子高少好隐沦之术，常为美酒给道客。一旦有四仙人赍药集其含求酒，子高知非凡，乃欲取他药杂之。仙人云：我亦有仙药。于是宾主各出其药。子高服之，因随仙人飞去。”白子高曾在江西活动。《太平寰宇记》载，鄱阳阁山（仙阁山），“其山有仙人白子高坛兼治祠宇”[②]。

豫章西山最高峰名萧峰，又名紫霄峰、萧岭、萧坛，因传说中的萧史和弄玉隐修于此得名。春秋秦穆公时期，萧史（或作“箫史”）善吹箫，能感清风、彩云、凤凰，致孔雀、白鹤舞于庭中。穆公有女字弄玉，好吹笙（或说“箫”），瞩意萧史，穆公因以嫁之，并赠筑凤台。夫妻二人居止其上，不下数年。萧史时教弄玉吹箫作凤鸣声。一旦，有凤来仪，二人皆随凤飞升而去（或说“弄玉乘凤，萧史乘龙，夫妇同仙去”），不知所终。据说，秦穆公派遣早先曾为萧、弄作媒的大将孟明四处寻找，久之孟明方听闻有人见远在豫章西山高峰之上，有男女二人栖身于此吹箫弄笙，急令人登山寻访，二人竟乘龙驭凤冲天而去。由于传说萧史、弄玉在江西地区的西山隐居，后人追记的相关记载多有。例如，北魏郦道元《水经注》:“西山有大萧、小萧二峰，曾萧史遨游之所。”清雍正《江西通志》卷一〇三《仙释》:“萧史配秦穆公女弄玉，夫妇跨鹤于萧坛峰上升。”清《万寿宫通志》卷九《考》记：鸾溪，在袁州府西北六十里，溪旁有萧史台。

战国时期著名的仙道人物鬼谷子，亦传说活动于贵溪云梦山（龙虎山属山）。鬼谷子，本名王诩（或作王詡），又名王禅、王通，生卒年

---

① 参见栾保群编著：《中国神怪大辞典》，人民出版社 2009 年版，第 17 页。

② （宋）乐史：《太平寰宇记》卷一〇七《饶州》，中华书局 2007 年版，第 2136 页。

不详，战国时期卫国（今河南鹤壁一带）人。常入家乡附近的云梦山采药修道，又曾隐于颍川阳城清溪山鬼谷，因自号鬼谷子。据说，鬼谷子彻通天地，精于兵法、奇门遁甲、五行八卦之学，著有综合纵横家、兵家、道家于一体的《鬼谷子》一书。门下弟子无数，知名者有张仪、苏秦、孙膑、庞涓。鬼谷子因其隐逸高士的形象和特别的才能，被仙道化。晚唐杜光庭《录异记》“鬼谷先生”条：“鬼谷先生者，古之真仙也，云姓王氏，自轩辕之代历于商周，随老君西化流沙，洎周末复还中国，居汉滨鬼谷山。”元赵道一《历世真仙体道通鉴》卷六《鬼谷先生》记：鬼谷先生，受道于老君。入云气山采药，合服得道，颜如少童。苏秦、张仪问道于鬼谷。鬼谷言：“闻道易，修道难。二子世心未冥，可学游说，以适今时之宜。必得相其国矣，必不得相其死矣。若不惧之，当相传。”苏、张二人请学，三年后辞去。鬼谷感叹：“二子轻松乔之永寿，贵一旦之浮荣，惜哉。”后复寄书信给苏、张，曰：“二君足下勤劳驷马，功名赫赫，九州稽首。春荣到秋，不得久茂，日数将尽，时讫将老。子不见河边之木乎，仆马折其枝，波浪漱其根，此所居者然也。子不见嵩岱之松柏乎，华霍之梓檀乎，叶干青云，根洞三泉，千秋万岁，无斤斧之患。”曾有狐因疫而死，乌鸟衔草覆其面救活之。有司上闻，秦始皇遣使资草以问鬼谷，鬼谷言：“巨海中有十洲，祖洲有不死之草，生于琼田之中，亦名养神芝。其叶似菰而不丛生，一株可活一人耳。”鬼谷在人世数百岁，后不知所之。鬼谷子是一位集纵横家、阴阳家、兵家、道家于一身的仙道式人物，在中国文化史上颇有影响。因此，附会多有。关于鬼谷子隐修处，就有颍川阳城、关内云阳、楚荆青溪、壶头山—天门山、太白山、鹤壁云梦山、贵溪云梦山（鬼谷山）等说法。其中鬼谷子隐修贵溪云梦山说，是道教比较认可的说法。例如，晚唐杜光庭《洞天福地岳渎名山记》及北宋张君房《云笈七签·洞天福地部》均明确记载鬼谷子与道家第十五福地贵溪鬼谷洞的关系。北宋朱涣《贵玄思真洞天碑》云：“有信州鬼谷山者，在贵溪县南八十里。第十五洞天，号贵玄思真。是山周回七十里，峰峦郁峻，溪壑幽深，迥出人寰，实为仙府。按

《洞天记》，即鬼谷先生修真之所。”[①]《太平寰宇记》卷一〇七记载贵溪有三处遗迹与鬼谷子有关："贵溪山，在县南二十里，传云鬼谷先生学道之处。”贵溪县南一百六十里有石堂，其中可坐百人，临贵溪水源，古老相传云是鬼谷先生石堂。“貌姑山，在县南七十里，一名鬼谷山，有鬼谷洞。好事者深入其中，约行四里，至洞尽处，有小洞可通鬼谷。”清娄近垣《龙虎山志》卷二《山水》“鬼谷山”条，除沿袭了北宋朱涣《贵玄思真洞天碑》的说法外，还添加了“旧志云：张仪、苏秦于此受道。有苏秦台、张仪井、孙膑寨、庞家井之类”。这些文献资料都是后来的追述与相袭，事实上难以确证，但也在一定意义上说明了龙虎山与早期仙道文化建构的特别关系。

另外，还有传说龙虎山与先秦仙道人物的故事。例如，清娄近垣《龙虎山志》卷二《山水》记载，“藐姑山”：相传有藐姑者修道其上，其弟来寻，姑故倒移步，若下山然，而卒不往。后人结庵祀之。岁旱，率童男女绩麻，设斋以祷则雨。又有石如坐人，人称白石夫人。灾疫嗣续，每祷必应。或云，即庄子所谓藐姑也。“邹尊岩”：旧志古仙人邹尊居此，石为门扉，中多黄精、薯蓣、蹲鸱之类。“得道岩”：在麈湖山中。有仙者祝氏尝居之，岩下石室可坐数十人。“道堂岩”：在仙岩上。郁和道士邱自然结庵岩顶修炼。

羡门子，或作衍门子，名“羡门高”，是战国晚期一位知名的方仙人士，渴望长生的秦始皇曾慕名求之。羡门子或在江西活动过。北宋时期，建昌县置有羡门乡（在今靖安县境）。史称："羡门乡，因仙人羡门子居此山得道为名。”[②]

奉新浮云山东南的元秀峰，相传为王母娘娘第九子元秀真人筑坛祭灵仙之地。

《洞仙传·黄列子》及《浔阳跖醢》载，黄列子，尝游猎九江，射

---

① 《龙虎山志》编纂委员会：《龙虎山志》，江西科学技术出版社 2007 年版，第 296 页。

② （宋）乐史：《太平寰宇记》卷一一一《南康军》，中华书局 2007 年版，第 2265 页。

中五色神鹿，逐迹寻穴，入庐山，遇神芝，服而得仙。[1]

总之，先秦时期的江西已是方仙道士较为活跃的地区，使江西地区的神话、仙话、鬼话萌发并走向兴盛。江西地区有意无意之间的“造神”，对于历史文化尤其是道教的诞生而言，具有关键性的意义。或可以说，江西是中国方仙道文化的重要发祥地之一。

先秦以来，江西因自然条件和内外文化，产生和形成了具有本区特色的鬼神崇拜、人祖崇拜，以及神仙神话、巫法方术、方仙道文化、隐逸文化等等，崇巫、尚鬼、喜卜、好祀之风盛行，已萌发了诸多后世道教文化的因子。江西的原始宗教文化，既取决于江西的自然条件及地理环境，又取决于历史进程的改造，体现了自然环境及历史进程互相交织所留下的深刻印痕，开始呈现出“山地”与“江湖”相互交叉发展的地域社会发展中带有规律性的内容，并与相邻的吴越文化以及楚文化形成了明显差异，走向了分化与独立的道路。

① 参见（民国）吴宗慈编撰，胡迎建注释：《庐山志》纲之七《杂识》“驯鹿场”条，江西人民出版社 1996 年版，下册第 619 页。

第二章 秦汉江西仙道文化的兴盛与道教的创立

秦汉是道教创立基础日渐夯实，然后正式创立的历史时期。其间，神仙、巫鬼信仰盛行，方仙道、黄老道及其各种巫觋活动活跃。作为秦汉不同阶段的主流意识形态，无论是黄老文化还是儒家文化都有较为显著宗教化的情势。受时代与地域文化的影响作用，江西地区巫鬼、仙道文化氛围浓厚。东汉中期，张陵在江西龙虎山进行了卓有成效的道教活动，成了其在蜀地创立中国最早的道教组织天师道的关键。由此在中国道教的酝酿和开创时期，江西成为中国道教的重要策源地。

第一节 秦汉江西仙道信仰展开的文化背景

秦汉大一统，使中国东南西北中的巫觋、鬼神、方士文化有了良好的相互交流的基本条件，形成了巫觋、鬼神、方士文化交相辉映的沃土。方仙道、黄老道已成为前道教时代比较成熟的宗教模式，创立道教的实践与理论基础已基本形成。秦汉江西亦成为仙道文化的重区，造就了道教创立发展的良好生态。

一、秦汉传统宗教信仰的兴盛及其影响

公元前221年，秦统一中国。秦始皇推行“法家民主”，注意吸收原来各国士人参议朝政，建立博士制度，表明统一后的秦文化对诸子百家文化一定程度上的兼容。在众多博士人员中，方士占有相当的比例。个中主要原因就在于秦始皇企图借助方士臻达长生成仙。《史记·秦始皇本纪》载，秦始皇“悉召文学方术士甚众，欲以兴太平，方士欲练以求奇药”。他曾派徐福、卢生等领众出海觅求仙药仙方，虽总不成功，却仍乐此不疲。秦始皇曾实行“焚书坑儒”政策，其“坑儒”，所坑460余人确实多为方士，而“焚书”，却留下了方术之书。

秦自立国以来，重视鬼神祠祀。据《史记·封禅书》载，秦襄公作西畤祠白帝；秦文公作鄜畤郊祭白帝，又作陈宝祠来神；秦德公都雍，作伏祠；秦宣公作密畤于渭南，祭青帝；秦灵公作吴阳上畤祭黄帝，作下畤祭炎帝。秦本来处于西北一隅，随着其争霸、统一的进程，对鬼神祠祀也不断增加。秦并六国之后，祠祀更加频繁，规模更加宏大，甚至举行了“告太平于天，报群神之功”封禅大典。由于秦帝国疆域的广大，以往六国之内的名山大川都成为秦官方祠祀：自崤山以东，名山五，大川祠二，曰太室、恒山、泰山、会稽、湘山。水曰济，曰淮。自华山以西，名山七，名川四。曰华山、薄山、岳山、岐山、吴岳、鸿冢、渎山。水曰河，祠临晋；沔，祠汉中；湫渊，祠朝那；江水，祠蜀。雍有日、月、参、辰、南北斗、荧惑、太白、岁星、镇星、二十八宿、风伯、雨师、四海、九臣、十四臣、诸布、诸严、诸逑之属，百有余庙。而在地方上则由百姓祠祀各自地方的鬼神。

秦始皇死后，秦二世乱政，全国各地反秦蜂起，秦帝国迅速土崩瓦解。汉高祖刘邦“英雄造时势”，通过反秦战争、楚汉战争，于公元前202年建立了统一的西汉皇朝。西汉基本继承了秦朝建立的国家神祠制度，并进一步向全国推广。汉高祖刘邦立国伊始，即宣称：“吾甚重祠而敬祭，今上帝之祭及山川诸神当祠者，各以其时礼祠之如故。”[①] 汉武

---

① （汉）司马迁：《史记》卷二十八《封禅书》，中华书局1972年版，第1378页。

帝时“长安厨官县官给祠郡国候神方士使者所祠，凡六百八十三所”；到了西哀帝时期“尽复前世所常兴诸神祠官，凡七百余所，一岁三万七千祠云”。[①] 随着神祠制度的展开，神明数量也大为增加。其中，在西汉新增加的诸神中，汉武帝树立起了颇具大一统文化意义的全国最高的神明“太一”。西汉皇朝以祭“天”和祀祖为主体框架的国家祭祀获得齐备，并呈多样化发展。

西汉建国初，内忧外患，国弱民敝，百废待兴。统治者致力于休养生息，推崇“无为”的黄老之学，由此社会上黄老之风竞煽。随着西汉国力的强盛，统治者转而重视儒法之术，汉武帝接受了大儒董仲舒“罢黜百家，独尊儒术”的主张。董氏儒学将今文经学和阴阳五行说紧密结合，在相当意义上是“天人合一”“天人感应”的宗天神学。随着董氏儒学的强势发展，儒学日渐谶纬神学化。“谶纬的神学体系的核心内容是天人感应论和神学目的论，其表现形式则主要是灾异、祥瑞、符命、谴吉等。”[②] 东汉以儒立国，谶纬迷信炽盛。“初，光武善谶，及显宗、肃宗因祖述焉。自中兴之后，儒家争学图谶，兼复附以訞言。”[③] 东汉儒学的主流有明显的神秘化、宗教化、异端化倾向，由此又刺激了社会上各种巫道神学的创作与流行。例如，《河图·纪命符》宣扬上天对人赏善罚恶之说：“天地有司过之神，随人所犯轻重，以夺其算纪。恶事大者夺纪；过小者夺算。随所犯轻重，所夺有多少也。”《龙鱼河图》中记载了呼神名治病的方法：“东方泰山君神，姓园名常龙；南方衡山君神，姓丹名灵峙；西方华山君神，姓浩名郁狩；北方恒山君神，姓登名僧；中央嵩山君神，姓寿名逸群，呼之令人不病。”

秦汉社会，从王公贵族到平民百姓，普遍相信鬼神实有。在他们的观念中，世界是由四个部分组成的：一是居住着上帝和许多人格化自然神的天上世界；二是由各大仙境及居住其上的仙人组成的仙人世界；三

---

① （汉）班固：《汉书》卷二十五下《郊祀志下》，中华书局 1962 年版，第 1257、1264 页。

② 李中华：《谶纬与神秘文化》，中央编译出版社 2008 年版，第 30 页。

③ （刘宋）范晔：《后汉书》卷五十九《张衡传》，中华书局 1965 年版，第 1911 页。

是人类生存的人间世界；四是鬼魂生活的幽冥世界。其中，上帝和诸神居住的天上世界是一个遥不可及且绝对森严的地方，而长生不死的仙人世界是人类可以通过努力到达的世界。在现实生活中，人们已混融了“神”与“仙”的观念，两者往往合一，由此“天上世界”事实上与人间打通了。人们的终极理想与追求，是到达仙人世界。其方法主要是，一为修炼或服用仙药羽化成仙（“飞升成仙”），二为死后被神仙接渡而达到永生（“引魂升天”）。不少人笃信能“成仙”的方仙道术。方仙道们与包括统治者在内的神仙信仰者交流互动，整个社会神仙之风竞煽。汉武帝一生醉心于求仙，在位期间多次开展了盛大的问药求仙活动。据《史记·封禅书》，就要者而言，即有李少君的“却老方”；谬忌的“太一方”；李少翁的“鬼神方”。栾大由综合诸方，宣称：“黄金可成，而河决可塞，不死之药可得，仙人可致。”后又有公孙卿献《札书》，称黄帝“宝鼎神策”，更倡言“黄帝且战且学仙”。汉元帝以后，由于经学的发展和公卿中儒臣的辈起，方仙道在国家庙堂上遭到排摈而渐次衰落，但在社会上仍因神仙信仰的盛行而维持着相当大的势力。全国各地虚虚实实的“神仙人物”“神仙事迹”纷起，出现了一批记载、探索仙道的著作，其中刘向《列仙传》就是中国首部系统叙述神仙的传记。

两汉巫风盛行，巫觋活跃。《史记·封禅书》载，汉高祖朝，京师长安立九天巫祠，同时还有来自晋、秦、梁、荆四地之巫。汉武帝即位，尤敬鬼神之祀，以鬼神方术著称的越巫亦进入朝廷。“是时既灭两越，越人勇之乃言：‘越人俗鬼，而其祠皆见鬼，数有效。昔东瓯王敬鬼，寿百六十岁。后世怠慢，故衰耗。’乃令越巫立越祝祠，安台无坛，亦祠天神上帝百鬼，而以鸡卜。上信之，越祠鸡卜始用。”[①]越巫出入“江湖”“庙堂”，影响极大。例如，东汉应劭《风俗通义·神怪》记：“武帝时迷于鬼神，尤信越巫。董仲舒数以为言，武帝欲验其道，令巫诅仲，

① （汉）司马迁：《史记》卷二十八《封禅书》，中华书局1972年版，第1399—1400页。

仲舒朝服南面，诵咏经论，不能伤害，而巫者忽死。”[①] 在这则越巫诅咒董仲舒的故事中，越巫挫败于董仲舒，虽然意在说明儒家道统的正义性、神圣性，但也表明越巫的影响之大。另外，起于先秦的“傩”，在秦汉有了新的发展。主要是在“傩”中逐渐增加了一些新内容和新程式，显得更加的规范。大约在秦及西汉，“傩”在方相氏和百隶的基础上增加了童男童女，东汉前期又将童男童女改成只有童男担任的“侲子”，东汉末年又增加了十二兽。不仅有为驱逐鬼疫的跳傩仪式，而且有不少祭鬼的神庙。东汉张衡《东京赋》：“卒岁大傩，驱除群厉。”[②]

巫觋在现实生活中，以特别的方式涉略鬼神、解除、驱疫、战事、水旱、祝诅、婚姻、生育、丧葬等事务，可谓无事不与。然而，巫术毕竟不符合儒家倡导的“不语怪力乱神”精神，自然不断地遭受到来自儒阶层的激烈批判。例如，王充《论衡·解除》：“（巫祝）不修其行而丰其祝，不敬其上而畏其鬼。身死祸至，归之于祟，谓祟未得。得祟修祀，祸繁不止，归之于祭，谓祭未敬。夫论解除，解除无益。论祭祀，祭祀无补。论巫祝，巫祝无力。”儒阶层的这种批判，本意在于强化儒家对鬼神的话语权，把控“神道设教”的意识形态，但也刺激或迫使不少巫觋们为了自己的生存发展而努力提升自己。

随着生命关怀尤其是长生成仙意识的增强，以方仙士为代表者创造发展了内容丰富的养形炼性以追求长生的方术。例如，1973 年长沙马王堆汉墓出土的帛画“导引图”，列举多种导引方式，一起出土的还有《却谷食气》等养生典籍。又如，《后汉书·方术传》总括东汉一代流行的诸方术，具列风角、遁甲、七政、元气、六日七分、逢占、日者，托专、须臾、孤虚之术，及望云、省气、推处祥妖等等，其流不下十余家。其方术人物，大体可以分为三类：一是说图谶、灾异、星占者，这些人多依附儒家经学或纬学；二是自干吉（于吉）造《太平清领书》到张角、张修，在汉末形成社会运动，这是直接创造道教的一支；三是从鲁女生、

① 王利器：《风俗通义校注》，中华书局 1981 年版，第 423 页。

② （汉）张衡：《东京赋》，收载《历代赋》，辽宁人民出版社 2001 年版，第 234 页。

蓟子训、封君达、左慈到葛玄，这是注重个人长生术的神仙家一流。[1]

西汉以来，随着黄老文化的展开，“老子”在社会上的影响日渐张大。汉武帝“独尊儒术”后，黄老之学在国家政治上沉寂，转变为主要服务于人们私下的修身养性。与此同时，崇拜与追求神仙的方仙道士们有意摆脱因方术不灵而造成的被动局面，亦有意攀附黄老学说。黄老学与方仙道积极地结合，衍化出一套新型的黄老神仙长生思想和相关方术，是为黄老道，其主要标志是用养生思想注释《老子》成为风气。汉武帝朝儒士严遵注《老子》，主张“益我货者损我神，生我名者杀我身”，由此将《老子》发挥成为养性长生之道的经书。东汉黄老神仙家河上公，注《老子》首章“道可道”云：“谓经术政教之道也。”注“非常道”云：“非自然长生之道也。”他积极倡扬运气、按摩、导引等修养方术。“人能养神则不死也”；“精气不劳，五神不苦，则可以长久”。在黄老道文化中，老子虽仍以养生修道者的面目出现，但已日渐赋予神仙的色彩。桓谭《新论》：“老子用恬淡养性，至寿数百岁。”王充《论衡·道虚》：“老子恬淡无欲，养精爱气，世为真人。”显见至迟于东汉时期的老子在人们的心目中已是与道合一的在世“真人”。[2]与此同时，老子神话不断地演绎，其形象日渐宗教化。《老子》的宗教化趋势亦显著，宗教家们纷纷以此书寻找理论依据，并通过注解《老子》来宣扬道教的主张。例如，《汉书·艺文志》道家类中著录有《老子邻氏经传》《老子傅氏经说》《老子徐氏经说》，以及刘向《说老子》四篇。《后汉书·孔融传》已正式出现了“老君”之称。《太平青领书》尊老子为至高天神，并以《老子》作为太平道神学理论。《天官历包元太平经》的作者甘可忠言称“真人赤精子下教我此道”，以“赤精子”之名冠名老子。东汉统治者大多已笃意奉事黄老道，敬祀老子。例如，太子刘庄曾谏言汉光武帝，说：“陛下有禹汤之明，而失黄老养性之福，愿颐爱精神，优游自宁。”[3]东汉前期，楚

① 葛兆光：《中国思想史》（第一卷），复旦大学出版社 2001 年版，第 345 页。

② 参见李显光：《混元仙派研究》，中国社会科学出版社 2007 年版，第 27 页。

③（刘宋）范晔：《后汉书》卷一下《光武帝纪下》，中华书局 1965 年版，第 85 页。

王刘英“晚更喜黄老，学为浮屠斋戒祭祀”[①]。东汉中后期，汉桓帝“事黄老道，悉毁诸房祀”[②]，天下诸多礼庙祠祀。是时，老子已经塑造成了崇高的神灵。例如，汉桓帝在位期间，“好神仙事。延熹八年，初使中常侍之陈国苦县祠老子。九年，亲祀老子于濯龙（宫）”[③]。如此，黄老道已具较为显著的宗教内容。

东汉以来，仙道理论的建设也有了显著的成就。在黄老、阴阳五行、谶纬等文化盛行的同时，易文化亦受到重视。经学大师郑玄注《易》，归纳总结出“一易三义”说：“《易》一名而含三义：易简，一也；变易，二也；不易，三也。”郑玄“一易三义”说，尤其是变易与不易两义，深化了阴阳五行学说，为仙道修炼提供了重要的理论依据。另外，两汉之际，佛教传入中国，与方仙道、黄老道交结，由此促使黄老道、方仙道们思考本土的宗教文化如何提升、发展。至迟到东汉中期，一些先进的黄老道、方仙道们开始依宇宙论建构神仙修炼学说，创造了一系列道书。据《汉书·李寻传》，早期的道书在西汉成帝时已经出现，齐人甘忠可造作《天官历包元太平经》十二卷，宣称“汉家逢天地之大终，当更受命于天，天地使真人赤精子，下教我此道”[④]。东汉顺帝时已经成书的《太平清领书》，更是道书经典。它提出了“元气”聚合生成天、地、人、物的宇宙观，提出了“承负”说，还提出了人人都可以长生久寿、成为神仙的理论和“守一”“食气”“胎息”等修炼方术，提出了建立“太平世道”的社会政治理想。魏伯阳的《周易参同契》更是为神仙修炼提供了实践指导。它以老子“道法自然”思想为指引，以《易传》的宇宙论为框架，建构起“乾坤”“坎离”“阴阳”体用相须的宇宙生化模型。它认为，人类不仅可以人工的方式，摹状、重现宇宙的生化特别是其创生人类的过程，而且可以通过人为的努力自己创造生命，培

① （刘宋）范晔：《后汉书》卷四十二《楚王英传》，中华书局1965年版，第1428页。

② （刘宋）范晔：《后汉书》卷七十六《王涣传》，中华书局1965年版，第2470页。

③ （晋）司马彪：《后汉书志》第八《祭祀志中》，附范晔《后汉书》后，中华书局1965年版，第3188页。

④ （汉）班固：《汉书》卷七十五《李寻传》，中华书局1962年版，第3192页。

育生命乃至永葆生命。这其中的关键是，人需要服食天地阴阳运化过程中产生的万物至宝“金丹”。人类可以效法自然，设置一种独特的鼎炉，炼取金丹。《周易参同契》对以往养生、炼丹方术作了较为系统的总结，并发展出了融“大易”“黄老”“炉火”于一体的新型丹道理论，标志着丹道思想理论的基本成熟。

随着方仙道文化尤其是黄老道文化的发展，巫师、方士等追求更为高级正统化的“道教”意识萌芽与生长。这典型地表现在“道士”称号的出现并开始流行上。《汉书·郊祀志》注引《汉宫阙疏》：汉武帝在长安建章宫旁置立用九天巫来祭祀九天的神明台，“恒置九天道士百人”。又据唐顾胤所引《汉武帝集》，元封元年，霍去病之子霍嬗（字子侯）随武帝封禅泰山，至蓬莱海滨，为武帝所“畏恶”而被诛杀。霍家本是武帝姨亲，为安抚其家人，武帝托词说：“道士皆言子侯得仙，不足悲！”这里所谓“道士”，仍然是“巫”[①]，和方士是二而一的。但“道士”名号的出现，其蕴含的“高级”“正统”意义是不可忽视的。其后，方士称“道士”者，日渐流行起来。例如，王莽时期的西门君惠，好“天文谶记”，在《后汉书·光武纪》“后论”中，他同“好星历谶记”的李通父李守道并称为“道士”。这表明至迟到西汉末，道士已不限于方仙一途。而东汉以来的黄老道方士，已被普遍称为道士。知名的“道士”，往往有若干的“弟子”或“徒党”，甚至还“署置官属”，形成了一定的组织。

两汉统治者出于维持统治的需要，对盛行的巫觋、方士活动，采取既利用又限制乃至打击的政策措施，促使巫觋、方士产生分化而相当部分趋于道教化。大体形成于西汉前期的《礼记·王制》中，象征着一统的国家已经给后世指明“左道”的范围，它包括“析言破律，乱名改作”“作淫声、异服、奇技、奇器”“行伪而坚，言伪而辩，学非而博，顺非而泽”和“假于鬼神、时日、卜筮”，它特别指明了“左道”主要在于它的“乱政”和“疑众”。于是稍后《汉书·郊祀志》中就有“奸

① 谢剑：《匈奴宗教信仰及其流变》，《中央研究院历史语言研究所集刊》，1971年，第42本第4分册，第571—614页。

人惑众，挟左道，怀诈伪，以欺惘世主”，显然，这种“左道”已经被政治权力和意识形态确定为破坏秩序的异端。事实上，不少“道士”致力于将自己的研究成果进入庙堂，以发挥最大的效能。然而，在儒家政治下，这种新型的“道家”思想自是“异端”，不免遭受到压制和打击。这从《太平经》(《天官历包元太平经》《太平青领书》) 在当时的命运可以清楚证明。西汉成帝时，齐人甘忠可诈造《天官历包元太平经》，被统治者视为左道而予以取缔。东汉桓帝时，善天文阴阳之术的平原人襄楷又上《太平青领书》，并声言 :“前者宫崇所献神书，专以奉天地顺五行为本，亦有兴国广嗣之术。其文易晓，参同经典。而顺帝不行，故国胤不兴。”[①] 而结果是被系洛阳狱定罪。这种严重挫折使一些“道士”不得不努力寻求自我发展的“道教化”道路。

秦汉时期，社会上巫鬼文化、神仙信仰、方仙道文化均极其盛行。国家的意识形态，又建立在浓厚的神道意识之上。方仙道得到进一步发展，进入到兴盛阶段。这一方面是战国以来仙道思想与实践的沿袭发展，另一方面，是以“秦皇汉武”为代表的统治者对仙道的极度迷信。黄老学说在经过汉儒的理论充实之后，又与方仙道结合，产生了天人感应、神仙方术、阴阳灾异、谶纬学说等宗教形态与宗教思想，形成黄老道。黄老道流行，老子“道”宗教化的情势也日渐显著。正式的道教已是呼之欲出矣。

二、秦汉江西社会发展与信仰文化生态

公元前 221 年秦始皇统一中国后，在全国积极推行郡县制。今赣东北、赣北、赣中、赣南地区由九江郡（郡治今安徽寿县）辖治，今赣西的萍乡、宜春大部则由长沙郡管辖。秦朝在江西虽然只设置“番”“艾”两县及若干军事据点，却表明江西正式成为受中原统治的“王化之地”。随着秦朝向“百越”军事行动的展开与深入，作为南北沟通重区的江西，进一步承接着中原文明。由于秦朝统治江西的时间极其短暂，江西所受的影响相当有限。

---

① （刘宋）范晔 :《后汉书》卷三十下《襄楷传》，中华书局 1965 年版，第 1081 页。

公元前202年西汉建国后，统治者鉴于江西在南方地区的重要地理位置，在江西境内设立了豫章郡（郡治南昌），并置18个县和一些王国领地。由此，江西比较紧密地纳入了国家大一统的系统，与中原及周边地区的政治经济文化联系更加密切起来。不过，整个西汉时期，江西的经济文化仍然处于比较落后的境地。直至东汉才有了较良好的表现。豫章郡，有城21，户406496，口1668976。不仅更多的外籍文化人士活动于江西，而且以唐檀、徐稚为代表的一批江西本土文化人士成长起来并在全国产生了一定的影响。他们纷纷接受了流行的儒家方术文化，并用之实际生活。例如，《后汉书·方术传》载，豫章唐檀，习京氏易，尤好灾异星占。永宁元年（120），预言京师有变异。延光四年（125），中黄门孙程杀后兄阎显等，立济阴王为天子，果如所占。

秦汉时期，江西人口主体为楚、吴、越的族裔及中原南迁随俗之华夏后裔。江西风俗一方面继续不断地接受外来文化的作用影响，另一方面依然坚定地根植于地方文化传统之中，尚鬼、信巫、方仙之风兴盛。江西巫鬼之风盛行，不仅表现在巫觋活跃、深刻影响民众生活外，而且表现在兴建了不少祭拜鬼神以祈祷消灾除祸的“房祀”（神庙）。东汉中期以来的庐山神及庐山宫亭湖神信仰就是其中典型的代表，因而不仅有栾巴清除淫祀而诛除宫亭湖神的故事，又有汉灵帝时“江西第一高僧”安世高友人化身宫亭湖神的故事。江西多灵山胜水，适宜隐逸、方士、仙道的活动。清同治《武宁县志》“伊山”条载：“伊叟旧宅，县西北三十里，伊山之巅，遗址至今存焉。世传秦时有伊叟者，避地于此，织屦置山下，路人以米易屦去，伊叟取米归，不与世接，盖隐君子也。”又如，东汉中期的徐稚（徐孺子）正是以隐逸被誉为“南土第一高士”。至于方士、仙道活动的积极，江西境内亦有大量的仙道故事可资证明。

两汉时期江西已形成了较为浓厚丰富的神仙信仰，处于全国较先进的行列。江西出土的汉代一些画像镜或神兽镜，在雕刻的花纹图案上，富有神仙文化的内容[①]。例如，南昌施家窑村东汉墓中出土过一枚“羊

---

① 李科友：《江西的封建社会考古》（上），《江西历史文物》1982年第4期。

方铜镜”，除书有“长宜子孙”的文字外，并有铭文：“羊方作镜真大巧，上有山人不知老，渴饮玉泉饥食枣，长富贵，天下保。”又，南昌虹桥 M1、M2 墓葬，曾各出土过一枚“博局镜”。[①]两枚“博局镜”除了有羽人图案外，其铭文分别为：“尚方作竟（镜）真大巧，上有仙人不知老，渴饮玉泉饥食枣，浮由（游）天下□兮。”“尚方作竟（镜）真大巧，上有山人不知老，渴饮玉泉饥食枣兮。”尤其是，人死成鬼尤其是成仙（神）的观念在江西的“地下冥鬼世界”也得以大力弘扬。这除了在南昌海昏侯刘贺墓中有西王母、东王公、四灵、羽人等典型的说明外，在清江、宜丰、永新、于都等地还发现了一大批汉代画像砖墓，其中有不少是描绘墓主（亡者）在地下冥府生活的情景，而“饮宴”“迎拜”和“车马出行”是其主要的内容。“宴饮”的主题往往表达的是墓主人饮食神药玉液以求得仙，或墓主人服侍西王母之类的仙人饮食以求得仙。“迎拜”主要表现的墓主人迎接礼拜西王母之类仙人的活动情形。而“车马出行”的主题表达的是墓主人的灵魂从地下世界赴墓地祠堂去接受祭祀的情形，或者表达墓主人乘车马到昆仑朝拜西王母以求不死药以得仙的景象。车马出行图与阁楼厅堂、神仙祥瑞等题材形成的稳定配置关系，分别表现了死后的归宿，即入葬和升天。另外，江西汉墓画像砖还有反映墓主人在地府过着“世俗生活”的情形。例如，不少画像砖都绘有半圆形和钱纹，人们将五铢钱或是泥土制作的替代品放置于坟墓中，其目的是比拟满足死者在阴间的开销，赋予了相当的地下冥鬼世界及其鬼神信仰意义。

简言之，秦汉时期，江西沿袭先秦以来的巫鬼、方仙之风，又在社会发展与现实生活中得到强化，境内方仙道、巫鬼道的氛围浓厚，方士、巫觋活跃。这无疑为道教创立和传播准备了良好的人文生态环境。

三、海昏侯墓出土文物所见仙道信仰

尽管秦汉江西仙道氛围已是浓郁，然而，有关的文献资料却相当有限，好在已发掘的 130 余座江西汉墓，尤其是 2011 年以来发掘的南昌海

① 江西省文物考古研究所：《江西南昌虹桥东汉墓发掘简报》，《文物》2011 年第 4 期。

昏侯刘贺墓为此做了有力的支撑。这些汉墓主要在当时江西地理交通要地和经济文化发达地区的赣北、赣西、赣西北，其中出土的大量随葬器物，较好地体现了江西民众（贵族）的信仰观念和宗教意识。

西王母是上古先秦中国传统神仙世界中出现较早的，地位最高的女仙，治昆仑山（玉山）。《山海经·西山经》载："又西三百五十里，曰玉山，是西王母所居也。西王母其状如人，豹尾虎齿而善啸，蓬发戴胜，是司天之厉及五残。"[①] 神话中，半兽半人状的西王母居于昆仑山上，掌管瘟疫、疾病和死亡。但自战国以来，西王母的形象渐渐人格化，由怪兽转变为美丽的女神。她有不死仙药，能够赐予人年岁，使人长生甚至成仙。在汉代人的信仰中，昆仑山及西王母是仙人世界神圣的存在。围绕着西王母的神话，在汉代颇为流行。东王公亦是著名的神话仙真，他治理蓬莱仙岛，统率男仙。相较于西王母，东王公的出现较晚，文献中一般可以早至春秋战国时期（或渊源于楚国"东皇太一"信仰），最晚也在西汉初。现存较早的关于东王公的文字记录，见于东汉成书的《吴越春秋》《神异经》《海内十洲记》等著作中，在这些文字记录中，都是以相会西王母的形象出现的。例如，《神异经·中荒经》记载："昆仑之山，……上有大鸟，名曰希有，南向，张左翼覆东王公，右翼覆西王母。背上小处无羽，一万九千里。西王母岁登翼上，会东王公也。"[②] 在《海内十洲记》中，东王公则已是东方治理众仙官的大仙，"扶桑在东海之东岸……上有太帝宫，太真东王父所治处……真仙灵官，变化万端，盖无常形，亦有能分形为百身十丈者也"[③]。此外，萧梁陶弘景《真诰·甄命授卷一》中记载东王公和西王母的传说，"昔汉初有四五小儿，路上画地戏，一儿歌曰：着青裙，入天门，揖金母，拜木公。到复是隐言也。时人莫知之，唯张子房知之，乃往拜之，此乃东王公之玉童也。所谓金母者，西王母也，木公者，东王公也，仙人拜王公，揖王母。"南昌海昏侯

① （清）佚名：《百子全书》，岳麓书社 1993 年版，第 3934 页。
② （清）佚名：《百子全书》，岳麓书社 1993 年版，第 4048 页。
③ （清）佚名：《百子全书》，岳麓书社 1993 年版，第 4057 页。

墓中，出土了一组木质髹漆的“孔子穿衣镜”，在镜框周围，有一些神话题材的彩绘。其中，有一幅“东王公西王母图”，左边东王公、右边西王母，两人席地正坐，两人的头略向内侧倾斜而作对视状，展示出“隔风而望”的姿态。西王母西方之阴，东王公东方之阳，以及中间的衔珠凤鸟、飞翔玄鸟，组成一幅十分和谐的阴阳协调画面。对应的镜赋铭文言：“西王母兮东王公，福憙所归兮淳恩臧……□气和平兮顺阴阳，□觞[万]岁兮乐未央”，也正体现此图的意境。用这段文献比照孔子衣镜上的“东王公西王母图”，可以发现一点值得注意的地方，即：画在东王公和西王母之间的凤鸟图像。凤鸟立于东王公和西王母之间，张开的双翼指向二仙。孔子衣镜的镜框上部，在西王母、东王公二仙的身边各绘有一个着黄衫的人物。西王母旁的人物面向西王母跪坐，左手把臼，右手持杵，作捣药状，或是源于玉兔捣药的形象。东王公旁的人物面向东王公跪坐，面前摆放一盘状物。双手举于胸前，呈跪拜或献物状。这样便形成了东王公和西王母两位主仙带着各自的侍从，在衣镜镜框上部各据一方“左右尚之”的图像结构。海昏侯墓“孔子穿衣镜”上的西王母和东王公相会的图像，充分表明墓主人刘贺所处的西汉昭宣时期是西王母与东王公信仰发展的关键阶段，具有承前启后的特征。既继承了西汉早期对西王母作为拥有不死之药的仙人身份的定位，又开启了其后西王母与东王公双神信仰兴盛的局面，由此西王母、东王公双神信仰进入东汉后达到一个高潮。不仅体现了时人普遍存在的“长生不死”的精神追求和“好生恶死”的生命意识，而且反映了西王母、东王公双神信仰与阴阳理论的密不可分，已经演进到较为成熟的道家神仙理论了。

西王母和东王公是中国神仙故事中治理仙宫的最高神格，不仅是“阴阳二元论”宇宙观中东西方阴阳两种力量对应平衡、调和的象征，同时也是仙界宫廷官僚体系的女、男主仙。东王公作为西王母对偶神的出现，体现了汉代人对仙人世界的不断补充，“造仙运动”的积极开展及其卓越成果。东王公与西王母作为对偶神及其相会的传说，从文字记录而言，至春秋战国时期已产生，但一直没有考古资料证实。长期以来，由于“东王公”出现于东汉人编纂的文献中，诸多考古材料又指向东汉时期，故学术界一直认为是东王公信仰正式出现是在东汉时期。然而，海昏侯墓考古出土的孔子穿衣镜“东王公西王母图”及其文字，极其有力地说明东王公形象及其信仰（西王母东王公双神信仰），或自西汉初年就已在社会上流行。毕竟以刘贺去世的神爵三年（前59）为下限，证明了东王公作为男性的“阳仙”与女性的“阴仙”西王母相对应的传说及其图像组合模式在西汉宣帝时期已经成型。这不但佐证了《神异经》《海内十洲记》等笔记小说所载东王公西王母相关传说至晚在西汉已经成型的推测，同时还为研究东汉画像石中常见的“东王公西王母图”提供了西汉时期的图像原型。海昏侯刘贺墓出土的衣镜上发现了东王公像，是迄今发现最早的关于“东王公会西王母”传说的考古实物证明。这或在一定意义上说明江西是“西王母东王公信仰”的重要策源地。

四神崇拜是上古以来最重要的神灵信仰之一，源于古人的星宿信仰与图腾崇拜，贯穿了人类追求天地和谐秩序的精神。四神，或称四灵、四象，常指龙、虎、鸟和龟的四神，融入五行文化，便成为苍龙、白虎、朱雀和玄武。它们分别代表着东西南北四个不同的方位，同时亦有“左青龙右白虎，前朱雀后玄武”之说。这被看作是四神的定式，或者说是主流体系，至迟到西汉前已经形成。但这不是唯一的四神体系。四神体系的版本变化，一般只是体现在北方神上，以北方神为基准，可以区分出若干版本，有鹿版、鱼版、蛇版、龟版、玄武版。当“玄武”出现后，四神体系基本定型。然而，海昏侯墓中，重现了汉代一种较为特别的少见于文献记载的四神崇拜——玄鹤版的四神体系。海昏侯墓中的“孔子穿衣镜”边框漆绘有玄鹤版的四神，其《衣镜赋》曰：“右白虎兮左苍龙，下玄鹤兮上凤凰。”另外，出土的一些当卢上也有玄鹤形象的图画。玄鹤进入主四神的体系，自然是源于时人长生求仙的观念。玄鹤：玄者，黑色；鹤者，长寿。晋崔豹《古今注》言：“鹤千岁则变苍，又二千岁变黑，所谓玄鹤也。古谓之仙禽，亦名露禽，或又谓之阴羽。”阴羽与阳羽相对，凤为阳，鹤为阴，在四象中是相配的角色。因此，玄鹤在四象中代表着北方。玄鹤作为祥瑞之动物在西汉之前的文献中就出现了。至迟在西汉，玄鹤已具长生神仙之气。西汉人有饱满的长寿成仙的追求与梦想，因此将这一理念融入四神，让玄鹤进入四神组合。海昏侯墓中出现的作为四神之一的玄鹤，当然不会是他个人意志的体现，而是那一时代群体意识的反映，只是其间必然符合海昏侯墓主人的思想。四神蕴含着天道秩序、吉祥如意、升天成仙等文化内涵。海昏侯刘贺及其家人似乎更偏重于升仙。海昏侯墓出土的"孔子穿衣镜"及"衣镜赋"所表现的四神，即主要是围绕着神仙主"东王公、西王母"而展开。而海昏侯墓出土的一些当卢图像，分别以白虎、凤鸟、鸾鸟为主神，表现了海昏国人对冥鬼、神仙、人间三个世界的想象与认识。[①]其中，白虎意味着这是通神的指引，冀使墓主在冥界可得到完好的安顿；凤鸟意味着墓主即将归升的仙界。由此可推测，海昏侯墓玄鹤版的四神信仰，所反映的主题思想或思想意境，是墓主对于长生不老、死后升仙的渴望与追求。

在海昏侯墓出土的诸多器物上，鸟是一个基本的主题。凤鸟、鸾鸟、金乌、玄鹤等几乎无处不见。这些都充分体现了墓主人的鸟崇拜思维，以及赋予其上的升仙思维。例如，凤是神鸟，是仙界的象征。《说文》："凤，神鸟也。……五色备举，出东方君子之国，翱翔海之外，过昆仑砥柱，濯羽弱水，暮宿丹穴，见则天下安宁。"凤鸟在古人的信仰中则是天地之间沟通的媒介，往往还担负着引领亡魂归天的责任。凤鸟也是仙界描绘的常用祥瑞。《太平御览》卷九一六引《孙氏瑞应图》记"鸾鸟，赤神之精""凤皇之佐"。同引《春秋感精符》曰：王者上感皇天，则鸾凤至。都表明了鸾鸟与凤鸟的协同关系。当卢中不仅凤鸟形象被放大，凤鸟衔珠。凤鸟所衔之物一说为琅玕，长于珠树；一说为仙药，尤其在西王母信仰盛行时，这一认识更为普遍。但从《列子·汤问》所记"珠玕之树皆丛生，华实皆有滋味，食之皆不老不死"来看，二者或为一物，至少被描述为具有不老不死的功能性，显然凤鸟衔珠这一图像也表达了对于成仙的向往。又，在刘贺主棺内棺盖板的南侧，镶嵌着的一只神鸟（金乌）图案，鸟头朝南，鸟尾朝北，即寓意着引导墓主人刘贺升

① 曹柯平、王小盾、徐长青：《海昏侯墓地符号世界：当卢纹饰研究》，《江汉考古》2018年第2期。

天成仙。羽人崇拜是鸟崇拜的延展，也是海昏侯墓所展开的重要主题。在海昏侯墓出土的文物中，多处出现了肩生两翼而腰部长有羽毛的羽人图像。其中，明确的有三处：出土的漆盒上有两处；铜当卢上一处。漆盒上，一羽人呈奔跑状，正在追逐前面的一只兔子，兔子前面有云状物，表明此情景发生在云端；一羽人骑在鹿上，鹿正扬蹄飞奔。铜当卢图像中，最上部有一朱雀，朱雀下面是两条缠绕四圈的青龙，一头戴凤冠、身材修长、背展双翅羽人正站立在两龙第一圈相交处，两手各执一龙头，似乎正在驾驭着两条神龙飞向蓝天。除了这三处羽人图像，另一件漆盒上，也有疑似羽人的形象。图像中有两男子，手持武器在做搏斗状。两人背后和腰部都有羽毛，他们的背后有云气飘荡，表现的场景应是在云端或仙界。此外，在海昏侯的棺木之上，也出现了羽人形象。羽人还与龙、马相结合，正是增加佑护墓主人升天成仙的力量。例如，有一枚当卢的中轴线偏下处有一错金鱼纹，饰于交尾的双龙尾部，侧身微曲呈跃起状，其鳞与鳍细腻可见，与双龙共同表现出向上的运动态势。龙常作为神仙的坐骑和使者，或者说是协助神灵飞升的工具。此中表达龙本身的升仙功能外，更在于反映和强化在图像中心的羽人。羽人与马的结合。西汉人认为马具有纵横天界的神性，因此贵族以大量的车马陪葬于墓中，即使是普通民众也喜爱在墓葬中布置车马明器或车马出行画像石，其目的是以神马为前驱、为导引、为沟通天人的载体，承载墓主升天成仙。《汉书·礼乐志》中有“天马歌”云：“天马徕，龙之媒，游阊阖，观玉台。”当卢是通神之器，其作用是增强马的神性，更好地引领墓主之灵升入天界。当卢处在马头的上部，是最尊贵的位置，在此处刻画羽人，正是希望在羽人的引导下，由天马载之而升仙。众所周知，羽人崇拜，其实质是神仙崇拜。海昏侯墓中的“羽人”，正是墓主刘贺及其家人神仙崇拜的一大表现。这或许与海昏侯刘贺浓郁的昌邑情结有关。刘贺早年封国于今山东巨野县附近的昌邑，这一区域历史上深受以鸟为图腾的东夷文化的影响。又，海昏侯国地处豫章郡较为核心之区，而豫章郡所在早在先秦时期，就已形成了浓厚的羽人信仰。三种因素的综合，海昏侯墓中“羽人”多出，也是自然。

在海昏侯墓出土的器物上，日、月、星、山、水、云、鹿、麒麟、鱼、龟等纹饰或图案也颇为常见，它们有辟邪、厌胜、祈求平安的作用，往往也赋予了生命、成仙等含义，由此可谓是自然崇拜与神仙文化结合的产物。例如，至少四件当卢的主题纹饰中，包含着双龙（或说双蛇）交尾图案，或一交，或两交，或三交。双龙（或双蛇）交尾一般代表着文明始祖的伏羲和女娲。因为传说中的伏羲和女娲的形象是人首龙身或人首蛇身，他们交尾后孕育了人类。海昏侯墓出土当卢上的双龙交尾属于西汉早期的形象，重点表现的是伏羲和女娲互交的主题。而这一主题正是生命追求的深刻表现。又如，图像中频繁出现的虎形象。《太平御览》卷八九一引《风俗通》曰："虎者，阳物百兽之长也，能噬食鬼魅。今人卒得病，烧皮饮之，系其衣服，亦辟恶，此甚验。"是知白虎可以驱邪避恶。《山海经·海内西经》："昆仑之虚，方八百里，高万仞。上有木禾，长五寻，大五围。面有九井，以玉为槛。面有九门，门有开明兽守之，百神之所在。……昆仑南渊深三百仞。开明兽身大类虎而九首，皆人面，东向立昆仑上。"[①] 可见昆仑山作为百神所在的仙界，虎则负担着守护天仙界之门的职责。正因为虎有如此功能，它可以助墓主人顺利升天成仙。西汉武帝以来，儒家倡扬"天人合一""天人感应"说，认为天是"万物之祖""百神之大君"，是明察秋毫、赏善罚恶的最高主宰，自然界四时运行，人类社会的秩序都是天意志的体现。故人们"从善"，天就降下凤鸟、麒麟等祥瑞；如果人有过失，天则降下灾异或恶兽，加以谴告。在这一观念下，海昏侯墓当卢图像正是借祥禽瑞兽的形象，传递"扬善戒恶"的深刻内涵。但更深刻的意义，当是在此基础上的求仙、成仙思想。

海昏侯墓出土的诸多器物，无不深深渗透着神灵信仰、神仙追求的观念。其中，一件青铜错金当卢图案的上部，有两个圆形画面，右边的圆形中有一只展翅飞翔的"金乌鸟"，代表着"金乌负日"的神话，暗喻引人升仙；而左边的圆形中有一只奔跑的白兔和一只蟾蜍，左边代表月亮上的玉兔和蟾蜍。在出土的瓦当上，也有蟾蜍的变形图案。人们把

① 袁珂：《山海经校注》，上海古籍出版社 1980 版，第 294—300 页。

蟾蜍作为月亮的化身，还来源于古人对生殖的崇拜。古人把伏羲和女娲神化为太阳神和太阴神，让他们分别具有日神和月神的神格。而女娲手捧的蟾蜍在原始母系氏族社会中，就是女性生殖器的象征，代表着繁衍后代，兴旺发达。同时，玉兔代表着“玉兔捣药”是长生修炼的代名词之一。海昏侯墓中出土的大量玉、金、银等器物，因为这些器物都充满着神仙化的色彩。例如，先秦以来的古人相信，玉象征着神器，不仅可以通灵，而且可以保证尸身不会腐烂。在刘贺与其子刘充国的棺椁内，有无数大片的玉璧覆盖身体，是墓主人希望尸身不朽，死后成仙的直接表达。

在出土器物的纹饰中，有很多饕餮纹。例如，在车马器中，错金银轴饰上有饕餮纹；在青铜壶上，两边嵌着铜环的铺首上有饕餮纹；在玉具剑上，剑格上的花纹雕刻有饕餮纹；甚至在玉饰件上，也有幽默滑稽的饕餮纹。饕餮在中国古代文化中富有威严神秘的神性，含义多元。或者饕餮的主要含义是吃饱喝足，是饮食文化的象征；或者饕餮纹通常由左右两部分合成，象征着阴阳相对的观念；或者饕餮纹能够协助巫师或萨满，沟通人与神两界的作用。总体而言，饕餮具有通神、驱邪、镇恶的意义，是能量很大的神器。又，海昏侯墓的一枚“刘贺”玉印，印纽是一只望天欲飞的鸮。传说在殷商时，鸮是人们非常喜爱和崇拜的一种神圣的鸟，其图腾“玄鸟”就是鸮。帝俊、帝喾、舜的原型就是鸮图腾，是民族的生殖神、农业的保护神和太阳神。由于鸮勇猛、机敏，善于夜间捕食，因此被推崇为“战神鸟”，成为克敌制胜的象征，以及统治地位与权力的象征。海昏侯墓出土了一件“方相氏”神兽玉饰。兽身呈侧蹲状，全身袒露，兽首正视，头呈倒三角状，双眼圆睁、鼻翼怒张，似张口吐舌。神兽玉饰出土于主椁室西回廊，原为一圆形漆盒上的配饰。“方相氏”神兽，正是驱疫避邪的神仙。海昏侯墓中出土了一批博山炉。它是汉代民间常见的焚香所用的器具，炉体呈青铜器中的豆形，上有盖、盖高飞禽走兽，镂空、呈山形，山形重叠，其间雕有飞禽走兽，象征传说中的中海上仙山而得名。博山在汉代神仙思想中象征仙山，表达了西汉人冀望的人与神仙之间的联系，所谓“宫室被服非象神，神物不至”。

博山的形象不仅与长生、求仙联系在一起，也表达了死者借助山岳通往天界的愿望。

海昏侯墓出土数量较大的竹简木牍，其中有《易经》《医书》《五色食胜》等部分。《易经》的经文首先解释卦名的含义，然后自《象》传以下的内容与选择类《日书》类似，占卜的意味浓郁；《医书》的内容与养生和房中术有关。《五色食胜》记述是以五种颜色代表相应食物，类比于“五行”相生相克的方术类内容，富有饮食养生而以求长生的意义。

刘贺一生跌宕起伏，从皇室子弟、王侯到皇帝后又被废为庶人，宣帝时虽然重封为侯，但很不得意。不仅远离政治中心长安，身处“地广人稀”“气候卑湿”的豫章，而且在政治待遇上和以前相较落差极大。他在海昏期间，向宗庙“献酎”的资格被剥夺，朝请皇帝的“秋请”被拒绝，向朝廷的“上书”也被限制，并且一直受到严密监视。在这种压制和打击下，刘贺的内心希望解脱困境。生前不得志，便幻想死后得到超脱。海昏侯墓丰富的文物中，其内容正反映出汉人宇宙观和墓主刘贺及其家人渴望自由、长生、升仙。海昏侯墓庶几是一个刘贺及其家人神仙信仰的展示馆，极其丰富地表达了他们求仙、成仙的仙道思想意识。这从一个特别的层面说明了在西汉时代江西贵族化的神仙信仰已经有一定的流传。且其信仰文化中，诸如东王公信仰之先进，玄鹤版的四灵崇拜之特别，正表明江西仙道文化在中国仙道文化上当有其重要地位。

第二节　江西本土知名人物的仙道化

秦汉江西境内仙道氛围浓郁，有不少方士在其间活动，吴芮、张丽英、庐俗等一批江西人物也纷纷仙道化。表明江西在地方宗教文化建构中作用与影响的提升，这是江西成为道教文化创立发展基地之一的重要一环。

一、吴芮仙道化的情形

战国末期，江西本土的一些地方势力逐渐崛起。占据赣东北彭蠡泽以东地区的吴芮，成为江西境内最有实力的一个部族首领。《史记·王翦列传》载，秦将王翦灭楚之后，“因南征百越之君”，征服了江南。属于“百越之君”其一的吴芮，也在王翦南征的过程中被打败，颇识时务地顺从了秦王朝，降格职任管理番阳的番阳令，甚得民心，号曰番君。

秦二世元年（前209）七月，在陈胜、吴广起义掀起的反暴秦的斗争中，楚国贵族后裔项梁、项羽在吴地举兵响应，随后一时迅速成为反秦主力。当时的扬越、干越、闽越等与江西相关区域的一些地方官僚、豪族，纷纷加入到反对秦的队伍之中。其中，番阳令吴芮趁机召集周边的百越诸侯，不仅有不少扬越族人（含干越融合者）大力参与，而且得到驻守梅岭的秦将梅鋗（干越族）、闽中郡的豪族无诸（闽越族）的积极响应。吴芮成为南方反秦的颇有影响的军政人物。吴芮先是追随项羽，项羽封其为衡山王。秦朝推翻后，汉王刘邦与西楚霸王项羽争夺天下，吴芮领兵助汉。刘邦建立汉朝后，封吴芮为长沙王，是汉初七个异姓诸侯王之一。长沙王名义上增桂林、象郡，但因这两郡被南越王赵佗所控制，吴芮实际上只有长沙郡故地。刘邦又封梅鋗到长沙王边境的梅山（今湖南安化、新化之间）去安抚、管理山区仍保持扬越风俗的民众；恢复佐汉灭西楚有功的无诸为闽中王，代汉朝治理闽越。吴芮后卷入统治阶级内部的权力争斗，因积极维护皇权而成为七异姓王中唯一得以善终者。

从古番阳县一带留下的古迹揣测，历史上的吴芮势力很大。《明一统志》卷五十记载，饶州府一带有关吴芮的古迹很多。以城池而言，古番阳县城位于饶州府城东六十里，是吴芮居地。古番阳县城往西十八里，又有吴芮观猎城。在德兴县南七里，又有世传吴芮尝驰马于此的吴阐城。英布投靠吴芮之后，吴芮将女儿嫁给他，还为他建造英布城，在饶州府城西北一百五十里。而位于府城西北一百二十里的枭阳城，亦有可能是吴芮建造的。此外，又有“吴王铸印堆”“凤凰台”“走马堤”“淬剑池”“大小花山”“观猎台”“理旗山”“隐将山”以及“吴芮旧居”等，都传说是吴芮留下的遗迹。总之，今鄱阳湖以东的地域，大多数为吴芮所占据。吴芮在这一带建造了五六座城池，以武力自雄。这从“走马”“淬剑”“观猎”“理旗”“隐将”等名称可以看出。吴芮作为江西地方史上首个著名的本土人物，在秦汉浓厚的宗教氛围下亦日渐神化（仙道化）。

吴芮死后，江西民众对之崇拜不已。《明一统志》卷五《金精》载，吴山祠在余干县北的吴塘山岭，祭祀吴芮，附以吴芮的裨将英布、梅鋗，“水旱疫疠，祷之辄应”。吴芮祠后来被称为“番君庙”。另外，梅鋗因追随吴芮反秦，且战功卓著，项羽分封诸王时，被封为十万户列侯。梅鋗死后，江西多地亦供奉之。后来成为江西道教名山的南丰军峰山，即因梅鋗在其中的活动得名。据明正德《建昌志》卷十载，北宋靖国元年（1101），曾肇《军峰庙碑》记：“旧传汉吴芮尝攻南粤，驻军此山，其将梅鋗祭焉。礼成，若有士骑麾甲之状，弥覆山上，因号军山。邦人祀之，盖自兹始。”直至如今南丰仍然流传着西汉吴芮及部将传傩祭山的传说。

二、张丽英肇开江西的女仙信仰

与吴芮仙道化有一定关联，且更著名的是金精山张丽英肇开江西女仙信仰。金精山，位于今宁都县城西北十余里，方圆约20平方千米。以翠微峰等“金精十二峰”为中心，集险峰、奇岩、幽洞、秀水于一体，自然景观神奇独特，恍若人间仙境。明朱敏《金精山记》云：“兹山乃天造地设，为大江之西诸山之冠。”《搜神记》卷五《金精》记载：“金精，金星之精也。相传汉时宁都县张姓者，名金华，生女曰丽英。生禀瑞相，能先事言民间休咎。去县之西北十五里有山幸律鬼然一方，年十五入山修炼遂得道。长沙王吴芮闻而聘焉，丽英弗许，乃升山之高处，始曰：山有石室中通洞天，若能凿之当相见也。芮大发兵攻凿既通，见女乘紫云在半空语曰：吾为金星之精，特降治此山耳。言讫而去，后人因名其山曰金精山。”[①] 又，民间相传，西汉初年，张丽英是樵夫张芒（张金华）之女，住宁都金精山石鼓峰下。一次上山砍柴，遇到南极仙翁，仙翁送了两颗仙桃给她，张丽英吃下一颗仙桃，顿忘饥渴，面发奇光，形态飘

① 《搜神记》作者不一，版本不一，内容也往往不一，此处引文据明《道藏》本。参见《道藏》，第36册第286页。

然。不照镜，但对白纨扇如鉴焉。张丽英后移居翠微峰，修炼于其间一奇秀天成的大洞（后名金精洞）。张丽英精通医术，常施医施药，为民解痛除病，造福乡民。张丽英十五岁时，长沙王吴芮征战闽地时途经于此，闻知她天生异质，美貌非常，派人入山求聘，欲强纳为妾，张丽英不允，指石山对来人说："山有石室，中通洞天，能凿穿，当见尔。"于是吴芮立即发兵凿石壁，数日后，凿开一洞，只见张丽英披发仰卧于石鼓之下，有人以为她死了。正待走近，忽然紫云郁起，张丽英瞬间腾空，回首对吴芮说："吾为金星之精，下山治山，岂尘凡能进耶？"情急之下，吴芮只抓住了丽英的几缕发丝。而石鼓之上，唯留歌一首："石鼓石鼓，悲哉下土。自我来观，民生实苦。哀哉世事！悠悠我意。我意不可辱兮！王威不可夺余志。有鸾有凤，自歌自舞，凌云历汉，远绝尘罗。世人之子，其如我何？暂来期会，运往即乖。父兮母兮！无伤我怀。"[①]此《石鼓歌》或作《金精歌》，诗意中心在宣扬尘世的苦难、仙人的超凡绝尘和不为世人所辱等，流露出浓郁的仙道意识，是典型的"仙道诗"。其作者或认为是张丽英，或认为是他人，其写作年代已不可确考，有研究者或归之六朝时[②]。倘若《石鼓歌》真是张丽英所作，这应是江西最早的咏道诗。据说，张丽英得道飞升后，乡民感恩，就在金精山建"灵泉观"以祀之。北宋崇宁年间，信道的宋徽宗赐封张丽英为"灵泉普应真人"。在金精山，有关张丽英古迹多处。例如，金精洞北边的悬崖峭壁上，有几个长方形的石窟，是为张丽英的"药柜"，名叫"仙人抓药"。翠微峰的南边有座马脑寨，马脑寨旁有块条石，叫系马桩。据说当年山上的野马经常下山去践踏庄稼，张丽英施法，把野马拴在这块条石上，为百姓解困。当年张丽英仰卧石鼓一处，因其黑发垂下感应，形成"张女发"景观。中国道教史上，江西是女仙文化建构与发展的主要区域之一，张丽英可谓肇江西女仙信仰之端。

① （宋）张君房辑：《云笈七签》卷九十七，齐鲁书社 1988 年版，第 531 页。

② 马大品、程方平 、沈望舒主编：《中国佛道诗歌总汇》，中国书店出版社 1993 年版，第 60 页。

三、庐俗庐山成仙说

传说活动于西周武王时代或周定王时代的庐山仙道人物“匡俗”，历千百年后，又一次出现在秦汉之际，其事迹既沿袭融汇了前代，又有所丰富发展。

《历世真仙体道通鉴》卷十《楚康王》载：

> 楚康王未见名，本怀王之后也。素有贤行服众，故国人立之。秦始皇吞并六国，为三十六郡，康王穷蹙，乃逃奔于庐山，遂入山东南深谷以避难。于是潜祷于山神，冀有阴助。时将军王翦领兵至谷口，见烟雾蒙霾，雷雨暴集，洞壑涌溢，不辨道路，翦始惧退师，康王得免。遥见人马之迹，其去甚速。……康王乃叹曰：“昔舜南巡不返，吾得隐庐山，老林泉，足矣。”愈入深谷，不复出。久之，遇异人得道。后人入山，时有见之者。顾其举动异常问之，得其仿佛，或自言其名氏。[①]

楚康王是春秋时楚国君主（前559—前545年在位），早于秦将王翦灭楚（前223）有三百多年。楚怀王是战国时楚国君主，死于公元前296年，乃楚康王的后裔。又，楚国最后一位君主负刍是在寿春为秦所俘虏，与庐山无关。事实上，康王谷又名匡王谷。匡氏家族久居庐山，其能量大者极有可能自立为王，成为百越君长之一。战国末年，庐山一带已属楚国，匡王也有可能是楚国的封号。《史记·王翦列传》载：“岁余，虏荆王负刍，竟平荆地为郡县，因南征百越之君。”秦国大将王翦灭楚之后，又率兵征百越。进入庐山地域击败了其中的匡王。匡王带领残存人马逃入庐山谷地中，自在情理之中。匡王既已成为楚国的臣属，也就可又称之为“楚之匡王”，而匡、康音近，讹为楚康王并不奇怪。北宋时，匡山、匡庐因避太祖赵匡胤之名讳而改称康山、康庐，匡王谷也就不得

---

① （元）赵道一：《历世真仙体道通鉴》卷十《楚康王》，《道藏》，第5册第164—165页。

不改称康王谷。

秦汉之际的庐俗（亦作匡俗、匡裕、匡续），与秦亡汉兴的历史密切相关。北魏郦道元《水经注》卷三十九引熊默《豫章旧志》曰："庐俗，字君孝，本姓匡，父东野王，共鄱阳令吴芮佐汉定天下而亡。汉封俗于鄡阳，曰越庐君。俗兄弟七人，皆好道术，遂寓精于宫庭之山，故世谓之庐山。汉武帝南巡，睹山以为神灵，封俗大明公。"又，《太平御览》卷四十一《庐山》："豫章匡裕，字君孝，共鄱阳令吴芮佐汉定天下，封俗鄱阳庐君。兄弟七人，皆好道术，遂寓精爽于洞庭之山，故世谓庐山。"其中，"宫庭之山""洞庭之山"指宫亭山，即彭蠡泽宫亭庙所在之山。南朝《道要灵祇神鬼品经》引《老子天地鬼神目录》曰："宫亭，本名铜铤山，庐匡君治庐，庐君名俗，字君孝。"可知宫亭庙所在的山，旧有"铜铤山"之名，或由此而讹作"洞庭山"。综上所引，庐俗生活下限约为汉高祖刘邦在位时期（前206—前195），其生平事迹较为清楚。庐俗先祖本姓匡，但早已改姓为庐。庐俗之父东野王，秦末之际协助鄱阳令吴芮起兵，反秦佐汉，战死。庐俗因父荫被封为鄡阳男，号为越庐君。庐俗有兄弟七人，皆喜欢道术，遂寓精爽（魂魄）于宫亭山。揆之史实，庐俗兄弟七人修道术于宫亭山，实是有因卷入皇朝政治斗争失败后的无奈。据《史记·黥布列传》，秦末，英布追随番阳令吴芮反秦，成为吴芮手下重要的将领兼女婿，而庐俗之父东野王是为英布部下。秦亡汉兴后，英布于汉高祖五年（前202）被封为淮南王，统领九江、庐江、衡山、豫章四郡。庐俗亦在汉高祖八年（前199）被封为鄡阳男，其封地鄡阳正在英布的统领范围之内。汉高祖十一年（前196），英布起兵谋反，遭遇惨败后带着百余人逃至江南。吴芮之子长沙哀王奉命将英布诱骗到番阳，番阳民诛杀英布。英布逃至豫章时，庐俗很可能给了他帮助，甚至在吴芮之子谎称要和英布一同下南越时，庐俗仍信以为真，追随英布，为此必然不免覆巢之祸。据此推测，庐俗受政治的影响，有可能被剥夺了爵位，兄弟七人被迫隐于庐山脚下、彭蠡湖的宫亭庙一带，死后则一齐埋葬于宫亭山。正是在此背景下，后来人们编造出了庐俗及其兄弟们在庐山修道成仙的传说。

四、江西境内其他本土仙道事迹

秦汉江西境内，本土修仙道者还有很多。在这些虚虚实实的仙道事迹中，亦以略见其较为广泛普遍的情形。

秦朝末年，石城刘瑶英，随父刘华避乱邑之琉璃山，食异果，遂绝粒，容貌顿改。汉兴出山时，人们见其貌怪而恶之，因独栖县东二十里一峭拔幽邃的山中。出入常跨一白鹤，或骑白鹅，后竟白日浮空仙去。因名其山曰仙姑岭、白鹅峰，留下仙女寨、仙女石（石梁）等踪迹。[①]汉代张徽，修道于安仁县东的张古山，历十余年，仙去有丹灶存。

石固神是赣州最重要的土神之一，始于秦汉之际。明宋濂《赣州圣济庙灵碑》记：赣州石固，生于秦，殁后成神能发吉祥。汉高帝六年（前201），遣懿侯灌婴略定江南，至赣州。时岭南尉陀（赵陀）寇边，灌婴将兵击之。石固神降于绝项峰，告以克捷之期。已而有功，馆石固神于崇福，里人称为石固王庙。[②]石固或是秦末汉初时期赣州的巫觋，其"神位"的确立，与赣南的地域开发有密切关系。秦统一六国后开始进行拓疆活动，征伐南粤，赣南的地位显著。西汉时赣南正式纳入中央管辖体系并置县。这不仅促进了赣南经济开发、社会进步，还给当地人留下了深刻的历史记忆。[③]

张廉夫的仙道化也是西汉前期有名的事迹[④]。张廉夫（前171—？），字静如，号乐山，豫章郡高安人。张廉夫自小聪颖，认真学习当时流行的黄老之学，颇有名气。汉景帝中元二年（前148）察举文学茂才一等，

---

① 参见（宋）乐史：《太平寰宇记》卷一〇八《虔州》"琉璃山"条，中华书局2007年版，第2186页；（明）康河等修，董天锡、陈英、李国纪等纂：《赣州府志》卷二《山川》，嘉靖十五年刻本，第8—25页；（清）刘坤一等纂修：《江西通志》卷五十六《山川略》，光绪七年刻本，第29页。

② （明）宋濂：《宋学士文集》卷五《赣州圣济庙灵迹碑》，四部丛刊本，第67页。

③ 邹春生：《"江东神"论考——基于地方文献的分析》，《历史文献研究》总第30辑（2011年）。

④ 本段内容主要参考：王卡主编《道教三百题》"二〇四、崂山道教宫观的历史变迁如何"，上海古籍出版社2000年版，第435—437页；网文《张廉夫始建太清宫》（青岛市情网：青岛市史志办公室，2013—05—12）等。只是这些文字所言多不合历史实际，笔者根据实际情形而作了一些处理。

官至上大夫。后因正直而得罪权要，遂弃职入终南山隐逸数载，虔修方仙道。张廉夫随后遨游天涯，于汉武帝建元元年（前 140）来崂山，筑茅庵而居，开山垦田，潜心修行。其间，培养了刘方清、赵冲虚、冯若修等一批弟子，由此奠定了崂山道教发展的一大基础。张廉夫也被崂山道教视作“开山祖师”。据说，张廉夫后回江西，居贵溪龙虎山之鬼谷山。虽年逾百岁，仍鹤发童颜，精神不衰，后不知所终。或说，最终回到了家乡高安，后来家乡还曾建有“张天师墓”和道观“三元宫”以纪念，只是早已被时空湮圮。

第三节　外来人士在江西的仙道活动

秦汉时期江西是中国方仙人士寻仙访道、栖隐修真的重要区域，由此使江西的仙道文化得到极大的兴盛，在一定程度上奠定了后来道教创立与发展的良好基础。

一、“秦皇汉武”与江西方仙道文化

“秦皇汉武”是历史上著名的求仙君王，其在江西的活动，不仅肇开了帝王与江西仙道文化的关系，而且直接刺激了江西仙道文化的发展。

秦始皇希冀国家长治久安，自己长生永年，曾巡礼长江中下游一带的名山大川，在江西亦留下了活动踪迹。公元前 210 年，秦始皇登庐山祭祀，勒石存念。《万寿宫通志》卷九《考》载，庐山紫霄峰金阙洞，秦始皇登此，谓其与霄汉相接，又名上霄峰。

汉武帝一边推崇儒术，一边崇信“长生久视”的黄老道。曾在宫中搭起高台承接甘露，希望能得到长生不老之药。他对方士们描绘的蓬莱、瀛州、方丈等神山，倾注着极大的热情。曾步秦始皇的后尘，不断派遣使者出海寻找仙山，却苦无结果。于是有着较为丰富仙道传说的江西，便成了瞩目的地区。综合《汉书·武帝纪》《庐山志》及《历世真仙体道通鉴》卷十《匡续》等载，元封五年（前 106）冬，汉武帝巡狩南方各地，“登灊天柱山，自寻阳浮江，亲射蛟江中，获之”。其后，又登上祀庐山天柱峰，观山望气，祈求风调雨顺、国泰民安。汉武帝问随行臣下

此山是哪位神仙在掌管？博士刘歆回答："匡续先生得道于此。"汉武帝顿生仰慕，遂封匡续（匡俗）"南极大明公"之号，并在虎溪茅庐旧址前立祠以祀。按，此关于汉武帝封匡续的记载有相当不准确之处，或为道教产生后的建构。例如，此匡续（匡俗、庐俗）已是融汇了先秦以来匡俗仙道的内容，而非仅秦汉之际的匡俗。又如，博士刘歆生活在汉哀帝至王莽时期，不可能与汉武帝同时。但汉武帝封赠匡续之说，记载甚多，并非空穴来风。汉武帝的这一封赠，导致匡俗从方士变成了山神，称为"庐山君"。推测事实是：秦汉时期，先秦以来的匡氏家族的故事一直处于口耳相传的状态，也就使不同时期的人物故事出现了错乱、叠加的情况。匡俗被神化之后，匡氏家族的历代人物故事便被箭垛式杂糅到匡俗身上。另外，汉武帝还兴致勃勃地登临了大汉阳峰，瞻仰了大禹治水时留下的古迹，并勒石纪念。庐山屏风叠上的羽章馆，传说是汉武帝为仿越人祀上帝神仙以求羽化而建筑的。汉武帝在庐山的活动，使庐山名声更振，引得许多神仙家和方士接踵而至。

汉武帝又于峡江玉笥山太白峰置降真坛祈祷。玉笥山，原名"群玉山"。据《太真白黾经》，此山委地皆为青黄红白黑五色玉，故号"群玉"。据《太平广记》卷三九七《玉笥山》及元虞集《清真观碑记》中说：汉武帝大肆封禅，遍历天下名山，相传曾于此置坛祈祷，受西王母"上清宝箓图"，见天降白玉笥于太白峰，武帝命人前取，风雨突作，卷玉笥而去，玉笥山因此得名。又《玉笥实录》记，汉武帝游至玉笥山，投书简、玉璧，以祀之。另外，传说汉武帝巡礼玉笥山时，口渴，在井边捧水喝，不小心将一枚金币掉入井中，该井因而得名"汉帝金井"。传说中的汉武帝慕名登临玉笥山，由此推动了山中仙道事业的发展。《太平广记》卷三七四《玉梁观》载，汉武帝时，玉笥山民感山之灵异，或愆旱灾蝗，祈之无不应。乃相谓曰："可置一观，彰表灵迹。"既构殿，缺中梁一条，邑民将选奇材，经数旬未获。忽一夜，震雷风裂，达曙乃晴。天降白玉梁一条，可以尺度，严安其上，光彩莹目。因号为玉梁观。

二、庐山"三将军"与玉笥山"十仙"

庐山、玉笥山自先秦以来就是中国南方（江西）仙道文化丰富的山头，秦汉时期，“三将军”“十仙”又分别浓厚了这两重地的仙道氛围。

传说，唐建威、李德岌、宋云刁三位将军，秦始皇时有大功于国，爵位尊崇。至秦末，朝政日益败坏，民不聊生，天下动乱。他们见此种局势，极为忧心和无奈，便相与谋划：“时势去矣，英雄起矣，方今小人满朝，正言不用，王道失序，政事乖错，不早为之所，吾徒其鱼肉矣。”于是决定弃官而去。当时同朝为官的另有孔丘明、骆法通等十人，都是正人君子，听到唐等三人的决定，深表赞同，谋求跟随而行。一行十三人由北而南，访名山，入烟萝，学道术。最后来到庐山南麓的紫霄峰下，发现此处风景，更胜他处。唐、李、宋三人就想栖止于此，但孔丘明等十人却说：“不然，初志归群玉洞府，岂可中道而废？”话虽如此，但却未马上离开。他们暂时在这里栖息一山洞中。一天晚上，雷电交加，暴雨倾盆，山洪暴发，唐等三人早上起来察看，发现他们所住的房子两边的房舍不见了，而与他们同行的孔丘明等十人及其所住的房子也无影无踪。就在他们深感震惊时，大水把洞前沙地冲出两条小溪。溪中有块大石头逐渐冒出水面，石头上竟横放着一块玉简，玉简上清晰地用篆文写了十六字：“神化灵溪，金简标题，真人受旨，玉洞潜栖。”唐建威等三人觉得这是天意，更坚定了栖此修道的决心。因此就在这条溪水旁筑室而居，又在旁边种桃茹芝作为养真之具，而在桃茹芝的用途上，唐说：“当惠以施贫。”李说：“当药以济病。”宋说：“当言以涤迷。”三人分别从不同途径展现济民救困之心，异术而同功。若干年后，他们所住之地的上空，祥云冉冉，双鹤飞舞，三人得道仙去。后来，人们把留住唐、李、宋栖息修炼的双溪，称为“灵溪”，又把他们所住的地方称为三将军洞，并建起三将军庙予以祠祭。汉武帝时，朝廷赐庙名为灵溪观。[①]

与庐山“三将军”密切的仙道故事是玉笥山的“十仙”或“九仙”。玉笥山是风景殊胜而适合隐逸修真之地。然而，玉笥山在后世道教史上

① 本段文字叙述，依据（元）赵道一：《历世真仙体道通鉴》卷十《唐建威》，《道藏》，第5册第165页。

著名，则始于秦汉时期的孔丘明等“十仙”或“九仙”文化。

孔丘明、骆法通、吴天印、张法枢、谢志空、周仙用、邹武君、谢幽岔、杨元中、何紫霄十人，当秦之二世，恶闻其乱，因相与交结，浩志罢官，远访大道。他们先是与唐建威等三位将军一道在庐山寻找修炼之地，却认为不合适。孔丘明原家于新淦县（今吉安新干）玉笥山西南，吴天印则原家于淦江之西。他们清楚玉笥山一带的地理形势。孔丘明因言道：“江南群玉峰，系第十七洞天，号大秀法乐之天。山秀洞灵，可踵栖返，初志如此，岂得中道而废。”十人遂结束在庐山的活动，一道前去群玉。孔丘明言：“洞天之西，奇峰耸秀，必有灵岩憩息朝元。”果于玉笥山东南石壁之前逢一岔穴，壁上有古篆，又云“洞天西门”。遂于此筑庵栖息修炼。十人俱是恬退上士，炼神怡气，殆非一术。一日，有素服老人持铜盆，贮小鲤鱼十枚，曰：“此鱼有异，宜善视之。”孔丘明等人亟于洞天之后穿池以蓄，后人呼为养龙池。其后，生性好远游的何紫霄对修道之事心生简慢，孔丘明等九人则知神仙不死之道可学而行之愈力。汉景帝年间，孔丘明等九人修炼道备，有一神人降于庵，自称洞天司命，告九人曰：“子等精诚至矣，今北邓落籍，名镂南宫。”遂传还丹之秘而去。丹成服之，神又至曰：“上帝诏且至，速之送仙台。”以须时偕登，而众仙已至。肆筵祖饯，颇如君臣之会。酒行毕，清风穆然，云物骈集，香气袭人，九龙控驭，鸾凤前舞。玉帝遣绣衣使者、青衣童子，赍玉册十道，霞衣十箱，金丹一合，霓旌羽节，俱至台上。独有何紫霄远游未回，从辰至巳，孔丘明等九人服丹，更衣整驾。相待不至，留玉册与霞衣一箱，及一素册在飞仙石上以遗之。仙乐凄清，群仙趣驾，孔丘明叹曰：“仙良仙良，于何之乡，吾今往矣，子独奚亡。”俄而气势渐高，杳不复见。九龙驾，乃当年所养之鱼耳。九真于东阳治石台炼十宝剑，未仙去时，一与仙良（何紫霄）佩，一埋送仙台，余镇洞天八门矣。①

---

① 本段文字，主要依据（元）赵道一：《历世真仙体道通鉴》卷十一《孔丘明》，《道藏》，第5册第165—166页。

十人之中，惟何紫霄因修道之心不纯，未能飞升成天仙。不过，也因为有仙缘，得成地仙。何紫霄[①]（字仙良）因孔丘明等九真已飞升，而自己方归，神清飘荡，泣对烟云。攀上飞仙石，受玉帝遣送的衣箱与玉册。有司命真君至，道："真人有违玉诏，不得同升九真元会，功行未圆，可隐元龟洞。"发箱挂衣视素册，其中有服太清草法，云可以成地仙，亦言玉笥山东北有洞在平野，此地仙之府可居。何紫霄已覆其箱于峰顶，俄化为石。又放白猿、犬各一，以食仙药，皆得腾身而去。何紫霄饵太清草，行素册秘法，不浃日已能凌虚。残山之巨石飞入石洞，所谓地仙。初神遣鱼蓄之池，变九龙以腾九真，复视之，池无有矣。独一鱼乍出乍没，后亦化龙，潜伏岔洞耳。何紫霄在玉笥山隐居的石洞，名曰何君洞。因传说中的"十仙"活动，玉笥山留下了丰富的相关风物。例如，玉笥山有太白、元皇、降真、覆箱、秦望、紫虚、玉女、正一、丹灶、金井等32峰，峰峰苍翠欲滴。又《玉笥实录》卷一所载古迹，多与孔丘明等"十仙"信仰密切相关。"覆箱峰"：纪念何紫霄覆箱。"开明观"：孔真立百花亭，望丹台，杏花坞，炼丹灶之属。"杏花坛"：九真未仙时，方冬入谷，偶见杏实累累，共采食之。"九仙台"：在承天宫东北五里，一峰独秀，顶平正纵横可数百尺，前有炼丹台。"九仙坛"：孔丘明等九仙得道，九龙控驭上升，后人于山北巅立庙祀之。

九仙信仰是中国仙道文化的一个内容，在全国多地都有。不过，其"九仙"的名单及内容并不完全相同。这其中，江西首先以玉笥山的仙道活动形成了自己特色的"九仙信仰"。清雍正《江西通志》卷一〇五《仙释》记：来历不甚明的兄弟九人，寓德安博阳山之巅，丹成同日升举，是为"九仙"。据说，汉武帝时，江西临川何侯，因助淮南王刘安有功，而被荐为福州太守。何氏有九子随任赴闽，先在福州于山修道，继隐福清石竹山炼丹悟道，再入仙游九鲤湖驾龙证道而飞升。据称何氏九仙得道后，经常显化于石竹山中和九鲤湖畔。福建福清的"九仙信仰"，当渊源于江西玉笥山的"九仙信仰"。

---

① （元）赵道一：《历世真仙体道通鉴》卷十一《何紫霄》，《道藏》第5册第166页。

秦汉之际“九仙”或“十仙”之后，玉笥山一时成为修真学仙者的胜地。除了上述汉武帝登临外，仅在西汉还有不少仙道以玉笥山为栖真之地。《玉笥实录》卷一载有多个仙道人物活动的相关事迹。例如，“东华台”：汉元符中，嵩岳道士张混元于此修炼九鼎还丹，因得不死。“施仙观”：汉时，罗浮山道士施抱元、施抱一兄弟俩同居此学道，种紫木，炼金丹，至汉武帝时得道隐去。帝异之赐额。“禹坛”：汉严有章炼丹于此，遇元阳真人，命同驾而去。“阴君坛”：昔阴长生真人受马明王时，候丹砂之诀。居此炼习，白日飞升。又，清雍正《江西通志》卷一〇三《仙释》载：朱孺子，汉末入玉笥山，食菊花，白日乘云而去。另外，民间传说，西汉末年梅福，曾隐逸于玉笥山。

三、浮丘公与王子乔仙道事迹在赣地的再现

传说西周的著名仙道浮丘公、王子乔，至秦汉时期又颇为活跃，且活动的区域中仍与江西相关。揆之常理，这后一浮丘公、王子乔当是对西周浮丘公、王子乔的寄托与模拟。或者，因后一浮丘公、王子乔而建构了西周的浮丘公、王子乔。

据西汉刘向《孙卿书录》载，浮丘公与李斯、韩非子为同学，师事于战国末期赵国大儒孙卿（荀况），成为知名儒士。西汉桓宽《盐铁论·毁学篇》载：“昔李斯与包丘子俱事荀卿，既而李斯入秦，遂取三公，据万乘，以制海内，功侔伊望，名巨太山；而包丘子不免于瓮牖蒿庐，如潦岁之蛙，口非不众也，然卒死于沟壑而已。”又云：“包丘子饭麻蓬藜，修道白屋之下，乐其志，安之于广厦刍豢，无赫赫之势，亦无戚戚之忧。”清惠栋《九经古义》曰：“古浮、包字同。秦有儒生浮丘伯，见《汉书·楚元王传》，而《盐铁论》作‘包丘子’，盖古音通也。”“包丘”又写作“鲍丘”。西汉陆贾《新语·资质》云：“鲍丘之德行，非不高于李斯、赵高也，然伏隐于蒿庐之下，而不录于世，利口之臣害之也。”由此可大体知，此浮丘公乃是战国末至西汉初期的一介自适自得的贫寒儒士。浮丘公擅长《诗》学并积极传授，由此与楚元王刘交产生了密切的关系。《汉书·楚元王传》载：“楚元王交，字游，高祖同父少弟也。好书，多材艺。少时尝与鲁穆生、白生、申公俱受《诗》

于浮丘伯。伯者，孙卿门人也。及秦焚书，各别去。”“元王既至楚，以穆生、白生、申公为中大夫。高后时，浮丘伯在长安，元王遣子郢客与申公俱卒业。”又《汉书·儒林传》：“申公，鲁人也。少与楚元王交俱事齐人浮丘伯受《诗》。汉兴，高祖过鲁，申公以弟子从师入见于鲁南宫。吕太后时，浮丘伯在长安，楚元王遣子郢与申公俱卒学。”依上所述，秦始皇焚书坑儒发生在公元前213年，而刘邦于公元前202年击败项羽之后始征服齐鲁之地，因此推知浮丘伯改修方术之事当就发生在公元前213—公元前202年之间，倘若真的曾至赣北地区活动，也当在这一期间。因为自在鲁地际遇汉高祖之后，浮丘伯就随之到了长安，已不再四处游历矣。

然而，数十百年后，浮丘公又出世，在江西也有活动。据《华盖山志》卷三《仙真志》“浮邱公”条、《华盖山浮丘王郭三真君事实》卷一等记载，西汉文帝时（前179—前164），浮丘伯在江西华盖山传授王褒、郭姒两弟子“三五飞步术，九一上清法”和修道炼丹，历尽艰苦，直到三国曹魏景元元年（260），才功德圆满，飞升成仙。其中，王褒于西汉末拒绝大将军王凤的征辟，入华阴山求学长生之道，九年之后，于夜半看见“千乘万骑浮空而来”，有众仙自天而降，其中有“华盖上公浮丘伯”，为之“授以五灵夜观之道，云琅冰霜之珍”，王褒随之而成仙。又，据《麻姑山志》之《表·峰峦》载，麻姑山上有浮邱峰，自是纪念浮丘公在此地修道；又有飞炉峰，上有浮丘公、王、郭三仙石翁遗像在焉。《麻姑山志》之《纪·仙灵》载：西汉昭帝时期（公元前86—前74年），浮丘公驻足南城麻姑山修炼，炼丹并最后飞升于此山，遗有丹井及飞升台在焉。千百年来，南城麻姑山传说，浮丘公居山修炼，炼丹制药，开建昌制药先河。江西著名药帮——“建昌帮”，即渊源于此。

西周王乔（王子乔、王子晋）修炼成仙的故事，自春秋以来影响很大，不少人企羡之。由此历史上出现了不少假托“王乔”的术士，尤其在秦汉时颇为流行。文献资料中反复提到的东汉王乔就是其中的代表者。《淮南子·齐俗》东汉高诱注：“王乔，蜀武阳人也，为柏人令，得道而仙。”《洞仙传》载，王子乔，河东人。汉明帝时为尚书郎，出为叶县令。

"汉法：畿内长吏，节朔还朝。每见子乔先生至，不见有车马迹，而怪之。明帝密使星官占候，辄见双凫从东南飞来，乃罗，得一双履，时人异之。"又《三洞群仙录》卷十一引《王氏神仙传》载："王乔，后汉显宗（汉明帝）时为叶县令。一日天降玉棺，乔曰：天帝召我耶。乃沐浴入棺，遂葬于城东，土自成坟。其夕县中牛马皆流汗喘乏，人莫知之。后人为立庙，号叶君祠。"这个王乔，或曾活动于赣北一带，德安、瑞昌、武宁等县皆相传有王乔的遗迹。

明《永乐大典》卷六六九八《江州志》："元阳观，在昆仑山，仙人王乔所隐。山与瑞昌王乔洞接境。"清雍正《江西通志》卷一〇五《仙释》记：王乔，东汉明帝时任叶县令，栖隐于德安昆仑山巅朝斗，丹成仙去，遗有礼斗石焉。观后有月窟东西二湖，大红牡丹花，至今尚存，传说是王乔亲手所植。清乾隆《瑞昌县志》卷七："王乔洞，县西二十里，在乌石山，内有悬旌、滴泉、天窝、石钟，乃王乔修炼之处。"又同书卷二十二："王乔读书于清溢山，石洞如房，朱墨迹至今存石壁间，山之西有书堂焉。"同书卷十九：王子乔书堂，县西七十里，石洞如房，壁有朱墨迹。瑞昌当地一直流传"凫洞遗踪"的传说，王子乔南游楚地时，偶经瑞昌乌石山（俗称斗笠山）下，见此地芳草萋萋，河水碧绿澄澈，一头白鹿正在低头饮水，正待近前，白鹿转身奔向附近山腰处的一处石洞中。王子乔好奇地追随至山洞，竟见洞中峰石奇秀，祥光闪烁，石制家具齐全，两位银须老者正在石桌旁饮酒下棋，白鹿伏在其中一位较长者身旁。见到惊异状的王子乔，老人们笑问其从何而来，王子乔据实而答。较长者听后颔首，指使白鹿从后洞衔来一株草，递给王子乔。王子乔遵嘱嚼下草后，但觉神清气爽、身轻体健，并可踏空腾云。后来，王子乔专程回到斗笠洞中探望，然老人、白鹿已不知所终，唯有石质棋盘、桌、凳等依然。王子惆怅飞离，不想足履遗落，竟化为一对石凫蹲守在洞口。又，清代《武宁县志》载，河东王乔，"隐德安之昆仑山，尝骑紫鹿访丁令威于青牛洞口，后皆仙去，因名其地曰紫鹿冈"。按：德安之昆仑山，距武宁青牛洞口仅五十里，知与丁令威时相过从，从地理上而言不足为异[①]，但从时代上而言却值得推敲。春秋时期王乔，东汉明帝时王乔，均与丁令威生活的三国、西晋时期相去甚远。据此推测，与丁令威同时确实存在这样一位道士，他假托王乔之名，在瑞昌、德安一带修炼，并常与丁令威来往。

四、赤松子、角里先生、张良在赣北的仙道踪迹

作为著名仙道赤松子，是纵横上下数千年者，历史时期至少有两位颇具影响的赤松子。第一位赤松子，相传为炎黄时代擅长服食、能呼风唤雨的仙人。《列仙传》曰："赤松子者，神农时雨师也，服水玉以教神农，能入火自烧""炎帝少女追之，亦得仙俱去。""赤松子舆者，黄帝时人，不食五谷，啖百草花，至尧时，为木工，能随风雨上下。"据唐谢通修《玉笥实录》记："赤松子寓此修炼，丹井、醮坛俱在。及金城金母，常来会燕。"此赤松子无疑是广大方仙士们羡慕的神仙，其后相关的传说、创造与模拟者不少。另一个赤松子是曾为张良之师的秦汉之际的方士，本名皇初平。南唐刘崇远《金华子杂编·跋》："赤松子即丹溪皇初平，入婺州金华山得道，叱石成羊者也。"皇初平[②]，丹溪人。年十五，家使牧羊，有道士见其良谨，将至金华山石室之中。四十余年，翛然不复念家。后游历长江中上游一带，其踪迹较为广泛地见于江西瑞昌、四川峨眉、湖南衡阳等地。

瑞昌武山（武峰山）留有较为丰富的赤松子行迹。相传，秦汉之际，赤松子云游武峰山，扁舟湖泊，览石沃山、狮子山、清竹墩，登山顶筑庐隐修，"赤湖"由此而得名。清乾隆《瑞昌县志》卷七云："赤湖，……世传赤松子居此。"又卷二十二："赤松子周览名胜，爱石沃屹立湖中，超然尘表，登憩最久，至今湖得佳名，滨湖之野，亦号赤松云。"又卷十九："赤颜山，县西九十里，赤松子尝游此，其山与玉华洞通。""石沃山，县北三十里，在赤湖中，赤松子尝游此，其水沃润，

① （清）乾隆《武宁县志》卷二十，《明清武宁县志汇编》编委会：《明清武宁县志汇编》，江西人民出版社 2009 年版，第 255 页。

② （宋）张君房辑：《云笈七签》卷一〇九"皇初平"条，齐鲁书社 1988 年版，第 596 页。

因名。”

大约在赤松子之后，甪里先生也在瑞昌一带活动过。甪里先生，姓周名术，字道元（或说符道），号霸上先生，河内轵（今河南济源）人，秦末汉初著名隐士，与东园公庇秉、绮里季吴实、夏黄公崔广志同道合，修习仙道之术。秦始皇酷好神仙，四人得以为博士。秦末，四人为避世乱而隐居于商山。至汉高祖刘邦晚年，他们皆已经进入耄耋之年，须发斑白，称“商山四皓”。四人乃饱学之士，德高望重，汉高祖多次高聘，不至。甪里先生素以清高自慰，唯道是求。后来，刘邦宠戚夫人而欲废太子刘盈、改立戚夫人生子赵王如意为太子，吕后用张良策，令刘盈卑词安车，招“商山四皓”与游，因而使刘邦认识到太子羽翼已丰，消除了改立之意。相传，甪里先生在与东园公等人共同襄助刘盈保住太子之位后，毅弃挚友，离京师，筇杖东游。经鄂渚、走江洲、登匡庐，其后进入瑞昌境。他在瑞昌攀仙女池峰，陟狮子山顶，抵清溢甪里冲山麓，见此地山清水秀，紫芝繁郁，正是理想的修真胜地，遂于此结茅为庐、躬耕为食，吟风咏月，啸傲烟霞。瑞昌甪里山及甪里仙观由此得名。[①]

相传，张良也于晚年弃人间事，拜赤松子为师，从游瑞昌一带。《汉书·张良传》载，公元前230年，秦灭韩。张良因祖上“五世相韩”，意图为韩复仇，曾请大力士刺杀秦始皇。失败之后，变姓名逃亡到下邳（今江苏沛县南），遇见黄石公，得姜太公所著《太公兵法》。秦二世元年（前209）天下大乱后，张良随后追随刘邦，建灭秦以定天下的不世之功业。高祖以三万户封之而不受，得封留侯爵。据《历世真仙体道通鉴》卷十八《张天师》载，其后，张良“养真辟谷，师友赤松，得东园公飞步之诀”。《抱朴子内篇》卷五《至理》载：“良本师四皓，甪里先生、绮里季之徒，皆仙人也，良悉从受其神方。”传说，张陵曾随赤松子泛赤湖，登武山。鲁家湖张氏族人奉张良为“太祖”于祠堂供祀。当地曾供

① 参见瑞昌市道教协会编：《瑞昌道教志》，2017年版（赣新出内准字第0009677号），第48页。

祀张良为“福主”。清乾隆《瑞昌县志》卷十九：“倒插樟，县东北三十里，在赤湖岸。汉游，有暴蛇损稼，良击蛇毙，拔樟倒插之，至今繁荫，土人感德，肖像祀之。”

根据上述说法，赤松子、角里先生、张良曾瑞昌一带活动，留下了赤湖、赤颜山、石沃山、倒插樟、角里先生旧宅等遗迹。甚至那个曾给张良传授《黄石公素书》的神秘人物黄石公，也在赣北的庐山南麓留下了蛛丝马迹。《永乐大典》卷九七六四《南康府志》：“黄石岩，在江西南康府。晏元献公《类要》云：‘在星子县五老峰瀑布泉上。’旧经云黄石公游息之所。去开先院五里。”宋陈舜俞《庐山记》也提到了这一传说。唐白居易任江州司马时，作有《白云期》一诗，题注“黄石岩下作”。唐符载《尚书比部郎中萧府君墓志铭》说，唐德宗贞元十五年（799）兰陵人萧存有草堂在庐山紫霄峰下，因登“黄石岩之绝巅”、罹风寒之疾而去世。这些都显示黄石岩的说法由来已久。

五、梅福与栾巴仙道化及其文化意义

活动于两汉之际的梅福与东汉中期的栾巴，是江西（中国）两位由儒家官员物而“仙道化”的知名人物，在江西（中国）道教文化史上居于较为重要地位。

梅福[①]（公元前 44 年—公元 44 年，或说生卒年不详），字子真，九江郡寿春（今安徽寿县）人。梅福少年时在京师长安求学，专攻《尚书》《春秋穀梁传》等经书。学成后，先任九江郡文学，后补豫章南昌县尉。西汉末年成帝朝，外戚王氏干政，政事日非。梅福激于义愤，毅然辞职归家。但梅福身在江湖，仍心忧庙堂，不辞位卑，数度上书条对政事。永始元年（前 16）汉成帝刘骜，皇太后之侄王莽封为新都侯，爵位益重，势倾朝野。京兆尹王章，秉性忠直，讥刺权贵，为当权者所诛，天下灾异数见，群臣莫敢正言。永始三年（前 14），梅福鉴于外戚王氏专权而朝政混乱、皇权旁落的现实，上表章，提醒皇帝应广揽贤士、虚

① 本段关于梅福生平事迹的叙述及相关引用，参见（汉）班固：《汉书》卷六十七《梅福传》，中华书局 1962 年版，第 2917—2927 页。

心纳谏、裁抑“势隆于君”的外戚，以加强皇权。梅福指出：“士者，国之重器，得士则重，失士则轻。……今陛下既不纳天下之言，又加戮焉。夫鸢鹊遭害，则仁鸟增逝；愚者蒙戮，则知士深退。间者愚民上疏，多触不急之法，或下廷尉，而死者众。自阳朔以来，天下以言为讳，朝廷尤甚。群臣皆承顺上指，莫有执正，何以明其然也？”他劝成帝要“循高祖之轨，杜亡秦之路，数御《十月》之歌，留意《亡逸》之戒，除不急之法，下亡讳之诏，博览兼听，谋及疏贱，令深者不隐，远者不塞，所谓‘辟四门，明四目’也。……方今君命犯而主威夺，外戚之权日以益隆，陛下不见其形，愿察其景。建始以来，日食、地震，以率言之，三倍春秋，水灾亡与比数。阴盛阳微，金铁为飞，此何景也！汉兴以来，社稷三危，吕、霍、上官，皆母后之家也，亲亲之道，全之为右，当与之贤师良傅，教以忠孝之道。今乃尊宠其位，授以魁柄，使之骄逆，至于夷灭，此失亲亲之大者也。自霍光之贤，不能为子孙虑，故权臣易世则危。《书》曰：‘毋若火，始庸庸。’势陵于君，权隆于主，然后防之，亦亡及已。”然而，梅福忧国忧君之良言，为外戚王氏控制的朝廷斥为“边部小吏，妄议朝政”，险遭杀身之祸。梅福很是失望。汉成帝一直没有子嗣，成为朝野上下关心之事。梅福“以为宜建三统”，上书建议汉成帝分封孔子的后代，以求圣人荫蔽。“臣闻存人所以自立也，壅人所以自塞也。善恶之报，各如其事。昔者秦灭二周，夷六国，隐士不显，佚民不举，绝三绝，灭天道，是以身危子杀，厥孙不嗣，所谓壅人以自塞者也。故武王克殷，未下车，存五帝之后，封殷于宋，绍夏于杞，明著三统，示不独有也。是以姬姓半天下，迁庙之主，流出于户，所谓存人以自立者也。今成汤不祀，殷人亡后，陛下继嗣久微，殆为此也。《春秋经》曰：‘宋杀其大夫。’《穀梁传》曰：‘其不称名姓，以其在祖位，尊之也。’此言孔子故殷之后也，虽不正统，封其子孙以为殷后，礼亦宜之。何者？诸侯夺宗，圣庶夺嫡。《传》曰‘贤者子孙宜有土’，而况圣人，又殷之后哉！昔成王以诸侯礼葬周公，而皇天动威，雷风著灾。今仲尼之庙不出阙里，孔氏子孙不免编户，以圣人而歆匹夫之祀，非皇天之意也。今陛下诚能据仲尼之素功，以封其子孙，则国家必获其福，又陛下之名与天亡极。何者？追圣人素功，封其子孙，未有法也，后圣必以为则，不灭之名，可不勉哉！”梅福“存三统”的建议，最后得到了良好的回应。汉成帝绥和元年（前8）二月，下诏封孔子的后人孔吉为殷绍嘉侯，一个月后，又使进爵孔吉为公，赐方圆百里封地。汉平帝元始元年（公元元年），朝廷又追谥孔子为褒成宣尼公，成为孔子被皇朝授予封号的开端。可以说，梅福上书直接推动了汉帝尊孔封孔的诏命，开创了历代皇帝分封孔裔的先河。梅福居家，除了关心政事外，常以读书养性为事。至元始二年（2），外戚王莽专政，梅福见主柄日渐下移，汉朝已难以维持，加上担心王莽对他迫害，于是“一朝弃妻子，去九江”，离乡潜遁。[①]人们不知其所在，“至今传以为仙。其后人有见福于会稽者，变名姓，为吴市门卒云”。

梅福深得儒家文化的教育，秉承儒家的文化传统，忧国忧君，忠勇刚烈，是一个比较典型的儒家人物。梅福生平事迹虽然不是十分清晰，但并不特别神秘。梅福作为受儒家学说教育而出仕基层的官员，有着积极的用世精神。其数次上书朝廷的文字所表现的思想，正与董仲舒的“以《春秋》说灾异”及“天人合一”等思想一脉相承。这种近似于谶纬之学的思想主张，无疑与后来的道教思想有着异曲同工之妙。这或许也是梅福被后世道教化的重要依据之一。在汉代巫道文化兴盛的背景下，已经开始有了关于梅福成仙的说法。这正是后来道教及民间社会将梅福神仙化的重要文化基础。

元赵道一《历世真仙体道通鉴》卷十四《梅福》大概是根据《汉书·梅福传》和宋道士杨智远所撰《梅仙事实》，在叙述了梅福在现实社会中的履历后，对梅福进行了全面的“仙道化”建构。

道家云：梅福得道仙去。《豫章职方乘》云：梅岭在西山，极

① 《汉书·梅福传》并没有明言梅福离家隐逸的具体年份，此据《资治通鉴》卷三十五“汉平帝元始二年”条所载，云“梅福知王莽必篡汉祚”，因而离家隐遁。又由于王莽正式夺刘氏天下是6年后的事，诸多有关梅福离家隐遁的传说故事，一是始于公元2年，王莽专权时；一是始于公元8年，王莽正式建立新朝时。

崇峻，羊肠而上五里至顶，山下有梅仙观，今号阳灵观。观之上有梅仙坛，旧说梅子真弃南昌尉，学道于此。梅岭之下，白石源水出焉。又云：墨池在南昌县治，东汉南昌县尉梅福故宅基，因立为观，水竹幽茂。……《十道四蕃志》载：梅福池，福种莲华池中，叹曰：生为我酷，身为我桔，形为我辱，妻为我毒。遂弃妻入洪崖山。岂墨池即此池与？如抚州之梅山梅仙观，隆兴府丰城县之梅仙观，有仙坛丹井在焉。临江军新淦县之玉笋山承天宫，瑞州新昌县之梅墩宅仙观、梅仙观，皆梅福经由修真之地。建宁府梅山在城南三里，方舆记梅福尝炼丹于此，有升仙坛。《梅仙事实》云：梅君求师慕道，访鸦荡诸山，游南闽，入支提山。又入仙霞山，乃武夷之东也。遂于岩上结庵积年，遇空同仙君，授以内外丹法。乃至鹦笼山，修炼不成。次至毛竹洞，入演仙山。复往玉华山，次至乌石山。至剑江西岭，再遇空同仙君降谓曰：汝之道缘在飞鸿山也。梅君遂至飞鸿山，结庵修炼，千日功成，神游体外，丹光烛天。梅君服丹讫，趣装登途，复回九江。只见祥光射日，紫雾浮空，云中仙乐嘹亮。金童执节，玉女持幡，力士控鸾，侍仙捧韶。梅君拜诏谢恩，乘青鸾飞升而去。自后飞鸿山号曰梅仙山也。……[①]

依《汉书·梅福传》所载，梅福一生活动的地域明确记载的有九江郡寿春、京师长安、南昌（豫章）三地，传说的地方有会稽、吴门。然而，基于梅福自东汉前期已经传说成仙的“事迹”，南方多地演绎出较为丰富的梅福传说故事与活动轨迹[②]，其中江西地区为最。无论是宋道士杨志远还是元道士赵道一，在其有关梅福仙道化建构的文字中，都特别提到了与江西的关系，只是前者文字较少，而后者文字几乎是围绕江西而

① （元）赵道一：《历世真仙体道通鉴》卷十四《梅福》，《道藏》，第5册第184—185页。

② 本文关于梅福传说的诸多资料，参考了梅魁：《汉世为官井　宋代成仙——先祖梅福的史实与传说概览》，http：//www.360doc.com/content/15/1220/20/946779_521794422.shtml。文中凡引此处资料不另注明，当然对其文中明显错讹的文字并不遵从。

展开。

梅福曾任南昌尉，此后便辞职于野。因此，以南昌为中心的江西自然成为梅福传说最多的地方之一。（一）汉平帝元始年间（1—5），梅福深恶外戚王莽专权，料知王莽必篡政，乃弃官隐居南昌城外，最初隐居于南昌城郊之南（今青云谱梅家巷），垂钓于湖，以读书养性为事。后又居飞鸿山学道，遁避尘世。后人为纪念他的高风亮节，将他垂钓之湖称为梅湖，在建“梅仙祠”祀奉；又改西山（飞鸿山）为梅岭，并在山顶建有“梅仙亭”，上题“梅尉飞仙处”；筑有“梅仙观”和“梅仙坛”。梅福在豫章西山的传说遗迹，文献多有记载。例如，唐末杜光庭《洞天福地岳渎名山记》载三十六靖庐，其中有“子真庐，在洪州西山梅福坛。梅子真于西山梅岭修道处”。清魏元旷编纂《西山志略》卷“梅岭”：“汉梅子真，尉南昌，日尝备寇山西，筑坛峰头，以观天象。见紫微下临织女之宫，曰：‘不出二纪，当有圣明出于河洛’，后传其仙去，遂于坛侧建阳灵观祀之，曰梅仙观，坛曰梅仙坛，岭曰梅岭。”《万寿宫通志》卷八《古迹考》，西山荷包石，“昔梅子真窖丹砂，井水所渍，化为禹余粮”。（二）公元8年，王莽篡汉建立新朝后，倒行逆施，政治上排斥异己。据《广博物志》卷二十一引《高士传》载，梅福哀叹道：“生为我酷，形为我辱，智为我毒，身为我桎梏。”为躲避挟嫌追究，遂隐姓埋名，弃官离家隐于洪厓（洪崖山，即南昌附近的西山）。后又去了海昏，卒于吴门（今江西永修吴城镇）。（三）梅福隐于宜丰天宝乡，为天宝梅氏基祖。天宝《杭溪梅氏族谱》及梅氏后裔口碑历代相传：梅福因王莽专政，乃护太子避难于古天宝乡之逍遥道院。在逍遥道院修隐的同时，梅福又在天宝观溪建宅寄居。后人为纪念，就在其旧宅旁建观，称“宅仙观”，观溪附近之山也称尉山。梅福隐居宜丰时，有一“白马将军”陪同到此。不久，太子病逝于逍遥道院，梅福自以为失职，触堂柱而死，白马将军亦随之拔剑自刎。东汉建立后，光武帝刘秀遍求天下忠贞旧臣和隐士，访太子及梅福下落，知悉详情后，乃敕令在逍遥道院建梅福墓，太子则立塔祀之。据梅氏族谱载，梅福曾娶赵氏为妻，生子梅端、梅肃。梅端后回寿州，梅肃则居天宝，子孙繁衍。今天宝梅氏宗祠，唐时为老子宫，后毁。明天启年间，天宝乡人刘曜金重建，易名“存梅祠”。明万历进士、右佥都御史邹维琏曾作《天宝尉山存梅祠记》。民国三十二年（1943）《江西通志》编纂刘扶青，郑重呈函编委会，要求通志尊重方志史实，将梅福里籍正式列为宜丰，以彰后世。（四）据江西各地方的县（市）志，梅福除活动于（一）（二）（三）所提到的地方外，还到达过江西境内多地。例如，高安有梅子真宅。清陈炳星《江西要览》卷二十《古迹》“瑞州府”记。梅子真宅，《明一统志》：在府城西五十里。崇仁县相山（巴山）有梅峰祠；抚州有梅仙观；进贤有梅峰岭；丰城有飞鸿山和梅仙观；峡江玉笥山也留有梅福的遗迹。《太平御览》卷六十七引《方舆记》说东汉梅福，“弃南昌县尉，去妻子，入洪崖山得道为神仙，代代有人见，或在玉笥山逢之。”安福有梅福市，等等。此外，梅福在安徽、福建、浙江、江苏等地也留下了“仙道”。总之，梅福在南方多地留下了或实或虚的踪迹，演绎出丰富的事迹及其传说，其形象也由儒士而神仙，成为颇有特色的梅福文化现象。其中江西是成就他为“仙道”的福地。

就历史真实而言，梅福学而为仕，只担任郡文学、县尉之职，算不上是什么特别重要人物，但他为人正直、品格高尚，笃学力行，忧国忧君，不畏强权，自在进退于庙堂江湖之间，是一个真实可感的儒士梗臣。在中国传统社会中，生前立德立功立言者在去世后都往往被神化而不朽。大约自东汉前期始，梅福的形象就不断由儒士、隐士而仙道化，至南宋最终完成了梅福道教仙道形象的建构。梅福拥有诸多的名号：九江神仙、仙伯、仙吏、仙尉、神仙尉、南昌仙籍、南昌尉、梅尉、沧一尉、梅少府、吴市仙、吴市隐、吴市高人、守市阛、市门卒、梅市门、隐吏、隐市门、梅市隐、逃梅福、梅仙、梅生、梅子真、梅真、子真、梅梅、仙人梅……这些名号不仅从一个侧面塑造梅福集儒士、隐士、神仙于一体的形象，而且说明梅福在传统社会中有着巨大的影响。

在梅福信仰文化中，信仰圈中的各色人等（包括当地官府）将“梅福”与本地文化相结合，使“梅福”地方本土化，对梅福文化形象的维护与弘扬起了较大的作用。例如，传说东汉豫章徐孺子，十分仰慕梅福的高洁雅行，特地居梅福宅东150步，凿“止山池”，建“羡梅亭”。在民间社会对梅福的建构中，各地的梅氏后裔，都充分展开了其文化寻根，将梅福追认并纳入自己的祖先体系之中。其中，宜丰县古天宝乡的梅氏家人大约自唐代开始就致力于将梅福定为自己的开基祖。关于梅福仙道化的事迹、传说及遗迹甚多，或多属附会的建构。然而，附会的建构并不完全是向壁虚构，还是要基于历史人物本来的面目，尽可能地符合历史逻辑，其“事迹”能够经受历史的检验，以制造出一种新的“历史真实”。所有的建构都充分利用正史《汉书》史籍对梅福隐遁岁月记载的模糊，智慧地改造史实。例如，在江西的构建中，“吴门”就演绎成了吴城之门，由此将梅福所做的“吴门卒”（守吴门的兵卒），变了他在“吴城卒”（羽化于吴城）。福建人在构建中，为了使梅福至福建活动的地理空间上更合理，将梅福“九江郡”（治所在今寿春）改成了“江西九江”。正史中没有提到梅福至江苏活动的事迹，构建者以南昌与江苏太湖西汉时同属九江郡，相距不算遥远。

梅福仙道形象是中国传统多元文化综合作用的结果。将学识不凡、品德高尚、超然物外之人仙道化，是中国文化的一大特色。仙道化后的梅福仍然在较大程度上保持了儒士的基本形象，这除了梅福本人的儒士本色外，还由于文人士大夫是建构梅福仙道形象的重要力量。儒家人士及儒家文化并不反感于自己的人物成神成仙，反而在此上多有贡献。民间社会出于对乡贤名士的敬重和发挥名人效应，努力将梅福纳入自己地方文化体系，大力追忆和纪念。在实际操作中，又将他塑造成了生产生活的保护神，或作为自己的祖先神，充满着浓厚的生活气息。道教在梅福形象的建构中，发挥了整合、提升的功能与作用，基于梅福的儒家形象用道教方式将之道家神仙化。重视“神道设教”的统治者，也顺其自然地将之树立成政治文化的“榜样”。正是在儒家人士、民间社会、道教界、朝廷官府等多方力量结合的共同努力下，本为儒士的梅福被改造成一代神仙。

与梅福一样，东汉的栾巴也是儒家人物仙道化的代表。栾巴的仙道化与江西密切相关，并对后世的江西道教文化产生了一定的影响。

栾巴，字叔元，蜀郡成都人（一说魏郡内黄人）。关于栾巴的事迹，《后汉书·栾巴传》载：

（栾巴）好道。顺帝世，以宦者给事掖庭，补黄门令，非其好也。性质直，学览经典，虽在中官，不与诸常侍交接。后阳气通畅，白上乞退，擢拜郎中，四迁桂杨太守。以郡处南垂，不闲典训，为吏人定婚姻丧纪之礼，兴立学校，以奖进之。虽干吏卑末，皆课令习读，程试殿最，随能升授。政事明察，视事七年，以病乞骸骨。荆州刺史李固荐巴治迹，征拜议郎，守光禄大夫，与杜乔、周举等八人徇行州郡。巴使徐州还，再迁豫章太守。郡土多山川鬼怪，小人常破赀产以祈祷。巴素有道术，能役鬼神，乃悉毁坏房祀，翦理奸巫，于是妖异自消。百姓始颇为惧，终皆安之。迁沛相。所在有绩，征拜尚书。会帝崩，营起宪陵。陵左右或有小人坟冢，主者欲有所侵毁，巴连上书苦谏。时梁太后临朝，诏诘巴曰："大行皇帝晏驾有日，卜择陵园，务从省约，茔域所极，裁二十顷，而巴虚言主者坏人冢墓。事既非实，寝不报下，巴犹固遂其愚，复上诽谤。苟肆狂瞽，益不可长。"巴坐下狱，抵罪，禁锢还家。二十余年，灵帝即位，大将军窦武、太傅陈蕃辅政，征拜议郎。蕃、武被诛，巴以其党，复谪为永昌太守。以功自劾，辞病不行，上书极谏，理陈、窦之冤。帝怒，下诏切责，收付廷尉。巴自杀。[①]

可见，栾巴是东汉中期的一位才干杰出、为人忠直的儒家官僚，其主要政绩是为地方百姓移风易俗，兴办学校，并积极整治地方巫觋信仰。栾巴的整治方法，带有浓郁的方士性质。在汉代，方士方术虽然类似于巫术，但它是正统文化体系中重要的内容，又高于巫术。栾巴以方术治巫，留下了其后来神仙化（道教化）的因子。按，栾巴的生卒年不详，

① （刘宋）范晔：《后汉书》卷五十七《栾巴传》，中华书局 1965 年版，第 1841—1842 页。

大约生活在汉顺帝到汉灵帝之间，此时正是巫道不分且道教开始创立的时期。

大约在道教创立后不久，道教即对栾巴的形象进行了较为有力的建构，将其正式仙道化。依东晋葛洪《神仙传·栾巴》[1]：栾巴，蜀郡成都人，少而好道，不修俗事。巴陵太守躬请之为功曹，待以师友之礼。一天，太守请栾巴试其道术。栾巴即平坐入墙壁中去，冉冉如云气之状，须臾竟不见，壁外有人见栾巴化成一虎，虎径还功曹舍。后来，栾巴举孝廉，除郎中，迁豫章郡太守。时豫章庐山庙神，能于帐中共外人语，饮酒空中投杯，人往乞福。神能使江湖之中分风举帆，行各相逢。栾巴至豫章郡后，直往神庙中，便失神所在。栾巴道："庙鬼诈为天官，损百姓日久，罪当治之，以事付功曹。巴自行捕逐，若不时讨，恐其后游行天下，所在血食枉病良民，责以重祷。"乃下所在推问山川社稷，求鬼的踪迹。此鬼于是避走至齐郡，变化为书生，善谈五经，齐郡太守即以女妻之。栾巴知其所在，上表请解齐郡太守往捕，其鬼不出。栾巴对齐郡太守言："贤婿非人也，是老鬼诈为庙神，今走至此，故来取之。"齐郡太守召之不出，栾巴道："出之甚易。"请齐郡太守笔砚设案，栾巴乃作符，符成长啸，空中忽有人将符去，亦不见人形。一座皆惊。符至，书生向妇涕泣曰："去必死矣。"须臾，书生自赍符来至庭，见栾巴不敢前。栾巴叱道："老鬼何不复尔形！"应声即变为一貍叩头乞活，栾巴敕令杀之。齐郡太守女已生一儿，复化为貍，亦诛杀之。栾巴还归豫章郡，郡内多鬼，又多独足鬼，常致百姓患病。栾巴到后，更无此患，妖邪一时消灭。后栾巴被朝廷征为尚书郎。正旦大会，栾巴后到，有饮酒的模样。皇帝赐百官酒，栾巴又不饮而西南方向噀之。有司奏栾巴不敬，诏问栾巴。栾巴道："臣乡里以臣能治鬼护人生，为臣立庙。今旦有耆老，皆来

---

① 按：《神仙传》现在所存大致有《四库全书》本和《汉魏丛书》本两个版本。《四库全书》本为毛晋所刊，畸重于炼丹求仙，被四库馆臣认定为是原帙；《汉魏丛书》本根据《太平广记》卷十一所引《神仙传》而成，比较注重记录导引变幻事迹，何人编纂则未能考定。两个版本内容亦并不完全一致，本处将两种版本的内容互参互补。参见胡守为：《〈后汉书·栾巴传〉〈神仙传·栾巴传〉》，《中山大学学报》2012 年第 3 期。

臣庙中享，臣不能早饮之，是以有酒容。臣适见成都市上火，臣故漱酒为雨救之，非敢不敬。当请诏问，虚诏抵罪。”乃发驿书问成都，已奏言，正旦食后失火，须臾，有大雨三阵，从东北来，火乃止，雨着人皆作酒气。后一旦忽大风雨，天地晦冥，对坐不相见，因失栾巴所在。不久听闻栾巴还成都，与亲故别，称不更还，老幼皆于庙中送之，云：“去时亦风雨晦冥，莫知去处也。”另外，关于正史记载的栾巴所谓不屈自杀之事，道史则有道教化的解释。如《云笈七签》卷八十五“栾巴”记：“后为事而诛，即兵解也。”[①] 经过道教化，栾巴已由一个正直有为的儒家官僚，改造成了一个道法高超、疾恶如仇的道人。其所谓的道教活动，主要围绕蜀地成都、豫章两地展开。由此，栾巴成为中古时期江西道教文化体系中知名的高道。

在中古时期道教文化系统中，栾巴以擅长法术著称，后世道教中的不少法术咒语被认为是栾巴所创或所传。例如，收录于早期天师道经典《正一法文修真旨要》中的“栾巴口诀”记：“行经山野及诸灵庙恶神祠宇，存口中有真人，字赤灵丈人，侍以玉女二人，一女名华正，一女名摄精，丈人着赤罗袍，玉女二人，上下黄衣，所存毕，乃叱咤曰：庙中鬼神速来，使百邪诣赤灵丈人，受斩死，众邪却走千里。此是三天前驱使者赤灵丈人捕鬼之法也。”[②] 又据魏晋佚名所著的《五岳真形图序论》，仙真鲁女生将得自天官的道术传于董仲舒，董仲舒又传于栾巴，其中包括“五岳真形图”“王母诀”。而这些道术直传至东晋葛洪。这或许也是葛洪在著《神仙传》时，重视栾巴并将之“神仙化”的原因之一。

两汉巫风盛行，巫觋活跃。栾巴作为能臣干吏，治巫有功于民，且耿直勇烈，不屈而死，正符合道教观念中的成仙标准。栾巴在豫章的活动，虽然不能完全扭转境内浓厚的信鬼崇巫的社会风气，但对于改良豫章地方的文化生态，刺激江西巫觋向道教化转移还是具有相当积极作用的。葛洪在《抱朴子内篇》卷十三中记述：栾巴“有功惠于民”，百姓为

① （宋）张君房辑：《云笈七签》，齐鲁书社 1988 年版，第 482 页。

② 《道藏》，第 32 册第 572 页。

之立庙祠。江西崇仁的相山，古称巴山。相传，栾巴就任豫章太守时，曾巡游至此，因迷恋此山风光，于是隐居在此一直到老。后人为了纪念他，就把此山称为巴山，他所在治区称为巴山郡（后改崇仁县）。

六、麻姑与麻姑山仙道文化

麻姑山，位于抚州南城西南十里，原名丹霞山，之所以改名，并名列道教“洞天福地”体系之中，与传说中的东汉著名女仙麻姑在山中的仙道活动密切相关。

麻姑[①]，建昌（今江西南城）人，修道于牟州（今山东牟平）姑余山。《神仙传》卷七《麻姑》载，东汉桓帝年间，仙道总真王方平欲至括苍山，过吴地胥门蔡经家，有意度化骨相合道的蔡经，因派使者请远在千里之外的麻姑前来一道训导。有顷使者还，不见其形，但闻其语云：“麻姑再拜，不见忽已五百余年，尊卑有序，修敬无阶，烦信来，承在彼，故当躬到。而先受命，当按行蓬莱，今便暂往，如是当还，还便亲觐，愿来即去。”麻姑至，蔡经举家见之，是好女子，年十八九许，于顶中作髻，余发垂之至腰，其衣有文章，而非锦绮，光彩耀日不可名状，皆世所无有。入拜方平，方平为之起立，坐定。召进行厨，皆金盘玉杯。肴膳多是诸花果而香气达于内外，擘脯而行之，如柏炙，云是麟脯也。麻姑自言：“接侍以来，见东海三为桑田，向到蓬莱，水又浅于往者会时略半也，岂将复还为陵陆乎？”方平笑道：“圣人皆言海中行复扬尘也。”姑欲见蔡经母及妇侄。时弟妇新产数十日，麻姑望见乃知之，曰：“噫！且止勿前。即求少许米，得米便撒之掷地，视其米皆成真珠矣。”方平笑云：“姑故年少，吾老矣，了不喜复作此狡狯变化也。”蔡经见麻姑鸟爪，心念：“背大痒时得此爪以爬背当佳。”方平已知经心中所念，即使人牵蔡经鞭之。谓曰：“麻姑神人也，汝何思谓爪可以爬背耶？”方平告诫蔡经后，授之以长寿地仙之术。其后宴毕，方平、麻姑命驾升天而去。又，《历世真仙体道通鉴后集》卷三《麻姑》在大体基于以上思想内容的前提

① 本处麻姑事迹的叙述，综合了《神仙传》卷七《麻姑》、《历世真仙体道通鉴》卷五《蔡经》《王远》、《三洞群仙录》卷十六引《王氏神仙传》等文字。

下，补充了四点，一是麻姑乃王方平之妹，修道得仙。二是强调“麻姑浩劫之高真，乘运应世”。三是麻姑的灵迹非止一处，也特别点出了麻姑与建昌（南城）的关系。四是宋徽宗政和间，宠褒麻姑为真寂冲应元君；宁宗嘉泰间，改封虚寂冲应真人。晚唐杜光庭《墉城集仙录·麻姑传》全抄葛洪《神仙传·麻姑传》上文，仅在传前冠一句云：“麻姑者，乃上真元君之亚也。”《神仙传·王远传》所记内容略同。但上述二传皆无王远与麻姑有亲属关系的记述，而《历世真仙体道通鉴后集》却谓：“麻姑乃王方平之妹，修道得仙。”自为后人所增益者。葛洪《麻姑传》以其所具有的丰富想象力而闻名于后世。其“东海三为桑田”和“海中复扬尘也”，更成为后世著名的“沧海桑田”和“东海扬尘”典故的来源。在此葛洪《麻姑传》和后世文人称引的影响下，许多地方又有称名麻姑的女仙出现。如《太平广记》卷一三一引《齐谐记》所记麻姑，为东晋孝武帝太元（376—396）时人，称“太元八年，富阳民麻姑”，后因吃蛇肉，“呕血而死”。《古今图书集成·神异典》卷二三七引《登州府志》所记麻姑，为“后赵麻秋女，或云建昌人，修道于牟州东南姑余山，飞升”。以上麻姑皆偶然同名，或有意附会而取此名。其次，一些地方又出现麻姑山、麻姑洞、麻姑庙。唐颜真卿《抚州南城县麻姑山仙坛记》云：“按《图经》，南城县有麻姑山，顶有古坛，相传云麻姑于此得道。”《古今图书集成·神异典》谓江西宁国府东有麻姑山，“麻姑尝修道于此，丹灶尚存。又尝居建昌，山故亦号麻姑”。宋洪迈《夷坚丙志》卷四称：“青城山相去三十里，有麻姑洞，相传云亦麻姑修真处也。”大都亦为托名麻姑而来。

诸多道教文献资料虽提及了麻姑是建昌（南城）人，但对于她在南城有何仙道活动则是记载阙如。南城地方文化对此有相当的补充。一般地说，麻姑生于南城，自小好道。为求精进，北上齐地姑余山，学法修真。其后又云游南方各地，回到故乡，登临华子期、浮丘公等人修炼之地丹霞山（后名麻姑山），为这里风物所吸引，因隐居此山继续修炼，最后终于得道飞升成仙。南城地方文化建构了麻姑在当地学法、得法的故事。例如，《麻姑山志》之《纪·仙灵》载：“故老相传，姑仙妙龄尝与嫂出故山中，姑讶其迟，故云：‘适遇女童，共戏水旁，其来去罔知所之。’嫂乃令姑曰：‘来则以绯线缀其衣。’因踵其后，徐至大松树下，忽不见，但遗绯线于地。掘之，得茯苓，若婴儿状。嫂命烹之，适有故他往，姑自尝之，饮其汁殆尽，姑之得仙，有自来矣。”又传云：“姑尝与其弟入山拾薪，甚难；惟姑独往，得薪甚多。其弟怪讶，窃伺之，惟见姑宴坐林间，群鸟皆衔薪而至，弟归告其母，母强诘其故，姑自知神异已泄，明日遂弃家去，莫知所之。后数年忽归于家，人问其何自，姑言自青城回，家人见所穿之衣垢弊颇甚，欲更新之，姑不受，曰：自有仙裳。其服皆精洁文采，非世服也。复弃家去。”另外，在麻姑山一带，还有麻姑、从姑、毕姑三姐妹修炼的传说：远古时期麻姑山丹霞洞，住着一老妪，多年饥食野果，渴饮酒泉。一日，老妪醉卧丹霞，忽闻霹雳响动，半空落下三颗明珠，坠入腹内。老妪蹶起，乃南柯一梦，十月之后，竟一胎生下三女，长女，晨曦初露、天色麻亮降生，取名麻姑，二女从之，名从姑，三女为后，取毕姑。三女随母居丹霞洞，老妪无乳，哺之以酒泉。十八年后，三女已成窈窕淑女。一日，母女四人登顶环顾，但见云开处，盱江、黎河绚如银练。盱江东岸，隐露石峰一座，其状如人。再溯东南。又一雄峙，好不壮观。老妪曰：“吾观彼二山亦非凡境，与此山成鼎足之势，汝等分而居之。”三姑甚喜之。次日，老妪偕三姑至酒泉，老妪举觞曰：“今日分山而居，汝等饮此酒，无忘酒泉哺育之恩也。”饮毕，老妪又谓曰：“今者分山，以梳髻论次第，先者居此山，次者另山而居。”麻姑疾步月泉，欲将秀发浸入泉内梳洗，不防风乍起，吹起秀发，麻姑头上已结成一个又圆又高的发髻。老妪见状，大笑：“麻姑为先，居此山也。”从姑，毕姑知此乃天意，亦无心梳洗。老妪暗忖，从姑与麻姑情深，且排行第二，理应近麻姑而居为妥。遂指盱江东岸巍峨石峰，曰：“从姑居彼山罢。”从姑欣然应允。毕姑无语，朝东南方向远眺，但见云开处，彼山亦为壮观，遂亦驾云而去。从此三山以麻姑、从姑、毕姑为名。[1]再如，根据女寿仙麻姑“沧海桑田”“掷米成珠”“麻

① 《南城县志》编纂委员会编：《南城县志》，新华出版社 1991 年版，第 320 页。

姑献寿”等仙道故事，南城亦展开了相关的文化创造。多个“麻姑献寿”的故事在南城麻姑山一带流行，且版本不一，择要介绍两个。（一）很早很早以前，南城盱江边上的麻坊，有一自小习医且心地善良的姑娘麻姑。平时，她总是不辞辛劳地为百姓治病疗伤。某年，南城一带发生瘟疫，麻姑救治无方，焦虑万分。感动了一位仙翁（或说是太上老君），仙翁指教麻姑，王母瑶池生长的碧莲仙草能治百病。数日后便是王母寿诞，可趁此求之。麻姑在仙翁的帮助下，赶赴瑶池，向王母献上带来的家乡茶、酒等贺寿。王母大喜，应麻姑请求，让她带着碧莲仙草返回家乡。从此，盱江河畔瘟疫绝迹。麻姑因此得道成仙，麻姑成仙之地就叫麻姑山。（二）麻姑仙子在麻姑山修炼时，以山中出产的银珠米和灵芝仙草，加上麻姑山神功泉水，经丹灶蒸熬，酿成美味的“麻姑酒”，于每年三月三日带到蟠桃会，为西王母祝寿。西王母欣饮后赐名“寿酒”。顺便提及，蔡经本居吴地，因与麻姑的关系，民间又附会他居麻姑山。据《麻姑山志》之《志·宫观》载，麻姑山的会仙亭故址，即相传是蔡经宅；齐云亭，相传是麻姑鸾回鹤降之所。另外，江西其他地方也流行起麻姑信仰。例如，《太平寰宇记》载，贵溪县西南有望姑山。昔有羽客张镇栖止此山，每与仙人接麻姑，为期伫望于此，故号望姑山。①

麻姑是在中国民间有着广泛影响的女仙，麻姑及麻姑信仰强化了江西女仙文化重镇的地位。在道教创立后，麻姑山也成为江西（中国）的道教名山。

七、其他外来人士的仙道事迹

秦汉时期，江西外来的仙道人物还有不少，造就出江西一派浓郁的方仙氛围。

云居山（在今永修县境），古名欧山。传说，战国末期，楚康王被秦所逼，避难于庐山谷中，将军欧岌觅嗣主不得，遂遁至今云居山所在，

① （宋）乐史：《太平寰宇记》卷一〇七《信州》，中华书局2007年版，第2156页。

修炼得道，仙隐始著，故名欧山。[①]

道华子期，秦朝九江郡人。他曾跟随甪里先生学道，得道后入皖西潜山，又云游南方多地寻仙访道，亦曾活动于江西。据说，华子期在豫章西山成仙飞升。而后他又曾驾鹤飞翔于南城丹霞山（麻姑山）北面的麻源山冈上，此山冈因得名“华子冈”。《麻姑山志》之《表·峰峦》，麻姑山麻源三谷有华子期上升之所华子冈。

婺源大鄣山，俗称张公山。传说，西汉年间有张公（字金仙）由黄山跋涉至此隐居修炼而有成。山上有张公洞、仙人药臼、仙人跨涧、天生棋局、龙界等胜迹。

涓子，齐人。好饵术，接食其精。至三百年乃见于齐，钓于荷泽，得鲤鱼腹中有符。隐于宕山，能致风雨，又得受传说为尧舜时期贤人的伯阳“九九仙法”。至平固县（今兴国）山中，扣石忽开中，有宫室，额曰“输寥之馆”，有石笥发之得秘书十卷，读之欣然，遂著《天人经》四十八篇，名其山曰覆笥山。淮南王刘安得其文，不能解其旨。[②]

刘纲，江苏下邳人，活动于东汉后期，性喜神仙方术。谪居莲花峰下，奉章上帝，救因贪财好杀而又后悔的德化（今属九江）县令张某性命。[③]

西山真人刘根，字君安，长安人。汉成帝时的方仙道士，道法高明，能役鬼神、济人困。冬夏不衣，身生绿毛二三尺，遇太乙玉女，传张、侯、魏三使者之文，藏于龙虎山东北十五里之西仙源“壁鲁洞”中。铭曰：“天乙北祚神虎书，太乙紫文玉章符，北魁元范在龙虎，得者当寻

① （清）释元鹏编纂，何明栋、卢川校注：《云居山志》卷一《山水》，《西山志略》《云居山志》《武功山志》《怀玉山志》《华盖山志》合集，江西人民出版社 2002 年版，第 195 页。

② （汉）刘向：《列仙传》卷上《涓子》；清雍正《江西通志》卷一〇五《仙释》“涓子”条。

③ （民国）吴宗慈编撰，胡迎建注释：《庐山志》纲之七《杂识》，江西人民出版社 1996 年版，下册第 621 页。

西壁鲁。”[①] 此密文或说后为张陵所得。

邓禹（2—58），字仲华，南阳新野人。年轻时曾在长安学习，与刘秀交好。协助刘秀（汉光武帝）建立东汉皇朝，功劳卓著，位列云台二十八将之首。刘秀封邓禹为大司徒、酇侯，后改封高密侯，进位太傅。据说，东汉建立之初，南方仍然叛乱不休。建武四年（28）十二月，刘秀遣邓禹南下领导平叛，历三年功成。邓禹在平定豫章郡叛军时，在豫章西山北麓率官兵与蔡宏等顽匪激战，奋展谋略果敢，大获全胜。邓禹回到朝廷后，受到刘秀的高度赞赏。然邓禹不贪恋权势富贵，辞官携三子至豫章西山，修道学仙。其间，邓禹关心当地百姓的生产生活，留下了擒拿祸害百姓千年的蜈蚣妖的传说。当地百姓为感恩和纪念邓禹，在西山紫阳山巅以花岗岩石为基料修建了名为紫阳宫的道观。紫阳宫供奉邓禹为邓一元帅，其三个儿子们分别为邓二元帅、邓三元帅、邓四元帅等，因民间尊邓为真君，故俗称邓仙坛。紫阳宫巍峨壮丽，门前横梁正中刻着“紫阳宫”三字，两侧石柱之上镌刻对联：“一窍道通冲北极，万年仙境镇西山。”宫下方有邓仙洞、邓真君墓、邓真君起居石室。

万修，字君游，陕西扶风茂陵人。东汉开国功臣，云台二十八将之一，汉光武帝刘秀封之为槐里侯。万修功成身退，云游山水，后隐居在江州湓城龙蟠里白龙泉，采药修真，治病救人，广为乡民造福，后得道乘白龙仙去，乡民为纪念万修功德，立庙绘像祀之，俗称龙蟠士主福瑞之神，简称“龙蟠福主”。[②]

东汉以来，已有方士隐居南丰紫霄峰修炼。其中，费长房的师父悬壶先生，传说就在此得道。紫霄峰有壶公岩。《旧志》云：“昔悬壶先生委蜕于岩。岩高峻，人迹罕到，留一榻若沈香，风雨不脆，丹灶犹存焉。”[③]

---

① （清）娄近垣编撰，张炜、汪继东校注：《龙虎山志》卷二《山水》，江西人民出版社 1996 年版，第 19 页。

② 瑞昌市道教协会编：《瑞昌道教志》，2017 年版（赣新出内准字第 0009677 号），第 236—237 页。

③ （宋）乐史：《太平寰宇记》卷一一〇《抚州》，中华书局 2007 年版，第 2238 页。

东汉末年，康、费二人追求炼气成仙，结为昆仲，寻找修炼之地。一日，在武汉蛇山黄鹤亭观景，眺望江南瑞昌境内属幕阜山脉的秦峰（青山），山上有青气涌出，觉得神奇。二人分乘鹤不约而同飞至秦山之巅鹅嘴石结庐修炼，躬耕自养，有鹿采食庄稼，驱之复至，天天如此。二人追鹿至武宁鲁溪洞，洞口倒卧一木，因坐而憩息，木化龙载二人飞天而去。瑞昌民间因有康、费“青山得道，鲁溪登仙”之传说。

豫章西山洪崖仙人的信仰，在汉代又有新的建构。西汉刘向《列仙传》载：“洪崖山者，山之阳有洪唐寺，山中有洪崖坛，每亢旱祷此。”东晋葛洪《神仙传·卫叔卿》载，汉武帝时，卫度世入华山寻隐修仙道的父亲卫叔卿，见父亲于绝壑之中与数人博戏。卫度世因问：“为谁？”卫叔卿答以洪崖先生、许由、巢父等人。

第四节　天师道的创立及其早期发展

“道教的前史特别长，其创教活动分散而缓慢，早期教派并非由同一途径、在同一地区和同一时期形成的，并且在很长时间内没有一个统一的稳定的教团组织，因而中国道教史的上限极为不易认定。”[①]不过，道教界、学术界基本还是认定：道教正式创立的标志是东汉顺帝年间张陵在鹄鸣山（鹤鸣山）创立天师道。而在更早的一个时期，张陵在江西龙虎山活动十余年，在方仙道的基础上，结合自己的炼丹经验，已开始探索道教的理论与实践，由此为他鹤鸣山创立天师道奠定了良好的基础。龙虎山成为中国道教的策源地和发祥地之一。

一、张陵创建天师道

张陵[②]（34—156），字辅汉，沛国丰邑（今江苏丰县）人。自小聪

① 任继愈主编：《中国道教史》（上卷），中国社会科学出版社 2001 年版，第 7 页。

② 有关张陵生平事迹的文献资料可谓丰富，然切实可靠的并不太多。正史《后汉书·刘焉传》《三国志·张鲁传》略微所记其姓名、籍贯等，几无其事迹。东晋葛洪《神仙传·张陵》开始有了较为丰富的记述。北宋以来的诸本《天师世家·张道陵世家》及元赵道一《历代真仙体道通鉴·张道陵》等又添加了大量的内容，但这些文字大都增饰多多。本小节依据张陵人生的发展逻辑，选择上述资料进行叙述。

慧，七岁通《老子》。既长，容貌俨然。为太学生，博览坟典五经，贯通天文、地理、河洛、图纬等。曾于浙江天目山开堂讲学，从学者多人。因感国家政治陵迟而儒学难以拯危佐世，又受时代黄老方仙文化的影响，叹世俗之学"无益于年命"，遂笃意长生神仙之道。大约在天目山期间，张陵曾至南岳，拜谒祝融祠、光天坛、青玉坛等。其后又自浙逾淮，涉河洛，得炼形合气之书，学辟谷修身之术。东汉明帝永平年间（58—75），张陵察举"贤良方正"，拜江州令（治所在今重庆），后谢官归洛阳北邙山栖隐修炼，朝廷屡征不就。据说，张陵曾对朝廷使者道："为我谢天子，人生百岁，光阴瞬息间。父母妻子，恩爱隆厚，岂能长保哉？九天之上，无何有之乡，金阙帝君将韶吾以为臣矣。惟清静寡欲，则天下自治，何以臣为？"遂自河洛，游至蜀地之溪岭深林，苦节学道，啬气养神。

约汉章帝建初五年（80），张陵与弟子王长从淮入鄱阳，居仙鹤山（或称鹄鸣山）中修炼。后登乐平雩子峰，见遥远处有生气。在双鹤的引导下，溯流而上，于和帝永元二年（90）至贵溪云锦山，见此地碧水丹山，清幽雅秀，遂安止栖息，潜心修三元默朝之道，得黄帝龙虎中丹之术。三年后"丹成而龙虎见"，云锦山因以改名"龙虎山"。张陵服食丹药后，据说能分形散景。时年60有余的张陵饵丹后而容貌益少，若30年许。张陵在龙虎山留存众多遗迹。据清娄近垣《龙虎山志》载，在龙虎山正一观后有天师草堂、炼丹岩、濯鼎池、试剑石等。在龙虎山西仙源"壁鲁洞"，世传太白真人授张陵龙虎之法于此。或说，张陵访西仙源壁鲁洞行神虎秘文，感太上授正一盟威之道及《太上三五都功》诸品经箓。藐姑山顶有张陵禁治鬼祟的"封鬼洞"，有张陵修炼的"云锦洞"。上清宫东南三十里的"祈真观"，张陵炼丹于此。张陵在龙虎山从事修行活动期间，从学者多人，江西群体性的道教活动或从此发端。张陵还以龙虎山为基地，曾到江西其他地方游访，阁皂山、庐山、三清山等多地都留下了他从事道教活动的足迹。其中，东汉和帝永元三年（91），张陵隐居阁皂山西峰修炼，炼丹、制药、治病，开樟树医学及制药先河。又，庐山传说，汉明帝永平时（58—75），张陵任江州令（治所在今重庆），游览庐山，见闻许多神仙的传说和遗迹，留恋和倾慕不已，当即辞官栖居庐山修道。或说，张陵在庐山期间，曾过访延陵（今江苏常州）季子庙。[①]张陵在江西游历栖息数地，广闻博取，特别是在龙虎山的活动，为其在蜀地创立道教奠定了坚实的基础，也由此奠定了龙虎山中国道教天师道（正一道）策源地、发祥地的地位。今之龙虎山，留有张陵的丰富遗迹和传说故事。这或许是后来的龙虎山天师道为了强调其祖庭仙地，而创造出来的文化事迹。然而，简单断言："张陵根本就没有到过江西的龙虎山，更谈不上在那里创教的问题。"[②]也不是实事求是的态度。

张陵以龙虎山为中心在江西地区活动了二三十年，颇有所得。其后，他为精进道法，复北上往嵩山崖岭石室，数年精思感彻，得《三皇内文》《黄帝九鼎丹书》《太清丹经》等隐书秘文及制命山岳众神之术。于是筑坛朝真以炼九丹，丹成，却不服用。张陵对弟子王长说："服丹当冲天，然吾未有大功，岂敢遽服，宜为国家除害兴利，然后服之，则吾臣事三境亦无愧矣。"张陵唯道是从，又有忧国忧民之心，闻蜀人多纯厚，易教化，且多名山胜地便于修行，遂携弟子王长等入蜀。张陵居阳平山，能飞行远听，分形散影；居西城山，筑坛墠以降五帝；居葛璝山，隐形岩舍，服气调神；居秦中山，修九真秘法；居昌利山，采服五芝众药；居隶上山，授弟子养形轻身法；居涌泉山，得出入水火之术；居真都山，思神念真；居北平山，有猛兽数百驯扰户外；居稠粳山，有老翁化为狞鬼，来恐吓张陵。张陵诵经不顾，老翁逡巡自退。约于汉顺帝汉安元年（142）正月，张陵居鹤鸣山，著作道书二十四篇，乃精思炼志。正月十日，在鹤鸣山服五云气，感太上老君授以经箓《正一盟威秘录》《三清众经符箓》《丹灶秘诀》及雌雄二剑、都功印。张陵因创正一盟威之道（天师道）。其后，张陵又外出修行兼弘教。居渠亭山，炼九鼎神丹；居卜簿山，神人夜献玉璧；居本竹山，众仙真降授《灵宝经》；居

① （唐）段成式《酉阳杂俎》前集卷十《物异》记载：齐建元初，延陵季子庙涌井中得木简，上有字隐起曰"庐山道士张陵拜谒"。张仲裁译注：《酉阳杂俎》，中华书局2017年版，第396页。

② 卿希泰：《道教在巴蜀初探》（上），《社会科学研究》2004年第5期。

漓沅山，为说经台；居鹿堂山，炼九转神丹；居平盖山，合九华大药。据说，太上老君念张陵笃志于道，再下平盖山，授张陵为云台治、火芝火仙之经、方术变化、长生不死之药、登升云天之道，并封张陵为天师。永寿元年（155），张陵又至成都，据说地涌出一玉局座。太上老君复降，对张陵说诸经要，授其南北二斗经诀，令其普济众生。张陵立二十四治，以应二十八宿正气，以六十甲子生人分属各治；定三十六靖庐，七十二福地，三百六十名山品秩，各置神司之。永寿二年（156）九月九日，张陵以经箓印剑付子张衡，戒之曰："吾遇太上，亲传至道。此文总领三五，步置要正一枢要，世世一子，绍吾之绪，非吾家宗亲子孙不传。"因于云台峰乘云白日飞升。

张陵于蜀地所创天师道，重教化，以廉耻治人，不喜施刑罚。乃立条制，使有疾病者，皆疏记生身以来所犯之罪。手书与神明共盟约，不复复犯，法当以身死为约，于是百姓计愈。邂逅疾病，辄当首过。一则得愈，二使羞惭，不敢重犯，且畏天地而改。张陵将治病和道德救赎成功地糅合在一起，化民成俗，取得了显著成效。张陵为创立和弘扬自己的道教，曾与蜀地巫师及其信众进行了坚决的斗争和积极的教化、改造。《三天内解经》卷上记，汉顺帝汉安元年（142）五月一日，老君与张陵奉太上之命、永寿三年又与汉帝朝臣盟誓，进行道教改革。《三洞群仙录》卷二：天师功成，太上道君下降，授以雌雄二剑，而剑各有日月星斗之文。道君乃曰："吾悯下元生人执系幽魂，人鬼杂处，今子为五。分别人鬼异位，则子之功无量矣。"《神仙传・张陵》载：老君寻遣清和玉女，教张陵以吐纳清和之法。张陵修行千日，能内见五藏，外集外神，乃行三步九迹，交乾履斗，随罡所指，以摄精邪，战六天魔鬼，夺二十四治，改为福庭，名之化宇，降其帅为阴官。先时蜀中魔鬼数万，白昼为市，擅行疫疠，生民久罹其害，自六天大魔摧伏之后，陵斥其鬼众，散处西北不毛之地，与之为誓曰："人主于昼，鬼行于夜，阴阳分别，各有司存，违者正一有法，必加诛戮。"于是幽冥异域，人鬼殊途。张陵除妖驱鬼的足迹遍及蜀地。例如，西城有白虎神，好饮人血，每岁其乡必杀人祭之。张陵心中不忍，于祭祀之期亲往除妖。广汉青石山有大蛇昼吐毒雾，害行人，张陵因至剿除。蜀中有众鬼魔王枉暴生民，太上老君又令其前往剿杀。巴东有妖，张道又与弟子前往，将搅浊大湫的毒龙赶跑，又将降灾降祸一味迷惑男子的十二神女镇压在井中，即时唤集居民汲水煎煮而皆成食盐，从此巴东居民，无神女之害，而有井盐之利。这些关于张陵斗争蜀地魔鬼妖邪的神秘故事的实质，是张陵与蜀地巫觋争夺宗教文化话语权力。由于张陵及其天师道的宗教素质高于当地的巫鬼道，又采取了恰当的斗争方略，争取了当地一些地方大族的支持，使自身发展迅速且势力大增，迫使当地不少巫觋人物及其信众改换门庭，当了天师道的祭酒、道民。天师道由此在蜀地渐渐扎下了根。[①]张陵在创立和弘传天师道的过程中，大力打击蜀地的巫鬼教，同时也积极吸收、改造了蜀地巫鬼教，将其合理有用的宗教文化因素纳入所创天师道之中。因此，张陵天师道在相当意义上是东方滨海之域文化与西南（巴蜀）少数民族文化结合的产物。[②]

张陵培育弟子众多，最有名的是王长、赵升[③]。王长，名号来历不详。通黄老，习天文。以清虚淡薄为务，不交人事。最早随从张陵学道，随侍张陵左右。负书行歌，与张陵同居龙虎山炼大丹。张陵在龙虎山修炼功成后，携之偕至嵩山、蜀。凡张陵所游历，王长未尝不侍。服丹战鬼，积行累功，后于渠亭山，张陵一日指王长曰："惟尔累世种善，宿有

---

① 胡孚琛、吕锡琛：《道学通论——道家·道教·仙学》，社会科学文献出版社1999年版，第280页。

② 关于张陵天师道文化渊源的问题，学界有诸多争论和不同的解说。代表性的是：蒙文通先生以五斗米道原为西南少数民族林邑、扶南之教。陈寅恪先生谓天师道源于东方滨海之域。他指出：秦汉之前的方士怪迂之论，皆出于滨海的燕、齐之域，张陵本为沛国丰人，"丰沛又距东海不远，其道术渊源来自东，而不自西"。何兹全先生则言："张鲁一家，虽在益州、汉中传教，但五斗米道实起于东方滨海之域。……所谓'学道鹄鸣山中'，是在鹄鸣山中修道传教，不是五斗米道起源于蜀。"分别参见蒙文通：《佛道散论》之《道教史琐议》，商务印书馆2011年版，第119页；陈寅恪：《天师道与滨海地域之关系》，《金明馆丛稿初编》，三联书店2001年版，第3页；《何兹全文集》第5卷《三国史》，中华书局2006年版，第2415页。

③ 王长、赵升两人事迹的叙述，参见（清）娄近垣编撰，张炜、汪继东校注：《龙虎山志》卷七《人物》，江西人民出版社1996年版，第70页；（民国）吴宗慈编撰，胡迎建注释：《庐山志》纲之七《杂识》，江西人民出版社1996年版，下册第594页。

仙骨，可与成就矣。”因传授九鼎之要。张陵又告诸弟子曰：“尔等俗态未除，其九鼎之要，惟付王长也。”王长后与赵升同日飞升太乙天中。赵升，号鹿堂子，不知何许人。张陵在蜀地修真传法时，赵升不远千里而来，愿执弟子礼。张陵试以难者七事，而赵升终始如一，得授神丹宝经秘要。后事张陵功行满备，与王升同日白日飞升。《九微志》云：王、赵二真人，理第六十九福地庐山。葛洪《枕中书》记：张道陵为三天法师，统御六虚，数侍金阙，太上之股肱，治在庐山，三师同宅。其弟子王长、赵升二人，受书为庐山中正一三天都护。

张陵自称太上老君亲授他为“天师”，是为“张天师”的起源与依据。《三洞珠囊》卷六引《道学传》：“张天师弃家学道，负经而行，入嵩山石室，隐斋九年，周流五岳，精思积感，真降道成，号曰天师。”“天师”一词最早见于《庄子·徐无鬼》，此后《黄帝内经·素问》也使用过“天师”一词：“昔在黄帝生而神异，……乃问于天师曰”，此处的“天师”是指歧伯。《太平经》不仅屡有“天师”一词，而且出现了“天师道”一词。“暗昧之人固固，心结聪明犹不达，不重反复见晓敕者，犹朦朦冥冥，复杂天师道。”[①] 张陵自许“天师”，有树立“正统”的意义，为了增加神圣，更称为太上老君所授。

张陵创立天师道（正一盟威之道），标志着道教的正式形成。由于张陵为“天师”，故其所创立的道教从一开始就称天师道。[②] 张陵所创教团的名称，从东汉熹平二年（173）刻制的《米巫祭酒张普碑》所言“祭酒约施天师道法无极耳”[③] 来看，“天师道”的称呼至迟于二三十年之后已是流行。或认为，张陵创教时，用“五斗米道”名而未用“天师道”

① 王明：《太平经合校》，中华书局1992年版，第357页。

② 郭树森主编：《天师道》，上海社会科学院出版社1990年版，第27页。

③ （宋）洪迈：《隶续》卷三《米巫祭酒张普题字》，中华书局影印本1986年版，第309页。

名。[①] 其实，张陵虽然在其天师道宗教活动中采用了“凡入道者须交纳五斗信米”（或“受天师治病而病愈者须交五斗信米”）之制度，但并没有自称“五斗米道”。张陵时代的“五斗米道”名号，即便是他称，也还没有流行起来。把张陵天师道，等同于“五斗米道”，或用“五斗米道”称之，纯属误会。又，《汉天师世家》《云笈七签》等道籍记载的，太上老君授张陵以“正一盟威之道”、张陵倡导“正一新出道法”等，或为张陵所自言事迹，或为后世道门所追述，却的确是道门“正一道”“正一教”之称的由来。

张陵创立了中国道教史上最早的道派——天师道，被后人尊为“张道陵”“张天师”“祖天师”，在中国道教史上居于崇高地位。又因龙虎山是成就其道教功业重要的关节点，龙虎山遂成为中国道教重要的策源地，并被后世推尊为天师道（正一道）的祖庭。

二、张鲁与天师道的建设

张陵羽化后，其子张衡继承了天师道的权力。道教史上，有关张衡的直接文献资料甚少。清娄近垣《龙虎山志》卷六《天师世家》“二代嗣师衡”条载：张衡，字灵真，有长才，诏征黄门侍郎，不就。居阳平山，以经箓授弟子，彰正一之道。其为人治病，请祷之法，书病人姓名，说服罪之意。作三通：其一，上之天，著山上；其一，埋之地；其一，沉之水，谓三官手书。汉光和二年（179）诫子张鲁曰：“汝祖以天地为心，生灵为验，周行天下，除妖孽之为民害者，是以亲遇圣师，建立大都，嗣我教者，非诚无以得道，非敬无以立德，非忠无以事君，非孝无以事亲。汝其遵守成训，勿替引之。”张鲁拜稽首曰：“祖师志愿宏博，因家立教，身为法嗣，用宏元化。”受印剑讫。张衡与妻卢氏白日飞升。《历世真仙体道通鉴》卷十九《张衡》所载大同小异，另有张衡“颇精元象，学道”“少博学，隐居不仕，有大名于天下”“不关世务，吐纳不食”等

---

① 例如，道教史研究大家潘雨廷《〈天师道〉序》曰：“然创此教派（指天师道）时，其名仅为‘五斗米道’，并未用‘天师道’。”见郭树森主编：《天师道》，上海社会科学院出版社 1990 年版，第 1 页。笔者以为，张陵创立道派时，并没有称“五斗米道”，而是称“天师道”或“正一盟威之道”。

文句，并明言张衡诫子并飞升日是光和二年正月二十三日。至于“继出仕汉为陇西刺史，迁侍中”应不合张衡事迹，且与其所言“隐居不仕”矛盾。另外，也没有说“三官手书”之法是由张衡所行。两书记载张衡的事实虚虚实实，这在一定意义上表明，张衡的事迹后人建构的成分可能很大。张衡“见于正史的记载是少之又少，这至少表明张衡在传播五斗米教的过程中所起作用不大”[①]。在张衡时代，天师道的传播区域逐渐扩大，进入汉水流域。据《太平寰宇记》卷一三三《兴元府·西县》引《郡国县道记》：西县（今陕西勉县），有白马山，筑有白马城，又名浕口城。又引《张衡家传》：张衡于浕口升仙时乘白马，后人遥望山上往往见有白马，因以为名。总体而言，张衡掌教，传承正一盟威之道，但道门并不振作，影响比较有限。

大约与张衡同时或稍后，来历不甚详的巴郡巫师张修，基于本地巫道文化和民众信仰，学习和吸收太平道文化，创建了五斗米道。《三国志·张鲁传》注引鱼豢《典略》：“光和中，东方有张角，汉中有张修。……角为太平道，修为五斗米道。太平道者，师持九节杖为符祝，教病人叩头思过，因以符水饮之，得病或日浅而愈者，则云此人信道，其或不愈，则为不信道。修法略与角同，加施静室，使病者处其中思过。又使人为奸令祭酒，祭酒主以《老子》五千文，使都习，号为奸令。为鬼吏，主为病者请祷。请祷之法，书病人姓名，说服罪之意。作三通，其一上之天，著山上，其一埋之地，其一沉之水，谓之三官手书。使病者家出米五斗以为常，故号曰五斗米师。”又，《后汉书·孝灵帝纪》载，中平元年（184）秋七月，“巴郡妖巫张修反，寇郡县”。张修自汉灵帝光和年间（178—184）即在巴、汉中传教，创立五斗米道，势力张大，故有能力响应黄巾起义。张修五斗米道教法与东方张角的太平道大体上是相同的，应宗本于黄老道。[②]张修五斗米道的创立有西南和东方文化的影响，但作为一个教派，巴汉地区固有浓郁的巫觋、鬼神、方仙等信仰也

① 卿希泰、唐大潮：《道教史》，凤凰出版社2006年版，第36页。
② 樊光春：《西北道教史》，商务印书馆2010年版，第162页。

是不容忽视的。张修对组织机构、教规教义等所做的工作是其能够树立并被人接受的关键。张修创立五斗米道的思想与实践，没有史料表明师承了张陵。而五斗米道源于东方的“道术”，也不必受业于张陵，因为东汉时期从中原或江南流入巴汉的人口不少，他们中一些人也完全有可能扮演传播东方道术的角色。尽管如此，张修在汉中创立五斗米道，不可能不受到张陵天师道的影响（其“五斗信米”之制就是典型的说明）[①]，毕竟张陵天师道是蜀地最先创立的道教组织。

张修创五斗米道，不免与张陵—张衡的宗教势力相冲突。因张陵—张衡系外来人士，加上张衡的保守自持，张修五斗米道的声势庶几压过了张陵—张衡的天师道，天师道一时陷于严重的生存危机之中。关键时刻，张衡长子张鲁承担起了重振天师道的使命。张鲁[②]，字公祺（或作“公旗”）。自小受家庭影响而好道，承张陵之法，以道术教人，从者益众。中平五年（188），汉宗室刘焉职任益州牧，为笼络人心，构筑自己的权力基础，努力将蜀地两大地方政教势力张修、张鲁纳于麾下。张鲁之所以能得刘焉的官职任命，除了其母因善驻颜之术且与刘焉关系密切外，亦与其拥有自祖父张陵以来的天师道力量相关。张鲁在刘焉的翼护下，得以积蓄力量。刘焉特授张鲁为督义司马，张修为别部司马。初平二年（191），刘焉命张鲁、张修率军进攻汉中。两人合力击杀汉中太守苏固，顺利攻占汉中。不久，张鲁与张修围绕着世俗权与宗教权的竞争，矛盾激化。张鲁袭杀张修，吞并其部众。随后，张鲁的独立性日益突出，与继任益州牧的刘焉之子刘璋产生了严重的冲突。建安五年（200），刘璋诛杀张鲁之母、弟。张鲁率巴郡夷王杜濩、朴胡、袁约起兵脱离刘璋，袭取巴郡，占据汉中。张鲁为维持与东汉皇朝的表面关系，自称汉中、

① 有研究者为了贬低或否定张陵创立天师道及其张修立五斗米道与张陵天师道的关系，特别强调张修创立五斗米道的功绩。其实，张修创立五斗米道的功绩不可否认，但贬低或否定张陵创立天师道及其对张修五斗米道影响的事实亦大可不必。强化张修，弱化张陵、张鲁功迹的论著，可参见孙启祥：《东汉后期巴蜀汉中“五斗米道”的几个问题》，蔡东洲、金生杨主编：《区域文化研究》，社会科学文献出版社 2017 年版，第 7—20 页。

② 关于张鲁事迹的叙述，参见（清）娄近垣编撰，张炜、汪继东校注：《龙虎山志》卷六《天师世家》，江西人民出版社 1996 年版，第 47—48 页。

南郑二郡太守。同时，他大力招引汉中周边的汉人及賨、夷、羌、氐等少数民族附从。

张鲁割据汉中，成为政教合一的首领后，基于天师道，吸收张修五斗米道的教法教义。《三国志·张鲁传》注引鱼豢《典略》载：张修亡后，张鲁“因其民信行修业，遂增饰之。教使作义舍，以米肉置其中以止行人；又教使自隐，有小过者，当治道百步，则罪除；又依月令，春夏禁杀；又禁酒。流移寄在其地者，不敢不奉”。又《三国志·张鲁传》载，张鲁统治汉中：“其来学道者，初皆名‘鬼卒’。受本道已信，号‘祭酒’，各领部众。多者为治头大祭酒，皆教以诚信不欺诈，有病自首其过，大都与黄巾相似。诸祭酒皆作义舍，如今之亭传。又置义米肉，悬于义舍。行路者，量腹取足。若过多，鬼道辄病之。犯法者，三原，然后乃行刑。不置长吏，皆以祭酒为治民。民夷便乐之。雄据巴、汉，垂三十年。”在汉中政权体系中，张鲁自号“师君”，即教义的制订者和阐释者。其下设“祭酒”，兼行具体的军政管理和主持各种宗教活动，而其治下的信众则称作“鬼卒”。张鲁政权虽有法律，但主要是继承祖父张陵之思想，强调道德教化，所谓“皆校以诚信，不听欺妄”“犯法者先加三原，然后行刑”“又教使自隐”。得病者则是因为有过，故须“自首其过”，并设置有静室“使病者处其中思过”。发扬道教均贫富、济贫弱的思想精神，增设义舍，给因战乱而流离失所的人提供米、肉，维持基本的生存。还实行宽刑、禁杀、禁酒等措施。汉中天师道，在宗教力与行政力的影响作用下，不断招徕更多的信徒，以保证宗教组织的良性发展。

张鲁对张修五斗米道的教规教义进行了具体“增饰”。换言之，张鲁的五斗米道并不是对张修五斗米道的机械继承，而是将张修五斗米道与张陵天师道（正一盟威之道）有机结合，形成了新五斗米道。新五斗米道承接了张陵天师道，故仍可继续称为天师道。张鲁时代，“五斗米道”的称呼在汉中、巴蜀等广泛地流行开来，相关的亦有“米贼”“米道”的称呼。张鲁为了清除或弱化张修的影响，树立自己是“五斗米道”的正统，有效地争取、团结信徒，亦自称教团是“五斗米道”。由此，在张鲁时代，张陵所确立的“天师道”称号反而不太流行了。或认为，“五斗米道”是教外鄙视张陵所创道派的说法。[①]事实上，“米贼”可谓系污称，而“米道”“五斗米道”“鬼道”之类，是正常称谓，并不含鄙视意。“五斗米道”是俗称，“天师道”是正式的称呼，但正式称呼并不亲民，不利于宗教的弘扬发展，故俗称大行其道。据《三洞群仙录》卷十二引《天师传》记：张鲁“每行法治疾，立复康愈。每授法治病者，令致米一斛，纤积巨万”。而《历世真仙体道通鉴》卷十九《张鲁》载，张鲁“以符法治病，致米一斗，疾苦立愈”。不管是“一斛”还是“一斗”，都与“五斗”差别甚大。此亦可见其维持“五斗米道”名号的深意。

以天师道为主脉的道教符箓派，有着稳定而严格的组织管理体系，教徒之间的稳固关系被确立，教区的管理者与教区道士之间的上下级关系为宗教集团所确认。[②]张陵创立的天师道组织为天师、祭酒、道徒三级管理体制。但张陵重视隐修，其组织制度也只是为了推行其教而设立的传道机构，以驱邪除鬼、为人治病等方式吸引信徒而弘教，建立起二十四治（教区）。张鲁在吞并张修“五斗米道”的势力并割据汉中后，综合张陵、张修之法，形成了“新五斗米道”（新天师道）。在组织制度上，致力于巩固确立了天师—祭酒道民的政教合一教团组织形式，建立起了一个严密、高效、完整的宗教组织体系。（一）张鲁把张陵的三级管理体制改造成天师、治头大祭酒、奸令祭酒、祭酒、鬼吏、鬼卒等多等级新管理体制，其间也充分发挥了祭酒的作用。天师、祭酒的世袭固定化。其中，“天师”既是最高的宗教首领，又是最高的政权首领，享有巨大的权威神威。“立治置职”，让道官祭酒“领户化民”。祭酒的职责是讲解教义，在教团中起教师作用，在政治组织上起地方官吏的作用。（二）扩大治，建立了四十四治。（三）强化三会日制度。凡三会日（正月七日上会，七月七日中会，十月五日下会），道民都须到本师（祭酒）治所去进行宗教活动。《旨要妙经》曰：“此三会日，三官考核功过，受符箓契令经法者，宜依日斋戒，呈章赏会，以祈景福。”（四）行宅录制度。道

① 陈莲笙：《道教常识答问》，上海古籍出版社 2012 年版，第 1 页。
② 参见丁强：《早期道教教职研究》，巴蜀书社 2008 年版，第 172 页。

民入道，须把全家的人口数，登录于册，名曰“宅录”。以后凡有生聚添口，或死亡减口，都须赴本师治所（大都在三会日）进行登记或注销。（五）行命信制度。道民宅录向“治”的祭酒缴纳“命信”，“治”祭酒即派守宅官对之予以保护。（六）行授箓制度。民众入道、升级都要隆重的授箓，不同级别的信徒和道士分别被授予不同等级的箓。

或认为，张鲁杀张修，取得了五斗米道教权，并造出“三张”传说和天师崇拜，才树立起张天师的教主形象；传统的“三张”之说，“这实际上是强加给历史的虚构”[①]。这些都是过于武断之说。因为这实际上把张陵的天师道与张修的五斗米道混融而产生的误识。“三张”一家传五斗米道之说，固然是张鲁成为五斗米道教主，声望日隆之后的建构。但此五斗米道，贯彻了“天师道”思想并增饰了张修五斗米道的“新五斗米道”。因此，张陵、张衡在早期天师道的作用与地位不应轻易否认。当然，张鲁在天师道陷于严重生存发展危机之时，力挽狂澜。张鲁建构了天师张陵传嗣师张衡，嗣师张衡传系师张鲁的三张传教世系，由此树立了“三张天师”的权威，维护了张陵创立道教的祖师及其天师道标志着中国道教正式创立的崇高地位。

张鲁割据的汉中，是兵家必争的战略要地。值刘备取代刘璋据有益州，对汉中虎视眈眈，曹操亦关注到了汉中，双方围绕汉中展开了激烈的争夺。势力弱小的张鲁最终不得不选择了归降曹操。《历世真仙体道通鉴》卷十九《张鲁》：魏王曹操闻之，遣使统兵来讨。弟子告知张鲁，张鲁道：“慎勿为惧。”遂同弟子登岭而望，见兵马四合，张鲁以手版画地成河，怒涛汹涌，下临不测，兵不得度。使者复统水师至岸，张鲁又以手版画其河中，辄出一峰，高千余丈，兵不能进。使者回，具述其事。一云：建安中，曹操擅权，将不利于汉室，张鲁奋力不能讨操，遂拥兵据守。魏王遣使追谢，资印绶拜为梁益二州刺史、镇南将军，封阆中侯，食邑三万户。张鲁固辞不受，谓使者曰：“吾修道之士，世慕冲举。今裂地之封，非所愿也，请还印绶，无复再来。”后修炼，白日乘龙升天。一

① 任继愈主编：《中国道教史》，上海人民出版社1990年版，第34页。

云：鲁于太白南峰解化，葬在褒城县南。后姜维屯军蜀西山，与鲁相见，在天雾中，良久失之。张鲁有弟张卫、张傀。张卫历招义将军，好道，于嘉陵飞升。张傀历南郡太守，弃官学道，久之，白日飞升。据《三国志·张鲁传》载，建安二十年（215），张鲁汉中政权被曹操攻击，张鲁并没有作多少抵抗。曹操领军刚至阳平关，张鲁就欲举汉中投降。惟张鲁弟张卫不肯，率众数万拒关坚守而失败。张鲁避走南山，入巴中，左右欲悉烧宝货仓库，张鲁道："本欲归命国家，而意未达。今之走，避锋锐，非有恶意。宝货仓库，国家之有。"遂封藏而去。最后，张鲁在曹操的晓谕下领众投诚。不久，曹操把张鲁及其大多数部属迁移至河南、河北一带，予以一定优待。曹操拜张鲁为镇南将军，封阆中侯，邑万户。又封张鲁五子及阎圃等，皆为列侯。张鲁薨后，谥"原侯"。其子张富嗣位。随着张鲁汉中政权灭亡，其所立五斗米道（天师道）受到了沉重的打击，张鲁的宗教权力基本丧失。张鲁殁亡后，早期三张天师道结束。

三、"三张"家人与天师道建设

三张天师道是以三张家族为道教信仰权力中心建构起来的，三张子嗣、妻女亦是护持与弘传天师道的重要人物。

《历世真仙体道通鉴》卷十九《张滋》：张滋，字元微，系师长子。辟丞相缘，给事黄门侍郎，历汉中太守，封昌亭侯。久之，得道尸解。张滋有四个弟弟：永、盛、溢、巨。张永，字龄宗，历奉车都尉议郎，封楼亭侯，得道尸解。张溢，字立宗，仕历牙门将军、驸马都尉、讨寇将军、汉中南郑太守、阆中侯。久之，得道尸解。巨字儒宗，仕历侍御史、安南正参义阳太守。久之，得道尸解。张溢、张巨，亦得尸解成道。

女性加入道教并对道教有所影响的，最早有文字可考的历史记录是三张妻女。她们与夫君或父祖一道开拓了天师道事业，在中国道教史上颇具积极的示范意义。

孙夫人，一云雍氏。孙夫人与丈夫张陵同隐龙虎山，修三元默朝之道积年，累有感降。章帝元和二年（或说冲帝永嘉元年），又与丈夫一同到蜀地，辅助丈夫修道传法。值丈夫居北平化（治）时，她居阳平化，炼金液九丹，依太一元君所授黄帝之法，积年丹成，变形飞化，行满功成。据说至汉桓帝永寿二年（156）九月九日，太上老君诏使至，孙氏同丈夫于云台峰白日飞升（或说张陵升天后一年，她才升天），位至上真东岳夫人。①

张陵的数个女儿亦修道有成。据《历世真仙体道通鉴后集》卷二载，长女张文姬，适陈郡袁公子，家豪好道，久之白日抱五儿升天。次女张文光，为陵王妃，以得封，犯父讳，不食数月，白日升天（或说"入门三日，于殿上白日升天"）。三女张贤（或作张贤姬），为燕王妃，好道，集真人之法，久之白日升天。四女张芝（或作张芳芝），适魏公第二子，夫故犯父讳，遂郁郁不乐，于家白日飞升。

张衡妻卢氏是颇有作为的道师。据《三国志·刘焉传》载，卢氏修天师道，又擅驻颜之术，往来于益州牧刘焉家中，由此协助其子张鲁获得了"督义司马"的职位。卢氏还担任过"祭酒"这一重要角色。张衡得道，卢氏同于阳平山，白日飞升。正因为此，某些道籍中卢氏曾占有早期天师道中"三师"之一的地位。如《上清黄书过度仪》"言功"启请时，对象之中就有"天师、嗣师、女师三师门下"的话语。《元辰章醮立成历》卷上称"天师、嗣师、系师、女师三师君门下"。南朝齐梁之际的陶弘景《登真隐廖》卷下称"谨关启天师、女师、系师三师门下典者君吏"。②

张鲁之妻佚名氏，也在丈夫的指点下通道术，最终羽化登真。

张衡之女张玉兰在天师道中也有重要的地位。据说，玉兰幼而洁素，不茹荤血。十七岁时，梦赤光自天而下，光中金字篆文，缭绕数十尺，随光入其口中，因遂有孕。父母责之不贞，玉兰终不肯言所梦，唯侍婢知其情。一日早上，玉兰谓侍婢曰："吾不能忍耻而生，死而剖腹，以明我心。"其夕无疾而终，侍婢向玉兰父母白其事，父母不欲违其言，冀雪其疑，遂持刀剖开女儿之腹。竟得素金书《本际经》十卷，素长二

① （宋）李昉等：《太平广记》卷六十《孙夫人》，中华书局 1961 年版，第 371—372 页。

② 参见柳存仁：《道教史探源》，北京大学出版社 2000 年版，第 83—84 页。

丈许，幅六七寸，文明甚妙。玉兰死后旬月间，常有异香，乃传写其经而葬玉兰。百余日，大风雷雨，天地晦暝，遂失其经，其玉兰所在坟圹自开，棺盖飞在巨木之上，视之，空棺而已。[①]张玉兰是以生命传播道经的人物，在道教史上有较大的影响。

可见，在早期天师道中，三张家庭成员均致力于道务、"飞升成仙"，应在一定意义上加强了天师道的建设，扩大了天师道的影响。

四、《老子想尔注》与天师道理论的奠基

一般认为，张陵创立天师道标志着中国道教的正式产生。其最主要原因应是，张陵以《老子想尔注》一书从理论上正式完成了道教的创建。

《老子想尔注》，又名《老君道德经想尔训》，简称《想尔注》。关于《想尔注》的作者，由于文献资料记载的阙略与模糊，或说它是张陵所著。唐玄宗纂集《道德经》诸家注本、制《道德真经疏外传》与杜光庭《道德真经广圣义》列古今笺注《道德经》数十家，于《想尔注》下云："三天法师张道陵所注。"《广弘明集》中唐释法琳《辩证论》说："汉安元年（142），道士张陵分别《黄书》，故注《五千文》。"宋谢守灏《老君实录》、彭耜《道德真经集注杂说》、董思靖《道德经集解》，俱引杜光庭云："注者有尹喜《内解》、汉张道陵《想尔》、河上公《章句》。"或说系张鲁创作。例如，唐陆德明《经典释文序录》说："不详何人，一云张鲁，一云刘表。"由于张鲁与刘表都曾为镇南将军，或后人误以为刘表，而有"不详何人"之疑[②]。在《传授经戒仪注诀》中，《想尔注》作《想尔训》，列于大字本《道德经》《河上公章句》之后，并说："系师（张鲁）得道，化道西蜀，蜀风浅末，末晓深言，托遘想尔，以训初回。初回之伦，多同蜀浅。辞说切近，因物赋通。三品要戒，济众大航。故次于《河上》。"又，元刘大彬《茅山志》卷九《道山册》言："《登真隐诀》陶隐居云：老子《道德经》，有玄师杨真人手书张镇南古本，其所谓五千

① （宋）李昉等：《太平广记》卷六十《张玉兰》，中华书局1961年版，第375—376页。

② 汤一介：《早期道教史》，昆仑出版社2006年版，第92页。

文者，有五千字也。”又据饶宗颐《老子想尔注校笺》，敦煌天宝十载写本卷末记有“道经卅七章”“五千文上下二（卷）”“系师定”等语。研究者一般认为，《想尔注》创始于张陵，其后传子张衡，张衡再传子张鲁，张鲁又集诸祭酒讲解《老子》之大成而撰成定本。[①]张陵或张鲁注释《道德经》署名“想尔”。据唐代高道孙思邈《摄养枕中方》称“想尔，盖仙人名”。古人注书往往托名先圣，张陵或张鲁此为，意在提高此注的权威性、神圣性。

《想尔注》是一部用道教神学观点注解《老子》的典型，它开创了道教徒利用《老子》、改铸《老子》的先声。《想尔注》注《老子》核心思想在于三点：

一是把《老子》的“道”改造成凌驾于人间一切之上的至上神（太上老君）。《老子》曰：“人法地，地法天，天法道，道法自然。”依此道、天、地、人四者的关系其实很清楚，其中“道法自然”，就是道遵循自然的规律，或道纯任自然。而《想尔注》把它注解为：“自然者，与道同号异体，令更相法，皆共法道也。天地广大，常法道以生，况人可不敬道乎！”《老子》的“道法自然”由此变成“自然法道”，“道”在“自然”之上了。《老子》曰“执大象，天下往”，意即掌握了大道，天下的人就归附他。而《想尔注》对这句话作了长篇的解释，最后归结为：“道尊且神，终不听人。”由此“道”就成了与人相立的尊神。《老子》曰：“一者

① 钟肇鹏先生认为：“《想尔注》一说为张陵注，一说为张鲁注。表面看来不同，其实并无矛盾。汉以前古籍，大抵均非一人自著。先秦诸子实为某一家一派的论著，并非一人之作。如《墨子》为墨家学派之言，《庄子》为庄子学派的论著。……《老子想尔注》也是如此。……张陵创教得有所凭借，故尊老子为太上老君，奉《老子五千文》为经典，教授道徒，使大家‘都习’。张陵以《老子》为道教经典，教授徒众，自有讲授。陵传子衡，衡传子鲁。张鲁统治汉中垂三十年，故《想尔注》称张镇南定本。祖孙相传，正是一家之学。因之把《想尔注》说成张陵注是对的，把《想尔注》说成系师定，张鲁注也是对的。用今天的著作体例来分析，则应当说：《老子想尔注》张陵原注，张鲁增订或增补、补订。古书简略，也没有什么著作权之争，同是一家之学，故或是题张陵，或题张鲁。”钟肇鹏：《〈老子想尔注〉及其思想》，《世界宗教研究》1995年第2期。本小节只为叙述方便，称张陵著《想尔注》。另外，本节所引用《想尔注》资料，均源自源自刘昭瑞《〈老子想尔注〉导读与译注》所译注的“敦煌写卷本”《老子想尔注》，起止页码为第65—161页，江西人民出版社2012年版，不另注。

其上不皦，其下不昧，绳绳不可名，复归于无物。是谓无状之状，无物之象，是谓惚恍。”在此，“无状之状，无物之象”是说道没有具体的形象，不可以名状，而《想尔注》释之为“道至尊，微而隐，无状貌形象也；但可从其诫，不可见知也”。由此“道”就成了至尊之“神”。《老子》云：“道冲，而用之或不盈，……吾不知谁子，象帝之先。”此处“吾”是老子本人自称，并非指“道”。而《想尔注》却言：“吾，道也。帝先者，亦道也。与无名万物始同一耳。未知谁家子，能行此道，便象道也，是帝先矣。”用“吾”来说“道”，即将“道”解读成为人格神。又，《老子》所言“道常无为而无不为”，本来是说明“道”的性质，而《想尔注》谓“道性不为恶事，故能神，无所不作，道人当法之”“道不喜强求尊贵”，如此，《老子》中具有本体意义的“道”就成了有意志和能动性的人格神了。

《想尔注》以“道”为最高信仰，并努力将“道”人格化——太上老君化。《想尔注》注《老子》“载营魄抱一能无离”句云：“魄，白也，故精白，与元同色。身为精车，精落故当载营之。神成气来，载营人身，欲全此功无离一。一者，道也，今在人身何许？守之云何？一不在人身也，诸附身者悉世间常伪伎，非真道也；一在天地外，人在天地间，但往来人身中耳，都皮里悉是，非独一处。一散形为气，聚形为太上老君，常治昆仑，或言虚无，或言自然，或言无名，皆同一耳。”这就是说，道是永恒不变的真体，既是无法表象的自然神，又是可以显现的人格神。其间，《想尔注》称“道”散形为“气”。“道”即是“气”，或谓之“道气”。道气化生了万物。“道乃清微之气，无形无象不可见。”“道气在间，清微不见，含血之类，莫不钦仰”；“道气归根，愈当清静矣”；“不可以道不见故轻也，中有大神气”；“道气常上下，经营天地内外，所以不见，清微故也。”可知“道”“气”一体，“道”就是自然，故“气”带本体论意味。“道”为“一”，“一”扩散开来就是气，而气凝聚成形就是“太上老君”。《想尔注》在承认“道”为天地万物之本的前提下解“道”为“一”，并且把“道”与“一”等同起来，又通过将“一”神化为人格神“太上老君”。经过《想尔注》的改造，将“道”的观念神仙化，把老子演绎成太上老君，视为道的化身，奉为“大道之身，元炁之祖，天地之根”。由此，在《想尔注》中，“道”不仅是哲学上的最高范畴，是天地万物的本原，也具有人格神的意义。《老子》之“道”遂变成了道教之“道”。《想尔注》把老子的“道”改造为具有二重性的“神”。“道”是有人格、有意志的，虽然无声无息、无影无踪，然而又无所不在，无所不包，并主宰着天地万物，至尊无上。“太上老君”的树立，它不只神化老子其人，也神化《老子》其书，树立道教的无上权威。先秦以来，中国的神仙多出，名声、能量比老子更高更大的也有不少。天师道选择老子为教主，最关键是因为道教的全部理论和实践，都是基于老子道家“法自然”的哲学。“道教的经典，无不宣称其根本信仰为道。”[①] 道教的根本信仰是老子提出的“道”和“道生万物”的宇宙论模式。另外，东汉社会神化老子也是一种潮流。例如，《太平御览》卷一引东汉王阜《老子圣母碑》曰：“老子者，道也。乃生于无形之先，起于太初之前，行于太素之元，浮游六虚，出入幽冥。观混沌之未判，窥清浊之未分。”在此，老子已是塑造成为了道的化身。《隶释》卷三记，汉桓帝延熹九年边韶《老子铭》曰：“以老子离合于混沌之气，与三光为始终，观天作谶，升降斗星，随日九度，与时消息”，“老子道成身化，蝉蜕度世，自羲农以来，世为圣者师。”这在王阜《圣母碑》的基础上又有了发展，即不仅老子是道的化身，而且与三光（日月星）为始终，从远古的伏羲、神农之后就不断化身作为历代圣王的老师。可以说，至迟到东汉桓帝时，老子作为先天地而生的形象，已在社会上树立起来了。而《想尔注》则完成了最后的构建。

二是阐扬长生成仙的宗教思想理论。三张天师道是在乱世出现的“救人”的宗教[②]，偏重对社会秩序的干预，对民众苦难的关怀，其长生神仙的宗教信仰并不浓厚。但这并不意味着三张天师道放弃了长生神仙

① 李养正：《道教概说》，中华书局 1989 年版，第 215—216 页。

② 胡孚琛、吕锡琛：《道学通论——道家·道教·仙学》，社会科学文献出版社 1999 年版，第 286 页。

信仰，只是相关思想理论与实践方式还比较粗糙，属于初级阶段。这在《想尔注》中也得到了突出的反映。《想尔注》在注解《老子》的过程中，处处都在试图证明长生神仙之道的存在："何以知此道今端有？观古得仙寿者，悉行之以得，知今俗有不绝也。"《想尔注》着力挖掘和阐发《老子》所蕴含长生观念。例如，《老子》言："天长地久，天地所以能长且久者，以其不自生，故能长久。是以圣人后其身而身先，外其身而身存，不以其无私耶，故能成其私。"阐发的是"无为而无不为"的思想，并没有什么神秘的性质。而《想尔注》对"是以圣人后其身而身先"句作解为："求长生者，不劳精思求财以养身，不以无功劫君取禄以荣身，不食五味以恣，衣弊履穿不与俗争，即为后其身也；而目此得仙寿，获福在俗人先，即为身先。"对"以其无私，故能成其私"一句，《想尔注》为了把它变成"长生成仙"之意，大胆地将"私"字改成"尸"字，然后将此句解释为："不知长生之道，身皆尸行耳，非道所行，悉尸行也。道人所以得仙寿者，不行尸行，与俗别异，故能成其尸，令为仙士也。"又，《老子》曰："故道大、天大、地大、人亦大。域中有四大，而人居其一焉。"《想尔注》却把其中两处的"人"字改成"生"字，并在此基础上作出解释："生，道之别体也。"又，《老子》曰："知常容，容乃公，公乃王，王乃天，天乃道，道乃久，没身不殆。"而《想尔注》把"王"字改为"生"字，把"乃"字改为"能"字。《想尔注》还大倡修道以长生成仙的思想。诸如："能法道，故能自生而长久也。""能致长生，则副天也。天能久生，法道故也。人法道意，便能长久也。""行道者生，失道者死。""道人……但归志于道，唯愿长生。""能用此道，应得仙寿。"《想尔注》反对包括《太平经》在内诸道经所主张的"成仙有命"论，声称："不劝民真道可得仙寿，修善自勤。反言仙自有骨箓，非行所臻，云无生道，道书欺人。"这打破了少数人垄断成仙资格的观点，把成仙得道的希望赋予了一切信徒，从而扩大了道教传播发展的社会基础。

三是树立"真道"。春秋战国时期，哲学意识勃兴，探求规律、准则即"道"，蔚然成风。以"道"施行教化，即为"道教"。诸子百家都谈道用道，各有自己的"道教"。例如，《墨子·耕柱》："天下之所以生者，以先王之道教也。”《墨子·非儒下》：“有强执有命以说议曰：……儒者以为道教，是贼天下之人者也。”汉代独尊儒术之后，沿袭“道教”一词，用以标榜儒家儒学之正统。东汉出现的各种民间宗教派别，大多依托黄老道家学说，纷纷自称道教，相互争雄较长，以争“道”之正统。张陵撰著《想尔注》，亦意在争夺道教之正统。《老子》最著名的观点之一是“人法地，地法天，天法道，道法自然”，《想尔注》因之宣称：“自然者，与道同号异体，令更相法，皆共法道也。天地广大，常法道以生，况人可不敬道乎？”“道者，天下万事之本。”张陵基于以老子之道推行教化的深刻思考，把自己创立的宗教郑重地命名为“道教”，并强调这是神圣的“真道”，而世上流行的其他所谓的“道”或“道教”实为“伪道”“邪道”。《想尔注》：“当精心鉴道意，教心皆令知真道，无令知伪道邪知也。”现实社会中道家道教最主要的竞争对手是儒家儒学。《想尔注》因直指儒家儒学为邪伪之学，为“伪道”。《想尔注》注《老子》“智慧出，有大伪”时，指出：“智慧出，有大伪。真道藏，耶（邪）文出。世间常伪伎称道教，皆为大伪不可用。何谓耶文？其五经半入耶，其五经以外，众书传记，尸人所作，悉耶耳。”“智慧出，有大伪”，是老子在春秋晚期针对当时伴随着文化进步而出现的社会异化现象的一种批判。《想尔注》用之批判现实，直斥当世儒学以“伪”为最。儒家所传的“五经”，半数皆为“邪文”，这无疑是对儒学的一种较为彻底的批判与否定。与此同时，《想尔注》极力神化老子和道家。例如，《老子》言“孔德之容，惟道是从”，其“孔德”是“大德”之意，但《想尔注》却把“孔”曲解为孔子，说：“道甚大，教孔丘为知。后世不信道文，但上孔书，以为无上，道故明之，告后贤。”由此，“孔德之容，惟道是从”之意成了老子向孔子传道。《想尔注》提出“能行此道，便象道”的原则，意是凡信守道教宗旨，遵行道戒，乃是“太上老君”的信徒，否则即是伪道。“道真自有常度，人不能明之，必复企慕。世间常伪伎，因出教授，指形名道，令有所处。服色长短有分数，而思想之，若极无福报，此虚诈耳。”张陵对道教所信崇的“道”作了权威性的解说，伸张“真道”，为道教的创立与发展，并开展反对邪教伪道的斗争，奠定了思想基础。就道教本身来说，“道”与“教”具有理论与实践、体与用的紧密联系。道是立教的理本和宗旨，教是推衍此理本和宗旨的以化导世俗的运用。这种体用关系虽然不是《想尔注》的发明，但用“道教”一词标榜这种关系并以天师道的具体形式来实行它，确实是《想尔注》的重要贡献。当然，之前的《太平经》每以“真道”与“邪伪”对言，《想尔注》所言“真道”，乃取《太平经》之旨。与此同时，《想尔注》以“求长生，成仙士”为基本弘道目的，以“道”“道诫”为弘道的核心内容，在此基础上吸收儒家的治国化人思想，发展形成了以道化民的“师道”理论。《想尔注》主张尊师重教，学仙必有师。无论地位高低，年龄大小，只要向善“重教”、知“真道”就可为师。“见求善之人晓道意，可亲也。见学善之人勤勤者，可就誉也，复教劝之，勉力助道宣教。”“人等当欲事师，当求善能知真道者；不当事邪伪伎巧，邪知骄奢也。”

四是阐述和说明修道的原则和方法（参见本节第五条“三张天师道对道教法术体系的建构”的相关叙述）。

五是阐发政教合一的道治思想。天师道的创立在相当意义上是批判现实儒家政权的不足而欲建立新型道治政权的需要。《想尔注》直面现实，批判东汉以儒治国。“今王政强赏之，民不复归天。见人可欺，便诈为仁义，欲求禄赏。旁人虽知其都交，见得官禄，便复慕之，诈为仁义，终不相及也。”“今之臣子，虽忠孝，皆欲以买君父，求功名。过时不显异之，便屏怨之，言无所知。此类外是内非，无至诚感天之行，故令国难治。”如前所述，《想尔注》尖锐批评传统的儒家儒学，指斥其“邪伪”。当然，《想尔注》对儒家儒学并未全盘否定，其言“五经半入邪”，正以为儒家五经尚有一半是“正”的。《想尔注》积极地将儒家的忠、孝、仁、义等文化思想与道德规范纳入“道”的统属之下。它在尊崇《老子》之道的前提下，将《老子》崇尚道德、轻贱忠义的观点改造成肯定仁义忠孝。例如，《想尔注》注解“大道废，有仁义”曰：“上古道用时，以人为名，皆行仁义，同相像类，仁义不别。今道不用，人悉弊薄。”又，《想尔注》注《老子》“绝仁弃义，民复孝慈”，曰：“治国法道，只任天下仁义之人，勿得强赏也。所以者，尊大其化，广开道心。人为仁义，自当至诚，天自赏之；不至诚者，天自罚之。天察必审于人，皆知尊道畏天，仁义便至诚矣。”治国法道，要用仁义之人。换言之，道乃是仁义之道。儒家强调孝乃“为仁义之本”；老子则认为只有绝仁弃义，民才能复归孝慈。这是两种根本对立的观念。在这个问题上，《想尔注》显然偏于儒家。又如注《老子》“国家昏乱，有忠臣”时，《想尔注》言：“道用时，臣忠子孝，国则易治。时臣子不畏君父也，乃畏天神，（行道），欲蒙天报。”“道用时，家家慈孝，皆同相类，慈孝不别，今道为用，人不慈孝，六亲不和；时有一人行慈孝，便共表别之，故言有也。”“道重精神，喜忠孝，好善事。”这样的道，是黄老之道，更是儒者之道。《想尔注》接受了汉儒的说法，君主乃是天之所命，“国不可一日无君。五帝精生，《河》《雒》著名，七宿精生，五纬合同，明受天任而令为之。”《想尔注》说到臣子畏天神，其目的是“欲蒙天报”；说至诚者“天自赏之”，不至诚者“天自罚之”。然而《想尔注》的时代，道教参与治国的可能性极小，其注文中不时露出他们对现实的不满，其中特别是对尊儒尊孔而不重老重道的严重不满。《想尔注》努力于抬高“道”，声称：“天地，道臣也。”这大大超越了《太平经》。《太平经》还希望在天之下、在君主之下，去实现自己的政治抱负。《想尔注》把天地说成是道之臣，表明道教已经不再抱这种希望。

《想尔注》认为，要解决儒家治国不足的问题，就是“道”；“道”是治国良方，其理想政权是以道化君主（道君）为中心的政教合一政权。故其建构出法道而行的圣君、王者以及以道辅君的道士。《想尔注》：“‘执大象天下往。’王者执正法，像大道，天下归往，旷塞重驿，向风而至。道之为化，自高而降，指谓王者，故贵一人。制无二君，是以帝王当行道，然后乃及吏民。非独道士可行，王者弃捐也。上圣之君，师道至行以教化。天下如治，太平符瑞，皆感人功所积，致之者道君也。”“王者行道，道来归往。王者亦皆乐道，知神明不可欺负，不畏法律也，乃畏天神，不敢非恶。臣忠子孝，出自然之心，王法无所复言，刑罚格藏，故易治。”治理国家，需要王者“执正法，像大道”。道治政治理想要得到实现，“非独道士可行，王者弃捐也”。只有上圣之君，师法大道，并将其用于教化，才能实现天下太平之治。可以说《想尔注》并没有超越儒家“以道辅君”的思维模式。以道辅政，其实也是老子“清静无为”的思路。《想尔注》:“‘重为轻根，静为躁君。’道人当自重精神，清静为本。”

《想尔注》强调治国即是守道、尊道、法道。“人君理国，常当法道为政，则政治。”“天子乘人之权，尤当畏天尊道。”“上信道不倦，多知之士，虽有耶（邪）心，犹志是非，见上勤勤，亦不敢不为也。如此，国以治也。”“王者法道为政，吏民庶孽子悉化为道。”既然治国法道，那么道所具有的属性也应充实到政治当中。清静无为，是治身之道，也是治国之方。“有天下必无为，守朴素，合道意矣。”《想尔注》在批判儒家治国无效时，特别提出，要治国，“要在帝王当专心信道诫也”。如果君主不畏天神，不守“道诫”，将会受到严厉制裁，以至丢失权位。“天子王公也，虽有荣观为人所夺，务当重清静，奉行道戒也。”帝王在遵道行道上应发挥表率作用，法道治国，成为“道君”。道君的重要表现是“重清净”“守朴素”“安精神”。《想尔注》指出：“天地，道臣也。王者法道行戒，臣下悉皆自正矣。”“治国之君，务修道德；忠臣辅佐，务在行道；道普德溢，太平至矣。吏民怀慕则易治矣。悉如信道，皆仙寿矣。”主上治国，当无为，尊道而行，以身作则，人民自然感化为善。“上之化下，犹风之靡草，欲如此，上要当知信道。”“上信道不倦，多知之士，虽有邪心，犹志是非，见上勤勤，亦不敢不为也。”

人君不可贪宠有身，不可沉溺于“好衣美食，广宫室，高台榭，积珍宝”，以令百姓疲劳不堪。君主更不可恃兵图恶以自强。“为善至诚而已，不得依兵图恶以自强。”“兵者，非道所喜，有道者不处之。”《想尔注》指出兵之不合道，在于严重地危害人民的生活。其注《老子》“师之所处，荆棘生焉”，曰：“天子之军称师，兵不合道，所在淳见煞气，不见人民，但见荆棘生。”当然，《想尔注》并非绝对地反对用兵，言称：“兵者，非吉器也。道之设形（刑），以威不化，不可专心甘乐也。”“至诚守道，勿贪兵威，设当时佐帝王图兵，当不得已而有，勿甘乐也。”正义为了战胜邪恶，有时不得不采用战争的手段，仍得注意限度，即所谓“以兵定事，伤煞不应度”。人君治国爱民，在于以民为本，化导民事道真。《想尔注》特别指出：“上圣之君，师道至行，以教化天下，如治太平符瑞，皆感人功所积。”“人君欲爱民令寿考，治国令太平，当精心凿道意，教民皆令知道真，无令知伪道，邪知也。”总之，《想尔注》基于“修身”“治国”一体的神学立场，将《老子》《太平经》等的治国思想进一步发展成了政教合一的学说，反映了天师道积极用世、“江湖”“庙堂”一体化的思想。事实上也成为张鲁汉中政权的思想武器和道教教义纲领。①

《想尔注》是中国道教史上首部用神学观点注释《老子》的书，较完整和系统地构建了道教的基本理论，从本质上完成了《老子》的宗教化（道教化）。《想尔注》不仅奠定了天师道的理论基础，而且成为后世中国道教理论的重要来源。

五、“三张”天师道对道教法术体系的建构

道教是“道”与“术”的结合，“道”“术”一体。三张创立与发展天师道，颇为重视道法道术，并对之进行了理论与实践的建构，由此形成了较为显著的宗教文化特色。

道史一般都载称，道祖太上老君下降蜀地鹤鸣山（鹄鸣山），立张陵为“太玄都正一平气三天之师”（“天师”），赋予“正一盟威之道”。张陵遂依道祖所授《正一盟威秘录》《三清众经符箓》《丹灶秘诀》等，确立三天正法的法术体系，规范科律。

三张天师道的鲜明特色是行用符箓。“符箓，道家之秘文也。符者屈曲作篆籀及星雷之文；箓者素书，记诸天曹官属吏佐使名。符箓谓可通天神，派地祇，镇妖驱邪。”②“三张”所用之符箓，是在继承原始宗教巫符的基础上加以改造而成的。张陵入蜀之前，所经历之地，本汉代巫风、术数学说隆盛之区。进入巴蜀创教时，当地亦庶几处于“家为巫祝”“民神杂糅”的状态。张陵在蜀期间，为行道方便，因应当地固有的习俗，

① 卿希泰主编：《中国道教思想史》（第一卷），人民出版社 2009 年版，第 290—296 页。

② 李叔还编著：《道家大辞典》，浙江古籍出版社 1987 年版，第 503 页。

曾向当地氐羌族人学习巫术。由此，天师道的道法道术，虽与中原及大江南北的黄老道、方仙道颇有关联，其具体形态则受到巴蜀风俗的影响，杂糅了不少巴蜀巫术的成分。张陵造符之法可能得于世间巫觋，至少不会是他自己完全的创造，毕竟社会上早已有符流行。尽管如此，有相当部分道符出自张陵。如《后汉书·刘焉传》明确记载："(张陵)顺帝时客蜀，学道鹤鸣山中，造作符书，以惑百姓。"这是文献中关于道符最早的可信记载。张陵造行符箓，用劝善救苦、思道请祷、叩头思过、祭告神灵、驱鬼除疫等宗教仪式教化道民，成为布道的主要手段。张陵创立与神明盟约的上章之法，制定禁科戒律，崇祀"太清玄元"之神，禁祀淫邪之鬼，并传出驱鬼杀鬼的法术，是为天师道创立与发展的重要基础。

道教认为神在本质上是道炁，通过受箓才能将箓上的官将吏兵纳入自己的身体之内，也才能够出官上章，发挥消灾、驱魔、捉鬼、祛疾等威力。《正一法文科戒品》释箓功效："总统天地一切神鬼，诛服邪魔，斩灭妖精，征灵召气，制御山川，涤荡气秽，章奏传驿，达通神仙，莫先乎正一。"天师道自建立伊始即确立了授受法箓的宗教仪式(制度)。《正一修真略仪》说法箓是"太上神真之灵文，九天众圣之秘言。将以检劾三界官属，御运元元，统握群品，鉴骘罪福，考明功过"。[①]天师道认为法箓是"从凡入圣之门，助国治身之业"[②]，修道学真之士，欲从俗登真，必须得到真师传授，依科次第修行，逐次接受法箓。据《正一法文》下卷记，"凡为道民，便受护身符及三戒，进受五戒八戒，然后受箓"。三张天师道确立以授符箓为入道凭信及道阶升迁的标志。道士只有授得法箓，才能"名登天曹"。

三张天师道时代，并行着不少以"道"相标榜的民间宗教派别，为了彰显自己的文化品位与宗教优势，它们往往宣称反对传统的祭祀。三张天师道则更进一步，继承和发展世间方士斋醮的思想与实践，并对传统的"祭啜祷祠"之法依照道教的要求进行改造。《想尔注》："行道者

① 《道藏》，第32册第175页。
② 《道藏》，第32册第166页。

生，失道者死，天之正法，不在祭餟祷祠也。道故禁祭餟祷祠，与之重罚。”张陵反对不合于道的祭祀。例如，张陵与蜀地“鬼帅”“邪魔”斗争的焦点之一，就在于祭祀是否合乎道。巫觋的祭祀是不合于道的淫祀，它“擅行威福，责人庙舍，求人飨祠，扰乱人民，宰杀三牲，废用万计，倾财竭产，不蒙其祐，反受其患，枉死横夭，不可称数”[①]。张陵“收邪巫师”，行正一道法改革俗巫信仰，目的是把道、黄老道、中黄太乙道与一般民间神坛祈祀区分开来，确立合道的祭祀。元韩混成《道门通教必用集序》称：“天师因经立教，而易祭祀为斋醮之科。法天象地，备物表诚，行道诵经，飞章达款，亦将有举洪仪、修清祀也。”[②]天师道创立斋醮仪范，其目的主要有三：修道、通神、供养。这种斋醮科仪，把抽象的教义转化为规范的宗教行为。此期天师道斋醮以直诵为主，伴以击鼓、敲盆、念咒及喝符水等，仪式相对简单、粗陋。其中，张陵创制了“旨教斋”，张鲁又创立了“涂炭斋”。

三张天师道是一种具有主神崇拜特征的多神教。它在继承古代祭祀文化的基础上，建筑了自己的神灵系统。它奉“太上清玄元无上三天无极大道”为最高神，简称“太上大道君”或“太上”，称张陵为“三天法师”。主神之外，更有大量的其他神。如《正一法文经章官品》所载称的就有“百二十官”。其中主要有：“玉女君”“无上方官君”“无上天君”“九天君”“九地君”“在郡侯君”“九玄察气君”“无上万福君”“北都君”“北上君”“北天君”“太平君”“六丁六甲玄天君”“扶清太一公华盖君”“赤天万灵君”“盖天大考将军”“玄都君”“天公君”“天官五行三五七九君”“天官五行君”“地行五行君”“天五行平君”“地五行君”“八封玄天君”“太阴君”“阳方君”“太黄太极君”“大素太始君”“太玄君”“三冠阳元君”“五千玉君”“明堂降室君”“解厄君”“五谷君”“万里君”“骆绎门监市君”等等天君神官，皆各有所治，各有所主。[③]值得注意的是，

① 《陆先生道门科略》，《道藏》，第24册第779页。

② 《道藏》，第32册第1页。

③ 卿希泰主编：《中国道教史》（第一卷），四川人民出版社1996年版，第173页。

天师道重视把阴阳五行神灵化，其神灵系统中因有“天官五行三五七九君”“天官五行君”“地官五行君”等。又，天师道道法文化均与阴阳五行的“三五”相关。“三五”是指天、地、人三正和金、木、水、火、土五行,“三五”相包循环意味着时序兴替。“正一”就是要除去“六天故气”而代之以“三天正气”。所谓“三五失统，人鬼错乱，六气故气，称官上号”，而正一盟威之道就是“荡涤宇宙，明正三五”。天师道法箓名目繁多，但大部分与阴阳五行观念相关。这一方面是法箓之目的在于调和阴阳五行，另一方面是箓文直接依阴阳五行而制。[①]另外，天师道创造了自己的祭祀“天地人”三官的特色斋醮仪式（“三元斋”）：在三元之日，作“三官手书”，分发天（山上）、地（地下）、水（水中），请求天帝赐福、地祇赦罪、水官解厄。《太上洞玄灵宝三元玉京玄都大献经》曰：“三元者，元，本也。但以上三官为万物之行本，故曰三元。”“一切众生，生死命籍，善恶簿录，普皆系在三元九府，天、地、水三官考校功过，毫分无失。所言三元者，正月十五日为上元，即天官检勾；七月十五日为中元，即地官检勾；十月十五日为下元，即水官检勾。一切众生皆是‘三官’之所统摄。”[②]一直以来，民间巫术召请的神灵随意性很大，而且各地所供奉的神往往不一，由此影响道教的有效确立与发展。天师道设置最高的固定神——太上老君，崇拜天地水三官，并有“千二百官”可供役使。这既来源于原始宗教的自然崇拜，又对它做了系统化、正规化。

三张天师道常常模拟现实政府与军队的形式来进行道教科仪。《广弘明集》卷九甄鸾《笑道论》：“（道教）冬夏两季至同俗祠祀，兵符社契，先受治箓符社契，皆言军将吏兵，都无劝诫之文。”又同书卷八释道安《二教论》：“先受治箓符社契，皆言军将吏兵，都无教诫之文。”天师道仪式中，召请“气之所感”的神灵——“军将吏兵”（或作“将军吏兵”“君将吏兵”），以发生巨大的道法力量。《赤松子章历》卷二“请官”中引天师道早期科仪文献《太真科》：“请官治病，以应二十四神，身中之宫也，

① 丁强：《早期道教教职研究》，巴蜀书社 2008 年版，第 37—38 页。

② 《道藏》，第 6 册第 266 页。

官将及吏兵人数，悉道家三气应事所感作也，非天地生人也。”在《赤松子章历》中还有不少类似的记载，如卷三“消怪章”引《天师千二百官章》即言，道士劾治精怪，可以祈请“天昌君黄衣兵士十万人，督御君兵士百万人，又请无上元士君五人，各官将百二十人，下为某家收捕”。又卷五“百姓言功章”则更记载“天师旧式”，即早期天师道的道民聚会时，请“诸官君将吏兵，二十四治官将吏兵”等等，甚至还可以请“无上玄老、太上三尊、将军吏兵”来为自己守宅。①

三张天师道就其斋法而言，有对世俗礼仪的因承。例如，“西向礼拜”。按照中国传统的礼仪规范，以坐北面南为尊，礼拜则自南向北。天师道的礼拜却是自东向西，如唐代《要修科仪戒律钞》卷十载："科曰：道民入化，家家各立靖室，在西向东，安一香火西壁下，天师为道治之主，入靖，先向西香火，存师，再拜，三上香，启愿。”②又如，北魏《老君音诵戒经》："道民家有疾病，告归到宅，师先令民香火，在靖中，民在靖外，西向，散发叩头谢。”③这种西向礼拜的仪规，大体可以肯定是五斗米道的旧法。而这一不合传统的礼仪常规，实际上出自东汉朝廷祭祖敬神的基本法式。《后汉书·礼仪上》载："东都之仪，百官、四姓亲家妇女、公主、诸王大夫、外国朝者侍子、郡国计吏会陵。昼漏上水，大鸿胪设九宾，随立寝殿前。钟鸣，谒者治礼引客，群臣就位如仪。乘舆自东厢下，太常导出，西向拜，折旋升阼阶，拜神坐。退坐东厢，西向。”④天师道的道民靖室，“安一香火西壁下”，大概正是对东汉朝廷由尚书西祭设神坐的模仿。⑤

三张天师道以符箓为本，然亦重丹术。道史载，张陵早年先得太上老君所传丹法，并进行了初步的炼丹试验。进入江西之初，曾领弟子王

① 此段文字的叙述，参考了葛兆光：《屈服史及其他：六朝隋唐道教的思想史研究》，三联书店 2003 年版，第 13 页。

② 《道藏》，第 6 册第 976 页。

③ 《道藏》，第 18 册第 215 页。

④ （晋）司马彪：《后汉书志》第四《礼仪上》，附范晔《后汉书》后，中华书局 1965 年版，第 3103 页。

⑤ 参见王卡主编：《道教三百题》，上海古籍出版社 2000 年版，第 361—362 页。

长、赵升于乐平云子峰炼丹，其后又入云锦山（龙虎山）炼丹。张陵在蜀地亦以炼丹为事。“陵乃多得财物，以市合丹。丹成，服半剂，不愿即升天也。乃能分形作数十人……行气服食，故用仙法，亦无以易。故陵语诸人曰：尔辈多俗态未除，不能弃世，正可得吾行气、导引、房中之事，或可得服食草木，数百岁之方耳。其有九鼎大要，唯付王长。”① 这是说明张陵所修炼的神仙道术，仍以外丹为主，而以服气、导引、房中等内丹修炼为助伴，最后仍以九鼎大要等道法为指归。据说，张陵著有《九鼎丹法》《上清金液神丹经》，阐发烧炼金丹的理论思想与实践方法。又，《太清经天师口诀》（《张天师诀文》）开篇言：“夫口诀者，盖神仙众经之大诀。欲求神仙千方万术而不得此诀者，终不能成也。神秘至重万金不传。若有所传，当本经一一口授，不得顿以文也。……限一百年内得传一人，歃丹为盟，不宣之约。”② 从该书的内容及相关资料来看，它并不完全是张陵的创作，当是汉代若干流派的炼丹经验总结。许多内容是张陵师承下来的口诀，由他加以整理和补充。并可能是由他传授，其弟子记录而成书。从书中“赤松子授云阳子”的肘后药诀——“五膏三散”的记载里，可知该口诀的师承关系为：太安子—乾元子—胡刚子—真华子—赤松子—云阳子。从丹法上考察，《太清经天师口诀》与《黄帝九鼎神丹经》《三十六水法》是一脉相承的，但也有所创新发展。如该“口诀”涉及的大丹有：太清神丹、九鼎神丹、金液、八景、太虚、琅玕之华、还丹、飞轻、玄霜、绛雪、太和、自然、朱儿、云碧、紫华、绛英等丹药，已较《黄帝九鼎神丹经》大为丰富。所谓的仙丹药大都有一定的疗病作用，张陵能够为民众医病，可能是利用了其中一些丹药。③

三张天师道追求长生久视，注重养生方术，这集中体现在《想尔注》中。《想尔注》发挥《老子》本有的一些修养思想，吸收《河上公老子注》《太平经》等道家修养思想以及社会上流行的一些养生方术，创造

---

① （宋）李昉等：《太平广记》卷八《张道陵》，中华书局 1961 年版，第 56 页。

② 《道藏》，第 18 册第 787 页。

③ 姜生、汤伟侠主编：《中国道教科学技术史 · 汉魏两晋卷》，科学出版社 2002 年版，391—393 页。

以宝精、食气、养神为基本的天师道修炼方法。

《想尔注》以“精”为万物生成的根本，亦为人之根本。“所以精者，道之别气也，入人身中为根本。”“分之与万物，万物、精共一本。”“万物含道精。”神由精生，精依托于形体（气）而存在。《想尔注》强调，生命之道以“宝精”为要。“阴阳之道，以若结精为生。”《想尔注》把《老子》“其中有信”注成“古仙人宝精以生”；把“国有利器，不可以示人”注成“宝精勿费”；“谷神不死”注成“精结成神，欲令神不死，当结精自守”。《想尔注》认为，人身是“精”的载体：“身为精车，精落故当载营之。”如何结精宝精？“人之精气满藏中，苦无爱宁之者，不肯自然闭心而揣捝之。”结精宝精，就是在爱精固精、精气旺盛的基础上，将意念作用于下丹田，凝神入气穴，达到炼精化气、炼气化神的效果。结精宝精涉及道德修养、情绪涵养等方面的“优化”,《想尔注》予以了重视。“夫欲宝精，百行当修，万善当著，调和五行，喜怒悉去，天曹左契，算有余数，精乃守之。”其中，结精宝精要注意善行。“心应规，制万事，故号明堂三道，布阳邪阴害，以中正度道气。精并喻像池水，身为池堤封，善行为水源，若斯三备，池乃全坚。心不专善，无堤封，水必去。行善不积，源不通，水必燥干。决水溉野渠如溪江，虽堤在，源流泄必亦空，龍燥炘裂，百病并生。斯三不慎，池为空坑也。”又，精神稳定与否关系到能否宝精，亦要特别注意。“心欲为恶，挫还之；怒欲发，宽解之，勿使五藏愤怒也。自威以道诫，自劝以长生，于此致当。愤争激。急弦声，所以者过。积死迟怒。伤死以疾，五藏以伤，道不能治，故道诫之，重教之丁宁。”

《想尔注》论养生修仙的大要在于“实髓宝精”，故特重房中术。一方面，张陵反对世间流行的假托黄帝玄女之名的“还精补脑”法。“道教人结精成神，今世间伪伎诈称道，托黄帝、玄女、龚子、容成之文相教，从女不施，思还精补脑，心神不一，失其所守，为揣悦不可长宝。”另一方面，张陵主张谨慎地施行“男女合气之术”。这在《想尔注》对《道德经》“谷神不死，是谓玄牝。玄牝之门，是谓天地根。绵绵若存，用之不勤”的注文中体现得明显：“谷者，欲也。精结为神，欲令神不死，当结精自守。……男妇结精，心当像地似女，勿为事先。”“阴阳之道，以若结精为定。年以知名，当名自止。年少之时，虽有，当闲省之。绵绵者微也，从其微少，若少年则长存矣。”“能用此道，应得仙寿。男女之事，不可不勤也。”事实上，张陵本人就是房中术专家，传说他著《黄书》，专论房中术；他在龙虎山修道，以“龙虎”为法象，行男女合气之术；他在蜀地创建天师道时，“其治病事，皆取玄素”；他甚至对民众直言：“尔辈多俗态未除，不能弃世，正可得吾行气导引房中之事，或可得服食草木数百岁之方耳。”[①]《想尔注》发挥老子“玄牝为根”的思想，运用到房中术中去，强调“结精成神”。《想尔注》对“房中术”的态度颇为矛盾，推测张陵的房中术与社会上流行的房中术有相当的不同。或者，张陵批评社会上流行的房中术只是为树立自己房中术的正统。

《想尔注》倡导“服气”（亦名吐纳、食气），强调修道者如有食物可食，就食；没有，则用服气来替代。服气时，应弱志守静，作到深、长、匀、细，绵绵若若。澄神安体，意念守中，求得松、定、静之效。《想尔注》强调人本身固有精神的修养，“身常当自生，安精神为本”。这就是“养神”。服气、养神之法的关键在于“清静”。《想尔注》发扬《老子》“清静为天下正”的思想，把“清静”法则提高到“法自然”的高度。所谓：“自然，道也，乐清静”；“道常无欲，乐清静，故令天地常正”；“重精神清净，君子辎重也，终日行之不可离也”；“大清静，合自然，可久也”。因此，效法道的清静，成为养生修道遵循的基本原则。《想尔注》特别提出一套具体的“清静”修行方法：“求生之人，与不谢，夺不恨，不随俗转移，真思志道，学知清静，意当时如痴浊也。以能痴浊，朴且欲就矣。然后清静能睹众微，内自清明，不欲于俗。清静大要，道微所乐，天地湛然，则云起露吐，万物滋润。迅雷风趣，则汉燥物疼，道气隐藏，常不周处。人法天地，故不得燥处。常清静为务，晨暮露上下，人身气亦布至，师设晨暮清静为大要，故虽天地有失，为人为戒，辄能自反，还归道素，人德不及，若其有失，遂去不顾，致当自约持也。”在

① （宋）李昉等：《太平广记》卷八《张道陵》，中华书局1961年版，第56页。

《想尔注》看来，“学道反俗”，故守持清静之要也在不与世俗同；“学知清静”应遵守老子“见素抱朴”的原则，要做到“痴浊”“为戒”。

天师道主张阴阳和顺，比较宽容人之欲望，同时提倡“少私寡欲”。因为“清静”，就在于不沾染世俗功名、富贵、享乐等欲望。《想尔注》：“求长生者，不劳精思求财以养身，不以无功劫君取禄以荣身，不食五味以恣，以币履穿不与俗争。”“道人同知俗事，尚官重禄好衣美食珍宝之味耳，皆不能致长生。长生为大福，为道人欲制大，故自忍不以俗事割心情也。”“道不喜强求尊贵，有宠辄辱。……必违道求荣，患归若身矣。贪宠之人，计之下者也，非道所贵。”“有荣必有辱，道人畏辱，故不贪荣，但归志于道，唯愿长生。”《想尔注》特别对“仙士”（修道者）提出“全明”要求。“全明”之人，“不随俗转移”而“内自清明”。“仙士味道，不知俗事，纯纯若痴也。”“仙士闭心，不思虑邪恶利得，若昏昏冥也。”“设如道意，有身不受，不求荣好，不奢侈饮食，常弊薄羸行，有天下必不为，守朴素，合道意矣。”无欲本是道的属性，人当克服欲望，走向清静：“道性于俗间都无所欲”“情欲思虑怒喜恶事，道所不欲，心欲规之，便即制止解散。”在具体的行持上，“情性不动，喜怒不发，五藏皆和同相生，与道同光尘也”。仙士当调和五行。“喜怒五行战伤者，人病死，不复待罪满也。今当和五行，令各安其位勿相犯。”

“善”是道家重要的伦理，是成就仙道的神学依据。《想尔注》倡导“至诚为善”：“当常相教为善”，“信道行善，无恶迹也”，“信道言善，教授不邪，则无适也”，“人当法水，心常乐善仁”。《想尔注》吸收儒家天人感应神学论来解读《老子》思想，进一步用生死来诠解道的崇善斥恶、好善恶恶的价值观。“道意贱死贵仙。”“道设生以赏善，设死以威恶。”“行善，道随之；行恶，害随之。”《想尔注》认为生死与否的关键在于人的善恶行为。“圣人法天地，仁于善人，不仁恶人，当王政煞恶，亦视之如刍狗也。是以人当积善功，其精神与天通，设欲侵害者，天即救之。”“道性不为恶事，故能神无所不作。”行事合于道者为善，不合于道者为恶，所以人要合“道心”，“顺道意，知道真”。《想尔注》充分体现了社会道义感，“见恶人，戒说为善，其人闻义则服，可教改也，就申道戒示之，畏以天威，令自改也”；“圣人法道不为恶，故不伐身，当全其功也。”《想尔注》由此形成了“积善成功”“以善成道”的基本思想，奠定了后世道教修炼的一大准则。

“信道守诫”是三张天师道有效践行道法道术的基本规则。现存残本《想尔注》书中使用“诫”字 45 处，作“诫”或“道诫”用的占 42 处。根据注文理解，“诫”或“道诫”的含义乃指道的准则、规律，同时也有戒律之意。《想尔注》倡导信众奉守“道诫”：“诫为渊，道犹水，人犹鱼。鱼失渊去水则死，人不行诫守道，道去则死”；“人行道奉诫，微气归之”；“人欲举事，先（考）孝之道诫，安思其义不犯道，乃徐施之”；“今布道诫教人，守诫不违，即为守一矣”；“人行道，不违诫，渊深似海”；“人欲举动勿违道诫，不可得伤王气”；“为人为诫，辄能自反”；“奉道诫者可长处吉不凶”，等等。在《想尔注》看来，“道诫”是落实“道”之行的媒介，是施教的基本内容，“守诫”就是“守一”，就是“归志于道”。然而，关于“道诫”的内容，《想尔注》没有明确提及，或后世道书中所谓《道德尊经想尔戒》[①]，当是《想尔注》所谓“道诫”的具体内容：贵中和，守道真，乐质朴，乐清静，乐善。《想尔注》所托的神仙“想尔”，即曾存思道教的基本戒律。据《云笈七签》卷四十三引《老君存思图·坐朝存思》载：“凡行者，亦存《想尔注》……凡存思者，宜急忆之，故标出如左：上最三行：行无为，行柔弱，行守雌，勿先动。中最三行：行无名，行清净，行诸善。下最三行：行无欲，行知止足，行推让。一者不杀，二者不盗，三者不淫。此三者属身业。一者不妄言，二者不绮语，三者不两舌，四者不恶口。此四事属口业。一者不嫉妒，二者不瞋恚，三者不邪疑。此三事属心业。右九行，三业十事，存念惊恐，人思相干，皆速思之，危即安也。”又，唐张万福《传授三洞经戒法箓略说》列有“想尔二十戒”。《想尔注》衍生出《想尔戒》，《想尔戒》又经后世推演而为《道德尊经戒》《太上经戒·老君二十七戒》，

---

① 参见饶宗颐：《想尔九戒与三合义——兼评新刊太平经合校》，收入《老子想尔注校证》，上海古籍出版社 1991 年版，第 103—105 页。

由此可见《想尔注》在早期道教经戒建设中特别的作用与地位。[①] 另外，三张天师道制订了一些内部组织纪律的规定，是为科律。如："皆教以诚信不欺诈，有病自首其过"；"有小过者，当治道百步，则罪除"；"又依《月令》，春夏禁杀又禁酒"[②]。又，现存《想尔注》残卷中记载道诫十余条，如"施惠散财""竞行忠孝""喜怒悉去""禁祭啜祷祠""不食五味以恣""知止足"，等等。天师道每年都要举行三会日，会上宣讲科戒，教敕道民[③]。由此可见，天师道自创教之始，便已设立和实践过一些戒科。《老子》本无宗教戒条，只是蕴含着"戒"的道理。《想尔注》从这些道理中引申发挥所谓"道诫"，是为道教戒律的滥觞。

《想尔注》："奉道诫，积善成功，积精成神，神成仙寿，以此为身宝矣。"较为完整地构建了道教的修仙理论体系，从而与巫术和民间信仰有了本质上的不同，确立了自己"真道"的地位。"三张"所倡导的"宝精爱气养神"的修炼主张与方法，不仅服务于三张时代，也成为后世内外丹道养生修法的渊源。至于诸如炼丹、行气、存思、导引、房中术等长生神仙方术，"三张"则未以足够的重视，或处于矛盾的认识之中。例如，对于流行的种种存思方术，《想尔注》曾加以激烈的批判："世间常伪技指五脏以名一；瞑目思想，欲从求福，非也！""道真自有常度，人不能明之，必复企慕，世间常伪伎，因出教授，指形名道，令有处所，服色长短有分数，而思想之，苦极无神报，此虚诈耳。强欲令虚诈为真，甚极，不如守静自笃也。"当然，"三张"尽管对社会上流行方术多有批判，但在其实际操作中也时有运用。秦汉以来，社会上流行的方术种类很多，内容广泛、庞杂，而且各种方术都有名家。三张天师道既继承了中原和大江南北民间道术的内涵，也融会了巴蜀文化中朴素的方术和原始巫术，具有广泛的包容性。三张天师博采众长、去粗取精、批判继承，成为中

① 参见孔令宏、韩松涛：《江西道教史》，中华书局 2011 年版，第 34—35 页。

② （晋）陈寿：《三国志》卷八《张鲁传》正文及裴松之注引《典略》，中华书局 1959 年版，第 263—264 页。

③ （唐）朱法满：《要修科仪戒律钞》卷十《治屋》引《太真科》，《道藏》，第 6 册第 966 页。

国道教发展史上第一个成体系的道教法术系统。三张天师道创制的道法道术体系，尽管相当粗糙，但它的历史意义却很大。[①] 另外，后世天师道（正一道）以符、箓、醮见长，是为符箓派的代表，但同时兼容内外丹道。这一宗教性格特征，其实奠定于三张天师道时代。

“三张”造作了以《想尔注》为代表的道书，建构了天师道的基本教义教法。由此有力地把民间的巫术提升为组织明确的人为宗教。其宗教思想与实践，并非完全是适应社会下层，其信徒也并非完全是出自社会下层。三张天师道关注的是全体民众，具有普世性。它虽尚未有周密严整化之宗教理论体系，仍不失中国早期道教中最为成熟的宗派。

“巫风大畅，鬼道愈炽。”秦汉仙道、巫鬼信仰浓厚，各色“道士”活跃，诸多方术及相关理论亦大体成熟。“秦皇汉武”们追求长生不老，助长了求仙问药的仙道风气。随着“秦皇汉武”、张陵等外来的人士在江西活动的展开，他们将别样的的方仙道、黄老道等带入，调适与融合了江西地方浓厚的巫鬼、方术等文化。其中，在中国仙道文化发展历程中，不少知名的仙道纷纷走上了本土化（地方化）的道路。江西本土的地理人文环境蔚成了一派有利于道教创立和流传的文化氛围。汉代知名的江西仙道人物，都有儒道合一的色彩。江西有浓厚的仙道文化基础，宗教文化水平大为提升，奠定了创立和发展早期道教的良好基础，并在事实上成为中国道教的策源地。三张天师道在道教发展史上具有决定性的意义，张陵虽然不是在江西创教，但与江西有着密切关键的联系。

① 参见刘仲宇：《道教法术》，上海文化出版社 2002 年版，第 68—69 页。

魏晋南北朝篇

第三章　孙吴时期江西道教的起步

汉末三国仍然是道教继续创建与初步发展时期。江西在内外因素的影响作用下，境内道士较为活跃，成就较多。江西道教展开了理论与实践相结合的探索，尽管教理教义不充分，道法道术粗浅，且巫术的色彩还相当浓厚，但已表现出中国（江西）道教创发的多元性，特别是葛玄确立了江西作为灵宝派的创立基地；张盛回归龙虎山创立天师道龙虎宗，意义非凡。江西道教开始坚定地起步，奠定了江西作为中国道教重区的基础。

第一节　孙吴时期江西的道教文化生态

孙吴地域鬼神风气浓郁，统治者对巫道信仰又相对宽容，吸引了一批中原、巴蜀的巫道人物进入，由此在相当程度上推动了江南道教活动的开展。基于良好的道教文化生态，江西道教开始有了兴盛发展的气象。

一、孙吴统治者宽容巫道及其影响

东汉末期，皇权失驭，军阀混战，地方割据。至公元220年，北方曹魏政权确立，随后西南蜀汉政权、东南孙吴政权相继确立，三国鼎立局面形成。三国之间仍然持续着相互争斗的局面，军事活动依然是这一时期的主题。江西自东汉末年始纳入孙吴统治之下，直至西晋武帝太康元年（280）统一，持续的时间近百年之久。

东汉末年，江东豪族孙坚、孙策父子趁天下混乱之机努力经营江东，力量壮大，最终由孙策于公元195年前后，占据江东六郡（丹阳、吴郡、会稽、豫章、庐陵、庐江），奠定了立足江东的基础。其后孙策之弟孙权完成了鼎足江东的使命，于公元222年正式建立孙吴政权。强盛时期孙吴的统治区域广阔，国土面积达145万平方公里。孙氏盘踞江东，内忧外患之际，较为注意经济文化的建设。其中，道教成为其文化建设的重要内容。

孙吴道教得到了较大的发展进步，与其总体上宽容巫道的政治密切相关，不仅统治区域的巫道人士活跃，而且吸引了不少曹魏（西晋）、蜀汉的巫道人士不远千里而来。

曹魏警惕东汉末年道教乱政的事实，一直对巫觋及道教采取了限制、利用、改造的政策。曹操任济南相时，曾下令禁止当地百姓祠祀，“及至秉政，遂除奸邪鬼神之事，世之淫祀由此遂绝”[①]。曹操有意“圈养”社会上知名的巫道人士，在利用他们养生长生技术的同时，又防止他们欺众惑民。曹植《辩道论》云：“世有方士，吾王悉所招致。甘陵有甘始，庐江有左慈，阳城有郗俭。始能行气、导引，慈晓房中术，俭善辟谷，悉号三百岁。本所以集之于魏国者，诚恐斯人之徒，挟奸宄以欺众，行妖隐以惑民。故聚而禁之也。”[②] 曹操覆亡汉中张鲁政权，将张鲁家族及大多部众迁徙至长安、洛阳等地，分而治之，对天师道的发展带来了巨大的影响。一是摧毁了天师道政教合一的发展模式，促使天师道首领世俗化，破坏了天师道的政教意识。二是使原囿于巴蜀、汉中的天师道扩展到中原、关中、江南等更广泛的区域。魏文帝曹丕对道教更为

① （晋）陈寿：《三国志》卷一《武帝纪》注引《魏书》，中华书局1959年版，第4页。

② （清）严可均辑：《全上古三代秦汉三国六朝文》，中华书局1958年版，第1151页。

戒备。黄初五年（224）十二月，魏文帝下诏，严厉批评“叔世衰乱，崇信巫史”，规定除郊社、宗庙、三辰五行、名山大川的祭祀之外，其他的则为淫祀，宣称“自今，其敢设非祀之祭、巫祝之言，皆以执左道论，著于令典”[①]。诏书把社会上混乱的祭祀与时代的衰落联系在一起，这就从合法性与合理性两方面对民间祭祀加以了极大的限制。而当时道教与民间信仰大体混融，自然深受影响。魏文帝的这一政策，贯穿了曹魏统治的整个过程。晋武帝司马炎代魏建晋后，继承曹魏抑制民间道教的政策。泰始元年（265）十二月，登基伊始的晋武帝即下诏："昔圣帝明王修五岳四渎，名山川泽，各有定制，所以报阴阳之功故也。然以道莅天下者，其鬼不神，其神不伤人，故祝史荐而无媿辞，是以其人敬慎幽冥而淫祀不作。末世信道不笃，僭礼渎神，纵欲祈请，曾不敬而远之，徒偷以求幸，祆妄相煽，舍正为邪，故魏朝疾之。其案旧礼具为之制，使功著于人者必有其报，而祆淫之鬼不乱其间。”[②]不过，魏及西晋统治者在私人生活中重视养生，蓄养方士（道士）；当时自上而下各阶层民众的生产生活事实上离不开方士、巫师，因此政权对于道教又没有采取完全禁绝的方法，社会上道士、巫师、方士仍然较为活跃。

蜀汉统治时期（221—263），尽管占有所谓“天府之国”益州，但国弱兵少，又企图“兴复汉室，还于旧都”，统治者致力于以增强国力为中心的皇权建设，尽可能地把所有人力物力财力都变纳入军政体系之中。因此，大力加强对基层社会的管控，对于民间宗教活动予以严厉的控制与打击。本是天师道（五斗米道）运动的策源地、弘扬地，却几乎沉寂不闻。直至蜀汉政权覆亡后，西晋政治上对蜀地宽容，天师道才又重新活跃起来。

与曹魏、蜀汉及西晋不同，孙吴政权对道教则比较宽容。早在孙策执政时，道教即在江左流传，且为公卿大臣所信奉。《三国志·孙策传》注引《江表传》：

① （晋）陈寿：《三国志》卷二《文帝纪》，中华书局1959年版，第84页。

② （唐）房玄龄等：《晋书》卷十九《礼上》，中华书局1974年版，第600—601页。

时有道士琅邪于（干）吉，先寓居东方，往来吴会，立精舍，烧香读道书，制作符水以治病，吴会人多事之。策尝于郡城门楼上，集会诸将宾客，吉乃盛服杖小函，漆画之，名为仙人铧，趋度门下。诸将宾客三分之二下楼迎拜之，掌宾者禁呵不能止。策即令收之，诸事之者，悉使妇女入见策母，请救之。母谓策曰："于先生亦助军作福，医护将士，不可杀之。"策曰："此子妖妄，能幻惑众心，远使诸将不复相顾君臣之礼，尽委策下楼拜之，不可不除也。"诸将复连名通白事陈乞之，策曰："昔南阳张津为交州刺史，舍前圣典训，废汉家法律，尝著绛帕头，鼓琴烧香，读邪俗道书，云以助化，卒为南夷所杀。此甚无益，诸君但未悟耳。今此子已在鬼箓，勿复费纸笔也。"即催斩之，悬首于市。诸事之者，尚不谓其死而云尸解焉，复祭祀求福。①

又《洞仙传·干吉》载：

干吉者，瑯瑘人也。其父祖世有道术，不杀生命，吉精苦有逾于昔人。常游于曲阳流水上，得神书百余卷，皆赤界、白素、青首、朱目，号曰《太平青箓书》。孙策平江东，进袭会稽，见士民皆呼吉为干郎，事之如神。策招吉为客，在军中。将士多疫病，请吉，水歕漱辄差。策将兵数万人，欲迎献帝，讨曹公，使吉占风色，每有神验。将士咸崇仰吉，且先拜吉，后朝策。策见将士多在吉所，因怒曰：吾不如干君耶！乃收吉，责数吉曰："天久旱，水道不通，君不同人忧，安坐船中作鬼态，束吾将士，败吾部曲，今当相除。即缚吉，暴使请雨。若能感天，今日中大雨者，当相原，不尔加诛。"俄而云兴雨霔，至中漂没。将士共贺吉，策遂杀之。将士涕泣收葬。明旦，往视失尸，策大怆恨，从此常见吉在其前

① （晋）陈寿：《三国志》卷四十六《孙策传》注引《江表传》，中华书局 1959 年版，第 1110 页。

后。策寻为许贡伏客所伤，照镜，见吉在镜中，因掊镜大叫，胸创裂而死。世中犹有事干君道者。[①]

在此，道士于吉有较高超的方术，是道教“太平道”理论的重要创造者、传播者，在东吴地方社会甚至在孙策的军队中颇有影响。孙策毅然决然诛杀于吉，主要是于吉冒犯了自己的权威，同时担心他领众作乱，危害自己的统治。然而，孙策依靠诛杀道教首领的手段来达到清除其影响的目的，奉事者仍在“祭祀求福”。

孙权笃信巫道。例如，《三国志·吕蒙传》载，建安末年，大将吕蒙病笃，孙权自临视，“令道士于星辰下为之请命”。《幽冥录》记：孙权病，巫启云：“有鬼著绢布，似是故将相。呵叱，初不顾，径进入宫。”其夜，权见鲁肃来，衣巾悉如其言。《抱朴子内篇·杂应》云：“吾闻吴大皇帝，曾从介先生受要道，云但知书北斗字及日月字，便不畏白刃。帝以试左右数十人，常为先登锋陷阵，皆终身不伤也。”方仙道士左慈至吴，孙权礼重之。时临海罗阳县有自称王表的神巫，孙权特遣中书郎李崇持辅国将军罗阳王印绶前往迎接，迎到后又于苍龙门外为之立第舍，并经常派亲信近臣携带酒食供给之。孙权生活中重视方术养生，政治上重视“神道设教”，因此崇信巫道，孙吴境内的道教大得发展。例如，赤乌二年（239），孙权在今安徽芜湖建造了我国历史上第一座城隍祠。次年又在方山为葛玄修建了洞玄观，是为封建国家造建道观之滥觞。据杜光庭《历代崇道记》，孙吴共建道观39处，其中著名的有天台山桐柏观、富春崇福观、建邺兴国观、方山洞玄观、茅山景阳观等。同时，度道士800多名。大概是受孙权影响，其后世也多好巫道者，太子孙登即是典型。孙登临死时上书孙权，寄愿孙权“修黄老之术，笃养神光”[②]。吴末帝孙皓也深信巫道。陈训“少好秘学，天文、历算、阴阳、占候无不毕综，尤

---

① （宋）张君房辑：《云笈七签》卷一一一，齐鲁书社1988年版，第607页。

② （晋）陈寿：《三国志》卷五十九《吴主五子·孙登传》，中华书局1959年版，第1365页。

善风角”，孙皓以为奉禁都尉，使其占候[①]。

孙吴统治中心的江南之地，风俗本崇好巫鬼，自多巫道人物。统治集团的孙氏（策、权、亮、休、皓）诸主，总体上好尚巫道之术。虽然有孙策杀于吉之事，实系偶发事件，诚不得直视彼压制道教而予以相持并论。[②]孙吴统治者尚无明确针对道教的政策与措施，多是凭个人意志，颇为临时和不规范，但道教由此也有了更多的自由发展进步的空间。

曹魏、蜀汉及后来的西晋统治者努力加强了对有影响的宗教人员的控制。然而，当时天下纷扰，统治者不得不主要忙于以战争为中心的军政事务，对制定和实施宗教政策的事务尚无暇多顾，对活跃的宗教人士实际上难以完全控制。由于孙吴统治者对道教总体宽容，尊重巫师、道士，因此吸引了不少曹魏（西晋）、蜀汉的道士（包括巫师、方士）进入孙吴地域，蔚成江东巫道兴盛之风流。当时在孙吴境内流传的道教，大体是与天师道或太平道有密切关系而以家族命名的李家道、帛家道、葛家道、于君道等，显现出道教发展进程中的家族性特色。其中的一些道派是外来传入的。例如，道人“李八百”由蜀地沿长江水道进入江东地域传播道教，称为“李家道”。“李八百”的真实姓名难以核实，史籍记载中有李脱、李阿、李宽、李真等不同说法，但其本为三国时期蜀地著名道士则是肯定的，这正从一个层面说明蜀地道士进入江东传播道教者人数实在不少。其中，葛洪《抱朴子内篇》卷九《道意》载：

> 吴大帝时，蜀中有李阿者，穴居不食，传世见之，号为八百岁公。人往问事，阿无所言，但占阿颜色。若颜色欣然，则事皆吉；若颜色惨戚，则事皆凶。若阿含笑者，则有大庆；若微叹者，即有深忧。如此之候，未曾不审也。后一旦忽去，不知所在。后有一人姓李名宽，到吴而蜀语，能祝水治病颇愈，于是远近翕然，谓宽

---

① （唐）房玄龄等：《晋书》卷九十五《陈训传》，中华书局 1974 年版，第 2468 页。
② 丁煌：《汉唐道教论集》，中华书局 2009 年版，第 3 页。

为李阿，因共呼之为李八百，而实非也。自公卿以下，莫不云集其门，后转骄贵，不复得常见，宾客但拜其外门而退，其怪异如此。于是避役之吏门，依宽为弟子者恒近千人，而升堂入室高业先进者，不过得祝水及三部符导引日月行炁而已，了无治身之要、服食神药、延年驻命、不死之法也。吞气断谷，可得百日以还，亦不堪久，此是其订至浅可知也。[①]

这些托名“李八百”的道士，应是蜀地天师道的人物。东汉中期以来，“三张天师”活跃巴蜀创立与发展天师道，这些道士或参与其事。后人传说昌利治是李八百修道炼丹之处，平冈治是李阿修道成仙之地。由此推测李家道最初是汉末在蜀地活动的一个方士集团，以崇奉仙人“李八百”而得名。托名“李八百”的李宽以符水疗病，设置道庐（静室），让有病者入内斋戒祷告，又兼导引、行气。“其术甚浅”的修炼方术，仍未脱离天师道的窠臼。从传播方式看，弟子转相教授。从道徒成分看，既有在朝公卿以下官员，也有避役下层吏民。从教仪看，跪拜首过在向静庐斋戒过渡。较之三张天师道，李家道已有明显的进步。

孙吴巫道兴盛，巫师、方士、道士活跃，能量不凡，上下信奉者多，形成了一种极有影响的社会力量。汉末三国时期，道教主体上仍处于创立完善时期，巫、道仍然严重地混融在一起。相关的理论水平不高，神仙信仰的实践能力也有限。道教的主要理论及行事，仍以术数、方士、巫祝家之学与老庄思想为中心；道教人士以各式各样的道术及符水疗病之法，在下层群众中流传，以养生方术主要服务于社会上层，促进了道教在教义、仪规上的明显进步。

二、孙吴时期江西的道教文化生态

孙吴国土虽较为广阔，有效开发的地方却有限，故赣鄱乃是政权极其仰赖之地。孙吴统治江西后，出于对内对外的军政需要，主要采取了

---

① （晋）葛洪著，金毅校注：《抱朴子内外篇校注》，上海古籍出版社 2018 年版，第 397—398 页。

三大措施：一是增置郡县。由东汉时期的1郡（豫章郡）26县，增至5郡（豫章郡、庐陵郡、鄱阳郡、临川郡、安成郡）2都尉（庐陵南部都尉、建昌都尉）57县，国家治理程度大为加强。二是加强经济开发。三是积极推广教化。在此背景下，江西地区经济文化开发进一步加强，成效较为显著。

江西的巫鬼文化的氛围还相当浓厚，加上统治者宽容巫道，鬼神崇拜及淫祀流行。例如，在古代众多主宰航行安全的鄱阳湖水神中，宫亭湖神（庐山君）是较早出现的一个。传说鄱阳湖湖神，甚有灵验，民间于庐山南麓宫亭为之立庙（文献中与庐山庙或合或分，难以完全厘清）。过路行旅，无不祈祷。宫亭庙大约自汉代以来就是人们拜神的场所，至孙吴已是兴盛，相关的传说不少。例如，干宝《搜神记》卷四载：（一）南州人有遣使献犀簪于孙权者，舟过宫亭庙而乞灵焉。神忽下教曰："须汝犀簪。"吏惶遽，不敢应。俄而犀簪已前列矣。神复下教曰："俟汝至石头城，返汝簪。"吏不得已，遂行。自分失簪且得死罪。比达石头，忽有大鲤鱼，长三尺，跃入舟。剖之得簪。（二）宫亭湖孤山庙，尝有估客至都，经其庙下，见二女子，云："可为买两量丝履，自相厚报。"估客至都，市好丝履，并箱盛之。自市书刀亦内箱中。既还，以箱及香置庙中而去，忘取书刀。至河中流，忽有鲤鱼跳入船内，破鱼腹，得书刀焉。（三）庐陵欧明，从贾客道经彭泽湖，每以舟中所有，多少投湖中，云"以为礼"，积数年。后过湖时，忽见湖中有大道，上多风尘。有数吏，乘车马来候明，云："是清洪君使要。"须臾达，见有府舍，门下吏卒，明甚怖。吏曰："无可怖。清洪君感君前后有礼，故要君。必有重遗君者。君勿取，独求如愿耳。"明既见清洪君，乃求如愿。如愿者，清洪君婢也。即将归，所愿辄得，数年，大富。又《神异记》载，孙皓统治时期，陈敏自建业赴江夏太守任时，听闻宫亭庙很灵验，便特意去庙里拜神许愿：如他在任安稳，当敬奉金杖一枝。然陈敏任职期满，作杖插竹，以银镀之。送到宫亭庙里。当天晚上，忽听宫亭庙神巫降旨："陈敏许我金杖，今以镀银杖见与。欺蔑之罪，不可容也。"乃置杖浮水北流，飞到陈敏船前，徘徊不去。陈敏遣小吏至庙中逊谢。既发，风浪滔天，陈敏因船沉溺水而死，唯小吏四人存。[①] 另外，《太平广记》多条记录了孙吴江西巫鬼信仰的内容。例如，吴兴沈季，吴天纪二年（278），为豫章太守。白日，于厅上见一人，著黄巾练衣，自称汝南平兴许子将，求改葬，悠然不见。季求其丧，不知所在，遂招魂葬之。[②] 东吴丹阳太守聂友，新淦（今吉安新干）人氏。少时贫贱，常好射猎。一次，聂友在封溪打猎，箭中白鹿，追寻，白鹿却不见。饥困，卧梓树下。仰见箭中樟树枝上，心怪之。于是还家招来子弟砍树，树渗出血液，旋砍旋合，不可断。后来派更多的人来砍伐，才得断。将此木截为二板，用之以渡江。此板颇为神灵，能预兆吉凶，护佑主人平安。[③]

江西巫觋活跃，方术盛行，形成了一些颇有特色的巫法方术。例如，（一）化虎术（变化术）。曹魏时，寻阳县北山中蛮人有术，能使人化作虎。乡人周眕有一家奴即擅此术。周眕知道后，以醇酒将奴灌醉，于奴的发髻中搜得一纸，纸上画有大虎，虎边有符，周眕密取录之。奴醒后向周眕具说本末云："先尝于蛮中告籴，有一蛮师云有此术，乃以三尺布，数升米面，一赤雄鸡，一升酒，授此法。"[④]（二）占卜。平原人刘惇善诸方术，遭乱避地，客游庐陵，事孙辅以明（明）天官达占数显于南土。每有水旱寇贼，皆先时处期无不中者。孙辅以之为军师，军中咸敬事之，号曰神明。建安中，孙权在豫章，时有星变，以问刘惇。刘惇曰："灾在丹阳。"又问："何如？"答："客胜主人到某日当得问。"是时边鸿作乱，卒如惇言。[⑤]（三）祈禳术。南朝萧梁宗懔《荆楚岁时记》注引《宣城记》："洪矩吴时作庐陵郡，载土船头，逐除人就矩乞，矩指船

---

① （民国）吴宗慈编撰，胡迎建注释：《庐山志》纲之六《艺文》，江西人民出版社1996年版，下册第639页。按：《庐山志》注明出处为《鬼神传》，误。

② （宋）李昉等：《太平广记》卷三一七《沈季》，中华书局1961年版，第2511页。

③ 参见（宋）李昉等：《太平广记》卷四一五《聂友》，中华书局1961年版，第3380页。

④ （晋）陶潜撰，李剑国辑校：《新辑搜神后记》卷二《周眕奴》，中华书局2007年版，第491—492页。

⑤ （晋）陈寿：《三国志》卷六十三《刘惇传》，中华书局1959年版，第1423—1424页。

头云：‘无所载，土耳。’”在此，表明庐陵郡有大傩出土牛的仪式和民间丐傩的出现。[①]洪矩以庐陵郡最高行政长官的身份，亲自主持傩祀，以消灾纳吉。

在江西活动的一些儒家人士对巫觋文化、鬼神信仰进行了有力的抑制，但效果似乎有限。顾劭为豫章太守时，“崇学校，禁淫祀，风化大行。历毁诸庙，至庐山庙，一郡悉谏，不从”。夜有人来前，状若方相者，自称庐山君。顾劭邀之入，与谈《春秋》，弥夜不能相屈。灯尽，烧薪以续之。鬼本欲陵劭，劭神气湛然。鬼反和逊，求复庙，劭笑而不答。鬼怒曰：“三年内，君必衰矣，当因此时相报。”及期，顾劭果病，恒梦见鬼前来劝复庙。顾劭曰：“邪岂能胜正！”终不听，遂卒。[②]顾劭为东吴丞相顾雍之子，任豫章太守期间，希望推行儒家政教，禁淫祀，但他准备摧毁庐山庙（宫亭庙）时，竟“一郡悉谏”。这也反映出庐山庙神对豫章郡官民的深刻影响。同时“庐山君”（应为巫觋人物）亲自出面对顾劭施压，正反映出民间巫觋势力的强大。尽管如此，儒家人士对巫觋鬼神文化的抑制和打击，对于促进或改造巫觋鬼神文化具有相当积极的意义。

孙吴时期，仙道崇拜亦相当盛行。《列异传》曰：“袁本初时，有神出河东，号度索君。人立庙。兖州苏氏母病，往祷，见二人，著白布单衣，高冠，冠似鱼头，谓度索君曰：‘昔庐山共食白李，未久已三千年，日月易得，使人怅然。’去后，度索君曰：‘此南海君也。’”[③]南海君即南海之神，尝会遇于庐山。庐山于四海属南，当以南海君为主。特别是孙吴时期豫章学者徐整对人类起源神话的建构，又从一个新的层面说明了江西人的仙道崇拜。徐整《五运历年纪》记：“元气蒙鸿，萌芽兹始，遂分天地，肇立乾坤，启阴感阳，分布元气，乃孕中和，是为人也。首生盘古，垂死化身。气成风云，声为雷霆。左眼为日，右

① 曾志巩：《江西南丰傩文化》，江西人民出版社 2014 年版，第 18 页。

② （宋）李昉等：《太平广记》卷二九三《顾劭》，中华书局 1961 年版，第 3332 页。

③ （清）《江西考古录》卷九《神异·南海君》，江西高校古籍整理研究委员会：《江西旅游文献》（总览卷），江西人民出版社 2018 年版，第 135—136 页。

眼为月。四肢五体为四极五岳，血液为江河。筋脉为地里，肌肉为田土。发为星辰，皮毛为草木。齿骨为金石。精髓为珠玉。汗流为雨泽。身之诸虫，因风所感，化为黎甿。”① 又，徐整在《三五历纪》中载：“天地混沌如鸡子，盘子生其中，万八千岁。天地开辟，阳清为天，阴浊为地，盘古在其中，一日九变，神于天，圣于地。”② 徐整记录盘古开天神话的《三五历纪》《五运历年纪》中包含着道家的“三才五行”学说。盘古后被道教列为真人，号元始天王（原始天尊），应与徐整的建构有着相当的联系。

考古发现也反映出孙吴时期江西浓郁的道教风气。例如，孙吴南昌高荣墓出土了名刺 21 枚，其中文曰：“弟子高荣再拜　问起居　沛国相字万绶。”③ 此类名刺作为一种特殊的名器，乃典型的道教葬仪特殊用品，系墓主蜕升上天时拜谒天帝诸神所用之物。又，九江市博物馆馆藏一面“重列神兽文镜”，镜内区以高浮雕自上而下分五段重列。第一段与朱雀并引的最中央是南极仙翁；第二段是伯牙弹琴；第三段镜钮两侧分别为东王父和西王母；第四段人首鸟身的为句芒和黄帝；第五段与玄武并列的是北极星和天皇大帝。神仙肖像的周边还有朱雀、玄武、青龙、白虎配置于左右。④

汉末三国的江西地区，尽管也时有军事冲突与斗争，但总体而言经济上升，社会安定，是经济文化发展良好的区域。儒家文化传播发展，但力量尚不强大；佛教在江西有所弘传，但力量微弱、不兴盛，大体仍然属于依附巫道的情形。同时，佛教对道教的组织建设、思想建设应有一定的刺激作用。江西境内巫鬼气息浓郁，鬼神崇拜、巫术盛行。虽然江西地区的道教创立可以说在张陵龙虎山时代已肇始，但毕竟张陵正式创立天师道并不在江西。孙吴时期江西已形成的良好道教文化生

① （宋）张君房辑：《云笈七签》卷五十六《元气论并序》引，齐鲁书社 1988 年版，第 306 页。

② （唐）欧阳询：《艺文类聚》，上海古籍出版社 1965 年版，第 2—3 页。

③ 刘林：《江西南昌市东吴高荣墓的发掘》，《考古》1980 年第 3 期。

④ 吴圣林、汪建策编著：《六朝九江志》，中国书店出版社 2013 年版，第 92 页。

态，这对于早期道教文化的传播发展或道教宗派的创作都提供了良好的条件。

三、孙钟江西种瓜与孙吴开国神话

东汉中后期以来，江西的经济文化已有一定程度的发展进步，外来人口流入江西的增多。受地缘文化的作用与影响，赣北依然是主要区域。汉末三国时期，孙吴统治者致力于政权正统化建设，借助于神秘文化，鼓吹“东南有天子气”。发生在江西武宁的“孙钟种瓜”及其相关的开国神话，便以此为背景。

《幽明录》载：孙钟，吴郡富春人。少时丧父、家贫，与寡母共居，至孝笃信，种瓜为业。瓜熟，有三少年容服妍丽，诣孙钟乞瓜。孙钟引入庵中，设瓜及饭，礼敬殷勤。三人临去，对孙钟说：“蒙君厚惠，今示子葬地，欲得世世封侯乎，欲为数代天子乎？”孙钟跪拜道：“数代天子，故当所乐。”三人便为之择定墓地，又言：“我司命也，君下山百步，勿反顾。”孙钟下山六十步，回看，并为白鹤飞去。后母亲死，孙钟便于此墓地葬母，时坟冢上有气触天。孙钟后世果然出现了从孙坚之子孙权建立孙吴政权始出了数代统治江南的天子。又，《太平广记》卷三八九《孙钟》引《祥瑞记》说：“孙钟家于富春，幼失父，事母至孝。遭岁荒，以种瓜自业。忽有三少年诣钟乞瓜，钟厚待之。三人谓曰：‘此山下善，可葬之，当出天子。君下山百许步，顾见我去，即可葬处也。’钟去三四十步，便反顾，见三人成白鹤飞去。钟记之，后死，葬其地。地在县城东，冢上常有光怪。云五色，气上属天。及坚母孕坚，梦肠出，绕吴阊门。以告邻母，曰：‘安知非吉祥！’”这段文字与《幽明录》《异苑》所载大同小异，小异体现在：一是明确指出孙钟“幼失父”，二是指出孙钟“遭岁荒”才种瓜为业的；三是孙钟的母亲，于孙坚出生之前已去世。然而，不管哪一种记载，“孙钟种瓜”及其相关的葬事均与仙道文化联系起来。

在长江中下游的苏、浙、赣地区，至少六七处有孙钟种瓜及其得仙人指示而择地葬母的传说。其中，江西武宁是传说比较旺盛之地。东汉末，天下大乱，民众多流亡。背井离乡的孙钟，辗转来到豫章郡西安

（今九江武宁）东南部的山区之中，种瓜为生，养母孝亲。母亲去世后，孙钟将母亲安葬于当地的啸天龙峰，之后才迁徙到富春。据说，孙权鼎足江东称帝后，重修西安的祖母墓，并将啸天龙峰列为“封禁樵牧”，并饬令由当地官员派人守护，自后啸天龙峰更名为“吴王峰”。明嘉靖以来的武宁地方志多有记载，成为当地胜景。如明嘉靖《武宁县志·山川形胜》载：吴王峰，孙钟种瓜于此，以其后称王，故名。又《古迹》卷载：钟陵瓜圃，在五十三都，即今瓜源地，孙钟种瓜于此。钟家贫，母死未葬，瓜熟时有三人来乞瓜，钟设瓜为饭。曰：蒙君厚惠，敢示葬地以相报。今高峰上有古墓，即其事也。唐文宗朝史馆修撰李汉有诗云：“理秽携锄归正匆，过蒙厚惠古人风，王孙漂母谁期报，石郭腾公讵偶逢。天道好还非漠漠，人心有感自憧憧，那知斗大君王玺，却在当初一饭中。”清雍正、乾隆、道光、同治各志记载更详。如清乾隆二十年《武宁县志》载：“县东五十里吴王峰，俗传吴王墓，冶铁成坟，草木不生，即仙人所指葬母处。”《孙氏宗谱》谱序亦述及此事，并记载孙钟后迁浙江严州桐庐殁葬于富春。另外，清卢表《登吴王峰》诗前四句云：“吴王得名擅高峰，马鬣荒唐是旧踪。霸气全消瓜圃在，仙人不见石芝封。”现武宁瓜源等地遗有孙氏后裔，地名孙家埠。明万历癸丑（1613）所建西瓜寺是为缅怀孙钟而建的。可见，在武宁有较为丰富的孙钟故事传说。孙钟种瓜及其衍生的故事，作为一个家族传说，也是出身寒微的孙氏崛起江东的“政治神话”，在三国孙吴时期必然十分流行。可能凡是孙吴统治的区域，都有类似的神话建构。

除“孙钟”故事外，孙吴在江西地区还建构了其他一些与政权建设相关的故事。据《太平广记》卷一六三《孙权》引东晋张僧鉴《寻阳记》载，汉献帝建安年间，孙权经过湓城时，亲自指挥挖井，挖到了西汉初灌婴筑城时所挖的“浪井”，井里有石刻铭文，上面刻着：“汉六年，颍阴侯所开，卜云三百年当塞，塞后不满百年，当为应运者所开。”孙权见到铭石，十分高兴，认为是自己成就帝王事业的吉兆。又如，东汉末年，攻占豫章的孙策以太史慈为建昌督尉西御刘表。相传，太史慈追敌至今靖安县境内一个叫“盆田”的山中，遇一草衣木食、逍遥物外的异人。

遂邀请其共饮，问以前程吉凶。那人握拳不语而去。循迹尾随，但见虎豹环其侧，不可近矣。那异人便是葛玄。以“握拳”暗语太史慈：日后握符江东者乃孙权也。清雍正《江西通志》卷一〇三《仙释》：葛生，隐新吴山。孙策据江东，太史慈问以休咎，握手不语而去，迹其处，虎豹环侧不可近。及大帝权建吴国方知握拳之兆云。江西地方也在努力建构自己与孙吴政权的神话。例如，《永乐大典》卷八〇九一《豫章志》：“吴城，在丰城县西南三十里，云孙钟种瓜之地。钟，即孙权祖也。”说丰城一带也有孙钟种瓜。又，《太平广记》卷三八九《吴纲》：“魏黄初末，吴人发吴芮冢取木，于县立孙坚庙。”此外，东汉建安四年（199），孙策领兵至豫章，敛兵不杀，民感其德，在西山梅岭建庙以祭。孙吴时期，有黄龙见于修水辅山，因名黄龙山。孙吴孙权年号“黄龙”，当与此相关。

孙吴统治者热衷于建国神话的建构，自是出于政治的需要。《三国志·孙坚传》载：“孙坚，字文台，吴郡富春人，盖孙武之后也。”“孙坚勇挚刚毅，孤微发迹。”把孙坚的祖先追溯到春秋时期的孙武，却不提乃父之名，实属其家世寒微。孙坚以地方豪霸起家，十分需要在“天命”上作创造。江西是孙吴政权的重要地盘，如何有效控制和利用也是一大政治智慧。建构曾在江西有过活动的孙钟神话，以“神道设教”自是方便有效的策略。而江西民众之所以接受或流传这一神话，也是提高自己政治文化的需要。江西是除三吴核心区外的次重区。不仅接纳了“孙钟种瓜”的仙道故事，而且进一步创造了一些孙吴政权与江西有关的仙道故事。

第二节　葛玄在江西的活动及阁皂灵宝道的起源

汉末三国时期，葛玄探索道教发展的路径，与张陵可谓同源而异流。葛玄长期在以阁皂山为中心的江西地区活动，不仅奠定了灵宝道的发展基础，也开拓了上清道的道路。其影响极其广泛而深刻，成为江西（中国）道教文化的重要内容之一。

一、葛玄道术及其与孙吴统治者的关系

葛玄[①]（164—244），字孝先，本贯琅琊，后迁丹阳句容。出身名门世家，生而颖秀，英姿振发，性识明茂。自幼好学，博览五经及子史书传，十五六岁时即名震江左。因受父辈崇尚黄老道学的影响，素喜老庄，安闲淡泊，“好慕道德，纯粹忠信，举孝廉不就，弃荣辞禄，志尚山水”。约十六岁起，慕道访真，入天台赤城山修炼。葛玄精思念道，所愿有得。汉灵帝光和二年（179）得奉太上老君敕令的太极真人徐来勒等仙真传授，获《洞玄大洞灵宝经》《上清斋法二等并三录七品斋法》《劝戒法轮经》《无量通玄转神入定》等道经。孙吴鼎足江东之初，葛玄际遇并师事入江东的庐江道士左慈（字元放），得授《太清九鼎金液丹经》《三元真一妙经》，以及白虎七变、炼气保形之术及治病劾鬼秘法，修炼勤苦不怠，行持三年，广积功效。“于是五通具足，化道无方”[②]。

葛玄法术高超，能分形变化，善使符书，擅长治病及收劾鬼魅之术。相关的神异事迹很多，略举四例：（一）尝有客从葛玄泛舟，见箱中有十数符，客问：“此符之验，可得见不？”葛玄即先后取三符投于流水中，一符逐水而下，一符逆水而上，一符即不上不下，须臾上符下，下符上，会于中流，三符聚而止。（二）葛玄尝行遇一神庙，凡过者离百步下车，否则有警。庙傍有大树数十株，上有数禽，人畏莫犯。葛玄乘车直趋，俄然大风骤起，尘埃障天，从者惊怖，葛玄大怒：“小邪敢尔。”举手指风，风即止。以一符令人投庙中，禽鸟皆坠死，庙屋自焚。（三）葛玄过武康，见一人家病作，命巫祀妖邪。其邪附巫者，令葛玄饮。葛玄不饮，而精邪出语不逊，葛玄厉声叱道：“奸鬼敢尔。”敕社伯拽精人头付柱鞭背，但闻鞭声，出血流地。精人怖谢曰：“作犯真人，愿乞赦

① 本小节葛玄事迹的叙述，参见（明）张程纂修，（清）张光勋增修，何明栋、罗宗阳校注：《武功山志》卷四《仙释志·葛仙翁》，《西山志略》《云居山志》《武功山志》《怀玉山志》《华盖山志》合集，江西人民出版社 2002 年版，第 477—484 页。同时参考了（晋）葛洪：《神仙传》卷八《葛玄》、（萧梁）陶弘景：《华阳陶隐居集》卷下《吴太极左宫葛仙公之碑》及（元）赵道一：《历代真仙体道通鉴》卷二十三《葛仙公》等相关资料。

② 《华阳陶隐居集》卷下《吴太极左宫葛仙公之碑》，《道藏》，第 23 册第 650 页。

原。”葛玄道：“汝是何等邪精，速自首。”精人告：“是后山鬼。”葛玄道：“赦汝罪，要病者愈，限三日为期，否则痛治无赦。”（四）葛玄尝在荆门军紫盖山修炼。值天寒大冻，葛玄跣足，衣衫襤褛。时有屈家二女窥见，怜其忍冷，夤夜促成双履，次日欲献之，往炼丹之所，葛玄已去，但存炉灰尚温。二女拨灰而得丹一粒，分而服之，自后神气冲冲，不饥不渴，惟慕清静。后隐去，时人谓得仙矣。

葛玄与孙吴统治者关系密切，颇为自由方便地出入“庙堂”。因葛玄儒道兼综，道法高深，深受吴主孙权敬重，迎请入京师建业（今南京），待以宾客之礼，常与之共游，动相咨禀。一日，孙权与葛玄坐危楼，遥望道间有人奉土神祷雨。孙权问：“百姓思雨，宁可得乎？”葛玄言：“可。”即书符，令人焚社中。顷刻天地晦冥，风雷骤起，谢雨立至，大苏苗稼。孙权一日请葛玄升殿，焚香清斋。孙权道：“朕以暗昧，未达玄旨，好闻神仙之说，愿师指教秘典斋直及修真之捷径。道经之品，何者为先？符图秘要，何者为妙？开发未悟，以副愿望。”葛玄避席而答：“既蒙圣主特赐垂问，敢有所隐。但非国君所笃好，若万机之余，能静心守一，其则不远矣。夫神仙之道微妙，各载丹经。学道修仙，先修戒行，方见渐阶。道行既立，乃可服食灵药，导引元气，咽纳太和，呼吸阴阳，固炼内丹，可以为地仙。入火不灼，入水不濡，过度灾息，却祸来祥。然须斋直得成。此经出太上灵宝洞玄大道元极自然真一五称文中，古三皇内书论其神仙事，众妙悉归于灵宝大法。昔张天师得仙，亲遇太上授以正一盟威修真秘诀，及灵宝五称文，出斋事为首。如灵宝大法，其文简要，义趣弘深，难可盘举。夫地仙，先登灵山。为山神主，大期六百年，或三百年者，后皆补天仙。惟于九转金液还丹，金液玉醴，皆得乘云驾龙，白日升天。如《大洞真经》，诵之便可升举，坐见十方，不须服御丹液。夙有仙骨，得见斯文。盗窃灵文者，如有翅不能飞，须要从师授受口诀，告盟天地真仙，乃可传也。三皇内文、五岳十地神洲七变七宝灵图内篇，皆上仙之所宝。夫学道者，从微至着，自迩陟遐，不可越略。灵宝符图，至尊至重，可度大阳九百六之灾。真人、超迈三界者，皆由此道矣。”孙权感激道：“宿绿流庆，得为人君，仰遇仙姿，既闻好音，虽沈湎浮华，然持敬在心，辄书之于金简，封之于玉函，不敢轻示非人，当终身钦奉。”葛玄尝与东吴权臣张昭谈论儒、道二教，葛玄道：“老子演自然之道，化行天下；孔子历聘诸国，仁及齐民。其归一揆。”

孙权欲赐葛玄以荣位，葛玄不愿而婉拒，并欲求去不得。一日，语弟子张恭言：“吾为世主所逼留，不遑作太乐，今当以八月十三日中时去矣。”至期，葛玄衣冠入室，卧而气绝，颜色不变。弟子烧香守之，三日三夜，夜半忽大风起，发屋折木，声响如雷，烛灭良久。风止燃烛，失玄所在，但见委衣床上，带无解者。赤乌二年（239）正月一日，葛玄登劳盛山，精思念道。是时日中，感太上授以《千真科戒》，乃与众真演说，劝诫未悟，流传于世。孙权为葛玄特于方山立洞玄观。一旦，葛玄辞孙权：“山林微贱，久藉恩庇。今者暂违丹陛，未有再见之期，愿陛下息兵子民，推诚及物，永安宗社，长享太平。”孙权道：“卿性识高尚，道行尊贵，名隶丹台，岂容久淹尘世矣。”

孙权太子孙登闻葛玄得道，乃筑别室招延，日亲访问。时孙登生活奢华，不亲政务。葛玄规劝：“至道之精，杳杳冥冥。至道之极，昏昏默默。无视无听，抱神以静，形将自正一，必静必清。毋劳汝形，毋摇汝精，乃可长生。此广成子答轩辕黄帝所请也。今殿下位居储宫，将嗣大宝，要在清心寡欲，远佞尊贤，拔择英豪，光宅天下，燮调四序，抚育群黎。此乃四海无疆之休，岂特一身之福也。”孙登言：“睹卿所陈，允合时论。然予意亦欲修身以及国，且丹经非造次可闻，至道精微，非万机之余能悉研究。”随后，孙登又与葛玄谈玄论道，问：“庄周云：‘六合之外圣人存而不论，六合之内圣人论而不议’，何也？”葛玄答：“六合之内，囿于形象，阴阳之数，犹可致请。六合之一外，人所希见，渺茫之中，太虚之表，圣人罔述，故存而不论也。”孙登称善。葛玄于嘉禾二年（233）正月朔日，辞孙登而去。

葛玄出身于世家，其弘扬道教，主要是走上层化道路，言行都不违反孙吴的统治。孙吴虽然对道教宽容，但主要是利用道士为其信仰效劳，并不愿意让道教人物形成独立的势力。孙权与葛玄关系密切，葛玄能成为一代高道，与孙权的支持有着密切的关系。而葛玄到江西活动，是否也有帮助孙吴稳定与控制江西的政治考量呢？

二、葛玄在江西的道教活动及意义

葛玄一生孜孜追求长生成仙，修道前后60余年，足迹遍及长江中下游及岭南的名山胜地，积极寻求最合适的栖息修炼之地。在数十计诸多著名山头之中，葛玄选择了江西的阁皂山作为修炼的重地，并在江西境内多地展开了较为广泛的道教活动，由此成就其在江西（中国）道教史上的不朽功业。

阁皂山，因“山形如阁，山色如皂”而得名，位于今樟树市东南二十公里处，属武夷山西延支脉。周回绵亘二百余里，与赣江毗邻（流经樟树地域时称“清江”），号称清江碧帐。阁皂山有九十九山峰，主峰凌云峰海拔807.5米。峰回峦复，古木参天，霞蒸云蔚，引絮含烟。其中，东有太极、西有挂壁、南有凌云、北有骆驼，四峰耸峙；左有阁水，右有感溪，环山合抱，恰如双龙护珠。诚为隐逸修真之胜境。道史一般记载：葛玄青年时代，寻访仙道，游观山水。周旋于括苍、南岳、罗浮诸山，以卜修炼金丹之地，然多不得意。汉建安七年（202），葛玄进入江西，迤逦经由玉笥，诣阁皂，乃登东巘高峰之上而瞻望，见之极为兴奋而称道：“形合色皂，土良水清，此真仙之住宅，吾金丹之地得之矣。然丹成之后，必须广积阴功，超度群品，庶几三天书名，九霄列职，无愧于心矣。”葛玄深负道家慈悯情怀，乃慨念汉家倾覆，天下纷乱，争战不休，旱潦凶荒，兵伤俘死，不可纪极。穷魂滞魄，沉沦恶趣，难出轮回。于是谢绝人事，居山潜心修炼，读书著述，删集《灵宝经诰》，撰成《祭炼大法》《生天宝录》《灵符秘诀》等，上表奏闻天帝，筑起法坛。每于三元八节吉日良宵，普召十方诸大地狱穷魂滞魄来诣坛前，俱受祭炼，只承符箓，各遂超生。行持之后，屡有感格。时当甲午岁（214）下元令节之夕，正值祭炼之时，有一鬼王（当为巫觋人物），前进而言：“某为下鬼，统管穷魂，动经累劫，沉沦恶道，无有出期。每蒙真仙普设法筵，祭拔魂爽，给赐符录，济度幽冥，数百万众俱获超生。我等悉沾善利，同听法音。感德难言，径来朝谢。且闻玄天北帝劫示诸狱鬼魂云：葛真人祭炼年深，功积玉书，名标金简。五年之后，宜三天降诏，锡命同颁上列天曹矣。”言讫，辞谢而退。于是葛玄以祭炼经法宝线符文诀目等，付阁皂宗坛及冲虚坛，流传后学，广度沉沦。葛玄再念群生得遂人身，生于乐国，恣情纵欲，不修正道。罪愆既积，业报难酬。惟灵宝三乘秘典，可以开导众生，忏悔罪尤，拔济苦爽，俾悟正真。遂总括上清、灵宝诸部真经，撮其枢要，集为《慈悲道场九幽大忏法》一部十卷。葛玄佩受上清、灵宝诸部真经，精心研诵。复于洞神、太清部内，增广道德，注释撰成经序，冠于篇首。仍品题《清今经》云：“吾得真道，曾诵此经万遍，吾昔受之于东华帝君，东华帝君受之于金阙帝君，金阙帝君受之于西王母，皆口口相传，不记文字。吾今于世书而录之。”以上诸多情节，充分显示葛玄进行灵宝道法活动的情形，当是后世灵宝派及阁皂宗创建之后，对葛玄“功绩”的追述与演绎，虚虚实实，不能完全作真实，当然也不能完全视为是乌有虚构。

其后，葛玄又增进与弘扬道法，离开阁皂山，或云游他地，或活跃于孙吴朝堂，直至三十年后才又回归。孙吴嘉禾二年（233）正月朔日，葛玄为了成就仙道，恳辞孙权、孙登父子。出京师建业后，对弟子感叹：“比为主上淹留，而光阴迅速，老之将至。功用虽积，金丹未炼，不可徒费岁月。”因径往阁皂山，于东峰之侧建卧云庵，筑坛立室，栖居其中，谢绝人事，朝天礼斗，修炼九转金丹。据说，时有瑞气祥光，映照山谷。越三载，大丹成熟，葛玄遂于洞口金砂池中浴丹，其泉忽然涌涨，金沙腾沸。葛玄道：“是丹火力尚炎，未可便服。遂藏之東崖石室中，以待醮谢天地，然后服之。讫今丹池之内，金沙自沸，灵边可验。”葛玄数十年如一日，凡经南方22处（或说72处）修炼，未见功效，唯于阁皂山方得成就。因此他有感而作《流珠歌》（又作《丹成颂》，字词略有异）曰：“流珠流珠，役我形躯。奔驰四海，历览群书。披寻不悟，情思若愚。焚遍金石，烧竭汞珠。赀财荡尽，拊膝长吁！吾年六十，功效踌躇。赖师指授，元气虚无。窈冥中起，恍惚中居。真阴真阳，一吸一呼。先存金鼎，次认玉炉。离火激海，坎水升虚。玉液灌溉，洞房流酥。天机真露，万类难如。真人度人，要大丈夫。天长地久，同蹑仙都，念兹在兹，语吾记吾。”天人合一是中古社会传统固有的理念，外涉万物而返诸己身，为道教徒养生修法中特别的方式。如果此《流珠歌》确为葛玄所作，说明三国孙吴时期通过外丹烧炼的研究实践，葛玄触类旁通对丹道养生不仅有深刻认识，而且有熟练的操作和独到的体悟。[①]

孙吴赤乌七年（244）葛玄自觉修炼得成，升举有期，当立坛醮谢天地山川百灵，乃于福庭之中筑坛名八景，择吉日登坛告谢天地。据说，“至八月十五日，于时天花舞空、神光烛天，忽仙乐寥亮，旖幢翳天，麟驾羽车，浮空杳至，仙童玉女，灵宝栩卫，下降坛所，有飞天神王捧御诏谓葛玄曰：‘太上有命。’葛玄再拜受诏，诏曰：‘敕无上学仙弟子灵宝经箓大法宗师葛玄，久专至道善养胎精，演真经祭炼于沈魂，集仙典开明于后学，可谓阴功济世，密行齐真，名隶玉都身归天界，可特赐玄位为太上玉京太极左宫仙公，总统二界六天大魔王之职，主行三洞四辅经箓事，可于甲子岁八月十五日午时上升，径赴阙庭。’其后，葛玄与弟子乡朋分别于东峰之侧，登着衣台，身披离罗之服，头戴芙蓉之冠，项负圆光，手执玉简，绛裙朱履，玉佩鸣珂，坐八景琅舆，霓旌绛节。前后导从仙童玉女，左右卫迎。祥云白鹤，盘绕空碧，冉冉而升。”弟子乡朋攀恋不已。于是仙公暂停仙驾，赋五言歌诗三篇：“真人昔遗教，愍念孤痴子。嬖邪不信道，祸乱由斯起。身随朝露晞，悔恨何有已。罪大不可掩，流毒将谁理？冥冥未出期，劫尽方当止。转轮贫贱家，仍复为役使。四体或不完，蹩躠行乞市。不知积罪报，怨天神不恃。大道常无为，弘之由善始。吾今获轻举，修行立功尔。三界尽稽首，从容紫宫里。停驾虚元中，人生若流水。临别属素翰，粗标灵妙纪。”“我今便升天，愍念诸儒英，大道体虚无，寂寂中有精，视之若冥昧，窈窈中昭明。莫方道虚诞，所患不至诚。奚不登名山，诵是洞真经。一讽而一咏，玄音彻太清。太上辉金容，众仙齐应声。十方散香花，燔烟旃檀馨。皇娥奏九韶，鸾凤谐和鸣。龙驾翳空迎，华盖曜杳冥。翛闲劫仞台，帝释欻

① 袁志鸿：《葛玄修道与〈老子〉》，《鸿爪雪泥》，社会科学文献出版社 2013 年版，第 86—88 页。

降庭。八王奉丹液，挹漱身腾轻。逍遥有无间，流朗绝形名。神童夹侍侧，自然朝万灵。飘飘八景舆，游衍白玉京。七祖升福堂，先亡悉超生。王侯能笃信，必为天下贞。大人体至德，一切蒙其成。”“散诞游山水，吐纳灵和津。炼气同希夷。静咏道德篇。至心宗玄一。冥感今乃宣。飞驾御九龙，飘飘乘紫烟。华景曜空衢。红云拥帝前。暂迁蓬莱宫，焂忽已宾天。伟伟众真会，渺渺凌重玄。体固无终劫，金颜随日鲜。欢乐大上境，悲念一切人。谁能离死坏，结是冥中缘。悠悠成至道，无有入无间。微妙良难测，智者谓我贤。若能弘众妙，轻举升神仙。”按，这三首五言歌诗，据现存的文献，可谓是道教人士最早创作的游仙诗，自是中国早期道教文学值得关注的作品。葛玄歌毕，降付乡朋，普令歌诵，开悟方来。其后，随祥云白鹤冉冉升天而去。道史上述的葛玄升天的情节，自然也是道家的想象与演绎，不能完全作真。但也有若干真实的情形，不能完全作假。

葛玄对道教最显著的贡献，是其致力于道教经籍及其理论的建设。葛玄在阁皂山著有《老子道德经序诀》及《断谷服食方》3 卷、《入山精思经》19 卷及神仙歌诗。其中，《老子道德经序诀》将老子思想加以宗教化阐发，思想较深。该“序诀”分五段。第一段以特别的格调对老子展开描述，其略云 :“老子体自然而然，生乎太无之先，起乎无因，经历天地终始不可称载。终乎无穷，极尔无极，故无极也。与大道而轮化，为天地而立根，布气于十方，抱道德之至纯，浩浩荡荡，不可名也。焕乎其有设误意，巍巍乎其有成功，渊乎其不可量，堂堂乎为神明之宗。三光持（恃）以朗照，天地禀以得生，乾坤运以吐精，高则无民，贵而无位，覆载无穷，是教八方诸德也。故众圣所共尊。道尊德贵，莫之命而常自然，惟老氏乎！”[①] 由此可略见,《序诀》对老子形象的描述与道家所说的道是一致的。从《序诀》对老子神性的描写可看出，道教的神学是一种自然主义神学。作为综合说明老子形象的初期文献，葛玄《老子

① 此处引文见敦煌写本 S.75、P.2584。

道德经序诀》在道教思想史上也占有重要的地位。[①]葛玄在河上公、张陵等人注释老子《道德经》的基础上，进一步注释与规范《道德经》的版本，人们称经他规范的版本为“葛本”，成为南北朝至隋唐道教徒传授讲习《老子》的重要依据。

在中国道教史上，葛玄是先秦两汉以来道法道术的集大成者之一。他精心研诵“上清”“灵宝”诸部真经，前后40余年中撰成《祭炼大法》《灵符秘》《清静经》《步虚经》《断谷食方》《慈悲道场九凿大忏法》等道教典籍，并广收门徒，宣扬灵宝、上清道义。由此，葛玄除了擅长符箓、丹药而类似于天师道作略外，也是前上清、灵宝时代萌芽上清、灵宝经法重要代表人物。其中，葛玄对灵宝道法的贡献，在道教文献中尤有更多的记载。道教文化中，“灵宝”，本为神灵宝贵之意。“灵宝”之说，渊源于一种神秘的“护身符”。《太平经》曾最早提到赞颂灵宝护身符的“无上灵宝谒”。灵宝派是以信奉和传承《灵宝经》而形成的一个道派。《灵宝经》宣扬：宇宙中有三界三十二天，每一个世界都由神灵主宰，整个宇宙世界的最高主宰是创造宇宙万物的元始天尊；信徒只要诵读《灵宝经》，斋戒祈祷元始天尊，就能得到拯救。然《灵宝经》及灵宝派由何人所创、创于何时，因道史记载神秘与纷杂，难以确切认定。约东晋中叶，形成中的灵宝道派，一般奉葛玄为祖师。[②]个中主因，道教认为《灵宝经》在世间的公开传授始于葛玄。

东晋葛洪《抱朴子内篇·辨问》载：“《灵宝经》有《正机》《平衡》《飞龟授帙》凡三篇，皆仙术也。吴王伐石以治宫室，而于合石之中，得紫文金简之书，不能读之，使使者持以问仲尼，而欺仲尼曰：‘吴王闲

① 卿希泰主编：《中国道教思想史》（第一卷），人民出版社2009年版，第322—323页。

② 按：灵宝派内因派系不同，崇奉的祖师并不完全一致，如在江西地区的弋阳、铅山灵宝派道士崇奉葛玄，以炼丹炼气保形为主旨。上饶、玉山、德兴、广丰诸县灵宝派道士崇奉葛洪以神仙导养之法为主兼演炼医术。鄱阳县灵宝派崇奉王遥，以方术治病伏除邪魁，以雌雄二剑分阴阳挥之，即可杀外境之妖魔。余干灵宝派崇奉吴丹为祖师，讲究炼服术。另外，东汉出世的《灵宝五符经》（古《灵宝经》），相传为祖天师张陵所撰，意味着张陵是灵宝派的创始人。

居，有赤雀衔书以置殿上，不知其义，故远咨呈。’仲尼观之，曰：‘此乃灵宝之方，长生之法，禹之所服，隐在水邦，年齐天地，朝于紫庭者也。禹将仙化，封之名山石函之中，今乃云赤雀衔之，殆天授也。’以此论之，是夏禹不死也，而仲尼又知之，安知仲尼不皆密修其道乎？”[①] 在此，葛洪将《灵宝经》的制作者归于大禹名下，以神其说。又抬出儒家圣人孔子来为此经渲染气氛，使《灵宝经》变得神圣与神秘。又，《云笈七签》卷三《道教所起》宣称：道教的灵宝经初传于天真皇人，天真皇人于峨眉山授轩辕黄帝，天真皇人还于牧德之台授帝喾。同时还有夏禹感降于钟山，阖闾窃窥于句曲的传说。这是典型的道教仙话，因为黄帝、帝喾、夏禹是远古的传说人物，阖闾是春秋时期吴国的国君，其时道教还未创立[②]。《灵宝经》后来隐秘于世——真实的可能是《灵宝经》创作于东汉中期左右，至三国时经徐来勒之手传于葛玄。葛玄之后该经授受不绝，所以实际上从葛玄开始，《灵宝经》方在道教系统中发挥作用。

有关葛玄得到《灵宝经》的事迹，道书上有三种不同的说法：一是唐以后道书如《太极左仙公传》《犹龙传》卷五、《混元圣记》卷七、《洞玄灵宝大纲钞》等称：汉灵帝光和二年（179）己未正月朔旦，太上老君敕太极真人三洞法师徐来勒等，同降于浙江天台山，授葛玄灵宝中盟秘录及诸符箓。二是《灵宝威仪经诀》《洞玄灵宝玉京山步虚经》《真一自然经》等道书说：太极真人徐来勒及太上玄一三真人等，于汉献帝建安四年（199）于会稽虞山以《灵宝经》降授太极左仙公葛玄。三是《云笈七签》卷三《灵宝略记》中说：孙吴赤乌年间（238—251），葛玄入天台山学道，感通太上老君遣三圣真人下降，以《灵宝经》授之。以上三种说法虽然在传授方式、时间、地点上不尽相同，但都确认葛玄在天台山得到了《灵宝经》，并从他开始弘传。《云笈七签》卷三《灵宝略记》载，葛玄凡所受灵宝经书 23 卷，并《语禀》《请问》10 卷，合 33 卷。

① （晋）葛洪著，金毅校注：《抱朴子内外篇校注》，上海古籍出版社 2018 年版，第 499 页。

② 张泽洪：《閤皂山灵宝派初探》，《中国道教》2004 年第 2 期。

事实上，这当为造经者的依托。因为葛洪在其所撰《抱朴子》和《神仙传·葛玄传》，皆未载其事，仅提到葛玄、郑思远等传授《太清丹经》及《三皇文》。元代谭嗣先造《太极葛仙公传》，录有陶弘景《吴太极左仙公葛公之碑》，亦未记其事。揆之常理，既然至迟于东汉末年已有道教人士造出了一些“灵宝经”经书，葛玄得到其中的一些经书并传授其中某些部分，并不是完全不可能的。

建安七年（202）葛玄在阁皂山修道期，就积极展开了弘扬《灵宝经》及其斋法的活动，且功业不凡。由此在葛玄修道所至诸名山中，唯阁皂山成为灵宝箓坛之地，原因在于葛玄践行灵宝道法于阁皂山，并于升仙羽化之前将灵宝法箓传付阁皂山。《历世真仙体道通鉴·葛仙公》载：“仙公以祭炼经法、宝箓、符文、诀目等付阁皂宗坛及冲虚坛，流传后学，广度沉沦。”[①]葛玄曾在阁皂山告诫弟子：“其于诸品符箓、洞真、洞玄、洞神真经等，是太极真人徐来勒于会稽授我。我已流传于大江之西，阁皂福地。此乃上方禁文，自有飞仙守卫，今付汝等，宗奉大法。”[②]东汉出世的《灵宝经》通过葛玄的弘扬，遂在以阁皂山为中心的江南地区流传开来。葛玄在江西阁皂山的活动奠定了灵宝道派的基础，在灵宝道经传承系统中有着关键作用。正因为葛玄在阁皂山卓有成效的活动，阐发灵宝文化，故东晋南朝新出的“灵宝派”，称《灵宝经箓》传自葛玄；故后世灵宝道士奉他为阁皂宗祖师。由于葛玄在阁皂山的活动及其影响，阁皂山一时成为江南道教的中心之一，吸引了不少学道者前来。

“江西葛仙迹为多，阁山最著。”[③]事实上，阁皂山上留有大量的葛玄修道遗迹。明谭嗣先编撰的《太极葛仙公传》说葛玄：“最后于阁皂东峰建卧云庵，筑坛立灶，以炼金丹。于时瑞气祥光，照映山谷。尝于洞口金沙池中浴丹，其泉忽然涌涨，金沙腾沸，至今丹池之内，金沙自沸。

① 《道藏》，第5册第230页。

② 《道藏》，第5册第232页。

③ （宋）刘辰翁《临江阁皂山玉像阁记》，（明）俞策编撰，（清）施闰章修订，傅义校补：《阁皂山志》，江西人民出版社1996年版，第37页。

又尝于西峰石壁上石臼中捣药，因堕药一粟许，有飞鸟食之，遂不死。至今月夜，其鸟鸣，作丁当杵臼声，世名捣药鸟。仙人琴高尝骑双鲤访仙公于卧云庵，相与置酒酣饮，醉而卧。及醒，双鲤已化为石。仙公乃以双鹤与之，琴高遂乘鹤去，双鲤石至今在后山间。”[①] 阁皂山的金沙池、捣药臼、双鲤石等仙道遗迹，基于民间流传的葛玄传说，具有道教仙话的典型特质[②]。阁皂山的一些仙话传说，往往可以和葛玄遗迹互证。东峰（骆驼峰）的礼斗石，是葛玄礼斗处。山中葛憩源，以葛玄曾在此休息而得名。八景玄坛，得名于葛玄冲举之日，天帝赐以八景玉舆。玉女峰有葛玄升天遗迹。骆驼峰的卧云庵、藏丹室，又是葛仙公炼丹藏丹之处。值得注意的是，就江西地区而言，当时适合道家修炼的名山胜地很多，如庐山、西山、麻姑山、金精山、武功山等。葛玄或到过这些地方，但为何不选择这些地方作为长久的修炼之地？这也许只是葛玄个人的情怀所致；也可能在于阁皂山盛产茯苓、松脂、麦门冬、天门冬、首乌、葛根、乌药、全胡、桔梗、玉竹、淡竹叶、金银花等几百种药材[③]，是一座中药药材丰富之山，有利于葛玄的修炼。“玉炉烧炼延年药，正道行修益寿丹。”据《葛仙公传》，葛玄“尤长于治病”。葛玄在阁皂山采药炼丹，种植药材，制药施诊，创樟树药业先河，辟樟树药业之源地。[④]《灵宝无量度人上经大法》卷一曰：“灵宝之气，入沙成金，入石成玉，禽生鸾凤，兽生玄龙，草木生灵芝，五谷含嘉瑞，气散成和风，气升成庆云，降为甘露，入水生夜光，在人生圣贤，以此为祖气，乃至和太一之精，众灵之首。”[⑤] 借由灵宝之气葛玄祖师在阁皂山祖庭建庵传道，樟树也成为中国最大的著名药都。

据道教文献及江西多地地方志，葛玄除二度于阁皂山较长期修炼并成就卓越外，在江西境内其他地方也积极活动，留下了不少或实或虚的

---

① 《道藏》，第6册第849页。

② 张泽洪：《阁皂山灵宝派初探》，《中国道教》2004年第2期。

③ 江西省地方志编纂委员会：《江西省宗教志》，方志出版社2003年版，第181页。

④ 李昆、黄水根、张建仕、廖九如编著：《古国名邑 中华药都》，江西人民出版社2003年版，第48页。

⑤ 《道藏》，第3册第615页。

道教文化遗迹，成为江西中古道教文化的一大突出现象。（一）葛玄因汉末混乱，避走南城，栖隐盱江麻姑山小有洞天中修炼，凿五井以应五行、五星。居山中数载，曾取“神功泉”泉水炼丹，最后于此飞升。又，麻姑山中，留有葛仙丹井，葛仙峰是其飞升之所。葛玄在南城一带，布道行医、炼丹制药、传医及中药炮制法，撰《祭炼大法》《灵宝秘诀》。受其影响，当地业医药者纷起，盱江医学兴起。（二）葛玄在天台修炼后遨游山川，进入崇仁，路经后来因葛玄涤巾而得名的涤巾涧。时值雨过天晴，溪涧现一奇特现象，北、东两条溪流在此汇合。北水混浊，奔腾湍急在溪西半边；东水清澈，和缓流淌在溪东半边。溪水行进百十来米，竟然清者自清，浊者自浊，清浊分明，至后名“葛翁井”的近点，拐九十度弯，两股水才汇合一体，混然一色，而井水却与溪水相通。葛玄见后，萌生灵感，认为浊水为黄龙，清水为青龙，井水是青黄二龙交合之水。于是，栖止结庐，汲井水炼丹。百姓闻之，以为井水有仙灵之气，称井为葛翁井。葛玄走后，竞相至井汲水酿酒。酿的酒芳香甘洌，此井因之又名醴泉井。（三）瑞昌有与葛玄炼丹相关的涌泉。《永乐大典》卷六六九八引《江州志》载：“洞霄观，旧在涌泉洞。吴葛仙翁玄修炼处。初置三清道院，赤乌二年置。”（四）上饶是葛玄活动频繁的地区，境内遗迹更是丰富。如弋阳的捣药山、葛玄冢、葛溪、葛水；横峰一带因葛玄发现的养生植物葛根；上饶灵山西峰（灵鹫山）的葛仙峰、葛仙坛。又，葛玄曾至上饶三清山活动。据德兴汾水王氏宗谱的残卷《延溪王氏重修宗谱》《泸田王氏重修宗谱》，都收录有名为葛玄所作的《三清宫记》。《三清宫记》说：“在本都，地名少华山，土壤接玉山界，昔吴葛仙公、李尚书、李仙姑炼丹飞升登真之所。”有人据此把“葛仙公”当作其侄孙葛洪。其实，依《三清宫记》所言“吴葛仙公”，当是指葛玄而不是葛洪，葛玄应是三清山道教的开山祖。又，葛玄又至铅山鹅湖山修炼。《铅书》卷三《柯仲炯鹅湖峰顶三胜记》：“鹅湖之山，……始则汉末赤乌年间，山阴令葛玄，以《四要九训》行教如此，凿石为穴，藏于陇首。”据说，葛玄炼丹于铅山县鹅湖山，并在此羽化，山上因留存有葛玄冢。在铅山当地传说中，葛玄明五经、通星气、精符箓，擅诸种奇术。

能绝欲辟谷，能分身遁形，能救死扶伤；葛玄慈心仁厚，笃诚护佑百姓，一求便灵。又，铅山葛仙山，原名云岗山，因葛玄住山后，栖心修炼而道成飞升，得名。（五）葛玄携子弟进入万安，曾在仙坊岭修行，留有马蹄印、炼丹池、炼丹灶、香烛洞等遗迹。据清王谟《江西考古录》卷七《物产·仙茅》载，仙茅其一出万安大庾嫦娥嶂，相传为葛仙翁丹液化成。（六）孙吴赤乌元年（238），葛玄先在萍乡庐溪银凤岭修炼弘道，随后进入武功山。葛玄在武功山羽化后，武功山附近乡人在银凤岭建庙观（后名葛仙观）予以纪念。（七）武功山是葛玄活动的重地。明张程《武功山志》卷二《坛宇志》载：武功山自吴大帝赤乌元年（238），葛玄入山炼丹成真。葛仙坛，在绝顶。葛玄冲举后，郡人筑室立像祀之。金顶坛，中立设葛仙石像。紫极宫，一名老坛，设葛仙石像。龙王坛，或云即葛玄炼丹池。葛玄在武功山金顶炼丹，为武功山道教有文字记载的渊源。江西境内多葛玄踪迹，流传着大量与其相关的传说、故事，尽管其中有不少是道家附会或民间创造，却也在一定程度上证明葛玄在江西广泛活动，其道教成就离不开江西。

据文献记载，葛玄培育弟子500余人，身边常有数十弟子相随，入室弟子有张泰言、孔龙、郑隐、释道微、李参、王玄冲等。葛玄实际上创立了一个有影响的道教教派，或可称为江西地区最早的教派组织。葛玄诸多弟子中尤以郑隐最为得意。郑隐（？—316），字思远。早年学儒，善律历候纬。晚而出家学道，师事葛玄（或说先师事左慈），得受《正一法文》《三皇内文》《五岳真形图》《太清金液经》《洞玄五符》等。葛玄曾于天台山告诫郑隐、释道微等弟子："吾昔从左元放先生于赤城山受五岳图及金丹经，今付于汝。其于诸品符箓、洞真、洞玄、洞神真经等，是太极真人徐来勒于会稽授我，我已流传于大江之西閤皂福地。此乃上方禁文，自有飞仙守卫，今付汝等，宗奉大法。然九天禁重，勿示非人。若有至心之士，依四极明科年劫传授。"[①]郑隐从事金丹道教的传

① （元）赵道一：《历世真仙体道通鉴》卷二十三《葛玄》，《道藏》，第5册第233页。

授与实践，并对九宫三奇、推步天文、河洛谶记等方术皆有精深的研究，是一位学识广博、道法精深之人。《抱朴子内篇·遐览》："(郑隐)由以《礼记》《尚书》教授不绝。其体望高亮，风格方整，接见之者皆肃然。每有咨问，常待其温颜，不敢轻脱也。"[①]《洞仙传·郑思远》记郑隐仁德："入庐江马迹山居，仁及鸟兽。所住山虎生二子，山下人格得虎母，虎父惊逸，虎子未能得食。思远见之，将还山舍养饲。虎父寻还，又依思远。后思远每出行，乘骑虎父，二虎子负经书衣药以从。"[②]郑隐得法后活动于南方多地，曾随师葛玄在江西的阁皂山、武功山、西山等地修道、弘道。如《西山志略》卷四"冲虚观"条记："真人郑思远修炼之所。郑尝为南昌守，弃官隐于西山，葛洪好神仙术，往从之游。"葛玄值冲虚之前，召见郑隐作最后训诫："吾昔从左元放所受太清等丹经，今悉付汝。然上天禁重，勿传非人也。若有志心之士，宜依四极明科，盟跪授之。""吾家门子孙，若有可传者，万勿秘。"道经言，葛玄所受上表三洞太真道经，自他去世后，"一通传弟子，一通藏名山，一通付家门子孙"[③]。后来，年逾八旬的郑隐悉心传法葛玄侄孙葛洪。又，葛玄在武功山培育了释道微、竺法兰两位知名弟子。《武功山志》卷四《释道微》《竺法兰》载：释道微，俗姓李，蜀人，来自东海，同竺法兰从葛公游。竺法兰，本姓王，名玄冲，访道鹤鸣、云台、嵩山少室。师事葛玄，问："道始于无，无先无后，无古无今，不审孰为先后？"葛玄答："本无先后古今，高下贵贱形象。"据《武功山志》卷七《诗文志》所记葛玄《教语》，释道微、竺法兰问："老子与悉达太子孰先孰后？"仙公曰："无先后、高下、古今形象之别，字之曰道。太子生周庄王时，在老子后，以前世有功德，服金液一升，而身皆金光，成金仙。受法化强暴之俗，明胡语称释迦文佛，为老子奉宣道场，诱化国王奉善去恶，除难消灾。太子虽仙，教民治梵，惟宗寂灭，一朝顺寂，性诚俱空。老子弘演大道在

① （晋）葛洪著，金毅校注：《抱朴子内外篇校注》，上海古籍出版社2018年版，第692页。

② （宋）张君房辑：《云笈七签》卷一一〇，齐鲁书社1988年版，第604页。

③ （宋）张君房辑：《云笈七签》卷六，齐鲁书社1988年版，第27页。

太极之先，应物自然，西入流浊，化胡王太子舍身修佛，命尹喜为佛陀耶，而胡王师之。”法兰等曰：“佛经称老子为弟子，信乎？”仙公曰：“太子受法于老子，方明至道。奈何学佛者默老子，自尊大，使圣人之道郁而不彰。且佛生右臂则贵右。老子生左臂则贵左。左主阳，阳主生；右主阴，阴主灭，非天下之至人，孰能臻于此？”二沙门因此五体投地，皈依道真。《历代真仙体道通鉴·葛仙公》关于释道微与葛玄论道的记载稍有不同，并增加了如下情节：释道微请求师从葛玄时，葛玄道：“夫人功德未备，不求仙。子等宿命功满德备，我先世已为子等师，龠绿会遇，汝将度世矣。”葛玄乃于天台山立坛，授道微五岳真形图，告之曰：“此太上传命之信，执之游八方名山，三界奉迎。”又以太上金丹经、灵宝自然五称宝曜文、三皇内文、大有妙经金书、玉光灵书、紫文大洞三十九章、太霄隐书、明镜图录等，并太极龙腾芝草一茎，告盟仙官，各令佩身。命弟子郑思远具宣口诀。道微既受指要宝经灵药，不饥不渴，愿少留侍葛玄左右。葛玄道：“子心存我，我即可见，不必依恋。今子凡躯始学，未得洞视。子当登嵩高，到彼见诸真，当复教子矣。后五年，又当付子秘诀，成子之道，方得洞见无形，睹十方如指掌、若明镜中物尔。子等当处阆风台三百年，应升天也。夫仙道有即世白日升天者，亦有十年数十年数百年者，三千岁五千岁一万岁乃得升天者。其未得升举之时，权舍诸五岳名山，洞天福地，及八海中复有十洲三岛，皆七宝宫殿、琼楼玉房，自然金银珠玉，神仙之药，珍奇异宝，百千万种，不可名状。自然音乐，声发太虚，鸾凤麒麟，交罗戏舞。玉树琼林之中，清风雅出，皆如九韶之音。凡仙人未得升度者，居此山内外宫殿，宴乐从容。子辈同游，岂不幸耶。但广积善功，当游五岳，谒诸真公。吾今不得停此诸山，与众真游息。子斋七日，可服前芝，不须饮食，和气怡然，未有耄期。况进修大经乎。”葛玄又与道微仙药一粒，令辟谷，除五味食嗜之类，可以远游名山，绝人世事。道微受服，及流明七曜紫丸之丹，即觉体轻，心神怡然，无所思欲。及百日斋竟，葛玄又告诫道微道：“子当还嵩山，斋三年。后往王屋山清斋，精思大法。”值得注意的是，从姓氏可知，释道微、竺法兰均是佛教人士，但他们又追随葛玄学道，这在一定意义上说明了当时道佛交结并相互融合，早期佛教依附道教的情形。葛玄的弟子们虽然大都不以江西为主要活动地，但无疑对江西的道教风物产生了深刻的历史记忆，宣扬了江西道教。

閤皂山因葛玄而成为天下灵宝派道士所信向的祖庭。所谓“(閤皂山)灵异磅礴，号称清都，其来久矣，而葛仙尤为最著云”[①]。随着唐代中期以来灵宝派发展成为符箓派道教的大宗——閤皂宗[②]，葛玄及其閤皂山道教影响整个中国道教十分深远。譬如，閤皂山之所能成为道教洞天福地的第三十二福地，关键就在于葛玄的影响。

葛玄在道教中的地位较高。萧梁陶弘景撰《洞玄灵宝真灵位业图》，排列道教仙真神位，将葛玄排列于第三左位，其注释称“吴时下演灵宝，下为地仙”[③]；排列在第六地仙散位的仙真中也有葛玄，注释称葛玄：“初在长山，乘虎使鬼，无处不至，位在太极宫。”[④]北宋崇宁三年(1104)，徽宗封为冲应真人；南宋淳祐六年(1246)，理宗封为冲应孚佑真君。葛玄被道徒尊称为“太极左仙公”“太极仙翁”“葛仙翁”“葛天师”等。葛玄在中国道教史上名声卓著，时人撰有《太极葛仙公内传》1卷，书名被《隋书·经籍志》辑录；东晋葛洪撰《神仙传》，为葛玄编写了传记；萧梁陶弘景撰《吴太极左仙公葛公之碑》。以后有关葛玄事迹的传记不断，最为完备的当属元赵道一《历代真仙体道通鉴·葛仙公》。这都以葛玄在閤皂山及江西其他山头的道教功业密不可分。就道史而言，葛玄在道教史上的地位，借助太上老君而确立。《历世真仙体道通鉴·葛玄》载，葛玄一日游会稽间，逍遥自适。有会稽贾人自海中还，过一神庙，忽睹庙吏延贾人曰：“欲寄一笺与会稽山葛仙公。”即以书函掷贾人船中，函盖如钉，拔之不动。及还会稽白仙公，仙公接书函，即自发。乃东华小童君书，题曰“太极左宫仙公合下”。字皆科斗古文，人因见其书，乃

① 参见(明)俞策编撰，(清)施闰章修订，傅义校补：《閤皂山志》，江西人民出版社1996年版，第1页。

② 江西省地方志编纂委员会：《江西省宗教志》，方志出版社2003年版，第181页。

③ 《道藏》，第3册第275页。

④ 《道藏》，第3册第278页。

知仙公名在天阙久矣。《云笈七签》“道教相承次第录”中说传授《云台正治官图》《治山灶鼎》等道书道法的有四十一代，第一代是太上老君。太上老君鉴于“正道不继”再降庐山，敕左元放授施存、葛玄，令继代为仙官世祖。又，葛玄的道法来源，较为神秘，多托为太上老君所授，颇类天师道创始人张陵所为，其他符术、丹术等道法也较为相类。这大概是两人都处于道教创立的时代。所以后来道教把葛玄列为四大天师之一，大概也是把他归属于天师道的人物。

在相当意义上是江西成就了葛玄在中国道教史上的地位。诚如铅山葛仙山玉虚观太极殿正门石刻楹联所颂：“三清古道千秋业，四要玄机万世师。”葛玄在江西的活动，对江西道教文化也产生了相当深刻的影响，有力地支持了江西成为中国道教发生发展的重要区域。

第三节　张盛与创建龙虎宗

孙吴时期，张陵曾孙张盛回归江西龙虎山，开创天师道龙虎宗，江西成为天师道初步传播的地区，由此江西（中国）道教的生态开始发生重大的变化。

一、张盛回归龙虎山的事实

龙虎山是东汉中期张陵开创天师道的策源地。然而，张陵后来离龙虎山至四川鹤鸣山正式创立天师道教，遂使龙虎山道教事数十年归于沉寂。龙虎山道教的再度兴起实缘于张盛。

道史一般记载，张盛，字元宗，天师道系师张鲁第三子。随张鲁投诚曹操后进入中原地区。曹操授之奉车尉、散骑侍郎，封都宁侯。后择机悄然南下，回归先祖张陵修道胜地龙虎山，重振龙虎宗道教。然而，因记载早期龙虎山天师道的文献资料很少且相当模糊，有研究者并不认同张盛回归龙虎山、重振龙虎山道教的事实。例如，《历代通览辑览》卷七十三载：宋真宗大中祥符九年（1016）赐信州龙虎山张正随为贞静先生，“王钦若为奏立授箓院及上清观，蠲其田租，自是凡嗣世者皆赐号”。有研究者据此即认为：“很可能龙虎宗便是从这个时候开始。至于张盛移居龙虎山为龙虎宗肇始的说法，恐亦系张正随为了提高其地位而造作出来的伪托。”[①] 又，清末民初时期，在洛阳出土了一方“张盛墓石”，上有隶书“故左郎中，邓里亭侯，沛国丰张盛之墓”，有研究者据此认为张盛南下，而是终于洛阳。[②]然而，此墓石所记内容，与道教典籍《历史真仙体道通鉴》卷十九《张滋》条所记天师第四代张盛有很大的差异，或是两个“张盛”？又据史料记载，南唐后主曾建张天师庙于信州龙虎山，时为天师 21 代。另外后周学者孙夷中《三洞修道仪序》说：“天师之裔，世传一人即信州龙虎山张家也。”可证在唐末五代时期，龙虎宗已确立，创建龙虎宗的张家子弟南渡当在唐以前，因为孙夷中时代已有信州龙虎山张家为天师世传后裔之说，五代总共只经历了 53 年，则在唐代甚至更早龙虎宗即已世袭相传了。张正随创立龙虎宗的说法难以成立。又据陈国符先生考证，“盖南朝科律，以天师后裔为南朝天师道首领也”[③]，说明南朝时期“张天师”已颇有影响。因此，张盛回归龙虎山，重振龙虎山道教的事实，不应轻易否定。

关于张盛具体何时从中原南下回归龙虎山，也是争议不断。或认为是在西晋后期的永嘉年间。例如，《历世真仙体道通鉴》卷十九《张滋》云：“(张盛在得曹操受官爵后)尝喟然叹曰：‘吾先世教法，常以长子传授；而诸兄皆不娶，可使至此无传乎？’西晋永嘉中，夜望大江之东，有瑞气彻天，谓其妻曰：‘是可成吾丹矣。’乃弃官南游，至鄱阳郡，望之，曰：‘近矣。’即山行五日，至一处，山岭秀丽，登而喜曰‘吾得之矣’。山顶有真人丹穴，井灶存焉，乃昔日炼丹修养之地。遂就其井穴左右结庐。居一年，卢氏来寻之。遂与同居此山，得一子。居九年，丹成，一日，尸解而去，人呼其龙虎，子孙多居山之北。”明王祎《青崖丛录》记：张陵曾孙盛，于西晋永嘉中移居今江西贵溪之龙虎山，为龙虎宗之肇始。另外，唐释玄嶷《甄正论》云：“晋武帝平吴之后，道陵经法流至

① 卿希泰：《有关五斗米道的几个问题》，《中国哲学》1980 年第 4 辑。

② 刘昭瑞：《考古发现与早期道教研究》，文物出版社 2007 年版，第 46—50 页。

③ 陈国符：《道藏源流考》附录四《南北朝天师道考长编·署职篇》，中华书局 2014 年版。

江左。”[①] 日本道教学者小林正美似乎也认为是永嘉南渡[②]。

然而，更有可能的是，张盛于曹魏时期即已南下居龙虎山。据《龙虎山志·天师世家》记张盛事迹时言，张盛不接受曹操所授的官爵，“携印剑经自汉中还鄱阳龙虎山”[③]；历代《汉天师世家》也说张盛不接受曹操所封官爵，自汉中还鄱阳，入龙虎山。如此，张盛南下的时间应是东汉末年（广义的“三国时期”）。《广信府志》及明代史学家都认为是汉末南来的。明胡应麟《少室山房笔丛》卷四十二《玉壶遐览》:“汉第一代天师张道陵为玄教宗。继张鲁，三国时，居汉中，其子盛，魏封都亭侯，复还龙虎山，升坛授箓。”民国吴宗慈《张道陵天师世家》曾质疑：张盛曹魏初期时归龙虎山，“其言绝不可信。彼时三国分疆，信州在孙吴境内，张盛非叛魏奔吴，何能入此乎”？其实，这一质疑根据不足，据前所引，南朝天师后裔为江南天师道首领。不仅如此，两晋天师道在江南流传甚广，大族信奉者众多，非一日可成此形势。张盛回龙虎山当在汉末三国初，其时天下大乱。三国即使已成也不可能如今日边界那般严密，教徒百姓南来北往并不必“叛魏奔吴”。事实上汉末三国时期，道教人士奔赴江南者大有人在。况江南文化本就“俗好巫鬼”，道风浓厚，道教在孙吴的统治下，发展相当迅速。东南相对安定，很多中原民众迁到江南，巴蜀也有不少人迁往江南，内中有晓道术之士，张盛在汉末三国初年从曹魏地域来江南也不致受阻。再说孙权对宗教活动不像曹魏那么控制严密，孙权本人也相当崇信道术，对道教实行宽容政策。以三国分疆来否认张盛南下是站不住脚的。有方家认为：据《三国志·张鲁传》的记载，建安二十年（215）张盛投降曹操以后，其五子皆被封为列侯。张盛既为张鲁的第三子，当然也在封侯之列。但从建安二十年到西晋永嘉的时候，

---

① ［日］高楠顺次郎等编：《大正新修大藏经》第52卷第561页，台北，佛陀教育基金出版部1990年版。

② ［日］小林正美著，李庆译：《六朝道教史研究》四川人民出版社2001年版，第180页。

③ （民国）吴宗慈：《张道陵天师世家》，收在《江西文献丛书》甲集之六，民国三十六年印行。

其间相隔九十多年，若张盛尚在，当已百岁以上，不可能再由四川跑到江西去。[①] 这种分析虽颇有道理，但由此否定曹魏时期张盛南下至龙虎山的事实，则过于推测。事实上，张盛于曹魏初期至龙虎山复教是更符合逻辑与现实的。

有研究者认为："道教自己有一种说法，宣称张鲁之子张盛永嘉年间移居江西龙虎山，……此说在史学界造成了一些混乱，考之史籍并无根据。"[②] 并以两大理由，以期证明天师后嗣不在龙虎山。其一，"东晋道书《元始上真众仙记》说到张陵，'治在庐山，三师同宅'。还有《南史》卷四记萧齐代宋前各种祥瑞，其中有一井中所出木简，'长一尺，广二分，上有隐起字，曰庐山道人张陵再拜诣阙起居'。从这两条材料看来，在东晋南朝时人们心目中，张陵成仙后墓地在庐山，儿子孙子也在那里，与龙虎山毫无关系。"其实，据《天师世家》《后汉书 · 刘焉传》《三国志 · 张鲁传》载，张陵死于巴蜀，其孙张鲁从巴蜀入汉中，张陵之墓自然不可能在庐山。张鲁死后，其长子张富继其爵，其墓并无南移之说。据《真诰》卷四陶弘景曾注说："张系师（张鲁）为镇南将军，建安二十一年亡，葬邺东。"或许是某些道徒为了抬高自己的地位而没有根据地把张陵之仙位"请"到庐山。另外，旧题东晋葛洪撰《元始上真众仙记》，据《四库全书总目提要》谓系后人伪作。查其书，以元始天尊为最高神。而《上清经》中始有元始天王之称，还不是最高神。灵宝派乃改为元始天尊，显见其书为南朝作品。因此，所谓张陵"治在庐山"之说，当为南朝时人所杜撰。南朝各地多建有天师馆，梁武帝时，天师第十二世孙立招真馆于海虞县之虞山；陶弘景于茅山立朱阳馆，梁代永嘉有天师治堂。北魏郦道元《水经注》卷十七记泿水"西山上有张天师堂（即张鲁治），于今民事之"。卷三十三巴郡平都县，"县有天师治"。可见天师治在南朝散见各地，天师之教得到广大人民的信奉。庐山所谓"天师治"是道徒为了尊崇天师而于庐山建立之天师治所。刘宋孝武帝

① 卿希泰：《有关五斗米道的几个问题》，《中国哲学》1980 年第 4 辑。
② 钟国发：《前期天师道史论略》，《中国史研究》1983 年第 2 期。

时，陆修静曾置馆于庐山，陆氏信奉天师道，并传布灵宝斋法，则在此馆内陆氏当仍行天师道法和灵宝斋法。南朝道馆，已立神仙之位以供奉之。所谓“治在庐山，三师同宅”，可能是有道徒以三张之位立于庐山天师治中，并非三张真的在庐山，其子孙当亦与庐山无关。其二，论者又谓：《全梁文》卷十四简文帝《招真馆碑》及《茅山志》卷十五有普通三年（522）所立《九锡真人三茅君碑》，曾记张陵第十二世孙张道裕及九、十世孙等皆不在龙虎山。其实，这两大质疑理由只能说明天师后裔不是都在龙虎山，并不能推断出天师后裔不在龙虎山的结论，毕竟有天师后裔在他处，与龙虎山有天师后裔并不冲突。张鲁本有五子并女儿，五子都被曹操封以侯爵。张盛只是张鲁第三子，张鲁后裔自当不止张盛一系。另外，天师道法世传一人，其余子孙虽传有道法，却不是传教继嗣天师。诚如《要修科仪戒律钞》卷十引《太真科》所言：“天师之孙，受箓不受治。”魏晋以来，天师为了保存自己及道法而“谷隐自保”，归隐深山幽川之中。值南朝时天师道传布江西，龙虎山的某些天师后裔为弘扬道法而四出传教，以致成家立宗于外也不是没有可能的[①]。

二、张盛创建龙虎宗

张盛随乃父张鲁投诚曹操后，任官封侯，享有较高的政治地位与社会影响，然而却最终选择南下龙虎山复教，创建天师道龙虎宗。

天师道在汉魏时期尚未得到官方的认可。在大多数上层人士的心目中，天师道实为违法乱纪、害国祸民之群体，被斥之为“妖”“贼”。曹操自掌权始，一直警惕民间宗教，他征服汉中张鲁后，对以张鲁为代表的天师道首领、骨干采取优宠与限制的两面手腕，实行“圈养”政策，任之相当的官爵而把他们世俗化，却不承认其宗教领导权。曹魏政权虽没有公开地严格限制天师道，但严禁祷祝祠祀，推测以行章符咒文请祷的天师道宗教活动受到了不小的限制，不得自由发展。由此，曹魏对天师道的政策，破坏了“三张”教主权威，张鲁及其子孙在事实上丧失了对天师道的领导权。如此一来，张氏家族想在曹魏统治下的北

① 郭树森：《张盛南下龙虎山考》，《道教文化钩沉》，华夏翰林出版社2005年版。

方地区有效地传播发展其宗教，已是不可能。这对于作为宗教世家的张氏家族成员来说自然是极为痛苦不堪的。与此同时，随着“三张”教主权威的破坏和张氏家族对天师道领导权的丧失，天师道事实上陷入了群龙无首、组织瓦解的混乱状态，各自为政的“祭酒自治”一时成为天师道最主要的活动方式。客观而言，“祭酒自治”能够发挥祭酒们的主观能动力，在一定的时空中有利于天师道的传播发展。然而，大多数祭酒并没有张氏家族那般有强烈的宗教意识和宗教素质，“自治”往往演变成他们借神道敛财、争权夺利的工具，由此严重地败坏了天师道信仰的神圣性、统一性。正是在这一背景下，有“大道家”以解说《正一法文天师教戒科经》(包括《教戒科经》本文、《天师教》《大道家令戒》《阳平治》《天师五言牵三诗》五个部分)的形式呼吁改革整顿现实中的天师道[①]，试图重树“三张”及张氏家族的权威，并以拯救和重振张氏天师道。

关于《正一法文天师教戒科经》的创作者，文献阙载，研究者一般都认为是张氏家族的重要人物。例如，胡适认为《正一法文天师教戒科经》应是张鲁嗣子张富的教诫或遗嘱。[②]其主要根据是,《家令戒》中“父死子继，弟亡兄荣”句符合张鲁家史,“必是张鲁少子为后，而后来嗣爵的张富为其兄”；大渊忍尔据《魏志》中材料复证之，饶宗颐指出经中“义国损颠”“魏氏承天驱除”等语可证曹魏无疑。张松辉文依据《家令戒》等篇中的思想主张、对曹魏政权的矛盾态度以及书中记载的有关

① 关于《正一法文天师教戒科经》产生的时代，马承玉先生总结比较了胡适、大渊忍尔、饶宗颐、柳宗仁、张松辉、吴相武、杨联升等先生的曹魏说，汤用彤、唐长孺先生的十六国元魏说，小林正美先生的刘宋末期说，对该经的来龙去脉进行了全面的考证，最后得出结论认为该经“应是魏晋之际的作品”。参见马承玉：《〈正一法文天师教戒科经〉的时代及与〈老子想尔注〉的关系》,《中国道教》2005年第2期。又，刘绍云先生指出：“于《正一法文天师教戒科经》的成立时间，刘宋末说、元魏说都受到较多的质疑，而曹魏说则受到越来越完善有力的论证。”并由此展开了论说。参见刘绍云：《宗教律法与社会秩序——以道教戒律为例的研究》，巴蜀书社2009年版，第19—21页。笔者在阅读诸多研究文献后，认同曹魏说。

② 见饶宗颐：《老子想尔注校证》附二《有关大道家令戒之通讯》，上海古籍出版社1991年版。

历史情况等内证，认为本经成书于曹魏正元年间。马承玉认为《家令戒》《天师教》《阳平治》应为魏晋之际驻洛阳的第四代天师张盛在正元二年正月七日三会日上发布的系列教戒。须明确的是，《正一法文天师教戒科经》的“五文”，虽属完整一体，并可能曾同时被宣讲，但未必作于一人、一时。[①] 作者的身份，首篇及《牵三诗》出于张陵或某代嗣教者，《家令戒》是假托于“大道家”作的训诫，《天师教》《阳平治》假托张陵。至于真实作者，若孤立地来看，《天师教》《牵三诗》本身信息不足，难以判断。但若与《家令戒》《阳平治》联系起来看，则较容易推测，《牵三诗》是以祖天师张陵或其后的某位天师或是以泛指的神格化“天师”口吻将守戒的思想、清整道教的时代任务总结成简单易诵的诗名，传授给道民，以便道民传颂记取，《天师教》与此相类。五篇经文内容相应，主旨一致，《首篇》《家令戒》《阳平治》为主为实，而《天师教》《牵三诗》分别与之相配，为辅为虚，当由第四代天师张盛或天师道骨干成员在相隔不长的时间内相继作成，并最后加以合编，而成为“大道家”宣说的基本依据。[②] 又，宣说《正一法文天师教戒科经》“大道家”是谁，是一个人的名号，还是多个人集合的名号，无文献资料说明，无从知晓。方家或称，《正一法文天师教戒科经》“应为张盛在三会日上发布的系列教戒”[③]，也就是说大道家可能是张盛。虽然这有推测成分，但不管如何，从其讲道中充满着教训弟子的口气和努力维持天师道的态度，应是张天师家族重要的子弟，即使不是张盛本人，也应与张盛关系相当密切。“大道家”不一定完全直接地参与了《正一法文天师教戒科经》的文字创作，

---

① 例如，饶宗颐就曾怀疑《正一法文天师教戒科经》各篇非为同一时期作品，认为《家令戒》《阳平治》作于曹魏末期，前者出于张富，后者出于张鲁子弟或后人与天师道有密切关系者，《天师教》可能为汉末张鲁所作，而首篇及《牵三诗》则未能确定。任继愈则认为，《正一法文天师教戒科经》系由五篇天师道科戒合编而成，约成书于十六国北魏时。但其中《大道家令戒》《阳平治》二篇则为曹魏末年张鲁后裔发布之教令。按：任氏合编说有一定道理，但据本书下段，合编的年代不应晚至十六国北魏。

② 参见刘绍云：《宗教律法与社会秩序——以道教戒律为例的研究》，巴蜀书社2009年版，第20—21页。

③ 马承玉：《〈正一法文天师教戒科经〉的时代及与〈老子想尔注〉的关系》，《中国道教》2005年第2期。

但他重点宣说此经，自然也可以算是此经的重要创作者之一。《正一法文天师教戒科经》的思想，正是大道家的思想。大道家深切地感受到天师道发展的危机，主要来自内部的天师道丧失制度而趋于瓦解与外部国家宗教政治压制而难以调适的两大方面。因此，围绕着内部的整顿和外部适应的两个主题，成为大道家思考和宣说的基本内容。

大道家借天师道创始人张陵之口，严厉批判了祭酒主者各自为政、不守教规、贪财好利、腐化堕落等现象。《正一法天文天师教戒科经》说："从建安、黄初元年以来，诸主者祭酒人人称教，各作一治，不复按旧道法。""祭酒主者，男女老壮，各尔愦愦，与俗无别。口是心非，人头虫心，房事不节，纵恣淫情。""（祭酒们）但贪荣富、钱财、谷帛、锦绮、丝锦，以养妻子为务。掠取他民户赋，敛索其钱物，掠使百姓，专作民户，修农锻私，以养妻奴，自是非他，欲得功名荣身富己。""太和五年以来，诸职各各自置，置不复由吾气真气。领神选举，或听决气，信内人影梦；或以所奏，或迫不得已，不按旧仪，承信特说；或一治重官；或职治空决，受职者皆滥对天地气候理三官文书，事身厚食，奏及诸闲官无文书之职，皆当随时坐气，名荷天官，常处神明之坐，以憍世俗，非忠臣孝子之道，曾不知悉，语闻灾责，已如逢灾遇害，如反怨，妄言奉道无益，此乃有罪三千，从尔如己也。"当时许多道民在三会之日不赴师治参加集会，不报户籍，不交租米命信。一些道官（祭酒）更"妄相置署，不择其人，佩箓惟多，受治惟多，受治惟大，争先竞胜，更相高下""纵横颠倒，乱杂互起，以积衅之身，佩虚伪之治箓。身无戒律，不顺教令，越科破禁，轻道贱法。恣贪欲之性，而耽酒食，背盟威清约之正教，向邪僻袄巫之倒法"[①]。总之，大道家指责祭酒们严重地影响了天师道的生存与发展。这令他忍无可忍，借张陵之口直言警告："吾不能复忍汝辈也！欲持汝辈应文书，颇知与不？"同时还声称太上老君推论旧事，"诸受任主者职治祭酒，十人之中诛其三四，名还天曹，考掠其罪，汝其慎之！"

① 《道藏》，第 24 册第 780 页。

大道家大声呼吁整顿道教，竭力重树天师的绝对权威性，意图使祭酒重归“天师”门下。《正一法文天师教戒科经》编撰了一个“老君授道”的谱系：琅琊以授干吉（于吉）太平之道——复作《五千文》付关令尹喜——西入胡授以道法——西汉时出黄石之书以授张良，最后，东汉汉安元年（142）五月一日老君于蜀郡临县渠停赤石城授张陵正一盟威之道。然天师道自汉中迁徙中原以来，祭酒各自为政，扰乱正道，现在，大道家发布《大道家令戒》，重申《想尔》《妙真》《三灵》《七言》要旨，在于“以道教人”。《正一法文天师教戒科经》叙述三张天师道的始末事实。书末有天师五言咏道诗十一首，如曰：“牵三复牵七，希仰入九室，披衿就灵训，喧然万事毕。”末首则曰：“恨无自然分，缠绵流俗间，仰意归长生，庶得厕群贤。”乃见天师道初复时，其语尚谦，未以世袭之天师自居。《正一法文天师教戒科经》编撰“老君授道”的意图，旨在强调太上老君为神道的宗祖，天师道具有毋庸置疑的正统性，天师具有毋庸置疑的神圣性。[①]

大道家意识到，要有效地展开对天师道内部的整改，重建“张天师”权威，需要得到统治政权切实有效的支持。因此，大道家在发扬《老子想尔注》“道君”政治思想的基础上，提出了“助国扶命”（或称“佐国扶命”）的宗教政治主张。其具体要求是：将尊王作为新的政治价值指向，改变了过去天师道“道治”批评与排挤世俗王权的做法；将《道德经》作为自己的基本经典和基本思想源泉，进一步构建或完善天师道的“神道观”；在组织上要求改革祭酒制度，并重新申诉“老君神授”是天师道“道治”的权威性来源；明确宣布奉道的宗旨在于使人得仙，生活幸福，虔诚奉道是全部经教活动的基础；援儒入道，将儒家道德伦理融摄为了天师教的神圣道德伦理，减少了道教信仰与儒家文化的冲突。[②]

早期天师道虽然有“祭酒主以老子五千文，使都习”的主张，然其

① 周德全：《道教与封建王权政治交流研究》，人民出版社 2015 年版，第 177 页。

② 周德全：《道教与封建王权政治交流研究》，人民出版社 2015 年版，第 172 页。

核心信仰及其方式是“鬼神”与“斋醮符箓”。当然“三张”注意了神道理论的重要性，造作了《老子想尔注》宣扬神道。不过，其神道理论粗陋，不成系统，神道设教的功能不能显著体现。此时，大道家对“神道”的重要性有了十分清醒的认识，因此在《正一法文天师教戒科经》中，构建了较为系统的“神道观”。“道”至尊至神，“道”为“神”，这个“神”为天地之宗，万物之主。《大道家令戒》曰：“大道者，包囊天地，是养群生，制御万机者也。无形无象，混混沌沌，自然生百千万种，非人所能名。自天地以下，皆道所生杀也，道授以微气，其色有三，玄元始是也。玄青为天，始黄为地，元白为道也。三气之中，制上下为万物父母，故为至尊至神，自天地以下，无不受此气而生者。诸长久之物，皆能守道含气，有精神乃能呼吸阴阳，道生天，天生地，地生人，皆三气而生。”《道德经》之“道”，是哲学本体意义上的“道”，是对世界本质的理论概括，是“道法自然”。而在《正一法文天师教戒科经》中，继承了《河上公章句》《老子想尔注》等将“道”神化的传统，明确认为，“自天地以下，皆道所生杀也”，“道”对万物具有生杀予夺的神圣权力，故“至尊至神”，其神道观自然得以神圣。其次，《正一法文天师教戒科经》以“神道”信仰为基础，形成了天师道的尊王敬孔观、戒律观、新的道治观和得福观。“但当户户相化以忠孝、父慈子孝、夫信妇贞、兄敬弟顺，朝暮清净，断绝贪心，弃利去欲，改更恶肠，怜贫爱老，好施出让，除去淫妒、喜怒、情念，常和同腹目，助国壮命，弃往日之恶，从今日之善，行灾消，无病得，为后世种民。”“若好生乐道，无老壮端心正意，助国扶命，善恶神明具自知之。不可复为妄想，或以邪伪之人言。言我知道，以道教人。”因而初步形成了一个以“神道”贯穿“经教”与“人道”的宗教文化信仰体系。

大道家认为，要制止祭酒、教徒的腐败堕落，维护天师教团组织纲纪，重振天师道，必须重视道教的戒律建设。《正一法文天师教戒科经》的戒律思想上承《老子想尔注》，如其中“人不念道，道不念人，人之若鱼，道之若水，得水而生，失水而死，道去人虚”的语句是对《老子想尔注》“诫为渊，道犹水，人犹鱼，鱼失渊去水则死；人不行诫守道，道去则死”的改版；“以戒自检，行止举动爱欲之间守戒不违，心无邪倾。若见色利，以戒掩目；若闻好恶之言，以戒塞耳；若趣向奸非，意欲恶事，以戒折足”的戒规，是对《想尔注》“不欲视这，比如不见，勿令心动。若动，自诫”，“自威以道诫，自劝以长生”的继承，等等。《正一法文天师教戒科经》将《老子想尔注》等的道戒思想发展成了戒律，形成了五戒等戒条，成为道教初期的戒本，总结了道教戒律萌生时期的戒律思想和主要戒律内容。[①] 大道家要求道民遵守戒律，以戒制情、以戒自检。“诸贤者欲除害止恶，当勤奉教戒。戒不可违。”大道家也充分认识到天师道教戒律制度的不足，因此积极吸收儒家伦理道德思想和佛教戒律以充实完善自己的道戒。《正一法文天师教戒科经》努力劝人以积德行善来追求成仙，如：“其能壮事守善，能如要言，臣忠、子孝、夫信、妇贞、兄敬、弟顺，内无二心，便可为善得种民矣。”“真人法天无为，故致神仙。道之无所不为，人能修行，执守教诫，善积行者，功德自辅，身与天通。”“天道无亲，唯与善人。善人保之，以致神仙，非富贵者求而能得，贫贱者鄙而无与。能专心好乐，精诚思念，修身行善，则与道合。”“奉道但当积修功德，谦让行仁义，柔弱行诸善，清正无为，初虽勤苦，终以受福。”要成仙，须行善。在《正一法文天师教戒科经》中，大道家将佛教“五戒”改造成了天师教五戒：不得淫泆不止；不得情性暴怒；不得佞毒含害，自赖于人；不饮酒；不得贪利财货。天师道五戒没有与佛教五戒之“不杀生”戒条类似的戒文，反映了道教吸收佛教五戒的一个过程。对于天师道五戒，《正一法文天师教戒科经》要求：“贤者正心守道，不可懈惰，当以勤确。愚者自戒，庄事勤修。”[②] 天师道吸收佛教戒律文化，可以理解为双方共同的文化属性所致，同时也是天师道自我改革与提高的重要内容。

大道家苦口婆心、劳心劳力，意在使让道民明白：“道”是乱世救

① 刘绍云：《宗教律法与社会秩序——以道教戒律为例的研究》，巴蜀书社 2009 年版，第 21—22 页。

② 《道藏》，第 18 册第 232—233 页。

命之本，但信道必须与时俱进。曹魏政权对天师道的政策，天师道徒不满乃至怨恨者不在少数，而“祭酒自治”更加使天师教步入危险的境地。如不知“变”，天师道只有死路一条。大道家因此宣称：“知变便能改心为善，行仁义，则善矣。”《大道家令戒》警告：“流移死者，以万为数，伤人心志。自从流徙以来，分布天下，道乃往往救汝曹之命。”然大部分道民不知底里，甚至“人意乐乱，使张角黄巾作乱，汝曹知角何人，自是以来死者为几千万人邪”。[①]大道家深刻反思张角太平道覆灭的原因，认真思考天师道的前途，由此较为现实地认识到天师道的实际境况。其将天师道拟之为“鱼”，而将“道”拟之为“天网”，相当生动地描述了天师道在曹魏政权统治下的生存特征。所谓“道之弘大，方圆无外，天网恢罗，人处其中，如大网捕鱼，鱼为游行网中，岂知表有网也，牵网便得，放网乃脱，人不知真道大神，如鱼之不知网也”[②]。因此，大道家三令五申要求祭酒及道徒们放弃与现实政权相对抗的不切实际的妄想，尤其奉劝那些对曹魏政权不满怨恨者，“随其所欲，虽初快心”，但结果必然是“后自当悔之深远”。同时，大道家肯定曹魏顺天应命而对国家社会的巨大功德，符合天师道的教旨。《大道家令戒》曰：“魏氏承天驱除，历使其然，载在河雒，悬象垂天。是吾顺天奉时，以国师命武帝行天下，死者填坑，既得吾国之光，赤子不伤身，重金累紫得寿遐，亡七子，无五侯，为国之光，将相属侯封不少，银铜数千，父死子系，弟亡兄荣，沐浴圣恩，汝辈岂志德知真所从来乎？昔日开门教之为善而反不相听，从今吾避世以汝付魏，清政道治，千里独行，虎狼伏匿，卧不闭门。奸臣小竖，不知天命，逆顺强为妖妄，造者辄凶及于子孙，汝辈岂知其原耶？”[③]在此，大道家将曹魏政权视为“承天”，将其统一天下的征战喻为“天命”，将天师顺从曹魏之命迁徙洛阳等地称为“顺天奉时”，并矫称自己为“国师”，曹魏征服天下正是天师的意旨，称教内那些不服天师

① 《道藏》，第18册第236页。
② 《道藏》，第18册第232页。
③ 《道藏》，第18册第237页。

命令者为“奸臣小竖”，祭酒自治，各自为政，以致造成“今奉道专者，万无一人”的严重局面，因此，大道家反复申明，只有精行奉道，才能成为种民，因为“人不念道，道不念人，人之若鱼，道之若水，鱼得水而生，失水而死，道去人虚，何望久生也。要在精进存念”[①]。大道家实际上已经将曹魏政权视为政治权威，认为奉道和顺从曹魏政权丝毫不矛盾，而这种主张在教内没有获得一致的认同，故大道家对祭酒和道民的顽固反逆深感愤怒。大道家对曹魏王权态度的肯定性话术，自然与曹魏统治者礼遇天师道上层有关，同时也有借曹魏国家权力重振张氏天师道教的企求。

大道家充分意识到，尊王是争取王权政治支持的关键，因此将向道民传播“忠孝”视为自己的天职。《正一法文天师教戒科经》曰：“吾晨夜周流四海之内，行于八极之外，欲令君仁臣忠、父慈子孝、夫信妇贞、兄敬弟顺、天下安静。”[②]他宣布了天师道的新戒科，其文曰：“奉道不可不勤，事师不可不敬，事亲不可不孝，事君不可不忠，己身不可不宝，教戒不可不从，同志不可不亲，外行不可不愚，内实不可不明，语言不可不慎，祸患不可不防，明者不可不请，愚者不可不教，仁义不可不行，施惠不可不作，孤弱不可不恤，贫贱不可不济，厄人不可不度，生物不可杀伐，厄事不可不避，色欲不可不绝，贪利不可不远，酒肉不可不节，善人不可不敬，恶人不可不劝也。”[③]这 25 个“不可不”的教诫，庶几全面反映了大道家奉道尊王的入世态度，正是天师道“助国扶命”政道观的具体阐释。与此同时，大道家认为，道教之“道”在于秩序，维护秩序是道教的神圣使命，而“和”就是道教最基本的秩序。《正一法文天师教戒科经》曰：“道以冲和为德，以不和相克。是以天地合和，万物萌生，华英熟成。国家合和，天下太平，万姓安宁。室家合和，父慈子孝，天垂福庆。贤者深思念焉，岂可不和？天地不和，阴阳失序，冬雷夏霜，

① 《正一法文天师教戒科经》,《道藏》，第 18 册第 234 页。

② 《大道家令戒》,《道藏》，第 18 册第 236 页。

③ 《正一法文天师教戒科经》,《道藏》，第 18 册第 232 页。

水旱不调，万物干陆，华叶燋枯。国家不和，君臣相诈，强弱相陵，夷狄侵境，兵锋交错，天下扰攘，民不安居。室家不和，父不慈爱，子无孝心，大小忿错，更相怨望，积怨含毒，鬼乱神错，家致败伤。此三事之怨，皆由不和。天地不和，阴阳错谬，灾害万物。国家不和，豪杰争权，禁令不行，害及万民。室家不和，祸起贪欲财利者，忿怒相加，以致灾殃。"[①]"道"最核心的"德"在于"冲和"，一切自然圆满。大道家强调"和"具有深刻的含义——道教应与统治者形成和谐的关系。

原本天师道旨是于传统的封建王权范围之外建立一个教主自治的"国中之国"，其"道治"是排斥现实王权的。然而，现实王权是绝不允许违背"普天之下，莫非王土，率土之滨，莫非王臣"的封建政治规范的。而天师道的道治，与地方的割据几乎没有差异，自然不为王权所允。大道家因此明确宣称，天师道的宗旨就是"好生乐道"，并认为，如欲实现这一理想，就必须信奉"助国扶命"的新"政道"观念。大道家提出"助国扶命"的政道观，使天师道发展方向转型，这是张氏天师道直面现实王权政治和儒家道德伦理的积极回应，也是后起的神仙道教道派共同的价值取向。[②]这表明，张氏天师道既主张"神仙"信仰，又认为应当承认世俗王权和儒家的合理性，这就构成了张氏天师道"奉道"的时代新特点。[③]大道家创作与弘传《正一法文天师教戒科经》，是天师道发展史上极其重要的内容，是其由民间道教转向正统道教的关键一步，是后来寇谦之、陆修静等改革天师道的先声。

大道家以《正一法文天师教戒科经》为纲领，对全体道民提出整顿组织、纯洁教义、与时俱进地适应社会的要求，同时也企求统治者予以眷顾和扶持，并为之做出了不懈努力。然而，大道家努力的效果似乎不大。例如，大道家严厉批评祭酒们，言语谆谆地劝诱祭酒们，甚至严

① 《道藏》，第18册第232页。

② 周德全：《道教与封建王权政治交流研究》，人民出版社2015年版，第178页。

③ 周德全：《道教与封建王权政治交流研究》，人民出版社2015年版，第173—174页。

重警告他们：“复违吾，中伤，勿怨。”[①] 祭酒们却为了维护自己的既得利益，根本不理会大道家的道令。尤其是对大道家理论核心“助国扶命”并不完全认同。“扶命”是道教的基本追求，祭酒们当不会反对；“助国”，相当一部分祭酒就可能反感，毕竟与他们的利益诉求有隔。同时，大道家在现实中，并没有多少有效改变天师教的组织结构和经教活动方式的想法，其援儒援佛入道，主要是想完善天师教的信仰理论，获得王权的认可而已。曹魏统治者忙于自己的军政事业，对道教以控制为主，没有回应“大道家”的基本祈求。由此，张氏家族及其天师道的命运并没有得到什么明显的改变。从大道家诸多言语的语气分析，大道家对天师道的现状，已流露出明显的无可奈何的绝望之情。可以说，在曹魏统治下的北方区域已没有大道家进行宗教改革的适合条件。

任何一个有为的宗教教主，都往往深负强烈的弘道责任意识与使命意识。为了保存张氏天师道教的种子和开创新的道教事业，张氏天师道的继承者自然要努力寻找新的根据地。既然北方曹魏统治区域已无法重振张氏天师道，蜀汉政权对民间宗教（道教）的打击又尤为严厉，而孙吴统治者却对民间宗教（道教）比较宽容，何况祖庭龙虎山正在孙吴境内。《龙虎山志·天师世家》载，张鲁晚年嘱其子张盛：“龙虎山祖师元坛在焉，其地天星照应，地气冲凝，神人所都，丹灶秘文，藏诸岩洞，汝可以印经箓往属其地，修炼累功，广宣吾化，永传于世。”因此，志在复兴天师道的张盛，便遵父嘱带上作为天师继承者象征的阳平治都功印及剑、经、箓等宗教仪物，不远千里南下龙虎山。张盛回归龙虎山后，修治祖天师元坛及丹灶故址。每岁以三元日登坛传四方，从学者千余人。自是开科范以为常。另外，《龙虎山志·天师世家》载，张盛羽化后，逾年竟复于贺州为广王说法，建有丹霞观。这或说明张盛的道法传播到了贺州一带。张盛兴教于龙虎山，除了祖宗的遗泽外，还与江西有良好的弘教条件密切相关。一是深厚的巫鬼文化、仙道文化；二是活动着大量的山越等少数族，这些少数族的信仰仍基本处于巫教阶段；三是受黄老

① 《正一法文天师教戒科经》，《道藏》，第18册第237页。

影响，隐逸之风盛行；四是有比较宽松的发展道教的政治环境。张盛开创的龙虎宗不重修炼，而是崇拜神仙，画符念咒，降神驱鬼，祈福禳灾。龙虎宗以《正一经》为主要经典，尊张陵为掌教天师。张盛继续弘扬“大道家”的“助国扶命”思想，这成为天师道崛起并成为中国道教主流代表的文化基因。

张盛创立了龙虎宗，虽然因时因地制宜，使天师道发生了不少的变异，但基本精神与核心思想并没有大的变化，并使天师道统绵延。这极大地改变了江西（中国）道教的历史走向与进程。一个宗教的成长关键就在于有一个基地，张盛龙虎山复教奠定了天师道发展、壮大的根基，也在相当程度上确立了龙虎山作为天师道（正一道）祖庭的地位。张盛在龙虎山复教意义重大，却为何长期不显？主要原因：一是张盛复教属于比较秘密的行为，基本局限于龙虎山。地域的小型化与传法的封闭化，虽有利于保留根基，但也限制了对外影响。二是复教后的天师道走的仍是民间路线，政治色彩淡漠，统治者对其并不重视。江西地区尽管随着政权的统治，日渐加强与深入，但广大的山区仍是统治势力相对薄弱的区域。张盛没有如其他的道教徒一样，或个体修炼，或围绕在孙吴政权周围。天师道不依赖统治政权而发展，当为世俗政权所忌讳。三是魏晋时期，天师道主流是向神仙道教转移，而龙虎山天师道仍大致维持三张传统，较为落后于时代。四是天师众多后裔在魏晋南北朝时期分流于全国各地，龙虎山尚未成为宗派中心。这些因素不仅导致史籍所载张盛复教事迹比较混乱，也导致了龙虎宗与全国其他主要道教派别相比，影响不彰。不过，两晋之交的高道葛洪作《抱朴子》，搜集、总结江南道派，没有提到龙虎山天师道，却也是一个历史之谜。

第四节　知名仙道在江西的活动

汉末三国时期，江西仙道活动已较为普遍。尤以董奉、丁令威、“李八百”等影响不凡，由此不仅极大地丰富了江西的仙道文化，而且为江西道教的起步奠定了良好的基础。

一、董奉与医道文化的建构

庐山仙道底蕴深厚，孙吴时期的董奉又以“医道”有力地丰富了庐山道教文化的内容。

董奉（？—307），字君异，侯官（今福建福州）人。生年及寿纪不详。东晋葛洪《神仙传·董奉》载：“昔吴先主时，有年少作本县长，见君异年三十余。”“君异在民间仅百年，乃升天。”董奉在吴先主孙权时30余岁，而南唐倪少通《太乙观董真人殿碑铭》明确说董奉“以晋永嘉元年三月十五日”，乘着羽驾，“竟望天门隐隐而上”；徐知证《庐山太一真人庙记》也说董奉于永嘉元年飞升。据此董奉生于汉献帝建安十四年（209）前后，卒于晋怀帝永嘉元年（307），近百岁。董奉早年在家乡的情形文献无载，侯官一带，属闽越文化体系，先秦秦汉时期巫觋、鬼神、仙道文化在当地民间社会较为广泛流行，董奉自当深受影响。其后，董奉离开家乡，游历豫章，短暂栖息庐山后，进入岭南。董奉曾在交州滞留过一段时间，救治过交州刺史士燮（或作杜燮）。约两三年后，董奉又辗转重新回到了庐山。[①]

董奉道法高超，擅长符箓、化形之类的神术，并以之治病救人、祈雨祷晴、除患去恶。《神仙传·董奉》载，交州刺史士燮，病死已三日。董奉乃往以三丸药纳死人口中，令人举死人头摇而消之。不久，士燮竟开目动手足，颜色渐还，半日中能起坐。四天后，士燮乃能语，云：“死时奄然如梦，见有数十乌衣人来收之，将载露车上去，入大赤门，径以寸狱，狱各一户，户才容一人，以燮内一户中，乃以土从外封之，不复见外，恍惚间闻有一人言：‘太乙遣使者来召杜变，急开出之！’闻人以钎掘其所居，良久，引出之，见外有车马，赤盖，三人共坐车上，一人持节呼变上车，将还至门而觉。”士燮死里逃生，对董奉特别感激，欲“圈养”之，为之起楼于中庭。董奉不饮食，唯啖脯枣，多少饮酒，士燮

① 按：笔者所见今人叙述董奉行迹，一般直言董奉由侯官进入岭南交州，而不提他曾先至江西豫章、庐山。事实上这是有所忽略。《太平御览》卷九九六引晋裴渊《广州记》云：“董奉与士燮同处积载，思欲还豫章。”《神仙传·董奉》亦载：“君异后还庐山下居。”由两处“还”字推测，董奉至岭南交州之前，已活动于豫章、庐山。

一日三次设之。董奉辄来就变处饮食，下楼时忽如飞鸟，便来到座，不觉其下，上楼亦尔，如此一年。董奉求去，士燮涕泣留之。士燮问：“君欲何所之？当具大船也。”董奉道：“不用船，宜得一棺器耳。”士燮即为准备，至明日日中时，董奉死，士燮使人殡埋之。七日后，有人从容昌来，说曾见董奉，并带话，“因谢士侯，好自爱重”。士燮于是开视董奉棺中，但见一帛，一面画作人形，一面丹书符。董奉还居庐山后，有一人少便患癞病，垂死，叩头哀求医治。董奉使此人坐户中，以五重布巾韬病者目，使勿动摇，令家人莫靠近。病人在户中道：“闻有一物来舔之，痛不可堪，无处不匝，度此物舌当一尺许，其气息大小如牛，竟不知是何物，良久乃去。”董奉于进户中解病人之巾，以水与饮，遣去，叮嘱道：“不久当愈，且勿当风。”十数日间，病者身体通赤，无皮甚痛，得水浴，即不复痛，二十余日后，皮生疮愈，身如凝脂。庐山及周边地区一度干旱无雨，地裂无收，民不聊生。县令于士彦一筹莫展，闻董奉法术高明，亲自携带酒脯等礼品进山拜谒，求致雨。董奉道：“雨易得耳！”因仰视其屋道：“贫家屋皆见天，何可得雨耶？”县令心领神会，因曰：“先生但为祈雨，当为架好屋。”次日县令亲自带领部下，运竹起屋。屋成当泥涂，作人掘土取壤，欲取水作泥。董奉道：“不烦运水，日暮自当雨也。”当晚，大雨倾盆，高下皆足。又，县令亲戚女被精邪所魅惑，沉疴不起，四处求医，仍毫无起色。县令请求董奉医治，言：“若能得女愈，当以侍巾栉。”董奉随即念神咒诱出一附体精邪，“有大白鼍，长丈六尺，陆行诸病者门”。董奉命侍者斩死，女病即愈。县令遂将此女婚配董奉。此外，东晋张僧鉴《寻阳记》记，寻阳城东门有大桥，常有蛟龙出没，祸害百姓。董奉画符一道，“少顷一蛟死，浮出”。

董奉道德高尚，采药制药，为人治病，不取钱物，但使人种杏。重病愈者，使栽杏五株，轻者一株。“如此数年，计得十万余株，郁然成林，而山中百虫群兽，游戏杏下，竟不生草，有如耘治也，于是杏子大熟，君异于杏林下作箪仓，语时人曰：欲买杏者，不须来报，径自取之。得将谷一器置仓中，即自往取一器杏云。每有一谷少而取杏多者，即有三四头虎噬逐之，此人怖惧而走，杏即倾覆，虎乃还去，到家量杏，一如谷少。又有人空往偷杏，虎逐之到其家，乃啮之至死，家人知是偷杏，遂送杏还，叩头谢过，死者即活。自是已后，买杏者皆于林中自平量之，不敢有欺者。董奉以其所得粮谷赈救贫穷，供给行旅，岁消三千斛，尚余甚多。”后代遂将董奉“杏林”作为医家道德之典故。另外，修长生者认为杏仁是一种仙药，董奉种杏树兼有服食的用途。而董奉以医道济民，也是当时道教人士的基本作略。《太平御览》卷六六四《道部六》：董奉“货杏得谷，赈救贫乏，供给行旅不逮者，岁二万余斛”。其行法与汉末五斗米道汉中张鲁的做法相类。不过，董奉的“杏林”，在庐山何处，说法不一。《庐山纪事》引《南康志》说，杏林在南康府西二十五里，在醉石之东；宋人谢景先说紫霄峰乃董奉所居，故而结庐于此；《南康新志》说香泉在五老峰下，下流经杏林；《九江志》说杏林在莲花峰下。比较数说，当以莲花峰之说最为可靠。又有传说，董奉在莲花峰下别建静室，专供自己栖心修道。

董奉修炼的道术，为服食养生、驱邪使神之类，兼综符箓、丹道。董奉“不饮食，唯啖脯枣，多少饮酒”，可知他修炼辟谷术。董奉 80 多岁时，容貌颜色与 30 多岁时无异，是为养生有道。大约在庐山期间，董奉曾周游他地，当扩大了自己“医道”及庐山道教的影响。传说，董奉曾在地肺山修炼授徒，弟子中有后来的帛家道创始人帛和。《太平御览》卷六六三《道部五》引《道学传》曰：“帛和，字仲理，辽东人也。入地肺山，事董奉。奉以行菩撤术法授之，告和曰：‘吾道尽此，不能得神丹金砂。周游天下，无山不往。汝今少壮，广求索之。’和乃到西城山事王君。”又，董奉或曾到江淮之地。《豫章丛书》“史部三”引《濠州志》云：“濠州钟离县有杏山，亦云董奉种杏处。”另外，据《神仙传·董奉》，董奉八十岁左右时，一度回到家乡侯官。就《神仙传》《历世真仙体道通鉴》及多种“庐山志”所记，董奉没有炼丹之类的活动。而据上引《道学传》记董奉对弟子帛和所言“吾道尽此，不能得神丹金砂”，表明他亦曾从事过炼丹的活动，只是少成，故其医术并不以丹药为长。然而，随着道教文化的进入，董奉也日渐塑造成了炼丹术士，诸如有“药炉九转成丹砂”“药炉丹灶封绿苔”之类涉及董奉在山炼丹的诗句。

"董仙学仙种杏树，杏树成林董仙去。"《神仙传·董奉》记，董奉婚后久无儿息，每出行，妻不能独住，乃乞一女养之。董奉飞升后，其妻子及养女犹守其宅，卖杏取给，有欺之者，虎逐之如故。养女成年后，纳婿同居。然此婿无德，常取诸祠庙之神衣物。有庙神传达巫觋语云："某甲恃是仙人女婿，夺吾衣物，吾不在此，但羞人耳，当为仙人故无用为问。"《历世真仙体道通鉴》卷十五《董奉》：君异一旦受上帝赐命，位碧虚上监太一真人，白日飞升。其后，人们即杏林之故地置祠，曰太一宫。又，据说庐山山民感念董奉功德，好煮杏仁粥，谓之"真君粥"。庐山太乙峰下的太乙村崇道甚隆，村中道士敬慕似是太乙真人化身的董奉，长期供奉着一帧董奉手捧《道德经》的画像。董奉医术不凡，惜少医药著述或医方流传。明医家江瓘及其子江应元、江应宿编集的《名医类案》卷十二称："交州刺史杜燮，中毒药而死。董奉以太乙散和水，活燮口中，须臾乃苏。"似乎董奉给杜燮服用的药丸是"太乙散"。按：古方中有"神授太乙散"，主治"四时气令不正，瘟疫妄行，人多疾病，乃阴阳两感，风寒温痹"。据此推测，托名董奉的药方在世上略有流传，唯文献阙载。

董奉使用的诸法术，与当世长江中下游地区巫师方士使用的方术相类，唯更多了些以术济民、以术养生的特色，体现了道教滥觞时期"巫道不分"的典型特征。随着中古道教的发展，董奉被道教化，成为江西（中国）早期知名的"道医"之一，并由此演绎出了诸多相关的仙话。在中古道教文化、医药文化的作用下，董奉的影响越来越大，被奉为"建安三大医"之一，与华佗、张仲景齐列。北宋宣和二年（1120），徽宗追封他为"昇元真人"。

二、丁令威"辽东化鹤"仙话及其道法传承

渊源于丁令威以武宁仙道活动的"辽东化鹤"的著名仙话，在中古的仙道文化中，影响深远，成为江西道教颇有特色的内容。

丁令威仙道故事，最早见于东晋陶渊明《搜神后记》卷一《丁令威》载："丁令威，本辽东人，学道于灵虚山。后化鹤归辽，集城门华表柱。时有少年，举弓欲射之。鹤乃飞，徘徊空中而言曰：'有鸟有鸟丁令威，去家千年今始归。城郭如故人民非，何不学仙冢垒垒。'遂高上冲天。今辽东诸丁云其先世有升仙者，但不知名字耳。”800多年后的元赵道一《历世真仙体道通鉴》卷十一《丁令威》亦载：“丁令威者，辽东人也。少随师学得仙道分身，任意所欲。常鋈归化为白鹤，集郡城门华表柱，言曰：‘我是丁令威，去家千载，今来归，城郭如旧人民非，何不学仙离冢累。’遂高飞冲天而去。夫左元放为羊，令威为鹤，斯并一时变化之迹尔，非永为羊鹤也。辽东诸丁谱载，令威汉初学道得仙。”丁令威学道有成，化鹤归乡，人事俱非，透露出浓重的虚幻、悲凉情怀，表现了典型的仙道思想。丁令威“化鹤归乡”仙话在中国道教文化史上影响深远，至迟自唐代以来，“丁令”“丁仙”“丁家鹤”等词语被用作诗文典故，并有不少绘声绘色的演绎。

仙话往往时空穿越，难以实求却也不是完全无稽。千年化鹤而归的丁令威生活于何时，还是大体可以推测的。唐《仙苑编珠》卷上引《飞天仙人经》曰：“丁令威七岁入山求道，千年化鹤归乡。”因此，说丁令威七岁入山求道，早就有了记载。炼丹、礼星、冲举、化鹤、乘鹿之类，皆与三国两晋道士的风格相合，故而明嘉靖《武宁县志》记载了丁令威“晋建武元年（317）三月三日仙”[①]，不无道理。此时距离吴国灭亡（280）仅二三十年，可推知丁令威主要活动于孙吴西晋时期。诸多言及丁令威的文献资料，明言丁令威是辽东人，且这“辽东”往往被认为是今辽宁辽阳一带的辽东。例如，元《辽史·地理志》载：“鹤野县，本汉居就县地，渤海为鸡山县。昔丁令威家此，去家千年，化鹤来归。”明任洛等《辽东志》“地理·古迹”云：“华表柱在辽阳城钟楼北，旧有石柱，湮没，道观久废，今为仓。昔丁令威家此。”清陈允锡《史纬》云：“鹤野县，昔丁令威家此。”[②]现今的诸多各类辞典的“丁令威”条，基本上都是如是说。事实上，辽阳的“辽东”，应自东晋陶渊明记录“丁令威”故事以

① 晋朝有两个皇帝使用过建武年号，一为西晋惠帝，其建武元年为公元304年，此年号只用了几个月（公元304年7—11月）；一为东晋元帝，其建武元年为公元317年，共使用过两年。因此，这里的建武元年应指东晋元帝的年号。

② 《史纬》卷二百九十，《四库存目丛书》史部第158册第137页，齐鲁书社1996年版。

来，也就有意无意地将丁令威拟之为家乡人。如辽阳有因丁令威而建的华表仙桩；辽阳千山上以丁令威的传说而得名的仙人台；千山的鹅头峰，原名华表柱，源于丁令威故事。传说丁令威担任汉辽东地方长官，爱民如子，喜好养鹤。时逢辽东大旱，为救百姓，私自下令开仓放粮，因获死罪。临刑时被仙鹤救起，遂驾鹤升天。千年后，丁令威化鹤归辽东，落于城东华表柱上，目睹昨是今非的故里，慨然而歌。据清乾隆《钦定奉天通志》卷九十九《礼俗·三神教》云："辽东自丁仙化鹤后，未有之闻。及邱处机至北京，其风始扇。"这仅从时间上言，似是相合。另外，在道教文献中，辽阳的"辽东"系中国道教的策源地之一。将丁令威故里定于此辽东也属合理。然而，丁令威的故里"辽东"，事实上并不是今辽宁辽阳的"辽东"，而是江西武宁的"辽东"("辽东山")。明嘉靖《武宁县志》记载："丁令威，武宁人。晋建武元年三月三日仙去，后化鹤而归。……今有令威故居，有辽东山。"清乾隆《武宁县志》卷三载："辽东山，县东三十里，丁令威化鹤辽东，即此山也。山下有精灵观，即丁令威故居，观前有柏二株，别传为冀北辽东者误。"[①] 清乾隆《武宁县志》载："丁令威，本县人，幼灵异，七岁入山求道，洞彻元理，栖真于青牛洞口，仙去后化鹤归乡。"并附记："按《通志》载：'令威故居武宁。'林志云：'令威故居在武宁县辽东山。'又《舆地纪胜》：'精灵观即令威故居，在武宁县东辽山之东。'明《一统志》载：'令威故居旁有青牛洞，洞口石曰遗巾。'合证诸书，令威为武宁人无疑。辽东本武宁山名，世或误以山名作郡名，遂疑丁为辽东人。考辽东志虽有华表山，而《飞天仙人经》止云'化鹤归乡下华表'。华表，城楼上柱，非山也。若武宁之辽东山有精灵观以及巾石、炼丹台、礼星坛诸名迹，班班可考，原非假借附会云。"[②] 由此，武宁县旧志认为，丁令威非辽宁辽东人，而是武宁辽东山人。一是有文献可征；二是武宁的丁令威遗迹甚多，班班可考。武

① 江西省武宁县志编纂委员会：《明清武宁县志汇编》，江西人民出版社 2009 年版，第 389 页。

② 江西省武宁县志编纂委员会：《明清武宁县志汇编》，江西人民出版社 2009 年版，第 255 页。

宁辽东山今不知何处，也已无辽东山之名，然辽东山并非虚构。例如，明嘉靖《武宁县志》卷首《武宁县治总图》及清雍正《武宁县志》卷首《九乡图》，均在旧县治之东标注有“辽东山”。清嘉庆二十四年（1819），当地人集资重修丁仙观，邑庠生李尚轩作《重修古丁仙观记》云：“辽东乃山名，在武宁县治东三十里青牛洞口，前志考之綦详，其地属安乐乡，其山自姑山蜿蜒而下。”清道光《武宁县志》的疆域图，标明辽东山在枇杷峰与金鸡山之间。除了明代以来的《武宁县志》记载外，尚有其他一些权威文献提到武宁的“辽东山”，例如，《清史稿·地理志》载：“武宁繁难，（南昌）府西北三百五十里。西北辽山，西南大孤，东辽东山。”可知武宁县巾口的确有辽东山，或即现在的东山。

围绕丁令威故里武宁辽东山，历史上产生了丰富的丁令威文化遗迹。辽东山下有丁令威的故居、礼星坛，后人在此建丁仙观（又称精灵观），观前有两株古柏。附近有他修炼的青牛洞，洞口有他飞腾时遗落头巾的遗巾石，还有仙人王乔骑紫鹿来访丁令威的紫鹿冈。清朝诸本《武宁县志》说：“其山自姑山蜿蜒而下，高峰之麓，覆如平阜。前有清流，映带上下，并环小山里许，居然村圩，缭以短墙，东汉丁令威实修真于此。丁尝过本乡六都之涯，偶遗其巾，中途登高遥望得之，因以名岭曰望巾，名市曰巾口。……羽化后邑人建观山麓，不知昉于何代，至今观前有古柏二株，大可数抱，相传为六朝物。”“望巾岭，县东巾口之阴。相传丁仙遗巾时，里人于此望见之，故名。”“巾石，在青牛洞口，云丁令威冲举时遗巾于此，化为石。”[①]“紫鹿冈，在县治东三十里，世传王乔尝骑紫鹿访丁令威，故名；青牛洞，在县治东四十里，世传有青牛往来，为令威所乘之牛，故名。”县志收录了不少歌咏丁仙观（精灵观）及寻访丁令威故里的诗歌，如清余嘉《精灵观》：“寂寞精灵观，遥遥华表音。如何云外客，犹有故乡心。”明余腾蛟《豫宁杂咏·丁仙故居》：“丁仙多游踪，此地常栖托。白鹤去不归，寒云常漠漠。”余螭《豫宁杂咏·巾

① 分别见清道光二十八年《武宁县志》卷三十六清朝李尚轩《重修丁仙观记》、乾隆四十七年《武宁县志》卷三、乾隆四十七年《武宁县志》卷九，第870、389、424页。

石》："丁仙去不还，遗巾已化石。石上云影空，石下苔痕碧。"李趣堂《巾市》："挂巾而后即名村，至此风流六代存。"林维翰《修江雪舫》："寥廓令威里，我游岁岁还。渡江聊避俗，探穴胜键关。"[①] 明余腾蛟《豫宁杂咏·紫鹿岭》云："仙人觅俦侣，乘鹿向白云。乃知尘外客，亦复念其群。"清余长祚《鲁溪洞吟》："青牛紫鹿相追随。"清邹方锷《辽山》诗云："仙侣遗踪在，辽山树郁苍。双凫何日到，独鹤远烟翔。宛转青牛洞，迢遥紫鹿冈。行人初系缆，樵牧下松篁。"[②] 按，此诗题及诗中将辽山与辽东山混为一谈了。当然，由于王乔生活于西周或东汉，丁令威与王乔往来的事迹当属编造。推测：与丁令威同时的某道士，又假托西周或东汉仙道王乔之名修炼于瑞昌、德安一带。

丁令威修道亦栖息离家不远的南山——隔修河与辽东山相望，留下了不少丁仙文化遗迹。清道光《武宁县志·山川》载："南山，县东南四十里，横列如屏。上有炼丹台、丁仙岩，每当春月，桃花历乱，芳艳如锦，又名桃花峰。""桃花峰，县东三十里，丁令威修炼处。""丹沼，在桃花峰，世传丁令威所凿。""丁仙观，在南山之半，悬崖壁立，石乳倒垂，沿路桃花，望之如锦。""丁仙洞，祀丁令威，曰二，一在看鹤桥，今废：一在长乐乡南山。""炼丹台，一名丁仙崖，在县东三十里南山。悬崖千仞，鸟道盘云，流水曲折，约数十渡，乃陟其巅。西北诸央，森然在目。世传丁令威炼丹其上。山多桃树，春间盛开时，望之如张锦然，为县东胜境。""仙崖，在瓜源凤阳。山右，有石笋独立丈许，左有石浮图，累级而上，中为仙产，世传丁仙炼丹处，今废。少左，又有仙床，长八尺，广杀之，斜覆以石，平展可卧。又有崖如龛，构殿其间。龛后有石窦，前有眠龙坡，危临绝壑，不可下视。"清余螭《游南山丁仙台》："南山接长墅，蚕丛境独开。曲径转幽壑，怪石上文苔。我借樵牧力，得

---

① 分别见清乾隆二十年《武宁县志》卷二十九、卷二十八、卷二十八，道光四年《武宁县志》卷四十三、雍正三年《武宁县志》卷九，第 356、315、322、352、126 页。

② （清）邹方锷：《大雅堂初稿》卷二，《四库未收书辑刊》第 10 辑第 26 册，北京出版社 1997 年版，第 161 页。

到丁仙台。”王时淳《丁仙崖》:“穷幽偶一到仙崖，竹杖悠然称雅怀。”[①]清乾隆时“豫宁三盛”之一的盛镜作《长墅源》诗云：“南山接长墅，蚕丛境独开。曲径转幽壑，怪石上文苔。我借樵牧力，得到丁仙台。仙人不可见，空翠滴人衣。严冬日色薄，寒气郁崔嵬。阴籁时淅淅，如闻笙鹤归。坐看烟云起，万状互旋回。久乃变化生，其端莫能推。何年谢尘寰，结茅向山隈。山隈高元奥，或有仙人来。”武宁县旧志还录有清李尚轩《重修古丁仙观记》一文，其文大略是：丁仙观属本邑名迹，地属长乐乡。东汉丁令威修真于南山。南山有台、有岩，皆仙迹所经。其非辽东人益无疑，羽化后邑人建观山麓，不知始于何代。另外，武宁境内的最高峰为幕阜山脉系的武陵岩，与巾口隔修河相望。武陵岩上有丁仙观、炼丹台、丁仙岩等诸多遗迹。

故武宁县城也是丁令威传说流行之地。当代新编《武宁县志》记载：“旧志载：‘看鹤亭，旧传丁仙化鹤来归，翱翔溪上，每深夜月明，水中看鹤影甚晰。’明邑人郑尚华伐石为桥，建亭其上，后废。”[②]元朝，武宁县城建有与丁令威有关的丁仙观（鹤隐观），后又建有看鹤桥，为武宁八景之一：“鹤隐观，在县治东南看鹤桥西岸。元时建，今废。”“丁仙祠，在县东北，祀丁令威，即元时鹤影观，今为精灵观。”“乾隆三十二年，邑人王恒卓等募众重建，左右卫以木栏，贡生熊镇澜有记。”明汤民贞《看鹤桥亭记》云：“武邑县治东，跨腰带水者，曰看鹤桥。……按鹤桥明月，乃八景之一。”康熙四年，知县冯其世作《鹤桥明月》诗云：“昔闻华表去复归，今上江城奔寒兔。”丁令威生活在吴晋之时，当时的县城并不在此，而是在今石渡乡的新峰村（时称西安里），相距五六十里。不过，这并不能说明丁令威的其他遗迹不可靠。依照情理推测，丁令威在外地去世之后，其徒裔制造了化鹤归乡“仙话”，自然要在人口较多的县城一带传播，因此辽东山一带并没有关于丁令威墓葬的说法。

---

① 清乾隆四十年《武宁县志》卷三、雍正三年《武宁县志》卷三、卷三、乾隆二十年《武宁县志》卷十九、卷十九、卷九、卷三、卷二十八、乾隆四十七年《武宁县志》卷二十九，第391、63、64、264、259、194、160、323、532页。

② 涂兆庆、张镜渊主编：《武宁县志》，江西人民出版社1990年版。

总之，武宁县境内关于丁令威的传说及遗迹甚多，形成了丰富的丁令威信仰文化，确认了丁令威为本县辽东山人。另外，清雍正《江西通志》卷一〇三《仙释》“丁令威”条，亦明确记载丁令威是“豫章人”（因汉晋时期，武宁属豫章郡管辖）。正因为丁令威为武宁人氏，辽东山为其故里，其发生在江西（江南）的诸多活动及其由此产生的对江西仙道文化的特别影响，包括陶渊明撰“搜神记”时，形象生动地讲述丁令威“化鹤归乡”的故事，就比较好解释了。当然，历史上武宁是山区小邑，较为偏僻，在正统文化中的话语权不强，而辽东郡是汉代设立的行政区划，一直具有政治地理上的优势。辽东郡一带又是先秦以来中国仙道文化的重要策源地，加上道门“仙话”总喜欢附会、创造。因此，辽东山的丁令威转化成了辽东郡的丁令威，也是比较自然之事。

丁令威以武宁为中心，活动于江西及周边多地。他曾于阁皂山学道修炼。《阁皂山志》之《名胜》“丁仙峰”条及清雍正《江西通志》卷一〇三《仙释》“丁令威”条等记：丁令威，晋人，尝于阁皂山北高峰修行得道，上有丁真人坛，又名丁仙峰。丁令威在阁皂山学有所成。传说，丁令威曾到湖南醴陵修道。醴陵有仙岳山，山顶有道观，主供丁令威。醴陵丁氏甚至认丁令威为祖先。《永乐大典》卷一三〇七五引张舜民《画慢集》云：“徐刚中，醴陵少府，于山中寻出一洞，有铭曰‘虬渊’，自然六室奇怪，求诗以纪之。醴陵多丁氏，令威之后。”此外，丁令威还曾到湖南石门修炼。明陈仁锡《潜确类书》卷六：“紫和山，在石门，山有存志观、皮子药炉及仙女洞。相传丁令威炼丹之所。”[①] 丁令威的行踪，还见于江苏丹阳县。元朝俞希鲁《至顺镇江志》“丹阳县”条：“太霄观，在县东南五十里丁桥，梁大同中置，曰灵应。宋治平中改今额。嘉定中，知观事薛汝能率众更新之。内有丁令威祠，漫塘刘宰为之记。其文曰：‘……丹阳县东南六十里，跨小溪为桥，而姓以丁，莫知其所始。桥东南望，冢阜累累然，曰千墩。溪北流五里，合于大溪，曰大鹤。问之土人，曰：吾里令威丁仙之故里也。丁其姓，白鹤其所飞，冢阜累然者，其所

① 《四库禁毁丛刊·子部》第14册，第39页。

歌以警世者也。质之汉末辽东华表柱所题可信。然令威之事，于传无考。又丹阳距辽东远，虽神仙驭风乘云，往来倏忽，亦不应辽阔如许。疑以传疑，《图》《志》亦缺，不录其地。自梁大同间，名曰灵应，以奉老子祠，而祠令威于其侧。宋治平中，更曰太霄。……'"[①] 说明丁令威曾在丹阳生活，甚至迎合其"化鹤归乡"故事而有"千墩"之说。丁令威或许在江苏苏州也活动过。唐陆广微《吴地记》说："法海寺，济阳丁法海舍宅所置。法海，盖丁令威之裔。殿宇浮图下有令威炼丹井也。"又《大清一统志·苏州府》载："丁令威宅，在长洲县阳山文殊法海寺，有丹井存焉。号令威宅。"明高启《丁令威宅》诗："丁令作仙天上去，旧宅留在青山阿。千年宅废但遗井，何处更闻华表歌。南陌黄尘足去客，东流碧海绝回波。鹤归重览应惆怅，地上丘坟今有多。"在浙江诸暨与嵊县交界的西岩山（太白山）一带也有丁令威的遗迹。当地传说西汉时辽东隐士丁令威在此炼丹修道，后化鹤成仙，留有月台、丹井、登云跳、丁公鹤等相关景点和传说。丁令威在安徽当涂灵虚山（一名灵墟山）修道是其仙道生涯中最重要的环节之一，因为这里是他最后功成的飞升之地，也是"化鹤归乡"传说的源头。宋王象之《舆地纪胜》云："灵墟山在当涂县城东三十五里，世传丁令威得道飞升之所。山椒有坛，址犹存。"类似的记载见于宋祝穆的《方舆胜览》。明嘉靖《太平府志》提到唐诗人李白曾在这里歌咏丁令威的遗迹："丁令辞人世，拂衣向仙路。伏炼九丹成，方随五云去。"清康熙《太平府志》说："灵墟山，在郡治东三十里薛镇也。旧传丁令威化鹤于此。"清康熙《江南通志》说："丁令威，辽东人，为泾县令。游姑孰，乐灵墟山泉石幽秀，炼丹于此。丹成，翔虚去。"这些表明丁令威东下的最后一站是在安徽当涂。他做了泾县令，又辞官在附近炼丹，并在这里去世。

丁令威活动于吴晋时期的长江中下游地区，在一定程度上形成了丁令威活动的文化圈。琅琊王司马睿在西晋永嘉元年（307）被封为安东将军，都督扬州诸军事，在以王导为代表的世家大族的拥戴下于建

① （元）俞希鲁：《至顺镇江志》，江苏古籍出版社 1988 年版，第 414 页。

武元年（317）在建康正式登基，肇建东晋。这十年正好是丁令威东下云游并出仕的时间，也是江南比较混乱的十年。世道不堪，民众死伤累累。其出世做官的努力，并不能挽救世运。联系他可能在丹阳为丧乱者收尸之故事，深负道家情怀的丁令威内心不免悲叹生命的无常，千言万语都凝结在“城郭如故人民非，何不学仙冢累累”的歌吟之中。按常理推测，丁令威“化鹤归乡”的故事，应是其徒裔所为。因此丁令威这首歌是留给徒裔的遗言，由他们带回故乡豫宁山区。或是丁令威最后亡于安徽灵虚山。当时道阻且艰，其灵柩难以运回家乡，因而“化鹤归乡”。“化鹤归乡”故事在陶渊明生活的年代流传，也因此被陶渊明记入了《搜神后记》中。[①]武宁县位于赣北的修河中游，毗邻陶渊明故乡柴桑。值得一提的是，《搜神后记》所记载的故事，多数在东晋疆域内，偶尔涉及北方各州，但几乎没有关于辽东的。而丁令威的活动踪迹又主要在长江中下游地区。从陶渊明记录故事的角度而言，丁令威并非北方辽东人而是武宁辽东山人，更合乎情理。丁令威“化鹤归乡”的故事及留存多地的修道遗迹，也在一定程度上表明，其活动主要是修炼长生之术。依《四库全书总目提要》宋朝王衮《博济方》提要，王衮《博济方》论服杏仁云：“丁令威服二十年而身飞。”据此丁令威学习了服食之方。

丁义，武宁人氏，后居高安丁坊，遂占籍高安。丁义自谓丁令威后身，精道法修炼，尤通医道，以医方授吴猛最后入山修真，不知所在。按理推测，自谓丁令威后身的丁义当是丁令威的子侄辈。丁义与丁令威，本为两代人。然武宁旧志记载，往往缠绕不清，一般都称“丁仙”。如武宁南山丁仙崖、望巾岭，称为丁令威修仙处，但也被视作是丁义遗踪。“丁义”之名的含义，据南宋周方文《灵宝净明黄素书释义秘诀》载，真师（许逊）言：“丁义是一人，常言金丹之术，本不姓丁名义，隐其名以丁义。丁者，火也，义者，亦火也。此火中火，以真火合凡火，此正火候之法。”丁义精于道术，留存有名为“丁义神方”的内丹口诀，用以训

① 吴国富：《道教人物丁令威考》，《宗教学研究》2010 年第 1 期。

育弟子，普济世人。“神方”传以弟子吴猛。唐以来“丁义神方”演绎发展成了医、道兼用的《如意丹方》，成为净明孝道派传承的方术之一。丁义有一子（丁奎）二女（丁秀华、丁秀英）。“奎初为公安县令，性逸，善琴。弃官与王乔真人修道黄堂观，受许旌阳真人九转丹术。”[①] 丁奎自称与王乔一同修道，这与王乔常来拜访丁令威的说法如出一辙。而言其受许旌阳九转凡术，又使丁义和许逊道派联系起来了。丁秀华，从李八百妹明香学道华林元秀峰，后于五龙岗冲举。丁秀英，幼灵慧，闻父与吴猛讲论丹术，则注听忘倦。丁义手书秘录，秀英窃视之，即理解玄理，谒谌姆得九还丹道之要诀。遂藏修于本地白鹤山，从吴猛女吴彩鸾学。东晋永和二年（346）八月十五日，同吴彩鸾于白鹤山乘鹤飞升。或说，武宁县南二十里有白鹤坪，世传丁仙旧宅，云即丁秀英跨鹤上升之处。从丁令威，到丁义，到丁义子女，皆学道。说明以家族的形式修道，是当时的风气。丁义培育弟子，其中吴晋时期的吴猛是一个杰出者，更对江西（中国）的道教文化产生了重要影响。丁氏家族在中古时期于武宁、高安、南昌一带建构起道教传承的体系，至唐宋时期仍隐约可见。这与其家族传承道法的原因密切相关。若借用道教研究对中古道教的命名惯例，丁令威亦奠定了“丁家道”的基础。

“仙道”往往是现实中的人物，丁令威也是如此。本生于辽东山（在今武宁县境），活跃于江南一带的丁令威，在道教的建构下，打破时空，与相距数千里的“辽东郡”联系起来，成就了一则中国道教文化史上的著名仙话，却不免掩盖了历史的真实。丁令威对江西道教发展做出了一定的贡献。一是他在武宁创立了“丁家道”；二是他在江南较为广泛的活动，促进了与江西道法的对外交流发展。

三、“李八百”修道浮云山

与高安接壤的奉新浮云山（华林山）是先秦以来知名的仙道活动之地，传说浮丘公、王母之子元秀曾在此栖息修真。但浮云山真正在江

---

① （清）金桂馨、漆逢源编纂，陈立立、邓声国整理：《万寿宫通志》卷十二《志·轶事》，江西人民出版社 2008 年版，第 185 页。

西（中国）道教史上享有声名，则与孙吴时期“李八百”在此修道密切相关。

李八百[①]，蜀人，莫知其名。初来卜居于筠阳之五龙冈，又名赤冈寨，有淬剑池、七星井存焉。历夏商周，年八百岁，又动辄行八百里，时人因号为李八百。或隐山林，或居尘世。后修行于华林山石室，炼丹铸剑，丹剑成而道备，还蜀中。李八百进入高安、奉新一带，修真传法，颇有影响。唯此“李八百”与绝大多数仙道人物一样，时代不清。联系三国孙吴“李八百”及“李家道”发展的历史情形，此“李八百”或就是李家道的核心人员，于三国孙吴时期托名“李八百”活动于高安、奉新一带，其所修道法亦属于天师道（五斗米道）。时江南托名李八百者多，真实姓名难考。依据江西地方文献，在江西活动的“李八百”真实姓名或是李真（李常真）。南宋杨万里《辞栖真室盖晋仙人李八百故居之址，中有遗像》诗中称：“李真宅子故依然，道院西偏古洞前。”明清以来高安地方志均记，活动于高安的蜀人“李八百”是李真（李常真）。李八百栖息修真的华林山，山峰耸拔，高险奇秀，常有紫云如盖，山腰有李八百洞，名“八百洞天”。《历世真仙体道通鉴》卷十《李八百》引《华林山实录》云：“石室在浮云观西一百步中峰下，阔一丈，高如之，号八百洞天。东南角又有洞门，才容人入。行经数丈，渐渐高广，其深莫测。”另外，高安的迷仙洞，“一名李八百洞，与奉新李八洞相通”[②]。

由于此“李八百”在高安、奉新一带有较大影响，在后来的江西道教文化中甚至演绎成了“太上老君”。元代《净明忠孝全书》卷五《玉真先生语录别集》：“今奉新县浮云山华林八百洞政为龙沙八百弟子而设，即八百群真之总会洞也。洞主乃太上老君，今称李真人，又称李八百，又云日行八百里，寿至八百岁。”此当系净明道创建时期，为了抬高自己的宗教品格而创造出来的“仙话”。另外，高安当地有数个与“蜀”相关的地名及传说，至迟自北宋以来就有人推测与“李八百”相关。《舆地纪

① （元）赵道一：《历世真仙体道通鉴》卷十《李八百》，《道藏》，第5册第161页。
② （宋）乐史：《太平寰宇记》卷一〇六《筠州》，中华书局2007年版，第2119页。

胜》卷二十七“江南西路瑞州”：“李八百，《神仙传》云蜀人，历夏商周，世见之，时人计其年八百岁。然《华林实录》言明香真人乃李八百之妹。高安称蜀水，八百蜀人之说必有因焉。”又，正是由于“李八百”在高安、奉新一带产生了影响，其周边地方也颇沾恩泽。例如豫章西山，就一直有“李八百”活动的传说。“在翔鸾洞石岩下，上有一巨石，横盖左右，双石下一平石，内有一驴脚迹，名遏脚石。昔异人李八百名真，得仙，常来人间。”[①]

李真多[②]，李八百之妹，蜀人。真多幼挺仙姿，耽尚玄理。随兄修道，居绵竹中，或来往浮山（万安山）之侧。李八百授其朝元默贞之要，行之数百年，状如二十许人，神气庄肃，风骨英伟，异于弱女之态。人或见之，不敢正视。李真多后得太上老君与玄古三师降授以飞升之道，先于李八百白日升天。一说，李八百尝与李真多寻天下修真之地，一道卜居于筠阳（今高安）之五龙冈，复炼丹于华林山元秀峰下的石室（后名浮云观）。李真多在石室旁复设坛（后名仙姑坛）栖身修真。李八百兄妹虽卜居筠阳，间或往来蜀中。一日，李真多自蜀至，李八百候之，见真多手持莲花，身似有孕，李八百极为愤怒，意欲引剑挥之。李真多觉之，倏尔凌空渡江，产下《童子经》1卷。其后于五龙冈乘云气，冉冉升天。时人于李真多升天之地塑像建祠，以奉祀之。然塑像造成后，人却抬之不动。是夕，李真多现梦示云：“吾祠宜在五龙冈。”翌日，举像甚轻，乃祠于五龙冈。李真多历经时代，演绎成了主要保佑妇女生产顺利的仙真，号“明香元君”。

在相当意义上，“李八百”奠定了高安、奉新一带道教发展的基础，在江西道教发展史上影响不小。后来华林山（浮云山）虽没有跻身唐宋道教规划的“洞天福地”之列，然而，从道教活动的频繁程度和道观的

① （民国）魏元旷编纂，王咨臣校注：《西山志略》卷三“仙迹岩”，《西山志略》《云居山志》《武功山志》《怀玉山志》《华盖山志》合集，江西人民出版社2002年版，第44页。

② 本处李真多事迹的叙述，综合《太平广记》卷六十一《李真多》、《历世真仙体道通鉴后集》卷二《李真多》、清雍正《江西通志》卷一〇三《仙释》“李明香”条。

规模方面来说，其地位其实不可以低估。

四、江西境内其他知名道士与道观

汉末三国孙吴时期，江西除了以上知名道教人物的活动外，还有更多的道士活动，他们在江西境内游历、栖息、修炼、弘教，建立起了不少道教活动的基点（坛、靖、道观等），但有关他们的文献资料记载往往只是提及而已，难得详情。

李梅岭（海拔 390 米，为余干的最高点），旧名贞女峰，后称吴凤岗。其最早知名，与白水真人吴丹在此修真的传说相关。吴丹[①]，郦邑（今河南内乡）人。生时母为所苦，投诸白水河，三日竟不死，遂复收养之，因名“白水”。吴丹十一岁母死，居墓侧五年，哭声振林木。人感其孝为送饼果，既而有司为给衣。后游罗浮、青城诸山，得异人传吐纳、神缩、制炼、服食之术。吴丹才识卓绝，曹操爱重之，召拜左奉驾郎。吴丹不就，游终南山，得篆文十六字：“孝哉吴丹，卓行异人。以番而凤，致道之所。”遂约于东汉延康元年（220）游番（今鄱阳），至余干李梅岭，结茅居之，号“白水真人”。吴丹虽不出山，但名闻远近，吸引了不少修道者前来咨访，据说当时知名道人吴猛、许逊、葛洪、郭璞等每年都要来拜访，吴猛还以师事之。直至东晋义熙四年（408）八月十五日羽化飞升，世寿竟有 170 岁（或有道教的虚构）。

鄱阳的马蹄山，与仙道王遥事迹相关。王遥[②]，字伯辽，鄱阳人。建安十二年（207），栖居仙坛观修炼。王遥擅长为人治病。其治病之法，不行祭祀，不用符水针药，但用八尺布帕敷地，令患者不饮不食，瞑目坐上，患者即须臾病愈。若有邪魅作祸者，王遥画地为狱，叩石呼之，皆见其形物在狱中，或狐狸毫蛇之类也，乃斩杀之，或燔烧之，病者即

① 本处对吴丹的叙述，综合《万寿宫通志》卷十二《轶事志》及清雍正《江西通志》卷一〇四《仙释》、《钦定古今图书集成》之《博物汇编·神异典·神仙部》卷二三四所记“吴丹”事迹。

② 本处关于王遥的叙述，主要依据（元）赵道一：《历世真仙体道通鉴》卷五《王遥》，《道藏》，第 5 册第 138 页。另参见《三洞群仙录》卷十七引《王氏神仙傳》以及《神仙传》卷八《王遥》。

痊愈。王遥尝佩雌雄二剑，分阴阳日挥之，时外境疫疠甚盛，唯腾空嘘气指示，方隅遂止。王遥有一竹箧，长数寸，竟数十年未尝打开过。一夕大雨晦暝，王遥使弟子钱永以九节杖冒雨担之出，二人的衣服皆不沾湿。他们所行道非所曾经，及夕前有炬火引导，行当三十里许，登小山，入一石室。见石室中有谢稚坚、繁阳子二人先在。遂开箧出五舌古竹簧三枚。遥自鼓一枚，以一枚与谢、繁二人，并鼓之。良久将别，王遥仍纳三簧于箧中，又使钱永担之。谢、繁二并出送之，对王遥曰："卿无久住人间。"王遥答："早晚来也。"王遥还家百余日，一夜间天复雨，王遥燃灯火，治行装。王遥先有葛单衣及葛巾，五十余年未尝著之，此时皆取出穿上。与妻舍别，担箧而去，遂不复还。约三十年后，有弟子见王遥在鄱阳马蹄山中炼丹，颜色更少如向年，盖已成地仙。晋元康二年（292）王遥在马蹄山白日飞升。因山上有王遥骑马升天时遗留下的马迹，山又名马迹山。王遥成仙后的去处，据萧梁陶弘景《真诰·稽神枢第四》载："鹿迹山中有绝洞……洞室四面皆有青白石，有石床、石塌。洞主有谢稚坚、王伯辽、繁阳子。"鹿迹山属当时南徐州界，毗邻道教圣地茅山。据鄱阳县明清以来的地方志所载，西晋咸宁二年（276），王遥在鄱阳县鄱阳镇景德寺巷建造了首座道观玄庙观，授徒传道，开创了道教在鄱阳正式传播的历史。鄱阳有一地名"格勒桥"，是说王遥升仙时，从者黄氏担柴经此，弃而去。当地俗以担柴器为格勒，故名。[①]

栖隐修仙胜地玉笥山，至汉末三国时期已是道士们的垂青之处。他们筑坛建观，或于洞中修炼。据《太平广记》卷三七四《玉梁观》载，魏武帝曹操时，遣使取玉笥山玉梁观的玉梁。至其山门，去观数里。亭午之际，雷电大镇，裂殿脊，化为白龙，擘烟雾而去，没观之东山下。又，《玉笥实录》卷一"皓月坛"记，魏明帝时期，郭桂轮、彭守真、袁景元三道士，修真于皓月坛。袁景元后被朝廷赐以"白云先生"号。

东汉末年至三国时期，在灵山胡昭、胡超、至德三道人的带动下，灵山（上饶）道教开始萌发。据数修的《上饶县志》及灵山大济村《胡

---

① （宋）乐史：《太平寰宇记》卷一〇七《饶州》，中华书局2007年版，第2139页。

氏宗谱》载，胡昭（162—251），字孔明，号伏龙，祖籍颍川（今河南禹州）。胡昭自幼博学能文，天真高洁，养志不仕，声名卓著。东汉末年，天下大乱。胡昭为避袁绍征聘，隐于陆浑山中，钻研玄素道学。时任司空丞相的曹操爱才，频加礼辟。胡昭自陈一介书生，于军国无用，遂悄然投簪自去。未几，携家小渡江南下，一路奔波至上饶县灵山北大济村，将家小安置好以后，即于灵山百谷峰养真岩结庐隐居。灵山，又名灵应山、灵鹫山，山脉呈东北—西南走向，方圆约 300 平方千米，有 72 峰，主峰海拔 1496 米，气势雄壮，是上饶镇山。胡昭自号“松谷老人”，孜孜不倦钻研道家学说，静心修炼，炼丹采药。孙吴太元元年（251），胡昭于养真岩无疾而终。据说，胡昭卒后，有仙踪显灵多地，护佑民众。乡人因于养真岩建祠，子侄则于桥头村外筑望仙台祀之。孙吴朝廷也封谥“灵惠信安侯”的名号。按：胡昭，《三国志》卷十一有传，传文没有涉及胡昭携家南下至上饶的内容。胡昭对道家养生修炼法术颇有心得。南朝梁陶弘景纂集的《养生延命录》卷六记载了“胡昭论啬神术”：胡昭曰，“目不欲视不正之色，耳不欲听丑秽之言，鼻不欲向膻腥之气，口不欲尝毒辣之味，心不欲谋欺诈之事，此辱神损寿。又居常而叹息，晨夜而吟啸，干政来邪也。夫常人不得无欲，又不得无事。但当和心少念，静虑，先去乱神犯性之事，此则啬神之一术也”。又，胡超（185—？），字惠琏，号拔俗，胡昭之侄。胡超幼好学，博古通今，循迹不仕。常遨游名山大川，访道求仙，得一异人授辟谷之法。东汉末年随伯父胡昭南下，隐于灵山拥笔峰修炼。精岐黄之术，为乡民灭祟治病，名著远近。胡超晚年云游，不知去向，传为肉身成仙，多地均发现他的仙踪。由于胡昭、胡超仙迹遍传，灵山各峰各洞结庐修道者日众。大约与胡昭、胡超伯侄隐于灵山悟道修炼同时，有姓氏、籍贯、生卒年均不详的至德道人亦在山中活动。至德云游至上饶灵山东台峰太极岩，见岩洞形似太极图，遂结庐隐居。至德崇向道教学，悉心钻研，又精于医学。采药炼丹以济乡民，收徒传道，闻名远近。仙逝后弟子建祠祀之（大约南北朝后改名至德宫，成为灵山的著名道观之一）。胡昭、胡超、至德三人，为灵山道教最早的知名宗师，奠定了上饶灵山一带道教发展的基础。

孙吴嘉禾年间（232—238），道士杨善（又称“杨仙”）至庐陵青原山来苏坊传播道教。曾标竹为坛，祈雨功成，是青原山一带乃至吉安城区最早的道坛之一。[①] 乾隆《吉安府志》卷六十载：“杨善，晋时（当为孙吴时期）云游至庐陵东山真常观，适岁旱，于东城植竹为坛以祷雨，大澍，遂于山下结茅居焉。道成，蜕化。今悬崖石上有迹可征。”又说：“按旧府志有杨仙师傅与此略同，有‘后于王冈峰飞升’句，似与东山蜕形两岐，故删彼存此。”

苏耽是中古时期道教孝道文化、医学文化的典型，在道教文化史上享有一定的地位。据《历世真仙体道通鉴》卷十一《苏耽》及《三洞群仙录》卷二引《苏仙传》，卷四、卷八、卷十六引《郴江集》记，苏耽，桂阳（今属湖南郴州市）人。汉末孙吴时人[②]。自小丧乱，事母以孝闻，感神仙授以道术，能隐形变化，曾以井水橘叶救济郴州民众而免除疫病流行，最终驾鹤飞升得成仙道。南宋高宗绍兴间，赐冲素普应真人。就以上传统的道教文献而言，苏耽的学道行道得道，与江西仙道文化并没有什么明显的交结。不过，江西的地方志及民间传说中又多有记载。宋王象之《舆地纪胜》卷二十五记，都昌的苏山“为元辰福地，又有丹灶、石臼、靴迹源、马蹄洞尚存”。苏山，又名元辰山，在毗近鄱阳湖地带的都昌县境。苏耽曾四处游历，苏山就是他曾经驻足炼丹的地方。《永乐大典》卷六六九八《江州志》：“玉清广福观，在苏山，汉苏、葛二仙经行之地。苏讳耽，山以之名。碑云：耽升辰于郴，众仙迎往元辰。元辰，庐山福地也。……吴置，梁修之，碑云：‘自吴及梁，相续重修。’唐末再置。”清同治《都昌县志》卷十六：“苏耽，郴州人，与许旌阳为物外交，遇异人，授仙术，寓居四十二都旧山，后迁元辰山，止息

① 参见青原山志编纂委员会：《青原山志》，方志出版社 2011 年版，第 97 页。

② 按：《三洞群仙录》卷二引《苏仙传》言，苏耽“生于西汉”，《历世真仙体道通鉴》卷十一《苏耽》及《湖广通志》卷七十五所引《神仙传》记：苏仙公，西汉文帝时得道。揆之事实，苏耽为西汉人，未免太早。北魏郦道元《水经注》卷三十九，叙述“桂水”时，称苏耽“汉末”栖游于桂阳的马岭山。笔者又据江西地方志中记载苏耽活动于孙吴时期的事实，推测其生活于汉末孙吴时期。

炼丹。……今大矶山有七步石，云是许旌阳升仙日，苏仙七步登此石以望，因名。”“世传（吴猛）与苏耽同隐于本县旧山，修炼遗迹俱存。”又同书卷一：“苏仙剑池，旧志古迹云：在治西旧紫清宫内，居民黄氏屋侧，即苏仙淬剑之所，今犹在黄氏园内。其《封域志》云：在汇东书院西北，今新开寺西，旧为紫清宫，以祀苏耽。宫中旧有池，传曰苏耽居元辰山时，往来此地，佳池水之清冽，为之砺剑。九还丹成，随物著象，挹池水于桶盂瓶盏之内，宛然各见一红点，故又名丹泉。历世既久，为好事者所污，红点遂不可复见。”“元辰山，在治西北四十里，乃道书第五十一福地，晋苏耽尝居此，故一名苏山。苏山山下为显福观，旧有奉母庭、丹灶、石杵臼等。仙迹观前清泉汩汩，不舍昼夜。山顶石壁有泉，传曰橘井山，中有马迹洞，云是苏仙驻马上升处，洞中虚旷，行则有声。山南巨石平坦，上有靴迹，亦传是苏仙所履，名曰靴迹源。”清乾隆《瑞昌县志》卷二十二：“苏耽访道，过羊肠、马脊间，厌其险峻，爱苏山坦迤，修炼甚久，已得冲举，苏山之名，以耽著也。”以上这些江西地方志所载表明，苏耽曾在都昌元辰山修道炼丹，颇有成就，元辰山由此成为道教史上著名的福地之一。

敖真人（又作敖阳真人），失其名，上高人。县北三里敖岭（或说镜山）为晋敖真人得道之所，留有石坛、丹灶、磨剑石、灵泉等遗迹。上高的“敖阳”地名，亦与此相关。另外，历史上上高县、宜丰县曾为一行政县域，敖真人亦曾在今宜丰县城东的敖桥乡境内修炼，后人于其修炼地建“敖仙观”，是为宜丰历史上记载最早的道观，敖桥乡名即因此而得。敖真人或说是汉代人，或说是晋人。按历史常理，为三国孙吴时人更为合理些，因为孙吴统治时期可联系起汉晋两个时期。

武功山原名兹山，其山境宇跨安福、宜春、萍乡等地。安福称此山为卢潇山，传说远古卢、潇二位隐士于此修炼成仙，故名。又，武功山山名的来由，与孙吴元兴二年（265）蜀地武氏夫妇远道来此山修炼密切相关。据清乾隆《吉安府志》载，“武公，蜀人，失其名。汉末与其妇南来寻修炼处，夫至安成泸潇山，妇至西昌武岗，后皆同日化去”。此山因此改称武公山，后讹称为武功山。宜春、萍乡又称此山为罗霄山。传说，东吴大将罗霄曾任安成郡太守（治宜春、萍乡、安福、新余等），东吴末年筑茅隐居武功山龙潭修炼。东吴被司马晋灭亡后，罗霄愤离龙潭，乘舟至武阳赴义，学战国楚大夫屈原投水而死以明对故国的深切之情。后人为纪念罗霄的英勇行为而将此山称为罗霄山。

随着江西地区道教的传播发展，道人活动的积极，本区的道教观宇的建设有了较多的表现。(一）东汉末年，吉水县城北就建立起了崇元观。传说，崇元观建立后，有一道人携瓢戴笠来游，后用斗笠覆盖在瓢上翩然而去。当地民众广为传颂。孙权闻听，疑为高道，便题写了观额，以招仙人。（二）东吴赤乌年间（238—251）泰和崇道观，永丰梅溪观、冲虚观，永新的五云观，相继建立起来。（三）孙吴宝鼎年间（266—269），在安城郡萍乡县建了城隍庙，为国内较早建城隍之地。（四）史载，三国时期，道教传入宜春，在城西南袁仙台（今名源仙台）建蕊珠观，宜春为道教之嚆矢。[①]

孙吴时期，巫道不分而道教初步发展。由于孙吴统治者的信奉与宽容，江西道教在这一时期得到了较好的发展和明显的进步。一是江西境内道士活跃，产生了诸如葛玄、苏耽、董奉、丁义、丁令威、吴猛等一批在江西（中国）道教史上著名的道士，巫道进一步分流。二是江西进一步发展和巩固了诸如庐山、閤皂山、玉笥山、灵山、西山等多个知名的仙道山头，相关的道观建设开始较有成效地展开，基本奠定了后世江西道教发展格局的基础。不过，江西道教发展还显得相当的不平衡，重心仍在赣北区域。道教虽与统治者发生联系，走上层化道路是一大特色，但主要还是在于个人修行的层面。如何处理宗教与政治的关系，江西道教仍处在初步探索的阶段。

① 宜春市地方志编纂委员会：《宜春市志》卷三十八《宗教》之《道教》，南海出版公司 1990 年版，第 865 页。

第四章　两晋江西道教的快速发展

两晋是道教向上层社会转型发展的关键时期，其重要标志是道教开始在理论和实践上着重探讨如何适应中国权力体制下“身国一体”的问题。道教主流日益与国家意志结合，其生存发展的压力大为纾解。在全国道教尤其是江南道教的直接推动下，江西道教适应江西地方社会而较为快速地发展，成为天师道道教理论建设、新道派创建的活跃时期。其中，魏华存以阐发《黄庭经》的方式，奠定上清派创立的一大理论基础。葛洪以撰著《抱朴子》首度系统化了丹鼎派的道教理论，完善了葛家道，开启了中古道教发展的新途。在吴猛、许逊、郭璞等人的努力下，江西本土孝道派由此萌发。江西道教事实上以新的姿态继续成为中国道教发展兴盛的重区，在道教发展转型时期释放出特别的能量。

第一节　两晋道教发展的情势与江西道教文化生态

两晋时期，道教在国家宗教政治和上层人士信仰的“引导”下，较为显著地上层化发展，神仙道教的思想及其实践受到特别的重视。道教的理论及其实践日渐脱离原始粗朴的形态，较为积极向成熟的宗教形态过渡。江西巫觋、鬼神、仙道文化依然兴盛，亦在道教人士的引领下纷纷道教化，维护了江西道教发展进步的良好势头。

一、两晋道教的政治生态及其发展情势

公元263年，由司马家族执政的曹魏灭蜀汉。两年后，司马炎（晋武帝）代魏建晋（西晋）。公元280年西晋灭孙吴，重新实现全国大一统。西晋立国以来，经济文化恢复发展，曾成就“太康之治”然不久却因皇权争斗，相继引发八王之乱、永嘉之乱，政权覆亡。经过一系列的军政博弈，皇室司马睿于公元317年建立东晋，历百年后，公元420年大将刘裕代晋建宋。大约与西晋政权覆亡的同时，北方以“五胡”（匈奴、鲜卑、羯、氐、羌）为代表的少数族极其活跃，他们围绕着中原政权，展开了频繁而激烈的军政斗争，纷立割据，兴亡代谢，直至公元439年北魏统一为止，是为五胡十六国时期。两晋十六国时期，道教在复杂的社会环境下，积极寻找生存发展空间，总体上保持着较为强劲的进步动力。其中，北方十六国，道教发展不显著，线索不明晰，大体是以天师道徒活动为主。

西晋立国伊始，比较注重以儒家为本的意识形态建设，其宗教政策措施大体直承曹魏而来。统治者对巫术色彩浓厚的民间道教，视之为“妖邪”“鬼巫”，予以管制、打击、改造。泰始元年（265），晋武帝司马炎登基不久，即下诏：“末世妖孽相煽，舍正为邪，故魏朝疾之，宜按礼为制，使妖淫之鬼，不乱其间。”[①]《晋书·武帝纪》载，泰始二年（266）春正月，晋武帝“遣兼侍中侯史光等持节四方，循省风俗，除禳祝之不在祀典者”；泰始三年十二月下令“禁星气谶纬之学”。[②]晋武帝采取的这一系列禁令和措施，都是力图抑制民间宗教活动，防范有人因之相煽作乱。此后，晋朝统治者在宗教政治上基本维持了这一政策。

① （唐）杜佑：《通典》卷五十五《礼十五》，岳麓书社1995年版，第881页。

② （唐）房玄龄等：《晋书》卷三《武帝纪》，中华书局1974年版，第53页、第56页。

由于现实政治总是不堪，上流社会的人们追求生活享受、精神超越成为一种价值取向，包含养生、长生、神仙的道教则在相当程度满足他们的心理需求和生活追求。统治阶级中的一些门阀大族、文人士大夫，纷纷直接参加到道教中来，成为道教虔诚的信奉者。不少文人参与道教经典的编撰、整理、研究，同时也创作带有浓厚的道教色彩的文学作品来宣教，使社会上呈现出一股子书与道经互相影响、相互融通的局面。

自西晋以来，道教在发展过程中，日渐分化为上层神仙道教与下层巫鬼道教，且以上层神仙道教为主流。当然，下层巫鬼道教也并不忌讳对神仙的追求。以文人、贵族、官僚、皇室为代表的社会上层群体追求长生神仙，隐逸、服药成风。长生神仙信仰的流行，促使不少道教人士更加积极地展开对长生神仙之术的理论探索与宗教实践，进一步张大以个性养气修炼为主的神仙家思想。道教神仙理论的建设由此进入到了一个新的历史阶段。

仍然作为道教宗派代表的天师道，更加荒废了天师—祭酒“治”之模式，继续呈“各自为政”的状态，而且更加严重，其分化、分散的情形也越加显著。由于天师道在群众中有较深厚的基础和较大的影响力，天师道成为一些人反抗现实统治或攫取个人利益的重要工具。例如，西晋天师道徒陈瑞在巴蜀地区揭竿而起，继之而起的李特、李雄所领导的流民起义；东晋初年，出现多起以“李弘”名义发动一定规模的起义。东晋后期，孙恩、卢循利用天师道组织发动起义，提出“诛杀异己”的口号并付诸行动，对东晋政权造成了极大的破坏。这一方面表明，虽同为天师道信徒，也会因阶级（阶层）利益的不同而互相对抗。另一方面表明，这些“起义”的规模或影响虽然有大有小，但没有改变道教发展的主流，因为在其中的天师道只是利用的工具，而非追求的目标。天师道的这一传统性的“反叛”性格，自然引发统治阶级的警惕，也引起了诸多明智的道教人士的反思。

天师道在社会上层中较为普遍地传播开来。除了晋皇室司马家族外（西晋宗室赵王伦，东晋皇帝简文帝、孝武帝以及宗室司马道生、司马道子，都是有名的道教信徒），诸如琅琊王、义兴周、高平郗、吴郡杜、颍川庾、泰山羊、会稽孔、陈郡殷、吴兴沈、谯国桓、晋陵华、东海鲍、阳夏谢以及丹阳葛、陶、许，还有北方的清河崔、范阳卢、冯翊寇、京兆韦、天水尹等世家大族的人物纷纷入道，不少成为天师道世家。这些士族贵族道徒以自己的宅邸作治，或在名山筑室，自我修行，不仅沿袭了天师道的上章、祈祷、行符、读经等道法，而且还把采药、辟谷、服食、房中等黄老之术融合进去，促使天师道显著地神仙道教化。天师道的贵族化、神仙化，不仅破坏了“三张”原来的教规教制，而且以长生之术为能，原有教旨大多放弃，而新的教法教义不断出现，仙道内容大增。晋朝是中古时期典型的门阀政治时代，“门阀”在宗教信仰文化也引领着社会的潮流。“门阀”的道教信仰并不仅仅表示家族、个人的信仰，也昭示了东晋统治者对于道教的高度认可以及道教政治的高度参与。

天师道自创立以来，虽然比较重视加强正规化、正统化的建设，在理论与实践上取得了一系列成果。然而，其民间化、粗糙化还相当显著。进入晋代，传统天师道的思想与法术，已不大符合新时期道徒们的宗教追求。在一个时期内，天师道这种尚属混乱和粗糙的宗教性组织、典籍与规范以及活动，仍然受到上流社会大多数人的鄙夷和知识阶层大多数人的批评。一些睿智的天师道道士更加充分地认识到只有吸收时代文化和发扬仙道思想，改变原有低级的修行方式与内容，才会有更好的出路，不至于陷入生存发展危机。

两晋文化自觉、文化开放，儒学不振但仍为政治文化之正统，玄学发达而在文化阶层影响很大，佛教较快地发展并开始较为显著地展现自己的理论优势。这些都成为道教理论充实发展的重要文化基础。其中，玄学以《老子》《庄子》《周易》为本，综合儒道，吸收佛理，极大地丰富和发展了道家理论。例如，玄学开创者王弼注《老子》，讲“忘言”“忘象”而得意体道。玄学大师郭象注《庄子》在“忘言”“忘己”中臻达“心斋”的“虚心”集道的状态。老庄或玄学讲“玄同彼我”，主要是一种内在心性的“乐命自愉”，尚没有道教“思神”“御有”的精神飞升、合道成仙的意义。与此同时，佛教在中国社会的影响日渐扩大，其理论思想和实践方式逐渐深入人心，信仰者大增。道教要发展与巩固其宗教队伍，适应统治者对道教的要求，十分需要建立一套具有自身特色的教规教仪。基于自己的生存与发展，道教除进一步汲取道家黄老学说、民间巫法方术外，亦较为积极地从佛教、儒学、玄学中吸收营养，以丰富和完善自己的教理教义教规。其间大量直接搬用佛经的因果报应、地狱轮回等学说，以及佛教的戒律制度、修行方式。另外，佛教为传播发展而所挟带的诸多天竺法术，也多为道教所接受，使道教方术在理论上方法上都有所丰富发展。

道教高层从历史与现实中意识到，道教要得到良好的生存发展，必须与皇权政治相调适。天师道为适应时代的要求，一直注意加强理论上的“正统化”建设。曹魏“大道家”倡扬的“佐国扶命”思想，进一步与“得道成仙”相结合。两晋强调以孝治国，社会上孝文化由此大为流行。道教致力于建构自己的忠孝文化，以适应时代的需求。有天师道徒在《正一法文天师教戒经》的基础上，又创立出一批内容类似的新“正一”经文，例如：(一)《正一天师告赵升口诀》，借张陵训教弟子赵升之名，确立为天师道徒信奉的经典。在口诀中，大倡道教“种民”之说，由此使天师道的合理、合法、正统等意志得到加强。(二)《太上正一咒鬼经》，该经名冠以“太上正一”，诸段皆以“天师曰”为始，经中奉“天师、嗣师、系师”等三师及门下将吏，并称三师为“太上三天道主”。该经由数段咒语组成，主要内容是招神伐鬼，以求治病度厄、得福成仙。经中揭露白骨千里的天灾战乱局面，谴责暴酷百姓、食人儿女的“恶鬼”，反映了劳动人民的痛苦，劝人受经诵经、咒鬼名字。该经篇幅简短，词语通俗，当是信徒日常讽诵之经本。

天师道的上层化发展，其长生神仙思想及其养生方术得到重视、强化。例如，天师道传统的“房中术”在这一时期得到比较广泛的传扬。约撰于公元4世纪的天师道经《女青鬼律》，以三五七九合气术为长生之本，教人诵口诀、服券契、礼拜老君、解脱网罗。在其卷五中，即有以下的文字：“三官主者择种民，取合炁者万八千，从来至今有几人？大限未足子勤身，改心易肠道真人。师授口诀以见贤，佩吾券契一为先。得见太平神仙君，五帝主者传秘言。三五七九道炁尊，治在清微昆仑山。近见三天入人身，解脱网罗拜老君。”[①]“何不少学得神仙，太平过度为真人。日月列布如流星，三五七九道炁明。分布九州若父兄，皆同一契心合并。义各如一道引经，黄赤大要守长生……以日为夫月为妻，天气交接等何如？”[②]“天师曰：‘大道垂律，女青所传。三五七九，长生之本以奉行，世世相传。子有心分，来入吾炁，自当思行仁义，六合守忠，专一养性，以道为家。不得负违太上真言，师老太一。今故以元年正月七日奉行。从者千人之中，有王长、赵昇二人，可以道炁化度，令毕得长生大义。’”[③]天师道祈禳斋醮房中术以日月喻阴阳、男女、夫妻，又以黄赤作为日月的象征、代称，故天师道祈禳斋醮房中术又称“黄赤之道”。至迟4世纪时，天师道祈禳斋醮房中术著作已称为“黄赤经”。

天师道以祭酒为名“各自为政”的发展，使信众和祭酒之间，大体是以个人或家族式保持信仰的结合者。其中，世家大族们基于方便，往往在家中设靖室作为修炼场所。靖室并非大众化的公共宗教场所，而是私人所有，因此许多士族在其靖室中所进行的宗教活动也并非公开化，从这个角度言，宗教活动对于那些上层士族来说，基本上是个人的事情，是个体与神圣存在的交通，教徒与教徒之间联系松散。因此，不可能存在像早期天师道和太平道那样的教团。[④]随着道教上层化发展和原有天师道祭酒“治”模式的瓦解，道馆（道观）日渐增多。道士以道馆为集中生活和进行宗教活动的场所，师父与弟子之间仅有的师徒传承的宗教关系，而无类似于世俗的军政化“官民”关系。因此，道馆逐渐形成了富于自身宗教特色的管理制度和戒律制度，定型化为道教的基层组织。天师道上层贵族化发展，不少皇室子弟、门阀贵族、文人士大夫成为信徒，道馆修炼成为风气，“五斗信米”制度不再维持。因此，

① 《道藏》，第18册第248页。
② 《道藏》，第18册第248页。
③ 《道藏》，第18册第249页。
④ 丁强：《早期道教教职研究》，巴蜀书社2008年版，第146页。

五斗米道这一通俗名称也日渐湮没，而“天师道”的正统名称重新确立起来。

两晋十六国，在中国分裂割据的背景下，政治经济文化的区域化地方化发展成为常态。道教事实上难以形成全国性统一的宗教组织，树立起全国性的宗教权威。作为当时中国最具影响力的天师道，没有统一的教主，不能一统“江湖”，在一定意义上却有利于道教的发展。因为它更能发挥道教人物主观能动性创新发展自己的事业。分散在全国各地的道首独立布道，竞争发展。天师道中一些有较高的文化素养的信徒，出于自身利益和宗教发展的需要，附和统治阶级的意志，着意对民间道教进行改造。改造的结果，使以士族为代表的统治阶级人物纷纷信奉道教，出现了许多道教世家。天师道在魏晋时期传入江南而有李家道、清水道、杜子恭道团等道派。天师道的“神仙”理论与实践并不先进，事实上难以满足社会上层信仰者的欲求。两晋时期，在继承和批判天师道的基础上，诸如上清派、灵宝派一些更具有独立精神的新道派开始正式创立出来，成为更加适应上层社会成员信仰新道派。

两晋时期，早期的天师道、太平道、李家道、帛家道、葛氏道等各有传播，并衍生出诸如三皇派、上清派、灵宝派、楼观派等新兴道派。各道派之间互相牵连、互有同异，并立、竞争，蔚成道教多元发展的兴盛情势。当然，传统的天师道势力广布、影响巨大，仍然是全国最有代表性的道派，尤其是新兴的道派大都和天师道有直接或间接的联系。各道派发展出有各自特色的经典、教义、修炼法术和仪式体系，使道教的理论体系和实践方式丰富多样，并逐渐走向成熟。大体与天师道一样，其他新兴道派有相当部分向上层发展，自觉不自觉地接受统治者的利用与扶植。

总之，两晋时期，道教开始显著地分化为上层神仙道教和下层民间道教，且由于皇室、贵族、官僚、文人等的信奉而以神仙道教发展为主流，并由此产生出更多道教派别。一些睿智的高道更加重视理论建设，强化社会属性，直至成为统治者进行“三纲五常”等社会教化，维护封建秩序的工具，由此奠定了道教良性发展进步的内容与方式。

二、两晋江西道教文化展开的背景

西晋元康元年（291），朝廷割扬州之豫章、鄱阳、庐陵、临川、南康、建安、晋安7郡与荆州之武昌、桂阳、安成3郡合10郡，置江州；永兴元年（304）又分庐江郡之寻阳县、武昌郡之柴桑县合立寻阳郡，属江州。江西的军政地位得到了相当程度上的提升与稳固。两晋时期，地处长江中下游区域的江西，在社会不断动乱以及统治政权“荆扬之争”的军政体系中，虽然时时卷入争斗，但总体上，社会比较安定，经济文化良好发展，尤其是外来人口大增，山地开发力度前所未有，事实上成为南方进步最快的地区之一，而这正成为道教传播发展的有利条件。

晋朝以儒立国，儒家文化在江西地区颇为兴盛，范宣、范宁在豫章的学校教化活动，其效果和影响居于全国前列。晋朝以孝治国，江西的孝文化相当流行。江西地区佛教开始流行并呈兴盛的情势，庐山慧远教团影响极大。江西道教在此背景之下，积极吸收儒、佛成果，完善自己的理论体系和实践方式。以慧远、陶渊明、陆修静为题材的“虎溪三笑图”便是反映这一时期的历史情境。

江西隐逸风气依然较为浓重。例如，晋永兴（304）中，有某客入豫章西山一洞，内有村舍，一老者延至其家，客言居山南西源，其妻闻而出曰：“西源之客，故乡人也。”老者自言陈姓，世为楚官，妇罗氏，西源故家，秦灭楚，乃逃于此。[①] 弋阳有隐士石室，《鄱阳记》云：“有隐士张氏，琢石为室，其形如囷。时郡守鄢陵庾翼欲表荐之，隐而不见，故号隐士石室。”[②] 又《异苑》卷一：“寻阳姑石山在江之坻。初，桓玄至西下，令人登。之中岭，便闻长啸声，甚清澈。乃至峰顶，见一人箕踞石上。”

江西地区的鬼神、巫觋之风仍然盛行，民间祠祀不断。例如，《搜神记》卷四记：“豫章戴氏女，久病不愈。见一小石，形像偶人。女谓

---

① （民国）魏元旷编纂，王咨臣校注：《西山志略》卷三“秦人洞”，《西山志略》《云居山志》《武功山志》《怀玉山志》《华盖山志》合集，江西人民出版社2002年版，第51页。

② （宋）乐史：《太平寰宇记》卷一〇七《信州》，中华书局2007年版，第2153页

曰："尔有人形，岂神？能差（瘥）我宿疾者，吾将重汝。'其夜，梦有人告之：'吾将祐汝。'自后女疾渐瘥。遂为立祠山下。戴氏为巫，故名戴侯祠。"又《太平广记》卷二九三《石人神》：石人神，在丰城县南，其石状似人形，先在罗山下水中，流潦不没，后有人于水边浣衣，挂着左臂，天忽大雨，雷电霹震。石人臂折，走入山畔，时人异之，共立为祠，每有灵验，号曰石人神。又《太平广记》卷四七三《庞企》载：晋庐陵太守庞企自云，其祖坐系狱，忽见蝼蛄行其左右，因谓曰："尔有神，能活我死否？"因投食予之，蝼蛄食饭尽而去。其后多次投食蝼蛄。及将刑之夜，蝼蛄夜掘壁为大穴，破械，得从之出亡。后遇赦免，故庞企世祀蝼蛄。又，《初学记》卷八引《安成记》载，罗霄山有石井，民天旱时祠井神，以木投井中，天即下雨，至井溢木出，雨则止。赣州储潭祠，供奉储潭神。刘宋邓德明《南康记》记："晋咸和二年，刺史朱伟率兵赴江州讨苏峻，行至此山，忽有神人曰：'余常弋钓于此百余年，帝以我司此山水府，君幸能为立祠宇，当有报焉。'伟即为置庙山下。江山回状，浚而成潭，故名曰储潭君庙。及至建业，果有功。百姓祈祷，于今不绝。"[①] 赣州空山祠，"晋咸康五年，太守庾恪于山西麓中建立神祠，历代祈雨，最有灵应"[②]。又，传说贵溪自鸣山，山上有湖，天欲雨时，湖中涌沸之声如雷，自鸣山因此得名。清同治《贵溪县志》卷一《地理·山川》载：石勤是后赵石勒部下，因与石勒同姓而结为兄弟，号武王，有九子。东晋永和年间（345—356），石勒讨伐前赵刘曜太子刘熙。刘熙逃至陕西，石勒命石勤追之。其间，后赵宰相牛昌隐诬陷石勤有反心，石勒遂将石勤召回并杀之，其子八人一同被杀，唯幼子敬纯藏匿得免。后来石敬纯起兵复仇。牛昌隐得到消息后南逃，石敬纯追至贵溪，手刃仇人。其后，石敬纯隐居自鸣山，死后成鸣山神。当地人感于其孝心，为其立祠，号鸣山庙。民众祈祷往往得应。又，东晋太和年间（366—371），百姓深受疫病之苦，而宜春萍乡县南高山之顶

① （宋）乐史：《太平寰宇记》卷一〇八《虔州》，中华书局2007年版，第2178页。
② （宋）乐史：《太平寰宇记》卷一〇八《虔州》，中华书局2007年版，第2178页。

有井，百姓取井水饮用，竟可去病除疫。于是邑人萧居齐立庙于高山之上，因名高山庙，又称天符庙。又，《宋书·乐志》载：晋孝武太元中，殷允为豫章郡，豫章侨人庾僧虔家有用于祀享鬼神的鬼歌《子夜》。另外，晋代江西还流行起“枫子鬼”“刀劳鬼”“黄父鬼”等一些特殊名号的“鬼”，表明本区的“鬼”崇拜随着山区经济的开发进入到了一个新的阶段。特别是晋代南康一带甚至有崇祀“魋君”之习。《江西考古录》卷九《神异·魋君》引王歆之《南康记》：“南康上陇左入有一坑，坑里有石人出水，内名曰魋君，甚有灵应，百姓立祠于坑际。按魋君名义无考，疑以其字从鬼，创为此说。”江西地区各种“山鬼”的存在，正深刻地反映了六朝江西开发山区历史进程的艰难与困境，却也推动了道教的传播发展。

随着晋朝江西山地开发的进一步展开，巫鬼与仙道气息混杂的“山都”“木客”，开始较为显著地在南康、庐陵、鄱阳等山林地域频频地出现。《述异记》：“南康有神，曰山都，形如人，长二尺余，黑色赤目，发黄被之，于深山树中作巢，窠形为卵而坚，长三尺许，内甚泽，五色鲜明。二枚沓之，中央相连，土人云，上者雄舍，下者雌室。旁悉开口如规，体质虚轻，颇似木筒。中央鸟毛为褥。此神能变化隐形，猝睹其状，盖木客山獠之类也。”《异物志》：“庐陵大山之间，有山都，似人裸身，见人便走，自有男女，可长四五尺，能叫唤，常在幽昧之中，似魑魅鬼物。”《搜神后记》：“鄱阳山中亦有木客。”文献中往往将“山都”“木客”两词并提，虽内涵并不完全一致，但都是文化较先进的平原、丘陵地带的人对栖居山地原住民的称呼。他们隐匿在山中，来去迅捷，神出鬼没，又被异化为“山魈”之类的“鬼物”。山都、木客在生产生活中发展出一套自己的礼仪制度和文化观念。邓德明《南康记》：“木客头面语声亦不全异于人，但手脚爪如钩利，高岩绝岭，然后居之，能砍枋，索著树上聚之。有人欲就其买枋，先置物树下，随量多少取之，若合其意，便将枋与人，不取亦不横犯也，但终不与人面对交易，作市井。死加殡葬，会有人往看其葬，以酒及鱼、生肉遗宾，自作饮食，终不令人见其形也。葬棺法，每在高岸树杪或藏石窠中，南康三营伐船兵说，往亲睹葬所，舞唱之节虽异于世，听如风林泛响，声类歌吹之和。”“于都君山上，有玉台，方广数丈，周回尽是白玉柱，柱自然石覆，如屋形也，四面多松杉，遥眺峨峨，乡像羽人之馆，风雨之后，景气明净，颇闻山上有鼓吹之声，山都木客，为舞唱之节。”又《太平寰宇记》卷一〇八“虔州赣县”条引《舆地志》：“虔州上洛山，多木客，乃鬼类也，形似人，语亦如人，遥见分明，近则藏隐。能斫杉枋，聚于高峻之上，与人交市，以木易人刀斧。交关者，前置物枋下，却走避之。木客寻来取物，下枋与人，随物多少，甚信直而不欺。有死者，亦哭泣殡葬，尝有山人行遇其葬日，出酒食以设人。”“木客”“山都”，住在深山中，有自己的语言、葬俗、歌舞，能劳动，懂交易。由于他们与山外交往较少，生活神秘，山外的人们对他们缺少必要的了解，遂往往将他们异化成山精、神怪。因为山都、木客喜欢在树上结巢居住，又被异化为“木客鸟”。《异物志》载：“庐陵有木客鸟，大如鹊，千百成群，飞集有度，不与众鸟相厕，俗人云是木客化为此鸟也。”《搜神记》卷十二记有木客鸟传说：“越地深山中有鸟，大如鸠，青色，名曰治鸟。穿大树作巢，如五六升器，户口径数寸，周饰以土垩，赤白相分，状如射侯，若有秽恶及其所止者，则有虎通夕来守，人不去，便伤人。此鸟白日见其形，是鸟也，夜听其鸣，亦鸟也；时有观乐者，便作人形，长三尺，至涧中取石蟹，就火炙之，人不可犯也。越人谓此鸟是越祝之祖也。”就形象特征而言，“山都”或“木客”与先秦“羽人”颇为相似，应当就是被想象为不死者“羽人”的后裔。由于他们居深山老林，封闭原始，在相当程度上维护着原始的信仰。山都、木客，应是先秦以来江西山地部族的遗存之一，是鄡阳氏、赣巨人的后裔，他们维持了先秦以来的鸟崇拜和“羽民不死”的神话演绎。但在道教已经开始兴盛的背景下，此一原始信仰似乎已是落后，不再被山外之人所羡慕和尊敬，反而成为批判、排斥的对象。

在巫觋、鬼神文化的强力影响下，江西巫术方术流行。（一）巫蛊术。《搜神记》卷十二：“鄱阳赵寿，有犬蛊，时陈岑诣寿，忽有大黄犬六七群，出吠岑，后余相伯归与寿妇食，吐血几死。乃屑桔梗以饮之而愈。蛊有怪物，若鬼，其妖形变化，杂类殊种，或为狗豕，或为虫蛇，其人不自知其形状，行之于百姓，所中皆死。”（二）堪舆术。《幽冥录》：寻阳参军梦一妇人前跪，自称：“先葬近水，沦没。诚能见救，虽不能富贵，可令君薄免祸。”参军答曰：“何以为志？”妇人曰：“君见渚边上有银钗，即我也。”参军明旦觅，果见一毁坟，其上有钗。移置高燥处。却十余日，参军行至东桥，牛奔直趣水，垂堕，忽转正，得无恙也。（三）厌胜术。《太平御览》卷六六引《鄱阳记》，在鄱阳县南的江水中流，“石际有潭，往往有蛟浮出，时伤人马。每至五月五日，乡人于此江水以船竞渡，俗云为屈原禳灾”。（四）变化术。《异苑》卷八载“化虎术”：晋时，豫章郡吏易拔义熙中受审期间还家，远遁不返。郡遣追，见拔言语如常，亦为设食，使者催令束装，拔因语曰：“汝看我面。”乃见眼目角张，身有黄斑色，便竖一足，径出门去家。先依山为居，至林麓即变成三足大虎，所竖一足即成其尾。

两晋时期，社会不安，天灾人祸不免，人们总是祈求鬼神来护佑自己和亲人。安成郡宜阳县（今宜春一带）的娥潭之名就据此而来。《幽明录》载：晋永嘉之乱，郡县无定主，强弱相暴。宜阳女彭娥，父母昆弟十余口，为长沙贼所攻。时娥负器出汲于溪，闻贼至，走还，正见坞壁已破，不胜其哀，与贼相格，贼缚娥驱出溪边，将杀之。溪际有大山，石壁高数十丈，娥仰天呼曰：“皇天宁有神否？我为何罪，而当如此。”因奔走向山，山立开广数丈平路如砥，群贼亦逐娥入山，山遂隐合，泯然如初，贼皆压死山里，娥遂隐不出。娥所舍汲器化为石，形似鸡；士人因号曰石鸡山，其水为娥潭。当然，人们在鬼怪面前，也会努力自救。例如，谢鲲隐居豫章郡，在空亭中杀掉了害人的鹿怪。《晋书·谢鲲传》载：“越寻更辟之，转参军事。鲲以时方多故，乃谢病去职，避地于豫章。尝行经空亭中夜宿，此亭旧第杀人。将晓，有黄衣人呼鲲字令开户，鲲憺然无惧色，便于窗中度手牵之，胛断，视之，鹿也，寻血获焉。尔后此亭无复妖怪。”这种具有巫术故事色彩的事件能记入正史，说明当时人们确信此事是真实无疑的，也证实了当时鬼怪观念影响之深。

在鬼神巫觋的活动中，往往与道教神灵混合在一起，混杂着道教神仙信仰。如西王母、土地神、太山（泰山）府君、城隍等。《搜神后记》：豫章人刘广，年少未婚。至田舍，见一女子，云："我是何参军女，年十四而夭，为西王母所养，使与下土人交。"广与之缠绵。《搜神记·杜兰香》：杜兰香，自称南康人氏。以建兴四年（316）春，数诣张傅。傅年七十，望见其车在门外，婢通言："阿母所生，遣授配君，可不敬从！"傅先改名硕。硕呼女前视，可十六七，说事邈然久远。有婢子二人，大者萱支，小者松支。钿车青牛，上饮食皆备。作诗曰："阿母处灵岳，时游云霄际。众女侍羽仪，不出墉宫外。飙轮送我来，岂复耻尘秽。从我与福俱，嫌我与祸会。"至其年八月旦，复来，作诗曰："逍遥云汉间，呼吸发九嶷。流汝不稽路，弱水何不之？"出薯蓣子三枚，大如鸡子。云："食此，令君不畏风波，辟寒温。"硕食二枚，欲留一。不肯，令硕食尽。言："本为君作妻，情无旷远。以年命未合，其小乖。太岁东方卯，当还求君。"兰香降时，硕问："祷祀何如？"香曰："消魔自可愈疾，淫祀无益。"香以药为消魔。曹毗《神女杜兰香传》："杜兰香自云：家昔在青草湖，风溺，大小尽没。香年三岁，西王母接而养之于昆仑之山，于今千岁矣。"《太平广记》卷二八三《师舒礼》载：巴丘县（今峡江县）巫师舒礼，晋永昌元年（322）病死，"土地神将送诣太山。俗常谓巫师为道人，初过冥司福舍前，土地神问门吏：'此云何所？'门吏曰：'道人舍也。'土地神曰：'舒礼即道人。'便以相付。礼入门，见千百间屋，皆悬帘置榻，男女异处，有念诵者，呗唱者，自然饮食，快乐不可言。礼名已送太山，而身不至。忽见一人，八手四眼，提金杵逐礼，礼怖走出，神已在门外，遂执礼送太山。太山府君问礼：'卿在世间何所为？'礼曰：'事三万六千神，为人解除祠祀。'府君曰：'汝佞神杀生，其罪应重。'付吏牵去，礼见一物，牛头人身，持铁叉，捉礼投铁床上，身体焦烂，求死不得。经累宿，备极冤楚。府君问主者，知礼寿未尽，命放归。仍诫曰：'勿复杀生淫祀。'礼既活，不复作巫师。"此故事出自东晋立国之初的江西。故事中的"自然饮食"之处，显系道教的理想之境，而牛头人身投铁床地狱之事，显系来自佛教的地狱观念。整个故事反映了宗教的发展带来了对民间巫师与巫术的打击与指斥。道教与佛教那种“不许杀生”的宗教戒律，最终站在民间巫师的对立面，对杀生加以抨击，并将巫师投入神的审判。[1] 又，《搜神后记》卷三载：桓哲居豫章时，梅元龙为太守，先已病矣，哲往省之。语梅云：“吾昨夜忽梦见作卒，迎卿来作泰山府君。”梅闻之愕然，曰：“吾亦梦见卿为卒，著丧衣，来迎我。”经数日，复同梦如前。两晋时期江西一些地方已兴起了城隍信仰。例如，西晋永嘉年间（307—313），安城郡萍乡县立甘卓将军为城隍神。甘卓（丹阳人，259—322）于永嘉五年奉命征讨叛乱，领兵至芦溪，战于圣岗岭。在此驻军三年，秋毫无犯，整顿吏治，救危济困，为民治疾。甘卓死难于王敦之乱后，民怀其恩德，立庙祀之。又，东晋咸康年间（335—342），太守孔伦筑吉安城池，时有城隍庙立于城内。另外，一些民间文化中，也渗透进了道教的因子。例如，《异苑》卷八载：晋咸宁中，鄱阳乐安人彭世，世以射猎为业。每入山，与子俱行。后忽蹶然而倒，化成白鹿，儿悲号，鹿跳跃远去，遂失所在。其子终身不复弋猎。至孙，复习其事。后忽射一白鹿，乃于两角间得道家七星符，并有其祖姓名及乡居年月在焉。睹之悔懊，乃烧弓矢，永断射猎。又，《述异记》云：昔有人发庐山采松，闻人语曰：“此未可取。”此人寻声而上，见一异华，形甚可爱，其香非常，知是神异，因掇而服之，得寿三百岁。又《太平广记》卷三七四《玉梁观》载，晋永嘉中，戴氏每好游岩谷。偶入玉笥山郁木山下，见两座青石，揞指一条白玉梁于岩下。戴氏俯近看之，以手扪摸其上，见赤书五行，皆天文云篆。试以手斧敲之，声如钟，又如隐雷之声，鳞甲张起。戴氏惊异，奔走告人。再求寻之，不知其所。总之，道教神灵在民间社会活跃，巫道不分，表明鬼神巫觋文化吸收道教文化或向道教文化转变的事实。

随着江州军政地位的上升和经济文化的发展，鄱阳湖—庐山一带的“宫亭湖神”（“庐山神”“庐山君”）越来越活跃。只是此湖神、山神往往交叉混融在一起，其神似乎是一个，又似乎是多个，且或正或邪。《异苑》

① 高国藩：《中国巫术史》，上海三联书店 1999 年版，第 212 页。

卷五记：宫亭湖庙神甚有灵验，商旅经过，若有祷请，则一时能使湖中分风，沿溯皆举帆利涉无虞。又《水经注》云："庐山下有神庙，号曰宫亭庙。山庙甚神，能分风擘流，故曹毗咏云：'分风为贰，擘流为两。'"可见，宫亭湖神与庐山庙神在"法力"上两者已几无差别。两晋的庐山君或宫亭湖神已人性化。《太平广记》卷二九二《张璞》载，吴郡太守张璞一家经过庐山参观祠庙时，有婢戏指其女为神妃，后来庐山君果然致梦索妻，并发挥水神的手段，"引中流而船不发"，将张璞一家扣留下来。其妻以亡兄之女代之交给庐山神，事为张璞所觉，张璞坚持以己女换回兄女。庐山君最后被张璞的美德所感动，因派主簿送回二女。另外，东汉后期尚为释安世高友人化身的宫亭庙神，至此晋代又演化成了安世高化身。东晋释慧远《庐山记》云："南岭临宫亭湖，下有神庙，即有宫亭为号，其神安侯也。"从道教系统的传说来看，晋代的"庐山君"或"宫亭湖神"已几乎是方仙道士化了。它们在道教开始发挥效能的时代，已基本完成了正面化的提升改造，受到人们的尊敬，而不是排斥、打击的对象了。

晋代民间流行的一些仙道故事，也是江西仙道文化发达的重要表现。例如，干宝《搜神记·毛衣女》："豫章新喻县男子，见田中有六七女，皆衣毛衣，不知是鸟。匍匐往，得其一女所解毛衣，取藏之。即往就诸鸟。诸鸟各飞去，一鸟独不得去，男子娶以为妇，生三女。其母后使女问父，知衣在积稻下，得之，衣而飞去，后复以迎三女，女亦得飞去。"有关的文字记述虽不多，却已具备了羽衣仙女故事的基本轮廓。"这是世界范围内最早的羽衣仙女故事记录。"① 东晋江州寻阳一带，有不少以服食养生追求长生的人物。又如，《冥祥记》载："晋庐山七岭，同会于东，共成峰崿。其崖穷绝，莫有升者。晋太元中，豫章太守范宁，将起学馆，遣人伐材其山。见人着沙门服，凌虚直上。既至，则回身踞其峰；良久，乃兴云气，俱灭。时有采药数人，皆共瞻睹。能文之士，咸为之兴。"佛教受仙道文化影响，或者说佛教附会仙道文化。这个"著沙

① 傅修延：《羽衣仙女与赣文化》，《江西师范大学学报》2000年第3期。

门服”的人，按照道教的理论，那个人已经羽化成仙。

江西长生成仙文化盛行，也表现在考古发现中。在新淦（吉安新干）金鸡岭东晋墓中出土了一枚直径11.5厘米的四神面铜镜：铜镜半球形穿孔纽，青龙白虎朱雀玄武布于钮边。在仙道及道教文化中，青龙白虎朱雀玄武为四神，青龙白虎为外在庇护，朱雀玄武是为顺内在之阴阳，为长生不死。对于铜镜上刻画四神，是“左龙右虎辟不祥，朱雀玄武顺阴阳”之意。古人认为，铜镜具有鉴照邪恶、辟邪趋吉的功用，因此铜镜往往成为巫道人士常用的法器。1997年，南昌火车站站前广场考古发掘了一座东晋永和八年（352）雷陔夫妇合葬墓，出土了一批道教色彩浓厚、道教内涵丰富的文物。其中有名刺两枚，形制大小相同，均长条形，木质，长24.6厘米、宽3厘米、厚0.8厘米。其上有墨书文字，文曰：“弟子雷陔再拜　问起居　鄱阳字仲之”。出土残断长方形木方衣物疏1件（长31.7厘米、宽17.8厘米、厚1.0厘米），上有正面直行墨书：“永和八年七月戊子朔五日壬辰江州鄱阳郡鄱阳县都□□□□□□南昌令雷陔命妇鄱阳□涨（北禺）年八十六即醉酒□□□□□□身丧物疏如女青诏书不得志者。”“醉酒身丧”，系为道教以死为成仙之说词。而“女青诏书”或是早期道教重要戒律“女青鬼律”。这是一件随葬衣物疏，说明历经东吴、西晋、东晋三朝的雷陔，应是道教的忠实信徒。[①]

巫鬼、仙道文化是道教传播发展、破除改造的重要基础。两晋江西地域巫鬼、仙道风气的盛行，又颇受道教文化的影响，且呈现出较为显著的道教化趋势，成为江西道教发展的重要文化背景。

第二节　两晋与江西有关的家族性道教活动

江西境内虽然少定居性的门阀大族，但活动于江西的上层社会中知名的天师道徒较多，诸如信奉天师道的王氏、谢氏都有儿孙在江西活动。

① 参见白彬：《江西南昌东晋永和八年雷陔墓道教因素试析》，《南方文物》2007年第1期。

受世风影响，江西本土也自然形成了一些家族性的道教活动，以鄱阳陶氏家族为最。

一、鄱阳陶氏家族与道教信仰

两晋时期，鄱阳陶氏家族是晋代江西本土最著名的家族，与流行的道教（天师道）有着密切的关系。

陶氏家族起家，始于陶侃。陶侃，字士行，鄱阳人，晋平吴后徙家寻阳。早年孤贫，曾作县吏。出仕后曾任武冈令、南蛮长史，荆州刺史等职，最后封长沙郡公，食邑三千户。在传统文化观念中，陶侃发迹与他受道教的扶持密切相关，其一生也与道教关系多有联系。

据南朝刘宋刘敬叔《异苑》载有 5 个陶侃神异的故事。卷一：陶侃尝钓于鄱阳钓矶山，“山下水中得一织梭，还挂壁上。有顷，雷雨，梭变成赤龙，从空而去”。卷四：陶侃左手有条清晰的纹路，直达中指，遇到横纹遂中止。相者师圭告诉陶侃：“君左手中指有竖理，若彻于上，位在无极。”陶侃以针挑断横纹，想让中指纹路贯穿至顶，然血流弹溅墙壁上，形成了一个“公”字。又取纸裹住手指，墙壁上“公”字形迹愈加明显。卷五：陶侃曾如厕，见数十人悉持大印，有一人朱衣、平上帻，自称后帝，云以君长者，故来相报。三载勿言，富贵至极。陶侃便起，旋失所在，有大印作公字当其秽处，杂五行书，曰厕神、曰后帝。卷五：陶侃少年寒微时，遭父艰。“有人长九尺，端悦通刺，字不可识。心怪非常，出庭拜送。此人告侃曰：‘吾是王子晋。君有巨相，故来相看。’于是脱衣帢，服仙羽，升鹄而腾飏。”卷七：陶侃梦生八翼，飞翔冲天，见天门九重，已入八重，惟第九重不得进，以翼搏击此天门。天门守御者以杖击之，因堕落于地，折其左翼。陶侃惊醒，左腋犹痛。其后都督入州，威果震主，潜有窥拟之志，每忆折翼之祥，抑心而止。《晋书·陶侃传》亦记载了数个陶侃神异的故事，与上引《异苑》所载基本相同。惟《异苑》卷五所载“陶侃微时遭父艰”条，在《晋书·陶侃传》中替换成了：陶侃丁母忧时，“尝有二客来吊，不哭而退，化为双鹤，冲天而去，时人异之”。又，《独异志》卷中载：“晋陶侃微时，丁父艰，将葬，忽失牛，不知所在。遇一老父，谓曰：‘前有一牛眠圩中，其地若葬，位极人臣。’又指一山云：‘亦其次，当世出二千石。’言讫不见。侃寻牛得之，因改葬地。”

从以上神异故事可知，陶侃的得意人生涉及看相、占梦、卜葬等，与道教方术密切相关。或许在陶侃的本人思想中，他愿意从道教方术文化里找到自己命运的依据。但这些故事更应当理解为是信从道教者的“有意”创作，毕竟将陶侃与道教文化联系起来的建构意图较为明显。例如，《异苑》所载，陶侃父丧时，有仙人王子晋前来凭吊。众所周知，王子晋是古代著名仙道人物。以常理推测，这个至陶侃家自称王子晋者，应当是当时道士伪托。但此事或也有一定的真实成分。因为东吴后期，在今德安、瑞昌一带出现过“仙道人物”王乔（当然也有很大的伪托成分），而陶侃父亲陶丹，原住鄱阳，曾为吴国的扬武将军、柴桑侯，长期在赣北，为此有可能与这个“王乔”有过交往。而王乔前来登门悼唁故人，抚慰陶侃，也就合乎情理。“王子晋来看望陶侃”的故事，说明在陶侃生前或死后不久，人们已经把他同道教有机地联系在一起。又如，堪舆卜葬术自晋代以来就流行，也与道教道法道术有相当的关系。人们将陶侃的发迹与堪舆卜葬联系起来，自有一番考量。后世地理形家（堪舆家）传陶侃撰有《捉脉赋》。陶侃虽然在现实生活中不是道士，但由于道教人士的建构，陶侃与道教产生了密切的联系。在道教造神文化中，陶侃本人也完成神仙化的提升。萧梁陶弘景《真诰》卷十六《阐幽微第二》记，陶侃死后即已成了神仙，依然在仙界领兵：“陶侃为西河侯，亦领兵数千，今求滕含自代，犹未许。”

陶侃的子孙大多信道，有的甚至成了正式道士。陶侃的孙子陶淡（陶夏之子）即出家为道。《晋书》卷九十四《隐逸传》载，陶淡，字处静，“幼孤，好导养之术，谓仙道可祈。年十五六，便服食绝谷，不婚娶。家累千金，僮客百数，淡终日端拱，曾不营问。颇好读《易》，善卜筮。于长沙临湘山中结庐居之，养白鹿自偶。亲故有候之者，辄移渡涧水，莫得近之。州举秀才，淡闻，遂转逃罗县埤山中，终身不返，莫知所终。”按，《三洞珠囊》卷三《服食品》引《道学传》记：陶炎，字爱静，庐江浔阳人，“年十五六，服食绝谷。初犹食面，后唯食枣也”。此陶炎，或即陶淡。由此可知，陶淡已是虔诚的道教徒，修养有得。后来的湖南民间，一直流传着陶淡与侄儿陶烜一起修道成仙的故事。

陶侃的曾孙陶渊明，虽没有出家为道，但终其一生，与道教密切相关，为道教文化的兴盛做出了重要贡献。

陶渊明从弟陶敬远也是出家为道者。陶敬远的生平事迹不详，据陶渊明《祭从弟敬远文》，陶敬远热衷于采药炼丹修道的生活情趣："少思寡欲，靡执靡介，后己先人，临财思惠。心遗得失，情不依世。……遥遥帝乡，爰感奇心，绝粒委务，考槃山阴。淙淙悬溜，暧暧荒林，晨采上药，夕闲素琴。"陶敬远避世入山，绝粒服药，希望飞升帝乡，然仅三十岁就去世了。

两晋时期，受时代风气与地域文化的影响，陶侃家族一时成为知名的道教（天师道）家族。

二、琅琊王氏家族与江西道教

两晋时期，琅琊王氏是一等高门，也是信奉滨海地域道教（主要是天师道）的代表性家族。方家指出："王吉、贡禹、甘忠可等者，可谓上承齐学有渊源，下启天师道之道术，而后来琅琊王氏子孙之为五斗米道教徒，必其地域熏习，家世遗传，由来已久。"[①] 由于王氏家族的一些成员曾在江西地区活动，与江西道教也产生了关系。

王敦（266—324），字处仲，是两晋之际的重要将领、权臣。东晋永昌元年（322）曾任江州刺史。王敦尽管没有入道，但他是知名的道教信仰者，好接引方士。王敦在担任江州刺史期间，吴猛、许逊、郭璞都与之密切相关。在一定意义上，王敦正是成就了他们三人道教功业的关键人物。

王羲之（303—361），字逸少，著名书法家。早年曾居庐陵，后曾任江州刺史（345—347），在庐山一带多有活动，故与江西有一定的交集，其道教修炼也对江西有一定的影响。王羲之修道以天师道为

① 陈寅恪：《天师道与滨海地域之关系》，《金明馆丛稿初编》，上海古籍出版社1980年版，第18—19页。

本。《三洞群仙录》卷十四引《真诰注》载，王羲之后为会稽太守。永和十一年（355），去郡不复仕，先与许先生周旋，颇亦慕道。据《晋书·王羲之传》载，王羲之修道，主要就是服食仙药："又与道士许迈共修服食，采药石不远千里，遍游东中诸郡，穷诸名山，泛沧海，叹曰：我卒当以乐死。"《晋书》把《许迈传》附于《王羲之传》，说明了二人交往的密切，也说明了二人信仰的一致。该传说许迈"初采药于桐庐县之桓山，饵术涉三年，时欲断谷。……常服气，一气千余息"。他曾给王羲之写信说："自山阴南至临安，多有金堂玉室，仙人芝草，左元放之徒，汉末诸得道者皆在焉。"《太平御览》卷六六六引《太平经》曰："王右军病，请杜恭。恭谓弟子曰：右军病不差，何用吾？十余日果卒。"杜恭是江南著名的天师道师，时王羲之病重也欲请天师道师治病。不过，王羲之与许迈情笃交好。而许迈曾师事过南海太守、后来隐遁的鲍靖（鲍靓、鲍静）。《晋书·艺文志》说："靓尝见仙人阴君，授道诀，百余岁卒。"北朝道安《二教论》说鲍靖造《三皇经》："晋元康中，鲍靖造《三皇经》被诛，事在《晋史》。后人讳之，改为《三洞》。"《三皇经》未必是三洞经书的全部，但把二者并提，则当倾向一致。依道安等人所说，三洞经，则几乎全是内修、服食，以求仙为目的的方术书。鲍氏当初所信，也当是五斗米天师道，他后来造《三皇经》，推崇方术。他的转变，是当时天师道放弃政治理想、转向方术仙道的关键环节。因此，推测王羲之的天师道也杂有三皇经派的内容。《晋书·王羲之传》又载：王羲之爱鹅，时山阴道士好养鹅，王羲之往观，意甚悦，因求市之。道士道："为我书写《黄庭经》，即举鹅相赠。"王羲之欣然写就，笼鹅而归。

受家族家庭的影响，王羲之子王献之、王凝之等也信仰天师道。《世说新语·德行》载：王子敬（王献之）病笃，道家上章应首过，问子敬"由来有何异同得失？"子敬云："不觉有余事，唯忆与郗家离婚。"刘孝标注引《王氏谱》曰："献之娶高平郗昙女，名道茂。后离婚。"王献之承其家族五斗米道信仰。故病重而五斗米师使其思过。宋代米芾《画史》记："海州刘先生收王献之画符及神咒一卷，小字，五斗米道也。"而王凝之好天师道尤甚。《晋书·王羲之传》载："王氏世事张氏五斗米道，凝之弥笃。"王凝之亦任职江西，其道法修炼也在当地产生了一定影响。刘义庆《幽冥录》记："安闻者，安成之俗师也，善于幻术。时王凝之为江州，向王当行，阳为王刷头，簪荷叶以为帽，与王著。当时亦不觉帽之有异。列坐之后，荷叶乃见，举座惊骇，王乃知之。"

王氏家族是两晋时期信仰天师道的代表性家族。王羲之、王凝之都在江西活动。尽管他们在江西的道教事迹史籍少载，但其间的活动成为江西道教的内容则是毫无疑问的，在天师道发展史上应有其地位。

第三节　吴猛、许逊、郭璞的活动与文化建构

两晋之际，吴猛、许逊、郭璞三人顺应皇朝孝道治国的政治文化，在江西地区进行了富有孝道特色的道教活动，留有丰富的道教文化事迹，为后世孝道派（净明忠孝道）的创立与建设奠定了良好的基础。

一、吴猛仙道事迹及其意义

吴猛是晋代江西最有影响的儒道合一的人物之一。诸多道教文献亦记载了吴猛事迹，不过，这些事迹不少是出于道教的建构，显得惝恍迷离，真幻参半，难以实究。综合《晋书·艺术传》《搜神记》《搜神后记》《道学传》《十二真君传》《历世真仙体道通鉴》等关于"吴猛"的记载，将吴猛的"事迹"依据逻辑合理的原则叙述如下：

吴猛，生卒年不详，字世云，豫章人。仕吴为西安令，因家分宁[①]。吴猛自以孝闻。在父母旁卧，时夏日多蚊虫，而终不摇扇。同宿人问其故，吴猛答："惧蚊虫虻去，嗜我父母尔。"及父母终，吴猛行伏墓次。值蜀贼纵暴，焚烧邑屋，发掘坟垅。民人纷纷逃窜，而吴猛在墓侧，号恸不去。贼为之感怆，遂不冒犯。后来儒道两家都把吴猛列入"孝"行列，如《太平御览》卷六六六引《道学传》说：吴猛"性纯孝"；《晋书》因吴猛孝行而纳入《艺术传》中；儒家还将吴猛夏不驱蚊以免噬父母的

① 按：西安县旧址在现在的江西省武宁县南部，分宁就是今武宁县的邻县修水县。

故事采入“二十四孝”。事实上，在唐代许逊孝道教团兴起之前，江西的“孝道”信仰是以吴猛信仰为核心的。公元280年，孙吴政权被司马晋朝覆亡后，曾任西安令的吴猛大概已无心于仕途，便跟随西安丁义学道，时年三十（或说四十）；继师南海鲍靓，因语至道，复得秘法。鲍靓以传《三皇经》咒著名，吴猛所得鲍靓“秘法”，自当通“三皇”道术。或说，早在孙吴黄龙年间，即有天降白云符授之。吴猛学道得法后，功力不凡。诸多相关的道教文献均记：吴猛将还游钟陵（豫章），过豫章江，江波浩淼深急，人不得渡。吴猛不假舟楫，以手中所执白羽扇画水而渡。观者奇异之。一日，吴猛尝见参军周家暴风大作，因书符掷屋上，有青鸟衔去，须臾风即止。人或问其故，吴猛答：“南湖有舟，遇此风中，有二道士呼天求救，故以此止之。”后人验之果然。此外，《太平御览》卷六六六引《道学传》载了多则吴猛的“事迹”：西安县令干庆好畋猎，吴猛屡谏不听。后干庆大猎，四面引火烘天，而吴猛坐草中自若，鸟兽依附左右，火不能及。干庆大为惊骇，因是悔；干庆已死三日而未殡葬，吴猛往哭之，因云：‘令长固未合死，今吾当为上天讼之。”吴猛遂卧干庆尸旁，数日俱起。干庆弟著作郎干宝，感其异，遂作《搜神记》录吴猛其事，行于世；豫章县东有石笥，历代未尝开。吴猛往发之，多得简牒，古字不可识。县南有峻石，壁立千仞，暖狖不能上，吴猛仗策登之。又，《搜神后记》卷二《吴舍人》：“同县邹惠政迎猛，夜于家中庭烧香。忽有虎来抱政儿超篱去。猛语云：‘无所苦，须臾当还。’虎去数十步，忽然复送犯归。政遂精进乞为好道士。”《幽明录》载：王敦召吴猛，吴猛至江口，入水中，命船人并进。船至大雷，见吴猛行水上，从东北还逆船。弟子问其故，吴猛道：“水神数兴波浪，贼害行旅，暂过约敕。”以真珠一握为信。《云笈七签》卷一〇六《吴猛真人传》亦载：“（吴猛）道过宫亭，庙神具官僚迎猛。猛曰：‘汝神王已尽，不宜久居，非据我不相问也。’神乃去。”同书同卷引《浔阳记》云：“术士吴猛过此，遇天神曰：此江神不守其官，覆溺生人，吾奉帝命按之。言终而失。”吴猛也与神灵友好交往。《述异记》载：庐山上有三石梁，长数十丈，广不盈尺，俯眄杳然无底。咸康中，江州刺史庾亮，迎吴猛，猛将弟子登山游观，因过此梁。见一老翁，坐桂树下，以玉杯承甘露，与猛，猛遍与弟子。又进至一处，见崇台广夏，玉宇金房，琳琅焜耀，晖彩眩目，多珍宝玉器，不可识名。见数人与猛共言，若旧相识。设玉膏终日。

吴猛道德高尚，常用法术来驱妖除邪、治病救人。《三洞珠囊》卷一《救导品》引《道学传》载："(吴猛在蜀地活动时)属大疫疠，竞造吴猛乞水。猛患其烦，乃纂江水百步，随意取之，病者得水皆愈也。"《太平寰宇记》卷一一〇引"建昌县"条载："吴猛泉，在县北五百步，有疮痍者或洗，悉愈。时人常以寒食及三月三日、九月九日就此祈福，多有征验。此是吴猛游息之处，因以为台，其泉清冷，异于余所，亦谓之冷水泉。"《太平御览》卷六六六引《老氏圣纪》载：道士舒道云病疟三年，几不治，吴猛授以三皇诗，使讽之。其后舒道云所患之疾顿时痊愈。

或以为，吴猛以道术帮助王敦平定了永嘉末年的蜀地杜弢之乱。刘宋雷次宗《豫章记》载："永嘉末，有大蛇长十余丈，断道，经过者辄以气吸引取之，吞噬已百数，行旅断道。道士吴猛与弟子数人往欲杀蛇，蛇藏深穴不肯出，猛符南昌社公，蛇乃出穴。头高数丈，猛于尾缘背而以足按蛇头着地，弟子于后以斧杀之。猛曰：'此是蜀精，蛇死而蜀贼杜弢灭。'"卒如其言。这一故事在唐宋道教资料中多有演绎，如《孝道吴许二真君传》《吴猛真人传》中更具体记载了吴猛杀蛇的地点在"建昌县上辽江畔"或"海昏上僚"。又《太平寰宇记》卷一一一引《浔阳记》："蛇骨洲，在县东南一十七里，永嘉末有蛇长三十余丈断道，以气吸人，被吞噬者盖以数百，行路断绝。时吴猛有神术，与弟子往杀之，蛇死之处，聚骨成洲，有小蛇走。猛乃云：'大蛇是蜀精。'故蛇死而蜀贼杜弢灭矣。"按：蜀郡成都人杜弢，饱读诗书，才华出众，初为别驾，后为醴陵令。永嘉五年(311)，杜弢在流民的拥戴下起兵反抗西晋的统治。杜弢自称梁益二州牧，率流民军攻破荆、湘诸郡县，于次年底进入江州，并在赣鄱北部周旋征战，多次大战寻阳，曾遣其将杜弘、张彦入海昏，与临川内史谢摛激战，谢摛战败身亡，杜弢遂攻陷豫章。直到建兴三年（315）才被陶侃镇压下去。吴猛杀蛇的故事与这一段历史相关。吴猛诛杀海昏的大蛇，把它比喻成远在蜀地的杜弢，其用意在于说明王猛法力不凡，以及他忠君护国的情怀。

吴猛以道术与干庆、王敦、庾亮等多有交往，大概有意走上层化传播道术、发展宗教的道路，其间亦反映出他忠君护国的情怀。最典型的事实就是，吴猛本来亲近权臣王敦，助之建立功业。但见王敦有不臣之心，则极力劝谏，几乎带来杀身之祸。《吴猛真人传》记，吴猛至蜀地见王敦，“时多疫病，猛标浦水百步，饮者皆愈，日中请水者将千人。敦恶之，于座收猛，奄然失去，大相检覆”，吴猛又云：“敦践人君之位，命终此稔。”由此更引发王敦的迫害之心。[①]又《十二真君传》说吴猛、许逊得罪于王敦是因为受到郭璞的连累。郭璞为王敦占卦，说王敦造反无成，王敦就杀了他，也准备把吴猛、许逊给杀掉，两人因此设法逃离：“是时，二真君方与敦饮酒，许君掷杯梁上，飞绕梁间。敦等举目看杯，许君坐中隐身。于是南出晋关，抵达庐江口，载往钟陵。”又《幽明录》云：“王敦近吴猛，恶之于坐，欻然失去；乃附载还南，一宿行千里，同行客视船下有两龙载船，皆不着水。”

吴猛离开王敦之后，曾在庐山一带隐居，制造了不少仙话。《云笈七签》卷一〇六《吴猛真人传》：“后太尉庾亮迎猛，至武昌便归，自言算尽，未至家五十里亡。殡后疑化，弟子开棺，不见其尸。”在此，吴猛是尸解成仙。又，同书同卷《许逊真人传》称：“（吴）猛升仙去时，语其子云：‘吾去后，东南方有人，姓许名逊，应来吊汝，汝当看重之，可以真符授也。’至时，逊果来吊，其子以父命将真符传逊，奉修真感有愈于猛。”而许逊“闻豫章有孝道之士吴猛学道，能通灵达圣，叹我缘薄，未能识之”，后从吴猛之子受吴猛真符。显然，吴猛是许逊未见面之师。而孝道派、净明道诸多的文献，却更强调吴、许两人经常活动在一起，互为师徒。至于两人羽化时间先后，则一般以吴猛为先。如《墉城

① （宋）张君房辑：《云笈七签》卷一〇六，齐鲁书社 1988 年版，第 586 页。

集仙录》卷六《盱母》载：晋武帝时，豫章吴猛、许逊精修通感道化宣行，居洪崖山，筑坛立靖。猛既去世，逊即以宝符真箓拯俗救民，远近宗之。然而，《历世真仙体道通鉴》卷二十七《吴猛》记：晋孝武帝宁康二年（374），许逊西山上升，吴猛复还西安。是年十月十五日，上帝命真人周广捧诏召吴猛，遂乘白鹿车，与弟子四人白昼冲升。显然不合吴猛去世于许逊之前的历史，这是道书建构吴猛为许逊弟子而以许逊为孝道派（净明道）祖师的一个“必然”的结果。

由于吴猛在江西文化史、道教史上有较大影响，江西多地尤其是北部地带多有吴猛的胜迹、传说。除了上述吴猛事迹中涉及的之外，还可以列举不少。例如，在庐山一带，有吴猛与许逊同乘铁鹤上庐山，驾鹿乘云上天升仙的传说；庐山牯岭，亦源于吴猛驯服庐山石牯牛的传说；星子县冷水台，相传为吴猛游息之处；庐山紫霄峰金阙洞，为吴猛与许逊游历之所。吴猛在西安所居西平靖（“西平故宅”），建有吴猛坛、吴仙观。《太平寰宇记》卷一〇六《江南西道四》：“大雄山，山有吴猛修道处。”晋永和年间，吴猛入奉新浮云山修炼，立坛祈仙，后与四个弟子冲虚而去。明崇祯《清江县志》卷七载，清江修德乡有吴堂观，据传吴猛“过清江，喜其山水之胜，建读书堂于青龙涧雷公池之侧”。《万寿宫通志》卷七《宫殿考》：奉新延真观，“观侧有镇蛟石。相传许、吴二真君逐蛟入穴，以巨石书符镇之”。义宁州（今武宁、修水一带）丹霞观，吴猛炼丹之所。据乾隆《宁州志》卷九载元代祝彬《丹霞观记》：“丹霞观在龙兴路宁州之奉仙乡吴仙里。……州治南七十里有废观旧址曰真元。距真元五里而近有观曰丹霞。父老相传曰：真元乃昔西安令吴猛故宅。丹霞乃其炼丹之所，当时炉鼎之上常有霞光烛空，后羽士创馆以祠，遂以丹霞名焉。”《万寿宫通志》卷八《古迹考》记：吴憩山，在靖安县北五里，“耸立于白云、绣谷二山之间。吴真君猛尝憩此，因名”。护仙桥，在宁州安乡跨护仙源，“旌阳逐蛟至此，吴真人助之，故名”。吴仙渡，在宁州泰乡，“吴真君猛尝经此渡”。飞霞观，在瑞州府城西七十里，“豫章吴真人猛修炼之地。每斋醮，常有鹤数百栖息，旬日乃去，复有采霞覆之”。据清魏元旷《西山志略》：

吴源峰，一名吴仙峰，上有吴仙观，吴真人修炼处。吴猛葬母于新淦（今新干），并有仙墓、仙井、仙坛留存。乐安县游仙观的白龟泉，传说系吴猛修炼时有白龟自山南负泉而出。大石堎，在万寿宫南金塘山，有大石二，其形若汙。世传许、吴二真君往访飞茅，尝憩其上。十八堎，吴猛种瓜处。西山天宝洞，吴许二真君自王敦所归，会于此洞，精修至道。等等。吴猛在江西境内活动区域主要在北部，其中当然有些不免是附会，一方面反映出吴猛的道教活动频繁，辗转多地；另一方面也反映出吴猛的道教影响的区域还是比较有限的，几乎没有离开赣北的地理范围。

吴猛的道教传承，应以家庭传播为主。如前所述，吴猛临习飞升时，曾嘱咐其子将符法传给许逊。又，吴猛之女吴彩鸾，受乃父影响，自小亲近道教。曾于高安崇元观师事丁义之女丁秀英，获精深道法，道成后飞升。据说，吴彩鸾在学道、悟道、得道的过程中，写下一些道意盎然的“咏道诗”：“心如一片玉壶冰，未许纤尘半点侵。霾却玉壶全不管，瑶台直上最高层。”“宠辱无稽何用争，浮云不碍月光明。任呼牛马俱堪应，肯放纤尘入意城。”“身居城市性居山，傀儡场中事等闲。一座须弥藏芥子，大千文字总堪删。”[①] 传说，武宁县东南的望巾岭，得名于吴彩鸾驻此望见丁仙（丁义）遗巾并大啸而去。

吴猛是吴晋时期江西本土最有影响的道教人物，以孝行立名，但在道教的建构下，他是以精通道术和奉行忠孝著称于世。吴猛由此不仅从事实上开创了江西道教早期的孝道信仰，而且成为唐代豫章西山孝道派、宋元净明忠孝道的渊源之一。

二、许逊仙道事迹的本原及其建构

活动于两晋之际的许逊，虽然是江西最有影响的道教人物之一，但正史无记，且当世包括笔记小说在内亦罕有记录。有关许逊生平事迹的文献资料，亦多为东晋之后尤其是唐朝以后所出。

---

① （清）傅金铨汇辑、陈撄宁校订：《女丹诗集》，转引自独家春秋：《中国道姑》，上海人民出版社 2011 年版，第 186 页。

《艺文类聚》卷二十一引《许逊别传》载：许逊七岁时，无父，躬耕负薪以养母，尽孝敬之道。与寡嫂共田桑，推让好者，自取荒者，不营荣利，母常谴之："如此，当乞食，无处居。"君（逊）笑应母曰："但愿老母寿耳。"该涉及许逊身世的片段，大约在许逊生活的时代或其后不久即已撰述，是现存有关许逊的最早史料。它对许逊出身未加修饰，对其事迹亦未多加改造。又，刘宋刘义庆《幽明录》载有三则许逊"事迹"：（一）许逊少孤，不识祖墓，倾心所感，忽见祖语曰："我死三十余年，于今得正葬，是汝孝悌之至。"因举标榜曰："可以此下求我。"于是迎丧。葬者曰："此墓中当出一侯及小县长。"（二）桓温北征姚襄，在伊水上，许逊曰："不见得襄而有大功，见襄走入太玄中。"问曰："太玄是何待也？"答曰："南为丹野，北为太玄，必西北走也。"果有其言。（三）刘琮善弹琴，忽得困病，许逊曰："近见蒋家女鬼像录在山石间，专使弹琴作乐，恐欲致灾也。"琮曰："吾常梦见女子将吾宴戏，恐必不免。"逊笑曰："蒋姑相爱重，恐不能相放耳，已为诛之。今去，当无患也。"琮渐瘥。刘义庆笔下的这三则许逊"事迹"，有堪舆、预言、驱鬼等方术活动，显然已开始赋予了许逊神秘化、方士化的色彩。又，《太平寰宇记》卷一〇七引南齐刘澄之《鄱阳记》叙述信州贵溪县馨香岩时说："昔术士许旌阳斩蛟于此岩下，缘此名焉。"这里说及许逊斩蛟之事，并直言许逊为"术士"。表明南朝前期，许逊已有了较显著的道教化情势。

以上东晋及南朝前期关于许逊的文字，综合起来大体可视作是许逊"真实"的历史叙述：许逊出身下层，有至诚孝心、神异法术，闻名于豫章西山一带。许逊死后，其族孙许简在许逊故宅建祠祭祀许逊。由此大约从许逊去世后不久的东晋中期始在豫章一带的民间社会逐渐形成了许逊崇拜。这一时期的许逊信仰只是以神异故事的形式在有限时空中的民间社会流传。揆之常理，许逊当是两晋之际民间社会的方士。许逊斩蛟、与祖先的心灵感悟，以及预测吉凶、驱除邪魔等法术，既表现了当时的民间巫术，也是初期许逊崇拜的必要表现形式。

两晋时期，以豫章为中心的江西地区开始修建许逊祠庙[①]。例如，南昌铁柱万寿宫，传说始建于西晋永嘉六年（312），祭祀许逊，时称旌阳祠。其中虚夸的成分很大，因为许逊在当时影响其实是相当有限的。虽然这一时期的许逊信仰并无基本的宗教理论阐述和实践方式，也不受统治阶级的重视，信仰仍处于初级阶段，还只是一般的家族崇拜、民间信仰。但应已确立了以孝行为信仰核心的基本模式。“孝”是中国传统文化的核心价值观之一，围绕“孝的信仰”如果一直坚持，遇到合适的时机，自能爆发巨大的能量。东晋以来，许逊在豫章一带就以“孝行”为人所称道，从此开始了不断神化的历史进程。东晋南朝的许逊崇拜虽然是一种带祖先崇拜性质的民间神仙信仰，但其中孝道、法术、济民等思想内容与道教信仰有重合之处，因此被道教所利用，将许逊道教化，也是自然之事，从而形成了以下的许逊“生平事迹”。

许逊[②]（239—374），字敬之，本贯汝南，世居许昌。父许肃因汉末避乱迁至豫章南昌。许逊生而颖悟，姿容秀伟，通疏不羁。喜好畋猎，尝射中一孕鹿，鹿子流产堕地，鹿母犹顾舐之，未竟而毙。许逊因感悟，折弃弓矢，克意为学。弱冠博通经史，善音律，天文地理、五行谶纬之书，尤嗜慕神仙修炼之术，颇臻其妙。闻西安吴猛得丁义神方，乃往师之，悉传其秘。与郭璞访名山，求善地，得西山之逍遥山金氏宅，遂徙居之。日以修炼为事，不求闻达。乡党化其孝友，交游服其德义。郡举孝廉，不就。朝廷屡加礼命，不得已乃以晋武帝太康元年（280）起为蜀郡旌阳令。视事之初，诫吏胥去贪鄙，除烦细，脱囚挚，悉开谕以道，吏民悦服。发值如神，吏不敢欺，其听讼必先教以忠孝慈仁忍慎勤俭，近贤远奸，去贪戢暴。复患百里之远，难于户晓，乃择秀民之有德

---

① 按：历来江西地方史在记载两晋许逊祠庙时，其数量达数十上百。笔者认为，以许逊当时并不太高的声名，此众多记载始建于晋代的祠宇，可能不少是唐宋之后的附会。

② 此处关于许逊的道教事迹，综合唐胡慧超：《洪州西山十二真君传》，南宋白玉蟾：《旌阳许真君传》，元赵道一：《历世真仙体道通鉴》卷二十六《许太史》，元刘玉：《净明忠孝全书》“许真君传”等道教文献。

望，与耆老之可语者，委之劝率，故争竞之风日销，久而至于无讼。先是，岁饥，民无以输租，郡邑绳以法，率民多流移。许逊乃以灵丹点瓦砾为金，令人潜埋于县衙后圃。籍民之未输纳者，咸造于庭，使服力于后圃。民掘地获金，得以输纳，遂悉安堵。邻境流民慕其德惠，来依附者甚众，遂至户口增衍。属岁旌阳大疫，死者十七八，许逊运起神方拯治。符咒所及，登时而愈。至于沉愈之疾，无不痊者。传闻他郡，病民相继而至者，日旦千计。于是标竹于郭外，十里之江，置符水于其中，俾就竹下饮之，皆瘥。其悼耄羸疾不能自至者，汲归饮之，亦获痊安。蜀民为之谣曰："人无盗窃，吏无奸欺，我君活人，病无能为。"后江左之民亦来汲水于旌阳，许逊乃咒水一器，置符其中，令持归置之高安县锦江之滨，亦植竹以标其所，俾病者饮之，江左之民亦良愈。民因号此江为蜀江。元康元年（291），八王之乱爆发，许逊以晋室纷乱，弃官东归。启行之日，百姓羸粮而送者蔽野。有至千里始还者，有随至其豫章宅愿服役而不返者。乃于宅东之隙地结茅以居，状如营垒，多改姓为许，号许家营。许逊回到豫章后，继续修道，尝至新吴（今奉新），憩于桥林，忽有女童五人，各持宝剑来献，许逊异而受之。既而偕至许逊之第，惟日击剑自娱，人莫能测。许逊识其为剑仙，常礼遇之，卒获神剑之用。既而与吴猛游于嵩阳，闻金陵丹阳县黄堂靖有女师谌姆，多道术，遂同往致敬，叩以道妙。因得谌姆传授兰公所得孝道之法，并依孝道明王的旨意反收吴猛为徒（具体详见第六章相关叙述）。许逊因感激谌姆恩德，于豫章西山之南四十余里处的飞茅之地建黄堂观以祀。每岁仲秋之三日，必亲往朝谒。许逊常以道法驱邪除患而济民救困。初，许逊往访飞茅，路旁见陂水清澈，为之少憩，曰："憩真靖。"又见乡民盛烹宰以祀神，且相互恐吓："祭不腆则神怒降祸矣。"许逊大怒："怪祟敢尔耶。"夜宿于逆旅，召风雷伐之，拔其林木。明日告其里人曰："妖社已驱，毋用祭也。"又见负担远汲者满道，乃以杖刺社前涸泽，出泉以济之，虽旱不竭。明日，登山巅指山腰之泉坛曰："是有异物藏焉，后将为孽。"遂立坛靖以镇之。乃渡小蜀江，抵江干之肆，主人朱氏虽贫，而迎接甚敬。许逊戏画一松于其壁而去。其家即日市利加倍。后江涨溃堤，市舍俱漂，惟松壁不坏。许逊尝炼神丹于艾城之黄龙山，山漱有蛟魅，护为渊薮，辄作洪水，欲漂丹室。许逊遣神兵擒之，钉于石壁。丹成，祭于幕阜葛仙翁石室。遂至修川，爱其湍急而味坚，乃取神剑磨于涧旁之石。寻渡水登秀峰，为坛于峰顶，以醮谢上帝，乃服仙丹。过西安县，县社伯出谒，许逊诘其地分有妖物为民害者，其神匿之。许逊行过一小庙，庙神迎告曰："此有蛟物害民，知仙君来，故往鄂渚逃避矣。后将复还，愿为斯民除之。"许逊如其言，蹑迹追之，最后将害民之蛟悉诛之。许逊怒西安社伯之不职，锢其柯门，止民享祀。许逊闻新吴有蛟为孽，因持剑捕逐之故所经行处。蛟惧，窜入溪穴。许逊乃以巨石书符，及作镇蛟文以禁之。时海昏之上辽有巨蛇据山为穴，吐气成云，周围四十里人畜在其气中者，即被吸吞，无得免者。江湖舟船亦遭覆溺，大为民害。许逊悲悯斯民，乃集弟子，将往诛之。初入其界，远近居民三百余人知许逊道法，竞来告怨，求哀恳切。许逊道："世运周流，当斯厄会，生民遭际，合受其殃。知之此来，正为是事，当为汝曹除之，吾誓不与此蛇俱生也。"有顷，群弟子至，亦同劝请。许逊道："须时至乃可。"于是卓剑于地，默祷于天。良久，飞泉涌出，俄有赤乌飞过。许逊道："可矣其地为候时观。"遂前至蛇所，仗剑布气。蛇惧入穴，乃飞符召海昏社伯驱之，不能出，复召南昌社公助之，其符落于县东二因建观，号符落。蛇出穴，举首高十余丈，目若火炬，吐毒冲天。乡民咸鼓噪相助。是时真君啸命风雷，指呼神兵，以摄伏之，使不得动。吴猛乃飞步踏其首，以剑劈其颗。蛇始低伏，弟子施岑、甘战等引兵挥之。蛇腹裂，有小蛇自腹中出，长数丈。甘君欲斩之，许逊道："彼未为害，不可妄诛。"小蛇惧而奔，行六七里，鼓噪声犹返听而顾其母。群弟子请追而戮之，许逊道："此蛇百五十年后若为民害，吾当复出诛之，以吾坛前植相为验，其枝拂坛扫地，乃其时也。"又预谶云："吾仙去后一千二百四十年间，豫章之境，五陵之内东方降州、锋水分野，东门之镇，宛陵是也。南方杨州分野，南门之镇，浩陵是也。西方雍州、威泰分野，西门之镇，鹊陵是也。北方幽州、太原分野，北门之镇，涪陵是也。中方长安、长浦分野，中门之镇，泰陵是也，当出地仙八百人。其师出于豫章，大扬吾教。郡江心忽生沙洲，掩过沙井口者，是其时也。事见龙沙起。”许逊于海昏经行之所，皆留坛井，凡六处，通候时之地为七，其势布若斗星之状，盖以镇弥后患七靖者，谓进化靖、御奏靖、丹符靖、华表靖、紫阳靖、霍阳靖、刘真靖。复至邑之西北，见山泉清冽，乃投符其中，与民疗疾，其效亦比蜀江。永嘉六年（312）许逊告其徒：“大蛇虽灭，蛟精未诛，彼物通灵，必知吾有除害意。恐其伺隙溃郡城，吾归郡乎，战、岑二子从我焉。”许逊道术高妙，名闻远迩，求为弟子者数百人，却难得中意者。许逊乃化炭为美妇人，夜散群弟子处以试之。明旦阅之，其不为所染污者，惟十人耳。自是凡周游江湖，诛蛟斩蛇，不无从焉。其余多自愧而去。许逊乃与甘、施二君归郡，周览城邑。适有一少年，美风度，衣冠甚伟，通谒自称姓慎，礼貌勤恪，应对捷给，遽告去。许逊谓弟子曰：“适者非人，老蛟之精，故来见试也。体貌虽是，而腥风袭人。吾故愚之，庶尽其丑类耳。”迹其所之，乃在江边变化为黄牛，卧郡城沙碛之上。许逊乃剪纸化黑牛往随之，并令施岑潜持剑往，俟其酣睡之即斩之，然施岑挥剑仅中黄牛左股，黄牛奔入城南之井中。许逊遣符吏寻其踪，乃知直至长沙，于贾谊井中出化为人。即入贾玉使君之家。先是，蛟精尝慕贾玉之女美，化为一美少年谒之。贾玉大爱其才，妻以女。居数岁，生二子，常以春夏之交孑然而出，周游江湖，若营贾者。至秋，则乘巨舰重载而归。所资皆宝货，盖乘春夏大水覆舟所获也。是秋，蛟精还贾玉家，云：“财货为盗所劫，且伤左股。”贾玉叹惋，为之求医。许逊乃为医士谒贾玉，贾玉喜，召其婿出求医。蛟精觉之，惧不敢出。许逊厉声叱道：“江湖蛟精，害物非一，吾寻踪至此，岂容逃遁。速出速出。”蛟精计穷，乃见本形，蜿蜒堂下，为吏兵所诛。许逊以法水扑其二子，亦皆为小蛟，并诛之。贾女亦几变形，其父母为哀求，许逊给以神符，故得不变。许逊谓贾玉曰：“蛟精所居，其下即水。今居舍下探不逾尺，皆洪波也。可速徙居，毋自蹈祸。”贾玉举家骇惶，迁居高原。其地不日陷为渊潭。许逊复还豫章，而蛟之余党甚盛，虑许逊诛之，心不自安。乃化为人，散游城市。访许逊弟子，诡言：“仆家长安，积世崇善，远闻贤师许君有神剑，愿闻其功。”弟子语之：“吾师神剑，指天天裂，指地地坼，指星辰则失度，指江河则逆流。万邪不敢当，神圣之宝也。”又问：“抑有不能伤者乎？”弟子戏之道：“惟不能伤冬瓜、葫芦尔。”蛟以为诚然，继而尽化其属为葫芦、冬瓜，连枝带蔓，浮泛满江，拟流出境。许逊晨兴，觉妖氛甚盛，乃顾江中，见蛟精所化，即以剑授施岑，使履水斩之。许逊道：“此地蛟璃所穴，不有以镇之，后且复出为患，人不能制也。”乃役鬼神于牙城南井铸铁为柱，出井外数尺，下施八索，钩锁地脉。祝之曰：“铁柱若亚，其妖再兴，吾当复出，铁柱若正，其妖永除。”由是水妖屏迹，城邑无虞。复虑后世奸雄妄作，故因铁柱以为谶记，有“地胜人心善，永不出奸雕，纵有兴谋者，终须不到头”之言。次年，许逊以蛟蜃之属有散入鄱阳、得阳界者，虑其复还，乃周行江湖，以殄灭之。至曹晓山顶，有蛟湖三所，其孔穴透大江，通饶信。许逊诛其蛟魅，立玉阳府靖以镇之。其西北石壁下湾，立开化靖以镇之。更立太城府近旁有大潭，深不可测，且多蛟螭，许逊尽灭之。唯一蛟子迸走，故立此靖以断之。又铸铁符镇鄱阳湖口，杜其所入之路。铸铁盖覆庐陵元潭，制其所藏之薮，仍以铁符镇之。留一剑在焉其剑长尺有咫，似玉石，又似铜铁，人不可识。永嘉七年（313），许逊复游长沙，遂至韶阳。又明年，至郴、衡诸郡，所至皆为民诚毒除害，乃还豫章。东晋明帝太宁二年（324），大将军王敦举兵内向，许逊与吴猛同往冀谏止之。适逢郭璞在王敦幕府，三人共劝王敦不要兴兵反叛，无成。郭璞被王敦斩杀，而许逊乃举杯掷起，化为白鸽，飞绕梁栋。王敦一举目，已失二君所在，竟败。许、吴二君还至金陵，欲赁舟至豫章，而船主告以乏操舟者。许逊道：“尔等但瞑目安坐，切勿观视，吾自为尔驾之。”乃召二龙挟舟而行。俄过庐山顶，至紫霄峰金阙洞。许、吴二君欲游洞中，故其舟稍低，抹林梢戛戛有声。舟人不能忍，窃窥之，龙即舍舟于层岫之上，折桅于深涧之下后皆为铁石。并桅在涧中，为断石。许逊谓舟人曰：“汝不听吾言，将何所归乎？”舟人拜求济度，许逊教以服饵灵草，遂得辟谷不死，尽隐于此山。许、吴二君各乘一龙，分水陆还会于北岭之天宝洞。许逊遂归豫章西山旧隐处，日与弟子讲究真诠。数十年间，不复以时事关意，惟精修至道。作醉思仙之歌，又著《八宝垂训》曰："忠孝廉谨，宽裕容忍。忠则不欺，孝则不悖，廉而罔贪，谨而勿失，修身如此，可以成德。宽则得众，裕然有余，容而翕受，忍则安舒，接人以此，怨咎涤除。凡我法子，动静勤笃，念兹在兹，常守其独。有爽厥心，三官考戮。"乡党化之，皆迁善远罪，孝悌兴行。平时出处，随机应物，不异常人。但所居之处鸣鹤翔飞，景云旋绕而已。自东晋乱离，江左频扰，许逊所居环百余里，盗贼不入，闾里晏安，年谷屡登，人无灾害。其福被生灵，人莫知其所以然也。至孝武宁康二年（374）八月朔旦，有云仗自天而下，二仙乘辇，导从甚笃，降于许逊之庭院。许逊降阶迎拜，俯伏听二仙宣诏："上诏学仙童子许逊，卿在多劫之前，积修至道，勤苦备悉，经纬逾深。万法千门，罔不师历。救灾拔难，除害荡妖，功济生灵，名高玉籍。众真推仰，宜有甄升。可授九州都仙太史、高明大使，赐紫彩羽袍、琼旌宝节、玉膏金丹各一。合诏至奉行。"许逊再拜，登阶受诏。一仙曰："予乃玉真上公崔子文。"一仙曰："予乃元真大卿瑕丘仲。"言毕，揖许逊坐，告以冲举之日，遂乘云车而去。真君乃召门弟子与乡曲耆老，谕以行期。自此朝夕会于许逊之第，日设宴饮，共叙惜别。且教以行善立功，以致神仙之旨。许逊著《灵剑子》等书，以遗世。以大功如意丹方，传众弟子之不与上升者。其诀必先择日斋戒，设位醮十八种药之神，然后书符，逐味诵咒而修合之。其治众疾，如意而愈。是月望日，大营斋会，遍召里人，长少毕集。至日中，遥闻音乐之声，祥云弥望，须臾渐至会所。羽盖龙车，从官兵卫，仙童彩女，前后导从，红霞紫气，舒布环遗。前二仙复至向许逊宣诏，曰："上诏学仙童子许逊，脱子前世贪杀匿不祀祖先之罪，录子今生咒水行符治病罚恶诚毒之功。已仰潜山司命官，传金丹于下界，闭债封形，回子身及家口厨宅百好归三天，子急今秽。訾土凌空，左大力天丁与流金火铃照辟中黄，无或散慢。告行，仍封远祖由玉虚仆射，曾祖瑛太微兵卫大夫，先祖玉太极把业录籍典者，父肃中岳仙官，赐所居宅日仙曹左府。"玉真上公曰："卿门弟子虽众，唯六人合从行，余各自有超举之日，不得偕往也。"乃揖许逊。许逊升龙车，命陈勋、时荷持册前导，周广、曾亨胶御，黄仁览与其父族侍从，盱烈与母部从仙眷四十二口，同时升举，鹦犬亦随逐飞腾。里人攀恋，投地悲号，不忍别。许逊道："仙凡路殊，悲惧自切。执奉孝慈，恭顺天地，何患无报耶。"乃留下修行钟一口，并一石函，谓之曰："世变时迁，即为陈迹矣。聊以此为异时之记。"许逊飞升后，里人与许逊族孙许简，就其地立祠，以所遗诗一百二十首写竹简之上，载之巨莆，令人探取以央休咎，名曰圣签。其钟、车、函、臼并宝藏于祠中。后改祠为观，因锦帷覆绕观上而曰游帷观。蜀旌阳之民，竞资金帛、负砖号来，梵凛井以报功德，各镌姓名于上蜀民砖缘，改宫修盖始彻去之。而蜀郡旌阳县，朝廷为表许逊之德，诏改为德阳。寻移县治于西，就以故址为观旌阳观，以祀许逊。以上许逊的"事迹"，正是在东晋南朝前期许逊"事迹"的基础上，丰富和发展、完备起来，其中心是强化了许逊"忠孝"的内容及大道师的形象。

因许逊家居豫章，以豫章为中心形成了其活动文化圈。除了上述已涉及的江西、湖南的活动地方外，在今湖北、江苏、浙江、福建等省区也有相关的"事迹"，但其主要活动还是在江西。现以江西地方文献资料再略作补充叙述其在江西活动的若干情形，以见许逊在江西的巨大影响力。（一）豫章西山是许逊活动的大本营，许逊遗存的踪迹自是丰富。太元元年（376），南昌逍遥山（西山），立许仙祠，祭奉许逊。据《古今图书集成·神异典》卷五一引《江西通志》，"祠在安义县依仁乡，前有大石，高广数丈。一茆插顶，四时皆青，相传为许逊手植。祠旁二石对峙，一形如斗，有水清澈不竭；一石光洁无尘，乃逊斩蛟磨剑于此。乡人立祠，以表异迹。"《西山志略》卷六"许母墓"：初，旌阳葬母，寻地下山，一老人幅巾藜杖，候于道侧，曰："吾盖本山之神，为主守此地五百年矣。"旌阳掘地，得石匣，有谶记，遂葬焉。豫章西山毗邻高安，许逊亦常至高安活动，留有诸如炼丹地、马踏井、磨剑石、圣水井及手植集仙柏等胜迹，尤其以许逊奇术濯高安自西向东主要河流锦江之水，免民受疾疫之灾，受人尊崇。大约自唐代以来，高安当地人并将许逊附会为望蔡人（上高人）。（二）在奉新，产生了许逊“斩蛟治水”的遗迹和传说。奉新会埠乡挂榜山，相传许逊追逐蛟龙到这里，折芦为矛，剪茨为镞，以抵御蛟龙，后人就将此山改称“芦茨山”；奉新赤田乡“剑井”，相传玉皇大帝派女童在柏林观送了两把神剑给许逊，许逊得剑后来此，“试剑透石，迸泉为井”。宋埠镇锁石村，相传许逊追蛟到这里，锁此石以镇蛟龙。或正因为此，一直以来，奉新民众推崇许逊为其县域道教的开创性人物。（三）许逊长期在武宁活动，曾在武宁石门、石渡、澧溪、南岳、九宫山等地与孽龙展开大战，留有万寿宫、龙潭石等遗迹。（四）清娄近垣《龙虎山志》卷二《山水》“逍遥峰”：许旌阳炼丹处。上有许真君祠。祠旁石壁间，如人掌迹者二，润泽如玉，云是仙人所印。“龙化池”：在仙岩寺之巅。相传许旌阳逐蛟至此，感僧藏隐，以此山缺水，阴开池以报。（五）相传许逊曾在青原山一带留下了足迹。吉水仁寿乡的元潭有蛟龙，乡民以为患，许逊来此铸剑斩蛟，为民除害。乡民感激，于东晋安帝年间在元潭上建崇元观以祀之，并将斩蛟剑存放在观内。（六）许逊、吴猛二位真君由江乡咒水行药、伐恶、治病、炼丹于今南丰县城北门外。（七）许逊曾在宜丰治白泽湖水。

在许逊“事迹”的建构过程中，其“斩蛟治水”最富意义。《管子·度地》曰：“五害之属，水最为大。”而古人科技文明低下，往往认为水患是因为蛟龙作乱的结果。江西境内尤其是赣北，水域辽阔，港汊众多，绵长的赣江、抚河、信江、修水、饶河等五大河流与星罗棋布的湖泊塘堰，构成了一个以鄱阳湖为向心状的错综复杂水网，因之洪涝灾害频繁发生。由此在许逊“事迹”中，许逊奔走南昌、修水、进贤、浔阳、鄱阳、都昌、湖口、余干、武宁、奉新、高安、丰城以及长江的湘江等地为民治水，也就成了消除妖害的人物。《历代仙史》卷二《晋仙列传·许真君》：“自东晋乱离，江左频扰，真君所居环百余里，盗贼不入，闾里晏安，年谷丰登，人无灾害。其福被生灵，人莫知其所以然也。”

在道教文献及民间传说中，许逊弟子以豫章为活动中心，努力张大许逊信仰。据《三洞群仙录》引《西山记》、元赵道一《历世真仙体道通鉴》卷二十七等所载许逊弟子，综合其事迹如下[①]：（一）陈勋，字孝举，蜀川人。博学洽闻。蜀汉灭亡之际，陈勋时尚少，已有慕道出尘之志，入青城山，师谷元子求度世之法。继闻许真君在旌阳，仁政及民，走谒公庭，愿充书吏。许真君嘉之，付以吏职。凡表率辈流，设化民俗，抚字之术，裨益为多。遂引为门弟子，而托以腹心。典司经籍，守视药炉。许真君飞升时，命执策（羽旌）导前焉。昔玉隆宫西麻有孝举道院，号承仙府，手植巨柏一株，其院面北而居。（二）周广，字惠常，庐陵人，孙吴大将周瑜之后。少好天文音律之学，长通元为清静之教。尝与同志游巴蜀云台山，得汉天师驱蔚精邪之法，救民疾苦。闻许真君在旌阳，径诣公庭，愿备下执。许真君纳之，令供侍杖履。周广夙夜惟勤，遵行道法，始终不息。还居私第，左右无违。乃就宅西百余步间，筑室以居。真君飞举，周广与曾兴国同胶龙车，宅号宣诏府。（三）曾亨，字兴国（或作国兴），泗水人，曾参之后。少为道士，天资明敏，博学多能。修三天师之教，逆知来物。名山列岳，有路必通。妙诀灵符，无治不愈。神人孙登见之曰："子骨秀神慧，砥砺精勤，必作霄外人矣，子勉之。"曾亨后隐居豫章之丰城，闻许真君道誉，投谒门下，愿侍巾几。许真君雅器重之，神方秘诀，无不备传。许逊升天日，从车驾同升。丰城真阳观，是其遗迹。（四）时荷，字道阳，巨鹿人。事母以孝闻。少为道士，入四明山，遇神人教以胎息众妙之术，用能却寐绝粒，得坐忘法，或百日一食，半年一寝。役使鬼神，驱除邪魅，点化金玉，赒济穷苦，民受其赐，声闻远迩。晋惠帝、怀帝之世，闻许真君孝道法盛行江左，徒步踵门，愿充弟子。真君纳之，授以秘诀。复遣还山，教导徒众。晋明帝诏赴阙，师问之，坚不愿留。竟归，依栖侍侧。孝武帝宁康二年，许逊升天日，与陈孝举执册（龙节）导从升天，有遗迹在豫章城，号紫盖府。东海沭阳县奉仙观，乃其旧隐。（五）甘战，字伯武，丰城人。以

① 按：所谓许逊弟子的诸多事迹，在道教文献上，应始于唐前期洪州西山高道胡慧超的建构，是为了突出许逊孝道信仰，故不一定完全符合两晋时期许逊信仰的实际情形。但因这些情节主要是基于两晋时期建构，故还是置于此处叙述。另外，作为许逊最重要弟子的"吴猛"的事迹已见专门前述，此处不再赘述。

孝行见推于乡党。遭时乱离，晦迹草泽，喜神仙久视之术。闻许真君行孝道法，除害利物，遂造门恳请，愿备驱役。真君异其材器，可其所请，凡奥文秘诀悉命掌之。斩蛟诛蛇无不与焉，其功居多。许君授以秘诀，而君潜匿形影，人莫之测。及许逊上升，甘战归丰城，布德行惠，乡人感之。至陈宣帝大建元年正月七日亭午，天诏下，乃驾垂彩麟车，乘祥云而去。今县中清都观，乃昔藏丹之地。其故宅号华阳亭，有飞篁观为之奉祀。靖安县西北丹仙观为甘战故宅，丰城县南白鹤观为甘战得道处。甘战飞升日有风篁一枝坠地复生，每因风而啸韵若管吁。后人因于其地建飞篁观。（六）施岑，字太玉，沛郡人。祖朔仕吴，因徙居九江赤乌县。施岑状貌雄杰，勇健多力，弓剑绝伦。许真君初领徒众诛海昏大蛇，会乡壮三百余人来助力，施岑预焉。致恭恳乞，愿充役者。真君纳之，与甘伯武常执剑侍左右。晋孝武帝宁康二年（374）十月二十八日晨，见东方日有一童子，乘彩云，执素策，驱苍此，降其所居。宣玉帝诏，遂御苍虹乘云而去。真君宅东南二里间，有坛日紫玉府，即其所柄之地。西岭镇江干石上有观，为太玉眺台。南昌之地亦有之，皆所以眺望水妖也。（七）彭伉，字武阳，兰陵人。举孝廉，仕晋，累迁尚书令左丞。密修仙业，永康中以病辞朝。至南昌师事许逊。许逊以长女妻之。许逊于西晋怀帝永嘉末年化炭妇诛蛇，而彭君在计，其年已七十六矣，岂复亲匹偶乎。屡闻真君夫人周氏，今考孝道赞，有周女史答盱母问一篇绝妙，疑是夫人谦称，故曰女史。《新藏经》称圣母，非也。真君念其恪诚，应诸秘要纤悉付之，速遣还朝。至穆帝永和二年，致政南游，挈家居豫章城中。再诣门下，朝夕叩问，道益精进。永和二年八月十五日（宋高祖永初二年《职方乘》作义熙二年八月二十四日），举家二十六口白日上升。宅为彭真观，谢灵运题额。（八）盱烈，字道微，南昌人。少孤，事母（盱母，许逊之姊）以孝闻。蒸蒸翼翼勤于色养，家贫而营侍，甘旨未尝有阙，乡里推之。盱烈随母居许逊宅西数十步间，因得日闻许逊道妙。盱君纯笃忠厚，许逊委用之。盱烈旦夕侍养许逊，谨愿恭肃，未尝有怠。后母子二人随许逊一道飞升。（九）钟离嘉，字公阳、超木，南昌人，许真君仲姊之子。少丧父母，植性简淡，好处林峦。许真君尝叹其有受道之资，遂付以秘诀，令密修之。授之神方能拯救，付之妙诀能役逐。许真君升天，钟离嘉首有金丹之赐。是年十月十五日中，有碧霞宝车自天来迎，钟离嘉拜韶，青鸾白鹤翔舞于庭，仙童玉女下迎公阳白日上升。新建象牙山西源，是其所居地，建有丹陵观。石药臼尚存，号钟玉府。（十）黄仁览，字紫庭，高安人。父辅，字万石，举孝廉，仕至御史。仁览神采英秀，局量凝远清致，力学有闻。晋建兴元年（313）许逊偕弟子黄仁览豫章境，于梅仙祠旧址创建道院名“太极观”。黄仁览亦在安福县之清化乡洞阳山修道，因之命观为“黄公洞”。许逊见仁览勤勉于道，颇为中意，因以女妻之。仁览尽得许逊之道。仁览远任青州从事，留妻于老家侍父母。然每夕取竹杖噀水，化龙骑之归省高安，且复骑去。人莫得知。一夕，家童报，许氏院中夜有语笑声。姑讯之，许氏曰：“黄郎耳。”姑曰：“吾子从仕数千里，安得至此？”许氏曰：“彼已得仙道，能顷刻千里，戒在漏语，故不敢令姑知。”姑曰：“若然，当使我见之。”是夕仁览归，许氏告以故。比明，仁览不得已出谒父母曰：“仁览虽从宦远乡，夜必潜归膝下。仙道秘密，不可泄言，恐招谴累。”言讫，取竹杖化为青龙，乘之而去。故万石亦知仙道足慕，执弟子之礼以事真君。惟仁览两个弟弟勇健不检，日事游畋。一日，虽父兄奉玉皇诏飞升，而二人尚在猎所，仁览遽往召之，二弟自言：“我等受性游逸，不堪作仙，但愿举家升腾，我等未欲去世。亦恐捕鹿冥数未足，致此迷执。”仁览叹其赋分，乃付地仙之卫，教其修化。复折草化鹿以止其妄心。遂与父母三十二口乘云而东，从许真君仙驾升天。两个弟弟后隐于西山，俗呼黄朝四郎、五郎。仙杖既行，云间坠下石球、药臼各一。仁览父黄辅，亦求为许逊弟子。许逊以其懿戚，待以客礼，故不与十一人之数。诸弟子受法，皆许传族，坛靖各立府亭之名其教大仪曰：府小仪日亭，行持道法，以人数多寡名之。

许逊教团中，除许逊的直接弟子之外，还有一批传说与许逊关系密切者。许大，豫章西山樵人，后作许真君之役夫。真君上升之日，适与其妻运米出市，闻真君将飞升，推覆米车，奔驰而归。至则仙杖已举，夫妇抚膺哀号，苦乞从行。真君告以善功未备，不应飞升，乃授以地仙之术。夫妇隐于西山，不欲人识，改姓曰午。又为人所知，复改曰干。隐居山中，无四时常持花，不欲近人，亦不与人语。有一少年好道，常从之，驱逐不去，登山渡水必与之俱。偶至一处，临水而坐。干问曰："颇渴否？"曰："然。"干出怀中物如枣，与少年掬水食之。须臾假寐，失干所在。夫妇各有诗留于世，干君诗："自从明府升天后，出入尘寰直至今。不是藏名混世俗，卖柴沽酒贵忘心。"其妻诗："醉舞狂歌踏落花，绿罗裙带有丹砂。往来城市卖生药，祇个西山是我家。""出入仙乡不记春，岂知尘世有寒温。儿家祇在西山里，除却白云谁到门。"又，妻因干君出游，经时不归，独步醮坛，有感而作："昨日因游到翠微，醮坛风玲杏花稀。碧桃为我传消息，何事人间去不归。"[①] 另外，王朔，王方平裔孙，居栖梧山。许逊尝过其家，授以修炼之术。许逊飞升时，遗以香茅一根，予以激励。

《历世真仙体道通鉴后集》记载了数位与许逊关系密切的"女仙"。（一）刘仙姑，名懿，靖安人。年数百岁，貌若童子，谌姆尝称之。真君往见，则已飞升矣，遂留宝木华车遗之。车因风飘举，三日而下，因名其观曰华车观。（二）盱母，豫章人，许逊之姊，盱烈之母。外混世俗而内修真要。尝云："我千年之前曾居西山，世累稍息，当归真彼中。"许逊以其孀居，乃筑室于宅西数十步间，俾居之。许逊隐西山修炼，日夕讲究真诠，盱母与子盱烈日得参其妙。许逊每出，盱母代掌其家事。盱母常于山侧采撷花果以奉许逊，许逊惜其志诚，常欲拯而度之。晋惠帝元康二年八月十五日，许逊飞升时，谓盱母盱烈二人曰："我承太帝之命，不得久留，汝可继随仙举，期于异日。"母子悲喜不自胜，再拜，告请愿侍云辇君，乃许之。即赐灵药服之，躬禀真诀，于是午时从许逊一道升天。盱母飞升后，当地遗留坛、井。乡人不敢华缮，盖表盱君母子俭约故，世号为盱母坛靖。（三）许氏，许真君逊之女，适建安黄仁览。许氏未嫁之前，颇受家庭道学熏陶。既嫁之后，与夫黄仁览一起日夕修

---

① 综合《三洞群仙录》卷八引《皇朝类苑》，《万寿宫通志》卷十二《轶事志》等记载。

道，道学根基越加强固，尽得真君道妙。黄仁览任青州从事单骑之官，留许氏侍翁姑。后许真君轻举之日，许氏同仁览公姑三十二口白日飞升。仙仗既行，许氏钗偶坠落，今有许氏坠钗洲。（四）黄仙姑，黄仁览之妹。先是吴猛葬母于新淦县石壁（后又称吴岭），石壁峭立，有仙墓仙井仙坛在焉。仙姑依吴母墓修行炼丹。后白日飞升，留下炼丹石一片，成为沸石。宋哲宗旌异，赐建仙姑观，复改为黄仙灵应观。四方旱疾疫，祈祷辄应之。

许逊的西山教团有上百人的规模，教团骨干十二人（许逊、吴猛、时荷、甘战，周广、陈勋、曾亨、盱烈、施岑、彭伉、黄仁览、钟离嘉），后世称为十二真君。十二人中，其中五人为许逊的家族或姻亲，另外，其他的弟子中，也大体相互之间有着家族联结的关系。许逊教团事实上具有较为典型的家族传承特点。许逊及其弟子们或显或晦或实或虚的道教事迹，在一定程度上奠定了后世建构西山孝道派的基础。

三、郭璞道教化的江西渊源

两晋之际的郭璞不是道士，却在元代创立的净明忠孝道（净明道）中，居于监度师的崇高地位。个中原因，与郭璞儒道兼综、忠孝一体的人生及其与豫章吴猛、许逊有所交结密切相关。

郭璞（276—324），字景纯，河东闻喜人。据《晋书·郭璞传》[1]，郭璞之父郭瑗由尚书都令史而擢升为建平太守。郭瑗为官正直，敢于驳正上司杜预，以“公方”著称，显然是个典型的儒家人士。郭璞受家庭的影响，自少习经术，博学多才，讷于言论，好古文奇字，又喜阴阳卜筮之术。这些文化中虽然含有一些道家方术的色彩，但大体上属于当时儒家的基本知识体系。郭璞是著名的易学大师，易学虽然与道家文化关系密切，本质上仍然是属于儒家的文化。郭璞一生致力于儒家经典的注释、弘扬。注《尔雅》，撰《毛诗拾遗》《夏小正注》；依《周易》思想，结合自己的卜筮经验，作《周易洞林》《周易新林》以及《卜韵》。郭璞是践

① （唐）房玄龄等：《晋书》卷七十二《郭璞传》，中华书局 1974 年版，第 1899—1910 页。

行儒家事功的人物。西晋末年，因北方胡族问题严重而使晋室不安，郭璞预见天下形势，跟随晋皇室的司马睿一支南渡，以避乱东南。旋即又在殷祐、王导幕下任参军。东晋初，晋元帝司马睿任命其为著作佐郎，不久又擢升为尚书郎。掌管朝廷军事、镇守武昌的大将军王敦召郭璞为记室，颇受重视。《晋中兴书》卷七《东阿郭录》云："璞为尚书郎，大将军王敦以璞有才术，取为记室参军，璞畏不敢辞。"① 然而，晋明帝时，当利欲熏心的王敦欲起兵谋反时，郭璞坚定地站在朝廷一边，死谏王敦，以身殉国。《晋书·郭璞传》载：

> 王敦之谋逆也，温峤、庾亮使璞筮之，璞对不决。峤、亮复令占己之吉凶，璞曰："大吉。"峤等退，相谓曰："璞对不了，是不敢有言，或天夺敦魄。今吾等与国家共举大事，而璞云大吉，是为举事必有成也。"于是劝帝讨敦。初，璞每言"杀我者山宗"，至是果有姓崇者构璞于敦。敦将举兵，又使璞筮。璞曰："无成。"敦固疑璞之劝峤、亮，又闻卦凶，乃问璞曰；"卿更筮吾寿几何？"答曰："思向卦，明公起事，必祸不久。若住武昌，寿不可测。"敦大怒曰："卿寿几何？"曰："命尽今日日中。"敦怒，收璞，诣南冈斩之。

郭璞因冒险谏诤，慷慨捐身，集中体现了儒家"舍生取义"的节操和"威武不能屈"的气概。死后被朝廷追授为弘农太守。总之，郭璞贯彻的人生主线是儒家立德、立功、立言的理路。然而，郭璞又与道家道教有着密切的关系，其"术"往往是儒道结合，而以道为主。《晋书·郭璞传》载：郭璞"好古文奇字，妙于阴阳算历。有郭公者，客居河东，精于卜筮，璞从之受业。公以《青囊中书》九卷与之，由是遂洞五行、天文、卜筮之术，攘灾转祸，通致无方，虽京房、管辂不能过也"。郭璞一生追求和好行道家方术，平生诸多实践活动充满了道教色彩。

① （清）汤球：《九家旧晋书辑本》，中州古籍出版社 1991 年版，第 375 页。

郭璞自幼就受到道教思想的熏陶。据《晋书·皇甫谧传》载，皇甫谧（215—282），安定（今甘肃泾川北）人，沉静寡欲，自号玄晏先生。博学多闻，累受征命，皆不就。设帐授徒，门人挚虞、张轨、牛综、席纯皆为晋名臣。皇甫谧向有道教信仰，爱服丹药，且医道精湛，著有《黄帝甲乙经》。由于皇甫谧当时名气极大，故其崇尚道教的学术思想就有可能在河西关陇一带广泛传播，而郭璞的家乡河东闻喜与河西仅一水之隔，故不能不受到其影响。[①] 特别是皇甫谧的高足挚虞在晋武帝年间曾一度任闻喜县令，他必然带去其师崇道的学风，故郭璞自幼耳濡目染，其思想深处无形中打上了道教的烙印。成年以后，郭璞亲近道教。与郭璞过从甚密的挚友、上司中，颇多道教徒或道教信奉者。例如，著作郎干宝精通京房《易传》，并曾与郭璞同事，关系友好。《晋书·郭璞传》载干宝曾劝诫郭璞不要嗜酒好色，曰："此非适性之道也。"干宝撰《搜神记》旨在"发明神道之不诬"，所载多为道教方术事以及古今神灵异人物之变，带有明显的道教思想倾向。又如，郭璞过江后，引他为参军的宣城太守殷祐也是位道教信奉者，素来笃信道教方术。郭璞信奉道教，还可以从他曾劝名士许迈学"升遐之道"得到典型的反映。《晋书·王羲之传》附《许迈传》载：丹阳句容士族许迈，"少恬静，不慕仕进。未弱冠，尝造郭璞。璞为之筮，遇泰之大畜，其上六爻发。璞谓曰：'君元吉自天，宜学升遐之道。'"后来，许迈离家学道，终于成为著名的上清派道士。

郭璞生性好搜奇猎异，"语怪征神"。曾花费大量心血为《楚辞》《山海经》《穆天子传》等著作做注。对它们所记载的神怪志异及神话传说，郭璞认为有其真实性和合理性。例如，《注〈山海经〉叙》称：

> 世之览《山海经》者，皆以其闳诞迂夸，多奇怪俶傥之言，莫不疑焉。尝试论之曰：庄生有云："人之所知，莫若其所不知"，吾于《山海经》见之矣。夫以宇宙之寥廓，群生之纷纭，阴阳之煦

① 詹石窗：《道教文学史》，上海文艺出版社 1992 年版，第 89 页。

> 蒸，万殊之区分，精气浑淆，自相溃薄，游魂灵怪，触象而构，流形於山川，丽状于木石者，恶可胜言乎？然而总其所以乖，鼓之于一响；成其所以主，混之于一象。世之所谓异，未知其所以异；世之所谓不异，未知其所以不异。何者？物不自异，待我而后异，异果在我，非物异也。故胡人见布而疑黂，越人见罽而骇毳。夫玩所习见而奇所希闻，此人情之常蔽也。今略举可以明之者：阳火出于冰水，阴鼠生于炎山，而俗之论者，莫之或怪；及谈《山海经》所载，而咸怪之：是不怪所可怪而怪所不可怪也。不怪所可怪，则几于无怪矣；怪所不可怪，则未始有可怪也。[①]

在此，郭璞竭力论证《山海经》所记载的神怪的真实不虚，认为怪异感的产生源于人的无知，将本不可怪的事物当成可怪之事。郭璞主张“原化极变”“象物应怪”，要求紧扣事物的现象来把握鬼神变化的规律。郭璞的这种“神话”观为开拓、发展中国神话学颇有贡献。由于中国神话与道教的特别关系，郭璞的神话观也其实是在维护和倡扬道教。明代《正统道藏》把郭璞《山海经注》《穆天子传注》作为道教典籍加以收录。

郭璞对道家学说的特别贡献，还体现在对道家理论悉心阐发，扩大道家文化在社会上的流传和影响上。郭璞大胆改革并发展了焦京易象数学，结合当时盛行的道教理论，把儒家的易占活动道教化。例如，郭璞《易洞林》载：

> （晋元帝时）扬州别驾顾球姊，生十年便病，至五十余。令璞筮之，得大过之升。其辞曰：“大过卦者义不嘉，冢墓枯杨无英华。振动游魂见龙车，身被重累婴天邪。法由斩祀杀灵蛇，非己之咎先人瑕。案卦论之可奈何？”球乃访迹其家事。先世曾伐大树，得大蛇杀之，女便病。病后，有群鸟数千，回翔屋上。人皆怪之，不知

① （晋）郭璞：《山海经序》，丁锡根编：《中国历代小说序跋集》，人民文学出版社1996年版，第5页。

何故。有县（农）行过舍边，仰视，见龙牵车，五色晃烂，其大非常，有顷遂灭。[①]

郭璞在易占活动中，巧妙地实施了与当时道教方术密切相关的符箓、祈禳诸法术。郭璞易卜的事例，见载于《晋书》本传、《易洞林》以及散见于《晋书》的"五行志"、诸"列传"的，殆有20例；而结合法术进行易卜的，就有9例，几占一半[②]。例如，《晋书·郭璞传》曰："璞在宣城时，有物大如水牛，灰色卑脚，脚类象，胸前尾上皆白，大力而迟钝。来到城下，众咸异焉。宣城太守殷祐使人伏而取之，令璞作卦，遇《遁》之《蛊》。其卦曰：'《艮》体连《乾》，具物壮巨。山潜之畜，匪兕匪虎。身与鬼并，精见二午。法当为禽，两翼不许。遂被一创，还其本墅。按卦名之，是为驴鼠。'卜适了，伏者以戟刺之，深尺余，遂不复见。郡纲纪上祠，请杀之。巫云：'庙神不悦，曰：此是郏亭庐山君鼠，使诣荆山，暂来过我，不须触之。'"《晋书·郭璞传》还载，西晋末年，郭璞通过卜筮预测到北方将为胡人所占，百姓要遭遇灭顶之灾，于是就起身去南方，经过占卜选择了地点。在京城建康，为王导占出有"震厄"并设法消除之，又为晋元帝指出各地出现的中兴符瑞之象。他屡次上疏，指出月食、大水等灾异以警示朝廷，其建议多采纳。又，《搜神后记》卷二《镜耗》：王文献，曾令郭璞筮己一年中吉凶，璞曰："当有小不吉利。可取广州二大罂，盛水，置床帐二角，名曰镜号，以厌之。某时撤罂去水，如此其灾可消。"至日忘之，寻失铜镜，不知所在。后撤去水，乃见所失镜在罂中，罂口数寸，镜大尺余。王公后令筮镜罂之意，璞云："撤罂违期，故致此妖，邪魅所为，无他故也。"使烧车辖以拟镜，镜立出矣。

郭璞的占卜，包含了对《周易》的创造性发挥。他在占卜活动中，

---

① （晋）郭璞：《易洞林》，（清）马国翰：《玉函山房辑佚书》，清光绪九年长沙嫏嬛馆刊本。

② 连镇标：《郭璞易占与道教关系探考》，《周易研究》2002年第6期。

虽然也用《周易》卦爻辞去阐释所占之卦，但更善于结合自己的人生体验去解卦。郭璞是一个社会活动家，对政治、人生有比较敏锐的判断；他的睿智虽然也要归功于《周易》的启发，但绝非《周易》所能包含；他的准确预测，多半是一种准确的分析判断。郭璞使用道家方术固然有学道、修道的意味，但他的道术还有服务于当代政治的目的和效果，以卜筮之法规谏王敦不要谋反，就是其中典型的说明。诚然，在郭璞身上，道家思想和方士气息相当浓厚，但他并不完全用足道家的逍遥处世，而是实实在在地生活于世俗社会之中。正因为此，郭璞在乱世中也有如履薄冰之感。《搜神后记》卷二《郭璞自占》：郭璞每自为卦，知其凶终。尝行建康栅塘，逢一趋走少年，甚寒，璞便牵住，脱青丝袍与之。此人不解其意，璞曰："身命卒当在君手，故递相属耳。"此人乃受，及当死，果此人行刑，傍人皆为属求利，璞曰："我常托之久矣。"此为为之嘘唏哽咽，行刑既毕，乃说如此。

郭璞的堪舆术（风水术）在当时堪称超一流。《晋书·郭璞传》载："璞尝为人葬，帝微服往观之，因问主人何以葬龙角，此法当灭族。主人曰：'郭璞云此葬龙耳，不出三年当致天子也。'帝曰：'出天子邪？'答曰：'能致天子问耳。'帝甚异之。"值得注意的是，郭璞的堪舆往往符合道家的精神："璞以母忧去职，卜葬地于暨阳，去水百步许。人以近水为言，璞曰：'当即为陆矣。'其后沙涨，去墓数十里皆为桑田。"南朝刘义庆《世说新语·术解》载此事，唯文字稍异，并附有郭璞诗一首："北阜烈烈，巨海混混。垒垒三坟，唯母与昆。"在这里，郭璞通过易占，把母亲的墓地选择在临水之地。这不仅表明他精通地理学，能预见水洼地将变为桑田，而且体现了其浓厚的道家道教的崇水精神[①]。据说，郭璞撰有堪舆学《葬书》《锦囊经》《玉照定真经》等著作，其中尤以《葬书》（《葬经》）最为世人所重。《葬书》对先秦以来的风水学说进行了总结，

① 四库全书总目提要认为《葬书》不是郭璞的著作，有人则认为《葬书》"虽然在流传过程中经过历代好事者的不断增益，已非原来规模与面目，但大体上却仍保留着郭璞的一些重要堪舆学思想"。参见连镇标：《郭璞易占与道教关系探考》，《周易研究》2002年第6期。

认为万物一气耳。“气行乎地中。气行也，因地之势；气聚也，因势之止。古人聚之使不散，行之使有止，故谓之风水。”[①]《汉书·艺文志·形法家》始以宫宅地形与相人、相物之书并列，则其术自汉始萌，然尚未专言葬法也。是其术盛传于东汉以后。其特以是擅名者，则郭璞为最著。江西后世成为风水文化重区，或说萌发于郭璞。

郭璞也善符幻术。《三洞群仙录》卷十四引《方术传》：郭璞至庐江太守胡孟康家，将趣装去之，爱主人婢，无由而得，乃取小豆三升绕主人宅散之。主人晨见赤衣人数千围其家，就视则灭，其恶之，请璞为卦，璞曰：君家不宜存此婢，可于东南二十里卖之，慎勿争价，则此妖可除。主人从之。璞阴令人买此婢，复为符投于井中，数千赤衣人皆反缚，一一自投于井，主人大悦。

郭璞有着强烈的出世倾向，对“游仙”情有独钟，以创作“游仙诗”闻名于世。其所作“游仙诗”总数不详，今存完篇及残诗共约19首，完整者有10篇。这些游仙诗总体上反映了郭璞的“游仙”思想：现实人生包括对抗现实的道家隐逸、儒家高士，都是无望的，只有彻底超脱人生的神仙生涯才是美妙、永恒的。[②]郭璞的《游仙诗》主要内容歌唱高蹈遗世，仰慕神仙，寄托对现实的愤慨不满。如《游仙诗》第二首：“青溪千余仞，中有一道士。云生梁栋间，风出窗户里。借问此何谁？云是鬼谷子。翘迹企颍阳，临河思洗耳。阊阖西南来，潜波涣鳞起。灵妃顾我笑，粲然启玉齿。蹇修时不存，要之将谁使？”[③]南朝钟嵘《诗品》评郭璞的游仙之作是“词多慷慨，乖远玄宗，而云‘奈何虎豹姿’，又云‘戢翼栖榛梗’，乃上坎壈咏怀，非列仙之趣也”。明刘熙载《艺概·诗概》也说郭璞的“《游仙诗》假栖遁之言，而激烈悲愤，自在言外，乃知识曲宜听其真也”。其实，郭璞虽是对现实的忧叹，但还是有较为强烈的“列仙之趣”的。在中国诗歌史上，郭璞是第一个全力创作游仙诗的诗

① 连镇标：《郭璞研究》，上海三联书店2002年版，第65页。
② 曹道衡：《郭璞和〈游仙诗〉》，《社会科学战线》1983年第1期。
③ 逯钦立辑校：《先秦汉魏晋南北朝诗》，中华书局2017年版，第865页。

人，是发展游仙诗的最有力者，代表了游仙诗的最高成就[①]。

郭璞虽然没有正式入道，然而无论从郭璞的人生经历还是思想实践，以及人们对他的认识，都可以说他又是一个虔诚的道教信仰者。东晋高道葛洪即把郭璞视为道教神仙一类的人物，在其《神仙传》中为郭璞立传。其所述事迹与《晋书·郭璞传》没有多大的不同，唯增加了其死后“兵解”并成“水仙伯”的内容：“（郭璞）殡后三日，南州市人，见璞货其平生服饰，与相识共语，非但一人。（王）敦不信，开棺无尸。璞得兵解之道。今为水仙伯。”众所周知，所谓“兵解”，乃道教中人得道成仙的一种方式。而葛洪把死后的郭璞奉为道教的“水府仙伯”，亦是将郭璞视为有功业于道教者。稍后的南朝道士见素子撰的《洞仙传》，亦把郭璞作为道教修炼成仙者，其所述事迹与《神仙传》大体相同，只是把郭璞之死的“兵解”说改为“尸解”而已。

郭璞是与吴猛、许逊为同时代的人物，或稍有所交集，但应并不密切，也许并未到过豫章西山。然而，据唐代西山孝道派、元代净明道派的文献及传说，则言称郭璞不仅到过西山，而且与许逊形成了较为密切的关系：郭璞和吴猛、许逊三人彼此志向相投，成莫逆之交。其中，唐佚名《孝道吴许二真君传》中提到郭璞请益许逊之事：当年许逊和郭璞经常在一起吟诗作赋，互相学习，访游名山圣地。他们还一道同游南昌湾里的洪崖丹井，郭璞当场写下“左把浮丘袖，右拍洪崖肩”的“游仙诗”。与此同时，西山道士还宣说，虽然许逊当时的道法甚高，但为人谦虚、好学，而郭璞博学多闻、方术精湛。许逊一边虚心向郭璞学习，一边四处寻找修道栖真之所。许逊后来在郭璞的帮助下，终于在豫章西山之阳选得逍遥山下的桐园为难得的善地，于是就在此定居隐居。据南宋白玉蟾《旌阳许真君传》载：“……真君闻西吴猛得至人丁义神方，乃往师之，悉传其秘，遂与郭璞访名山，求善地，为西真之所，得西山之阳逍遥山金氏，遂徙居之……”又，清《逍遥山万寿宫志》卷六《山川考》载：“初许、郭二君选胜，抵（逍遥山）金田村。郭君曰：岗阜

① 赵玉萍：《魏晋南北朝文学发展研究》，四川大学出版社 2009 年版，第 158 页。

圆厚，位置深邃，内外勾锁，无不合宜。”又，同书卷十五《艺文志》载，元代柳贯《玉隆万寿宫兴修记》：郭景纯与许旌阳同时，尝为旌阳相宅，得豫章西山之阳曰逍遥山者，居焉。郭璞帮助许逊择定孝道派、净明道祖地——豫章西山，对于孝道派、净明道来说其功可谓是至伟至大的。

或许是因为郭璞的重大声名，尤其是其惊人的堪舆术法，江西多地产生了郭璞的传说。例如，郭璞游历过吉安各地名山，这些名山后来不少成为著名的道教圣地。[①]郭璞曾游历青原山安隐山之南的方广山朱陵洞，大赞洞岩胜地。传说，“吉水”县名的由来，缘于建县前夕，庐陵郡守与郭璞等人沿赣江考察，他们见赣江与恩江在吉水汇合处，有一沙洲，二水缭绕于该洲之间，状若“吉”字，因以“吉水”命名。明清时期“豫章十景”的“龙沙夕照”，亦称来自郭璞堪地降龙的事迹。晋豫章范太守礼贤士下、知人善任，听说郭璞通晓天文地理、安墓卜宅、身藏法术，便登门拜访。范太守问：“怎么才能使豫章人杰地灵？”郭璞说：“豫章只有六道城门，要是再增加两道城门，就可以八面玲珑、人才辈出了。”范太守认为多开城门打仗时不利于防守。郭璞就答应在豫章的八道城门都派一条龙镇守。新城门建成后，郭璞果然遣来了龙镇守，但负责北门的沙龙却因路上贪玩而误时。为惩罚沙龙，郭璞用降龙杖痛打沙龙并降伏于此。此后沙龙虽身在北门，却或翻身摆尾或逶迤不动，让整个沙滩变幻莫测、形态万千，人称之“龙沙”。又，在鄱阳、乐平和景德镇三地交界处有一座山峰，主峰海拔 453.5 米，人称郭璞峰。传说，郭璞为避王敦之害，在友人帮助下逃出罗网，之后寻求修道之地，来到了钵钵尖，见此处风景秀丽，就隐居于此。郭璞和此地一位高僧交情笃厚，两人经常对弈，他仙逝后，高僧将他安葬于此，并将此处更名为郭璞峰。此外，据元明之际的危素《江州路玄妙观碑》，江州玄妙观，始由郭璞创建，时名老君庵。以上郭璞在江西活动的“事迹”，或真或幻，难以实考，却从一个层面揭示了郭璞对于江西道教文化的特别意义。

---

① 参见青原山志编纂委员会：《青原山志》，方志出版社 2011 年版，第 95 页。

郭璞一生尽管信仰道教，好方术，但并没有正式入道，从其人生践履而言，仍是儒家忠孝文化的忠实践行者。郭璞是中国神秘文化史上划时代的重要人物，开江西道教风水学之先河，对江西道教产生了较为深远的影响。

吴晋时期的吴猛、许逊、郭璞三人，活动情形相互联系，活动的方式也较为相似，活动的地域以江西为中心也有所交叉重合。他们虽然也称隐居，由儒转道，由仕而民，却不违“忠臣”本色，努力维持现实的皇权政治秩序。他们以道术常和上层人士来往，周旋于士人官僚群体之中。他们顺应统治者意识形态的要求，以“孝道”宣扬自己的道术。“孝道”属于社会伦理道德的范畴，“孝道”信仰，既具有宗教的性质，但同时也具有社会崇拜的性质。正因为如此，元代净明道创立时，他们都一起成为净明道的重要仙真。

第四节　魏华存与上清派在江西的萌发

天师道祭酒、上清派祖师魏华存，在两晋之际曾十余年间活动于江西地区，与江西道教结下不解之缘，在一定意义上奠定了江西上清派发生发展的基础。

一、魏华存仙道履历及在江西的道教活动

魏华存（252—334），字贤安，道史一般尊称为“魏夫人”，任城（今山东济宁）人，系西晋武帝朝司徒魏舒之女。魏华存自幼聪明伶俐，性静恭谨，博览诸子百家，尤耽好老庄及神仙之学。“以一女流而喜好《庄》《老》，这固然有玄风盛行的影响……魏华存早年老、庄等知识的累积无疑让她不会甘于平庸、卑贱的生活。”[①] 魏华存成年后，常别居一园，服饵胡麻。意欲独身修仙，然不得父母之允。24岁时嫁给太保掾南阳刘文（或作刘乂、刘义）。刘文任修武令，魏华存随至任所，生有二子（刘璞、刘瑕）。二子稍大，即与丈夫别居，潜心修道，活动于以阳洛山

① 张芮菱：《魏华存夫人信道原因考》,《宗教学研究》2007年第7期。

为中心的怀川一带。据说，魏华存“冥心斋静，累感真灵”。于西晋太康九年（288），得西汉末年的清虚真人王褒降授“神真之道”（《太上宝文》《八素隐书》《大洞真经》《灵书八道》《紫度炎光》《石精金马》《神真虎文》《高仙羽玄》等经31卷）。后又有景林真人授给她《黄庭经》。魏华存得道后，开始讲经传道、济度世人，以其大德高行，有天师道徒众推举她为祭酒。西晋惠帝元康年间（291—299），值丈夫刘文物故，魏华存又预识中原将乱，遂携二子自洛邑南下迁至江南，辗转进入江西境。约于公元300年，魏华存移居抚州临川，并山立静堂。于临汝水西置精舍、立坛宇，静心修道。其后，魏华存又至峡江玉笥山大秀峰顶、新建易俗坊建德观等处治丹修炼。《玉笥实录》卷一“紫虚元君坛”条记：“魏夫人在此修炼，种紫木、红杏，尝有碧云为盖，玉女来朝，坛畔生紫芝。”玉笥山立有魏夫人坛，又称仙姑岭。随魏华存南下的次子刘瑕，东晋初为太尉陶侃府从事中郎将，后来又出任安成郡（治所在今江西安福）太守。刘瑕至安成后，落户于北乡笪桥村，并将母亲接来安成。魏华存来到安成后，不胜官舍烦扰，遂在郡城西立丹霞观和城西十里处斑竹山、文旗山（或作文旆山）等地立坛，携孙女刘思、刘微一同虔修，同时为当地百姓治病解厄。传说丹霞观内有一大石，名“飞来石”，夫人常在石上炼丹。文旗山上，则有魏华存礼斗坛、炼丹池。《安成笪桥刘氏族谱》收录有称为魏华存所作的《劝心文》。大约东晋元帝建武二年（大兴元年，318），魏华存由江西辗转到湖南衡山，于集贤峰下结草为庐，设坛礼斗，专心修炼。历经十多个寒暑春秋，于东晋成帝咸和四年（329）终于功修圆满而飞升。道史称，天帝封魏华存为“紫虚元君”，领“上真司命南岳夫人”，主诸学道生死图籍，摄御三官关较罪考。与西王母共同管理天台山、缑山、王屋山、大霍山和衡山的神仙洞府。比秩仙公，使治天台大霍山洞台中，主下训奉道，教授当为真仙者。

二、魏华存义疏《黄庭经》及其文化意义

在早期道教史上，魏华存是积极探索道教理论与实践方式著名的女冠，其最大的成就是义疏《黄庭经》。又据《道藏辑要》“氐集”载，《元

始大洞玉经》《元始大洞玉经疏要十二义》《大洞玉经坛仪》《总论》均题为魏华存疏义。[①] 魏华存曾自称受“清虚真人”“景林真人”降授30多种经书，实际上这些经书是魏晋间道士的撰作。据说，魏华存神秘地从景林真人处接受了专讲修生修炼的道教经书《黄庭经》。一般认为,《黄庭经》是东汉末至曹魏时方士所撰作的道书。或说《黄庭经》系魏华存自己撰作。不管《黄庭经》是否系魏华存所作，自《黄庭经》现世后，都大体是经她所义疏过的本子。

《黄庭经》主要分《黄庭内景玉经》(简称《内景经》)《黄庭外景玉经》(简称《外景经》)二种。《内景经》不分卷，36章；或分3卷，36章；《外景经》3卷，不分章。两种书皆以七言韵文体写成，内容大致相同，都是继承汉代神仙家方术，详细论述人体内诸神的内修方法。但《外景经》文字较为简略,《内景经》文字则较烦琐。《外景经》重存思外界之神，述男子修炼之事；《内景经》重存思内在之神，不仅讲男子修炼，亦兼及女子闭炼之道。一般认为,《外景经》托于太上老君所说，为天师道传承的教本；《内景经》托太上大道玉晨君所说，为上清派传承的教本。魏华存为天师道女祭酒，约于晋武帝太康九年（288）37岁时据有《黄庭外景经》的传本，其后她认真研究并加以注述义疏；或有道士口授，魏华存记录，详加诠次，撰为定本，名《黄庭内景经》。

《黄庭内景经》以《黄帝内经》《老子河上公章句》《太平经》等书中的脏腑理论与养生学说，认为人体五官、五脏、六腑等百脉关窍都有主神，尤其是人体上中下三部（“三丹田”）各有八景神，缘于神存则人存，神亡则人亡，故需要用“存思”的方法来守住身中诸神。通过滋养身中诸神，产生真神赤子，使生命不枯而得道成仙。基于此,《黄庭内景经》的内容大体可以概括为：(一）重点论述如下问题：强调吐纳行气；勤于咽津淬海时保精、固精；永持恬淡无欲；巩固守一之法。(二）论述长生久视之道，分别论述人体各主要器官的大略及其主要生理作用。(三)

① 据学者研究，凡上清经典，都是杨羲、许谧等炮制的，故这些著作或系托名魏华存之作。参见刘琳：《杨羲与许谧父子造作上清经考》,《中国文化》1993年第1期。

阐述黄庭三宫及三丹田与养生的密切关系。（四）存思黄庭，炼养丹田，积精累气为宗旨，执行不殆为要诀。《黄庭内景经》的核心思想总的来说可以归结为：清静无为的学说；存神、炼气、固精的学说；漱咽津液的学说；三丹田的学说、五脏六腑的学说和天人合一的学说等内容。

《黄庭内景经》炼养是以“积精累气”为宗旨，而不专事结“丹”。所述“黄庭”功法，是通过存想、内照（存神）三宫：脑中泥丸（上丹田），心中绛宫（中丹田）、脾宫（下丹田）为中心，炼五脏之气，以养五脏之神。修炼“黄庭”功法，基本方法就是诵习此经，因为人身中诸神皆有其隐形真名，载于经文中。在静室致诵此经文，按照经文之意存想返照、呼神存真，自可五脏生华，脏腑安和，长生延年。真可谓简单易行功大。例如，经文第七、八章云：“至道不烦诀存真，泥丸百节皆有神。发神苍华字太元，脑神精根字泥丸。眼神明上字英玄，鼻神玉垄字灵坚。耳神空闲字幽田，舌神通命字正伦。齿神崿峰字罗千，一面之神宗泥丸。泥丸九真皆有房，方圆一寸处此中。同服紫衣飞罗裳，但思一部寿无穷。”“心神丹元字守灵，肺神皓华字虚成。肝神龙烟字含明，翳郁导烟主浊清。肾神玄冥字育婴，脾神常在字魂停，胆神龙跃字威明，六腑五脏神体精。皆在心内运天经，昼夜存之自长存。”另外，《黄庭内景经》以七言韵文撰成，在遣词述意、设喻释义上，形象生动，颇为独特。这种诗赋式的经典，不仅摆脱了一般宗教教义枯燥乏味的感觉，而且读来朗朗上口，易诵易记，受到广大信教者的喜爱而广泛流行。

魏华存义疏《黄庭经》，撰成综合“吐纳”“导引”“咽津”“存思”“服气”及“三丹田”之说的《黄庭内景经》，使《黄庭经》的思想内容大为丰富，标志着以存思、内气为主的内丹修炼理论的基本成熟。魏华存作为天师道祭酒，但处于道教转型发展之际，其道法思想与实践更上一层，一定程度上转变了道教发展的方向。最突出的是，张陵大力批判“存思”法，但《黄庭经》却以“存思”作为最重要的修法方式。这是适应社会上层更为强烈的“神仙”追求。由此开辟了道教新派上清道派的创立发展新途。

魏华存去世之前，将自己义疏的《黄庭经》转授其子刘璞。16年之后的东晋永和六年（350），刘璞传给司徒琅琊王舍人杨羲、护军长史许穆等人。陶弘景《真诰》卷十九《真诰叙录》则称，魏夫人于东晋哀帝兴宁二年（364）下降，将《黄庭经》授予弟子杨羲，杨羲又传与许谧、许翙父子，二许又另抄写传习。经杨、许等人增饰，《黄庭经》(《黄庭内景经》)文字内容更加完备，也更加广泛地流行于江南地域，成为上清派及其茅山宗发生发展的重要基础，奉为祖经。正是由于魏华存在《黄庭经》传承发展过程中所起的特别作用与贡献，后来被上清派及其茅山宗尊为第一代宗师。

魏华存创制了传世“新”《黄庭经》(《黄庭内景经》)，不过，她何时何地创制“新”《黄庭经》，文献记载相当不明晰。有研究者认为是在修武时期，也有人认为是在南岳时期。实际上，其间魏华存在江西活动十余年，也应是她创作、弘传的时期。《黄庭经》与《周易参同契》《悟真篇》被誉为道教三大内丹经典著作。近代陈撄宁在《黄庭经讲义》中评价说：《黄庭经》“尤属丹家之要旨，为玄门之总持矣”。《黄庭经》思想自产生以来逐渐形成了一种特有的道教学说——黄庭学。因与魏华存的特别关系，江西亦当是“黄庭学”的创发地之一。

第五节　葛洪的道教理论建构及其意义

在六朝江西（中国）道教发展史上，两晋著名的道教理论家兼实践家葛洪是建构葛家道、灵宝派的关键人物，影响巨大。

一、葛洪生平及其在江西的活动

葛洪（283—363 或 283—343），字稚川，自号抱朴子，丹阳句容人。出身江南士族，系三国孙吴名道葛玄之侄孙。葛洪十六岁始读儒家经典，性淡寡欲，不好荣利。闭门却扫，未尝交游。然寻书问义，不远千里，崎岖冒涉，期于必得，尤喜“神仙导养之法”。后从年逾八旬的葛玄弟子郑隐修道，悉得秘受金丹秘术以及《三皇内文》《枕中五行记》经典等。西晋太安二年（303），张昌、石冰扬州起义，葛洪组织数百人的武装配合政府军平乱，为将兵都尉，因功迁伏波将军。事平之后，葛洪

"投戈释甲，径诣洛阳，欲广寻异书"。然遇八王之乱，"北道不通，而陈敏又反于江东，归涂隔塞"[①]。其友广州刺史嵇含表请参军，葛洪欣然前往。嵇含其后为仇人所杀，葛洪无奈滞留广州，深感人生幻灭无常，乃绝弃世务，锐意于松、乔之道，师事善于炼养的南海太守鲍靓（鲍玄）。建兴四年（316），还归桑梓。东晋开国，念其旧功，赐爵关内侯。咸和（326—334）初，司徒王导召补州主簿，转司徒掾，迁咨议参军；干宝又荐为散骑常侍，领大著作，固辞不就。以年老，欲炼丹以期遐寿。及闻交趾产丹砂，乃求为句漏令。南行至广州，为刺史邓岳所留，欲委之官，婉拒后乃止于罗浮山，居山建庵、采药、炼丹、行医，同时著述"良吏"、"异事"和汇编药方。在山积年，羽化升仙。葛洪一生致力于道教理论与实践的建设，儒道兼综，学识渊博，擅于著述。葛洪除著《抱朴子》116篇外，"其余所著碑诔诗赋百卷，移檄章表三十卷，神仙、良吏、隐逸、集异等传各十卷，又抄《五经》《史》《汉》百家之言，方技杂事310卷，《金匮药方》100卷，《肘后要急方》4卷。洪博闻深洽，江左绝伦。著述篇章富于班、马。又精辩玄赜，析理入微"。史臣评曰："稚川束发从师，老而忘倦。䌷奇册府，总百代之遗编；纪化仙都，穷九丹之秘术。谢浮荣而捐杂艺，贱尺宝而贵分阴。游德栖真，超然事外。全生之道，其最优乎！"[②]

包括《晋书·葛洪传》及正统的道教文献，只是一笔带过地提及葛洪曾至江州（江西）活动，几无任何具体情形。事实上江西是葛洪极其重要的修真之地，这在江西地方文献资料中多有记载，在江西民间传说中也有广泛流传（当然这些记载和传说，相互矛盾牴牾的也不少）。主要有：（一）葛洪在东晋咸和年间（326—334）追随叔祖葛玄之脚步，至萍乡、安福一带，在银凤岭作短暂逗留后，即较长时期地栖息武功山。其间，葛洪拜师郑隐，学习正一法文、三黄内文等，其后展开了炼丹修道

① 王明：《抱朴子内篇校释》（增订本），中华书局1985年版，第375页。

② （唐）房玄龄等：《晋书》卷七十二《葛洪传》，中华书局1996年版，第1913—1914页。

活动。山上因之留有葛仙峰、葛仙坛、葛仙庵等遗迹（这些遗迹名号往往与其叔祖葛玄共享）。（二）豫章西山是葛洪活动的重要地点。葛岭，“旧名灵台峰，一曰葛仙坛。有翊真观，祀晋葛洪。……其下有葛仙源”；冲虚观，“真人郑思远修炼之所。郑尝为南昌守，弃官隐于西山，葛洪好神仙术，往从之游”。[①]（三）新余百丈峰，有传说为葛洪修道炼丹之地的葛仙坛；新余袁岭洪阳洞，传说葛洪、娄阳二人曾修道炼丹于此，合二人之名而得名。（四）由葛玄开辟的樟树閤皂山，是葛洪修道炼丹的钟情之地，据说山上的葛仙祠就是祭祀葛洪的庙宇。（五）葛洪隐居庐山南麓观音崖下，苦心孤诣，冶炼仙丹。庐山洪井山下，留有葛洪炼丹井。（六）东晋升平年间（358—361），葛洪至鄱阳万山之中的德兴地界，见山川清奇，委蛇环聚如龟鹤之形，乃结寰，凿井炼丹。（七）德安县葛洪山，“其山与涌泉观不遥，盖葛仙尝游此，乃名焉”；葛洪山上立有石泉碑，据说葛洪“见田有蛭，为书符篆于石，置之田畔，蛭遂不生”。[②]（八）葛洪追寻从祖葛玄仙踪，游历上饶。先至灵山，择麒麟峰、葛仙峰栖居，其后葛洪又到三清山结庐炼丹，并著书立说以宣扬道教教义。三清山亦留有葛洪所掘的丹井和炼丹炉的遗迹。从弋阳开始，在信江北岸，沿葛溪溯流而上，玉山县与上饶交界处的溪流传说曾因葛洪用此水炼丹而被称为葛仙溪。（九）葛洪修真于南城麻姑山，据说取山中“神功泉”泉水炼丹，炼丹得成后于此羽化成仙。（十）葛洪云游至遂川（龙泉）县，见县之东有石室幽邃逶迤，乃结庐凿井并炼丹其上，人名之“葛仙岩”。（十一）葛洪的炼丹术在永新颇有影响，在距城北三里处，筑有葛仙坛。（十二）葛洪曾云游至万安仙坊岭，并栖息修炼。遗留有丹灶、丹池等景物。（十三）葛洪尝过平固（今兴国县），见山水灵秀，结庐其地。太康元年（280），葛洪在兴国县城西外建造了赣南最早的道观——治平观，在此开

① 分别见（民国）魏元旷编纂，王咨臣校注：《西山志略》卷二“葛岭”、卷四“冲虚观”，《西山志略》《云居山志》《武功山志》《怀玉山志》《华盖山志》合集，江西人民出版社 2002 年版，第 25、67 页。

② （宋）乐史：《太平寰宇记》卷一一一《江州》，中华书局 2007 年版，第 2259—2260 页。

炉炼丹，凿池洗药。留诗曰："阴洞泠泠，风珮清清，仙居永劫，花木长荣。"[①]（十四）传说，葛洪曾至大余嫦娥嶂修仙炼丹，其所遗丹液处多产仙茅。（十五）麻姑山仙都观"丹井"，世传葛洪炼丹井。（十六）赣州南安惜母岭山顶，有石灶，相传为葛仙翁丹灶。等等。

此外，葛洪在江西教化民众，培育了多位弟子。明张程《武功山志》卷四《仙释志》载，黄衣真人、白鹤真人、释道微、竺法兰皆曾随葛洪修道于山中，如《竺法兰》条载：法兰，姓王，名玄冲，访道鹤鸣、云台、嵩山少室。闻山有仙人葛公，往师焉。问曰："道始于无，无先无后，无古无今，不审孰为先后？"公曰："本无先后古今，高下贵贱形象。"因以《太上》《金丹》等经授之。清雍正《江西通志》卷一〇四《仙释》：东阳，婺州人。稚川弟子，从至番山中。太和间，召稚川不赴，乃令东阳朝见，试以仙术，因吐丹一颗金光，目赐号明真先生。又，虞九霞，青城人，稚川弟子，募建妙元观，赐号通神先生。

葛洪活动于江西多地，与江西的道教关系实为密切，对江西的道教文化生态亦产生了相当的影响。葛洪成为晋代著名的道教理论家、炼丹家、医学家，这事实上也离不开他在江西活动的功业。

二、葛洪创新发展道教理论

葛洪《抱朴子内篇》自序说："道士弘博洽闻者寡，而意断妄说者众。至于时有好事者，欲有所修为，仓卒不知所从。而意之所疑，又无足咨。今为此书，粗举长生之理。其至妙者，不得宣之于翰墨。盖粗言较略，以示一隅，冀悱愤之徒，省之可以思过半矣。岂谓暗塞，必能穷微畅远乎？聊论其所先觉者耳，世儒徒知服膺周、孔，莫信神仙之书，不但大而笑之，又将谤毁真正。故予所著子言黄白之事，名曰内篇。"道教追求长生久视、得道成仙，但如何才能实现？长期以来在道教学术理论上始终是一个大问题，以致怀疑神仙及其道法者大有人在。事实上，《抱朴子》尤其是其"内篇"为道教长生成仙说提供了一套理论和修炼方法，是魏晋道教神仙长生理论和金丹道理论的集大成者，代表魏晋道教

① 逯钦立辑校：《先秦汉魏晋南北朝诗》，中华书局2017年版，第1091页。

的最高理论水平[①]。

（一）创造玄道说

葛洪继承了先秦老庄道家哲学和两汉“元气论”以及魏晋玄学，进一步把“元气”神秘化，提出“玄”（亦写作“元”）的概念，作为道教哲学的最高范畴，以建立自己道教的“玄道”理论。

《内篇·畅玄》曰：“玄者，自然之始祖，而万殊之大宗也。”“玄”是宇宙万物的总根源，现实一切存在的最后根据。“玄”是孕育元气、铸造天地星宿乃至万物生成的根据和原动力，宇宙万物一刻也不能离开“玄”，“故玄之所在，其乐无穷；玄之所去，器毙神逝”。“玄”是超自然的存在，不可感知、不可捉摸，却无所不在、无所不能。“乾以之高，坤以之卑，云以之行，雨以之施”，“其高则冠盖于九霄，其旷则笼罩于八隅”，“胞胎元一，范铸两仪，吐纳大始，鼓冶亿类，回旋四七，匠成草昧”。正因为如此，“玄”是“玄之又玄”，既无任何质的规定性，“方而不矩，圆而不规，来焉莫见，去焉莫追”；又无任何量的规定性，“增之无益，挹之不匮，与之不荣，夺之不瘁”。众所周知，“道”在老子哲学中是指玄妙的宇宙本体，万物的本原。葛玄所谓“玄”，其实与老子的“道”并无二致。事实上，葛洪对此也是认同并予以了积极的继承。《内篇·道意》：“道者，涵乾括坤，其本无名。”《明本》：“道也者，所以陶冶百氏，范铸二仪；胞胎万类，酝酿彝伦者也。”“道”与“玄”一样，成为天地万物以至伦理道德产生的本原，也是动、静、降、生运动形成之根据。而且，“道”同样是无所不在而没有任何质与量的规定性。由此推测，葛洪之“玄”，其实就是道，玄、道一体，是为玄道。

葛洪之所以要在道教已经成熟地运用“道”的情形下，树立“玄”的概念，大概有意和老子“道”相区别，创立和建构自己心目中的新道教。同时，葛洪以“玄”名，也是为了争夺玄学的话语权。葛洪时

① 本稿文献多引自《抱朴子》内外篇，为简便，后凡引《抱朴子》内外篇只示内篇或外篇及篇名；相关的文献内容，参照王明：《抱朴子内篇校释》（中华书局 1985 年版）和杨明照：《抱朴子外篇校笺》（中华书局 1991 年版），金毅校注：《抱朴子内外篇校注》（上海古籍出版社 2018 年版）。

代，玄学是文化主流，“贵无”“崇有”两派各树一帜，影响很大。葛洪之“玄”，既不“贵无”，也不“崇有”，而是如其《内篇·畅玄》所谓的“因兆类而为有，托潜寂而为无”的“有无”的统贯和合。《内篇·道意》：“道者涵乾括坤，其本无名。论其无，则影响犹有为有焉；论其有，则万物尚为无焉。”所谓玄道，既是对有无、又是对非有非无作为本原的整合。这可以说葛玄针对玄学“贵无”“崇有”皆有其弊而在理论的实现超越。有无的和合是葛洪仙道学所打下的最重要的理论基石。因为玄道无论多么神妙，它最终还在于为人所把握。玄道如果是无，则人得无所得，自不会去求取；如果具体实有，又丧失了神妙本性，人得之无意义而不必去求。所以它必须是有无兼综，人才能既有所取，又得之用之有益。《内篇·畅玄》：“夫玄道者，得之乎内，守之者外，用之者神，忘之者器，此思玄之道之要言也。得之者贵，不待黄钺之威。体之者富，不须难得之货。高不可登，深不可测。乘流光，策飞景，凌六虚，贯涵溶。出乎无上，入乎无下。”得玄道者“咽九华于云端，咀六气于丹霞。徘徊茫昧，翱翔希微，履略蜿虹，践跚旋玑”。道之玄妙使得得道之人同样玄妙，它已经超越了“器”的约束而有无尽的神通。“其唯玄道，可与为永。”葛洪之所以反复论证“玄道”中超时空的永恒存在，正是为其神仙道教制造理论根据。

葛洪在《老子》“道”的基础上，又提出了“一”的概念。《内篇·地真》：“道起于一，其贵无偶，各居一处，以象天地人，故曰三一也。”“老君曰：‘忽兮恍兮，其中有象；恍兮忽兮，其中有物。’一之谓也。”由此，葛玄将《老子》“道生一”改造为“道就是一”。道谓之为“一”，在于它是唯一的宇宙本体。天、地、人、神均因得一而生成他们各自的特定存在。同时，“一”既然为天、地、人、神之因，把握了“一”，也就可以推知他们各自之果，《内篇·地真》：“人能知一，万事毕，知一者，无一之不知也。不知一者，无一之能知也。”葛洪将“一”人格化，《内篇·地真》：“一有姓字，服色，男长九分，女长六分。”“一”藏于人的“丹田”之中，神通广大。“一能生阴阳、推步寒暑。春得一以发，夏得一以长，秋得一以收，冬得一以藏。”尽管“一”在此尚不具有宇宙本体和万物宗主的意义，但它却是葛洪道教修炼从“知一”进到“守一”所必须具备的前提。葛洪认为，道教修炼的核心在于“守一”。《内篇·地真》:“守一存真，乃能通神；少欲约食，一乃留意；白刃临颈，思一得生；知一不难，难在于终；守之不失，可以无穷。”“子欲长生，守一当明；思一至饥，一与之粮；思一至渴，一与之浆！”“知一”只是行道之始，“守一”则可以臻达预期的目的。然而，守一也不离知一，即通过意志努力而始终保持“思一”不中断，从而也才有真通神、无所不能的神奇效应。《内篇·地真》:“人能守一,一亦守人。”知一、守一不但神功无比，而且简便易行。较之那些道教中流行的含影藏形、守形无生、九变十二化二十四生等十分“繁难”而“大劳人意”的方术，知一、守一之法则可以从根本上完结。所以，葛洪强调“知一守一之道”最为紧要，能知一则万事毕。葛洪所谓知一之道，实际上也就是玄学“执一统众”之道的宗教说法。玄学重“一”，认为“一”为万物宗主，故可以执“一”御众、以本统末。葛洪深谙玄学思辨，以《畅玄》来为其著作《抱朴子内篇》的首章，而“一”也因为与“玄”相联系而成为“玄一”。《内篇·地真》:“玄一之道，亦要法也。无所不辟，与真一同功，吾《内篇第一》名之为《畅玄》者，正以此也。守玄一复易守真一。真一有姓字、长短、服色，此玄一但自见之。”就功用上讲，玄一与真一相类，都属于仙法的范畴，但二者在存在特性和操作难易上又有差别。玄一即玄道，是以无可执著又无处不在为特色的。不过，它可以通过思虑去把握即所谓“思玄”。如能“思玄”的同时“并思其身”，便可得分形之道法。如果说“玄一”是从哲学渗透到宗教的话，“真一”则直接出于道教修炼的需要。能守此真一，便能避一切凶患。由于守真一已进入到特定的仙道修炼的领域，落实于具体的道法操作，在工夫上便要难于守玄一。然二者都属于经由内视反观之术而走向仙道的工夫，所以又可以统一起来。葛洪从宗教信仰出发，进一步把“一”神化，提出“守一存真，乃得通神”。“一”是最真实的本体，修炼就是“守真一”。所以，葛洪把“守一存真”看作是通向神仙之境的根本途径；认为如能“守一存真”，就可像神仙那样超能。至于如何才能守住“真一”，则在于“养其心以无欲”。

葛洪将老庄和玄学那里还只是一般凝神静心、养心养性的“守一之道”，发展为通神、行道的仙道方术。

总之，葛洪基于自然的本体，通过对“玄”“道”“一”神秘主义的精神本体的论述和神化，张扬“玄道”的超越性、神圣性。葛洪把玄道作为世界万物的本原，其实质是树立超物质的绝对观念，并赋予它以神仙道教的内容，从而形成神秘主义的本体论，建立起一套彻底宗教化的道教神学。

（二）神仙实有、神仙可学

葛洪围绕着建构神仙道教理论的中心，展开了较为系统和完整的论说。

葛洪批判人们对不死神仙的怀疑，论证神仙实有。他在《内篇·论仙》中，设有人问：“夫有始者必有卒，有存者必有亡。……世间亦安得有奇方，能使当老者复少，而应死者反生哉？而吾子乃欲延蟪蛄之命，令有历纪之寿，养朝菌之荣，使累晦朔之积，不亦谬乎？”答：“夫聪之所去，则震雷不能使之闻，明之所弃，则三光不能使之见，岂輷磕之音细，而丽天之景微哉？而聋夫谓之无声焉，瞽者谓之无物焉。又况管弦之和音，山龙之绮粲，安能赏克谐之雅韵，暐晔之鳞藻哉？故聋瞽在乎形器，则不信丰隆之与玄象矣。而况物有微于此者乎？暗昧滞乎心神，则不信有周孔于在昔乎。况告之以神仙之道乎？”“问者”以人世生死的自然之道质疑道教的长生久视之道。葛洪则反诘问者，绝域于视听之外，虽须借助表征与神思，但若过于拘于形器、滞于心神，只能使人不信玄象，怀疑比之更精深的神仙之实有，但这并不能说明神仙之虚无。葛洪又在《内篇·辨问》针对圣人不信仙、不修仙的问题，答称：“……人所好恶，各各不同，谕之以面，岂不信哉？诚合其意，虽小必为也；不合其神，虽大不学也。……人各有意，安可求此以同彼乎？周孔自偶，不信仙道，日月有所不照，圣人有所不知，岂可以圣人所不为，便云天下无仙！”葛洪认为，包括圣人在内的人们认识大道的能力是有差别的。《内篇·塞难》：“太上自然知之，其次告而后悟。若夫闻而大笑者，则悠悠皆是矣。”在对仙道的认识标准问题上，葛洪反对以周公、孔子和儒家经典为准。《内篇·释滞》设有人问:“果其仙道可求得也,五经何以不载?周孔何以不言?圣人何以不度世?上智何以不长存?”葛洪答:“夫五经所不载者无限矣,周孔所不言者不少矣。”他在列举大量天文学方面的知识后指出:“人生而戴天,诣老履地。而求之于五经之上则无之,索之于周孔之书则不得,今宁可尽以为虚乎?天地至大,举目所见,犹不能了,况于玄之又玄,妙之极妙者乎?”

葛洪从自然界无处不在的“变化”入手,推测自然变化的规律与特点。《内篇·论仙》:“夫存亡终始,诚是大体。其异同参差,或然或否,变化万品,奇怪无方,物是事非,本钧末乖,未可一也。”事物的规律其实是相对的,自然界无处不存在特异的现象。葛洪从变化的特异性出发,对“自然”现象做出超自然的解释。他认为,人是从自身的感知去认识外物的。囿于个人的见解,对于像“高山为渊,深谷为陵”这样的“大物”变化,便很难正确地认识和把握。更重要的是,常人的感觉经验本身存在严重的局限。《内篇·论仙》:“夫目之所曾见,当何足言哉?天地之间,无外之大,其中殊奇,岂遽有限?诣老戴天,而无知其上,终身履地,而莫识其下。”世界既处在变化中,则必有许多非常规的事物涌现出来。正是变化的这种非常规性,容纳了人的好奇心、想象力和人的创造性的努力。葛洪致力于破除人对感性经验的执着,以自然变化作为他打破“物各自有种”和跨越人仙之际的最有效的手段。《内篇·论仙》:“愚人乃不信黄丹及胡粉,是化铅所作。又不信骡及駏驉,是驴马所生。云物各自有种,况乎难知之事哉?夫所见少,则所怪多,世之常也。”葛洪注意到了事物变化的普遍性与必然性,亦注意到了变(动)与不变(静)的相对性及动与静的不同功效。《内篇·塞难》:“浑茫剖判,清浊以陈,或升而动,或降而静,彼天地犹不知所以然也。万物感气,并亦自然,与彼天地,各为一物,但成有先后,体有巨细耳。……天地虽含囊万物,而万物非天地之所为也。”《内篇·至理》:“夫人在气中,气在人中,自天地至于万物,无不须气以生者也。”葛洪认为,自天地至于万物均为一气化生,生生化化乃为宇宙的基本特点。《内篇·黄白》:“水火在天,而取之以诸燧。铅性白也,而赤之以为丹。丹性赤也,而白之以为铅。云雨霜雪，皆天地之气也，而以药作之，与真无异也。至于飞走之属，蠕动之类，秉形造化，既有定矣。乃其倏忽而易旧体，改更而为异物者，千端万品，不可胜论。”葛洪在此即以变化为天地之自然本性。他看重事物的变化性，关心以人的努力促成变化的可能性。《内篇·至理》：“泥壤易消者也，而陶之为瓦，则与二仪齐其久焉。柞楢速朽者也，而燔之为炭，则可亿载而不败焉。”“越人救虢太子于既殒，胡医活绝气之苏武，淳于能解颅以理脑，元化能刳腹以浣胃，文挚衍期以瘳危困，仲景穿胸以纳赤饼。”这些事例都是人类运用自己的努力促进事物变化的证据。葛洪认为“凡药”“小技”可去人伤病而保人健康，如若“上药”“仙药”则更能使人长生不死。在《内篇·黄白》中，葛洪引前人之说称：“我命在我不在天，还丹成金亿万物。”这无疑是高度肯定人的努力。

葛洪在学仙理论上吸取老子的认识论和修养论，主张清心寡欲，内视反听。《内篇·致理》：“遐栖幽遁，韬鳞掩藻，遏欲视之目，遣损明之色，杜思音之耳，远乱听之声，涤除玄览，守雌抱一，专气致柔，镇以恬素。遣欢允戚之邪情，外得失之荣辱，割厚生之腊毒，谧多言于枢机。反听而后所闻彻，内视而后见无朕，养灵根于冥均，除诱慕于接物，削斥浅务，御以愉慔，为乎无为，以全天理矣。”《内篇·论仙》：“外物弃智，涤荡机变，忘富逸贵，杜遏劝沮，不恤乎穷，不荣乎达，不戚乎毁，不悦乎誉。”葛洪理解和宽容人的“欲望”，但同时强调要节制欲望。《内篇·释滞》：“唯有得其节宣之和，可以不损。”故“其事在于少思寡欲，其业在于全身久寿”。《内篇·论仙》：“学仙之法，欲得恬愉澹泊，涤除嗜欲，内视反听，尸居无心。”“以富贵为不幸，以荣华为秽污，以厚玩为尘壤，以声誉为朝露。”

葛洪发扬道教“人为最贵”的思想。《内篇·论仙》：“有生最灵，莫过于人，贵性之物。”《内篇·黄白》：“人之为物，贵性最灵。”葛洪批判继承传统的命定论，阐发“受命应仙”说。《内篇·塞难》：“命之修短，实由所值，受气结胎，各有星宿。……命属生星，则其人心好仙道；好仙道者，求之亦必得也。命属死星，则其人必不信仙道，则亦不修其事也。”《内篇·辨问》：“按仙经以为诸得仙者，皆其受命偶值神仙之气，自然所禀。故胞胎之中已含信道之性，及其有识，则心好其事，必遭明师而得其法。不然，则不信不求，求亦不得也。……自古至今，有高才明达而不信有仙者，有平平许人学而得仙者。甲虽多所鉴识，而或蔽于仙；乙则多所不通，而偏达其理，此岂非天命之所使然乎？”葛洪虽认同“受命应仙”，却更强调神仙可学而致。在《内篇·极言》中，设有人问：“古之仙人者，皆由学以得之，将特禀异气耶？”言称：“彼莫不负笈随师，积其功勤，蒙霜冒险，栉风沐雨，而躬亲洒扫，契阔劳艺，始见之以信行，终被试以危困，性笃行贞，心无怨贰，乃行升堂入室耳。”即便像黄帝、老子那样“天授自然之体者”，也必须经过艰苦学习，积功累勤，方可度世得仙。“无所施行，而自偶得长生者”，是不存在的。《内篇·勤求》：“仙可学而致，犹黍稷之可播种而得，甚炳然耳。然未有不耕而获嘉禾，未有不勤而获长生度世也。”在学仙的知行问题上，葛洪认为：知易行难。《内篇·金丹》：“知之不易，为之实难也。”《内篇·极言》：“非长生难也，闻道难也；非闻道难也，行之难也；非行之难也，终之难也。”葛洪因而力主贵行，《内篇·勤求》：“古人质正，贵行贱言。故为政者不尚文辨，修道者不崇辞说。”

葛洪认为，为道当先立功德，积善才能功成。《内篇·对俗》：“欲求仙者，要当以忠孝和顺仁信为本。若德行不修，而但务方术，皆不得长生也。”“人欲地仙，当立三百善，欲天仙，立千二百善。”《内篇·微旨》：“览诸道戒，无不云欲求长生者，必欲积善立功，慈心于物，恕己及人，仁逮昆虫，乐人之吉，愍人之苦，赒人之急，救人之穷，手不伤生，口不劝祸，见人之得如己之得，见人之失如己之失，不自贵，不自誉，不嫉妒胜己，不佞谄阴贼，如此乃为有德，受福于天，所作必成，求仙可冀也。”“积善事未满，虽服仙药，亦无益也。若不服仙药，并行好事，虽未便得仙，亦可无卒死之祸矣。”在成仙之道的话语背后，是葛洪对个体人格提升的希望与对道德重建的呼唤。《内篇·微旨》：“天地有司过之神，随人所犯轻重，以夺其算，算减则人贫耗疾病，屡逢忧患，算尽则人死。”其中，“诸应夺算者有数百事”，“凡有一事，辄是一罪，随事轻重，司命夺其算纪，算尽则死”。不仅“不忠不孝”“诸横夺人财物者”等重大的罪过、恶事，要被“夺纪”，就是“但有恶心而无恶迹者”，也要“夺算”。葛洪将儒家的伦理纲常与道教的成仙理论糅合起来，努力调和仙与圣的矛盾，“向世人说明二者并无根本冲突，完全可以合为一体”[①]。

葛洪将神仙的内涵定位在肉体不死。《内篇·论仙》：“若夫仙人，以药物养身，以术数延命，使内疾不生，外患不入，虽久视不死，而旧身不改，苟有其道，无以为难也。”从此思路出发，葛洪不仅从理论上通过对形神关系、气物关系、物类变化等问题作了论证，以强调肉体永存的可能性，而且对如何得道成仙也作了具体的、可操作性的论述。葛洪认为，形神统一是成就神仙之道的关键。《内篇·至理》：“夫有因而无生焉，形须神而立焉。有者，无之宫也。形者，神之宅也。”葛洪主张养气以固形、存神。《内篇·极言》：“苟能令正气不衰，形神相卫，莫能伤也。”葛洪认为形神而立，固形乃可以养神，神不离身则可以永生。《内篇·至理》所谓“有因无而生焉，形须神而立焉”的形神观，把“形”说成要依赖“神”才能确立而不朽，最终还是强调精神是第一性的、形体是第二性的。而强调炼形，也正是为了成仙之需要。葛洪认为，人若要超越生命的局限，乃至得道成仙，就要行气炼养，服食丹药。他遵循着东汉丹道家魏伯阳的理路：人由一气化生，人的生命变化直接取决于气的强弱多寡及其变化。《内篇·极言》：“而受气各有多少，多者其尽迟，少者其竭速。”“夫吐故纳新者，因气以长气，而气大衰者则难长也。”由此，“养气”成为仙道之首要。“故仙经曰：养气以不伤为本，此本言也。”“是以养生之方，唾不及远，行不疾步，耳不极听，目不久视，坐不至久，卧不及疲，先寒而衣，先热而解，不欲极饥而食，食不过饱，不欲极渴而饮，饮不过多。……忍怒以全阴气，抑喜以养阳气。”葛洪认为，人在日常生活中是很难做到自身元气固守不失的，养生术虽可以延长人的寿命，却不能阻止衰老死亡，唯有服食金丹。《内

① 李刚：《葛洪及其人生哲学》，《文史哲》2005年第5期。

篇·金丹》:“夫五谷犹能活人，人得之则生，绝之则死，又况于上品之神药，其益人岂不万倍于五谷耶？夫金丹之为物，烧之愈久，变化愈妙。黄金入火，百炼不消，埋之，毕天不朽。服此二物，炼人身体，故能令人不老不死。此盖假求于外物以自坚固。”在此，葛洪从五谷可以使人活命，药石可以使人延年的经验事实，推定服食金丹能够合人不老不死。葛洪由此进而认定仙道可成。《内篇·金丹》:“余考览养性之书，鸠集久视之方，曾所披涉篇卷，以千计矣，莫不皆以还丹金液为大要者焉。然则此二事，盖仙道之极也。服此而不仙，则古来无仙矣。”“既览金丹之道，则使人不欲复视小小方书。然大药难卒得办，当须且将御小者以自支持耳。然服他药万斛，为能有小益，而终不能使人遂长生也。故《老子》之诀言云，子不得还丹金液，虚自苦耳。”“上药令人身安命延，升为天神，遨游上下，使役万灵，体生毛羽，行厨立至。”葛洪强调丹术乃“仙道之极”。

葛洪长期从事炼丹实验并有经验总结。《抱朴子内篇》之《金丹》《黄白》《仙药》等对金丹的制作过程，从药物的品种、剂量、比例，到炼制的方法都做了详细的说明。他从炼丹实践中观察和发现了不少化学反应现象，诸如：“丹砂烧之成水银，积变又成丹砂；铅性白也，而赤以之为丹”;“丹性赤也，而白之以为铅”;“以曾青涂铁，铁赤色如铜；以鸡子白化银，银黄如金，而皆外变而内不化也”。他还特别收录了外丹修炼法四五十种，为道教建立了以金丹之道为中心的种种修炼方法。葛洪记录了众多流传当时的炼丹著作及道经，共174种，622卷。他对其中比较重要的丹经作了较为详细的介绍。例如，关于《太清丹经》，葛洪指出，它是《太清观天经》(凡九篇)的下三篇，其他已经亡佚，其中记载了太清神丹和九光丹的做法。又，葛洪具体介绍了《五灵丹法》《岷山丹法》《务成子丹法》《羡门子丹法》《五成丹法》《取伏丹法》等20余种丹法，还提及《金楼先生所从青林子受黄金法》《角里先生从稷丘子所授化黄金法》《饵黄金法》《小神丹方》《小丹法》《小饵黄金法》《两仪子饵黄金法》等黄白术方。从这些记载来看，葛洪继承和发展的是金丹道派的金砂—金液派系，异于魏伯阳的龙虎(铅汞)派。葛洪的丹道理论贯彻“假求于外物以自坚固”的思维，属外丹学。外丹学源出于古人力图揭示宇宙奥秘的一种具有科学意味的追求，意在确认有一个神灵世界的存在。正是由于葛洪把道教神仙学置于有科学与实验意味的基础上的这种努力，使他得以成为道教外丹理论的主要奠基人。[①]

《内篇·微旨》曰："凡养生者，欲令多闻而体本，博见而善择。偏修一事，不可多得也。"对于为仙之方也应广泛择取。如吐纳、导引、药饵、房中术等，"必藉众术之共成长生也"。《内篇·遐览》所著录的除《导引经》外，还有《按摩经》《彭祖经》《柱中经》《龙跷经》《鹿卢跷经》《蹈形记》《守形图》《坐七图》和《观卧引图》等图书。只是方术之类的法术在道教中只能算作"小术"，学道者不能沉迷其中。《内篇·金丹》："虽呼吸、导引及服草木之药可得延年，不免于死也。""长生之道，不在祭祀事鬼神也，不在导引与屈伸也。"《内篇·极言》："不得金丹，但服草木之药及修小术者，可以延年迟死耳，不得仙也。"虽然如此，学道在于由浅而深，由易至难，"小术"也不可轻弃。《内篇·微旨》："九丹金液，最是仙主，然事大费重不可卒办也。宝精爱炁，最其急也，并将服小药以延年命，学近术以辟邪恶，乃可渐阶精微矣。"葛洪进而批评学道之人容易犯的那种偏执、浅见和不辨真假等毛病。《内篇·微旨》："明吐纳之道者，则曰唯行气可以延年矣；知屈伸之法者，则曰唯导引可以难老矣；知草木之方者，则曰唯药饵可以无穷矣。学道之不成，成由乎偏枯之若此也。浅见之家，偶知一事，便言已足。而不识真者，虽得善方犹更求无已，以消工弃日，而所施用，意无一定。此皆两有所失者也。"另外，葛洪引用《仙经》观点，认为修仙之道可分为上中下三级。《内篇·黄白》："朱砂为金，服之升仙者，上士也；茹芝、导引、咽气长生者，中士也；飡食草木，千岁以还者，下士也。"这在一定程度上，又承认了导引术具有使人长生的功效。

葛洪的道教理论与实践，有强烈的丹道特色，丰富和发展了葛玄以

---

① 冯达文、郭齐勇主编：《新编中国哲学家史》（上册），人民出版社2004年版，第313页。

来的葛氏道（葛家道），又被称为金丹道。此时，葛氏道的神仙信仰理论比较完善而有系统，修炼方式主要以丹药为主（尊《太清丹经》《九鼎丹经》《金液丹经》），辅以符箓。东晋以来，以葛洪为代表的丹鼎道教以其炼丹求长生之法及其与儒家正统伦理相调和的特色，博得了上层阶级的欢迎和支持，由此超越了符箓道教的影响。

葛洪时代，天师道虽然“分崩离析”，但仍是基础性的道派，维持着较为强大的力量。为弘扬金丹道教，本擅长符箓法术的葛洪极力攻击包括三张天师道在内的民间的符箓道教，激烈指斥用符水修行的人根本不懂得不死之道。与此同时，葛洪对当世流行的祈禳、斋醮、房中术等亦予以批判。如《内篇·微旨》：“或曰：‘闻房中之事，能尽其道者，可单行致神仙，并可移灾解罪，转祸为福，居官高迁，商贾倍利，信乎？’抱朴子曰：‘此皆巫书妖妄过差之言，由于好事者增加润色，至令失实。或亦奸伪造作虚妄，以欺诳世人，隐藏端绪，以求奉事，招集弟子，以规世利耳。’”葛洪站在贵族道教的立场上，对祈禳斋醮房中术著作鄙夷轻视，不称其名，径称巫书，在《内篇·遐览》中不予著录。不过，葛洪对三张天师道的道教贡献也予以了尊重。其灵宝斋法的渊源之一即推始于张陵，如《无上秘要》卷四十七引《洞玄请问上经》：“仙公曰：‘三天斋是三天法师所受之法，名曰旨教斋。’”葛洪继承了从祖葛玄的一些道法理路，成为建构灵宝道的关键人物之一。《内篇·辨问》记载了灵宝经传授的早期历史。葛洪晚年曾将《灵宝经》传于侄子葛望、葛世。这成为其后族孙葛巢甫完成古灵宝经及早期灵宝派建构的重要一步。东晋末，葛巢甫致力于灵宝派的建设，在创立灵宝派组织系统的同时，将灵宝教义大作引申，造构新灵宝经，完成了《灵宝赤书五篇真文》《灵宝赤书玉诀妙经》《元始无量度人上品妙经》《太极真人敷灵宝斋戒威仪诸经要诀》等一系列灵宝经典。其中，《灵宝无量度人上品妙经》（《度人经》）宣扬“仙道贵生，无量度人”之旨，奠定了灵宝派的核心理论基础。葛巢甫还创造了上至元始天尊，下至葛氏家族世代传授《灵宝经》的谱系：《灵宝经》是由天地之前自然结气的云篆玉符而成，乃上天神书。先由元始天尊授太上道君等天神，经过诸神相继传承，到三国孙吴时，太上道君派太极真人徐来勒等下降会稽上虞山，以《灵宝经》授太极左仙公葛玄。其后形成了葛玄—郑隐、孙权—葛奚—葛悌—葛洪—葛望、葛世—葛巢甫—任延庆、徐灵期的传承系统。由此亦可略见葛洪在灵宝派发展历史中的特别地位。

（三）儒道双修、援儒入道

据《抱朴子外篇》卷三《勖学》，早年葛洪深感“世道多难，儒教沦丧，文武之轨，将遂凋坠，或沈溺于声色之中，或驰驱于竞逐之路”[①]，因此立志兴儒教以救微言之绝。葛洪年十六，始读《孝经》《论语》《诗》《易》等儒家经典，其后，众书无不暗诵精持，曾所披涉自正经诸史百家之言，下至短杂文章，近万卷。葛洪是一位“从儒家正宗入手”[②]的道教家。其《抱朴子》之《外篇》着重阐释治国安民之道，《内篇》着重阐释长生神仙之术。一般认为，《外篇》反映葛洪早年的思想，《内篇》反映他中晚年的思想，在一定意义上反映了他由儒入道、儒道双修而以道为本的思想历程。

葛洪秉持儒家思想作略，主张恪守君臣之道。在《外篇·君道》中，葛洪将君臣等级制度看成是自然产生的，“清玄剖而上浮，浊黄判而下沈，尊卑等威，于是乎著。往圣取诸两仪，而君臣之道立；设官分职，而雍熙之化隆”，君主本人“修诸己以先四海，去偏党以平王道，遣私情以标至公，拟宇宙以笼万殊。”葛洪将君臣之道视为天经地义。《外篇·良规》：“夫君，天也，父也”；“方策所载，莫不尊君卑臣，强干弱枝”。《外篇·诘鲍》：“天尊地卑，以著人伦之体。近取诸身，则元首股肱，以表君臣之序”；《外篇·应嘲》：“君臣之大，次于天地。”君主本人应把握君臣之道，《外篇·崇教》：“盖闻帝之元储，必入太学，承师问道。齿于国子者，以知为臣，然后可以为君，知为子，然后可以为父也。”《外篇·良规》指出，如果“君有违谬”，大臣则应“据理正陈，战战兢兢，不忘恭

① （晋）葛洪著，金毅校注：《抱朴子内外篇校注》，上海古籍出版社 2018 年版，第 879 页。

② 侯外庐：《中国思想史》第 3 卷，人民出版社 1957 年版，第 275 页。

敬，使社稷永安于上，己身无患于下”。在此基础上，葛洪引据历史的经验教训，阐释为君之道，希望君主恪守君道，实行重民重教、选贤任能、以刑辅仁的政治。葛洪以修身之道论治国之道，以治国之道论长生之道。《内篇·地真》：“神犹君也，血犹臣也。气犹民也。故知治身，则能治国也。夫爱其民，所以安其国，养其气，所以全其身。民散则国亡，气竭即身死。”这套思想既有道教特色，又与儒家相似。从政治思想的角度，葛洪的道家道教价值观与儒家并没有太大的差别，都是维护君权制度和社会秩序。

葛洪认为道家有所不足，须以儒术作为弥补。《外篇·崇教》：“今圣明在上，稽古济物，坚堤防以杜决溢，明褒贬以彰劝沮。想宗室公族，及贵门富年，必当竞尚儒术，撙节艺文，释老庄之不急，清六经之正道也。”葛洪以“儒术”“艺文”为防止决溢之“堤防”，“清六经之正道”，清晰地表明了他以儒家经术为治世之具和价值标准的重儒思想。“释老庄之不急”，虽暗指何、王玄学，但也在一定程度上是对老庄的批评。《外篇·应嘲》：“常恨庄生言行自伐，桎梏世业。身居漆园，而多诞谈。好画鬼魅，憎图狗马。狭细忠贞，贬毁仁义。”《内篇·释滞》：“道书之出于黄老者，盖少许耳，率多后世之好事者，各以所知见而滋长，遂令篇卷至山积。”“又《五千文》虽出老子，然皆泛论较略耳。”在葛洪看来，玄学正是依傍着老庄而流于虚诞。要正本清源，须回到儒家“六经”正道的立场。葛洪重视儒家思想在社会生活中的作用。《外篇·百家言》将儒家经典视作是“道义之渊海”。《内篇·辩问》指出圣人“除残去贼，夷险平暴，制礼作乐，著法垂教”，故其能够“移不正之风，易流遁之俗，匡将危之主，扶亡微之国”。葛洪要求人们恪守儒家传统的价值观。《外篇·逸民》：“盖士之所贵，立德立言。若夫孝友仁义，操业清高，可谓立德也。穷览坟索，著述粲然，可谓立言矣。”葛洪在玄风激荡纷纭时，坚持尊儒卫儒的立场，这无疑是对玄学所催生的道德规范解体及社会评价标准的错位与失衡所进行的“匡正”。但同时，葛洪认为儒家理论仍有不小的问题：儒家在乱世难以有作为，尤其不能解决人生的最终关怀问题。《内篇·遐览》：“值多难之运，乱靡有定，干戈戚扬，艺文不贵，徒消工夫，苦意极思，攻微索隐，竟不能禄在其中，免此垄亩；又有损于精思，无益于年命。”

如前所述，葛洪积极论述了“道”的重要性、根本性。正是在此基础上，葛洪着力阐发了“道”的巨大功用。他认为养生与治国同源于“玄道”，在理论上强化了身国同治的观念。《内篇·明本》：“夫所谓道，岂唯养生之事而已乎？”“夫道者，内以治身，外以为国，能令七政遵度，二气告和，四时不失寒燠之节，风雨不为暴物之灾。”《外篇·政郭》：“遇治而赞之，则谓之乐道；遭乱而救之，则谓之忧道；乱不可救而避之，则谓之守道。”《内篇·释滞》：“治身而身长修，治国而国太平”，故“古人多得道而匡世”。

葛洪依据西汉司马谈《论六家之要指》，对先秦儒、墨、法、道诸家之长作了一番比较。《内篇·明本》：“阴阳之术，众于忌讳，使人拘畏；而儒者博而寡要，劳而少功；墨者，俭而难遵，不可偏修；法者，严而少恩，伤破仁义；惟道家之教，使人精神专一，动合无形，包儒墨之善，总名法之要，与时迁移，应物变化，指约而易明，事少而功多，务在全大宗之朴，守真正之源者也。”葛洪认为“道家之教”兼有儒、墨、法之长，这就基本上确定了他以道家思想为基点，吸收儒家及诸家思想的趋向。《内篇·明本》：“夫道者，其为也，善自修以成务；其居也，善取人所不争；其治也，善绝祸起于未起；其施也，善济物而不听；其动也，善观民以用心；其静也，善居慎而无闷，此所以为百家之君长，仁义之祖宗也。”葛洪站在道为万物根本的高度统贯修身治国之事，主张道是本是体，而儒是末是用。这一“道本儒末”认识，使葛洪不但超越了儒家日用近知的思想局限，也超越了神仙养生之事而升华到更高的理论层面。葛洪因“欲穷物理”而突破儒家的知识体系、思想体系，归旨道家，是出于穷理的必然之势，有信仰上的缘由，没有从情感上排斥儒家的动因[①]。葛洪的“道本儒末”，主要源自老子《道德经》。《道德经》：“大道废，有仁义”；“上德不德，是以有德；下德不德，是以无德；上德无为而无

① 卢国龙：《道教哲学》，商务印书馆2007年，第109—110页。

不为，下德为之而有以为，上仁为之而无以为，上义为之而有以为，上礼为之而莫以应，则攘臂而扔之。故失道而后德，失德而后仁，失仁而后义，失义而后礼。失礼者，忠信之薄，而乱之道。”葛洪正是依据《道德经》所定的道、德、仁、义、礼次序进行阐发，详尽地说明了道德是人类最纯朴的文明，是人类知觉、情感、理智三者高度合作而达成一体化的表现，能够化繁为简，故以道为本。而儒家所重的仁、义、礼、法，是人心随着物质世界的复杂产物，仁、义、礼、法已经是人类知觉、情感、理智三者分化之后的分别对治，这是无法根治人心的，故以儒为末[①]。

葛洪“仙圣同格”而“仙高于圣”的理论即是“道本儒末”论的典型说明。《内篇·塞难》:“仲尼，儒者之圣也；老子，得道之圣也。儒教近而易见，故宗之者众焉。道意远而难识，故达之者寡焉。道者，万殊之源也。儒者，大淳之流也。”“且夫俗所谓圣人者，皆治世之圣人，非得道之圣人。得道之圣人，见黄老是也；治世之圣人，则周孔是也。”葛洪着眼于儒道会通，认为儒家的孔子与道家的老子皆为圣人。“仙”与“圣”，分别是道徒和儒者所追求的理想人格。“仙”是通过内修外炼方始达到的明白四达、长生久视的人生境界；“圣”则是通过格、致、诚、正、修、齐等一套道德践履与内省功夫而达到的与天地合德的人生境界。前者是一种避世的追求，后者则是一种经世的追求，二者本各不相谋，但二者都是由凡人所致。只要“匠之以六艺，轨之以忠信，莅之以慈和，齐之以礼刑”，以纲常名教等道德规范修身立德，便可以成圣、成仙。儒与道、圣与仙，就道德价值言，是难分轩轾的。《内篇·明本》:“夫体道以匠物，宝德以长生者，黄老是也。黄帝能治世致太平，而又升仙，则未可谓之后于尧舜也。老子既兼治礼教，而又久视，则未可谓之为减周孔也。故仲尼有窃比之叹。”在葛洪看来，圣人只不过是凡人之佼佼者，并不神秘，《内篇·辨问》:“以人所尤长、众所不及者便谓之圣。”圣人并不是全知全能的兼才，只是专擅一技的专才，所以说行行都有圣。葛

① 吴诚真:《〈浅说抱朴子内篇〉对〈道德经〉的继承和发挥》，杨世华主编:《葛洪研究二集》，华中师范大学出版社 2008 年版。

洪的这一论说，实是为了破除人们对儒家圣人的迷信，以建立道家（道教）圣人。他表白说并不是要“非毁圣人”，不过是“欲尽物理耳，理尽事穷，则似于谤讪周、孔矣”。他为此举了大量的事例证明圣人全知全能说的荒谬。其实，就常理而言，人之所好，各有不同，周孔汲注于治世，他们不知、不为仙道，有什么值得奇怪的？更不能以他们“不为”去否定黄老之“为”了。[①] 然而，葛洪同时指出，“圣事有剖判”，仙人亦可以称为“玄圣”“得道之圣”或“神仙圣人”，仙圣是同格的。正因为仙圣同格，故应贵儒尊道、儒道双修，合仙圣于一。不过，葛洪认为道教圣人仍高于儒家圣人。葛洪指出，圣人与仙人的根本区别就在于未能如仙人超越生死，圣人不知仙道，由此圣人又不及仙人。《内篇·微旨》：“黄老玄圣，深识独见，开秘文于名山，受仙经于神人，蹶埃尘以遣累，凌大遐以高跻，金石不能与之齐坚，龟鹤不足与之等寿，念有志于将来，愍信者之无文，垂以方法，炳然著明，小修则小得，大为则大验。”《内篇·辩问》：“俗所谓圣人者，缘治世之圣人，非得道之圣人。得道之圣人，则黄老是也。治世之圣人，则周孔是也。黄帝先治世而后登仙，此是偶有能兼之才也。”黄帝既是仙人，又能治世，高于周、孔；老子也有济世之才，惟不当其位而已。黄帝、老子既是兼才，且在治世方面不后于尧、舜、周、孔，则治身与治世必有相通之处，这就是道。道有本末之别，儒者仅得道之末，故只能治世而不明修仙；道家得道之本，知本而末自明，故能“内以治身，外以为国”。黄老之学是治身治世之学，它不仅是儒学之本，而且优于百家之学，诚为“守真正之源者也”。

葛洪提倡儒道互补、仙圣双修。《内篇·释滞》：“内宝养生之道，外则和光于世，治身而身长修，治国而国太平，以六经训俗世，以方术授知音，欲少留则且止而佐时，欲升腾则凌霄而轻举者，上士也。”葛洪认为，在治身与治国的问题上，传统道家与儒家均有所不足。他批评庄子齐一生死、回避矛盾、超离现实的出世主义。他认为，仙法其实就是仙

---

① 参见向世陵：《中国学术通史》（魏晋南北朝卷），人民出版社 2004 年版，第 289—301 页。

道与人道的结合，仙道不违人道。人道也是为仙之道。《内篇·对俗》："若委弃妻子，独处山泽，邈然断绝人理，决然与木石为邻，不足多也。"至于道家提倡归隐山林修道，为了避免世间的腥臊恶臭，寻觅一个"静寂无为"，并非真正理解了道意。《内篇·释滞》："古人多得道而匡世，修之于朝隐，盖有余力故也。何必修于山林，尽废生民之事，然后乃成乎！"葛洪修道，不在于个人的成仙，而是如其《内篇·庆嘲》所倡导的"匡时弼违，醒迷补过"。与此同时，葛洪对儒士"苟知推崇儒术而不知成之者由道"提出了批评，认为这是舍本逐末。儒家经世致用的学问，在葛洪看来有着"固诚纯儒，不究道意，玩其所习，难以折衷"的天然缺憾，而道家则有"善自修以成务""善取人所不争""善绝祸于未起""善济物而不德""善观民以用心""善居慎而无闷"的天然优势。葛洪极力融和儒道。《内篇·塞难》："养性者，道之余也；礼乐者，儒之末也。所以贵儒者，以其移风而易俗，不唯揖让与盘旋也。所以尊道者，以其不言而化行，匪独养生之一事也。若儒道果有先后，则仲尼未可专信，而老氏未可孤用。"道家道教重养生，而儒家重礼乐，两者虽主张不同，但均对社会与人生都发挥着重要的作用。葛洪强调儒道双修，使之相辅为用。《内篇·明本》："夫升降俯仰之教，盘旋三千之仪，攻守进趣之术，轻身重义之节，欢忧礼乐之事，经世济俗之略，儒者之所务也。外物弃智，涤荡机变，忘富逸贵，杜遏劝沮，不恤乎穷，不荣乎达，不戚乎毁，不悦乎誉，道家之业也。"儒家之务在于用礼乐以移风易俗、经世济俗，道教之业则在于外物弃智、宝生养性。道儒虽有本末、先后、高下之别，但二者皆于济世有益，不可崇道鄙儒，而应崇道贵儒。葛洪虽倡言道本儒末，只是相对于其"以道为本"的主张而言，然而其仙道思想中对儒学并无排斥或扞格，仍然留存许多融合儒道的旨趣。这种融合并非学术的，而是出于道教自身生存发展的需要，出于争取道众的需要[①]。葛洪认为，儒家的伦理道德是修道成仙的重要依据，因此主张道不离儒、道儒

① 周立升：《评葛洪的仙道观》，文载杨世华主编：《葛洪研究二集》，华中师范大学出版社 2008 年版。

合一，并积极地援儒入道。葛洪的作为，在一定意义上宣扬了儒学，复兴了儒教。道教从宗教的角度宣扬儒家的道德之学，增强了儒家伦理的神圣性和权威性，同时也增强了对社会的制约力量[①]。同时，葛洪针对两汉经学的烦琐，运用道家的理论思维，力图克服其博而寡要的流弊，解决修身与治国的问题，无疑有利于儒家的健康发展。[②]

葛洪直面道教理论严重不足的现实，积极采纳儒家纲常伦理思想，改革道教理论。他将儒家的纲常伦理融摄入他的仙学理论之中，强调修仙必须积善，并以忠孝为本，积德行善成为长生成仙的首要条件，这就极大地缓解了仙与圣之间的矛盾与冲突，从而使儒道二者统一、互补并由此结合起来。另外，葛洪的"身国同治"，把养生延命这一人的内在欲求与治国安民有机地统一起来，使统治者意识到，对道德的践履实在是关乎自身性命的"福寿康宁"。这些道德，自然也包括道教所提倡的自然无为、守朴去智、崇俭节欲、谦下尚贤、至公无私、仁爱慈物、忠孝为本等政治伦理。这些伦理如果被统治者认同和接受，就会内化为统治者个人的身心修养，进一步，这些伦理原则就会被落实在政治政策中。[③]葛洪不仅要求信奉者"兼修道德"，而且认为应有助于"治国安民"，这无疑是对传统道教理论的继承与发展。

早期道教异端化、世俗化严重，危害统治者的"神道设教"，正是站在儒道兼行的立场上，葛洪致力于将道教改造成现实秩序的维护力量。他把民间道教视为异端，斥之为"妖道""邪道"，将信奉之人讥之为"杂散道士""杂猥道士"，予以诅咒。葛洪切恨以道教名义而危害现实政权的道人。《内篇·道意》："曩者有张角、柳根、王歆、李申之徒，或称千岁，假托小术，坐在立忘，变形异貌，诳眩黎庶，纠合群愚，进不以延年益寿为务，退不以消灾治病为业，遂以招集奸党，称合逆乱。"葛洪呼

① 杨军：《宋元三教融合与道教发展研究》，巴蜀书社2009年版，第42页。

② 赵吉惠、赵馥洁、郭厚安、潘策：《中国儒学史》，中州古籍出版社1991年版，第426—430页。

③ 参见李英华：《儒道佛与中国传统文化教育》，武汉大学出版社2006年版，第324页。

吁统治者对民间道教进行严厉打击、禁止。“淫祀妖邪，礼律所禁。然而凡夫，终不可悟。唯宜王者更峻其法制，犯无轻重，致之大辟，购募巫祝不肯让者，刑之无赦，肆之市路，不过少时，必当绝息，所以令百姓杜冻饥之源，塞盗贼之萌，非小惠也。”葛洪致力于对道教的正本清源，反对淫祀。他认为，对生活中的困厄与身体上的疾病如果“既不能修疗病之术，又不能返其大迷”，一味“祈祷无已，问卜不倦”，最后“什物尽于祭祀之费耗，谷帛沦于贪浊之师巫”，就是“淫祀”，而主持淫祀的师巫就是“妖道”。

葛洪通过对前期道教思想理论的总结，充分借鉴玄学的思维，积极援儒入道，由此把道教的修炼和维护封建纲常有机地统一起来，大大调和了道教和儒家礼教的关系，增强了道教的社会功用。葛洪内神仙而外儒术、内圣与外王并举的儒道合一的思想，奠定了道教理论发展的整体趋向与模式。[①]葛洪所著《抱朴子内篇》是秦汉以来方仙道和黄老道传统的继承和总结，同时又为神仙道教奠定神学和理论基础，建立起了一整套长生成仙的理论体系，冲破了方仙道遗留下来的一些不合时宜的旧规矩，革除了其中的一些弊端，使道教的神仙信仰理论化，为道教上层化发展奠定了理论基础，同时也为中古道教开创了新的理论发展模式。葛洪是魏晋丹鼎道派集大成者，是承启道教灵宝派、上清派的一代宗师，是“早期道教终结”[②]的标志性人物。

第六节　两晋江西其他知名道士的事迹

除上述著名道士之外，还有不少知名者，极大地丰富了江西道教文化。

一、浮邱、王、郭三仙信仰的建构

浮邱、王、郭三仙信仰，是中古江西地区比较流行的仙道信仰。浮

① 赵吉惠、郭厚安、赵馥洁、潘策主编：《中国儒学史》，中州古籍出版社 1991 年版，第 430 页。

② 任继愈主编：《中国道教史》，上海人民出版社 1990 年版，第 111 页。

邱、王、郭三仙，来源神秘多元，难以确考。其中，浮邱公（又作浮邱伯，“浮邱”常简称“邱”，“邱”或作“丘”）在先秦时代、秦汉之际、两汉时期都有其较为丰富的活动“事迹”。从《华盖山志》《华盖山浮丘王郭三真君事实》《钦定古今图书集成》之《博物汇编·神异典·神仙部》等“王郭二仙”文字记载及民间传说推测，浮邱、王、郭三仙信仰大体形成于两晋时期江西地区。

在江西，浮邱公领王、郭二人最后修真并成功飞升最后成就浮邱、王、郭三仙信仰的说法，以华盖山为最。华盖山，又名大华山，南北走向，海拔996米。山势耸立，状如莲花宝盖。华盖山的浮邱、五岳、着棋三峰对峙，耸拔云表，主峰更是险峻异常，有“江南绝顶”之称。据《华盖山志》卷三《仙真志》“王郭二真君”“浮丘公”条及《华盖山浮丘王郭三真君事实》，王、郭二真君，系孪生兄弟，姓王，分别名褒、姒，汴州陈留人。从祖王方平，举孝廉，为黄门侍郎，后修真成为著名仙道。父王伯施，汉元帝时进《春秋大义》[①]。家素丰厚，厚积善功。兄弟俩及长，不喜世事，雅慕玄风，改名道想、道意，弟道意易姓为“郭”。王、郭二人同诣大梁天节山礼元观，谒浮邱公，受丹旨。初入闽之霍童山。再入金华山之石室，又至罗浮山之朱明洞，最后归礼浮邱公于巴陵（今江西崇仁、乐安一带）华盖山。先是，浮邱公领王、郭采药修炼时，忽道：“吾有所往，后会未期。”言讫不见。二人泣祷于天，愿终道业。一夕，梦神人告云：“但向江南三峰绝顶处，便可见矣。”二人负瓢笠，直抵江南，遍历洞府。至抚州，道经灵谷，暂憩修炼。谒州牧阮程，受请入郡东精舍安息。复往玉笥山，游览三十六峰。望华盖三峰卓然特立，心异之。登阁皂山，又见华盖三峰高如玉笥所见。至麻姑山寻王方平会麻姑之地，又见南向华盖三峰。及询诸乡老，曰：“此为何山？”对曰：“巴陵华盖山也。”二人喜道：“此山福地，名亦异焉。浮邱既别，梦中所指江南绝顶三峰，此其境矣。”次日，王先行，至一桥以俟郭。二人寻入

① 按：西汉元帝统治时期为公元前48年—公元前34年，据此推测，王、郭二真人主要活动时间为两汉之际。

抚州，访问州牧，历西津、同山、七里山而抵华盖。遥见三峰如削，迴出天表，感叹道："重见我师定于此矣。"乃凿石刻谶云："照然踪迹，清若虚水。兴隆万世，栖息千真。"瘗于松阴之下。复相互鼓励道："他日道成，将福此邦之民。"即于松下炼百神之丹。既而丹成，入巴陵县。令长夏子婴迎见，延之县西道院栖息。乃为乡民立道观。岁有灾咎，为之修禳，即获痊安。于是寻华盖之绝顶，果见浮邱公。[①]浮邱公后授以三五飞步之术、九一上清之法。魏景元元年（260）七月七日，浮邱公调琴于山北玉亭馆，感飞升时至，因悉以妙旨付王、郭二人。王、郭二人潜心修炼，至山顶礼斗朝天。自后，走石飞符，兴云致雨。大丹既成，灵光上烛象纬。太史具奏："江南瑞气腾天，此天子气也。"朝廷命将李元晏直抵江南搜访，统兵收伐。既至华盖山，但见紫云瑞气缭绕于山。元晏叱兵士齐上震喊。王、郭感叹道："吾本修志清虚，岂希有土。"遂化仙兵布列云间，与晏兵对阵。箭射如飞，落地尽成瓦砾。兵将莫不惊骇。元晏道："此神仙变见，非下士愚昧所知。"叩首谢过。已而，云雾散朗，有桂枝宝弓自空降下。元晏还朝，备陈所以，贡献宝弓。皇帝命百官辨之。宰相李仲德奏曰："此器实神仙游戏之弓。斯盖陛下盛德感召，国有至福，乃获异宝。"百僚称贺，仍命中使诏迎二人。二人云："吾等志福民庶。"请辞。使还具奏。上嘉其灵妙降敕，命使臣李仲德同抚州刺史刘平晖、临川令黄思护、巴陵令夏子婴诣山朝谢。西晋元康二年（292）二月一日，王、郭于玉亭馆留言于乡人曰："吾冲举之后，凡遇旱涝、疾疫、毒药、凶灾，悉从此祷吾，以福惠应之。"言讫，王驾青鸾，郭乘白鹤，仙乐前迎，灵官后拥，祥云彩霞，蟠空凝瑞。二人同时上升。事闻于朝，诏命二人经行之地，并立观宇，崇奉香火，灵应异常。民间遂将王、郭二仙与浮邱公并称"三仙真君"，又称"华盖三仙"。另外，《华盖山志》卷四《灵异志》"丹砂"条记：浮丘、王、郭三真于圣宝山炼丹，

① 《钦定古今图书集成》之《博物汇编·神异典·神仙部》卷二三五"王郭二仙"条引《宜黄县志》载：王郭二仙，师事浮丘先生，忽失浮丘所在，遂往江南高峰，望气求之，由玉笥适丹霞不见，又登宜黄邑治前，山势极峭，耸凭高卓望，见巴陵华盖二山灵光烛天径，至华盖，浮丘在焉，得以卒业。晋元康三年，同日飞升，因号所望山为卓望。

既成，以遗滓撒之于山，悉化为丹砂，状如药丸，有四方、六角、八楞，其状不等，皆金光罩之。朝拜者得之，必默祷三真炉前，回家斋戒，凌晨取水磨服，有病即愈。又，《华盖山志》卷三《仙真志》附录“孙法”条记：孙法，字万变，东吴富春王孙必高之子。孙法隐于金华修真，遇王、郭二真人，请师事之。遂引归石室中，得授元旨二帙，偕诣太梁天节山，遍历三十六洞天。太康元年（280）八月，至丰城灵谷山，习收气炼汞之术。至元康二年（292）二月一日夕，王、郭之巴陵，孙法不见师，悲孤无从。乡人何公家素丰，乐善好施。询得其故，就地作楼以栖（后名丹霞观）。当时四境邪巫并肆，孙法即取王、郭所授元旨普济十方，到处安静。建兴四年（316），一日，忽示弟子曰：“吾今别尔，往华盖山。”是夕，即从此而去。凡御灾捍患，乡人有祷于观，无不立应。《华盖山志》等建构王、郭二人修真成仙故事虽然在情节上较为合理，但他们二人的生活历西汉、新、东汉、三国、西晋，时长至少延续了三百年，自是不能细考，而浮邱公的时空更是纵横千百年。从《华盖山志》所记而言，浮邱、王、郭三仙信仰的形成是在西晋，因为这一时期官府较为积极地参与了三仙信仰的建设，并由此将民间的三仙信仰纳入官方的轨道。

在江西，王、郭二人追随浮邱公学法并成仙的说法，还有另一种传说：孪生兄弟王裒、郭姒，汴州陈留人氏。二人落魄时曾以杀猪宰牲谋生，因慕先人王方平得仙，放下屠刀转而修道。某年某月，二人游江西山水欲定栖息之地。先至玉笥山，又至麻姑山，再视浮邱公道成之地华盖山而居之。王、郭修炼数十载，略有所成。其后，二人离开华盖山，再游江西山水，希望际遇奇异高人，以图道成。王、郭乘一叶小舟沿宜黄顺流而下，行至上顿渡河心，船竟搁浅不动。二人弃船上岸，竟见西边尽头有一山峰瑞气腾腾，二人知是修炼宝地，便双双化成白鹤向西飞翔。飞至临川仙桂峰（梦山），择峰下一岩洞栖隐。[①] 当时，浮邱公正在

① 江西省民族宗教事务局编：《江西宗教活动场所简介》（第二辑），2002 年，第 50 页。

仙桂峰上修炼，便将他们接引上山。时逢大旱，浮邱公在山上“化身祷雨”。王、郭久闻其大名，又亲见其法术卓绝，遂虔诚拜伏坛下。浮邱公见其意诚，遂收他俩为徒，改其名为王道想、郭道意，传授符箓、辟谷、炼丹及驱神捉鬼之术。至西晋元康二年（292），三人功德圆满，一同在仙桂峰乘鸾升天。后人为纪念他们，特在仙桂峰建“会仙观”。

另外，关于浮丘、王、郭修道成仙地还有数说。如：（一）浮丘、王、郭师徒后来离开临川桂仙峰，转徙至南丰军峰山修炼。年久日深，终于丹成道就，一齐飞升。信众于军峰山绝顶建造三仙真君观殿，予以祀之。（二）汉昭帝（前86—前75在位），浮丘公及弟子王、郭二真人在南城丹霞山（麻姑山）修道，后均成仙，在山上留下丹井及飞升台。（三）浮邱公与王、郭曾在庐陵的天玉山芙蓉峰修炼，道成升天。（四）王、郭二仙，传闻浮丘弟子，亦炼丹，隐玉山，丹成，一山震动。若浮沤然，因以师号浮丘，更隐玉山，后入匡庐，不知所终。[①] 以上这些说法也在一定意义上表明，浮丘、王、郭三仙信仰在江西的广泛与深入。

二、两晋其他江西知名道士及道观

两晋时期，江西境内，道教兴盛，道士活跃，留下了不少修真成仙、弘道济民的道教事迹。除了前述的知名道士外，根据文献资料或民间传说再罗列一些如下。

龙虎山道教虽然不兴，仍勉力维持。第五代天师，张昭成，字道融，龙虎山第四代天师张盛之长子。学道不懈，法力非凡。每端坐室中，出神数百里外，能驯虎豹。年119岁卒，传为尸解成仙。或说，张昭成晋初得道，至成帝咸康年中仙去。第六代天师，张椒，字德馨，张昭成长子。博通群书。得真人治鬼之法，以真人所授诸阶秘箓传度世人。晋帝累征不起。得道，百余岁，告别门弟子，道然而化。第七代天师，张仲回（又作张回），字德昌，张椒长子。五岁欲从父学习经箓。父曰：“且读儒书。”对曰：“祖书不读，读他书何为。”嗣教后，传授父法，能

① 《钦定古今图书集成》之《博物汇编·神异典·神仙部》卷二三五“王郭二仙”条引《太平府志》。

辟谷，日行数百里。后入蜀山（青城山）不归，不知所终。[①]另外，据清娄近垣《龙虎山志》卷四《院观》载，东晋道士张苍玉开创“至道宫”，为龙虎别馆，三宫道院。又，龙虎山的逍遥观，旧名黄婆店。世传东晋有黄婆市酒，王、郭二仙于此经过。两晋龙虎山道教的文献资料极其有限，正说明当时龙虎山道教声势弱小。

自东晋以来，江西就有“三皇经”的传播。鲍靓（260—363），字太玄，东海人。好学多能，善占卜，道术高超，精通三皇经。西晋永嘉年间任南海郡太守七年，由此三皇经系在南方中有一定的传播。鲍靓的知名弟子葛洪、徐宁、吴猛都与江西有相当的关系。《晋书·桓彝传》载，徐宁，东海郯人。少知名，任舆县令。后为桓彝所赏识，力荐于庾亮，遂得迁吏部郎、左将军、江州刺史。徐宁得鲍靓授兵解法，后成长为知名道士，被《真诰·阐幽微》列为道教鬼官。据葛洪《抱朴子·遐览》，《三皇经》功力强大，家有《三皇文》，可以“辟邪恶鬼、瘟疫气、横殃飞祸”；持此书入山，可以“辟虎狼山精，五毒百邪”；建宅时书写《地皇文》数十通，埋于地下，可以令家道富昌；而斋戒百日，可以用《三皇文》招来“天神司命，及太岁、日游、五岳四渎、社庙之神”，问以吉凶，消灾释厄等。信奉《三皇经》的一些道士，曾在江西活动，江西成为《三皇经》传播发展的主要区域之一。但三皇经系不属于主流经系，在社会上不甚流行，在江西也只是雪泥鸿爪，几无势力与影响。

谢仲初[②]，东晋道士，万载人。自小志慕道术，早年修炼于閤皂山，潜心金丹术，丹成而归乡。过万载县西，天旱无水，拔剑刺地，涌泉甘洁，因名“卓剑泉”。又，济江无舟，御竹叶以渡，后人因名渡地为“竹渡”。往高安西北山中建观修道，后登峻岭，遥与人别。复经谢山而飞升。谢山，又称紫盖山、真仙岭、上升岭，在今万载县茭湖乡谢溪村。据说谢山上留存有“登仙台、试剑石及真君飞升石坐迹并指甲掐字‘丁

① 以上三位龙虎山天师的叙述，综合《历世真仙体道通鉴》卷十九、清雍正《江西通志》卷一〇四《仙释》、清娄近垣：《龙虎山志》卷六《天师世家》等所记而成。

② 谢仲初事迹，综合明王世贞《列仙全传》、清康熙《万载县志》、清雍正《江西通志》卷一〇三《仙释》等载而成。

丑年开山’，五字见存，又有炼丹池”。按，丁丑年即东晋孝武帝太元二年（377）。

汤、周二仙，失其名，广南人。晋安帝时，汤为青州寿光令，周为豫章南昌令。汤以国政不纲，慨然挂冠，访周，卜地避世。于万载县西四十里峰顶山筑精庐，修丹成道，羽化飞升，因名汤周山。山上遗有棋盘石、试剑石等迹。有镌刻，相传为紫微观碑。唐人有《题汤周山》诗追思："汤周二大仙，庐此得升天。风俗因兴庙，春秋不记年。锦云张紫盖，琴溜泻鸣泉。丹灶犹存鼎，仙花发故园。"[①]

两晋时期，渊源于东汉的上饶灵山胡昭、胡超信仰继续兴盛，创造出了新的传说故事。据上饶灵山大济《胡氏宗谱》载：胡超练就灭祟之法、回生丹药，肉身成仙而不知其踪。魏武帝泰始元年（265），太子奇疾不愈，帝召天下良医，胡超往治之，手到病除。帝问胡超："神医何方人氏？"胡超答："吾乃信州灵山北拥笔峰人胡超也。"言毕腾空而去。帝感其救太子之功，赐封"胡公真人"。晋武帝太康元年（280），诏令于灵山石人峰下吕家墩建胡真君祠，俗称胡隐君祠、石人峰祠。一些故事又将胡昭打造成道教书法家，据《三国志·管宁传》《书断》等史料记载，胡昭善书，与钟繇、邯郸淳、卫觊、韦诞并有名。尺牍之迹，动见模楷。卫恒云："昭与钟繇并师于刘德升，俱善草行，而胡肥钟瘦。"张华云："胡昭善隶书。"或说，胡昭与书法家卫夫人是师兄妹，两人都非常喜欢《黄庭经》。胡昭在反复书写该经后，决定入山实修《黄庭经》，卫夫人毕竟是女儿身，只在家中偶习，后把此经传给了王羲之。胡昭则用毕生的精力在灵山研习《黄庭经》，最后得道成仙，白日飞升。

雷焕是吴晋时期江西的知名术士。据《晋书·张华传》载，孙吴未灭之时，天上斗、牛二星宿之间常焕发紫气。道术者皆以吴方强盛，未可轻易图举。惟博物学者、尚书张华不以为然。及晋平吴后，紫气愈明。张华闻知豫章雷焕妙达纬象，于是邀雷焕共宿，屏人秘言："可共寻天

① （清）彭定求等：《全唐诗》，中华书局1960年版，第8868页。

文，知将来吉凶。”因一同登楼仰观。雷焕道：“仆察之久矣，惟斗牛之间颇有异气。”张华问：“是何祥也？”雷焕答：“宝剑之精，上彻于天耳。”张华道：“君言得之。吾少时有相者言，吾年出六十，位登三事，当得宝剑佩之。斯言岂效与！”因问：“在何郡？”雷焕答：“在豫章丰城。”张华言：“欲屈君为宰，密共寻之。可乎？”雷焕许之。张华大喜，即补雷焕为丰城令。雷焕到县，掘县监狱屋基，入地四丈余，得一石函，光气非常，中有一双宝剑，并刻题，一曰龙泉，一曰太阿。当晚，斗牛间气不复见。雷焕以豫章西山北岩下土以拭剑，光芒艳发。大盆盛水，置剑其上，视之者精芒炫目。遣使送一剑并土与张华，留一自佩。或谓雷焕：“得两送一，张公岂可欺乎？”雷焕道：“本朝将乱，张公将受其祸。此剑当系徐君墓树耳。灵异之物，终当化去，不永为人服也。”张华得剑，宝爱之，常置坐侧。张华以南昌土不如华阴赤土，报雷焕书曰：“详观剑文，乃干将也，莫邪何复不至？虽然，天生神物，终当合耳。”因以华阴土一斤致雷焕。雷焕更以拭剑，倍益精明。九年后，张华因卷入“八王之乱”而被诛，失剑所在。雷焕卒，子雷华为州从事，持父亲所遗之剑过延平津，剑忽于腰间跃出堕水，使人没水取之，不见剑，但见两龙各长数丈，蟠萦有文剑行章，没者惧而反。须臾光彩照水，波浪惊沸，于是失剑。雷华因叹曰：“先君化去之言，张公终合之论，此其验乎！”从此，丰城别名剑邑。[①]道徒在从事道教活动时，必不可少的法器就是赋予了斩妖除魔神力的宝剑。雷焕与丰城宝剑的故事，虽涉神秘虚幻，但不妨碍人们对雷焕产生崇拜。隋薛道衡《豫章行》诗曰：“丰城双剑昔曾离，经年累月复相随。”鄱阳一带的民间因雷焕出生小雷冈，于是在此立庙供礼，遇雨旸之灾则入庙祈祷。

王子瑶，字大皋，华阴人。崇尚神仙术，自以为王乔后裔。最初在庐山修炼，经一老道指点，于西晋永嘉年间（307—313）自玉笥山至泰和黄茅冈筑坛醮箓，感白鹤翔舞，事闻赐名白鹤观，给钱千缗，买田赡

① 江西省《丰城县志》编纂委员会编：《丰城县志》第三十三篇《杂记》第二章《民间传说》“丰城剑传奇”，上海人民出版社 1989 年版。

之。王子瑶后东游泰和义山，深爱其山势峻峭奇伟，遂栖居于此。就洞口建坛礼斗，专诵《黄庭经》，历48年。据说，王子瑶坚忍不拔的精神感动了上天，玉女赐九鼎丹方，降祥云，奏天乐；天帝赐九光之服、霓旌、绛节；仙狮、白鹤、仙童、玉女迎王子瑶上天。乡民因把义山改为王山，又称子瑶山（紫瑶山）。[①]另外，庐陵永兴观，传说王子瑶曾居此，自言王子乔为其兄，后仙去，人们改观曰王仙观。

幸灵是晋代江西的道法医术不凡且有道玄思维者。幸灵[②]，豫章建昌（今江西修水）人。性少言，与小人群居，见侵辱而无愠色，父母兄弟及邑里人都以之为“痴”。尝使守稻，群牛食之，幸灵见而不驱，待牛去乃往理其残乱者。父母见而怒之，幸灵道：“夫万物生天地之间，各欲得食。牛方食，奈何驱之！”父亲愈怒言：“即如汝言，复用理坏者何为？”幸灵道：“此稻又欲得终其性，牛自犯之，灵可以不收乎！”时顺阳樊长宾为建昌令，征发百姓作官船于建城山中，吏令人各作箸一双。幸灵作而未输，有人窃之。俄而窃者心痛欲死，幸灵问窃者：“尔得窃我箸乎？”窃者不应。有顷，愈急，幸灵道：“若尔不以情告我者，今真死矣。”窃者急遽，乃首出之。幸灵于是饮之以水，病即立愈。行人由此敬畏之。船成，当下，吏以二百人引一艘，不能动，方请益人。幸灵道：“此以过足，但部分未至耳。灵请自牵之。”乃手执箸，惟用百人，而船去如流。众大惊怪，咸称其神。有龚仲儒女病积年，气息财属，灵使以水含之，已而强起，应时大愈。又，吕猗母亲皇氏得痿痹病已十多年，幸灵治疗后，亦得以快速康复。于是百姓奔趣，水陆辐辏，从之如云。皇氏自以病久，惧有发动，幸灵乃留水一器令食之，每取水，辄以新水补处，二十余年水清如新，尘垢不能加焉。时高悝家有鬼怪，言语呵叱，投掷内外，不见人形，或器物自行，再三发火，巫祝厌劾而不能绝。适值幸灵来，乃要之。幸灵于陌头望其屋，问高悝：“此君之家邪？”高悝

① （清）纪昀：《四库全书总目提要》卷七十八《史部》三十四“地理类存目”引清张贞生：《王山遗响》。

② （唐）房玄龄等：《晋书》卷九十五《幸灵传》，中华书局1974年版，第2483—2484页。

答："是。"幸灵道："知之足矣。"高悝固请之，幸灵不得已，至门，见符索甚多，谓悝曰："当以正止邪，而以邪救邪，恶得已乎！"并使焚之，惟据轩小坐而去，其夕鬼怪即绝。幸灵所救愈多此类，然不取报谢。行不骑乘，长不娶妻，性至恭，见人即先拜，言辄自名。凡草木之夭伤于山林者，必起理之，器物之倾覆于途路者，必举正之。周旋江州间，谓其士人曰："天地之于人物，一也，咸欲不失其情性，奈何制服人以为奴婢乎！诸君若欲享多福以保性命，可悉免遣之。"十余年间，赖其术以济者极多。后乃娶妻，畜车以奴婢，受货赂致遗，于是其术稍衰，所疗得失相半焉。据说，他遇到仙人万洪后，随之成仙。《三洞群仙录》列之为仙人序列。

宜丰天宝乡黄沙村的紫阳坛，因紫阳真人周义山在此修道成真而得名。据天宝黄沙《廖氏族谱》引明正德七年靖安知县萧瑞撰《紫阳古坛》及《云笈七签·紫阳真人周君内传》载：周义山，字季通，西晋汝阳（今阜阳）人。义山十六岁时，随职任陈留刺史的父亲周秘至陈留，开始读《孝经》《论语》。平日寡言少语，习惯独静，自修服气道法。义山心地宽仁善良，同情贫弱。每月初一，即流连于市场或陋巷，以钱物救济贫困。有一年，陈留一带大旱，米价飞涨，百姓生活艰难，他倾尽所有赈济饥民。不久，陈留黄秦君因感于周义山的德行，加之敬佩他自学吐纳之法的精神，于是主动将自己所学得的"炼身消灾"之道和"还神守魂"之法教授给他，并为之配制丸药方。周义山依药丸方服食，五年后，全身散出光泽，眼能识五脏。其后，周义山寻访天下高人欲求升仙要诀，泛游江南诸山，后听说江西上高蒙山的栾先生能读《龙蹻经》，于是慕名来到。在入访蒙山途中，周义山遇仙人苏子元，求得长寿之诀；后又见仙人羡门子，得《龙蹻经》《三皇内文》，并在羡门子指点下遍择胜山，最后定于今宜丰县天宝乡狮子山修炼，时常为附近百姓医治疾病，最后在此功成而白日飞升。被封为"紫阳真人"，其修炼地被后人称为"紫阳坛"。

新吴（今奉新）东白源知名与刘道成相传在此得道成神仙并飞升有关。刘道成，新吴人。自小学黄老。西晋时以明经入仕，累迁为陈州刺史。后辞官乞归乡里，继续修持黄老之术，皈依大罗真符。后携全家到东白源崇虚观修炼。晋怀帝永嘉二年（308）八月十五日，合宅白日冲举。①

起家于秦汉之际的豫章（南昌）罗氏，至魏晋已是地方大姓，家族成员中学道修道有成者不少，罗瑭父子就是其中的典型。罗塘（220—312），字公秀，号柏林，豫章人。据说，罗塘自小聪颖，博通诸子百家。因感世乱，弃儒入道，拜许逊为师（或说拜谌母为师）。罗瑭追随许逊，道法不凡，立有助许逊除蛟、治水之功，成为许逊门下有名的弟子之一。罗塘曾栖居丰城与崇仁交界处的池山修道，颇有声名。池山一时号称“九天道源”。罗塘长子罗文通（245—340），自小受乃父熏陶，习儒、道之书，好隐逸。四十岁时遁身池山，修心养性，聚徒讲学，著书立说。同时筹建了谌姆殿、真君殿等庵堂，以习孝道。罗文通卒后，弟子们将池山改为罗山，并建祠祭祀（萧梁大通中改祠曰“云霄观”）。南宋绍兴年间，朝廷敕封罗文通为“大罗悟道溥通徵君”。罗塘第三子罗文佑（250—？），自小受乃父影响，倾慕玄道。据说九岁时便能熟读《道德经》，擅于谈玄。西晋太康年间，以医药方术救济百姓。后入新安黄山修道，结庐炼丹，遂得道飞升。②

《钦定古今图书集成》之《博物汇编·神异典·神仙部》卷二三七“李仙姑”条：按《江西通志》：晋李仙姑，名不传。相传晋时，三女穴居乐安大墓山。一日雷雨暴作，乡人见三女乘云去。遂名其岭曰圣姑。另外，据清雍正《江西通志》之《仙释》载：（一）文斤，南昌人，号超然子。晋咸安中为高平令，遇异人授以丹诀，弃官归。宁康二年仙去。③

---

①（元）赵道一：《历世真仙体道通鉴》卷三十一《刘道成》，《道藏》，第5册第278页。

② 参见罗贤访主编：《豫章罗氏百题解与历史人物》，武汉出版社2017年版，第63—65页。

③《钦定古今图书集成》之《博物汇编·神异典·神仙部》卷二三六“文斤”条则依《宝庆府志》记：文斤，南昌人。咸康中，为高平令。后弃官入山修炼，自号超然子。晋哀帝兴宁三年七月十五日，乘鹤上升。唐元和祈雨有感，宋崇宁中郡守石丕具其事，以闻敕赠，妙应真人。有丹炉、石灶、石榻、皆其遗迹。后人名其山为文仙山。

（二）女冠刘懿真，传说至东晋已五六百岁，尝东游谌姆岭，建坛葛阳山之麓。后白日冲举。（三）易退，字楠隐，萍乡芦溪人，与宜春杨慧（字法道）、陈耽（字归真），相与结庐萍乡之九嶷山。炼气朝真朝夕不倦，越二十余年丹成。永嘉九年（315）正月既望，三人皆凌云去。后人于九嶷建观祀之。（四）卢度，字彦章，始兴人。有道术，少随张永北侵魏。永败，魏人追急，阻淮水不得渡，心誓曰："若得免死，从今不复杀生。"须防见两楯流来，接之得渡。遂隐居庐陵西昌三顾山，鸟兽随之。夜有鹿触其壁。度曰："汝坏我壁。"鹿应声去屋。前有池养鱼，皆名呼之，次第来取食，乃去。逆知死年月，与亲友别，永明末以寿终。（五）杨善，晋时云游至庐陵东山真常观。适岁旱，于东城植竹为坛，以祷雨大澍，遂于山下结茅居焉。道成脱化。（六）王表，贵溪人。大约生于东汉末期。晋元康初（291）修炼于贵溪县旁的一山岩中。久之，感太极真人降授以三五飞步之诀。晋太和二年（367）正月七日上升，香雾集空，下闻仙乐。遗留丹井、洗药池、飞升台等圣迹，世名其岩为王表岩（长廊岩）。（七）陶仙山在新吴县（今宜春奉新）治南十五里，高十丈，周回六里，峰峦秀耸，重复缭绕。相传，邑人陶安公修炼成道于此，因以山名。陶安公在此以陶冶为业，炉烟成紫云，火星飞溅，直射天空，惊动了玉皇大帝。玉帝派朱雀下凡降旨："安公安公，冶（道？）与天通。七月七日，迎汝以赤龙。"到了七月七日，赤龙果然下凡，陶安公即跨龙而去。他的两个女儿修其术亦得成仙。

另外，程德度，武昌人。昔在浔阳，夜见屋里自明。先有燕窠，忽有小儿，长尺余，洁白，从窠中出，至床前曰："却后三年，当得长生之道。"寻暗而灭。甚秘密之。[①] 后来程德度果然成仙得道。又，庐山青霞观后，有石名黄龙。文女真于此跨黄龙升天，因得名。又有文女真升仙台。[②] 文女真世代名字事迹皆不详，或说是晋代女真文惠通。宜春黄真人

① （宋）李昉等：《太平御览》卷九二二引《宣验记》，中华书局1960年版，第4091页。

② （元）赵道一：《历世真仙体道通鉴后集》卷五《文女真》，《道藏》，第5册第477页。

台，台有巨石夷坦，相传晋时有大古者修炼于此。[1]

两晋时期，受佛教刺激和贵族靖室修行的影响，道观建设一时掀起了一个高潮，江西地区成为一个颇有成就之区。境内道观数量较之前代显著增加，计有50余所，分布于今南昌、新建、永修、新余、吉安、鄱阳、赣州、萍乡等20余个县（市）。道观建设与道士的活动紧密地结合在一起，自然也可以视作是道士事迹。江西的道观建设，除了前文已言及的，还有以下比较重要的一些：（一）大约西晋时，宜春城东建崇福观（后改玄妙观），城北建靖严观，成为宜春最早的道观。东晋时，中村白马人邓表先在湖岗台、后迁小仰山采药炼丹，世称邓真人。[2] 邓表尝修炼于小仰山，又号邓表峰，上有星坛、石臼、药灶。（二）道士刘悟真住安福县城北洞渊观，使之成为安福道教第一观。（三）东晋穆宗永和九年（354），在道士彭云开的倡导下，在上栗栗水河南岸，修建了佑神观。供道士修身养性、修道炼丹。或为上栗最早的道教建筑。（四）西晋咸宁二年（276），王遥在鄱阳县鄱阳镇景德寺巷建造了第一座道观玄庙观，授徒传道。（五）东晋永和年间（345—356），赣县郡城东建有上坛观。晋时金精洞又兴建道观，曾名灵泉观、阳泉观、玉虚观等。当然，明清以来江西地方志所记载的大量两晋时期许逊（许真君）道观，则可能有太多的虚构。

另外，江西还有些山林地带，成为道人栖隐修真之地。例如，高安琴岭，民间传说丁、王二仙藏琴于此而得名。“丁王二仙”，是指传说活动于高安的两位神仙丁奎、王子乔。丁奎，高安高道丁义之子。丁奎本为鄂地公安县令，因喜清静，又爱好抚琴消遣，遂辞官回家，随栖隐华林山（浮云山）父亲学道。父亲去世后，丁奎赴邑中祥符观投许真君女婿黄仁览门下。学成之后，丁奎就近来到祥符观对岸的荷山琴岭太极观修炼，为潜心修炼，不再弹琴，因将琴藏于石洞内。时仙真王子乔云游

① （宋）乐史：《太平寰宇记》卷一〇九《袁州》，中华书局2007年版，第2200页。

② 宜春市地方志编纂委员会：《宜春市志》卷三十八《宗教》，南海出版公司1990年版，第865页。

天下，骑一白象来到高安荷山，发现了正在炼丹的丁奎，便落脚琴岭，与丁奎结伴同修道真。不知何时，二仙远遁。荷山上下，琴岭周边，留下了一些二仙遗迹。因丁奎洞中藏琴之山恰巧貌似一支横陈的巨琴而名“琴山”或“琴岭”；将荷山上一块象形巨石当作王大仙所坐白象而名“象到石”；将珠湖村前的大湖当作丁王二仙弹珠所击成而名“珠湖”；将琴岭边一座小山当作丁王二仙瞭望弹珠所落之山而名“望珠岭”，等等。青原山“白鹤岩”,“相传晋时白鹤道人隐此。尸解痴庵云”[①]。吉水县南的西峰山，旧传葛仙翁、王晋真人炼丹于此，上有王、葛二祠。[②]武功山“白鹤峰”：葛洪弟子白鹤真人，在武功山得道成仙，乘白鹤腾空而去，故其主峰称为白鹤峰。[③]

第七节　两晋江西道教文学的兴盛

两晋时期，随着道教上层化、文雅化的发展，文人亲近道教者多，文学又作为宣道的重要工具，道教文学由此也繁荣发达起来。江西的道教文学亦多有表现，成就较为突出。

一、咏道诗的兴盛

两晋道教诗歌逐渐趋于成熟，形式、体裁已是多样化，有义理诗、炼丹诗、咒语诗、悟道诗、游仙诗等，一般统称咏道诗，其中最具文学审美价值的是游仙诗。这一时期，江西道教发展兴盛，咏道诗亦较为丰富。

庐山号称“神仙之庐”，游仙诗很多。今见最早有关庐山神仙的诗，或系吴晋名道吴猛所创作。传说，吴猛过庐山时，遇前来迎接的庐山神徐君，乃赠诗云：“仰瞻列仙馆，俯察王神宅。旷载畅幽怀，倾盖付三

---

① （清）方以智编，张永义校注：《青原志略》卷一《山水道场》，华夏出版社 2012 年版，第 35 页。

② 青原山志编纂委员会编：《青原山志》第三篇《道教仙坛》，方志出版社 2011 年版，第 101 页。

③ （明）张程纂修，（清）张光勋增修，何明栋、罗宗阳校注：《武功山志》卷四“白鹤真人”条，《西山志略》《云居山志》《武功山志》《怀玉山志》《华盖山志》合集，江西人民出版社 2002 年版，第 487 页。

益。”[1] 此诗显著地寄托了吴猛对庐山神企羡与追寻。

西晋女诗人徐婉，生平事迹不详，传说为庐山君女。《太平御览》卷七五八引东晋祖台之《志怪》载：建康小吏曹著，为庐山府君所迎。曹著见庐山夫人，夫人为设酒啖。夫人命女婉出，与著相见。婉见著欣悦，命婢琼林，令取琴出，婉抚琴歌曰："登庐山兮郁嵯峨，晞阳风兮拂紫霞，招若人兮濯灵波。欣良运兮畅云柯，弹鸣琴兮乐莫过，云龙会兮乐太和。"歌毕，婉便还去。配以女婉，著形意不安，屡求请退。婉潸然流涕，赋诗叙别，并赠织成裈。其中徐婉所唱的《抚琴歌》，其实是一首典型的游仙诗作，诗句仙意氤氲，清丽哀婉，情致动人。

湛方生，豫章人，生卒年不详。大约生活于东晋中后期。早年曾在边远的新昌郡西道县（在今越南境）任县令；后回到内地担任过刘毅卫军将军府谘议参军。湛方生曾游历寻阳、豫章一带，咏诗寄怀。太元十一年（386），湛氏作《庐山神仙诗并序》：

> 寻阳有庐山者，盘基彭蠡之西。其崇标峻极，辰光隔辉；幽涧澄深，积清百仞。若乃绝阻重险，非人迹之所游；窈窕冲深，常含霞而贮气。真可谓神明之区域，列真之苑囿矣。太元十一年，有樵采山其阳者，于时鲜霞褰林，倾晖映岫，见一沙门，披法服独在岩中。俄顷振赏飞锡，凌崖直上，排丹霄而轻举，起九折而一指，既白云之可乘，何帝乡之足远哉，穷目苍苍，翳然灭迹。《诗》曰：吸风玄圃，饮露丹霄。室宅五岳，宾友松乔。[2]

在此，湛氏的所谓"庐山神仙诗"乃是因登山有感而发，对于"吸风玄圃"的胜景铺伤痛是以相信轻举有道、乘云有方为思想前提的。[3] 诗

① 逯钦立辑校：《先秦汉魏晋南北朝诗》，中华书局 2017 年版，第 2321 页。

② 逯钦立辑校：《先秦汉魏晋南北朝诗》，中华书局 2017 年版，第 943 页。

③ 詹石窗：《道教文学史》，上海文艺出版社 1992 年版，第 95 页。

序中所言“沙门”[①]实际上是一个修炼神仙方术的长生者。诗中的“吸风”“饮露”是动态的求仙，“玄圃”“丹霄”“五岳”“松乔”皆为游仙诗的典型意象，短短四句便勾画出游仙的美妙历程。湛方生还作有数首反映自己道家栖隐生活情趣的诗歌。例如，《游园咏》：“谅兹境之可怀，究川阜之奇势。水穷清以澈鉴，山邻（天）而无际。乘初霁之新景，登北馆以悠瞩。对荆门之孤阜，傍鱼阳之秀岳。乘夕阳而含咏，杖轻策以行游。袭秋兰之流芬，幕长猗之森修。任缓步以升降，历丘墟而四周。智无涯而难恬，性有方而易适。差一毫而遽乖，徒理存而事隔。故羁马思其华林，笼雉想其皋泽。矧流客之归思，岂可忘于畴昔。”[②]诗侧重描绘自己所栖环境的“山”“水”之美，抒发悠游隐逸之情。又《七欢》借朝隐大夫与岩隐先生的问答，试图改变传统“学道养生，离亲绝俗”的隐逸方式，接近世俗生活，诱其“从而玩之”。《灵秀山铭》属典型的山水悟道类玄言诗。诗人在赞叹山的禀性，灵秀挺拔的同时，声称“可以养性，可以栖翔。长生久视，何必仙乡”，反映出“道不远人”的生活情意。[③]湛氏的隐逸悟道诗多自然之趣。如《秋夜》：“悲九秋之为节，物凋悴而无荣，岭颓鲜而殒绿，木倾柯而落英。履代谢以惆怅，睹摇落而兴情。信皋壤而感人，乐未毕而哀生。秋夜清兮何秋夕之转长，夜悠悠而难极，月曒曒而停光。播商气以清温，扇高风以革凉。水激波以成涟，露凝结而为霜。凡有生而必凋，情何感而不伤。苟灵符之未虚，孰兹恋之可忘。何天悬之难释，思假畅之冥方。拂尘衿于玄风，散近滞于老庄。揽逍遥之宏维，总齐物之大纲。同天地于一指，等太山于毫芒。万虑一时顿渫，情累豁焉都忘。物我泯然而同体，岂复寿夭于彭殇。”[④]抒发向往的境界，弃除尘累，心如明镜，与物同化的境界。在这一境界中优游

① “沙门”，梵语，意为出家修行人。传入中国后一般指佛教徒，在此则更近于道教徒。

② 逯钦立辑校：《先秦汉魏晋南北朝诗》，中华书局 2017 年版，第 946—947 页。

③ 湛方生：《七欢》《灵秀山铭》，见（清）严可均辑：《全上古三代秦汉三国六朝文》，中华书局 1958 年版，第 2269、2270 页。

④ 逯钦立辑校：《先秦汉魏晋南北朝诗》，中华书局 2017 年版，第 946 页。

自得，冥合自然。另外，湛方生诗对于老庄学说和思想深有体味。例如，《诸人共讲〈老子〉》："吾生幸凝湛，智浪纷竞结。流宕失真宗，遂之弱丧辙。虽欲反故乡，埋翳归途绝。涤除非玄风，垢心焉能歇。大矣五千鸣，特为道丧设。鉴之诚水镜，法秽皆朗彻。"[①] 诗强调剔除名教污染，回归原本心性，还其真朴自然，反映了作者对玄学人格的理解和向慕。[②]《北叟赞》咏叹精于玄理的北叟已超脱了荣辱得失："乐为忧根，祸为福始。数极则旋，往复迭起。世人迷之，横生欣耻。滔滔北叟，独亮玄理。丧马弗希，折肱愈喜。淡哉一生，无泰无否。"[③] 由此略知，湛方生的思想基本上属于庄老玄道，淡泊明志，委运任化，和光同尘。

二、葛洪的道教文学思想及其创作

葛洪不但是著名的道教理论家，也是有名的道教文学家。不仅创作了不少文学文字，而且阐发了丰富的文学思想，是擅长以文学弘扬道教的重要人物。

葛洪的文学功底深厚，其记述赣北幕阜山风物和抒发隐士情怀的《幕阜山记》就是典型的说明。文曰：

> 山有石壁刻铭，上言：禹治水，登此山，高于平地一千八百丈，周五百里，二十四气，福德之乡。洪水之灾，居其上可以度世，又有列仙之宝坛场在其侧。旁有竹两本，修翠猗然，随风拂拂，各扫坛竹。其上有池，水正澄洁，时有二鱼游泳其中。有葛仙翁炼丹井，药臼尚存。山无秽草，惟杞与芳之属。有石如丹珠。绝顶有石田数十亩，塍渠隐然，非人力所能为！有僧园曰长庆，有宫曰玉清。鸟道断绝，不可登览，左黄龙，右凤凰，皆在山麓。[④]

为服务于神仙道教信仰建设，葛洪创作了仙传小说集《神仙传》。

① 逯钦立辑校：《先秦汉魏晋南北朝诗》，中华书局 2017 年版，第 945 页。
② 王澍编著：《魏晋玄言诗注析》，群言出版社 2011 年版，第 349 页。
③（清）严可均辑：《全上古三代秦汉三国六朝文》，中华书局 1958 年版，第 2270 页。
④ 吴圣林、汪建策编著：《六朝九江志》，中国书店出版社 2013 年版，第 186—187 页。

葛洪自谓在《抱朴子内篇》撰成之后，因弟子滕升问古仙之有无，乃作《神仙传》。书前自序云：

> 洪著内篇，论神仙之事，凡二十卷。弟子滕升问曰："先生曰神仙可得不死，可学古之神仙者，岂有其人乎？"答曰："昔秦大夫阮仓，所记有数百人，刘向所钻撰，又七十一人。盖神仙幽隐，与世异流，世之所闻者，尤千不及一者也。故宁子入火而凌烟，马皇见迎以获龙，方回咀嚼以云母，赤将茹葩以随风，涓子饵水以著经，啸父烈火以无穷，务光游渊以脯薤，仇生却老以食松，邛疏服石以炼形，琴高乘鲤于砀中，桂父改色以龟脑，女丸七十以增容，陵阳吞无脂以登高，商丘咀菖蒲以不终，雨师炼五色以厉夫，子光辔虬雷于玄涂，周晋跨素禽于缑氏，轩辕控飞龙于鼎湖，葛由策木羊于绥山，陆通匝遐纪于黄庐，萧史乘凤而轻举，东方飘衣于京都，犊子灵化以沦神，主柱飞行于丹砂，阮丘长存于睢岭，英氏乘鱼以登遐，修羊陷石于西岳，马丹回风以电徂，鹿翁陟险而流泉，园客蝉蜕于五华。余今复抄集古之仙者，见于仙经服食方及百家之书，先师所说，耆儒所论，以为十卷，以传知真识远之士，其系俗之徒思不经微者，亦不强以示之矣。则知刘向所述，殊甚简要，美事不举。此传虽深妙奇异，不可尽载，尤存大体，窃谓有愈于向，多所遗弃也。"①

由此可知，《神仙传》是葛洪所著道教经典《抱朴子内篇》的案例辅教之作，以具体人物事迹阐释他的"神仙实有""仙学可致"的主旨。《神仙传》系抄集古代神仙之见于仙经、服食方及百家之书、先师之说者。创作的目的，一是宣扬神仙之说，反对"神仙之事谓为妖妄"之说；二是有感西汉刘向《列仙传》记载简略，"美事不举""多所遗弃"，有意创作一部更为完备的关于神仙的传记。《神仙传》全书分为10卷，收

① （晋）葛洪著，谢青云译注：《神仙传》，中华书局2017年版，第2—10页。

录了上古以来尤其是汉魏时代84位（或作92位）仙道人物的事迹，可谓是当时神仙传说文学的集大成之作。《神仙传》故事想象丰富，情节大多复杂、奇特、玄秘，所述“神仙”形象生动感人，语言文字朴实自然，由此使神仙之道大为彰显。葛洪《神仙传》使中国古代仙传之造作达到一个时代高峰，是为道教文学的经典。值得一提的是，《神仙传》记载了诸如彭祖、华子期、李八百、王远、张道陵、栾巴、葛玄、王遥、董奉等与江西道教文化相关的仙道人物，对江西道教的弘扬有着直接的贡献。

三、陶渊明对道教文学的贡献

陶渊明（352—427），寻阳柴桑（属今江西九江）人，是东晋一流的文学大家，也是一流的道家（道教）文学家。

陶渊明受家族与地域文化的影响，颇得道教的熏陶。他尤与出家为道的从弟陶敬远关系密切，其《祭从弟敬远文》有云：“惟我与尔，匪但亲友，父则同生，母则从母。相及龆齿，并罹偏咎，斯情实深，斯爱实厚。念畴昔日，同房之欢，冬无缊褐，夏渴瓢箪。相将以道，相开以颜。岂不多乏，忽忘饥寒。余尝学仕，缠绵人事，流浪无成，惧负素志，敛策归来，尔知我意，常愿携手，寘彼众意。”[①]可知陶渊明因慕陶敬远修道，也曾打算“相将以道”。又据陶渊明《拟古九首》其五，他曾跟随道士学过道：“东方有一士，被服常不完。三旬九遇食，十年著一冠。辛苦无此比，常有好容颜。我欲观此人，晨去越河关。青松夹路生，白云宿檐端。知我故来意，取琴为我弹。上弦惊别鹤，下弦操孤鸾。愿留就君住，从此至岁寒。”[②]不过，陶渊明虽然近道亲道，但并未入道。

陶渊明有强烈的生命关怀意识。他“心好异书”，曾阅读过不少有关道教神话传说的奇书，对道教长生不死的神话相当熟悉。例如，《读山海经》多次提到西王母。其二：“玉台凌霞秀，王母怡妙颜。天地共俱生，不知几何年。灵化无穷已，馆宇非一山。高酣发新谣，宁效俗中

① 袁行霈：《陶渊明集笺注》，中华书局2003年版，第547—548页。
② 袁行霈：《陶渊明集笺注》，中华书局2003年版，第327页。

言！”其五："翩翩三青鸟，毛色奇可怜。朝为王母使，暮归三危山。我欲因此鸟，具向王母言。在世无所须，惟酒与长年。”其七："粲粲三株树，寄生赤水阴。亭亭凌风桂，八榦共成林。灵凤抚云舞，神鸾调玉音。虽非世上宝，爰得王母心。”[①]由此可见，陶渊明对传说中掌握长生不死秘密的女仙西王母充满着浓厚兴趣与审美情感。陶渊明对蓬莱神话似乎也并不陌生。《高僧传》卷十《晋上虞龙山史宗传》记述三位未卜先知的神异法师，其中即有神仙化的“蓬莱道人”，这则故事也曾被陶渊明所著的《搜神后记》所录。

在这些对神仙不死的赞叹中流露出陶渊明渴求长生的愿望与希冀，而对道教神仙不死传说的耳濡目染，无疑是陶渊明接受这种不死原型的重要环节。作为生命个体而存在的人，其最深切的焦虑莫过于对死亡的焦虑。在陶诗中，这种无可避免的焦虑随处可见。如《饮酒》“一生复能几，倏为流电惊”；《杂诗》“日月不肯迟，四时相催迫”；《己酉岁九月九日》“从古皆有没，念之中心焦”[②]等等。生命的本质是抗拒死亡，对死亡的本能抗拒使陶渊明产生了对寿考长年的渴求与企羡，而道教，神话中不死原型正好契合了陶的这种潜层心理需求。事实上，陶渊明不时流露出对长生成仙的渴望，如《读山海经》："自古皆有没，何人得灵长？不死复不老，万岁如平常。赤泉给我饮，员丘足我粮。方与三辰游，寿考岂渠央。”《杂诗》："丈夫志四海，我愿不知老。”[③]

松、菊、桃源是陶渊明诗歌中最具代表性的三种意象，积淀了道教神话中不死原型的深层内蕴，而陶渊明对这种神话原型的接受，则根源于其所受道教长生信仰的影响及渴求长生的潜层心理机制。[④]《饮酒》："青

① 此处所引《读山海经十三首》三诗，见袁行霈：《陶渊明集笺注》，中华书局2003年版，第398、403、406页。

② 此处三句诗，见袁行霈：《陶渊明集笺注》，中华书局2003年版，第243、352、224页。

③ 此处所引《读山海经》《杂诗》诗句，见袁行霈：《陶渊明集笺注》，中华书局2003年版，第407、345页。

④ 刘雪梅：《论陶诗中“松”、“菊”、“桃源”意象的道教神话原型》，《理论与创作》1999年第3期。

松在东园，众草没其姿。凝霜殄异类，卓然见高枝。”《拟古》：“苍苍谷中树，冬夏常如兹。”[①] 松树因树龄长久，经冬不凋，被用来祝寿考、喻长生。这种原初的象征意义为道教所接受，遂成为道教仙话中长生不死的重要原型。在道教仙话中，松是不死的象征，所以服食松叶、松根可得长生不死、飞升成仙。《拟古九首》之五曾描述他寻访高道的经历，而那位“辛勤无此比，常有好容颜”的高道的住所便是“青松夹路生，白云宿檐端”。[②] 青松作为高道修仙的背景兴象，已隐隐透露出陶诗中的青松意象与道教仙话原型的内在关联。《杂诗》：“袅袅松标崖，婉娈柔童子。年始三五间，乔柯何可倚？养色含津气，粲然有心理。”[③] 诗借青松阐发道教导引长生之理之术——含津吸气、颐养神理。陶渊明正是在对青松耐寒历久、卓尔不群的赞叹中，曲折地表达自己对长生不死的渴求与企羡。《和郭主簿》：“芳菊开林耀，青松冠列岩。怀此贞秀姿，卓为霜下杰。”[④] 在陶氏笔下，松菊同为傲霜斗雪、异于众木的“霜下杰”。陶渊明对秋菊的推重往往与他采菊、食菊、重阳日饮菊花酒的活动相联系，如《饮酒》：“秋菊有佳色，裛露掇其英”；“采菊东篱下，悠然见南山”。陶渊明对菊花如此情有独钟，除了因为菊花的高洁芬芳外，还因为在芳菊意象的背后，隐含着比人格寓意更为深层的原型意义。早在春秋战国时期，菊已成为神仙家的服食方药之一。魏晋道教推重服食菊花对飞升成仙的重要作用。陶渊明的采菊、服菊活动正与道教的菊崇拜有关。陶氏在《九日闲居》诗中直言自己之所以爱菊，就是因为“菊为制颓龄”。陶氏称菊花为“九华”实有寓意，“九”在道教信仰中为极阳之数，喻长久。诚如陶氏在这首诗的序中所言：“余闲居，爱重九之名；秋菊盈园，而持醪靡由，空服九华，寄言于怀。”可以说，陶渊明“爱重九之名”是他渴求长生的心理的自然流露，而从他的采菊、服菊、饮菊花酒的活动

① 此处所引《饮酒》《拟古》诗句，分别见袁行霈：《陶渊明集笺注》，中华书局2003年版，第254、330页。

② 袁行霈：《陶渊明集笺注》，中华书局2003年版，第327页。

③ 袁行霈：《陶渊明集笺注》，中华书局2003年版，第362页。

④ 袁行霈：《陶渊明集笺注》，中华书局2003年版，第184—185页。

中更可见道教中“菊”的不死原型对他的潜在影响。在道教信仰中,“桃”是神仙文化的重要表现，桃源或桃花源是洞天福地的象征。在《桃花源记并诗》[①]中，陶渊明将其理想社会名之为“桃花源”，绝非偶然和巧合。《桃花源记》是主要以道家思想构建的一个理想的太平社会——桃花源。这个图式显然是以道家开山祖老子在《道德经》里所描述的“小国寡民”理想社会模式为蓝本的，甚至有些句子就是套用《道德经》的，如“鸡犬相闻”，即是从“鸡犬之声相闻，民至老死不相往来”一句简略而成。又《桃花源诗》的末尾言：“奇踪隐五百,一朝敞神界，淳薄既异源，旋复还幽蔽。借问游方士，焉测尘嚣外？愿言蹑轻风，高举寻吾契。”可见陶渊明本来就是将桃花源当作仙境神界来看的。他的末尾这段感慨充满了对桃源仙境的悠悠神往，流露出对仙境难寻的惆怅与惘然。

正是对于长生成仙的强烈渴望，陶渊明基于现实又对道教神仙思想和实践不实予以了怀疑、批判。《五月旦作和戴主簿》:“既来孰不去？人理固有终”，“即事如已高，何必升华嵩。”《归园田居》:“人生似幻化，终当归空无。”《连雨独饮》:“运生会归尽，终古谓之然。世间有松乔，于今定何间？故老赠余酒，乃言饮得仙；试酌百情远，重觞忽忘天。天岂去此哉？任真无所先。云鹤有奇翼，八表须臾还。自我抱兹独，僶俛四十年。形骸久已化，心在复何言？”[②]道教宣扬服食成仙说，企图人为地延长人生的年限。陶渊明似乎看透了神仙世界的虚妄，在《归去来兮辞》中有过“帝乡不可期”的省悟文辞。诗人一方面希望长生，另一方面又不相信自己能够长生，这种矛盾的思想，并非是与道教对立或反对道教，因为即使根据道教的理论，也不是说每个信道的人都可以长生的。

陶渊明的生死观，是道家的顺自然。其《形影神》“序”曰：“贵贱贤愚，莫不营营以惜生，斯甚惑焉。故极陈形影之苦言，神辨自然以释

① 袁行霈：《陶渊明集笺注》，中华书局2003年版，第479—480页。

② 此处所引三首诗的诗句，分别见袁行霈：《陶渊明集笺注》，中华书局2003年版，第121、86、125页。

之。好事君子，共取其心焉。”[①] 人们反复营求吝惜生命的迷惑在于不能依顺自然变化生死规律，而一味矫情而行，违理而动；“形”的自白较集中概括地说明了常人营营惜生的思想：天地长在，山川不改，草木虽岁有憔悴，但亦有荣华再盛之时，而人虽说是万物之灵长，其实连草木也不如。“谓人最灵智，独复不如兹！适见在世中，奄去靡归期。”既然人生短促，那么就求仙不死？可是“我无腾化术，必尔不复疑”，在悲伤之极，于是乎“举目情凄洏”，于是乎“得酒莳莫辞”。影依形而存，形之所伤，正是影之所虑，“此同既难常，黯尔俱时灭；身没名亦尽，念之五情热。”“五情热”与“情凄洏”般，都是营营惜生，惧怕死亡的表现，而使神为物累，都违背自然之性、自然之理。在神以自然之理对形、影作解释的《神释》中，陶渊明进一步肯定了形神相依、形影共存的思想：“与君虽异物，生而相依附；结托善恶同，安得不相语。”神、形、影相依共存，形影之为物累，忧生叹死亦必累及神，所以神不得不做出解释和劝慰，“甚念伤吾生”，劝他们不要汲汲营生，庸人自扰，人生本来就没有什么长生之路，死自不免。《神释》：“三皇大圣人，今复在何处。彭祖爱永年，欲留不得住。老少同一死，贤愚无复数。”神无不灭之理：“甚念伤吾生，正宜委运去，纵浪大化中，不喜亦不惧。应尽便须尽，无复独多虑！”[②] 诗人认为无论三皇五帝，老少贤愚，其灵魂随着形体一同存灭，乃自然之道。陶渊明在《形影神》“神释”中否定了旧自然说的饮酒苟全身与学仙求长生这两种解脱方法，指出它们依旧束于教役于物，未免形骸之累，因此不是真正的自然之道。而想求得人生真正彻底的超脱，则未若委生命于运化之中，融合精神于自然之内，“纵浪大化中，不喜亦不惧”。这种“委运任化”的思想，就是《归去来辞 》所说“聊乘化以归尽”之意，就是将生命之生死委归自然，顺依造化，当死则死，该存则存，不必矫情，不必营生，不必感叹，不必恐惧，因此不论老少

① 袁行霈：《陶渊明集笺注》，中华书局 2003 年版，第 59 页。《形影神》三诗（《形赠影》《形答影》《神释》）分别见袁氏书第 59、64、67 页。

② 袁行霈：《陶渊明集笺注》，中华书局 2003 年版，第 67 页。

贤愚终期于尽，应当坦然地拥抱生活，淡然地迎接死亡。《影答形》："身没名亦尽，念之五情热。立善有遗爱，胡可不自竭。"陶渊明反对儒家传统立名不朽的思想，践行的正是老庄道家的自然思想。

陶渊明还创作了中国道教文学史上重要的宣道小说集《搜神后记》。《搜神后记》，又名《续搜神记》《搜神录》，系续干宝《搜神记》之作。体例亦与《搜神记》大致相似，共分十卷：卷一神仙，卷二道术，卷三征应，卷四复生及化物，卷五神灵，卷六鬼，卷七卷八妖怪，卷九卷十动物及精怪。该书材料除少数取自《孔氏志怪》《灵鬼志》等志怪书外，绝大部分采自当时的民间传闻，内容大致可分为：神仙故事，鬼故事，复生故事，精怪故事。书中还出现了两类以往志怪小说中少有的题材：佛法佛徒故事、仙窟神境故事。《搜神后记》诸篇的故事情节都较完整，文笔清新淡雅，描写细腻，思想深邃，在志怪小说中较为突出。陶渊明儒道文化兼综，并不迷信鬼神。其创作《搜神后记》的动机，并不在于如干宝那样"明神道之不诬"。但陶氏喜爱鬼神佛道之事，所记其实亦不离"发明神道之不诬"之宗旨。如其写干宝之父葬时，有妾陪葬，十年后开墓，其妾生还，能预言吉凶，并有男女恩爱之情，这是写女鬼如写活人，且为善良之辈，使人非但不怕鬼，且能近鬼爱鬼，从而淡化了化死之隔。《搜神后记》虽然"张皇鬼神，称道灵异"，然其中亦有一些思想深刻颇具积极意义的作品。例如,《桃花源记》依据道家的"小国寡民"思想，描绘了一幅没有压迫、没有剥削、人人劳动、平等自由的社会生活图景，构拟了一个现实中绝无的乌托邦王国——"桃花源世界"。这不仅表现了作者的一种社会理想，而且在很大程度上反映了广大民众追求美好生活的愿望。

陶渊明是晋宋之际著名的隐逸，富于道家情怀，创造了大量与道家道教相关的文学作品，在中古道教文学史上树立起了一个高峰。故陶渊明尽管没有变为道士，甚至怀疑、批判道教，却仍为道教界所重视，努力将之道教化以纳入自己的行列。至迟于唐代，陶渊明庶几成了道教之真人，以"五柳先生"的身份与第四十七"福地"(江州彭泽虎溪山福地)紧密联系起来。南宋陈葆光《三洞群仙录》卷六引《晋逸史》："陶潜少有高趣，任真自得。宅边有五株柳，故尝著《五柳先生传》以自况。”在此显然是将陶潜视作道教“神仙”人物。元代茅山高道张雨《玄品录》则直称陶渊明为“道隐”。

四、释慧远等佛教人士对道教文学的贡献

两晋时期，江西佛教与道教相互竞争之中又相互交流。庐山慧远及其教团在道教文学上就有较为突出的表现，为江西道教文化发展做出了特别的贡献。

慧远（334—416），俗姓贾氏，雁门楼烦人。慧远是佛教高僧，亦通晓儒学，擅长老庄。东晋太元六年（381）入住庐山后，以东林寺为基地，三十余年间尽心弘扬大乘佛法时，亦不忘儒玄道。他对道家道教却并不排斥，甚至亲近。如《异苑》卷五载：“沙门释慧远栖神庐岳，常有游龙翔其前。远公有奴，有石掷中，乃腾跃上升。有顷，风云飚烨。公知是龙之所兴，登山烧香，会僧齐声唱偈，于是霹雳回向投龙之石，云雨乃除。”慧远在此分明是道家方术之作略。又，慧远对庐山神仙匡续极为敬重。《历世真仙体道通鉴》卷十《匡续》载：雁门僧慧远游罗浮回，夜宿庐山匡续祠下，爱溪山之胜，谒郡守桓伊，道：“昨梦匡先生愿舍祠为寺。”特别是慧远的一些文学文字中，也有意无意地弘扬了道教文化。

《庐山记》[1]，又作《庐山略记》，是一篇直显慧远的山水文学之能的散文名篇，其中云：

> ……（庐山）有匡续先生者，出自殷周之际，遁世隐时，潜居其下。或云，续受道于仙人，而适游其岩，遂托室岩岫，即岩成馆，故时人感其所止为神仙之庐而名焉。……其岭（庐山七岭下的第三岭）下半里许有重岩，上有悬崖，古仙之所居也。其后有岩，汉董奉复馆于岩下，常为人治病，洁多神验，病愈者令栽杏五株，数年之间，蔚然成林。计奉在人间近三百年，容状常如三十时，俄

① （清）严可均辑：《全上古三代秦汉三国六朝文》（第三册），中华书局 1958 年版，第 2399 页。

而升仙绝迹于杏林。……其南岭临宫亭湖，下有神庙，即以宫亭为号，其神安侯也。七岭同会于东，共成岭崿，其岩穷绝，莫有升之者。昔野夫见人著沙弥服，凌空直上，既至，则踞其峰，良久乃与云气俱灭，此似得道者，当时能文之士，咸为之异。又所止多奇，触象有异，北背重阜，前带双流，所背之山，左有龙形，而右塔基焉，下有甘泉涌出，冷暖与寒暑相变，盈灭经水旱而不异，寻其源，出自于龙首也，南对高峰，上有奇木，独绝于林表数十丈，其下似一层浮图，白鸥之所翔，玄云之所入也。东南有香炉山，孤峰独秀，起游气笼其上，则氤氲若香烟，白云英其外，则炳然与众峰殊别。将雨，则其下水气涌出如马车盖，此龙井之所吐。其左则翠林，青雀、白猿之所憩，玄鸟之所蛰。西有石门，其前似双阙，壁立千余仞，而瀑布流焉，其中鸟兽草木之美，灵药万物之奇，略举其异而已耳。

《庐山记》以主要笔墨展开了对其自然景观充满审美意味的描写，且将之与史事传说交相辉映。其间，慧远心中的匡续、董奉之类的人物，已是典型的仙道化；即便是“沙弥”，也是浓浓的仙道意味。而奇木、龙井、青雀、白猿、玄鸟之类，正是道家的意象。

慧远面对庐山殊胜风物，也曾以诗抒发情怀。《庐山东林寺杂诗》云：“崇岩吐清气，幽岫栖神迹。希声奏群籁，响出山溜滴。有客独冥游，径然忘所适。挥手抚云门，灵关安足辟。流心叩玄扃，感至理弗隔。孰是腾九霄，不奋冲天翮。妙同趣自均，一悟超三益。”[①] 慧远在诗中把佛理与诗趣有机地结合起来，赞美庐山东林秀逸的景色，恬淡的意境，深感置身“崇岩”“幽岫”之中所获得的宁静的心境与惬意，由此引发对佛理的体悟。诗中特别指出要想达到“叩玄扃”“感至理”的结果，不用“腾九霄”“冲天翮”，从给人以宁虚之感的自然美景中便可获得。然全诗若从道家文化的角度视之，也是典型的道家文学作品。

① 逯钦立辑校：《先秦汉魏晋南北朝诗》，中华书局 2017 年版，第 1085 页。

慧远是佛学大师，有一批僧俗人士以他为中心，经常游聚盘桓，进行文学活动。这些文学作品却也是亦佛亦道的，甚至道家意味还更为深厚隽永。例如，庐山诸沙弥《观化决疑诗》云："谋始创大业，问道叩玄篇。妙唱发幽蒙，观化悟自然。观化化已及，寻化无间然。生皆由化化，化化更相缠。宛转随化流，漂浪入化渊。五道化为海，孰为知化仙。万化同归尽，离化化乃玄。悲哉化中客，焉识化表年。"[①] 此诗诗眼是"万化同归尽，离化化乃玄"可得二解：一是佛理，谓灵魂跳出轮回，进入极乐世界，永不托生；二为道理，谓忘记一切、超越一切，独与道俱，享受逍遥的人生。二解双施，佛道俱呈。此诗在表现佛教幻化思想的同时，与庄子的观化思想有相通之处。如《庄子·至乐》云："生者，假借也；假之而生。生者，尘垢也。死生为昼夜。且吾与子观化，而化及我，我又何恶焉。"又如，庐山诸道人《游石门》诗："超兴非有本，理感兴自生。忽闻石门游，奇唱发幽情。褰裳思云驾，望崖想曾城。驰步乘长岩，不觉质有轻。矫首登灵阙，眇若凌太清。端坐运虚轮，转彼玄中经。神僵同物化，未若两俱冥。"[②] 这无疑是一首非常成熟的游仙诗。首四句交待游仙的动因，是"超兴""发幽情"所致，以下八句分别写游仙的历程：乘神仙之车，登昆仑高峰，叩神灵之门，与众仙谈经论道。末二句写游仙所感：与自然同化而超然忘我。此游仙诗无论在结构安排上，还是在意象的撷取上，皆可为后来游仙诗的写作提供一种示范。

慧远庐山文化集团的成员主要有刘程之（刘遗民）、王乔之、张野等人。刘遗民著《老子玄谱》1卷，佚。从书名推测其内容应是阐释老子道家之作。刘遗民、王乔之、张野均赞同慧远的文化观，曾一同游玩庐山，分别赋有玄言意味浓厚的《奉和慧远游庐山诗》："理神固超绝，涉粗罕不群。孰至消烟外，晓然与物分。冥冥玄谷里，响集自可闻。文峰无旷秀，交岭有通云。悟深婉冲思，在要开冥欣。中岩拥微兴，临岫想幽闻。弱明反归鉴，暴怀傅灵熏。永陶津玄匠，落照俟虚斤。""超游

① 逯钦立辑校：《先秦汉魏晋南北朝诗》，中华书局2017年版，第1087页。
② 逯钦立辑校：《先秦汉魏晋南北朝诗》，中华书局2017年版，第1086页。

罕神遇，妙善自玄同。彻彼虚明域，暧然尘有封。众阜平廖廓，一岫独凌空。霄景凭岩落，清气与时雍。有标造神极，有客越其峰。长河濯茂楚，险雨列秋松。危步临绝冥，灵壑映万重。风泉调远气，遥响多喈嗈。遐丽既悠然，余盼觌九江。事属天人界，常闻清吹空。”“觌岭混大象，望崖莫由检。器远蕴其天，超步不阶渐。朅来越重垠，一举拔尘染。辽朗中大盼，迥豁遐瞻慊。乘此摅莹心，可以忘遗玷。旷风被幽宅，妖涂故死减。”[①] 这些玄言诗，虽说崇佛，道家的意味却是相当浓厚。

当然，慧远等人的这些含有道家道教意味的文学作品，是在当时文化语境下，佛教玄学化，而玄学又与道家道教密不可分。庐山、豫章一带又是仙道文化浓郁之区。因此，他们的文学创作，并非意在道家道教文学，纯是“无心插柳”之举。尽管如此，他们还是为江西道教文学做出了特别的贡献。

两晋道教在全国范围内都产生了较大的分化和变革，由地方走向全国，由民间走向上层，进入了一个新的发展时期。神仙道教成为道教的主流，维护宗法制度和伦理纲常的道教教义也更加适合统治者的需要和上层社会的口味，强化了曹魏以来道教“佐时理化，助国扶命”作用。两晋时期，江西鬼神、巫术气息浓厚，江西道教积极探索适应时代的生存发展之道。发展迅速，教徒活跃于社会各阶层。在正史的传记中，与江西有关的方士（道士）就有吴猛、郭璞、雷焕、幸灵 4 位，这在一定程度上表明江西道教的兴盛。江西道教氛围浓郁，追求身心修炼的道士、隐士活跃，仍不失为江南道教重地。它反映出江西（中国）道教发展的若干宗教文化性格，奠定了道教走向成熟的基础。

① 此处所引三诗，见逯钦立辑校：《先秦汉魏晋南北朝诗》，中华书局 2017 年版，第 937—938 页。

第五章　南北朝江西道教的变革与发展

南北朝时期，道教在理想与现实之间的不断调适中，直面自身存在的问题与不足，在儒学、佛学、道家文化的推动下，更加重视理论建设。寇谦之、陆修静、陶弘景等高道，致力于变革、整顿、提高传统道教的理论和实践，为新时期的道教发展提供了较为系统和先进的宗教教义、经典文献、修炼方法、宗教戒仪等。统治阶级对道教采取了宽容、接纳、扶助的政策措施，承认了道教的合法性，并予以了较为积极支持。道教由此摆脱了生存发展的危机，进入到了一个新的较为成熟发展的历史阶段。江西地区有利于道教发展的政治经济文化生态依然维持，又得高道的引领和推动，道教进步明显。江西道教的神仙体系、经典、教团组织等方面的建构不断成熟，发展的深度广度厚度较之前代有较大的提升，时代化与地域化特色较为显著地呈现，影响亦较为广泛而深入。

第一节　南北朝道教发展的情势与江西道教文化生态

南北朝时期，道教主流为实现正统化，应对来自佛教的挑战与威胁，以改革求发展，进一步依附统治者“神道设教”的意志。统治者亦重视道教作为自己的意识形态，予以扶持。江西巫鬼、仙道文化依然兴盛，且道教化的情形显著，整个江西社会的道教生态良好，境内道教发展呈现出强劲的势头。

一、南北朝道教政治及其道教发展的情势

南北朝时期（420—589），北方北魏、东魏—北齐、西魏—北周，南方宋、齐、梁、陈，中国南北对峙，军事斗争不断，阶级矛盾和民族矛盾突出。各政权内部围绕政治利益的争斗也连续不断。然而，较之十六国两晋，南北朝时期的经济文化有所恢复发展，开始由混乱逐渐趋于秩序，且南北方的经济文化交往总体积极，也有不少的成就。

为了适应皇权重振与建设的需要，南北政权都不断地加强对宗教的管理、利用、控制。道教为了更好地生存与发展，尤为注重与现实政权相协调相结合，“助国扶命”。道教主流由此走向更重视个人修养和教理教规的探讨，不再与统治阶级相抗争和谋求“独立”。南北朝统治者对儒释道三教或因个人的喜好对之倚重倚轻，总的说来是秉持“神道设教”而三教并举，因而道教在国家层面上不仅有正常发展的机会，也获得了相应的扶持。例如，宋文帝、宋明帝关注道教上层人士，介入道教的改造工作，以朝廷的名义为一些高道建立道馆道观。齐高帝萧道成，与后来的上清茅山宗创始人陶弘景关系密切。齐武帝萧赜，与朝廷的一些官员正式受上清经法，欣赏并资助道士孙游岳、陶弘景等，由此使上清派获得了良好的发展基础。梁武帝萧衍儒释道兼通，重儒佞佛的同时，也颇为亲道，关注道教事业。《隋书·经籍志四》载：“武帝弱年好事，先受道法，及即位，犹自上章，朝士受道者众。三吴及边海之际，信之逾甚。”[①] 天监三年（504）后，萧衍转而崇奉佛教，但与道教仍然保持良好关系，与高道陶弘景的关系就是良好的证明。陈武帝世居吴兴，深受环境习染，信奉道教，立崇虚馆，任徐师子为馆主。帝王们的作为与示范，从一个层面表明南朝社会较为浓厚的好道风气，也表明朝廷对

① （唐）魏徵等：《隋书》卷三十五《经籍志》四，中华书局1973年版，第1093页。

于道教的提倡与扶植[①]。北朝统治者因政治上寻求政权的正统化——道教是政权正统化的一大工具和形象，加上诸如北魏太武帝之类的不少帝王及其官僚贵族，在个人生活中又追求长生成仙，道教在北朝可谓方兴未艾。至北朝后期，道教已成为统治阶级意识形态的基本内容之一。周武帝亲自主持纂辑道书《无上秘要》100 卷，这是现存第一部官修道教类书。与此同时，南北朝统治者通过资助建立道教宫观、赏赐高道、助力道教文化建设的方式，将国家力量渗透进道教之中，使道教主流不断的国家化。大约在南北朝中后期，统治阶级建立管理道教的机构，南朝梁设大、小道正，以掌道教；北齐太常寺设崇虚部丞，掌道士簿账；北周有司玄中士、下士掌道门之政。这对于道教的规范化、正统化发展极具积极意义。

受宗教文化发展情势的影响，南北朝儒释道三教各自发展、擅胜，在相互的矛盾、竞争、交流中，三教关系进入到了一个新阶段。其中，佛教获得了最大的发展，已从魏晋时期的依附、折中儒道的阶段进入到了“以我为主”的阶段。佛道竞争由此也以“华夷之辩”的模式，进入到了较为激烈对抗而互相攻击的阶段。例如，北周释道安在《二教论》中就指出，道教无论在理论上，还是在实践上都背离了老庄精神，“老氏之旨，盖虚无为本，柔弱为用；浑思天元，恬高人世；浩气养和，得失无变；穷为谋通，达不谋已。此学者之所以询仰余流，其道若存者也。若乃练服金丹，餐霞饵玉，灵升羽蜕，尸解形化，皆尤乖老庄立言本理”[②]。毫无疑问，佛教在教理教义和戒律规仪上都比道教更深刻、系统、完备，这给理论素质不足的道教造成了不小的压力。为了更好地生存发展，道教在激烈地与佛教竞争（斗争）的同时，开始全面而大胆地吸收释家思想和实践方略来充实、提高、完善自身。当然，这一阶段对佛教教制义理的吸收还基本处于不求甚解的阶段。

魏晋以来，道教虽然不断进步，但存在的问题依然不少。既不能满

① 李刚：《魏晋南北朝宗教政策研究》，四川大学出版社 1994 年版，第 96 页。

② （唐）道宣：《广弘明集》卷八，《大正藏》，第 52 册第 139 页。

足人们对宗教信仰的要求，又不能满足政权对宗教政治的需要。天师道因天师—祭酒制及“治”制瓦解，弊端窦生。虽有一些如“大道家”一样的天师道人努力振作，然效果不大。其关键之一，就是得不到政权的有力支持。东晋以来，道教自我反省进一步增强。大约属东晋后期的《太上洞渊神咒经》批评：汉末以来，“人民大乐，多不信道”，但道士也没有尽职，因之人民“不知有道，不知有法，不知有经，直奉自然也”。再稍后刘宋初的《太上三天内解经》卷上更是激烈地抨击世间“信邪乱真，本道乖错，群愚纷纷，莫知祸之所由”，还把那些世间巫觋方士“烹杀六畜，祷清虚无，谣歌鼓舞，酒肉是求”的风习斥为“邪道”。显然地，道教批评巫觋、邪道其实是为了树立自身的“正道”。虽然道教与巫觋、鬼神文化交结混融一起，去邪祟化、巫术化的难度极大，甚至从根本上不可能。一些儒士也展开了对道教的批判。例如，刘宋周朗，指斥：“鬼道惑众，妖巫破俗”“乱男女，合饮食因之而以祈祝，从之而以报请”“居灵十房，糜财败俗”[①]。三张天师道的主要问题是：道法粗鄙，巫术纵横；思想境界不高，理论不高明，组织不严密。针对传统天师道的诸多问题，不少道教改革家们对之予以了积极的反思和批判。当然，由于张陵在道教中的崇高地位，直接点名批判张陵的言辞很少。进入南北朝后，道教内部兴起了一股强烈的反思、改革思潮，其时代主题之一，在于适应中国的皇权体制，重新确立教徒与宗教管理者之间稳定的领导与被领导的关系。不少道士周旋于江湖庙堂，活动于高门贵豪之家。有识的道教人士进一步意识到，为了更好地适应道教生存与发展的新要求，必须使道教更趋系统和细致，在组织形式上做更大的变动自是势所必然，以进一步协调好道教与国家（皇权）之间的关系。

北方的道教改革以寇谦之为代表。寇谦之（365—448），字辅真，冯翊人，世家出身。“早好仙道，有绝俗之心，少修张鲁之术。服食饵药，

① （萧梁）沈约：《宋书》卷八十二《周朗传》，中华书局1974年版，第2100页。

历年无效。”[①] 后随成公兴学道，颇有收获。寇谦之后入嵩山修道七载，自称太上老君亲临嵩山授之“天师”之位，并得赐《云中音诵新科之诫》（又名《老君音诵诫经》）20 卷，委以清整天师道教的重任 :“汝宣吾《新科》，清整道教，除去三张伪法，租米钱税，及男女合气之术。大道清虚，岂有斯事？专以礼度为首，而加之以服食闭炼。”[②] 随后，寇氏又称老子玄孙李普文下降传授《录图真经》。寇谦之假借老君权威，“清整道教，除去三张”，又授予导引、服气之术。为改变流行的原始道教，他提出了以封建“礼度”为主要内容、礼拜炼丹为主要形式的新教义。寇谦之对三张天师道并非全面否定，他自认为是上接张道陵的天师道教。所谓“（老子）赐寇谦之太真太宝九州真师、治鬼师、治民师、继天师四录”[③]。寇氏在《老君音诵诫经》中还以张道陵的继承者自居 :“自从系天师道陵升仙以来，唯经有文在世，解者为是何人？”因此，所谓“三张伪法”，当只是三张法中之伪者，并非三张之法的全部。寇氏清整天师道教，是以“辅助太平真君”自许，其主旨在于使天师道教承担“佐国扶命”的功能。在司徒崔浩的帮助下，寇谦之得到了太武帝拓跋焘的特别重视。太武帝封他为国师，并将年号改为“太平真君”。寇氏建立静轮天宫，太武帝亲至道坛领受符箓。其后北魏诸帝即位，都按例到道坛亲受符箓。道教斋醮科仪成为国家礼仪，这成为道教直接与王权合作的里程碑。由此天师道在北方得以广泛传播，成一大势力，是为北天师道。

在寇谦之改革后不久，南朝陆修静也展开了对天师道的改革，取得了巨大的成就。唯与寇氏几乎全盘否定“三张天师道”而意在树立自己的“寇氏天师道”不同的是，陆氏并不自许是奉老君之命的道教拯救者，而是强调 : 张陵创立天师道伊始，即对道教展开了自我整肃。陆氏把这

① （北齐）魏收 :《魏书》卷一一四《释老志》，中华书局 1974 年版，第 3049 页。按 : 陈寅恪考证认为 : 寇谦之祖先自曹魏时徙居冯翊，很可能就是张鲁政权灭亡后，自汉中迁徙至冯翊的五斗米道信徒。所以他才会“少修张鲁之术”。参见陈寅恪 :《天师道与滨海地域之关系》，《金明馆丛稿初编》，上海古籍出版社 1980 年版，第 13—14 页。

② （北齐）魏收 :《魏书》卷一一四《释老志》，中华书局 1974 年版，第 3050—3051 页。

③ （北齐）魏收 :《魏书》卷一一四《释老志》，中华书局 1974 年版，第 3051 页。

种自我整顿说成是老君对张道陵的启示，而且这种新的“正一盟威之道”也是张道陵传下来的。寇谦之、陆修静对原天师道进行大力改造，使之在很大程度上祛除了原始道教的本来面目。不仅把天师道与民间巫觋信仰更有力地区别开来，提升天师道的宗教文化性格，使之进入神圣性宗教的行列，同时也对民间巫觋信仰进行宗教性的提升与创造，壮大自己的社会基础。寇谦之、陆修静改造后的天师道，其思想、教制，与原三张天师道相较，几乎是脱胎换骨式的，可以说是对三张天师道的一次革命。

南北天师道改革的中心是使道教健康发展，使民间化色彩浓厚的道教转变为官方化的道教，成为统治阶级意识形态的内容。因此带来了道教的组织形式上的发展和教规教仪的充实，赢得了世俗政权统治者的认可和支持。皇室、贵族、文人士大夫纷纷进入道教领域，道教的文化素质大大提高，正统化更加显著。然而，天师道作为传统道派，带有更沉重的历史负担，虽然保持着相当的势力和影响，但也日渐趋于消沉。其中很大原因是，与天师道有着密切关系（或从中衍生分流）的上清、灵宝等道派有了长足的发展。进入南朝时期已形成了三皇、上清、灵宝的“三洞”经系，并进一步得到了整理与规范。南北朝道教诸派各自发展，也相互展开竞争与合作，由此促使了道教理论建设的展开与提升。例如，萌发于两晋之际鲍靓的三皇经系，经陆修静、陶弘景等道人的改造，形成了以《三皇文》《五岳真形图》为代表的一组道经。经系主以符箓法术“劾号鬼神”，消灾免祸，也主斋戒存神等成仙之术，实际上是对“天师道”教义教理的丰富和发展。又如，灵宝经及灵宝派在东晋后期葛巢甫创新改革以来，较为快速的发展。晋末至南朝刘宋时期涌现了许多灵宝经，往往托名最高神元始天尊所说，以灵宝派祖师太极左仙公葛玄“语禀”“请问”的形式进行叙述。尤其是在陆修静改革之后，灵宝派在南朝继续有力量地发展。

南北朝道教的改革，实是围绕天师道而展开，表明天师道仍然是道教发展中无法忽视的基础性道派，使老子的地位在很大程度上得以保持。《魏书·释老志》曰：“道家之原，出于老子。其自言也，先天地生，以资万类。上处玉京，为神王之宗；下在紫微，为飞仙之主。千变万化，有德不德，随感应物，厥迹无常。”[①] 这里仍把老子作为“道家”之原。或表明在北方地区一直到撰写《魏书》的北齐时代还保持着老子的重要地位。然而，南朝后期陶弘景树立上清茅山宗以来，天师道受到较大的压抑，老子不再认为是道教的至极祖师。《隋书·经籍志四》以南朝道经为主书写，其云：“道经者，云有元始天尊，生于太元之先，禀自然之气，冲虚凝远，莫知其极……以天尊之体，常存不灭。每至天地初开，或在玉京之上，或在穷桑之野，授以秘道，谓之开始度人，……所度皆诸天仙上品，有太上老君、太上丈人、天真皇人，五方天帝及诸仙官……”[②] 太上老君成了元始天尊所度的天仙上品之一。这正表明老子地位的严重下挫。

以寇谦之、陆修静为代表的道教人士在南北朝前期对天师道的改革，虽然大大提高了天师道的宗教素质，但天师道并没有因此完全摆脱被批判、被攻击的困境，尤其是来自佛教方面的。例如，南朝刘宋释僧愍《戎华论折顾道士夷夏论》、南齐明僧绍《正二教论》、北魏释玄光《辨惑论》、北周甄鸾《笑道论》、北周释道安《二教论》等，无不极尽讽刺、嘲弄、攻击之能事。如甄鸾《笑道论》曰：“又案三张之术，《畏鬼科》曰：‘左佩太极章，右佩昆吾铁，指日则停空，拟鬼千年血。’又造黄神越章杀鬼，朱章杀人。或为涂炭斋者，黄土泥面，驴辗泥中，悬头著柱，打拍使熟。自晋义熙中，道士王公期除打拍法。而陆修静犹以黄土泥额，反缚悬头。……今观其文，词义无取，有同俗巫解奏之曲。”[③] 佛徒讽评道教，事未必属实，但它专门针对以“三张”道法进行批判，正表明天师道教在南北朝时期影响仍然很大。

南北朝道教继续魏晋时期分上下层传播发展的情势。道教发展至上层的部分，经过改造与实践，其教理教义、斋醮仪范等都大大地充实与

① （北齐）魏收：《魏书》卷一一四《释老志》，中华书局 1974 年版，第 3048 页。
② （唐）魏徵等：《隋书》卷三十五《经籍志四》，中华书局 1973 年版，第 1091 页。
③ （清）严可均辑：《全上古三代秦汉三国六朝文》，中华书局 1958 年版，第 3984 页。

健全，脱离了早期道教原始的状态，逐步成熟起来，转化为上层化的为封建统治服务的士族贵族的宗教。[①]以寇谦之、陆修静、陶弘景等为代表的高道，笃诚于道教的发展进步，积极造作道书，进一步整理散乱在民间的道经，总结符箓咒术、炼制丹药等经验，制定道教的斋醮科仪。不仅大大推动了道教义理化、贵族化的发展，而且极其有效地改变了道教与皇权的紧张关系。道教生存发展的外部条件得以大力改善，道教宫观已经有了初步的管理制度，设立坛主、观主等职位，以管理宫观内部的宗教活动以及经济活动。道教演化为成熟的教会式宫观道教，其教团组织具有鲜明的宗法制度的特征。

南北朝时期，道教主要以造作道书的方式积极进行道教理论的建设，由此涌现了大量的道教经典。这些道经形成如下特征：一是存神念真；二是重视诵经修斋；三是转相抄袭；四是以服气、外丹和定观之类的道经居多。南北朝道教较之魏晋道教发生了重大变化：（一）放弃政治理想，把长生不死作为主要宗教目标；少谈治国之道，多讲神仙方术。（二）创造了元始天尊作为至上神，使太上老君即老子在道教中的地位下降。（三）新创了“三洞经书”的道经体系，《老子》《太平经》等传统道经受到轻视。这一时期，迫于儒、佛外在的压力和源于自身迈向成就的内在动力，道教追求思想统一的愿望相当强烈。[②]然而，道教因宗派、地域、人物等因素，思想上只能是大而统之，并不能真正达到完全的统一。

总之，南北朝时期，直面道教本身的问题以及承受皇权宗教政治的压力，站立于时代高度的高道们积极主动地进行自我改革，引导道众自觉地向现实皇权“屈服”，使道教能够以正统化的形式进入发展。与此同时，南北朝统治者出于个人的宗教信仰及国家的“神道设教”，比较重视道教的正常发展。道教在不断的与皇权政治互动的过程中，其政治地位不断抬升，已确立了官方宗教的属性。

① 参见丁强：《早期道教教职研究》，巴蜀书社 2008 年版，第 3 页。

② 孔令宏：《从道家到道教》，中华书局 2004 年版，第 333 页。

二、南北朝江西道教文化生态及其特点

南北朝时期，江西属于南朝统治的区域，成为南朝政权稳定的重要支撑，在政治上的地位得到提升与保障。在此背景下，江西的经济文化开发更加强劲有力并持久快速地发展进步。

江西地区隐逸之风仍然盛行。据《舆地纪胜》卷二十六引雷次宗《豫章记》说：江西地区“人多尚黄老清净之教，重于隐遁”。例如，刘宋浔阳太守孙缅于傍晚游渚际时，见一轻舟，凌波隐现，俄而见一渔父至，神韵潇洒，垂纶长啸。孙缅异之，蹇裳涉水与之论用世之道。渔父答曰：“仆山海狂人，不达世务，未辨贫贱，无论富贵。”乃歌曰：“竹竿籊籊，河水溆溆，相忘为乐，贪饵吞钩。非夷非惠，聊以忘忧。”遂辞去。[①]正因为此这一时期江西的修道风气颇盛，而道教徒大多是不参与政治的山林岩穴之士。

受传统地域文化及时代精神的影响，南朝时期的江西地域依然是鬼神文化、巫觋文化兴盛，精怪崇拜、神仙崇拜流行，唯在道教强调传播发展的情势下，它们的道教化情势已是较为显著。这一方面的“事迹”在笔记小说中有丰富的表现。（一）《异苑》卷六载：临川聂包死数年，忽诣南丰相沈道袭作歌，其歌笑甚有伦次，每歌辄作“花上盈盈正闻行，当归不闻死复生”。又，庐陵郭庆之有家生婢采薇，年少有美色。宋孝建年中，与一变化无常的山灵“黄父鬼”私通。（二）《太平广记》中有多则鬼神故事。如，卷二九五《陈臣》：刘宋永初元年（420），临川豪富陈臣在斋中坐，其宅内有一町筋竹，白日忽见一人长丈许，面如方相，从竹中出，径语陈臣：“我在家多年，汝不知，今去，当令汝知之。”去一月许，家中失火，奴婢顿死，一年间便大贫。又卷二九四《罗根生》：豫章郡人罗根生，至庐松村村侧垦荒，种瓜果。园中有一神坛。瓜始引蔓，忽见坛上有一新板，墨书云：“此是神地，可速出去。”根生祝道：“审是神教，愿更朱书赐报。”明早往看，向板犹存，字悉以朱代墨。根生谢而

① 参见逯钦立辑校：《先秦汉魏晋南北朝诗》之《宋诗》卷十《渔父·答孙缅歌》，中华书局 2017 年版，第 1327 页。

去。又卷二九五《刘子卿》：徐州士子刘子卿，刘宋时期居庐山虎溪。常慕幽闲，以为养性。恒爱花种树，其江南花木，溪庭无不值者。文帝元嘉三年春，临玩之际，忽见双蝶，五彩分明，来游花上，其大如燕，一日中，或三四往复。子卿亦讶其大。九旬有三日，月朗风清。歌吟之际，忽闻扣扃，有女子语笑之音。子卿异之，出户见二女。各十六七，衣服霞焕，容止甚都。谓子卿曰："君常怪花间之物。感君之爱，故来相诣，未度君子心若何。"其后双方言语辞对，结欢度良宵之好。姐妹常十日一至，如是数年会寝。后子卿遇乱归乡，二女遂绝。庐山有康王庙，去所居二十里余。子卿一日访之，见庙中泥塑二女神，并壁画二侍者，容貌依稀，有如前遇，疑此是之。等等。

宫亭庙神信仰依然维持。《太平广记》卷二九六《黄苗》：宋元嘉中，南康平固人黄苗，为州吏，受假违期。方上行，经宫亭湖，入庙下愿："希免罚坐，又欲还家，若所愿并遂，当上猪酒。"苗至州，皆得如志，乃还。资装既薄，遂不过庙。后受到宫亭庙神的严厉惩罚。又《异闻录》载，萧梁时，沈警遇张女郎，张女郎对沈警道："妾是女郎妹，适庐山夫人长男是也。"表明庐山君不仅有妻室、女儿，还有长男，已是一家庭模样。

南朝江西也是巫术盛行之区，巫觋活跃。《宋书·庐江王祎传》：刘宋明帝泰始五年（469）下诏庐江王刘祎："……公在江州，得一汉女，云知吉凶，能行厌咒，大设供养，朝夕拜伏，衣装严整，敬事如神，令其祝诅孝武，并及崇宪，祈皇室危弱，统天称己，巫称神旨，必得如愿。"[①] 又《述异记》载"点石成金术"：南康雩都县梦口穴，状如石室。传说尝有神鸡，色如好金，出此穴中，因号此石为金鸡石。有人乘船从下流还县，未至此崖数里，有一人通身黄衣，担两笼黄瓜，求寄载，因载之。黄衣人乞食，船主与之盘酒。食讫，船适至崖下，船主乞瓜，此人不与，仍唾盘上，径上崖，直入石中。船主初甚忿之，见其入石，始知

---

① （萧梁）沈约：《宋书》卷七十九《庐江王祎传》，中华书局1974年版，第2040页。

神异，取向食器视之，见盘上唾，悉是黄金。[①]值得注意的是，江西一些地方成为著名全国的巫蛊重地。南朝顾野王《舆地志》载："江南数郡有畜蛊者，主人行之以杀人，行饮食中，人不觉也。其家绝灭者则飞游忌走，中之则毙。"[②]《隋书·地理志下》载，鄱阳、九江、临川、庐陵、南康、宜春数郡，"往往畜蛊，而宜春偏甚"，世代传习。[③]

正因为鬼神、巫觋之风盛行，巫道不分，往往成为一些人利益投机的工具。《梁书·陆襄传》载："(鄱阳)郡民鲜于琛服食修道法，尝入山采药，拴得五色幡毦，又于地中得石玺，窃怪之。琛先与妻别室，望琛所处，常有异气，益以为神。大同元年，遂结其门徒，杀广晋令王筠，号上愿元年，署置官属，其常转相诳惑，有众万余人。将出攻郡，襄先已帅民吏修城隍，为备御，乃贼至，连战破之，生获琛，余众逃散。"鲜于琛在出师之前，用巫术做足了"功课"，陆襄在守备之时，先修了城隍庙，双方都发挥了巫术的功用。庐陵人刘敬躬与鲜于琛一样，依靠灵龟，得到了众多人的信赖，因而聚众起义。《南史·王神念传附子僧辩传》："(梁)元帝为江州刺史，僧辩随府为中兵参军。时有安成望族刘敬躬者，田间得白蛆化为金龟，将销之，龟生光照室，敬躬以为神而祷之。所请多验，无赖者多依之。平生有德有怨者必服，遂谋作乱，远近响应。元帝命中直参军曹子郢讨之，使僧辩袭安成。子郢既破其军，敬躬走安成，僧辩禽之。"鬼神、巫觋之风盛行，往往危害现实政权的统治。官府有时不得不予以抑制。《南史·袁君正传》载："君正美风仪，善自居处，以贵公子早得时誉。为豫章内史。性不信巫邪，有师万世荣称道术，为一郡巫长。君正在郡小疾，主簿熊岳荐之。师云：'须疾者衣为信命。'君正以所着襦与之，事竟取襦，云'神将送与北斗君'。君正使检诸身，于衣里获之，以为乱政，即刑于市而焚神，一郡无敢行巫。"来自官府的治巫活动也自然会促使部分巫觋道教化，事实上这些巫觋如同《南史·袁

① (清)佚名:《百子全书》，岳麓书社1993年版，第4364页。

② (清)王谟:《汉唐地理书钞》，中华书局1961年版，第188页。

③ (唐)魏徵等:《隋书》卷三十一《地理志下》，中华书局1973年版，第887页。

君正传》所揭示的，往往也是打着道教的旗号。

自两晋以来，江西已是天师道、灵宝派、上清派的传播发展的重地，也是孝道派继续形成之地。南北朝时期，诸道派都得到了良好的成长，尤其是天师道、上清派。其中，灵宝派在江西有了更深入的发展，却因为资料有限，而难以说明清楚。唯知除了陆修静对灵宝派的发展做出重大贡献外，在弋阳、铅山灵宝派道士崇奉葛玄，以炼丹炼气保形为主旨。上饶、玉山、德兴、广丰诸县灵宝派道士崇奉葛洪，以神仙导养之法为主兼演炼医术。鄱阳县灵宝派崇奉王遥，强调以道教方术治病救难与伏除邪鬼妖魔。余干灵宝派崇奉吴丹为祖师，讲究炼服术。要特别指出的，缘于记载灵宝派的史料较少，陆修静之后的灵宝派事实上已传承不明。南朝中后期的江西灵宝派亦是如此。

南北朝时，随着道教靖室、道馆制度的推广，佛教山林建设的展开，新一轮的道教场馆建设掀起了一个高潮，江西道教观宇建设亦略有成就。这些观宇基本上都是由朝廷（官府）支持资助而建成的，反映出江西道教正统化发展的特别成就。

总之，南北朝时期江西地区传播发展道教的文化生态良好，因此本区道教自然呈继续向前发展的良好态势，继续有效地积累道教文化的能量，成为南方道教的重要内容。

第二节　陆修静的道教革新

陆修静时代，道教得到很大的发展，但总体上仍然处于比较初级的阶段，教理教义还很粗糙，教规教制都不完备。陆修静为使道教成为完备意义上的宗教团体，积极整顿传统的天师道教制，整理道教经典，建立教规教仪，使道教的正统化发展迈出了重要的一步。

一、陆修静道教生涯及其与庐山的关系

陆修静（406—477），字元德，吴兴东迁人。世家出身。少宗儒学，博通经籍，旁究象纬。又性喜道术，精研玉书。稍长涉婚宦，又好方外游，遂遗弃妻子，脱落营务。初隐云梦，继栖仙都。为搜求道书，寻访

仙踪，“南诣衡湘、九嶷，访南真（魏夫人）之遗迹；西至峨眉、西城，寻清虚（王褒）之高躅”[①]。刘宋元嘉（424—453）末，陆修静市药至京师建康，文帝刘义隆钦其道风，派左仆射徐湛之召他入宫讲道。时太后王氏雅信黄老，对之执弟子之礼。陆修静预知朝廷将乱，固辞弗顾。不久，朝中发生太子刘劭弑父刘义隆而自立为帝的“太初之难”，陆修静因避祸难，拂衣溯江而上南游。宋孝武帝大明五年（461），陆修静至庐山，嗜匡阜水秀山灵之胜，因于白云峰下构筑精庐（名太虚观），隐居修道。陆修静“缘岩葺宇，依平考室，即岭成封，因夷置墠”，致力于精庐的拓置和扩建，最终把它打造成了一方名观。南朝梁沈璇在《简寂观碑文》中追述了当时观之盛况：“耸构瓦甍，升降相邻，峻坡六层，倾涂九折。丹崖翠壁，削刻殊形。……玉阙金台，路寂寞而方启。”泰始元年（465），宋明帝刘彧即位，思弘道教，广求名德，因遣江州刺史王景岳礼聘陆修静进京，陆先是辞之以疾，后“帝未能致，弥增钦伫，中使相望，其在必至”。陆乃曰：“主上聪明，远览至不肖，猥见采拾，仰惟洪眷，俯深惭惕。老子尚委王宫以辅周室，仙公替金锡佐吴朝。得道高真犹且屈己。余亦何人，宁可独善乎？”泰始三年（467），宋明帝再使刺史王景文敦劝出山，陆修静不得已而到京师。宋明帝召见陆修静于华林园延贤馆，“先生鹿巾谒帝而升，天子肃然增敬，躬自问道，咨求宗极。先生标阐玄门，敷释流统，莫非妙范，帝心悦焉”[②]。当时京师儒释道三教竞争激烈，明帝让袁粲组织三教人士于庄严寺进行辩论。据说，陆修静出面辩论，“标理约辞，解纷挫锐，令众人悦服”，大张了道教声威。宋明帝乃于北郊天印山筑崇虚馆以居之。其间，他“大敞法门，深弘典奥，朝野注意，道俗归心。道教之兴，于斯为盛”。明帝病重，诏请陆修静修涂炭斋。桂阳王刘休范起兵反叛，暴白骨遍野，陆修静具棺衬收而瘗之。陆修静屡求还庐山，明帝、后废帝皆不许。后废帝元徽五年（477）春正月，陆修静忽然对弟子道：“吾迫于恩命，违其宿尚，今将还旧山，尔可

① 《道藏》，第18册第118页。

② 《道藏》，第25册第306页。

饬装整驾。”其后又叮嘱弟子，在他死后将其尸骨用平常携带的布囊装殓起来，抛入庐山的穷山僻谷中，以谢山灵。陆修静羽化后，弟子将其灵柩运回庐山，不忍弃其尸骨于荒野，而用布袋装殓入坟茔，葬于简寂观后崖（布袋崖）下。或说，陆修静于三月二日谓门人曰："吾将还旧隐。"俄偃然解化。三天后，庐山山中诸徒悉见陆修静还止旧居，仪服鲜华，众皆惊异。朝廷取"止烦日简，远嚣在寂"之意诏谥陆修静为"简寂先生"，其曾住持的庐山太虚观亦更名为简寂观。北宋徽宗宣和间（1119—1125），封为丹元真人。陆修静入室弟子知名者有孙游岳、李果之等。后孔德璋曾与李果之书论陆修静云："先生道冠中都，化流东国，帝王禀其规，人灵宗其法。而委世潜化，游影上玄，微言既绝，大法将谢。法师禀神定之资，居入室之品，学悟之美，门徒所归，宜其整缉遗踪，提纲振纪，光先师之余化，纂妙道之遗风，可以导引末俗，开晓后途者矣。"①

陆修静在庐山前后七年期间（461—467），采药炼丹、传授门徒、静心颐神、撰写道经，是其道教生涯至为重要的阶段。简寂观内外遗留有与陆修静相关的大量遗迹，诸如礼斗石、炼丹井、捣药臼、洗药池、赤壁石等。陆修静羽化后，庐山流传着大量有关他的文化传说。可以说，陆修静开创了庐山道教的一个新时代。

二、陆修静改革天师道

魏晋以来，天师道虽然维持着发展的情势，但由于道治、天师—祭酒制度破坏，群龙无首，组织混乱、科律废弛、腐化堕落的局面严重地存在，不仅失去了"清约治民"而维护"道化宣流，家国太平"的作用，而且从根本上难以适应中国的皇权政治。与此同时，"张天师"胤嗣亦在各地散开，声称天师后裔者不少，私传法箓者大有人在。因此，天师道如何整理教团，消除发展危机，成为其必须直面的重大问题。陆修静认为天师道是"清约之正教"②，决心对破坏的天师道进行改革、整顿、提

① （宋）张君房辑：《云笈七签》卷五，齐鲁书社 1988 年版，第 22 页。

② 《陆先生道门科略》，《道藏》，第 24 册第 779 页。

高，以维护天师道乃至整个道教的正常发展。陆修静撰写《道门科略》（《陆先生道门科略》），以之作为改革天师道的纲领性文件。

陆修静充分认识到，传统天师道已陷入严重的生存发展危机。《道门科略》曰：

> 今人受箓无此德，受治无此才。或都无师籍，或有师无籍，或虽有师籍而无德。于时受箓之日，越诣他官，既不归本，又不缘阶，妄相置署，不择其人。佩箓唯多，受治唯多，受治唯大，争先竞胜，更相高上。进乃身受下治，署人上品；或自荷白板，而加板于人。纵横颠倒，乱杂互起，以积蚌之身，佩虚伪之治箓，身无戒律，不顺教令，越科破禁，轻道贱法。咨贪欲之性，而耽酒嗜食，背盟威清约之正教，向邪僻袄巫之倒法，把持刀笔，游走村里，遇通违之民，婴考被灾。①

由此，陆修静主张对道官祭酒制度进行认真的整顿。其基本办法，就是恢复和健全天师道依功受箓和按级晋升的制度。《道门科略》曰：

> 民有三勤为一功，三功为一德。民有三德，则与凡异，听得署箓。受箓之后，须有功更迁，从十将军箓阶至百五十。若箓吏中有忠良质朴，小心畏慎，好道翘勤，温故知新，堪任宣化，可署散道士。若散气中有清修者，可迁别治职任。若别治中复有精笃者，可迁署游治职任。若游治中复有严能者，可署下治职任。若下治中复有功称者，可迁署配治职任。若配治中复有合法者，本治道士皆当保举，表天师子孙，迁除三八之品。先署下八之职，若有伏勤于道，劝化有功，进中八之职。若救治天下万姓，扶危济弱，能度三命，进上八职。能明炼道气，救济一切，消灭鬼气，使万姓归伏，便拜阳平、鹿堂、鹤鸣三气治职。当精察施加功德，采求职署，勿

① 《道藏》，第24册第782页。

以官负人。[①]

道徒入道，均须授箓。箓级的高低表明道士职位的高低与权力的大小。陆修静把授箓和箓级的更换与道徒的功德联系起来，有功方可升迁。其等级从十将军箓开始，至百五十箓将军，再上可为散首士，再上可分别至别治、游治、下八治、中八治、上八治任职，最后可至阳平、鹿堂、鹤鸣最高的三治任职。陆氏强调“采求道官，勿以人负官，勿以官负人”的组织措施，反对父死子传的祭酒世袭制度，希望通过“选贤与能”，整顿天师道教。

针对天师道的“三会日”制度及其宅录制度庶几废弛的状况，《道门科略》特别指出：“今奉道，多不赴会。或以道远为辞，或以此门不往，舍背本师，越诣他治。唯高尚酒食，更相炫诱。明科正教，废不复宣，法典旧章，于是沦坠。已不识逆顺，但肴馔是闻，上下俱失，无复依承。”[②]由此使得道教组织无法确实地掌握自己所统领的道众，难以对道众进行有效管理。陆氏谴责当时道民不重视箓籍，祭酒随意收留道民，“三会”之日喧哗言笑等陋习，认为这是“以伪为真，以真为伪”，是非不分。他诅咒道，如此下去，“师则灭后绝种”“民则夭横破丧”，故守宅之官，必须规范道科宅录。陆氏决心重新恢复和健全“三会日”制度及其宅录制度。他重申，三会日，“民各投集本治师，当改治录籍，落死上生，隐实口数，正定名簿。三宣五令，令民知法。其日，天官地神咸会师治，对校文书。师民皆当清静肃然，不得饮酒食肉，喧哗言笑。会竟，民还家，当以闻科禁威仪教敕大小，务共奉行”[③]。同时，陆氏强化了管理道民的宅录制度，重申“编户著籍”归附“师治”的重要性。他还针对“宅录”制度严重混乱的状况，规定每年三会日之最后一日，作为登记、审核宅录的最后期限，其日，每个道民都须至本师治所，由本师给

① 《道藏》，第 24 册第 781 页。
② 《道藏》，第 24 册第 780 页。
③ 《道藏》，第 24 册第 782 页。

予注籍，以便道官“领户化民”。

陆修静强调虔敬信道，注重靖庐肃穆和法服品秩。特别提出“正名定簿”，以校正道家靖室（静室）与法服，促使道教“返璞归真”。陆氏认为，道教徒致诚之所的靖室，应独立、简朴。外不连接他屋，内保持清虚不杂余物，唯置香炉、香灯、章案、笔刀而已，经常扫除，力求素净。他批判道：“奉道之家，多无静室，或标栏一地为治坛，未曾修除，草莽刺天。或虽云屋宇，无有门户。六畜游处，粪秽没膝。或名为静室，而藏家什物，唐突出入，鼠犬栖止。”[①]陆氏认为，道家法服是别贵贱的标志，“道家法服，犹如朝服，公侯士庶，各有品秩，五等之制，各有贵贱”[②]。“制作长短，条缝多少，各有准式”，若“制作不得法，则鬼神罚人”。陆氏仿照朝廷官僚等级制的服式，创制道士服式制度。

陆修静继续以“治”为宗教管理机构，统管道民，唯在治的机构设置和分别等级上作了新的发展。[③]陆修静又根据道教发展的新情势，仿佛教寺院制度，推行道馆制度。道馆不同于旧天师道的道治，经济来源不是向道民征租米，而是依赖官僚贵族以及广大信仰者的布施，朝廷的敕赐和免役，自己隶属的田产和馆户等，道士按道教制度仪轨在道馆中进行宗教活动。道馆制度有利于道教教团生活的正规化、制度化。

陆修静是天师道的积极继承者与切实维护者。他对天师道教组织系统的整改不仅有效地克服了天师道组织散乱与堕落，而且为道教修行实行宫观化奠定了基础。

三、陆修静对道教斋醮科仪制度的建构

斋仪是道教的基本要素，然而自道教创立以来一直未能得到有效的建构，不系统不完备，原始、粗鄙。陆修静致力于建立一套斋仪以适应道教发展的要求，促进诸道派的交流与整合。

陆修静首先论证了建立道教斋仪的重要性与必要性。《洞玄灵宝五

① 《道藏》，第 24 册第 780—781 页。

② 《陆先生道门科略》，《道藏》，第 24 册第 781 页。

③ 丁强：《早期道教教职研究》，巴蜀书社 2008 年版，第 173 页。

感文》曰：“道以斋戒为立德之根本，寻真之门户。学道求神仙之人，祈福希庆祚之家，莫不由之。”[①] 斋原本主要是祭祀的礼仪；戒是民间古已有之的禁忌，被吸收进道教后改造为修行禁忌，并进一步融入道教“别善恶”的义理思想，形成戒律。陆氏自觉地意识到斋与戒有相同的功能，因而把二者直接而紧密地联系起来，称“斋戒”。《洞玄灵宝斋说光烛戒罚灯祝愿仪》曰：“夫斋直是求道之本，莫不由斯成矣。以此功德巍巍，无可比者，上可升仙得道，中可安国宁家，延年益寿，保于福禄，得无为之道，下除宿愆，赦见世过，救厄拔难，消灭灾病，解脱死人忧苦，度一切物，莫不有宜矣。”[②] 斋的功能是通过一系列的斋仪实现的。斋仪是道教之要，是成仙得道的必由之路。陆氏还认为，斋戒可“佐时理化，助国扶命”，是道士自身的道德修养，是信仰神圣、法术灵验的根本保证。

陆修静十分重视道德在宗教生活中的地位，致力于将斋戒和道德有机地融合为一体。斋戒是修道的入门关、下手处，其基本作用在于“立德”。宋元嘉三十年（453）严冬时节，陆氏领众弟子建三元涂炭斋，为避免弟子们懈怠，因演说《洞玄灵宝五感文》相劝慰：一感父母生我育我、鞠我养我、劳心损体、辛苦忧勤；二感父母为我冠带婚娶、积蓄赀财、造买基业；三感普天下贵贱男女，皆受人身身口之累；四感太上众尊、大圣真人开此大化，拯拔三涂，接济五道；五感我获此福，事有所由，因缘开度，使我见者，我师之恩，仰戴罔极，有过天地。“世物浮伪，鲜能体行。竞高流淫，信用妖妄。倚附邪魅，假托真正。君子小人，相与逐往，昏迷长寝，曾莫甄悟，致上危神器，下倾百姓。灭身破国，犹不以戒。至乃浊乱正炁，点乱清真，毁辱大道，可为痛酷。”[③] 如何对治这种“教法纲颓”之世，陆氏施之以道德教化，使人具备“五感之心”，以修功德，寻得“得道成仙”的门径。有“五感之心”，再行斋戒才有大功效。《洞玄灵宝五感文》提出行斋戒要建立在道德教化的基础上：“若

① 《道藏》，第32册第619页。
② 《道藏》，第9册第824页。
③ 《道藏》，第32册第618页。

涂炭斋者，无五感之心，不得劝吾之意，一则费香徒劳，二则成于虚诳，三则轻慢法禁，四则毁辱师教，五则更招罪罚。”这说明行斋持戒在于教人以实现宗教“行善止恶”的目的。斋戒规仪既是道教“劝善戒恶”的教条，同时又是修炼身心使之成仙的方法。《道门科略》：“夫受道之人，内执戒律，外持威仪，依科避禁，遵承教令，故经云：道士不受《老君百八十戒》，其身无德，则非道士。”按，《老君百八十戒》所言多为尊长孝父、安民治国、恪守礼法之类。故陆氏《洞玄灵宝说光烛戒罚灯祝愿仪》：“圣人以百姓奔竞，五欲不能自定，故立斋法，因事息事，禁戒以闭自寇，威仪以防外贼。礼诵役身口，乘动以反也；思神役心念，御有以归虚也，能静能虚，则与道合。”陆氏清楚明白地提出了立斋规仪的目的，它是要使奉道之人身从合于“道德”“礼法”，心无杂念，身无妄行，而与“道”合。陆氏还专列道教“十戒”，努力把个人道法修炼和道德修养结合起来，把道教的养培“精气神”的“长生不死”和佛教的“断俗因缘”“调伏六根”的“生死解脱”结合起来，使道教的身心修炼和佛教的慈悲忏悔结合起来，这样就使道教“养生成神”的学说更加进一步道德伦理化了。同时又把道教的“精气神”相结合的思想纳入斋仪中，因而陆氏在列举十戒之后，又对《灵宝自然无上斋》作了说明，谓此斋法是有“微妙之功”的，通于天地人“三才”的，“无能使之能，亦无能使之不能”的、“超度一切，绝灭生死”的方法。

早期三张天师道的斋醮仪式十分粗陋，仅有“指教斋”“涂炭斋”等。其后道教组织散乱，斋醮科仪更不被重视。葛巢甫肇建灵宝派、寇谦之改革天师道等，增制了某些斋法，或撰写了某些斋仪书，但内容仍然不脱简陋。鉴于此，陆氏致力于建立和完善斋戒、授度、灯烛等方面的科仪。他收集了各种斋仪式，以灵宝斋为主，融合上清、三皇、天师派斋法，于《洞玄灵宝五感文》中提出了一套比较完整的“九等十二斋法”斋仪体系：1. 洞真上清斋两法：一曰绝群离偶；二曰孤影夷额。方式上都是离群独居，宁静默声，绝食服气、抱元守一。2. 洞玄灵宝斋九法：一曰金箓斋（调和阴阳，救度国正）；二曰黄箓斋（拔九祖罪根）；三曰明真斋（拔亿曾万祖九幽之魂）；四曰三元斋（一年三过，自谢涉学犯戒之罪）；五曰八节斋（一年八守，谢七玄及己身宿世今生之罪）；六曰自然斋（普济之法，内以修身，外以救物，消灾祈福，适意所宜）；七曰洞神三皇斋（以精简为上，绝尘灵期）；八曰太一斋（以恭肃为首）；九曰旨教斋（以清素为贵）。3. 涂炭斋（以苦节为功）。洞真上清斋主要强调眠神静气、遗形忘体，被列为上等；洞玄灵宝斋以有为为宗，列为中等；涂炭斋以苦节为功，列为下等。这一体系中灵宝斋仪占了很大比重[①]。不过，陆氏把上清、灵宝、涂炭三大类分别排序，将上清斋仪列为首位。通过陆修静"九等十二斋法"的构建，将当时诸道派斋法汇成一个整体，使道教在宗教形式或外部特征上形成了一个共同体。[②]陆修静"九等十二斋法"奠定了道教斋法的坛场布置和仪式流程。其《无上黄箓大斋立成仪》对上清、灵宝、天师等派互不相同的斋醮制度作了清晰的叙述和改造，对步法、经诵、仪仗、挂像均做了详细的规定，使得这些仪式中的"祝香、启奏、出官、请事、礼谢、愿念，罔不一本经文"[③]。

陆修静制定的斋仪是基于道教精气神三者结合而成仙的理论。《洞玄灵宝说光烛戒罚灯祝愿仪》论说了"斋仪"和"气"的关系："夫万物以人为贵，人以生为宝，生之所赖，唯神与气，神气在人身，为四体之命，人不可须臾无气，不可俯仰失神。""气之与神常相随而行，神之与气常相宗为强，神去则气亡，气绝则身丧。"陆氏认为，人是畏死乐生的，而人的生命现象有赖于"神""气"常相辅而行，要"借精守气"；斋戒规仪就是要"惜精守气"，使"神"与"气"相合，以达到长生不死；要使神、气相合，不仅要练养行气，而且要能不受外物的引诱和自身欲望蠢动的影响，这样就要用斋戒规仪来抑制人的"欲望"，使身、口、意不妄动，而能虚能静。陆氏认为，道教的特性以"虚静"为本。《洞玄灵宝说光烛戒罚灯祝愿仪》曰："一切皆知畏死而乐生，而不知生活之功，在于神气，数凶其心，而犯其气；屡淫其神，而凋其命。不爱其静，存守其

---

① 按：陆氏将九等斋归属于灵宝，未尽妥当。旨教斋源于五斗米道法，洞神三皇斋是三皇派的斋法，太一斋当与太平道相关。

② 卢国龙、汪桂平：《道教科仪研究》，方志出版社 2009 年版，第 13 页。

③《道藏》，第 9 册第 378 页。

真，故致于枉残也……圣人以百姓奔竞五欲，不能自定，故立斋法，因事息事，禁戒以闲内寇，威仪以防外贼。礼诵役身口，乘动以反静也；思视役心念，御有以归虚也。能静能虚，则与道合。譬回逸骥之足以整归真之驾。严遵云：虚心以原道德，静气以期神灵。此之谓也。”[①]陆氏认为道教科仪应当“清虚简素”，所谓“至道清虚，法典简素，恬寂无为，此其本也”，因将原先娱神为中心的祭祀仪式，改为清静的自我心理调整仪式。“夫斋当拱默幽室，制伏性情，闭固神关，使外累不入，守持十戒，令俗想不起，建勇猛心，修十道行，坚植志意，不可移拔，注玄味真，念念皆静，如此可谓之斋”之类的说法，并强调“斋法之大者，莫先太上灵宝斋”。[②]“洗心静行”是斋戒的本义，体道合真是斋的最大功能。行斋之时，要求人聚精会神于道或道的化身——神灵，这就入于虚静而忘却、泯灭了道与人之间的隔障，实现了与道的同一。对此，陆氏在《洞玄灵宝五感文》中叙述“遗形忘体，无与道合”的斋法时解释说：“道体虚无，我有故隔。今既能忘，所以玄合。”[③]简言之，陆修静依据“清虚简素”的原则总括三洞科仪，使道教科仪趋于统一和规范，有助于制止科仪中的混乱现象，保证斋醮功能的充分发挥。

陆修静基于对斋醮科仪的理论分析，把斋分为斋法、斋体、斋义、斋意四要素。《洞玄灵宝斋说光烛戒罚灯祝愿仪》：“末世学者，贵华贱实，福在于静而动以求之，命在于我而舍己就物。若斯之徒，虽欣修斋，不解斋法。或解斋法，不识斋体。或识斋体，不达斋义。或达斋义，不得斋意。纷纭错乱，靡所不为，流宕失宗，永不自觉。”[④]斋义是对斋的各种活动进行解释，斋意则进而解释斋更高一层的抽象义理和意图，他说：“原夫斋法至精，而行者常粗，实五浊垢障，深蒙难启。如处曲穴，非太阳所照。延引幽暗者，宜以灯烛之明。今以燔光，斯之谓也。皆标

① 《道藏》，第9册第822页。
② 《道藏》，第9册第821页。
③ 《道藏》，第32册第620页
④ 《道藏》，第9册第822页。

斋经大旨，举法体近要意，以约束粗犷，示导玄彻。”[①] 这就是说，斋法的宗旨在于祛除不合规矩的行为，使人养成有利于得道的思想、心理状态和行为习惯。“洗民静行”是斋戒的本义，体道合真是斋的最大功能。据此，他引入佛教的身、口、意三业说解释灵宝斋礼拜、诵经、思神的仪式：“是故太上天尊……出灵宝妙斋，以人三关躁扰，不能闲停，身为杀盗淫动，故役之以礼拜；口有恶言，绮妄两舌，故课之以诵经；心有贪欲嗔恚之念，故使之以思神。用此三法，洗心净行。心行精至，斋之义也。”[②] 这虽然掺和了一些佛教的言辞，但贯穿其中的思想，仍然是道家的平心静气，自有归无，自实返虚，体道合真。

陆修静针对魏晋以来民间天师道日渐衰落、士族化天师道不断发达的事实，结合天师道属于符箓道教的特点，利用自己的威望和著述将上层天师道和南方盛传的经箓派道教（三皇、灵宝、上清）融会到一起，并区分修行次第，形成了一种按道阶修行的统一的经箓派道教。在陆改革后的经箓派道教中，天师道按经箓划分属正一派，派内设正一弟子、正一道士、正一法师等道阶，在经箓派道教中品级最低。庶人学道，先作正一弟子，受正一派经箓，依次再升为三皇弟子、灵宝弟子，最后授以最高的上清派经箓。陆修静通过经书分类和斋仪的排列，从实际上建立了一个道教各宗派的判教体系。在这一体系中，上清派地位最高，其次是灵宝派，再次是三皇派，天师道排最后。不过，陆修静虽然在理论上推崇上清派，但在实践中则更重视灵宝派。《洞玄灵宝斋说光烛戒罚灯祝愿仪》：“灵宝之文是天地之元根，神明之户牖，众经之祖宗，无量大法桥也。”[③] 这是因为宗教必然面向最广大的信众，在这方面以斋仪为长的灵宝派技高一筹。

陆修静担当起制订斋醮仪范的重任，精研道书，穷其奥旨，完成了《金箓斋仪》《玉箓斋仪》《九幽斋仪》《解考斋仪》《涂炭斋仪》《三元斋

① 《道藏》，第 9 册第 821 页。
② 《道藏》，第 9 册第 821。
③ 《道藏》，第 9 册第 824 页。

仪》《灵宝道士自修明真斋立成仪》等百余卷斋法仪范的撰著。陆修静还撰有多种斋醮乐章，如《升玄步虚章》《灵宝步虚词》《步虚洞章》等。陆氏所撰斋仪书尤其是灵宝斋仪书不但数量多，而且内容翔实，十分实用。经他的集成总结和新创，各种斋仪皆“立为成仪、祝香奏启、出官请事、礼谢愿念，罔不一本经文”①。陶弘景《真诰·叙录》谓：陆修静“既敷述《真文赤书》《人鸟五符》，教授施行已广”。《真文赤书》《人鸟五符》当属《灵宝经》系，即《正统道藏》中所收的《太上洞玄灵宝赤书玉诀妙经》和《元始五老赤书玉篇真文经》，此皆在《洞玄经》，可见陆对《灵派经》系统十分重视。通过陆修静的整理和增修，《灵宝经》教义得以深入阐发，灵宝的斋醮科仪更加完善，由此奠定了灵宝之教大行于世的基础。

早期道教科仪音乐相当原始简陋，缺乏规范和逻辑，带有浓厚的民间巫乐色彩。②陆修静建设斋仪的同时，也努力改良其中的音乐。他撰有多种斋醮乐章，仅道教名曲《步虚》就撰有多种辞章。在《授度仪》中，其所用音乐曲目已趋于完备并多为后世道教科仪音乐所沿用，计有［金针太空章］［卫灵神祝］［十方天尊］［五真人颂］［赤书玉篇］［八会天文］［步虚词］［礼经颂］［三礼］［三徒五苦］［奉戒颂］［还戒颂］等。以上歌曲除［步虚词］外，余多为新出，且有标题，分为章、咒、颂、文、篇、祝、词等体裁，并多规定赞唱、诵、诵咏、咏、唱、讽诵、齐诵、舞唱等唱法，由此构建了较完整的道教斋乐体系。从此科仪音乐臻于规范完备，凝固为稳定传统，并一直为后继者奉为经典。

陆修静守成开新，基于道教现实的要求，重新造作了大批斋仪，制定了“九斋十二法”的斋醮体系，并撰述一系列斋戒仪范之书。陆修静将葛巢甫与王灵期等人所创构的灵宝经法，更加增修，立成仪轨，使灵宝之教大行于世。陆氏所制斋仪，以灵宝斋为基础，兼容上清、洞神、

---

① 《无上黄箓大斋立成仪》卷一《仪范门·序斋第一》，《道藏》，第 9 册第 378 页。

② 参见傅利民：《斋醮科仪　天师神韵——龙虎山天师道科仪音乐研究》，巴蜀书社 2003 年版，第 4 页。

天师道斋法和佛教教义，由此成为道教斋仪的集大成者。南宋金允中《上清灵宝大法》卷二十二曰："陆君主张教法，立万代之范模；考订经典，别千古之真伪。身得度世，名列仙阶。编撰科书，所存虽少，无非按据经典，参合条纲。后人不究其源，凡有好奇尚异之事，多委之简寂科斋。"①

四、陆修静整理灵宝经籍及其创建"三洞"编撰体制

汉魏以来，随着道教的创立与发展，道士创作、编纂道书的风气大行，由此道书大大丰富，至晋宋之时数量已巨。然而，这些道书不仅水平参差不齐，又往往自为神秘，由此真伪混杂，颠倒舛错，纷互相乱，造成了"轻慢之咎既深，毁谤之罪靡赦"的严重后果。陆修静欲规范道教，对道书加以系统整理就成为十分重要之事。

陆修静自亲近道教开始，就四处积极地收集道教经书，并悉心加以整理、订正。元嘉十四年（437），陆修静着手刊正《灵宝经》，编撰了《灵宝经目》一书。其"序"曰：

> ……夫灵宝之文，始于龙汉，龙汉之前，莫之追记。延康长劫，混沌无期，道之隐沦，宝经不彰。赤明革运，灵文兴焉。诸天宗奉，各有科典，一劫之周，又复改运。遂积五劫，迨于开皇已后，上皇元年，元始下教，大法流行。众圣演畅，修集杂要，以备十部三十六帙，引道后学，救度天人。上皇之后，六天运行，众圣幽升，经还大罗，自兹以来，回绝元法。虽高辛招云舆之校，大禹获钟山之书，老君降真于天师，仙公授文于天台，斯皆由勋感太上，指成圣业，岂非扬芳于世，普宣一切也。按经言承唐之后四十六丁亥，其间先后庚子之年，殀子继党于禹口，乱群坟填尸于越川。强臣称霸，弱主西播，龙精之后，续祚之君，罢除伪主，退翦逆民，众道势讫，此经当行。推数考实，莫不信然。期运既至，大法方隆，但经始兴，未尽显行。十部旧目，出者三分，虽玄蕴未

① 《道藏》，第31册第477页。

倾，然法轮已遍于八方。自非时交运会，孰能若斯之盛哉。顷者以来，经文纷互，似非相乱，或是旧目所载，或自篇章所见，新旧五十五卷，学士宗竟，鲜有甄别。余先未悉，亦是求者一人，既加寻览，甫悟参差。或删破上清，或采抟馀经，或造立序说，或回换篇目。裨益章句，作其符图，或以充旧典，或别置盟戒。文字僻左，音韵不属，辞趣烦猥，义味浅鄙，颠倒舛错，事无次序。考其精伪，当由为猖狂之徒，质非挺玄，本无寻真之志。而因修窥阅，假服道名，贪冒受取，不顾殃考。兴造多端，招人宗崇，敢以鱼目厕于隋侯之肆，辄将散砾讬于和氏之门。衒诳愚蒙，诬罔太玄。既晚学推信，弗加澄研，遂食精粗糅杂，真伪混行。视听者疑惑，修味者闷烦，上则损辱于灵囿，下则耻累于学者。进退如此，无一可宜，徒倾产疲力，将以何施。夫轻慢之咎既深，毁谤之罪靡赦。余少耽玄味，志爱经书。积累锱铢，冀其万一，若信有可崇，何苟明言坐取风刀乎？虑有未悉，今条旧目已出，并仙公所授事，注解意疑者略云尔。①

所谓“十部旧目，出者三分”讲的是道教经籍，按照经目的体系要求来说，如果总经目为“十”的话，现已问世的经籍不过达到“三”分而已。言下之意，道经与佛经相较，数量、质量以及传播诸方面的差距都很大。序文表明了陆氏对道教教理教义以及斋醮科仪发展现状的深切焦虑，他希望通过对斋醮科仪的整顿与创新，使道教教门精淳，有严格的科律教戒。②

由于世上《灵宝经》类的著述增多，其内容及形式也因问世年代的早晚而各有不同，因有古经与今经之分。古经主要有《灵宝五符经（序）》《灵宝赤书五篇真文》等。其中，《灵宝五符经（序）》以葛洪《抱

① （宋）张君房辑：《云笈七签》卷四《灵宝经目序》，齐鲁书社 1988 年版，第 15—16 页。

② 参见周德全：《道教与封建王权政治交流研究》，人民出版社 2015 年版，第 222 页。

朴子内篇》所载方术为蓝本，上卷为存神服气之术，中卷为服食草木药方，下卷为佩戴或吞服符箓以辟邪禳灾、尸解成仙之法。今经主要有《灵宝元始无量度人上品妙经》《灵宝智慧罪根上品大戒经》《太极左仙公请问经》《太上洞玄灵宝本行因缘经》等。其中，以《灵宝元始无量度人上品妙经》(简称《度人经》)为著，该经强调"劝善度人"，标出了灵宝派立教的主旨，被尊为灵宝派祖经。灵宝派的基本信仰，仍是长生成仙。但因新出的"灵宝经"大量汲取佛教的因果报应，三世轮回，涅槃灭度等教义，故其成仙思想被染上浓重的佛学色彩。如《太上洞玄灵宝智慧定志通微经》云："当知三界之中，三世皆空；知三世空，虽有我身，皆应归空。明归空理，便能忘身。能忘身者，岂复爱身？身既不爱，便能一切都无所爱，唯道是爱。"这是佛教"以有生为空幻，故忘身以济物"的思想，与道教原本提倡的爱身养生的宗旨大异其趣。既不爱身，也就不再追求肉体不死，即身成仙，而只追求积功累德，死后升入仙堂，或来世成仙。因此不少"灵宝经"宣扬所谓"灭度""轮回"的成仙步骤。如《九天生神章经》云："夫学上道，希慕神仙，及得尸解，灭度转轮，终归仙道。形与神同，不相远离，俱入道真。"《诸天内音经》更假托天真皇人现身说法，叙述他经过六道轮回、九灭九生之后，才"凌超三界，位登天真"。《洞玄灵宝智慧定志通微经》称道教最高神乐静信，也是经过多次轮回，累世积德之后才成高仙。葛洪《抱朴子内篇·道意》云："夫神仙之法，所以与俗人不同者，正以不老不死为贵耳！"今灵宝派宣扬所谓"灭度""轮回"后方得成仙，无疑是对原有神仙说的修正。灵宝派"劝善度人"的教义，是它区别于其他注重个体修炼道派的重要特点。

陆修静整理经书，首先在灵宝经系上取得了大成就。自东晋晚期葛巢甫造构"灵宝经"以后，一些道人又将"古今灵宝经"和"上清经"等相杂糅，继续造作灵宝经典。"或删破《上清》，或采抟余经，或造立序说，或迴换篇目，裨益章句，作其符图，或以充旧典，或别置盟戒。"陆修静居住在庐山和建康期间，从句容葛粲处得到杨羲手书《灵宝五符》，又收集到各种古今灵宝经书。他通过认真细致的考辨甄别，发现了当世流行的55卷本《灵宝经》的问题不小，突出表现在：混入了《上清经》等别的经文、伪造序说、对原经进行改换增添，遂造成文字乖僻不顺、音韵不通、辞义繁杂浅薄，至于前后次序颠倒错乱就更比比皆是了。由此，陆修静悉心对55卷本《灵宝经》一一进行辨别、整理，最后将他认为可信的道经编定为35卷，并进行敷述、阐释，编出《灵宝经目》，由此竟使灵宝之教大行于世。

陆修静在集中精力整理灵宝经书的同时，也关注到上清类、三皇类经书。为使它们之间不相混乱，有助于道教学说的发展，陆氏采用“三洞”方式对它们进行编排。陆氏于《上太上洞玄灵宝授度仪》中提出了“三洞”的概念，并视为道教经典之总汇，文中说：“自《灵宝》导世以来，相传授者，或总名三洞，同坛共盟，精粗糅杂，小大混行，有时单授洞玄，而施用上清，告召错滥，不相主伍。”其实，“三洞”的词汇，在东晋的道教典籍中已出现，只是其时所谓的“三洞”，或指大洞、洞玄、洞神，或指洞天、洞地、洞渊，并不规范与统一。三洞的“洞”字，一般作“通”解。《本际经》称：《洞真》以不杂为义，《洞玄》以不滞为名，《洞神》以不测为用。故洞言通也。三洞上下，玄义相通。①所谓“三洞”，包括洞真、洞玄、洞神，代入“通”义，即成通真、通玄、通神“三通”，三通也就是上下四方无所不通。三类经典侧重虽不同，但在最终的“通凡入圣”上则是完全通融无碍的。陆修静继承了东晋以来的“三洞”概念，使之完善化、定型化，作为道教经书分类的方法。陆氏将自己收集到的道经加以系统的校刊整理，总括上清、灵宝、三皇三派经书，分为洞真、洞玄、洞神三大类，集道家经书，并药方、符图等1228卷（实有1090卷，陆修静称其余的138卷“犹在天宫”）。洞真收录的是《上清经》类，洞玄收录的是《灵宝经》类，洞神收录的是《三皇经》类。泰始七年（471），陆氏编出了《三洞经书目录》，这是道教史上第一部堪称完整的经书目录。陆氏编撰的《三洞经书目录》虽已散失，但其分类系统却一直影响着之后《道藏》的编纂体例。“三洞”分类法的理念和特色，固然是渊源于道教的神学思想，但更与当时道教分为上清、

① （宋）张君房辑：《云笈七签》卷六《三洞并序》，齐鲁书社1988年版，第25页。

灵宝、三皇三个道派有直接的关系。在陆修静看来，三洞不仅是道教经典分类的方法，也是道经品级高低和道士阶级的次序。道士入道后修持经法须由低到高，依次授经修行。一般先是授予正一，次授洞渊或太玄，次洞神，次升玄，次洞玄，最高为洞真上清。

陆修静在进行“三洞”工作的同时，又综合前人的成就和自己的经验，建立了十二类的道经分类法。他依据各部收录的经书，基于内容分为十二类：本文、神符、玉诀、灵图、谱录、戒律、威仪、方法、众术、传记、赞颂、表章。陆氏编写《灵宝经目》时，已将《灵宝经》分为这十二类。其后，为便于“总括体用，分别条贯”，又在“三洞”编排时继续使用。值得一提的是，陆修静《三洞经书目录》编定的三洞分类法和十二类分类法中，却不包括天师道最重视的《老子》及其本门经典。以致后来出现“三洞四辅”[①]分类法时，《老子》及其天师道的经典只能作为“四辅”之一。这从事实上表明，进入南朝之后，老子及天师道的地位已较显著的低落。当然，就陆氏本人而言，应是较为推崇《老子》及天师道的。他著有《老子道德经杂说》《老子注》。又，《太上洞玄灵宝授度仪》录有“五真人颂”言称：“如有《五千文》，高妙筹无双。”天师道以《老子》作为立教的理论依据，是根本性经典。然而，道教追求长生成仙，与老子“有身为患”之义相悖，所以一些道教人士对老子颇不以为然。陆修静其实也尚未清晰意识到道家哲学与道教经教体系的有异有同的关系并致力于去解决它，缺乏理论上的自觉。

陆修静搜罗经诀，尽有上清、灵宝、三皇诸派经典，遂总括三洞，汇归一流。他以三洞分判道教，划分出道教的三大学派，尽管不太清晰与明确，但效果还是相当显著，把已经萌芽的道教中对教义有分歧的团体划分开来，促进了道教学派的形成和发展。陆修静虽与天师道、上清

① “三洞四辅”通称“七部”，见于孟法师：《玉纬七部经书目》，署名“孟安排”的《道教义枢·太部义》引《正一经图科戒品》叙述“三洞四辅”义道：“《太清经》辅《洞神部》，金丹以下仙品；《太平经》辅《洞玄部》，甲乙十部以下真业；《太玄经》辅《洞真部》，《五千文》以下圣业。《正一法文》，宗道德，崇三洞，遍陈三乘。”《老子》及五斗米道的经书，都只是作为“三洞”的辅佐。

派、灵宝派无直接的师承关系，但又与此三派皆有渊源，三派兼综，不以宗门自囿，自称“三洞弟子”。他明确自己所属的天师道是一个道派的同时，承认灵宝派和上清派分别是独立的道派，主张在此基础上展开三道派的交流与融合，颇具先进意识。

五、陆修静以道为本融会三教

陆修静致力于南方道教建设，有意使道教成为裨益于皇朝统治的政教工具，以获取“互赢”。为实现这一目的，他以道为本融合三教。

陆修静崇奉老子，信仰清虚大道。《道门科略》曰：“夫大道虚寂，绝乎状貌；至至体行，寄之言教。”陆氏对道进行了探讨，认为：“至道清虚，法典简素，恬寂无为，此其本也。”[①]“虚寂为道体，虚无不通，寂无不应”[②]。陆氏把道分为体、用两个方面虽不是新的创造，但用虚、寂这一对佛教意味颇深的范畴来分析道的体、用，还是有一定新意的。道之用是为德，道家的德虽然不同于儒家的伦理规范，但二者毕竟有诸多的相通。

陆修静注重儒道结合，援儒入道。其直接论“道”的文字虽然不多，却是借助儒家的思想从“合”的角度对“道”及其他范畴进行阐释。《洞玄灵宝斋说光烛戒罚灯烛愿仪》曰：“夫道者，至理之目。德者，顺理而行。经者，由通之径也。道犹道路也，德为善德也，经犹径度也。……夫道，三合成德，自不满三，诸事不成。三者，诸道、德、仁也。仁，一也；行功德，二也；德足成道，三也。三事合，乃得道也。若人但作功德而不晓道，亦不得道。若但晓道而无功德，亦不得道。若但有道德而无仁，则至理翳没，归于无有。”[③]在此，陆氏把道、德与儒家的核心范畴“仁”相联系，认为道、德、仁三者相通相合，分之为三，合之为一。修道者在实践中贯彻这种三一之义，把明道、积德、识仁结合起来。有仁的品性，并以此为原则去建立功德，功德积累至一定程度，

① 《洞玄灵宝五感文》，《道藏》，第32册第618页。
② 《道教义枢》卷一《道德义第一》，《道藏》，第24册第805页。
③ 《正统道藏》第16册，第12718页。

自然得道。“道”须“道”“德”“仁”三方面结合才可以得到，而“德”在其中起着关键性的作用，毕竟道是至理之目，而德是顺理而行。在陆氏的心目中，德是修道的重要工具和途径。其《道门科略》宣称：“上德神仙，中德倍寿，下德延年。”陆氏继承和发扬《太平经》《抱朴子》等功德成道的思想，特别强调行斋持戒的重要内容之一是要作“功德”，这样就把内心的道德修养和实践生活中的力行结合起来，践行“积善行德”以得道成仙。老子以道为本，但陆氏的“道”既非本原亦非本体，而是一种和合整体。陆氏“道”有大道和小道。道、德、仁“三事合”之道为大道，道、德、仁据其一之道为小道。就小道论，其道是最高之理的具体条目和落实，因而不是最高的范畴，它与德、仁是一种平等互补的关系。从社会实践的层面说，老子的阴、阳、和之三，已转化为道、德、仁之三，这一方面说明了儒家仁德之道的浸润，另一方面也表明陆氏思想的重心其实不在道本身及对道的探求，而在于如何“合道”。不过，虽说三合得道的基础在于仁、德，贯彻的是儒道合的基本方针，但在如何才能与道合的关键问题上，陆氏回到了以斋戒为重的道教实践。“圣人以百姓奔竞，五欲不能自定，故立斋法，因事息事。禁戒以闭内寇，威仪以防外贼。礼诵役身口，乘动以反静也；思神役心念，御有以归虚也。能静能虚，则与道合，譬回逸冀之足，以整归真之驾。严遵云：‘虚心以原道德，静气以期神灵。’此之谓也。”[①]长生久视的基本点在于神气精的安定协调，圣人设立斋法以“惜精守气”。然其具体手段，却是践行儒家礼义。

陆修静力图以儒家之法规范道教祭祀，将传统天命宗教重视的祭祀作为道教主要的正祭。他认为，太上老君置治、靖庐、道士、道官、章文的目的，就是要“诛符伐庙，杀鬼生人，荡涤宇宙，明正三五，周天匝土，不得复有淫邪之鬼”，因此，他十分反对“淫祠”。《道门科略》曰：“清约治民，神不饮食，师不受钱。使民内修慈孝，外行敬让，佐时理化，助国扶命。唯天子祭天，三公祭五岳，诸侯祭山川，民人五腊

① 《法烛叙》，《正统道藏》，第16册第12718—12719页。

吉日祠先人，二月八日祭社灶。自此以外，不得有所祭。若非五腊吉日而祠先人，非春秋社日而祭社灶，皆犯淫祠。”[①] 陆氏认为天师道的宗旨，应该为儒家名教和国家政治服务。基于旧的“正一盟威之道”的禁戒科律，提出了“罢诸禁心，清约治民”的主张，试图通过“神不饮食，师不受钱”的新约，达到“使民内修慈孝，外行敬让，佐时理化，助国扶命”的目的。在《洞玄灵宝五感文》等有关斋醮仪式，充斥其中的思想主要是安国宁家、恪守礼法、孝父尊师等儒家的伦理规范。陆氏记述的灵宝斋九法，把“金箓斋法”定为第一法，“调和阴阳，救度国正”[②]。

自三国以来，佛教已有《十诵律》《四分律》《僧祇律》等翻译问世，戒律已是齐备。这既给道教人士以极大的刺激，也给了他们搬用佛教戒律以充实自身的机遇。陆修静重视学习和吸收佛教的思想，认为修道应当用礼拜、诵经、思神三法，洗心洁行，臻于至道。他强调斋仪可以检束道人的身、口、心，以身礼拜，以口诵经，以心思神，则内寇外贼俱不能入。陆氏把“礼拜”“诵经”“思神”三法作为斋戒的基本内容，正是由佛教所提出的身、口、意三业变化而来。当然，其中也有继承老庄玄同、心斋的传统修炼法而来的结果。道教坚持有形生命是成道的基础，而有形生命如何“合”虚无的道？陆氏据庄子的思想发挥说，形体“有待”而“有累”，人如果从内外牵累束缚中超脱了出来，上升到虚无之境，自然就能与道相合。能否合道，关键不在道，而在“我”。但“我”的形身是不能否定的，唯一的办法就是自老庄而来的“忘”。所谓“道体虚无，我有故隔。今既能忘，所以玄合”[③]。陆氏讲己与道合时注重虚，讲人生追求时又强调实，反对流于虚浮的世道人心。《洞玄灵宝斋说光烛戒罚灯烛愿仪》曰：“而末世学者，贵华贱实。福在于静，而以动求之；命在于我，而舍己救物。若斯之徒，虽欣修斋，不解斋法；或解斋法，不识斋法；或识斋体，不达斋义；或达斋义，不得斋意。纷纭错乱，

① 《陆先生道门科略》，《道藏》，第 24 册第 779 页。
② 《洞玄灵宝五感文》，《道藏》，第 32 册第 620 页。
③ 《洞玄灵宝五感文》，《正统道藏》，第 54 册第 43858 页。

靡所不为；流宕失宗，永不自觉。譬背惊风，而顺迅流，不知溯洄反源，遂长沦于苦海，可不悲哉！”[①] 在这里，“我”不仅没有被否定，而且是求实之源、长命之根，福以静求则是问题的关键。

陆修静汲取、模拟佛教的宗教形式，制定道教的规戒科仪。在他删定的《灵宝经》中，即吸收佛教三世轮回、因果报应之说，强调积德行善、济世度人。其“上品十戒”明显是依据佛教五戒发挥而成的。据《道学传》载，陆修静于宋明帝太始三年初至九江，有王公“问道佛得失异同”，他回答：“在佛为留秦，在道为玉皇，斯亦殊途一致耳。”陆修静甚至用佛教思想敷衍老庄。其居建康期间，宋明帝令司徒建安王尚书令袁粲设广燕之礼，盛宴邀请当时各种英贤，集会于庄严佛寺，“时玄言之士，飞辩河注，硕学沙门，抗论锋出，掎角李释，竞相诘难。先生标理约辞，解纷挫锐，王公嗟抃，遐迩悦服”。又据《三洞珠囊》卷二《敕追召道士品》载，在宋明帝亲临的华林延贤馆集会上，有王公质问道教一方，怎么从来没有听说过道教有三世之说？陆氏即借佛教的三世说作回答：“《经》云：‘吾不知谁之子，象帝之先。’既已有先，居然有后。既有先后，居然有中。《庄子》云：‘方生方死。’此并明三世。但言约理玄，世未能悟耳。”陆氏在此对《老》《庄》的解释虽不免牵强，有以道教比附佛教之嫌，却颇能迎合当时玄佛合流的时代风尚。又，陆氏在《洞玄灵宝五感文》中援佛入道，大讲因果报应，固缘祸福，灵魂超度。其中说，道教尊神“开此大化，出斯妙法，拯拔三途，接济五道，亿曾万祖，积劫殃对，一旦释然，幽魂苦爽，超升福堂，因缘种族，咸受庆惠，我身得道，后世蒙福”。

陆修静以道为本，儒道互补、佛道会通，融汇三教于一炉，建立了自己的思想理论体系，体现了道教发展阶段的历史要求和时代潮流，同时也显示出他难能可贵的理论勇气和海纳百川的博大胸怀。[②] 北齐文宣帝《废李老道法诏》曰：“昔金陵道士陆修静者，道门之望，在宋齐两

① 《正统道藏》，第16册第12719页。

② 许抗生、赵建功、田永胜：《六朝宗教》，南京出版社2004年版，第294—295页。

代，祖述三张，弘衍二葛。郗张之士，封门受箓。遂妄加穿凿，广制斋仪，糜费极繁，意在王者遵奉。”[①] 这虽是从批判的角度来说陆修静，但也正表明陆修静发展道教的意义和贡献。陆氏注重身心的修养，在劝善、修心、养身的修炼模式中，体现了老庄淡泊无为的精神，促进了伦理道德的发展。当时天师道注重方术，上清派注重服食求仙，对身心修炼皆不够重视，故陆氏的作为无疑具有重要的开创意义。

大约是在陆修静去世后，南方社会开始流行起“虎溪三笑”的故事：庐山东林寺慧远平素“影不出山，迹不入俗”，每逢送客，唯以寺前虎溪为界而从不过溪。但一次送陶渊明和陆修静时，却因畅谈义理，忘乎所以，不知不觉之中过了虎溪。此时卧于虎溪旁的一只老虎大声吼叫。慧远等三人乃相顾大笑。事实上，陆到庐山时，慧远和陶渊明已去世三四十年。然而，“虎溪三笑”的故事之所以能神乎其神地广泛流传，除了创作者和传播者有意为之外，现实中也反映了儒释道逐渐走向融合的大趋势。故事中把陆修静作为道教人物的代表，正反映了他在中国道教文化中的崇高地位。

陆修静根据道教发展的新情势，顺应魏晋以来对传统道教（天师道）的继承、批判与改造思潮，援儒援佛，改革道教的组织和结构、理论思维和实践方式，剔除其异端性、粗鄙性，突出其正统性、高端性，充分地建构了内神仙外儒术的儒道双修的理论体系。由于陆修静的努力，南方道教的形象大为改观，社会影响进一步扩大，促进了南方天师道与王权之间的“政—道”交流的发展。陆修静完成了改革南方道教的艰巨任务，建构了与寇谦之北天师道分庭抗礼的南天师道，同时也为上清派、灵宝派提供了新的理论思考和实践方式，不仅使南方道教依然维持着发展的优势，而且把中国道教推向理论上成熟和实践上发展的新道路。

① （唐）释道世撰，周叔迦、苏晋仁校注：《法苑珠林校注》卷五十五《破邪篇》，中华书局 2003 年版，第 1673 页。

第三节　南北朝江西道教宗派的维持与发展

南北朝时期江西道教继续发展。天师道派在江西地区也有较多的传播发展，影响到大江南北的广大地区。

一、张天师家族文化系统的维持

南北朝时期，中国分裂与对峙，天师道也呈现出南北别传、多点开花的局面。张陵后裔，除了龙虎宗系统外，其他子孙则散布多地，他们在当地坚持传播天师道，对推动天师道的发展亦有相当的贡献。

南北朝张陵后裔可考者亦很少。就江西而言，龙虎山留有第八世天师、第九世天师的简略事迹。据《龙虎山志》卷六《天师世家》《历世真仙体道通鉴》卷十九《张迥》《张符》载：张迥，字彦超，德昌之长子。张迥幼年得道，美丰姿，善裁鉴，日列真人诸阶品录，于争室中严奉，六时香火，终身无息。治病驱邪，无不安愈，世人仰之。年九十而卒。张符，字德信，彦超之长子。张符好道，传守真人之法，年九十二岁而卒。又据《南史》卷四《齐本纪上》建元四年（482）载："升明（刘宋年号）二年冬，延陵县季子庙沸井之北，忽闻金石声，疑其异，凿井三尺，得沸井，奔涌若浪。其地又响，即复凿之，复得一井，涌沸亦然。井中得一木简，长一尺，广二分，上有隐起字，曰：'庐山道人张陵再拜，谐阙起居。'简木坚白，字色乃黄。瑞应图云：'浪井不凿自成，王者清静，则仙人言之。'"此当系天师道信仰者造构。由此推测天师道在庐山一带已较活跃并产生了相当的影响。

在南方其他地方，也有张陵后裔在活动，留下了些微踪迹。据《茅山志》卷二十"录金石篇"录《九锡真人三茅君碑文》碑，是为梁普通三年（522）崇虚馆主、道士正吴郡张绛所立，碑阴题刻齐梁诸道馆高道姓名，载于卷十五"采真游篇"，其中有"天师九世孙张玄真，道兼三洞，德流四远"；"天师十世孙张景溯，容行识业，秀挺超群"；"天师十世孙蜀郡张智明"；"天师十世孙蜀郡张子华""天师十世孙张锵""天师十世孙张毕""天师十世孙张楷""天师十世孙张胄""天师十世孙女张子台""天师十世孙女张季妃。"从上引材料中既可以看出南北朝至盛唐时张陵后系的混乱，也可以看出这一时期张陵一系多不在龙虎山。又，南朝梁时天师一系有活动在常熟虞山的记载，梁简文帝《招真馆碑》云："道士沛郡张君，讳道裕，字弘真，即汉朝天师陵十二代孙。天监二年，来至此岫，栖遁十有余载。夜忽梦见圣祖云：'峰下之地，面势间寂，宜立馆宇，可以卜居。'"[①] 所谓"此岫"即指虞山。唐末杜光庭《神仙感遇传》载，梁武帝"诣张道裕，建立玄坛三百所"。[②] 又《受箓次第法行仪》所收《天师治仪》，为张天师十三世孙梁武陵王府参军张辨所撰。由此可见，南朝时期张天师后裔已南渡的不少。

南北朝的天师道仍然是道教的主流，维持着较大的社会影响力。随着道教界对早期道教反思的不断展开，传统"三张天师道"自然受到了极大的关注，也有了更为清晰的认识和做法：认可和推崇张陵创立天师道的功绩；批判天师道"不合道"的问题。道教界既有批判、否定"三张天师道"的风气，也有依附、赞扬"三张天师道"的风气。从根本上言，南北朝道教大体是以天师道为中心的发展、流衍。无论新旧道派，都与天师道有着程度不一的关联。但由于早期及当世天师道的诸多缺陷，又成为道教发展过程中不得不直面的问题。因此，道教对天师道的态度也往往颇为矛盾：继承、维护、批判、扬弃、改革等混融一起。

南北朝时期，无分教内外，将道教斋法的渊源，都推始于天师道的创立者张陵。在教外，如《魏书·释老志》云："道家之原，出于老子。……及张陵受道于鹄鸣，因传天官章本千有二百，弟子相授，其事大行。斋祠跪拜，各成法道，有三元九符、百二十官，一切诸神，威所统摄。"在教内，如《无上秘要》卷四七引《洞玄请问上经》："仙公曰：三天斋是三天法师所受之法，名曰旨教斋。"三天斋或是三元斋之训，三天法师即张陵。此《洞玄请问上经》，即太极左仙公请问经，是东晋新

① （清）严可均辑校：《全上古三代秦汉三国六朝文》，中华书局 1958 年版，第 3029 页。

② 《钦定古今图书集成》之《博物汇编·神异典·神仙部》卷二三八"张通裕"条：按《苏州府志》：张通裕，字弘真，天师十二代孙。永明中，隐虞山，感异梦即于山下，建寥阳殿虚皇坛。手植七桧，又尝炼丹凿井，藏之。

出《灵宝经》之一种。从中，实可略见灵宝斋法与三张天师道的某种历史联系。又，唐王悬河《三洞珠囊》卷六引《道学传》:“张天师弃家学道，负经而行，入嵩山石室，隐斋九年。周流五岳，精思积感，真降道成，号曰天师。”按,《道学传》的作者是南朝陈道士马枢，传所载述，无疑也是根据道教的建构。[①]将道教斋法推源于张陵，宁或不实，但道教斋法渊源于三张天师道，在很大程度上则是事实。南北朝的道法斋法，都与“三张”天师道有承袭关系。其中最明显的是每年道民“三会”活动，南北方道教相同。在具体的斋坛作法上，南方道教的涂炭斋、三元斋都来自三张天师道。又如早期《灵宝经太极真人敷灵宝斋戒威仪诸经要略》说，作斋上章时，“斋主自称某治祭酒先生”，也明显是天师道的旧仪。寇谦之北天师道，则如《老君音诵戒经》说 :“道民家有疾病，告归到宅，师先令民香火，在靖中，民在靖外，西向，散发叩头谢。写愆违罪过，令使皆尽，未有藏匿，求乞原赦。”[②]这种靖室首过的方式，出自三张天师道。又如此经说到为亡人设斋法，作法的箓生和主人要“挎颊三”，应是来源于三张天师道的涂炭斋。

早期天师道的祈禳斋醮房中术在南北朝时期又得到张扬，并成为重要修身方术。例如,《洞真黄书》《上清黄书过度仪》二书，皆传授天师道祈禳斋醮房中术，内容相通，术语相同。《洞真黄书》自述传授源流曰 :“天师以汉安元年壬午、二年癸未，从老子稽首受《黄书》八卷……口授（赵）升、（王）长、（王）稚、（王）英。”[③]《洞真黄书》有文有图。图凡 13 幅。文字包括八生、六癸六甲、五行四季、八卦九宫、月生、八风二十四雨、三五七九术、思神呼名和服食三微诸段，夹叙所谓张陵受《黄书》八卷之事。书中坦然描述师道传授并与男女弟子一起施行房中术之事，并不避讳，但具体方法则以隐语掩饰。大体而言，其法将服符诵咒、思神呼神、礼神拜神等活动，与性日历、性技巧等结

① 参见王卡主编 :《道教三百题》，上海古籍出版社 2000 年版，第 359 页。

② 《道藏》，第 18 册第 215 页。

③ 《道藏》，第 33 册第 595 页。

合在一起，希冀获取生气，消灾祛病，养性保命，长生成仙。其法强调“道出三五七九”“行三五七九”等。“三五七九”盖一种性技巧的隐语，为天师道祈禳斋醮房中术的重要内容。《上清黄书过度仪》传授以祈禳斋醮房中术解灾免祸之法。它规定，过度仪需要在治或靖中举行。年轻弟子必须在 20 岁之前过度。20 岁之后入道的弟子，入道时即需过度。过度仪从头至尾包括入靖、存吏兵、思白气、思王气、咽三宫、启事、越地网、释天罗、朝四尊、存思、十神、配甲、五神、八生、解结食、布九宫、施气、甲乙咒、还神、王气、婴儿回、断死、蹑时、谢生、言功等步骤。

南北朝前期，天师道虽然在社会上较为广泛地传播发展，并大体得到了统治阶级的认可，但依然呈现组织涣散、纲纪松弛，祭酒和道官各自为治、人人称教的混乱局面，极大制约着天师道的进步，由此引发了以寇谦之、陆修静为代表的天师道改革。正是在天师道反思与改革的背景下，南北朝天师道的理论建设和道法实践有了不小的发展进步，涌现出了《太上三天内解经》《正一法文经》等经书。其中，《太上三天内解经》继承了此前成书的《太上洞玄灵宝天关经》“是知太上老君乃为元气之父母，为天地之本根，为阴阳之祖首，为万神之帝君，为先王之柄蒂，为万物之魂魄”[①] 的思想，极力神化老子，把老君创世说推到了比较成熟的程度。它还提出了老君布散玄、元、始三气的观点，成为后世“一气化三清”观念的先声。该经明确提及老子西出化胡，令尹喜为佛。它认为人由道气而生，失去道气即死，所以应该思真念道，坚守本源。学道要先行斋，内无邪念，外脱玷污。它又吸收了佛教的大小佛乘之说来作为选择术的标准，认为大乘之学是心寂恬淡，先念度人，受气守一，常思身中真神，这是其受其他道教宗派影响的表现。另外，该经的卷上说："三道同根而异支者，无为大道、清约大道、佛道，此三道同是太上老君之法，而教化不同，大归于真道。”这可能是儒道佛三教同源异流观点最早的表述。

---

① 《道藏》，第 19 册第 926 页。

南北朝时期，出现了主要以张道陵之名所传作的一批天师道（正一道）道书。《正一法文修真旨要》（1卷），源于张道陵所作的《正一法文》系列，为南北朝时期重新辑录本。所录修真要法十余种，包括服日月光芒法、孟先生暮卧法、噩梦吉梦祝、明耳目诀、青牛道士存日月诀、栾巴口诀、服食忌并治法、服气诀、导引法、察修疾病法、行禁治病法等。《正一法文十箓法仪》（1卷），世传为张道陵所作。内载10种早期天师道法箓。各种箓文格式相似，皆记述某人生辰八字，应受某位神君召。此经盖用于召神护卫，拘制魂魄。《正一法文法箓部仪》（1卷），世传为张道陵所作。内载《黄素三盟登坛仪》《太一黄素三盟仪》《太一登坛黄素三盟逆剌付授仪》《太一三盟付授仪》4种盟仪。它们皆用于道士受度太一三盟法箓。《正一法文太上外箓仪》（1卷），世传为张道陵所作。内载正一道士传授的初级法箓之仪法。其中有《五种女人受要箓》，叙处女、出家女、嫁归女、寡归女、归居女等五类女人受箓之仪法。又有《下人四夷受要箓》，叙奴婢和夷狄羌戎等受箓之仪法。《正一法文传都功版仪》（1卷），世传为张道陵所作。内言传授都功版文之盟信科仪。所谓"都功版文"，实为正一道士受任或迁升二十四治职官之任命书，第四代龙虎山天师张盛依然遵循。《正一修真略仪》（1卷）。经书撰写人不详，从内容推测约出于南北朝末或隋唐初。上书论述传授及修行三洞符箓契卷之科仪阶次。认为箓乃"检劾三界官属，御运元元，统握群品，鉴骘罪福，考明功过，善恶轻重，纪于简籍，校诫宣示之文"。《太上三五正一盟威箓》（原书卷数不详，《正统道藏》作6卷），世传张道陵所作，为早期天师道之符箓。主要用于召神驱鬼，护卫身家。《四斗二十八宿天帝大箓》（1卷），早期天师道法箓，撰者不详。从内容文字看，当为南北朝时期的正一道士编集。本书纂集四种符箓，其中"黄神越章"，在早期天师道法箓中极为重要。《受箓次第法信仪》（1卷），作者及时代不详，从内容文字推测，似出于南北朝隋唐。记载正一道士授度法箓治职之次第。

大约于南朝后期，龙虎宗人物为了适应新的社会环境，对天师道教义进行了较为积极的创新，特别是对原先比较简单的天师道经文《正一盟威妙经》《三业六通之诀》《正一科术要道法文》等加以增饰、修改和扩充，从而形成一部内容涵盖南朝龙虎宗教义、教规、教仪和组织制度的新经典——《正一经》。该经从儒家思想中吸收了忠孝仁义作为修道之本，参用佛教因果报应以充实本教教义，还树立起“佐国佑民”的旗号，以寻求统治者的支持与民众的信奉。龙虎宗经南朝各代天师的不断改造和变革，虽然在整个南北朝时期还只是处在隐居改造变革阶段，没能在社会上造成广泛的影响，但维持与发展自有其积极意义。

在道教成长的关键南北朝时期，龙虎山天师道偏重于比较实际的道务，如符箓、炼丹等，几乎没有什么道教理论建树。炼丹要具有相当的经济条件，非一般贫苦人所能备办；符箓虽在民间形成影响，但几乎与巫术一样，处于道教的基础部分。简言之，受制于主客观条件，龙虎山道教并没有变为道教发展的主流。

二、上清派与江西道教的关系

上清派是南北朝时期最有影响的道派之一，与江西道教亦有较为密切的联系。

东晋哀帝兴宁二年（364），杨羲创作《上清经》31卷，传许谧、许翙父子，《上清经》因之行世，并逐步形成了一个新的道教流派——上清派。上清派在形成发展过程中，在相当意义上得力于江西道教。如前所述，上清派原本由天师道派流衍而来，奉曾任天师道祭酒魏华存为祖师。据说，魏夫人弟子杨羲修真得道后，与紫薇夫人诸仙游，诸仙各授学道口诀，并说群仙事迹。杨羲录其书，司马朗得之，尝有雷电光怪。陆修静又得之，遂隐庐山成道。① 由此，陆修静成为上清道的重要传人。事实上，陆修静整理包括大量“上清经”在内的三洞经书，为上清派的传播发展做出了不小的贡献，故上清派列他为第七代宗师。

上清派重大贡献者陶弘景，也与江西道教有些关联。陶弘景（456—536），字通明，自号华阳隐居，谥贞白先生，丹阳秣陵（今江苏南京）

① （民国）吴宗慈编撰，胡迎建注释：《庐山志》纲之七《杂识》，江西人民出版社1996年版，下册第643页。

人。齐梁时著名道教学者、炼丹家、医药学家。陶弘景曾隐居茅山传道，尊三茅真君（茅盈、茅固、茅衷）为祖师。他继承了老庄哲学和葛洪的仙学思想，主张道儒佛三教合流，并进一步整理以《上清经》为代表的道教经书，并据此创立了上清茅山宗，被列为上清派的第九代宗师。据唐李渤《真系·齐兴世馆主孙先生传》载，孙游岳，字颖达（一作玄达），东阳永康人。幼而恭，长而和。其静如渊，其气如春，甄汰九流，潜神希微。尝步赤松涧缙云堂，遂卜终焉之地。宋文帝太初中，陆修静至自庐岳游京师建康。孙游岳乃抠衣而趋，嗣承奥旨，授三洞并所秘杨真人许掾手迹。宋明帝时，又随陆修静至建康，参与校理道经，与褚伯玉、章灵民、朱僧摽交往密切。南齐永明二年（484），诏以代师，并任主兴世馆。孔德璋、刘孝标等争结尘外之好，名士沈约、陆景真、陈宝识等皆来就学[①]。后频谢病归山，朝命未许。至永明七年（489）五月，孙游岳内以挥神托化，沐浴称疾，怡然而终。门徒弟子数百人，唯陶弘景入室焉。孙游岳遂将乃师陆修静的“三洞”经书道法悉相传授给陶弘景。

自刘宋陆修静以来，道教界开始根据神灵的地位、影响，建构多层次的道教神祇排行榜。陶弘景在总结前人的基础上，编撰了《真灵位业图》，对传说中的天神、地祇、人鬼以及群仙真人分排座次，分为七个等级（共688位神仙）。第一等以元始天尊为主神，其他是各位天帝、道君、元君。第二等是以玉晨玄皇大道君为主神，配以魏华存、许穆等上清派创始人；第三等是以太极金阙帝君为主神，配以葛玄等灵宝派创始人；第四等主神为太清太上老君，配以张道陵等天师道领袖人物。此下直到第七等管理鬼魂之神。神灵系统的等级，大体上反映了当时道教发展的生态与情势，对此后道教的发展也产生了很大的影响。陶弘景建构道教神仙谱系，叙述道教历史时关注了江西道教。

陶弘景所立上清茅山宗，虽然已有别于传统的天师道，却也颇为注意维持与天师道的关系。《真诰》卷二《运象》：“清虚真人授书曰：夫

① 任继愈主编：《宗教大辞典》，上海辞书出版社1998年版，第774页。

黄赤之道、混气之法，是张陵受教施化，为种子之一术耳，非真人之事也。……”《真诰》卷十七《握真辅》：“梦见一人似女子，著乌毛衣，赍此二短折封书来。发读觉。见忆昔有此语，而犹多有所忘。”这两封短信，一封致许君（许迈、许穆），内容是“得书。知洗心谢过，甚叙虚心，相行复来。张生顿首”；一封致杨君（杨羲），内容是“近知来，有北行事，恨不面。今致黄长命一缕一枚。后复果不？张生顿首”。杨羲接着记录此梦曰：“又梦后烧香，当进前室。”陶弘景注曰：“此并记梦见张天师书信。云‘张生’者，即应是讳。今疏示长史，故不欲显之。又见系师注《老子内解》，皆称‘臣生稽首’，恐亦可是系师书耳。”在此，陶弘景显然有意地建构了上清派与天师道的特别关系，尽管是为了神化上清派人物和抬高上清派。

陶弘景对江西道教文化颇为关注，曾撰颂扬葛玄的武功山《仙公祠碑铭》：“九垓敻绝，七度虚悬。分空置境，聚气构天。物滋数后，化起象前。命随形转，神寄像传。霜野于衰，竹柏翠微。泉墟共往，彭羡独归。生因事摄，年以学祈。如金在冶，如帛在机。仙公珪警，临髫发颖。襄童比迹，项儒联影。濯质漪澜，凝心黛岭。虎变已摅，龙轫遂骋。朅来台霍，偃蹇兰穹。碧坛自肃，玉水不穷。巡芳沐道，怀古测衷。表兹峻碣，永扇高风。”①

传说，有三位女子仰慕陶弘景高超的道法医术，跋涉上茅山拜师。陶弘景不愿收女徒而拒之。三人因留在茅山自行潜心研究陶弘景的医学著作。陶得悉，十分感动，改变初衷，予以指点。三人学成南下，游历会稽、上虞等地，路过江西崇仁。正遇此地旱魃为虐，瘟疫横肆。三人安顿下来，为民治病，挽救了不少生命。然因过度劳累，积劳成疾。于公元536年又得悉师父陶弘景去世，悲伤不已。在梁大同年间（535—545），也先后离开人间。人们沉痛地将她们安葬于崇仁乌石弄边，后又

① （明）张程纂修，（清）张光勋增修，何明栋、罗宗阳校注：《武功山志》卷七《诗文》，《西山志略》《云居山志》《武功山志》《怀玉山志》《华盖山志》合集，江西人民出版社2002年版，第501页。

在三座大冢前建“三女庙”祀之。

总体而言，上清派能够在南北朝时期有显著的发展，与江西道教有着相当密切的关系，由此隋唐五代时期江西成为上清派弘扬的重要地区，也就有了历史渊源的解释了。

第四节 南北朝江西其他道教事迹

南北朝后期，江西的道教虽然维持发展，但有影响的道士并不多，或表明这一时期江西道教发展比较低迷。

一、谢灵运与江西道教事迹

谢灵运出自崇道世家陈郡谢家，《异苑》卷七《谢客儿》：“临川太守谢灵运。初，钱塘杜明师夜梦东南有人来入其馆，是夕，即灵运生于会稽。旬日，而谢玄亡。其家以子孙难得，送灵运于杜治养之。十五，方还都。故名客儿。”谢灵运幼时寄养于杜家以求护佑，以“灵”字命名，乃是从其天师道的信仰。[①]谢氏亦自称“弱龄而涉道”[②]，向往道家神仙人生。谢灵运本欲成为庐山慧远弟子，但慧远拒绝，其拒绝的理由是谢灵运对现实功利性的性格，心未定，其实还有一个原因是，谢氏对道教的亲近。

谢灵运有相当的道学造诣，追求潜心于山水的自然之美，自适自得。《宋书·谢灵运传》载其移籍会稽，修营别业，作《山居赋》云：“贱物重己，弃世希灵。骇彼促年，爱是长生。冀浮丘之诱接，望安期之招引。甘松桂之苦味，夷皮褐以颓形。羡蝉蜕之匪日，抚云霓其若惊，陵名山而屡憩，过岩室而披情。虽未阶于至道，且缅绝于世缨。”[③]谢灵运的《入道至人赋》亦表达了在山水之中做道家“至人”：“爰有名外之至人，乃入道而馆。真荒聪明以削智遁支体以逃身于是。卜居千仞，左右

① 陈寅恪：《天师道与滨海地域之关系》，载《金明馆丛稿初编》，三联书店2001年版，第157—158页。

② （萧梁）沈约：《宋书》卷六十七《谢灵运传》，中华书局1974年版，第1764页。

③ 顾绍柏校注：《谢灵运集校注》，中华书局1987年版，第328页。

穷悬，幽庭虚绝，荒帐成烟水纵横。以触石日，参差于云中飞，英明于对溜，积氤氲而为峰，推天地于一物。横四海于寸心，超埃尘以贞观，何落落此胸襟。”灵运以为“仙学者”“未阶于至道”，然其作《王子晋赞》《罗浮山赋》却显示其与道教洞天说颇有关联。如《王子晋赞》：“淑质非不丽，难以之百年。储君非不贵，岂若登云天。王子爱清净，区中实嚣喧。冀见浮丘公，与尔共缤翻。”

谢灵运活动于江西期间，亦有相应的道教活动。元代赵道一《历世真仙体道通鉴》卷十四《梅福》引《豫章职方乘》：“墨池在南昌县治。宋谢灵运尝居此一年，著《老子经隐述》并疏一部。”作为著名山水诗人，他对江西的道教风物亦多有关注。如其《游名山志》对临川华子冈（在今江西南城）的记录：“华子冈，麻山第三谷，故老相传：华子期者，禄里先生弟子，翔集此顶，故华子为称也。”[①] 其《入华子冈是麻源第三谷》诗曰：“南州实炎德，桂木凌寒山。铜陵映碧涧，石磴泻红泉。既枉隐沦客，亦栖肥遁贤。险径无测度，天路非术阡。遂登群峰首，邈若升云烟。羽人绝仿佛，丹邱徒空筌。图牒复磨灭，碑版谁闻传？莫辨百代后，安知千载前？且申独往意，乘月弄潺湲。恒充俄顷用，岂为古今然？”

二、庐山与玉笥山的道教事迹

南朝时期，庐山依然是江西道教发展的重要区域。除了陆修静开拓的庐山道教事业外，不少道士在此也活跃，道教成就突出。

“南岳九真”之一、为宋徽宗赐号“通微集虚真人”的王灵舆，与庐山颇有关联。王灵舆（？—512），九江人。性和缓，勤志于道。始居庐山五老峰潜心修真。相传，某夜，王灵舆梦一神人言：“得道者各有其地，如植五谷于沙石中，则不能成。既有飞升之骨，当得福地灵墟，可以变化。虽累德以为土地，积行以为羽翼，苟非其所，则魔坏其功，道无由冀矣。”王灵舆问：“可栖者何地？”神人答：“朱陵之上峰，紫盖之邻岫，可以冲天矣。”王灵舆因自庐山迁至南岳中宫，修行十二载，复迁

① （清）严可均辑：《全上古三代秦汉三国六朝文》，中华书局1958年版，第2616页。

朱陵洞东的九仙宫。梁天监十一年（512）七月十三日飞升成仙。据说，王灵舆在南岳，常往来于峰壑之间，为山民治病，劝山民行善。他在山上种了很多玉簪花，山民为了纪念他，名之为灵舆花。又，王灵舆渡浔阳江时，船上三十多人被溺，惟灵舆得救，他上岸后，不愿独生，复投江中。不久，灵舆和同船人都被浪推送到沙滩上，安然无恙。又，王灵舆仙举五百年后，孙沔职任永州时，梦一道者相告，道者所在的道观田产为邻人所没，乞赐清厘。不久，孙沔谒南岳九仙观，见灵舆像极梦中人，遂核其祠产，果为邻所侵，为厘正之。[①]

南齐永明元年（483），道士宋文超于庐山南麓星子县西二十里处创建灵溪观，以纪念在此地修炼仙道的秦末“三将军”。又，道士张施深（或作“张法施”）隐庐山康王谷中，学老子术。梁武帝闻而嘉之，大同二年（536）诏以其栖隐地为康王观（一说名景德观）。[②]

南朝萧梁年间，高道杜昙永携弟子钱文咏、萧子云等至玉笥山积极兴复道观，重振了玉笥山道教，玉笥山一时又成为江南道教名山。杜真人[③]，名昙永，字元老（或说号元老）。三辅京兆人，世业蝉联。大命南迁，寓家吴都钱塘，释褐为大司马，与侍郎萧子云外勤道学，内修道真。齐梁革命，慨然兴叹，挂冠长往，脱迹繁华，远游岗陇，临眺峨眉，已逾八载。后过勾曲，访道寻真，精专法门，谦让缄默，人莫知其所修。梁天监中[④]，携门人司门员外郎钱文咏自钱塘轻舟载家南上，至玉笥山，乃建清虚馆以处。于时林木阴森，去居民远甚，真虎兕之穴，而居之不疑。门人受道继踵而来。次年，入大秀洞天，竭其携资重建清道宫，萧子云助钱百万成之。杜昙永自制碑记以纪其盛。置洞西、山西、大陇、

---

① 王灵舆事迹综合《三洞群仙录》七引《高道传》、《历世真仙体道通鉴》卷二十八《王灵舆》所写，参见湖南省道教文化研究中心编：《道教与南岳》，岳麓书社 2003 年版，第 18 页。

② （民国）吴宗慈编撰，胡迎建注释：《庐山志》纲之五《历代人物》，江西人民出版社 1996 年版，上册第 567 页。

③ 戴训超整理：《玉笥实录》卷二《杜真人》，江西人民出版社 2020 年版。

④ 按，《玉笥实录》卷二《杜真人》记为“梁天监甲子”，然梁天监中并无“甲子”年，故采用清雍正《江西通志》卷一〇三《仙释》“杜昙永”条所记的“梁天监中”。

南坑、小栎、孤源等田，以待修真之士。结亭待鹤，疏池洗墨。普通七年（526），梁武帝闻其风姿，赐号“金阙先生”。萧子云亦自江表来，以师事之，为立碑颂德。其后杜昙永与门人钱文咏修九转还丹之秘，灵真屡降，于太白峰顶白日飞升，家属俱为地仙隐洞中。又，萧子云（487—549），字景乔，南兰陵人。齐高帝萧道成孙，萧子显弟。齐时封新浦县侯。梁天监初，迁丹阳尹丞。累官至侍中、国子祭酒，领南徐州大中正。梁武帝中大通三年（531）曾为临川内史，在郡以和理称，民吏悦之。后死于侯景之乱。才学不凡，著有《晋书》《东宫新纪》等。正史《梁书》萧子云本传并没有提及他与道教的关联，但道教文献则记载他是一个知名当时的道教徒，其人生履历与正史所记也有相当的不同。据《玉笥实录》卷二《萧真人》、《历世真仙体道通鉴》卷三十一《萧子云》、雍正《江西通志》卷一〇三《仙释》“萧子云”条等载，萧子云幼而好道，志尚正静，不乐仕进。虽为名宦，每逢文人，密与谈笑。累迁丹阳郡丞，寻擢黄门侍郎、司徒左长史。致仕归家，常携家人游江表名山。一日挂帆来至玉笥山，初至清虚馆。时杜昙永已于玉笥山得道，乃南齐故寮，相识情好。萧子云以师礼之，往来咨问，颇得其秘，因亲制文勒石称颂杜德。后过玉笥山之东南连山重崖间，修真炼丹，留有“萧山”名号及坛炉药臼遗迹。会梁武帝任玺书来召，与子萧特委家入朝。既至，迁侍郎。梁太清元年（547），侯景反叛，诛戮朝臣。萧子云年逾六十而位崇爵显，恐不免祸，遂亟还萧山，复居清虚馆。五年后，忽神降曰：“馆之东北有郁木坑，水自东注，可以久居。”乃徙寓焉。萧子云历二纪成道得仙，上帝赐玉册，诏封“九州长史”（或说“元洲长史”），仍司玉笥山郁木福庭之籍。家众八十二口同隐，世不复见。后人入洞，往往见其居宅，若专志求访，则不可得见。或说，萧子云曾师从于上清派大师陶弘景，著述很多。

另外，据《天监起居注》记载，梁武帝统治前期，庐陵太守王希聃曾于玉笥山获“龙泉铜剑二口”。由此可推测，在梁武帝时代，玉笥山应是江南道教的一大活动中心。

三、其他较有代表性的道教事迹

许逊崇拜到南北朝时，道教化明显。许逊徒裔万太元于刘宋永初中（420），在乌石峰许逊飞升故居修建三重宝殿，开始祭奉许逊。豫章西山许仙祠的管理者宣说“许真君尝以五色帷施黄堂谌姆祠，及仙去，锦帷飞还，旋绕故宅之上”的故事，将许仙祠改为道教化的游帷观。刘宋刘义庆《幽明录》、萧齐刘澄之《鄱阳记》均有许逊“事迹”的记录。说明至迟于南朝开始，许逊的故事已较为广泛地流传。都昌大矶山，一名望仙山。“世传许旌阳拔宅飞升，苏耽于此望之。”① 另外，齐永泰年间，道士胡后山在瑞河边的许逊外甥兼弟子的钟离嘉故宅，创建钟玉院。

道教文献记载南朝江西本土两位道士的事迹。一是以孝道知名的冯伯达。《洞仙传·冯伯达》载，冯伯达，豫章建昌人。世奉孝道，精进济物。道民陈辞得旨，与戴矜生相似，又是同时人。元嘉中，伯达下都，后寄戴乡人还，南行至梅根，阻风连日。伯达谓船主曰：欲得速至家，但安眠，慎勿开眼。其夜，闻舫下刺树杪而不危抗，窃有窥者，见两龙挟梁翼船，迅若电逝，未晓到舍。伯达寻入庐山不返。② 二是精心修道的女冠李令称。《上清道类事相》卷一《仙品观》载，李令称，庐陵女冠。少出家离俗入庐山，于千福乡延静里造精舍，名曰华馆（华林馆）。另外，清雍正《江西通志》之《仙释》，还记载了数位南朝时期活动于江西的道士事迹：（一）安道士，不知何许人。宋元嘉中，披服巾褐，栖赣之赤石山中数十年，忽失所在。后有复见之者，竟不可接近。（二）左夔，建业清溪港人。齐梁间，慕吴凤冈因徙居焉。时人为作道院，曰清溪观。年百有八岁卒。（三）蔚炼师，名文光。萧梁大同中隐居龙山，炼丹修真得道，白日升举。又，卢度，字孝章，南朝齐始兴人。有道术。少随张永北攻魏，战败，渡淮水南还，遂隐于庐陵西昌三顾山，传能与鸟兽池鱼呼应。预知死期，与亲友别。齐武帝永明末，以寿终。

---

①（清）金桂馨、漆逢源编纂，陈立立、邓声国整理：《万寿宫通志》卷九《考》，江西人民出版社 2008 年版，第 149 页。

②（宋）张君房辑：《云笈七签》卷一一〇，齐鲁书社 1998 年版，第 605 页。

南朝江西道教的发展，还体现在道观的建设上。在晋代52所道观的基础上，南朝江西又新增十余所，分布于今九江、新建、奉新、峡江、萍乡、都昌、余干、德安、彭泽、南康等10县（市）。就地方志及相关史籍所见，主要有以下建设事实：（一）余干清溪观，梁天监中建，相传为白水真人吴丹修炼之所。（二）江州冲阳观，梁普通三年（522）刺史邵陵王奏置，诏造。（三）庐山紫霄峰下的崇善观，始建于梁武帝大同二年（536），鄱阳太守杨友江置。（四）梁武帝大同年间，官方在西晋新吴（今奉新）道士刘道成的故宅建阊业观，以祀之。（五）梁大同三年（537），在上饶灵山西峰之下，置葛仙观，以尊崇葛玄。（六）据说，武功山受到朝廷的重视，与南朝末陈霸先平定侯景之乱入武功山武真人暗中协助有关。《武功山志》“灵验志”载：陈武帝时，欧阳頠由长沙率军间道赴义，望风遥祷。梦仙耆揖曰：“吾家西昌，寓此。公兴师助顺，当为公先驱。”頠以报帝曰：“此武功之谶也”，遂进兵下鄱阳，入金陵，平侯景，受梁禅，即帝位，遣官赍香帛祀焉，因封为武功云。

第五节　南北朝道教文学的进一步发展

南朝时期，江西道教发展，道教文学也进一步发展，丰富了江西道教文化的内容，也宣扬了江西道教文化。道教经典，有相当部分都可列入文学作品之列，如陆修静创作或整理的诸多道教文献。还有如本节所引用的不少神异故事，也是道教文学的内容。这些在南朝时期的江西显得比较丰富。

一、陆修静“步虚词”的开创

步虚或步虚词，是道教举行斋醮时唱诵的一种曲调和诗体，是一种典型的道教音乐文学。魏晋以来，步虚已在道教斋醮仪式中虽有所使用，却不规范、不系统、不统一，故其间步虚词少有留传，直至南朝初期陆修静系统整理改革道教斋仪之后。陆修静是迄今为止所知的明确最早使用“步虚”一词者，是真正将步虚列为道教斋仪的重要人物。

陆修静在《洞玄灵宝说光烛戒罚灯祝愿仪》中，指出学道之士吟咏的《步虚词》是效法天宫中神仙巡行时吟诵之声，其书云："圣众及自然妙行真人，皆一日三时，旋绕上宫，稽首行礼，飞虚浮空，散花烧香，手把十绝，啸咏洞章，赞九天之灵奥，尊玄文之妙重也。今道士斋时，所以巡绕高座，吟诵步虚章，正是上法玄根，众圣真人朝宴玉京时也。行道礼拜，皆当安徐，雅步审整，庠序俯仰，齐同不得，参差巡行，步虚皆执板当心。冬月不得拱心，夏月不得把扇，唯正身前向，临目内视，存见太上在高座上，注念玄真，使心形同。"

在陆修静的灵宝斋法里，吟咏《步虚词》成为重要节目。陆修静创制了《升玄步虚章》《灵宝步虚词》《步虚洞章》等，这些都是典型的步虚词，惜其大多具体词句早已散佚。另外，陆修静在其所撰的《太上洞玄灵宝授度仪》中，收录了十首步虚词。它们或许并非陆氏所作，但经他整理应是没有疑问的。今人所见的道教早期的《步虚词》即是大约成书于南朝梁陈的《太上玉京山步虚经》(《洞玄灵宝玉京山步虚经》)中所录通称《灵宝步虚》(《升玄步虚章》)，而这正是陆修静收集、整理过的内容。其第一首云："稽首礼太上，烧香归虚无。流明追我回，法轮亦三周。玄愿四大兴，灵庆及王侯。七祖升天堂，煌煌曜景敷。啸歌观大漠，天乐适我娱。齐馨无上德，下仙不与俦。妙想朗玄觉，诜诜乘虚游。"这些《步虚词》都采取五言诗形式。其第二、三两首是："旋行蹑云纲，乘虚步玄纪。吟咏帝一尊，百关自调理。伏命八海童，仰携高仙子。诸天散香花，翛然灵风起。宿愿定命根，故致高标拟。欢乐太上前，万劫犹未始。""嵯峨玄都山，十方宗皇一。岧岧天珠宝店台，光明焰流日。炜烨玉林华，茜粲耀朱实。常念餐元精，炼液固形质。金光散紫微，窈窕大乘逸。"在此，步虚词内容就是描写、渲染神仙世界的景象。而旋绕香案游行的仪式，是以虚拟的行为来表现上升天界的宗教玄想，具有祈祷祝愿的意义。[①]其庄严宗教、宣扬宗教也更为具体地展现出来。步虚词尽管深奥晦涩，但却是一种较有力的崇教、弘教方式。

---

① 孙昌武：《诗苑仙踪：诗歌与神仙信仰》，南开大学出版社 2005 年版，第 134—135 页。

通过陆修静创作、整理，步虚词成为道教斋醮科仪中不可或缺的内容，也成为一种特色鲜明的道教文学（诗歌）体裁，在弘扬道教文化中发挥了特别的作用。或者可以说，正是陆修静，开创了道教文学的一种新体裁——步虚文学。

二、涉道诗文的创作

南朝时期，不少活动于江西的外地文人纷纷创作涉道诗文，以寄托自己的道教情怀，由此不仅弘扬了江西道教文化，也对江西道教文学做出了贡献。

大约在江洲任庐陵王刘绍南中郎咨议参军期间，谢庄（421—466）创作了道意浓浓的《游豫章西观洪崖井》："幽愿平生积，野好岁月弥。舍簪神区外，整褐灵乡陲。林远炎天隔，山深白日亏。游阴腾鹄岭，飞清起凤池。隐暖松霞被，容与涧烟移。将遂邱中性，结驾终在斯。"[①]

吴迈远（？—474），曾任江洲从事，登临庐山，作有《游庐山观道士石室诗》："蒙茸众山里，往来行迹稀。寻岭达仙居，道士披云归。似著周时冠，状披汉时衣。安知世代积，服古人不衰。得我宿昔情，知我道无为。"[②] 诗句较为直观生动地描绘了道士的形象及其生活。

宋明帝泰豫元年（472），江淹随建平王刘景素赴任荆州刺史途中，登游庐山，因有《从冠军建平王登庐山香炉峰》诗："广成爱神鼎，淮南如丹经。此山具鸾鹤，往来尽仙灵。瑶草正翕艳，玉树信葱菁。绛气下萦薄，白云上杳冥。中坐瞰蜿虹，俯伏视流星。不寻遐怪极，则知耳目惊。日落长沙渚，曾阴万里生。藉兰素多意，临风默含情。方学松柏隐，羞逐市井名。幸承光诵末，伏思托后旌。"诗仙气盎然：庐山草木葱茏，鸾鹤翔舞，白云缭绕，紫气升腾，是修仙学道的好地方。诗人神游于天地之间，诗的意象世界——"鸾鹤""仙灵""瑶草""玉树""绛气""白云""蜿虹""流星"被诗人的仙道意识赋予了一种"连续性"。[③]

① 逯钦立辑校：《先秦汉魏晋南北朝诗》，中华书局2017年版，第1252页。

② （民国）吴宗慈编撰，胡迎建注释：《庐山志》纲之六《艺文》，江西人民出版社1996年版，下册第138页。

③ 萧驰：《诗与它的山河：中古山水美感的生长》，三联书店2018年版，第196页。

彭城刘孝绰（481—539）在参与昭明太子萧统文学集团期间，与陆倕交好，诗文相酬。其《酬陆长史倕》诗云：“庐阜擅高名，岧岧凌太清。舒云类紫府，标霞同赤城。”[①] 诗人在想象中，鼓吹和赞叹了庐山崇高的神仙境界。

梁简文帝萧纲（503—551），对神仙之山庐山颇为向往，曾作《应令诗》赞叹庐山，其中有云：“树庐岳兮高且峻，瞻派水兮去泱泱，风散花兮传馨香。临清波兮望石镜，瞻鹤岭兮睇仙庄。”[②] 诗句将庐山的“仙气”揭示得可谓淋漓尽致。

南朝陈释惠标《咏山》诗之一：“灵山蕴丽名，秀出写蓬瀛。香炉带烟上，紫盖入霞生。雾卷莲峰出，岩开石镜明。定知丘壑里，并伫白云情。”[③] 诗人是佛僧，诗却从道家的眼光赞美庐山奇景，抒发的也是类似于道家的隐逸情怀。

梁元帝时，清河张正见任通直散骑常侍，后迁彭泽令。因战乱，曾避世庐山。《游简寂观》：“三梁涧本绝，千仞路犹通。即此神山内，银榜映仙宫。镜似临峰月，流如饮涧虹。幽桂无斜影，深松有劲风。惟当远人望，知在白云中。”[④] 诗对简寂观风物作了夸张的描述，同时表达了愿意从道隐逸的情怀。

庐山道教碑刻中以《广福观碑》《简寂观碑》最为著名。前者为宋永嘉太守谢颢所撰，书记匡续事迹，从文学上而言没有多少新意。后者为南朝梁司徒长史、太子仆射沈璇所写（梁天监十四年十一月立碑），主要记述和赞颂刘宋陆修静以来的庐山简寂观道教事，颇有文采。

南朝时期，文化底蕴深厚的庐山顺利地转型为南方儒佛道三教名山，成为文人活动的重地，创作出了一批影响不凡的道教文学。而江西的其他地方，除豫章外，都显得十分的落寞。

---

① 逯钦立辑校：《先秦汉魏晋南北朝诗》，中华书局2017年版，第1834页。

② 逯钦立辑校：《先秦汉魏晋南北朝诗》，中华书局2017年版，第1978页。

③ 逯钦立辑校：《先秦汉魏晋南北朝诗》，中华书局2017年版，第2621页。

④（民国）吴宗慈编撰，胡迎建注释：《庐山志》纲之六《艺文》，江西人民出版社1996年版，下册第140页。

三、道教人物传记的编撰

南北朝是道教兴盛的时期，道教人物传记的创作，亦进入到了一个新的阶段。围绕江西地区的一些道教人物，创作出了传记，不仅宣扬了江西道教，而且在道教文化史、文学史上应有其地位。

《葛仙公别传》，或作《葛仙翁别传》《太极左仙公葛君内传》《太极左仙公神仙本起内传》，撰者、卷数不详。早佚，其佚文散见诸书征引。从所见佚文，《葛仙公别传》主要叙述葛玄吐火事、请雨事、投符于水事等，并神化其成就仙道的事迹。

《雷焕别传》，作者、卷数不详。围绕着雷焕与宝剑的关系展开故事情节。鄱阳雷焕，善星历卜占。晋司空张华夜见异气起牛斗，因问雷焕："见之乎？"雷焕答："此谓宝剑气。"张华道："时有相吾者云'君当贵达，身佩宝剑'，此言欲效矣。"乃以雷焕为丰城令。雷焕至县，移狱，掘入三十余尺，得青石函一枚，中有双剑，文采未甚明。雷焕取南昌西山黄白土，用拭剑，光艳照曜。乃送一剑并少黄土与张华，自留一剑。张华得剑并土，曰："此干将也，莫耶已复不至，然天生神物，终当合耳。"乃更以华阴赤土一斤送与雷焕。雷焕得磨剑，鲜光愈亮。及张华诛，剑亡玉匣，莫知所在。后雷焕亡，雷焕子爽带剑经延平津，剑无故堕水，令人没水逐觅，见二龙长数丈，盘交，须臾，光采微发，曜日映川。[①] 此显然是借古已有之的关于干将、莫邪宝剑的传说，附着于张华、雷焕，敷演而成。故事情节完整，生动有致，充满奇幻色彩，颇具仙道小说品格。

《张君内传》，又作《正一真人三天法师张君内传》，1卷，早佚，不题撰人，或托名王长撰。其主要内容推测是记载天师道创始人张陵修道、弘道、成道的遗闻逸事，是赞颂张陵道教功业之作。又，《仙人马君阴君内传》，1卷，早佚，不著撰人，或托名赵升撰，其主要内容是记叙马明生、阴长生的仙道事迹。按：王长、赵升为张陵弟子，则其大约与张陵

① （宋）李昉等：《太平御览》卷三四三《兵部七十四·剑中》引校录，中华书局1960年版，第1577页。

同时。其时，道教初创，神仙体系尚不完备，故此两传当不是出自王、赵二人之手。真人传记的大量造作，始于上清派兴起之时。此两传又与天师道相关，天师道在汉末及魏晋时期往往与结社及农民武装起义相关联，恐无暇造传。故此两传当是寇、陆等对天师道的改造之后产生的，亦即或为南北朝人所作，托名为王长、赵升。[①]

南北朝时期，为了适应皇权重振的要求，应对来自佛教的挑战与威胁，道教主流积极追求政治上的合法化正统化，更加务实地不断地迎合、趋附于现实政治。寇谦之、陆修静、陶弘景等以相当大的精力对"三张"道教进行了改革，创制道教斋仪，使道教斋醮仪范得以基本完备，并编纂、充实、撰著道教典籍，成为中古道教维持与发展的重要内容，促使道教向成熟阶段又迈进了一大步，大大提高了道教在当时的生命力、发展力和影响力。陆修静的道教活动，与江西密切相关；陶弘景的上清茅山宗的创建，也不离江西道教文化，由此江西道教无论形式还是内容都普遍地成熟起来，进入到了一个新的发展阶段。

① 熊明：《汉魏六朝杂传研究》，中华书局2014年版，第333页。

隋唐五代篇

第六章 隋唐江西道教的全面展开

隋唐尤其是唐，国家崇重道教，江西道教活动得以全面展开。道人活跃，宗派发展，理论提升，道法道术丰富。其中，天师道仍然是诸道派的基础，但上清派却在道教文化中占主流地位。外丹术更加完善，内丹术亦潜滋暗长日渐成为一大潮流。唐朝统治者开始有意识地关注江西道教，并予以了积极的扶植。

第一节 隋唐江西道教发展的政治文化生态

隋唐统治者崇重道教，采取了积极扶持的政策措施，道教进入到了一个发展的新时代。江西道教文化生态在内外积极因素的影响作用下，不断推陈出新，奠定了本区道教进一步发展的基础。

一、道教正统化及其发展新情势

公元581年，北周权臣杨坚（隋文帝）发动政变而肇建隋朝。公元589年，隋灭南朝陈，结束了长达近300年的中国分裂割据局面。隋朝统治者比较励精图治，其政治、经济、文化都得到比较全面的进步。自小亲佛的隋文帝，却也崇重道教。据《隋书·高祖纪》载，隋文帝在强调“儒学之道”为治国根本的同时，认为“佛法深妙，道教虚融，咸降大慈济度群品”，行三教并举之政策，对道教予以了较大程度的尊重。隋炀帝杨广，与乃父一样，佛道并尊。而他幻想长生，更重道教。大业年间，炀帝对茅山道士王远知执弟子礼、敕修《老子变化经》、建嵩阳观求取丹药，由此道士以术进者甚众。隋朝还设立玄都观，研究三教之学，整理道教教义，编辑包罗宏富、体系完备的《玄门大义》；开展玄门讲经活动。与此同时，炀帝强化了对道教的管理。朝廷置立崇玄署，任命令、丞等职，专门负责宗教事务。在地方郡县中，改道观为玄坛，置监。这对于道教在国家政治中的规范化发展具有相当积极的意义。总体而言，隋朝扶植和尊崇道教，使道教较之前代在维持中又有了新的发展。

隋末天下纷乱，中原逐鹿，最终李渊（唐高祖）于公元618年建立唐朝。李唐皇室出自陇西且有浓厚胡族血统，属非传统世族门阀，为了宣扬皇朝的合法性和崇高性，自立国伊始，即利用老子（李聃）姓李，攀为同宗。由此大力张扬道教，采取了一系列尊崇道教的政策措施。一是尊老子为祖。武德七年（624），高祖亲临终南山楼观拜谒老子像，下诏改楼观为“宗圣观”。其后，李唐历代帝王奉老子为祖是为定制。例如，《旧唐书·高宗纪》载，乾封元年（666）二月，高宗“次亳州，幸老君庙，追号曰太上玄元皇帝，创造祠堂”。此后，老子祭祀列入国家祭祀。玄宗对老子更是尊崇，曾自言：“恭惟老氏，国之本宗，遗述玄经，朕之夙好。”[①] 玄宗在祭祀老子时或下令各地建玄元皇帝庙的诏书中都大肆歌颂了老子的功绩。如《命两京诸路各置玄元皇帝庙诏》：“我烈祖元（玄）元皇帝，禀大圣之德，蕴至道之精，著五千文，用矫时弊，可以理国家，超乎象系之表，出彼明言之外。”[②] 同时，玄宗不断给老子

① （唐）李隆基：《一切道经音义序》，（清）董诰等：《全唐文》，中华书局1983年版，第448页。

② （清）董诰等：《全唐文》，中华书局1983年版，第350页。

加赐尊号。天宝二年（743）、天宝八载（749）、天宝十三载（754）分别于“玄元皇帝”前上尊号“大圣祖”“圣祖大道皇帝”“大圣祖高尚大道金阙玄元天皇大帝”。二是积极弘扬《老子》道家文化。太宗诏令卢思道校订《老子》，刻石，与儒教的五经并列；还请高僧玄奘将《老子》译为梵文以推介到天竺。高宗规定王公百官学习《老子》。玄宗开元二十一年（733）正月，诏令天下士庶必须家藏《老子》一本；开元二十三年，玄宗亲注《老子》。朝廷还采取措施收集、整理道书，大约成书于高宗、武则天时期的《一切道经》及开元年间敕令编纂的《一切道经音义》开道籍成藏的先河。玄宗主持编纂并诏令传写公布的《开元道藏》，收录各类道书 3744 卷（或说 5700 卷、7300 卷）。三是积极培养道家道教人才。例如，开元二十九年（741）正月，玄宗颁布《令两京诸路各置玄元皇帝庙诏》，规定两京及诸州“兼置崇玄学，生徒于当州县学生数内，均融量置，令习《道德经》及《庄子》《文子》《列子》。待习业成后，每年准明经举送至省。置助教一人，委所由州长官于诸色人内精加访择补授，仍稍加优奖”[①]。天宝十三载（754），玄宗《令写玄元皇帝真容分送诸道并推恩诏》曰：“自今已后，常令讲习《道德经》，以畅微旨。所置诸学，须倍加敦劝，使有成益。是知真理深远，宏之在人。不有激扬，何以励俗。诸色人等，有能明《道德经》及庄、老、列子文者，委所由长官访择，具以名闻。朕当亲试，别加甄奖。”[②] 长庆二年（822），穆宗敕令士民入道籍者，须能精熟《老子》《度人经》《黄庭经》等。为了培育高质量的道教人才，唐朝还在科举中增设“道举”。高宗上元元年（674），皇后武则天上表，请求把《老子》列为各级官员的必读书和国家考试的“上经”。次年，科举明经科正式加试《老子》。神龙元年（705），中宗令天下贡士兼习《道德经》。开元二十一年（733），玄宗命贡举加试老子策。道举暂停于宝应年间，后又间断性复旧。四是行三教并尊而偏重道教的政策。高祖确定三教的次序为道先、儒次、佛末。武德八年（625），

---

① （清）董诰等：《全唐文》，中华书局 1983 年版，第 350 页。

② （清）董诰等：《全唐文》，中华书局 1983 年版，第 351 页。

高祖明确诏令："老教、孔教，此土先宗，释教后兴，宜崇客礼，令老先、孔次，末后释宗。"[①] 太宗于贞观十一年（637），颁《令道士在僧前诏》："朕之本系，起自柱史。今鼎祚克昌，既凭上德之庆；天下大定，亦赖无为之功。宜有改张，阐兹元（玄）化。"[②] 再次肯定了以道教为上的三教排列秩序。道教总体上成为皇家宗教，与帝制的上层建筑融为一体。另外，唐统治者多有褒奖、优礼著名高道的故事，高道入朝参政，升官晋爵得赐者不乏其人。例如，高宗予以高道潘师正、尹文操、叶法善等人极其优渥的待遇，或为其建造宫观，或封赠名号。睿宗曾诏见名道司马承祯。玄宗诏见张果、尹愔等道士并封官赐物，甚至亲从道士司马承祯、李含光受法箓。武宗也曾从道士赵归真受箓。有唐一代，国家对道教的支持可谓不遗余力。即使是武则天执政期间，在政治上对道教有所抑制，但仍利用道士宣说政治符瑞，作章醮、投龙等；其个人生活中，特重养生，常令道士合药。唐代帝王崇信道教，有的甚至到了迷信的程度。如《旧唐书·礼仪志》记："玄宗御极多年，尚长生轻举之术。于大同殿立真仙之像，每中夜夙兴，焚香顶礼。天下名山，令道士、中官合练醮祭，相继于路。投龙奠玉，造精舍，采药饵，真诀仙踪，滋于岁月。"[③]

唐统治者致力于加强对道教的规范管理。例如，将孝道文化贯彻于包括道教在内的宗教政治之中。贞观五年（631），太宗敕令道士要致拜父母。龙朔二年（662），高宗发布拟实行"令道士女冠僧尼，于君皇后及皇太子其父母所致拜"的敕旨。开元二年（714），玄宗颁布"令道士女冠僧尼拜父母敕"。开元二十一年（733），玄宗再度下令僧道士必须致拜君亲。玄宗于宗正寺内设崇玄署，专职掌管道教事务。高宗仪凤三年（678）始，将一些道士、女冠纳入皇家宗正寺管理。开元二十五年春

① （唐）道宣：《续高僧传》卷二十五《唐京师胜光寺释慧乘传》，中华书局 2014 年版，第 940 页。

② （清）董诰等：《全唐文》，中华书局 1983 年版，第 73 页。

③ （后晋）刘昫等：《旧唐书》卷二十四《礼仪志四》，中华书局 1975 年版，第 934 页。

正月，玄宗下制："道士、女冠宜隶宗正寺。"[①] 唐代继承了隋代设立的道门威仪一职，在京师设有左右街道门威仪，主管京师道观道士，兼领全国道门之责。在各州县、道教名山、重要宫观一般也设此职，人员一般由朝廷直接任命。一个时期内，朝廷官府还曾设置"监"职管理知名道观。唐代道教宫观的管理制度，继承六朝以来传统设观主（法主、院主、洞主）、上座等职位，且增设了监斋。自玄宗天宝七载始，朝廷设置由世俗官员担任的宫观使，直接参与道教教团的管理。朝廷实行度牒制度，每年有限地发放度牒额度。唐律将私度罪列为律条，道士女冠"非是官度，而私入道，及度之者"则犯"私入道"罪，"诸私入道及度之者，杖一百；已除贯者，徒一年。本贯主司及观寺三纲知情者，与同罪"[②]。唐统治者对道教予以严格管理，这既有利于宗教政治的安全，也有利于道教的健康发展。

隋唐大一统，道教因有更广泛的传播空间，经典、知识与技术得以全面而深入地交流、融合。"使原先个性十分鲜明的各个道派，逐渐在教理教义和宗教仪式上，都互相渗透，呈现出你中有我，我中有你的状况，难以区分。"[③] 唐代代表性的道派有：上清派、天师道、灵宝派、三皇派、重玄派、清微派、北帝派、楼观道、孝道派、洞渊派等。其中，上清茅山宗是最有影响的宗派。王远知、潘师正、司马承祯、李含光、吴筠等上清茅山宗师，不仅以道法紧密地效劳于现实政治而赢得统治者的青睐，而且注意自我清整，力辟道门的歪风邪气，以存神服气为主，辅以诵经、修功德；不重符箓、斋醮与炼丹，贬斥房中术，成为道教中的上乘道派。安史之乱后，以天师道为主的其他派系努力扩大自己的影响，上清派在朝中的至尊地位虽受到影响，但在众多的道人、士人心目中，茅山仍然是道教最为神圣之地。由于唐代各地道教教派互相竞争、融汇，使得其教理教义向纵深和细密的方向发展，而以提倡存神服气而不重符箓、斋

① （后晋）刘昫等：《旧唐书》卷九《玄宗本纪下》，中华书局1975年版，第207页。
② （唐）长孙无忌：《唐律疏议·户婚》"私入道"条，中华书局1983年版，第235页。
③ 卿希泰主编：《中国道教史》（第二卷），四川人民出版社1996年版，第119页。

醮和丹药的茅山上清派为最。上清高道们充分发挥上清经的心性理论，适应时代的潮流，促成了道教从外丹向内丹转型的倾向。

南北朝以来，以上清派为代表的道教主流一直边缘化“老子”。隋唐之际，上清派大师潘师正著《道门经法相承次序》叙述神仙的品级，宣称“自玄教玉京以来，合有三十六天”；“最上一天名曰大罗天”，“三世天尊治在其内”，太上老君即是元始天尊的弟子。潘氏特别强调，《道德经》“乃是大乘部摄，正当三辅之经，未入三洞之教”，并批评当时道人，“学多浮浅，唯诵《道德》，不识真经”。潘氏此举，抑制“老子”的意味明显。然而，随着唐朝建立及“老子文化工程”的展开，老子在道教中的地位得以崇高。道教努力彰显名教，迎合皇权，编造老子“一气化三清”说，重新恢复了老子“大道之主宰，万教之宗元”的地位。由此，上清派对老子态度也发生了明显的变化。在潘师正之后，上清派人物不再非议老子，转而重视老子，通过“玄之又玄”的模式阐释老子思想，发展出影响时代的“重玄学”。①

唐朝崇重老子，天师道恢复并有日渐张大之势。贞观年间，释智实向朝廷上《论道士处僧尼前表》云：“今之道士不尊其法，所着衣服，并是黄巾之余，本非老君之裔，行三张之秽术，弃五千之妙门，反同张禹漫行章句。从汉魏以来，常以鬼道化于浮俗，妄托老君之后，实是左道之苗……”② 这虽为佛徒贬道之言，仍在一定意义上说明，天师道在当时影响非小。唐以来，天师道已在全国多地复兴。除了龙虎山人物外，著名的天师道士有高宗朝的刘道合、睿宗至玄宗朝的叶法善、玄宗朝的张探玄，等等。例如，张探玄，家世南阳，张陵后裔。文明初（684），度为仙官，隶本郡明山观道士。开元初，补西京景龙观大德。随后又历任东都道门威仪使、圣真观主和玄元观主等要职，被谓为“斧缋妙门，光

---

① 胡孚琛、吕锡琛：《道学通论——道家·道教·仙学》，社会科学文献出版社1999年版，第202页。

②（唐）道宣：《续高僧传》卷二十五《唐京师大揔持寺释智实传》，中华书局2014年版，第947页。

传法印，兴复乃烈，是生贞元”[①]。说明张探玄是“兴复”天师道的重要人物。又，《三洞群仙录》卷十引《续仙传》记，处州松阳乃张天师修真之所，邓去奢于此结庵以居，朝夕焚修。山南有一巨石，邓尝坐山南的一巨石上，感神人前来相告：“天师丹剑在此石下，可以取之。”邓道：“此石天设，非人力可加。”神人言：“动修不怠，丹剑可致。”邓如其言，不三年神人送丹一斗，剑一柄。邓后施丹治病，救济世人，最终功成上升。又《三洞群仙录》卷二十引《天师符记》，嘉川县宋江之中，“有聚石曰天师殡鬼堆，江傍巨石有文突起曰天师符，如利如刻，如钩如勒，如籀篆而尊雄劲毅，如甲胄猛士仗剑而立，凶邪视之，孰不股栗，士人以纸墨印用，能辟邪。元和七年仲春，安行罢官叩南，道由益昌，华人张当世时知绵谷县，辄以天师符见赠曰：‘非吾乡属，不可得也。’于是置其符书箧中以归，半年发箧而鼠碎群书，独符无毫发伤。”另外，晚唐杜光庭《道教灵验记》中，涉及张天师的就有：“昭成观壁画天师验”“陵州天师井填欠数盐课验”“李环梦遇天师告授陵州刺史验”“谢贞精意圬墁天师授符验”“道士刘方瀛依天师剑法治疾验”“天师剑愈疾验”等。这些记都从一个层面反映了有唐一代张天师文化正在复兴之中。又，杜光庭《太上老君说常清静经注》：“正一真人曰：正者，真也；一者，太也，亦为心也。心者，南方太阳之象，元处北方。因何太阳处于北方？为坎离中有一画，故为一阳，是谓心也。一是阴中阳位，二是阳中阴位。此是五行返复之理，阴阳变化之用，是谓正一也。正一真人者，汉天师也，姓张讳道陵也。今为三天大法师，位任正一真人。又为三清度师。其真人今居圣真之位，亦曾炼五行，修行为国，扶衰救苦，除害兴物，利济庶民，功圆行满，超几成圣，位居高上正一真人。人若能修炼其心，自然关府通泰，神和气畅，皆由正一之事。今有天师所行正一斩邪三五飞步之道、铜符铁券、金丹宝经、秘诀灵章、二十四阶品箓，此不一一载也。”表明至迟于晚唐，天师道庶几已恢复

① （唐）蔡玮：《唐东京道门威仪使圣真玄元两观主清虚洞府灵都仙台贞元先生张尊师遗烈碑》，（清）董诰等：《全唐文》，中华书局 1983 年版，第 9665 页。

道教正宗地位。

隋唐时期，灵宝派作为宗派影响并不大，但其“济世度人”的普世性教义却已渗透道教诸宗派之中。随着道教的组织、思想建设的发展，道教人士更加重视伦理道德的修养，灵宝思想因之成为他们积累功德的基本追求。例如，灵宝派的斋法仪轨和修炼方法被上清派茅山宗广泛吸收与融合。潘师正著述《道门经法相承次序》，详细叙述和考证了灵宝派的源流和灵宝经。又，重玄学派的道士也曾注解《灵宝度人经》。

隋唐高道往往出入江湖、庙堂，形成一股隐形的政治力量。例如，唐高祖李渊在隋末与群雄争斗、实现统一的过程中，不少道士即纷纷向他奉献诸如“老子度世，李氏当王”的谶言。唐朝建立后，道士更是活跃于政治领域，前期即涌现出王远知、司马承祯、叶法善、吴筠、张果等一大批政道合一的道人。安史之乱后，朝野流行神仙之风，道士颇为活跃。例如，肃宗、代宗“皆喜阴阳鬼神，事无大小，必谋之卜祝，故王屿、黎干以左道得进”[①]。武宗在即位之前就颇好道术修摄之事，即位不久，更是亲受道家法箓。武宗在赵归真等人的鼓吹下，还发起了会昌灭佛运动。道教在国家政治化的推动下深入到社会各阶层。譬如，朝廷祭礼自建国伊始就渗入了道教斋醮之法。唐初沙门法琳撰《辩正论》批判：“依《尚书》《周礼》，国家自有祭法，皆天子亲所敬事。……本非道家之神，亦非道士所行之法。云何今日乃用道士醮祭，大乖礼教。深恐天神不飨非礼。从汉末张陵以鬼道行化，遂有道士祭醮。爰及梁、陈，盛行于世。粗法易染，习俗生常。”[②]又如，道教的“三元日”得到官方的充分重视，庶几发展成为全民的节日。

隋唐道教方术丰富，其中最为重要的是丹药服食。这一时期外丹技术已是成熟。（一）丹道理论大为发展。道士颇为重视东汉魏伯和《周易参同契》，从“夺天地造化之功，盗四时生成之务”的丹道思想中发

① （宋）司马光：《资治通鉴》卷二二六“唐代宗大历十四年”条，中华书局 1956 年版，第 7272 页。

② （唐）法琳：《辩证论》，《大正藏》，第 52 册第 499—500 页。

挥出自然还丹说、用药相类说、火候直符说。丹经书目达百余种之多。（二）炼丹流派的众多，主要有金砂、铅汞、硫汞三派。（三）用药范围的扩大。如《太古土兑经》中有“五金四黄八石”之说，梅彪《石药尔雅》收集丹药名150多种。简言之，隋唐外丹术已达到了相当高的水平。隋唐皇室贵族、文人士大夫乃至一般民众，纷纷笃信服食丹药可以长生成仙。然而，不少服食者不仅无法长生成仙，且多死伤。更有一些方士假借丹药之名，谋财图利。在严酷的事实面前，社会上怀疑、批判外丹的思潮竞起。所谓："金丹玉液长生之事，历代糜费，不可胜纪，竟无效焉。"[①]《文苑英华》卷七三九梁肃《神仙传论》批评道教徒“不思老氏损之之义，颜子不远之复，乃驰其智用，以符箓药术为务”，讽其“号为道流，不亦大哀乎”。直面丹道的危机，一批睿智的道教学者在传统丹术之上，注重吸纳老庄道家和佛学心性的义理，提倡修炼心神，经创造性诠释以后，开辟出一条新的证道之途——内丹道。所谓“内丹”，是以人体为鼎炉，以己身内在的精气神为上品药物，通过炼精化气、炼气化神、炼神还虚的严密途径，最终达到在身体内结成金丹而臻达长生不死的目的。在三教共存、竞争、融汇的背景下，道教继承和发扬六朝以来的做法，积极地援佛引儒。最典型的是，顺应朝廷“以孝治国”的要求，道教强调“以孝修道”。[②]

隋唐道教适应发展的情势，在南北朝的基础上，建立起以授箓为代表的较为完备的自我管理制度。隋代道教传授经箓次第大致有“正一”“洞渊”“太玄”“洞神”“升玄”“洞玄”“洞真”七阶。“其受道之法，初受《五千文箓》，次受《三洞箓》，次受《洞玄箓》，次受《上清箓》。箓皆素书，纪诸天曹官属佐吏之名有多少，又有诸符，错在其间，文章诡怪，世所不识。受者必先洁斋，然后赍金环一，并诸贽币，以见于师。师受其贽，以箓授之，仍剖金环，各执其半，云以为约。弟子得

① （唐）魏徵等：《隋书》卷三十五《经籍志》四，中华书局1973年版，第1094页。

② 参见吴真：《道教修道生活的忠与孝——以初唐“致拜君亲”论争为中心》，《现代哲学》2009年第4期。

箓，缄而佩之。”[①] 虽然其时授箓缺少强制性，较为松散，但已在道门中产生了相当正面的影响。唐代授箓制度庶几完善。五代孙夷中《三洞修道仪》记：“李氏革隋，太上告以受命之符，由是尊祖奉册，与国同休。故得芝坛蕊殿，罗布四裔。三洞科格，自正一至大洞，凡七等，箓有一百二十阶，科有二千四百，律一千二百，戒一千二百，仍以四辅真经以佐之。为从凡入圣之门，助国治身之业。”[②] 唐代的法箓授受主要有正一盟威、洞神三皇、高玄、升玄、灵宝、上清等法箓。其中，正一盟威箓是正一天师门下法箓的总汇集。正一派不仅把法箓传授给已出家并具有一定道德修养的道士，还授予儿童、妇女，甚至贱民、奴婢，以广开法门，吸纳民众。这也决定了天师道在道教发展中的基础意义。隋唐不同品级的道士授箓之前还要受相应的戒律。唐张万福曾总结受戒律的大纲说：“始起心入道，受三归戒，箓生五戒、八戒，在俗男女无上十戒，清信弟子天尊十戒、十四持身品、五千文金纽、太清阴阳戒，太上高玄法师二十七戒，洞神三道要言五戒、十三戒、七百二十戒门，升玄内教百二十九戒，灵宝初盟闭塞六情戒，中盟智慧上品大戒，大盟三元百八十品戒、上清智慧观身三百大戒。”“凡受法，各授法服，宣示法服、科戒，简授法位，乃授天尊要戒，及劝戒三日后设斋谢恩，授三师名讳、形状、居观方所，并具之于左。”[③] 另外，唐代道教宫观建设大为加强，拥有大量人口、土地，有的宫观还承担着为国醮祭的职责。由此产生了一批宫观的仪轨戒律，推动了道教宫观管理制度建设的完善。

总体而言，隋尤其是唐崇重道教，为道教的发展进步提供了政策性制度性保障。道教组织和道阶制度的正规化、道经的整理、道教哲学和教义的深化、科仪和经戒法箓授受程序的完善、各种修炼方法的蓬勃发展、道教文学艺术水平的提高，都是前所未有的。

---

① （唐）魏徵等：《隋书》卷三十五《经籍志》四，中华书局1973年版，第1092页。

② 《道藏》，第22册第166页。

③ 《道藏》，第3册第396页。

二、江西道教文化生态的新变化

公元 589 年，隋统一中国，江西再次纳入了中国大一统之下。公元 618 年，唐朝建立，江西又随之进入了李唐的统治之下，直到公元 907 年结束为止。隋朝为了加强统治，重建郡县系统。江西地区的行政区划有所变化改为 7 郡 24 县。江西隋朝时的户口数为 85638 户。人户有限，说明发展有限。隋朝国祚不长，统治江西的时间更短（589—617），不到 30 年，事实上并没有形成对江西全面深入的统治。其间，江西道教勉力维持而蛰伏，显得比较低沉而成就不大，相关的事迹虽有亦很少。唐朝统治江西后，于武德五年（622）在江西推行州县制，共设置 15 州，旋即废新设的 8 州，保留了由隋代 7 郡改置的 7 州。唐初由于军事需要等原因曾在江西设置 49 县，其后经过不断地调整，保留为 25 县，基本维持了隋代的行政区划。唐贞观年间直到唐中期，江西的州县数量有所增加。地区行政区划为洪、饶、吉、江、虔、袁、抚、信 8 州，辖 38 县。唐朝在贞观朝、玄宗朝于州县两级的行政体制的基础上增加“道”制。江西先后属于江南道，以及由江西道分出的江南西道，道的治所设洪州（南昌），成为今天“江西”名称的由来。在安史之乱和藩镇割据中，江西几乎是毫无条件地积极地支持了中央王权。至唐末，各种势力在全国蜂起，江西有洪州钟传、抚州危全讽、吉州彭玕、虔州卢光稠等地方豪强势力崛起，各自在一定范围内维持了江西的社会秩序及发展。有唐一代，江西总体上社会稳定，经济文化发展强劲有力，进步显著。

隋唐江西道教文化底蕴深厚，众多道人在江西积极活动，传统道派得到维持与沿袭。符箓道法流行，但丹鼎道法亦颇为兴盛；天师道、茅山道（上清派）两大主流道派活跃。同时，江西也创建出了孝道派、北帝派等新道派。诸道派相互之间既有竞争也有融合。江西境内，庐山、西山、阁皂山、玉笥山、麻姑山等，已然成为江西（中国）道教的圣地。与此同时，江西道观建设进入到了一个高潮时期，取得了不凡的成就。

唐代江西地区文人隐逸风气较为浓厚，尤其是在安史之乱后。宜春彭构云（715—768），善黄老言，隐居呼冈垂钓、读书。宝应中，朝廷以玉帛召，不至。时太守命其乡曰："征君乡"，岩曰"征君钓台"。[①]庐山更是隐士的胜地。例如，刘轲"少为僧，止于豫章高安县南果园。复求黄老之术，隐于庐山"[②]。郑山人，筑别业于庐山，养竹种花，交游多一时名士。刘长卿送以诗曰："浔阳数亩宅，归卧掩柴关。谷口何人问，门前秋草闲。忘机卖药罢，挥手杖藜还。旧笋成寒竹，容斋向暮山。水流经舍下，云去到人间。桂树花仍发，因行寄一攀。"又，崔征君，隐居庐山，不应征辟。邱庶子为寻之，赋诗云："日高鸡犬静，门掩向寒塘。夜竹深茅宇，秋亭冷石床。住山年已远，服药寿偏长。虚弃浮生者，相逢益自伤。"又，浔阳马□，佚其名，官某县令，解官。王贞白送以五言律曰："辞秩入匡庐，重修靖节居。免遭墨绶束，不与白云疏。送客各献酒，群儿自担书。到时看瀑布，为我谢清虚。"[③]这些隐士，自然是道教发展进步的深厚文化基础。当时的一些道士也是隐逸者。杨收，冯翊人。少年时读书庐山。一日，遇一道者谓曰："子貌可仙，如仕，即至宰相。能舍所事，以从我游乎？"杨收时方觊进取，谢不能，道者遂去，不见。[④]又，婺源公山二洞，有穴如井。咸通末，有郑道士以绳缒下百余丈，旁有光，往视之，路穷阻水，隔岸有花木，二道士对棋，使一童子刺船而至，问："欲渡否？"答曰："当还。"童子回舟而去。郑复缒而出。明日井中有石笋塞其口，自是无入者。[⑤]又，朱道士，太和八年（834），常游庐山，憩于涧石，忽见蟠蛇如堆缯锦，俄变为巨龟。访之山

① （清）陈炳星：《江西要览》卷二十《古迹》，江西高校古籍整理研究委员会：《江西旅游文献》（总览卷），江西人民出版社 2018 年版，第 316 页。

② （五代）：王定保《唐摭言》卷十一《反初及第》，上海古籍出版社 1978 年版，第 120 页。

③ 此处郑山人、崔徵君、马□三人引文，均见（民国）吴宗慈编撰，胡迎建注释：《庐山志》纲之五《历代人物》上册，江西人民出版社 1996 年版，第 573 页。

④ （民国）吴宗慈编撰，胡迎建注释：《庐山志》纲之五《历代人物》上册，江西人民出版社 1996 年版，第 573 页。

⑤ 《稽神录补遗》"洞中道士对棋"，（宋）徐铉：《稽神录》，中华书局 1996 年版，第 139 页。

叟，云是玄武。[①]

唐代江西道教的发展，除了全国道教发展情势、国家的宗教政治的积极影响外，还有着较为雄厚的社会基础，江西境内的士、农、工、商各色人等，信奉道教的人士不少，他们或从物质上支持，或从文化上弘扬，从而切实地护持了江西道教的发展。

唐皇朝推崇《老子》，江西亦形成了较为浓厚的学习《老子》之风，与此同时，三洞经书尤其是《三皇经》则受到一定抑制。史载：贞观二十二年（648），吉州囚犯刘绍略妻王氏有《五岳真仙图》及旧道士鲍静（鲍靓）所造《三皇经》，合一十四纸。上云："凡诸侯有此文者，必为国王；大夫有此文者，为人父母；庶人有此文者，钱财自聚；妇人有此文者，必为皇后。"时吉州司法参军吉辩因检囚席，乃于王氏衣笼中得之。官府于是追刘绍略等勘问，云："向道士所得之受持。"吉州州官认为这是图谶，因封此图及经，驰驿申省奏敕。敕令省官勘。当时朝议刑部郎中纪怀业等乃追京下清都观道士张慧元、西华观道士成武英等勘问，并款称云："此先道士鲍静等所作，妄为墨书，非今元等所造。"敕遣除毁。又得田令官奏云："如佛教依内律僧尼受戒，得荫田人各三十亩。今道士、女道士，皆依《三皇经》，受其上清、下清，替僧尼戒处，亦合荫田三十亩。此经既伪废除，道士、女道士既无戒法，即不合受田，请同经废。"京城道士等惧怕，畏废荫田，私凭奏官，请将老子《道德经》替处。其年五月十五日出敕，侍郎崔仁师宣敕旨云："《三皇经》文字既不可传，又语涉妖妄，宜并除之。即以老子《道德经》替处。有诸道观及以百姓人间有此文者，并勒送省除毁。"其年冬，诸州考使入京朝集，括得此文者，总取礼部尚书厅前，一并以火焚毁。[②]

唐代江西鬼神信仰颇为兴盛。《太平广记》中就多有记录。例如，张鋋职任彭泽令，使至县宅。堂后有神祠，祠前巨木成林，乌鸢野禽，群

① （唐）段成式著，张仲裁译注：《酉阳杂俎·续集》卷三，中华书局 2017 年版，第 873 页。

② （唐）释道世撰，周叔迦、苏晋仁校注：《法苑珠林》卷五十五《破邪篇·舍邪归正》，中华书局 2003 年版，第 1675—1676 页。

巢其上，粪秽积于堂中。人畏其神，故莫敢犯。鋋大恶之，使巫祈于神曰："所为土地之神。当洁清县署，以奉居人，奈何腥秽如是邪？尔三日中，当尽逐众禽。不然，吾将焚庙而伐树矣！"居二日，有数大鹗，奋击而至，尽坏群巢。又一日大雨，粪秽皆净。自此宅居清洁矣。[①]又，江西某驿官以干事自任，白刺史，驿已理治，请前来检阅。刺史乃往。刺史见初一室为酒库，诸醖毕熟。其外画神，因问："何也？"答："杜康。"刺史道："功有余也。"又一室曰茶库，诸茗毕贮，复有神，问："何也？"答："陆鸿渐。"刺史益喜。又一室曰菹库，诸茹毕备，复有神。刺史又问："何神也？"答："蔡伯喈。"刺史大笑："君误矣。"[②]江西的地方志也多有记载，如清同治《安仁县志》卷十一《建置志五·坛庙》载：唐乾符间（874—879），王仙芝叛兵侵境，远近骚动。人倡议兵以御之，其夜，梦跃马驱兵。次日拒敌，果见神乘白马云端，贼首坠马死，群见惊散。是年，洪水为害，邑人于庙避水，梦神投檄溪潭，鞭龙遏水。平明视之，溪水去五尽许矣。"鞭龙曾遏滔天水，跃马能驱半夜兵。盖实录也。"知县蒋静欲伐祠旁桧，夜梦云端神见，遂不伐，复有诗立石以记其事。

鬼神信仰的兴盛，也体现在神庙广泛建设（淫祀）上。例如：（一）唐代萍乡下埠建立傩神庙。（二）余江惠宁庙，祀柳敬德。柳敬德，潭州人，武德九年（626）进士。路经余江，游玉真山，见山水奇异，栖此山中读书，病卒，葬溪南黎浦岭。乡民传其逝后灵异非常，遂立祠于墓旁，再迁祠于原读书处。（三）瑞昌亭子山南麓在唐天宝年间建有"凉亭山庙"。相传，当地有一孝子，因久病在床的母亲爱吃豆腐，每天翻山越坡往返数十里，到城中购买。日久天长，十分艰辛。一日在坡顶得遇一鹤发童颜、仙风道骨的老者，老者将一块石头点化成豆腐，让孝子带回去给娘吃，然后飘然而去。母亲吃后，病终得愈。孝子为了感谢神仙恩德，

① （宋）李昉等：《太平广记》卷三一四《张鋋》，中华书局1961年版，第2486页。

② （宋）李昉等：《太平广记》卷四九七《江西驿官》，中华书局1961年版，第4076页。

遂有建庙之意，经过数年克勤克俭的努力，终于建成，并依神仙的相貌雕绘一尊神像供奉于庙内。孝子提供茶水膳食善待来人，遂在坡顶建起一座凉亭，供路过行人方便歇息。凉亭山庙由此而得名。[①]（四）唐玄宗时，江州张安，性落拓不羁，自称浮生子。后忽无疾而终，家人既葬之。每至夜，其魂即谒州牧李玄，求立祠庙。李玄素来气直不信妖妄，又奉行朝廷不立私祠的指令，自然不肯。然而，李玄最终竟为张安之魂说服，遂为死去的张安私立祠庙。[②]（五）“戊子岁旱，庐陵人龙昌裔有米数千斛粜。既而米价稍贱，昌裔乃为文，祷神冈庙，祈更一月不雨。祠讫，还至路，憩亭中。俄有黑云一片，自庙后出。顷之，雷雨大至，昌裔震死于亭外。官司检视之，脱巾于髻中得一纸书，则祷庙之文也。”[③]（六）张璟，乾宁中庐山书生，因之桂州，路过衡州，大嗥滩损船，上岸，寝于江庙。庙神延坐，从容曰：“有王立仁者，罪合诛族，吾为其分理，奏于岳帝，无人作奏。”璟为草之。既奏，蒙神喜，以白金饼为赠。[④]正是因为江西民间祭祀（淫祀）流行，一些道教人士基于维护正统道教的宗教本能，展开了对巫觋及相关淫祀的打击。如洪州西山道士胡慧超就曾焚毁所谓“妖庙”。

唐代江西诸色方术颇为流行，诸如：（一）风水术。庐陵人彭氏，葬其父。有术士为卜地曰：“葬此，当世为藩牧郡守。”彭从之。又掘坎，术士曰：“深无过九尺。”久之，术士暂憩他所，役者遂掘丈余。欻有白鹤自地出，飞入云中，术士叹恨而去。[⑤]（二）变化术。武德初，曹惠为江州参军时，庐山神取曹惠家佛堂中的二个灵异木偶人（轻素、轻红）

① 参见瑞昌市道教协会编：《瑞昌道教志》，2017年（赣新出内准字第0009677号），第50—51页。

② （宋）李昉等：《太平广记》卷三〇一《张安》，中华书局1961年版，第2389—2390页。

③ （宋）李昉等：《太平广记》卷二四三《龙昌裔》，中华书局1961年版，第1884—1885页。

④ （民国）吴宗慈编撰，胡迎建注释：《庐山志》纲之七《杂识》，江西人民出版社1996年版，下册第601页。

⑤ （宋）李昉等：《太平广记》卷三九〇《庐陵彭氏》，中华书局1961年版，第3120—3121页。

为舞姬。[①]（三）点金术。南康雩都县某异人，擅长于“点石成金”。[②]（四）祈禳术。李勉任江西观察使时，部人有父病蛊。乃为木偶人，置勉名位，瘗于其垄。或发以告勉，勉曰：“为父禳灾，是亦可矜也，舍之。”[③]（五）辟谷术。临川某婢，因不堪主人虐待，逃入山中，食黄精，数年不饥，身体轻捷。[④]（六）预测术。庐山人，有道术，尤擅长预言吉凶祸福。[⑤]

一些道士活跃于民间，利用道教方技为民排忧解难，满足民众的生产生活的要求。例如，浙江上虞人薛肇隐居庐山修真，数年之间，得“神仙之道”。庐山下有人患风劳，积年医治无效。薛肇听闻前去诊治，留下一粒比米粒还小的丹药，对病人家属说：“明晨掐半粒，水吞之，应当有应。未愈，三日外更服半粒也。”病人家属不以为然，但还是让病人服了半粒丹药。病人一吃下去，竟能起身活动，至中午即可饮食，策杖而行。三日之后再服半粒丹药，病人“即神气迈逸，肌肤如玉，髭发青鬓，状可二十岁许人”。月余，薛肇复来曰：“子有骨箓，值吾此药，不唯愈疾，兼可得道矣。”乃授其所修之要，此人遂登五老峰，访洞府而去。[⑥]道教信仰亦深入到江西民间社会。例如，唐代江西地区以铸造铜镜著名全国，其所铸铜镜中往往附以仙道内容的主题纹饰。武宁出土的“八瓣葵花形仙人骑马鹤镜”，靖安出土的“菱花仙女鸾兽纹镜”，瑞昌出土的“双鸾双兽花枝镜”，九江出土的“仙人乘马跨鹤镜”，鹰潭的“仿汉四神规矩镜”[⑦]等等，都是具体而生动的说明。又如，道家认为人死后，在阴间生活。营造死者阴宅（墓室）一定要通过“买地”的方式征得当地土地神的同意，否则为“盗葬”，而让死者和生者不安。于是有

---

① （宋）李昉等：《太平广记》卷三七一《曹惠》，中华书局 1961 年版，第 2951—2952 页。

② （宋）李昉等：《太平广记》卷四〇〇《雩都县人》，中华书局 1961 年版，第 3213 页。

③ （宋）李昉等：《太平广记》卷四九六《李勉》，中华书局 1961 年版，第 4071 页。

④ （宋）李昉等：《太平广记》卷四一四《食黄精》，中华书局 1961 年版，第 3378 页。

⑤ （宋）李昉等：《太平广记》卷四三《庐山人》，中华书局 1961 年版，第 270—271 页。

⑥ （宋）李昉等：《太平广记》卷十七《薛肇》，中华书局 1961 年版，第 120—121 页。

⑦ 参见钱贵成主编：《江西艺术史》，文化艺术出版社 2008 年版，第 246—247 页。

了与土著人神订立的买地契约，称为“地券”“地神券文”“买地券”等。买地券是供冥府公验的凭证，象征着神权，是墓主阴宅私有权的保证。唐代江西或流行买地券做法。20 世纪 70 年代，在南昌郊区的一座墓葬中发现一方大顺元年（890）的熊氏十七娘的买地券，写在木方之上，说她用钱九万九千九百九十九贯和一些绢帛，从蒿里父老和武夷王处购得这块墓地。警告其他鬼魂不得侵占此墓地。与此同时，熊氏十七娘的墓中还有相关的文字写在一个“柏人”背上（柏人在古人的观念中可避邪镇鬼），柏人双手抱于胸前，头戴黑帽，身穿长袍，用墨线勾画衣纹。给出了年月日之后，这份文献说：“洪州南昌敬德坊殁故亡人熊氏十七娘，五十四岁。今用铜钱九万九千九百九十九贯，已买得此地。地中有神，呼主人、长男、长女、中男、中女、小男、小女，并仰柏人当知。……地中有神，呼主人、子丑寅卯辰巳午未申酉戌亥等者，并仰柏人当知。奴婢牛马六畜，并仰柏人当知。地中有神，呼长孙、中孙、小孙、曾孙、悬孙……并仰柏人当知。”[①] 这份文献或是对其买地券的进一步说明，以增强说服力。

唐朝江西已是三教发展重地，其中，佛教在江西发展迅猛，天台、禅、净土、律、密、三论等宗派均有相当的表现，尤以禅宗为最。这自然在一定程度上抑制了道教的发展。不过，佛教禅宗与道家文化相互交流、融合，又在较大程度上促进了江西道教的进步。在三教合流的背景下，江西道、佛二教之间总体上宽容友好，互鉴互融，共同发展。但二者毕竟是属于不同的宗教系统，矛盾冲突在所难免。例如，杜光庭《道教灵验记》“僧法成窃改道经验”载：僧法成固执于佛道之争。他先在江州寺庙中寄存衣钵，后游庐山。到简寂观，恰逢道士不在，因窃道经三十四卷，往灵溪观栖止，诳骗众人云：“某在僧中，本意好道，欲于此驻泊，转读道经，兼欲长发入道。”人皆以为真。此后，法成经常至简寂观偷窃道经，也借好道之名化得了不少粮盐，于是“改换道经题目，立佛经名字。改天尊为佛，言真人为菩萨罗汉，对答词理，亦多换易。涂

① 陈柏泉编著：《江西出土墓志选编》，江西教育出版社 1991 年版，第 550 页。

抹剪破，计一百六十余卷”。一次，法成下山，忽遇大队人马，有大官立马于道中，命人将他擒来拷问，说：“大道经教，圣人之言，关汝何事，辄敢改易！决痛杖一百，令其依旧修写，填纳观中，填了报来，别有处分。”法成当即于道中被痛责百杖，仆于地上，疮血遍身。之后，法成变卖所有物资，花了一年多工夫将道经改写回来，“经足送还本观，烧香恳谢，欲愿入道。道流以其无赖，无人许之。是夜叫呼数声，如被殴击，耳鼻血流而死矣”。[①] 又如，《道教灵验记》“洪州游帷观钟州官强取入寺验”：“洪州游帷观有二钟，一是观司特敕所铸；一是许真君修行钟，历代传之，在真君殿，稍小于观钟尔。节度使严譔，创置节制，威令风行。素重缁徒长老，增修其院，长老欲取许真君钟，严令官吏取而授之，道士皆不敢论其曲直。取钟之日，雷风震击，是时大设斋筵，费用极广，风雨暴至，曾不施张，顷刻水溢数尺。及扣其钟，如击土木，并无音响。长老谓严曰：‘此州道士，例多妖法，必是禁钟，使无声尔。’严怒捕诸道士，所在禁系，责其邪幻，将加重法，官吏畏威，无敢谏者。严忽沉然思寐，梦见许真君与二从者，来至其前，谓严曰：‘无知无道，强取我钟，又加法于道士，若不送钟还观，礼谢大道，令侍者断其头来。’即见授剑于侍者。严惊觉汗流，而侍者持剑，仿佛在其前。遽释诸道士，送钟还观，自诣游帷，焚香致谢。回顾见持剑侍者，谓之曰：‘汝为不道，加害于人，上帝所责断头之事，恐将不免。’言讫而去。不久，已开江事败，断鞅而死。”[②] 又，宋王得臣《麈史》卷下：“简寂观天尊铜像，制范精致，然本乃佛像，唐会昌中废毁浮屠，有惜其像者，遂加冠于首，衣以羽衣，以为天尊。”这比较生动地反映出唐代道教改造佛教的情形。

总之，隋唐江西隐逸、方术、鬼神文化兴盛，这虽然与道教有区别，但又联系紧密，是道教生存发展的重要基础。特别是这一时期的鬼神信仰，已有丰富的道教文化意识，反映出道教文化在江西社会的强力渗透。同时，道教生活化民众化显著，人们在日常的生活中往往有意无

① （宋）张君房辑：《云笈七签》卷一一九，齐鲁书社 1988 年版，第 643—644 页。

② （宋）张君房辑：《云笈七签》卷一二〇，齐鲁书社 1988 年版，第 669 页。

意地信仰着道教，由此道教生存发展的社会基础进一步夯实。

三、江西文人士大夫崇道的文化意义

受时代好道风潮与江西道教兴盛的影响，在江西活动的不少文人士大夫信道崇道。他们运用政治、经济、文化的手段大力扶助江西道教。在此仅择取在江西亲道的部分官僚士大夫，以资说明，至于诸如李白、白居易等以文学（诗歌）著名者，则放在本章后面的“文学”（诗歌）的内容中介绍。

唐太宗贞观年间，滕王李元婴任洪州都督，较为重视推广道教。李元婴曾撰万振天师德业碑，立于西山的开元观。又在钟离嘉故宅（钟玉故院）修建丹陵观，请旨敕建祖师殿、玉皇阁、钟鼓楼、山门等。另外，李元婴本人还花费不少时间在观内修道炼丹。

唐贞观年间，长安匡智热衷修道，因弃太守之职及家中妻儿，偕其侄大郎东南行，过长江，驻足彭泽，登临庐山，欲栖止。居七日，得遇一老人指点：“此山阴地，仙不可得。南有名山阳地可往居之。”二人乃又南行，至吉州泰和县东南的义山（又名王山、子瑶山），见山势挺拔峻峭，万木葱茏，心有所属。忽有樵夫引二人登山，曰：“此山安稳，勉力精修。”匡智与侄子因隐居其中。据说，匡智在晋代道人王子瑶金顶的上坛之下，于山中第八峰建中坛，大郎于第九峰建下坛。两人静心炼丹、虔诚礼斗，同时以医药济民。龙虎山第十七代天师张颐闻听，特地赶来为其主持法会，在山顶设立了“静化文坛”。从此，官绅百姓、隐士逸人慕名多至，观胜静心，此山遂有“仙圣会都”之称。数年后，匡智叔侄最终先后得道成仙。乡民特将此山改名匡山。①

唐贞观七年（633），吉州刺史吴世云，因游历玉笥山，顿起道心，因弃职携家人隐居山中，栖住郁木坑的何君洞，炼丹修道，医术济民。若干年后，吴世云得道升天，当时百姓在他居住之地建云储庙以祀之。百年后，唐玄宗听闻吴世云的事迹，派朝中大臣前来玉笥山云储庙祭祷。

---

① 清光绪《江西通志》卷一七九《仙释》二，《中国地方志集成·江西省志辑》，第七册，凤凰出版社 2009 年版，第 716 页。

天宝年间（742—756），吉州刺史张九章为吴世云行为所感动，在吉州城北的山上建云腾庙以纪念之，山名从此改称云腾山。

钟绍京（659—746），字可大，赣州兴国人。在武则天、中宗、睿宗、玄宗朝均历朝中高官。因他是三国曹魏太傅、著名书法家钟繇的第十七代孙，又擅长书法，人称“小钟”。钟绍京书法传世名作有《升仙太子碑碑阴题名》《转轮王经》《灵飞经》等，而以《灵飞经》最负盛名。《灵飞经》所讲述的是以符箓为主、吞气为辅的养生之法。钟绍京楷书《灵飞经》帖文结体秀美，笔意潇洒，全篇一笔不苟，风姿俊逸，神采飞扬。钟绍京《灵飞经》帖的笔法源自王羲之、王献之，而又改削了王书的斜侧稚朴，显得十分成熟、精巧。一定意义上，钟绍京以书法弘扬了道教。

韶州曲江张九龄，开元十五年至十七年任洪州都督期间，创作了一批反映道教情怀的诗文。例如，《登城楼望西山作》：“城楼枕南浦，日夕顾西山。宛宛鸾鹤处，高高烟雾间。仙井今犹在，洪崖久不还。金编莫金授，羽驾亦难攀。檐际千峰出，云中一鸟闲。纵观穷水国，游思遍人寰。勿复尘埃事，归来且闭关。”[①] 又,《洪州进白鹿表》，其实也是颇富道教意蕴的文学作品：

> 臣闻圣法天则，至理调于元气；天表圣则，嘉瑞托于群生。将以幽赞王泽，觉悟生灵，知至德之所感，如虚响之必应。伏见开元神武皇帝陛下道孚神化，体合乾行，品物所资，太和罔不叶；图谍所载，殊祥罔不臻：故郡国上言，日月相继。臣所部豫章县，某月某日获白鹿一，休气所集，灵质自呈，欲效符祉，易为驯狎。臣谨按《瑞应图》云：“王者明惠及下，则白鹿见。”又按《孝经·援神契》云：“王者德至鸟兽，则白鹿见。”盖鹿者仙寿之物，实为祯祥之表，虽时和岁稔，固不假于羽毛；而天意人事，诚欲伸于耳目。臣不胜感庆之至，谨诣某所奉瑞鹿表进以闻。……[②]

① （清）彭定求等：《全唐诗》，中华书局 1960 年版，第 602 页。

② （清）董诰等：《全唐文》，中华书局 1983 年版，第 2922—2923 页。

唐中前期阎寀修道吉州青原山之南的方广山朱陵洞是为一著名道事。阎寀（或作严寀），甘肃天水人。德宗贞元六年（790）任吉州刺史，痴迷于道事。下车不久，游青原山，来到方广山朱陵洞，发现泉水流经洞岩上，下泻而成瀑帘。洞周边悬崖陡峭，萝藤密布，古树荫翳，洞穴宽深、平整。又听闻先前曾有谢仙、彭仙、刘仙及道人童曾等于此地修真，阎寀心动不已。翌年（791），阎寀北上长安，觐见德宗，求请辞职以全心学道。德宗允之，并赐其道名“遗荣”。友人纷纷祝贺阎寀，曾任虔州刺史的戎昱当即作《送阎使君学道青原》诗二首：“闻道桃源去，尘心忽自悲。余当从宦日，君是弃官时。金检封仙骨，灵津咽玉池。受传三箓备，起坐五云随。洞里花长发，人间鬓易衰。他年会相访，莫作烂柯棋。”“庐陵太首近縻官，霞帔初朝五帝坛。风过鬼神延受箓，夜深龙虎卫烧丹。冰容入镜纤埃静，玉液添瓶漱齿寒。莫遣桃花迷客路，千山万水访君难。”[①] 阎寀回到朱陵洞栖隐，在朱陵洞旁建了一座道观，时称洞岩观，后赐改朱陵观。若干年后，阎寀到离洞岩 30 里的天玉山继续修道。天玉山，又称天岳山，原名天狱山。峰高谷深，蔚然奇秀。传为此山镇伏鬼魔奸宄之狱，是谓“天狱鬼监”。或言古仙人浮丘伯及弟子王、郭二真君亦尝往来其处，及称山中多鬼怪，倏忽变化甚异。[②] 据说，阎寀晚年修炼更为用功，终于在天玉山之巅芙蓉峰成仙飞升。阎寀的子孙不忘祖宗功德，一直栖居天玉山中，繁衍生息，并以道术为业，声誉卓著。

唐中前期的刘太真、李德胜是信州灵山胡真君信仰的积极弘扬者。刘太真（725—792），字仲适，宣州人。自幼善属文，又喜好道教学问。天宝末，举进士。历多官职。贞元五年（789），以礼部侍郎贬为信州刺史。李德胜，生卒年不详，字元明，河南沈丘人。自幼好学，广览老庄经典，德宗朝进士，官至吏部员外郎。约在刘太真之后出守信州，忠节自律，居官清正廉明，关心民众疾苦。贞元六年（790），诸邑大旱，刘

① （清）方以智编，张永义校注 :《青原志略》卷九《诗》，华夏出版社 2012 年版，第 204 页。

② 参见青原山志编纂委员会 :《青原山志》，方志出版社 2011 年版，第 94 页。

太真偕李德胜至灵山石人峰下胡真君祠祷雨。礼毕，大雨滂沱，刘太真竟立化祠中。李德胜和县人感其恩庇，塑其像于祠中。李德胜又因见旧祠剥落不葺，遂捐俸鸠材修建。堂宇成就之日，李德胜亲至祀祭，竟亦神化，县民亦塑李德胜像于祠中。据传，李德胜仙踪此后曾多次出现，或助朝廷平叛，或解民间疾苦，一时威名远扬。民众尊之为“李老真君”。信徒又在殿侧广建道院，原祀祠更名为石人殿。胡、刘、李三神齐名，威灵显应，竟使石人殿香火旺盛。

唐天宝初，临川郡人李嘉，所居柱上生一形类天尊的芝草，抚州太守张景佚截献之。[①]

萧芮，吉州牧。政平讼理，结庵金凤山冈，读老子书，自号“萧道者”。既解任，郡人即庵立祠。[②]

颜真卿（709—785），字清臣，京兆万年（今陕西西安）人，著名文学家、书法家、官僚。颜氏好道家方药，“方士名药服之，虽老，气力壮健如年三四十人”[③]。《历世真仙体道通鉴》卷三十二《颜真卿》载，颜氏死后，尸解成仙，为“北极驱邪院左判官”。儒家人物颜氏好道并被道教化，与他在江西抚州的亲道活动有着密切的关系。大历三年（768），年届六十的颜真卿因不愿阿附朝中奸佞，谪任抚州刺史。其后在抚州任上，他多有问道亲道之举。大历四年（769）正月二十五日，颜氏据隋开皇五年（585）李子真所录崇仁大华山（华盖山）旧碑文，撰作了《华盖山王郭二真君坛碑记》（又名《桥仙观记》），对华盖山王、郭二真君的事迹作了较为全面的记述，说明了建立桥仙观祀王、郭二仙的缘由，并作铭曰：“元牝之门，澄心养神。学则弥众，得者几人。冉冉千古，堂堂二真。丹成岩谷，道应穹旻。彩云色焕，仙乐声匀。迟日初丽，桃花正新。骖鸾援俗，驾鹤超云。言归紫府，笑别芳辰。山有华盖，长含异春。恩

① （宋）李昉等：《太平广记》卷四一三《天尊芝》，中华书局1961年版，第3358页。

② （清）陈炳星：《江西要览》卷九《名宦》“吉安府”，江西高校古籍整理研究委员会：《江西旅游文献》（总览卷），江西人民出版社2018年版，第253页。

③ （宋）王谠撰，周勋初校正：《唐语林校证》卷六，中华书局1987年版，第523页。

流丰泽，用济烝民。浮云世速，好月生频。俨若圣祉，永播清芬。"[①] 正是由于颜真卿的努力张扬，华盖山浮丘公等三真仙道事迹在全国更加显著，华盖山的道教事业亦进入到了一个新的阶段。又，颜氏对抚州麻姑文化的弘扬也做出了不小的贡献。大历六年（771）四月，颜氏游览麻姑山，一时心情激动莫名，撰《有唐抚州南城县麻姑山仙坛记》，依照葛洪《神仙传》叙述东汉王方平、麻姑与蔡经仙道故事时，对麻姑与南城麻姑山的关系作了肯定性论述。其后，颜氏又先后创作了《晋紫虚元君领上真司命南岳夫人魏夫人仙坛碑铭》《抚州临川县井山华姑仙坛碑铭》二文，详细记述了"魏夫人""华仙姑"等仙真的故事传说，深切地表露出自己慕道尚仙的热情。这三篇作品成为一组关于道教女仙传统和抚州当地女仙信仰实态的系列文章，在江西（中国）道教文化史上具有重要的价值。值得一提的是，颜氏将《有唐抚州南城县麻姑山仙坛记》以正楷大字记录，并立碑。此"记"及"碑"书法以篆法入楷，笔力刚健雄浑，横竖笔画皆粗，起笔收笔多藏头护尾，结体方正而略带圆形，尤显宽博刚正，庄严雄秀，大气磅礴，号称"鲁公诸碑中第一"。另外，《有唐抚州南城县麻姑山仙坛记》一文，保存着基于道教的"沧海桑田"思想对古生物化石成因的科学解释。[②] 碑文说："(麻姑山）东北有石崇观，高石中犹有螺蚌壳，或以为桑田所变。"在一定意义上可以说，颜氏通过他的如椽大笔积极宣扬了江西的道教文化尤其是"麻姑"文化。

权德舆（759—818），字载之，天水略阳人，著名的文学家、政治家。权德舆曾与名道吴筠、吴善经等交往，对江西的道教也颇有贡献。据《西山志略》卷三记，贞元三年（787）八月，按察使李廉在西山娜姑坛（风雨坛）祷雨复应，权德舆为作《洪州西山风雨池记》，颂说洪州西山风雨池的神明功德。

唐僖宗乾符年间（874—879）紫金光禄大夫、信州太守王鑑，巡视

① （清）董诰等：《全唐文》，中华书局 1983 年版，第 3430 页。

② 姜生、汤伟侠主编：《中国道教科学技术史》（南北朝隋唐五代卷），科学出版社 2010 年版，第 1061 页。

信州民生时，见三清山风景殊异，仙气氲氤，遂辞官携家隐居于三清山下的大源坞。

道士刘宏山曾至江西一带活动，先后受到江西官僚第五琦、路嗣恭尊敬。李观《道士刘宏山院壁记》载：新定高道刘宏山，于大历之初，将适南岳，途经鄱阳。时原任宰相的第五琦左迁鄱阳太守，刘宏山"于是植杖以请谒，一见而敛衽，再见而倒屣，忘言相契，志意偶合"。在第五琦的影响下，刘宏山法播南楚，声动人群。又，江西连帅（观察使）路嗣恭"雅重黄老，尊崇虚无"，听闻刘宏山，"望风委质，先询以简礼，后聘以车乘，服门人之礼，约方外之游"。[①]

吴丹（744—825），字真存，进士，曾任饶州刺史，薨于饶州官次。吴丹自小近道，四五岁在游戏时即模拟道家法事。弱冠喜道书，奉真箓，每专气入静，不粒食者累岁，颢气充而丹田泽，飘然有出世心。既壮，在家为长，为照顾家庭，虽慨然以儒术干禄意，但仍不舍道，自言："肥遁不可以立训，吾将业儒以驰名；名竞不可能恬神，吾将体元以育德；冻馁不可以安道，吾将强学以徇禄；禄位不可以多取，吾将知足而守中。"[②] 由是身荣家给之外，无长物，无越思，素琴在左，《黄庭》在右，澹乎自处，与太和始终。未尝一日戚戚其心，至于归全反真。

晚唐范摅《云溪友议》卷下《羡门远》载，尚书纥干皋，"苦求龙虎之丹十五余稔"。及唐大中元年至三年（847—849）镇江右（担任江西观察使），"大延方术之士，乃作《刘弘传》，雕印数千本，以寄中朝及四海精心烧炼之者"。又《新唐书·艺术志》著录"纥干皋《序通解录》一卷，字咸一，大中中江西观察使"，亦可知纥干皋在江西行政期间颇致力于弘扬道教文化。

在江西活动的官员中，甚至还有因笃诚于道教活动而获罪者。史载，信州刺史李位好黄老道，数祠祷，部将韦岳告位集方士图不轨，监

① （清）董诰等：《全唐文》，中华书局 1983 年版，第 5423 页。

② （唐）白居易：《故饶州刺史吴府君神道碑铭并序》，（清）董诰等：《全唐文》，中华书局 1983 年版，第 6932 页。

军高重谦上急变，捕位劾禁中。孔戣奏言："刺史有罪，不容系仗内，请付有司。"诏还御史台。孔戣与三司杂治，无反状。韦岳坐诬罔诛，贬位建州司马。①

值得一提的是，在江西任职的官僚中也有批判道教者。例如，江西观察使王仲舒（762—823，太原人）力辟道士韦山甫之谬。《唐国史补》卷中载，韦山甫以石流黄济人嗜欲，故其术大行，多有暴死者。其徒盛言山甫与陶贞白同坛受箓，以为神仙之俦。长庆二年卒于余干。王仲舒遍告人曰："山甫老病而死，死而速朽，无小异人者。"韦山甫以"济人嗜欲"来宣扬其术，并称与萧梁陶弘景一同登坛受箓。王仲舒则利用他终于病卒于余干县的事实来加以揭露。事实上，王仲舒在江西曾施行压制道教的政策："禁浮屠及老子，为僧道士，不得于吾界内因山野立浮屠、老子像，以其诳丐渔利，夺编人之产。"②

第二节　龙虎山道教的渐次崛起

魏晋南北朝时期龙虎宗（正一道）没有造成广泛影响，特别是在上层社会没有得到信奉和支持者。直至唐初，龙虎山道教大体仍然处于沉寂的状态。随着唐朝统治者对老子文化的重视及崇道的展开，加上龙虎山道教人士的努力，龙虎山道教开始崛起，建构了以"张天师"为核心的发展系统，日渐成为一支令人瞩目的道派势力。

据《三洞群仙录·天师内传》、历代《汉天师世家》、元赵道一《历世真仙体道通鉴》卷十九等文献资料，隋唐代龙虎山天师事迹大体如次：（一）第十代天师。张子祥，字鳞伯，张符长子。博览诸经，究探今古。袭儒衣冠，仕隋，历洛阳尉。未几感隋乱将发，弃官袭教，与妻子退隐龙虎山。从学者数百人，志在修养，颜容益少，常若二十岁人。精

① （宋）欧阳修、宋祁：《新唐书》卷一六三《孔戣传》，中华书局 1975 年版，第 5009 页。

② （唐）韩愈：《江南西道观察使赠左散骑常侍太原王公墓志铭》，（清）董诰等：《全唐文》，中华书局 1983 年版，第 5704 页。

于丹术，能吐腹中丹，置掌中玩弄，或夜投器中，光芒穿屋，乃复吞之。久之得道，年一百零二岁（或说一百二十岁）而卒。（二）第十一代天师。张通，或作“张通玄”，字仲达，张子祥之长子。生卒年不详，活动于唐朝前期。张通传守真人之法，常闭户不出四十年，虽家人罕识其面。久之得道。一年天下大疫，张通以“标”（符箓的一种）植于水中，汲饮者皆愈，乞符水者不远千里而至。年九十七岁羽化。（三）第十二代天师。张恒，或作张仲常，字德润。张通长子。天资颖达，通览儒书。唐高宗召至阙，问治国安民之道，对曰：“能无为，则天下治矣。”高宗嘉之。潜归，叹曰：“吾几落世网。”张恒学道于家，传守真人之法，能分形变化，自言吾神仙之狡狯者室中常埋一瓮，与妻茹荤饮酒，夜皆在瓮中，经日不出。年九十八岁卒。（四）第十三代天师。张光，字德昭。张恒长子。生而颖悟，自幼慕道，少得家传道法。又感仙人下降，得授蹻符、《龙蹻经》和玉帝印。张光为精进道法，曾弃妻离家，与次子张悟入山修行二十余载，乃出见其妻，又同处五年。一百零二岁卒于家。（五）第十四代天师。张慈正，字子明。张光长子。自小天资明敏，博学群书，最精于易，从学者百余人。久之，学道栖隐于贵溪县南八十里的圣井山，与妻子不相见，道法精进，朝廷屡征亦不起，所居因被当地百姓称号为征君山。传守真人之法，岁以三元传度诸阶秘录，四方归之。所积法信，备荒岁以助贫乏之士，亦能煅炼黄白之法。百余岁卒于山中，空中有仙乐隐隐焉。（六）第十五代天师。张高，字士龙，张慈正长子。张高姿宇超旷，学道守真人之法，好酒纵饮至一石而不醉。尝忘玉印，长安酒家诸少年力举之不能动。明日士龙笑而携去。唐玄宗曾召见于京师，其后肃宗、代宗亦颇重视之，龙虎山张天师世家因之而快速兴起。年九十一岁卒于家。张高好酒好诗，曾作诗述其修行的一些情形，颇有内外丹结合之意：“昔日曾随魏伯阳，经时醉卧紫金床。东君过我多情懒，罚向人间作酒狂。”“省悟前非一息间，更抛人世弃尘寰。徒夸美酒如琼液，休恋妖娥似玉颜。”“含笑谩教心思苦，别离还使鬓毛斑。云中幸有堪归路，无限青山是我山。”“何用炼丹学驻颜，闹非城市静非山。明人若觅长生药，对景无心是大还。”（七）

第十六代天师。张应韶，字治凤。张高长子。自小聪颖，博学经典。袭教后，即授其子以剑印，己身隐居山南龙须井上，擅辟谷。与妻子躬耕自娱。每据石吹铁笛井上，声闻数里。一日告其子曰："吾世传真人之教，功及于人多矣。吾当垂年，汝当传守。"言讫悬邃井上，端坐瞑目而化，年九十九岁。（八）第十七代天师。张顺，或作张颐、张赜，字中孚（仲孚）。张应韶长子。至孝，少侍母疾，经旬月不解带。每谓人曰："人不忠孝，而欲学道希仙，是舍舟楫而涉大川也。"初任本邑贵水尉，后弃官袭教，偕妻子结茅山中以居。寿至八十七岁，童颜皓齿，不疾而化。（九）第十八代天师。张士元，字仲良。张顺长子。少博习群书，年四十余始学道。瘠而多髯，栖居龙虎山东的应天山四十年。习夜坐，久之能通臂上下，出入如飞。以符法传人、治病，能种桃李，顷刻而实。应天山山中多虎，人莫敢谒。士元平日不出山，惟三元日，则下山传箓。每大风雨，或见其著玄冠乘黑虎往来诸峰间。应天山山南有丹舍，山北有缮经石，黑龙井，碧莲池，皆其遗迹。年九十二岁卒于家。（十）第十九代天师。张修，字德真。张士元长子。为人质朴淳厚，常衣布素，不喜华饰。与妻耕于野，不与乡人交通。信众以疾告者，篆木叶治之，即愈。凡传符箓所得法信，随以施人。甘于寂寞，无所贪慕。先二年，自营坟郭。一日，集诸弟子曰："吾某日当化。"至日，乃沐浴更衣，端坐而化，年八十五岁。（十一）第二十代天师。张谌，字子坚。张修长子。博学，有通儒之誉，工草隶。晚年好道，能辟谷。会昌元年（841），唐武宗召见，亲赐龙虎山传箓坛宇额曰"真仙观"。将命官，辞归不受。咸通中，唐懿宗诏命张谌建金箓大醮，多赐金帑还山。一日，大醉而化。年百余岁。张谌著有《养生要集》10卷和《古今鉴铭集》15卷，是龙虎山天师中道教学术卓出者。据此，天师道张氏子孙大约在隋唐间又更多地回到了龙虎山故地收徒授业，开始形成较为明确的天师传承系统。

唐代龙虎山的道教法术有：炼丹、辟谷、飞行等。当然，符箓咒术依然是基本行持。除用符水治病外，天师们创制出所谓"木叶""铁券"来治病防灾。木叶、铁券事实上仍是天师符箓，只是使用的材质不同。

由此可见，龙虎山天师虽有机会出入“庙堂”，但走的仍然是“江湖”路线。

唐统治者崇重道教，一大原因是“神道设道”，利用道教思想辅佐统治。龙虎山天师在政治风云中掌握了朝廷的心理，能做出恰如其分的应对。天师道本来并不倡导无为，但为了弘教需要，调整了自己的策略。致力于道教振兴的唐玄宗，对龙虎山天师非常尊重。天宝七载（748），玄宗召见第十五代天师张高，亲赐张高手书：

> 皇帝致书张元师：朕祖元（玄）元皇帝含宏至道，与民熙熙，相安无事。秦汉以来，得其理则治，失则乱。治乱之政，朕甚感焉。师世守玄元之道，辅予至治，以化江南之民。江南之民莫不率从。朕用嘉贲符箓，亦古图书，上世神灵首出，用能协于上下，以绥百神。后世不能纪远，则不能故也。可置传箓坛，无名无欲，无陨我玄元皇帝之绪。[①]

大约在此前后，玄宗命京师设立授箓院，置坛传箓，并亲受天师符箓；赐金币，免租税；令“有司审定子孙，将有封植，以隆真嗣”[②]。所谓“审定子孙”，即是审查确定“汉天师”之后，可见天师世系，早已不明，而审定的目的则是为了“以隆真嗣”。但“审定”的结果如何，史无明文，难以知晓。玄宗还册天师道汉祖天师号“太师”。并作《祖天师赞》二首：“邈彼炎汉，天图中缺，万汇消残，三灵荡越。惟师应运，神威迅发。躬侍元元，亲传秘诀。妖毒云驱，祟山剑裂。大布声教，全清蛊孽。一振无为，永光有截。鸾鹤斯迈，丹青是设。玉相真仪，传芳不歇。”“邈矣真仙，孤高峻节。气贯穹冥，元元示决。落落神仪，亭亭皓月。诛邪斩精，魅驱鬼彻。汉代盟威，流传不绝。”玄宗对张天师大加嘉

① 张金涛主编：《嗣汉天师府志》，中国国际文化出版社有限公司 2015 年版，第 165 页。

② （唐）李隆基：《加应道尊号大赦文》，（清）董诰等：《全唐文》，中华书局 1983 年版，第 430 页。

奖，其后几代皇帝也仿效。肃宗曾降香币，建醮于龙虎山，赐宸翰以赞天师像，亦作《祖天师赞》曰："德自清虚，圣教之实，或隐或显，是朴是质。静处琼台，焚香玉室。道心不二，是为正一。"[①] 贞元中，降供养。供养金镀银香炉、香合、绯罗绢、金帕及黄複器物。唐武宗曾二度接见第二十代天师张谌。唐僖宗中和四年（884）册封张道陵为"三天扶教辅元大法师"。

除了政治上提携龙虎山天师道外，唐统治者亦从经济上予以大力资助，拨款兴修天师宫、府，赐官田以食道众。天师道在龙虎山设坛受箓得到唐皇室的认可，有力地证明唐代后期龙虎山天师道逐渐影响大增。

唐代道教重视符箓授受，以天师道的二十四箓为基础。龙虎山天师道坚持传度授箓制度。每逢"三元日"，天师即开坛授箓度人，各地前来授箓的信徒纷至。刘处静《洞玄灵宝三师记》记，上清派天台宗人物应夷节十八岁时，诣龙虎山系天师第十八代孙，受三品大都功箓。徐锴《茅山道门威仪邓先生碑》记，咸通十二年（871），茅山道人邓启霞"诣龙虎山十九代天师参授都功正一法箓"。又，杜光庭《道教灵验记》卷十一《刘迁都功箓验》记：咸通九年（868），商人刘迁大贾于西江，获利巨万计，因诣第十九代天师传受都功，"巵信丰赡，致齐严洁，愈于众人"。与他一同受传度的有弋阳县令刘刿、天台道士刘修然。翌年三月，刘迁从病亡中复活，据说是因他"身佩正箓，名系上天，非地司所摄，大限既足，可延三十年"。此后，刘迁更是被褐修道，精专香火，入龙虎山师奉天师。

敦煌出土的李翔《涉道诗》中有《献龙虎山张天师》诗："东汉天师直下孙，久依科戒住玄门，寰中有位逢皆拜，世上无人见不尊。三洞吏兵潜稽首，六宫魔幻暗销魂，可能授以长生箓，浩劫铭肌敢忘恩。"[②] 可见，此时龙虎山天师道以科仪、戒律著名，尤以授箓见称于世，受到

① 此处唐玄宗、唐肃宗所作的《祖天师赞》，均见（清）娄近垣编撰，张炜、汪继东校注：《龙虎山志》卷十《艺文》，江西人民出版社 1996 年版，第 126 页。

② 敦煌卷子 P.2866。根据王重民考证，李翔《涉道诗》写在一个小册子上，存五页，共二十八首，后有残缺，是现存最早一部道徒诗集。

尊崇。虽然相对于同时代的楼观、灵宝、上清和丹鼎道派以及富有哲理的玄学派来说，龙虎宗并不显赫；历任龙虎山天师，也未有多少理论发挥及思想著作，然而，这一时期道教各宗派都重视经戒、法箓传授。他们传授的都是以天师道的经戒、法箓作为基础，也即是说皈依道教之途都必须经过天师道，而后逐级修炼，才能最终升上灵宝、上清的高层法师。龙虎山天师道在相当意义上是当时诸道派成长的一大基础，其重振的意义不可小觑。

唐朝中后期，龙虎山已基本完成了天师道传承系统的建构。咸通元年（860），道士皇甫朋撰《玄圃山灵匧秘录》“序文”称：“张氏一流递传得踵，独高自尚，耸动天闻。朝廷封张氏山为龙虎山，建宫赐号，敕命累加，历世有天师之称，食禄不绝，声驰四方，不亦异乎。”[①]晚唐杜光庭《道教灵验记》“天师剑愈疾验”条提到第十六代、第十八代天师；晚唐刘处静《洞玄灵宝三师记》提到第十八代天师张少任，也可作为晚唐乃龙虎山天师道构造期的佐证。这说明至少在唐代中后期，天师道的传播基地已经从巴蜀的鹤鸣山转移到了龙虎山。不过，龙虎山天师的世系往往混乱，或说明其建构还不是很成熟。除龙虎山承袭的天师系统外，还有一些“非正统”龙虎山天师，亦颇有影响。诸如杜光庭《道教灵验记》“天师剑愈疾验”所记的以天师神剑济世救人的第十八代天师张惠钦，就是典型的说明。文中特别提及张惠钦，“性温和，守谦退，与物无竞，俗机世务，泛然不经其心”[②]。

第三节　庐山道教的全面兴盛

承接六朝道教发展的情势，又受时代重道政治的影响，唐代庐山道教极为兴盛，道观林立，高道辈出，神仙逸事层出不穷，继续维持着江西乃至全国道教重心的地位，庐山道教其兼收并蓄的特点也得以大为彰显。

① 《道藏》，第10册第727页。

② （宋）张君房辑：《云笈七签》卷一二〇，齐鲁书社1988年版，第669—670页。

一、唐玄宗诏建九天使者庙

唐代，庐山兴起了修建道教宫观的一个高潮，其中最著名的事迹就是唐玄宗敕建九天使者庙。

开元十九年（731）二月十五日，玄宗夜寝灵符殿，梦神仙羽卫，千乘万骑，集于空中。有一人朱衣金冠，乘车而下，谒玄宗说："吾是九天使者，被受混元正真玉帝、太上老君劲命，采访九天九地、三界十方、万国九州、八极内外，观察巡游，较定天人禄寿，生灵罪福，建立采访总司。九天司命真君开治舒州潜山，九天丈人真君开治蜀郡青城山，吾今开治江州庐山。可于三山兴置齐祠，后五百年福及生灵。"次日，玄宗宣谕群臣，说梦中景象。宰相张说奏言："陛下之梦或恐未审。"玄宗于是设案焚香，至诚祷请。须臾，云鹤仙仗森布含元殿前，九天使者乘青龙之车，灵姿妙粹，瑞相端妍。玄宗虔拜，九天使者以左手扶起。时见五百灵官、九江水帝、十二溪真、上清二十四位真人，仪仗罗列。百官瞻望，乃诏吴道子画九天使者之貌。玄宗又召天台山高道司马承祯，以访其事。承祯奏："今名山岳渎血食之神，以主祭祠，太上虑其妄作威福，以害蒸黎，分命上真，监莅川岳，有五岳真君焉。又青城丈人为五岳之长，潜山九天司命立九天生籍，庐山九天使者执三天之符，弹劾万神，皆为五岳上司，盍各置庙，以斋食为飨。"玄宗从之。玄宗敕内供奉张奉国和法师张平公等带着吴道子所绘九天使者像诣庐山，寻找建庙之地。一行人到庐山西北后，发现有基迹宛然。玄宗随即诏令江州刺史独孤祯率领长史、司马和浔阳县令等官吏负责督造，耗费了巨大人力物力财力，数月后即建立起一座殿宇轩昂、楼阁鼎峙、工艺精良的"九天使者庙"。玄宗御笔"九天使者之殿"匾额赐之。①

九天使者庙所在地蛇冈岭，位于庐山圣治峰正前方，是风水形势绝佳之地。依道家之言，其方位是"连引横山，在巽天医之方，自艮临震，

① 本段文字叙述，综合晚唐杜光庭《录异记》"九天使者"条、元代佚名《庐山太平兴国宫采访真君事实》卷一《分真创始类》、《全唐文》卷三七三李泚《太平宫九天使者庙碑》等所载。

乃得贪狼而归”[①]。震为兔，月亮称为玄兔，故称“玉兔生黑”。《太上三天正法经》云：“九天真王与无始天王俱生始黑之先。”九天使者为九天真王的使者，故用玄兔、震位来寓意。震方为天医，巽方为生气，天医主拯救生来灵，生气主长养万物，用以代表“回骸起死、度人济物”。庙的左右龙虎盘踞，蜿蜒展开，互相揖抱，“十有二重，应十二辰”，又有发源于庐山及圣治峰的大溪小涧，合流于庙前。庙前案山，名“游鱼上水”，孤峙宫前，有如拱手朝拜。外案即今幕阜山脉，环望数百里，重叠如屏障，襟江带湖，如拱手作揖。圣治峰高出于诸峰，左右群峰，千峦万叠，为之辅翼。

九天使者庙的规模崇高。据李泌《太平宫九天使者庙碑》记，九天使者庙准五岳真君庙例，“抽德行道士五人焚修供养，仍委所管拣择灼然道行者安置，具年名申所由，敕置庙使”。庙成之际，有“玄门道士章冲寂等，挹教五千，齐欢亿兆，历仙阶而仰止，攀睿算以禳诚”。官府择先名道蔡仙觉、孟仙真、吴太清、欧阳法明、酸知隐焚修香火。次年八月朔，举行庙宇落成斋醮法会。是日，江淮间士庶耋艾、缁素之徒，不约而集者数千人，庆成斋醮，昼夜不绝。时莲花盛开，朝谒者各捧一花为供，争置殿陛之下。共相命名为“莲花会”。发誓自此之后的每年此日同会于此作祈禳功德。[②]

九天使者庙，是一个由朝廷（唐玄宗）主导，道士积极襄助，江州地方官民共同努力的一项国家政治文化形象工程，从一开始就充满着浓厚的“神道设教”的意味。譬如，庙的“择地”。据《庐山太平兴国宫采访真君事实》卷一《分真创始类·宅灵》载，九天使者庙的基址系真君（九天使者）亲自择定。先是，唐玄宗遣使搜访山水佳处，莫知适从。旧传有居民陈氏所居平夷，忽有道士踵门，对陈氏说：“此地宜使者庙基，汝盍舍诸，当获灵佑。”陈氏道：“愿也，第家贫，不能遽迁耳。”

---

① （元）佚名：《庐山太平兴国宫采访真君事实》卷一《分真创始类·宅灵》，《道藏》，第32册第662—663页。

② （清）董诰等：《全唐文》，中华书局1983年版，第3792—3794页。

道士言："吾为汝迁，谨无费迁已，汝身后为此方土地。"言毕而逝。是夜风雷大作，及晓，陈家已迁于庐山之南崎矣。又，明九江佚名《圣治峰记》：

> 匡庐擅诸岳之胜，圣治峰又擅匡庐之胜，嶙峋突兀，从碧霄下左出为东西林，右出为蛇岗岭，列屏障中者曰太平宫，望气者每疑有神人居焉。故司马铃留记云："坑又深，源又大。一穴作，怪不怪。众山皆小此独大，有人遇得此穴地，后来儿孙旺百代。"而宜都王叔明之九世孙陈伯宣，自闽来胥宇焉。伯宣隐居圣峰之阳。……唐开元十二年三月初六正午时，有一神人戴七星冠，着道士衣，骑丹凤，自空中来。揖伯宣公请曰："吾受上帝命，职司采方五百年当服生灵，欲得此地作道场，汝逊余？"伯宣公曰："余居此地久矣，乐此。"神曰："吾择百代富瑞之地，去道场之南廿里艾草坪南，丹凤舞拜，鸦集成群，是谓上吉，雅宜公祀易此地可乎？"公未及应，神又曰："吾飞一锡杖于彼处迁汝居，而作丙向寅门，则汝之后丙炽而昌，世世无敌。且敕汝为地主，建立祠堂，额设祭田二十二库存，春秋四食享同休。"公再拜曰："师，天人也，当俯首听命，愿师无诳。"遂捐圣治峰太平宫之居，命旺徙迁于杖之坪。①

据此，出让土地建九天使者的人物是江州义门陈的先祖陈伯宣。然而，揆之实际，这个说法颇有疑问。义门陈为陈朝宜都王陈叔明之后，五世孙陈兼，唐玄宗时举进士，为右补阙；此后的世系依次为陈京、陈褒、陈灌（避难泉州），陈伯宣（隐居庐山），陈某、陈旺（定居德安）。陈伯宣生于唐敬宗、穆宗时，此时九天使者庙早已建成。又，陈朝灭亡后，陈叔明率众避难到福建莆田，五世孙陈兼于唐玄宗开元年间移居江

① 转引自陈月海主编：《义门陈氏文史考》，江西人民出版社 2015 年版，第 234—235 页。

西庐山，陈兼的后代陈旺由庐山龙潭窝迁至蒲塘场太平乡常乐里永清村（今德安县车桥镇义门村），成为江州义门陈的始祖。据此，如果真有捐宅之事，当为陈兼。陈兼虽然在朝为官，在庐山或有田庄。尽管如此，从一个侧面说明，庐山九天使者庙的修建，得到了地方家族的有力支持。

譬如，在造庙的过程中，需要采用大量的建筑材料，满足极为不易。《庐山太平兴国宫采访真君事实》卷一《分真创始类 · 应真》载："初，元宗（玄宗）梦见使者云建祠之处自有木植，但加工力而已。及中使至，得地于圣治峰前，别引横山，扶舆磅砖，迤逦而下，如顿万马。基甫定而巨木数万随水室至，随用随足。工役之兴，常有神光如昼。力作忘倦，旬月告成。中使复梦神人曰：粉垩丹绿，此地有之，不待他求，凿祠之北，五色具备。或云：'是材也，昔九江王布拟作宫殿之用，沉埋溢浦，以待今日。'"譬如，建庙之时，出现五大灵异之事：其一，不雨不风，水忽漂涨，移袱近山，水复仍旧。其二，丹粉杂色，穴出崖生，私求者失路，庙用者必获。其三，谢土之夕，连宵风云，焚香告祈，俄顷云收风息，祭之日，宇宙澄空，会此良辰，仙灯远照。其四，彭蠡津波之处，时有数百人求波，云："我往庐山谒使者庙，汝载我，当酬汝直。"渡已，各留五钱，经宿阅之，钱乃成纸。乃知鬼神远来钦礼，见斯瑞像以示于人。其五，使者骑从，龙君虎吏，刻削驭人，或泥或木，入庙之后，忽有数尊汗流雳霖，沾濡其面，仙灵所役，其汗交流，稽验具存，人神匪别。譬如，庙中需要大量的道士。"既而建昌渡有灵官五百余人，若衣道士服者，皆言诣使者庙。"

开元二十年正月二十五日树立的"庐山九天使者庙碑记"，更是一次由唐玄宗策划的全国性的弘扬"九天使者"的文化活动。当时，玄宗诏令诸州学士制九天使者碑文，凡作者有 681 人，独蕲州黄梅县李沘所作文入选。其文确实雄文，叙述了"九天使者庙"建造的前后经过及建成后热烈庆祝活动的情形，中心其实是赞颂唐玄宗弘扬道教的功德，所谓"恭至道于三五，奉休符兮万亿。纪真石于名山，壮洪规于帝力"。

由于道教的不断推崇，六朝"庐山君"渐渐从"山神"升格为"天帝的使者"，称为"庐山使者""九天采访使"。据《云笈七签》卷七十九

《五岳真形图序》，《五岳真形图》始创于轩辕黄帝，绘有五岳及青城山、庐山、霍山、潜山之地形，并详细载录了各个山岳的神灵，其中说："庐山使者，黄帝所命，秩比御史，主总仙官之位，盖五岳之监司。道士入其山者，使者服朱绯之袍，戴平华之冠，佩三天真形之印，而来迎子，亦乘科车。"①《云笈七签》卷七十八又载录东晋鲍靓的"施用法"，说炼丹道士佩戴《五岳真形图》入山，则各大山岳的神灵都会出来迎接，山中种种神药也可顺利找到。这能够反映"庐山君"在采药炼丹方面颇有开拓之功，因此后代道士就把他列入《五岳真形图》，称为"庐山使者"。然而，"庐山使者"地位的真正确立，还是在于唐玄宗的政治关怀。正是在唐玄宗和道教人士的共同策划下，弘扬"庐山九天使者"事实上变成了一次喧嚣的弘扬道教文化的活动。

二、吴筠与庐山道教的发展

上清派高道吴筠在江西庐山的道事活动，是其道教人生最重要的内容之一，并对江西（中国）道教产生较大的影响。

吴筠②（？—778），字贞节，号洞阳子，华阴人，或说鲁中人。自幼好学，通晓三教九流经籍，善属文辞，擅书楷、隶。生性高洁耿直，不伍流俗，因举进士不第，转而学道，栖隐南阳倚帝山。其后又入嵩山依潘师正传习上清经法，苦心钻研，尽通其术。唐玄宗开元年间（713—741），吴筠南游金陵、茅山、天台等地，修形炼气，逐慕寻真。天宝初，朝廷征之入京师长安。吴筠请度为道士，宅于嵩山嵩阳观，乃就潘师正二传弟子冯齐整受正一之法。天宝十三载（754），玄宗又诏吴筠至长安，召见于大同殿，谈道论玄，颇为相契。玄宗曾问以道法，吴筠对曰："道法之精，无如五千言，其诸枝词蔓说，徒费纸札尔。"又问神仙修炼事，对曰："此野人之事，当以岁月功行求之，非人主所当适意。"吴筠每与缁黄列坐，朝臣启奏，其所陈但名教世务而已，间之以讽咏，以达

① 《道藏》，第6册第736页。

② 本处吴筠生平事迹的简述，主要依据后晋《旧唐书》卷一九二《吴筠传》，中华书局1975年版，第5129—5130页；（唐）权德舆：《中岳宗元先生吴尊师集序》，（清）董诰等：《全唐文》，中华书局1983年版，第4999—5000页。

其诚。玄宗敬重之，令其待诏翰林。吴筠在朝廷中颇受优待且反佛，引起了一些供奉僧流的嫉恨。他们通过好佛的权宦高力士，谗毁吴筠。吴筠也有鉴于朝中纲纪日紊，求还嵩山，然累表不许。安史之乱起，吴筠又求至上清祖庭茅山，终得玄宗允准。既而中原大乱，江淮多盗，吴筠乃东游会稽，隐于越地剡中，逍遥泉石。唐代宗大历十三年（778），吴筠卒于剡中。弟子邵冀元等葬之于天柱山西麓，私谥为“宗元（玄）先生”。吴筠的道教生涯实与江西庐山颇有关联。权德舆《宗玄集》“序”称，安史之乱爆发后，吴筠“得请未几，盗泉汙于三川，羽衣虚舟泛然东下。栖匡庐，登会稽，浮淛河，息天柱。隐机埋照，顺吾灵龟”。在吴筠东下游历、居止的诸多地方中，栖息于庐山的时间尚可考知。吴筠《酬叶县刘明府避地庐山言怀诒郑录事昆季荀尊师兼见赠之》诗云：“河洛初沸腾，方期扫虹霓。时命竟未合，安能亲鼓鼙。从此罢飞凫，投簪辞割鸡。驱车适南土，忠孝两不暌。庐岳镇江介，于焉惬林栖。入门披彩服，出谷杖红藜。隐令旧闾里，而今复成蹊。”[①]按：天宝十五载（756）六月，唐军大败，潼关失守。七月，玄宗出逃，长安为叛军所陷。在此诗中，“河洛初鼎沸”显系指天宝十四年东都沦陷之事，但尚未言及玄宗播迁，长安沦陷。则当作于天宝十五载七月之前无疑。吴筠《简寂先生陆君碑》云：“天宝末，筠与友人荀太象避地兹境，敬先生之洞府，慕先生之高风，感世祀之绵远，慨铭志之湮灭。……大唐上元二年岁次辛丑九月十三日，中岳道士翰林供奉吴筠撰。”[②]既云天宝末年避地庐山，则其迁居庐山当在天宝十四载十一月至十五载七月（肃宗李亨在灵武即位，改元至德）之间。而建碑庐山的时间，则为唐肃宗上元二年（761），说明吴筠在此地居住的时间至少要有五年的光景。又，吴筠在庐山创作有《云液泉赋》，其“序”云：“今兹夏季不雨，至于十月，江河耗，井涧涸。此泉泠泠，不减平昔。”[③]据《新唐书·代宗纪》，代宗大历七年

① （清）彭定求等：《全唐诗》，中华书局1960年版，第9651页。
② （清）董诰等：《全唐文》，中华书局1983年版，第9659页。
③ （清）董诰等：《全唐文》，中华书局1983年版，第9642页。

（772）一次大旱与吴筠所叙相类："大历七年二月庚午，江州江溢。五月乙酉，大雨雹，大风拔木。乙未，以旱大赦，减膳，彻乐……十月乙亥，以淮南旱，免租庸三之二。"①据此推知吴筠在大历七年仍居庐山。如此，吴筠在庐山居15年以上。毫无疑问，此庐山之居，正是吴筠道教人生的黄金岁月。吴筠诸多的道教功业即便不在庐山成就，但其在庐山的活动，却是其成就道教功业的重要依据。

吴筠发扬重玄学的思想，积极探索道教神仙理论，笔力雄健，著述丰富，代表作有《玄纲论》《神仙可学论》《形神可固论》等，主要文字收集为《宗玄先生文集》3卷。

吴筠是有唐一代将老子之道与神仙信仰紧密结合的突出代表，既崇尚老子的虚无之道，又追求成就神仙。无形的"道"与有形的"神仙"如何统一？吴筠在《玄纲论·长生可贵》中阐明："老子曰：'深根固蒂，长生久视之道'，又曰：'谷神不死。'庄子曰：'千载厌世，去而上仙，乘彼白云，至于帝乡。'又曰：'故我修身千二百岁，而形未尚衰。'……又曰：'神将守形，形乃长生。斯则老庄之言长生不死、神仙明矣，曷谓无乎？'"吴筠由此强调，老子的"长生久视之道"与道教的长生成仙二者为一。

吴筠继承并发展了道教以"生"为"美"的思想，视仙道为人生"至美"。《玄纲论》曰："仙者，人之所至美者。死者，人之所至恶者。"《玄纲论》中专列《长生可贵》章，又在《神仙可学论》中全面细致地阐述了"生即美"的道教生命观。天地万物之间唯有"道"才是永恒的存在，"死者，天人之荼毒，孰能黜彼荼毒？拂衣绝尘，独与道邻，道岂远乎，将斯至矣"②。在《玄纲论·长生可贵》中，吴筠借回答世人疑问，间接反驳了葛洪抱怨《老子》对成仙之事"泛论较略"及批评庄子"齐生死"之说为"其去神仙已千亿里"等看法③，以为追求长生成仙实是老

① （宋）欧阳修、宋祁：《新唐书》卷六《代宗纪》，中华书局1975年版，第176页。

② 《神仙可学论》，《道藏》，第23册第661页。

③ 王明：《抱朴子内篇校释》，中华书局1985年版，第151页。

庄等古代圣人所主张的说教，并对长生成仙之内涵作了全新的阐释。如其设有人问："道之大旨，莫先乎老庄；老庄之言，不尚仙道。而先生何独贵乎仙者也？"言称：老子说"死而不亡者寿"，实际是在讲长生成仙。又设有人问：世人祭祀祖先亡灵，庄子说"以死生为一"，圣人"以形骸为逆旅"，这些都说明人的形体是会消亡的，难道也可以证明长生成仙之事？吴筠以"玄圣立言为中人尔，中人入道不必皆仙"答之，又对"以死生为一""以形骸为逆旅"作了如下解释："死生于人，最大者也。谁能无情？情动性亏，祇以速死。令其当生不悦，将死不惧，翛然自适，忧乐两忘，则情灭而性在，殂殁而神存，犹愈于形性都亡，故有齐生死之说。斯为至矣，何为乎不尚仙者也。""夫人所以死者，形也；其不亡者，性也。圣人所以不尚形骸者，乃神之宅、性之具也。其所贵者，神、性尔。若以死为惧，形骸为真，是修身之道，非修真之妙矣。"[①] 吴筠认为"神人"超越生死，神通无限，逍遥自适。《神仙可学论》："神人能存能亡、能晦能光，出化机之表，入大漠之乡，无心而元鉴，无翼而翱翔，嬉明霞之馆，宴羽景之堂，观齐浩劫而福无疆，寿同太虚而不可量。"《玄纲论》："（神人）高居九清，乃司玄化，总御万灵，乾以之动，冲以之宁，寂默无为，群方用成。空洞之前，至虚靡测。"

吴筠进一步阐发了东晋葛洪倡扬的神仙实有并可学的思想。他认为人的品性决定于其出生时所禀阴阳元气，故有"睿哲""顽凶""中人"三类。《玄纲论·天禀》："阴阳混蒸而生万有，生万有者，正在天地之间矣。故气象变通，晦明有类，阳以明而正，其粹为真灵，阴以晦而邪，其精为魔魅。故禀阳灵生者为睿哲，资阴魅育者为顽凶。睿哲惠和，阳好生也。顽凶悖戾，阴好杀也。或善或否，二气均和而生中人。"他提出，世人之所以对神仙"忽而不尚"的原因："中智以下"的"顽凶"，与飞禽走兽之类无异，故"自生自死，昧识所（求），不及闻道，则相与笑之"；"中智"的人，虽有知识，但多"为名教所检，区区于三纲五常"，故"不暇闻道"；"中智以上"的"睿哲"，"能挺然竦身而不使常情

① 《宗玄先生玄纲论·长生可贵》，《道藏》，第23册第680—681页。

汩没，专以修炼为务者”，然这类人“千万人中或一人而已”，且其行密、其得隐，故世人罕闻其行、罕为其方。接着，吴筠以“两有”“合理”论来阐发论证了神仙之实有：“昔桑矫子问于涓子曰：‘自古有死，复云有仙，如之何？’涓子曰：‘两有耳。’夫言两有者，为理无不存；理无不存，则神仙可学也。”[①] 世上之所以少有人成仙不死，是由于世人在思想认识和操作实践上多“背本向末”之故。吴筠归纳出了七种因“背本向末”而“远于仙道”的情形，其中大致又可分为三类：第一类因听信佛教之说而误入歧途。其一，为不知“形气者为性之府，形气败则性无所存”之理，而“以泯灭为真实、生成为假幻，但所取者性，所遗者形，甘之死地，乃为常理”；其二，为迷信佛教因果轮回而“厌见有之质，谋将来之身”，放弃眼前的形体修炼而求“死而再造”。第二类为不信道教成仙之说而逐于流俗。其一，不知修形炼气可令“体与道冥”而成“无穷”神仙之理，却因“昏于自察”而以为“仙必有限”，自甘沦坠；其二，不知“得必丧，盈必亏”之理而热衷于追求功名利禄享乐，“置清虚于度外”而“以轩冕为得意，功名为不朽，悦色耽声，丰衣厚味”；其三，年轻少壮时“为情爱所役”，至年迈老衰后方有“希生之心”“修学始萌”，但终因元气大损、“伤残未补”而“不除死籍”。第三类为心知修仙、身为道流，而方法、行为却不当。其一，“闻大凡可以羽化，服食可以延龄，遂汲汲于炉火，孜孜于草木”者，不知“金液待诀于灵人，芝英必滋于道气”之理，故虽耗尽财力，“竟无所就”；其二，假道流，“身栖道流，心溺尘境，动违科禁，静无修习”。[②] 与此七种“远于仙道”的情形相对，吴筠又认为有七种“近于仙道”的表现：

若乃性耽玄虚，情寡嗜好。不知荣华之可贵，非强力以自高；不见淫僻之可欲，非闲邪以自贞。体至仁，含至静，超迹尘滓，栖真物表，想道结襟，以无为为事，近于仙道一也。其次，希高敦

① 《宗玄先生文集》卷中《神仙可学论》，《道藏》，第23册第659页。

② 《宗玄先生文集》卷中《神仙可学论》，《道藏》，第23册第660页。

古，克意尚行。知荣华为浮寄，忽之而不顾；知声色能伐性，捐之而不取。剪阴贼，树阴德，惩忿窒欲，齐毁誉，处林岭，修清真，近于仙道二也。其次，身居禄位之场，心游道德之乡。奉上以忠，临下以义，于己薄，于人厚，仁慈恭和，弘施博爱。外混嚣浊，内含澄清，潜行密修，好生恶死，近于仙道三也。其次，潇洒荜门，乐贫甘贱。抱经济之器泛若无，洞古今之学旷若虚。爵之不从，禄之不受，确乎以方外为尚，恬乎以摄生为务，近于仙道四也。其次，禀明颖之资，怀秀拔之节，奋忘机之旅，当锐巧之师，所攻无敌，一战而胜，然后静以安身，和以保神，精以致真，近于仙道五也。其次，追悔既往，洗心自新，虽失之于壮齿，冀收之于晚节。以功补过，过落而功全；以正易邪，邪忘而正在。輱轲不能移其操，喧哗不能乱其性，惟精惟微，稍以诚著，近于仙道六也。其次，至孝至贞，至义至廉，按《真诰》之言，不待学修而自得。比干剖心而不死，惠风溺水以复生，伯夷、叔齐、曾参孝已，人见其没，道使之存。如此之流，咸入仙格。为之隐景潜化，死而不亡。[①]

上述七种“近于仙道”的表现，不外乎是道家倡导的清静无为、无思无欲、仁慈博爱、行善积德、忠孝贞廉等。值得注意的是，吴筠一反道教把隐逸山林作为学道成仙必经途径的说法，认为“身居禄位之场，心游道德之乡”也可“近仙”。这一思想，或是受西晋郭象《庄子注》所谓“圣人虽在庙堂之上，然其心无异于山林之中”说法的启发，但更与吴筠浓厚的用世意识密切相关。吴筠在阐述了“七远”“七近”之后，总结性地指出：“放彼七远，取此七近，谓之拔陷区，出溺途，碎祸车，登福舆，始可与涉神仙之津矣。于是识元命之所在，知正气之所由，虚凝淡泊怡其性，吐故纳新知其神，高虚保定之，良药匡补之，使表里兼济，形神俱超，虽未升腾，吾必谓之挥翼凡霄之上矣。”[②] 吴筠正是围绕

① 《宗玄先生文集》卷中《神仙可学论》，《道藏》，第 23 册第 660—661 页。

② 《宗玄先生文集》卷中《神仙可学论》，《道藏》，第 23 册第 661 页。

着“放彼七远，取此七近”思考“涉神仙之津”，展开了一系列有关修炼的理论学说。

吴筠的“成仙修炼”学说，是基于其包括道、德、元气、太极、神明、真一、真精、有无、动静等一系列范畴的宇宙论。《玄纲论·道德》：“道者何也？虚无之系，造化之根，神明之本，天地之源。”《形神可固论》：“夫道者，无为之理体，玄妙之本宗，自然之母，虚无之祖，高乎盖天，深乎包地，与天地为元，与万物为本。”“大道之要，玄妙之机，莫不归于虚无者矣。虚无者，莫不归于自然矣。自然者，则不知然而然矣。是以自然生虚无，虚无生大道，大道生氤氲，氤氲生天地，天地生万物，万物剖氤氲一气而矣。”吴筠以“道”为最高信仰，认为道是宇宙万化之源，世间万物皆由道化生。“道”清静淳朴，无为无私，主宰万物而不自恃，任物之自然本性。吴筠之“道”，其在内容本质和描述方式上与《老子》等传统道家著作的说法并无二致，只是他对宇宙万物的生成过程采用了一番新的说法，认为“道”之前尚有“虚无”“自然”。吴筠在“道”之前置入“虚无”“自然”概念，似乎与其“道”为“自然之母，虚无之祖”观点自相矛盾，事实上，吴筠正是通过阐释“道”与“虚无”“自然”的关系，而表现出了超越前人的思辨水平。吴筠指出，“道”与“虚无”“自然”实为同一,三者不过是不同阶段中的不同状态或不同表述罢了。由此他又引入了“德”的概念。《玄纲论·道德》：“天地所禀，阴阳所资，经以五行，纬以四时，牧之以君，训之以师，幽明动植，咸畅共宜，泽流无穷，群生不知谢其功，惠加无极，百姓不知赖其力，此之谓德也。”吴筠运用《老子》“道生之，德畜之”的观点阐发“道”“德”“自然”三者的关系：“通而生之之谓道，道固无名焉。畜而成之之谓德，德固无称焉。……生者不知其姓，成者不见其终，探奥索隐，莫窥其宗，入有之末，出无之先，莫究其眹，谓之自然。自然者，道德之常，天地之纲也。”[①] 这就是说，宇宙万物乃是由“道”生之而“德”成之的，而这个过程又是一个“自然而然”的过程。“自然”只是

① 《宗玄先生玄纲论·道德》,《道藏》，第23册第674页。

"道德之常"，而非一个与"道"相类的本体性的东西，故其与"道"实并无生成时间上的差异，说"自然生虚无，虚无生大道"，并不有碍于以"道"为宇宙万物之根源。

之后，吴筠又引入了"有无"的概念，以说明"道"与"虚无"的关系。《神仙可学论》："有自无而生，无因有而明。有无混同，然后为至。故空寂玄寥，大道无象之象也；两仪三辰，大道有象之象也。……故有以无为用，无以有为资。"又《玄纲论·以有契无》："夫道，至虚极矣，而含神运气，自无而生有。故空洞杳冥者，大道之无形之形也；天地日月者，大道有形之形也。"这就是说，"有无"不过是"道"固有的两种存在状态："无"是"道"的原始本真状态，"有"则是"道"由"静"而"动"后的呈现状态。这样，前述"虚无生大道"实际是说"道"由"无"的状态而呈现为"有"的状态。为了阐明至虚、至无、至静之"道"能动而生出万有，以及其原初动力和原始材料，吴筠又引入了元气、太极、真精、真一、神明等概念，以为由无至有是"元气自化"或"太极"运作的结果，而元气"自化"或"太极"运作则是由"至精感激""真一运神"所产生的神秘力量所推动。禀"道"而生的天地万物是在"元气"中产生的，因此万物之间的区别也是由"元气"决定的。《玄纲论·元气》："太虚之先，寂寥何有。至精感激，而真一生焉。真一运神，而元气自化。元气者，无中之中，有无之中，旷不可量，微不可察。氤氲渐著，混茫无倪，万象之端，兆朕于此。于是清通澄朗之气浮而为天，浊滞烦昧之气积而为地，平和柔顺之气结而为人伦，错谬刚戾之气散而为杂类。自一气之所育，播万殊而种公，既涉化机，迁变罔穷。然则生天地人物之形者，元气也。"天、地、人是"元气"聚集的不同表现，只是形体的差别，表现出天人合一的宇宙观。吴筠将元气论与老子自然之道结合起来，较为全面系统地构筑起宇宙生成模式，正在于为其阐发修炼理论作基础。

又《玄纲论·真精》："天地不能自有，有天地者太极。太极不能自运，运太极者真精。真精自然，惟神惟明，寔曰虚皇。高居九清，乃司玄化，总御万灵，乾以之动，坤以之宁，寂然无为，群方用成。空洞之前，至虚靡测，元和澄正，自此而植，神真独化，匪惟巨亿。”“至精”又称“真精”，是运太极而生天地的动力源泉，有司玄化、御万灵之功。至精似乎是绝对实体，但又自然无为。吴筠运用传统的元气论，试图解释好“道”由无至有的过程。然而，这种解释仍不能解释“道”如何由静至动之原初动力的问题，只能无奈地归之于某一神秘力量。

吴筠维护肉体成仙说，他虽推崇修“心”养“性”守“神”，却在一定程度上仍保留了炼“形”的作用。《玄纲论·以有契无》:“若独以得性为妙，不知炼形为要者，所谓清灵善爽之鬼，何可与高仙为以哉？”《玄纲论·超动静》:“形存道同，天地之德也。”吴筠认为，修道者要通过练气使形体永固，先修心性后炼形。他在《玄纲论·学则有序》中为成仙修炼设置了一个形神兼顾的次序：“道虽无方，学则有序，故始于正一，次于洞神，栖于灵宝，息于洞真，皆以至静为宗，精思为用，斋戒为务，兹惠为先。故非至静则神不凝，非精思则感不彻，非斋戒则真不应，非慈惠则功不成。神凝、感彻、真应、功成者，是谓陟初仙之阶矣。然后吐纳以炼藏，导引以和体，怡神以宝章，润骨以琼醴，皆承奉师诀，研味真奥，则气液通畅，形神合同，不必金丹玉芝，可俟云軿羽盖矣。”吴筠肯定“形”的作用，并非如传统道教简单地宣扬举形升虚，而是强调对“形”的修炼，使之“合于气”，进而“合于神”，最终“与道冥”。《形神可固论》:“今守道者取虚无自然正真之一，服炁者知两半之前，胎息之妙，绵绵若存，尔淘去三尸，日满上升玄中之至。合丹药者炼铅取金，化石为水，黄芽河车，神室壳矣。制伏水银而为金丹，刀圭入口，天地齐年，悟则明矣。”[①] 吴筠这种对“形”之功能的保留与肯定，使得道教的“心性修炼”说与佛教的“明心见性”说有了质的区别，对后世道教“性命双修”说产生了很大的影响。[②]

吴筠重视道教修炼，批评那种神仙乃禀受异气自然而成的观点，强

① 《道藏》，第23册第594页。

② 卿希泰主编：《中国道教思想史》(第二卷)，人民出版社2009年版，第158—170页。

调得道成仙在于修道者个人天赋与刻苦修炼相结合。《玄纲论·阴取舍》：“夫工者必因其材而施乎巧。学者必有其骨而志乎道。故冰不可镂，愚不可仙，自然之理也。所以神不清、骨不峻者，皆非禀阳灵之气也。非禀阳灵之气者，必无慕仙之心也。苟有慕仙之心者，未有不夙挺夫仙骨者也。”即使禀有仙骨者，还必须经过刻苦的学习和修炼才能真正成仙：“有骨而不学者，亦如有材而无工。故金藏于矿也，不冶而为石。道在于人也，不炼而为凡。”吴筠认为，人赖自身体内的精气神而生存，若要长生成仙，须修炼“精气神”。《神仙可学论》：“积虚而生神，神用而孕气，气凝而渐著，累著而成形，形立神居，乃为人矣。故任其流遁则死，反其宗源则仙。所以招真以炼形，形清则合于气，含道以炼气，气清则合于神。体与道冥，谓之得道。”人的生命在于气，“真气与神并”可以成为“神仙”。《形神可固论》：“夫人未有其兆，则天地清宁。剖道之一气，承父母余孕，因虚而生，立有身也有一附之，有神居之，有气存之。此三者递相成，可齐天地之寿，共日月而齐明。何者？修身慎行，助育元气，胎息藏府，存神想思，含虚守元，宗皇之一。”人先有元气然后体形才能发展完备，修仙之人必须先修炼元虚之气。《形神可固论》：“炁者，神也；人也，神之车也，神之室也，神之主人也。主人安静，神则居之；躁动，神则去之。神去，则身死者矣。”

吴筠深入地考察了“心”“性”“神”“道”之间的关系，以为“心”乃“神”的载体，而“神”又禀于“道”，其静则合乎“性”而生，其动则合乎“情”而死。“夫心者，神灵之府，神栖于其间。”“神者，无形之至灵也。神禀于道，静而合乎性。人禀于神，动而合乎情。故率性则神凝，为情则神扰。凝久则神止，扰极则神迁。止则生，迁则死。”吴筠认为，修炼精气神，关键在于守静；守静可臻达“与道为一”的境界。《玄纲论·学则有序》曰：“道虽无方，学则有序……皆以至静为宗。”《玄纲论·起动静》：“不为外物之所诱者，谓之至静。”守静首先要无为。《玄纲论·形动心静》：“夫形动而心静、神凝而迹移者，无为也。闲居而神扰、恭默而心驰者，有为也。无为则理，有为则乱。”守静须去躁。人之所以躁动，是因有情欲，故去躁之要乃在于忘情止欲。《玄纲论·同有无》:“生我者道，灭我者情。苟忘其情则合乎性，性全则形全，形全则气全，气全则神全，神全则道生。道全则神王，神王则气灵，气灵则形超，形超则性彻，性彻则返覆流通、与道为一，可使有为无，可使虚为实。吾将与造物者为俦，奚死生之能累乎？”《玄纲论·性情》:“性动为情，情反于道。……故君子黜嗜欲，隳聪明，视无色，听无声，恬澹纯粹，体和神清，虚夷忘身，乃合至精。此所谓返我之宗，复与道同。”《形神可固论》:“欲不可纵，纵之必亡。神不可辱，辱之必伤。伤者无返期，朽者无生理。但能止嗜欲、戒荒淫，则百骸理，则万化安。”“天得一自然清，地得一自然宁，长而久也。人得一气，何不与天地齐寿，而致丧亡，何也？为嗜欲之机所速也。”《玄纲论·真人为俦》:“道之所至忌者，淫杀阴贼。此诚易戒。至于小小喜怒、是非可否，人之常情，甚难慎也。都不欲有纤芥之事，关乎方寸之中。虑静神闲，则邪气不能入；我志不扰，则真人为俦。”守静贵在泰然忘情。《玄纲论·会天理》:“性本至凝，物感而动，习动滋久，胡能遽宁？既习动而播迁，可习静而恬晏。故善习者，寂而有裕；不善习者，烦而无功。是以将躁而制之以宁，将邪而闲之以贞，将求而抑之以舍，将浊而澄之以清，优哉游哉，不欲不营，然后以玄虚为境域，以淡漠为城阙，以太和为宫观，以寂照为日月，惟精惟危，不废不越，行如是，息如是，造次于是，逍遥于是，习此久者，则物冥乎外，神鉴于内，不思静而已静，匪求泰而弥泰，即动寂两忘而天理自会矣。故履霜乃坚冰之始，习静为契道之阶。”显然，吴筠的“静”指的是不受外物的困扰，对所见到的事物及其现象保持一种淡定的状态，并把“静”看作是修道者修行之始。

心静与道合同，气动可保持形体的存在，二者不可偏废。心不能静，是因通过“目”而受外物引诱。吴筠为此作《心目论》，借“心”与“目”的争论，说明修炼的关键，乃是修心。于常人而言，“忘情”要经历一个极为艰苦的过程。吴筠作《洗心赋》云：“合抱生于毫末，履霜至于坚冰，孰谓希夷之无物，吾必知恍惚之可凭也。乃复拂衣长林，从其夙尚，近宗仙经，远禀真匠。机已忘而气正，战复胜而神王，庶斯道之有恒，喜勿药于无妄。夫造物者结虚而为实，致道者反粗至精。所以齐天地之悠远，叶日月之昭明，哀众人沦胥以徂谢，吾方独务于长生。”因此，修道要“积精微而显著，乘一气以日新”。人自当离情复性，这取决于全性之心。“我心不倾则物无不正，动念有属则物无不邪，邪正之来在我而已。”外物本无邪正之别，心性受情的迷惑而有取舍。所以全性修道要在恬淡，不存取舍。既不可有心迷醉于外物，亦不可苦求心中无物，如此即可进入“忘”的至静境界。当然，“忘”不是强制的“苦忘”。《玄纲论·虚明合元》：“道不欲有心，有心则真气不集；又不欲苦忘心，苦忘心则客邪来舍。在于平和恬淡，澄静精微，虚明合元，有感必应，应而勿取，真伪斯分。”吴筠以“静”为核心提出了一系列内修之法，去躁、除欲、忘情，目的在于虚静、神安、性全。如《心目论》言：“人之所生者神，所托者形，方寸之中，实曰灵府，静则神生而形和，躁则神劳而形毙。深根宁极，可以修其性情哉！”异于传统道教所谓“目动则心动，心动则神动”的看法，吴筠认为心乃“统形之主”，可不必为外在的“目动”所累，只要心能“忘形静寂”，“睹有而如见空寂，闻韶而若听谷音，与自然而作侣，将无欲以为朋”，便可“同浩劫之罔极，以万椿为一朝”而长生成仙。

吴筠主张内修外炼兼重。《形神可固论》提出了守道、服炁、养形、守神、金丹等五种修炼之术法。《玄纲论》有“同有无”“以有契无”两章，以为“道能自无而生于有，岂不能使有同于无乎？有同于无，则有不灭矣”。故若能“炼凡至于仙，炼仙至于真，炼真合乎妙，合妙同乎神，神与道合，即道为我身”，如此“以无系有，以有合无”，则可令有形而逝之身躯与虚无而永存之“道”合为一体，“乾坤永存，而仙圣不灭”。《玄纲论》又有《超动静》《形动心静》两章，以为“静者天地之心也，动者天地之气也”，故“心不宁则无以同乎道，气不运则无以存乎形”，修炼之要乃在于“形动而心静，神凝而迹移”，等等。道教传统的吐纳、导引、服气、胎息、行气、辟谷、存神、存思、守一、叩齿、咽液等，到唐代都逐渐合为服气一术。然而，施行服气术，方法繁难，效果往往不明显。《神仙可学论·服气》：“服元气之术，上古已来，文墨不载，须得志人歃血立盟，方传口诀。只如上清禁诀，玉函隐书，百家诸子，诰传词文，乃至老君秘旨，内外《黄庭》，灼然不显不露；《五千真文》略述，只言玄牝门谓天地根，似显枝叶，本蒂深密。”“余生好道术，志在元和，每见道流，皆问无事，千说万别，互有多般。或食从子至午，或饮五牙之津，或吐故纳新，仰眠伸足，或餐日月，或闭所通，又加绝粒。以此寻之，死而最疾。何者？为攻内外，故速死也。”

另外，吴筠还特别提出了一些可以支持内炼的理论，如《玄纲论·阳胜则仙》：“阳与阴并而人乃生。魂为阳神，魄为阴灵，结胎运气，育体构形。然势不俱全，全则各返其本。故阴胜则阳竭而死，阳胜则阴销而仙。”“阳，火也；阴，水也。冰炭不同器，胜负各有所归。道俗反其情，人各有所炼，众人则以阴炼阳，道则以阳炼阴。阴炼阳者自壮而得老，自老而得衰，自衰而得耄，自耄而得疾，自疾而得死。阳炼阴者，自老而反婴，自浊而反清，自衰而反盛，自粗而反精，自疾而反和，自夭而反寿，曾合真道而得仙矣。是以有纤毫之阳不尽者则未至于死，有锱铢之阴不灭者则未及于仙。仙者，超至阳而契真；死者，沦太阴而为鬼。是谓各从其类。”[①]“以阳胜阴”，其实质不过是要求人们向内修证，以“静”制“心”、以“忘”显“性”，令被知见、情欲蒙蔽污染的本初之“神”“性”显现。为此，吴筠进一步论述了“以阳炼阴”“形动心静”“神清意平”“形清心贞”“以有契无”等近于内丹修炼的方法论。

吴筠儒道兼综，关注现实政治伦理，主张以道治国。《玄纲论》曰：“贵淳古而贱浇季，内道德而外仁义，先素朴而后礼智，将敦其本以固其中，犹根深则条茂，源浚则流长，非弃仁义薄礼智也。”“道德为礼之本，礼智为道之末，执本者易而固，持末者拱而天下化矣。”吴筠提倡道德、天地、帝王三位一体论。《玄纲论·化时俗》：“道德者，天地之祖。天地者，万物之父。帝王者，三才之主。然则道德、天地、帝王一也。”《玄纲论·元气》：“生天地人物之形者，元气也。授天地人物之灵者，神明也。故乾坤统天地，精魂御人物，气有阴阳之革，神无寒暑之变，虽群动纽约，不可胜纪。灭而复生，终而复始。道德之体，神明之心，应感

① 《道藏》，第23册第677页。

不穷，未尝疲于动用之境矣。”人禀“元气”而生，人的所作所为应该受天地、神灵的主宰，而道德之体和神明之心则是永恒不变的。其政治理论为“主之以道，辅之以儒，而又兼以法家的法、术、势的思想在其中”[①]。吴筠将其政治思想与“道”相结合，将帝王与道德、天地视为一体，为君权神授提供了理论依据。

吴筠把社会治乱的根源，归结为“天地之道，阴阳之数”和人情世风，主张加强封建道德教育。《玄纲论·化时俗》：“虽然，父不可不教于子，君不可不治于人。教子在乎义方，治人在乎道德。义方失则师友不可训，道德丧则礼乐不可理。虽加以刑罚，益以鞭楚，难制于奸臣贼子矣。是以示童蒙以无诳，则保于忠信。化时俗以纯素，则安于天和。故非执道德以抚人者，未闻其至理者也。”吴筠认为，帝王治世要先明道德，以顺自然之道。《玄纲论·道德》：“天地人物，灵仙鬼神，非道无以生，非德无以成”，自然法则决定人类必须“牧之以君，训之以师”。吴筠认为君主是道德的化身和代言人，是天地人的主宰。《玄纲论·明本末》：“夫仁、义、礼、智者，帝王政治之大纲也。而道家独云遗仁义，薄礼智者，何也？道之所尚存乎本，故至仁合天地之德，至义合天地之宜，至礼合天地之容，至智合天地之辩，皆自然所禀，非企羡可及。”“礼智者，制乱之大防也。道德者，抚乱之宏纲也。然则，道德为礼之本，礼智为道之末”，主张“内道德而外仁义，先素朴而后礼智”，只要统治者“以道为心，以德为本，以仁义为车服，以礼智为冠冕，则垂拱而天下化矣”。吴筠认为，道与德的神圣性，表现在社会和政治方面就是君主的神圣性和君权的至高无上。

总之，吴筠倡导“神仙可学”，力主以心悟道，以道通神；注重对精气神的修炼；主张身心有丹道，毋须身外求。只要抛弃世俗情欲的牵累，诚心修炼，或行儒家道德，再辅之以吐纳、良药，则神仙可就。吴筠的仙学理论体系中，既有发展深化前人思想成分，也有自己创新的见解，较大程度上丰富了上清派理论，已经具备了道家内丹派的基本思

① 董文佐：《唐代道士吴筠的修道思想》，《中国道教》2014年第5期。

想。中唐以来，道教从外丹向内丹过渡性发展，吴筠盖属承前启后之关键人物。[①]

三、李渤庐山著《真系》

江西之所以是唐代上清派理论文化的创构重地，知名文士李渤在其中贡献不小。

李渤（773—831），字濬之，陇西成纪（今甘肃秦安）人，一说河南洛阳人。出身于官僚之家，却孤操自将而不苟合，“受天雅性，生不杂玩。少尝读《高士传》《列仙传》”[②]。贞元年间（785—805），李渤因曾任殿中侍御史的父亲李钧流放施州，“以不能养母废于世”，不肯仕途，与兄长李涉（字清之，号清溪子）偕隐庐山五老峰。其间，李渤作楚接舆、老莱子、黔娄先生、于陵子、王孺仲、梁鸿等六位高古贤人的《图赞》，因以自儆。李渤驯养了一灵性白鹿，随时出入，人称“白鹿先生”；而其所居地因四面环山，俯视似洞，人名之“白鹿洞”。李渤在白鹿洞中筑起道意深深的栖真堂，儒道兼修。曾作《喜弟淑再至为长歌》曰：“庐山峨峨倚天碧，捧排空崖千万尺。社榜长题高士名，食堂每记云山迹。我本开云此山住，偶为名利相萦误。自负心机四十年，羞闻社客山中篇”；更著《真系》(《真系传》) 以表其志[③]。李渤是否入道，文献所载不明，但他在庐山期间，有道人作派则是毫无疑问的。

《真系》全文收录于北宋张君房所编纂的《云笈七签》卷五“经教相承部”。李渤《真系序》曰：

> 今道门以经箓授受，所自来远矣。其昭彰尤著，使缙绅先生不惑者，自晋兴宁乙丑岁。众真降授于杨君，杨君授许君，许君授

① 参见潘雨廷：《道藏书目提要》，上海古籍出版社 2003 年，第 93—94 页；祁志祥：《中国美学全史》(隋唐宋元美学)，上海人民出版社 2018 年版，第 385 页。

② （唐）李涉：《南溪元岩铭并序》。张家瑶编：《古代桂林山水文选》，漓江出版社 1982 年版，第 142 页。

③ 本小节关于“李渤与《真系》”文字的写作，着重参考了赵炳清：《李渤与〈真系〉略论》，《宗教学研究》2010 年第 1 期。

子元文，元文付经于马朗。景和乙巳岁，敕取经入华林园。明帝登极，殳季真启还私廨。简寂陆君南下，立崇虚馆，真经尽归于馆。桉黄素方因缘值经，准法奉修，亦同师授。其陆君之教，杨、许之胄也。陆授孙君，孙君授陶君，陶君搜摭许令之遗经略尽矣。陶授王君，王君又从宗道先生得诸胜诀，云经法秘典，大备于王矣。王授潘君，潘君授司马君，司马君授李君。李君至于杨君，十三世矣。杨、许并越汉登真，许令亦终获度世，马、殳幸会而不业。自陆君已降，则帝者无不趋其风矣。此皆史有明文，或遗迹可访。又世世从事于斯者，其支裔焉。且知理而不知神，非长生之士也。超理入神，混合于气，无为而无不为者，我真宗之道也。道无否泰，教有通塞，塞而通之者，存乎其人。故予述真系。传其同源分派者，录名仙籍，不缉于此。时贞元乙酉岁七月二十一日于庐山白鹿洞栖真堂中述。[①]

据李渤“序”，《真系》完成于“贞元乙酉岁七月二十一日于庐山白鹿洞栖真堂中”。贞元乙酉系唐德宗贞元二十一年（805），这说明李渤的《真系》正完成于庐山白鹿洞。据《新唐书》李渤本传，李渤之后离开庐山，徙于嵩山。李渤《少室仙伯王君碑铭》文末说“贞元癸未，鄙人至自庐岳，栖托瀍溪，牵萝践危，深入丹窟……”[②] 贞元癸未为贞元十九年（803），李渤于贞元十九年已至嵩山，显然与《真系》序相抵牾。当然，李渤期间来往于庐山、嵩山也是有可能的。不过，据史传，李渤隐居嵩山之后，即受朝廷征召，初辞而复出，遂定居洛阳，不可能再回到庐山。《真系》题为“贞元乙酉岁”在庐山白鹿洞栖真堂中撰述，与上述事迹不合，故乙酉应为“癸酉”即贞元九年（793）或“乙亥”即贞元十一年

① （清）董诰等：《全唐文》，中华书局 1983 年版，第 7311—7312 页。
② （清）董诰等：《全唐文》，中华书局 1983 年版，第 7312 页。

(795)之误。[①]

李渤《真系》把当时上清派史重新勘定，并对上清派谱系进行了重排。《真系》整理自茅山真人杨羲至李含光的世系，对上清派人物作了溯源探流的叙述。“道门以经箓授受，所自来远矣”，从“晋兴宁乙丑岁，众真降授于杨君”，一直到“司马君授李君，李君至于杨君，十三世矣”。这种叙述，对了解上清派的历史颇有价值，也可见李渤在这方面有深入的认识与研究。李含光卒于大历己酉（769），距李渤述此《真系》仅37年，实有以自继李含光道系作为第十四代传人之深意。

李渤《真系》是上清派诸修经真人传记，所述的上清真经的传授过程是：杨羲—许翙—许黄民—马朗—殳季真—陆修静—孙游岳—陶弘景—王远知—潘师正—司马承祯—李含光。《真系》记叙上清派宗师共十世，及保存经籍者三世：“晋茅山真人杨君（杨羲）”“雷平山真人许君（许翙）”“仙人临沮令许君（许黄民）（附述保护道经者马朗等）”“宋庐山简寂陆先生（陆修静）”“齐兴世馆主孙先生（孙游岳）”“梁茅山贞白陶先生（陶弘景）”“唐茅山升真王先生（王远知）”“中岳体玄潘先生（潘师正）”“王屋山贞一司马先生（司马承祯）”“茅山玄静李先生（李含光）”。自杨羲于晋兴宁乙丑（365）起至李含光卒（769），凡405年。李渤未辨三洞四辅，又以上清经当洞真，由是与孟安排所记述的史实不同，与《道藏》编目亦不同。故此《真系》当重视其思想，仅属道教中上清经的传承，而非整个道教史的史实。[②]

---

① 按：法国道教学者施舟人在《韩愈之友李渤及其〈真系传〉》一文中指出：“贞元乙酉七月二十一日当公元805年8月10日，此后不足一月，宪宗于805年9月5日即位。渤撰《真系传》可能与此时情况有关。渤序谓其时彼仍在庐山，而据上引铭文，则渤于贞元癸未已抵少室，此种时间上的矛盾，或正与宪宗登极有关。”施舟人认为，唐宪宗好道，李渤为出仕计，故特意撰《真系》以博取皇帝欢心。但宪宗此时还没有即位，久居山野的李渤，去取悦一个深居宫廷的皇子，于情理上说不通。如果说《真系》作于唐宪宗登基之后，则李渤又何必假托一个并不在庐山的时间以故意露出破绽？李渤曾推辞朝廷的征召，入朝以后也不以道术取媚，因此这一时间上的矛盾，只能是传抄错误所致。参见吴国富：《庐山道教史》，江西人民出版社2011年版，第117—118页。

② 潘雨廷：《论〈真系传〉》，《道教史发微》，复旦大学出版社2012年版，第125—130页。

李渤向往山林之趣，隐居庐山，学习了一些道教的经籍、模拟了某些道士生活，然并非真正的入道之人。其著《真系》的目的，诚如其自序所言，主要有二：一是借记述上清派诸真人，特别是从陆修静开始的那些与帝王有交往，受到帝王尊敬和推崇的真人，来表达自己不图名利，为苍生社稷谋利的入世思想；二是上清诸真人的撰经行为，为上清派的传播、发展做出了巨大的贡献，其功不可没，值得记述，以传后世。李渤著《真系》时，社会上外丹之风隆盛，但也表现出了外丹向内丹转型的显著情形。无论丹鼎派的金丹术的义理是多么的完善精致，从《真系》中的"超理入神，混合于气，无为而无不为者，我真宗之道也"和记录的唐代诸真人的事迹来看，显然上清派已经完成了从外丹向内丹的转换，其神仙思想也逐渐由出世转为入世。李渤《真系》是上清派道史上的重要典籍，也是唐代江西成为上清派发展重地的一大文化支撑。

中唐以来，政治腐败、朋党倾轧，才识之士都空有政治抱负而难以施展，志趣不凡的李渤无疑深谙个中滋味。上清派的诸宗师均是士族出身，与国家政治关系密切，均有干预世俗政治的能力和行为。特别是上清派第九代宗师陶弘景，不仅创立了上清茅山宗，而且参与庙堂之事，号称"山中宰相"。王远知、潘师正、吴筠、司马承祯等，不仅使上清派大为发展，而且常为帝王师。李渤著《真系》记述上清宗师们的政治作为，是借以表达自己的政治理想。当时，李渤选择上清派作为记述的对象，应还与栖隐庐山的他深识和仰慕上清派早期宗师陆修静在庐山修道成就的历史有关。

四、庐山其他知名道士事迹

除以上列举的高道大德的事迹外，隋唐时期活动于庐山的有较大影响力者还有不少。

丁玄真（528—607），字仲诚，浔阳人。天资恪敏，严于持戒，为乡里推仰。尝遇异人得道法，能摄鬼神而驱役之。每以康王谷地最灵秀而居之。康王谷谷口有铜马庙，祀奉传说是西汉末年王莽所造铜马，岁久有物附之，肆为妖怪，食民物畜稼苗之类，为害弗堪，附近居民不得已立庙以祈禳之。丁玄真深恶其事，因于隋开皇十年（590）毁废其庙，取是地置康王观。将庙中铜马迁出送至南江，然而人未回而马已复其旧处。丁玄真因怒断铜马之左足，铜马竟化出人形，哭求愿得一食之所。丁玄真遂移其祠庙于涧之西，令其不得再为害。铜马庙前有毒龙潭。一天，因风雨晦瞑，忽见二龙出而弄珠，光彩照烁。丁玄真叱之，辄取其珠置真殿内。而龙又入殿取珠，既而弗得，乃吐涎满地。复见殿柱有张僧繇所画二龙，即与之斗，风雨震吼，冲倒檐楹。丁玄真遂书铁符，烧铁钟，二龙竟穿山西去。又复以铁钉钉殿柱画龙之目，其患乃止。时江州刺史状其事封章朝廷，隋文帝闻而异之，降诏褒崇，命州郡加以礼遇。[①]又，隋末，苏宾隐居庐山，洞明易道，藏往知来。时太原王勣得古镜，游豫章、浔阳，直至庐山。婆娑数月，或栖息长林，或露宿草莽。虎豹接尾，豺狼连迹。王勣举古镜窥之，莫不窜伏。苏宾对王勣说："天下神物，必不久居人间。今宇宙丧乱，他乡未必可知，吾子此镜尚在足下，幸卫速归家乡也。"王勣然其言，即其北归。[②]

李道冲，唐末浔阳人。不茹荤酒，传法箓于异人，结庵紫霄而讲庄老，忽语人"吾欲远游且不返"，众未悟，竟沮留之，及午而逝。[③]著有《老庄论》1卷传世。

或者，高宗、玄宗朝的名道叶法善也在庐山活动过。《庐山小志》载叶法善事于"石耳峰清溪庵古迹"下。玄宗惊异叶法善道术，赠以诗曰："清溪道士人不识，上天下天鹤一只。洞门深锁白云闲，滴露研珠点周易。"[④]或者，后世列为"八仙"之一的张果老也出现于庐山。"庐山咏真洞，张果老驴迹尚在。真伪之间，以其无后人刀斧痕。仙术固未

---

① （元）赵道一：《历世真仙体道通鉴》卷三十一《丁玄真》，《道藏》，第5册第280页。

② （民国）吴宗慈编撰，胡迎建注释：《庐山志》纲之五《历代人物》，江西人民出版社1996年版，上册第567页。

③ （民国）吴宗慈编撰，胡迎建注释：《庐山志》纲之七《杂识》"李道冲"条，江西人民出版社1996年版，下册第594页。

④ （民国）吴宗慈编撰，胡迎建注释：《庐山志》纲之七《杂识》，江西人民出版社1996年版，下册第616—617页。

可测耳。”[①]

大约受刘宋高道陆修静遗存的影响，唐代在庐山活动的道人多习“三洞道法”。刘混成[②]（714—794），号玄和祖籍彭城，家住江西都昌。父、祖皆儒士。混成幼即颖悟，长而不群。依儒家之理行事，笃行孝道。年近四十时，生拔俗出尘之志，入庐山龙兴观（白鹤观）习三洞道法，收何玉（何子玉）为弟子。天宝二年（743），混成得度为道士。继于庐山山中得遇异人教授，道法更为精妙。此后，留弟子何玉持守白鹤观，自己则栖息五老峰下一石洞中。混成夷心静默，苦节霜露，餐饵松桧，服气辟谷。又手植木瓜于石岩下，以得为食，后人因号此岩为木瓜岩。又凿丹井炼丹以疗人之疾，多获痊愈，颇著名声。或说，刘混成虽不大住白鹤观中，亦曾孤心营构白鹤观，使之成为庐山名观。贞元十年（794）十月十八日，年届86岁的刘混成忽谓弟子范仙舟：“吾久住五老峰，将游金华，玄谱有名，吾即往矣。汝等各宜勤苦学道，无自沈坠。”言讫而化。范仙舟后亦得道，莫知所终。传说，贞元年间（785—805），淮西藩镇吴元济不臣，洪帅（江西观察使）命幕宾王遘奉表京师长安以示忠诚，为淮寇所掠。王遘家人诣庐山悲叩刘混成以求救，刘混成感激乃曰：“观中有司命司录二真君者，乃玉皇之侍臣，汝可精祷。”当即为拜章。未几，有二神人导王遘，车骑疾驰千里，由是脱难归家。[③]

唐朝时，栖居庐山修道的女冠，以蔡侍郎之女蔡寻真、宰相李林甫之女李腾空最为著名。两人从小灵慧，不耽富贵，慕道寻仙，拜道士张道冲为师。贞元中，她们相携入庐山，蔡隐居于九叠屏南麓的咏真洞，

① （民国）吴宗慈编撰，胡迎建注释：《庐山志》纲之七《杂识》，江西人民出版社1996年版，下册第632页。

② （元）赵道一：《历世真仙体道通鉴》卷三十八《刘玄和》，《道藏》，第5册第316页。

③ 按：刘混成救王遘之事揆之史实似乎并不可靠。王遘，唐玄宗天宝十四载官南昌令，又于唐代宗朝官祠部郎中兼侍御史。唐宪宗元和九年（814），淮西帅吴少阳死，其子元济匿不发丧，领先少阳表，称病，请以元济为留后。朝廷不许，吴元济于是遣兵焚舞阳、叶县，攻掠鲁山、襄城、阳翟。唐宪宗发兵讨伐。也就是说，吴元济之叛发生在刘、王去世之后。

而李栖息九叠屏北麓的延真观。蔡、李研习的主要是南朝陆修静编纂的道教经典，是为融清修、丹道、符箓一体的三洞道士。她们经常邀约，品茗弈棋，讲习道法。每至三元八节，会于咏真洞，以相师讲。日常则以丹药符箓救周边民人疾苦。九江守许浑尝以状闻于朝，唐德宗为之感动加以崇敬。昭德皇后赐金帛，辟土田。后来许浑入朝，会昭德皇后薨，因言二女真其故居可赐观名，以伸追奉。朝廷乃诏以蔡氏所住咏真洞为寻真观，李腾空所居延真观为昭德观。蔡、李二人蜕解后，门人收其簪简瘗于庐山旧居，乡俗岁月祀之。

始创于刘宋陆修静的简寂观至唐代仍是庐山著名的道观，颇得官府关照。例如，“唐天后太极元年，劝醮于简寂观，有黑龙群鹤之异。降诏褒崇”[①]。学道人士亦纷至沓来。熊德融，字大光，荆州人。幼禀淡泊，不饵腥膻，锐然有出尘志。年十三辞家访道，千里苦志劳形。至九嶷山，忽遇一人于道左，绿发朱颜，眸子莹然。德融疑其非常，进而问之，则唯唯无语。因相与入山，渐造幽深，至一石室，引德融坐，谓曰：“夫道不欲杂，杂则扰，扰则忧，忧则不救，故圣人先存诸已而后存诸人。”又曰：“绵绵若存，用之不勤。子之骨法终成仙道，今犹未也。”因腰间取一葫芦，倾酒饮之，云：“他日相会，勉旃勉旃。”遂入，德融伺候数日，竟不复出，因怅然而返自失者累月。宣宗太中初，游庐山，居于简寂观。常宴坐一室，终日寂然。至懿宗咸通二年（861）解化。葬讫后数日，有道士南归，道逢德融，幅巾华杖独步，因问何往，曰：“吾之九疑寻师矣。”道士既归，语其事，发棺视之，唯有一簪而已。先是，从游者如李相国珏，崔相国植，于刺史德诲诸公，皆奉其道，称其门人焉。[②]又，郗法遵也是活动于简寂观的知名道士。法遵居简寂观，道行精确。独力检校，已历数年，全无徒弟。忽梦玄中法师谓之曰：“汝无人力，甚见勤劳。今有二童子，所恨年小耳。”既觉，话于众。出山过民王家，有年才

① （元）赵道一：《历世真仙体道通鉴》卷二十四《陆修静》，《道藏》，第5册第240页。

② （元）赵道一：《历世真仙体道通鉴》卷四十二《熊德融》，《道藏》，第5册第344页。

一岁幼儿。见法遵，抱其足不肯舍。法遵去则昼夜啼号不息，复至则欣然。后数年，父母即舍为童子。又有刘氏子，眼有五色光，父母疑其怪异，因炙眼尾，其光遂绝。已四五岁，亦舍在观中，相次入道。果符玄中梦授之语矣。[①]

庐山道士茅安道，能书符役鬼，幻化无端，从学者常数百人。[②]

黄洞元（698—792），又作黄洞源，南岳人，精通道术，劾治鬼神，为茅山道（上清派）第十五代宗师，世称洞真先生、三洞法师。黄洞元早年在茅山师事李含光，得法后先住在朗州武陵桃花观。据符载《黄仙师瞿童记》及温造《瞿童述》：黄洞元在武陵桃花观有一位弟子瞿童（瞿柏庭），据传终于修道升仙，事迹传诵一时。黄洞元因慕之，遂于建中元年（780）四月，自武陵卜居于庐山紫霄峰下，得古坛石室而庵居，炼气修真。其间与活动于庐山的韦应物、符载、杨衡等名士交往。贞元五年（789）十一月，黄洞元复迁居润州茅山。据说，黄洞元弟子萧泠然在山中忽见瞿童，瞿童问："黄尊师无恙乎？"萧泠然归以语黄洞元，黄洞元道："吾且去矣。"翌午遂逝。

李玄真，生卒年不详，辽东人。李玄真是庐山崇玄馆道士，精于道教符箓诸术，约于唐贞元十二年（796）年近80岁时著有《上清金母求仙上法》1卷[③]。此书对道教符箓派的发展有一定的推动作用，成为道士研究习符箓之术的重要典籍。

杨泰明（？—813），本儒生，事父母极孝。尝为汾阳王郭子仪幕客，性恬淡，不贪仕进爵禄。每劝子仪曰："军政虽曰尚严，然人命至重，不可轻杀。"出为长安令。永泰元年（765），乃易道士衣，弃官潜遁。初隐茅山，以其浅近，遂来庐山峰顶结庵，造青粳饭，辟谷。造松梧为香，祷于九天使者，求长生之道，积十四年。时当秋月满之夜，天宇清霁，忽于虔礼之地，见神人金冠绛袍，白珠结缝。傍有一人执玉斧，

① （宋）李昉等：《太平广记》卷一六二《郗法遵》，中华书局1961年版，第1172—1173页。

② （宋）李昉等：《太平广记》卷七十八《茅安道》，中华书局1961年版，第496页。

③ 吴国富：《庐山道教史》，江西人民出版社2011年版，第105—107页。

一人捧玉函。神人曰："我乃九天使者，采访人间善恶，以汝积世有功于民，秉心清苦，精持道行，诚达九天，玉清太素三元君命我授汝《九天太真道经》。"泰明伏地叩首称谢。神人徐启玉函，授以宝书，仍告诫曰："始终精勤不替，道成之日，吾当召汝。"语讫，风云骤起，已失所在。开经观之，乃《高上大洞经》(《九天太真道经》)。泰明从此依经行持，屏迹尘世，凡三十六年。元和八年（813）正月一日日中，祥云迎绕于庵前，泰明遂乘云升腾而去。[①]又，刘德本，字孝叔，鄂州人（或作郢州人）。好古多能，尝篆书六经子史。家豪贵，不求进仕，往来大江商贩。乾符二年（875），黄巢陷鄂州，沿江警扰，德本自度不能还乡，遂携家舍舟陆行。时岁大饥，德本以所贩米数万石尽散饥民，活者万余家，死者葬之，远近推仰。不久，德本避乱而居庐山五老峰下。一日，有道者髽头鹿裘来访之，不通姓字，德本与之诗酒甚欢。久之，因把臂入深涧，忽见石头中有老人倚杖而立，德本再拜，老人不答，徐云："何因到此？"德本具述行止，老人似有语云："可到后院。"德本乃进入大石洞。洞中别有天地，风日和煦，花树芳蔚，敻异人境，遂从行约四五里，再见一门，丹碧焕耀，上有金篆，题曰"紫元景曜之门"。见楼台层列，宫室相连，守卫之士呵禁甚严，不许德本前进。德本震恐，不敢仰视。欲退之间，老人曰："此咏真洞天也，九天使者真王采访人间，以汝善行故许到此，汝当籍名九天仙录，度世不死矣。"德本再拜，问："九天使者真王见居何处？"老人答："汝为人方历四世，宿业犹多，骨相未清，未可问也。汝宜严持戒行，以澄莹心神，济物利生，真王洞鉴隐微，他日必垂拔度。"德本再拜谢，老人恍然不见。已还旧址，德本问道者："老仙何人？"曰："即咏真洞之灵官、九天使者真王之侍卫也。尔既一造神府，躬受严训，吾与尔请从此别矣。"德本欲求见使者，老人道："不可。"德本因复出门逡巡，顿失老人及道者所在。德本自后遍游五岳

---

① （元）赵道一：《历世真仙体道通鉴》卷三十八《杨泰明》，《道藏》，第5册第316—317页。另参《庐山太平兴国宫采访真君事实》卷七《应感类·杨泰明弃官学道于庐山》，《道藏》，第32册第697页。

名山福地，忽一日彩云瑞鹤环绕所止，德本遂翱飞而去，当时呼为刘仙翁云。①

崔道人，久居庐山。积香数斛，一日尽发，命弟子至五老峰下徐焚之，默坐其傍，烟甚不相辨，忽跃起，已在峰顶上。②侯高，字元览，上谷人。少为道士，学黄老练气保形之术。居庐山，号华阳居士。与孟郊、韩愈、李渤、独孤朗、李翱等相往来。汴州乱兵士杀留后，陆长源东取刘逸淮，侯高乃作《吊汴州文》，投之大川以诉。贞元十五年，侯高遇李翱于苏州，出其辞以示之。李翱谓孟郊曰："诚之至者，必上通上帝闻之。刘逸淮其将不久。"后数月，刘逸淮竟死。③闾丘方远（或作闾邱方远，？—902），字大方，舒州宿松人。16岁时，通经史，学《易》于庐山陈元晤。后离开庐山从左元泽、刘处静、叶藏质等学道，道法高明。常自言："葛稚川、陶贞白，吾之师友也。"方远鉴于《太平经》卷帙浩繁，复文隐秘，不便传授，于是寻其旨要，精心诠别辑录《太平经钞》30篇，文约旨博，备尽枢要。景福二年（893），钱塘钱镠仰慕方远道德，访于余杭大涤洞，筑室宇以安之。唐昭宗累征之，方远竟不赴召。唐昭宗乃降诏褒异，就颁命服，俾耀玄风，赐号"妙有大师玄同先生"。阐扬圣化，启发蒙昧，真灵事迹，显闻吴楚。天复二年（902）二月十四，方远沐浴焚香，端拱坐化。弟子以从俗葬，举以就棺，但空衣而尸解矣，葬于大涤洞之傍白鹿山。复有道俗于仙都山及庐山累见之，自言："我舍大涤洞，归隐澜山天柱源也。"④

---

①（元）赵道一：《历世真仙体道通鉴》卷四十二《刘德本》，《道藏》，第5册第344—345页；（民国）吴宗慈编撰，胡迎建注释：《庐山志》纲之七《杂识》"咏真洞天"，江西人民出版社1996年版，下册第631页。

②（民国）吴宗慈编撰，胡迎建注释：《庐山志》纲之五《历代人物》"崔道人"条，江西人民出版社1996年版，上册第578页。

③ 清光绪《江西通志》卷一七七《寓贤》，《中国地方志集成·江西省志辑》，第七册，凤凰出版社2009年版，第693页。

④（清）吴任臣：《十国春秋》卷八十九《闾邱方远传》，中华书局1983年版，第1294页。另参见（南唐）沈汾：《续仙传》卷下"闾丘方远"条。

第四节　洪州西山孝道派的建构及其意义

唐朝洪州西山道教在胡慧超、张氲、叶法善、施肩吾等高道的引发和推动下，极为兴盛。尤其是许逊信仰完成“孝道化”，内丹文化开始表现，确立了西山在江西乃至中国道教史上不可忽视的地位。

一、唐前期吴猛、许逊信仰的情形

吴猛、许逊信仰在隋唐之际仍然维持。其中，吴猛的影响较大、地位较高。由唐太宗主导的贞观朝编定的《晋书》，将吴猛列入其中的“艺术传”中，尽管吴猛是以儒家“孝”的面目列入。但至少说明，在国家意识形态层面上，豫章吴猛信仰突出。

在民间社会中，隋及唐前期吴猛依然保持着为许逊师父的地位，其道法体系也较为清晰。衡岳高道陈少微曾撰《大洞炼真宝经修伏灵砂妙诀》1卷，其“序”曰：“予自天元之初，从衡岳游于黄龙，止于宾馆。忽于岩穴之中，遇至真之人授于灵砂要诀。告曰：吾自得许仙君之后。仙君授诀于吴天师，天师授于同郡丁真人。今本即真人所出也。假如丹砂之本诀，玄理深奥，固难卒寻。好道之流，志慕神仙者，若不究其真元，沈沦于尘俗。自上古仙经文，皆秘密隐蔽，不言不显露于世。予常愍然。今述为《灵砂七返篇》及《金丹志诀》二章，并为序论矣。”①依此，天元初年（“天元”或以为唐玄宗先天、开元年号之省），陈少微从衡岳游于黄龙（在今修水境），遇至人传丹诀，且谓其先得于许仙君之后，许仙君得于吴天师，吴天师受于同郡丁真人。此盖仙传所谓吴猛邑人丁义受神方事，而黄龙即今修水黄龙山，即仙传、方乘所谓许逊炼丹及斩蛟处，为早期孝道派之圣山，是知此丹诀与孝道派相关以及吴猛在孝道派中的重要地位。另外，吴猛活动过地方，依然被当成道教的圣迹。例如，高安的吴仙坛，唐前期的豫章西山高道胡慧超，还专门前去参谒。

隋朝维持豫章西山许逊信仰者，有许逊家族人，不过其作用似乎有限，显得无能为力。隋大业十三年（617），王绩与陈永游豫章，“见道士

① （宋）张君房辑：《云笈七签》卷六十九，齐鲁书社1988年版，第383页。

许藏秘，云是旌阳七代孙，有咒登刀履火之术。说妖怪之次，更言丰城县仓督李慎家有三女遭魅病，人莫能训，藏秘疗之无效”[①]。又，许逊信仰的根据地豫章西山游帷观，在隋炀帝大业年间被焚毁、废弃。这一情形可能与江西地方豪强对西山的破坏有直接关系。据说，许真君冲升时，在西山游帷观留有石函。约隋末唐初间，张善安强行凿开石函，见其中盖有丹书“狂贼张善安”，遂泯其盖，止留函底。[②]这从一个侧面表明隋末唐初之际江西豪强张善安尝侵扰西山，破坏许逊遗迹，同时有人也借助许逊之名护持西山道教。唐佚名《孝道吴许二真君传》记载唐初的西山游帷观：“至贞观元年，国之不崇，人之疏索，观宇寥落，有似寂寞焉。”相较之下，周边的丰城乌石观、新建丹陵观等却得到一定的发展。这一现象正反映了当时许逊崇拜的宗教活动是纯民间活动的特点，以许逊为崇拜对象的道教尚没有形成一个正规的门派，信仰者有限。

或说，唐初江西民间的许逊信仰引起统治者的关注和扶持。在当时豫章西山方圆数十里内，已建起了一批以许逊为“主”的道观。其中，丰城乌石观，本为许逊结庐炼丹处。贞观初，道士张开先梦见许逊指示，设坛书符咒水，祈雨救旱灭蝗，救民众于艰难。于是，他被唐太宗召见，极得敬重。贞观二年（629）八月十五日，朝廷颁“乌石峰敕诰”：

> 奉天承运，皇帝敕曰：朝廷之赏，莫如藏真士之玄爵，天下之佑赏之至极也。能为国家保釐东郊，虫蝗殒于灵雨，旱歉转为丰年，佑之至大也。尔豫章真士张开先，心怀懋德，性嗜神仙。莹情遁俗，濯秽归真，托身剑仗，隐迹壶天。摘玄科于妙玄，奏琼笈于紫台，蕴秘诀于幽玄，披金篆于碧室。七变化体，九易移颜。屈指轰雷，洒枝布雨，转歉成丰，德崇茂著。庸按豫章用伸褒锡，兹特进尔阶紫垣洞天仙侣，掌阴阳法教，锡之敕命。于戏！祈求在法，

① （宋）李昉等：《太平广记》卷二三〇《王度》，中华书局1961年版，第1766页。

② （清）金桂馨、漆逢源编纂，陈立立、邓声国整理：《万寿宫通志》卷八《考》，江西人民出版社2008年版，第125页。

应护则神，四海成平，万象效职。钦哉！凡在仙崇祀典，悉为民佑，国重庞锡褒封，尤当注意。豫章乌石峰，乃晋敕旌阳令许逊结庐修真炼丹之所，张开先三继相传，嗣膺显擢，褒章宜锡，改陵谷于崇朝，表丹泉于伟望。诏该属官督建旌阳宝殿，绘塑金容，福国佑民，屏妖保障，永镇西江，万年崇祀。钦哉！故敕。[①]

随后，张开先遵诰修造乌石观，一年后功成。贞观三年（629）八月，陈宗裕撰《敕建乌石观碑记》云：

乌石峰丹泉观，乃何太守讳志远祖宅故基。距宅后数百步，来脉山腰右峡处，古仙客结有庐庵一所，方士之耽幽揽胜者往往栖迹其间，名曰黄蜂山居。晋永嘉中，旌阳令许逊字敬之者，去职归真，亦自庐庵居止。日游于何远公故宅处，揽其胜境，左有药水灵泉，右有丹崖翠壁，前有幽竹森罗，后有苍松挺秀。且轻烟散彩，薄雾呈祥，山鸟朝歌，渔灯夜灿。诗曰："偶来奇绝处，倏忽悟玄关。药水龙沙近，丹崖咫尺间。图分八卦定，炉定九转还。远翁相慨赐，逍遥非等闲。"不数日，许君拜候远翁，欲募其故居山圃。远翁慨然允曰："仆亦乏嗣，日后可付栖神。"许君遂改迁茇庐于其处，烧丹炼汞。至宁康二年八月十五午时，许公举家拔宅仙去。南宋永初中，徒裔万太元号石泉者，分宁人也，复寻故居，结庐居之，遂开缘募化十方，始构巍殿三重，塑绘许公圣像，尸位其中。首枕岐峰之巅，帘卷西山之雨，狮沙左抱，象曜右缠。元徽中，石泉年九十零，日治其殿庑遗址，合其生旺归垣，语人曰："吾法嗣后代，必有大兴于此者。"翁年百有三岁，复隐匡庐山，传弟子许上期号中山。中山弟子张开先，奇才茂著，颖悟不凡，文生五脏，锦铺六腑，缵述许祖遗传，操炼金丹符秘，上能轰雷致雨，

① （清）金桂馨、漆逢源编纂，陈立立、邓声国整理：《万寿宫通志》卷二《纪》，江西人民出版社2008年版，第49页。

下能治病驱邪。于我朝唐贞观中，盛夏之时，洪州数月不雨，高阜者有力无施，魃鬼肆殃，低洼者掘井莫救，蝗虫损耗。当事彷徨，人民憔悴，各宪台焦劳无计，出示晓谕，遍请玄流法士，期求未效。一日，张开先啐诵皇经，顿然神倦，隐几而卧，见一道者玄冠羽服，挥麈而言曰："开先开先，豫章人民难星将满，尔道当兴，速宜出救，谨听吾言。"醒觉是梦，曰："此许祖指示，吾当出救。"次早负剑往省，洁斋登坛，书符咒水。不三日，轰雷掣电，骤雨倾盆，蝗蝻尽殒，苗乃浡兴。属官伸奏，帝召入对，从容便殿，语及前事。圣皇大喜，敕赐紫垣洞天仙侣掌阴阳法教都纪之职；敕建许祖旌阳宝殿，崇高三丈六尺，广六丈，深四丈；其后三清殿，高四丈，广深俱同前殿规模，于贞观己丑四月己巳落成。是岁八月庚午，塑像阅三载，黝垩绘饰咸备，题其额曰"旌阳宝殿洞清天宫"。余奉诏督造。工成，开先请余文以记之。彼漫言而余漫听之，彼朴言而余亦朴记之也。余睹其地奇绝胜幽，丛翠罗列，岿然伟拔，仙迹非虚。太元启之于前，开先继之于后，若非仙迹绵衍，神灵协相，其何能复振之于今日，以植玄教于万年，阐宗风于奕世乎？庸书以为记。[①]

以上这两则文献，清晰地说明了乌石观修建的前因后果及其规模状况，素为诸多研究许逊信仰者所特别重视。不过，揆之事实，如果唐太宗真的重视"许逊"，在其特别关照的正史《晋书》中就不可能没有任何提及，而列入《晋书》的"吴猛"却没有相应的"敕建"，显然不合常理，与隋唐之际许逊信仰的衰微也是格格不入的。推测文献系明代人的"伪作"[②]。尽管如此，此"伪作"文献却也在一定意义上表明了许逊信仰在南昌周边地方继续维持的现实。

---

①（清）金桂馨、漆逢源编纂，陈立立、邓声国整理：《万寿宫通志》卷十四《艺文志》，江西人民出版社 2008 年版，204—205 页。

② 参见许蔚：《断裂与建构：净明道的历史与文献》，上海书店出版社 2014 年版，第 518 页。

唐朝前期，许逊斩蛟的故事已在民间较为广泛地流传。如唐张鷟《朝野佥载》卷五载："西晋末有旌阳县令许逊者，得道于豫章西山。江中有蛟为患，旌阳没水，剑斩之，后不知所在。"记述虽然很简单，却点明许逊是在豫章西山得道时，曾跳入水中和长江里兴风作浪的蛟精相斗，已构成后世流行故事的雏形了。许逊"斩蛟剑"在唐代江西多出。例如，唐开元末，武胜之知靖江军，忽见滩中雷践微云，逐小黄蛇，盘绕滩上。靖江夫戏以石投之，中，玱然作金声，雷乃飞去。使人往视之，得一铜剑，有文曰"许旌阳斩蛟第三剑"云。[①]这在一定意义上表明许逊信仰在民间社会仍有相当的影响力。

唐太宗朝完成的《晋书》仅传吴猛而不载许逊，表明许逊信仰尚未超越吴猛信仰而成为主流，但民间社会比较广泛地围绕着"许逊"而不是"吴猛"进行活动，也预示着许逊信仰终将兴盛并将压过吴猛信仰的一大因缘。

二、胡慧超道教功业及其对许逊孝道派的建构

与大多数中古江西知名道士一样，有关胡慧超的生平事迹文献记载较为神秘、多元。胡慧超，或名"超""惠超""法超""超僧"[②]，字拔俗，豫章人，生卒年不详。慧超早年身世不明，大约于唐高宗上元间（674—676）四十多岁时自白鹤山（具体何地不明）而至豫章西山洪井。永淳中（682），慧超幅巾布褐，徒行负杖，至游帷观。其须眉靓美，体貌壮伟，身不甚长，然每处稠人中而首独出其上，时人称为胡长仙。人问其年几何，答："五十二岁。"逾数十载再问，亦如是回答。慧超至论晋宋以来治乱兴废，丝毫不差；喜谈晋司空张华《博物志》，如其友；或云许逊、吴猛二真君尝授其延生炼化、超三元九纪之道，能檄召神灵，驱奋

① （清）金桂馨、漆逢源编纂，陈立立、邓声国整理：《万寿宫通志》卷十二《志》，江西人民出版社 2008 年版，第 185 页。

② 今得见《道藏》所收的胡慧超资料主要有：南宋白玉蟾《玉隆集·逍遥山群仙传·胡天师》、元黄元吉《净明忠孝全书·净明法师洞真先生传》，元赵道一《历世真仙体道通鉴·胡慧超传》等。本处所述胡慧超生平事迹，主要参照南宋白玉蟾《玉隆集》所载"胡天师传"。

雷雨；自言参与陶弘景校茅山华阳洞《太清经》70卷；背缝尽朱书其姓名，览之者皆见之。又自道："吾昔到此，客于盱母用，是不知为何代人物也。"慧超德行、法力兼长，善能役使鬼神，济世度人。每逢路傍暴骨遗骸，悉为瘗之。地有古物宝器，掘之如其言而获。闻邪怪之物，疾之如寇雠，即务必尽除之。时豫章西门有樟木精，为独足神（应为巫觋假托），大兴怪祟，邀人淫祀。慧超一见叱骂，书符禁制，即命斩伐，积薪灌油，以火焚燎。妖祟遂灭，以其地为信果观。南朝以来的西山游帷观，至唐初已是荒废，住持观主无力购置材料进行修葺。慧超遂奋然而往，以道法之力，不逾月即从高安等地运木料而至。又于山下发一窖，出钱三十万，为工役之需应。在慧超的大力支持下，约于唐高宗永淳元年（682）完成了游帷观的重建，高宗亲赐"游帷观"匾额。

唐高宗、武后（武则天）"二圣"执政时，诏征胡慧超至京师，为"除寿春宫狐妖"，甚灵验，赐号"洞真先生"。慧超回西山后，深隐岩谷。武后又以蒲轮召之。慧超本不愿再应征，然州县搜求之急，不得已而出。至都，引见于武成殿。武后问以仙事，慧超止陈"道德帝王治化之源"。武后大喜，又欲留于都下，委以炼丹之事。后慧超辞请还山，朝廷遣使资金璧送归。慧超行次单父，得武后赐书曰："先生道位高尚，早出尘俗，如轩历之广成，汉朝之河上，遂能不远千里，来赴三川。日御先开，望霓裳之渐远；天津后渡，瞻鹤盖以方遥。空娣风云，惆怅无已。傥蒙九转之余，希遗一丸之药。"[①]慧超乃于洪崖先生古坛之地炼丹，三年乃成。时已建周登帝位的武则天降诏趣召诣阙，至则馆于禁中。武则天服慧超所献之药，以为神妙，望与彭祖同寿，因改元为久视元年（700）。在此期间，慧超奉武则天旨令，至嵩山投龙简。[②]其后，慧超辞

① （唐）武则天：《赐胡洞真天师书》，董诰等：《全唐文》，中华书局1982年版，第1001页。

② 1982年在河南嵩山出土了武则天久视元年嵩山投龙金简，金简呈长方形，长三十六厘米，宽八厘米，厚不足一厘米，刻有铭文："大周国主武曌，好乐真道、长生神仙，谨诣中岳嵩高山门，投金简一通祈三官九府除武曌罪名。太岁庚子（700）七月甲申朔七日甲寅，小使臣胡超稽首再拜。谨奏。"录文参见陈垣：《道家金石略》，文物出版社1988年版，第93页。

归，武则天固留不许。慧超终一朝遁去，武则天闻听，叹恨久之。遣使资赠甚厚，兼赠诗云："高人协高志，山服往山家。迢迢闻风月，去去隔烟霞。碧岫窥玄洞，玉鳌炼丹砂。今日星津上，延首望灵搓。"慧超回归西山后，居于盱母靖。长安三年（703）二月十六日，慧超命弟子于游帷观之西北伏龙冈造砖圹，藏太玄真符二及七星神剑、灵宝策杖各一。三日后解脱。朝廷赐钱帛修斋醮，复谥曰"洞真先生"。姑苏先生司马真撰《太周洪崖山洞真先生胡尊师碑》。或说，开元中，慧超又复出，玄宗闻而召之京师。慧超辞归时，玄宗赋诗以送，诗云："仙客厌人间，孤云比性闲。话离情未已，烟水万重山。"其后又派官员给游帷观送来金帛等物资。慧超化去后，唐玄宗又谥之"洞真"号，祀之元妙观。又世传唐明皇的三个公主从之学道，其后道成，皆隐翔鸾洞。慧超亦隐去。[1]

胡慧超长期在洪州西山活动，在当地留下了不少踪迹。除了上述提到的外，据《万寿宫通志》卷七《考》，还有：相传为胡慧超飞升处的南昌县后城观；胡慧超炼丹的丹井；为镇孽龙所书的石符；为重修游帷观而行法术运木材的乌泥井和做石料的磉埇；为护持重修游帷观所凿的禁火井；胡慧超曾隐西山施岑眺台垂钓的钓台；胡慧超立祠作祈祷之所的西山五龙洞（龙山观），等等。这些都在一定意义上反映了胡慧超在西山道教活动的不凡影响力。

胡慧超门人甚多，最著者有万振天师、蔺天师[2]。万振，又作万仞，字长生，南昌人。尝慕胡慧超法术，遂至游帷观师事之，得长生久视之道，遂闭户修炼。据说显晦于南朝齐梁间，人莫知其年。有符咒济物，治人疾苦立效。尝有樵夫迷路，入一洞，见两翁弈棋，立于旁观之，俄一童捧茶至，翁指一杯与之，私问："翁何人？"童子曰："此吾师万天

① 清光绪《江西通志》卷五〇《山川略》一，《中国地方志集成·江西省志辑》，第四册，凤凰出版社 2009 年版，第 287 页。

② 按：《江西通志》等江西的地方志书和一些道史，多载万振为南朝齐梁时代人、蔺天师为两晋时代人，事实上作为胡慧超的弟子，这是不可能的，只能算是文化虚构。也许是为了配合胡慧超曾活动于六朝而数百岁的说法。本处所书万振天师、蔺天师二人事迹，除所注释引用源外，主要参见（清）金桂馨、漆逢源编纂，陈立立、邓声国整理：《万寿宫通志》卷十三《人物志》，江西人民出版社 2008 年版，第 195—196 页。

师，彼施真君也，汝来久矣。”樵归至家，已二旬矣。[①] 开皇九年（589），隋文帝杨坚闻其名声，重之，诏于洪崖山（西山）为精舍以居之，赐“天师”号。唐贞观十五年（641），太守周逊请于梅福宅建太乙观，礼迎万天师居之。先是，渔者得青石，长七尺，扣之有音乐声。郡以献于朝，高宗命碎之，得二剑，上刻万天师姓名。显庆二年（657），高宗召见万振于长安，询问治国养生之道，万振答：“无思无为，清静以为天下正。治国犹治身也。”高宗赞叹之。龙朔元年（661），万振尸解于长安。数日后启棺，唯有一剑一杖而已。诏以铜函盛剑杖，葬于西山天宝洞之侧。洪州都督滕王李元婴撰万振德业碑文，立于开元观中。又，蔺天师，不详其名字，西川人。传说尝仕为晋扬州司空，见世乱，遂解组修真，慕天宝之胜迹，寻萧、许之芳踪，结茅居西山忠信乡。至游帷观，师事胡慧超，尽得其术。复往旧庐修炼，济人利物，多所全活。所居之处云蒸雾霭，掩映林峦，四面赤土，霞光异于他处，遂名霞山。室中丹炉井灶时有神光，闪烁万状，人乃知其仙去。时灾沴盛行，莫可救疗，病者汲井泉饮之，无不立瘳。痘疹螟蝗，得井水洗之，俱有神效。遐迩戴德，建霞山观祀之。

胡慧超在以洪州西山为本山的活动中，除了炼丹修道、修治道观、培育弟子、为民祛邪除害外，更致力于弘扬许逊文化。《新唐书·艺文志》“子部道家类”著录胡慧超撰《神仙内传》《晋洪州西山十二真君内传》各1卷（此两书或许为一书两名）。又，胡法超撰《许逊修行传》1卷。此外，晚唐杜光庭《道德真经广圣义·序》举历代诠疏笺注老子《道德经》者61家，其中有洪州西山得道的“仙人胡超”作《义疏》十卷。[②] 惜以上作品今仅得见散佚《晋洪州西山十二真君内传》(《十二真君传》)遗存一些文字。《十二真君传》赞扬许逊等降妖伏魔、铲除邪恶、为民造福的正义行为，贯穿了道教济民纾难的道德价值观。在“传”结构上，

① （民国）魏元旷编纂，王咨臣校注：《西山志略》卷四“栖真观”，《西山志略》《云居山志》《武功山志》《怀玉山志》《华盖山志》合集，江西人民出版社2002年版，第69页。

② 《道藏》，第14册第309—310页。

胡慧超创造了以许逊为首的十二真君仙真群体（许逊、吴猛、时荷、甘战、周广、陈勋、曾亨、盱烈、施岑、彭抗、黄仁览、钟离嘉），十二真君基本是各为一传，相对独立成篇。各传之间又互相关联，围绕“许逊”而形成一个统一的整体。“传”首次将许逊的孝道用其法术等纳入了道教的范围，使“许逊”的孝道思想显得更加成熟和完备。其中，《太平广记》卷十四据《十二真君传》引录的当是胡慧超所作的《许真君》。《许真君》已有了完整和曲折的故事：先是介绍了许真君的家世身事，接着写他弃官东归，与吴猛同游江左。值晋元帝朝王敦图谋作乱，许、吴求谒王敦，希望“止敦之暴以存晋室”，却未能达到目的。为避免遭受王敦的迫害，他们以法术方式抵庐江口，召船师载往钟陵（南昌）。许真君在游涉江湖时，遇一少年，识为蛟精的化身，随即追逐之，予以剿除。最后略叙许真君举家拔宅飞升，以及乡人置游帷观奉祀的情状。这篇许真君“传”，腾挪跌宕，变化起伏，引人入胜。尤其是剿除蛟蜃精的过程曲折有致、张弛有度，已具备了后世此类故事的基本结构与主要内容。胡慧超是振起西山孝道派的一代宗师，其造作《十二真君传》乃特为此派张目。他撰记许逊籍贯为汝南，而汝南许氏是汉代著名郡望大姓；他又将许逊与句容“二许”相提并论，意在攀附上清派宗师，故其将本派上溯汉代也自当有抬高本派之意图。[①]胡慧超有意构建许逊孝道派与上清茅山宗的紧密联系，自称参与了萧梁陶弘景校《茅山华阳洞天太清经》——上清派颇为强调“忠孝”。值得注意的是，胡慧超建构“许逊孝道派”时，吴猛信仰还有相当大的影响。武则天长安二年（702），胡慧超还游高安致敬吴仙坛。故在建构十二真君传时，他并没有否定吴猛为许逊之师的事实。

胡慧超综合天师、上清二派道法，擅长丹术，笃诚于道，得到了君王的青睐和信众的信赖。他通过《十二真君传》等书对于西山十二真君的创造和建构，使得“许真君”从普通的民间崇拜变成了道教信仰，奠

① 许蔚：《断裂与建构：净明道的历史与文献》，上海书店出版社 2014 年版，第 288 页。

定了宋元忠孝净明道的基础。[①] 因胡慧超对豫章西山许逊崇拜发展的特别贡献，赢得了当时及后世道教人士的崇重。如南宋白玉蟾所撰《玉隆集》中，“胡天师”内容的分量仅次于“许真君”。元《净明孝道全书》、明《太上灵宝净明宗教录》、清《逍遥山万寿宫志》等都将胡慧超列为净明道的监度师，并建构出“胡洞真述净明大道说”“胡洞真述净明道法说”等篇章，宣说他对净明道的重要贡献。

三、谌姆、兰公传法仙话与许逊孝道派的确立

在唐统治者大力弘扬孝文化以及胡慧超积极重振许逊孝道信仰的情势下，以豫章许逊家族和西山道士为基本力量，建构出了“孝悌王—兰公—谌姆—许逊”的传法世系，终于树立起以许逊为教主的孝道信仰。

谌姆[②]，或作谌姆，名婴。常居丹阳郡黄堂，潜修至道。三国孙权时，谌姆行丹阳市中，收养一来历不明而苦求抚育的三岁孩童。孩童成年后，向谌姆表明自己“上界真高仙”明王的真实身份，并说明个中因缘：是受“天真付授”要在世间寻找弘传孝道的人物，而谌姆正是应命“盍于黄堂坛，传教付至人”者。谌姆遂于黄堂建立坛靖，严奉香火，大阐明王孝悌之教。明王因传授谌姆修真之诀曰：“每须高处玄坛，疏绝异党，偷闲丘阜，饵服阳和，委鉴太虚，静夷玄圃。若非无英宝帐、黄老玉书、大洞真经、豁落七元太上隐玄之道，不可偃息于流霞之车，眷盼乎文昌之台也。得此道者，九凤齐鸣，万万萃止，炼身御节，八景浮空，龙舆虎旅，游翔八方矣。每宜宝之。”不久，明王辞别谌姆，飞腾太空。谌姆受讫，宝而秘之，积数十年而人无知者。西晋末年，许逊、吴猛二人听闻谌姆精于道术，特远诣丹阳求受道法。谌姆知其名在图籍，应为神仙，于是授以明王之教、真仙飞举之宗，及正一斩邪之法、三五飞步之术。仍以兰公所授明王铜符铁券、金丹宝经，一遵元戒，传付许逊。又语许、吴二人玉皇玄谱、仙籍器秩，确立许、吴二人的师徒地位。关

① 参见郭武：《胡慧超与唐代“孝道”》，《宗教学研究》2004年第1期，第24—32页。

② （元）赵道一：《历世真仙体道通鉴后集》卷二《谌姆》，《道藏》，第5册第462页。按：依谌姆的“故事”，应属吴晋时代。笔者认为，这一故事的完好建构应是唐代。

于谌姆授法并确定两人在孝道派中的地位，《墉城集仙录》卷五《谌姆》有更详细的说明：吴猛、许逊自高阳南游，诣谌姆请传所得之道，因盟而授之。孝道之法，遂行江表。闲日每告二子曰："世云昔为逊师，今玉皇玄谱之中，猛为御史，而逊为高明大使，总领仙籍，位品已迁。又所主十二辰，配十二国之分逊。逊领玄枵之野，于辰为子。猛统星纪之邦，于辰为丑。许当居吴之上，以从仙阶之等降也。"谌姆完成传法使命后，忽有云龙之驾来迎，凌空飞升而去。[①]

正是由于谌姆的干预，许逊成为孝道派在世上的教祖，故许逊感激涕零。《历世真仙体道通鉴后集》卷二《谌姆》载，许逊辞别谌姆时，表示欲每岁来礼谒姆，谌姆止之："子勿来，吾即还帝乡矣。"乃取香茅一根，南望掷之，茅随风飞去。因谓曰："子归于所居之南数十里，认茅落处，立吾祠，岁秋一至足矣。"后来，许逊遂于新建、丰城二县之界，设立黄堂观以祠祀谌姆。后世当是为了增加谌姆故事的真实性，可信性，添加了以下传说事迹。兴宁二年（364），许逊初建谌姆祠。宁康二年（374），许逊又将谌姆祠扩建为"谌姆宫"，又名黄堂宫。《西山纪略》"吴峰岭"记，谌姆除吴、许学道外，晋时尚有李、邓、葛、万四女皆从谌姆得道而仙者。西山梧桐岭，崇起高三里许，上有连珠坛，即祀四仙处。清光绪《逍遥山万寿宫志》卷七《宫殿》：游帷观，即逍遥山故宅。初，真君回自旌阳，奉蜀锦为传道，质而信于谌姆，制以为帷，施以黄堂。及仙去，锦帷飞还周回旋绕于故宅之上。

在谌姆确立许逊地位的仙话中，"兰公"是一个不可或缺的仙真，由此"兰公"也被西山孝道派更充分地建构出来。《太平广记》卷十五《兰公》记：

> 兖州曲阜县高平乡九原里，有至人兰公。家族百余口，精专孝行，感动乾坤。忽有斗中真人，下降兰公之舍，自称孝悌王，云："居日中为仙王，月中为明王，斗中为孝悌王。夫孝至于天，日月

① （唐）杜光庭：《墉城集仙录》卷五《谌姆》，《道藏》，第18册第192页。

为之明；孝至于地，万物为之生；孝至于民，王道为之成。且其三才肇分，始于三气，三气者，玉清三天也。玉清境是元始太圣真王治化也；太清者，玄道流行，虚无自然，玉皇所治也。吾于上清已下，托化人间，示陈孝悌之教。后晋代尝有真仙许逊，传吾孝道之宗，是为众仙之长。”因付兰公至道秘旨。于是兰公获斯妙诀，颖悟真机，默辨往由，顾知前事。因与里人共出郊野，忽睹古冢三所，乃云："此是吾三仙解化之坟，请民报官，令移冢旁之路，勿令人物践蹋。”吏乃讯于兰公，此言以何验实。公曰："第一冢者，昔有真人骸骨，今乃已得复形，是为地仙，长生久视。第二冢见有仙衣一对，道经一函，复有一人，方如醉卧，发之良久，乃能话谈，此以太阴炼形，绵养真气耳。第三冢有玉液丹，服之，白日便当冲翥。”于时官吏与兰公对开三冢，其所明验，一一并同。兰公乃诣冢间，躬取仙衣挂体，又取金丹服之，招邀卧冢二真人，同共耸身而轻举。官吏悔谢，虔恳拜陈，启问兰公，何时下降。公曰："我自此，每十日一至于斯，更逾数年，百日一降，施行孝道，宜准玄科，接济樊笼，符臻至道。”自尔，吴都十五童子，丹阳三岁灵孩，洎于兰公，并是仙之化现也。所传孝道之秘法，别有宝经一帙，金丹一合，铜符铁券，得之者唯高明大使许真君焉。①

据此，兰公系儒家圣人孔子故乡人，因“精专孝行”，得斗中真人特降授“孝悌之教”，并预示许逊当传此“孝道之宗”，为“众仙之长”。兰公亦为“孝道”化身，担负起孝道宣化之责。因谌姆的作用，兰公的孝道秘法、宝经金丹、铜符铁券，终为许逊所得，成为取代吴猛成为孝道派领袖的重要依据。许逊仙道传说因增加了“兰公传法”“谌姆授箓”的情节，不仅极大地淡化了许逊学道于吴猛的事实，而且从宗教意义上确立了许逊为世间孝道教主的合理性、神圣性。吴猛早以至孝闻名，又为许逊的启蒙道师，本是孝道派自然的祖师。许逊教团建构“兰公传法”“谌

① （宋）李昉等：《太平广记》卷十五《兰公》，中华书局1961年版，第106—107页。

姆授箓”说，其中又着重对“孝悌”进行道教化的阐释，正是为了给树立许逊取代吴猛作为孝道派首领提供一个“神道”的说明。《太平广记》注明此兰公故事“出《十二真君传》”，或表明建构者主要是胡慧超。

由于许逊信仰者借助“谌姆”“兰公”完成了许逊新形象的建构，正式宣告了许逊在洪州西山孝道派中的正统教主地位。许逊确立为洪州西山孝道派之祖，谌姆是关键性的因素。正因为如此，后世净明派，奉谌姆为太师母。诸多故事亦围绕着谌姆而展开。净明道所谓许真君朝谌姆及道教认为久服可以长的重要的药草——仙茅，即是其中有力的说明。元揭傒斯《仙茅述》曰：

> 晋有神人许旌阳者，出于豫章之境西山之下，能以忠孝事功，行致仙道，师事谌姆于丹阳之邑黄堂之墟，母既授以道要。旌阳感之，曰：“吾必岁朝母。”母曰：“吾即从此逝矣！去汝居南四十里，吾有飞茅在焉。汝能得茅处即祠我，岁八月一至，足矣！”已而谌姆果仙去。旌阳还，得茅丛生，而地亦曰黄堂，即建祠祀谌姆，岁如期往朝之。旌阳亦仙云，其徒岁八月四日具幢盖、仪卫、鼓乐，奉旌阳像朝母，如其存，时以为常。其后扩祠为观，复为宫，至今行之不衰。茅在祠前，剪而复生，如扬州琼花，不易其处。茅具六味，能致六养；咸能养气，辛能养节，酸能养筋，滑能养胃，甘能养肉，苦能养血。人得茅煮而饮之，可以已疾病，和荣节，延年却老。[①]

由于“谌姆”对许逊孝道派建设的重大贡献，江西一些地方兴起了“谌姆崇拜”。温璠大中八年（854）三月十五日撰《净观圣母记》[②]载，大中六年（852）仲月，温璠参谒东晋许逊栖息旧地钟陵净观，见观中正

① （清）胡执侗等编纂，王令策整理：《黄堂隆道宫志》，《万寿宫通志》附，江西人民出版社 2008 年版，第 72—73 页。

② （清）董诰等：《全唐文》，中华书局 1983 年版，第 8290 页。

堂旁有香水设位祀许逊之师圣母（谌姆）而无像，“北墉有挂缋画为少女者”却称是“圣母”。温璠认为，圣母之严颜华发，不宜为幼妇。因询于耆旧，求圣母像，然一无可取者。后数月，春光满湖，繁花压枝，温璠会郡之文士于望湖亭。俄假寐于嘉莲阁，恍若有睹。见一老母涉菱波步浮芹，至于阁前云：“神母之仪祗尔，不必他求。”温璠遽起，命画工施古脱其所见增减，信宿方定，仪相如涉菱之母矣。乃于郡斋轩置座以塑画像，逾月而功就。端严仪表，威容凛然。爰命道门都监易智周与威仪易景诜、道士施契虚等，以香花时果迎圣母像归净观。

许逊信仰者以“孝道”为中心，创造性地将许逊、吴猛、兰公、谌姆四人的故事有机地结合在一起，树立起了许逊作为孝道教主的合法性、正统性、权威性，极大地推动了许逊孝道信仰在唐中期以来的传播发展。典型的代表就是，唐宪宗朝佚名撰著的《孝道吴许二真君传》[①]。《孝道吴许二真君传》记述了许逊修炼成仙的过程、道法渊源，以及在许逊成仙之后许氏一系的传承次第。其整个故事的基本情节与之前的“许逊”“吴猛”“谌姆”“兰公”所记并无不同。只更加突出了以下几点：（一）强调许逊系高道，所谓“晋代方外之士，洞晓秘妙神仙之术，孝道之微，通感神灵，出入无间，变现奇异，当代贤达莫得测其由焉”。（二）宣称许逊“望本高阳”。（三）说明兰公“孝悌”法的正当性、崇高性。其间，特别说明兰公系兖州曲阜人，生活于孝义之家，因而被天上的“孝悌王”斗中真人选定为在人世间传播“孝悌”的人物。更以《孝经》释“孝道明王”，则既可暗示孝道与儒家同源从而抬高地位，又可借当时家家必藏的《孝经》以制造心理上的契合，从而在无形之中提升其影响力。[②]（四）谌姆传兰公“孝悌法”予许逊而不予吴猛，原本为许逊之师的吴猛因之自觉地拜许逊为师。（五）宣扬许逊传法的贡献，完成了十二真君群体的

① 《道藏》，第6册第842—843页。按，《孝道吴许二真君传》，撰者和撰写年代不详，从其内容考察，撰写时间应在唐宪宗元和十四年（819）。撰者，一般认为乃洪州某许逊后裔。

② 许蔚：《断裂与建构：净明道的历史与文献》，上海书店出版社2014年版，第288页。

建设。（六）说明许逊最后功德圆满，遗德后世的原因，是所谓“皇天无亲惟德是辅，民无常怀怀于德仁，内修玄微上应无极，悉举家白日升仙，唯许君一人德合九真名在仙录，乃上皇所定，后学勤苦而成真者哉，转授法诸君乃精修而获轻举矣”。（七）宣说西山游帷观是道教“孝道”的根据地。所谓“其观中每至正月、五月、八月并以十五日，朝礼建斋，诵赞行道，为国王、大臣、人民消灾祈福，至今相承不绝”。《孝道吴许二真君传》关于吴猛与许逊，总体上人物较之胡慧超《晋洪州西山十二真君内传》更加丰满，传奇情节亦更加合理。这是适应许逊孝道派发展成熟的结果。胡慧超《晋洪州西山十二真君传》已表露崇敬许逊并树立其为西山孝道派教主之意图，却并未明显地抑制吴猛。《孝道吴许二真君传》，虽然并非否认吴猛曾为许逊之师的事实，但其尊许抑吴之迹表现得相当显著。这突出表明了西山许逊孝道派特有的强势。

随着许逊孝道信仰的确立、传播、发展，民间社会继承创造许逊的传奇故事，有意无意之间从“斩蛟”的角度来寻找许逊取代吴猛作为“孝道教主”的合理合法性。众所周知，许逊“斩蛟”故事早在东晋南朝就已有演绎，却比较粗糙，还不能将之用来建构“孝道教主”的工具。唐代进一步深化了许逊的斩蛟神话，将吴猛的道教功业有意地转移到许逊身上。吴猛活动的区域多水，但其故事并非以斩蛟见长，而在斩蛟故事中确立许逊为孝道派主角的地位。例如，唐段成式《酉阳杂俎》载：“晋许旌阳，吴猛弟子也。当时江东多蛇祸，猛将除之，选徒百余人，至高安，令具炭百斤，乃度尺而断之，寘诸坛上。一夕，悉化为玉女，惑其徒。至晓，吴猛悉命弟子，无不涅其衣者，唯许君独无，乃与许至辽江。及遇巨蛇，吴年衰，力不能制，许遂禹步敕剑登其首，斩之。”[①]本篇虽以叙说吴猛考验和选拔弟子为主，却已塑造了许逊斩蛇的英雄形象。其间三点值得注意：一是“当时江东多蛇祸”，所以许逊所斩原“巨蛇”。二是许逊虔心向道，经受吴猛考验，堪当重任。三是本当吴猛亲自除蛇

① （唐）段成式撰，张仲裁译注：《酉阳杂俎》前集卷二《玉格》，中华书局 2017 年版，第 97 页。

祸，但因“年衰，力不能制”，许逊才以法力仗剑斩蛇的。吴猛年老无力，而许逊却能功成，在一定意义上表明吴猛的首要地位将为许逊所代替。另外，一些文人也着力宣扬许逊的道教功绩。例如，乐朋龟《西川青羊宫碑铭》特言：“许逊指挥于力士，翦荡狂妖。”①

晚唐高道杜光庭为许逊孝道派影响的扩大做出了很大的贡献。杜光庭兼综上清、正一，与许逊孝道信仰也颇联系，其著作中记载了不少许逊教团的事迹。例如，《墉城集仙录》卷五《谌姆》载，孝道明王授谌姆“无英公子黄老玉书、大洞真经、豁落七元太上隐玄之道”。同书卷六《盱母》记：吴猛去世后，许逊“即以宝符真箓拯俗救民，远近宗之”。杜光庭编《洞天福地岳渎名山记》所记“三十六靖庐”中，其中丹陵、子真、腾空、寻玄、宗华、黄堂、迎真、招隐、祈仙、贞阳、紫盖等十一庐与许逊有关。又杜光庭《道教灵验记》“严譔掘洪州铁柱验”记：洪州铁柱系晋朝神仙许真君所铸。当时豫章有巨蛟长蛇水兽，肆害于人。许真君与其师吴猛真君得正一斩邪三五飞步之术，制御万精，奋剑逐蛟并镇压于井中。许真君出谓吴真君曰：“此井之下，蛟螭所穴，若不镇之，每三百年一度，为民之害，后来复何人制之？”遂役鬼神运铁数百万斤，铸于井中，溢于井外数尺，屹若柱焉。于井之下，布巨索八条，以锁地脉。自是钟陵之境，无妖惑之事，无垫溺之灾。许真君誓之曰：“后人坏我柱者，城池湬没，江波泛溢。”人皆知之，固不敢犯。或有渔人敲柱上铁，用坠其纲，所损颇甚，近亦官中禁之。严譔节制江西，信诽毁之词，使人掘铁柱，将欲碎之。迅霆大击，江波遽溢，掘未二三尺，城池震动，内外惊惧。严譔方信之，焚香告谢而止。柱侧道院为其所毁，近亦再修矣。②杜氏所记这一“验”事，自然对于张扬许真君功德和维护许真君信仰极富积极意义。

唐中后期洪州西山以许逊为教主的孝道教团的确立，是东晋以来对许逊文化不断建构的结果。其中，以胡慧超为代表的西山道教人士在其

① （清）董诰等：《全唐文》，中华书局1983年版，第8572页。

② （宋）张君房辑：《云笈七签》卷一一七，齐鲁书社1988年版，第652页。

中发挥了关键性的作用，他们契理契机地将早期以吴猛为主的孝道改造为以许逊为主的孝道。而文人士大夫及其广大许逊信仰者们，又在其中起了推波助澜的作用。

四、吴彩鸾故事所见吴猛信仰的变迁

随着洪州西山许逊孝道派的确立，吴猛信仰在江西严重衰微。这突出体现在裴铏[①]《传奇》所记“吴彩鸾”的故事之中。

故事说，唐太和年间（827—835），“生性柔而洽道，貌清而出尘”的书生文箫，无家无业，漂泊至钟陵（南昌）。与城中紫极宫道士柳栖乾交好，居止其宫三四年。钟陵近郊的西山立有纪念许真君飞升的游帷观，游帷观有一风俗，“每岁至中秋上升日，吴、越、楚、蜀人不远千里而携挈名香、珍果、绘绣、金钱，设斋醮，求福佑。时钟陵人万数，车马喧阗，士女栉比，数十里若阛阓。其间有豪杰，多以金召名姝善讴者，夜以丈夫闲立，握臂连踏而唱，其调清，其词艳，惟对答敏捷者胜。”时值大和末（835）八月十五许真君飞升日，文箫亦上西山往观，见一“幽兰自芳，美玉不艳”的女子。此女子踏歌词云：“若能相伴陟仙坛，应得文萧驾彩鸾。自有绣襦并甲帐，琼台不怕雪霜寒。”文箫听后久久回味，惊道：“吾姓名其兆乎？此必神仙之俦侣也。”竟驻足不去。文箫向左右人员询问女子来历，或云：“洪井青衣女子也，其居洪崖坛侧，亦不得其实。”女子频频顾盼文箫，久之歌罢，已是四更时分。女子秉烛穿大松径将尽，陟山扪石，冒险而去，文箫亦潜蹑其踪，烛将尽，有仙童数辈，持松炬而导之。文箫因失声，女子乃觉，回首而诘问：“莫非文箫耶？”文箫答：“然。”女子道：“吾与子数未合，而情之忘乃得如是也？”遂因相引至绝顶坦然之地。其地侍卫甚严，有几案帏幄，金炉国香。安排文箫坐定，有二仙娥各持簿书，请女子详断其间多江湖沉溺之事。某日，风波误杀孩稚。女子怒曰：“岂容易而误邪？”仙娥持书既去，忽天地黯

---

① 裴铏，字、里、生卒年均不详，约唐懿宗咸通初前后在世。咸通中，为静海军节度使高骈掌书记，加侍御史内供奉。唐僖宗乾符五年以御史大夫为成都节度使。著小说集《传奇》3卷。裴铏叙述吴彩鸾的相关文字参见：（唐）裴铏撰《裴铏传奇》，上海古籍出版社1980年版，第88页。

晦，风雷震怒，摆裂帐帏，倾覆香几。文箫恐惧不敢旁视，女子仓皇披衣秉简，叩齿肃容，伏地待罪。俄而风雨停息，星宿陈布，有仙童自天而降，持天判宣曰："吴彩鸾以私欲而泄天机，谪为民妻一纪。"女子号泣，与文箫携手下山而归钟陵紫极宫，文箫方知女子姓名，因诘问："夫人之先，可得闻乎？"女子道："我父吴仙君讳猛，豫章人也，《晋书》有传。常持孝行，济人利物，立正祛邪。今为仙君，名标洞府。吾亦为仙，主阴籍，仅六百年矣。睹色界而兴心，俄遭其谪，然子亦因吾可出世矣。"文箫素穷寒，婚后不能自赡。吴彩鸾日书孙愐《唐韵》一部，每鬻获五缗，缗将尽，又为之，如此仅十载。唐会昌二年（842）[①]，稍为人知，吴、文二人因潜奔新吴越王山的百姓邹举村中（联系当年吴猛收邹惠政为弟子，推测邹氏家族一直奉持吴猛信仰），夫妇在其间共训童子数十人。邹举与他们相知甚厚，总欲随之成仙。两年后的某日，吴彩鸾因给邹举留下一粒仙丹，并题诗云："一斑与两斑，引入越王山。世数今逃尽，烟萝得再还。箫声宜露滴，鹤翅向云间。一粒仙人药，服之能驻颜。"是夜，风雨骤至，闻二虎咆哮于院外。凌晨时分，有樵者于越王山见二人各跨一虎，行步如飞，陟峰峦而去。邹举闻之惊骇，见于案上玉盒中有神丹一粒，敬而吞之，皓首而返童颜。

裴铏记述仙道吴彩鸾的故事，实有"道缘"。他是道家信徒，自署谷神子，曾撰有论述道家修养的《道生旨》，乃得为洪州西山洪崖坛侧栖真子杨君谈论《道生旨》之旨意。[②] 可推知他与洪州西山道人过从颇密。考虑到吴彩鸾本居洪崖坛侧，则吴彩鸾故事或即栖真子杨君所说，抑竟是道门讲唱亦未可知。[③] 该故事发生的背景为西山游帷观纪念许逊上升日庙会，而此地此日也正是"弘道"的佳地良辰。其间宣扬与许逊信仰有一定关系，仙女艳遇故事自可激发民众的参与热情，以及扩大豫章地

① 按：时间上难以对应，然笔者所见的资料均是如此书写，姑且如此。

② （宋）张君房辑：《云笈七签》卷八十八《仙籍旨诀部·道生旨》，齐鲁书社 1988 年版，第 495—496 页。

③ 李剑国先生认为："文箫之事必闻于隐西山之时，其时约在大中中"，参见李剑国《唐五代志怪传奇叙录》（下册），南开大学出版社 1993 年版，第 857 页。

方社会的宗教影响力。按常理，在许逊信仰基地的西山，故事的主角应当是“主人”许逊之女，而其中却以吴猛之女吴彩鸾作为主角，或许是故事的造作者鉴于许逊信仰全面压过吴猛信仰的情势，欲竭力维持吴猛信仰的努力，甚至稍稍发泄一下对现实中“许盛吴衰”的不满。故事中的吴彩鸾自述仙姝身份时十分推崇吴猛的功行，尤其是宣说吴猛“《晋书》有传”之言颇值得深味，毕竟这是国家更早认可的“吴猛”正统性，较之于“许逊”有显著的优势。又，故事中吴彩鸾在仙庭中详断“其间多江湖沉溺之事”，怒批“风波误杀孩稚”的事故，也潜在着对“许逊”的不满，毕竟“许逊”取代“吴猛”作为孝道派教主后，已是江西第一“水神”，管理好江西水事自是“许逊”的职责所在。又，文箫游历钟陵时，“与紫极宫道士柳栖乾善，遂止其宫三四年”，而婚后又曾数年生活于紫极宫。按唐制，“紫极宫”是国家正统的州级宫观，从政治制度上言是高于民间性色彩浓厚的“游帷观”的。据南宋刘辰翁《紫极宫写韵轩记》、元虞集《紫极宫写韵轩记》，均特别强调紫极宫写韵轩是吴彩鸾书写《唐韵》换钱维持家计之处。另据明末黎元宽《重修紫极宫序》谓“紫极宫由唐武德四年敕建，盖合天下以崇祀太上，为尊祖之故也。……乃考其最初，则东晋逸士柳栖乾、桑溟田二先生尝刊木结庐于此，讲《易》注《老》，以道德为祖、忠孝为宗，久之仙去。诚识字神仙之佐验。其后分宁令世云吴真人讳猛者寄迹焉。而吴真人女彩鸾即于此师丁公至人女元君秀瑛，以至于悟道成真，乃更遁去。及入唐而有紫极之名，亦不无沧海之变。则彩鸾再来现身，写韵十年，世无知者，倏于奎章阁画一虎，乘之已，径从越王岭上上升。后人慕焉，即阁为轩，正名写韵，是著识字也。”[①] 依裴铏《传奇》，柳栖乾为唐中期人，桑溟田则不详。黎元宽所言柳栖乾及其相关事迹或误。不过，结合刘辰翁、虞集的文字，黎氏关于吴猛、吴彩鸾传说的记录当有所据，亦即紫极宫原本为吴猛信仰基地之所在。只是该条材料问世之时间毕竟较为晚近，然而至少可以

① （明）黎元宽：《进贤堂稿》卷二十七，书目文献出版社 1993 年景印康熙二年刊本，第 810 页。

肯定这一吴彩鸾故事的造作与流传使得紫极宫再度回归了吴猛信仰，而最为关系者非紫极宫道士柳栖乾莫属。揆之常理，柳栖乾乃豫章地区持吴猛信仰者之中坚分子，或即吴彩鸾故事之始作俑者。[①]

吴彩鸾本是吴晋时代豫章吴猛之女，然而，她又于数百年后的中晚唐降临豫章西山，当是吴猛后裔某女性的伪托。其背后反映的是唐代洪州一带有人欲借助吴彩鸾宣扬吴猛信仰，事实上也收到了相当的成效。除了因广泛流传的吴彩鸾与文箫的爱情故事而可能引发人们对吴猛信仰的重新思念外，后人也通过吴彩鸾又一次飞升的故事，创造出了更多的崇拜对象。如有人便将邹举住过的山洞称为“邹公洞”，并在山上建“招仙观”，还在吴、文二人跨虎升天的大石上刻下“云峰虎迹”四个大字。另外，据《万寿宫通志》及南昌、丰城、高安、宜春、安福等地的地方志所载：在丰城始丰山有文箫、吴彩鸾炼丹处；豫章西山有吴彩鸾与文箫相遇地的彩鸾冈、会仙亭；距西山万寿宫六十里沙井之上的吴家洲，相传吴彩鸾尝至此；在南昌惠民门外紫极宫有为吴彩鸾书写《唐韵》处的写韵轩；在建昌县东三十里的娉婷镇，因仙女吴彩鸾舞鹤于此而得名；在宜春西北六十里的鸾溪，相传吴彩鸾与文箫游此；传说吴彩鸾安福国清院（福圣院），种罗汉柏，又尝入小室七日写《法华》《珠林》经百二十卷。值得一提的是，传奇故事中，吴彩鸾与文箫婚后生活艰难，而文箫拙于生计，她不得不书《唐韵》以换钱。《宣和书谱》谓御府藏吴彩鸾正楷《唐韵》十三帖，论云：“字画虽小而宽绰有余，全不类世人笔，当于仙品中别有一种风气。”[②] 吴彩鸾《唐韵》用笔涩而畅，楷书参以隶法，遒劲生动，结体方中带偏，字形虽小，而宽绰有余，全篇显露出特有的姿媚和灵秀浑逸的神韵。吴彩鸾作书法换钱之事，虽然是道家风流，却反映出一个事实：唐中期以来吴猛信仰已严重衰微，不及许逊信仰矣。毕竟在道教发达的时代，作为道教世家

---

① 参见许蔚：《断裂与建构：净明道的历史与文献》，上海书店出版社 2014 年版，第 305—306 页。

②（宋）佚名著，桂第子译注：《宣和书谱》卷五《吴彩鸾》，湖南美术出版社 1999 年版，第 97 页。

自有一定的信仰者供奉，但供奉的多少还是要取决于信仰者的力量。

唐以来，随着西山孝道派的建构进程，“许逊”已日渐凌驾于“吴猛”之上，但洪州仍有吴彩鸾与文箫相恋的故事传出，明显透露出故事的造作者具有重振吴猛信仰的意图。[①] 这反映出吴猛信仰严重衰落之际，某些吴猛信仰者仍然努力维持并企图重振的现实，吴猛家系的道教在江西北部一些地方仍然有相当的影响。

第五节　洪州西山道教由外丹向内丹的初步转型

唐代以来，除了孝道派的成长外，洪州西山还存在着丹道发展的另一条线索，这其中张氲、叶法善、叶千韶、施肩吾无疑颇具代表性，并发挥了重要的作用。

一、张氲、叶法善、叶千韶与西山道教的发展

张氲是唐前期栖隐洪州西山较为著名的修道者。张氲[②]（653—745），一名蕴，字藏真，晋州神山县人。身长七尺五寸，风神秀逸，志性闲淡。工琴书，善长啸，好黄老方士之说。有人欲以女妻之，即弃去，宣称：“吾慕古洪崖仙人。”因自号洪崖子。游青盖山，遇一褐衣老人言：“此岩景成子，汝师也。”张氲如其言访之，景成子尽传其方于他，并指导他说：“姑射之南有古洞，汝当居之，若得五药童役之，则仙去。”张氲遂往姑射山。有神人指洞所，果得橘、栗、术、葛、柑五童，役使左右。张氲隐洞中十五年，仙书秘典、九经百氏，靡所不通。其后，张氲常乘青驴，从五童，入灵夏，访昆仑，游终南、泰、华等山，往来青城、王屋、太行之间，与叶、罗二天师为侣，每究金丹华池之事，易形炼化之

① 许蔚：《断裂与建构：净明道的历史与文献》，上海书店出版社 2014 年版，第 304 页。

② 此处所叙张氲事迹，参见（元）赵道一：《历世真仙体道通鉴》卷四十一《张氲》，《道藏》，第 5 册第 335—337 页；（清）金桂馨、漆逢源编纂，陈立立、邓声国整理：《万寿宫通志》卷五《净明经法监度师三真人传》中的“张氲传”，江西人民出版社 2008 年版，第 82—83 页。

术。圣历中，武则天召之不至。尝醉外洞口，酒欲醒时见一衣冠俨然高丈余的神人，指教他学习“耽伏混世俗”的“大隐”。不久，张氲寓洛阳给事李峤家，凡十三年，词人逸客争相求见。玄宗开元七年（719），朝廷屡屡征召，张氲辞不获，乃来见于湛露殿上。玄宗问：“先生善长啸，如何得闻？”张氲于是应声而发，则幽韵萧萧，清人心耳。玄宗又问：“朕何如尧帝？先生何似许由？”张氲答：“陛下道超尧帝，臣则德谢许由。昔尧帝召许由而不至，今陛下召臣而臣来。”玄宗嘉许之，拜张氲为太常卿，累迁至司徒，皆不受。张氲道：“陛下何惜一山一水，不令臣追进巢由。”是岁八月，听还山。张氲尝在禁中指白驴云：“此乃千岁雪精也。”因赐之。诏本州修葺其孝义里居，名其乡曰洪崖，里曰征君，仍赐牧驴草地于汾水。邓王李守礼尝问：“淮南鸡犬皆仙去，有之乎？”张氲答：“学道求仙，如同睡异梦，父子夫妇莫相及也。”守礼问：“神丹可饵，黄金可成乎？”张氲答：“富贵声色，伐性之斧；点化烹炼，夭命之斤；草木金石，腐肠之药，不可学也。”守礼问：“我辈非仙材邪？”张氲答：“毋劳汝形，毋摇汝精，恬淡寡欲，可以久生，可以尽年。”张氲竟入山，绝粒服气，隐姑射山不复出。久之，河东巡抚使李嗣真与晋牧郭正一往姑射寻之，数日方遇于松下。张氲戴角巾，披鹿裘而卧，道：“朝客何用逼野人乎！”二子感叹：“真高士巢由之辈也。”张氲贯通儒道，尝注《老子》《周易》《三礼》《穀梁》，又著《高士传》《神仙记》《河东记》《大周昌言》等，然皆未行世。开元十六年（728），洪州大疫，有一狂道人跨驴带着五位童子施药市中，病者立愈。洪州长官以上闻，玄宗意以其为张氲，驿召之，果然是张氲。然三召卒不至，张氲栖息于洪州西山洪崖古坛。出入跨雪精，常服乌方帽，红蕉衣，黑犀带，短鞨靴。有五位童子分执六角扇、铁如意、竿竹杖、长盈壶、常满杯、文榴酒梳、自然榴杓等物随之。往来城市，酣笑自若，人莫知其所言。二十五年，范阳人得二大牙，皆一尺八寸，以献上。玄宗遣使就问张氲，答：“顷见昆仑之下有虾蟆，大者瑜百尺，殆是邪。”天宝四载（745）以四月八日黎明大雾，尸解榻上，享年九十三。郡人见其从五童冉冉上腾而去。是岁八月，复于晋州与里人剧饮，留衣履为别。至六日尸解腾云而去，晋人藏其蜕于北源。安禄山之乱，张氲以灵应助唐肃宗。肃宗乾元中，因申泰芝言豫章伏龙山有异气，诏立应圣宫，塑肃宗像，以张氲配祀。张氲有诗三章传于世："去岁无田种，今春乏酒材。从他花鸟笑，佯醉卧楼台。""下调无人采，高心又被嗔。不知时俗意，教我若为人。""入市非求利，过朝不为名。有时陪俗物，相伴且营营。"

张氲号称"洪崖子"，当是有意仿先秦"古洪崖"之作为。不过，后来以净明道为代表西山道教，有意将二者混融，自是欲借"古洪崖"之名望来提升尊崇为"净明道经师"张氲的形象。而之所以提升张氲，则又是为了填补元代刘玉《净明忠孝全书》剔除了许逊之外的"十二真君"后造成的"真空"。[①]顺便提及，张氲来豫章十八年，其间曾至彭真人（彭伉）故宅宗华观，入彭仙旧炼丹井而出，深受许逊西山道教熏陶，后隐去。豫章水西泌涧数里，有石矶曰洪崖钓台，有石池曰洪崖砚池，相传为张氲书堂处。《万寿宫通志》卷七附《净明众真道场》"紫清观"：在宫北西山洪崖。张氲栖真之所。除了南昌的洪崖山，江西境内还有别的张氲遗迹。例如，余干县有拍笑亭，在县西二十里洪崖山上，《明一统志》卷五十《饶州府》："相传晋张氲炼丹其上。"

著名高道叶法善曾于豫章西山活动且颇有影响。叶法善（616—720），字道元，一字太素，人称"叶天师""叶真人"，处州括苍（今浙江丽水）人。其曾祖父叶道兴、祖父叶国重、父亲叶慧明，三代皆为天师道道士，均有神术摄养登真之事，以阴功劾召救物济人。叶法善自小受到家庭道教思想文化的熏陶，生活俭朴，独处幽室，精究《周易》，耽味《老》《庄》，《河》《洛》图纬，悉皆详览。志愿修道，与父隐居松阳卯西山樵劳自给，得父授传天师符箓之道，尤能厌劾鬼神。年方十三即离家寻师访道，遍历江汉之南的名山胜地。叶法善进入豫章西山谒万振法师，求炼丹、辟谷、导引、胎息、服气之法。叶法善原本主要学习天

① 郭武：《〈净明忠孝全书〉研究：以宋元社会为背景的考察》，中国社会科学出版社2005年版，第174—175页。

师道法，符箓、丹鼎兼修，内丹、外丹同治，在万振法师处道法尤其是内丹功法又得以大为精进。道史一般记载，叶法善十五岁时，服丹药中毒殆死，见青童告以句曲仙人飞印相救。于是远访茅山茅君。又于青城赵元阳受遁甲步玄之术，于嵩山事善俊传八史云跷之道。后入蒙山访求隐术，遇一羽士授以仙书、神剑。前后得神人授三五盟威正一之法、《五岳符图》《天皇大字》及三洞上清之法等等，声名大振。尽管如此，他与万振法师的联系却依然紧密地保持。《三洞群仙录》卷十一引《集异记》载：叶法善尝于洪州西山养神修道，一日括苍三神人降传太上之命："汝当辅我睿宗及开元圣帝，未可隐迹山岩以旷委任。"言讫而去。时二帝未立，而庙号、年号皆已先知，其后果有命诏入京。其实，叶法善入京，与万振的推荐有着密切的关系。万振极为钟爱叶法善，据唐玄宗《故金紫光禄大夫鸿胪卿越国公景龙观主赠越州都督叶尊师碑铭并序》记载，万振法师对叶法善的评价："先生幼有奇质，长标特操，神照体外，骨秀形表，故万先生目之曰：'子书成仙格，方自仙宫，吾将及尔为同僚也。'信哉！"[①] 万法师认定叶法善具有"成仙"的资质与品格，是难得的修道之才，所以极力引荐给高宗皇帝。不久，唐高宗即诏叶法善入京师长安，并留之在宫中。当时，高宗曾下令广召天下方术之士，准备合炼"神丹"，以求长生不老。叶法善出于道家的真诚遂竭力劝谏。史载："时高宗令广征诸方道术之士，合炼黄白。法善上言：'金丹难就，徒费财物，有亏政理，请核其真伪。'帝然其言，因令法善试之，由是乃出九十余人，因一切罢之。"[②] 合炼长生不老神丹之事就此停止。此次叶法善谏阻高宗锻炼丹药，表明了他趋于内丹的理念，这毫无疑问与他在洪州万振法师处学法的密切经历相关。其后，叶法善常往来名山，数召入禁中，尽礼问道。又曾于东都洛阳凌空观设坛醮祭，禁劾魅病，士民大服。长安、洛阳的东西两京受道箓者，文武中外男女子弟千余人。以所

① （清）董诰等：《全唐文》，中华书局 1983 年版，第 457 页。

② （后晋）刘昫等：《旧唐书》卷一九一《叶法善传》，中华书局 1975 年版，第 5107 页。

得金帛，修宫观，恤孤贫，无所吝惜，颇有道家功业。唐朝自高宗显庆年间至玄宗开天年间的数十年中，围绕皇权的宫廷斗争激烈残酷，政局诡谲多变。其间，历经武则天秉权篡代、中宗复位等大事，权奸武三思曾操弄权柄而意图全面倾覆李唐天下。叶法善始终忠于李唐皇室，忤逆武三思，于中宗景龙元年（707）被贬出京师而至岭南，次年即移居豫章西山修真养神。《唐鸿胪卿越国公灵虚见素真人传》载：叶法善贬至岭南后，“得旨量移，归至洪州，依宗华观，将弟子入西山洪崖先生学道之所，居涉三年，行上清隐法。”按：叶法善在15岁那年，因服丹中毒遇救后，即开始至江苏茅山修炼上清道法，其后又入浙江天台山拜访上清高道司马承祯，因此叶法善可谓是上清道法的传人。而豫章西山以前少有道人修习上清道法，因此他在此地施行上清之法，自然丰富了豫章西山的道教内容。大概是在隐居豫章西山的这段时期，叶法善曾至天师道祖庭贵溪龙虎山一带进行炼丹修道活动。清娄近垣《龙虎山志》卷二《山水》“云台山”条曰：“唐叶法善炼丹于此。”又“麈湖山”条曰：“在龙虎山东十五里，顶有湖。旧志谓叶法善所开以濯丹鼎。”宋元妙宗编《太上助国救民总真秘要》，其中卷四至卷六《上清隐书骨髓灵文》记为叶法善所传，文曰：“骨髓灵文，唐叶法善天师所传，出自汉正一天师之遗法也。功验神奇，莫可拟测。”据元妙宗所言推测，一方面可以表明叶法善与上清道法的关联，另一方面也暗示叶法善至龙虎山访道期间正是其传扬上清道法之时。中宗景龙二年（708）叶法善尽管因贬谪而居豫章西山隐修，却与朝廷政治依然保持着比较密切的联系。因此，三年之后的景云元年（710），他又被朝廷召唤，参与国家政治，为维护李唐皇朝效命。《三洞群仙录》卷十一引《集异记》载：“（叶法善）尝于洪州西山养神修道，一日括苍三神人降传太上之命：汝当辅我睿宗及开元圣帝，未可隐迹山岩以旷委任。言讫而去。时二帝未立，而庙号、年号皆已先知，其后果有命诏入京。后乃平韦后，立相王睿宗，明皇承祚继统，师于上京左右圣主，几吉凶动静铃预奏闻。”睿宗称扬法善有冥助之力，预知韦氏诈乱，先已闻奏。玄宗登基，尤加信任，称“屡闻道要”。玄宗先天二年（713）八月，加授金紫光禄大夫鸿胪卿越国公，尊为天师，兼景龙观主，并赠父爵，赐祖宅为淳和观。但法善不为爵位尊贵所动，仍愿为道士，只是奏请在故乡卯山建道观，唐玄宗准奏，并赐名“淳和仙府”。玄宗开元八年（720），叶法善羽化于长安景龙观。玄宗下诏予以哀悼、褒扬。开元二十七年（739），玄宗又御笔亲撰《故金紫光禄大夫鸿胪卿越国公景龙观主赠越州都督叶尊师碑铭并序》来悼念他。在朝野深有影响的高道叶法善，两度进入江西，并以当时的道教名山豫章西山为中心从事道教活动。一方面，有利于叶法善本人的成长，成为其出入庙堂、建立“道功”的重要基础。另一方面，叶法善也对江西的道教尤其是豫章西山道教产生了较大的影响。这不仅在于他成为唐代豫章西山内丹道发展过程中承上启下的人物，还在于他成为“西山孝道派”的代表人物之一。据《逍遥山万寿宫志》卷七《宫殿》载，推动豫章西山“孝道”在中唐发展的主要人物，除胡慧超、张氲、万振、蔺天师等人外，还有叶法善。由于叶法善与西山孝道派的密切关系，在他心中形成了比较深厚的“孝道”思想。据《洞霄图志》卷四载，开元中，叶法善于余杭大涤洞天，弘讲《道德经》《度人经》，“惟语济恤孤贫，感愧复载，忠君孝亲，重人生命，净身心，绝奢侈，即为道之根绪也”。其所授之道，即已有西山孝道派的忠孝精神矣。由此在一定程度上有利于孝道派的发展。这一时期的胡慧超之所以能顺利地修复与振兴西山游帷观，或许也与叶法善在朝中的作用和影响有不小的关系。叶法善曾凭其高超的道术及参与世俗政治的能力，为豫章西山许逊“孝道”派的发展做出了贡献[①]。叶法善在江西的道教活动及其与江西道教的关系，也使自此之后的江西道教发展历程中，有了叶氏的遗响。叶法善有弟子百余人，影响南方各地。其中有史记载的是洪州翊真观观主暨齐物[②]。叶法善后裔分布支脉甚广，在道教史上，是除江西龙虎山张氏一族外，绵延最久长的

① 郭武：《隋唐“孝道”九论》，《龙虎山道教》2009 年第 2 期。

② 吴真：《为神性加注：唐宋叶法善崇拜的造成史》，中国社会科学出版社 2012 年版，第 45—46 页。

道教世家[①]。

叶千韶，字鲁聪，洪州建昌（今江西永修）人，活动于唐晚期。千韶少师从西山游帷观道士，学得许、吴等十二真君道术，擅辟谷服气。据说，千韶尝独居山中，忽大雨雷电，有一白衣人前来礼拜，言："君道德臻备，仙籍褒升，犹当在人间役使鬼神，以济生灵。今奉诏授君天书。"千韶因焚香拜读之，若人间兵籍。自后道法功力大长，能立致风雨，驱使雷电。救人疾疫，其应如响。后乃游行天下，救灾解困，驱邪疗疾。咸通年间，千韶游及濠州，闻崇信道教且有善政的州刺史刘昉忽中风垂死，名医莫疗。乃策杖入州，道："感我此来，使君再生矣。"书符三道，贴于刺史肩、脸、腿，祝曰："驱风从脚出，三日当愈。"风果飕飕从脚心出，三日平复如故。郡人皆神于千韶，刺史欲迎于郡斋而师事之。千韶飘然而去，寻之无踪。十余年后，隐于洪州西山，不知所终。然人时有见之者。[②]另据《神仙感遇传·叶千韶》载，叶千韶，信州（今江西上饶）人。原是一个自幼在山野间砍柴放牧的乡村少年，因雷劈大树时雷公被树所夹，所取石楔分开树枝让雷公得以脱身，雷公便送给一道墨篆神符使之立功救人。雷公对叶千韶言："此行之，可以致雷雨，桔疾苦，立功救人也。我兄弟五人，要雷声，唤雷大雷二，必即相应。然雷五性刚躁，无危急之事，不可唤之。"千韶自是行符致雨，咸有殊效。尝于吉州市中醉，太守擒而责之，欲加凌辱。千韶于阶下，大呼雷五一声。时中旱，日光猛炽，便震霹雳一声，人皆颠沛。太守下阶礼接之，请为致雨，信宿大霪雨而足。游滑州时，方久雨，黄河泛滥，官吏被水为劳。千韶以铁扎长二尺作一符，立于河岸之上，水涌溢推阜之形，而沿河流下，不敢出其符外。人有疾请符，千韶不择笔墨，书而授之，皆

① 丁煌：《叶法善在道教史上地位之探讨》，台北，《成功大学历史系历史学报》1988 年第 14 期。

② （清）金桂馨、漆逢源编纂，陈立立、邓声国整理：《万寿宫通志》卷十三《人物志》，江西人民出版社 2008 年版，第 196—197 页。其中的一些文字，参考了（元）赵道一：《历世真仙体道通鉴》卷三十五《叶千韶》。

得其效。千韶多在江浙间周游，好啖荤腥，不修道行，后不知所之。[①]在此，叶千韶成为不是靠修炼道行而是借助救雷神获得神奇法术的一位高道。推测：叶千韶所习之法技似为渊源于雷神崇拜的雷法（又称五雷正法）。若如此，叶千韶是江西道教史上较早学习和运用雷法的知名道士。

二、栖真子施肩吾与道教理论的转型发展

施肩吾[②]（780—861），字希圣，号东斋，睦州分水（今浙江富阳区）人，世家严陵七里濑。自少聪颖异常，读书五行俱下，精习《礼记》，早得诗名。唐宪宗元和十五年（820）进士。其后，因性格不合官场，施肩吾不待朝廷除授返乡。趣尚烟霞，慕神仙轻举之学，有"烟霞客"之谓。穆宗长庆（821—824）或文宗太和（827—835）年间，施肩吾离开家乡访道，因雅慕洪州西山十二真君归化灵迹，遂高蹈于山中天宝洞附近一石室栖真修静，自号"栖真子"。数十年后，羽化飞升。

施肩吾在洪州西山，以许逊继承者自许，其《西山静中吟》云："重重道气结成神，玉阙金堂逐日新，若数西山得道者，兼余便是十三人。"[③]他与时俱进地根据当时道教发展的情势，将丹功注入道法理论与实践之中。施肩吾在西山净心修道年久，颇有心得。其《与徐凝书》云："仆虽幸忝成名，自知命薄，遂栖心元（玄）门，养性林壑，赖先圣扶持，虽年迫迟莫（暮），幸免龙钟。"[④]这种修炼及其效果在施氏所著《述灵响词序》一文中有典型的说明。施氏在此文中自称"慕道年久，修持没功，夙夜自思，如负芒棘"，因览《三静经》而行"三静关"法，于唐文宗开成三年（838）正月一日"闭户自修，不交人事"，专习"小静

① （宋）张君房辑：《云笈七签》卷一一二，齐鲁书社1988年版，第610—611页。

② 洪州西山二位均名施肩吾的高道，一为中唐栖真子施肩吾，一为五代宋初华阳子施肩吾。由于两人姓名相同，生活的年代及人格形象接近，道教事迹又有较多的相类，南宋以来的相关文献已常作混淆，特别是（元）赵道一：《历世真仙体道通鉴·施肩吾传》、（元）辛元房：《唐才子传·施肩吾》将两个不同的施肩吾的事迹融混一体，若非细致勘辨已难以区分。

③ （清）彭定求等：《全唐诗》，中华书局1960年版，第5591页。

④ （清）董诰等：《全唐文》，中华书局1983年版，第7632页。

关”。克期百日，方出静室，效果是“幸免瘦羸，不知饥渴。未逾月而神光照目，百灵集耳，精爽不昧”。[①]

施肩吾擅于著述，著有《三住铭》、《西山集》10卷、《闲居诗》百余首、《养生辩疑诀》等。《全唐文》卷七三九收有《西山群仙会真记序》《养生辩疑诀》《五空论》《识人论》《座右铭》《述灵响词序》等6篇文章。然其中《西山群仙会真记序》《识人论》《座右铭》或为后世的华阳子施肩吾所著。其中明确为栖真子施肩吾所著并有较大影响的是《养生辩疑诀》[②]。文章基于“学道可以长生”的思想，发挥了“神无方而易无体”之理，强调“体虚而气周，形静而神会，此盖出世之玄机，无名之大用矣”。主要论述养生学仙之道、内丹修炼之旨。施氏特别批评那些追求长生的“服气绝粒者、驱役考召者、恬静无欲者、修仙炼形者”的诸般做法，由此在事实上否定了服气、辟谷、斋醮符箓等传统道术。施氏重视人体元气的维护，坚持形神一体、形住神留以致长生的思想，强调指出：学道者当正本知源，保气栖神。施氏认为，深山独居、绝俗偏修一事有违天地阴阳运行之理，事实上难以真正达到“保气栖神”。施氏探讨内丹的养生机理，反思外丹修炼之法，不仅否定了重神不重形的道术，也否定了重形而不重神的外丹服食。由此表现出较为显著的重视丹功的特色。施氏在他的其他著作中，也不时表达了这一思想。例如，施氏提倡气住则神住，神住则形住的三住铭理论。《三住铭》：“元气若住则神住矣，神住则形住矣。三者住，则命在于我，岂在天耶。”“取真气以炼气，于是乎气中有气，其气生神”，如此可“炼神合道”[③]。

施肩吾主张从儒教、佛教与老庄思想中吸收营养，对道教理论进行改造和提升。其中，施肩吾借用佛教“空”的概念，提出了道家修炼的五种境界：顽空、性空、法空、真空、不空。其《五空论》[④] 主旨是：一

① （清）董诰等：《全唐文》，中华书局1983年版，第7634页。

② 《养生辩疑诀》，《道藏》，第18册第559页；又见（清）董诰等：《全唐文》，中华书局1983年版，第7635—7636页。两个版本的文字稍有不同。

③ 《道藏》，第20册第659—660页。

④ （清）董诰等：《全唐文》，中华书局1983年版，第7632—7633页。

无所知为顽空；“泯灭诸相，不生一意”是为性空，这是佛教的要求。道教则要求法空、真空、不空。在红尘中“无欲无念”“块然无用于潜龙，乾位初通于元谷”，理解生死本源，领会识相分别，这是法空。进一步“知色不色有正色以视之，知空不空，有真空而在矣”，玄外有玄，理外有理，把握这一点便是真空。进而合天地的至大、至虚、至空又涵育万物，便能“换凡骨为仙体，变萱草为松桧”，在静中生动，在动中有静，在有为处无为，无为而无不为，这才是不空的最高境界。

唐代洪州西山道教虽然以外丹道为主，但内丹道也在潜滋暗长，有了诸多的成果，不仅展现出与时俱进的精神，而且反映了江西道教又开始走在了时代的前列。

第六节　北帝派的创立及其发展

自东汉以来，麻姑山道教不绝如缕，历六朝至隋一直勉强维持。随着唐代中国（江西）道教的兴盛，以邓紫阳在麻姑山创立北帝派为肇端，华姑发挥麻姑信仰，麻姑山道教重新焕发旺盛生命力，一时又成为南方道教的一大重心。

一、邓紫阳创立北帝派及其影响

唐代是道派创立比较平和的时代，玄宗朝邓紫阳在抚州麻姑山创立的北帝派无疑是这一时代最显著的江西（中国）道教宗派之一，其道法理论与宗教实践对江西（中国）的道教发展形成了相当大的影响。

邓紫阳（？—739），名思权、思瓘、思瓘，号紫阳，建昌南城（今抚州南城）人。邓氏家族为地方望族，数代宗祖均亲近道教。邓紫阳性格刚毅，自负济世之材，幼年时就曾入庐山寻道，成年后即栖心修真于家乡附近的麻姑山。后因归家省亲，路获神剑而佩之。修炼笃诚，每憩溪壑之间，诵天蓬咒不辍，遂感北帝遣金甲神人授以剑法。其后，邓紫阳遨游名山大川。至南岳衡山访朱陵洞天，拜谒道家福地青玉坛和光天坛。得遇南岳名道邓真人（道史附会为东晋仙道邓郁之），拜为师，经邓真人的悉心传授和他自己的真诚修炼，得到了道家的真谛。由此，邓紫阳以道法精深，尤以剑功卓出名闻当世。开元二十三年（735），玄宗诏征天下道人方士，郡人李行祎推举邓紫阳应征。据李邕《唐东京福唐观邓天师碣》所记，邓紫阳至京师长安，“帝请问所习，雅重其言。常斋太一宫，集元元教，虑失诸野，思得其人，临遣尊师，俾巡江南六十郡，冥搜元览，欲以张皇大道，开觉下人。明年春二月甲子，复命称旨意，敕度为道士，名曰紫阳。仍赐紫罗法衣一副，绢一百匹，配东京福唐观，兼本郡龙兴观以宠之。议者以尊师心奉于道，身事于君，名师于乡，德扬于国，莫之比也。”邓紫阳在京师期间，值西戎起兵作乱犯边，因于玄宗面前运符箓，遣使神卒朱兵，大败西戎兵马。玄宗大悦，誉邓为“神人”，封“天师”，赐诗：“太乙三门诀，元君六甲符。下传金版术，上刻玉清书。有美探真士，囊中得秘书。自兹三醮后，翊我灭残胡。”邓紫阳遂请求敕建麻姑山庙。玄宗允准，并赐纯金镂刻的金龙作为麻姑山的镇山之宝。其后，邓紫阳又多次应诏进京为皇室谈道论法，并奉诏于诸名山建醮祷福：诣中岳、王屋、函谷、宗圣及诸名山。开元二十七年（739），邓紫阳羽化于长安太元观，遗言其友竹务猷归葬麻姑山：“吾事亲未终于孝，爱弟未终于仁，请本郡御书仙灵观额，及麻姑山置庙。兹事莫遂，奄至形解。圣上傥问于我，君将此辞以闻。”遗留《道德经》及大量所赐珍物。玄宗“闻之流涕，赐绢二百匹，充其殁养之□，用锡尊师孝也；度弟思明麻姑庙道士，用成尊师仁也；御书仙灵观额立麻姑山庙，用昭尊师愿也。出中使二人监祭，造车轝送还乡，二十八年二月二十日，殡于旧居麻姑山顶，甲子改葬，棺中惟见牙简香炉而已”。[①]

北帝派以崇拜中天北极紫微大帝（北帝）为基本特征，修习经箓、符术既有《道德经》《黄庭经》《西升经》等，又有《北帝箓》《北帝伏魔经》《天蓬经》《北帝禁咒经》《上清飞玄羽章经》《北帝降灵召魂经》《北帝雷公法》《酆都要录》《传鬼策》《北帝三部符》《北帝朝仪》及北帝剑

① （唐）李邕：《唐东京福唐观邓天师碣》资料，见（清）董诰等：《全唐文》，中华书局1983年版，第2694—2695页。另参（元）赵道一：《历世真仙体道通鉴》卷三十二《邓紫阳》，《道藏》，第5册第284页。

法等，行治酆都六天鬼神，辟邪禳祸之事，并修习静思服气之术，以符水为人治病，至于丹砂硫黄之类则置而不论。兼融上清之道和正一之法，故亦称作“正一上清”“盟威上清之道”。[①] 其弟子称上清北帝太玄弟子。在元妙宗编《太上助国救民总真秘要》中，说明了北帝法如“天蓬馘邪真法”“天蓬救治法”“天蓬三十六将符口诀”等，皆为邓紫阳所传。《道藏》正一部收录有《北帝说豁落七元经》《七元璇玑召魔品经》《太上紫微中天七元真经》等七篇经典。从文字内容上看，此七篇应为同时传世之一组经文，系北帝派奉行的经典，成书年代约在南北朝末或隋唐。但其创始者为谁，则素不清楚。就其符、神将名字等推测，它与上清派关系密切。萧梁陶弘景《真诰》所载“北帝煞鬼法”，主要是教人念《天蓬神咒》。检阅北帝派经书中有《天蓬经》10 卷，以该经为本，后来又在北帝法中衍生出一种“上清天蓬伏魔大法”，该法的基础正是天蓬神咒，其中每一句咒语，都是一个神名，合起来构成了召役神将的名录。另外，《道法会元》卷一七一中记载有一则据说为邓紫阳所创的将咒语由尾句开始倒持诵念的“邓天师倒持法”，其功效亦与“天蓬法”相类似。又，孙夷中编《三洞修道仪》演说北帝派“治六天鬼神辟邪禳祸之事”，所受符法中有各种经书符十余种，其中有“北帝雷公法”种。这是迄今为止所知最早提到与雷公有关的法术。该法术体系中还提及召役五雷神兵的方法，《七元召魔伏大天神咒经》称：“若有道士一心目，专一法，建立道场，燃灯行道，符章厌镇，追捉鬼神，我当为召请五雷神兵亿亿万骑，来降道场，消灭精魅，挥割虫毒疫精。”雷法的基本神学主张来自北帝派，或者说启自北帝派。后世雷法以内丹学为基础，却又沿用了上清派的方法，其间原因，就是北帝派的影响。至于雷法的召将之法，系经过北帝派的中介，继承了上清派的徊风混合之道。

邓紫阳以麻姑山为中心，创立北帝派，得到了唐玄宗的扶持而初具规模，麻姑山再次成为全国的道教名山。颜真卿《抚州南城县麻姑山仙坛记》及《麻姑山志》之《纪·祀典》载，天宝五载（746），麻姑山周

① 卿希泰主编：《中国道教史》（第二卷），四川人民出版社 1996 年版，第 154 页。

边大旱，有人把御赐的金龙掷于麻姑山瀑布下之金龙潭，忽见黄龙现身，风起雨来。唐玄宗闻之，复命增修仙宇，降赐仙姑真仪部从，塑立诸像，显耀祠宇。又任命道行高深的真人道士主持麻姑庙。由此，麻姑山香火鼎盛。

二、北帝派的传承与发展

邓紫阳北帝派法脉主要为其侄子邓德诚、侄孙邓延康及后裔邓道才、邓道苗、邓启霞等传承。

邓德诚，或作邓德成，生卒年不详，邓紫阳之侄[①]，自小随邓紫阳居东都福唐观。唐玄宗奇其颖悟曰："斯子必为教主。"因以巾简授之，使居京师华封观。邓德诚崇道务实，每焚香，常誓佐国扶教，入道于麻姑山。亲友闻其志，或谓曰："夫佐国之功非文武不可也，吾子退为道士，何以遂斯志邪！"德诚闻听后笑道："此志非世人所知也。"忽一日自山中还私第，中道逢巨蛇横路，掬水以叹之曰："汝若龙也，当随水飞腾，勿障行径。"蛇忽化为剑，持之以归。一日有道士见之，道："此神剑也。"乃教以所用之法。唐玄宗诏德诚至京师，暇日对德诚道："石堡之城，颇为边息。"德诚答："臣以草野之贱，荷非次之恩，敢不效用以安圣虑！"于是燃七灯以象斗形，焚香冥祝，有一灯飞去，势若流星，石堡之城变为灰烬矣。[②]

邓德诚之子邓延康（774—859），承家法，将北帝派发扬光大。据郑畋《故唐上都龙兴观三洞经箓法师邓先生墓志铭》记，邓延康"天机元挺，法相冲雅"。德宗贞元初（785），随父于会稽受三洞经箓。"寻复麻姑山，葆神茹气，澹然与天倪元合。三景五牙二星八道之秘，云章龙

---

① 按：郑畋《故唐上都龙兴观三洞经箓法师邓先生墓志铭》（《全唐文》卷七六七）所述邓天师世系，与上引李邕《唐东京福唐观邓天师碣》（《全唐文》卷二六五）略有出入。《碣》不载邓紫阳有子，《铭》则说其"生华封尊师讳德诚"。颜真卿《颜鲁公文集》卷十三《抚州南城县麻姑山仙坛记》所云"紫阳侄男曰德诚"与李《碣》所记"度弟思明麻姑庙道士"合观，可知邓德诚当为邓思明之子，则郑《铭》误记。

② （唐）杜光庭：《仙传拾遗》卷三"邓德诚"（参《麻姑山志》之《纪·仙灵》）；（唐）郑畋：《故唐上都龙兴观三洞经箓法师邓先生墓志铭》，（清）董诰等：《全唐文》，中华书局 1983 年版，第 7981—7983 页。

箓斋元醮会之法，神悟灵契，悉臻宗极。屡为廉使郡守请敬师受，排邪救旱，显应非一。元元张、寇之道，大行于钟陵间。”敬宗宝历（825—827）中，“旧相元公制置江夫人有疾，忽梦神人云：何不求麻姑仙师？元公遽命使祷请，既至而疾果愈。夫人稽首奉录，俱为门人。复以明威上清之道，授邹平公主于广陵，凉公逢吉于夷门，自是藩服大臣，争次迓劳。”文宗太和八年（834）秋，召邓延康至阙下。文宗嘉其道德，籍隶太清宫。邓延康暇日游龙兴观，见坛宇芜圯，怵然感叹：“岂可使胜地堙废，吾其居而化之。”遂精严像法，建济静治。洎幢节龙缯之用，约数万计，不一二岁其功成。文宗开成初（836），鸿胪少卿屈突谦妻李氏魅狐得孕，厥害滨死，邓延康“以神篆针砭，即服而诞，则妖雏数首皆毙矣”。邓延康道德高尚，为人谨慎，勤于教务。“每与帝王言，归于清净；与公卿言，戒其止足；与将进者言，勉于澹泊；与其弟子言，勖之勤久。每传法授箓，持炉焚章，俨容虔虑，间不容发。”由此得朝野官民拥载，“神都威仪与名德道士半出于门人，法教之盛，近未有也”。武宗幸兴唐观，访邓延康修真之道，“宸旨嘉豫，锡以紫服”。后武宗受箓于南岳广成师时，请邓延康为监度。宣宗嗣位后，于内殿访其元旨，邓延康“第以《道德》《黄庭》《西升》经旨应对，若丹砂硫黄之事，置而不论”。邓延康精于养生，“居常惟食元气，微饮旨酒，熊经鸟伸而已”，年老而童颜。宣宗大中十三年（859）十一月，邓延康逝于京师兴唐观，随后归葬抚州南城仙居山灵山硖。邓延康有子三：长曰道牙，弃舒州太湖丞，授三洞经箓；次曰道石，试协律郎，假职闽越；次曰道苗，袭经符，奉斋戒，以法教之系，驻于龙兴。[1]

另外，邓紫阳后人邓启霞（848—932），字云叟，定居丹阳金坛。邓启霞“性理和敬，神识宏远”[2]，咸通元年（860）诣茅山太平观拜柏道泉为师；六年后披度为道士；十二年（871）诣龙虎山十九代天师，参授都

---

① 以上邓延康事迹，基本依据（唐）郑畋：《故唐上都龙兴观三洞经箓法师邓先生墓志铭》，（清）董诰等：《全唐文》，中华书局 1983 年版，第 7981—7983 页。

② （南唐）徐锴：《茅山道门威仪邓先生碑》，（清）董诰等：《全唐文》，中华书局 1983 年版，第 9283 页。

功正一法箓；乾符三年（876）诣本观三洞法师何先生元通，进授中盟上清法箓。其所传经箓，皆昭显于时。邓启霞有北帝道法的传承，既习张天师的正一法箓，又授上清法箓，亦说明正一与上清的融合。

北帝派创建后，全国多地流传。[①]知名的基地有：南岳北帝院、长安县北极紫微阁、成都玉局北帝院、蜀州唐兴县大通观、襄州北帝堂。与此同时，修习北帝道法成为道门的一种风气。例如，孙元会遇道士教诵天蓬咒，尔后坚持不懈，后临难之时，“忽然照见空中，天蓬大将军与部众等，护卫己身，于兹脱难”[②]。成都双流道士王道珂，“行坐常诵天蓬咒”，为民辟邪诛妖，屡见灵异，是知“天蓬将军是北帝上将，制伏一切鬼神”[③]。泗州曹载之，僖宗时遇苏门道士刘大观，授以天蓬神咒，勤而持诵，获正心脱祸之果。[④]成都范希越，“得北帝修奉之术，雕天蓬印以行之，祭醮严洁，逾于常法”[⑤]。

唐末五代时，北帝派仍然延续不绝。例如，杜光庭于天祐三年（906）在四川酆都道观，宣称得北帝派道书《黑律》。进入宋代以后，北帝道法的传播依然流行了一个时期。高道张继先、王宗敬、吴道显、柳伯奇、钟明真、卢养浩、徐必大、刘玉、黄公瑾等，皆习北帝法，并将其法与神霄雷法结合，从而推行出一门新的道法——神霄金火天丁大法，成为神霄派的重要道法基础。据孙夷中《三洞修道仪》，北帝派在北宋以后与其他道派混归一流，主流大概归入新兴的天心派。

邓紫阳肇开的北帝派，历经家族数代的弘传，再加上众多弟子的张扬，并得当世帝王、权贵的支持，在赣、湘、苏、浙、豫、陕、川等地区传播，形成较大影响，并延续到北宋。其中，北帝派创建地麻姑山，是最重要的策源地，在相当程度上刺激了渊源于东汉的麻姑信仰在唐代

① 本小段文字参考李远国：《天蓬、天蓬信仰及其图像的考辨》，《宗教学研究》2011年第2期。

② （唐）杜光庭《道教灵验记》，《道藏》，第10册第834页。

③ （唐）杜光庭《道教灵验记》，《道藏》，第10册第835页。

④ （唐）杜光庭《道教灵验记》，《道藏》，第10册第842页。

⑤ （唐）杜光庭《道教灵验记》，《道藏》，第10册第847页。

以来的重新兴盛，再度成为天下闻名的仙都道域。

第七节　隋唐江西其他著名高道的活动

唐代江西各地道士活跃，宫观遍布全境，反映出江西道教发展的广泛性、兴盛性。

一、花姑、黎琼仙等对魏华存道教的沿袭

伴随着上清派主流化，有唐一代是魏夫人（魏华存）信仰发达时期。作为魏夫人信仰的发源地之一的江西，自有一些道人积极奉行。其中，黄灵微（花姑、华姑）、黎琼仙等女真在抚州临川的修炼，就是典型的说明。

黄灵微[①]，抚州临川人。少乃好道，丰神卓异，天然绝粒。年十二，度为天宝观道士。年八十而有少容，貌如婴孺，道行高洁，世人号为花姑。踝履徐行，奔马莫及。自唐初来往江浙湖岭间，名山灵洞无所不造。行止之间，宛若有神灵卫护。远近畏而敬之，奉事之若神明焉。花姑闻南岳魏夫人平昔渡江修道，有坛靖在临川郡，临汝水西石井山有仙坛，遂访求之。然岁月且久，榛芜沦翳，时人莫得知，花姑苦求而不得。武则天长寿二年（693）冬十月，花姑诣洪州西山谒问高道胡慧超，求胡帮助寻访魏夫人坛场故迹。胡遥指临川城南郭六里许的乌龟原。花姑回到抚州后即虔诚寻访之，见乌龟原之左右坛迹，宛然立处当坛中矣。于其下得尊像、油瓮、铨刀、灯盏之类，因葺而兴之。复梦魏夫人指九曲池于坛南，访而获之。景云中（710—711），唐睿宗使道士叶善信（叶法善？）将绣像磨花来修法事，仍于坛西建洞灵观，度女道士七人住持。洎唐玄宗朝，醮祭祈祷不绝，感应多多。花姑在井山处进行筑建屋宇，成为一处修炼胜地。玄宗开元九年（721），花姑欲升化，对弟子道："吾仙程所促，不可久住。吾身化之后，勿钉棺，只以绛纱幕覆棺上而已。"次

① 本处关于黄灵微（花姑）事迹的叙述，参见（唐）杜光庭：《墉城集仙录》卷七《花姑》，"国学导航网"，http：//www.guoxue123.com/biji/tang/ycjxl/007.htm。

日无疾而终。据说，棺中的花姑之尸身在雷震声中忽而不见，唯留木简。座中奠瓜数日生蔓，结实如桃者二焉。每至忌日，即风云郁勃，直入室内。唐玄宗闻听惊骇之，使复其事，明日使道士蔡伟编入《后仙传》。开元二十八年（740）三月，有道士携带龙璧前来醮祭。忽有白鹿自坛东出，至花姑墓冢间而不见，又有五色仙娥集于魏夫人仙坛上。刺史张景佚以为圣德所感，立碑颂述。天宝八载（749），官府于魏夫人上升之所度女道士二人，以修香火。

黎琼仙、谭仙岩等是护持抚州临川魏夫人仙坛的知名道士。大历三年（768），颜真卿为抚州刺史，礼谒魏夫人坛，“有仙坛观道士谭仙岩者，修真自远，法侣是宗，请以男官黄道士二七人抽隶洞灵，共申洒扫。高行女道士黎琼仙七人，萃居坛院，精力住持已久，率励往来，增修观宇”[①]。其中，黎琼仙系京师放出宫人，自称麻姑，身份较为神秘，为花姑的同学弟子，“恒服茯苓胡麻，绝粒四十余秋，年八十，齿发不衰”[②]。黎琼仙有大历四年三月收录的弟子曾妙行，亦颇有修行，得驻颜之术，虔心维护魏夫人仙坛，遐迩骇慕。

花姑、黎琼仙等的修行，应与上清派有较密切的关系。项宗《紫虚元君魏夫人内传》记：南岳魏夫人对花姑（黄灵微）颇有引导，“寓梦以示之”，花姑后亦升天。花姑“旦夕精思想像”，颇类魏华存开创的上清存思法，花姑与黎琼仙等皆奉《黄庭》。自六朝以来，麻姑及魏夫人的神话传说在抚州一带广为流传，激发了许多人的向道愿望。唐朝的花姑、黎琼仙等女真，或是麻姑和魏夫人神仙传说影响的结果。

二、吴英之、谢通修等与玉笥山道教的重振

隋代，玉笥山道教已有复兴的气象。杜光庭《仙传拾遗》卷二“开皇九仙”条记：

① （唐）颜真卿：《晋紫虚元君领上真司命南岳夫人魏夫人仙坛碑铭》，（清）董诰等：《全唐文》，中华书局1983年版，第3454页。

② （唐）颜真卿：《抚州临川县井山华姑仙坛碑铭》，（清）董诰等：《全唐文》，中华书局1983年版，第3444—3445页。

开皇九仙者，孔丘明、杨元忠、张法枢、吴天印、陈志空、骆法通、邹武君、谢幽岩、周仙用、邓希元，当汉楚交兵之际，无栖茈之所，各有修道之志，避世入山，契为兄弟，同游五岳，后居洪州西山，皆得仙矣。至隋开皇中，鸾鹤仪卫，会于玉笥山中九仙台上，徘徊终日，一时升天。

此“九仙”，与传说中的秦末玉笥山成仙的孔丘明等“九仙”之名有同有异。由此推测，隋代玉笥山道士已着意围绕玉笥山的仙话重新进行宗教的建构。

唐代玉笥山得到了较大的发展，不少知名道士在此积极活动，教事较盛。

吴英之大概是最先引发唐代玉笥山道教兴盛者。据《玉笥实录》卷一《云腾祠》及卷二《吴真人》、《青原山志》卷十二《书洞岩事后》等载：吴英之，字云储。贞观初为吉州刺史。贞观七年（633），弃官挈全家栖隐于玉笥山。先寓何君洞，后徙居石桥峰下，修炼一纪，获证隐形之法。生平好施且精于医术，济人无数。既仙去，乡人于所居元阳峰下建祠祀之。天宝六载（747），唐玄宗闻风慕之，遣阉使崔朗致祷。崔朗至山，夜梦神人谓：“吾即云储也，奉上命受华岳府主，司人民寿夭功过。选胜于此，旧矣。可为回奏天子，作新祠焉。”崔朗还以奏闻，朝廷遂令吉州长官张九章立庙于元阳峰之南的太阳峰下，赐额“云储”。建庙后，屡显灵异。唐昭宗大顺中，江西旱，吉州尤甚。守臣祷之，岁则大熟。光化中，钟传镇豫章，闻其灵异，竭俸新其祠。神忽附语曰：“我更乐元阳峰，乞赐额，必以神，真乐云腾。”于是庙又移于元阳峰下，赐额“云腾”，更名云腾飚驭祠。云腾祠所祀云储吴先生，为华岳府主，然不知何时乃称金顺天皇帝。此祠以祈梦灵应著称，远近数百里士庶，无不祈梦于此，每岁入秋特甚。

罗子房，号冲虚。唐玄宗开元年间，与乃父共同修行于玉笥山元真观。父尸解，葬棺于观侧，后冲虚亦功成，驾虚舟于门外杉表，腾空而去。[①]《新唐书·艺文志》子部道家类著录：冲虚子《胡慧超传》一卷，失名。由此推测唐中后期应有冲虚子曾为洪州西山高道胡慧超作过传记，惜未流传下来。按，《历世真仙体道通鉴》卷三十五有冲虚子罗子房传，开元中修道于玉笥山元贞观，或即为撰《胡慧超传》的冲虚子。[②]

谢通修，宜春人。禀性和雅，不好妆饰，闻善则喜，见恶如探汤。奉母至孝。唐代宗大历初，一夕忽梦一人冠褐而至，谓通修曰："子骨非凡，何不学道？"醒来之后，以其语告白母亲。母亲然其言，许访道。通修乃诣衡岳，求度为道士。久之归宁，而值荒歉凡五载，亲属离散流亡。忽一夕又梦见原来冠褐者，谓通修曰："庐陵分野有玉笋山，是洞天福地，中有清虚馆，乃司命之别府，即真人游宴之境，子宜往彼修行。"翌日告知母亲，母亲然诺之。通修即欲就道，而母老不能相离，因肩舆入玉笥山。时山中堂馆颓尽，无可居身。通修乃居于岩穴林木之下，甘旨之奉即榛栗桃杏芝木，如此过了六年。母随化后，乃弃世茔葬。封坛讫，草屦节杖，历览群峰，寻访灵迹。不出山洞，唯草衣木食。或有人见者，必解衣衣之。凡三十余年，林宿岩居，谢绝人世。一日深入溪源，见一碑石长三尺许，苔封雨渍，披剥而视之，字不磨灭，乃萧梁萧侍郎清虚馆之文（《清虚记》）。复行百余步，遇一旧址，碎瓦残砖，杂然在地，林泉清洁，花卉芳馨，乃于此结庵，卜为登真之所。未几，里人知之，相率为创观宇，榜曰"清居"，或云"清虚"。由此探玄抉奥，纂辑《玉笥山祖记实录》1 卷。开传道法，而四方门人接踵而至者莫知其数。通修偶尔外游，或五日或旬日而归，所说者皆异事。唐穆宗长庆初，因入郁木坑，忽见一宅重檐广厦，粉壁修廊，异木灵禽，非人世之有。不觉精神顿爽，瞻望徘徊。斯须有一青衣童子出，问："子乃谢通修乎？"通修答："然。"童子道："萧、梅二真待子久矣。"乃引入，见一人紫绶冠剑坐堂之左，一人碧绶冠简坐堂之右。童子道："左者萧君，右者梅君。"通修辄再拜启曰："某尘世蝼蚁，贪慕生道，辛勤三纪，愿谒仙府。

① 戴训超整理：《玉笥实录》卷二《罗冲虚》，江西人民出版社 2020 年版。
② 李显光：《许逊信仰小考》，《宗教学研究》1999 年第 3 期。

岂期今日忽达灵境，面朝仙真，朽骨重生，获期玄会。”萧真人道：“子虽心慕仙道，连托山林，而荤辛之气未消，焉能住此！”通修小时曾食小蒜，故悲咽伏地，坚求不已。二位真人悯其诚恳，乃赐嘉禾五穗、松叶半斤，令顿服之。通修跪受而食其半，余不能尽服。二位真人道：“子宜还所居，当俟后命。”通修既归，自唐宣宗大中八年患血痢，至明年春方愈。其年四月七日，通修忽谓门人曰：“吾昨夜梦洞府有神仙之命，吾将往矣。”翌日遂解化，门人以棺殓之。是夕梦其通修曰：“吾有宝剑，何不随吾。”第二天天明时开棺放剑，却不见通修之蜕质，乃葬空棺于观之东北隅。时年九十八岁。至唐懿宗咸通初，有问政山道士聂师道游郁木坑遇之，得素书，乃知通修果为真人矣。[①]

据《玉笥实录》载，唐代在玉笥山活动的知名道人还有：王元之，钟陵（今南昌）人，往来赣浙四十余年。咸通末，于玉笥得度世之道、变化之术，隐居，不知其处。云水道士皮元休旧与友善，忽于郁木坑见其与道者数辈游览，因问所适，答曰：“萧子云、吴世云、梅子真、大修诸仙约我会玉梁山，候蓬莱范仙伯耳。”言已不见，元休怅怅而退。又，刘道平，居崇仙观。传说，汉武帝时，东方朔奏言后有仙曹选举者，惟彭城刘道平。刘道平自幼性格、举动与众人异，每有疫疠之家，则以竹为解，以著书符，奋臂呼叱，顷刻皆愈。至若旱蝗为灾，叩之即应。时唐末黄巢发难，锐然南来，所至皆破。邑人惧其相残，而寨峰岗。刘道平阴遣神兵以御，而黄巢军败退，乡邑赖以安。厥后灵感尤多，已而轻举飞升。

玉笥山道教观院凡十数，最著者是建于三会峰下的承天宫。唐景云（710—711）和开元（713—741）年间，睿宗、玄宗两朝曾先后遣使建河图，在玉笥山设金箓大醮，由此玉笥道教名闻天下。然至唐中后期玉笥山玉梁观庶几荒废，为猛兽毒蛇所居。晚唐时，被朝廷敕封为“八州都威仪冲真大师”的刘潜谷建老君院于玉梁观之旁，道士曹思明又建精思

① （元）赵道一：《历世真仙体道通鉴》卷四十二《谢通修》，《道藏》，第 5 册第 342—343 页。

院，而王处士改玉梁观为灵宝院。

另外，唐代道士令狐见尧著《玉笥山记》1卷。惜具体情形不详。

三、蔺道人与《仙授理伤续断秘方》

"道医"是中古道教的一大特色现象，高道无不精通医术。隋唐江西高道辈出，知名道医亦多。例如，唐武德年间（618—626），李元基隐居建昌葛山（在今靖安境），以符水丹药救人无数，且仁及禽兽。唐代宗末年，李元基插松柏满身飞去，后有人采药葛山，见李元基跨青鹿行若飞，莫知所之。[①]北帝派教主邓紫阳和邓延康等其他多位道士在麻姑山炼丹制药，极大地推动了"建昌药帮"的兴盛。又如，不知来历的崔隐士，正值南昌城内发生瘟疫时，从分宁游历至南昌，将随身所带丹药抛入井中，凡饮水者，疾病立消。在众多的江西著名道医中，蔺道人无疑最具有贡献与影响力。

蔺道人（约790—850），长安人。名号无考，因出家为道，故称道人。会昌年间（841—846），蔺道人离开长安，云游至袁州宜春，隐居南钟村（今温汤仙巩村），躬耕自给，与村民彭叟友好。一日，彭叟之子登高坠地折颈伤肱，蔺道人为之诊治，不日平复如此。由此医名远扬，前来求医者不断。蔺道人不喜喧嚣，因取医书《理伤续断方》一卷传授彭叟，让他依法代为医治。自己不辞而别，不知所终。彭叟遵其所授，渐成良医。后来人们将蔺道人的传书，改名为《仙授理伤续断秘方》。蔺氏的学术思想源于《内经》《难经》，以气血学说为立论依据，继承了《肘后千金方》《千金要方》《外台秘要》等骨科方面的医术成就而有所创新，首次倡导和规定了骨折脱臼等损伤的治疗常规：清洁伤口、检查诊断、牵引整复、复位敷药、夹板固定、复查换药、服药、再洗等，介绍了正骨手法的14个步骤、方法和方药，并论述了处理损伤、关节脱臼以及伤科常用的止血、手术复位、牵引、扩创填塞、缝合等具体操作技术。蔺氏对伤科疾患的处理既重于手法整复，又重视内服等方面的方药，书中

① 参见（元）赵道一《历世真仙体道通鉴》卷三十一《李元基》，《道藏》，第5册第281页。

载 40 余方，有洗、贴、掺、揩，以及内服诸方，奠定了骨科辨证、立法、处方和用药的基础。《仙授理伤续断秘方》是我国现存最早的伤科专著，为中医的伤科用药奠定了基础。蔺道人的学术思想和医疗技术成就对后世骨科发展影响深远，是我国骨伤科学奠基人之一。

四、其他江西道士的活动及其影响

隋唐时期，江西道教发展兴盛，涌现出了众多知名的高道，除前述所提到的外，现再择其要者罗列如下，以略见隋尤其是唐江西道教普遍化发展的情形。

瞿夫人，洪州豫章人。乃兄担任辰州刺史时，附随之。有同乡黄元仙也来到辰州，颇得乃兄欣赏，便把妹妹嫁给了他，后又向朝廷推荐，让其代替自己当了辰州刺史。隋亡，黄元仙辞职为民，与夫人一起隐居在沅陵西边的罗山。当时家庭十分贫困，夫人靠纺织供养婆婆，如此生活了整整十年。一天，夫人突然对黄元仙说："日昨闻帝命，当与汝别。"俄顷化为青气数丈，腾空而去。[①]

隋炀帝统治时期，炀帝驾前都护景崇，信奉道教，钦慕东汉康、费二人结庐修道瑞昌登仙之成就，弃官隐居瑞昌青山，张扬康、费道业，先后建成上清、太清、玉清三宫殿，开创青山上、中、下三庙道场。后世道徒信众奉尊"康、费、景"为青山道场开山始祖。[②]

《华盖山志》卷三《仙真志》"浮邱公"条引南宋高道白玉蟾言：隋开皇年间，浮邱公"尚在巴陵华盖"活动。或说明，此时尚有托名浮邱公的道士，活动于华盖山。

峡江集真观，是唐初女道士危元丽、杨道冲修炼所在；清真宫，建于南朝梁代，唐穆宗长庆中（821—824）谢通修及其母亲在此修炼悟道。

清雍正《江西通志》之《仙释》及《钦定古今图书集成》之《博物汇编·神异典·神仙部》记载了多位唐代在江西修道有成者：（一）陈大

① 清光绪《江西通志》卷一七八《仙释》一，《中国地方志集成·江西省志辑》，第七册，凤凰出版社 2009 年版，第 699 页。

② 瑞昌市道教协会编：《瑞昌道教志》，2017 年版（赣新出内准字第 0009677 号），第 236 页。

素，字静甫，与蜀人罗太冲同见华阴道士王能得炼白石法。去渡湘水，又遇何仙娥，授以浮田之地为治所。陈大素乃归浮田。十二年后的唐武德二年（619）八月，陈大素取白石煮之，白石化为霜。既服之，飘然若生羽翼。乡人筑坛于炼石之地，号曰“石观有茅”，东向飞五里而坠，三日复生又于其地，立仙茅观。（二）黄、皮二仙女，世传于万载县北八十里黄皮山（黄龙岭）一石屋中修真。道成，白日冲举。乡人每祷辄应，香火不断。（三）李仙女，新淦（今吉安新干）人。乾符中（874—879）黄巢逼境，邑人有李姓者举义兵拒之。黄巢军中有占候者言：“新淦有神人，生紫气不可犯也。”黄巢遂离境而去。是年李家生一女，此女后果以修行得仙，人称李仙女。乡人为立庙于仙女峰顶。（四）吴自宣（或作吴自宜），唐垂拱年间（685—688）自婺州来吉州太平乡冈山结庵修炼，传说有白龟负泉山神供果之异。延载元年（694）二月，以瓦壶贮丹瘗枫树下而飞升，时有紫云覆其山累日。县令奏闻于朝廷，因改太平乡为云盖观，冈山立吴仙观。（五）宋震，临川人。曾为彭泽令。入修山得萧梁道士尉文光的丹药炉鼎，遂以黄冠隐山中，仙去。（六）戚姑，少师从高道吴元朗，年十八竟乘云去某山中。山有戚井，里人祷雨辄应。（七）陈云布，字宣威，蜀人。开元中举博学宏词科，除校书郎，以言事切直罢归。广德二年，再入为殿中侍御史，性乐希夷，轻视轩冕。明年，托疾退休，著羽衣服游名山，因遇至人授以《飞符斩祟驱龙致雨之法经》，行至江西宜黄之绵谷，见山川清胜遂居止栖息。云布法力能招龙神，水旱疾病，叩之辄应，常诵《度人经》，有碧衣女童俯听，双鹤飞下放生池，有龙游戏其中。朝廷封之为“普济护国妙应大师”（或说“通元悟真先生”），年一百二十余岁沐浴而逝。其子陈万匡奉棺以葬，至半山，棺开寸许，唯存简履。时贾人至蜀，邂逅陈云布，附书回陈万匡，发缄即父真迹。验贾人相遇，正是葬日。后建有妙常观及唐碣碑以纪念之。（八）浮梁郑全福，幼不茹荤。文宗时入县东三十里灵岩洞修炼。后徙薄叶洞，游桃花溪，见老人乘铁船，曰：“愿借船还人间。”老人许之，曰：“后三年当复来。”时已百余岁，语门人曰：“死必葬我浮梁白水乡。”及举棺轻，发之惟杖、履存焉。（九）五羊仙人，大庾县游仙乡，开元以前入粤之路。相传，骑羊五仙人由此过章水滩乡，因以名。

另外，《钦定古今图书集成》之《博物汇编·神异典·神仙部》还收录了多位道术高明的唐代江西道士。（一）咸通中，杨尊师居吉州东山道观中，能飞符救人。观侧有分别出盐、出茶、出豉的三井，每有所阙，杨尊师即令取之，“皆得食之，能疗众疾”。不过，杨得道之后，取之无复得矣。（二）上犹巢道人，幼遇异人，得辟谷法，常经月不食。自言年九十，颜如童子，日行三百里，盛暑烈日不畏避。忽一日谓所亲曰：“予明日归去。”翌日果端坐而逝。（三）南城饶廷直，中举进士。尝过武昌，游黄鹤楼，忽遇异人，授以秘诀。自是不近妻妾，翛然端居。后为邓州通判。卒后其柩还乡，甚轻，盖尸解云。（四）蓑衣仙，常衣蓑衣，不知其名。初诣元妙观，已而来游，青华道士张天全与之结纳。一日，蓑衣仙呼天全与俱行，天全不欲，遂辞去。叹曰：“此人为青面老子误。”据说，青面老子系辛天君。后来有人自岭南来寄书张天全，乃与张天全相别。（五）盱村有老母生三子，挂五铢，衣从物外游，久之能变化。母喜食鱼，遂于黎沮溪十日献二鲤。数年间挈其母登西洪山而仙去。因号为盱母江。（六）徐仙翁，尝于萍乡县西山中炼药。时有黄犬旋绕丹鼎旁，往返以为常。徐异之，翌日以红练系其颈，随犬所之至桐城岸侧，枸杞丛中，隐而不见。但余练在外，掘之得枸杞，根形若犬，持归，蒸之，芬芳满室。徐翁食之，仙去。（七）梁真人，名守朴，于雩都县北斗山紫霄观学道。道既成，将仙去。朝廷听闻，遣殿使来召之。梁真人不愿奉诏，因市脯酒为劳，斋荤同釜，以瓢浮而隔之。殿使临视，问：“斋未熟而荤先熟，何也？”梁真人道：“火候未到，待拾薪来。”已而折桧一枝，倒悬丹灶旁。登木杪浮云而去，不知所之。殿使惊惧，无以复命，遂自杀。后当地建北斗山神祠祀梁真人。

雍正《江西通志》卷一〇六《方技》载：崔季真，洪州人，家于郡西。善鼓琴工绘事。大历中，一夜大雪，见有老人避雪门下者，神骨非常，延入，具麦面以进。老人曰：“麦禀四时之气，谷之善者沃以豉汁则弥佳。”又具松花酒以进，老人曰：“花涩无味。”乃探怀中药投之，酒味顿美。随遗药数丸图一幅而去。后季真出示茅山上清高道李合光（李含光？)，李道："此葛洪季子也。"崔季真好养生之术，以故有仙缘云。

据《稽神录·拾遗》"李生"条：中和末年，有明经李生应举长安，途中遇一道士同行，言意相得。相别之时，因言黄白术。道士道："点化之事，神仙小术也。但世人多贪，将以济其侈，故仙道秘之。夫至道不烦，仙方简易，今人或贵重其药，艰难其事，皆非也。吾观子性静寡欲，似可教者。今以方授子，可以济乏绝而已如。如遂能不仕，亦当不匮衣食，得禄则弗复为，如为之则贪也，仙道所不许也。"因手疏方，授之而别，常药草数种而已。李生每遇乏绝，依方为之，无不成者。后及第，历州县官，所得转少。及为南昌令，复为之绝不成矣。从子智修为沙门，李生以数丸与之。智修后游钟陵，止卖药家，烧银得二十两以易衣。时刘仁规为刺史，方好其事，为人所告，幸而得免。[①]

豫章逆旅梅氏，颇济惠行旅。僧道投止，皆不求直。恒有一不知来历的道士陈师，衣服褴褛，来止其家，梅氏厚待之。陈师一日谓梅氏曰："吾明日当设斋，从君求新瓷碗二十事，及七箸，君亦宜来会，可于天宝洞前访陈师也。"梅氏许之，陈师持碗渡江而去。梅氏翌日诣洞前，问其村人，莫知其处。久之将回，偶得一小径，甚明净。试寻之，果见一院。有青童应门，问之，乃道士陈师之居也。入见道士陈师，衣冠华楚，延与之坐。命具食，顷之食至，乃熟蒸一婴儿，梅氏惧不食。良久又进食，乃蒸一犬子，梅氏亦不食。道士陈师叹息，命取昨所得碗赠客。视之，乃金碗也。谓梅氏曰："子善人也，然不得仙。千岁人参枸杞，皆不肯食，乃分也。"谢而遣之。此不复见矣。[②]

《三洞群仙录》卷十引李相《贤己集》："卢度有道术，少时阻淮水，不得渡过，心誓之：'若得免死，从今不复杀生。'须臾，见两楯流来，接之得渡。后隐居庐陵西昌三顾山，鸟兽随之，夜有鹿触其壁，度曰：'汝坏我壁。'鹿应声去。屋前有池养鱼，皆名呼之，次第来饮食而去。"

---

① 《稽神录·拾遗》"李生"条，（宋）徐铉：《稽神录》，中华书局 1996 年版，第 111—112 页。

② （宋）李昉等：《太平广记》卷五十一《陈师》，中华书局 1961 年版，第 317—318 页。

南唐沈汾《续仙传》卷上《邬通微》载，道士邬通微，不知何许人。神气清爽，静坐默之，或吟或醉，多游于洪州名山。人见之多年，忽十数年不见，则颜状益少于当时。其服炼丹药，游行无定。后于酒楼乘醉飞升而去。

杜光庭《神仙感遇传》卷一《吉宗老》载："豫章道士吉宗老，巡游名山，访师涉学，而未有所得。大中二年（848），于舒州村观遇一道士，弊衣冒风雪甚急，忽见其来投观中。与之对室而宿，既螟，无灯烛，雪又甚。忽见室内有光，自隙而窥之，见无灯烛而明，唯以小葫芦中出衾被帷幄，捆褥器用，陈设服玩，无所不有。宗老知其异，扣门谒之，道士不应，而寝光亦寻灭。宗老乃坐其门外，一夕守之，冀天晓之后，聊得一见。及晓推其门，已失所在，宗老剖心责己，周游天下以访求焉。"

江西尽管偏离皇朝政治权力中心，但也有道士曾积极参与政治活动。唐文明元年（684），武则天垂帘听政，暴露出取代李氏皇权的野心。豫章民邬元崇假托玄元皇帝（老子）神命，传言武后，说："我国祚无穷，当千万君。"武后不悦，将邬元崇禁锢至死。[①] 后唐玄宗追封邬元崇为隶州刺史。

张惠感，字智元，高安人，龙虎山第十四代天师张慈正堂弟，道法高明。武则天执政时期，豫章西山名道胡慧超，因游高安，致敬吴仙坛，顺道至浮云山访问张惠感。长安五年（705），武则天召张惠感至京师，礼为国师，斋于明堂。感庆云、神龙、黄鹤之瑞应翔集。诏往亳州太清宫修金箓斋，醮九井。井久枯，时冰雪凝冱，忽有声如雷，水暴涌，二龙出戏。武则天惊异之，赐绢五百匹。张惠感归浮云山，游吴田瀑布、东林二贤庙、三元观，祭六丁，谢七元，炼丹浮云山。玄宗天宝年间，有神人降于坛对张惠感宣称："子修行勤苦，诸仙保举，明旦鸡鸣当飞升

① （唐）李隆基：《追赠邬元崇敕》，（清）董诰等：《全唐文》，中华书局 1983 年版，第 393 页。

矣。”张惠感如期于浮云山白日冲升。[①] 张惠感弟子孙智谅，高安人，随师从高安崇元观至新吴浮云山，炼丹修真于玄秀峰“李八百洞”，受张天师法玄妙之书藏之此室，故又名孙天师石室。开元二十五年（737），唐玄宗派洪州观察使韩朝宗礼迎年已 120 岁的孙智谅进奉京师问法。玄宗问："何术而寿？”智谅答："居山食果饮水而已。”玄宗感慨，送肃明观奉养，遣内侍送枣二盘。再召见内阁。时天下大旱，孙智谅请夜醮致雨。玄宗大悦。因问“治国之要”，对曰："圣人之道，在一心不他求也。”玄宗赐衣帛遣归至德观。并应孙智谅之请，赐其观“浮云”匾额，浮云观正式得名。唐玄宗 53 岁生日时，虔请孙智谅投金龙于浮云山石室，以祈长生。朝廷后复征孙智谅，不起。相传孙智谅羽化时年已一百四十。唐武宗会昌中，新吴修德乡人龚氏入浮云山“八百洞天”，获得《六丁祈雨诀》一卷，每遇亢旱，祈祷立应。懿宗咸通五年（864），高安道士朱元整入此洞，于石函中获经二卷，上有题云："真风显色性。”朱元整思之解道："性，姓也，色性必朱氏也。”遂还高安，阐授经教，盛行于时，名显于世。[②] 另外，设于高安五龙冈祀奉李真多的祠，至玄宗天宝十载，孙智谅始奏改元阳观，以显圣迹。宪宗元和七年（812），高安县令谌赍以县治，观基两易。[③]

赣南宁都金精山，自秦末汉初张丽英开山以来，历经数百年沉寂，至唐代又有所复兴。宁都席碧珍，学道仙桥山，后居金精山道观，于贞观四年（630）六月一日飞升。又，宁都卢穆好道，偕弟卢华，修炼于金精山清音里石室中，最后羽化于此。唐末著名的堪舆士廖瑀也曾在金精山活动，因号“廖金精”。

萧灵护，字天佑，庐陵人。自小聪颖，七岁能诗，凡所作皆尘外意。十五好道。青壮年时，遇至人传金液丹胎息法。周访名山，负道书

---

① （元）赵道一：《历世真仙体道通鉴》卷三十六《张惠感》，《道藏》，第 5 册第 305—306 页。

② （元）赵道一：《历世真仙体道通鉴》卷十《李八百》，《道藏》，第 5 册第 161 页。

③ （元）赵道一：《历世真仙体道通鉴后集》卷二《李真多》，《道藏》，第 5 册第 460 页。

百余卷。常云："欲升南宫，先度朱陵。"迤迩访洞阳，过岳麓，瞻邓真人之像。曰："此山乃朱陵之一福地。"夜遇邓真人传火鼎之术。唐贞观二年（628），沂潇湘，躬礼注生，行法驱邪，邦乡得济者不可胜计。后居南岳招仙观炼火鼎之术，化黄白而外斋之，修理观宇，为之一新。一侯王礼敬，请为法主，皆北面事之。五年，创寻真阁。六年，于桂州铸铜钟一口，重五百斤。归观，凡五更不敢扣击，盖惊地神故也。后选其幽胜，炼神丹于山北。凡经三坛，方始炼就。后服之，于高宗弘道二年（684）中秋，谓门人曰："吾行期已至，当有所适，不可淹留。汝等精勤，将有所继。"遂尸解。[①]

唐代江西道士以方术活跃于民间社会。《太平广记》即有多篇文字涉及。例如，宪宗元和年间，九华洞中大仙田先生隐于饶州鄱亭村，以执教村学为生。时有饶州刺史齐推之女，嫁与李生为妻，数月而孕。值李生赴举京师，齐推女将产于州府后堂，梦鬼神责其腥秽，斥逐之。齐推素不信鬼神，不敢言，未暇移居，既产为鬼所恶害，耳鼻流血而卒，殡于官道侧。翌年，李生下第归饶州，日晚于野中见其妻，诉以鬼害之事，并言："可诣鄱亭村学中，告田先生，求其神力，或可再生耳。"李生如其言，诣见田先生，哀苦求之。田先生道："诚恳如此，吾亦何所隐耶。但不早相告，屋舍已坏矣，诚为作一处置。"即从舍出百余步桑林中，夜已昏瞑，忽光明如昼，化为大府崇门，仪卫森列。田先生宝冠紫帔，据案而坐，拟于王者，乃传声呼地界。俄有十余队，各拥百余骑，奔走而至，皆长丈余。谒者呼名通入道："庐山江滨彭蠡等神到。"田先生问："刺史女因产为暴鬼所杀事，闻之何不申理？"回答说："狱讼无主，未果发谪。今贼是鄱阳王吴芮，刺史宅是其所居，怒其生产腥秽，遂肆凶暴；寻又擒吴芮，牒天曹而诛戮之。勘云：'李氏妻算命尚有三十二年，合生二男三女。'"田先生问："屋舍已坏如何？"有一老吏答："昔东晋邺下，有一人误死，屋宅已坏，又合还生，与此事同。其时葛仙君断令

① （元）赵道一：《历世真仙体道通鉴》卷三十三《萧灵护》，《道藏》，第5册第291页。

具魂为身，与本无异，但寿尽之日无形尔。先生许之，即只追李妻魂魄，合为一体，以神胶涂之，大王发遣却生，即便生矣。”见有七八女人，与李妻相似，吏引而至，推而合之，有药如稀餳，以涂其身。顷刻官吏皆散，李生及妻、田先生在桑林间。李生夫妻恳谢之。田先生曰：“但云自得再生，勿多言也。”遂失所在。李生与妻子还家。其后年寿及所生男女，皆如所言。[①]此故事反映了唐人仍然恐惧与崇拜秦汉鄱阳人物吴芮的现象。而田先生据案传呼地界诸鬼神，最后将吴芮执送天曹，救助被鬼神吴芮所害的齐推女，除了法术高强外，也表现了道家济世救民的特色。

厉归真，自号迂疏子，台州人。工八分书，善画山水、林木、禽兽。唐末，厉归真游洪州信果观，见三官殿功德塑像有唐明皇诏，以夹纻制作甚妙然，主者不甚严护，常多雀鸽粪秽点污，归真遂于壁画一鸥，自此雀鸽无复柄止。[②]

第八节　隋唐江西道教宫观建设与“洞天福地”

隋唐尤其是唐，江西道教宫观建设进入了一个兴盛时期，境内大大小小的宫观多建，数量显著增加。这正是形成江西“洞天福地”的重要基础。江西道教“洞天福地”的数量与质量居于全国中等偏上的地位，比较真实地反映了江西道教发展的实际情形。

一、宫观建设的推进

唐代江西的道教宫观建设进入到了一个新的阶段。仅以数量言，各地新增建的宫观约计50余所，几乎遍及江西全境。除了以上所涉及的外，各州县代表性的大体还有以下一些。

洪州：（一）南昌城内在前代纪念梅福的梅仙观的基础上，持续修建。唐太宗贞观中，号太一观，礼迎万天师居之。高宗龙朔二年来致醮

① （宋）李昉等：《太平广记》卷四十四《田先生》，中华书局1961年版，第274—275页。

② （宋）李昉等：《太平广记》卷二一三《厉归真》，中华书局1961年版，第1635页。

祭，夜有云降殿上，至晓而散，坛上有仙灯之祥。玄宗开元间，即为开元观，玄宗自书额。开元观成为洪州标志性的宫观。（二）紫阳观在西山紫盖峰东南。唐初有郑真人居此，能以符箓禁邪。白沙村文翁女为妖祟，禁之即绝，后得仙道，称真人，于观祀之。①（三）武则天期间，西山游帷观立"圣历钟"。钟镌云："上清道士观主熊文行率谋众缘，敬造洪钟一口，以大周圣历元年一月十五日铸，奉为轮圣王次及预缘道俗存亡。闻声速悟。洪钟永充游帷观流通供养。"②（四）西山鸾冈有应胜宫，唐肃宗朝供奉山人太芝奏云有异气，立宫以镇之。③（五）天祐年间（904—907）位于南昌进贤门外的望仙寺，寺中立亭以祀梅福像。（六）旌阳祠原本只是南昌奉祀许逊的普通祠庙，与其他地方众多类似的祠庙并无分别。唐懿宗咸通年间（860—873）赐匾额云"铁柱观"，从此身份大增，拔萃于众多的"旌阳祠""许仙庙"等之中。（七）奉新建有纪念陶安公的陶仙观。陶安公，新吴（今宜春奉新）人，溷迹为陶冶师，尝冶铁炉烟成紫盖。后有龙至，安公跨之去，二女修其术，亦仙去。唐玄宗天宝中，名其居为陶仙观。（八）閤皂山道教宫观尤有成就。大约在南北朝至隋唐之际，作为灵宝派祖地的閤皂山道教有所维持和发展，先后建有灵仙馆、金仙观等有一定规模的知名道观，此外还有仙人、路山、郭公、卧云四庵。隋初，灵仙馆因火而毁。开皇十四年（594），有道人在灵仙馆遗基上，掘地得铸造的重达百余斤的铜钟，并虚皇真人玉像三尊。据南宋刘辰翁《临江军閤皂山玉像阁记》，隋开皇年间，"基灵仙馆得玉像三尊，遂建台殿。隋乱，以铁钟覆而埋之"。大约唐贞观年间，道士程信然望气而至閤皂山灵仙馆，掘得铁钟一口，下有高尺余的玉石像一座，遂立草堂，以局玉像。但由于缺少知名道士的活动，閤皂山道教的影响

① （民国）魏元旷编纂，王咨臣校注：《西山志略》卷四"紫阳观"，《西山志略》《云居山志》《武功山志》《怀玉山志》《华盖山志》合集，江西人民出版社2002年版，第70页。

② （清）金桂馨、漆逢源编撰，陈立立、邓声国整理：《万寿宫通志》卷八《考》，江西人民出版社2008年版，第127页。

③ （宋）乐史：《太平寰宇记》卷一〇六《洪州》，中华书局2007年版，第2107页。

并不太。直至唐朝建立六七十年之后。高宗仪凤年间（676—678），閤皂山道士孙道冲（孙智谅），有意繁荣山中道教，请于朝廷，高宗御赐山名“閤皂山”。玄宗先天元年（712），孙智谅奉诏朝觐京师，并请入朝堂内殿修斋。玄宗开元年间（713—741），孙智谅奉旨投简于玉笥山，泊舟江畔，遥见异气升腾于閤皂山，疑有古时灵异之物，遂回至閤皂山中的灵仙馆废墟下掘得百余斤重的铜钟一口，钟下又得玉像三尊。孙智谅因在灵仙馆废址上改置观宇，安置玉像于其中。玄宗赐额为“閤皂观”。以閤皂观兴建为契机，閤皂山道教有所兴盛。然而，咸通年间（860—874）閤皂观遭火尽毁，唯玉像存。寻有处士杨荐父子次第葺之，才又有稍作恢复。广明元年（880）三洞道士许玄真撰《閤皂山记》称：“山北有全仙观，相传丁令威修道之所，宝应元年亦移于此，令威坛井即石上履迹存焉。”亦从一个层面反映出閤皂山道教有所恢复发展的情形。閤皂观在唐代影响很大，在笔记小说中也有反映。例如，五代孙光宪《北梦琐言》卷十载：唐薛准官至员外郎，丧乱后，不养继母，盘桓江淮间，道门寄榻。天复辛酉年（901），薛准游江南，至吉州閤皂观，遇修黄箓斋，道士升坛行法事，准亦就列，忽失声痛叫云中箭，速请笔砚，口占一诗曰：“盖国深恩不易酬，又离继母出他州。谁知天怒无因息，积恶终身乞命休。”顷便卒。

饶州：（一）隋大业二年（606），道士曹志虚于鄱阳马蹄山正式建观。（二）《道教灵验记》卷一《饶州开元观验》：饶州开元观，旧在湖水之北，去郭一二里，巨殿层楼，回轩广厦……为一州胜赏之所。其后道流即少，廊庑摧损，唯上清阁大殿斋堂三门皆在，里中民庶多葬于观地之中，坛殿之外，尽为墟墓。大中二年（848），郡中夜闻千万人声如风雷之响。及明，见开元殿阁门堂四十余间移在湖水之南，平地之内，其所布列形势远近，殿阁相去，与旧观不殊。太守上闻，请易其名额，以旌神异，诏旨依旧为开元观。只改上清阁为神运阁，别命崇修，远近归心。

信州是唐代江西道教发达的一州，以上饶为中心的道观建设颇有成就，据说共有宫观99所。（一）武周证圣元年（695），朝廷设立玉山县，因境内相传天帝遗玉成怀玉山而得名。在道教文化中，玉山亦称玄都山、玉京山、萧台、玉山上京、郁罗萧台等，乃传说中的道教尊神元始天尊、西王母所居之仙山宫阙，由此玉山县之名与道教文化密切关联。道教名山三清山归属玉山县管辖。时三清山道教兴盛，香火不断。道士及信众因在葛洪结庐炼丹之处营建了三清山上第一座道教建筑——老子宫观。（二）上饶灵山西峰下的葛仙观，隋末废。唐天宝七载（748），在上饶灵山西峰葛玄捣药石处敕置坛洒扫。相传，天宝（742—755）中，尝投龙于上饶灵山西峰，遇旱雩之辄应。（三）咸通年间（860—874），唐懿宗因旌表孙吴高道葛玄在葛仙山开教修行、助世济民，敕命在铅山县鹅湖山西麓建宗华观奉祀之。[①] 据明笪继良《铅书》记："玉虚观。鹅湖山，昔葛玄炼丹其地。唐懿宗咸通中置。"故此宗华观、玉虚观可能是指同一观，或是时代不同而名称不同。

袁州：（一）新喻县飞茅山的同真观，是隋朝陈真人、罗真人居住之地。白石山是他们炼丹之处。唐武德年间道士守一建筑殿宇，取名白石观。（二）唐开元年间，萍乡扩建始建于东晋年间的宝华观，是道教彭普明祖师住持之地。（三）唐朝时武功山"双修才"修仙。白鹤观、集云观、紫极宫等武功山道教宫观多建筑起来。武功山上葛仙庵，俗称"茅庵"，始建于中宗神龙年间（705—707），供奉着张陵、葛玄、许逊等正宗道祖。庵的前面有白鹤峰山门，门上横额书"白鹤峰"三个大字，两边对联为："万里云山齐到眼，九霄日月可摩肩。"（四）神龙年间芦溪建起了武功山的葛仙庵、杂溪玉皇殿、南坑车湘傩神庙和宣风杨泗庙等。

隋唐虔州（今赣州）建立的道观很多，仅文献可考的就有 26 座。其中，据清同治《赣州府志·祠庙》载，隋代金精山所建的清华观，唐代改称紫阳观。紫极宫，唐代建，立于虔州府城中。地据高阜，殿宇宏敞，设三清像。虔州万松山的玉虚观，始建于开元十五年（727），又称葛仙祠，主祀葛玄，设有丹井、丹台等。另外，武则天久视年间（700），襄州人杨元亮，年二十余于虔州汶山观佣力，昼梦见天尊，云："我堂舍破

① 汪华光主编：《葛仙山志》，宗教文化出版社 2001 年版，第 64 页。

坏，汝为我修造，遣汝能医一切病。”杨元亮醒来后十分高兴，试疗之人无不痊愈。赣县里正背有肿，大如拳头般。杨元亮以刀割之，数日平复。疗病日获十千，造天尊堂成后，杨元亮的医术竟失功效。[①]这虽然是“小说”所言，但从一个角度反映了当地较为重视建立道教宫观的情形。

抚州：（一）隋代崇仁县祈真观，曾是知名仙馆，但“岁月电谢，碑石罹于兵火”。传说，唐太和年间（827—835），“住持道士杜仙兴，嚼玉蕤，漱金髓，烧五色药，望三素云”，本地长官杜师仁“闻其名，就观修黄箓斋。忽有仙鹅七只，下门外池中。因是名曰仙鹅池”。不过，杜仙兴羽化后，“仙磬响沈，玉宇琳房，鞠为茂草”[②]。（二）据元吴澄《抚州玄都观藏室记》，抚州城南玄都观，始建于唐，塑立有老子像。（三）南丰军峰山。据明正德《建昌志》卷十载，北宋靖国元年（1101）曾肇《军峰庙碑》记：“唐开元中，复见灵迹，乃大建祠宇，承事益虔。后其庙屡迁。”（四）《钦定古今图书集成》之《博物汇编·神异典·神仙部》卷二五一“甘凝”条，甘凝（834—？），字宏埔，号云隐，本籍丹阳，移家南丰。自小好学，有奇操，因科考不成而三入茅山修炼道法，道成下山，携家居南丰了溪，又栖南丰军峰山修道。甘凝擅长符箓法术，能祷雨祈晴。曾为老家丹阳祷雨成功，被敕封为“丹阳得道灵感至圣甘氏仙师宏仁真人”。一日，甘凝召家人前曰：“后四十年，当有圣人出，天下复平，尔等无忘忠孝。”言毕而逝。甘氏三个儿子建崇仙观于了溪上甘坊，以祀其祖。[③]周边民众亦视之为神仙常加礼拜。（五）唐玄宗开元年间建妙仙观（后名紫霄观），纪念汉代仙道人物悬壶。五代时荒废。（六）华盖山初创时有玉亭观、南真观、仙林观、桥仙观四观。《华盖山志》卷六《崇礼志》“唐遣使投简”：开元十三年（725），敕曰：“朕八月降诞，夙好道真。愿蒙神仙长生之法，奈万几少暇，不获朝拜，谨令孙志良赍简投奉

---

① （唐）张鷟：《朝野佥载》卷一，中华书局1979年版，第3页。

② （南唐）乐史：《仙鹅池祈真观记》，（清）董诰等：《全唐文》卷八八八，中华书局1983年版，第9284页。

③ 参见清咸丰《南丰了溪甘氏族谱》。转引自曾志巩：《江西南丰傩文化》，江西人民出版社2014年版，第559—560页。

浮邱石室，以为金马驿传。”（七）西华山（华盖山），唐末时此山紫气腾空，时而雷电交加，天象甚异。仙家道士对此赞叹不已，当时百姓以为天赐祥瑞，便在此建道观（崇先观）敬祀上帝。因道观临赣江，往来崇祀者甚众，加以地方相传此观神明灵异，崇先观道场名闻遐迩。[①]（八）崇仁相山（巴山）。传说邓紫阳曾修真于此，成为道教北帝派发源地之一，约唐中后期建庙祀之。

吉州：（一）天狱观（后改名天玉观）位于吉水天狱山（后名天玉山）顶峰，始建于隋朝。（二）朱陵观位于吉水天玉山南麓，始建于隋，观额为唐德宗所赐。（三）清潭集虚观，位于吉水住歧乡清潭村，唐乾符元年建。观额由道士高士宁奏请皇上题写。相传观所建地，系秦代九人为逃避徭役的结茅隐居地。观前有白霞峰，山上常有白云盘绕，山中瀑布垂虹，传说有白云仙人在此得道。

江州：（一）开元二十年（732），浔阳建紫极宫，宫中立有老君、玄宗铜像。（二）开元初年，江州重建始建于萧梁普通三年（522）而于垂拱四年（688）因火而毁的崇阳观。李湜作《唐江州冲阳观碑》以纪颂。（三）弘道元年（683）十二月，唐高宗降诏天下建白鹤观以祀老子，江州于浔阳城建白鹤观以应。神龙二年（706）六月，唐中宗敕天下置龙兴观，因移白鹤观于庐山五老峰，易名龙兴观。随后景隆年间（707—710），唐中宗又降诏天下皆建景隆观，江州遂又将龙兴观易名为景隆观，但人们还是爱称“白鹤观”。（四）唐玄宗开元年间，扩建纪念庐山仙道人物的匡俗先生祠。天宝初，玄宗命使致斋，尊为仙庙。土民水旱疠疫，祷之皆应。（五）天宝初，江南西道拨官帑对庐山董奉太乙宫“重加葺修”。

二、江西的“洞天福地”及其道教文化意蕴

洞天福地既是道教仙真居住、游憩之乐地，也是道教信众奉道、弘道、修道及通灵接真之胜地。在道教的思维中，整个宇宙划分为地下的冥界、地上的人间、天上的神仙界。人间在一定条件下既可与神仙世界

① 参见青原山志编纂委员会：《青原山志》，方志出版社 2011 年版，第 98 页。

相通，又可与冥界相连接。“洞天”和“福地”是具有不同意义和结构的道教地理概念[①]。道教认为，“山”与“仙”有着密切的内在关系。《释名·释长幼》：“老而不死曰仙。仙，迁也，迁入山中也。”道经说：“学者由山，缘山至道，永保长存。”[②]事实上，自神仙道教成长以来，“缘山至道”的洞天福地说就日渐兴起。例如，传说祖天师张道陵考察天下名山，排列365座名山秩序。东晋道书《太极真人敷灵宝斋戒威仪诸经要诀》言：“二十四治，三十六靖庐，七十二福地，三百六十五名山，昆仑等上宫，三万六千神。”[③]在六朝时期已经形成了较有体系的“福地”和“天宫”的构架，只是这两个概念还没有并列出现，而到了唐代道教的地理空间构架已经成熟，因而先后酝酿出了唐前期司马承祯《天地宫府图》和晚唐杜光庭《洞天福地岳渎名山记》两部总结性的著作。他们依据六朝至唐的全国知名道教山头，按“洞天福地”的模式加以全面整理与建构，把山头悉数分配到仙真名下、又将不同经派背景的仙真整编到一个位阶有序的天地宫府宗教世界之内，构成遍布全国不可动摇的宗教表达框架。[④]

“洞天福地”之中都有一个上天的神仙或者是修炼成仙的仙人管理。他们“主御罪福，典录死生”[⑤]。“洞天福地”的层级不同，管理者的层级也不同。其中，由天上神仙管理的是在“大地名山之间”的“十大洞天”。“三十六小洞天”是在“名山之中”，由真人治理。“七十二福地”是容易得道的地方，由真人治理。

在司马承祯的《天地宫府图》，江西的道教名山胜地无一入“十大洞天”之列。在司马承祯《天地宫府图》编制的“三十六小洞天”中，

---

① 对于“洞天”和“福地”的观念，有不少学者都认为是它们是单独发展出来的观念体系。参见张广保：《唐以前道教洞天福地思想研究——从生态学视角》，《道教教义与现代社会：国际学术研讨会论文集》，上海古籍出版社2003年版，第285页。

② 《道藏》，第6册第696页。

③ 《道藏》，第9册第867页。

④ 参姜生、汤伟侠主编：《中国道教科学技术史》（南北朝隋唐五代卷），科学出版社2010年版，第17页。

⑤ 《道藏》，第11册第55—56页。

江西列入其中有 5 个：1. 第八庐山洞，周回三百里，名虚陵洞天，在江州德安县，真人周正时治之。2. 第十二西山洞，周回三百里，名曰天柱宝极玄天，在洪州南昌县，真人唐公成治之。3. 第十五鬼谷山洞，周回七十里，名曰贵玄司真天，在信州贵溪县，真人崔文子治之。4. 第十七玉笥山洞，周回一百二十里，名曰太玄法乐天，在吉州永新县，真人梁伯鸾主之。5. 第二十八麻姑洞，周回一百五十里，名曰丹霞天，在抚州南城县，属王真人治之。而在"七十二福地"中，江西列入其中的有 12 个：1. 第九郁木洞，在玉笥山南，是萧子云隐处，属地仙赤鲁班主之。2. 第十丹霞洞。在麻姑山，是蔡经真人得道之处，属蔡真人治之。3. 第三十二龙虎山，在信州贵溪县，仙人张巨君主之。4. 第三十三灵山，在信州上饶县北，墨真人治之。5. 第三十五金精山，在虔州虔化县，仇季子治之。6. 第三十六阁皂山，在吉州新淦县，郭真人所治处。7. 第三十七始丰山，在洪州丰城县，尹真人所治之地。8. 第三十八逍遥山，在洪州南昌县，徐真人治之地。9. 第三十九东白源，在洪州新吴县东，刘真人所治之地。10. 第四十七虎溪山，在江州南彭泽县，是五柳先生隐处。11. 第五十一元晨山，在江州都昌县，孙真人、安期生治之。12. 第五十二马蹄山，在饶州鄱阳县，真人子州所治之处。

杜光庭《洞天福地岳渎名山记》中称"三十六洞天"而与司马承祯《天地宫府图》不同，不称"小洞天"，并且"三十六靖庐"与"三十六洞天"多有重合之处。其中江西的"洞天"有 5 个：1. 第八庐山洞虚咏真洞天，三百里，在江州浔阳县，九天使者。2. 第十二西山天宝极玄洞天，三百里，在洪州南昌县，洪崖所居。3. 第十六鬼谷山贵玄思真洞天，七十里，在信州贵溪县。4. 第十八玉笥山太秀法乐洞天，百二十里，在吉州新淦县。5. 第二十八麻姑山丹霞洞天，一百五十里，在抚州南城县，麻姑上升地。又，《洞天福地岳渎名山记》记载的"七十二福地"与《天地宫府图》的记载亦有不少差异。其中江西有 9 个：1. 第九郁木坑，在吉州玉笥山玉梁观，萧子云宅。2. 第二十七龙虎山，在信州贵溪县，天师宅。3. 第二十九灵应山，在饶州北，施真人宅。4. 第三十一金精山，在虔州虔化县，张女真修道处。5. 第三十二阁皂山，在吉州新淦县，天师行化。6. 第三十三始丰山，在洪州丰城县。7. 第三十四逍遥山，在洪州连西山，许真君修道处。8. 第三十五东白源，在洪州新吴县，钟真人宅。9. 第四十七元晨山，在江州都昌县。另外，杜光庭《洞天福地岳渎名山记》列有天下道人修真栖所的“三十六靖庐”，其中江西“靖庐”有14 庐：丹陵庐，在洪州西山钟君宅；子真庐，在洪州西山梅福坛；玄性庐，在抚州南城县魏夫人坛；契玄庐，在袁州吴平观；出谷庐，在庐山青牛谷；腾空庐，在洪州游帷观；昭德庐，在庐山；寻玄庐，在洪州吴猛观；宗华庐，在洪州宗华观彭君宅；黄堂庐，在洪州；迎真庐，在洪州；招隐庐，在洪州；祈仙庐，在洪州黄真君宅；贞阳庐，在洪州曾真君宅。在“三十六靖庐”有不少是在洪州的，可见当时洪州是道教信仰的核心地区。

在杜光庭《洞天福地岳渎名山记》中，江西名山仍然不能进入“十大洞天”。不过，此时庐山的地位已是突出，与青城山、天柱山并列成为五岳之辅。“青城山五岳丈人希夷真君，在蜀州。天柱山九天司命真君，在舒州。庐山九天使者真君，在江州。右佐命山、三上司山，皆五岳之佐理，以镇五方，上真高仙所居也。”[①] 个中原因，当与唐玄宗朝对“庐山九天使者”的扶持而后得到大发展分不开。

从以上内容可以看出，司马承祯、杜光庭所列举的江西“洞天福地”基本相同。其中，“三十六洞天”的“玉笥山”记载有异，司马承祯记为吉州永新县，杜光庭记为吉州新淦县。按，唐代吉州辖庐陵、太和、安福、新淦、永新五县，玉笥山位于今吉安峡江，时处庐陵、新淦境，则杜光庭记载较为准确。在“七十二福地”中，司马承祯所记比杜光庭多了麻姑山、虎溪山、马蹄山三个。按：麻姑山与“三十六洞天”的麻姑洞为同一地点。马蹄山，司马承祯记在饶州鄱阳县，在杜光庭的书中不见记载，却有“马迹山，在舒州，王先生修洞渊法处”一条。“马迹山”在北宋乐史《太平寰宇记》中记江南西道饶州鄱阳县，有“延祥观在马迹山，王真人升举处”之句。推测或是在

① 《道藏》，第 11 册第 57 页。

传抄中将“马迹山”讹为“马蹄山”，古代“迹”与“跡”通用，而“跡”与“蹄”字形相近。

司马承祯、杜光庭两人在安置治理、行化洞天福地的仙真上也是有同有异，这在江西地区也是如此。司马承祯《天宫地府图》记载与江西“洞天福地”的神仙人物：1. 周正时，传说是汉末仙真刘平阿的师傅，在《无上秘要》卷八十三中则将他列入“地仙”之中。2. 唐公成，《无上秘要》记载为“地仙”在鹤鸣山。“唐公成”或是“唐公房”之误[①]。在《真诰》记载：西山唐公房，主生死。3. 崔文子，是汉末六朝著名的神仙，《列仙传》中有传，是一位精于医药，救人危困的神仙，也活动于蜀地，而《抱朴子》中则记载了“崔文子丹法”，似乎是以服食丹药成仙，《无上秘要》记“善以药救人病者”。4. 梁伯鸾，指东汉前期著名隐士梁鸿。在《抱朴子内篇》中称他是服食而成仙。5. 麻姑洞王真人，此记载不详，或是东汉仙道人物东海人王远（王方平）。6. 张巨君，精通《周易》的仙道，《无上秘要》载他曾“授许季山易法”，许季山是汉桓帝时人，有著作《易林》传世。7. 仇季子，是传说中的神仙。《无上秘要》卷八十四、《真诰》卷四均记“仇季子，咽金液而臭闻百里”，认为他是服金丹而成仙的，在《真灵位业图》中有其位次。8. 阁皂山郭真人仙传无考。可能指两晋间著名方士郭景纯，或指宋代沈庭瑞所著《华盖山浮丘王郭三真君事实》中的郭真君。另外，《天地宫府图》七十二福地中第四十三鸡笼山（和州历阳县），也是郭真人治之，不知是两位郭真人治两福地，还是不同郭真人分别治理两地。9. 始丰山尹真人仙传无考。或为文始真人尹喜，或为《神仙传》的尹轨。10. 逍遥山徐真人仙传无考。此徐真人或为南朝刘宋栖息南岳修道的徐灵期；或为汉末三国时期授左元放（左慈）经书道法的太极徐真人。11. 东白源刘真人，当为传说中的西晋仙道人物刘道成。12. 五柳先生，系晋宋名士陶渊明。13. 孙真人，当指唐初著名道医、京兆华原孙思邈。14. 安期生。晋皇甫谧《高士传》记载：“安期生者，琅琊人也，受学河上丈人，卖药海边，老而不仕，时人谓之千岁

① 此说参见栾宝群：《中国神怪大辞典》，人民出版社 2009 年，第 490 页。

公。”到汉武帝时期，方士李少君曾对汉武帝刘彻说：“臣常游海上，见安期生。食巨枣，大如瓜。”《列仙传》记载“有王老，与鲁女生、封君达为友，访道名山，于东岳遇一神仙乘白鹿，与侍女约十人，自山中而下，自称安期生，教以胎息存真一之诀，言讫升天而去”。在陶弘景《真灵位业图》中列在第三左位，奉为“北极真人”。

盛唐时期江西域内治“洞天福地”的真人，是以传统汉末魏晋以来道教神仙谱系为主，而到了杜光庭撰著《洞天福地岳渎名山记》时这一情况就有了不少变化，改造出了更多的江西本土产生的“真人”，尤其是龙虎山天师得到了重视。如閤皂山为“天师行化”之地，此“天师”指张道陵[①]。在蜀地活动的杜光庭更重天师道，所以与张天师有关之地，往往受到重视。另外，1. 灵应山施真人，或为仙道人物施存。综合《三洞群仙录》卷十引《神仙传》、《真诰》、《云笈七签》卷二十八引《云台治中录》等资料，施存，齐人，曾学大丹道却炼制无成，得遁变化景之道，擅行玉斧、军火之符。后遇张申为云台治官，常悬一壶如五升器大，变化为天地，中有日月如世间；夜宿其内，自号“壶天”，人谓之“壶公”，因之得道在治中。活动于中岳嵩山一带。每跨白豹出入，西晋武帝元康间白日腾升。2. 张女真系西汉女仙张丽英。其事迹说明已见前述。3. 东白源钟真人仙传无考。

唐前期司马承祯撰述《天地宫府图》对道教创立以来的“洞天福地”思想进行系统总结，又奏请唐玄宗朝廷在五岳及天下名山设立真君祠，以道教仙山理论改造国家名山祭祀。晚唐杜光庭《洞天福地岳渎名山记》，又把这一个洞天福地系统加以进一步的细致论说。杜光庭与司马承祯两人关于“洞天福地”存在一定的差异，但共同特点是每一处福地都有历史上真仙的活动印记，或是住宅，或是修道炼丹处，或是升仙处。或许，到了晚唐道教信仰的神仙与盛唐时代已有所差异，才会有新的福地载入史册，反映出道教不同发展阶段的特点。这在江西地区也表现显

① （明）俞策编撰，（清）施闰章修订，傅义校补：《閤皂山志》，江西人民出版社1996年版，第2页注释③。

著。杜光庭针对江西的洞天福地，虽然在数量上有所减少，但在已列入“洞天福地”的总体排名上，较之司马承祯的排名，普遍前移数位。

唐前期的司马承祯是上清派的传承人，自然更重上清派的“洞天福地”，而晚唐杜光庭是天师道的传承人，自然偏重于天师道的“洞天福地”。加上晚唐天师道的影响逐渐又压过上清派，故而在洞天福地安排中，体现出时代的特色。司马承祯《天宫地府图》与杜光庭《洞天福地岳渎名山记》中“洞天福地”在地理上基本没有变化，但是在管理“洞天”和在“福地”修道或成仙的仙人、真人上就有不小的差异，这代表从盛唐时期到唐末江西地区道教信仰的流行也是有时代特征的。这些“仙人”“真人”对提升江西道教品位有相当的助力。

在杜光庭《洞天福地岳渎名山记》中，龙虎山是因天师宅而显，而阁皂山则是因天师行化处而显，这很能反映出六朝以来直到隋唐龙虎山一系的天师道在各道派中产生巨大影响力。洪州逍遥山（西山）则是真人许逊主理，唐代是许逊信仰大发展之时。可以说，到了晚唐江西域内“洞天福地”主理神仙发生了巨大变化，盛唐时均为非江西地域的神仙真人，到了晚唐这些神仙真人都出现了“本土化”的特征。这正说明了汉末以降直到隋唐时期道教与江西人民的宗教信仰、社会生活紧密地联系在了一起，而江西道教的影响力也在不断扩大，形成了独具地方特色的道教传统。

从“洞天福地”分布而言，唐代江西道教主要在赣北赣中，但已有明显的向南发展的趋势。其“洞天福地”之“主”，反映出江西道教已被纳入了全国的视野之中，成为中国道教的重要内容。“洞天福地”的建构，为道教宫观制度的建设做出了贡献，江西的道教宫观建设也进入了一个新的阶段。

江西地理形势优越，风景名山众多，这是“洞天福地”能够兴起的自然条件。自先秦以来，江西仙道文化发达，底蕴深厚，这是“洞天福地”兴起的人文原因。六朝以来，江西社会总体安定，又处于经济开发之重区，这为“洞天福地”兴起提供了良好的社会文化环境以及经济保障。江西的“洞天福地”分布多集中在赣北地区，这与当时经济文化发展进步一致。江西洞天福地的数量上有17个（或14个）之多，在全国占有相当的比例，反映出江西道教普遍兴盛的事实。然而，江西无十大洞天，又说明其道教的总体力量与影响力还不是很强。事实上，在唐代评定“洞天福地”时，江西道教还没有真正有力地崛起。除了洪州西山以胡慧超、施肩吾等少数人重视本区道教的理论建构外，大多数道士仍满足于呼风唤雨、吞剑驱鬼式的方术。唐江西道教追求世俗实用性，在经典整理、理论追求、开宗立派方面与全国其他地区著名的道教宗派相比，明显不足。没有足够理论支持，终归对江西道教发展造成了极大的限制。所以江西的道教创立虽早、分布虽广、信仰人数虽多，在全国道教中的地位却只能居于中流，“洞天福地”的排名从一个侧面反映了江西道教的真实面貌。

第九节　隋唐江西道教信仰民间化的状况

有唐一代，道教呈现出较为强烈的民间化色彩。唐廷明确规定了国家祀典：“凡国有大祀、中祀、小祀。昊天上帝、五方上帝、皇地祇、神州、宗庙，皆为大祀。日月星辰、社稷、先代帝王、岳镇海渎、帝社、先蚕、孔宣父、齐太公、诸太子庙，并为中祀；司中、司命、风师、雨师、灵星、山林川泽、五龙祠等，并为小祀；州县社稷、释奠，及诸神祠，并同为小祀。”[①]这些由国家认可的祭祀的神灵，事实上都是民间道教供奉的神灵。还有一些没有纳入国家祀典的道教神灵，在民间社会影响也不小。这两者在江西地区均表现得较为显著。

一、龙王信仰

早在先秦时期，江西就有龙王信仰，虽然不甚热烈，但千百年来持续不断。随着唐代农业经济开发尤其是水利事业的加强，龙王信仰在江西一些地方传播发展开来。

---

① 《大唐开元礼（附大唐郊祀录）》卷一《叙例上·择日》，［日］池田温解题，日本古典研究会刊行，1972年，第12页。

昌山庙，又称龙母庙、阅城君庙、圣母庙，地处分宜县昌山脚下的昌山峡内。昌山山势险峻，水流湍急，行人难以安全越渡。为镇此峡，普救苍生，唐大和六年（832）兴建了祠庙。据载，龙母姓温，秦朝广东阅城人，感应而生一龙，育之。龙长大极负孝心，成神后，感应异常，能司人祸福。民众遂在当地建龙母庙，祀龙母及龙子，颇有灵验。唐元和年间，卢肇叔父卢葶常游南越，曾代理康州录事参军之类的小官，听闻供奉龙母、龙伯的龙母庙相当灵验，于是至庙中祈祷，希望能荣任主治一县的长官。当晚，卢葶即梦见龙伯对他说："君将宰邑江西，其致我焉？"卢葶当即许诺，一旦成真，就重礼祭拜。次日，卢葶找术士占卜，见龙之吉兆。心中大喜，请人绘制图像，日夜祭拜。大和五年（831）终得其所愿，出任袁州宜春县令。此年，因县治善政，得上级嘉勉。时值大旱，又向龙母祈愿这里风调雨顺，并在水陆交通枢纽的昌山渡口创建了龙母庙。[①]

九江城在长江边，饱受风波之苦，故相关的祠庙甚多。会济庙，在朝宗门内，唐咸通四年（863），薛临置祠九江水帝，以镇风涛。九江水帝之名，南朝时道教典籍已载之。又有龙王庙，在湓江门外，祠豫章吴城山小龙君。孚惠行庙，在白马冈，祠袁州仰山二神，二神实际上是龙王。

天祐年中，饶州柳翁，常乘小舟钓鄱阳江中，不知其居处妻子，亦不见其饮食。凡水族之类，与山川之深远者，无不周知之。鄱阳渔钓者，咸咨访而后行。吕师造为刺史，修城掘濠，至城北则雨，止后则晴。或问柳翁。柳翁道："此下龙穴也。震动其上，则龙不安而出穴。龙出则雨矣。掘之不已。必得其穴，则霖雨方将为患矣。"既深数丈，果得方木长数十尺，交构叠之，累积数十重，其下雾气冲人，不可入而止。其木皆腥涎萦之，刻削平正，非人力所及。自是果霖雨为患。吕氏诸子将网鱼于鄱阳江，召问柳翁。翁指南岸一处，"今日唯此处有鱼，然有一小龙在焉。"诸子不信，网之，果大获。舟中以巨盆贮之。中有一鳝鱼长一二

① （唐）卢肇：《阅城君庙记》，（清）董诰等：《全唐文》，中华书局 1983 年版，第 7999—8000 页。

尺，双目精明，有二长须，绕盆而行。群鱼皆翼从之，将至北岸，遂失所在。柳翁竟不知所终。[①]又，石城五龙岩，“唐贞观中，樵者见五叟笑语岩中，即之，惟见五龙交戏潭中耳”[②]。

二、城隍神信仰

城隍是古代城市安全的保护神。最早的城隍神是城墙、护城河神化的产物，属自然神。魏晋以来，随着道教的兴起发展，城隍由人鬼充任，演变为社会神，“逐渐形成正人直臣死后成了城隍神的观念”[③]。城隍被道家列为地祇，是护持城乡安全、管领亡魂、御灾捍患之神。唐朝城隍神的信仰得到了较大的发展，民间虔诚，官方重视。虽然还没有正式纳入国家祀典之中，全国各州县尤其在江南地域，已普遍地建起了城隍庙。江西以洪州、袁州两地的城隍信仰颇具代表性。

唐开元十五年（727）六月十日，洪州都督张九龄因淫雨成灾，至豫章西山吴源山下娜姑坛（又称风雨坛）祭祀城隍祈祷止雨，作《祭洪州城隍神文》曰：

> 谨以清酌脯醢之奠，祭于城隍神之灵：恭惟明神，懿皆潜德，城池是保，民庶是依，精灵以秉，正直攸好，忝牧此都，敢忘在公，道虽隔于幽明，事或同于表里。今水潦所降，亦惟其时，而淫雨不止，恐害嘉谷。谷者，人之所以为命；人者，神之所以为祀。祀不可以为利，义不可以不福，阖境山川，能致云雨，岂无节制？愿达精诚，以时弭灾，无或失稔，则理人有助，是所望于神明，尚飨。[④]

据说，祈祷有应，张九龄又因立碑作诗以记之，称颂城隍。

韩愈元和十五年（820）夏职任袁州刺史时，州境大旱。他为此向

① （宋）李昉等：《太平广记》卷四二三《柳翁》，中华书局1961年版，第3447—3448页。

② （宋）乐史：《太平寰宇记》卷一〇八《虔州》，中华书局2007年版，第2186页。

③ 宗力、刘力群：《中国民间诸神》，河南人民出版社1987年版，第204—205页。

④ （清）董诰等：《全唐文》，中华书局1983年版，第2973页。

宜春仰山庙城隍神祈雨，三作祭神文，遂有了《袁州祭神文三首》，其核心文字分别为："谨告于城隍神之灵。刺史无治行，无以媚于神祇。天降之罚，以久不雨，苗且尽死。刺史虽得罪，百姓何辜？宜降疾咎于某躬身，无令鳏寡蒙兹滥罚。""谨以少牢之奠，祭于仰山之神曰：神之所依者惟人，人之所事者惟神。今既大旱，嘉谷将尽。人将无以为命，神亦将无所降依，不敢不以告。若守土有罪，宜被疾殃于其身。百姓可哀，宜蒙恩悯。以时赐雨，使获承祭不怠，神亦永有饮食。""谨以少牢之奠，祭于仰山之神曰：田谷将死而神膏泽之。百姓无所告而神恤之。刺史有罪而神释之。敢不有荐也！"[①] 在此，仰山神与城隍神庶几是一体的。韩愈为祈雨而甘愿神灵降罪，反映出一个正直忠诚的儒臣本色。而仰山城隍神也在受祈请和恐吓之中，终于应命而行，又潜含有"神灵"（道教）屈服于儒教的中国文化性格。

唐代袁州是城隍信仰浓厚的地方。当时天下城隍均未标名氏，多以土地充之。唯袁州最早将城隍之神以"人鬼实之"。咸通三年（862）六月三日，刘蘧作《袁州城隍庙记》叙述了袁州城隍神灌婴的来历与事迹，称："有天下，有祠祀。有郡邑，有城隍。虽遍天下尚其神，而未有的标名氏者，多因土地以立。"惟袁州"古今得以灌将军称祀焉"，用以固护城池、福及人生、教化民众。而城隍神灌婴也的确尽职尽责，护持袁州平安。其典型事迹是："大中十二年（858），潭、广、宣、洪，士马纷扰，得以恣其杀戮，脍人心肝。贫富相易，父子不相保，人不聊生。是岁州之小卒蚁聚，欲敩四地兴剽劫之心，而机泄。有忠者密告奸宄之事实伏法。袁之人获脱虎口之难，莫不由神明之阴惠也。"大中十四年，袁州太守颜遐福主持重修城隍庙，在地方商贾们和广大军吏的大力支持下，号称"不劳民，不费公"，于咸通二年十月二十四日完工。"环廊厨院，厅庑寝殿，亘雄虹之长梁，结棼撩以相接。丹楹森布，彩栌叠施。绳墨之工，雅合其度。"刘蘧奉命撰记，自称："敢献神言，惟神聪明正直，

① （清）董诰等：《全唐文》，中华书局 1983 年版，第 5752 页。

我公（颜遐福）致力于神，神宜飨公之德。”[①]

唐代江西洪州是城隍神信仰流行之地。例如，洪州司马王简易，常暴得疾，腹中生物如块大，随气上下，攻击脏腑，伏枕余月。一夕，其块逆上筑心，沈然长往，数刻方寤，谓所亲曰："初梦见一鬼使，自称丁郢，手执符牒云：'奉城隍神命，来追王简易。'某即随使者行，可十余里，方到城隍庙。门前人相谓曰：'王君在世，颇闻修善，未合身亡，何得遽至此耶？'寻得见城隍神，告之曰：'某未合殂落，且乞放归。'城隍神命左右将簿书来，检毕，谓简易曰：'犹合得五年活，且放去。'"五年后，简易果卒。[②]

三、庐山九天使者信仰

自唐玄宗敕令建设庐山九天使者庙以来，江西九天使者信仰日渐兴盛起来。

《庐山太平兴国宫采访真君事实》卷七《应感类》载有数条关于"庐山九天使者"的事实。（一）"徐司谏施钱新庙"条：唐大和二年（828），徐司谏捐赠私钱三万缗新庐山使者庙，命画工丹雘。浔阳令派一小吏专典其事。小吏入城召画工，与俱归，画工背负绘画材料采从之。始出城门，小吏忽然自己褫衣带投于地上，画工疑其醉，拾而随之。须臾，小吏又脱衣弃帽。比行三十里，衣仅蔽体矣。将及庙时，忽有一位健卒，青衣白韦蔽膝，从山涧中一跃而起，将小吏抓住。画工慌忙救护道："此醉人也，恕之。"卒但瞠视之，将小吏摁坐于水中。画工始觉自己遇鬼魅，惊走告庙中人，待到众人一起来到时，已失青衣士卒所在，而小吏却已死。大家一查账簿，才知小吏贪污了一大半整修庙宇的钱。（二）"李云卿医道有功"条：唐隐士云卿，每云上真高仙，必须阴功济物，精持戒行，遂留心医道。智识颖悟，凡用药不犯生命，止使金石草木，自以古仙制方传于后人。其间有用虫鱼为药，缘此不得轻举。来居

① （唐）刘骧：《袁州城隍庙记》，（清）董诰等：《全唐文》，中华书局 1983 年版，第 8427—8428 页。

② （宋）李昉等：《太平广记》一二四《王简易》，中华书局 1961 年版，第 873—874 页。

庐山，数州求医者盈门，不受财帛之赠，绝欲断荤，所居近九天使者庙。每旦焚香，祝云："云卿以医药救民疾苦，不务财利，尽未来世，永无退心。神明灵通，必蒙加护。"凡居山六十余年，颜色黄润，目光射人，识者皆云阴德所致。一日，因随采药人至深山中，忽睹一人圆冠紫袍，揖曰："我此山之神也。九天使者真王传命，以汝救物有功，使我授汝太清九华神丹、太微天帝君飞天罡步地纪金简玉字一通。自此当屏迹人间，精意修持。"云卿再拜，告问："九天使者，不审云卿可得见否？"神人道："汝秽气未除，未可见也。"方以手授神丹玉字之诀，其神已隐不见。云卿乃就圣治峰土穴为室，专修其道。后唐同光二年（924）八月一日白日升仙。（三）"向子文遇龚庆长"条：唐宝历二年（826），长沙人子文，官衡州，贫不能归，爱山水之胜。一旦，谒岳庙时，当盛暑，留宿旬余。忽有一人青布紫裘，面如琢玉，神色威整，须眉如画。子文异其骨相，翌旦往见问之。乃曰："余龚庆长也。世家洛阳，少遇司马隐元于鸣皋山下。隐元者，自云委羽洞天之灵官也。凡五岳、四渎、洞天福地，各有灵官主之，校量功罪，采访善恶，闻于九天使者之府。"隐元语庆长曰："汝宿生常居要职，有辩冤雪死之劳。当时士民阴受汝赐，逮朱泚僭逆，伏节死事，忠愤之气毅然不衰，故得再生为人，他时通悟，必能记忆矣。九天使者录汝之功，命我授汝石精金光藏景录形神剑之法，中黄太一默朝之道，因得度世。近登紫霄峰望气，见岭外妖气，欲往禳除，经过岳祠，故来朝谒。"子文为之致恭，庆长顾侍者取琴鼓之，其曲曰《金鲸跃海》《雨滴秋荷》《醉淘月》《白雪引》之类。音韵清越，非凡声也。陪从数日，临别，子文再拜，问："幸得际遇，欲从先生南游，可乎？"庆长答："未可也，汝尚当仕进，更十八年，中条山相见。"子文再拜乞言。庆长道："学道先乎功行，逢时得志，汝宜勉之。至于吐纳、服饵，乃其余事。"子文恳请再三，庆长道："当俟后会。"子文道："更有教戒，誓当禀奉。"庆长沉思良久，云："汝父祖旅殡僧舍，颇苦鬼役，早卜吉壤，以终大事。"子文流涕拜谢，翩然而去。（四）"王琳放生葬死"条：唐大顺二年（891），京兆王琳任邢州尧山尉。时方兵兴，死者甚众。王琳叹曰："无辜之民肝脑涂地，深可哀也。"遂舍家赀具棺椁。数年之间，所葬不可数计。金陵同事高应成卒于官，母老食众，贫不能归，王琳竭力资助。金陵濒江，琳每过市，必斋鱼鳖而放之。一日，渔者举网得鱼，赤鳞金目，长丈余，王琳买下送回江中。夜梦一衣冠甚伟的武士，对王琳道："公放生葬死多矣。九天使者已录善功，当享长年之福。"王琳问："九天使者何神也？"答："天之贵神也。受命上帝，采访人问善恶而诛赏之。在庐山之阴，公岂不知？"王琳觉而异之，日奉香火。年百有余岁而终。二子六孙亦皆耆耄。京师谓之长寿王家。丞相薛居正诗云："丹鱼报福流三世，白骨衔恩轫九天。"（五）"刘德本捐财赈饥"条（相关故事已见本章前述，此处略）。

庐山九天使者表现出惩恶扬善的精神。庐山卖油者，养其母甚孝谨，为暴雷震死。其母自以无罪，日号泣于九天使者之祠，愿知其故。一夕，梦朱衣人告曰："汝子恒以鱼膏杂油中，以图厚利。且庙中斋醮，恒用此油。腥气薰蒸，灵仙不降。震死宜矣。"母知其事，遂止。[①]

庐山九天使者也能助信仰者功成名就。晚唐时期，豫章王定保三次应举均未成功，因祈祷庐山九天使者而于唐昭宗光化三年（900）进士及第。王定保在自己所著的《唐摭言》卷八《梦》记："予次匡庐，其夕遥祝九天使者。俄梦朱衣道人，长丈余，特以青灰落衣襟霏霏然，常自谓'鱼透龙门'，凡三经复透矣。私心常虑举事中辍。"

在唐代江西民间社会中，庐山九天使者在仙道神灵中的地位较高，为其他山神所尊敬。例如，《太平广记》卷四七一《宋氏》记有鸣山神朝祀庐山使者之事。

以上较为丰富的"事实"说明，庐山九天使者信仰，在唐代中后期的江西已是比较流行且影响到周边地域，并展现出民间化民俗化的特色。

四、其他较为重要的地方神信仰

民间宗教（道教）的发展往往体现在地方化的发展。唐代江西境内除了汉魏以来的庐山神、鄱阳湖神外，相关的神灵又发展出不少，并形

① （宋）李昉等：《太平广记》卷三九五《庐山卖油者》，中华书局1961年版，第3159页。

成了一些新的信仰，体现出较为显著的地方化发展的情势。

唐代是袁州（宜春）仰山神信仰开始兴盛的时代。仰山，属于武功山之支脉，山势高峻，乃宜春镇山。随着西汉以来仙道文化的兴起与发展，仰山神信仰不断趋于成熟，到唐代中前期已在袁州流传开来，立庙祭祀，并得到朝廷的认可。南唐保大十年（952）十二月五日，朱恂《仰山庙记》：

> 仰山广惠公庙，汉文之世，而立于山之阿。神姓萧氏，不知何许人也。其季曰七郎，亦立像于别殿。昔有徐播，自芜城归宜春，系舟于彭蠡之岸。忽有人附载，自称曰萧氏，居于仰山之阴，石桥之右。逮及兹乡，告别而去，约于石桥。应期而至，播因诉以无产，思十亩之田以给其家。彼乃信舍之间，骤发大水，漂荡陵谷，出田五顷，播即惊骇。他日再往其处，潜觇其形，睹之乃二龙也。方悟其非人也，即仰山之神矣。且龙者，阴阳不测，变化无穷。非史墨无以详共由，非刘累无以品其性。盖神之所变，岂不圣欤？厥后灵验，不可胜记。里民归之如流水，恃之如慈母，肸蠁垂祉。威神愈彰。有唐代宗朝广德末，神感梦于太守阎公瑜曰："我龙之伯仲也，实姓萧氏。其祠在仰山，既险且阻，我其徙之，将近尔郊，俾祭祷。"诘旦视之，则尽拔其殿宇，置于山下，去旧祠仅一舍之地，即今新庙是也。朝廷以广惠公赠太保，其次曰昭灵侯赠司徒，足以旌其神通，歆其血食也。[①]

按，仰山神的起源，除了上述朱恂所言的是始于西汉文帝之时（前 179—前 157）外，还有一说是起源于晋朝。元吴师道《敬乡录》卷十《仰山庙记》："仰山二王，按图牒，肇于晋永嘉中，降于宜春仰山之下。袁人即其所祠之远近，因以地号其神。"不管何种说法，都表明仰山神信仰虽产生较早，但成熟则是在唐中期以来。据上引朱恂《仰

① （清）董诰等：《全唐文》，中华书局 1983 年版，第 9120 页。

山庙记》所记仰山神是两条龙。这反映出仰山神信仰是由龙神崇拜转化而来。

仰山神信仰在袁州地区颇有流传。袁州下辖的新喻县境的仰天岗（亦名仰岗、仰山，钤冈岭、钤山），传说为仰山神巡行之地。钤冈北麓攀山，有因仰山神卓篙维舟而泉涌的卓篙泉。钤冈山顶，建有分宜县最早的庙宇——仰山孚惠行祠。唐永徽二年（651），宜春商人徐璠，买舟自维扬归，路遇两位自称姓萧的书生搭船而归，而此二书生就是仰山神。为了纪念此次仙俗际会，后人在徐璠与“二生”分手处即钤冈山主峰梁山上建祠以祀，名钤冈庙（仰山庙），并于正祠之侧别辟徐公祠，合称仰山孚惠行祠。仰山孚惠行祠供奉着袁州仰山龙神萧大介、萧济二王以及黄公真人。传说，黄公真人幼年时尝游仰天岗，受仙人点度，道行奇妙，民间祈雨辄应。故亦入庙中享祀。仰山神信仰影响较大，在笔记小说中也有反映。如《太平广记》卷三一四《袁州父老》载，袁州城中有老父，性谨厚，为乡里所推，家亦甚富。一日有紫衣少年，车仆甚盛，诣其家求食。老父即延入，设食甚至，徧及仆者。老父侍食于前，因思长吏朝使行县，当有顿地，此何人哉？意色甚疑。少年觉之，谓曰：“君疑我，我不能复为君隐。仰山神也。”父悚然再拜，曰：“仰山日厌于祭祀，奈何求食乎？”神曰：“凡人之祀我，皆从我求福。我有力不能致者，或非其人不当受福者，我皆不敢享之。以君长者，故从君求食耳。”食讫，辞让而去，遂不见。由此“小说”可见，仰山神信仰已深入到百姓的日常生活之中。

马当山在彭泽县东北四十里。其山象马，横枕大江，烈风撼浪，行舟险阻。因传有马当神主管，人为之立庙。据说，此庙神在唐时颇为灵异，与知名文人王勃、王昌龄都有交结。据宋祝穆《古今事文类聚前集》卷十一载：王勃侍父宦游江左，舟次马当，寓目山半古祠，危栏跨水，飞阁悬崖。乃登岸闲步，见大门当道榜曰“中元水府之殿”，禁庭森肃。王勃瞻仰稽首后，返归途中遇一年高貌古、骨秀形清的老叟。老叟长揖王勃长揖，问：“子非王勃乎？”王勃心中大为惊异。老叟道：“来日重九，南昌都督命客作《滕王阁序》，子有清才，盍往赋之？”王勃道：

"此去南昌七百余里，今日已九月八矣，失复何言？"老叟道："子诚往，吾助清风一席。"王勃欣然礼拜，且谢且辞，问老叟："仙耶、神耶"，老叟笑答："吾中元水府君也。归帆当以濡毫均甘。"王勃即登舟，翌日昧爽，已抵南昌，及时赶上了阎都督所举办的滕王文会，留下了传诵千古的《滕王阁序》一文。又唐郑还古《博异记·王昌龄》载，开元中，琅琊王昌龄自吴抵京国。至马当山，属风便，而舟人云："贵贱至此，皆合谒庙，以祈风水之安。"昌龄不能驻，亦先有祷神之备。见舟人言，乃命使赍酒脯、纸马献于大王，兼有一两草履子上大王夫人，而以一首诗令使者至彼而祷之。诗曰："青骢一匹昆仑牵，奉上大王不取钱。直为猛风波里骤，莫怪昌龄不下船。"读毕而过。当市草履子时，兼市金错刀一副，贮在履子内。至祷神时，忘取之，谦并履子。将往，使者亦不晓焉。昌龄至前程，偶觅错刀子，方知误并将神庙所矣。又行数里，忽有佛饿鲤鱼，长可三尺，跃入昌龄舟中。昌龄笑曰："自来之味。"呼侍者烹之。既剖腹，得金错刀子，宛是误送庙中者。昌龄叹息曰："鬼神之情亦昭然。尝闻葛仙公命鱼送书，古诗有剖鲤得素书，今日亦颇同。"吴乾贞中，马当神被封为上水府谅江王。

石固神庙最初立于赣县崇福里。传说，唐大中元年（847），里民周谅（或作周诚）酒后为鬼魅所迷惑，坠于山崖下；符爽行贾长汀，舟船几覆没。他们二人向石固神祈祷，周谅即返其庐，符爽即见神来救护。于是里民"卜贡江东之雷冈，相率造新庙，塐石为像奉焉"[①]。又传说，雷冈祠（江东庙）初建时，天地为之冥晦，有录事吴君和司户萧君遣康、黄二衙官先后视察该祠，康、黄二吏立化，吴、萧二君亦继亡，民间遂以四人为石固神之配。自此，神屡显嘉应。石固神因又被称作"石固王"，大中八年（854），进士杨知新撰有"石固王碑"。地方神灵获得官员题刻是取得合法地位的"正神"重要途径之一。这表明石固神正朝祀典化的演进。

虔州储潭神信仰，在唐代依然奉行。大历三年（768），虔州大旱，

---

① （明）宋濂：《宋学士文集》卷五《赣州圣济庙灵迹碑》，四部丛刊本，第66页。

遍地赤土。虔州守裴谞赴储君庙祈雨得应，旱情得解。裴谞特别创作了一首《储潭庙》诗以寄情："江水上源急如箭，潭北转急令目眩。中间十里澄漫漫，龙蛇若见若不见。老农老圃望天语，储潭之神可致雨。质明斋服躬往奠，牢醴丰洁精诚举。女巫纷纷堂下舞，色似授兮意似与。云在山兮风在林，风云忽起潭更深。气霾祠宇连江阴，朝日不复照翠岑。回溪口兮濯清流，好风带雨送到州。吏人雨立喜再拜，神兮灵兮如献酬。城上楼兮危架空，登四望兮暗濛濛。不知兮千万里，惠泽愿兮与之同。我有言兮报匪徐，车骑复往礼如初。高垣墉兮大其门。沥扫丹雘壮神居。使过庙者之加敬，酒食货财而有余。神兮灵，神兮灵，匪享慢，享克诚。"[①] 该诗不仅生动地表达了裴谞对储潭庙神的虔诚感激之情，而且反映了当地民众祭祀储潭庙神的风俗。

其他诸多的一些鬼神信仰，可参考本章第一节相关叙述。

第十节　唐代江西道教文学的兴盛

唐代道教文学繁荣，江西道教文学较为卓出。活动于江西的道士、文人往往以文助道、以文赞道，弘扬江西道教。唐代号称"诗唐"，本小节即主要从江西"咏道诗"的层面说明。

一、道士的咏道诗

唐代不少活动于江西的道士，擅长咏诗作文，以诗文表达自己的思想，可谓诗心与道心、人情与道情的统一。由此极大地丰富了江西的道教文学，传播了江西道教声名。

（一）吴筠的庐山文学

吴筠能诗善赋，是唐代道门中文学创作最丰富的作家之一。他在安史之乱爆发后活动于庐山时，道心澎湃，创作了《秋日彭蠡湖中观庐山》《晚到湖口见庐山作呈诸故人》《同刘主簿承介建昌江泛舟作》《五老峰》《登庐山东峰观九江合彭蠡湖》《酬叶县刘明府避地庐山言怀诒郑录事昆

① （清）彭定求等：《全唐诗》，中华书局 1960 年版，第 10022 页。

季苟尊师兼见赠》等一系列道意深浓的诗歌。例如，《秋日彭蠡湖中观庐山》：“泛舟太湖上，回瞰兹山隈。万顷沧波中，千峰郁崔嵬。凉烟发炉峤，秋日明帝台。……从此永栖托，拂衣谢浮埃。”[①]《五老峰》：“彭蠡隐深翠，沧波照芙蓉。日初金光满，景落黛色浓。云外听猿鸟，烟中见杉松。自然符幽情，潇洒惬所从。整防务探讨，嬉游任从容。玉膏正滴沥，瑶草多丰茸。羽人栖层崖，道合乃一逢。挥手欲轻举，为余扣琼钟。空香清人心，正气信有宗。用永谢物累，吾将乘鸾龙。”[②]道家主张“返朴还淳”“遗形忘生”，亲和自然。于此可见。

唐肃宗上元二年（761）九月十三日，吴筠撰《简寂先生陆君碑》，在叙述了陆修静生平事迹后，以极富文学色彩的语言对陆修静的道教功业和影响作了高度的评价：“虽博通坟籍，旁究象纬，以为炼形契道，与天地长久者，非经术占候之所能致，故存而不论。乃研精玉书，稽仙圣奥旨，知羽化在我，道不吾欺，遂勤而行之，不舍寤寐。闻异人所在，不远千里而造之，果遇其真，爰受秘诀，乃云栖荆岫，却粒修行。虽身隐弥静，而名逃益彰，江汉之人，虚往实归者，莫知纪极。”最后言：“天宝末，筠与友人荀太象避地兹境，敬先生之洞府，慕先生之高风，感世祀之绵远，慨铭志之湮灭。乃与道士吴太清、宋冲虚询谋佥同，建此贞石。其词曰：猗先生，本天真。蕴至妙，怀深仁。知名疏，悟体亲。忽荣禄，辞嚣尘。餐霞景，甘隐沦。道弥高，声益振。不得已，登蒲轮。扬元风，还紫宸。功允著，德惟新。忽解形，为帝宾。仙道密，难昭陈。纪遗烈，庶不湮。”[③]

吴筠亦擅于作赋，《全唐文》载录其赋5篇，其中《庐山云液泉赋》明确作于庐山，“赋”云：

坤元孕气，潜畅成泉。冠五行之首，为万物之先。爰有清流，

① （清）彭定求等：《全唐诗》，中华书局1960年版，第10039页。

② （民国）吴宗慈编撰，胡迎建注释：《庐山志》纲之六《艺文》，江西人民出版社1996年版，下册第152页。

③ （清）董诰等：《全唐文》，中华书局1983年版，第9659页。

出此山侧。处蒙险以难知，犹井渫之不食。我搜灵秘，载披载登。见其地僻吉，源深有恒，沍寒不为之损，暑雨不为之增。乃考室以饮，而乐在枕肱。甘侔玄玉之膏，滑乃云华之液。疢可蠲，生可益。乃充狎玩，惟意所适。悬之则素素，壅之则澄碧。昼浮光以悠扬，夜含响以淅沥，阴阳为灾，水旱失节。不雨炎夏，暨乎玄月。汪汪洪波久已歇，耿耿瀑布今已绝。挫江湖之浩荡，沉涧谷之微劣。斯泉秉彝，毫纤无亏，虽远不沾惠，而近有所滋。彼湍霈于畴昔，岂不惭涓涓于此时？夫醴泉无源而易涸，丹溜乍见而难挹。曷若止以为鉴，酌焉取给，何异神仙之瀵、帝台之浆，涌异域之表，湛无人之乡。兹亦标奇于绝境，真可谓灵而长者也。①

此一汪澄净、透明、光泽闪烁的云液泉，可以养生，秋冬不改，大旱不绝，或是作者虚静、淡泊、自得其乐的内心世界，玄素之心。②从容闲适之趣，文辞清新自然。

（二）施肩吾西山咏道诗

洪州西山栖真子施肩吾，才情富赡，工诗。有诗文集《西山集》10卷，既以“西山”名集，其中当有不少创作于西山。施氏诗歌内容广泛，题材丰富，诗风飘逸清新，道意隽永。这其中相当部分是反映他的为道情怀和道家风范、修炼心得。

施氏一些诗歌反映了其山居生活的悠闲自得情趣。如《秋夜山居二首》之一：“幽居正想餐霞客，夜久月寒珠露滴。千年独鹤两三声，飞下岩前一枝柏。”《讽山云》：“闲云生叶不生根，常被重重蔽石门。赖有风帘能扫荡，满山晴日照乾坤。”《山居乐》：“鸾鹤每于松下见，笙歌常向坐中闻。手持十节龙头杖，不指虚空即指云。”《清夜忆仙宫子》：“夜静门深紫洞烟，孤行独坐忆神仙。三清宫里月如昼，十二宫楼何处眠。”《闻山中步虚声》：“何人步虚南峰顶，鹤唳九天霜月冷。仙词偶逐东风

① （清）董诰等：《全唐文》，中华书局1983年版，第9643页。

② 吴国富：《庐山道教史》，江西人民出版社2011年版，第109—111页。

来，误飘数声落尘境。”[①]一些诗歌深刻地表达施氏的修道心得或人生追求。《修仙词》：“丹田自种留年药，玄谷长生续命芝。世上漫忙兼漫走，不知求己更求谁。”《候仙词》：“西归公子何时降，南岳先生早晚来。巡历世间犹未遍，乞求鸾鹤且裴回。”《仙翁词》：“世间无远可为游，六合朝行夕已周。坛上夜深风雨静，小仙乘月击苍虬。”《洗丹沙词》：“千淘万洗紫光攒，夜火荧荧照玉盘。恐是麻姑残米粒，不曾将与世人看。”《自述》：“箧贮灵砂日日看，欲成仙法脱身难。不知谁向交州去，为谢罗浮葛长官。”《谢自然升仙》：“分明得道谢自然，古来漫说尸解仙。如花年少一女子，身骑白鹤游青天。”[②]诗句：“天边有仙药，为我补三关。”“世人谁不爱年长，所欲皆非保命方。”[③]等等。

施氏游历江西多地，遍访西山宫观，探访道友，诗文酬之。例如，《经吴真君旧宅》：“古仙炼丹处，不测何岁年。至今空宅基，时有五色烟。”[④]在此，施氏拜访吴真君吴猛当年修炼的故址，除了对吴猛表达敬意外，还在于密切与许逊道派的关系。又，《弋阳访古》：“行逢葛溪水，不见葛仙人。空抛青竹杖，咒作葛陂神。”《同张炼师溪行》：“青溪道士紫霞巾，洞里仙家旧是邻。每见桃花逐流水，无回不忆武陵人。”《赠女道士郑玉华二首》其一：“玄发新簪碧藕花，欲添肌雪饵红砂。世间风景那堪恋，长笑刘郎漫忆家。”[⑤]施肩吾喜好绝句，常用之以抒发自己的道情仙意和修炼体会，塑造生动灵活的道人形象。例如，《赠王屋刘道士》：“小有洞中长住客，大罗天下后来仙。出门即是寻常处，未可还它跨鹤鞭。”《访松岭徐炼师》：“千仞峰头一谪仙，何时种玉已成田，开经犹在

---

① 此处连续所引施肩吾五首诗，分别见（清）彭定求等：《全唐诗》，中华书局1960年版，第5595、5603、5601、5598、5594页。

② 此处连续所引施肩吾六首诗，分别见（清）彭定求等：《全唐诗》，中华书局1960年版，第5596、5596、5604、5597、5598、5605页。

③ 此施肩吾二诗句，见（清）彭定求等：《全唐诗》，中华书局1960年版，第5610页。

④（清）彭定求等：《全唐诗》，中华书局1960年版，第5590页。

⑤ 此处连续所引施肩吾三首诗，分别见（清）彭定求等：《全唐诗》，中华书局1960年版，第5588、5604、5599页。

松阴里，读到南华第几篇。”《赠施仙姑》：“飘渺吾家一女仙，冰容虽小不知年。有时频夜看明月，心在嫦娥几案边。”《赠别王炼师往罗浮》：“道俗骈阗留不住，罗浮山上有心期。却愁仙处人难到，别后音书寄与谁。”《送绝尘子归旧隐二首》其一：“云水千重绕洞门，独归何处是桃源。仙方不用随身去，留与人间老子孙。”《赠凌仙姥》：“阿母从天降几时，前朝惟有汉皇知。仙桃不啻三回熟，饱见东方一小儿。”《送道友游山》：“欲驻如今未老形，万重山上九芝清。君今若问采芝路，踏水踏云攀杳冥。”[①] 等等。

值得注意的是，施肩吾亦以“咏道诗”与文人士大夫相酬，从而张扬了自己及洪州西山道教的名声。他与徐凝的交流就是典型的说明。徐凝与栖息洪州西山的高道栖真子施肩吾为同乡、同窗、同举进士，官至侍郎。其诗朴实无华、意境高远，对道教亦颇有认识，曾作《回施先辈见寄新诗》二首酬唱施肩吾：“九幽仙子西山卷，读了缘绳系又开。此卷玉清宫里少，曾寻《真诰》读诗来。”“紫河车里丹成也，皂荚枝头早晚飞。料得仙宫列仙籍，如君进士出身稀。”[②] 反映了徐凝对施氏以进士身份居西山修道的认同与企慕。

（三）李白庐山咏道诗

李白（701—762），字太白，祖籍陇西成纪。自小好读奇书，志慕神仙，学宗老氏。成年后，多历名山胜水，寻仙访道。李白是盛唐诗坛最杰出的代表，以深沉的道家思维把庄、屈以来的浪漫主义文学推向了一个新的高峰，有“诗仙”之谓。

庐山是李白一生多至之地，自开元十三年起至上元二年止六次上庐山。李白对庐山仙道文化十分向往，这在他作于天宝十二载（753）的《秋于敬亭送从侄耑游庐山序》中深有表露：“（庐山）长山横蹙，九江却转。瀑布天落，半与银河争流。腾虹奔电，潨射万壑，此宇宙之奇诡也。

① 此处连续所引施肩吾七首诗，分别见（清）彭定求等：《全唐诗》，中华书局1960年版，第5605、5605、5607、5595、5598、5599、5605页。

② （清）彭定求等：《全唐诗》，中华书局1960年版，第5386页。

其上有方湖、石井，不可得而窥焉。羡君此行，抚鹤长啸。恨丹液未就，白龙来迟。使秦人执鞭，先往桃花之水。孤负夙愿，惭未归于名山。终期后来，携手五岳。情以送远，诗宁阙乎？”[1]李白每登庐山，总为庐山秀美的风光与浓郁的道情所吸引，留恋不已。《方舆胜览》卷十七引《图经》：“李白性喜名山，飘然有物外志，以庐阜水石佳焉。卜筑五老峰下，有读书堂旧址，后北归犹不忍去，指庐山曰：‘与君再会，不敢寒盟。丹崖绿壑，神其鉴之。’”天宝八载（749）五月，李白由金陵溯西江第三次上庐山，并于此行前作《留别金陵诸公》：“五月金陵西，祖余白下亭。欲寻庐峰顶，先绕汉水行。香炉紫烟灭，瀑布落太清。若攀星辰去，挥手缅含情。”顺便提及，天宝九载（750）秋，李白客居浔阳，游览、栖宿当地的紫极宫，有《浔阳紫极宫感秋作》：“何处闻秋声，翛翛北窗竹。回薄万古心，揽之不盈菊。静坐观众妙，浩然媚幽独。白云南山来，就我檐下宿。懒从唐生决，羞访季主卜。四十九年非，一往不可复。野静转萧散，世道有翻覆。陶令归去来，田家酒应熟。”李白于秋风萧瑟时游宿紫极宫，静观宇宙的变化，对人生有了新的体验，引发他萧散的“野情”，欲学陶潜归隐。安史乱初，约天宝十五载（756）七月前后，李白携夫人宗氏第五次上庐山，登临险峭壮观、风景殊绝的五老峰屏风叠，有意隐修于此。因作《望庐山五老峰》诗：“庐山东南五老峰，青天削出金芙蓉。九江秀色可揽结，吾将此地巢云松。”可惜约一年后，李白因附从永王李璘下山，随后得罪入浔阳狱，又流放夜郎。上元元年（760）夏，李白遇赦从夜郎放还后第六次游庐山。是时他于仕途已万念俱灰，生命但寄于山水与仙境，因作《庐山谣寄卢侍御虚舟》诗：“我本楚狂人，凤歌笑孔丘。手持绿玉杖，朝别黄鹤楼。五岳寻仙不辞远，一生好入名山游。庐山秀出南斗傍，屏风九叠云锦张。影落明湖青黛光，金阙前开二峰长。银河倒挂三石梁，香炉瀑布遥相望，回崖沓嶂凌苍苍。翠影红霞映朝日，鸟飞不到吴天长。登高壮观天地间，大江茫茫去不还。

① （民国）吴宗慈编撰，胡迎建注释：《庐山志》纲之六《艺文》，江西人民出版社1996年版，下册第24页。

黄云万里动风色，白波九道流雪山。好为庐山谣，兴因庐山发。闲窥石镜清我心，谢公行处苍苔没。早服还丹无世情，琴心三叠道初成。遥见仙人彩云里，手把芙蓉朝玉京。先期汗漫九垓上，愿接卢敖游太清。”在此前后，李白陪同欲出家修道的夫人追寻李腾空。有《送内寻庐山女道士李腾空二首》:“君寻腾空去，应到碧仙家。水舂云母碓，风扫石楠花。若恋幽居好，相邀弄紫霞。”“羡君相门女，学道爱神仙。素手掬青霭，罗衣曳紫烟。一往屏风叠，乘鸾着玉鞭。”诗中虽有对妻子的戏谑或劝诱，却也可见他自己对道教生活的向往。①

李白学道求仙几乎贯穿了他的一生。他放任旷达、傲岸不羁、愤世疾俗、追求个性自由的精神品格，与道家思想有着相当深入的血缘关系。② 江西庐山正是其演绎的重要舞台。

（四）其他道教人士的咏道诗

在江西还活动有一大批不甚知名或隐名的道士，他们也以诗吟咏自己的生活和对道教的感悟，创作了不少咏道诗，是唐代江西道教文学（诗歌）的重要内容。择要罗列于下：

顾况（725—814），字逋翁。肃宗至德进士。德宗朝时，征为著作郎。因得罪权贵，贬饶州司户参军。晚年结庐茅山，自号华阳真逸，逸居以终。长于歌诗，有集二十卷。顾况曾在江西多地活动，创作了一些有关江西道教的诗文，如《望简寂观》:“青嶂青溪直复斜，白鸡白犬到人家。仙人住在最高处，向晚春泉流白花。”《题叶道士山房》:“水边杨柳赤栏桥，洞里神仙碧玉箫。近得麻姑书信否，浔阳江上不通潮。”《弋阳溪中望仙人城》:“何草乏灵姿，无山不孤绝。我行虽云蹇，偶胜聊换节。上界浮中流，光响洞明灭。晚禽曝霜羽，寒鱼依石发。自有无还心，隔波望松雪。”《安仁港口望仙人城》:“楼台采翠远分明，闻说仙家在此

① 本小段所引李白《留别金陵诸公》《寻阳紫极宫感秋作》《望庐山五老峰》《庐山谣寄卢侍御虚舟》《送内寻庐山女道士李腾空》，分别见（清）彭定求等：《全唐诗》，中华书局 1960 年版，第 1784、1865—1866、1837、1773、1884 页。

② 参见蔡守湘主编：《中国浪漫主义文学史》，武汉出版社 1999 年版，第 373 页。

城，欲上仙城无路上，水边花里有人声。”等等。[①]

李翔是吟咏江西道教的知名诗人，其生平事迹难考，唯依其涉道诗所涉地名，推测其多游走于赣、苏、浙三地，大概是这一地区内的人，其活动时代大概是9世纪末10世纪初的晚唐。敦煌遗书伯希和P.3866收其著涉道诗28首，有《百步桥》《西林寺与焦炼师赋得阶下泉》《许真君铁柱》《宿西山凌云观》《寄麻姑山喻供奉》《登临川仙台观南亭》《谢梁尊师见访不遇》《献龙虎山张天师》《题麻姑山庙》《舞凤石》《魏夫人归大霍山》《魏夫人受大洞真经》《冯双礼珠弹云璈以答歌》13首与江西道教有关，几占一半。这些诗道意浓厚、隽永，是对江西道教的良好宣扬，除前已引《献龙虎山张天师》外，再引三首略见其“风采”。如《宿西山凌云观》：“掩映真居不易求，自惊何路到蓬丘。庭心月近石坛古，海面风微山殿秋。控鹤岭高星半隔，伏龙岗转水分流。胡尊纵使如今在，谁继花姑问事由？”按，此诗题之“西山”应指南昌西山。《寄麻姑山喻供奉》：“羽客乘风下九天，拨云亲自拣林泉。檐吞海魄迎真气，路绕岩根谒古仙。道胜早为三洞伏，诗成曾被六宫传。如今万事皆轻弃，只待还丹驻鹤年。”《登临川仙台观南亭》：“独倚危栏爱景晴，古松坛殿半阴横。东山有路干云险，汝水无波到底清。归洞斗龙收雨脚，拂檐行雁起秋声。开襟正是忘机处，不觉疏钟遍郡城。”[②]

另外，还有一些学道者咏叹隐逸情怀。如《神仙感遇传·李公佐》载，李公佐举进士后，为钟陵从事。有仆夫，自布衣执役，勤瘁昼夕，恭谨逭三十年，公佐不知其异人也。一旦告去，留诗一章。其辞曰：“我有衣中珠，不嫌衣上尘，我有长生理，不厌有生身，江南神仙窟，吾当混其真。不嫌市井谊，来救人间人。苏子迹已往，颛蒙事可亲。莫言东海变，天地有长春。”自是而去，出门不知所之，邻里见其距跃，凌空而

① 本小段所引四首顾况诗，分别见（清）彭定求等：《全唐诗》，中华书局1960年版，第2965、2964、2933、2969页。

② 李翔诗《全唐文》未收，此处所引源于“古典名著网”，http://www.gudianmingzhu.com/shici/tangdai/lixiang。

去。[①]又如，一不知来历的“太上隐者”，隐居虔州（今赣州）兴国。所留《答人》诗颇有仙家隐逸气息：“偶来松树下，高枕石头眠。山中无历日，寒尽不知年。”[②]

二、文人的咏道诗

江西道教诗歌多为世俗文人创作，少数为道士作品。在诗歌艺术上，具有一般道教诗歌的意象和道家的理想追求。

（一）白居易的庐山丹道诗

白居易（772—846），字乐天，号香山居士，下邽人。一生儒释道三教兼综，均有较大的文化影响。在进入江西之前，白居易秉持儒家“兼济”宏愿，对道教神仙之说有相当的怀疑、批判。他曾以诗歌“美刺”时政，讽喻当时朝野盛行的求仙风潮。如《海漫漫》：“何况玄元圣祖五千言，不言药，不言仙，不言白日升青天。”白氏自称作《海漫漫》是“戒求仙也”。[③]当然，受时代影响，白居易又对道教有所亲近，常常企羡飞升冲举之事。

元和十年（815），白居易因越职言事之罪而贬江州司马，兼济天下的意志消磨，试图从佛道文化中寻找心灵安慰良方。白居易常游庐山，大概受庐山浓厚道教氛围的刺激，滋长起热烈的修仙慕道情怀。史载，白居易“好神仙，自制飞云履，焚香振足，如拨烟雾，冉冉生云。初来九江，居庐阜峰下，作草堂，烧丹”[④]。

白居易常游览庐山道观，体验道家的闲适人生。如《宿简寂观》：“岩白云尚屯，林红叶初陨。秋光引闲步，不知身远近。夕投灵洞宿，卧觉尘机泯。名利心既忘，市朝梦亦尽。暂来尚如此，况乃终身隐。何以

---

① （唐）杜光庭《神仙感遇传》卷三《李公佐》，《道藏》，第10册第894页。

② （清）彭定求等：《全唐诗》，中华书局1960年版，第8850页。

③ （清）彭定求等：《全唐诗》，中华书局1960年版，第4691页。

④ （元）辛文房：《唐才子传》卷六《白居易》，辽宁教育出版社1998年版，第73页。另外，民国吴宗慈《庐山志》纲之七《杂识》“飞云履”条：白乐天烧丹于庐山草堂，作飞云履，玄绫为质，四面以素绡作云朵，染以四选香，振履则如烟雾。乐天著示山中道友曰：“吾足下生云，计不久上升朱府矣。”参见吴宗慈编撰，胡迎建注释：《庐山志》下册，江西人民出版社1996年版，第616页。

疗夜饥，一匙云母粉。”[①] 白居易在庐山结识了郭虚舟炼师、韦炼师、萧炼师、李道士、王道士、毛仙翁等道人，均有诗相酬。其中，毛仙翁来访，以重玄之道，开导白居易为人要超脱物外。白居易茅塞顿开，欣然表白此后将虔心学道求仙，作《送毛仙翁》诗云："仙翁已得道，混迹寻岩泉。肌肤冰雪莹，衣服云霞鲜。绀发丝并致，龆容花共妍。方瞳点玄漆，高步凌非烟。几见桑海变，莫知龟鹤年。所憩九清外，所游五岳巅。轩昊旧为侣，松乔难比肩。每嗟人世人，役役如狂颠。孰能脱羁鞅，尽遭名利牵。貌随岁律换，神逐光阴迁。惟余负忧谴，憔翠湓江壖。衰鬓忽霜白，愁肠如火煎。羁旅坐多感，裴回私自怜。晴眺五老峰，玉洞多神仙。何当悯湮厄，授道安虚孱。我师惠然来，论道穷重玄。浩荡八溟阔，志泰心超然。形骸既无束，得丧亦都捐。岂识椿菌异，那知鹏鷃悬。丹华既相付，促景定当延。玄功曷可报，感极惟勤拳。霓旌不肯驻，又归武夷川。语罢倏然别，孤鹤升遥天。赋诗叙明德，永续步虚篇。”[②] 另外，白居易即使是与世俗人士交往，也往往以道教作为媒介。例如，贞元间，河南人元集虚隐居庐山相思涧。白居易在江州时，尝与往来，赠诗曰："声来枕上千年鹤，影落杯中五老峰。更愧殷勤留客宿，鱼鲜饭细酒香浓。"[③]

白居易居庐阜峰下筑草堂炼丹，并时时拜访炼师。如《寻王道士药堂因有题赠》云："行行觅路缘松峤，步步寻花到杏坛。白石先生小有洞，黄芽姹女大还丹。常悲东郭千家冢，欲乞西山五色丸。但恐长生须有籍，仙台试为捡名看。"[④] 白居易曾下功夫钻研丹道理论，如《同微之赠别郭虚舟炼师五十韵》云："师年三十余，白皙好容仪。专心在铅汞，余力工琴棋。……授我《参同契》，其辞妙且微。六一闭扃鐍，子午守雌

---

① 此处所引白居易诗，见（清）彭定求等：《全唐诗》，中华书局 1960 年版，第 4742 页。

② （清）彭定求等：《全唐诗》，中华书局 1960 年版，第 5224 页。

③ （清）陈炳星：《江西要览》卷二十《古迹》"南康府"，江西高校古籍整理研究会：《江西旅游文献》（总览卷），江西人民出版社 2018 年版，第 327 页。

④ （清）彭定求等：《全唐诗》，中华书局 1960 年版，第 4887 页。

雄。我读随日悟，心中了无疑。黄芽与紫车，谓其坐致之。……泥坛方合矩，铸鼎圆中规。炉橐一以动，瑞气红辉辉。斋心独叹拜，中夜偷一窥。二物正訢合，厥状何怪奇。绸缪夫妇体，狎猎鱼龙姿。简寂馆钟后，紫霄峰晓时。心尘未净洁，火候遂参差。万寿觊刀圭，千功失毫厘。先生弹指起，姹女随烟飞。始知缘会间，阴陟不可移。……”又《寻郭道士不遇》：“郡中乞假来相访，洞里朝元去不逢。看院只留双白鹤，入门唯见一青松。药炉有火丹应伏，云碓无人水自舂。欲问《参同契》中事，更期何日得从容？”[①] 白居易对烧炼金丹十分虔诚，然总是失败，因而十分懊恼，既自责心尘不净洁，又叹自己缘分浅薄，但炼丹之心却依然坚定。如《浔阳岁晚寄元八郎中庾三十二员外》：“阅水年将暮，烧金道未成。丹砂不肯死，白发自须生。”《对酒》：“漫把《参同契》，难烧伏火砂。有时成白首，无处问黄芽。幻世如泡影，浮生抵眼花。唯将渌醅酒，且替紫河车。”[②] 另外，白居易在江州亦遵道教饮食，服食的药品有“云母继”“黄耆粥”“赤箭汤”“地黄粥”“胡麻粥”等，还有所谓“大通中散”“碧腴垂云膏”“金石棱”等。

白居易于元和十二年（817）二月先后《祭匡山文》《祭庐山文》：前文大略曰：“谨以清酌之奠，敢昭告于匡山神之灵。恭惟神正直聪明，扶持匡庐，福利动植。居易赋命蹇薄，与时参差，愿于灵山，栖止陋质。遗爱寺侧，既置草堂，欲居其中，参禅养素。而开构池宇，在神域中，往来道途，由神门外。辄用酒脯，告虔于神，神其听之，歆此薄奠，非敢侥福，所期荐诚。”后文大略曰：“以香火酒脯，告于庐山遗爱寺四旁上下大小诸神。居易夙闻匡庐，天下神秀，幸因佐宦，得造兹山，又闻永、远、宗、雷，同居于是，道俗并处，古之遗风，而遗爱西偏，郑氏旧隐。三寺长老，招予此居，创新堂宇，疏旧泉沼，或来或往，栖迟其间，不惟耽玩水石，以乐野性，亦欲摆去烦恼，渐归空门。傥秩满以来，

① 此处所连引白居易二诗文字，分别见（清）彭定求等：《全唐诗》，中华书局1960年版，第4969、4899页。

② 此处所连引白居易二诗文字，分别见（清）彭定求等：《全唐诗》，中华书局1960年版，第4897、4905页。

得以自遂，余生终老，愿托于斯。今茸构既成，游息方始，爰以洁敬，荐兹馨香。不敢媚神，不敢禳福，但使疫疠不作，魑魅不逢，猛兽毒虫，各安其所。苟人居之静谧，则神道之光明。斋心露诚，庶几有答。”[①]白居易撰写的祭庐山文，既表达他对庐山神明（土地神）的尊敬，也反映了他渴望学道安禅的情思。

白居易任江州司马期间，还游历江西境内的葛仙山、麻姑山等道教圣地。其登葛仙山有《葛仙山景杂咏》[②]：“登临太极殿，紫烟入云霞。极目三天观，阳村山落下。”其登游麻姑山，又吟咏麻姑山：“籍庭云色卷青山，昔有真人种得仙。金骨已随鸾驭去，古坛犹在石岩边。鸟啼花笑空朝日，树老松高积岁年。愿学麻姑长不老，擗麟开宴话桑田。”[③]《麻姑山志》之《纪·仙灵》记，白居易晚年好修炼之术。传闻得尸解法，今入下八洞仙侣。或是强调白居易“成道”与麻姑山的特别关系。

（二）其他文士的道教文学

唐代吟咏江西道教的诗人还有很多，在相当意义上反映出江西道教在文人群体中的认同与信仰，以及江西道教“征服”社会精英的若干情形。

洪州是江西道教的兴盛之区和文人活跃之地，西山及其相关的许逊信仰，成为诗人吟咏的一大主题。例如，李质，字公干，襄阳人。应试不第，至豫章遇寇，仓皇入旌阳山得日观寓焉。携壶登楼，朗吟一律即罢。如人有呼曰：“尚书公在此。”李质后果登第，镇豫章，如其官。其《得日观》（或题名《旌阳观》）诗云：“曾入桃源路，桃源信少双。洞霞标素练，壁藓画阴窗。古木疑撑月，危峰欲堕江。自吟空向寂，谁与倒

① 此所引白居易二文，分别见（清）董诰等：《全唐文》，中华书局1983年版，第6959—6960、6960页。

② 铅山县委统一战线工作部等编：《葛仙山志》，宗教文化出版社2011年版，第120页。

③（清）黄家驹编撰，曹国庆、胡长春校注：《麻姑山志》，江西人民出版社1998年版，第244页。

秋缸。”[①] 又，戴叔伦《龙沙墅同赋》：“回转沙岸近，欹斜林影重。同君访遗迹，此日见真龙。”[②] 欧阳持《西山歌》：“……紫宵峰，悬而陡，凭高看遍江南小。凤台观里景长春，日照崖前天易晓。天宝洞，古仙宫，重门半启白云封。洞口寒泉轻喷雪，一帘斜挂玉玲珑。栖真观，施仙岩，石室深沉锁翠岚。忆昔有人遇仙弈，局终柯烂始归凡。……灵官坛，高万仞，威灵五百皆豪俊。一朝死义不求生，万古遗芳垂不泯。吴源岭，与云连，西有龙潭瀑布泉。黄鹤峰前云影淡，彩鸾冈上月轮圆。翊真观，云台峰，遗容画有葛仙翁。独立槐阴追往事，鸟啼花落水流东。……别鹿冈，到双岭，烟霞断隔招持境。王子坛前醉碧桃，洪崖井畔烹仙茗。……仙迹岩，翔鸾洞，敞豁堪容数十众。青山绿水无限奇，白玉黄金何足重？我今脱却是非场，乐向林泉结书屋。子房已托赤松游，渊明归去浔阳曲。到此间，万事足，清风高洁无荣辱。任他拜相与封侯，且将一版岩前筑。”[③] 又，熊寅《乌石观习静有省》：“我外全无我，吾今即见吾。世间多少事，曾了一些无。”熊五峰《丹泉观》：“插剑天地窍，丹泉活水流。乌石峰峦好，何山不访游。”胡之甡《登仙坛》：“仙自何年去，丛篁护一坛。江城天欲曙，鹤背玉箫寒。”[④]

中晚唐以来，洪州西山成为隐逸重地，多有文人栖隐于此，并与当地道教发生联系。陈陶[⑤]（约 812—885），字嵩伯，鄱阳人。世以儒业名家。年轻时游学长安，常以国器自负，然屡试不举，自以生不逢时，无人荐贤，因自号“三教布衣”，于唐宣宗大中年间隐居于洪州西山修神仙之学，与施肩吾、欧阳持诗酒往来，人称“西山三逸”。陈陶人生阅历丰

---

① （清）胡执侗等编纂，王令策整理：《黄堂隆道宫志》卷十三《艺文志》，《万寿宫通志》附，江西人民出版社 2008 年版，第 99 页。

② （清）彭定求等：《全唐诗》，中华书局 1960 年版，第 3098 页。

③ （清）金桂馨、漆逢源编纂，陈立立、邓声国整理：《万寿宫通志》卷十九《艺文志》，江西人民出版社 2008 年版，第 374—375 页。

④ 此处连续三首诗，均见（清）胡执侗等编纂，王令策整理：《黄堂隆道宫志》卷十三《艺文志》，《万寿宫通志》附，江西人民出版社 2008 年版，第 103 页。

⑤ 晚唐五代时期，先后有两位“陈陶”活动于洪州西山一带，史籍所载他们生平事迹往往混同，难以区分，此处按晚唐陈陶叙述。

富，精研儒佛道三学，并善天文历法，诗文俱佳。其在《飞龙引》《谪仙词》《步虚引》《将进酒》等诗中，表现了积极向往神仙世界和追求长生等的道家情怀。如其《飞龙引》："有熊之君好神仙，餐霞炼石三千年。一旦黄龙下九天，骑龙枿枿升紫烟。万姓攀髯髯堕地，啼呼弓剑飘寒水。紫鸾八九堕玉笙，金镜空留照魑魅。羽幢襹褷银汉秋，六宫望断芙蓉愁。应龙下挥中园笑，泓泓水绕青苔洲。瑞风飒遝天光浅，瑶阙峨峨横露苑。沆瀣楼头紫凤歌，三株树下青牛饭。鸿胧九阙相玉皇，钧天乐引金华郎。散花童子鹤衣短，投壶姹女蛾眉长。彤庭侍宴瑶池席，老兔春高桂宫白。蓬莱下国赐分珪，阿母金桃容小摘。仙流万缄虫篆春，三十六洞交风云。千年小兆一蝉蜕，丹台职亚扶桑君。金乌试浴青门水，下界蜉蝣几回死。"[①] 舒州曹松（828—903），早年曾避乱而隐居洪州西山，滋生道家隐逸情怀，如其《乱后入洪州西山》诗云："寂寂阴溪水漱苔，尘中将得苦吟来。东峰道士如相问，县令而今不姓梅。"[②] 余姚罗隐（833—909），能诗擅文，然凡十科考竟不第，滋生至洪州西山寻仙访道的情怀，其《送张绾游西山》正是这一心理的突出表现，诗云："南忆龙沙两岸行，当时天下尚清平。醉眠野寺花初落，吟倚江楼月欲明。老去亦知难再到，乱来争肯不牵情。西山十二真人在，此去烦君语姓名。"[③]

庐山是唐代江西（中国）道教圣地，亦为道教文学的胜地。贞元元年至三年间（785—787），长安韦应物任江州刺史，结交了栖息庐山的名道黄洞元、刘玄和（刘混成），因有诗作。《寄刘尊师》："世间荏苒萦此身，长望碧山到无因。白鹤徘徊看不去，遥知下有清都人。"《寄黄尊师》："结茅种杏在云端，扫雪焚香宿石坛。灵祇不许世人到，忽作风雷登岭难。"《寄黄刘二尊师》："庐山两道士，各在一峰居。矫掌白云表，晞发阳和初。清夜降真侣，焚香满空虚。中有无为乐，自然与世疏。道

① （清）彭定求等：《全唐诗》，中华书局 1960 年版，第 8472 页。

② （清）彭定求等：《全唐诗》，中华书局 1960 年版，第 8238 页。

③ （清）金桂馨、漆逢源编纂，陈立立、邓声国整理：《万寿宫通志》卷十九《艺文志》，江西人民出版社 2008 年版，第 328 页。

尊不可屈，符守岂暇余。高斋遥致敬，愿示一编书。”[①] 从诗里看，韦应物对黄洞元、刘玄和十分尊敬和羡慕。另外，诗人包佶、于鹄与刘混成亦有交谊，有诗相酬。润州包佶《宿庐山赠白鹤观刘尊师》诗云：“苍苍五老雾中坛，杳杳三山洞里官。手护昆仑象牙简，心推霹雳枣枝盘。春飞雪粉如毫润，晓漱琼浆冰齿寒。渐恨流年筋力少，惟思露冕事星冠。”隐居汉阳的于鹄慕名来山礼白鹤观，访刘玄和，留作《早上凌霄第六峰入紫谿礼白鹤观祠》诗：“……忽然见珠楼，象牌题玉京。沉沉五云影，香风散萦萦。清斋列上堂，窗户是水晶。青童捣金屑，杵臼声丁丁。腥檀遥问谁？稽首称名称。若容在溪口，愿乞残云英。”[②] 河间刘长卿（约 726—786），开元进士，官至淮西转运留后。《过白鹤观寻岑秀才不遇》：“不知方外客，保事销空房。应向桃源里，教他唤阮郎。”吴兴杨衡，天宝间，避地至江西，隐居庐山，结草堂于五老峰下，作有数首仙道意味浓郁的诗歌。如《仙女词》：“玉京初侍紫皇君，金缕鸳鸯满绛裙。仙宫一闭无消息，遥结芳心向碧云。”《登紫霄峰赠黄仙师》：“紫霄不可涉，灵峰信穹崇。下有琼树枝，上有翠发翁。鸡鸣秋汉侧，日出红霞中。璨璨真仙子，执旄为侍童。焚香杳忘言，默念合太空。世华徒熠耀，虚室自朦胧。云飞琼瑶圃，龟息芝兰丛。玉箓掩不开，天窗微微风。兹焉悟佳旨，尘境亦幽通。浩渺临广津，永用挹无穷。”《宿青牛谷》：“随云步入青牛谷。青牛道士留我宿。可怜夜久月明中。唯有坛边一枝竹。”《赠庐山道士》：“寂寥高室古松寒，松下仙人字委鸾。头垂白发朝鸣磬，手把青芝夜绕坛。物像自随尘外灭，真源长向性中看。悠悠万古皆如此，秋比松枝春比兰。”[③] 清河张祜（约 785—849），游庐山简寂观，有诗：“紫霄峰下草堂仙，千载空遗石磬悬。白气夜生龙在水，碧云秋

① 此引韦应物三诗，分别见（清）彭定求等：《全唐诗》，中华书局 1960 年版，第 1923、1924、1924 页。

② 此处包佶、于鹄诗，分别见（清）彭定求等：《全唐诗》，中华书局 1960 年版，第 2142、3508 页。

③ 此处所引四首杨衡诗，分别见（清）彭定求等：《全唐诗》，中华书局 1960 年版，第 5289、5284、5289、5288 页。

断鹤归天。竹房影占中庭月，松槛声来半壁泉。明日又为浮世恨，满山徒积梦依然。”京兆秦韬玉，《简寂观》：“物外灵踪客到稀，竹房斜掩旧荆扉。丹书万卷题朱字，碧岫千重锁翠微。泣露白猿携子去，唳风玄鹤傍人归。只应玉阙名长生，日暮闲云空自飞。”贞元进士、河中吕温有《夏日寻真观李宽中秀才书院作》诗：“闲苑开轩笑语阑，江山并入一壶宽。微风但觉杉香满，烈日方知竹气寒。报卷最宜生白室，吟诗好就步虚坛。愿君此地攻文字，始炼仙家九转丹。”[①] 会昌进士、山阳赵嘏游历庐山时作有《赠五老韩尊师》诗：“有客斋心似玉轮，对山须鬓绿无尘。住山道士年如鹤，应识当年五老人。”睦州许彬，唐懿宗咸通末前后在世，善诗。其《酬简寂熊尊师以赵员外庐山草堂见借》诗云：“岂易投居止，庐山得此峰。主人曾已许，仙客偶相逢。顾已恩难答，穷经业未慵。还能励僮仆，稍更补杉松。”按：诗题所言中熊尊师为高道熊德融。李咸用，字、里、生卒年均不详，唐懿宗咸通末前后在世。习儒业，久不第，曾应辟为推官。因乱离，仕途不达，遂寓居庐山等地。《喻道》：“汉武秦皇漫苦辛，那思俗骨本含真。不知流水潜催老，未悟三山也是尘。牢落沙丘终古恨，寂寥函谷万年春。长生客待仙桃饵，月里婵娟笑煞人。”宣州泾县许棠，咸通十二年（871）进士及第，“咸通十哲”之一。作有《寄庐山贾处士》诗：“时泰亦高眠，人皆谓不然。穷经休望辟，饵术止期仙。”[②]

符载（或作苻载），生卒年不详，武都人，德宗建中初隐居庐山，与杨衡等号称“庐山四友”。符载在庐山期间，与高道黄洞元交往。根据黄洞元的自述，符载于贞元元年（785）八月二十日撰作了《黄仙师瞿童记》，记述了黄洞元及其弟子瞿童的一些道教事迹，其中特别提到黄洞元“以建中元年自武陵卜居于庐山紫霄峰下，古坛石室，高驾颢气”的事实。同时，符载表达了自己见闻瞿童、黄洞元事迹后，对道教的深刻感

① 此处张祜、秦韬玉、吕温诗，分别见（民国）吴宗慈编撰，胡迎建注释：《庐山志》纲之六《艺文》，江西人民出版社 1996 年版，下册第 169、177、154 页。

② 此处所引赵嘏、许彬、李咸用、许棠诗，分别见（清）彭定求等：《全唐诗》，中华书局 1960 年版，第 6371、7766、7415、6979 页。

悟，其文末言："载弱岁慕道，数获践履其域，话精微之际，得与闻此。太息良久，自感悟曰：'神远人乎哉？道远人乎哉？夫瞿氏之子，受天之气，生人之世，百骸六脏，非有卓然异色也，以一诚之志，唯岩洞是慕，彼秦人之宅，尚得而往。况仙师（黄洞元）遁迹空山，垂二十年，根之以浑元，守之以太和，遗肢体，冥耳目，息归于踵，神舍于素，窈窈冥冥，中含至精，方将入天地之门，游化初之原，磅礴万物，不见其眹，岂迟鸾鹤之驭而满其道欤？门人先往，而师资尚淹留尘世，天其意者以时人溺于膻腥，汩乱正气，多札瘥夭昏之患，使布阴德，大拯生命，符三千之数耶？弟子风波之民，不能自拔泥淖，继芳金籍，徒以区区文字，纪其糟粕，不亦悲夫。然庶示于好事者，共为起予之地耳。'"[①] 符载作《庐山故女道士梁洞微碣铭》："有形必尽，至精不死。默默顺道，归根复始。灵龟或昏，鲜得造彼，仙师独觉，闭迹山水，岩岩庐峰，上承太空。紫云深处，石室在中。灵以静生，境因圆融。形气无眹，与天浑同。道昭成毁，时则代谢。人皆恶迁，我不拒化。鹤飞尘外，坛寄松下。唯余天风，萧瑟晨夜。"可见女道士梁洞微在庐山修炼长生飞升之术，颇有成效。唐代活动于庐山的人士，掀起了崇奉南朝刘宋名道的陆修静（字元德）一个小高潮。符载作有《庐山元德先生碣铭》："五帝已远，道则浸微。真气萧索，淳风不归。爱恶纠讦，遂成妍媸。钻凿正性，溃为疮痍。邈哉先生，体尚无为。爰自东岱，泛然来兹。宴坐空山，照本冥思。万虑去矣，视身如遗。时时辅和，醇酒一卮。溪声松籁，尽为埙篪。天有晦明，形亦迁移。颓然委顺，与化相推。元德素风，敦薄扶衰。瞻望庐岳，烟雾凄其。勒铭岩顶，与山并垂。"[②]

唐代龙虎山天师道祖庭地位趋于确立，许多文人墨客纷至龙虎山，吟咏不休。除前述顾况外，知名的还有：开元十五年（727）进士的长安常建，作《张天师草堂》诗："灵溪宴清宇，傍倚枯松根。花药绕方

① （清）董诰等：《全唐文》，中华书局 1983 年版，第 7060 页。

② 此处符载《庐山故女道士梁洞微石碣铭》《庐山元德先生碑铭》，均见（清）董诰等：《全唐文》，中华书局 1983 年版，第 7081 页。

丈，瀑泉飞至门。四气闭炎热，两崖改明昏。夜深月暂皎，亭午朝始暾。信是天人居，幽幽寂无喧。万壑应鸣磬，诸峰接一魂。遂登仙子谷，因醉田中尊。时节开玉书，窅映飞天言。心化便无影，日精焉累烦。忽而举霄汉，寥落空南轩。”天宝年间（742—755），高道吴筠《龙虎山》诗更是生动深刻：“道士身披鱼鬣衣，白日忽上青天飞。龙虎山中好明月，玉殿珠楼空翠微。”元和（806—820）初进士吴武陵《龙虎山》诗：“龙虎山中紫翠烟，青精颜色四时妍。桃枝惯见花成宝，瀛岛宜闻海变田。五斗米仙真有道，一神楼药岂无缘。秋风吹绿茂陵草，的的黄金飞上天。”[①] 这些诗充满道家隐逸精神以及对龙虎山“仙境”的追求，对于龙虎山天师道的张扬具有积极的意义。

麻姑山是唐代文人热衷的参访之地。刘禹锡登游麻姑山，激情而作《经麻姑山》：“曾游仙迹见丰碑，除却麻姑更有谁？云盖青山龙卧处，日临丹洞鹤归时。霜凝上界花开晚，月冷中天果熟迟。人到便须抛世事，稻田还拟种灵芝。”[②] 白居易也曾到麻姑山，作有如前所引的麻姑山诗。刘沧《经麻姑山》：“麻姑此地炼神丹，寂寞烟霞古灶残。一自仙娥归碧落，几年春雨洗红阑。帆飞震泽秋江远，雨过陵阳晚树寒。山顶白云千万片，时闻鸾鹤下仙坛。”崔橹《过南城县麻姑山三首》其一：“似前如却玉堆堆，薄带轻烟翠好裁。斜倚兔鉤孤影伴，校低仙掌一头来。盘疑虎伏形难写，展认龙拏势未回。惊讶昔人曾羽化，此中争不接瑶台。”王周《游仙都观》：“冷杉枯柏路盘空，毛发生寒略略风。两汉真仙在何处，巡香行绕蕊珠宫。”[③] 正因为麻姑山上文人游览、题咏成风，还引发了一段公案。晚唐范摅《云溪友议》卷上载：“麻姑山，山谷之秀，草木所奇。邓仙客至延康，四五代为国道师，而锡紫服。洎死，自京辇归，

① 本处所引常建、吴筠、吴武陵诗，分别见（清）娄近垣编撰，张炜校注：《龙虎山志》卷十三《艺文》，第 186、188、187 页。

② （清）黄家驹编撰，曹国庆、胡长春校注：《麻姑山志》，江西人民出版社 1998 年版，第 244 页。

③ 此处所引刘沧、崔橹、王周诗，分别见（清）彭定求等：《全唐诗》，中华书局 1960 年版，第 6792—6793、9994、8682 页。

葬是山，是谓尸解也，然悉为丘垅，松柏想望。词人经过，必当兴咏，几千首矣。忽有一少年，偶题一绝句，不言姓字，但云‘天峤游人’耳。后来观其所刺，无复为文，且邓氏之名，因斯稍减矣。诗曰：‘鹤老芝田鸡在笼，上清那与俗尘同。既言白日升仙去，何事人间有殡宫。’”据说此后，麻姑山题诗风气稍减。

袁州在中后唐以后成为江西的文化重区，文人辈出，不少涉略道教诗文。宜春卢肇（818—882）是江西第一状元，也颇亲近道教。如其《谪后再书一绝》诗云：“崆峒道士误烧丹，赤鼠黄牙几许难。坠堕阎浮南斗下，不知何事犯星官。”[①] 唐僖宗乾符初前后在世的宜春张为，热衷于访道问仙，在长沙时偶遇丹家毛仙翁，得毛仙翁赠药，感激因作有《谢别毛仙翁》诗：“羸形感神药，削骨生丰肌。兰炷飘灵烟，妖怪立诛夷。重睹日月光，何报父母慈。黄河浊衮衮，别泪流澌澌。黄河清有时，别泪无收期。”[②] 陈峄，生卒年、世次不详。有《寻易尊师不遇》诗：“烂熳红霞光照衣，苔封白石路微微。华阳洞里何人在，落尽松花不见归。”[③] 当然，袁州之外的文士也有诗文涉及袁州道教。例如，龙纪元年（889）进士京兆万年韩偓，与袁州道士孙仁本深相结交，作《赠孙仁本尊师》诗：“齿如冰雪发如鬒，几百年来醉似泥。不共世人争得失，卧床前有上天梯。”袁州萍乡九嶷山（或作九疑山）建有仙观，诗人常有吟咏。如袁州万载人、晚唐进士刘望，作《九嶷山》诗：“鼎湖冠剑有遗踪，晋汉真人羽化同。九转药成丹灶冷，五车云去玉堂空。仙家日月蓬壶里，尘世烟花梦寐中。徒有旧山流水畔，老松枝叶苦吟风。”[④] 又，晚唐袁州进士刘松，《题九嶷山》：“灵山登暂歇，欲别忍携筇。却上云房后，翻思尘世慵。坛铺秋月静，竹挂晓烟浓。稽首壶中客，仙方愿指踪。”[⑤]

---

① （清）彭定求等：《全唐诗》，中华书局 1960 年版，第 6385 页。

② （清）彭定求等：《全唐诗》，中华书局 1960 年版，第 6330 页。

③ （清）彭定求等：《全唐诗》，中华书局 1960 年版，第 8741 页。

④ （清）彭定求等：《全唐诗》，中华书局 1960 年版，第 8779 页。

⑤ 诗见清同治《萍乡县志》卷六，陈尚君《全唐诗补编》（中华书局 1992 年版）据之收入。

晚唐宜春郑启，作有《九疑山》诗云：“天放烟晴绕四围，九峰高处彩云飞。仙坛丹灶灵犹在，鹤驾青霄去不归。晋末几迁风景别，尘中空换子孙非。松花落尽无消息，夜半疏钟彻翠微。”[①] 东晋谢仲初于万载谢山筑庐栖隐、得道成仙的故事，在唐代流传。唐德宗朝进士南阳范传正曾作《谢真人还旧山》诗以志：“麾盖来仙府，笙歌入旧山。水流丹灶缺，风起草堂关。白鹿行为卫，青鸾舞自闲。种松鳞未老，移石藓仍斑。望路烟霄外，回舆岩岫间。笑他辽海上，空叹令威旋。”[②]

此外，还有一些文士流连于江西时，参观道教胜迹，交结道士，生发道心，亦留下了不少道意浓浓的诗文。例如，元结（719—772），汝州鲁山（今河南洛阳）人。天宝进士。乾元初，举家寓居瑞昌瀼滨，自号“瀼滨居士”。有《桔井》诗：“灵橘无根井有泉，世间如梦又千年。乡园不见重归鹤，姓字今传第几仙。风泠露坛人悄悄，地闲荒径草绵绵。如何蹑得苏君迹，白日霓旌拥上天。”[③] 诗引用南朝高道苏仙公（苏耽）“橘叶救疫”之故事，隐含诗人栖隐学道以济民之心愿。卢纶（约739—799），河中蒲（今山西永济）人，“大历十才子”之一。天宝末避乱居家鄱阳，有《河口逢江州朱道士因听琴》赞颂朱道士不凡的琴艺：“庐山道士夜携琴，映月相逢辨语音。引坐霜中弹一弄，满船商客有归心。”[④] 澧州李群玉（808—862），文采藻丽，长于词赋，不乐仕进。游历虔州（今赣州）紫极宫，有《紫极宫斋后》诗：“紫府笙歌碧落寒，晚星寥亮月光残。一群白鹤高飞散，惟有松风扫石坛。”[⑤]

或是受江西兴盛的道教感染，活动于江西的不少佛僧也创作咏道诗。例如，越州诗僧灵澈（746—816），元和年间游庐山，作《简寂观》诗：“古松古柏岩壁间，猿攀鹤巢古枝折。五月有霜六月寒，时见山翁来

① 诗见康熙《萍乡县志》卷五。按：《全唐诗》卷六六七收郑启《邓表山》诗，首二句不同，后六句则大致相同。参见（清）彭定求等：《全唐诗》，中华书局1960年版，第7642页。

② （清）彭定求等：《全唐诗》，中华书局1960年版，第3884页。

③ （清）彭定求等：《全唐诗》，中华书局1960年版，第2716页。

④ （清）彭定求等：《全唐诗》，中华书局1960年版，第2130页。

⑤ （清）彭定求等：《全唐诗》，中华书局1960年版，第6614页。

取雪。”修睦（？—918），昭宗光华年间，任庐山僧正。其《简寂观》诗云：“正同高士坐烟霞，思著闲忙又是嗟。碧岫观中人似鹤，红尘路上事如麻。石肥滞雨添苍藓，松老涵风落翠花。莫道此间无我分，遗民长在惠持家。”[①] 又如，婺州兰溪诗僧贯休（832—912），游庐山、洪州西山等道教圣地，创作了一批咏道诗，如《怀匡山道侣》：“常忆将吾友，穿云过瀑西。有碑皆读彻，无处不相携。柽桂株株湿，猿猱个个啼。等闲成远别，窗月又如珪。”又如在豫章西山等地所作的《山居诗二十四首》其四：“万境忘机是道华，碧芙蓉里日空斜。幽深有径通仙窟，寂寞无人落异花。掣电浮云真好喻，如龙似凤不须夸。君看江上英雄冢，只有松根与柏槎。”[②] 活动于江西的佛僧创作咏道诗，不仅生动地反映出佛道之间互竞互鉴的特别关系，而且从一个层面说明江西道教发展兴盛的情形。

唐代道教文学兴盛，在流行的传奇（小说）中，富含丰富的仙道文学，庶几形成“仙道小说”类。江西道教兴旺，相关的“仙道小说”亦不少，成就突出。除了前述行文中引述了诸如《太平广记》中的大量文字，江西第一状元卢肇创作了仙道小说集《逸史》。《逸史》有多篇神仙故事，张扬神仙之灵异，劝人学道。其中有反映江西的。如《李虞》，以江西信州士人李虞为主人公，叙其与友人游华山进入仙境遇仙，体味了仙山琼阁的无限美妙。《逸史》记载了道教“洞天福天”的情形，进士崔伟游青城山，初至一洞口，望见草木岩壑，悉非人间所有，“金城绛阙，被甲者数百”，而当崔伟第二次抵达洞口时，情况就变了：“须臾云雾四起，咫尺不见，唯闻鸾鹤笙歌之声，半日方散。遥望惟空山而已。”这一故事通过崔生对青城山洞不同感受的描写，显示了洞天福地的恍惚不定特性。学道求仙，要有坚定的意志，并要持之以恒，才能获得最后的成功。《逸史·卢李二生》中，李生受不了修道的清苦，别卢生而去，后

① 此处所引灵澈、修睦诗，分别见（清）彭定求等：《全唐诗》，中华书局 1960 年版，第 9132—9133 页、第 9617 页。

② 此处所引贯休二诗，分别见（清）彭定求等：《全唐诗》，中华书局 1960 年版，第 9407、9425—9426 页。

遇到卢生，“邀李生中堂宴馔，名花异木，若在云霄。又累呈药物，皆殊美”。后来李生又去寻访卢生，“唯见荒草，不复睹亭台也”。

隋唐尤其是唐，在国家宗教政治积极因素的影响作用下，有深厚底蕴、良好基础的江西道教开始全面大发展，理论与实践建设迈进到一个新的历史时期。尤其是江西外丹兴盛，内丹亦兴起，成为中国丹道理论阐发弘扬的重区。江西道教的广度深度厚度大大超越前代，成为中国道教中颇有力量的一支。

第七章　五代十国江西道教的持续发展

五代十国[①]，全国多地道教生存发展的社会文化生态较之唐代显著地恶化，在不少地域显现出一派衰退的情形。然而，杨吴—南唐统治者崇道护道，境内道教呈现出异样的繁荣。表现在江西道教上，道人活跃、高道多出、信众广泛，其道法弘传、宫观建设、教义教理创新等都有新的成就，尤其在神道设教与丹道理论上有了新的发展，呈引领全国道教之态势。

第一节　杨吴南唐崇道风气与江西道教发展

杨吴南唐尤其南唐沿袭前代道教政治而依然崇道重道。江西社会环境及道教生态较全国大多数地区良好，道教的发展呈现较为显著的稳定上升的情形。

一、杨吴南唐道教发展的情势

五代十国时期，分裂割据，社会不安，天人不堪，

① 史学界一般认为，五代十国起于公元 907 年唐朝覆亡，终于公元 960 年宋朝建设。事实上，宋朝于公元 975 灭南方的南唐政权，于公元 979 年灭北方的北汉政权，才真正结束了五代十国的局面。

极大地动摇了统治者的思想精神。各政权在政治上不排斥道教，但已不再视之为“国教”，扶持力度大为减弱。不过，时代无情，世命无常，人们对包括道教在内的宗教希求也显得迫切。不少统治者基于个人信仰与神道设教的思维，仍然亲道、信道、崇道。更有一些士人隐逸山林野泽，以黄老安身立命。当然，在分裂割据的情势之下，各个区域的道教生存发展的情形并不完全一样。道教在中原五朝禅代的过程中，总体上遭到了统治者的政治疏离，由此显著地衰败。而在广大南方的割据政权区域，道教历经短暂的挫折后，迅速进入到了恢复发展阶段，并受到王权的真切宽容和社会的普遍欢迎，在地理空间方面的传播范围比过去有了新的发展，由此也壮大了道教的社会影响。[①] 以江西为主要统治区域之一的杨吴—南唐就是较为重视道教发展的典型区域。

杨吴（902—937），历杨行密、杨渥、杨隆演、杨溥四主，统治今苏、赣、皖南、鄂东等地，国力较为强大，国土面积盛时达 42.5 万平方公里，经济文化发展良好。杨吴晚期，统治阶级内部的矛盾斗争激烈，最后政权为权臣徐知诰（李昪）所夺。杨吴统治时期，杨行密等君王对道教“无为”，境内道教较为平和地维持着低度发展的情势。南唐（937—975），历先主李昪、中主李璟、后主李煜三代，在南方诸政权中，实力最强，极盛时国土面积达 76.6 万方公里，人口约 500 万众。李昪时，主要取保境安民之策，在相对安定的条件下，社会经济文化有了较大的恢复与发展。李璟继位后，南唐所处军政环境险恶。一方面，自公元 955—958 年间后周世宗柴荣进攻南唐，南唐连续兵败，李璟被迫献江以北、淮以南十四州割让后周，并称臣，去帝号改称江南国主。另一方面，加上南唐内部党争不断，内耗严重。由此南唐国力显著低落。本非治国之君的李煜继位后，面临着北宋的压力而几乎难有作为。开宝八年（975）金陵城破而国灭。南唐三主推崇儒释道三教，道教总体上依然维持着发展的情势。

① 参见周德全：《道教与封建王权政治交流研究》，人民出版社 2015 年版，第 382—383 页。

李昪“以为崇清静之教，则务在于化人；饰元元之祠，则义存于尊祖”[①]，早在杨吴镇守金陵时，即招纳了道士王栖霞、史守冲、孙智永、邓匡图、魏进忠等。南唐肇立后，李昪更是把道教作为神道设教的工具。他尝问夜坐南薰阁，召见茅山宗师上清王栖霞，问何术可致天下太平？王栖霞对曰：“治身治心，乃治家国之本。今陛下饥嗔饱喜，尚不能节，何以福及苍生？”[②]李昪对道教予以大力支持，修建了不少道教的宫观庙宇。例如，李昪以紫极宫为道士炼丹之所，后在内增建司命真君殿，又以延英殿为道士飞炼所，新建炳灵公庙、紫阳观和宝华宫，重修永乐观和洞神宫。此后的中主、后主，大体上维持着先主的作为。李璟“少喜栖隐，筑馆于庐山瀑布前，盖将终焉，迫于绍袭而止”[③]，登上皇位后崇重道教，亲近道士。后主李煜曾努力访求吕洞宾像。南唐上至皇家，下及黎民，多有服食金丹者。然而，不少人因服食不得法，受伤害者屡见不鲜。先主李昪即因长期服食丹药中毒得病而不得寿终。南唐统治者对道教也进行管理。据徐铉《茅山道门威仪邓先生碑》载，邓启霞“所传经箓，昭显于时，则故元博大师王君栖霞，惠和大师康君可久，茅山威仪王君敬真，麻姑山威仪王君体仁，表叹大德，赐紫安君光美。左街焚修大德张混成，庐山道副重安寂，并被国宠，翊于道风。入室弟子故太平观都监陈修一、陈守一，今茅山都监主教，门事表叹大德邓栖一、监观倪宏一等，并随其性习，间参道要”[④]。这从一个侧面表明南唐的道教组织严密，沿袭唐制设有系列职官。不过，推测其设置道官的目的，主要在于扶植发展道教。

天下政局混乱，国将不国，道教在努力维持与统治阶层关系的同时，也有回归山林、江湖的趋向，不再下大气力追求“佐国助国”，转而

① （南唐）韩熙载：《真风观碑并序》，（清）董诰等：《全唐文》，中华书局 1983 年版，第 9175 页。

② （宋）佚名：《江南余载》卷上，傅璇琮、徐海荣、徐吉军主编：《五代史书汇编》，杭州出版社 2004 年版，第 5106 页。

③ （清）吴任臣：《十国春秋》卷十六《南唐元宗本纪》，中华书局 1983 年版，第 235 页。

④ （清）董诰等：《全唐文》，中华书局 1983 年版，第 9282 页。

专注于自我完善。此时外丹道的重重危机，“内外兼行”“性命双修”的内丹道因之日渐成为道教修炼的风潮。内丹道教强调个人的心性修炼，强调天道与人道的直接合一，祛除了用黄金、白银、芝草等珍贵“药物”炼丹的必要性，社会适应性强得多。不少外丹之士开始向重心性修炼的内丹术转变，两“丹”形成了既竞争又合作、既分流又融合的发展情势。道教自创立以来就有比较丰富的服气吐纳、辟谷炼气一类方术，也有一定的理论探索，自隋代以来就渐渐演化出较为系统的内丹之说，并过渡到以内丹修炼大抵取代外丹说。这一演变，正是发生在唐末至宋初，南唐无论从地域还是当时的政治地位而言，皆处于中古社会变迁的要冲，道术在此间的演变很有典型性。与此同时，诸多道士归隐山林、江湖，其生活环境发生了巨大的变化，尤其是信奉内丹道的道士，他们普遍地疏离王权和朝廷，更多地融于下层社会。道教本来就以“乐生”为本，在充斥战乱的时代，民不聊生的社会现实使道教也不得不思考“乐生”的社会性关怀。私人性的修道活动，尤其是以非住观道士身份进行修道之人，越来越自觉地践行服务社会服务民生的“功德”的修行方式。通过医药、斋醮、符箓以及类似于神仙指路般的点拨为俗众提供福祉，使自己积累“功德”从而得道成仙。总体而言，五代十国时期的道教，无论理论还是实践，都进入到一个新的发展阶段。

五代十国时期，儒释道“三教合流”的情势更加显著。“外儒内道”成为这一时期道教道士与社会、与王权交流的主要方式。[①]其间，中原文化世家、饱学之士纷纷南下，他们与土著文人融合，在杨吴南唐造就了一个颇有影响力的文人士大夫阶层和隐士队伍，儒道互化道禅互补已是一种较为普遍的文化现象。同时，道教与禅宗较为密切地结合，是这个时代微妙的特色。“道”在道教体系中至高无上，“心”是禅宗体系的最高范畴。道家之“道”与禅宗之“心”本质上是相通的。“道”的自然无为性与“心”的自然自由性相通，“道”的齐一性与“心”的平等性相通，相通的结果之一便是在传法过程中心照不宣；道家有“得意忘言”，禅宗

① 周德全：《道教与封建王权政治交流研究》，人民出版社 2015 年版，第 388 页。

便有“不立文字”；道家有“不知之知”，禅宗便有“三玄三要”；道家有“心应意致”，禅宗便有“以心传心”。道禅皆重认识传递过程中的心心相印、意路相会。而关键又在言语之外自体自悟，通过体悟而使“心”与“道”相合。①

杨吴南唐境内道教发展的情势虽然与全国有诸多相似的一面，但也有自己的特色。南唐道教在内容上主张内外丹结合，这是道教外丹术向内丹术发展的过渡。在思想领域表现出的复归老庄以及与儒禅合流的倾向，则是中古多元文化适应皇权政治趋向统一、优化整合的一大反映。这对江西道教造成了直接而深刻的影响。

二、五代十国江西道教文化生态及其特点

五代十国时期，江西先后受杨吴、南唐统治，并成为其极为重要的支撑地区。江西尽管受分裂割据的消极影响，经济文化遭到一定的破坏，但它又较为偏离军政争斗中心，又受到杨吴、南唐政权特别的关照，相比于全国大多数地区，社会安定，经济文化进步，是整个南方最有成就的地区之一。由此在相当程度上维持了江西道教发展的良好生态。

天下纷乱不堪，江西境内道教亦受到了一定的破坏。例如，西山吴源峰，上有吴猛修炼处的吴仙观。传说，吴仙观尝夜现金光，自地贯天，掘得一巨钟，立石为梁，悬于极巅，声闻百里。唐乱，观宇焚荡，钟飞堕于潭，不可复出，潭因名金钟湖。②“金钟湖”的故事，暗喻着吴猛信仰的进一步衰微。但它在一定意义上说明，吴猛信仰的最后衰败与唐末动乱颇有关联。不过，相较于天下诸多地区，江西还是显得平静，境内隐逸风气兴旺，尤以庐山、西山成为道家化的隐逸胜地。连州人黄损，有大志，隐于庐山。与桑维翰、宋齐邱相遇，每论天之务，皆出损下，损亦自负。居无何，游五老峰，遇盘石小憩。顷之，有叟长啸而坐，指维翰、齐邱曰：“公等皆至将相，但各不得其死耳。”次指损曰：“此子有

① 李霞：《道家与禅宗》，安徽大学出版社1996年版，第145页。

② （民国）魏元旷编纂，王咨臣校注：《西山志略》卷二“吴源峰”，《西山志略》《云居山志》《武功山志》《怀玉山志》《华盖山志》合集，江西人民出版社2002年版，第19页。

道气，可以隐居；若求官，不过一州从事耳。宜思之。”损甚怒，叟曰：“休戚之数定矣。吾先知也，何怒乎？”后皆然。[①] 又，北宋陈舜俞《庐山志》卷二载：何乾曜，不知何许人，仕为侍郎。后挂冠隐庐山，称匡麓道人。诸如此类的隐逸事迹在江西可谓不胜枚举。

作为道教生存发展重要基础的巫觋文化、鬼神文化，在杨吴南唐的江西地区依然相当兴盛。这在笔记小说中多有反映。如《太平广记》卷三五三《婺源军人妻》载：丁酉岁（937），杨吴婺源建威军人妻死更娶。其后妻虐待前妻之子过甚，夫不能制。一日，忽见亡妻自门而入，大怒后妻曰：“人谁无死，孰无母子之情，乃虐我儿女如是耶？吾比诉与地下所司，今与我假十日，使我诲汝。汝遂不改，必能杀君。”夫妻皆恐惧再拜，即为其酒食。遍召亲党邻里，问讯叙话如常。他人但闻其声，唯夫见之。及夜，为设榻别室，夫欲从之宿，不可。满十日，将去，复责励其后妻，言甚切至。举家亲族共送至墓，去墓百余步，曰：“诸人可止矣。”复殷勤辞诀而去。将及柏林中，诸人皆见之，衣服容色如平生，及墓乃没。

杨吴南唐时期，江西民间维持着大量祠祀，一些祠祀则在朝廷（官府）的支持下道教化。例如，赣州石固神在唐代官方化的基础上，得到进一步的加封。杨吴杨溥九年（909），以“神能御灾捍患，有合祭法，署为昭灵王”[②]，节度使李德成为之立碑。又，杨吴统治者对仰山神进行封赐。杨吴顺义五年（925）十一月三日，顿金《仰山加封记》：

> 中书门下牒，先据袁州刺史王安状申，伏以当州名山古迹，南仰灵祠。拟巨岳以齐高，耸群峰而迥出。福流一郡，威播四方。凡有启祈，无不响应。顷以本州郭内，频遭灾火，人户不安，苗稼亢阳，泉源涸竭。遂虔诚祷祝，专诣殿堂。乞火烛顿销，人心宁帖。

① （民国）吴宗慈编撰，胡迎建注释：《庐山志》纲之七《杂识》“叟相休戚”条：江西人民出版社 1996 年版，下册第 632 页。

② （明）宋濂：《宋学士文集》卷五《赣州圣济庙灵迹碑》，四部丛刊本，第 67 页。

及希降于雨旸，遂许具状申闻。伏见此庙七郎，先朝天祐十一年内封感胜侯礼部尚书，九郎封司农少卿。既灵异以昭彰，宜迁崇于爵秩。伏乞特加封赠，庶助境疆。冀祈雨顺风调，永保鸿图帝业。伏候指挥者，奉敕。民为神主，神乃民宗。苟有昭彰，谅宜封赠。袁州仰山庙，宅于万仞，奠彼一方。秉聪明正直之风，纳黍稷馨香之荐。无所不应，有感则通。矧乃本州，列其灵祐。乞加旌奖，以福蒸黎。赠礼部尚书感胜侯萧某宜加赠尚书右仆射，仍进封广惠公；赠司农少卿萧某宜加赠工部尚书，仍封昭灵侯。其所赠公侯，仍下所司，准令咸制造冠裳等给赐。牒至准敕故牒。[①]

南唐中主时期，仰山庙趋于衰败，治理袁州的地方长官边镐、张承杰、李徵古等前后相继又重修袁州仰山庙，颇有影响。保大十年（952）十二月五日，朱恂《仰山庙记》云：

我皇纂嗣之七稔，刺史边公镐以庙貌弗严，榱甍渐损，尘侵翠阶，苔剥虚廊，像设虽存，帘箔将弊，遂兴心匠，重构雕梁。方架重门，旋属解任。明年，刺史张公承杰下车。是岁微旱，爰请军事判官骆延卿虔祝二神，更新缔建，果获元贶，乃称有年矣。因率属邑，各输其竹木，僝工鸠力而修之，并命都头阮洪以蒇其事。由是搜林以求俊材，出帛以征鲁匠。移湿就燥，去旧为新。未终其谋，而去其职。十年六月，司徒李公徵古自铨曹郎而牧斯郡，求瘼之始，亲造其祠。命毕厥工，用成前美。由是召执事者督之，累月而后圆备。虽令尹之九旬，无以加也。平叔犹存，作赋休夸于古殿。由余若在，发言须让于神功。莫不广槛长廊，丹楹刻桷。文珰刊外，藻井悬空。檐高而蝃蝀欲飞，瓦乱而鸳鸯不散。绣楣星拱，彩柱云趋。前架层楼，旁堆翠巘。引清流而缭绕，面蓝岫以参差。岂惟玉女窥窗，可以天人下视。以兹宏丽，固卜延长。然后缋饰其

① （清）董诰等：《全唐文》，中华书局1983年版，第9099—9100页。

像，迎于二殿。得不抑如在之容，思莫大之福。懿夫雕雘之成，威神之盛，憧憧往来，凫趋螽集，有以尽其瞻敬矣。自然礿祭加笾，两无虚日。则知非二神不能垂其祐，非贤侯不能崇其祠。望祀之中，此实为最，无以继也。遂命载笔传文，以纪其事。[①]

江西方术依然流行。（一）堪舆术。乔文郁，字法周，活动于庐山一带。喜为形家言，独出己见。[②]又，庐陵人彭氏，葬其父，有术士为卜地曰："葬此当世为藩牧郡守。"彭从之。又掘坎，术士曰："深无过九尺。"久之，术士暂憩他所，役者遂掘丈余，欻有白鹤自地出，飞入云中。术士叹恨而去。[③]（二）风角。刘守真，善调风角。扬州刺史杨行密遣将周本图吉州，与刺史彭玕战于象牙潭。玕败走立寨、新淦、枫冈，闻守真名，召至军中。每逆战，守真以术厌之，敌不能破。一夕刘死，玕战不利，弃寨去。[④]（三）谶言。南唐后主末年，洪州有妇人万氏善言祸福，远近谓之万仙童。江正臣谓时人曰："此所谓国将亡，听于神者也。"未几，曹彬渡江而南唐覆亡。[⑤]（四）相术。宋齐丘微时，相者相之曰："君贵不可说，然亚夫下狱之相，君实有之。位极之日，当早引退，庶几保全。"齐丘登相位数载致仕，复以大司徒就征。保大末，坐陈觉谋干犯事，乃饿死青阳。[⑥]（五）望气。五代吴越时，临安县录事钟起携诸子游豫章时，遇一善望气术者。[⑦]

---

① （清）董诰等：《全唐文》，中华书局 1983 年版，第 9120—9121 页。

② （民国）吴宗慈编撰，胡迎建注释：《庐山志》纲之五《历代人物》，江西人民出版社 1996 年版，上册第 580 页。

③ 《稽神录·补遗》"庐陵彭氏"条，（宋）徐铉：《稽神录》，中华书局 1996 年版，第 130 页。

④ 清光绪《江西通志》卷一七〇《方术》，《中国地方志集成·江西省志辑》，第七册，凤凰出版社 2009 年版，第 482 页。

⑤ （宋）佚名：《江南余载》卷上，傅璇琮、徐海荣、徐吉军主编：《五代史书汇编》，杭州出版社 2004 年版，第 5107 页。

⑥ （宋）郑文宝：《南唐近事》卷二，傅璇琮、徐海荣、徐吉军主编：《五代史书汇编》，杭州出版社 2004 年版，第 5057 页。

⑦ 清光绪《江西通志》卷一七〇《方术》，《中国地方志集成·江西省志辑》，第七册，凤凰出版社 2009 年版，第 478 页。

杨吴南唐时期，道教民间化发展显著。一方面，道士活动于民间社会，民众与之多有亲近。《太平广记》卷三七四《金精山木鹤》载：虔州虔化县（今赣州宁都县）金精山，岩高数百尺，有二木鹤，二女仙乘之。顺义道中，百胜军小将陈师粲，能卷簟为井，跃而出入。尝与乡里女子遇于岩下，求娶焉。女子曰："君能射中此鹤目，即可。"师粲即一发而中，臂即无力，归而病卧。如梦非梦，见二女道士，绕床而行。每过，辄以手拂师粲之目，数四而去。竟失明而卒。同书同卷《洪州樵人》载：洪州樵人，入西山岩石之下。藤萝甚密，中有一女冠，姿色绝世，闭目端坐，衣帔皆如新。众观之不能测，或为整其冠髻，即应手腐坏。众惧散去。复寻之，不能得。另一方面，民间信道习道风气浓厚。例如，《太平广记》卷三九八《陨石》载：天复十年（910）夏，洪州陨石于越王山下昭仙观前，有声如雷，光彩五色，阔十丈。袁、吉、江、洪四州之界，皆见光闻声。观前五色烟雾，经月而散。有石长七八尺，围三丈余，清碧如玉，堕于地上。节度使刘威命舁入昭仙观内，设斋祈谢。又《江淮异人录》记：史公镐，性冲淡，乐道，未尝见其喜怒。后为瑞昌令，卒于官。时方晴霁，而所居宅上独云雨，人有望见云雨之上有一人，绯衣乘马，冉冉而上，极高而没。又《稽神录·朱拯》记，杨吴玉山主簿朱拯赴选至扬都。梦入官署，堂上一紫衣，正旁坐一绿衣。紫衣起揖拯曰："君当以十千钱见与。"拯拜许诺，遂寤。顷之，补安福令。既至，谒城隍神，庙宇神像皆如梦中。其神座后，屋漏梁坏。拯叹曰："十千岂非此耶？"即以私财葺之，费如其数。另外，民间也流行为死者"买地"之风，颇有道教风味。20世纪90年代初，在九江黄老门大塘村发现一南唐保大十二年（954）周一娘墓，墓中有青石质买地券一方。地契文字如下："维保大拾贰年拾月贰拾日江州德化县楚城乡甘山社殁故亡人周氏一娘，年陆拾捌岁。生居城邑，死安宅兆，不幸身命去柒月拾壹日殁故。今龟黄逝协，后相地垅，宜于真人冲山岗安葬冢椁。谨用银钱玖万玖阡（仟）玖佰玖拾贯文，五色新信买地贰拾亩，东至青龙，西至白虎，南至朱雀，北至玄武，内方钩陈丘丞墓伯，道路将军，千秋万岁永保无殃，将军停（亭）长收付河（荷），百牲牢酒饭百味香，新共为信契。书契之后，财地交指伏度功匠修营，永保元吉，岁月主者，保今日直符不于（干）犯先有居者，须避万里。若为此约，地府直当，其祸主人，内外存亡安吉。急急如律令。书见人文。”①

五代十国时期，江西儒释道三教文化已是较为发达，三教之间互竞互鉴互融的情势显著。文人士大夫多是三教或二教兼综者。而道士，本来多是文人出身，他们在修道的同时，着力于援儒引佛，从思想文化上推进了儒释道合一或儒道合一的趋势。正是受佛禅的作用影响，江西丹道理论更加成熟地发展起来。

总体而言，杨吴南唐时期江西的鬼神、巫觋、隐逸等风较为兴盛，助益于道教的维持发展。尤其在外丹道继续兴盛的背景下，江西内丹道亦开始兴盛，已成为中国内丹道发展的重要区域，表现出引领道教潮流的趋势。

第二节　龙虎山道教的进一步发展

在杨吴南唐统治者的大力支持下，龙虎山天师道活跃，影响更加扩大，龙虎山天师道开始呈现一统江南符箓道派的情势。

五代十国时期龙虎山天师的传承系统如下：（一）二十一代天师。张秉一，字温甫。张谌长子。少年学道，颇得道法精髓。既长，目光如电，夜能视物。常负剑行山泽，开叱一老树，雷即震裂，打死二巨蟒，小蛇百余。尝累千金，遇凶年市谷救施贫乏。秉一将化，对妻子言：“吾去矣，须地震乃殓。”言讫，乃正坐执简而化。七日果地震，乃敛而葬焉，体尚温而不坏。世寿九十二岁。（二）二十二代天师。张善，字元长，张秉一长子。幼不茹荤，稍长好道。遍游名山大川，三十余年始还。回家后，足不出户，渊默内修，不与物接。世寿八十七岁（或说八十一岁）。（三）二十三代天师。张季文，字仲归。张善长子。季文好《周易》，深究易理。岁以诸阶秘线传度弟子之能修行者，用符水治病立愈。季文

① 刘晓祥：《九江县五代南唐周一娘墓》，《江西文物》1991 年第 3 期。

当五代十国战乱之际，行祖天师之法铸铁券数万，佩之可免兵灾疫病，求者甚众。世寿 87 岁。[①] 五代孙夷中撰《三洞修道仪序》称：“天师之裔世传一人，即信州龙虎山张家也。”可见，龙虎山天师传承体系已开始得到当时道教界的认同。

杨吴南唐统治者对龙虎山天师尊奉有加，由此与龙虎山道教良性互动，又促进了龙虎山地位的提高。杨吴高道聂师道，深受吴太祖杨行密尊崇，受封逍遥太师、问政先生，曾奉诏令至龙虎山设醮。又，南唐齐王李景达梦堕井中，有绛衣道士碧眼长髯，掖出之。占卜者曰：“此汉天师也。”遂即龙虎山建祠宇，赐水田。[②] 保大八年（950），在朝廷支持下，龙虎山于传为张道陵炼丹处的正一观建成天师庙，庐陵玉笥人、翰林学士陈乔奉敕撰《新建信州龙虎山张天师庙碑》[③]。碑文中说：“皇帝陛下，拯大道之颓纲，维列仙之绝纽，乃眷正一，属之真人，思与神交，遂崇庙貌，天师道宇所以兴盛于今日也。……（皇帝李璟）思致人于寿域，每澄虑于大庭。寤寐通仙，阐扬道教，以为德如可尚，岂隔于古今，道之将行，必先奉于崇奉。乃诏执事建天师新庙于信州龙虎山。”又说：“二十二代孙秉一，体备清和，气凝玄寂。钩深致远，所得者金简玉书；吐故纳新，其验者赤筋青骨。许掾之灵风未振，吕恭之道荫弥高。岂徒三世无惭，斯固一言以蔽，再光先构，不亦宜乎。夫妄起精庐，诞作梵室，犹存碑表，必播声诗。况简在帝心，成兹妙果，以祈苍生之福，以崇元牝之门。苟匪颂宣，孰传来者。”陈乔碑文中提到张陵的第 22 代天师张秉一，虽然与后来《汉天师世家》所列为第 21 代天师有异，但它表明：南唐时期，龙虎山内外为树立龙虎山天师道的正统地位，继承了唐代构建张天师体系的传统。而建成的张天师庙，可谓宏伟壮观：“回廊

---

① 以上三位龙虎山天师事迹的叙述，参见（清）娄近垣编撰，张炜、汪继东校注：《龙虎山志》卷六《天师世家》，江西人民出版社 1996 年版，第 50—51 页。

② （清）娄近垣编撰，张炜、汪继东校注：《龙虎山志》卷六《天师世家》，江西人民出版社 1996 年版，第 46 页。

③ 碑文见（清）娄近垣编撰，张炜、汪继东校注：《龙虎山志》，江西人民出版社 1996 年版，第 166—169 页。按，笔者对原标点略有修正。

四合，忽若云垂。秘殿百寻，矗如山立。芝栖绣桷，藻井绮疏。上赩壤以腾文，下朱雾而动彩。飞梁偃蹇，疑螮蝀之横空。碧瓦参差，状鹦鹉之群集。凌兢失视，坱圠无垠。宝座既严，晬容惟穆。朱幡不动，有若存神。羽服如飘，还疑上汉。差差仙仗，肃肃灵官。顾望增辉，游从生敬。”陈乔在碑文中反映了南唐统治者对龙虎山天师道的尊崇，在于“卫我兴朝”。大概在龙虎山天师道趋于复兴的背景下，龙虎山一带的学道风气开始浓郁起来。例如，滁州全椒人氏、南唐重臣张洎（934—997）自云：“尝至信州龙虎山，值乡民产子者手执金如意一枚而生，此子后为道士，不知所之。”[①]

随着晚唐五代龙虎山道教的崛起，鬼谷子文化又活跃起来。南唐保大年间，当地一位叫刘英的教书先生在云梦山（鬼谷山）的荆榛丛中发现一块古老的残碑，碑石长满苔藓，拂苔即见碑之三篆，记载着鬼谷先生当年在此修真讲学之事。消息传开，恰适朝臣陈乔奉敕祀龙虎山，听闻这一发现，即亲临鬼谷洞修行醮礼。又于保大十一年（953）偕刘英赴阙将此事奏闻朝廷。时中主李璟及其子李煜二人见到这份记载着当年鬼谷先生在贵溪云梦山修真讲学的古篆拓本，非常喜爱。于是由王室成员及后宫出资，仿效上清宫观规制，选道士韦翛然、吴宝华结庵于此，在鬼谷洞前修建规模宏大的凝真观。朱涣撰《贵元思真洞天碑》记载了当时建设凝真观的盛况：“出珍货而克盛，谋缔构以斯臻。爰求郢匠之能，兼法定星之候。选良材而出积，杞梓皆全；凿坚础以云屯，碔砆可类。规模博敞，折中低昂。拔巨栋而势耸云衢，列虚檐而影连日观。捷猎危拱，汩铖重栌。陈丹雘以生姿，布雕镂而殊象。廓回匼匝，殿奥幽玄。谅希世之见闻，实上清之制度。爰严圣座，用奉先灵。罗侍从以周圆，结香花而芬馥。星宫奋照，芝盖重阴。云装与组绣争光，琼节将珠玑斗彩。郁为净域，克绍玄踪。恒标从道之人，永作修真之地。”[②]南唐统治

① （宋）佚名：《江南余载》卷上，傅璇琮、徐海荣、徐吉军主编：《五代史书汇编》，杭州出版社2004年版，第5110页。

② （清）娄近垣编撰，张炜、汪继东校注：《龙虎山志》卷十二《艺文》，江西人民出版社1996年版，第171页。

者为龙虎山鬼谷子文化做出了一定的贡献。

第三节　庐山道教的持续兴盛

传统的道教圣地庐山，颇得杨吴南唐统治者重视和扶持，道人活跃。庐山道教由此维持着兴盛之情势。

一、九天使者信仰依然兴盛

江西地区的庐山九天使者信仰，进入杨吴南唐统治时期，仍然相当兴盛，影响很大。

庐山九天使者公平正直，解人忧患。因而总为民所祈求，时有灵验。影响所及，又更得民众信从。晚唐高道杜光庭为张崇允所作的“还愿醮词”就是典型的说明，其词曰：

> 伏以轸翼雄区，匡庐真躅，位尊五岳，地控九江。玉阙金城，包括神仙之奥府；炉峰云盖，合藏真圣之高都。宛然凝碧之中，迥秀洪波之上。每申瞻祷，必介福祥。臣顷岁以谪宦九重，漂蓬一叶，途经閟境，心祷上真。冀回济祐之慈，必备椒浆之献。精诚既启，肸蠁垂征，寻以路阻戈矛，波惊舻舰，孤帆有隔，假道言归，常贮素诚，未酬元祐。今则颁宣圣泽，栖憩蜀都，寻礼道宫，追思宿愿，辄申醮酌，恭达明诚。窃闻惟感必通，道无不在。期回羽仗，岂云万里之遥；稍降科车，不以三川为远。纳兹丹恳，显锡鸿休，前愿克圆，殊恩遐被。乞为臣更蠲罪录，永削灾躔，成匡尧赞禹之功，享二首六身之寿，得倾忠孝，以奉君亲。誓当备励虔恭，归依道力。不任。[①]

由于庐山九天使者的影响不凡，南唐统治者对之亦颇为重视，自

① （唐）杜光庭：《张崇允修庐山九天真君还愿醮词》，（清）董诰等：《全唐文》，中华书局 1983 年版，第 9782 页。

立国伊始即格外恩宠庐山九天使者庙。先主李昇昇元二年（938），敕并改庙名曰“通玄府”。其后常遣使臣祭祀。中主李璟统治期间，“日常修庐山九天使者观”，施财于观者，刻石姓名于观中，其名列其上的有李璟女儿太宁公主和永宁公主。[①] 由于统治集团的提倡，九天使者庙在南唐时期香火颇为旺盛。在民间社会中，民众颇为相信庐山九天使者公平公正，能惩恶扬善，为民做主。如《江南余载》载，秘书监欧阳遇判大理寺日，奏当潭阳县令余绍卿死罪，时论冤之。不久，欧阳遇常见余绍卿形影相随，颇恶之，乃请告至庐山九天使者庙，下设黄箓斋醮，以净阴冥然。余绍卿亦至席间，其夕欧阳遇为鬼神推掷殿下而毙。[②]

庐山九天使者的宗教情怀与功业，也从其扈从的“神灵”得到体现。据南唐徐铉《庐山九天使者庙张灵官记》，唐天祐初，南平王钟传镇江西，遣道士沈太虚，设醮祷庐山九天使者庙。太虚醮罢，夜坐廊庑间。恍然若梦，见壁画一人，前揖太虚曰：“我张怀武也，常为军将。有微功及物，帝命为灵官。”太虚醒来后，访张怀武之名，无能知者。太虚归，以语进士沈彬。沈彬后二十年游醴陵，县令陆生以客礼待之。方食，有军吏许生后至，语及张怀武，沈彬因问之。许曰：“怀武者，蔡之裨将，某之长史也。顷甲辰年大饥，闻豫章独稔。即与一他将各率其属奔豫章。既即路，两军稍不相见。进至五昌，衅隙大构。克日将决战，禁之不可。怀武乃携剑上戍楼，去其梯，谓其徒曰：‘吾与汝今日之行，非有他图，直救性命耳。奈何不忍小忿，而相攻战哉。夫战，必强者伤而弱者亡。如是则何为去父母之国，而死于道路耶？凡两军所以致战者，以有怀武故也。今我为汝等死，两军为一。无构难矣。’遂自刭。于是士众皆恸哭，乃与和亲，比及豫章，无逃亡者。”许某但怀其旧恩，亦不知灵官之事，沈彬因述记，以申明之。张怀武的义举得到士卒的上司及上帝

① （清）吴任臣：《十国春秋》卷十九《芳仪传》，中华书局1983年版，第286页。

② （宋）佚名：《江南余载》卷下，傅璇琮、徐海荣、徐吉军主编：《五代史书汇编》，杭州出版社2004年版，第5118页。

的褒奖，故被封为庐山九天使者庙的“灵官”。值得注意的是，徐铉在其“张灵官记”文中最后说：“呜呼！古之君子，体至公，综万殊，虚心存诚，事至而应。道苟行矣，何必在己。物既济焉，何必享利。故有归全以为孝，杀身以成仁。此两者同出而异名，同谓之元，非清贞之气不能卫其义，非灵仙之位不足宁其神。昭报动乎上，肸蠁应乎下。然则天之爱民甚矣。咨尔百代，高山仰之。”[①] 表明无论是道士，还是文人士大夫，都深受张怀武“忠孝”的事迹所感动，立之为“灵官”，亦正是在于神道设教的劝惩。

以上事实说明，无论是道教内外，还是官方民间，庐山九天使者信仰依然发挥着很大的影响作用。

二、董奉信仰的复兴

董奉信仰自东汉建安年间形成以来，历六朝隋唐，虽不绝如缕，但总的说来比较沉寂。南唐时期，董奉信仰有所复兴。这其中与皇室徐知证积极护持、洪州道正倪少通的努力振作密切相关。

徐知证（905—947），徐温第五子。仕杨吴，官至节度使。昇元元年（937）兄长李昪（徐知诰）代杨吴建南唐后，封江王，旋改封魏王。昇元三年（939），又改封韩王，翌年任宁国军节度使。中主李璟保大元年（943）任宣州大都督府长史，翌年同徐知谔统兵入闽，著绩金鳌，当地民众遂立庙祀。据说，徐知证死后颇有灵应。南宋理宗端平三年（1236）敕封九天金阙明道达德大仙显灵溥济真人，并敕赐庙额灵济宫；明成祖永乐十六年（1418），封金阙护国庇民洪恩真君，明宣宗宣德十年（1435）封金阙崇福洪恩真君。徐知证自宋代始成为福建民间道教信仰的一个真人；道教灵济派（徐仙派）拟之为真君并奉之为祖师。徐知证的后世道教化，其重要渊源之一，可追溯到他以韩王身份理治江州期间的护持庐山董奉信仰。据昇元六年（942）秋七月六日徐知证撰作的《庐山

① （南唐）徐铉：《庐山九天使者庙张灵官记》，（清）董诰等：《全唐文》，中华书局 1983 年版，第 9226 页。

太一真人庙记》[1]，徐知证对道教颇有认识心得，其言："道之为用也，天得之以清，地得之以宁，万物得之以生，侯王得之以为天下正。岂唯鞭龙控鲤之游，出日入月之赏，餐霞饮露之妙，长生久视之术而已哉。故圣人知淳朴散而仁义立，智惠出而诈伪兴。或托质尘寰，或易名岩谷。斡运元化，鼓扇真风。为俗梯航，作世阴骘。商山四老，秦莫得而縶维。桂岭八公，汉何由而屈折。余芳遗烈，代不无之。"徐知证对庐山董奉的道教功德极为敬佩，言："其仁也，诱道明而活士燮。其义也，纳屈女而俪胡君。其功也，医贫病而散谷帛。其德也，通元造而垂旱雨。"徐知证对祀祭董奉的庐山祠庙的衰败颇为痛心不安，言："天宝元年制下，俾所管载加葺修，以时斋醮。及罹兵火，唯余镃基。自是之后，乡党取便，迁建于石塘桥。咸通九年，江东牧苗公绅自石塘桥移入山口，且星纪联绵，殿庑残毁，狸踪狐径，殆不堪其忧。"因此，他上任伊始，即有意复兴董奉祠庙，并付之于积极行动，终于功成，言："予抚江民之五稔也，爰考图经，得杏坛旧址，靠莲花峰，镇咏真洞。榛芜虽没，林泉可嘉。噫！历异代而兴良缘，损有余而奉不足。得非徯予哉？于是以故陇西郡君李氏妆奁余物，俾复灵踪。不日旧坛，尽从新制。造大殿三间，堂庑门屋共一十六间，并塑像铜钟供养道具等。以昇元三年夏六月闻奏，敕改为太一真人殿。"徐知证所督造的董奉太一真人庙，颇有气势："莫不檐楹铄日，金碧射人。鸳瓦𩁹𩁹而欲飞，虹梁矫矫以疑动。雨余秋槛，练拖九派以前驱。云敛寒空，黛拂五峰而后殿。猿鹤率舞，林麓增辉。足可以伸精悬于希夷，拯香魂于冥寞。克昭灵贶，永奉殊休。"董奉太一真人庙修成之后，徐知证亲自撰"记"。由此可见，徐知证对庐山董奉信仰在南唐的复兴做出了重要贡献。

过了二十多年后，洪州道正倪少通，又在朝廷的大力支持下致力于董奉信仰的振作。倪少通，字子明，本系千乘（在今山东高青县东南）人氏，唐末避地巴陵。少通出身于儒学世家，以贞节自持。他自小好道，弱冠入道。栖居南岳，潜心修炼。他游江州九江。"悦庐埠之名区，得

[1]（清）董诰等：《全唐文》，中华书局1983年版，第9104—9105页。

董君之故址，种杏之地，榛莽森如。慨然永怀，誓复灵构。诛茅筑室，炼行修身，暗然而彰，千里斯应。”[①] 值南唐后期，统治者重视道教之时，倪少通以清心苦节笃志于振兴董奉太一观，声闻于朝。保大十一年（953），朝廷遣北苑使董源，支庆王帑藏钱计三百万，令倪少通负责修建祀祭董奉的太一观。倪少通于是疏凿旧址，草创新规。倪少通对于道教“太一”文化颇有研究，并对庐山董奉的道教事迹及其享祀的太一庙历史亦深有认识，保大十二年（954）十一月，倪少通撰《太一观董真人殿碑铭并序》曰：

原夫自然生道，道生太一，太一生二仪。二仪既立，衔明三景。三景列像，以均四气。四气氤氲，潜配五行。五行相属，而声六律。六律爰叙，以旋七政。七政将平，而定八方。八方布设，是为九宫。九宫各据，周罗十极。十极剖判，而成万汇。万汇既终，返乎太乙，即太乙孕灵之道，变化还元妙用虚无之旨也。混沌既分，张乾裹坤。中有太乙，虚无之尊，腾辟二气，散为真根。清浊异体，元牝通门。道德之祖，自然之孙，即太乙真精灌溉之理矣。右月左日，光轮星质。大游小游，分纲列职。照运寰区，定临凶吉。寒暑数迁，灾福靡失。唯德可顺，唯道无室，即太乙神处变迁之用矣。动静杳冥，中含一精。冲和纯粹，天清地宁。统贯三才，神灵谷盈。春发夏养，秋合冬成。逐道开布，万化俱生。即太乙神气覆育之道矣。紫清之上，玉皇御中。有太乙之府，上台之宫。宫有九署，三官所宗。太乙真人、太伯仙翁。定生丹籍，落死北酆。统制万灵，元化无穷，即太乙掌符箓权总之化也。故阴阳不测之谓神。神者，太乙之祖气也。是以一大谓之天。故经云：象帝之先，即元元之首矣。

庐山真人殿者，按《仙传》，即太乙真人隐化之所治也。连虎

① （宋）徐铉：《骑省集》卷二十七《洪州道正倪君碣》，“中华典藏网”：https：//www.zhonghuadiancang.com/leishuwenji/12497/249640.html。

溪福地，按咏真洞天，上应仙曹，下通阴府，真人逐代降世。魏末晋初，孕灵于闽川侯官，寓姓董氏，名奉，字君异，托迹混时，行仁布惠，活士燮于交趾，救屈女于柴桑。种杏拯民，苏苗降雨。摄欺（阙）以威虎，归贞信以轻金。验太乙丹符，知非常道。散无功縠帛，远非常名。真人久处下方，将朝上界。以晋永嘉元年三月十五日，感上帝赐命曰："太乙真人，历居凡世，功满三千，可任碧虚上监，仍掌吴楚人民生死之文，罪福之籍。"……巨唐天宝初，制下重加葺修，后值世更，屡经兵火。山口半里，额挂卑祠。少通幸趧名山，访兹圣境。榛芜隘道，荆棘漫穹，水石乱基，狸鼠交穴。目凌幽谷，对百鸟伤嗟，情断孤云，听流泉呜咽。默然愤志，誓续真风。与弟德规，力勤三祼，形忘疲倦，手觉胼胝。乃遇韩王，节镇江城。仁德野泽，减有余之俸，助无罄之缘。匠运斧斤，基圆殿宇。时感松凝甘露，山吐灵光，沼绽交莲，林抽合竹，祯祥异事，郡国咸惊。即今上皇帝膺嗣明堂，丕图宝位，尧云四布，舜日广昭。仰紫气于函关，重光道德；敌朱鬃于羊角，继肃乾坤。文明丕彰，无为自化。①

倪少通由此在朝廷和地方民众的支持下，积极地展开了对太一观的建设。造四殿五堂，重门诸厦都一百三十余间，正宇塑五十九品真容。又力辟于莱为良田者五百亩，手植杉松成茂林千余根。"繇是梁竦虹躯，檐飞凤翅，风摇金铎，岩洞响清。日映朱栏，松筠影翠，丽移昆岛，景象蓬瀛。"倪少通为建设的太一观，作铭曰：

元黄未判，大道爰升。太乙将兆，万化俱兴。为而不恃，得而不矜。日用匪测，混然常澄。无象有象，非真是真。道既设教，德乃通神。功动幽壤，福慧生人。圣恩不泯，等劫长春。皇化元化，真功神功。灵光出谷，仙花散空。殿云香霭，坛星灯红。天长地

① （清）董诰等：《全唐文》，中华书局 1983 年版，第 9675—9676 页。

久，算福无穷。江岭瓯闽，高仙混尘。丹生冥腐，杏拯孤贫。遗风碧洞，流香紫宸。感乎圣德，像化咸新。溢水城南，咏真天北。晃晃真宫，巍巍圣德。道合昌时，灵扶睿国。自晋流唐，元功靡测。日月轮明，人生万遍。山无改迁，化有更变。杏拥仙坛，香歕宝殿。实谓瀛洲，飞来岳面。山锁平原，亭台秀丽。甘露凝松，祥云绕彻。天上何殊，人间莫继。化奖元风，百千万岁。[①]

铭文深切地表达了对南唐统治者重视太一观建设的感激之情，以及自己对于主持修建太一观的自豪之感。倪少通正是由于修建太一观的功业，以及对南唐统治者的忠诚附从，被任命为洪州道正，知太一观事。徐铉在《洪州道正倪君碣》中，对倪少通高尚的道德品格和不凡的道教功业作了特别的记述和表彰，称：

君性冲淡，不耀其光。表率教门，正身而已。喜赋咏，善鼓琴。龙凤之形，皆由手制。山水之操，自洽天和。所居之观，俯迩城郭。登山之客必先造焉。君将迎接，高卑如一。绝迹市朝，成乐林泉。六十余年，慎终如始。门人弟子，先以慈孝为训。有若李延照、蒋守龙等，近四十余人，皆以孝行，为时所称。亲弟德规同学弟谢又龙等，叶力同心，共复灵迹，并先早世。今谢君弟子王省昂，嗣膺道任，师孙钱知素，继知太乙观事。师门之盛，论者美之。

倪少通于北宋淳化元年（990）秋八月八日，怡然羽化，享世九十一岁。早年他自择葬地于庐山莲花峰下，即以淳化二年春正月窆焉。徐铉为倪少通撰铭曰：“太乙重君，上帝之宾。遣方渺邈，奋迹荆榛。倪师慷慨，复来清庆。种杏之地，林光再新。异世神交，岂其后身。冥升自远，代创非沦。瞻言华表，谁见千春。刊盟翠琰，道契攸亲。”对其重

① （清）董诰等：《全唐文》，中华书局1983年版，第9676—9677页。

修董奉太一观功业作了高度评价。

南唐修复董奉太一观的目的非常明确，即所谓“皇帝膺嗣明堂，丕图宝位”之时，须“重光道德……继肃乾坤。文明丕彰，无为自化”。即借助道教来加强皇权统治。而信道人士和道教人士既借助皇权的支持，又以恢复董奉信仰的方式，来促进道教的发展与进步。

三、许坚与庐山内丹学的传承

南唐庐山道教的发展兴盛，与许多高道的积极活动密不可分。他们的活动不仅成就了自身的道业，而且丰富了庐山道教文化的内容。许坚就是其中一个值得重视的道士。

许坚[①]，字介石，庐江人。生卒年不详，主要活动于南唐至北宋初期。许坚形陋而怪，为人静默，性质朴野逸，不苟名声，自号“江南野人”。善属文，好吟咏。南唐保大年间（943—957），许坚尝以时事干谒中主李璟。李璟亦以“异人”召之，却因其狂戆，不为礼用。许坚在灰心之余曾作七绝赠吏部尚书徐铉：“几宵烟日锁楼台，欲寄侯门荐祢才。满面尘埃人不识，谩随流水出山来。”遂转而学道。其后或说居茅山、庐山、九华山。其实，许坚适意往来江南山林云泉，行踪无定。太平兴国九年（984），许坚自茅山再游庐山。尝于方先生房内安歇，至夜深，常与数人谈笑。有人疑而听之，许坚已知，高声云：“不得来，不得来。”后又栖息洪州西山、吉州玉笥山等地，游走金陵，不知所终。或说，许坚最后移居黟县桃源洞。又一说，宋真宗景德末，卒于金陵。岁余，兵部员外郎陈靖，仪舟秦淮，谓两日前于庐山洪井见许坚来谒，门刺尚在。及发其墓座视之，但存空棺而已，人以为尸解。

许坚性格疏野，行为怪诞。帻巾芒鞋，短襕至骭。亦无资装，惟自负布囊而已。性嗜酒，遇酒筵，不问尊卑，远近必到，乘兴止三五杯便去。许坚时须濯浴，不解衣带便就溪涧，出而曝衣于石，或坐于日下自

① （宋）马令：《南唐书》卷十五《隐者传·许坚》，《南唐书》二种，南京出版社2020年版，第115页。另参见（元）赵道一：《历世真仙体道通鉴》卷四十六《许坚》，《道藏》，第5册第366页。

等风干。人或问其故，则笑言："天象昭布，虽白昼亦常参列，人自昧之尔，其可裸裎乎？"许坚癖嗜鱼，有鼎容三升，每得大鱼，不去鳞肠，或烹或炙，不加醯盐，熟即啖之。许坚所穿衣服多有腥气，人甚恶之。或有人与物，忻然而受，将散与贫者。许坚颇有道术，却往往不曾展露。尝至阳羡，一日涉西津，忽凌波阔步，若行平地焉。庐山简寂观有池，许坚放所炙鱼于池中，顷之化生鱼逝去。许坚虽好道，却又近儒。他在庐山时，常出入简寂观、白鹿洞，学问心性亦游于儒道之间。另外，许坚素与樊若水相善。樊若水北渡，至大宋太平兴国中，因漕江南，会许坚于简寂观。勉以禄仕，则颦蹙不答，乃割俸金三百缗为酒资，以券授之。许坚受而不谢。其实，许坚本有意出仕，然因貌丑性野，难得遂愿，他又耻于以道术扬名，始终认为自己是一个真正的儒者。

许坚精易学，是道家"易"的重要传人，曾传道家易学于陈抟、范谔昌等。宋太宗时，陈抟"尝游白鹤、简寂，受《易经》心法于庐山异人。或曰异人即许坚也"[①]。陈抟受此启发而创《无极图》，成就道教新学风的前提和新学说——道教内丹学的依据。又，宋真宗时人，毗陵从事建溪范谔昌著有《易证坠简》一书，他自称学出于李处约、许坚。然而，又有一说是，许坚为传陈抟"易学"的人。例如，石介《辩惑篇》云，种放以《河图》《洛书》传李溉，李溉传许坚，许坚传范谔昌。又《太华希夷传》卷下："希夷先生好读《易》，以数学授穆修伯长，修授李之才挺之，挺之授康节邵尧夫，修以象授种放，放授庐江许坚，坚授范谔昌，一枝传于南方也。"按：从许坚与陈抟生活的时间推测，许坚为陈抟的再传弟子似乎不可能。退而言之，两种说法不管哪一种，都说明庐山许坚是道家易学的重要传承人。

许坚善诗，多吟咏道教神仙事，或与道人交往事，或出入道观事，可谓道意深深。如他居常无冬夏，常持一大扇，遂书一绝于扇云："哦吟但写胸中妙，饮酒能忘身后名。心但长闲有诗酒，一溪风月共清明。"《阙

---

① （民国）吴宗慈编撰，胡迎建注释：《庐山志》纲之七《杂识》"陈抟受法"条，江西人民出版社1996年版，下册第599页。

题》:“只应天上路，不为下方开。道既学不得，仙从何处来。”又《题简寂观》(或作《题茅山观》)云：“常恨真风千载隐，洞天还得恣游遨。松楸古迹一坛静，鸾鹤不来青汉高。茅氏井寒丹亦化，元宗碑断梦曾劳。分明有个长生路，不向红尘白二毛。”[①]此外,《游溧阳下山寺》《题幽栖观》等诗无不是咏道意诚之作。一些文人也好与许坚交往，有诗酬唱。例如，潘佑不仅作有《送许处士坚往茅山天坛》的诗，而且以行书书写许坚诗。宋太祖乾德中，许坚的诗文集颇行于世。

许坚身负高深道学和丹功，在行为举止上怪异，又与朝廷官府、文人士大夫保持着较为密切的联系。或许是由于许坚的名声及其神秘的行踪，宋元民间有将他和传说的八仙之一“蓝采和”事迹相糅合的情形。元无名氏《汉钟离度脱蓝采和》剧，其主人公即是五代时伶人许坚，艺名蓝采和，为钟离权引度成仙的故事。明吴元泰《八仙出处东游记》，八仙形象基本定型，但其蓝采和的最初形象却与许坚十分的接近。

四、其他庐山道教事迹

杨吴南唐时期，活动于庐山的知名道人还有很多，正是他们蔚成了庐山道教一派兴盛的局面。

杨保宗[②]，生卒年、籍贯不详。自幼爽秀聪颖，及笄之年将许聘时，忽有感悟，因向父母乞请出家为道士。她来到庐山，栖居紫霄峰下的崇善观修炼“却粒炼形”之术，兼行丹药、符箓，救人疾苦。杨保宗仰慕在庐山修行的唐朝女真蔡寻真、李腾空，曾至九叠屏瞻仰礼拜蔡、李二祠，其修道行为亦有意模仿。因其勤敏道行，声名闻名遐迩。南唐中主李璟闻之，特召入朝阙，予以尊崇。然杨保宗不恋尘世浮华，请求回归庐山。李璟允之，命后宫嫔妃与之相见，问其所欲，杨保宗答以希望修缮已破弊的所居山观。李璟因赐以金钱、绫罗绸缎，总价超过千万钱。

① 此处连续所引许坚三诗，均源自(清)彭定求等：《全唐诗》，中华书局1960年版，第9734页。

② 本处杨保宗生平事迹的叙述，主要参考(清)吴任臣：《十国春秋》卷三十四《杨保宗传》，中华书局1983年版，第480页。另外，综合了《历世真仙体道通鉴后集》卷五《杨保宗》、韩熙载《真风观碑》的相关文字。

而后宫嫔妃们也纷纷解囊随喜。据韩熙载《真风观碑》载，杨保宗原所住崇善观，始建于梁武帝大同二年（536），此地“怪石古木，峭壁悬崖”“千寻落水，飞静练于林端。万仞危峰，耸寒青于天半。昼夜若风雨，盛夏如素秋。高冈密林，豁达蓊郁。信洞府之绝境，神仙之胜游也”，然到杨保宗入住时，“庭庑荒凉，殿堂倾侧。醮坛丹井，但有榛芜。古像隳檐，略存香火”。杨保宗携带大量钱物从京师回到庐山后，因大修道观，并于保大五年（947）完工。其建筑“间以金碧，饰以银黄。层栌次第以鳞集，厂宇参差而翼张。镂盘虬于密石，图悍兽于飞梁，下窈窕以宏丽，上嵯峨兮炜煌。宝铎玲琅，铿宫韵商。望之者愕眙，听之者凄凉”。[①] 中主李璟赐崇善观为真风观，同时命尚书郎韩熙载撰碑记，朝中大臣作诗歌咏。真风观建成后，慕名而来的学者云集，道门日益兴盛。而杨保宗自己因修炼有方，年老依然色如孺子。既殁，容貌如生，举棺甚轻，人以为尸解。在相当意义上，杨保宗对这一时期庐山道教的维持与发展做出了较大的贡献。

许碏[②]，自称高阳人氏，累次应举进士不第。后学道于王屋山，周游五岳名山洞府。后来从峨眉山赴两京，又由襄汴来到江淮，历茅山、天台、四明、仙都、委羽、武夷、霍童、罗浮等。每到一处，皆于悬崖峭壁常人所不及处题书：“许碏自峨眉山寻偃月子到此。”观者见此，莫不叹其神异，唯不知偃月子为何人。其实，“偃月子”系指唐中期庐山知名女冠李腾空。这是因为权相李林甫家中有堂如偃月，号月堂，故作为其女的李腾空被许碏曲折神秘化为“偃月子”。许碏追寻李腾空修道的踪迹，故后多游庐。尝醉吟曰：“阆苑华前是醉乡，踏翻王母九霞觞。群仙指点嫌轻薄，谪向人间作酒狂。”好事者请解其意，许碏因言：“我天仙也，方在昆仑就宴，失仪见谪。”人皆笑之，以为狂妄。当春景明媚之

① （南唐）韩熙载：《真风观碑》，（清）董诰等：《全唐文》，中华书局 1983 年版，第 9174 页。

② 此处许碏事迹，依据南唐沈汾《续仙传》“许碏”，文见（宋）张君房辑：《云笈七签》卷一一三下，齐鲁书社 1988 年版，第 627—628 页。

时，簪花满头，把花起舞。一日上酒楼醉歌，升云而去。[①]

杨吴南唐时期，庐山儒释道三教兴盛。在庐山活动的不少文化人士是儒道兼修，以道为工具，追求儒家事业。吴仁璧、钱朗、孙晟等都是其中的代表。吴仁璧，吴人。唐昭宗大顺二年（891）进士及第，雅善课谭治儒家，兼精星学及黄白之术。吴仁璧早年至庐山从某道士学道，道士问："能学仙乎？"吴仁璧固陈求名之志。道士说："一第犹拾芥耳，但他年从宦勿干雄主。"[②]吴仁璧后来为吴越武肃王钱镠所赏识，因不肯效劳钱镠，被钱镠溺死。吴仁璧著有诗集一卷，其《读度人经寄郑仁表》是有名的咏道诗："身虽一旦尘中老，名拟三清会里题。二午九斋余日在，请君相伴醉如泥。"[③]钱朗，字内光，洪州南昌人。少居西山读儒书，勤苦精进，有节操。五经登科。累历世宦，清直著称。所履皆有遗爱，时论美之。唐文宗朝为南安都副使，后为光禄卿，归隐庐山。情澹好道，师东岳道士徐钧，得补脑还元之术。唐昭宗世，钱塘武肃王钱鏐慕钱朗得道长年，乃迎就钱塘，以师礼敬之勤切。时钱朗已一百五十余岁，童颜轻健。钱朗驻泊钱塘二十余年，忽一日告别家人，言："适为上清所召，今去矣。"俄气绝。数日颜色怡畅如生，异香满室。举之就棺，已为尸解。[④]孙晟，初名凤，又名忌，密州人。好学，有文辞，尤工诗。少为道士，居庐山简寂宫。尝画唐诗人贾岛像，置于屋壁，晨夕事之。简寂宫道士恶孙晟为妖，以杖驱出之。孙晟干脆改易儒服，北之赵、魏，谒后唐庄宗于镇州。庄宗以晟为著作佐郎。天成中，朱守殷镇汴州，辟为判官。朱守殷反，伏诛，晟乃弃其妻、子，亡命陈、宋之间。安重诲恶晟，以谓教守殷反者晟也。画其像购之，不可得，遂族其家。晟来奔于

① 参见吴国富：《庐山道教史》，江西人民出版社 2011 年版，第 145—146 页。

② （清）吴任臣：《十国春秋》卷八十八《吴仁璧传》，中华书局 1983 年版，第 1267 页。

③ （清）彭定求等：《全唐诗》，中华书局 1960 年版，第 7921 页。

④ （清）吴任臣：《十国春秋》卷八十九《钱朗传》，中华书局 1983 年版，第 1293 页。另参（南唐）沈汾：《续仙传》卷中、（元）赵道一：《历世真仙体道通鉴》卷四十五"钱朗"条。

吴。孙晟后为吴相，使于周世宗，召问江南事，不对，杀之。[①]

南唐庐山白鹿洞道士许筠，生卒、籍贯不详，世传为许逊后裔，能持《混胎丈人摄魔还精符》按摩起居，以济人疾，含神内照，恬然无欲。[②]

南唐末，生平事迹不甚详的诗人孙咸，预知人祸福，尝题一诗于庐山九天使者庙，诗云："独入玄宫礼至真，焚香不为贱贫身，秦淮两岸沙埋骨，溢浦千家血染尘。庐阜烟霞谁是主，虎溪风月属何人。九江太守勤王室，好放天兵渡要津。"不数年后，金陵板荡，九江受围，人民涂炭。诗中所言一并应验。[③]孙咸题谶言诗于庐山九天使者庙，在相当意义上也是借助庐山九天使者的"神威"传扬自己的思想。孙咸后殁于南昌。人弃之江中，尸乃沂流而上，莫不异之，以为得道尸解仙。

庐山的匡续庙在南唐保大年间进行了修缮。南唐保大中，"相国周宗控节南服而临九江，睹庙貌隳残，复加兴建。始召道士阙元隐主之，以备香火之奉。复奏赐田庄一所，永充斋赡"。[④]据元程矩夫《庐山重建广福观记》，南唐，"割都昌刘建营田以奉祠事"，此祠即是纪念庐山匡续的。《全唐文》卷九二八收载南唐洪州道正倪少通《玉清广福观碑》，其所录碑文大多阙略，留存与玉虚观建设有关的只有以下几句："监临杨元德、门人王太清心营半载，箕敛万缗，山现良材，地呈贞础，林麓听丁丁之响，庭除观砣砣之功，法天上之皇都，布凡间之紫府。"[⑤]

简寂观依然是庐山名观，深得杨吴南唐统治者关照。杨吴顺义年间，曾任庐州刺史的张崇记重建大殿。南唐保大五年（947）六月曾于庐山简寂观，重立唐代吴筠所作的《简寂先生陆君碑》；保大十二年（954）正月十五日重建由南朝萧梁沈璇所撰文的庐山简寂观碑。保大十三年（955）又改修灵宝并齐堂。

---

① （五代）薛居正等：《旧五代史》卷一三一《孙晟传》，中华书局第1732—1733页。

② （宋）文莹：《玉壶清话》卷十《江南遗事》，中华书局1984年版，第96—97页。

③ 参见（清）彭定求等：《全唐诗》卷八七五"孙咸题庐山庙诗"，中华书局1960年版，第9906页。

④ （元）赵道一：《历世真仙体道通鉴》卷十《匡续》，《道藏》，第5册第162页。

⑤ （清）董诰等：《全唐文》，中华书局1983年版，第9675页。

第三节 洪州等地道教持续发展的情形

杨吴—南唐时期，江西道教兴盛，以道术隐于时者众多，形成了多个知名道教山头。

一、洪州西山道教的深入发展

晚唐五代之际，江西境内虽大体平静，但亦有混乱，对道教也有破坏。洪州西山颇为明显。相传，许真君冲升时，在西山游帷观留下修行钟一口，后藏于祠。“五季之乱，一夕飞去。”[①] 这或表明游帷观荒败，导致“修行钟”的遗失。不过，洪州西山依然是江西的道教重地。南唐时期掀起了一个复兴的小高潮。

晚唐社会动荡，西山游帷观遭受破坏，益趋荒芜，无人问津。南唐时期得以重建游帷观，徐铉书写观额。又，西山的唐洪崖真人张氲道院（应圣宫），南唐国主敕令重修，徐铉有记。其中，徐铉《洪州西山重建应圣宫碑铭并序》曰：

> ……唐乾元初，山人申太芝上言，其地有异气，诏于此立应圣之宫。抗元元正殿于其前，塑肃宗圣容于其上，缭垣观阙，仰法于紫宫，路门纳阶，取规于丹禁。光灵焕烂，荐献精严，上士勤行，守臣莅职，秩祀之盛，莫之与京。广明已还，三灾在运，望拜之地，阙而莫修。辽东之鹤徒还，绛县之人已老。甲辰岁，有道士王守元者，缑山仙裔，茅岭名流，受命藩侯，来膺道任。翦荆棘于高闳之址，构茅茨于隆栋之基，不出焦先之庐，自化庚桑之俗。善言迩远，驯致其功，二十余年，克甄旧址。入室弟子刘德淳，气冲貌肃，节苦行高，恪恭以居次，谦和以接物。既嗣其业，遂成厥终。又十余年，缔构云毕。凡内外殿宇，百有余区，材用善良，工艺坚密。其藻饰也，不逾奢俭之节。其广袤也，足展朝修之仪。秘

① （清）金桂馨、漆逢源编纂，陈立立、邓声国整理：《万寿宫通志》卷八《古迹考》“修行钟”，江西人民出版社 2008 年版，第 125 页。

殿深严，灵坛博敞，睟容穆若，列侍参然，钟磬在悬，苾芬具荐。灿旭景于轩槛，延夕月于甍题。萧寥空洞之音，希夷飙欻之御，邈哉真境，无得而名。铉爰在弱龄，服膺至道。先君顷参戎乘，尝莅此邦，依然棠树之人，自是桐乡之邑。乃以庚申岁迁奉松槚，卜兆于鸾冈之阳。敢言折臂之祥，愿占维桑之地。明年复以王事再至山中，祠虚皇于游帷之宫，投龙简于天宝之洞。所经灵迹，实与幽寻。又是山有宝光，初至之夕，即见于中峰之上，下至山麓，倏忽聚散，状如野燎，而精明眩目，不可正视。涧中有磐石，石有三药臼，岁端午日未曙前，常有捣药之迹，余滓在焉。水流至此，甘香如蜜，取以灌漱，心府莹然。斯皆载于旧经，新所覆视者也。此山登晨之士接武，而洪崖为之冠；列仙之墟连属，而洪井为之宗。然则阆风元（玄）圃之在人间者也。宜其篆刻金石，永齐穹壤，鄙儒不佞，敢作铭曰：江之右，楚之墟。峙灵岳，为仙都。洪井滨，鸾冈隅。建清宫，应真符。废而兴，神之扶。宫既成，道既行。校三官，朝百灵。集景福，荐皇明。复淳化，遂嘉化。亿万年，流颂声。[1]

洪州西山活动着不少知名道士，蔚成西山道教兴盛的局面，成了五代十国时期的一道特别的文化风景。

伊用昌[2]，来历无考，相传为南岳道士。唐末披羽褐，往来江右。纵酒狂逸，不拘细行，世人呼为伊风子（伊疯子）。用昌妻年少有殊色，善音律、女工，皆尽其妙。夫虽饥寒丐食，终无愧意。豪家子以言笑调之，毅然有不可犯之色。用昌多游江左庐陵、宜春等地，出语轻忽，多为众

① （清）董诰等：《全唐文》，中华书局 1983 年版，第 9243 页。

② 此处伊用昌事迹，主要依据（宋）李昉：《太平广记》卷五十五《伊用昌》，中华书局 1961 年版，第 342—343 页。文中所引诗歌，亦可参见（清）彭定求等：《全唐诗》，中华书局 1960 年版，第 9733 页。按，据《钦定古今图书集成》之《博物汇编·神异典·神仙部》卷二五〇〇，“伊用昌”“尹用”两人名字虽略不同，事迹却大同小异。考虑到道教资料的特色，此处将“伊用昌”与“尹用”合为一人叙述。

所击。又好作《望江南》词，夫妇唱和而歌，旁若无人。夜多宿古寺废庙中，遇物即有所咏，其词皆有旨。如《望江南·咏鼓》云："江南鼓，梭肚两头栾。钉着不知侵骨髓，打来只是没心肝。空腹被人漫。"伊用昌至茶陵县门，大题云："茶陵一道好长街，两畔栽柳不栽槐。夜后不闻更漏鼓，只听锤芒织草鞋。"时县官及胥吏大为不可，众人乱殴之，逐出界。江南人呼轻薄之词为覆窠，其妻告曰："常言小处不要覆窠，而君须要覆窠之。譬如骑恶马，落马足穿镫，非理伤堕一等。君不用苦之。"伊用昌曾至阁皂山活动，有《留题阁皂观》诗云："花洞门前吠似雷，险声流断俗尘埃。雨喷山脚毒龙起，月照松梢孤鹤回。萝幕秋高添碧翠，画帘时卷到楼台。两坛诗客何年去，去后门关更不开。"他也曾至大庾岭一带游走，其一首失注调名的"咏道"词，正反映了这一情形："暂游大庾，白鹤飞来谁共语。岭畔人家，曾见寒梅几度花，春来春去，人在落花流水处。花满前蹊，藏尽神仙人不知。"[①] 唐哀帝天祐年间，至建昌南城县。有村民杀一牛犊，夫妻丐得牛肉一二十斤，于乡校内烹炙，一夕俱食尽。至明，夫妻为肉所胀，俱毙于乡校内。镇将丁某连同县镇吏民为以芦席裹尸，于县南路左百余步而瘗之。后一年，丁某抵钟陵（南昌）。一日于钟陵北市棚下见用昌夫妇唱《望江南》词乞钱。既相见甚喜，便叙旧事。用昌夫妇同丁某登旗亭痛饮，丁某大醉睡去。用昌索笔题壁云："此生生在此生先，何事从玄不复玄。已在淮南鸡犬后，而今便到玉皇前。"题毕，夫妇连臂高唱出城，渡江至洪州西山游帷观，又题壁诗一首："日日祥云瑞气连，侬家应作大神仙。毫端森洒风雷力，剑下裁成造化权。更无戎夷添礼乐，永教胡虏绝烽烟。列仙功业只如此，使上三清第一天。"其尾自衔云："定亿兆万恒沙军国主、南方赤龙神王。"题罢，夫妇二人又连臂西山，时人皆见蹑虚而行，自后不复出。而镇将丁某于酒醒之后，怀内得紫金一十两。后人打开伊用昌夫妇墓穴，只见芦席两领，裹烂牛肉十余斤，臭不可近，此外更无别物。伊用昌或为"八仙"之一蓝采和的形象来源之一。

① （清）彭定求等：《全唐诗》，中华书局 1960 年版，第 10172 页。

洪州西山也成为仙道人士文化交流的重要平台。例如，《江淮异人录》卷上《李胜》载：书生李胜，尝游洪州西山中，与处士卢齐及同人五六辈，雪夜共饮。座中一人偶言曰："雪势若此，固不可出门也。"胜曰："欲何所诣？吾能往之。"人因曰："吾有书籍在星子，君能为我取之乎？"胜曰："可乃出门去。"饮未散，携书而至。星子距西山，凡三百余里也。游帷观中有道士，尝不礼胜，胜曰："吾不能杀之，聊使其惧。"一日道士闭户寝于室，胜令童子叩户，取李处士匕首。道士起，见所卧枕前插一匕首，劲势犹动，自是改心礼胜。

二、许真君孝道信仰的广泛流传

杨吴南唐时期，在政权的支持下，江西洪州一带对于西山许逊孝道派的弘传依然继续，许逊孝道信仰得以影响普遍与深入。其重要表现是，统治者极其重视，不少地方人士也热切地参与其中。

筠州（高安）祈仙观的兴修就是一个典型。高安祈仙观，是许真君（许逊）弟子兼女婿黄真君（黄仁览）的旧居。在南唐时期，曾两度作较大规模的修建。

据南唐后主十四年（974）九月二十四日徐铉《重修筠州祈仙观记》[1]，祈仙观自东晋许逊弟子黄仁览飞升以来，"因为道馆，绵历代祀，互有增修"。约略南唐保大初，中主李璟为表尊敬之礼，再加营构，一时成为远近一大名观，吸引了诸多人员前来参礼观瞻。"此观当荆楚之要津，实邮传之便道，过宾税驾，游子解装，憧憧往来，罕或虚月。"然而，修葺之后，"二纪有余，闬闳垣墉，颓落且半"。道士罗自正于是主动承担起复修的职责，"总摄真侣，启焕元（玄）风，以为道由人宏（弘），德以勤继，不饰不美，人其谓何。于是心谋躬行，节用畜力，授其徒可任者，会其士之好道者，月省岁计，经之营之，即旧谋新，兴废补阙"。通过十余岁的努力，其绩大成：建立起圣祖殿、黄真君殿各一区，峙瑶坛，范洪钟，造横桥于通津，植茂树而蔽野。又修整破旧残败的层楼重廊二十余间。"其取材也时，其择匠也良，程之以壮，督之以固，瓴甋瑌碱

① （清）董诰等：《全唐文》，中华书局1983年版，第9236—9237页。

尚其密，藻绘丹雘尚其丽。帑廪不费，工庸不劳，焕然新宫，峙此灵境，君子以是知其能也。”祈仙观修复后，成为当地许逊孝道派信仰文化的一大支撑，与洪州西山游帷观相互映衬。故徐铉自言受罗自正的功业所感受，而欣然接受邀请书此记。

南唐文士殷崇义《南唐祈仙观记》对祈仙观在宫观建设中的作用与意义，极尽了表彰之能事，同时也对南唐统治者的支持道教的功业也不吝赞美之语，由此本文事实上成为一篇颂扬许真君信仰之雄文，颇有利于许逊孝道派文化的传播发展。其文曰：

> 高安祈仙观者，黄真君之旧居也。据西山之兑官，镇洪都之坤位。前瞻缑岭，行闻子晋之笙；后倚华林，坐挹浮邱之袂。原滋丹草，率白雉以相从；谷秀苍筤，竞红鸾而下翥。境异则龟常见石，物灵则泉或浮金。绀宇相望，轇轕神居之表；琳房互暎，连延阴洞之间。自为小有之东窗，宛是童初之学府。真君紫邱精粹，玉版飞英，宗派流长，叱石远怀于仙祖；元门天合，结褵因庆于法妻。自振翼毗陵，曳裾海岱，屯期方遘，降身参政事之官；宿命俄通，褒德备尚书之位。若乃穷神不测，示现无方。乘龙初夜之归，常游万里。鸣风中霄之际，密赞诸方。宝节乘空，大使授元图之命；玉函应召，上公宣入室之人。悟草鹿以趋火庭，瞻锦帷而佩丹诀。阴功潜运，已积德于三千；贞品俄升，遂登名于十二。念雁行之莫接，密契宜留；相鹄篆以时归，人心自注。即于旧里，寻建严祠。其或牛埜风高，兔轮秋半。仙登接书，斋庄虔亿万之词；羽盖浮空，朝会奉姻亲之礼。始乎东晋，垂及皇唐。钗纪遗洲，将陵迁而不改；球存坠石，必地久以恒坚。既而九鼎载移，山岳之惊尘散起；五龙爰作，干戈之积数常存。法坏浮屠，宁独金刚下泪；教颓象罔，旋悲玉椀飞天。乃观恬寞之乡，遽变寂寥之境。垝垣接野，或认鹿场。复屋骞甍，久穿雀角。事必符于有待，时特郁于重兴。国家味三五之道腴，开东南之帝箓。赤符应运，缵承爰立于汉基；金德更王，揖让乃由于吴禅。西母之白镮入贡，不假祈禳；元元之玉像降

神，自严樽俎。圣上配乾坤而居六合，揭日月以步三阶。屈己临人，动怀慈宝。虽凝旒南面，传夏嗣以承祧；而纳麓东郊，举尧元而作相。每隆大义，追奉故君，缅胜果以兴思，察兹宫于已圮。况像严十圣，一方之异气遐连；观号三皇，百里之庆云何在。因宸心之有属，流明诏以亟行。鸾鹤灵游，共白云而不返，珠琛遗贶，与乌号而并存。重开大壮之模，俾就僝工之费，营室仰稽于中候，豫章俯择于宏材。削墨公轮，爰恢崇构；范金锻氏，即运洪炉。肖人散璧王之元，绘事发晴霞之色。健栭蔕郁，写秘殿以翚飞；镂楶纡徐，俨回轩而栉比。中建岩岩之石，九级星坛；外森落落之松，千寻云路。周阿玉树，合辉霍以长春；重闼金铺，泛曈昽而镇晓。自可包藏灵囿，昭晰华宫。林荐葳蕤，户内广肆筵之所；唱高窈窕，庑间弘按节之仪。固足以十绝灵幅，邀帝君而戾止；九贞逸驾，延夏禹以时游。宁惟崇大道之津梁，实以感群生之耳目者也。①

徐铉在书《重修筠州祈仙观记》后不久，又于同年（974）十二月二十日作《筠州清江县重修三清观记》，对筠州的道教事业再次鼓吹，其文曰：

元气既判，天地乃位。气之清明灵粹者，钟乎洞天福地、名山大川之间，真圣之所戾也，景福之所兴也。然则游居走望，乃建道馆焉。通都大邑，往往而在。豫章之地，实曰奥区。带豫章之通川，据西山之雄镇，郁映磅礴，神异所栖，高真十二，震曜方夏，扬灵轨辙，靡迤蝉联。保大庚戌岁，诏复高安县为筠州，析其北鄙为清江县。而三清观负新邑之左，瞰长江之流，形胜高奇，坛宇严净。闻诸故老云，昔吴、许二君尝游兹地，夜睹青气，上属于天，相与叹曰："此非凡地，当为神仙之宅。"及二君登晨之后，邑人追感前言，共构茅茨，岁时荐献，众目为草堂道院。函关紫气，事往

① （清）董诰等：《全唐文》，中华书局1983年版，第9170—9171页。

名存，盩厔草栖，人非郭是。年世弥远，增修益崇。开成中，始诏赐号三清之观。自时厥后，又逾十纪，运逢治乱，道有污隆。中兴已还，百废咸复，官得其守，人尽其能。道士吴宗元，允迪元（玄）风，克堪道任，以为朝礼之域，飙歘所临，不饰不美，众将安仰。于是月考岁计，庀工饬材，补废扶倾，无所不至。建三清之殿，造虚皇之台，设待宾之区，敞餎贤之室，范华钟之铿訇，耸层楼之苕亭，回廊复道，重深奥秘。于是饰仪卫，备器用，肃然必洽，焕焉可观。夫其诚至者其礼备，其守固者其事举，道不远矣，人焉廋哉！宗元又以云境昭回，祥符肸蠁，思刻贞石，以贻后人，不远千里，见访论譔。嘉尚其志，故为直书。①

由徐铉文可知，筠州清江县在道士吴宗元的主持下，重修了三清观，“三清”本是道教的教祖玉清元始天尊、上清灵宝天尊、太清道德天尊，而此次修三清观的实质，却是张扬许逊孝道派文化，以利于国家神道设教。三清观重修之后，自然有利于许逊孝道派文化在当地普及性深入性发展。

值得一提的是，五代天台山道士王松年撰《仙苑编珠》宣扬道教神仙事迹，将许逊等十二真君传的事迹节编为《许逊拔宅　时荷登晨》《吴猛白鹿　甘战彩麟》《持幢周广　执羽陈勋》《曾亨骨秀　盱烈药神》《施峰委付　彭抗亲姻》《黄辅龙骑　钟嘉碧轮》等6则，虽然文字简陋粗朴，少实质性内容，但却以通俗的形式将十二真君的影响，进一步推向全国。

三、玉笥山道教发展的维持

杨吴南唐时期，玉笥山仍然是一个道士活跃、道教兴盛的山头。

罗隐之，生卒年、籍贯均不详。玉笥山玉梁观道士。大约于杨吴晚期居华山，与郑云叟、翟士端、郑明士、罗隐之共栖碧云洞，高情自适，时称四高士。后晋天福四年（939）三月，高祖石敬瑭诏征罗隐之，赐其号“希夷先生”。有“醉却隐之云叟外，不知何处是天真”之句留传。

① （清）董诰等：《全唐文》，中华书局1983年版，第9227—9228页。

聂师道，字通微，歙州人。生卒年不详，大约活动于杨吴时期。自小性敏悟谦谨，养亲以孝闻，十三岁入道，十五岁授箓。其后各处访道，至玉笥山颇有所得。道史载：聂师道听闻梅真人、萧侍郎两位仙真栖隐玉笥山，于是前来，寓清虚观中，待访梅、萧，然总不得见。师道因三游郁木坑，或冀一遇。一天，师道山行极深，忽逢一人，布衣乌帽，貌古颜鲜，自称行者。师道知其非凡，询问来历及梅、萧之所在，行者答："吾谢修通也，居南岳，与蔡、彭同隐已百余年。知尔常游仙洞灵源，我适为东华君命主玉笥地仙，兼掌清虚观。尔与我素有道缘，故得相见于此。梅、萧日中为小有天王所召，君欲见之，当以异日。"又曰："汝世事未了，且尚去。"师道随行者行数里，见茅舍两间，有床席，小铛燃火，汤欲沸，俨若书生所居而无人。行者命师道坐木马上，又指令架上自取书一卷，道："此《素书》也，但习之无怠，当得真旨。"师道欲求住，未敢言。谢真曰："汝更当南游，还可言住。我有弟子紫芝在九嶷山，往彼为我传意，兼出《素书》示之，必尽其旨。或不得见，但投书毛如溪，向洞中，仍题石壁。记我所言，当授汝道。"师道行及数十步，回首不见行者，则已到清虚馆。[①] 聂师道此次访玉笥山，颇显神秘，得到了自托唐代玉笥山高道谢修通的指导，是成就其道教功业及其成长为一代高道的重要一章。

南唐时期，以传扬灵宝道法为主的玉笥山灵宝院复为玉梁观。其间，玉梁观创造出了"玉梁八祖"之说：将唐至南唐在玉笥山修真的八位高道曹处明、宋怀德、汪希声、刘潜谷、陈绍规、王处一、丁守元、姚文质，合称为"玉梁八祖"，建构出一个特别的玉笥山道教文化体系。

南唐中晚期，道士尹抱元从玉笥山来到庐陵的来苏坊，在真常观的旧址上扩大庙宇，建造殿堂，成为吉州城郊重要道观，在相当程度上推动了当地道教事业的发展。

① （元）赵道一：《历世真仙体道通鉴》卷四十一《聂师道》，《道藏》，第5册第334页。

四、其他知名道士事迹及道观建设

杨吴南唐时期，还有不少道士活动于江西地区，虽然事迹往往神秘，但也可以从一个层面说明这一时期江西道教传播发展的若干情形。

陈允升，饶州人。少而静默好道。家世弋猎，允升独不食其肉。十岁时诣龙虎山拜师入道。栖隐深邃，人鲜得见之者。唐天祐中（904—907），有人见允升于抚州麻姑山，计其去家已七十年，而颜貌如初。南唐昇元中（937—942），抚州刺史危全讽素迎置郡中，独处一室，时忽失之。一次燕坐，全讽对允升道："丰城橘美，颇思之。"允升言："方有一船橘，泊牢城港，今为取之。"牢城港距抚州城十五里，允升少顷便还归，提一布囊，装橘数百颗，因共食之。全讽有婚礼，市黄金郡中不足，辄呵责其下，允升道："无怒。"允升但取厚纸，以药涂之，投火中，皆成黄金。后梁开平三年（909），全讽与吴师交战，允升辞离去，告诫："慎勿入口中。"全讽不悟，果败于象牙潭（今新建以南赣江、锦江汇流处）。[①]又，李梦符，不知何许人，后梁太祖开平（907—910）初，寓居洪州南昌。常游洪州市井中，年可二十余，短小而洁白，美秀如玉人，以放荡自恣。四时常插花，遍历城中酒肆，高歌大醉，好事者多召之与饮。常以钓竿悬挂一鱼，于市肆踏歌《渔父引》。其词日新，卖其词，人争买之。梦符得钱即入酒家。或敲冰入水，及出，则气如蒸。遇人与语，应口成诗。或令为歌词，应声为之，初不经心，而各有意趣。其辞有千余首，传于江表，略其一两首云："村寺钟声渡远滩，半轮残月落前山。徐徐拨棹却归湾，浪叠朝霞碎锦翻。""渔弟渔兄喜到来，婆官赛却坐江限。椰检勺子木瘤杯，烂煮鲈鱼满案堆。"钟传镇洪州，以其狂妄惑众，将罪之。梦符于狱中献诗十余首，有"插花饮酒无妨事，樵唱渔歌不碍时"句，钟传竟不之罪而遣。后桂州刺史李琼遣使奉书至洪州钟传，言梦符乃其弟，请遣归之。钟传令求于市中旅舍，人曰："昨梦符不归。"

---

① （清）吴任臣：《十国春秋》卷三十四《陈允升传》，中华书局 1983 年版，第 474 页。

已不知其所在矣。[1]又，于大，或作干大，居洪州西山采樵为生，四时常持花，不欲近人。尝至应圣宫，以花置道像前。道士为设茶，置之食案。须人退，于大乃取饮，饮讫置茶盏于案上，长揖而去。时出村落，人或揖之，亦复相揖，惟不与人语。有少年欲往事之，而不能得。一日，少年俟其出，礼拜道："愿事先生。"于大急走不顾。少年逐之拉住其衣褐，随之而往。于大驱之不去，领着少年上山、渡水，历经险绝。久之，于大临涧水而坐，问少年："颇渴否？"少年答："然。"于大即从怀中取出如茶末一样的东西，交付少年掌中："置此口中，掬水下之。"少年如其言，饮后不久卧睡，醒来却不见于大。少年寻樵路而出，发现是分宁县界，数日后方才还家。少年自此轻健无疾。[2]曹德休，自言从东海青屿山来游江西。人见之三十余年，颜貌不改。常行民间，有疾者以符药救之，无不愈。德休经常对人说："若家有疾苦，不必财帛，就德休求符药，以江鱼为绘（脍）一盘，并美酒一壶飨吾告之，其疾自痊。"如其言，乡里为之，无不应验，人皆神事之。德休后忽告人："我舍此入西山天宝洞去，然来春牛疫颇甚，我留一姓名与汝传写。牛疫之时，以绘飨吾，书其字帖牛角上，自当无苦。"其后牛果大疫，一境之内，帖其字者免灾，不帖者毙。人咸思之，无复见者。王元芝传云："曹德休，西晋大史官，后梁尚书郎，得不死之道。"[3]

《钦定古今图书集成》之《博物汇编·神异典·神仙部》卷二五一记载了多则江西"神仙"故事。例如，郑全福，浮梁人。梁开平中（或说唐文宗时），游猎深入穷谷。有老人导游新安灵岩诸洞。及出，有鹿引上山半坡，遂结茅，修炼。后居莲花洞，游桃花溪，有老人乘铁船。全福曰："愿借船，还人间。"老人曰："后三年。"年百余岁，语门人曰：

① （清）彭定求等：《全唐诗》，中华书局 1960 年版，第 9730 页；参见（宋）吴淑：《江淮异人录》卷上"李梦符"，上海古籍出版社 2012 年版，《清异录》《江淮异人录》合编本，第 126—127 页。

② 《稽神录再遗》"干大"条，（宋）徐铉：《稽神录》，中华书局 1996 年版，第 148—149 页。按，此于大的故事与前述许逊弟子"许大"有重合之处，或为附会所致。

③ （南唐）沈汾：《续仙传》卷下《曹德休》，《道藏》，第 5 册第 92 页。

"必葬我浮梁白水乡。"及卒，弟子舁至夕阳岭上，觉棺空。发之，惟杖履而已。又如，徐公，修真于德兴之双溪龙潭侧。潭深莫测，旁有巨石。公常坐卧石上，貌如四五十岁人。妻亦如之。一日，忽告众，同妻入潭，龙来接之。岁旱，远近祈祷者蛇虺浮上。请去辄雨，投疏入水，有误字，即泛出，不纳。孙清简，公需往游，作诗诘之云："尘世仙家两隔离，遥瞻白鹤舞东西。月明瑶草光浮洞，春暖桃花香满溪。两字功名垂竹帛，千年履迹印苔矶。不知羽化何年代，致使凡人心自迷。"投入潭，顷之有诗浮出，云："五代兴亡正乱离，新安一脉到江西。家君乐道居汾水，大叔传芳住柏溪。犹子宦游黄菊径，老夫垂钓绿杨矶。自从背母朝元后，春复秋还天地迷。"又，果仙，不详姓名。久住饶州，衣带皆缀，杂果不停嚼，人因号曰果仙。城南杜君平鬻果，每招与之，不索值。一日，仙诣杜曰：予有佳果几树，足偿君。携行，由芝山阴迂回十余里，望见红鲜满野。隔一涧，涧峻深不可渡。杜惧，弗肯行，仙微哂："君无缘矣。"一别而渡，烟霞四生，寂无人响。杜循迹归。越旬，始达家，已历十余年矣。

谢仙翁，名宝，号丹斜，瑞金人。后周时登龙雾嶂采樵，偶于池侧见二女弈棋，从旁观之。女食桃遗核，因取食之，遂不饥。弈罢，恍失所在，惊骇而归，至家中已过去了数十年，子孙不识。谢宝自是入山，不可踪迹。时有见者，追莫能及。里人因为之立"宝仙祠"，凿池曰"仙女池"。[①]

五代十国时期，随着道教神仙信仰的普及化，"神仙画"成为道教绘画的重要题材。丰城曹仲元，工画佛道鬼神。始学吴道子，不得意，遂别趋细密，傅彩尤妙，自立一格。南唐后主朝为翰林待诏。江左梵宇灵祠，多有其壁画。与曹仲元同时的著名画家周文矩评曰："仲元绘上天本样，非凡工作及。"[②]当时言道释画者，推之为首。传世道教画作有《九

① 清光绪《江西通志》卷一八〇《仙释》三，《中国地方志集成·江西省志辑》，第七册，凤凰出版社2009年版，第759页。

②（宋）佚名著，王群栗点校：《宣和画谱》卷三《曹仲元》，浙江人民美术出版社2012年版，第35页。

曜图》《三官像》等数十件。又，南唐刘道士，钟陵（今进贤）人，师法当时著名山水画家董源。工佛道鬼之作，落笔遒怪，尤善山水。惜其相关道教作品不详。

另外，还有一些道士的功绩在于建设宫观。南唐时期，江西道教持续向前发展，突出的表现之一就是修建道教宫观的风气依然很盛，这一时期修复或兴建了一批知名的宫观。除了上述涉及的之外，再就文献资料所见罗列一些：

南唐时在江州浔阳紫极宫，建使者殿，僧应之书撰《紫极宫建使者殿记》，建碑。

南丰石仙观，原名石仙岩。此地古木参天，山石重叠，岩穴奇特，猿鹤出没。山高岩深20丈，石壁上有白点，布列如北斗。南唐昇元元年（937），张陵第十八代孙张洞宣，由龙虎山来此开山。相传，张洞宣初至时，岩前飞沙走石，人不敢临近。张洞宣遂置符箓于石壁上，沙石之患顿息。此后，张洞宣在此潜心修炼，传示道法。他在岩后的半山石壁上修建崖墓，羽化后安葬其中。张洞宣在相当程度上引发了南丰天师道教的发展。随后南丰各处兴建道观20余座，其中有清修观、石仙观、灵都宫、长安观、南台道院、妙灵观、紫霄观、军峰炼丹观等。

袁州的道观建设成就不凡。宜春县修建的紫微观就是其中代表。据徐铉《袁州宜春县重造紫微观碑文》[①]记：紫微观系晋朝邓、袁二真人上升之地所在，“左钟山之奇峰，右洪阳之仙洞。巉岩千仞，蔽亏日月。窈窕百里，畜泄风雨。回冈层峦，崇其基垌。激湍澄溪，宣其气象。真灵之所游集，邑居之所走望。”然而，晚唐以来遭受严重破坏。南唐保大年间，道士孙去华，“殖本康乐之川，从师新吴之邑。清心炼气，绝粒忘形。三十余年，其道弥固”，“自所居华林山馆南游此乡”，见此观之荒芜、落寞，慨然叹息，誓志复兴。“于是面壑依岩，披榛筑室。勤身而感物，应迹以化人。乡闾风随，跪信日至。节以致用，时而命工”。经过二十余年的艰苦努力，厥功克就，建成了皇皇可观的新道宇。“绀殿特立，重廊回

① （清）董诰等：《全唐文》，中华书局1983年版，第9233页。

合。辟朱户以瞰野，峙瑶坛而在庭。至于像设之尊严，仗卫之精丽，厨廪之充牣，居室之清闲，洪纤必周，奢俭中度。”监察御史李思义奉使宜春，参谒紫微观，赞叹孙道士修建之功，因立碑纪念。徐铉应李思义之请作碑文。又，袁州萍乡卢溪景星观亦是南唐李璟朝复兴的一大道教工程。据南唐保大时人殷观《景星观记》[①]，景星观，始建于唐朝，然唐末以来因战乱破坏、荒废。南唐丙午年（946），边镐以功勋权贵之身宰牧袁州，推举李承戬为萍乡县令。李承戬乃于荒草杂木之间查访景星观遗迹，勘定兴建新观的基址。边镐知道后予以大力支持，调派能工巧匠。称赞李承戬“能宏道勤行”，并捐献俸禄、田宅作为景星观的常住之资。修养不凡的道士欧阳皎，热衷炼丹，虽不大与外人交往，却与边镐、李承戬相交。由此维持着景星观兴盛的情势。

南朝梁的新吴（今奉新）东白源闾业观，毁于唐末。南唐后期，在当地名士胡仲尧的大力支持下重建，南唐君主曾赐诏褒奖，徐铉作“碑记”。徐铉《洪州奉新县重建闾业观碑铭并序》[②]对闾业观复建的情形作了描述：“有道门都监余守微者，剪除宿莽，草创精庐，苦节忘形。五十余载，修心以化俗，传法以度人。入室弟子龚绍元、吴绍甄，皆能肃奏真科，祇禀遗训。”“高士胡君名仲尧，延庆簪缨，息机丘壑，师黄老之术以虚方寸，躬曾闵之行以睦闺门，博施济众，斯谓仁智，以为集灵之馆、祈福之场，陋而不度，民将安仰。于是揆时属役，即旧谋新，询谋佥同，诡信咸萃。”在教内外人士的共同努力下，重建的闾业观气势不凡：“增湫下为爽垲，易卑室为崇构。栋宇之设则因夫故基，制度之中则考于经法，凡殿堂门阙，居室厨廪，延袤周遍，殆且百区。三尊众真，羽仪侍卫，精严肃穆，不可为状。履端闱，造广庭，恍然如从汗漫之游；即瑶阶，瞻玉座，悚然若奉武夷之会。”因闾业观的重修，新吴东白源的道教事业又恢复了兴盛发展的情势。

抚州崇仁，在南唐兴修了祈真、景云两大道观。抚州宜黄大文士、

① （清）董诰等：《全唐文》，中华书局 1983 年版，第 9118—9119 页。

② 陈垣编，陈智超增补：《道家金石略》，文物出版社 1988 年版，第 199 页。

南唐秘书郎乐史作《仙鹅池祈真观记》[1]叙述了祈真观兴修的经过：祈真观荒废于晚唐。南唐保大初，精于法箓的道士刘道肱，“言慕幽迹，贲然来思。繇是斤斧云峰，放出杉松。曾不崇朝，化为灵宫。紫篁清节，一皆新之”。由此使祈真观道教事业得以复兴。文人士大夫常常参谒，作为祥瑞之兆的灵禽仙鹅也不时群飞而至。又，景云观始建于唐景云年间，香火一直旺盛。传为神仙胜迹，晋许真君、梁萧子云等仙真都曾化现。然经晚唐黄巢之乱，景云观毁之殆尽。南唐中主朝后期，彭城刘元载以司直之身份出任崇仁县令，叹惜景云观名迹的破坏，又无人主理其事，因召请道士蒋道元者前来住持。蒋道元“门传金箓，力学玉书。不以艰难破其心，不以荒凉役其意，一味焚修，俟其振发”，因请回乡休假的乐史作碑记。乐史欣然为之撰文。[2]

南唐中主李璟朝，閤皂山主观閤皂观，改额元都观，并派大臣徐铉前来祭祀。旋即又改名为太平观，并立碑。中书舍人江文蔚撰《创修太平观碑铭并序》，记述了太平观自东晋许逊肇基以来至杨吴时期的兴衰历史，言说太平观在南唐以来重新焕发生机的事实：“樊圃斫梓，陶渚漂梅，西海白丹，南山青臛。高陵启其爽垲，阴谷献其幽邃。规矩林薄，绳墨烟霞，陟远成高，因高测秘，回瑶光而凿牖，度云锦而飞甍，垂珰綷而成风，奔星云而遗景。玄仪既穆，真侣攸宜，朱桂充阶，荃蘪竟水。”并指明南唐昇元六年（942）正月观成后赐名太平观的意义：“将使珠皋或驻，脱屣于冰嬉，姑射或游，烂鞭于龙御，士有长往之节，物观大道之行。盖所谓维新旧邦，永启厥后者也。臣仰奉宸谟，式扬斯义。庶乎燕昭南牧，验蓬阙之无更；令威东来，悟域闉之可恃。功块比于铭钟，文铿锵于盈耳，播龙篆于三楚，垂国芳于万祀。”[3]

① （清）董诰等：《全唐文》，中华书局 1983 年版，第 9284—9285 页。

② （南唐）乐史：《唐景云观碑》，（清）董诰等：《全唐文》，中华书局 1983 年版，第 9285—9286 页。

③ 陆尚君辑校：《全唐书补编》卷一一一，中华书局 2005 年版，第 1390—1391 页。

第四节　内丹道的显著发展及其文化意义

晚唐五代，江西丹道进入一个新的发展阶段，外丹道依然强势，内丹道也风生水起。以九江庐山、豫章西山为主的区域内涌现出诸如吕洞宾、谭峭、华阳子、施肩吾等一批著名全国的内外丹兼修且由重外转重内的丹道人物，在内丹道理论上做出了突出的贡献，成为江西道教发展中的一个重要现象。

一、吕洞宾在庐山的活动及其丹法的传播发展

约于晚唐五代，名重天下的一代高道吕洞宾曾较长时期地活动于江西，积极传播内丹思想，对江西（中国）道教发展进步产生了相当大的影响。

吕洞宾，名岩（嵒），字绍先。礼部侍郎吕渭之孙，太子右庶子吕让之子，河中府永乐县（今山西芮城）人，一说京兆（今陕西长安）人。生卒年不详，大约活动于晚唐五代时期。吕岩自幼攻书，淹博百家，然三举进士不第，遂有意学道（一说中进士后，曾任江州德化令，后因感仕途多艰，遂转而学道）。或说因游庐山，遇异人，得授长生诀。咸通年间（860—874），游长安酒肆，遇高道钟离权①。受钟离权“黄粱一梦”法的启示，以之为师并随之至终南山。经过钟离权的“十试”考验而得授龙虎金丹秘文、灵宝毕法等延命之术。寻遇苦竹真人，得授日月并用之法。其后，吕洞宾又在庐山遇火龙真人（一说是钟离权），得日月交拜法并天遁剑法。又遇崔公传《入药镜》，即知修行性命。久之，吕洞宾又适终南山，再见钟离权，得金液大丹之功，道始成。吕洞宾得法之后，自号纯阳子，飘然云游天下，变化多种身份传道度人。最后冲举于关中紫极山，或说于鄂地黄鹤楼飞升成仙。王重阳创立全真道后，吕洞宾被奉为“北五祖”之一，故道教又尊称他为“吕祖”“纯阳祖师”。宋代封为

---

① 钟离权，字云房，号正阳真人，京兆咸阳人，道教“八仙”之一、传说因迷路遇东华先生，先生授他赤符玉箓、金科灵文、大月秘诀、周天火候、青龙剑法等道术，著述有《灵宝毕法》《破迷正道歌》等。

“妙通真人”，元代封为“纯阳演正警化孚佑帝君”。[①]

吕洞宾是与江西颇有关联的“神仙”。他一生云游多地，飘忽不定，但庐山无疑是其活动的重地。例如，《方舆胜览》卷二十九《岳州》“吕岩客”：吕洞宾于会昌中，两举进士不第，游庐山，遇异人，得长生诀。又，《三洞群仙录》卷五引《丹诀》记：吕洞宾举进士不利，“唐末因游庐山，遇钟离先生，得其道”。《金莲正宗记》卷一：“（吕岩）唐文宗开成元年丁酉岁擢进士第……后任五峰庐山令。因暇日游庐山之胜，偶与正阳先生相遇。一话一言之间，心与心契，密受大道天遁剑法、龙虎金丹秘文。”《历世真仙体道通鉴》卷三十一“钟离权”：“后有唐进士吕绍先，屡举不第，乃纵游天下。首于庐山遇火龙真人传剑法。”据金袁从义《有唐纯阳吕真人祠堂记》：“（吕洞宾）于是谢绝尘累，遂结茅于庐山，与巨鹿魏子明，楚人梁伯真为方外友，同进隐学，俱登仙位。”如今在庐山锦绣谷上方的仙人洞，传说就是吕洞宾修道成仙处。吕洞宾得道于庐山，扬名于庐山，虽其间有不少神奇夸张之处，但他曾活动于庐山活动应是事实。除庐山外，江西其他地方也多有吕洞宾的传说踪迹。九江：《永乐大典》卷二〇三一〇引《江州志》：“（吕岩）数至九江，望江亭有其亲题，微示人以不可测之迹。”九江甘棠湖上的烟水亭纯阳殿后有一块相传是吕洞宾手书的“寿字碑”，由“九转成丹”四字组成。武宁：清乾隆《武宁县志·仙释》载：“（吕洞宾）游屐至武宁，入钟鼎山，爱其岩洞幽僻，流连不舍。所坐石崖至今手迹宛然。其旁有丹井、丹灶、药臼诸迹，山下玉清宫立像祀焉。”宜丰：吕洞宾曾从湖南君山一路游至宜丰二十八都鸿宝观，向观主讨茶喝，观主让其灶头自斟自饮。吕洞宾于是“掬煤嚼竹”在观壁题诗 4 首。高安：药湖，相传吕仙曾遗丹，故湖蛙不鸣。[②] 铅山：八字岩，岩有八字天成，极端楷。俗传吕真

① 吕洞宾的生平事迹比较神秘，难以完全实究、稽考。当代学人对吕洞宾人生及其道教功业的全面考释，可参见吴亚魁：《吕洞宾学案》之《评传》，齐鲁书社 2016 年版，第 1—94 页。

② （宋）乐史：《太平寰宇记》卷一〇六《筠州》，中华书局 2007 年版，第 2119 页。

人逐蛇入岩中，以剑成字。[①]广丰：境内留有吕仙亭、白鹤畈、天桂岩等遗迹。其中，吕洞宾在天桂岩里修炼了九年，有《题天桂岩》诗："春暖群花半开，逍遥石上徘徊。独携玉律丹诀，闲踏青沙碧苔。古洞眠来九载，流霞饮几千杯。逢人莫说他事，笑指白云去来。"另外，广丰仙游观有吕洞宾题词："天地一轮磨，推磨数万年。田园心头累，儿女眼前冤。大厦量人斗，姣妻送客船。一盘青黑子，跳出似神仙。"[②]吉水：崇元观的雪浪阁，有吕洞宾题诗："褰裳懒步寻真宿，清景一宵吟不足。月在碧潭风在松，何必洞天三十六。"[③]吉安：吕岩《题凤山壁》："潜山烟草碧逾染，落水春花红欲燃。忽忆江南风景好，又飞双剑到青原。"[④]贵溪：龙虎山上清宫南琵琶峰顶的慈寿观，世传吕洞宾炼丹之所。有《题龙虎山》诗："龙虎道士高且洁，不下山来经岁月。星辰夜礼玉簪寒，乌兔时驯金鼎热。"[⑤]萍乡：杨岐山胜景"棋盘石"，传说是吕洞宾与李铁拐弈棋之处。等等。

吕洞宾好吟诗作文，抒发心性和弘扬道教，号"诗仙"。《全唐诗》收有诗作4卷200多首（其中或有他人托名之作）。其在江西的活动，也与诗作相关。现存吕之诗，有不少写到庐山，从这些作品约略可知吕曾经多次游历庐山，踪迹遍及山南的简寂观、归宗寺、黄龙山以及山北的九天使者庙（太平观）。例如，《下庐山遇轩辕集来访诗》："因携琴剑下烟萝，何幸今朝喜暂过。貌相本来犹自可，针医偏更效无多。仙经已读三千卷，古法曾持十二科。些小道功如不信，金阶舍手试看么。"在庐山，他最感兴趣，也是令他流连忘返的是太平宫，他在这里被宫观宏伟建筑和神奇历史所吸引，挥毫题写了《赠江州太平观道士》："落魄薛道士，年高无白髭。云中闲卧石，山里冷寻碑。今我饮大酒，嫌人说小诗。

① （宋）乐史：《太平寰宇记》卷一〇七《信州》，中华书局2007年版，第2159页。

② 江西省民族宗教事务局编：《江西宗教活动场所简介》（第一辑），1999年，第52页。

③ （清）陈炳星《江西要览》卷二十《古迹》，江西高校古籍整理研究委员会：《江西旅游文献》（总览卷），江西人民出版社2018年版，第320页。

④ （清）方以智编，张永义校注：《青原志略》卷九《诗》，华夏出版社2012年版，第205页。

⑤ 吴亚魁：《吕洞宾学案》，齐鲁书社2016年版，第115页。

不知什么汉，一任辈流嗤。”归宗寺是庐山佛教禅宗名刹，吕洞宾也游历于此，作《归宗寺》(《书钟楼壁》) 诗云 ：“一日清闲自在仙，六神和合报平安。丹田有室休寻道，对镜无心莫问禅。”隐约道出了他在庐山自在云游的闲适和渴望修道成仙的心境。

吕洞宾道教思想理论较为深广，著述颇为丰富，诸如《直指太丹歌》《敲爻歌》《灵宝篇》《谷神歌》《太乙金华宗旨》《九真玉书》《肘后三成篇》《纯阳真人金丹诀》《吕真人小成导引法》《纯阳真人大丹歌》《性命歌》《纯阳真人玄牧歌》《修真指玄篇》《五戒篇》《众妙篇》《百问篇》《吕洞宾述长生九转金丹》《吕仙赐方》《心易》《传剑集》《真常集》《述剑集》《丹诀演正论》《仙统秘诀》《婆心集》《浑成集》《终南山人集》《吕真人血脉论》《金丹诗诀》《纯阳吕真人药石制》，等等。世人编有《吕祖全书》《吕祖全集》《孚佑上帝文集》等。不过，其中有不少是他人附会，且名目杂乱，真伪莫辨。

吕洞宾号称“剑仙”，其内丹功法中，以剑法最富特色。据《桑疏》，吕洞宾咸通中游庐山时，遇五龙君传剑术。《金莲正宗记》：“偶与正阳先生相遇，一话一言之间，心与心契，密受大道天遁剑法龙虎金丹秘文，赐号纯阳子。”《安庆府志》指出 ：“吕岩私行庐山，遇钟离真人授天仙剑法。”[①] 其剑法或得自五龙真人，或得自正阳先生（钟离权），庐山正是其传说中的得剑法地之一。吕洞宾练习剑法，似乎颇有收获。《宋史·隐逸传》载，关西逸人吕岩，“有剑术，百余岁而童颜，步履轻疾，顷刻数百里，世以为神仙”。吕洞宾对剑法有着理论的思考，直接以“剑”命名的著作即有《传剑集》《述剑集》，惜已佚，难窥其究竟。据《纯阳帝君神化妙通纪·密印剑法第七化》载，钟离权传授吕洞宾道法时曾以剑理来阐述 ：“修真体道，全凭慧力坚持 ；入妙造玄，先要志刚决裂。所以极终极始，天地莫迁 ；大用大机，鬼神莫测。故圣人携宝剑，倒斡璇玑 ；仗刚峰，直摧魔怪。故有剑法之喻也。此剑也，采无极至精，

① 见《安庆府志》，载《古今图书集成·神异典》卷二四六，中华书局、巴蜀书社1986年版，第62281页。

合先天元炁，假乾坤之炉鞴，运元始之钳锤，慧火煅成，灵泉磨利，以太极为环，刚中为柄，美利为刃，清净为匣，虚白灿烂，纯粹坚刚，运造化之机，秉仁威之令，举之无今古，按之无先后，六天神鬼归降，三界妖魔乞命，破烦恼障，绝贪爱缘，斩七情，诛六贼，断嗔怒，剿妄邪，事物来前，迎刃而解。藏之身，可以无生死，体象先；撝之政，可以镇国家，清天下。光辉善利，圆混刚中，奸邪一见寒心，外道才闻破胆。子当精进圆成，横向太虚凛凛。"[①] 吕岩剑法，实际上与道家练气关系密切。通过道法自然的练剑动感来调节和加速"真气"在体内的运行，增加人体对气的吞吐量，从而达到修身养性甚至长生成仙的目的。

吕洞宾之"剑"，包含有形之剑和无形之剑，在某种意义上正是内外丹法的结合。所谓"剑术"者，一般理解为具体有形之剑，而所谓"心剑""道剑""法剑""神剑""天遁剑法""先天遁神剑"者，通常理解为无形之剑。苗善时《纯阳帝君神化妙通纪・诱侯用晦第五十二化》载，吕洞宾游庐山简寂观，临砌淬剑，道士侯用晦问曰："先生何所用？"曰："地上一切不平事，尽皆去之。"复又以箸点酒，书剑诗一首于壁上，曰："欲整锋芒敢惮劳，凌晨开匣玉龙嗥。手中气概冰三尺，石上精神蛇一条。奸血默随流水去，凶豪今逐渍痕销。削平浮世不平事，与尔相随上九霄。"侯因问剑法，曰："有道剑，有法剑。道剑则无形，法剑则有术治之者。此俗眼所共见，第能除妖去祟耳。"问曰："今以道剑戮奸人于稠众中，得不验俗乎？"曰："道剑则忠剑，惟斩自己邪妄耳；法剑术也，则不然。以神为母，以炁为子，神存则炁存，神去则炁散，但珍其神而宝其炁，以此戮不正鬼神之类也。"[②] 吕洞宾剑法理论主要是从修行角度而阐发的。他尝自言："世言吾卖墨飞剑取人头，吾闻哂之。实有三剑，一断烦恼，二断贪嗔，三断色欲，是吾之剑法也。"[③] 其剑乃是斩断"贪嗔""爱欲""烦恼"的无形"道剑"。其诗所云"二八佳

① 吴亚魁：《吕洞宾学案》，齐鲁书社 2016 年版，第 357 页。
② 吴亚魁：《吕洞宾学案》，齐鲁书社 2016 年版，第 373 页。
③ 吴亚魁：《吕洞宾学案》，齐鲁书社 2016 年版，第 340 页。

人体似酥，腰间仗剑斩凡夫。虽然不见人头落，暗里教君骨髓枯”，正是对“道剑”功能的形象描述。事实上，吕洞宾时常通过“咏剑诗”来阐发其剑法理论及其道家思想。例如，《纯阳真人浑成集》卷上：“我有龙泉匣里藏，令人肝胆莹神光。一从提上中宫帐，万里群魔不敢当。”“铸就龙泉不记秋，护持法性得全周。神光出匣辉乌兔，冷焰凌霄射斗牛。秉处十方三界净，挥时百怪万魔愁。来时特奉天都令，封与人间烈士收。”又，《吕祖志》卷五载其相关的诗句有：“两卷道经三尺剑，一条藜杖七弦琴。”“紫极宫中我自知，亲磨神剑剑还飞。”“击剑夜深归甚处，披星戴月折麒麟。”“春尽闲闲过落花，一回舞剑一吁嗟。”“摆撼乾坤金剑吼，烹煎日月玉炉红。”等等。

吕洞宾在长期的修道活动中，性命双修、道佛双融，形成了丰富的丹道思想，除了上述剑术剑法外，主要还有以下思想：（一）主张行善积功。道教自东晋葛洪以来已明确把多行善事视为修道成仙的前提，吕岩继承了这一主张，并用通俗易记的诗歌形式广为宣传。其《功世》诗云：“一毫之善，与人方便。一毫之恶，劝君莫作。衣食随缘，自然快乐。算是甚命，问什么卜。欺人是祸，饶人是福。天眼昭昭，报应甚速。谛听吾言，神钦鬼伏。”（二）主张内外兼修，偏重内丹。吕洞宾著有《外丹百字吟》《内丹百字吟》，前者是讲怎样烧炼金丹，后者是讲炼气养神固精之法。不过，在修炼过程中，吕洞宾似乎更重内丹。《窑头坯歌》：“君不见洛阳富郑公，说与金丹如盲聋，执迷不悟修真理，焉知潜合造化工。又不见九江张尚书，服药失明神气枯，不知还丹本无质，翻饵金石何太愚！”[①] 在此，吕洞宾把服食金丹的人视为愚蠢之人。其《绝句》所谓“不用梯媒向外求，还丹只在体中收”，说明学习和践行内丹术，才是长生的秘诀。吕洞宾在《三字诀》中对神秘的内丹法诀作了简要的揭示：首先是认识人体的“性命根，生死窍”，然后方能大悟“精气神，不

① （民国）吴宗慈《庐山志》纲之七《杂识》“九江张相”条记（江西人民出版社1996年版，下册第649页）：九江张相，炼丹服食。洞宾悯其好道心切，化一术士救之。张不加礼，洞宾顿去，但见座间有诗云：“可惜九江张尚书，服药失明神气枯。不思还丹本无质，翻饵金石何太愚。”

老药"，仙丹妙药在于自身的精气神三宝；修炼的"大关键，在颠倒"，就是使三宝的外向消耗逆流为内向凝聚，做到"气要坚，神莫耗"，如此便可"乘凤鸾，听天诏"，成为与天地同寿的神仙。修炼内丹要心如止水，亦即收摄身心，令神凝气聚。《窑头坯歌》还说："胎息丹田涌真火，老氏自此号婴儿。火候九年都经过，留形住世不知春。忽尔天门顶中破，真人出现大神通。"在《钟吕传道集》中，记录了钟、吕二人在还丹、炼形、朝元、内观、魔难、证验等问题上的看法："炼形成气，炼气成神，炼神合道。"（三）主张援禅入道，道禅合一。《丹诀百字铭》："养气忘守言，降心为不为。动静知宗祖，无事更寻谁？真常须应物，应物要不迷。不迷性自在，性住气自回。气回丹自结，壶中配坎离。阴阳生反复，普化一声雷。白云朝顶上，甘露洒须弥。自饮长生酒，逍遥谁得知？坐听无弦曲，明通造化机。都来二十句，端的上天梯。"他把禅家的修持方法融会到道家的修炼方法中，功用见地已臻奥境。正因为吕洞宾修炼与禅宗"心性"密切，禅宗甚至有意将之改造成禅宗门下人物，五代后期以来的佛教禅宗经典就往往记载有"吕洞宾参黄龙"公案：吕洞宾从钟离权学道法后，尝道经黄龙山（在今修水境），睹紫云成盖，疑有异人，乃入内参谒。值黄龙诲机禅师击鼓升堂。黄龙一见洞宾，欲诱而进，乃厉声曰："座傍有窃法者。"洞宾毅然出问："一粒粟中藏世界，半升铛内煮山川。且道此意如何？"黄龙指着他大喝："这守尸鬼！"洞宾道："争奈囊有长生不死药。"黄龙曰："饶经八百劫，终是落空茫。"洞宾恼怒不已，以飞剑威胁黄龙，剑竟不能入，遂再拜求黄龙指归。黄龙诘问道："半升铛内煮山川即不问，如何是一粒粟中藏世界？"洞宾于言下顿契，作偈曰："弃却瓢囊摵碎琴，如今不恋汞中金。自从一见黄龙后，始觉从前错用心。"[①] 在此，吕洞宾经黄龙诲机禅师指点心性，才彻底获得解脱。事实上，内丹与佛禅，在修习的基本原则与方法上，多有相通。《钟吕传道集》就以佛家术语"真空"为修炼之要。其《论内观》记：钟离权对

① （宋）普济：《五灯会元》卷八《吕岩洞宾真人》，中华书局 1984 年版，第 497—498 页。

吕洞宾说："若以绝念无想，是为真念，真念是为真空，真空一境，乃朝真迁化而出昏衢，超脱之渐也。"[①]吕洞宾基于对传统道教修炼术的不满，更以援禅入道、禅道融合为其内丹说的基本特质。其《敲爻歌》等著作将内丹之纲宗总结为"性命双修"。吕洞宾悟道以后，强调上品丹道应以心身为鼎，天地为炉的金丹大道修炼，进而与禅宗心法合参，最终以禅宗圆顿之旨为其皈依这一禅化的道家思想。吕洞宾的道禅融合思想，与当时江西浓重的佛禅文化氛围紧密相关。

吕洞宾博览仙经，穷究丹法，最后豁然贯通，改主外丹烧炼为主内功修炼，并将与乃师钟离权一道探讨内功心法的内容编为《钟吕传道集》。《钟吕传道集》（又名《真仙传道集》《钟吕传道记》）分3卷18论，以"吕问钟答"的形式，分别论述真仙、大道、天地、日月、四时、五行、水火、龙虎、丹药、铅汞、抽添、河车、还丹、炼形、朝元、内观、魔难、证验等18个丹法问题，并将修丹的程序分为匹配阴阳、聚散水火、交媾龙虎、烧炼丹药、肘后飞金精、玉液还丹、玉液炼形、金液还丹、金液炼形、朝元炼气、内观交换、超脱分形等12科。全书借《道德经》《周易参同契》《阴符经》等论述内丹"性命双修"之要义，借鉴、改造外丹学的理论模型，以道法自然、天人合一思想为基础，吸收佛禅心性思想与儒家伦理道德，以阴阳五行学说为核心，炼形、炼气、炼神为方法，强调修丹应当效法天地阴阳之化、五行生克之则、日月交合之度，取肾水中所藏先天元阳真气以为丹本，以真阴真阳交媾合和，以阳炼阴，三田返复，使精合于气，气合于神，神合于道，阳神超脱而成仙，完成大道的修炼。其中，《论大道》曰："及乎真原一判，大扑已散。道生一，一生二，二生三。一为体，二为用，三为造化。体用不出于阴阳，造化皆因于交媾。上中下列为三才，天地人共得于一道。道生二气，二气生三才，三才生五行，五行生万物。万物之中，最灵最贵者，人也。惟人也，穷万物之理，尽一己之性，穷理尽性以至于命。全命保生以合

① 吴亚魁：《吕洞宾学案》，齐鲁书社2016年版，第181页。

于道，当与天地齐其坚固，而同得长久。”[①] 这可视为钟吕学派内丹思想的纲领。总体而言，《钟吕传道集》系统地把前人内丹修炼的一些零星的思想片段总结糅合在一起，比较具体地界定了一些从外丹烧炼中移植过来的内丹学术语，阐述了功法步骤和证验阶次，建立了钟吕派内丹道体系。据《道藏精华录百种提要》称，《钟吕传道集》“深达道妙，凡仙家不传之秘，于此尽情掬示，纤悉无隐。循此参修，始无歧识之弊，能入真仙之境”。

总之，吕洞宾不仅以其活动影响广泛，成为“八仙”中最有魅力的仙道，而且以较为全面系统的内丹学说，为北宋以来内丹派的形成发展奠定了理论基础，由此被北宋以后的内丹学诸家共尊吕洞宾为宗祖，也是理所当然。而这些都与江西分不开。

二、华阳子施肩吾与钟吕丹道的传承

五代宋前期，华阳子施肩吾以洪州西山为活动中心，弘扬光大钟吕丹法，成为江西（中国）内丹道发展史上的重要人物。

华阳子施肩吾[②]，字希圣，自号华阳子，溢浦（今江西九江一带）人。华阳子生卒年不详，大约为五代宋初人。华阳子少年习佛，出家为僧，因怀疑佛教修行的效果，转而学道。据元代赵道一《历世真仙体道通鉴》卷四十五《施肩吾》载，施肩吾初得一托名晋代道士许逊者授其五种内丹诀及神丹诸方，后再遇吕洞宾传授内炼金液还丹大道，于是隐居洪州西山。或说，华阳子曾一度由洪州西山来到赣州玉虚观，与真人刘继先共同修持于此观。对于华阳子得法于吕洞宾之事，文献多有记载，但时空往往显得模糊、混乱，难以究实。据元苗善时《纯阳帝君神化妙通纪》卷五之“度施肩吾七一化”所述，华阳子遇吕洞宾乃在豫章西山。其云：“（施肩吾）隐居豫章西山，遇帝君，教以五行颠倒之法，三田反

① 吴亚魁：《吕洞宾学案》，齐鲁书社 2016 年版，第 147—148 页。

② 本处华阳子施肩吾生平事迹的叙述，参考网络“互动百科”之“华阳子”条。按，此华阳子施肩吾与唐中期的栖真子施肩吾同活动于洪州西山，文献资料往往将二人混淆。本小节主要以“华阳子”称之。

覆之义。”[①] 华阳子得道后，曾授徒传道，主要弟子有李文英、李竦（字全美）二人。华阳子道法精深，又博通经史，工词章，著有《西山群仙会真记》5卷、《华阳真人秘诀》1卷、《座右铭》1卷等。此外，《直斋书录解题》又有《真仙传道集》3卷，不著撰者，而《宋史·艺文志》题施肩吾撰，作2卷；又华阳子传钟吕金丹道重要典籍《钟吕传道集》《灵宝毕法》《大白经》《黄帝阴符经解》等。南宋胡栖真曾编有《施肩吾文集》行世。

华阳子隐居洪州西山，虔心求道。他反复研读《钟吕传道集》，亲身体验内丹修炼过程，感佩唐代栖真子施肩吾，因采摭《太上隐书》《灵宝内观经》《上清玄格》《洞玄经》等书，撰作《西山群仙会真记》，把自己对钟吕内丹学的认识以及西山道士们的内修方法进行了系统综述。全书凡5卷，取五行正体之数；每卷5篇，应一气纯阳之义。卷一围绕着“识”字展开，曰识道、识法、识人、识时、识物。卷二专论“养”，曰养生、养形、养气、养心、养寿；卷三专论“补”，曰补内、补气、补精、补益、补损；卷四的五个专论中，均标以一个“真”字，曰真水火、真龙虎、真丹药、真铅汞、真阴阳；卷五述“炼”，曰炼法入道、炼形化气、炼气成神、炼神合道、炼道入圣。其说主要出自《参同契》《周易》，同时掺杂了医家诸书之见解，主张以养性为先，次以补益精、气、神为基础，形全气壮，再炼内丹以长生。华阳子《西山群仙会真记》“序”云：

> 性非生知，学道者必资于切问。道难言传，立教者不尚于文明。藏机隐意，恐轻泄于圣言；比物属辞，乃密传于达士。世有读书而五行俱下，开卷则一览无遗，声名喧世，孰知不死之方？头角摩天，岂悟希夷之理？必也访道寻真，求师择友。览仙经之万卷，不出阴阳；得尊师之一言，自知真伪。水、火、木、金、土，五行

① 按：《唐才子传》卷六《施肩吾》称：唐代施肩吾栖息洪州西山后，“至是授真诠于仙长，遂知逆顺颠倒之法，与上中下精、气、神三田反复之义”。但更多的文献证明此“仙长”是活动于其后的吕洞宾，故不大可能受此道法。此所为唐代施肩吾，实应为五代宋初的华阳子施肩吾。

也。相生而为子母，相克而为夫妇，举世皆知也。明颠倒之法、知抽添之理者鲜矣。上中下，精气神，三田也。精中生气，气中生神，举世皆知也。得返复之义、见超脱之功者鲜矣。知五行之颠倒，方可入道；至于抽添，则为有道之人也。知三田之返复，方为得道；至于超脱，则为成道之人也。古先达士皆曰道成，真成道者百无一二。今来后学徒有道名，真入道者十无八九。欲论得道而超脱者，西山十余人耳。遂从前圣后圣，秘密参同。一集五卷，取五行正体之数；每卷五篇，应一炁纯阳之义。开明至道，演说元机。因诵短篇，发明钟吕太上至言，庶得将来有悟勤而行之，继仆以出尘寰为蓬瀛之侣。①

由此可见，《西山群仙会真记》的宗旨乃是引导修行者通过参证西山诸圣的内修之道，以阐发钟吕、太上之内修微旨：以补养固形实现现世长生为基，以内炼成丹而超脱成仙为归。

华阳子继承钟吕道派的思想，积极阐发炼气养生、培育性命的理论，表现在以下几个方面：

其一，推崇修养“阳神”。华阳子坚信学道可以长生，认为人的本原为得道之阳神。人有了质体就“阴承阳生”，渐渐阴盛阳消而病老衰亡。为免于轮回死亡，就应当修阳神。《西山群仙会真记·补损》：“纯阴而无阳者，鬼也；纯阳而无阴者，仙也；阴阳相杂者，人也。唯人可以为鬼，可以为仙。”知此修炼，可以“超凡入圣，而脱质为仙”。他把仙分为鬼仙、人仙、地仙、神仙、天仙；按其修炼形、气、神的高低划分，并贬斥佛教的修行证果为“阴灵之鬼”，“虽曰仙，其实鬼也”②。

其二，比较系统地阐发了识正道、行真法的思想。华阳子指出，三教有邪有正，儒、释是邪，道是正。他不但认为“三教中太上为先”，而

① （清）金桂馨、漆逢源编纂，陈立立、邓声国整理：《万寿宫通志》卷十六《艺文志》，江西人民出版社2008年版，第250页。

② 《道藏》，第4册第657页。

且指出钟吕金丹道才是仙道正宗，并在“炼形化气”“炼气成神”“炼神合道”之前增加一项“炼法入道”，特别强调“得尊师之一言，自知真伪”[①]的重要意义。华阳子除了提出识道、识法、识人，以便于流传正道外，还提出识时、识物（水火、龙虎、丹药、铅汞、阴阳）等，对抽添、河车、还丹、炼形、朝元、超脱、内观、魔难、证验多所论列，并对“性”“命”“心”“魂”“魄”“精”“神”“灵”“道”诸范畴作了诠释。这些范畴的说明，意都在于识正道、行真法。顺便提及，《西山群仙会真记》论及“性命之学”说：“从道受生谓之性，自一禀形谓之命，所以托物谓之心，心有所忆谓之意，意有所思谓之志，事无不周谓之智，智周万物谓之虑，……气来入身谓之生，气去于形谓之死，所以通生谓之道。道教有而无形，无而有精。”给性与命的定义已开后来理学家的先河，而“道”“气”的说法更为理学家所袭取。

其三，华阳子在栖真子的气住则神住，神住则形住“三住铭”理论的基础上，进一步阐发钟吕“五行颠倒”“三田反复”的内丹修炼思想。《钟吕传道集·还丹》：“五行颠倒，三田返复，互相置换。以致炼形化气、炼气化神。自下田迁而至中田，自中田而至上田，自上田迁而出天门。弃下凡躯，以入圣流仙品，方为三迁功成。自下而上，不复更有还矣。”《西山群仙会真记》与此观念一致，称：当炼气成神，自上田迁出天门，弃下丹躯之后，就“不复更有还矣”，“朝元之后，不复存想，方号内观”。华阳子颇为强调的内观法，是“观己不观物，观内不观外”，“以净心为本，以绝想为用”，“下心之火于丹田，不计功程”，“一念不漏，自然内定而结元神焉”。华阳子认为“览仙经之万卷，不出阴阳”，因而习惯用阴阳五行说来阐述炼养之本。“水、火、木、金、土五行也，相生而为子母，相克而为夫妇，举世皆知也，明颠倒之法，知抽添之理者，鲜矣！上中下、精气神三田也，精中生气，气中生神，举世皆知也；得返复之义，见超脱之功者，鲜矣！知五行颠倒，方可入道，至于抽添，则为有道之人也。得三田返复，方为得道，至于超脱，则为成

① 《道藏》，第4册第422页。

道之人也。"[①]认为学道者应明"五行颠倒之法"，知"抽添之理"，得上、中、下三丹田"反复之义"，方见"超脱之功"。华阳子此等思想当与获传《钟吕传道集》有相当密切的关系。[②]

其四，建构较为系统的养生思想。华阳子主张修"真仙"，得"大道"，用道教的理论统率养生修性，否则"远于道者，养命不知法。所以不知法者，下功不识时，所以不知时者，不达天地之机也"。华阳子《座右铭》就充分体现了清静、恬淡、虚无的养身原则："元气真精，能得万形。其聚则有，其散则零。我气内闭，我心长宁。至人传授，小兆谛听。如病得愈，如醉得醒。心安而不住，形劳而不倦。心淡而虚，则阳和集。意躁而欲，则阴气入。心悲则阴集，志乐则阳散。不悲不乐，恬淡无为者，渭之元和。清静无为，不以外物累心，则神全而守固。"也就是说，养生应以养形为基础，然后补益体内的精、气、神，形全气壮方可修炼内丹以得长生。

华阳子还基于日常生活的实践，宣扬养生原则。如指出：沐浴不可当风、多睡浊神、频醉赦气、多汗损血、力困伤形等等，皆来自日常生活。值得注意的是，华阳子并没有像诸多内丹家那样偏执于内丹修炼，排斥其他养生术。他继承中国古代传统养生术的一些养生法门，并将其纳入其内丹道的系统中。例如，《西山群仙会真记》的内容构成，既有养生、养形、养气、养心、养寿等五养及五补之类的摄补论述，又有真水火等五炼一类属于纯粹内丹修炼的内容。值得一提的是，华阳子的内丹修炼理论一方面渊源于钟吕内丹道，同时又参证了洪州西山派的一些内外丹道的思想。故其中的一些炼养法术按照后世内丹道的判教理论，不少实际上应归入旁门小术或外丹的行列。因此，华阳子虽然批判外丹，自己却不能完全避免不受外丹道的影响。事实上，其丹道的外丹色彩还是明暗相加的。例如，《西山群仙会真记·补内》，称所谓修炼阴丹就是采妇女之津炁，并斥责执迷于这种修炼方术为"少学无知"。此外，华阳

① 《道藏》，第4册第422页。
② 卿希卿主编：《中国道教思想史》（第二卷），人民出版社2009年版，第422页。

子把当时各种养生的派别及方法都一一作了评价，认为那只是修“人仙”的方法。华阳子还提出了炼形化气、炼气成神、炼神合道等“五炼”之说，这些理论使内丹功法提高了一个层次。

华阳子继承了钟吕内丹道法，又根据自己的丹法体会，接纳传统的养生术，并将二者融为一个有机整体。据以元赵道一《历世真仙体道通鉴》为代表的道教文献所载，华阳子在遇吕洞宾之前，已先从许旌阳受五种内丹诀。按：道教史上许逊，已于东晋孝武帝宁康二年外丹合炼有成，举家拔宅仙去。故赵道一等所谓华阳子从许受内丹诀之事，只能理解为扶乩降神之传授。另外，东晋至唐道教化的“许逊”主要从事外丹的合炼，第藉外丹之力而超升。华阳子从许受内丹法诀之事，只能视为他在扶乩降神过程中，请许下降，传授道法。很可能是因为当时外丹合炼已渐式微，内丹信仰开始兴盛，故华阳子相当不得体地向“许逊”请教内丹法诀。华阳子或赵道一等人的这一“创造”对于华阳子处于西山道教史上特别地位的确立具有相当积极的意义。华阳子是钟吕派发扬光大的关键道人，他编撰《钟吕传道集》《西山群仙会真集》等作品，可以代表这一时期内丹道的理论水平。从《海琼白真人语录》卷四《泥丸真人罗浮翠虚吟》所云“或依《灵宝毕法》行，勒尾间兮咽津液，或参《西山会真记》，终日无言面对壁”的叙述来看，华阳子《西山群仙会真记》在南宋时已流传甚广，为内丹修炼者所信奉。或正是由于华阳子积极传扬钟吕道法并卓有成效，道教便将其列入钟吕派之中。华阳子之所以成为钟吕派的重要继承者，除了他本人因传习钟吕内丹道而有丰富的道教理论素养和积极的创新意识外，还在于他接受了道教内丹情势的发展、洪州西山深厚的道教文化底蕴，以及洪州禅宗的影响。唐宋时期，正是儒释教三教关系整合的重要时期，“三教合流”成为当时的一大趋势。钟吕派大量吸收佛教（尤其是禅宗）的思想，又标榜道教的崇高地位。华阳子少业佛，学道后又活动于庐山、西山这一佛教禅宗重地，故在其编著的丹道著作中大量袭取佛教的名词术语和“轮回报应”等观念。

华阳子正处于内丹道基本成熟的阶段，内丹思想与实践成为一种不可阻遏的潮流，故以承传钟吕内丹思想理论自许。华阳子比较系统地阐释了道教钟吕内丹学，并根据西山道教文化有所创新。《钟吕传道集》《西山群仙会真集》两书均成为内丹道的不朽之作，不仅为西山道教开辟了一条修炼内丹的金光大道，而且对江西（中国）道教也有相当积极的影响。由于有了华阳子的特别贡献，洪州西山也成为唐宋时期江西（中国）内丹道的重要基地。这也典型地说明了：在中国道教由外丹为主转向内丹为主的历史转型时期，江西的道教人士正积极投身其中，并做出了重要的贡献。

三、谭峭《化书》与内丹新途及政治思想

谭峭是五代十国时期从外丹趋向内丹的关键人物之一，是道教世俗政治化的代表人物之一，在江西（中国）道教史上留有重要的地位。

谭峭其生平事迹充满着“神秘”和巨大争议。其主要原因之一，诸如《历世真仙体道通鉴》之类的道教文献资料中，往往分别书写谭峭和谭紫霄的事迹。据南唐沈汾《续仙传》“谭峭传”载：

> 谭峭，字景升，国子司业洙之子。幼而聪明，及长，颇涉经史，强记，问无不知，属文清丽。洙训以进士业，而峭不然，迥好黄老诸子及周穆、汉武、茅君列仙内传，靡不精究。一旦，告父出游终南山，父以南山近京都，许之。自经终南、太白、太行、王屋、嵩、华、泰岳，迤逦游历名山，不复归宁。父驰书委曲责之，复谢曰：“茅君昔为人子，亦辞父学仙，今峭慕之，冀其有益。”父母以其坚心求道，岂以世事拘之，乃听其所从。而峭师于嵩山道士十余年，得辟谷、养气之术，唯以酒为乐，常醉腾腾。周游无所不之，夏则服乌裘，冬则绿布衫。或卧于风霜雪中经日，人为已毙，视之，气出怵怵然。父常念之，每遣家童寻访，春冬必寄之以衣及钱帛。捧之且喜，复书，遽遣家僮乃厚遗之，才去，便以父所寄衣出街，路见贫寒者与之，及寄于酒家，一无所留。人或问之：“何为如此？”曰：“何能看得？盗之所窃，必累于人；不衣不食，固无忧也。”常欣欣然，或谓风狂，每行吟曰：“线作长江扇作天，靸鞋抛向海东边。蓬莱信道无多路，只在谭生拄杖前。”尔后居南

岳，炼丹成，服之，入水不濡，入火不灼，亦能隐化。复入青城而不出矣。[①]

按：以上文字后来几乎全移入《历世真仙体道通鉴》卷三十九《谭峭》中，唯在其后增加了以谭峭《化书》被宋齐丘所夺的前因后果及其对宋齐丘批判的文字。

沈汾《续仙传》未记谭峭之生卒年月、道号以及著《化书》之事，也没有提到他有在庐山活动的情形，似乎也与江西道教无关。然而，据《新五代史·闽世家》，五代时有名号为"紫霄"之谭姓道士曾被闽王王昶封为"正一先生"。又，宋代陆游、马令分别撰著的《南唐书》及清吴任臣《十国春秋》等载有内容相类的谭紫霄事。另外，北宋陈舜俞《庐山记》卷三《叙山南篇》载："栖隐洞……保大中，道士谭紫霄来自闽中，赐号金门羽客，始立观于此。"按，闽亡于保大三年（945），谭紫霄约于是年遁居庐山栖隐洞。而《历世真仙体道通鉴》卷四十三《谭紫霄》最为全面地记述了谭紫霄的事迹：

……紫霄生于金陵，骨法魁语，神识秀丽，龟形鹤步，圆目方喙，日角有吉字，人关有井文，众以其殊相异之。六经百氏，秘典灵书，多所该通。南之玉笥山为道士，后遇异人授以魁罡斗极观灯飞符之术，行之灵验。自是名倾江湖，依之如流。遂入闽中，闽主王审知礼加勤厚，一命洞玄天师，再命左街道门威仪贞一先生，降札曰："慈能育物，鉴可通神，未归十洞三天，且佐宵衣旰食。"闽亡归金陵，南唐烈祖闻之，遣使劳问，旁午于道召见，应对锋辩。上悦服，乃授左街道门威仪，及锡命服，加真曜先生曜或作观。降札曰："养德林中，柄神象外，遣华世网，绝利道腴。"保大中，又赐"金门羽客"。紫霄素爱庐山胜槩，于是卜白云峰之栖隐洞。……又于星渚之城南门创别馆以备出入。……后主久钦其高风，复召至

① （宋）张君房辑：《云笈七签》卷一一三，齐鲁书社 1988 年版，第 635—636 页。

金陵，未几还山。宋太祖开宝六年夏四月一日，沐浴上堂，端坐而逝，春秋一百五十。时洞侧人见其有云气如龙，冲升而去。及葬，又有彩云白鹤盘绕其上。后主遣使娼赠弥渥。初，紫霄得术精妙，能醮星象，事黑杀，禹步指诀，禁诅鬼魅，为人烧奏禳祈灾祥，颇知寿夭。人或召之，……紫霄自被累朝宠遇，其礼皆比蜀杜光庭，然多辞而不受。凡所获绩醮祭之资，皆以延贤达、赈贫宝二及待四方宾客，室无囊箱焉。紫霄居洞，时道流闻风而至者百余人，每为其徒讲庄、列，曰：庄、列吾教也，熟其书本是悟明真性，要见本来无物，其说正与释氏合。若能以释氏之书参而观之，则庄、列之意较然易明。吾幼时于《金刚》《圆觉》诸经无所不读，以是吾于本来真性无不了悟。今时人自谓道家，便与释氏互相矛盾，不知真心求道者不如是也。况但拾其绪余，土苴有迹为之事，以是为道，非惟不悟真性，亦且背老、庄之本意万万矣。以故紫霄室中道释儒书皆有之。《南唐列传》载：谭紫霄，泉州人，幼为道士。初有陈守元者，亦道士，尝锄地得木札数十，贮铜盎中，皆张道陵符篆，朱墨如新藏。去而不能用，以授紫霄。紫霄尽能通之，遂自言得道陵天心正法，劾鬼魅、治产病多效。闽王孟叔尊重之，号金门羽客、正一先生。闽亡，遁居庐山栖隐洞，学者百余人。后主闻其名，召见，赐官皆辞不受。俄而疾卒，年百余岁。今言天心正法者，皆祖于紫霄。①

从上述所记，文献分别记载的谭峭、谭紫霄的事迹虽有较大区别，但亦有相当的交叉重合。大约自宋代始，就一直有学者怀疑他们是否同一人。明胡应麟《少室山房笔丛·四部正伪》言："然齐丘仕南唐，而南唐又有金陵羽客谭紫峭者，能召鬼神，四方道流从学者百余人，于三教

① 《道藏》，第5册第348—349页。按：余嘉锡先生《四库提要辨正》据宋代陈舜俞《庐山记》认为：谭紫霄游至建康时当在南唐元宗保大年间而非后主时，且赐其"金门羽客"号当南唐而非闽王。

书皆所洞晓。尝教其徒讲庄、列，深以为合于释氏，则于今传《化书》意旨尤若相类。二谭并与齐丘同时，一人耶？二人耶？吾无得而知也。”《四库全书总目》亦言：“道家称峭为紫霄真人，而《五代史·闽世家》称王昶好巫，拜道士谭紫霄为正一先生，其事与峭同时，不知即为一人否？方外之人，行踪靡定，亦无从而究诘矣。”[①] 余嘉锡《四库提要辨正》据宋代陈舜俞《庐山记》而肯定二者实为一人。[②] 当代道教研究者多倾向于谭峭就是谭紫霄，峭为名，紫霄为号。[③] 谭峭曾在江西玉笥山、庐山活动，在庐山期间或撰成中国道教史重要著作《化书》。

《化书》共6卷110章，分道化、术化、德化、仁化、食化、俭化等六化。大抵本齐物以言道化，本虚无以言术化，本无为以言德化，本道德以言仁化，本税多民饥以言食化，本见素抱朴以言俭化。道教以“化”为高级境界，达到“化境”即是悟境。谭峭书以“化”名，盖专门从“化”的高度来阐述和表达其特别的道教思想。

“道”是道家道教思想的最高范畴。《老子》之“道”并不是指万物的一个极点，而是无始无终。谭峭正是在《老子》“道”的基础上，认为道是一个连续不断永恒变化的过程，并形成了自己“化”的思想。《化书》首卷《道化》云：“道之委也，虚化神，神化气，气化形，形生而万物所以塞也。道之用也，形化气，气化神，神化虚，虚明而万物所以通也。是以古圣人穷通塞之端，得造化之源。”[④] 谭峭认为，一切皆化，“化”有顺逆两途，从“道之委”来说，由“虚化神，神化气，神化形”，是“道”顺而产生万物的过程；从“道之用”来说，“形化气，气化神，神

---

① （清）永瑢等：《四库全书总目》卷一一七“子部·杂家类”《化书》，中华书局1965年版，第1011页。

② 余嘉锡：《四库提要辨正》第2册，中华书局1980年版，第855页。

③ 关于“谭峭”“谭紫霄”系一人的相关论证，参见郭健：《谭峭〈化书〉研究》，《华侨大学学报》2004年第4期；卿希泰主编：《中国道教思想史》，人民出版社2009年版，第311—316页。

④ （五代）谭峭撰，丁祯彦、李似珍点校：《化书》卷一《道化》，中华书局1996年版，第1页。本小节所引《化书》材料均引自此版本。为简约，本小节所引《化书》材料均只言各“化篇”下的“名目”。

化虚”，是“道”从外化的万物返回它自身的过程。“道”的顺行和逆行的相互转化和循环，构成了万物的运动。谭峭将“委”与“用”对应使用，赋予了“道”具有“化”的机制、能力、本性。谭峭假设了“道”为不运的本体，“道之委”，即是说“道”先是自我委别，转化为“虚”，“虚”又自我委别转化为“神”，“神”又自我委别转化为“气”，以此法，“气”转化为“形”，“形”转化为“万物”，这是对《道德经》“道生万物”说的时代发展，较之“道生一,一生二,二生三,三生万物”这一抽象的术数推比讲得更具知性，更符合客观实际。同样，“道之用”的“用”，既指“道”的神用，即“道”自身能够化实为虚，自我返元，又可“虚明而万物所以通”，即认识和把握世界变化的规律。故“道之用”正是修道者进行修炼成仙的依据。无论是“道之委”还是“道之用”，核心在于“虚”。空寂无形之“虚”是“道”之根本。虚“顺”而生物，物“逆”而返虚。“虚”，并非绝对意义上的虚无，而是可作为“造化之源”的所谓“太虚”或“虚空”，本质上是一种“有”。《龙虎》言:“虚空非无也。”《游云》:“太虚之中，无所不有。”这种“虚”的思想，渊源于《老子》“天下万物生于有，有生于无”“归根曰静，是谓复命”及“视之不见名曰夷，听之不闻名曰希，抟之不得名曰微”等说法。总之，《化书》开篇的文字不仅说明了宇宙间万化运动之基本过程，而且以为万有之间不论“虚”与“实”或精神与物质，皆可以“相通”无碍，并点明了“通”“塞”之关键，实为《化书》全书立论之基石。

谭峭关于“道”是一个过程的思想与《老子》观点一致，但其思想与《老子》又略有不同。《老子》讲有、无，所强调的是生生不已，而谭峭对虚、神、气、形的论述，则着重于变化的趋势。《化书》所言“虚”“神”的关系不是先与后的关系，而是体与用的关系，气和神相对于虚亦无先后可言，只是逐渐表现得具体些，故言虚化神，神化气，气化形。气和形是依一定的规律和法则来具体表现道化过程的，故谭峭又把虚—神—气—形的过程称之为“相导相含”的过程。谭峭认为神在道化过程中起着主导的作用，所谓“载我者身，用我者神”。在这个意义上，道化可称为“感激之道”或“神化之道”，道化具有相当必然性。谭峭认为，“化”之所以产生，乃是由于事物内部有两种不同力量相互作用。《阴阳》：“阴阳相抟，不根而生芝菌；燥湿相育，不母而生蝤蛴”；《动静》：“动静相磨，所以化火也，燥湿相蒸，所以化水也。水火相勃，所以化云也；汤盎投井，所以化雪也；饮水雨日，所以化虹蜺也。”无疑这种源自于“化生万物”的“阴阳”“动静”的运动观，突破了以往道教教义中所倡导的“静生万物”的观点，含有更多的辩证法思想，极富道教文化的意义。或许是由于“阴阳”对立共存的观念在道教徒心目中根深蒂固，谭峭又认为事物的变化具有必然性，不以人的主观意志为转移。如《大化》：“其来也势不可遏，其去也力不可拔。”《死生》：“万物非欲生，不得不生，万物非欲死，不得不死。”由这种因此太虚于“万物”中的必然性，当然也可以得出变化乃普遍存在之现象的结论，至于变化是一种循环往复的过程这种思想，则盖与传统道教由阴阳消长而得出的“天道比若循环，周者复反始”[①]这种天道观有关。

《化书》强调一切皆“化”，由此“虚”与“形”互化的思想，颇有异于一般人的见识。具体实在的“形”，如何能与近于“无”的缥缈空寂的“虚”相互转化?《蛇雀》解释：“形无妨而人自妨之，物无滞而人自滞之。”之所以如此，是因为“物”之实在或“形”之质碍可能是人的主观幻象，而如果能抛弃这种主观幻象，则各有形质、特征之万物在本质上并无区别。谭峭主张万物之“形”皆是不固定的、万物之间的相互转化皆是可能的。在《化书》中，谭峭列举了自然界中万物的各种变化现象。概括而言，有以下数种模式：一是发生在同一物体之内部的属性变化。如人的生命演化过程。二是无生命物体之间的转化。如云雨虹霓之类的自然现象之产生过程。三是有生命物体之间的转化。如《蛇雀》：“蛇化为龟，雀化为蛤。彼忽然忘屈曲之状，而得蹒跚之质；此倏然失飞鸣之态，而得介甲之体。”四是有生命物体与无生命物体之间的转化。“自无情而之有情”“自有情而之无情”。谭峭既以为“物”之形质不过是

① 王明：《太平经合校》，中华书局1960年版，第227页。

人的主观幻象，《蠮螉》所言“蠢动无定性，万物无定形”，虚与实尚且可以“相通”，则“自无情而之有情”又有何不可？谭峭在《化书》中所列，庶几囊括了自然界中各种可能的变化情形，构建了一个万物化生的总体模式。其目的在于表明“化”的普遍性、广泛性，从而论证修道可令人“化”为神仙、行法可令凶“化”吉之可能。同时，谭峭思考万物的生死、盛衰，认为大自然的规律是生命有生必有死，而虚无是不生不灭的，由此提出了“虚无互化”的观点：“是知万物可以虚，我身可以无。以我之无，合彼之虚。自然可以隐可以显，可以死，可以生，而无所拘。”在谭峭看来，“道”自我裂化，就是世界形成以及形成的过程如此如彼的根源，“虚明”是“万物所以通”的条件，也是“认识”产生的条件。道从“形下”能够返本归元，回到“形上”状态，就在于它自己既能“虚”，化成万物，又能“明”，找到返本归元的“路”。可以说，这是中国道教宗教神学对重玄学“道德—境智”说，也是中国传统哲学对“本—末”关系哲学认识的重大突破，其极强的辩证色彩体现了中国传统哲学的思辨水平有了重要的进步。①

谭峭的“道化”，不离人事，重点在于阐发内丹修炼的理论。《道化·紫极宫碑》阐述“神化之道”云：“是以古圣人穷通塞之端，得造化之源，忘形以养气，忘气以养神，忘神以养虚，虚实相通，是谓大同。故藏之为元精，用之为万灵，含之为太一，放之为太清。是以坎离消长于一身，风云发泄于七窍，真气熏蒸而时无寒暑，纯阳流注而民无死生。是谓神化之道者也。”在此谭峭较为具体阐述这逆则成仙的大略途径。《紫极宫碑》系一相当概括然又相当完整的内丹理论纲要。谭峭认为，空寂之“虚”与有形之“物”可以相互转化，由此而构成“化化不间，犹环之无穷”的循环过程。谭峭通过对这些变化之术的生动描写，表达了他虚化万物、虚实相通的道教理念，而强烈的“虚”意识也导致其在丹术修炼中更重“神”的修炼。谭峭认为世界是一个统一的整体。《老枫》：“自有情而之无情也。是故土木金石，皆有情性精魄。虚无所不至，神无

① 周德全：《道教与封建王权政治交流研究》，人民出版社2015年版，第390页。

所不通，气无所不同，形无所不类。孰为彼，孰为我？孰为有识，孰为无识？万物，一物也；万神，一神也，斯道之至矣。”其中，“虚”的概念极为重要，“虚”摆脱了“生”的直观性，所以才能用“化”来描述仙道的玄妙。谭峭实际上以“虚”为核心形成了“精气神”相通，“物我齐一”，即“神化”的观念。谭峭“虚”法，实为其丹道修炼之大法。

谭峭基于“虚无中无所不有”的理念，提出了以“忘”为核心的丹道修炼思想。“坐忘”是自战国庄子至唐朝上清派司马承祯的历代道家所主张的修心方法，“忘”实为道家丹法要诀，谭峭颇得其旨。他认为，人之所以会有事物的分别，关键在于“有心”“有为”。有心、有为乃是因为有形、爱形。修道就是要“忘形以养形，忘气以养神，忘神以养虚”，要“忘其形而求其情”。内丹以“情”为“感通”，感通即神，因而修道也就是要忘形养神——不执着自身形，融汇到“道化”之中去。达到与道化为一，便可“穷通塞之端，得造化之源”。谭峭认为，生命与“道化”一致，修道的目的就在于使生命重新与道同一。《死生》：“虚化神，神化气、气化血、血化形，形化婴、婴化童、童化少、少化壮、壮化老、老化死，死复化为虚、虚复化为神、神复化为气、气复化为物，化化不间，由环无穷。夫万物非欲生，不得不生；万物非欲死，不得不死。”但谭峭的目的绝不在此，更在于：“达此理者，虚而乳之，神可以不化，形可以不生。”既然形是由虚化生而出，那么人就不断地用虚心养神，使神达到不再转化为气与形的状态。这实际上就是说，懂得了人的生死循环过程，然后靠修炼方法，阻止这一循环，从而使人永生不死。当然，这种不死只是神的不死，即“神化之道”。谭峭的这一思想与老子有相通之处。老子认为人的生死循环是由道决定的，是不可更改的，却可以用“柔”“知足”等办法来阻止这种循环。另外，谭峭的这一思想，或许也对钟吕派道法有所凭借。《钟吕传道集·还丹》强调：“炼形成气，炼气成神，炼神合道。”

谭峭着重阐发“神化之道”的“道化”学，其最终目的乃是使修道者“阳神”出壳而飞升成仙，故肉体在其中不过是所谓虚妄的臭皮囊而已。与贬低“形”相应，谭峭又褒扬“神”。例如，《阳燧》：“载我者身，用我者神，用神合身，可以长存。”《用神》：“用形用神则亡，以神用形则康。”《耳目》：“神之有形，由形之有疣。苟无其疣，何所水可？”这种抬高“神”而抑低“形”的说法，不仅与谭峭“形生而万物所以塞”的看法有关，而且也是唐末以来的思想潮流。谭峭认为人的生命状态是可以转化的，其关键则在于发挥人的主观能动性以“夺”天地造化之机。如《转舟》：“得天地之纲，知阴阳之房，见精神之藏，则数可以夺，命可以活，天地可以反复。”《琥珀》：“大人善用五行之精，善夺万物之灵。”这里所谓“得天地之纲”“善用五行之精”等，实即进行内丹修炼。此外，谭峭认为人欲令生命状态得到转化，还须远离尘俗、清心寡欲，如《天地》言：“是以大人录精气，藏魂魄，薄滋味，禁嗜欲，外富贵。虽天地老而我不倾，虫营虹死而我长生。”

谭峭认为，掌握“道之委”与“道之用”之玄理，就可以融通“术化”之玄机，达到穷通任化的妙境，成为自由之至的“大人”。《大同》：“唯大人无所不同，无所不化，足可以兴虚皇并驾。”“（大人）得天地之纲，知阴阳之房，见精神之藏，则数可以夺，命可以活，天地可以反复”。出世可以成道成仙，应世“可以守国，可以救时，可以坐为帝王之师”。大人看到物的变化，因而追求不生不化，以无所不化。要达到这样的境界，必须依赖“虚无”。事物可以由此变彼，说明他们彼此相通。一切差别，都是主观设定的，都仅是人的感觉。《水窦》：“万物本虚，万法本无。”因此，人们的处世，应该“一有无，一死生，一情性，一内外”（《铅丹》），无知、无为、无心，这就要做到“忘”，进入“虚无大道”。[①]显然，谭峭追求的神仙，已不是通过服食丹药而白日飞升的神仙，而是实现了形、气、神、虚逆转的现实生命，并具有“纯阳流注而民无死生”的慈悲之心，“虚实相通”成为神仙的最大新特征，“虚实相通”就是神化，就是得道。

宋金允中《上清灵宝大法》卷四十三：“自汉天师弘正一之师，而天心正法出矣。……五季之后，有谭先生、饶先生相继祖述而成书。”又，

① 李显光：《混元仙派研究》，中国社会科学出版社2007年版，第121页。

元赵道一《历世真仙体道通鉴》卷四十三《谭紫霄》载："今言天心正法者，皆祖于紫霄。"这说明在道教界公认谭峭是承接天师道之法术而开天心正法者。按，"天心正法"实属于北宋饶洞天创立新符箓道派后流行的一种道教法术，它施用符箓、法印、神咒等术，又强调与内丹的结合，故而它既假托张陵为始祖，又将谭紫霄列为重要传人。当然，其中传说饶洞天师从谭氏得道，是最重要的原因。

谭峭是后世中国最大的道法体系"五雷正法"理论的先行者。例如，北宋清微派（雷法体系的代表）有一贯的内道外法的思想，其经典《道法枢纽》云："道法以炁为通感。善行持者，知神由炁。炁由神，外想不入，内想不出。一炁冲和，归根复命，行住坐卧，绵绵若存，所以养之浩然者，施之于法，则以我之真，合天地之造化。故嘘为云雨，嘻为雷霆。用将则元神自灵，制邪则鬼神自伏。通天彻地，出幽入冥，千变万化，何者非我？"而这一思想及相关论说，其实在谭峭《化书》已有相当明确的表述。如《云龙》："云龙风虎，得神气之道者也。神犹母也，气犹子也，以神召气，以母召子，孰敢不至也？夫荡秽者，必召五帝之气，苟召水至，秽何以荡？伏魍者，必役五星之精，苟役不至，魍何以伏？小人由是知阴阳可以作，风云可以会，山陵可以拔，江海可以覆。然召之于外，水如守之于内，然后用之于外，则无所水可。"谭峭言"得神气之道者"能召五帝之气以荡秽、役五星之精以伏魍，并且可以会风云、拔山陵、覆江海甚至"无所不可"，明显是以其为获得各种"神通"者，而之所以能获得这些"神通"，是因为能"守之于内，然后用之于外"；所"守"之物，则为"神气"。也就是说，谭峭认为人若能在修炼后"以神召气"，即可获得超乎常人的能力。这种以意念存想"召五帝之气""役五星之精"之类的做法，实为道法"雷法"之一种。由此可知，《道法枢纽》和《化书》二论机理实可相通。其一，二者都是以"神气"为法术之本。《化书》重兼内外二所的"神气"。气为神之本，神为气之聚，得其气则得其神，神、气可相召。《道法枢纽》所指神由气、气由神，二者相合，可以造成种种奇妙变化，不仅与《化书》精髓一致，连语句言词亦复相类似。其二，二者都有强调神气在内不在外的倾向。只是谭峭之说尚属于由外及里的过渡，而雷法的观点则比较成熟圆通。由于谭峭所处时代的限制，他不可能全盘否定外丹术。谭峭的主张，强调那些向外追求的办法不够精到，不如纯从内身修养着手，守住固有的神气精，其效更为有力速捷。这种强调内部神气的倾向，明显地具有从重视内气与外气外物并重向依恃内气过渡的痕迹。雷法理论中，称“所以养之浩然者，施之于法，则以我之真？合天地之造化”云云，正是“守之于内，然后用之于外，则无所不可”的不同说法，惟谭峭认为相对较好的办法，雷法则认为唯一好，唯一正确。如此，法术以内为本的思想，实谭峭发之于前，而雷法诸派继之于后。雷法的重要特点是采用了内丹学说，具体表现为内道外法的观念。而内道外法的思想，虽从王文卿到清微派都一以贯之，最早则见于谭峭的《化书》。故论及雷法渊源，谭峭应为源头。①

与同时代大多数内丹家一样，谭峭积极主张援佛入道、佛道结合之理。其《化书》有机地吸收了禅宗的思想。例如，他所力倡的“虚”理，实际上就是禅家养心之理。《老枫》:“虚无所不至，神无所不通，气无所不同，形无所不类。”《虚无》:“人无常心，物无常性”“志于乐者犹忘饥，志于忧者犹忘痛，志于虚无者可以忘生死”。谭峭将虚实相通、有无相融作为人生理想和身处乱世的人生态度，他按照这个理论去化居人生，是自全性命、自养精神于乱世的一种寄托。这种物我一体的圆融化境，正是当时法眼文益禅师所倡导的禅宗追求“你我混融合一”的境界。

谭峭精通内外功法，又深入进行功法理论探索，其所著《化书》不仅总结了自己修道实践的经验，而且总结了自东汉魏伯阳以降历代炼丹家的理论，吸取了《阴符经》等等道教哲学论著的精要。其法术理论，乃是主张以内炼为基础，以其成就内丹为根本，整个是内道外法理论的初步表述。《化书》之“化”，是中国传统哲学观察世界方法论的一种改变，这一方法论旨在试图通过直观的“透视”，把握事物变化的机制，从而对宇宙的生成秩序进行了新的解释。他将宇宙的生成过程理解为

① 刘仲宇：《五雷正法渊源考论》,《宗教学研究》2001 年第 3 期。

“化”，而不是“生”，明显受唐朝“重玄学”的思辨思路的影响，同时，也开辟了内丹“逆炼”成仙的新思路。《化书》是我国道家道教由金丹思想即外丹术向内丹术过渡时期承上启下的重要理论，对唐宋之交道家道教思想的演变具有划时代的理论意义。明刘咸炘十分推崇《化书》，言：“是书六篇，文体出老子、孙武，引喻精妙，而立论坚实，唐诸子家，自杜牧外，皆不及也……其书真道家之精，不背于义，而切于时，非泛窃庄、列陈言之比，求之前后，未有足与鼎立者矣。”①

要特别指出的是，《化书》尚保留传统道教“肉体成仙”的意义。如《死生》：“夫万物非欲生，不得不生；万物非欲死，亦不得不死。达此理者，虚而乳之，神可以不化，形可以不生。”这种保留，事实上与谭峭本人对形体的否定是颇相矛盾的。又，谭峭之“化”，存在着“循环论”的问题。如在《生死》中，叙述了人类从受胎到出生以至老死的变化过程，最后仍然归结为“死复化为虚，虚复化为神，神复化为气，气复化为物，化化不间，犹环之无穷”。本来，“化”确实是一种普遍存在的现象，但若将其说成是一种循环反复的过程并套用到万事万物之上，则难免机械。何况，“化化不间，犹环之无穷”，又陷入了形而上学的循环论。另外，谭峭著书的目的乃是阐明“化化不间”之理而“以化显道”，而作为道教徒，其理想则是“游太上之京”而“与虚皇并驾”，所以，“化”与“不化”究竟孰者更为根本，谭峭已无法明确回答。尽管由于时代局限和个人格局，谭峭《化书》关于内丹的思想理论尚显得粗朴。但由其有关“虚”“形”互化及“忘形以养气，忘气以养神，忘神以养虚”等思想，已有后世道教内丹学所倡“顺则成人，逆则成仙”及“炼精化气，炼气化神，炼神还虚”的影子。而文中“坎离消长”“纯阳流注”诸语，也属典型的内丹学术语。这个在中国丹道发展史上的意义无疑是重大的。

谭峭虽为道士，却熟读经史，深契儒家。在思想意识中始终保留着丰富的儒家政治理念和深厚的社会关怀，表现出儒道合一、援道入儒、儒道用世的倾向。《化书》有大量篇幅涉及处世治国之道。

---

① （民国）刘咸炘：《推十书》，成都古籍书店1996年影印版，第974页。

谭峭以为，社会同于自然，亦源于“虚”，化化不已。《大化》：“虚化神，神化气，气化形，形化精，精化顾盼，而顾盼化揖让，揖让化升降，升降化尊卑，尊卑化分别，分别化冠冕，冠冕化车辂，车辂化宫室，宫室化掖卫，掖卫化燕享，燕享化奢荡，奢荡化聚敛，聚敛化欺罔，欺罔化刑戮，刑戮化悖乱，悖乱化甲兵，甲兵化争夺，争夺化败亡。其来也势不可遏，其去也力不可拔。”在此，谭峭将“道化”观点用于说明社会现象：人类社会是从自然界的“气化”“形化”转变而来，它们都统一于道。谭峭设想在人类社会早期阶段（“揖让”阶段），没有尊卑，没有聚敛，没有争夺，人人平等。“揖让”以后，人类社会变质了，分化出尊卑，滋生出种种不公平，于是纷争随之而起。这种关于自然界向人类社会演进的叙述，与《周易·序卦传》的结构非常相似，明显受到了后者的影响。

谭峭认为万事万物都有“化”的规律性，不应违背，治理国家、社会也是如此。《常道》：“仁义者常行之道，行之不得其术，以至于亡国。忠信者常用之道，用之不得其术，以至于获罪。廉洁者常守之道，守之不得其术，以至于暴民。材辩乾常御之道，御之不得其术，以至于罹祸。”《止斗》：“止人之斗者使其斗，抑人之忿者使其忿；善救斗者预其斗，善解忿者济其忿。是故心不可伏而伏之愈乱，民不可理而理之愈怨。水易动而自清，民易变而自平，其道也在不逆万物之情。”谭峭认为，“无为”或“有为”的决定权是掌握在统治者手中的，如《解惑》：“机在此不在彼，柄在君不在人。”只要统治者奉行“无为”，做到“于己无所与，与民无所取”，民众就会自正、自朴、自富。故统治者应戒骄横、奢侈而行谦虚、朴素，以获得民众的拥护和爱戴。如此则可返回到理想的“太和”社会。谭峭以“复古”的思维观照社会历史发展，实际上也是以为其乃一个循环变化的过程。

谭峭重视用道家思想改造儒家的仁义道德学说。如《德一》：“旷然无为之谓道，道能自守之谓德，德生万物之谓仁，仁救安危之谓义，义有去就之谓礼，礼有变通之谓智，智有诚实之谓信，通而用之之谓圣。道，虚无也，无以自守，故授之以德。德，清静也，无以自用，故授之以仁。仁用而万物生，万物生必有安危，故授之以义。义济安拔危，必有否臧，故授之以礼。礼秉规持范，心有疑滞，故授之以智。智通则多变，故授之以信。信者，成万物之道也。”《五行》：“道德者，天地也。五常者，五行也。仁，发生之谓也，故均于木。义，救难之谓也，故均于金。礼，明白之谓也，故均于火。智，变通之谓也，故均于水。信，悫然之谓也，故均于土。仁不足则义之，金伐木也。义不足则礼济之，火伐金也。礼不足则智济之，水伐火也。智不足则信济之，土伐水也。始则五常相济之业，终则五常相伐之道，斯大化之性也。”《五常》提出，“仁义礼智信”“五常”之道贯通天地万物，“分之为五事，属之为五行，散之为五色，化之为五声，俯之为五岳，仰之为五星，物之为五金，族之为五灵，配之为五味，感之为五情”。以上说法，实是对老子“失道而后德，失德而后仁，失仁而后义，失义而后礼”思想的继承和发挥。所不同者，谭峭以“五行”来比附“五常”，并以“五行”相克来说明“五常”兴替的原因，令上述道德规范的“退化”似乎更合乎“不足”之义。谭峭认为，帝王必须懂得老子《道德经》之“道—德”是孔子儒家“仁—礼”源泉之理，只有这样才能“夺五行之英，盗五常之精，聚之则一芥可包，散之则万机齐亨。其用事也如酌醴以投器，其应物也如悬镜以鉴形。于是乎变之为万象，化之为万生，通之为阴阳，虚之为神明”。谭峭认为“道生”与“德畜”是“自然”之道，而“仁义礼智信”五常乃是人道，人之道，善恶自知，善恶自用，善恶自受，至于“至道”与“至德”，则网络天地，在物成物，在人成人，只是一般人不懂这个道理，反而无所不为，为所欲为，以满足自己的欲望为“善”，以至于生出种种“恶”来，帝王养民，道理是一样的。《德化》：“民不怨火而怨使之禁火，民不怨盗而怨使之防盗。是故济民不如不济，爱民不如不爱。天有雨露，所以招其怨。神受祷祝，所以招其谤。夫禁民火不如禁心火，防人盗不如防我盗，其养民也如是。”帝王要让民自然而然地生活，不要故意拘制，否则，只能“招其怨”“招其谤”。换言之，统治者遵循“无为”之道，顺民性自然之理，就是“德化”与“仁化”。

谭峭尊重儒家。其《化书》虽以“失道而后德，失德而后仁”的顺序成篇，却没有贬低儒家“仁义”。谭峭认为，由道而德、由德而仁、由仁而向义和礼的演化是自然的进程。《仁化》：“旷然无为之谓道，道能自守之谓德，德生万物之谓仁，仁救安危之谓义，义有去就之谓礼，礼有变通之谓智，智有诚实之谓信，通而用之之谓圣。道，虚无也，无以自守，故授之以德。德，清静也，无以自用，故授之以仁。仁用而万物生，万物生必有安危，故授之以义。义济安拔危，必有臧否，故授之以礼。礼秉规持范，必有疑滞，故授之以智。智通则多变，故授之以信，信者，成万物之道也。”谭峭在此实际上是充分肯定了儒家五常存在的价值。谭峭对儒家的圣人也极尽赞美之词。《五常》：“所以运帝王之筹策，代天地之权衡，则仲尼其人也。”《知人》则形容自尧舜至孔子的儒家圣人都有堂堂道德之象：“观其文章，则知其人之贵贱焉。观其书篆，则知其人之情性焉。闻其琴瑟，则知其人之道德焉。闻其教令，则知其人之吉凶焉。小人由是知唐尧之容淳淳然，虞舜之容熙熙然，伯禹之容荡荡然，殷汤之容堂堂然，文王之容巍巍然，武王之容谔谔然，仲尼之容皇皇然。则天下这空，可以自知其愚与贤。”谭峭充分肯定了儒家仁义的价值。《黄雀》：“君子之道，仁与义、中与正，何忧何害！”他在《俭化·大含》中将道家的“道德”与儒家的“仁义”并称为“道德仁义”，说：“唯大人之机，天地莫能见，阴阳莫能知，鬼神莫能窥。夫何故？道德仁义之所为。”

谭峭指出，衣食是百姓生存的最低要求，但生产衣食的农民却连这最起码的要求也达不到，因为他们遭受到统治者和寄生者的无情掠夺。《七夺》：“民事之急，无甚于食，而王者夺其一，卿士夺其一，兵吏夺其一，战伐夺其一，工艺夺其一，商贾夺其一，道释之族夺其一，稔亦夺其一，俭亦夺其一，所以蚕告终而缫葛苎之衣，稼云毕而饭橡栎之实。”统治者以欺诈刑赏之术治国，重税剥夺民食，苦役穷尽民力，致使天下纯朴泯灭，道德沦丧，民多饥困。《雀鼠》：“人所以恶雀鼠者，谓其有攘窃之行”，而剥削成性的统治者却比盗窃粮食的雀、鼠还不如。谭峭还揭露了统治者伤害农民的阴险和残酷。《丝纶》：“王取其丝，吏取其纶；王取其纶，吏取其綍。取之不已，至于欺罔。欺罔不已，至于鞭挞。鞭挞不已，至于盗窃。盗窃不已，至于杀害。杀害不已，至于刑戮。欺罔非民爱而裒敛者教之，杀害非民愿而鞭挞者训之。”在统治者的压榨之下，农民的处境极为悲惨。“夫火将逼而投于水，知必不免，且贵其缓；虎将噬而投于谷，知必不可，或觊其生。以斯为类，悲哉！”谭峭认为，人乃是一种嗜欲猛于虎狼的动物，是导致各种争斗、冲突的重要根源。《巫像》:“虎狼不过于嗜肉，蛟龙不过于嗜血，而人无所不嗜，所以不足则斗、不与则叛”;《畋渔》:“膻臭之欲不止，杀害之机不已。”因剥削压迫而造成的“贫食愈不足，富食愈不美”的贫富差别，其结果只能是迫使农民起来反抗。《奢僭》:“夫君子不肯告人以饥，耻之甚也。又不肯矜人以饱，愧之甚也。既起人之耶愧，必激人之怨咎，食之害也如是。而金笾玉豆，食之饰也；鼓钟戛石，食之游也；张组设绣，食之惑也。穷禽竭兽，食之暴也；滋味厚薄，食之忿也；贵贱精粗，食之争也。欲之愈不止，求之愈不已，贫食愈不足，富食愈不美。所以奢僭由兹而起，战伐由兹而始。”民众为了生存，揭竿而起实属被逼无奈。《弓矢》:“天子儿弓矢以威天下，天下盗弓矢以侮天子。……有国者好聚敛，蓄粟帛、具甲兵以御贼盗，贼盗擅甲兵、踞粟帛以夺其国。”《太和》:“非兔狡，猎狡也；非民诈，吏诈也。慎勿怨盗贼，盗贼惟我召；慎勿怨叛乱，叛乱禀我教。”《雀鼠》:“上以食而辱下，下以食而欺上。”统治者的无情剥削和残酷压迫是造成社会动乱的基本原因。

谭峭认为，天下之乱并非由于仁义无用，而是统治阶级自身出了问题，或出于一己私心：《大化》:“是以大人以道德游泳之，以仁义渔猎之，以刑礼笼罩之，盖保其国家而护其富贵也。”或出于治理乏术，不得其法。《常道》:“仁义者常行之道，行之不得其术，以至于亡国。忠信者常用之道，用之不得其术，以至于获罪。廉洁者常守之道，守之不得其术，以至于暴民。财辩者常御之道，御之不得其术，以至于罹祸。”或由于对均食的重要性没有深刻的认识，空谈仁义之道。《战欲》:“况民腹常馁，民情常迫，而谕以仁义，其可信乎？讲以刑政，其可畏乎？”《七夺》:“王者之刑理不平，斯不平之甚也；大人之道救不义，斯不义之甚也。而行切切之仁，用戚戚之礼，其何以谢之哉！”人无食，则行为无异于禽兽，甚至在大饥之年、久困围城之下，民有易子而食者，人之残忍或有过于禽兽。谭峭认为，统治者要避免农民的反抗、暴动，光靠虚伪道德说教与严刑峻法是不行的。统治者如果不能克制自己无止的欲望以仁义之心善待百姓，最终必然危及社会的和谐稳定。因此，谭峭主张"养民"之要乃在于统治者的自律。王者如果能带头"自律"，许多社会问题便可以迎刃而解。《鸱鸢》："苟王者能均其衣，能让其食，则黔黎相悦，仁之至也；父子相爱，义之至也；饥饱相让，礼之至也；进退相得，智之至也；许诺相从，信之至也。"《救物》："民之情也，让之则多，争之则少；就之则去，避之则来；与之则轻，惜之则夺。"《养民》所谓"禁民火不如禁心火，防人盗不如防我盗"，而自律主要是克制欲望、让利于民、"均食"天下。

谭峭坚信"仓廪实而知礼节"的古训，由此说明食与天下兴亡之关系。明确提出"苟其饥也无所不食，苟其迫也无所不为。斯所以为兴亡之机"。又，《鸱鸢》："是知君无食必不仁，臣无食必不义，士无食必不礼，民无食必不智，万类无食必不信。是以食为五常之本，五常为食之末。……教之善也在于食，教之不善也在于食。其物甚卑，其用甚尊。其名尤细，其化尤大。是谓无价之货。"谭峭"食为五常之本，五常为食之末"，是道教对社会"经济"立场上，对"仁义礼智信"五常之理进行了全新的时代诠释。《七夺》："一日不食则惫，二日不食则病，三日不食则列。民事之急，无甚于食。"《无为》："自天子至于庶人，暨乎万族，皆可以食而通之。"

谭峭认为"食化"之要在于"均食"。《俭化·太平》云："食均则仁义生，仁义生则礼乐序，礼乐序则民不怨，民不怨则神不怒，太平之业也。"均食，其实质是均平之道，这也是儒家本义。《论语·季氏》："丘也闻有国有家者，不患寡而患不均，不患贫而患不安。盖均无贫，和无寡，安无倾。"《僭奢》："能均其食者，天下可以治。"均食对于培养老百姓和统治者的"仁义"之心，构建社会伦理道德体系和"礼乐"秩序有着不可替代的作用。谭峭激烈地抨击了为满足自己不断扩张的欲望而抢夺他人之食的行为，"剜其肌，啖其肉，不得不哭；扼其喉，夺其哺，不得不怒”。谭峭将“五常”与食有机结合起来，认为二者是有机的互动关系。只有社会先提供充足的“食”，“五常”才能得到很好的实施和发挥。人心有“五常”，才能真正做到“我耕我食，我蚕我衣”。谭峭“食化”的思想，不乏偏激之处，且有浓厚的小农平均主义思想。但他对剥削者的抨击，以及强调食的重要性，主张“均食”而致太平，正是对老子的“大道废，有仁义”等思想的进一步发挥。

谭峭认为，均食的关键是俭。《俭化》：“俭者，均食之道也。”“俭”是五常之本。《损益》：“夫仁不俭有不仁，义不俭有不义，礼不俭有非礼，智不俭有无智，信不俭有不信，所以知俭为五常之本，五常为俭之末。”《化柄》：“俭于听可以养虚，俭于视可以养神，俭于言可以养食。俭于私可以获富，俭于公可以保贵，俭于门闼可以无盗贼，俭于环卫可以无叛乱，俭于职官可以无奸佞，俭于嫔嫱可以保寿命，俭于心可以出生死，是知俭可以为万化之柄。”谭峭的俭并没有脱离道家“身国同治”的思维轨道，不仅指财富，还还原到养生学，要以老子的“俭道”贯通、统一儒爱的五常，俭为五常之宗，故能御一、守一。《御一》：“王者皆知御一可以治天下也，而不知孰谓之一。夫万道皆有一：仁亦有一，义亦有一，礼亦有一，智亦有一，信亦有一。一能贯五,五能宗一。能得一者，天下可以治。其道盖简而出自简之，其言非玄而人自玄之。是故终迷其要，竟惑其妙。所以议守一之道，莫过乎俭。俭之所律，则仁不荡，义不乱，礼不奢，智不变，信不惑。故心有所主，而用有所本，用有所本则民有所赖。”谭峭多次提到“守一之道莫过乎俭”，指出俭乃救世之道。要求统治者“于己无所兴，于民无所取”，对统治阶级提出严厉的“尚俭”措施。谭峭强调统治者应行“俭化之道”，以令天下太平。之所以如此，是因为“奢”害处甚多，容易导致相互攀比和物用不足，进而导致争斗和动乱。《食象》：“观食象者，食牛不足，睹戴冕者，戴冠不足。不足有所自，不廉有所始。是知王好奢则臣不足，臣好奢则士不足，士好奢则民不足，民好奢则天下不足。”《民情》：“其夫好饮酒者，其妻必贫；其子好臂鹰者，其家必困。”《巫像》：“不足则斗，不与则叛，鼓天下之怨，激烈士之忿。”相反，君王行“俭”则能为臣民树立榜样，有效地抑制奢侈浪费，令社会富贵、天下太平。《无为》：“我服布素则民自暖，我食葵藿则民自饱。”《悭号》：“一人知俭则一家富，王者知俭则天下富。”《王者》：“不自贵，天下安敢贵？不自富，天下安敢富？”《三皇》：“君俭则臣知足，臣俭则士知足，士俭则民知足，民俭则天下知足。天下知足，所以无贪财，无竞名，无奸蠹，无欺罔，无矫佞。是故礼义自生，刑政自宁，沟垒自平，甲兵自停，游荡自耕，所以三皇之化行。”《天牧》：“奢者富不足，俭者贫有余。奢者心常平，俭者心常富。……奢者多忧，俭者多福，能终其俭者，可以为天下之牧。”《权衡》：“能至于俭者，可以与民为权衡。”《损益》：“夫礼者，益之道也。俭者，损之道也。益者损之旨，损者益之理。礼过则淫，俭过则朴。自古及今，未有亡于俭者也。”谭峭在《乳童》《化柄》中，认为俭“以可为大人之师”，甚至“可以为万化之柄”。

为了纠正现实纷争、穷困之弊，谭峭主张恢复古代社会的纯朴道德之治。他推测人类太古时代的情景类同蝼蚁的群居生活。《蝼蚁》：“蝼蚁之为君也，一拳之宫，与从处之；一块之台，与众监之；一粒之食，与众蓄之；一虫之内，与众咂之；一罪无疑，与众戮之。”在蝼蚁生活中，为君的居处，娱乐、饮食都与大众一样，没有尊卑贵贱之分；处理事情，也与大众共同决定，没有独断志行之弊。所以统治者与被统治者应心息想通，病痛相连，甘苦与共。如此“怨何由起，叛何由始。斯太古之化也”！

总览《化书》，身国同治、儒道合一的思想浓厚。“道”是天地万物兴衰成败的根本，而“君王”是人事社会善恶治乱的根源，而只有遵道行道，注重民生，才能“化”解各种社会问题，家国稳固。《化书》志在“化民”，是防止民众造反，重建稳定的社会秩序，因而它的理论也是一种辅君王、致太平的统治理论，乃人君南面之术。《化书》试图通过对世俗社会各种变化形象的考察和分析，来探寻社会治乱之因由、指出天下太平之途径，其中有不少内容反映出了进步的民本思想，具有积极的意义。与老子一样，谭峭生当乱世，有强烈的世事关怀。由此，《化书》其说多本黄老道德之旨，或“近乎儒家”[①]。

谭峭《化书》以“内丹”修炼为基础，以“化”来观察天地人关系，是道教试图从事物的“内部联系”把握事物变化规律的体现，构建了一个具有时代特色的神仙道教哲学世界观。从“政—道”关系角度看，谭峭通过《化书》，开辟了一条以“书谏”为特色的“政—道”交流的新路，在中国封建社会的“政—道”交流史上应该占有一席之地。[②]《化书》在圆融的化境中，站在时代的高度提出了复归老庄、兼容儒术禅学的理念，为道家的理论发展注入了新鲜的血液。从北宋陈抟开始，道门均把《化书》作为必读经书。谭峭的思想对宋代理学的产生有很大的影响。《化书》在中国政治思想史上、中国道教文化史上均占有重要地位。

第六节　独具特色的风水派

风水，又名堪舆，为临场校察地理环境风物的相地之术。风水是儒道二家方术之一种，大凡道士多少识知风水。中国风水意识及其相关活动自先秦以来就已产生，只是大多数时期仅在上层社会尤其是作为帝王家秘术流传。风水广泛地向民间社会传播发展，开始形成有影响的方技流派，大体上肇始于晚唐隐逸于赣南的杨筠松。在杨筠松及其弟子们的努力下，江西风水自晚唐以来成为中国风水的重要内容与主流代表。

一、杨筠松肇开江西风水学术

杨筠松（约834—907），名益，字叔茂，法号长茂山佐，窦州（今广东信宜）人。自幼聪明卓异，十七岁登第入朝。唐僖宗时曾为国师，掌灵台地理事，官至金紫光禄大夫。广明元年（880）十二月，黄巢破唐京师长安后，杨筠松因挟堪舆秘籍出宫禁，断发以头陀模样约于公元882年辗转至虔州虔化县怀德乡（在今赣州宁都境），爱其山水，遂家

① 参见潘雨廷：《道藏书目提要》“化书”条，上海古籍出版社2003年版，第133—134页。

② 周德全：《道教与封建王权政治交流研究》，人民出版社2015年版，第388页。

焉。此后，杨筠松曾住兴国三僚，游走于宁都、于都、兴国为中心的赣南及周边地区，为人勘山踏水、寻龙捉穴，颇多建树。特别是他与割据虔州的卢光稠（840—911）相交好，曾以堪舆术协修虔州城。杨筠松约唐天祐三年（906）病卒（或说杨筠松因失言而与卢光稠交恶，被毒死），葬雩都寒信峡药口坝（今名杨公坝）。民间以及风水术士尊称为杨救贫、杨公仙师等。

相传，杨筠松阐发堪舆理论的著作有《正龙子经》《疑龙经》《撼龙经》《黑囊经》《青囊奥语》《葬法十二杖》《疑龙十问》《卫龙篇》《变星篇》《二十四砂葬法》《天玉经》《天玉经外编》《玉尺经》等，并被悉数收录《四库全书》。不过，这些著作中或不少为他人托名；同一著作，往往数名并存，混淆不一。杨筠松本人创作的风水著作可能并不很多。据丁芮朴《风水祛疑》考证，世传托名杨筠松的风水著作中，只有《疑龙》《撼龙》二书为其所撰。李定信等人考证，杨筠松最可靠的著作是《青囊奥语》《天玉经》和《玉尺经》，因为这三部著作用语，多赣州方言。不过，上列著作，即便不是杨氏亲撰，但基本上符合杨氏的风水思想，视为杨氏的著作也不为大错。《青囊奥语》(《青囊经》) 1卷，仅137字，是风水实践的纲领。它以阴阳顺逆、九星化曜，辨山水之贵贱吉凶，倡导七十二龙的运用。《青囊奥语》专主理气，为风水理气派理论典籍。又，《撼龙经》《疑龙经》《葬法倒杖》各1卷，是杨筠松指导风水操作实践的峦体形势派的理论代表作。《撼龙经》基于“堪舆之道，在天成象，在地成形”的思想，全篇以七律歌谣的形式言山龙脉络形势，配以九星，决其休咎。其一，提出了中国地理形势以昆仑山为祖山的龙脉格局。以人体喻山脉，融合佛道思想。其二，提出了在山地和平洋择穴的“捉龙择脉”方法。杨氏认为山峰都与天上的星辰相对应，但只有围合有情、能聚气的地形才是真龙。其三，提出了风水学中的北斗九星体系。杨氏把佛道中的九星观念和吉凶占验引入到仿生学的四灵模式中，从“星峰”对应的观念把构成四灵的山脉细化为贪狼、巨门、禄丰、文曲、廉贞、武曲、破军、左辅、右弼九星。每一种“星”又有各种形态。值得一提的是，杨氏的风水北斗九星体系理论思想还被以后的理气派用作理气的法宝。其四，着重指出了中国地形与人才、风俗形成的关系，具有较为浓厚的地理学思想。《疑龙经》分上中下三篇，上篇言干中寻枝，以关局水口为主；中篇论寻龙到头，看面背朝迎之法；下篇论结穴形势，附以疑龙十问，以阐明其义。该经还附有《卫龙篇》《星变篇》，文字简短，是对正文的补充。《葬法倒杖》(《葬法》）专论点穴倒杖。杖法即葬法，“十二杖法”为：顺、逆、缩、缀、开、穿、离、没、对、截、犯、顿，它是根据不同的地形地势，选取不同的穴位，注重弥补地形的缺陷，尽量采用最佳方案。此书图文结合，是风水形势派的图谱指南。《天玉经》分为“内传”（3卷）和“外篇”（1卷），全书以《周易》八卦论述风水。它主要以干支方位附会于地形，以五行配方位论吉凶，使风水理论更加复杂化。这一套理论奠定了风水理气派的基本观点，且成为风水实践的具体细则。

杨筠松的风水法，总结、继承和发展了前代风水学的理论思想和实践方法，融合了儒释道文化。譬如，杨氏风水术的理论基础是早期《周易》“人天和谐”“天人合一”的哲学思想，也有后来道教的“气”“善”，佛教的“因果报应”等思想。又如，东汉班固在《汉书·艺文志》“数术略”中，言：“形法者，大举九州之势以立城郭室舍形，人及六畜骨法之度数、器物之形容，以求其声气贵贱吉凶。犹律有长短，而各徵其声，非有鬼神，数自然也。”再如，传为晋郭璞所著的《葬经》阐明：“木华于春，粟芽于室，气行于地中。其行也，因地之势。其聚也，因势之止。古人聚之使不散，行之使有止，故谓之风水。”这一“乘生气”思想，正是杨氏风水理论与实践的重要来源。杨氏重视山水地理形势（峦体形势），以气论山，归结于地形，看龙、穴、砂、水等论吉凶，提出了“龙、砂、穴、水、案（向）”五大要素（“地理五诀”）密切结合的风水基础理论。力主峦头形势为上，强调因地制宜、因龙择穴，龙、穴、砂、水配合。杨筠松学说经过发展、完善的过程，逐渐演变、形成风水地理的“形法理论”，也称“形势派”或“峦体派”。后世堪舆界尊称杨筠松为“形势派”或“江西派”（“赣派”）的风水地理祖师，以有别于“福建派”（“闽派”）的“理气之法”[1]。当然，风水术是由形、理、法三者的结合，其由此分派不过是各有偏重而已。杨筠松风水既讲形势，又讲理气，有较为严密的堪舆学思想理论，不仅是风水形势派祖师，也是风水理气派的先驱。

二、杨系弟子风水学的贡献

杨筠松在赣南从事堪舆活动的同时，招徒教授，培养出了一批得意弟子，最为杰出的是曾文辿、刘江东二人。他们大力继承、积极发展了杨筠松的风水实践与理论，使赣派风水推广到南方多地，影响全国。

曾文辿（854—916），字缝舆，号逸真，鄠都（今赣州于都）人，或作宁都人。曾文辿自幼习诗书，后又博览群书，尤熟谙天文地理。原本希望通过科举仕进，因晚唐政治不安，遂隐雩都黄龙寺读书。一日偶遇杨筠松，仰慕其精深的堪舆学问，于是师事之，得杨筠松悉心培育。传说，杨筠松为卢光稠所害，曾文辿为师复仇，因改卢光稠风水，害怕卢光稠及其后裔的报复，于后梁贞明二年（916），与弟子游袁州万载，爱其县西北山之形胜，谓其徒曰：“吾死葬于此。”卒如其言。数年后，其徒于豫章复见文辿，惊其未逝，遂启其冢见空棺，始知文辿尸解。曾文辿身上有浓厚的道教气息。或是他将风水与道教结合，使风水有了更强的理论基础，更广阔的活动空间。据说，曾文辿著有《青囊序》《天玉经序》《阴阳问答》《八分歌》《寻龙记》《泥水经》等传世。不过，除了《青囊序》《天玉经序》两文外，其他的是否为曾文辿所作，亦不无疑问。曾文辿编纂杨筠松的《青囊奥语》后，作《青囊序》一卷予以说明。《青囊序》以七言诗序阐述《青囊奥语》主旨，相墓家理气一派，从此发源。曾文辿《天玉经序》进一步阐述了风水“七十二龙”的理论及其运用方法，是一篇弘扬杨筠松《天玉经》的风水理法重要著作。

据说，曾文辿后把风水术传于陈抟，即此一端，陈抟为理气派的代

① 南宋赣州风水师王伋，移居福建建瓯，终身布衣，潜心风水术，以罗盘蠡测方向定位，其风水理论正与赣南“形势派”相对，故称“理法派”“理气派”，俗称“福建派”。

表人物。陈抟以道家的内丹修养，丰富、发展了道家的内丹术，亦可表明曾文辿是中国方术史上的一位承前启后的重要人物。曾文辿本来有良好的天文地理学基础，对道教文化也颇有涉猎，表现出风水术道家道教化的情形。当然，也可能是道教将风水术、风水人物道家化的产物。

与曾文辿一样，刘江东也是杨派风水形成发展的关键人物。刘江东（884—972），字渊则，名子昇，别名七碗、添碗，晚号刘白头，世称见道先生，鄠都人。据说，当唐末杨筠松避黄巢之乱居虔州弘传堪舆时，刘江东同曾文辿等传述，起初杨、曾二人俱不著文字，惟刘江东稍有口诀。刘江东自称得杨筠松“青囊口诀”，并根据口诀写下了《三宝经》。另外还著有《怀玉经》《海底眼》《立锥赋》等，作为传家口诀。刘江东门下弟子中，最重要的是其女婿谭元谟。谭元谟得刘江东之传，精堪舆术，著有《司马头陀天元一气论》，词理精微。值得一提的是，刘江东传道，不仅传于子孙，而且“有好学者，不拘姓氏则传之”。而曾、廖二姓却是将风水术列为家传，不传外人，后曾、廖二姓繁衍，主要在三僚一地，而刘姓渐渐走出三僚，从兴国散播各地，以至海外。刘江东的徒裔们将刘江东的风水口诀编纂成《刘公葬法》。由此刘江东的风水理论思想和实践经验在风水界得到较为广泛的流传。

宁都廖三传家族是发扬风水的代表者，不仅与杨筠松有关，且与仆都监有关。仆都监，又作卜都监，佚其名，官司天监都监。黄巢之乱，与杨筠松避地虔化怀德乡（今宁都县黄陂镇），遂以青乌术传中坝廖三传，三传传其子瑀，瑀传其婿谢世南，世南传其子永锡。又，赣县卜则巍，字应天（一说名应天，字则巍），号昆仑子。或认为，仆都监与卜则巍是同一人。不管是否为一人，卜都监与卜则巍其生平事迹及其风水思想确实是融混在一起。卜则巍著作甚富，以《雪心赋》最为著名。《雪心赋》是形势派的经典之作，所建构的风水理论体系内容繁富，规模宏大，旨约而赅，涉及风水学的各个层面。明代地理学家徐试认为此书可与《葬书》《催官篇》等名著相提并论。卜则巍氏以赋的形式，在论述山水气脉之法和龙虎砂水穴审度之道的同时，提出了“生旺休囚，机运行而不息”的思想。表示生命周期“旺相休囚死”的理论即源于此，是风水文化和命理学的术语。[①] 卜则巍的风水理论或可视为仆都监的参照。仆都监、杨筠松定居宁都之后，随即传播其堪舆之术。由于在赣南，后来杨筠松的形势派占有绝对的优势，故仆氏的学说就飘缈难闻了。

杨筠松和仆都监定居宁都黄陂期间，共同收了当地大族子弟时年十九岁的廖三传为徒。廖三传（861—921），因通《春秋》“三传”而得名。他因得杨筠松、仆都监两大风水大师的哺育，技法高超，因而成就了家族风水传承的基础。廖三传其后传子廖通。廖通（887—955），精杨、仆之术，官至南唐都监。因官，故其艺鲜为人知。廖通再传子廖瑀。廖瑀（943—1018），字伯禹，或说字荛纯、万邦，号平庵居士。天赋聪敏，博学强记，好奇幻之术，谙天文地理。十二岁丧父，靠己精勤研读。年十五，通五经，人称“廖五经”。五代时期，天下离乱，科举不继。因其父廖通擅长堪舆，廖瑀自幼耳濡目染，因此转而研究堪舆之术。宋初，以茂异荐，不第，遂潜心研究家传的堪舆术，脉承杨筠松、卜都监，又曾师从德兴吴景鸾。中年精通堪舆之术后，隐居宁都翠微峰金精洞，自称金精山人。专心著述。廖瑀将其术传二子，均迁福建，其术亦传福建；又传其三弟克谦之子十九郎，迁兴国山寮，其术亦传兴国；还传德兴高徒傅伯通与邹宽。廖瑀著有《怀玉经》《拨沙经》《八分歌》《金精鳌极》《地理总论》《地理秘传》《地理问答》《地理泄天机》《葬法新印》《俯察本源歌》《一盏灯》等书，但多已失传，仅《怀玉经》流传于世，主要内容与杨筠松所传相类，堪舆家至今宗之。

三、何溥的风水学术

或是受晚唐以来杨筠松风水学的刺激与影响，除赣南之外的江西其他地区，也涌现出一批风水术数学理论家，代表性的人物有何溥、宋齐丘。

何溥，字令通（或作会通），南唐宜春人。天资颖异，善地理家言。

---

① 颜廷真、孙鲁健：《中国风水文化：理论演变和实践》，陕西师范大学出版总社有限公司 2011 年版，第 97—99 页。

中主李璟闻其贤，累诏起之，擢国子祭酒。保大年间（943—957），邹廷翊相皇陵于牛头山，何溥极言不利，忤旨贬谪为休宁县令。后退隐芙蓉山，即灵山碧云庵，礼昭禅师为师，削发为头陀。虽假迹禅门，绝不谈释语，每诵《道德经》，必叹曰："真圣人也，孔子岂欺我哉！"于是专修长生炼化之术，更名慕真。后主李煜时复征，不起。一坐四十年，豁然大悟。宋天禧己未（1019）十月十八，里中江文案往见之。何溥正席趺坐，心火自灼，顷刻死。何溥著有堪舆书《铁弹子》《灵城精义》二书。《铁弹子》（1 卷），据说，风水形势家宗之，今已难见，内容不得其详。《灵城精义》（2 卷），又称《论气正诀》。是书上卷论形气，主于山川形势，辨龙辨穴；下卷论理气，主于天星卦例，生克吉凶。是综合风水形势派和理气派理论文献，颇类杨筠松。

第七节　文人士大夫的崇道事迹与道教文学

杨吴南唐时期，受时代与地域文化的影响，江西的不少文人士大夫好道崇道成风，极大地推动了本区道教的发展与进步。

一、宋齐丘对道教的贡献

宋齐丘（？—958），又作宋齐邱，字超回（后改子嵩），庐陵人。初仕杨吴，官至右仆射平章事。结交徐知诰（李昪），并成为其幕下主谋。杨吴大和三年（931），徐知诰辅政，宋齐丘得任宰相。昇元元年（937），李昪称帝建南唐后，宋齐丘颇得李昪的信任而事功不小。中主李璟时，宋齐丘官至太傅中书令，先后封卫国公、楚国公，尊为国老。然宋齐丘为朋党之争的领袖人物，为中主忌惮，被以图谋不轨之罪名，安置青阳。宋齐丘自尽于贬所。宋齐丘不仅是著名的官僚，也是有名的虔信道教的人物，对杨吴南唐道教的发展产生了积极的影响。

宋齐丘性好术数，笃信道教。《江南野史·宋齐邱》载："时先主（李昪）刺升州，其亲友饶洞天出守庐陵。齐邱因刺谒之，与语终日。延于门下，旦夕为之醮，因访时务。未几，洞天解郡，遂命载归广陵。未至而洞天疾病且死，因遗书荐之于先主。……”[1]“旦夕为之醮”一语显然是宋齐丘善于道教斋醮的明证。齐丘学道似乎颇有成就。《唐才子传·李建勋》载，年届八十岁的李建勋以司徒致仕后，“志尚散逸，多从仙侣参究玄门。时宋齐丘有道气，在洪州西山，建勋造谒致敬，欲授真果，题诗赠云：春来涨水凉如活，晓出西山势似行。玉洞有人经劫在，携竿步步就长生”[2]。宋齐丘好与道士交往。南唐保大年间，女冠耿先生有道术，因宋齐丘的荐举而入宫，深得中主李璟的宠爱。又《江南余载》卷上载：宋齐丘好交术士，得罪之日，出入其门者，盖八百人。[3]

宋齐丘善文辞，致力于道教学术的阐发。谭峭所著《化书》，又名《齐丘子》(《齐邱子》)，一书两名，是因为谭峭游三茅山过建康，遇宋齐丘，将《化书》授予宋。宋却据之为己有，“自序”云：

> 广平宋齐邱，字子嵩，性佣读书，不知古今。然好属意于万物，万物有感于心者，必冥而通之。所以或得万物之情，或见变化之妙。遂著《化书》以尽其道，凡六卷百有十篇。上二卷说道与术，中二卷说德与仁，下二卷说食与俭，皆化之旨也。盖道不足化之为术，术不足化之为德，德不足化之为仁，仁不足化之为食，食不足化之为俭。食俭二化，其物甚卑，其名甚微，其教甚大，其化甚广。可以裨道德，奋仁义，厚礼乐，诚忠信。噫！不知万物之化小人也，不知小人之化万物也？又不知小人之人化《化书》也，不知《化书》之化小也？化之道如是。时大吴大和庚寅岁序。[4]

“序”之内容是道家杂糅儒家的说教，作者以达人自居，颇有踌躇

① （宋）龙衮：《江南野史》卷四《宋齐邱》，傅璇琮、徐海荣、徐吉军主编：《五代史书汇编》，杭州出版社 2004 年版，第 5181 页。

② （元）辛文房：《唐才子传》卷十《李建勋》，辽宁教育出版社 1998 年版，第 134 页。

③ （宋）龙衮：《江南余载》卷上，傅璇琮、徐海荣、徐吉军主编：《五代史书汇编》，杭州出版社 2004 年版，第 5109 页。

④ （清）董诰：《全唐文》，中华书局 1983 年版，第 9111 页。

满志之态。杨吴大和庚寅（930），宋齐丘正是官位渐显之时，又夺得《化书》，自然得意非凡。宋齐丘其人，功利心权力欲极强，似不大可能写出内容多有愤世嫉时色彩的《化书》。但他热衷于道教学说并对之有较深刻的理解，则是无可怀疑的。由此认为世间所流传的《化书》可能有宋齐丘增入之文字，也是合理的。如明王世贞《读书后·书化书后》言："吾以为齐丘必窜入其自著十之一二，而后掩为己有，如《五常》一章，忽云：'运帝王之筹策，代天地之权衡，则仲尼其人是也。'彼盖所以名齐丘意也。若景升必不推仲尼，亦不必附于儒者。"[①] 余嘉锡《四库提要辨正》亦同此说。推测其真实的情形，宋齐丘利用自己的权力地位，逼迫谭峭将《化书》的著作权"转让"于他。他对《化书》作了一些修正（可能增加了关于政治理论的内容），便"名正言顺"地将著作权归于自己。宋齐丘还利用自己的地位推广了《化书》，使之能够在社会上更为广泛地流行开来。虽然宋齐丘夺书的行为令人不齿，但其对《化书》的贡献，也不能无端地被忽视。

另外，宋齐丘善风水，著有风水学著作《玉管照神局》。全书专论相法，颇为系统，所相有形有神，既相五官，又看身形；既论气色，又分四时。书中还特详掌法，记载各种掌纹图七十二幅，是中国古代最精准、最全面的相术著作。

二、沈彬沈麟父子崇道事迹

沈彬沈麟父子，亲近道教，弘扬道教文化，为南唐至北宋初年的江西道教发展做出了不小的贡献。

沈彬（837—961），字子文，高安人。自少好学，遍读诗书，工诗。属唐末乱离，与韦庄、杜光庭、贯休等避难于蜀地，多见酬酢。长安三举进士不第后，南游湖湘，栖隐湘地云阳山十年许，与浮屠辈虚中、齐己为诗侣。后又至岭表桂州等地，归乡里，又访名山洞府，学神仙，治方术，慕乔、松虚无之道，往来多之玉梁、阁皂二山。杨吴大和四年

① 《文渊阁四库全书》，第1285册第83页。

（932），李昪移镇金陵，旁罗隐逸名儒宿老，沈彬赴辟命。沈彬知李昪欲取代杨氏，因献《观画山水图》诗，有云："须知手笔安排定，不怕山河整顿难。"李昪夙闻其名，览之而喜，遂授秘书郎，入赞吴世子杨琏。南唐中主李璟登基未久，沈彬以老乞骸骨归，乃授吏曹郎（或说尚书郎）致仕。沈彬归高安后，徙居宜春。虔奉神仙道教，修养不怠。宋建隆二年（961）二月，李璟迁都至南昌时，沈彬乃撑舟往见。李璟顾问，沈彬对曰："老臣自处山野，不知老之将至，世事不与。因山妻谓老臣曰：汝主人郎君今为天子，何不往拜？冀免寒饥，以毕残龄。臣不觉欢悸忘老耳。"李璟甚加哀悯，遂授其子秘书省正字，并厚赐粟帛盐货放还。沈彬归家后寻卒，人谓其学仙尸解而去。后来豫章有渔人见一人颇类于沈彬。其人谓渔人曰："此非尔所宜来，速出犹可。"渔人遽出登岸，云入水已三日矣。故老有知者云："此即西仙天宝洞之南门也。"沈彬好神仙事，颇有神异之迹流传，文献中围绕着其葬地故事即是明证。沈彬致仕后，闲居高安。尝荷杖郊原，手植一树于平野之间，召诸子戒曰："异日葬吾此地，违之者非人子也。"居数年，沈彬寿终，诸子将起坟于植树之所，寻有术士语以吉凶事，近树北数尺之地卜葬，家人诺之。是夕诸子咸梦家君苛责擅移葬地："复违吾言，祸其至矣。"诘朝乃依遗命，伐树掘土，深丈余，得一石椁，工用精妙，光洁可鉴，盖上刊八篆字，云："开成二年寿椁一所。"乃举棺就椁而葬之，广狭之间皆中其度。①

沈彬儒道兼综，诗名天下，其诗歌创作中时显深厚道意。据《唐诗纪事》卷七一《沈彬》载，沈彬天才狂逸，好神仙之事。少孤，西游以三举为约。常梦着锦衣，贴月而飞，识者言："虽有虚名，不入月矣。"其中第二举时，作《忆仙谣》云："白榆风飒九天秋，王母朝回宴玉楼。日月渐长双凤睡，桑田欲变六鳌愁。云翻箫管相随去，星触旌幢

① 本小段关于沈彬的叙述，综合（宋）马令：《南唐书》卷十五《隐者传·沈彬》，南京出版社 2020 年版，第 113 页；（元）辛文房：《唐才子传》卷十《沈彬》，辽宁教育出版社 1998 年版，第 128—129 页；（宋）郑文宝：《南唐近事》卷一"沈彬长者"条，傅璇琮、徐海荣、徐吉军主编：《五代史书汇编》，杭州出版社 2004 年版，第 5050 页。

各自流。诗酒近来狂不得，骑龙却忆上清游。”① 沈彬追仙慕道的情怀在诗文中时时流露。例如，《麻姑山》：“绀殿松萝太古山，仙人曾此话桑田。闲倾云液十分日，已过浮生一万年。花落路中逢鹤信，水帘岩底见龙眠。我来游礼酬心愿，欲共怡神契自然。”《题苏仙山》“眼穿林罅见郴州，井里交连侧局楸。味道不来闲处坐，劳生更欲几时休。苏仙宅古烟霞老，义帝坟荒草木愁。千古是非无处问，夕阳西去水东流。”②《简寂观》：“山藏胜境当□□，□□楼台洞府开。白发满头谁肯到，苍苔盈步自□来。风帆闲事抛三日，玉液长生念一杯。此路有心星月在，杏坛仙侣莫相猜。”③

同沈彬交往的一些文士，在诗文中对沈彬的隐逸仙道情怀多有言及。例如，李中《送致仕沈彬郎中游茅山》：“挂却朝冠披鹤氅，羽人相伴恣遨游。忽因风月思茅岭，便挈琴樽上叶舟。野寺宿时魂梦冷，海门吟处水云秋。华阳洞府年光永，莫向仙乡拟驻留。”卿云《长安言怀寄沈彬侍郎》：“故园梨岭下，归路接天涯。生作长安草，胜为边地花。雁南飞不到，书北寄来赊。堪羡神仙客，青云早致家。”齐己《闻沈彬赴吴都请辟》：“长讶高眠得稳无，果随征辟起江湖。鸳鸯已列樽罍贵，鸥鹤休怀钓渚孤。白日不妨扶汉祚，清才何让赋吴都，可能更忆相寻夜，雪满诸峰火一炉。”廖匡图《和人赠沈彬》：“冥鸿迹在烟霞上，燕雀休夸大厦巢。名利最为浮世重，古今能有几人抛。逼真但使心无着，混俗何妨手强抄。深喜卜居连岳色，水边竹下得论交。”④ 等等。

沈彬虽好道求仙，然并没有正式出家，其次子沈麟却在道门之中颇

---

① （清）彭定求等：《全唐诗》，中华书局1960年版，第8457页。

② 此处沈彬《麻姑山》《题苏仙山》二诗，分别见（清）彭定求等：《全唐诗》，中华书局1960年版，第8456—8457、8457页。

③ （民国）吴宗慈编撰，胡迎建注释：《庐山志》纲之六《艺文》，江西人民出版社1996年版，下册第186页。

④ 本处所引李中、卿云、齐己、廖匡图诗，分别见（清）彭定求等：《全唐诗》，中华书局1960年版，第8500、9295、9544、8441页。

有作为，成为南唐至赵宋年间的知名高道。沈麟[①]，字廷瑞（又写作“庭瑞”，或说字紫庭）。天性清介，形神端肃秀彻，幼而执操已异，雅好希夷之理。性至孝，父死，庐墓三年。约于南唐保大中，弃妻诣玉笥山（或说麻姑山）礼师学道，隶籍冠褐。其后，谒华盖山，礼三真，遂不复去，结庵于山之西。廷瑞举动异俗，每游深山古洞，或数日不返。值严寒风雪，单衣危坐，或绝粮经月，或纵酒长歌，或缘巨崖，升乔木，若猿猱之状。骨肉来寻，便却走避。盛暑向火，人问其故，不答。以色丝系铜佛像，长寸余，悬于襟上，衣道士服。寒暑惟单褐布裙，数十年不易。人遗新衣，多转以遗贫乏，或弃之。或遇崇山野水，古洞幽坛，竟日不返。又常跣行日数百里，多往来于玉笥、浮云二山，亦尝寄食閤皂山，林栖野宿，不常厥居，老而不衰。廷瑞性格坦率，嗜酒却粒，专心虚元之学，士大夫多邀至门馆。一日，廷瑞直造州县衙门，径入坐阶。县宰正听讼。廷瑞醉至，县宰戏之曰：“沈道者何日道成？”廷瑞即书曰：“何须问我道成时，紫府清都自有期。手掘药苗人不识，体含仙骨俗安知。书符解遣龙蛇走，动印还教海岳移。他日丹霄谁是倡，青童引驾紫云随。”县宰惊异而谢（或说是吉州刺史至玉笥山戏问沈庭瑞发生的故事）。宋雍熙二年（985），复往玉笥山。未几，归华盖山。先不食七日。至上元日侵晨，诣山礼谢三真，辞别道众，朗读乐府“人生几何”之句，乃整冠振衣端坐而化，命其徒以《度人经》1 卷、土星画像 1 幅为殉葬。然而，后二年二月二十日，閤皂山道士曾昭莹来访玉笥山，途中竟遇廷瑞。因问：“道者何之？”答：“暂到玄都，寻当入庐山。”廷瑞又将所藏经画遗曾昭莹，又赠之诗曰：“南北东西事，人间会也无。昔曾柄玉笥，今也返玄都。云片随天阔。泉声落石孤。丹霄人有约，去采石菖蒲。”曾昭莹讶其语不凡，至华盖山后即入宫首访之，原沈庭瑞徒弟云：“羽化去矣。”方知廷瑞已谢世二载，因述途中相遇，出所遗经画并诗示其徒，

① 本处关于沈廷瑞的叙述，综合《唐才子传》卷十《沈彬传》附载“沈廷瑞”、《南唐近事》“沈彬”条附、《华盖山志》卷三《仙真志·沈廷瑞》、《华盖山浮丘王郭三真君事实》卷五《沈道者传》、《历世真仙体道通鉴》卷四六《沈麟》等资料。

众各相骇异。即其垄观之，见坟土坼裂，傍有穴尺余，得片纸遗诗。诗云："虚劳茔殡玉山前，脱述谁知已蜕蝉。应是元神归紫府，更无遗魄在黄泉。药囊止有修丹诀，尘世空留悟道篇。堪叹浮生今古事，北邙山下草芊芊。"验其墓，空棺而已，或谓尸解焉。有南中人多识沈庭瑞，沈尝有诗寄其故人陈智周云："与君相别后，别后会难期。金鼎消红日，丹田养紫芝。访君难可约，怀我岂无诗。休羡繁华事，百年能几时。"陈智周寻于端拱间及第，授衡阳尉终。另外，沈庭瑞参与编撰《华盖山浮丘王郭三真君事实》，后收录《正统道藏》洞神部谱录类。

三、其他文士的道教文学

五代十国时期，江西因社会较安定，经济较兴盛，儒释道三教文化发达，成为文人隐士活动的重区。他们中的一部分人物纷纷以诗文表达自己对道教的思想与追求，极大地丰富了江西的道教文化。除了前文已记述之外，再择要列举于下，以更见其情形。

庐山是文人活跃之地，他们常常与道人交往，留下了一批"咏道诗"。例如，建阳江为，尝游庐山，师陈贶学诗。居庐山二十年，遂有诗名。作有《简寂观》诗二首："才入玄都解郁陶，羽人相伴遍游遨。溪横洞口红尘断，岳耸天心紫气高。金井泉秋光潋滟，石坛松古韵萧骚。吟馀却叹浮生事，画□□□□□□。""钱烬满庭人醮罢，西峰凉影月沉沉。到来往事碑中说，坛畔徘徊秋正深。"[①] 又如，庐山九天使者庙某道士，饮酒食肉，长得魁梧肥胖，服用丹砂，梦想飞升成仙。时偶有双鹤飞临栖息于道馆，迴翔嘹唳。"道士且惊且喜，焚香端简，前瞻云霓，自谓当赴上天之召，命山童控而乘之，羽仪清弱，莫胜其载，毛伤背折，血洒庭除，仰按久之，是夕皆毙。"时有隐居于庐山的后梁进士莆田陈沆作《嘲庐山道士》诗讽之："啖肉先生欲上升，黄云踏破紫云崩。龙腰鹤背无多力，传语麻姑借大鹏。"[②] 又如，南昌孙鲂，游庐山简寂观，作《简

① （民国）吴宗慈编撰，胡迎建注释：《庐山志》纲之六《艺文》，江西人民出版社1996年版，下册第189页。

② （宋）郑文宝：《南唐近事》，傅璇琮、徐海荣、徐吉军：《五代史书汇编》，杭州出版社2004年版，第5056页。

寂观》诗云："廊殿与云连，紫霄苍翠边。自然应有药，谁敢道无仙。藓色吞崖径，松声让瀑泉，未能长息云，岂便是前缘。"[①]

李中，字有中，九江人，大约920—974年在世。为淦阳宰，善诗。好游历道观，结交道人，创作了诸如《访洞神宫邵道者不遇》《怀王道者》《游玄真观》《送致仕沈彬郎中游茅山》《赠重安寂道者》《游北山洞神宫》《思简寂观旧游寄重道者》《赠上都紫极宫刘日新先生》《听郑羽人弹琴》《赠钟尊师游茅山》《再游洞神宫怀邵羽人有感》《经古观有感》《赠王道者》《送虞道士》《贻庐山清溪观王尊师》《送王道士游东海》《鹤》等"咏道诗"。其中，明确与江西道教有关的是，除前已引《送致仕沈彬郎中游茅山》诗外，还有《思简寂观旧游寄重道者》："闲忆当年游物外，羽人曾许驻仙乡，溪头烘药烟霞暖，花下围棋日月长。偷携蟠桃思曼倩，化成蝴蝶学蒙庄。俗缘未断归浮世，空望林泉意欲狂。"《贻庐山清溪观王尊师》："霞帔星冠复杖藜，积年修炼住灵溪。松轩睡觉冷云起，石磴坐来春日西。采药每寻岩径远，弹琴常到月轮低。鼎中龙虎功成后，海上三山去不迷。"《庐山栖隐洞谭先生院留题》："坛畔归云冷湿襟，拂苔移石坐花阴。偶然醒得庄周梦，始觉玄门兴味深。"[②] 按，此谭先生是指在庐山栖隐洞修炼的高道谭峭。谭峭在庐山期间，颇与文人士大夫交往。除李中，还有孟贯、杨徽之等有诗相酬。孟贯《赠栖隐洞谭先生》："先生双鬓华，深谷卧云霞。不伐有巢树，多移无主花。石泉春酿酒，松火夜煎茶。因问山中事，如君有几家。"[③] 杨徽之《赠谭先生》："古观重重绕翠微，杉松深处掩双扉。云生万壑投龙去，海隔三山放鹤归。花洞宴游春日永，石坛朝礼曙星稀。每听高论长生理，拟向尘中便拂衣。"[④] 诗歌中颇能看出谭峭在庐山的修道生活和人生志趣，同时也反映出谭峭在

① （民国）吴宗慈编撰，胡迎建注释：《庐山志》纲之六《艺文》，江西人民出版社1996年版，下册第189页。

② 此处连引李中三诗，分别见（清）彭定求等：《全唐诗》，中华书局1960年版，第8505、8534、8535页。

③ （清）彭定求等：《全唐诗》，中华书局1960年版，第8620页。

④ 杨徽之此诗，《全唐诗》未收。诗源参见"词典网"，https：//www.cidianwang.com。

庐山的影响。

徐铉（916—991），字鼎臣，广陵人，著名官僚文士，常活动于江西，是南唐弘扬江西道教的重要人物。前引多篇碑文就是证明。他还有多首吟咏江西道教的诗歌。例如，《送德迈道人之豫章》："禅灵桥畔落残花，桥上离情对日斜。顾我乘轩惭紫绶，羡君飞锡指烟霞。楼中西岭真君宅，门外南州处士家。莫道空谈便无事，碧云诗思更无涯。"[①] 时赣南紫极宫兴盛，徐铉《回至南康题紫极宫里道士房》云："王事信靡盬，饮水安足辞。朝为拥征传，乃至天南陲。天南非我乡，留滞忽逾时。还经羽人家，豁然云雾披。何以宽吾怀，老庄有微词。达士无不可，至人岂偏为。客愁勿复道，为君吟此诗。"江西的一些道教名山、道教风物是徐铉热衷吟咏的对象。例如，《阁皂山》："殿影高低云掩映，松阴缭绕步徘徊。从今莫厌簪裾累，不是乘轺不得来。"《玉笥山留题》："仙乡会应远，王事知何极。征传莫辞劳，玉峰聊一息。形骸已销散，心想都凝寂。真气自清虚，非关好松石。九仙皆积学，洞壑多遗迹。游子归去来，胡为但征役。"[②]《许真人井赞》："长史含道，栖神九天。人非邑改，丹井存焉。射兹谷鲋，冽彼寒泉，分甘玉液，流润芝田。我来自西，寻其紫阳。若爱召树，如升鲁堂。敬刊翠琰，永识银床。噫嗟后学，挹此余光。"[③] 徐铉还有一些诗歌是表示归隐求道情怀的。如《送陈先生之洪井寄萧少卿》："闻君仙袂指洪厓，我忆情人别路赊。知有欢娱游楚泽，更无书札到京华。云开驿阁连江静静，春满西山倚汉斜。此处相逢应见问，为言搔首望龙沙。"《寄萧给事（萧江西致仕）》前四句："危言危行古时人，归向西山卧白云。买宅尚寻徐处士，餐霞终访许真君。"[④] 另外，

---

① （清）金桂馨、漆逢源编撰，陈立立、邓声国整理：《万寿宫通志》卷十九《艺文志》，江西人民出版社 2008 年版，第 363 页。

② 此处徐铉所作的《回至南康题紫极宫里道士房》《阁皂山》《玉笥山留题》，分别见（清）彭定求等：《全唐诗》，中华书局 1960 年版，第 8592、8591、8591 页。

③ （清）彭定求等：《全唐诗》，中华书局 1960 年版，第 10912 页。

④ 此处连引徐铉二诗，分别见（清）彭定求等：《全唐诗》，中华书局 1960 年版，第 8583、8571 页。

徐铉之弟徐锴（920—974），亦南唐著名学者。曾游吉州，亲临因唐德宗朝阎寀修道而闻名的青原山朱陵洞洞岩观，因作《洞岩观记》，惜此文已难见。

查文徽（885—954），字光慎，歙州休宁人。侍南唐中主李璟，官至枢密副使。《寄麻姑仙坛道士》："别后相思鹤信稀，郡楼南望远峰迷。人归仙洞云连地，花落春林水满溪。白发只应悲镜镊，丹砂犹待寄刀圭。方平车驾今何在？常苦尘中日易西。"①

王毂，生卒年不详，字虚中，自号临沂子，袁州宜春人（或作福州晋江人）。少年时曾游豫章，乾宁五年（898）进士②，释褐校书郎。唐亡，奔淮南。杨吴建国，为右补阙，历国子博士，后以吏部郎中致仕。约卒于南唐保大初年。王毂是虔信道教的文人，传说他梦游仙境时，有人赠他一粒五色丹，吞之后天老，表示长生如可慕，愿弃功名，归隐林泉。王毂曾著有《续王氏神仙传》1卷，系"续"杜光庭《王氏神仙传》之书。王毂创作了多首咏道诗，知名的有《吹笙引》《赠苍溪王明府有文在手曰长生》《逢道者神和子》《梦仙谣三首》等，不仅表达了他超迈的丰富想象力，而且也表达了他重道求仙的思想。如《梦仙谣三首》："前程渐觉风光好，琪花片片粘瑶草。有人遗我五色丹，一粒吞之后天老。""青童递酒金觞疾，列坐红霞神气逸。笑说留连数日间，已是人间一千日。""瑶台绛节游皆遍，异果奇花香扑面。松窗梦觉却神清，残月林前三两片。"③ 作者精心选择了琪花、瑶草、五色丹、酒、红霞、瑶台、绛节、异果、奇花、松、月等富于道教意味的意象，既写了作者盼望长生久视的理想追求，又抒发了抛却人间名利之忧，企盼过着安闲生活的

① （清）彭定求等：《全唐诗》，中华书局1960年版，第8609页。

② 明正德版《袁州府志》卷八《王毂传》记载，王毂于南唐初登第。实误。据《唐才子传》卷十《王毂》记载，王毂登第时间为唐昭宗乾宁五年（898）。《唐诗纪事》卷十七亦称王毂"登乾宁进士第"。明正德版《袁州府志》所谓"南唐初登第"的说法是错误的。清乾隆版《袁州府志》抄袭旧文，未加勘误，将王毂登第时间定为乾祐元年（948），以至以讹传讹。

③ （清）彭定求等：《全唐诗》，中华书局1960年版，第7988页。

梦想。

王贞白（875—958），字有道，号灵溪，信州永丰人。乾宁二年（895）进士。七年后，授校书郎。后退隐以终。著名诗人，尝与罗隐、方干、贯休同唱和，有《灵溪集》7卷。其咏道诗对道教文化深有体味，想象丰富超迈。如《游仙》："我家三岛上，洞户眺波涛。醉背云屏卧，谁知海日高。露香红玉树，风绽碧蟠桃。悔与仙子别，思归梦钓鳌。"《送芮尊师》："石上菖蒲节节灵，先生服食得长生。早知避世忧身老，近日登山觉步轻。黄鹤待传蓬岛信，丹书应换蕊官名。他年控鲤升天去，庐岳逋民愿从行。"《寄天台叶尊师》："师住天台久，长闻过石桥。晴峰见沧海，深洞彻丹霄。采药霞衣湿，煎芝古鼎焦。念予无俗骨，频与鹤书招。"[①]《仙岩二首》："白烟昼起丹灶，红叶秋书篆文。二十四岩天上，一鸡啼破晴云。""风呼山鬼服役，月照蘅薇结花。江暖客寻瑶草，洞深人咽丹霞。"[②]

吴涵虚，字含灵，江西人。五代时道士。居南岳六七年。好睡，经旬不饮食，俗呼为吴猱。后唐末帝清泰间卒，传为羽化升仙。或云有人于后汉乾祐间于嵩山见之。其《上升歌》云："玉皇有诏登仙职，龙吐云兮凤着力。眼前蓦地见楼台，异草奇花不可识。我向大罗观世界，世界即如指掌大。当时不为上升忙，一时提向瀛洲卖。"[③]

陈陶[④]，生卒年不详，岭南剑浦人。少好学，善天文历象，长于歌颂。因与南唐权臣宋齐丘不合，绝缙绅之望，乃筑室洪州西山，以读书吟咏自乐，及以种药、修炼为事。"（陈）陶金骨已坚，戒行通体，

---

① 此处连引王贞白三诗，分别见（清）彭定求等：《全唐诗》，中华书局1960年版，第8060、8064、8066页。

② （清）娄近垣编撰，张炜、汪继东校注：《龙虎山志》卷十三《艺文》，江西人民出版社1996年版，第188页。

③ （清）彭定求等：《全唐诗》，中华书局1960年版，第7929页。

④ 唐五代，先后有两位陈陶活动于洪州西山，事迹融混在一起，难以截然分辨。现主要据张兴武《南唐隐逸诗人陈陶考》一文，叙述南唐陈陶的事迹。张兴武文收载其著《五代作家的人格与诗格》"附录一"，人民文学出版社2000年版，第224—252页。

夜必鹤氅，焚香巨石上，鸣金步虚，礼日月，少寐。”[①]有《闲居杂兴诗》《怀仙吟二首》《寄元孚道人》《谪仙词》《步虚引》《送秦炼师》《谪仙吟赠赵道士》等咏道诗。这些诗颇富道教情趣。例如，《闲居杂兴五首》其三：“长爱真人王子乔，五松山月伴吹箫。从他浮世悲生死，独驾苍鳞入九霄。”《步虚引》：“小隐山人十洲客，莓苔为衣双耳白。青编为我忽降书，暮雨虹霓一千尺。赤城门闭六丁直，晓日已烧东海色。朝天半夜闻玉鸡，星斗离离碍龙翼。”《望西山有怀》：“水护星坛列太虚，烟霓十八上仙居。时人未识辽东鹤，吾祖曾传宝鼎书。终日章江催白鬓，何年丹灶见红蕖。桃花谷口春深浅，欲访先生赤鲤鱼。”陈陶后不知所终，或说在西山得道成仙。又一说：宋太祖开宝中，人见一叟，角髻披褐，与一炼师入城斋药，得钱即市鲜，就炉，相对饮啖，旁若无人。醉即歌唱：“蓝采禾（和），尘世纷纷事更多。争如卖药沽酒饮，归去深崖拍手歌。”时人见其纵逸，姿貌非常，每饮酒食鲊，人以为陶夫妇焉。竟不知其所终，或云已得仙。[②]因其歌咏八仙之一的“蓝采和”，或拟之为蓝采和的化身。

孟宾于，字国仪，连州人。精于儒学，后晋天福年间进士。后于南唐中主李璟朝官至水部郎中，致仕后，居吉州玉笥山，自号群玉峰叟，与道家流辈相游处。复知丰城县，年七十余卒。孟宾于于道颇有心得，曾作《题梅仙馆》诗云：“仙界路遥云缥缈，古坛风冷叶萧骚。后来岂后言淹滞，一尉升腾道最高。”[③]

还有僧人游历或栖息庐山，亦创作了一些道意浓浓的道教诗歌，反映出释道互竞互容互鉴的文化精神。杨吴时期，湘地著名诗僧释齐己游庐山简寂观，作《宿简寂观》诗：“万壑云霞影，千年松桧声。如何教下士，容易信长生。月共虚无白，香和沆瀣清。闲寻古廊画，记得列仙名。”南唐释若虚，隐居庐山石室，朝廷屡征不应，作有《乐仙观》诗嘲

① （元）辛文房：《唐才子传》卷八《陈陶》，辽宁教育出版社1998年版，第101页。
② （宋）马令：《南唐书》卷十五《隐者传》，南京出版社2020年版，第115页。
③ （清）彭定求等：《全唐诗》，中华书局1960年版，第8439页。

弄道士："乐氏骑龙上碧天，东吴遗宅尚依然。悟来大道无多事，真后丹元不值钱。老树夜风虫咬叶，古垣春雨藓生砖。松倾鹤死桑田变，华表归乡未有年。"[①]

五代十国时期，道教修炼从外丹为主演变成内丹修炼为主，成为道教教理教义的一场革命。江西道教受到杨吴尤其是南唐政权统治者的重视，得以蓄积力量继续向前发展。江西在晚唐五代内丹道发展成熟的过程中，成为由外丹占绝对优势的区域转型为中国内丹道兴盛的典型区域，虽然没有取代或压倒外丹道，但已确立后世内丹学发展的基本路线。

① （清）彭定求等：《全唐诗》，中华书局1960年版，第9300页。

江西道教通史 中卷

曹国庆　主编
陈雅岚　陈立立等　著

江西人民出版社
Jiangxi People's Publishing House
全国百佳出版社

目录

北宋篇

南宋篇

元代篇

北宋篇

第一章　北宋道教政策与江西道教社会环境

宋朝的建立，结束了五代十国的分裂局面，封建统治全面加强，中国封建社会发展进程加快。在思想领域之内，重整忠孝伦理秩序，恢复礼乐权威，注意提升士大夫的作用，确立“不杀士大夫及言事官”的政策。从道教自身而言，一方面，经过魏晋南北朝道教与儒、释大辩论后，进一步吸收各家思想来充实道教理论，随着隋唐出现的大统一局面，道教内部南北不同学术流派相互交流，使得道教教理、教义方面呈现多元、细密的特点；另一方面，由于唐代朝廷对道教的崇奉，不断对道观、道士敕建赐封，将《道德经》列为科举考试内容之一，唐玄宗、唐武宗分别召见第十五代天师张高和第二十代天师张谌并赐传箓坛，江西抚州以邓紫阳为首的道教世家创立的北帝派在全国影响不小，在全国形成了相对完善的道官制度，另外，《洞天福地岳渎名山记》中记载江西有五个洞天和九个福地（北宋增加到十二福地），这些洞天福地既是道教传统名山，又是国家祀典的名山。上述说明唐代道教的力量日益强大，对社会的影响日益显著。这种发展态势，既对北宋时期道教发展创造了条件，又是北宋王朝继承了唐朝儒、道、佛并用和对道教的崇奉和扶持，尤其是宋真宗、宋徽宗时代对道教崇奉达到两个高潮。

第一节　北宋政治社会环境与江西道教

北宋江西处于经济文化大发展的时期，在政治、经济、文化等领域中江西人民都做出了重大贡献，正处于凸现优势的重要阶段。从北宋开始，中央朝廷更看重江西，多半是从经济、文化上衡量；社会各界人士则从现实出发，对江西更感兴趣，士人、商贾、僧道都愿到江西来；而一些保守官绅轻视江西的旧观念，不得不在事实面前适时更变。

宋朝统一北方后，宋军向南推进，使南唐中主李璟十分恐慌，急于迁都。建隆二年（961）二月，李璟从建康启程向南昌进发，太子李煜镇守金陵。南昌作为南唐的都城，前后约4个月。而其在南都的建制，则维持到开宝八年（975）宋灭南唐为止。北宋朝廷加强对南方大地的统治，鄱阳湖、赣江航道，对北宋朝廷的经济发展有举足轻重的地位。由于它是沟通中原与岭南的主干道，北宋需要凭此航道实施对江西、岭南的政治统治与财赋征收，因而迅速加强了对航道沿线城乡的行政区设置与管理，以求航运安全畅通。于是，南康、临江、南安三个军几乎同时设立，而在江西境内又新增十余个县治，对地方实行严密而有效的治理，县治的建立是对当地开发成果在制度上的确认，鉴于赣南在五岭南北地区的枢纽地位，还在虔州（今赣州市）添置了江南西路兵马都监，使其与广南东路兵马都监配合，共同消除“地接广东，江山险阻，私铸盗贩习以成俗，啸聚出没，民受其害”的老大难问题。

北宋朝廷加强对南方大地的统治还借助文化的力量，对本土道教格外重视，开创了皇帝为龙虎山天师赐号的先河，开创了皇帝接见道士的先例，开创了朝廷认可龙虎山授箓并在北方设立授箓院的事实，如：宋真宗赵恒、宋徽宗赵佶分别多次在朝廷接见二十四代天师张正随、三十代天师张继先，宋真宗大中祥符八年（1015）敕二十四代天师张正随于京都（汴梁）设立授箓院，方便北方道士及朝廷王公贵族授箓，江西閤皂山、华盖山、玉笥山、西山等道观、道士得到朝廷的赐号、赐封，由此，江西道教进入发展的兴盛时期。

鄱阳湖汇集了赣、抚、信、饶、修河，它是江西境内四通八达的水脉网络的一个重要节点，也是江西与外界进行交流并进入长江。江西的水脉网络，通过鄱阳湖与长江紧密联系起来，进而通过水道、陆路和海路与全国各地连接起来。

江西极为便利的交通既吸引了全国有道之士到江西立观修道，又为江西道士走出去提供了方便。陆路和水路、鄱阳湖的交通便利是宋代江西道教兴盛的基础，如北宋崇宁四年（1105）和大观丁亥年（1107）宋徽宗赵佶分别派使者，命张继先天师在龙虎山举办金箓斋醮法会为国祈福；江西龙虎山高道王道坚、石自方、吴真阳，军峰山王文卿，南昌的王仔昔，庐山的刘烈等，他们赴朝廷接见或到外地弘道；江苏泰州海陵籍高道徐守信、北方萨守坚等高道到龙虎山、閤皂山以及士大夫徐铉多次到閤皂山、新吴（今宜春奉新）华林书院、宜春县紫微观、筠州祈仙观、清江县三清观、洪州始丰山兴玄观等；曾慥在江西为官时，收集大量的道教内丹文献编成《道枢》，南昌铁柱万寿宫广润门码头促成了许逊信仰的传播。因为江西水运交通的便利，虔南（今赣州）的道教得到发展，如：北宋熙宁三年（1070），黄庆基在《重修广济庙记》中曰："章贡二水合流迤北，汇为储潭。傍有庙，曰储君之祠。考《图志》云：晋咸和中，刺史朱玮所立也。盖赣水险闻于天下，凡广闽粤与夫四方往来无远迩之人，舳舻衔尾，道出祠下，愿脱奔湍悍激之险，祈无触石漂溺之患者，牲酒俎豆，奔走盈庭。直岁方旱，里社毕集，祀未旋踵，甘雨随至。然庙不葺且久，楹摧栻蠹，庇障不完。民之奉祀，因亦怠惰。间有所祷，神不降福。"[①] 此文记录了赣江交通便利、虔州储潭广济庙的重修，反映了虔州道教的发展态势。

北方人口进入江西有三次高潮，第一次是发生在两晋之际的"永嘉之乱"及其后的"五胡乱华"，这一事件导致北方的长期战乱和中国境

① 清乾隆四十七年《赣州府志》卷十三。

内南北政权对峙。第二次发生在唐玄宗天宝年间的“安史之乱”之后，这一事件的结果是北方陷入长时间的动荡和藩镇割据，后来又进入“五代十国”的分裂割据。第三次发生在两宋之际的宋金战争。三次大的动荡，都导致了北方居民的大规模南迁。北方移民洪水般涌入，使得江西人口迅速增长。据官方统计，以现在的省区为单位，宋代江西人口位居全国第一。北方人口的进入，不仅为江西带来了丰足的劳动力资源，也将相对发达的中原文化及宗族制度带到了江西，促成了江西家族的发达和“耕读治家”生产生活方式的形成。这种生产生活方式与江西自然环境相结合，使得江西人“进可入仕取得功名，退可居家温饱无忧”，如著名地理学家乐史，其祖父乐珵在唐僖宗时期的兵乱中被杀，乐氏在河南南阳的房屋家产，也一夜之间被毁被抢，乐史的父亲乐璋只得带着家眷逃难到江西临川郡宜黄县，后来乐璋的两个兄弟也随之迁往宜黄，由此，乐氏三兄弟就成为江西乐氏开基立业的先祖，乐史先后撰写了《太平寰宇记》《诸仙传》《神仙宫殿窟宅记》等，他在《太平寰宇记》中记载了山川、风俗、胜迹、物产、户口、人物、艺文等，还记录了大量道教宫观的地理位置和历史渊源，撰写了《唐景云观碑》《崇仁县仙鹅池祈真观记》等，为道教留下了珍贵的史料。

继五代而起的赵宋王朝，为了争取“长治久安”，在实施一系列专制集权措施的同时，确定建都汴梁，借漕运获致东南财富以给，使王朝建立在丰厚的经济基础之上。江西充足的粮食、纺纱、茶叶、青铜等不仅成为赵宋王朝统治的基础，也是吸引中原地区有道之士到江西的原因之一。

江西稻作文化悠久，至北宋已经普遍种植并技术不断提高，江西泰和人曾安止（1048—1098）写下了中国最早的关于水稻的著作《禾谱》，《禾谱》全书包括稻名篇、稻品篇、种植篇、耘稻篇、粪壤篇、祈报篇、农器篇，其中祈报篇记录了道教保苗科仪及祭祀“禾神”(也称“谷魂”)，反映了道教与农业的关系。农器篇则由其后代、吉州清都观道士曾谨之完成，此书对宋以后农学发展有重要价值。相对安稳的江西不仅成为饱受战乱的北人南迁的理想乐土，也成为漕粮供应的主要地区之一，抚州人吴曾在《能改斋漫录》卷十三中说："惟本朝东南岁漕米六百万石，以此知本朝取米于东南者为多。然从今日计去，诸路共六百万石，而江西居三分之一，则江西所出为尤多。"文中所说"三分之一"，是指江西运往京城的，由此可知，江西已毫无争议地成为全国最重要的粮食基地和贡献漕粮的地区，除了散居的农民种地，道观也拥有田地种水稻，龙虎山上清宫、庐山太平宫、阁皂山崇真宫、麻姑山仙都观、玉笥山承天宫、西山玉隆万寿宫等都拥有大量田地种植粮食、蚕桑、苎麻，如清道光《龙虎山志》中说：

> 宋天圣八年，二十五代天师乾曜蠲免租徭。崇宁四年，赐上清观田亩，以食道众，蠲免租徭。[①]

龙虎山上清宫的田产收入，一方面用于三元五腊四时八节为国焚修醮仪，以祝诵福国佑民，另一方面，接待四方云游道人。

麻姑山仙都观所在田地肥沃，旱涝保收。北宋庆历六年（1046）曾巩在《仙都观三门记》记述了麻姑山"可宫可田"的道观发展模式："建昌军南城县麻姑山仙都观，世传麻姑于此仙去，故立祠在焉。距城六七里，由绝岭而上，至其处，地反平宽衍沃，可宫可田。其获之多，与他壤倍，水旱之所不能灾。予尝视而叹曰，'岂天遗此以安且食其众，使世之衎衎施施，趋之者不已欤？不然，安有是邪？'则其法之蕃昌，人力固如之何哉？其田入既饶，则其宫从而侈也宜。"充足的粮食是道观发展也是道士能自食其力并安心修道的原因之一。

江西蚕桑、麻苎业的发展，自然促进纺织业的兴盛，也带动了道观的纺纱技术和道服的变化。江西的莲花纱、苎布不仅成为历朝贡品，其实也是道观的纺织技术的提升和道服，原材料白苎布又名夏布，素以"轻如蝉翼，薄如宣纸，平如水镜，细如罗绢"著称于世。除虔州之外，袁州宜春郡也以产夏布著名，唐代有"宜春郡岁贡白苎布十匹"

---

① 清道光《龙虎山志》卷九《田赋》第五册。

的记载，至宋代仍成为贡品。北宋江西籍著名诗人孔武仲有“旷野桑麻开”的诗句赞美临江军种植桑麻的情况。江西的莲花纱就是来自抚州的麻姑山仙都观。散落在民间的道士既接受斋主邀请提供斋供仪式服务，也要种植蚕桑、麻苎，而铁柱万寿宫周边的商铺则成为夏布、蚕桑的主要销售和贸易地。

《宋会要辑稿》等史书记载，江西产铜处主要有信州、南安军、虔州、吉州、饶州等地，其中又饶、信为最，其次为南安军、虔州。宋朝全国有13处产铜，而江西就占有三处，分别是饶州、信州、南安军。铜除铸钱之外，还有其他许多用途，特别是制作工艺美术品。当时江西的铜匠特别有名，尤其是饶州、洪州、抚州、吉州的铜匠，活跃于全国各地。北宋江西铜镜生产以饶州、吉州、抚州最为著名，饶州镜的常见器型有圆形、方形、长条形、葵花形、菱花形和带柄镜。一业带来百业旺，作为北宋江西的支柱产业的铜矿开采冶炼业，给宋朝江西经济带来生气，也给道教发展带来了机遇。在中国古代人们的日常生活中，铜镜作为一种常见的日用品，在一定程度上也受到了道家思想的影响，最为突出的就是影响了铜镜的纹饰、纹理和纹路。研究这些纹路和纹理，一方面能够更好地了解和掌握每个时代的风土人情，另一方面可研究铜镜上蕴含的道家神仙思想。有学者研究，春秋战国时期到隋唐的铜镜具有外形简单、轻巧、明艳、辉煌的特点。两宋期间道教铜镜向着委婉、纤细的方向发展。“龙虎瑞兽”铜镜是道教铜镜的普遍纹饰雕刻。《周易》记载，“龙”生在火中，“虎”潜于水里，两者分别代表“坎卦”和“离卦”。“龙虎纹”铜镜象征风调雨顺、五谷丰登、驱邪避害。江西有非常丰富的铜矿资源，这也为江西铜镜的制作提供了前提条件。

江西陶瓷自古以来就是经济发展与文化繁荣的重要标志，特别是宋真宗以“景德”为年号，改“昌南镇”为“景德镇”后，天下咸颂景德镇瓷器。除景德镇外，还有吉州的永和窑、南丰的白舍窑、赣州七里镇窑也都是江西著名的瓷窑。永和窑兔毫斑釉瓷器几与福建著名建窑相颉颃，又与北方磁州窑并称为全国南北两大瓷窑，其木叶贴花、剪纸贴花工艺更是冠绝天下。七里镇窑瓷器也曾远销日本与朝鲜。除上述外，临川的白浒窑、宁都的东山坝窑、寻乌上甲窑、金溪窑也是宋代江西制瓷产地。江西陶瓷不仅将道教元素融入瓷器，如收藏在景德镇陶瓷博物馆的宋代青白瓷八卦三足炉、道教神仙纹枢府釉以及散落在民间的神仙纹葫芦瓶等，而且还有祭祀道教火神的传统，如点火、封窑、开窑都要举行道教斋醮科仪祈福，更为重要的是大量陶工对道教的信仰，他们捐款建设道教宫观，如浮梁县天庆观后改为景德镇万寿宫、吉安吉州窑旁的清都观、赣州七里街的万寿宫等，这些道观的建设既源于当地发达的陶瓷业，又反映了陶工对道教的信仰。

北宋对科举制度的运用，重视对进士的选拔，在结束唐末五代长期离乱政局，转变士人既不急于出仕，又苦于官吏勒索，社会轻视读书人的恶劣风气，重建文治秩序方面，起了无可替代的作用。各地乡举秀才竞相应诏赴考，由进士而官宦，克服武夫把持州县的弊政，故而“父老见而指以喜曰：此曹出，天下太平矣”。社会厌乱，人思安定，故士人珍贵，科举顺应了民心，总体上已经消除了五代时“士厄于离乱之际，不得卒业，或有所长而不能以自见，老死闾阎”的现象。在此背景下，北宋江西出现了一批进士、一批状元、一批宰相、一批文人。北宋江西籍宰相共15名，仅北宋就有王钦若、晏殊、欧阳修、王安石、刘沆等人，这些人除晏殊外，全部是经过正规科举，取得进士资格走入仕途的。北宋时期的晏殊是以“神童”之名，推荐于朝廷的，但却又经过宋真宗亲自面试。先试《九经》，后试诗、赋各一篇。第二天，又复试诗、赋、论三题，才得以通过，赐这位15岁英俊少年进士出身，并留在秘阁读书。其面试之难度，并不亚于正规科举考试。这15位赣籍宰相出身并不都很显赫，绝大多数不是世家子弟，有的还很贫寒。北宋文坛名人有晏殊、欧阳修、曾巩、王安石、李觏、黄庭坚、姜夔等，他们的著述中以道教为题材的数量不少。这些江西籍进士、状元、宰相，因为他们出众的才华，除了出仕为政表现出色外，还为道教留下了极为珍贵的史料，例如：王钦若在朝廷任职时，主持编修了煌煌一千余卷的政治类书《册府元龟》和4357卷道教藏经《宝文统录》。王安石撰写了碑文《抚州招仙观记》（庆历七年，1047）、《抚州祥符观三清殿记》（皇祐二年，1050）、《大中祥符观新修九曜阁记》（皇祐年间）、《重建许旌阳祠记》（元丰三年，1080）、《游玉虚观》诗等。黄庭坚的诗、书法也为道教浓彩泼墨，仅为玉笥山就写下了游仙诗、怀古诗 9 首，即《群玉峰》《大秀宫》《萧子云宅》《大秀峰》《何君洞》《魏夫人坛》《隐梅福处》《上萧家峡》《覆箱峰》，等等，这些史料对于宋朝文化繁荣具有推波助澜的作用以及对江西道教史、江西道教文化史乃至中国道教史、江西历史、江西文学史的研究有重要价值。

北宋江西高道中张正随、王文卿、张继先多次北上被皇帝接见。正是他们出色的表现、深邃的思想赢得了朝廷对道教的重视。陈景元、李思聪等对道教经典的创作和阐释至今在流传，张正随得到朝廷重视，在京都（汴梁）设立了授箓院，王文卿的神霄雷法传遍大江南北，张继先的著述反映中华民族道教发展的轨迹，陈景元对《道德经》《南华经》《度人经》等经典的解读成为道教思想的重要文献，李思聪府丹道学说和实践经验是江西道教文化的精品。江西道教文化繁荣还表现在藏书多，例如：陆静修在庐山修道的简寂观一直到宋朝都是藏书很多的道观，尤其是道教经书为全国之最，观中建有道藏阁，藏有道家的经书、药方、符图共一千二百卷，是当时道教的最大道经库；南城麻姑山仙都观之西有藏书山房，是淳熙十六年知建昌军江自任为国子主簿何同叔所建，此楼建于山中，"漂渺飞动，若出天半，椟经史百氏于其中"。陈景元抄写校正道书五千余卷，后来他把全部书籍归藏于庐山斋馆，并与志同道合者相与雠校，人称其所藏为完书。

第二节　北宋道教政策与江西道教

一、北宋道教政策与江西道观、道士

综观整个北宋，最为推崇道教的皇帝是宋真宗、宋仁宗和宋徽宗，由于皇室崇道，各地道士的社会政治地位空前提高，为道教的深入传播提供了极大便利。北宋的崇道政策及其行为主要表现在四个方面：

一是借“道教”巩固政权。“澶渊之盟”以后，真宗以“契丹既通好，天下无事”，于是精心谋划，借神权提高威望。如神宗熙宁年间，进一步利用祠禄官制度，既安顿衰老者，又和善地“处异议者”，新增一批宫观让他们去管干、提举、提点。凡得此名位者，可以领取俸禄，“从便居住”，不需到宫观中去。

二是制定道教的文化政策。北宋道教文化的重要标志是《道藏》收集，真宗时，王钦若推荐张君房对原有的道藏重新编校，于天禧三年（1019）编完，定名《大宋天宫宝藏》，共4565卷，比太宗时徐铉等人编校的道藏新增622卷。张君房又选取其中精要，撰成《云笈七签》122卷。凡涉及道家的资料，都摘录编入，共计一万余条，道藏精华，大都在此。徽宗在政和三年（1113），下诏访求天下道教仙经，编撰成《政和万寿道藏》5481卷，比张君房编的多了916卷。又听蔡京奏言，集古今道教事迹写为纪、志，赐名《道史》，至此，道教经籍共有25类，即《老子》、《庄子》、诸子、《阴符经》、《黄庭经》、《参同契》、日录、传、记、论、书、经、科仪、符箓、吐纳、胎息、内视、导引、辟谷、内丹、外丹、金石药、服饵、房、中、修养。把这25类内容归纳起来是五大类，即清静、炼养、服食（饵）、符箓、经典科教。除推动经书收集外，也重视道教文化的传承和道医文化发展，如：大中祥符八年（1015），真宗赐信州贵溪县道士张正随为“真静先生”，王钦若为他奏请在山中设立授箓院、上清观，并蠲其田租。天圣八年（1030）五月，仁宗赐张乾曜（第二十五代天师）为“虚静先生”，同年九月，临江军玉笥山道士朱旦，以医术被召见，获赐“善济处士”，其子焕授为临江军助教。

三是制定道教宫观政策。北宋在朝廷宫观政策的支持，江西各地道观数量激增，北宋大中祥符二年（1009），真宗诏全国诸路府、州、军、监、关、县，择官地、给官钱和出工匠建道观，并赐“天庆”为额，以奉道教三清尊神及玉皇大帝①，如虔州天庆观、抚州天庆观、江

① （宋）李焘：《续资治通鉴长编》卷七十二，上海古籍出版社1986年版，第635页。

州天庆观、洪州天庆观、饶州天庆观、袁州天庆观等。宋仁宗的宫观政策和主张，在全国各地以“崇道观”命名的道观非常多而且影响大，例如：玉笥山“崇道观”，在九仙台西北十里，宋代赐名“崇道观”；清江县“崇道观”，在清江县东水洲上，旧名白仙，宋赐今额；吉水县“崇道观”，在吉水县治北，原赐名“招仙观”，宋改“崇道观”；泰和县“崇道观”，泰和县有□□在龛村，吴赤乌间建，宋治平中赐额；余干县“崇道观”，在余干县习泰乡，梁天监中建，晋白水真人吴丹修炼之所。宋神宗还大力兴建道观，熙宁三年（1070）五月，新增安排提点宫观中江西就有三所，它们是建昌军仙都观、江州太平观、洪州玉隆观，加上原已是此种规格的信州龙虎山、临江军玉笥山，共计为5所。这些钦定的著名大宫观，因为获得朝廷派官提举的待遇，建筑规模遂相应扩大，香火更趋旺盛。宋徽宗赵佶崇道的行为表现是全方位的。宋徽宗尊信道教，自称教主道君皇帝，具体表现为：一是大建宫观，在宫观建立道医馆，方便百姓看病；二是搜集和整理道教经籍，曾多次下诏搜访道书，设立经局，整理校勘道籍，政和年间编成的《政和万寿道藏》是我国第一部全部刊行的《道藏》；三是研究道经，著有《御注道德经》《御注冲虚至德真经》《南华真经逍遥游指归》等。宋徽宗崇信道教，自称“教主道君皇帝”，在京城设道箓院，命州县设道学，在太学置《内经》《道德经》《庄》《列》博士二员，培训道士。道士学员的升贡及三岁大比，照依科举办法进行。又参照政府官员品级，定道阶二十六级，有先生、处士等名；又定道官二十六等，有诸殿侍宸、校籍授经等名。又颁《金箓灵宝道场仪范》，统一各地做道场斋醮的仪式制度。在这股浓厚的神仙道术的气氛中，第三十代天师张继先于崇宁四年（1105）五月被召进京晋见，赐号“虚靖先生”。政和三年（1113）升上清观为“上清正一宫”。宋徽宗赵佶崇道行为还表现在对江西龙虎山、西山两座道教名山的关注，有《御制化道文碑》和《准诰封十一真人词》传世。

宋朝朝廷制定的相关道教政策对江西道教的发展有巨大的影响，由此带动了许多有识之士、有道之士到江西或兴修道观、或隐修。

（一）诏建“天庆观”

1. 江西十三州军的行政区划

宋代是江西行政区划发展的重要时期，在区划结构和数量分布两方面承前启后，奠定了后来发展的格局和规模，元、明、清三朝沿袭其整体结构，只变更过州级政区名称，增加了一些县级政区。全省共有 13 州军分别管辖 65 个县[①]，各自领属情况如下：

宋代江西行政区划领属情况一览表

州名	领县数量	县名
洪州	领八县	南昌、新建、奉新、丰城、分宁、武宁、靖安、进贤
筠州	领三县	高安、上高、新昌
袁州	领四县	宜春、分宜、萍乡、万载
吉州	领八县	庐陵、吉水、安福、泰和、龙泉、永新、万安、永丰
抚州	领四县	临川、崇仁、宜黄、金溪
信州	领六县	上饶、玉山、弋阳、贵溪、铅山、永丰
饶州	领六县	鄱阳、余干、乐平、浮梁、德兴、安仁
江州	领五县	德化、德安、瑞昌、湖口、彭泽
虔州	领十县	赣、虔化、兴国、信丰、雩都、会昌、瑞金、石城、安远、龙南
建昌军	领二县	南城、南丰
南康军	领三县	星子、都昌、建昌
南安军	领三县	大庾、南康、上犹
临江军	领三县	清江、新淦、新喻

2. 十三州军与“天庆观”

宋大中祥符二年（1009）十月，真宗“诏全国各路府、州、军、监、关、县择官地建道观，并以天庆为额，民有愿舍地备材创盖者亦听。先是道教之行，时罕习尚，惟江西、剑南人素崇重，及是，天下始遍有

① 许怀林著：《江西通史·北宋卷》，江西人民出版社 2008 年版，第 17 页。

道像矣”[1]。此时，全国有州郡三百二十、县一千五百五十，全国天庆观不下千所。不过，这上千所的天庆观不完全是择地新建的，许多是改旧道观名题而重葺之，天庆观绝大多数由唐朝“紫极观”体系变更而来，因在祥符年间变更，有的称“祥符观”的观名，如：抚州祥符观、筠州祥符观等。

虔州天庆观。宋初由紫极观改祥符宫，于大中祥符二年（1009）敕额改名天庆观。虔州慈云塔，又名舍利塔，也肇建于宋朝，是一座典型的宋朝高层楼阁式砖塔，塔与虔州天庆观隔街相望，从东到西依次是光孝寺、廉泉夜话亭、濂溪书院。据杨万里的《赣县学记》：庆元二年（1196），黄文畐[2]为宰，其治明而宽，惠而能断。期年，民驯其教条而乐供其贡赋，公上既给，乃斥其瀛，为钱百万，摄守黄侯涣复佐以五十万，中峙大成之殿，缭以七十余区之屋。讲习有堂，入直有庐，肄业有斋，东西有序，庖湢有所。肇修胡簋，会事从祀。百尔文物，彪列一新。释菜之容，观者起敬；诵玄之声，闻者劝学。虔州天庆观在北宋时期曾经因兵燹，至少经过两次大规模重修。天庆观具有双重功能，一是作为祭祀三清、玉皇大帝、孔子的道教场所；二是作为赣县县学的学宫。杨万里分别为天庆观内的学宫、道院撰写了《赣县学记》和《章贡道院记》[3]两篇碑文，在《赣县学记》碑文中是这样记载：赣县治西南，祀孔子，故有庙学则未闻也，后庙亦废，其地入祥符宫（天庆观）。皇祐二年，县宰王君希即旧址作新庙，即庙庑为学舍，至绍兴庚午年，火于叛卒。

抚州天庆观。宋初改祥符宫，于大中祥符二年（1009）敕额改名天庆观。皇祐二年（1050）王安石为抚州祥符观撰写了一篇碑文，《抚州祥符观三清阁记》[4]碑文记述如下：

---

① 《续资治通鉴长编》卷七十二。

② 王琦珍整理：《杨万里诗文集》，江西人民出版社 2006 年版。

③ 王琦珍整理：《杨万里诗文集》，江西人民出版社 2006 年版。

④ 陈垣、陈智超：《道家金石略》，文物出版社 1988 年版，第 270 页。

临川之州城横溪上。西出，出城之上，有宫岿然，溪之沄沄流过其下，东南之山皆在其门户窗牖之间者，曰祥符观。观之中有屋四柱，深五十五尺，广七十二尺，升之高，居深十八分之一，楹二十有四，门两夹窗，中象三，旁象二十有六者，曰三清殿。用其师之说以动人，而能有此者，曰道士黎自新。出其力以归于道士之说，而卒成此者，曰里之人邓佺。佺之子表，故尝与予游。予之归，表语其父之事，而乞予文，予不能拒也。夫用其师之说以动人者道士也，予力顾出道士下，复何云哉！

皇祐二年五月二十五日

江州天庆观。据宋《江州志》记载，唐朝建在浔阳城内的道观紫极观，南唐时建有使者殿，僧应之书撰《紫极宫建使者殿记》，宋太祖建隆中建碑，实则当时尚属南唐。宋真宗时，紫极观改名为天庆观：

本朝祥符三年，诏作圣祖殿（时诏诸州置天庆观，许改用旧额，故江州以紫极应诏）。五年，改今额（天禧中，方士王中正药金成，铸宝牌分赐）[①]。

（二）北宋江西主要道观分布及其奉祀神祇

北宋江西道教非常兴盛，宫观多、道派多、高道多，特别是朝廷敕封多。据何建明主编《中国地方佛道教文献汇纂·江西省·寺观卷》[②]第208册所载（其来源为明清时期《江西通志》，同时参照江西各地方县志进行了补充和修正。通过整理大概知道北宋江西各地道观名称、奉祀神祇、道观建设年代及地理位置等信息，同时发现了许多有价值的文献资料。），北宋江西道观分布情况如下表所示：

① 《永乐大典》卷六六九七，《永乐大典方志辑佚》，中华书局2004年版，第1521页。
② 何建明主编：《中国地方志佛道教文献汇纂·寺观卷·江西》，国家图书馆出版社2013年版，第208册第14—259页，第213册第22—361页。

北宋江西各州县道观分布情况表

州名	县名	道观名称	奉祀神祇	道观建设年代	地理位置	备注
洪州	南昌	丹霞观	奉祀许真君	始建于晋朝太康二年（281）	在南昌县钟陵乡青山湖口	有许旌阳丹井
		玉宸观	奉祀许真君	始建于晋朝太康二年（281）	在南昌县钟陵乡	
		冲真观	奉祀许真君	始建于晋朝	在南昌县沙埠潭	有许旌阳眺蛟台
		冲道观	奉祀许真君	始建于晋朝咸和二年（327）雷雨拔宅	在南昌县刘成	黄仁览居此
		灵仙观	奉祀许真君	始建于晋朝咸和二年（327）	在南昌县东乡梓溪	系许旌阳隐处
		太虚观	奉祀许真君	始建于晋朝	在南昌县归德乡	原名招仙福地
		常清观	奉祀许真君	始建于晋朝	在南昌县归德乡	
		招仙观	奉祀许真君	始建于晋朝	在南昌县东乡剑湖之南	相传许旌阳拖剑斩蛟
		玉台观	奉祀许真君	始建于晋朝	在南昌县西乡	
		太极观	奉祀许真君	始建于晋朝	在南昌县灌城乡	许旌阳曾游憩于此处
		太乙观	奉祀许真君	始建于晋朝，唐贞观十五年(641)刺史周逊奏以居	在洪州城东	本梅子真宅
		逍遥观	奉祀许真君	始建于唐乾元年间，原名“龙泉观”，宋治平四年(1067)改“逍遥观”	在南昌县三十六都	相传王郭二真人憩息处
		十华观	奉祀许真君	始建于唐会昌时期，宋咸平六年(1003）赐额“紫虚观”，宋治平四年（1067）复前额	在南昌县长定乡	相传胡万二真人修炼处

续表

州名	县名	道观名称	奉祀神祇	道观建设年代	地理位置	备注
洪州	南昌	天庆观	奉祀许真君	始建于唐朝，额为“信果观”，宋大中祥符年间改名“天庆观”	在洪州城广润门内	
		紫霄观	奉祀许真君	始建于晋朝，唐赐旌恩宫，宋治平四年（1067）改“紫霄观”	在南昌县长定乡	相传胡万二真人修炼处，有丹井
		凌虚观	奉祀许真君	始建于元祐三年（1088），原名“飞云观”，宋宣和年间改为“凌虚观”	在南昌县南乡	相传熊觉恭真人修炼处
		纯阳观	奉祀吕洞宾	始建于宋朝	在洪州城进贤门外	
		延真观	主祀许真君	始建于晋朝，唐咸通中，额“铁柱观”，宋大中祥符二年赐名“景德观”；政和八年，改额曰“延真观”，上尊号“神功妙济真君”	在洪州城广润门内	有铁柱，以镇蛟螭之害
		紫极宫	主祀三清	始建于晋朝，唐天宝间书额	在洪州城进贤门外	
		会灵宫	主祀许真君	始建于宋朝	在南昌县南乡	
		清都观	奉祀三清	宋庆元二年敕赐	在南昌县南乡	
		玉清观	主祀真武	始建于宋朝	在洪州城进贤门外	
		龙兴观	奉祀许真君	始建于唐朝，唐神龙年间	在洪州城德胜门外	
		玉虚观	奉祀许真君	始建于唐朝	在洪州城德胜门外	唐江西观察使故宅
		东岳观	奉祀东岳大帝	始建于宋朝	在洪州城永和门外	

续表

州名	县名	道观名称	奉祀神祇	道观建设年代	地理位置	备注
洪州	南昌	白马庙	奉祀许旌阳部将际真护法、白马忠懿王董晋	始建于晋朝	在洪州城	在洗马池故址
		天宁观	奉祀许真君	始建于唐朝	在洪州南	
		文昌宫	奉祀文昌帝君	始建于宋朝，旧名会灵宫	在南昌县南	明万历年间重建
	新建	至德观	并祀许、施二真君	始建于晋朝永嘉中，道士陈白云重修	在新建县善政乡天宝洞南门	
		建德观	奉祀紫虚元君（魏夫人）	始建于晋朝咸和年间	在新建县易俗坊	相传魏夫人修真处，有丹井
		憩真观	奉祀许真君	始建于晋朝康宁年间，宋徽宗时期重建，有曾巩碑记	在新建县清坡山	清康熙十五年里人喻全昱重建
		彭真观	奉祀许真君	始建于晋朝，彭真人抗故宅，原名“宗华观”，	在新建县西	有额“宗华福地”
		霞山观	奉祀许真君	始建于宋朝	在新建县	原蔺真人祠
		冲虚观	奉祀葛仙翁	始建于晋朝	在新建县葛仙峰之南	有葛仙坛，为葛洪礼斗处
		阳灵观	奉祀梅福	始建于汉朝。旧名梅仙观	在新建县桃花乡	相传梅子真（梅福）隐于此
		广福观	奉祀三官	始建于晋朝	在新建县西山南	相传许旌阳斩蛟剑藏于此
		丹陵观	奉祀许真君	始建于晋朝	在新建县象牙潭	钟离权修道处
		天宝观	奉祀许真君	始建于隋朝仁寿二年（602）	在新建县西山天宝洞	
		开元观	奉祀许真君	始建于唐朝开元年间	在新建县修仁坊	有唐滕王元婴碑文，为真人万振作

续表

州名	县名	道观名称	奉祀神祇	道观建设年代	地理位置	备注
洪州	新建	玉隆万寿宫	奉祀许真君	始建于晋朝，旧名“游帷观大中祥符三年（1010）升观为宫，改赐额曰“玉隆观”，政和六年复赐御书额曰“玉隆万寿宫”。	在新建县逍遥山	南唐徐铉书额“游帷观”
		龙山观	奉祀胡真人	始建于唐朝，为胡惠超真人立祠，旧名五龙观	在新建县天宝洞西南	
		道德观	奉祀许真君	始建于宋朝	在新建县	
		翊贞观	奉祀许真君	始建于宋朝	在新建县梅岭西南	有黄庭坚碑记
		紫清宫	奉祀许真君	始建于唐朝，旧名应胜宫，宋改名“紫清宫”	在新建县洪井	有唐肃宗遗像
		黄堂隆道宫	奉祀谌母	始建于晋朝，旧名黄堂观	在新建县松湖	
	奉新	昭德观	奉祀许真君	始建于唐朝，旧名阐业观，宋祥符元年（1008）赐额	在奉新县西二百步	刘守成故宅，有徐铉碑记
		景云观	奉祀许真君	始建于晋朝，宋治平年间赐额	在奉新县建康乡	旧名拔茅观
		立云观	奉祀许真君	始建于晋朝，宋治平二年（1065）赐额	在奉新县陶仙山	旧名陶仙观，陶安公故宅
		景福观	奉祀三官	始建于晋朝，旧名会仙观宋治平年间赐额	在奉新县南乡	陶安公儿女冲举之处
		真常观	奉祀许真君	始建于晋朝，旧名招仙观，宋治平年间赐额	在奉新县越王山	文萧吴彩鸾跨虎之地
		柏林观	奉祀许真君	始建于晋朝，宋熙宁元年（1068）赐额	在奉新县北乡	有柏林仙童遗迹

续表

州名	县名	道观名称	奉祀神祇	道观建设年代	地理位置	备注
洪州	奉新	大元观	奉祀许真君	始建于晋朝，宋治平熙宁年间赐额	在奉新县新安乡	旧名崇真观
		葆真观	奉祀许真君	始建于晋朝，唐大观元年赐额	在奉新县从善乡	旧名尹仙观
		崇虚观	奉祀许真君	宋政和年间敕建赐额	在奉新县南乡，即东白源福地	
		崇元观	奉祀许真君	始建于宋朝	在奉新县新东北二百步	东白源福地分徙于此
		延真观	奉祀许真君	始建于宋朝	在奉新县十九都观侧	
		浮云宫	奉祀浮邱	始建于汉朝，唐开元二十五年（737）孙真人智谅请观额赐曰“浮云”，宋熙宁元年赠“寿圣”二字	在奉新县华林山	宫前间池、丹井
	丰城	白鹤观	奉祀许真君	始建于晋朝，后改名“广福观”，唐高宗封为“白鹤观”	在丰城县西严家山	真人甘战飞升之处
		乌石观	奉祀许真君	始建于唐朝，由道士万石泉建	在丰城县兴仁乡	
		梅仙观	奉祀梅仙	始建于汉朝，旧名“梅仙庵”，宋元丰五年（1082）封梅福为“寿春真人”	在丰城县宣丰乡	梅福炼丹于此
		崇仙观	奉祀许真君	始建于宋朝，宋朝道士朱肖庵建	在丰城县十都	晋真人曾亨炼丹之处
		胜灵观	奉祀许真君	始建于宋朝，宋朝道士朱张庆斋建	在丰城县大顺乡	晋真人浮邱公经游之处

续表

州名	县名	道观名称	奉祀神祇	道观建设年代	地理位置	备注
洪州	丰城	招云观	奉祀许真君	始建于宋朝，宋朝道士朱张坚建	在丰城县正信乡	晋真人浮王郭经游之处
		兴云观	奉祀许真君	始建于晋朝	在丰城县兴仁乡	晋许真君经游之处
		冲灵观	奉祀许真君	始建于晋朝	在丰城县兴仁乡	晋许真君经逐鹿之处
		仙林观	奉祀许真君	始建于晋朝	在丰城县会昌乡	晋尹真人道场
	分宁	旌阳观	奉祀许真君	始建于晋朝	在宁州治东二里，	唐襄阳李质有诗
		丹霞观	奉祀许真君	始建于晋朝	在宁州奉乡	
		凌霄观	奉祀许真君	始建于晋朝	在宁州高乡	有许真君磨剑池
		明山观	奉祀许真君		在宁州治北凤山之麓	元明重建
		仪翔宫	奉祀许真君	始建于晋朝	在宁州	许真君游憩处
	武宁	吴仙观	奉祀吴猛真人	始建于晋朝	在武宁县	吴猛得仙处
		精灵观	奉祀丁令威真人	始建于晋朝	在武宁县辽山之东	
		甘泉观	奉祀许真君	始建于晋朝	在武宁县昇仁乡	元兵毁，明里人董釜重建
		玉清宫	奉祀三清	始建于唐朝，吕岩（洞宾）炼丹处，宋徽宗敕建	在武宁县钟鼎山下	清朝顺治二年毁，道士汤豁然募修
		太平宫	奉祀章真人		在武宁县年丰乡	
		钦天瑞庆宫	奉祀张真人	始建于宋朝	在武宁县年丰乡	今属修水县
		朝元宫	奉祀三清	始建于宋朝	在武宁县治东明伦坊	明初毁，嘉靖年间知县陆浚重建，清顺治初兵毁，道士章化麟重建
	靖安	栖霞观	奉祀刘懿真真人	始建于晋朝，宋治平年间改“栖霞观”，亦名刘仙观	在靖安县西永安坊	女冠刘懿真得道处

续表

州名	县名	道观名称	奉祀神祇	道观建设年代	地理位置	备注
洪州	靖安	登真观	奉祀许真君	始建于晋朝	在靖安县西盆田都	有许真君试剑石
		凝禧观	奉祀许真君	始建于唐五代·后周显德元年（954）	在靖安县熊仙都	明洪武初道士马文佽重建
		崇元观	奉祀葛仙翁	始建于晋朝	在靖安县西棠棣都葛仙山之西	
		甘仙观	奉祀甘真人	始建于晋朝	在靖安县	
		集仙观	奉祀许真君		在靖安县忠夏都	
	进贤	麻姑观	奉祀麻姑	始建于晋朝	在进贤县	相传麻姑经游处
		三宝观	奉祀许真君	始建于晋朝	在进贤县酒都	
		鹤仙观	奉祀许真君	始建于晋朝	在进贤县介冈里	
		望仙观	奉祀许吴真君	始建于晋朝	在进贤县延寿乡	
		清溪观	奉祀许真君	始建于晋朝	在进贤县吴鸾冈	
		崇真观	奉祀三皇	始建于宋朝，旧名太霄观，又名藏山观	在进贤县折桂坊	
筠州	高安	楼霞观	奉祀三皇	始建于晋朝，初名“三皇观”	在筠州府城南三十里	相传王子乔所游之地
		天庆观	奉祀三清	始建于唐天宝年间	在筠州府朝天坊	
		昇元宫	奉祀许真君	始建于晋朝	在筠州府城西来贤乡	有许真君仙迹
		灵宝观	奉祀葛仙翁	始建于宋朝，宋幸元龙碑记	在筠州府城西四十里莲花山	梅福修炼之处
		玉晨观	奉祀葛仙翁	始建于晋朝	在筠州府城东七里	宋知州毛维瞻游此并有诗记
		崇元观	奉祀葛仙翁	始建于宋朝，宋幸元龙碑记	在高安县三十都	于秀英炼丹之处
		浮云观	奉祀葛仙翁		在高安县三十都	

续表

州名	县名	道观名称	奉祀神祇	道观建设年代	地理位置	备注
筠州	高安	妙真宫	奉祀葛仙翁	始建于唐朝，旧名元阳观	在筠州府城西	
		长乐宫	奉祀许真君	始建于晋朝，唐朝敕建	在高安县东二都	
	新昌	隆道观	奉祀许真君	始建于晋朝，宋太平兴国年间改名“隆道观”	在新昌县东门外	
		鸿宝观	奉祀梅福	始建于晋朝，道士丁崇威	在新昌县太平乡	梅子真修炼之处
		敖仙观	奉祀敖真人	始建于晋朝	在新昌县步仙桥之西	相传敖真人修炼处
		崇真观	奉祀许真君	始建于晋朝	在新昌县义钧乡	有丹井
		佑圣观	奉祀元（真）武大帝	始建于宋朝庆元年间	在新昌县治东北	道士李石田募建
		五云观	奉祀许真君	始建于晋朝	在新昌县天宝乡	有宋高安进士诗碑
		元道观	奉祀许真君 奉祀葛仙翁	始建于晋朝	在新昌县东北六十里	
		延禧观	奉祀许真君	始建于晋朝	在新昌县义钧乡	相传陶令尹故居
袁州	宜春	天庆观	奉祀三清	始建于晋朝元康年间	在袁州城东门外	旧名龙兴观
		靖严观	奉祀许真君	始建于晋朝	在袁州城北门外	
		长春道院	奉祀许真君	始建于宋朝	在宜春县宜春台北	
		澄心观	奉祀许真君			
	分宜	洞灵观	奉祀葛仙翁	始建于晋朝	在分宜县南玉华山	
		上真观	奉祀邓真人	始建于晋朝	在分宜县东	
		玉虚观	奉祀许真君	始建于晋朝	在分宜县南	
		真圣观	奉祀许真君	始建于晋朝	在分宜县南三十里	
	萍乡	通真观	奉祀杨惠三真人	始建于晋朝，唐改名“通真观”	在萍乡县东九嶷仙鹤之间	

续表

州名	县名	道观名称	奉祀神祇	道观建设年代	地理位置	备注
袁州	萍乡	仙游观	奉祀许真君	始建于晋朝永和三年（347），道士张统一建	在萍乡县仙桂里	相传许真君游此以剑插地得泉
		佑圣观	奉祀许真君	始建于晋朝永和九年（353）	在萍乡县上栗镇	
		罗仙观	奉祀许真君	始建于刘宋太始年间	在萍乡县武功山脚下	
		虚明观	奉祀许真君	始建于隋朝	在萍乡县治东	
		真圣观	奉祀真武大帝	始建于宋朝大观年间，道士钟永工建	在萍乡县治南	
	万载	广报观	奉祀许真君	始建于晋朝，原名紫霄观，宋政和三年改名“万寿宫”，宋靖康元年（1126）改为“广报观”	在万载县西锦衣坊	香火道士涂道开基
		耀灵观	奉祀许真君	始建于晋朝永嘉元年（307），宋乾德三年（965）重建	在万载县西奇圃	道士杨昌年开基
		太和观	奉祀许真君	始建于晋朝永嘉元年（307）	在万载县北	道士廖虚谷创建
		九仙观	奉祀九仙	始建于唐朝大和六年（832）	在万载县治东建成坊	
		逍遥观	奉祀许真君	始建于唐朝咸通二年（861）	在万载县北五雷山	道士陈若水开基
		福昌院	奉祀许真君		在万载县北谢山	谢仲初飞升处
吉州	庐陵	嘉福观	奉祀三官	始建于宋治平年间，旧名王仙观，道士刘无心	在吉州府治南恭爱坊	

续表

州名	县名	道观名称	奉祀神祇	道观建设年代	地理位置	备注
吉州	庐陵	永兴观	奉祀王仙	始建于晋朝，旧名王仙观，永嘉二年改名“永兴观”	在庐陵县南十都	宋元祐初道士胡紫居之
		天庆观	奉祀三清	始建于晋朝，唐开元年间改为“紫极宫”，宋祥符年间改为“天庆观”	在吉州府城内	
		五岳观	奉祀黄真人	始建于晋朝，旧名黄真观，宋祥符、天禧年间道士徐保宁重修，宋治平三年赐额“玉虚观”，内有五岳行宫	在吉州府城西永丰门外	宋熙宁三年观内产灵芝
		徊仙观	奉祀许真君	始建于晋朝	在吉州府城东	
		真常观	奉祀杨真人	始建于吴孙权时期，宋治平年间赐额“真常观”	在庐陵县来苏坊	
		清都观	奉祀萧真人	始建于南唐保大年间，旧名“西台”，宋太平兴国年初，道士萧德元结庐于此，旱祷灵应，此额“西台观”，宋治平年间改“清都观”	在庐陵县南永和镇	宋建国靖中苏轼书“清都台”三字
		紫霄观	奉祀杨真人	始建于宋治平甲辰元年（1064），由玉笥山道士黄思闵开基	在庐陵县东山	杨真人炼丹处
		青松观	奉祀许真君	始建于宋朝	在庐陵县南淳化乡	
		招仙观	奉祀许真君	始建于宋朝	在庐陵县永丰乡	
		永丰观	奉祀许真君	始建于宋朝	在庐陵县宣化乡	

续表

州名	县名	道观名称	奉祀神祇	道观建设年代	地理位置	备注
吉州	庐陵	朝仙观	奉祀王郭二仙	始建于宋朝	在庐陵县华盖山	
	吉水	崇道观	奉祀三清	始建于吴赤乌年间，旧名招仙观，宋赐额“崇道观”	在吉水县治北	
		崇元观	奉祀许真君	始建于晋朝	在吉水县北五十里	相传许真君逐蛟于此
		朱陵观	奉祀三清	始建于隋朝，旧名洞严观唐赐额“朱陵观”	在吉水县南八十里	
		集虚观	奉祀杨真人	始建于晋朝	在吉水县北八十里	相传杨真人在此冲举
		玉虚观	奉祀三清	始建于宋朝	在吉水县童水谷	
	安福	洞渊延真观	奉祀三清	始建于晋朝，留梧真建，统观六：曰魏仙冲虚、曰洞虚、曰寿昌、曰崇真、曰祈仙、曰上城	在安福县北门外，宋时有异人自福建来，以符药疗民病，民感其惠，立洞渊阁	欧阳原功有碑记
		东林观	奉祀三清	始建于唐朝，姚虚建，统观六：曰清风、曰延真、曰拱北坛、曰神风阁、曰天乙、曰洞仙	在安福县	吕岩（洞宾）过此有诗
		上城观	奉祀三清	始建于宋朝，罗善同创建，统观五：曰北真、曰元阳、曰迎仙、曰广福、曰九真。北真在县南五十里	在安福县	
	泰和	崇道观	奉祀三清	始建于吴赤乌年间，宋治平年间赐额“崇道观”	在泰和县二十里外龛村	

续表

州名	县名	道观名称	奉祀神祇	道观建设年代	地理位置	备注
吉州	泰和	太和观	奉祀东岳大帝	始建于晋朝永嘉二年（308）	在泰和县沙里	
		迎仙观	奉祀王郭二仙	始建于隋朝仁寿二年（602）	在泰和县茶村	王郭二真人炼丹处
		崇元观	奉祀许真君	始建于唐朝上元二年（675）	在泰和县王山洞口	
		延真观	奉祀王子瑶真人	始建于晋朝永嘉中，唐弘道年间立白鹤观，宋治平年间改“延真观”	在泰和县西黄茅岗	相传王子瑶开坛
		罗仙观	奉祀罗仙	始建于唐高宗时期	在泰和县杨村	
		太元观	奉祀许真君	始建于唐朝	在泰和县北龙门	
		太虚观	奉祀太上老君	始建于唐朝天祐五年（908），道士易时习	在泰和县三十一都	
		崇福观	奉祀三官	始建于吴赤乌年间	在泰和县罗团	后改为佛教寺庙
		惠隆观	奉祀东岳大帝	始建于宋治平三年（1066）	在泰和县观山	后改为佛教寺庙
		隆福观	奉祀太上老君	始建于宋治平年间	在泰和县睹陂	后改为佛教寺庙
	龙泉	景云观	奉祀三清	始建于唐朝贞观年间，道士本邃开基，宋治平年间郭守忠重建	在龙泉县	
		冲道观	奉祀三清	始建于唐末，道士李伯松开基	在龙泉县	
		泰霄观	奉祀文昌帝君	始建于宋初	在龙泉县六厢	
		龙吟观	奉祀玉皇大帝	始建于宋朝	在龙泉县百户所东	

续表

州名	县名	道观名称	奉祀神祇	道观建设年代	地理位置	备注
吉州	龙泉	紫阳观	奉祀三清	始建于宋朝	在龙泉县十二都	
		城隍祠	奉祀城隍	始建于宋朝	在龙泉县城	
	永新	昊天观	奉祀三清	始建于唐朝	在永新县城内东街	有石符碑
		元阳观	奉祀玉皇大帝	始建于唐朝	在永新县西九十里	唐朝宰相姚崇曾读书于此
		紫霄观	奉祀三清	始建于宋朝	在永新县南山	
		金溪观	奉祀玉皇大帝	始建于宋朝	在永新县	
		龙溪观	奉祀三清	始建于宋朝	在永新县	
		白云观	奉祀玉皇大帝	始建于宋朝	在永新县	
		东华观	奉祀三清	始建于宋朝	在永新县	
	万安	精修观	奉祀三清	始建于唐朝开元年间，道士李善珪创建，宋宣和初，元阳赵真人曾在息其中	在万安县治北大桥侧	
		集真观	奉祀三清	始建于唐朝，道士萧道成创建	在万安县龙泉乡	
		佑圣观	奉祀三清	始建于宋朝，道士曾务实创建	在万安县永和乡	
	永丰	梅溪观	奉祀三清	始建于吴赤乌年间，道士曾杨庵开基	在永丰县永丰乡	
		冲虚观	奉祀葛仙翁	始建于吴赤乌二年（239），道士高宜霄建	在永丰县龙云乡	相传葛仙翁炼丹于此
		泰和观	奉祀三清	始建于吴赤乌年，道士丁弘德建	在永丰县迁莺乡	

续表

州名	县名	道观名称	奉祀神祇	道观建设年代	地理位置	备注
吉州	永丰	灵集观	奉祀葛仙翁	始建于唐朝天祐年间，道士刘守中修，宋皇祐中吕冲霞重修	在永丰县龙云乡	旧名奉仙观
吉州	永丰	冲道观	奉祀三清	始建于南唐保大二年，邑人戴镐礼开基，宋改为“冲道观”	在永丰县水南	
吉州	永丰	中华山观	奉祀三仙	始建于宋至和二年（1055）	在永丰县兴平乡	
吉州	永丰	西阳宫	奉祀三清	始建于宋朝，旧为观，以避讳欧阳文忠父改为宫	在永丰县永丰乡	
吉州	永丰	游仙观	奉祀王郭二仙	始建于唐朝，旧宁仙观	在永丰县腾田乡	
吉州	永丰	庆龙观	奉祀王郭二仙	始建于唐朝	在永丰县突起乡	
吉州	永丰	洪都观	奉祀王郭二仙	始建于唐朝	在永丰县距县三里	王郭二真炼丹之处，有古碑
吉州	永丰	天庆观	奉祀三清	始建于隋朝，宋全国统一赐额“天庆观”	在抚州府治西	
吉州	永丰	魏坛观	奉祀魏夫人	始建于汉朝	在临川县外南厢	有魏夫人炼丹井，有颜真卿碑记
吉州	永丰	明真观	奉祀华姑	始建于晋朝	在临川县仁寿乡，即井山	有颜真卿碑记
吉州	永丰	洞灵观	奉祀魏夫人	始建于汉朝	在抚州府治西六里	唐睿宗派道士叶法善醮祭于坛
吉州	永丰	会仙观	奉祀三仙	始建于晋朝	在临川县尽安乡，即仙桂峰	
吉州	永丰	永兴观	奉祀三仙	始建于宋朝	在临川县笔架山	

续表

州名	县名	道观名称	奉祀神祇	道观建设年代	地理位置	备注
吉州	永丰	梅仙观	奉祀梅仙	始建于汉朝	在抚州府治六十里	
		灵仙观	奉祀三仙	始建于宋朝	在临川县崇德乡	宋董若喧有诗
		灵泉观	奉祀三仙	始建于宋朝	在临川县西南五十里，属长安乡	
		白鹤观		始建于宋朝	在临川县南六十里，属长安乡	
		洞林观	奉祀三仙	始建于宋朝	在临川县西南四十里，属新丰乡	
		集仙观	奉祀三仙	始建于宋朝	在临川县南十里	
		临溪观	奉祀三仙	始建于宋朝	在临川县南七十里新丰乡	
		崇兴观	奉祀三仙	始建于宋朝	在临川县十五里，系灵台乡	
		新兴观	奉祀三仙	始建于宋朝	在临川县南五十里，隶集善乡	
		席湖观	奉祀王郭二仙	始建于宋朝	在临川县南五十里，隶崇德乡	
抚州	崇仁	善修观	奉祀三仙	始建于晋朝，旧名永崇观，宋宣和年间赐额“善修观”	在崇仁县西南	
		潜惠观	奉祀三仙	始建于唐朝咸亨二年（671），李管辖建	在崇仁县颖秀乡	相传彭伉炼丹处
		玉清观	奉祀三清	始建于唐朝景云中，旧名景云观，宋祥符年间赐额“玉清观”	在崇仁县道堂岭	
		开元观	奉祀三仙	始建于晋朝，旧名邱王郭三仙之祠，唐开元年间赐额“开元观”	在崇仁县恭华山	

续表

州名	县名	道观名称	奉祀神祇	道观建设年代	地理位置	备注
抚州	崇仁	崇仙观	奉祀三仙	始建于晋朝，旧名桥仙观	在崇仁县华盖山	
		兴乐观	奉祀三仙	始建于唐朝大和二年（828）	在崇仁县颖秀乡	
		义兴观	奉祀太上老君	始建于晋朝，宋宣和年间改为“义兴观”	在崇仁县谭陂桥	
		宝台观	奉祀三仙	始建于宋朝，道士杨绍祖修	在崇仁县礼贤乡	
		昭清观	奉祀三清	始建于宋朝	在崇仁县长安乡	
		军峰宫	奉祀三仙	始建于宋朝	在崇仁县东南门外	
		玉庭观	奉祀三仙	始建于晋朝元康二年（292）	在崇仁县云盖乡	
		玉仙观	奉祀三仙	始建于晋朝泰宁二年（324）	在崇仁县乐安乡	
		仙游观	奉祀三仙	始建于唐朝垂拱二年（686）	在崇仁县云蓝乡	
		招仙观	奉祀三仙	始建于宋朝	在崇仁县乐安乡	
		浮云观	奉祀邓紫阳叶法善	始建于唐朝	在崇仁县二十一都明村	
		云元观	奉祀浮丘公	始建于晋朝	龙源山	
		延寿观	奉祀三仙	始建于宋朝	在崇仁县西南十五里地	
		洞云观	奉祀三仙	始建于唐朝	在崇仁县县南二十五里地	
		祈真观	奉祀三仙	始建于宋朝	在崇仁县青云乡四十二都	
		云兴观	奉祀三仙	始建于宋朝	在崇仁县县南三十里地	
		洞仙观	奉祀三仙	始建于宋朝	在崇仁县里贤乡二十七都	

续表

州名	县名	道观名称	奉祀神祇	道观建设年代	地理位置	备注
抚州	崇仁	邓林观	奉祀三仙	始建于宋朝	在崇仁县	
		白鹤观	奉祀三仙	始建于宋朝	在崇仁县东北三十里	
		清溪观	奉祀三仙	始建于宋朝		
		宝真观	奉祀三仙	始建于宋朝	在崇仁县三十八都	
		游仙观	奉祀三仙	始建于宋朝	在崇仁县三十六都	
		吾章观	奉祀三仙	始建于宋朝	在崇仁县三十八都	
		建兴观	奉祀三仙	始建于宋朝	在崇仁县三十二都	
		函口观	奉祀三仙	始建于宋朝	在崇仁县五十一都	
		龙亭观	奉祀三仙	始建于宋朝	在崇仁县	
		延昌观	奉祀三仙	始建于唐朝	在崇仁县	
		唐兴观	奉祀三仙	始建于唐朝	在崇仁县罗山望仙奉	
		宝台观	奉祀三仙	始建于宋朝	在崇仁县崇仁乡二十二都	
		侣仙观	奉祀三仙	始建于唐朝	在崇仁县青云乡四十三都	
		保安观	奉祀梅福、栾巴、邓紫阳、叶法善	始建于隋朝开皇五年（585）	在崇仁县十都	
	宜黄	龙岩观	奉祀三清	始建于汉朝，唐大历中，陈高功修，宋宣和年间赐额“龙巖观”	在宜黄县崇贤乡	李洞仙修炼飞举之地
		仙源观	奉祀三仙	始建于宋朝	在宜黄县待贤乡	
		崇仙观	奉祀三仙	始建于宋朝	在宜黄县东	
		灵昌观	奉祀三仙	始建于宋朝	在宜黄县南五里	
		东林观	奉祀王郭二仙	始建于宋朝	在宜黄县九峰山	距县城四十里

续表

州名	县名	道观名称	奉祀神祇	道观建设年代	地理位置	备注
抚州	金溪	翠微观	奉祀三仙	始建于唐朝，唐天宝年间名“谷林观”，宋宣和年间赐额“翠微观”	在金溪县顺政乡	
		望仙观	奉祀三仙	始建于宋朝	在金溪县南	
		妙音观	奉祀王郭二仙	始建于宋朝	在金溪县	有石钟
		灵仙观	奉祀三仙	始建于宋朝	在金溪县东	
		法云观	奉祀三清	始建于宋朝宣和年间	在金溪县西	
信州	上饶	天庆观	奉祀三清	始建于宋朝	在上饶县耆德坊	
		至德宫	奉祀三清	始建于宋朝	在上饶县灵山南麓	
		大霞宫	奉祀三清	始建于宋朝	在上饶县南隅	
		证果道院	奉祀三清	始建于宋朝政和年间	在上饶县永乐乡	
		惠泽观	奉祀葛仙翁	始建于宋朝	在上饶县	现为横峰县
		葛仙观	奉祀葛仙翁	始建于晋朝	在上饶县安辑	现为横峰县
	玉山	武安院	奉祀关帝		在玉山县水南武安山	
		洞元观	奉祀葛仙翁	始建于晋朝，宋朝治平二年（1065）赐额“洞元观”	在玉山县锦衣乡	
		福庆观	奉祀三官 奉祀张天师	始建于宋朝	在玉山县玉山乡	
		三清宫	奉祀三清 奉祀葛仙翁	始建于晋朝	在玉山县三清山中	葛洪炼丹处
	弋阳	葛仙观	奉祀葛仙翁	始建于唐朝	在弋阳县桥乐山	葛仙翁炼丹处
		青华观	奉祀葛仙翁	始建于宋朝	在弋阳县	现为横峰县
		灵泉观	奉祀三清	始建于宋朝	在弋阳县北二里	

续表

州名	县名	道观名称	奉祀神祇	道观建设年代	地理位置	备注
信州	弋阳	灵阳宫	奉祀三清 奉祀葛仙翁	始建于宋朝	在弋阳县治北	
	贵溪	上清正一宫	奉祀三清 奉祀张天师	始建于汉朝，唐名真仙馆，宋大中祥符间改“上清观”，宋政和年间敕改“上清正一宫”	在贵溪县龙虎山	汉天师张道陵后裔居之
		昭清宫	奉祀三清 奉祀张天师	始建于汉朝	在贵溪县龙虎山南三峯	汉王表修炼之所
		仙源观	奉祀三清 奉祀张天师	始建于宋朝	在贵溪县龙虎山南五十里	
		演法观	奉祀张天师	始建于南唐保大年间，宋崇宁中改“演法观”	在贵溪县龙虎山	汉天师张道陵修炼处
		仙隐观	奉祀三清 奉祀张天师	始建于宋朝	在贵溪县龙虎山	
		繁禧观	奉祀三清 奉祀张天师	始建于宋朝	在贵溪县龙虎山	
		佑圣观	奉祀三清 奉祀张天师	始建于宋朝	在贵溪县龙虎山	
		北真观	奉祀三清 奉祀张天师	始建于宋朝	在贵溪县龙虎山	
		祥符观	奉祀三清 奉祀张天师	始建于唐朝，旧名蒙谷庵、俗仙观，宋祥符年间改为“祥符观”	在贵溪县龙虎山	
		真懿观	奉祀三清 奉祀张天师	始建于宋朝	在贵溪县龙虎山	
			奉祀三清 奉祀张天师	始建于宋朝	在贵溪县龙虎山	

续表

州名	县名	道观名称	奉祀神祇	道观建设年代	地理位置	备注
信州	铅山	玉虚观	奉祀葛仙翁	始建于晋朝，唐咸通中名为“宗华观”，宋治平二年（1065）赐额“玉虚观”	在铅山县西七里	葛玄炼丹、飞升处
		鸿都观	奉祀葛仙翁	始建于南唐昇元中，宋治平二年（1065）赐额“鸿都观”	在铅山县玉柱山之巅	玉华真人炼丹之处
		太极观	奉祀葛仙翁	始建于晋朝，旧名葛仙祠	在铅山县葛仙山	
	永丰	真隐观	奉祀许真君	始建于宋朝	在永丰县，西山上	永丰县（今广丰县）
		洞元观	奉祀葛仙翁		在永丰西隅	
饶州	鄱阳	天庆观	奉祀三清	始建于晋朝咸宁二年（276），唐大中二年（848）赐额改“开元观”，宋大中祥符三年（1010）赐额改“天庆观”	在饶州府治东魁辅坊	
		莲花观	奉祀真武大帝	始建于晋朝	在鄱阳县千秋乡	
		延祥观	奉祀王遥真人	始建于晋朝	在鄱阳县马蹄山	第五十二福地
		朝元观	奉祀太上老君	始建于宋朝	在鄱阳县北乡	
		丹霞观	奉祀太上老君	始建于宋朝	在鄱阳县	
		紫极宫	奉祀太上老君	始建于唐朝开元二十九年（741）	在鄱阳县在饶州府治东南隅	
	余干	清溪观	奉祀白水真人（吴丹）	始建于梁天监（502—519年中）	在余干县刁泰乡	吴丹修炼处
		崇道观	奉祀白云真人	始建于梁大通（527—529）年中	在余干县东隅	白云真人修炼处

续表

州名	县名	道观名称	奉祀神祇	道观建设年代	地理位置	备注
饶州	余干	元明观	奉祀太上老君	始建于陈永定（557—559）年中	在余干县治西	
		灵鹤观	奉祀太上老君		在余干县八都	现属万年县
		正一观	奉祀太上老君	始建于宋朝祥符年间	在余干县九都	现属万年县
	乐平	天仙观	奉祀天仙	始建于唐朝太和（827—835）年间	在乐平县静理乡	
		万寿观	奉祀太上老君	始建于宋朝	在乐平县治西	
		武当观	奉祀真武大帝	始建于宋朝	在乐平县永丰乡	
		清宁观	奉祀太上老君	始建于宋朝	在乐平县丰乐乡	
	浮梁	清源观	奉祀三清	始建于晋朝太康元年（280），宋宣和中赐“大清源观”	在浮梁县东隅内	
		广福观	奉祀三官	始建于唐开元中，道士杨雪屋建	在浮梁县长香都	
		传元观	奉祀三清		在浮梁县	
		长宁道院	奉祀三清	始建于宋朝	在浮梁县长宁乡	
		崇真道院	奉祀三清	始建于宋朝	在浮梁县彭村都	
		石仙观	奉祀三清	始建于晋朝	在浮梁县南村都	唐改为佛教寺庙
		清风观	奉祀三清	始建于唐朝	在浮梁县河东	
	德兴	妙元观	奉祀葛仙翁	始建于晋朝，昇平二年（358），唐总章年间赐额“仙鹤观”，宋政和二年（1112）改“妙元观”	在德兴县东一里	葛稚川炼丹开山

续表

州名	县名	道观名称	奉祀神祇	道观建设年代	地理位置	备注
饶州	德兴	洞真观	奉祀葛仙翁	始建于宋朝	在德兴县八都	
		泰华观	奉祀葛仙翁	始建于宋朝	在德兴县一都	
		平林观	奉祀葛仙翁		在德兴县十二都	
		北溪观			在德兴县二十六都	
	安仁	逍遥观	奉祀王郭二仙	始建于晋朝，宋宣和间赐额“逍遥观”	在安仁县招仙山	安仁县（今鹰潭余江区）
		至道宫	奉祀三清 奉祀三官	始建于晋朝，道士张苍玉创建，为龙虎（山）别馆“三官道院”，南唐时为“三清观”	在安仁县北隅	
江州	德化	祥符观	奉祀董奉	始建于晋朝，后改名“太乙观”	在德化县双剑峰下	董奉种杏于此
		寿圣观	奉祀杨真人	始建于宋朝，杨真人建，以符水治病扬名	在江州府西	南宋宁宗御书“洞庭”，嘉定又御书“寿圣观”
		太平兴国宫	奉祀九天采访使者	始建于唐开元年间，南唐改“通元府”，宋宣和年间赐额“太平兴国宫”	在江州府南三十里	元兵毁，明洪武二年道士江梅高复建
	德安	洞霄观	奉祀三清	始建于南朝·刘宋元徽元年（473）	在德安县北四十里	元兵毁，明正统年间重建
		灵真观	奉祀三清	始建于三国·吴期间，道士李元徽建	在德安县治西义丰山下	元兵毁，明正德间重建
		玉清观	奉祀三清	始建于宋朝庆历年间	在德安县玉清山之巅	元兵毁，明正德间重建
		阳居观	奉祀九仙	始建于晋朝	在德安县南博阳山	何氏九兄弟修炼之处

续表

州名	县名	道观名称	奉祀神祇	道观建设年代	地理位置	备注
江州	瑞昌	玉清观	奉祀三清	始建于南唐	在瑞昌县西四十里	有徐铉碑
		昇龙观	奉祀真武	始建于宋朝	在瑞昌县南半里	明朝毁，清康熙年间重建
		石山观	奉祀王母娘娘	相传为仙池	在瑞昌县安泰乡	女真人修道处
		广福玉隆观	奉祀苏耽真人		在瑞昌县西北之苏山	
	湖口	寿宁宫	奉祀许真君		在湖口县分水岭	康熙九年重建
		安定观	奉祀三清	始建于晋朝	在湖口县治西定山下	元兵毁，明正统间重建
	彭泽	修山观	奉祀尉文光真人 兼祀唐高宗	始建于梁大同元年（535）	在彭泽县城	邑宰狄仁杰塑唐高宗李治神像，邑宰临川朱霳来塑尉文光神像，其“秩满还乡，遂入麻姑山为道士”。
		修真观	奉祀三清	始建于南朝·梁大同二年（536）	在彭泽县五柳乡	元兵毁，明重建
		柏山观	奉祀三清		在彭泽县新兴乡	元兵毁，明重建
虔州	赣县	天庆观	奉祀三清	始建于唐朝，赐额“紫极宫”，宋赐额“天庆观”	在赣州府城	明赐额“玄妙观”，清改为“元妙观”
		上坛观	奉祀三清	晋朝永和中	在赣州府城东建春门坛前街	元兵毁，明重建
		玉虚观	奉祀刘真人	始建于唐朝开元中，宋朝治平年间赐额“玉虚观”	在赣县贡水东	相传真人刘继先炼丹于此
		景德观	奉祀三清	始建于南唐	在赣州府城北龟冈	学士徐锴有碑记，徐铉篆额
		紫霄观	奉祀三清	始建于宋政和中	在赣县	明朝道士钟晓初重修
		至德观	奉祀三清	始建于宋朝，立人邱真仙创建	在赣县文潭岭	

续表

州名	县名	道观名称	奉祀神祇	道观建设年代	地理位置	备注
虔州	赣县	光孝观	奉祀三清		在赣州府城东卓桂坊	
		万寿宫	奉祀许真君		在赣州府城	
	虔化[1]	太元观	奉祀三清	始建于唐朝贞观年间	在虔化县东门外	今宁都县。元兵毁，明洪武重建
		集仙观	奉祀三清	始建于唐朝贞观年间	在虔化县北门外	元兵毁，明洪武重建
		宝居观	奉祀三清	始建于唐朝大中年间	在虔化县阜民门外	元兵毁，明洪熙、宣德间先后重建
	兴国	治平观	奉祀葛洪	始建于晋朝	在兴国县西门外	相传葛洪凿池洗药
		长春道院	奉祀蒲衣道人	始建于宋朝	在兴国县城南金鸡冠岭	元末陈文宾重修
		朝阳庵	奉祀三清	始建于宋朝	在兴国县下黄岭	
	信丰	奉真观	奉祀三清	始建于唐大中元年（847）	在信丰县南一里	
		西华观		始建于	在信丰县	今属定南
	雩都	紫阳观	奉祀三清	始建于隋朝，旧名清华道院，唐景云改“紫阳观”	在雩都县东城门外百步	明嘉靖年间、清康熙年间重修
		太霄观	奉祀三清	始建于唐贞观年间	在雩都县斗严	
		青真观	奉祀三清	始建于宋朝	在雩都县青唐里	
	会昌	天真观 高明仙院	奉祀三清	始建于宋朝	在会昌县南驼峰 在会昌县三十里曾坊崃	元兵毁，明洪武、正统重建

① 据《元和郡县志》，吴宝鼎初，析赣县地置新都县。晋太康初改宁都县。隋开皇十八年改宁都曰虔化，属赣州。易平主编：《赣文化通典·方志卷》，江西人民出版社2013年版，第592页。

续表

州名	县名	道观名称	奉祀神祇	道观建设年代	地理位置	备注
虔州	瑞金	东明观	奉祀三清	始建于唐朝	在瑞金县治溪南	有苏轼诗碑
	石城	太极观	奉祀三清	始建于宋朝大中祥符年间，道士徐继先建	在石城县东北三里	元兵毁，明洪武、正统年间重修
		三宝观	奉祀三清	始建于唐朝天宝年间	在石城县内西北	元兵毁，明正统年间迁白土乡，名为“白土观”，知县钟宝倡修，万历增修真武阁，改名“白玉观”
	安远	灵宝观	奉祀葛仙翁	始建于宋朝	在安远县廉江坊	
		崇真观	奉祀三清		在安远县城滋溪	
		石清宫	奉祀三清		在安远县	今属寻乌县
	龙南	明德观	奉祀魏真人	始建于唐朝咸通元年（860），旧名程龙观，宋咸平元年（998），宋真宗赐御书120卷	在龙南县治三十里	南宋绍兴年间毁，淳祐壬寅年重建，元兵毁
		龙虎观	奉祀龙虎真人	始建于宋朝，旧名“银缸庙”	在龙南县西南二十五里	元朝改“龙虎观”
建昌军	南城	天庆观	奉祀三清	始建于唐朝，旧名霞仙观，宋朝祥符年间，全国统一改名“天庆观”	在府城西南	唐邓紫阳栖真地
		冲虚观	奉祀葛仙翁	始建于唐朝，宋改“冲虚观”	在南城县西五里	
		仙都观	奉祀麻姑	始建于唐开元二十七年（739）	在南城县西南四十里	
		丹霞观	奉祀麻姑	始建于宋朝	在南城县西南麻姑山西七里	
		修仁观	奉祀麻姑	始建于宋朝	在南城县南三十里	

续表

州名	县名	道观名称	奉祀神祇	道观建设年代	地理位置	备注
建昌军	南城	元和道院	奉祀麻姑	始建于宋朝	在南城县西南十五里	
		天一真庆宫	奉祀麻姑	始建于宋朝	在南城县麻姑山仙都观右	
		仙居观	奉祀邓紫阳	始建于唐，旧名云龙观，宋治平年间赐额“仙居观”	在南城县新城北隔二里	有邓真人延康墓
		长生观	奉祀麻姑	始建于宋朝治平年间	在南城县新城西金麓	
		太乙观	奉祀麻姑	始建于宋朝	在南城县新城北梅峰	
		元帝宫	奉祀麻姑	始建于宋朝	在南城县新城中	
	南丰	清修观	奉祀许真君	始建于晋朝，旧名仙君观，唐大中改福寿观，宋治平元年赐额“清修观”	在南丰县北门	相传许吴炼丹于此
		紫霄观	奉祀壶公	始建于唐朝，旧名妙仙观，宋治平年间赐额“紫霄观”	在南丰县四十四都	有壶公仙迹
		妙灵观	奉祀王侍宸	始建于唐朝，后里人改“侍宸祠”	在南丰县神龟冈	有王文卿墓
		冲寂观	奉祀三清	始建于南唐，宋治平中改“冲寂观”	在南丰县五都	张天师十八朝孙张洞宣开山于此
		栖真观	奉祀三清	始建于南唐昇元元年，旧名游真观	在南丰县三十四都	
		丹阳观	奉祀三清	始建于晋朝	在南丰县伏壶岩下	相传甘真人炼丹处
		灵都观	奉祀三清	始建于唐武德中，旧名真无观，宋改名“灵都观”	在南丰县中和坊	
		龙泉观	奉祀三清	始建于宋朝	在南丰县西华山下	宋何行有诗

续表

州名	县名	道观名称	奉祀神祇	道观建设年代	地理位置	备注
南康军	星子	玉京观	奉祀三清	始建于晋朝，道士黄远智建	在星子县玉京山	
		灵溪观	奉祀三清	始建于南朝·齐永明元年（483）旧名祥符观，宋朝赐额“灵溪观”	在星子县紫霄峰	道士宋文超建
		先天观	奉祀三清	始建于南朝·梁大同二年（536），宋朝赐额“先天观”	在星子县紫霄峰下	
		景德观	奉祀三清	始建于南朝·梁大同年间，宋朝熙宁中赐额“景德观”	在南康府西四十里	
		承天白鹤观	奉祀三清	始建于唐朝弘道元年，宋朝大中祥符年中赐额“承天白鹤观”	在星子县五老峰下	
		寻真观	奉祀三清	始建于唐朝，唐贞元年间，女仙蔡寻真修炼之处	在南康府北二十五里	第八洞天所在地
		昭德观	奉祀三清	始建于唐朝，唐朝女仙李腾空居处，一名延真观	在星子县卓岭东	李白有诗
		青霞观	奉祀三清	始建于唐朝，道士谭紫霄建	在南康府北三十里	
		广福观	奉祀三清	始建于唐朝，道士谭紫霄建，旧名圣寿观	在南康府南一里处	
		天庆观	奉祀三清	始建于宋朝祥符年间，赐额“天庆观”	在南康府南九江道右	
		简寂观	奉祀三清	始建于晋朝，原名太虚观	在南康府西十五里	有陆修静炼丹井和礼斗石

续表

州名	县名	道观名称	奉祀神祇	道观建设年代	地理位置	备注
南康军	都昌	报恩观		始建于晋朝，道士李道先建	在都昌县	
		玉宸观		始建于梁朝，道士罗原道建	在都昌县	
		圣祖观		始建于唐朝，道士刘环谷建，旧名朝元观	在都昌县	
		集虚观		始建于唐朝，道士程祐铭建，旧名松平宫	在都昌县	
		显福观		始建于宋朝	在都昌县元辰山下	苏耽炼丹处
	建昌	崇真观	奉祀三清	始建于晋朝兴宁元年（363），旧名元真观	在建昌县治东一里永丰乡	建昌县（今永修县）
		茶岭观	奉祀三清	始建于晋朝兴宁元年（363），旧名通真观，道士邓德润建	在建昌县治六十里	
		七靖观	奉祀许真君	始建于晋朝	在建昌县南十里	相传许旌阳法北斗作七靖以镇蛟
		广福观	奉祀许真君	始建于晋朝，旧名“寿圣观”	在建昌县南四十里	相传许旌阳于此斩蛟
		隆道观	奉祀三清	始建于唐朝大中年间，旧名玉真观，宋赐改“隆道观”	在建昌县东门	女冠居住
		太平观	奉祀三清	始建于南朝·梁大通三年（529），道士周月潭建，唐贞观三年修	在建昌县	现属安义县
		逍遥观	奉祀许真君	始建于宋元祐元年（1086），道士徐自澄建	在建昌县控鹤乡	现属安义县

续表

州名	县名	道观名称	奉祀神祇	道观建设年代	地理位置	备注
南康军	建昌	崇真观	奉祀许真君	始建于晋朝，旧名“延真观”	在建昌县安义乡	现属安义县
		梅仙观	奉祀梅仙		在建昌县依仁乡	现属安义县
		老君观	奉祀梅仙		在建昌县控鹤乡	现属安义县
南安军	大庾	天庆观	奉祀三清	始建于宋朝端拱二年（989），大中祥符年间赐额“天庆观”	在南安军府治西南	明朝为“道纪司”办公所在地
		玉虚观	奉祀三清	始建于宋朝皇祐年间，旧名“常清观”	在大庾县常乐里	
		无量宫	奉祀三清	始建于宋朝嘉祐年间，旧名“无为观”	在大庾县双秀里	
		玉峰院	奉祀三清		在大庾县西上峒	旧名五龙观
		玉泉庵	奉祀苏真人		在大庾县东北玉泉山	相传苏耽修炼之处
	南康	洞真观	奉祀三清	始建于南朝·刘宋时期元嘉中	在南康县治北	
		永兴观	奉祀三清	始建于南朝·刘宋时期泰始中	在南康县东门外北	
		栖真观	奉祀三清	始建于唐朝，宋庆元期间重建	在南康县崇信里	
		仙台观	奉祀三清	始建于宋大观中	在南康县西门外	有丹井
		清真观	奉祀邓真人	始建于宋朝	在南康县北	南宋庆元年间重建
		真常观	奉祀三清		在南康县治北	
	上犹	万年观	奉祀巢真人	始建于唐末，赐额“万年观”	在上犹县西南一里	
		延真观	奉祀三清	始建于宋朝	在上犹县治北十五里	

续表

州名	县名	道观名称	奉祀神祇	道观建设年代	地理位置	备注
南安军	上犹	景陵观	奉祀三清		在上犹县西南景陵山	道士李大辅祈祷有灵应而得名
		金仙观	奉祀三清	始建于宋朝	在上犹县湖里	今属崇义县
		天台山宫	奉祀李仙公	始建于宋朝皇祐年间	在上犹县	今属崇义县
临江军	清江	天庆观	奉祀三清	始建于晋朝，唐改名三清观，宋大中祥符年间敕改名为“天庆观”	在临江军治右	
		太平观	奉祀许真君	始建于晋朝，旧名“净观”，南唐改为“太平观”	在清江县楼梧山	晋王长史宅
		崇真观	奉祀葛仙翁	始建于晋朝，隋以前名为“灵仙馆”，唐改名为“閤皂观”，南唐改为“元都观”，宋祥符中赐名“景德”，宋政和中赐名“崇真”	在清江县閤皂山	
		大元观	奉祀许真君	始建于晋朝	在清江县清江锥	相传许真君逐蛟至此
		新兴观	奉祀葛仙翁 奉祀许真君	始建于晋朝，旧名“吴兴观”，杨氏建，南唐改为“新兴观”	在清江县清江镇	有王安石碑记
		樟阴观	奉祀葛仙翁 奉祀许真君	始建于晋朝	在清江县东	有古樟树三丈
		吴堂观	奉祀许真君	始建于晋朝，宋宣和中赐额“吴堂”	在清江县修德乡	相传吴猛游西处
		赤城观	奉祀许真君	始建于晋朝，宋宣和中赐额“赤城”	在清江县东北四十里	里人廖敏有碑记

续表

州名	县名	道观名称	奉祀神祇	道观建设年代	地理位置	备注
临江军	清江	崇道观	奉祀葛仙翁 奉祀许真君	始建于晋朝，旧名“白仙观”，宋宣和中赐额“崇道”	在清江县东水洲上	
		紫霞观	奉祀许真君	始建于晋朝，旧名为“紫霞堂”	在清江县	
		朝天宫	奉祀许真君	始建于宋祥符年间	在清江县治北	
	新淦	上北帝观	奉祀北帝	始建于晋朝	在新淦县善政乡	
		下北帝观	奉祀北帝	始建于晋朝永嘉中	在新淦县治西北三十里	
		招仙观	奉祀许真君	始建于晋朝	在新淦县七里陂	有许旌阳炼丹井
		刘仙观	奉祀刘仙	始建于晋朝	在新淦县峰冈山	有刘仙人足迹
		祥符观	奉祀三清	始建于大中祥符年赐名	在新淦县南阜民门外	
		龙安观	奉祀许真君	始建于宋朝	在新淦县北	
		宁真观	奉祀萧公	始建于宋朝	在新淦县钦风乡	
		玉峡观	奉祀九仙	始建于秦朝，旧名峡江道院	在新淦县玉笥山	
		清真观	奉祀九仙	始建于梁朝	在新淦县玉笥山	杜真人有碑记
		乘光观	奉祀九仙	始建于梁朝，旧名耀真观，宋大中祥符年间改“乘光观”	在新淦县玉笥山	
		集真观	奉祀九仙	始建于唐朝	在新淦县玉笥山	唐初女道士危元丽、杨道冲成道处
		落云观	奉祀九仙	始建于唐朝，宋靖康年间改雷祠	在新淦县玉笥山	姚文质修炼处
		开明观	奉祀三清及真人孔邱明	始建于汉朝，原名“孔真坛”，宋改“开明观”	在新淦县玉笥山覆箱奉之西	有孔真人坛及其母墓

续表

州名	县名	道观名称	奉祀神祇	道观建设年代	地理位置	备注
临江军	新淦	承天宫	奉祀梅福 奉祀九仙	始建于西汉末年，原名梅仙观；西晋永嘉年间改为玉梁观；唐景云中，遣使建醮	在新淦县玉笥山	
		大秀宫	奉祀九仙	始建于南朝梁天监十五年（515）	在新淦县玉笥山	
	新喻	上明观	奉祀许、彭二真人	始建于晋朝元康年间，许彭二真人建	在新喻县北青鸾山下	
		延真观	奉祀许真君	始建于晋朝元康年间	在新喻县西瑞仙山下	
		西灵观	奉祀吕洞宾	始建于晋朝永和八年（353）	在新喻县	
		翔云观	奉祀许真君	始建于晋朝义熙二年（406），宋宣和四年（1122）赐额“翔云”	在新喻县东龙仙上	有许真君醮斗坛
		兴元观	奉祀许真君	始建于晋朝，宋宣和二年（1120）赐额“兴元”	在新喻县西八百源	观内有佑圣堂
		洞真观	奉祀陈罗二真人	始建于隋朝大业中	在新喻县南仙茅山	
		善应观	奉祀陈罗二真人	始建于唐朝武德年间，宋宣和年间赐额“善应”	在新喻县南白石山	陈罗二真人炼丹处
		宝华观	奉祀许真君	始建于唐朝贞观年间，宋宣和元年（1119）赐额“宝华”	在新喻县宜春门外五里吉台山	
		仙驭观	奉祀许真君	始建于宋宣和年间	在新喻县东门外白鹤山	

以上所列的北宋江西各地道观主要是来源于江西通志和地方志，通过整理，我们发现北宋江西道观不仅数量多，而且名气大，从分布地区来看，洪州、信州、抚州、吉州、临江军、建昌军等地区较为突出，一方面反映了临川文化、庐陵文化对江西道教的影响，另一方面反映了朝廷赐封对龙虎山、西山、閤皂山、玉笥山的敕封。从奉祀神祇来看，龙虎山上清宫、麻姑山仙都观、閤皂山景德观、西山玉隆宫、玉笥山承天观以及各府军的"天庆观"都奉祀三清尊神；閤皂山周边县的道观大多数奉祀葛玄；赣江沿线及洪州所属县大多数奉祀许逊；在洪州、抚州、袁州等地道观奉祀梅福，如玉笥山梅仙观、丰城梅仙观、崇仁县相山四仙祠等，因为梅福信仰的影响力，宋神宗赵顼敕封"寿春真人"，龙虎山第二十九代天师张景端著有《题梅山》一词，苏辙在筠州任税务官期间著有《寄梅仙观杨道师》诗词。还有神霄信仰盛行于南丰、南城、虔化、永丰等地；三仙信仰主要在华盖山周边的道观；杨公（风水大师）信仰流行于兴国、石城、雩都、宁都等地；北帝信仰、萧公信仰、北斗信仰、康王信仰、关公信仰、城隍信仰等也是北宋江西地方道观奉祀的神祇。

（三）北宋朝廷对江西高道真人的敕封、赐号

北宋朝廷对江西高道封号一览表

庙号及帝王原名	年号及公元时间	高道真人	封号及赐额	所在地及道观
宋真宗·赵恒	大中祥符八年（1015）	张正随	赐"真静先生"	龙虎山上清观
宋仁宗·赵真	天圣八年（1030）	张乾曜	赐"澄素先生"	龙虎山上清观
宋仁宗·赵真	至和二年（1055）	张嗣宗	赐"虚白先生"	龙虎山上清宫
宋神宗·赵顼	熙宁年间	张敦复	追赠"葆光先生"	龙虎山大上清宫
宋神宗·赵顼	熙宁元年（1068）	成仪智	敕封成仪智为"灵宝大师"	清江县（今樟树市）閤皂山崇真观
宋神宗·赵顼	熙宁七年（1074）	王、郭二公	封王、郭二仙为"真君"	崇仁县（今乐安县）华盖山桥仙观

续表

庙号及帝王原名	年号及公元时间	高道真人	封号及赐额	所在地及道观
宋神宗·赵顼		梅福	封“寿春真人”	丰城县梅仙观
宋神宗·赵顼	元丰六年（1083）	麻姑	封麻姑为“清真夫人”	南城县麻姑山仙都观
宋哲宗·赵煦	元祐元年（1086）	麻姑	封麻姑为“妙寂真人”	南城县麻姑山仙都观
宋哲宗·赵煦	元符二年（1099）	浮邱公	封浮邱公为“超应真人”	崇仁县（今乐安县）华盖山崇仙观
宋徽宗·赵佶	崇宁三年（1104）	葛玄	特封“冲应真人”	铅山县葛仙山玉虚观
宋徽宗·赵佶	崇宁四年（1105）	张继先	赐“虚靖先生”	龙虎山大上清宫
宋徽宗·赵佶	崇宁五年（1106）	张丽英	封张丽英“灵泉普应真人”	宁都县金精山灵泉观
宋徽宗·赵佶	大观二年（1108）	张景端	追赠“葆真先生”	龙虎山大上清宫
宋徽宗·赵佶	政和二年（1112）	许逊	封许逊为“神功妙济真君”	新建县西山玉隆万寿宫
宋徽宗·赵佶	宋政和二年（1112）	吴猛、陈勋、周广、曾亨、时荷、甘战、施岑、彭伉、盱烈、钟离嘉、黄仁览	准诰封十一真人	新建县西山玉隆万寿宫
宋徽宗·赵佶	政和七年（1117）	浮邱公	封浮邱公“超应真人为真君”	崇仁县（今乐安县）华盖山崇仙观
宋徽宗·赵佶	政和八年（1118）	葛玄	追封葛玄为冲应真人	
宋徽宗·赵佶	宣和二年（1120）	胡超	封胡慧超为“玄坛紫极洞真天师胡真人”	上饶县灵山石人殿
宋徽宗·赵佶	宣和二年（1120）	刘太真、李德胜	敕信州上饶县为“石人峰神暨三神”，特赐“鹰护”两字	上饶县灵山石人殿

续表

庙号及帝王原名	年号及公元时间	高道真人	封号及赐额	所在地及道观
宋徽宗·赵佶	宣和四年（1122）	王文卿	赐号“冲虚妙道先生”	南丰县神龟冈妙灵观
宋徽宗·赵佶	宣和六年（1124）	麻姑	封仙姑为“真寂冲应元君”	南城县麻姑山仙都观
宋徽宗·赵佶	宣和七年（1125）	王文卿	特授“太素大夫”，又授“凝神殿侍宸”，加同管九阳总真宫提举司命府事 [注：元朝封为“冲虚通妙真人”，元至顺三年（1332），加赐为“冲虚通妙灵惠真人”。]	南丰县神龟冈妙灵观
宋徽宗·赵佶	宣和七年（1125）	黄知微[①]	诏征入京	庐山太平兴国宫

表格中的内容，既反映了北宋宋真宗、宋仁宗、宋徽宗等的崇道行为，又反映了道教人才辈出的现象。

（四）北宋朝廷对江西名山道观的加封赐号

北宋朝廷崇道政策还表现在对全国各地的名山道观、道士加封赐号，江西获加封赐号如下：

赐封龙虎山授箓院。宋真宗时曾召天师道第二十四代天师张正随赴阙，王钦若尝为奏立授箓院及敕改上清观，蠲其田租，并赐号，由此开启了龙虎山授箓得到官方认可。

赐封阁皂山。宋神宗熙宁元年（1068）敕封阁皂宗传教成仪智为灵宝大师，又赐给阁皂山御书118卷、《圣封泰山芝草》2本、《皇祐新乐

① 黄知微（1035—1125）北宋时江州（今九江）人，字明道，隶籍庐山太平兴国宫道士。神宗元丰年间（1078—1085）充知殿，供奉香火。遇潜山体道先生崔君，授以陈泥丸南宗丹法，万神刀圭、谷神之道，及金液沦景之旨，从此沉湎丹法修炼，时人称为“黄疯子”。性嗜酒，自赋《黄颠歌》。徽宗崇宁末年（1106）知微年逾九十，而貌若处子，狂态如初。

图》1 卷、《绍兴宸翰》10 轴，并赐良田 2000 亩；宋哲宗绍圣四年（1097）敕令龙虎山、茅山、閤皂山为经箓三山，形成三山鼎立的格局；宋徽宗政和八年（1118）将景德观赐为崇真宫，追封葛玄为冲应真人①。

敕谕玉笥山。据《玉笥实录》述及：宋大中祥符元年，赐观额曰承天，宋大观庚寅，宫灾，各出建坛场以居，寮之存者仅十有三。宋宣和元年初升为宫，即玉笥山“承天宫”，有道士 500 余人。《中国龙虎山天师道》述及：在宋朝全国影响较大、规模宏大道教宫观，龙虎山上清宫、茅山元符万寿宫、玉笥山万寿承天宫、庐山太平兴国宫等皆由朝廷拨银兴建修缮，并赐田置产，成为巨大道教庄园，为大批符箓道士提供了衣食之资②。

赐封西山玉隆万寿宫。北宋大中祥符三年（1010），赐匾“玉隆宫”，并拨款修缮，扩充宫宇；政和二年（1112）封许逊为“神功妙济真君”，政和六年（1116）御书“玉隆万寿宫”匾额，对万寿宫又一次进行了大规模的改建扩建：建有正殿、三清殿、老祖殿、谌姆殿、玄帝殿、关帝殿六大殿；玉皇阁、紫薇阁、三宫阁、敕书阁、玉册阁、冲升阁六阁；轮藏、列仙等十二小殿、七楼、七门、三廊、三十六堂；还有钟楼、鼓楼、焚表化帛炉、白玉露台、九级仙阶等殿宇及附属建筑。在宫外，建有接仙台、云会堂、太虚观、偶来松下、逍遥靖庐等楼阁胜景。可见，西山玉隆万寿宫的建筑，连片成群，气势恢宏，蔚为壮观。

敕封天宁观。宋至和二年（1055）敕建太乙观并改名为天宁观，供奉玉皇大帝，地位仅次于洪州的“天庆观”（位于今南昌市广润门内）③，都是“天”字号道观，这足以说明天宁观（现青云谱道院）的显赫地位和重要价值。

敕谕华盖山。宋熙宁八年（1075）加封王真人冲应真君、郭真人诚

---

① 宋孝宗敕封閤皂山道士杜行正为冲隐大师；宋理宗淳祐六年（1246）加崇真宫为大万寿崇真宫，追封葛玄为冲应孚佑真君，又赐“元始万神”铜印传度符箓。

② 张金涛：《中国龙虎山天师道》，江西人民出版社 2004 年版。

③ 《江西省宗教志》编纂委员会编：《江西省宗教志》，方志出版社 2003 年版，第 227 页。

应真君；宋熙宁八年（1075），赐改“桥仙观”为“崇仙观”；宋元符三年（1100）敕封浮邱公为超应真人；宋政和七年（1117）敕封浮邱公为超应，真君。

（五）北宋朝廷下令天下洞天福地普遍修建宫观

《云笈七签·洞天福地》卷二十七之天地宫府图列十大洞天、三十六小洞天、七十二福地，宋政和六年（1116）九月，下令天下洞天福地普遍修建宫观，塑造神像[①]。在宋徽宗的亲自推动下，江西洞天福地普遍修建了宫观。分别是：龙虎山，第二十七福地；鬼谷山，第十五洞天；西山（梅岭）第十二洞天，第三十八福地；庐山第三十六洞天，第四十七福地；玉笥山，第十七洞天，第九福地；麻姑山，第二十八洞天，第十福地；灵山，第二十九福地；金精山，第三十一福地；阁皂山，第三十六福地；始丰山（罗山），第三十七福地；东白源，第三十九福地；元晨山，第五十一福地；马蹄山，第五十二福地。

江西洞天福地及道观分布情况表

<table>
<tr><th>洞天福地</th><th>名称、地点、治者</th><th>道观</th><th>奉祀神祇</th><th>道观建设年代</th><th>赐封年代</th><th>地理位置</th></tr>
<tr><td rowspan="4">第八庐山洞天</td><td rowspan="4">周回一百八十里，名曰洞灵真天，在江州德安县，周正时治之</td><td>太乙宫</td><td>奉祀太乙真人</td><td>三国时期，神医董奉建</td><td></td><td>庐山山北莲花峰下</td></tr>
<tr><td>仙人洞道院</td><td>奉祀吕洞宾</td><td></td><td></td><td>庐山锦绣谷西南</td></tr>
<tr><td>简寂观</td><td>奉祀陆修静</td><td>始建于刘宋时期</td><td>宋徽宗加封陆修静为“丹元真人”</td><td>庐山南麓金鸡峰下</td></tr>
<tr><td>康王观</td><td>奉祀康王[②]</td><td>始建于刘宋时期</td><td>熙宁中，赐名“景德观”</td><td></td></tr>
</table>

① 卿希泰：《简明中国道教史》，中华书局 2013 年版，第 94 页。

② 据《庐山志》载：“康王者，楚怀王之子熊绎也，秦灭六国时，王避乱谷中。秦将王翦追之急，天忽大风雷雨，翦人马不能前，得脱。遂隐谷中不出，因名其谷曰康王谷。”萧梁大同年间，道士张族深栖康王谷中学老子之术，以丹药符箓救人疾苦。梁武帝为嘉奖其道行，赐名“康王观”。宋熙宁中，又赐名“景德观”。

续表

<table>
<tr><th>洞天福地</th><th>名称、地点、治者</th><th>道观</th><th>奉祀神祇</th><th>道观建设年代</th><th>赐封年代</th><th>地理位置</th></tr>
<tr><td rowspan="5">第八庐山洞天</td><td rowspan="5">周回一百八十里，名曰洞灵真天，在江州德安县，周正时治之</td><td>灵溪观</td><td>奉祀唐健威、李德殳、宋刁云三位将军</td><td></td><td>宋朝赐名灵溪观</td><td></td></tr>
<tr><td>白鹤观</td><td></td><td>始建于唐开元年间</td><td>宋祥符年间赐额</td><td>星子县西北二十里，庐山五老峰下</td></tr>
<tr><td>太平宫</td><td>奉祀九天使者</td><td>始建于唐开元十九年（731）</td><td>太平兴国二年（977）赐名“太平兴国观”；宣和元年（1119）宋徽宗亲笔改“观”为“宫”</td><td>位于庐山西北麓，东林寺北</td></tr>
<tr><td>天庆观</td><td>奉祀三清、玉皇大帝</td><td>宋祥符年间</td><td>宋祥符年间赐额</td><td>位于星子城北，庐山脚下</td></tr>
<tr><td>广福观</td><td>奉祀匡俗，建中靖国元年（1101）年封匡俗为“清公真人”</td><td>始建于后汉</td><td>治平年间改祠为观，赐额寿圣</td><td>位于东林寺，香谷之西</td></tr>
<tr><td rowspan="2">第十二西山洞</td><td rowspan="2">周回三百里，名曰天柱宝极玄天，在洪州南昌县，真人唐公成治之</td><td>玉隆万寿宫</td><td>奉祀许真君</td><td>始建于晋朝</td><td>大中祥符三年升观为宫，改赐额曰“玉隆”；政和六年诏以西京崇福宫为例，敕建大殿六，小殿十二，五阁七楼，三廊七门，复赐御书额曰“玉隆万寿宫”。</td><td>在西山之东南，许旌阳故宅</td></tr>
<tr><td>黄堂隆道宫</td><td>奉祀谌姆</td><td>始建于晋朝</td><td>有御制碑</td><td>在玉隆万寿宫南四十里松湖下</td></tr>
</table>

续表

洞天福地	名称、地点、治者	道观	奉祀神祇	道观建设年代	赐封年代	地理位置
第十二西山洞	周回三百里，名曰天柱宝极玄天，在洪州南昌县，真人唐公成治之	紫清观	奉祀许真君	唐开元中	唐乾元中，敕赐殿宇，额“应圣宫”；宋赐改名“紫清观”	在玉隆万寿宫北西山洪崖
		至德观	并祀许、施二真君	晋朝永嘉中，道士陈白云重修		在善政乡生米镇
		憩真观	奉祀许真君	始建于晋朝	宋徽宗赐重修	在玉隆万寿宫南二十一都清陂山
		寻真观	奉祀许真君	始建于晋朝	宣和六年铸造晨昏大钟一口，铭文存	在玉隆万寿宫南尽忠乡上罗村
		紫阳观	奉祀许真君	始建于晋朝	宋改为观	在玉隆万寿宫南北乡二十三都
		丹霞观	奉祀许真君		政和年间铸造晨昏大钟一口	在玉隆万寿宫北忠孝
		石富观	奉祀许真君	始建于唐朝		在玉隆万寿宫北十七都
		龙城观	奉祀许真君		宋改为观	在玉隆万寿宫南二十里
		龙山观	奉祀许真君	始建于唐朝		在玉隆万寿宫北，天宝洞西南
		昭仙观	奉祀黄仁览真人并祀四将祝、冯、林、刘			在玉隆万寿宫东南
		方冈祠	奉祀黄仁览[1]真人			在西山太平乡

① 据（清）金桂馨、漆逢源编纂的《万寿宫通志》卷七记载，晋黄仁览真人因为二弟好猎，仁览折草化鹿，止其妄心，后黄四郎也入山成仙。

续表

洞天福地	名称、地点、治者	道观	奉祀神祇	道观建设年代	赐封年代	地理位置
第十二西山洞	周回三百里，名曰天柱宝极玄天，在洪州南昌县，真人唐公成治之	顺济庙	奉祀吴、许二真君	始建于大中祥符六年（1013）	熙宁中加号曰“灵顺安济”	在玉隆万寿宫东北吴城山下
		玉真观	奉祀许真君			在玉隆万寿宫北西山乌晶
		延真观	奉祀许真君	始建于晋朝	大中祥符二年(1009)赐名“景德观”；政和八年,改“延真观”,上尊号“神功妙济真君”	在广润门内
		清真许仙观	奉祀许真君			在玉隆万寿宫北赵家圍
		真君观	奉祀许真君			在广润门外隔渡黄牛洲
		通真观	奉祀许真君	始建于宋朝		在玉隆万寿宫惠民门外蓼洲
		灵应观	奉祀许真君			在通仙坊
		白马庙	奉祀许旌阳部将际真护法、白马忠懿王董晋			在洗马池故址
		协佑庙	奉祀许真君			
		天庆观	奉祀胡惠超真人	始建于唐朝	大中祥符九年（1016）敕额	在广润门内
		开元观	奉祀许真君奉祀真武	始建于唐朝	唐开元时敕建	在德胜门外
		石井观	奉祀许真君			在玉隆万寿宫南浠湖
		茶岭观	奉祀许真君	始建于晋朝（许真君炼丹处）		在玉隆万寿宫北桃花乡马溪岭下

续表

洞天福地	名称、地点、治者	道观	奉祀神祇	道观建设年代	赐封年代	地理位置
第十二西山洞	周回三百里，名曰天柱宝极玄天，在洪州南昌县，真人唐公成治之	东华观	奉祀许真君	始建于晋朝（许真君蹑蛟处）		在玉隆万寿宫北
		吴仙观	奉祀吴猛真人	始建于晋朝（吴猛炼丹处）	唐武后赐金钟	在玉隆万寿宫北西山极巅
		万年宫	奉祀许真君	始建于晋朝（钟离权修道之所）	唐敕建“神霄庆寿宫”，宋敕建赐额“万年宫”	在玉隆万寿宫东南三十里象牙潭岸
		广福观	奉祀许真君		宋赐额“广福观”	在玉隆万寿宫北西山之南
		丹霞观	奉祀许真君	始建于晋朝太康二年（281）		在钟陵乡青山湖口
		符落观	奉祀许真君	始建于晋朝		在太浦乡近东湖
		义城观	奉祀许真君	始建于宋朝天圣五年（1027）		在南乡东坛
		冲真观	奉祀许真君	始建于晋朝		在五十七都沙埠潭
		集真观	奉祀许真君	始建于宋朝淳熙年间		在邓坊
		灵仙观	奉祀许真君	始建于晋朝咸和二年（327）		在南乡梓溪
		招仙观	奉祀许真君	始建于晋朝		在洞玄剑湖之南。
		玉台观	奉祀许真君	始建于晋朝		在西乡
		太极观	奉祀许真君			在灌城乡
		后城观	奉祀胡惠超真人	始建于唐朝		在东乡
		冲道观	奉祀黄仁览真人			在刘城

续表

洞天福地	名称、地点、治者	道观	奉祀神祇	道观建设年代	赐封年代	地理位置
第十二西山洞	周回三百里，名曰天柱宝极玄天，在洪州南昌县，真人唐公成治之	常清观	奉祀刘颐真真人			在归德乡
		紫府观	奉祀胡惠超真人	始建于唐朝		
		凌虚观	奉祀熊觉真人	始建于宋朝元祐三年(1088)，名“飞云观”；宣和年改“凌虚观”		
		太虚观	奉祀许真君	始建于晋朝		在归德乡
		栖霞观	奉祀黄仁览真人	始建于宋朝		在乾丰乡
第十五鬼谷山洞	周回七十里，名曰贵玄司真天，在信州贵溪县，真人崔文子治之	凝真观	奉祀鬼谷子及徒弟苏秦、张仪、孙膑、庞涓	始建于南唐保大二年（944）	宋嘉祐年间敕修	在上清宫南七十里
		天乐道院	奉祀鬼谷子及徒弟苏秦、张仪、孙膑、庞涓			在上清宫南，凝真观东
第十五玉笥山洞	周回七十里，名曰太玄法乐天，在吉州新淦县，真人梁伯鸾治之	开明观	奉祀三清及真人孔邱明	始建于汉朝，原名“孔真坛”，宋改“开明观”		在洞天宫之西南四五里间
		大秀宫	奉祀九仙[①]	始建于南朝梁天监十五年（516）	汉武帝赐额“上清之宫”	

① 《玉笥实录》卷二记载：“九仙”是指在玉笥山修炼成仙的九位真人，即孔邱明、吴天印、骆法通、张法枢、谢志空、周仙用、邹武君、谢幽岩、杨元中等，玉笥山有九仙台纪念这九位真人。

续表

洞天福地	名称、地点、治者	道观	奉祀神祇	道观建设年代	赐封年代	地理位置
第十五玉笥山洞	周回七十里，名曰太玄法乐天，在吉州新淦县，真人梁伯鸾治之	承天宫	奉祀梅福、九仙、承天八祖①	始建于西汉末年，原名梅仙观；西晋永嘉年间改为玉梁观；唐景云中，遣使建醮	大中祥符元年（1008），赐额“承天观”，宣和元年（1119），升为“承天宫”	在洞天山玉涧之上
		云腾飚驭	奉祀吴云储②、陈抟真人	始建于唐天宝八年（749）	唐玄宗遣宦官崔朗始建 宋真建庙宗赐额“云腾飚驭”	在玉笥山元峰之南
		冲虚观	奉祀九仙、罗子房（冲虚）	始建于唐开元年间	原名元真观、九仙观，道士罗子房道成，上帝飞诏，赐霞衣，还丹	在送仙观台下东北
		清真观	奉祀九仙	始建于唐，旧名集仙观	上帝封为华岳府主	在玉笥之北平野间，何君石旁
		乾元观	奉祀汉武帝、九仙	始建于西汉，唐朝刘道平居之		在梅仙坛西北十里许
		南阳观	奉祀许真君	始建于晋朝，唐初女冠危兀丽居之		在玉笥之西南，距洞天三十里
		崇道观	奉祀葛仙翁、太乙真人	始建于晋朝		在九仙台西北十里
		辇山观	奉祀萧子云			在乾元北五里，前临大江

① 《玉笥实录》卷二记载：“承天八祖”是指承天宫的八位祖师，即刘潜谷、陈绍观、王处一、丁守元、姚文质、曹处明、宋怀德、汪希声。

② 《玉笥实录》载：吴云储为唐吉州刺史，后辞官带领全家三十人多口在此修道，道成后举家飞升，有灵异，天宝八年唐玄宗遣宦官崔朗建庙祀之。

续表

洞天福地	名称、地点、治者	道观	奉祀神祇	道观建设年代	赐封年代	地理位置
第十五玉笥山洞	周回七十里，名曰太玄法乐天，在吉州新淦县，真人梁伯鸾治之	安静观	奉祀九仙	始建于东汉建武年间，眉山葛元之、卢元秀居之修炼		在梅仙坛北，隔一峰
		东阳观	奉祀许真君	始建于晋朝		在承天宫投龙潭侧，赤松峰
		彩云观	奉祀九仙	始建于西汉，青城道士王谷神、皮元耀居之修炼	汉武帝诏建祠，封王为大微先生、皮为大素先生	在覆箱峰岩下，迁莺谷之源
		大真观	奉祀九仙	始建于西汉，仙人左慈亦常隐此	汉武帝令凿地，果得一玉真人，乃命立碑以纪其事，玉像随驾以往	观是洞天岩洞
		葆元观	奉祀九仙、杜真人	始建于西汉		在承天宫西南十五里南障山下
		会仙观	奉祀梅仙	始建于西汉		在承天宫西十里
		施仙观	奉祀九仙	始建于西汉，罗浮山道士施抱元、弟抱一同居此学道	汉武帝赐额“施仙”	在梅仙坛北三百步外
		祈真观	奉祀九仙	始建于西汉，唐有道士姚仪凤居之，修真成道		在南障之阳宛元坰黄茆坑
		望仙观	奉祀九仙			在峡江，东临大泽之滨
		玉真观	奉祀九仙	始建于西汉		在鳖山侧

续表

洞天福地	名称、地点、治者	道观	奉祀神祇	道观建设年代	赐封年代	地理位置
第二十八麻姑山洞天	周回一百十里，名曰丹霞天，在抚州南城县，王真人治之	仙都观[①]	奉祀麻姑	始建于唐开元二十七年（739）	真宗咸平二年（999），赐麻姑仙庙为仙都观，以御书旌耀	在建昌郡城南十里
		太霄观	奉祀麻姑	始建于宋朝		在麻源
		修仁观	奉祀麻姑	始建于宋朝		在麻姑山下南数里
		崇真观	奉祀麻姑	始建于宋朝		在麻姑山下西数里
		石崇观	奉祀麻姑	始建于宋朝		
		雾应庵	奉祀麻姑	始建于宋朝		
		灵仙观	奉祀麻姑	始建于宋朝		
		元通宝殿	奉祀麻姑	始建于唐开元年间	宋仁宗赐飞白御书	
		鹤仙观	奉祀麻姑			在新城县治东
		灵都观	奉祀麻姑	始建于唐元贞年间		在南丰县治东南
		紫霄观	奉祀麻姑	始建于宋朝		在南丰县治西南四十都
		大中祥符观	奉祀麻姑	始建于隋朝，南唐名甘露观，宋驻锡处	大中祥符二年（1009）赐额	在抚州郡治东
		明真观	奉祀麻姑	始建于隋朝，有颜真卿碑铭		在抚州郡治南二十里
		洞灵观	奉祀魏夫人、叶法善	始建于唐朝	唐睿宗使道士叶发善醮祭	在抚州郡治西六里

① （清）黄家驹编撰，曹国庆、胡长春校注：《麻姑山志·纪·祀典》：唐玄宗开元二十三年（735），本山道士邓思瓘应诏入朝，因请入庙。开元二十七年（739），始特立麻姑庙，邓思明为焚修道士。天宝五载（746），投（金）龙于瀑布，石池有黄龙显，玄宗感焉，复命增修仙宇，降赐仙姑真仪部从，塑立诸像，显耀祠宇。

续表

洞天福地	名称、地点、治者	道观	奉祀神祇	道观建设年代	赐封年代	地理位置
第二十八麻姑山洞天	周回一百十里，名曰丹霞天，在抚州南城县，王真人治之	昭清观	奉祀王、郭二仙	始建于晋朝		在崇仁县东二里
		善修观	奉祀麻姑	始建于宋朝		在崇仁县西南
		望仙观	奉祀麻姑	始建于宋朝		在金溪县南
		昭仙观	奉祀麻姑	始建于宋朝		在崇仁县西南
		妙常观	奉祀麻姑	始建于汉朝，汉李洞仙修炼处		在宜黄县南九十里
		崇仙观	奉祀麻姑	始建于宋朝		在宜黄县东
		灵泉观	奉祀三仙	始建于宋朝		临川县西南五十里，属长安乡
		白鹤观	奉祀三仙	始建于宋朝		临川县南六十里，属长安乡
		洞林观	奉祀三仙	始建于宋朝		临川县西南四十里，属新丰乡
第九郁木洞福地	在玉笥山南，是萧子云因隐处	游仙观（亦名宁仙观）	奉祀王、郭二仙	始建于唐朝		吉州永丰腾田乡
		庆龙观	奉祀王、郭二仙	始建于唐朝		吉州永丰突起乡
		洪都观	奉祀王、郭二仙	始建于唐朝	王郭二真炼丹之处，有古碑里	隶永丰县距县三里
		嵩山观	奉祀王、郭二仙	始建于唐朝	邑人有碑记，绍兴十四年（1144）请额	隶永丰县距县西南五里

续表

洞天福地	名称、地点、治者	道观	奉祀神祇	道观建设年代	赐封年代	地理位置
第十丹霞洞福地	在麻姑山，是蔡经真人得道之处，蔡真人治之。	丹霞观	奉祀麻姑	始建于北宋末		在麻姑山西七里
		灵仙观	奉祀麻姑	始建于宋朝		
		七仙阁	奉祀葛玄、黎母、盱母、蔡经、麻姑、王方平、邓紫阳			在麻姑山，建昌郡城西
第三十二龙虎山福地	在信州贵溪县仙人张巨君治之。	上清正一宫	奉祀三清、张天师	始建于汉朝，唐名真仙馆，宋大中祥符间改“上清观”，宋政和年间敕改“上清正一宫”		在龙虎山
		昭清宫	奉祀三清、张天师	始建于汉朝		在龙虎山南三峰
		仙源观	奉祀三清、张天师	始建于宋朝		在龙虎山南五十里
		演法观	奉祀张天师	始建于南唐保大年间，宋崇宁中改“演法观”		在龙虎山
		仙隐观	奉祀三清、张天师	始建于宋朝		在龙虎山
		繁禧观	奉祀三清、张天师	始建于宋朝		在龙虎山
		佑圣观	奉祀三清、张天师	始建于宋朝		在龙虎山
		北真观	奉祀三清、张天师	始建于宋朝		在龙虎山

续表

洞天福地	名称、地点、治者	道观	奉祀神祇	道观建设年代	赐封年代	地理位置
第三十二龙虎山福地	在信州贵溪县，仙人张巨君治之。	祥符观	奉祀三清、张天师	始建于唐朝，旧名蒙谷庵、俗仙观，宋祥符年间改为“祥符观”		在龙虎山
		真懿观	奉祀三清、张天师	始建于宋朝		在龙虎山
			奉祀三清、张天师	始建于宋朝		在龙虎山
第三十三灵山福地	在信州上饶县北，墨真人治之。	天庆观	奉祀三清	始建于宋朝		在上饶县耆德坊
		至德宫	奉祀三清	始建于宋朝		在上饶县灵山南麓
		大霞宫	奉祀三清	始建于宋朝		在上饶县南隅
		证果道院	奉祀三清	始建于宋朝政和年间		在上饶县永乐乡
		惠泽观	奉祀葛仙翁	始建于宋朝		在上饶县（今为横峰县）
		葛仙观	奉祀葛仙翁	始建于晋朝		在上饶县安辑（今为横峰县）
第三十五金精山福地	在虔州虔化县，仇季子治之。	玉虚观	奉祀刘真人	始建于唐朝开元中，宋朝治平年间赐额“玉虚观”		在赣县贡水东，相传真人刘继先炼丹于此
		景德观	奉祀三清	始建于南唐		在赣州府城北龟冈
		紫霄观	奉祀三清	始建于宋政和中		在赣县
		至德观	奉祀三清	始建于宋朝，立人邱真仙创建		在赣县文潭岭

续表

洞天福地	名称、地点、治者	道观	奉祀神祇	道观建设年代	赐封年代	地理位置
第三十五金精山福地	在虔州虔化县，仇季子治之。	光孝观	奉祀三清			在赣州府城东卓桂坊
		万寿宫	奉祀许真君			在赣州府城
		太元观	奉祀三清	始建于唐朝贞观年间	今宁都县。元兵毁，明洪武重建	在虔化县东门外
		集仙观	奉祀三清	始建于唐朝贞观年间	元兵毁，明洪武重建	在虔化县北门外
第三十六阁皂山福地	在吉州新淦县，郭真人治之。	白鹤观	奉祀葛仙翁	始建于宋朝		在新喻县东二里
		紫霞观	奉祀葛仙翁	始建于晋朝		在新喻县
		崇真宫	奉祀葛仙翁	始建于晋朝，初名灵仙馆，唐改为阁皂观	宋政和年间赐额“崇真宫”	在阁皂山东峰之麓
		嘉福观	奉祀葛仙翁	始建于晋朝，王子瑶炼丹之处		在吉州郡
		真常观	奉祀杨仙师	始建于晋朝		在吉州郡东
		清都观	奉祀陶朱公	始建于唐五代		在吉州郡南永和
		太虚观	奉祀葛仙翁	始建于晋朝		在泰和县治
		延真观	奉祀葛仙翁	始建于宋朝		在泰和县西
		崇元观	奉祀许真君	始建于晋朝		在吉水县北五十里
		朱陵观	奉祀葛仙翁	始建于晋朝，原名洞严	唐赐额	在吉水县南八十里
		集虚观	奉祀杨仙师	始建于晋朝，杨仙师冲举之处		在吉水县北八十里
		洞渊延真观观	奉祀葛仙翁	始建于宋朝		在安福县治北

续表

洞天福地	名称、地点、治者	道观	奉祀神祇	道观建设年代	赐封年代	地理位置
第三十六閤皂山福地	在吉州新淦县，郭真人治之。	洞虚观	奉祀魏夫人			在安福县西一百五十里
		精修观	奉祀葛仙翁	始建于宋朝		在万安县治北
		东华观	奉祀葛仙翁	始建于宋朝，文月堂道士结庵处		在永新县治东南
		龙溪观	奉祀葛仙翁			在永宁县治西
		佑仙观	奉祀葛仙翁	始建于宋朝		在泰和县武山上
		崇道观	奉祀葛仙翁	始建于宋朝		在吉水县治北
第三十七始丰山福地	在洪州丰城县，尹真人治之。	白鹤观	奉祀许真君	始建于晋朝，后改名“广福观”，唐高宗封为“白鹤观”		在丰城县西，严真人甘战飞升之处家山
		乌石观	奉祀许真君	始建于唐朝，由道士万石泉建		在丰城县兴仁乡
		梅仙观	奉祀梅仙	始建于汉朝，旧名“梅仙庵”，宋元丰五年封梅福为“寿春真人”		在丰城县宣丰乡，梅福炼丹于此
		崇仙观	奉祀许真君	始建于宋朝，宋朝道士朱肖庵建		在丰城县十都，晋真人曾亨炼丹之处
		胜灵观	奉祀许真君	始建于宋朝，宋朝道士朱张庆斋建		在丰城县大顺乡晋真人浮邱公经游之处
第三十八逍遥山福地	在洪州南昌县，徐真人治之。	天宝观		始建于隋仁寿二年（602）	宋朝朝廷派使投金龙、玉简	
		吴仙观	奉祀吴猛真人		宋政和年间赐封吴猛为“神烈真人”	

续表

洞天福地	名称、地点、治者	道观	奉祀神祇	道观建设年代	赐封年代	地理位置
第三十八逍遥山福地	在洪州南昌县，徐真人治之。	玉隆万寿宫	奉祀许真君		北宋大中祥符三年赐封“玉隆宫”、政和六年宋徽宗赵佶御书“玉隆万寿宫”	
第三十九东白源福地	在洪州新吴县[①]，刘仙人治之。	昭德观	奉祀刘道成真君	始建于南北朝，南唐时，高士胡仲尧重修，原名“闓业观”，北宋大中祥符元年（1008）宋真宗赐“昭德观”匾额	徐铉撰写《奉新县重建闓业观碑铭并序》	
		崇虚观	奉祀刘道成真君	始建于宋朝政和年间，朝廷敕建赐额“崇虚观”		在奉新县成西门
		景云观	奉祀许真君	始建于晋朝，宋治平年间赐额		在奉新县建康乡
		立云观	奉祀陶真人	始建于晋朝，宋治平二年（1065）赐额		在奉新县陶仙山
		景福观	奉祀许真君、陶真人	始建于晋朝，宋治平年间赐额		在奉新县南乡
		真常观	奉祀许真君	始建于晋朝，旧名招仙观宋治平年间赐额		在奉新县越王山，文萧吴彩鸾跨虎之地

① 据《奉新县志》载：汉景帝前元三年（前154），置海昏县，汉灵帝中平二年（185）分海昏、建昌，设置新吴县，南唐保大元年（943），新吴县改为奉新县。

续表

洞天福地	名称、地点、治者	道观	奉祀神祇	道观建设年代	赐封年代	地理位置
第三十九东白源福地	在洪州新吴县，刘仙人治之。	昭德观	奉祀许真君	始建于唐朝，旧名闡业观，宋祥符元年（1008）赐额		在奉新县西二百步刘守成故宅，有徐铉碑记
		崇元观	奉祀许真君	始建于宋朝		在奉新县新东北二百步
		柏林观	奉祀许真君	始建于晋朝，宋熙宁元年（1068）赐额		在奉新县北乡，有柏林仙童遗迹
		大元观	奉祀许真君	始建于晋朝，宋治平熙宁年间赐额		在奉新县新安乡
		葆真观	奉祀许真君	始建于晋朝，北宋大观元年（1107）赐额		在奉新县从善乡
第四十七虎溪山福地	在江州南彭泽县	修山观	奉祀三清	始建于梁大同元年（535）	徐铉《彭泽县修山观记》	
第五十一元晨山福地	在江州南都昌县，孙真人安期生治之	集虚观		始建于唐朝，道士程祐铭建，旧名松平宫		在都昌县
		显福观		始建于宋朝		在都昌县元辰山下
第五十二马蹄山福地	在饶州南鄱阳县，真人子州所治之	延祥观	奉祀王遥真人	始建于晋朝		在鄱阳县马蹄山

上面介绍了唐前期司马承祯撰写的《天地宫府图》和唐五代杜光庭的《洞天福地岳渎名山记》，结合北宋张君房《云笈七签》列出的洞天福地，通过比较能发现一些区别：

第一，北宋时期的洞天福地是朝廷赐封的，而唐朝的洞天福地是道士根据真人修仙的地域而统计的，但北宋朝廷赐封基本上是依据唐朝的洞天福地的统计为基础。

第二，北宋时期的洞天福地朝廷赐建了许多道观，如上表中第三十二福地龙虎山"上清正一宫""祥符观"等；第三十八福地逍遥山的"玉隆宫""天宝观"等都是朝廷赐建；而在唐朝的洞天福地只是真人修仙的地方。

第三，北宋时期的洞天福地，不仅是举行国家祭祀仪式的圣地，也是北宋朝廷为王公贵族举行金箓斋醮祈福的仙都，如：徐铉在淳化年间受朝廷派遣到江西西山天宝洞投金龙简并举行国家祭祀；江西玉笥山第十五洞天、第九郁木洞福地在北宋投了金龙、玉简并为王公贵族举行了金箓大醮。而在唐朝江西的洞天福地基本上是祭祀山河的。

第四，北宋时期的洞天福地，不仅是道士羽化后的仙境也是居士和士大夫向往的修仙清净之地。

从以上比较分析，我们知道唐朝的"洞天福地"是一个自然地理概念，而北宋的"洞天福地"上升为"自然"与"文化"的双重含义。

二、北宋道职道阶制度与江西道官

道教的发展在北宋达到鼎盛，宋真宗、宋徽宗多次下诏令天下郡县搜道经、访道士、编《道藏》、设立道学制度和道学博士等[①]，许多士大夫也被安排到道观挂职或任职，一些道士也被重用管理道教。北宋政和年间，由于宋徽宗对道教的全面推崇，道士的地位得到了极大的提高，朝廷专门设置了二十六品道阶，另外，又设置了十六等道官，跟朝廷的官员一样，由国家提供俸禄。受封的道士根据职务的大小，或者主管一座道观，或者主管一方道教，或者统领天下道教，如宋徽宗同时授予江

① 卿希泰：《简明中国道教史》，中华书局 2013 年版，第 86—97 页。

西籍王道坚道阶和道官职位：道阶为“太素大夫”，道官职位为“凝神殿校经”。“校经”的职位相当于当时“直阁”的阁职，地位非常荣耀，进士才能担当，“一经此职，遂为名流”，并号凝妙感通法师。宋徽宗重用王道坚就是希望他为自己编纂一部名传千古的《道藏》。

北宋还设祠禄之官，对老退去职的官员，冠以提举、提点某某宫观的名目以领取俸禄（但不一定到任），北宋时期江西庐山太平宫、洪州玉隆观、建昌仙都观等道教宫观都成为设祠禄官的重点宫观。

第二章 北宋龙虎山天师道的兴盛

北宋龙虎山道教处于兴盛发展时期，主要表现在以龙虎山为中心的天师道进入了一个新的发展、改革阶段，以符箓为主流的中国道教迎来又一繁荣时期。天师道在这一时期的繁荣昌盛，植根于这一历史时期的社会土壤，其间宋辽金元交相陵替，中央政权羸弱不振，空前尖锐的社会矛盾纵贯这一时代，战乱、天灾、饥荒、瘟疫及横征暴敛、贪官污吏、民族仇隙等，沉重地压在人们头上，在苦难中呻吟挣扎的民众，不得不寄一线希望于冥冥中的神灵。以斋醮祈禳祓除、度亡济死为职事的符箓道教便盛行于民间、流布于朝野。天师、上清、灵宝三大符箓道派在继续传衍中派生出天心、太一、东华等支派，神霄、清微等新符箓道派亦先后应运而生。

从唐末五代时期，江西龙虎山的一支张陵后裔开始引人注目。陈国符引《续龙虎山志》述及："南唐后主于信州龙虎山建张天师庙，时为天师二十二代孙张秉一。"[①]北宋时期执掌龙虎山的天师主要以符箓道术、斋醮科仪

① 陈国符：《道藏源流考》（新修订版），中华书局 2014 年版，第 316 页。

闻名于世，天师道授箓不仅被官方认可，还设立了组织机构专门负责授箓事务，为道教授箓制度形成奠定了基础，这不仅是龙虎山道教史上，也是江西道教史、中国道教史上的一件大事。北宋时期摄龙虎山的天师共有七位，他们是：第二十四代天师张正随、第二十五代天师张乾曜、第二十六代天师张嗣宗、第二十七代天师张象中、第二十八代天师张敦复、第二十九代天师张景端、第三十代天师张继先。他们在朝廷和士大夫的支持和重视下，大多数都有作为，其中最有影响力的是第二十四代天师张正随、第二十五代天师张乾曜、第三十代天师张继先。

第一节　张正随与天师道

一、张正随的生平

张正随，生卒年不详。字宝神，为人质朴，常年传度法信，救助贫困，享年八十七，追封为“真静先生”。《汉天师世家》说：“宋大中祥符八年乙卯（1015）召至，吏部尚书王钦若为奏立授箓院，并奉敕改真仙观为上清观。”[①]《宋会要》载：“大中祥符八年，召信州道士张正随于京师上清宫，置坛传箓度人。”宋大中祥符八年（1015）宋真宗赵恒召见龙虎山第二十四代天师张正随，不仅允许龙虎山设立授箓院，而且要求龙虎山在京城设立了授箓院，还对龙虎山道观的建设和发展给予重视：

一是朝廷敕龙虎山在京城设立了授箓院，方便皇室及京城贵族授箓，开启了龙虎山在北宋京都（汴梁）的授箓历史。

二是敕令改龙虎山的“真仙观”为“上清观”，并免除田租，体现朝廷的高度重视和大力支持。

三是赐张正随天师号“真静先生”，以示朝廷荣宠。

从上面的史料我们知道朝廷已经明确龙虎山授箓权力、地位和任务，也是张正随个人的荣耀，因此，龙虎山的主要职责是落实朝廷的命

① 《汉天师世家》卷二，《道藏》第34册，文物出版社、上海书店、天津古籍出版社1988年版，第825页。

令，做好授箓这件事。

二、龙虎山授箓的渊源

汉魏两晋南北朝时期（前206—581）。据《正一法文经》记载：东汉桓帝永寿二年（156）张道陵“以盟威都功诸品经箓、玉册、剑印付子衡，与夫人雍氏升仙而去，年一百二十三岁”。这说明早在张道陵创教之初，天师经箓已经形成并有了经箓印剑法物相授。道书还载张道陵居鹤鸣，“精思炼志，作道书二十四篇”，其中《正一盟威妙经》《正一科术要道法文》等规定了道教授箓的箓职、箓阶、箓仪以及二十四阶箓与二十四节气、二十八星宿的关系。

三国时，张鲁其自号“师君”，徒众称“鬼卒”，设立“都讲”“祭酒”。

早期的道阶，据《赤松子章历·卷一》载：“汉代人鬼交杂，精邪遍行。太上垂慈，下降鹤鸣山，授张天师《正一盟威符箓》一百二十阶及《千二百官仪》《三百大章》《法文秘要》，救治人物。天师遂建二十四治，敷衍正一章符，领户化民，广行阴德。”

两晋南北朝时期，原来的天师道开始分化，宗派迭出，又经北魏寇谦之的改革，南朝陆修静之整肃，逐渐地形成三大法坛，即茅山上清法坛、阁皂山灵宝法坛、龙虎山正一宗坛，各自开坛传箓。故又称“三山符箓”。

汉魏两晋南北朝时期，龙虎山授箓之箓仪也发生了一系列的演变，主要体现在两个方面：一是北魏时寇谦之对正一法箓的改革。据道书记载，北魏神瑞二年（415）寇谦之得太上老君“亲授”《云中音诵新科之诫》二十卷，并提出“革去三张伪法，租米钱税及男女合气之术”，其后于泰常八年（423）出《录图真经》六十卷，其中《天中三真太文箓》列仙官五等，一曰阴阳太官，二曰正府真官，三曰正房真官，四曰宿宫散官，五曰并进箓生。寇谦之对“三张”（祖天师、嗣天师、系师）的改革，行之于北魏，传承时间很短，也并没有被道教其他派别所采纳。他所革去的租米钱税，仍然要授箓者交纳“信物”若干，在寇谦之羽化之后，世称的“北天师道”也就销声匿迹了。二是南朝时陆修静对道教思想及天师道法箓的整理，在思想上继承天师道，陆修静提出“祖述三张，弘衍二葛”；在经典整理方面，他把当时各宗派的经典综合成“洞真、洞玄、洞神”三部，“三洞”之说也是经典之说；在演法方面传续灵宝道斋醮仪范，陆修静提出了“九等斋十二法”，即灵宝斋九法、上清斋二法和三元涂炭斋法。陆修静对继承天师道法曰：“太上患其若此，故授天师正一盟威之道，禁戒科律，谕示万民逆顺祸福功過，令知好恶。置二十四治，三十六靖庐，内外道士二千四百人。”①陆修静将九等归属于灵宝，未尽妥当，其中，旨教斋来源于天师道（五斗米道），洞神三皇斋是三皇派的斋法，太一斋则有可能与太平道有关。

隋唐时期（581—960）。授箓院之设，始于唐玄宗朝，天宝七载（748）唐玄宗召见第十五代天师张高，“命即京师（长安）置坛传箓”，箓牒正式列入朝廷官方管理的范畴，明确龙虎山面向全国开坛授箓，由张天师担纲传度师并主持授箓法会。由于自两晋南北朝以降，江西龙虎山的正一玄坛，江西阁皂山的灵宝法坛和江苏茅山的上清宗坛一直是三山鼎立，各自开坛授箓，所以箓的名目也不尽同。在唐代，对于正一派授箓科仪做出重大贡献的人还有长安道士张万福和杜光庭，他们制定了《三洞从戒文》《太上黄箓斋仪》《传授三洞经戒法箓略说》《三洞法眼科戒文》《醮三洞真文五法正一盟威箓阅醮仪》等有关授箓的文献。

三、张正随与龙虎山宗坛授箓地位的确立

宋大中祥符八年（1015）宋真宗赵恒召见龙虎山第二十四代天师张正随，吏部尚书王钦若奏立授箓院，并改会真观为上清观。张正随的幸遇，奠定了龙虎山道教的突出地位，也是朝廷对其授箓的确认，形成了以宗坛为中心的授箓制度。虽然在宋代之前有“三山授箓”，但又因道教各派都共尊太上之大道，对信仰主体（三清）有着高度的一致，且道教各派的宗师又都有着扯不断的联系，故在隋唐之际，已开始逐步地形成“由分到合”的大趋势，这也是后来“三山合一”的大前提。据《隋书·经籍志》云：“受道之法，初受《五千文箓》、次授《三洞箓》、次授

① 《道藏》第32册，文物出版社、上海书店、天津古籍出版社1988年版，第620页。

《洞玄箓》，次授《上清箓》。箓皆素书，记录诸天曹官属佐吏之名有多少，又有诸符，错在其间，文章诡怪，世所不识。受者必先洁斋，然后赍金环一，并诸贽币，以见于师。师受其贽，以箓授之，仍剖金环，各持其半，云以为约。弟子得箓，缄而佩之。”从以上可以看出，其时授箓已成规范，三山符箓已有融合，弟子以接受不同等级的法箓为标志，在道门中形成奉道修行的阶次。

相关授箓文献主要源于《道藏》，在民间收藏的早期版本基本没有。

1.《正一法文修真旨要》。此经源于第一代天师张道陵所作的《正一法文》系列。收录《道藏》正一部，1 卷。为南北朝时期重新辑录本。所录修真要法十余种。

2.《正一法文十箓召仪》。此经世传为第一代天师张道陵撰写，收录《道藏》正一部，1 卷。内载 10 种早期天师道法箓。

3.《正一法文法箓部仪》。此经世传为第一代天师张道陵撰写。收录《道藏》正一部，1 卷。内载 4 种盟仪。即《黄素三盟登坛仪》《太一黄素三盟仪》《太一登坛黄素三盟逆剩付授仪》《太一三盟付授仪》。

4.《正一法文太上外箓仪》。此经世传为第一代天师张道陵撰写。收录《道藏》正一部，1 卷。内载正一道士传授的初级法箓之仪法。

5.《正一法文传都功版仪》。此经世传为第一代天师张道陵撰写，收录《道藏》正一部，1 卷。内言传授都功版文之盟信科仪。

6.《天师治仪（上）》。原题“十三世孙梁武陵王府参军张辩撰”。

7.《正一修真略仪》。经书撰写人不详，从内容看约出于南北朝末或隋唐初。1 卷，收录《道藏》正一部。此书论述传授及修行三洞符箓契卷之科仪阶次。

8.《太上三五正一盟威箓》。此经箓世传为祖天师张道陵撰写，南北朝隋唐天师道经书皆称东汉顺帝汉安元年，太上道君于蜀郡传授张道陵“正一盟威之道”。为早期天师道之符箓。原书卷数不详，明《正统道藏》本 6 卷，收录正一部。

9.《四斗二十八宿天帝大箓》。早期天师道重要法箓。撰经人不详，从内容和文字看，当为南北朝时期的正一道士编集。1 卷，收录《道藏》

正一部。

10.《受箓次第法信仪》。从内容文字看，似出于南北朝或唐代。书中未书编撰人姓名，1 卷，收录《道藏》正一部。本卷记载正一道士授度法箓治职之次第。《正统道藏》收录该箓仪时，后附《天师治仪》一篇。

11.《陆先生道门科略》。南朝刘宋道士陆修静撰。1 卷，收录《正统道藏》太平部。此卷言东晋南朝天师道“立治置职”，以道官祭酒统制道民之法。

12.《太上三五正一盟威阅箓醮仪》。原题“广成先生杜光庭删定”，系唐末道士杜光庭据早期天师道法箓改编。1 卷，收录《正统道藏》洞神部威仪类。

这些授箓文献，既反映了天师道传承的正统性，又反映出其仪典的规范性，陆修静的补充更使天师道的授箓制度趋于完善。

正一派授箓制度的完善体现在授箓的道阶与道士修炼的关系。据《道藏》正一部《正一修真略仪》记载，太上三五正一盟威宝箓共分二十四阶品，以应上八景、中八景、下八景二十四节气。这二十四个阶品是：

太上三五正一盟威仙灵百五十将军箓

太上三五正一盟威三元将军箓

太上三五正一盟威都天九凤破秽箓

太上三五正一盟威护命长生箓

太上三五正一盟威九宫捍厄八卦护身箓

太上三五正一盟威太玄四部禁气箓

太上三五正一盟威龙虎斩邪箓

太上三五正一盟威都章毕印箓

太上三五正一盟威步星罡箓

太上三五正一盟威天灵赤官斩邪箓

太上三五正一盟威九州社令箓

太上三五正一盟威百鬼召箓

太上三五正一盟威考召箓

太上三五正一盟威斩千鬼万神箓

太上三五正一盟威九天兵符箓

太上九天真符箓

太上九天都统毕箓

太上华盖斩邪箓

太上三五辟邪箓

太上三皇捍厄箓

太上诸度厄过灾箓

太上解六害神符箓

太上女青诏书符

太上九光万胜箓

正一盟威箓，是最早出现的法箓，从南北朝到唐五代始终是法箓授受的起点，尽管像寇谦之、陆修静对授箓作了一些整顿性改革，但影响是局部的，其根本的思想没有改变，一是蕴含了道教的“道法自然”的思想，二十四授箓阶品与二十四节气相对应，说明了授箓的时间要求；二是体现了龙虎山“正一真人箓”的“不二”思想，“正一三五，混沌元命，真人箓，正一法中王也，正则不邪，一则不二，制伏邪伪，悉归正道”[①]，正一道是不邪之道，是“不二”法门，这是授箓的目的意义；三是对受箓个人而言，不仅是身份从俗人到神仙的转变，是进入神仙世界并逐步升迁的标志，更是对道士修行的检验。

天师道的授箓对受箓者的资格、戒律要求也很高。据《龙虎山志》记载，唐玄宗召见第十五代天师张高：“命即京师（长安）置坛传箓。”唐朝之时仅仅是置坛传箓，还未设一个专门的机构。到宋真宗大中祥符八年（1015）敕二十四代天师张正随于京都（汴梁）立授箓院，这是一个官方的专门机构。道教授箓不仅有专门的机构管理，还有授箓的资格、戒律和整套仪式。

① 陈国符：《道藏源流考》（新修订版本），中华书局 2006 年版，第 343 页。

《云笈七签》卷四十五《修真旨要》明正一箓第三："箓者，戒録情性，止塞愆非，制断恶根，发生道业，从凡入圣，自始及终，先从戒箓，然后登真"[①]。受箓的资格最起码是没有恶根，以善入道，从戒修为。

戒律在授箓过程中是重要的一个方面，许多经箓文献中都有记载，《正一法文传都功版仪》曰："正一道士，奉道有功，应辅治职。随功举迁，不得叨妄，极于阳平。德棠渐升，教化逾博，奉佩符箓，尽夜勤修，驱役吏兵，拯救验效，直心守法，终始匪逾，正念师尊，岁寒燕替，而鬼神畏敬，人天信用，堪为化首，永世作师，可署都功，宜传道要。"[②]要求学道修仙者不仅要个人勤学修炼，还要真心守法，尊师重教，德化信众。

对于信众道民也有戒律要求，《三洞珠囊》卷六《清戒品》引《正一法文》下卷云："凡属道民，便受护身符及三戒，进受五戒八戒，然后受箓。受箓之前，未受戒者，受箓之后，依次受之。"[③]先受戒再受箓，这是基本要求，受戒的内容包括"五辛之菜，六畜之肉，道之至忌，啖之已自犯禁；乃复宰杀鸡狆鹅鸭，欲酒洪醉，乘以奏闻。遂有寝卧靖坛，吐呕案侧，如斯之徒，往往有之，此谓不良祭酒，流连好酒食，课责重脆，乘醉奏章也"。[④]

第二节　张乾曜与天师道

一、张乾曜的生平

张乾曜，字元光，北宋贵溪人，世居龙虎山，父为第二十四代天师张正随。张乾曜嗣教第二十五代天师。天圣八年（1030）赐号"澄素先生"。张乾曜天师寿年八十九，夫人为倪氏，后葬仁福乡梓埠曹家源。张乾曜有两个儿子，张嗣宗和张见素，张嗣宗为第二十六代天师。张见素

① 陈国符：《道藏源流考》（新修订版本），中华书局 2006 年版，第 341 页。
② 陈国符：《道藏源流考》（新修订版本），中华书局 2006 年版，第 337 页。
③ 陈国符：《道藏源流考》（新修订版本），中华书局 2006 年版，第 343 页。
④ 陈国符：《道藏源流考》（新修订版本），中华书局 2006 年版，第 351 页。

于宋仁宗天圣年间，授作监主簿，至给事中，历卫尉寺丞，赠其妻宁氏为恭人，虽仕而志犹慕道，弃官归隐饶州鄱阳之东湖凤凰岗遂家，生子二名张凤和张凰。张乾曜的弟弟为张日新的后代，世居江西省东乡县王桥镇大塘村繁衍生息。元至正十三年，张乾曜被追封为“崇玄普济湛寂真君”。

二、张乾曜与三位皇帝“接见”和“赐号”

关于张乾曜与三位皇帝见面的情况及赐号，很多文献都有记载了北宋皇帝接见张乾曜天师的情况，究竟是哪位皇帝接见的却众说纷纭，有说宋真宗的、有说宋神宗的、也有说宋仁宗的。此外，皇帝对张乾曜先生的赐号，也有两种不同的说法，有些说是“虚靖”先生，此后，该号为天师世家所承袭；另外一种说法认为是赐号为“澄素先生”。

（一）真宗接见之说

说宋真宗接见张乾曜的文献有《宋会要》和《耶稣会文献汇编》。《宋会要》称：大中祥符八年，召信州道士张乾曜，于京师上清宫置坛，传箓度人。《耶稣会文献汇编》第三卷：至宋朝时重张乾曜，号澄素先生，宋真宗封广信府龙虎山，世袭天师府职，衮衣玉带。

（二）仁宗接见之说

《汉天师世家》载：二十五代天师，讳乾曜，字元光。端静寡言，笃志内修。宋天圣八年，仁宗召赴阙，问以冲举之事。对曰：此非可以辅政教也。陛下苟能返之朴，行以简易，则天下和平矣，奚事冲举哉。上嘉之，赐号澄素先生。上又问，卿有几子？对曰：长子传道，次业儒。遂以次子见素为将，作监主簿。元明善《龙虎山志》[①]：乾曜，宋天圣八年，召至阙下，仁宗问白日冲举之事，对曰：“此非可以辅政教也。陛下苟能返古之朴，行以简易，志虑清明，神气完和矣，奚事冲举？”上嘉之，赐号澄素先生，是为天师二十五代。元至正十三年赠崇真普济湛寂真君。子嗣宗嗣。《历世真仙体道通鉴》卷十九，曰：召信州道士张乾曜，于京师上清官置坛，传箓度人。宋仁宗闻其有道，天圣八年五月召赴阙，

① （元）元明善奉敕编纂，清乾隆庚申年重刻《龙虎山志》卷二。

赐澄素先生之号。上问以飞升之事，沉吟久之，对曰：此非可以辅政教也。上嘉之。又问几子，对以长子传道，次业儒。遂以次子见素为将，作监主簿。元代脱脱《宋史》载：（仁宗）五月甲寅，赐信州龙虎山张乾曜号澄素先生。宋代李焘《续资治通鉴长编》卷十录：（仁宗）五月甲寅，赐信州龙虎山汉天师张道陵二十五世孙乾曜号虚靖先生。（按《宋史本纪》：赐号澄素先生。）以其孙见素为试将作监主簿，仍令世袭先生号，蠲其租课。

（三）神宗接见之说

说宋神宗接见张乾曜的文献有娄近垣的《重修龙虎山志》[①] 中这样介绍：二十五代乾曜，字元光，宋神宗召问冲举之事，对曰："此非可以辅政教也。陛下苟能还淳反朴，行以简易，则天下和平矣，奚事冲举哉？"帝嘉之，赐号澄素先生，请蠲赋役，诏从之。帝问有几子？对曰："长子传道，次子业儒"，遂以次子见素为将作主簿。

根据三位皇帝和张乾曜所在时代，以及所有的文献资料说明：以上这三种说法中，真宗说和神宗说不可信，仁宗说可信，张乾曜天师与二十四代天师和二十六代的天师相比，在时间上，仁宗时期嗣教是符合逻辑的。娄近垣的《重修龙虎山志》中提到的"神宗召问"应该是传抄过程中的笔误，而《宋会要》称"大中祥符八年"宋真宗召见，则把张正随和张乾曜父子搞混了。

（四）"赐号"之说

张乾曜获得朝廷的"赐号"有"虚静先生"和"澄素先生"之说。

1. 关于赐号"虚静先生"说。《续资治通鉴》记载：张乾曜的赐号为"虚静先生"。甲寅，赐信州龙虎山张道陵二十五世孙乾曜号"虚静先生"，以其孙见素为试将作监主簿，仍令世袭先生号，蠲其租课。《钦定四库全书考证》卷三十述及：天圣八年五月甲寅，赐龙虎山汉天师张道陵二十五世张乾曜，号"虚静先生"。陆游在《老学庵笔记》卷五，认

① （清）娄近垣：《重修龙虎山志》，清乾隆五年刊道光十二年修补本，第 177—179 页。

为：第二十五代天师张乾曜世袭了“虚静先生”号。信州龙虎山汉天师张道陵后世，袭虚静先生号，蠲赋役，自二十五世孙乾曜始，时天圣八年也。今黄冠辈谓始于三十二代，非也。又独谓三十二代为张虚静，亦非也。

娄近垣《重修龙虎山志》专门对张乾曜世袭“虚静先生”号的说法进行了批驳，以为旧世家二十五代及虚静传，俱不载蠲赋役事。放翁谓在天圣八年其为二十五代，无疑世家脱漏，据以增入。至谓“虚静”为世袭之号，是系传闻之误。

2. 关于赐号“澄素先生”说。关于张乾曜赐号为“澄素先生”的文献最多，有《宋史》《江西通志》《龙虎山志》《汉天师世家》《历世真仙体道通鉴》等重要文献都记述了宋仁宗的敕令，清楚地表明了张乾曜的赐号为“澄素先生”。

宋仁宗皇帝制曰：朕嗣服历年，潜心至道。若稽黄帝之为君也，所以养人民，官阴阳而成无为之治者。则有广成子在崆峒之上，不惮膝行，顺下风而问焉，为民故也。尔不远千里，至辇下一言，悟朕得养生治民之要，可无徽称，以示旌异，尚弘神化，用副招延，罔俾广成，专美前古，赐号“澄素先生”。明代何乔新在《椒邱文集》[①]卷五，记载：赐龙虎道士张乾曜，号“澄素先生”。天师之号防于寇谦之，晋以前无有也。自宋以来，龙虎山张氏始专其号，若乾曜是已历元以迄于今，国家崇宠俾之世袭，或范金为印，刻玉为简，以赐之，典礼优异，视曲阜宣圣之裔，有过无不及焉。

综合以上文献分析可知，第二十五代天师张乾曜被宋仁宗（赵祯）召见并赐号为“澄素先生”，宋仁宗虽然不及宋真宗和宋徽宗那么执着，但宋仁宗亦是一位崇道皇帝。

三、张乾曜与宋仁宗赵祯

宋仁宗赵祯是北宋时期在位时间最长的皇帝，他政治上仁爱，对下属宽厚以待，让百姓休养生息，使北宋达到一个发展的好时期。宋仁宗

① 何乔新：《椒邱文集》，文渊阁《四库全书》。

知人善用，因而在位时期名臣辈出，国家安定太平，经济繁荣，科学技术和文化得到了很大的发展，称为“仁宗盛治”。宋仁宗不仅在政治上清明，在道教上也是独有其好，亲自撰写了《崇道赋》。

关于张乾曜与宋仁宗的关系，从白玉蟾的诗也可发现端倪：横握镆铘入洞天，洞天漠漠掩寒烟。仁宗亲问金丹诀，笑指斜阳噪乱蝉。

上述资料既反映了宋仁宗对道教的偏好，又表达了宋仁宗对张乾曜的恩赐；宋仁宗既把道教作为施政的“治民之要”，又潜心探索道教的养生之道。

第三节　张继先和天师道

一、张继先的生平

张继先（1092—？），字嘉闻，又字道正，号翛然子。祖父张敦信，其父张处仁，曾仕临川知县，宋元祐七年（1092）十月二十日生于蒙谷庵（今龙虎山上清宫西一里），蒙谷庵的名字是因张继先的父亲张处仁自号蒙谷子而得名。宋哲宗三年（1100）袭教。宋崇宁三年（1104）起，先后四次应诏入朝赴阙。自崇宁四年（1105）起，先后拨银迁建上清正一观并改名为上清正一宫，赐建天师府第于上清镇关门口，修建道观五座并赐金铸老子及天师像。是年，建醮内廷赠“虚靖先生”，视秩中散大夫，并赐昆玉所刻“阳平治都功印”。不久，进封正一真人张陵为“正一静应真君”，诏有司就开封东建下院安置张继先，赐额为“崇道”，追封其祖及父“先生”号，度其祖母陈氏、冯氏、妹葆真皆为道士，建真观以居之。张继先志在冲淡，屡乞还山，作庵于上清宫后，为心斋坐忘之所，徽宗亲书“靖通庵”赐之，有亭名“翛然”，并建灵宝、云锦、真懿三个道观，改祖师祠为演法观。大观元年（1107），徽宗遣使命醮于山中，并召其赴京。次年，与刘混康、徐神翁等一起复会于上清储祥宫。在京以符水驱邪疗病。徽宗遣使问道要，乃作《大道歌》授使进献。是年还山，继游蜀、秦等地。政和二年（1112），徽宗遣使复召，以疾辞，令弟子王道坚入京奉谢。张继先著有：《虚靖真君词》一卷，《全宋诗》

收录了52首；有《明真破妄章颂》传世，其中影响尤以《心说》《大道歌》《虚空歌》为著。

天师道的祖统是家族世袭制，因第二十九代天师张景端无子，故收继先为嗣。其袭教后，牢记本心，弘道度人，开坛授箓。宋崇宁三年（1104）七月开坛授箓，在《开坛法语》[①]中，首先强调：

> 君不见千丈梯，倚于峻岭，蹑之可至巅峰；临于陆地，则数尺墙不可越。梯非不及，所立者非。万斛之舟，安于大川，济之可涉江海；委于湫水，则数步溪不可渡。舟非不能所，所安者非。

张继先非常巧妙地借喻“千丈梯”“万斛舟”来说明要取得“法箓”，“受箓者”需要“做功德”，这样“法箓”才能有益于“受箓者”；要求“受箓者”需要修行，这样“法箓”才能帮助“受箓者”。

张继先通过开坛授箓、讲经说法引导弟子勤学苦练，修己度人，他数百位徒弟中比较优秀的有王道坚、石自方、祝永佑、萨守坚、卢野、吴真阳、王袭明、李钰、李德光、吕惟一、王洞章、薛洞真、徐处尚，其中王道坚、石自方、祝永佑、萨守坚等精通雷法，卢野、吴真阳、王袭明、李钰、李德光、吕惟一对内丹修炼有独到之处，薛洞真对外丹符药有研究，王洞章博览经学文史，徐处尚善于占卜堪舆，还有一些文人雅士对张继先也是尊崇。

张继先因其才华出众，宋徽宗先后四次征诏于朝，张继先于北宋崇宁、大观年间先后应诏赴阙，与宋徽宗赵佶讨论“道体法用”和“轻举延年之术”思想。

张继先虽然居住皇宫，但其屡乞还山，后在宋徽宗的支持下建靖通庵于龙虎山上清宫后，作为“心斋”之所，徽宗亲书“靖通庵”赐之。靖通庵、蒙谷庵、浑沦庵、灵宝观、真懿观、云锦观、仙隐观、归隐庵等是宋代龙虎山修建的大批道教建筑群，其中靖通庵、灵宝观、云锦

① 《道藏·正乙部》卷一第二，中华民国十五年四月上海涵芬楼影印本。

观、真懿观等为朝廷赐建。靖通庵修建完毕，张继先作《靖通庵歌》，歌曰："人来谩笑庵居苦，彻骨贫来彻骨清""自然妙用自然真，向上神仙皆此出"。

张继先好学博学，喜属作文，诗尚不修饰，用七言绝句诗咏述道教雷法宗旨；与石自芳、许守信、王文卿等吟咏酬唱，讨论修炼之术，如《点绛唇》，词曰："小小葫芦，生来不大身材矮。子儿在内，无口如何怪。藏得乾坤，此理谁人会。腰间带，臣今偏爱。胜挂金鱼袋。"①

张继先还创新性地将符法、雷法和心性修养三者巧妙地结合起来，使正一天师道的道法提高到了一个新的境界。

二、张继先的道法思想

所谓张继先的道法思想，是指他对道法的主张和修持感悟的有关道教修行理论、雷法理论和内丹理论，其中包括"道体法用""修道即修心""天人感应""无私自化""明心是道"。

（一）"道体法用"——强调雷法重视"道"与"法"的一致性

在宋徽宗赵佶召见张继先对话时，宋徽宗赵佶提出了"道法同异"问题，张继先以"道体法用"的理论回答。

问：道法同异？

对曰：道本无为而无不为。体即道也；用即法也，体用一源，本无同异。若一者无立，二者强名，何同异之有？

从上述对话中分析可见，张继先巧妙地把"道"的内涵与"法"外用及其相互关系的理论结合一起表述他对道法思想的基本主张。张继先还专门作《大道歌》赠送给宋徽宗赵佶，说：

道不远，在身中，物则皆空性不空。
性若不空和气住，气归元海寿无穷。
欲得身中神不出，莫向灵台留一物。
物在身中神不清，耗散精神损筋骨。

---

① 《道藏·正乙部》卷六第一，中华民国十五年四月上海涵芬楼影印本。

神驭气，气留形，不须杂术自长生。

术则易知道难悟，既然悟得不专行。

所以千人万人学，毕竟终无一二成。

神若出，便收来，神返身中气自回。

如此朝朝还暮暮，自然赤子产真胎。①

在《大道歌》中他还强调“术则易知道难悟”，学习法术容易，真正能以心知道、体道、悟道比较难，而且能人也少。

张继先的“道体法用”说无疑是借鉴了《黄帝内经素问》《云笈七签》中前人的观点，“道”是本源，无形无象，看不见摸不着，虽然虚无之但至真；“法”有形有象、可感可知、可以实践、可以体验，相对于“道”本体是末、是用，“道”虽然无形无象，却可以通过“术”由隐而显；“术”虽然为末、为用，却是修炼者的必然阶梯。由于“道”和“法”（术）的一体两面的思想，为道教由“术”达“道”、由末趋本提供了理论上的依据。

可以说，“道体法用”理论的提出，奠定了宋代以来的道教雷法思想的理论基础，属于道教教义教理的核心理论和重要思想。由于道教法术体系的发展，特别是雷法的出现，龙虎山高道、张继先天师，首先对“道术”理论作出了创造性的阐释，提出了“体即道也，用即法也，体用一源，本无同异”的思想；其次，南丰军峰山高道神霄派祖师王文卿在《高上神霄玉枢斩勘五雷大法》中亦称：“以道为体，以法为用”②的思想；元末明初江西（安福）高道清微派祖师赵宜真在《玉宸经法炼度内旨》中亦接续了“道法一致”的理念，他说：“体用相须，道法一致，唯操存施用之不同耳。”③

---

① 张宇初编：《三十代天师虚靖真君语录》卷三，《道藏·正乙部》，中华民国十五年四月上海涵芬楼影印本。

② 《道法会元》卷六十一，见《道藏》第29册，文物出版社、上海书店、天津古籍出版社1988年版，第165页。

③ 《道藏》第28册，文物出版社、上海书店、天津古籍出版社1988年版，第773页。

（二）以心合道——强调“修道即修心”

在天师道的道法体系中，张继先提出“修道即修心”，可谓是开风气之先，开创了龙虎山天师道修道思想的新纪元，是天师道修道思想的里程碑。关于“修道即修心”，他认为，人人都有修道成仙的可能性，关键的关键就是要修心，《明真破妄章颂·以心合道》，说：

真心动处是雷机，神合神兮妙更奇。
只此更无差别处，如磁吸铁不相违。

意思是说“真心”处是雷机，也是“道”，“心”与“道”神奇合在一起，像“磁吸铁”一样紧紧相依。

他还作了《心说》，曰：

夫心者，万法之宗，九窍之主，生死之本，善恶之源，与天地而并生，为神明之主宰。或曰真君，以其帅长于一体也。或曰真常，以其越古今而不坏也。或曰真如，以其寂然而不动也。用之则弥满六虚，废之则莫知其所。（其）大无外，则宇宙在其间，而与太虚同体矣。其小无内，则入秋毫之末，而不可以象求矣。此所谓我之本心，而空劫以前本来之自己也。然则果何物哉？杳兮冥，恍兮惚，不可以智知，不可以识识，强名曰道，强名曰神，强名曰心，如此而已。由是观之，岂不大乎，岂不贵乎。然而轮回于三界，出入于生死，而不能自已者，何也？

《心说》中既传承老庄的“道心合一”的思想，又吸收了禅宗的理论。张继先告诉修行者不应着眼于“道”的外部表现，而应返本溯源，不忘“我之本心”，使自己的思想、行为与无为、无形、无象的“道”相契合、相一致。在《心说》中他运用“六道”“轮回”“六识”等理念来强调“修道即修心”的重要性，“道”是由人起的，但归根结底是由“心性”决定，是因为他认为得道成仙，或在六道中生死流浪的关键就是人的心性，人的心中如果生起妄念，就产生了分别心，于是就有了天堂地狱的分别，六道轮回就不可避免了。如果人的心中，一真澄湛，不起妄念，则地狱天堂、六道轮回都统统消失了。因此，消除妄念就变成了心性修炼的重中之重。

（三）“无私自化”——强调积功累德的重要性

张继先作为“天师”，不忘本心，教化弟子，入道的目的是什么？入道之后应该怎么做？在《三十代天师虚靖真君语录》“开坛法语”中表达了天师道道法济世度人的大乘精神，他特别强调了积功累德的善念和行为，法箓才可以感天动地，解脱生死，求得精神长寿。他在《开坛法语》中，说：

> 君不见千丈梯，倚于峻岭，蹑之可至巅峰，临于陆地，则数尺墙不可越。梯非不及，所立者非。万斛之舟，安于大川，济之可涉江海，委于潋水，则数步溪不可渡。舟非不能，所安者非。吾家法录，上可以动天地，下可以撼山川，明可以役龙虎，幽可以摄鬼神，功可以起朽骸，修可以脱生死，大可以镇邦家，小可以却灾祸。攀缘既断，火必息于心猿；妄想不生，内自停于意马。知身是患，见命为真，阳不煦生，阴不幽死。自是大风不动，劫火难烧，念既绝于三尸，性岂着于五欲。瑶台阆苑，为自己之家乡；爱海恩山，是他人之活计。人生何定，白首难期，日月迅速，下手犹迟，若更蹉跎，空成潦倒。此生幸到宝山，不得回时空手。①

（四）“天人感应”——强调修行的自然法则

“道法自然”启示人们尊重自然、天人合一，是道教各派的共同追求。“天人感应”思想主要体现在张继先的《明真破妄章颂》中。“天人感应”不是张继先的发明，在《灵宝无量度人上品妙经》《太上感应篇》

① 张宇初编：《三十代天师虚靖真君语录》卷二，《道藏·正乙部》，中华民国十五年四月上海涵芬楼影印本。

《冲虚通妙侍宸王先生家语》《王侍宸祈祷八段锦》等都有诵经、炼丹与天人感应之说。然而能够结合时代需要对此作出灵活生动发挥的是“天师道”，从第一代天师张道陵到第三十代天师张继先等几乎都有这方面的言论。但张继先对“天人感应”的阐述又增加了不少新意，张继先师从王文卿学习雷法，张继先从雷法的角度阐述“天人感应”的理论，以至于北宋时期极为盛行练习雷法，期待“天人感应”。关于“天人感应”的理论，张继先在《明真破妄章颂》中，说：

道生天地

混沌未分先有道，道无形色亦无情。
自然化育生天地，天道轻清地道宁。

天地生人

道生天地始无名，分判阴阳立五行。
人位其中灵万物，人从天地道生成。

人禀阴阳

三才天地人同炁，人禀先天一炁灵。
一炁具身名曰道，感通天地及神明。

人身三宝

元精元气与元神，三者无形亦有形。
运用得传真可见，光明无极是分明。

以心合神

真心动处是雷机，神合神兮妙更奇。
只此更无差别处，如磁吸铁不相违。

妄想行持

不悟阴阳阖辟机，想存作用总成痴。

雷符烧尽千千道，雨泽何曾一点施。

造化在我

本质虽殊炁不殊，当于亲处下工夫。

人身大抵同天地，造化阴阳总属吾。

这段话的要点有三：（一）天地人三才都在“道”中，“道”无形色亦无情，从主体到客体，从圣法到凡法，从众生到道，从万物到心都是有灵性的、有感应的。（二）基于这种理论，对修行者来说，需要遵循道的自然法则，达到天地人同炁的效果。（三）要求修道者必须有一颗无染的至诚之心，唯此才能通天，才能合于“雷机”，“以心合道”“以心合神”，造化在我，玄机在“下功夫”。

（五）闲里工夫，无中妙用——强调内炼于日常生活中

雷法理论认为内养则成金丹，外用则为雷霆。雷法修炼是以内丹为根基的，内炼即炼一己之精气神。张继先的《满庭芳》一词特别讲到了内炼内丹对雷法的重要性。他说：“闲里工夫，无中妙用，切休拟议参详。龙降虎伏，真土自中黄。行动起居寝食，随缘度，莫动真阳。归根处，神凝脉住，玉界发天光。风高鹏翼远，水深舟运物，理昭彰。但明心是道，专役天罡。信口呼神召鬼，旸不是颠狂。痴迷者，风霆在手，应用反乖张。”该词认为唯有达到“明心是道”的境界才有可能召唤神鬼，祈雨祷晴。张继先雷法思想中对内炼功夫的强调亦为后来的高道陈楠、白玉蟾所继承。

三、张继先的高徒

张继先的徒弟中在文献中有记录的主要有：

（一）王道坚

王道坚是张继先非常出色的一位徒弟。北宋贵溪人，上清宫道士。宋徽宗政和年间（1111—1118）赴阙，馆于太乙宫。北宋政和二年

(1112)，宋徽宗再次派使者去龙虎山请张继先天师进京。此时的虚靖天师深感国家劫难已近，无力回天，便假称患病，推荐弟子王道坚代替自己进京面圣，并一再嘱咐他转告徽宗一定要修德弥灾。果然是名师出高徒，王道坚面圣后，徽宗见道坚玉树临风、道行非凡，不仅封王道坚为太素大夫，还封他为凝神殿校籍，编纂整理《政和万寿道藏》。此外，宋徽宗还让王道坚在京师举行大型斋醮科仪来禳解即将到来的灾难。但这次科仪并未如期举行。不过，从这些事情还是可以看出宋徽宗对张继先师徒的看重和信任。王道坚虽然师从张继先天师，得到朝廷的赏识，然而若从他刚入道的法派师承关系来看，他并不属于龙虎山的虚靖派，而是属于紫微派①。

（二）石自方

石自方②，生卒年不详。字元矩（《三十代天师虚靖真君语录》中称“元规”）。北宋饶州番阳人，自号浑沦道人，随张继先天师第一次入朝。张继先天师与石自方师徒关系密切，趣味相投，相互欣赏，亦师亦友，常常一起论道、弹琴、下棋、吟诗、饮酒，有诗曰“喜见石浑沦，忘言意独真。”“倬哉元规翁，斯言迨尽矣。”“莫言酒量全输我，会是诗名数石卿。”“惟有元规能访问，深将此意相闻。”“新文博不繁，披诵已清魂。”此外，《三十代天师虚靖真君语录》还收录了大量以张继先天师所作的以元规名字命名的诗题：《同石元规讲鲲鹏偶书》《和元规拜违》《和元规见勉》《和元规任从他歌》《简元规泰定二公》《送元规游麻姑》《和元规拂云轩韵》《元规道人览予心说作颂见寄次韵奉答》《听元规琴》《和元规寄杨子寓真岩韵》《次韵上勉元规》《俪然元规夜坐酌余德儒所惠酒因成》

---

① 据张宇初的记载，龙虎山紫微派始于洪公（微叟），洪公传王道坚（太素）。王道坚得到朝廷的重用后，协助张继先天师修筑靖通庵，同时建好了紫微院，以此来纪念自己的老师洪公（微叟）。后来龙虎山紫微派越来越兴盛，经历宋孝宗、宋光宗、宋宁宗和宋理宗四朝皇帝（约 1162—1264）大约一百年时间的发展，高道辈出，第五代传人为刘冲靖，龙虎山紫微派成为当时非常著名的法派，到了明代亦传承不绝，请张宇初作记的李仲冶亦是龙虎山紫微派的传人。

② 参见张崇富：《中国历代天师评传》卷二，江西人民出版社 2017 年版，第 259—261 页。

《和元规临江仙》《和元规览杨羲传临江仙》《用于真人满庭芳韵和元规》《和元规天和堂更漏子》《和元规南乡子》等等。石自方曾经师从冲寂大师孔守容，并被度为道士；后从眉山陆惟忠学丹诀，最后从虚靖天师张继先学道法。张继先天师对石自方极为欣赏和喜爱，宋徽宗第一次召见的时候，张继先天师就带着石自方一同进京面圣。随着张继先天师解州降妖大获成功，名动天下，石自方也随之出名。后来，他返回故居之后，朝廷访求岩穴奇士，再次将他召至京城。封他为金坛郎，安排他去杭州主管洞霄庵。

（三）吴真阳

吴真阳，生卒年不详。号混朴子，乃张继先天师的高足之一，先在龙虎山的三华道院受道，后游访四明山，吴真阳留了下来，并将张继先天师一系的龙虎山三华院道法传统传到四明山，使之发扬光大。《四明洞天丹山间咏集》称“其先处于龙虎山三华道院，故广信”。可见，张继先天师一系的龙虎山三华道院之道法传统在宋元时代有极高的威望和信众基础。南宋高道白玉蟾曾撰有《三华院还丹诗》：“绛宫无事绝尘埃，坎虎离龙战几回。白雪飞空铅苍绽，黄云覆鼎汞花开。龟蛇抱一成丹药，乌兔凝真结望胎。夜半瀛洲寒月落，冷风吹鹤上蓬莱。”由于是虚靖天师的高徒，吴真阳到四明山之后，学道者翕然从之。吴真阳传法弘道极为出色，为四明山道教发展做出了积极贡献，他的名声因此传到了朝廷，宋徽宗以凝神殿校籍的职位，征召他进京，但吴真阳一心向道，不为名利所动，拒绝进京。政和六年（1116），宋徽宗下诏扩建“祠宇观”，下令增建玉皇殿，于四明山投金龙玉简，并亲自御书“丹山赤水洞天”六个大字，封刘纲升玄明议真君，樊氏升真妙化元君；授混朴子吴真阳为丹林郎，免除四明山道观的赋税，禁止当地百姓入山砍柴。

（四）祝永祐

祝永祐，生卒年不详。北宋贵溪人。是张继先天师徒弟中以道法见称的一位。政和年间（1111—1118），赐号冲应大师，知神霄宫事，一时声名鹊起。神霄宫乃北宋时期徽宗朝非常特殊的新兴宫观，当时，宋徽宗听信了林灵素神霄之说，认为天有九霄，神霄最高，神霄玉清王乃上帝之长子，号长生大帝君，而宋徽宗本人就是长生大帝转世。于是宋徽宗大喜，下诏令“天下建神霄玉清万寿宫”，供奉长生大帝君、青华大帝君。

张继先的法脉传承，除了对上述弟子之传承之外，法脉传承还见诸《重修龙虎山志》《诸真宗派总簿》和玉溪子李简易《混元仙派之图》。娄近垣《重修龙虎山志》中专门提到了龙虎山的“三派三十六院”。三派分别为紫微派、灵阳派和虚靖派，三十六院为东十五院和西二十一院。

第四节　龙虎山的法派及其传承

道教法派术语随着道教历史发展的变迁，其名称也不断变化，从梳理的文献来看有“教”“宗”“道”“派”等，而且支派甚多，名称变化很大，仅龙虎山就有紫微派、虚靖派和灵阳派等三大法派。

“法派”一词始见于宋代以来的道教文献，有学者认为“法派”是宋代以来的道教内部以“经教”为特征、以传法为目的而形成的，自北宋以来道教内部的“法派”盛行。龙虎山道教“法派”的创派以“宗师”为首、以“道院”为依托、以“字辈”传承接续。三派共有东十五院，西二十一院。

“道院”的位置一般位于比较偏僻的地方，方便清静修道。《洞玄灵宝三洞奉道科戒营始》，科曰：“凡精思院，本欲隔碍嚣氛，清净滓秽，须为别院，西南北远近阔狭，适时宜便。”其内部有基本的修道和生活设施。《洞玄灵宝三洞奉道科戒营》云：“置天尊殿，入静室，炼气处，浴室、药堂，缘师所须，皆为备设，勿使阙少。”这种道院建造，既反映了北宋龙虎山内丹修炼的特点，又反映了道教传承的历史变迁。

一、紫微派的创立及传承

紫微派由洪微叟开山创立，成为此派的法祖，创派时间为宋嘉祐间（1056—1063），也即洪微叟知上清观事期间。洪微叟，号微叟，从浙江紫微阁到龙虎山，宋天圣间（1023—1032）在龙虎山入道。曾任上清宫都监。宋嘉祐间，知上清观事，度弟子王道坚等。《重修龙虎山志》“法职附”称洪微叟为都监，王袭明为道正，郭保宁为监宫，郑保和、徐处尚为知宫，李元溢为副知宫，吕惟一为知观等职。紫微院由王道坚于宋崇宁四年（1105）在主持修建靖通庵的同时所修建，由此可见，王道坚在紫微法派的创派过程中扮演了极为重要的角色，王道坚虽亦侍从张继先学道，但却不能将其归入虚靖法派，而是紫微法派的实际创始人之一。

紫微派的谱系和传承脉络：洪微叟—王道坚—王鉴义—王洞章。

王道坚，上清宫紫微院道士，师从洪微叟，紫微法派第二代祖师。前面张继先高徒中已经介绍，他先后主持修建靖通庵和紫微院。

王鉴义，紫微法派第三代。生卒不详，龙虎山道士，曾应召携弟子王洞章、王若时入京面圣。《龙虎山志》称其有弟子王洞章、薛洞真、王若时等。

王洞章，紫微法派第四代。北宋贵溪人，师从王鉴义。自幼警敏，博涉经史。工诗文，善琴弈。20岁时，随师王鉴义入京，与王若时一道，御前度为道士。后敕授“冲和大师”。寿六十余而卒。有弟子蔡元久、倪元简。

紫微派所属道院有：东栖真院、精思院、华阳院、洞元院、元隐院、紫微东、紫微西（李仲冶创）等。

二、虚靖派的创立与传承特点

虚靖派的创始人为第三十代天师张继先，法派的名字得之于其赐号，创派时间在宋元祐七年至靖康二年（1092—1127）之间。由于张继先天师的巨大影响力，虚靖派广为传衍。张继先为虚靖派开山法祖。

虚靖派的谱系和传承，三华院是虚靖派中名声最为昭著。张继先—李德光、吴真阳—朱孔容……

李德光为崇禧院创始人，李德光，北宋安仁人。礼虚靖真君张继先为师修炼于壁鲁洞，创崇禧观。随张继先北觐。徽宗问道称旨，敕掌河南路道教，改崇禧观为宫，升宫提点，兼诸宫观事。[①]

吴真阳，虚靖派三华院第二代传人，号混朴子，为张继先天师的高

① （清）娄近垣：《重修龙虎山志》，第238页。

足之一，先在龙虎山的三华院受道，并将张继先天师一系的龙虎山三华院的道法传统传到浙江四明山，使之发扬光大。

虚靖派所属道院有：玉华东、玉华西、三华院、仙隐院、中和院、崇禧院（李德光创）、内繁禧院、外繁禧院、崇清院、佑圣院、真庆院等。

三、灵阳派的谱系和传承

达观院初祖为张思永，生卒年不详。但依据其徒弟的年龄倒推，北宋元祐三年（1088）嗣教并建达观院创立灵阳派，此派为元代玄教的前身。传承脉络张思永—冯清—冯士元……

灵阳派所属道院有：东隐院、崇东院、内十华院、外十华院、崇元院、达观院等。

综上所述，龙虎山三大法派创立于北宋，紫微派开山法祖为洪微叟，创派时间应为宋嘉祐间，紫微法派中混成院最为著名；虚靖派开山法祖为第三十代天师张继先，创派时间在宋元祐七年至靖康二年之间，虚靖法派中三华院最为著名。灵阳派开山法祖为张思永，创派时间为北宋，灵阳法派中达观院最为著名。三大法派在道法方面皆兼收并蓄，博采众长，无门户之见，因此，三大法派都涉及符箓、内丹、雷法、祈禳、斋醮、科仪、外丹等。三大法派的道士多修养极高，尤其是创派道士，儒道兼修，与达官贵人多有交游，不少人还留下了诗文集或书画作品传世，对于扩大龙虎山天师道的影响发挥了积极的作用。

第三章　北宋抚州道教的兴盛

第一节　北宋军峰山道教及神霄派的创立

军峰山在南丰县、宜黄县两县界上，海拔1760.9米，气候温润，山势为西北走向，东西纵驰15公里，南北横跨12公里，坡度在15度以上，总面积为180平方公里，是江西省六大山脉中雩山山脉的最高峰，号称赣东之脊，系赣东群山之首、抚州第一高峰。

军峰山地处崇山峻岭，峰险岩奇、翠竹林茂、青山绿水、秀丽多彩，古往今来，吸引过诸多文人墨客和官宦人士登山游览。早在北宋时，曾巩的祖父曾致尧便率三弟三子上过军山，撰有《春日至云庄记》，还写过《齐云院碑》和《题军山徐秀才居》，宰相曾布以军峰山的神能出云雨，利民物之由，向哲宗皇帝奏请诏封其为嘉惠侯，其庙为灵感军山庙。其弟曾肇撰有《军山庙碑》，“山高万仞，翠压五岳”之句，曰：

> 军山，南丰之望也。考其图记，其高十有九里余二百步；其上四峰崛起，望之苍然；其傍飞瀑，一泻千尺；其下龙穴，投以铁石，雨辄随注；其产

竹箭材章，利及比壤。县固多大山，而兹山杰出，见于百里之外。其势雄气秀，若蹲虎兕而翔凤鸾，宜其能出云雨，见怪物，给民财用，以为此邦之望也。旧传汉吴芮尝攻南粤，驻军此山，其将梅鋗祭焉。礼成，若有士骑麾甲之状，弥覆山上，因号军山。邦人祀之，盖自兹始。唐开元中，复见灵迹，乃大建祠宇，承事益虔。后其庙屡迁。今在盱江之阳，距县七里者，南唐升元三年之遗址也。阖境祈禳，有请辄应。历千余年而封贲未加，民以为歉。部使者请于朝，久之不报。元符三年六月上日，今丞相曾公布时知枢密院事，奏："臣南丰人，知军山为旧，部使者之言不诬，愿如其请。"诏封神为"嘉惠侯"，庙曰"灵感军山庙"。命书下临，邦人动色，相与嘉神之功，侈上之赐，乃合财力，广其庙而新之。庙成，丞相属其弟肇为之记[①]。

从上述文献资料，我们知道世居南丰曾氏与军峰山有情结，在曾布的努力下，南丰军峰山军山庙得到朝廷赐封。因为军山庙历史悠久，始建于汉代，唐开元年间重建，"有请辄应，历千余年"，而"封贲未加，民以为歉"，以百姓心为心，曾布为民请命。历代与军峰山军山庙有关的社会名流、高道有战国时荀子的学生浮邱伯、汉代的吴芮、唐代的甘凝、宋代的王文卿等。

一、王文卿生平

王文卿（1093—1153）。名王俊，字文卿，号冲和子，世称王侍宸。北宋南丰人。世居抚州临川，后迁徙建昌南丰之神龟山岗军峰。自幼慕道，能诗，自称"红尘富贵无心恋，紫府真仙有志攀"，告其父有方外之志。父殁，辞母远游。渡扬子江，行野泽中，雨暝迷路，遇异人，得致雷电、役鬼神之术，名闻江湖间。得林灵素曾向朝廷举荐过，但王文卿

① 分别见《四库》本《曲阜集》卷三、《四库》本《江西通志》卷一二〇、《全宋文》卷二三八二"曾肇"八（第110册）、《文章正宗》续集卷十六、《方舆胜览》卷二十一、正德《建昌志》卷十。

并未至京。后皇叔廉访使巡历至高邮军得病，遇之而求符水，遂奏于朝。于是诏真州守臣贾公望以礼聘之，初力辞不赴。后一再具礼延聘至京。赐馆于九阳总真宫，赏赐甚厚，皆不受。因道术高深，宣和四年（1122）七月宋徽宗赐号“冲虚妙道先生”。后又因祈雨有验，宣和七年（1125）特授“太素大夫”，又授“凝神殿侍宸”，加同管九阳总真宫提举司命府事。旋再除两府侍宸，冲虚通妙先生，视太中大夫，特进徽猷阁待制，主管教门公事，其父、母、妻、子均受赐封。后卒于故乡，葬在南丰县神龟冈，所谓“妙灵观”。王文卿传神霄五雷法，为神霄派创始人。

王文卿的家乡南丰县周边是道教名山、道教祖庭、道教名观、道教名人，龙虎山、麻姑山、相山、华盖山、井山、閤皂山、西山、武功山等，有道教正一派天师道祖庭、灵宝派祖庭、北帝派祖庭，自汉以来，张道陵、栾巴、梅福、葛玄、葛洪、许旌阳、邓紫阳、王钦若等，所以其雷法思想分别吸收了以上道派及历代高道的思想营养，如：神霄雷法中召役雷神兵将的方法是继承了北帝派的“北帝雷公法”，有所不同的地方在于，除了北帝派的五方五雷外，又多构想了几种不同的“五雷”称号并赋予其含义，而且与北帝派共同祀奉紫微大帝、北极四圣（天蓬、天猷、翊圣、真武）尊神。

二、王文卿的雷法思想

所谓王文卿的雷法思想，是指他对雷法的见解和有关道教理论。王文卿是道学大家，既有直接论述雷法的内涵和思想，是道教理论建构的重要依据；也是修身炼心的高手，“仙风道骨”的风采蕴含了他修炼的阶梯和境界，雷法中包括天地人之间的感应、雷神的善恶观、雷法与日常生活等道教实践。另外，王文卿对雷法提出革新的思想，正是依据了他所发挥的道教理论。

（一）向徒弟传授雷法之“机要”思想，强调雷法的玄妙无边

《冲虚通妙侍宸王先生家语》是王文卿的徒弟袁庭植通过一问一答形式，记录了王文卿的雷法思想，比如，关于雷法之“机要思想”。

问曰：动雷激霆其要如何？

答曰：雷霆者，天之号令，非紧切事务不可妄举。譬如，枢密院发

一号令至某处，制司奉承者必须依号令之人。既无宿骨不遇明师，以讹传讹，按图索骥，不问事之轻重，或沽名买誉、逐利贪财，轻率行持，贪天之功，以为己有。

问曰：且如使者的确玄妙在于何处？

答曰：雷霆变化无远无迩、神动天随、气至将灵、子于内玄、杳冥恍惚之中，作霹雳激博之化，一生二,二生三,三生万物。发为妙用，上穷碧落下至黄泉。无所往而不可。昔禅宗有云：千江有水千江月，万里无云万里天，取此是也。

关于雷法之“机要”思想，王文卿在《雷说》中也有详细介绍：夫雷霆者，天地枢机，天枢地枢机，二台位列东西，总摄雷霆七十二司。阳雷阴霆，枢阴机阳，雷善霆恶。雷善生气，霆恶煞气。生气煞气有激剥之厉。雷之妙者，东三南二北一西四中五，戊巳归中，大数之。祖雷属坤土坐镇中宫。雷霆为上帝号令者，禀天地之中气，所以专杀不正邪恶。有雷一雷二雷三雷四雷五统摄四极，四极居中，故雷乃天之号令，其权最大，三界九地一切皆属雷司总摄。

上面这些内容包含三层意思：一是王文卿的雷法与老子的《道德经》是一脉相承；二是雷法不是深奥不可学，其基础是要有“善心”；三是雷法与禅宗也是同理、同机、同源。按照王文卿解释，“雷”是“诸善奉行，灵光遍照”，“霆”是“诸恶不作，煞气阴森”，皆是对行为的约束和规范，一方面要访问“明师指教”，另一方面“自净其意”，顺应“人善之本性”，“雷神之机要”就是“善”，故“雷”乃天之号令，也就是“善”乃天之号令，不管怎样，“天随处可见”，这也是“雷法之玄妙无边”。

（二）“太素无形”——寄动静于自然无为

因王文卿道术高深，宋宣和四年（1122）七月宋徽宗赐号“冲虚妙道先生”[①]，后又因祈雨有验，宣和七年（1125）特授太素大夫，又授凝

① 王文卿在元代追封为“冲虚通妙真人”，至顺三年（1332），加赐为“冲虚通妙灵惠真人”。

神殿侍宸，加同管九阳总真宫提举司命府事。旋再除两府侍宸，冲虚通妙先生，视太中大夫，特进徽猷阁待制，主管教门公事，其父、母、妻、子均受赐封。王文卿的玄孙徒弟张善渊在《雷霆玄论》[①]中对“太素”有解释：

> “太素”者“太始”变而成形，形而有质而未成体，是曰“太素”。“太素”质之始而未成体者也。炁形质具而未能相离，故曰“混沦”。“混沦”道之体也，如是动极复静。至静之极，静极复动五数乃极，故曰：“太极。”
>
> “太极”者，“太素”备而阳变阴，合五形具焉，万物生焉，是故：“太极。”肇判轻清为天，重浊为地，大道彰矣。

从“太易之神”，到“太初之炁”“太始之形”“太素之质”“太极之体”的变化过程，是修行的提升，也是阴阳的变化。王文卿的修行功夫、品质素养赢得了宋徽宗的赞赏和肯定，由此，于宋宣和七年（1125）特授太素大夫又授凝神殿侍宸，加同管九阳总真宫提举司命府事。

（三）“造化法门”与“仙风道骨”

在《王侍宸祈祷八段锦》《冲虚通妙侍宸王先生家语》中通过袁庭植（无介）的问答中，阐述了“造化”之法门。在《王侍宸祈祷八段锦》之造化章八，说：

问曰：天地造化雷电风雨，缘何能致之？

答曰：人禀天地之炁以生，天地正直无私，人返能夺天地造化。盖天地人三才之炁贯通，屏息万缘则与天地相为表里，风雨雷电又何难之有。盖天地有日月星，光明可照天下；人有眼耳鼻，可闻可见识，天地之间万物，地有三江五湖四海、五岳四渎四肢为万物，此身便是大地山

---

① 张善渊：《雷霆玄论》，《道法会元》卷六十七。张善渊为神霄派第四代传人，其师承关系为：王文卿—邹铁壁—莫月鼎—王继华—张善渊—步宗浩—周玄真，周玄真已是明代人。

河，无所不备矣。吾果能息缘调气，以身中克，应合天地之秘密。仍以我之真意注想于所、行之事，则天地真炁随吾意行定见执，应此万无一失之事。

关于“仙风道骨”的内涵，在《冲虚通妙侍宸王先生家语》中，师徒两人对话是这样说：

问曰：先生则有“仙风道骨”于余特凡夫耳，于先生则有火师奇遇，余他日倘疑难将何恃哉？

答曰：“仙风道骨”之说故是，然天人之接亦同，子既无德感召师尊，则当入室端坐，以验自己之造化足矣。且如祈雨一节，天数如此、气数也如此，难验一身之机括，亦随法当看便之有无，以舌拄上腭，咽津激动胆水。盖胆水为天一之水，至清至贵之物，此水一动，激起膀胱之火，火升水降，即天气下降，地气上升之义也。阴阳升降，雨泽调顺。胆龙在膀胱之大渊，倒取水泽应时变动，即雨之至。若不作绵绵若存，以胆水激膀胱之火，便以溺通，验非惟无验，亦且贻笑也。

王文卿对雷法与炼丹的新见解，所依据的正是以上介绍的道法理论，天地人三才是相贯通的，最好的造化是有德才能感动师尊，“仙风道骨”需要静安。

三、王文卿的主要弟子和法系

王文卿羽化后，其弟子分成许多支派，继续传行于长江以南广大地区。《道法会元》卷八十四《雷法说》：“祖师侍宸遇火师汪真君授以雷霆秘旨，冲举之后，流传至今。夫何五六十年之间，异派同名者杂出，以至好事者不得其门而入。”明张宇初《道门十规》也说：“神霄自汪、王二师而下，则有张、李、白、萨、潘、杨、唐、莫诸师，恢弘犹至，凡天雷、丰岳之文，各相师授，或一将而数派不同，或一派而符箓亦异，以是讹舛失真，隐真出伪者多，因而互相谤惑。”据虞集《王侍宸记》，得王文卿真传者，仅新城（今抚州黎川）高子羽，高子羽“授之临江（今宜春樟树）徐次举，以次至金溪（今抚州金溪）聂天锡，其后得真传而最显者曰临川谭悟真云。人不敢称其名，但称之谭五雷”。人元后，谭悟真犹在人间，传庐陵（今江西吉安）罗虚舟，再传萧雨轩和周立礼，周传其子，萧则传胡道玄，人称“神霄野客”，行法于关陕荆襄江汉淮海闽浙之间。

与王文卿弟子不断承传的同时，亦有宗祖林灵素和张继先的支系在传播。据记载火师传与玉真教主林侍宸，林传与张如海，后传陈道一，下传薛洞真、卢君野，次以神霄派脉传徐必大。地祇一司之法，实起于虚靖天师（即张继先），次显于天宝洞主王宗敬真官、青城吴道显真官、青州柳伯奇仙官、果州威惠钟明真人，相继而为宗师。后则有苏道济派、温州正派、李蓬头派、遇曜卿派、玄灵续派，如此等类，数之不尽。北宋末又有西汉人萨守坚，自称汾阳萨客，学神霄雷法于张继先、王文卿、林灵素，《道园学古录》卷二十五《王侍宸记》称萨氏“见侍宸（王文卿）于青城山而尽得神秘，游东南，祷祈劾治，其神怪有过于侍宸者”。萨守坚撰有《雷说》《内天罡诀法》《续风雨雷电说》等阐述雷法。萨守坚法裔流衍至后世，称“西河派”“天山派”，当属神霄支派。另外，金丹派南宗陈楠和白玉蟾亦兼传神霄雷法，白玉蟾还撰有雷法著作多种。后白玉蟾传弟子彭耜，彭传弟子林伯谦，当为神霄另一支派。

第二节　北宋华盖山道教与天心正法派的创立

一、华盖山的自然环境与历史文化

华盖山又名大华山，大华盖山，在抚州府崇仁县五十二都，现归属乐安县，与宁都县、宜黄县为邻，素有“江南绝顶三峰”之称。汉元帝时王、郭二仙师事浮邱公，同于是山修道，白日上升。华盖山自西晋元康二年（292）开始修建道观，隋朝有玉亭、南真、仙林、桥仙等四座道观，唐代颜真卿有《桥仙观碑记》，宋朝诏改“桥仙观”为“崇仙观”，宋代饶洞天在华盖山创立“天心正法”。

宋真宗、宋徽宗多次下诏令天下郡县搜道经、访道士、编《道藏》、设立道学制度和道学博士等[①]，如，江西高道王仔昔、王文卿、张继先被召问和敕封，其间华盖山天心正法派创立。北宋华盖山不仅创立了天心正法派，其道观、道长也得到了历史上朝廷最多的敕封，对三仙的敕封多达五次，即熙宁七年（1074）十一月二十五日，据玉笥山道士沈廷瑞实录，随状奏闻王、郭二真人事迹，朝廷赐以爵号，载于祀典；熙宁八年（1075）七月加封王真人冲应真君、郭真人诚应真君；元符三年（1100）八月八日敕封浮邱公为超应真人；政和七年（1117），敕封浮邱公为超应真君；嘉熙元年（1237），加封三仙为三祐真君，特封孚佑浮丘真君、正佑王仙真君、显佑郭仙真君。庆元年间（1195—1200），华盖山大兴土木，历时10年，新建三仙殿、玉皇阁、三官阁、宾仙阁、憩霞轩、眠云轩、御香亭、圆光亭等。淳化中，县吏饶洞天入华盖山修道，有饶公庵祀之；熙宁中，武夷山道士谭太初来华盖山修道；熙宁八年（1075），特赐改"桥仙观"为"崇仙观"；开禧元年（1205），裴省中倡导兴建三庐殿。

二、华盖山周边地区的三仙信仰

华盖山周边地区的三仙信仰在北宋之前对周边地区有较大的影响，大量的奉祀三仙的道观不断建立，根据《华盖山浮丘王郭三真君事实》《华盖山志》整理了北宋时期三仙信仰的基本情况，大量的道观建设，既反映了三仙信仰的普遍性，又体现了华盖山道教文化的丰富性。

华盖山周边地区的三仙信仰涵盖道观，如下表所示：

北宋华盖山及三仙信仰道观基本情况一览表

序号	宫观名称	始建朝代	奉祀神祇	地理位置	备注
1	浮云观	唐朝	奉祀邓紫阳叶法善	崇仁县二十一都明村	
2	云元观	晋朝	奉祀浮丘公	龙源山	
3	延寿观	宋代	奉祀三仙	崇仁县西南十五里地	

① 卿希泰：《简明中国道教史》，中华书局2013年版，第86—97页。

续表

序号	宫观名称	始建朝代	奉祀神祇	地理位置	备注
4	洞云观	唐代	奉祀三仙	崇仁县县南二十五里地	宋庆历丙戌年重建
5	祈真观	宋代	奉祀三仙	崇仁县青云乡四十二都	
6	云兴观	宋代	奉祀三仙	崇仁县县南三十里地	崇宁丙戌年建
7	洞仙观	宋代	奉祀三仙	崇仁县里贤乡二十七都	
8	邓林观	宋代	奉祀三仙		
9	白鹤观	宋代	奉祀三仙	崇仁县东北三十里	
10	清溪观	宋代	奉祀三仙		
11	宝真观	宋代	奉祀三仙	崇仁乡三十八都	
12	游仙观	宋代	奉祀三仙	崇仁乡三十六都	
13	吾章观	宋代	奉祀三仙	崇仁乡三十八都	
14	建兴观	宋代	奉祀三仙	崇仁乡三十二都	
15	函口观	宋代	奉祀三仙	崇仁乡五十一都	
16	龙停观	宋代	奉祀三仙		
17	延昌观	宋代	奉祀三仙		
18	唐兴观	宋代	奉祀三仙	罗山望仙奉	
19	云台观	宋代	奉祀三仙	长安乡五都	
20	上崇观	宋代	奉祀三仙	崇仁乡三十四都	
21	龙塘观	宋代	奉祀三仙		
22	飞茅观	宋代	奉祀三仙	罗山下	
23	太虚观	宋代	奉祀三仙	罗山下隔	
24	巴山观	宋代	奉祀三仙	崇仁乡四十二都	
25	翁成观	宋代	奉祀三仙	礼贤乡二十六都	
26	兴乐观	东晋	奉祀三仙	崇仁县东四十里	太和二年（828）
27	上云观	宋代	奉祀三仙	县南二十五里	
28	上方观	宋代	奉祀三仙	崇仁县青云乡十九都	
29	宝台观	宋代		崇仁乡二十二都	

续表

序号	宫观名称	始建朝代	奉祀神祇	地理位置	备注
30	侣仙观	唐代	奉祀三仙	青云乡四十三都	
31	保安观	隋朝	奉祀三仙	崇仁乡十都	开皇五年（585）
32	凌霄观	宋代	奉祀王郭二仙	长安乡十一都	
33	聂坊观（梓陂道院）	宋代	奉祀王郭二仙	县东四十五公里	
34	章仙观	宋代	奉祀王郭二仙		
35	灵泉观	宋代	奉祀三仙	临川县西南五十里，属长安乡	
36	白鹤观	宋代	奉祀三仙	临川县南六十里，属长安乡	
37	洞林观	宋代	奉祀三仙	临川县西南四十里，属新丰乡	
38	集仙观	宋代	奉祀三仙	临川县南十里	
39	临溪观	宋代	奉祀三仙	临川县南七十里新丰乡	
40	崇兴观	宋代	奉祀三仙	临川县十五里，系灵台乡	
41	新兴观	宋代	奉祀三仙	临川县南五十里，隶集善乡	
42	席湖观	宋代	奉祀王郭二仙	临川县南五十里，隶崇德乡	
43	妙音观	宋代	奉祀王郭二仙	金溪县	有石钟
44	灵仙观	宋代	奉祀三仙	金溪县东	
45	灵昌观	宋代	奉祀三仙	宜黄县南五里	
46	东林观	宋代	奉祀王郭二仙	宜黄县九峰山距县四十里	
47	招仙观	宋代	奉祀三仙	乐安县南	
48	仙游观	宋代	奉祀王郭二仙	乐安县南	
49	南华观	宋代	奉祀三仙	乐安县城东北	

续表

序号	宫观名称	始建朝代	奉祀神祇	地理位置	备注
50	横源观	宋代	奉祀三仙	乐安县城南云盖乡	
51	延禧观	宋代	奉祀王郭二仙	建昌军南城县西	
52	无为观	宋代	奉祀王郭二仙	南城县西南雅俗乡	
53	何仙观	元代	奉祀王郭二仙	瑞州高安县	
54	逍遥观	隋朝	奉祀王郭二仙	豫章郡东南	宋治平年间赐额
55	崇仙观	元代	奉祀王郭二仙	富州县梅仙乡	
56	紫极观	元代	奉祀王郭二仙	富州县长乐乡	
57	太极观	元代	奉祀浮丘	富州县茂才乡	黄初平送浮丘经过
58	游仙观（亦名宁仙观）	唐代	奉祀王郭二仙	吉州永丰腾田乡	
59	庆龙观	唐代	奉祀王郭二仙	吉州永丰突起乡	
60	洪都观	唐代	奉祀王郭二仙	隶永丰县距县三里	王郭二真炼丹之处，有古碑
61	嵩山观	唐代	奉祀王郭二仙	隶永丰县距县西南五里	邑人有碑记，绍兴十四年(1144)请额
62	华盖院	唐代	奉祀三仙	隶衡州衡山县西北三十里	浮丘王郭三仙修炼游息之地
63	玄元观	唐代	奉祀王郭二仙	天节山	
64	永兴观	唐代	奉祀王郭二仙	笔架山	
65	华盖亭	唐代	奉祀王郭二仙	玉笥山	
66	天庆观（明代改名为玄妙观）	唐代	奉祀王郭二仙	抚州临川	
67	隐真观	唐代	奉祀王郭二仙	临川灵谷山	
68	王郭坛	唐代	奉祀王郭二仙	閤皂山	
69	丹霞观	唐代	奉祀王郭二仙	同造山	
70	望仙观	唐代	奉祀王郭二仙	丰城罗山	
71	中华观	唐代	奉祀王郭二仙	广昌中华山	

续表

序号	宫观名称	始建朝代	奉祀神祇	地理位置	备注
72	仙都观	隋朝	奉祀王郭二仙	建昌军麻姑洞	
73	祥符观	唐代	奉祀王郭二仙	仙王峰	
74	长丰观	唐代	奉祀王郭二仙	南丰县军锋山	
75	元宝观	唐代	奉祀王郭二仙	宜黄	仙岩山
76	仙隐观	唐代	奉祀王郭二仙	金石台	
77	龙泉观	唐代	奉祀王郭二仙	峩峯山	
78	昭清观	唐代	奉祀王郭二仙	仙游山	
79	玉清观	唐代	奉祀王郭二仙	景云山	
80	善修观	唐代	奉祀王郭二仙	永崇	
81	无为观	唐代	奉祀王郭二仙	义兴	
82	绕仙观	唐代	奉祀王郭二仙	石步	
83	九真观	唐代	奉祀王郭二仙	看经	
84	凌云观	唐代	奉祀王郭二仙	北塔	
85	招华观	唐代	奉祀王郭二仙	繆坊	
86	招真观	唐代	奉祀王郭二仙	逸人居	
87	玉田观	唐代	奉祀王郭二仙	芝草山	
88	宝台观	唐代	奉祀王郭二仙	乡石	
89	上仙观	唐代	奉祀王郭二仙	玉亭	
90	崇仙观	唐代	奉祀王郭二仙	云桥	
91	徊仙观	宋代	奉祀王郭二仙	吉阳山	
92	迎仙观	宋代	奉祀王郭二仙	吉州泰和	距县六十里
92	佑仙观	宋代	奉祀王郭二仙	吉州泰和	距县六十里离迎仙观十里
93	王仙观	宋代	奉祀三仙	泰和洞口	距县百里
94	太霄观	宋代	奉祀三仙	吉州庐陵值夏	
95	永兴观	宋代	奉祀三仙	吉州太篙渡	

三、天心正法派在华盖山创立

天心正法派是宋代正一派天师道的分支，以传授新符箓“天心正法”而得名，创始人为“天心初祖”饶洞天，创于北宋初年。淳化五年（994），抚州崇仁县饶洞天在华盖山顶掘得“玉箓仙经，题曰《天心经正法》”，经神人赐教，遂知仙经之妙，役使神灵，救人利物，“于是四万慕道者凡百人从游”，后率诸弟子登华盖之巅，授予至道。

（一）饶洞天创立及传承天心正法派

天心正法派由饶洞天创立，最早见于北宋末邓有功的《上清天心正法派》，其称天心符法乃宋太宗淳化五年（994）饶洞天在华盖山顶掘得，故称饶洞天为“天心始祖，号正法功臣日直元君北极驱邪院使”[①]。饶洞天虽获“秘文”但不解其意，后来经谭紫霄的指点，才掌握了“秘文”的原理。南宋陆游在《南唐书》称谭紫霄所行道术为天心正法，其说“今言天心正法者，祖紫霄”。这两种说法，将天心正法的发现者与点化者尊为祖师，被后继传承者所认可，北宋政和时期元妙宗道士编辑《太上助国救民总真秘要》就称“传教饶先生”。[②]

邓有功对传统的天师道、灵宝派、上清派和当时流行的北帝派等各家符法作了分析和比较，他认为饶洞天所传天心正法为“符法之正宗”，其所述天心正法派饶洞天为“真传一系”，传承脉络为：饶洞天、朱冲素（监观）—游道首—邹责（通直郎）—符天信（法师）、邓有功。但依据《华盖山志》记述还有詹太初、江若冲、吴一鹗也是天心正法派的传承人。到北宋后期，天心正法已流传至其他地区，例如，哲宗元祐（1086—1094）年间，成都道士蹇拱辰“善持戒，行天心正法，符水多验，居京披为人治病”。《上清天心正法》治病行符方法被世人所行效，如卷一中三光正炁之“请服太阳炁”“请服太阴炁”；卷四之“布炁治疼痛”“治疗毒法”“天罡荡疫发汗灵符”；卷五之“治痢疾符”等。其中“三光正炁”，即采“日月星”三光，道教认为在合适的时辰、合适的方位、

① 《道藏》第10册，文物出版社、上海书店、天津古籍出版社1988年版，第607页。
② 《道藏》第32册，文物出版社、上海书店、天津古籍出版社1988年版，第58页。

合适的高度采集“日月星”之光，这是上天赐给人类最上等的“名贵”补品。

宋徽宗时期，天心正法派著名道士有元妙宗和路时中。元妙宗在《太上助国救民总真秘要》也强调天心正法是“正一之宗”，他说：

> 臣闻天心之法，北极中斗之法也。北极者，天之中极，万象之所会。北斗者，天之中斗，万气之所禀，故为天之心。则其法本之于此也。同出乎正一之宗，为劾治之枢辖。①

由上可知，天心正法派产生于江西抚州华盖山，形成于北宋时期，且与“掘地得书”的神话有关。饶洞天、谭紫霄天心正法派或许借助正一天师道以获得正统地位。天心正法派以“内炼”和“法术”为特色，“内炼”以“存思三光”为主，创造了通过存神服炁使自身之神炁与天地之神炁相合的内炼之术；“法术”以“三符两印”之法、踏罡步斗、雷法和独特的借兵之法为主，通过其法术来达到助国救民、炼养身体、净心养性、造福社会。

（二）华盖山道教人物及天心派师承

洪迈在《夷坚志》中称两宋之际社会上行天心正法的大有其人，行法者不限于道士，“以天心正法治疾”，所以许多官吏、市民也行天心正法。

天心正法派传承脉络：饶洞天—詹太初—江若冲（绍兴）—吴一鹗（淳熙）—朱仲素—游道首—邹赍—符天信—邓有功—元妙宗—路时中—卢养浩—刘祥—王克明

通过梳理文献，发现人名、山名混淆，即“詹太初”和“谭太初”，“武夷山”和“武当山”。《正统道藏·洞神部·谱箓类》之《华盖山浮丘、王、郭三真君事实》为“詹太初”本“武夷山”道士，而明天启《华盖山志》、清同治《华盖山志》为“谭太初”本“武当山”道士，《正

① 《道藏》第32册，文物出版社、上海书店、天津古籍出版社1988年版，第53页。

统道藏》记录的“詹太初”和“谭太初”是一个人，因为“詹”和“谭”地方口音差不多，而且“詹太初”曾经是“武夷山”道士，后为“华盖山”道士。

元妙宗籍贯不详，曾居南阳，以符水治病数年后应哲宗之召，赐号“洞幽法师”。政和四年（1114）四月，“被旨差人经局，祥定访遗，及琼文藏经，开板符箓，因得窃览经箓殆自周遍；神章宝篆，靡所不有。独于救世治疗符法，适时可施之术，殊为隐阙，未有完显备用之文”。于是，“辄以所授符法秘用口诀分为十卷，名曰《太上助国救民总真秘要》”。

路时中为北宋末南宋初朝散郎，上清大洞三箓法师，行天心正法驱邪。方勺《泊宅编》卷七记载：“朝散侍郎路时中行天心正法，于驱邪尤有功，俗呼路真官。”据题名，他著有《无上玄元三天玉堂大法》三十卷，收录《道藏》洞真部方法类。另外，《无上三天玉堂正宗高奔内景玉书》二卷所述“三奔”之道，与“三光”之法颇为相似，故此书有可能也是路时中或其徒裔所编。他假托宣和二年（1120）上元夜赵升降授予茅山顶得石函书一卷，因厘为二十四品以传世。天心正法的渊源，路时中明确承认是天师道：“今玉堂大教之出世，原于正一天师。”此外，上清派也是其渊源之一。

（三）北宋对华盖山道教传承有突出贡献的主要人物

饶洞天。又名饶动天，抚州临川人。初为县吏，后梦神人曰：汝用心公平，执法严正，名已动天矣。梦觉而悟，遂以洞天华盖山夜见上升坛前五色宝光上冲霄汉，寻光掘地，遂获金函一枚。开视，有玉篆仙经，题曰《天心正法》。后率诸弟子登华盖之巅，授以至道而誓曰：护气希言，绝利声色，立功为上，谢过次之。救人疾病、灾荒、水旱为上功。忠孝和顺，仁信为本行。行此者，道合阴随，虽未拜太上，亦居仙矣。

詹太初。字元祚，本武夷山冲祐观道士，宋熙宁（1068—1077）中来洒扫后居华盖山。县宰郭公峻请祷于山，太初即以诗迎谒，云：鹤报星郎入洞游，匆匆拥杖别浮邱。崎岖走出白云路，踊跃来迎清政侯。瑞气远浮山凤喜，朱衣高照野花羞。敢邀朝旆归茆结，紫笑黄精愿少留。

遂相友善，且以丹砂疗其疯疾。宰归，语同僚，有张县尉欲观圣境，因往访之，行未数里，太初亦先知之，以诗谒于道周云：梅仙队仗访蓬莱，野叟寅绿欲款陪。旗脚界开青蟑色，马蹄踏破白云堆。山川发秀森林杪，猿鹤闻风出洞限。应有真人相笑语，仙翁果老裔孙来。坐未交谈，有田妇过，尉注目而意不在太初，太初曰：楚人沐猴而冠耳。尉怒，已失太初。及登山，问太初何在，其徒对曰：前日昼寝寤，忽鸣鼓退去矣。暨归，县宰谓尉曰：君行未久，太初诣县退职。尉方悔悟，然其退山、退职及遇尉于涂中，始信其非常流也。

第四章　北宋玉笥山道教的发展

北宋玉笥山道教处于鼎盛时期，两位奉道皇帝先后为道观赐额，以“天”字号为赐，道教建筑遍布玉笥山，形成了承天宫、上清宫及二十一座庞大道教建筑群，名动天下，玉笥山不仅成为道士的向往之地，也是士大夫期待游历的胜地。

第一节　玉笥山的自然环境与道教发展

玉笥山属新干县（现属峡江县），地处江西中部略偏西，赣江中下游，属于亚热带季风湿润性气候。玉笥山山峦起伏，奇峰林立，争高竞秀，有“三十二奇峰”，各峰形如其名，惟妙惟肖，峰峰苍翠欲滴，浮青佛绿；东有“玉笥晴岚，云遮雾罩”；南见“群山列屏，浮绿拥翠”；西瞰“巴邱晓照，老枫凝紫”；北眺“成洲帆阵，远近参差”；中有“玉峡云涛，千变万化”，东南西北中，五形完美。元代文人揭傒斯在《承天宫记》中述及：“天下称名山者有三，曰匡庐、曰閤皂、曰玉笥，而玉笥尤为天下绝境。”[①]

一、玉笥山的三十二奇峰与道教

所谓“山不在高，有仙则灵”，三十二奇峰为历代神仙“得道成仙”之处，所以有奇峰之名。太白峰，县东三十里。玉笥山三十二峰之一，梁杜元老与门人钱文咏飞升处；覆箱峰，在玉笥山开明观后，即何紫霄覆箱处，老树交翁，清泉飞泻，绝顶仙坛内奉三清像，前有香炉岩，山麓旧有玉梁观；送仙峰，在玉笥山，相传九仙于此飞升，故名；投龙峰，汉梅子真建坛处，下有投龙潭；赤松峰，有汉武帝、魏夫人二坛；金柱峰，在玉笥山郁木洞后；三会峰，其下为承天宫；魏仙峰，以魏夫人得名；还有秦望峰、仙女峰、太阳峰、芙蓉峰、双龙峰、正一峰、云台峰、上方峰、瑞莲峰、彩云峰、下方峰、挂帽峰、元秀峰、乱石峰、金亭峰、紫虚峰、降真峰、丹灶峰、西平峰、石桥峰、鑿石峰、元皇峰、狮子峰、金井源峰。山峰间还有“十仙台”：九仙台、琴台、送仙台、东华台、着衣台、望仙台、白云台、看经台、望月台、读书台。这些奇峰怪台，既透露了玉笥山的天然风光，又反映了道教文化的丰富性，是“天人合一”佳境。

二、玉笥山的洞天与道教

《玉笥实录》卷之一曰：第十七大秀法乐洞天，号彤霞谷，在九仙台之南，居众峰之下。古传有玉坛百尺在其下。仙洞冥府有司命真君、大秀天王各一位，辅治九人，土地分野八十余司，侍卫九千人，掌吴楚分野、人民生死系算之籍，为阴灵之宪府、九天之下曹，又名司命府。洞中四顾，象八卦之形，属三阳之地。宋时大醮，投进龙简，必先于此。昔天皇真人、赤松子、太虚真人、紫虚元君、西城金母遗真实迹，黄帝藏宝鉴于洞中，唐尧亦遗丹砂、雄黄，埋镇芙蓉峰顶，由此说明，玉笥山道教历史悠久，在宋代举行了祈福国醮，投金龙玉简则表明洞天福地的影响和地位。

---

① 陈垣、陈智超：《道家金石略》，文物出版社 1988 年版，第 1179—1180 页。

三、玉笥山的福地与道教

《玉笥实录》卷之一云：第八郁木福地丹阳谷，在洞天之东二三里许。天皇初，山岗秀结，谷生灵木异香，四时馥郁，故曰郁木坑。汉朝改坑为洞。面耸二峰而水注其门，湍激渊沦。松桧俱百寻，茑萝萦翳。里人崇会，率来此也，是阴灵之分曹，仙官之别府。

洞天福地是道门认定的神仙居住胜境，是修道者向往的仙境。玉笥山的自然风景中的送仙峰、赤松峰、投龙峰、三会峰、魏仙峰、紫虚峰、降真峰、丹灶峰等蕴含的道教文化丰富了洞天福地的内容。这种自然与文化相结合所形成的洞天福地，既反映了道教在玉笥山传承的持久性，又体现了洞天福地神圣性及所包含的道教之基本精神、思想理念。

第二节　玉笥山的道观、道士、科仪

一、玉笥山的道观

北宋大中祥符二年（1009）十月，真宗“诏全国各路府、州、军、监、关、县择官地建道观，并以‘天庆’为额，民有愿舍地备材创盖者亦听。先是道教之行，时罕习尚，唯江西、剑南人素崇重，及是，天下始遍有道像矣”。[①] 天庆观所供奉的三清尊神和玉皇上帝。此时，全国有州郡三百二十、县一千五百五十，全国天庆观不下于千所。宋大中祥符元年，赐观额曰承天。大观庚寅，宫灾，各出建坛场以居，寮之存者仅十有三。宣和初升为宫，有道士 500 余人。唐宋之君，数设金箓醮于此，故玉笥之名震天下[②]。此时，玉笥山道教处于最辉煌的时期，两位奉道皇帝（即宋真宗、宋徽宗）因玉笥山是洞天福地，故赐额“承天观”，属“天”字号；宋徽宗时期宣和元年又升格为道教最高规格的称谓“宫”，即玉笥山“承天宫”，供奉玉皇大帝。玉笥山的道士也是人才辈出，有“承天八祖”：刘潜谷、陈绍观、王处一、丁守元、姚文质、曹处明、宋

① 卿希泰：《中国简明道教史》，中华书局 2013 年版。

② 卿希泰：《中国简明道教史》，中华书局 2013 年版。

怀德、汪希声；还有“十大真人”：孔邱明、吴天印、骆法通、张法枢、谢志空、周仙用、邹武君、谢幽岩、杨元中、何紫霄。

玉笥山道教兴盛于宋代，形成了有规模的宫观建筑群，“上玉笥山学道者不计其数，宫观坛院、亭台楼阁比比皆是，其规模之大、装饰之华丽，超乎前代，也远为后世所不及。”在北宋，玉笥山有二宫，即承天宫、上清宫，二十一观，即冲虚观（九仙观）、崇道观、开明观等，这些道教宫观建筑群，一方面说明了玉笥山道教发展的盛况，另一方面，反映了玉笥山道教得到北宋朝廷的重视。

承天宫始建于西汉，《玉笥实录·一统志》载：“汉梅福及晋郭桂伦、彭真一、袁景立、梁杜昙永、萧子云，皆尝学道于此。”[①]北宋时期，朝廷在玉笥山承天宫设金箓斋醮，故“玉笥之名震天下”[②]。

因为玉笥山是名山，承天宫又是朝廷赐额，所以关注的人多而且是有影响的人物，周必大即是其中之一。周必大在《群玉诗集序》云：

> 新淦之下有市曰硖江，直玉涧口，陆行十五里至玉笥山。按道书以为群玉山，第十七大秀法乐洞天，又为第八郁木福地。汉武帝时遣使祈祷，见白玉笥于坛上，以是得名。古有宫观二十余区，以承天宫为冠，在三会峰下，本梅福旧坛，五代号玉梁观，真宗祥符初赐今名，宣和间升观为宫。其右白云斋，又登临之冠也。方其盛时，聚徒至三百人。大观庚寅，不戒于火，后虽葺治，未复其旧，且非传箓之地，故不能与阁皂争长雄。然山川闳丽，仙真杂沓则或过之[③]。

周必大在序文中说玉笥山虽然不是传度和授箓的地方，所以不能与阁皂山争“长雄”，但玉笥山的秀丽引得仙人、真人纷至沓来，这方面可

① （唐）谢修通纂，（宋）杨扶校正，（明）李景春重梓，（清）吴遇恬等纂辑，戴训超点校辑补：《玉笥实录》，江西人民出版社 2020 年版，第 14 页。

② 陈垣、陈智超：《道家金石略》，文物出版社 1988 年版，第 1179—1180 页。

③ 周必大：《平园续稿》卷十二，《四库全书》。

以与閤皂山争个高低。承天宫藏经丰富，同时对抄经写经极为重视，以此足以体现“承天宫”的地位和作用。为此，揭傒斯赋《玉笥山歌》一首，歌曰：

大江之西洞庭东，三山鼎峙争长雄。
玉笥嵯峨与天通，千回万转重复重。
十人避秦入山中，池养十鱼为九龙。
九人乘龙上虚空，赤帝飞入为九峻。
四海照耀何烘隆，三疏不救莽贼凶。
曹瞒欺天塞帝聪，玉梁白昼随霳霳。
寿春真人抗灵踪，三坛佳气长郁葱。
璇题翠羽开神宫，九霞照地光熊熊。
急涧鸣玉相撞舂，群峰四合如朝宗。
承天万年亮天工，大秀幽诡郁木同。
重岩洞壑守鬼工，白猿夜啼宝气冲。
我欲求之白云封，金阙先生碧两瞳。
弟子文咏敬以恭，巢云驾雾留飞踪。
元洲长史白玉容，八十二口来相从。
一入不复世莫逢，忽而见之若发蒙。
朱宫玉堂绣帘栊，青童素女清而丰。
桃花杏花相映红，忽而不见空溟濛。
或闻玲玲磬与钟，或如金鸡晓啼风。
何刘沈谢数十公，遗声逸响犹沨沨。
霓旌羽节何当降，霞衣飘飘珮琅璁。
下与世人哀瘝恫，身为风牧常先鸿。
上佐皇羲播时雍，还淳反朴服孝忠。
物不疵疠年谷丰，气酣飞上三会峰。
周览四极摩苍穹，前有天柱如华嵩。
落日返照金芙蓉，三峰东出号赤松。

云台太白相横纵，群玉金扇远更浓。
两峰相倚如駏蛩，紫薇高阁紫霞冲。
石桥金柱争巃嵸，长江外抱如白虹。
束以惊峡轰奔洪，千今万古声淙淙。
百神歆集元气融，超凌蓬莱轶崆峒。
仙来不来我心忡，山中有草名碧茸。
食之千岁颜如童，我欲求之不可穷。
愿佩含景从仙翁，紫袍白马来两骢。
夺取神君一尺铜，坐阅绝景忘春冬[①]。

对玉笥山的“霞衣飘飘珮琅璁”“坐阅绝景忘春冬”之美景，吴澄在《玉笥山图·跋》中也是赞不绝口，他说：

名山道宫，其形势之奇，人物之盛，可与上饶龙虎山俦俪者，江西有二，俱属清江合漕（閤皂）也，玉笥也。余夙有山水癖，又喜共方外奇人语。五十年前于驿路望见龙虎山，四十年前曾至阁漕，二十年前至玉笥之傍所谓太秀洞天者，而独未能一至玉笥焉。道士周常清持示《玉笥承天观图》，览之欣欣，若游于其间。然予之游山，非但乐其形势，亦欲识其人物。向游太秀，亦为寻访隐者不遇而退。承天有超世之士为谁，常清一一告我，予将往问[②]。

周必大、揭傒斯、吴澄三位都是朝廷重臣，繁忙公务之余，为家乡的一座山、一座道观、一个个道士，欣然提笔，赞不绝口。江西道教从来都与儒家是一家，江西各名山及其道观既是儒家的“温馨港湾”，也是儒家与道教相融合的重要见证。

---

① 《玉笥实录》卷三，手抄本。

② 吴澄：《吴文正集》卷六十三，《四库全书》第1197册。

玉笥山的清真宫在汉代名为“上清宫”，到南朝梁天监十五年（516）才改为“大秀宫”，宋宣和中（1119—1125），敕改为“清真宫”。关于清真宫的历史概略虞集在《玉笥山清真宫碑》中这样记述：

玉笥山清真宫，在临江之新淦，其《实录》以为本名群玉山，汉武帝授上清箓于此，见有光如笥，下之改今名。而以上清名宫云。

玉笥山的开明观始建于汉，原名“孔真坛”，为“孔邱明”真人修行之处。位于洞天宫之西南四五里间，覆箱峰西，即，而居宅亦在其中。宋祥符年间改“开明观”。

玉笥山的道教建筑群，既反映了其道教文化的深厚价值，也表明了道教建筑群成为洞天福地的一个标志。其他道观列表如下：

北宋玉笥山道观基本情况一览表

道观名称	地理位置	奉祀神祇	道观建设年代	资料来源	备注
梅仙观	在玉笥山，西一都柘塘	奉祀梅福	始建于西汉	《玉笥实录》《峡江新志》	原名为梅真宅、梅真观
九仙坛	在玉笥山北之巅	奉祀孔邱明等九真人		《玉笥实录》《峡江新志》	
承天宫	在玉笥山麓	奉祀汉武帝	始建于西汉，五代名为玉梁观，北宋宣和年间赐为“承天宫”	《玉笥实录》《太平广记》	相传汉武时坠玉梁于此，故名。后至梁武帝时化白虹飞去
大秀宫	在玉笥山之麓，其上有天王阁		始建于南朝梁天监十五年大岁丙寅，天圣九年辛未岁四月十八日重修立	《玉笥实录》《峡江新志》	梁杜元老、明罗伦皆有记
清真观	太秀法乐洞天	奉祀杜真人及门人钱真人	始建于南朝梁，宋宣和中，敕改为“清真宫”	《独醒杂志》	梁杜元老与门人钱文咏来此修炼，自太白峰飞升

续表

道观名称	地理位置	奉祀神祇	道观建设年代	资料来源	备注
乘光观	郁木洞		始建于南朝梁，初名耀真观，宋大中祥符中改今名	《太平广记》	梁萧子云携家二十八口来隐于此
天德观	在洞天前三里		始建于南朝梁	《玉笥实录》《峡江新志》	旧名清虚馆，萧侍郎尝撰《清虚馆记》
魏夫人坛	即仙姑岭，在玉笥山左	奉祀魏夫人	始建于汉代	《玉笥实录》《峡江新志》	黄庭坚诗云：独扫峨眉坐远山，春风瑶草照朱颜
覆箱峰仙坛	何紫霄覆箱处，在东一都	祀浮邱、王、郭三仙之神		《峡江新志》	
玉华峰仙坛	从覆箱峰逆折而南，又转而西			《峡江新志》	
金粟庵	在玉笥山日堎南			《峡江新志》	
安静观	在梅仙坛北，隔一峰		始建于汉代	《峡江新志》	
开明观	在洞天宫之西南四五里间，覆箱峰西	奉祀三清、孔真人	始建于汉代，原名“孔真坛”，宋祥符年间改“开明观”	《峡江新志》	
落云观	在东三都，洞天前三里，姚文质修炼处	奉祀姚真人	始建于南朝，宋靖康间改建“雷祠”	《峡江新志》	
乾元观	在梅仙坛西北十里许		始建于汉代	《玉笥实录》《峡江新志》	
崇道观	在梅仙坛西北十里许	奉祀葛仙翁、太乙真人	始建于晋朝	《玉笥实录》《峡江新志》	

续表

道观名称	地理位置	奉祀神祇	道观建设年代	资料来源	备注
鞏山观	在乾元北五里，前临大江	奉祀萧真人	始建于南朝梁	《玉笥实录》《峡江新志》	
玉真观	在鞏山侧		始建于汉代	《玉笥实录》《峡江新志》	
东阳观		奉祀许真君	始建于晋朝	《玉笥实录》	
彩云观	在覆箱峰岩下，迁莺谷之源	奉祀九仙、梅真人	始建于汉代	《玉笥实录》《峡江新志》	
大真观	洞天岩洞	奉祀左慈	始建于汉代	《玉笥实录》	
葆元观	在梅仙西南十五里南障山下	奉祀杜真人		《玉笥实录》	
会仙观		奉祀梅真人	始建于汉代	《玉笥实录》	
施仙观	在梅仙坛北三百步外	奉祀施真人	始建于汉代	《玉笥实录》	汉时罗浮山道士施抱元，赐额“施仙”

二、玉笥山的道士

玉笥山高道辈出，人才济济，他们既践行“济世度人，以至太平”道教的目标，以“神仙逍遥”的理想将世人渡过苦海，如《灵宝无量度人上品妙经》曰：“三十六天，三十六帝，玉宸隐名……玉宸大道，深不可详，豁落七真，普度天人。”又利用洞天福地的好风水，与大自然和谐相处，调和阴阳，形成“太和”状态，以至于延年益寿、成仙得道。

沈道麟①（？—985），字庭瑞，四川筠阳人。吏部郎中沈彬之子，幼而执操已异，雅好希夷之理。李氏大保中，诣玉笥精思院真一先生，求度冠褐。性耐寒暑，不知冬夏之变。终日独处一室，少见其面，惟诵

① （唐）谢修通纂，（宋）杨扶校正，（明）李景春重梓：《玉笥实录》，刻印本。

度人经，又善服气。宋雍熙二年上元，于寓中整冠闭户，焚香燕坐，握固而化。葬铁柱峰东。沈道麟对道教灵宝派重要经典的传承发挥了特殊作用。一是留下《度人经》一卷；二是以诗记录了玉笥山的历史和炼丹悟道的体会，“药炉曾得金丹诀，尘世空留悟道篇”。

许坚，生卒年不详。字介石，自号布裘道者，庐江人。早岁以时事干江南李氏，人以其狂，不之礼。因上诗徐铉，拂衣归隐茅山。宋初，自茅山游庐山，居简寂观。或在洪州西山，吉州玉笥山。

袁守元（？—1061），号白云，峡江县玉笥山前村人。“自幼入道，志慕希夷[①]，度衣冠于承天宫。秉性肃爽，不落凡近，与稠人坐，略无戏笑。春秋益高，容颜益鲜，不知何所修也。”[②]

陈得逸（1031—1116），字从道，褐冠于开明观，峡江本地人。元丰辛酉，为众所推，管理开明观教务，年八十六。因年事高主动从管理道观的岗位上退下来，培养年轻道长，为后辈树立了典范。

皮羽南，生卒年不详。庐陵人。七岁，父母见其与他儿异趋，故以隶紫微宫。年十五，成就冠褐，敏文有声。又于数年间，得飞符。远近疫疠，叩之应手而愈。开宝七年，江南犹未下，李煜赐号左术道门内供奉文章大德知大秀上清宫事。至宋，仍得住山，增修宫殿，重表仙迹，优游养道。弟子二十余人各莅事名山。

姚遂良（955—1009），字子华，北宋新淦县人。上清大洞法师。先生浮磬钟灵，月华孕彩。岐嶷悟真宗之旨，龆龄知玄化之元。七岁出家，诣师孔仙观。大中祥符元年，敕改开明观，词表大德。雍熙三年（986），补充山门，章表。端拱（989）二祀，道录院补左街内表白大德，自判官转道判。祥符初，复授山门都监。

王德升，生卒年不详。名窑，北宋新淦人。困踬场屋，遂入玉笥山依道士潘与龄，独居白云斋十余年。其《壑山道中》诗曰：“溅石韵寒泉，依稀言语处。回头觉无人，又上前溪去。”又《山樵》诗曰：“山樵

① 希遗为宋代玉笥山著名道士陈绍观。

② （唐）谢修通纂、（宋）杨扶校正、（明）李景春重梓：《玉笥实录》，刻印本。

竹里居，略彴才堪渡。落日澹平畴，牛羊点寒莫。”语意萧散，皆此类，非远外声利者不能也[①]。

程尧卿，生卒年不详。字良佐，号玉峰子。貌癯而神朗，外若朴野。多游于罗浮，罗浮道士咸不识之。久之，又游于燕京，燕京之人复不识之。后卖药于穗城，市上儿童见之，皆狂笑愚弄之，玉峰子不为改焉。尝过于广之大夫士家，大夫士疑其有道，相与，间而求焉。玉峰子终不言。

三、玉笥山的道教科仪

科仪是道教习用的术语，常常与斋醮连用，称为斋醮科仪，用来笼统地指称道教的宗教形式。但若分开来看，则斋与醮不同，斋醮与科仪又有区别。在历史上，科仪比斋醮的含义更广泛，是对道教的经诰、戒律、规范、礼仪等多方面的统称[②]。道教的斋醮连称，流行于宋以后的道教，就其历史源流而论，醮是斋的演变。

玉笥山在汉魏两晋南北朝时期奉行“上清斋法”、隋唐流行“灵宝斋法”、北宋盛行“神霄雷法”，但从灵宝道院的建立来看，“灵宝斋法”在北宋仍然流行，这些斋法与天师道是一脉相承的关系。不仅与当时的风俗习惯密切相关，而且还吸收了传统的礼仪文化，是民间风俗与礼仪文化的结合。

“上清斋法”。《玉笥实录》记录了汉武帝在玉笥山由西王母授上清宝箓，赐额“上清之宫”，魏夫人坛更加明确地说明了玉笥山最早行“上清斋法”。“上清斋法”主要是传自天师道女祭酒魏华存魏夫人，主要传授《上清真经》和修道秘诀，也传授《太平经》《黄庭经》《三皇内文》《灵宝五符》，后经过陆修静、陶弘景的整理，在道教形成了天师道的新派——上清派，以魏夫人为开派祖师，主张道法自然、清净寡欲、无为而治的修道思想，主张存思、守一、坐忘、凝神的修道方式，传承了天师道主张的黄老道思想。礼拜、诵经、思神是斋醮科仪的基本内容，斋

① （宋）曾敏行：《独醒杂志》卷六，《四库》本。

② 卢国龙、汪桂平：《道教科仪研究》，方志出版社 2009 年版，第 3 页。

义和斋意是斋醮科仪蕴含的文化意义。

“灵宝斋法”。隋唐时期玉笥山分别有修“黄老道”“上清斋法”“灵宝斋法”三派，这些道教修炼方式都是秦汉以来流行并经历不断系统化、规范化的过程，但相对来说“灵宝斋法”，流行的范围比较大，在民间也有行“灵宝斋法”时间也比较长久，从魏晋至唐五代一直在南方流传。隋唐时期玉笥山以“灵宝斋法”为主要修炼方式。因为修炼“灵宝斋法”形成了灵宝派，灵宝派是魏晋时期以传授灵宝经为主在南方形成的一个道教派别，这一派奉元始天尊、太上大道君和太上老君为最高神，祖师为葛玄，祖庭在阁皂山。其修持方式除思神诵经、符咒治病、草本施药外，特别重视斋戒科教、劝善度人，《度人经》为灵宝派核心经典。“灵宝斋法”是灵宝派或称灵宝经系统的斋法，它在唐以前只是道教斋法的一类，由于该派最规范而有系统，对后世道教影响很大。

“神霄雷法”。北宋时期，由于神霄雷法的盛行，玉笥山作为名山名观，名道士又多，奉行“神霄雷法”就是很自然的现象，《玉笥实录》记载的在清真宫附近的祝圣道场有“神霄雷坛”四字，这充分说明了北宋及北宋以后玉笥山盛行“神霄雷法”的事实。以“五雷法”为特征的神霄派的产生对传统道教有所革新，在教理教斋醮仪式方面都表现不同的传承和发展特点，尤其是以内丹与符箓相结合的“雷法”融入斋醮科仪中，天师道、灵宝派的传度、授箓都吸收了神霄雷法的内容和程式结构，这是神霄派对道教发展的贡献，也是玉笥山道教发展与时俱进的反映。

第五章　北宋道教学术发展与江西道教文化的繁荣

北宋道教学术重要成果中《道藏》是其之一，江西籍士大夫、龙虎山道士王道坚参与其中，王雱、陈景元在老庄之学也是卓有成就。江西道教文化发展既有道观建筑、道教造像方面的特色，也有道教丹道、道教文学的繁荣。

第一节　北宋江西籍文人士大夫与道教学术

一、王钦若与道教史志学

王钦若（962—1025），字定国，临江军新喻（今江西新余）人。淳化三年（992）登进士甲科。咸平四年（1001）召还任右谏议大夫、参知政事，咸平六年（1003）为参知政事；景德元年（1004），契丹兵临魏城下，王钦若闭城分兵固守，敌兵不得逞，契丹兵退后，召还任资政殿大学士；景德三年（1006）主管编撰《册府元龟》；大中祥符五年（1012）为枢密使，同平章事。次年，上表领衔编纂的《册府元龟》书成，历时八年，共成书一千卷；天禧元年（1017）为宰相，天禧三年（1019），道士谯文易私藏禁书犯罪，王钦若因曾写诗赠谯文易而受株连，罢相，以太子太保判杭州。仁宗时，于天圣元年（1023），回朝再任宰相，天圣三年（1025）十一月卒，归茅山。任职期间，奉真宗之命，领校道书凡增600余卷，成《宝文统录》4359卷。王钦若崇道并非只是达成宋真宗之愿，他自己也好神仙，常建道坛礼神，他与洪州玉隆宫道士也有交往，留有“忆念西山玉隆友”的诗句。著有《册府元龟》《道藏》《翊圣保德真君传》《罗天大醮仪》等。其生平事迹从江西说起。

（一）湖冈台学经明史

湖冈台属于袁州府宜春县所在地（今宜春市袁州区），历来被视为“袁州形胜”，相传为西汉宜春侯刘成所置“五台”（宜春、化成、凤凰、仙女、湖冈）之一，始为仙域，东晋时期袁州道士邓表修仙地之一，据明正德《袁州府志》记载：湖冈山，府城南一十五里，亦名湖冈台，晋邓表修炼于此，有炼丹台、养丹池，朝斗石。另外，《新余王氏族谱》也有王钦若曾在湖冈台“紫微观”读书的信息。袁州“紫微观”在北宋时期知名度很高，淳化年间，监察御史李思义奉使宜春时，邀请朝廷官员徐铉参访并撰写了《袁州宜春县重造紫微观碑文》，文中首先描述了湖冈台的好风景，“左钟山之奇峰，右洪阳之仙洞。巉岩千仞，蔽亏日月；窈窕百里，畜泄风雷。回冈层峦，崇其基垌；激湍澄溪，宣其气象。真灵之所游集，邑居之所走望”。“紫微观”是晋代真人邓表开基的，徐铉对道士孙去华在新吴（奉新）华林山馆三十余年“清心炼气，绝粒忘形”、二十余年在袁州紫微观“面壑依岩，披榛筑室，勤身而感物，应迹以化人”的事迹作了记述：“道士孙去华，殖本康乐之川，从师新吴之邑，清心炼气，绝粒忘形，三十余年，其道弥固。保大中，自所居华林山馆南游北乡，望佳气之郁葱，蹑危垣之靡迤，慨然叹息，誓志终完。于是面壑依岩，披榛筑室，勤身而感物，应迹以化人。乡闾风随，善信日至。节以致用，时而命工，二十余年，厥功克就。绀殿特立，重廊回合。辟朱户以瞰野，峙瑶坛而在庭。至于像设之尊严，仗卫之精丽，厨廪之充牣，居室之清闲，洪纤必周，奢俭中度。美矣显绩，昭哉素诚！夫褒善称伐，《春秋》之旨，虽在遐远，人其舍诸”？[①]道士孙去华重修紫微观功德也感动了地方官员监察御史李思义，他邀请了朝廷派到地方巡察的徐铉，徐铉对宜春之仙境、福庭、大道赞叹不已，徐铉在碑文中说：“监察御史李君思义奉使宜春，税驾斯馆，睹厥成功，嘉其秉心，碑而揭之，以文求我。言意难尽，强为之铭。”王钦若在湖冈台求学读经明史，与明师即道士孙去华朝夕相处，道教文化的滋养丰富了王钦若的思想，后来王钦若的崇道主张、崇道行为、崇道成果反映了其在湖冈台学习紫微观的学习生活。

（二）华林“神遇”两位道官——徐铉和胡仲尧

“华林”即新吴县（今宜春奉新）华林书院，江西四大古书院之一。始建于南唐，由奉新籍高士胡仲尧[②]创建，根据北宋的道官职级（元士、高士、上士、良士、方士、居士）分析，可以推断胡仲尧是一位级别为五品的道官。宋初的宰相王钦若在一位亦儒亦道的道官创办的华林书院读书并登进士，自然不仅是儒道兼修，而且学其精华。华林书院在北宋名声远播，“元秀峰前累世居，圣朝旌表振门闾。四方来客多登第，一邑为儒喜读书”[③]，胡仲尧曾多次邀请徐铉、王禹偁、苏辙等名流到华林书院讲经论道，华林书院屡次得到朝廷皇帝旌表。华林书院环境优美，藏书丰富，文人如期而至。优美的环境是因为华林书院位于道教第三十九福地——东白源，周边还有道教第三十三福地——阁皂山、道教第三十七福地——始丰山。华林藏书丰富从当时的名流的著作便知，王

---

① 分别见《四库》本《骑省集》卷十二、《全宋文》卷二十九及《道家金石略》，第219页。

② 胡仲尧，生卒年不详。字光辅，北宋奉新县人。北宋藏书家。南唐时为寺丞。入宋后，官洪州助教，迁国子监主簿。大建华林书院，集书万卷，一时云游者常数千人。宋太宗特诏旌表，事载《宋史》。奉新县学宫亦为其创建。奉新华林胡氏为世家大族。淳化五年（994），太宗帝又赐书籍千卷给他，公卿赋诗附和赞美。建学舍于华林山别墅，聚书万卷，并提供食宿以延四方游学之士，讲学论道，岁时无虚。

③（宋）高绅：《咏华林书院》，载《全宋诗》卷一，第2册第1173页。高绅，太平兴国八年进士，渤海人，曾任著作郎。

禹偁[1]在《诸朝贤寄题义门胡氏华林书斋序》中称华林书院“聚书万卷”。

王钦若于淳化三年（992）登进士，之前在华林书院阅读其大量的藏书，其间还有机会聆听来自全国各地名流的讲经论道，当然也包括聆听了徐铉的讲学，因为徐铉的名气，胡仲尧还请徐铉为华林书院和闉业观分别撰写了《洪州华山胡氏书堂记》和《奉新县重建闉业观碑铭并序》的碑文。

从《洪州华山胡氏书堂记》及徐铉为江西道观的碑文知道，徐铉是一位道官而且还是一位道教学者，他自己也说是“好道之徒”，南唐时受朝廷指派徐铉到龙虎山天师道祖庭、阁皂山灵宝派祖庭祭祀，入宋后徐铉先后于开宝七年（974）、淳化元年（990）到了清江县阁皂山、丰城、奉新、西山等地参访并撰写了《筠州清江县重修三清观记》（宋开宝七年，974）、《洪州始丰山兴玄观记》（宋淳化元年，990）、《奉新县重建闉业观碑铭并序》（宋淳化元年，990）、《袁州宜春县重造紫微观碑文》（宋淳化元年，990）、洪州道正倪君碣（宋淳化二年，991）等。《奉新县重建闉业观碑铭并序》碑文是徐铉在华林书院讲学期间撰写，由此也可以认为徐铉在华林书院的时间比较长，而且有机会与华林书院的学生接触和交流，王钦若就是其中的一位。

徐铉在《重修筠州祈仙观记》中提到：“铉顷岁扈从南巡，有事于游帷之观”，由此可知，徐铉是一位朝廷派出的巡视道观的官员，巡视西山“游帷观”这是他的公务和差事。王钦若与徐铉和胡仲尧两位道官的“神遇”，直接影响了他对道教的进一步认识和了解，在朝廷又遇上三位“好道”的皇帝，加之总裁《道藏》，所以王钦若奉道的行为就很自然了。

（三）编修道教典籍

道教经书自唐玄宗时纂修成藏后，经唐末五代战乱，受到破坏。随着北宋的统一，重编《道藏》引起了朝廷重视。太宗时徐铉到各地收集

---

① 王禹偁（954—1001），字元之，北宋济州钜野（今山东省巨野县）人。北宋太平兴国八年进士，历任右拾遗、左司谏、知制诰、翰林学士。北宋诗人、散文家，宋初有名的直臣，敢于直言讽谏，因此屡受贬谪。宋真宗即位，召还，复知制诰。后贬至黄州，故世称王黄州，后又迁蕲州病死。与徐铉是好友。

道书，编纂《道藏》至宋真宗时，王钦若奉命编纂《道藏》，并令从《道藏》的“三洞四辅”拾取精编联《云笈七鉴》，于大中祥符八年（1015）七月丙辰，宋真宗赵恒令王钦若《画赵氏神仙四十人于景灵宫廊庑诏》，曰：

朕躬对飙驭，获闻系源，载怀尊祖之心，用构列真之宇。顾惟宗姓，实富灵仙，遂命枢密使、同平章事王钦若于道藏中检阅，凡得赵氏神仙四十人事迹，所宜写以丹青，列于殿庑。观古人之象，恭以奉先；炳帝者之仪，森其在望。庶昭懿范，永示方来。宜令修景灵宫司画于廊庑[①]。

王钦若不仅奉命领修具有重大史学价值的《册府元龟》，还奉命总统宋代《道藏》，赐名《大宋天宫宝藏》，总共4565卷，是道教的重要文献，也是建立道教史志学的主要标志。参与编撰《道藏》的张君房根据《道藏》分门别类、取其精要，又编撰了《云笈七鉴》[②]，“云笈”为道教典籍容器，“七鉴”为道教典籍的“三洞四辅”，书名为“云笈七鉴”即拾取七部精华之意，为初学者的学习指明了门径，《四库全书总目提要》称此书“类例既明，指归略备，纲条科格，无不兼该。道藏菁华，亦大略具于是矣”。《云笈七鉴》记载宋代江西道教重要历史，比如：麻姑山、玉笥山等十七处洞天福地就有详细资料。

宋太宗赵光义尝命散骑侍郎徐铉、知制诰王禹偁、太常少卿孔承恭旧藏道书三千七百三十七卷校正写本并送大宫观。祥符九年（1016），宋真宗赵恒命王钦若总统其事，王钦若在徐铉校正的旧藏道书3737卷的基础上增加了622卷，又以《道德阴符经》乃老君圣祖所述，自四辅部升于洞真部。王钦若上《新校道藏经》，赐目录名《宝文统录》，赐名《大

① 《宋大诏令集》卷一三六，载《全宋文》卷二五一“宋真宗”四十。又见《宋朝事实》卷七。

② （宋）张君房编：《云笈七鉴》（点校本），中央编译出版社2017年版。

宋天宫宝藏》，共4565卷，起千字文“天”字为函目，终于“宫”字号，得460字。天禧三年（1019），宋真宗赵恒命著作佐郎张君房依据《大宋天宫宝藏》撷取精华编成《云笈七鉴》122卷。

宋徽宗赵佶于崇宁年间（1102—1106）就下诏搜访遗留道教经籍，使《道藏》增至5387卷，比王钦若总领的《道藏》多了822卷。政和三年（1113）宋徽宗赵佶第二次下诏搜访道教经书并设经局敕道士元妙宗、王道坚（龙虎山道士）等详加校定，道经由道士校定后，即送福州闽县，由黄裳役工镂板，于政和六年、七年（1116、1117）全藏刊镂工艺，进经板于东京，赐名为《政和万寿道藏》，共540函，5481卷。道书之雕版印刷，虽早在五代时已开始，但全藏付刊，却始于《政和道藏》。《政和万寿道藏》的编成是宋代整理道教文化的高峰。《道藏》的编纂格式至宋代已大致定型，主修《道藏》的学者已不像陆修静时那样将一些“犹隐天宫未出”的道经虚目编入经目，5481之卷数是当时《道藏》的实有卷数。宋徽宗不仅首次将全藏刊印出版，而且还在重和元年（1118）由蔡京、林灵素等组织编纂了《道史》《道典》。自道教开天神话的“龙汉”年号至五代时期的道教事为《道史》，其中分为《纪》《志》《传》诸类，将天地始分三清、三皇及得道帝王列为《纪》，将男仙风后、力牧及女仙九灵元君等得道臣庶列为《传》，又著天地、宫府、品秩、舆服、符箓、仪范、禁律、修炼、丹石、灵文、宝书等十一《志》。《道典》则专记宋代道教史事。只可惜《政和万寿道藏》至靖康（1126）之乱，金人南侵，焚毁殆尽，《道史》《道典》也没保存下来。

据唐代的史书和道教典籍中的资料来看，金箓斋、黄箓斋是朝廷常行的斋法。朝廷常行的醮仪是在举行金箓斋会或黄箓斋会后，设罗天大醮、周天大醮、河图大醮，斋后还要举行投龙简仪。王钦若对道教及道教学颇有思考和研究，在主校《道藏》之时，对其内容增加了622余卷，他自己也有道教方面的著作，即《天书再降泰山祥瑞图》《卤簿记》《彤管璐范》《天书仪制》《翊圣保德真君传》《圣祖事迹》《罗天大醮仪》《五岳广闻记》《列宿万灵朝真图》等。由于他著《罗天大醮仪》，道教于是具有了普天大醮、周天大醮、罗天大醮等盛大的祭祀仪式。道经规定，普天大醮应供奉3600醮位（即神位），周天大醮供奉2400醮位，罗天大醮供奉1200醮位。三种大醮做法、规模有异，但目的却是共同的：护国佑民、延寿度亡、消灾禳祸、祈福谢恩。罗天大醮的主要科仪有焚香、开坛、请水、扬幡、宣榜、荡秽、请圣、摄召、顺星、上表、落幡、送圣等等。摆道场（也称法场）是做法事的综合形式，由念经、唱赞、步罡（走方位、步八卦）、手诀，伴以吹、拉、弹、打音乐以及神坛法具的衬托联合组成。

（四）归真“五云观”

真宗乾兴元年（1022）十二月，王钦若以刑部尚书知江宁府（今南京市）。茅山离江宁很近，是道教上清派发祥地。王钦若与茅山上清派第二十三代宗师朱自英交情甚厚。真宗时，曾派中使任文庆资香至茅山设醮，命朱自英为其奏章求嗣。天圣二年（1024）王钦若任宰相执政后，向宋仁宗赵祯推荐朱自英，仁宗召见，封朱自英为国师，赐号“观妙先生”。朱自英回茅山后，王钦若和他相约，待告老后至茅山隐居与他结邻。天圣三年（1025）十一月，王钦若病卒。临终前遗命在茅山建立道馆，作为他灵魂归宿之所。他的夫人许国夫人李氏遵从他的遗愿，上奏仁宗，请在茅山南麓五云峰下为王钦若建造道馆。仁宗准奏，命知江宁府事李迪主持，天圣四年（1026）破土动工，历时十五年，康定元年（1040）完成。道观规模宏伟，仅私帑即花费一百五十万贯，公款还未计入。道观建成后，仁宗赐了题名为“五云观”的匾额，并下诏在观内塑造王钦若像，当作仙官供奉。仁宗庆历二年（1042），宰相晏殊受许国夫人的嘱托，撰写了《五云观记》，许国夫人将它镌刻碑石，树立观内。碑刻现已毁，其文曰：

> 丞相冀文穆公即世之明年，某小君许国夫人闻于内朝，请建道馆于茅山之南麓，以为公栖神之所。圣上追念大臣，哀怜时思，特命郡守、旧相李公迪主其营缮。又敕公门下吏右侍禁张得一董其力役。后十四年，夫人以制度之未备，申命公之犹子右班殿直士颙往增葺焉，始赐名曰“五云观”。僝工于天圣之丙寅，已事于康定之

庚辰。其广袤因崖巘之回抱，其奥阼视科文之品第。崇堂以宅肖像，秘殿以严真供。层阁崛起，广除环构，修廊蔓衍，高闳浚开，庖厨有方，廐库有次。其外则坛场著前朝之迹，洞穴表灵峰之蕴。乔松夹植，荫行旅之劳；良田外营，资粿膳之给。妙择勤士，恭修秘式。其所以尊奉遗貌、妥安净众者，罔不周具。惟道家者流，有清净冲虚之说，归真返朴之教，后代悦其风者，触类而长。于是乎幽经秘诀之敷演，清都洞台之照临，三云八景之炼修，童初广寒之游集，上自后辟，迄于臣民，用资化源，著在彝典。初，真宗皇帝既偃武节，聿修文事。封泰山，款后土，谒仙里，建灵宫，务辑一王之仪，邈追前代之盛。公于是时都将相之重，极风云之遇。与一二元老洎鸿儒硕生，内则翊赞宸猷，外则讨论经礼。用削藁之密，荷沃心之赏。借前箸而谋定，申巽风而令行。至如检玉介邱，瘗缯睢壤，近甸巡豫，嘉坛裒对，咸遵秘箓，聿彰勤任。用三洞之科式，先八鑾而启行，公则参仪卫之职焉。寅受天瑞，钦崇祖烈，五狱升号，灵泉效祉，并敞真宇，茂昭元贶，公又历置使之任焉。总集髦隽，纷披载籍，撷百世之龟鉴，述方来之矩矱，复诏公之典领焉。公又以混元之法，有助亨会，函笈所蕴，源流实繁，欣逢盛明，得用论次。乃复选通达其学者，校雠而辨正焉。名山洞室之藏，金简玉文之萃，多所刊定，讫无抗谬。本至性之冲漠，益圣期之参会。倘佯乎丛霄大霞之境，讽咏乎广韶曲素之篇。寤寐赤松之游，沉酣金匕之药。间接真士，高谈妙枢。由是翛然有乘云骖飙，离人拔俗之想。出沐休暇，或元辰令吉，特屏世事，虔修净醮。坛宇严邃，旌幡飒纚。杳尘寰之不接，疑景象之有闻。绵祀寖久，积精忘倦。乾兴壬戌岁，分符秣陵，眷言兹山，实迩郊次。俄奉中诏，即伸嘉荐。注慕灵壤，徘徊净城，逌尔自得，澹乎忘归。隐士朱自英者，肥遯中岩，载更年所，公乐其素尚，宛若石交。还朝秉钧之再岁，以其名闻，召至都下，宴语细绎，异于常伦。及其还山，又约他日卜邻洞府。音旨隆密，朱生异之。后数月而公捐馆舍，且有遗语，卜兹缔构。前后所费私帑凡百五十万，官给不豫焉。续诏自英往还临莅之，皆从公之素志也。按《真诰》言："句曲地肺，土良水清，谓之华阳洞天。可以度世，种民是处，三灾不干。"又言："至忠至孝之人，皆先受灵职，次为列仙，岁登降其幽明，如人间之考绩。"则公之结思崇岫，归诚妙象，岂徒然哉！矧夫出应贤运，越登极位，佐时勋大，用物精多，非特受灵气，夐逾群品，曷以协昌辰之伟任？非默契仙箓，往阶真格，曷以显太和之挺生？质于前闻，其有冥合。呜嘻！乘时奋庸，文武之柄，尊主芘物，罄其蕴怀，执方持衡，不疚风议。烜赫焯耀，以功名自终。然后脱遗世氛，与羡门、偓佺之徒，相期于烟霱之际，不其盛与！其不伟与！夫人恪奉治命，无忘遹追。其嗣子殿中丞寅亮瞿瞿协心、克终胜概、足播徽范、永光图史。谓殊夙以文翰游公馆宇，见托撰述，著之金石。是谓拜礼命之辱，而忘其为陋芜。公姓王氏，讳钦若，字定国。夫人姓李氏。公之邑里世系，历官差次，上载史牒，下刊碑志，此得略而不书。"①

这篇《五云观记》是晏殊作为宰相于庆历二年（1042）撰写的，也是在王钦若登真22年、"五云观"落成7年后撰写的。其文辞优美，句秀、神秀也，特全篇录之。晏殊与王钦若都是北宋仁宗时期的宰相、都是江西人、都是江西登第的进士、都是文笔超群的才子，一方面说明他们之间友情深厚并且熟悉道教的真实情况，所以对"五鬼"之说也是一种辩解；另一方面，说明《五云观记》的历史价值、文学价值很高。这篇文献涉及六位重要人物：第一，宋真宗赵恒，主要说明他与王钦若的仙缘；第二，宋仁宗赵祯题款"五云观"；第三，朱自英，茅山上清派第二十三代宗师，也是一位道官，主要叙述他与王钦若的友情也是接受王钦若归真登仙落地的重要人物；第四，李迪，"圣上追念大臣，哀怜时思，特命郡守、旧相李公迪主其营缮"。"又敕公门下吏右侍禁张得一董其力

① （宋）晏殊：《元献遗文补编》卷一，《全宋文》卷三九八"晏殊"二；又见明《茅山志》卷二十五，《道藏》第158册，文物出版社、上海书店、天津古籍出版社1988年版。

役”。第五，许国夫人，她是王钦若的家人，也是“五云观”得以建成的一位中间人物，碑文中也提到王钦若的嗣子殿中丞寅亮，他瞿瞿协心、克终胜概、足播徽范、永光图史。第六，在碑文没有直接提到陶弘景的名字，但引用了他的《真诰》来赞扬王钦若是一位“至忠至孝之人，皆先受灵职，次为列仙，岁登降其幽明，如人间之考绩。”最后，晏殊为王钦若盖棺定论，正如晏殊《蝶恋花》:“昨夜西风凋碧树，独上高楼，望尽天涯路”之词的意境，古今之成大事业、大学问者必须要有境界并为目标奋斗。

天禧三年（1019），宋真宗赵恒倡校正道书，王钦若等推荐道士张君房司其职，张君房据当时所存《道藏》，撮取其中的大要，编纂成《云笈七鉴》，足与佛教的汇书《法苑珠林》相提并论。王钦若在中国道教史上是一个重要人物，对宋代和宋以后道教的兴盛和发展起了很大的推动作用，尤其是主持编撰《道藏》，不仅为道教、为中华文化留下了极其珍贵的史料，也是建立道教史志学的开创者。对王钦若全力支持宋真宗崇道的种种行为，史家多持贬意。其实，应该看到，宋真宗崇奉道教是利用道教来巩固其统治，求得长治久安。

二、陈景元与道教经学

陈景元（1025—1094），字太初，号碧虚子，赐号“真靖大师”。北宋建昌南城（今抚州南城）人。北宋著名道士。庆历二年（1042）师事高邮（今属江苏）天庆观崇道大师韩知止，次年试经，度为道士。既而别其师，游天台山，阅《三洞经》，遇鸿蒙先生张无梦，得授秘术，深得老庄之微旨。后隐居江淮间，以琴书自娱。熙宁元年（1068），被推荐到汴京，居醴泉观，为众人讲解《道德经》《南华经》，遂闻名于世。宋神宗闻其名，下诏于醴泉观设普天大醮，命陈景元撰青词上呈，既奏称善，召对于天章阁，改章服，任命为右街都监同签书教门公事。后累迁至右街副道录，随后被任命为中太一宫主。神宗熙宁五年（1072），陈景元将《道德经》《南华经》二注上进朝廷，神宗批曰：“陈景元所进经，剖玄析微，贯穿百氏，厥旨详备，诚可取也。其在辈流，宜为奖论。后启归葬庐山，神宗赐白金相助。羽服中，一时之荣，鲜有其比。”陈景元“博学多闻，藏书数千卷”“自幼读书，至老不倦”。凡道书都亲自校写，积日穷年，道家学问，功底深厚。所居以道、儒、医书分别各为斋馆，相与校雠，于是人人得尽其学。陈景元的诗文、书画清婉可嘉，皆擅名于世。哲宗绍圣元年（1094）正坐而逝，年七十，传说尸解成仙。他的弟子有许修真等四十余人。[①]

陈景元学道于名山名师，且得到帝王的认可，名扬世间，著述众多，有：《道德真经藏室纂微》《南华真经义海纂微》《高士传》百卷、《文集》二十卷、《大洞经音义》《灵宝度人经集注》传于世[②]。《道德真经藏室纂微》十卷，今存《正统道藏·洞神部·玉诀类》第13册；《遂初堂书目》著录《老子藏室纂微》，未署撰写人；《宋史·艺文志》著录陈景元《道德经注》二卷，又著录碧云子《老子道德经藏室纂微》二卷，称不知碧云子的名字。“碧云子”是“碧虚子”之误。《道德经注》与《道德真经藏室纂微》是同一本书（蒙文通先生认为原名“纂微”，后加以修订，更名“注”，进呈神宗）。《通志·艺文略》著录《道德经纂微》二卷，误题为陈景元撰，《子略》亦误作陈景元。《国史经籍志》著录为《道德经藏室纂微》十卷。[③]《南华真经义海纂微》，今存《正统道藏·洞神部·玉诀类》第15册。据蒙文通先生考察《南华真经章句音义》《南华真经章句余事》有以下版本：徐铉、葛湍校天台山方瀛宫藏本；景德四年国子监本，江南古藏；郭象注中太一宫本；徐灵府校成玄英解疏中太一宫本；张君房校文如海正义中太一宫本；张君房校郭象注中太一宫本；张君房校散人刘得一注；江南李氏书库本，张潜夫补注。这些版本均已失传，《南华真经章句余事》所录，为校勘《庄子》提供了宝贵的历史资料。从思想上说，陈景元对《庄子》的阐释，既继承晋唐以来道教玄学之传统，在运思上能入于精微，又切入时代思想之主题，敷陈

① 《历代真仙体道通鉴·陈景元传》卷四十九，《道藏》第5册，文物出版社、上海书店、天津古籍出版社1988年版，第381页。

② 《历代真仙体道通鉴·陈景元传》卷四十九，《道藏》第5册，文物出版社、上海书店、天津古籍出版社1988年版，第382页。

③ 尹志华：《北宋〈老子〉注研究》，巴蜀书社2004年版，第15—16页。

新义。

《庄子注》十卷，载《历代真仙体道通鉴》卷四九。

《南华真经余事杂录》二卷，载明《正统道藏》。

《冲虚至德真经释文补遗》二卷，载明《正统道藏》。

《西升经集注》六卷，载明《正统道藏》。

《上清大洞真经玉诀音义》一卷，载明《正统道藏》。

《元始无量度人上品妙经四注》四卷，载明《正统道藏》第38、39册。

上述著作中，尤以《道德真经藏室纂微篇》影响最大。

北宋对《道德经》注解保存比较完整或仍能窥见其思想的注本有10家，这10家中比较重要的有王安石、王雱、司马光、吕惠卿、苏辙、陈景元和宋徽宗等人，其中王安石、王雱、陈景元三位是江西人。

陈景元注解《老子》即《道德经》，其主要道学内容和道学思想都体现在《道德真经藏室纂微》中，其注解特点：一是以玄学注解《道德经》。唐代玄学的源流与演变，陈景元的老师张无梦为陈抟弟子，陈景元的思想也深得重玄内蕴。关于陈抟学派与唐代重玄学之关系，蒙文通在《校理（老子成玄英疏）叙录》中阐述了唐代道家重玄学派的源流演变后指出："其若学本于唐而训释《老子》者，若刘海蟾一系，次张伯端，次石泰，次薛道光，次陈楠，次白玉蟾，作《道德宝章》，授彭耜，作《道德经集注》，此亦渊源甚久、师承有自者也。至陈抟有弟子张无梦，号鸿濛子，次有陈景元，号碧虚子，作《道德经藏室纂微》，以著其师说。次有薛致玄作《藏室纂微开题科文疏》五卷，及《手钞》二卷，祖述陈氏，此皆唐代道家余绪而显于宋者。"[①]二是以心性学注解《道德经》。唐代重玄学已开始探讨心性问题，宋代开始，心性成为儒、道、释共同关心的时代课题。陈景元也对心性有阐述。《道德经》"第二十一"章，说："孔德之容，为道是从。道之为物，唯恍唯惚。惚兮恍兮，其中有象，恍兮惚兮，其中有物。"陈景元解释说，道杳然难言，本不能以物谓之，强名为物只是为了探究其中的"妙理"。他训解说："象者气象，

① 蒙文通：《道书辑校十种》，巴蜀书社2001年版，第368页。

物者神物，即庄子之所谓真君，今之所谓性者也。夫道，恍惚不定，谓其无邪，惚然自无形之中，恍尔变其气象，将为万物之朕兆也；谓其有邪，恍然自有象之初，惚尔而化归于无有也。然而至无之中，有神物焉。神物者，阴阳不测，妙万物以为言者也。千变万化，无所穷极，经营天地，造化阴阳，因气立质，而为万类，治身治国，炼粗人妙，未有不由神物者也。”[①]《道德经》第四十一章，说："上士闻道勤而行之，中士闻道若存若亡，下士闻道大笑之。"他注解："夫上士者，受性清静，恬淡寂漠，虚无无为，纯粹而不杂，静一而不变，闻乎道也，人观其迹，真以为勤行而实无勤行也。斯所谓天然县解矣。中士者，受性中庸，世所不用也，则就薮泽，处闲旷，吐故纳新，熊经凤骞，养形保神而已，及乎为世用也，则语大功，立大名，礼君臣，正上下，为治而已，此之谓若存若亡也。下士者，受性浊辱，目欲视色，耳欲听声，口欲察味，志气欲盈，闻其恬憺无为，则大笑而非之，若不为下士所非笑，则不足以为上道也。"[②]三是以经注经解释《道德经》。陈景元对道家清静无为宗旨的阐发援引了儒家经典。如：《道德经》第四十七章说："不出户，以知天下；不窥于牖，以知天道。其出弥远者，其知弥鲜。是以圣人不行而知，不见而明，弗为而成。"

陈景元注《道德经》第四十七章时说："夫圣贤之为治，必先身心以度之，自近而及远也。不下庙堂而知四海之外者，因物以识物，因人以知人，当食而思天下之饥，当衣而思天下之寒，爱其亲知天下之有耆老，怜其子知天下之有稚幼也。"[③]

这是本于儒学能近取譬的思想，强调统治者要把自己与天下人同等看待，制定方针政策时要设身处地地为老百姓着想，学会换位思考。陈景元引《礼记·大学》中的理论求证，说："不视不听，求之于己，天人之际，大道毕矣。《记》曰：欲治天下先治其国，欲治其国先治其家，欲

① 《道藏》第13册，文物出版社、上海书店、天津古籍出版社1988年版，第676页。
② 《道藏》第13册，文物出版社、上海书店、天津古籍出版社1988年版，第693页。
③ 《道藏》第13册，文物出版社、上海书店、天津古籍出版社1988年版，第690页。

治其家先治其身，欲治其身先治其心，欲治其心先诚其意。故君子不减无物，皆反推于身心之谓也。”[①]

陈景元注解《庄子》及《南华经》的内容和思想主要体现在《南华真经义海纂微》，其关于《庄子》的道法思想主要有：

（一）“心斋则悟本也”

庄子提出了“心斋”与“坐忘”两种方法。“心斋”即排除心中的杂念，使心志空明纯一，便能虚以应物，与道契合；“坐忘”即彻底忘掉一切，不仅忘掉了天地万物，也忘掉了自身的存在，使心灵通畅无碍。对此陈景元说：“心斋则悟本也，无听以耳而以心，遗照观妙也；无听以心而以气，浑一太漠也。初学到此，散漫而难摄，然有妙门焉，在乎听止于耳，神专所司，则内景不逸，外尘不入，心止于符，祥光凝合，则灵府湛然，心君寂尔。是故冲气洞虚，本无所待，然无待之中灵物自集，所谓交梨火枣不生于荆棘之地，此理惟修习者知之。”[②]“心斋”是得道之法，初学者掌握起来尚有困难，但一旦领悟到了其中的“妙门”，就可以达到虚空无待的境地，此时“灵物自集”，内丹可成。“坐忘者，无时而不忘，堕肢体谓即应而忘，黜聪明谓即照而忘。即应而忘，离形去智也；即照而忘，同乎大通也。体同太空则无好恶，心同造化则无断常矣。”[③]“坐忘”指道教中的“即应而忘”和“即照而忘”两种修炼方法，其效果与“心斋”一致。

“忘缘则无累”。要使“心斋”与“坐忘”取得良好的效果，就必须排除物累。在陈景元《庄子·达生篇》注解中这样阐述：“达生之情者，任其富贵贫贱，知富非强趋，贵非企慕也。达命之情志，任其贤愚通塞，知贤非猝学，通非力致也……夫形之为患，莫大于世缘，忘缘则无累，无累则不危，而德业日新，同彼再生庶几道矣。……虽至大极细，皆不免于物，莫逃乎累。”[④]对于“物累”的客观存在以及普通人无法避免的

① 《道藏》第13册，文物出版社、上海书店、天津古籍出版社1988年版，第699页。
② 《道藏》第15册，文物出版社、上海书店、天津古籍出版社1988年版，第236页。
③ 《道藏》第15册，文物出版社、上海书店、天津古籍出版社1988年版，第294页。
④ 《道藏》第15册，文物出版社、上海书店、天津古籍出版社1988年版，第595页。

情况，陈景元认为要从去除名实入手，名实也是一种缘。他说："夫物所赖者，名与实。名实丧，则物何有？唯妙道至理，不涉思议，气来则生，气散则死，方生复死，方死倏生，可谓近矣，而理不可睹，在于冥悟而已。"[①]物是由名实构成的，去掉了名实，也就去掉了"物"赖以存在的基础，人当然就无"累"了。人其实也是由名实构成的，所以还应该忘我、忘他、忘缘。

（二）"学道九验"

陈景元对《庄子》的注解，一方面注意精神层面的修养，另一方面也关注实际的修炼方面，紧密联系宋初道教内丹修炼的实际阐发思想，结合庄子在《寓言》中描述颜成子游修道的过程，说："一年而野，二年而从，三年而通，四年而物，五年而来，六年而鬼人，七年而天成，八年而不知死、不知生，九年而大妙。"陈景元把这一过程称为"学道九验"，他进一步解释说："野谓初心质朴，从谓不逆他情，通则彻理无碍，物则同一混成，来谓众归其德，鬼人深造窅冥，天成无为自然，不知死生则有无一体，九年大妙则数究纯阳，神化莫测也。"这一解释明显是从内丹修炼的角度来发挥，道教内丹学说：肾属水，水气下漫；心属火，火气上升。如按人的生理构造，则水在下而火在上，水性往下流，火性往上升，二者无法交融。内丹修炼则要逆施造化，颠倒方向，使肾气投心气，气极生液，液中生正阳之气，配合真一之水，丹药才能炼成，真人能够做到这一点，故生命能够得以超越，普通人水火相亢，故不得安宁。综上所述，要成真人，需要炼丹九年才能见"大妙"。

综上所述，陈景元对《道德经》《南华经》的注解体现了丰富的学术思想和新观点，以玄学注经、以心性学注经、以经注经则是其研究两部经典的方法创新，两部经典的研究成果，既有学术上的价值，又有道教传承的应用价值。

三、王雱与道教经学

王雱（1044—1076），字元泽，王安石次子。北宋临川（今抚州）

① 《道藏》第15册，文物出版社、上海书店、天津古籍出版社1988年版，第595页。

人。治平四年（1067）中进士。授旌德（今安徽旌德县）县尉、擢太祖中允、崇政殿说书、迁天章阁待制并侍讲。著有《老子训传》、《道德真经注》（老子注）、《南华真经新传》、《佛书义解》、《新经尚书义》、《论语口义》（孟子注）、《元泽先生文集》。于熙宁三年（1070）完成《老子注》即《道德真经注》，其中《道德真经注》《南华真经新传》收入明代《正统道藏》[①]。

北宋儒家士大夫大多数也重视《老子》，从社会政治方面来看，在宋初时期，老子清静无为以治天下的主张被儒家士大夫接受，欧阳修认为："老子为书，其言虽若虚无，而于治人之术至矣……道家之流，本清虚，去键羡，泊然自守，古曰我无为而民自化，我好静而民自正，虽圣人南面之治，不可易也。"[②]到了北宋中期，自仁宗庆历年间，特别是到了神宗熙宁年间，一些儒家士大夫开始反思黄老道的消极作用，以王安石为首的新学派，对《老子》思想进行了重新诠释，反对变革的司马光写信质问王安石："治大国，若烹小鲜，今介甫为政，尽变祖宗旧法，先者后之，上者下之，右者左之，成者毁之，矻矻焉穷日力，继之以夜而不得息。使上至朝廷，下至四野，内起京师，外周四海，士吏兵农工商僧道无一人得袭，故而守常者，纷纷扰扰，莫安其居，此其老氏之志？"[③]王安石对"无为"的理解与司马光不同，他在《老子注》中解释了真正的"无为"就是因时因事而变，只要是"顺乎天而应乎人"，即使像汤放桀、武王伐纣那样的行为也是"无为"[④]。从学术思想方面来分析，北宋学者大多数认为道家思想与儒家思想是相通而且具有互补性，苏辙

---

① 太守张氏《道德经集注》卷三，载《道藏·洞神部·玉诀类》第13册。

②（宋）彭耜：《道德真经集注》卷上，《道藏》第13册，文物出版社、上海书店、天津古籍出版社1988年版，第259页。

③ 转引自尹志华：《北宋〈老子注〉研究》，巴蜀书社2004年版，第8页。

④ 蒙文通：《道书辑校十种》，巴蜀书社2001年版，第702页。

认为，“天下无二道，孔老都是圣人”[①]。王雱也说：“孔老相为终始。”[②]

《道德真经集注》成书之后即雕版印行，受到人们的赞誉，被认为是真正懂得“道德性命”的著作。王雱“既是熙宁变法的积极支持者和参与者，又是新学理论家之一”，他作为王安石的儿子以及荆公新学的倡导者，对其有关道教经典《道德经》的研究将有助对老子思想的认识。

（一）关于“何者为道”

王雱在《老子注·道经》中对“何者为道”这样阐释：“道者，万物之所道，在体为体，在用为用，无名无迹，而无乎不在者是也。”[③]王雱认为，道之“体”与道之“用”是道的两面，都是道的表现形式，形而上的道体与形而下的道用都是道，这说明“道”的广泛性、包容性。“无物我之殊，何私之有？内公则外王。王者，人道之至极，极人之道乃通于天。因有道乃与天侔，侔天乃所以尽道。道，则莫知其天乎，人乎。”

（二）关于“无名”论

王雱在《老子注》中对“无名”，他说：“道无体，焉得名。”[④]很简单、很干脆、很精炼地回答了道无名，也回答了道的品质，虽然道有用，但不求名。他说：“道本无体，非器所盛，用则有余，求之不得，故有道者未尝盈，而其用不穷也。”

（三）关于“复性归道”论

王雱把老子主张的“复归婴儿”“复归于朴”的思想解读为复性说，“老子之言，专于复性”。他对老子“见素抱朴”的思想作了全新阐释：“不见物而见自性也。素者，性之质。人生而静，不染诸物，故无文而

---

① 《道德真经注·后记》，《道藏》第13册，文物出版社、上海书店、天津古籍出版社1988年版，第259页。

② 《道德经集注》卷三，《道藏》第12册，文物出版社、上海书店、天津古籍出版社1988年版，第27页。

③ （宋）王雱：《老子注》，载尹志华：《北宋〈老子注〉研究》之附录，巴蜀书社2004年版，第259页。

④ （宋）王雱：《老子注》，载尹志华：《北宋〈老子注〉研究》之附录，巴蜀书社2004年版，第301页。

素。……朴者，性之全，以朴为本，以器为末。”[①] 又说：“道在乎微，性存乎朴，得者，得其本，故不多也。”[②] 王雱把“素”和“朴”分开论述。“素”是指性本清静，就像一块白布，没有任何污渍，从而指出人性的本色原是“不染诸物”“无文而素”“静朴无杂”的，为佛家“性本净”教义，这既反映了王雱以佛家思想解释的《道德经》的风格和特色，又反映了崇尚道家的“见素抱朴”的思想。

同时，王雱又把它与儒家的“人生而静，天之性也”的思想融合在一起。由于“静”是相对于“动”而言；“净”相对于“染”而言，此处不难看出，王雱按照佛教的思想，借佛解老，把“静”与“净”同一化了。“朴”指性体全而未分的状态。《老子》认为，“道常无名，朴虽小，天下莫敢臣”，也就是说“朴”就是“道”。王雱对此理解为，“道乃性之常”，“朴在人为性”。他把“朴”与“性”等同起来，“性能成万法，而不主一器”，“朴散则为器”，若性体全而未分，则同于“道”。所以，王雱说“朴者，性之全”，目的是强调保持性体本来全而未分的状态的重要性。

综上所述，王雱对《道德经》的解释以及道学思想，糅合佛家“心性论”、儒家“道德性命论”，体现了“道”的广泛性、包容性以及无名、朴素的本质。

第二节　北宋士大夫与江西道教文化

一、徐铉与江西道教文化

徐铉（916—991），字鼎臣，宋代扬州广陵人。历官校书郎、试知制诰、礼部侍郎、通署中书省事、尚书左丞、兵部侍郎、翰林学士、御史大夫、吏部尚书等。他自称是“好道之徒”。著有《骑省集》三十卷。

---

① 《道德经集注》卷六，《道藏》第 12 册，文物出版社、上海书店、天津古籍出版社 1988 年版，第 27 页。

② 《道德经集注》卷六，《道藏》第 12 册，文物出版社、上海书店、天津古籍出版社 1988 年版，第 32 页。

北宋初，徐铉受朝廷派遣南巡到江西，到西山游帷观参与举办国醮，其间到閤皂山周边道观参访，与道长谈经论道，撰写了碑文，如：《筠州清江县重修三清观记》（宋开宝七年，974）、《洪州始丰山兴玄观记》（宋淳化元年，990）、《奉新县重建闉业观碑铭并序》（宋淳化元年，990）、《袁州宜春县重造紫微观碑文》（宋淳化元年，990）、洪州道正倪君碣（宋淳化二年，991）等。这些碑文大多数收入《骑省集》，但并没有收入《道藏》及地方志书。这些碑刻文献，既反映了徐铉奉朝廷命令收集道教经书的历史轨迹，又反映了北宋江西道教的兴盛状态。

（一）徐铉与筠州祈仙观

徐铉于开宝七年（974）到访筠州祈仙观并撰写了《重修筠州祈仙观记》，他说："筠州祈仙观者，东晋黄真君上升之地，因为道馆。绵历代祀，互有增修。国朝保大中，元宗皇帝奉为吴让皇再加营构，金石具刻，此不备书。夫言意假象，故立朝修之所；形器有坏，故资缮完之工。此观当荆楚之要津，实邮传之便道，过宾税驾，游子解装，憧憧往来，罕或虚月。修葺之后，二纪有余，闬闳垣墉，颓落且半。道士罗自正，总摄真侣，启焕玄风，以为道由人弘，德以勤继，下饰不美，人其谓何？于是心谋躬行，节用畜力，授其徒之可任者，会其士之好道者，月省岁计，经之营之，即旧谋新，兴废补阙，十有余岁，其绩大成。凡建圣祖殿、黄真君殿各一区。峙瑶坛，范洪钟，造横桥于通津，植茂树而蔽野。其修旧整坏者，层楼重廊二十余间。其取材也时，其择匠也良。程之以壮，督之以固，瓴甋瓀碱尚其密，藻绘丹雘尚其丽。释廪不费，工庸不劳，焕然新宫，峙此灵境。君子是以知其能也。夫神仙之事，史臣不论，岂不以度越常均，非拟议所及故邪？仲尼书日食星陨，皆略其微而著其显，虑学者之致惑也，又况于希夷恍惚之际乎！然而载籍之间，微旨可得，《书》云'三后在天'，《诗》云'万寿无疆'，斯皆轻举长生之明效也。及周、汉而降，则事迹彰灼，耳目不诬，天人交感，民信之矣。于是通儒洪笔，始著于篇。至如许君、黄君，通幽洞冥，穷神极妙。逮尔姻族，与夫家人，乘景上隮，超然绝俗。故墟旧井，真气裴回。至其乡而思其人，仰其道而践其迹。斯观之盛，岂徒然哉。”[1] 从徐铉的《重修筠州祈仙观记》碑文可以知道四个方面的信息：一是宋开宝七年九月徐铉奉命南巡，到西山的游帷观（西山玉隆万寿宫）；二是筠州祈仙观是唐五代时期朝廷赐建，其位置很特殊，“此观当荆楚之要津，实邮传之便道，过宾税驾，游子解装，憧憧往来，罕或虚月”；三是介绍了道士罗自正不仅道风纯正，而且很勤奋，是一位能人；四是重点介绍筠州祈仙观供奉黄真君与许真君都是百姓信仰、道馆奉祀的神仙。

（二）徐铉与筠州清江县三清观

徐铉于北宋开宝七年（974）到访筠州清江县三清观，应道士吴宗元恳请撰写了《筠州清江县重修三清观记》碑文，他说：“保大庚戌岁，诏复高安县为筠州，析其北鄙为清江县。而三清观负新邑之左，瞰长江之右，形胜高奇，坛宇严净。闻诸故老云：昔吴、许二君尝游兹地，夜观青气上属于天，相与叹曰：‘此非凡地，当为神仙之宅。’及二君登仙之后，邑人追感前言，共缉以茅茨，岁时荐献，众目为草堂道院。函关紫气，事往名存；盩厔草楼，人非郭是。年世弥远，增修益崇。开成中，始诏赐号三清之观。自时厥后，又逾十纪，运逢治乱，道有污隆。中兴已还，百度咸复，官得其守，人尽其能。道士吴宗元允迪玄风，克堪道任，以为朝礼之域，飙欻所临，不饰不美，众将安仰？于是月考岁计，庀工饬材，补废扶倾，无所不至。建三清之殿，造虚皇之台，设待宾之区，敞饭贤之室，范华锺之铿訇，构层楼之岧峣，回廊复道，重深奥秘。于是饰仪卫，备器用，肃然必洽，焕焉可观。夫其诚至者，其礼修；其守固者，其事举。道不远矣，人焉廋哉！宗元又以云境昭回，祥符肸蠁，思刻贞石，以贻后人，不远千里，见访论撰。”[2] 唐五代保大年间清江县隶属筠州，通过碑记了解筠州清江县三清观的历史概况，道士吴宗元“允迪玄风，克堪道任”“建三清之殿，造虚皇之台”。

---

① 分别见《全唐文》卷八八三、《全宋文》卷二四，《四库》本《骑省集》卷十。此碑文《道藏》《藏外道书》《道家金石录》以及地方志中都没有收存。

②《四库》本《骑省集》卷十、《全唐文》卷八八三。

（三）徐铉与洪州始丰山兴玄观

“始丰山”为第三十七之福地，集道官、道教学者、好道者于一身的徐铉，总是为道之教、神之设在思考和忧虑。徐铉参访洪州始丰山兴玄观后，撰写了《洪州始丰山兴玄观记》。他在《洪州始丰山兴玄观记》之碑文中，介绍道观是“清心炼气，保精啬神”之灵境，其可寻、可看、可观。他对洪州始丰山兴玄观这样表述：

> 豫章始丰山者，按图牒，第三十七之福地也。尔其穹窿蹇产，干霄蔽日，凌空瞰野之势；嵚崟窈窕，蒸云泄雨，储神宅怪之奇。阴林修干，材用之所生也周；飞湍激流，利泽之所及者远。紫烟白雾，隐映而纷霏；灵风爽气，萧寥而披靡。醮享之数，历代相因。爰有兴玄之观，是为荐诚之地。土德云季，三灾迭兴，市朝贸迁，堂构隳顿，几叹辽城之鹤，常栖楚幕之乌。若夫真气所凭，神灵攸相，物无终否，道不远人。道士聂紫庭，袭玉笥之地英，追九仙之夙契，以勤行为志业，以访古为师资。岁在玄枵，来游此观，顾瞻祠宇，慷慨伤怀，徒侣敦请，遂膺其任。积行所应，至诚易通，游居之人，莫不信奉。以为兴作者古人之所慎，因循者前哲之所宗，足备制度，何必侈大？于是补其阙而葺其坏，窒其隙而扶其倾。集瓴甋砖埴之工，加圬墁丹雘之饰。琐窗镂槛，朱户金铺，深沈靡迤，虚明藻丽。百年旧制，一旦维新；日就厥功，十稔而已。己不病于费，人不知其劳。用此修真，真其焉往？①

这篇碑文介绍了第三十七之福地豫章始丰山的美景以及玉笥之道士聂紫庭，本来在玉笥山奉祀九仙，访古游观后，“慷慨伤怀，徒侣敦请，遂膺其任”，后兴玄观“琐窗镂槛，朱户金铺，深沈靡迤，虚明藻丽”。因此，徐铉认为“道不远人”，只要有心，像聂紫庭道士至诚一定能通灵。

① 《四库》本《骑省集》卷二十八。

（四）徐铉与奉新县闥业观

徐铉还到了奉新县闥业观，他在《奉新县重建闥业观碑铭并序》中说："洪州奉新县闥业观者，按方志，西晋邑人刘真君之故居也。真君名道诚，以经明行修，仕至刺史郡守。金行不竞，仁兽非时。知几之贤、有道之士，卷怀而退，修之于乡，玄德阴功之积，昭受灵贶。故真君辞张、邴之禄，追茅、许之风，单车还家，勤行不息，以永嘉二年八月十五日举族上升。蔼尔福乡，依然旧址，锦帷乍降，玉舄长留。后学瞻望，若仲尼之阙里；遗民思慕，如召伯之甘棠……有道门都监余守征者，翦除宿莽，草创精庐，苦节忘形，五十余载，修心以化俗，传法以度人。入室弟子龚绍元、吴绍甄，皆能肃奉真科，只禀遗训。惟乡人之善者，知岁计之有余。高士胡君名仲尧，延庆簪缨，息机丘壑，师黄、老之术以虚方寸，躬曾、闵之行以睦闺门，博施济众，斯谓仁智。以为集灵之馆，祈福之场，陋而不度，民将安仰？于是揆时属役，即旧谋新，询谋佥同，赐信咸萃。增湫下为爽垲，易卑室为崇构。栋宇之设，则因夫故基；制度之中，则考于经法。凡殿堂门阙，居室厨廪，延袤周遍，殆且百区。三尊众真，羽仪侍卫，精严肃穆，不可为状。履端闱，进广庭，恍然如从汗漫之游；即瑶阶，瞻玉座，竦然若奉武夷之会。既而息徒已事，日吉辰良，明祀以告成功，精意以答真佑。举紫旄之节，摇太霄之佩；燃九华之烛，奏空洞之章。星斗回光，烟云改色，青天白日，夫岂远哉！于时胡君以姻睦之行，慈惠之泽，里闾称举，郡国升闻。诏书褒美，特加旌表，揭以双阙，蠲其追胥。江楚之间，以为盛事。是知玄风之被俗，圣政之化人，变鲁至道，见于今矣。夫如是，则可以传芳金石，垂裕礽云，俾乎好道之徒，益励齐贤之志云。"[①] 徐铉记述了洪州奉新县闥业观的历史，重点介绍了西晋邑人刘真君（道诚）"修之于乡，玄德阴功之积"、道门都监余守征者，翦除宿莽，草创精庐，苦节忘形，五十余载，修心以化俗，传法以度人。入室弟子龚绍元、吴绍甄，皆能肃奉真科，只禀遗训；高士胡君名仲尧，延庆簪缨，息机丘壑，师黄、老之术

① 陈垣、陈智超：《道家金石略》，文物出版社 1988 年版，第 199 页。

以虚方寸，躬曾、闵之行以睦闺门，博施济众。

（五）徐铉与洪州西山应圣宫

淳化年间，徐铉受朝廷派遣作为使者到西山天宝洞为皇室投龙简，其间到西山应圣宫参访，在徐铉的眼中西山是雄镇、福地、仙都，去应圣宫经过地方官府的重视和道士们的勤勉给他留下深刻的印象，雄伟、壮观、都灵。为此，徐铉写下了《洪州西山重建应圣宫碑铭并序》[①]，他先述说“西山”雄镇和“应圣宫”之雄伟的历史：

西山者，作镇荆楚，雄视衡巫，势靡迤而崇高，气清虚而和畅。动植滋茂，樵隐闲安，维昔之洪崖先生实居于此。洪井之右，涧水之滨，乔木森罗，古坛犹在。长阜回抱，是谓鸾冈。北隅特高，仍有伏龙之号。唐乾元初，山人申太芝上言其地有异气，诏于此立应圣之宫，抗玄元正殿于其前，塑肃宗圣容于其上。缭垣观阙，仰法于紫宫；路门纳阶，取规于丹禁。光灵焕烂，荐献精严。上士勤行，守臣莅职，秩祀之盛，莫之与京。广明已还，三灾在运，望拜之地，阙而莫修。辽东之鹤徒还，绛县之人已老。甲辰岁，有道士王守玄者，缑山仙裔，茅岭名流，受命藩侯，来膺道任。翦荆棘于高闳之址，构茅茨于隆栋之基，不出焦光之庐，自化庚桑之俗。善言弥远，驯致其功，二十许年，克甄旧制。

碑文中介绍，甲辰岁（944），即在五代时期，“有道士王守玄者，缑山仙裔，茅岭名流，受命藩侯，来膺道任”，道士王守玄名气在外，被地方官员邀请到“应圣宫”主持道务。接着，又介绍王守玄的高徒刘德淳嗣其业，十年工夫使“应圣宫”重新辉煌，他这样描述西山之“福地”：

入室弟子刘德淳，气冲貌肃，节苦行高，恪恭以居次，谦和以接物。既嗣其业，遂成厥终。又十余年，缔构云毕，凡内外殿宇，

① 《全宋文》卷三十四“徐铉”二十。

百有余区，材用善良，工艺坚密。其藻饰也，不逾奢俭之节；其广袤也，足展朝修之仪。秘殿深严，灵坛博敞。睟容穆若，列侍参然。钟磬在悬，苾芬具荐。灿旭景于轩槛，延夕月于甍题。萧寥空洞之音，希夷飙欻之御。邈哉真境，无得而名！

徐铉说自己在“弱龄”就奉道，有幸受朝廷派遣到西山天宝洞为皇室投龙简，他特别感叹西山之灵岳和“应圣宫”之仙都，他说：“铉爰在弱龄，服膺至道。先君顷参郡乘，尝莅斯邦。依然棠树之人，自是桐乡之邑。乃以庚申岁迁奉松槚，卜兆于鸾冈之阳，敢言折臂之祥，愿占维桑之地。明年，复以王事，再至山中，祠虚皇于缁帷之宫，投龙简于天宝之洞，所经灵迹，实与幽寻。又是山有宝光，初至之夕，即见于中峰之上，下至山麓，倏忽聚散，状如野燎，而精明眩目，不可正视。洞中有盘石，石有三药臼，岁端午日未曙前，常有捣药之迹，余滓在焉。水流至此，甘香如蜜，取以灌漱，心府莹然。斯皆载于旧经，亲所覆视者也。此山登晨之士接武，而洪崖为之冠；列仙之墟连属，而洪井为之宗。然则阆风玄圃之在人间者也。宜其篆刻金石，永齐穹壤。”徐铉对西山之仙美“水流至此，甘香如蜜，取以灌漱，心府莹然”赞不绝口；西山之灵美得到了朝廷的关注并作为投龙简之圣地！圣地出高人。

（六）徐铉与袁州宜春县紫微观

徐铉不仅参访洪州属县的道观，也到袁州府的道观指导，而且借助其文笔留下了道教历史的真实面貌，在袁州宜春县紫微观他撰写了《袁州宜春县重造紫微观碑文》。道士不仅是道教文化的传承者，还是一座道观的核心，道观供奉的真人是否能成为老百姓的信仰，需要道士的宣化和正确引导，他在《袁州宜春县重造紫微观碑文》中这样说：“袁州宜春县紫微观者，盖有晋邓表真人上升之地也。左钟山之奇峰，右洪阳之仙洞。巉岩千仞，蔽亏日月；窈窕百里，畜泄风雷。回冈层峦，崇其基垌；激湍澄溪，宣其气象。真灵之所游集，邑居之所走望。皇统中否，下国寻戈，仙台尽倾，灵宅多坏。鹿巾霞帔，藐矣流离；藻扃黼帐，翦焉堙废。而周德未厌，汉中仍存，旧物既甄，坠典咸复。惟兹灵境，将俟其人。道士孙去华，殖本康乐之川，从师新吴之邑，清心炼气，绝粒忘形，三十余年，其道弥固。保大中，自所居华林山馆南游北乡，望佳气之郁葱，蹑危垣之靡迤，慨然叹息，誓志终完。于是面壑依岩，披榛筑室，勤身而感物，应迹以化人。乡闾风随，善信日至。节以致用，时而命工，二十余年，厥功克就。绀殿特立，重廊回合。辟朱户以瞰野，峙瑶坛而在庭。至于像设之尊严，仗卫之精丽，厨廪之充牣，居室之清闲，洪纤必周，奢俭中度。美矣显绩，昭哉素诚！夫褒善称伐，《春秋》之旨，虽在遐远，人其舍诸？监察御史李君思义奉使宜春，税驾斯馆，睹厥成功，嘉其秉心，碑而揭之，以文求我。言意难尽，强为之铭。”①袁州宜春县紫微观的成就与晋邓表真人、道士孙去华有关，道士孙去华“清心炼气，绝粒忘形，三十余年，其道弥固”“节以致用，时而命工，二十余年，厥功克就”。在徐铉的视野里袁州宜春县紫微观也是“窈窕百里，畜泄风雷。回冈层峦，崇其基坰”的盛景，更是福庭、仙台、灵地。

（七）徐铉与江州彭泽县修山观

没有想到，在宋代交通条件不便的情况下，徐铉在江西是“走南闯北”，但历史的真实记录不能怀疑。徐铉为江西道教历史留下了一批宝贵的财富。在江州彭泽县，徐铉写了《江州彭泽县修山观碑》，又介绍了修山观的历史，此观曾经供奉了“唐高宗李治”，中唐时期，临川朱震来为彭泽县邑宰因“掘地得药鼎、药盒”，任期结束后回到家乡到洞天福地麻姑山作道士，以及历代道士的勤勉修行。他钦羡修山观之圣境，颂曰：

梁大同元年，有句曲道士尉文光，灵气夙成，阴功将满，遐择胜地，以恢妙门，聿来此山，益广基构，制度无阙，标题载光。越二年，尉于白日登晨，举邑咸觌。人民未改，飙歘载还；霓衣则殊，鹤貌如故。税驾之地，甘棠永存，故今有尉驾池焉。而中山丹

① 《四库》本《骑省集》卷十二。

灶香炉，松坛石室，俨然奇迹，若奉楼居，历代严恭，有如旦暮。唐狄梁公履虎不咥，弦歌此邦，企仰仙游，重加崇饰。又塑高宗大帝圣像，以伸送往之诚，朔望朝拜，不失常礼。复以钱五十万，为致田园，厨廪所资，至今犹赖。季唐之世，临川朱震来为邑宰，掘地得药鼎、药盒，因建尉真人之室于东序，设像以奉之。秩满还乡，遂入麻姑山为道士。是以清心冥契，玄鉴孔昭，青天白日，孰云其远？道士谢又能早参真箓，夙负时名，闲馆灵场，备尝践历，空谈秘诀，悉诣精微，克享修龄，言归庐岳。郡侯敦请，付以修山。阐教之心，勤行匪懈，栋宇之制，日以尊严。端闱屹其穹隆，周庑纷其回合，焕然藻绘，蔼尔重深。清澄之气攸充，汗漫之游斯在。

（八）徐铉与庐山太乙观

庐山太乙观莲花峰下的杏林遗址，奉祀董奉，始建于唐朝。953年朝廷赐钱三百万，由倪少通重建。淳化二年辛卯（991），徐铉在《洪州道正倪君碣》中介绍了太乙观重建后的状况：

君以清心苦节，升闻于朝。癸丑岁，赐钱三百万，即所居建太一之观。于是疏凿旧址，草创新规，悦以子来，成之勿亟，十有余岁，清宫焕然。凡建四殿五堂，重门两序，内外栋宇，总百三十区，像设仪卫，莫不称是。力辟污莱为良田者五百亩，而饭贤之费有余；手植杉松成茂林者千余根，而甘露之祥再降。[①]

庐山太乙观的复兴与重建得益于道正倪少通的为人师表和品行修行传世，其清心苦节的风范成就了一座道观，培养了四十多位有孝行的弟子。

① 《四库》本《骑省集》卷二十七，《全宋文》卷三十五“徐铉”二十一。

二、徐铉的道教思想

（一）“制度无阙”——认为道观不在大而在于完整无缺

从道观建筑到管理都要完整无缺，这样道观才能吸引信众、道士才会被社会认可。正如他在《洪州始丰山兴玄观记》中，说：

> 积行所应，至诚易通，游居之人，莫不信奉。以为兴作者古人之所慎，因循者前哲之所宗，足备制度，何必侈大？于是补其阙而葺其坏，室其隙而扶其倾。集瓴甋砖埴之工，加朽镘丹雘之饰。琐窗镂槛，朱户金铺，深沈靡迤，虚明藻丽。百年旧制，一旦维新；日就厥功，十稔而已。己不病于费，人不知其劳。用此修真，真其焉往？[①]

这段话的大概意思有二：一、修真之地不在大或者奢侈，能做到及时补缺即可；二、有百年历史的道观建筑更有价值，其用于修真有灵魂在、文化在。在道观的制度管理上他认为也要完整无缺，“制度无阙，标题载光……阐教之心，勤行匪懈，栋宇之制，日以尊严”。

（二）以慈孝为训——强调慈悲在修行中的重要性

徐铉所说以慈为孝是指修行者要有慈悲心才能赢得信众，要有孝心，对师父如父母，他在《洪州道正倪君碣》中说：

> 君性质冲淡，不耀其光，表率教门，正身而已。喜赋咏，善鼓琴，龙凤之形皆由手制，山水之操自洽天和。所居之观，俯迩城郭，登山之客，必先造焉，君将迎接待，高卑如一。绝迹朝市，咸乐林泉，六十余年，慎终如始。门人弟子，先以慈孝为训，有若李延照、蒋守龙等，近四十余人，皆以孝行为时所称。[②]

① 《四库》本《骑省集》卷二十八。

② 陈垣、陈智超：《道家金石略》，文物出版社1988年版，第233页。

“君”是指倪少通，宋代高道，享年九十一岁。“洪州道正”是指洪州的道教管理职务。倪少通“表率教门，正身而已”，赢得教内教外的尊称。“六十余年，慎终如始”，培养了40多位门徒，都以孝行著称。

“慈心观”也是老子的主要思想，《道德经》第六十七章，曰：一曰慈，二曰俭，三曰不敢为天下先。“慈”——爱心加同情心，这是人类友好相处的基本动力。通过赞赏倪少通的慈悲精神来表达自己的主张。徐铉、倪少通与老子思想一脉相承。

（三）“心之所至，道岂虚行”

徐铉到了许多道观，接触了许多道士，所以他指出，上士“以勤行为志业，以访古为师资”，他说：

> 若夫真气所凭，神灵攸相，物无终否，道不远人。道士聂紫庭，袭玉笥之地英，追九仙之夙契，以勤行为志业，以访古为师资。[①]

聂紫庭是始丰山兴玄观道士。聂紫庭道士的勤学勤修被徐铉赞扬，因此，也千古留名，道不远人，用心而为，道一定能且行且远，他又说：

> 大道混成，修之乃真。必有胜境，以居异人。南楚之域，玄风所臻。邈哉修山，栖灵降神。陶令高名，尉师仙卿，狄公元臣。矫矫三贤，千祀齐声。是相是宅，载经载营。疏此翠巘，列为殊庭。想象玄圃，规模赤城。瞻之者肃，处之者宁。心之所至，道岂虚行？[②]

这段话是徐铉在《江州彭泽县修山观碑》介绍梁大同元年（535），有句曲道士尉文光到彭泽县修山观住持，其“遗德所及，仙祠以兴”，老百姓纪念他建“尉驾池”，丹灶香炉依然在。唐五代临川朱震来为邑宰，

---

① 《徐公文集》卷二十五，《全宋文》。

② 《四库》本《骑省集》卷二十五。

掘地得药鼎、药盒，因建尉真人之室，设像以奉之，任职期满还乡，遂入麻姑山为道士；北宋道士谢又能、王省昂继承尉文光的精神，“勤行匪懈”，用心修行，不懈怠，以至于“栖灵降神”“列为殊庭”，所以他认为只要用心诸事皆成，用于修道也是“心之所至，道岂虚行？”

三、乐史讲述“灵鹅”的故事及其神仙思想

乐史（930—1007），字子正。北宋宜黄人。乐氏在南唐已出仕，中主李璟后期，乐史至临川，在齐王景达府中，任草拟奏表之事，官至水部员外郎、召授秘书郎。入宋为平原县主簿。太平兴国五年（980），以现任官进士及第，是隋唐开科举以来抚州地区第一位进士。初任武成军书记职，升为著作佐郎、知陵州、三馆编修。迁著作郎直史馆、太常博士、知舒州，再迁水部员外郎，淳化四年（993）知黄州、商州。历史地理学家。著有《太平寰宇记》200卷、《贡举事》143卷、《广孝传》191卷、《广孝新书》90卷，《诸仙传》《神仙宫殿窟宅记》，还撰写了《崇仁县仙鹅池祈真观记》碑文（开宝三年，970）、《唐景云观碑》（开宝年间），其中以《太平寰宇记》最著。《太平寰宇记》200卷，成于太宗后期，旨在实现“华夷大一统”的宏图，他以盛唐时代的“道”为依据，记述全“寰宇”的沿革概况，后晋割让给契丹的燕云十六州，他仍列出其名，借以表达恢复之志，对北宋辖区内的州县，他详尽记载，举凡山川、风俗、胜迹、物产、户口、人物、艺文等均在记录之内，全书具有采摭繁复、考据精核的特色。乐史在《太平寰宇记》中记载了大量的道教宫观的地理位置和历史渊源。

《崇仁县仙鹅池祈真观记》是乐史于开宝三年庚午（970）撰写的一篇碑文。这篇碑文大致有以下三方面的内容：一是介绍了崇仁县祈真观的地理位置。如曰：崇仁县，古巴陵之府，隋开皇中降为县。县之西北有祈真观者，山水回合，实列仙之攸馆。岁月电谢，碑石罹于兵火，置观之由，不吾知也，其所闻者，耳目相接。二是乐史在《崇仁县仙鹅池祈真观记》的碑文中记叙了“黄箓斋”与“仙鹅”的真实故事，介绍了祈真观奉祀萧子云侍郎、道士杜仙兴、刘道肱以及祈真观在地方官员马司空宪弦等支持和助力下，仙鹅池祈真观的神奇妙景和崇仁县仙鹅池祈真观的历史。三是乐史在《崇仁县仙鹅池祈真观记》真实地记录了“道士”与“灵鹅”的故事，他说：“崇仁县，古巴陵之府，隋开皇中降为县。县之西北有祈真观者，山水回合，实列仙之攸馆……乾德元年，岁终癸亥，四月，彭城刘司直元载字简能，好奇之名士也，制锦是邑，询故事，得仙鹅之实。翌日焚香，觊灵禽之来，愿言之抱，如影随形。是月十八日，有仙鹅二百余只，萃于观之松篁。一鹅殊伟，若蜂蚁之有王。皆玉衿绛趾，丹嘴霜翎，不饮不啄，宿而后飞。二之年四月二十三日，三之年四月二十八日，有百余只而至。于时五月初二，忽群飞于县邑，盘旋久之，如留恋焉。是岁刘君自南宫承制，经于旧邑，税驾祈真东之佛舍。明日，有仙鹅五十只于池南。自兹一去，又隔五年。迨开宝三载，岁在庚午，四月十九日，有仙鹅三十只现于池北；于当月二十五日，又百余只过于郊郭。”此文记述了崇仁县祈真观的地理位置以及“仙鹅得道”“灵鹅与仙人”的“道缘”，既反映了乐史对道教的情结，又反映出道教在地方的兴盛状况。

乐史在《唐景云观碑》[①] 中对景云观的最优仙境赞叹不已、对道士蒋道元赞叹不已、对神仙之踪迹赞叹不已，赞其曰：门传金箓，力学玉书，不以艰难破其心，不以荒凉役其意，一味焚修，俟其振发。

四、苏轼与清都观 [②]

宋建中靖国元年（1101）三月十九日，苏轼从海南儋州归，船过泰和，时任泰和知县的黄庭坚，邀请苏轼同游清都台，苏轼敬佩住持谢子和，书写了“清都台”三字并赠诗留清都台和道士谢子和。苏轼还与北宋著名农学家曾安止在清都观见面，赋闲在家乡的曾安止以实证调查写下了《禾谱》并奉送给苏轼，苏轼作《秧马歌》赠曾安止。

苏轼（1037—1101），字子瞻、和仲，号铁冠道人、东坡居士，世称苏东坡、苏仙，眉州眉山（今四川眉山）人，祖籍河北栾城。北宋著名文学家、书法家、画家。嘉祐二年（1057）进士及第。宋神宗时凤翔、

① 清同治十二年《崇仁县志》卷二。
② 清都观，现位于吉州窑风景区内，隶属吉安县。

杭州、密州、徐州、湖州等地任职。元丰三年（1080），因“乌台诗案”被贬为黄州团练副使。宋哲宗即位后任翰林学士、侍读学士、礼部尚书等职，并出知杭州、颍州、扬州、定州等地，晚年因新党执政被贬惠州、儋州。宋徽宗时获大赦北还，途中于常州病逝。宋高宗时追赠太师宋孝宗时追谥“文忠”。苏轼是北宋中期文坛领袖，在诗、词、散文、书、画等方面取得很高成就。苏轼在清都观与道士就道教内丹修炼作了深入的交流和探讨，他说清都观道士童颜须发，生于丙子（1036），盖与予同，作诗留观中，诗曰：

镜湖敕赐老江东，未似西归玉局翁。
羁枕未容春梦断，清都宛在默存中。
每逢佳境携儿去，笑问行年与我同。
自叹余生消底物，半篙清涨百滩空。[①]

苏轼得知道士谢子和与他同年，赞颂他的修为，苏轼这首诗直接影响了南宋元明清都观的发展，如清都观之玉局堂、默存、谢我同等道士的名字均来源于此诗。苏轼赠诗给道士谢子和的诗也是意味深长，诗曰：欲识清都面目，一江春水东流。滔滔直入江海，大至蓬莱顶头。[②]

苏轼在清都观期间会见了曾安止。曾安止（1048—1098），字移忠，号屠龙翁，吉州泰和（今吉安泰和）人。北宋熙宁六年（1073）进士，授洪州丰城县主簿、江州彭泽知县。曾安止为官清廉，莅事端敏，以孝为本，深得人心，颇有政绩。后来，以眼疾弃官，被授予宣德郎，著有《禾谱》，苏轼称《禾谱》“文既温雅，事亦祥实”，但对它的“不谱农器”感到遗憾，遂作《秧马歌》。《秧马歌》刻碑于清都观，曾安止的侄孙、清都观道士曾之瑾继承曾安止的遗愿，“追述东坡作歌之意”，补写了稻田耕作需用的《农器篇》。

① （明）凤冈玩叟、曾钝编次：《东昌志》卷二，手抄本。
② （明）凤冈玩叟、曾钝编次：《东昌志》卷二，手抄本。

苏轼在清都观创作了《秧马歌》，既启发道士撰写农学著作，又体现了苏轼体恤农民辛苦的情结，希望通过改进农作工具，提高效率，减轻负担，如歌云："春云濛濛雨凄凄，春秧欲老翠剡齐。嗟我妇子行水泥，朝分一垄暮千畦。腰如箜篌首啄鸡，筋烦骨殆声酸嘶。我有桐马手自提，头尻轩昂腹胁低。背如覆瓦去角圭，以我两足为四蹄。耸踊滑汰如凫鹥，纤纤束藁亦可赍。何用繁缨与月题，却从畦东走畦西。山城欲闭闻鼓鼙，忽作的卢跃檀溪。归来挂壁从高栖，了无刍秣饥不啼。少壮骑汝逮老黧，何曾蹶轶防颠隮。锦鞯公子朝金闺，笑我一生蹋牛犁，不知自有木駃騠。"①

清都观始建于南唐保大年间，旧名"西台"，宋太平兴国年初，道士萧德元结庐于此，旱祷灵应，此额"西台观"，奉祀萧真人。宋治平二年（1065）朝廷赐封为"清都台"。在北宋清都观经历了两次重修，第一次是治平年间，由道士陈日新筹钱三十万重修清都台；第二次是在绍圣年间，由道士谢子和重修。治平四年丁未（1067），庐陵举人欧阳采撰写了《清都台记》，他说：

> 英宗践位越三载，朝廷清明，海宇晏静，道贵冲漠，德尚恬旷。皇心无为，因举天下寺真各有可革者，划其旧面揭其新，将欲启生民之耳目有所观望，而相与归于希夷无事之城。庐陵自城而南曰永和镇，滨于大江，民室相属。有老子庙曰西台，地势爽垲，殿宇严峻，出氛埃而绝烦嚣，为真仙所宅之地，最为佳处。一旦敕书以清都号，人莫不宜之。道士陈君日新与其徒得其名而喜，而又因人之悦，于是募民财，竭已橐，共得钱三十万。乃购东南荒翳地，披荆榛，运瓦砾，窊者平之，突者下之，因高揆向，命工度材，经之营之，不日大就，涓辰浇成，命之曰清都台。②

① （明）凤冈玩叟、曾钝编次：《东昌志》卷二，手抄本。
② （明）凤冈玩叟、曾钝编次：《东昌志》卷二，手抄本。

清都观在北宋第二次重修，其规模前所未有，其殿堂有：三清殿、北极阁、逍遥堂、观复堂、集庆堂、朝元阁、观鱼阁、葆真堂、泰定庵等，单暐在《清都观记》中记录了重建情况，他说："子和乃因故基，复又增辟南北相直几八十丈，东西半之。于是剔宊秽，剪荆棘，望山潴水，鸠工度材，为之台阁轩亭、池沼庵室，非惟足以自适，又以适来者之意。故自坛而南为三清殿，自殿而后为地北极阁。自南而东有景虚旷，为逍遥堂；面南而后有室虚白，为观复堂。自观复堂而前，有堂，四壁森然，绘洞天之像，顾瞻仿佛，使人企慕而欲追蹑于茅、许、萧、梅之徒者，为清都台。台之前有方沼，跨沼有堂相揖，为集庆堂。堂之上，有阁翼然，飞甍华榱，势若踊跃，而中绘四圣。前向北辰极，为朝元阁。自阁而南，枕流而东楫，为观鱼阁。有堂在内，可以谢事而养年，为葆真堂。有庵晦藏，可以得道而葆光，为泰定庵。自池而北，水泉清浅，可以濯缨，其亭为清漪。自池而东，松林竹径，青葱交映，其亭为秀绿。凡是数者，皆有佳趣寓焉。游人至此，洒然爽恺，不知其身之在井邑。此其观之大略也。尝谓道不在景，因景有以乐道。苟非悟道之要，则虽适庐阜，造衡岳，隐嵩少，游洞庭之幽，陟三峡之险，以至浮东海，泛洪涛，深穷而远适，亦何所得哉！一有悟道，则虽一卷之山，一勺之水，在于深林荒墅之间，皆足以忘怀自适。矧是观也，有山水之胜环绕乎前后，而又称以台阁池沼，皆兼而有之。子和经构于此，非尚物以留景，其有志于乐道者欤？"[①]"谢事而养年，为葆真堂"，这是道长谢子和为颐养天年的有识之士谋划的生养之道，葆真才能获天寿；"道不在景，因景有以乐道"，这是作者单暐的道教思想，"一卷之山，一勺之水"足以忘怀自适，心情舒畅，乐道者自然要常游"清都观"，独享三清玉皇之所圣境。

黄庭坚（1045—1105），字鲁直，号山谷道人、涪翁，北宋洪州分宁（今江西修水）人。治平四年（1067）进士。历叶县尉、泰和知县、校书郎、著作郎、知宣州、鄂州、太平州等。北宋著名文学家、书法家、江

① （明）凤冈玩叟、曾钝编次：《东昌志》卷二，手抄本。

西诗派开山之祖。著有《山谷词》，与杜甫、陈师道和陈与义素有“一祖三宗”（黄庭坚为其中一宗）之称。与张耒、晁补之、秦观都游学于苏轼门下，合称为“苏门四学士”。黄庭坚在清都观不仅接待了苏轼，还于元丰四年辛酉（1081）为清都观作诗一首，《题逍遥堂》诗曰：

奔车争利鱼千里，满世成功黍一炊。
蔬食菜羹吾亦饱，逍遥堂下木辞枝。①

诗中表达了黄庭坚对道教清心寡欲的理念和道法自然的生活很赞同，这也是黄庭坚一生为公、为民不为己清苦生活的写照。

清都观的兴盛与一代一代高道的坚守是分不开的，正如明代伍庠在《好古堂记》中所载：“宋建中靖国初，道士谢子和与苏子瞻、黄庭坚游，极品题之胜，自是著人耳目。至今逍遥堂、清都台岿然可想。中更隳圮。后子和九世道士曾道冲修其废，构和中、观复二堂与逍遥对峙。岁久复坏。后道冲六世道士刘如鼎复撤新之，改和中旧榜为好古堂。好古，道冲别字也，示不忘也。”② 后世不忘前师之劳、之德、之志，这对于后世弘扬中华传统文化有重要的启示和引导。

萧德元，生卒年不详。字白鹤。先后为王仙观道士、清都台住持。宋太平兴国二年（977），结宇修炼于永和西台，请于朝，赐额“西台观”，萧德元是新建清都观的开创者。

陈日新，生卒年不详。清都台住持，是清都观的第二继任者。欧阳采评价其说：陈君者，年高而道充，身闲而志逸，居于淡泊之地，而又能探奇选胜，以为燕申之所，浩歌长啸，日从容乎其间，岂非全真达理之士哉。

谢子和（1036—？），清都观住持，是清都观的第三继任者。与苏轼相遇，得苏轼之诗，建清都观之辉煌。刘三吾评价其说：庐陵永和镇之

---

① （明）凤冈玩叟、曾钝编次：《东昌志》卷二，手抄本。
② （明）凤冈玩叟、曾钝编次：《东昌志》卷二，手抄本。

清都观，其来尚矣。肇基于李唐，得额乎赵宋英宗之时。前后住持萧德元、谢子和功是观不少矣。苏文忠（苏轼）、黄太史（黄庭坚）、周益国（周必正）文墨留题，亦不可多得矣。

苏轼、黄庭坚的到来扩大了清都观的影响，同时也反映了萧德元、陈日新、谢子和等一代高道的勤学、修为的精神。

五、苏辙与圣祖殿

筠州圣祖殿始建于元丰四年（1081），位于九峰逍遥之山，供奉老子，由著名诗人、筠州守臣苏辙上奏赐建。建成后作《筠州圣祖殿记》并刻碑，曰："元丰三年二月，臣维瞻受命作守，始至伏谒，惕然不宁。既视事，遂以言于朝，度其宫之东得隙土，南北十有二筵，东西九筵，伐木于九峰逍遥之山。四年八月始庀工，九月而告成。耽耽其堂，殖殖其庭，神来顾享，民以祇肃。臣辙适以遣来，睹其终始，乃拜手稽首，为诗六章，章八句，刻之祠廷之石。"

苏辙为唐宋八大家之一，著有《栾城集》等。苏辙在文中除记述了圣祖殿的始末并得到朝廷赐建外，还述及历史上筠州高安与豫章郡的关系，尤其是圣祖殿展示了礼乐文化和道教科仪。

"妇人孺子亦喜为道士服"，这是苏辙在筠州任职时所看到的景象。筠州所在地为高安郡，由于其受豫章道教的影响，许逊信仰风行，元丰四年辛酉（1081）苏辙在《筠州圣寿院法堂记》介绍了这一盛况："高安郡本豫章之属邑，居溪山之间，四方舟车之所不由，水有蛟蜃，野有虎豹，其人稼穑渔猎，其利粳稻竹箭楩柟茶楮，民富而无事。然以其崄且远也，士之行乎当时者不至于其间。元丰三年，余以罪迁焉……昔东晋太宁之间，道士许逊与其徒十有二人散居山，能以术救民疾苦，民尊而化之，至今道士比他州为多，至于妇人孺子亦喜为道士服……余既少而多病，壮而多难，行年四十有二而视听衰耗，志气消竭。夫多病则与学道者宜，多难则与学禅者宜。……然郡之诸山近者数十里，远者数百里，皆非余所得往。独圣寿者近在城东南隅，每事之闲辄往游焉。其僧省聪本绵竹人，少治讲说，晚得法于浙西本禅师。听其言亹亹不倦。郡人有吴智讷者，治生有余，辄尽之于佛，既为僧堂之后室，又为聪治其法堂，皆极壮丽，凡材甓金漆皆具于智讷。”[①] 苏辙首先在文中介绍了自己“以罪迁焉”到筠州高安郡，继而述及当地民风淳朴，饮食好而安居，“其风气之和，饮食之良，饱食而安居，忽焉不知崄远之为患”，再次追述东晋许逊信仰在当地的影响，以至于“妇人孺子亦喜为道士服”，最让作者体会至深的是道教养生方法使其多病的身体得到康复，位于高安郡城东南佛教的圣寿院也是他经常光顾的地方，无论道教佛教各有其优势和特色。

苏辙对道教的关注还体现在其谪居筠州期间注解《道德经》，筠州（今宜春高安），领高安、上高、新昌（今宜春奉新），形成研究了《道德经》的研究成果——《道德真经注》。苏辙《道德真经注》是北宋众多《老子》注本中较有代表性的一种，它在融合儒、道、佛诸家学说后对“心性”说进行了阐发，体现出北宋新儒学兴起苏氏蜀学的时代特征。哥哥苏轼对于弟弟苏辙的《道德真经注》称赞有加 :“使战国有此书，则无商鞅韩非 ; 使汉初有此书，则孔老为一 ; 使晋宋间有此书，则佛老不二 ; 不意老年见此奇特。”[②] 苏轼的称赞虽不无过誉之处，但也反映出苏辙《道德经》注本汇通儒、道、佛三家思想的明显特征。

苏辙谪居筠州时与和尚道全往来颇为频繁，“予年四十有二，谪居筠州，筠虽小州，而多古禅刹，四方游僧聚焉，有道全者住黄陂山……（道全）行高而心通，喜从予游，常与予谈道……是时予方解老子，每出一章辄以示全，全辄叹曰‘皆佛说也’。”[③] 上文透露出以下信息 : 一是苏辙的《道德真经注》在江西筠州完成 ; 二是释儒并用阐释《道德经》，如苏辙注解《视之不见》章时，说 :“人始有性而已。及其与物构，然后分裂四出，为视、为听、为触，日用而不知反其本。非复混而为一，则日远矣！若推而广之，则佛氏所谓六入皆然矣。《首楞严》有云 :‘反流全一、

① 同治《瑞州府志》卷十八，参见《四库》本《栾城集》卷二十三。

② （宋）苏辙著，黄曙辉点校 :《道德真经注》，华东师范大学出版社 2010 年版，第 95 页

③ （宋）苏辙著，黄曙辉点校 :《道德真经注》，华东师范大学出版社 2010 年版，第 93 页。

六用不行’此之谓也！”[①] 三是重视对“心性”的讨论，如苏辙对“道体”的认识，他说：“莫非道也，而可道者不可常，唯不可道，而后可常耳。今夫仁义礼智，此道之可道者也。然而仁不可以为义，而礼不可以为智，可道者不可常如此。唯不可道，然后在仁为仁，在义为义，在礼为礼，在智为智。彼皆不常，而道常不变，不可道之能常如此。”[②] 这里“道”分为“可道之道”和“不可道之道”，前者就是“仁义礼智”，是具体的伦理道德规范，可以说是“器”，而后者则是一个抽象的概念“道”，它的作用在这里规定着“仁义礼智”，有着无限的普遍性，是不可言说的且不变的“常道”，是万物之本源。苏辙认为“道”与“器”是有统一性而又有区别的。

苏辙关于“道”与“性”之关系的观点，南宋理学家的朱熹颇有非议，他专门写了一篇《苏黄门老子解》来辩驳苏辙的“道”，他认为：“愚谓道、器之名虽异，然其实一物也。故曰‘吾道一以贯之’，此圣人之道所以为大中至正之极，且万世而无弊者也。”[③] 朱熹明确地反对苏辙的“道”“器”之分，并进一步阐明其“道”：“愚谓圣人之言道，曰君臣也，父子也，夫妇也，昆弟也，朋友之交也。”[④] 由此可知，朱熹所谓的“道”是伦理道德之道，而不是道家哲学中的形而上之“道”，朱熹所谓的“性”也不是苏辙主张的“性”，这反映了苏氏蜀学与朱氏理学的差异以及苏氏蜀学“心性说”的时代性特征。

苏辙在筠州，官职被降，但留下传世之作《道德真经注》，对老子研究有重大贡献，同时还了解当地“妇人孺子亦喜为道士服”，从精神上来说也是一种人生收获。

---

① （宋）苏辙著，黄曙辉点校：《道德真经注》，华东师范大学出版社 2010 年版，第 14 页。

② （宋）苏辙著，黄曙辉点校：《道德真经注》，华东师范大学出版社 2010 年版，第 1 页。

③ （宋）苏辙著，黄曙辉点校：《道德真经注》，华东师范大学出版社 2010 年版，第 98 页。

④ （宋）苏辙著，黄曙辉点校：《道德真经注》，华东师范大学出版社 2010 年版，第 99 页。

南宋篇

第六章　南宋社会环境与江西道教

南宋（1127—1279）是我国历史上的一个重要朝代。它的统治地域主要在江南，比北宋版图小，比汉唐元明清更要小，但其政治、经济、文化思想的水平却相当高，整个江南大地的快速发展，在江西地区有充分的表现。鉴于宋徽宗崇道亡国的教训，南宋朝廷自高宗起，再未演出过北宋真宗、徽宗利用道教神化皇权的闹剧。高宗于建炎元年（1127）五月下诏“罢天下神霄宫”，之后南宋诸位帝王对道教、佛教只是一般性的保护和管理。但为了顺应民俗，保留对天地神祇祖宗的虔诚信仰，对道教也给予一定重视，而且都有一定程度的信仰，从高宗到度宗，南宋朝廷都把祭祀天地岳渎、祷雨祈晴、祝寿祈福而设斋建醮作为日常生活中的大事，也赐建宫观，任用道士，提点提举士大夫到道观任职。孝宗召见并赐号江西道士留用光，其在《原道论》中提出“以佛修心，以道养生，以儒治世”观点；宁宗对九宫山道士张道清宠爱有加，御制道派，赐号龙虎山道士易如；理宗召见第三十五代天师张可大，赐号赐田，令主管三山道教，亲自推广道教经典《太上感应篇》。南宋时期江西龙虎山天师道、阁皂山灵宝派、军峰山神霄派、华盖山天心正法派等道派继续传播，太平山广惠派创立，南宗金丹派在庐山发扬光大，西山净明派短暂出现；洞天福地麻姑山、玉笥山、始丰山等得到士大夫的青睐；閤皂山崇真宫杨固卿、丰城梅仙观杨智远、庐山太平宫白玉蟾、临川永兴观周师深和黎盘云等成为南宋时期江西高道名流。

第一节　南宋江西社会环境与江西道教发展

南宋是北宋的继续，京城由汴梁迁到临安，治理地域缩小为南方。江西依旧是分隶于江南东西两路，整个南宋江西地区共计 9 州 4 军，下辖 68 县。

宋朝政权由于迁都临安，与江西距离近，所以在各方面对江西地区的影响很大，一方面是江西比北宋时期更靠近了政治中心，江西既是屏障临安朝廷的坚强后方，又是朝廷辖控岭南、四川大地的前哨基地。从向子堙支持南宋高宗赵构登基称帝，到文天祥组织义兵勤王抗元，贯穿南宋 9 位皇帝的全过程都有江西人在朝廷肩负重任，而在州县长吏者更多，他们的行为对全局与区域的发展都有巨大的影响。另一方面，朝廷对江西的整体控制增强，对江西的财政需求进一步加大，江西地区是南宋在两浙之后的第二个核心区域，在国家舞台上的地位有了全面提高。摆在我国历史发展大局上衡量，南宋时期的江西地区无疑是社会链条上关键的一环，它的存在与运转，对国家政治、经济、文化各方面都有不可或缺的意义。在这种背景下政治、经济、文化与江西道教、道学也建立了千丝万缕的关系。

一、南宋政治环境与江西道教

江西在长江中下游南岸，北限大江，南界庾岭，绵地数千里，一般情况下都以江西为内地，然而鉴于南宋与金长期对峙的态势，江西绝不仅是内地，所辖江州、兴国军，前临大江，北望淮甸，才一水之隔，故建炎、绍兴间，江西安抚大使均兼节制蕲、黄，强化对沿江的防务。饶州、信州、南康军三地依然执行北宋区划格局，与池州、建康府等长江下游州县合归一路，加强对江浙的屏障实力。江西南部的吉州、赣州、南安军大片地区，林峒邃密，跨越闽粤湘三路，素来是“奸人亡命之所出没”之区。江西十三州军之下所辖诸县，只有建昌军新增新城（今黎川）、广昌 2 县，抚州新增乐安县，其他 11 个州军与北宋相同。

南宋江西道教由于在空间上离临安近以及战乱的因素，呈现道教化盛行、道教斋醮活动频繁的趋势，龙虎山三元日的传度法会迎来四方弟子，宋高宗赵构召见第三十二代天师张守真，江西籍朝廷官员、地方官员为道教宫观撰写碑文或题识、题诗，这些留下了极为珍贵的道教史料。

二、南宋江西人口流动状况与江西道教

南宋时期是江西人口外迁的重要阶段，去向主要是湖南，此外还有一部分是江北、两淮边境地区。绍兴三十二年（1162）江南东路提举茶盐公事洪适奏报说：“江乡之民，多因荒旱迁徙淮甸，比遭虏骑之扰，复还故乡，而所弃祖产，皆为官司估卖，虽欲复业，已不可得。”洪适所说的“江乡”不是专指江西，但是饶州、信州、南康军不能排除在外。两淮土地平旷，然而常遭兵灾，故多荒芜，数量众多的江西农民必然会去开垦，但日子过得不稳定。金兵来了，他们逃回来。当故乡遇到旱灾，他们又迁往淮南。乾道七年（1171），江西各地灾荒严重，江州、筠州、隆兴府（即洪州）灾情尤重，濠州（今安徽凤阳）、安丰军（今安徽寿县）等地“人食草实，流徙淮甸”。流落在淮南的江西人不只是赣北几州，还有赣南人。当时奉命前往淮西巡视的薛季宣回报说：“臣之所睹，江南转徙人户来淮甸者，东极温（今浙江温州）、台（今浙江临海），南极福建，西达赣、古，往往有之。”这些逃荒的人到了淮南，不一定全都落籍定居下来，但也有不少不回的。因为淮南“土旷人稀”的自然条件，对穷民有巨大的吸引力，况且还有当地官员多方采取周恤的措施，招抚这些人居留下来。江西人迁居湖南由来已久，到了宋代迁出的人比以前更多。

大量人口的迁移也带动了道教文化的传播，如许真君的孝道及其道法也随着移民传入北方。现存于河南省济源市济渎庙的《济渎庙灵符碑》（有符），有学者考证，此碑额 12 字，云篆。碑有镇水符，其符形同陆和九藏“真君灵符”拓片。

藏于国家图书馆的陆和九拓片《真君镇蛟铁符摹刻记》(有符)，曰：

> (昔)□□□□□□□神仙，世称真君，盖(功)行之所至也。常以咒水行药，治病罚恶。太康初，有蛟虬之众，作江湖之言，故以铁符镇上钟之渊而制之。彼人因水涸而睹，力莫能移。志者就而模之以傅人世。江淮间凡有妖祥惊恐，则悬所居处，数有灵验。今将刊石，免传写之笔误焉。[①]

所摹符即许真君镇水灵符，其完形与济渎庙灵符一样。上面两通碑刻记述了许真君的孝道内容及镇水灵符的法力，反映了许真君信仰随着移民的传播情况。

大量移民的迁入也带进了北方道教丹道文化传入江西，《华盖山志》记载："谭太初，字元祚，本武当山道士，宋熙宁中来居华盖山。县令郭峻请祷于山，即以诗谒之，云：'鹤报星即入洞游，匆匆携剑别浮邱。崎岖走出白云路，踊跃来迎清政侯。瑞气远浮山凤喜，朱衣高照野花羞。敢邀琼珮归蓬荜，紫笋黄精愿少留。'遂相友善，且以丹砂疗其痼疾。令归语同僚张县尉。尉往访之，行未数里，路遇太初。以诗谒于道，云：'梅仙队仗访蓬莱，野叟夤缘款款陪。旗脚界开青潭色，马蹄踏破白云堆。山川秀发森林杪，猿鹤闻风出洞隈。应有真俦相笑语，仙翁果老裔孙来。'"[②] 还有一位"毛公，不知何许人，亦莫详其名字，南宋建炎间(1127—1130)来华盖山。居人为之结草庵于三峰之侧，名毛公庵。冬夏单衣，自种植为粮。多历年齿，时人呼为毛公，惟以痴颠目之。口不谈时事，逢人辄笑。一日，至山巅语众曰：'明日去矣。'旦往视其庵，悉已焚化，莫知其所之，惟药臼存焉。绍兴甲寅(1134)元日，至承天宫，遇道士姚彦章，授以铜印。姚辞不受。笑而持去，宿于宫厅。夜每扃户

① 许蔚：《断裂与建构——净明道的历史与文献》附录，上海人民出版社 2014 年版，第 530 页。

② (清)谢希桢编纂，吴小红校注：《华盖山志》，江西人民出版社 2002 年版，第 906 页。

不寐，朝出外，未尝启扃。凡三年，文书无不成诵。每遇神祠，多所毁弃。居民辱之，虽伤甚流血，以水涤之，即无痕迹。好居高木，以两足倒愗枝梢。尝道过安城，不度桥而入水。舟人虑其溺，俄而登岸，衣不沾濡。尝题诗于南阳养素庵，云：'学道从来好碧山，山中宜隐向深湾。包藏遁世慕高洁，浣濯灵台养大还。杜老每思千广厦，卢仝惟爱数茅间。卷舒遂作忘机客，荣辱穷通事等闲。'后不复见矣"。[①]

谭太初、毛公都是从北方来，他们把北方的道教丹道文化传入江西，在道教名山华盖山修炼、传教，既得到地方官员支持、认可，又在民间有广泛影响。纪念谭太初的谭公庵位于华盖山东麓，毛公庵则在华盖山东北麓。

三、南宋经济状况与江西道教

南宋时期，江西地区普遍开垦梯田，更多的低山盆地加速开发，耕地面积因而扩大，小麦播种趋于普遍，水稻耕作技术有所进步，粮食总产量增多，进一步增强了作为国家粮食基地的实力。在南宋的150余年期间，江西保持北宋时期的社会大发展趋势，继续向前推进，达到新的高度，增添了新的时代气息。生产领域中充分显示了"盆地经济"特色及其明显优势。由大大小小的盆地发育而成的农耕文明基地，在建炎、绍兴年间遭受兵灾的惨重破坏，却凭借劳动力优势和优良的自然生态环境，农村迅速复苏，丘陵山区的盆地得以普遍开发，梯田面积增加，经济区域扩大，耕作水平提高，麦类播种得到推广，以稻米为主干的粮食产量增多，甚至出现"稊田米贱如黄埃"的景象，因而在满足本地四千多万人口消费之外，还能够常年输出巨额的漕粮和商品粮。

江西地区丰衣足食、手工业发达和水运交通便利等的经济优势，成为外地人口迁入江西的原因之一。道教作为我国本土宗教，与农业之间又有千丝万缕的联系，体现在江西道教经书中的《灵宝祈五谷醮仪》《保禾苗科》《保苗迎真接驾全集》《保苗炎帝正朝全集全集》《三献科》等。

---

① （清）谢希桢编纂，吴小红校注：《华盖山志》，江西人民出版社2002年版，第908页。

第二节　南宋道教政策与江西道教

两宋之际的战乱，宗教也受到不同程度的打击，寺观破败，僧道星散。宋金对峙形势渐趋稳定之后，佛道两家重新活跃起来，“已坠者兴，已坏者成”。绍兴二十六年（1156）高宗问当今僧道人数有多少？一位官员回答：“道士止万人，僧有二十万人”，人数有所下降。江南各地比较，延续至南宋中后期，江西处于中间位置，朝中大臣吴潜指出：“寺观所在不同，湖南不如江西，江西不如两浙，两浙不如闽中。”

一、南宋朝廷与道教管理

南宋朝廷对佛道等宗教的基本政策是兼容而利用。孝宗曾经写有《原道辨》，大概意思是儒佛道三教本不相远，只是所施不同，至其末流，愚昧者偏执而自为差异。孝宗认为，应该是“以佛修心，以道养生，以儒治世”。孝宗的表述是帝王之术，也是维护统治地位及治世的一个重要方面。南宋朝廷对道教的管理是多方面的，如派官员监督和管理、重视龙虎山的祖庭地位、对道观征收免丁钱，等等。

第一，政治上对北宋极端崇道政策纠偏。高宗赵构（1127—1162在位）即位伊始即对前朝极端崇道的弊端进行了纠偏，建炎元年（1127）五月庚寅，高宗下诏“罢天下神霄宫”；辛未，又诏“籍天下神霄宫钱谷冲经费”。据宋人周辉《清波杂志》载：高宗于建炎初，敕铭温州籍没林灵素家产[①]。

第二，管理上直接官派住持并维护龙虎山祖庭地位。佛教寺庙的住持，由所在州军差派，如南康军寺庙僧人因争任住持职位，向江东提刑吴雨岩控告现任住持僧，吴雨岩的批文认为：“僧家以无争为三昧”，此种诉讼事自不当施行，南康军可径自区处，但是“州郡差住持，若或出于私，则人必不服，此是根源。知郡贤明，所差必公，当无此虑”。这个批文是对南康军派寺庙住持工作的分析与期望，同时表明地方官府对佛教寺庙、道教宫观进行直接管理的事实。龙虎山张天师的职责与权威，

① 卿希泰、唐大潮：《道教史》，江苏人民出版社2006年版，第185页。

由地方官府加以保护，如有违反必须处理。

第三，经济上实施严格控制。对道观、道士征收免丁钱，开始于绍兴十五年（1145）。这年正月，臣僚言：民户都要交纳免役钱，官户、形势户也不能例外，唯有僧尼、道士既免丁钱，又无别的输纳，逍遥闲逸，有失公平。于是在正月二十七日“令僧道随等级高下出免丁钱，庶得与官民户事体均一”。免丁钱数额，按照户部的征收方案执行。道教宫观的一般道士，每名纳钱两贯文省，最高的是知观法师，每名纳钱八贯文省。对不耕而食、不织而衣的僧道征收免丁钱，其合理性无可置疑；它对抑制佛道泛滥，避免劳动力流失，也有一定积极作用。这个政令于此时颁布实行，是南宋朝廷特别需要钱用。在征收的数额上，区别佛教、道教，佛教中又将禅宗单列出来，该是针对他们的财产状况而定的，由此可以窥见他们各自的富裕差别。僧道中病废残疾者不要交纳“免丁钱”。年老者也不交，开始时规定年 60 岁以上者优免，后改为 70 岁以上。与征收普通民户的赋税一样，名气大的寺院宫观中的僧尼、道士，都与宰执大臣、皇亲贵戚有交往，往往可以获得特权保护，奉旨豁免丁钱。这时，州县就把这部分税额转嫁到民户，“大为人患”。

第四，文化上给予支持。宋理宗借《太上感应篇》教化民众。绍定六年（1233），在他的授意下，由太乙宫道士胡莹微负责刊印，理宗亲自书写“诸恶莫作，众善奉行”八字列于卷首，并由名儒真德秀写序和跋，宰相郑清之作赞文，广为传播。

二、南宋朝廷与江西道教

（一）宋理宗提举三山符箓

宋理宗赵昀为宋代继真宗、徽宗以后对道教最尊奉的皇帝，由于他的崇道行为，道教的兴盛又一高潮，正如南宋杭州洞霄宫道士王思明云：“方今玄教之盛不异祥符。”宋末邓牧亦云：“我理皇游情六艺，傍通百家之书，尝有契于神清之旨，故于老氏独厚。”甚至在理宗日常生活中，也不乏道教的影子。如端平元年（1234），宋理宗赵昀在《端平纪梦诗（并序）》中，曰：

端平改元春三月庚子，斋居恭默，夜梦一真人，峨冠佩玉，略似艺祖，色黛而貌和，亟延朕殿上，授之坐。亲承面命，圣谟洋洋，静听无斁。俄而梦觉。越三日，亲臣善来以旧藏昌陵御容捧进，一瞻天日之表，如梦中真人，无毫发异。乃知在天之灵将启佑我后，与龄锡祉，用昭眷命，厥惟休哉？岂朕之不德，所克负荷以灵承帝宠，敢不祗若休命，夙夜兢业，期于扬我祖之烈光。因述古律二十韵纪实，以诏后世用传不朽云。

以梦见"真人"解释宋理宗通达道教神明，他一方面通过"梦"阐述得道成仙的思想，另一方面，利用道教经典《太上感应篇》教化群众，已深化其统治思想。宋理宗对道教的重视还表现在对龙虎山道教天师道的支持。南宋嘉熙三年（1239），宋理宗赐三十五代天师张可大"观妙先生"，并敕提举三山（龙虎山、阁皂山、茅山）符箓兼御前诸宫观教门公事，主领龙翔宫。

南宋道教以符箓为主要特色，符箓道教在江西民间广泛传播，在南宋道教主要以斋醮祈福科仪为统治者服务。符箓道教发展到南宋门派繁多，符法也五花八门，不过它们都与龙虎山正一派天师道、茅山上清派、阁皂山灵宝派等这三大传统符箓道派有关，此时以江西龙虎山正一派天师道影响最大，上清派其次，阁皂山灵宝派最次①。嘉熙三年（1239），召见三十五代天师张可大，命其提举三山符箓兼御前诸宫观教门公事，主领杭州龙翔宫。

所谓"三山符箓"，一般认为是指道教符箓派中传承最有系统、影响最为深远的三大派，即龙虎山正一符箓、阁皂山灵宝符箓及茅山上清符箓。龙虎山正一天师道由于得到宋理宗赵昀的尊崇和敕封，以正一派为主导的"三山合一"即从此开始。关于"三山符箓"，一般认为出现于北宋哲宗时期，这一说法在学术界也得到了普遍的认可。据《茅山

① 卿希泰、唐大潮：《道教史》，江苏人民出版社2006年版，第191页。

志·黄澄传》记载：

> 初，三山经箓，龙虎正一、閤皂灵宝、茅山大洞各嗣其本宗，先生请混一之。今龙虎閤皂之传上清毕法盖始于此。

南宋以来，茅山派依然比较兴盛，但是天师道在民间和上层的影响也日益扩大，并有超越茅山宗之势。从相关道教资料发现，至宋理宗时茅山派仍然很受统治阶层的青睐，如记录在《茅山志》中诏诰有：《宁宗赐号王景温》《宝庆易如刚先生敕牒》《理宗金箓投龙玉简词》《加封广济庙龙神诰》《淳祐加封三茅真君诰》等。龙虎山正一天师道在南宋的诸位天师多能以道法行世并闻名，且与南宋历代朝廷的支持和重视有关。

南宋历代朝廷对道教的崇奉，对道教的发展起到了积极的推动作用，也带动了龙虎山道教的昌盛，由于南宋朝廷敕令龙虎山第三十五代天师张可大"提举三山的符箓"，明确了龙虎山符箓的权威性。其他买箓或卖箓行为会受到严厉制裁，如张可大的一位族叔制造了一起买卖符箓的公案，判决情况记录在南宋吴雨岩的《非嗣教天师虽尊属亦不当搀越出给符箓》，云："正教门以嗣教为定，若其他族属虽尊，亦不当搀越，出给符箓。张希说昨因伪印，信州已追逮系狱，续系毛提刑以不当淹禁行下。今契勘张希说乃天师之叔，官司固不欲因侄断叔，但印匠张嗣敬之徒，亦岂可漏网。其张希说所论天师别事，乃在符箓所争之后，不过以此抵论，官司亦难信凭，遽将天师三仆追扰。牒州更唤上希说责状，再犯不恕，仍将印匠断治，如伪板尚存，索上毁劈，并住追袁万八等。及与备坐省札指挥，给榜严行戒戢，限十日定申，以凭回申。"据以上材料可知，涉案主谋为张希说，还有受其主使的印匠张嗣敬及第三十五代天师张可大身边的三个道士，对这些人给予了严厉的制裁和约束。

（二）南宋提举制度与江西士大夫及著名道观

北宋开始在道教宫观设置度，南宋沿袭了这一制度，其职能分两类，一类是“掌奉斋醮之事”，非祠禄官；第二类是祠禄官，无职事、优享禀禄。如黄庭坚提举西山玉隆万寿宫、杨万里提举庐山太平兴国宫、文天祥提举麻姑山仙都观等。有关道教宫观的提举制度，《宋史》有明确记载：“宋制，设祠禄之官，以佚老优贤。先时员数绝少，熙宁以后乃增置焉。在京宫观，旧制以宰相、执政充使，或丞、郎、学士以上充副使，两省或五品以上为判官，内侍官或诸司使、副为都监，又有提举、提点、主管。其戚里近属及前宰执留京师者，多除宫观，以示优礼。”时朝廷方经理时政，患疲老不任事者废职，欲悉罢之，乃使任宫观，以食其禄。王安石亦欲以此处异议者，遂诏：“宫观毋限员，并差知州资序人，以三十月为任。”又诏：“杭州洞霄宫、亳州明道宫、华州云台观、建州武夷观、台州崇道观、成都玉局观、建昌军仙都观、江州太平观、洪州玉隆观、五岳庙自今并依嵩山崇福宫、舒州灵仙观置管干或提举、提点官。”[①] 宋代提举道观制度规定了提举对象，即“旧制以宰相、执政充使，或丞、郎、学士以上充副使，两省或五品以上为判官”，提举时间不超过三十个月，提举宫观以京师宫观为主，少数地方名山名观也有指定，江西有三座道观列为提举道观，即“建昌军麻姑山仙都观”“江州庐山太平观”“洪州西山玉隆万寿宫”。据现有资料考察，宋代江西道观安排的是第二类祠禄官，无职事、优享禀禄，也就是挂名而已，如宋代西山玉隆万寿宫提举、提点人员名单及其任职原因如下表：

南宋洪州西山玉隆万寿宫提举任职一览表

姓名	籍贯	任职年代	任职原因	资料来源
余良肱	洪州分宁人		知宣州，治为江东最，请老提举洪州玉隆观	光绪《万寿宫通志》
周葵	宜兴人		历殿中侍御史，以忤秦桧意落职，主管玉隆观，起知泉州，加大学士致仕	光绪《万寿宫通志》

① 《宋史》卷一百七十《志》第一二三。

续表

姓名	籍贯	任职年代	任职原因	资料来源
曾几	河南人	绍兴二十八年（1158）	除集贤殿修撰，提举玉隆观，以通奉大夫致仕	光绪《万寿宫通志》
程公许	宣化人	淳祐四年（1244）	再奉玉隆观祠，召权刑部尚书	光绪《万寿宫通志》
张说开	开封人	淳熙元年（1174）	罢为太尉，提举玉隆宫，后降明州观察使	光绪《万寿宫通志》
许奕	简州人		知潼川府，以事降一官，提举玉隆宫，还家卒	光绪《万寿宫通志》
王居安	黄岩人		累迁工部侍郎，以集英殿修撰提举玉隆宫。理宗即位，以敷文阁侍制知福州，归，卒	光绪《万寿宫通志》
李韶		淳熙七年（1180）	上疏匄去，以端明殿学士提举玉隆宫。寻改提举万寿观兼侍读。即出国门，诏趣受命，再辞，仍奉祠玉隆。八年，被召，再辞，不许。九年，仍奉祠玉隆。十一年，祠满再任	光绪《万寿宫通志》
汤汉	饶州安仁人		度宗即位，历官权工部尚书兼侍读，以显文阁直学士提举玉隆宫，以端明殿学士致仕	光绪《万寿宫通志》
沈作宾	归安人	绍兴中	历官宝谟阁学士、江西安抚使兼知隆兴府，改焕章阁学士奉玉隆万寿宫祠，卒于家	光绪《万寿宫通志》
刘光祖	简州人		孝宗召试，除太学正，累官显谟阁直学士，知潼川府，提举玉隆万寿宫	
程珌	徽州休宁人		历枢密院编修官，累迁礼部侍郎兼权吏部尚书，进封子上疏匄祠，以旧职提举玉隆万寿宫	光绪《万寿宫通志》

续表

姓名	籍贯	任职年代	任职原因	资料来源
胡铨	庐陵人		秦桧主和议，铨抗疏切谏忤桧，除名，编管昭州。二十六年，桧死，量移衡州。孝宗即位，复奉议郎，以敷文阁学士于祠，归，寻复原官，升龙图阁学士，提举太平兴国宫	光绪《万寿宫通志》
李浩	建昌人	淳熙元年（1174）	以秘阁修撰帅夏夔路。逾年，以疾请祠提举玉隆万寿宫	光绪《万寿宫通志》
留正	泉州永春人		历官考功郎，显谟阁直学士，出知绍兴府，以事降显谟阁待制，提举玉隆万寿宫。寻复职，累官右丞相，以光禄大夫致仕	光绪《万寿宫通志》
郑性之	福州人		历官知赣州，改知隆兴府，以宝章阁待制提举玉隆万寿宫，端平元年召为吏部侍郎，知枢密院加观文殿学士	光绪《万寿宫通志》
徐清叟			以资政殿大学士提举玉隆万寿宫。景定三年，转三官致仕	光绪《万寿宫通志》
吴潜	宣州宁国人		累官权兵部侍郎，旋授宝谟阁待制，提举太平兴国宫改玉隆万寿宫，后累拜特进左丞相，封庆公国改封许国公，寻以沈炎劾落职	光绪《万寿宫通志》
牟子才	井研人		累迁权工部侍郎，以丁大全、董宋臣族御史诬劾罢归，丁、董败斥，乃诏复官职，提举玉隆万寿宫	光绪《万寿宫通志》
赵景纬	於潜人		历官宗少卿兼侍讲，后权礼部侍郎兼修玉牒，升侍读，乞归，提举玉隆万寿宫，以疾卒	光绪《万寿宫通志》
洪迈	鄱阳人	绍熙元年（1190）	进焕章阁学士，依前宣奉大夫知绍兴府、两浙东路安抚使魏郡公。十二月，除提举玉隆万寿宫，以集英殿修撰王信代公	光绪《万寿宫通志》

续表

姓名	籍贯	任职年代	任职原因	资料来源
杨万里	吉水人	绍熙元年（1190）	出为江东转运副使，权总领淮西、江东军马钱粮。朝议欲行铁钱于江南诸郡，万里疏其不便，不奉诏，降知赣州。他不赴，乞祠，提举万寿宫，从此居家不复出仕	许怀林《江西通史·南宋卷》
真德秀	浦城人	宝庆元年（1225）	擢礼部侍郎，直学士院，忤史弥远，罢。上以其尝知隆兴府，又尝安抚江西，因遣提举玉隆万寿宫	光绪《万寿宫通志》
邹应龙		嘉熙元年（1237）	累官刑部尚书，乞奉祠，起知太平州，论罢，以敷文阁学士提举玉隆万寿宫，以资政殿学士知庆远府	光绪《万寿宫通志》

据以上表格信息及相关资料分析，“提举”到洪州西山玉隆万寿宫的官员基本有三种类型：一是正常的职务升迁变动而“提举”玉隆万寿宫，如汤汉、徐清叟等；二是因事降官而“提举”玉隆万寿宫，如杨万里、李韶等；三是因年老、疾病或尽孝请求“提举”玉隆万寿宫，如余良肱、赵景纬等。从“提举”官员的籍贯来看，大部分是江西人，尤其是因疾病、年老请求“提举”西山玉隆万寿宫；从与玉隆万寿宫的日常管理关系来看，“提举”基本上不参与具体事宜，甚至根本不用到“提举”所在道观，在相关的文献资料中也没有发现“提举”参与道观的日常管理或重大活动的记录，这表明“提举”一职与宫观内部管理职位不冲突；从“提举”的职务来看，挂任西山玉隆万寿宫“提举”的官员拥有职级都比较高，如汤汉、胡铨。这种“提举”道观制度，既反映了宋代官僚体系的特点，又反映了宋代部分道教宫观的地位和影响及其与朝廷的关系。

南宋有一批朝廷或地方主要官员因各种原因就近“提举”在江西道观，主要有龙虎山上清正一宫、西山玉隆万寿宫、庐山太平兴国宫、麻姑山仙都观等，以江西籍或在江西任职的较多，如余良肱，江西武宁人；胡铨，江西庐陵人；洪迈，江西鄱阳人；杨万里，江西吉水人；真德秀，曾知隆兴府，等等。名山因有仙，名人出名篇，关于南宋江西著名道观曾经吸引了当时名流的游览和关注，并为道教留下了极为珍贵的史料，如周必大、陆游、杨万里等。在南宋，江西各地的道教继续盛行，大小道观众多，它们都占有不少田产。绍兴二十八年（1158）九月礼部奏报："江南西路州县道观多有拨赐田产，近来至有全无道士去处，其田产尽为他人侵耕盗用。"① 这是建炎、绍兴年间战乱的创伤，也是道教宫观获得朝廷照顾，尤其是那些指定设祠禄官"提举"的大宫观，享有特权的证明。龙虎山上清正一宫、江州太平兴国宫、洪州玉隆万寿宫、建昌军仙都观等都是设有祠禄官的重点宫观，规模很大，田产广种。

庐山太平兴国宫。位于庐山山麓，两宋期间都有朝廷官员"提举"，而且有高道入住，如黄知微、白玉蟾等，记述庐山太平兴国宫道士的"清修"情况，绍兴二十四年甲戌（1154）叶义问在《庐山太平兴国宫采访真君事实序》中曰：

> 义问来九江，适太守大卿胡公纺以清静理郡政，民神协从。甲戌春举行旧典，以义问摄祀事于太平兴国宫。礼毕，因观山川之胜，穹隆磅礴，层见迭出，不可名状，是宜高真之所慎择也。宫之道士有向师尚者，清修自持，且有心于阐宗立教。以使者应化之迹泯泯未传，求义问编次，义问不敢以鄙陋辞，谨列于左方。②

又如，嘉定十一年戊寅（1218）白玉蟾在《庐山太平兴国宫碑记》中也记述了庐山太平兴国宫的圣境和道士："皇宋嘉定戊寅清明，福州灵霍童景洞天羽人白玉蟾，袂香趋敬九天御史台下。顷焉，宫牧陈至和饮以醴。逮予之玉华也，醉履飘忽，弗违而迈。承遣道士陈守默、陈如一，约为文以记其宫，岂容逊也。"③ 乾道五年（1169）陆游入蜀，途经江州，

---

① 《宋会要辑稿》卷五十三《食货》。

② 正统道藏本《庐山太平兴国宫采访真君事实》，又见《庐山纪事》卷十。

③ （宋）白玉蟾著、盖建明辑校：《白玉蟾文集新编》，社会科学文献出版社 2013 年版，第 223 页。

游庐山，到庐山太平宫参访，他在《入蜀记》中记载了庐山太平宫宏大场面：

(八月)八日早，由山路至太平兴国宫，门庭气象极宏壮。正殿为九天采访使者像，衮冕如帝者，……有钟楼，高十许丈，三层，累砖而成，不用一木，而檲桷翠飞，虽木工之良者不能加也。但钟为砖所掩蔽，声不甚扬，亦是一病。观主胡思齐云："此一楼为费三万缗，钟重二万四千余斤。"又有经藏，亦佳，匾曰"云章琼室"。太平规模大概类南昌之玉隆。然玉隆不经焚，尚有古趣为胜也。[①]

太平兴国宫在北宋徽宗宣和年间有道士三千人数，崇轩华构，弥山架壑，田产散在旁县，共计三十六区，是个庞大的道教世界。后经南宋建炎、绍兴兵祸，焚荡之余，又能很快重建起来，依旧呈现宏伟的气象。仅一钟楼即费钱三万缗，总的重建经费更不知要超过多少倍[②]。叶义问、白玉蟾、陆游等三位有识之士亲眼见证了庐山太平兴国宫在南宋的盛况，其规模可与南昌西山玉隆万寿宫媲美。

西山玉隆万寿宫。南宋建炎三年(1129)，西山玉隆万寿宫遭到金兵破坏，随后近百年失修。宝庆元年(1225)拨官款给西山万寿宫重修，据清光绪《万寿宫通志》，曰：

理宗宝庆元年，重赐内帑增修，命大学士真公德秀提举。[③]

真德秀提举西山玉隆万寿宫，主要是监督修建进度，由此可见西山玉隆万寿宫的地位和影响。嘉熙元年(1237)，宋理宗命道官二十一员在万寿宫启建灵宝道场，持续三十六个小时，满数三百六十位，投送金龙

① (宋)陆游：《渭南文集》卷四十六。

② 许怀林：《江西通史·南宋卷》，江西人民出版社2009年版，第460页。

③ 清光绪《万寿宫通志》卷十五。

玉简，一时间，西山玉隆万寿宫成为“羽士云集，道风高倡”的场所。

从庐山太平兴国宫的介绍已经知道玉隆万寿宫的非凡，还有许多朝廷和地方重要官员提举、提点万寿宫，可见其地位、其影响，如白玉蟾在《玉隆宫会仙阁记》中指出："紫清白玉蟾，道八桂，航三湘，浮沔江，历庐阜。人言玉隆为天下第一真仙之居，绵历风雨，微贤主人，十纲九颓……余自戊寅迄今，已三过西山矣。仙凡参肩，不可测识，高凭此阁，悠然兴怀。"[①] 白玉蟾仙游天下名观，而三次到西山玉隆万寿宫，由此可知玉隆万寿宫为“神仙之府”名副其实，它既可饱烟霞，还可以作诗、可以入画，尤其是“众心纳而首肯之”。对于南宋玉隆万寿宫的盛况，乾道年间进士曾丰有《玉隆宫》一诗，曰：

仙人上升处，花草四檐荒。
去鹤青霄外，空山白日长。
瑶琴玄入绝，丹井水犹香。
静者依灵迹，钟声送夕阳。[②]

仙人、瑶琴、丹井、钟声，典型的道教宫观特征，寓意西山玉隆万寿宫之静幽之美、之灵。周必大于乾道九年（1173）在《泛舟游山录》，称“江湖宫观未有盛于此者”[③]。

（三）南宋朝廷与江西高道

龙虎山正一派从北宋末第三十代天师张继先开始，吸收内丹术改进其传统的符箓道法，形成“正一雷法”，从而表现出新的活力，使正一道成为官方所指定的道教诸派首领，被视为“道教正宗”。如第三十二代天师张守真（？—1176）于绍兴十年（1140）应诏治毗陵“树妖”及江涛重决之灾。孝宗，获赐“崇虚光妙正应真君”和象牙剑、宝剑及《清

① 道藏本《修真十书·玉隆集》卷三十一。
② 清光绪《万寿宫通志》卷十九。
③《四库》本《文忠集》卷一六九。

静经》《阴符经》；第三十三代天师张景渊（？—1190）曾以咒术治愈孝宗儿子魏王疾病患，乾道（1165—1173）随父入朝，孝宗赐号“崇真太素冲道真君”；第三十四代天师张庆先（？—1209）嗣教后，留下了劾治张公洞井龙王的故事；第三十五代天师张可大（1217—1263）被宋理宗赵昀看重，端平（1234—1236）多次应诏行斋醮之事，劾治鄱阳湖水灾、钱塘江潮患、蝗灾，并应召赴阙，重刊《道藏》经版，嘉熙三年（1239）获赐号“观妙先生”，敕命提举三山符箓等。南宋时期除龙虎山五位天师受朝廷赐封外，江西还有以道术著名的留用光、张希言、张闻诗、易如刚、毛允中、薛应常等。

张守真（？—1176），字遵一，南宋绍兴十年庚申（1140）嗣教，为第三十二代天师，绍兴二十九年（1159）二月，宋高宗赐“正应先生”，这是继北宋末期第三十代天师张继先之后，朝廷对天师重新赐封赐号，还多次应诏主持国家斋醮和三元日活动，主持整理道教经籍。对张守真一生功德与其同时代、同乡的陆九渊在《挽张正应》中作了一个大概的评价，诗曰：

海门昼夜吼奔雷，却立吴山亦壮哉!
前殿神仙三岛邃，正阳阊阖九天开。
玉阶恭授太官赐，象简亲承御墨回。
多少箪瓢蓬荜士，输君留宿两宫来。

陆九渊退隐龙虎山十五里处的象山，经常来往于龙虎山道观，不仅与第三十二代天师张守真有往来，与许多道士也有交往。白玉蟾对三十二代天师张守真也有诗，诗曰：

鹤头龟腮骨已仙，星坛长啸诵琼篇。
自从阙下归仙后，一枕清风几万年。

这是一首七绝诗，这首诗写三十二代天师张守真的修仙之道。前三句极力写张守真得道成仙，第四句盛赞张守真所传家世道法之影响巨大，并以清风喻其仙道，将万古流传，“一枕清风几万年”，结句既恰到好处又挥洒自如。

留用光（？—1225），南宋龙虎山正一道士。师从蔡元久。以行雷法祷雨劾治名世。宋孝宗淳熙十四年（1187），衢州遭受旱灾，郡守请其祷雨，大应，奏之于朝，诏请赴阙，祠以道士冠服，御笔“行业清高精诚格天”八字以赐，前后制授左右街道录、杭州太一宫都监，赐号“冲靖先生”；宋宁宗庆元（1195—1200）、嘉定（1208—1244），因留用光之请，两度拨内库钱币修复龙虎山上清宫，诏免差役，又为甲乙观奏立长生局许置庄填养活观中道众，嘉泰甲子（1204）得请回到龙虎山，校定黄箓科仪。逝后，宁宗赐香赙为其安葬，葬于上清宫后方家源，嗣其弟子为紫微派。

杨固卿（1157—1225），名介如，丰城县梅仙乡人。幼入閤皂山为道士。刘克庄《閤皂道士杨固卿墓志铭》中，曰：“固卿学通伦类，道书外，禅宗、方伎之说皆探骨髓，听者竦动。开禧间，薄游边画策不售，归山不复出。拾堕薪，煮三脚铁铛。或遗衣履，皆不受。尝主清江相堂观，一日，诸文士集观中倡酬，视固卿一黄冠师，蓬鬓垢衣，置之坐隅，甚易之。句至固卿，朗吟曰：‘酒量春吞海，诗肩夜耸山。’坐皆骇伏。有诗百余，号《隐居集》。固卿无徒嗣，弟伯椿、侄至质同学道山中。至质厚余，请铭其藏。余观固卿，介洁高远，冻饿自守，乐而不改，殆黔娄、原宪之伦。惜其异学殊说，诡世绝物，仅与弥明同传而已。铭曰：‘穷不求，吟不忧，归兹丘。’”[①] 此文记述了閤皂山一代高道的风范和气节。

杨智远，生卒年不详。南宋绍兴年间丰城县梅仙观道士。著有《梅仙观记》，包括“梅仙事实”“宋敕诰”“碑刻”“题咏”。杨智远积极斡旋，通过地方州县的申报，于绍兴二年（1132）得到朝廷敕封洪州丰城梅福“寿春真人”，梅仙坛升为观。

① 四库本《后村集》卷三十七。

（四）南宋江西地方官府与民间道教信仰

地方神的崇祀，一般说来得到官府认可和保护。所祭之神，大致上是山川神与人物神两大类，传播中具有广泛性。宋朝官方的政策是：有天下者祭百神，自天地四方名山大川，凡德施于民，以死勤事，以劳定国，能御大灾，捍大患者，无不载之祀典。若诸侯，则只得祭于其地。非其所祭而祭之，名曰“淫祀”，要禁止。然而在州县乡间，官府认可与不认可的神庙都有。所谓以神设教，借助神鬼的威力，企图实现人间力量达不到的愿望，不论是什么样的神灵，本质上是一样的。官府要求禁止的“淫祀”，事实上禁而不绝，形形色色的杂神，依然存在于民间，成为信奉者的精神寄托。南宋时期，从旧有的“三山符箓”分化出来的许多新道派，大多数在民间流行。

仰山神信仰。崇祀仰山神，不仅在赣西有代表性，而且进入湖南民间。袁州民众素来尊仰山神为地方保护神，到任的官员都要去祭奠。乾道年间，彭龟年权知袁州，照例前去拜祭，在祝文中强调仰山神与袁州民众的关系，说拜神为的是安民。对仰山神的信仰风俗，随着人际交流进入湖南地区，真德秀嘉定年间出任湖南安抚使，在长沙发布《仰山祝文》。潭州有仰山神“离宫”，民众崇信“以为司命”，是其影响力较大的证明。

萧公信仰。作萧公庙，航运码头多有，其神的流传古老，而来源说法不一，大致上都与水流湍急，神能保障安全连着。吉水县萧泷庙的来历，具有相当的代表性。绍兴三十一年（1161）七月，王庭珪在《萧泷庙记》中记载吉水进士彭公勉“率诸豪出财力”，把萧泷庙重修一新，比以前更加壮观。此文主要内容：一是吉水萧泷庙很古老，绍兴以前乡人已经“严奉久矣”，是当地世守的习俗；二是崇拜的缘起，因河流湍急，航行惊险，人们因对自然力的无奈，而生敬畏之心，于是将“泷”——急流神化。姓萧的乡人率先礼拜，祈求照顾，后继者遂将萧泷合祭，故名曰“萧泷庙”；三是崇祀目的为“御大灾，捍大患”，盼年谷丰登。所以，王庭珪推论说，彭公勉等富豪出钱修庙，“皆世赖神之庥，凡有求必祷于神，常有其向答之者也，宜其祠奉益隆”。王庭珪是安福人，然而

“素知萧泷之灵”，可见流传很广。也许在扩散开来以后，有的码头水流不急，于是去了“泷”字，遂称“萧公庙”。

五显信仰。在婺源县，民众信奉的是五显神，“阖境之人旦夕必祝之，岁时必俎豆之惟谨”。为什么这样敬畏五显神？婺源士绅认为，全县地方百余里，民近数万户，“水旱有祷焉，而无凶饥；疾疠有祷焉，而无夭折，其庇多矣。余威遗德，溢于四境之外，逹于淮甸闽浙，无不信向，灵应孰大于是。若夫时出变异，以耸动愚民之耳目，此特其小小者耳。”说淮甸闽浙之人对婺源五显庙也崇信，可能有夸大，然其影响超出一县的界限，应该是可能的。

狄公信仰。江州彭泽县，唐武后天授年间（690—692）鸾台平章事狄仁杰遭来俊臣所诬陷，贬为彭泽令，彭泽百姓怀念狄仁杰，不仅建生祠，而且数百年崇祀不绝，绍兴七年（1137）十一月将其庙命名为“显正庙”。度宗咸淳末年，知县赵汉卿对显正庙再一次进行修缮。高斯得解释纪念狄仁杰，把其神化，就是要显示正义：“自古以来，君子每为小人所乘，正论每为邪说所败，志士仁人览观前志，未尝不掩卷三叹，继以流涕痛哭也。”虽然如此，但是“秉彝好德，著在人心”，世道永远是崇尚正义，君子铭记在人们心中，犹如“浮云掩于一时，日月揭乎千古。则彼恶直丑正者，只足以增光益润而已”。

孚惠神信仰。孚惠神信仰南宋时期江西各地非常普遍，绍熙年间杨简《乐平孚惠庙记》、庆元年间周必大《宁都孚惠庙神特封灵应侯制》、庆元六年庚申（1200）周必大《袁州宜春台孚惠新祠记》、绍定二年（1229）袁甫《信州贵自鸣山孚惠庙记》，等等。绍定二年己丑（1229）袁甫在《信州自鸣山孚惠庙记》中反映了孚惠神信仰的概况：“惟自鸣山之神，以孝闻天下，由昔迄今，余八百载。我朝褒大王封，敻绝前世，为民祈禳，灵应如响。销寇暴，安善良，功德茂焉。”① 以上记述反映了朝廷对孚惠神的赐封以及“以孝闻天下”的宗旨。

① 四库本《蒙斋集》卷十四。

第七章 南宋龙虎山道教及正一派的繁衍

南宋时期龙虎山天师共传承了五代，此时是龙虎山天师道兴盛的重要时代，最突出的标志就是第三十五代天师张可大正式受封"提举三山符箓"，龙虎山天师正一道顺应时势主导江南道教。

第一节 南宋朝廷与龙虎山道教

一、龙虎山道观和天师的赐封

南宋五位天师中张守真、张可大被朝廷召见次数最多、影响最大，其中宋高宗、宋孝宗分别召见了张守真，如：

绍兴二十九年（1159），宋高宗赵构赐张守真"正应先生"称号。

乾道六年（1170）十月十三日，太上皇高宗赵构下诏延请张守真入宫。

乾道六年（1170）十一月十三日，下诏命张守真来到德寿宫，并把养鱼庄作为张守真居住的驿馆。过了三天，太上皇高宗赵构接见。

乾道六年（1170）十月十九日，宋孝宗赵昚召见了张守真，赐“金锡斋”。

乾道六年（1170）十二月十九日，太上皇高宗赵构延请张守真举行斋醮仪式，其坛场称之为“月台”。

乾道七年（1171），宋孝宗赵昚召见张守真主持整理道教经籍，并在杭州延祥观向道众传授三清三洞诸品宝箓。

乾道七年（1171），宋孝宗赵昚赐三十二代天师张守真象简、宝剑、《清静经》、《阴符经》，号“正应先生”。

嘉熙三年（1239），宋理宗赵昀册封汉天师“三天扶教辅元大法师、正一静应显佑真君”。

为什么南宋朝廷如此重视龙虎山天师道呢？解读赐封的内容并结合时代背景分析，一是延续北宋时期诏见天师的传统，如宋真宗赵恒诏见第二十四代天师张正随并赐建授箓院、宋徽宗赵佶诏见第三十代天师张继先；二是抗金战争中的伤亡惨重，需要通过宗教活动来为亡者超度、安抚民心，而龙虎山作为祖庭影响大；三是自然灾害频繁发生，老百姓产生的恐慌需要通过宗教来慰藉，据《中国灾害通史》记载：从高宗建炎二年（1128）起到孝宗淳熙十六年（1189）为止共 62 年，其间发生水灾 139 次，旱灾 63 次，虫灾 34 次，地震 23 次，瘟疫 20 次，沙尘灾 9 次，风灾 21 次，雹灾 43 次，这一阶段共发生各类自然灾害 354 次，平均 2.1 月一次[①]。四是北宋时期组织编纂的《道藏》由于战争基本被毁，为了传承中华文化，需要重新整理。

二、龙虎山的宫观

据元明善编撰《龙虎山志》记载，至南宋龙虎山有道观、道院上百座，其中上清观正一宫最为壮观、地位最高、影响最大。

（一）上清观正一宫

由于宋代张天师的地位和影响非同一般。真仙观多次得到修建，大中祥符五年（1012），宋真宗赵恒敕改真仙观为“上清观”；天圣年间（1023—1032），宋仁宗赵祯敕第二十五代天师张乾曜迁“上清观”于龙

① 转引自何振中：《中国历代天师评传》，江西人民出版社 2014 年版，第 13 页。

虎山南重建；元祐元年（1086）敕第二十八代天师张敦复又重建，元祐二年丁卯（1087）贾善翔《上清观重修天师殿记》中，曰：

> 天师亦尝修行于龙虎山，有炼丹井存焉。或遇岁旱，邑大夫率士民请祷皆应。故嗣师而下家于此。间有貌类天师者，袭其号而传玉印，印之为异者累纸百幅，丹文必彻国家世，以先生号宠之。神宗朝遣使模本，命工琢玉，以赐上清宫灵慧冲寂大师王太。山之西有仙岩二十四所，下瞰云锦溪。每岁春，士庶泛舟游赏，以为殊致。古有真仙观在山之西北隅，祥符年中敕改为上清，主观者崇元大师虚白先生。嗣宗迁于山之阳，迨今八十余年。惟天师殿危檐老壁，几不避风雨。元祐元年秋八月，二十八代孙敦复出己力请道正汪惟德再新之。旧塑系嗣师王、赵二真人暨灵官等环侍，亦复雅饰。昔伪齐王尝梦堕井中，见一人披鹤氅，冠鱼尾冠，以手援之。既寤，白左右，谂是梦，皆曰：鱼尾冠非天师而谁？因立庙于山麓，著祀典，仍度道士以焚修之。今上清观天下道俗遇三元诣此登坛，传度法箓，以二十八代天师为度师也。①

贾善翔，字鸿举，号蓬丘子，蓬州人，道士。元祐间任左街都监、同教门公事，赐号崇德悟真大师。著有《高道传》等。在上文中贾善翔记述第二十八代天师张敦复与道正汪惟德重新修缮上清观重修天师殿，奉祀张道陵及陪祀王长、赵升二真人，修好后向天下“道俗遇三元诣此登坛，传度法箓，以二十八代天师为度师也”。崇宁四年（1105）第三十代天师张继先请于朝，上清宫迁建，宋徽宗赵佶命江东漕臣在龙虎山丈量土地重建上清观，即今之大上清宫址。政和三年（1113）宋徽宗恩准上清观升为“上清正一宫”。

南宋建炎年间（1127—1130）、庆元年间（1195—1200）、嘉定年间（1208—1224）朝廷皆赐币对上清正一宫进行过修建。南宋端平二年

---

① （明）张国祥撰：《续修龙虎山志》卷中《艺文·碑文》。

（1235）赐内帑，派京师太乙宫高士易如刚监工，将“上清正一宫”扩建为六殿、二阁、三馆、二堂。堂之左建方丈，东西建道院数百楹，端平二年乙未（1235），王与权《上清正一宫碑》记述了修建规模和缘由，碑文内容主要有：一是重续历史，文中记述了第三十五代天师张可大主持重修“上清正一宫”，完工后去信邀请王与权撰写碑文，以金石延续龙虎山千年历史，如“我祖在汉，凿秘键于玄关，得灵文于宝笈；化行巴蜀，服溪女于盐池，转魔宫为仙宅。功行昭灼，经法传流。历千余年，传世三十，而虚靖先生挺祖风，显灵符。又历二代，而正应先生授玄坛，度正箓。在昔羽士以道德际遇者，未易概举”；二是介绍当时龙虎山高道留用光“素行精修”、高士易如刚“教法精严”，以至于“今而修真学道之士云滃雾集”，反映了天下学道之士云集龙虎山的盛况；三是介绍上清正一宫得到自北宋以来历代朝廷的眷顾，尤其是宋徽宗赵佶、宋孝宗赵昚、宋理宗赵昀的关怀，以至于“上清正一宫”规模宏大，成为琳宫之冠，如“为殿六：曰三清，曰真风，曰昊天，曰南斗，曰北斗，曰琼章。为阁二：曰景命，曰宝奎。为楼一：曰琼音。为馆三：曰宿云，曰蓬海，曰云馆。为堂二：曰斋堂，曰正一堂。堂之左曰方丈。东西创道院数百楹，栋宇翚飞，牖户宏敞，神光下临，灵响斯答，实为海内琳宫之冠”。从碑文记载中得知南宋龙虎山有“方丈”一职，而“道院”的建设则反映可能有儒家士大夫隐居其中，传扬道学，隐于修身。

景定年间（1260—1264），宋理宗赵昀又命张闻诗创建上清正一宫门楼，榜曰：“龙虎福地。”随后又命毛允中在宫内增建“紫微阁”，并御书匾额赐悬。对于龙虎山上清宫宏伟规模，洪迈有《上清宫》一诗融入其中，诗曰：

振策冲暮云，携琴宿仙境。
松风生夜凉，萝月散秋影。
洞远落猿声，溪清明鹤顶。
中宵梦仙翁，乘车停翠岭。

狮子身五色，鸾凤互相引。
上有朱幡幢，金碧不可省。
风吹云璈遍，顾我忽如喑。
遗以丹篆文，再拜豁心领。
明当谢浮荣，飘然从结轸。[①]

这首诗写的是作者遇见龙虎山上清宫的仙境、梦见龙虎山上清宫的仙翁，前六句写秋天龙虎山上清宫的晚景，有暮云、月亮、猿声、白鹤；中六句借梦想象上清宫的景致，反衬上清宫的壮观，将人间宫观带到梦境之中，这种幻境奇情，增强了上清宫的仙境之妙；后六句写其将要放弃浮华、虚荣，去炼丹、修身，过飘飘然的神仙生活。还有一位江西籍文学大家、时任宋廷左丞相江万里也有《上清宫》诗一首，诗曰：

瞻彼云山，苍苍相缪。
云舒霞张，溪谷险幽。
鸣鹤在树，猿猱啾啾。
青松多风，白露已秋。
仙乎曷去？胡不少留？[②]

与洪迈的《上清宫》一诗相比，都是以自然景观为题材，但诗人所表达的观点，却不是从正面描写而是从侧面衬托出上清宫与自然相融，体现道法自然的内涵。作为道士的白玉蟾，眼中的上清宫，与儒家洪迈、江万里的《上清宫》有相似的意境和情景，但有不同的逍遥和洒脱，白玉蟾《上清宫》，诗曰：

① 清乾隆《龙虎山志》卷十三《艺文·诗》。
② 清乾隆《龙虎山志》卷十三《艺文·诗》。

五日连阴雾雨昏，驱车应有北山文。
惭无吏部回天笔，为我重开叠嶂云。
石溜涓涓水脉长，野田冉冉稻花香。
相迎谁似山云意，更借松风十里凉。

白玉蟾的仙迹遍布江南名胜，一生没有俗务牵挂和烦恼，一心只为传扬道教文化，过着逍遥的神仙生活，“惭无吏部回天笔，为我重开叠嶂云”，诗人以愉快的心情，轻快的笔调，为龙虎山上清宫描绘了一幅仙气森森的画。“石溜涓涓水脉长”隐含龙虎山上清宫道教法脉源远流长。

（二）演法观

原名祖天师庙，原址第一代天师张道陵炼丹处，第四代天师张盛自蜀迁居龙虎山中，建祠祀天师张道陵于此。唐代此祠庙建筑已经初具规模，南唐保大八年（950）中主李璟谕在张道陵炼丹处修建“天师庙”，翰林学士陈乔撰碑。北宋元祐元年（1086）第二十八代天师张敦复重建，崇宁四年（1105），第三十代天师张继先奉敕修建，赐额“演法观”。宋咸淳七年（1271），第三十六代天师张宗演又新其殿宇，咸淳七年（1271），周方《重建天师家庙演法观记》，他说：

政和中，升唐所赐真仙观为上清宫。崇宁中，升南唐新赐家庙为演法观。咸淳辛未，三十六代嗣教天师宗演本治宫先庙之义，乃即旧址，辨相协之宜于一百步之外，收融结之巧于数百楹之内……先代所存丹灶，先朝所赐土田，一从其朔。有岩焉，列百工所为于千仞上；有石焉，峙一柱特立于五云表。仙关虽旧，与新俱新；人心知向，非古亦古。既有永世传，且有系世教，宜记之。[①]

周方，生平不详，为朝议大夫、南城县开国男食邑三百户。他所作

① （明）张国祥撰：《续修龙虎山志》卷中《艺文·碑文》。

《重建天师家庙演法观记》，介绍了演法观在南唐被赐以及南宋三十六代嗣教天师张宗演在原址重建的历史。“先代所存丹灶”，由此可知唐宋时期演法观道教丹道的盛况。

在演法观，曾有第三十二代天师张正英之孙张希言住持，敕授冲妙大师江州都道正。

（三）靖通庵

靖通庵是北宋第三十代天师张继先的草庵，他在《靖通庵歌》中说：“吾结草庵山之中，旁人笑我名靖通。”南宋嘉定年间，君如刚与羽士薛端友重建此庵。嘉定八年乙亥（1215）高似孙《重修靖通庵记》中，记述了第三十代天师张继先“际遇道君皇帝，召拜虚靖先生，眷留京师，修大清业”，道君皇帝即宋徽宗赵佶。张继先“祈归故山”，创修草庐，名为“靖通庵”，其目的是传承“黄帝老子”思想，“以清静无为为宗，以虚明善应为用，以生生不穷为法”。白玉蟾在龙虎山仙游期间参访了靖通庵，并作《靖通庵》一诗，诗曰：

> 靖通庵外锁晴云，壁莹飞琼瓦叠鳞。
> 野鸟无心一声晓，岩花有意四时春。
> 凿开风月长生地，占断烟霞不老身。
> 虚靖当年仙去后，不知丹诀付何人？[①]

三、龙虎山的高道

南宋龙虎山道教隆盛，除了名远扬天下的天师外，还有龙虎山高道辈出，张闻诗、王琳甫、王洞章三位高道也是其中的佼佼者。

张闻诗，出生年不详。号崧隐，南宋贵溪人。龙虎山上清宫住持。一代玄教宗师张留孙之师。景定年间敕赐“观妙大师”。张闻诗道学、道法、道术、道德高深高洁，其德、其道记述在大德元年丁酉（1297）王构《敕赐龙虎山大上清正一宫碑》，曰：“山有坛宇，唐因之赐‘真仙观’

① （明）张国祥撰：《续修龙虎山志》，第189页。

额。宋改‘上清观’，升‘上清正一宫’。高士留用光、易如刚继以住持，任兴建之责。星闱琳堂，规制寖侈。门曰‘福地’，创于张闻诗。阁曰“紫微”，兴于毛允中。先后匡翼，克成贞构。”① 汉代天师张道陵炼丹于龙虎山，不仅有一代一代天师在传承，还有一代一代的高道在修建、修行，并立下了丰功伟业。上文记述了龙虎山上清正一宫的兴旺得益于留用光、易如刚、张闻诗、毛允中等一代一代的修建、修行以至于闻名于世。其主要贡献还表现在新建上清正一宫牌门和培养了一代玄教宗师张留孙。景定五年甲子（1264），周应合在《龙虎山上清宫新建牌门记》说：“景定癸亥冬，予之官番阳，道芗乡，访古象山，登应天，游龙虎，阅仙岩，顺流而东。时上清宫管辖观妙大师张君闻诗命舟相从累日，指示胜概，及吾境乃还。明年夏，闻诗持江东常平使者学斋史公书来，谕以新门成，属纪岁月。其言曰：作宫此山二百年矣，识者谓向方少偏，宜建门于南以正之。都录冲靖先生留君欲建门，会召不果。闻诗兹领焚修，敢替前志。昨季冬庚申望始克成之。距宫之百步，为室三楹。其中为门，揭‘龙虎福地’四字，其上为楼，左为池。甃垣道以达于宫，九十九峰当其前，午位也。团山东来，石峰西至，如拱如挹，象山之水注而归焉，巽方也。登斯楼其望远，入是门其涂正。”② 周应合（1213—1280），字淳叟，号棣华，南宋武宁人。淳祐九年（1249）进士。历官江陵府教授、饶州通判摄郡事、实录院编修等职。此文既记述龙虎山上清宫新建牌门的缘由，又对上清宫管辖观妙大师张闻诗的敬佩和赞扬。张闻诗为一代玄教宗师张留孙的伯祖父，张留孙跟随其在龙虎山上清正一宫学道求法，元延祐四年（1317）赵孟頫在《敕赐大宗师张公碑》中曰：“公讳留孙，字师汉，系出文成侯，至唐之宰相文瓘之子孙始居江南，其分居信州贵溪者，世为士族。公生宋之季年，因从伯祖闻诗学道龙虎山上清宫，受黄帝老子之书及正一符箓祠祀天地百神之法。羽衣高冠，修髯广颡，状貌甚伟。有相者过之曰：

① 清乾隆五年《龙虎山志》卷十二《艺文》。

②《全宋文》卷八〇六五“周应合”，第349册。

‘异哉贵人！九分神仙，三分宰辅也’。”此处记录了张留孙随张闻诗学道龙虎山上清宫，并受正一符箓得百神之法的历史境况，反映了南宋培养道教人才的规范和严谨。

易如刚，生卒年不详。字仁甫，安仁（今余江）人。嘉泰年间（1201—1204）赴召。制授三茅山崇禧观左街监义，五迁至左右街都道录、太乙宫都监，赐号通妙葆真先生。嘉定年间（1208—1224）得请还山。关于易如刚的生平事迹，嘉定八年乙亥（1215），高似孙在《重修靖通庵记》中，曰："通妙先生易君如刚，以文学道义，如玉在山，相攸岩峒，制作楹室，治身紫府。素行昭宣，名飞帝庭。召处高士，典青藜馆，统道两街，尊异之彝，礼优贾席。三元授简，仍领上清，箓篆所遗，廉不忍取。择羽士薛端友重建是庵，迄谐其谋。"[①]易如刚还山后与羽士薛端友重建靖通庵。上文记述了易如刚与薛端友重建靖通庵的信息，易如刚赴召并授三茅山崇禧观左街监义、迁至左右街都道录、赐通妙葆真先生，说明其道学深厚，道法精严，修为甚佳。

王琳甫，生卒年不详。字拙庵，龙虎山三华道院知宫。关于王琳甫生平事迹白玉蟾在《知宫王琳甫赞铭》《拙庵》《上清宫方丈后亭》等诗歌中有提及，其中《知宫王琳甫赞铭》介绍描写较为详细，赞王琳甫为"神仙中之最雄"，说："青布衲，碧藜筇。诗吟白芍药，曲唱紫芙蓉。一局着残人事醒，七弦弹破世间空。时乎泛一叶于沧海之外，时乎飞片羽于虚空之中。铁笛横吹老龙泣，金樽一倒琪花红。孤猿啸夜月，淡露滴秋风。云锦溪深碧无底，天苍山秀绿不穷。白鹤卧占眠牛草，丹鹤飞上栖鸦松。真人一声长啸于蓬莱之东，青童回首指道，神仙中之最雄。"[②]白玉蟾以楚歌体裁记述了王琳甫从出生到成仙的人生轨迹。

---

① 清乾隆《龙虎山志》卷五。

② 《修真十书上清集》卷四十三，《道藏》第4册，文物出版社、上海书店、天津古籍出版社1988年版，第777页。

第二节　张可大及其主要贡献

一、张可大的生平

张可大（1218—1263），字子贤，十三岁嗣教，为第三十五代天师。赵道一称其“丰神秀异，性识不凡”，嗣教期间得到宋理宗赵昀的器重。端平（1234—1236）年间，自然灾害频繁，张可大累次应诏赴阙行斋醮之事，劾治鄱阳湖水灾.钱塘江潮患，又设醮于太乙宫，禳治蝗灾。端平三年（1236），奉圣旨重新整理并刊刻经箓，以至于道化盛行，有四方参受法箓者。嘉熙三年（1239），加封张可大为“正一静应显佑真君”。嘉熙三年（1239），宋理宗赵昀召见三十五代天师张可大，赐号“观妙先生”，并赐坐赐斋赐田，敕提举三山符箓兼御前诸宫观教门公事，主领杭州龙翔宫。

二、张可大的主要贡献

（一）修建上清正一宫

据《龙虎山志》记载：宋理宗赵昀于端平二年（1235）颁赉帑，委派京师太乙宫高士易如刚监工，对龙虎山上清宫进行了一次规模较大的修建。建置为殿六（三清殿、真风殿、昊天殿、南斗殿、北斗殿、琼章殿）、阁二（宝奎、景命）、馆三（宿云、蓬海、云馆）、堂二（斋堂、正一堂）。堂之左建方丈，东西建道院数百楹。景定年间（1260—1264），宋理宗赵昀又命张闻诗创建上清宫门楼，榜曰：“龙虎福地。”随后，又命毛允中在上清宫内增建“紫微阁”，并御书匾赐悬。

（二）提举“三山符箓”

三山是指龙虎山、閤皂山、茅山，“三山符箓”在民间一直有重要影响，但比较泛滥，自魏晋时代，天师道就开始分为数个流派，其发展至唐宋时期，势力各有消长，及至宋代，在江南的三大流派（即龙虎山正一派、閤皂山灵宝派、茅山上清派）势力逐渐强大，但由于其各有所传承，其所授箓则颇有异同，故形成了三山鼎立的局面。此外，尚有清微、神霄、天心、东华等符箓道派衍传。北宋末年，以茅山道士黄澄为代表一些有识之士针对“三山经箓”同出一源却各有不同授受的情况，提出了“混一”三山符箓的理念，其目的主要是希望将天师道的传承复归于一。这种“混一”的思想实际上也符合老子道化、复归的思想，如元刘大彬编《茅山志》关于黄澄传记中记述了混一三山符箓的提议，《采真游篇》云：

> 初，三山经箓，龙虎正一、阁皂灵宝、茅山大洞，各嗣其本宗，先生请混一之。今龙虎、阁皂之传上清毕法，盖始于此。[①]

黄澄提出的“混一”三山符箓的理念北宋并没有实现，而龙虎山在北宋末年以来至南宋末年，从第三十代天师张继先至第三十五代天师张可大顺应历史潮流，为国分忧、为民解惑，且教义教理深受欢迎，道术道法扬名天下，第三十五代天师张可大成为众望所归的高道，并得到宋理宗赵昀的尊崇。因此，混一三山经箓的历史重任就自然地落在第三十五代天师张可大的身上。宋理宗赵昀诰封张可大“提举三山符箓”就使得“混一”的理想初步变成现实。当然，真正的三山符箓的融合尚需后代诸位天师的努力实践逐步完成。

“箓”“授箓”“授箓仪式”备受历代道门的重视，不仅是接受与神明的盟约，而且体现了教化道众建功立业、行善积德的重要内涵。

龙虎山天师道创设的授箓仪式中包含了道教建功业、立功德的教义、教理，由此被朝廷认可、被道众接受，“随其功业，列品仙阶，出有入无，长生度世，与道玄合，故能济度死厄，救拔生灵，巍巍功德，莫不由修奉三洞真经、金书宝箓为之津要也”，由此“无功不授箓”不仅成为教内修道的标准，也引申为世俗对不劳而获的谴责。

（三）登真度世代代相传

元儒（南宋遗民）刘辰翁尝言，“自昌意以来，号称神明之胄者，既无不历乱磨灭，独汉天师张氏祖讳良，以剑印传，如禹鼎，延至魏、晋、

① （元）刘大彬编纂、王岗点校：《茅山志》卷九《采真游篇》，上海古籍出版社2016年版，第259页。

六朝、隋、唐五季，逾久而著。其承承至此，必亦有尤异，取信不惑者，然犹未至益人国也。”[①]宋以前历代天师只是默默无闻地传承，自“虚靖先生，道始显”即第三十代天师张继先开始使龙虎山正一天师道显要于世，而到第三十五代张可大天师则天下皆知，“修士之嬴粮访道者贾挚币，祈者谢者、不宁令者膝行而踵至，居如市，市如邑，儿童下走，顺风而呼，赝而售者滋富，至莫辨，于是用物宏矣”。对于第三十六代天师张宗演以其智慧顺势而为，顺利过渡入元，并达到“前代盛时所未有”的结果。刘辰翁又言：

当是时，环江南之冰泮者无息壤，兹山独师是恃，而师不自保。然未几时，而锡冠剑，陟师号，予护持，免征发，掌教事，度诸品，若曰神仙子孙而不名。由是宠光赫然，又前代盛时所未有。由是士大夫有不能出者，贫无处者，阡陌之负来往者，亲者故者，莫不挂冠易服，庇风雨寒暑，由是入其境者若华胥。军行而狼顾者曰“天师之四履也”，催科而旦适者曰“天师之所抚存也”。[②]

刘辰翁是一位拒绝入元为仕的儒家，如此客观地记述道教的历史事实，反映历代天师的贡献和艰难实属君子，“兹山独师是恃，而师不自保”，其风格一是受其老师江万里的影响，江万里为第三十五代天师树碑立传；二是有着铮铮的爱国心，与文天祥同属江万里、欧阳守道的学生。三十六代天师张宗演能出色担当使命，其母亲倪氏也是有贡献的，如马廷鸾在《三十六代天师母倪氏墓志铭》，记曰：

倪氏齐家有序，主馈有则，相夫有佐佑功行之劳，教子有勤饬严整之规，妇道母仪，两无所愧，是观妙之室也。[③]

① 《全宋文》卷八二七六“刘辰翁”一五。
② 《全宋文》卷八二七六“刘辰翁”一五。
③ 四库本《碧梧玩芳集》卷十九。

第三节　正一天师道与江西道派的分流与整合

宋室南渡以后，面对金人势不可当的金戈铁马，道教仅靠符箓施法，斋醮禳灾根本不能满足信众需求，四面楚歌的道士只有改弦易辙，与时俱进，对道教教义、教理、道法进行创新，才能获得大量信众。当时，整个社会在政治、经济、文化方面发生了重大变革。道教自身在这种环境下也发生了相应的变化。道教各派在这一时期的主要特点是将符箓道法与内丹融合，并吸收儒学、禅宗，世俗化的倾向日益明显。时有南宗、北宗之分；有符箓派、丹鼎派之别。

一、龙虎山天师道的发展

从第四代张盛到第三十代张继先，经过历代天师的努力，龙虎山天师道的影响力在不断扩大，其势日盛，被视为道教之正统，也即道教祖庭。

南宋高宗于建炎年间（1127—1130）、宁宗于庆元年间（1195—1208）和宁宗嘉定年间（1208—1224），皆分别赐钱币开拓山地，扩建上清正一宫。南宋晚期，宋理宗嘉熙三年（1239）除赐封第三十五代天师张可大“观妙先生”外，还敕张可大提举三山（龙虎山、茅山、阁皂山）符箓兼御前诸宫观教门公事，主领龙翔宫，重建真懿观，赐田若干顷，免租税，册封祖天师为正一静应显佑真君。这样，天师道就成了由皇帝诰封的正一道首领了。

由于南宋历代统治者对天师道的大力扶植，统领三山符箓，掌管江南道教事，使其在大江南北迅速传播发展。其宫观遍及江西、江苏、浙江、上海、湖南、湖北、广西、福建、四川以及北京、河北等地。其宫殿、楼观、门垣，务极宏丽。天师道始大行于世，四方之民为老氏者日集，以至于无处可安。在《浙江通志》卷二百三十三《寺观》八“洞神宫”有如下记载：

> 龙虎山道士张守廉来游吴越，道经富阳，乡民诉有妖鱼为患。守廉投以铁符，遂息。乡人感之，相与结茅于春盘山。未几，徙居

桐松山之阳，四方羽客闻风稿辏，乃益广其居，号为东阳洞。[①]

龙虎山统领三山符箓后，受箓者必须而且只能到龙虎山箓坛领受。龙虎山统一三山符箓进一步推动了南宋新兴道派的整合。关于整合各道派统一到龙虎山授箓的情况，王契真在《上清灵宝大法》卷二十八中，指出：

监度师状云：某于某年某月日就龙虎山正一天师门下参受某箓。某于某年月某日诣某君坛下传受某法，见今奉行。[②]

由此可知，江南各道派中，若要“箓”就只能向龙虎山申请并赴坛领受。但就授箓与传法、授箓与受戒还是有区别。

授箓与传法。在南宋朝廷的支持下，互相交杂的各道派大多很快就消融入正一道派，并以新正一派的面目出现。当然，传统的几大道派仍保留自己的法脉，如茅山上清、阁皂山灵宝派等。所以，出现两种情形：其一，属于正统传承的各大主流道派力量并未因此而受太大影响，而小道派则很可能逐渐就加入或融入正一道。其二，民间道士，由于以传法为主，箓的统一与否和他们关系不大，但法对他们影响比较大。

授箓与受戒。据考察相关文献，宋代授箓与受戒要分开，如《云笈七鉴》卷四十五《秘要诀法部》规定，“须先受戒，制断恶根，积功累德，方可登真”[③]，此处特别强调，正一登真箓乃“正一法中王”，因此，很清楚地说明了龙虎山授箓的地位和价值。

二、江西道教主要派别及其传播

（一）以阁皂山为中心的灵宝派

阁皂山灵宝派开创于三国东吴时的葛玄，是以信奉和传承《灵宝

① 清雍正《浙江通志》卷二三三，上海古籍出版社1991年版，第2991页。
② 《道藏》第30册，文物出版社、上海书店、天津古籍出版社1988年版，第909页。
③ （宋）张君房编：《云笈七签》，中央编译出版社2017年版，第506页。

经》而形成的道派。汉末以来，葛玄传古《灵宝经》，经魏晋南北朝，即经葛洪至葛巢甫，创立经箓派道教的灵宝派道团。灵宝派重视符箓科教和斋戒仪轨，加强劝世度人的宗教功能，宣扬要普度一切人；在修持方法上吸收天师道和上清派的长处，成为晋末宋初很有影响的道派。灵宝派以江西阁皂山为本山，故又称阁皂宗。阁皂宗形成于唐代中期，以葛玄为其始祖，昌盛于唐宋，南宋以后并入正一道。

在唐代，阁皂山灵宝派趋于成熟时期，并得到帝王的关注，其组织规模、宫观建设到斋醮仪式，都达到了相当成熟的程度。北宋时期，阁皂山灵宝派达到鼎盛时期，宋真宗以年号赐予阁皂山道观名称。宋真宗于大中祥符年间（1008—1016）以其曾用年号“景德”赐给阁皂观；宋神宗熙宁中（1068—1076）敕封灵宝派传教“成仪智”为灵宝大师，又赐给阁皂山御书 118 卷、《圣封泰山芝草》2 本等。宋哲宗绍圣四年（1097）敕令龙虎山、茅山、阁皂山为“经箓三山”，由此形成三宗鼎立的格局；宋徽宗政和八年（1118）将“景德观”赐为“崇真宫”，追封葛玄为“冲应真人”。

到南宋，阁皂山灵宝派盛行于世。宋孝宗（1163—1189）敕封阁皂山道士“杜行正”为冲隐大师；宋理宗淳祐六年（1246）加崇真宫为大万寿崇真宫，追葛玄为“冲应孚佑真君”，又赐“元始万神”铜印传度符箓。一时之间，朝野上下，无不以能得到阁皂山灵宝符箓为荣，那时的阁皂山盛况空前，正如庆元二年丙辰（1196）周必大《临江军阁皂山崇真宫记》所说：“政和八年，始赐号崇真宫。前对灵云峰，后倚东西两山，山皆有坛，其东葛也，其西张也。水出宫后，名葛憩源，凡半里余，声潺潺行石间。大抵葛仙遗迹为多，故崇宁间封冲应真人，诰命在焉。北有令威观，基坏久矣。入门即御书阁十一楹，藏熙宁赐书百一十八幅，章圣封泰山芝草二本，皇祐《新乐图》一卷，绍兴宸翰十轴。阁后设传箓坛，盖法许授箓者惟金陵之茅山、信州之龙虎，与此为三。徽宗朝给‘元始万神’铜印，至今用之。次曰金阙寥阳殿，曰昊天殿，曰正一堂，曰靖应堂。其东曰祖师殿，曰藏殿。最后玉像阁五间，其崇五丈四尺，雄杰冠于一宫。凡殿于旁翼以修廊，道士数百人环居其外，争占形胜。

治厅馆，总为屋千五百间，江湖宫观未有盛于斯者。”[1]碑文记载了閤皂山崇真宫的赐名年代（1118）、建筑规模（1500余间）、驻宫人数（100余人）、传箓坛的位置以及与龙虎山、茅山同时授箓的事实。南宋閤皂山灵宝派传法道士主要有：

李汉卿，生卒年不详。乾道年间（1165—1173）閤皂山崇真宫管辖道士。

王次鼎，生卒年不详。乾道年间为閤皂山崇真宫知宫。

陈彦举，生卒年不详。乾道年间为閤皂山崇真宫道士。年七十五，能诗，得北宋政和中礼部给经纶科出身黄牒，曾历官丹林郎、修职郎等。

王自正，生卒年不详。庆元年间（1195—1200）閤皂山崇真宫管辖道士。

邹时亿，生卒年不详。庆元年间为閤皂山崇真宫知宫。

刘惟允，生卒年不详。庆元年间为閤皂山崇真宫副知宫。

陈处和，生卒年不详。庆元年间为閤皂山崇真宫度师。

标志南宋灵宝派盛行于世的还有两部灵宝科仪经典，一部是北宋末南宋初金允中编《上清灵宝大法》四十五卷，另一部是南宋末宁全真授、王契真编《上清灵宝大法》六十六卷。《上清灵宝大法》将南宋灵宝经典、科仪等作了整理，分别说明灵宝派与其他道派的不同之处，一是南宋道教由宫廷进入民间，在传播方式上，居家弟子大量增加，他们无法得到官方道士身份的“箓”；二是在科仪的内容上有所简化，主要是为居士信众考虑；三是大量吸收佛教教义，如三世说、度人说等，尤其是度人说，把道教历来以自己修炼功成得道为主的教义，发展成必须积德行善，普度众人后才能成为神仙。

（二）以军峰山为中心的神霄派

神霄派由北宋末年南丰籍道士王文卿在军峰山创立。神霄派是内丹与符箓相融合的产物。神霄派以传行自称出自天上神霄玉清府的神霄雷法为职事。北宋末，在宋徽宗的扶植和利用下，神霄雷法大行于世，神

① 《四库》本《文忠集》卷八十。

霄道士显赫至极，至南宋，继续传扬并得到宋高宗赵构的关注和重视，如至顺三年壬申（1332），虞集在《灵惠冲虚通妙真君王侍宸记》，曰：

> 高宗定都江南，将二十余年间，侍宸犹在，命守臣物色之。有诏曰：敕王文卿先朝高士，退隐林泉，枕石漱流，多历年载。兵戈之后，杳不闻音，朕甚思之，其出山一来，以副虚伫。又敕守臣以礼津发。辞以老病，不复至阙。使人画其像以进，亦亲题赞，世人多传之。①

此处记述了南宋高宗对王文卿神霄雷法的格外看重，而王文卿退居家乡南丰王村后，主要隐居在其村庄对面的军峰山传扬其功法，其弟子也遵循其法不断传扬，虞集又曰："其在乡既老而得其传者，则新城高子羽，授之临江徐次举，以次至金溪聂天锡，其后得其传而最显者曰临川谭悟真云。人不敢称其名，但谓之谭五雷。"②

王文卿羽化登仙后，其弟子分成许多支派，继续传播于长江以南广大地区。与王文卿弟子不断承传的同时，"异派同名者杂出，以至好事者不得其门而入"。亦有林灵素和张继先的支系在传播。据记载火师传汪真君与玉真教主林灵素（侍宸），林传与张如海，后传陈道一，下传薛洞真、卢君野，次以神霄派脉传徐必大。地祇一司之法，实起于虚靖天师（即张继先），次显于天宝洞主王宗敬真官、青城吴道显真官、青州柳伯奇仙官、果州威惠钟明真人，相继而为宗师。……后则有苏道济派、温州正派、李蓬头派、遇曜卿派、玄灵续派，如此等类，数之不尽。北宋末南宋初又有西汉人萨守坚，自称汾阳萨客，学神霄雷法于张继先、王文卿、林灵素，萨守坚撰有《雷说》《内天罡诀法》《续风雨雷电说》等阐述雷法，萨守坚法裔流行衍至后世，称"西河派""天山派"，当属神霄支派。另外，金丹派南宗陈楠和白玉蟾亦兼传神霄雷法，白玉蟾还撰

---

① 四库本《道园学古录》卷二十五，第1207册，第367—370页。

② 四库本《道园学古录》卷二十五，第1207册，第367—370页。

有雷法著作多种。后白玉蟾传弟子彭耜，彭传弟子林伯谦，应当为神霄另一支派。

关于白玉蟾皈依神霄派并修雷法的事实见《传度谢恩表文》《法曹陈过谢恩奏事朱章》《忏谢朱表》《表奏法坛传度首过谢恩朱章》《雷府奏事议勋丹章》等，如《传度谢恩表文》，表明白玉蟾与弟子们正式成为神霄派传承人，获取了神霄玉清府行使五雷之法的神职。

（三）以华盖山为中心的天心正法派

天心派为正一天师道支派之一，北宋时期由饶洞天创立于华盖山，在南宋传播到周边地区及福建、浙江等地。南宋金允中《上清灵宝大法》卷四十三记载："自汉天师宏正一之宗，而天心正法出矣。当其受印剑于玉局，荡妖邪于寰区，法之济时，厥勋盛矣。"[①] 认为天心正法派由张陵所创，这只是依托之辞，但可证明该派属天师派系。至南宋绍兴之初（1131），天心正法派道士路真官编撰了《无上玄元三天玉堂大法》三十卷，行于世，收录《道藏》洞玄部方法类，为此，路真官成为南宋时期天心正法派最著名的道士，他强调行法者须重内炼，以内炼为本，如他在《无上玄元三天玉堂大法》卷一中这样总结修道与行法的关系：

> 道在我身，修之久则可以成真。吾之真元既成，将有余而补不足，所以莫非法也……使内气以合外气，外神以符内神，则一舜之间报应如响矣。[②]

南宋时，还有邓有功传授"天心正法"。邓有功为南宋南丰人，字子大，号月巢，人称月巢先生。幼习儒学，少举进士，试礼部不中，为抚州金溪尉，成为天心正法的第五代传承人，其重新编集了《上清骨髓灵文鬼律》三卷，增补重定《上清天心正法》七卷。

天心正法派廖守真也是一位传承者，修大洞法、灵宝法、北帝法，

① 《道藏》第 31 册，文物出版社、上海书店、天津古籍出版社 1988 年版。
② 《道藏》第 33 册，文物出版社、上海书店、天津古籍出版社 1988 年版。

成为天心正法派支派，《道法会元》卷二四六《天心地司大法》记载了廖守真的传承和法脉："昔宗师廖真人修大洞法，诵度人经，北帝遣殷郊护助真人修炼人丹，所到则瘟疫消灭。"[①] 其传承法系为：廖守真传萧安国，安国传彭元泰，元泰传史白云，白云传费文亨，文亨传陈一中。

（四）以太平山为中心的广惠派

广惠派由南宋道士章哲创立于武宁县太平山。据《太平山道谱》记载：

> 宋理宗绍定六年（1233），武宁县顺义乡人章哲自武当山学道归来，辟荒结庵修炼于太平山，招收弟子，创立广惠派。[②]

武当道教信奉的主神玄天上帝，或称真武大帝，来源于中国古代宗教中的玄武崇拜。至隋唐五代，玄武崇拜无论是在教内还是在民间已经相当盛行。发展到宋代，玄武崇拜达到了高峰。宋朝立国之初，即信奉北极四圣。宋真宗封真武为灵应真君之后，真武神格逐渐提高，成为官方与民间极为尊崇的道教大神。在这一社会政治背景下，以武当山为本山，以崇奉真武、重视内丹修炼、擅长符箓禳会，强调忠孝伦理为主要特征的武当道教正式形成。

为提高创派立教的名望，章哲曾两次托称遇到吕祖，即唐代与陈抟同时的道教祖师吕洞宾，并受其传授，称为"武当纯阳大道"。据《太平山志》记载："章哲回武宁后，复游湖北广济县，在城外三里地方松树边，得遇吕纯阳祖师，低身下拜，求传秘诀。吕祖曰：心为天君，与吾同尊。群仙来往，诸佛盈廷。邪魔回避，不敢现形。调和元气，万物归根。端居不动，至虚至灵，八卦炉中，炼就法身，三清殿上，任其游行，法雨遍施，护国救民。吕祖传授秘诀后，复嘱咐有书。书云：后当坐武邑丝罗山，开创基业，护国佑民，此玄天之诏命，亦天赐之道场也。

① 《道藏》第28册，文物出版社、上海书店、天津古籍出版社1988年版。

② 民国《太平山道谱》，刻本。

章哲得授秘诀，遂径往丝罗山，为安身修炼之所焉。后来章哲又遇到吕祖，二人相谈草坡之上。章哲恭立而问曰：三宝充足，道理空明，不能脱壳奈何？吕祖回答说：求脱壳隔层工夫。章哲下拜，求师再传。吕祖抽出宝剑在石上画一葫芦，指示离壳解脱之法，又传口诀一篇曰：浑浑沦沦，景象难名。混混沌沌，形容难罄。恍恍惚惚，其中有物；杳杳冥冥，其中有精；明明白白，五千道德；的的确确，妙有着落；清清净净，高悬明镜；优优游游，好觅源头；玄玄妙妙，回光返照；绵绵延延，胎息自然；活活泼泼，形神超脱；虚虚无无，变化不居；高高下下，忘却自大；本本原原，仙佛真传。少少老老，曷遵吾道，曷遵吾道。章哲依样画一葫芦，得授真传口诀，杳冥恍惚，灵光出现，不用食物，了然成仙。”①

淳祐十年（1250）章哲在石板江仙逝后，其徒有三，均为南宋时期的传承人：郑德宣、邓德九、石德模。他们遵其遗留药方将遗体处理后送回丝罗山，在正殿中建塔供奉，“双目炯炯，面貌如生”，被尊为“祖师章真人”。宋理宗闻其异，封章为“天乙佑圣宫，自然灵应真君”。此后，每年农历八月为“朝仙月”，吴楚各地群众斋戒沐浴，上山进香，不绝于途。“无求不应，有叩斯通，其济人利物有如此。而且大开觉路之门，凡有志修道者，无不引登彼岸，自是而成道者众矣。”

（五）以西山为中心的“旧净明道”

东晋许逊真君住世时倡导净明忠孝之教，至唐高宗时胡慧超重振此教，但都只作为一种信仰而流传，并没有形成有庞大组织的道派。南宋时，金兵南侵，生灵涂炭，万寿宫周真公祈请许逊救民于水火之中。传说许逊下降，出《灵宝净明飞仙度人经》《净明黄素书》等经典，于是周真公托神建道，“建翼真坛，传度弟子五百余人”，创立了早期的“旧净明道”，但很快就夭折，其主要特点是借用了灵宝道法及灵宝经的内容，绍兴元年（1131）何守证所撰《灵宝净明新修九老神印伏魔秘法序》中反映了“旧净明道”与灵宝派法脉的关系：

① 民国《太平山志》，刻本。

> 炎宋中兴，岁在作噩，六真降神于渝水，出示“灵宝净明秘法”，化民以忠孝廉慎之教，乃命洞神仙卿为训导学者师。越二年，秋八月，高明大使覩欻临于游帷故地，即今江西玉隆万寿宫也。于是肇建仙坛，名曰翼真，以延善知识。[①]

上述表明，早期“旧净明道”仅仅传授“净明秘法”而已。序中还明确说此前先有“六真降神”，后两年才有“许逊降神”，“六真降神”的时间是南宋建炎三年（1129）在临江军新喻县（今新余市），两年后即绍兴元年（1131）才有西山玉隆万寿宫许逊降神和翼真坛的建立，由此可知，新喻的“六真降神”的时间早于玉隆万寿宫，而且地点不同。

周真公所创建的早期“旧净明道”奉祀神明，据《太上灵宝净明飞仙度人经法》卷一记载：其尊奉“太阳上帝孝道仙王”（“灵宝净明天尊”）、“太阴元君教道明王”（“灵宝净明黄素天尊”）为“祖师”，其神权机构称“灵宝净明院”。祖师行列，尊张陵为“经师”，许逊为“度师”，周真公为“灵宝净明院演教师”，其弟子何守证为“翼真坛副演教师”。自何守证之后，周真公净明道传嗣不详，如《海琼白真人语录》卷一留元长、彭耜问其师白玉蟾：

> （留）元长问曰：近观灵宝法之旁门，又有曰圆通一法，复有太上净明院法一阶，或有用太上净明院印者，或有用圆通印者。其印文有“灵宝圆通混化玄秘”八字，列于八方。其印之中，又有司院省府四字。其印内文却圆，外文却方，盖取圆通之意。以愚意观之，灵宝圆通混化玄秘，此心印也。故欲以此木印而尽此八字，可乎？所谓司院省府，此灵台也。故欲以此木印而为此司院省府，可乎？殊不知灵宝本是圆通，圆通本是净明，又何必寻枝摘叶如许之繁哉？
>
> （白玉蟾）答曰：诚是。圆通法所造一颗印，说要圆通却不圆通。
>
> （彭）耜问曰：近闻圆通一法，尝窃疑之。彼之法印，内圆外

① 《道藏》第10册，文物出版社、上海书店、天津古籍出版社1988年版，第547页。

方，中有五行，外有八卦，省府司院列于四方，以“灵宝圆通”四字为宗，以“混化玄秘”为本，其间掇拾诸法符图咒诀，创为一家，谓之圆通大法。先生然之否也乎？

（白玉蟾）答曰：神无方，故曰圆。炁无体，故曰通。古者圆通之说，即是神炁混合，出入虚无，还返混沌。今若以形器卦数为之，与其真个圆通，不亦远乎！况古无此法。呜呼！邪师过谬，非众生咎。①

白玉蟾及其徒弟他们都生活在南宋，他们对早期“旧净明道”的情况是了解的，其文献记述是可信的。从他们师徒的对话中非常清楚地知道早期“旧净明道”所谓“净明符法”，无非是“灵宝旁门”，其法门是无根之法，是“寻枝摘叶”“掇拾诸法符图咒诀，创为一家”，所以很快就销声匿迹了，这是“邪师过谬，非众生咎”，白玉蟾作了精妙的评价和总结。“旧净明道”的快速消亡，一方面固然与当时的瘟疫或战争不无关系，另一方面与其教理、教义不能顺应时代要求，满足信众需求也是紧密相关的。

三、龙虎山正一派天师道与江西其他道派

东晋以后，天师道开始分支，在茅山地区，魏华存创立的上清派，流行于江南一带，称为茅山宗。上清派以《黄庭经》《上清经法》为经典，上清派重视个人修炼，以存神服气为主要修行方法，流传至南宋末归并正一派；同时，葛洪从孙葛巢甫编撰《灵宝经》，经刘宋道士陆修静增删，立成仪轨，形成灵宝派，以阁皂山为中心，灵宝派重视符箓、科教，注重“济世度人”，南宋末归并正一道，由龙虎山提举三山，统称为正一派。

正一派以《道德经》《正一经》为主要经典，以龙虎山为中心，以符箓斋醮、降神驱鬼为主要宗教活动，同时兼修内丹修炼和神霄雷法等。

① （南宋）白玉蟾著，盖建民辑校：《白玉蟾文集新编》，社会科学文献出版社 2013 年版，第 93—95 页。

正一派由天师道发展而来，在漫长的历史发展过程中，一方面以不断适应新形势、新时代，吸收儒家经典思想，主张“诚、敬、忠、孝”，使正一派的教义、教理的内容不断充实，同时发扬正一派天师道符箓文化的独特优势，对道教经典、科仪斋醮体系不断完善，对江西灵宝派、神霄派、天心正法派、广惠派、御制派等有一定的影响。另一方面，龙虎山正一派天师道不断对其他江西派别的吸收上清派的修炼之法、灵宝派的科教之仪、神霄派之雷法以对尊神、俗神、仙人等神明都奉祀在上，由于正一天师道派不断的改革、开放、吸收其他道派或天师道支派的精髓和营养，使其成为起主导和统领作用的道派，朝廷的重视和礼遇更提高了龙虎山正一派的地位，宋理宗赵昀诰封龙虎山第三十五代天师张可大“提举三山符箓”，使得龙虎山正一派的地位更高、影响更为广泛。

龙虎山正一派统领三山符箓后，其掌握唯一授箓权的影响力，特别重要的是授箓内涵的升华及其教化功能，修真观、功业观、功德观、善恶观等都融入授箓的教义、教理之中。

原江西道派合并正一派后，由于种种原因，有的逐渐与他派融合而绝传，有的却在承认正一大宗下，保留着原有道派的传承，如净明、神霄、灵宝、广惠、清微等道派在民间各自传承不绝，以“传法”的方式在延续和传播。如南宋王契真在《上清灵宝大法》卷二十八《传度仪范门》中，云：

> 师曰：夫灵宝大法者，三洞三品之上道，万百千篇之灵章，受着不论仙凡，而在于有经者为师，授者不择贵贱，在于有求者为弟子也。①

上述灵宝派在民间传度传法的信息，反映了灵宝派在民间的影响和深入。据王契真在《上清灵宝大法》中介绍，灵宝派传度的内容有受戒律、传经书、传法诀、传法印、传法剑、剖券分环、度仙诰、交兵帖等，

① 《道藏》第30册，文物出版社、上海书店、天津古籍出版社1988年版，第906页。

这些传度内容说明灵宝派传度有序，规范而庄严，如申请传度的“度生”要受十戒，《上清灵宝大法》卷三十《传度科格门》中要求度生“今对三尊，先明十戒”。

灵宝派教理、教义对于“度生”有积极的正面引导作用，视为“正法”，此灵宝派的“忠”“孝”“斋”“宽”“裕”“容”“忍”等教义教理，后为净明派所吸收并传承，形成了“净明忠孝之学”[①]，乃为“八宝垂训”。无论灵宝派的科仪还是思想对正一派、净明派、广惠派及其他道派都有一定的影响和借鉴。

创立于南宋武宁太平山的广惠派也借鉴和吸收了正一派其教义、教理、符箓和灵宝科仪的内容和思想，其供奉的神明中有“三清”。考察清刻本《太平山建醮科》得知，《太平山建醮科》是源于龙虎山福地。

与太平山相邻的九宫山，南宋时期属于江西的管辖范围，其时创立的九宫山道教御制派也是天师道的分支，所谓“御制派”也称“九宫山”派，是指由皇帝亲自拟定道派师徒传承的派系字号[②]。宋宁宗赵扩亲拟九宫山道派字辈40字，这40个派字为：“道宗元太希，惟天可守之。以智绍祢祖，端显应良师。公子茂中景，叔孙克世时。孟仲季若善，居处自然熙。”[③]此举反映了宋宁宗赵扩对九宫山道教的极力推崇，但作为正一派天师道弟子张道清也没有辜负朝廷的期望，努力传承道教文化，带领徒弟开辟九宫山道场，据《九宫山志》记载：

> 真牧开山，建佑圣、天师二堂，一奉真武，一奉道陵，此即其师承所自[④]。

由此可知，正一派天师道在南宋的传承情况。御制派祖师张道清为龙虎山正一派授箓弟子，张道清秉承天师道身在方外而心怀天下的传统，

① 清《太上灵宝净明宗教录序》，青云谱藏版。

② 卿希泰：《中国道教史》，四川人民出版社1996年版，第134页。

③ 清《九宫山志》卷六，江苏古籍出版社2000年版，第130页。

④ 清《九宫山志》卷六，江苏古籍出版社2000年版，第447页。

以弘道阐教、护国救民、济度众生为己任，先后分别受到南宋宁宗赵扩赐封“真牧”、理宗赵昀加封“真牧普应真人”和“妙应真人”、度宗赵禥的赐封“普兴真君”。

南宋时期的御制派，传承有序，道脉昭彰，高道辈出，且道教宫观遍布江南各地，如张道清之徒杨宗权，号通慧先生，浔阳（今九江）寿圣观，以道法著称，宋度宗赐封其为‘孚惠真人’，“太”字辈（御制派第四代）比较著名者有余太玨、封太本。余太玨，江西修水人，师从黄元瑞，师徒二人居京山长森万寿观修道。嘉熙年间，万寿观毁于战乱，余太玨抱观中所藏御书脱身，携黄元瑞回归修水故里，待其师如亲父。其故里有（武宁县）钟鼎山，在九宫山东面，山中有冲和庵，太玨遂居其中[①]。据淳祐三年（1243），余太玨在《玉清万寿宫记》碑文中，曰：

> 太玨慨念乡里之申请，邑府之主盟，御书金厄于劫火之□，得以尽崇敬之实，夙夜究心，不敢少懈。幸山川效灵，神人欢附，宫赋之岁收纔数十，而道流之□□几数百，楼殿门庑，间就一二，而规模方自是始也。华文待制杨公恢记其颠末，敬镵诸坚珉，刻宣和敕宣道士朱德英住持玉清万寿宫之文于碑阴，用示不朽云……[②]

此碑文记述了余大玨从九宫山回到家乡钟鼎山主持玉清万寿宫的情况，反映御制派在江西分宁从第四代到第八代的传承情况。此文刻于杨恢撰写《玉清万寿宫记》碑刻的阴面（碑阴），如淳祐元年辛丑（1241），分宁（修水）人杨恢在《玉清万寿宫记》中，叙述了玉清万寿宫在北宋宣和年间的情形，“夫玉清无故址，无阡陌，所存唯宣和间敕宣道士朱德英住持之文”，赞扬了南宋时期余大玨学道、奉祀、敬师、重修玉清万寿宫、培养弟子的重要行迹，反映了天师道分支御制派的兴盛，也说明正一派巨大的影响力。

① 刘固盛等 :《湖北道教史》，华中师范大学出版社 2018 年版，第 119 页。

② 据梅盛道长提供的碑刻拓片及文字。

第八章 南宋江西灵宝派的盛行与发展

灵宝派在道教史上有两个独特的贡献：其一是《灵宝经》宣扬以“齐同慈爱、济度众生为宗旨的大乘主义思想”，这种先度人后度己的教义，与儒教提倡“兼济天下”的仁政思想，以及中国佛教宣扬的菩萨乘教义相通，都体现了中国宗教以救人救世为本，关怀全社会的福祉的普世性精神。其二是灵宝派在各派中最重视斋法仪式的研究和创设。自南朝灵宝宗师陆修静到宋元时期的灵宝道士，撰述了大量的灵宝斋法科仪文本。收录《道藏》中的大部分经书都是灵宝派的科仪文本，未收录《道藏》的民间道士行用的科仪、经忏等文本更多到难以计数。灵宝派的道场科仪不仅为正一、全真等道派所吸收，还广泛影响到中国民间宗教、少数民族宗教的仪式乃至中国国家祭祀仪式及中国佛教的道场仪式。[①]

以閤皂山为中心的灵宝派奉葛玄为祖师，所传承的灵宝法箓依据充分，哲宗绍圣四年（1097），閤皂山就

① 王卡：《王契真〈上清灵宝大法〉研究·序》，王文龙《王契真〈上清灵宝大法〉研究》，齐鲁书社 2015 年版，第 1 页。

已经得到朝廷赐予的“三山符箓”的地位；徽宗政和八年（1118）“改赐崇真观为崇真宫”，并“赐给元始万神铜印以授法箓则用之”。阁皂山有“景德观”升格为“崇真宫”、获得“元始万神”铜印，这在阁皂山道教史上具有极其重要的意义，同时也奠定了阁皂山在灵宝派的祖庭地位。灵宝派在南宋的传播主要地区有四川成都、河南开封以及浙江杭州、天台、温州、兰溪等，江西主要集中在葛仙山、灵山、玉笥山、玉华山等。

第一节　南宋阁皂山的盛况

据《阁皂山志·山考篇》中述及：阁皂山周回延亘二百里，属武夷山西延之支脉，跨（崇仁）乐安、新淦、丰城。按杜光庭《福地记》云：“阁皂山志第三十三福地，在吉州新淦县，天师行化处。”《太平寰宇记》以为神仙之馆。旧隶新淦，宋置临江军，乃属清江。《志》曰：“阁皂山在县东四十里，形如阁，色如皂，故名。汉张道陵、晋丁令威，尝修炼于此。”合三说考之，灵异磅礴，号称清都，其来久矣，而葛仙尤为最著云。

一、阁皂山道教的历史变迁[①]

汉魏两晋南北朝（前206—581）。许多有识之士隐居江西龙虎山、阁皂山、玉笥山、庐山、华盖山修神仙养生之道，这些山得益于“有仙则灵”而名扬天下，大量的道教科仪经书和神仙炼养方法盛行于世，阁皂山缘于葛玄创立的灵宝信仰而绵延不断、香火长盛，阁皂山上的宫观建筑，葛玄在汉建安中来阁皂山立坛，吴赤乌中复来此建卧云庵。其后有灵仙馆。

隋唐（581—960）。隋唐也是阁皂山道教发展的旺盛时期，隋时灵仙馆被毁，唐初兴造，于隋开皇十四年（594）掘地得铸造的重达百余斤的铜钟，并虚皇真人玉像三尊，可见灵仙馆的规模非常大。道士程信然始

① （明）俞策编撰、（清）施闰章修订：《阁皂山志》卷一。

创草堂，掘地得玉石像；仪凤（676—679）中道士孙道冲请于朝，得赐山名阁皂山，这是此山正式命名开始。唐先天元年（712），孙道冲始又建台殿，因山而名“阁皂观”，置玉像于其中。南唐（937—961）改名玄都观，并派大臣徐铉前来祭祀。

北宋（960—1127）。北宋是灵宝派大发展时期，既得到了朝廷的高度关注，又在全国有影响。一是三大符箓派之一的地位确定，绍圣四年（1097），宋哲宗赵煦敕命阁皂山灵宝派与茅山上清派、龙虎山正一道，同为道教的三大符箓派，葛玄被尊奉为灵宝派祖师；崇宁元年（1102），宋徽宗赵佶封葛玄为“冲应真人”。二是赐“观”为“宫”，宋大中祥符元年（1008），宋真宗赵恒避其先祖讳，改名景德观，赐龙文、天章两阁宝文御书一百二十卷，封泰山芝草二本，良田二十顷，又增建御书阁；政和八年（1118），宋徽宗赵佶赐号崇真宫[①]，给元始万神铜印。三是“阁皂山”在《云笈七鉴》中敕列为第三十六福地，被称之为“天下名山，道教福地，神仙之馆”。[②]

二、崇真宫的地位与影响

崇真宫是阁皂山内一座重要宫观，以当时两位名人杨申和周必大的文章而更加声名远播。

杨申，生卒年不详。字宣卿，北宋新喻（今江西新余）人。天圣二年（1024）进士。历官上饶县（今江西上饶县）丞、太常少卿、光禄卿。因与王安石政见不合，出知济州（今山东巨野县），寻辞官。著有《阁皂山景德观记》[③]。《阁皂山景德观记》是杨申于宋熙宁五年壬子（1072）撰写的，根据他的简历和自述分析得知这是他辞官后回到新喻安度晚年且八十岁高龄时撰写的一篇碑文（原碑已不存，碑文拓片存于樟树市博

① 据《阁皂山志》记载：南宋乾道二年（1166），周必大来游，曾瞻礼玉像、御书、芝草、封诰、篆印，读唐宋诸家诗文之碑。宁宗庆元二年作《崇真宫记》。

② 桥碑“鸣水桥”三个行楷结合、清逸飘洒的大字，此桥为江西省现存的两座宋代石拱桥之一，与庐山观音桥堪称“姐妹桥”。1957 年，江西省政府公布“鸣水桥”为省级文物保护单位，并加以修葺。

③ 见（明）俞策编撰、（清）施闰章修订：《阁皂山志》卷四。

物馆）。新喻县与阁皂山所在的清江县都隶属临江军，因为杨申先生的名气和才气，阁皂山的景德观邹九龄、熊崇天两位道士登门到新喻恳请杨申而作。

《阁皂山景德观记》主要记述了阁皂山的道教历史、“景德观”的历史变迁及自然风貌。“方广严丽，如天一阁，望之宏邃，其色为然”是阁皂山的自然风貌以及从汉到宋代阁皂山道教的辉煌。从内容来看，特别指出阁皂山曾经有张道陵、丁令威、葛玄、萧子云等历代道教大师及其他们炼丹时留下的文化遗产，足以说明阁皂山在历史上的盛况，他的结论是“神灵所宅，信不孤立”。

熙宁五年（1072），阁皂山“景德观”藏有朝廷御书120多卷，接纳了100人在阁皂山学道，建有1500间丹房或者靖室安顿学道之中士。在杨申写完碑记仅过四年，熙宁九年丙辰（1076），“景德观”再次遭火焚毁。根据时人许玄真《山记》可以推断“景德观”观名经历了阁皂观—玄都观—元都观—景德观—崇真观等多次更名，“景德观”为朝廷赐封。

周必大与崇真宫结缘是在乾道九年癸巳（1173），这年周必大专程到阁皂山去考察，并写下了《记阁皂登览》，文中记述了唐代阁皂观有古钟和玉石尊像，介绍了“熙宁间，吉州通判双渐、郡人中大夫杨申及元祐中江西运副张商英等并有记”，更重要的是述及了“政和八年五月，用守臣之请，改赐‘崇真宫’为额，给元始万神铜印一，授法箓则用之。盖天下授箓，惟许金陵之茅山，信州之龙虎山，与此山为三”。周必大此文既反映了阁皂山道教的历史，又反映了阁皂山成为“三山符箓”之一授箓的盛况。

三、灵宝派的授箓

道教三大宗坛符箓遍天下，在江南社会具有深远影响。灵宝三箓坛曾在天下四岳设立，而阁皂山的授箓盛况更是名闻天下，正如南宋理学家朱熹游历阁皂山，一首《登阁皂山》真实记录了阁皂山授箓兴盛局面，他这样说：

一派泠泠台下水，半空漠漠岭头云。

祖师成道冲天去，只有无穷受箓人。

南宋时期，正一派的中心转移至江南龙虎山，由此，龙虎山正一宗坛、阁皂山元始宗坛，茅山的上清宗坛，共同构成道教的三大法坛。关于这三大法坛的影响力和授箓情况，许多文献和先贤都有记载，南宋金允中《上清灵宝大法》卷十，也记录了三山的宗坛地位和影响，“金陵之三茅山，大洞之宗坛也；临江之阁皂山，灵宝之宗坛也；信州之龙虎山，正一之宗坛也。”元刘大彬《茅山志》卷十一《上清品》刘混康传载北宋哲宗绍圣四年（1097）也记载：“敕江宁府，即所居潜神庵为元符观。别敕江宁府句容县三茅山经箓宗坛，与信州龙虎山、临江军阁皂山，三山鼎峙，辅化皇图。”

北宋政和八年（1118），徽宗改景德观为崇真宫，升“观”为“宫”，授“元始万神铜印一”用于授箓，这表明朝廷正式认可阁皂山的授箓权应该是从这时开始，阁皂山崇真宫才真正确立三山符箓之一的资格。周必大作于乾道九年（1173）《记阁皂山登览》说元始万神铜印还在用，由此可知，阁皂山灵宝元始法坛的授箓资格和地位。

关于阁皂山灵宝派授箓嗣教宗师及其灵宝派的传承，四十三代天师张宇初在《岘泉集》中指出：“灵宝始于玉宸，本之《度人经》法而玄一三真人阐之，次而太极徐君、朱阳郑君、简寂陆君，倡其宗者田紫极、宁洞微、杜真达、项德谦、王清简、金允中、高紫元、杜光庭、寇谦之、镏冲靖，而赵、林、陈而下，派亦衍矣，具有东华、南昌之异焉。”两宋时期，影响较大的道士主要有曾昭莹、戴知在、杨君、曹道冲。

曾昭莹，生平不详。据《历代真仙体道通鉴》卷四十六《沈麟》载：宋太宗雍熙二年上元日禺中整冠褐闭户焚香，燕坐握固而化。同志为藏蜕于群玉峰之西，铁柱岗之东。后月二十日，有阁皂山道士曾昭莹来访玉笥，途中遇之，因问：“道者何之？”答曰：“暂到元（玄）都，寻当入庐山。”遗《度人经》二卷、诗一篇与昭莹，云：南北东西事，人间会也无，昔曾栖玉笥，今也反元都，云片随天阔，泉声落石孤，丹宵人有约，去采石菖蒲。莹讶其语不凡，入宫首访之，其徒云羽化去矣。

戴知在[①]（？—1093），字子中，北宋新淦（今吉安新干）人。景祐二年（1035）学道于阁皂山，拜谭仲雅为师，任职副道正。熙宁九年丙辰（1076），阁皂山景德观遭火灾，戴知在与道士杨（道友）、叶从新等坚守三十年，募集资金，在天师坛之西南重建景德观。度徒弟邓守贤、谭守元、杨安寿。戴知在道长不仅修复原有观舍还新建不少新建筑，如“虚皇宝台，老君塐像，慧力湖城，寿光精蓝，计金八百万数”，景德观在他管理下又有很大的发展。

杨君，生卒年不详。其墓碑志记：“太师公杨君法师，师公元正黄管辖三十三代宗师，甘田时、刘天惠，徒弟周道仝、黄克巳、萧得成、桂希声。”墓碑反映了以下重要内容：杨君法师是第三十二代灵宝派传人；黄元正是灵宝派第三十三代传人；甘田时、刘天惠是灵宝派第三十四代传人；周道仝、黄克巳、萧得成、桂希声是灵宝派第三十五代传人。

曹道冲（1040—1115），宋代女道士曹道冲，嘉祐六年（1061）在阁皂山受箓，灵宝弟子之一。著有《老子注》。她在《老子注》中说：“道本无名，非有非无，不涉器为，所谓生天地始万物者也。”阁皂山授箓得到朝廷的认可后，从此名扬天下，四方道士云集此山请箓、受箓，东京女道士曹道冲赴阁皂山授灵宝法箓，曹道冲即因得灵宝法箓而名显于世。郑昂的《希元观妙先生祠堂记》记录了曹道冲到阁皂山受箓一事：“先生姓曹氏，讳道冲，字冲之。……既而受箓于阁皂山，于是四方始知先生之名矣。”

① 戴知在陵墓于1988年在阁皂山出土，陵墓迁移到樟树市博物馆。墓内壁用特制铭文砖铺设，砖上刻“宋甲戌绍圣元年”字样。其墓前建有“门阙”，阙上有壁画，共刻画人物十八人，其中一人是戴知在讲经说法，弟子和信众通过神道在聆听大师讲学。

第二节　灵宝派在葛仙山的传播

葛仙山原名云岗山，地处上饶市铅山县中部偏南，是武夷山脉南北走向支脉上的一座主要山峰。葛仙山主峰高 1096.3 米，方圆 11 平方公里，主峰突兀，群峰环绕，形似斗柄，又似巨鳌，与主峰相连的九条起伏山脉，形成九龙窜顶之势。葛仙山之所以能够闻名遐迩，成为道教圣地，是因为东汉赤乌年间江左著名道士葛玄仙翁晚年在此山施药救人，炼丹、传教、飞升，后人感其恩德把云岗山改称葛仙山，又名葛山。葛仙祠又名“大葛仙殿”就坐落于这九条龙脉聚结中心，葛仙山因奉祀葛仙翁而名。

因为葛仙山声名远播，历代朝廷对葛仙山有赐封，三国时葛玄辞别孙权回閤皂山修行，孙权在江左为葛玄祖师先后建造了道观近 40 所，奉祀“葛玄”，以此表达对葛玄的崇敬；唐咸通年间，唐懿宗李漼因旌表葛玄曾在铅山鹅湖山潜心修行开教，敕命在鹅湖山建宗华观，虽然地址不是在葛仙山，但是这是当时葛仙翁信仰第一次受到朝廷和帝王的关注；北宋治平二年（1065），英宗赵曙改宗华观为玉虚观，玉虚观第一次出现在信众的心中；北宋崇宁三年（1104），宋徽宗赵佶封葛玄为“冲应真人”。赐封的内容为：“山川胜境，仙圣所居。其盛德茂功，显闻于世者，朕必秩而祀之。惟真人寄言，立称咸造，宗极出入，无畛与道；翱翔坛宇，琳宫积有年矣。祈禳休应，美利在民。肆加褒荣，特建崇号。尚祈歆怿，永福此邦。可特封冲应真人。崇宁三年[①]。”这是历史上帝王第一次对葛玄的赐封；淳祐六年（1246），宋理宗赵昀感恩葛玄有功于民，赐封葛玄为“冲玄孚佑真君”。在敕问中说：“庄周氏云：‘神人使物不疵疠，而年谷熟，仙之谓与！’尔修于名山，以成妙道，世传之升尚矣。在崇宁间，固已锡封。乃者，部使者从邦田亡之请，复以祈祷，响应岁岁屡丰之状来上。朕于方士说，无所嗜，嘉其有功于民，爰命礼官，用衍称谓。若夫，乘云御风，游乎八极之表，何有于名然？姑以见朕褒表

① 民国《葛仙山志》卷三。

之忧。可特封冲玄孚佑真君。淳祐六年[1]。”

从“真人”到“真君”虽然只是一字之差，但是却是从“人”到“神”的神化，从修行得道之人到神明主宰这之间是一个很大的提升。从此，葛玄信仰在民间留下了深深的烙印。名山出名道士，葛仙山也不例外。

王通（1004—1065），字道静、道明，北宋铅山永平人。遍游浙、闽诸名山，学道武夷山。慕名葛仙翁，故游谒葛仙山后，择地篁碧东山处，居茅竹洞潜心修行。后终深究元旨，能飞神御气，号召风霜。因济世救人，颇积功德，诏封“洞明普静真人”，坐化于茅竹洞，后人建会圣观祀之。

徐若浑（生卒年代不详），字居明。隐居于鹅湖山麓永平西南处之玉虚观西，研修灵宝经典。

詹大顺（1045—1129），字德常，“服膺道妙”，出家于太霞宫，后主持鸿都观。精通灵宝经典、堪舆学。宋政和七年（1117），宋徽宗于便殿召见，授“冲虚法师”、朝野大夫，令于阳德观住持。翌年又授元素大夫，大顺不愿受此荣禄，屡请还山，仍住持鸿都观。宋建炎三年（1129）羽化，享年八十五岁。

岳文中，生卒年不详。宋大中祥符修建并主持清真观。

郑守中，生卒年不详。宋天圣二年（1024）主持修建悟真观。

方若水，生平卒不详。宋熹祐八年（1063）主持修建俱妙观。

王明东，生平卒不详。宋元符年间（1098—1100）主持修建紫宸观。

刘悟真，生卒年不详。宋嘉熙年间葛仙山葛仙祠道士。

游真道，生卒年不详。宋嘉熙年间葛仙山葛仙祠道士。

叶本初，生平卒不详。宋淳祐三年（1243）主持修建广福观。

吴兰野，生平卒不详。宋宝祐年间（1253—1258）主持修建崇元观。

葛仙山及周边道观也传承灵宝派法脉。葛仙祠最早的名字为云岗庵，历史史料记载葛仙祠前身系一小土祠，因为坐落云岗山而命名云

---

[1] 汪华光主编：《葛仙山志》，宗教文化出版社 2001 年版，第 139 页。

岗庵。葛仙祠又玉虚观名。史载：汉末赤乌间，葛玄以“四要、九训”行教于鹅湖山，于兹“凿石为穴，藏于陇首”。唐代，道教盛行。咸通（860—874）中，懿宗李漼因旌表葛玄潜心修道，助世济民而敕命在鹅湖山西麓建宗华观奉祀葛玄。北宋治平二年（1065），英宗赵曙赐额改为“玉虚观”。对于葛仙山“玉虚观”的历史变迁，陈衡在《葛仙祠记》中有详细记载：“旧碑谓有净饭地，辟于宁绍兴间甲子，经营于淳熙丁酉，祠成于嘉熙辛丑。其营建士，则杨子先、王应韶；道士则刘悟真、游道真也。又百余年，皇元混一，悉构更新，凡植若干楹，一庙三室作于某年，其人则某人也。旧碑漫裂颓仆，而仙翁之灵贞宅之久不可以无记。古杭沈祥甫居永平市宅，乃以其赢命工买石刻辞。举而致之，则众相劝以力，其意咸欲昭今而垂后。呜呼！天地其有终穷哉。后之代今刻，亦若今之述故碑，其庶乎永有传也。”[①] 宋代葛仙祠重修了至少三次，即北宋元祐七年（1092）、南宋绍兴十四年甲子（1144）、南宋嘉熙辛丑（1241）。宋代葛仙翁信仰在铅山很普遍，道观比较多，如表所示：

南宋灵宝派道观分布情况

道观名称	地理位置	奉祀神祇	道观建设年代	资料来源	备注
鸿都观	在乡境东部天柱山之巅	奉祀葛仙翁	南唐升元年间（937—943）建	《葛仙山志》	宋治平二年（1065）朝廷赐额“鸿都观”
清真观	在永平镇西	奉祀葛仙翁	宋大中祥符（1008—1010）初，道士岳文中建	《葛仙山志》	
悟真观	在永平镇西三里处	奉祀葛仙翁	宋天圣二年（1024）建	《葛仙山志》	又名“西山庵”，道士郑守中建。
崇真观	在四都（今鹅湖）	奉祀葛仙翁	宋熹祐五年（1060）建	《葛仙山志》	

① 据葛仙山碑林新刻碑文。

续表

道观名称	地理位置	奉祀神祇	道观建设年代	资料来源	备注
俱妙观	在永平镇西	奉祀葛仙翁	宋熹祐八年（1063）	《葛仙山志》	又称大道观，道士方若水建
会圣庵	在篁碧村	奉祀葛仙翁	宋治平二年（1065）建	《葛仙山志》	
紫宸观	在紫溪乡	奉祀葛仙翁	宋元符间（1099—1100）建	《葛仙山志》	道士王明东建
华山观	在紫溪乡	奉祀葛仙翁	宋宣和间（1119—1125）建	《葛仙山志》	
玉清观	在鹅湖	奉祀葛仙翁	宋淳熙间（1174—1189）建	《葛仙山志》	
广福观	在永平南傅家山麓	奉祀葛仙翁	宋淳祐三年（1243）建	《葛仙山志》	道士叶本初建
崇元观	在永平镇西	奉祀葛仙翁	宋宝祐间（1253—1258）建	《葛仙山志》	道士吴兰野建

此外，还有秋水观、东隐观、元妙观、仁寿观、崇福观等均为南宋末年所建。正是由于葛仙信仰的广泛影响，在民间形成了各种香会、法会，包括开关山门、香会朝山、沐浴斋戒、诵吟《葛仙经》、除夕夜守岁、成仙故事等。据史料记载，整个宋代铅山的宫观或民间每年都要举行斋醮法会，有七日七夜或三日四夜的“太平醮”，也有七七四十九天的“罗天大醮”。

葛仙山的法会。葛仙山法会主要有：“葛仙翁”诞辰和“葛仙翁”飞升纪念日。葛玄于东汉延熹七年（164）农历四月初八日诞生。唐宋以来，葛仙山葛仙祠每年从四月初七日晚。道士、执事和来自各州、府、县、乡的信士香客，齐集大葛仙殿举行法事科仪，殿内香烟缭绕，烛光齐明。名曰“暖寿”。葛玄于孙吴赤乌七年（244）农历八月十五日平旦（黎明时）在葛仙山飞升台羽化。是日，乃中秋佳节，后人故往后推延五日至八月二十日，在葛仙祠内隆重举行盛大的斋醮法事仪典，以资纪念。

葛仙山的开关山门。灵宝派斋醮科仪与“开关山门”民俗活动有关联，据万历《铅书》记载，自古以来，每年农历六月初一葛仙山开山门时，铅山县令循例上山祭祀，从六月初一到十月初一关山门期间，四方香客到葛仙山朝拜，铅山县周边闽浙皖的信众每年都要到葛仙山朝拜葛仙翁，特别是葛玄寿诞的八月二十日举办盛大的清醮法会和赣剧演出，更是人山人海[①]。

葛仙山的香会。香会，又是信众同一信仰自发形成的民间信仰组织，据考证，“香会”最早是在宋朝出现在官方文献中，到了元代香会才成为朝山进香组织的特有称呼。葛仙山的香会众多，他们人数不一，会名或以村为名，例如“湖叶街会”“上徐家会”；或以本地村庙为名，例如“太子庙会”“三官殿会”“七星会”“小葛仙会”“三阳会”等；或以行业为名，例如“扁担会”“保安会”；或美好的祝愿为名，例如“平康会”“福善会”，等等。有“香头”“记账先生”“头尾旗手”“童子旗”“抬轿”“串堂”“神铳手”“挑箩”“后勤”等等。朝拜流程有“信香演社”“斋戒”“请神朝山”“抬神朝山”“道长接旗”“全体进香”“诵葛仙经”“酬神”“谢神下山”“打醮”“摆宴”等。

葛仙山的斋戒。沐浴更衣，不喝酒，不吃荤，减少娱乐活动，表示诚心致敬，称为“斋戒”。当然香会斋戒也有可能是很久以前葛仙山的道长要求的，因为葛仙山一直都是戒食荤腥的，所以，所有信众在朝山前都要在家打扫、沐浴、斋戒。斋戒多少天与信仰有关，分别有半月斋、七天斋、三天斋之分。

葛仙山的诵吟。诵吟《葛仙经》这是葛仙山周边信众上山朝拜葛仙翁的重要活动之一。诵吟《葛仙经》的作用是帮助信众化解灾难，增添福运。《葛仙经》未收录《道藏》中，但是在葛仙山周边地区的散居道士中也有《葛仙经》的文本,《葛仙经》的前面为《八大神咒》《开经偈》《玉清宝诰》《上清宝诰》《太清宝诰》《玉皇宝诰》《普化宝诰》《葛仙翁宝诰》，后面接《葛仙经》全称《太上老君说太极左宫葛仙翁妙经》。

① 明万历四十六年《铅书》卷八。

葛仙山的守岁。葛仙山除夕夜守岁，也是葛仙山民俗文化的又一种现象。虽不在香汛期，却也热闹异常。每年除夕之夜，寺观内张灯结彩，烛光通明，钟鼓与鞭炮齐鸣，全山充满盛世升平和节日吉祥的景象，来自本县和邻县乡间的香客、游人，数百之众与寺观道僧、执事人等，共吃斋饭，饭后聚在葛仙大殿“守岁”。大殿内灯火辉煌，炭火炽红，人们共话桑麻，畅谈古今，通宵不寐。

自葛仙翁在葛仙山飞升后百姓感其治病救人，于葛仙山山巅建土祠祭祀开始，虽然多次遭焚毁，但是信众上山朝拜进香从未中断，除当初感其恩德施药救人外，信众虔诚信奉，加之葛仙翁祖师的感应事迹、故事口口相传得到广泛的传播，来此进香朝拜的信众越来越多。

第三节　灵宝派在玉笥山的传播

玉笥山南宋时隶属新淦（今吉安新干）县，与閤皂山为邻，是灵宝派传播的重要道场，既是洞天又是福地。玉笥山有“承天八祖”“十大真人”玉梁观下辖“灵宝院”，灵宝院玉梁观的主殿，其中有超燕、浩然、水竹、养真四坛。灵宝院在宋代举办了数次盛大的金箓醮，可见其在宋代的影响和地位。下面通过揭傒斯的《临江路玉笥山万寿承天宫记》[①] 来了解玉笥山灵宝派的传播情况。

第一，玉笥山有“天下绝境”的自然风光。如文曰：“天下称大名山在大江之西者三：曰匡庐，曰閤皂，曰玉笥，玉笥又为天下绝境。按道书及图志，于洞天则大秀法乐，于福地则郁木。”江西三大名山匡庐（庐山）、閤皂山、玉笥山，玉笥山超越其他两座名山成为“天下绝境”。在杜光庭的《洞天福地岳渎名山记》，玉笥山列为第十八大秀法乐洞天，第八郁木福地。无论是在自然界还是在仙界，玉笥山是名副其实的“天下绝境”。正因为“天下绝境”的风光，为历代“得道成仙”的风水宝地。

① 《揭文安公集》卷十二。

第二，玉笥山有“超燕养真”的灵宝之友。玉笥山的绝境吸引了各路神仙聚集于此，在三十三峰上建有三十九坛、十二台，以“五谷十井”为炼丹之用，始于秦汉，皆有“磊落奇杰”于此山，正如揭傒斯所说：“大江之西虽有三大名山，惟此山兼洞天福地之重，峰有太白、云台、郡玉、秦望之属三十有三，坛有太清、太一、曜明、白鹤之属三十有九，台有东华、赤松、白云之属十有二，谷有彤霞、丹阳之属五，井有丹砂、玉乳、醴泉之属十，至若三溪、八池、七潭、六源、四坞、二十四涧，皆胜绝之处，高摩天关，深入地轴，载之莫究其名，穷之莫极其源。云雨所都，雷电所家，金芝灵草之所囿，神龙异兽之所窟宅，天钟其英，地储其灵，磅礴扶舆，非遗世绝俗乘虚驭景之士不能遍睹也。古今隐居得道于此计不可数。其幸知名者，若秦孔丘明等十人，汉梅子真，梁杜昙永、萧子云，唐罗子房、罗公远、谢修通、刘道平，宋沈麟，毛得一、李思广之徒，三十有八人，皆磊落奇杰，世不常有。”然而，宋大观四年（1110），一场大火烧毁了大部分宫观坛台，留下的道士各出建坛场以“灵宝之友”自居，于“建炎、绍兴之际，管辖刘思齐、知宫杨得清始复其宫，何道冲、何守元继之，宫日以修。咸淳中，管辖李允一之兄珏为阁门宣赞舍人，得幸上，为请以甲乙传次，从之”。

第三，玉笥山“名震天下”的承天宫。玉笥山影响大既是自然风光好、洞天福地所蕴含的道教文化以及数以千计修行人推动的结果，又是灵宝派斋醮祭祀所发挥的特殊作用，“凡为老氏之宫二，为观二十有一，而皆统于万寿承天之宫。宫在洞天之西，三会峰之下，玉涧之上，云即梅子真隐处。汉初，覆箱之麓有观曰玉梁，言初为观时，天降白玉梁，因以为名。晋永嘉中，徙号于此。唐之季，道士刘潜谷建老君院观旁，曹处明亦建精思院，而王处士遂以观为灵宝院。南唐保大中，用灵宝姚文质议，合三院之田复为玉梁观，刘传陈绍观，王传丁守玄、姚文质，曹传宋怀德、汪希声，皆有道者，号玉梁八祖。宋大中祥符元年，赐观额曰承天。宣和初，升为宫。宫之众几六千指，为友寮五十余。而唐宋之君，数设金箓醮于此。故玉笥之名震天下”。

第四节　阁皂山周边道教的发展

一、杨智远与梅仙信仰的弘扬

梅仙观位于丰城县宣风乡南岐里，与清江县阁皂山为邻，奉祀汉代梅福真人，被奉为“梅仙”“寿圣”。受到历代士大夫的青睐和朝廷的赐封。唐光启年间罗隐的《梅先生碑》对梅福的弃官为道的叙述并赞叹，碑记中罗隐称呼“梅福”为“先生”，这是对道士的尊称。《道典论》卷二，曰：“学士若能弃世累，有远游山水之志，宗极法轮，称先生，常坐高座读经，教化愚贤，开度一切学人也。……先生者，道士也。”[①] 南朝刘宋以后，称某道士为“某某先生”，多系朝廷赐予高道的谥号，如赐予庐山简寂观陆修静“简寂先生”。宋代赐“先生”号，是表示一种殊荣，其名位且高于“大师”，如宋太宗赐陈抟号为“希夷先生”[②]。由于梅福的事迹和影响，在梅仙观道士杨智远与地方官员的共同努力下，“梅仙观”受到国家赐封。梅仙观的扬名于世，得益于道士杨智远。

杨智远，出生年月不详。北宋末南宋初洪州丰城县梅仙观道士，编辑了《梅仙观记》，收录在《正统道藏》洞玄部之记传类，为弘扬梅仙信仰和保存道教史料做出了贡献。杨智远与士大夫苏辙交好，苏辙赠诗《寄梅仙观杨道师》，诗曰：“道师住在真人峰，欲往见之路无踪。去年许我入城市，尘埃暗天待不至。莫往莫来劳我心，道书寄我千黄金。奋衣肉食虑谋短，文字满前看不见。口传指授要有时，脱去罗网当见知。梅翁汉朝南昌尉，手摩龙鳞言世事。一朝拂衣去不还，身骑白麟翳红鸾。我今虽复堕尘土，道师何不与我语。他年荣足投名山，相逢拍手一破颜。”此诗是苏辙在筠州（今高安）任职时作。诗中叙述了杨智远追随梅福弃尘弘道的事迹，把“道书”比作“黄金”，表达了作者对杨智远道士的尊重，也反映了作者对神仙信仰的寄托。梅仙信仰代代相传，熊应祥是其中一位传承者。

① 《三国志》之《吴书》。

② 参见周高德：《道教文化与生活》，宗教文化出版社 1999 年版，第 53 页。

熊应祥，出生年月不详。南宋末洪州丰城县梅仙观道士。重建梅仙观并立碑介绍梅福。咸淳六年庚午（1270）萧㪺在《书梅先生碑阴》中，说："丰城梅仙山道观有梅先生碑，唐诗人罗隐文也。昨观与碑俱毁，道士熊应祥叶力鼎新之，碑再立。友罗永之来，委予书之。"[①] 碑文作者萧㪺，生卒年不详。字则山，号大山。临江军新喻（今新余市）人。绍定五年进士。曾任新兴知县、史馆校勘迁武学博士、太府丞等。著有《大山集》。此文记述了道士熊应祥重建梅仙观、重为梅福立碑的情况，反映了梅福信仰的影响力。

二、丰城罗山"云霄观"与"罗山书院"

罗山位于崇仁县与丰城县交界处，与閤皂山相近。罗山，原名池山，因罗文通在此讲学，池山也因此改名为"罗山"，唐代魏少游、李泌对其讲学之所进行修缮并命名为"罗山书院"。

罗文通是晋朝一位著名的士大夫、学者，信仰道教，儒道相通，著《求道书》十四篇。绍兴三年癸丑（1133）朝廷有"封文通公敕"，曰：

> 君子于不道之朝，逸隐为高；人主于清修之士，激扬为务。昔晋罗文通，寡欲无求，廉退自守。隐居避乱，著一十四篇之书；力学训徒，感从学八百之众。苟全性命于乱世，不求闻达于诸侯。有若高士，是宜褒崇。今南昌尉梅福已封"吏隐真人"，文通之行，梅仙之流，而应征不仕者也，可封"大罗悟道溥通征君"，并修罗山书院额，主者施行。

这是一篇碑记，据明隆庆元年（1567）《豫章罗氏重修宗谱》辑录。敕文记述了罗文通受封的原因：道行高，影响大，堪比梅福。

① 陈垣、陈智超：《道家金石略》，文物出版社 1998 年版，第 418 页。

第九章　南宋麻姑山道教的持续发展

南宋麻姑山处于持续发展时期，仙道观作为官员提点或提举道观，影响颇大，士大夫、高道都纷至沓来，或以清净心，或以游宫观，或学仙修仙，或寻求丹法。

第一节　麻姑山道观、道士及民间信仰

至南宋时期，麻姑山有仙都观、天一真庆宫、太霄观、延禧观、崇真观、丹霞观、石崇观、灵仙观、炼丹室、冲和室、恒山精舍、蔡真人故里、蔡经宅、麻源庙、望仙亭、飞练亭等道教庙宇及其建筑，其中仙都观历史最悠久、地位最高、影响最大。南宋麻姑山有高道大德凌齐羣、白玉蟾、陈锡谷等，他们中或法箓尊严，或清虚道服，或募缘复建。

一、仙都观

宋真宗咸平二年（999），淮江南转运使奉敕牒，赐麻姑仙庙为仙都观，以御书旌耀。宋仁宗皇祐三年（1051）诏，以御书及明堂之门篆“飞白”二体，藏于麻姑山仙都观，宋高宗绍光二十五年（1155），赐御书法贴十轴于麻姑山仙都观。仙人麻姑在宋代也得到了极高的

荣誉，宋神宗封麻姑“清真夫人”，宋哲宗改封“妙寂真人”，宋徽宗加号“真寂冲应元君”，并御笔“元通之殿”。麻姑山神奇的圣境、仙都观的崇高地位、麻姑在仙界的影响，以至于吸引了众多士大夫关注和高道的入住。如嘉泰三年癸亥（1203）周必大在《麻姑山仙都观新殿记》中，说：

建昌军本抚州南城县，出南门六七里有麻姑山，予尝游焉。自寻真亭而上，径蹊纡峻，次以界青、双练、枕流三亭，悬瀑对泻，雪溅雷吼，天下奇观也。进至龙潭，唐明皇时黄龙尝见，奉祀至今。自此骤得平地，是为仙都观，世传蔡经旧宅，方士号“丹霞小有天”。麻姑事实具载颜鲁公碑。仁宗尝赐飞白采字，元丰间封清真夫人，元祐改封妙寂真人，徽宗加号真寂冲应元君，傍曰元通之殿，皆宣和御笔也。观后齐云亭，望军城仅如聚落。其西十里别有丹霞福地。[①]

短短文字叙述了麻姑山与仙都观之圣境，其圣境源于麻姑山为“洞天福地”，他又说：

庆元六年庚申三月戊寅，融风告灾，栋宇夜烬。明年改元嘉泰，知观事李惟宾创正殿七间，博十丈，深六丈有奇。依《营造法式》容阁帐三间，分列三清及天帝、地祇九位于上，其下则元君居中，东偏奉宣和二牌、三朝内禅诏，西为皇帝本命殿，宏壮华丽，殆过于旧。群祠外环，三门前耸，位置先定，以渐图之。[②]

这段话反映了麻姑山仙都观奉祀的神明包括三清及道君皇帝赵佶，

① 《四库》本《文忠集》卷八十。又参见《全宋文》卷五一五一“周必大”一三八（第231册）。

② 《四库》本《文忠集》卷八十。又参见《全宋文》卷五一五一“周必大”一三八（第231册）。

并依据《营造法式》建造，无论其规模还是地位绝非一般。

曾巩在《仙都观三门记》还述及了麻姑山仙都观所属田产肥沃的信息，反映了自北宋以来仙都观自养的情况，他说：

> 建昌军南城县麻姑山仙都观，世传麻姑于此仙去，故立祠在焉。距城六七里，由绝岭而上，至其处，地反平宽衍沃，可宫可田。其获之多，与他壤倍，水旱之所不能灾。予尝视而叹曰："岂天遗此以安且食其众，使世之衎衎施施，趋之者不已欤？不然，安有是邪？"则其法之蕃昌，人力固如之何哉？其田入既饶，则其宫从而侈也宜。

道观自养既是道观发展的重要手段，也是保证道士安心修道及道教文化传承的基础。

二、麻姑山道士

1. 凌齐晕，生卒年不详。南丰人。建昌军南城县麻姑山仙都观道士、住持建造了清都观三门。与曾巩同乡，邀请其撰写了《仙都观三门记》碑文，碑文介绍了仙都观道士"可宫可田"的自养生活，并阐述了"老子之教行天下"的思想及道教与儒家的相依相融的关系，此碑文是研究麻姑山道教的珍贵史料。

2. 王文卿，即王侍宸，字安道。北宋末南宋初著名道士。神霄派创始人。

3. 白玉蟾，道教金丹派南宗创始人。嘉定年间，白玉蟾来到麻姑山驻守近一年，其间还到周边的乐安华盖山、临川笔架山等地仙游，留下了三十二首诗并编辑《麻姑山仙坛集》，他在《麻姑山仙坛集》中曰：

> 麻姑山小有天，乃三十六洞天之一。山以麻姑名，莫知何年始。岂非麻姑元君山顶立坛，久于其地，精切密行，得道升真，而山川之美不得不专欤？……洞府以麻姑名，仙迹斑斑可考。比来仙都，披阅志集，参以青城耳闻目见，及四方观宇所述，江湖云鹤所

传，碑额文字所志，括为一传，以便观览，题曰《小有洞天麻姑神仙传》，与世共之。[①]

以道教名山青城山来衬托麻姑山的地位和影响力，由此反映了麻姑山在南宋的盛景。“洞府以麻姑名，仙迹斑斑可考”。白玉蟾在麻姑山期间还留下了，如《麻姑山》，诗曰：

瑶林猿啸春坡月，玉渊蛟舞秋崖雪。
伊独脯鳞饭胡麻，仙爪肯理君毛发。
往事王远徵蔡经，苔碑寂寞颜真卿。
嗅柑羽人叫无处，一鹤飞上寻真亭。

又如，《游麻姑山》，诗曰：

绛阙清都潇散郎，更无蝴蝶到平康。
床头琴抚七弦雪，袖里剑藏三尺霜。
九十日春半晴雨，一千年事几兴亡。
丝丝摆绿水杨柳，点点飞红山海棠。

名家名篇，山以人名，文以人传。白玉蟾与麻姑山名俱扬。

4. 陈锡谷，生卒年不详。麻姑山仙都观道士。南宋理宗时期募缘复建仙都观。

三、五通信仰

“五通神”在江西民间也称“五显神”，流行于南城麻姑山周边的五通信仰李觏有感悟和体会，李觏是南城人，多次在麻姑山讲学，他在《邵氏神祠记》文中说：“建昌治城北有民邵氏，世奉‘五通’，祷祠之人，日累什百。景祐元年冬，里中大疫，而吾家与焉，乃使人请命于

① 清同治五年《麻姑山志》卷五。

‘五通’。神不能言，决之以竹杯珓。时老母病不识人，妻子暨予相继困甚，唯‘五通’谂以无害。疾之解去，皆约日时，虽宝龟泰筮，弗是过已。噫！‘五通’之为神，不名于旧文，不次于典祀，正人君子未之尝言，而有功于予，其可以废？岩岩者石，可伐可磨；惟德之报，焉知其他。”[①] 五通信仰也因李觏助力而声名远播流传后世。

第二节　麻姑山道教文化的繁荣昌盛

麻姑山道教与儒家的融洽关系，十贤堂、颜鲁公祠是重要的见证。十贤堂位于仙都观正殿之左，祀乡贤达陈彭年、李觏、曾巩、曾布、曾肇、朱京、朱彦、邓润甫、王无咎、吕南公，绍兴中，由知军事蔡延世建。南宋绍兴二十七年（1157），知军事胡舜举，请建颜鲁公祠于麻姑山仙都观十贤堂之左。麻姑山的自然风光和道教文化吸引了颜真卿、白居易、晏殊、曾巩、李纲、李觏、杨万里、文天祥、周必大等一大批士大夫游览并吟诗唱歌。

一、文人士大夫与麻姑山道教

两宋时期麻姑山道教与儒家相融相合在一座山，既有名气、仙气兼具的仙都观，又有李觏的讲习所——育英堂，既奉祀三清、麻姑，又有十贤堂，奉祀宋代建昌军的先贤。还有全国教内教外的名达仙游麻姑山，为麻姑山留下了极为珍贵的史料。

李觏（1009—1059），字泰伯，号盱江先生，北宋南城人。科举不第，立志修治学术，从事教育。著有《礼论》《易论》《直讲李先生文集》，他勤学博览，精研儒经，关心时政，他阐发先儒旨意，是以“康国济民为意”；李觏尤其擅长写赋，著有《长江赋》《麻姑山赋》《疑仙赋并序》。李觏的文章尤其是赋反映了当时的社会现实，具有深刻的思想内涵。他在赋中尖锐地指出统治阶级要长治久安就必须“备乱”，不可热衷于“佛道”，而应“以生人为意”。他的这一思想对当时的社会政

① 《四库全书》之《盱江集》卷一。

治起到了尖锐而深刻的批评作用，也体现了他的写作宗旨“康国济民”。他的赋不愧为“愤吊世故，誉宪郑国”之作。他的赋也有较强的艺术价值，铺叙细腻，气势壮阔；他在赋中对社会现实作了深入的观察和理智的分析，提出自己的政治主张，具有丰富的现实主义精神。他其实也是矛盾重重之人，一方面他提出不要热衷于“佛道”，另一方面他又关注道教的炼丹之事，尤其是他母亲祭拜南城的五通神写下《邵氏神祠记》（北宋景祐元年甲戌，1034），为麻姑山三清殿、麻姑殿、真君殿、御书阁等的重修，写下了《重修麻姑殿记》（北宋康定二年辛巳，1041）、《麻姑山重修三清殿记》（北宋康定二年辛巳，1041）、《真君殿记》（北宋康定年间）、《麻姑山仙都观御书阁后记》（北宋皇祐三年己丑，1051），另外还有《碧莲池》《葛仙坛》《鲁公碑》《七星杉》《玳瑁石》《秦人峰》《丹霞洞》《流杯池》《炼丹井》《丹霞观》《垂玉》《登麻姑山次陈屯田见寄韵》《游麻姑山》《华子冈》《王方平》等15首诗，这些文献记录了麻姑山道教的历史变迁，是弥足珍贵的原始资料。

如果说李觏在《长江赋》中提出了一个相当尖锐且十分重要的问题——“备乱”，这也正是“庆历新政”思想的重要出发点之一。那么作《长江赋》的同年，还作有《疑仙赋》。在《疑仙赋》中，他提出了在不伤财舍生的情况下儒者可言“仙”，表现出不彻底的排除“佛道”的思想。早在一年前。台阁重臣余靖将他荐于朝，且说他“博学通识，包括古今，潜心著书，研极治乱，江南儒士，共所师法。”[①] 但李觏还是没有得到一官半职，尽管如此，李觏心里还是希望能够得到一官半职来施展自己的才华。李觏在赋的序中开宗明义，亮出自己的观点：“儒者不言仙，盖患乎伤财舍生以学之者也。苟异于彼，宜无害焉。”[②] 于是他写下这篇赋。赋一开头，提出疑问，仙人是一个什么模样？“非闻而非见，

① 《李觏集》，中华书局1981年版，第47页。

② （清）黄家驹编撰，曹国庆、胡长春校注：《麻姑山志·赋》，江西人民出版社1998年版，第156页。

我焉知其所如。”[①] 但作者又相信确实有“仙”，自己就是仙人授棋子（谐音奇子）所生，他在序中已说清楚了，“祥符元年（1008），（觏母）梦二道士敲棋户外，往观之。其一人者，取局之一子授焉，遂娠。”既然是仙人授棋子所生奇子，理应得到仙人的呵护，可是已经是三十八岁了，两试不中，无功无名，平常人一个。“时哉！青春走兮素发催”，只好感叹人生易老，功名难就。“攀或无高，博或无大。”虽满腹经纶，无用于世。“衒金丹而不售，抚道碰而衔哀。”真是怀才不遇，进而不得前，退而无路。作者无不感叹自己的身世遭遇，可又不甘心于出世。“篙高降神生申甫”“长庚人梦生李白”。他们都是神灵降生，都是奇子，他们或能匡扶国家，“收拾中兴还圣主”，或能以文名于世，而千古不朽。我也是神灵降生，“今之生我岂无意？”“仙人若在金银宫，归去来兮谁阻隔？”[②] 他相信自己终有一天会飞黄腾达，对自己的前途还是充满信心与希望。李觏在《麻姑山赋》中表达了不应热衷于求佛求道。就在写《疑仙赋并序》的前四年，即庆历二年（1042），李觏还作有《麻姑山赋》。麻姑山是李觏家乡的山，秀出东南，是一座洞天与福地兼得的名山，在唐代就有高道邓紫阳被唐玄宗召见而声名远播。李觏在《麻姑山赋》中着力描写麻姑山的千姿百态、万紫千红，他笔下的麻姑山极为异美，天下奇秀，“路蹊盘郁、鸣泉百雷、乔杉万茅、一饮一石，一醉千日”，是“灵奇恍惚，变见出没”“鹤群戏凤”“老猿抱子”“怪物参差”“松阿水湄”“高台层瑶，吸日月之光；缭垣筑粉，孕芝兰之香”，仙境缥缈，天下名山洞天福地却被那些求仙访道者占有，他们占居“高台层瑶”，可曾知道“亿万人，尘衣飞蚤虱”。他们劳民伤财，“嗟我力耕之民，辍衣食之资，而为祷祠之费”，岂不悲哉？当时，麻姑山上道观林立，形成了极为壮观的道教建筑群，指责道士“叛稼穑之功，遣室家之乐，越天常而慕冥寞，宜乎白首

① （清）黄家驹编撰，曹国庆、胡长春校注：《麻姑山志·赋》，江西人民出版社1998年版，第156页。

② （清）黄家驹编撰，曹国庆、胡长春校注：《麻姑山志·赋》，江西人民出版社1998年版，第157页。

于丹灶之下，幽死而无所托也”[①]。《麻姑山赋》描绘出麻姑山的概貌，把麻姑山描绘得万千仪态，令人神往。有学者认为《麻姑山赋》的词约意丰，精炼得当，而且还有节奏，押韵爽口，易于朗诵，清新自然，毫无雕琢做作之痕，是一篇艺术价值非常高的散文，但其对道士的态度总是摇摆不定，他对麻姑山仙都观安放三清神像一事，又说明他对道教有一种很深的情怀，“真仪之位，得以如？”“礼山英水灵，若喜若慰”，他视麻姑山为“天下灵境”。李觏对麻姑山道教的趣味还表现在他的诗中，对灵宝派祖师葛仙翁尊崇有加，如《葛仙坛》[②]，诗曰：

仙翁犹在时，坛上何设施。
仙翁一去后，蔓草空离离。
下士固大笑，言者多不知。
嗟嗟天壤内，其是枯鱼池。

《炼丹井》[③]曰：

丹灶久已毁，井泉空独存。
此地非常地，今人非昔人。
我愿刀圭药，轻举明朝宸。
一言洗天日，万物归阳春。
郡仙虽嫉妒，使我身漂沦。
俯视废井水，欲饮碍荆榛。
徘徊片云下，泣涕沾衣巾。
少壮几何时，且醉尊中醇。

① （清）黄家驹编撰，曹国庆、胡长春校注：《麻姑山志·赋》，江西人民出版社1998年版，第156页。

② （清）黄家驹编撰，曹国庆、胡长春校注：《麻姑山志·记》，江西人民出版社1998年版，第167页。

③ （清）黄家驹编撰，曹国庆、胡长春校注：《麻姑山志·记》，江西人民出版社1998年版，第170页。

这两首诗是作者经过一座“蔓草空离离”的葛仙坛、一个废弃的炼丹井时所感。通过其所写的麻姑山葛仙坛、炼丹井两首诗，反映了当时麻姑山仙都观因没有高道大德主持而出现暂时的衰弱现象。

曾巩（1019—1083），字子固，北宋南丰人。嘉祐二年（1057）进士。历官太平州司法参军、任《宋英宗实录》检讨、洪州、福州等知州，提举江西洪州西山玉隆万寿宫。著有《元丰类稿》《隆平集》等。曾巩的著作中涉及道教碑文有5通，即《仙都观三门记》（庆历六年，1046）、《洪州谒诸庙文》（熙宁年间）、《祭西山玉隆观许真君文》（熙宁年间）、《梅福封寿春真人制》（熙宁年间）、《憩真观》（元丰年间），还写下了与麻姑山道教有关的诗九首，即《游麻姑》《丹霞洞》《送南城尉罗君》《半山亭》《碧莲池》《七星杉》《流杯池》《颜碑》《桃源》。他在《仙都观三门记》中，曰：“门之作，取备豫而已。然天子、诸侯、大夫各有制度，加于度则讥之，见于《易》《礼记》《春秋》。其旁三门，门三涂，惟王城为然。老子之教行天下，其宫视天子或过焉，其门亦三之。其备豫之意，盖本于《易》，其加于度，则知《礼》者所不能损，知《春秋》者所太息而已。甚矣！其法之蕃昌也。……庆历六年，观主道士凌齐晕相其室无不修而门独庳，曰：‘是不足以称吾法与吾力。’遂大之。既成，托予记。予与齐晕，里人也，不能辞。噫！为里人而与之记，人之情也；以《礼》《春秋》之义告之，天下之公也。不以人之情易天下之公，齐晕之取予文，岂不得所欲也夫？岂以予言为厉已也夫？”[①]曾巩与观主道士凌齐晕是同乡，为人情、也为天下，一代文豪为麻姑山留下了这篇虽然不长的碑文，《仙都观三门记》碑文记录了道教洞天福地麻姑山仙都观三门建设的过程，揭示了“三门”之含义，透露出曾巩对老子之学不排挤，并反映了儒家与道教的互补关系。曾巩的《颜碑》诗也表达了这种思想，诗曰：碑文老势信可爱，碑意小缺谁能镌。已推心胆破奸宄，安用笔墨传

① （清）黄家驹编撰，曹国庆、胡长春校注：《麻姑山志·记》，江西人民出版社1998年版，第72页。

神仙。[①]

李纲（1088—1140），字伯纪，福建邵武人。北宋政和进士，高宗时拜相。罢相后，历湖广宣抚使，提举麻姑山仙都观。写下《游麻姑》诗一首，曰：鲁公词翰勒山巅，鲠峭风姿却喜仙。假道来游非偶尔，追寻遗迹更茫然。野花芳草真成梦，老鹤乔松不记年。谁谓瑶台无路到？月明风露正娟娟。[②]这首诗通过颜真卿的《麻姑山仙坛记》来咏叹宋代麻姑山道教的情况。

吕南公，生卒年不详。字次儒，抚州南城人。著有《灌园先生集》。其诗有《游麻姑山》《葛仙坛》，其中《葛仙坛》诗曰：南峰枕崇坂，径路荆榛稠。遗坛在其巅，名为仙翁留。石角已剥泐，林芳自春秋。谁无骨中尘，来继冲霄游。这首诗写位于麻姑山峰的葛仙坛已破坏，与李觏的《葛仙坛》有同感。

杨万里（1127—1206），字廷秀，号诚斋。南宋吉水（今吉安吉水）人。绍兴二十四年（1154）进士。授赣州司户参军、知奉新县、国子监博士、宝文阁待制等。著有《诚斋集》。绍熙元年庚戌（1190）撰写了《建昌军麻姑山藏书山房记》碑文，曰：

> 余同年何同叔谓余曰："里中有名山曰麻姑者，山水之胜甲大江之西，距建昌郡城十里所，山自趾距椒称是。道旁古松合抱，皆二百年物，瀑泉双流，若自天而下……"淳熙丁未之春偶至山中，为留一月。一日藤杖芒屦乘兴孤往，至宫之西才数武间，见松竹罗植，相得为林，前对五峰，下临一水，欣然会心，因喟曰："此地独无喜事者结屋数椽，上建小阁，用庐山李氏藏书故事，作一山房，使来游者登阁览胜，把卷倚栏，顾不乐哉！"自是此意往来于怀，虽去山未尝去山也。后一年，客里逢今邦侯江君，相语及之。

① （清）黄家驹编撰，曹国庆、胡长春校注：《麻姑山志·诗》，江西人民出版社1998年版，第364页。

② （清）黄家驹编撰，曹国庆、胡长春校注：《麻姑山志·诗》，江西人民出版社1998年版，第249页。

江曰："当不忘此。"其冬抵官下。后一年郡事毕葺，蛊者饬，废者举。后一年，乃诹其地，践曩之言。立屋六楹，后赘一室，前作重霤，乃阁其上，月扉风棂，缥渺飞动，若出天半。乃斫大木，乃架乃椟。经史百氏，访之旁郡，是度是置。道士李惟宾、邓本度相与勠力，春孟作之，季而落之，谈者以为山中盛事。[①]

麻姑山藏书山房虽为儒家兴建但由道士李惟宾、邓本度相与勠力，"用庐山李氏藏书故事，作一山房，使来游者登阁览胜，把卷倚栏，顾不乐哉！"给在山与上山的人提供一片静怡的环境和心境，此为"山中盛事"。

二、僧人与麻姑山道教

因麻姑山声名远播，吸引了僧人对麻姑仙坛的兴趣，在麻姑山，或诗文唱酬，或谈仙论禅。

蜀僧与麻姑山道教。作者无考。有《仙坛》[②]一首，诗曰：万叠峰峦耸太清，麻姑曾此会方平。一从宴罢归何处，宝殿瑶台空明月。此诗为七绝。这诗前半写麻姑与王方平的相会。以佛教之"悲空舍"想象麻姑与王方平宴席后也是"空明月"，感叹人生相聚短暂。

释深明与麻姑山。作者无考。有《咏麻姑山》[③]一首，通过诗抒发对麻姑山的仙境有感而发，如前四句曰：仙坛缥缈白云深，曲涧飞桥跨两岑。浮世几番蝴蝶梦，清歌一曲凤鸾音。儒释道惺惺相惜，诗文唱酬，和睦相处，呈现一幅宗教和谐的画面。

---

① 《诚斋集》卷七十四。

② （清）黄家驹编撰，曹国庆、胡长春校注：《麻姑山志·诗》，江西人民出版社1998年版，第362页。

③ （清）黄家驹编撰，曹国庆、胡长春校注：《麻姑山志·诗》，江西人民出版社1998年版，第271页。

第三节　麻姑山及周边道教

一、抚州笔架山道教的诗情画意

抚州临川县（今为抚州市临川区）笔架山位于城北巷口村，其三峰耸立，状如笔架。白玉蟾在笔架山游兴甚浓，诗兴大发，遇见了擅长吟诗、专于修炼、深悟丹道的周师深还有被白玉蟾称为“诗仙”的黎盘云，他们或煮茶品茗论道，或驾船游山玩水，留下了《积翠楼》《题笔架山积翠楼》《楼前雨霁》《挹爽》《与永兴观主梅二首》《盘云二首》《夜船与盘联句回文》《棹歌联句》《卧云庵醉后》《卧云》《栩庵力高士同散步二首》《栩庵同步偶成》《栩庵以冰字韵求大风诗口占》《赠诗仙》《示周道士》《山居》《山前散策》《梧窗二首》《闲吟三首》《题余府浮香亭》《赠余先生》《梅仙观》等28首诗。笔架山的瑶台、山神、寒空、雪笺等仙境、仙人是《笔架山》诗的内容和妙景，诗曰：

吾是瑶台翰墨仙，操觚弄椠玉皇前。
翻云为墨海为砚，一片寒空如雪笺。
兔毫象管用不得，倒蘸昆仑醉钩画。
当年染罢八角芒，金阙上章求放逸。
三峰坐断江南天，临汝城头苍苍然。
状如笔架翠起伏，与吾阁笔鼾鼾眠。
山灵惊呼猿鸟乱，清魂复被风吹散。
起来叫问山前人，几度松枯白石烂？

这首诗描写了笔架山的美景，表达了作者的仙心和闲情。前八句以墨仙、墨海、兔毫、钩画、八角芒来写笔架山的景色，后八句写临汝城（抚州）的“坐断江南天”笔架山与神明相融的环境，使诗仙白玉蟾“鼾鼾眠”。在白玉蟾的笔下，这种仙境永远灿烂。

笔架山的永兴观始建于北宋，位于抚州市临川县笔架山上，奉祀玉皇大帝、浮邱王郭三仙。永兴观中有积翠楼、群仙阁（云锦阁）、仙人桥、桂花亭等道教建筑。至南宋，临川县有16座道观，即游仙观、庆龙观、洪都观、魏夫人坛、明真宫、洞灵观、会仙观、永兴观、灵泉观、白鹤观、洞林观、集仙观、临溪观、崇兴观、新兴观、席湖观，其中游仙观、永兴观等是宋代抚州的著名道观。

永兴观的积翠楼、云锦阁最为有名，引得白玉蟾诗兴大发，有诗《题笔架山积翠楼》，曰：

万顷平田指掌间，松梢直上与檐干。
云粘暮色月华湿，树颤秋声天籁寒。
窗外好山千翡翠，屋头修竹万琅玕。
楼中啸罢玉龙去，浩荡天风生羽翰。

又有《积翠楼》，曰：

飞云涌浪天边来，翠色迷空拨不开。
逸人怜此一崔嵬，峨翚危檐倚翠堆。
客来楼前认林樾，坐久神爽愈飞越。
移时双鹤何处归，遥见前山两点雪。

白玉蟾是南宋道教领袖，兼传南宗、神霄派；他凌越世俗，长期在江西道教名山仙游或驻守；他阔达的胸襟和豪迈的气概与描写的景物融洽无间，因此，他描绘的自然景物的诗篇非常出色，笔架山周边的麻姑山、华盖山也留下了他的仙迹和诗篇。上面两首七言律诗，从艺术特色来看，不仅有眼前景、口头语，更有玄妙之音，使人神远，其行云流水般的艺术特色与仙境、神明自然入妙。《题笔架山积翠楼》写笔架山的高峻、暮云、秋声、天风，使人如身临其境；而《积翠楼》的飞云、翠色、林樾、神爽、双鹤，则抒写了他“乘云气，御飞龙，而游乎四海之外”心境，表现了他安逸于神仙生活的思想。以“云锦”代“群仙”而名其阁，美则美矣，玄之玄也，因龙虎山亦有云锦溪，庐山五老峰亦有云锦阁，霍童山亦有云锦屏也。更名“云锦阁”，其实也是白玉蟾对永兴观观主周道长“巧云织锦”心境的充分肯定。

能诗会道的永兴观道士是临川道教的最大特色，与白玉蟾能联句酬唱，在白玉蟾诗文中极其稀有的，如：

周师深，生卒年不详。永兴观观主。由于白玉蟾多次到永兴观仙游，与周师深有深交，因此，对于周师深生平事迹主要体现在白玉蟾的诗文中，如在《笔架山云锦阁记》中，他写道“一江凝苍，千山泼翠，开万古烟霞之国，殿四时风月之天。彼何人斯，今安在哉？”得道之士与天为徒，呼吸一元，交友混沌。表达了白玉蟾对周师深敬仰之情。他还赠诗与周师深，如《与永兴观主梅二首》：破袖悬鹑鬓发苍，山前山后乐相羊。三更月影如酥白，一树梅花似雪香。另一首诗曰：玉艳冰英绝可怜，即之时复一嫣然。姑苏日暮逢西子，采石江明见谪仙。二首诗中，第一首写永兴观观主周师深为了弘扬道教，身在老林，过着清贫生活，但依然乐呵呵。第二首写周师深“得道成仙”。

黎盘云，生卒年不详。笔架山卧云庵住持。白玉蟾称其是一位才华出众的“诗仙”，与白玉蟾有《夜船与盘联句回文》《棹歌联句》唱酬，白玉蟾在《赠诗仙》中，曰：

学诗有似学仙难，炼句难于学炼丹。
换骨脱胎君有诀，炷香特特扣诗坛。

又《卧云》诗曰：

满室天香仙子家，一琴一剑一杯茶。
羽衣常带烟霞色，不惹人间桃李花。

又《夜船与盘云联句回文》，诗曰：

烟山暮滴翠，露叶秋翻红。（白）

川急回斜岸，草枯凋薄霜。（黎）
蝉寒嘶月淡，雁过唳天长。（白）
船泊宜沙浦，夜深同咏觞。（黎）

《棹歌联句》：

西风起兮，落叶黄兮，黍稷香兮。（白）
击空明兮，溯流光兮，天一方兮。（白）
彼美人兮，遥相望兮，彼苍茫兮。（黎）
系孤舟兮，蓼花傍兮，啼寒螀兮。（黎）

联句是指两人以上同作一首诗，交替续接诗句且同一韵。联句回文是指顺读反读皆成句式的诗，简称回文。能够与白玉蟾联句且作回文诗，不仅说明两人感情好，也说明他们诗文造诣也不是一般水平。

二、抚州灵谷山道观及道士

灵谷山隐真观，位于抚州灵谷山绝顶。因为是险峻，很少有人造访，而江西提举黄震却登上山，见到了横插半空的隐真观和道士丘守静，为此，他写下《抚州灵谷山隐真观记》，称“若抚州之高山，其惟灵谷乎！灵谷在万山绝顶，隐真观又在灵谷山绝顶。此观其又祀典之寓者乎”。咸淳八年秋，黄震因为要“劝民种粦麦，尝一到其上”“此观危插半空，不堪飘摇，摧圮几尽”，而道士丘守静一新其居。黄震到了隐真观后，一边浏览，一边交谈，不禁大为感叹，曰：

余谓真仙非余所能知，然此山为此州之镇，此观寓此山之祀，犹州之祀典也，是宜书。青冥风露间，飞甍缥缈，下瞰人寰，仅盈一握，此绝境也，亦宜书。世之为琳宫梵宇者，依深山密林享安乐尔。此独人迹不到处，使世虑毫发有未除，殆不容一朝居。而子安之，此难能之事也，亦宜牵连得书。虽然，未也。顷余此来，呜呼难哉！扪萝踏蹬，分寸跻攀，悔而欲返者数矣。俄而登峰造极，豁如有得，便欲凌风，神游八极。士之求道，先难而后获者，独不类此哉！守静大笑曰："敢不勉。"因并请为记。守静能诗好修，创此观者丘佑，实其上世，其详见前记云。[①]

黄震与丘守静的交往，不仅为抚州灵谷山隐真观留下了珍贵史料，还留下了一段儒道交流交往的佳话。

三、崇仁相山会灵四仙祠及道士

会灵四仙祠位于崇仁县相山，"秀矗半天，巍绝四望"，奉祀梅福、栾巴、邓思瓘、叶法善，梅福、栾巴为汉代人，邓思瓘、叶法善为唐代人。宋理宗两次诏封四仙真人，第一次封于绍定四年（1231），加封于端平元年（1234）。宋以后，各朝代多次赐封。南宋时期，相山会灵四仙祠因多年旱灾，祈祷有应。关于会灵四仙祠的方位、祭祀及奉祀四仙与当地信众关系，于南宋咸淳九年癸酉（1273）黄震写下《相山会灵四仙祠记》碑文。关于登相山的目的以及写下这篇碑文的起因、过程，是研究南宋相山道教的重要文献资料，反映了道教与农业息息相关。他说：

咸淳七年辛未岁，余方救荒抚州。适岁又旱，吏以旧所祷者告，则皆淫祀也。余曰："有是哉？"改而祷于社稷若境内名山大川之神，雨幸辄应，然犹未洽。惟郡之西南山，余望之云日日兴，雨气常暗一方，佥谓此相山四仙之灵也，旱剧则迎以至。余用其言，雨均千里。明年旱，又明年旱，祷而雨，亦如之。每念一履岩巉之上，为吾民谢神休，未能也。一日住山道士罗端英谒余为《四仙祠记》。余惟四仙之灵昭昭也，余在抚三年，实身被其灵应，何幸托名以寄谢忱！[②]

① 四库本《黄氏日抄》卷八十八。
② 四库本《黄氏日抄》卷八十八。

第十章　南宋太平山道教及广惠派的创立

太平山，原名“丝罗山”，位于江西省武宁县北赣鄂边界。因“座位吴向楚，山形五龙团顶，云气盘结，离奇万状，君峰环绕如丝罗”而得名。太平山是一座道教名山，因为有道教神仙才扬名于世，所谓“有仙则灵”，最神奇的是道教文化及其法派绵延不断，《太平道谱》记载至今已传四十一代。早在唐五代吕洞宾曾仙游至江西庐山、武宁县钟鼎山等地，至今道观还存有吕洞宾的遗迹。太平山麓钟鼎山，在县西四十里，相传吕岩游仙于此，有丹崖，华盖覆之。旁有黄婆洞，洞有流月池、磊思潭、石室、药臼、酿泉，泉清甘，饮之醺然欲醉，洞几数里，多异迹[①]。吕洞宾的《题钟鼎山石壁》一诗，诗曰：还舟已就去升天，石室留题记万年。问我身从何处去，蓬莱顶上会神仙[②]。此诗已多次刻碑留存在钟鼎山玉清宫，后人补刻的吕洞宾的《题钟鼎山石壁》清晰可辨。

---

① 《武宁县志》编辑委员会编：《明清武宁县志汇编》，江西人民出版社 2009 年版，第 387 页。

② 《武宁县志》编辑委员会编：《明清武宁县志汇编》，江西人民出版社 2009 年版，第 124 页。

第一节　武宁太平山道教概略

太平山山麓有钟鼎山、鹤山、龟山、北极山，与九宫山为邻，九宫山瑞庆宫是南宋高道张道清修真处，与太平山道教互通有无。

钟鼎山，山清水秀，不但吸引了吕洞宾，还是爱国词人辛弃疾流连忘返之地，他在江西任职期间到钟鼎山留下了词牌《临江仙》，词曰：

> 钟鼎山林都是梦，人间宠辱休惊。只消闲处遇平生：酒杯秋吸露，诗句夜裁冰。
>
> 记取小窗风雨夜，对床灯火多情。问谁千里伴君行？晚山眉样翠，秋水镜般明。①

这首词是辛弃疾送佑之弟到江西浮梁县任职的赠别，描写了钟鼎山如梦的仙境，另一词《朝中措》述及了道教星斗，“夜深残月过山房，睡觉北窗凉。起绕中庭独步，一天星斗文章”②。

这首词是辛弃疾引用唐代杜牧的《华清宫》的“雷霆驰号令，星斗焕文章”。从诗中了解辛弃疾对道教的情结，辛弃疾常年生活在江西铅山、武宁，两县的老百姓因为崇拜葛仙翁、吕洞宾、章哲等，所以道教氛围很浓。

白玉蟾于嘉定十一年戊寅（1218）到太平山附近的九宫山瑞庆宫主持国醮，顺路到武宁，被武宁美景吸引，在桐城谭元振、上清黄日新两位道长的陪伴下，他吟风弄月，推杯换盏，文思大发，称“一日，桐城谭元振、上清黄日新与予抱琴憩于亭上，风吹鹤袂，人讶水仙，盘薄数篇，酴醿几盏，援笔不思，聊述山水风月之滋味，以为之记。亭之主人曰：然。予觞咏明月中，追思世事如电沫，人生如云萍，蓬莱在何处，黄鹤杳不来。抱琴攫剑，因而起舞于亭之上”。

① 崔铭导读：《辛弃疾词集》，上海古籍出版社 2014 年版，第 122 页。

② 崔铭导读：《辛弃疾词集》，上海古籍出版社 2014 年版，第 125 页。

第二节　章哲与广慧派的成立

一、章哲生平

章哲（1197—1250），字权孙，道号广惠，南宋江西武宁人。章真人自幼好神仙，六七岁时，常盘桓其上，时而坐，时而卧，澄心养性，寂然不动；27 岁父母双亡后，遍游名山，至武当山拜师求学，33 岁辞别武当回到武宁，入丝罗山继续修炼传道。《太平山志》记载，章哲曾两次遇到吕祖，并受其传授。后章哲招收郑巡为其弟子，并在丝罗山修建宫观，创立玄门广慧派。章哲称所创立的玄门广慧派，传自武当玄武，又称受到吕祖真传，自称为“武当纯阳大道”。1250 年章哲在九江石板江仙逝，其徒石九模等遵其遗留药方将遗体处理后送回丝罗山，在正殿中建塔供奉，至今仍“双目炯炯，面貌如生”。[①]

揭傒斯《太平山杂咏》中的《椰梅》说：

少年武当至，寄此南枝春。
岁岁满树上，花开好故人。

这首诗是指章哲年轻时从武当学道归来，将武当山独有的椰梅种植在太平山上。

章哲回到太平山先居茅庵，收徒度人，传法于徒，后在信众的支持下修建道观，羽化登仙后“肉身成圣灵感显应”。《太平山志》中有记述：祖师解壳飞升，肉身成圣，亘古所罕有。自宫殿建成后，于正殿内重造宝塔一座，将祖师仙体安坐塔中，双瞳炯炯，道貌如生。吴楚往来朝谒者千万人，香火络绎不断，灵感十方，有求必应[②]。

章哲在武宁功德成神的事迹影响颇大，太平山佑圣宫一年中有两个活动作为祭祀章哲：一是每年农历二月十九祖师爷生日。那一日宫观人

① 韩松涛：《江西武宁太平山佑圣宫》，《中国道教》2008 年第 5 期。
② 韩松涛：《江西武宁太平山佑圣宫》，《中国道教》2008 年第 5 期，第 9 页。

员会为祖师爷洗澡换衣，而有上千人会上山等候分发祖师爷的洗澡水，据称有治病的功效。并从十九日起做法事约五至六天。另一次大的活动被称为庙会，时间是八月初一，自初一起做法事二十余天，由于山上道士人数不足，会请山下道士上山做醮，其中主要是太平清醮。章哲名声逐渐远扬，并为朝廷所闻。南宋淳祐十年（1250）祖师得道升仙，详情见宋帝诰命敕封，“奉天承运皇帝制曰：缅炼气修真之诣力，眷念神劳；钦升仙成圣之功能，荣封法秩。既登道岸，洊晋仙班。尔章真人广惠，早空色相，不染尘氛。幼好神仙，即解修持于大道；长开智慧，顿教脱化于崇朝。兹以尔得道升仙，敕封尔自然灵应真君。于戏！受香火而永镇丝罗，神灵赫濯；膺诰命而荣褒华衮，圣号尊崇。果满功完，祀优秩显。”因广大信众的尊奉和朝廷敕封，章哲祖师的地位得以正式确立，从此广惠派成为武宁及周边地区道教信仰的主流，兴盛近千年。

二、章哲的道法思想

（一）“一气”说

章哲之所以能拥有祖师地位，缘及他能用道家的思想影响信众，在他眼里信众没有根本差别，用道家的大智慧使迷人、智人、愚人都能开悟，放松心情，呈现光明。章哲的第一位徒弟郑巡凶神恶煞、无恶不作，在章哲的教化下，成为不离左右的随从，并同甘共苦住建茅庵，耕山种地，朝炼暮修，郑巡后也成为道心坚固、竭力苦修的广惠派第二代祖师。章哲认为：“道合阴阳炼一气，便从一气返虚无。虚无方见光明体，光明极处返虚无。”郑巡得授师传口诀，加功进步，道法自然。师徒二人，在茅庵朝夕参悟大道，如游极乐园中，八宝莲台，安然稳坐，优哉游哉。①

章哲“一气”之说是说明“道”是阴阳合体，通过修炼成“一气”，从“一气”返到“虚无”的光明状态，《易经》云：“一阴一阳谓之道，偏阴偏阳之谓疾”，“一气”之说也与老子的“虚无”思想、吕洞宾的“玄虚”思想一脉相承。

① 《太平山志》卷一（刻印本）。

（二）“道心”说

关于“道心”之说是章哲教化弟子的法宝，《太平山志》卷一《祖师修建宫观录》有这样的记述：

祖师终日茅庵谈道，郑巡侍侧，扶道奉茶。祖师常盘坐蒲团，静养元神。忽然心动，思欲建宫观。因同郑巡往九江买树运货，建造宫观。所有油盐各货，江中两船运满，不过意诚心想，运入腹中，交别回山，唤众匠龙塘抽树，兴工修造。郑为火君，一日祖师往回头山，嘱咐郑巡和气小心照理事务，为师了尘不远。郑遵师命，用心加倍勤谨。

众匠言曰：“仙山油盐菜味何取？”瞥眼一观，却见郑巡两鼻流出油盐菜味，众匠骇异一闹，失手误把郑巡打死，急埋厨房。祖师回山，不见郑巡。

问曰：“郑巡何往？”众匠不敢回言。祖师明白，掐指一算，知郑有打虎之报。此次一死，可免三世之灾。因将郑扶起，喷口法水，忽然回生，不觉头生两角，遍身龙鳞，遂封为头炉香火。自此众匠加功尽力，建造宫观。功程告竣，师徒二人仍悉心修炼。

真人与郑言道。

真人曰：“言道全凭德行，德乃道之根。常与天地合其德，日月合其明。太上云：‘昆虫草木犹不可伤，天地有好生之德，万物无所不容。’”郑听曰：“心醒之。”去恶心而得道心[①]。

这样一来，便把自“心”的皈依“德”，把对外的信仰改变为对自己“道心”的信仰。

（三）“解脱”说

章哲景仰吕洞宾，常常在修炼中与吕洞宾神遇、神交，《太平山志》记述了章哲重遇吕的对话：“一日祖师修炼之暇，忽重遇吕祖纯阳。二人

① 《太平山志》卷一（刻印本）。

坐谈草坡之上。祖师恭立而问曰：‘三宝充足，道理空明，不能脱壳，奈何？’吕祖曰：‘求脱壳，隔层功夫。’祖师下拜，求师再传。吕祖抽出宝剑，在石上画一葫芦，指示离壳解脱之法。又传口诀一篇云：‘浑浑沦沦，景象难明。混混沌沌，形容难罄。恍恍惚惚，其中有物。杳杳冥冥，其中有精。明明白白，五千道德。的的确确，妙有着落。清清净净，高悬明镜。优优游游，好觅源头。玄玄妙妙，回光返照。绵绵延延，胎息自然。活活泼泼，形神超脱。虚虚无无，变化不拘。高高下下，忘却四大。本本原原，仙佛真传。少少老老，曷遵吾道，曷遵吾道。’祖师依样画一葫芦，得授真传口诀。”道教的“羽化”，即解脱、飞升，有功德者成为“天仙”，其状态“浑浑沦沦”“混混沌沌”“恍恍惚惚”“杳杳冥冥”“明明白白”。这显然，名义上是章哲与吕洞宾的对话，实际上是借吕洞宾之口宣扬自己解脱学说。

三、广惠派的传承和发展

太平山道教能兴建宫殿，扩大影响，除章哲的言传身教外，他的三位身赋异禀的徒弟对广惠派的传播也发挥了重要作用。

郑德宣（1204—1238），名巡，号奇缘，江西武宁县南乡人。性烈如火，出音如雷，两臂有千斤之力。宋理宗六年（1233），“章祖师云游到丝罗，见真人状貌凶，语言不逊，以法伏之，遂收为徒。护祖师法，行坐不离”。章哲教以道法，三年即习成。一夕，与祖师说：“结庐而居为一时计，不若建立殿堂，可为万世计也。”于是，在他的张罗下开始鸠工营造宫殿，“惜庙未成而郑仙羽化矣，故我祖封为头炉香火”。

邓德九（1206—1283），号恒修，江西武宁县升仁乡彭家山人。性格勇猛，力能举鼎，与郑德宣真人友好相善。因慕郑德宣真人随祖师学道，法力自然，欲同修道。在郑真人引见下，章哲收其为徒，并教以修真养性之法，传授玄关要诀。邓德九与郑德宣真人一起，左右不离祖师，营造宫殿，“未几，殿宇丹房均已告竣，此我祖创业开基之始事也”。

石九模（1245—1305），号善慈，江西德化县（今九江县）石板江人，章哲义父石公之侄。章哲登仙后，随章真人玉体至山，将章哲玉体安坐，朝夕祀奉香灯。重修宫殿，创福禄寿三宫，由是山门焕然盛矣。

“为丝罗山二世有功之祖。”从章哲到太平山入驻，得郑德宣与邓德九二徒并开始营建宫殿，到石德模真人创建成“福”“禄”“寿”三座道观，太平山道教广慧派呈现兴盛状态，于淳祐十年（1250）宋理宗勅封章哲为“自然灵应真君”号。

第三节　太平山周边道教的发展

太平山道教自南宋章哲开创玄门广惠派开始，也在章哲自身与门下弟子们的一步步努力下逐渐兴盛。紧邻太平山的九宫山道教虽在南朝与唐代两个时期就已有人入山修道，但均因史料语焉不详而难得其道教发展之实情，南宋孝宗淳熙十四年（1187），张道清入山弘教，九宫山道教才真正开始兴起并进入全盛时期。南宋的太平山和九宫山的道教发展，相互影响，但各自又有自己的特色。从某种意义上来说，九宫山道教的发展既是区域性道教发展典型案例，又显示了传统的区域性道教互相关联而各自拥有的强大适应能力的特色。九宫山在宋代划归江西境内，直至元代，其间九宫山道教御制派的传播、九宫山道士基本上是在江西范围且由江西籍道士驻守，受法于龙虎山天师道。

一、九宫山道教的兴盛

九宫山，山之得名，或谓地连匡阜，应九宫之数。南宋隶属兴国军，与洪州分宁县（今修水县）、武宁县为邻。

瑞庆宫位于九宫山长森湾三龙河畔，淳熙十一年（1184），在岳祠的基础上进行扩建，经过众人的努力，“首创玉帝殿及诸堂、殿、廊庑、斋厨、仓库、云房、客馆等，经营二三年，一一具备，颜曰‘万寿观’。”淳熙十一年（1184），对玉帝殿进行扩建。庆元元年（1195），在朝廷、官府和信众的支持下，重建万寿观，有三清殿、玉帝殿、三官殿、五岳殿、三王殿、龙神殿，混元阁、九皇阁，佑圣堂、天师堂、天光堂、道统堂、真官堂，钟楼、鼓楼，方丈、库厅、斋厨、云室、宾馆等都焕然一新，丹青炳焕。嘉泰四年（1204），宁宗赵扩亲书“钦天瑞庆宫”额，易观为宫，又亲书“飞天法轮宝藏”等字，并营建轮藏钱，书写“神应”

二字额神龙祠，御书《天童》等经，慈明皇后亲书《三清忏》等经以镇宫，共计藏经五千余卷，还有赐御法服、象简、金冠、玉圭、铜钟、法鼓、锦幡、供器、鹤氅、师号、词牒等。瑞庆宫，富丽堂皇，为极盛之时。

九宫山在南宋名扬天下，引起朝廷关注，不乏有张道清、杨宗权、黄元瑞等道士累功封赏。

张道清（1136—1207），字得一，号三峰，郢之蒲骚里（今湖北京山）人。九宫山瑞庆宫住持，在龙虎山受正一法箓。创建瑞庆宫道场，为宁宗赵扩治病而痊愈，建罗天大醮。庆元五年（1199），朝廷赐封张道清为“真牧真人”，同年七月，宁宗加封张道清为“太平护国真牧真人”。张道清坐化之后，南宋皇室仍不断对其进行诏封，尊宠有加，例如：开禧三年（1207），真牧坐化，宁宗御批《真牧遗表》；嘉定三年（1210），宁宗御书“真牧堂”为张道清藏蜕石室额。绍定四年（1231）遇太后庆典，理宗加封张道清为“真牧普应真人”；宝祐五年（1257）五月，理宗又加封其为“妙应真人”。

杨宗权，生卒年不详。号通慧先生，赐封“通慧孚惠杨真人”，后加封“通慧孚惠仁佑真君”。曾为在九宫山江州路寿圣观住持。杨宗权在江州寿圣观潜心修道、庇佑生民治疗疾疫，“灵迹累彰，嘉名聿著”。为了纪念他，人们在江边兴建孚惠先生祠加以供奉。其徒雷希复传其道，雷希复，九江人，得其师之道法，施法祐民，人皆德之。

黄元瑞，生卒年不详。修水人。居京山长森万寿观修道，嘉熙年间（1237—1240），万寿观毁于战乱，与弟子余太珏回到修水故里，入住冲和庵，后改为“玉清万寿宫”。

御制派及其传承。九宫山御制派由宋宁宗亲拟道派字谱，为40字。御制派字为：“道宗元太希，惟天可守之。以智绍祢祖，端显应良师。公子茂中景，叔孙克世时。孟仲季若善，居处自然熙。”[1] 此举反映了宋宁宗对九宫山道教的高度推崇。宋元时期，九宫山道教御制派仙真辈出，

① 清《九宫山志》，江苏古籍出版社2000年版，第130页。

传承有序，道脉昭彰。张道清在世时，有杨宗华、王宗成、陈宗明、杨宗权、熊宗超、李宗荣、上官宗立、王宗莲、蓝宗宝、彭宗显、李宗志、毛宗真、吴宗松、李宗一等十四人。

御制派与天师道。张道清于淳熙元年（1174）到龙虎山天师道祖庭上清宫受正一法箓，传承天师道法脉，兼传御制派。据《九宫山志》记载：

> 真牧开山，建佑圣、天师二堂，一奉真武，一奉道陵，此即其师承所自。[①]

张道清与传统天师道最大的区别，是在崇尚符箓道术的同时，亦修习性命之学，如张道清诗《中都晤皇甫清虚赠句》[②]，曰：

> 久恋帝乡春，虚名空系身。
> 何如青嶂里，认取自家真。

此诗是张道清淳熙十年游中都时遇见当时的著名道士皇甫坦所写，反映了其炼丹修身的信息。

二、钟鼎山玉清万寿宫及道教传播

钟鼎山位于太平山麓，其玉清万寿宫既是御制派传播的道场，也是广惠派的仙迹。淳祐元年辛丑（1241），杨恢在《玉清万寿宫碑记》介绍了钟鼎山的地理位置，他说："豫章之西，地号修水，邑为武宁、最山川胜处。西北为尤胜。幕阜九宫，绵亘二山，秀出云表，盖吴楚相入处也。九宫故瑞庆宫，在东而下九十里、曰钟鼎山。上圆锐下广倨，尊壮盘郁，名与实对。灵岩翠瀑。中有平畴，可菽可粳，蹑屐者和传为小洞天。"[③]

---

① 清《九宫山志》，江苏古籍出版社 2000 年版，第 447 页。

② 清《九宫山志》，江苏古籍出版社 2000 年版，第 181 页。

③ 玉清万寿宫碑至今 779 年，是重要文物，具有重要的文献价值，现玉清宫住持梅盛道长已建亭保护。

杨恢，生卒年不详。南宋分宁（今江西修水）人。曾官翰林待制。玉清万寿宫为唐代吕祖仙游之圣地，原名“冲和庵”，北宋宣和赐封“玉清万寿宫”，但时日一久，道观破败，九宫山高道、修水人余大翃其徒弟桂希卜重修，盛请杨恢撰写《玉清万寿宫碑记》碑刻。

南宋时期玉清万寿宫接续了九宫山瑞庆宫御制派的法脉，有一批有道之士入驻，如：

赵道昌，生卒年不详。武宁人。冲和庵道士。修炼丹道，“深得吐纳之妙者”，“往时道士赵道昌与其待结茅种药，经今百年，或蝉蜕而仙，或芝而隐，丹田宝鼎，易寒暑不变而深得吐纳之妙者。绍兴间，庵名冲和仅仅户赋登载版籍，粤有瑞庆宫，道士余大翃去郢之京山万岁观”[①]。由此说明冲和庵赵道昌以丹弘道的方式，并请余大翃入住的经过。

余大翃，生卒年不详。分宁人。师从黄元瑞，曾为九宫山瑞庆宫道士。战乱后余大翃抱观中所藏御书脱身，携师父黄元瑞回归修水故里，待其师如亲父。驻守钟鼎山冲和庵，由余大翃重建，改名为玉清万寿宫，并将御书安奉其中，由是名声大振，被封为“宏教大师”。杨恢撰写了碑文《玉清万寿宫记》，曰：“御书弗厄于郢之兵燹，大翃之敬君也。玉清久废而不湮，山川之灵有待也。冲和由庵而宫，昔陋今侈，学道得仙者由此显也。夫物之废兴有时，人之植立有待，偶然机会之相遭而卒至于相成，若有定数符券者，此其欲书传欤？大翃从老子教，能不忘夫君而又能慰其亲于老年温清之际，敬其师黄元瑞如其亲焉，可谓贤。”[②]碑文中除述及余大翃修建玉清万寿宫、侍奉师父黄元瑞外，还透露了他把朝廷御书带到家乡修水的信息，反映了道教经书在修水得以保存并传承至今的依据之一，九宫山的道书来源：一是朝廷御赐，二是御制派祖师在龙虎山授箓。

桂希理，生卒年不详。武宁人。师从余大翃。其功德及贡献，杨恢赞其有“汲汲求不负其师之志”的坚定道心，说明御制派人才辈出，传

---

① 清雍正三年《武宁县志》卷七。
② 清雍正三年《武宁县志》卷七。

承有序，绵延不断。

御制派在武宁的传承。关于南宋时期御制在武宁的传承情况，淳祐三年（1243），撰写《玉清万寿宫碑记》，刻录在杨恢《玉清万寿宫记》的背面，曰："大翃少服儒训而佩真风，慕瑞庆云山之胜，故弃所学□□□，继主郢之京山万岁观。焚修强力，上彻天阁，奎画宝旛，宠光隆畀。方窃幸无负于□□□教。嘉熙丙申，鞑戎侵轶，狼烟赫烈。当死生顷刻之间，思命谊轻重之宜，以观宇可毁，囊钵□□，先朝瑰墨，尚方宝赐，岂容付之兵烬？间关保持，重达故里，咸劳之曰：白刃森前，人心易摧，怯□失守，君赐至重，子能全之以归，是可喜也。里之钟鼎山冲和庵，昔有得道于其间者，宜以藏□。"□乡贡进士杨友龙、李梦洪偕乡之士夫佥言："宸章焕耀，宜表崇尊，改名未隆，惧弗克称。武宁旧有□□万寿宫，实废名存，遂合词请于邑，愿易其揭。邑侯赵公汝域下其议，俾隅总核实，隅官黄致政之□，□时乐善，慨然成之，亟以实闻。令剡申台府连帅，尚书吴公渊兼漕事，谓有实有名，宜永为焚修之□，冲和因易庵为宫，而御书始称安奉矣。太翃慨念乡里之申请，邑府之主盟，御书金厄于劫火之□，得以尽崇敬之实，夙夜究心，不敢少懈。幸山川效灵，神人欢附，宫赋之岁收才数十，而道流之□□几数百，楼殿门庑，间就一二，而规模方自是始也。华文待制杨公恢记其颠末，敬镵诸坚珉。刻宣和敕宣道士朱德英住持玉清万寿宫之文于碑阴，用示不朽云。"

余大翃名下徒弟、师孙、曾孙、玄孙道士多大五十余人，枝繁叶茂，盛极一时。

三、分宁千秋观

分宁千秋观始建于晋朝，为新吴（今宜春奉新）刘道诚真君炼丹处，许旌阳逐老蛟处，宣和二年（1120）始赐"千秋观"额。关于分宁千秋观的历史概览、道观存废情况和传承脉络，宝祐三年（1255），章鉴撰写的碑刻《分宁千秋观记》有记述，碑曰："凡山间林下幽僻处可以宾送日月者，无不游息，千秋观其一也。时黄冠师杜添源实主兹山，余问其观之所以始，则曰：'晋时此地为黑石靖，有新吴刘真君炼丹于此。许旌阳因逐老蛟，道修水，望山中紫气郁葱，曰此地必异人舍其下。因物色得之，相与为友。自刘君成道后，靖故无恙。而历江左四朝及隋唐五季以来，征之故牒，无以考其兴废。在宣和二年始赐千秋观额。'……凡为屋几百楹，过者惊其神设。继黄君者曰喻惟鏷，而添源又其再传也。"①

章鉴，生卒年不详。字公秉，分宁（今江西修水县）人。淳祐四年以别院省试及第。历官至中书舍人、侍左郎官、崇政殿说书、进签书枢密院事兼参知政事、同知枢密院事、右丞相兼枢密使。章鉴撰写的《分宁千秋观记》碑文介绍了千秋观的悠久历史和崇高地位，反映了杜添源、黄希瑊等道士排除困难，争取支援，重修道观的经过。

① 清乾隆《宁州志》卷九。

第十一章　南宋金精山与周边地区道教

金精山，位于江西省东南部，赣州市东北部，宁都县城西北郊五公里处，金精山为道教第三十五福地。古金精山有12峰，分别曰：翠微、双桃、合掌、披发、石鼓、凌霄、三巘、莲花、伏虎、望仙、狮子、瑞竹。主峰为凌霄峰，海拔468.5米。金精洞是金精山的中心。由石鼓、披发二峰相夹，奇秀天成；洞底四周鸟语啾啾，竹影婆娑，茶香飘溢，花草芳菲，犹如一幅生机盎然的天然画卷。金精山的仙女祠和古道观原来均建在金精洞内。据说建灵泉观之后，又建了神仙阁、玉虚观、三清宫和葆光亭。望仙峰上当年百花亭的石基、残砖也依稀可辨。自唐以来，道观几经兴废迁变，将仙女庙迁于洞外双桃峰下另建仙阁，宋代阁毁，又迁回洞内。

第一节　金精山道教历史概览

一、金精山早期道教与道士

金精洞，汉女张丽英飞升后，其名胜闻天下。唐代以来有席碧珍、卢穆、陈抟、廖瑀、赖文俊等。因金精山名声远播，崇宁年间（1102—1106），宋徽宗赵佶闻知金精山灵泉观历史悠久，且每逢旱年，求雨必应，便赐封张丽英为“灵泉普应真人”，并亲书匾额悬挂于洞内御书阁。从此，金精胜地名闻天下，慕名前来修道、朝拜者络绎不绝，香火极盛。

陈抟（871—989），字图南，号扶摇子，赐号“白云先生”“希夷先生”，亳州真源人。唐末北宋高道，人称“陈抟老祖”。尊奉黄老之学，先后归隐湖北武当山、四川崇龛、陕西华山等地。公元940年左右，出外云游讲学，至宁都拜杨筠松学堪舆风水术，曾隐于会同鹧鸪五门岭修炼，因名“陈抟仙”。著有《观空篇》《指玄篇》《易龙图序》《太极阴阳说》《太极图》《先天方圆图》等。

廖瑀（946—1016），字伯禹，北宋宁都黄陂人。卜居金精山学道，自号“金精山人”，故又名廖金精。家学、家传道教风水术。先祖廖崇德于唐贞观庚子任虔化（今宁都）县令，遂落籍虔化。为崇德之十世孙，黄陂廖姓始祖銮之四世孙。天赋聪敏，博学强记，好奇幻之术，谙天文地理。年十五，通五经，乡人称廖五经。宋初，教谕曾以高才推荐，没高中。遂潜心研究祖父三传、父通之堪舆术，脉承杨筠松、卜都监（即卜则巍），曾师从德兴吴景鸾。一生以觅“风水宝地”为业，足迹遍及赣、闽、粤等地。著有《怀玉经》《拨沙经》《入式歌》《金精鳌极》《地理泄天机》《葬法新印》等书。为饶州许氏卜宅时，曾对主人预言：“日后，贵府子孙当有为吾州守者。”故后，宋建炎四年（1130）许氏一裔孙果高中进士，授赣州知府，忆及言，遂派专人致祭，并为立碑记之。

赖文俊（1096—？），字太素，自号“布衣子”，世称“赖布衣”，北宋定南县人。进士，一代堪舆宗师。著有《催官篇》《金斗秘籍》《罗经大成》《青乌序》《三垣二十八宿化炁定穴法》《四元天星》等。其门人徒弟有：吴景鸾、刘伯温（留侯）、方斗南、焦仁山（铁匠）等。

二、士大夫与金精山道教

金精山久负盛名既是道人慕名而来的仙境，又是士大夫的休憩之地，其间他们为道教留下的许多珍贵文献。

曾原一，生卒年不详。字子实，南宋宁都县人。绍定四年（1231）举人。著有《苍山诗集》《金精山赋》《游金精山记》《孚惠庙记》等。曾原一在《金精山赋》中叙述了金精山的历史概况，是了解宋以前及宋代金精山道教的重要文献。金精山道教的仙人、仙境、仙气在曾原一的笔下气象万千，内美外景皆有，“以真人禀金星之精而生”“俗讹乃谓长沙王芮自媒于仙，时刳之妄也，无详辩者。苍山曾原一释其诬而赋之”，理性分析历史人物恰到好处；“穿岩而西，峡束云起，飘飘金蕖，香脸宵坠”，亲身体验其仙境玄语，其乐无穷。

张商英（？—1121），字天觉，号无尽居士，蜀州新津人（今属四川）。英宗治平二年（1065）进士。历官通川主簿、知南川县、开封府推官，使河北、江西、淮南、知鄂州，吏部、刑部侍郎，翰林学士等，张商英常着道士服。曾慕名游览金精山，写下《金精山留题》诗，诗人以历史的眼光观察道教人物张丽英不为世俗功利所困而“飘飘仙袂”于金精山，享受天作盖被、地作仙床的神仙生活，为劳苦百姓祈祷幸福。

三、金精山道教风水的传承与发展

风水术又称堪舆术，所谓“堪舆”，“堪，天道也；舆，地道也”，指的是天文、地理，其原理为结合八卦五行和阴阳五行的生克制化，把天道运行，地气流转以及人完整地融合到一起，这一套特殊的理论体系，与道学的“道法自然”“天人合一”的理念融合为“仰天承顺”“不乱其常”的道教思想。正如刘安在《淮南子·原道训》中，曰：夫道者，覆天载地廓四方，柝八极。[①] 道教的天地观与刘安的天道观显然是一致的，自然界风水之规律或者变化对人道的影响。千百年来，杨筠松以及赣州曾文辿、廖瑀、赖文俊（布衣）和宜春的何溥、刘江东等成为各地道教庙宇奉祀的风水先生。唐宋以来，在风水大师杨筠松的传授影响下，宁都及周边地区如兴国、定南、风水文化盛极一时，该地区以道士身份或驻在金精山从事堪舆术的人才辈出，代代传承。在宋代金精山道教风水大师有廖瑀和赖文俊较为著名，并有著述传世，

① （汉）刘安著，陈广忠译注：《淮南子》，上海古籍出版社 2016 年版，第 1 页。

家学、家传在后世传承千年。

第二节　金精山及周边道教信仰的特点

金精山及周边地区因处江西比较偏远的蛮夷之地，其道教文化一方面吸收了中原移民到赣南的客家文化，另一方面受广东岭南文化的影响也较大。其最大的特点是保留了较原始的道教民间信仰文化，是独特的文化现象，更是珍贵的中华民族传统文化的“原汁原味”。

一、张丽英信仰及其传播

从汉至宋，张丽英信仰传承从未中断，山民在金精洞内建庙设坛，奉祀女仙张丽英，张丽英在山中修炼，施医施药、造福十方，这些传说来自于民间，但都蕴含了道教劝善的教义教理，是道教立于民间并持续传播的根本。

杨益朝拜张丽英。传说唐代法师杨益，一天骑马游览景区，欲朝拜金精洞碧虚宫中的太白金星张丽英。来到这里已是正午时分，人饥马困，本想尽快到金精洞内歇息，无奈被高山所阻，绕道翻山，路遥且艰。此时烈日炎炎，人马大汗淋漓，坐骑嘶鸣不已。不料传至金精洞宫内，致使门前池塘莲花摇曳，金鱼乱蹦，宫内仙鹤惊飞，钟鼓自鸣，太白金星张丽英知山下有来朝者，必为乐施善举，普度众生，气度非凡之人，且精通地理山水，方有如此灵感，张丽英不由为其一片虔诚所感动，于是将一条“赶山鞭”从云端投掷赐予，杨将投掷的鞭条拾起，想到此鞭在空中飞动时，有山川随之旋转移动之感，细细端详，猜测此鞭定是一件宝贝，一时兴起，举鞭一甩。谁知这一甩，竟然非同小可，旋即电闪雷鸣，呼啦啦石壁裂开出一条大坼，蓦然间一条石巷眼前铺开，人马穿巷而过，阴湿凉爽，暑气顿消。于是杨益非常轻松地、一眨眼工夫就来到了金精洞，在张丽英金身前连连叩拜，不胜敬佩其神通广大。普沾灵气的杨益，法术更为精通，用于在人间救苦救难。为了报答太白金星送鞭之恩，在石鼓峰下灵泉边点化“金线吊葫芦”一景，长年为太白金星供给佳酿美酒，以满足豪饮之需。从此杨益用“赶山鞭”开山辟路，造就出许多建州设府的空旷场地。

仙人踏米。刘坑虎陂下的五里亭内，成仙后的张丽英化作一位长髯老者，左手抓金右手捏银，佯装睡在亭内一条石凳上。这时，一个曾家公子下村收租路过，进亭歇息，见老人手中拿的金银掉落地下，却毫不动心，若无其事，正要准备起身赶路，这时老人忽地翻身而起，叫住公子，询问见金银何以不贪？公子答曰："非义之财不可占也！"老者见他有一定善根，劝其修行，公子果然答应，并约定听到窗外三声拍掌声，即同往翠微峰后侧的碓窝岩修行。几年后，有一天小姐去赶圩，路过翠微峰下，忽听到半空中传来舂米声，却不见人影，心中不由觉得蹊跷。正在此时，只见一块手帕飘落地下，小姐拾起细看，辨认出是往日的定情物，忙呼丈夫名字，即听到丈夫回音，小姐喜出望外，请求丈夫回家团圆一次，丈夫答应。但嘱家中父母亲大人不要再去收租，至于生活问题由自己供奉，说完从云中赐下一升仙米，交待每天只消用一粒米便可煮出一甑饭。此后曾家果然依允，不再收租，清清苦苦过日子。曾家公子自从回家与妻子父母见了一次面后，便安心跟随张丽英一边读经修行、一边劳动碓米。穷苦人有求必应，留下一段传奇。

仙人划船。古时候，金精山下原是洼谷之地，有一湾水光潋滟、清漪荡漾的碧湖，夏日湖中莲叶如盖，荷花艳丽，这些都是迳口樵夫张芒之女丽英辛勤劳动种植的。有一天丽英正在湖中划船采莲，忽闻长沙王吴芮派兵前来将之征聘为妾，丽英躲闪不及，旋将船篙插泊水中，随手用几片荷叶把身子包裹，亭亭玉立于岸边。因此吴兵扑空，扫兴而返。站在云头观望的太上老君，一眼看出丽英是金星之精投胎凡间。为了方便其修行，避免喧闹嘈杂，则将卷起的荷叶点化为一柱荷苞石，将水中的竹篙点化为桅杆石（合掌峰），将小船点化为一座赤面寨（翠微峰），使之组合成一道遮掩金精洞的绿色屏障，围成一片供丽英耕读习艺、学经悟道的幽静天地。

仙人卖药。出身贫寒的农家女张丽英，虽离开家乡迳口村孤守金精洞修行学道，但依然关心民间疾苦，故矢志钻研医学。白天上山采集草药，夜晚秉烛苦读医书。终于学而有成，成了远近闻名的医药良师。因平日求医者太多，实在忙不过来，感动了天界药王扁鹊，托梦给丽英，嘱咐在三巘峰脚下的山路边，开个医药铺子，并愿效力相助。扁鹊化作仙鹤，在石壁上啄出一个个空穴当作药屉。当村民来到岩洞中求医，只要丽英将开好的处方向仙鹤一亮，仙鹤过目不忘处方中列的药剂，即从崖壁上一排排大大小小的药屉似的石窟中衔出各种仙草，放在悬崖下的一个泉水湖边，供求医者洗净服用，常灵验见效。

二、原始石头崇拜

中华民族是一个崇拜石头的民族。最古老的神话之一，就是家喻户晓的女娲炼石补天。石头，除了供作垒坎、砌墙、铺路、食品加工器具如石磨、石臼、碓窝、石水缸等材料外，还有另一层寄托的人文内涵。在“举头三尺有神明”的神话意识世界中，石头渐渐演绎成为山之精华、灵之信物，他们把石头当作神祇化身的载体，在心目中变成一种有感应、能显灵的精神图腾、精灵，加以崇拜、祭祀。将一截石头原始地竖起或稍加雕成菩萨模样立庙祀之，这种崇拜信仰现象如宁都、于都等地很多。例如石上招江的“保禾石”、麻田高排的“猪脑石”、田头璜山的“金牛石”、陂头云盖仙的“石狮子”、龙须三华山的“石鸡、石狗”、会同源里的“石观音”、暘霁斧头岭的“石土地爷”、石上江背的“杨婆石仙”、东山坝小源的“五石仙”、南坑陈抟仙的“石仙公公”、固厚古溪尾的“石仙婆婆”、竹笮侧排的“白石仙”、小坑的“石仙祖师”、石上李家坊的“白石仙”，还有安福上嶂、河东坳上、田埠武华山的“石华仙”，小布、青塘圩上、东韶禄源、黄石石头、田头白沙、田埠洋坑、赖村蒙坊、邮村均建有“石仙庙”。最著名的有上三乡大布青山下的“白石仙”，至今白石矿苗纷纷累增，甚为奇特；下三乡的坎田宝华山“乌石仙”（又名禾苗仙），每年春夏之交，庙内虫类鳞迭成堆，收获后必有风雨雷电清扫斋坛。大凡所有石仙确立之初，都有一个动人传说，一次美丽邂逅，偶然发现其会走、会飞或会长、会叫，颇觉蹊跷，便当作神灵敬奉，果显应验。随之奇闻不胫而走，信之拜之的人越来越多，于是乎立庙奉祀，形成一种乡俗。

三、独特的“作田庙”

客家为避战乱，求得生存而多以山林为栖息生活场所，以垦荒耕作务农为主，所以最为关切的是田园生产与年景丰熟，特别崇拜信仰禾苗、五谷、土地、农桑之神祇，甚至将其当作自己生活中的一个重要部分，其中一座直接与种田有关的“作田庙”，该庙供奉的是定光佛所化之“五谷神”，一年四季常有人来烧香揖拜，祈祷风调雨顺、国泰民安、五谷丰登、六畜兴旺。类似这种种田人自己的庙宇，在赣南客家还有石上的“谷雨庙”、肖高的“谷雨祠”、安福的“五谷寺”、蔡江的“定光寺”、对坊的“莲花寺”，还有许多乡村的“地母庵”（后土庙）、“社公庙”，分别奉祀“三皇”（伏羲、神农、黄帝）“五帝”（唐虞、尧舜、夏禹、商汤、周公）或地母、土地、社公、水帝、火帝、米谷神等。

四、道教与傩戏

金精山周边一些农村每年元宵和九月的“华光庙”庙会禳神跳傩，是赣南一种特殊的习俗，也是赣南唯一的傩戏。傩舞表演从农村到都市、从民间到宫廷都有奉行，宋代以后向民俗化、戏剧化发展。表演者戴上各种面具，举着代表将军、判官、钟馗、山神、灶君、土地、方丁、六甲等神祇，以简单原始、神秘粗犷的动作伴以锣鼓唢呐及人声帮和，表演传统的驱邪赶鬼故事，表达人们伸张正义，祈求国泰民安的心愿。

五、遍布城乡的“汉帝庙”

宁都城乡村寨，普遍建有“汉帝庙”，据不完全统计，数量多达35座，成为赣南的一种特殊信仰现象。首先，“汉高祖”施行仁政爱民，克定祸乱，轻徭薄赋，休养生息，兴农扶桑，废除苛刑，礼德教化，于是社会安定，经济发展，实现了强大统一的国家。故汉帝功德昭彰千古，为天下百姓永远怀念。其次，汉帝又因重视农桑，被民间奉为“米谷神”“作田菩萨”。作为客家早期摇篮，以农耕文化为主脉的宁都客家人，传承了中原祖辈祭祀汉帝的民俗，自然将其民俗带入了宁都。宁都城乡纷纷建汉帝庙，形成汉帝崇仰热。

南宋金精山及周边道观道坛分布一览表

道观名称	地理位置	奉祀神祇	道观建设年代	资料来源	备注
仙女祠	金精山	奉祀张丽英	始建于公元前265年	《宁都道教志》	1368年前又名真人祠
金精山祠	金精山	奉祀张丽英	始建于宋代	《宁都道教志》	明洪武初，改祭山神
汉高祖行祠	登峰门外直			《宁都道教志》	存遗址
龙神庙	梅江书院右	奉祀水神谢端公	始建于宋代，明万历中重修，改额曰“灵济”；嘉庆十三年（1808）重修，改“龙王庙”	《宁都道教志》	
东平王庙	城南阜民门内	奉祀张巡	始建于宋景定中，明正德中迁今址，清嘉庆十一年（1806）重修。	《宁都道教志》	
博济庙	河东潭富村	奉祀土神胡雄	始建于宋代，明洪武中、清乾隆二年（1737）重建	《宁都道教志》	宋崇宁中（1104前后）赐额
军山庙	东门外新背街或河东坊	奉祀长沙王吴芮	始建于西汉	《宁都道教志》	
东岳庙	南郊龙王庙右	奉祀东岳大帝	始建于宋代，清嘉庆二十年（1815）重修	《宁都道教志》	
药王庙	北门外真君巷	奉祀孙思邈	始建于唐代，清嘉庆九年（1804）重修	《宁都道教志》	
鲁班庙	城东通济门外	奉祀鲁班	始建于宋代，清嘉庆八年（1803）和清道光三年（1823）重建	《宁都道教志》	
杨公庙	长庚门外濠西坊		始建于宋代，清嘉庆十七年（1812）重修	《宁都道教志》	

续表

道观名称	地理位置	奉祀神祇	道观建设年代	资料来源	备注
浮惠庙	初建城西八十里稻田村，今在普度桥关后	奉祀怀德乡人严夏		《宁都道教志》	严夏为五代时都督
七仙庙	随门而设，县城有7座	奉祀主管天花、麻疹的七姐妹和天符仁圣大帝		《宁都道教志》	这7座庙解放前一直有，现废
真君庙	真君巷	奉祀许真君	始建于宋代，分别于清嘉庆九年（1804）移建、清道光二年（1822）重建	《宁都道教志》	
三皇宫	二处，分别在北镇门外安静坊、登丰门	奉祀伏羲、神农、黄帝		《宁都道教志》	
泰玄观	县城东门外		唐贞观年间兴建	《宁都道教志》	
宝居观			唐大中年间(847—859）兴建	《宁都道教志》	
太元观	通济门外		唐贞观（627—649）年建。明洪武初(1370年前后）重建	《宁都道教志》	
集仙观	北内城外坳上		唐贞观（627—649）年建。清康熙五十四年（1715）重建，清嘉庆十二年（1807）重修	《宁都道教志》	
阳灵观	金精山		始建于宋代，清乾隆四十六年（1781）重修	《宁都道教志》	

续表

道观名称	地理位置	奉祀神祇	道观建设年代	资料来源	备注
玉虚观	金精山				
玉堂观					
凌仙观	清泰乡一都			《宁都道教志》	管思樵裔重修
万寿宫	黄陂溪南涧	奉祀许真君	始建于宋宣和三年，清嘉庆元年（1796）重修	《宁都宗教》	现存
寒婆仙	石上镇稳坊村	奉祀寒婆	始建于南唐	《宁都宗教》	文革被毁
万寿宫	固村镇	奉祀许真君	始建于南宋建炎二年（1128）	《宁都宗教》《宁都道教志》	现存
天化坛	赖村镇莲子村	奉祀玉皇大帝	始建于北宋，历代都有重修	《宁都道教志》	现存
万寿宫	青塘镇社岗	奉祀许真君	始建于东晋，历代都有重修	《宁都道教志》	现存，改为佛教场所
武华仙	武华山	奉祀三清	始建于东晋	《宁都道教志》	形制仿武当山
三仙殿	武华山山顶	奉祀浮王郭三仙	始建于西晋	《宁都道教志》	现存
永福观	武华山山腰			《宁都道教志》	现存
灵宝观	武华山山麓	奉祀葛仙翁		《宁都道教志》	现存

从上面这些道观比较和分析，我们知道位于金精山奉祀张丽英的仙女祠，后敕改为灵泉观、阳灵观、玉虚观，其历史最悠久、影响最大，此观不仅得到了宋徽宗并亲书匾额悬挂于洞内御书亭。另外，从表中还知道金精山周边道教信仰的多神化，这与南宋政治中心南迁，大量北方移民把北方的道教神随同南移有关系。

第十二章　南宋青原山及周边道教的兴起

青原山位于庐陵城边，与白鹭洲书院隔河相望，与永和清都观成为庐陵文化的重要组成部分。青原山周边有天玉山、天华山、真君山、神岗山、螺子山、白云山、富华山等众多名山和泷江、富水等自然景色。

第一节　青原山自然风光与庐陵文化

一、青原山的自然与文化

东汉张天师定天下名山三百六十五座，青原山名列其中。青原山以山水美丽而著称，自古称之仁山智水。广义上的青原山是指从富滩嵩华山穿峡而起，北连天玉山、芙蓉嶂、黄原岭，西接安隐山、西华山，盘桓数十里，为吉安城东南的天然屏障。

青原山之嵩华山。其位于今富滩镇东部的古富村境内，山势呈南北走向，自镜头村的分水岭始，逶迤连绵，经马子岭、鸡壁峰，过嵩华山主峰，北接城岭、荒山，西延将军山。主峰嵩华山巍峨耸立，异峰突兀，直刺青天；其悬崖陡峭，怪石嶙峋，古松如虬；其飞泉喷涌，流水潺潺。四周群峦延绵，万木叠翠，异卉装点，诸多胜景点缀其间，堪称天造地设，鬼斧神工。山顶建有古庙，庙门匾额“嵩华名山”。

青原山之天玉山。位于青原山的北部，山势呈西北走向，主峰560米。天玉山，原名天狱山，传说山顶有一块一丈见方的大岩石，下面是空洞，人在上面用劲踏步，空洞会发出擂鼓似的咚咚声，是传说中镇锁妖魔鬼怪的天牢，俗名鬼监，山名由此而来。主峰顶有古庙一座，曰天狱名观，曾赐名为“天华观”。

青原山之西华山。据传山腰中所积雪水，能祛百病，引来四方香客。西华山顶道观始建于唐五代，奉祀玉皇、九皇和真武，有文昌阁、崇元宫、观音玄坛和雷神堂等。

青原山之方广山，位于青原山南边，山中有岩洞。东晋高道郭璞曾游历至此，大赞洞岩胜地，道观“洞岩观”始建于隋朝。唐朝德宗皇帝李适敕改名“朱陵观”。阎寀来朱陵观之前有谢佩仙、彭仙、刘仙等仙人在此修道。

二、南宋庐陵之学与道教文化

关于庐陵之学，元人柳贯说：“庐陵之学，大抵欧阳氏之学也。”[①] 欧阳氏是既指北宋一代文学大家欧阳修，又指南宋末庐陵大儒欧阳守道。庐陵之学素以文章、节义著称。

欧阳守道（1200—1273），字公权，一字迂父，号巽斋，庐陵人。淳祐元年（1241）中进士。《巽斋学案》领衔学者。少孤贫，无师，自力于学。里人聘为子弟师，主人见他吃饭时必将肉留下，带归给母亲吃，遂为其母馈送一份，他才肯肉食。年未三十，翕然以德行为乡郡儒宗，对地方文化和教育事业发展做出了贡献。江万里守吉州，极力赞誉欧阳守道。江万里倡建白鹭洲书院，首致欧阳守道为诸生讲说。湖南转运副使吴子良聘欧阳守道为岳麓书院副山长，继任白鹭洲书院山长。江万里为国子祭酒，荐欧阳守道为史馆检阅，召试馆职，授秘书省正字。迁秘书

① 柳贯：《书文集贤撰欧阳复初父墓志后》，《柳待制集》卷十八，文渊阁《四库全书》第1210册，第481页。

郎，奏言需使中外臣僚“无复前日言利之风”，被罢。守道徒步出钱塘门，唯书两箧而已。南宋度宗赵禥继位，以特旨，给欧阳守道食祠禄。咸淳三年（1267），少傅吕文德荐举九十六人，欧阳守道名列其中。欧阳守道笃行仁义，学者誉为庐陵之醇儒，赞扬他“持论咸有根柢，非苟立同异”。从关注地方利弊，对吉州的赋役征收、盗贼兴灭、城中疫病等，提出过有益的建议；对书院教育、贡士庄的建立、道教丹学、道观建设、道教神明学等发表过有启发的意见。

欧阳守道与庐陵石砻庙。景定元年庚申（1260），欧阳守道通过撰写《石砻庙碑》，记述了庐陵郡东十里的石砻庙的神明被朝廷赐封“孚应”以及周边民众朝拜情况，碑文首先点明了石砻庙的地理位置及神人名为刘熐及与石勋、石材庙的关系，石砻、石勋、石材等三庙“皆依石为屋，而石砻尤奇险，宜为神所宅”。在碑文中欧阳守道以诗结来阐述自己对道教的认识，诗曰：

畴居此山，非人伊神。不显维神，有泽及民。
既祀之庙，又请于朝。天子有命，神德孔昭。
山石岩岩，幽居之最。胡能及物，使物蒙赖。
吾闻至人，退然无为。功被天下，而物不知。
譬如空谷，声至响答。响从何出，声亦谁纳。
及物无心，况尸其名。匪我应彼，彼则有情。
孰像神容，命服是饰。那知超然，挥斥八极。
当其潜时，卷石可宫。翕忽变化，乘云驭风。
我不知神，昔者谁氏。视其择居，如隐君子。
御灾捍患，人则德之。千古石砻，社而稷之。[①]

欧阳守道从“至人”“无为”“无心”的视角阐述道教神仙思想。诗

① 柳贯：《书文集贤撰欧阳复初父墓志后》，《柳待制集》卷十八，文渊阁《四库全书》第1210册，第481页。

中第一至四句写神明“有泽及民”，第五至八句写地方请示朝廷赐封“神明”及朝廷同意赐封“孚应”，第九至二十四句写石砻庙的环境幽静，适宜“至人”退隐生活的地方。真人、至人、圣人、贤人为养生修炼的四个梯次，由此可知，欧阳守道对道家养生文化的关注和体悟。第二十五至四十句写神明的超然，是因为神人曾是一位“有德”之人，其德影响后人，所以“千古石砻，社而稷之”，正如《道德经》第五十七章曰：我无为，而民自化；我好静，而民自正；我无事，而民自富，我无欲，而民自朴。

欧阳守道与玉笥山刘虚舟道长。刘虚舟，名善，号虚舟，南宋景定年间玉笥山道士，喜读老庄书、《黄庭经》，吟诗有佳思，整理《玉笥山名贤题咏》，请欧阳守道写跋，景定年间，欧阳守道跋《玉笥山名贤题咏》，此文写玉笥山隶属关系的变化及作者对仙境玉笥山的情结。南宋庐陵名贤平园（周必大）、诚斋（杨万里）等墨迹刻石于玉笥山，刘虚舟道士将各位贤达的题咏墨迹集录为《玉笥山名贤题咏》，文中表达了欧阳守道对道士刘虚舟的敬佩和赞扬，敬佩其功德无量，“千古须此墨，虚舟此录有功山中多矣”；赞扬其修为有得，容貌年轻，“颜貌自余十六七年初识时至今一也”。又曰：“其最可敬者，素寡文，不知山中人本色应如此耶？抑为道日损，损之又损。”“为道日损，损之又损”出自《道德经》第四十八章，老子认为“为道”就要日损，“日损”是指欲望、感情之类，欧阳守道相比刘虚舟道长自愧不如。

欧阳守道与丹道论。欧阳守道对道教丹道有独特的看法和见解，其丹道论见于《丹说》，他认为：

> 盖丹于五色则丹，于五行则火，于五脏则心。丹砂最养心神，从其类也。世有内外丹之说，均为修炼。深究其理，心为百体之君，心得正则神全而体安，可以固真元，养寿命，此则至简至易之理耳。①

① 四库本《巽斋文集》卷二十五，参见《全宋文》卷八〇一五“欧阳守道”十六，第347册。

"丹砂最养心神"，这是欧阳守道对丹道的核心观点，他认为内外丹都是修炼的好方法，而修心是修炼的重要方面。

三、相融的儒释道和陶瓷文化

青原山因为道教文化、佛教文化、陶瓷文化吸引聚集了历史文化名人的青睐，从而使庐陵文化丰富多彩。传说唐代高僧鉴真在第五次东渡日本时，在广东遇海风，被迫返回扬州，途中顺赣江而下经过吉州，率弟子慕名往青原山，拜谒七祖真身，与寺僧切磋佛理，称赞青原山"何堪之盖集，云外老僧家"。其弟子禅彦病重，卒于青原山。行思弘法青原后，笑峰、药地、高光等禅师发扬光大，使"七祖之荆重荣"。再加上青原山最早是道教365座名山之一，唐吉州刺史阎寀曾弃官入青原山学道。于是，在青原山形成了儒、佛、道融合，"荆杏双修，三教统宗"的局面。唐著名书法家颜真卿贬为吉州司马时，用八分书为青原山净居寺题写"祖关"二字。"苏门四学士"之一黄庭坚谪江西泰和县令时，多次游青原山，作《次周元翁法曹游青原山长韵》诗，后人将其墨迹刻石在大雄宝殿两壁。北宋抗金名相李纲游青原山时作五言诗一首，后人石刻在净居寺斋堂壁间。南宋咸淳六年（1270），文天祥手书"青原山"三字，初木刻，后石刻，嵌于"红亭"门前，成为"青原墨迹四宝"。

第二节　南宋青原山道教

一、青原山早期道教的传播与发展

据文献记载，青原山道教始于三国吴嘉禾年间（232—238），道士杨善在青原山下设坛祈雨，此坛为青原山的道坛，北宋时改为青常观。许逊曾在青原山一带留下了试剑石，吉水县仁寿乡崇元观将许逊斩蛇剑存放在观内。

《唐会要》载，唐贞元七年（791），阎寀请为道士，从之。虔州刺史戎昱写诗《送阎使君学道青原山》相贺，诗曰：闻道桃源去，尘心忽自悲。余当从宦日，君是弃官时。金检封仙骨，灵津咽玉池。受传三箓备，起坐五云随。洞里花常发，人间鬓易衰。他年会相访，莫试烂柯棋。[①]

刘辰翁在《吉水洞岩朱陵观玉华坛记》中，记述“自贞元六年阎使寀弃吉州锡名遗荣隐兹山。唐五代徐锴到访阎寀修道的洞岩，撰写了《洞岩观碑》，由此可知青原山道教历史久远，道观地位高，高道辈出。

二、南宋青原山道教的发展

南宋青原山道教流光溢彩，彪炳史册。南宋绍兴年间，玉笥山道士庄冲靖应邀到朱陵观讲授《道德经》。胡铨退职后适在青原山朱陵观隐修，他写下了《朱陵观请庄冲靖升讲疏》一文记述了庄冲靖开讲《道德经》的事实，提出“鼠蔬粪壤，即是道场”，说明道无处不在。朱陵观不仅大量藏经，而且抄经也为道观活动之一，胡铨在《朱陵观抄题本命经疏》中，说：

> 道家者有所谓《本命延生经》，或曰经可以延生，毋乃几于不知命也，是大不然。东坡子曰：“知命者必尽人事，然后理足而无憾。人之有生必有死，譬如国之有兴必有亡也。虽知其然，而君子之养身也，凡可以久生而缓死者无不用。其治国也，凡可以存存而救亡者靡不为。至于无可奈何然后已，此之谓知命。”然则是经也，其亦久生而缓死者之一助乎！余故表而出之，以为延生者劝。[②]

他对抄经的功能联想到君子养身与治国之道。诚如所言抄经不仅对于传承中华优秀道教文化是一种途径，其间的静心、专注还有利于身心调理。儒释道的信徒大多数喜欢抄经，其中缘由大概如此。

① 四库本《麟原文集》前集卷七。

② 《全宋文》卷八二六七“刘辰翁”。

第三节　青原山周边道教

一、早期庐陵道教历史地位

唐代庐陵道教重要人物有阎寀，道观有宝寿观、紫极观等，由此说明庐陵道教历史地位的重要性。涉及阎使君入道、受箓的情况，有唐戎昱《送阎使君入道》诗“受传三箓备，起坐五云随”。[①] 庐陵太守阎寀弃官入道，专注于修道，披星戴月炼丹，远离世俗，以至于“风过鬼神迎受箓，夜深龙虎卫烧丹”“莫遣桃花迷客路，千山万水访君难”[②]。外丹、内丹，乃相对而言，都是道教的炼丹术。唐末五代是内丹发展的关键时期，直到北宋、南宋非常盛行。丹道著述主要有魏伯阳的《周易参同契》、张道陵序《上清金液神丹经》、葛洪的《抱朴子·内篇》、张伯端的《悟真篇》、白玉蟾的《传道集》及《海琼白真人语录》等[③]。

二、泰和王仙信仰的广泛影响

王仙原姓匡，讳和，长安人，唐贞观中，年逾六十，与其叔智属意轻举，弃官远游，南至庐山，到永和，后见泰和王山之奇秀，阳气充足，决定留下绝粒修真，果有所遇。绍兴年间，胡铨在《王山辅顺庙记》中追述了王仙之渊源，他说:“世传晋永嘉中，有王君讳子瑶字太皋者，汉王乔之裔也。尝慕神仙术，自玉笥山道庐陵抵泰和，乐其山水，隐居凡四十有八年，莫知其所终。人相闻以为仙去，然竟叵测也。至唐贞观间，又有匡君智者，长安人，弃妻子，脱屣轩冕，慕王瑶之为人，其兄子往依之，吸风餐露，攻苦食淡者久之，人亦莫知其所终。里人捏塑为像祠之，水旱有祷辄应。”[④] 道教徒对“真人”“仙人”最为崇钦。因为“仙真”是得道而有神通的人，是“老师”和“榜样”，入道修炼的目的就是要自己也成为仙人。

南宋庆元四年戊午（1198），周必正在《辅顺庙记》介绍了匡和成

① 四库本《麟原文集》前集卷七。

② 四库本《麟原文集》前集卷七。

③ 参见李养正:《道教概说》，中华书局 1989 年版，第 294—299 页。

④《全宋文》卷四三二二“胡铨”二十四，第 196 册。

仙的过程，他介绍：吉州永和镇有庙曰，旧无纪录。后周显德五年，始有神之族裔创为之碑，云神姓匡，讳和，长安人。唐贞观中，年逾六十，与其叔智属意轻举，弃官远游，南至庐山。或告曰："此阴山也，不宜学仙。"后乐泰和王山之奇秀，止焉。绝粒修真，果有所遇。其叔寻以中元日受天衣而上升。神以后期，嘱为地仙。次年七夕，亦尸解。今山有庙，真身在焉。①

周必正（1125—1205），字子中，号乘成，吉州庐陵（今吉安市）人。周必大之从兄。周必正因撰写了永和辅顺庙碑记，对王仙的来历作了了解，永和与泰和王山相邻，泰和王山也是因为山上白鹤观奉祀王仙而得名，地方也称"匡山"。王山山势险要，路难行，但千百年来香火一直很旺。他又说："纶言既至，民大和会，欢忭歌舞，如侯复生。"② 周必正继胡铨后记述辅顺庙的发展情况，特别交代了"辅顺庙"多次被朝廷赐封的历史，反映了王仙信仰在民间的广泛影响。

三、龙泉道教文昌信仰的源远流长

（一）龙泉早期道教

南宋以前龙泉县（今遂川县）有以下道教庙宇：

南宋以前龙泉县道观分布一览表

道观名称	奉祀神祇	道观建设年代	地理位置
冲道观	奉祀三清	始建于唐末，道士李伯松开基	在龙泉县
泰霄观	奉祀文昌帝君	始建于宋初	在龙泉县六厢
龙吟观	奉祀玉皇大帝	始建于宋代	在龙泉县百户所东
紫阳观	奉祀三清	始建于宋代	在龙泉县十二都
城隍祠	奉祀城隍	始建于宋代	在龙泉县城

从上面的表格信息，我们知道龙泉县在南宋以前道教信仰的基本情况。蒋概，生卒年不详。字康叔，北宋龙泉人。皇祐元年（1049）进士。

① （明）凤冈玩叟、曾钝编次：《东昌志》卷二，手抄本。
② （明）凤冈玩叟、曾钝编次：《东昌志》卷二，手抄本。

授知巴东（今湖北巴东县）。皇祐年间，龙泉县创建城隍祠，以奉祀城隍神，本地人邀请蒋概撰写《龙泉县创建城隍祠记》碑文，他从《易经》《道德经》阐释了城隍信仰的意义以及创建城隍祠的背景和过程，是一篇了解城隍信仰和龙泉道教历史的重要文献。从蒋概的《龙泉县创建城隍祠记》碑文中，我们知道：城隍信仰与《易经》有关，曰“城复于隍”，所由来久矣，而创建城隍祠的目的是“道隐乎邪，德败乎幽，藏变生灾，风雨愆期，万物不振，黎民受殃”。期待“大道而不屈，运玄德于无穷，出理阴阳，而灵耀浃乎寰区，功施济乎动植”。

（二）南宋龙泉道教文昌信仰

南宋龙泉县道观奉祀的神仙格位都很高，泰霄观奉祀文昌帝君，文天祥撰写的《龙泉县泰霄观梓潼祠记》碑文也记录了龙泉县文化之兴旺。文昌帝君，又称更生永命天尊，是道教尊奉的掌管士人功名禄位之神。文昌即文昌星，古时认为是主持文运功名的二十八星宿之一。文昌帝君有七十三次化身，在周为张仲，在汉为张良，在晋为凉王吕光，在五代为蜀王孟昶，在宋时为张亚子。张亚子其为人天性刚烈，明察秋毫，秉性仁厚，爱民如子，受到了道教信众的广泛尊崇，在中国的许多道观中都供奉着文昌帝君，道教对这位神仙的接纳是在公元六世纪左右。文昌帝君不停地转世，为民造福，负责人们的学习和升学。宋朝的各位帝王先后加封张亚子为“忠文仁武孝德圣烈王”“英显王”“神文圣武孝德忠义王”等。历史上，文人士子，儒、佛、道都十分崇拜张亚子，还借文昌帝君之名，降写了大量经文，这些经文中许多是劝善勉学的诗文，如明正统《道藏》所收录与文昌帝君相关的道书有：《太上无极总真文昌大洞仙经》《元始天尊说梓潼帝君应验经》《元始天尊说梓潼帝君本愿经》《清河内传》《梓潼帝君化书》等。文天祥撰写的碑文记述了龙泉县太霄老子宫奉祀文昌帝君奉祀情况，反映了龙泉县文化昌盛，人才辈出，“天圣以来，高科鼎鼎出，有位至侍从，以忠直自奋，尚论文献者归焉”[①]。

① 分别见四库本《文山集》卷十二、《全宋文》卷八三一九“文天祥”二十二（第359册）。

第十三章　南宋道教学术与江西道教文化

南宋时期江西不仅道派兴盛发展，讲经说法、内丹修炼、斋醮科仪也在道观或民间流行，不仅道教内部有诸多学术成果和文化形态，而且许多江西籍文人士大夫也在道观讲学交流、谈道论经，或者金石学，或者内丹学、或者老学，或者经学，或者诗学，留下了极为丰富的文献资料或丰硕的学术成果，形成了有江西特色的道教文化内容。

第一节　白玉蟾在江西及其学术成就

白玉蟾一生游历了许多道教名山大观、兼修多派法门、多次主持大型道教斋醮、留下了大量的道教文献，具有深厚的学术价值，其中大多数与江西密切相关，这些具有学术价值的文献资料，既反映了南宋道教的宏观层面，又体现了江西道教的微观状况。

白玉蟾（1134—1229），原名葛长庚，字如晦、以阅众甫，号海琼子、海蟾、云外子、琼山道人、海南道人、神霄散吏、武夷散吏、紫清先生等。祖籍福建闽清县，其祖父名葛有兴，父亲名葛振业。绍兴年间，葛有兴迁任琼州教授，因此举家迁居琼州。其出生地位于琼山县五原都显屋村（今海南省海口市秀英区石山镇典读村）。出生时因母梦食一物如蟾蜍，故以玉蟾取名以应梦。后父亡，随母改嫁白氏人家。早年丧父后，母改嫁澄迈县白家，改名白玉蟾。12 岁应童子科落第。南宋绍兴十九年（1149）16 岁时离家云游，养真于儋州松林岭。23 岁只身渡海到大陆名山求师问道，行走于罗浮山、霍童山、武夷山、庐山、龙虎山、閤皂山、玉笥山、华盖山、麻姑山、天台山等，被尊为“道教南宗五祖”。著有《玉隆集》《上清集》《武夷集》《海琼白真人语录》《海琼问道集》《海琼传道集》《道德宝章注》《静余玄问》《金华冲碧丹经秘旨》《太上老君说常清静注正误》《九天应元雷声普化天尊玉枢宝经》等。

在南宋江西流传的道派中，除以符箓为主的天师道、以斋醮为本的灵宝派外、以雷法为要的神霄派、以吕祖信仰为宗旨的广惠派、以忠孝为目的的净明派在江西初创外，南宗金丹派在江西尤其是在庐山广为传播。南宗的创立晚于北宗，实际创始者是南宋宁宗时代的白玉蟾，因为在白玉蟾之前没有形成独立的教派，形成教派的教祖、教义、传承、教团等条件都不具备。白玉蟾云游各地名山名观后，尤其了解到江西道派组织，系统完善、传承有序，对白玉蟾开创南宗面有很大的启发，也有一定的基础。南宗以内丹为特色，其理论依据是《道德经》《阴符经》。南宗还吸收了魏伯阳的《周易参同契》，张伯端在《读〈周易参同契〉》中说：“大丹妙用法乾坤，乾坤运兮五行分。五行顺兮有生有死，五行逆兮丹体常灵常存”[①]，其丹法有以下特点：

南宗在宋代的传承、传播不仅出现了大宗师，也留下了许多丹道著作：张伯端的《悟真篇》《玉清金笥青华秘文金宝内炼丹诀》《奇经八脉考》；石泰的《还源篇》；薛道光的《还丹复命篇》；陈楠的《翠虚篇》；白玉蟾的《海琼问道集》《海琼传道集》《金华冲碧丹经秘旨》《海琼白真人语录》；夏宗禹的《人物镜笺》《阴符经讲义》《悟真篇讲义》；俞琰的

① 《修真十书·悟真篇》，《道藏》第 4 册，文物出版社、上海书店、天津古籍出版社 1988 年版，第 744 页。

《周易参同契发挥》《易外别传》《玄牝之门赋》；翁葆光《悟真篇注释》《悟真直指详说三乘秘要》《悟真篇注疏》（戴起宗疏）；陆西星《悟真篇小序》。

南宗修丹讲求性命双修。张伯端《悟真篇》："虚心实腹义俱深，只为虚心要识心，不若炼铅先实腹，且教收取满堂金。"彭好古解注说："虚心为性功上事，实腹为命功上事，二者俱有深义。然人心浮动，如何得虚？不若炼铅服气，先实其腹，使金精之气充溢于身，然后行抱一之功，以虚其心，则性命双修，形神俱妙，而大修之事毕矣。"此一述一注，指明南宗修丹性命双修的方法。仇兆鳌《悟真篇集注例言》也说："《悟真篇》中，言命处多，言性处少。"又说凡解注《悟真篇》者"大都详于命而略于性"。南北二宗虽然皆主张双修性命，但在具体修炼过程中处理性命关系时，南宗明显则重于炼形炼气。如石泰说："真精与元气，此是大丹基。"（《还源篇》）

南宗以命功起始，性功了终。不像北宗那样下手处即求炼心炼己，而是先练命功，性功放在第四阶层上修炼。南宗阴阳丹法分为七个步骤：凝神定息、运气开关、保精炼剑、采药筑基、还丹结胎、火符温养、抱元守一。按实际修炼过程来看，可分为四个阶层：筑基、炼精化炁、炼炁化神、炼神还虚。其中始终不离火候、药物之妙用，对火候法度、温养指归的阐述比北宗更加细密。

白玉蟾在前人的基础上，对南宗的传播进行了创新性继承、创造性发展，一是主张从性命入手，先炼精气，同时也强调炼神修性，指出必须"以神用精气"。二是融内丹修炼于雷法之中，为了实修雷法，白玉蟾于嘉定十一年（1218）十月十五日皈依神霄门下，白玉蟾在《传度谢恩表文》中表明了他和弟子正式皈依神霄派，从而获得了神霄玉清府的神职。三是创立修炼基地，为扩大南宗内丹的影响，白玉蟾改变了南宗以往无固定修道场所的状况，设立了碧芝靖、鹤林靖、紫光靖等教区组织和修道基地，从而使道教内丹修炼成为一个有较多徒众，有一定传教地域的较大规模的教派。四是成立教团组织，道教在南宋时期所以能在中国南方流传，"为国升座"主醮事时，还出现过"观者如堵"的热闹场面，恐怕都与白玉蟾广招子弟，注重传播，桃李满园，道友众多关系甚大。在白玉蟾之前的金丹派南宗四代，基本上都是秘密的传播，范围相对较窄，门徒也很少，且无本派祖山、道观，故未形成的教团，至白玉蟾时，他收留了许多弟子，如彭耜、留元长、潘常吉、张云友、王金蟾、陈守默、詹继瑞，还有赵汝渠、叶古熙、周希清、胡世简、罗致大、洪知常、陈知白、庄致柔、王启道、方从义、黄自如等人。再传弟子又有赵牧夫、谢显道、萧廷芝、林伯谦、李道纯等人。在众多弟子中，赵汝渠（铅山）、洪知常（庐山）、方从义、黄自如、胡衍（庐陵）、王景玄（武宁）等为江西籍，为南宗在江西的传人。

嘉定十一年（1218）十月十五日，白玉蟾上《传度谢恩表文》，表明他与弟子们正式成为神霄派传承人，获取了神霄玉清府的神职，开始有资格行使五雷之法。白玉蟾代表诸位获取神职的弟子向神霄玉清真王上奏《传度谢恩表文》，表示："臣付以道法，奏准玉格，注授前件差遣，即日具表，恭诣阙庭，称谢天恩者……更昧皈依，实负陶铸。风缘契道，遇神霄五雷之书；凡质希仙，受太上九灵之旨。故得掌心握印，笔下飞符。役使风霆，区别人鬼。济生度死，辅正除邪。岂堕身于尘坌之间，敢飞步于魁罡之上。古来传授，今故奉行。内炼刀圭，外储功行。体天行化，佐国救民。"[①] 这份《传度谢恩表文》的落款时间为"太岁戊寅嘉定十一年十月十五日，具位臣玉蟾表奏"，通过这份《传度谢恩表文》我们知道，一是白玉蟾的徒弟中先受天师道"太上三五都功箓"，再皈依神霄派，主要是行天心正法、五雷法；二是白玉蟾代表获取神职弟子向神霄真王谢恩；三是表示要更加勤于修炼，体天行化，佐国救民。这表明白玉蟾及其弟子皈依神霄派门下后，改变了金丹派南宗原只偏重自修性命的局限，在不断修炼自我完善的基础上，奉行雷法，佐国救民。此后白玉蟾正式以"神霄散吏"的道号出现。

白玉蟾在《雷府奏事议勋丹章》中介绍了各派对五雷的不同划分，

① （宋）白玉蟾著，盖建明辑校：《白玉蟾文集新编》，社会科学出版社 2013 年版，第 303 页。

他认为五雷的划分十分重要，是行五雷之法的关键。陈泥丸、白玉蟾的五雷划分是依据东、南、西、北、中的方位，结合春夏秋冬四季特征，与儒家的仁、勇、严、智、信对应，作为掌管天地万物之法[①]。白玉蟾及其徒弟之所以皈依神霄派门下，除神霄真王具有“知五雷之政，统三界而御万灵”的至高无上权力之外，更重要的是神霄真王将这一权力托付于世间的有道之士，代行五雷之法。

白玉蟾作为南宋神霄雷法的一派宗师，曾对当时道门中传布的各种不同门派雷法及其他各种道派法术进行研习和评论，如对玉枢、神霄、大洞、仙都、北极、太乙、紫府、玉晨、太霄、太极等各派雷书有关五雷的说法进行比较，他还就当时较为流行的圆通法、混元如意法、八卦洞晨法、酆都法等，同他弟子进行问答讨论。白玉蟾认为道教门派其实是大同小异，万变不离其宗，正如杜鹃鸟名称多种，但终归还是杜鹃也。白玉蟾以这种宏观视域来审视南宋纷繁多样的道教门派，存异求同，最后归于大“道”。

一、白玉蟾在江西的仙迹及其贡献

白玉蟾一生大概有三十多年的时间在江西道观仙游，一方面江西山水、道教文化滋养了白玉蟾，另一方面，他为江西道教学术研究和文化发展做出了重要的贡献。

（一）白玉蟾在龙虎山

白玉蟾在龙虎山道士不仅谈诗论道，而且与他们一起体悟内丹之法。其诗中有龙虎山道教史，有丹道理论，具有“诗文证史”的价值。正是基于“诗文皆史”的理念，陈寅恪先生在中山大学开设“元白诗证史”讲座，指出：“中国诗虽短，却包括时间、人事、地理三点。”“中国诗既有此三特点，故与历史发生关系。”陈先生特别强调要“把所有分散的诗集合在一起”，连贯起来进行研究，这样不仅可以“说明一个时代之关系，纠正一件事之发生及经过”，而且“可以补充和纠正历史记载之不足”。所以，无论研究江西道教还是龙虎山道教，向诗问史、诗文证史非

① 方宝璋：《略论白玉蟾的道教思想》，载 2016 年《老子学刊》第八辑，第 61 页。

常必要，如白玉蟾的《上清宫方丈后亭》，反映了南宋时期道职制度。

白玉蟾在上清宫。上清宫在北宋为朝廷敕建，规模宏大。白玉蟾在龙虎山的时间很长，为龙虎山的主要道观都留下了文献，如《上清宫二首》[①]曰：

一

五日连阴雾雨昏，驱车应有北山文。
惭无吏部回天笔，为我重开叠嶂云。

二

石溜涓涓水脉长，野田冉冉稻花香。
相迎谁似山云意？更借松风十里凉。

这两首诗记述了上清宫周边的自然风光，一片幽寂之美。又在《上清宫方丈后亭》诗曰：

三四声猿叫落月，六七竿竹呼起风。
夜静无人知此味，还他方丈拙庵翁。

诗中“拙庵”是指龙虎山三华道院“方丈”王琳甫的“号”，上清宫白玉蟾还为其作诗《知宫王琳甫赞铭》。又有《题上清法堂壁》诗曰：

秋雨悬天风作寒，冷烟锁住屋头山。
半崖飞鸟一声过，峭壁断云千古闲。
世俗不知幽静处，神仙隐在有无间。
夜来小艇篙脱手，醉把霜筇入翠湾[②]。

---

① 《龙虎山志》编纂委员会：《龙虎山志》，江西科学技术出版社 2007 年版，第 309 页。

② 抱冰子：《白玉蟾诗词选注》，中国文史出版社 2013 年版，第 25 页。

此诗描述了神仙逍遥自在的生活情境。

白玉蟾在蒙谷庵。蒙谷庵在龙虎山乡间，是第三十代天师张继先修行之所。白玉蟾作《蒙谷》诗曰：

淡烟轻锁数株松，夜静潇潇古谷风。
云掩草舒青洞绿，鸟衔花落碧岩红。
神仙去后无金剑，仕宦来时有玉桐。
未知此后谁人隐，寂寞南来几朵峰[①]。

表达了白玉蟾对第三十代天师张继先隐修炼丹的敬佩之情，叹息后人不如前人。同时他还作《虚靖先生像赞》，称赞张继先的“七返还丹法”，诗曰：

七返还丹阿谁无，先生归去谁识渠？
时人要见真虚靖，北斗西边一点如[②]。

白玉蟾在靖通庵。靖通庵位于上清宫三华院后面，为第三十代天师张继先修炼成真处，嘉定八年乙亥（1215）重修靖通庵。第三十代天师张继先修炼内丹和雷法之处，白玉蟾作为传承人肯定要去参访，并作《靖通庵》一诗，诗曰：

靖通庵外锁晴云，壁莹飞琼瓦叠鳞。
野鸟无心一声晓，岩花有意四时春。
凿开风月长生地，占断烟霞不老身。
虚靖当年仙去后，不知丹诀付何人？

① 抱冰子：《白玉蟾诗词选注》，中国文史出版社 2013 年版，第 25 页。
② 抱冰子：《白玉蟾诗词选注》，中国文史出版社 2013 年版，第 25 页。

白玉蟾与龙虎山道士。白玉蟾在龙虎山期间既考察了历代天师修仙得道之处，又与多个道观的道士结下了深厚的友情，这反映了白玉蟾依照天师道精修道学，炼丹成仙。

孔希嵩，生卒年不详。字云谷，号全道，南宋抚州金溪人。自幼出家为龙虎山上清宫道士，博学多才总角学道，名重一时。白玉蟾与希嵩有宿契，凡游览吟咏，必与之俱。白玉蟾入室弟子之一，并分别作有《赠云谷孔全道》记述孔希嵩炼丹的情况。诗曰：

凝神爽气炼金丹，七返从来有九还。
昨夜一声雷霹雳，不知人已在泥丸。

又作《炼丹不成》，诗曰：

八两日月精，半斤云雾屑。
轻似一鸿毛，重如千杯铁。
白如天上雪，红似猩猩血。
收入玉葫芦，秘之不敢泄。
夜半忽风雷，烟气满寥廓。
这般情与味，哑子咬破舌。
捧腹付一笑，无使心脑热。
要整钓鱼竿，再斫秋筠节。

这两首诗是白玉蟾初至龙虎山，向高道孔希嵩（号云谷）学习炼内丹，始炼“炼精化气”阶段失败后所作。

王南纪，又名王洞章，生卒年不详。南宋时贵溪县人。龙虎山上清宫知宫。师从王鉴义，自幼警敏，博涉经史，工诗文，喜琴弈。弱冠从鉴义入朝，即御前赐牒，与王若时同为道士。后敕授冲和大师，若时授冲隐大师。寿六十余。度弟子蔡元久、倪元简。白玉蟾为其作《赠知宫王南纪洞章》，其中歌曰：“满鼎铅霜火焰飞，绿颜雪齿君知否？松竹潇潇生冷风，白鹤一去草庐空”。[1]

王琳甫，生卒年不详。字拙庵，知宫龙虎山三华道院。白玉蟾为其作《知宫王琳甫赞》，记述了王琳甫“飞罡化诀兮，正一天心法，视微听冲兮，灵宝中盟箓”，乃“神仙中之最雄”，由此得知王琳甫是一位道法高深的道长。

黄天谷，本名黄日新，字天谷，南宋时龙虎山道士，能诗善琴。白玉蟾为其作《天谷庵》一诗，诗曰：

半天突出一奇峰，小小茅庵滋味浓。
夹道新松招夜月，满林幽竹唤秋风。
迎人野鸟间关语，恼客崖花烂漫红。
策杖且随流水去，柴门时借白云封。

诗中所在天谷庵为白玉蟾的道友黄天谷居住的庵堂，于诗中了解黄日新住茅庵修行炼丹的情况，在白玉蟾的《涌翠亭记》中有“桐城谭元振、上清黄日新。与余抱琴而憩其上”。可见，黄日新与白玉蟾交谊甚深。

（二）白玉蟾在庐山传法及主要弟子

白玉蟾在庐山的活动主要是在太平兴国宫，而且多次往返，其间为太平兴国宫作了两篇碑记，载录《正统道藏》，即《太平兴国宫记》《太平兴国宫地主祠堂记》。白玉蟾在《太平兴国宫记》中介绍了他在宫牧陈至和的邀请下到达庐山，白玉蟾为其美景所叹服，更为历代高道的事迹所景仰。他在《太平兴国宫记》中说：“九江故郡，千古庐山，乃仙灵咏真之洞天，实紫元景曜之神府。琅庭琛馆，隐于丹崖翠壁之间；羽衣霓裳，混于青牛白鹿之际。猿啼玉涧，鹤唳芝田。地接炎衡，云连潜皖。金童戴月，传麻姑、阁皂之书；宝仗凭风，赴委羽、括苍之宴。琪花开尽，朱凤飞来五老峰；玉井寒深，白龙涌出三峡水。松苍石怪，襟九曲

① （宋）白玉蟾著，盖建明辑校：《白玉蟾文集新编》，社会科学出版社 2013 年版，第 286 页。

而带罗浮；竹老草灵，辐三辰而谷大涤。北俯紫极，西睇青城，域会楚吴，星分轸角。神刓鬼划，诸峰三百六十崖；山瘦溪寒，一夜八万四千偈。周时康子孝佩雷玺于林间，晋代许旌阳飞铁舟于木杪。刘越掩赤城于石里，双户凝紫金；董奉种红杏于溪东，千朝腾碧落。蔡、李举玉棺而冲去，钟、吕启金匮以相传。马瀑溅湿刘混成之衣，虎溪淘碎陆简静之句。靖节酒醒，佛社亲植西天莲；羲之书忙，谷雨惜羹白露笋。陟丛冈之胜概，采先哲之遗踪。剔蜗银蛛网之幽，考草碣苔碑之旧。欲挥椽笔，以纪琳宫。"[①]从周朝到南宋，一代一代的高道都仙游于庐山，有康子孝、许旌阳、刘越、董奉、蔡（寻真）、李（腾空）、吕洞宾、刘混成、陆简静（寂）、王羲之等。白玉蟾在文中还记述了太平兴国宫在唐宋欣欣向荣的局面，他继而述曰："天宝为庙，而升元为府，太平改观，而宣和改宫。虽亘古以昭灵，亦历代而沿革。釜之荣；真庙握元图，特紫札金牌之赐。太宗登大宝，新翠辇玉粤从兴国春秋，责两醮于守臣；逮至政和位号，已三登于玉册。祥符降蠲税之令，天禧赐度牒之恩。月破御香三百斤，年设国斋五六会。金虬玉蝶，荐有宠光，凤画奎文，益增镂志。铭昌鼎算，腾景瑶京。星使获船，玉鬣盘花枝而现瑞；皇华投币，彩云带华盖以鸣鞭。元丰炼师，获铜钱于土缶；神宗明诏，上宝号于金庭。四字相符，一时咸异。建炎戮张，遇显龙马于碧空；开禧馘吴，曦奏犬羊于紫阙。炳灵愈焕，降祉弥繁。"[②]白玉蟾是南宋庐山太平宫辉煌的重要见证者，又是庐山道教文献的贡献者，他非常细致地记录了庐山太平宫的建筑结构。他在《太平兴国宫记》进一步记述，曰："唐朝肇迹，宋代隆禧。琪木晨光，撷五枝于秀崿；珠宫夕照，搴八柱于飞梁。高云举读洞经于钱塘，亲承降顾；龚庆长阅名籍于向氏，备谕威灵。吴太和而增丹雘之光，唐保大而葺黝赤之弊。中厄兵焰，半为草墟。运星锤月斧之劳，复烟桷霞甍之胜。内而方丈，外以三门。轮奂峥嵘，金碧绚烂。

① （宋）白玉蟾著，盖建明辑校：《白玉蟾文集新编》，社会科学出版社 2013 年版，第 286 页。

② （宋）白玉蟾著，盖建明辑校：《白玉蟾文集新编》，社会科学出版社 2013 年版，第 286 页。

三官殿、四圣殿辅弼正宫，道纪堂、抱一堂掩映虚室。山光轩与擢秀轩而争爽，朱陵阁共景阳阁以相高。宝藏储金，开天上图书之府；华庭申福，灿人间箕翼之躔。榜扁云无心，泉鸣人听雨。两廊彩壁，绘绛衣碧弁之灵；四面粉墙，闭紫术黄芝之茂。仓院粟红而贯朽，库堂茶绿而水香。崇廪齐山，河伯转轮而舂谷；香厨蒸雾，原夫匾饭以担薪。霞帔星冠，万指之张颐待哺；月坛风峙，几代之栖仙宅灵。面乎覆船山，背彼飞云洞。门外古石，树为刘仙之亭；宫后峨犖，聿建灵泽之庙。道院十九所，居鸣琴笑剑之流；官廨三五间，延秣马脂车之客。碧流绕舍，绿藓封阶。天籁一鸣，山鸣谷应；风竿才动，水动烟寒。万枝红女媚芳塘，千丈苍官连古路。真神仙之窟宅，况泉石之膏肓。素瀑紫岸，侧拔星江之地；白苹红蓼，再游湓浦之时。朝家太平兴国之宫，为侍从奉祠之所；真君应元保运之号，乃圣明缛典之封。”[①]道纪堂、抱一堂及道院十九所，在南宋这样壮观的道观可能不多。有学者考证，白玉蟾的41位入室弟子中，有六位江西籍，其中四位是庐山太平宫道士。

洪知常，生卒年不详。字明道，号坎离子，又号真静子，白玉蟾弟子，庐山太平宫道士。精通内外二丹，将白玉蟾的丹经诗文编集为《海琼传道集》，其中有《金丹捷径》《庐山快活歌》《钩锁连环经》等[②]。白玉蟾与洪知常相会于庐山太平宫并成为师徒，《翠麓夜饮序》也有记述，称“戊寅之春清明后三日，有客白玉蟾来者琼山，游于庐阜之下……众赏饮罢，陈刀圭歌《黄宁羽融》之章，詹紫芝作崆峒虚步之声，杜憩霞拍手而舞，洪真静隐几而酣，王玉华醉而归，玉蟾乃作《清夜吟》”[③]。

陈知白，生卒年不详。庐山太平宫道士，白玉蟾弟子。半生立志学铅汞。白玉蟾过庐山时授其丹法并为其作《赠道士陈知白》一诗，收录

① （宋）白玉蟾著，盖建明辑校：《白玉蟾文集新编》，社会科学出版社2013年版，第223页。

② 盖建民：《道教金丹派南宗考论——道派、历史、文献与思想综合研究》，社会科学文献出版社2013年版，第501页。

③ 盖建民：《道教金丹派南宗考论——道派、历史、文献与思想综合研究》，社会科学文献出版社2013年版，第501页。

《海琼传道集》，诗曰：偶过太平兴国宫，白发道士其姓陈。半生立志学铅汞，万水千山徒辛劳。一朝邂逅庐山下，摆手笑出人间尘。翠阁对床风雨夜，授以丹法使还元。

陈守默，生卒年不详。号刀圭子，白玉蟾弟子，庐山太平宫道士。已受太上三五都功箓，为太上三五紫虚阳光秘箓弟子，行上清北极天心正法金阙内台典者，驱邪院判官等神职，曾为洪知常编辑《海琼传道集》作序。

杜道枢，生卒年不详。道号憩霞子，白玉蟾弟子，庐山太平宫道士。《翠麓夜饮序》中也有其与白玉蟾众弟子夜饮的记述，在《太平兴国宫地主祠堂记》中则有"此盖前监宫事东溪杜道枢，有以启陈琢也"。文句，可知杜道枢为东溪人，曾任庐山太平兴国宫监宫事。

南宋时期尤其是中晚期庐山太平兴国宫处于兴盛发展阶段，这种发展状态，一方面是白玉蟾及其教团的努力推动，另一方面也是庐山太平兴国宫历代道士承前启后崇道而为的结果，在南宋前庐山太平兴国宫道士陶智仙就发现"应元保运"符文；重和年间，陈思恭、陶知常、章安主、沈继彬、李仲恭、萧敏修、高至道受朝廷指派参与安奉朝廷玉册斋醮；胡用综则"幼脱俗绿，留心修炼。得长生之术，年逾七旬，貌若处子，酒量如初，一日一留诗，蜕形而去"。[①] 黄知微"年逾 90，而貌若处子，狂态如初，宣和七年诏征入京，继而渊圣登极，赦回太平兴国宫，旋即辞世"。[②] 白玉蟾在《有宋庐山养正先生黄君仙游碑》中敬为黄知微铭曰[③]：庐山之下，湓浦之濒。山高水长，不见斯人。竹月涓涓，松风瑟瑟。遐想仙姿，风清月白。《庐山太平兴国宫采访真君事实》记载了齐武直"每旦朝真毕即闭门端坐，不交人事，诵《灵宝度人经》，冥心默契，自得其旨。崇宁中，忽连日饮水不休，语同舍道士吕师中曰：尘世不足恋，吾将逝矣。吕以为戏言。及夜半，趺坐，举手向烛曰：兹为证明，

① 《庐山太平兴国宫采访真君事实》卷五。

② 《庐山太平兴国宫采访真君事实》卷五。

③ 清康熙十二年《九江府志》卷十八《艺文》（碑铭），第 2485 页。

然此事难哉。吕犹未悟，乃就枕熟寐。既觉，齐已坐亡”。还有值得一提的是，南宋庐山太平宫道士胡思齐，陆游有交往，陆游在《入蜀记》中述及其才华出众，修炼有方；蔡仙觉、孟仙真、昊太清、欧阳法明等被朝廷指派于庐山太平兴国宫焚修香火，这说明在南宋初庐山太平兴国宫就被王朝制定的国家斋醮祭祀的道观之一，其地位和影响显而易见。

（三）白玉蟾在閤皂山

据现有的文献记载，白玉蟾曾多次前往閤皂山，并在该处布道。白玉蟾的《隐山文》中即提及其隐居之乐，开篇便云："玉蟾翁与世绝交游，高卧于葛山之巅，客或问隐山之旨，何乐乎？曰：'善隐山者，不知其隐山之乐，知隐山乐者，鸟必择木，燕必择水也。夫山中之人，其所乐者不在乎山之乐，盖其心之乐'……"[①]"葛"与"阁"常常通用，上文中对白玉蟾隐居閤皂山修道和布道的乐趣描写得淋漓尽致。白玉蟾也记录他受辖宫道士冲妙师朱季湘之请到閤皂山的时间和内容，他在《閤皂山崇真宫昊天殿记》中说：嘉定庚辰，维时季暑，予来閤皂山。适冲妙师朱季湘辖宫，遂以前比六年新昊天之殿为告，俾予记之。予自惟陶弘景为帝作记，李贺为帝作《玉楼记》，顾无陶、李清伟之文，亦切慕之[②]。由此可知，白玉蟾于嘉定十三年庚辰（1220）到閤皂山，而且这不是第一次，时隔六年之后再来。这次来的主要目的是昊天殿落成冲妙师朱季湘邀请白玉蟾参加并作碑记。

刘贵伯，生卒年不详。閤皂山黄冠师。白玉蟾为刘贵伯作《牧斋记》，赞赏刘贵伯"谦以自牧"，曰：閤皂黄冠师刘贵伯以"牧"名斋，属予为记，贵伯诗甚骚而以懒辞，酒甚宽而以醉辞，棋甚敏而辞以不智，琴甚清而辞以不古；能炼内丹，能役五雷，皆以不知为辞。其谦谦如此，是自牧也。不劳鞭绳，盖以驯熟矣。僧人所谓人牛俱失，道家所谓翁马两忘，孰为牧之？盖自牧也。贵伯得之矣。[③]

① 清康熙十二年《九江府志》卷十八《艺文》（碑铭），第 3 页。

② （明）俞策著，（清）施闰章修订：《閤皂山志》本《记文》，刻印本。

③ （宋）白玉蟾著，盖建明辑校：《白玉蟾文集新编》，社会科学出版社 2013 年版，第 247—248 页。

朱季湘，生卒年不详。閤皂山辖宫。嘉定十三年（1220），白玉蟾至閤皂山，朱季湘请其为六年前修昊天殿之事作记。白玉蟾接受了朱季湘的请求，写成《昊天殿记》一文，他在文中对昊天殿修建的背景、经过及意义进行了清晰的叙述。关于两人的关系，白玉蟾在《送朱都监入闽序》中这样描述："今吾寂寞之滨久与闲矣，攸为业风吹来閤皂，首识总宫大洞重妙专寂先生，朱君，相与宿留凌云峰之下，晨登卧云庵，夜步鸣水台，觞咏甚乐，自非神交道契，何壹一见便如平生，欢亦足以慰矣"。[①] 朱季湘对崇真宫有葺补之功，白玉蟾因而推崇其为閤皂山九十年来之贤人。当朱季湘欲往泉南为建宫一事募款时，白玉蟾还为其简介泉南地理概况，并推介自己的弟子诸葛琰和留元长二人，并言前者清贫，后者性怯，与己为莫逆，当有所接引；同时并叮嘱朱到泉南须见李臞庵诸人，转告诸人白氏本人尚在人世的消息。

杨大荣，字仁叔，生卒年不详。閤皂山黄冠师。以"静胜"为堂名，白玉蟾为其作《静胜堂记》，因"静胜"一词，自丹法谈到心神关系，此本南宗性命双修的特点，亦可知白玉蟾平日即与杨大荣在道法上有所辩诘。白玉蟾为之言曰："天道不争，上善若水，尔无心兵，方寸太平。"[②]

熊仲立，生卒年不详。閤皂山道士。本为儒者，去而为道，以蒙为庵名，白玉蟾作《蒙庵序》从卦象意义与老子之义为之记，认为熊仲立颇得老子意旨。

（四）白玉蟾在西山玉隆万寿宫

白玉蟾一生去过很多道教名山，主持过多场斋醮法会，也有许多著述、语录，但他在江西时间之长、身临国家斋醮、以一座道观名称作为文集之名应该为之最。收录《道藏》本《修真十书》，包含《上清集》《武夷集》《玉隆集》，是白玉蟾的代表作，其中《玉隆集》卷三十一至

① （宋）白玉蟾著，盖建明辑校：《白玉蟾文集新编》，社会科学出版社 2013 年版，第 298 页。

② （宋）白玉蟾著，盖建明辑校：《白玉蟾文集新编》，社会科学出版社 2013 年版，第 246 页。

三十六。《修真十书》本《玉隆集》各卷所收白玉蟾文献篇目依次为：

卷三十一：《玉隆宫会仙阁记》《閤皂山崇真宫昊天殿记》《咏翠亭记》《心远堂记》《牧斋记》。

卷三十二：《听赵琴士鸣琴》《赠方壶高士》《赠蓬壶丁高士琴诗》《南岳九真歌题寿宁冲和阁》。

卷三十三：《旌阳许真君传》。

卷三十四：《续真君传》。

卷三十五：《逍遥山群仙传》。

卷三十六：《诸仙传》

白玉蟾不仅为西山玉隆万寿宫留下了非常有价值的文献，也与玉隆万寿宫的道长有深厚的友谊。

吴浦云，生卒年不详。又名惟一，字允中，西山玉隆万寿宫道士。白玉蟾三过西山时，作《玉隆宫会仙阁记》（又名《龙沙仙会阁记》），白玉蟾在其中借许真君垂语：后吾一千二百四十年间，五陵之内当有地仙八百人出世。他在《玉隆宫会仙阁记》中说："浦云吴君适际其逢郡，将闻有道以起之主席玉隆为黄冠者，辖四方，风巾雨帽，如蚁斯集……此西山神仙之会府，江汉湖海之士，不远千里而来，既已饱烟霞，饫风月矣。""摄杖于壁间，卧屦于户内，相与婆娑，偃仰游居于此，致身高明，寓目闲旷。可以诗，苍崖白云皆句也；可以酒，红泉碧芝皆味也。淡烟芳草可以入吾画，古藤怪木可以助吾书。幽禽昼啼，琴自横膝，寒乌夜语，笛自倚栏。人静院深，剑或鸣匣；茶清香冷，棋或敲枰。点易晓窗，丹砂研露，横经午案，宝磬传风。尘累不能扰其天真，是非不能汩其性灵。信起居惟适之安矣，亦盍思龙沙之谶乎！逆其数，但百数寒暑，而近有能争先快睹，勇悟渐修，内以炼三龙四虎之精华，外以陶七乌九蟾之造化，穷理尽性以至命，积精累气以成真，则第神仙八百之选，为无难矣。"[①] 白玉蟾据许真君预言认为，吴浦云师出豫章，而玉隆为天下第

① （宋）白玉蟾著，盖建明辑校：《白玉蟾文集新编》，社会科学出版社 2013 年版，第 235 页。

一真仙之居，可以诗、可以酒、可以画、可以琴、可以茶，吴浦云当认就是西山第八百位神仙之人选。由此，我们知道吴浦云是南宋西山玉隆万寿宫的一位多面手的高道，是许逊真精神的重要传承人之一。

王直，生卒年不详。西山玉隆万寿宫道士。王直远去武当山学习，白玉蟾赞赏并为其作《赠玉隆王直岁游武当山》诗一首，“西山猿啼啼不已，千岩万壑绿烟起。杖头挑月过潇湘，去饮清阳涧下水。清阳涧上五龙池，池边落叶不敢飞。太玄真人去未归，七十二峰空斜晖。峰头有人名歘火，洞泉飘出松花老。他年君自武当回，惠我数枝石灯草”。这首诗是白玉蟾提示道士要懂得道医，帮助信众，服务社会。诗中“石灯草”为中草药。

罗适庵，生卒年不详。西山玉隆万寿宫道士。白玉蟾受武夷山胡止庵道长委托作《玉隆万寿宫云会堂记》，他在其中说：“夫有道之士，憾山不深、林不密，惟恐人闻其名；若夫迹接缙绅，心交利禄，不预焉。尝议之矣，砭世剂俗之道，未若铲声华窒心迹，为人不可为，然后起人之敬，吾道赖以不朽也”。[①] 这里所说有道之士要得到后人敬重，需要淡泊名利，白玉蟾对云会堂堂主罗适庵的弘道利人和修炼丹法由衷敬佩。

二、白玉蟾的道法思想

白玉蟾为南宗第五祖，在学习和吸收前四祖的基础上，他在道法修炼实践和思想有创新和变化。主要体现在修炼方法、培养人才、重视戒律等方面都有创造性的贡献，这一方面得益于他的师父陈楠，一方面与他长时间在江西名山名观，吸收丰富的道教文化营养有极大的关系。白玉蟾所总结的法门都是来源于其修炼实践，其思想蕴含亦在其中。白玉蟾在《汪火师雷霆奥旨序》中说：“道者，具乎天地之先，混混沌沌，无形无名。法者，出乎天地之后，亘古而神通变化。”“道不可离法，法不可离道。道法相符，方可济世度人。”[②] 他又指出：“谈道者多曲学旁门，

---

① （宋）白玉蟾，盖建明辑校：《白玉蟾文集新编》，社会科学出版社 2013 年版，第 237 页。

② （宋）白玉蟾，盖建明辑校：《白玉蟾文集新编》，社会科学出版社 2013 年版，第 71 页。

乱真者众，后学者无所参究。”所著《金华冲碧丹经秘旨》《告斗求长生法》《修道真言》《道法九要》《雷廷妙契》《玄珠歌注》《翠虚陈真人得法记》《道堂戒论文》《堂规榜》《冬至小参文》《追鹤秘法》《地元真诀》对道教后学影响久远。

（一）强调“正信为根”的道法思想

关于正信正行，白玉蟾认为要像岩石上的松树一样“四时常青，岁寒不改”，像岩石一样“万仞悬崖，虚空独露”。他在《松岩序》中，说：

> 夫松者，以正信为根，以禅定为林，以智慧为枝，以机用为叶；岩者，以坚固为壁，以妙密为路，以直下为崖，以向上为窍：此岂世间所谓松之为松、岩之为岩也欤！[①]

“正信”“禅定”“智慧”“机用”是佛教禅宗的“戒、定、慧”三学，在此白玉蟾强调对于修行者来说，不应着眼于“道”“佛”的外部表现，而应返本溯源，使自己的思想和行为与“无为”“无事”的“道”相契合。白玉蟾还在《松岩序》中将美松岩之春、夏、秋、冬，与佛教的“密旨”“归空”“圆觉”对应联系起来，以“松岩之晓，青天光皎皎；松岩之暮，大地黑漫漫”，与道教的“太极”“虚无”“清静”之学说结合起来。白玉蟾名为《松岩序》，实指所有修行者需要去寻根，即“正信之根”。

（二）通过讨论道妙、符术、科教，启发学道者“清修”的重要性

道学、道术、道法，内容很多，作为有道之士除了学习道妙、符术、科教，白玉蟾认为还要重视“清修”，历代高道莫不都是这样做才成为高道，他在《隆兴府麻山北洞道院记》中，曰：

> 老氏以清静为宗，道家者流，流而为虚无，人谓是虚无，然

① （宋）白玉蟾，盖建明辑校：《白玉蟾文集新编》卷十一，社会科学出版社 2013 年版，第 299 页。

未虚无已也，盖实有矣。何哉？育其书行其所为，若乎炊者无不熟，种者无不生尔。国朝以十科取其九，拔其萃，是何今日之诸子，但碌碌如许，出而应高士选者，皆妄庸，因而拜先生号者，皆痴鄙。虽曰清修，又何尝有一琴一鹤之士而不谋生也。虽曰行持，又何尝有一符一药之士而能策效也。视茂松清泉无愧乎？所以岩栖谷隐，菇芝饮瀑者，羞与为伍。良由实学茫茫，是俱少小游惰，平昔泛常之子，彼乌知如何之谓道妙，如何之谓科教，如何之谓法术。必也，如徐来勒、魏伯阳、阴长生、张平叔，而后知烹龙炼虎之道妙；如陆修静、寇谦之、张清都、杜广成，而后知济生度死之科教；如房山长、费长房、郑思远、叶法善，而后知芟邪馘毒之法术。若不然者，高卧白云，其如尔何！[①]

白玉蟾在上文中指出了“科仪斋醮”可以济生度死、“符篆、草药”可以治病救人，这些都是道术，这是道士必须掌握的基本技能，这也是道士生存的基础，但还要像历代高道一样，回归清修之道，觉悟其“道妙”。在白玉蟾的眼里，麻山福地的道士“人人能清修，代代效行持，老者知道妙，壮者知符术，少者知科教”，这些道士高卧白云，没有辜负美不胜收的圣境，“古涧幽泉”“风床月枕”“星斗垂光”，于是他喜悦地为道院各房分别取名为“喜清”“蜗隐”“虚白”“冰壶”“萧爽”，还有各庵堂曰“南轩静庵”“省斋”“近思斋”“竹轩之”“贯时轩”“报安堂”等。白玉蟾欣喜地看到了江西麻山道士的非凡所为，同时也勉励其他修行道士需要以麻山道士为典范，成为“能丹灶、能内炼、能知兵、能符水、能医卜者”。

（三）真风不泯——因为许真君精神已垂千年

白玉蟾一生修道、得道、成道都与江西有关，尤其是西山玉隆万寿宫，不仅参与主持了罗天大醮、周天大醮等代表国家祭祀的大型法会，

① （宋）白玉蟾，盖建明辑校：《白玉蟾文集新编》卷八，社会科学出版社 2013 年版，第 236 页。

还留下了深刻的文化思想，如《玉隆万寿宫道院记》，只有千余字，却把道学、宫观、道士、道举、道录说得清清楚楚、明明白白，为什么道教能代代相传？因为真风尚存。他说：

> 道家者流，学宗黄老。黄老之道，其原自天。黄帝铸九鼎以制金丹，老君基三山以创神室。自鼎湖御黄龙之后，函谷驾青牛以来，天不爱道，人渐知仙，故黄老之学，风动天下，水行地中矣。今之冠褐，皆黄老之学者徒也。[①]

黄老之徒可谓满天下，白玉蟾分类之，即天真道士，如广成子、河上丈人；山泽道士，如许由、巢父、四皓；教法道士，如宋伦、杜光庭、叶法善；显贵道士，如钱锴、葛稚川、梅子真；技能道士，如栾巴、左慈、郭璞、王乔，等等。

然而，无论哪类道士，必须“习老、庄、文、列”，他又说：

> 盖知乎道士者，非止于晨香幕灯，板粥钟斋而已，要当虚绿葆真于云山水竹之表，烟扉月馆之下，擒离宫之三龙，驭坎府之四虎，炼黄婆于土釜，产赤子于金房，十月胎圆，九鼎火足，乘飚扇景，策空驾浮，与天为徒，与造物者游。夫如是，而后可谓之道士矣。[②]

所谓“与天为徒”，是要道士对自己的道学、修行不断提升，作为道士而“非止于晨香幕灯，板粥钟斋而已”，炼丹于九鼎，修炼于云山水竹，可谓之“道士”。西山玉隆万寿宫需要发扬许真君精神，做到真风不泯，像许真君种植的柏树一样无论春夏秋冬终不老。

---

① （宋）白玉蟾，盖建明辑校：《白玉蟾文集新编》卷八，社会科学出版社 2013 年版，第 239 页。

② （宋）白玉蟾，盖建明辑校：《白玉蟾文集新编》卷八，社会科学出版社 2013 年版，第 240 页。

（四）何处寻师，不如求己——强调清静无为、顺神养炁的养生之道

《玄珠歌》是北宋江西高道、神霄派祖师、侍宸灵慧冲虚妙道真君王文卿的丹道著述，是道教的重要文献，白玉蟾作为神霄派传度弟子对《玄珠歌》进行了注解，其中最主要的是蕴含着深邃的丹道思想。下面简单介绍两位宋代高道之《玄珠歌》的主要丹道思想内容，即《玄珠歌注》：

王文卿曰：大道无言。

白玉蟾注：道本无言，多言损炁。收炁存神，惜精爱己。内炼成丹成法。神散乱，法不灵也。

王文卿曰：闭息内观。

白玉蟾注：闭息者，外无所入，内无所出。内观者，无一毫之杂念，目视泥丸，舌拄上颚，神气自然来往。闭息则聚，内观则神凝。

王文卿曰：天罡运转。

白玉蟾注：天罡，心也。以心运诸，动阳则阳报，动阴则阴报运转五行，常朝上帝旋造化，颠倒阴阳，随机而应。

王文卿曰：七曜芒寒。

白玉蟾注：七曜者，在天北斗也，在人眼耳鼻口七窍。若能关闭七窍，则七曝光芒交射，气逆浑身汗出，头脑之上亦汗如云，始合造化。

王文卿曰：五星相联。

白玉蟾注：五星，金木水火土，在人乃心肝脾肺肾。闭息内观，五炁自聚，炁满泥丸，方朝上帝。

王文卿曰：还绕泥丸。

白玉蟾注：泥丸万神会约之所，乃上帝所居。行功之际，运炁自尾上度夹脊双阙关，直至泥丸，方得天翻地覆，晴雨随机。

王文卿曰：水火交射。

白玉蟾注：水肾火心。水阴火阳，阴阳相剥，水火相攻，雷电交作。

王文卿曰：何处寻师，不如求己。

白玉蟾注：吾身之中，自有天地。神炁之外，更无雷霆。若向外求，画蛇添足，乃舍源求流，弃本逐末也。反求诸己，清静无为，顺神养炁，何患道不完，法不灵耶。

王文卿曰：掌上玄机。

白玉蟾注：人能明此歌中妙用，真是乾坤归掌内，晴雨不由天。

王文卿曰：胸中奥旨。

白玉蟾注：胸藏奥妙之机，应变无穷，即此歌中之旨。

王文卿曰：勉乎好学，吾言毕矣。

白玉蟾注：后进好学之士，依此操修，幸勿生疑。此言决不误人，何处则去寻求。非人勿示。会得筒中之意，得真传者，莫非宿幸。得之而不修者，乃自暴自弃也。得之而自信不及，不能行者，无他，乃宿世恶业之深。急宜速修，把此心一旦改了，无不成就也。如得此文而不行，即系窥窃道法，其罪尤甚，勉之。[①]

《玄珠歌》是神霄雷法的重要文献，也是道教内丹的重要歌诀，文存《道法会元》卷九十。《玄珠歌注》是白玉蟾从内丹的角度进行注解，也是王文卿的重要丹道思想。白玉蟾解释王文卿的“大道无言”，着重说明内炼成丹、成法的重要性。“吾身之中，自有天地”。白玉蟾强调丹法在每个人心中，强调清静无为，才能顺神养炁，同时他还特别指出，后世学道炼丹《玄珠歌》可以作为依据并参考执行。在南宋庐山太平兴国宫涌现了一批内丹修炼的高道，以至于“寿比南山”，如黄知微、齐武直、毕道宁、王秉文、刘大彰、骆守明、白玉蟾、洪知常、陈守墨，有著述并流传的只有白玉蟾和刘烈（刘烈的丹道思想内容在宋元江西道教文化篇有专门介绍）。

① 《道法会元》卷七十。

第二节　南宋士大夫与江西道教

一、周必大与道教洞天福地阁皂山、麻姑山

周必大（1126—1204），字子充，一字洪道，自号平园老叟。南宋庐陵人。绍兴二十一年（1151）进士。历官徽州司户参军、建康府学教授、秘书省正字兼国史院编修官、监察御史、起居郎兼权中书舍人、权兵部侍郎兼礼部侍郎、翰林学士知制诰兼修国史、吏部尚书、枢密使、右丞相、左丞相等。封益国公，追赠太师，赐谥文忠。著有《省斋文稿》《平园集》等。在周必大的文集及《阁皂山志》收集了其关于道教的文献，这些文献资料对于研究南宋道教、江西历史有重要价值，如：乾道九年癸巳（1173）《记阁皂登览》、庆元元年乙卯（1195）《泛舟游山录》、庆元二年丙辰（1196）《临江军阁皂山崇真宫记》、庆元六年庚申（1200）《袁州宜春台孚惠新祠记》、庆元六年庚申（1200）《太和县仰山二王行祠记》、庆元年间《宁都孚惠庙神特封灵应侯制》、嘉泰三年癸亥（1203）《麻姑山仙都观新殿记》等。在《记阁皂登览》中记述了周必大游览阁皂山所见所闻，其主要内容有：一是阁皂山的地理位置以及其行政区划及道教名山的特点，旧隶吉州，今属临江之清江县，盖七十二福地之一；二是阁皂山遗迹有：汉张道陵、丁令威、吴孙权时葛孝先，皆有炼丹台井及阁皂山的历史变迁；三是介绍了阁皂山为灵宝祖庭并金陵之茅山，信州之龙虎山为"三山符箓"。他于二十三年后，即庆元二年（1196）再次登临洞天福地阁皂山，并写下了《临江军阁皂山崇真宫记》，见证了阁皂山的盛况：

> 入门即御书阁十一楹，藏熙宁赐书百一十八幅，章圣封泰山芝草二本，皇祐《新乐图》一卷，绍兴宸翰十轴。阁后设传箓坛，盖法许授箓者惟金陵之茅山，信州之龙虎，与此为三。徽宗朝给"元始万神"铜印，至今用之。次曰金阙寥阳殿，曰昊天殿，曰正一堂，曰靖应堂。其东曰祖师殿，曰藏殿。最后玉像阁五间，其崇五丈四尺，雄杰冠于一宫。凡殿于旁翼以修廊，道士数百人环居其

外，争占形胜。治厅馆总为屋千五百间，江湖宫观未有盛于斯者。[①]

作为洞天福地的麻姑山也是周必大向往之地，嘉泰三年（1203）他到麻姑山交游，对麻姑山仙都观新殿建设颇为赞叹，并记载此殿的建筑规模："庆元六年庚申三月戊寅，融风告灾，栋宇夜烬。明年改元嘉泰，知观事李惟宾创正殿七间，博十丈，深六丈有奇。依《营造法式》容阁帐三间，分列三清及天帝、地祇九位于上，其下则元君居中，东偏奉宣和二牌、三朝内禅诏，西为皇帝本命殿，宏壮华丽，殆过于旧。群祠外环，三门前耸，位置先定，以渐图之。方营求之初，故妻益国夫人王氏首施钱三十万，于是惟宾以记为请。"[②] 这是周必大在近80岁时为麻姑山仙都观留下的极为珍贵的史料，其中记述了麻姑山洞天福地的圣境，特别介绍了他夫人王氏施钱三十万给麻姑山仙都观的事迹。

二、胡铨与《道德经》讲台

胡铨（1102—1180），字邦衡，号澹庵，南宋吉州庐陵（今吉安市）人。建炎二年（1128）进士。历官授州军事判官、枢密院编修官、知饶州、吏部郎官、国史院编修兼权中书舍人、工部侍郎、兵部侍郎等。著有《澹庵集》等。胡铨曾上奏《戊午上高宗封事》，奏斩卖国贼秦桧以谢天下，时与岳飞齐名，被流放到广东新会、海南岛等地23年，秦桧死后回到朝廷，上奏《上孝宗封事》，主张抗金。胡铨铁骨铮铮和爱国情怀令人敬仰，誉为"庐陵四忠"之一。乾道七年（1171），胡铨以资政殿学士之职治仕，回到家乡安度晚年，入住青原山朱陵观，其间撰写《永兴观记》《王山辅顺庙记》《太霄观修造疏》《太霄观修殿疏》《灵护庙塑神像疏》《玉笥山抄题度牒疏》《北真观记》《洞岩讲坐记》《朱陵观请庄冲靖升讲疏》等大量的道教资料，留下了极为珍贵的道教史料，如在《朱陵观请庄冲靖升讲疏》记述了胡铨居住的庐陵朱陵观请玉笥山道士庄冲靖讲授《道德经》的感悟，他认为"鼠蔬粪壤，即是道场"，意即道德经中

① 清雍正《江西通志》卷一二五，又见《四库》本《文忠集》卷八十。
② 《四库》本《文忠集》卷八十。

道理适应万物，道场无所不在。对于《道德经》在经典中的地位和价值，胡铨在《玉笥山抄题度牒疏》中，指出“挑经甚于挑战，而选道难于选仙”，一是说明《道德经》乃道教经典之首，二是透露他对道士庄昭林（冲靖）讲经水平的高度评价。

三、洪适与道教金石学

洪适（1117—1184），字景伯。专注于隶书研究，以30年精力搜集古碑刻，著成《隶释》二十七卷、《隶续》二十一卷。《隶释》写成于乾道二年（1166），三年刻印。《隶续》中收录了极为重要的反映道教在汉代的情况以及天师道的传承，如《米巫祭酒张普题字》，曰：

> 熹平二年三月一日，天表鬼兵胡九□□，仙历道成，玄施延命，道正一元，布于伯气。定召祭酒张普，萌生赵广、王盛、黄长、杨奉等，谕受微经十二卷。祭酒约施天师道法，无极耳。[①]

此碑文反映了早期天师道（五斗米道）在蜀兴起的渊源以及由天师、祭酒、萌生、鬼兵（卒）形成的管理结构，由天道、地道、人道、鬼道表现的教义教理，这种结构和教义的发端为天师道在江西龙虎山创立并成为道教正一派祖庭奠定了组织和思想基础，对其后继者具有重大影响，实为研究江西史、江西道教史的珍贵资料。

四、文天祥与江西道教

文天祥（1236—1283），字宋瑞，号文山、浮休道人，南宋庐陵人。宝祐四年（1256）状元。历任宁海、瑞州、赣州等地方官，官至右丞相，封信国公，提举麻姑山仙都观。著有《文山全集》。文天祥有“人生自古谁无死，留取丹心照汗青”的千古绝唱，也留下了景定二年辛酉（1261）《龙泉县太霄观梓潼祠记》《敬书先人题洞岩观遗墨后》；咸淳七年（1271）《赣州重修嘉济庙记》等。他还与道士有较深厚的友谊，如他在《送隆兴

① （宋）洪适：《隶续》卷三，参见陈垣、陈智超：《道家金石略》，文物出版社1988年版，第4页。

邹道士序》中，说："今邹高士居其观，亦以炼丹名。或曰高士仙人之徒与？予诘其所以为丹，则高士之丹，非仙人之丹也。仙人之所谓丹，求飞升也；高士之所谓求丹，伐病也。仙人之心，狭于成己；高士之心，溥于济人。且夫兼人己为一致，合体用为一原，吾儒所以为吾儒也；重己而遗人，知体而忘用，异端之所以为异端也。高士非学吾儒者，而能以济人为心。噫！高士不贤于仙人欤？"[①] 在文天祥心目中有"仙人"与"高士"之别，他所谓"高士之心，溥于济人"，就是对道教慈爱济世精神的赞美，也是对老子《道德经》思想的阐述，老子说："圣人常善救人，故无弃人；常善救物，故无弃物。"此文记述隆兴邹道士是一位高士，"能以济人为心"，表现了文天祥的"忧世之心"。

① 四库本《文山集》卷十三。

元代篇

第十四章 元代的社会环境与道教政策

第一节 元代江西社会环境与江西道教

一、元代政治环境与江西道教

元朝是中国历史上第一个由游牧民族肇建而实现一统的王朝。作为一个由北方游牧民族建立起来的大一统王朝，元朝的统治制度既继承和发展了中原王朝的汉制，又保留有若干蒙古旧制，呈现出与以往汉族王朝不同的特征，其中，中书省（简称“行省”）制度是其在行政区划和政治制度方面的重大变革，对后世产生了深远影响。总体而言，元代的地方行政管理体系“显得零乱复杂，缺乏秦汉隋唐统一王朝整齐划一的二级制或三级制”，具有其过渡性和不成熟性。具体到江西地区，当时境内设有行省、路、州、县，没有府一级地方行政区；有些是行省、直隶州两级管理，有些为行省、路、州或县三级管理，有些则是行省、路、州、县四级管理。元朝全境共划分为 12 个一级行政区，除吐蕃和中书省直辖的腹里外，其余 10 个为行省，江西行省是其中之一。

江西行省地处江南三行省中部，境域狭长，跨越南岭南北，包括今江西省大部和广东省大部，今天的江西省在元代则分属江浙和江西两行省。具体说来，今南昌市、九江市、宜春市、新余市、萍乡市、吉安市、抚州市和赣州市隶属江西行省，上饶市、景德镇市和鹰潭市归江浙行省管辖。本文所讨论的地理范围指今日之江西省。元代统治者在政治上利用江西道教为其统治服务，如奉命南征的忽必烈派人与贵溪龙虎山第三十五代天师张可大接触，揭开了江西道教在元代政治舞台之序幕，后以提举制度、教团管理、委派方式对江西道教实施朝廷直接委派与地方自主相结合的治理模式。

对于南方正一道的管理，元代朝廷明确以龙虎山天师“主领江南诸路道教”，同时在设立提点制度、玄教制度对地方道教和重点宫观直接或间接管理。元代江西设有江西道教都提点，路设道录司，州设道正司，县设威仪司，宫观设提点、主掌等，多由道士担任，总辖于中央的集贤院，泰定二年（1325）第三十九代天师张嗣成知集贤院道教事，至元三年（1337）第三十九代天师张嗣成知集贤院。江西道教都提点、各路道录及重点道观一职由朝廷宣授，其余亦来自地方政府的任命，各路道官用五品印。例如，李瑾修“授袁州路道录，左正一，龙虎山上清宫提举”，吴以敬、金应兰先后“授龙兴路道录，玉隆万寿宫提点”，董处谦“授饶州路道录，余干州万安宫住持、提点，玉隆万寿宫提点”，何恩荣“授信州路道录，溪山万寿真庆宫提点”，夏文潜“授吉州路道录，浮山洞虚观住持、提点”，李允一“授临江路道录，玉笥山万寿承天宫提点、住持”，张绍隐宣任江西道教都提点，同时提点浮云山圣寿万年宫住持、抚州梅仙元都观住持，张元汉受命出任袁州路道判等。

二、元代经济与江西道教

经济方面，一方面元朝廷注重安抚江南民众，宣布免除故宋的繁冗科差，公私“逋欠”一概蠲免。另一方面，皇室宗亲、勋臣在江西的封户近 84 万户，以每户纳钞二贯计算，每年江西地区上缴给宗亲、勋臣的户钞高达三万三千多锭。虽然其中的四分之三不由民众直接承担，但相对于元中期江西行省六万余锭的商税、各五万余锭的夏税和酒税而言，户钞位居第五，不可谓不重。其中，江西道户、女冠户也是纳税对象，

《江西通史·元代卷》载：僧户、尼户、道户、女冠户等宗教户计：这些宗教户计的义务是“告天祝寿”，在赋役方面享有种种优待，属负担较轻的户计之一。至元二十八年（1291），全国仅僧、尼就有21万余人。元代江西地区仅抚州路就有僧、尼、道、女冠共计13787户。元代的僧道户，“大约是一处为一户”，即一寺、一庵、一宫或一观计作一户，每户人口多寡不等。如此，元代仅抚州路有寺庵、宫观13000多处，僧、尼、道、女冠的总数可能超过儒户、匠户、站户等户。宋朝廷发庐山太平兴国观《蠲免税赋》，文曰：“大中祥符二年十月十六日，准中书门下牒，江州庐山太平兴国观见纳夏秋二税等牒，奉敕并特与除放，充本观常住，仍仰本州检校分明，上历支用。”①

据相关文献资料分析，元代江西的道教宫观收入悬殊，极少数道观在上层统治者的支持下，广殖货产，干预地方事务，甚至为非作歹，成为一股强大的势力。以江州庐山太平兴国宫为例，该宫最初有3000亩田地，元中期迅速增加到17000多亩，仅汤德润任提点期间就增加11000亩，跨越兴国路的大冶、永兴，蕲州路的黄梅和江州的德化、彭泽、湖口、德安、瑞昌等地。该宫大厨每日炊米10斛，供食千人，可见道徒之众。虽然姚燧说太平宫新增土地的来源有“货取”“施入”“力作”三种方式，即出资购买信众捐赠和自己垦辟，但是，从“民之入钱取薪炭山者皆给之券。恒遣力人持梃行逻林间，盗采者有罚”的记载分析，该宫在江州兴国蕲州三路交界地带不仅拥有很强的经济实力，而且能够对“侵犯”其利益的民众施行责罚，亦具有很强的政治实力。临江路的玉笥山同“万寿承天”宫的“饭众之田”也超过万亩。

三、元代文化与江西道教

元代文化相对于两宋文化的辉煌有所不及，但也不乏有接续的精彩和超越前代的精妙之处，如程朱理学、陆氏心学在元代的延续，元曲杂剧的异彩纷呈、史学方面的鸿篇巨制，等等，这些丰富多彩的文化成就

① 《道藏》卷二，第32册，文物出版社、上海书店、天津古籍出版社1988年版，第666页。

都是元代的特色，而江西作为元代的一个文化圣地，也有许多可圈可点的，尤其是元代江西文化的兴盛也带动了江西道教文化的发展。

（一）元代文学与江西道教

入元之初，江西在野文人以庐陵刘辰翁、崇仁甘咏、临川艾性夫影响较大。元前中期有程钜夫、虞集、揭傒斯为代表的士大夫，后期则有吴当、周伯琦、危素等。据《龙虎山志》《庐山志》《麻姑山志》《玉笥实录》《閤皂山志》《万寿宫通志》《葛仙山志》等及相关文献考察，为江西道教宫观撰写碑文、留下诗词的江西文人如：吉安路的号称“三刘”的刘将孙、刘诜、刘岳申，抚州路的吴澄、何中、虞集，清江的范梈，丰城的揭傒斯，新余的傅若金，等等，这些都是元代文学史上很有作为的人物，如虞集的《道园学古录》涉及大量的道教题材，尤其是江西道教的宫观碑文、道士墓志，《玉笥实录》收录了范梈、揭傒斯、何中、刘诜、危素等名家名篇如：范梈有《承天宫》，诗曰：“懒慢辞朝梅子真，空山祠庙已千春。自从上疏东归后，不见江湖有直臣。”揭傒斯的《玉笥山歌》，歌曰：“大江之西洞庭东，三山鼎峙争长雄。玉笥嵯峨与天通，千回万转重复重。十人避秦入山中，池养十鱼为九龙。九人乘龙上虚空，赤帝飞入为九嵕。”“仙来不来我心忡，山中有草名碧茸。食之千岁颜如童，我欲求之不可穷。愿佩含景从仙翁，紫袍白马来两骢。夺取神君一尺铜，坐阅绝景忘春冬。”

何中的《望玉笥》，诗曰：

岸转苍石踞，长松垂青萝。
正当停棹时，江入柳阴多。
斜晖泻列岫，荡漾万金波。
倚舷一回顾，暮气忽嵯峨。
群仙养心处，许我勤相过。
洞天无濮竹，去去将如何？

刘诜的《玉笥山何提点建三清殿》，诗曰：

笥峰云峨峨，白玉作楼观。
飞栾堕人间，仿佛天上半。
至今三千秋，妙斫始一换。
丹霞贯觚棱，白日隐其閈。
吹笙集群帝，一笑视汗漫。
倘逢梅子真，小立共谈汉。
始青何巍巍，妙道不可说。
出虚还入无，岂必待宫阙。
去地千尺高，宝栋忽以杰。
下视九州九，泱莽如碎雪。
骐驎睨北斗，夜冷遗玉玦。
会借回仙蓑，共卧山中月。

危素的《梅仙峰》，诗曰：

谏疏当年奏汉宫，至今名迹遍诸峰。
经台半掩三花树，丹臼横遮五粒松。
近水衣裳清露湿，并崖芝术白云封。
因君更忆非非子，杖履登临得屡从。

这些诗歌多清新灵动的自然风格，闲适淡远的悠然心境，少馆阁造作之气；通过这些诗道出了他们赞赏“桃花杏花相映红”“坐阅绝景忘春冬”“妙道不可说”的神仙生活。文人雅士素为宫观而歌，这也是元代文坛的一道风景。

（二）元代江西的三皇医学

元代医学始建于中统三年（1262），路、州、府、县均设置，主要是培养医疗人才的学校，同时又兼奉祀三皇（伏羲、神农、黄帝）。通过碑刻、志书等文献及现存三皇庙考察，元代江西路、州、府、县的医学堂大多数与地方是在原道观的基础上设置，形成前观后医或前医后观，有些医学堂的教授很多也是道士、有些学员也是道士，所以医学三皇庙的设置对于推动道教医学、道教内丹学的发展发挥了积极的作用。

元朝廷设立医学三皇庙的规定[①]：

1. 医户和行医卖药之家均须拣选 1 名子弟入学，其他良家子弟愿入学者，听其自便。在学生员免除部分差役。

2. 医学内设教授、学正、学录、教谕等医官，行省设医学提举司（从五品），管领各处医学，并考试医生、校勘医书、辨别药材等。

3. 三皇庙内“作伏羲、神农、黄帝之像，南面参坐，而经昔者神明之医与凡为其学而著名者以次列从，配享从汜，略如近代儒学之制。常以岁春秋季月之吉，守令具牲性，醴行事，著为令”。当地与医学有关的从业者及生员“执礼致拜告享，仿于儒学，而器服牲币亦视以为法”。

元代江西三皇医学及庙宇分布情况[②]：

龙兴路：路医学初设于偏远之地，泰定年间（1324—1328）买地新修，讲堂、斋馆、教授公署刘备，三皇庙设于录事司的东湖左面。

抚州路：路医学、三皇庙在路治东隅延庆坊，大德八年（1304）建，至顺三年（1332）重修，前庙后堂，有讲堂、祭服馆等，另有斋舍十间，属规模较大的医学。崇仁县医学创设于大德八年（1304），乃当地医士集资购地兴修，三皇庙同时修建；后至元二年（1336）重修时，“邑士尝为掌医之官者”“习医以为业”者、“售药以为生”者均参与修造，建成的医学、三皇庙连在一起，前庙后学。乐安县三皇庙原借旧宅为之，后至元元年（1335）新修。宜黄县三皇庙修于延祐三年（1316）。

吉安路：路医学学舍原近庐陵县狱，医学教授严寿逸主持迁新址，三皇庙原借庐陵旧县治为之，后达鲁花赤暗都剌新修，庙、学兼备，邑民邓明远捐田作为医学田，岁人米 150 余石。吉水州有医学，崇仁陈景咨曾任医官。永丰县三皇庙始建于大德四年（1300），后重修。永新

① 吴澄：《吴文正公全集》卷十八。

② 虞集：《道园学古录》卷二、卷十四、卷三十六。

州医学和三皇庙建于大德初年邑人王东野任本州官医提领之时，经费取自医家，皇庆二年（1313），王东野以所受赏赐购田 50 亩，供春秋祭祀之用。吉安路和永新州医学有民间捐赠的学田，这是多数医学所不具备的。

袁州路：路三皇庙建于至元年间（1264—1294），位于录事司宜春台畔。分宜县三皇庙新修于后至元五年（1339），在惠民药局旁，有守庙者。

临江路：有路医学，南城人严寿逸曾任教授，“新祭品，建斋庐，筑官舍，作石桥”，新淦吴仲亨则任医官。新喻州设医学，前述崇仁陈景咨曾任医官。

瑞州路：路医学位于录事司内杂造局前。上高县三皇庙在县治之东，建于大德年间（1297—1307）。

赣州路：雩都县三皇庙建于延祐（1314—1320）后期。

饶州路：余干州有医学，抚州吴成由新昌州医学正升任该州医学教授。

南丰州：州医学修建于大德（1297—1307）中期，庙与讲堂兼具。知州李彝常亲临医学，监督诸生学业，参与祭奠。

综上所述，元代医学多依托道教三皇庙，奉祀“伏羲、神农、黄帝”，其中不少道士成为医学教授，客观上推动了道教医学的发展。

（三）元代科技与江西道士

元代东西方交通盛况空前，既有意大利人马可·波罗、鄂多立克、摩洛哥人伊本·白图泰等东来中国，亦有耶律楚材、邱处机、常德等西去中亚，还有温州人周达观等航海南行至真腊，西域的地理知识也传入中国。这一时期，人们的地理视野得到扩大，地理知识得以发展。在这种背景下，江西既有修图地书如朱思本者，亦有出海远航如汪大渊者，江西的地理学成就不能小看，特别是身为道士身份的朱思本为地理学发展做出了卓越的贡献，其《舆地图》成为重要的地理学文献。

朱思本（1273—？），字本初，号贞一，临川（今抚州市）人。出身科第之家，祖父曾任淮阴县令。于龙虎山入道。大德三年（1299），随张仁靖奉命前往大都，后长期在两都协助玄教大宗师处理道教事务。至治二年（1322），朱思本为龙兴路西山玉隆万寿宫提点、住持，现西山万寿宫附近的山崖上仍留有他当年所题石刻。著有《舆地图》2卷、《九域志》80卷、《贞一斋杂著》2卷、《贞一斋诗文稿》《北行稿》等。

朱思本是元代著名的地理学家，在中国地图学史上占有重要地位；也是一位道士，在中国道教史上也占有重要地位；还是一位诗人，其诗主要收录在《贞一斋杂著》2卷、《北行稿》。四川籍刘有庆论其诗文“如泉涌石窦，日挹日新；如云幻其峰，愈变愈丽，比、序、论，粹乎儒者”①。清江籍范梈评价其诗“论庄词澹，尤吾所谓驰骋横纵而无所逾者”②。

《舆地图》是朱思本自至大四年至延祐七年（1311—1320），费十年之功绘制而成，后刊石于龙虎山上清三华院。《舆地图》有如下特点：

一是内容丰富。据罗洪先《广舆图序》，此图“长广七尺，不便卷舒”。朱思本称图中“河山绣错，城连径属，旁通正出，布置曲折，靡不精到”，既绘有山川、城色、交通等，注记翔实，且系统地使用了符号图例。

二是方法科学，绘制方法先进。以画方之法绘制地图，始于魏晋间的地理学家裴秀。裴秀强调制图有六体，即“分率”（比例尺）、“准望”（方位）、“道里”（道路里程）、“高下”（地势高低）、“方邪”（角度）、“迂直”（弯曲度），他以“一分为十里，一寸为百里”的比例尺，绘制了已知的中国第一部历史地图集《禹贡地域图》。

三是图标精准。明代罗洪先经过多方比较，发现《舆地图》是他所见地图中最为精准的。他说：“尝遍观天下图籍，虽极详尽，其疏密失准，远近错误，百篇而一，莫之能切也。访求三年，偶得元人朱思本图，其图有计里画方之法，而形实自是可据，从而分合，东西相侔，不至背舛。于是悉所见闻，增其未备，因广其图，至于数十。”可见，罗氏选择

① 刘有庆：《贞一斋诗文稿》卷首，见《续修四库全书》。

② 范梈：《贞一斋诗文稿》卷首，见《续修四库全书》。

《舆地图》作为底图绘制《广舆图》，就是因其“形实自是可据”。

（四）元代阴阳学与江西道教

阴阳学是培养天文、占候、星卜、相宅、选日等类人才的学校。元朝，蒙古人信奉萨满教，认为天地、日月、山川等皆有灵，萨满教巫师拥有很高的社会地位。天文、历算、风水、占星等阴阳术数正与蒙古人的文化兴味相投合，自成吉思汗时代起，耶律楚材、刘秉忠、岳铉等人就因精通阴阳术数、擅长占卜而相继受到重用。至元七年（1270），刘秉忠奏请选试阴阳户，至元十三年（1276）再次选试，“如魏通阴阳科目文书底人，免本身差役”。元正江南之初，将通晓阴阳者与儒、医、僧、道等一并视为人才，大力搜求。至元十三年（1276）二月对江南新附之地颁布的诏书中有“前代圣贤之后、高尚、儒、医、僧、道、卜筮、通晓天文历数，并山中隐逸名士，仰所在官司，具以名闻”一款，“卜筮”和“通晓天文历数”者在访求之列。当时的江西行都元帅府应诏而动，四月，“行江西都元帅宋都带以应诏儒生、医、卜士郑梦得等六人进，敕隶秘书监”。至元二十七年（1290）籍户，阴阳户口在检搜范围之内，次年六月，依照儒学、医学体例，收录通晓阴阳之人，在各路设立阴阳学校。

元代阴阳学的制度规定：

1. 通晓阴阳者与儒、医、僧、道等一并视为人才。

2. 要求路、府、州设立阴阳学。

3. 设教授、学正、学录等学官，教育阴阳学的生员，管理阴阳人户。

4. 生员应以阴阳户子弟为主。

5. 学习“三元经书”和各类天文历算书籍。

6. 在行省中设立的阴阳学管理机构，各地阴阳学由中央集贤院总辖。

元朝廷集贤院一职曾经由第三十九代天师张嗣成担任。集贤院为从二品机构，掌提调学校、征求隐逸、召集贤良、玄门道教、阴阳祭祀、占卜祭遁等。至元三年（1337），张嗣成知集贤院事，成为集贤院的首领。张嗣成知集贤院事这种现象，既反映了元代龙虎山一代天师得到朝廷的重用，又反映了道教阴阳学在元代的应用。江西从唐五代开始，阴阳学就已经出现，之后风水、占卜在虔州、抚州、吉州等非常盛行，许多道士精通风水之道。

第二节　元代道教政策与江西道教

元朝是多种宗教并重的时代。蒙古人多信奉原始的萨满教，旧有的汉传佛教和道教继续传衍，藏传佛教异军突起，唐代进入中国的基督教聂思脱里派再度传入内地，天主教派首次进入中国，伊斯兰教则伴随着穆斯林的脚步传遍大江南北。宗教的多元化是元代多彩文化的重要组成部分。具体到江西地区，仍以旧有的佛、道二教为主。在宗教的管理上，一方面延续宋代的提举制度，一方面设立玄教制度。

一、提举制度与道教管理

元代的道教管理继续沿用宋代的提举制度，从第三十六代张宗演至第四十一代张正言，代代受元室崇封为天师、真人或大真人，并被命掌江南道教，尤其是第三十九代天师张嗣成知集贤院，但因有玄教制度的产生，无论是提举人的身份、职能、范围都有极大的变化，“提举”成为宫观内部管理职责的组成部分，也就是说“提举”一职是实职而非挂名的虚职，提举人选以道士为主而非儒官。这些变化朱权在《天皇至道太清玉册》卷四中有记载：

> 古制宫观道士之职：真人、祭酒、道录、道纪、道统、道正、道会、观主、提点、提举、副官、副观、讲师、都监、玄义、书记、谏议、监临、戒师、上座、掌籍、都表、监斋、法师、副表、直岁、表白、知库、司鑰。[①]

“提点、提举”不仅作为地方道教管理的职务，也纳入道教宫观内部管理，这说明元代“提举”制度由外到内的变化，大上清宫藏版清代

① 朱权：《天皇至道太清玉册》卷四，《续道藏》。

乾隆庚申年重镌的《龙虎山志》之《人物下·高士》和《宫门》篇详细地记载了江西部分路提点的任职情况及其变化。

李嗣仙，抚州金溪人，“至元丙子天师入朝，命提点（上清）宫。”

黄自明，抚州临川人，“至元庚辰，命提点（上清）宫”。

方南翔，抚州金溪人，“从天师来朝归，授提点（上清）宫”。

陈士囦，至元十八年（1281），“可授天师下道教都提举，兼提点大上清正一宫”。

熊贵实，元贞二年（1296）二月，“可授龙虎山大大上清正一宫住持、提点，元素明通灵真法师兼管本山诸宫观事”。

李志立，元贞二年（1296）二月，“可授龙虎山大大上清正一宫提举、知宫，葆和通妙冲靖法师兼管本山诸宫观事”。

李志立，大德六年（1302）九月，“可授龙虎山大大上清正一宫住持、提点，葆和通妙冲靖法师兼管本山诸宫观事”。

章似志，大德六年（1302）九月，“潭州路道录、岳麓万寿宫住持、提点章似志，可授明素冲虚通妙法师、龙虎山大大上清正一宫提举、知宫，兼管本山诸宫观事”。

金应兰，大德十年（1306）九月，“可授冲道明德旷飘逸法师、龙兴路道录、逍遥山福地玉隆万寿宫住持、提点”。

董处谦，大德十年（1306）六月，“可授观复冲妙灵悟法师、饶州路道录、余干州万安宫住持、提点”。

何恩荣，大德十年（1306）六月，“信州路德元观提点何恩荣，可授明德通玄宏道法师、信州路道录、溪山万寿真庆宫提点”。

吴以敬，大德六年（1302）九月，“可授观复冲靖灵悟法师、龙兴路道录，玉隆万寿宫住持、提点，兼管本山诸宫观事”。

吴以敬，大德十一年（1307），“可授观复冲靖灵悟法师、龙虎山大大上清正一万寿宫住持、提点，兼管本山诸宫观事”。

董处谦，至大二年（1309），“观复冲妙灵悟法师授饶州路道录，余干州万安宫住持、提点董处谦，可授观复冲妙灵悟法师、龙虎山大大上清正一万寿宫提举、知宫，兼管本山诸宫观事”。

夏文潜，至大二年（1309），“湖州路道录、玄妙观住持提点夏文潜，可授明通冲妙玄应法师、吉州路道录，浮山洞虚观住持、提点”。

综上可知，元代世祖（至元）、成宗（贞元、大德、至大）时对道教管理政策的变化，从直接对龙虎山天师的敕封到对路以上地方道教管理人员的任免，不仅跨地区，如何恩荣、吴以敬等，而且还跨省区，如章似志、夏文潜等，这些政策的变化对元代江西道教发展有密切联系，以至于元代江西道教出现兴盛局面。特别值得一提的是，对这些道士的“法师”身份的认定也是由朝廷来颁发。这种管理地方道教、宫观的模式，一方面反映了元代朝廷道教的态度，另一方面又反映了道教管理中发挥有道之士的重要性。

综合各种文献，整理了元代江西道观提点提举的基本情况，如表所示：

元代江西道观提点提举任职一览表

姓名	任职年代	道职	提举道观	资料来源
李宗老	至元十五年（1278）	住持提点	龙虎山上清宫	元明善《大元敕赐大上清正一万寿宫碑》《龙虎山志》
熊贵实	元贞年间	提点	龙虎山上清宫	元明善《大元敕赐大上清正一万寿宫碑》《龙虎山志》
李志立	元贞年间	提举	龙虎山上清宫	元明善《大元敕赐大上清正一万寿宫碑》
李志立	大德五年（1301）	提点	龙虎山上清宫	乾隆《龙虎山志》
章似志	大德五年（1301）	提举	龙虎山上清宫	元明善《大元敕赐大上清正一万寿宫碑》《龙虎山志》
吴以敬	至大二年（1309）	提点	龙虎山上清宫	元明善《大元敕赐大上清正一万寿宫碑》
董处谦	至大二年（1309）	提举	龙虎山上清宫	元明善《大元敕赐大上清正一万寿宫碑》
夏文潜	至大二年（1309）	提点	浮山洞虚观住持	《龙虎山志》
李谨修	至正二年（1342）	提举	龙虎山上清宫	揭傒斯《龙虎山天乙池记》《龙虎山志》

续表

姓名	任职年代	道职	提举道观	资料来源
程静	至正二年（1342）	提点	龙虎山上清宫	揭傒斯《龙虎山天乙池记》
陈秋岩	至元二十五年（1288）	住持提点	西山玉隆万寿宫	《崇正灵悟凝和法师提点文学秋岩先生陈尊师墓志铭》
王寿衍	大德五年（1301）	住持提点	西山玉隆万寿宫	《崇正灵悟凝和法师提点文学秋岩先生陈尊师墓志铭》《元故弘文辅道粹德真人王公碑并序》
吴以敬	大德十年（1306）	住持提点	西山玉隆万寿宫	《元故弘文辅道粹德真人王公碑并序》《龙虎山志》
金应兰	大德十年（1306）	住持提点	西山玉隆万寿宫	《龙虎山志》
陈日新	武宗、仁宗	提点	西山玉隆万寿宫	《陈真人道行碑》
谢洪之		提点	西山玉隆万寿宫	《谢东碧哀词》
朱思本	至治元年（1321）	住持提点	西山玉隆万寿宫	《玉隆万寿宫兴修记》《天宝观修造记》
黄元吉	泰定元年（1324）	提点	西山玉隆万寿宫	《中黄先生碑铭》
支宝慈	泰定元年（1324）	提点住持	西山玉隆万寿宫	《天宝观修造记》
罗洞云	至元年间	提点	西山玉隆万寿宫	光绪《九宫山志》
郭秀朗	元皇庆元年（1312）	住持提点	新淦洞阳万寿宫	程钜夫《洞阳万寿宫碑》
孙克绍	至元二十二年（1283）		隆兴路黄堂隆道宫	《黄堂隆道宫志》卷二
罗寿远	元至正八年（1348）	住持提举	黄堂隆道宫	虞集《黄堂钟楼记》
金玉成		住持提点	黄堂隆道宫	《黄堂隆道宫志》卷二
金复名		住持提点	黄堂隆道宫	《黄堂隆道宫志》卷二
徐绍开		住持提点	黄堂隆道宫	《黄堂隆道宫志》卷二
熊志和		住持提点	黄堂隆道宫	《黄堂隆道宫志》卷二
李允一		住持提点兼本路道录	玉笥山承天宫	揭傒斯《承天宫记》
谢景巽		住持提点	玉笥山承天宫	（光绪）《玉笥实录》

续表

姓名	任职年代	道职	提举道观	资料来源
何应仙	至顺二年（1331）	住持提点	玉笥山承天宫	揭傒斯《承天宫记》
周得一	元贞元年（1295）	住持提点	庐山太平兴国宫	姚燧《庐山九天採访真君殿碑》
熊守中	大德八年	住持提点	庐山太平兴国宫	《庐山太平兴国宫采访真君事实》
李守浩		住持知官	庐山太平兴国宫	《庐山太平兴国宫采访真君事实》
陈启宗		提举住持	庐山广福观	程钜夫《庐山重建广福观记》
詹泰琼	至正十一年（1351）	住持提点	江州路玄妙观	危素作《江州路玄妙观碑》
潘太初	至元年间	提点	庐山太平宫	陈致虚《金丹大要》
汤德润	至元年间	提点	庐山太平天国宫	《庐山太平兴国宫采访真君事实》
何荣恩		提点	信州真庆宫	《江西通史·元代篇》、袁桷《有元开府仪同三司上卿辅成赞化保运玄教大宗师张公家传》
逢庆	大德四年（1300）	提举	南丰贞元万寿宫	刘壎《贞元万寿宫碑》
方志远	延祐年间	提举住持	玄妙观兼芝山道院	李存《芝山文惠观记》
邹嗣昌	泰定三年（1326）	提举	华盖山崇仙观	吴澄《金华玉山观记》
周克恭	天历元年（1328）	提点	铁柱延真宫	柳贯《云从山崇真观记》
陈崇正	天历元年（1328）	住持提点	西山龙兴观	郑玉《龙兴观修造记》
叶克承	至顺元年（1330）	提点	龙虎山云锦观	李存《云锦观记》
陈义高	至元三年（1337）	提点	龙虎山繁禧观	陈旅《陈高士寿藏记》

从列表中提举的宫观来看，南宋江西道教提举只有麻姑山仙都观、西山玉隆观、庐山太平观三处，到了元代有龙虎山上清宫、西山玉隆万寿宫、庐山太平兴国宫、玉笥山承天宫、隆兴路黄堂隆道宫、新淦洞阳万寿宫、庐山广福观、江州路玄妙观、铁柱延真宫、华盖山崇仙观等道

观；从提点、提举人员的身份来看，大部分是道士而且是宫观的住持，且基本上是龙虎山支派玄教宗师的徒弟，从而也出现了提举或提点不能到位的现象。

二、玄教制度与道教管理

（一）玄教组织制度的内容

在元代虽然继续沿用提举制度管理道教，但其职能性质发生了较大的变化，由虚职变为实职，由官员到道士，其中一个重要的因素是玄教制度的产生。有学者指出：玄教的产生过程，具有不同于一般道派的特点，它的教徒来自龙虎宗，而其发展则是先取决于王朝的信任，然后再派出骨干到四方发展徒众。实际上，它是元代统治者对张留孙恩宠的特殊产物，并不是一个新的道派。[①]

从道派成立的三要素：祖师、经典、教团，玄教没有传世经典，也没有在道教思想理论上的建树，而且其教团不是自发形成的，从其运作的功能来看，更像一个道教的管理组织，其有一套独特的组织制度。

玄教组织制度的内容：

1. 最高首领：玄教大师，由皇帝"玺书"任命，大宗师印和剑为皇帝所赐。指挥运作地点在京师大都崇真万寿宫，以玄教嗣师副之；

2. 设处崇真万寿宫提点一职处理日常事务；

3. 设江、淮、荆、襄都提点一职，负责处理各路道教之事；

4. 设行省一级设都提点一名，路设道录一名，州设道正道判，直接管理本州道教宫观；

5. 地方道观提点的任命需要与龙虎山天师商榷。

玄教的职能，一方面受朝廷的赐印有其相对的独立性，但另一方面，由于玄教首领和骨干大都出自龙虎宗，而历代天师又是主管江南道教的首领，故又要受其管辖，特别是在处理与江南其他道派相关的问题时，还需听命于天师，而玄教所传播的地域，主要在今天的江苏、浙江、江西、湖南、广东等长江以南地区，与天师主领江南道教的区域完

① 卿希泰：《中国道教简史》，中华书局 2013 年版，第 138 页。

全一致。玄教宗师张留孙、嗣师吴全节与龙虎山天师在处理道教内部事务尤其是派驻提点方面，虽然有分歧，但总的比较和谐，如：泰定元年（1324），第三十九代天师张嗣成上书，请封黄元吉为“净明崇德弘道法师、教门高士、玉隆万寿宫焚修提点”一职尚未到任，之后一年中，黄元吉得玄教大宗师吴全节留居崇真万寿宫，并得到吴全节再为其奏请，终获“上有玺书之赐”。而且张留孙师徒没有忘记初心和本分，一方面“以清静无为为本，慈俭不敢为天下先”为宗旨，并教化众多的徒弟，另一方面，利用其在京师的特殊身份，积极为龙虎山上清宫的重建、天师的赐封等发挥了巨大的作用。

（二）玄教宗师

张留孙（1248—1321），字师汉，信州贵溪人。自幼入龙虎山学道于上清宫，师事李宗老。至元十三年（1276），随张宗演赴阙，留居崇真宫，专掌道教事务管理；至元十五年（1278），授玄教宗师，赐银印，为江南诸路道教都提点。大德中加号玄教大宗师，同知集贤院道教事，且追封三代皆魏国公官阶俱一品。武宗即位后升为大真人，知集贤院，位居大学士之上。延祐二年（1315）进开府仪同三司，加号辅成赞化保运玄教大宗师，又封阐道宏教冲元仁靖大真人，弟子有 70 多位，始终“以清静无为为本，慈俭不敢为天下先”教化弟子，在其弟子中没有蜕化为官僚道士，最著名为吴全节。

吴全节（1269—1346），字成季，号闲闲。元代安仁人。自幼学道于龙虎山。大德十一年（1307）授玄教嗣师。至治二年（1322）授特进上卿玄教大宗师、崇文宏道玄德真人。总摄江淮荆襄等处道教，知集贤院道教事。著有《仙坛记》。

第十五章　元代龙虎山及周边道教

第一节　龙虎山与道教命运

因为天师道在江南很有影响，从忽必烈开始，积极争取龙虎山正一天师道，元朝廷对龙虎山天师的礼遇和优渥远远超乎江南的灵宝派、上清派，从三十六代天师张宗演开始，第三十七代天师张与棣、第三十八代天师张与材、第三十九代天师张嗣成、第四十代天师张嗣德、第四十一代天师张正言都受到朝廷的优待，皆被封为天师、真人或大真人，主领三山符箓，掌领江南道教。其中张宗演、张嗣成为天师道在元代的鼎盛起了重大作用。

一、张宗演的从容与寡默

（一）张宗演生平

张宗演（1244—1291），字世传，号简斋，是第三十五代天师张可大次子，朝廷赐张宗演玉冠、玉圭、金服，冠以“灵应冲和真人”之号，给三品银印，免上清宫赋役，令其主领江南诸路道教，允许其自行出牒度人为道士。关于张宗演的生平，至元二十八年（1291），刘辰翁在《嗣汉三十六代天师简斋张真人墓志铭》作了中肯的评价。

第一，“处变不惊”。张宗演生于宋末元初的动荡时期，执掌天师职位后，虽处于险境之中，“兹山独师是恃，而师不自保”，但善于审时度势，准确把握时机，以至于“赐冠剑，陟师号，予护持，免征发，掌教事，度诸品。若曰神仙子孙而不名。由是宠光赫然，又前代盛时所未有”。

第二，“以愚守智”。张宗演遵循老子《道德经》思想，践行“以愚守智”“以俭致福”“以清静御外物”的大道智慧，“故能涉乎边境而不祸，抟乎九万而不中道夭，而又能以余力济世得名，又非特脱于其厄而已”。

第三，“道在平易”。张宗演号简斋，正如其号，从容、不争，“其从容，若不得已而应；其寡默，善为上而不争”。即便遇“虎”也抚之，“汝吾左，汝吾右”，其从容、淡薄之态度得到弟子的由衷敬佩，弟子曰：“吾师度世解厄，非死也。殆天师复生。”

（二）张宗演的主要贡献

张宗演处于改朝换代之际嗣教，对于掌教者来说是一次重大考验，考察所有文献得知：第三十六代天师张宗演无论在社会和谐稳定方面，还是推动道教传承并适应时代发展有重大贡献，虽然身处山林，也能从大局着想，勇于担当，并谨守老子的“不争”思想。

一是在稳定社会方面发挥了积极的作用。龙虎山天师道从北宋大中祥符八年（1015）宋真宗准吏部尚书王钦若奏为第二十四代天师张正随在京设授箓院，到南宋嘉熙三年（1239）理宗敕第三十五代天师张可大提举三山符箓，无论是在江南地区还是在全国都是有一定的影响，因此，元世祖忽必烈十分重视龙虎山天师道在社会稳定方面的作用，第三十六代天师张宗演担当使命。为此，元世祖曾两次下诏表彰他，其继任者元成宗铁木耳也下诏彰显其功德。如元世祖忽必烈，称赞他：“心传法统，体粹真风”，并特赐演道灵应冲和真人。宜令张宗演准此。至元十四年二月□日。[①]

①（元）元明善奉敕编纂，清乾隆庚申年重刻《龙虎山志》卷上。

二是取得“天师”封号成为元代定制。“自张宗演被朝廷赐封天师，之后代代参照，即其后诸帝皆令龙虎宗的每代嗣教者沿制承袭‘天师’‘真人’‘主江南道教’如故事，直至灭亡。”

三是协助朝廷建立了道教组织管理制度。在治理道教方面，一方面延续了宋代的提举制度，派往道士到江南地区提举宫观，人选由龙虎山天师与玄教宗师共同商量；另一方面建立组织管理制度，以玄教形式出现，派龙虎山道士履行相关管理职责，各路设道录司、州设道正司、县设威仪司，元明善在《龙虎山志》载：

> 仍给（张宗演）三品银印，令主江南道教事，得自出牒度人为道士，诸路设道录司，州设道正司，县设威仪司，皆属焉。诏谕江南复宫观赋，即京师度地创崇真万寿宫，敕弟子张留孙主之。后复两召至阙，礼遇有加。[①]

四是慧眼识才培养道教组织管理人才。至元十三年（1276）受诏进京，此时张宗演只有 32 岁，而其独具慧眼挑选随同张留孙入朝，后因张留孙以老子的“清净”阐述世祖与民休息的道理、其“谦让”的品德反而得到不断的升迁。元大德三年（1299），元成宗铁木耳在《加大宗师》，曰：“教传正一，爰登入室之科；恩出九重，膺锡升阶之号。元教宗师、志道宏教冲元大真人、总摄江淮荆襄等路道教都提点同知集贤院道教事张留孙，烟霞异质，松鹤真姿。握玉府之灵诠，岌元门之隆栋。飚轮赴阙，服勤二纪之余；宝箓颂禧，历侍三朝之久。日月际亨嘉之会，风雷随指顾之间。丹符用胜于灵犀，瑶橅功参于铸象。辅元有诀，讵须黄石之一编；姑射所居，曷羡赤松之八表。祗承异渥，益阐宗风。可授元教大宗师、志道宏教冲元真人，总江淮荆襄等路道教都提点同知集贤院事。”[②]

---

① （元）元明善奉敕编纂，清乾隆庚申年重刻《龙虎山志》卷上。
② （元）元明善奉敕编纂，清乾隆庚申年重刻《龙虎山志》卷上。

张留孙没有辜负张宗演的期望，在朝廷能从容应对，即便在禁中还没有忘记自己从哪里来，没有忘记入道的初心，最后回归龙虎山之山水，以天为徒，以地为家，至治二年壬戌（1322），虞集在《张宗师墓志铭》对其倍加赞赏，称赞他“遭遇列圣，恩宠显荣，于臣极矣。深惧满盈，乞骸骨归”。并且门下弟子“多聪明特达，有识量才器，可以用世，而退然奉其教”，不愧为一代高道。

二、张嗣成的荣观与超然

（一）张嗣成生平

张嗣成（？—1344），字次望，号太玄子，是第三十八代天师张与材的长子。嗣教成为第三十九代天师。泰定二年（1325），知集贤院道教事，集贤院为从二品机构，掌提调学校、征求隐逸、召集贤良等事宜，玄门道教、阴阳祭祀、占卜祭道等事亦为其所辖。至元三年（1337），知集贤院事，成为集贤院的首领，兼理道教以外的其他事务。除履职集贤院之事，还以法为本、以艺为乐，虽处荣观，却超然世俗，深入道家药店，寻找老子智慧。著有《道德真经章句训颂》《金莲正宗仙源像传序》《〈九天应元雷声普化天尊玉枢宝经集注〉后记》《玄天大圣真武本传跋语》。

以父嗣教。延祐丁巳四年（1317），张嗣成为其父亲第三十八代天师张与材作《解真三十八代张天师圹志》，曰：先考被旨嗣三十八代天师教，承袭以来，历事三朝，四觐阙下，累承恩命超迁至“太素凝神广道明德大真人”、领江南道教兼主领三山符箓。特授“金紫光禄大夫”，封“留国公”。

以法为本。1316—1344年为张嗣成嗣教的时期，也是元代帝王频繁更替的时代，历经七帝，仁宗（1312—1320）、英宗（1321—1323）、泰定（1324—1327）、文宗（1328—1330）、明宗（1330—1332）、宁宗（1332—1333）、惠宗（1333—1368）。而且此期间全国处于灾害频发时期，有学者统计了《元史》所载全国各地水灾5次、雹1次、旱灾2次，地震2次、饥荒10次。这些灾难的发生需要祈福消灾，张嗣成频频受召入京主持斋醮活动，泰定二年乙丑（1325）虞集在《黄箓普度大醮功德碑》记载了张嗣成率领江南道士参加黄箓斋活动的情况，他说：

> 奏曰：道家有黄箓斋科者，上可以导列圣之宸游，下可以达群生于屯昧，请以是昭塞旨意之万一。皇帝若曰：俞哉！庶其在兹乎。时则有若三十九代天师、太玄辅化体仁应道大真人臣张嗣成，亲扬祖教，妙斡道枢；神仙演道大宗师、泰定虚白文逸明德真人臣孙履道，以老成敦厚之资，深符真契；特进、上卿玄教大宗师、崇文弘道玄德广化真人臣吴全节，以聪明特达之器，参赞化机；并领玄宗，共承明诏。以二月一日，各真人率南北道士千众，即大长春宫陈大科法者七日，出黄箓白简万通，启长夜之幽扃，畅好生之至德……赫赫洋洋，洞洞煌煌，一时盛典，蔑有加焉。于是陈玄功于翰墨，留芳迹于庭除，礼也。①

第三十九代天师、太玄辅化体仁应道大真人臣张嗣成率领全真派道士孙履道、正一派道士吴全节等二千全国道士聚集在京都举行规模盛大的法会，对于第三十九代天师张嗣成举办的法会，与虞集同为江西籍在京馆阁士大夫的傅若金撰《天师张太玄祈雪歌》赞颂张嗣成之道法灵验。

以艺弘道。张嗣成在元代道教文学艺术史上与其父亲张与材、弟弟张嗣德齐名，然仅存一首，此诗收录叶凯翁所辑的《题叶氏四爱堂诗集》，诗云：彭泽以节高，春陵以道鸣。双井诗之雄，西湖隐而清。因其有所爱，希贤动我情。应知君子堂，贵实不贵名。张嗣成在诗中把陶渊明爱菊、周敦颐爱莲、黄庭坚爱兰、林逋爱梅都融入其中，由此点出叶氏四爱堂有君子之风，其之所以闻名正是由于值得人们崇敬的高风亮节。张嗣成亦擅长书画，元代以后的书画著述均称引其书画。元夏文彦撰的《图绘宝鉴》谓其“能画龙，亦尝见其所画庐山图”。清人卞永誉撰《书画汇考》卷三十二尚载有“真人张嗣成庐山图”。元陶宗仪撰《书史会要》卷七还记载张嗣成“亦善草书”。

---

① 四库本《道园学古录》卷二十三，第1207册，第333—334页。

（二）张嗣成的道法思想

张嗣成的道法思想主要体现在《道德真经章句训颂》。《道德真经章句训颂》于元至治二年（1322）完成，收录在《道藏》第12册。其结构和内容为序、上卷（第一章到第三十七章）、下卷（第三十八章到第八十一章）。

关于《道德经》的注解，从战国以来，各阶层人们根据自己的需要，从各个角度，作各个面向的诠释，各个朝代以其特殊的魅力活跃在学术、文化、道教领域，历久弥新、永不褪色。张嗣成是一代道教领袖，又是朝廷集贤院的首领。其嗣教期间面临朝廷高层政局的不稳定，尤其是“明、文”之争对社会的负面影响，人心难聚，另外，还有严重的自然灾害频繁发生，这些现象在提醒此时站在高处的张嗣成必须思考道教的路怎么走？在这种背景下他注解《道德经》的需要和目的就显而易见了，要提振道教的生机与活力，更重要的是强调道教界要重视“修德立身”和“回归自然”。

1.“道难闻，因经而后闻；道难见，因经而后见”——指引知“道”的路径和方法

“闻道难”“见道难”，张嗣成《道德真经章句训颂·序》中提出了自己的见解和解决难题的路径与方法，他说：“太上老君，道大而德宏，守约而施博，藏大用于无用之地，寓无不为于无为之中，超乎太极之先而不为古，行乎三极之后而不为今。得其高明者曰天，得其博厚者曰地，日月得之以代明，四时得之以错行，山川得之以流峙。洪者、纤者、高者、下者、飞者、潜者、动者、植者各得其一而为万物，灵于物者为人。举不能出乎范围，曲成之外，吾求其故而不得，强名曰道。非圣人无以有此道，非经无以载此道，是故道难闻，因经而后闻，道难见，因经而后见。诵是经者，倘有得于无为之绪，则可以修身，可以齐家，可以安民，可以措天下于太平。”[①] 就整个道教发展的历史态势来说，一代有一

① 《道藏》第12册，文物出版社、上海书店、天津古籍出版社1988年版，第627页。

代之道法，但无论道法怎么创新和变化，道法的源头是道经，而《道德经》是经典中的王者，所以张嗣成提出三元开坛传箓告祝之余，必须诵读《道德经》，通过诵读《道德经》才能闻道、见道，他又说：

> 吾祖正一真君，两承神驭，下降西蜀，亲授至道，发五千文言外之旨，无余蕴矣。家世守之，盖千数百载，嗣成藐焉传嗣，累奉德音，以遵行太上老君经教，为祝厘第一义。是以每于三元开坛传箓告祝之余，必即此经敷畅之，使在坛弟子及慕道而来者如鱼饮水，各满其量。然四方万里人人提耳而诲之，日亦不足矣。为老君弟子而不知老君之道，犹终日饱食而不识五谷，终夜秉烛而不识火也。不惟自负其身，岂不深负圣朝崇尚经教之意哉。以是不自揆，辄绎其义，以为章句。非敢自谓得老君之旨，然使吾门弟子与夫尊德乐道之士得而玩之，倘有悟入，则金丹不在他求，而至道吾所固有，功成行满，法身不坏，亦券内事耳。所谓千载而下知其解者，犹旦暮遇之也。凡我同志，可不勉旃。[1]

在这里进一步强调作为道教徒不念诵《道德经》、不知道《道德经》就像每天吃饭而不知道饭是怎么来的，张嗣成明确地说："为老君弟子而不知老君之道，犹终日饱食而不识五谷，终夜秉烛而不识火也。"他认为不知道、不诵读《道德经》的道士是不合格的道教徒。

2. 顿悟法门与知用知藏、知变知常

张嗣成从老子的《道德经》第五十二章中阐述修道顿悟法门，强调认识和守住万物的本源，终身才没有危险。

> 老子曰：天下有始，以为天下母。既得其母，以知其子，既知其子，复守其母，没身不殆。塞其兑，闭其门，终身不勤。开

① 《道藏》第12册，文物出版社、上海书店、天津古籍出版社1988年版，第627页。

其兑，济其事，终身不救。见小曰明，守柔曰强。用其光，复归其明，无遗身殃，是谓袭常。

张嗣成注：天地之先，父母之前，有始未始，是谓一元。为父而母，造化出焉，知出而复，斯神之全。神全不杂，明光相一，外想不入，内言不出，皎然见之，青天白日，不造不化，奚有乎物？知微知彰，知柔知刚，知用知藏，知变知常。仙如鼎湖，治则陶唐。噫其秕糠，死而不亡。咦，此是朝元第一方，顶心直上见虚皇。口旗灶祭灶皆成技，捉虎擒龙枉发狂。

老子说天地万物都有本始，作为天地万物的根源。如果得知根源，就能认识万物。如果认识万物，又持守着万物的根源，一生在任何地方、做任何事就没有风险。因此，修道者需要塞住私欲的孔窍，闭其私欲的门径，终身都没有烦恼的事。如果打开私欲的孔窍，增添纷杂的事情，终身都不得安宁。能察见细微的叫做“明”，能持守柔弱的叫做“强”。运用智慧的光，返照内在的明，不给自己带来灾殃，这叫做永续不绝的“常道”。[①]

张嗣成的注解要点：一是认为修道者要从万象中寻找事物的本源，但其本源只有一个，那就是“一元”；二是修道者要不可以一味追求物质，过度贪求物欲，必然迷失方向；三是专心修行，神明会给予智慧照耀；四是寓意少数修道者和世人好聪明，不知收敛，但如果在修行过程中，或者日常生活中，能够做到“知用知藏，知变知常”，是可以做到达到认识的飞跃，只有一念觉悟，就可以成仙成道。

3. 学自然，返璞归真

老子曰：为学日益，为道日损。损之又损，以至于无为，无为而无不为。故取天下常以无事，及其有事，不足以取天下。

张嗣成注：真学自然，不问不辩。非损无益，惟益能损。损之

① 参见陈鼓应：《老子今注今译》，商务印书馆 2003 年版，第 266 页。

不已，人欲尽矣。天下之善，皆吾乐取。咦，学道劳心已是魔，学仙学法更如何？谁知真学元无事，学得真时事转多。[①]

老子并不完全说不要知识，所以它还要用观的方法去求对外界的知识，他认为，为道就要日损，为学就要日益。日损是指欲望、感情之类的事，日益就是要不断的积累。张嗣成则从修道者的角度来看，道士怎么学。张嗣成认为修道者要以自然为榜样，抛弃固有的成见，开阔视野，把握事物的规律，寻求事物的本源，提升自己的精神境界，“为学”“为道”，答案都在自然之中。

第二节　元代龙虎山周边道教的兴盛

龙虎山因道而名起，以大上清宫为中心，周边道教道观林立，大大小小上百座围绕在大上清宫周边，各地慕名而来的道士逾千人，天下高道聚集于此，有曰：“江左之山曰龙虎者，仙圣之玄都也。大上清宫既据神气之会，旁为支宫无虑百十，又尽得地势之所宜矣。”[②]

一、道观林立

仙源观位于信州龙虎山之冯原，始建于元至元二十二年（1285），由葆和通妙崇正真人徐懋昭所创建，额由朝廷赐。仙源观所在地冯原南距上清三十里，环境幽邃：“冈峦回复，林壑靓深，泉甘土肥，风气完厚，欧公岭、龙湫在其东，琵琶、麈湖、云台、藐姑、象山在其南，其西北则宝带诸山也。凡殿堂门庑，位置高下，悉因地势之自然而不以人力参焉。其幽邃可以奠神明之居，其闲寂可以栖来学之士，有田数百亩可以资华芗饘粥之具，得请于朝，赐以今额。”至正六年丙戌（1346）仙源观落成，黄溍撰写《龙虎山仙源观记》，曰：

① 《道藏》第12册，文物出版社、上海书店、天津古籍出版社1988年版，第635页。

② 陈垣、陈智超：《道家金石略》，文物出版社1988年版，第950页。

只事云初，有废必举，病其栋宇局于地势，乃改卜其西十步外，平面无险，中宽而有容，程工役，略基址，诹日之吉而迁焉。越三年，大殿成。明年，法堂及钟鼓二楼成。又明年，三门两庑成，东有阁曰东阁，西有楼曰西楼，斋庐、寝室、库庾、庖湢之属，次第毕备。冲真明远玄静真人张公德隆，开府之犹子也，少尝学道其处。从开府来京师，侍祠于明庭者四十年。至正六年，将使指奉香币还故山，睹其轮奂聿新，念构兴之难而充拓之不易，爰伐石，属予书之。大抵人之常情，乐因循而惮改作。仙源之建置，几年于兹矣，一旦有能舍其旧而新是图，缵先业于方隆，植法基于永固，有功于其教甚大。而况不凭国家之力，不求民间毫末之助，一以身任其事而適观其成，是皆可书也。于是乎书。[①]

仙源观建成后，由冲真明远玄静真人张德隆住持，徐懋昭被安排到提点常州通真观，后还回龙虎山仙源观，“翩然而返，纶巾葛履”。

繁禧观位于龙虎山南溪上，始建于元延祐四年（1317），由上清李谨修主持修建，李谨修为明远冲妙崇教法师、教门高士、开山住持提点。繁禧观规模不大，但草木葱郁、清净自然，可谓道教胜处，其规制“中起三清大殿，旁作列真之室，有二楼以递钟鼓之声，有三门以严中外之节。临溪之门，榜曰‘溪山胜处’，翰林学士承旨赵文敏公所书也。门内有堂曰清辉，其西有亭曰回鸥，殿后之堂曰见山，堂后之堂曰依竹，东轩曰咽日，西轩曰巢云，若宾馆，若廪库，若庖湢，与凡所宜作者，亦莫不当其所。观成，又实之以宜稻之田焉”[②]。繁禧观建成后，陈旅撰写了《龙虎山繁禧观碑铭有序》，铭曰：雷坛之阳，山川开明。中有玄圃，翠水所经。煌煌寿宫，殖殖福庭。琪林绀幽，珠葩丹晶。崇竹北翳，列岑南屏。结影西谷，含光东琼。云澜迎户，溪羽并亭。浊祲遥戢，冲华空凝。匪怡我私，穆愉鸿灵。鸿灵戾止，从以众星。兰皋椒丘，猗

① 陈垣、陈智超：《道家金石略》，文物出版社 1988 年版，第 975 页。
② 陈垣、陈智超：《道家金石略》，文物出版社 1988 年版，第 950 页。

靡绛旌。藏我熙事，肸向告征。天子神圣，格乎清宁。介福孔多，式嘉群生。

玄静庵位于贵溪县之金鸡山，始建于元至正六年（1346），由冲真明远玄静真人张元杰主持修建，张元杰初学于龙虎山祖庭，其经历不凡，如“元杰学道于祖庭而侍祠于帝所，从其伯父大宗师开府公及其所礼嗣师吴公居京师之崇真万寿宫，逮今逾四十年，数被上旨，函香代祀岳镇、海渎、汾阴、后土、龙虎、武当诸山”。[①] 至正六年夏天，受朝廷指派重修龙虎山上清正一宫竣工后，于龙虎东十里之象山，即所谓金鸡山，有“清风拱木，蔚乎相望”之胜景。落成后黄溍撰写了《玄静庵记》碑文以记其事。

文始道院居龙虎山，至正五年（1345），道士倪守中（道号，了然子）在其父创建的崇真庵改名为“文始道院”，奉祀玄武。其父为南宋道士倪时亨，先儒后道。文始道院由倪守中重修并焕然一新，常有四面八方好道者来访。至正十年庚寅（1350），危素在《文始道院记》中记述了文始道院的当家道士倪守中的相识、相熟，“信之龙虎山，距余家一舍而近，余少读书其间，与了然子居相迩”。赞赏倪守中“已弃家为老庄氏之学”。文始道院在“州之好道者潘大成、王安孙皆欣然相其成。道院之规制为之一新。四方来学者若还其家”。危素文始道院谈经论道、师徒相授、学者相学的好传统也着了不少笔墨，“了然子善推明其师之说，其与弟子言有曰：太虚无所间，玄妙无所为，杳冥无边际，生育无定期。是道也，天地因此启，日月因此明，万化从此生，宓牺得之而画八卦，轩辕得之而说阴符，尧舜得之而有天下，大禹得之而治洪水，吾太上得之而演道德，青灵君得之而出洞玄。”对于“天地”“阴阳”“万一”，道士倪守中也有独特的看法，他认为“天即地也，地即天也。阴即阳也，阳即阴也。一即万也，万即一也。不可谓之在彼，不可谓之在此，不可谓之非此，不可谓之非彼，不可谓之在内，不可谓之在

① 陈垣、陈智超：《道家金石略》，文物出版社 1988 年版，第 977 页。

外。混然融然，贯通而无间者也[①]”。危素认为“了然子之言，粲然而易见，洞然而无疑”。

仙城本心楼位于龙虎山仙城，由上清道士刘立中（字致和）创立，奉祀老子。元至正年间吴澄在《仙城本心楼记》中赞叹“龙虎山形势之奇秀，莫可与俪，自宜为神仙君子之所栖止。其后冈名象山，金溪陆先生亦尝构室而讲道焉，至今使人尊慕而不忘”。对仙城本心楼道士刘立中学习老子之法、修建本心楼也是赞美有加，“生长儒家，寄迹老氏法，好尚迥与众异。得地于龙虎山之仙城，筑宫以祀老子。若仙岩，若台山，若琵琶，左右前后，森列环合，一览在目。而象山直其东，乃相西偏作楼三间以面之。楼藏书数百卷，匾之曰‘本心’”。[②]

元代龙虎山周边重修或新建的道观还有：

演法观，第三十代天师张宗演重修并建新殿。

静应观，元至元年间（1335—1340）重修。

凝真观，元至元中紫微院道士吴与顺重建，至元二十五年（1288）曾子良撰写《凝真观记》碑文。

元都观，位于金溪县冲和乡，三十八代真人留国公敕葬于此。

乾元观，在上清宫东八里小岭下，元至元中新建。

龙泉观，元元贞中新建。

龙德观，在上清宫北十里，旧为南山观，宗师张留孙奉敕葬于此地。

仁静观，在嗣汉天师府南应天山下，元至治中嗣宗师吴全节奉敕建，以祀宗师张留孙。

明成观，在作江县崇德乡，元泰定元年嗣宗师吴全节建以祀父，赵孟頫作碑记。

明胜观，在余江县青山嗣宗师吴全节，敕葬于此。

元禧观，在仙岩之北，元延祐三年，道士吴嗣房建。

先天观，元延祐中，金蓬头居之，赵孟頫、袁桷、揭溪斯有诗叙

① 四库本《说学斋稿》卷二。

② 四库本《吴文正集》卷四十八，第1197册，第499—500页。

其史事。

另外还有：会真道院，元至元中，道士方南翔建；望仙道院，元至元中，道士熊贵实建；紫霞道院，元至元中，道士孙昌立建；清溪道院，元至元中，道士冯介福建；道真道院，元元贞中，宗师张留孙建；紫云庵，元至正中，道士金应兰建；怡云庵，元时，道士胡品亮建。

二、高道名士

至正元年辛巳（1341），危素在《桂先生碑》中介绍了龙虎山及周边道士的情况，曰："信之龙虎山，为汉天师张氏之学者恒千余人"。[①]

上千人的道士队伍中较著名是以下 7 位。

徐懋昭（1240—1321），字德明，饶州余干人。南宋咸淳戊辰（1268）入道，师事张留孙。曾祖某、祖某、父某，俱以儒名。初为大上清正一宫通真院之达观堂道士。"宋之咸淳戊辰也。既而游衡庐名山，遇异人，授异书，能役鬼神，致雷雨，祭星斗，弭灾沴，所至人迎候之唯恐不及。宋故相古心江公、碧梧马公、尚书东涧汤公，皆以道学名世，少所许与，公出入其门，独加礼异，时人荣之。至元丙子，开府公从三十六代天师应诏入觐，明年，天师还山，开府公留侍阙下。又明年，公远来省侍，留二岁，亟请归，且曰：以清静无为之道佐圣天子致太平，某不如师；栖迟林壑，笑傲烟霞，师当无以夺某志。遂翩然而返，纶巾葛履，上下仙岩山水间，搜奇抉胜，将构别馆为报上计。建仙源观、神翁于龙虎山，仙源、神翁，俱被玺书庇卫"[②]。提点常州通真观事，锡号保和通妙崇正法师。赐保和通妙宗正真人，"夫公天性孝友恭俭，事师如父，待其徒犹子。虽命为真人，秩视二品"。徒皆颖异秀发，卓为道门师范，徒弟有：李立本（尝事开府公于京师）、上官与龄（赐号冲和持正明素法师）、冯志广、徐天麟、彭齐年、薛起东、李世昌、蔡仲哲、徐守勤、彭一宁。

黄居庆（1280—1344），字庆远，别号石庭散人，饶州安仁人（今鹰

① 陈垣、陈智超：《道家金石略》，文物出版社 1988 年版，第 957 页。

② 《续修四库全书》本《贞一斋诗文稿》卷一。

潭余江）。端静冲粹通妙真人、江南诸路女冠都提点，住持大都玄元万寿宫，抚州路东庭观、常德路乾明观事。早师事女冠炼师邵真人，“至元十有七年，世祖皇帝诏征女冠炼师邵君于临川。昭睿顺圣皇后说其言，留居禁中以主秘祠，赐号广城灵妙演法真人。再传而得黄君焉”。其父明德，母张氏，其“幼而敏慧，年十有三，慕玄虚之学，父母弗能止。舅氏逍遥观道士张宜叟引诣东庭观，从管辖左君得度为女冠。东庭者，邵真人受业处也”。后师事邵真人、卢真人（葆真持正渊素真人），泰定二年，随卢真人在中宫奉祀，“中宫留卢君内廷，黄君遂摄祷祠事”，危素为其碑铭，《端静冲粹通妙真人黄君寿藏碑》还记述了抚州地区麻姑、魏夫人、黄华姑、邵真人等女仙的传承。

薛玄曦（？—1345），字玄卿，自号上清外史，贵溪人。师事开府大宗师张留孙及特进大宗师吴全节。公弘文裕德崇仁真人，佑圣观住持兼领杭州诸宫观。其曾祖讳碌，太学进士。祖讳士亨，晦迹不显。父讳勉，以学行见称于乡。“公生而颖异，举动不类常儿，雅不乐纷华。年十二，辞家入道龙虎山，师事故开府大宗师张公及今特进大宗师吴公。”延祐四年（1317），授大都崇真万寿宫提举；延祐七年（1320）升提点上都崇真万寿宫；后辞归在龙虎山建“崇贤馆”修行；至正三年（1343），授公弘文裕德崇仁真人，佑圣观住持兼领杭州诸宫观。有弟子陈彦伦，徒孙詹处敬、于有兴、王景平及赵宜裕等七十余人。著有《上清集》。

孙秋碧（1268—1333），上饶人。师事薛玄曦。“公儿时有成人风，父曰：此儿岂尘埃中物。命入龙虎山中师事薛公某为黄老言”。曾随同三十八代天师张与材奉表于京师。大德间，判广西静江道司，不久升道录。度弟子三十八人。李存为其作墓碑志。

毛惟谦（1275—1337），字仲益，师事曾贯翁。历扬州道正，龙虎山嗣天师文牍，冲真通妙素法师，主永嘉广福灵真宫事。曾祖讳季，大父讳克贤，父讳子祥，皆以善称于人。有弟子刘存耕。归藏龙虎山。

陈义高，生卒年不详。又名自诚、字物初者，高士。祖籍福建长乐。“祖晃，咸淳名进士，父实翁，母高氏，第三子名自诚、字物初者，高士也。八岁入学，警敏异凡童，有日者筮其生时所值之六物，谓是方外人。龙虎山之太上清宫道士。师事张序若。灵悟玄宁文泰法师、泉州路报恩光孝观住持提点，至正元嘉文泰法师、教门高士、龙虎山繁禧观提举知观事。两次随同嗣天师第三十九代张嗣成（太玄子）进京。在龙虎山繁禧观西筑室其曰'清辉堂'，羽化后归藏于信州贵溪县之三坑李墩。其弟子有周成大等，陈旅为其撰写《陈高士寿藏记》，记曰：尝语其弟子曰：'吾字物初，物久则敝，而为之初者不与之同敝也；其有敝者，吾亦未如之何也已。虽然，是物也，吾托之以生于物百岁之久者，又乌得无情哉。向吾所为于李墩者，亦以待夫是物之敝也。故所以虞燥湿而谨闭藏至矣。'又作归云之室于旁，近有田，岁收禾百九十斛，析而四之，以入上清宫、崇禧院、繁禧观、归云庵，所以厚吾之所自而及吾之身后者，靡不具矣。汝等宜体吾志。……高士能尽其道，去家虽久，归而执亲之丧能致于礼，他所为又多可称。至于为乎此也，则平生之所欲为者，将无有遗之而弗为者矣"。[①]

桂义方（？—1341），字心渊，贵溪人。上清宫道士，师事熊尊师。元贞元年随从三十八代天师张与材朝京，授蕲州道官，后入庐山太平宫。其徒弟方从义。危素在庐山与之见过面，羽化后为其撰写《桂先生碑》。

第三节　元代文人士大夫与龙虎山及周边道教

一、元明善的生平及其贡献

元明善（？—1322），字复初，清河人。其为拓跋魏之裔。历官浙东使者、行枢密院、江西左丞、林直学士知制诰同修国史、礼部尚书等。其早以文章自豪，有文集行世，因其文采，被朝廷敕编《龙虎山志》，这是记录龙虎山道教历史的第一部史志文献，具有重要的历史地位和学术价值。

《龙虎山志》是元明善奉诏编纂，"明日诏至翰林以命臣明善，于是稽其所录分山水、宫宇、人物、法箓、诏诰、碑刻、题咏七类，为上中

① 陈垣、陈智超：《道家金石略》，文物出版社 1988 年版，第 957 页。

下三卷，名为《龙虎山志》，呜呼，天下名山多矣，未闻稍有敕命志之者。”[①]卷首有编者“翰林院侍讲学士、知制诰同修国史元明善”，翰林学士、荣禄大夫知制诰兼国史程钜夫为《龙虎山志》作序，阐述了“治道贵在遵循老子清静无为的精神”。历史上第一部《龙虎山志》共三卷，卷一为山水，包括山峰、岩石、洞井。山峰包括琵琶峰在宫南、拥云峰在宫东、云仙峰在宫西南、云林峰在宫西二十里南、摩云峰在宫之南、廻龙峰在宫之东、五老峰在宫之西北、逍遥峰在宫南三十里上有许真君祠、望云峰、望仙峰、香炉峰。此山此峰都被元明善蕴含道教仙道文化。卷二为宫宇，包括大上清正一万寿天师家庙等。卷三为人物，包括历代天师。《龙虎山志》的编纂，既反映了龙虎山道教的历史变迁，又反映了龙虎山道教的地位和影响，是极为珍贵的道教文献。

元明善不仅编纂《龙虎山志》为龙虎山道教留下了第一手的珍贵史料，还为龙虎山大上清正一万寿宫撰写了《大元敕赐大上清正一万寿宫碑》，碑文记述了龙虎山唐宋时期的名称变更，唐代赐额“真仙观”，北宋祥符年间易名“上清观”，北宋政和年间加“上清正一宫”，其间有留用光、易如刚、毛允中、张闻诗等道士先主持“上清正一宫”事务，声闻大江南北。在元代，朝廷授第三十六代天师张宗演“演道灵应冲和真人，赐玉冠缕金法服，刻银印章，主江南道教”。[②]在碑记中，元明善既反映了龙虎山从真仙观—上清宫—上清正一宫—大上清正一万寿宫的历史变迁，其变化不仅体现了时代的变化，也反映了每个朝代道教政策和管理方式的不一样。在元朝廷的支持下，江西龙虎山、阁皂山道教自北宋以来再次得到强势发展。

元至二十四年（1287），上卿张留孙奉命“载香币代醮龙虎、勾曲、阁皂三山”“又建万寿真庆宫，上清道士多效之，创宫观百余，学者殆千人，正一教大行。”[③]正一道大盛于世。龙虎山有上百座宫观，学习者

① 《龙虎山志》，清乾隆庚申年镌，楼碧堂大上清宫藏板。
② （元）元明善奉敕编纂，清乾隆庚申年重刻《龙虎山志》卷下“碑刻”。
③ （元）元明善奉敕编纂，清乾隆庚申年重刻《龙虎山志》卷下“碑刻”。

数千人，然而，大德二年（1298），龙虎山“大上清正一万寿宫”发生火灾，上卿张留孙听到消息后，积极争取朝廷、地方和社会各界支援，第二年就建成，且规模超越之前，朝廷赐“大上清正一万寿之宫”，如碑述：“逾年告成，为殿十有三，曰三清、玉皇、真风、真庆、太一、璇玑、琼章、南斗、雷霆、五岳、三官、旌阳、玄坛；为堂七，曰正一、□寿、星正、纪仪、蓬海、宿云、方丈；为楼三，曰玄坛、钟、宝奎。至于厨湢库庾、诸亭诸门、诸厅事东西寮曰道院者凡三十有一，悉视旧有加。加命曰大上清正一万寿之宫。”①

从至元二十四年（1287）到大德二年（1298），仅仅11年，朝廷对龙虎山上清宫两次敕建，这与三十六代天师张宗演（玄静真君）和张留孙（上卿）的积极努力是分不开的，这也是道教益盛的表现。

元明善在碑记中对龙虎山在元代的授箓受到朝廷重视也有相关记录，他说：

> 天师岁传符箓事如旧，别刻符箓四印章。诏谕江南行中书省毋致不恭者敢于陵挠。

在元代，龙虎山授箓权力仍然保持，这种授箓地位的拥有，一方面反映了龙虎山道教正一天师道的正统性及其影响力，“天师三嗣，辅今四朝”，足见其在当时的社会影响，另一方面，又说明朝廷对道教的态度和文化认同在治理中的重要性。

二、赵孟頫与龙虎山道教

赵孟頫（1254—1322），字子昂，号松雪道人，曾经入松江北道堂事道，吴兴（今浙江省湖州市）人。宋太祖赵匡胤十一世孙、秦王赵德芳嫡派子孙。至元二十三年（1286），赵孟頫被行台侍御史程钜夫举荐，受元世祖、武宗、仁宗、英宗四朝礼敬。历任集贤直学士、济南路总管府事、江浙等处儒学提举、翰林侍读学士等职，累官翰林学士承旨、荣

① （元）元明善奉敕编纂，清乾隆庚申年重刻《龙虎山志》卷下“碑刻”。

禄大夫。晚年逐渐隐退，延祐六年（1319）借病乞归，至治二年（1322）逝世，获赠江浙中书省平章政事、魏国公，谥号“文敏”，故称“赵文敏”。著有《松雪斋文集》等。是一位久负盛名的书法家、画家、诗人。

赵孟頫博学多才，能诗善文，工书法，精绘艺，擅金石，通律吕，解鉴赏，尤其以书法和绘画的成就最高。赵孟頫亦善篆、隶、真、行、草书，尤以楷、行书著称于世，其书风遒媚、秀逸，结体严整、笔法圆熟，创“赵体”书，与欧阳询、颜真卿、柳公权并称“楷书四大家”，赵孟頫的书法作品中与道教有关的《洛神赋》《道德经》《玄妙观重修三门记》等。在绘画上，他开创元代新画风，被称为“元人冠冕”，绘画作名品甚多，其中涉及道教题材的有《玄真观图》《三教图》《轩辕问道图》《松石老子图》《溪山仙馆图》等，又有《玄元十子图》，画道教人物关尹子、文子等十人像。诗文风格和婉。赵孟頫的传世书迹较多，有《洛神赋》《道德经》《胆巴碑》《玄妙观重修三门记》《临黄庭经》《兰亭十一跋》《四体千字文》等。传世画迹有大德七年（1303）作《重江叠嶂图》卷、元贞元年（1295）作《鹊华秋色》卷，图录于《故宫名画三百种》；皇庆元年（1312）作《秋郊饮马》卷。在赵孟頫诸多传世作品中，分别立于龙虎山和北京东岳庙的《张留孙碑》，可谓价值连城。

《张留孙碑》全称《大元敕赐开府仪同三司上卿辅成赞化保运玄教大宗师志道宏教冲元仁靖大真人张公碑》，又简作《仁靖真人碑》《道教碑》《敕赐大宗师张公碑》《张留孙神道碑》《大元领道教事张公碑铭》等，于延祐四年丁巳（1317）由赵孟頫撰文、书丹、篆额，特进上卿玄教大宗师、崇文宏道元德广化真人、总摄江淮荆襄等处道教知集贤院道教事嗣孙吴全节立石。此碑文是赵孟頫奉召撰写，声名远播，拓本无数，其主要内容是记述张留孙学道于龙虎山、向当朝皇帝传受黄老之学的情况以及获得朝廷敕封的尊号、官衔、品级等重要信息，为了解元代江西道教提供了一个重要的参考文献。张留孙师从“伯祖闻诗学道龙虎山上清宫，受黄帝老子之书及正一符箓祠祀天地百神之法”。赞其曰：

道德之全，玄之又玄。时而出之，溥博渊泉。其动也天游，其静也自然。人皆谓我智，而我初无言。人皆谓我贵，而我不敢为天下先。赞化育而不居，宝慈俭而乾乾。故位三公，揖万乘，独立乎方之外，而坐阅乎大椿之年。微臣作颂，承命自天。穆如清风，万古其传。

张留孙作为五朝元老，屡膺恩宠，这种载入史册的人物既反映了张留孙"德才合一"的品行，也反映了道教在元代的礼遇。

三、刘辰翁与江西道教

刘辰翁（1232—1297），字会孟，号须溪，吉州庐陵（今江西吉安）人。南宋末元初著名文学家、词人和学者。为知名学者欧阳守道门徒，深受江万里器重。少补太学生，景定三年（1262）及第进士。以亲老，请为濂溪书院山长。江万里、陈宜中荐居史馆，除太学博士，皆固辞。宋亡，江万里丞相以身殉国，其悲痛万分。从此，遂不复出，隐居方外。著有《须溪集》。

"仙灵玄风"是刘辰翁文章独特的风格，并得到很多人的赏识。如何属乾说："兹集也，时而谈玄，忘乎刘之为老也；时而逍遥，忘乎庄之为刘也；或乘风而行，若列子代御也。有摩诘之画意，不必见于诗也；才如长吉，而非近于思也；忠爱似子美，不悲而歌，不哭而痛也；学兼班马，不能分异同也；语多旷达，如东坡居海岛，而无谪遣之戚也。是三绝益以四绝，九种合为一种也。"①又如萧正发说："机留神助，波属云委，或狂呼而唾壶碎也，或痛哭而子规啼也。或白昼谭玄，而仙鸟翔集也，或静夜思禅，而钟声叩应也。寒暑往来，不侵假而冬可起雷，夏可造冰也。混沌凿七日，死而不死也。"②

刘辰翁作为宋末元初的散文大家，他的记事散文除宋人常见题材外，还有宫观记、墓志铭，许多散文与道教的宫观、道士有关，如《临江军閤皂山玉像阁记》《嗣汉三十六代天师简斋张真人墓志铭》《豫章紫

① 参见李超：《元代江西文人群体研究》，中国社会科学出版社2015年版，第86页。

② 参见李超：《元代江西文人群体研究》，中国社会科学出版社2015年版，第86页。

极宫写韵轩记》《吉州南华山朝仙观记》《庐陵县永阳建兴庙记》《五显华光楼记》《玉笥山紫芝道院记》《阁皂山云泉精舍记》《豫章玉真观记》《玉笥山清音堂记》《玉笥山大秀洞天买田记》《大秀洞天题钟》《玉笥山读易堂记》《西山云壑记》《阁皂山门记》《静逸堂记》《玉笥山归来庵记》，等等。这些文学作品是研究道教的重要文献，也是刘辰翁道教文学中有品位的作品，下面将简略介绍其道教文学作品。

（一）注释道教典籍

《老子》《庄子》《列子》《四库全书总目》云："特其蹊径，本自蒙庄，故惝恍迷离。"《老子像赞》，曰：

> 孔德之容，惟道之从。坦坦施施，温温恭恭。万世之下，复有一夫子，而后识其犹龙。[①]

刘辰翁把老子作为"龙的传人"，其有道有德，以道德传世，千代万世永不灭。他对庄子的逍遥、自由及开放的心灵也是心向往之，在《庄子像赞》中，曰：

> 无他变化，有语皆嗫。何日花开，作两蝴蝶[②]。

刘辰翁赞赏庄子优游自在、徜徉自适的心境，像蝴蝶一样在花丛中自由、自在。在《西江月·忆仙》中，词曰：

> 曾与回翁把手，自宜老子如龙。
> 怀胎不敢问春秋。等待鞭鸾笞凤。
> 昨夜又迟黄石，今朝重叩鸿蒙。
> 碧桃花下醉相逢。说尽鹏游蝶梦。[③]

① 段大林点校：《刘辰翁集》，江西人民出版社 1987 年版，第 237 页。
② 段大林点校：《刘辰翁集》，江西人民出版社 1987 年版，第 237 页。
③ 段大林点校：《刘辰翁集》，江西人民出版社 1987 年版，第 289 页。

（二）为天师立墓志

第三十六代天师张宗演，字世传，号简斋。赐封“演道灵应冲和真人”。主领江南道教，赐二品银印，至元十八年（1281）、至元二十五年（1288）两度入觐，加封“演道灵应冲和真君”，至元二十八年（1291）羽化登仙。刘辰翁撰写了《嗣汉三十六代天师简斋张真人墓志铭》，他首先描述了天师世系以剑印传，道盈道隆的历史，文曰：

> 自昌意以来，号称神明之胄者，既无不历乱磨灭，独汉天师张氏祖讳良，以剑印传，如禹鼎，延至魏、晋、六朝、隋、唐、五季，逾久而着。其承承至此，必亦有尤异，取信不惑者，然犹未至益人国也。入宋祥符，冠褐始召，崇、观符箓始盛，其时有虚靖先生，道始显。至穆陵赐号观妙先生可大甫，三十五代，其退潮拯旱犹信。由是龙虎山宫观压东南，为福地第一。化人之蒙袂四出者致方物，修士之赢粮访道者贯挚币，祈者谢者、不宁令者膝行而踵至，居如市，市如邑，儿童下走，顺风而呼，赝而售者滋富，至莫辨，于是用物宏矣。[①]

龙虎山道教久盛不衰情况也传到第三十六代天师张宗演，超越前代盛时所未有，“锡冠剑，陟师号，予护持，免征发，掌教事，度诸品”，并赞赏其神其魔，并楚歌为辞以系之曰：

> 若论其存亡绝续之际，有不可胜述者焉。其从容，若不得已而应；其寡默，善为上而不争。或曰，天师非世人也，盖必有出乎人间耳目之表者，独恨不尽知耳。闻其初至北也，不敢挟剑以行，及其呼剑而剑至。又云，北有二虎，抚之，“汝吾左、汝吾右”，皆靡然如命。凡流俗好怪，所传闻皆若此，皆如说东方朔者，非实也，亦非道也，道在平易，即简斋者是已。吾方以其简为近道，而彼

① 《全宋文》，卷八二七六，《隐居通议》卷十六，刘辰翁十五。

欲以小夫曲说神之，以此胜魔，非魔道邪？然吾闻山中人言，其将逝也，亦不能无小异。最后北行之日，所居面里所山崩，辛卯得白兔，然不死，此其可信者。其三代见世系，其子孙见碑阴。生淳祐甲辰，死至元辛卯，葬里之澥田，实己亥九月癸酉。嗣天师与棣，赐号体元宏道广教真人，是为三十七代。前观妙先生铭，吾师庐山相国老笔也。今天师能不远介其徒以属我曰："斯文托再世矣。"以吾从古心之后，为有愧也，乃依楚歌为辞以系之。

辞曰：山龙衣兮翠黄，英琼瑶兮五梁。俨归奏兮玉皇，我祖兮抚我大荒。途迷兮屏翳骖左，指穷于薪兮不穷于火。阳平兮赐履于讴，于讴兮山中之子。风枝号兮，老龙吉死。我祖兮在天，览揆锡兮兹兹千，重斯文兮以传。[①]

碑文中"观妙先生"是指第三十五代天师张可大。"吾师庐山相国老笔"是指江万里，为南宋忠臣名相，其被门徒说成为庐山公或相国，"老笔"是刘辰翁对老师文笔的佩服，江万里为三十五代天师张可大撰写了墓碑志。师徒二人分别为两位天师撰写墓碑志，既是荣耀，也是见证。刘辰翁对天师道称道有加，同时展示了他的文学造诣，以楚歌为辞撰写道教墓碑志比较稀少。他在《老子像赞》中比喻"老子"为"龙的传人"，在这里把"天师"比喻为"龙的传人"，可见，刘辰翁对中华传统文化的一份情结。

（三）撰写道教宫观记

刘辰翁文章纵横经史，谈论古今，说道论德，亦庄亦谐，亦隐亦仙。如《静逸堂记》中所涉及的隐士有张良、扁鹊、夷门隐者，又有虞翻，范蠡，又有《易经》中的山林龙德之士，《史记》汉武帝中的燕齐海上迂怪之士，《后汉书》中的樊英，《神仙传》中的焦先，作者把他们连缀在一起，让人感叹他谙熟历史的时候，又不得不佩服他熟练运用典故的本领。他的一些道观记也颇有神仙传奇色彩，如《紫极宫写韵轩记》

① 《全宋文》，卷八二七六，《隐居通议》卷十六，"刘辰翁"十五。

取材文箫和吴彩鸾的故事。刘辰翁感慨道："韵之有字也，谁为之乎？天为之乎？则吾未知天之于字也，识之乎？不识之乎？以其初制字者人也，则吾又未知声之为道，其先有声，而后有字乎？抑因字以为声乎，其又谁告之？皆知声音文字之皆天，则我亦天也，其为我者天也，则我为之亦天也。必仙也，而异于人道，则仙者非人为之乎？而又谁为之乎？"作者驰骋古今天上人间，这一连串的疑问不啻为天问，也是"仙问"，答案似有似无，扑朔其外，仙幻其中，后世评价刘辰翁的文学作品"惝恍迷离"。

如，《临江军阁皂山玉像阁记》，此文撰写于南宋景炎年，他说：

> 今临江道录李颖孙堂构旧基，其高六丈，广七间，霄极加隆，缭绕雄深。或谓：阁至高，像至尊也。藐山中之玉人，才仿佛乎冠裾，不似人中之有瞳子耶？安用神明通天而楼居若是？嗟乎！为是说者复何足以知至细之倪与至大之域哉！道生于一，一者微尘之为体，而毫末之为伦。以至一身一国一天下亦一耳，而以苍苍之色为有物于其间，亦如世有大人在乎中洲者耶？则虽鼓金铜以轩若士之臂，却龙伯以布巨人之迹，自达者观之，乃亦与牵丝抟土同戏，而何以相劣？大莫大于元气，而人间为小；广莫广于人心，而天为小。由元气为人，由人为天，得其精为赤子，得其道为婴儿。昔之为贤、为圣、为不可知之神，无不以此。是故玉女以黄英为黍米，元始又以黍米为玄珠。自其大者而大之，则虽崇高效天下，建五丈之旗而不为侈；自其小者退藏于密，则虽华盖之下，北辰尊居，仰而视之，犹如一星子焉。惟肖不待大，愈大似不肖。而况混沌之与形，太素之与朴，亦犹蚌隐泥沙而孕补陀之相，石含委核而献龟蛇之符，真复有物，在帝之先，而非人力所能就者。而自咸通火，熙宁火，德祐火，宫观无遗，而睟容俨然。颖孙以道力负荷翼，为千载杰丽无前，则近世老聃之役不大于此矣。通达之中有魏，魏之中有梁，梁之中有王，近故小也。王何与于虚空之数，虚空亦岂知有梁、魏哉！如葛翁者，飘然六合，犹其壶中在在而见之矣。重来偃

腹，毋拂梁尘。[①]

此文记述了临江道录司李颖孙重建閤皂山玉像阁以及閤皂山道观“咸通火，熙宁火，德祐火，宫观无遗，而睟容俨然”，而且阐述了“道生于一”的思想，进而思考“一身一国一天下”，也探讨“人心与宇宙”之间的神奇妙通，这种宇宙观、价值观的探讨，一方面是刘辰翁身受老庄思想的影响，另一方面也是刘辰翁高超文学艺术的表现。

又如，《吉州南华山朝仙观记》。此文写于南宋德祐元年乙亥（1275），主要介绍南华山朝仙观奉祀浮丘公、王、郭、王褒、王乔等诸位神仙的来历以及他自己避乱方山之下，他说：

仰而兹山兹仙也，犹仰而为天为帝也，其不可知也则亦至矣。太山之上有巨人迹焉，曰昔黄帝战于此，闻者隐然笑之。及至山之有昆仑也，星之有牛女也，招焉指其过客，纪其时日，辨其处所，如所尝睹，如家人语。古以至今山不崩，天不坠，厥亦若有持之者焉，而皆意之也。忧其崩且坠者为愚为诞，而知其所不可知者为智。穷无穷，极无极，吾将证之南华，而南华老仙复隐然笑之，悲夫！吾闻韩子之论山也，曰最远而独为宗，其神必灵。余避乱方山之下，天大雪，望香城雪，倚天照日，如峨嵋西。其中峰高大，人指之曰朝仙观也。王玄洞其左，郭公岩其右，蝗旱祷焉，天灯出焉。

道士钟允升掌观事，与其师张次良焚修祝曰：

惟宋万万年，子子孙孙惟王，永作神主。自有天地，不知何年此山为香城，香城生忠简，以匹夫捍城郭，以编修官按宰执，吾所知者其灵以此，其最盛以此。星沦岳踣，南北壅隔，近年始宗华盖，福华者无不在，则如忠简者尚有人也。是为德佑元年，吉州南

① 《全宋文》卷八二六六，第357、358册，《须溪集》卷一，“刘辰翁”五。

华山朝仙观记。[①]

此文记述了作者目睹道士张次良、钟允升师徒主持斋醮祈福法会的过程以及南华山朝仙观成为其避难之所。再如,《玉笥山读易堂记》,此文撰写于他介绍世人读《易》而"日用之不知":"大秀洞天监宫道人曰鲁云窠,年七十五,聚山中童子挟书各异,而名堂'读易',求'读易'之一言。余问:'《易》如何读?读安用?'道人不对。余笑曰:具是矣。凡读《易》与诵经等,不知诸天魔王神通变态,与金书玉字说经功德,诵之又诵,何当于神明,何益于人理?而稽首空中,如有德色。今言《易》九六,利不利,彖某,象某,人天劓,鬼车载,鼓罢歌咷,眇跛无肤,噬胏刲羊,牛革狐尾,字不字,涉不涉,一见已决,厌再见,尚须读耶?徒元亨利贞,近身远物不得其用,则亦与道经咒语无异。或遂问如何用,余谢曰:何用?《易》至邵康节初有用耳。康节四不出,出遇人云日有未佳,即返,顾不知数耶?此其所以知数也。今人语《易》,神异而日用之不知。古人开口必于《易》,故王子廖、知庄子、子太叔皆曰是在《易》也,某之某,尚须卜耶?通身皆《易》,通天地皆《易》,通古今皆《易》,而不知,知读而已,读何用?又未有知无用之用也。余去年过大秀,鲁道人闻余至,穿林取疾,延客坐堂上,拾炭煮泉,焚香供茗语,小渴,复供,阅春雨数品。明日从余郁木,欲攀萝径,或曰雪未消,且住。此两日半,共一卦气,至今再卜其胜,亦不可得。日异庵道人至,问鲁叟何如,曰:'日健饭,喜茗如昨。'余曰:是真能读《易》者。坐久,复听泉声琅然。"[②]洞天福地玉笥山成为历代高道云集仙境,大秀洞天监宫道士鲁云窠与刘辰翁拾炭煮泉,谈易说道,悟其精妙。

四、吴澄与江西道教

吴澄(1249—1337),字幼清,号草庐,元代崇仁人。历官国子监丞、翰林学士等。著有《吴文正公全集》。

---

① 清同治十二年《庐陵县志》卷四十五。

②《全宋文》卷八二七二,第357、358册,《须溪集》卷四。

道教金石是道教历史与文化研究的十分珍贵的史料，其与传统文献史料有不同之处，欧阳修曾编撰《集古录》千卷，考辨金石，以证史之误、补史之缺、纠史之妄，由此奠定“金石证史”考据学之基础。吴澄先生为江西道教留下了极为珍贵的史料，这些碑刻史料及其学术价值，既反映了元代江西道教信仰的内容和结构，又反映了元代王朝道教政策及其道教治理方式的变化。

吴澄的道教碑刻文献有：延祐三年丙辰（1316），《宜黄县三皇庙记》；延祐六年己未（1319），《江州城隍庙后殿记》；至治元年辛酉（1321）《紫霄观记》；元至顺元年己巳（1330），《西阳宫记》等20余篇道教碑刻文献，原碑基本佚失，文献分别保存在其文集以及地方志中。

《紫霄观记》撰写于至治元年辛酉（1321），是南丰道教也是江西道教的重要文献资料，记述了南丰县紫霄观的历史变迁和奉祀玄武的情况：“至治元年十月甲子，紫霄观道士张惟善来言：‘紫霄观在南丰之西南八十里，岩洞之胜，世之稀有。而远于通都要途，故搜奇探幽之士鲜或至者。惟遁身绝俗之人保神炼气，栖息其间，而亦昧昧鲜有闻也。其入山之径石岩削立，中凿石磴百余级，至梯云洞，洞之上右一径入华阳洞，正路逶迤而升，又石磴七十余级，而后至观门。立正殿以礼天神，屋三分之二居岩下，其前宇飘雨所及，乃覆以瓦。正殿之左为屋以礼玄武神，右为屋以处道流；其前为法堂，又前为藏室，藏室与观门相直。正殿之后石窦中有蜕骨，色如金，长八尺许；又上小岩中有仙床，又上一岩形如瓮盎，名曰经洞。观之左有挂冠石、赤松岩及蛟湖、金坑之属；观之右有丹井，四时不竭。由丹井入中岩，有张丹霞读书山房；中岩而上至山顶为上岩，有浮丘祠；祠下有小岩，曰妙仙洞。踞高望远，军峰卓然，诸山耸秀，盱水如带，萦纡横陈。军峰之下水流小涧绕观之前如线，通于山石之间，五七里内凡九曲，出双莲桥，合于大溪。观之后方峰如屏。观之前一山名香炉峰，前后左右小岩洞不可胜数。观肇自唐开元，名妙仙观，五代时颓废。宋大中祥符，道士王士良重兴之，治平初改今名额。淳熙间，道士吴源清知书能诗，锡号善远大师，赐紫，一新殿堂，今百余年，惟善忝主此山。大德丁未，善士施财修葺其旧，惟善已纪其岁月于石。延祐丁巳，又以善士施财创建经藏，正月兴役，九月毕工，十有一月开藏运动。施者王子茂、陈哲、谌榇暨远近诸善士，王应祥承父之志，竟所未竟。惟善昔年游江右、江左，自两淮荆襄至武当而还。今老于山中矣，蕲一言以传久远，可乎？’予闻其言，泠然有御风之想，欲飞至其所，一观幽奇而不可得。惟善通儒家、道家书，朴素而不俚，逍遥而不诡，方外畸人也。以此地宜有此人，非此人不足以宅此幽奇也。予既以未获至为欠，则笔其所诵授之，以达予意于山灵，尚期他日往游而赋咏焉。”[①] 碑文反映了紫霄观始建于唐开元年间（713—741），名称为“妙仙观”，五代时颓废。宋大中祥符年间（1008—1016）重修；北宋治平初（1064）改名为“紫霄观”；南宋淳熙间（1174—1189），建一新殿堂；元大德十一年丁未（1307）修葺其旧，修建情况刻于石；元延祐四年丁巳（1317）创建经藏，正月兴役，九月毕工，十有一月经藏开始运行。

王士良，生卒年不详。北宋妙仙观观道士，重修妙仙观。

吴源清，生卒年不详。南宋紫霄观道士，知书能诗，锡号善远大师，赐紫，重修紫霄观。

张惟善，生卒年不详。元代紫霄观道士，在善士的支持下修缮紫霄观，创建经藏，盛情邀请吴澄撰写碑文，为紫霄观留下了珍贵且非常有价值的道教文献资料。

《西阳宫记》撰写于元至顺元年已巳（1330），主要记述了西阳宫历史以及欧阳修其父母的坟墓因为有西阳宫道士的守护而保存，正如文曰：“尊其文则敬其人，尊其人则敬其亲。苟敬其亲也，则其敬无乎不在，而况其坟墓所在乎？此予所以不能已于西阳宫之记也。西阳宫者何？欧阳子之亲之坟墓所托也。昔韩子三岁而孤，先世坟墓在河阳，时或往省。欧阳子四岁而孤，二亲俱葬吉永丰之泷冈，终身不能一至。盖其考崇公官于绵而生子，官于泰而遽终，妣越国太夫人郑氏以其子依叔父随州推官。越一年，崇公归葬于吉，葬后还随。欧阳子年二十，预随

① 《全元文》卷五〇七“吴澄”三十六，第282—283页。

州贡，年二十四登进士科，历事多在江北。及留中朝，年四十六而太夫人丧，次年归附崇公之兆，葬后还颍。崇公之葬距越国之葬逾四十年，越国之葬距文忠之薨又二十六年。六十年间欲如韩子之一省坟墓而不可得，其坟墓之托，幸有西阳宫焉。宫在永丰沙溪镇之南，旧名西阳观，莫详何代肇创。宋至和乙未，道士彭世昌起废，掘地得钟，识云‘贞观三年己丑西阳观钟’。崇公讳观声异而字同，乃请于朝，改观为宫。宫之后有祠堂，合祠崇公父子。阡表、世次二碑竖于一亭中间。祠堂敝，里人陈氏新之。淳熙丙午，诚斋杨先生为之记。其堂后复敝，陈氏子孙重葺。咸淳丙寅，巽斋欧阳先生为之记。莆阳方侯崧卿守吉，出钱十万，命邑尉陈元勋修筑泷冈阡之门与墙。绍熙辛亥，艮斋谢先生记其事尤该备，独西阳无片文可稽。祠堂初记丙午，至今一百四十四年矣；祠堂续记丙寅，至今亦且六十四年矣，而宫之道士鞠文质始遣其徒萧民瞻来请记建宫本末。民瞻之言曰：‘宫面山枕溪，拱抱明秀。金华、桃源翼其左，龙图、凤冈峙其右。地之广袤六亩而缩，礼神安葬，室屋俱完。宋南渡后，道士赐紫者四：刘师禹、陈宗益、彭宗彦、曾若拙也。田之岁入米以斗计三百而赢，则宫之可藉以永久宜也。’而予窃有慨焉。尝闻诸礼：士去国，止之者曰：‘奈何去坟墓也？’子路去鲁，颜子俾之哭墓而后行。然则古人未尝不以不得守其坟墓为戚也。而唐宋二大文人栖栖无所于归，末年就京、就颍而家，悉不得归近坟墓，岂其心之所乐哉？今泷冈之阡，岁时展省如其子孙者，西阳宫道士也。据礼之常，揆义之正，虽若可慊，倘非欧阳子之文上配韩子，如丽天之星斗光于下土，与天无极，人之尊仰推之以爱敬其亲者，亦将与天而无极，则亦何以能使其亲之得此于人哉？夫能使其亲之得此于人也，其不谓之孝子哉？夫得谓之孝子也，而但谓欧阳子为文人，可乎哉？噫！此予所以不能已于西阳宫之记也。”[①] 碑文中“韩子”是指韩愈，“欧阳子”是指欧阳修。文中介绍了唐宋两位文学大家的“敬其亲”之举，而结果完全不一样，“韩子之一省坟墓而不可得，其坟墓之托，幸有西阳宫焉”。韩愈其亲人的坟墓没有

① 《全元文》卷五〇七“吴澄”三十六，第283—285页。

了，而欧阳修其父母的坟墓因为有西阳宫道士的守护而保存。

文中还介绍了“西阳宫”的历史，西阳宫原名“西阳观”，因讳欧阳修父亲名，“崇公讳观声异而字同，乃请于朝，改观为宫”。西阳宫始建于唐贞观三年己丑（629），北宋至和乙未（1055）道士彭世昌重修，形成“前宫后祠”格局，祠堂先后有杨万里、欧阳玄等有记，而“西阳宫”没有片言只语。南宋先后有道士刘师禹、陈宗益、彭宗彦、曾若拙守护；元代道士鞠文质和徒弟萧民瞻重修“西阳宫”并请吴澄记西阳宫的本来面目，由此，从一座道士守护的士大夫之坟墓自宋代至和二年起至元代一直完好无缺，同时西阳宫也得到发展。

《江州城隍庙后殿记》撰写于元延祐六年己未（1319），记录了城隍信仰在江州的历史及其在元代的重修：“城隍，郡县之土神也。土神之祭有社，又有城隍，何也？社兼祭五土，而城隍专祭城隍也。夫祀典莫重于天地，然天尊而地亲，尊者惟一人得祀，亲者人人得祭也……旧江州城隍庙在郡东，东北民之祈祷不便。宋宣和壬寅，郡守迁于今所，岁久屋弊。淳祐乙酉，沿江制置使以其属帅郡民修完之，外门竖景福楼，巍然临乎通衢。有钱氏者，先世河北人，名安道，绍兴初，江淮招讨使张浚命之世掌城隍祠。其来孙大通攻阴阳方伎，涉三教绪言，熟谙人情世务，士大夫善与游。病庙地窄隘，弗可以恢廓，勤力经营。市庙后地数亩，兴造寝殿，材巨工良，视前构有加。修广穹隆，与外楼称，翼以两庑，规制伟甚。家无铢两斗斛之储，好善乐施者相与捐资，以就其志。非其诚足以感于神，才足以动乎人，何以能壮丽其神之居，以至于此哉！皇庆壬子创始，延祐己未落成。值予过江州，大通请纪岁月。予嘉其为人，遂不辞，而叙古今祀典之大概，以俟后之议礼者考焉。”[①] 江州（今九江）城隍信仰在北宋以前就流行，奉祀“灌婴”。灌婴曾在江州驻兵修筑江州城，属于有功之臣。北宋宣和四年壬寅（1122）为方便民众祭祀重建，南宋淳祐乙酉（1225）重修。元代皇庆壬子（1312）至延祐己未（1319）再扩修兴造寝殿以“壮丽其神之居”。

① 四库本《江西通志》卷一二七。

第十六章　元代西山道教与净明派的成立与发展

在江西，宋元道教处于最兴盛的时期，西山道教得到了前所未有的发展，江西除传统的天师道、灵宝派、北帝派外，宋元时期还形成了神霄派、天心正法派、广惠派、净明派，其中净明派、广惠派是最具有江西地方特色的宗派。

关于净明宗派的正式成立，在学术界有不同的看法，一种是过去长期流行的传统说法，即以南宋初建炎三年（1129）周方文在临江军新喻县传法作为净明派的开始；一种主张以南宋绍兴元年（1131）何守证在洪州西山玉隆万寿宫建翼真坛作为净明宗派正式成立。一般而言，一个教派的形成，不仅要有它的教祖、教义和传承关系，还必须要有一定数量的教徒所组成的团体，并且要有它自己的宗教活动场所以及相应的教规、仪式等。所有这些条件，在周方文、何守证之前显然没有具备，直到刘玉、黄元吉开始，这些条件基本具备，这就标志着净明宗派正式成立。

第一节　刘玉与净明派的正式成立

在江西省南昌市新建县（今新建区）城西20公里处的西山，本名厌原山，又名散原山，自古为洞天胜景，神仙之府，杜光庭《洞天福地记》十二洞天，周回三百里，名天宝极元之洞天，真人唐公成治之。杨杰在《西山游记》中，记载：治平四年（1067）秋八月，杰奉祀西山，游玉隆、天宝、应圣、凌云、栖真、太虚、大霄七宫观。……造天宝、洪崖两洞，升旌阳、王乔、萧史、葛洪、洪崖、灵观六坛；入施肩吾石室，阅玉隆古道藏，瞻应圣肃宗御容及洪崖先生、旌阳真君、奉圣观音、香城尊者、凌云天师五尊像，香城、栖真二十三铜像[①]。刘杰在西山的游记真实地反映了北宋西山道教盛行及许真君信仰的地位和影响。南宋初兴起的所谓"净明道"，因不具备成立道派的条件，到南宋末几乎消失了。

刘玉、黄元吉、徐慧实际是净明道开派的三代祖师，他们奉许真君为净明道师、洪崖为净明经师、郭璞为净明监度师、胡慧超为净明法师，在西山传授许真君以来的净明道法，当时拥有八百弟子，奉《净明忠孝全书》为经典，此经典记录了祖师生平、教理教义、教团发展、戒律戒规、科仪符法、修炼方法、道医药方，这是自许真君以来对净明道法的集成和发展。刘玉创立的净明道有经典、有仪式、有科戒，以西山为中心建立起教团组织，并传承明确且没有中断。可以说，净明道从此正式成立。

一、刘玉生平

关于刘玉的生平传记，最早的记载是元代黄元吉、徐慧等编撰的《净明忠孝全书》，收录《道藏》第24册，传记作者为许宗圣，其道职为应召通真灵妙明德法师、教门高士、玉隆万寿宫提举宫事。

对于刘玉的弘道事迹，虞集、许宗圣分别有赞词。虞集曰："黄堂有宫，西山正中。白雪丹霄，古仙奇逢。神玄征，为道纲纪。身先八百，

① （民国）魏元旷编纂、王咨臣校注：《西山志》卷一，江西人民出版社2002年版，第9页。

维玉真子。”[①] 许宗圣赞曰：“大道行于天下，而开忠孝之门者为独超；师匠富于通代，而应千年之记者为希有。玉真先生致知格物之妙，闲邪存诚之几，儒而不迂，道而有效。观师君示诲谆谆，复付托殷勤，盖其宿缘素习，要非偶然者。第以大教肇露，仙运昨开，蓄之正深，发之犹薄。虽曰受上真之眷顾，而翳迹闾阎，世莫之识；感玄象之吐华，而脱略边幅，不异常人。鸣呼！何时再来下土，披蕙幌、拂云扃，提挈群真，使归清寥之极峻邪。”[②]

虞集、许宗圣都是元代朝廷或地方官员，对刘玉的“为道纲纪”“儒而不迂，道而有效”的评价，说明了刘玉创立的净明道是在制度上重视戒律建设，在思想上贯彻“儒道相通”，以儒援道，儒道同兴，体现了刘玉的“忠孝存心，方便济物”的救世济民思想。

刘玉（1257—1308），字颐真，玉真子其号也。其先番阳石门人。高祖宗翰迁南康建昌，名所居里曰石门，示不忘本也；宋绍兴中擢第，授滁州来安簿，世传诗、礼。父刚，母邬氏，以宝祐丁巳八月二十日生先生。其父再迁隆兴新建忠孝乡。先生夙有卓识，五岁就学，读书务通大义。弱冠，父母继亡，居丧尽礼。家贫，力耕而食，视尘世事不足为奇，笃志于神仙之学。

（一）忠孝乡学法

儿时随父母迁移到以许真君忠孝精神命名的忠孝乡是刘玉学习净明道法的开始。据《净明忠孝书》记载：“至建炎戊申，仅七百年，兵祸煽结，民物涂炭，何真公等致祷真君，匄垂救度。既而降神渝川，谕以辛亥八月望当降玉隆宫。至期迎俟，日中云雾郁勃，自天而下，由殿西径升玉册殿，降授《飞仙度人经》《净明忠孝大法》。真公得之，建翼真坛，传度弟子五百余人，消禳厄会，民赖以安。迄今二百余年，其法寖微。”刘玉在忠孝乡闻法，知道许真君的道法和预言以及何真公致祷真君立坛的故事，为他重振许真君精神，创立净明道打下了基础。

① 许蔚校注：《净明忠孝全书》，中华书局 2017 年版，第 34 页。

② 许蔚校注：《净明忠孝全书》，中华书局 2017 年版，第 42 页。

（二）黄堂建坛

元朝元贞元年（1295）刘玉在乌晶原建坛，名为玉真坛，以善道劝化信众，远近闻名。对此，许宗圣在《净明忠孝全书》中有以下记述：

> 元贞乙未（1295）正月甲寅，先生神游玉真府，遇真君与张君、胡君玉真朝元回。先生作礼，真君顾令先生求见阳乌，张君袖出三足乌示之。上元庚申，先生往紫清，与弟子王真定、方公成登拍洪楼，焚香默祷，闻硫气郁烈，倚阑候望，倏有流光飞坠炉间，俯视，则乌晶在焉。大如椰子，非铁非石，而黑润沉重，受而藏之。是夕，胡君授以《大道说》。明年岁晚，复至紫清，告诸弟子以师君将降，约同候迎。十二月庚申，王真定、方公成、胡次由辈同集先生之舍，先生曰："有一士缘重，当不召而至。"是夕，雪大作，初更时，玉隆宫法子黄元吉忽至。先生曰："天寒岁晚，远来何为？"元吉曰："夜来梦胡天师告曰：刘玉真家有盛事，汝可速往。故来。"先生于是与诸弟子明燎爇熏，至诚以俟。夜将半，先生凝望虚空，忽曰"师君至"，亟率弟子下阶迎拜。黄气弥漫，非烟非雾，拥升堂上，降授《玉真灵宝坛记》，纸尾署云"弟子刘玉可丁酉正月甲子朔旦登山巅，授至道"。顷之光景豁散。既而郭君授以《坛疏》[①]。

这一段的传记非常清晰地说明了刘玉创立净明道涉及的祖师、经典、教团，这是创立教派的关键要素，这为刘玉在西山立派传法又提出了有力的佐证。

（三）西山立派传法

刘玉受法后，寓玉隆万寿宫清逸堂，设立灵宝朝天坛，开始对弟子传法，并开阐大教，诱诲后学。《净明忠孝全书》记述："其法以忠孝为本，敬天崇道、济生度死为事，简而不烦。诸弟子问曰：'昔何真公所传

① 许蔚校注：《净明忠孝全书》，中华书局 2017 年版，第 37 页。

稍繁，今先生所授极简，何其不同？’先生曰：‘昔绍兴之时，仙期悬隔，权以救世，以法弘教，故繁。今龙沙已生，仙期迫近，急于度人，以道宏教，故约。此所以异。然其至则一。无庸疑。’因谓曰：‘吾与若辈幸以宿因，遭逢大教，喜庆难言。今靖庐粗备，相与首致华封之祝，以寓吾忠；次伸追远之诚，以昭吾孝；修身慎行，植德行道，可无愧矣！今为若辈恳师君请降日精月华，炼度先亡，以除冥累。’十月望，乃登朝天坛，露香敷奏，席地存神，置二陶器于坛上。俄东西有飞光二道，如金线，自天际注器中，左液如丹，右津如汞，用以书符，讫事，无余。越七日，弟子咸梦先亡言：感真君拯拔陶铸，返阴生阳，已升仙阶矣。”[①] 此为刘玉传记中的核心内容，说明了“以法弘教”与“以道宏教”的区别，强调净明道法要以忠孝为本，并为信众提供学法的方便之门。

（四）净明祖师地位的确立

刘玉在众多弟子中，挑选黄元吉作为净明道的继承人，1308 年刘玉羽化后黄元吉担当重任，《净明忠孝全书》卷一中述及：“至大戊申正月丁卯，投乌晶于洪井，曰‘缘重者得之’。即以传教之任付黄元吉，谓曰：‘吾此生为大教初机而来，异时再出，当与八百弟子俱会。今阳数将终。身谢之后，以吾遗体静夜火之，复骨于招贤之原，三年将迁瘗海岛。’二月癸巳，如紫清宫、翠岩寺告别。甲午，示疾，弟子毕集。丙申晨兴，端坐榻上，日正中，举手拱揖，就榻侧卧而逝，春秋五十有二。弟子遵遗旨而送终。后三年，启窆视之，唯存空函[②]。”刘玉弘扬许真君大道之说、净明之法影响广泛，关于刘玉的思想都被徒弟记录并集成《玉真语录》《净明秘旨》，共 137 品。

二、《玉真语录》及其净明道法思想

《玉真语录》，主要是指由刘玉弟子传派法师对他生前说法的记录整理、净明嗣派弟子丹扃道人徐慧校刊，《西山隐士玉真刘先生录内集》《西

① 许蔚校注：《净明忠孝全书》，中华书局 2017 年版，第 39 页。

② 《净明忠孝大全书》卷一，《道藏》第 24 册，文物出版社、上海书店、天津古籍出版社 1988 年版，第 623 页。

山隐士玉真刘先生语录外集》《西山隐士玉真刘先生录别集》，三集语录分别载《净明忠孝大全书》《太上灵宝净明宗教录》。这些语录分别是应学道弟子的询问所作出的回答，《净明忠孝大全书》记载了他的语录有“四不”：

> 先生之学本于正心诚意，而见于真践实履，不矫亢以为高，不诡随以为顺，不妄言、不多言，言必关于天理、世教，于三教之旨了然解悟，而以老氏为宗[①]。

刘玉的语录最大的特点是“不妄言、不多言，言必关于天理、世教”，所以流传后世久远。

（一）何谓净明忠孝

刘玉创立的净明道凸显了儒家奉行的忠孝观，把儒家的忠孝伦理作为修道之基，然后采取去欲正心的修道方法，最终把“净明”的境界作为修道的终极理想和最高境界。刘玉在《净明忠孝大全书》中，与弟子的对话如是说：

> 或问：古今之法门多矣。何以此教独名“净明忠孝”？
>
> 先生曰：别无他说。净明只是正心诚意，忠孝只是扶植纲常。但世儒习闻此语烂熟了，多是忽略过去，此间却务真践实履。
>
> 先生曰：大忠者，一物不欺。大孝者，一体皆爱。
>
> 先生曰：何谓净？不染物。何谓明？不触物。不染不触，忠孝自得。
>
> 先生曰：忠者，忠于君也。心君为万神之主宰，一念欺心，即不忠也。
>
> 先生曰：人子事其亲，自谓能竭其力者，未也。须是一念之孝，

① 《净明忠孝大全书》卷一，《道藏》第 24 册，文物出版社、上海书店、天津古籍出版社 1988 年版，第 631 页。

能致父母心中印可，则天心亦印可矣。如此方可谓之孝道格天[①]。

刘玉在《西山隐士玉真刘先生录内集》开篇，就“净明”的内涵作了解释，他说“净明”只是“正心诚意”，这就意味着净明道将儒家的内心道德修养表现在自己的修道实践和修行目标上。“正心诚意”来源于儒家经典《大学》中，这本是儒家推崇的一种道德修养，刘玉引进净明道，这说明“正心诚意”对提高道教徒内心修养的重要性。“正心诚意”的“净明”与“扶植纲常”的“忠孝”是相互表里关系，“净明”主内，“忠孝”主外，内外相应，这表明了“净明道”内以修身养性，追求得道成仙；外以治国经世，追求社会太平的理想。他还进一步说明“真忠至孝之道”，即不欺物、不染物、不触物，做到内心光明，这样做了父母心、天心都能印证，孝道格天呀！因此，张珪在《净明忠孝大全书·序》中，借用刘玉回答弟子说：欲修仙道，先修人道，修“人道”乃是修“仙道”的基础，忠于国家、孝敬父母是修行净明法门，最终得道成仙的先决条件。

何谓净明忠孝，这与洞真法师胡慧超的思想一脉相承，胡慧超在《净明忠孝大全书》之《净明大道说》中，曰：

> 净明者，无形大道，先天之宗本也。在上为无上清虚，在天为中黄八极，在人为丹元绛宫。此三者同出而异名，同谓之玄，玄之又玄，众妙之门。明此理者，净明也。清则净，虚而明。无上清虚之境，谓之净明[②]。

（二）认为“修炼”之妙——贵在忠孝立本，方寸净明

对于法子（道士）如何修炼，应当注意什么问题？对此，有人问刘

① 《净明忠孝大全书》卷三，《道藏》第 24 册，文物出版社、上海书店、天津古籍出版社 1988 年版，第 635 页。

② 《净明忠孝大全书》卷二，《道藏》第 24 册，文物出版社、上海书店、天津古籍出版社 1988 年版，第 633 页。

玉：从古学道求仙，皆言“修炼”二字。今净明教中于此独略，何耶？刘玉借用祖师许真君的口吻回答：

> 吾但闻都仙真君有云：“净明大教，是正心修身之学”，非区区世俗所谓修炼精气之说也。正心修身，是教世人整理性天心地工夫。若上古之世，民生太朴未散，何用整理？何用修炼？语言动作，无不合道。只缘后世，众生多是诈诈奸奸，愈趋愈下，一动一作，便昧其心，冥冥罔觉，无所不至。间有慕道者，不就本元心地上用克己工夫，妄认修炼精气，以为无上真常之妙[①]。

是说道士“修炼”与俗人“修行”不一样，道士一方面要教导度化世人，以普度众生为己任，但同时应当取法祖师，对所从事的教化事业采取超然的态度，不用修炼，自然道成。《西山隐士玉真刘先生录内集》载：

> 修炼之妙，无以易此矣，正是复古之学。所以胡天师复申言之，曰：“贵在忠孝立本，方寸净明。四美俱备，神渐通灵。不用修炼，自然道成。信斯言也，直至净明。”要之，都仙真君与胡天师此言不信，何言可信？世俗于克己工夫多是忽略，别求修炼方术，殊不知不整心地，只要飞腾，可谓却行而求前者也。今而斯道大明于世，有识之士能趋此教，可谓一日千里矣。大概有能忠孝立本、方寸净明者，自己心天与上天黄中道气血脉贯通，此感彼应，异时与道合真，如水归海矣。可不勉旃[②]！

只要以忠孝为本，方寸净明，与道合真，修炼目的就会达到了。

---

① 《净明忠孝大全书》卷三《道藏》，第 24 册，文物出版社、上海书店、天津古籍出版社 1988 年版，第 637 页。

② 《净明忠孝大全书》卷三《道藏》，第 24 册，文物出版社、上海书店、天津古籍出版社 1988 年版，第 637 页。

（三）去欲正心——寄修行于在日常生活中

在《西山隐士玉真刘先生语录外集》中，刘玉开门见山地说：入吾忠孝大道之门者，皆当祝国寿、报亲恩为第一事，次愿雨旸顺序、年谷丰登，普天率土咸庆升平。刘玉要求入道修行者首先需要把“祝国寿、报亲恩为第一事”。而且刘玉还主张：

> 本净元明，心学之妙，课忠责孝，大教之典，不离日用常行之道，非幻谲怪诞之术也。真是千载一时不可逢之嘉会，学者勉乎哉[①]！

净明之妙法离不开日常生活，修行者既要在日常生活中修行，还要注重品德修养，才能以道弘教，有人问他：“世间有一种不务德行之士，行道法则符将显验，此理如何？”他回答说：

> 此辈是宿生曾于道教香火中积累功缘来，故今生受此报答。虽然，若更能崇行而知道，方谓之不朽功能。若不理道德，则不过一期适意耳。异时身后，冥冥中事绪亦不少矣[②]。

要建立不朽功能，需要道德支撑，否则不过是一时的个人感觉良好而已。刘玉在传授净明道法时，重视学习儒家、佛家思想，有弟子问：“周、程、朱、张诸儒先，著书立言，多是力辟虚无寂灭之教，何邪？”刘玉借乘舟之事实来回答：

> 彼皆天人也，皆自仙、佛中来，以公心为道，故生于儒中，救世偏弊耳。大概三家之学，皆是化人归善，世间皆阙不得。但二氏

① 《净明忠孝大全书》卷四，《道藏》第 24 册，文物出版社、上海书店、天津古籍出版社 1988 年版，第 640 页。

② 《净明忠孝大全书》卷四，《道藏》第 24 册，文物出版社、上海书店、天津古籍出版社 1988 年版，第 641 页。

之教若过盛，则于纲常之教未免有所伤。如乘舟之偏重，则须移身而正之，舟平始可，行道亦犹是也。又二氏真人、真僧则皆是人欲净尽，纯然天性。奈何如此者少，末流之弊每多。真儒于是乎出，以实理正学而振饬之。既振饬已，翛然而逝，复归天人境中矣[①]。

刘玉把儒家敬为天人，然后据青元真人所注《度人经》云："三界之上，四种民天，多是历代圣君贤臣居之，如羲、文、周、孔之徒是也。浩劫交周，鸿蒙开辟，此诸天人降生人间，开物成务以教民，庶为民之种，故称种民。"

他还举例说：

晦庵（朱熹）亦自是武夷洞天神仙出来，扶儒教一遍，晚节盘桓山中，文墨可见。紫清白玉蟾亦甚加敬，赞其遗像，有云："皇极坠地，公归于天。武夷松竹，落日鸣蝉。"又云："两楹之梦既往，一唯之妙不传。"晦庵亦曾注《周易参同契》来。多与铁柱宫道士傅云庵谈道，有诗赠云："到处逢人说傅颠，相看知是几生前？直携北斗倾天汉，去作龙宫第二仙。"至今手泽、遗像留本宫种德堂。然诸先儒语言文字中，止塞抑遏之辞，隐然是世道之福、二教之福，时人不觉尔，静思方见得这道理出[②]。

由此说明儒家与道家需要互相学习与借鉴，同时他也赞赏佛家精持戒行，一心在道的精神。他说：

《释氏警策》有云："父母不供甘旨，六亲固已弃离。不能安国治邦，家业顿捐继嗣。"如此看来，出家之士甚有济河焚舟气象矣。

---

① 《净明忠孝大全书》卷四，《道藏》第 24 册，文物出版社、上海书店、天津古籍出版社 1988 年版，第 642 页。

② 《净明忠孝大全书》卷四，《道藏》第 24 册，文物出版社、上海书店、天津古籍出版社 1988 年版，第 642 页。

当作如是思惟：退步，则其身已焚；进前，自应努力。所谓努力者，精持戒行，一心在道，或勤劳材干，香火功缘，他时自然有好收因结果。若不能思惟策中四句，犹且耽酒嗜肉，好色贪财，与下俗无少异，熙熙度日，悠悠一生，不觉不知，尖担两头脱也。何况不耕而食，不蚕而衣，日受人天供养，全无惭愧，不知补报，却是乐中受了，苦中还佗，恶境临身，悔之何及。细细思之[①]。

融合儒释道三教之精华，扬道教之特色，这是刘玉创立净明道的初衷和愿望，他同时强调作为法师要有胸怀，多学习儒家经典，佛家持修戒律，这样才能一心在道，一心弘道。

（四）对净明法师的要求——“守一”与“净心”

刘玉在《玉真语录》之三，大量运用儒家、道家、佛家经典并列举元代以前的大儒、高道，如颜回、朱熹、白玉蟾等来向弟子开示，在《西山隐士玉真刘先生语录别集》中通过现存最早的汉代道教经典《太平经·守一明法》[②]来阐述“守一”的内涵，“守一”之法乃守住“精气神”三者为一，称之为“长寿之根”和“万岁之术”，其实唐初佛教禅宗的创始人道信、唐五代南宗洪州宗开创者马祖、北宋临济宗黄龙派开创者慧南都主张“守一”之法，但刘玉的“守一”之法显然有更深的含义，有人问：太上未形口诀，群仙未着丹经以前，昆虫草木皆知变化，若堕言诠，转没交涉。切闻教中有所谓净明忠孝之书，毋乃支于说而费于辞乎？刘玉回答：吾教中有大中至正之道、千圣不传之秘，出于言语文字之外者，子亦尝得闻乎？夫书之行也，乃权法也，非实法也。实法者，一而已矣。何谓一？太上之净明、夫子之忠恕、瞿昙之大乘，同此一也。推而论之，帝喾之执中、尧之允执厥中、舜之精一、禹之洪范、汤之圣敬日跻、文王之纯亦不已、伊尹之一德、孟子之养气、子思之中庸，皆此一也。立言虽殊，其道则一。圣人知道之不可言，而因言以显

① 《净明忠孝大全书》卷四，《道藏》第24册，文物出版社、上海书店、天津古籍出版社1988年版，第643页。

② 杨寄林译注：《太平经》，中华书局2013年版，第65页。

道；知道之不可传，而因心以契道。其曰抱元守一、穷理尽性、明心见性、为未忘心法者，言也。唯吾净明大教，先圣后圣，以神合真，以心契道，不堕言诠，不落法尘。其所以流演密义，以言为倡者，亦岂得已而为之！政欲使学者从博而约，从修而证，回后天而先天，复有名而无名，符净明无为一也。到此时，则圣人之权法，亦犹“经者，径之义”云耳[①]。刘玉重视净明道的教化作用，治病救人只是道教的方便法门，更重要的是需要承担社会责任，他又曰：“上士非必入山，绝人事、去妻子、入闲旷、舍荣华，而谓之服炼。当服炼其心性。心明性达，孝悌不亏，与山泽之癯童者异矣。忠孝之道，非必长生，而长生之性存。死而不昧，列于仙班，谓之长生。有曰养炁延年者，特未得其一二耳。君子之致乎道者八，八宝是也。比干死谏谓之忠，大舜终身谓之孝，善卷杀身谓之廉，南容复圭谓之慎，荣期安贫谓之宽，颜回箪瓢谓之裕，叔度洪量谓之容，公艺恕己谓之忍。如是之人，位列仙班。后世失道之人，不忠不孝，以乱其国家，国家败，无所容身，乃假名入山学道，是舍厦屋而入炎火也。子不见乎，民之不忠，天生聚敛之臣；子之不孝，妇产败家之孙。”又有曰：“上士以文立忠孝，以言为天下倡。中士以志立忠孝，以行为天下先。下士以力致忠孝，以身为众人率。如此，则净明院注籍升仙，而忠孝之道终矣。”[②]立言、立志、立身是净明道的三种境界，能做到立言、立志、立身于一人是法师的最高目标，要达到此最高目标还要“净心”，有人问：净明大教，始于忠孝立本，中于去欲正心，终于直至净明。然息心甚难。况日用之间，天理、人心互为雄长，为之奈何？刘玉回答：

> 前念为念，后念为照。念起不着，净心守一。但灭动心，不灭照心。但凝空心，不凝住心。湛然常寂，是名空心。止动归止，是

---

① 《净明忠孝大全书》卷五，《道藏》第 24 册，文物出版社、上海书店、天津古籍出版社 1988 年版，第 645 页。

② 《净明忠孝大全书》卷五，《道藏》第 24 册，文物出版社、上海书店、天津古籍出版社 1988 年版，第 647 页。

名照心。寂照两全，洞合道源。净极明生，玄之又玄[①]。

“净心”才能“守一”，“忠孝”是根本，“正心”是法门，“净明”才是最高境界。刘玉最后告诫弟子。说：

> 吾净明大教，示人以简易之理，而人犹难之。甚矣，道之不明也。学道之士，当笃信心，万一怀疑，便有窒碍。己且昏惑，何以明人？夫天与之而不能守，守之而不能行，是弃天也。自卑以求幸其言，自鬻以求售其学，是亵天也。弃天、亵天，是谓背道。凡我法子，戒之慎之[②]。

“天降斯道，地升斯宝，珍之作之，天地为一。”这是许逊在《玉真灵宝坛记》关于“一”的思想，刘玉继承并发展了许真君的思想，完整地提出了净明道修行的终极理想以及怎样达到最高境界、实现终极理想的三个步骤：“始于忠孝立本，中于去欲正心，终于直至净明”，但他特别强调并告诫法师不能背弃天道！

刘玉的净明道法也特别强调忠孝观，即通过弘教来承担社会责任，由此提升道教的品格、地位、价值。刘玉的净明道法，一方面体现了刘玉对许逊、洪崖、胡慧超、郭景纯、周方文、何守证等倡导的忠孝之道思想继续与发展，另一方面又体现了刘玉对将忠孝观、天道观融入净明道法中加以阐释、宣扬，以冀代代相传。

第二节　黄元吉在京城传法及其净明道法理论

刘玉创立的净明道在相当长的时间仅流行于西山周边一些地方，直

① 《净明忠孝大全书》卷五，《道藏》第24册，文物出版社、上海书店、天津古籍出版社1988年版，第648页。

② 《净明忠孝大全书》卷五，《道藏》第24册，文物出版社、上海书店、天津古籍出版社1988年版，第648页。

到元中后期才被朝廷认可并逐渐在北方地区有一定的影响。从当时的社会历史来看，北方的全真道、天师道及其支派玄教在朝廷享有崇高地位且影响较大，从北宋开始流行的神霄派势头依然强劲，净明道要提升其地位并扩大影响力，一方面需要在教义教理方面与元统治者“以儒治国”政治理念相适应，这方面刘玉已经完成了，《玉真语录》就是这种相适应的成果；另一方面得益于在京的江西籍朝廷文人士大夫的推荐和搭桥，在京的江西籍而且有影响的包括虞集、揭傒斯、欧阳玄、程钜夫、吴澄、危素、范梈以及三十九代天师张嗣成、玄教嗣师吴全节等。这群江西籍朝廷官员为江西道教尤其是净明道在朝廷的影响发挥了重要作用，也有黄元吉的贡献。

一、黄元吉生平

黄元吉（1269—1324），字希文，豫章丰城人。望族。父良俊，母吴氏。十二岁，入玉隆万寿宫，事清逸堂朱尊师。朱殁，其师王月航尊师爱而教之。王尊师严洁清俭，有古人之意，善医药，施谢之积粗赡，即闭户绝来求医者。希文请授其术以为业，王尊师不可，曰：“吾非有靳于子也。顾医道甚精微，识虑稍不至，则人由我而死，非易事也。将以此为利，益不宜。吾幸得舍此不为，冀寡过耳。诚虑返累子。不如归求清净，以自致也。”

王尊师羽化后，尊刘玉真为师。此后，黄元吉以刘玉的《玉真语录》为净明道祖统说，坚持内心以本心净明为要，而行动必以忠孝为贵。希文事刘先生如父，事其夫人如母，苟远去，饮食必祝之而后尝；奉其言如临天地鬼神。乃即其山择地立玉真、隐真、洞真之坛，以授弟子。

至治三年（1323），黄元吉为了扩大净明道的影响，极力宣传以刘玉为创立净明道及其师说《玉真语录》，北上赴京，游说京师，公卿大夫士多礼问之，莫不叹异。明年，泰定改元，嗣汉三十九代张天师朝京师，廷臣荐希文者曰：“中黄先生刚介坚鸷，长于干裁。向尝都监其宫，治众严甚，人或不乐；而土田之入，庐舍之完，公而成功，昔为忤者更交誉之、亲之。其后从玉真先生得旌阳忠孝之教，盖折节就冲澹，为达人巨公前席，宜表异之。”乃为书请希文为“净明崇德弘道法师”、教门高士、玉隆万寿宫焚修提点。未行，玄教大宗师留之崇真万寿宫。期年，将以其名上闻，奏且上，有玺书之赐；而希文翛然高居，唯以发明其师说为己事。十二月十一日，为书寄别其弟子陈天和等，而命从者曰：“今夜子时当报我。”及期，从者以告。希文曰：“吾返玉真之虚矣。明日用火净吾骨于城东门外，薪尽火绝，有风南来者，吾报女也。”已而果然。从者负其遗剑将归，藏西山。希文在世五十五年，为道四十年，度弟子陈天和、刘真传、熊玄晖、刘思复、黄通理，授净明忠孝之教者，人众不可备列。中山赵先生，有道之士也，尝与希文俱，来为之言曰：“子为铭其藏。”

二、黄元吉的净明道法理论

黄元吉十二岁入玉隆万寿宫，拜朱尊师、王月航尊师、刘玉真尊师。幸遇三位尊师，而他也度化陈天和、刘真传、熊玄晖、刘思复、黄通理等。黄元吉曾“唯以发明其师说为己事”，在京城极力宣扬以刘玉为祖师的师说，将《玉真语录》向朝廷高层推荐并广为刊行，这是黄元吉尊师的行为，也是为净明道发展做出的贡献，在继承刘玉精神基础上继续以道弘教，他的两位弟子净明法子玉隆云隐道人陈天和、净明法子庐陵丹扃道人徐慧对其语录进行了整理并集结为《中黄先生黄真公答问语录》补录《净明忠孝全书》，集中体现了黄元吉净明道法的理论和思想作简要介绍。

（一）“欲净，则理明”——内外交养，除去欲念

关于“净”是否外表干净即可，黄元吉针对问题作了回答：

> 或问：奉道之士，居处端庄，斋戒沐浴，以崇香火，可得谓之净乎？
>
> 答：愚闻之师曰：“净不染物。”如上所问，是谓外貌之净。然就里必索要净，方谓之内外交养。大概无别说，只要除去欲念，便是净。就里除去邪恶之念，外面便无不好的行。检前辈云：“通身要得无枝叶，先向根头下一刀。”其次要惩忿。据愚见观之，忿亦只是欲，以其有意必固我，非欲而何？淘汰到无的田地，却是公心

也。公能生明，所以曰“欲净，则理明”[①]。

刘玉提出的“净”是不染物，但也强调用忠孝观教化的重要性，这是黄元吉对刘玉思想的继承，同时他提出“以净明理”，这是黄元吉对净明道的思想升华，他强调通过内外交养、惩忿、公心等来实现“净”的目标，因为公能生明，净能理明。

（二）何谓“明”——聪明睿智，守之以愚

净明道法其最终的目的是本心净明，忠孝神仙。有人问：遇事接物，必洞烛善恶邪正、是非曲直，可得谓之明乎？黄元吉回答：

> 愚闻之师曰：“明不触物。”此言极有味。如前所问明矣，未极明也。若为己之学，洞烛此理，但行善的、正的、是的、直的，道子固是不差池了。若待他人之道，洞烛其恶的邪的、非的曲的，不随他转为是。此外，不宜发明太尽，恶讦为直是也。但当生大慈怜悯的心，方便譬喻，引之归于正道，不可则止，毋自辱焉。若忿嫉于顽，极口攻之，则是与之修怨矣，何取其为明哉？先觉有言曰：“聪明深察而近于死者，好讥议人者也；博辩大言而危其身者，好发人之恶者也”，岂是明哲保身之道？似此，固能洞烛眼前，而未能洞烛未来也。故曰“聪明睿智，守之以愚”。学到此时，方得谓之能明[②]。

黄元吉在重申刘玉的“明不触物”思想的基础上提出了自己的看法，他认为对他人要“当生大慈怜悯的心，方便譬喻，引之归于正道，不可则止，毋自辱焉”，这也是胡化述在《净明忠孝全书》之《净明大道说》中所说：清则净，虚则明，无上清虚之境，谓之净明。对于每个人在胸中保持明镜一面，以其能洞照事理，做到虽聪明睿智，但守之以愚，

① 许蔚校注：《净明忠孝全书》，中华书局 2017 年版，第 123 页。
② 许蔚校注：《净明忠孝全书》，中华书局 2017 年版，第 124 页。

这就是“明”的含义和境界。

（三）如何表达“忠心”——不欺心、不昧理、不妄语

对于“忠心”，一般人认为是仕宦之事，与平民无关，有人问：生平未尝仕宦，无致君泽民之事，虽有忠心，将何所施？黄元吉答曰：

> 是何言欤！如此，则人人必仕宦而后用心于忠乎？师曰：“人之心君，为万神之主宰。一念欺心，即不忠也。”大概仕宦之人，固当以致君泽民行事。不仕宦者，亦合念念在于不欺心、不昧理，紧要处先自不妄语，始能如前哲所言，方免为不忠之人。为学至此，方谓之能忠。

明确回答不仕宦者，也要有忠心，要做到不欺心、不昧理、不妄语，不欺心就是不欺骗自己的良心，不昧理就是不要无理取闹，凡事按规矩，不妄语就是不要随便背后议论上至朝廷下至身边人，而且这点特别重要。

（四）最上品的孝道——不得罪于五藏

黄元吉的“孝道”虽然直接继承刘玉，但有所发展而且非常独特，具有普世价值，主要表现在“孝道”作了十分明确的阐释并有新的见解。刘玉说：“人子事其亲，自谓能竭其力者，未也。须是一念之孝，能致父母心中印可，则天心亦印可矣。如此方可谓之孝道格天。”（《净明忠孝全书》），提出作为为人之子对父母的孝不仅仅是日常生活的照顾，还要能入父母之心。黄元吉对“孝道”的解释为：

> 又问：事亲之礼，冬温夏凊，昏定晨省，口体之养，无不尽心，可得谓之孝乎？
>
> 答曰：此是孝道中一事耳。当知有就里的孝道，不可不行持。大概吾身是父母遗体，但向行、住、坐、卧十二时中，善自崇护，不获罪于五藏，方可谓之至孝。

黄元吉认为每个人的身体都是父母给的，要时时爱惜五藏，所谓“至孝”，即最上品的孝道。黄元吉还列举伤害、得罪五藏的五种人。他说：

> 有一种人，心不寻思公忠正直、仁孝廉明的所为，每朝每日念念爱奸邪刁谲、浇薄险恶、千鬼万怪，惟务坑陷亏负他人。这是获罪于心藏。盖是邪秽奸狡之念，自涴灵台多矣。若能醒觉，急忙荡涤，与之更始，可也。
>
> 又有立心虽稍良善，却不肯讲究卫生之道，饮酒无筭，广杀物命，滋味求奇，不知节约，遂致病生。这是获罪于脾藏。
>
> 又有色欲偏重，亡精灭神，至于殒躯。这是获罪于肾藏。
>
> 又有立心虽然公正，情欲亦自淡泊，然而嗔念独重，动不动是使血气，多不中节，甚至一朝之忿，忘其身教。藏有云：“嗔怒无节，令人心昏目乱。”医书云：“盛怒伤肝，谓肺主气，使肺金克肝木，令肝不摄血，疾病生焉。”这是获罪于肝、肺二藏。
>
> 大概恣忿、纵欲、昧理三者，于五藏皆有所伤，而于本藏为尤甚。凡获罪于五藏的人，皆是破裂元气，作挞身己，不行孝道的所为。静思父母全而生之，子全而归之，言语有忝多矣。所以曰：“不得罪于五藏，是名能孝。”

黄元吉所说的最上品的孝道就是要能养亲、能正心、能惜身，最有效的做法就是公忠正直不得罪心藏、讲究卫生之道不得罪脾藏、储蓄精气不得罪肾藏、平和心态不得罪肝、肺二藏，这才是至孝，也是最上品的孝道。

第三节　元代中晚期净明派的传承与发展

第四十三代天师张宇初在《道门十规》将净明道列为仅次于天师道的道派之一，这与刘玉净明道有效传播有关。刘玉、黄元吉羽化后，徐慧、陈天和、上官良左、赵原阳等继续以观弘教，或以书弘教，广泛传承许真君的净明忠孝思想。

一、徐慧与净明道

徐慧（1291—1351），字子奇，道号丹扃道人，师事黄元吉，赐号“净明配道格神昭效法师”，庐陵永和清都观道士。有“文章司命”“人物权衡”的赞誉，著有诗集曰《杯水玉霄》，手撰科文《正大雅诰》，整理编纂《净明忠孝全书》并刊刻发行。徐慧对净明道的传承和发扬有重大贡献，是刘玉、黄元吉后第三代的核心传承人，发挥了承前启后的作用。据其徒弟上官良左《丹扃道人事实》可知徐慧不仅是元代江西高道，也是净明派的重要传承人。

第一，儒道兼通，以道传世。他曾赴京师应试并名列榜首，著有《杯水玉霄》诗集。庚寅（1350）春，寄内师府罗文奎诗云：忆昔长廊听雨时，黄金染笔写乌丝。百年似梦我先觉，万事如云子尚痴。天上故人天上老，里中野客里中嬉。临风聊致拳拳意，老病无才懒赋诗。在诗中他自喻为“野客”，颇有佛教南宗祖师慧能的风范，但慧能的佛性之理也是来源于“默然受教”，认真悟其师之教。徐慧从学法、投师著书立说、成为净明道祖师，也是一个“默然受教”的过程。如《丹扃道人事实》记载：癸亥夏五月，余与盛兄熙明同拜中黄先生于京师澄清坊之东。时高朋满座，先生顾余曰：“夜梦子。今子来，似有夙契”，遂授《净明忠孝书》并《玉真语录》。余读未终集，平生诸疑，涣若冰释。越数日，先生复问曰：“前读《语录》何如？”余应曰：“万法皆空，一诚为实。尽矣。”先生首肯之，良久，复谓曰：“子资质颇近道，当宏吾教。勉旃，勉旃。”

第二，正一全真兼修，阐扬忠孝之法。他早年饱读诸子各家，儒家精神尚存，后在京师事黄元吉，深悟道家净明忠孝之精髓，又曾到长春宫参访蓝真人，“得全真无为之旨”，为正一全真两派的融合作了探寻和尝试。

第三，对道教科仪进行整理，使其“简而不繁”。手撰了科仪文本《正大雅诰》。在其家乡庐陵影响很大，如《丹扃道人事实》记述：“自是，弟子益众。及其门者皆文学特达之士，虽六七十翁皆愿从焉，曰：吾师道也。”

第四，道书成为经典并传世。徐慧对净明道的重大贡献是对黄元吉之后净明道的学说进行了整理，并编成了《净明忠孝全书》。如其说“丙寅之秋，余诣玉隆，谒仙茔，会先生高弟云隐陈兄于清逸堂，出示所藏先生遗墨并所集先生平昔答问诸善言，皆余尝闻诸先生者。虽先生之言，实皆祖述玉真之传也。已而复于隐真坛，得苍崖熊先生所藏玉真语录数段，即向来先生示余者，因录于别集。并以元所传《灵宝坛记》、《道说》、《法说》忠孝诸书，皆锓梓而流传之，总名曰《净明忠孝全书》”①。门下弟子有盛熙明、上官良左、钟彦文、萧尚贤，也为一时之高道。

二、西山周边道观及其许真君信仰的普遍性

在元代奉祀许真君，传播净明忠孝文化除了玉隆万寿宫祖庭之外，还有铁柱延真宫、腾胜道院、旌阳道院等以西山为中心的周边地区上百座宫观庙宇、道院楼阁，这些宫观庙宇、道院楼阁是净明派传播的基地。这些道观的建设，既说明了许真君信仰在西山周边的普遍性，又反映了刘玉创立的净明派及其思想的影响力。

豫章铁柱延真宫。铁柱延真宫位于南昌广惠门翠花街。始建于晋朝永嘉元年（307）；唐代咸通年间赐额“铁柱观”；北宋大中祥符二年（1009），赐额景德观；北宋元丰三年（1080），曾巩主持重修，王安石撰写《重建许旌阳祠记》。北宋政和八年（1118），赐改“观”为“宫”，即为“延真万年宫”，尊奉许逊为“神功妙济真君”。南宋嘉定元年（1208），赐改为“铁柱延真宫”。元大德七年大火，宫殿因此全部焚毁，仅剩下道士徐希真的居室，元大德十一年重建宫殿，泰定三年又毁于火灾，只剩下左殿。元至元年间重修，至元三年（1337），揭傒斯撰写了《豫章铁柱铭》，其辞曰：“汉置豫章，三面江流。下堑无极，地皆上浮。晋失其纲，陆沉九州。蜃奋于渊，蛟腾于邱。或幻而人，或斗而牛。乘涛鼓浪，吞野欲洲。民忧为鱼，城虑为湫。神君赫怒，心与天通。

① 《净明忠孝大全书》卷一《丹扃道人事实》，中华书局2017年版。

磨剑石上，呼雷地中。出蛟与角，万变莫穷。蛟惧遁逃，蹑景追踪。斩之长沙，湘流为红。还望故乡，江水溶溶。昔有逋诛，久将为凶。何以镇之，忧心忡忡。神运其铁，鬼输其功。炼以日月，鼓以雷风。于提砥柱，投之庞鸿。下贯地轴，上当天枢。维以八索，奠之四隅。屹如四极，巀焉中居。功侔造化，德媲堪舆。神君去之，拔宅元都。江流既安，地道既宁。山岳有摧，此柱弗倾。神功盘盘，灵泉澄澄。有德罔极，有功莫名。载思神休，载念民生。神其归来，毋久玉京。虽圣不语，吾著斯铭。”[①] 揭傒斯赞颂了许真君治水为民的功德，期待有更多的许逊“载念民生”，提醒后辈不要忘记这位南昌的福主。为念及许真君功德，至元五年（1339），吉水名士刘岳申在延真宫铁柱殿落成之际撰写《延真宫铁柱殿记》。与元代铁柱延真宫有关高道和名士还有：

文逊志，生卒年不详。集贤直学士，为铁柱延真宫书写“铁柱”两字。

徐鉴，生卒年不详。元代清江人，与道士罗嗣周多次登门拜会刘岳申请记。

杨湛然，生卒年不详。授真静大师。居铁柱延真宫华隐堂。

周克恭，生卒年不详。师事杨湛然。居铁柱延真宫华隐堂。在豫章周边云从山建崇真观修行。

吴德新，生卒年不详。师事周克恭。铁柱延真宫道士。

徐希真，生卒年不详。师事吴德新。铁柱延真宫道士。

罗嗣周，生卒年不详。元大德年间铁柱延真宫住持。

闵德源，生卒年不详。元至元年间铁柱延真宫提点、住持。

新淦洞阳万寿宫。洞阳万寿宫位于临江新淦县东二十里洞阳的皇人山下，“相传晋许旌阳所游憩”。初名洞阳观。元至大四年（1311）赐额“洞阳万寿宫”，奉祀许真君。“皇庆元年，上之集贤，以闻，特降玺书，授务玄宏道通真崇教法师、洞阳万寿宫住持提点。是年秋八月，开宫布职，一如玉隆故事。官属虔恭，稚耋赞叹，咸韪上之赐，嘉君之勤”。以

① 四库本《申斋集》卷五，第1204册，第236页。

至于洞阳万寿宫拥有“天真福地”之名、“都仙之府”之匾额、万仙庄之实。它既是神仙之福地，又是养居之佳境。元皇庆元年（1312），程钜夫在《洞阳万寿宫碑》中，曰：“丰屋大厦，贤人达士，闻而效财效壤者，不谋而旁集。遂尽撤其屋而新之，其中曰金阙寥阳之殿，东曰开天之楼，西曰锦帷之阁，亢以重门，翼以修廊，会有堂，燕有室，寮次广邃，庖廪宏固，榜其阙曰都仙之府，凡为屋若干础，费若干缗，经始于某年某月，落成于某年某月，辟田若干亩，曰万仙庄。居养并举，报称兼至，山峙然以大，水溔然以浚，人于于然而来矣。众益喜君之志有成，曰不可以不识，乃谒文于予。予观老氏书，其言理身治人之道祥矣，类非今所为者。若旌阳则世所谓列仙之流，然其功于人甚大，施之秩祀也固宜。郭君儒者，诚能去巫觋之末，求清静之本，俾天下皭然知老氏之为道如此，则是宫也，将必以君故名天下，亘万世，又奚止如今日之观哉。重为之辞曰：迢迢洞阳，巍巍高山。上有玄云，下有流泉。洋洋新宫，内明外映。昔也何衰，今也何盛。郭当其世，初实病之。其师为言，天子命之。载经载营，亦既勤止。来游来憩，以养以食。我观世间，孰不可为。曷贩匪公，曷败匪私。道以人弘，地以人胜。我未克正，物孰克由正。既新尔宫，尔田亦丰。繄古有言，择善而从。晨钟杳杳，夕鼓考考，以祝圣人之寿，莫若有道。呼役神物，诃厉谴慝，以徇世人之欲，莫若有德。维道维德，可以上佐天子，跻天下于仁寿之域者。咨尔洞阳，罔有弗钦，此非予之言，乃老聃氏之心。”[①]程钜夫赞赏郭务玄以儒入道，儒道并弘，“诚能去巫觋之末，求清静之本，俾天下皭然知老氏之为道，如此则是宫也将必以君故名天下，亘万世”。洞阳万寿宫尊老子，奉旌阳，佐天子，佑百姓，维道维德，受到了许多士大夫和信众的推崇。

新淦洞阳万寿宫道士中事迹可考的有：

朱可道，生卒年不详。南宋淳祐年间（1241—1252）洞阳观道士、住持，重修洞阳观。

郭秀朗，生卒年不详。字迈越。道号务玄。元大德六年（1302），授

① 四库本《雪楼集》卷十九，第1202册。

龙兴玉隆万寿宫讲师；元大德九年（1305），改授惠州道判，不久回到临江。元皇庆元年（1312），朝廷特降玺书授务玄宏道通真崇教法师、洞阳万寿宫住持提点。重修洞阳万寿宫，邀请程钜夫撰写《洞阳万寿宫碑》。

宁州丹霞观。丹霞观在龙兴路宁州之奉仙乡吴仙里（今修水县）。龙兴，古豫章。宁州，古西安。丹霞观奉祀另一位净明祖师吴猛。吴猛，豫章人，少有孝行。年四十，邑人丁义始授以神术。在宋政和，褒崇玄教，特封神烈真人。丹霞观所在地形势特异，适宜修行炼丹。元泰定三年丙寅（1326），祝彬作《宁州丹霞观记》，记述了郑明斋重修丹霞观的事迹。

祝彬（1260—1336），字文夫，号悠然，元代宁州（今修水）人。进士，历官抚州路崇仁县丞、湖广主考、江西主考。至顺三年（1332）晋应奉翰林文字徵仕郎同知制诰兼国史院编修。从其碑记中，得知“明斋郑公继之，聚材营缮，经十九年，心不退转。于是文昌阁设，丹井建，正殿及圣像重新，方丈与钟楼鼎创，题匾焕然，晃耀夺目。以泰定丙寅下元落成”。

宁州丹霞观的住持、道士较著名的有：高执中、游思补、黄栖云、郑明斋。

鉴于元代西山周边许真君信仰普遍性和广泛性，综合各种文献资料，将净明派道观列表如下：

元代净明派道观分布情况一览表

道观名称	地理位置	奉祀神祇	道观建设年代	资料来源	备注
铁柱延真宫	南昌广惠门翠花街	奉祀许逊	始建于晋朝	刘岳申《延真宫铁柱殿记》等	北宋祥符年间为景德观，政和年间改为延真宫。南宋嘉定年间，加“铁柱”二字，名为铁柱延真宫
腾胜道院	在万寿宫东的孝行里	奉祀许逊	元初建刘玉建	《逍遥山万寿宫通志》	

续表

道观名称	地理位置	奉祀神祇	道观建设年代	资料来源	备注
妙济观	惠民门外蓼洲	奉祀许逊	始建于元代至正二年	《逍遥山万寿宫通志》	存遗址
许仙亭	万寿宫南二十里檀溪	奉祀许逊	元初建		
玄妙观	在南昌广润门内	奉祀许逊			宋大中祥符九年改天庆观，元改今额
兴云观	在兴仁乡	奉祀许逊	元朝道士邬自闲建		
冲灵观	在兴仁乡	奉祀许逊	元朝道人游希元建		
紫极宫	南昌城内	奉祀许逊		刘辰翁《须溪集》卷四、吴澄《紫极清隐山房记》	
崇真观	豫章城琉璃门外的云从山上	奉祀许逊	始建于元至元二十二年	柳贯《云从山崇真观记》	相传这里有许真君修炼的“药炉丹灶”
龙沙道院	在南昌望仙门外约五里之处	奉祀许逊	建造者为庐陵人尹棐	王义山《龙沙道院碑》	《豫章职方乘》：龙沙在章江西岸石头之上，与郡城相对
黄堂隆道宫	在丰城松湖下新丰连界，南距玉隆万寿宫四十里	奉祀许逊	始建于晋朝宋代道士皮惟新主持修建，元代至元年间重修	《黄堂隆道宫志》、清同治本《新建县志》卷八十四	黄堂隆道宫原为谌姆的居所
白鹤观	位于丰城	奉祀甘战	南朝陈宣帝太建元年	《白鹤观志》	住持邹道士、熊道士
元真观	奉新县芦茨山	奉祀许真君	元朝新建	邓梓《元真观记》	
延真观	位于新喻县渝北二十里为黄峰	奉祀许真君	延真观创建于唐朝开元年间，创建者为阚公	梁寅《延真观记》	元朝延真观有道士余济民，号空空；吴无一，字明德，号无无

续表

道观名称	地理位置	奉祀神祇	道观建设年代	资料来源	备注
仙驭观	位于新喻县县城附近	奉祀许真君	晋安帝义熙二年建，宋徽宗宣和五年（1123），赐额“仙驭”至正二十七年（1367）重建于新喻城东	据梁寅《仙驭观记》	元代主持道观有：雷震山、宋天池、雷德翁、吴紫云、文信中、施元静等人
洞阳万寿宫	位于新淦县东二十里洞阳的皇人山下	奉祀许真君		据程钜夫《洞阳万寿宫碑》	初名洞阳观，宋代淳祐年间有住持朱可道，元代住持为郭务玄
大中祥符观	新淦县	奉祀许真君	初名太虚观，唐朝改名冲真观，宋真宗时赐额为大中祥符观	梁寅《祥符观记》	元代住持先后为何莹然、刘季用、陈南逸、胡天德、孙雪窗、彭大同、李愚溪
旌阳道院	兴国县西一里三台山	奉祀许真君		刘楚《旌阳道院记》	至正二十三年，兴国县尹清江人陈文彬再度建造道观，元末住持杨质
玄潭观	庐陵	奉祀许真君		《净明忠孝全书·玉真先生语录外集》	相传这里收藏了许逊的斩蛟剑。揭傒斯为之作诗《庐陵玄潭观旧藏许旌阳斩蛟剑》一诗
上方观	崇仁县青云乡罗山之阳	奉祀许真君	晋代传有飞仙往来其地，因以立观	吴澄《上方观记》、虞集《九万彭君之碑》	有道士康克明、袁用宏、彭南起等人
清都观	庐陵县永和	奉祀许真君	始建于南唐保大年间	《净明忠孝全书》	住持和道士徐慧、上官良佐、钟彦文等

第十七章　元代庐山道教的发展态势

第一节　元代庐山太平兴国宫的盛况

唐宋以来庐山太平兴国宫一直得到王朝的关注，不仅成为国家举行斋醮祈福仪式的道观，也是天下文人士大夫和高道的向往之名山。庐山太平兴国宫的重建由江西行省督导，江浙一带商户支援，元代一代高道张留孙、张嗣成、吴全节先后受朝廷指派到庐山太平兴国宫主持或参加祈福法会，可见其财力雄厚，影响颇大。

一、庐山太平兴国宫的重建得到社会各界资助

庐山太平兴国宫在元代受到朝廷的重视甚于两宋，朝廷赐建重建新宫、赐宫观名、置官领之，呈现“鼓钟新宫，步虚是续”的景象，元至元二十一年甲申（1284），姚燧在《庐山九天採访真君殿碑》记录了元代庐山太平兴国宫的重建得到江西行省的关注和各方的鼎立援助，文曰：

江西行省左丞吕公师夔及其弟福州路同知师山，行金玉局总管师宽，淮西江北佥宪师顺，江浙财赋总管师谦与诸子侄发米于庾，割田于郊，捐币于帑，

为乡邻先。故富室佐财，贫者输力，如恐人后。为殿七楹，度高百尺，以祠真君。夹为翼室，右祠三官，左祠四圣，皆三楹。前为拜殿，合之衡广为尺百有四十，缩身不足于衡十八之四。若其攻金攻木，埏填设色之工，殚极其技，无遗巧矣。遣其弟子熊应松、周祖清驰书龙兴。[①]

姚燧（1238—1331），字端甫，号牧庵，河南（今河南洛阳）人，元文学家，官翰林学士承旨、集贤大学士。著有《牧庵集》。碑文记述庐山太平兴国宫的规制、规模超一般道观，反映了元朝廷对庐山太平兴国宫的重视以及在元代的道教中地位和影响。姚燧是当朝的翰林学士，为庐山太平兴国宫作了两篇碑记，另一篇《太平宫新庄记》也反映了庐山太平兴国宫与所属道观的关系，他说："肇为五庵，宫之前三曰东西太平与紫元，宫之后二，曰涌翠、谷峰。其始皆菅茅朴樕，众所薪牧之囿。皆募人钱镈铚斧而出，高莳松杉柏茗皆摘实扱子，畦而苗之，移置其地。下种姜芋口茜，与水可塍稻者，皆令募人有之，其利不入公宫以劝夫未至者……又闻其将大众之法。道流非有故不入田民家，民之入钱取薪炭山者，皆给之券。恒遣力人持挺行逻林间，盗采者有罚。钱谷出入，井井有稽。舂磨之细，不遗糠籺。公宫大庖，日炊米十斛，可食千人。其徒皆就食公堂，来必道服以示不亵。职宫事者，各有子院，有釜鬲，不作饮食，待煮茗颒水之须。其僮奴之守舍，与诸庵远在数里者，为饮食皆日赋之。子院不得设塑像，旦夕惟即瞻礼于宫。余问其然，则曰：子院强则公宫弱，强曰益富，则公宫日益不足。不足势必下求子院，一则应，再而缓，三则柔者德之以色，刚者拒之以言，上下之情寖以离矣。不若同甘共苦，以公宫所廪养之为可恒也。呜呼！他道流能远计若是乎？尝与一二知己私窃评之，白须猬磔，有熊豹之姿，已见其力足任事，加以深沈有谋，寡言而信，威而和，诚而恪，视数百人黄童白叟，约束

① 《四库全书》1201册，《牧庵集》卷十一。

如一，使不为老子法，用世而为将帅，可以进退三军，立勋万里。”[①] 其中的“大众之法”，介绍了当地居民出钱出力出物捐助太平兴国宫的情况；“老子之法”，介绍了太平兴国宫的管理情况，虽然主要道士各有子院但“约束如一”，此法被作者视为“可以进退三军，立勋万里”，虽然有点夸张，但的确说明了管理方法的重要性以及对道士约束的必要性。

二、庐山太平兴国宫祈福活动

在遭遇重大灾难如水患、瘟疫时，朝廷往往要选择名山名观举行祈福法会以祷国泰民安，因为庐山太平兴国宫的影响和地位，被朝廷指定行斋醮仪之地，祈福“民康物阜，海晏河清”。据《庐山太平兴国宫采访真君事实》卷四记载：元代有三次大型斋醮法会在庐山太平兴国宫举行，第一次是元至元十四年（1277）《天寿圣节斋醮科仪》，设金箓大醮，龙虎山演法观被指定上庐山建醮；第二次是元至元十四年《上元节斋醮科仪》，设灵宝清醮，玄教宗师张留孙主持；第三次是元延祐五年（1318）《加封真君徽号》，曰：“江州路庐山圣治太平宫九天采访使应元保运妙化助顺真君，道超寥廓，功赞弥纶。总制万灵通，微显阐幽之故；巡游三界，昭福善祸淫之机。代穹旻以握符，体虚皇而示化。肇自唐朝而感梦，居然匡阜以宅灵。既开鼎运护国之祥，宜侈涣号，扬庭之渥。于戏，跨九霄，际八表，运妙用以无垠；敛五福，锡庶民，保太和而有永。可特加号九天采访使应元保运妙化助顺至德仁圣真君。”[②]

元代之所以在庐山太平兴国宫举办大型斋醮祈福法会，一方面是元代王朝延续了北宋选择名山名观建醮祈福的做法，另一方面也是对南方正一道教拉拢和重视，据《庐山太平兴国宫采访真君事实》卷三记载：太平兴国宫斋醮活动频繁，而且规模盛大，由朝廷批准给牒，一般开建道场三日满散，设醮三百六十分位，如：太平兴国三年，春秋二醮，劝牒；太平兴国三年，春秋二醮，省牒；北宋元丰四年，“奉官廖维护送

① 陈垣、陈智超编：《道家金石略》，文物出版社 1988 年版，第 1138—1139 页。

② 《道藏》第 32 册，文物出版社、上海书店、天津古籍出版社 1988 年版，第 675 页。

金书殿榜并敕文即赐”；北宋重和元年，“遣入内内侍省敦武郎黄京奉玉册以至，册文有皇帝名，且曰‘谨再拜言’，其恭如是”；绍兴三十一年，降香设醮；隆兴二年，降香设醮；端平三年，庙堂奏旨设醮，祈谷禳兵；嘉熙元年，降香设醮，保边祈嗣玉简；嘉熙二年，降香设醮禳兵，词旨并银两、会子、绫罗、单子等三缝肆件；淳祐元年，加封真君徽号，词旨祝版，降香并祠牒、银两、绫罗、圣旨文字肆缝伍件，如洪刍在《奉安玉册记》中，曰：“神宗皇帝若曰：惟江州庐山太平兴国宫九天采访使者，盖天之贵神，与世为福，而隆名徽称，历代置而不讲，甚非所以答赛神明之意，其进号‘应元保运真君’，遣入内内侍省东头供奉官廖维护送金书殿榜并敕文即赐焉。先是，本观道士陶智仙诛茅创宇，发地得殖瓴一，破之，以土实，厥土五色，获铜泉一，其文曰‘应元保运’，初不知其何祥也。后二年而明诏宠加，与泉文符，廖维即取其泉以献。恭惟皇上南面，百神受职，天启其衷，幽冥同符，不其伟欤？粤政和五年，今上皇帝临莅天下之十六载，以意承考，以道交神，而神祇祖考安乐之。式瞻四方，靡神不宗，乃眷南顾，惟应元保运真君陟降庭止，在帝左右。惟我神考，肇建鸿号而典册未备，遹追继承，其在我后之人，乃命有司备礼册命焉。遣入内内侍省敦武郎黄京奉玉册以至，册文有皇帝名，且曰‘谨再拜言’，其恭如是。守土之臣与县令祠官，跪起荐进，惟谨厥册，刻以嘉玉，贯以金縢，藉以文锦，外匣下床，彤髹扣饰，光彩焜耀，穷工极丽，不可名字。冠褐之徒，拭目荣观，欢呼鼓舞，动色相趋，既而奉安于别殿之阁以尊之。后一年而祠吏臣刍实来奉香火，黄冠羽衣无虑二百辈，雁行而进曰：‘主上原道德之意，崇黄老之学，寅奉明神，聿修阔典，礼重文蔚，绝后光前，而金石之刻不刊，无以铺张王灵，昭示来世，非老于文学者，其谁宜为？’臣刍曰：‘道士言是。’”①洪刍，生卒年不详。字驹父，建昌人。靖康初官至朝散大夫试左谏议大夫，后坐罪长流沙门岛（今山东长岛）而卒，著有《老圃集》《香谱》《豫章职方乘》等。身为江西人的洪刍不仅记录了朝廷对庐山太平兴国宫册

① 《全宋文》卷二九一四“洪刍”，第135册。

封玉册，而且亲自参与相关祈福活动。《春秋国醮》也反映了元代前庐山太平兴国宫祈福活动的盛大场面：“准江州九天采访使者可每年二月十五日、八月十五日，系春秋两节各致一祭。当年七月初十日，江州申奏斋仪礼物，开建道场三日满散，设醮三百六十分位。青词、朱表……嗣天子臣御名，谨以节届仲春秋，遣某官于江州庐山太平兴国宫，开启春秋祭九天采访应元保运妙化助顺真君灵宝道场三日两夜满散，设醮三百六十分位，以用和天安地，保国宁邦，俯为天下生灵禳灾祈福。谨上启九天采访应元保运妙化助顺真君：伏以真境粹清，高穹青邈。苟精诚之不怠，谅降鉴以非遥。获以眇躬，只膺景命。每惭凉德，嗣守丕图。适丁隆盛之时，益荷高明之既。眷兹福地，久峙殊庭。属届仲春秋，式陈常典。况琳宫之宏启，冀飚驭之俯临。察于恭恪之诚，享兹镯洁之荐。俯回洪造，申锡嘉祥。然后愿邦社储休，车书混一，民跻富寿，运洽隆平。仰冀高穹，普垂至既。无任恳祷之至。谨词。”[①] 牒文内容既反映庐山太平兴国宫参照国家祭祀的待遇，又为元代其他道观的祈福提供了借鉴。

三、庐山太平兴国宫的道士

汤德润，生卒年不详。字季玉，号香涧。制授冲静真常凝妙法师、提点庐山太平兴国宫、录江州路道士。重建庐山太平兴国宫，邀请翰林学士姚燧为庐山太平兴国宫作《庐山九天採访真君殿碑》《太平宫新庄记》，留下了重要的道教史料。姚燧赞其曰“尽其劳勋，忠于其宫，同成功者，中外四十九人”。

熊应松，生卒年不详。元代庐山太平兴国宫道士。师事汤德润。协助其师汤德润完成了元代庐山太平兴国宫的重建。

周祖清，生卒年不详。元代庐山太平兴国宫道士。师事汤德润。协助其师汤德润完成了元代庐山太平兴国宫的重建。

潘太初，生卒年不详。道号一阳子，师事陈致虚。受陈致虚丹法。

---

① 《道藏》第32册，文物出版社、上海书店、天津古籍出版社1988年版，第672页。

庐山太平宫住持、道士。

综上可见，庐山太平兴国宫之所以能在元代发展鼎盛，并不是偶然的，它是庐山太平兴国宫自唐宋以来王朝推动、几代首领及其徒众努力的结果，也是时代所使然，当然还有庐山“日照香炉生紫烟”“无限风光在险峰”的自然环境。

第二节　元代文人士大夫与庐山道教

在元代庐山道教不仅得到王朝关注，也是士大夫常常游历之所，同时还有元代龙翔观道士黄石翁，多与士大夫交游，而且大量收藏道书、石刻、钟鼎、篆籀、鉴铭，成为庐山道教的一段史话，而虞集、刘岳申、程钜夫、危素等元代名流在庐山道教史中发挥的作用很有说服力。

一、虞集与白鹤观

虞集（1272—1348），字伯生，号道园，世称邵庵先生，祖籍为四川仁寿县。十三岁随父母来到江西，寓居抚州崇仁，历官大都路儒学教授、国子助教、博士、集贤修撰、翰林待制、奎章阁侍书学士等。领修《经世大典》，著有《道园学古录》《道园遗稿》。

白鹤观始建于唐开元道士刘混成故居，有丹井、药臼及手种杉，唐高宗以老子降诏天下，赐建白鹤观，宋大中祥符年间，改名“承天观”。至正七年丁亥（1347）虞集在《庐山白鹤观》中介绍了白鹤观的历史概览，他说：“白鹤观者，唐开元道士刘混成故居，有丹井、药臼及手种杉犹存。杉本大丈余，然岁久中空，上折，孙枝附生其间，亦数尺围矣。东坡先生尝独闻棋声于古松流水间，此其处也。初，唐高宗以老子降诏天下，皆建白鹤观。九江之观在德化之白鹤乡。景隆中，又诏天下建景隆观，又建隆兴观。郡即白鹤易名以应诏，复迁今观于山阳。宋祥符中，改名承天观。然后人仍名之曰白鹤，旧名古柏坛者也。后分九江置南康，故今隶南康。刘混成名玄和，其先彭城人，后迁都昌五穆里，刘氏其族也。居白鹤久之，留其弟子何子玉守舍，自入五峰石室，种木瓜为食。炼丹成，年八十六，别其弟子，泛仙舟而逝，举棺将窆，空无人矣。人或从之祈祷，往往有奇应者。观自始迁至今，凡四更作。作之者，五代时则翁如侃也；绍定壬辰，则叶守成、王守白也；至元丁亥，则王可晟、余德忠、吴德显、陈德兴、余汝南也。其钟楼经藏廊门之属，稍加于旧者，相迎道士也。予行山中，见山中奇胜，思古之所谓弘衍博大真人者，庶或见之。然而游涉日浅，尘累日深，莫得乘风于万一，乃徒见古人隐者与缙绅先生之遗迹于木石间，千古之慨，岂独其私哉！”① 白鹤观自唐开元年间至元代至元年间，600 多年传承不断，代代有高道，白鹤观就像其名一样，延年益寿。这得益于一代一代道士的坚守，他们是：

刘混成，生卒年不详。又名玄和。其先彭城人，后迁都昌五穆。唐代白鹤观住持、道士。后入石洞，种木瓜为食，炼丹修炼，年八十六，泛仙舟而逝。

何子玉，生卒年不详。师事刘混成。唐代白鹤观道士。

翁如侃，生卒年不详。唐代五代白鹤观道士。

叶守成，生卒年不详。南宋绍定年间白鹤观道士。

王守白，生卒年不详。南宋绍定年间白鹤观道士。

王可晟，生卒年不详。元代至元白鹤观道士。1349 年改造钟楼经藏廊门。

余德忠，生卒年不详。元代至元白鹤观道士。

吴德显，生卒年不详。元代至元白鹤观道士。

陈德兴，生卒年不详。元代至元白鹤观道士。

余汝南，生卒年不详。元代至元白鹤观道士。

二、刘岳申与寿圣观

刘岳申，生卒年不详。字高仲，号申斋。吉水人。早年师事聂心远，并受到刘辰翁的推许。历官辽阳儒学副提举，永丰县学教职，泰和州判官。善于文辞，著有《文丞相传》《申斋集》。

寿圣观位于九江之泥沱觜，泥沱觜在九江城西的湓浦港侧。始建于南宋庆元乙卯（1195），奉祀通慧真君，嘉祐初，赐观额，封通慧先

① 民国二十二年《庐山志·目》二十九。

生。咸淳甲戌，观毁于火。元大德九年乙巳（1305），始建殿，元统癸酉（1333），三门成。落成后，元统元年癸酉（1333），刘岳申应九江张鉴邀请撰写了《寿圣观记》碑文："惟九江有江湖之险，而寿圣观祠通慧真君为盛。真君姓张，名正夫，始家临川，尝游襄汉，遇异人。当宋庆元乙卯，诛茅结屋九江之泥沱觜，救民水旱疾疠之灾，江湖河汉之厄，次第众建道院。嘉祐初，赐观额，封通慧先生。咸淳甲戌，观毁于火。皇元大德乙巳，始建殿。皇庆癸丑，观门建桥。延祐甲寅，藏殿而下以次成。戊午年，改封真君，加以孚惠仁佑徽称。泰定丁卯，玄武殿成。元统癸酉，三门成。凡民事神与国家从民之欲者备矣。九江张鉴、赵某为士，请记庐陵，乃为之言曰：昔者圣人治天下，自天地、日月、五行、四时、山岳、河海、丘陵、坟衍，皆听于一人，而类禋望秩咸成编民。诗书礼乐各保有其帝衷以无获戾于上下神祇……于是为政者不知先成民而后致力于神，为士者不知修身以事天，为民者不知迁善以远罪，其来久矣！使又无明神以御灾捍患其间，民将若之何？昔人有言：吾其鱼矣。呜呼甚矣！难乎其为后世之民也。自今九江之士与其乡人父老，率其子弟，益务修其隐匿，讼其内疚，以庶无罪悔于俯仰间，神其有不佑之者乎？此明神之至愿，而善为政治民事神者之深望也。"[①] 九江靠长江经常水患，张正夫建庙宇于江边，祈祷日月、五行、四时、山岳、河海，一切平安，护佑九江百姓。

张正夫，生卒年不详。临川人。南宋寿圣观住持、道士，创建了寿圣观。赐封通慧真君。

三、程钜夫与广福观

程钜夫（1249—1318），字文海，号雪楼。元代建昌（今抚州南城）人。历官大江南湖北道肃政廉访使、翰林学士承旨，并参与编修《成宗实录》。著有《雪楼集》。

庐山广福观，奉祀匡续先生。始建于秦汉时期，唐开元中，朝廷遣使致祭，号曰仙庙。南唐主割都昌刘建营田以奉祠事。北宋治平中，赐

① 四库本《申斋集》卷六，第1204册，第248—249页。

额“寿圣观”，后避高宗尊号，赐以广福观。北宋建中靖国初，封匡先生四极靖明真君。南宋初被毁，南宋淳熙三年（1176）道士王大成始建正殿，其徒孙元道加堂庭、门庑、像设元代。元代至大四年辛亥（1311）陈启宗、王德修完成了广福观的重修，并请程钜夫撰写了《庐山重建广福观记》碑文，记曰：“庐山广福观，古匡先生祠也。宋南渡，毁于李成之乱。五十年，道士王大成始建正殿，其徒孙元道加堂庭、门庑、像设，而庳隘俭陋，苟备栖息而已。又百四十年，为大德乙巳，冲和明素弘远大师、提举观事陈启宗，观复大师、知观事王德修，首饬越国孟忠襄公珙所构道藏而更覆之，撤两庑及赞拜之庭而崇之，而殿益弗称。始丁未，讫辛亥，裒仁敛义，殚虑毕力，斩木绝谷，伐石它山，又大新之。既成，高明洞深，邦邑改观，陈君复捐岁给之田四十亩，茗园果林百余亩益观之稍。凝和冲妙崇正法师、教门高士、扬州玄妙观提点雷希复曰：‘是不可以不纪。’以请。按匡先生名续，字子孝，事周老聃，得其道，庐于彭蠡之滨，虎溪之上，相传以为仙去。人即其居而祠之，山之得名曰庐曰匡，以此。晋惠远法师东游至虎溪，顾而乐之。太守桓伊夺其地为东林、西林寺，迁祠谷口。唐开元中，诏大其宫，遣使致祭，号曰仙庙。南唐主割都昌刘建营田以奉祠事。宋治平中，赐额寿圣观，后避高宗尊号，易以今名。匡先生初号大明公，建中靖国初，封四极靖明真君，凡水旱疾疫无不祷，祷无不应，邦人赖之。唯神仙之说肇自中古，览老聃氏之书，岂得已哉。秦汉之君，不务远德，广为祠宇坛场，以致神人，以求长生，惑矣。后世因之，又加侈之，非滋惑与？若匡先生既善其身，又大福其民，历二千余岁犹祀之，宜矣。陈君、王君，竭志兴复，以彰神休，以祝上厘，雷君不蔽人之善，皆可书，遂为之记。”[①]广福观是庐山最早的道教庙宇。按有关文献记载，匡先生曾事周朝的老聃，得其道，又因“匡先生既善其身，又大福其民，历二千余岁犹祀之”。庐山之名与匡先生也有关，“人即其居而祠之，山之得名曰庐曰匡，以此”，所以，匡先生也称为“庐山之神”。在元代庐山广福观拥有《道藏》一套和田产

① 四库本《雪楼集》卷十三，第1202册，第170—171页。

四十庙、茶园一百余庙，由此可知其道观的收入可观，维护正常开支应该没有问题。

王大成，生卒年不详。南宋庐山广福观住持、道士。复建庐山广福观正殿。

孙元道，生卒年不详。南宋庐山广福观道士，师奉王大成，增建广福观堂庭、门庑、神像。

陈启宗，生卒年不详。元代庐山广福观道士，冲和明素弘远大师、提举庐山广福观。重修庐山广福观，增加了道观的田产四十亩，茗园果林百余亩。

王德修，生卒年不详。元代庐山广福观道士，观复大师、知观事。

四、危素与玄妙观

江州路玄妙观始于东晋，初名老君庵，在郡治之东北薛家坡，则郭璞所卜。唐开元二十年（732），由朝廷统一改额为“紫极宫”。宋祥符五年（1012），改额“天庆观”。建炎间毁于兵。元朝改“玄妙观”，遭遇水旱疾疫，百姓有祈祷斋醮科仪。延祐七年（1320），戢复礼新建通明殿。至顺三年（1332），王义敬新建斋堂。至元四年（1338），王义昭建方丈室。至元六年（1340），王义敬又建混元殿。至正四年（1344），詹泰琼重修正一堂。至正六年（1346）欧阳道聪、李复璋建本命、舍田二祠。至正十年（1350）□德久、张泰德等建钟、鼓二高楼。至正十一年辛卯（1351），危素作《江州路玄妙观碑》，记录了这一历史事实。碑文曰：

> 至正十一年七月戊申朔，皇帝降玺书赐江州路玄妙观。观之学者王崇大虔奉之以还，而来属素著其事于碑。素惟昔唐翰林供奉李公及宋苏文忠公、黄文节公，皆以年四十有九过斯观赋诗，传之后世。素虽藐然晚出，于三君子无能为役，而其行年适同，殆非偶然者……延祐七年，主山戢君复礼新作通明殿。至顺三年，王君义敬新作斋堂。至元四年，王君之弟义昭作方丈室。六年，王君复作混元殿。至正四年，正一堂坏，住持提点詹君泰琼请义昭之门人王道忠、詹复殷、詹复立出财更作之。若本命、舍田二祠，则六

年欧阳道聪、李复璋作。□□钟鼓二高楼，则十年今住持□德久、张泰德等作之。于是规制大备，栋宇穹峻，伟然神明之居，为一方之望矣。[①]

从延祐七年（1320）到至正十年（1350），三十年间，经过一代一代的努力与艰辛，一座“规制大备，栋宇穹峻”的道观建成了，“至正十一年七月戊申朔，皇帝降玺书赐江州路玄妙观”，参与其事的道士有：

戢复礼，生卒年不详。江州路玄妙观住持、道士。新建通明殿。

王义昭，生卒年不详。江州路玄妙观住持、道士。建方丈室。

王义敬，生卒年不详。江州路玄妙观住持、道士，新建斋堂、建混元殿。

詹泰琼，生卒年不详。江州路玄妙观住持、提点，重修正一堂。

欧阳道聪，生卒年不详。江州路玄妙观住持、道士，建本命、舍田二祠。

李复璋，生卒年不详。江州路玄妙观道士，建本命、舍田二祠。

□德久，生卒年不详。江州路玄妙观住持、道士，建钟、鼓二楼。

张泰德，生卒年不详。江州路玄妙观道士，建钟、鼓二楼。

王崇大，生卒年不详。江州路玄妙观学者。

来属素，生卒年不详。江州路玄妙观住持、道士。邀请危素撰写《江州路玄妙观碑》并立碑。

① 陈垣、陈智超：《道家金石略》，文物出版社1988年版，第1214页。

第十八章　元代武功山及周边道教

雄立于赣西北边陲的武功山系罗霄山脉的组成部分，与庐山、衡山并称为江南三大名山，与相邻的閤皂山及葛仙山都是葛仙翁炼丹的仙境。草甸、云海、日出、仙道成为武功山自然和人文景观四绝，有道教宫观白鹤观、葛仙坛、紫极宫等遗址。

第一节　元代文人士大夫与武功山道教

记录武功山道教历史的重要文献有明代万历九年（1581）张程纂修、清代张光勋增修《武功山志》《吉安府志》《安福县志》《萍乡志略》，赵文撰写的《葛仙坛记》碑刻（元至元年间），李廉《集云庵记》（元至元六年庚辰，1340）等。

《武功山志》记载早在三国东吴赤乌元年（238），葛玄入武功山修身炼丹，吸收了各方道徒，后葛洪带黄衣真人和白鹤真人两位高徒入武功山修行，邑人在其炼丹之所修建了葛仙坛，祀奉其图像[①]。《武功山志》卷四《仙

① 刘宗冰、李梦星编著：《江南望郡》，第 7 页。周萌、王萍主编：《庐陵文化丛书》，江西教育出版社 2009 年版。

释志》记载了葛仙翁、葛洪、郑思远、黄衣真人、白鹤真人等传记。《武功山志》卷四《诗文志》则有葛玄的《教语》、《丹成颂》(或曰流珠歌)、《冲举诗》三首以及陶弘景的《仙公祠碑铭》四首，其中《流珠歌》，曰："流珠流珠，役我形躯。奔驰四海，历览群书。披寻不悟，惟思若愚。□遍金石，烧竭汞珠。资财荡尽，抱膝长吁。吾年六十，功效踌躇。赖师指授，元气虚无。窍冥中起，恍惚中居。真阴真阳，一吸一呼。先存金鼎，次认五罐。离火激海，坎水升虚。玉液灌溉，洞房流酥。天机真露，万类难如。真人度人，要大丈夫。天长地久，同看仙都。念兹在兹，记吾记吾。"[①]《流珠歌》也记述在《阁皂山志》中，黄武三年(224)，葛玄于清江阁皂山(今属江西樟树市)建卧云庵，筑坛炼炉，制炼丹药，丹药既成，作《流珠歌》颂。《流珠歌》既是道教炼丹的要领，也是中药行业的药语，历代流传于樟树药帮中。特别值得描述的是《武功山志》记载了葛仙翁的炼丹遗址，有《炼丹井铭》，曰："仙公冲晦，营炼长林；仙公显明，海岛流音。方台白鹿，丹砂黄金。神飞万天，井存于今。碧□函丈，银床半寻。涵清冽寒，涤虑洗心。德地不改，短绠汲深。我长斯民，知宗青元。周询故里，景仰遗妍。勒铭琳馆，庸永厥传。"[②]此丹井遗址是作者方峻亲眼所见，其对葛仙翁炼丹故事了然于心。

《武功山志》记载了朝廷两次对葛仙翁的敕谕、白玉蟾的到访以及地方官员祷雨灵验的情况。北宋崇宁三年(1104)发《宋徽宗皇帝敕谕》，敕曰："山川胜景，仙圣所居，其盛德茂功，显闻于世者，朕必敕而祀之。惟葛公真人，寄言立称，咸造宗极，出入无界，与道翱翔，坛宇琳宫，积有年数，祈禳休应，美利在民。肆加褒崇，特建荣号，尚祈歆怿，永福此邦，特封'冲应真人'[③]。"南宋淳祐六年(1246)发《宋理宗皇帝敕谕》，敕曰："庄周氏云：神人，使物不疵厉，而年穀熟，仙

① (明)张程纂修、(清)张光勋增修：《武功山志》卷四，刊刻本。
② (明)张程纂修、(清)张光勋增修：《武功山志》卷七，刊刻本。
③ (明)张程纂修、(清)张光勋增修：《武功山志》卷三《褒崇志》，刊刻本。

之谓欤尔。葛公修于名山，以成妙道，世传飞升。尚矣在崇宁间固已锡封，乃今部使者从邦界之请，复以祈祷应响岁时屡丰之状来上，朕于方士说有所嗜，嘉其有功于民，爰命礼官用所称谓。若夫乘云御气游八极之表，何有于名？然姑见朕褒奖之忱，可封为'冲应孚佑真君'。"[①]这两道敕谕在《閤皂山志》也有记载，这反映了武功山在唐宋时期依然以葛仙信仰为主，朝廷的敕谕说明了葛仙翁的地位和影响力，如张程《重修图坪庵太极宫记》中说："武功山距安福西百里，万山丛绕，高冠吉、袁两郡诸峰，而图坪庵实据其胜。盖世所传东吴太极左宫仙翁葛元炼丹之地也，故其宫以太极称云。葛公自吴大帝赤乌二年丹成，往閤皂山冲举成仙。嗣后史谷蟾以释迦之学来游其地，卓锡建刹，是山遂大彰显，四方祷祀登览往来不绝，称江右福地。乃其所祀虽崇尚葛公而仍以庵名，从其教也。"[②]因此，在宋代，登武功山祈福降香者多，宋代安福丞彭龟年（1142—1206）曾在久旱后祷雨获应，刻石于坛，陈惟直的《祷雨文》则表明武功山举行过祈雨斋醮法会，词曰："闻昔彭龟年为丞，程文德为令，各因大旱，备祷于神，皆蒙俯鉴诚意，雨应如响。直之不肖，未敢妄拟前人，而一念为民之心，实无间别。已遣幕官，走谒庭宇，兹复为位郊次，遥致恳祷，伏望召呼风云，役使鬼物，起龙潭之津润，沛四境之滂沱。"[③]

武功山的神奇也吸引了文天祥的父亲文革斋先生，《武功山志》记录了文革斋亲自上山祝坛求嗣，应期生文山，公生时紫气满室，因大新坛宇[④]。通过考察赵文撰写的《葛仙坛记》碑文，则反映了文天祥曾经到过武功山并书写了"葛仙坛"三字，说明灵宝派葛仙信仰在武功山的传播情况。

综上说明元代前武功山以灵宝派葛仙翁"无量度人，异骨同亲"的大乘精神作为传扬目的，以祈禳求雨为斋醮特色，而武功山紫气仙境的

① （明）张程纂修、（清）张光勋增修：《武功山志》卷三《褒崇志》，刊刻本。
② （明）张程纂修、（清）张光勋增修：《武功山志》卷三《褒崇志》，刊刻本。
③ （明）张程纂修、（清）张光勋增修：《武功山志》卷七《诗文志》，刊刻本。
④ （明）张程纂修、（清）张光勋增修：《武功山志》卷七《灵验志》，刊刻本。

自然风光又成就了炼丹者的梦想。元代至元（1276）重建集云庵、葛仙庵等。

武功山道教在元代名扬四海，赵文、虞集、李廉、刘云章等一代文豪或朝廷官员及高道赵原阳先后参访武功山及道观，为武功山道教留下了极为珍贵的文献资料。

一、赵文与武功山道教

赵文（1239—1315），字惟恭，号青山。元代庐陵（今吉安县）人。文天祥于福建开府抗元时入闽往依，与谢翱、王炎午等名士同入文天祥幕府。后为东湖书院山长，选授南雄文学。著有《青山集》。至元年间，赵文为武功山葛仙坛撰写了《葛仙坛记》。此碑文是了解武功山道教历史变迁的重要史料，碑文既记述了武功山的自然风光，又反映了武功山道教历史的变迁及其深厚的文化内涵。

第一，武功山的“奇山怪水”。“奇山”是指其山峰高但顶平，与萍乡诸山相依相连，为道观建设提供了极为有利的条件，如《葛仙坛记》“武功距安成百里许。其山自萍乡诸山蜿蜒而来，特起二峰曰泸曰潇。武功当二峰之中。高耸而员锐，博大而顶平，号为三奇”。“怪水”是指其水从武功山顶流出，形成壮观的瀑布，如“二峰之水，皆出其麓。潇水南流入于洞庭，泸水东流汇于彭蠡，此吴楚所以分也。独武功之水出于其顶，喷激濡瀑，池面如芙蕖，闻人语则愈出。池旁有石臼人迹，相传为葛仙炼丹池”。“安成”，今安福县。

武功山除了有“奇山怪水”还有极为丰富的草药，为传承葛仙翁“施药救人”的精神提供了便利，“南有大小二箕峰。亦员净耸削可爱。其北为雷岩，壁立万仞，云雨皆出其下。观者侧足倒视，毛发尽耸。环四山之麓，凡五百余里。多寒藤古木，阴郁葱茜。地产名药奇禽，他所无者而此有之。坛处山巅，旧有石岩，后人石成之。每霜降木落，有金灯万炬，浮空而下旋绕坛界而去。岂仙人有时而聚会也欤。”

第二，武功山的“葛仙信仰”。碑文的题目是《葛仙坛记》，由此可以认为元代武功山以葛仙信仰为主体，以炼丹制药为特色，以践行灵宝派“异骨同亲，无量度人”为目标，如文曰：“葛仙，名洪，晋勾漏令。

学仙于此，丹成往閤皂山去，此其遗迹也。其山初与泸潇同名。晋时，有蜀人姓武者夫妇南来，求修炼之所。夫止泸潇，妇止西昌之武冈。后皆同日化去，故乡人以武功名兹山而呼冈为武姥。”“四方之士闻其灵异，赍粮倍程，礼谒祷祀，鲜弗应者。”碑文还记述了灵宝派崇奉的葛仙翁后继有人，葛仙坛道士史谷蟾为葛仙翁的传承人，文曰：“亭午将下，有道流迎谒。言新创圆坪甚整饬，候往栖焉。询之姓名，为史谷蟾。其世盖平章天泽之裔孙也。当元社既屋之后，声光稍敛，故沉晦于此。然观其风神道貌，信非凡品可及。葛仙之洒扫可继矣。”

第三，武功山的“深厚文化”。武功山留下葛玄、白玉蟾、文天祥的文化遗迹，是深厚的道教文化，如“宋时，贰令彭龟年以祷雨拜坛下，立应。书石为纪。又信国文公之尊甫，尝躬禖于此。后丞相生而有紫气之兆，逮长魁天下。书‘葛仙坛’三大字，以额兹山。昭灵贶也。然则武功之感应，古今相传，非一日矣。予弱冠与同宗赵原阳、羽士曾尘外，遨游集云行宫，观琼海白玉蟾真迹”，“信国文公”，即文天祥。

二、李廉与武功山道教

李廉，生卒年不详。字行简。元代安成（今江西安福）人。至正二年（1342）进士，历官江西信丰县尹等。著有《行简集》。至元六年庚辰（1340），李廉撰写了《集云庵记》，阐述了武功山是“炼丹成真之地”，并有“过化存神之妙”以及集云庵建造时间和过程，他说：

> 普立之经营，集云庵也，始于至元丙子，明年庵成。又明年后殿成。又明年仙径成。自五坊行殿为桥以渡叠石夷阻，几三千丈。又明年，为至元庚辰，仙公殿、玄帝殿、注生殿次第成矣。千石之钟，万石之簴，楼观翠飞，像设而严，器精而坚，高明钜丽，行有坦衢，止有洁庐，渴有精饮，神器歙歘，为大道场。总其木石、陶甓之用十余万贯有奇。庵址旧曰小桃源。前有金灯塔，生成石刹七层，稍上为棋盘石。又上有炼丹灶，或曰罏底尚存也。后有大小箕峰，隐约仙翁像、大士像。又有石若盘，三伏有水，则其岁不旱。

侧有龙潭，投築（龙）间（简）者从之，若授受然[①]。

李廉撰写的《集云庵记》分别见《武功山志》和《安福县志》，可能受篇幅的影响，《安福县志》登载的内容作了简略。原文中的“投龙简”文字有出入，这是道教历史的重要事实，只有朝廷才能在名山“投龙简”，此信息说明武功山在宋以前朝廷曾派官员到武功山“投龙简”。

三、虞集与武功山道教

没有看到文献记载虞集亲自游览武功山，但其作《题刘长吾诗后》表达了他对武功山的向往，他说：“平生耽山水癖。武功在袁、吉间，远不数百里，而未能及之。今观刘君长吾 所赋志景，飘飘然有遗世之想。何时从君登鹤峰，跨绝顶，周游雷岩、风洞，浩歌漫赋，庶几与抱朴子、白鹤仙一邂逅哉。”从题词中可以知道，这是虞集从京城回到崇仁后写的，此时他已经是耄耋老人了，登武功山的确有难度，但可以看出他对神仙生活的向往。据《武功山志》记载刘长吾关于武功山的 11 首诗，其中《仙坛》，曰：

道成分理左宫曹，天上犹传美凤毛。
黄鹤书来勾漏远，赤乌年尽葛坛高。
金灯夜照生瑶草，丹井春香侵碧桃。
恩沛人间多雨泽，上方风日散金毫。[②]

第二节　元代武功山周边道教的发展

武功山道教的兴盛对周边道教有影响，周边道教的兴盛也会推动武功山道教发展。武功山周边主要有安福、庐陵、吉水、袁州、萍乡等。

---

① （明）张程纂修、（清）张光勋增修：《武功山志》卷七《诗文志》，刊刻本。
② （明）张程纂修、（清）张光勋增修：《武功山志》卷八《诗文志》，刊刻本。

一、安福道教及东岳信仰

安福道教始于晋代，据清同治十一年《安福县志》记载：元代以前安福县道教宫观庙宇楼阁有：

洞渊延真观，在县北门，刘梧真建，统观六：魏仙冲虚、洞虚、寿昌、崇真、祈仙、上城。

东林观，在治西，唐姚虚建，统观六：清风、延真、拱北坛、神风阁、天乙、洞仙。

上城观，在治南。宋罗善同建。统观五：北真、元阳（唐敕建）、迎仙、广福、九真。

七仙坛观。宋刘逢申建。

安福县因受武功山葛仙信仰的影响，在元代以前以葛仙信仰、魏夫人信仰为主，但自元代朝廷派蒙古族达噜噶齐哈喇丹主政安福州始，受京城崇真万寿宫（现东岳庙）的影响，带来了东岳信仰，而且规格高，规模宏大，与北京东岳庙媲美，“重门复殿，高广丽深，翼以列祠七十有二”，这在安福道教历史是非常重要的事件，东岳庙建成后又请江西籍朝廷编修官揭傒斯撰写碑文。元延祐六年己未（1319），揭傒斯在《安福州东岳庙记》中详细记录了东岳庙建设的前因后果倡导“礼不可黩，道不可诬”，他说：“五岳自古皆秩祀于天子，而东岳独为天下宗。今郡县不置庙则以为阙。延祐四年冬，吉安路安福州达噜噶齐哈喇丹始建东岳庙于城东门外之秀岭，知州郭恢台等协其谋，佐吏及州民之乐善者相其财，地利材良，工胥劝功，明年秋，庙成。重门复殿，高广丽深，翼以列祠七十有二。像设严畏，轩陛崇隆。上巢飞云，下瞰湍濑，旁引群山，俯视槛井。朝阳夕阴，如神往来。稚耋男女，蚁行而上，俯视拜跪，如临父母。复伐石为桥，曰‘秀川’，而屋其上六楹，以达望走；刑木为亭，曰‘一览’，以休游观，而命道士姚某守之。民大悦。又明年秋，州人前肇庆路濂溪书院山长彭德昌请纪于石。夫东岳鲁望而庙于兹，从民志也。民不知善而惟神之依，惑也。苟政不平，岁不成，欲事神，得乎？福善祸淫，天有常道；事神治民，国有常礼。礼不可黩，道不可诬。靡届弗至者神，无感不通者诚，诚神合而福禄降，惟君子能之。若夫修典常，正国俗，则国家之事而君子之心。”[①] 另外，安福县上城观始建于南宋嘉定年间，影响较大，有几位高道大德，如：

罗十君，生卒年不详。南宋上城观首任住持、道士。

顾止安，生卒年不详。南宋上城观道士。

左潜虚，生卒年不详。南宋上城观道士。六月析雪获应。

朱碧溪，生卒年不详。南宋上城观道士。精炼丹法。

刘富臣、李应祥、李应端翁分别为上城观道士、居士、善士。

二、庐陵道教的特点

元代庐陵由于众多本地籍士大夫不从政做官而深入道观隐修，为道教留下了许多珍贵史料，这些史料说明了元代庐陵道教处于兴盛状态。依据相关史料记载，元代著名道观有：吉安高明宫、庐陵清都观、庐陵辅顺宫、庐陵洞真观等六十多座道观，声名较著的是清都观和洞真观。

（一）文人士大夫与庐陵道教

清都观自北宋苏轼来访后，名声大振，历代都有修建，从至正二十六年丙午（1366）吴师尹撰写的《重修清都观三清殿记》碑文，大概可以了解清都观基本面貌：

> 至正间，殿寝圮，今住持刘如鼎偕同道钟弘远、张惠观、刘以言谋新之。诹于里士萧拱所。拱所以己赀倡，乡人咸集翕响应，辑楮币凡七千缗，抡材鸠工，日有以就。第惜未尽完美而兵乱作，拱所亦相继逝矣。如鼎以初志未毕，每喟然踧踧焉，寝食不安，曰：“吾不当吾世新是殿，吾有愧焉！”乃整其簪褐，经营拮据，复致请于里士萧瓒、刘彬、晏仁卿、于从龙、罗观孙等，众皆慨然捐金，且相与纲维程督不少懈。榱桷棼橑之腐弊者，改斫焉；盖瓦甓砖之疏漏缺坏者，重复甃焉；黝垩丹雘岁久而漫漶者，填治焉，绘

① 揭傒斯：《揭文安集》卷十，《四库全书》，第1208册，第237—238页。

饰焉。高甍杰栋，鳌负翚飞，像设端严，金碧焜耀。复以其美，遍葺堂宇、寮舍、门塾、廊庑，辟其宾馆，完其庖湢，片瓦尺材，罔有遗缺。经始于至正乙酉，落成于今丙午。盛矣哉！微拱所，孰倡之？微里诸君，孰相成之？微如鼎刘炼师专心殚力、始终无倦，则四百年之道场，孰与兴之？于是清都焕然若再造矣。嗟乎！璇宫琳宇，何所独无，果能有前贤遗迹如苏、黄者乎？苏、黄为清都万代眉目，住清都，可一日颓堕废弛乎？可不振奋作兴为千载计乎？清都千万世不圮，则苏、黄芳躅亦千万世不泯矣。如鼎晨兴宵寐，自任为观门梁栋矣，岂无见欤？是观也，德元创其基，子和广其制，如鼎绍述祖意，弘远其规模，可谓代有人矣。后之人益思无忝其祖，将见清都之盛，前后如一日也。殿制东西广四十步，南北袤三十步，高六丈三尺有奇。凡木石工役之费，计用钱一万五千缗。里人简居信特割田四十亩施焉。如鼎标格魁岸，音韵铿锵，周旋对越，有严有翼，道流称为凝然师。暮年，筑小室丈许于清都台近，为归息地，维扬孙君子林扁曰“归去来”，为书古篆揭之。①

吴师尹，生卒年不详。江西永新人。至正八年进士。曾任永丰县丞。元周霆震《石初集》卷三载有一首写给吴师尹的七言古诗《送吴县丞赴江西省掾并序》，从中可知其为政有佳绩。碑文中“德元创其基，子和广其制，如鼎绍述祖意，弘远其规模，可谓代有人矣”。“德元”“子和”是指北宋清都观的两位高道萧德元、谢子和，到了元代清都观住持刘如鼎遵循祖意、按旧规制重修清都观，正如作者所说，可谓代代有人矣！

曾道冲，生卒年不详。字好古，为谢子和九世道士，修复清都观，建构和中、观复二堂，与逍遥对峙。

刘如鼎。生卒年不详。字凝然，为曾道冲六世道士。其敦厚耿介，

① （明）凤冈玩叟、曾钝编次：《东昌志》卷二，手抄本。

居山五十年，不为私营，绰有古士风。撤旧复新，改和中旧榜为好古堂，发示不忘其祖师。存心处事只为道。

默存。生卒年不详。师于刘如鼎。

庐陵洞真观的历史和道士多次修建的情况体现在赵文撰写的《庐陵洞真观三清殿碑》中，他说："庐陵城南之有洞真观也，道士罗日运实始基于淳熙之甲午，而居士刘安邵始建三清殿而像焉。又后三十有五年，道士周如椿撤瓦新之。又四十有八年，其徒郭宗仰又新之。又十九年癸未之冬，宗仰之徒萧绍宣慨然念正殿之卑隘曰：吾弃家为老氏役，我则何事，琴费药资，捐割靡爱。昼营夜度，如急寒饥，撤旧为新，易卑为峻，复殿轩突，宝盖坡陁，栋宇神扶，位置天设，山灵川后，来相厥役……先是，道士郭若中、周如椿建法轮于殿后，岁久，内柱且朽，绍宣购材新之，至是因其架构，联络绵亘，与殿为一。靓净玄闷，引殿益深，殿宇既严，道气日泰，钟鼓清新，草木光悦，吉蠲祈福，四面瘭至。洞真之建，于是为盛。始景定四年冬，绍宣建文昌阁于左庑，其后十六年，建仙珍阁于东，又四年，建春雷阁于西，而其他营葺所以为其徒讲道之地者不在是焉。绍宣之于道可谓勤矣。绍宣数以殿记来请，且曰：'凡吾之为此也，四方乐道之士与吾若徒实赞于成，微夫人之力不及此。'吾以此知绍宣之能集事也，系之以诗曰：芸芸万生，谁实生之，共惟昊天，我覆我私。象帝之先，生生我者，喧春凛秋，明昼晦夜。吾侪小人，饮食作息，生于自然，莫谢厥德。夔夔绍宣，曰道吾职，有严殿庭，敬共朝夕。敬共朝夕，皇念我人，人亦劳止，宁莫之闻。其始自今，道与之福，衣裳冠履，桑麻谷粟。玄都玉京，大有所宅，反观吾心，不隔咫尺。存神守一，事我三清，三清在前，敢有弗诚。闷殿峨峨，万古不灭，臣仪作诗，以诠来谒。"[①] 碑文告知洞真观位于庐陵城南，始建于淳熙元年甲午（1174），有道士罗日运创建，奉祀三清，后传承不断。居士刘安邵善建三清殿并塑玉清、上清、太清之神像。洞真观道士知名的有：

① 《四库》本《青山集》卷五，第1195册，第64—65页。

罗日运，生卒年不详。南宋洞真观道士，淳熙元年甲午（1174）创建洞真观。

郭若中，生卒年不详。南宋洞真观道士，嘉定二年（1209）重修洞真观。

周如椿，生卒年不详。南宋洞真观道士，与周如椿共同完成重修洞真观。

郭宗仰，生卒年不详。南宋洞真观道士。师事周如椿，宝祐五年（1257）重新洞真观。

萧绍宜，生卒年不详。元代洞真观道士，师事郭宗仰，元至元二十年癸未（1283）重建洞真观，于是“道气日泰，钟鼓清新”。请赵文撰写《庐陵洞真观三清殿碑》，并立碑于洞真观。

整个元代庐陵的士大夫大多数选择做隐士，在道观与道士一起炼丹修行，结下了深厚的友谊，这种行为，既反映了元代庐陵士大夫对亡国的痛切，又反映了儒道相融相和的状态。

刘将孙（1257—？），字尚友，号养吾，庐陵（今吉安县）人。刘辰翁之子，元代诗文家。入元曾任延平（今福建南平）儒教教官、临汀书院山长。著有《养吾斋集》，其中包含道教有《吉水玉华观记》《玉笥山承天宫新建钟楼记》《吉州路永和重修辅顺新宫记》《泰和霖岩道院玉皇铜像记》《题天师画梅》《送刘师复道士随主人进京并寄萧与道》《题吴闲闲诗卷》《送道士秋泉序》等。与他父亲刘辰翁一样，刘将孙不仅对道教有深入的了解并留下了极为珍贵的史料文献，如在延祐年间，为玉笥山新落成的钟楼撰写了《玉笥山承天宫新建钟楼记》，曰：“道宫之在东南者，玉笥山最古。天降玉梁，肇开汉茂陵时，宫殿楼观计二千间，所阅多矣。乃延祐之新钟楼，清江二刘君所成也。其先人清逸处士昔者于山中还往，后没葬水西，望兹山一舍，弟兄岁时展省必徘徊焉。永念再世之游，从而二亲之坟墓皆密迩乎此。会宫门多兴葺而钟楼宜建，于是悉力叶言，度山选材，抡匠赋工，画宫经制，涓刚历吉，鼎来辐辏，壮丽有加。翚飞出林，环为伟观，神仙胜境，詹牙入云，大声发鲸，神灵欢喜，念谐传夸是大功德，远求作记，刻之坚珉，以垂方来，以无忘兹大惠。”[①] 玉笥山道教在元代之盛况，通过刘将孙的碑记一目了然，“天降玉梁，肇开汉茂陵时，宫殿楼观计二千间，所阅多矣”。他还为永和重修辅顺新宫留下了笔墨，记录了永和辅顺由庙到宫的历史变迁，他在《吉州路永和重修辅顺新宫记》中，说：“庐陵四境，神庙封爵，宠灵赫奕，未有若永和辅顺之祠者。自宋绍兴五年赐庙额，迄宝祐四年加王封极八字。百五十年间，由侯而公，公而王……王本晋人，姓匡氏，与叔俱学道。叔已仙去，遗命王当为神，匡山其庙食处也。入宋避庙讳称王山、王仙云。匡山在泰和境，王之遗体在焉，而永和庙最盛。前后制书皆下永和王仙庙，而朝谒祷祈者皆之之，近年尤著……庙旧有后宫六六而备，乃壬午水，壁坏宇颓，里善士巽溪杨子贤既新台门及左右夹至后离宫便殿，轩伟严翼，戟卫马御，画士颜辉手自位置，见称绝笔……夫仙者无与于人，事神则不能不在人间，王之志也。本仙而其事则出于神，凡世之所铺张扬厉，祀之所以闳大衍迤，皆人间意也。王则何事于斯。而人之所以资于神，神之所以惠夫人者，概可见矣。运数推迁，天有所不能违者也。阴骘其间，若私之二天者，人之望岂有极哉。”[②] 永和辅顺宫奉祀王仙历史悠久，至今在泰和、吉安一带仍然在传播。王仙本姓匡，因避讳赵匡胤而改。永和辅顺宫按《易经》八卦方向定位选址并在宫观墙上配以道教仙境画，可见，永和辅顺宫的文化丰富多彩。倡导重修永和辅顺宫善士杨巽溪也得到了刘将孙点名称赞。

刘岳申，元代吉水人，其生平事迹在上一章已作介绍。他撰写的道教文献有：《吉安路高明宫璇玑阁碑》《延真宫铁柱殿记》《庐陵玉华宫碑》《龙泉县江东庙记》《永丰重修三皇庙记》《吉水玉清宫记》《寿圣观记》等。元至元年间，刘岳申在《吉安路高明宫璇玑阁碑》中介绍了两位庐陵籍士大夫倡导在高明宫修建璇玑阁以宣扬许真君的孝道精神，他说：“翰林直学士曾德裕，身荷国厚恩，当追先帝殊遇，忠报陛下。顾臣驽钝，臣母王有笃疾，乞骸骨归养。臣沐浴圣化，耕凿圣世，为太平幸。

① 《四库全书》1199 册，《养吾斋集》卷十七，第 158—159 页。
② 《四库全书》1199 册，《养吾斋集》卷十七，第 165—167 页。

又幸生庐陵，实出慈仁覆焘之下。顾臣子事君父，虽越在草野，乃心罔不在国。臣所居郡，有瑞华云腾之山，近城名山也。东粤高要簿臣林浚弃官，因山为高明宫，祀晋许旌阳，爰以祝厘。臣德裕建璇玑阁其上，以与浚朝夕祝两宫万年。臣德裕敢不昧死以闻，皇天后土实鉴临之。郡民刘岳申实闻斯言，窃以为天保报上惟福禄寿，臣虎拜稽首，曰：万年寿是共。盖自昔人臣当国，休明宇宙，宁谧无以效犬马微报。惟以天之所以仁爱人君者，使其君高明悠久，配天地日月。是虔是祷，矧惟神母圣子千载一时。圣孝纯至，度越古今，以天地祖宗之灵，使三光全而寒暑平，五谷熟而人民育，普天率土，无不有仰事俯育之乐。是为天下纯被圣人之泽，以为庐陵百万生齿，凡为人子者，永依两宫万年之庆。臣德裕所祈，久合右谊，宜纪其成。敢拜手稽首而献铭。[①]”翰林直学士曾德裕、簿臣林浚、郡民（自谦）刘岳申三位儒生崇尚“老者不独，少者不孤”的理念，在高明宫内兴建璇玑阁，玄机之妙意蕴其中。这不仅在庐陵道教史上留下了珍贵的文献资料，也反映了许真君信仰的广泛性，其中也透露儒道合一的文化现象。

（二）庐陵民间道教的特点

1. 三清信仰——强调“三清在前，敢有弗诚”

在“道不可无师尊，教不可无宗主”的观念中，道教将“三清神”提升为最高神的品位。“三清”即“玉清、上清、太清”，既指道教的三宝尊神，也指三位天尊所居之胜境，还指道教所奉的“三洞真经”。《云笈七鉴》卷六《三洞并序》云：“三清者，言三清净土无诸染秽，其中宫主，万绪千端，结气凝云，因机化现，不可穷也。”[②]具体而言则是指：元始天尊居玉清境在清微天，灵宝天尊居上清境在禹余天，道德天尊居太清境在大赤天。

在庐陵供奉“三清”最高神的庐陵洞真观、玄妙观等，赵文撰写了《庐陵洞真观三清殿碑》、刘诜《玄妙观经坛买田记》等，分别记录了三

① 《四库本》1204 册，《申斋集》卷十五，第 264—265 页。

② （宋）张君房编：《云笈七鉴》卷六，中央编译出版社 2017 年版，第 48 页。

清殿的建造过程。至元二十年癸未（1283），赵文在《庐陵洞真观三清殿碑》中记载："庐陵城南之有洞真观也，道士罗日运实始基于淳熙之甲午，而居士刘安邵始建三清殿而像焉。又后三十有五年，道士周如椿撤瓦新之。又四十有八年，其徒郭宗仰又新之。又十九年癸未之冬，宗仰之徒萧绍宣慨然念正殿之卑隘，曰：'吾弃家为老氏役，我则何事？'琴费药资，捐割靡爱。昼营夜度，如急寒饥。撤旧为新，易卑为峻，复殿轩突，宝盖坡陁，栋宇神扶，位置天设，山灵川后，来相厥役。睟容天衣，庄严洒濯，精爓炫烂，日月晶明，星宿浮动，鸾皇笙磬，响透空碧，骖朱驾玄，扬霓导羽，烟霏霞融，冉冉来下。先是道士郭若中、周如椿建法轮于殿后，岁久，内柱且朽，绍宣购材新之。至是因其架构，联络绵亘，与殿为一。靓净玄闭，引殿益深。殿宇既严，道气日泰，钟鼓清新，草木光悦，吉蠲祈福，四面麇至。洞真之建，于是为盛。始景定四年冬，绍宣建文昌阁于左庑；其后十六年，建仙珍阁于东；又四年，建春雷阁于西；而其他营葺，所以为其徒讲道之地者不在是焉。绍宣之于道，可谓勤矣。绍宣数以殿记来请，且曰：'凡吾之为此也，四方乐道之士与吾若徒实赞于成，微夫人之力不及此。'吾以此知绍宣之能集事也。"① 赵文在碑记中罗列了一串道长的名单：罗日运—周如椿—郭宗仰—萧绍宣，一代一代不仅在传承老子之学，而且在为老子建殿宇，中华文化能够强盛并延续，应该说道士是有功劳的，萧绍宣说："吾弃家为老氏役，我则何事？"

元至顺二年辛未（1331），刘诜为玄妙观撰写了《玄妙观经坛买田记》。玄妙观，元贞元年（1295），元成宗诏撤宋室圣祖之祠，黜天庆之号，因此又改全国天庆观为今名，赐"元妙"名额。此外，考今仍保存的属于元代之元妙观碑文记录，亦有天庆改称为作"玄妙"观。玄妙观不仅是朝廷赐额，而且还是地方管理道教的办事处。玄妙观奉祀三清是全国统一要求的，在《玄妙观经坛买田记》，刘诜说："吾乡玄妙观，有胜游诵经坛，所以祷圣寿祈太平也。有田若干石，道士陈逢吉铢积所置。

① 四库本《青山集记》卷五录文，第1195册，第64—65页。

中为住持者所鬻，道士刘宏大集陈九龄众资归之，然尚不给。会至顺辛未，郡大疫，死亡相属，临川李君长翁来任郡知事，意恻然悯焉。与宣慰周公志仁、州判萧某、儒学正阮某、提点某暨诸府掾，裒费得中统钞七千缗有奇，于玄妙观建洞渊醮会十一，朝诸命于上帝以道众灾。暨蒇事，连雨忽霁。朝告之初，有白鹤四浮空翔舞集殿隅，朝罢乃去。由是四城疾骤愈，民始知有生。醮余尚存钞缗六百七十五，适周如京宿有出质田十三石七斗，为钞一千三百七十缗，俾经坛返业以及益，知事复倡揖己俸续所余缗返之，通前为田三十九石七斗，而胜游坛浸浸可广矣。嗟夫！一醮之成，天之显于民者如此，谓其不日游于人间可乎？于是众皆曰：是不可以不记。记田之所由创增，所以示后，使知所守。记醮之大感格，所以警民，使知所畏。醮若无与于田，田之增自醮始，记田而后醮以重坛，此记之所以不可已也。余惟知事之设醮使民无疵疠，买田经坛，复使民恒有肃心。虽若神道设教，而其用心厚矣。士君子为善固不计天之出游与否，而天道福善则不可诬。共保是田，以永是坛，则善之道也。[①]”刘诜（1268—1350），字桂翁，号桂隐，元代吉水人。隐居。著有《桂隐文集》。刘诜在碑文中记述了玄妙观买田的目的。

2. 许逊信仰——强调老者不独，少者不孤

关于庐陵许逊信仰的情况主要体现在：至元年间，刘岳申撰写的《吉安路高明宫璇玑阁碑》和至顺二年辛未（1331）揭傒斯撰写的《吉州天华万寿宫碑》。

刘岳申的《吉安路高明宫璇玑阁碑》中主要有三层意思：一是记述了庐陵人、翰林直学士曾德裕在高明宫内倡建璇玑阁的事实；二是高明宫奉祀许真君与祖庭西山玉隆万寿宫的神像和规制保持一致；三是期待许真君保佑“老者不独，少者不孤”。碑文中“两宫”是指“吉安路高明宫”和“吉州天华万寿宫”。

揭傒斯撰《吉州天华万寿宫碑》中，介绍了唐贞元中吉州刺史阎寀弃官入道以及天华万寿宫曾经奉祀阎寀、仙人浮丘及其弟子王、郭二人

① 四库本《桂隐文集》卷一，第1195册，第143—144页。

的历史，其辞曰："瞻天华之岧岧兮，前青牛而后玄武。乍蜿蜒而回伏兮，忽骞腾而轩翥。丹霞烂其高兮，白云缟乎在下。俯城郭之鳞葺兮，览平原之膴膴。香城郁其在望兮，乃匡仙之故居。枕黑潭之默淡兮，大江淘而右趋。步灵皋而造神澳兮，顾列仙之攸馆。浮丘既厌世而高驰兮，阎仙又摈余而不返。召青鸾使驾辂兮，俾丹凤以调笙。抗文龙之云旗兮，仍析羽以为旌。冀神君之来降兮，余将肃其并迎。孔子欲乘桴浮海兮，老聃亦度关而西游。知文武之不可作兮，道凛乎其莫留。何盛世之孔明兮，亦高蹈而远引。矧兹邑之巨丽兮，乃英贤之所缊。君子固难进而易退兮，亦因时而显隐。神君既有此灵宫兮，曰高明而又爽垲。山丛丛以四周兮，缭青川之浼浼。抚下人而顾怀兮，历千岁而犹未改。起倚槛而浩歌兮，将毕景而靡悔。"[①] 许真君作为高明使者,"历千岁而犹未改"，一直被供奉在道观，方便信众奉祀。道教是多神教，在庐陵的道教历史表现很明显。

3. 城隍信仰——强调"民和而神降之福"

两宋时期，在皇帝的大力支持下，两宋道士修整了近千年来多种道书中所记载的神仙谱系，同时还造就了一批新神以丰富原有神仙系统。南宋时，金允中所编制的《上清灵宝大法》卷三十九中排列了三百六十位神仙，堪称两宋道教神灵谱系的集大成者。其实，各地的城隍信仰所奉祀的对象也不一样，吉安、南昌等地的城隍庙奉祀灌婴，但一定是有功之人，谓之"功德成神"。至正四年甲申（1344），萧宪孙在《复建吉安城隍庙记》碑文中，记述了"汉颍阴侯灌婴"成为城隍神的历史，他说："吉安城隍，相传为汉颍阴侯灌婴，高帝六年略定江南，筑城豫章等郡，其后祀以为神。今中宪公纳速儿丁，当四方叛乱之日，致恢复平定之功，筑浚城隍，以固疆土，与侯无异。侯庙在郡城门外一里许，故有宫、有殿、有亭、有庑。至今壬午春火于寇。明年，录事张元祚率郡民复其庙如旧制，越明年告成。神妥其祀，民和而神降之福，众谓复庙之力。录事曰：'微我中宪公复我城隍，则民有不得保，神有不得祀，奚暇

① 四库本《文安集》卷十二，第1208册，第254—255页。

复斯庙哉！神明具依，我公之功，我公之德。’众于是欣然曰：‘保我城隍者即主城隍矣，可不纪其功德，刻石于庙，以告方来，庶几报美于公，犹报祀于神也。’录事是其请，俾属笔于宪孙。”[①]

如碑文所记，吉安城隍庙在“张元祚率郡民复其庙如旧制”，达到了“神妥其祀，民和而神降之福，众谓复庙之力”的效果。

三、吉水道教与三仙信仰

吉水玉华山与乐安华盖山同一山脉，地理位置相近，浮丘、王、郭三仙信仰在华盖山周边有比较大的影响，因此，在奉祀王仙的同时，奉祀三仙，至元二十四年丁亥（1287），刘将孙《吉水玉华观记》有记述：“江西山高耸处，往往祀华盖，称华山。吉水有中华，为四方望走，视太华埒。近年复兴玉华，号福地，在中华西同水乡南岭之近栖隐原中。其地峰峦回环，百里一息，俯视支垅，表特而独尊。其势外高中平，望之超然，就之坦然，如玉枕然。其遗迹晋王真人尝学道于此，犹存雩坛仙石，有天仙感遇之会。《樵隐录》云：其应唐元和间旱，九鲤应祷山下。今为九龙象，时有鹤翔，三日不去，或见老人如六十年期。比至元丙戌、丁亥，如期祷旱，雨如元和。传闻复祷疫疠，应如救旱。由是云物异焉，天灯灿焉。父老欲建坛其处，众欢趋之。山近为马驿，朝驰夕秣。公私尤欲以祈福，乃象玉枕名玉华，乃表三仙，乃奉三官，乃祀上真，请于宗门，锡名玉华福地紫宸元坛。前府尹耐轩周公倡主之，吾先君子须溪先生题辞相之，郴阳总管养晦谢侯与府长贰及行省都与抚交赞之。崇阁严殿，门庑道堂悉备。像设威仪，完具整丽，皆出里人罗氏父子之力……犹兹山之为玉华也，自开辟以来而有此山，山之为灵也久矣。及兹而显，显而与中华、太华鼎峙而争高，山未有异也。玉之媲于天上也，与玉之隐于地中也，亦若是矣。高而天也，化而仙也，神而通也，亦不能不在人间也，亦不得不与人事也，请而余答也，感而余应也。竭而奉之，亦何事乎此也。顾而福之，若相与为亡涯也。倘非是人者，苍苍冥冥，亦安所为哉。由是言之，地上者皆天也。尝试夜中而朝

① 清光绪本《吉安府志》卷十，又见《全元文》卷一五七四，第51册，第429页。

星斗，离离如在山下，月明流空，万籁俱息，恍然对越。所谓玉华者，非此也耶？[①]”元泰定二年建屋奉祀三仙，吴澄在《玉华峰仙祠记》中说："吾家之南有山名华盖，祠浮邱、王、郭三仙，远迩祷祈，奔趋如市；竟岁弥月，无休息时。抚、吉两郡之境，山之秀特者必设分祠，往往以华为号。清江郡东南之三十里，玉华一峰耸立拔起，水旱疾疫，有求辄应，里俗相传亦曰王、郭二仙所憩，则与华盖所祠同此仙也。然华盖有屋以祠，而玉华之祠无屋。山近郭氏敬神好善，父子再世拟构仙殿而未果。及孙汝贤、汝敬继承先志，乃聚木石，乃兴工役。泰定乙丑九月丙辰垦辟基址，十月乙未竖架楹栋。山形险绝，俯睨岩壑，跂翼翚飞，冠冕其巅，不劳人力，若或阴相。俾陈道人掌其洒扫。吾友人皮溍、范梈为之请记。"[②]范梈（1272—1330），字亨父，一字德机，人称文白先生，清江（今宜春樟树）人。历官翰林院编修、海北海南道廉访司照磨、福建闽海道知事等。与虞集、杨载、揭傒斯齐被誉为"元诗四大家"。

吉水的三仙信仰受华盖山影响，碑文中反映祈福得到照应，这说明了三仙信仰的广泛性，但创立于华盖山的天心正法派三仙信仰其还涵盖了"立观度人"的教义教理，《华盖山浮丘王郭三真君事实》卷二记述：王郭二真人提出"立观度人"，王郭二真人被宋朝廷敕封、加封，宋神宗敕改桥仙观为崇仙观。华盖山经书《上清天心正法》卷一有"三光正炁"，即采"日月星"三光，还有"请服太阳炁""请服太阴炁""请服天罡炁""治病行符"等，道教认为在合适的时辰、合适的方位、合适的高度采集"日月星"之光，这是上天赐给人类最上等的"名贵"补品。《上清天心正法》之法术、之符咒、之修炼延寿等法门不仅在国内有广泛传播而且传播到越南等地区[③]，至今福建、云南、贵州、广西等地区都在传承，如：福建长汀东华山道院就是供奉"浮丘王郭三仙"，行天心正法

---

① 四库本《养吾斋集》卷十七，第1199册，第159页。

② 四库本《吴文正集》卷四十六，第1197册，第481页。

③ 刘春根等主编：《越南汉喃文献目录提要》（上册），台北，"中央研究院"中国文哲研究所2002年版，第562页。

之法门。

四、青原山道教与佛教

通过梳理相关文献，尤其是刘辰翁的《吉水洞岩朱陵观玉华坛记》，对元代青原山道教有个大概了解，他说："既下，道人请记，余笑曰：'宇宙兹山，谓自今日始可乎？'道人曰：'兹山宇宙，自今日耳。'余谓二三子具笔墨，余为玉华记今日。自阎使君至今日四百九十二年，自宝寿观至今日三百三十一年，自朱陵至今日二百二十五年，自为玉华至今日乙丙丁二十有三月凡六百三十有三日。岁在娵訾，月旅蕤宾，丙丁统日，庚子御辰，余游山并记。"① 从文中透露出青原山道教自阎寀以来传承不断，内涵丰富，吸引了许多文人墨客。②

时人王礼在《游洞岩记》中还记载了刘辰翁当年与彭元逊（字巽吾）留下的和韵诗句，刘诗曰：

其一

古木荒烟阖又开，洞门无锁有谁推？
瀑泉未受徐凝涴，石壁犹留叔夜来。
黯黯苍苔开宝宇，高高华盖化人台。
日斜钟动山门雨，不见林僮放鹤回。

其二

洞府由来自有真，绿扉半阖劣容身。
山中黄石避逃我，城郭令威憔悴人。
桑海何如麻谷水，桃蹊只是正元春。
道家藏室书何在？风雨荒祠认垫巾。

彭诗曰：

① 四库本《麟原文集》前集卷七。
② 刘辰翁著，段大林校点：《刘辰翁集》，江西人民出版社 1987 年版，第 26 页。

其一

五百年间石壁开，偶然约候不须推。
古今乱世神仙出，风雨空山客子来。
六士飘飖专洞壑，三华离使拥萧台。
御风更上千山顶，又见乖龙抱耳回。

其二

从来疏懒任吾真，自省三生见在身。
石室旧书应待我，半山长啸更留人。
白云下抱苍崖雨，野草时通洞府春。
城郭遗民今老矣，史君应复识纶巾。

“城郭令威憔悴人”和“半山长啸更留人”，表明了两位先贤对当时元统治者的不满。他们寻游到青原山找道观、见道士，联想到麻姑山的道家藏室，与他们有同样感慨的还有王礼，至正二十年庚子（1360），王礼与好友同游青原山洞岩，写下了《游洞岩记》，他这样说：“予儿时闻郡城士女仲春多游青原洞岩，有畅叙之乐。稍长，尝至青原，惟洞岩未始有一迹。庚子秋，与亲友龙同翁子元辟地明德江口李家步，万载黄钟英同邸。暇日，钟英、子元约游洞岩观。值夏儒生胡章文焕、臧梦良尚弼偕行，予二儿亦在侍。经邱寻壑，萦纡而入，得遗墓榛莽瓦砾间，令人兴尘世转堪哀之叹。仙童道予至东岩，循谷至尾，石壁峭立，茔罅有若掩关状。相传唐贞元年中，吉郡阎使君寀自表入道，暨得戎昱代，隐岩下。久之，石渐合，其家人犹见门内桃花半树，不复可得入。泉灖灖自巅而下，自藤萝垂瀑中，类龙须，俗号龙须草。泉可咽不可嗽，味甘而烈。绝顶有玉华坛，乃曾仙化处，有棋枰药臼，微雨未往。观西洞清幽，通净居寺钓台下水所谓六仙者。阎君前有谢仙，后有彭、刘、曾，皆无名。曾此山道童，而杨仙师在东山者亦与。传者云，昔天师尝定天下名山三百六十以应天度，此居其三百三十五焉。观有徐锴记，自宝寿改名朱陵。其后忠简胡公铨丁大中丞公忧服除，与兄蓬山居士筑柏舍于洞岩，从名儒萧楚讲学观门，殊庭丛书，阁多忠简与周文忠公题匾。”①

综上所述，青原山的道教历史地位和影响力有以下特点：

一是青原山道教产生于唐贞元年（785—805）之前，吉州阎寀到青原山入道修仙之前，有谢仙，后有彭仙、刘仙、曾仙。

二是唐末宋初就声名在外，著名道教学者徐铉之弟徐锴曾经游历青原山，对青原山朱陵观及道士留下了深刻印象，并为道观撰写了碑记，其中反映了青原山“宝寿观改名朱陵观”的事实。

三是南宋名儒庐陵籍胡铨曾在青原山洞岩朱陵观讲学隐修（前面有专门介绍胡铨在青原山讲授《道德经》），胡铨与周必大分别为朱陵观题写匾额。胡铨还邀请玉笥山道士庄冲靖到青原山朱陵观讲学，对朱陵观修藏经阁、抄经等大事，胡铨分别记载在《朱陵观请庄冲靖升讲疏》《朱陵观修藏疏》《朱陵观抄题本命经疏》中。由此可知，朱陵观在当时的社会影响和文化底蕴。

四是说明了朱陵观与青原山净居寺的位置，“观西洞清幽，通净居寺钓台下水，所谓六仙者”，“六仙者”是指唐代青原山六位神仙。据此分析青原山的道教历史早于佛教，但青原山行思创立的南宗禅青原法派则远播海内外，使得吉州成为禅宗的传播中心之一。

元代之前及元代青原山比较著名的道观有：

真常观，位于青原山下的来苏坊标竹，始建于三国吴嘉禾年间（232—238），道士杨善来设坛祈雨，标志青原山道教的产生和形成。

崇元观，位于吉水仁寿乡的元潭，始建于晋朝，许逊来此冶剑斩蛟，为民除害，乡民为感谢许逊，在元潭上建道观，并将斩蛟剑存放在观内。南宋庆元二年（1196）周必大《丙辰青原字老率其徒祖机、清超、沙智来迎至元潭，登观古剑，其长丈余》诗纪其事，反映了青原山道教的传承历史和发展过程。

朱陵观。位于青原山洞岩，始建于隋朝，唐朝德宗皇帝李适敕改名“朱陵观”。南宋绍兴年间胡铨在青原山朱陵观隐修，说明青原山道教有

① 陈垣、陈智超：《道家金石略》，文物出版社 1988 年版，第 1222—1223 页。

较大的社会影响。

天华观。始建于唐贞元中。至顺元年（1330）升为“天华宫”，至顺二年（1331），三十九代天师张嗣成加“天华万寿宫”，反映了青原山道教在教内的地位。

五、袁州道教的特点①

元代袁州路统宜春、分宜、萍乡、万载等县。宜春位于江西省西部，有“四时咸宜，其气如春”之气象。四周为安福及湖南浏阳等县，位于武功山脚下，历朝历代许多道士都往来于武功山与袁州。县治始于汉高祖六年（前201年），历为州、郡、路治所。宜春城有“五台”：宜春台、湖冈台、仙女台、钓鱼台、凤凰台，据有关文献记载这些台都是历代高道修仙得道之圣境，如东晋道士邓表修真炼丹之处，北宋宰相王钦若读书处，有紫微观、湖岗古庙、华山庵、彭祖庵、瑶金庵、湖冈寺、明教院等场所。同时还流传“仰山神与乌龟”“五龟进城”“去病石”等许多神话传说。北宋淳化年间，徐铉的《袁州宜春县重造紫微观碑文》对宜春道教的历史和地位给予肯定（徐铉与江西道教的关系本书“北宋篇”有阐述）。

元代袁州三皇信仰比较有影响，至元五年己卯（1339）虞集在《袁州路分宜县新建三皇庙记》描述了元代袁州三皇庙及信仰的基本情况，他说：“若分宜县令周君益臣自户部史擢为太常掾者，数年岁满，宰晋宁之安邑，又宰袁之分宜，所以能惓惓不忘于三皇之庙祀也。郡县之祀境内山川鬼神之在祀典者，有诏令则修祀焉，有故则祷焉，其定制通祀，惟社稷与夫子。我国朝始建三皇之庙以祀伏羲、神农、黄帝，自国都至于郡县，通祀为三矣。祭于春秋之季月，有司守令行事，医诸生执礼致拜，告享仿于儒学，而器服牲币亦视以为法，我圣朝之制也。昔者分宜始奉令立三皇庙，因悬簿之旧厅以为庙，在县治之左，今令居之右。岁久屋坏，迁神于门，既弗妥，又寓神于他神之废祠。朔望谒拜与岁时祭祀，大不恭肃。守官于此者视为故常，谩不加省。周令以尝从事于太常

① 参见明正德《袁州府志》。

也，独知惧焉。而邑无他赋可以庀役，而心无一息之安也。为政年余，岁丰民安，粗有余力，乃彻故祠而新之。度故祠之基东西得一十六丈，自通术达于市，深十有二丈，作开天之殿以奉三圣人，刻贞木以象之，容服之饰如京庙所定。殿有开天之门，外有棂星之门，殿前有三献官之次门，左为惠民药局，右则守庙者处焉，而都宫环属于外门矣。”[①]

在元代三皇之庙奉祀伏羲、神农、黄帝三位祖先，“自国都至于郡县，通祀为三矣春秋祭祀”，由朝廷设置太常礼仪院管理相关祭祀事宜，很多郡县则在原道教庙宇的基础上修改或扩充，并且由道士负责守护主持祭祀仪式，三皇庙也成为地方政府培训医学人才的场所。袁州路分宜县新建三皇庙属于迁建，“东西得一十六丈”“深十有二丈”“伏羲、神农、黄帝”造像为木制，其服饰参照京都规格，外有“棂星门”，殿前有道教神仙“三献官”护法，殿左为“惠民药局”，殿右则“守庙者”居住。这是典型且完备的道教宫观建筑规制，寓意袁州元代道教的基本形态。

① 四库本《道园学古录》卷三十六，第1207册，第520页。

第十九章　元代相山及周边道教

第一节　相山道教特点

相山位于抚州西南，崇仁南部六十里，相山之巍然、相山之气盛、相山之神灵成为千年来当地民众挥之不去的永远记忆。相山初名巴山，主峰海拔1219.2米。唐天宝六载（747），敕改为临川山，而俗称不改其旧。巴山乃栾仙名也，佥曰宜避。因为栾巴曾经为沛相，故易名“相山”。其山广大高厚，山地高寒，雷风迅烈，云雾湿润，冰雪凝冱，木石不能堪。云如缕出山中，盘礴覆冒，膏润充溢，衣被草木。坑谷之容，沟浍之通，堰埭之潴，节宣蓄泄以为稼穑之备，其利无穷矣。相山保留了比较完整的用石头垒砌起来的古道教建筑群。相山的道教建筑群是江西现存规模最大的古建筑群，也是中国古代祭祀礼制的杰出代表。

一、相山的道教建筑群与祭祀

（一）相山道教建筑群

相山道教建筑群中有神道阙、神（老）庙、祭台、新殿、保安观、万福宫、仙缘观等，其中最古老的是神道阙、神庙、祭祀台。神道阙、神庙、祭坛是汉代道教建筑的一个整体，全部是用块石垒砌而成。泰定三年丙寅（1326），吴澄应住山道士黄守正之请撰写了《相山四仙祠记》。

对四仙的敕封始于南宋绍定四年（1231）九月，宋理宗诏封四仙为真人，敕曰：尔虽超世绝俗，而未尝无爱人利物之心；南宋端平元年（1234）二月，宋理宗加封四仙为真君。

相山因为奉祀四仙，又得到朝廷赐封，其影响也越来越大，地位也逐渐提高，从南宋开始就有提点、提举管理，吴澄《相山四仙祠记》介绍了这一历史情况：

> 今山之提点、提举不私其利，不私其名，公其心为永久计，是可书已。况此山迥绝人境，超出物表，有地之灵，宜有人之杰。居山者倘虚吾之心，不使有一毫埃壒尘滓之留，六合内扶舆清淑，唯所收拾，以实吾之腹，逍遥远近，坚固久视，且将与四仙合灵兹山，亦道家分内事也。①

相山提点、提举不谋私利、公心公道得到了吴澄的赞许并记入碑记；守山道士虚怀若谷，守护四仙也被吴澄的肯定并成为千古流传，这也是相山道教文化的深厚价值。

（二）相山的祭祀

祭祀文化是中国礼制的核心与代表，也是中华传统文化的重要组成部分，道教千年来传承了这种中华文化传统。相山神庙作为祭神和祭祖的场所，历代上得到帝王和地方官民的重视，祭祀分为祭神和祭祖。“礼”的本意就是祭神。许慎《说文解字》对“礼”字的解释是：“所以事神致福也。”古代祭神反映了先民对自然的认知程度，远古时人们认为自然界中的风、雨、雷、电，山川、河流、草木、五谷皆由神来执掌，神也是人类的最高主宰者，由此，便产生了对神的崇拜。在大自然界中由于大山高峻险绝，深不可测，由此人们便认为高山是神居住的地方，于是开

① 四库本《江西通志》卷一二七。

始祭山，相山神庙即是祭祀相山神的地方。

从东汉开始，相山就有祭祀活动，而且其祭祀对象从山神到四仙，祭祀活动从民间到官方认可，祭祀地点从相山的祭祀台到社稷坛，庙宇管理从道士管理到官方派提点、提举管理，这一切都与相山的祭祀有关。

1. 相山主神

相山的祭祀主体是相山神，即北极紫薇大帝。《上清灵宝大法》记载：

> 北极大帝，则紫薇垣中有帝座是也。按《天文志》南极入地三十六度，北极出地三十六度，天形奇侧，半出地上，半环地中，万星万座，悉皆左旋，南极北极为之枢纽，惟此不动，故天得以转也。世人望之在北，而实居中天，为万星之中王。三界之亚君，次于昊天，上应元炁，是为北极紫薇大帝，治中天紫薇宫有云紫薇大帝乃诸天大神三界万神万杀之帝，欺罔凡世，亵渎上玄，所当痛革。[①]

北极紫薇大帝在三界中的位居第六，即元始天尊、灵宝天尊、道德天尊、昊天上帝、太一救苦天尊、北极紫薇大帝。是三界之亚君，次于昊天，昊天为“诸天之帝，仙真之王”，由此看来，相山之山神地位非常高。历史上，随着祭祀范围的扩大和发展，在唐代以前，南昌尉梅福、豫章太守栾巴，此二君以仙道方术以辅其政化，辟除邪暴，禁止淫黩，使民不逢不若，离其灾害，是以德之而不忘；唐代以后两位高道邓紫阳、叶法善，本郡人或常往来相山修真而被祀奉，从此以后，千年来相山祭祀对象为梅福、栾巴、邓紫阳、叶法善，即“四仙”。

关于相山有“会灵洞天”“会灵胜境”的千年石刻，这与相山的山神——北极紫薇大帝有关，《上清灵宝大法》有载：

① 王契真纂：《上清灵宝大法》，《道藏》第32册，文物出版社、上海书店、天津古籍出版社1988年版。

北方黑天，五灵玄老，姓黑节，讳会灵，号叶光纪，主通血。[①]

这是道教留给后代贵身、养生的重要方法。《道藏》中还记载了“白帝侍魄真人，赤帝养炁真人，黑帝通血真人”。[②]

2. 官府祭祀

祭祀岳渎在古代不仅是帝王的一项重要大典，也是地方官府的一项重要仪式，或因水灾旱灾，或蝗虫瘟疫，据史料记载相山官府祭祀主要是因为旱灾，但都有道士参与主持祭祀仪式。如南宋咸淳九年癸酉（1273）抚州郡组织的祭祀，住山道士罗端英请抚州郡守黄震撰写了《相山会灵四仙祠记》碑文，元泰定三年丙寅（1326），吴澄在《相山四仙祠记》也记载了这次祭祀情况。黄震在《相山会灵四仙祠记》中，曰：

咸淳七年辛未岁，余方救荒抚州。适岁又旱，吏以旧所祷者告，则皆淫祀也。余曰：“有是哉？”改而祷于社稷若境内名山大川之神，雨幸辄应，然犹未洽。惟郡之西南山，余望之云日日兴，雨气常暗一方，佥谓此相山四仙之灵也，旱剧则迎以至。余用其言，雨均千里。明年旱，又明年旱，祷而雨，亦如之。每念一履岩巉之上，为吾民谢神休，未能也。一日住山道士罗端英谒余为《四仙祠记》。余惟四仙之灵昭昭也，余在抚三年，实身被其灵应，何幸托名以寄谢忱！然闻世之称仙者，谓乘彼白云，至于帝乡，盖超然于清都紫府钧天广乐之居，岂常常于此山哉？将遗迹固山灵之所呵护耶？否则神灵将无往而不在耶？又否则今所谓四仙者，即山川造化之神耶？粤自天开地辟，而山川疏列，云兴雾吐，而民物阜生，凡皆山川之神之为传。所谓鬼神者，造化之迹也，礼所谓有功

① 王契真纂：《上清灵宝大法》，《道藏》第32册，文物出版社、上海书店、天津古籍出版社1988年版。

② 王契真纂：《上清灵宝大法》，《道藏》第32册，文物出版社、上海书店、天津古籍出版社1988年版。

于民则祀之者也。[①]

此记反映了抚州的旱情与相山四仙的灵应。元至顺三年壬申（1332）抚州路的祭祀，吴澄在《抚州路达鲁花赤祷雨记》记述了这次祭祀活动的详细过程，文曰：

> 至顺三年，六月不雨。至于七月，水田旱坼，稻苗萎瘁，早熟之稻仅收，已损其半。民情惶惶，所在祷雨，俱未应验。抚州路元侯塔不歹，蒙古人也。自总管刘侯致仕而去，郡事丛于一身，忧民之忧，日不遑食，夜不遑寐。六月二十一日以后，日领管属哀吁上下神祇，弥旬弥月，食素宿外，内讼自责，誓不雨不止。迨及七月下旬，旱势愈剧。侯曰："吾祈泽于道观僧寺，心虑殚矣。崇仁华盖、相山，其山高峻，兴云致雨，夙称灵应，盍往祈焉？"乃于二十四日午，离郡行百余里，三更至崇仁县，分遣崇仁令崔显诣相山，躬诣华盖山，四更而起，行百余里，憩山之阴，距山巅四十里而宿。二十六日癸巳晨兴及山麓，草跷步行，而即午至山上达诚于山灵，忽雷声震动，午后下山，旋得雨。二十七日二更，还次崇仁县，又得雨。二十八日乙未子初刻，离崇仁县，午至白虎窑，距郡城三十里，大雨。至龚家渡，距城十五里，再雨。未时还至元妙观，阴霾四合，又雨。其夜一更后，密云布空，风雷电交作，雨大降。二十九日五更，雨大降亦如之，经一时之久。三十日辰时，雨复降。侯之诚感山之灵，如响之答，可谓神速矣。侯曰："雨虽应祈，恐远近旱甚，犹未沾足，吾其申请于社稷。"命郡士检寻天旱祈社稷坛礼。[②]

崇仁令崔显参与了这次祭祀，凌晨出发，步行至相山，最后"兴云

① 四库本《黄氏日抄》卷八十八。

② 四库本《吴文正集》卷三十五，第1197册，第377—378页。

致雨，夙称灵应”。这两次是有文献记载，可能还有没有文献记录的祭祀活动。

3. 民间祭祀

民众自发到相山祭祀活动最频繁，而且人数也多，祭祀的礼制也多种多样。据《上清灵宝大法》之《斋戒禁忌门》载：

> 三会：正月初七日，天曹举迁赏会；七月初七日，地府庆生大会；十月初五日，水府会建生大会。五腊：正月初七日，天腊；正月初五日，地腊；七月初七日，道德腊；十月初一日，民岁腊；十二月内，遏腊日为王侯腊，乃纳音五墓用。①

“十月初一日，民岁腊”、“十月初五日，水府会建生大会”，相山奉祀北极紫薇大帝。其间，道长为信众传授“北帝箓”，并以其功行术法济人利物，帮助信众释疑解惑，信众则要祭拜诸位神仙。吴澄在《相山四仙祠记》，说：

> 凡山之巍然高峙者，其气盛；其气盛，则其神灵。大而五岳，次而五镇，下而一郡一邑，苟有挺拔耸起之山为一方之望，往往灵异，而祷祈者趋焉。古礼惟诸侯得祭境内名山，今庶人以上俱有祷祈。然其所祠不主于山之神，而假托于人以为灵。若山之所托必曰仙。其所谓仙，非必御风乘云飞腾天宇之中，或其功行术法有可济人利物，则祠之矣。抚州之西南，其县曰崇仁。崇仁之南六十里，其山曰相山，所祠之人曰梅、曰栾、曰邓、曰叶，谓之四仙。考之史传，梅尉南昌，栾守豫章，山在所治境内；邓、叶皆唐开元、天宝间道士，方伎之流也。②

---

① 王契真纂：《上清灵宝大法》，《道藏》第32册，文物出版社、上海书店、天津古籍出版社1988年版。

② 四库本《江西通志》卷一二七。

吴澄是崇仁人，想必他不仅见证了相山的祭祀活动，而且也上山祭拜了各位神仙高道。在吴澄的文集中涉及道教的文献非常多，尤其是临川、崇仁，说明他对道教非常了解，为道教留下了极为珍贵而且非常有价值的文献资料。

二、相山道教的神仙与道士们

相山既有自然神崇拜，又有真人崇拜，千百年来保持不变，自然神主要祭祀北极紫薇大帝，属于星斗崇拜一类，真人崇拜主要是梅福、栾巴、邓紫阳、叶法善等四位曾经在相山修行且与功德之人。关于这四位神仙当地百姓可谓人人皆知。其信仰历史的悠久、信众之广泛。四位神仙高道的传说不仅留在千年的百姓心中，也记录在历代圣贤的笔下。黄震在《相山会灵四仙祠记》记录四仙被朝廷敕封的情况，他说：

> 故宋时即山巅并祠此四君者，而使道士守之。梅、栾山下之祀祭不废，乞灵之人以四君为归矣。绍兴中，郡守历阳张公孝祥尝刻石著其灵应，而石亡久矣，其文亦仅传。开庆己未，用漕臣、守臣言，祷祈之应，封四君为真人。端平甲午，加封真君，皆有褒称[①]。

有功、有德才能得到朝廷敕封，而且老百姓也会一直口传下去。吴澄对四仙作了考证，曰：

> 崇仁之南六十里，其山曰相山，所祠之人曰梅、曰栾、曰邓、曰叶，谓之四仙。考之史传，梅尉南昌，栾守豫章，山在所治境内；邓、叶皆唐开元、天宝间道士，方伎之流也。[②]

在相山有老殿、保安观、四仙祠等，但全部以奉祀梅福、栾巴、邓紫阳、叶法善四位神仙为主神，并一直有官府安排道士守护，如：至正

① 四库本《黄氏日抄》卷八十八。
② 四库本《江西通志》卷一二七。

元年辛巳（1341），虞集在《相山重修保安观记》述及：

梅君福尉南昌，有所捕治至焉；栾君巴为豫章太守，亦有所劾治于此；二君有仙道方术以辅其政化，辟除邪暴，禁止淫黩，使民不逢不若，离其灾害，是以德之而不忘，皆有遗迹祠宇在山之支陇。唐邓君紫阳，本郡人；叶君法善，缙云人，亦曰南城人，皆常往来修真山中。故宋时即山巅并祠此四君者，而使道士守之。梅、栾山下之祀祭不废，乞灵之人以四君为归矣。绍兴中，郡守历阳张公孝祥尝刻石著其灵应，而石亡久矣，其文亦仅传。开庆己未，用漕臣、守臣言，祷祈之应，封四君为真人。端平甲午，加封真君，皆有褒称。咸淳辛未，守臣四明黄公震，端严有识士也，至郡连旱，大究荒政，斥罢淫祀，独祷于社稷山川，就郡城望拜兹山，遣吏迎四君之象，果得雨，岁乃熟。去为祥刑使者，犹属文道其事，刻石山中，俾后来者知敬恭明神而不陷昵于邪淫云。[①]

四位真人因为有功于百姓，得到朝廷敕封，所以百姓奉祀，虽然山上条件较差，但仍然有敬业的道士在坚守。虞集又说：

邑中景云观道士黄处和，事玄教大宗师吴公于京师，吴公命处和归主华盖之山，而正一三十九代张天师已令王应真主华盖，得度弟子以居。既有成绩，乃移处和理相山。苦四至者争利而弗恤也，巴图君乃为文书言诸主道教者，请以处和自度弟子嗣守而葺之。未数月，张天师、吴大宗师还书，悉如巴图之请。相山先有上清法师孙庆衍受玺书领相山而留侍上方不能至，处和遂次庆衍为相山甲乙之始云。巴图告诸近山之士民曰：姓某者各出财以施。黄处和耕石田，饭疏食，披榛刊木，躬先徒工，遂以至正辛巳岁九月克修四仙之祠，道众之舍，门庑庖库，以次而举。监邑通敏有才器，治事有

① 四库本《道园学古录》卷四十七，第1207册，第659页。

方略，久而民益信服之，是以作兹山也不烦劳而迨其成焉。山之人不敢昧其更始，乃相与伐石而篆其事云。巴图之同官前令奉训大夫新知宁都州益都丁也先、今令承务郎鄄城任果、前丞忠显校尉同知宁都州缙山张荣、今丞从仕郎某郡张友谅，始终共任其事者将仕佐郎主簿豫章舒文琰、今尉楚国程世臣、典史豫章胡天祥。代胡者，汴梁石成玉也。[①]

因为崇仁县景云观道士黄处和有成绩，第三十九代天师张嗣成、玄教宗师吴全节、巴图（朝廷官员）一致同意黄处和道士到相山主持道观事务，果然他不负众望，“黄处和耕石田，饭疏食，披榛刊木，躬先徒工，遂以至正辛巳岁九月克修四仙之祠，道众之舍，门庑庖库，以次而举。”而黄处和道士的前任“先有上清法师孙庆衍受玺书领相山而留侍上方不能至”。这说明相山的道长是由朝廷颁发“玺书”直接派道士驻守和管理，这段文字足以说明元代相山道教的地位和影响。

三、相山的道士

宋元时期，相山知名道士甚少，但还是有一批尽忠职守的道士长年坚守在山上，修身向道，服务信众。如：

罗端英，生卒年不详。南宋咸淳（1265—1274）相山四仙祠道士。郡守黄侯震为其作《仙祠记》。

余希贤，生卒年不详。字蚰云，号非非子，别名敏求。崇仁人。宋末元初相山梅仙祠道士。十五岁学道于宜黄华盖山招福观。遍游历罗浮、天台、武当、东岳等处，亦尝一造京师。后自建崇仁仙游观而居之，与吴澄交往密切。

彭致中，生卒年不详。元代相山梅仙祠道士。其师父为余希贤，得其师父推荐主持梅仙观，著有《鸣鹤余音》，收集宋元时期高道的诗词赋600余首（篇），虞集作序，收录《道藏》。

黄守正（？—1325），历祥符观、相山四仙祠道士。黄守正为集聚材

① 四库本《道园学古录》卷四十七，第1207册，第660页。

木重修建四仙祠，未完公即羽化。

黄本初，生卒年不详。元代相山四仙祠道士。泰定三年丙寅（1326）接替黄守正增加材料，重修四仙祠，竣工后即于泰定三年丙寅（1326）吴澄作《相山四仙祠记》，曰：住山道士黄守正集聚材木，未及营造而去。泰定丙寅六月，黄本初来贰其职，增益所储之材。七月己未，构新屋十有八楹，从之深四寻，衡之广如其深而羡一尺。适上清孙庆衍被旨长是山，遂底完美。本初来，言曰："仙祠一新，黄师实肇其始，孙师实成其终，本初获效微勤相其役，愿刻石记岁月，以为后之葺治者劝。"予观宋咸淳之季，郡守黄侯震为道士罗端英作《仙祠记》，叹典祠之人攘取微利是思。今山之提点、提举不私其利，不私其名，公其心为永久计，是可书已。况此山迥绝人境，超出物表，有地之灵，宜有人之杰。居山者倘虚吾之心，不使有一毫埃壒尘滓之留，六合内扶舆清淑，唯所收拾，以实吾之腹，逍遥远近，坚固久视，且将与四仙合灵兹山，亦道家分内事也。因及之，以为今之奉祠者勉。

孙庆衍，生卒年不详。元代相山道士，为上清派，虽然没有驻守相山，但朝廷颁发了"玺书"由其士驻守和管理。"先有上清法师孙庆衍受玺书领相山而留侍上方不能至。"（虞集《相山重修保安观记》）。上方观在崇仁县之青云乡。

黄处和，生卒年不详。曾为崇仁县景云观道士，玄教大宗师吴全节的徒弟。受三十九代天师张嗣成、玄教宗师吴全节、巴图三人共同委派管理相山道观。其贡献"黄处和耕石田，饭疏食，披榛刊木，躬先徒工，遂以至正辛巳岁九月克修四仙之祠，道众之舍，门庑庖库，以次而举"。（虞集《相山重修保安观记》）。

胡守真，生卒年不详。元代相山梅仙祠道士。"故吏部侍郎李公刘家梅峰之阴，暨弟博古捐赀筑室买田，备诸器物，度胡守真为道士奉其祠。其子修、从子涛又度罗日新为道士以嗣胡，期于永久不替。而中更寇毁，守者失次，有乘间而据有之者。侍郎之曾孙允思言之于官，始克复旧。乃度邹嗣昌为道士以嗣罗，求余文记其颠末。"（吴澄《梅峰祠记》）。

邹嗣昌，生卒年不详。元代相山梅仙祠道士，为胡守真第四代徒弟。受天师委派到相山梅仙祠，“观之道士保真明素冲静法师邹嗣昌分处崇仁梅仙峰，受天师命提举华盖山崇仙观。”（吴澄《金华玉山观记》）。

昌祖，生卒年不详。临川彭塘人，元代抚州玄妙观兼职相山。兴建抚州玄妙观。吴澄赞其曰：“昌祖之达，千有不一二也。世之士大夫学孔氏，以治国平天下自许，授之以事，鲜或能办，私其一身一家者，比比而然，孰能于已无私、于事有成如全师者乎？师以其法嗣万得一、连学礼分掌玄妙观务，来请记营造始末。予因是叹士大夫之有不如师，亦贱土苴而贵其真称绕山道人云。”（吴澄《抚州玄妙观碑》）。

第二节　元代相山周边道教信仰

一、抚州玄妙观和三清信仰

玄妙观作为元代的官方道观，不仅规模大，规制高，而且是奉祀道教神仙中的三清最尊神。在元代，抚州玄妙观由宋代时期的天庆观改制并统一由朝廷敕额。有正殿、西阁、东阁、东庑、西庑，共一十间，正殿的石柱基础牢固。其规制朴伟，像设坛位，辉赫整肃，玄妙观的精神气象超过过去。天历二年己巳（1329），吴澄在《抚州玄妙观碑》描述了抚州玄妙观的历史、住持昌祖道士修建玄妙观的贡献以及抚州善士的捐助情况，曰：

> 正殿之西竖西阁，与东阁对峙。东庑、西庑以间计凡一十。前后左右既周且备，乃作正殿。抡才于远郊，砻石于邻郡。为柱为础，必良必坚。四阿巍巍，四宇翼翼。阿之所帱，方五寻有半；宇之所环，其室十有二。规制朴伟，视昔相倍蓰。正殿之北、居屋之南造法堂及东西房，负柱之楹六。惟西偏东向之屋八间仍其旧，余皆一新。像设坛位，辉赫整肃。自丁巳之冬至己巳之夏，十余年之所经画，而玄妙之精神气象，奚翅复其旧而已哉！非意度之广、才具之优，能若是乎？会其费，当缗钱一十二万。

二、三皇信仰的流行

相传，张道陵曾在嵩山石室中发现了《三皇文》和《黄帝九鼎丹经》，并以此作为道教的重要经典和立教的依据，三皇之功有益于人的生命，被道教认为“如天之大”。三皇庙，奉祀祠伏羲、神农、黄帝之神。在元代，从国都到郡县作为国家制度普遍设立，儒道医合一，有“曰儒曰医，其道圣人之道”以祀以教为主，即“医者之学”的讲堂，但也兼习医、售药，也就是说三皇庙是集祭祀、学医、习医、售药的综合庙宇。元代相山周边的抚州、崇仁、宜黄等地三皇信仰比较流行，抚州三皇庙、崇仁县三皇庙、宜黄县三皇庙、乐安三皇庙等奉祀伏羲、神农、黄帝。

抚州三皇庙。抚州三皇庙于元至顺二年辛未（1331），由“民牧刘侯承意重修，戎帅章侯一力协赞”，建成“隆隆其栋，翘翘其宇”，作者赞颂三皇之功和三位地方官员的善举，曰：

> 三皇于十有四圣为最初，孔子于十有四圣为最后。儒学之祀其最后者，尊其集群圣之成也；医学之祀其最初者，尊其开群圣之先也。《易传》叙三皇之制作，起自画卦，讫于书契。民之食饱而衣暖，生养而死藏，利兴而害除，与夫礼乐刑政、纪纲法度，凡以生斯民之生而《易》所未言者，何往非三圣人开先之功？圣人天锡之上智，曲艺无不通也。试即《易》卦三百八十四画观之，何所不包，何所不备？《本草》之辨药性，《内经》之究医理，今世所传虽不无托附，而大率必尊归于圣人。以此见三皇之有功于人之生，如天之大，荡荡乎莫能名也，恢恢乎莫能外也，奚翅医之所祖而已哉！医学祖之，尊其所尊，蔑以加者矣。①

聂侯名延世，怀孟人，奉政大夫、佥江西湖东道肃政廉访司事；刘侯名承祖，东平人，亚中大夫、抚州路总管兼管内劝农事；章侯名伯颜，汝宁人，明威将军、镇守抚州万户府万户。医学三皇庙在郡城东隅之庆

① 清雍正七年《抚州府志》卷四十三。

延坊。赞曰：一举而三善。也就是说三皇庙之医学尊奉伏羲、神农、黄帝三圣，依据《易经》《本草》《内经》的原理设置其学，传承中华医学。

崇仁县三皇庙。“天地之大德曰生”“以天地之德为德，以圣神之能为能”“善养心，修其孝弟，善良相熏，和气洋溢”，这是崇仁县三皇庙的宗旨。至元三年丁丑（1337），虞集在《崇仁县重建医学三皇庙记》中记述了崇仁县三皇庙“以祀以教，因陋就简”的现状，乐善好施者捐献重修的三皇庙焕然一新：

> 基之崇若干尺，深若干尺，广若干尺，屋之高若干尺，凡□楹神门两廊称之，其都宫有墙，前有门，庙之后有讲堂，医之师弟子讲学在焉。①

重修后的三皇庙，伏羲、神农、黄帝之像南面参坐，而以昔者神明之医，与凡为其学而著名者，以次列坐，配享从祀。虞集也分析了三皇之盛之原因：

> 善养心者莫若理义。修其孝弟，使无逆理败常之萌；修其忠信，使无险薄放辟之发，则善良相熏，和气洋溢，安分受职，幼幼老老。虽有燥湿煥寒之变，情欲事物之感，其所伤亦微矣。是以上古之世，无奇邪之疾，不待钻灼其肌肤，苦毒其肠胃，而泰然委顺，登上寿而不衰，此三皇之所以为盛也。若夫人欲胜而天理灭，良心丧而百体随之，内邪外害，万窍并入，虽和缓并生于十室，其若之何哉！此又吾贤令长之意，不徒在于宫室之美，观瞻之崇者。②

三皇之所以为盛，在于教人要尽孝、善良、和气，才“无奇邪之疾”，才会永寿安生。

---

① 四库本《道园学古录》卷三十六，第 1207 册，第 518 页。

② 四库本《道园学古录》卷三十六，第 1207 册，第 519 页。

宜黄县三皇庙。唐天宝间，宜黄县三皇庙始建；延祐元年，在史荐县宰的倡导下，重建。庙殿建好后，具完具美，设伏羲氏、神农氏、皇帝氏三圣人像，配享从汜名数位次悉如朝议。吴澄撰写了《宜黄县三皇庙记》，赞颂史荐的功绩，其曰：

君为节缩冗费，市学外隙地于邑之大家而广其居。又累石作址，构书楼三间于明伦堂之后，匾曰“仰高”，书《儒行篇》于壁以励来学。史君之仕也，所至有能声。宜黄之政，此其可称可观者焉。[①]

乐安三皇庙。乐安三皇庙始建于元代，于1335年新建，其规格虞集在《抚州路乐安县新建三皇庙记》有描述：

其庙之殿崇二十有二尺，深广皆二十有四尺，殿门之崇十有七尺，庑之崇亦如之，都宫有垣有门，其成则仍改至元元年乙亥之冬也[②]。

三、南丰信仰特点

南丰军峰山是北宋王文卿创立的神霄派之发源地，在元代神霄派传播甚广，尤其是在王文卿家乡南丰，正如虞集在《南丰灵惠冲虚通妙真君王侍宸记》中所述：

至顺三年夏，乐安县尹蒲君汝霖以书来告曰：在延祐庚申，汝霖同知南丰州事。六月，州境大旱，祷诸山川弗应。州人言，有侍宸王君祠在神龟冈，所谓妙灵观，去州数里。侍宸宋徽宗时归而没于其乡，其神至今有灵异，盍祷诸？汝霖以雨为己任，亲往祷焉。既得卜乞灵水于缶，登舟以还。有蜿蜒浮水而来者，红光赫然，云

① 清雍正七年《抚州府志》卷四十三，第3487页。

② 四库本《道园学古录》卷三十六，第1207册，第518页。

气随之，州吏以器迎之，即就器蟠不动。及州门，雨垂降，至公署而大作，是岁稔。明年又旱，吏民以汝霖前祷之应也，诿汝霖仍往，其应如去岁，岁又稔于是岁。州之父老来告曰："侍宸之恩，不可不报。生有道术著于时，殁又惠泽及其民，宜白朝廷有以表异之。"南丰，下州也，而不统于郡，得专达行省，乃以侍宸事为文书上之。既闻于朝，事下太常博士议曰："君故宋时已封冲虚通妙真人，宜加赐灵惠，易真人曰真君。"①

"南丰，下州也，而不统于郡，得专达行省，乃以侍宸事为文书上之。既闻于朝，事下太常博士议曰：'君故宋时已封冲虚通妙真人，宜加赐灵惠，易真人曰真君'"，由此我们知道南丰县因为王文卿的关系，直接由省直管，而且在元代被朝廷加赐，由真人转为真君，受王文卿的影响，道教信仰广泛，神祇也多。

（一）东岳行宫与东岳信仰

东岳行宫原名为东岳祠，始建于北宋嘉祐年间（1056—1063），北宋治平年间（1064—1067）、宣和（1119—1125）扩建，南宋绍兴（1134—1162）装饰一新，侍宸王文卿真人题词，南宋淳祐辛亥（1251）重修。元代至元庚辰（1280）又修，后朝廷"诏书崇祀岳渎，东岱复加大生之号"，大德丙午（1306）一至大戊申（1308）再修，至大二年己酉（1309），刘壎为这次重修撰写了《南丰州重修东岳行宫记》，其记曰：

为屋凡一百五十余间，鼎新创造者凡五十有五间，塑像因旧而增饰者，帝后而下凡五十有一，从新雕塑者，帝像暨诸像凡二百。丹垩辉华，甃砌整洁，其或未备，则今郡侯绰哈实足成之。是祠也，视嘉祐为有光而壮丽，诚为东南甲矣。②

① 四库本《道园学古录》卷二十五，第1207册，第367页。

② 四库本《水云村稿》卷三，第1195册，第359页。

东岳信仰在南丰历史悠久，曾是南丰最重要的道教场所，到元代为之最，“为屋凡一百五十余间，鼎新创造者凡五十有五间”，与安福州东岳庙比较，规模更大，这种大兴土木建造东岳庙的动作，反映了朝廷和地方对东岳信仰的态度。

（二）三茅真君祠与三茅信仰

三茅信仰在江西不是很普遍，从历史文献来看，南丰可能是为数不多的地方，与南丰为邻的还有赣南客家瑞金赖氏家族的道坛也奉祀三茅真君。南丰三茅真君祠始建于元代延祐甲寅（1314），由本地善士谌济川建造，住持张惟善道士为首任观主。延祐四年丁巳（1317），刘壎撰写《南丰州紫霄华阳岩三茅真君祠记》。

第一，作者认为“仙道无时空”，最远也能传播，如文曰：“仙道行世无远迩，有人焉，慕尚崇信之弗懈，即远者迩矣。江左有郡曰金陵，金陵属邑有山曰三茅，盖茅仙兄弟成道之地，道书所谓华阳洞天者也。”

第二，延祐元年（1314），南丰本地人谌济川历尽艰辛到茅山受箓，“延祐甲寅岁，里善士楫慨慕元虚，始独造焉。帆重湖，航大江，一往复，凡三千里。受经箓于宗坛，分炉薰于灵琐，严奉以归，归而谋卜地以祀”。

第三，在谌济川和张惟善共同努力下创建了南丰三茅真君祠，“其里之紫霄观侧，古称道人岩者，临流绝险，岁久榛芜，而地幽尘清，堪驻仙驭。观主张惟善启之，济川是之，乃铲乃芟，乃辟乃镵，乘夷旷而祠三像于中，构别馆而祀钟吕于后。苍翠环合，风露萧爽，咸稽首曰：‘茅仙乃在是，何其近也’”①。

四、相山周边道士

唐乐真，生卒年不详。临川人，南宋神霄派道士，王侍宸之高徒。“以法术承应内廷，是年以侍宸教法祷雨京师有应。”

胡道玄，生卒年不详。番阳人。王侍宸之高徒。“有所谓神霄野客者也，得侍宸之真传。”二十多岁，道行关陕、荆襄、江汉、淮海、闽浙之

① 四库本《水云村稿》卷三，第1195册，第366页。

间。当已巳、庚午之旱，旬日之中，郡县争致之，所历或一日，或二日，嬉笑怒骂，雷雨随至。官吏畏而民爱之。环四五千里之间，所至无不应者。至于妖怪之作，劾治如法，人以为神。遇异人于武当大顶天柱峰，得修仙之道，遍游名山洞府而归江东西之间，从蓬头金公游，甚相契许，他人莫之测也。于是收敛神异之迹，将求名地以归隐，是以谒浮丘君于华盖之上，道过黄茅之冈，故使予得见。

陈逢吉，生卒年不详。崇仁县上方观道士。受知邑令范清敏公之邀，于南宋嘉定年间主持道观事务，上方观重兴自此始。其徒弟吴惟一，号竹隐，朴素直谅，为众所向，陈次抟（号林居）、陈复宗（号昶山）志宏才优，同心协济，用克树立，世绪弥昌。（吴澄《上方观记》）

彭九万，生卒年不详。字南起，庐陵人。其师尊康克明、袁用宏。六岁能记诵经史，其父携带他到豫章西山玉隆万寿宫学徒。十二岁，入省城学道于紫极宫，遂为道士。长大后，仙游湖湘。后入崇仁县西北四十里之上方观，观之主者陈复宗见其心有诗、体有丹，道学满满，所以亲之誉之。虞集赞其丹道曰："在史馆时，有自江南来者言，君得神仙术，闭门修之三月，觉有气汩汩从中起，稍引之，其动如风，其暖如火，以次周其身如贯珠然，久之有归，如明镜止水，身心泰然，若与太虚为一。"并为之赋诗，诗曰：天之苍苍，其有涯耶？九万其程，孰羽仪耶？大罗之鹿，旗峰旆旆。膏田丹井，灵气所会。有芝有兰，为秋为春。子去不来，白云谁邻？噫后之人，善视松柏。我坐新诗，永镇玄宅。其弟子陈子靖、龚致虚、戴大年。（虞集《九万彭君之碑》）

张次房，生卒年不详。字绍隐，号松谷道人。临川梅仙观道士，后创立抚州玄都观。至元间，随从第三十六代天师张宗演到京都，皇帝觐见，留侍阙庭数载，授崇道护法玄妙法师、江西道教都提点，北归住持浮云山圣寿万年宫、抚州梅仙玄都观。（吴澄《抚州玄都观藏室记》）

黄仁玄，生卒年不详。张次房之徒。黄仁玄有徒周秉和。徒孙毛允执。黄仁玄在其师创建的玄都观的基础上建"藏室"，"藏室"按唐时旧观，其中只有老子一像，遵循其师"清静无为"之教育。其中藏圣贤经传、历代史记，与夫诸子百家之书。（吴澄《抚州玄都观藏室记》）

查居广（1284—1330），字广居，临川人。少入金溪望仙观受度为道士，后到上饶龙虎山中，入住铁柱延真宫。善诗，“从庐阜黄尊师石翁学为诗，尊师爱其类己，授之彀率，裁以尺度，君更感激自奋”，与危素太朴、王渐玄翰、揭车子舟为最善诗四人。卒于仁寿观。有徒葛世蕃。（柳贯《金溪羽人查广居墓表》）

曾德贵，生卒年不详。乐安县招仙观住持。其师灵远大师。受太和诚一仁静法师。与太虚冲妙高远法师黄有大协志同力，不怠不啬，肇建招仙观藏室，在善士资助下，招仙观之兴盛倍于往昔。招仙观始建于南宋绍兴年间，在乐安县东五里外，创县时建，名为铅田招仙观。有道士杜、谭、李、曾、詹、陈、董、许相继主祈禳事。招仙观下辖南真观、石泉观。其徒孙谢师程。（吴澄《乐安县招仙观记》）

姚时升，生卒年不详。历玉清观。至元中，受命重修崇仁县仙游昭清观，东里陈祥胁从姚时升之谋，与祥符观道士黄守正、公举道士余希圣掌观事。陈施财新三门，黄施财新道寮，余又自新庖厨等屋。施粟、施田、施山者累累有人，别载碑阴，于是观再兴盛。（吴澄《崇仁县仙游昭清观记》）

第二十章　宋元时期江西道教的文化形式

道教在漫长的历史发展过程中，为满足信仰者的精神需要和信仰群体的社会需要，通过道书志书、建筑宫观、宫观（石窟）造像、斋醮科仪、雕塑绘画、诗词歌赋、绿章青词、道情傩舞和神仙传记等方法与手段，创造出丰富多彩的文化形式，从而使神圣、神秘的道教信仰通过实体化、艺术化的形态在社会传播和发展。宋元时期江西道教的文化，形式多姿多彩，内容丰富多样。

第一节　道志、道书的编纂与刊刻

以国家认可的方式总集、编纂道书始于南朝宋明帝泰始七年，庐山崇虚馆陆修静奉敕“总括三洞”，撰成《三洞经书目录》，成为后世编修《道藏》的基本分类方法。它的产生，既来自王朝推动，又源于民间力量，是内外两种动力交替作用的结果。宋元时期是道教发展的成熟阶段，最重要的标志是朝廷多次开展道经搜集及《道藏》的重修，前后编成《宝文统录》《大宋天宫宝藏》《政和万寿道藏》《琼章宝藏》，元代则编有《玄都宝藏》。历代朝廷对道教文化的认同，既催生了江西道教史上道经、道书的大量产生，仅北宋初徐铉在江西袁州紫微观、筠州祈仙观、洪州应圣宫等11座道观收集了超过1000卷的道经，又反映了江西道士或江西籍士大夫参与历代《道藏》编修和《道藏》中江西元素的历史面貌。宋元时期奉诏或其他方式编纂的道志、道书有：《阁皂山记》《玉笥实录》《梅仙观记》《庐山太平兴国宫事实》《龙虎山志》《明真破妄章颂》《冲虚通妙侍宸王先生家话》《灵剑子》《许真君石函记》《净明忠孝全书》《道德真经章句训颂》《太上灵宝净明中黄八柱经》《海琼问道记》《上阳子金丹大要》《鸣鹤余音》等。

一、道教志书的编纂

（一）《阁皂山志》的编纂

《阁皂山志》始编于唐广明元年，三洞道士许玄真编纂，原名《阁皂山记》。宋神宗熙宁五年（1072）杨申重修了《阁皂山记》。

杨申，生卒年不详。字宣卿，北宋新喻（今江西新余）人。天圣二年（1024）进士。历官上饶县丞、太常少卿、光禄卿等。著有《阁皂山记》。熙宁五年（1072）撰写的《阁皂山景德观记》刻为碑文，收录在《阁皂山记》。

《阁皂山记》之《阁皂山景德观记》首先记述了阁皂山的地理位置：大江西南，庐陵之北，距清江县治五十里，有山曰阁皂。方广严丽，如天一口，望之宏邃，其色为然。此名也，唐仪凤中，道士孙道冲请于朝，朝廷命以赐之。[①] 阁皂山在宋朝廷依然得到朝廷的关注和重视：

> 皇朝赐名景德，及龙图、天章宝文御书总一百二十卷，泰山芝草二，良田二十顷。今学道之士五百人，为屋一千五百间矣，呜呼盛哉！[②]

在中国的道观中得到朝廷御书并盖有印章，且有“学道之士五百

① （明）俞策编撰，（清）施闰章修订：《阁皂山志》。
② （明）俞策编撰，（清）施闰章修订：《阁皂山志》。

人。房屋一千五百间”恐怕不多，阁皂山的道教盛景，既说明了灵宝派的传承有续，又反映了宋代道士邹九龄、熊崇天的积极作为，不但守护好祖庭，也得到儒家对道教的理解与支持，“道士邹九龄、熊崇天录寄事迹，来请为记……吾乡一山，历代崇显，皇朝致礼，犹严且厚。百数十年，天平地成。民生此时，积世不闻兵革。”

阁皂山景德观于政和八年（1118）赐名为“崇真宫”，宋宁宗庆元二年（1196）周必大撰写《阁皂山崇真宫记》。

《阁皂山崇真宫记》采用先论后记的手法，由远至近，由彼及此，从议论上本无神仙，到西周时周穆王周游全国，生造出什么“中天之台，瑶池之宴”的仙境，秦始皇迷信于方士徐福的“长生不老药”“黄老”之学成方士之术，流传于后世，影响既深且广，遂有一些人进入崇山峻岭、攀崖据险，选择深山老林，建观立庙，炼丹寻药，风靡一时。清都帝居十洲三岛虽渺茫无考，然而洞天福地倒是实有其地的，从而引出阁皂山这个神仙之馆，并通过记叙，考查阁皂山宫观历史上三次巨大变迁，介绍名流高士“孙偓、李洞、宋齐丘、沈彬、孟实于、徐铉、陶弼的留题”，及道士张景先、陈孟阳、陈彦举、黄常吉等的诗篇在阁皂山的传播。

南宋嘉定十三年（1220）白玉蟾所撰《阁皂山昊天殿记》则记载：“昊天殿，祀上帝之所，在寥阳殿后，其高倍之。”可见，昊天殿是阁皂山众宫观之最高处。白玉蟾在记文中，首先解释了“昊天”，即苍天之极，以神仙传说描述昊天有玄真之国，弥罗上都等幻觉漂缈的所谓上帝宫殿，继而引申出阁皂山也有昊天殿旧建筑，清江汇湖山杨舜臣慨然捐献改建一新，历时四年始竣工。

刘辰翁撰写的《阁皂山门记》特别提到：“江西大宫观福地，惟玉笥、阁皂二山。而阁皂山以楼居压山谷，高下如层霄”，玉笥盖仰焉望之，“入门，楼观伟然，凌空欲飞，危出山半；虽金碧未施，而檐牙山节，工极诡丽，观者低回”；“此山此门，西江之上以一二，京浙之间以十数，若中天之大，其能几何？”“吾以斯楼拟天上所闻则不足，比人间所见则有余。”足见阁皂山门和宫观在当时的确非同一般。

（二）《玉笥实录》的编修与刊刻

《玉笥实录》始于唐代，原名《玉笥山祖记实录》，由道士谢修通编纂，他说："自是纂辑《实录》，以纪玉笥之胜；开传要法，慕道者裹粮而至。"谢修通（760—857），宜春人，玉笥山清虚馆道士，带着年迈的母亲入山修道。

《玉笥山记》一卷由唐道士令狐见尧编纂，若对照史籍，《玉笥山记》中虽存在着一些虚构或不实成分，但它为了解玉笥道教的历史变迁提供了一个重要的参考文献。

> 汉武好仙，察众仙之迹，知此山为灵感之司。遂于山顶致降真坛，日夕祈祷，天乃降白玉笥置坛上。武帝遣使取，至其坛侧，飘风大振，卷玉笥而去。因封为玉笥山。又汉武时，邑民伐材于山为廨馆，阙殿中梁一条，邑民相谓曰：欲精仙馆，在其梁栋，未可以凡木为之，经数旬未获，忽一夜震雷风烈，天降白玉梁一条，光彩莹目，至今下有玉梁观。至魏武时，遣人取之，至其山门。亭午之际，雷霆大震，化为白龙，擘烟雾而去。晋永嘉中，有人见在郁木岩下。梁黄门侍郎萧子云建清虚馆，兼撰立馆碑，经五载，忽有一人来谓之曰："馆之东北有洞，曰郁木坑，水自东注，可以久居矣。"子云遂徙家居之。后全家隐洞中，不知所之。大历初，有道士谢修通者，宜春人也。入此山不出，凡四十年，如野人。后遇一人，引入溪源，于溪中得一碑，长三尺，乃萧侍郎清虚之馆碑。更行，行半里，见宅基古砖瓦石皆异，遂结庵居之①。

《玉笥山记》记述的汉武帝在玉笥山降真坛只是传说，但南朝梁侍郎萧子云在玉笥山建清虚馆、梅福建坛是事实。此文还反映了宋代以前玉笥山奉祀萧子云、梅福的信息，也道出谢修通在玉笥山清静修道四十年"得道成仙"，如"长庆初，入郁木坑，偶见一宅，重扉。须臾有一青

① （宋）李昉：《太平广记》，卷四十一"地部六"，四库本。

衣童子，招修通入见。一人紫绶峨冠佩剑，立堂之左。一人碧绶素简，立堂之右。童子曰：‘左者萧君，右者梅君。’即梅福也。通乃叩头再拜求祝。修通好食小蒜，二君曰：‘子乃荤腥之人，安能住此？’赐修通嘉禾五穗，松叶半斤，令顿服之，服之中半，二君乃令归，精神似不足，眼目睢盱。门人相谓曰：‘师修行不出，凡七十年，为邪气所乱，大道何昧乎？’通至宝历初，梦人告曰：‘造一精舍待君。’既寤，曰：‘旦日我当死矣。’七日而卒。门人求备棺椁，空见衣冠而已。年九十八。”

《玉笥实录》是南宋宣义郎杨扶在《玉笥山祖记实录》《玉笥山记》的基础上编辑而成，他在《玉笥实录》自序中描述了前两种志书的缺陷，“山有《实录》，唐谢真人撰次，文字首尾皆戾漫不可读，似后人嫁名者。有《山记》二：其一唐令狐道士编述，已失之，简脱不得三四；其一邑中窦滔指二书为舛谬，欲精布叙之，又以不常到山，第取传闻附会臆说。今日之事，窃有待于子。愿统三者而折衷之，以为一书，庶几来者有所考焉。公他时遨游于洞天福地之间，与山之灵且不为素昧。”杨扶，生卒年不详。字图南，号竹溪居士，去官后在玉笥山筑台隐修，与“忠简公”铨、大丞相省斋周文忠公，皆与之游[①]。忠简公铨为庐陵籍士大夫胡铨，为杨扶交好并为之作记，周文忠公即周必大。

《玉笥实录》的编修完成于南宋绍兴二十八年（1158），周必大在重刻时作序，曰：“有宣义郎杨扶，（字）图南，著《实录》二万余言，事为一门；王密德升赋诗三百余篇，篇纪一事。二君皆邑之名胜，其书同成于绍兴之二十八年，古迹备矣。”

《玉笥实录》重刻于庆元三年（1197），玉笥山承天宫知宫杨得清负责，杨得清为著名诗人杨万里的侄子，“今知宫事杨得清复刻自唐以来诗人题咏附益之。凡好事者苟未能一至此山，姑视三书，犹将神游意想，飘飘然起凌云之志，况于出入烟霞、遨游泉石之间哉！得清盖庐陵士族，

① （清）董谦吉、李焕斗等纂，清康熙十二年刊本《新淦县志》，台北，成文出版社有限公司 1989 年影印本。

于诚斋待制为叔侄行，作诗有家法，求予一言，故为题其要于卷首。”[①]

《玉笥实录》首先记述了“太宗、真宗、仁宗三朝”在洞天福地玉笥山建金箓斋醮：

> 本朝累命建金箓，数严崇奉。太宗、真宗、仁宗三朝，御书在焉。岁择童子一人专勤掌守，满岁授度。政和间，复增恩涣，岁赐冠褐者六十，以奉列圣奎画，虔恭钦戴，同贮于杰阁之上，弹压仙源，辉耀宫宇。遂俾太上俯临之地，群仙高举之乡，如在春风披拂中，沉浸醲郁，四时品汇，常有生气，斯足以彰妙道于无穷，而来者得拭目以观美盛，岂不伟耶？胜地遗迹，具可观赏，仙客骚人，寻幽而来，未有无好音以赏之者[②]。

在洞天福地建金箓斋醮是国家祭祀的组成部分，享有较高地位，有朝廷派使者完成仪式，也是地方官员的一项重要任务，对道观而言更是重中之重的活动。

《玉笥实录》记述了“仙道真人”的修行。“得道成仙”作为道教最核心的信仰，是一个充满活力的重要表征。追求长生不老，希望能够自由自在地永远活下去，道教正是围绕着人如何通过修身养性来获得生命的超越而确立起自己的信仰体系。“神仙”也指具有神通变化而又能保全性命的真人或至人，后发展为道教追求的打破时空局限、善待生命乃至无限地延长寿命的一种人生理想。神仙不但能上与造物者游，下与外生死、无始终者为友，独与天地精神往来，有着常人所没有而又十分向往的特异功能，如葛洪在《神仙传·彭祖传》描述：仙人者，或竦身入云，无翅而飞；或驾龙乘云，上造太阶；或化为鸟兽，游浮青云；或潜行江海，翱翔名山；或出入人间，则不可识；或隐其身，而莫之见[③]。玉笥山

① （宋）周必大：《平园续稿》卷十二，《四库全书》。

② （唐）谢修通纂，（宋）杨扶校正，（明）李景春重梓，（清）吴遇恬等纂辑，戴训超点校辑补：《玉笥实录》，江西人民出版社 2020 年版，第 16 页。

③ （晋）葛洪著，胡守为校释：《神仙传》，中华书局 2010 年版，第 16 页。

作为洞天福地，是求仙访道之隐修胜处，向往“仙道往来如闻歌声”的仙境生活，成为历代名流的好去处，视为“得道成仙”的佳地。“承天八祖”就是玉笥山承天宫的八位高道，在满山秀色的玉笥山博采方术、内丹修炼，完成了他们修道成仙的志向，他们是：刘潜谷、陈绍观、王处一、丁守元、姚文质、曹处明、宋怀德、汪希声。

《玉笥实录》借神话传说提升其影响和关注。如赤松子在玉笥山修炼：

> 第八郁木福地丹阳谷，在洞天之东二三里许。天皇初，山岗秀结，谷生灵木异香，四时馥郁，故曰郁木坑。汉朝改坑为洞。面耸二峰而水注其门，湍激渊沦。松桧俱百寻，茑萝萦翳。里人崇会，率来此也，是阴灵之分曹，仙官之别府。唐尧曾遗丹砂金药埋于左司坛上，在玉山之半崖山顶，亦号元阳真人。赤松子寓此修炼，丹井、醮坛俱在。及西城金母，常来会燕，禹埋玉函金简之篆，汉武亦投简璧，皆在洞之东坞。原洞有飞仙石船，今在北源，化为石，犹作琼船象，故号石船坑。源涧常生金英、碧茸者，神物亦时露其秘，然终不使其为常玩。天将雨，必有云雾起于岩中[①]。

据张君房的《云笈七鉴·经传部·列仙传》卷一八〇载：赤松子者，神农时雨师。服水玉以教神农，能入火自烧。至昆仑山上，常止西王母石室中，随风雨上下。炎帝少女追之，亦得仙俱去。至高辛时复为雨师，今之雨师本是也[②]。赤松子为“雨师”，祈雨时一定要祭祀的神仙。因为，玉笥山周边常常遭遇旱灾，所以要请赤松子来设醮祈雨。

《玉笥实录》中传说汉武帝在玉笥山“得道成仙”比较明显。汉武帝刘彻曾游遍天下名山，相传到玉笥山时，西天王母授他《上清宝箓

① （唐）谢修通纂，（宋）杨扶校正，（明）李景春重梓，（清）吴遇恬等纂辑，戴训超点校辑补：《玉笥实录》，江西人民出版社 2020 年版，第 19 页。

② （宋）张君房编：《云笈七鉴》卷一八〇，中央编译出版社 2017 年版，第 1221 页。

图》。一天，见天降白玉笥在太白峰，武帝命人去取时，风雨突降，席卷玉笥而去，玉笥山因此得名：

汉武帝来游，崇修仙宇，开基得古铸三清圣像，累代有文籍交掌，至今别殿严奉。①

据《临江府志》记载：汉元封五年，武帝行巡南部郡，受上清箓于群玉山，见有玉笥委坛中，忽失去，因改曰玉笥。每天高气清，有声出空中，如众乐并作，及夜阒寂。又如闻车马金革之来，居民畏忌，遂徙其家，为学道者安居焉②。

《玉笥实录》的重要补充。曾敏行编纂的《独醒杂志》内容涉及玉笥山飚御庙及相关资料，对《玉笥实录》资料的补录有史料价值。曾敏行（1114—1175），字达臣，号独醒道人、浮云居士、归遇老人，吉水县人。在玉笥山下建小屋而居，匾曰“独醒斋”。著有《独醒杂志》，书中记录了五代至南宋初许多民间道教故事，如卷四中记载云狄青南征侬智高时曾访问何仙姑，预知未来之事。曾敏行的《独醒杂志》也是记录玉笥山道教文献之一，他主要记录了玉笥山的主要道教宫观：

玉笥飚御庙，乃西狱之别祠，初为“云腾庙”。许觉之书三大字，后改赐今名。唐之神多唐衣冠，传闻其像皆唐所塑，帝像不冕而冠，盖章圣东封后始册帝号。土人屡欲更像，迄不得。卜水旱疾疫，有祷辄应。远近数百里举子当秋赋，亦皆往谒。始因刘公美中尝致祷，神降之梦，有诗云：来年三月春盛时，骅骝稳步金街西。刘公自是举进士，中词科，出入中外，终于兵部尚书、显谟阁学士，故皆以为梦之符如是。外舅谢公世林方舍法盛时，再贡不第，其居距祠下不数里，岁时奉祠惟谨。一日，以科目祷焉，梦中亦得

① （唐）谢修通纂，（宋）杨扶校正，（明）李景春重梓，（清）吴遇恬等纂辑，戴训超点校辑补：《玉笥实录》，江西人民出版社 2020 年版，第 19 页。

② 《峡江县志》卷十《杂类志·轶事》。

诗句云："欲留年少待富贵，富贵不来年少去。"乃乐天诗也。外舅自是不复南宫大廷之试，寻以疾终[①]。

（三）《梅仙观记》的编纂

在南宋还出现了以宫观为记的志书，例如《梅仙观记》《庐山太平兴国宫采访真君事实》，这些道观在都是有一定影响的。《梅仙观记》，由南宋绍兴年间梅仙观道士杨智远编纂，收录正统《道藏》洞玄部，包括"梅仙事实""宋敕诰""碑刻""题咏"。

《梅仙观记》开篇《梅仙事实》首先记述"梅福的事迹"，以梅福弃官访山问道为线索，描绘了梅福仙游于会稽之南雁荡诸山、闽南仙霞山（即武夷之东）、演仙山、玉华山、乌石山、飞鸿山的历程，隐于山谷，炼丹采药。飞鸿山成为梅福"修道成仙"之境，飞鸿山因梅福改为梅仙山，有梅仙院、梅君庙、梅仙堂等圣迹。

《梅仙观记》中宋朝廷对梅仙观的敕封作了详细的记录，例如，元丰五年（1082）敕书："梅福在汉之际，数以孤远极言天下之事，其志壮哉。晚而家居，读书养性，卒于遗俗高蹈，世传为仙。今大江之西，实存庙像祷祠，辄应能泽吾民。有司上闻，是用锡兹显号，光灵不泯其服。朕恩宜特封寿春真人，牒至准敕，故牒。[②]"据梅仙坛观道士杨智远状："乞奏闻赐真君名号。州司所据前项申述，切以福之伟节忠论，布在史策，可考而见。"赐封梅福为"寿春真人"。"真人"之称源于先秦，通常不用于尊称在世的道士，并且皆有皇帝赠封。《黄帝内经·上古天真论》记载："黄帝曰：余闻上古有真人者，提挈天地，把握阴阳，呼吸真气，独立守神，肌肉若一，故能寿敝天地，无有终时，此其道生。"黄帝所指"真人"为长寿者。《庄子·大宗师》云："何谓真人？古之真人，不逆寡，不雄成，不谟士。……是之谓真人。"庄子的理想"真人"是指具有人格魅力、存养本性、悟得大道之人。天宝元年（742）唐玄宗赠封"庄子为

① （宋）曾敏行：《独醒杂志》卷三，《四库全书》。

② 《道藏》第11册，文物出版社、上海书店、天津古籍出版社1988年版，第64页。

南华真人”“文子为通玄真人”“列子为冲虚真人”。梅福怀才不遇，隐于山水，修真养性，成为真人。

绍兴二年（1132）对梅仙观的敕书：“朕向巡狩于南国，以豫章为柬，朝母后率掖庭而行舟楫，冒风波之险，凡所经涉，必有护持，爰锡褒恩，以答神贶。洪州丰城大江北岸梅福升仙坛观寿春真人，正谏不用，高名独存，悯汉室之不纲，去吴市而不返，既严祠馆亦赐封名，兹复益于美称。益少敷于新渥，其歆异眷，用慰平生，可特封寿春吏隐真人，奉敕如右牒到奉行。”

（四）《庐山太平兴国宫采访真君事实》编撰及其价值

《庐山太平兴国宫采访真君事实》是庐山太平兴国宫在宋元最繁盛时期由叶义问编纂、众道士不断增补的一部道教宫观志。该志在明清时期有两种版本流传。对《庐山太平兴国宫采访真君事实》的编纂、流传与使用情况进行考察，还原其历史，将有益于对庐山太平宫的历史变迁作整体的、本质的描述。

南宋绍兴二十四年（1154），左朝奉郎通判江州军州事、兼管内劝农营田事，赐绯鱼袋叶义问编纂了庐山太平宫第一部宫观志书，《庐山太平兴国宫采访真君事实》并作序，他说：

> 玄宗皇帝建祠以事，而使者之名显。国朝累圣崇奉，神宗皇帝虔进圣号，徽宗皇帝加上宝册，而使者之位益重，祀典益崇，礼意益至。殊祥异贶，影从响答，其在斯欤。义问来九江，适太守大卿胡公纺以清静理郡政，民神协从。甲戌春，举行旧典，以义问摄祀事于太平兴国宫。礼毕，因观山川之胜，穹隆磅礴，层见垒出，不可名状，是宜高真之所慎择也。宫之道士有向师尚者，清修自持，且有心于阐宗立教，以使者应化之迹泯泯未传，求义问编次，义问不敢以鄙陋辞，谨列于左方。[①]

① 《道藏》第32册，文物出版社、上海书店、天津古籍出版社1988年版，第661页。

叶义问（1098—1170），字审言，南宋严州寿昌人。建炎二年（1128）中进士。历官饶州教授兼摄郡事、知江宁县、江州通判、殿中侍御史、知枢密院事、吏部侍郎兼史馆修撰兼侍读、同知枢密院事，后提举宫观。叶义问在《庐山太平兴国宫采访真君事实》序文中记述了绍兴二十四年（1154）春天在庐山太平兴国宫“举行旧典，以义问摄祀事于太平兴国宫”。

现存的《庐山太平兴国宫采访真君事实》文本，大致可以分为正统《道藏》七卷本与明刻八卷本两种版本。一般认为，《庐山太平兴国宫采访真君事实》是宋元时期叶义问与众道士先后编纂的一部道教文献。上述“叶义问序”，记述了其编辑缘起：义问来九江，适太守大卿胡公纺以清静理郡政，民神胁从。甲戌春，举行旧典，以义问摄祀事于大平兴国宫。因观山川之胜，穹窿磅礴，层见叠出，不可名状，是宜高真之所慎择也。宫之道士有向师尚者，清修自持，且有心于阐宗立教，以使者应化之迹泯泯未传，求义问编次，义问不敢以鄙陋辞，谨列于左方。绍兴二十四年中元日，左朝奉郎通判江州军州事、兼管内劝军营田事、赐绯鱼袋叶义问序。从序言内容看，叶氏于1154年通判江州军州事，应太平宫道士向师尚之请而编次此文本。然而，查考《宋史》，叶氏卒于乾道六年（1170），而《庐山太平兴国宫采访真君事实》整部内容汇集了唐、宋、元及明初以来帝王、道士及百姓在此宫的祭祀、封诰、祈祷及灵应等。由此可知，《庐山太平兴国宫采访真君事实》绝非出自叶氏一人之手，叶氏之后，不断有人对其进行增补，但叶义问作为《庐山太平兴国宫采访真君事实》(《太平宫志》)的初修者应该是事实，且也是有开创之功。

叶义问在《庐山太平兴国宫采访真君事实》的序言中赞颂庐山太平兴国宫道士向师尚，“宫之道士有向师尚者，清修自持，有心于阐宗立教，以使者应化之迹泯泯未传”。

《庐山太平兴国宫采访真君事实》之《太平兴国宫地主祠堂记》还记载了江州义门陈氏转让土地给太平兴国宫并迁移至德安。

> 今天子亲诣使者，欲于庐山建九天御史之台。五百年后，福被黎庶。我以尔所居，瑶壑葬月，玉渊影天，真胜处也。宜捐厥地而基其庙食矣。陈既诺，道士出门，恍失所在。后忽迅雷烈风移所居于宫左，即其北以为祠焉。祠既落成，陈亦羽解，遂得世为此方地主矣。厥后移居德安县之常乐里，久而又分派于丁山之别业，两被国朝义门旌表之命。国朝改祠为宫，而陈氏亦有跨鳌者、登瀛者、挹兰者、入翰苑者、坐钓台者，弦诵琅琅，簪佩锵锵，阀阅堂堂，旌饰皇皇。盛哉！盛哉！其徒孙陈琢，控青凫，策黄鹄，委宫门。[①]

江州义门陈氏是宋代7个义门中最早最有影响力的，宋太宗赐联：“三千余口文章第；五百年来孝义家。”并赐匾额“义门陈氏”，从此“义门陈”声震全国，也可见朝廷对“义门陈”的重视。

向师尚，生卒年不详。南宋庐山太平兴国宫道士。叶义问赞颂其“有心于阐宗立教，以使者应化之迩泯泯未传”，争取各方支持为《庐山太平兴国宫采访真君事实》的编撰完成做出了巨大的贡献。

《庐山太平兴国宫采访真君事实》在元代重新编修并广泛流行。元代庐山太平兴国宫道士汤德润在叶义问南宋版本的基础上，重新整理并编撰，在内容上增加了卷之四《元朝崇奉类》以及元至元年间姚燧的《庐山九天采访真君殿碑》《太平宫新庄记》等，重新刊刻、发行并在元代及以后流传。

《庐山太平兴国宫采访真君事实》，收录在《正统道藏》正一部，主要结构和内容有：

《庐山太平兴国宫采访真君事实序》。

《庐山太平兴国宫采访真君事实》卷一，分真创始类：考原、见祥、宅灵、应真、殿宇像设、莲花会、采访行等。

《庐山太平兴国宫采访真君事实》卷二，宋朝崇奉类：春秋国醮、

① 道藏本《庐山太平兴国宫采访真君事实》卷六《碑记》。

醮意青词、醮旨、上帝青词、真君青词。

《庐山太平兴国宫采访真君事实》卷三，宋朝崇奉类：圣旨文字、设醮意旨、寿圣广福观大中祥符观醮意、史大资申述灵验乞加封尊册事、加封诰、本州岛奉安封诰醮庆意旨庆醮词。

《庐山太平兴国宫采访真君事实》卷四，元朝崇奉类：圣旨文字、圣节醮意、青词、上元醮意、青词、降香设醮意旨、宗师建醮意旨、延祐五年戊午加封真君徽号等。

《庐山太平兴国宫采访真君事实》卷五，习仙类：康先生遇刘越、胡冲真遇吕洞宾、齐武直坐化、毕养素遇异人、王三一主金华洞、黄真人尸解、刘虚谷坐化、刘祖师立化、骆祖师坐化。

《庐山太平兴国宫采访真君事实》卷六。碑记类：《九天使者庙碑并序》《跋唐九天使者庙碑》《皇朝景德二年重修太平观碑铭》《采访殿记》《奉安玉册记》。宫记类：《太平兴国宫记》《授墨堂记》《地主祠堂记》《重建地主祠记》《重建地主祠堂记》《九天采访真君行宫记》《太平兴国宫营造记》《太平宫新庄记》。

《庐山太平兴国宫采访真君事实》卷七，应感类：杨泰明弃官学道于庐山、李云卿医道有功、向子文遇龚庆长、徐司谏施钱新庙、刘德本捐财赈饥、张怀武阴功友物、王琳放生葬死、食牛肉入观之戒、斋油秽杂斋醮之报、钱方平神授运生章、赵架阁梦神授半夏汤方、刘氏朝真晕死之异。

目前存世的《庐山太平兴国宫采访真君事实》是庐山道教史上仅存的一部成体系的道教宫观志，并为明代编纂《太平宫志》奠定了扎实的基础，为研究庐山道教历史与文化提供了珍贵的原始资料。

《庐山太平兴国宫采访真君事实》是庐山太平兴国宫的文化形式之一，也是庐山道教的代表之作，其意义非凡，而庐山太平兴国宫在宋元时期的藏书及其带动作用也是值得描述：一是朝廷赐书。北宋太平兴国年间，宋太宗诏改太平兴国观；宣和七年，宋徽宗又升观为宫，御书宫额以赐，如《江州志》记载："宫有阁奉御书，太宗至仁宗，凡三千七十四轴。”[①] 南宋理宗也赐书和三清阁牌给庐山太平兴国宫。陆游在《入蜀记》记载了这一盛况："又有经藏亦佳，匾曰‘云章琼室’。”[②] 二是存《道藏》。《庐山太平兴国宫采访真君事实》卷一："有‘道藏’，榜曰‘琼章宝藏’，于湖张孝祥笔，贮经五百二十八函，计五千二百八十七卷。外九十九函，奉敕禁隐，不曾颁降。系扬和王府舍。”[③] 扬和王即杨存中，有学者认为杨存中所舍“道藏”经时在南宋初年，是据《政和万寿道藏》抄写而成。据《宋史》卷三六七《杨存中传》所载，杨存中，本名沂中，字正甫，代州人，南宋初大将，乾道二年卒，年五十六岁，追封和王。除了收录《政和万寿道藏》，太平兴国宫还收藏了其他道书。据《庐山太平兴国宫采访真君事实》卷五，绍兴六年（1136），刘烈在庐山太平宫旁创建“真一庵”，每日端坐其中检阅“道藏”经史，博闻强记，与朱熹、张孝祥、王炎等名公交游。乾道九年（1173），刘烈将亲自书写的《登真隐诀》二十五卷、《上经》九卷送入庐山太平兴国宫收藏。刘烈还著有《还丹百篇》《周易解义》及《历代君臣括要图》，另有杂著、诗文等，并行于世。此外，太平兴国宫道士洪知常将白玉蟾《金丹捷径》一篇、《钩锁连环经》一卷和《庐山快活歌》编为《海琼传道集》，刊行于世。除道书、道志外，庐山太平兴国宫还存有周敦颐诗、苏轼所画枯木怪石、黄庭坚纪游题名等名迹。三是带动庐山其他道观藏书。受庐山太平兴国宫的影响，南宋时期庐山清虚庵的藏书也极为丰富，《道德经》《阴符经》《黄庭经》《度人经》等都列入其中。绍兴年间，显仁皇太后患目疾，皇甫坦为之治愈，大受宠信。皇甫坦固请还山，高宗遂为之在庐山莲花洞拨云峰下建“清虚庵”，以便宣召。又命人绘皇甫坦像，并御题赞文于其上。清虚庵得到帝王垂青，因而颇具规模，焕文堂、清虚堂置列其间，宏丽壮观。陆游《入蜀记》卷四："晚至清虚庵，庵在拨云峰下，皇甫道人所居。皇甫名坦，嘉州人，出游旁郡，

① 桑乔：《庐山纪事》，江西教育出版社 2002 年版。

② （宋）陆游：《入蜀记》，中华书局 1985 年版。

③ 《道藏》第 32 册，文物出版社、上海书店、天津古籍出版社 1988 年版，第 661 页。

独见其弟子曹弥深。登绍兴焕文阁，实藏光尧皇帝御书。又有神泉、清虚堂，皆宸翰题榜。”清虚庵所藏书籍不以宏富称，儒释道皆有，特别值得一提的是大多数是御赐经籍、宸翰题榜，价值非同一般，如《江州志》记载 :“高宗御书‘清虚字’，绍兴二十八年赐 ; 又手书二，绍兴二十八年及隆兴元年赐 ; 又御书清虚之庵牌，乾道九年赐 ; 又御书‘神泉’字，隆兴元年赐 ; 又御书道佛经五，《阴符》《道德》《黄庭》《度人》《心经》; 又草书扇面四章书诗二首 ; 孝宗御书《千字文》; 光宗御书道纪堂字 ; 又《草圣酒中八仙歌》; 又御书‘怡神’字并清虚庵。”[①]

（五）《龙虎山志》的初修

《龙虎山志》是记录龙虎山山水景观、诗文题咏及正一天师道发展情况的重要历史文献，广为研究者所重视，学界对《龙虎山志》多是援以为据，或考辨史实，或研讨教理，或辑佚文献 ; 道教界则依据其寻找传承脉络、重修《龙虎山志》。

《龙虎山志》的编撰始于元皇庆二年（1313）三月，初编者为元明善。元明善，以文章知名，与虞集、吴全节交善，《元史》中有其本传。据吴全节《进龙虎山志表》所载，皇庆二年三月辛巳，龙虎山大上清正一万寿宫重建完工，吴全节奉圣命进献山图，“谨以封上山图，请具录为志”，以彰显圣恩，传之久远。元仁宗可其请，命翰林侍讲学士元明善编纂山志，最终成三卷本，由吴全节“缮写装成四册随表上进”[②]。吴全节还委托程钜夫为《龙虎山志》作序，其序落款为“延祐改元正月二十有七日”，由此可知，元明善于延祐元年（1314）正月完成了《龙虎山志》的编修任务。而《龙虎山志》的正式刊行在延祐二年（1315）在内容上还增补玄教大宗师张留孙的一些恩遇荣宠的材料。

《龙虎山志》分山水、宫宇、人物、法箓、诏诰、碑刻、题咏为七类共三卷，是元代翰林侍讲学士、江西左丞元明善奉诏编纂，标志历史

① 吴宗慈 :《庐山志》，江西人民出版社，1996 年版。

② 《中国宗教历史文献集成》之二《三洞拾遗》，第 13 册，黄山书社 2005 年版，第 85 页。

上第一部《龙虎山志》诞生。元明善在《龙虎山志·序》中说：

> 呜呼天下名山多矣，未闻稍有敕命志之者。兹山奚独蒙幸如此哉，以其人而崇也。[①]

《龙虎山志》的编修还引起了翰林学士程钜夫的关注，写下脍炙人口的序言，并刻碑："龙虎之得名以张氏。张氏，老氏之学也，由东汉迄今，绵千数百年而益振，朝廷且尊而信之，此志之所由作乎！"隐含了龙虎山道教传承千年并崇尚老子之学的基本思想。

《龙虎山志》之《人物》包括历代天师及高道，张闻诗也是其中之一："张闻诗，信州贵溪人，于今宗师张留孙为大父行。宋景定年间赐观妙大师……至元三十一年制赠通真观妙玄应真人。"张闻诗以老子"阴阳学说"闻名，培养了一代高道张留孙，促进了元朝廷对道家思想的重视。

《龙虎山志》的编修为全面了解龙虎山宋元以前道教史料以及明清不断编修、续修、重修《龙虎山志》有开拓之功。特别值得一提的是，《龙虎山志》的编修既对《华盖山志》《武功山志》《西山志》《麻姑山志》等道教名山志的编修都有启发意义，又是研究江西道教乃至中国道教都是珍贵的资料，既体现了学术价值，又体现了应用价值。

二、道书的编纂与刊印

（一）《洞渊集》的编纂

《洞渊集》是北宋仁宗朝虔州以载述十大洞天、三十六小洞天、七十二福地、三岛十洲、岳渎河海等所在及仙官为主，是研究道教洞天福地的重要史料。祥符宫道士冲妙先生李思聪编纂。此《洞渊集》的结构和内容：

卷一首为《三界咏序》，述虚无洞天蓬岛十洲胜概；次为《三清咏序》，分咏三清道祖及北极五灵帝君；次简述《度人经》《黄庭经》《道德

① 四库本《雪楼集》卷十五（第1202册）。

经》《清静经》《阴符经》《灵宝仙箓经》《正一盟威箓》《道教金科五律》等经。

卷二、三记道教十大洞天、三十六小洞天、海中五岳及十洲三岛。

卷四载《天下名山七十二福地》。

卷五载四海（东海、南海、西海、北海）仙官，松江、楚江等八水帝及江、河、淮、济、洛等水神庙。

卷六载《天下名山二十八治》，系张天师所建。

卷七载《周天十一曜星君》《北斗七元星君》。

卷八载《周天二十八宿星君降灵》。

卷九载《上清三十二天帝宫神》县官三界事迹。

（二）《老子道德经藏室纂微》《庄子注》《上清大洞真经玉诀音义》《元始无量度人上品妙经四注》的编撰

《老子道德经藏室纂微》（也称《道德经注》）是北宋江西南城籍道士陈景元（碧虚子）所著,《正统道藏》洞神部玉诀类保存全书。《宋史·艺文志》《遂初堂书目》《通志》皆载书目。此书原为二卷,《正统道藏》析为十卷。其中,《宋志》有陈景元《道德经注》二卷，又有碧云子（当是碧虚子）《老子道德经藏室纂微》二卷，蒙文通先生考证认为此是《宋史》的失误，并指出两本书实为一本书，先名《纂微》，后称《注》于熙宁五年进呈神宗。此书是陈景元著述中影响最大的一本经注，南宋彭耜《道德真经集注》、董思靖《道德真经集解》、金李霖《道德真经取善集》、元薛致玄《道德真经藏室纂微手抄》、刘惟永《道德真经集义》皆有所称引（陈景元注解老子的方法和思想，下一节老学部分专门阐述），下列道书均为陈景元所作。

《庄子注》，载《正统道藏》，此书与《道德经注》于熙宁五年一同进呈神宗，不久并颁行入《道藏》。该书以“义理”解《庄》，是陈景元思想的主要著作。

《南华真经章句音义》七卷，收录《正统道藏》洞神部玉诀类，析为十四卷，作于元丰年间（1084），主要对《庄子》进行音训。该书体例颇有特色，将《庄子》内七篇看成是环环相扣的整体，并对每一篇进行单元划分，如将《逍遥游》分为“顺化逍遥”“极变逍遥”“无己逍遥”“无功逍遥”“无名逍遥”“适物逍遥”“无为逍遥”。在外、杂篇上除了以单元分章外，重新分篇，保持与内篇体例一致。在音训上，陈景元以陆德明《经典释文》中的《庄子音义》为底本，以北宋期间的《庄子》古本为参照，并引用如《太平经》《新论》《要览》等材料辅以证明，具有较高的文献价值。

《南华真经章句余事》一卷，收录《正统道藏》，列在《南华真经章句音义》之后。该书是陈景元在撰《南华真经章句音义》时，将各章章名以及诸家版本之校勘异同，另行汇辑，以成一书，即《南华真经章句余事》，也即《庄子阙误》。后面列举了所用校勘九家版本，即景德四年国子监本、江南古藏本、徐铉、葛湍校天台山方瀛宫藏本，徐灵府校成元英解疏中太一宫本，张君房校文如海正义中太一宫本，张君房校郭象注中太一宫本，张君房校散人刘得一注，江南李氏书库本，张潜夫补注。

《南华真经余事杂录》二卷，同《南华真经章句音义》《章句余事》一起收录《正统道藏》。此书是陈景元作《章句音义》时杂钞的有关材料，辑有公孙龙《白马论》《旨物论》，唐天宝手诏，郭象《南华真经序》、成玄英《南华真经疏序》以及唐杨嗣复《九证心戒》。关于陈景元的庄子类著作，蒙文通先生考证了其中的离合关系，认为陈景元庄子类著作本合为一，是集音训、义理、校勘为一体，但后人却单独将之抽出，各自命名，故有现在多种之别，蒙先生校理时又将其编在一起，意图恢复陈景元《庄子》著作的本来面目，方便学者研究和道教界学习参考。

《上清大洞真经玉诀音义》一卷，收录《正统道藏》洞真部玉诀类。此书是陈景元晚年归隐茅山所著，属于音注类。《上清大洞真经》是古上清经，在道教典籍中有重要的影响。陈景元在序言中说：“今也真风湮散，伪隐山栖，道范不间，师资礼废，教法衰弊，莫甚于斯”，故陈景元以弘道为己任，“广求古本，先自考详，沉嘿披寻，反复研构，一句一字”，并“将前辈修习之本及茅山藏本，比对隐书，辄撰立音义”。这种严谨的作风，既反映了陈景元在当时担当使命的自觉意识，又反映了陈景元严谨的学术态度。

《冲虚至德真经释文》二卷，收录《正统道藏》洞神部玉诀类。《冲虚至德真经》即《列子》，此书是唐殷敬顺撰，陈景元补遗，完成于熙宁二年（1069）。《冲虚至德真经释文》是陈景元在游学天台山时于司马承祯水帐下获得的殷敬顺本，后来陈景元览过多家版本，参有校无，在释文之后补亡拾遗。陈景元对列子评非常赞赏，认为“之人也，之书也，深矣远矣，与物返矣，不其高哉！”

《西升经集注》六卷，收录《正统道藏》洞神部玉诀类。此书是集注性质，陈景元集华阳韦处玄、句曲徐道邈、冲玄子、任真子、李荣、刘仁会诸人注。陈景元认为《西升经》乃关尹所作，从中可以“昭昭乎见古人之大体”。

《元始无量度人上品妙经四注》四卷，收录《正统道藏》洞真部玉诀类。此书作于治平四年（1067），亦属于集注类，陈景元集南齐严东、唐薛幽栖、李少微、成玄英四家注。陈景元本着“去重复，精选密义，别纂成四卷，庶免多惑云尔”。

（三）《明真破妄章颂》的撰写

《明真破妄章颂》是北宋正一派天师道第三十代天师张继先撰写，收录《道藏》洞神部第32册。其以老子“道生天地人之说”为根据，用七言绝句诗阐述道教雷法的宗旨，认为人身“三宝”（元精、元气、元神）皆先天一气所化，与上天雷神“同祖同宗”。修道者以我身与天仙同诸一气，以心合神，即可发动“雷机”，叱咤元神，召唤百万雷兵，左右晴雨。本经以老子之“道”与道教雷法相结合，即所谓“明真”。又认为法即是心，心外无法，并以此批评道教之其他方术，其中反对坐守丹田、泥丸及符图咒诀等，以为把握自身元神，即可通天，摈弃他法，是谓“破妄”。并以为万法归于道，法即是心，元神静定，慧剑新鹰，乃能体道。于道深中，则反对正一派与清微派之别。《明真破妄章颂》的创作，一方面反映了天师道第三十代天师张继先重视道教心性的修炼，另一方面，也说明其才华超群，其影响力非同寻常。

（四）《冲虚通妙侍宸王先生家话》的编集

《冲虚通妙侍宸王先生家话》是由神霄派创始人王文卿叙述，弟子袁庭植编集，收录《道藏》正一部第32册，《冲虚通妙侍宸王先生家话》作者王文卿系北宋末南宋初道士，宋徽宗赐号“冲虚通妙先生”，授两府侍宸之职。《冲虚通妙侍宸王先生家话》以问答形式阐述雷法的渊源和功能。首先，回答雷法授受源流，王文卿自称在金陵清真洞得“虚呵风雨之文”，又遇火师汪真君授以“飞神谒帝之道”。其次，论述呼唤风雨，召神役雷之法理，强调内修为雷法之要，而只知外用符诀奏章，并非役雷之术。宣称行法之人若能静坐默朝、久行之，则神气精自然混凝，“上可脱壳朝元，次可长生久视，又其次可以兴云致雨，役雷鞭霆，济人利物，何所往而不可也！”《冲虚通妙侍宸王先生家话》的编集，既反映了王文卿创立雷法的影响力，又反映出朝廷对道教的态度。

（五）《上清天心正法》的编辑

《上清天心正法》成书于北宋，收录《正统道藏·洞玄部·方法类》，共七卷，邓有功作序，《序》中记述了《上清天心正法》的创立时间、地点、创始人、传承人、正法之渊源，即北宋淳化五年（994），饶洞天处士得“浮丘王郭”三圣人感应，寻梦在华盖山“掘三尺许，得金函一所，见金板玉篆，天心秘式一部，名曰正法钦哉。正法乃玉帝之心术、太清之真文、太上之妙法、三洞之灵书，共成四阶经箓”。后经谭紫霄授得其道，才识正法玉格行用之由，其中表述了天心正法的传承脉络，第一代饶洞天，第二代朱仲素，第三代游道首，第四代邹贲，第五代符天信，第六代邓有功。

《上清天心正法》的结构完整、内容丰富，有朝礼、拜表、礼斗、燃灯、步罡、手诀、念咒，每卷还有治病行符方法，例如：卷一中三光正炁之“请服太阳炁”“请服太阴炁”；卷三之“太上催生符”“催生雷符”；卷四之“布炁治疼痛”“治疗毒法”“天罡荡疫发汗灵符”；卷五之“治痢疾符”。从《上清天心正法》的内容来看，不仅仅是一部道教科仪经书，而且是一部包含道教内丹、道教适应时代需要引导社会行正道之法。《上清天心正法》是通过念咒、敕符、布气、存思并结合内丹方法“以达长生”。《上清天心正法》之法术、之符咒、之修炼延寿等法门不仅在国内有广泛传播而且传播到越南等地区[①]，至今福建、云南、贵州、广西等地区都在传承，如：福建长汀东华山道院就是供奉“浮丘王郭三仙”，行天心正法之法门。

（六）《太上助国救民总真秘要》的编集与刊印

《太上助国救民总真秘要》成书于北宋政和六年（1116），收录《正统道藏·正一部》，共十卷，洞幽法师、元妙宗作序并编纂。元妙宗是应宋徽宗召请，入京师经局校刊道教经书，其间尽览道教经典，然而当时的道教经典缺少可以救治黎民百姓疾苦的符咒法术，于是元妙宗便从收集救世治病福法秘法用口诀等编成十卷本的《太上助国救民总真秘要》进献给宋徽宗，纳入《道藏》并刊印。《太上助国救民总真秘要》是以《上清天心正法》为蓝本编写的道医类书籍，主要内容：卷一，阐述了上清北极天心正法序并驱邪院请治行用格，有祈求禳请、遣治瘟疫、杂类邪气等，请乞符水以治之；卷二和卷三，记录了天心正法灵文符咒、祛除痨疾众病符诀，如敕印咒、开印咒、北帝符、天蓬咒、催生符、治头痛法；卷四至卷六，辑录唐代叶法善所传出自汉正一天师之遗法。

（七）《灵剑子》的编撰

《灵剑子》原题“旌阳许真君述”。据考应为北宋末南宋初净明派道士伪托之作，收录《道藏》洞玄部之众术类。全书分八篇，其中《松沙记》言许真君以灵剑斩妖除害，济世行善之事，故书名曰《灵剑子》。另有《序》《学问》《服气》《道海喻》《暗铭注》《道诫》《导引势》等篇，讲述修仙之道。谓修仙须先行善积德，济贫拔难，使心迹洁正，神调气足，然后，行胎息服气，导引存神，以及房中、按摩等方术，保养形体精神，充实精气，调理筋骨血脉，养成玄珠大药，方能成仙。其说糅合儒家忠孝伦理与道家炼养之术，自成一家。

（八）《许真君石函记》的编写

《许真君石函记》，撰写时间为南宋光宗以后，由西山玉隆高士谢

① 刘春根等主编：《越南汉喃文献目录提要》（上册），台北，“中央研究院”中国文哲研究所2002年版，第562页。

观复、朱明叔、郑道全等“递相传授传至于今”。谢观复，即谢守灏（1134—1212），南宋光宗朝赐号“观复大师”，淳熙十三年（1186）管领西山玉隆万寿宫。原书二卷，收录《道藏》洞神部。《许真君石函记》序言：“许真君于东晋宁康二年八月初一在洪州西山拔宅飞升，乃留下一石函，后张守发现其函，得函中秘文，乃修炼金丹之上道也，名《石函记》。”全书九篇，其目次为《太阳元晶略》《日月雌雄论》《药母论》《药物是非论》、《丹砂证道歌》《圣石指玄篇》《神室玄明论》《金鼎虚无论》《明堂正德论》。《太阳元晶略》为全书纲领，记述宇宙万物以及金丹之生成变化皆出乎动。“动者元阳也，元阳即元精，元精生真火”，成日放光，“洞照天地，分霞逐彩，布气生灵”而有万物，“皆神运气化而成自然之质也”。金丹亦由之化成，阴阳气并，四象合和，“气一变而为水、二变而为砂，三变而为汞，四变而为金，五变而成丹”。九篇各自论述丹砂之生成变化、药物之根源性质、金石之君臣父母、坛炉鼎室之制置、阴阳五行之生克、火候直符之推移等。大抵吸收《参同契》阴阳五行、卦爻变化之说，以及《阴符经》三才互盗之理，以言内丹修炼之道。谓先天一气能生化三才万物，乃还丹之机，大药之母；金丹“非人间五金八石、朱砂水银之所”。炼丹者须效法宇宙神运气化之理，使阴阳气并，四象合和而成丹。《许真君石函记》反映了净明道以修炼丹道为本。

（九）《海琼传道集》《玉隆集》的编辑与刊布

有学者研究，白玉蟾在世时，就已经将自己文集编辑与刊布，如同其在《金丹赋》中说：“编书以遗后学。”

《海琼传道集》是南宋庐山太平兴国宫道士洪知常编辑，收入《道藏》正一部，第33册。主要收录了白玉蟾的丹经诗文，如《金丹捷径》一篇、《庐山快活歌》一章、《钩锁连环经》一卷，以《海琼传道集》为名刊布。白玉蟾在庐山时，授以丹法，《庐山快活歌》篇题“赠道士陈知白”。陈知白，庐山太平兴国宫道士，半生立志学铅汞。《海琼传道集》对于研究金丹派在庐山太平兴国宫的传播、发展非常有价值。

《玉隆集》六卷，收录《修真十书玉隆集》卷三十一至三十六，各卷所收白玉蟾文献篇目依次为，卷三十一：《玉隆宫会仙阁记》《閤皂山崇真宫昊天殿记》《咏翠亭记》《心远堂记》《牧斋记》；卷三十二：《听赵琴士鸣琴》《赠方壶高士》《赠蓬壶丁高士琴诗》；卷三十三：《旌阳许真君传》《续真君传》；卷三十五：《逍遥山群仙传》；卷三十六：《诸仙传》，此集所收白玉蟾文集对于金丹派在江西传播发展及其与净明道的关系有重要价值。

白玉蟾的《上清集》《武夷集》也分别收录了白玉蟾在江西道教的文章，如《上清集》卷三十七：《游仙岩记》《驻云堂记》；卷四十三：《知宫王琳甫赞铭》《虚靖先生（赞）》等。《武夷集》卷四十六：《赞历代天师》《炼丹不成》；卷五十：《三华院还丹诗》《靖通庵》；卷五十一：《龙虎山祈雨旱行有作》《上清宫方丈后亭》《赠云谷孔全道》；卷五十二：《题玉隆宫壁》。这些文献对于金丹派与龙虎山天师道、西山道教都有重要参考价值。

《海琼问道记》为《鹤林、紫元问道集》前身，是白玉蟾与徒弟鹤林、紫元坐而论道的记录，《海琼问道记》收录了白玉蟾诗赋八篇，其中《龙虎赋》《乌兔经》《玄关显秘论》《金液大还丹赋》《金液大还丹诗》等篇，分别阐述修炼内丹之理论和功法要诀，也是研究金丹派在江西发展的不可或缺的资料。

（十）《太上灵宝净明中黄八柱经》的编印

《太上灵宝净明中黄八柱经》，此为宋末元初净明派诸经之一，收录《道藏》太平部，在民间流行，有抄写和刊印本。经文分九章，言"识守中黄"，建立八柱以养生正性之道。所谓"中黄"者，中言其位，黄言其色，即五行方位之正中也。修中黄之道者以"适正为本"。求之于身，则脾居五脏中位，名曰"黄庭"，中有真人焉，识而守之、寿与天齐。用之于修性，则以守一正性为本，去其妄性，得其正性，"合乎正真，是名正性"。以"中黄"之道修身，又须建立八柱，所谓"八柱"者，"虚四谷""塞二兑""开二洞"之谓也。使"眼"无非视而神光荧荧，使"耳"无非听而和声殷殷，"口"无妄食而灵泉清，"鼻"无妄闻而真香馨，谓之"虚四谷"；"绝色"则前兑精不泄，"绝食"则后兑气不泄，谓之"塞二兑"；开顶则能出入，开上腭则精液流通，谓之"开二洞"。经文称

“人身为神之所舍，欲神舍之长存者，莫善于立柱。修中黄，立八柱，则身安性定，而天地之理得矣。”《太上灵宝净明中黄八柱经》再次反映了净明派教义方面吸收儒家“忠孝”思想，在实践方面注重丹道养生、以丹弘道的特点。

（十一）《净明忠孝全书》的编纂与刊印

随着净明道向社会各个阶层的深入传播，影响的扩大，以及出于它与其他道教宗派树立正统地位的需要，以传法世系、事迹和语录等。在净明道的早期传播过程中，以刘玉、黄元吉、徐慧、赵元阳等为代表的人物在元代影响迅速扩大。由净明道道士编纂的《净明忠孝全书》，是产生于江西的净明道深刻演变历史的生动写照。

元代初期，刘玉正式开创的净明道逐渐在江西成为主流之一，并且迅速得到发展。在净明道的发展中虽然刘玉的弟子黄元吉北上传播，为扩大净明道影响和取得朝廷士大夫对净明道的支持发挥了关键的作用，但真正将净明道道法和思想传播于后世是黄元吉的两个弟子徐慧和陈天和。徐慧不仅对《净明忠孝全书》编辑和校正，还在京都和庐陵度化弟子百余人，其中有赵元阳（与徐慧都是吉州人）后来成为净明道第五代祖师；陈天和在西山玉隆万寿宫行法弘道，使净明道立足于祖庭并传承后世近千年。

《净明忠孝之书》到《净明忠孝全书》经历了一个从内容、结构、编纂者变化的过程。黄元吉编纂并刊印的《净明忠孝之书》，大致包括许逊、张氲、胡慧超、郭璞、刘玉等人的传记，托许逊、胡慧超、郭璞降述的《玉真灵宝坛记》《净明大道说》《净明法说》《玉真立坛疏》《净明道法说》《刘玉语录》（内外集）。徐慧编印并作序的《净明忠孝全书》在《净明忠孝之书》的基础上增加了《刘玉语录》（别集）、《黄元吉传》、《中黄先生问答》。其序曰：

丙寅之秋，余诣玉隆谒仙茔，会先生高弟云隐陈兄于清逸堂，出示所藏先生遗墨并所集先生平昔答问诸善言，皆余尝闻诸先生者。虽先生之言，实皆祖述玉真之传也。已而复于隐真坛，得苍崖熊先生所藏玉真语录数段，即向来先生示余者，因录于《别集》，并以元所传《灵宝坛记》《道说》《法说》《忠孝》诸书，皆锓梓而流传之，总名曰《净明忠孝全书》。①

《净明忠孝全书》的主旨思想是“仙道与人道”，值得关注的是，来自朝廷的六位儒家身份的文人士大夫为《净明忠孝全书》作序对《净明忠孝全书》的教义教理也有阐述和见解，由徐慧编印的《净明忠孝全书》记述了元代“光禄大夫、蔡国公、知经筵事”张珪，“荣禄大夫、江南诸道行御史台御史中丞”赵世延，“国子司业”虞集，“文林郎、江西等处儒学提举、前应奉翰林文字、同知制诰、兼国史院编修”滕宾，“应奉翰林文字、将仕郎、同知制诰、兼国史院编修庐陵”曾巽申，“将仕佐郎、建昌路儒学教授”彭埜等作序。各篇序文不仅有对《净明忠孝全书》的评价，也反映了《净明忠孝全书》的编纂和刊印情况，比如，曾巽申这样评价：“此书行世，将人人知惩忿窒欲、明理、充其忠孝之实，则圣贤阃域可跻而跂也。岂徒曰列仙、隐者之事乎？夫玉真之心，都仙之心也；都仙之心，天地之心也。同志之士，苟毋忽其书，能深味切省，则庶乎其有契焉。”②

曾巽申（1282—1330），号巽初，元代永丰人。初任抚州儒学录，历官大乐署丞、史馆编修官、应奉翰林文字、将仕郎、同知制诰、兼国史院编修等。著有《周易治鉴》《致美集成》《崇文卤簿》等。他认为“玉真之心”也是“都仙之心”；而“都仙之心”乃“天地之心也”，契合老子的宇宙观、道德观、天地人和谐观的思想，他赞许许真君是“上智”之人，其“真忠至孝为教，则万万不可诬”。

《净明忠孝全书》还记载了宋元时期净明道传度四大师和传承谱系。

净明道师许真君，净明经师洪崖，净明监度师郭璞，净明法师胡慧

---

① 《道藏》第24册，文物出版社、上海书店、天津古籍出版社1988年版，第622页。

② 《道藏》第24册，文物出版社、上海书店、天津古籍出版社1988年版，第621页。

超，这是创立教派并得以传度的核心要素，也是道教传承的主要标志，值此，道教净明派通过传度收受弟子就此开启。对于净明经师洪崖修行于西山并居应圣宫，徐铉在《洪州西山重建应圣宫碑铭并序》中记述："西山者，作镇荆楚，雄视衡巫，势靡迤而崇高，气清虚而和畅。动植滋茂，樵隐闲安，维昔之洪崖先生实居于此。洪井之右，涧水之滨，乔木森罗，古坛犹在。长阜回抱，是谓鸾冈。北隅特高，仍有伏龙之号。唐乾元初，山人申太芝上言其地有异气，诏于此立应圣之宫，抗玄元正殿于其前，塑肃宗圣容于其上。"①

净明道奉祀许逊为祖师，以许逊的"忠孝"为教义，以南昌西山玉隆万寿宫为活动中心，北宋政和二年（1112）宋徽宗敕封许逊为"神功妙济真君"；刘玉为第二代传人，其对"净明忠孝"四字重新阐释教义，于大德元年（1297），正式创立"净明道"道派；净明道第三代传人是黄元吉，至治三年（1323）北上到大都布教，"公卿士大夫多礼问之，莫不叹异"。泰定元年（1324），第三十九代天师张嗣成因廷臣推荐，以黄元吉为净明崇德弘道法师、教门高士，令其担任玉隆万寿宫焚修提点。未及出行，吴全节留其居于大都崇真万寿宫，获赐玺书；净明道第四代传人徐慧，延祐五年（1318）至大都，游于公卿间，黄元吉到大都后，徐慧闻其名，拜于门下习净明忠孝道。英宗时期，获赐"净明配道格神昭效法师"之号。泰定元年（1324），徐慧归乡于吉安永和清都观弘扬净明道，扩大了净明道在民间的影响。

（十二）《道德真经章句训颂》的出世

《道德真经章句训颂》是正一派天师道第三十九代天师张嗣成撰，约成书于元英宗至治二年（1322），收录《道藏》洞神部，上下二卷分81章，主旨则以"理气性命"诠释《老子》之道，曰："道者何？理与气耳。因于无者理，著于有者气。有此理，道所以名：有此气，道所以形。"又云："有理必有气，有气必有形，形则为天地万物，所谓可道之道，可名之名也：理之所以为理，气之所以为气，又可得而道，可得而

① 参见《四库》本《骑省集》卷二十六。

名哉？是则非无非有，有不可得而易，所谓常道常名者也，天地之始以理言，万物之母以气言。……则万有芸芸，亦孰离理气性命也。”

张嗣成在《道德真经章句训颂》还撰写了序言，其体例在正文之外有大字注，有小字注。大字注重于“发挥心得”，小字注偏向“训释”。作者在序中对《道德真经章句训颂》的目的说得很清楚：“诵是经者，倘有得于无为之绪，则可以修身，可以齐家，可以安民，可以措天下于太平。”然此其粗者，其高者则“性根命蒂，交摄互融，妙有真空，微言显说”。可以默契，而不可以言悟；可以神遇而不可以迹求。“倘有悟入，则金丹不在他求而至道吾所固有、功成行满，法身不坏，亦卷内事耳”。《道德真经章句训颂》皆用韵文，以四、五、七言为句，张嗣成对《道德经》注释使道教教义向前推进了一大步。

（十三）《上阳子金丹大要》的撰写

《上阳子金丹大要》简称《金丹大要》，元代道士上阳子陈致虚撰，师承赵友钦。《金丹大要》约成书于至元改元之岁（1335），原本十卷，《道藏》本分作十六卷，收录太玄部。

《金丹大要》为元代内丹派重要论著。全书分九篇：一《虚无》、二《上要》、三《妙用》、四《须知》、五《积功》、六《累行》、七《发真》、八《越格》、九《超宗》。书后有《上阳子金丹大要图》《上阳子金丹大要列仙志》《上阳子金丹大要仙派》、原系附篇，《道藏辑要》本合为一篇，总名曰《金丹大要》。《道藏》本将附篇单出。

《金丹大要》各篇广泛论述内丹源流旨要，丹功法诀，兼述明心见性之道。其“内丹说”承续张伯端、白玉蟾，以“先天真一之气”为丹本，谓“先天气在外者为黑铅，在内者为黑汞，修炼者于癸生之时，急采坎中黑铅纳入离中。以离中真火煅炼，返归纯阳，则金丹功成。金丹者，不外乎坎离二物，而坎离只是真阴真阳。故以先天真一之气为本，以一阴一阳为道”。其所谓黑铅，似采于女身，与全真北宗丹法不同。

《金丹大要》作者承其师赵友钦“仙佛同源”之说，力倡三教一致，谓“金丹之道即孔子一贯之道，佛法一乘之道，故修金丹即可成仙成佛成圣”。自称以“神道俱明，仙佛同证”为修炼宗旨。其论禅说性，颇似禅师，以圆悟克勤“无禅之禅”为扯不断、咬不破之“皮可漏子禅”，斥顽坐沉空者为邪禅。其论内丹，亦援引诸家理学宇宙论，并强调三纲五常即是万古不易之道。因此，可以说《金丹大要》是谓道教内丹理论臻于完备成熟之作。

第二节 宋元时期江西老学研究及其文化传承

《老子》(《道德经》) 既是道教的经典之首，也是中国传世典籍之一。虽只有五千言，却包含了哲学、美学、政治、军事、养生等各个领域，自成书以来，出现了一大批“汉老子”“晋老子”“唐老子”“宋老子”，到元代，已有“注者三千余家”[①]。这些不同历史时期对《老子》原典的解读，既有继承又有发展，所以中国老学研究就像一条充满巨大活力的河流，源远流长，承载中华文明并向世界传播。

宋元时期既是道教发展的兴盛时期，也是老学研究繁荣时期，以张伯端、陈景元、杜道坚、曹道冲、白玉蟾、彭耜等一批道教学者从丹道、经学的角度对老子的《道德经》进行学术研究和思想分析，司马光、王安石、宋徽宗、吕惠卿等从学术、思想的角度阐释了老子的《道德经》。从思想的层面看，宋代老学重视“心性之学”的阐发，儒家注重阐发“道德性命之学”，道教注重发挥“内丹心性”理论，佛教则重在“明心见性”，同时宋代老学也反映出儒、道、释三种思想的相互包容和深度融合。宋代学术思潮的总体特点是儒释道互融和解经注重义理，这使得老子思想的研究新意不断，出现一派繁荣景象。注释者不拘一格地从各个角度注《老子》，对老子思想加以创造性的发挥，但更多的是表达注者自己的思想。这种对老学注释的文化现象，既反映了老子《道德经》经典本身的思想价值，又反映了其文化和社会作用。

北宋对《老子》注解保存比较完整或仍能窥见其思想的注本有 10

① 《道藏》第 12 册，文物出版社、上海书店、天津古籍出版社 1988 年版，第 725 页。

家，这10家中比较重要的有王安石、王雱、司马光、吕惠卿、苏辙、陈景元和宋徽宗等人的《老子注》，其中王安石、王雱、陈景元是江西人，苏辙的《道德真经注》在江西筠州期间进行补充和完善。他们及其他江西籍道士或者士大夫对《道德经》的研究成果及其对中华文明的传承和中华文化的传播有重大贡献。

一、道士的老学研究成果

（一）陈景元《道德真经藏室纂微篇》的特色及其思想价值

陈景元是北宋著名的江西籍道士，是陈抟学派的重要人物，陈景元构建的道教学术理论体系，对北宋道教以及当时儒学的发展具有深远的影响，由此也体现了陈景元在道教史上重要地位。

道士陈景元深厚的学养，不仅获得了统治者的赞赏，也得到了儒者士大夫的尊敬。叶梦得《避暑录话》曰："元丰间道士陈景元博识多闻，藏书数万卷，士大夫乐从之游，身短小而伛。"[①]除王安石外，王珪、王琪、司马光、吴奎、蒲宗孟、蔡卞、杨杰、苏轼、释法秀等北宋名流皆与陈景元有交往，而且儒释道齐全，不仅探讨老学，也有诗情，如王珪有诗《题道录陈景元中太乙宫种玉轩》，诗曰：

一住仙祠绝世尘，庭前种玉已嶙峋。
朝昏龙虎常听法，左右琼瑶自逼人。
翠凤有时翻瑞形，银蟾通夕堕清津。
黄金络马何年醉，得去同游几洞春。

陈景元在中太乙宫持戒修行在诗中得到体现，作者冀望赴道观游历并陈景元探讨老子之学问的想法也有表现。陈景元还与当时有名的史学家、政治家司马光交往也不浅，两人同饮、同欢的场面也在。司马光的《赠道士陈景元酒》：

① （宋）叶梦得：《避暑录话》，商务印书馆1935年版，第49页。

篱根委余菊，阶角年残叶。
清言久不惬，何以慰疲苶。
朋樽涵太和，高兴雅所惬。
谁云居室远，风味白可接。

司马光的思想颇为独特，他只对《易经》《老子》有深厚的兴趣，著有《温公易说》《道德真经论》，但是对孟、庄却颇有怀疑和批评，著有《疑孟》《斥庄》，可见他与陈景元的交往出于对《老子》的兴趣，以诗阐老。

此外，陈景元深谙书法，尤其是小楷。据考察，陈景元曾经与蔡卞论古今书法，至欧阳询则曰："世皆知其体方而莫知其笔圆。"蔡卞颇服其膺。在京期间，陈景元还受驸马都尉王诜的邀请参加著名的"西园雅集"，这次集会与魏晋时期的兰亭集会齐名，当时赴约的还有苏轼、苏辙、黄鲁直、秦观、李公麟、米芾、蔡肇、李之仪、郑靖老、张耒、王钦臣、刘径、晁补之、僧圆通（即释法秀）。

下面以陈景元的《道德真经藏室纂微篇》为个案，深入分析其研究成果及其对道教传承和文化传播的影响和贡献。

第一，善于吸取前人研究成果，重视道教"师承法脉"的传统。

陈景元在《道德真经藏室纂微篇》开题中表明了其理论渊源，"辄依师授之旨，略纂昔贤之微"[①]。陈景元继承了老庄学、黄老学、魏晋玄学为主要脉络的道家哲学，吸收了重玄学、陈抟和张无梦的道教理论，并有意识地减少使用佛教的概念和内容，构建了有机联系的道教理论体系，包括道论、性命论、治国论三大内容。

"重玄"是东晋南北朝隋唐时期兴起的一股试图超越魏晋玄学"无""有"之争的新理论。所谓"重玄"来源于《老子》中"玄之又玄"，在《老子》中是指"道"幽深莫测的性质。在南北朝隋唐时期一

① 蒙文通：《道书辑校十种》，《蒙文通文集》第六卷，巴蜀书社 2001 年版，第 716 页。

些学者认为魏晋玄学关于"无""有"的争论是一种局囿和偏滞，不达圆化之道。为了能够在更高的层面超越"有""无"的争论，学者借用佛教"般若学"的中观方法将"玄之又玄"重新解释，认为"有欲之人，唯滞于有，无欲之士，又滞于无，故说一玄，以遣双执，又恐学者滞于此玄，今说又玄，更祛后病，既而非但不滞，亦乃不滞于不滞，此则遣之又遣，故曰玄之又玄"[①]。因此，所谓"重玄"意指不断地排遣思维的偏执，不仅遣"无""有"之双执，而且连"遣"本身也要破除，达到圆融自在、无偏有执的精神上的自由和超然的境界。由于"重玄学"的产生和发展在许多道教学者的阐述与论辩中不断推进的，因此，"重玄学"既是道教的重要理论，又是可以与佛教相媲美的"义理"。重玄学兴盛于隋唐，在北宋时期仍有学者的接续，陈景元是其中的代表。陈景元在注《老》《庄》中频繁引用唐代"重玄学"代表人物成玄英、杜光庭等的著作。

陈景元继承"重玄学"有记载："至陈抟有弟子张无梦，号鸿蒙子，次有陈景元，作《道德经藏室纂微》，以著其师说，……此皆唐代道家余绪而显于宋者。"[②]"唐代道家，颇重成（玄英）、李（荣）；而宋代则重陈景元，于微引者多，可以概见。"[③]陈景元，既接续了唐代重玄学的学术思想，又成为宋代重玄学的重要传承人。陈景元在《道德经注》开题中简要地概括了他对《道德经》的认识：

> 此经以重渊（也即重玄）为宗，自然为体，道德为用，其要在乎治身治国。治国则"我无为而民自化，我无欲而民自朴"；治身则"塞其兑，闭其门"，"谷神不死"，"少私寡欲"，此其要旨可得而言也。若夫"视之不见、听之不闻"，"渊之又渊"，"众妙之门"，殆不

① 成玄英：《道德经义疏》，《蒙文通文集》第六卷，巴蜀书社2001年版，第377页。

② 蒙文通：《道书辑校十种》，《蒙文通文集》第六卷，巴蜀书社2001年版，第369页。

③ 蒙文通：《道书辑校十种》，《蒙文通文集》第六卷，巴蜀书社2001年版，第710页。

可得而言传也。……在达者自悟耳。[①]

在《道德经注》开题中陈景元认为《道德经》“此经以重渊为宗”。“重渊”也即“重玄”，避赵玄朗讳而改。综上所述，可知陈景元对重玄学的继承，只有放在“重玄学”的理论背景下，我们才能明白其中的深层意味。

关于陈景元传承陈抟学派及其传承体系，蒙文通进行了考证，他指出陈景元师事张无梦，张无梦与刘海蟾、种放结友共事陈抟。作为陈抟的二传弟子，“碧虚之学，源于希夷”[②]。“碧虚”即陈景元，“希夷”指“陈抟”。蒙文通还提出了陈景元与二程理学的关系，“及读碧虚之注，而后知伊洛所论者，碧虚书殆已有之。其异其同，颇可见学术蜕变演进之迹。其有道家言而宋儒未尽抉去，翻为理学之累者，亦可得而论。皆足见二程之学，于碧虚渊源之相关。”[③] 此一结论为后来学者研究理学与道家、道教之关系具有指点作用。

第二，建构了完整而系统的道教思想体系。

一是陈景元的“道论”。[④]“道”是道教核心的概念，关于“道”的学说无疑是道教学者所阐述的重点内容。从老庄之“道”到黄老之“道”、玄学之“道”、道教之“道”，“道”的概念在不同的历史时期和思想派别中具有不同的含义和特点。陈景元在继承前贤解说“道”的基础上，建构了完整的“道”论体系。陈景元总结了北宋之前的道家、道教“道”论的主要特点，认为“道”分为不可言说的“常道”与可言说的“可道”。“常道者，自然而然，应感无穷”的特征。陈景元从“体用”“虚实”“寂感”“有无”四个对举的范畴阐明“道体”的这一性质，认为

---

① 蒙文通：《道书辑校十种》，《蒙文通文集》第六卷，巴蜀书社 2001 年版，第 725 页。

② 蒙文通：《道书辑校十种》，《蒙文通文集》第六卷，巴蜀书社 2001 年版，第 715 页。

③ 蒙文通：《道书辑校十种》，《蒙文通文集》第六卷，巴蜀书社 2001 年版，第 716 页。

④ 参见尹光华：北宋《老子注》，巴蜀书社 2004 年版，第 42—45 页。

"道"是"体用相须""虚实相通""寂感一体""至无妙有"的超越存在。

在"道"的生化论上，陈景元指出"道以生化为先，阴阳为原"。他认为"道"与"气"作为万物的本体和本源，造就了万物的大化流行。万物的生化是无时的，只要条件和时机成熟，生化时时刻刻都会发生。万物的生化也是无界的，有情可以化为无情，无情亦能感为有情。陈景元"生化论"的旨趣是为了解决生死问题，让人观感天地之生化而体悟内丹学，复归"道"的本源。

在"道"物论上，陈景元指出"物有际，道无际，无际故能一切之际"。他认为"物"是有边际的，"道"是无边际的，"道"与"物"相互区别。但是，"道"必须凭借"器"才能有所着落，"器"亦必须依赖"道"才能彰显其功用，"道"与"物"相互融摄。

二是陈景元的"性命论"。"性命论"是指道教的修炼理论。陈景元提出"先天性命，禀气有不同"的性命论。道教对于形体之"命"是积极性的，他们相信通过改变形体可以掌握"命"，所谓"我命在我不在天"。即使经过南北朝隋唐重玄学的发展，形体之"命"从简单的肉体飞升开始转变为虚无真身，仍然是道教的核心思想。陈景元作为道教徒，对于形体之"命"亦积极将其纳入炼养的对象，实现对有限形体的超越，以达到生命的最佳状态：

> 夫有上德者，性受自然之至妙，命得元气之精微，神贯天地，明并日月，无思无虑，心自无为，忘功忘名，迹无以为用，谓无用己为而自得也。
>
> 下德，降于上德者也。性受自然之平淡，命得元气之纯和，神配阴阳，明效日月，民皆仰戴，咸共乐推，故曰有以为。[①]

陈景元认为，"上德"的人由于享受元气的"至妙"和"精微"，故

---

① 蒙文通：《道书辑校十种》，《蒙文通文集》第六卷，巴蜀书社2001年版，第798页。

本身的气象是与天地、日月相并贯的而且纯任内心的流行，自然合道。“下德”的人是次于上德的人，察受的是元气的平淡和纯和，本身的气象是仿效天地、日月，是有心合道。陈景元所述“性”“命”并举，指出了“性”“命”是构成人的生命的两大要素，性命一体，才成就了人的完整的生命形态。儒家和佛教都只重视“心性”修养的工夫，对人的“身体”缺乏关注，更没有对“身心”关系作深入的探索。在三教的修道体系中，只有道教内丹和佛教密宗对人体的身体气脉有一套系统的理论与实践工夫。也就是说，道教之所以能够凸显自己的标志在于，道教不仅有“性”的精神方面的工夫，也有“命”的身体方面的工夫。陈景元以“性命”取代道教早期的“形神”为主要的修养对象。“性”有本原之性、察气之性的区别，本原之性是主体的超越根据，是“道”在生命的体现，但是由于察气不同而造成了现实差异的人性，进而表现出对“道”的不同悟性。“命”有境遇之命与形体之命的区分。现实的贫穷、贵贱、伦常等一切关系构成了人无所逃避的“境遇之命”，但是由精气构成的形体之“命”是人能够积极掌控的，“我命在我不在天”。由此，陈景元认为必须“先遣除物累、外化而内不化”“以心修性，以心修命”，保持心灵的安宁和自身的存在，为修道做好前提准备，然后通过“心”的虚无、清静的工夫改变察气之性和形体之命的局限性，回归生命的大本大源，达到长生不死的境界。

三是陈景元的“治国论”。中国传统文化的一大特点在于，理论的构建并非仅仅是思辨的乐趣，而是有着强烈的现实或政治指向。陈景元在注《道德经》一文中就明确指出，此经“其要在乎治身治国”，治国的现实指向构成了陈景元注解《道德经》的重要方面。道教的学者相信有一种人可以将这两者圆融的结合，即君主或圣人。陈景元认为“圣人”是统摄天人、神人、至人之上的人格形象，在圣人的形象上，治身与治国可以获得统一，统一的基础即“身国同构”，他说：“夫圣贤之为治，必先身心以度之，自近及远也，不下庙堂而知四海之外者，因物以识物，因人以知人，当食而思天下之饥，当衣而思天下之寒，爱其亲知天下之有者老，怜其子知天下之有稚幼也。夫如是，又何出户而知天下哉？夫人七尺之躯，四肢九窍，五脏六腑，赅而存焉，是以身之元气与天道相通也。人君守形清静，则天气高明而自正，人君纵其多欲，则天气昏螟而烦浊。”[①] 他又说：“夫圣人不行天下，而察知人情者，以身观身，以内知外，所谓独悟也。不见天象，而能名命天道者，原小以知大，明近以知远，所谓冥览也。”[②] 陈景元认为圣贤治理国家，当先从近的“治身”开始，然后向远扩及四海，通过自身的感受而推及“天下人”的现状，通过“以身观身、以内知外”的方式，从而实现不出户而知天下、治天下的目的。这是因为，人的身体与天道、国家是相通的，天道自然正常运转、国家自然安宁。

综上所述，陈景元的“道论”“性命论”“治国论”体现了其追求道教学术体系完整性的思想，他建构了完整的“道论”体系，“道”的生化论、物论是生命的自然过程，由此，他进而提出“身体与国家”同构性的观点，他忠实地继承了老子的思想，即国家政治的构造类与身体的构造，“国犹身也”，因而治身先于治国，治国归于治身。“身国同构”是黄老学的核心思想，其主旨即是通过“治身”而实现“治国”，形成一个完整的系统，以达到个人“生命久视”和国家“长治久安”。

第三，开辟了注解《道德经》新路径。

一是以玄学注解《道德经》。唐代的玄学的源流与演变，陈景元的老师张无梦为陈抟弟子，陈景元的思想也深得重玄内蕴。关于陈抟学派与唐代重玄学之关系，蒙文通在《校理〈《老子》成玄英疏〉叙录》中阐述了唐代道家重玄学派的源流演变后指出：“其若学本于唐而训释《老子》者，若刘海蟾一系，次张伯端，次石泰，次薛道光，次陈楠，次白玉蟾，作《道德宝章》，授彭耜，作《道德经集注》，此亦渊源甚久、师承有自者也。至陈抟有弟子张无梦，号鸿濛子，次有陈景元，号碧虚子，作《道德经藏室纂微》，以著其师说。次有薛致玄作《藏室纂微开题科

① 蒙文通：《道书辑校十种》，《蒙文通文集》第六卷，巴蜀书社 2001 年版，第 817 页。

② 蒙文通：《道书辑校十种》，《蒙文通文集》第六卷，巴蜀书社 2001 年版，第 818 页。

文疏》五卷，及《手钞》二卷，祖述陈氏，此皆唐代道家余绪而显于宋者。”[①]

二是以心性学注解《道德经》。唐代重玄学已开始探讨心性问题，宋代开始，心性成为儒、道、释共同关心的时代课题。陈景元也对心性。《老子》第二十一章，说：“孔德之容，为道是从。道之为物，唯恍唯惚。惚兮恍兮，其中有象，恍兮惚兮，其中有物。”陈景元解释说，道杳然难言，本不能以物谓之，强名为物只是为了探究其中的“妙理”。他训解说：“象者气象，物者神物，即庄子之所谓真君，今之所谓性者也。夫道，恍惚不定，谓其无邪，惚然自无形之中，恍尔变其气象，将为万物之朕兆也；谓其有邪，恍然自有象之初，惚尔而化归于无有也。然而至无之中，有神物焉。神物者，阴阳不测，妙万物以为言者也。千变万化，无所穷极，经营天地，造化阴阳，因气立质，而为万类，治身治国，炼粗人妙，未有不由神物者也。[②]”

《老子》四十一章，说：“上士闻道勤而行之，中士闻道若存若亡，下士闻道大笑之。”他注解：“夫上士者，受性清静，恬淡寂漠，虚无无为，纯粹而不杂，静一而不变，闻乎道也，人观其迹，真以为勤行而实无勤行也。斯所谓天然县解矣。中士者，受性中庸，世所不用也，则就薮泽，处闲旷，吐故纳新，熊经凤骞，养形保神而已，及乎为世用也，则语大功，立大名，礼君臣，正上下，为治而已，此之谓若存若亡也。下士者，受性浊辱，目欲视色，耳欲听声，口欲察味，志气欲盈，闻其恬憺无为，则大笑而非之，若不为下士所非笑，则不足以为上道也。”[③]

三是以经注经解释《道德经》。陈景元对道家清静无为宗旨的阐发援引了儒家经典。如：《老子》第四十七章说：“不出户，以知天下；不

---

① 蒙文通：《道书辑校十种》，《蒙文通文集》第六卷，巴蜀书社 2001 年版，第 368 页。

② 《道德真经藏室纂微》卷三，《道藏》第 13 册，文物出版社、上海书店、天津古籍出版社 1988 年版，第 676 页。

③ 《道德真经藏室纂微》卷三，《道藏》第 13 册，文物出版社、上海书店、天津古籍出版社 1988 年版，第 693 页。

窥于牖，以知天道。其出弥远者，其知弥鲜。是以圣人不行而知，不见而明，弗为而成。”陈景元注《老子》第四十七章时说：

> 夫圣贤之为治，必先身心以度之，自近而及远也。不下庙堂而知四海之外者，因物以识物，因人以知人，当食而思天下之饥，当衣而思天下之寒，爱其亲知天下之有耆老，怜其子知天下之有稚幼也。①

这是本于儒学能近取譬的思想，强调统治者要把自己与天下人同等看待，制定方针政策时要设身处地地为老百姓着想，学会换位思考。陈景元引《礼记·大学》中的理论求证，说：

> 不视不听，求之于己，天人之际，大道毕矣。《记》日：欲治天下先治其国，欲治其国先治其家，欲治其家先治其身，欲治其身先治其心，欲治其心先诚其意。故君子不减无物，皆反推于身心之谓也。②

第四，《道德真经藏室纂微篇》的影响力。

一是带动《道德经》的深度研究，尤其是道教学者的参与。《道德经》在北宋的影响以及陈景元通过对《道德经》研究与北宋儒者建立了密切关系，正如叶梦得言："自熙宁以来，学者争言老庄。"《道德经藏室纂微》（或称《老子道德经藏室纂微》、或称《老氏藏室纂微》、或称《老子注》、或称《道德经注》）是陈景元著述中影响最大的一本经注，南宋彭耜《道德真经集注》、董思靖《道德真经集解》、金李霖《道德真经取善集》、元薛致玄《道德真经藏室纂微手抄》、刘惟永《道德真经集义》

① 《道德真经藏室纂微》卷三，《道藏》第 13 册，文物出版社、上海书店、天津古籍出版社 1988 年版，第 690 页。

② 《道德真经藏室纂微》卷三，《道藏》第 13 册，文物出版社、上海书店、天津古籍出版社 1988 年版，第 699 页。

皆有所称引，可见其学术成就以及文化传播的贡献。

二是扭转了道教义理教理方向，回归《道德经》本来宗旨。陈景元认为以圣人侯王为中心的治国之道只是《道德经》内容精深细微的一个部分，《道德经》的终极目的仍然是引导世人“复其常道而入于妙门者矣”。陈景元的老学实际上是纠正被唐玄宗所扭转的老学方向，促使北宋之道教回归道教的教化作用。由于这一方向的扭转，从一个侧面促进了北宋之后道教内丹学的兴盛。陈景元在《道德经注》有一个总括：

> 右《老子》经二篇，统论空洞虚无、自然道德、神明太和、天地阴阳、圣人侯王、士庶动植之类，所谓广大而无蕴，细微而无不袭也。约而言之，上之首章明可道、常道为教之宗，叙体而合乎妙，上之末章以无为而无不为为陈教之旨，叙用而适乎道。故体用兼忘、始末相贯也。下之首章明有德、无德为教之应，因时之浇淳而次乎妙也，下之末章以信言不信为教之用，任物之华实而施于道也。是因时任物而不逆不争，是有其元德尔大顺于造化，复其常道而入于妙门者矣。

陈景元认为《道德经》的思想内容广大细微、无所不包，但根本的是道教之教化，教化之本为常道、可道，教化之旨是无为而无不为，教化之应是有德、无德，教化之用是信言不信，体用、本末、终始相贯通而为一。

三是整理了道教重要经典。陈景元除了整理老子《道德经》、庄子《南华真经》以外，还对《上清大洞真经》《度人经》《冲虚真经》《西升经》等道教主要经典进行收集、校勘、整理，比如，《上清大洞真经》是道教颇为重要的经典，但是在陈景元时期，由于“今也真风湮散，伪隐山栖，道范不间，师资礼废，教法衰弊，莫甚于斯”，故陈景元以道教事业发展为己任，“广求古本，先自考详，沉嘿披寻，反复研构，一句一字”，将“先辈修习之本及茅山藏本，比对隐书，辄撰立音义”。陈景元对经典的整理，既大大方便了道教经典的诵读，又将经典的传承发挥了重要作用。

综上所述，陈景元构建的思想理论体系，对北宋的道家、道教以及当时儒学的发展具有深远的影响。道教在唐宋之际开始有明显的转型，外丹衰落，内丹道兴盛，道教由“繁复”走向“简约”。陈景元参与了此一时期道教的转型，实现了“道家之学，翕然一变”。一方面，陈景元扭转了唐玄宗以来道教老学“义理”过度“政治化”的方向，促进了道教回归修道之本来主旨。另一方面，陈景元对修养方法的系统总结，促进了唐代重玄学向宋代成熟内丹学的转换，奠定了内丹学的理论基础。同时，从陈景元的生平交游与理论活动两方面看，他与当时的儒学包括王安石学派、司马光之学、蜀学互相发明、互相影响，促进了北宋儒、道的对话和沟通，对儒学的复兴和发展有着重要的意义。

（二）张嗣成的《道德真经章句训颂》及其特点

张嗣成，天师道第三十九代天师。元延祐三年（1316）奉元仁宗诏入京，次年被授太玄辅化体仁应道大真人，嗣天师之位，“袭领江南道教，主领三山符箓如故”。先后知集贤院道教事、知集贤院。《道德真经章句训颂》分三个部分，即《道德真经章句训颂序》《道真经章句训颂卷上》和《德真经章句训颂卷下》。老子的《道德经》是天师道的创教经典，历代天师都非常重视，大部分都是开坛说法时向信徒传授，或者抄写，注释本除《老子想尔注》外，历代天师注《道德经》者不多见，张嗣成是其中之一，他在《道德真经章句训颂·序》中说：“为老君弟子而不知老君之道，犹终日饱食而不识五谷，终夜秉烛而不识火也。”[①] 所以他对《老子》十分重视，期待以老子之学，引导信众，因此，于至治二年（1322）注解《道德经》，形成了《道德真经章句训颂》，目的是弘扬道教教义，教化弟子，正如其曰“非敢自谓得老君之旨，然使吾门弟子与夫尊德乐道之士得而玩之，倘有悟入，则金丹不在他求，而至道吾所固有，功成行满，法身不坏”[②]。上述中可知张嗣成注解《道德经》的目

① 《道藏》第 12 册，文物出版社、上海书店、天津古籍出版社 1988 年版，第 627 页。

② 《道藏》第 12 册，文物出版社、上海书店、天津古籍出版社 1988 年版，第 627 页。

的，通读其注释有以下特点：

1. 用理学阐释“道”与“德”[①]

这是张嗣成注解《老子》的一个显著特点，“以‘理’解‘道’”。理学经南宋末儒学大家朱熹的发扬光大，进入元代，其影响进一步渗透，尤其是延祐元年（1314）恢复科举，以程朱理学作为考试的主要内容，这既是程朱理学的官方地位得以最终确立，又极大地推进了理学在社会上的影响力。张嗣成作为一代天师，又知集贤院事，受理学的影响不可回避，因此，他在诠释《老子》时将“理气”“性命”结合起来阐述，比如，在《道可道章第一》中，原文“道可道，非常道。名可名，非常名。无，名天地之始；有，名万物之母。故常无欲，以观其妙；常有欲，以观其徼。此两者，同出而异名，同谓之玄。玄之又玄，众妙之门。”其解释云：“道何形象强名之，说得分明说又非。无有有无相造化，只于理气究真机。……道者何？“理”与“气”耳。因于无者理，著于有者气，有此理，道所以名；有此气，道所以形。理常于无而神，故自然而性；气常于有而空，故自然而命。天地万物无能违者。譬诸路焉，造于此必由于此，故有理必有气，有气必有形，形则为天地万物，所谓可道之道，可名之名也。理之所以为理，气之所以为气，又可得而道，可得而名哉。是则非无非有，有不可得而易，所谓常道常名者也。天地之始以理言，万物之母以气言。常无欲则寂然不动，所以观未发之理，常有欲则感而遂通，所以观方发之气。同出、异名、又玄、众妙皆理气二者相为，无有有无耳。曰妙、曰徼、曰门，又所以示学者进修之地。于是究之，则万有芸芸，亦孰离理气性命也。”[②]张嗣成在注释中以“理气”释道，将理气于道的关系讲得很明白。理是天地万物之本体，气是构成万物的元素，它们互不可分。由于老子之“道”玄妙莫测，包含无穷，难以把握和理解，要用语言解释清楚，更是十分困难的事情，因为“道可道，非

① 参观刘固盛：《论张嗣成的〈老子〉训释》，载《周口师范学报》，第26卷第6期，2009年11月，第1、3页。

② 《道藏》第12册，文物出版社、上海书店、天津古籍出版社1988年版，第628页。

常道”。而把“理气”概念引进来加以比附后，老子之道也似乎变得清晰和明白。在老子思想体系中，有两个很重要的范畴，即“无”与“有”，“道”是“无”和“有”的两面，而“理气”可以与“无”“有”对应，“无”指“理”，“有”为“气”。由此，天地之始便是指“理”，万物之母则指“气”；常无欲，寂然不动，为未发之理；常有欲感而遂通，乃方发之气；“同出”“异名”“又玄”“众妙”都是理气二者在相互发生关系。张嗣成借助“理气”之说作为注解《道德经》的钥匙，把《道德经》的开篇梳理得条理清晰。

2. 把“诵经”作为学习《道德经》的重要方法

在第一代天师张道陵的《老子想尔注》后，张嗣成继承了天师道以《道德经》的说教传统，所以张嗣成说：“吾祖正一真君，两承神驭，下降西蜀，亲授至道，发五千文言外之旨，无余蕴矣。家世守之，盖千数百载，嗣成藐焉传嗣，累奉德音，以遵行太上老君经教，为祝厘第一义。是以每于三元开坛传箓告祝之余，必即此经敷畅之，使在坛弟子及慕道而来者如鱼饮水，各满其量。”[①] 老子《道德经》是天师道的创教经典，每每开坛说法，都要阐发老子《道德经》义旨，使信徒深受教导、深受启发。因此，张嗣成特别强调道教徒诵经的重要性：“诵是经者，倘有得于无为之绪，则可以修身，可以齐家，可以安民，可以措天下于太平。虽然，此特其粗耳。《南华经》云：其尘垢秕糠，犹将陶铸尧舜者。非耶？若夫性根命蒂，交摄互融，妙有真空，微言显说。险语棱层，则孤峰绝岸；至味淡泊，则元酒大羹；其澄涵，则镜里之花；其窈泬，则水中之月。可以默契而不可以言悟，可以神遇而不可以迹求。”[②] 学习老子《道德经》，需要从中悟出修身齐家治国平天下的道理。

3. 提倡从《道德经》中吸取养生的智慧

张嗣成指出，如果把理气之说与修道联系起来，那么，理就是性，

① 《道藏》第 12 册，文物出版社、上海书店、天津古籍出版社 1988 年版，第 627 页。

② 《道藏》第 12 册，文物出版社、上海书店、天津古籍出版社 1988 年版，第 627 页。

气即为命，理气不可分离，性命必须双修。如《孔德之容章第二十一》之训颂，他说："惟无有空，惟空有神，惟神有炁，惟炁有精。空炁相入，实有不物，静以揽之，妙变汩汩。咦，上药三品精炁神，从无而有自然成。世间万物皆如此，不信神仙浪得名。"[①] 这里说明，精炁神的生成变化遵循从无到有的自然顺序。从无到有，亦即从理到气，这是一个自然的过程。体现在修炼次序上，就是先"性"后"命"。因此，张嗣成撰写《道德真经章句训颂》的目的，"非敢自谓得老君之旨，然使吾门弟子与夫尊德乐道之士得而玩之，倘有悟入，则金丹不在他求，而至道吾所固有，功成行满，法身不坏，亦券内事耳。所谓千载而下知其解者，犹旦暮遇之也"，张嗣成强调，至道为每个人本来具有，那么金丹的修炼也毋须向外，而要靠自证自悟。从张嗣成对《老子》的诠释中可看出，尽管他坚持先"性"后"命"的修炼次第，但并不反对修命，他说："生死天地人物，内外皆不离乎气。气聚则成形，气顺斯能生，所谓养生，亦顺其气而已。养生之道，以其厚自奉养，乃有以伤其气而致死矣。吉凶晦吝生乎动，动之效四吉仅一焉，故知道者慎乎动，明乎静。静则定，定则久，久则复，复则知，所谓一而为不死不生之徒矣。是盖神气空无之妙，生死两忘，出入无间，外物于我奚有加焉。明乎静，知其所以静而静之也，非若数息呆坐，顽然以为空者。使其顽然以空，则又安能外气以观天地哉。然阳气虚，阴气寒，阴常盛，阳常抑，事之成常难，事之败常易，晴明之日常少，冥晦之日常多，于三生六死概可见矣。是非其本，然皆人事有以致之。天地万物之气，于吾身未始一息不相通，养生者可不慎动。"注文的主旨是通过气以论命，论生死。天地万物的形成都不离气，人的生命同样如此，所以养生之道的关键在于"养气"。养气的要点在于静而非动，由静入定，不仅修命，而且修性。张嗣成强调，只修性不修命是行不通的，因为只注意修性就是堕入了"顽空"，离开了气的支持，不会有理想的效果。而气贯通天人，在人身上生生不息，理

① 《道藏》第12册，文物出版社、上海书店、天津古籍出版社1988年版，第635页。

应为养生者重视。

二、士大夫老学研究与文化传承

宋代是中国历史上继春秋战国之后又一个思想创造的高峰时期，陈寅恪、王国维、邓广铭等学者对此都有论述，与此相关的是众多学者和思想家都注解老子的《道德经》，由此出现了老学研究的繁荣景象，如前述陈抟学派的老学研究上承唐代重玄余绪，下启北宋学术新风，并使宋代道教思想学术焕发出新的活力；王安石学派、司马光学派、苏氏学派都有《老子注》传世，他们用儒家学说诠释老子《道德经》，儒道融通；朱熹、林希逸等著名理学家的以“理”解释老子《道德经》，开辟了老子研究的新思路。邵若愚运用佛教“中观之道”解《老子》，他认为要理解“无欲”的真正含义，不能执于“有”，也不能执于“无”，还不能执于“亦有亦无”，此即老子之玄，乃与佛教之“中道”相通。

儒、道、释三家一同注解一部道教经典——《老子》，这是中国经典史上以及中国思想史上十分独特的现象。从宋元老学研究情况看，它一方面反映了儒、道、释思想的互相包容与深度融合，同时也可发现当时的思想界在不同思想之间彼此激发所呈现出来的蓬勃创造力。

（一）王安石的《老子注》及其影响

王安石（1021—1086），字介甫，晚号半山，北宋抚州临川（现为江西抚州东乡县上池里洋村）人，元丰二年被封荆国公，世人又称王荆公、临川先生。北宋杰出的政治家、思想家、文学家、改革家，被列宁誉为“中国十一世纪改革家”。变法期间，王安石两度拜相，修撰《三经新义》；变法失败后，闲居在家撰写《老子注》两卷，后世将王安石及其派别的学术思想称为“荆公新学”。

王安石学说之所以能够推陈出新，而且成为一个学术派别，在历史上产生如此重大影响，与他从老子《道德经》中吸取思想养分是分不开的。事实上，重视老学研究，吸收老子学说中的有益思想来充实儒学，并为其变法运动提供理论依据，是王安石及其学派的共同特点。据《宋史·王安石传》，王安石于熙宁二年（1069）二月拜参知政事后，神宗曾问他：“人皆不能知卿，以为卿但知经术，不晓世务。”王安石回答说：

"经术正所以经世务，但后世所谓儒者，大抵皆庸人，故世俗皆以为经术不可施于世务尔。"从君臣这段对话中可以看出，当时人们眼中的儒学，就是经术，即汉唐以来的笺注之学，那实际上是一种脱离社会实际的空谈，这样的经术已经不能适应时代发展的新要求了。因此，王安石要进行政治改革，首先必须找到新的理论武器，这就是把"经术"与"世务"结合起来，提倡经世致用之学。在对儒学进行改造的过程中，他从老子的《道德经》中找到了指导思想。于是，他便把《老子》思想吸收到他的新学体系中，并用注释的方式阐明了"儒道同归"的思想。据史载："介甫平生最喜《老子》，故解释最所致意。"① 他的政治改革对手司马光在《与王介甫书》中也说："光昔从介甫游，介甫与诸书无不观而特好《孟子》与《老子》之言。"② 关于王安石的老子思想集中体现在他的《老子注》当中。

第一，继承了老子"崇尚自然之道"的思想。

与早年王安石力劝神宗效法尧舜并驳斥"老庄"诋毁儒家"仁义礼乐"的态度截然相反，他晚年很重视老子思想的探究。这种态度的转变原因是老庄思想"崇尚追求与世无争和精神自由的生活状态"，这成为文人政客们失意时最好的心灵家园。熙宁变法失败之后，王安石寄情于老子思想，一方面他积极吸收《老子》学说中的有益思想来充实儒学，并为其变法运动继续辩护，提供新的理论依据；另一方面由于政治上失意，老子思想契合了他晚年的精神追求。他说：

> 夫道者，自本自根，无所因而自然也。③
>
> 道无体也，无方也，以冲和之气鼓动于天地之间，而生养万物。④

---

① （宋）晁公武：《郡斋读书志》卷三上，《王介甫老子注二卷》，文渊阁《四库全书》，第674册，第219页。

② （宋）司马光：《司马公文集》卷六《全宋文》，第28册，巴蜀书社1992年版，第373页。

③ 容肇祖：《王安石老子注辑本》，中华书局1979年版，第29页。

④ 蒙文通：《王介甫〈老子注〉佚文》，《〈道书辑校〉十种》，巴蜀书社2001年版，第681页。

王安石认为“道”是产生天地万物的世界本原，它没有形体，也没有固定处所，自本自根，是超越天地万物的客观存在，是自然而然的存在。“崇尚自然”是最好的也是最健康的生活方式。

第二，继承老子的“有无并重”思想。

关于老子的“有无”思想，王安石注解：“世之学者，常以无为精，以有为粗，不知二者皆出于道。”① 即他主张有无并重，“有无”同出于道，他说：“道，一也，而为说有二。所谓二者何也，有、无是也。无则道之本，所谓妙者也。有则道之末，所谓徼者也。故道本处于冲虚杳渺之际，而其末也散于形名度数之间。是二者其为一也。……夫无者名天地之始，而有者名万物之母，此为名则异，而未尝不相为用也。盖有无者若东西之相反而不可以相无。故非有则无以见无，而无则无以出有。有无之变，更出迭入，而未离乎道，此则圣人之所谓神者矣。”②

也就是说，对于本与末、妙与徼，王安石并无重此轻彼之意。道包含有无二者，有不是道，无也不是道，不能贵无而贱有，而要二者并重。“有”与“无”就像东、西两个方位那样并存，而不是相互否定；其次，同时也说明了“有”中可以见“无”，“无”中可以见“有”，“有无”相互依存。而“有”与“无”的变化体现于任何事物在变化过程中。王安石特别强调“有无之变，更出迭入，而未离乎道”。

第三，继承了老子“不尚贤”的思想。

王安石《老子注》中“不尚贤”章云：“论所谓不尚贤者，圣人之心未尝欲以贤服天下，而所以天下服者，未尝不以贤也。群天下之民，役天下之物，而贤之不尚，则何恃而治哉？夫民于襁褓之中而有善之性，不得贤而与之教，则不足以明天下之善。善既明于己，则岂有贤而不服哉？故贤之法度存，犹足以维后世之乱，使之尚于天下，则民其有

① 蒙文通：《王介甫〈老子注〉佚文》，《〈道书辑校〉十种》，巴蜀书社 2001 年版，第 677 页。

② 蒙文通：《王介甫〈老子注〉佚文》，《〈道书辑校〉十种》，巴蜀书社 2001 年版，第 676 页。

争乎？求彼之意，是欲天下之人尽明于善，而不知贤之可尚。”[①] 老子之“不尚贤”与儒家的“举贤才”是相互对立的，但王安石不这么认为，首先，他说明了儒家“尚贤”的重要性，治理天下是不可能离开“尚贤”的。然后，他认为老子之“不尚贤”，并不意味着他要否定贤能，老子的本意是希望社会恢复到太古之治，人人皆善，人人皆贤，也就无贤可尚了。因此，老子之“不尚贤”实际上是“尚贤”，这点与儒家的主张是一致的，因此，王安石不仅认为“儒道”可以统一，而且认为儒学的发展离不开老子之道。

王安石作为荆公学派的学术领头独行于世六十年，带动了王雱、吕惠卿等一批学者以接续“孔孟之道”为己任，以“内圣外王”为基本框架，在恪守儒家本位的基础上，融通佛老，兼采诸子，其规模阔大宏伟。然而其学术特征概括起来主要包括两个方面，即阐发性命道德之理和政治变法主张，正如梁启超在《王安石传》中指出：“荆公之学术‘内之在知命厉节，外之在经世致用’，凡其所以立身行己与大施于有政者，皆其学也。”[②] 由此可知，王安石将老子的“自然之道”与儒家的“经世之学”结合，使老学不断与儒学和现实政治靠拢、合流，从而反映了宋元时期“孔老同归”“儒道交融”思想发展趋势，在社会上产生了广泛而深远的影响。

一是对宋学的影响。汉儒治经，偏重章句训诂、考据注疏；唐儒治经，墨守汉学，不思改异。这种僵化的学术风气，严重地窒息了学术界，同时也阻碍了经学自身的发展。宋初，范仲淹、欧阳修、胡瑗、孙复、石介等都主张以义理解经。王安石继承他们“义理”解经的优良传统，撰著三经新义，并认为，“章句之文胜质，传注之博溺心。此淫辞诐行之所由昌而妙道至言之所为隐”[③]。在王安石看来，汉唐诸儒重视章句传注

① 蒙文通：《王介甫〈老子注〉佚文》，《〈道书辑校〉十种》，巴蜀书社 2001 年版，第 690 页。

② （清）梁启超：《王安石传》，海南出版社 1993 年版，第 204 页。

③ （宋）王安石：《临川文集》卷五十七，文渊阁《四库全书》，第 1105 册，上海古籍出版社 2002 年版，第 468 页。

之学，致使经典中的“妙道至言”的思想不能被发掘出来，而治经的目的应该是发明经典中的“微言大义”，应以发明“义理”为主，以通经致用为旨，从而给宋前章句训话之学给予反驳，启开“义理之学”之先河，以至于“自王氏学兴，士大夫非道德性命不谈”。

二是带动老学研究。从老学发展的历史看，两宋时期是一个高峰，“上自帝王卿相，下至僧人道士，研习《老子》蔚然成风，可谓盛矣。”[①]该时期不但老学著作众多，而且其研究思路和方法也呈现出多样化的倾向，成为与占据统治地位的儒家思想相伴随的一股巨大的学术潜流，并具有自己鲜明的学术特色。其中，荆公学派注解《老子》更具特色，由于其特殊的政治地位和学术思想的广泛影响，对晚学后进有很大的号召力，对宋代老学的繁盛有着不可磨灭的贡献。其主要精神，如重视“自然之道”、对“有”“无”关系、“不尚贤”的辩证理解等等，都为后世老学所继承和发扬。以王安石为首的荆公学派注重“义理”的解经特点和援儒解老、援佛释老的包容态度，使老学研究新意不断。唐代解《老子》以道教学者为主，自然使“老学”研究染上了浓厚的道教色彩，而荆公学派受现实时代的影响，把解《老子》的视角转向儒家学说和时事政治，这样，老子的思想被援引到儒学之中并为儒家的现实政治服务，从而使得老子思想在新的历史时期焕发出新的生机和活力。由此可见，王安石的《老子注》，一方面是对老子思想及其价值的重新认识和肯定，一方面又为解决现实问题提供了参考。

三是形成变法的指导思想。北宋熙宁时期是历史上著名的变法革新时代，同时也是老子思想被复活并流行发展的时期。学术思想领域出现“学者争言老庄”的新局面，其中王安石起了重大的带动作用。同时，这一学风对于推进变法的实施，同样也发挥了重要作用。宋元之际著名的道教学者杜道坚在《玄经原旨发挥》中说 :“道与世降，时有不同，注者多随时代所尚，各自其成心而师之。故汉人注者为‘汉老子’，晋人注者为‘晋老子’，唐人、宋人注者为‘唐老子’‘宋老子’。”这是老学发展

① 熊铁基 :《中国老学史》，福建人民出版社 1995 年版，第 329 页。

的一个重要特点，也是《道德经》蕴含的无穷能量，也就是说《道德经》在不同的历史时期，人们可以根据政治、社会、思想领域的时代需要，不断地对《道德经》做出新的解释。就王安石来说，他借老子表达的主要思想就是变法，他视《道德经》为救世之书，关注天下兴亡，关注中华文明复兴。王安石主导的荆公学派从学术上而言是一个学术群体，从政治上而言则是作为政治集团出现的。因此，他们有关老子思想的研究是为更好的阐发政治变法主张，为其变法活动提供理论和思想依据。他们的变法虽然没有成功，但其勇于变革的精神为后世树立了典范，也为中华文化传承做出了重大贡献。

（二）吴澄的《老子注》及其学术贡献

吴澄，字幼清，号草庐，为江西抚州崇仁人，生于南宋末年，出生在书香世家，其祖父吴择精通诗词歌赋，于天文历法颇有研究；其父吴枢精通医术，乐善好施。二十七岁时，南宋灭亡进入元朝，大半生在元朝度过。元祯元年（1295）吴澄到龙兴（今南昌），通过元明善的考核，吴澄向元明善行弟子礼。元大德五年（1301），程钜夫与数名官员一同举荐吴澄担任国史院编修。历国子监、翰林学士、儒学副提举。其门生众多，有何中、虞集等。吴澄是元代著名的理学家、思想家、教育家。其学问广博，著作等身，经学主要以《五经纂言》为代表，其学术不仅在于经学、理学、心学等领域，他还广泛涉猎于医学、史学、文学、诗文、天文、地理、术数等领域，是一代大家，与许衡同为元代名儒，有“南吴北许”之称。年八十五卒。著有《吴文正集》一百卷。吴澄去世后，揭傒斯奉诏撰写的《神道碑》称：“皇元授命，天降真儒，北有许衡，南有吴澄。所以恢宏至道，润色鸿业，有以知斯文未丧，景运方兴。”[①]前面描述元代江西道教时，有许多反映地方道教的信息都出自吴澄的碑刻文献，可见其对道教的贡献。

《老子注》（或称《老子真经注》《道德真经注》）是吴澄辞官返乡途

① （元）吴澄：《吴文正文集》，《四库全书》第39卷（影印本），台北，商务印书馆1983年版，第12页。

中留居江西富州清都观时所作。富州（今宜春丰城），隶属龙兴路（今南昌市），其为上州，元祯元年（1295）规定，江南10万户以上者为上州。富州与其家乡崇仁县为邻县，两地道教文化丰富。其对《老子》的研究，无论文献版本的考校，还是思想层面的阐释都具有新意，不仅为我们全面认识吴澄的学术思想、学术价值提供了重要的参考，在中国老学史上也具有重要的地位。

第一，搜集、整理《老子》世传注本，为《道德经》这部经典的传承发挥了积极作用。至大元年（1308）正月，吴澄以疾辞官，此时吴澄五十九岁。辞官之后到富州就医，其间寓居清都观，与门人就《老子》《庄子》《太玄章句》等书进行讨论，发现世传本有不少讹误，遂决定对其进行校理，他说："公以老庄二子世之异书，读者不人人知其本旨，注释者又多荒唐自狂，公为之参考。订定将使智之过高者不至陷溺于其中，凡下者不至妄加拟度于高虚云耳。"[①] 吴澄自幼便对圣贤之学有兴趣，在隐居布水谷期间就对《孝经》《诗经》《易》《礼记》等经典进行了校理，同时还写下了《皇极经世续书》。《老子》虽没被列为经学，但在吴澄来说《老子》所蕴含的思想是一笔宝贵的精神财富，而世人对《老子》思想存在极大的误解，注释者皆为狂妄之徒，他们的注释不得要领，与真正的《老子》思想有出入。为正本清源，使《老子》思想能恢复本义是吴澄校理《老子》的真正动机。吴澄对流传在社会上的十多家《老子》世传注本进行搜集、整理、校勘，吴澄认为《老子》原本的分章是建立在"文义"（"文本单位"）的基础上，而不是建立在外加的阴阳五行原理上，于是，其以"文义"为划分依据、以恢复《老子》"本义"为初衷，重新对《老子》分章，吴澄在"《老子真经注》将《老子》别为六十八章，上篇三十二章，下篇三十六章"。[②] 从注本结尾吴澄题有"按语"："老氏书字多误，合数十家校其同异，考证如右。庄君平所传章

① （元）危素：《吴文正公年谱》，《四库全书》（影印本），第1197册，台北，商务印书馆1986年版，第931页。

② （元）吴澄：《老子真经注》，《道藏》第12册，文物出版社、上海书店、天津古籍出版社1988年版，第780页。

七十二，诸家所传章八十一，然有不当分而分者，定为六十八章，云上篇三十二章，二千三百六十六字，下篇三十六章，二千九百二十六字，总之五千二百九十二字云。”[①] 吴澄认为传世文本《老子》历时久远，在传承当中产生较多讹误，各家分章秉持的标准不一，无论八十一章，还是七十二章在吴澄看来都有不当之处。这些问题促使吴澄重新对世传本《老子》进行分析考证，并对《老子》文本进行了重新分章，其六十八章分法在历史上产生了深远的影响，著名学者陈鼓应教授对吴氏注本评价道：“注解精确明晰，为研究老学的人所必读的一本好书。”[②]

第二，《老子注》“质量极高、影响深远”，为进一步阐发老子思想有贡献。吴澄的《老子注》一书学术界评价很高：“由于其对老子注释多有新义，故其在元明时期产生较大的影响。”[③] 一致认为此注本的重要特征是“以理解老”，因此，从哲学层面看该注本达到了新的高度；从社会使命看，体现了其“为天地立心，为生民立命”的社会关怀。吴澄的《老子注》儒道会通、以理解老的特质贯穿始终。如“昔得之以一”章曰：“吾之所谓‘道德仁义礼智’，以其天地人物之所共由者曰‘道’，以其人物之所得于天地者曰‘德’。德其统名，分言则四。得天地生物之元以为德，而温然慈爱者曰‘仁’，得天地收物之利以为德，而截然裁制者曰‘义’，得天地长物之亨以为德，而架然文明者曰‘礼’，得天地藏物之贞以为德，而浑然周知者为‘智’。”[④] 吴澄在注释道家“道”与“德”与儒家“仁义礼智”的关系时，既注重道德又重视仁义礼智，对儒道两家进行了巧妙的调和和平衡，他为儒家的“道”与《老子》的“道”在本质上都是相同的，而且都指的是宇宙万物的本源，仁义礼智是“德”在万事万物身上的体现，虽然差异性很大，但“德”为其统名。

---

① （元）吴澄：《老子真经注》，《道藏》第 12 册，文物出版社、上海书店、天津古籍出版社 1988 年版，第 820 页。

② 陈鼓应：《老子今注今译》，商务印书馆 2015 年版，第 387 页。

③ 熊铁基、马良怀、刘韶军著：《中国老学史》，福建人民出版社 2005 年版，第 395 页。

④ （元）吴澄：《老子注》，《老子集成》第五卷，宗教文化出版社 2011 年版，第 627 页。

第三，阐发老学思想立意高，体现人文关怀思想。老学思想主要表现在“道论”和“政治关怀”等方面：

一是“道论”，包括“道理论”“道德论”“道气论”“道物论”“道心论”。吴澄以“理”与《老子》之“道”相汇通，借鉴了“理一分殊”等思想命题来阐发“道”与“理”“德”以及“气”还有“天地万物”的关系。吴澄的“道论”吸收了大量理学并从音韵学的视角去考证、阐述，如：“天下有道”章中王弼本、河上公注本都写作：“天下有道，却走马以粪”，吴澄以为当是“走马以粪车”。吴澄云：“退，却也。走马，善走之马。粪车，载粪之车。古者每甸六十四井，皆出戎马充赋，有道之世各守分地，不相侵战，故民间善马不以服戎车，而退却贱用之以服粪车而粪田也。戎马，齐其力以备战者。郊者，二国相交之境。无道之世寇敌日侵，郊外数战，戎马不得归育于马厩，而生育于郊外也。粪下诸家并无“车”字，惟《朱子语类》所说有之，而人莫知其所本。[①] 从音韵学的角度来看“郊”为叶韵，如果有“车”字，才构成叶韵，否则无韵。这样看来吴澄的考证具有极强的说服力。

吴澄对《老子》之“道”的观点，他又云：“是以汉初知老子关尹蒙庄之道，而鲜获有尧舜文王周孔之道也，当时叙学术以道属之老子，目其徒为道家者流，列于儒家者流之上。学术既裂，宗孔氏者谓之儒，宗老氏者谓之道士，儒不得以与道之名，而道士得以专道之名。夫通天地人曰儒，儒而不通天地人，其不与得道之名也。”[②] 吴澄认为自秦灭之后，学术分裂，宗孔者被称为儒，人们只知道老庄之道并不知道尧舜之道，因为孔子“罕言性与天道”，后世儒家学者对尧舜文武周公所传之大道避而不谈，导致道士得以专道之名。在吴氏看来，儒者如果不通天地人三者之间的关系，就丢掉了儒家思想的精髓，而这一思想正好为《老子》所继承。他认为儒家不通天地人之关系不足以为儒，而《老子》之

① （元）吴澄：《老子注》，《老子集成》第五卷，宗教文化出版社 2011 年版，第 632 页。

② （元）吴澄：《吴文正集》卷六十四，《四库全书》（影印本），第 1197 册，台北，商务印书馆 1986 年版，第 633 页。

“道”正是沿袭了“尧舜文武周孔之道”的思想精髓。除此之外吴澄在《道德真经注》中处处以理学家之“理”与《老子》之“道”进行汇通，吴澄曰：道指形而上之理，不杂乎气者而言。又将其喻为太极，无论是“理”“太极”还是《老子》“无为之道”都属于形而上的范畴。

二是体现了“人文关怀”的思想。吴澄的《道德真经注》体现了其对现实政治的态度，他在多次谈到“治国理政”“富国强兵”等现实问题。吴澄辞官之后以自己独特的方式参与地方政治事务，据史料记载：“正月如龙兴，时经理田粮，限期严迫，使者立法苛刻务重增民赋，以觊爵赏。郡县奉行尤虐，民不堪命。群情汹汹。邑父老知公与部使杜显祖在朝廷有交承之谊，请往陈其害，公既行一日，使者已趋袁瑞不及入城而还。”[①] 皇庆二年，吴澄辞官返乡到达今天的江西南昌，看到朝廷使者复法苛刻，曾重赋，导致民情汹汹。当时的吴澄早已是名满天下，父老乡亲知道吴澄与部使同在朝廷为官便恳请吴澄前往陈其害，吴澄听后毅然决然地前往，还没来得及入城，使者望风而逃。由此反映了他关注现实问题，重视民生。针对现实中的“善恶”“战争”，吴澄曰：“慈者，生之道，仁之德，为三宝之首，此下专言慈之一宝，而二宝在其中矣。慈者，人人亲之如父母，岂有子而敌其父母，攻其父母者哉？故以慈而战守，而人不忍敌攻，是能胜能固也。纵有来敌来攻之寇，人助其父母者多，亦必能盛能固，或人力不逮，天亦将救助之，不令其败且溃。天所以救助之者，以其能慈而卫护之也。以慈来立国，则人不能攻之而则天亦助之。”[②] 从注释中反映了吴澄对现实关怀的态度，在他看来，儒家的圣君贤王虽为得道之人，但只是指“内圣”领域，其终极目标还是着眼于外在的事务，面对现实政治中的俗务自然是不可避免的事情，建议圣君践行《老子》的三宝，“以慈立国”。

---

① （元）危素：《吴文正公年谱》，《四库全书》（影印本），第1197册，台北，商务印书馆1986年版，第933页。

② （元）吴澄：《老子注》，《老子集成》第五卷，宗教文化出版社2011年版，第632页。

第三节　宋元时期江西道教诗词

江西的自然地理自成一体，相对独立，造就了独特的风格、独特的气派、独特的好。名山胜水，洞天福地，既成为修道或隐修之人炼丹咏道的仙境，又是文人墨客宦游或游仙而诗兴大发，创作了大量的与道教有关的诗词歌赋、散文游记，用生花妙笔题咏、赞赏江西山水仙境，使名山胜水、名人名作、名道名观辉映成趣，流光溢彩。

在宋元时期，道门中的人特别喜欢利用诗词歌赋来抒发自己对修道体悟，表达对得道成仙的向往之情。文人墨客则通过描绘与山水自然融合、闲静自在的修道生活，表达对宁静祥和理想社会的追求。宋元时期，由于崇道求仙之风盛行，士人与道士创作了大量的游仙诗。

顾名思义，游仙诗是咏颂神仙云游四方、得道成仙的诗词。梁朝萧统在编《文选》时，特别将“游仙”列为一种文学体裁，由此可知，游仙诗已经普遍并有许多成果了。

一、道士的游仙诗

宋元时期，在江西，或江西籍的徐铉、王文卿、沈彬、张继先、白玉蟾、吴全节等道士都是写游仙诗的高手。道士的游仙诗因绘声绘色地描绘了神仙自由逍遥的生活、天上仙境的奇异风光以及人希望与神仙共游共修的向往，从而开创了道教诗词中的充满浪漫主义之诗风，不仅促进了神仙信仰在社会上的传播，而且还丰富提高了中国诗词的文学水平。

徐铉的游仙诗。徐铉为官、为道，两者兼得。他自称为“好道者”“好道之徒”。宋开宝七年甲戌（974），徐铉在公务之余到江西的玉笥山、阁皂山、庐山、龙虎山、始丰山以及筠州祈仙观、筠州清江县三清观、洪州始丰山兴玄观等11座道观，或仙游问道，或吟诗论道，或搜集道经，或撰写碑记，在游居走望中，关注神仙之事，“函关紫气，事往名存”，他在《重修筠州祈仙观记》中说：“铉顷岁扈从南巡，有事于游帷之观。二宫相距，两舍而遥，使指有程，瞻望弗及。”初步统计，徐铉与江西有关的游仙诗词有23首。

宋淳化二年辛卯（991），徐铉奉命南巡，应洪州道正倪少通的徒孙钱知素恳请，撰写了《洪州道正倪君碣》，以记录倪少通的生平事迹，诗曰：

太一董君，上帝之宾。
遗方眇邈，旧迹荆榛。
倪师慷慨，复来清尘。
种杏之地，林光再新。
异世神交，岂其后身？
冥升自远，代剑非沦。
瞻言华表，谁见千春？
刊铭翠琰，道契攸亲。①

倪少通（900—991），字子明，四川人。任洪州道正。唐五代末避乱到庐山太乙观，主持太乙观六十余年，道观兴旺，影响甚远。培养徒弟四十多位，亲弟德规、同学弟谢又能等均收为门徒。徐铉没有见到倪少通，只有“异世神交”，但对91岁仙寿的倪少通清修奉道、济世利民的精神给予高度赞美，他还有一首《寄玉笥山沈道士》诗，寄托了对玉笥山高道沈庭瑞的相思之情，诗曰：

珍重江南沈炼师，未曾相识久相思。
已全真气能从俗，不坠家风善赋诗。
玉笥共游知早晚，金貂回雇觉喧卑。
多惭书札遥相问，更望刀圭换白髭。

徐铉因为玉笥山天上仙境的奇异风光，他不仅在玉笥山写下了《玉笥山留题》《送察院李侍御使庐陵因寄孟员外》《送孟宾于员外还新淦》、《送萧尚书致仕归庐陵》《送彭秀才南游》等诗，还在丰城县梅仙观、阁

① 《四库》本《骑省集》卷二十七。

皂山景德观、奉新县重建閭业观、袁州宜春县重造紫微观、筠州三清观逍遥亭、江州彭泽县修山观、西山玉隆万寿宫等都留下了诗篇，反映了他对神仙自由逍遥生活以及希望与神仙共游的向往。

王文卿的游仙诗。王文卿是道教神霄派的创始人，其喜云游灵胜境地，创作了许多游仙诗，其游仙诗大多数反映了修道思想与神仙境界的融合，在龙虎山写了《龙虎岩》《辘轳岩》《丹灶岩》等9首、在麻姑山留下了《登麻姑》《丹霞洞》《涌雪》等13首诗。《龙虎山志》中记载了王文卿仙游龙虎山遇见炼丹老翁，禁不住赞叹，写下《丹灶岩》：

丹熟仙翁白日飞，千年云月护岩扉。
山中老叟相逢说，夜夜灵光烛紫微。

在《龙虎岩》诗中，表达了他对丹成后的喜悦：

龙虎丹成紫气开，空遗高石踞崔嵬。
何人长笑孤峰顶，引得风云动地来。

《仙桃岩》一诗，则是反映了他认为通过修炼，可以达到“长生久视”的目标。

鹦鹉飞过瑶池水，瑶池桃熟亚红烟。
鹦鹉衔桃堕山下，等闲风日九千年。

在颜真卿的《麻姑山仙坛记》后，赋予麻姑山以“仙”为主题的诗文是王文卿，诗句中有“神仙”“灵根”“仙子”“真人”“仙都”“仙家”“云根”等词，如《登麻姑》，诗曰：

难泛烟波一棹通，锦桃终日漾霞红。
未能立节扬千里，已觉腾身在半空。

猛政固非秦主日，清谭岂是晋时风。
自惭尘累还缨系，洞里神仙故不逢。

《碧莲池》诗中，王文卿想象仙人以“叶”作“舟”的逍遥：

玉井灵根未易求，轻盈体素更风流。
莫教仙子尘生袜，尚想真人叶作舟。
紫殿昼长香雾合，清池夜净月光浮。
多情乐在壶中景，肯把红妆好自修。

在《丹霞洞》诗中，“仙家”住“仙都”遇见的神奇：

仙都久寓拜丹霞，十里门参路转赊。
在昔齐王功德观，当今圣主奉仙家。
晴天可骇风雷震，午夜堪惊彩仗华。
瘦骨不禁天上冷，按衣直到月西斜。

《涌雪》一诗则表达了冬天修炼对身体不一样的效果：

脉透云根势欲趋，雪花光眩涌天隅。
悬崖缥缈千寻练，落涧潺湲万斛珠。
吊古已回询野老，穷源因得到仙都。
何当散发熏风里，一洗尘寰秽浊躯。

王文卿的诗不仅意境特别，思想内涵丰富，而且作为范例为后代效法，《齐云亭》一诗后人以其诗之韵脚作诗，例如，万民华的《和齐云亭王侍宸韵二首》、范郴的《和齐云亭韵》、刘德彦的《齐云亭和王侍宸韵》、程可行（南城县丞）的《齐云亭和王侍宸韵》。

张继先的游仙诗。张继先作为天师道第三十代天师，其游仙诗的内容既有反映其在龙虎山的神仙妙景，也有反映他在京城的郁闷以及从京城还山后的喜悦，如《怀鬼谷山思真洞天》透露了他与山水的融洽和攀岩的快乐：

思真洞兮云水深，道人居兮鬼神钦。
山花笑兮松竹阴，岩溜潺潺兮千古音。
何时一造兮清神襟，攀石萝兮共笑吟。

北宋大观元年（1107），徽宗遣使命醮于山中并第四次召其赴京。然而，张继先对皇家宫廷的繁文缛节和奢侈逸乐非常不适应，一再要求回龙虎山，在《京师七夕率赋》诗表达希望早日回到龙虎山的心情：

七夕风光岂易阑，一年一度巧相干。
不惊高处流星过，尽向今宵仰面看。
花月有情天阙冷，胭山随分酒杯寒。
从兹肃肃秋阴扣，却恐衣衾未复单。

在《次韵答赵尚书》诗中自谦"虚名涉世"：

炎蒸时节别家山，霜雪如今却渐寒。
恨我虚名徒涉世，忆君高语共凭栏。
比因厌客连朝卧，长是援琴终夜弹。
已得明春归去旨，预惊灵鹤整翎翰。

一首《京师夜坐怀浑沦庵有作寄之》则体现了张继先在深宫中的不自在：

独坐空庐静可知，江城意味岂如斯。
君看凤实初成处，自称蟾华欲妙时。

酒兴原同云叟乐，风尘无取庆宗诗。
山中林壑虚明境，不得归吟有所思。

得到宋徽宗同意回到龙虎山后，禁不住喜悦的心情，写下了《还山》：

长年京国甚羁囚，丘壑归来始自由。
流水有声如共语，闲云无迹可同游。
猿依松影看丹灶，鹤与芦花人钓舟。
如此栖迟良不恶，红尘何事辱鸣驺。

《得请还山喜元规远迓遂成山颂》是其还山后到“浑沦庵”的真情流露：

喜见石浑沦，忘言意独真。
还寻后桥约，一洗客京尘。
香篆丹炉静，诗篇彩笔新。
高霞不孤映，携手洞门春。

“浑沦庵”是张继先创建的炼丹之处。“元规”者，道士石自方，张继先弟子，住浑沦庵。

晒经是道观保护经书的重要手段，从《晒经》一诗可以看出一代高道对经书的爱惜之情。诗曰：

迟日满高台，书囊云锦开。
梅蒸阳气透，林隐景光回。
尚究千神恍，高吟万恶摧。
殷勤能启秘，须仗出群材。

除了以上七首外，张继先有多首诗词在赞美自然山水的美和神仙逍遥的境界，如“自得逍遥趣，从来乐静居”、“东岩开玉洞，西涧泻银河”、“烟外桃花非俗种，风前柏实有余香”、“鹤来松有客，苔去石无衣”、“今日梵宫方得到，旧时元鹤也飞来”、“莫羡庵居景物清，须知乐自苦中生”。

白玉蟾的游仙诗。白玉蟾在江西，除到龙虎山、閤皂山、庐山、西山外，还到了麻姑山、玉笥山、笔架山、华盖山、始丰山、金精山、葛仙山等道教名山名观，结识了著名道士，写下了164首诗，其中涉及龙虎山道教诗63首，抚州地区45首，南昌西山梅岭14首，庐山27首，閤皂山6首，玉笥山、始丰山、金精山、葛仙山等9首。

白玉蟾在抚州仙游期间，既饱览了笔架山、麻姑山、华盖山的“山千翡翠”“竹万琅玕”，又与道士结下了深厚友谊，并以联句酬和。如笔架山永兴观道士黎盘云《盘云》诗二首：

一

今古无门闭是非，无心出岫已知机。
于今收拾归山谷，不逐春风上下飞。

二

笔架山头一片云，盘旋岩谷不求伸。
时人只恐清风起，吹作皇都雷雨春。

白玉蟾在抚州期间入住在永兴观，在赞赏道士黎盘云“归山谷”“沐清风”的同时，两人泛游青山绿水之间，通过联句表达寄情山水的喜乐，《夜船与盘云联句回文》云：

烟山暮滴翠，露叶秋翻红。（白）
川急回斜岸，草枯凋薄霜。（黎）
蝉寒嘶月淡，雁过唳天长。（白）
船泊宜沙浦，夜深同咏觞。（黎）

对于道士黎盘云的诗才和丹诀，白玉蟾以《赠诗仙》给予称赞：

学诗有似学仙难，炼句难于学炼丹。
换骨脱胎君有诀，炷香特特扣诗坛。

卧云庵为道士黎盘云修行和炼丹之处，《卧云》一诗表达了简单清净、飘飘悠然的状态：

满室天香仙子家，一琴一剑一杯茶。
羽衣常带烟霞色，不惹人间桃李花。

白玉蟾在麻姑山期间，以《麻姑山》一诗透露自己在寻找唐代开元年间的金龙简、颜真卿碑记、王远与蔡经的神仙故事：

瑶林猿啸春坡月，玉渊蛟舞秋崖雪。
伊独脯鳞饭胡麻，仙爪肯理君毛发。
往事王远徵蔡经，苔碑寂寞颜真卿。
嗅柑羽人叫无处，一鹤飞上寻真亭

白玉蟾三个月在麻姑山寻找、游览，作《游麻姑山》诗，曰：

绛阙清都潇散郎，更无蝴蝶到平康。
床头琴抚七弦雪，袖里剑藏三尺霜。
九十日春半晴雨，一千年事几兴亡。
丝丝摆绿水杨柳，点点飞红山海棠。

“游山必咏，游仙则诗”，据《华盖山志》记载，宋元时期咏颂华盖山胜境、仙源的诗有61首、赋3篇、青词1篇，作者为道士的只有白玉蟾一人。南宋宝庆元年乙酉（1225），白玉蟾游华盖山，写下脍炙人口的《华盖山赋》，“天与之文章，地与之气形，日月与之以秀丽，星斗与之以聪明。落纸使风雷之走，下笔使神鬼之惊。”其中有词、有歌、有诗，诗曰：

华盖山前闻杜鹃，瘦藤扶力倦攀缘。
路逢紫电清霜客，日落碧云红树天。
松罅翠猿惊月上，洞前白鹿咬花眠。
明朝屐齿印苔发，长啸天风蹑晓烟。[①]

据《珠溪余氏族谱》记载，白玉蟾于南宋嘉定末年在华盖山下的珠溪村执教私塾半年，临别时“去时三月三，来年九月九。两个玉馒头，三盏茱萸酒”。因此，白玉蟾有足够的时间登华盖山“谒紫元之洞天，访浮丘之仙子”，感受华盖山的“天高兮风声寒，野迥兮烟光薄”“指青青黯黯烟霞之窟，谓高高远远仙灵之都”“山之形若浪涌而泉奔，山之骨如玉兰而冰积”，禁不住又写了《华盖山吟二首》[②]，感慨“此心兮，对风月而莫诉，非猿鹤之可知”，只能以诗诉之：

一

宴罢瑶池跨鹤来，三峰高处久徘徊。
金鸡叫破岩前月，铁笛吹残洞口梅。
碧歌□中皆造化，玄关深处即蓬莱。
灯前一笑逢知己，漫把新诗共品裁。

二

汞叶铅枝滴滴娇，绛宫午夜正迢迢。
霞光灿烂黄金鼎，天籁虚寒碧玉箫。

---

① 清同治《华盖山志》卷九。

② 此二首佚诗，是抚州市文史馆专家、抚州市道教协会副会长王冰权搜录于抚州地方谱牒。

明月一钩秋影薄，清风半榻睡魔消。
神仙懒话人间事，静看飞神谒九霄。

吴全节的游仙诗。吴全节为元代江西籍著名道士，在龙虎山师从正一道玄教宗师张留孙，“得其秘法，祈祷辄应”，也善诗，著有《看云集》《灵宝玉鉴》十卷等。其中《繁禧观》一诗描绘了繁禧观的溪山胜处和丹鼎长春，表达了“心与江湖天共远”的胸怀：

门前流水泛桃花，回首蓬山别一家。
曾把金茎餐沆瀣，闲挥玉麈看琵琶。
火存丹鼎春长好，卷掩黄庭日欲斜。
心与江湖天共远，大开瀛海驻吾槎。[①]

龙虎山“繁禧观”为太上清宫的分支，始建于元延祐四年（1317），建成后，于至元三年丁丑（1337），陈旅撰写了《龙虎山繁禧观碑铭有序》并刻碑。陈旅（1288—1343），字众仲，元代莆田（今福建莆田）人。历官闽海儒学官、国子助教、国子监丞等。著有《安雅堂集》十三卷。据《龙虎山繁禧观碑铭有序》记载，繁禧观有三清大殿，两旁为列真之室，观内还有清辉堂、回鸥亭、见山堂、依竹堂、咽日堂、巢云堂等道观建筑，“二楼以递钟鼓之声，有三门以严中外之节”。临溪之门，榜曰“溪山胜处”，由翰林学士承旨赵孟頫所书。“嗣天师与玄教大宗师闻之，皆表之曰‘繁禧’之观。元统甲戌，上遣使以旛香来。至元丁丑，又降香并赐玺书护持，授谨修‘明远冲妙崇教法师’、教门高士、开山住持提点，又命其弟子陈自诚为至正元嘉文泰法师、教门高士、提点知观事，俾嗣其道。”[②] 由此可见，此观非同一般。陈旅在碑铭中为繁禧观也作有诗：“雷坛之阳，山川开明。中有玄圃，翠水所经。煌煌寿宫，殖殖

① 清乾隆《龙虎山志》卷十三。
② 四库本《安雅堂集》卷十，第1213册。

福庭。琪林绀幽，珠葩丹晶。崇竹北翳，列岑南屏。结影西谷，含光东琼。云澜迎户，溪羽并亭。浊祲遥戢，冲华空凝。匪怡我私，穆愉鸿灵。鸿灵戾止，从以众星。兰皋椒丘，猗靡绛旌。藏我熙事，肸蠁告征。天子神圣，格乎清宁。介福孔多，式嘉群生。"

吴全节还有《崇禧观》一诗，描写了许多高道出自于龙虎山正一派：

> 曲林古观水西流，天遣皇华驷玉虬。
> 高士远分龙虎派，哲人久伴凤凰游。
> 楼台山色三峰晓，池馆泉声五月秋。
> 云案凝香浮洞府，坐令和气蔼丹丘。

吴全节在閤皂山、庐山也留下了诗词，吴澄有《跋吴真人閤皂山诗》，评述其"灿烂于诗章咏句间"。蒲道源的《送吴闲闲真人》一诗则反映了吴全节不仅是一位儒道兼学、方外圆通的师者，也是一位存孝心奉侍双亲的孝子，如诗曰："天风吹衣雨浥尘，卢沟晓别诗境新。石梁雄据天下津，群峰迤逦西北垠。草木点缀生精神，骄马驻足车停轮。纷纷追逐皆朝绅，相与祖饯为何人。闲闲嗣师方外臣，貌虽老氏心儒珍，恩许还家寿乃亲，翁媪年皆八十春。饶国启封降丝纶，上尊分赐光禄醇。道旁见者咨嗟频，此行岂为思鲈莼。觚棱达瞻恋严宸，青云我亦忝致身。先世赠典蒙深仁，但恨不及生存辰，因君此图泪沾巾。"①

蒲道源（1260—1336），字得之，号顺斋，皇庆中（1313）征为国史院编修官，进国子博士。著有《闲居丛稿》二十六卷。对吴全节的"诗境新"十分赞赏，虽然"光禄醇"，却不忘侍奉年过八十的父母，"恩许还家寿乃亲"，并将吴全节作为自己为诗作文、为儿尽孝的榜样。

二、文人的游仙诗

唐诗是中国古典诗歌发展的高峰，而宋元时期却能在唐诗之外独树一帜、自成风格，开拓了中国古代诗歌的另一种典范，尤其是文人的游仙咏

① 清乾隆《龙虎山志》卷十三。

道诗的创作更加丰富了宋元时期诗歌的色彩。吟咏道教“清虚自然”“得道成仙”思想，描绘道教宫观胜地自然景色以及与道人相互赠答的诗歌，不仅数量多，而且质量高。苏轼、黄庭坚、孔武仲、周必大、杨万里、朱熹、刘辰翁、欧阳守道、吴澄、虞集、揭傒斯、范梈等都留下了许多传世佳作，他们通过赞美仙界的超脱，寄托自己对神仙生活的向往。

苏轼的游仙诗。苏轼一生三次游历江西。江西的山山水水让他流连忘返，被视作第二故乡；江西的神仙境界也使其“欣然喜之”。

江西山水真吾邦，白沙翠竹石底江。
舟行十里磨九泷，篙声荦确相舂撞，
醉卧欲醒闻淙淙，真欲一口吸老宠。
何人得俊窥鱼矼，举叉绝叫尺鲤双。

他在庐山独游五老峰白鹤观时，松荫满地，却不见一人，道观中白天晚上都关门，但独闻棋声于古松流水之间，意欣然喜之，作《白鹤观》，诗曰：

五老峰前，白鹤遗址。
长松荫庭，风日清美。
我时独游，不逢一士。
谁与棋者，户外屦二。
不闻人声，时闻落子。
楸枰对坐，谁究此理。
空钩意钓，岂在鲂鲤。
小儿近道，剥啄信指。
胜固欣然，败亦可喜。
优哉游哉，聊复尔耳。[①]

① 民国《庐山志》卷二十七《历代诗存》。

苏轼探究道观的棋声，咏赞道教的“清净自然”思想，而在《浔阳紫极宫次李翰林韵》更是表达了他对神仙境界的向往，以“谪仙”自称：

寄卧虚寂堂，明月浸疏竹。
泠然洗我心，欲饮不可掬。
流水发永叹，自缅非予独。
行年四十九，还此北窗宿。
缅怀卓道人，白首寓医卜。
谪仙固远矣，此士亦难复。
世道如奕棋，变化不容覆。
惟应玉芝老，待得蟠桃熟。①

在《五老峰》一诗中，再次称自己为“谪仙”，与李白同为“谪仙”号，反映苏轼一生也是以饮酒、赋诗、好茶、仙道为人生寄托：

偶寻流水上崔嵬，五老苍然一笑开。
若见谪仙烦寄语，匡山头白早归来。②

建中靖国元年（1101）三月十九日，自儋州北归，路经今庐陵县永和（今吉安县永和镇），游清都观，与清都观道士谢子和交谈甚欢，并题“清都台”三大字，赠送清都观道士谢子和诗二首：《清都观谢道士童颜须发，问其年，生于丙子，盖与予同，作诗留观中》《敬赞清都观谢道士真》。留言“谢道士，生丙子。真一存，长不死。”

---

① 民国《庐山志》卷二十七《历代诗存》。
② 民国《庐山志》卷二十七《历代诗存》。

一

镜潮敕赐老江东，未似西归玉局翁。
羁枕未容春梦断，清都宛在默存中。
每逢佳境携儿去，笑问行年与我同。
自叹余生消底物，半篙清涨百滩空。

二

欲识清都面目，一江春水东流。
滔滔直入江海，大至蓬莱顶头。①

苏轼的弟弟苏辙在江西奉职期间，也对道家逍遥自在的神仙境界向往之，其《寄梅仙观杨道师》一诗表达了他的趣味，他把“道书”当作“黄金”：“道师住在真人峰，欲往见之路无踪。去年许我入城市，尘埃暗天待不至。莫往莫来劳我心，道书寄我千黄金。奋衣肉食虑谋短，文字满前看不见。口传指授要有时，脱去罗网当见之。梅翁汉朝南昌尉，手摩龙鳞言世事。一朝拂衣去不还，身骑白麟翳红鸾。我今虽复堕尘土，道师何不与我语。他年策足投名山，相逢拍手一破颜。”②

黄庭坚的游仙诗。黄庭坚，字鲁直，号涪翁，号山谷道人，北宋洪州分宁（今修水）人。举进士。宋徽宗时，累官知太平州。其文章天成，与张耒、晁补之、秦观为苏门“四学士”之首。黄庭坚尤长于诗，世号“苏黄”，又善行草书，书法自成一家。著有《山谷内外集》《别集》。人们认为，代表宋诗最高成就的诗人是苏轼，而最能体现宋诗特色的则是黄庭坚。黄庭坚除“好读书”外，与苏轼一样雅意林壑、钟情烟霞，如黄庭坚追寻苏轼《白鹤观》的棋声：

① 明永乐《东昌志》卷二。
② 《梅仙观记》,《道藏》第11册，文物出版社、上海书店、天津古籍出版社1988年版。

荒径行如错，蟠桃看转奇。
鸟声人寂处，山色雨晴时。
赊得渔翁酒，闲观道士棋。
个中有佳趣，莫怪下山迟。①

李白、苏轼两位“谪仙”是黄庭坚追慕的高人，行游浔阳（今九江市）紫极宫，作《次苏子瞻和李太白浔阳紫极宫感秋诗韵追怀太白子瞻》一诗：

不见两谪仙，长怀倚修竹。
行绕紫极宫，明珠得盈掬。
平生人欲杀，耿介受命独。
往者如可作，抱被来同宿。
砥柱阅颓波，不疑更何卜。
但观草木秋，叶落根自复。
我病二十年，大斗久不覆。
因之酌苏李，蟹肥社醅熟。

南宋绍兴年间，王十朋对李白、苏轼两位“谪仙”也是赞赏不已，并以他们两人在庐山的诗作韵脚，如：《游开先观香炉瀑布诸峰，读李、苏二仙诗，知庐阜之胜在是，记以十韵》：“庐山何处好，胜地有开先。瀑水漱寒玉（漱玉亭），香炉生紫烟。紫霄长近日，黄石不知年（黄石岩）。雁荡灵湫合（有二瀑布），丰城宝剑连。龟行似朝斗（行龟峰），鹤唳欲冲天（鹤鸣峰）。马尾只自洗（马尾泉），牛头奚用穿（牛头岩）。雄词惟太白，妙句更苏仙。寺占星流处，桥飞月出边。碑方阅华藏（山谷作《开先华藏院记》），梦已到栖贤。明日游三峡，归心定决然。”②

① （民国）吴宗慈编撰，胡迎建注释：《庐山志》卷二十七《历代诗存》，江西人民出版社 1996 年版，第 216 页。

② （民国）吴宗慈编撰，胡迎建注释：《庐山志》卷二十七《历代诗存》，江西人民出版社 1996 年版，第 223 页。

王十朋，字龟龄，号梅溪，乐清人。绍兴中，廷对，宋高宗擢第一。历知饶、夔诸州，后以学士致仕。著有《梅溪集》《东坡诗集注》。其《简寂观》一诗则反映了此观的旧面貌，幸好有热情的道长：

索迂草径少人行，忽有黄冠洞口迎。
自笑荒芜陶靖节，更寻简寂陆先生。
朝真惟有坛前石，流水犹余弦上声。
欲听金鸡上金阙，紫霄峰际白云横。[①]

黄庭坚对玉笥山洞天福地的清泉、玉帘、仙桥、仙台有独特的感悟，写下了《隐梅福处》《群玉峰》《大秀宫》《萧子云宅》《大秀峰》《何君洞》《覆籍峰》《上萧家峡》等，既游仙，又咏道，如《群玉峰》有玉笥山的胜地仙境：

洞天名籍知第几，洞口诸峰苍翠堆。
雕虎啸风斤斧去，飞廉吹雨晓烟回。
日晴圭角升虹气，月冷明珠割蚌胎。
种玉田中饱春笋，仙人忆得早归来。[②]

《魏夫人坛》一诗反映了北宋时期上清派在玉笥山的传承情况：

独扫蛾眉坐远山，春风瑶草照朱颜。
我来欲问挥月斧，二十四峰如髻鬟。[③]

大秀宫是玉笥山历史最悠久的道观，“粤自三代以降至秦，玉笥西

① （民国）吴宗慈编撰，胡迎建注释：《庐山志》，江西人民出版社 1996 年版，第 223 页。

② 戴训超整理：《玉笥实录》，江西人民出版社 2020 年版，第 39 页。

③ 戴训超整理：《玉笥实录》，江西人民出版社 2020 年版，第 41 页。

南孔邱明偕淦西吴天印等凡十人避地于此，踵迹结庵立坛，修真炼道。九人白日飞升，惟何紫霄入洞为地仙。厥后汉武躬至授箓，更大秀上清宫额。迨梁天监丙寅，致仕学士金门羽客杜昙永营宫殿，置田产，撰文立石。宋天圣辛未，给事郎守太子舍毛应佺、朝奉郎守国子博士萧律重建。”[①]黄庭坚游玉笥山溪水、溪月，望太白峰、仙桥。品千年古观，梦天上神仙，作《大秀宫》诗：

玉笥山前太白峰，望仙桥下水溶溶。
前溪流水后溪月，五步白云三步松。
半夜佩环朝上阙，插天楼阁度疏钟。
梦余仿佛钧天奏，知在蓬莱第几重。[②]

孔武仲，字常父，江西新喻人。举进士，元祐间历官国子司业，累迁礼部侍郎，知洪州。著诗赋《论语说》《金华讲义》等。他先后到庐山、玉笥山、阁皂山等寻仙问道，诗兴大发，写游仙诗 11 首，仅在庐山就有 6 首，如《寻真观》，诗曰：

武皇车驾东南出，访道求仙希万一。
屏风九叠云物清，意恐神仙藏此室。
羽章之馆缔构新，坛场夜夜祈星辰。
蓬莱缥缈不可到，桥山一闭逾千春。
咏真之天在旁侧，白昼潭心飞霹雳。
田收岁美龙亦闲，惟有渊沦照空碧。
谁道寻真是女郎，朝餐松桂夜焚香。
明眸绿鬓今何在，应已霞衣侍玉皇。[③]

---

① 《峡江新志》卷十《艺文志・碑记》。
② 戴训超整理：《玉笥实录》，江西人民出版社 2020 年版，第 40 页。
③（民国）吴宗慈编撰，胡迎建注释：《庐山志》，江西人民出版社 1996 年版，第 205 页。

寻真观为唐代女道士蔡真人乘鸾处，在庐山五老峰侧的九叠屏下。据记载“咏真洞天”在龙潭底。《自归宗入灵溪观》则表达了其因访道不怕山深路难行：

紫霄峰下有禅林，瓦结青瑶地布金。
闻道灵溪才咫尺，携筇不觉复山深。
石桥横路水溅溅，百尺琳官馆列仙。
闻有秦人来避世，至今修竹上参天。

孔武仲的《白鹤观》一诗更是表达了他对“得道成仙”理想的向往：

洞天人远矣，琳馆有遗踪。
愿弃人间事，优游慕赤松。

除以上三首游仙诗，孔武仲在多首诗中追求“闲拥云鹤”的惬意生活，如“碧落仙官侍玉除，至今遗迹在匡庐”“尽道秀才心好静，谁知风骨是真仙”“峨峨正议天柱壮，皎皎素节冰壶清”“胸中慨慷外简易，年高未见白发生”“玉溪气象自潇洒，新磨古镜当霄横”“时邀宾朋叙野史，闲拥云鹤登岩扃”“妄排丹鼎夜不寐，邂逅黄金烧可成”“云将色共古，天与寿无穷”。

孔平仲是孔武仲的弟弟，字义甫，举进士，历官集贤校理，知衡州，长于史学，工文词，著有《续世说》《良史事证》等。与其兄长一样也对道家的幽谷水声和飘飘欲仙的情调很是羡慕，在《送提举太平观熊舍人》诗中，曰：

未归西掖掌丝纶，且向南谯作守臣。
三已未尝观愠色，一鸣从此却惊人。
朱幡暂去求民瘼，黄阁行当秉国钧。
记取庐山公旧隐，几多草木待青春。

江州几日到滁州，风送征帆暮不收。
幽谷水声先入梦，炉峰山色远随舟。
素无公事多闲暇，当有新诗自唱酬。
寂寞旧居谁复顾，桂花深锁一堂秋。
高才喻蜀策驀羌，凛凛威名动四方。
裁正稷官新法度，发挥词掖好文章。
暂还紫府烟霞冷，却上青霄道路长。
寄语吏民休浪喜，使君宁久在滁阳。①

朱熹（1130—1200），字元晦，号晦庵，别称紫阳，世称朱文公，南宋婺源人。宋代著名理学家。绍兴十八年（1148）进士。历官知南康军、知漳州、焕章阁侍制兼侍讲等。著有《四书章句集注》《太极图说解》等。曾多次到庐山太平宫与道士探究丹道之法、閤皂山大万寿崇真宫紫阳书院讲学，为官之时兼以诗游谒江湖、访名山、闻仙道，写下了《读诸友游仙诗卷，不能尽和首尾两端》《简寂观》《鹤鸣峰》《华盖石》《赠刘虚谷》《诗送碧崖甘叔怀游庐阜，兼简白鹿山长吴兄唐卿及诸耆旧三首》《寄陈讲师》《别陈讲师》《游玉笥飞仙》《玉涧水》《答单应之问皂》《送单应之往皂》等。如《读诸友游仙诗卷，不能尽和首尾两端》，诗曰：

去年寻得李家山，考卜且成屋数间。
要与青衿时散帙，闲临碧涧共观澜。
诗书本说人间事，勋业休看镜里颜。
谁识寥寥千古意，新诗题罢藓痕斑。
向来结友寻名山，下瞰绝壑高危巅。
胡为一旦堕尘网，五老在望心茫然。

① （民国）《庐山志》卷二十七《历代诗存》。

青牛底处有行迹，白鹿几时同正员。

清游带雨想幽绝，妙处只恐诗中传。[①]

朱熹在知南康军时，不仅赞美庐山自然风景，与庐山简寂观的道士也有交往，淳熙六年己亥（1179），作《简寂观》诗一首并书法：

高士昔遗世，筑室苍崖阴。

朝真石坛峻，炼药古井深。

结交五柳翁，屡赏无弦琴。

相携白莲社，一笑倾夙心。

岁晚更市朝，故山锁云岑。

柴车竟不返，鸾鹤空遗音。

我来千载余，旧事不可寻。

四顾但绝壁，苦竹寒萧椮。

此诗是朱熹追还南朝道士陆修静，其诗刻在庐山简寂观港西山麓石台上。《庐山历代石刻》评价此诗“书法笃实稳健，严谨中含几分潇洒自在”，在《赠刘虚谷》诗中则表达了朱熹与庐山太平宫道士刘虚谷探究炼丹之法：

细读还丹一百篇，先生信笔亦多言。

元机漫向经书觅，至理端于目睫存。

二马果能为我驭，五芽应自长家园。

明朝酒醒下山去，此话更从谁与论。

此诗以 8 句 56 字，透露出朱熹对丹道的极度关注，留宿道观与刘虚谷以道明理。从读丹经到悟丹法，寓意着难以参透的千变万化的养

① （民国）《庐山志》卷二十七《历代诗存》。

生之理。

朱熹在阁皂山期间，与道士也结下了深厚的友谊，赠予道士陈讲师诗句“且喜诗无病，从教睡作魔”“与君连夜话，尽我一生心”，还如《诗送碧崖甘叔怀游庐阜，兼简白鹿山长吴兄唐卿及诸耆旧三首》，特别表达了诗人、阁皂山道士甘叔怀、白鹿洞书院山长吴唐卿三人欢游庐山，反映了作者因庐山的自然景色、好友相聚，希望过上那种超脱凡尘的神仙般生活。

羌庐不见几经年，一话清游一怅然。
此日送君凭问讯，千峰影里旧潺潺。
知君挂席下清江，未见香炉气已降。
直上新泉得雄观，便将杂句写长杠。
遗君踪迹莽荆榛，曾把持书为作新。
今日总输吴季子，枕流漱石自由身。

碧崖是阁皂山道士甘叔怀的号，甘叔怀道士的诗才不仅得到朱熹的赞赏，而且得到杨万里的推崇，《酬阁皂山碧崖道士甘叔怀赠“美名人不及，佳句法如何”十古风二首》中，云：“桂林户椽旧能文，有弟抛家作道人。诗似道人人似鹤，看来若个觅纤尘？赠我新诗字字奇，一奁八百颗珠玑。问侬佳句如何法，无法无盂也没衣。”

玉笥山、阁皂山相距不远，朱熹在阁皂山紫阳书院讲学之余，曾游历过玉笥山，写下了《游玉笥飞仙石》，描述了玉笥山神仙世界的高远超俗：

大地何人凿小空，翛然一榻卧相容。
巨灵劈破三千丈，西竺飞来第二峰。
出洞风寒疑有虎，藏舟夜半忽成龙。
怪来索我题诗句，稽首何君六石供。

元代何中《望玉笥》则表达了他行游在赣江上路过时，对玉笥山仙境的赞赏和期待：

岸转苍石踞，长松垂青萝。
正当停棹时，江入柳阴多。
斜晖泻列岫，荡漾万金波。
倚舷一回顾，暮气忽嵯峨。
群仙养心处，许我勤相过。
洞天无濑竹，去去将如何?

揭傒斯（1274—1344），字曼硕，江西丰城人。官至翰林侍讲学士，其诗风清婉，著有《揭文安公全集》，写下了《龙虎山》《题祝道士龙虎山先天观》《送毛真人还龙虎山》《题桃源图并序》《送张真人归上清》《张真人象山图》《玉笥山歌》等游仙诗。其游仙诗中有描绘龙虎山的幽静、闲适的自然景色，有赠予道士表达向往神仙生活的，如《龙虎山》，诗曰：

南溪流水是闽山，北阻重岩出汉关。
自领名山司洞府，别开真境近人寰。
池台如在琼花里，门巷多从翠竹间。
把酒题诗须尽日，人生最乐是幽闲。

《送张真人归上清》反映了作者与三十九代天师张嗣成的交往和友情，并赞赏龙虎山的精美景观和修身炼养的好地方：

门户京城昼懒开，初闻北觐却南回。
冯夷击鼓乘龙出，王子吹笙跨鹤来。
囊里天书明日月，匣中神剑闷风雷。
回瞻魏阙红云拥，应在山中看早梅。

除《龙虎山》《送张真人归上清》外，揭傒斯对龙虎山仙境的向往，还有“南屏风雨平坡雪，争似山中梦觉时”“洞门无处认，惟有水潺湲”“桃源非一处，龙虎画难同”“谁言武陵近，十里上清宫”“飞云甘卧山头石，鸣鹤难忘日下轩”。

揭傒斯对玉笥山不仅写下了著名的《玉笥山承天宫记》，还有“坐阅绝景忘春冬”的体会，期待神仙生活的理想，在《玉笥山歌》中，曰：大江之西洞庭东，三山鼎峙争长雄。玉笥嵯峨与天通，千回万转重复重。十人避秦入山中，池养十鱼为九龙。九人乘龙上虚空，赤帝飞入为九嵕……仙来不来我心忡，山中有草名碧茸。食之千岁颜如童，我欲求之不可穷。愿佩含景从仙翁，紫袍白马来两骢。夺取神君一尺铜，坐阅绝景忘春冬。

玉笥山承天宫在北宋时得到朝廷敕额、敕建，历史悠久、规制高、地位高，范梈的《承天宫》云：懒慢辞朝梅子真，空山祠庙已千春。自从上疏东归后，不见江湖有直臣。

道教青词是伴随斋醮科仪而产生的，道教在创立之初就继承了中国古代宗教的祭祀仪式，开展以斋戒思过、请祷跪拜为主要内容的斋醮活动，有规范化的仪式，并配有音乐、青词，形成了醮斋科仪。斋醮作为道教的一种集体性崇拜仪式，它的内涵虽然十分丰富，但最主要的是祈福消灾功能，宋元时期帝王不断敕命道士在全国名山名观，举行各种斋醮仪式，这就客观上导致了道教斋醮科仪在社会的盛行，上至皇帝官僚，下至普通百姓，都积极参加道教的斋醮科仪，宋代道教斋醮科仪也成为国家祭祀大典的组成部分，此时江西的龙虎山、阁皂山、西山、庐山、华盖山、华林山等道观都参与了相关的斋醮活动，如《正统道藏》正一部之《庐山太平兴国宫采访真君事实》中记载了青词的种类，《上帝青词》《真群青词》等，《华盖山志》中有白玉蟾的《谒华盖三仙青词》、吴澄的《华盖山祷雨文》等。

第四节　道教宫观的建筑与造像

道教的庙宇也称道观，是道士修行、供奉祭祀神灵、进行斋醮祈禳仪式的宗教场所。道教宫观遍布江西各地，尤其是名山及十七处洞天福地。

早期道教宫观的建筑师范简陋，天师道（五斗米道）创立之初的“治”就是一些普通的茅屋或瓦房，“杀牛祭祀二十四所，置以土坛，戴以草屋，称二十四治。”随着道教的发展，道观既是信教群众进行宗教活动的场所和供奉道教神像的地方，又是展示道教艺术的殿堂，因此，道教宫观建筑越来越规范化、艺术化，而且还体现了时代特征，注重形式与内容的统一。

道教认为宫观是天上仙境在人间的体现，宫观建筑中的殿、堂、坛、房、室、洞等一般以“道法自然”的理念为目标，追求自然、顺应自然、效法自然，如《要修科仪戒律钞》中说：“立天师治，地方八十一步，法九九之数，唯升阳之气。治正中央名崇虚堂，一区七架六间十二丈，开起堂屋，上当中央二间，上作一层崇玄台。当台中央安大香炉，高五尺，恒炉香，开东西南三户，户边安窗，两头马道。”①

宋代的宫观建筑在一些崇道帝王的支持下，其建设规模、建设水平达到了一个新的高度。宋代道教宫观不论规模大小一律仿照宫殿形式，因此，道教宫观前有山门、华表、幡杆，山门是进入道观的第一步，华表是凡仙分界的标志。山门的正中部分为中庭，中庭坐北朝南，为道观的主体部分，一般建有三堂大殿。在中庭的两侧建有东、西道院以及斋堂、丹房等。一般规模宏大的道观，其屋顶都盖黄瓦，以红墙围起院子，以明亮的色彩而超越凡俗。院内种植苍松、翠竹、柏树等植物，以表达道教追求自然清净、淡泊无为的风格。安坐在三堂大殿和东、西道院的造像，一般为王灵官、四帅、玉皇大帝、四御、三清等，从艺术角度看，

① 《道藏》第6册，文物出版社、上海书店、天津古籍出版社1988年版，第966页。

这些造像也最为精彩。

元代江南一带以正一派为主，道教宫观的建筑风格没有太大的变化，但在造像方面，因为地方主要官员为蒙古族，他们模仿京都的东岳庙，在南丰州、安福州等地建设东岳庙塑造真武大帝像。

宋元时期江西的道观建设出现了一个高潮，特别是一些得到朝廷赐建、赐额、赐图并承担国家祭祀、祈福禳灾的宫观，其建筑规模、建设水平及其艺术水准值得研究。

一、龙虎山大上清宫的建筑与造像

坐落在飘缈仙境的龙虎山大上清宫，“其道盖体于玄妙而用贵自然，其法盖翊卫真元而祓奇邪。”龙虎山大上清宫不仅“道法”历史悠久，而且宏大规模的建筑也是久负盛名。从北宋元祐二年（1087）龙虎山大上清宫的庙宇建筑，以一观三殿的建筑格局，即包括三清殿、玉皇殿和天师殿。正山门后建有钟楼和鼓楼。宋元时期龙虎山大上清宫经历过不少于15次不同规模的重建修葺。在南宋，龙虎山大上清宫有三次重修记录：端平二年乙未（1235）、景定五年甲子（1264）、咸淳七年辛未（1271）；在元代，至元二十年癸未（1283）、至元二十四年丁亥（1287）、至元二十七年庚寅（1290）、至大二年己酉（1309）、延祐五年戊午（1318）对龙虎山大上清宫进行了重修。

作为道教祖庭，龙虎山大上清宫的重修在宋元时期多次得到朝廷的关注和重视，北宋祥符年间由“真仙观”敕改为“上清观”。政和三年，“上清观”敕改为“上清正一宫”。端平二年乙未（1235），三十五代嗣师张可大主持了龙虎山大上清宫的重修，王与权在《上清正一宫碑》记录这次重修的建筑规模：

> 为殿六：曰三清，曰真风，曰昊天，曰南斗，曰北斗，曰琼章。为阁二：曰皇帝景命，曰宝奎。为楼一：曰琼音。为馆三：曰宿觉，曰蓬海，曰云馆。为堂二：曰斋堂，曰正一堂。堂之左曰方丈。东西创道院数百楹，栋宇翚飞，牖户宏敞，神光下临，灵响斯

答，实为海内琳宫之冠。[①]

龙虎山大上清宫的牌门在南宋景定五年甲子（1264）也得到重建，位置恰当“距宫之百步，为室三楹。其中为门，揭‘龙虎福地’四字，其上为楼，左为池。甃垣道以达于宫，九十九峰当其前，午位也。团山东来，石峰西至，如拱如挹，象山之水注而归焉，巽方也”。[②]元初，寥阳殿、真风殿先后添加，可谓轮奂壮丽，无与伦比。

龙虎山道教在一千多年的历史变迁过程中，宫观建筑是其重要标志，历代高道真人都用心营造，至元二十四年，龙虎山又增建了元坛、三门，还带动了周边道观的兴建，朝廷“命上卿载香币代醮龙虎、勾曲、閤皂山。乃新上清大殿元坛、坛楼暨三门。道出上饶，又建万寿真庆宫。上清道士多效之，创宫观百余，学者殆千人，正一教大行”。然而，一把大火烧毁了大上清宫所有的建筑，经过在京都张留孙的周旋，这次朝廷对重修的支持力度超过以往，成为龙虎山大上清宫史上最大的道教建筑群，有殿、堂、楼等三十一座，元至大二年己酉（1309）、元明善在《大元敕赐大上清正一万寿宫碑》中记载：

大德二年，上清宫火，上卿以闻，敕所司与建。上卿谓役大民劳，奏以大殿、元坛、三门，必仰县官余资、宫之有所储者，臣与天师以倡。诏允。遂遣全节同近臣谕江浙省。逾年告成，为殿十有三，曰三清、玉皇、真风、真庆、太一、璇玑、琼章、南斗、雷霆、五岳、三官、旌阳、玄坛；为堂七，曰正一、□寿、星正、纪仪、蓬海、宿云、方丈；为楼三，曰玄坛、钟、宝奎。至于厨湢库庾、诸亭诸门、诸厅事东西寮曰道院者，凡三十有一，悉视旧有加。加命曰大上清正一万寿之宫。[③]

① 清乾隆五年《龙虎山志》卷十二《艺文·碑三》，第172—173页。
② 《全宋文》卷八〇六五“周应合”第349册。
③ 清乾隆庚申年重刻《龙虎山志》卷下“碑刻”。

龙虎山大上清宫作为“祝禧之胜地，学道之祖庭”，对道观中“门”的建筑特别讲究，其蕴含“应天之象”，道观建筑中“门”还象征凡界与仙界的标志，进了门就等于进入仙界范围。龙虎山大上清宫的门名为“棂星”，“惟此棂星之号，实居列宿之首”。延祐五年戊午（1318），欧阳玄《上清万寿宫棂星门铭并序》还记载了棂星门建造时：“创下马之亭袤若干楹……载四蜀异木千株樛柏，植彼左右，蔚然葱倩。”[①]除殿堂之外，龙虎山大上清宫还有棂星门、下马亭、华表、阁、回廊等艺术性的建筑物，再加上从四川移栽的千株樛柏，形成了一个清净典雅的人间仙境，其精美而雄伟的建筑无疑是道教宫观建筑的典范。

与龙虎山道教宫观建筑相配的造像也是艺术精品，其三清殿的造像为元始天尊头罩圆光，手持混元宝珠，居于大殿神像之中位；灵宝天尊手捧如意，居于元始天尊之左侧位；道德天尊手执羽扇，形象为一位白须白发的老翁，居元始天尊之右侧位。天师殿造像“神宗朝遣使模本，命工琢玉，以赐上清宫灵慧冲寂大师王太……旧塑系嗣师王、赵二真人暨灵官等环侍，亦复雅饰”。[②]王、赵二真人是追随张道陵的两位徒弟王长、赵升。在天师殿，除有张道陵的造像，也有两位早年道教徒的造像，可谓“岌嶫灵星，法象天路”。真风殿的造像为历代天师。

龙虎山道教经过千年的发展，其宫观建筑从早期简陋的茅屋发展到如皇宫建筑，一方面反映了历代朝廷的一些崇道皇帝的助推，另一方面也反映了龙虎山道教在服务社会、适应时代的应变能力。

二、阁皂山大万寿崇真宫的建筑群与造像

“江西大宫观福地，惟玉笥、阁皂二山。而阁皂以楼居压山谷，高下如层霄，玉笥盖仰焉望之。”[③]由此可见，宋元时期，阁皂山道观建筑群的辉煌和壮观。

---

① 骆兆平、谢典勋编著：《天一阁碑帖目录汇编》，上海辞书出版社2012年版，第47页。

② （宋）贾善翔：《上清观重修天师殿记》，（明）张国祥撰：《续修龙虎山志》卷中“艺文·碑文”。

③ 《刘辰翁集》卷十五“补遗”，第442页。

“至唐，道士程信然掘地得玉石像尺余，覆以铁钟，创草堂居之。”①阁皂山“大万寿崇真宫”于先天元年（712），由孙道冲始立台殿，朝廷赐名“阁皂观”；咸通中（860—874）遭火灾，仅存古钟、玉像。宋真宗祥符元年（1008），因避讳，改“景德观”；天禧四年（1020）、熙宁九年（1076）先后两次遇火。政和八年（1118），改赐“崇真宫”为额，同时“给元始万神铜印一，授法箓则之。盖天下授箓，惟许金陵之茅山，信州之龙虎山，与此山为三”。崇宁年间（1102—1106）赐封葛玄“冲应真人”；淳祐六年（1246）赐“大万寿崇真宫”。以至于“士大夫川浮陆走，无不迂途而至”。庆元二年（1196）周必大《临江军阁皂山崇真宫记》记下了这一幕。阁皂山道观从草堂到宫观、从修行到授箓、从朝廷对道观及葛玄的赐封的历史变迁，既反映了阁皂山的道教在全国的地位和影响，又反映了阁皂山历代高道辈出及道教服务社会的重要信息。

至南宋，大万寿崇真宫形成了一个依山傍水的道教建筑群，北有奉祀丁令威的“令威观”，御书阁“藏熙宁赐书一百一十八幅，章圣封泰山芝草二本，皇祐《新乐图》一卷，绍兴宸翰十轴。”御书阁后设传箓坛；寥阳殿、昊天殿、正一堂、靖应堂依次排列；东有祖师殿、藏经殿、玉像阁，玉像阁有五间房屋，其“高五丈四尺，雄杰冠于一宫”，各殿以廊相连，“道士数百人环居其外，争占形胜。治厅馆，总为屋千五百间，江湖宫观未有盛于斯者”。②其中昊天殿的建造在道士朱季湘的努力下，费时四年才完工，“始劚于壬申之冬，讫工于乙亥之秋，首尾四年，经营万力，伟哉！亦难事也。”嘉定十三年（1220），白玉蟾在《阁皂山崇真宫昊天殿记》中记录了昊天殿的万千气象：

若夫宝殿渊深，云甍岌嶪，御容英粹，玉座委蛇。地皆砌以花砖，壁皆粉以银液。中边供具，左右羽仪。下甃凤墀，上陈鸳瓦。千楹耀日，万栱凝烟。高耸溟蒙，雄压崤崒。丹光紫氛之丽，朱扉

① 《四库》本《文忠集》卷八十。

② 《四库》本《文忠集》卷八十。

黄合之严。羽士有所归心，名山为之增气。以世俗而言之，献豆粥麦饭者天子嘉之，纳粟者爵之，贡马官之。

阁皂山的山门也颇为壮观，入画入景，谓之胜绝，视为神仙之馆，“入门，楼观伟然，凌空欲飞，危出半山。虽金碧未施而檐牙山节，工极诡丽，观者低回，岂独为兹山胜绝。”① 炼丹井也是阁皂山的重要建筑，“距临江军四十里，山曰阁皂，盖福地之第三十三也。自汉末张道陵、葛玄、丁令威皆有坛井，故《寰宇记》以为神仙之馆。”②

从现有的文献记载来看，阁皂山道观中各殿堂的造像先后有张道陵、葛玄、丁令威、虚皇真人，且为玉像。“所谓玉石天尊像，甚小而重。又有两躯侍立，亦玉石也。”刘辰翁《临江军阁皂山玉像阁记》记载：“江西葛仙迹为多，阁山最著。阁山玉像阁最大，像最小，……其玉色通明，琢制精绝。”

三、西山玉隆万寿宫及周边奉祀许真君道观建筑与造像

西山玉隆万寿宫由晋朝的许仙祠始，南北朝改“许仙祠”为“游帷观”，至唐荒废，高宗永淳（682—683）中，道士胡慧超重建，五代南唐复重修，徐铉书额，整个唐代都是以“游帷观”为名。宋真宗大中祥符三年（1010），升“观”为“宫”，改赐额“玉隆宫”；宋神宗时，“诏洪州玉隆观、五岳庙，建提举、提点等官”；宋徽宗政和六年（1116），“昭以西京崇福宫为例，敕建大殿六，小殿十二，五阁七楼，三廊七门，复赐御书额曰‘玉隆万寿宫’。旁起三十六堂以处道众，护山田亩以作香花。”③ 西京为今河南洛阳，徽宗诏以西京崇福宫为蓝本重建玉隆万寿宫，建成一个错落有致、井然有序的庞大建筑群，规模之大，“埒于王者之居”。南宋嘉定年间（1208—1224）新造会仙阁、云会堂、西山道院等；宝庆元年（1225），西山玉隆万寿宫在地方官府的支持下重修，以真西山

① 《刘辰翁集》卷十五“补遗”，第443页。

② （清）邓廷辑等修、熊为霖等撰：乾隆《清江县志》卷二十六“艺文”七“记一”，第1503页。

③ 清光绪《万寿宫通志》卷七“宫殿”。

先生提举。元代，仁宗延祐三年（1316），朝廷赐内帑重修大殿，道士郑春谷、李铁舟主持修建。

据《万寿宫通志》的《宋敕建玉隆万寿宫之图》记载：宋元时期西山玉隆万寿宫的建筑为坐北朝南方向，拥有“七门”：棂星门、道院门、中门、东门、西门、上洪门、下洪门；“六殿”：三清殿、老祖殿、谌姆殿、兰公殿、玄帝殿；“七阁”：玉皇阁、紫微阁、三官阁、敕书阁、玉册阁、逍遥阁、青元阁，其中“玉皇阁”在元仁宗延祐三年（1316），朝廷赐内帑进行重修；“列仙殿等十二小殿”；“回鹤楼等七楼”；“三廊”：小廊房、东十二廊房、西十二廊房；“三十六堂”：东边为乐益、道德、万福、清隐、云鹤、积善、崇义、讲道、集善、慕真、栖隐、妙济、修真、悟真、玄真、会真、云影，西边有灵瑛、安福、玄妙、清真、景福、会善、幽隐、由义、崇福、致德、清逸、冲虚、华隐、崇德、持敬、处隐、大观、致福，东边“云鹤堂”旁边一堂名无考；还有白马祠、胡詹祠、东土地堂、神厨、宰牲亭、西土地堂、道院、金银库、药局、方丈所等内部建筑。西山玉隆万寿宫这些道观建筑，一方面反映了其富丽堂皇的皇家气派，另一方面也反映了宋元时期江西道教文化形式的丰富多样及其所蕴含的道教教义思想的变化。

西山玉隆万寿宫外墙的建筑还有，宫墙西边为“盱母道院”“陈真人道院”、冲升阁、云会堂、会仙阁等，其中“冲升阁”由宋朝廷敕建，“会仙阁”由宋道士吴浦云建；东边半里外有接仙台、凉亭、胡詹庙、腾胜道院等，其中“腾胜道院”由元代刘玉真建造。在玉隆万寿宫前万家桥处有三王庙，“凡真君诛蛇馘蟒，三王无不戮力相助，所以南朝西抚出游，必为前导”。

由于南昌地区许真君信仰的普遍流行，在西山玉隆万寿宫的周边建有大大小小的庙宇建筑有记录的有五十九座，其中黄堂隆道宫、铁柱万寿宫最为著名。

黄堂隆道宫位于西山玉隆万寿宫南四十里松湖下新丰连界，原名黄堂观，许真君立祠祀谌母之所。后改崇元观，宋敕建为“隆道宫”。其道观建筑有“五殿”：正殿、三清殿、文昌宫、元帝殿、真君殿；“二阁”：

玉皇阁、魁星阁；“一楼”：金钟楼。轮藏殿、仙茅、藤炉、钟楼、道院、丹灶、丹房，还有古枫、古柏。

金钟楼，元至元四年戊寅（1338），由本地人廖时亨捐修，虞集《黄堂钟楼记》中有记载：“宫有门，道士之居列布两翼，盖湛湛乎古仙人之馆也。其东廊旧有钟楼，则前道士皮惟新作之，岁久倾圮。里人廖君时亨……命工庀材，得异木四，皆长五十余尺，因大水，沟港无所曲折，皆得至宫下，尽其高以为楼，构致坚密，甍桷比栉，不侈不朴。飞阶三折，乃至其上。楼成，其旧钟弗称，更铸之，用铜二千余斤。”[①]

黄堂隆道宫的“楼益高，钟益大，声闻益远”，其环境也优美，“其为宫也，清流环之，花木巨竹，深静萧散”。周边民风淳朴，自然灾害少，“黄堂乃在于良畴沃壤之间，平远夷旷，无所障碍，重开复岭，隐隐隆隆，比极于玉隆之虚、大家之族居、聚落之成市。林丛水曲，星罗棋布，可平视者百数十里。风气温燠，民事淳简，水旱扎瘥之厉，盖鲜闻焉。”

铁柱万寿宫，在南昌广润门内，一名铁柱宫。晋建祀旌阳令许逊。宫左有井，与江水相消长；中有铁柱，旌阳所铸以镇蛟螭之害。唐咸通中，额曰“铁柱观”。宋大中祥符二年（1009），赐名“景德观”。宋政和八年（1118），改“延真万寿宫观”，赐封许真君“神功妙济真君”。宋嘉定间，御书额曰“铁柱延真之宫”，但民众习惯称之为“铁柱万寿宫”。建炎（1127—1130）遭兵火，至景定元年庚申（1260），重建后其规模达到建炎年间的水平。元代，“大德癸卯火，其仅存者惟道士徐希真之庐，越四年丁未，宫成。泰定丙寅又火，宫以次修葺，其左有殿岿然者，其下铁柱也。柱出井数尺，与江通，江涨落高下为出没。豫章环四面皆水，独至今无水害，皆曰铁柱力也。”铁柱万寿宫建筑的科学性及功能，近代许多专家有考证。

宋代铁柱万寿宫的建筑规制也是参照《宋敕建玉隆万寿宫之图》，其建筑图保留在《万寿宫通志》，有三清殿、玉皇阁、三官殿、正殿、谌

① 清光绪《黄堂隆道宫志》卷十二。

母殿、丹井、铁柱等。元代铁柱万寿宫的建筑规制稍有变化，但万变不离其宗，《重修延真宫疏》说明了这一变化：

撤旧以改图，宜增高而制胜。栋梁承日，必皆梗楠豫章之材；楼观飞云；则有金碧丹砂之富。上接斗牛之气，旁通河汉之章。开广宏规，导迎景贶。鸠庶工而庀事，聚万宝以献功。舸舰迷津，驱蛟龟而付匿。鼎钟列屋，乐燕雀以生成。京坻粳稻之储，襟带江湖之势。聿来胥宇，有光于前。神仙八百人，大应龙沙之瑞。①

至元五年己卯（1339），刘岳申的《延真宫铁柱殿记》记载了增建铁柱殿："柱者，洪涛巨浸之所不能冲，劫火之所不能烬，富有毁而柱无虞，如砥柱碣石之在水中，其为连城久远计虑，岂可涯哉？吾友集贤直学士文逊志尝大书'铁柱'二字并求余记。"

西山玉隆万寿宫及周边奉祀许真君道观的造像除三清、玉皇外，以许真君造像为主，谌姆、洪崖、郭景纯、胡慧超等以及宋政和二年诰封的十一人真人的造像都列位于殿堂。宋治平四年（1067），杨杰奉祀到西山玉隆万寿宫，"瞻应圣肃宗御容及洪崖先生、旌阳真君"。杨杰，字次公，号无为子。北宋嘉祐四年（1059）进士，历官礼部员外郎、两浙提点刑狱等，著有《无为集》。

许真君造像白玉蟾也有颂词，其在《真君像赞》中，曰："猗欤真君，拔宅飞云。净明忠孝，玄德升闻。诛妖馘孽，战断魔军。铁柱作镇，莫大奇勋。许家有湾，溯彼其渊。龙沙有会，或在其群。何以赞之？仙气长馩。"

元代西山玉隆万寿宫重新塑造了"宋政和二年诰封的十一人真人"的造像，柳贯在《玉隆万寿宫兴修记》描述了这个过程：

至治元年，临川朱君思本实嗣居其席，始至，见十一大曜十一

① 清光绪《万寿宫通志》卷十六"艺文"。

真君殿祖师堂摧剥弗治，位置非据，谋将改为，则以状请于教主，嗣汉天师会元教大宗师吴公亦以香币来祠，因各捐资倡首，而施者稍集，抡材庀工有其具矣。盖宫制二殿中峙，厢序参列于前，而分划其中，以左右拱翼，乃相藏室之北，撤故构新，作别殿六楹，东以奉十一曜真形之像，西以奉吴、黄十一真君之像，夹辅面背各有攸尊，亦既无紊于礼；又即十一真殿旧址筑重屋一区，上为青元阁，下为祠。[①]

朱思本，字本初，受道于龙虎山中，从张留孙真人，长期在两京奉道，学有成就，著《舆地图》二卷，刊刻在龙虎山上清宫的三华院。至治年间主持西山玉隆万寿宫事务，其间在嗣汉第三十九代天师张嗣成、玄教大宗师吴全节的支持下，重修西山玉隆万寿宫和重塑吴猛、陈勋、周广、曾亨、时荷、甘战、施岑、彭伉、盱烈、钟离嘉、黄仁览等十一真人造像。

净明派第二代宗师刘玉的造像，虞集配词曰："黄堂有宫，西山正中。白雪丹霄，古仙奇逢。神喖玄征，为道纲纪。身先八百，维玉真子。"[②] 他认为刘玉是"开忠孝之门者为独超"。曾巽申对净明派第三代宗师黄中黄造像的配词则反映了其传承和宣扬刘玉真人的忠孝之道："守神明庐，折忠孝理。抱朴无营，含章有美。冠褐萧萧，眉宇堂堂。孰继玉真，其维中黄。"[③]

四、庐山太平兴国宫的建筑与造像

太平兴国宫是庐山的重要宫观，也是朝廷直接管理的道观之一。在两宋时期进行了四次大规模的重修，第一次是北宋景德二年乙巳（1005），周起撰写了《重修太平兴国观碑铭》碑文，记录重修过程；第二次是北宋元丰四年辛酉（1081）熊本有《采访殿记》；第三次是南宋建

① 清光绪《万寿宫通志》卷二"纪"。
② 《道藏》本《净明忠孝全书》卷一。
③ 《道藏》本《净明忠孝全书》卷一。

炎四年（1130），那年太平宫毁于兵火，在朝廷的支持下，道士王秉文乃领副职，在兵火灰烬之余，经营数载，太平兴国宫又得到重建，“金碧绘像，焕然一新”；第四次是南宋嘉熙四年（1240），吴愈有《三清殿记》。

太平兴国宫两宋时期最为壮丽与繁华太平，其建筑规格之高、规模之大、面积之大、道士之多，全国不多见。大殿、二殿、三殿、偏殿、转廊、直廊等构成太平兴国宫的恢宏建筑。在太平兴国宫的兴旺时期，每天清晨宫内道士必须骑马去开启山门，可见其规模之大。《庐山纪事》引《山疏》:“当是时，道流常三数千人，崇轩华构，弥山架壑，毁而复新，其所靡费不可胜纪。其田多散在旁县，凡三十六区，而宫侧今犹有猫儿垅，其侈盛无如矣。”[①] 三千道士的规模，足以反映其超道观的宏大和地位的不一般。

太平兴国宫的主殿。也称“正殿”或“采访殿”，奉祀“九天采访使应元保运真君”左右侍立金童、玉女、灵官各二,六丁六甲各六，每侧能容纳十二尊塑像，十分宽敞。殿内左右两壁，画上清太微二十四位真人，殿外两壁左画十二溪真，右画九江水帝、三江大王，均模仿唐朝吴道子所绘，相貌奇古，精神耸动。殿前的塑像，左边为防观，右边为护法，配以驿龙、金虎大将。正殿的左翼殿堂有三官大帝塑像；右翼殿堂有四圣真君塑像。殿前还有钟楼。

太平兴国宫的藏经阁。名曰“琼章宝室”，系著名词人张孝祥手笔。收藏各种道书，曾收藏道经五百二十八函，计五千二百八十七卷，另外还有九十九函，是南宋大将杨沂中（追封和王）所赠送的。其收藏为南宋版的《道藏》，其中匾曰“云章琼”室。

太平兴国宫的天师堂。榜曰“正一之殿”，奉祀第一代天师张道陵。

太平兴国宫的申福殿。绍兴二十八年（1158）十月，宋高宗特旨，于主殿后创建大殿，专门供奉皇帝画像，名为“申福殿”，殿之右，为漳泉慈济真君殿；殿之左，为三山涧灵泽龙王殿，系嘉泰四年（1204）皇帝敕封。

---

① 转引自吴国富：《庐山道教史》，江西人民出版社 2011 年版，第 162 页。

太平兴国宫的三清阁。绍定五年（1232）于采访殿后再创三清宝阁，中塑九皇御座。嘉熙四年（1240）闰十二月，宋理宗赐御书“三清阁”三个大字。左边有楼，供奉九天丈人真君；右边亦有楼，供奉唐玄宗。

太平兴国宫的修廊。也即直廊，位于主殿前面，左右各有二十五间偏殿。修廊上有绘画，左廊画自三皇五帝以来至宋朝九天采访使以各种名号降临人间的形象，右廊画采访真君自从得到供奉以来赏善罚恶以及信众习仙祈嗣的灵验事迹。修廊中有石坛，左有砖阁五层，上安洪钟，榜曰“景阳”；右有砖阁五层，上塑朱陵大帝，榜曰“朱陵”。

太平兴国宫的转廊。也即曲廊，位于修廊的前面，左右各有五间偏殿，转廊上画五百灵官像，头戴黄冠，身穿绛服，如同朝拜的大臣，相貌各异，按次序排列，模仿唐待诏院所画，也是当时名笔。两转廊之间的内三门，榜曰“紫元景曜之门”，为张孝祥所书。内亭榜曰“咏真洞天”，旧记说“刘德本遇仙人从游，入咏真洞天，及见采访考校世人罪福而出”。阶下有一块大石头，旧记说“有刘越者从此出入，康阜真人赴刘约，叩此石而入，会于洞府”。后建有亭子，曰“刘仙石”。两转廊之间的外三门，曰“太平兴国之宫”，为宋徽宗赐御书，后毁于兵火，运使蒋璨重书。门接“度仙桥”，松杉蓊郁，道路皆铺以石板，有亭子靠近驿道，榜曰“天下太平”。

太平兴国宫还有道纪堂、莲池、莲会堂、抱一堂、虚室、泡泉、云无心堂、希微堂、葆清堂、墨仙泉、老圃堂、葆真庵、真一庵、镜泉、寒碧轩、留云阁、玲翠阁、诵经台、飞云洞，祝圣台、放生池、积金池、听两轩、跨碧桥、御书碑亭、寿星图、观音图像、道士碑刻及道院三十余所。

宋太宗赵光义时期，崇奉道教，大修宫观。太平兴国二年，皇帝正式以年号命名“九天使者庙”为“太平兴国观”，北宋宣和年间，改“太平兴国观”为“太平兴国宫”。南宋朝廷也屡次加封，屡有修建，太平兴国宫成为庐山规模最大的宫观。太平宫毁于兵火。陆游《入蜀记》：“建炎中，李成、何世清二盗以庐山为巢，宫屋焚荡无余。”在朝廷的支持下，太平宫又得到重建。据《事实》所录宫中碑记，宋高宗建炎四年（1130），太平宫毁于贼兵。次年盗贼退去，无人担任兴复太平宫之职责，道士王秉文乃领副职，在兵火灰烬之余，经营数载，“金碧绘像，焕然一新”。绍兴二十八年（1158）十月，宋高宗特旨，于采访殿后创建大殿，专门供奉皇帝画像，名为“申福殿”。此殿之右，为漳泉慈济真君殿；殿之左，为三山涧灵泽龙王殿，系嘉泰四年（1204）皇帝敕封。

大殿之后，有道纪堂、莲池、莲会堂、抱一堂、虚室、泡泉、云无心堂等。云无心堂为清虚庵道士皇甫坦在庐山的最初居住之处，张孝祥为之题名，取宋高宗诏书中“白云无心于帝乡”之义。后来皇甫坦迁居附近的钵盂峰下。陆游《入蜀记》:“憩于云无心堂，盖冷翠亭故址也。溪声如大风雨至，使人毛骨寒栗，一宫之最胜处也。”此外还有听两轩、跨碧桥、御书碑亭、寿星、观音图像及名公碑刻等。左右两山，有道院三十余所，依山傍水，窗户玲珑，诵经之声琅然。有希微堂，后名葆清堂，濂溪先生周敦颐曾经留题。有墨仙泉，因吕洞宾留有仙迹而名为天籁堂，苏东坡留题枯木怪石于壁间，还有洪刍跋。有老圃堂，黄庭坚曾游。有葆真庵，梅竹幽邃，视野清爽。另有真一庵、镜泉、寒碧轩、留云阁、玲翠阁等，也有许多文人墨客歌咏之作。宫后有灵泽龙湫、上中下三潭，一潭在高崖绝壁之中，险不可攀，中下两潭可往来祈祷。桑乔在《庐山纪事》引《宫志》:“三山涧水源于松光岭，有三龙湫。其上一湫在绝壁，天将雨，辄有云气出湫中，樵者相传或见龙戏其上云。旧有龙王祠，今废。”山上有仙人诵经台，有一石突出如同经案模样，四边石纹折叠如同屏帏。据说每阴雨时，采樵者能听见诵经之声。又有飞云洞，“洞中可坐二三十人，又有一窍，隐隐而入，近生一石。当门，不可入。但云起则雨，云聚则晴。山前人皆以此验其晦明。”宫前有祝圣放生池、积金池。

总之，太平兴国宫在宋元时期经历多次重建，其建筑总面积接近10000平方米。转廊（相当于五间房子的宽度）、直廊（相当于二十五间房子的宽度）、主廊、大殿以及殿后面的两重殿，构成太平兴国宫的纵深度，约在200米；修廊加上两边房子的深度、修廊之间的石坛、砖阁和空隙地，构成太平兴国宫的宽度，至少有40米；因此主体建筑约有8000平方米。左右两山三十余所道院，以每处50平方米计，也有1500多平方米。民间至今流传，在太平兴国宫的兴盛时期，每天清晨宫内道士必须骑马去开外山门，可见其规模之大，以至于朝拜的香客特别多，《朱子语类》云："因举江西有玉隆万寿宫、太平兴国宫。每岁两处朝拜，不惮远近奔趋，失其本心，一至于此，曰某尝见其如此，深哀其愚。上升一事，断无此理，岂有许多人一日同登天，自后又却不见一个登天之人？"

太平兴国宫的建筑，一方面是千余道士修炼居住，另一方面也承担了国家祭祀的一部分。太平兴国三年（978）四月九日，皇帝下令每年春秋两节，即二月十五日、八月十五日，在庐山太平兴国宫为朝廷举行国醮。进入南宋，朝廷对太平兴国宫斋醮活动更加重视，除了每年在这里举行固定的官方斋醮活动以外，还根据需要随时增加斋醮活动，如嘉熙元年（1237）十月，宋理宗指令道士二十一员在太平兴国宫建灵宝道场一昼二夜，举行斋醮，投送金龙玉简。《庐山太平兴国宫采访真君事实》卷四记载了元朝庐山太平兴国宫斋醮法事的事实，其中有三次大型斋醮科仪，第一次是元至元十四年（1277）《天寿圣节斋醮科仪》，设金箓大醮，龙虎山演法观被指定上庐山建醮；第二次是元至元十四年（1277），《上元节斋醮科仪》，设灵宝清醮；第三次是元延祐五年（1318）《加封真君徽号》。岳珂在《设醮太平宫竣事呈偕行诸君二首》中记载了庐山太平兴国宫斋醮科仪的步虚声："星坛仙篪韵琼瑶，仿佛神斿下九霄。龙驾清都三境接，蜺旌绛节百灵朝。霜澄夜气俱明彻，云澹秋容想泬寥。耿耿寸衷天所鉴，忧时惟冀五兵销。九光影里步虚声，午夜封章叩紫廷。云路鸣琚传奏简，天街掷火度流铃。沈沈玉漏传三鼓，爚爚银河灿万荧。仙仗烟霄正凝想，晓光浮动远山青。"

第五节　宋元时期江西丹道文化

宋元时期江西道教名山名观盛行炼丹，所形成的丹道文化内容丰富，涌现了一批内丹修炼的高道，且他们都“寿比南山”，如李思聪、黄知微、齐武直、毕道宁、王秉文、刘大彰、骆守明、白玉蟾、洪知常、陈守墨、陈致虚。

一、李思聪与丹道

李思聪，生卒年不详。虔州人。虔州大中祥符观（后改为天庆观）道士。北宋明道元年（1032）入天庆观学道，至皇祐二年（1050）将研习体会写成《玉清咏》《洞天咏》《海山咏》，共八十一章，为丹道的重要文献。授冲妙先生。著有《洞渊集》，其中玉清璇极等图进献给朝廷。皇祐二年庚寅（1050），余良肱《虔州道士李思聪进呈玉清璇极等图请旨状》，曰：“李思聪潜精道行，积思仙书，岁纪浸深，功劳备著。蓬山洞府之咏，玉清璇极之言，纂为画图，赞之诗序，英辞昭灼，妙格清新，宜备睿观，以畅真教。况乾元庆旦，方贡盈庭，惟妙本于高仙，愿同符于圣筭。傥随币，得觌凝旒，倾切之心，庶获闻达。其《玉清璇极》等图，各有诗序。”①

余良肱知虔州（今赣州）时向朝廷推荐了李思聪的炼丹图，其内容：《玉清璇极图》，述虚无旋象之神化；《洞天五岳图》，赞五岳仙天之灵境；《蓬壶阆苑图》，颂蓬岛十洲之胜概；《大溟灵渎图》，序龙宫海渎之奥妙；《名山福地图》，吟紫府丹台之秘景；《金液还丹图》，集神仙众真之火候。

道教从“得道成仙”的信仰角度和遵循“我命在我不在天”修行理论为基础，将如何维持“生命长寿”作为修道的重点，这是道教医学的目标。一方面，与一般医学相同，以预防和治疗生理和心理疾病来提高人体的健康素质为根本宗旨；另一方面，道教医学以“长生成仙”为信仰，以带有神秘色彩的“术”与“药”为医疗手段，配合辟谷、服饵、调息、导引、房中术、行气、仙丹、符水、禁咒等道术，始终保持了一种宗教性特征。“在以长生信仰为核心的道教义理体系中暗含有重视医

① 《全宋文》卷四一五“余良肱”，第20册。

药的逻辑因子，这是道教区别于其他宗教的一个明显的特点。”[①]“道教医学，可以说就是以道教为侧面的中国医学，这些被看作是道教经典中的主要内容。不过现在，就像道教淹没在民间信仰之中那样，道教医学可以在民间医疗或民间信仰中的信仰疗法中见到其踪迹。”[②]在古代缺医少药的岁月中，一些杰出的道医在救死扶伤的医疗实践中，探索出一套行之有效的医学理论与治疗技术，所取得的医学成就成为江西道教中不可分割的重要组成部分。

初创时期的道教就以符水咒术为人治病作为济世传道的重要手段，后来又陆续创作了一些具有实用性的医药养生道书。《本草经》《甲乙经》《素问经》《明堂经》《针经》《难经》等中国古代医学著作都被道教继承与发展，因此，《道藏》中的道教医书种类繁多，主要有：《黄帝内经》《黄帝素问灵枢集注》《肘后备急方》《千金要方》《千金翼方》《白云先生灵草歌》《丹方鉴源》《太上灵宝芝草图》《金石薄五九数诀》等。另外还有一些与医学相关的道书，如《太平经》《周易参同契》《黄庭经》《抱朴子》《养性延命录》《玉枢经》《悟真篇》《翠虚篇》等。可见，道教从法天法地、遵循自然的思想出发，在研究人体生命运动规律时逐渐积累了丰富的医学知识。

“贵生”是道教追求“不老长寿”的基本理念，道教重视人的生命存在和价值，既看重生命本身的自然过程，又强调度人的社会价值。故对医药养生有着特别的关注。早在道教出现之前，“夫医书者，乃三坟之经。伏羲观天文造甲历，神农尝百药制本草，黄帝论疾苦成素问，因知其道奥妙，不易穷研，自非留刻意，岂达玄机？”中医学是中华民族在长期医疗实践中逐渐形成的具有独特病理学说和诊疗特点的医学体系。据《周礼·天官》记载，在周代时，中医学已分为疾医、疡医、食医、兽医四科；使用望、闻、问、切等诊病方法及药物、针灸、手术等治疗手段。当时周王室中有“医师上士二人，下士二人，府（药工）二人，

① 盖建民：《道教医学》，宗教文化出版社 2001 年版。

② 孙亦平：《东亚道教研究》，人民出版社 2014 年版，第 803 页。

史二人，徒二人，掌医之政令，聚毒药以供医事”。建立起一整套医务人员分级制和医事考核制。道教医学是道教信仰与中医学治疗方法的结合。“道教医学涉及了‘生、老、病、死’的全部内容，是人们对生的渴望与对死的恐惧的统一体。人们的这些根深蒂固的观念，成为民间疗法而深深地根植于民众之中，是我国传统文化的瑰宝。因此，道教医学也可以称为追求‘不老长寿’的医学。”[①]

宋代江西的中医药学已经进入了一个全面发展的新阶段。此一时期医学名家群星璀璨，医学著作竞相问世，据统计，两宋三百余年江西名医有 54 人，医学著作 51 种，宋代江西有陈自明、崔嘉彦、严用和等三位名医享誉全国[②]，其中崔嘉彦、严用和是道士，而且他们是师徒关系。

二、崔嘉彦与《脉诀秘旨》

崔嘉彦（1111—1193），字子虚，又号紫虚真人，原籍成纪，由于长年寓居南康（今九江庐山市），遂为南康人。北宋末南宋初庐山卧龙庵道士，以耕田自给，以行医济世，以医术精湛著名。著有：《脉诀秘旨》。他壮年即开始行医，后长期隐居庐山，更以种药行医为务，其医德也使人钦佩，虽然耕田种药仅以自给，却收养疾病孤老者。所以朱熹知南康军时，慕其医术医德之高洁，故与之相交甚契，并经常以米资接济崔氏。朱熹在《卧龙庵记》碑文中，说：

> 卧龙庵在庐山之阳五乳峰下。予自少读龟山先生杨公诗，见其记卧龙刘君隐居，辟谷、木食、涧饮，盖已度百岁，而神清眼碧，客至，辄先知之，则固已知有是庵矣。……时以上章乞解郡绂，乃捐俸钱十万，属西原隐者崔君嘉彦，因其旧址结屋数椽，以俟命下而徙居焉。

此记作于淳熙七年（1180）冬十一月。庐山南麓之西原，北宋时有

① 参见孙亦平：《东亚道教研究》，人民出版社 2014 年版，第 802、812 页。

② 参见虞文霞、王河：《宋代江西文化史》，江西人民出版社 2012 年版，第 530 页。

刘道士居住，习辟谷术，北宋末南宋初时又有崔嘉彦在此隐居。朱熹托付他修建卧龙庵，准备晚年在这里隐居。

道士崔嘉彦通晓医术，尤精于脉学，根据行医经验撰成《脉诀秘旨》一卷。全书以四言韵语写成，计682句，凡2728字。书中以《难经》的浮、沉、迟、数为宗，以风、气、冷、热主病，来阐明脉学的义理。目的是以“日诵琅琅”的四言诗形式，使人们易背易记的途径，使初学者能很快掌握“难尽者易，难穷者理”的艰深的脉学理论，如：

> 初持脉时，令仰其掌，掌后高骨，是谓关上。关前为阳，关后为阴，阳寸阴寸，先后推寻。

寥寥8句32字，就将诊脉的方法和部位详细准确地表达出来，通俗易懂，过目不忘。这种通俗易懂的脉学著作，无疑开了以四言体撰写脉学著作的先河。《四库总目》在《御定医宗金鉴》一书提要中说：“其书简括而精密。”成为后世学习和研究脉学的重要书籍。故《东垣十书》将该书列于十种医书之首。崔嘉彦的《脉诀秘旨》一书这种化难为易，化繁为简、化深为浅的方法，不仅使该书在形式上有所创新，而且在内容上也有所创新，成为一部影响极为深远的脉学义理专著。崔嘉彦还著有《四原论》医书，所谓四原者即原脉、原病、原证、原治，可惜已经佚失。

《脉诀秘旨》确立了“四脉为宗”的脉学体系：“但以浮、沉、迟、数为宗，风、气、冷、热主病。”这一理论渊源于《难经》六难（专言浮、沉）和九难（专言迟、数），又受陈言《三因方》“博则二十四字，不滥丝毫；约则浮、沉、迟、数，总括纲纪”的直接影响。陶宗仪《辍耕录》说崔嘉彦“以《难经》于六难专言浮沉，九难专言迟数，故用为宗，以统七表八里，而总万病，即此书也”。这种理论虽然比较简单，却摒弃了七表八里九道的旧分类法，提示了脉象之间某些相同的性质，统括了风气冷热、虚积痛疮等常见病因和三焦五脏主病，执简驭繁，方便于辨析脉象形状，又能把握临床上千变万化的症候，对后人影响很大，催生了以崔嘉彦为祖师的西原学派。

崔嘉彦是西原脉派的祖师，享誉甚隆，故而就有明代书商把一些脉书托名于崔嘉彦，例如《崔真人脉诀》。《崔真人脉诀》最初收录明初的《东垣十书》，明代后期李言闻删补之，更名为《四言举要》，遂盛传于世，对明清脉学产生了很大的影响。然而参比崔氏传人张道中《西原脉诀》一书，可以认定《崔真人脉诀》即《西原脉诀》中的四言歌括部分。张同君《崔嘉彦及其脉学著作的研究》对崔嘉彦的生平、著作有详考。文章说，现存唯一的崔嘉彦真作《脉诀秘旨》，从未刊行，以往国内书志亦未著录。只有少数日本书志予以记载，如《宝素堂藏书目录》云："《紫虚崔真人脉诀秘旨》，一卷一册。"书见明抄本《幼幼新书》。然《经籍访古志》指明这一册书中含有多种脉书，《脉诀秘旨》只是其中之一。今中国中医研究院藏明嘉靖戊午年（1558）抄本，也是一种合抄本，首篇即为《脉诀秘旨》。该书完整而详细地表现了崔嘉彦的脉学见解，成为西原脉派的核心理论。

刘开，生卒年不详。字立之，号复真，星子（今九江庐山市）人，自称为"庐山野人"，是崔嘉彦徒弟，为崔嘉彦的第一代传人。著有《方脉举要》。

严用和，生卒年不详。刘开的弟子，字子礼，庐山人，年八岁即喜读书，十二岁时受学于名医刘开之门，尽得师传。十七岁以医闻世，四方求治者甚多，声名倾动，过于其师。每数千里赴人之急，王公贵人皆以礼延之。集三十余年之临证经验，著有《济生方》十卷，刊刻于世。严用和的《济生方》《济生续方》收录《四库全书》。

严用和传朱宗阳，朱宗阳把脉学传给了张道中，使西原脉派得以延续。张道中《玄白子西原正派脉诀》自序曰：

> 宋淳熙间，朱文公守南康间，隐居崔紫虚名嘉彦者，结庵西原山，乃别筑卧龙庵，绘象孔明其中，崔君及己列左右。时往还，叩养生济生术，盖崔以策干时贵赵唯相不用而肥遯者，养生济世，固其余事。公亦欲但知此，而口传心授，竟为复真刘先生开发而行之。今两山南北名医之流，悉自刘氏。吾师宗阳朱炼师脉明，最为

得传者。大德辛丑，既从炼师得崔、刘四脉，玄又乃扩其意，为之图并歌括，以教稚子肄习，不至扞格，因图卷端。玄白老人书[①]。

此说与朱熹所叙一致，亦可见此派医家，皆有道士之身份。《济生方》与《济生续方》很早流传朝鲜、日本等国家。十五世纪中叶，金礼蒙编纂《医方类聚》时，辑录《济生方》与《济生续方》二书大部分内容；严氏二书也流传到日本医官汤何氏曾藏有《济生续方》一卷。

三、卓圮、胡洞微与"玉芝"[②]

卓圮，字玑石，泉州晋江人，弃家为道士，游览四方，北济大河，江州（今九江）南出岭表，喜欢与公卿大夫交游。吕诲自御史谪守江州，请卓圮居天庆观（唐名为紫极观），十八年之后，乃退居，将观中事务交付给弟子胡洞微。

胡洞微，生卒年不详。江州（今九江）天庆观道士，著名道医，北宋德化人。长期隐居江洲，能医，喜诗书画，为一雅士。

"玉芝"是一种药材，《永乐大典》引《江州志》："圮有道术气节，种草药玉芝，见知于东坡。"此草是一种药，黄庭坚《琼芝》诗："卓仙在时养琼芝，深根固蒂活人命。憧憧来此问何草，但告渠是唐婆镜。"唐婆镜，一种药用植物，又名鬼臼，生于山谷、山坡林下阴湿处，性温，味苦、辛，有毒，能清热解毒，化痰消肿，用于痈肿疔疮、瘰疬、咽喉肿痛、跌打损伤、毒蛇咬伤等。卓圮种植这种药草，也是为了行医之用。

关于卓圮行道医用玉芝治病孔武仲在《道士卓君墓志铭》记得比较清楚。

孔武仲（1042—1097），字常父，北宋新喻（今属江西峡江县）人。孔子四十七代孙。嘉祐八年（1063）进士。历官谷城县主簿、江州及信州军事推官、湘潭县知县、国子直讲、校书郎、集贤院校理、著作郎、

---

① 严世芸主编：《中国医籍通考》卷四，上海中医学院出版社1993年版，第799页。

② 参见吴国富：《庐山道教史》，江西人民出版社2011年版，第201页。

国子监司业、礼部侍郎、宣州及洪州知州等。著有《书说》《诗说》《论语说》《芍药谱》等。孔武仲为胡洞微的师父卓圯撰写了墓碑志，在墓碑志中介绍了道士卓圯行道医的情况及其徒弟胡洞微传承师父的情况。元丰元年戊午（1078），孔武仲撰写了《道士卓君墓志铭》，他介绍说：

卓君名圯，字玑石，泉州晋江人。弃家为道士，游四方，尝北济大河，南出岭表。公卿大夫，多与相善。成德军节度留后李璋奏得紫衣。吕诲自御史谪守江州，请君居天庆观，凡十八年乃退，属其事于弟子胡洞微。元丰元年五月某日将逝，作三颂以遗所尝往来，大较皆落去世累、追逐神仙之言。享年七十有五。以九月某日葬于德化县仁贵乡陵家垄。①

卓圯与胡洞微是师徒关系，胡洞微遵循其师父的教导用“玉芝”行医治病，因此也与苏轼、黄庭坚等建立了友情。

胡洞微与苏轼。元丰七年，苏轼至江州紫极宫，胡洞微以李白《浔阳紫极宫感秋》相示，苏轼和之，序云：

李太白有《浔阳紫极宫感秋》诗，紫极宫，今天庆观也。道士胡洞微以石本示余，盖其师卓圯之所刻。圯有道术，节义过人，今亡矣。

胡洞微待苏轼极为热情，成为苏轼的挚友，并为苏轼治病，《东坡志林》曰：

庞安常为医，不志于利，得善书古画，喜辄不自胜。九江胡道士颇得其术，与予用药，无以酬之，为作行草数纸而已，且告之

---

① 孔武仲：《清江三孔集》卷十九，《四库》本。又见《全宋文》卷二一九五“孔武仲”十（第100册）。

曰："此安常故事，不可废也。"

苏轼数次到庐山，胡洞微曾去迎接，陪他一同游山，又拜访高士王元甫。据《宋诗纪事》，王元甫隐庐山，敕赐为高尚士。苏东坡过庐山，因道士胡洞微请谒，王元甫曰："吾不见士大夫三十年矣。"竟不见。又苏轼《与胡道师》云，苏轼离开庐山时，胡道士负笈相从数百里。又据《石菖蒲赞》，苏轼得石菖蒲，"璀璨芬郁，意甚爱焉。顾恐陆行不能致也，乃以遗江洲道士胡洞微，使善视之"。

南宋大诗人陆游于乾道六年（1170）八月四日游江州天庆观，《入蜀记》云：

> 李太白诗所谓浔阳紫极宫也。苏、黄诗刻，皆不复存。太白诗有一石，亦近时俗书。见观主李守智，问玉芝，亦不能答。观皆古屋，初不更兵烬，而遗迹扫地，独太清殿老君像乃唐人所塑，特为奇古。真人、女真、仙官、力士、童子各二躯，又有唐明皇帝金铜像，衣冠如道士，而气宇粹穆，有五十年安享太平富贵气象。李守智者，滁州来安人，自言家故富饶，遇乱弃家为道人，大将岳飞以度牒与之，始为道士。至今画岳氏父子事之。

天庆观到南宋已不振作，观主李守智不知"玉芝"为何物，可见道观中的医术也已失传。

四、庞安常与道医针灸

针灸治疗法为道教医学的重要组成部分，针灸术的发明非常早。《太平经》中有《方药灸刺诀》，对针灸的内容与方法都作了比较细致的介绍。洪迈著有《夷坚志》与《容斋随笔》二书，被清代《四库全书总目提要》推崇为南宋笔记小说之冠，过去人们总从文史角度赞扬二书价值，殊不知二书也是道医药文化的宝库，由于宋代文人士大夫阶层风行笃好医药养生之术，而洪迈又享以八十岁的高龄，其亲历世上纷繁万事，可以用博闻强识、见多阅深来形容。他不仅以绚烂瑰丽的浪漫笔调描写了人鬼神凡的世界，也以可堪补史的严谨手法，记载了众多有关道医药文化的内容，记述了宋代众多道医的神奇，有的用药开方，别出心裁，却能药到病除；有的用针灸，独辟蹊径，时能起死回生。有的大医精诚、德术双馨，仁心依旧；有的行脚民间，穿村过镇，度人济世。可作为当时的名医群芳谱，如庞安常、杨道珍、朱道人等。其中庞安常的针灸案例非常著名：

> 朱新仲祖居桐城时，亲戚间一妇人妊娠将产，七日而子不下，药饵符水，无所不用，待死而已。名医李几道偶在朱公舍，朱邀视之。李曰："此百药无可施，唯有针法，然吾艺未至此，不敢措手尔。"遂还。而几道之师庞安常适过门，遂同谒朱。朱告之故，曰："其家不敢屈先生，然人命至重，能不惜一行救之否？"安常许诺，相与同往，才见孕者，即连呼曰："不死！"令家人以汤温其腰腹间，安常以手上下拊摩之。孕者觉肠胃微痛，呻吟间生男子，母子皆无恙，其家惊喜拜谢，敬之如神，而不知其所以然。安常曰："儿已出胞，而一手误执母肠胃，不复能脱，故虽投药而无益。适吾隔腹扪儿手所在，针其虎口，儿既痛，即缩手，所以遽生，无他术也。"

庞安常以针灸为主，辅以热敷与按摩等法救治难产一宗典型的病案，文中不但详细记载了急救全过程，而且阐述了针灸治疗的原理，虽是小说笔调，却胜在医方验案，这位道医庞安常就是洪迈眼中的"杏林人物"，他的确是北宋时期一位饱享令誉的名医。大文豪苏东坡左手肿痛，庞一针即愈，被传为神奇。庞安常著有《伤寒论》一书，大诗人黄庭坚为其书作序，《序》中对庞安常医术医德作了详细介绍，他说：

> 庞安常自少时善医方，为人治病，处其生死多验，名倾江淮诸医。……其轻财如粪土，而乐义耐事如慈母，而安常，似秦汉间游

侠而不害人，似战国四公子而不争利。[①]

以针灸名世的还有江西鄱阳的杨道珍，他“素善医，而尤工针灸”，在为建康市民余百三治鼻衄沉笃之病时，“令病者卧于门扇上，按两肩井间，齐插两针，衄立止，举体顿轻”。又依此法治温州王季先相同病症，也是“随针即差”。[②] 还有一位外科医生刘经络最善火针治肺痈。乾道元年，一位名叫盛皋的人得此病，“胸膈噎塞刺痛，饮食不向口，以六尺堂堂之躯，日渐瘦削。招医诊疗，皆不能辨其名，多指为伤积”。刘经络为其治病，取长尺余两针，入火煅烧，再插入病人左右两臂穴位，拔针后，微按摩其背，“血液倾出如涌泉”，再在疮口贴敷膏药，不久痊愈。人称其为“刘经络神针”[③]。为探索此病治疗之究竟，洪迈特地查阅了《圣惠方》医书，得获了治疗此病的医理根据，并说：“刘生之见效成功于顷刻间，殆非口耳之学殆可及，故备书源委，以贻后人。”可见洪迈写《夷坚志》的目的不仅是以博谈笑之资，而是有意识地将中医药文化记存书中，以留后人研究。

五、刘烈与丹道

刘烈（？—1173）为庐山太平兴国宫道士，号虚谷子。绍兴六年（1136），自创草庵，匾曰：“真一。”“真一”为刘烈的炼丹修真处，常有朱熹、张孝祥、王炎等士大夫来往并交流道家修炼功法，其主要丹法思想集中在宋代曾慥编辑的《道枢》卷十九《返真篇》，收录在《道藏》《四库全书》等。

刘烈的丹道思想主要体现在《还丹虚谷篇》，最显著的特点是通过修行除去烦恼，得到“真一”，功成圆满。刘烈把“真一”丹法推到了极点，其丹法思想受魏伯阳的《周易参同契》和陶弘景的《登真隐诀》的影响比较大，但他又有自己的主张。

---

① 黄庭坚：《庞安常（伤寒论）后序》，《山谷集》卷十六，四库本。

② 洪迈：《夷坚志》卷八，中华书局1981年版。

③ 洪迈：《夷坚志》卷九，中华书局1981年版。

第一，主张炼丹切不可“泥相”。内丹也叫金丹，道家认为内功是靠自己身体锻炼的，内丹是自己本身的，就是“上药三品，精、气、神”。刘烈告诉我们研究丹书、炼丹“切不可泥相”，不可以像水泥一样黏得很紧而“着相”，也不可以“执文”，也就是说不可以机械地搬书，甚至认为一粒丹药吃下去就是丹道。所谓“金丹”是通过修炼像金一样使身体牢不可破，杜绝外邪对身体的侵蚀，正如《周易参同契》之《金返归性章第十》曰：金入与猛火，色不夺精光。金是代名词，从五行水、木、火、土、金的角度来看，水为五行开先，水生木，木生火，火生土，就形成了宇宙的万物，生生不息，所以生命的发展，“是造化以金为要”，金是最后，金是本性、也是结果。从炼丹修行的角度来看，就是要温养好身体的五脏六腑，疏通经脉。正如刘烈诗曰：“不信浮华误了身，有谁肯问已求真。三回贺旦添三月，一度飞花减一春。阳气如烟诚可惜，荒郊似水莫因循。书名竹帛千千兆，看取从前得道人。”[①]

第二，强调修丹道全在“真一”。老子讲过：“天得一以清，地得一以宁，神得一以清灵，谷得一以清盈万物得一以生，侯王得一以天下贞”，道家还有“得其一,万事毕”“万法归一”“天一生水”等说法。“真一”之名来源于陶弘景的《登真隐诀》，刘烈对《登真隐诀》有校注，他还创建了“真一庵”。《道枢》中之《真一篇》称：“苟明大道之真一在乎气液，炼气液以生龙虎，合龙虎以成变化，使九还七返混一归真，则神全精复，又何艰哉！”[②]通过炼气还液，或者说是炼气还丹，通过水在口中的修炼，出现津液之清香，所谓“水者道枢，其数第一”，这也是曾慥编辑《道枢》留给后世的宝贵财富。由“真一”—“真水”—“真神”，这也是刘烈丹法的主要旨意，如刘烈在《返真篇》中，曰：

① 《道藏》第20册，文物出版社、上海书店、天津古籍出版社1988年版，第704页。

② 《道藏》第20册，文物出版社、上海书店、天津古籍出版社1988年版，第710页。

泛泛飘飘不系舟，真神时变九霄游。

水中有火还相合，阴里生阳却自由。

白面郎君驱虎尾，朱衣童子把龙头。

逍遥一入瑶台去，不管人间春复秋。

从老子的《道德经》—魏伯阳的《周易参同契》—陶弘景的《登真隐诀》—刘烈的《返真篇》,“一论”是他们中绕不开的思想理论基础,“泛泛飘飘不系舟，真神时变九霄游”，通过修炼真气饱满，神游天地，快乐无比。

第三，认为清净才能返“真性”。清净是修炼丹道的基础，名利带来的烦恼是修炼丹道的最大障碍，刘烈在《返真篇》也提醒了后世修炼者，他特别指出："名利蚁争，是非蜂起，于斯之际，将欲返真性而归根，挫锐解纷，安居乐业，一灵顿息，万境俱忘，其亦有道矣！惟以智慧之刃可以断烦恼之鞅者也。是以甘言巧笑，烈士之心不可移也；曲眉丰颊，高士之目不可入也。于是去彼取此，体物知身，必澄澄寂寂，以忘其情。”[①] 在诗中蕴含了炼丹的终极目标，以至于“发白皆变黑，牙齿落还旧新，老翁复壮丁，耆妪成宅女”。刘烈希望人人“鹤顶有丹呈秀丽”，其曰：白玉龟峰阿母家，薄侵红日烂三花。一泓酥滴桑梢露，九片黄轻谷口霞。鹤顶有丹呈秀丽，云心无着泄光华。当时若不寻双径，徒费漫漫走海涯。[②] 道教丹道有玄机，但更强调清心寡欲、虚静无为，顺天命则以延性命。在宋代道教内丹学的兴起，得到很多士大夫的支持，并修习炼养功法以求延命养性。同时，道教清静无为的思想，也能给予士大夫心灵上的慰藉。

刘烈的丹道吸引了时知南康军的朱熹到来，两人还一起讨论丹道。朱熹（1130—1200），字元晦，又字仲晦，号晦庵，别称紫阳，南宋婺源

① 《道藏》第 20 册，文物出版社、上海书店、天津古籍出版社 1988 年版，第 704 页。

② 《道藏》第 20 册，文物出版社、上海书店、天津古籍出版社 1988 年版，第 705 页。

人。绍兴十八年进士。历官泉州同安主簿、知南康（今九江庐山市）军、漳州知府、浙东巡抚、焕章阁侍制兼侍讲等，为宋宁宗皇帝讲学。历高宗、孝宗、光宗、宁宗四朝。重建白鹿洞书院，著有《四书章句集注》《周易本义》《楚辞集注》等，后人辑有《朱子大全》《朱子语类》《朱文公文集》等。从朱熹的履历和《庐山太平兴国宫采访真君事实》记载可知，朱熹在庐山任职时与刘烈有过频繁的接触和交流，他们之间主要探讨《易经》、丹道之旨。朱熹赠刘烈诗云："细读还丹一百篇，先生信笔亦多言。元机谩向经书觅，至理端于目睫存。二马果能为我驭，五芽应自长家园。明朝酒醒下山去，此话更从谁与论？""二马"是指内丹修炼中的"乾马"与"驿马"，《道枢》之《百问篇》曰："乾马者，心之液也，驿马者，其气也"，也就是说"二马"是指"心气"；"五芽"是指充盈天地的五行真气或生气，是服气的主要来源，朱熹认为炼养内丹应以培养身体中的"五芽"为要。由此可知，朱熹的丹道功法高，功夫很深，虽然意指师于刘烈，但与刘烈关于丹道的交流是有效的。在《语类》卷六十七也反映了朱熹与刘烈讨论丹道：

> 向在南康见四家《易》。如刘居士变卦，每卦变为六十四，却是按古。如周三教及刘虚谷，皆乱道。外更有戴主簿，传得《麻衣易》，乃是戴公伪为之。

根据这段话，朱熹见刘烈并向他请教易学虽然很早，但真正见到刘烈的《易解》，乃是在南康军任上的事情。也许是他自己通过学习，大有长进，所以改变了往日的看法，认为刘烈的《易解》是"乱道"。俞琰《席上腐谈》云："不过借《易》以文其说尔，非知《易》者也。故朱晦庵深诋之。"据束景南《朱子大传》所考，朱熹见虚谷子远在隆兴元年（1163）以前，因此两人见面时《易解》还没有成书。

宋元时期，庐山太平兴国宫的丹道一代一代传承，成就了诸多像刘丹一样的高道：

胡用综，生卒年不详。号冲真子，北宋庐山太平兴国宫道士。幼脱俗绿，留心修炼。得长生之术，年余七旬，貌若处子，酒量如初，一日留一诗，蜕形而去。

黄知微（1035—1125），字明道，北宋时江州（今江西九江）人。庐山太平兴国宫道士。神宗元丰年间（1078—1085）充知殿，供奉香火。遇潜山体道先生崔君，授以陈泥丸南宗丹法，万神刀圭、谷神之道，及金液沦景之旨，从此沉湎丹法修炼，时人称为“黄疯子”。性嗜酒，自赋《黄颠歌》。徽宗崇宁末年（1106）知微年逾九十，而貌若处子，狂态如初。宣和七年（1125）诏征入京，继而渊圣登极，敕回太平兴国宫，旋即辞世。白玉蟾在《有宋庐山养正先生黄君仙游碑》中敬为铭曰：庐山之下，湓浦之濒。山高水长，不见斯人。竹月涓涓，松风瑟瑟。遐想仙姿，风清月白[①]。

齐武直（？—1104），北宋庐山太平兴国宫道士。每旦朝真毕即闭门端坐，不交人事，诵《灵宝度人经》，冥心默契，自得其旨。崇宁中，忽连日饮水不休，语同舍道士吕师中曰：尘世不足恋，吾将逝矣。吕以为戏言。及夜半，趺坐，举手向烛曰：兹为证明，然此事难哉。吕犹未悟，乃就枕熟寐。既觉，齐已坐亡。

皇甫坦，生卒年不详。南宋庐山太平兴国宫道士。其因治好韦太后的眼病，被高宗下令皇甫坦移居庐山太平兴国宫，韦太后即宋徽宗的韦妃，宋高宗赵构的生母，后韦太后设醮于庐山太平兴国宫。

毕道宁（？—1125），字康叔。幼颖悟，貌清奇，经书一见成诵。绍圣仙游江浙，一日到潜山，遇见一位方士，状貌甚伟，不通姓字，一起游山玩水。毕道宁度其非凡，欲师事之，方士默会其意，乃曰：学道贵乎炼神毓气，丹书乃是入道梯媒。公若屏绝俗纷，精炼神气，自然通真达灵矣。因临溪水，对毕道宁说：水定则形直，心静则神宁。不可不鉴。遂以丹授之，并说：异日与子再会于圣治峰下。一揖而去，恍无所睹。毕道宁即日还山，适遇宫副虚席，州命帖充。未几，闲筑道院于宫之右，凿池储水，名曰“清斯”。每日闭门存神，诵《度人经》一卷。至宣和乙

---

① 清康熙十二年《九江府志》卷十八《艺文·碑铭》，第2485页。

巳正月三日，有衣甲山人来访话旧，授《沁园春》云：一粒金丹，大如黍米，定中降胎，运阴阳根本。东龙西虎，结凝金水，择地深哉。九载无亏，三田功满，卦气周圆炉鼎开。偷元化，用自然宗祖，全在灵台。真才休恋尘埃，况颖悟明空婴未孩？幸淮滨相遇，灵丹付了，亲留玄旨，期进仙阶。此去何时？水云高会，更上烟霄歧路哉？人间世，任王侯贵显，同委蒿莱。毕道宁得此词，越四日，正襟危坐而逝。

王秉文（？—1166），字彦衡，号三一先生。南宋庐山太平兴国宫道士。成道后游京师，其时朝廷方建神霄万寿宫，赐紫衣，命充典客。至建炎四年，庐山太平兴国宫毁于贼兵。次年盗退，莫有任其责者，王秉文乃领副职，灰烬之余，经营数载，金碧绘像，焕然一新。遂谢宫事，杜门燕居三十余年。即其居曰三一堂，每日阅《道藏》经典，究竟秘诀，留心医药，此外无他嗜好。至乾道丙戌（1166）上元夜，梦神人告曰：上帝命汝主金华大涤洞，赐汝返魂丹一粒，复汝精神，还汝元气，当以神光、白马、诸司官吏迎送入洞。言讫，觉悟。翌旦，语诸徒曰：尘世不足住，吾将往矣。因取所著《圣治显验集》十四卷、《西山真君签解》一部、《十全脉诀》一部、《朝斗紫庭秘诀》一卷等。

刘大彰（1083—？），字开祖，九江湖口人。幼肄业山中，徽庙朝试经为道士，礼杨公彝为师。建炎兵变，避地鄱阳，后归乡省亲，传闻太平兴国宫悉罹兵焰，进退不能，遂与徒弟骆守明就潮邑东南隅得逃亡屋而居之，崇奉采访香火，泣而告之故，誓愿阐扬道教，重立玄功。刘大彰为人纯谨，奉身无长物，交游不杂，乡曲称之。济人利物、其道甚行，遂撤茅居而鼎新，匾曰“龙德庵”。即今西湖道院。士民皈向，香火日隆。时刘大彰年已耄，貌若处子。一日晨兴澡沐更衣，诵《度人经》毕，呼其徒弟来前，语以死生超化之道，语尽，曰：理香火。起立而化。其貌若生，观者如堵。

骆守明（1114—？），字德光，师事刘大彰，江州彭泽人。建炎随师避地鄱阳，同回乡里，闻本宫灰烬，与其师就龙德庵居止。公之道乃家传衣钵，始终不辗。一日病革，召其徒弟五人来前，余怀德、杨怀玉、李怀智、潘怀信、刘怀恩。取笔书颂干，继容曰：余病时不吉，音死字余吉死时不病。如遇吕真人，便是我好命。真迹见存本宫。未几，病愈回宫，即黄真人旧址创道院，匾曰“养正”。取黄之道号，今改曰黄仙。公享年最高，每日焚香诵经，不妄交接。一日赴堂，展钵趺坐，大众举食，公凝然不动，视之已坐亡矣。果符吉时不病之语，异哉。越一日，西湖人有梦见公衣紫，二青衣执婢前导，识其上曰：霍僮山洞天仙官。公葬于宫左，知宫胡葆清举棺云：不以扰攘乱其真，不以富贵妨其道。虽无留形住世之妙，而有脱胎坐亡之功。

六、陈致虚与丹道

陈致虚（1290—？），字观吾，号上阳子，元代庐陵（今江西吉安）人。庐陵紫霄宫道士。师从赵友钦学道，受丹道之妙，讲神仙炼养之术，行走于江西、湖南、湖北等地学道、弘道。著有《上阳子金丹大要》（也称《金丹大要》）《度人经注》《周易参同契分章注》《悟真篇注》，这些著作都收录《道藏》《藏外道书》等。

陈致虚是元代江西一位高道，在金丹研究方面颇有成就，且流播很广，当代也有许多学者从各个角度探讨其丹道思想，形成专著的有何建明的《陈致虚学案》、周冶博士论文《上阳子陈致虚生平及思想研究》等。何建明在《陈致虚学案》中说：“陈致虚是元代最重要的道教内丹学家之一，他的《金丹大要》《参同契分章注》《悟真篇注》不仅是元代道教内丹学的代表作，也是中国历史上道教内丹学的重要作品。”①

陈致虚于庐陵紫霄观入道。紫霄观位于庐陵县东山六十三都杨真人炼丹处，始建于北宋治平元年（1064），由玉笥山道士廖思开创。淳熙四年（1177）赐额，绍定间废，庐陵天庆观道士萧苍雪来此复兴。元泰定甲子（1324）毁，后由毛丹隐、彭庆堂重建。由此可知，紫霄观在宋元时期影响较大，而且很早就有真人在此炼丹，元泰定甲子（1324）以前陈致虚在紫霄观。

陈致虚在衡阳学法。元天历二年（1329），他从师赵友钦学丹道，得受金丹妙道，其师赵友钦，字缘督，生卒年不详。饶郡鄱阳人。为赵宗

① 何建明：《陈致虚学案》，齐鲁书社 2011 年版，第 71 页。

子，幼遭劫火，蚤有山林之趣。极聪敏，天文经纬、地理术数，莫不精通。及得紫琼师授以金丹大道，乃搜群书经传，作三教一家之文，名之曰《仙佛同源》，又作《金丹难问》等书行于世。己巳之秋，寓衡阳，以金丹妙道悉付上阳子。六月十八日生。赵友钦师从紫琼真人，姓张，名模，字君范。饶州德兴人。后闻道，改名道心。初，太虚真人偶寓安仁熙春宫，紫琼求授金丹，太虚弗与。继而适市，因见施丐钱三十文，乃曰可授已。遂以金丹之道付之。次年复会真州，始全火候。紫琼既闻真要，后以至道授予缘督赵公，乃即隐去。十月初二日生，十二月二十五日成道。

陈致虚在九宫山等地传法。陈致虚先后在九宫山、庐山、南昌等地传扬丹道法门。九宫山位于幕阜山脉中段，现归湖北省。

《金丹大要》是陈致虚在庐陵东山紫霄观悟道、衡阳拜师学道、青城山访道后所形成的，载《道藏》本《太玄部》（第24册），属元代内丹道书。上阳子曰：

> 是此《金丹大要》十卷，首卷虚无三章，以象三才；二卷上药一章，以体法身；三卷妙用九章，以证九还；四卷须知七章，以验七返；五卷积功诗歌，以分邪正；六卷累行序说，使无著象；七卷发真问答，接引群生；八卷修真图像，示可印证；九卷越格拟古，最上一层；十卷超宗酌古，见性成佛。卷卷皆备铅汞火候。学道之士，首卷不悟须寻二卷；三卷不达四卷须知，次第熟览，无一不备。

陈致虚以丹道传法，其丹道思想对后世有较大影响。所谓陈致虚的丹道思想，是指他对丹法的见解和有关道教丹道理论。在陈致虚的丹道理论中他直接论述丹道法门的地方较少，更多的是论述修持丹法和达到生命之妙所依据的道教理论。

（一）何谓金丹大要

陈致虚的丹道思想体现在《金丹大要》，其核心的思想就是生命可以长久，而《金丹大要》是不老之术，是一本千古丹经。其思想来源于

《老子》《庄子》《列子》《参同契》《阴符经》《度人经》《悟真篇》《高上玉皇胎息经》《仙佛同源》《金丹难问》等，其修炼方法得益于其师父赵友钦指点迷津。

陈致虚指出了炼丹的时辰在“子时”，药物是指“精气神”。《高上玉皇胎息经》指出：“精气神”是上等药品。其门弟子明素蟾在编辑整理《金丹大要》的序中，总结归纳了其师父陈致虚金丹之妙三大要领：

> 金丹之妙，在乎三大要。一曰鼎器，二曰药物，三曰火候。然鼎器有阴阳，药物有内外，火候有时节，三者实为金丹之枢要。知此则到家有期，可罢问程矣。所冀头头会合，口口参同，慨兴进道之心，高中选仙之举。千年铁柱，久缔龙沙之盟；万朵玉莲，嘉庆天元之会。凡我同志，各宜勉旃。①

“火候”是指把握炼丹时机及“一动一静”之间。“头头会合，口口参同”，修炼之后能够像婴儿一样头顶“砰砰”地跳，这是修道最好的功夫，《参同契》中的“伏食”就是指这种功夫；《悟真篇》中也提到“伏食”，只要掌握了恰当的方法，长生久视是可以实现的。

（二）“老子之道，即金丹大道”，强调学习《道德经》的重要性

陈致虚的丹道理论有两大来源：一是老子的“无为论”，他在《金丹大要》引用了老子的《道德经》，向信徒讲授炼丹的“善德之道”；二是“方法论”，他经常引用《周易参同契》《悟真篇》，向信徒讲授炼丹的“妙用”之道。上阳子曰：

> 老子之道，即金丹大道也。夫金丹之道，先明三纲五常，次则因定生慧。纲常既明，则道自纲常而出，非出纲常之外，而别求道也，是谓有为。故云和其光，同其尘也。乃至定慧圆明，是谓无

① 《上阳子金丹大要·序》，《道藏》第24册，文物出版社、上海书店、天津古籍出版社1988年版。

为。故云知其雄，守其雌也。道至无为，则神仙之事备矣。知此经者，则明其道。①

这里所说“无为”“有为”，就是金丹大道。认为“无为”可以治天下，也可以长生久视，童颜鹤发。“有为”者，即金丹也，依据丹道理论去修行，用自己的身心去做实验，进以明心见性，以至于金丹上乘，这是炼己修心最好的状态。

（三）通过向信徒授炼丹法门，强调人人可以结丹成仙

陈致虚在《金丹大要》中的《虚无卷》《累行卷》《积功卷》《发真卷》等都比较详细地记录了他向弟子传授丹道的情况，其中特别强调“求师问道”和“积善累行”是得道金丹的前提和基础，也是不可或缺的过程和要素。上阳子曰：

我以因缘遇圣师，忽于言下大惊疑。方知玄妙无多句，此事如何容易知。②

陈致虚《积功》卷五之《金丹诗》中，总结自己得道金丹的体会，同时还提示后学者要“积善累行”，上阳子曰：

后之学者，慧眼未开，宜先审其忠孝、正直、善恶、贤愚。大道非正人君子，非素所好善者，端不可与。切莫嗜利，妄泄轻传。傥非其人，彼此受谴，况欲其敌师成道乎？③

---

① 《上阳子金丹大要》卷一，《道藏》第 24 册，文物出版社、上海书店、天津古籍出版社 1988 年版。

② 陈致虚：《上阳子金丹大要》卷五，《道藏》第 24 册，文物出版社、上海书店、天津古籍出版社 1988 年版。

③ 陈致虚：《上阳子金丹大要》卷一，《道藏》第 24 册，文物出版社、上海书店、天津古籍出版社 1988 年版。

陈致虚大道金丹不传心术不正之人，他在《金丹诗》中说："上士英雄学上仙，积功累行满三千。"

陈致虚门下弟子有数百人，亲承弟子23人，据《金丹大要》卷六以及其他文献清楚表明他的传法地点，它们主要分布在现在的贵州、江西、湖北、四川、山东、两广等地，江西主要集中在庐山、武宁、南昌庐陵等地。众徒弟中有官宦，如田至斋（田琦）、王冰田（王舜民）、张毅夫、真息哈剌，也有宫观提点或住持，如潘太初、车兰谷。从年龄来看，有的长于陈致虚。他对所有徒弟首要看重品德，同时采取灵活形式，因才施教。

明素蟾，生卒年不详。名宗明，又名天琮。道号宗阳子。师事陈致虚。曾在江西九宫山（元代九宫山属地为江西管辖，现为湖北属地）、庐山等地修道。因仰慕白玉蟾而仿其名，自号"明素蟾"。1335年拜师于陈致虚门下，后成为陈致虚得力弟子之一。明素蟾弟子冯元素"赐右街道录，管辖宫事"。也着力弘扬上阳子的金丹大道。明素蟾的主要贡献是参与整理了陈致虚的《金丹大要》，并作序。明素蟾介绍了自己际遇陈致虚并拜师学习丹道的过程，并对南宋白玉蟾的丹道也是仰慕不已，以改名换姓表示虔诚。明素蟾在遇见陈致虚之前，就已经拜见过许多丹师，然而所学丹法似是而非，不是正道。陈致虚见其桀骜的性格，耐心教导，令其改正，"仆见明素蟾资禀非凡，勇锐可授，特其平时流于敖放，泥于惯常，首须降其骄心，摄其狂心，去其放心，移其疑心，正其邪心，开以道心。明素蟾忽于言下幡然大改，顿然大悟。于是指令脚跟踏在实处，然后授以先天烹炼神气之道也"[①]。明素蟾没有辜负师父的用心良苦，最后"方知大道不在丹经，以数十年精进之功，今而后知实未始有学也"。[②] 特别值得一提的是对陈致虚的金丹作了总结和归纳，即"金丹之妙，在乎三大要：一曰鼎器，二曰药物，三曰火候"。

---

① 陈致虚：《上阳子金丹大要》卷六《累行》，《道藏》第24册，文物出版社、上海书店、天津古籍出版社1988年版，第45页。

② 陈致虚：《上阳子金丹大要》卷六《累行》，《道藏》第24册，文物出版社、上海书店、天津古籍出版社1988年版，第45页。

余舜申，生卒年不详。号观古，道号心阳子，武宁人。九宫山道士，师事陈致虚。陈致虚在《与心阳子余观古》中记述了师徒谈经论道的情况，元统三年（1335），陈致虚在九宫山寓所遇见余观古，交谈之后，得知余观古与自己“同乡、同年、同名”。余观古与陈致虚同生于庚寅年（至元二十九年），又都是江西人，有“一语投机”“芝兰其香”“烟霞同味”之感，于是“参杯交贺”，讨论“积德与金丹大道”“学道与植树”等话题，于六月八日拜陈致虚为师。陈致虚授余舜申（观古）“以有作合无为，以外铅合内汞”之金丹大道。

潘太初，生卒年不详。庐山太平宫提点，道号一阳子，师事陈致虚。授其“一阳子”法门，在《与一阳子潘太初》，曰：

> 仆每叹：夫福之与慧，二者不可得兼。太平闲暇，安富尊荣，此人之福也。通玄达妙，研精究微，此人之慧也。二美具全，则斯人也，不可以寻常而同年语。眷顾之初，言及丹道，仆未即应。既而情真语简，好笃谊深，叙其主领事繁，已觉年光流迈，念念急于兹事者，更来岁而又迟也。仆睹其开心见诚，列盟奉誓，乃授之曰：大道者，与天地生物，乾坤覆育，日月阴阳同其造化焉。在人之身，不外是也。天地以阴阳为橐籥，人身以玄牝为崇籥。天动地静，动为阳而静为阴。阴极则万物不生，而阳气潜伏，及夫剥尽，一阳初动而梅先吐白，以阳在地中而将复也。则金丹者，无外乎坎离二物。且坎离为何物？要知只是两个真阴真阳而已。是知金丹之道，不外乎阴阳也。当其一阳初至，虽一身皆阴，而一阳自外来，彼一阳反为之主矣。今其号曰“一阳子”者，取义于此。一阳子既闻此道，倘不为，则亦已矣。若也兴勇猛之心，奋勤行之志，吾知其功成也必矣。[①]

① 陈致虚：《上阳子金丹大要》卷六《累行》，《道藏》第24册，文物出版社、上海书店、天津古籍出版社1988年版，第41页。

在陈致虚看来，其徒弟潘太初是“福慧俱全”之人，也是“功德圆满”之人，不仅自己“行勤奋之志”炼丹，还由他和王舜民“首唱绣梓”，即首次刊刻《金丹大要》，为丹道的传播做出了成就。

第六节　宋元时期江西城隍文化

城隍信仰是江西道教历史中的重要文化现象，城隍文化涵盖城隍庙建筑、城隍神造像、城隍庙会、城隍故事、城隍祭祀、城隍神出巡等，在民间影响广泛而持久，为老百姓所熟悉的文化习惯和乐见的文化习俗，到宋代进入国家祀典，元代则出现继续传扬和发展。

江西城隍信仰自西汉普遍奉祀定豫章的开国将领灌婴开始，汉高祖五年（前 202），灌婴奉命定“豫章”，在今南昌筑城，取“昌大南方”之意，定名“南昌”，遂有南昌城为“灌婴城”或“灌城”之称。南昌位于长江流域赣江东岸，水陆交通方便，秦时便可能是用兵百越的一个中转之地。汉初，灌婴镇守南疆的战略地位日益彰显，成为汉武帝平定南越、闽越时集结军队的重地，此后，江西在全国的地位逐渐上升，成为政治、经济、文化的中心。唐朝时期，城隍信仰文化得到了较大的发展，民间虔诚，官方重视。虽然还没有正式纳入国家祀典之中，全国各州县尤其在江南地域，已普遍地建起了城隍庙，正如唐末道门领袖杜光庭在《广成集》中所说：“城隍社庙，里域真官，密享神功，永居福地。”① 唐朝改豫章郡设洪州、改宜春郡设袁州、改庐陵郡设吉州、改鄱阳郡设饶州、改浔阳郡设江州、改临川郡设抚州、改南康郡设虔州，其中 7 个郡都有城隍庙，而南丰、泰和等县也兴建城隍庙，如刘壎在《州城隍庙记》中曰：“惟南丰徙邑自开元始，其祠城隍疑自兹始。”②

宋代帝王一方面出于“神道设教”的政治需要，另一方面表现自己

① 《道藏》第 11 册，文物出版社、上海书店、天津古籍出版社 1988 年版，第 256 页。

② 四库本《水云村稿》卷三，第 1195 册，第 355—356 页。

的崇道行为，先后为一些道教神灵加封赐号，其中包括城隍神，因此，各地也出现了建城隍庙进行奉祀的现象，在金允中所编制的《上清灵宝大法》卷三十九中排列了三百六十位神祇真灵，所列的神仙按其神圣性与职能，由上而下分为十一个等阶，其中城隍、土地及所属兵马神众列为第十一阶位。由于朝廷对城隍神的赐封加号，宋代江西城隍庙有复建、迁建、新建或改建的，例如江州城隍庙迁建于北宋宣和四年（1122），复建于南宋淳祐五年（1245），吴澄《江州城隍庙后殿记》文中反映了江州地区城隍信仰的情况："江州地扼荆、扬之交，面崇蛮，背大渎，其城其隍，山川自然之险、形势之雄，他郡莫与伦也。城隍配食之人，相传以为汉丞相颍阴侯灌婴。《郡志》言，高帝六年，侯筑湓口城，即今江州地，则侯之配城隍也宜。或谓他郡城隍亦皆侯配食，岂以侯尝定豫章诸郡而然欤？旧江州城隍庙在郡东，东北民之祈祷不便。宋宣和壬寅，郡守迁于今所，岁久屋弊。淳祐乙巳，沿江制置使以其属帅郡民修完之，外门竖景福楼，巍然临乎通衢。"[①] 江州城隍庙因方便信众，在北宋、南宋二次修建，由此反映了城隍文化的影响力。

在两宋期间（319 年左右），江西 13 州军及 65 县，"郡县各有城隍祠"，其中吉安城隍庙、饶州城隍庙、筠州城隍庙、袁州城隍庙等影响较大。在郡县城隍庙中浮梁县城隍庙其规模、规制都不一般，赵镇远在《浮梁州城隍庙记》中，记曰：

岁久宇陋。延佑二年八月，札帖木儿监郡公事，至邑，初谒庙，蹙瞻若有迪于己者。由是度用费，鸠集众力，伐木负植，佣就事。时知州高公翔、同知史公荐、州判黄公端，皆乐为之。至治二年壬戌经始，重盖前殿，改作东序，增重楼，广内外翼。先是未有寝室，谋创四楹。以六月丙辰立柱畚土，累基甃石，环堵涂以丹雘。庙前行路逼仄流水，建瓴注，公率众力开地袤五尺许，修六十丈有奇，培筑坚阜，址势益隆。群公不烦，事逸功倍。三年癸亥正

① 清康熙十二年《九江府志》卷十八"艺文·碑铭"，第 1715—1716 页。

月望日，陈奠告成，栋宇既壮，笾豆孔嘉。[①]

浮梁县所属景德镇因为瓷器名声远播，浮梁于北宋景德元年（1004）赐封，并列为州级县，可见其地位不一般。从碑记中知道，元代浮梁州城隍庙是在宋代的基础上重建，由此说明浮梁县城隍庙在宋代已经建立，而且规格很高。

对“城隍神”的爵位、名号的赐封，刘球在《重修城隍庙记》中说：“天下有司得兼致祀事，不为谄，惟先圣贤、山川社稷与城隍之神尔。然社稷山川，皆位乎坛，岁不过再享；其巍然正席而庙处，月朔望须上致虔，则惟城隍与先圣贤。先圣贤教尊万世，通四海；城隍灵显当时及一区。为道有常典，所被有广狭。然先圣贤垂教，无非欲人归善，去不善；而城隍能祸福，善不善。惟其均欲善世，均有益于国家，有功于斯民，故并加礼欤。圣朝秩祀典，诏命我安福城隍为显佑伯，于爵既崇，于号实嘉。庙故在县治之西百步，完而复圮，久弗逮修。复厌墁穿，风雨不蔽，垣堕径通，人畜趋便，庭枝剪而无禁。祠器迁靡有常，祀事修不以时，神不康处，人莫捍其患。”[②] 碑文记述了安福城隍神被赐封为显佑伯的爵位，因此，对安福城隍庙进行重修，并与“先圣贤”处于“正席”而祀典，“惟其均欲善世，均有益于国家，有功于斯民，故并加礼欤”。

元代江西城隍文化信仰在宋代的基础上呈现发展的态势，赵晓寰在《元代城隍信仰》一文中，通过考察《全元文》中所收的52篇《城隍文》指出，元代“南方城隍庙主要分布在长江中下游地区，特别是江浙和江西，此处集中了南方城隍庙总数的70%以上”[③]。据《江西通史・元代卷》记载：元代江西行政区为13路2直隶州和一个路属州和16州、48县，13路基本上是沿袭宋代的13州军，直隶州为铅山州、南丰州2州，余

① 清道光《浮梁县志》卷九。

② 清同治《安福县志》卷十七“艺文”。

③ 赵晓寰：《元代城隍信仰：以〈全元文〉为中心的考察》，《世界宗教研究》2016年第4期。

干州、浮梁州、乐平州为县级州，隶属饶州路[1]。江南是元代文化繁荣昌盛地区，元统治者对各种宗教宽容以待的政策和儒户、医户、阴阳户、僧道户等专门户籍设立使江南文化基本上没有受到摧残……江南宗教的地位也得到提升。元代江西文化从总体上说，是延续了两宋以来的发展趋势，成为宋、明两代文化的自然过渡，而非逆转。元代城隍神作为城镇保护神，一直得到民众信仰，后来逐渐也得到元朝统治者的认同[2]。仅抚州路有僧、道、尼、女冠13787名[3]，由此说明，元代江西道教的盛况，其中城隍神 13 路 2 州所在的城邑扮演重要的角色，元代江西城隍信仰既继承了宋代城隍文化的传统，又对明清城隍信仰的发展有启后的作用。例如，元代刘壎在《州城隍庙记》中，记载："大德三年春，燕山李公彝以前宪臣来守嘉禾郡。甫数月，威惠流畅，四履丕耸，则因事之废坠者补饬之，而城隍之祠以新。盖故祠毁未复二纪矣。斗室名存颓垣败甓间，断烟寒灯，幽隘寂阒，数议修，畏阴阳拘忌之说。公曰：'嘻，有是哉！城隍有神，列祀典，关政体，其非淫厉之谓。即废弗祠，将无以妥神灵，福民物，吾守臣何敢慢，复何拘忌之畏。'捐己俸以倡，协众力以助，选里望以分任。曰邓端汝其督修正殿，曰李定汝其督修香亭，曰陈拱、曰朱敬汝其督修庑与门，咸捐赀赴令惟谨，耆老率州民致助益谨。明年庙成。又明年正月丁巳迓神以居。崇阁飞檐，文砌博础，圭衮中峙，剑佩傍侍，祼荐丰洁，妖厉伏息，州民大和会，蕲余记之。"[4]刘壎（1240—1319），壎也作埙，字起潜，号水云村，元代南丰人。入元后，历官建昌路儒学正、延平路儒学教授。著有《水云村稿》等。此碑文，除真实地记述了南丰州守臣李彝主持重修城隍庙并捐出俸禄的经过外，还反映了城隍神对于官员的威慑作用，正如（李彝）公曰："嘻，有是哉！城隍有神，列祀典，关政体，其非淫厉之谓。即废弗祠，将无以妥神灵，福民物，吾守臣何敢慢，复何拘忌之畏。"

① 吴小红：《江西通史 · 元代卷》，江西人民出版社 2008 年版，第 18—19 页。

② 吴小红：《江西通史 · 元代卷》，江西人民出版社 2008 年版，第 5 页。

③ 吴小红：《江西通史 · 元代卷》，江西人民出版社 2008 年版，第 47 页。

④ 四库本《水云村稿》卷三，第 1195 册，第 355—356 页。

城隍文化在江西普遍信仰并作为祭祀典礼的现象，吴澄的《江州城隍庙后殿记》，说："今郡县各有城隍祠，所谓礼，虽先王未之有，可以义起者，其若此类也夫！夫土神当祭于坛墠，而城隍祭于庙。"[①]由此可见，元代江西州县城隍庙超过60座，其功能是多元的，或监督官吏，或消灾祈福。

江西各地城隍庙一般都是州县主要官员倡建或修建，位于州县左边，显示其地位的重要性，赵镇远《浮梁州城隍庙记》有记："浮梁州城隍庙，在州治之左，岿然特峙，西山环揖，双溪回抱，俯视阛阓若几席。距州治三十步，仅隔一垣，公堂之嚬笑，吏舍之喧寂，讼辩之枉直，狱系之淹留，神视听在焉。国有诏命，长吏致祝，必先诣庙下。境有水旱疾疠，必祷焉。"[②]浮梁州景德镇的瓷器，其地位显赫，但官员的品行修为需要约束，依仗城隍庙的神威约束官员成为元代的一种制度，所以城隍庙与州治所很近，只有"三十步，仅隔一垣"，其规模高大，环境优美，风水极佳，"岿然特峙，西山环揖，双溪回抱"，以至于"公堂之嚬笑，吏舍之喧寂，讼辩之枉直，狱系之淹留，神视听在焉"。并且"国有诏命，长吏致祝，必先诣庙下。境有水旱疾疠，必祷焉"。

元代江西城隍庙的造像统统为汉丞相颍阴侯灌婴，例如，元至正四年甲申（1344），萧宪孙的《复建吉安城隍庙记》反映了这种文化习惯："吉安城隍，相传为汉颍阴侯灌婴，高帝六年略定江南，筑城豫章等郡，其后祀以为神。"[③]吴澄在《江州城隍庙后殿记》也有同样的记载："城隍配食之人，相传以为汉丞相颍阴侯灌婴。《郡志》言，高帝六年，侯筑湓口城，即今江州地，则侯之配城隍也宜。"[④]城隍庙灌婴造像在江西州县城隍庙历史悠久，在元代也是承前启后，一直不变、不断，这种内涵丰富和神圣的城隍文化在明代朝廷极其推广和普及。

南昌城也称"灌婴城"，起源于灌婴的创城之功。因此，城隍文化

---

① 清康熙十二年《九江府志》卷十八"艺文"，第1715—1716页。

② 清道光《浮梁县志》卷九。

③ 清光绪本《吉安府志》卷十。

④ 清康熙十二年《九江府志》卷十八"艺文·碑铭"，第1715—1716页。

南昌城市文化的重要组成部分，元至正十年（1350），龙兴路城隍庙落成之时黄绍撰写了《龙兴路城隍庙碑》，他说：“传志称汉高皇帝时，将军南略地至此，壮其山川形势，首请于朝，筑城以控引海峤，屏障江淮。高皇帝嘉其功，封颍阴侯，俾世祀斯郡。将军殁而人思之，立庙以祀。然则将军之庙食于兹自汉开国初固然，岂当时已有城隍之号也欤？殆未必然也。夫将军奋匹夫佐高皇帝扫平天下，功烈懋盛，雄武英爽，殁有遗灵，而又首创兹郡，历千百余年，久赖其休，显有应验，爵秩益崇，王封庙祀，世主兹土，礼亦宜之。”①

“龙兴路”（治今南昌市），南宋为隆兴府，至元二十一年（1284），因隶皇太子真金位下，改名“龙兴”。上面碑刻文献中的奉祀“将军之庙食于兹自汉开国”，将军是指“灌婴”，南昌城的民间人人知道灌婴“首创兹郡，历千百余年，久赖其休，显有应验”，由此可知，这种城隍文化，既是道教文化的形式和传承的内容，又是南昌城市文化的标志，也是民众永远的记忆和期待，韩杨的《城隍庙记》反映了这种愿望：“夫高城深隍，有神司之，赖以保障吾民而捍御灾患也。南昌，古豫章，乃《禹贡》扬州之域，实为西江列府之望。城隍神庙在府治东北隅，为之神者，故老相传以汉颍阴侯灌公讳婴为之。按《高帝纪》，五年神以御史大夫将车骑追项籍至东城，破之，渡江破吴，遂定豫章。盖神尝有功南土，况豫章为所定之地。而旧城亦以灌为名，庙食于此，理或然也。”②

宋元时期南昌城隍庙的建筑可谓“栋宇宏丽，丹碧焜耀”，正如黄绍在《龙兴路城隍庙碑》有记载：“按庙在子城之东，其神则世传以为汉将军灌婴也。岁久祠坏，侯下车谒奠，周视感叹。亟图新而大之，召工会所费，度非百万缗不可。乃谋于监郡阿思兰不花，捐己俸以倡。好事者欢移之。宁夏杨公继来持宪节，亦以莅事告于神，偕宪幕议，各以俸助。于是凡有禄在官者一无所靳焉。赀用以充，度材庀工，以辑以慎。

① 明万历《南昌府志》卷二十八。
② 明万历《南昌府志》卷二十八。

经始于至正八年之四月，竣事于十年之二月，正殿中峙，施及两庑，表以三门，以楹计之，凡二百有五十。像设之旧，悉涂绘而完之，栋宇宏丽，檐阿矫如，丹碧焜耀，象服森列，神灵攸栖，盖奂然足以为江右之伟观而民不知劳，非侯之善于营措，孰至是哉。”[①] 黄绍作为豫章郡的守牧，到龙兴路城隍庙拜谒，感叹城隍庙破旧不堪，发动官员捐出俸禄修建城隍庙，从元至正八年四月开始，经过两年的建设，龙兴路城隍庙达到了“檐阿矫如，象服森列”的效果，成为“江右之伟观”，由此可知，城隍庙成为南昌城市中最耀眼标志性建筑文化，“而民不知劳”，则反映了老百姓的喜悦之心。

第七节　宋元时期江西道教中的科学成就

宋元时期，随着道教的兴盛和发展，江西道教文献除志书、道经对社会科学有贡献外，还涌现出一些在中国科技史上占重要地位的道教学者和著作，江西抚州籍道士朱思本撰写《舆地图》在地理学方面做出了重大贡献；江西鄱阳籍道士赵友钦撰写的《革象新书》蕴含天文学、光学，在自然科学中有重要价值；江西赣州籍道士赖文俊的《催官篇》《四元天星》《旅寓集》《三十六铃》等著述所涉及的建筑风水学，其科学道理也在其中；庐陵清都观道士曾之谨撰写的《禾谱·农器篇》不仅丰富了其祖父曾安止《禾谱》的内容，又为传统农业科技的发展做出了重大贡献。

一、朱思本《舆地图》的地理科学成就

朱思本，字本初，元代临川人。入道于龙虎山，师从张留孙，先后担任杭州玄妙观提点、西山玉隆万寿宫住持，柳贯作《送朱本初法师赴豫章玉隆宫》一诗，曰：锁蛟唯有柱，堕鼠已无家。想到真仙宅，能回俗士车。露坛春剪柏，高深俨德容。飘然化春雨，结想在高松。大德初，应召到大都，多次奉命到各地祭祀天下名山，同时考察地理，用十年的

① 明万历《南昌府志》卷二十八。

时间绘制了蕴含丰富的地理科学思想的《舆地图》，对中国传统制图科学思想的发展做出了重大贡献，被认为是中国地图史上杰出的地理学家。

朱思本自幼勤学苦读，对古代九州的划分和山川地势有所了解并感兴趣。他借奉诏祭祀海河名山的机会，走遍大江南北，考察天下郡县的历史沿革，核实山河的名实，从而积累了丰富的地理学知识。他到了浙江、江西、湖南、湖北、河南、江苏、安徽、河北、山西、山东及广东沿海地区等十余个省份。朱思本在实地考察中，还阅读了许多地志和前人绘制的地图，如其自叙中提到的宋代石刻《禹迹图》《建安混一六合郡邑图》等，经与实地考察相对照，结果发现有许多地图“殊为乖谬”，为了更正前人的错误，由此萌发了绘制新图的决心。至大四年（1311），朱思本开始着手绘制地图，历时十年之久，于延祐七年（1320）终于完成了一张全国性地图，即著名的《舆地图》。朱思本的《舆地图》问世后，曾被多次摹绘，刻石于江西龙虎山上清宫三华院内。

朱思本的《舆地图》在中国传统地图史上具有承上启下的历史地位，一方面继承了晋代的裴秀、唐代的贾耽，另一方面对罗洪先、陈祖绶等著名的地图科学思想方法有启发并传承，因此，《舆地图》以其先进的地理思想和独到的制图科学方法，形成中国地图思想史上独有的“朱思本地图系统”，成为元代以后绘制全国总图的主要蓝本。《舆地图》的科学成就主要有五个方面：

第一，体现了科学规范和严谨态度。朱思本在地理考察过程中，很注意对所收集的地理资料进行筛选和辨析，正如其所“言之者既不能详，详者又未可信，故于斯类，姑用阙如”，对于尚未考察的“涨海之东南，沙漠之西北，诸蕃异域”的地理情况，因“辽绝罕稽”，虽然可以从来京朝贡的使节那里获得一些地理信息，但其所言不能详尽细致，且又无法核实真伪。诸如此类的资料，朱思本凭着宁缺毋滥的科学态度，一律不予采信，以免误导世人。这种科学的态度，充分体现了道教地理学家朱思本一丝不苟的严谨学风。

第二，重视理论与实践相结合的科学方法。朱思本不仅注重实地考察，而且将野外调查获取的资料，与有关的地方志书中的地理文献记载进行分析对比，“参考古今，量校远近”。他在各地游历考察过程中，“阅魏郦道元注《水经》、唐《通典》、《元和郡县志》、宋《元丰九域志》、今秘府《大一统志》”，所到之处，都要详细查阅官府所藏的方志文献，向当地人士广泛了解本地地理风土人情，进行历史地理资料的古今比较和辨析，分析区域地理的变迁情况。他所著的《贞一斋杂著》中就收录《北海释》《八番释》《西江释》《和宁释》等地名考释的文献。朱思本在收集地理文献资料的过程中，特别注重地理资料的全面性和准确性，如其所说：“质诸藩府，博采群言。”这种将理论同实地考察相结合的研究方法，使得朱思本能够获得比较准确而翔实的地理文献资料，所谓“其间山河绣错，城连径属，傍通正出，布置曲折，靡不精到”。这种科学研究方法，对于提高其绘制地图的精确度有重要作用。

第三，体现了实地观察和田野调查的实证方法。“讯遗黎，寻故迹，考郡邑之因革”，实地考察是地理科学研究的一种重要方法，这是获取地理信息、第一手资料、丰富地理知识的最基本途径。作为一名受到朝廷重用的道士，朱思本常四处云游，具备从事山川形势、气候物产、交通道路、城邑关防、行政区域、风土民俗情况的野外调查的可能和各种便利条件。他“奉天子之命，树嵩高，南于桐柏，又南至于祝融，至于海。往往讯遗黎，寻故迹，考郡邑之因革”，从北到南掌握了大量的第一手地理资料。

第四，体现了继承又创新的科学思想。在地图绘制思想方法上，《舆地图》继承了中国传统的“计里画方”思想，并巧妙地运用“随地为图，乃合而为一”的全国性地图绘制方法。罗洪先的《广舆图·序》称其“访求三年，偶得元人朱思本图，其图有计里画方之法，而形实自是可据，长而分合，东西相伴，不至背舛”。“计里画方”是传统地图绘制的一种重要方法，采用的是正方格的网格坐标体系，每一方格的边长，相当于现今地图的比例尺。据此方格，可以很快计算出地图上两点之间的距离。这一地图绘制法在西方经纬度法传入之前，是中国古代比较先进的地图绘制法。“计里画方”始于何时？学术界有不同看法，有西周说、西晋说和宋代说等等。但到了元代，“计里画方”在地图绘制中已鲜见，面临失传的危险。朱思本继承并振兴了这一传统地图绘制方法，将“计里画方”运用于《舆地图》的绘制中。《广舆图》的总图和分图均采用了“计里画方”法。总图的方格每格表示 500 里，比例尺大约是 1∶15500000，分图的方格每格表示 100 里，比例尺大约是 1∶3100000。北宋淳化四年（993），宋太宗曾凭借全国之力，令画工集诸州图，合而画之，绘制出北宋第一幅全国性地图《淳化天下图》。而元代朱思本所绘制的全国性地图《舆地图》则基本上是由其个人完成的。朱思本每到一地，在广泛收集地理资料的基础上先画当地的区域地图，“随地为图”，等到各地的分图都完成后，“乃合而为一”，即用计里画方法把小幅的分图合并为长宽各 7 尺的全国性总图。

第五，设计了系统的几何符号标示法。在地图图例方面，第一次创新设计了简单明确的几何符号标示法。在传统地图绘制中，用符号来标示地理内容的做法出现很早，长沙马王堆三号汉墓出土的汉代帛绘地图《驻军图》里，就采用实心红三角形、等边三角形、间断曲线等符号来表示指挥部、前沿哨所、道路等。宋代黄裳所绘的《地理图》中，也有森林、山川长城等符号。但这些符号都不系统，也没有统一的图例。朱思本《舆地图》首开用系统几何符号作为图例的先河。运用这些统一的几何图例来表示地图的自然地理和人文地理内容，具有简捷明了的特点，使得地图的功能大大完善。

总之，朱思本的《舆地图》，包含的地图绘制的科学态度、科学方法、科学思想，体现了一种科学精神，有力地推动了传统地图绘制技术的进步。

二、赵友钦《革象新书》的天文、光学及其科学价值

赵友钦，字子恭，自号缘督先生。江西鄱阳人。师从紫琼张模得授金丹大道，隐居浙江龙游县鸡鸣山，筑观象台观星望气，并进行了大型的光学实验。著有《革象新书》《金丹正理》《盟天录》《推步立成》《三教一源》《周易注》。传徒弟陈致虚，元代江西庐陵籍道士，赋予丹道修炼的科学思想。

赵友钦作为宋元时期著名的道教学者，其著《革象新书》是一部中国古代天文和光学的专著，其丰富的科学思想，将中国古代科技推向了一个新的发展水平。综观《革象新书》，其科学贡献有以下几点：

一是发现了问题。《革象新书》共有32篇，也是中国传统天文学中的32个问题，即

> 天道左旋、日至之景、岁序终始、闰定四时、天周岁终、历法改革、星分棋布、日道岁差、黄道损益、积年日法、元会运世、气朔灭没、日月盈缩、月有九行、时分百刻、昼夜短长、气积寒暑、天地正中、地域远近、月体半明、日月薄食、目轮分视、五纬距合、盖天舛理、浑仪制度、经星定躔、横度去极、占景知交、偏远准则、小罅光景、句股测天、乾象周髀。①

二是提出了“日之圆体大，月之圆体小”的新观点。中国古代传统天文观念一直认为日月等大，体积相同，然而赵友钦发现在解释日月食现象时，必须假定月在日下，月的视直径就应比日大，可二者看上去是一样的。这一问题长期困扰着中国古代天文宇宙结构理论，直到赵友钦提出“日之圆体大，月之圆体小”才得以圆满解决。赵友钦通过长期的天文观测，在视角问题上提出了自己的独到见解，提出“日虽与人相远，天去人为尤远，近视则小犹大，远视则虽广犹窄”。也就是说，远视物则微，近视物则大，近视虽小犹大，远视则虽广犹窄。赵友钦《革象新书》中进一步指出：

> 日道之周围亦大，月道之周围亦小。日道距天较近，月道距天较远。月道在日道内亦似小环在大环之中，周遭相距之数不殊。日月之体与所行之道虽周径有少广之差，然月与人相近，日与人相远，故月体因近视而可比日体之大，月道因近视而可比日道之广，

① 《四库全书》之《革象新书》，第786册，第223页。

亦犹日道之可比天道。[①]

赵友钦所得出的“日之圆体大，月之圆体小”的论断是中国古代天文学史上的一个创新思想，推动了古代天文知识的发展。

三是提出了恒星测量的新方法。赵友钦在《革象新书》中创造性地提出测定恒星入宿度和去极度的两种新方法。中国天文学上测量天体的入宿去极，传统方法离不开浑仪或简仪。其方法是先按赤道环上二十八宿距度对准二十八宿距星，然后旋转四游环用窥管对准观测的星体。这种观测法必须依赖大型仪器才能进行。而赵友钦经过反复实践探索，提出了两种实用而科学的测量方法，即用漏壶定时刻，以时间差来测定经星的入宿度；立一四柱木架测经星的去极度。这两种新方法不用大型复杂的浑仪或简仪，便于民间天文学家观测星象。赵友钦在《革象新书》论及这两种测量新方法时，反复强调要分两组对照观测并多次测量以避免误差，提高精确度。

四是提出了“小罅光景”光学的新思想。我国古代很早就对光线直进、针孔成像等问题进行了研究，《墨经》《梦溪笔谈》中就有这方面的讨论记录。然而在中国科技史上，对光线直进、针孔成像与照度最有研究并最早进行大规模实验者当推赵友钦。赵友钦曾在衢州龙游鸡鸣山道观构筑了一个观象台，夜观星象，并在其寓所地面下挖了两个圆井，精心设计了一个相当完备而又十分复杂的大型光学实验，这一实验载于《革象新书》卷五《小罅光景》。赵友钦善于观察，他发现光线透过小孔时有一些特殊现象：日光、月光通过壁间小孔，小孔虽然不圆，但所得到的像却皆呈圆形；在日食发生时所观察到的像和日食的分数相同；小孔的大小虽有不同，但像的大小相等，只是浓淡不同（即照度不同）。如果把像屏移向小孔，则像变小，照度加大。这些“奇特”光学现象，赵友钦在《革象新书》中这样描述：

① 《四库全书》之《革象新书》，第786册，第246页。

凡大罅有景必随罅之方圆长短尖斜而不别，乃因罅大而可容日月之体也。若罅小则不足容日月之体，是以随日月之形而皆圆，及其缺则皆缺。[①]

赵友钦在光学领域这一贡献及其科学思想在中国科学史上独树一帜，并载入史册。

三、曾之谨《禾谱·农器篇》及农业科技成就

隋唐以降，随着北方人口的大量涌入江西，江西平原及丘陵地区的土地被广泛种植，大量的水利工程也开始出现。江西不但成为全国著名的稻作区及粮食供应地，并且因此确立了自己在全国经济重心南移中的重要地位。水稻的普遍种植和技术水平的不断提高，为水稻的研究提供了依据，相关著作也应运而生。目前所知，中国最早的关于水稻的著作为《禾谱》，是北宋江西泰和人曾安止所撰。《禾谱》既是继北魏贾思勰《齐民要术》后的又一部重要古代农业科技著作，也是我国历史上第一部关于水稻研究的专著，反映了北宋时期江西特别是吉泰盆地的稻作文化水平。

曾安止的《禾谱》全书包括稻名篇、稻品篇、种植篇，耘稻篇、粪壤篇、祈报篇等内容，记载了吉泰盆地40多个水稻品种的名称、来源、特征以及播种、插秧、收割时间和栽培技术、管理方法。曾安止认为，“农者，政之所先”。与当时许多士大夫热衷于为牡丹、荔枝、茗茶等著书作谱不同，曾安止家居期间，致力于农学研究，经常到田间地头观察农作物的生长情况，尤其关注水稻栽培。因水稻品种不一，性状各异，曾安止首先对水稻品名、来源、性状以及播种、插秧、收割时间和耕作方法仔细调查，不断积累资料，并结合古人著述，分类整理，撰成《禾谱》五卷。北宋绍圣元年（1094），苏东坡被贬路过泰和，曾安止以《禾谱》示之。苏轼称《禾谱》“文既温雅，事亦详实”，但对它的“不谱农器”感到遗憾，遂作《秧马歌》长诗相赠。后人刊行曾安止的《禾

① 《四库全书》之《革象新书》，第786册，第263页。

谱》时，将苏东坡的《秧马歌》附于后。《秧马歌》一诗在庐陵永和清都观立碑刻录于石。其实，曾安止又何尝不想让他的《禾谱》更为齐备，但创作《禾谱》时，他已患“目疾”。和苏轼见面时，曾安止已经双目失明了。

一百多年之后的南宋中期，庐陵永和清都观曾安止的侄孙曾之谨继其遗愿，“追述东坡作歌之意”，撰成稻田耕作需用的《农器篇》三卷，以补《禾谱》之缺。十分可惜的是，《禾谱》和《农器谱》均在明末散失，《禾谱》的部分内容保留在光绪三十四年（1908）所刊《匡原曾氏重修族谱》中。据学者研究，《禾谱》《农器篇》直接影响到元代王祯《农书》的写作，《农书》中保存了二书的部分内容。

曾之谨，生卒年不详。泰和人。南宋庐陵永和清都观道士，受苏轼启发，继承其祖辈曾安止的遗志完成了《禾谱》之《农器篇》，为中国农学发展做出了贡献。

宋元时期是我国农学发展的一个高峰，所出农书达133种，曾安止、曾之谨的《禾谱》、陈旉的《农书》、王祯《农书》较为著名，其中道教学者有陈旉、曾之谨。王祯《农书》的主要思想来源于《禾谱》。王祯（1271—1368），字伯善，元代山东东平人。大德四年（1300），又调任信州永丰县（今上饶广丰）县尹。以《农书》而成为中国古代著名的农学家和农业机械学家。关于农桑之用，王祯深有感触：“农，天下之大本也”“农桑，衣食之本”“一夫不耕，或授之饥；一女不织，或授之寒；乃若一夫耕，众人坐而食之，欲民之无饥，不可得也。一女蚕，众人坐而衣之，欲民之无寒，不可得也。”

曾之谨《农器篇》具有鲜明的时代特色，从不同的角度对农器功用的升华，既有“器”的描摹，也有“用”的指导，其在农业科技方面的成就主要体现在以下几个方面：

第一，《农器篇》所载农具，涵盖了农具、农业机械图和田制、农舍、灌溉工程、运输及纺织机械等诸多方面，而且对其构造、来源、演变和用法，均有说明。《农器谱》在耕作理论的认识上达到一个新高度，耕作措施更细致全面和多样化，《农器谱》还注意到对农业生产因素的综合兼顾，因此，《农器谱》透视农业生态思想。王祯在曾之谨《农器谱》的基础上形成《农器图谱》，将农具绘画为306幅图片，达到直观效果。

第二，《农器篇》启发王祯将农器诗意化。如曾之谨《农器谱》“牛转翻车”，被王祯融入“情感”，如“日日车头踏万回，重劳人力亦堪哀”（《牛转翻车诗》）；“釜”亦诗化为“既曰跨灶，宁不媚乎”。

还有《匏樽》，诗曰：“咨大块兮孕质，引蔓叶兮高悬；惟中虚兮表圆，实取离兮象干；繄生成兮永固，匪雕琢兮自然。惟系之兮不食，爰剖之兮用全。继洼尊兮作古，与鸱夷兮比肩。至若畎亩登秋，粒米呈瑞，民无菜色，家称乐岁。走赤脚兮提携，酤村醪兮远致；泻瓦盆之真率，竞捧承乎若器。既尔汝兮相属，遂长幼兮同醉。复乃俯扣仰答，途歌里谣瑽珊，忘一已之所之，迈千载之寂寥。初若笠泽引田舍之觞，又似柴桑倒茅檐之瓢瑽瑢。无思虑兮适刘伶之动止，浮江湖兮游庄周之逍遥瑽琐。浩浩乎无怀大庭兮，去此逾儿，又奚啻等山罍于敝屣兮，侪牺象于苏樵瑽瑶。”“匏樽”源于大自然的孕育，蔓叶长引而高悬；中间空、外表圆暗合“离卦”和“乾卦”所示；长成以后匏十分坚固，不经任何雕琢而出自天然。长在蔓上不是用来吃的，剖开了作酒器才算是物尽其用。前有洼樽后有匏樽，都自创先例，匏樽可以和鸱夷这种酒器相比肩。到了田地秋成丰收的季节，粮食呈现着祥瑞的光泽，百姓脸上没有营养不良的饥色，每家每户都称道丰年乐岁。他们光着脚提着匏樽，买上农家自酿的浊酒出个远门；想喝的时候把酒倒在盛酒的“老瓦盆”里，那情景真是率真淳朴，大家纷纷像举着酒杯一样；这边你你我我刚互相劝完酒，那边老的少的就都喝醉了。于是有问的，也有答的，唱着民谣村歌，一时间忘记了自己身在何处，超越了千年的寂寞。就像笠泽翁陆游在田舍中引觞自乐，又像柴桑翁陶渊明在茅檐下举瓢痛饮。什么都不去想，行为和刘伶一样任性；泛舟于江湖间，追慕庄子的逍遥之游。这种闲适旷达就是道家的逍遥自在。

江西道教通史

下卷

曹国庆　主编

杨永俊　郭鸿玲等　著

江西人民出版社
Jiangxi People's Publishing House
全国百佳出版社

目录

明代篇

清代篇

民国篇

明代篇

第一章　明代社会与江西道教

元明易代，随着战乱结束，江西的社会生产与生活秩序逐渐得以恢复，很快进入了发展的繁荣期。道教从宋代以来产生了不少新的道派，经过南宋金元不同道派的融合发展，明代的道教迎来了新局面。道教作为一种传统宗教文化现象需要根据时代的发展调整自身，以适应和扩展自己的生存空间。传统社会，道教承担着非常重要的社会角色，已经渗透到社会生活的方方面面，与社会政治、经济、文化紧密交织在一起。因而当社会政治、经济、文化这些因素发生巨大改变时，道教也会受到极大影响，尤其以政治的影响最为巨大。

第一节　明代社会环境与江西道教

明代的江西进入了农业和手工业蓬勃发展的时期，得到良好发展的经济孕育了繁盛的文化。在明代中叶以前官方的扶持认可下，龙虎山正一派与净明道得到了极大的发展，迎来了贵盛的局面；在百姓生活中，道教与民间信仰的融合更加紧密，三教合一的趋势成为文化的主流。而随着明朝中叶以后社会动荡的加剧，道教在宫廷中受到冷落，这对道教的发展产生了重大影响。

一、明代政治环境对江西道教发展的影响

明代是中国统一多民族国家逐渐定型的时代，在国家政权重新回到汉人手中之后，在官方意识形态领域依然继承了宋元传统，程朱理学仍然是社会的主流思潮。在传统社会中政权单位是省、府、县，而明代对道教管理体系也是以此为层级，度牒的发放也是以此为基础。

除了行政区域的划分外，在传统社会中历代统治者都非常注重对农村社会的控制，明代也同样实行了这样的制度，即里甲制。《明会典》记载：

> 洪武十四年诏天下府州县编赋役黄册，以一百一十户为里。一里中推丁多者十人为长，余百户为十甲，甲凡十人，岁役里长一人，甲首十人，管摄一里之事。[①]

里甲制的目的是控制乡村人口流动并且完成国家税收赋役的征收，实施的关键部分是赋役黄册编定。赋役黄册所记录的户籍以职业作为划分基础，这样就可以确定农民的赋税田租以及其他劳动者的力役。明代的户籍划分大类有军户、民户、匠户、灶户，细分类别则有超过八十种类别，包括马户、酒户、窑户、船户等，僧户和道户也是其中的类别。对于道户的管理，与道观建立的审批制度和道士的度牒制度紧密联系。对于道士活动的管理在明代处于两个体系之下：一种是道教内部的管理，比如经过法坛授箓之后道士才能具有宗教内部的合法性；一种是世俗权力的管理，即道教宫观的建立和道士活动的合法性需要官方的确认。

对于明代基层社会秩序的维护，明初朱元璋即推行一种以乡村耆老为模范的管理体制：

① 徐溥：《明会典》卷二十一《户部六》，文渊阁四库全书版。

> 里设老人，选年高为众所服者，导善民，平乡里争讼。[①]

这些选出的老人主要的作用是向百姓宣传官方的道德训育，例如《圣谕》《大诰》等，并且在百姓出现矛盾时进行调解，以降低诉讼的概率。能够在乡村基层社会起到巨大作用的是乡村社会的基层士绅，他们是民众的主导者，也是民间秩序的主要维护者。尤其王阳明于正德十一年（1516）被任命为南赣汀漳等处巡抚，以雷厉风行的手段平定了贼寇的活动。为了安抚动荡之后的江西社会，他实行了新的保甲法以重新恢复乡村秩序。与此同时，为了实现教化人心的目的，王阳明在江西乡村建立社学。在士绅阶层率领下，江西的农村社会施行了乡约。道教对地方基层社会治理也发挥了积极作用，道教教职人员以三教合流为宗旨，以劝善书和功过格来帮助地方政府安抚民心，呼应社会主流的价值取向。

二、明代经济情况对江西道教发展的影响

明代是我国封建社会经济的繁荣时期。明初的战乱结束后，经济得以迅速恢复和发展。随着经济的发展，全国人口有了巨大的增长。作为内陆省，江西地处浙、闽、粤、湘、鄂、皖六省之间，拥有长江与赣江之交通便利，富有赣鄱平原、吉泰平原及河谷等优质耕地，江西的农业经济恢复、发展与繁荣一直走在了全国经济复苏与繁荣的前列。随着江西人口的增长及向宽乡的流动，远离平原、河谷的新耕地被开辟出来，新的农作物、种子以及先进的技术得以传播，江西成为明代的粮食输出地之一。农业经济的发展极大刺激推动了江西手工业与商业的发展，明代的江西手工业呈现出欣欣向荣的发展景象，景德镇的瓷业、樟树药业在全国享有盛誉，江西茶叶种植、红茶制作、苎麻种植和夏布纺织、烟草的种植和加工等，其生产与产品都由自足自用转变为商品，江右商帮开始崭露头角。

江西在地理位置上处于中国水陆交通的有利位置，地处长江中游，拥有南北贯纵赣江水运便利：向北借助大运河直接通往北京；出鄱阳湖

① 《明史》卷七十七《食货一》。

沿长江东行直抵皖苏浙；西行达九省通衢的武汉及川滇；向南溯赣江而上则通往闽粤。在水运（主要是河运）为王的传统时代，坐拥长江—鄱阳湖—赣江的江西有着发展经济的自然环境与条件。当长江、鄱阳湖、赣江连成一线，并向梅岭古道延伸，连接着珠江水运，自然形成明代的南北经济孔道，成为明代江南商业的大动脉。这条经济孔道之所以非常重要，是因为明代能够与海外通商的地域不多，广东即是其中之一，江西正好处于这一条经贸商路的关键之处。以此为契机，明清期间江西的许多工商业城镇得到了极大的发展和繁荣，在水陆要地尤其是人口和商品的聚集区形成了许多定期市场，在水路航道的干线形成了许多繁荣的城镇。航道的规模和便利程度决定了城镇的大小与繁荣程度，例如赣江沿岸的赣州、樟树镇、吴城镇等。除了这一类处于交通要道的城镇外，一些虽然交通不够便利但是独具特色的手工业、商业城镇也发展迅速，比如位于信江沿岸高度专业化的“瓷都”景德镇，进行多省茶叶和纸张中转贸易的河口镇以及位于袁江和赣江交汇之处的药材集散中心樟树镇。在这些商贸大小城市中，不仅有江西商人、匠户，还有许多外来的客商和被雇佣者，各省客商相继建立会馆以凝聚自己的商业实力、提升自己的竞争力，积极开展商业活动。与此同时，江西商人也活跃在全国各地，比如“药都”樟树镇的药帮往往外出全国收购药材，开设医药店，樟树镇具有独特的药材炮制工艺，药材经过加工之后再由樟树镇销往全国各地。

经济繁荣背后，人口的流动使各种知识、技术、宗教信仰得以传播，道教也是其中一项。在明代江西出现了许多著名的道士，一方面许多人慕名前来学道，另一方面江西道士的活动也十分活跃，尤其是北上到北京的道士与皇帝、官宦的关系密切，对道教的发展产生了重要影响。同时，江西经济的发展繁荣，为江西道教宫观建设创造了有利的物质条件；江右商帮的崛起及其在本省及外省的经商活动，有利于净明道的向外传播与许真君信仰的播化。

三、明代江西人口迁徙与江西道教

元末农民起义在全国各地蜂起，战乱频繁，社会动荡，农业生产受到很大破坏。随着朱元璋在群雄逐鹿中取得优势，并逐渐平定了全国其他军事力量取得政权，社会逐步恢复了正常生产生活秩序。明初的前三四十年，明王朝实施了鼓励农民开垦耕地的有利政策，使农村生产力迅速恢复；里甲制的推行，迅速稳定了农村社会秩序。与全国的情形基本相同，明初的江西社会渐趋稳定。然而到了 15 世纪初即永乐年间，随着经济的发展、人口的增加，明朝社会各种矛盾日益突出，乡村的里甲制开始解体，农村的社会分化日渐明显，逃户增多，农民流散。江西地区在明中期的情形也是如此。分析其中原因有以下几点：第一，土地日渐集中于刚刚成为新支配阶层的绅士和豪强之手；第二，赋役日渐繁重和不公平；第三，中下农民饱受高利贷资本之苦；第四，“地窄人稠”，即人口过密日渐成为严重问题。[①] 在这种情况下，江西原来进入赋役黄册统计的户口，或成为地主豪强的佃户、奴婢，或不得不成为逃户流落于外。这些情况也反映在当时的地方志中，明初以来江西的人口实际是不断增加的，但是反映在官方的户口、丁口统计册上则是原地踏步或下降。例如，明代饶州府户口统计[②]：洪武二十四年（1391），户数163164，口数 821111；弘治十五年（1502），户数 158991，口数 879216；嘉靖初，户数 154935，口数 882508。实际人口数量呈现增长，而在明朝官方的统计中人口却是下降的。由此可见，明朝官方能够掌控的户籍人口在不断流失，也由此导致国家的赋役亦随着流失。

明朝江西户籍人口的流动有两种情形，一是人口在本省内的流动，二是人口外省的流动。关于江西人口向外省的流动，明末海瑞曾记述：“今吉、抚、昌、广数府之民，虽亦佃田南赣，然佃田南赣者十之一，游食他省者十之九。”海瑞指出，江西人主要向附近湖广地区迁移，小部分迁移赣南，此恰印证了“江西填湖广”的说法。根据江西当时的地理、经济情况，江西省内人口流动的趋势有三：第一，人口由狭窄乡向宽乡

---

① ［韩］吴金成：《矛盾的共存：明清时期江西社会研究》，江苏人民出版社 2018 年版。

② 《饶州府志》卷一，正德六年刻本。

移动。江西南部地区是传统的“禁山区”，这时人口的流动使赣南地区得到开发，耕地面积迅速增加，而带来的问题就是这些移民与本土居民的矛盾十分激烈。第二，人口向经济发达的乡镇移动。许多农民失去土地之后向城镇移动，尤其是向手工业城镇集中，大部分成为手工业从业者，或者成为商业城镇的雇佣工，景德镇就这样聚集了大量人口。第三，江西省是手工业和商业发达的地区，许多江西商人流入全国各地进行商业活动。

除了江西户籍人口的流动外，也有外省人口流入江西的情况。因江西地处湖广闽浙皖等省之间，其周边省的流民逐渐流入江西亦是不可避免的，尤其是江西填湖广之后，江西本籍户口人口锐减，也一定程度吸引了周边省的流民迁入江西。所以此时江西的人口迁移情况十分复杂，在本地人流散的情况下又补充进许多他省人口，形成“住户三，客户七”的局面。这些新迁入的人口主要成为农民和手工业者。当然，由于江西省经济发达，各省商人在江西经商活动相当活跃，建立许多会馆。

江西人口的流散以及周围各省人口向江西的流入，虽然给江西社会带来了一些不安定的因素，但是人口的流动带来了各种文化、技术的交流，江西南部、赣西北等地区得以开发，商贸活动十分频繁，宗教信仰传播也是一项重要内容。道教亦随着这些人口的流动而流播，如许真君信仰的流播省外，形成全国影响；武功山的拜武功信仰向湖南醴陵、攸、茶陵等地传播；以湖北武当山为中心的全真道向江西南传，与江西本土的内丹道结合，形成明清时期江西道教的新的构成要素；与道教密切相关的产生于江西本土的五通信仰与普庵信仰等民间信仰，向闽粤台等地传播；与道教密切相关的以天后信仰及闾山信仰为代表的福建民间信仰在江西得到较广泛传播。应该说，明代江西人口流出与流入，对江西道教所产生的影响是十分显著的。

四、明代江西文化发展与江西道教

与江西经济在明代蓬勃发展相适应，江西的文化也成为当时的先进地区。与宋元时代一脉相承，儒学是社会的主流，江西作为阳明学的摇篮更是当时传播阳明学的基地。自明代中叶以来，社会进入持续动荡，明初的里甲制度解体，农民流散各地，引发了诸多社会问题，而程朱理学已经无法起到导人向善的作用，也无法解决社会问题。王阳明在任江西南赣巡抚的时候，一边处理军事问题，一边谋划安抚措施，其措施概括为“所到之处，定乡约，兴社学，建书院，以致为讲会”。书院是江西学术文化活动的中心。在王阳明去世之后，其门人弟子在江西各地建立书院，聚徒讲学，钱德洪、王畿、王宗沐等十余名浙江弟子出仕或游学江西，或建立书院，或管理、参与了会讲。[①] 明代大学者徐阶曾担任三年江西省提学官，后来成为内阁首辅，为江西阳明学的发展做出了巨大贡献：[②]

> 自阶典江西学政，大发师门宗旨，以倡率诸生。于是同门吉安邹守益、刘邦采、罗洪先，南昌李遂、魏良弼、良贵、王臣、裘衍，抚州陈九州、傅默、吴悌、陈介等，与各郡邑选士俱来合会焉。[③]

这些相继兴办的书院成为阳明学传播的核心，也是地方思想文化运动的中心。

江西书院不仅仅是儒生讨论、学习学术的地方，而且是社会士庶阶层讨论各种社会问题并做出决策的基层文化中心。《熹宗实录》记载了当时书院活动的情况：

> 其人自缙绅外，宗室、武弁、学、监、吏、星相、山人、商贾、技艺，以至亡命罪徒，无所不收。其事则遥制朝权，掣肘边镇，把持有司，武断乡曲，无所不为。其言凡内而弹章建白，外而学劾条陈、书揭文移，自机密中正以及词讼细事，无所不关说。[④]

---

① 李才栋：《江西古代书院研究》，江西教育出版社 1993 年版，第 312—313、318—324 页。

② 吴宣德：《江右王学与明中后期江西教育发展》，江西教育出版社 1996 年版，第 356—360 页。

③ 王守仁：《王文成公全书》卷三十五，光绪年间浙江书局出版。

④ 《熹宗实录》卷六十二。

可见，当时在书院中参与会讲的人除儒生外，还有商人、手工业者以及其他的市民阶层，而讨论的问题则包括中央、地方的政治问题以及乡里地方市井的诸多政策。这些会讲的举办不仅讨论了社会问题，而且形成了强大的舆论力量，主导了基层社会的价值导向。除此以外，通过书院以及会讲制度凝聚了一群具有共同意识形态的人士，他们以知识阶层为主，是社会中最具力量的阶层①。

书院的建设和学术的繁荣，其结果最直接体现在科举考试上。首先能够参加科举考试的生员数量很多。《万载县志》记载县庠常三百六十七人，以此为准则，其他繁荣的县域则生员人数可达七八百近千人。江西巡按徐元正说："西江士子几九十学，不啻数万计，儒童之多，又不啻十数万计。"② 其次，明代江西的进士人数在全国位居前列，可以比肩苏浙地区。明代全国进士共 22980 名，江西籍为 2400 名，在全国诸省中数量位居第三。庞大的进士群体，让明代的江西士人群体成为全国最具影响力的群体，入阁士人之多，精英群体之大，并不逊色于苏浙。

明代江西文化的兴盛，人文风气的浓郁，士人群体的庞大，对江西道教也有一定的影响。以龙虎山正一派为首的道教头面人物与江西士人上层关系密切，他们借江西籍京官士人之力，为龙虎山正一道在明代中前期的鼎盛发展创造了有利的政治条件。与道教关系最为密切的"青词丞相"夏言与严嵩是其中的代表人物。江西文化的兴盛，对江西道教文化有极大的助推作用，江西精英文人游历题咏本土道教名山，增加了江西道教名山的文化内涵，他们把江西道教文化因素写入文学、戏剧作品中，扩大了江西道教的文化影响力。

五、明代社会环境对江西道教发展的影响

明代朱元璋经过元末风起云涌的战争取得政权，在这一过程中他充

① 作为社会中主要的社会力量，通过书院和会讲凝聚起来的知识阶层不仅成为社会舆论的主导，而且会形成一种策动社会运动的力量。例如，在 1607 年发生的南昌教案，南昌生员在书院召开集会，提出控诉，托付大乡绅向地方官吏施加压力，"尽早驱逐神父"。

② 《明神宗实录》卷四一二。

分认识到宗教在社会中的不同作用：一方面宗教能够成为一个政权的统治手段之一；另一方面宗教能够成为反抗当下权威的旗帜。有鉴于此，明初朱元璋对道教采取了扶持与约束并行的管理机制，目的是维护皇权的统治。在对待道教的问题上，由于全真派道士与元朝廷关系密切，在北方十分兴盛，南方拥有广泛群众基础的天师道成为明初统治者扶持的首要选择。洪武元年（1368）朱元璋登基，张正常入贺，被授予"正一教主嗣汉四十二代天师、护国阐祖通诚崇道弘德大真人"之号，而很快这个封号去掉了"天师"二字。对于这样的处理朱元璋曾说："天至尊也，岂有师乎？"也就是说，朱元璋身为皇帝即是"天子"，若是有道士可称"天师"，则其位岂非高于"天子"？这是对皇权的僭越。可见明初朱元璋对宗教的态度是以加强管理为主，并且对全国的各种宗教实行整理管控：

> 洪武元年（1368）命中书省下郡县，访求应祀神祇，名山大川、圣帝明王、忠臣烈士，凡有功于国家及惠爱在民者，著于祀典，令有司岁时致祭。二年又诏天下神祇，常有功德于民，事迹昭著者，虽不致祭，禁人毁撤祠宇。三年定诸神封号，凡后世溢美之称皆革去，天下神祠不应祀者，即淫祠也，有司毋得致祭。[①]

为了实现对道教的管理，洪武元年最先设立了玄教院，洪武十五年改设道录司，后来又以颁发度牒制度控制僧道的数量。虽然只有明初的几十年严格执行了此项制度，但这些都表明了明朝政府对道教采取较严格的约束政策。为了规范道教法事，明太祖于洪武七年（1374）编成了《大明玄教立成斋仪范》，在其御制序中说明了颁布这部仪范的目的："庶不靡费贫民亦全僧道之精灵。"也就是说朱元璋希望对道教进行更加系统的管理，这一管理不仅把道教纳入世俗的法律制度管理之下，更把管理的触角伸入道教斋醮体系之中。

① 《明史》卷五十《志》第二十六。

众所周知，明代有不少皇帝是道教的信徒，很多道士受到宠信而加官晋爵，与皇族、官员、宦官多有结交，其中以龙虎山的道士受到的宠遇最渥。但是这种待遇不是制度性的，而是皇帝的个人行为：

> 释氏有法王、佛子、大国师等封号，道士有大真人、高士等封号，赐紫印蟒玉，加太常卿、礼部尚书及官保衔，至有封伯爵者，皆一时宠幸，非制也。①

在元代，第三十六代天师张宗演获得特权主领江南道教，到了三十八代天师张与材则成为“正一教主”。而到了明代，龙虎山在皇帝的支持下获得了专有的授箓之权，领道教事，其宗坛地位在明代牢不可破。

一方面，江西龙虎山在受到皇权的支持下得以贵盛，很多道士地位之高、权势之重，为历代罕见，由此道教对社会政治、社会生活产生了广泛而深刻的影响，在哲学、文学、艺术等领域都留下了道教的印记；另一方面，道教为了适应社会的经济、文化发展也逐渐在调整自身，比如真武信仰在明代的迅速兴盛和净明道的发展，这些在江西道教中都有体现。另外，在明代道教与民间信仰的结合越发紧密起来，如江西西山万寿宫就是其中的代表。

第二节　明代道教政策与江西道教

鉴于元末僧道发展较滥对经济产生负面影响以及民间僧道作为社会动荡的因素，明初的统治者吸取了以往统治者的经验，不断完善着对道教的管理。具体表现在以下几个方面。

一、明代道教管理机构设置与江西道教管理机构

朱元璋在中央设立了玄教院或道录司作为全国道教的管理机构，在地方上的府州设立道纪或道正司，县设道会司。由中央道录司、府州道

---

① 《明史》卷七十四《志》第五十。

纪司或道正司与县道会司上下三层的道教管理机构的设立，从明初开始实施，一直到清朝末期为止。可见这一制度的影响是比较深远的。

（一）中央道录司及其管理

在明代，中央的道教管理机构先是玄教院，后来革去，直到洪武十五年（1382）则设立了道录司。

> 至洪武十五年（1382）四月，始改置道录司，以掌天下道教。道录司设正一、演法，至灵、玄义等官，分左、右设置，一职一人。即左、右正一各一人，正六品；左、右演法各一人，从六品；左、右至灵各一人，正八品；左、右玄义各一人，从八品。府设道纪司，都纪一人，从九品；副都纪一人，未入流。州设道正司，道正一人。县设道会司，道会一人。俱未入流。[①]

从引文可知，在朝廷的道教职官共八员，府级的道教职官设两员，州与县的道教职官仅一员。全国道官总体数量并不大。道教职官的官阶并不高，当时最高的道官才正六品，府设的道纪司副职已经是不入流，州、县的道官皆不入流。刚设立的道教职官有官阶而没有俸禄的，不过到了洪武二十五年（1392）十一月，在进行百官品阶秩禄的时候，又命道录司依照品级领取官俸：

> 左、右正一，正六品，秩同翰林侍读等，月给米十石；左、右演法，从六品，月给米八石；左、右至灵，正八品，月给米六石。府道纪司都纪，从九品，月给米五石。州道正、县道会，皆未入流，俱不给禄。[②]

除此以外，明代还有两种制度与道教的管理有关。一是神乐观的设

---

① 《太祖实录》卷二四四。
② 《太宗实录》卷二二二。

立及其职官的设置。洪武十二年（1379）二月，开始在南京兴建神乐观，同年十二月竣工。洪武十二年《太祖实录》载："上以道家者流务为清净，祭祀皆用以执事，宜有以居之，乃命建神乐观于郊祀坛西。"[①]神乐观设提点一人，正六品，知观一人，从八品，隶属于太常寺[②]。神乐观的设置后在嘉靖中革去。这个机构专门负责国家祭祀典礼中的乐舞等部分并且太常寺所属的一些寺观也归它管理。神乐观主事的道官大部分来自龙虎山、茅山和武当山。在历任道官中有江西贵溪人蒋雷谷[③]、江西金溪县人傅同虚[④]。二是道教重要场所职官的设置。于龙虎山天师府设立正一真人一人，正二品；法官、赞教、掌书各二人，以佐其事。在传统三山符箓的其他两派三茅山和阁皂山设灵官一人，正八品。在明代大兴的武当山设提点一人。就官阶的品秩而言，道录司最高位阶左正一为正六品，而龙虎山的正一真人为正二品，两相比较则更加突出了龙虎山在道教内部的领袖地位。授箓的权利在元代逐渐归于龙虎山宗坛，明代龙虎山法坛地位更是得到加强，在道教内部对于道法等级以及对道士合法性的认可都需要以龙虎山授箓为基础，这样一方面整理了道教内部的秩序，另一方面也为官方对宗教行为的合法性提供了一种判定依据。

道录司是全国道教的管理机构，并没有独立的官署，而是设置在道观之内。在朱元璋定都南京之时道录司设在朝天宫，在朱棣迁都北京之后则设在小时雍坊的灵济宫内。宣德八年（1433）仿照南京朝天宫在北京阜门内修建新朝天宫，以此作为道录司。天启六年（1626）朝天宫被火焚毁，道录司迁入东岳庙。道录司是隶属于礼部的下属机构，它的职

① 《太祖实录》卷一二二。

② 关于神乐观与道教关系的研究参见李政阳：《明季神乐观高道圈考略》，《学术探索》，2015 年第 6 期，14—19 页；刘永华：《明清时期的神乐观与王朝礼仪——道教与王朝礼仪互动的一个层面》，《世界宗教研究》，2008 年第 3 期，第 32—42 页。

③ 蒋雷谷，字同寿，元末明初江西贵溪人，是龙虎山洞观院高道练太素为师。张宇初记载："学博而行端，居吾山二十余年，持践克笃，常静处一室，不与世接。"参见明张宇初：《岘泉集》卷四。

④ 傅同虚，字虚堂，号同虚子，江西金溪县人，明初龙虎山崇元院道士，师从吴性安。

责是：

凡天下府州县宫观、道士名数，从道录司核实，而书于册，申报礼部；各宫观住持有缺，从道官举有戒行、通经典者，送道录司考中，申礼部奏闻方许；道士申请度牒，亦从本司官申送如前考试，礼部类奏出给；负责检束天下道士，使之恪守戒律清规，违者从本司理之；若犯与军民相干者，方许有司惩治。[①]

作为中央的道教管理机构，道录司负责统计宫观和道士的数量、宫观住持的选举和考核、度牒的发放以及对道士的约束等问题。不过在有明一代，除了明初太祖、成祖朝对度牒的发放比较严守制度外，明中期度牒发放的数量还是大大超出了规定。

（二）江西州府道纪司与道观

与中央道纪司一样，地方府州县的道教管理机构也是设立在地方宫观之中。就目前的资料来看并不是每个府州县都设立道纪司、道会司，而是在具备一定信仰基础又有足够规模的宫观的情况下才会设置。江西省内除了龙虎山、阁皂山外，地方的道教管理机构主要有六处。

1. 南昌府道纪司与铁柱万寿宫

南昌府始建于五代南唐，明代时辖南昌、建新、丰城、进贤、奉新、靖安、武宁七县。

铁柱万寿宫是供奉净明道祖师许逊的道教宫观，位于南昌府城内。明代的铁柱万寿宫曾经多次更名：

万寿宫在广润门内，故子城之南祭晋旌阳令许逊。原名铁柱宫，唐咸通中曰天柱观，宋大中祥符二年赐名景德观。政和八年改延真观，上神号曰神功妙济真君。嘉定间御书铁柱延真之宫。明初太祖至隆兴幸铁柱宫。正统元年以按察使石璞请列祀典。嘉靖间赐

① 《太祖实录》卷一四四。

名妙济万寿宫。万历二十八年建敕书亭于前楹，后建玉皇阁。嘉庆八年祷雨灵应，巡抚秦承恩入奏封灵感普济之神，官为致祭，以春秋仲月次丁日用帛一、羊一、豕一，尊一。[①]

从这段地方志中的记载可以看出，铁柱万寿宫不仅仅与净明道派有密切关系，而且与明朝官方也有不少联系。明初，朱元璋平定天下之后即在这里进香，而后世也多次以帑金修葺，“正德时赐金修葺铁柱宫”，嘉靖时铁柱宫被火焚烧又赐帑金助修。其中最为关键的是因为许逊的灵应，在地方官员的奏请之下铁柱万寿宫纳入国家祀典范围，享受官方祭祀。

2. 赣州府道纪司与赣州玄妙观

赣州府县道纪司与道会司设置的情形由于史料的缺乏难以考证，不过根据清乾隆四十七年（1782）编纂成的《赣州府志》整理如下：

赣州府：僧纲司在慈云寺。道纪司在祥福宫。俱废。

赣县：医学、阴阳学、僧会司、道会司俱久废。[②]

雩都县：僧会司在福田寺。道会司在紫阳观。

信丰县：僧会司在城北宝塔寺。僧道司旧在禾丰门外，今在奉真观。[③]

兴国县：僧会司在大乘、三檀二寺。道会司在治平观。今皆无定处。

会昌县：僧会司在南禅寺，后移水月禅院，今缺。道会司在天真观，今废。

安远县：僧会、道会二司裁。

龙南县：僧会司即梵安院。道会司明洪武中罢。

① 《南昌县志》卷十五，1935 年铅印本。

② 《赣州府志》卷八，乾隆十七年（1752）刻本。

③ 《赣州府志》卷九，乾隆十七年（1752）刻本。

长宁县：医学、阴阳学、僧会道会二司俱无公所。

定南厅（旧为县）：僧会、道会二司无署。[①]

作为道纪司的祥符宫也是历史悠久几经更名的道教宫观，到了明代此观以是知名高道刘渊然修道授法之地而知名。

紫极宫在府城隍庙右。唐时建，宋改大中祥符宫，又改元妙观，明刘真人渊然修道受法地也，后改祝圣道场地，据高阜，殿宇闳敞，像设三清。[②]

刘渊然在《明史》中记载：

刘渊然者，赣县人。幼为祥符宫道士，颇能呼召风雷。洪武二十六年（1393），太祖闻其名，召至，赐号高道，馆朝天宫。永乐中，从至北京。仁宗立，赐号长春真人，给二品印诰，与正一真人等。宣德初，进大真人。七年 1432 年乞归朝天宫，御制山水图歌赐之。卒年八十二，阅七日入殓，端坐如生。渊然有道术，为人清静自守，故为累朝所礼。[③]

刘渊然是一位高道，与官方的关系十分密切，朱元璋曾经任命他为道录司右正一，永乐初升任左正一，领天下道教事，在被贬谪云南期间对道教在滇的发展产生过重要影响，《净明忠孝全书》中记载他是传播净明道的重要人物，其弟子邵以正、蒋日和是明代著名高道。

3. 临江府道纪司与玉笥山承天宫

明初改临江路为临江府，府治在清江（今樟树临江），辖清江、新淦、新喻三县。而玉笥山是道教名山，唐代杜光庭《洞天福地岳渎名山

① 《赣州府志》卷十，乾隆十七年（1752）刻本。

② 《赣州府志》卷十六，乾隆十七年（1752）刻本。

③ 《明史》卷二九九《列传》第一八七。

记》列为“第七法乐洞天”“第七郁木福地”，历来是方士、道士修真炼丹之处。《临江府志》记载玉笥山位于新淦县东南四十里。

承天宫即传说中梅福的故宅，“在洞天山玉涧之上”。明代承天宫则成为临江路道纪司。

4. 吉安府道纪司与庐陵高明宫

吉安府，明初废吉安路改为吉安府，府治庐陵县，辖吉水、万安、安福、永新等县。

高明宫是元代修建的祭祀许逊的宫观，在府治演武场后真君山上。元皇庆间里人林浚、梅臞得西山玉隆宫许逊遗像归，构祠山顶位道院。元季兵毁，县人王仁英兴复。明刘循然、刘裕重葺。①

高明宫的建立是在宋元时期净明道兴盛的时代，到了明代多次修葺，明胡俨曾记述多次修建的情形：

> 记略云：庐陵西门之外之高明宫宋郡民祀许旌阳之祠也……元季毁于兵，复得邑人王仁英为之倡率，殿堂庖寝皆复其旧。迨今五十余年，栋宇腐挠，彩绘漫漶，乃告于刘循然、刘裕谋以新之，合同门之士，发所蓄及四方之所施予者，撤而新之。正殿五间，又作照殿、后殿，正殿旌阳居之，后殿三清居之，廊庑斋堂以及山门焕然一新。②

5. 抚州道纪司与临川玄妙观

抚州府，元代设抚州路，明初朱元璋改为临川府，后改为抚州府，辖临川、崇仁、金溪、宜黄、乐安五县。

临川玄妙观，在宋元时期就是十分兴盛的道宫，曾经举行过规模宏大的洞渊斋醮活动。六朝以来传有《洞渊神咒经》是专门驱逐瘟疫的经典，也有与此相配的科仪，后来这一经典和科仪融入正一派的经醮体系

① 《吉安府志》卷八，光绪元年（1875）刊本。

② 《吉安府志》卷八，光绪元年（1875）刊本。

之中。与宋元时期相同，明代的临川玄妙观依然作为地方道官的管理机构。

6. 九江府道纪司与庐山玄妙观

九江府，元代建九江路，明改为九江府，辖德化、瑞昌、彭泽、湖口、德安县。

九江府的道纪司设在庐山的玄妙观。玄妙观位于庐山将军河东上的金竹坪。

7. 南康府道纪司与玄妙观

南康府，宋置南康军，元为南康路，明改设为南康府，辖星子、都昌二县和建昌州。

南康府的道纪司设在其府所在的星子县，根据《南康府志》记载：

> 元妙观在县治北九江道右，宋祥符间建，名天庆观，元改今名。明洪武间道士周汝镇开设道纪司于内。永乐以来都纪张嗣真、钱子云、熊希道相继修葺……万历间以左右迫公署，巡抚翁溥析为二，一迁城东旧慈化院基，名东元妙观。[①]

（三）龙虎山、阁皂山的道官制度

明代在道教管理机构的设置上借鉴了前代的经验，朝廷设立道官制度的目的是对道教进行管理。在道官的考试和选举中官方的统治力量都参与其中，这一方面展示出了统治阶层对道教约束，另一方面官方一般也都会遵循道教内部的一些传统，比如中古时代以后逐渐形成的三山符箓在道教内部拥有很高的地位。明代官方也在这些具有宗教领袖地位的著名宫观设立了道官。据《明史》记载：

> 又先后于龙虎山，设正一真人一人，正二品；法官、赞教、掌书各二人，以佐其事。三茅山、阁皂山各设灵官一人，正八品。武

① 《南康府志》卷七，同治十一年（1872）刊本。

当山设提点一人。分掌各山道教事。[1]

龙虎山比较特殊，在明代为专权受箓的宗坛，龙虎山众多宫观以正一真人掌管，法官、赞教、掌书则作为正一真人的辅佐，帮助真人处理各种事务。据兰州玄妙观的《重修玄妙观碑碣》记载“钦赐正一嗣教大真人府赞教刘元德”[2]，可知在明代真人府赞教刘元德参与了甘肃兰州玄妙观的重建工作。

阁皂山作为灵宝符箓所出之地，在明代地位已经不及龙虎山，逐渐走向衰落。明代在阁皂山设置灵官一职掌管之。俞策《阁皂山志》卷上云：

壬辰（1352），山寨邓克明之变，（崇真宫）台基殿俱毁。明洪武初，道士徐麟洲复之。十七年（1384），授五十代孙李半仙为灵官，王圭石副之。二十七年（1394），复授张尊礼为灵官。宣德初，授黄谷虚，第五十二代也。[3]

需要注意的是无论是正一真人还是阁皂山灵官都是有双重身份的，一是他们是地方的道教管理机构的官员，二是他们是本道派的宗教领袖，是道派的传播者和管理者。而在明代一些传统的道派以及一些宋代兴起的新符箓道派都逐渐与正一派融合在一起，道教在中国逐渐形成两个主要流派：一是全真，一是正一。这一点也在道官制度中得以体现，正一真人的品阶远高于其他派别，而且高于主管全国道教事的道录司左正一。

二、明代宫观建设政策与江西重要宫观建设

六朝隋唐以来道教的发展都产生了一些社会问题，其中最主要的是：一方面，道士数量的膨胀使政府能够收取的赋税和劳动力大量流失；另一方面，宫观数量和规模迅速扩大，修建宫观使社会财富大量消

① 《明史》卷七十四《职官》三。

② 陈垣：《道家金石略》，文物出版社 1988 年版，第 1284 页。

③ 俞策：《阁皂山志》，江西人民出版社 1996 年版。

耗，宫观拥有大量财富。不仅宫观成为赋役逃避者的落脚处，元末的动荡社会中，很多反对元政府的民众利用寺庙宫观集结力量，给元政权带来巨大威胁。吸取了历代的历史教训之后，明初即实行了严格的宫观管理制度。

（一）宫观建设政策

明初，朱元璋采取了一系列的措施加强宗教管理，包括归并寺观、控制教团人数、加强中央和地方政府机构建设等。洪武六年（1373）十二月，明太祖“以释老二教近代崇尚太过，徒众日盛。安坐而食，蠹财耗民，莫甚于此。乃令府州县止存大寺观一所，并其徒而处之，择有戒行者领其事”。[①]又道士往往“不循本俗，汙教败行，为害甚大”，甚至成为民间秘密组织利用的工具，对政权形成威胁。鉴于此，洪武二十四年（1391）六月诏令：“自今天下僧道，凡各府州县寺观虽多，但存其宽大可容众者一所，并而居之。毋杂处于外，与民相混。违者治以重罪。亲故相隐者流，愿还俗者听。”[②]洪武二十七年（1394）正月，“命礼部榜示天下僧寺道观，凡归并大寺，设砧基道人一人，以主差税。”[③]

洪武二十四年（1391）六月，朱元璋下令清理释道二教，并严加规定：“道士设奇醮，亦不许拜奏青词。为孝子慈孙演诵经典，报祖父母者，各遵颁降科仪，毋妄立条章，多索民财，及民有效瑜伽教，称为善友，假张真人名私造符箓者，皆治以重罪。”[④]

事实上，自元代以来，由于皇帝对道教的恩宠，道徒人数大增，导致教团从上到下的腐化混乱，道徒素质普遍下降。为了遏制这一混乱状况，加强管束，自洪武五年开始，朱元璋借鉴前朝经验，推行度牒制度。度牒作为出家人的身份证。国家认可的僧道才可以享受国家为僧、道制定的诸如免除徭役、税赋等特权。“时天下僧尼道士女冠，凡

① 《明实录》第3册，第1537页。
② 《明实录》第5册，第3109页。
③ 《明实录》第5册，第3372页。
④ 《明太祖实录》卷二〇九。

五万七千二百余人，皆给度牒，以防伪滥。”[①] 同时朝廷实行考试制度，洪武六年（1373）十二月，在诏归并寺观时强调：“若请给度牒必考试，精通经典者方许。”[②] 洪武十七年（1384），规定三年出给一次度牒。洪武二十七年（1394）正月，还诏令僧道行童道童随师习经三年后，“赴京考试，通经典者，始给度牒；不通者，杖为民”。相应地，僧、道录司实施“周知册”制度，将在京和各地道士记录在册，颁行天下宫观，“凡游方行脚至者，以册验之。其不同者，许获送有司，械至京治重罪。容隐者，罪如之。”[③] 应该说，这些措施既加强了管理，限制了僧道的数量，约束了天师发放度牒的特权，也提高了僧道的素质。

此外，从国家税赋、人口和军事的角度，对僧道的性别和年龄等也进行约束，甚至对穿着服饰进行规定。洪武六年（1373）十二月，令民家女子年纪不过40以上者，不得出家为尼姑、女道士。洪武二十年（1387）八月，诏男子年20以上者，不许出家为僧、道。洪武二十七年（1394）正月，禁寺庙道观收14岁以下民家儿童为僧、道。朝廷还禁止军人、工匠及犯罪者为僧、道。洪武十五年（1382）十二月，对道教徒的服饰也作出统一规定：“道士常服青，法服朝衣皆用赤色，道官也如之，惟道录司官法服朝衣录纹饰金。”[④] 通过对出家年龄、身份的限制和服饰的统一规范，明朝政府强化了道教制度管理，控制了道教徒数量。

（二）江西重要宫观建设

1. 赐建龙虎山上清宫和真懿观

龙虎山是正一派祖庭，其上清宫在明代多次修整，这些与历代天师进京朝见皇帝、获得公帑和赐额有密切关系。第四十三代天师张宇初于洪武十一年（1378）朝见朱元璋，第二年再一次奉诏入京，在神乐观祈雨有验，于是请重建大上清宫，这是有明一代规模最大的重修，修建的经费来自贵族官僚士庶的募捐，皇帝也出宝钞五千贯助修。这项工程于

① 《明实录》第2册，第1416页。

② 《明实录》第3册，第1537页。

③ 《明实录》第5册，第3373、3269页。

④ 《明太祖实录》卷一六七。

洪武二十四年四月动工，历时四年完成。

在明成祖朱棣取得政权之后，张宇初进京朝贺，再次赐缗钱修葺大上清宫。永乐八年（1410），四十四代天师张宇清时，诏修大上清宫并建真懿观，造浮桥，筑堤防。经过永乐年间的修葺，建置殿宇有了一些变化，紫微阁改为正一堂，钟楼下设雷祖祠，鼓楼下设五岳圣帝祠。元坛祠北为昊天殿、真风殿，东为福地仙宫殿，稍南为三官殿，西为留侯殿，再南为十二真君殿，殿西北为南斗殿。方丈东为提点提举所，南为法堂，法堂东为真君殿。

成化三年（1467），赐皇帝御书“大真人府”额。之后正德三年（1508），第四十八代天师张彦頨奏乞重修上清宫，同年皇帝派遣中官李文会与江西镇巡等官员监修。新修寥阳殿设为正殿，殿东西为通廊，东庑有三官、元坛二殿，西庑有四圣、文昌二殿，前置龙虎殿。南为门屋，东西为钟鼓楼，楼北建碑亭，楼南建棂星门。

嘉靖年间，皇帝崇道，嘉靖十一年（1532）根据上清宫提点呈请再次修葺，三月初七日敕内官和江西地方官负责监修，并敕建仙源宫。万历三十七年（1609）上清宫被大水冲毁了三清殿等殿宇，第二年以江西盐税为资金进行了明代的最后一次修葺。

真懿观是龙虎山建筑群的一部分，始建于宋徽宗时期。明代永乐年间，在诏修大上清宫的同时“并敕建真懿观，造浮桥，筑堤防”。

2. 赐额妙济万寿宫与赐建玉隆万寿宫

明代江西有两座非常著名的万寿宫，一是南昌铁柱万寿宫即妙济万寿宫，一是西山万寿宫。明代江西商品经济十分发达，江西会馆遍布全国，万寿宫是江西会馆的重要组成部分。

南昌铁柱万寿宫有明一代多次重修，嘉靖二十六年赐额为“妙济万寿宫”，其中以万历二十八年（1600）火焚后重修的规模为最大。据明代张位《重建万寿宫记》记载开工于万历二十八年冬十二月：

> 首创真君殿一重，高若干，方广若干，悉从旧制……继前门、二门；继诸仙（殿）、两廊、铁柱池、钟鼓楼；又继圣像，易铜以

塑；继画四壁仙迹；继玉皇阁；继前街门，外用墙围之，左右开翁门；又前辟小沼，深三尺，宫以内诸水皆潴焉。[①]

西山玉隆万寿宫作为道教圣地之一，明洪武初年即在其原址重建正殿，正德十五年和嘉靖二十六年两度重修，到了万历年间进行了较大规模的修葺，工程于万历十一年（1583）七月开工，万历十三年（1585）秋完工。《逍遥万寿宫志》这样描述修葺后的玉隆万寿宫："正殿凡七楹，缭以石垣，华以赭垩，广贸规制皆若故，而堂构则更新矣。"

铁柱万寿宫与玉隆万寿宫都是许逊信仰流行以及宋元净明忠孝道派大兴的结果。据《逍遥山万寿宫志》卷七"宫殿"将净明宫观分为五类：本宫、同邑行宫、省城行宫、合郡行宫和净明众真道场。到了明代，道教的发展逐渐与民间信仰、民俗文化融合得更加紧密，万寿宫与江西地方文化的结合日益紧密，万寿宫与江西会馆的建筑逐渐有融合的趋势，万寿宫在各地都有分布。

3. 江西真武信仰道观的分布

真武，在宋前称玄武，后因避宋讳而改，在道教经典中称为北极真武玄天上帝。玄武本是一种秦汉以来流传下来的民间俗神，后来进入道教的神仙体系之中，到了宋代由于统治者的政治导向和崇道，玄武信仰日益受到帝王的重视，随之其信仰范围迅速扩大。到了明代，由于真武的政治隐喻非常符合朱棣取得政权之后的需要更是得到大力的推广，在皇室和朝廷的支持下崇祀真武大帝的祠庙宫观遍布天下，

明初，明成祖朱棣将自己取得政权归之于得到真武的庇佑，真武大帝为他取得帝位提供了一种合理性的支持，代表天命所归，于是在武当山大规模修建宫观奉祀。到了嘉靖皇帝的时候，在全国各地敕建真武祠祀，以武当山为核心规模空前的真武崇祀体系逐渐形成。在这样的政策推行之下，江西的府县相继建成了崇奉真武的祠庙：

① 林洁祥：《道教文献》，台北，丹青图书有限公司1983年版，第759—765页。

明代江西真武祠庙修建情况一览表[①]

祠庙名称	祠庙所在地	修建年代	修建者	史料来源
北帝庙	南康府星子县颜家山	明万历年间	知府田琯建	《南康府志》卷七第 156 页
真武庙	赣州府长宁县：一在阜城门敌楼，一在教场	不明	不明	《赣州府志》卷十五第 313 页
真武殿	赣州府赣县西华山	唐天宝六载（747）	不明	《赣州府志》卷十六第 325 页
武当行宫	赣州府会昌县湘乡紫云山赵公岩之顶	不明	不明	《赣州府志》卷十六第 345 页
真武宫	赣州府安远县古田坊	明天顺间	不明	《赣州府志》卷十六第 348 页
元（玄）帝阁	赣州长宁县瑞云庵后	明万历十一年改关侯庙塔为元（玄）帝阁	万历九年知县刘世懋建关侯庙塔，万历十一年知县章莹改	《赣州府志》卷十六第 354 页
祖师坛四处	南昌县四都冈下何村（四座）[②]	不明	不明	《南昌县志》卷十六第 251 页
真武殿	广信府兴安县	明末迁县时原建址在通判衙署后	不明	《广信府志》卷二之二第 186 页
真武殿	兴安县距县二里北门岭前	不明	不明	《兴安县志》卷五第 86 页
真武坛	永新县距县北三十里	不明	不明	《永新县志》卷七第 595 页
真武庙	饶州府万年县治后主山	不明	不明	《饶州府志》卷四第 607 页
真武庙	新城县石峡岭	乾隆年间建	不明	《新城县志》卷二第 239 页

① 统计表中所用地方志为《中国地方志丛书》，台北，成文出版社影印版。

② 据《南昌县志》记载此处有多个祭祀真武之坛："一在十都七里街，一在二十五都枳林街……一在六十里都大木山，额曰真武祖师庙，明尚书张鳌读书处，一在十五都莘洲。"

续表

祠庙名称	祠庙所在地	修建年代	修建者	史料来源
真武庙	饶州府余干县：一在县城东冈山花蕊峰，一在坞石	明万历八年	明知县刘谐建	《余干县志》卷四第 250 页
真武庙	饶州府万年县县署后	明代	明参政吴公廷举	《万年县志》卷三第 387 页
武云观	萍乡县南门外	宋大观时建，明洪武重建	宋道士钟永恭建，明道士张洞元重建	《萍乡县志》卷二第 278 页
真武庙	盐乘县（九座）①	不明	不明	《盐乘县志》卷四第 390 页

三、明代道教度牒政策与《大明玄教立成斋醮仪范》

为了防止宗教发展过盛，明朝廷采取了不少控制措施，除了建立了道录司、道纪司等各级管理机构以及限制宫观的数量外，对道教内部的事务官方也做出了种种规定。第一，系籍制度。对尚未获得合法度牒的初级学道者，造册上报礼部。第二，考试制度。主要分为两类：一是未获度牒者必须参加考试方有获得度牒的资格；二是道官的选拔也需要考试。第三，度牒制度。这是对僧道最重要的管理制度。

（一）度牒的发放

度牒，是国家为了对僧道进行管理，由国家颁发给僧道的身份凭证，一般在道教内部认为持有了度牒就是得到了官方认可的道士（女冠）身份，而这一身份在社会中有免除徭役、赋税的特权。这项制度始于唐代，明代沿袭此制，由礼部发放。度牒上需载明度牒持有者的年龄、姓名、字行，以及开始出家的年月、剃度师姓名，还有所授度牒的年月、字号等。明代首次发放度牒于洪武五年（1372）："时天下僧尼女冠，凡五万七千二百余人，皆给度牒，以防伪滥。"②

① 据《盐乘县志》卷四记载："一在六都，一在八都凌江，一在十五都柘冈，一在十七都上南源，一在二十六都，一在二十七都，一在二十九都燕埚，一在三十二都楼下，一在三十四都，一在四十都港口，凡九。"

② 《明太祖实录》卷七十七。

要取得度牒，首先需要系籍成为道童，道童经过考试，中试后颁发给度牒。不过为了控制僧道数量，度牒并不是每一年都颁发。在洪武初规定三年发放一次度牒，永乐中改为五年一给，到了天顺二年（1458）改为十年一给。永乐十六年（1418）十月，明成祖朱棣命礼部榜谕天下，规定行童、道童“从师授业五年后，诸经习熟，然后赴僧录、道录司考试，果谙经典，始立法名，给与度牒，不通者罢还为民”[①]。另外，明代严格规定了出家人的数量。永乐年间规定，以全国府州县的行政区作为单位规定了每一个行政区域僧道的数量，“府不过四十，州不过三十，县不过二十”，即全国的僧道数量在36000人左右。

明朝虽然规定了十分严格的度牒考试发放制度，可是在执行上却有很多问题，尤其到了明代中期由于皇帝的崇道，度牒发放制度已经不能按照明朝初期严格执行了，很多道士受到皇帝的宠信成为礼部尚书，而皇帝也在滥用国师、真人、高士的封号，与此同时度牒的发放就出现了“滥保”的现象。由于皇帝的崇道引起了许多知识分子出身官吏的不满，许多大臣都向皇帝建议限制度牒的发放数量，这也就是为什么度牒发放的时限越来越久的原因。弘治初年，孝宗批准左都御史马文升的请求，停止十年一度颁发度牒的规定，“待后额数不足之日，方许所在官司依照额内名缺，起送赴部，考中，给与度牒”[②]。

到了明代中期度牒发放出现的问题引起了皇帝深切关注，不少皇帝也再次试图严格规范祠仪制度。宣德元年（1426）七月：

> 谓行在礼部尚书胡滢曰：今僧道行童请给度牒甚多，中间岂无有罪之人潜隐其中者。宜令僧道官取勘。如果无之，尔礼部同翰林院官、礼科给事中，及僧道宫（会）同考试。能通大经，则给与度牒；在七月十九日以后及不通经者，皆不给。[③]

① 《太宗实录》卷二〇五。
② 《孝宗实录》卷一一三、一一四。
③ 《宣宗实录》卷十九。

明英宗正统十四年（1449）四月，规定在道童参加考试之前，由僧道衙门严格审查参加考试道童的资格，并规定了应试的经典：

（英宗）谓礼部尚书胡潆等曰：……尔礼部即行文诸司，待三年后，凡有应给牒者，先令僧道衙门勘试，申送该管有司。审系额内，并籍贯明白，仍试其精通本教经典。如行童令背《法华》等经并诸品经咒；道童令背《玉皇本行集》等经并诸品科范……方许申送礼部复试。中式，然后具奏请给（度牒）。敢有似前滥保，事发，其经由诸司官吏、里者，俱重罪不宥。[①]

在这段文献中，要求礼部严格对参加考试道童的资格审查，杜绝罪犯等逃避社会惩罚或逃税人口等违法人员获得宗教外衣的保护。而考试制度也变成了两级，一是道录司的考试，一是礼部的复试。

（二）《大明玄教立成斋醮仪范》

明初之际，朱元璋在取得政权之后希望建立完善的制度对宗教以及宗教活动进行管理，他以皇帝身份亲自作序，颁布制定了《大明玄教立成斋醮仪范》，试图以皇帝的权威对道教的斋醮科仪进行规范。在御制的序中说：

朕观释道之教，各有二徒。僧有禅，有教。道有正一，有全真。禅与全真，务以修身养性，独为自己而已。教与正一，专以超脱，特为孝子慈亲之设，益人伦，厚风俗，其功大矣哉。虽孔子之教明国家之法，严旌有德而责不善，则尚有不听者。纵有听者，行不合理又多少。其释道两家，绝无绳愆纠缪之为，世人从而不异者甚广。官民之家，若有丧事，非僧非道，难以殡送。若不用此二家殡送，则父母为子孙者是为不慈，子为父母是为不孝，耻见邻里。此所以孔子云西方有大圣人不教而治，即此是也。今之教僧教道，

① 《英宗实录》卷一七七。

非理妄为，广设科仪，于理且不通，人情不近。其愚民无知者，妄从科仪，是有三、五、七日夜讽诵经文。经乃释道化人为善、戒人为恶之言，犹国家之有律令。若诵经而使鬼魂听之，以发挥其善念则可。若诵经而欲为死者免罪，如犯刑宪而读律令，欲免其罪，是为不可。盖糜费家资，僧道蠢蠢之徒，将以为仪范之美，致使精神疲倦。观其仪范之设，于中文讹字否，达者遂讥毁之。所以讥毁者，佛未请，三清未至，辄便望壁启闻斋主之事。僧甚至日三遍对佛宣扬，道乃日三朝而敷奏，以此观之，释迦与老子非重听而瞽目，故烦之于再三。若不如此，果何理耶？敕礼部会僧道，定拟释道科仪格式，遍行诸处，使释道遵守。庶不糜费贫民，亦全僧道之精灵，岂不美哉。

从朱元璋的序中可以看出以下几点：第一，认为道教分为正一和全真两派，其中正一的功能是“益人伦，厚风俗”，在教化民众时是儒家伦理的重要补充。第二，认为正一的道教科仪是一种“礼仪”，应用于民间的葬俗之中，为了不浪费社会资源应当对这些科仪进行规范，这是此书颁布的目的。在此书中主要是“度亡醮”科仪，其中规定此醮举行三天。除了三日的“度亡醮”外，还有举行一昼夜和一日的，这些科仪都是依据三日的仪式去繁就简而成。

明朝历代帝王都喜好斋醮科仪，经常在宫廷建醮。明太祖朱元璋于洪武七年（1374）有《御制玄教立成斋醮仪文序》。

太祖还曾躬行祈祷斋戒，《明通鉴》卷三云：

上以久旱，祈祷斋戒，后妃躬执爨，皇太子诸王馈于斋所。……上素服草履，徒步至坛，席藁曝日中，夜卧于地，凡三日。

可见太祖颇通此道，至其后代，竟成祖制。

四、道教文化建设——《道藏》的编纂[1]

道藏是按照一定的编纂意图、收集范围和组织结构，将能够搜集到的所有道教经籍编排起来的大型丛书或总集。道藏编纂始自陆修静收集的“三洞经书”，后来北周、唐、宋、元都有编纂，主持编纂的一般都是官方，编纂的人一般都是道士，可惜这些道藏都没能保存下来。由于元代编修道藏被焚，到了明代开始重新编修道藏。燕王朱棣发动“靖难之变”以后，为了彰显太平，便组织人力物力开始编纂大型类书和丛书，《正统道藏》就是此时开始编纂，由于刊行于明英宗正统年间因而得名。

《道藏》的编纂是一项非常浩大的工程，需要官方提供人力、物力的支持，朱棣崇奉道教因此也几次下诏关注道藏的编修情况，将此作为其功绩之一。明代朝廷不仅在前期组织编写了《正统道藏》，还在一个世纪之后明万历年间编写了《正统道藏》的续集《万历续道藏》，本卷叙述明代龙虎山道教文化相关章节中有更具体介绍。

第三节　明代江西各道派的传承与兴盛

在南宋和金元时期，道教各宗派发生了分合，许多大宗派得以形成，如正一派取得了“万法宗坛”的地位，全真派也逐渐与金丹南宗合流，小的宗派仍相继传承不断，如净明派就是如此。到了明代，道教发展经历了两个阶段，在明中叶以前由于统治者的支持道教迎来了贵盛的局面，而中叶以后在官方则受到抑制，但在民间道教仍然具有强大的生命力。

一、正一派与龙虎山的传承

明代中叶以前，许多龙虎山正一派道士与皇室关系密切，许多道士受到皇帝的信赖，获得了尊崇的地位，而在地方道士与藩王的关系也十分密切。此时道士不仅受到皇帝的封诰，担任道官，甚至官至礼部尚书，

① 此节内容编写参考丁培仁：《道教文献学》，四川大学出版社 2019 年版，第 409—416 页。

参与国家的政治活动，使道教迎来了繁盛的局面，也为明中叶以后道教的发展埋下了隐患。

（一）明皇室与龙虎山正一派

道派的兴衰往往与皇权的支持有关系。明初，天下初定，朱元璋的统治需要得到广泛的社会支持，这是龙虎山正一派此时受到尊崇的重要原因。明太祖朱元璋曾在洪武元年（1368）重建"大真人府"于上清镇中街。洪武五年（1372）大规模扩建"正一万寿宫"。洪武二十三年（1390）又特敕重建"大上清宫"。

龙虎山正一道士曾多次住持、参与明代的国家祭祀活动。在洪武二年（1369），第四十二代天师张正常就住持了祭天大典。之后张正常于洪武十年（1377）奉命与韩国公李善长一同祭祀嵩山。不仅如此，其随侍弟子也与大臣一起去祭祀五岳山川。在古代社会中"五岳山川"代表着天下，派道士祭祀说明朱元璋认为道教有助国之功。除了参与国家祭祀活动外，朱元璋也重视斋醮活动。四十三代天师张宇初不仅主持过多次国家祭典，并在洪武十六年（1383）奉命建玉箓大醮于紫金山，洪武十八年（1385）还在神乐观主持了祈雨斋醮。

在元末时，朱元璋称吴王就发布一系列政令保护龙虎山的财产："仰总兵官及有司官员访求天师，多有招聘，礼请入山，依前住持道教。但系龙虎山宫观殿宇及供器什物，诸人毋得作践损坏。"① 并请天师给病人施"符水"以救百姓：

> 吴王令旨：予闻汉天师妙用玄机，通天透地，济物利人，为国家捍患御灾。历代圣贤所祷，无不感应。今天师息于朝天宫，士民济济求符，师当斟酌放符，验其有无患难与可与之。人而无患难之家与讫一符，他日患难暴生，愚民无所知，将谓符法所验，或有相轻，互相转说。为师之虑莫若从有患者给，无患者却，此说未知当

① 《皇明恩命世录》卷二，《道藏》第34册，文物出版社、上海书店、天津古籍出版社1988年版，第787页。

否。宜与诸法师会议，普施符水，深潜妙用，以秀山灵可也。上闻病疫者饮井中符水获差，圣意嘉之，命作亭于井上，号曰太乙泉。命进太上延禧录，准辞还山。特诏中书给驿券畀之，以便朝觐。[①]

对于龙虎山正一派影响最大的是朱元璋将天下道教划分为正一和全真两部分，并在洪武十五年（1382）正式设置道录司管理全国道教，将道士分为全真、正一两种，二者的度牒、职衔并不相同。这样的一种设置是为了对道教进行管理而设，与道教发展的历史实际有很大的出入，但是由于这样的分类有官方的成分，就决定了社会上一般士人对道教的认知，从此开始遂将道教略分为此两大家。

明成祖朱棣利用道教为自己夺取皇权提供支持[②]，在他登基后不久便恢复了四十三代天师张宇初在建文帝时被罢的封号，之后封四十四代天师张宇清为“正一嗣教清虚冲素光祖演道真人”。与朱元璋一样，朱棣也多次在龙虎山修建宫观，永乐元年（1403）即下令营造龙虎山上清宫；永乐十三年（1415）敕建龙虎山真懿观，并建造堤防和浮桥；永乐十四年（1416）再次赐钱修造上清宫；永乐十一年（1413）七月，朱棣命张宇清为武当山的宫观选取高道作为住持；永乐二十二年（1424）七月，张宇清带领道士在玉虚宫设金箓大醮，为皇考、皇妣祈福。明成祖朱棣在位22年，举行斋醮活动16次，其中张宇初为其斋醮3次，张宇清为其斋醮13次。

到了明仁宗、玄宗时期崇道之风已经开始，此时皇帝对道士的封赠授封的对象已经涉及其妻儿、父母、祖父母。仁宗仅在位一年，封高道刘渊然为“冲虚致道玄妙无为光范衍教庄静普济长春真人”，并给二品印

---

① 《皇明恩命世录》卷二，《道藏》第34册，文物出版社、上海书店、天津古籍出版社1988年版，第788页。

② 朱棣在发动靖难之役的时候就借助真武大帝宣扬自己取得皇位的合理性，让士兵认为他受真武庇护，以此来凝聚人心。在《御制真武庙碑》中朱棣说：“惟北极玄天上帝真武之神，其有功德于我国家者大矣……朕肃清内难……神之阴翊默赞。”在登基后朱棣为了供奉真武大帝则大肆营造武当山宫观群。

诰，与天师道教首领正一真人地位相等。而宣宗朱瞻基在位十年，不仅按照惯例封赠张天师，而且十数次命天师斋醮。根据《皇命恩命世录》记载，宣德四年（1429），宣宗朱瞻基命进太上延禧箓，命建延禧醮于大内；宣德五年（1430），命张懋丞分献东镇坛，命醮于仁智殿；宣德六年（1431），命张懋丞分献星辰坛，命醮于内皇坛；宣德九年（1434），命张懋丞醮于灵济宫。

从明英宗开始，到宪宗、孝宗、武宗、世宗诸帝都非常崇道，此时皇室信奉道教不再只是巩固统治的政治需要，而是希望通过崇信道教以得福佑长生。由此一方面道教的价值获得了极大提高，另一方面国家对道教的管理也逐渐松弛。

正统十一年（1446），英宗命四十六代天师张元吉管理天下道教事务，并封赠了其父母。景泰年间，张元吉仍与皇室保持了密切的关系，他向皇帝奏称“近年各处道士多有私出符箓惑民取财者，请乞敕禁约”，于是代宗将地方官审理“私出符箓”的权利授予一部分给张天师，准许龙虎山真人参与地方管理。这使得龙虎山正一派加强了在道教内的管理权利。天顺元年（1457）英宗复辟，张元吉修复了与英宗的关系，仍掌天下道教事。英宗在位 22 年，下令天师斋醮 20 次。景泰二年（1451），由于军事活动开支使国家财政捉襟见肘，百姓负担十分沉重，朝廷于是开始了纳米授度牒之例[①]，由此对度牒的管理也逐渐松弛。

宪宗朱见深继位后崇道尤甚，对四十六代天师张元吉格外优容，不仅在他的要求下封赠其母亲，还宽纵其违法行为。据《皇明恩命世录》记载，四十七代天师张玄庆于成化十三年（1477）入觐：“锡燕内庭，聘成国公朱仪女为配，仍赐蟒衣玉带，诰授正一嗣教保和养素继祖守道大真人，领道教事。”不过宪宗皇帝喜爱各种方术，并不热衷于斋醮活动，在位二十三年命天师斋醮五次。《汉天师世家》卷四记载：成化二年

① 景泰二年七月，当时刑部侍郎罗绮奉命于四川督运二十万石粮食往贵州饷军，四川百姓劳瘁不堪，为了减轻百姓的负担于是请求变通运输之法，其中一条为“僧道赴彼纳米五石者，给与度牒”。纳米支牒本是一时纾困的权宜之计，后来变为成例，由此明初对于僧道数量严格限制的制度逐渐瓦解。

（1466）正月，命张元吉分献风云雷雨坛，二月，命张元吉建醮于大德观；成化五年（1469）冬，命张元吉建金箓醮于朝天宫；成化二十一年（1485），宪宗下令重建龙虎山大真人府第。

之后孝宗、武宗时期，继位之初都“罢道士”，但是很快就变为崇道。孝宗与宪宗不同，弘治八年（1495）以后逐渐热衷于斋醮烧炼活动。弘治三年（1490），张天师于内庭建醮为孝宗“祈圣子”，皇子出生以后孝宗认为建醮有验，对天师大加赏赐，从此更加热衷于斋醮祈祷活动。弘治九年（1496），孝宗敕建保民大醮于大上清宫。武宗在位期间，正德五年（1510），武宗下令敕建内官会同江西镇巡等共同督造重修大上清宫。正德七年（1512），命四十八代天师张彦頨陪祀泰坛。

到了明世宗时，崇道之风更甚，以至于斋醮祭祀活动成为政治活动的中心。在明世宗登基的第二年，下诏令四十八代天师张彦頨聘娶安远侯之女为继室，并加封其为大真人。嘉靖五年（1526），为张彦頨重修府第。嘉靖二十八年（1549），诰授四十九代天师张永绪为“大真人”，掌天下道教事，并礼聘定国公之女为妻。嘉靖二十九年（1550），张彦頨去世，世宗以侯爵的规制祭祀埋葬。张永绪于嘉靖三十一年（1552）入京觐见世宗，获赐伯爵爵位；嘉靖三十七年（1558）觐见时，获赐蟒衣和玉带。正一派天师在嘉靖朝受到了前所未有的宠遇，不仅爵位日高，而且皇帝亲自为其择婚。世宗热衷于斋醮，无论是生活中祈子求寿，还是面临政治局面的动荡[①]，都会建醮求神庇佑。不过，世宗朝也有加强对道教的管理制度，嘉靖三十九年（1560）道士也被编入黄册，开始缴纳赋役。另外，由于儒家官员对于皇帝崇信道士十分不满，对于神乐观道士提出了批评，于是明世宗嘉靖十五年（1536）降旨停止神乐观参与祭祀

① 嘉靖二十一年（1542）壬寅宫变之后，世宗认为自己大难不死是受神明庇佑，方皇后为此亲自为世宗在东岳庙建大醮三天三夜。

的职能[①]。

在世宗之后，由于政治局势逐渐动荡，以前崇道的政策受到儒家官员的批判，从穆宗到思宗则转变了策略，开始抑制道教势力，道士逐渐退出了宫廷政治活动，皇帝与道士的关系逐渐疏离。

穆宗即位后推行了严格抑制道教的策略。世宗时受宠一时的方士、道士遭到贬斥，所有斋醮活动一律停革，对于龙虎山正一真人也是大加贬降。隆庆二年（1568）正月下诏革去正一真人名号，并收回印鉴，命"张国祥为上清观提点，铸给提点印"。但是，此时由于用兵的需要，纳米给牒成为财政开支的稳定来源。

之后神宗继位，改变了穆宗的严格限制策略，恩威并施。万历五年（1577）即下旨张国祥"还准承袭，给予印信"，赐金印，品秩二品，并聘驸马都尉之女为其妻。但是神宗却不许张国祥随意觐见，"又无民社之寄，何须入觐。以后凡遇寿旦，只在本山建醮祝延，朝觐免行。或有旨召来，不在此限"。[②]据《龙虎山志》记载，万历三十八年龙虎山上清等殿、演法观等处殿宇被水冲倒，神宗下令将本省应解税银中拨出三万两，交给真人张国祥自行修理。之后颁发新修《万历续道藏》给龙虎山大上清宫。

熹宗和思宗时期，宦官操纵朝政，党争不断，内有农民起义，边患烽烟四起，可以说内忧外患，皇帝对道教的关注逐渐减少。天启五年（1625），命张显祖承袭祖职为正一嗣教真人。思宗曾信奉天主教，不过仍举行过道教斋醮。据《明实录》载，崇祯元年正月，命张显庸祷雨。崇祯四年，"是岁元月，真人（张显庸）在京师，上欲试其术，使之请雪。真人遂于初七日登坛祈雪，令诸法官作事。及十二日，雪果下，凡

① 从洪武道嘉靖年间，负责国家祭祀的太常寺官员道士常占一半以上，太常寺的最高官员礼部尚书有四名道士担任过此职务，与此同时神乐观的乐舞生数量也大幅度增长，道士的权利甚至进一步渗透进入礼部，道士则通过各种手段进入官员高层，这就引起了道士与儒生官员之间的矛盾。

② 《明神宗实录》卷六十。

求五日也”。[①] 直到崇祯十三年（1640）改奉道教，因皇子病，命张应京于朝天宫张天师庙祈禳，皇子死后，则在宫中大建斋醮。到崇祯十四年（1641），加封第五十一代天师张显庸太子少保。而在崇祯十七年（1644）也就是明朝灭亡的一年，当年二月命张应京“于万寿宫建罗天大醮，又于附近宫观寺刹，选僧道各三百人，在坛执事，建醮四十九日”[②]，希望以此挽救亡国危机。

（二）龙虎山“万法宗坛”的授箓制度

在道教的发展历史上，尤其是早期的道教派别往往都是以各种法术为人们解决生活中的各种问题，例如治疗瘟疫、祈雨等。正是这些法术在古代社会具有非常大的号召力，吸引了大量的信众，逐渐形成了宗教团体。而龙虎山的正一派，是历史最悠久的道派之一，早期称为“正一盟威道”，在古代被归为“符箓派”。“符箓派”是后人对一系列道派的统称，与之相对的是“丹鼎派”。“丹鼎派”严格来说并不是一个宗教派别而是一个秘密传授黄白丹道的道士团体，它没有明确的宗教组织。“符箓派”则是以使用符箓道法为主的教团，与“丹鼎派”不同，它们一般都有教团组织、组织制度，早期以太平道、正一盟威道为代表，后起的则有上清、灵宝等派别，到了宋代则出现了神霄、清微等派别。这些“符箓派”有严格的收徒、授职制度，有科仪规范、修炼法门，并且专职为社会提供宗教服务。在道教的发展史中各道派之间相互借鉴融合，经过了隋唐六朝的经教整合，到了宋元时期逐渐形成了“三山符箓”的观念，而到了明代龙虎山则专有了授箓的宗教职能，成为“万法宗坛”。而龙虎山的授箓制度正是正一派不断形成职业宗教人员和整合信众的重要方式。

1. 对道教徒的传授

授箓仪式起源于东汉道教起源时的盟誓仪式，到了道派纷起的六朝，上清、灵宝等道派都建立了自己的经教符箓体系，同时也有了自己的道法传授仪式，这就是授箓仪。随着中古社会的发展，道教的各种派

① 计六奇：《明季北略》卷七，中华书局 1984 年版，第 137 页。

② 计六奇：《明季北略》卷二十三，中华书局 1984 年版，第 663 页。

别互相吸收融合，唐代出现了三山符箓的观念，即龙虎山、阁皂山、茅山，它们分别代表了道教的三个符箓派的宗坛正一、灵宝和上清。到了宋元时期授箓制度逐渐走向了统一，明代授箓则成了龙虎山的专权。

历史上的法箓的内容并不是一成不变的。比如早期的正一盟威箓二十四阶，而到了元明代则出现了融合宋元以来各道派符箓的“天坛玉格”。明清时期，在正一派内较规范的“天坛玉格”有两种，一是较早出的《太上天坛玉格》，一是较晚出的《正乙天坛玉格》，两者仙阶略有区别。

在明代形成的玉格是正一道派在自己的教法制度之下容纳了传统以及宋元以来形成的各种符箓道派，这样给道士的法职规定了严整的秩序，同时也使道教在社会上的宗教力量更加集中。

2. 对道教居士的传授

就历史上授箓的实际情形来看，箓有“内箓”和“外箓”之别，授予道教信徒的往往是“外箓”。

对信众授箓在有明一代最有影响的是对皇帝、皇后或皇室成员的授箓。明代的皇帝有不少崇道的，嘉靖皇帝曾经在皇宫设醮上章拜表，按照道教科仪的规定能上章应当是授过箓的。由于正史缺乏记载并不能确定明代皇帝授箓的情况，不过在《皇明恩命世录》中记载过明太祖、成祖、宣宗、英宗、孝宗、世宗的时代历代天师都曾经进献过箓给皇帝。在明代的皇后中确定有人授过箓，在 *Taoism and the Arts of China*（《道教与中国艺术》）一书中收录有明孝康张皇后箓牒，书中题名的中文翻译为“张皇后神职之授任卷轴”，这是有实物证实的一次授箓。由于皇后身份特殊，这份箓牒也与一般人有所不同，没有传度师、保举师、监度师等设置和署名，而且根据一般原则上清大洞这一等级的箓并不是“外箓”是不能授予信仰者的，而这里却因为张皇后的身份破例授予[①]。

① 关于这件文献的研究参见孔祥毓：《明孝康皇后受箓考——以〈张皇后之牒箓〉为中心》,《中国道教》2013 年第 5 期，第 44—49 页。

3. 旨谕禁止伪造符箓

明代朱元璋在元末的政治斗争中取得了胜利，他深知宗教在社会中可以集聚社会力量，可能会对皇权统治造成威胁，所以明初对宗教的约束是非常严格的。由于道教自身的发展，宋元以来产生了不少新的符箓派别，其中有影响力较大的派别，在民间一直有新的使用符箓的民间派别产生，而这些都是不受官方认可的民间宗教活动。为了对民间的宗教信仰进行管理，明朝廷一方面扶持龙虎山的正一派，给予政治认可以提高其合法性与在道派中的一统地位，而另一方面则多次颁布命令禁止伪造符箓。

洪武二十四年（1391），有《禁私出符箓旨》：

> 该礼部钦奉圣旨，江西、浙江、福建等处，多有假借张真人名色，私出符录，惑民取财。令出之后，犯则斩首示众，家迁化外。钦此。①

明英宗时期则有《禁诸人私出符箓敕》：

> 敕正一嗣教冲虚守素绍祖崇法安恬乐静玄同大真人掌天下道教事张元吉，朕惟国家崇奖道教，所以微显阐幽，祝厘庇民，而助雍熙太和之盛治也。然必本其源，斯能神其法。盖自祖宗以来，清理道教，未尝废也。近闻各处有假借张真人名色，私出符箓，惑民取财，甚非道教本源神法之意。尔张元吉，乃故真人张懋丞之长孙。昔朕在御，已命袭祖职事。念尔幼孤，恐罹陷害，尝以敕禁约。今复赐敕，俾尔亲族人等，并本山宫观道士，务要各循礼法，崇重敬信，不许欺侮侵凌生事，迨有仍前假尔名色，私出符箓，一体治以重罪。尔宜清心勉学，祇承玄范，茂阐宗风，毋坠先业，尚钦承

---

①《皇明恩命世录》卷三，《道藏》第 34 册，文物出版社、上海书店、天津古籍出版社 1988 年版，第 792 页。

之，毋忽。故敕。[1]

到了宪宗成化年间，有《申禁假造符箓敕》：

敕正一嗣教体玄悟法渊默静虚阐道弘化妙应大真人张元吉，朕惟道教有护国庇民之功，国法有佑善惩恶之典，此理势相资，不可缺者也。尔先世乃神明之裔，代以嫡长相承，掌领道教，其来久矣。迨尔幼孤，族属人欲相侵夺，赖我先帝圣明，特命尔袭授尔祖张懋丞真人之职。乃赐敕禁约，维持用底安全尚虑。事久人顽或生妒忌。复赐尔敕俾尔亲族人等，各遵礼法，崇重玄教，不许越分侵犯，及不许一应无籍之徒，假尔名色，私出符箓取财，有乖道法，违者俱治以重罪不饶。仍命道士邓玉玄、王绍通为赞教，林智茂、朱文吉为掌书，助尔行事。尚体朕至怀，恪精玄教，茂振宗风，为国祝禧，为民祈福，以副朝廷崇奖之意，钦哉。故谕。[2]

成化二十年二月二十三日《申禁伪造符箓敕》：

皇帝劝谕军民诸色人等，朕惟广信府贵溪县龙虎山，乃张真人世居掌教之所。自其祖流传符箓，以授于人。洪武年间，曾有令禁，约不许伪造惑民取财。永乐年间，有令买鱼于本山河内放养长生，不许诸人网钓。迩来豪势刁泼之徒，往往伪造符箓，偷盗鱼鲜，违朝廷禁令。今嗣教真人张玄庆以为言，特降敕禁约，今后一应军民诸色人等，敢有恃顽刁泼，伪造偷盗者，听所在官司挐问。如官司不能钤束者，一体治罪不饶。故谕。[3]

① 《皇明恩命世录》卷六，《道藏》第 34 册，文物出版社、上海书店、天津古籍出版社 1988 年版，第 800 页。

② 《皇明恩命世录》卷六，《道藏》第 34 册，文物出版社、上海书店、天津古籍出版社 1988 年版，第 801—802 页。

③ 《皇明恩命世录》卷七，《道藏》第 34 册，文物出版社、上海书店、天津古籍出版社 1988 年版，第 803 页。

孝宗弘治年间，有《谕禁止伪造符箓敕》：

> 皇帝敕谕正一嗣教致仕大真人张玄庆，迩年以来，各处符箓恣意妄传。近已命礼部行文，一体禁约，务要遵照。洪武、永乐年间事例，悉从嗣教大真人门下请给。尔惟鉴察朕意，亦要拘禁家下人等，谨守法旨，毋得伪造亵慢，庶几清规不紊，妙道益崇。故谕。[①]

多次的皇帝敕谕正说明当时私出的符箓在民间相当流行，而这些符箓的制造者似乎都是和龙虎山有关系的人，所以才要天师符加强管理。

（三）张宇初对正一派的改革振兴

张宇初（1359—1410），字子璇，别号耆山，明代正一派天师，是历代天师中最博学者之一，有道门硕儒之称。四十二代天师张正常长子，明洪武十年（1377）嗣教，为第四十三代天师。他于明洪武十三年（1380）受大真人之封，总领天下道教事务；洪武二十四年（1391）受天师正一玄坛之印。他于建文帝时被贬归龙虎山，明成帝时再次受命出山，领《道藏》编纂事务，并多次建斋箓于朝，还奉命入武当山寻访张三丰，永乐半年（1410）羽化。他在道教理论与道教文化方面多有开拓。

元末以来道教发展处于道派融合且与民间宗教活动关系日益密切的时期。到了明代，在时代思想风貌上最突出的特点是“三教合一”，儒释道三家在思想上互相融合。作为传统的符箓道派，此时正一派也将内在心性修炼与外施符箓相结合，并且在道法上也博采众家之长。在这样的背景下，张宇初在构建明代正一派思想理论体系、道术实践以及戒律仪轨等方面多有建树，是对近世正一派发展有重要贡献的高道。

1. 三教融合的“道”论

道论是道教解释宇宙万物生成的基本理论，是道教宗教理论的核心思想，可以说道教的修炼实践、斋醮科仪等内容都以此为核心展开。张

① 《皇明恩命世录》卷七，《道藏》第34册，文物出版社、上海书店、天津古籍出版社1988年版，第804页。

宇初的道论思想极具时代特色，不仅继承了传统的道教思想，而且融合了当时的儒释观念，主要体现在他的代表作《岘泉集》中。

2. 内丹修炼与符箓道法的结合

道派之间的互相融合是道教发展的特色之一。唐宋以降，各种内丹修炼法十分流行，全真道的兴起更是对正一派产生了重大影响。作为传统的符箓道派如何弥合新的修炼方法与传统道术之间的距离成为正一派吸收其他道派思想、实践过程中不可避免的问题。

对于这个问题，张宇初认为："近世以禅为性宗，道为命宗。全真为性命双修，正一则惟习科教，孰知学道之本，非性命二事而何？虽科教之设，亦惟性命之学而已。"[①] 可以说在他的观念中，斋醮科仪之所以能够达到效果是由于道士的性命双修之基础。作为道士，必须性命双修，"内炼形神"，才能达到长生久视的目的，也正是在此基础上掌握的各种道法才有效验。他十分重视当时丹经的修习，曾潜心研究《周易参同契》《悟真篇》《石壁记》的丹书。江西是宋元以来金丹南宗的活动地域。张宇初此时将内丹修炼与斋醮活动联系起来为道教理论发展做出了贡献。

张宇初对于道教传统的外丹技术提出了批评，认为这项技术并不是可以使人成仙的大道，"丹砂药术"只是修道的辅助手段，其目的是济世救人，"务以利济存心，以丹砂药术兼济，不得妄受资财"[②]。张宇初强烈批判了道士利用人们希图长生的心理，以烧炼技术取人钱财的行为。

对于修炼技术，张宇初认为"性命双修，内炼为本"，而在内炼之时"诚"是修道的基础，"惟诚其心以感天，天感则发乎其机也，以不可见不可知者，则曰神存其间也"[③]，若"役诸鬼神者，发吾之灵明精一

---

① 《道门十规》，《道藏》第 32 册，文物出版社、上海书店、天津古籍出版社 1988 年版，第 148 页。

② 《道门十规》，《道藏》第 32 册，文物出版社、上海书店、天津古籍出版社 1988 年版，第 150 页。

③ 《岘泉集》卷一，《道藏》，第 33 册，文物出版社、上海书店、天津古籍出版社 1988 年版，第 197 页。

之神，合天地变化之神而已”[1]。道士发乎“诚”才能有役使鬼神的能力。所谓修炼之道：“内而修之，乃金液返还三五之道；外而施之，即灵宝十回真一之妙，演之为紫枢飞梵之文，赤书灵图之录。”[2]也就是说，张宇初认为内修乃是道法之本，道法乃是内修之后“合天地变化之神”的表现。

而在道法上，张宇初更是吸收了南宋以来兴起新符箓派的雷法。“调诚于内，方能感于天；修于内，方能发于外。”他认为：

> 人禀一灵，并天地而三才，一身造化阴阳，与天地并行而不违也。我之一点灵明，辉天朗地，亘古亘今，了无人识，儒曰虚灵不昧，释曰妙净明心，直下悟取，非心非法，非道非禅，觌面相逢，煞机在我。经曰天发煞机龙蛇起陆，人发煞机天地反复，天人合发万变定基，其所谓天人合发者，岂非枢阴机阳也哉。人之合乎天者冲气以为和，鬼神者二气之良能，以我丛闭之机役之，则此感彼应……大可保镇国祚，小可以保己宁室，济人利物。故曰万法一法也，万神一神也。盖道乃法之体，法乃道之用，故法行先天大道，将用自己元神充之，则弥满六虚，敛之则不盈一握，岂不一神动而万神随哉。[3]

在以上内容中张宇初引用《阴符经》的内容说明天人之间的关系，接着进一步阐述了“道”与“法”的体用关系，不同道派的法术都源自于“道”，实为殊途同归，这就为龙虎山这一派“万法宗坛”的地位在教理上做出了说明。在综合宋代以来不同道派的修炼和宗教实践活动的基

① 《岘泉集》卷一，《道藏》，第 33 册，文物出版社、上海书店、天津古籍出版社 1988 年版，第 198 页。

② 《岘泉集》卷七，《道藏》，第 33 册，文物出版社、上海书店、天津古籍出版社 1988 年版，第 244 页。

③ 《岘泉集》卷七，《道藏》，第 33 册，文物出版社、上海书店、天津古籍出版社 1988 年版，第 244 页。

础上，他认为雷法的根本依据是天人同源，道士以修炼精气神为根基，内炼成为内丹，外发则为雷霆，而在道士举行斋醮科仪的过程中，则要求身中真气与天地相感应，以符召神出将。

张宇初十分重视内丹的修行，列举过十部丹经著作，它们是：《太清石壁记》《古文龙虎经》《周易参同契》《紫阳真人悟真篇》《翠虚篇》《还源篇》《指玄篇》《大道歌》《崔公入药镜》《金丹四百字》。

3. 张宇初的道教著作

张宇初自幼喜读书，其《书室铭》中说："余年未冠，知嗜学，有志儒。先君子之言，凡诗书六艺之文，悉尝记诵之。甫长，自揆于文章家未之尽究。凡通都大邑以学行著于时，谓之先生长者，又从之游，于是，经史子氏之书，逮老释之文，庋置日众，然后会其指归，反身而诚，乃知皆备于我矣。"[①] 除熟谙其世传的符箓斋醮术外兼博众众家之长，他尤善于词墨，为当时名人雅士所重。苏伯衡称其"形峻而学广，灵仙飞化之变"，"儒经释典……诸子百家，多所涉猎"，宋濂亦赞其"颖悟有文学，人称为列仙之儒""国初名僧辈出，而道家之有文者独宇初一人"。此外，他一生中还做了大量的道教文献整理和撰写道教经书的工作。洪武二十八年（1395），他辑录了其祖先、北宋末年第三十代天师张继先的《三十代天师虚静真君语录》7 卷。永乐四年（1406），明成祖朱棣命他主持纂修《道藏》（现存最早的《道藏》）。永乐八年（1410）张宇初羽化后，其弟张宇清继承兄业，继续主持《道藏》的编纂。张宇初自己撰写的著作有《岘泉集》20 卷、《元始无量度人上品妙经通义》4 卷、《道门十规》1 卷等传世。其中以《道门十规》和《岘泉集》为代表。前者是对道门教规的思考，后者融儒入道，在三教融通中体现了他的道教主张。

（1）《道门十规》

自元末明初以来，道教弊端丛生，道门许多有识之士都力图整顿革新以重振道教，张宇初掌教以后，很快意识到道教所面临的危机，顿思革新。他感慨道："吾道自近代以来，玄纲日坠，道化莫敷，实丧名存，

---

① 何建明主编：《道藏集成》第 98 册，国家图书馆出版社 2017 年版，第 565 页。

领衰裘委，常怀振迪之思，莫遂激扬之志。”

于是，作为对明太祖整顿道门的具体落实，张宇初依据明太祖所钦定的仪范采前代定规和群师遗则，针对当时戒律松弛、道风不纯的问题，特别是借鉴了全真道和佛教的部分戒律，撰成了《道门十规》，其目的是“志在激励流风，昭宣圣治，永为突世绳规，玄门祖述，底几上不负朝廷崇奖之恩，下有资道流趋学之径。其茂阐玄元之化，益宏清静之宗，阴翊邦祚，大振教谟，深有望于将来，期永规于厥后也乎”。他希望自己能够激励广大道教徒的上进，宣传圣贤和皇上的圣明决策，来制定一个万世不朽、道门经常遵守的规则，从而上不负朝廷崇奉奖赏之恩情，下能开启道教界学习向善之风气。他希望这个规则还能阐释道教的渊源思想，弘扬清静修炼的宗旨，继续一如既往地护国佑民，大大提振教风，将来成为教门永远遵守的规则。

其《道门十规》申明道统源流，上攀先秦道家，开首即言：“虽有道经三宝之分，而始自太上授道德五千言于关尹。”意味着他坚决以老子为道教宗源。《道门十规》中，他规诫各派道士都应该以“真功”为基本，注重内炼修丹，明确指出“坐圜守静为入道之本”。他还痛斥当时流行的采战御女之术，称“必丧身亡命而后已”。他强调必须性命双修，反对单修性而沉空滞寂。他强调内炼为外法之本，一切斋醮祭炼、各派雷法，均须“明性命根宗，累积真功实行”。

《道门十规》涉及十个方面的内容：

第一，道教源流。简述道教之宗源、流派及发展历史。要求根据经书探索源流，务进退于正，勿为邪说淫辞所蛊惑。强调虚无清静为立教之本，性命神气为内修之要。

第二，道门经录。内述道门必修之经录，读经之要求和对待经文之态度。要求读经时持敬存诚，句字真正。明确规定经文应以三洞诸品经典为主录以太上诸品经录为主。

第三，坐圆守静。述性命之学为人道之本，指出修炼的主要丹经，劝人修炼内丹，下功苦行。“近世以禅为性宗，道为命宗，全真为性命双修，正一则惟习科教。孰知学道之本，非性命二者而何？虽科教之设，亦惟性命之学而已。若夫修己利人，济幽度显，非明性命根基，曷得功行全备？”体现了明初正一派与全真派在修炼理论方面之合流。

第四，斋法行持。要求斋法行持之时，盛服清心，先炼己后度亡，内炼形神，斋醮应依等级而行。

第五，道法传绪。述清微、神霄二道派之传绪，要求行持之士以戒行为先，参究为务，不务虚名，不索酒食，主张致虚守静为行持正法，并斥圆光、附体降将、扶宝、照水诸术为邪说。提倡以利济存心，以丹砂药术兼济，不得妄受资财，不得滥授道派。

第六，住持领袖。述宫观之住持领袖应当德高望重，学问明博，为丛林之师表，并述管理丛林之纪纲。

第七，云水参访。述出家之人应以清静为本，离情割爱，舍妄归真，究明心地，修养性天。

第八，立观度人。述度人入道必应先择名器之家，不得滥收，并且要向朝廷申请度牒。要求被度道士努力学经修道，并以修诵经诰定为常规。

第九，金谷田粮。述租课金谷、簿书库堂由都监、上座监临掌管，以下者止依次叙长幼轮管。要求大公无私，不得亏瞒入己，违者处罚，甚则更替。

第十，宫观修葺。要求修葺宫观，肃清坛宇，使神明有所依栖，四众亦获安逸。

针对儒学日兴、巫祝之术渐衰的趋势，张宇初在《道门十规》中首先申明道统源流，以其在中国文化界有深远影响、可与儒家孔子相提并论的老子为道教教主，谓道教“虽有道经师三宝之分，而始自太上授道德五千言于关令尹”，此“太上”，明指历史人物老子而言。他又承袭道教关于老子历代“降迹示现”的神话，给历史人物的老子打上神的光圈，将老子的出处上溯于《庄子》书中所说的广成子[①]。把道统源流溯接于有文可征、历代为帝王师的思想家老子，自较溯源于史书无征的元始天尊

① 何建明主编 :《道藏集成》第 95 册，国家图书馆出版社 2017 年版，第 511 页。

等三清神真为聪明，这对道教之能否牢固生存于世，当然十分重要。《道门十规》谓明太祖御注《道德经》，立为道门上范，实乃明主置，故张宇初强调道门以氏为亲源，并说黄老在儒家之先，“所调角黄者面后六经”，立黄老为道教本源，自可给予道教徒道先于儒、道高于儒的精神支柱，便于在备受攻排下争得道教的文化地位。对于正一道教主要所本而易受时循攻击的方士之术、之道，张宇初持否定的态度，《道门十规》云：“自汉以来，方士竞出，若文成武利之以金石草木徒身取祸，逮世称方术矣。……凡习旮道者，必根据经书，探常源流，务归于正，勿为邪说淫辞之所汩！”[①] 作为正一天师，他竟然批判自寇杜葛陆以来本派传统的符箓祈祷，这也从反面反映出儒家人士攻击道教为异端对道教的压力，这种压力促使道教首领力图正本清源，上靠黄老之学为其宗源，以清静无为为本，减其方士巫祝之习。

张宇初虽提倡归源于老氏，但也不否定六朝以来道教经箓之传承。《道门十规》第二条教诫道徒通经，“若元始说经，当以《度人上品》为诸经之首：灵宝说经，当以《定观》《内观》为要；太上立教，当以《道德》《日用》(《太上老君日用妙经》) 为规。内而修己，则《虚皇四十九章经》《洞古》《大通》《生天》《清静》诸经最为捷要。外而济世度幽，则《黄帝阴符经》《玉枢》《北斗》《消灾》《救苦》《五厨》《生神》请经，《玉枢》《朝天》《九幽》诸忏，造皆入道之梯航，修真之异径”[②]，对于传统道的重要经典，基本上全面肯定继承。当然，张宇初所举经典中的重要者如《定观》《洞古》《大通》等，皆以老庄思想为本，主张清静无为，修身养性。

晚唐以来，内丹修炼形成热潮，至宋元间，道教诸派，几乎无不谈内丹。正一天师中，自第三十代张继先起，即学习内丹，以内炼为符法之本。至张宇初，对内丹修炼更为重视，他曾从得全真北派内丹之传的刘渊然学道，通晓内丹，纂集古今内外丹经诗诀为《丹纂要》一书，今

① 何建明主编：《道藏集成》第 95 册，国家图书馆出版社 2017 年版，第 511 页。
② 何建明主编：《道藏集成》第 95 册，国家图书馆出版社 2017 年版，第 512 页。

只存序。《道门十规》第三条“坐圆守静”提倡道徒性命双修，内炼为本，以“坐守静为入道之本”，甚至说仙道除内外丹之外皆妄，尤斥元季流行的采战御女之术为邪说。张宇初对内炼的重视，反映出全真之学对正一道的深刻影响。

《道门十规》继承吸收了全真清规，加强教内戒律，清理疏浚了道门清规戒律，同时，着重提高道教徒自身的道德素质，以进一步与社会相适应。张宇初在当时正一教领袖天下道教的局势下，渴望道教各派融合为一，既随刘渊然学净明、全真之法，于是乃对全真、正一之合流有所倡导。张宇初天师制定的规则，针对的自然是当时道教普遍混乱的时弊，就道教的教规和理论上具有影响的意义。

（2）《岘泉集》

张宇初“贯综三氏，融为一途”[①]的思想集中见于12卷的《岘泉集》。《岘泉集》第一卷为体道文章，是张宇初的哲学本体论部分，集中讨论道本体、道的呈现以及北宋理学影响下的对道与太虚、太极、心性的关系阐发。首篇《冲道》即以道为本，将儒释道三家关于心性的理论融为一体。作为正一派道门首领，其道教思想自然本于《道德经》，从老子“万物负阴而抱阳，冲和以为气”出发，认为“天地之大，以太虚为体，而万物生生化化于两间而不息者，一阴一阳，动静往来而已矣”。而道作为万物之本源，是微妙玄通之体，是潜于至微而显于至著的，故需要通过从无到有的呈现，虽然万物皆祖于虚，但“万物自一气生，气分而太极判，两仪、四象、五行各位乎气之中，由五行之气布而万物汇，生生之无穷”。可见，“气”便是中介之物。而这个“气”，本是北宋理学家的用语。看似具有客观唯心主义的特色，但“道者不观于物而观于心也。……曰虚灵，曰太极，曰中，曰一，皆心之本然也。是曰，心为太极也”，其性最终依然落实在心上，“性禀于命，理具于性，心统之，之谓道……理一而已，合而言之，道也”。张宇初将心与太极视为道和理，

---

① 何建明主编：《道藏集成》第103册，《汉天师世家》卷三，国家图书馆出版社2017年版，第555页。

他吸收宋代理学家的思想，兼以佛教禅宗明心见性的观心说，从老庄而至北宋理学之周邵程朱，在太极与心性、道与理的互释中论证天地万物皆本于心性，即通过援儒释入道，为道教义理的发展提供了路径，反映了三教融合之现实。

张宇初道家思想的儒家色彩还体现在通过子思天命之谓性的心性导出他的性善论。张宇初受孟子性善论的影响，认为人性本清净善良，“具仁义礼智不假为而能也”，恶只是由于后天的欲望和习气传染。他认可儒家尽心知性进而知天的主张，认为人要尽圣贤之心，通过观物尽性，去除声色名利之心，达到返璞归真的状态，成就“混天人一致之工，神明与居，心与天一，吾心即天也”的境界，“则尽性致命之道得矣”[①]。

同时，张宇初又能在正一符箓斋醮的基础上吸收全真派的炼养思想，强调道门中人要性命双修，强调内炼为外法之本，希望将内炼与外用、内丹与符箓统为一体。而其“天人合一”观强调以人为本，虽然还是延续了老庄传统，以为人不论精神上还是形体都与天具有同一性，但在互相感通中也体现了人的主体性。如《岘泉集》卷一《慎本》中说：“能造乎天人一致之工，则致中和，存神明，穷事物之理，尽人物之性，然后位天地，育万物，裁成天地之道，辅相天地之宜。”[②]在儒道互释中阐明万物和成之旨。事实上，《岘泉集》中《太极释》《辨荀子》《辨阴符经》《河图原》《先天图论》诸篇都可以看到理学家思想的影响。正如明代高僧憨山德清曾说：“为学有三要，所谓不知《春秋》，不能涉世；不精《老》《庄》，不能忘世；不参禅，不能出世。此三者，经世出世之学备矣，缺一则偏，缺二则隘。”[③]张宇初的论述中不仅立足道教传统理论，且广泛吸收儒、佛家的哲学思辨以及心性理论，在三教汇通中拓展了道教思想，成为明代屈指可数的道教优秀代表，为明代龙虎山正一道的发

① 何建明主编：《道藏集成》第98册，《岘泉集》卷一，国家图书馆出版社2017年版，第490页。

② 何建明主编：《道藏集成》第98册，《岘泉集》卷一，国家图书馆出版社2017年版，第462页。

③ 转引自卿希泰：《中国道教史》（第3卷），四川人民出版社1996年版，第517页。

展奠定了坚实的基础。

此外，张宇初承宋元道教传统，力图将内炼与外用、内丹与符箓统一，以深化符箓道术。《岘泉集》卷七《三元传度普说》谓道者，“内而修之，乃金液返还之五之道；外而施之，即灵宝十回真一之妙，演之为紫枢飞梵之文，赤书灵图之录。”同卷《灵宝炼度普说》云：“灵宝即金丹，金丹即灵宝。”所谓灵宝者，“神凝为炁，炁聚为宝”，“故至人修之以炼己，推之以度人，实乃天地之真阳点化阴魂，时刻升迁矣，是知灵宝亦金丹之异名也”，谓超度亡灵、炼化阴魄之灵宝法，与内炼成丹是一回事。炼度亡魂，唯在于自己内炼成就，以我之阳神炼彼之阴魄，交游阴阳，而归太极，混合性命，返于真元。因此，“苟不求诸己，岂能以度己之功度人也哉？”至于行持雷法，呼召雷霆，驱役鬼神，无非在于以己身小天地之阴图造化感通宇宙大天地之阴阳造化、神灵响应，总归亦不出我人“一点灵明”之妙用。《岘泉集》卷七《授法普说》云：“人禀一灵，并天地而为三才，一身之造化阴阳，与天地并行而不达也。我之一点灵明，晖天朗地，亘古亘今，了无人识，儒曰虚灵不昧，释曰妙净明心，直下悟取，非心非法，非道非禅，觌面相逢，煞机在我。……人之合乎天者冲炁为。”[①] 张宇初于引文中对“一点灵明”之妙用进行了阐述，并以之与儒家的虚灵不昧、佛教的妙净明心相比较。

（四）其他著名龙虎山正一派道士

除了正一派天师代代承袭为“大真人”，掌天下道教事外，每次天师觐或带领门人子弟前往，或向皇帝举荐道士，以此而获得宠遇的道士不少，这些道士或受重用成为道官，或成为重要宫观的住持，在这样的情况下正一派经教也随之在不同地域得以传播。在受到明皇室重用的正一派道士中，最著名的是刘渊然[②]，还有世宗朝的邵元节。

邵元节（1459—1539），字仲康，号雪崖，江西贵溪（今江西贵溪

① 何建明主编：《道藏集成》第99册，国家图书馆出版社2017年版，第10—11页。

② 由于刘渊然师承多家，被《净明宗教录》中尊为净明道第六代嗣师，将于下节内容中讨论。

县）人。邵元节幼年父母双亡，遂于龙虎山上清宫达观院出家为道士，师从范文泰学习道法，后又师从李伯芳、黄太初。经过精心修炼，邵元节道术日深，名气也越来越大。宁王朱宸濠曾网罗于他，邵元节辞而不受，宁王谋反之后，人们就认为他有预知之能。嘉靖皇帝喜爱斋醮，邵元节就是在这样的情况下被征召入宫。皇帝对他大加宠信，让他居住在显灵宫，专门负责祈祷祭祀活动。邵元节曾屡次祈求雨雪降临，祈祷屡次应验，被封为“清微妙济宁静修真凝玄衍范志默秉诚致一真人”，让他兼管朝天、显灵、灵济三宫，总领天下道教，并赐金、银、玉、象牙印玺各一枚。嘉靖十一年（1532），皇帝下旨为邵元节在京城修建府第，还为他在家乡修了一座道院，并赐名“仙源宫”。在嘉靖十一年（1532）冬到天和十四年（1535）春天，两次命邵元节设坛做法向上天为嘉靖皇帝“祈子”，三年以后皇子接连出生，于是给予邵元节空前的封赏：拜礼部尚书、赐一品朝服。嘉靖十八年（1539），邵元节去世，被赠少师头衔、用伯爵礼下葬、得谥号“文康荣靖”。邵元节为人小心谨慎，对皇帝的影响仅在祭祀方面，几乎不干涉国家政事，但是由于皇帝日夜沉湎于道场，官员竞相写青词以邀宠，使得官场风气日趋败坏。隆庆皇帝即位初年就将邵元节的爵位、谥号全部剥夺，所著《太和文集》也被毁版。

在明朝中期，受朝廷任用及获封者还有不少。例如，在宋濂所撰写的《大上清正一万寿宫住持提点张公碑铭》记载了龙虎山道士张修文于洪武辛亥年（1371）辟为“教门高士”，提点大上清正一万寿宫，“与高行道士黄裳吉、邓仲修同被召，公奏对称旨，赐食禁中而退”[①]。与张修文同行的邓仲修也是一位正一派知名道士，《邓炼师神谷碑》中说他是张正常之徒，并记载他的事迹：“（洪武）五年春三月，不雨，上以农病播种忧之。仲修奉诏设坛场，行驱召风雷之法，天大雨，赐白金若干两。后三年秋七月，复不雨，御史大夫率仪曹承诏临视，祷三日不效，仲修退坐斋室，默运玄化，出杖剑一叱，云合雨如注。是岁冬无雪，诏李韩公及丞相致上命以祷，期以三日雪，至期果然。上甚宠异之，每召见与

① 陈垣：《道家金石略》，文物出版社 1988 年版，第 1235 页。

语，尝赐以诗及御注道德经，命与住持朝天宫宋宗真修祠祝科仪行于世。”[①] 之后邓仲修还曾任温州玄妙观、杭州龙翔宫提点。

另外，根据《龙虎山志》记载还有以下龙虎山正一派道士名重一时：

元末上清宫道士蒋雷谷，游蜀得掌心雷秘，于明太祖洪武初授神乐观知观，升五音都提点。

张友霖，龙虎山明远院道士，洪武初赴召，授“教门高士”，升提点，掌大上清宫观事。

吴葆和，亦明远院道士，洪武初授道箓司左右至灵，兼朝天宫住持。

曹大镛，龙虎山仙隐院道士，洪武间赐号光岳先生，授道录司左演法，“道法为当时所称”。

张迪哲，洪武十七年（1384）任上清宫提点，工篆隶。

林靖乐，龙虎山崇禧院道士，永乐初赴召，授道录司左演法，奉敕改芝山堂为栖碧堂，并赐额。

吴伯理，龙虎山道士，永乐中任上清宫提点，随张宇初访张三丰，后入蜀居鹤鸣山，精篆隶，善画。

连克章，龙虎山浴仙观道士，成化初赴召，授道录司左至灵，贯太常寺丞，后升太常卿。

王绍通，龙虎山凤栖院道士，于英宗天顺间赴召，赐冠剑法衣。第四十六代天师张元庆待以师礼，授赞教，兼掌真人府法箓都提点。

操克宏、颜福源、黄嘉佑、龚继宗皆为龙虎山道士，于宣德九年（1434）一同赴召入京，奏对称旨，俱授道录司左至灵。

段文锦，龙虎山洞观院道士，“道法显应，祈祷如响”，于成化间赴召，奏对称旨，授职真人府赞教。

周应瑜，龙虎山凤栖院道士，于成化间敕授赞教法箓都提点。

---

① 陈垣：《道家金石略》，文物出版社 1988 年版，第 1242 页。

李伯芳，龙虎山洞观院道士，因曾为邵元节师，于嘉靖中赠“宏范真人”号。

王用佐，龙虎山浴仙观道士，嘉靖中从邵元节入京觐见，授元福宫住持。

陶隐贤，龙虎山浴仙观道士，嘉靖初随四十九代天师张永绪入京觐见，授上清宫提点，申明旧制，奏免差役。

吴尚礼，龙虎山达观院道士，随邵元节赴召，授道录司左至灵，升左正一。

王时佐，达观院道士，授道录司左正，兼龙虎山大上清宫住持，升高士。

方定相，达观院道士，王时佐徒，随师赴召，授道录司左至灵，升右演法。

上述高道，明确叙明来自龙虎山上清宫的仅 1 位，来自明远院、凤栖院与洞观院的各 2 位，来自浴仙院与达观院的各 3 位，还有 6 位未叙明龙虎山具体院落。

二、明代江西全真派与全真高道

兴盛于金元时期的全真道，产生于北方，元初开始渡江南传。然而元代以后，道教各派在教理、修炼方法和斋醮科仪各方面都呈现融合之势，全真派在江西也面临着新的发展局面。明代江西全真派高道主要有王道渊、伍守阳、彭纯一，其中以伍守阳的全真内丹派最为知名，开创了明清全真道教的“伍柳派”。

（一）王道渊

王道渊，元末明初南昌人，号混然子，全真道士。他著有《还真集》《道玄篇》，校正《三天易髓》，注释《太上升玄说消灾护命妙经》《太上老君说常清静妙经纂图解注》《崔公入药镜注解》《黄帝阴符经夹颂解注》《青天歌注释》等传世，并刊刻《清庵莹蟾子语录》六卷等书。他在《黄帝阴符经夹颂解注序》中说：

全真之道别无他也，一要精全，二要气全，三要神全，收视则神真，返听则精真，缄言则气真。了此三全三真，自然混融于中，真火煅炼，结成金胎，十月工足，阴尽阳纯，当此时，脱胎神化，变现无方，超出生死之外，永为金刚不坏之身，此所以为还丹者也。①

从序言可以看出王道渊认可全真修法。记载他修炼心得的《还真集》，后来由龙虎山正一派弟子袁文逸传之于天师张宇初，张宇初即为其书作序，对其人其书评价为：

南昌修江混然子，以故姓博学，尝遇异人得秘授，犹勤于论著。予读其言久矣，间会于客邸，匆遽未遑尽究。今春，吾徒袁文逸自吴还，持其所述《还真集》，请言。予味之再，信达乎金液还丹之旨。其显微敷畅，可以明体会用矣。使由是而修之，虽上溯紫阳、清庵，亦未知孰后先也。矧予尝悯夫世之肤陋狂僻之习，驳溃滋久，有莫得而尽绝者。犹喜其言，足以振发末季之弊也。庶或志士贞人，有碔砆美玉之辨焉，则游神胚辉冯翼之初，炼气混芒溟涬之表，为不难矣。是所以尽乎原始返终，穷神知化也欤。尚容招黄鹤浚空而下，相与共论乎湘滨岳渚之间，未晚也。

（二）伍守阳

有明一代江西最著名的全真派道士为伍守阳。伍守阳（1574—1644），原名阳，字端阳，自号冲虚子，江西南昌县人，龙门派第八代弟子，是明代最著名的内丹家之一。他幼聪颖，家贫力学，笃好道德性命之言，志在成仙。明神宗万历二十一年（1593）他师事全真教龙门派高道曹还阳，得其亲传丹法，后又师事李泥丸、王昆阳，得授《东老遗书》及五雷法。记载他生平的文献有《伍真人修仙歌》《伍真人事实及授受源

① 《道藏》第2册，文物出版社、上海书店、天津古籍出版社1988年版，第833—834页。

流略》以及《金盖心灯》卷二《伍冲虚律师传》等。他世居南昌县辟邪里，“家贫力学，持身高洁，一介不苟取，长而薄荣利，笃好道德性命之学，造次颠沛弗离也”[①]。万历二十一年（1593），伍守阳师事龙门派曹还阳，自此刻苦修习内丹之学，其主要著作为《天仙正理直论》《仙佛合宗语录》等，在清代以后则形成了“伍柳派”。

伍守阳的思想具有融合三教的特点，这继承了全真派的观点，以道教为核心，融禅儒思想于丹道修炼之中，特别以禅法比附丹法，即“仙佛合宗”论。伍守阳认为，儒释道三家的宗旨都是关于性命之学，只是三家所述的重点详略有所不同。他说：

> 孔氏倡素王之业，为一世法。而言性言命，其词微。释氏出称为梵王，而言性不言命，其词密。今之五经，孔氏之大藏也。今之大藏，释氏之五经也。五经首《易》，而《易》曰：“穷理尽性，以至于命。”至论大人与天地合德、日月合明、四时合序、鬼神合其吉凶，是性命之局键也。一时弟子颜氏而下无能窥其奥者，再传子思，子始揭“天命之谓性”于《中庸》之首章，而赞之曰：“上律下袭，如四时之错行，日月代明。”孔氏之家藏泄于此矣。乃及门之士，以为罕言命，以为性与天道不可得而闻也。夫当其时，且不得其微，又何惟乎万世而下者之支离于训诂也。《大藏》为卷五千四十有八，无非以性为宗。夫性，孔子罕言，而释氏言之密矣……夫密者，咒之教也，非其所以教也。因其教，求其所以教意者，其性中之命乎。身非世尊，焉谈师谛。故释氏之徒佥曰见性成佛，而命学为绝传。老氏之教，则异是矣。《阴符》《道德》而下，娓娓言命，娓娓言性，而又娓娓言性必言命，言命必言性。余常评之：孔氏之言性命，言其影，不言其形者也。释氏之言性命，以性为形，以命为影者也。老氏之言性命，言其影，并言其形者也。[②]

① 《藏外道书》第5册，巴蜀书社1992—1994年版，第783页。

② 《藏外道书》第11册，巴蜀书社1992—1994年版，第251页。

伍守阳认为，儒教言性命，言其影不言其形；佛教言性命，以性为形，以命为影；道教言性命，言其影，并言其形。也就是说，在他看来道教的性命之理比儒家、佛教更加完备。不过，在具体修行路径上，伍守阳认为儒家的伦理是仙道的基础。他讲："后来修士，必于人道中先修纯德。人道中者，即五伦之事也。君当忠而忠，亲当孝而孝，兄长当顺而顺，朋友当信而信，谓之纯德。高真上圣皆言传得其人身有功者，当传于有德之也。"① 由上论可见，伍守阳将道德修养作为修仙的前提条件，这样就弥合了儒家和道教在理论上的矛盾。另一方面，伍守阳则认为仙道与佛道同。他认为："得生之理者，一阴一阳为一性一命，二者全而为人也。""既性命双全，方成得一个人。亦必性命双修，方成得个仙佛。未有二者不全而能成人成仙佛，必以顺之成人者，以逆成仙佛。所以知为仙佛由于为人。"② 成仙、成佛之道都是由人而得，这是宋以来的一种思潮，白玉蟾和刘海蟾都持此一观点，即"天下无二道，圣人无二心"。那么怎样才能成仙呢？伍守阳认为，能复其性者即是仙也。而伍守阳在阐述丹道理论时最主要的特征就是把内丹修炼的每一个步骤与佛法修证互相印证，将仙佛修炼功夫合二为一。例如，在《伍真人丹道九篇》中"最初还虚第一"论述："还虚之功，唯在对境无心而已。于是见天地，无天地之形也。见山川，无山川之迹也。见人我，无人我之相也。间昆虫草木，无昆虫草木之影也。万象空空，一念不起。六根大定，不染一尘。此即本来之性体完全处也……佛宗云：'无相光中常自在。'又云：'一念不生全体现，六根才动被云遮。'合此宗也。"③ 伍守阳认为仙道和佛道所追求的是同样的道理，只是论述的语言不同，即"言异理不异"。"仙宗果位，了证长生。佛宗果位，了证无生。然而了证无生尤以了证长生为实旨，了证长生尤以了证无生为始终，所谓性命双修者也。"④ 道教与佛教最终目标都是"性命双修"，区别是佛教重在言性，而道教重在言命。

---

① 《藏外道书》第 5 册，巴蜀书社 1992—1994 年版，第 854—855 页。
② 《藏外道书》第 5 册，巴蜀书社 1992—1994 年版，第 834 页。
③ 《藏外道书》第 5 册，巴蜀书社 1992—1994 年版，第 866—867 页。
④ 《藏外道书》第 5 册，巴蜀书社 1992—1994 年版，第 866 页。

内丹修炼有三个要点：药物、鼎器和火候。伍守阳在内丹理论上也重点对这三点进行了论述，他的阐释既有对传统内丹理论的继承，也有创新之处。药物，本是外丹用语，在内丹学中指人体中的精、炁、神。伍守阳认为在修炼之前，需要先弄清楚精、炁、神的内涵、性质、作用以及它们之间的关系。他认为：先天之神，即元神，是人之元性；后天之神，即识神、思虑之神，是元神逐境驰外而成。他的论述为："神者，元神，即元性，为炼金丹之主人。修行人能以神驭炁，及以神入炁穴，神炁不相隔碍，则谓之内神通。能以神大定、纯阳而出定，变化无穷，谓之外神通。皆神之能事，故神通即驭炁之神所显。"[①] 内丹修炼过程中元神始终起主要作用，在命功阶段，元神主宰使炁化炁；在性功阶段，以元炁化神。

伍守阳认为先天炁是元炁，即肾中真阳之精，后天气是呼吸之气。元炁是先于天而有，即道炁。道炁能生有形之天，是天地之先天；又能生有形之我，是生我之先天，而呼吸之气是后于天而有。元炁是金丹之母，是修炼之本。他认为："人从此炁以得生，亦修此炁而长生。唯用修而得长其生，故称修命。"[②] 意思是说元炁是人长生之本，不过在修炼过程中也要注意对呼吸的控制。

伍守阳认为先天元精的本质就是先天元炁，"在虚极静笃时则曰先天元炁，及鸿蒙将判而已有判机，即名先天元精，其实本一也"[③]。先天元精是无形的、有变化的，是"小药"，而后天之精即交感之精。

精、炁、神三者在内丹修炼过程中相互作用、互相依存。由于精在炁中，元精、元炁本是一体，内丹修炼者只用神炁二者。炁依神则能化炁，神依炁则能化神。先天炁即真阳之精，为求长生的根本。世俗之人耗尽精炁则丧命，返还得此精炁则能长生。元炁必由元神驭之，元精才能返还为元炁。

---

① 《藏外道书》第 5 册，巴蜀书社 1992—1994 年版，第 779 页。

② 《藏外道书》第 5 册，巴蜀书社 1992—1994 年版，第 786 页。

③ 《藏外道书》第 5 册，巴蜀书社 1992—1994 年版，第 777 页。

另外，内丹家还有内药、外药之分，二者是炼精化炁和炼炁化神之间的关键。伍守阳认为无论内药还是外药本质都是人体中一点真阳之精炁，即先天祖炁。他说：

> 盖古云：金丹内药自外来，以祖炁从生身时虽隐藏于丹田，却有向外发生之实。如生视、生听、生言、生动、生淫欲，皆此一炁化生。如思外之色、声、香、味、触、法皆由炁载思以致。即取此发生于外者复还于内，是以虽从内生，却从外来，谓之外药。炼成还丹，斯谓之内药，又谓大药。古云铅汞相交而产黄芽，即此大药便是黄芽。①

由上可知，伍守阳认为外药是元精，元炁将外驰而不使之向外发散，而返回先天本源，虽从内生，却从外来，这是外药。内药则是由外药炼成的金丹，可见内药、外药本是一炁。内药是炼精化炁的结果，外药则是炼精化炁所用之药，即元精。

关于鼎器论，伍守阳在继承前贤理论的基础之上②，又有新的阐述。他认为神炁复归丹田，神炁被喻为铅汞，而丹田则被比喻为鼎器。他说：

> 修仙于炼金丹之理同，圣圣真真无不借金丹以喻明夫仙道。仙道以神炁二者而归复于丹田之中以成真金丹，以铅汞二者而烹炼于炉鼎之内以成宝。故神炁有铅汞之喻，而丹田有鼎器之喻也。是鼎器也，古圣真本为炼精、炼炁、炼神所归附本根之地而言也。③

伍守阳认为鼎器是炼精、炼炁、炼神所归附的本根之地。而在内丹学中还有内鼎、外鼎之说。伍守阳认为，外鼎是指丹田之形，内鼎是指

---

① 《藏外道书》第5册，巴蜀书社1992—1994年版，第790页。

② 在伍守阳之前，清修一派对于鼎器的说法主要有以下几种：以心肾为鼎器；以黄庭为鼎，炁穴为炉；以玄牝为鼎器；还有以乾坤为鼎器以及内外鼎器的说法。

③ 《藏外道书》第5册，巴蜀书社1992—1994年版，第793页。

丹田中之炁，并认为“以形言者，言炼形为炼精化炁之用。故古云‘前对脐轮后对肾，中间有个真金鼎者’是也。仙道神驭炁之必归于此，安止于此，禁之不令外动，故鼎器关炼铅汞者似之。以炁言者，言炼炁为炼炁化神之用。故古云：先取白金为鼎器”[1]。不仅如此，伍守阳还进一步指出：在炼精化炁时，下丹田为外鼎，神即为内鼎；炼炁化神时，中丹田为外鼎，炁即为内鼎。可以看出他的鼎器论的本质还是对神炁的论述。

在内丹修炼法中，药物是基础，鼎器是条件，火候则指修炼的方法和实践。伍守阳认为自己掌握的火候之法传自前贤真人，并且有非常多的层次：“采药之候，封固之候，起小周天之候，进退颠倒之候，沐浴之候，火足、止火之候，采大药之候，得大药服食之候，大周天之候，神全之候，出神之候等皆是。”[2]那么在伍守阳看来火候的实质是什么呢？他认为是“呼吸”。这种“呼吸”指真人之呼吸，即真息，而不是人们日常的口鼻呼吸。

内丹学认为，人身体乃是法天地之造化，炼内丹的火候需要和天地间阴阳消长相符合。伍守阳认为，神炁并行一升一降就如同太阳的一升一降，太阳运行一周为三百六十度，火候也是如此。在火候之中，最重要的是小周天、大周天火候[3]。伍守阳在注解张紫阳《悟真篇》[4]时说：

> 有作者，小周天也。无为者，大周天也。盖火候行于真人呼吸处，此处本无呼吸，自无呼吸而权用为有呼吸，以交合神炁。久炼而成大药者，必用有为也。不如是，则道不真……所谓圣人不传火者，不轻传此也。世人邪法，皆用有为，仙家之有为则不同。邪说之有为，皆着相；仙家之有为。不着相……然呼吸本一身之所有

① 《藏外道书》第5册，巴蜀书社1992—1994年版，第794页。

② 《藏外道书》第5册，巴蜀书社1992—1994年版，第796页。

③ 炼精化炁的火候为小周天火候，炼炁化神的火候为大周天火候。也就是说，化炁用小周天，化神用大周天。

④ 所注张紫阳《悟真篇》为：“始于有作无人见，及至无为众始知。但信无为为要妙，孰知有作诗根基。”

也，先自外而归于内，则内为有，故大周天必欲至于无。然无辄，非不用火而言无，乃是火候行之妙于无者……故紫阳亦嘱之，世之愚人俗子，但见无为，便猜为不用火，遂其所好，安心放旷者有之；或猜为始终只用一无为而已，不求多以当有为于始者有之。故曰：但信无为，孰知有作。此紫阳甚言当有无双用之旨也。[①]

这里说小周天是有为之工，大周天是无为之工。虽然是有为之工，但不能着相，着相即错。无为之工，非不用火候，而是火候行之妙于无，不用火即错。大周天无为之工的特征是无时、无数，为不有不无之文火。伍守阳认为小周天之火是武火，期初炼精、采取、烹炼非小周天之火不可，及圣胎既凝，武火则无用，只用文火养之。

可以说伍守阳是内丹学的集大成者，他所传弟子柳华阳也是清代龙门一脉的中坚力量，他的内丹一脉学说在清代被称为“伍柳派”。

（三）彭纯一

彭纯一，字贞父，号太华山人，明人。因患足疾，他居毗陵天宇寺，遇异人，啖杨梅九颗，病即愈，始励志玄门，艰苦不避，云游罗浮、南岳、华山，后寓居江西南昌洪都铁柱宫，识道士悟玄子，相授黄白金丹术，著《承志录》三卷，阐述黄白道法。在《承志录》的序文中记述了其丹法的由来：

岁庚辰，为友人招览罗浮南华之胜，得憩洪都铁柱宫，瞻羡英爽，兴怀吊古，邂逅道士，状貌清修，言辞端确，因请名氏而告之，为悟玄子也。盘桓终日，各吐真实。余因以告以性命之故，彼顾俯首太息，怜其诚，惜其遇，遂出丹砂灵药相示，而授以黄白之术，是俾余内修之助也，其间药物配合，火候制度，委屈详尽，告诫谆切。余感其恩而怀其诀，归试有验，进以告家君，愿知其所自传。[②]

① 《藏外道书》第5册，巴蜀书社1992—1994年版，第799页。

② 彭纯一：《承志录》，陶介亭氏贤奕书楼抄本。

三、江西净明道与閤皂山灵宝派及其高道

形成于唐中期的閤皂山灵宝派到了元明之际已经逐渐衰微，一方面对于明皇朝失去了影响力，另外一方面由于龙虎山天师府处于统领“三山符箓”取得“万法宗坛”的地位，因而在教内閤皂山灵宝派也更加式微，人们一般认为已经并入了正一派。而宋元以来形成的西山净明派面对当时各派互相融合的新局面，依然在道派大融合的背景下保持了“净明忠孝”的核心，在有明一代传承不绝。

（一）净明道

净明道是以江西南昌西山为祖庭，以倡导孝道为特征的道教宗派。可以说到了明代，净明道仍延续着自己的传承，但是与正一道、全真道有着非常密切的关系。例如，在净明道嗣法诸师与龙虎山关系十分密切，黄元吉在三十九代天师张嗣成推荐任玉隆万寿宫提点，赵宜真受到四十二代天师张正常礼敬，而刘渊然曾传授四十三代天师张宇初道法。《龙虎山志》卷四将玉隆宫列为龙虎山管辖，这说明在元代时净明派与龙虎山天师府具有紧密的关系。

而另外一方面此时净明道与全真派保持着密切的联系，这是从赵宜真开始的。例如，清代人罗浮酥醪洞主陈教友在编纂《长春道教源流》时将赵元阳、刘渊然、邵以正列为全真法嗣。《长春道教源流》卷七《赵元阳传》说：“（赵元阳）于正一天心雷奥、全真还丹之旨，多所发挥。”[①] 也就是说赵宜真学兼正一和全真[②]，这正是元明以来净明道的发展方向。陈教友还评价说：“自是而北宗、南宗及正一教，遂多通而为一矣。”[③] 清代白云观保存的《诸真宗派总簿》，其中第四十九石许真君净明

---

① 《藏外道书》第31册，巴蜀书社1992—1994年版，第128页。

② 赵宜真曾师从张广济，得长春邱真人北派丹法之传，又师从南昌李玄一，以此有得白玉蟾金丹南宗之传。日本学者秋月观瑛根据《历世真仙体道通鉴续篇》卷五《金志扬传》中的记载，金志扬师从全真道士李月溪，李月溪师从南宗白玉蟾，还是北派邱长春的高弟，而张广济、李玄一师从金志扬，从而得出赵宜真得金丹南派、北派之传的结论。参见秋月观瑛《中国近世道教的形成——净明道的基础研究》，东京，创文社1978年版，第156—157页。

③ 《藏外道书》第31册，巴蜀书社1992—1994年版，第128页。

派，传派谱系是："天德高无量，照明自古今，玄元闻见处，总合圣贤心，道德宏清静，法源广大成，东汉有章教，功果保忠祯。"[①] 对于净明道在元明以来的发展可以看出，与当时流行的主要道派都有交涉的关系，从宗教地域文化传播的角度来说，净明道发源于西山，与龙虎山正一派、閤皂山灵宝派都属于江西，这样的地域因素使不同道派间必然有密切的交往。元代以后张天师统领三山符箓，明代出现贵盛局面，逐步形成与全真两大派对峙的局面，净明派与二者保持密切的联系这也是不可避免的局面。

元明代有两个人物与净明派的发展关系密切，一是赵宜真，一是刘渊然。

刘渊然是元明之际高道赵宜真的弟子，与他的老师一样也是一位兼修道教各派的人物[②]。可以说到了明代净明派已经势力微弱了，能够在明清之际得以复兴则有赖于刘渊然及其弟子邵以正。刘渊然是著名高道，《明史·方技传》记载：

> 刘渊然者，赣县人。幼为祥符宫道士，颇能呼召风雷。洪武二十六年，太祖闻其名，召至，赐号高道，馆朝天宫。永乐中，从至北京。仁宗立，赐号长春真人，给二品印诰，与正一真人等。宣德初，进大真人。七年乞归朝天宫，御制山水图歌赐之。卒年八十二，阅七日入殓，端坐如生。渊然有道术，为人清静自守，故为累朝所礼。[③]

《明史》中的记载十分简略，而《长春刘真人祠堂记》还记载刘渊

① 《藏外道书》第 20 册，巴蜀书社 1992—1994 年版，第 578 页。

② 对于赵宜真和刘渊然嗣派问题一直有不同的说法，他们身兼全真、清微和净明诸派之传，在其身份认定上有不同的界定。具体内容可参见郭武：《赵宜真、刘渊然于明清净明道》,《世界宗教研究》，2011 年第 1 期，第 77—86 页。许蔚：《赵宜真、刘渊然嗣派净明问题再探讨》,《宗教学研究》，2016 年第 1 期，第 36—47 页。

③ 《明史》卷二九九《方技列传》。

然曾于明仁宗时期“领天下道教事”，并记录了他的道法。

刘渊然在谪居云南的时候曾刊印《净明忠孝全书》以传播净明一派学说，正是由于这些活动在《逍遥山万寿宫志》中将他列为“嗣师”，即“旌阳公六传”[①]。刘渊然曾将其师赵宜真的诗文编为《原阳子法语》二卷，自己却无撰述传世，闻名于世的是他的道法，据记载四十三代天师张宇初曾从他学道法[②]。2010年12月在南京市郊西清理出了刘渊然的墓葬，其墓志铭也反映出他以高超的道法闻名于世。志盖厚13.4厘米，边缘凸起，篆书阴刻，五行，满行六字，前三字不详，内容为：“□□□冲虚至道玄妙无为光范演教庄静普济长春真人渊然刘公墓志铭。”[③]志石厚12.5厘米，边缘下凹，志文楷书阴刻，可辨认33行，其余漫漶不清、不可识读。

刘渊然是“心集诸宗”，即学兼多个道派，在明清净明道建构的活动中他起到重要作用，从其活动范围来看非常广泛，尤其是谪居云南时将净明道传入当地。刘渊然的影响还通过他的弟子得以体现，他著名的弟子有道录司左正一邵以正、大理府道纪司都纪芮道材、昆明真庆观住持蒋日和、兴国治平观高道王贞白等，其中邵以正最为杰出，被认为是刘渊然衣钵的继承者。尽管在后人的不同教派建构过程中刘渊然所嗣之法派不一，这也正是明清以来净明道发展的特点，就如同逍遥山万寿宫在明清时期有净明、全真以及玄教等不同派别道士居住修持，但仍保持了其“净明忠孝”的特色。

（二）阁皂山灵宝派

元明之际的战乱使不少宫观都毁于战火，到了明代阁皂山灵宝派的地位衰落了许多，明代阁皂山宫观和道士的记载已不多见。经过洪武初道士徐鳞洲等人的努力得以恢复了一些。洪武十七年（1384），第五十代

① 据《逍遥山万寿宫志》记载净明派前五代为：许逊、刘玉、黄元吉、徐慧、赵宜真。

② 《明史·张正常传》记载：“（张）宇初颇知书能诗，其道法则受之长春真人刘渊然，后与渊然不协，相诋讦。”

③ 岳涌：《明长春真人刘渊然墓志考》，《中国道教》2012年第21期，第42页。

传人为灵官李半仙，副灵官是王圭石。洪武二十七年（1394），第五十一代传人张尊礼被授灵官。宣德年间，第五十二代传人黄谷虚被授为灵官。灵官为正八品，主要负责管理全山道众。宣德八年（1433），閤皂山宫观再度遭到山火焚烧。万历时期，道士刘开化希望重整閤皂山旧观，但因为财力不足无法完成。万历丙戌（1586）陆从平在《閤皂山志》旧序中所说："数百年来声响消散，亡沦云骈鹤驾，寂然无闻。"

（三）朱权及其道教思想

1. 朱权简介

朱权，是明太祖朱元璋第十七子，号大明奇士、涵虚子、丹丘先生、臞仙，生于洪武十一年（1378），卒于正统十三年（1448），在洪武二十四年（1391）被封为宁王。他多才多艺，信仰道教，自称太清南极冲虚妙道真君下凡，撰有道书多种。在朱权的一生中屡经政治起伏，朱权的封地本是大宁（在今内蒙古宁城），建文元年（1399）他的封地被燕王朱棣用计策谋取，不得不携带家眷回到北平，《明太宗实录》卷十七中记载永乐元年（1403），"徙封宁王权于南昌"。就在朱权到达南昌不久之后，于永乐元年（1403）被人告发诽谤巫蛊事。朱棣虽然认为此事是有人构陷朱权，但是其中的警告意味也是十分浓厚的。正是在此背景下朱权开始了在南昌的生活，"自是日韬晦，构精庐一区，鼓琴读书其间。终成祖世得无患"[①]。在退隐的生活中，朱权著作很多，其内容涉及医药、卜筮、琴棋等内容，其中最受瞩目的就是关于道教的作品，据统计与道教有关著作就有二十多种，如《太清玉册》《净明奥论》《洞天秘典》《阴符性命集解》《道德性命全集》《救命索》《神隐》《内丹节要》《肘后奇方》《寿域神方》《庚辛玉册》等，这些书大部分亡佚，目前保存下来的只有《太清玉册》《原始秘书》《肘后经》几种。

2. 朱权的道教思想

朱权是明代藩王，后世净明道又尊他为一代祖师，由于其身份的特殊性，其道教思想有独特之处。

---

① 《明史》卷一一七。

首先，朱权认为道教之道以天为主，是奉天之道。他认为："道教之来，自太始太素之先，鸿濛未兆之初，天地溟涬混沌始芽于是时也……无形无名，杳杳邈邈，毕竟莫知之其名。然生天生地生人生万物者，何物也？老子始发其妙，包举二仪，乃强立其名曰道。"[①]可以说他的道论思想与道教传统观念差别不大，但是对于道教的认识则与他人有异，他将道教直接与"天"联系了起来，即道教与天子一样都是奉天道而行。他认为："凡帝王所受天命者曰天子，是以子之事天，以天为父。故仲虺之诰有曰：钦崇天道，永保天命。太甲曰：先王顾諟天之明命，以承上下神祇。是以受天明命，奄有四海，上以承天道，下以治人事，又曰上天眷命，又曰奉天承运，是皆奉天也。故其殿曰奉天门，曰奉天承天，未尝不以天言也。是以道之为教，以天为主，故曰奉天之道，名曰道教。"[②]与此思想相应的是，朱权将道教的神祇于帝王统绪相比拟，以道教三清比拟"上三皇"，即"天皇即玉清圣境元始天尊盘古氏是也""地皇即上清真境灵宝天尊地皇是也""人皇即太清仙境道德天尊人皇是也"；道教天宝君、灵宝君、神宝君是"中三皇"；"下三皇"则是"天皇即太昊伏羲氏""地皇即神农炎帝氏""人皇即皇帝轩辕氏"。朱权将道教与历史上政治统绪中的人物相互联系起来，这一点表明在他心目中认为道教与皇权是同出而异流，是在教化民众过程中的不同方面。

其次，他认为如果要成就仙道就需要隐逸修道。在《神隐》一书中说："古有三隐，可得闻乎？藏其天真，高莫窥测者，天隐也；避地山林，洁身全节者，地隐也；身混世朝，心居物外者，名隐也……予之所避，则又不同矣。各有道焉。其所避也，以有患之躯，遁乎不死之域，使吾道与天地长存而不朽。故生于黄屋之中，而心在于白云之外；身列彤庭之上，而志不忘乎紫霞之想。泛然如浮云，爬山如长风。荡乎其无

① 《天皇至道太清玉册》卷一，《道藏》第 36 册，文物出版社、上海书店、天津古籍出版社 1988 年版，第 363 页。

② 《天皇至道太清玉册》卷一，《道藏》第 36 册，文物出版社、上海书店、天津古籍出版社 1988 年版，第 363 页。

涯，扩乎其无迹。洋洋焉，愔愔焉，混混沦沦，而与道为一。”[①] 这样的修道方式一方面可以消除永乐皇帝对自己的疑心，另一方面则是他在政治斗争失败后对人生目标的新选择。

最后，朱权对于医药知识十分重视，注重道教的炼养之法。他说："凡人修养摄生之道，各有其法。如平昔燕居之日，大概勿要损精耗气伤身，此三者，道家谓全精全神全气是也。三者既失，真气耗散，体不坚矣，曷能拟于仙道哉。”在炼养的观念上朱权认同传统的思想，认为不耗损精气神是能够长生久视的长生之道。而在炼养实践方面，朱权论述自己的养生功法为："每于鸡鸣时，便可起坐床上，拥衾调息，叩齿聚神。良久，神气既定，方行火候搬运数十遍，一遍谓之一周天。便觉浑身和畅，血脉自然流通。当此之时，华池水生，神气满谷，便当大漱咽下，纳入丹田，以补元阳。”朱权十分重视在日常生活中的养生之法，特别重视食物的养生保健之功。他记述自己的养生保健之法说："如在床上搬运了，就吃些平昔补养的药饵。以两手摩擦令热，乃行导引之法。行毕，徐徐下床，方可栉漱。盥漱毕，乃焚香默诵洞章一遍，逍遥步庭，约行百步，待日高三五丈，方可食粥。食毕，以手扪腹，又行二三百步。大忌嗔怒。”对于日常饮食朱权也非常注意，他说："面食虽养人，益气力，胃气弱者多食，烦闷难消。绿豆、紫苏、芝麻皆能下气，薄荷又能解热，皆可收贮。其余豉酱、腌藏瓜菜，干肉之属，食所不可缺者，皆须造下，以防一年之用。”与此同时，他认为药食同源，许多补益的药物应当常备。他说："所用药物，尤宜备赡，如益于人者，山药、地黄、枸杞、甘菊、人参、苍术、胡麻、石菖蒲、苁蓉、防风苗、何首乌之类。当收之时，则多收采，治而食之，甚能益元阳、助真气。”除此以外，朱权还炼制丹药用以服食，他说："九转灵砂，愚人以为火候太热伤人，孰不知有神化妙理在焉。一钱灵砂，加朱砂、琥珀、珍珠、石菖蒲各一钱，枣肉为丸如黍米大，每服九丸，人参、石菖蒲汤下服之，其药性径至丹田，以固元气，此灵砂之功也。其寿若无百年，必过九九之数，谓阳气不绝，

① 《神隐》卷上，北京图书馆藏明刻本。

不能死也。予常服之，亦不知其热，而热何至哉。老者必当服，此其常药也。”[①] 朱权记载了他服食九转灵砂的方法，以此来驳斥那些认为服食灵砂会产生热毒的观点。由此可见，在方法上朱权更加崇尚服食与炼养的结合，认为这是长生久视之道。

3. 朱权阐述其道教思想的主要著作

朱权关于道教的著作颇多，其道教思想集中体现在《天皇至道太清玉册》和《神隐》中，下面依次介绍。

（1）《天皇至道太清玉册》

《天皇至道太清玉册》，又名《太清玉册》，本为两卷[②]，后析为八卷，收录万历《续道藏》。该书成书于正统九年，现存两个版本，一是明万历三十七年张进刻本，二是明万历十五年《续道藏》内府刻本。在卷首序言中朱权阐述了自己编纂此书的理由："事物有未备，言奥有未宣，制度有为传，仗制之式，器用之备衣冠礼乐之制，天心灵秘之奥，道门仪范之规，立为定制，举道门之所用，皆载此书。”可以说这部书汇总了明代道教理论科仪制度。卷首有朱权自序，序中阐明撰书之由，“事物有未备，言奥有未宣，制度有未传，仗制有未正，余乃考而新之”，凡“天地之始分，造化之始判，道统之始起，仪制之式，器用之备衣冠札乐之制，天心灵秘之奥，道门仪范之规，立为定制，举道门之所用，皆载此书序”。后有《原道》一篇，极言道教是为世间万物、万理之源，世界起源于道，万物是为道教黄老之始创，汇通儒道二教，阐明儒道一理，儒家之礼仪纲常仅为道教之一部。“凡有生之民，所称之道，所用之字，所服之衣，所居之室，所用之器，皆吾中国圣人黄帝、老子之所制也。岂非皆出于吾道教哉？”[③]

上卷包括《开辟天地章》《道教源流章》《天皇龙文章》《干运造化章》《醮事仪范章》《天心玄秘章》《道门官制章》《赤文天律章》《清规仪范章》，

① 《神隐》卷上，北京图书馆藏明刻本。

② 此书《江西历代刻书》《中国印刷史》载为三卷。

③ 参见朱权：《天皇至道太清玉册》，《道藏》第36册，文物出版社，上海书店、天津古籍出版社1988年版，第357页。

大抵取材《老子》《庄子》，参考史籍道典，详述宇宙生成、天地演化、日月风雷运作之理、阴阳五行生克之道，旁及老君显化灵变、天师家世传承、道教南北宗派、三洞经书目录、佛道论衡、官秩品位、符箓阶次、斋醮科仪、清规戒律等等，无不详载，颇有独创。

下卷包括《宫殿坛墠章》《奉圣仪制章》《天乐仙仗章》《全真仪式章》《冠服制度章》《修真器用章》《玉笈灵文章》《数目纪事章》《醮厌祭品章》，主要记述道教名物制度，囊括宫观殿堂等式样、天尊玉皇等神像、福灯香果等供物、天乐仙仗等法器、全真坐钵等仪式、冠服床梳等用具，旁及修行朝圣之吉日醮献祭物之异名、修真口诀、记事名数、隐讳禁忌等等，载之甚详、言之甚明。

该书思想特点有二：一是融汇正一、全真两派。朱权的《太清玉册》没有拘泥于一教派，对于正一、全真两派戒律皆有融汇，既有符箓派的正一道，主要是在上卷之中，如《天皇龙文章》主要记叙了正一道的经文符篆，《道门官制章》详细记叙了正一道嗣汉天师真人以及女官品级，《赤文天律章》记载了“法官”一职来源于“汉张道陵始有驱雷役鬼之事”，《醮事仪范章》记载了正一道法师依科修醮、须具备篆职之事，《清规仪范章》介绍了明代正一道管理道宫、收徒事宜、接纳来往等日常作务；又有内丹派的全真道，主要是在下卷之中，如《宫殿坛墠章》记叙了一些全真道殿坛建筑，《全真仪式章》主要记载了全真钵堂的清规戒律和坐钵规式。

二是汇归道、儒、佛三教。三教之中，强调道教为先、为纲，化儒家礼仪纲常为道教所用。序中有言：“读圣人之书，行圣人之道，循乎礼义，儒道一理也。其道在天地未分之先，所有其教在二皇之世所立，又非孔子所谓后世有所述焉。”[①]《赤文天律章》又言“法官以势欺辱下贱及不孝顺父母者减寿半纪”[②]，“生民怨望君主、不孝尊亲、不友兄弟、不信

① 参见朱权：《天皇至道太清玉册》，《道藏》第36册，文物出版社、上海书店、天津古籍出版社1988年版，第357页。

② 参见朱权：《天皇至道太清玉册》，《道藏》第36册，文物出版社、上海书店、天津古籍出版社1988年版，第358页。

师友、不睦夫妇、不恤贫穷及憎凌辱者，徒七年”。他虽然崇道，“今中国之人反弃中国之道，愿往生西方为胡人，不生于中国。何愚之至也”，但不抑佛，“虽教有夷夏之别，其理以和为贵，在人谦退为德”，反而吸收佛教理论，“若此二者无一于身，则虚负道士之名，暗受天人之福，身谐之后，受畜类报不免，刀占之苦，拷罚之映。可不俱成”，“因果报应之说、地狱轮回之论显自佛教”。

（2）《神隐》

《神隐》又名《神隐书》《神隐志》《腊仙神隐书》《仙神志》等等，《四库全书存目丛书》依据北京图书馆明刻本影印，作《神隐》二卷，前有皮子序，后有下苍序，题“应子仙制”，署“壶天隐人虚子仙书”。《四库全书》列此书为道家类，《太清玉册》划归此书为道教类。《四库全书总自提要》说：“此书多言神仙、隐逸、摄生事……盖借此韬晦以免患，非真乐恬退者也。”[①] 此书之根本即是“神隐”，以摄生之道乐“神隐”之志，以归田之计乐“神隐”之事，养生、农事皆为“神隐”服务，为达精神的归隐，要从乐志乐事做起，在具体具象的生之活中修持。此书内容包含三大部分：

第一部分为上卷之前的《神隐序》《壶天神隐记》《上天府神隐家书》和下卷之末的《神隐下卷序》，此为全书之根本与纲目。在这四篇序记之中，《神隐序》开宗明义提出“神隐”的概念：“古有三隐，可得闻乎？藏其天真，高莫窥测者，天隐也；避地山林，洁身全节者，地隐也：身混世朝，心居物外者，名隐也。予之所避，则又不同矣。……故生于黄屋之中，而心在于白云之外：身列形庭之上，而志不忘乎紫霞之想。泛然如浮云，爬然如长风。荡乎其无涯，扩乎其无迹洋洋焉，愔愔焉，混混沦沦，而与道为一。若是者，身虽不能避地，而心能自洁，谓之神隐，不亦高乎？”[②] 其后《壶天神隐记》《上天府神隐家书》和《神隐下卷序》

① 永瑢等：《四库全书总目提要》，中华书局 1965 年版，第 1264 页。

② 朱权：《神隐》，《四库全书存目丛书》子部第 260 册，北京图书馆藏明刊本，第 1 页。

反复申说“神隐”的含义与实质。

第二部分即上卷所载的四十一类乐志之摄生之道，具体包括总论摄生之道五条，分论“山人家事”“知命听天”“寄傲宇宙”“啸咏风月”“弄丸余暇”“闲中日月”“醉甲乾坤”“神游天网”“纵横人我”“放浪形骸”等三十类精神修持箴言，再论“仙家服食”“山居饮食”等十一类日常中的居家养生物事。论述如何超出阴阳陶冶之表，脱逸生死世俗之篱，以实现天人合一、自然和谐境界。

第三部分即下卷所载的十四类乐事之归天之计，具体包括：春夏秋冬四时十二月、牧养之法和治六畜诸病法。虽为蓬户、柴门、油盐、酱酷之属，虽是务次种植、收藏、修撰之事，但形劳而神乐、手忙雨心逸，理想的神隐正在这些具体而微、日常而俗的乐事之中，意在通过如此一种生活形态来寄寓精神、抒发情怀从而在金钱名利、地位权势之外实现更高的追求，继而达到精神的快乐、意志的舒展，恰为庄子求道愈下的风格存照。

该书的思想特点有二：一是高雅的精神追求。此一特点，《神隐》一书与其他道书大致相仿，先是追求某种精神境界。此书之追求即为“神隐”，“是时天地在吾腹，宇宙在吾身，造化在吾手，与人不同者矣，而能错综乎人我之场，吐吞乎大千之域，放乎其无涯，敛乎其无迹，芒乎茹乎而与世相遗，人莫我知，可谓神隐类。”[①] 紧随许多诗意优雅之物，此书上卷所载四十一类乐志之事大多即为此类，“于是入松关，由竹逗，渡鹤渚，至白云更深之处，登于壶天，过醉乡之深处，延石桥而造乎紫霞丹室，憩于神谷。”[②] 二是世俗的日常生活。此书最大之特点，即是将神隐之境化入日常生活琐事之中，此点实与其他道书大相径庭。无论是上卷的“卜筑之计”“草堂清兴”“草堂杂用”“道具之属”“山家农具”“仙家服食”“山居饮食”“牧藏果物”“造炊酿酒醋日”“腌肉瓜菜日胙”“禁

① 朱权：《神隐》，《四库全书存目丛书》子部第 260 册，北京图书馆藏明刊本，第 3 页。

② 朱权：《神隐》，《四库全书存目丛书》子部第 260 册，北京图书馆藏明刊本，第 3 页。

辟虫物”等十一类居家养生物事，还是下卷的春夏秋冬四时十二月农事、牧养之法和治六畜诸病法，皆为日常生活之琐事，这些琐事反在作者神思妙笔之下化平凡为神奇，在世俗的生活中达到神隐的精神境界。①

明代江西政治、经济、文化比元代都有较大发展，经济贸易活跃，人文学术繁荣，在这样的社会环境之下道教也展现出不同于前代的面貌。从总体上，明代江西道教的最基本特点是龙虎山受到朝廷的扶持，不少道士获得皇帝的信赖，其兴衰与皇权关系密切。从全国来看，当时全国的道教也发展为全真与正一两派，全真道在江西传播更加广泛，与此同时閤皂山仍不见起色。朱元璋即位后曾到南昌铁柱万寿宫降御香，并由宋濂作《镇蛟灵柱颂》，由此奠定了铁柱万寿宫许逊信仰祖庭的地位，而西山万寿宫也在地方上拥有大批信众，是地方许逊信仰的核心。

第四节　明代江西老学文献概述

《老子》是先秦时期的重要文化典籍，道教以其为经典，从它产生之日起就有不同的人进行考证、注释和阐发，这些人有帝王、官员、一般知识阶层以及道士，从而使老子研究随历史的发展不断积累，一直延续至今。明代为老子注疏的人有多种身份，既有官员、知识阶层，也有道士，由于他们的身份不同对《老子》的解释也各具特色。

明代时期江西老学的知名人物有危大有、张位、郭子章，分别注有《道德真经集义》《道德经注解》《老解》。三部老学著作风格各异，内容各有侧重。

一、危大有《道德真经集义》

危大有，明初盱江（今广昌盱江）人，生平不详。根据张宇初为其书所作的序言可知他曾任“盱江道纪”，明代道纪司设立于洪武十五年（1382），书中自序中称其书完成于“洪武丁卯”年（1387）。

① 邓永胜：《宁王朱权的崇道及其道教贡献》，湖南师范大学硕士学位论文，2013年5月。

《道德真经集义》十卷。书中汇集了河上公、何心山、吕知常、李道纯、刘使立、林希逸、董思靖、柴元皋、倪思、苏辙、晁迥、吴澄十二家的注释。此书是编者集各家注释而成，但是在对各家注释的选择上则体现出了自己的理解，即如张宇初在序言中所说“择其尤善者”，于是采选了多家著述中最符合自己的观念。从总体上来说，危大有认为《老子》“非特道经之祖也，三教诸经亦岂外此而别有其理哉”[①]，这与其自身为道士的立场相互契合。危大有认为《老子》作为经典超越佛、儒的地方是：一方面《老子》讲述了内圣外王的道理，是治国的经典；另一方面《老子》对于个人而言则讲述了“葆炼存养之道”，是讲修心修身的经典。在所集多家注释中倪思、何心山的《老子》注已经亡佚，以此书得以保存。

作者“集义”此书的主要观点十分明确，即外论修齐治平，内讲炼养心性神气，对于诸家的注释也没有逐条系于原有经文之下而是做出了选择，比如较多选择了吕知常[②]、何心山、林希逸、吴澄的注释，而其他人则似乎是作为补充内容出现。危大有对何心山的注释引用颇多，特别是对“道”的解释，例如在解释首句“道可道，非常道，名可名，非常名，无名天地之始，有名万物之母”时说：

> 何氏曰：夫道者，元炁虚无，混沌自然，二仪从之而生，万有资之而形，不可得而名，强为之名曰道，故首章之首，宜以道一字句绝，如经中道冲而用之之章，亦是首揭一道字，尊而称之以示人。于以见其高无上，其大无对，名以道立，故并标云。下句可道可名者，所谓道术为天下裂以名为表者也。常道常名者，所谓虚无生自然，自然生道，绳绳不可名者也。夫道乃常道，则名乃常名，而可道可名皆其暂时。曰可则有可有不可，云胡而常，所谓强然即

① 熊铁基：《老子集成》（第六册），宗教文化出版社 2011 年版，第 32 页。

② 吕知常，南宋孝宗朝道士，曾担任道官，但生平事迹不详，所作《道德经讲义》完成于淳熙十五年（1188）以前。是年八月十五日，吕知常以“左街鉴议主管教门公事佑圣观虚白斋高士”的身份将《道德经讲义》与《表》一起上进给了宋孝宗。

不然也。曰常则无可无不可，云胡而变，所谓自然即常然也。道其体而名其用也，有固为名，而无亦名也，道原于无，窅然空然，以名天地之始，物生于有，油然勃然，以名万物之母。[①]

另外，在个人身心修炼的方法危大有既注重心性的内容，也重视对精气神的炼养。在此观念下，他对林希逸《道德经口义》和吕知常所著《道德经讲义》引用颇多。例如，对于“玄之又玄，众妙之门”一句的解释，既认同林希逸所说，“玄之又玄者，赞言其妙也。‘众’即《易》所谓妙万物者也。门言其所自出也，此章人多只就天地上说，不知老子之意正要从心上理会”[②]，也推崇吕知常所说，“吕氏曰：玄者微妙之极也。又曰玄，天也，玄之又玄中则天中之天，郁罗萧台，玉山上京，在人乃天谷神官也。为脑血之琼房，津液之山源，百灵之命宅，自已？长生大君居之，人能以神内观于天中之天，则胎仙自成，天门自开，万神从兹而出入，故曰众妙之门”。[③]

二、张位《道德经注解》

张位（1534—1610），字明成，号洪阳，江西南昌新建区人。明代大臣、学者、诗人。著有《闲云馆集钞》《丛桂山房汇稿》《词林典故》等。在《明史》中有传，曾经参加过《世宗实录》的修纂。他主张三教同源，不过从他的注解来看仍落脚于宋元以来浓厚的儒学思想。

《道德经注解》上下两卷，又名《张洪阳注解道德经》。在《注解》中，张位主张三教同源，从性命宗源角度阐释《老子》微义。他认为“《老子》性命之书也”，并阐释：“浑沦旁魄，生天生地，无所不冒，道也；包涵蕴蓄，成身成物，有以自完，德也。自无生有，道也；从有返无，德也。各正性命，道也；尽性至命，德也。”[④]

对于儒释道三家关系，张位认为：“三家发端虽异，至其缮性理情，

① 熊铁基：《老子集成》（第六册），宗教文化出版社 2011 年版，第 31—32 页。
② 熊铁基：《老子集成》（第六册），宗教文化出版社 2011 年版，第 34 页。
③ 熊铁基：《老子集成》（第六册），宗教文化出版社 2011 年版，第 34 页。
④ 熊铁基：《老子集成》（第七册），宗教文化出版社 2011 年版，第 106 页。

毕竟无殊。空空也，不贰也，定也，寂也，斯儒与佛同退藏也。立命也，静也，虚也，斯儒与老合。盖儒家顺性命以还造化，其道公；禅宗幻性命而超大觉，其义高；老氏修性命而得长生，其旨切。”[①] 他十分推崇《阴符经》，认为此经与《老子》相表里，所以同时注释此两书，认为“可合而观焉”，而其中《老子》是“从性命宗源阐其微意”。与此相类在道论中张位承袭了宋儒以来的思想，认为：“真常之道，不涉言语，不可名称。天地未判何名之有？形生既具方有名称。物具太极，各正性命非有真常定观不能窥其妙微也。故至于静时，常守真空，根性自露；至于动时，常保妙有，命蒂自固。这有无两端都从原始太虚中生出，而为名不同。尽性至命，总是玄修。”也即“虚静”是“性命”的根本。他认为的修道之法乃是仍以心的“虚静”为主旨。他解释“致虚极”说：“致虚当至于极，守静当至于笃。此虚静二宝实修道真功夫也。然所以用此虚静功夫者，实以万物却发作在外，吾但以观其复生之机耳……要之寂然至静，旷然至虚，乃其常久不易之理……这虚静何等广大而容，何等无私而公，能为万象主而王，能为万有父而天。天与道一，道无止息。守此虚静，终身无危殆也。”[②]

三、郭子章《老解》

郭子章[③]（1543—1618），字相奎，号熙圃，又号青螺，江西泰和人。

---

① 熊铁基：《老子集成》（第七册），宗教文化出版社 2011 年版，第 107 页。

② 熊铁基：《老子集成》（第七册），宗教文化出版社 2011 年版，第 110—111 页。

③ 郭子章，嘉靖二十一年（1542）出生于江西泰和县一个书香门第。隆庆五年（1571）考中第三甲第二十四名进士，随即除为福建建宁府推官、摄延平府事，入为南京工部虞衡清吏司主事，又督榷南直隶太平府、领凤阳山陵（即明祖陵）事。万历十年（1582）迁广东潮州府知府，四年后督学四川，不久迁为浙江参政、山西按察使、湖广右布政、福建左布政。万历二十六年（1598）被万历皇帝任命为右副都御史巡抚贵州、兼制蜀楚军事，与湖广川贵总督李化龙合力剿平播州杨应龙叛乱，彻底消灭了盘踞播州八百余年、世袭了 29 世的杨氏土司，又多次平定贵州苗、瑶起义，以功封兵部尚书、右都御史，加太子少保衔。67 岁时告老还乡，万历四十六年六月十七日（1618 年 8 月 7 日）去世，卒年 76 岁。郭子章博学于当时，著述颇丰，录入《四库总目》的有 20 多种，据其九世从孙郭子仁在清光绪七年（1881）所作的统计，郭子章的著作当时犹存 92 种约数百卷之多。万历三十二年（1604）郭子章不仅刊刻利玛窦的世界地图，还撰写《山海舆地全图》序文一篇，介绍西方地理知识（后载入《黔草》一书）。

《老解》二卷。郭子章认为，世之尊老子者，以自然为老子之宗旨，而儒者不言自然，佛经批判自然，因此，自然非三教之宗，不是老子的高明处。世之诋老子者，批评老子绝弃仁义，实际上老子所弃绝的是“蹩躠之仁，踶跂之义”，而“上仁上义”是“老子所深慕而不可得者”。注中多有会通儒道之说，如谓《大学》“格物”之“物”，即《老子》“复归于无物”；谓“不尚贤”“非不尚贤人也”“不高尚而自贤”等等。

郭子章十分博学，在《老解》中旁征博引，故该书下题曰“郭子章集解”。分析其中所引解释《老子》的文献主要有以下几类：一是被后世认为是传承道家一脉的经典，既包含有《庄子》《韩非子》《淮南子》《关尹子》等书，也有《阴符经》《清静经》等；二是儒家经典，包括《周易》《大学》《中庸》《左传》等；三是河上公、苏辙、涂印玄、薛蕙、李贽、焦竑等人的《老子注》；四是佛教经典，《楞严经》《宝积经》等；五是史书，《战国策》《晏子春秋》《六韬》等。

其中郭子章对于“自然”这一概念有所讨论，他总结《老子》说道“自然”之处有五点：“则自然者，道之母也。考儒书六经并未言自然，佛书《楞言》甚不然自然，佛告阿难：即如城中演若达多，狂性因缘若得灭除，则不狂性自然而出，因缘自然，理穷于是。阿难。演若达多头本自然，本其自然，无然非自。何因缘故，怖头狂走？若自然头，因缘故狂，何不自然，因缘故失？本头不失，狂怖妄出，曾无变易，何藉因缘？本狂自然，本有狂怖，未狂之际，狂何所潜？不狂自然，头本无妄，何为狂走？若悟本头，识知狂走，因缘自然，俱为戏论。老以自然为宗，佛以自然为戏，故吾儒不言。”[①] 郭子章认为儒家对于“自然”是置于一边而不论的，他自己似乎也是同样采取了暧昧的态度，其实佛教对于“自然”的认识基础就与《老子》不同，佛教认为世界乃是因缘和合而成并非实有，《老子》则不同，认为世界乃是实有。

① 熊铁基：《老子集成》(第七册)，宗教文化出版社 2011 年版，第 632 页。

第二章　明代江西龙虎山道教的再次兴盛

有明一代，龙虎山正一道成为天下道教领袖。对明代道教，卿希泰肯定明前期道教的发展在道教史上的意义，认为“明世宗朱厚熜（1522—1566）的时候，既是隋唐以来道教兴盛发展时期的最后一个高潮，也是这个时期的终结”[①]；而任继愈则认为，明清两代“是道教从停滞走向衰落的阶段。在内部，教团的腐化，在外部，理学的强力排斥，民间宗教的争夺地盘，失去统治者崇奉扶植等多种因素，促使道教渐趋衰落”[②]。这两者看似不同的判断，其实并不矛盾，即总体情势上，道教不断式微，但道教观念却已经深入到中国人精神世界的底部，是中国传统文化和心理的重要构成部分，正如柳存仁所说：“在整个中国思想史中，道教的势力之大，道教空气弥漫笼罩于上下各阶层、各方面，却没有比这三百年更浓厚，更盛的了。”[③] 明代是龙虎山道教与政权结合得最紧密的时

① 卿希泰：《中国道教史》第三卷，四川人民出版社1993年版，第385页。

② 任继愈：《中国道教史》，上海人民出版社1990年版，第579页。

③ 柳存仁：《明儒与道教》，《和风堂读书记》上卷，上海古籍出版社1991年版，第815页。

期，也是其政治地位最为显赫的时期，其兴衰成败大体与明王朝的盛衰相始终。

第一节　明廷与龙虎山正一天师道

正如东晋僧人道安所言，不依国主则法事难立，这应该是对历朝中国宗教与政权关系的总体判断。有明一代，龙虎山道教的兴盛与衰败都与帝王的态度相关，并呈现为衰荣起伏状态。明代龙虎山道教的盛衰就主要体现在与明太祖朱元璋、明成祖朱棣、明世宗朱厚熜、明神宗朱翊钧这四个君王的交集中。

一、明太祖朱元璋与龙虎山道教

明太祖朱元璋与龙虎山道教的关系，就时间看，可以分为两个时期：一是称帝前，即作为吴王的朱元璋；一是称帝后，即作为洪武帝的朱元璋。二者都体现了统治者对意识形态的态度，延伸为具体的道教宗教策略，主要表现为利用和控制。且前期主要是利用龙虎山道教来稳定军心、笼络人心，进而利用龙虎山道教来为其政权的合法性进行确证；后期则恩威并施，利用和控制并重。一方面，以神道设教，利用龙虎山道教的意识形态功用来稳定民心，从而为王权服务；另一方面又严加管束，以防百姓利用宗教对政权形成的可能威胁。

1. 吴王朱元璋与龙虎山道教的关系

从 1361 年至 1368 年称帝前的这一时期，吴王朱元璋对于龙虎山道教总体上是利用、笼络龙虎山天师道，并通过倚重龙虎山天师道来鼓舞军心，笼络人心。

1359 年，元顺帝至正十九年，张正常嗣教为第 42 代天师，此时正是元帝国风雨飘摇、摇摇欲坠之时。1361 年，对于朱元璋和龙虎山天师道来说都是一个非常重要的年份。这一年，吴国公朱元璋正与陈友谅鏖战江西，战局成犬牙交错之势，鹿死谁手，尚未可知，要取得战事的胜利，无论是朱元璋还是他的部队都需要精神上的强力支持，深谋远虑的朱元璋于是想起了张天师——自从元代就主领三山符箓、掌江南道教事务的龙虎山正一天师道，于是派人访求，并公榜招抚。《皇明恩命世录》中记载：

信州龙虎山正一教主天师大真人，衍华胄于留侯，绍真传于老子。身受祖师之托，役彼百灵，心与造物者游，超乎万类。凡有知觉，罔不皈依。但因兵革以来，遂使公庭多故。近闻冠佩，远寄江湖，爰伸物色之勤，庶冀旋居之速省府除已，差官赍香前诣龙虎山宗坛敬奉，真仙祝延圣寿。外合行，出榜晓谕。仰总兵官及有司官员访求天师，多有招聘，礼请入山，依前住持道教。但系龙虎山宫观殿宇及供器什物，诸人毋得作践损坏，亵渎神明。旧管山园田地房屋悉听为主，诸色军民人等不许夺占，违者治罪。须至榜者

龙凤六年　月　日给[①]

面对混乱迷离的局势与诸侯的威逼利诱，进退维谷的张正常不敢造次，他小心谨慎，遣使上笺，告以“天运有归”符命。这无疑是朱元璋与龙虎山道教良好关系的开始。

在接下来的几年里，朱元璋越来越显露出王者气象，而元朝早已日落西山。元顺帝至正二十三年（1363），朱元璋灭陈友谅，随后又击溃张士诚，时局越发明朗，洞察时局的张正常天师也变得更加积极主动。随后几年，张正常与朱元璋的交往赠答乃至觐见渐渐频繁。

《皇明恩命世录》记载，元顺帝至正二十五年（1365），朱元璋在接到张正常的信函后，立即给张正常回信，勉励他“澄心定性，以凝道功”。

元顺帝至正二十六年（1366），张正常天师带上心腹弟子，第一次觐见了吴王朱元璋。这是一次愉快的见面，《赐褒天师旨》记载，朱元璋一见面就夸赞天师“瞳枢电转，法貌昂然”，并有赏赐，《皇明恩命世录》记载：

① 何建明主编：《道藏集成》第103册，国家图书馆出版社2017年版，第459页。

予闻汉祖天师，生而异常，眉峥须横，两目星驰电转，神威万倍。始西蜀，诣龙虎，役使鬼神，肇造玄坛。非独自己为能止了身心，实与国民有补焉。至是捍大患，御大灾，明乎三界鬼神，相继留传历代，代代无有不崇者，何也？盖由天师灵而有益者是也。予自草莱，因天下变，为众所尊，不敢不竭心之诚，以安民庶。每闻天师，今为我见，快哉。一睹觌面，天师瞳枢电转，法貌昂然。虽不职事于朝廷，同我一时，岂不千载一遇也，可不奇哉。然而释道之玄，深有意焉，愚者未知，知者勿迷。敬常则吉，非常则祸，福增灭矣。悦天师法貌，其容同祖，故有赐。

上再召入对，乃赐宴及金币，还山。丙午年[①]

元顺帝至正二十七年（1367），张正常再度觐见，朱元璋命他在朝天宫为百姓禳灾祛难，画符治病。《皇明恩命世录》记载这一年二月初八日的吴王令旨：

予闻汉天师妙用玄机，通天透地，济物利人，为国家捍患御灾。历代圣贤所祷，无不感应。今天师息于朝天宫，士民济济求符，师当斟酌放符，验其有无患难，与可与之人。而无患难之家，与讫一符，他日患难暴生，愚民无所知，将谓符法所验，或有相轻，互相转说。为师之虑，莫若从有患者给，无患者却。此说未知当否？宜与诸法师会议，普施符水，深潜妙用，以秀山灵可也。[②]

据说当时求符者太多，难以一一应对，张正常天师于是书巨符火化，投入朝天宫的一口大井中，人人争抢汲水，至于井水干涸见土，并多有病愈者。宗教于人精神上的作用在此可见。“上闻病疫者饮井中符

① 何建明主编：《道藏集成》第103册，国家图书馆出版社2017年版，第460—461页。

② 何建明主编：《道藏集成》第103册，国家图书馆出版社2017年版，第461页。

水获差，圣意嘉之，命作亭于井上，号曰太乙泉”[①]，还命进太上延禧箓，事后张正常回龙虎山时，还特诏中书给驿券，以便日后朝觐。

万事俱备，朱元璋加紧准备登基，此刻，新政权奉天承运的合法化需要得到确证，“君权神授”的传统使得朱元璋需要通过一定的宗教仪式来向臣民宣告，这个仪式自然借助通神的代表张天师来协助完成。同年五月，朱元璋诏命张正常天师进京为其登位做舆论准备，张天师心领神会，积极响应。一方面，张天师以上书的形式进劝朱元璋称帝，《汉天师世家》卷三记载张正常于“吴元年丁未，诣上劝进笺”[②]以此表明依附心迹；另外一方面，张天师在行动上积极配合，精选弟子，为朱元璋举行了一场盛大的醮天仪式，启奏上天，宣言朱元璋政权的合法性。可以说，此一时期君臣会心，配合默契。朱元璋自然龙颜大悦，褒奖有嘉，从而也建立和稳固了明代龙虎山天师道作为国家政治意识形态重要的代言人地位。

2. 皇帝朱元璋与龙虎山道教的关系

1368年正月初四，朱元璋称帝，是为洪武元年。朱元璋这个来自草莽的英雄，是一个非常清楚地意识并强调意识形态功能的皇帝，以其对宗教的熟悉和体验，在通过宗教来维系社会稳定的同时，也开始了利用和控制并举的宗教政策。朱元璋佛、道并重，不仅在佛教方面延诏高僧，广荐法会，超度亡灵，祈求福祉，同样，对龙虎山道教也恩威并施，既推崇又约束，尽显帝王御世之才。这主要体现在以下几个方面：

（1）取缔天师尊号，又多给恩宠

《明史·张正常传》记载，张正常入贺朱元璋继帝位，朱元璋在偏殿设宴款待，席间太祖对“天师”这一称号颇为不满。他对群臣说：“至尊惟天，岂有师也，以此为号，亵渎甚矣！”[③]在朱元璋看来，自己都只能够称为天子，道教首领却称天师，有悖于纲常，从此取消了自元以来

① 何建明主编：《道藏集成》第103册，国家图书馆出版社2017年版，第461页。

② 何建明主编：《道藏集成》第103册，国家图书馆出版社2017年版，第553页。

③ 《明太祖实录》卷三十四，第601页。

的天师号，改授大真人号。此后，官方的正式文件中不再称天师，但日常生活中，一般人还是习惯以天师称谓。如宋濂所撰张正常的碑文中依然称其为天师，张正常所著《汉天师世家》，依然以天师称。

洪武元年初，朱元璋封赏了张正常：

> 予欲通诚于九天，汝则以精神而运用。予欲敷治于四海，汝则以清静而辅毗。茂膺笼元，永绥福履。可授正一教主嗣汉四十二代天师护国阐祖通诚崇道弘德大真人，领道教事。宜令张正常准此。制诰
>
> 洪武元年三月初一日[①]

这是洪武元年三月的敕书，还留有天师名号，但八月的敕书中已改称大真人了，明确了龙虎山张天师的政治定位，即精神上的辅佐治国。第二年，又对张正常说："卿乃祖天师，有功于国，所以世家与孔子并传，以讫于今。卿宜体之，以清净无为，辅予至治，则予汝嘉！"[②]都体现了朱元璋对龙虎山道教在精神意识上辅佐国家治理的要求和期许。同时，朱元璋以多种恩惠示笼络，除授予张正常大真人称号，"既而面可辞奉之奏，俾专出符箓如故事，恩免通户及大上清宫各色徭役，永为定例。命给银印，视为二品，设赞教掌书佐理等官。"[③]其中免徭役、专出符箓的特权，不仅是一种政治地位的体现，更保证了龙虎山道教巨大的经济利益。洪武三年（1370）夏，又命吏部改赠张正常父第三十九代天师张嗣成"正一教主太玄弘化明成崇道大真人"，改封其母为"恭顺慈惠淑静玄君"[④]。

洪武五年（1372），龙虎山道教获得永掌天下道教事的敕命：

① 何建明主编：《道藏集成》第 103 册，国家图书馆出版社 2017 年版，第 462—463 页。

② 何建明主编：《道藏集成》第 103 册，国家图书馆出版社 2017 年版，第 463 页。

③ 何建明主编：《道藏集成》第 103 册，国家图书馆出版社 2017 年版，第 462 页。

④ 何建明主编：《道藏集成》第 103 册，国家图书馆出版社 2017 年版，第 464 页。

朕惟道家者流，本于清静无为，其来尚矣。龙虎山张氏，自汉以下，宗派相继。其四十二代孙正常，存心冲澹，葆德纯和，远绍宗传，以守正一。朕用嘉之，是宜锡以真人之号，尔其益振玄风，永掌其教焉。可授正一嗣教护国阐祖通诚崇道弘德大真人，掌天下道教事。宜令张正常准此。制诰

洪武五年十二月　日之宝[①]

洪武十年（1377），张正常卒，朱元璋御制祭文，遣浙江参政安庆前往致祭[②]，对张正常的仙逝表达哀悼，对其道法仙术多有赞誉。浩荡的皇恩，让龙虎山道教天师备感荣耀，自然倾力为新的王权服务。至此，龙虎山道教的地位达到从未有过的高峰。

（2）亲自为道教经典作注，引导教轨

对于佛道鬼神，朱元璋是不相信的，他曾撰写《释道论》《三教论》等文字阐发他对三教的主张。他说："昔梁武好佛，遇神僧宝公者，其武帝终不遇佛证果。汉武帝、魏武帝、唐明皇皆好神仙，足世而不暇举。以斯之所求，以斯之所不验，则仙佛无矣。"但他清醒地知道，通过神道设教，对于底层社会人的精神世界进而对维护王权统治是非常重要的，"其仙佛之幽灵，暗助王纲，益世无穷。""若绝弃之而杳然，则世无鬼神，人无畏天，王纲力用焉？""僧言地狱镬汤，道言洞里乾坤，壶中日月，皆非实像。此二说皆空，岂足信乎？"他认为，神道设教可以"感动化外蛮夷及中国假处山薮之愚民"，使其"未知国法，先知虑生死之罪，以至于善者多，而恶者少"[③]，即三教对规训愚民百姓不可或缺。

朱元璋既然认识到宗教的利与弊，便从教义源头上来规范引导。道教方面，他亲自为道教经典作注。据《大政记》记载："洪武七年，御注《道德经》成，上谓儒臣，举所谓'五色令人目盲，五音令人耳聋'与

① 何建明主编：《道藏集成》第103册，国家图书馆出版社2017年版，第464页。
② 何建明主编：《道藏集成》第103册，国家图书馆出版社2017年版，第466页。
③ 《全明文》卷十，上海古籍出版社1992年版，第144页。

‘圣人去甚、去奢、去泰’之类曰：‘老子所语，岂徒托之空言，于养生治国之道，亦有助也。但诸家之注，各有异见，朕因注之，以发其义。’”朱元璋的这些注疏，以清简去奢为要，显然是希望通过道家思想来行治国御民之心，也无疑是引导道教自身的方向轨迹的要求。天师道“专以超脱，特为孝子慈亲之设，益人伦，厚风俗，其功大矣哉”，而全真道以个体养炼为主，远不如天师道“为御灾捍患之妙，功达于君，利及于民”，[①] 故有明一代，天师道地位远在全真道之上。

二、明成祖朱棣与龙虎山道教

武当山道教的兴起，与明成祖的扶持有莫大的关系。龙虎山因为得到明朝朝廷的扶持而与武当山发生联系，这一联系为明清武当龙门派流播江西产生积极影响。

明代是武当山道教的鼎盛时期，也是龙虎山道教与武当山道教过往密切的时期。明代武当山道教的兴盛，与明代历代皇帝对真武神的崇奉分不开。洪武初，朱元璋就在南京鸡鸣山建庙祀玄武神，并让诸王子祭祀玄武神，规定：“诸王来朝还藩，祭真武等神于端门，用豕九、羊九、制帛等物。”[②] 但明代武当山道教及玄武信仰的极盛，却是从明成祖朱棣开始的，而朱棣与明代武当山玄武崇尚又是围绕着王权的建立与巩固展开的。

作为明代道教领袖，龙虎山道教张天师在成祖时期多方位积极参与了武当山道教的建设和发展，主要在三个方面：一是参与武当山举行的国家祭祀；二是参与武当山诸宫观的人事任免；三是在道教思想方面。通过对张三丰及任志垣的学习和交往，天师进一步深化了龙虎山道教与其他道教各派思想的融合。

明成祖朱棣为彰显对真武的崇奉，永乐十年，决定在武当山大兴宫观，并敕命隆平侯张信、驸马都尉沐昕监督工程，其时征用工匠 20 余万

① 马楚坚：《明历代帝王言行表》，《明清人物史事论析》，江西高校出版社 1996 年版，第 34—47 页。

② 《明史》卷四十九《礼志》三《祭告》。

之众，费时六年之久，建成八宫、二观、三十六庵堂、七十二岩庙等庞大宫观群，其中天柱峰顶更是修铜殿，饰黄金，供奉玄武的神像，并赐名武当山为“大岳太和山”。永乐十一年（1413）八月二十五日，宫观修建之中，命四十四代天师张宇清为诸宫观选拔主持：

> 今宫观告成而神明屡显体应，圆光煜熠，五色灿烂，神像昭彰见于光内，观者数十万人，咸加叹异。已赐名曰：“玄天玉虚宫”“紫霄太玄宫”“兴圣宫”“南若大圣宫”。然此名山胜境，必得高人羽士以住持看首。南若大圣官已尝令右正一孙碧云为住持，外其三处汝即选有道行者各二人为住持，别选至诚敬谨道士每处各五十八人看守。如一时拣选不如数，随尔所选得若干人，就分派四处看守，精进修行，兴隆道教，故敕。
>
> 永乐十一年八月二十五日。[①]

随后，对张宇清所选道士予以任命：

> 敕隆平侯张信驸马都尉沐昕等：今正一嗣教真人张宇清举保道士，分派各宫。道录司右玄义任自垣，道士邵庆芳为玄天玉虚宫提点，高道周惟中兼提点，林子良为副宫。兴圣五龙宫以李时中为住持，道士吴继祖为提点。太玄紫霄宫以李幽岩、胡古崖为提点。大圣南岩宫已命右正一孙碧云为住持，以王一中为提点副之。各处宫名只依此敕为定。用报汝知之。故敕。
>
> 永乐十一年九月十一日。[②]

其中邵庆芬、林子良、吴继祖、王一中皆为正一派道士。由此看来，张宇清通过道教领袖的地位和权力，从龙虎山道教遴选人才，一定

① 《明代武当山志二种》，杨立志点校，湖北人民出版社 1999 年版，第 21 页。
② 《明代武当山志二种》，杨立志点校，湖北人民出版社 1999 年版，第 21 页。

程度上加强了对武当山道教的控制权，使得龙虎山道教和武当山道教逐渐融为一体，武当山道教的正一教色彩自然更加浓厚了。同时，天师多次参与斋醮工作。如永乐十六年（1418）三月，明成祖命张宇清祠玄帝金像于太和山；永乐二十二年（1424），玄天玉虚宫告成，命张宇清于太和山建金箓罗天大醮七昼夜等等，都彰显了龙虎山天师的权威和地位。

寻访张三丰，是明代太祖和成祖时期与武当山道教相关的重要事情。由于明代皇室的仰慕，张三丰成为明代武当山最具盛名的道士。张三丰行住无常，人皆以为是神仙中人。自太祖洪武十七年（1384）始，明代皇室因为仰慕而开始寻访张三丰，屡次诏请都隐而不见。至朱棣继承大统，也多次派人寻访张三丰：永乐三年（1405），派遣淮安王宗道遍访天下名山，多次寻访未果；永乐六年（1408），命张宇初寻访；永乐十年，敕命正一道士孙碧云于武当山建宫主持，候迎张三丰；永乐十五年（1417），命龙虎山上清宫提点吴伯理"钦奉太宗皇帝玉音赍香暨御书，入蜀之鹤鸣山天谷洞，结坛诵经，祈告山灵，迎请真仙张三丰先生"。[①] 其中张宇初也多次寻访，不遇。张宇初或未与张三丰谋面，但就其道教思想来说，也应该是顺应元明以来道教发展的融合主流的，自然也包含所受张三丰的影响。

此外，在此期间，龙虎山道教与武当山道教交往的一个重要方面是张宇初与武当山道士任自垣的关系。据史料显示，张宇初天师在文渊阁帮助整理永乐大典期间，接触了许多文人、官员，以及道教高层人物，尤其是结识了备受成祖器重的武当山道士任自垣，二人惺惺相惜，结下了深厚的友谊。

三、明世宗朱厚熜与龙虎山道教

明成祖朱棣之后，英宗、代宗、宪宗、孝宗、武宗等皇帝皆优宠道教，明初所定下的既恩宠又抑制的政策遂被破坏。其后，明世宗朱厚熜（1522—1566 年在位）是明代崇道最甚的君王，他一反过去祖辈佛道并重传统，毁坏寺庙，驱逐僧人，一意扶植道教，表现主要在：

① 王光德、杨立志：《武当道教史略》，华文出版社 1993 年版，第 190 页。

第一，宠信龙虎山道士，授予高官厚禄，同时抑制佛教。

世宗信奉道教，对道士多有恩宠。首先，世宗朝龙虎山道教天师涉及第四十八代天师张彦頨、第四十九代天师张永绪。嘉靖二年（1523），世宗刚刚即位不久，即示以恩宠，诏命张彦頨聘安远侯柳文之女为其继室，敕留都内外守备官陪往娶亲，并加封张彦頨为“正一嗣教怀玄抱真养素守默葆光履和致虚冲虚冲静冲净承先弘化真人”，掌天下道教事；敕授上清宫道士数人为掌书等官，以佐理大真人；敕武当山祭祀。嘉靖五年（1526），世宗准修天师府第，增造敕书阁以保存历朝敕书诰命，建天师家庙以祭祀历代天师，赐“掌法仙卿”银印、铜铸神像，保护龙虎山田产等经济利益。这一系列的举措都表明朝廷对张天师的重视和关爱。嘉靖二十八年（1549），世宗授张永绪“正一嗣教守玄养素遵范崇道大真人”，掌天下道教事，诏聘定国公徐延德之女为妻。嘉靖四十四年（1565），与徐阶等七大臣宴坐便殿，还敕命以张永绪为首席，又命设醮内廷，主持春祈祀典，可谓恩宠优渥。

此外，其他龙虎山道士也多有器重，最为突出的是对道士邵元节和陶仲文的恩宠。邵元节世宗嘉靖三年（1524）应诏觐见，受到赏识；嘉靖五年，赐封“清微妙济守静修真凝玄衍范志默秉诚致一真人”，统辖朝天、显灵、灵济三宫，领道教事，赐紫衣玉带，敕建真人府于城西；嘉靖十五年，授礼部尚书，赐一品服；嘉靖十八年（1539），卒，追授少师，从伯爵礼，谥“文康荣靖”。陶仲文（？—1560），初名典真，湖北黄冈人，嘉靖十八年由邵元节引荐随世宗南巡，受“神霄保国宣教高士”，加封“神霄保国弘烈宣教振法通真忠孝秉一真人”，领道教事。第二年，又因为为世宗疾病祈祷有功，仲文被特授少保、礼部尚书，后又加少傅。此外，世宗朝获得优宠的道士还有很多，如段朝用、龚可佩、蓝道行、胡大顺、蓝田玉等，往往以符咒丹药获得信任。

第二，日事斋醮，迷信丹药方术，甚至以迷信乩仙结果决朝堂事。

《明史·邵元节传》说“世宗嗣位，感内侍崔文等言，好鬼神事，日事斋醮"，虽然"谏官屡以为言"[①]，均拒，甚至于发展到常年不视朝，深居西苑，大兴土木，日夕以斋醮为事。据载，宫中斋醮所费国库银两甚多，每年要用黄蜡二十余万斤，白蜡十余万斤，以供皇家斋醮之用。明世宗不仅利用蓝道行、罗万象等为其扶乩，还亲自动手。《明史·世宗纪》载：嘉靖二十四年（1545）七月，"帝于禁中筑乩仙台，间用其言决威福"[②]。在处理朝廷政务上，也听命于神道。对于朝臣的命运裁决，也以神灵感应为准，致使朝臣们惶惑，政治混乱，佞臣借此获宠，以致朝臣多有微词，如海瑞曾说："陛下之误多矣，大端在修醮。"[③]

因为斋醮频繁，世宗爱好青词。世宗崇道，行斋醮焚修之事，需要上达天庭的献辞，常常以青词好坏用弃朝臣。百官为讨好皇上，多借青词获得提拔擢升的机会，甚至世宗朝多有因青词而得任宰相者。《明史·袁炜传》记："自嘉靖中年，帝专事焚修，词臣率供奉青词。工者立超擢，卒至入阁，时谓李春芳、严讷、郭朴及炜为'青词宰相'。"[④]《万历野获编》记述："世庙居西内事斋醮，一时词臣，以青词得宠眷者甚众，而最工巧最称上意者，无如袁文荣、董尚书，然皆谀妄不典之言。"[⑤]据《明史·宰辅年表》统计，嘉靖后期内阁十四位辅臣中，与青词有关者有九，他们是顾鼎臣、夏言、严嵩、徐阶、袁炜、严讷、李春芳、郭朴、高拱等。

世宗渴望长生久视，信长生不死之药，故道士往往以丹药方术获得优宠。《万历野获编·秘方见幸》载，陶仲文就是因为"献房中秘方，得幸世宗，官至特进、光禄大夫、柱国、少师、少傅、少保、礼部尚书、恭诚伯"[⑥]；又载，顾可学"自言能炼童男女溲为秋石，服之延年。……遂命为右通政"；端明，"自言通晓药石，服之可长生……遂召为礼部右

① （清）张廷玉等撰《明史·邵元节传》，中华书局 1974 年版，第 7894 页。
② （清）张廷玉等撰：《明史·熊浃传》卷一九七，中华书局 1974 年版，第 5516 页。
③ 《明实录》第 48 册，第 8922 页。
④ （清）张廷玉等撰：《明史·袁炜传》，中华书局 1974 年版，第 5118 页。
⑤ （明）沈德符：《万历野获编》卷二，中华书局 1959 年版，第 59、5216 页。
⑥ （明）沈德符：《万历野获编》中册，中华书局 1959 年版，第 546 页。

侍郎”。[1]世宗相信服食灵芝可以延年，便于嘉靖三十五年（1556）八月，派人到五岳及太和、龙虎、三茅、齐云、鹤鸣诸道教名山广为采集。嘉靖三十七年（1558）十月，礼部将四方进献的“瑞芝”一齐呈报，共有1860本，但世宗仍嫌不好，于是，又“诏广求径尺以上者”[2]。更为荒唐的是，他为了获取长生丹药，相信方士之言，以处女首次行经之经血作为炼药原料，炼成之丹药称为“先天丹铅”或“红铅”，不仅不能获得长生，反而被此所害。王圻《续文献通考》说：“世宗晚年须眉脱落，乃至大渐丹毒并作。”

第三，大兴土木，广修宫观。

世宗不仅沉迷于斋醮，且为表重视，乃耗费巨资，广修宫观。西苑“自十年辛卯渐兴，以至壬戌凡三十余年，其间创造不辍，名号已不胜书。至壬万寿宫再建之后，其间可纪者，如四十三年甲子，重建惠熙、承华等殿，宝月等亭。既成，改惠熙为元熙延年殿。四十四年正月，建金箓大典于元都殿，又谢天赐丸药于太极殿及紫皇殿，此三殿又先期创者。至四十四年重建万法宝殿，名其中日寿憩，左曰福舍，右曰禄舍，则工程甚大，各臣俱沾赏。至四十五年正月，又建真庆殿，四月，紫极殿之寿清宫成，在事者俱受赏，则上已不豫矣。九月，又建乾光殿。闰十月，紫宸宫成，百官上表称贺”。[3]又如嘉靖二十一年（1542）八月，采用陶仲文的建议，在太液池西修建佑国康民雷殿，务求宏大奢华，工部员外郎刘魁上疏称：“一役之费志亿万。土木衣文绣，匠作班衣紫，道流所居拟于宫禁。”[4]嘉靖四十五年（1566）二月，海瑞上疏指出：“竭民脂膏，滥兴土木。”“建宫筑室，则度支差求四出。”[5]据《明史·食货志》载，“（世宗）中年以后，营建斋醮，采木采香，采珠玉宝石，吏民奔命

① （清）张廷玉等撰：《明史》第195卷，中华书局1974年版，第7902—7903页。
② （清）张廷玉等撰：《明史》第18卷，中华书局1974年版，第245页。
③ （明）沈德符：《万历野获编》卷二，中华书局1959年版，第48页。
④ （清）张廷玉等撰：《明史》卷二〇九，中华书局1974年版，第5531页。
⑤ （清）张廷玉等撰：《明史》卷二二六，中华书局1974年版，第5928页。

不暇，用黄金白蜡至三十余万斤”，[1] 而对于臣子的谏议，则置之不理。

第四，以封道号为尊，政教合一。

据《明史·佞幸》载，嘉靖三十五年（1556），世宗尊皇考道号为“三天金阙无上玉堂都仙法主玄元道德哲慧圣尊开真仁化大帝”，皇妣号为“三天金阙无上玉堂总仙法主玄元道德哲慧圣母天后掌仙妙化元君”，自号为“灵霄上清统雷元阳妙一飞玄真君”。后又一再为自己加号为“九天弘教普济生灵掌阴阳功过大道思仁紫极仙翁一阳真人元虚圆应开化伏魔忠孝帝君”“太上大罗天仙紫极长生圣智昭灵统元证应玉虚总掌五雷大真人玄都境万寿帝君”[2]。可见，明世宗朱厚熜完全与宋徽宗一样，俨然将自己视为“道教皇帝”，明世宗的这种做法，在中国历代崇道统治者中只有宋徽宗或可比拟。

四、明神宗朱翊钧与龙虎山道教

明穆宗即位后，鉴于世宗崇道过滥的教训，采取了打击、抑制道教的措施，是明代抑制道教最严厉的皇帝。一方面，严厉惩治世宗时受宠的道士方士，如削夺已故道士邵元节、陶仲文的官爵和诰命，械系王金、陶世恩、陶倣、申世文等入狱治罪，处死王金等；另一方面，对龙虎山正一天师的地位大加贬降。穆宗隆庆元年（1567）四月，吏部主事郭谏臣奏告第四十九代天师张永绪“荒淫不检，不当复令世袭。……得旨允行”。隆庆二年（1568）正月，“诏革正一真人名号，夺其印。……止以裔孙张国祥为上清观提点，铸给提点印。上从之”[3]。至此，第四十九代天师张永绪的官阶由二品降为五品的上清观提点。穆宗虽然在位时间短，福祚浅薄，但他采取的一系列抑制道教的措施，却成为明代道教衰颓的转折点。

至明神宗朱翊钧（1573—1619 年在位）即位，道教处境略有好转，但盛景不再。神宗万历五年（1577）三月，第五十代天师张国祥请复正

① （清）张廷玉等撰：《明史》“食货六”，卷五十八，中华书局 1974 年版，第 1993—1994 页。

② （清）张廷玉等撰：《明史》卷三〇七，中华书局 1974 年版，第 7897—7898 页。

③ 《明实录》第 49 册，第 215—216、434—435 页。

一真人印号，礼臣阻止，神宗认为真人号“传自累代，祖宗亦相因不革，还准承袭，给予印信”。据《明史》卷二一九载，张国祥请复真人号时，礼部尚书马自强“寝其奏。国祥乃重贿冯保固求复，自强力持不可，卒以中旨许之”，但朝觐的资格却被取消。据《明神宗实录》载，万历七年（1579）八月丁酉，“礼部题该内阁传圣谕：朕昨御门，见真人张国祥也随班，他前奏今年该朝觐，朕思他是方外之人，焉用朝参，又无民社之寄，何须朝？今只在本府暂处，恭候圣母万寿圣节供事毕，即辞回。以后凡遇寿旦，只在本山建醮祝延，朝觐免行。”沈德符《万历野获编》亦记载：“今上己卯（1579）冬，龙虎山真人张国祥以觐期入朝，班二品。上御门望见道冠羽衣，以为服饰不雅，不足以肃观瞻，即下圣谕：他是方外之人，焉用朝参，又无民社之寄，何须入觐？自今，非奉召命不必来京。”即是说，非奉诏命，不准入京朝觐，也不许借祝圣诞等机会入京。此后，稍有改变，“己卯后数年，仍命张国祥三年一觐，言官争之不听。又至京师，辄久留不去。盖中官辈诳上，以祝延圣寿建醮为词，然终不得预朝会。”可见明神宗对道教的态度已经转变。

第二节　龙虎山正一派的兴盛

明代，正一派受到皇帝的支持与推崇，正一派的政治地位高于全真，龙虎山正一天师作为领袖统领全国道教。龙虎山天师明代在保持世袭的基础上，历代受到皇帝的敕封，对地方社会有较大的影响力；不少龙虎山正一道士活跃在政治舞台，有的位极人臣，有的参与国家祀典；龙虎山宫观建设得到了统治者在财力物力上的支持，宫观规模进一步扩大，根据学者统计明代龙虎山及其附近地区有宫观64座[①]。这一时期龙虎山有著名高道如张宇初等，他们融摄众家之长对正一派的经教体系、斋醮科仪进行了创新发展，正一派得以更广泛地传播，社会影响力进一步扩大。

① 庄宏谊：《明代道教正一派》，台北，学生书局1986年版，第91页。

一、明廷对龙虎山正一派大真人及其家族的敕封

天师的世袭，始自宋代，以后历代天师，都经过朝廷的任命。明代276年，其间天师有11位，略陈如下。

第四十二代天师张正常（1335—1377），字仲纪，号冲虚子，乃第三十九代天师张嗣成长子，元至正十九年（1359）袭教；至正二十一年（1361）遣使吴王朱元璋上呈“天运有归”之符，吴王手书赐答；数年后受朱元璋召见赐金币。洪武元年（1368）入贺太祖登记，诏授“天师”及“大真人”称号，视同二品。洪武三年（1370），授掌天下道教银印，五年加赐“永掌天下道教事”之诰。十年，率弟子入觐，受赐宴于午门城楼，代祀嵩山。不久示微疾，手作圆相而化。编有《汉天师世家》一卷传世。

第四十三代天师张宇初（1340—1410），字子璇，号耆山，乃第四十二代天师张正常长子。明洪武十年（1377）袭教，次年入觐，后授“大真人”号。洪武二十三年（1390）敕重建大上清宫。建文帝是天师一度遭贬，被夺去印诰。明成祖登记入贺，陪祀天坛。永乐四年（1406），受命编修《道藏》。永乐六年（1408），受命访真仙张三丰。永乐八年印剑付弟羽清，作颂而化。一生著述甚丰，后文相关章节有更具体的介绍。

第四十四代天师张羽清（1354—1427），字彦玑，别号西壁，四十二代天师张正常次子，明永乐八年（1410）嗣教，诰授“大真人”号。十六年受命祀玄天上帝于太和山。仁宗即位（1425）入贺。宣宗即位（1426），诰“掌天下道教事”。宣德二年（1427）辞归，中秋节无疾而化，留有《西壁文集》传世。

第四十五代天师张懋丞（1387—1445），字文开，号九阳，第四十二代天师张正常第三子之子。其母为刘基侄女。宣德元年（1426）袭爵；次年陪祀太庙，封“大真人”号，领道教事。英宗登基改元正统（1436）入贺。正统二年与孔府衍圣公共宴于奉天殿，南张北孔同时面圣成为一时盛事。正统十年59岁羽化。

第四十六代天师张元吉（1435—1475），字孟阳，号太和，第四十五代天师之孙，早慧。因父早卒，正统十年（1445）11岁袭祖爵，入觐即被赐“真人”号。代宗即位改元景泰，入贺；景泰六年命建金箓、黄箓

二大醮，受封“大真人”“掌天下道教事”。英宗复位（1457），依然受封“大真人”号，“掌天下道教事”。宪宗即位改元成化（1465），入贺，次年受宴内廷。成化五年（1469），因罪被贬为庶人，成化十一年（1475）书颂而化。

第四十七代天师张玄庆（1463—1509），字天赐，号贞一，第四十六代天师张元吉之子，成化八年（1472）袭爵，十三年入觐，奉旨婚配成国公朱仪之女，授“大真人”号，“领道教事”。成化二十一年（1485）受命降香太华山及铁柱宫。弘治元年（1488）孝宗登基，入贺；十四年乞“致仕”获允；十五年与十六年受命祀天目、葛仙、华盖、武当、鹤鸣等道教名山。正德四年（1509）纵饮极欢，北向盘坐而化。

第四十八代天师张彦頨（1490—1560），字士瞻，号湛然，第四十七代天师长子，12 岁弘治十四年（1501）随父入觐，命袭教，诰封“真人”“掌天下道教事”。武宗正德元年（1506）登基，入贺。世宗嘉靖元年（1522）登基，入贺；五年加封“大真人”“掌天下道教事”；七年入觐，陪祀星辰坛；十八年，世宗为其嗣子永绪赐名；二十八年乞致仕获允还山；三十九年羽化，敕葬，哀礼荣极。

第四十九代天师张永绪（1539—1565），字允承，号三阳，嘉靖二十八年（1549）10 时随父入觐命袭爵，诰封“大真人”“掌天下道教事”，诏聘定国公女。嘉靖三十一年（1552）入觐，赐宴便殿；四十四年赐宴便殿，班大学士徐阶之上，建醮内廷，主春祈祀典，舟次严陵滩，扣舷击歌而化。

第五十代天师张国祥（？—1611），字文征，号心湛，第四十九代天师堂弟永绍之子，万历五年（1577）袭爵，奉旨聘驸马都尉谢公之女。万历二十九年，命给公爵朝祭服，准常用，留京 12 载；万历三十九年（1611），羽化。生前续编第四十二代天师《世家》至第四十九代，并辑《龙虎山志》三卷。

第五十一代天师张显庸（1582—1661），字九功，张国祥长子。天启六年（1626）袭爵。好读书，著述《三教同途论》《金丹辩惑论》《浴梧诗集》凡若干卷。顺治十八年（1661）端坐而化。

第五十二代天师张应京（？—1651），字翊宸，第五十一代天师显庸长子。明崇祯九年（1636）袭爵；十三年入觐，皇子病，上命祈禳。清兵南下至龙虎山二十里外，天师迎谒道左。顺治八年（1651）入觐，赐“大真人”号，“掌天下道教事”，礼秩如明时。还抵扬州琼花观而化。[①]

虽然朝廷对龙虎山道教的态度常有变化，天师封号或有取缔贬低之时，但总体上皆袭封。明初之时，对于龙虎山正一派领袖的“天师”封号曾引起了政治争论，由此对于正一天师张正常的封号有所更改，洪武元年（1368）三月，授予“正一教主嗣汉四十二代天师护国阐祖通诚崇道弘德大真人”封号，同年八月朱元璋即去掉“天师”二字改为“真人”[②] 由此而后，历代明代帝王承袭祖制，皆封赠龙虎山正一派领袖为“真人”“大真人”。自此，有明一代，在官方的文件中，龙虎山道教的掌门人，不再称天师。但天师之称名却还是因袭，民间尤其如此。

参考《明实录》《明皇恩命世录》《汉天师世家》等书，明代皇帝封赠龙虎山天师详情见下表[③]：

明代皇帝封赠龙虎山天师详情表

时间	帝王	封号	资料出处	其他
洪武元年（1368）三月	明太祖	授四十二代正一天师张正常为“正一教主嗣汉四十二代天师护国阐祖通诚崇道弘德大真人”	《皇明恩命世录》卷二	同年八月，改其中封号“天师”为“真人”，改天师印为真人印
洪武十三年（1380）	明成祖	封四十三代正一天师张宇初为“正一嗣教道合无为阐祖光范真人”	《明太祖实录》卷一三〇	
永乐八年（1410）	明成祖	封四十四代正一天师张宇清“正一嗣教清虚冲素光祖演道真人”	《明宣宗实录》卷三十	

① 上述 11 位天师简介内容参考了张金涛主编的《嗣汉天师府志》第十四章“历代天师传略”内容。中国国际文化出版社 2015 年版，第 135—140 页。

② 《明太祖实录》卷三十四，第 602 页。

③ 此表转引自姚丹丹：《明代正一道研究》，河南大学 2015 年硕士学位论文，第 21—22 页。内容略有改动。

续表

时间	帝王	封号	资料出处	其他
宣德元年（1426）	明宣宗	封四十四代正一天师张宇清“正一嗣教清虚冲素光祖演道崇谦守静洞玄大真人”	《明宣宗实录》卷一十八	
宣德三年（1428）	明宣宗	封四十五代天师张懋丞为“正一嗣教崇修至道葆素演法真人”	《明宣宗实录》卷三十九	
正统十年（1445）	明英宗	封四十六代天师张元吉为“正一嗣教冲虚守素绍祖崇法真人”	《皇明恩命世录》卷六	景泰六年（1455），景帝封为“正一嗣教冲虚守素绍祖崇法安恬乐静玄同大真人”。天顺八年（1464）加封为“正一嗣教体玄悟法默静虚闻道弘化妙应大真人”。成化三年（1467）加封为“正一嗣教体玄崇默悟法通真闻道弘化辅德佑圣妙应大真人”
成化十三年（1477）	明宪宗	封四十七代天师张玄庆为“正一嗣教保和养素继祖守真大真人”	《明宪宗实录》卷九十八	
弘治十四年（1501）	明孝宗	封四十八代天师张彦頨“正一嗣教致虚静承元弘化真人”	《黄明恩命世录》卷八	世宗皇帝在嘉靖五年（1526）加封为“正一嗣教怀玄抱真养素守默葆光履和致虚冲静承先弘化大真人”
嘉靖二十八年（1549）	明世宗	封第四十九代天师张永绪为“正一嗣教守玄养素遵范崇道大真人”	《汉天师世家》卷四	
隆庆二年（1568）	明穆宗	穆宗皇帝下诏割除第五十代天师张国祥“正一真人”的名号，夺其印，降为上清观提点，给提点印	《明穆宗实录》卷一十六、《皇明恩命世录》卷九	万历五年（1577），明神宗复其真人称号，封为“正一嗣教凝诚治道阐玄弘教大真人”
天启六年（1626）	明熹宗	封第五十一代天师张显庸为“正一嗣教光扬祖范冲和清素大真人”	张源先《历代张天师传》	

明代历代皇帝在加封龙虎山正一派天师封号之时，都会任命其统领道教事，并赐“印”加爵。《明史·职官志》中记载：“龙虎山正一真人一人，正二品。洪武元年，张正常如朝，去其天师之号，封为真人，世袭。隆庆间革真人，止称提点。万历初复之。”[①] 在明代之前，龙虎山正一派领袖的继承者先由上一代天师或族人推荐，经过朝廷吏、礼二部铨选审定，然后由皇帝钦定才能袭爵。到了明代，龙虎山正一派天师的世袭则与明代官爵承袭制度定例一致。[②]《明史》中记载的官爵承袭定制为：“明初定制，嫡子袭替，长幼次及之。绝者，嫡子庶子孙，次及之；又绝者，以弟继。”[③] 由此正一派领袖与爵位的传承体系一致，这意味着将道教宗教领袖的承袭制度纳入了国家官职管理体系，增强了其政治上的合法性。明初朱元璋赐张正常“二品银印”，这一做法一直持续到明代中后期，“赏印”后来增加为玉印、金印、牙印、铜印等，反映出明代皇室对龙虎山天师的礼遇。

综观明代历代天师的人生遭际和家族盛衰，与儒家士大夫阶层的关系固然重要，但取悦君王却是他们获得恩宠至关重要的因素，故即便有困厄之时，终因君王的厚遇而逢凶化吉。

与此相应，宋元时期龙虎山张氏家族通过与地方大家族的联姻巩固了自己在地方上的影响，明代龙虎山道教迈向贵盛，与张氏联姻的家族也从地方望族上升到了勋贵之家和皇室家族。明代初由于龙虎山在道教中的地位进一步提升，与张氏家族联姻的对象已经超越了贵溪县地方大族的范围，如张宇初的妻子孔氏，据张氏族谱记载“夫人孔氏，宣圣五十四世孙女”[④]，可见乃是孔圣后裔。张宇初二弟张宇理于洪武三十一年（1398）入京，“入对雅称旨，赍以金币，命前御史中丞诚意伯刘基以

---

① 《明史》卷七十四，第1816页。

② 参见肖云忠：《正一道天师传承制度初探》，《宗教学研究》2007年第1期，第156页。

③ 《明史》卷七十一，第1726页。

④ （清）张仁晸：《留侯天师世家宗谱》卷二。

其弟之女妻”[1]，此时龙虎山开始与勋贵之家联姻。第四十六代天师张元吉的妻子是静海侯江阴吴祯的孙女，第四十七代天师奉旨娶成国公之女，与皇室成为姻亲。第四十八代天师张彦頨先后娶了三位妻子："先是，公以襄城伯李公鄌女早卒，复娶锦衣吴公珍女，又卒”[2]，最后明世宗令其“聘安远侯柳公文之女”，“敕南京内外守备官陪公亲迎，一时观望咸谓旷典”[3]。第四十九代天师张永绪，明世宗于嘉靖二十九年（1550）“命聘定国公徐延德女为家妇”[4]。第五十代天师张国祥，则于万历五年（1577）尚驸马都尉谢韶之女为妻子，且“六礼之费出自内帑”。与此相应，历代天师的妻子也会受到朝廷的封赠：

明代皇帝封赠龙虎山天师妻子、母亲详情表

时间	皇帝	封号
洪武三年（1370）	明太祖	封四十二代天师张正常母“恭顺慈惠淑静玄君”
洪武十四年（1381）	明太祖	封第四十三代天师张宇初母包氏为“清虚冲素妙善元君”
洪武十七年（1384）	明太祖	封第四十三代天师张宇初妻孔氏“端静贞淑妙惠元君”
宣德五年（1430）	明宣宗	封第四十五代天师张懋丞妻孙氏为“柔惠贞静元君”
正统五年（1440）	明英宗	封第四十五代天师张懋丞继室董氏为“温静柔顺元君”
正统十一年（1446）	明英宗	封第四十六代天师张元吉母高氏“慈惠静淑元君”。天顺四年（1460），加封高氏“太元君”
天顺八年（1464）	明英宗	加封第四十六代真人张元吉母高氏为“慈和端惠贞淑太元君”
成化十三年（1477）	明宪宗	第四十七代天师张元庆母吴氏“志顺淑静元君”
嘉靖二十一年（1542）	明世宗	第四十八代天师张彦頨嫡母朱氏“端柔顺德元君”。生母宋氏“柔慈崇善元君”；妻李氏“冲虚柔惠元君”；继配吴氏“安妙善常元君”；继配柳氏“庄惠元君”

① 《道藏》第34册，文物出版社、上海书店、天津古籍出版社1988年版，第836页。

② 周依仁：《第四十八代张天师墓志铭》，《江西历史文物》1986年第2期，第69—71页。

③ 周依仁：《第四十八代张天师墓志铭》，《江西历史文物》1986年第2期，第69—71页。

④ 周依仁：《第四十八代张天师墓志铭》，《江西历史文物》1986年第2期，第69—71页。

续表

时间	皇帝	封号
嘉靖四十四年（1565）	明世宗	第四十九代天师张永绪妻徐氏“静和元君”
万历二十三年（1595）	明神宗	封第五十代天师张国祥母夏氏“静恪元君”。妻谢氏“静淑元君”。天启元年（1621），封张国祥妻谢氏“静淑柔惠元君”
万历三十年（1602）	明神宗	封第五十代天师张国祥祖母杨氏“安淑元君”

为了加强对龙虎山天师教的约束，明王朝还通过赐婚的方式，让朝中权贵与龙虎山天师家族建立婚姻关系，这是历朝历代所未有的，这种神权和政权紧密结合的政治婚姻，不仅显示了浩荡皇恩，加强了龙虎山正一道的政治地位，也进一步保证了龙虎山道教世袭体制的延续。据《留侯天师世家宗谱》记载，其中第四十三代天师张宇初的胞弟张宇理的夫人刘氏，乃明朝开国功臣刘伯温的亲侄女。洪武三十一年（1398），张宇理与真人同时赴阙，因“召对称旨”，当即命刘伯温以其弟之女妻之。从第四十七代天师至第五十代天师，都是皇帝赐婚。

二、明廷对龙虎山高道的任用

除了龙虎山天师以外，每次天师入京觐见都会有龙虎山高道同行，在受到皇帝接见之后都会分别委以重任。洪武初期受中书省召见的龙虎山道士除了张天师之外有 4 人，即傅若霖、张友霖、宋宗真、邓仲修。

傅若霖，号同虚，江西抚州府金溪县人，九岁时入龙虎山学道，元顺帝至正十一年任大上清宫书记；至正二十年，授教门掌书记，法箓局书记兼靖通庵焚修。① 明初随张正常多次入京，洪武六年（1373）以高道被征，居住于南京朝天宫。洪武十八年（1385），众人推荐傅若霖担任管理龙虎山、三茅、阁皂山提点，遂去南京面见朱元璋。“有旨于龙虎、三茅、阁皂三山造道行之士充神乐观提点，佥推公，应召赴京。上悦，授格神郎五音都提点，正一仙宫，领神乐观事，敕礼部铸印如六品，命掌

① 《道藏》第 33 册，文物出版社、上海书店、天津古籍出版社 1988 年版，第 25—27 页。

之。”[①] 在神乐观任职十年后，于洪武二十六年归龙虎山。

张友霖，字修文，江西广信府贵溪人，十二岁入龙虎山，洪武元年（1368），赴召，授为教门高士，提点大上清正一万寿宫，掌诸宫观事[②]。

宋宗真在洪武初任报恩光孝观提点，洪武五年（1372），被任命为朝天宫住持，屡蒙召对。

邓仲修也在洪武初年得到朱元璋的召见。洪武七年（1374），朱元璋认为灵宝斋仪过于烦琐，诏宋宗真、邓仲修、傅若霖等删繁摘要重修编修，并“设筵以宴享之”，即为后来收录《正统道藏》洞玄部威仪类的《大明玄教立成斋醮仪范》。

正是由于明初皇帝对龙虎山道士的尊崇，使得龙虎山的声望在社会上不断提升，为后来龙虎山正一派走向贵盛打下了基础。

第三节　国家祭祀、斋醮活动与龙虎山道士

在明代道教备受皇帝推崇，其中最重要的表现是：一方面道士得以在国家礼乐制度体系之下参与国家祭祀活动；另一方面，有明一代不少天师都奉皇帝或官方的命令主持了大型的斋醮活动。

一、龙虎山高道与神乐观

神乐观[③] 之名创立自明初。朱元璋使用道教乐舞进行祭祀，并建立由道士乐舞生负责的神乐观[④] 作为国家祭祀的服务机构，由此道士成为礼乐权利的掌控者，是国家的祭祀仪式专家。因朱棣迁都北京，所以神乐观分为南京、北京两个系统。神乐观在负责国家祭祀礼乐的同时，还

---

① 《道藏》第33册，文物出版社、上海书店、天津古籍出版社1988年版，第166页。

② （明）宋濂：《大上清正一万寿宫住持提点张公碑铭》，《宋学士文集》卷十五，正德九年（1514）刻本。

③ 关于明代神乐观的研究参见李亚平：《明代神乐观研究》，黑龙江大学2012年硕士学位论文。

④ 洪武十二年（1379）朱元璋下令在郊祀坛西建神乐观，供参与国家祭祀的道士和道教乐舞生。神乐殿中建有太和殿，每次祭祀之前都需要在此排练、演习祭祀舞乐。此后，国家的祭祀典礼中的乐舞都由神乐观负责。

是国家最高音乐教育机构，并负责明代藩王府及附属国的音乐教化。由于乐舞生由道士担任，所以遇到国家干旱或洪涝灾害的时候，他们也参加官方的斋醮活动，以祈雨降水或消灾解厄。神乐观的乐舞生受国家俸禄，除练习国家祀典的礼乐外他们仍保持了道士的生活方式。在国家的官僚体系中形成了自神乐观、太常寺至礼部的晋升渠道，在这样的条件下道士得以更多参与到国家的政治活动中，他们与明代权利核心的官员有复杂的关系，但是由于道士以此“异途”进入官员体系，往往引来儒臣的不满和反对。

神乐观，特别是南京神乐观由于地缘位置的关系其主事道官主要来自龙虎山、茅山、武当山以及江苏、安徽等地，其中不乏出自龙虎山的高道。例如，任神乐观知观蒋雷谷及其弟子。

明代神乐观的道官有不少都来自龙虎山，或与龙虎山有颇深的渊源，可视为龙虎山正一派系中的高道，他们以礼仪专家的身份参与国家祭祀活动，这一方面提升了龙虎山的声望，另一方面也对道教斋醮音乐的传播、传承做出了贡献。

二、天师参与国家祭祀、斋醮活动的考察

龙虎山正一道在明代获得了不可动摇的道教领袖地位，其中一个重要的原因应该是与天师道所擅长的符箓斋醮有关。无论是对王权的敬畏服从还是对苦难的安慰舒缓，正一道的符箓斋醮仪式确实对普通人都有着重要的心理暗示作用和行为指导意义。我们从历代天师重要的斋醮活动中可见一斑。

（一）第四十二代天师张正常奉朝廷之命到嵩山祭祀

随着明代王朝的建立，龙虎山道教参与的国家祭祀活动就愈加频繁起来。如洪武二年（1369）张正常于京都建醮，“通诚于天帝，礼成，赐金帛宴享恩赉。”这是天师在明朝第一次主持的彰显王权神授的祭天大典。祭祀的准备阶段，太祖朱元璋就祭祀相关事宜四次垂问，“上御奉天殿赐见……是月垂顾问者四”。

洪武九年（1376），明王朝政权根基已然稳健，朱元璋正考虑作一次彰显王权一统的遍布全国的系列祭祀活动，不想张正常不请自来，这令朱元璋非常高兴，《皇明恩命世录》中记载："上遣使召，忽先期入见，上喜曰：卿来何与朕意相符！明年秋，朕将遣使祠海岳诸神，卿当妙柬清修之士与其偕来。"洪武十年（1377），太祖朱元璋命张正常"偕太师韩国公李善长代祠嵩山，分遣大臣与弟子代祠群望"，并正式发出诏命：

> 敕正一嗣教大真人张正常：朕闻天生民而立君，君为民而立命。所以谨百神之祀，乃国之先务也。朕与卿等当群雄角逐之时，战胜攻取，非上天后土之眷命，岳镇海渎之效灵，安能如是？今者新秋在迩，岳镇海渎之祀，理当报谢。古者君狩方隅，诣祠而祭。朕为新造邦基，民生方始，未获亲往。特命卿等代朕以行，奉牺牲祝帛于神所。故兹敕谕汝往，钦哉。①

"国之大事，唯祀与戎。"这道诏命说明，这是一次全国范围的系列祭祀活动，是朱元璋根基稳健后慎终怀远之举，是朱元璋彰显王权的方式，也是国家走向正轨的体现。对于劳苦功高的龙虎山张正常天师世家，朱元璋御制包括前二十代天师的《历代天师赞》，对历代天师进行褒奖。可惜张正常尚未遍祭五岳，染疾，是年冬，还山而卒。朱元璋得闻嗟悼不已，亲制祭文，遣浙江参政安庆至祭，对张正常的英年早逝表示惋惜和哀悼。

（二）第四十三代天师张宇初的斋醮活动

第四十三代天师张宇初，历经太祖、成祖二代，多次主持朝廷的建醮活动。洪武十六年（1383），天师张宇初奉召赴南京于紫金山建玉箓大斋。据苏伯衡《重修上清宫碑文》载："召使建金箓大醮于紫金山，七昼夜竣事。"永乐五年（1407），明成祖召见天师张宇初，天师建醮于朝天宫，成祖敕赐嘉奖。永乐六年主建玉箓大斋五坛，为徐皇后超度。这次大醮历时百日，是历史上醮祭时间最长的一次斋醮法会。

天师张宇初也因建醮有功，成祖皇帝永乐五年亲与奖敕：

① 转引自《龙虎山志》编纂委员会编写的《龙虎山志》"艺文"，江西科学技术出版社 2007 年版，第 277 页。

> 敕正一嗣教真人张宇初：朕惟元元之教，统大道之宗，阖辟阴阳，斡运神化，混融三界，总摄万灵……证盟善功。朕德薄所未能知者，藉兹众善。是以上元飨答，茂集嘉祉。睹兹感应之彰明，久想神灵之获庆，超登大梵，永遂逍遥，式副朕怀。特申嘉奖，汝其益懋神功，愈致精一，洞明妙化，浑合无为，宏阐宗风，翼我皇度。钦哉！故敕。[①]

天师张宇初在永乐八年时羽化而去。明成祖北巡期间还遣行人陈逵赐祭曰："用示朕怀汝。其飨之。"[②]从成祖的两次遣使致祭可以看出，明成祖对天师张宇初为修建仁孝皇后的玉箓超度大醮的辛苦付出铭记在心，久久不能忘怀。

（三）第四十四代天师的斋醮活动

第四十四代天师张宇清号西壁，于永乐八年承袭天师。永乐八年（1410）入朝，命醮朝天宫。永乐十一年（1413）钦命遣使诣龙虎山，就大上清宫建金箓大醮七日，赐建"放生池"，立石制禁，不许网钓。《皇明恩命世录》记载，永乐十一年九月，"诏遣使诣山就大上清宫建金箓大斋七日。并斋给缗钱俾市鱼置放溪中，赐名放生池，禁人网钓"[③]。

永乐十五年（1417），成祖命天师分献西镇坛，并建醮于闽之灵济宫，得到永乐皇帝的奖敕：

> 今特赐敕褒奖，用伸朕怀。汝尚茂隆道行，益振元风，宏演清虚之教，统承大道之宗，翊我国家，永臻至治，钦哉！[④]

① 本段奖敕引文转自张金涛主编：《嗣汉天师府志》"古代文献"，中国国际文化出版社2015年版，第179页。

② 成祖赐祭天师张宇初的两段引文转自张金涛主编：《嗣汉天师府志》"古代文献"，中国国际文化出版社2015年版，第179—180页。

③ 何建明主编：《道藏集成》第103册，国家图书馆出版社2017年版，第474页。

④ 参考张金涛主编：《嗣汉天师府志》"古代文献"，中国国际文化出版社2015年版，第180页。

天师完成灵济宫大斋之后回京，朝廷赐天师楮币万缗，白金百镒，之后又命率南北道士 1800 人建玉箓大醮。

永乐十七年（1419），天师分献星辰坛，建保安醮七日，又奉诏建祈恩大斋，永乐皇帝还专门敕奖曰：

> 尔等克承朕命，斋洁至诚，精严对越，宏宣妙典，扬阐宗风，感乎天地神明。朝锡景贶，叠荐灵祥，卿云彩矞，克满大虚轮。①

仁宗即位后的洪熙元年（1425），命建荐扬大醮，天师张宇清及从行弟子备受厚赏，一时轰动朝野。

（四）第四十五、四十六、四十七等三代天师的斋醮活动

1. 第四十五代天师张懋丞的斋醮活动

第四十五代天师张懋丞是宣德元年（1426）袭爵，次年入谢即“建醮于内廷”；宣德四年（1429），天师“入贺万寿节，命分献东镇坛，俾醮于仁智殿，赐赉有加”②。

2. 第四十六代天师张元吉斋醮活动

第四十六代天师张元吉秉承前代天师之遗绪，相继得到朝廷的重视，并主持大型醮坛。正统十四年（1449），朝命天师分献星辰坛。景泰元年（1450），命天师张元吉建保镇国祚醮（即金箓大醮）于大德观。景泰二年，给牒一千度道士。景泰三年，朝明建醮内庭，祀成，赐宴仁智殿。景泰四年，又命分献风云雷雨坛，醮于朝天宫。景泰六年，又命天师建金箓、黄箓两大醮于灵济公。成化二年（1466），宪宗命天师分献风云雷雨坛，又命建升真醮于大德观。成化五年，朝命天师建金箓大醮于

① 参考张金涛主编：《嗣汉天师府志》“古代文献”，中国国际文化出版社 2015 年版，第 181 页。

② 参考张金涛主编：《嗣汉天师府志》“历代天师略传”，中国国际文化出版社 2015 年版，第 137 页。

朝天宫。[①]

3. 第四十七代天师张元庆的斋醮活动

第四十七代天师名张元庆成化八年袭爵天师，成化二十年（1484），天师受命降香太华山及铁柱宫。弘治九年（1496），天师受命建保民大醮于上清宫，以守臣邓原并两司掌印陪祀。

（五）第四十八、四十九、五十等三代天师的斋醮活动

1. 第四十八代天师张彦頨建醮齐云山

第四十八代天师张彦頨年甫十二即掌教门，并承掌天下道教事。正德七年（1512），天师陪祀泰坛。嘉靖六年（1527），天师“躬诣万法祖师福地，安神修醮，并净乐宫建祈嗣斋，深劳真体”[②]。嘉靖七年（1528），陪祀星辰坛。嘉靖十一年（1532），天师张彦頨曾经奏令道徒建醮齐云山，获灵验。嘉靖十七年（1538），嘉靖皇帝诏张彦頨再次建醮齐云山，《皇明恩命世录》记载：

> 今特命卿诣彼虔修斋醮，一以谢神，一以上祈母寿。事毕，卿还山，着随去高士聂一然回奏。卿经过去处，军卫，有司，驿递等衙门，即便照例应付，不许欺慢留难，如有不遵敕旨，故违误事者，听卿奏闻处治。

此次建醮的目的有二：一是谢神，一是祈母寿。前者是求子灵验的感谢，后者是龙虎山作为道教领袖的功能体现。

第二年，准奏齐云山如太和山例除官道住持管理，赐神宫名曰玄天太素宫，仍免本山香钱，京降禁护。一时，齐云山道教炙手可热。

---

① 关于第四十六代天师的建醮情况，参考张金涛主编：《嗣汉天师府志》“符箓斋醮与祭祀庆典活动”，中国国际文化出版社2015年版，第72页；并参考《龙虎山志》编纂委员会编写的《龙虎山志》“天师世家”，江西科学技术出版社2007年版，第172页。

② 参考张金涛主编：《嗣汉天师府志》“古代文献”，中国国际文化出版社2015年版，第186页。

2. 第四十九代天师张永绪的斋醮活动

第四十九代天师张永绪年方十岁袭天师爵位。嘉靖三十一年（1552），天师“再召入对，赐宴便殿，命建保国安民大醮于朝天宫，有蟒衣玉带之赐”。[①] 嘉靖四十四年（1565），先命天师建醮内廷，复敕天师主春祈祀典，礼毕还山。

此外第四十九代天师还恢复了“万法宗坛”的祭祀活动。万法宗坛始建于明嘉靖五年（1526），是天师奉旨祭祀神灵演化之所。万法宗坛是道教祖庭的重要标志。据《道教要义问答大全》记载：道教原有四大法坛，龙虎山天师派为正一玄坛，茅山三茅真君派为上清法坛，阁皂山葛仙翁派为灵宝玄坛，西山许旌阳派为净明法坛。后因三山甚少传世，元时天师奉旨领江南道教事，故三山符箓均收归龙虎山天师府，乃改正一玄坛为“万法宗坛”。据《皇明恩命世录》记载，嘉靖五年五月，“钦颁神像并赐印记，谕司礼监太监鲍忠传奉圣谕以所奉三清、四帝列曜神像，着吴猷斋去龙虎山大真人府‘万法宗坛’安祀，并赐银镂‘掌法仙卿之印’一颗，牙刻宗传之印一颗”。[②]

3. 第五十代天师张国祥的斋醮活动

第五十代天师张国祥于神宗万历五年（1577）三月袭封承职，并于当年四月奉圣旨“建受箓延禧醮于大高元殿”。万历三十年，天师张国祥“在京候旨修醮”。

根据《天师世家》[③]，生活于明朝晚期的第五十一、五十二两代天师都很少参与主持朝廷的斋醮活动。

天师参与朝廷的斋醮活动，既是朝廷对龙虎山天师掌管道教天下教坛身份的认可，也进一步巩固了龙虎山正一道在道教诸流派与民众心目中的正统地位。

① 参考张金涛主编：《嗣汉天师府志》“历代天师略传”，中国国际文化出版社 2015 年版，第 139 页。

② 何建明主编：《道藏集成》第 103 册，国家图书馆出版社 2017 年版，第 498 页。

③ 参考《龙虎山志》编纂委员会编写的《龙虎山志》“天师世家”，江西科学技术出版社 2007 年版，第 174—175 页。

第四节 龙虎山道教建筑群的建设

历来龙虎山天师道的主要宫观是天师府和上清宫，前者作为天师办公和居住之地，后者作为斋醮祭祀场所，在明代都几经修葺完善。明朝政府拨划经费予以物质上的资助与政策上的支持。明洪武元年（1368），太祖朱元璋赐白金十五镒（约合 360 两）予第四十二代大真人张正常“新其第”。明宪宗成化三年（1467）赐御书“大真人府”额，二十一年（1485）又御旨重建天师府。在明朝上至皇帝下至地方政府的大力扶持下，龙虎山的宫观得以兴复并初具规模。

一、大上清宫的扩建与修葺

大上清宫位于龙虎山上清镇东 1 里之地。它是历代天师阐教说法、传道授箓及举行大型醮事的最大宫观。元末顺帝至正十一年（1351），大上清宫毁于火，成为一片废墟，明初开始修复与扩建。作为龙虎山道教的重要宫观，明朝共进行了七次修建。

上清宫第一次修建由明初第四十二代天师张正常主持。鉴于元末毁于火的大上清宫，天师用明太祖朱元璋所赐金币作“三清殿”，由于资金有限，只是部分修建，其余无暇顾及。

上清宫第二次修建由第四十三代天师张宇初主持。洪武二十三年（1390），天师张宇初奏请重建上清宫。重建费用主要是藩王贵族、官僚捐助，朱元璋也亲赐宝钞 5000 贯。重建工程自洪武二十四年（1391）四月动工，二十六年（1393）十月告竣，历时两年半。《龙虎山志》“宫府”记载了其规制：

> 中为阁，阁之上为玉皇殿，下为经堂，其前为真武殿。殿之前为三清殿，又前为元坛，复以重屋。坛之前为三门，门之前为虚皇坛。坛前为棂星门，而东西各属以周庑，表以层楼。左楼悬大钟，右楼悬大鼓。东为东庑，内外方丈、上下库司、元坛祠、蓬海堂、宿云堂在焉；西为西庑，寿星堂、玄帝殿、斋堂、藏室、上下官厅

在焉。而钟台又在其东。越三年告成。[①]

上清宫第三次修建发生于永乐初年。明成祖朱棣登基后，于永乐元年（1403）赐缗钱修葺，其具体修葺情形不详。

上清宫第四次修建发生在永乐十四年（1416）。这次修建力度较大，故其殿宇建置和名称也有改变。根据娄近垣《龙虎山志》“宫府”载：

易紫微阁为正一堂。钟楼下有雷祖祠，鼓楼下有五岳圣帝祠、元坛祠。北有昊天殿、真风殿，东有福地仙宫殿，稍南有三官殿，西有留侯殿，又南为十二真君殿，真君殿西北有南斗殿。方丈东有提点提举所，又有法堂在方丈南，真君殿在法堂东。而旧时虚皇坛、寿星堂、元帝殿则无有矣。[②]

从其记载可以看出，与第二次大型修建相对比，本次修建增加的祠殿较多，如雷祖祠、五岳圣帝祠、昊天殿、福地仙宫殿、三官殿、留侯殿、十二真君殿、南斗殿、真君殿等 9 处，玄帝殿与虚皇坛未予恢复。

上清宫第五次修建发生在明正德年间。明正德三年（1508），第四十八代天师张彦頨奏请重修上清宫，同年六月明武宗敕遣内官太监李文会同江西镇巡等官监修，其敕文曰：

敕内官太监李文：龙虎山上清宫毁坏，先帝常有旨修盖，后因地方多事，未曾举行。近该正一嗣教大真人张彦頨奏乞盖造。今特命汝前去彼处，会同江西镇巡等督官同都、布、按三司，委官人等，提督修盖。其合用物料人力相工派办。务要照依旧式，使规模停当，材物坚固，毋得迟延岁月，空费钱粮。[③]

---

① 《藏外道书》第 19 册《龙虎山志》卷三“宫府”，第 2 页。

② 《藏外道书》第 19 册《龙虎山志》卷三“宫府”，第 2 页。

③ 参考张金涛主编：《嗣汉天师府志》“古代文献”，中国国际文化出版社 2015 年版，第 185 页。

其规制为：正殿曰寥阳殿，5 间。东西通廊，各 12 间。东庑配殿曰三官，曰元坛。西庑配殿曰四圣，曰文昌，各 3 间，分东西向。寥阳殿之后曰真风殿，5 间。真风殿之后曰玉皇阁，5 间。东曰雷祖殿，西曰高真殿，皆南向。寥阳殿前曰龙虎殿，5 间，旧时正一玄坛殿也。南曰门屋，东西 2 楼，钟鼓之所在。楼之北建 2 碑亭；楼之南棂星门，又南折而西曰下马亭。亭之西南曰门楼。临街东西 2 坊，左曰崇福，右曰广教。崇福东曰碑亭，立元时 2 碑。钟楼之东北为提点所，北曰库楼。鼓楼西南为官厅。① 这次修建，新增的殿堂是寥阳殿、四圣殿、文昌殿、高真殿、龙虎殿。

上清宫第六次修建发生于嘉靖年间。嘉靖五年（1526），嘉靖帝下达“重建大真人府第敕”，敕文曰：

> 敕内官监左少监吴猷：近因正一嗣教大真人张彦頨奏称，先年府第已坏，乞要差官起造。今特命尔前去彼处，依式样督工，上紧盖造。合用钱粮，令彼处巡抚、巡按、三司等官措置。应用人夫，于邻近州县派拨，到彼做工。②

然此次修建，直到嘉靖十一年（1532）才实际动工，因提点张定汉题请，世宗敕道内官监左监丞曹玉重修，敕文曰：“敕内官监左监丞曹玉：江西龙虎山上清宫殿宇年久损坏，即上紧修理完备。其敕建仙源宫照依降去图样，如式盖造。务各基址坚固，栋宇状实，以图永久，用称朕事神之至。今特命尔前去，会同彼处抚按官督，同该司府等官，查照先年事例一并修造……” ③ 然具体修缮情形不详。

① 参考《龙虎山志》编纂委员会编写的《龙虎山志》“宫观”，江西科学技术出版社 2007 年版，第 199 页。

② 参考张金涛主编：《嗣汉天师府志》“古代文献”，中国国际文化出版社 2015 年版，第 185—186 页。

③ 参考张金涛主编：《嗣汉天师府志》“古代文献”，中国国际文化出版社 2015 年版，第 186 页。

上清宫最后一次也即第七次修葺发生于明万历与天启年间。万历三十七年（1609）贵溪大水，上清宫毁于水。万历三十八年（1610），敕修上清宫："亟行修理，准留本省税监潘相应解三十八年分内外税银三万两，著真人张国祥自行修理，完工造册奏该部院指导。"然三十九年，修葺工程未竟，天师羽化而去。第五十一代天师承父志继续庀财鸠工，进行上清宫的修葺工程，其重修规模一如旧制，直至熹宗天启八年（1628）告成，历时 18 年之久。不过，从五十代天师开始经营修缮到五十一代天师继续进行修缮，中间间隔了 16 年之久。明朝施凤来撰有《重修龙虎观上清宫记》[①]。

二、天师府的修建

天师府是历代张天师起居和祭祀神灵的地方，也是道教祖庭和历代天师掌管天下道教事务的办公场所。天师府始建于北宋徽宗崇宁年间。明朝 280 多年，天师府仅进行了 3 次修建。

第一次修建发生在明初。明洪武元年（1368）太祖朱元璋赐白金五十镒，予四十二代大真人张正常以新其第。

第二次修建发生在明成化年间。此次修建是明朝第一次修建 100 年后，明宪宗成化三年（1467）赐御书"大真人府"额予第四十六代天师张元吉，二十一年（1485），又御旨敕江西守臣重建天师府。

第三次修建发生在嘉靖年间。嘉靖五年（1526），张彦頨以府邸被焚奏请重修，明世宗朱厚熜遣中官吴猷同江西抚按根据天师府的建制又进行扩建，凡 191 间，所费银多达四万七千两。当时的建制为：

大堂教厅 5 间，东西廊房各 6 间，仪门 3 间，左右耳房各 2 间，头门 6 间，后堂 5 间，左右耳房 2 间，东西厢房各 6 间。

私第则正厅 5 间，东西厢房各 3 间、门屋 1 座；后堂 5 间、东西厢房各5间，后堂小厢房6间，敕书阁5间。私第之东为家庙，有享堂5间，东西庑房各 5 间，正门 3 间，后殿 5 间，东西庑房各 3 间。后书院 3 间，

① 参考张金涛主编：《嗣汉天师府志》"古代文献"，中国国际文化出版社 2015 年版，第 215 页。

东西厢房各3间。后小屋9间。万法宗坛在私第之西，正殿5间，东西庑房各3间。坛后真武庙5间，东西庑房各3间。殿后小屋9间。以上庙坛内祀御赐三清、四御、南北斗、二十八宿、三十六天将铜像，共138尊。

玄坛殿在二东门，正殿3间，东西庑房各2间。法箓局提举署在二门西，前厅3间，后厅3间，东西厢房各3间。牌坊2座在府前，左榜“道尊”，右榜“德贵”。碑亭1座在府门西。

以上是明朝嘉靖年间的天师府基本格局。[①] 从其基本格局可以看出，整个天师府以私第为中轴，正厅居中，私第为整个天师府的主体建筑，家庙建筑群在私第正厅之东，万法宗坛建筑群在私第正厅之西，正所谓“东盖天师家庙以祀历代真人，西立万法宗坛以奉上帝列真。余悉更置，山水增辉，遂为龙虎山福地之冠”[②]。

三、正一观的定名与修建

正一观原名祖天师庙，是道祖张道陵结庐炼丹处，由第四代天师张盛最初建祠祀祖，故而成为正一天师道祖庭的象征。正一观历史上称呼不一，如南唐敕建“天师庙”，北宋徽宗赐额“演法观”，明嘉靖三十四年正式敕改额为“正一观”。

正一观位于贵溪龙虎山镇龙虎山村，南距天师府6公里。正一观于明朝先后三次修复。

第一次修缮于明万历七年（1579），朝廷遣太监杨辉督修。

第二次修缮于万历三十九年（1611），由第五十代天师张国祥主持修复事，一如旧制：正殿5间，中祀祖天师及王长、赵升二真人，俱浴金铜像；左右两庑房各3间，正门3间；殿后玉皇殿5间，丹房6间，庖湢皆具。

---

① 关于明嘉靖时期天师府建筑布局情况，主要参考张金涛主编：《嗣汉天师府志》“第四章”，中国国际文化出版社2015年版，第43—44页。

② 参考张金涛主编：《嗣汉天师府志》“历代天师略传”，中国国际文化出版社2015年版，第139页。

第三次修缮于明熹宗天启三年（1623），礼部尚书施凤来有记。[①]

除了这些宫观外，于上清宫西三十里的仙源宫也于明嘉靖壬辰由邵元节题请重修并由观改宫[②]。在真人府第西百余步的静应观于明永乐间重建、嘉靖中赐额。[③]在上清宫东三里的冲元观，明洪武初由傅闻山建，四十四代真人还赋有诗。[④]在上清宫北二里的北真观乃四十四代天师葬所。在上清宫西十里的南极观，乃四十五代与四十九代真人葬所。[⑤]

整个明代，龙虎山道教宫观建设主要集中于天师府、上清宫与正一观的兴复，其中尤以上清宫修缮的次数最多，多达七次，天师府与正一观皆修缮三次。从修缮的时代分析，龙虎山道教宫殿修缮多集中于明初的洪武年间与明中后期的嘉靖、万历年间。

第五节　龙虎山道教文化建设及其历史地位

有明一代，龙虎山的道教文化在前代基础上得到进一步发展与开拓，主要表现在以下两方面：由天师直接参与《万历续道藏》的编纂，天师主持《龙虎山志》的编纂，天师编修《道门十规》，出版天师文集；明代士大夫与文人游经龙虎山，与天师或龙虎山高道唱和往来，叙写方外之交的词赋、吟咏龙虎山道教宫观或遗址的诗文，数量十分丰富。明朝龙虎山道教文化最杰出的代表是天师张宇初，他在道教宗旨阐述、道门戒规、道教文献整理、道教诗文方面都有杰出贡献。

---

① 关于正一观修缮情形，主要参考《龙虎山志》编纂委员会编写的《龙虎山志》，江西科学技术出版社 2007 年版，第 201 页。

② 《藏外道书》第 19 册《龙虎山志》卷四“院观”，第 2—3 页。

③ 《藏外道书》第 19 册《龙虎山志》卷四“院观”，第 3 页。

④ 《藏外道书》第 19 册《龙虎山志》卷四“院观”，巴蜀书社 1992—1994 年版，第 6 页。

⑤ 《藏外道书》第 19 册《龙虎山志》卷四“院观”，巴蜀书社 1992—1994 年版，第 6 页。

一、张宇初主持《龙虎山志》与《正统道藏》的编纂

（一）《龙虎山志》

现存20世纪之前编修的《龙虎山志》有两种：一是元代元明善编修的《龙虎山志》；一是清代娄近垣的《重修龙虎山志》。史载张宇初所修《龙虎山志》介于二者之间。

张宇初《岘泉集》卷二有《龙虎山志·序》云："山志之不可无述也。……间病旧志多疏浅凡近，窃有慨焉。或谓值此盛世，非加以稽古索隐，以成一山之盛典，岂不使奇芬伟躅湮郁涣漫，……予虽笃志而学，有未逮焉。讲师李唐真，清修笃厚，乃命搜访其遗缺。而仲氏宇清，志锐而才敏，力赞成之。遂析为十卷。将完，而善士某愿寿诸梓。"[①]可见，张宇初、张宇清、李唐真曾经修纂《龙虎山志》10卷刊行。清代时，娄近垣《龙虎山志·自序》中说："向病其阙略，及读志中旧序，始知元编旧志已为四十三代天师增至十卷矣，岁月寖久，简册靡存，今之三卷，乃耆山残缺之余编，而非明善所辑之余策。"其中所说的"今之三卷"乃明第五十代天师张国祥所修《续龙虎山志》，说明到清代时，张宇初所修《龙虎山志》的原作已经不复存在了。

（二）《正统道藏》

《正统道藏》是因为刊行于明英宗正统年间而得名，不过这部书的编纂始自明成祖朱棣。关于永乐年间编纂《道藏》的起始时间，学术界大致有两种看法：一种认为，从永乐四年（1406）起令第四十三代天师张宇初纂校《道藏》。《皇明恩命世录》卷三《命编进道书敕》云："敕真人张宇初：前者命尔编修道教书，可早完进来，通类刊板。故敕。永乐四年十一月十九日。"陈国符《道藏流源考》已引此条，并引他书以为旁证，认为"是张宇初于永乐四年五年奉敕编修道教书，即谓纂修《道藏》也"[②]。当时有道士涂省躬等应诏前往北京参与校勘工作。四年后，张宇初仙逝，其弟张宇清接手主编（《皇明恩命世录》卷四记载，永乐八年十

① 何建明主编：《道藏集成》第98册，国家图书馆出版社2017年版，第504页。

② 陈国符：《道藏源流考》（新修订版），中华书局2014年版，第142页。

月制授张宇清正一嗣教清虚冲素光祖演道大真人，领道教事）。但刊刻尚未完成，朱棣就去世了。白云观《赐经之碑》说“仰惟太宗文皇帝（明成祖）临御之日，尝命道流合道藏诸品经纂辑校正，将锓梓以传，而功未就绪，奄忽上宾”[①]，就是指的这一件事。因此经明仁宗、宣宗两代，编纂、刊印工作一直陷于停顿状态。

另一种看法为，纂修道藏自任自垣始。他于永乐九年（1411）为道录司右玄义，后寻访张三丰，永乐十一年（1413）九月十一日，得正一嗣教真人张宇清荐举，以为玄天玉虚宫提点，任至明宣宗宣德二年（1427），此后任太常寺寺丞间，纂修《大岳太和山志》十五卷。关于纂修道藏一事，《大岳太和山志》有三处记载，还有葛寅亮撰《金陵梵刹志》作为旁证，并说，纂修道藏，开始只有89人，后增至120人，认为始于永乐十七年（1419），参与者还有张宇清、林复真、李玄玉、涂省躬、袁止安、李可道。[②]

而关于编纂道藏一事，《大岳太和山志》载翰林侍讲兼修国史临川王英撰《送提点任先生还武当序》记载说：

> 皇上（永乐帝朱棣）在御二十年冬十二月（1423）初，武当玉虚宫提点任先生自垣以所修道藏经成，将还于山中，而中书舍人王公利用、姚公宗礼言于予曰：初，任先生自武当来，适有诏购天下名山所藏道书，集学道之修洁博习者校正、类聚、会合而为藏焉，遂以先生总之。悉举中外精于楷法之士，以予二人（王利用、姚宗礼）领袖之。至是经成，进之于朝，俱获赐赍。而先生则还于武当焉。先生……于清净之旨，造诣尤深，而兼通乎六艺之学。初句曲山中已授清秩，及提点玉虚，则上之所特命也。……既已观光上国，讨论乎道德之言，以探索其奥旨，与夫丹台之书、玉洞之文，会为大全。此万世之盛典，而先生得裁而正之，亦何其荣且幸哉！

① 陈垣：《道家金石略》，文物出版社1988年版，第1257页。

② 冯千山：《明代纂修〈道藏〉从任自垣始》，《宗教学研究》1991年第3期、第4期。

张宇初编修道教书其实就是明代编纂道藏之始，任自垣只是继其事，二事并不冲突；但校对刊印工作仍未完成。据明《英宗实录》，至英宗正统九年（1444）十月，又命主管京师道教的道录司右演法邵以正继续点校道藏经于禁中。邵以正另一弟子胡守法与在宣德、正统年间历任道录、灵官的汤希文也参与修校工作。据明《英宗实录》《名山藏典谟记》的记载，同年十月曾颁释、道大藏经典于各地寺观，可能是已经点校刊行的部分经典。全藏刊竣在次年，明道藏题识有“正统十年十一月十一日”字样，足以证明这一点。

《正统道藏》共收道书约1400余种，所收道书已重行分卷，原有短卷，则数卷并为一卷，因而有数经、数篇或数图同卷的。每函以十卷占多数。从现存情况来看，此藏曾陆续印行，各版有纸质等方面的差异，取千字文中“天”至“英”字为函目，共成480函、5305卷。

二、张国祥与《续龙虎山志》《万历续道藏》的编纂

（一）《续龙虎山志》

元代元明善编修的《龙虎山志》之后，明代周召曾续编一卷。《中国古籍善本书目》记：“元元明善撰《龙虎山志》三卷，元周召撰《续编》一卷。”[①] 王重民《中国善本书提要补编》录北京图书馆藏元明善编《龙虎山志》三卷，周召《续篇》一卷，并引周召《自识》曰：“志书自吴大宗师表请大元，命名臣编成，刊行于世，岁久磨灭，仅存其一二。然天师世系及山水人物，显晦事迹，历元迄今，又增而不录者，不可胜纪。谨拾袭旧本，为上、中、下卷不动，而天师始末则增入旧本之末。其他若张上卿、吴宗师而下，漏而未入者，及元以后人物事迹，不可复入于元翰林明善之本者，别为一卷，名曰续编，以附于后。”[②] 可见，续编在元代志书的基础上增加了天师始末及元代以后的山水人物事迹。此续编后亦残而不全。

① 中国古籍善本书目编辑委员会编：《中国古籍善本书目》，上海古籍出版社1989年版，第1014页。

② 王重民：《中国善本书提要补编》，书目文献出版社1991年版，第113页。

第五十代天师张国祥在此基础上，续修《龙虎山志》，全志3卷，内容大致如下：上卷包括山川、建置、大上清宫宇、大真人府第、人物各宫观道侣行实；中卷包括皇纶、御赞、累朝制敕；下卷包括艺文、历代宫宇碑记、诗词等。

（二）《万历续道藏》

《万历续道藏》刊于明万历年间，是《正统道藏》的续集，因而得名。《正统道藏》编成后100余年间，新的道书问世，加之发现有明代以前道书遗漏未载，故而明神宗于万历三十五年（1607）令第五十代天师张国祥续刊。但有记载说，万历二十七年（1599）起就已颁赐。张国祥续修《龙虎山志》卷四有明万历二十七年颁道藏敕，其中说"敕谕龙虎山大上清宫住持及道众人等：朕发诚心，印造道大藏经，颁施在京及天下名山宫观供奉……今特差正一嗣教大真人张国祥赍请前去彼处供安"[①]，云云。不过，这还不足以说明究竟是《正统道藏》还是包括了《万历续道藏》。但清乾隆中桂敬顺纂《恒山志》之集也有"万历二十七年遣内监白忠赍道大藏经置恒山，敕藏九天宫"的记载，且"按赐经总五百十二函"，则是说包括了《正统道藏》与《万历续道藏》。《明史·艺文志》子部道家类叙"《道藏目录》四卷《道经》五百十二函"，指此。《道藏目录》也在明道藏内。

《万历续道藏》自"杜"至"缨"字共32函，180卷，补收道书57种，不再分类。从《太上中道妙法莲华经》到明焦竑所撰《庄子翼》及附录，绝大部分是元明道书；但也有早出经籍，如上清系《太微帝君二十四神回元经》、灵宝系《洞玄灵宝玉京山步虚经》、正一系《太上老君开天经》、《太上老君虚无自然本起经》等都颇有参考价值。本朝作品《皇明恩命世录》和《汉天师世家》还是研究正一道的重要资料。《万历续道藏》也是经折本。万历年间合印《正统道藏》。正、续道藏共计512函、5485卷，约近1500种道书，都刊于内府，经板121589页。

① 张国祥：《续修〈龙虎山志〉》卷四，《中国道观志丛刊续编》第13册，第125—126页。

三、龙虎山道教诗文与文人唱咏

明代作为龙虎山道教的兴盛时期，龙虎山遂成为帝王将相、文人墨客经常光顾和怀想之地，并留下了大量诗文。此一时期与龙虎山相关的诗词，就作者来看，大抵可以分为两类：一类是文人墨客所作的诗词；一类则是龙虎山道教中人对龙虎山的描绘。总体上，在对龙虎山自然风光的描绘中，体现了对道教天师驾驭鬼神法术的赞叹，对清静无为和神仙境界的向往。

（一）天师的诗歌

1. 第四十三代天师张宇初的诗歌

明代龙虎山道教中人的诗词，主要的代表人物当数第四十三代天师张宇初。在历代天师中，张宇初应该是其中的佼佼者，《明史》认为其“博学能文，为张继先以来正一天师中唯一有才华者”。《岘泉集》：“其诗之冲邃而幽远，文之敷肤而典雅，读之使人健羡不暇。”宋濂则说：“颖悟有文学，人称为列仙之儒。”而其留下的与龙虎山相关的诗词也最多，并收集在《岘泉集》中。

就张宇初的200多首诗作看，大部分都与山水相关，多是龙虎山周遭的山水游历，其山水诗“极其婉丽清新，得天趣自然之妙”写景状物，深合自然之趣，其文字又多写山居，有着道家的超然，闲适的心态和审美情趣，如：

西溪秋月

月色初凉夜，溪流两岸清。
星河斜屋角，风露杂泉声。
沙渚流孤舫，秋山隐故城。
渔歌来野韵，东埯路回萦。

其中月色、溪流、水声、画舫、秋山、渔歌等意象交织，一幅幽邃的月夜图跃然纸上。

游水帘洞

幽洞双关入杳冥，瑶林琼壑后先行。

层崖珠落帘收瀑，叠嶂屏开锦列楹。

击石尚须期啸父，扪萝端欲候仇生。

洞阿藉地林霏暝，写尽丝桐世外清。

诗中先叙幽洞之景致，着墨于仙境的描写；再写心中所思，尽是隐居高士；最后聊发所感，收笔于世外之情。

庵居冬夜

春回先腊日，晏岁卧山居。

庭竹寒遮径，池梅晚映书。

泉声憎吠犬，春响跃潜鱼。

万物生生意，虚中乐有余。

诗中先写行踪，岁暮腊日，卧居山庵；次写景观，庭竹遮径，池梅映书，泉声犬吠，动静交错；最后写感受，万物生机勃勃，静观万物，乐在其中。

题龙虎山图

道区今昔著江东，虎踞龙翔万壑雄。

紫翠峰峦三岛外，金银台阁五云中。

天低绛节来黄石，地亚琼旌候赤松。

横槊停骖肆登览，展图何俟觅方蓬。

玄都道域重仙山，翠水丹崖四望环。

万窍摩空喧地籁，九霄飞佩谒天关。

丹光夜烛骊龙耀，剑气晴追羽鹤还。

喜授灵诠探禹穴，王廷好为说幽潺。

作为天师道的祖地，张宇初天师在这两首诗中把龙虎山的景致描写得大气磅礴，龙虎山的地势，“虎踞龙翔”“万窍摩空”“九霄飞佩”；龙虎山的地貌，“紫翠峰峦”“翠水丹崖”；龙虎山上的宫观，“金银台阁五云中”“丹光夜烛”“剑气晴追”，乃修行好去处，“何俟觅方蓬”。

张宇初本是道教中人，又多读儒家经典，有着深厚的儒家文化根底，二者结合，使得他就如一个怀有隐居山林思想的儒家知识分子。故他也深受当时文人知识分子敬重，与当时知识分子多有交往唱和，其唱和诗作多长篇。

如《次杨孟项游仙岩韵》《癸未秋同参议胡公游仙岩》《橐龠子歌》《游壁鲁洞天并序》等。

应该说，明朝11位天师中，以四十三代天师张宇初文学才华最为拔出，文学创作成果最为丰富，文学成就也最高。

2. 第四十八代天师张彦頨的诗歌

第四十七代天师张元庆博学能文，长于诗画，可惜没有留下诗作传世。第四十八代天师留给后世的诗词并不多。

陪夏桂洲（夏言）舟游

景属真仙境，波浮上相槎。

元调余赤手，颜驻问丹砂。

笑语情何洽，烟霞兴自赊。

磨崖挥彩笔，岩壑倍光华。

夏言乃明朝中后期世宗嘉靖年间的首辅，与天师属于同乡。本诗叙述天师陪同朝廷上相夏言舟游的创作。从“笑语情何洽”可以看出朝廷宰相与天师之间的关系十分融洽。

（二）士大夫与龙虎山天师及高道的唱和诗

1. 士大夫与天师的唱和诗

士大夫游历龙虎山，与天师来往交游，留下了许多诗词名篇，兹列举数则如下：

（1）翁溥的《上清宫饮张真人宅》

上清宫饮张真人宅

侵晨驾鸾鹤，握节朝上清。
云锁龙虎关，羽客开仙扃。
玄圃积烟霞，洞天多秘灵。
宫殿皆琼珠，瑶草砌面生。
下有真人宅，上通天帝庭。
仙人故栖在，白日闻飞升。
忽有步虚人，天路遥相迎。
云是子房后，辟谷今千龄。
饮我和玉屑，饭我传青精。
室中何所有，玉几黄庭经。
庭前桔柚垂，隐隐闻棋声。
佳游憺忘归，倚然遗世情。
长揖谢时人，吾将师广成。

翁溥，字德宏，浙江诸暨人，嘉靖八年进士，累官至南京刑部尚书。诗中记叙翁溥衔命驾临上清宫、与天师张真人接洽应酬并餐饮的经过。文中接洽诗人的张真人或许是四十八代天师张彦頨。诗之末四句表达了作者对天师闲适修道生活的歆羡之情。

（2）王稚登的《送张心湛真人入觐还山》

送张心湛真人入觐还山

暂时骑鹤下仙都，虽在红尘不受污。
处处投丹施法水，人人拥辙乞灵符。
青天魑魅行来伏，白日雷霆立雪呼。
道在无为非异术，好将清静巩皇图。

作者王稚登（1535—1612），字百谷，江苏武进人，少有文名，万历时曾召修国史，著有《王百谷全集》。诗题中的“张心湛真人”，即龙虎山五十代天师张国祥。诗人对天师张国祥极尽赞美之词，“虽在红尘不受污”“处处投丹施法水，人人拥辙乞灵符；青天魑魅行来伏，白日雷霆立雪呼”。

（3）黄汝良的《赠张大真人二首》

赠张大真人二首

仙源直接泬寥天，闻道飞升自汉年。
真诰宁惟茅氏得，道言应是枕中传。
只将宝箓护千劫，何事浮生问九还。
玉局云音如可遇，愿骑青竹养芝田。

羽盖云车佩玉符，灵通世世领玄都。
身游碧落三天界，手探真形五岳图。
洞里吹笙黄鹤舞，坛边噀酒白龙趋。
凭君欲借降魔剑，如此尘魔伏得无。

黄汝良，字明起，晋江人，万历进士，历南北国子司业，累官礼部尚书改仕，著有《河千集》《冰署笔读》等。文中的张大真人也应该是五十代天师张国祥。诗中对天师一系的渊源、道法的高超给予高度的赞许。

（4）王淮的《张太玄天师（嗣成）画降龙图》

张太玄天师（嗣成）画降龙图

老龙不识天有数，刚要为霖触天怒。
天呼六丁驱下来，不容驻脚天衢路。
雷神伐鼓云扬旗，火鞭乱打列缺驰。
海波起立一千丈，阳侯叫噪冯夷嘻。
泥鳅土蟾妖鬼技，侧睨坳洼务得志。

那知龙抱九土忧，弭角摧鳞潜出涕。
哀哉九土毛骨焦，蛤蟆蜥蜴担工劳。
尔龙稳稳卧海窟，再莫多事生波涛。
海中虽无五花树，海中绰有闲田地。
朝吐扶桑白日光，暮吞细柳赪霞气。
我闻北周之北是大荒，一团阴气余无阳。
何不衔取玉烛上天去，晒破鳌足八极俱辉光。

王淮，字柏源，浙江慈溪人，大约活动于明英宗正统初，为“景泰十才子”之一。张嗣成，乃三十九代天师，乃明初四十二代天师之父，生活于元中期，明初被追封为大真人。王淮此诗，以画为题，以为即使强如飞龙，犹得听命于天，安于所职，不作非分之想。诗人似借题发挥，或有所指，然所指为何，却不好臆测。

2. 士大夫与龙虎山高道的唱和诗

明朝士大夫除了与天师交往之外，也与龙虎山的高道多有来往，故而这方面的诗作也有不少，如：

（1）贝琼的《赠龙虎山邓子方炼师》

赠龙虎山邓子方炼师

鬼谷仙人弱水东，身骑一鹤御青童。
坎离龙虎蟠金鼎，日夜神明守绛宫。
笔扫琅玕三竿雨，琴弹霹雳满林风。
白头欲问长生诀，笑我京华尚转蓬。

贝琼（1314—1378），生活于元末明初，字廷琚，崇德人，明初征修《元史》，除国子监助教，博览经书，工于诗，著有《清江集》。邓子方炼师，不知何许人，标题中只介绍他是龙虎山的炼师。邓子方道法高超，能“笔扫琅玕三竿雨，琴弹霹雳满林风”，有呼风唤雨之能事。

（2）潘子安的《送周炼师还龙虎山》

送周炼师还龙虎山

年来忽忆旧岩扉，即向青天跨鹤归。
老树著风惊虎睡，好山和雨作龙飞。
松间夜月封丹灶，花底秋云补练衣。
辟谷有方仙有术，笑人空饿北山薇。

诗之作者潘子安，生卒年不详。诗中所送还龙虎山的对象周炼师也不知为谁，考稽明代龙虎山周姓高道，有成化年间的周应瑜，乃凤栖院道士，道法显应，祈祷如响，故而成化间曾被诏，廷对称旨，授真人府参赞。[①]根据诗意，潘子安送周炼师还龙虎山，似乎与其被征召入京事相关联。诗中夸赞周炼师道术高超，有辟谷仙方，并与饿死于首阳山的隐士伯夷形成鲜明对比。

（三）士大夫游览龙虎山诗作

明代由于皇室对道教的崇尚，自然让群臣趋之若鹜，在与龙虎山道教的交往中留下了诸多文墨。这些作品在对龙虎山山水风物赞赏之中，往往体现了文人对神仙境界的向往，如宋濂（1310—1381），明初奉命主修《元史》，与龙虎山天师交往颇多，曾经作《云寓轩诗》，盛赞龙虎山为“列仙之伦”，体现为对风景的流连，对神仙境界的艳羡向往，也是与中国传统文人的道家意识相一致的。

1. 吴伯宗的《游仙岩二首》

游仙岩二首

独喜寻幽境，闲逢采药翁。
丹丘知不远，只在碧溪东。

① 参考张金涛主编：《嗣汉天师府志》“历代高道传略”，中国国际文化出版社 2015 年版，第 161 页。

石髓云中现，莲花水上浮。
神仙如可得，直到至高头。

两首诗每首都是四句，每句五字，有点五言绝句的感觉。两首诗的诗意浅显，意境一般。

2. 甘瑾的《过龙虎山》与《游龙虎山》

过龙虎山

素书一束展经纶，世业留侯异等伦。
紫府群仙天上籍，碧桃流水洞中春。
吹箫嬴女台留凤，送酒麻姑脯擘麟。
看取步虚朝帝所，夜阑飞佩近星辰。

游龙虎山

流水湾回路百盘，化人楼阁倚清寒。
枕中鸿宝长生箓，屋外玄都太古坛。
金鼎有丹先试犬，玉箫无曲不吹鸾。
麻姑未老秋霜鬓，几见扶桑海水干。

甘瑾，字彦初，江西余干人，元末明初人，明初曾任严州府同知。

3. 罗洪先的《龙虎山》

龙虎山

心闲无所适，高阁日凭栏。
虚谷多朝气，深林生暮寒。
犹龙嗟见圣，炼虎欲成丹。
二事吾何有，逢人且共餐。

罗洪先（1504—1564），江西吉安人，嘉靖八年（1529）进士第一，官至春坊左赞善，著有《念庵集》《冬游记》。表达了诗人对高道修行生活可望而不可即的复杂心理。

4. 袁炜的《游上清宫》

游上清宫

徐步仙宫里，松筠拂槛齐。
潜龙眠古洞，瑞鹤立高枝。
药灶香风起，丹台紫雾迷。
道人无俗虑，樽酒对枰棋。

袁炜（1508—1591），字新甫，临海人，嘉靖二十三年进士，曾任江西提学，修白鹿洞书院，著有《敬所文集》《海运评考》等。整首诗歌句意清新浅易，对仗工整。

此外，值得一提的是，徐霞客曾经晚年游历龙虎山，虽然只是短短几日，甚至也没有与龙虎山道教直接往来，却留下了对龙虎山的赞誉之词。

混战于南方的朱元璋的军事力量最初借助位于南方的龙虎山道教来为其稳定人心，为明代龙虎山道教与明代政权的良好关系奠定了坚实的基础；而草根出身的朱元璋对宗教的实用主义态度为天师道的盛行提供了良好的政策导引；加之明初几代天师的努力，三教融通的社会思想背景，都为龙虎山天师道与政权尤其是士大夫阶层的良好关系提供了保证，也是龙虎山天师道明代鼎盛的重要原因。

第三章　明代江西閤皂山道教的传承发展

入明以后，閤皂山道教日渐衰落，宫观林立的景象不再，住观的道士锐减，原有的道观荒废，朝廷对閤皂山关注扶持不多，观产被侵占私售时有发生。但閤皂山道教并未完全衰落，它走向了向江西境外发展与民间发展的道路。明代的江西閤皂山灵宝道教不仅随着江西移民与江右商帮的活动而传播到云南、浙江、台湾甚至海外，而且随着灵宝斋醮科仪的日渐民俗化，不断传播并逐渐融入民众的世俗生活，斋醮科仪等宗教活动变成民众世俗生活的组成部分，道士不再深居庙堂超脱尘世，和俗人之间几乎没有什么差别，差别仅在于道士谋生的手段不同，道士逐渐变成了满足民众世俗信仰而存在的从业人员。

第一节　閤皂山宫观的修建

閤皂山道教在宋元时期发展到极盛，当时的宫观众多，道士逾五百。然进入明朝，閤皂山道教逐渐衰落，具体表现为宫观数量的减少，宫观产业被侵占私售等，整个明代270年历史，其宫观仅进行了两次较大的修复，万历之后，宫观倾圮，修复不再。

一、徐麟洲与阁皂山宫观修复

元明之际，全国各地战火四起，阁皂山的道教宫观也毁于兵燹。《阁皂山志》说："壬辰山寨邓克明之变，台殿俱毁。"邓克明之变给阁皂山道教造成严重打击，从此一蹶不振。

到了明初之际，阁皂山的道士希望以自己的力量重建观宇，其中徐麟洲是代表。徐麟洲为明太祖洪武（1368—1398）年间道士，应是阁皂山第四十九代传箓嗣教宗师[①]，明洪武初，主持修复了大万寿崇真宫。《阁皂山志》卷上载："明洪武初，道士徐麟洲复之。"

王恪有诗记载了徐真人请旨获准重修宫府：

□□□□□□□材，真人宫府又重开。
五陵羽客乘风至，一纸仙书带学来。
薇省篆章新雨露，葛翁丹井尚蒿莱，
山人兵后无生计，月地耕烟学种梅。

二、刘开化与阁皂山宫观修复

宣德八年（1433），阁皂山宫观由于采蕨者失火，再度遭到山火焚烧，道众星散，仅存一二人。弘治进士顾应祥在其诗《阁皂山》中写道："踏破云山几万重，笑呼葛子共谈空。着衣亭在云霄外，洗药池存草莽中。不见九龙归古洞，欲骑双鲤驾长风。醉余太极峰头坐，遥指蓬莱海日红。"诗人看到昔日阁皂山的辉煌已然不复，成为一场空，感慨万千。此后，阁皂山道观"负积虚税"，无复旧时容貌了。万历年间（1573—1620），道士刘开化几经努力，企图重整阁皂山旧观，但终因财力无济，无法实现。时"惟仙公殿、东岳殿、丹井尚存，其余琳宫绛阁，弥望丘墟矣"。这正如明万历丙戌（1586）陆从平在《阁皂山志·旧序》中所描绘的"数百年来声响消歇，亡沧云骄鹤驾，寂然无闻"。

① 参考孔令宏：《出土新发现视野下的阁皂宗历史考论》，《地方文化研究》2017年第3期。

第二节　阁皂山斋醮法事的考察

斋醮法事是灵宝派的特色，六朝以降灵宝派的斋醮科仪逐渐被其他道派吸收融摄，成为道教斋醮的重要内容。除上清斋二法和天师道的三元涂炭斋以外，主要的九种斋法是灵宝斋。[①]此后灵宝斋法大行于世，“请福祈真，斋法为大”。唐代以后的科仪经典，所载斋法皆以此为宗，认为“斋法出于灵宝”，甚至有“非灵宝不可以度人”之说。

阁皂山道教斋醮科仪大体沿袭灵宝道祖祖辈辈传承下来的仪程和规范。根据科仪内容、目的、性质的不同，阁皂山道教科仪可划分为修道科仪、祈禳科仪、开度科仪三大类。

修道科仪是指道士平时用于修炼身心、得道悟道、自我持修的日常仪式，以“朝暮课诵”最具代表性。“课诵”是阁皂山道士除戊日之外每日必修的基本仪式，属于集体性的修斋、烧香、诵经活动。阁皂山大万寿崇真宫功课经全称“太上正一灵宝早晚功课经”，它是阁皂山道士自我修持形式之一，其作用在于“保养元和，合助道力”。

祈禳科仪也是道教科仪中重要的一部分，“祈”是指祈求福佑，“禳”指禳除灾祸。用于祈求福佑、庆贺祝寿、禳除灾祸、祛病延年等愿望的“清醮”就属此类。阁皂山大万寿崇真宫祈禳科仪种类众多，大到庆贺诸神圣诞，小到禳除灾旱，都有相应的斋醮法事及其道乐。宫观道众每逢这些祭日，都要举行上表、祝寿、庆贺等科仪，届时附近小庙道徒与信众也会来参加，俨然如盛大节日。

开度科仪又称阴事科仪，用来超度亡魂，也称“幽醮”。用于摄召亡魂、沐浴渡桥、破狱破湖、炼度施食的科仪都属此类。

道教以农历元月十五日为上元节、七月十五日为中元节、十月十五日下元节，合称“三元节”，是道教的重要节日。以“天官”紫微大帝诞辰日的上元节，为天官赐福之日，举行祈福法事；以“地官”清虚大帝诞辰日的中元节，为地官赦罪之日，举行普度孤魂法事；以“水官”洞

① 张泽洪：《论道教的灵宝斋法》，《四川大学学报》2000年第1期。

阴大帝诞辰日的下元节，为水官解厄之日，请神明为运势不好的人消灾解难。阁皂山的斋醮法事在“三元节”中有明显的体现。

一、阁皂山上元节斋醮法事及《上清灵宝济度大成全书》

祈禳法事是道教斋醮法事中最常见的法事，也是上至帝王下至普通民众最常做的法事。各地道教信众亦多于此日前往宫观上香祈福，以获得天官赐福。

明代国家斋醮常行的三坛大醮，主要用于为国为民祈禳，明周思得《上清灵宝济度大成金书》第二十四卷，记录了明代三坛大醮的功用。

周思得《上清灵宝济度大成金书》将斋醮分为开度、祈禳两类。其中用于祈禳的朝仪忏法有：祈雨、祈晴、禳蝗、禳灾、祈嗣、祈禄、祈寿、延生、保命、消灾、普福、安宅、传度、七曜、璇现、北帝等。[①]用于祈禳的醮仪，更是集前代科仪之大成。

作为阁皂山道士周思得在《上清灵宝济度大成金书》第二十四卷中所记载关于祈福朝仪忏法，即应是阁皂山上元天官节所遵循的基本仪式。

周思德，是浙江钱塘人，字养真。他年少时从月庵丘公学道，其师洪武初年仁杭州府道纪司都纪兼宗阳宫提点，后来从四十三代天师张宇初读道书，明成祖时以灵官法[②]名显京师，后住持京师大德观、朝天宫。《明实录》中记载：“永乐中，以道士周思德能传灵官法，乃于禁城之西，建天将庙及祖师殿。”[③]周思德住持大德观，于宣德年间编《上清灵宝济度大成金书》后成为京城著名道士，据明代习经撰《故屡和养素崇教高士管道录司兼朝天宫大德观住持周思德墓志铭》，可知他曾任管理道录司地位显赫。

《上清灵宝济度大成金书》40卷，目录1卷，前有四十五代天师张

---

① 周思德：《上清灵宝济度大成金书》卷二十三，《藏外道书》第17册，巴蜀书社1992—1994年版。

② 周思德这里所传灵官法为萨守坚所行雷法。明沈德符《万历野获编补遗》卷四《萨王二真君之始》载：“国朝永乐间，杭州道士周思德居京师，以王灵官法降体附神。所谓灵官者，为玉枢火府天将，在宋徽宗时先从天师张继先及林灵素等传道法。又从师蜀人萨真君讳守坚者学符术。”

③ 《孝宗实录》卷十三。

懋丞、道录司左演法吴大节、周思德前序3篇，后有北京神乐观提点杨振宗、门生大德观庙官顾惟谨和门生周世宁后序两篇。其中卷一、卷二十三、卷三十四至卷三十七、卷三十九、卷四十，题为“制授履和养素崇教高士周思德修集”，其他32卷题为“嗣青玄府下教司命灵宝领教法师林灵真撰集，制授履和养素崇教高士周思德重修”。

《上清灵宝济度大成金书》的编撰体例是：每卷分门，门下分品，品下分细目。该书除40卷之外，又以十天干，分为10集，立甲、乙、丙、丁、戊、己、庚、辛、壬、癸集，每集据内容分为上下卷，或上中下卷，或前后卷，其中辛集分为上、下、前、后、左、右6卷，为分卷最多之集。该经共分二十门、八十七品。《上清灵宝济度大成金书》的编撰体制，取法于宋代科书《灵宝玉鉴》《灵宝领教济度金书》《上清灵宝大法》。

二、閤皂山中元节的斋醮法事对民间信仰的影响

农历七月十五日称为“中元”，为地官生日，用以赦免亡魂的罪。在道教经籍和传说里，这一天，地官要拿出众生的簿籍，根据神仙、凡人、动物们的表现，勾画赦罪免刑。所以每逢这一天，太乙救苦天尊广开宏恩，大赦地狱，由地官负责赦罪解愆，鬼门大开而慈法普施，广度鬼魂。此时人们为自己的已故先灵烧纸祭祀，诵经超度。此日为祭祀祖先，拔度孤魂，进行孝道的重要节日。

在中元节，閤皂山大万寿崇真宫遵循祖制，启建孝亲报恩中元黄箓大斋。

黄箓斋之盛行，与其济拔救度的功用有关，陆修静《洞玄灵宝五感文》说黄箓斋“为同法拔九祖罪根”[①]。《唐六典》卷四说黄箓斋“为一切拔度先祖”。

在道教斋醮仪式中，唯黄箓斋应用最为广泛，既可用于济度，又可用于祈禳，既适用于皇室，又适用于百姓，能满足社会各阶层人士的各种心理需要，因而千百年来演习不衰，可谓功德广大。故道经称之为开

① 《道藏》第32册，文物出版社、上海书店、天津古籍出版社1988年版，第620页。

度七祖，救拔三途，黄箓大斋，功用第一。[①]

道教的施食炼度科仪，作为灵宝斋法的内容，最早仅是黄箓斋法中的一个仪节，用于济度亡魂，后在施食科仪的基础上盛行起来，成为黄箓科仪的大宗，灵宝斋法的要务。

明初朱元璋敕命编撰的《大明立成玄教斋醮仪》，是建度亡醮三天法事的范本。

三、閤皂山下元节的斋醮法事对祭祀活动的影响

十月十五下元节是洞阴大帝诞辰日，水官解厄之日，请神明为运势不好的人消灾解难。道教的黄箓斋有专门的消灾道场，杜光庭《太上黄箓斋仪》卷三十载高功祈求神灵。

道教认为人难免会有灾运缠绕，若启建消灾道场，仰承太上之惠力，人世间的灾厄、怨仇就会随忏祈而荡涤。解灾不仅限于阳世，阴间的无边灾咎也可解除，斋主九世七玄的前冤宿债，记录于北府黑书中的罪目，就会全部祛除。荡除一切灾厄之后，生者可望年寿增益，死者可以生天受福。

申文发奏是道教斋醮科仪中的重要仪式，每逢重大道教斋醮法会，必将此次斋醮的目的和缘由上奏天庭。科仪中高功法师发炉上香，请圣降临坛场；遍洒发水，祛除污秽；瞑目存想仙真自泥丸注入体内，变凡身为仙体；踏罡步斗，飞升谒帝；将所行法事的缘由、内容及要求发出公文，通过温元帅、值日功曹、符使传递等神，通报三界帝阙，遍诣诸真神司，以求降驾垂恩，证盟修符。整个过程一般由发奏、启师、变神、召将、通疏、送符、回向等几项内容组成。

明初道士编纂的《灵宝无量度人上经大法》卷六十一《灵宝炼度品》详细记录了灵宝派炼度科仪的具体过程。[②]

道教认为炼度乃炼自己之造化，以度幽魂，未能炼神，安能度鬼。

① 张泽洪：《道教斋醮科仪研究》，巴蜀书社 1999 年版。

② 《正统道藏》洞真部方法类《灵宝无量度人上经大法》第六十一卷《灵宝炼度品》。

第三节　閤皂山灵宝派的传承及其观产私售

一、灵宝派在明代的传承及谱系

据《閤皂山志》卷上记载，明代閤皂山有第四十九代至五十二代共四代宗师。根据《閤皂山志》记载的道史，明太祖洪武（1368—1398）初主持修复崇真宫的道士徐麟洲，应是第四十九代传箓嗣教宗师。之后的记载亦不详细："十七年，授五十代孙李半仙为灵官，王圭石副之。二十七年，复授张尊礼为灵官。宣德初，授黄谷虚，第五十二代也。"① 揆之，明洪武十七年（1384），閤皂山第五十代宗师李半仙被授为灵官，灵官是道官名，是明代于閤皂山、茅山等设，秩八品②。明张宇初有《赠閤皂山灵官李半仙》诗，内云"期尔东归借莽展，半金清味可同分"，可见二人交情深厚。洪武二十七年（1394），閤皂山第五十一代传箓嗣教宗师张尊礼，被授予灵官称号。明宣宗宣德（1426—1435）初，閤皂山第五十二代传箓嗣教宗师黄谷虚，被授予灵官称号。

宣德八年崇真宫再次被毁，閤皂山道教急剧衰落，以至于出现"积负虚税，黄冠星散"的局面。《閤皂山志》卷上云："至嘉靖（1522—1566）中，积负虚税，黄冠星散，仅存一二人。万历（1573—1619）间，道士刘开化欲还旧观，未果。"引文中的刘开化道士是否为閤皂山的第五十三世，不好推断。不过，万历年间閤皂山道教的衰落，有明文记载："惟仙公殿、东岳殿、丹井尚存，其余琳宫绛阁，弥望丘墟矣。"明万历十四年（1586）陆从平在《閤皂山旧序》中亦有描绘："数百年来声响消歇，亡沦云骈鹤驾，寂然无闻。"

虽然明嘉靖年间閤皂山祖庭衰落而停止传度，但灵宝派作为历史上有影响的大道派，其法箓仍然在各地灵宝派中继续传承，《白云观志》卷三《诸真宗派总簿》第五十七《周祖灵宝派》，记载灵宝派的传授系谱为：

① （明）俞策、（清）施闰章：《閤皂山志》，江西人民出版社1996年版。

② 张廷玉：《明史》，中华书局1974年版，第1817页。

思道洞本重，明香克理忠。

洪良居士显，一嗣永承宗。

德大传家久，清修福泽长。

世肇因衍庆，慈风蓬业祥。

只是《阁皂山志》中出现的几位阁皂山道士，其字号似乎都不在上述谱系中，抑或阁皂山灵宝道士有其不同于《白云观志》中《周祖灵宝派》的派号。

二、阁皂山观产私售事件

在这一背景下，万历二十一年（1593），发生了道士彭略把阁皂山的一部分山地私自出售的事件。考古发现的残碑《大碑文》记载：

……

道众不□其人亦□官府未经查□之故先该道士彭略告鸣

□道本府青□断给田贰百四十八亩及观基俱存，责令彭略同徒众仕一仕二仕三各□众妆租看管香人外文查得彭略自将山地一段卖与生□徐敏随该本府责令彭略偫价取赎问拟罪名案存本府诚恐□□□众□□故辙私买私卖□上人查后古□至意合行立碑禁示如有道众将□官山地得财私卖及□豪人等强买占夺许即赴官陈告各拟重罪原价入官决不轻贷□至示者

临江府知府高从礼立

万历二十一年十月　日给

……

共该官民米二十三石一斗八升一合六勺三抄八撮九圭

一上次□塘堀二亩四分二厘五毫

每亩科正耗官民米七升五勺一抄二撮六圭

共该官民米一斗七升九勺九抄七撮八圭

下则荒地一分六厘六毫

每亩科正耗官民米二升七合七勺四抄一撮八圭

共该官民米四合三勺九抄八撮六圭

已上通该官民米二十三石三斗五升七合三抄五撮三圭

清江县知县龙起雷同立

……

一号土名考鬼坛二段坐东至凤凰山界

一号土名凤凰山一段东至茶子（土麦）界

一号土名茶子（土麦）坟山一段坐东至土地背界

一号土名土地背坟山一段坐南至老相公庵界

一号土名老相公庵坟山一段坐南至衡山界

一号土名衡山一段坐南至鸣水亭出路界

一号月角坟山一段坐观外　东至扬宠山南至黄利田界，西至黄利山界北至山顶埈界

一号土名下西坑一段坐西鸣水亭山起至□山界

一号土名小山一段坐西至宋公山界

一号土名宋公山一段坐西至上西坑界

一号土名上西坑山一段坐西至着棋峰界

一号土名着棋峰一段坐北至骆驼卸宝山界

已上四至周围山则共计二十二亩六分整

每亩科钞一拾文　共该二百二拾六文[①]

第一部分为万历二十一年（1593）临江知府高从礼判道士彭略私自将庙产卖与富户一案的判结文。第二部分记载万历十七年（1589）在任的清江知县龙起雷所定阁皂山应收的赋税额。第三部分为阁皂山田产的具体地点，记载明代阁皂山田产争端、赋税及观内土地分布情况。

据碑文记载，阁皂山道观有 248 亩田，山地 22 亩 6 分。道士私自出售田产，被官府勒令追回。碑文第二部分详细列出规定道观具体要交的

① 孔令宏：《出土新发现视野下的阁皂宗历史考论》，《地方文化研究》2017 年第 3 期。

赋税。

这则告示中，阁皂山道观被称为“阁皂观”，没有朝廷赐额，这显示了阁皂山的道观在政治上已经淡出朝廷的视野。观内道士彭略私自出售观田意味着此时的阁皂山道观在经济上也已经日渐没落。

第四节　阁皂山灵宝派的传播

一、灵宝派在国内的传播

阁皂山灵宝派在江西省之外的传播主要有三大区域，即云南省、浙江省与台湾地区，云南省位于中国的西南，浙江省与台湾地区位于中国的东南。如以灵宝祖庭江西阁皂山为坐标，则云南远在其西南，隔有湖南、贵州二省；浙江在其东，属江西邻省；台湾省在江西东南，隔福建省。

（一）灵宝派在浙江的传播

据明张宇初《岘泉集》卷一曰：“灵宝始于玉宸，本之度人经法，而玄一三真人阐之，次而太极徐君、朱阳郑君、简寂陆君。倡其宗者，田紫极、宁洞微、杜达真、项德谦、王清简、金允中、高紫元、杜光庭、寇谦之、馏冲靖，而赵、林、白、陈而下，派亦衍矣，是有东华、南昌之异焉。”

东华派是流传于浙江桐柏山灵宝派的一支，是与在江西传承的灵宝派不同一支，宁全真是东华派创立的关键人物，是东华派后世所传斋法内容的构建者，是东华法嗣中的弘扬东华派的主要传人。

（二）灵宝派在台湾地区的传播

灵宝派道士，台湾地区民间一般称为“乌头师（司）公”或“乌头”。他们的职务主要是度生和度亡，但一般情况下是斋事多而醮事少，因此被称为“乌头”，行内人则称之为“灵宝派”，这主要是源于他们所用的科仪书中常称为“灵宝”某经，而且其演法中至今仍保存了六朝初的“灵宝五符法”安镇五方真文，一般认为这就证明他们与灵宝经有着密切的渊源，因而称为“灵宝派”。[①]

台湾地区道坛发展向来有“北正一，南灵宝”之说，且基本上都身兼“道法二门”。正一派所崇奉的宗师牌上署有“道法二门”四字，所做的法事包括道门与法门，法门为头系红巾的医疗法事，道门则是着绛衣的庙会法事[②]；而灵宝派则除了道法二门外，还兼习闾山法、三奶法。

有的学者以“朝科”科仪中的“发炉”法作为法源的依据，认为行“金箓科仪”，兼作“度生”与“度亡”业务的中南部道士属灵宝派；行“正一朝仪”，只行“度生”业务的北部道士为正一派。[③]有的学者认为正一派“红头”道士专行吉事，灵宝派“乌头”师公则既“度生”也“度亡”，并因此而以“道法二门正一道士的庆成醮”和“乌红兼行灵宝道士的庆成醮”之命名来对台湾的庆成醮典进行分析研究。[④]江西修水专行度亡法事的道士也被称为灵宝派道士，看来台湾灵宝道士此称谓也是有根源的。

二、灵宝派在海外的传播

明人严从简在《殊域周咨录》卷六中介绍了中国书籍在当时越南传播的情况，在诸多传入越南的汉籍中，天文、地理、历法、相书、算命、克择、卜筮算法、篆隶、家医药诸书、道箓和玉枢等都与道教相关。玉枢即《玉枢经》，其全称《九天应元雷声普化天尊玉枢宝经》，是宋元新符箓道教中的神霄派奉行的道经。该经崇拜道教最高雷神“雷声普化天尊”，认为“雷声普化天尊”是总司五雷，普化群生，赏善罚恶之神。若人遇三灾九厄，通念《玉枢》，默念雷神名号，即可有诸神前来为人消灾解厄。新符箓派的这种消灾解厄之法受到了民众的欢迎，曾在云南一带

① 李丰懋、谢聪辉合著：《台湾斋醮》，台北，传统艺术中心筹备处，2001年，第25—26页。

② 谢宗荣著：《台湾的道教文化与祭典仪式》，台北，博扬文化事业有限公司，2014年，第35、24、26页。

③ 吕锤宽著：《台湾的道教仪式与音乐》，台北，学艺出版社，1994年，第39—40、41页。

④ 李丰懋、谢聪辉合著：《台湾斋醮》，台北，传统艺术中心筹备处，2001年，第11页。

流传，后有云南洞经会谈演本。云南省麻栗坡县瑶族祭祀歌中有“玉枢经歌”，其中唱道：“尔时玉清在天中，演绎玉枢经宝典。以救人世之愚蒙，超度沉魂人圣地。佩戴消灾驱邪符，诵诗降福于人世。”《玉枢经》是道教帮助人们开启智慧、消灾降福的经书，大概在中国云南流行后传入越南。①

除了越南之外，灵宝派也随着中国人迁徙到东北亚、东南亚而传播到朝鲜、日本与东南亚的早期华人社会。

进入明代以来，閤皂山灵宝派逐渐衰落，但閤皂山的传承仍在延续，由于元明以来从“三山滴血派”逐渐向龙虎山“万法宗坛”发展，灵宝派所传道法斋醮科仪等内容逐渐与龙虎山正一派相融合。明代虽然有道士希望能够修复其道观原有规模，由于没有政府的赐额及支持十分困难，这说明在当时閤皂山的政治影响力已经十分微弱，但是作为地方的道教信仰核心地区依然有影响力。

① 孙亦平：《东亚道教研究》，人民出版社 2014 年版，第 574 页。

第四章 明代江西西山道教的进一步繁荣

净明道发展到明代，与前代比较，呈现出诸多的不同：明代的净明道信仰范围不断扩大，不再局限江西及其附近区域，其信仰范围开始以江西为中心，向周边区域传播；崇奉许真君的宫观万寿宫在净明道信仰中的地位日渐显现，形成江西道教特色的万寿宫信仰；西山道教在南昌的基地除了西山之外，得到朝廷降香的铁柱万寿宫地位大幅提升，大有超越西山祖庭的发展势头；西山道教的信仰特色日渐显现，如朝真君的“南巡”“西抚”信仰仪式日渐固定；西山道教的民俗化、娱乐化发展趋势日渐明显，如围绕万寿宫举行的庙会、民间戏曲活动影响增大。

明代西山净明道教的进一步繁荣，与朝廷对铁柱万寿宫的崇奉有莫大的关系，朱元璋登基之初即降御香于铁柱万寿宫，明世宗为西山万寿宫与铁柱宫赐额；与总领天下道教的天师对净明道的扶持有关，第四十三代天师张宇初敬奉许真君与净明道，第四十七代天师张元吉奉旨降香铁柱宫；与西山净明道信仰的民俗化商业化娱乐化发展轨道有更深的渊源，万寿宫的民俗文化活动，推动了西山净明道教信仰由少数净明道弟子向一般民众普及；与明朝的移民政策及江右商帮的形成有着直接的关联，正是明朝初前期“江西填湖广”江西移民西迁活动吹响了万寿宫信仰的号角，而江右商帮的活动范围拓展了西山净明道教的空间。

第一节　移民政策与净明道的传播

移民历来就是文化传播最活跃的主体。明代西山道教主要为净明道，依托江西向其他省份的移民，在国内得到了广泛的传播。从明初江西人口不断向湖南、四川等地迁移的情况来看，净明道在这些迁入地传播面日益广泛，这一时期遍布江西移民各地的万寿宫就是净明道迅速而广泛传播的生动表现。

明初起江西大规模移民湖广等周边地区的人口非常可观[①]。移民不仅缓解了江西人多地狭的局面，改善了原住民和迁移户的生活状况，关键是给迁入地输送了大量人力资源和生产技能，还带去了江西的独特民俗文化，其中净明道即是影响深远的一种。对于外迁的江西移民，凡是信仰许逊净明道的信众一般都会在住地进行供奉，甚至建立万寿宫，祈求许真君庇佑客居在外的江西人。

一、江西人口迁移与许真君信仰的传播

从整个明代来看，江西人口向湖广的大规模流动主要发生在明初[②]，小流量的移民则贯穿整个明代。

（一）江西移民区域及其分布

江西人口进入湖广，首先流向遭受战乱、人口稀少、田地荒芜无人耕种的江汉平原和洞庭湖平原。以洪武二十六年（1393）为例，江西籍移民迁徙至湖南地区的人口数为57万，湖北约有55万。

当两湖平原开始人满为患时，移民向各处特别是人少田多处流动，而首选地区是四川。他们主要是沿着长江、嘉陵江流向川东地区及成都

① 张国雄：《明清时期的两湖移民》，陕西人民教育出版社1995年版。

② 方志远、谢宏维：《江西通史·明代卷》，江西人民出版社2008年版，第87页。

平原。所以,"湖广填四川" 几乎可能与"江西填湖广"是同时发生的。[①]江西人并非填满了湖广后才往四川，他们有的在湖广停下脚步并永久性留在湖广，有的则是一路向前，继续向四川、贵州、云南以及其他地区进发。湖广人口在战乱之际，也并非等待着乱兵的杀戮，而是向未遭战乱之处流动。江西籍移民分布湖北、湖南、云南、四川、贵州各省，并最终在当地落地生根。

由于文献缺乏，现在无法精确统计江西移民湖广、四川等地区的人口数量，但据万历十年十月湖广巡抚陈省的题本，明初至万历 200 年间，湖广的税田增加了 53.19 万顷，比原额增加 138.52%。依此测算，湖广人口可能在千万左右，远远超过《明会典》记载的万历六年的 54 万户、440 余万人口，去除人口的自然增长率因素，其间的人口差数百万人口应该是江西流向湖广的人口数。[②] 又从洪武二十六年至万历六年的近 200 年里，江西减少了 3123455 口，湖广减少了 303875 口，两省合计减少了 3427330 口，而同一时间内四川增加了 1635295 口，贵州、云南二省增加了 1508394 口，三省合计增加了 3143689 口。可以看出，这段历史时期云南、贵州、四川三省所增加的人口数字，几乎就是江西在同一时间内减少的数字[③]。因此，似乎可以推断，江西移民在填湖广的时候，几乎同时也随着湖广人在填四川。

这数百万江西人口的迁移，不仅仅是对迁入地人力资源的充实，也是江西的独特文化在迁入地传播、扩散的过程，其中尤以江西道教特别是净明道、万寿宫的文化传播影响深远。

（二）江西移民的保护神

江西移民离开故土，将对许逊的信仰带到新住地，将许逊作为"福

① 参见方志远 :《明清湘鄂赣地区的人口流动与城乡商品经济》，人民出版社 2001 年版，第 81 页。

② 转引自方志远、谢宏维 :《江西通史 · 明代卷》，江西人民出版社 2008 年版，第 100 页。

③ 转引自方志远、谢宏维 :《江西通史 · 明代卷》，江西人民出版社 2008 年版，第 103 页。

主”“保护神”。移民的这种信仰，随着人口迁移发挥着乡土认同作用，推动着许逊信仰的跨区域发展。每至一地，移民都兴建象征许逊信仰的万寿宫庙宇，用来祭祀、纪念江西“福主”许逊。

江西移民在湖北、湖南、四川、贵州、云南纷纷建立具有江西地方特色的万寿宫，其分布之广和数量之多，从一个侧面反映出江西移民的规模和净明道影响。江西籍移民通过自己的辛勤劳作，坚强地在湖广、云贵川扎根下来，为了在异乡找寻失落的乡土情感，他们保留了自己特有的许真君信仰，十分虔诚地信奉许真君，将许真君作为江西移民的保护神，期望许真君能够驱灾降福，保佑客居异乡的江西人。

（三）江西净明道的发展与传播

1. 明代江西净明道的发展

明代张宇初在《玄问篇》中说：“其传尤著者，汉天师、茅真君、许旌阳、葛仙翁、邱真君也。”江西净明道在明代有所发展且具有较大影响的原因主要有以下几方面因素：

（1）明代统治者扶持道教以巩固政权，为净明道发展提供了外部条件。明太祖朱元璋实行三教并用，崇儒兼重佛、道。他对道教亦颇崇奉，借道教“神力”神化自己，得高道周颠仙谋划襄助击败陈友谅，即位后扶持正一派授封天师法号，设立道教管理机构和道官，招纳道士参辅政务，建立道教规章制度，等等。其中具有许逊信仰的皇帝不乏其人，如根据大学士张位《重建万寿宫记》中关于嘉靖皇帝记载可以推定，“嘉靖皇帝个人可能有较深厚的许逊信仰”[①]。事实上，直到明末天下大乱，崇祯皇帝还于十六年（1643）召张真人于万寿宫举办罗天大醮，匆忙斋醮完事后，“真人即辞归江右”[②]。不论是统治者的好尚还是利用，都从顶层设计层面为净明道的生存和发展提供了政策利好和宽松环境。

（2）净明道内部出现了赵宜真、刘渊然等一批高道，为净明道的发

① 许蔚：《断裂与建构——净明道的历史与文献》，上海书店出版社 2014 年版，第 370 页。

② 计六奇：《明季北略》卷二十三，中华书局 2006 年版。

展提供了人才支撑。人才队伍建设是道教发展的关键因素，明代净明道缺乏道才建设自觉，但经过信道者自身努力和开门授徒，在一定程度上促进了净明道的发展和传播。

赵宜真，宋宗室燕王德昭十三世孙，其父曾任安福县令，遂移家安福，自幼通经史，勤奋好学，立志进士，赶考途中患病，梦见神人指点，乃决意弃仕。他少时曾师从赣州曾尘外，得“净明忠孝道法”，“间有阙文，悉加订正，参考尽详”；后从吉州泰宇观张广济，得长春丘真人北派之传，又师南昌李玄一得玉蟾白真人南派之学，“博极其妙，而会于一”，又师浦衣冯先生；再后居赣州紫阳山紫霄观；洪武十五年（1382）5月3日夏至羽化。他的传世著作有《仙传外科秘方》十一卷、《灵宝归空诀》一卷、《原阳子法语》二卷等，传法弟子有刘渊然、曹希鸣等。赵宜真被尊为净明道第五代嗣师。

根据上述传记，赵宜真于道教的贡献主要有以下几方面：1. 继承了“净明忠孝道法”，并于阙文有补益订正。2. 继承了张广济传授的丘真人北派道法；师李玄一得玉蟾白真人南派之学。3. 精研医药，所注方论较多，以医济人，以道医身份弘扬中医，对宣扬道教具有积极作用。4. 使当时“久湮不行”的净明道“复大显于世”，赖其“振起之力”，实有复兴之功，故净明学者“宗之尊为嗣师”。5. 融合儒道释阐明道学。根据《道藏》太玄部保存的两卷《原阳子法语》来看，赵宜真本身即精于儒道佛，能灵活运用三家名相、义理，力求融通用以阐发道学。他说“唯道集虚，本无二致”，认为丹分内外，“缘遇不同，功用少异，而造道则一也”，“内者，自性法身本来具足，不假于外，自然之真。外者，幻假色身未免败坏，必资外药，点化成真”，对内丹外丹的界定和二者关系都进行了精辟的阐释。《法语》提出“参学四难”“进道十难”，是现身说法，对参道者极有指导意义。6. 刊印经典，流布法宝，弘扬道学，并高度评价《道德经》“弥纶于大化”、《文始经》“流演于玄纲”，认为“二书相传，万圣攸则”，告诫学者要“能知执古以御今”。

刘渊然，赵宜真高徒，被尊为净明道第六代嗣师。《明史》传云：

刘渊然者，赣县人。幼为祥符宫道士，颇能呼召风雷。洪武二十六年，太祖闻其名，召至，赐号高道，馆朝天宫。永乐中，从至北京。仁宗立，赐号长春真人，给二品印诰，与正一真人等。宣德初，进大真人。七年乞归朝天宫，御制《山水图歌》赐之。卒年八十二，阅七日入殓，端坐如生。渊然有道术，为人清静自守，故为累朝所礼。其徒有邵以正者，云南人，早得法于渊然。渊然请老，荐之，召为道箓司左玄义。正统中，迁左正一，领京师道教事。景泰时，赐号悟玄养素凝神冲默阐微振法通妙真人。天顺三年，将行庆成宴。故事，真人列二品班末，至是，帝曰："殿上宴文武官，真人安得与。"其送筵席与之，遂为制。①

刘渊然的传世著作有《济急仙方》《长春刘真人语录》《许祖净明忠孝全书》等，传法弟子有邵以正、王贞白、郭宗衡、张宇初等。②《济急仙方》是药书，《许祖净明忠孝全书》讲的是净明道法，能集中反映刘渊然道学思想的唯有《长春刘真人语录》③。《语录》与其师赵宜真的《原阳子法语》道学思想一脉相承，邵以正刊布《语录》初心是"欲人人体道，咸离迷途，造精微于性理之中，忘荃蹄于言象之外"，以符"先师平昔开度人天之愿力"。《语录》体现了强烈的问题意识，围绕进修的二十七个问题，回答了何为"道"，如何进修、致清净、存心养性等重要问题，以为"学道者，先当务忠孝，以报君亲之恩。盖忠孝乃大道本"，明确标示净明大道。针对时人多曲解双修派理论，甚或借行淫乱，刘渊然进行了指正和批判，为修行者应机说法，指点迷津。其丹道学说融合全真南北二派之长，以净明道为修炼之基，主张清修，反对房中术，具有鲜明丹

① 张廷玉等：《明史》卷二九九，中华书局 1974 年版，第 7656、7657 页。

② 许蔚：《断裂与建构——净明道的历史与文献》，上海书店出版社 2014 年版，第 366、367 页。

③ 胡文焕刊刻《元宗博览三十一种五十五卷》（善本书号 19468），中国国家数字图书馆，第 3 册。

道特色[①]。特别是刘渊然强调“欲修仙道，先修人道，人道立而仙道成”，体现出人本关怀，是早期人间道教的经典诠释。

赵宜真、刘渊然都兼综净明、清微、全真南北派，是明时期净明道传承谱系中的宗师，而这个谱系是推动净明道在明代发展的主要因素。一方面赵宜真、刘渊然在道教界影响较大，刘渊然更是官方授予的高道，上引《明史》记载他“迁左正一，领京师道教事”，成为道教界领袖；另一方面他们的法嗣也为净明道扩大影响做出了积极贡献。

（3）江西移民和迁入地万寿宫的广泛建设进一步扩大了净明道的影响。移民作为净明道文化传播的媒介，万寿宫作为净明道传播的载体，遍布移民地区的万寿宫成为宣传净明道文化的重要阵地，也是许逊信仰传播的最好证明，尤其是移民中的江右商人开始将许逊作为“江西福主”进行奉祀、拜祭，对扩大许逊信仰和净明道文化起到了推动作用。

（4）净明道道士与明朝统治者和士大夫接触较多，统治阶层和士大夫对净明道的教义颇为赞赏，如明代王阳明心学一派的王龙溪、罗近溪、高攀龙、屠龙等人与净明道宗师过从甚密，对其义理评价很高，这些都对宣传和传播净明道都起到了积极作用。

2. 净明道传播的主阵地——万寿宫

明代西山万寿宫是在元末被红巾军烧毁后遗留的宫址上进行小规模修复而成的。洪武元年，西山万寿宫的正殿在乡善信解囊捐助下得以重建，此后近二百年里因政府实行严格的宗教政策等因素，西山万寿宫进入了一个较长的衰落期。直至明神宗万历时期，政府宗教政策的松弛为万寿宫的重新兴起创造了有利条件。在官方、士绅、党正、信众等不同利益群体的共同努力下，西山万寿宫自万历十一年七月动工，历时三年于万历十三年完工，得到了全面修复，并创建了奉祀道家神灵的三清殿。西山万寿宫的重建和修复，是在士民要求下，地方官商、乡绅协同采取募集资金方式，由官方主持完成的，这个过程反映了地方权力体系和民

---

① 参见熊海明：《造精微于性理之中　忘荃蹄于言象之外——浅论〈长春刘真人语录〉的成书及其思想》，《中国道教》2010年第6期。

间需求的融合合作，结果是在省城之外产生了一个新的宗教信仰和文化权力中心①。到明末，随着农民起义军和清兵入关，西山万寿宫再遭兵燹，又成废墟，破落不振。

二、江右商帮与万寿宫

遍布全国各地的江右商帮为了团结和维护江西商人在当地的利益，纷纷建立具有江西标志性的建筑物——万寿宫，作为江西商人的会馆和活动场所。江西商人选择万寿宫作为江西会馆名称的原因，自然是因为许真君信仰在江西深入人心，但更深层的原因是万寿宫所蕴含的文化内核有益于江右商帮生意的进行。这种文化集中表现在：不惧邪恶、敢于斗争；舍弃自我、造福百姓；不畏艰难、坚忍不拔；忠诚待人、讲求信用；取财有道、义利兼顾；宽容大度、谦虚谨慎；同舟共济、相互帮助；孝长爱幼、清白做人；积德向善、善有善报。此外，许逊一生与水有关。古人认为水主财，水能生财，财随水走。五行中的水也代表财富。这是因为凡是有河流的地方都是商船云集、经济发达的地方。所以，万寿宫的宗教伦理文化也是江右商帮所主张的商业伦理文化。于是，他们便全盘“拿来”为我所用，以至成了江右商帮不成文的行规，成了江右商帮文化的核心和支柱。此后，随着江右商帮队伍和活动范围的不断扩大，万寿宫文化渐渐成了江西地域文化的代表。②许真君信仰宣扬忠孝思想，符合了江西地方官员和商人的共同信仰的要求。许真君是江西的“福主”，自然成为江西商人的保护神。

祭祀真君以达成同乡或同业者的团结。许真君是江西普遍崇拜的地方神，自然成为江西商人的保护神。祈求平安、生意兴隆、财源广进等美好愿望的公祭活动主要在万寿宫举行。江西商人最突出的就是“朝拜”真君活动。江西会馆定期举行“朝拜”活动，“朝拜”活动尽管因地区差别有所不同，但在时间上是一致的，是在农历八月初一至十五朝拜。活

① 参见李平亮：《明后期南昌西山万寿宫的重兴与地方权力体系的演变》，《江西社会科学》2003年第9期。

② 参见刘上洋：《万寿宫：江右商帮的精神殿堂》。

动是每个江西会馆在一年中最大也是最隆重的一次活动。

江西会馆在其初建的倡导者和投资者中，商人群体是不容小视的组织。保护江西本籍商人的商业活动是江西会馆职能所在。许真君不仅是江西本省的福主和保护神，同时也是江西商人的保护神。各地的江右商帮为了团结和维护江西商人在当地的利益，纷纷建立具有江西标志性的建筑物——万寿宫，作为江西商人的会馆和活动场所也是情理之中的事情。

第二节　铁柱万寿宫的兴起及其宗教活动

一、南昌铁柱万寿宫的兴起

据《万寿宫通志》卷七《宫殿考》对铁柱万寿宫的位置和历史沿革进行了比较清晰的梳理：

> 铁柱万寿宫在广润门内……明初壬寅春，太祖至隆兴，幸铁柱观。正统元年，按察使石璞奏许逊、韦丹有功德于民，宜列祀典，诏许，仍祀铁柱宫；韦祠，铁柱观西。嘉靖间，赐名“妙济万寿宫”。万历二十八年复建，前有敕书亭，后有玉皇阁，寻废。①

与西山万寿宫相比，南昌铁柱万寿宫的出现并不那么显耀。铁柱万寿宫最初只不过是南昌的一座奉祀许逊的祠庙，与其他地方众多类似的祠庙并无分别。铁柱万寿宫真正的发展还是进入明代以后。明代，铁柱万寿宫作为江西省城官民崇奉许逊的重要祠庙，作为官方的祭祀中心，继续受到朝廷和政府官员及士人广泛持久的重视。

（一）明洪武年间的铁柱万寿宫

元末红巾军起义，最后以陈友谅、朱元璋两股势力最大，陈友谅占据长江中游的两湖和江西，建都江州（九江），朱元璋占据南京。至正二十年（1360）南昌被明军朱文正、邓愈占领。陈友谅在武昌大造楼船，

① 陈立立等整理：《万寿宫通志》2008 年 1 月版，第 118 页。

亲率水军围南昌三个月，誓要夺回南昌城，明军孤守城内，成了瓮中捉鳖的形势。据《都公谭纂》记载："天将晓，见一神人，道士冠服，长数丈，坐城上，而濯足于水，一草屦遗友谅船上，长五尺许。谅惧，兵不敢进，城遂以全，神人盖许真君云。"这段神话可能是陈友谅解围南昌的借口，也可能是南昌民间为守城明军制造的心理战术，朱元璋听了，自然对南昌市民和许真君特别感激，因此他登位以后，过龙兴（南昌），首先到铁柱宫，降御香，为明代王朝崇祀许真君树立了范例。应郡守叶琛之邀，翰林院承旨，著名史学宋濂专为此作《镇蛟灵柱颂》：

> 豫章郡铁柱二，旌阳令南昌许逊敬之铸以镇城者也。郡地滨于江，水虫骋妖，故民多江祸。旌阳与西安吴猛世云用正一斩邪、三五飞步之术，追歼其神于长沙；复惧遗孽荐兴，使物冶铁压其富宅：一在西山双岭南，湮没已久；一在牙城南井，迄今犹存，柱出井外仅尺，下施八索，谓能钩练地脉云。……于戏！豫章之民与蛟不两立，微旌阳，西安民其鱼矣。濂不敏，谨徇郡守叶君琛之请，勒文柱下以颂神功于亿万载。

诗文提及南昌的两大铁柱万寿宫，明初时期西山万寿宫已经湮没，而南昌铁柱万寿宫则依然保存，故而得到朝廷专祀的待遇；同时颂扬了许逊杀蛟治水的功绩，并陈述了为什么要以铁柱锁蛟的原因。

（二）明英宗时期的铁柱万寿宫

明英宗正统元年（1436）江西按察使石璞奏准将许逊、韦丹列入祀典。胡俨撰文《许韦二君功德碑》说："二君于民功德若此而报祀不举，岂非旷典欤？按察使石璞举二君之事封章上闻，遂命礼官具祝册……每岁春秋，方面重臣，揆时备物，行事祠下，诸公奉命唯谨，许君仍旧观以祀，即铁柱延真宫也。"

明英宗天顺七年（1463）镇守太监叶适与监察御史刘敬见许真君木刻旧像"历年既久，像貌剥落，盖以木刻之制，埏埴之功，弗坚故也"，乃各捐俸资，铸以铜像，"不负朝廷赐享之盛意"，并请大学士李贤撰《重新许真君神像记》。这位宰相厌撰青词，也不信道家神灵，但对许真君特别敬重。文中说："伟哉真君之为人也，异于天下之士矣。夫天下之士，为儒者不复留意于仙术；为仙者，不必蹈乎儒行，以其道不同也。"他重申祭法曰："能御大灾则祀之，能捍大患则祀之。"他的看法与王安石《重建许旌阳祠记》的观点一脉相承。

李贤撰《重新许真君神像记》重点论述许真君因"兼得儒仙之道"、方能成就"迥出乎寻常"功德之道理，官民祭祀真君亦建立在其能御大灾的功德前提基础上。

（三）宪宗、孝宗、武宗时期的铁柱万寿宫

明宪宗成化二十年（1484）命龙虎山第四十七代天师张元庆降香铁柱宫。

明孝宗弘治二年（1489）铁柱宫遭到焚毁，丰城范兆祥撰《重建修延真万年宫疏》募捐重建。

明武宗正德三年（1508），朝廷赐金修建；十年，唐寅游宫，并作《铁柱碑记》，内称"予游豫章，躬睹灵迹，窃感真君道合黄轩，功配神禹，世昧正论，多援荒唐，欲明斯理，辄撰为记，以示将来云尔"。

正德六年（1511）太监黎安镇守江西，平华林寇乱，"设真武有龟蛇踞伏之异，屡朝用兵，尝有徵应"，封为玄帝，在铁柱宫附建玄帝殿，殿高四仞有奇，"峥嵘壮丽，美矣至矣"。

（四）世宗、神宗时期的铁柱万寿宫

明世宗即位后，桂萼、夏言、严嵩相继为相，江西人在朝中举足轻重，万寿宫成为江西亮点。嘉靖元年（1522）四月兴工，十月告成，为铁柱宫增加一道景色。嘉靖二十六年（1547），明世宗同时为西山万寿宫和铁柱宫赐额"妙济万寿宫"，并御书"神仙怡世"之句，但实际西山玉隆宫早在武宗时已赐额妙济万寿宫，人们习惯称玉隆万寿宫旧名，而南昌"妙济万寿宫"名却从此尘埃落定，长期使用，简称南昌万寿宫。嘉庆四十五年，铁柱宫遭火灾化为灰烬，世宗拨款重修，江西巡抚陈文烛撰《许真君庙碑》。

明神宗万历二十八年庚子（1600）万寿宫又遇火，退休回南昌居住的大学士张位应父老乡亲请求重建，他认为不应再向朝廷伸手，而是先请示有关封疆大吏和行省郡邑长宫，再召集乡绅父老会议在全省募捐修建，“置募籍十三，请郡篆付羽士，驰赴列城，且折简通诸司道郡邑长吏乡彦，凡公私捐助者，陆续辐辏，可无虑费”，并制定“宜朴素浑坚、柱必用石”的建筑方针，对施工用钱，十分严格。

在张位所撰写的《重建万寿宫记》中还将重建规模作了记载：“首创真君殿一重，高若干，方广若干，悉从旧制。惟是南檷稍浅，风雨侵凌，议增廊加栏，且便扃钥，继前门二门，继诸仙两廊、铁柱池、钟鼓楼，又继圣像，易铜以塑，继画四壁仙迹，继建玉皇阁，继前街门，外用墙围之，左右开瓮门，又前辟小沼，深三尺，宫以内诸水，皆潴焉。”“庙貌宫墙，美哉轮奂，叹未尝有。”[①] 这是有史以来第一篇万寿宫建筑纪录。后有著名书画家董其昌书“万寿宫”三字匾额。

张位修建南昌万寿宫的费用大部分来自民间捐献，除南昌外，各郡县民众纷纷慷慨解囊，尤其临川一带民众捐献热烈。汤显祖于万历二十六年辞职回临川，住城东文昌桥附近，写了两首问答诗，反映当时老百姓捐款修建万寿宫的高涨情绪。

南昌万寿宫作为祠庙，明初已奏准列入祀典，早已作为赣人崇德报功的全民祠庙，而许真君其人已由原来的单纯道家，到明代已公认为儒仙兼备，使南昌万寿宫不同于玉隆宫，已成为道儒融合、道俗共祀的祠宇，从此万寿宫的名称成为省内外祀奉许真君祠庙的共同称号。万寿宫在明代的修建和兴旺是道教发展过程中的亮点，也是国家制度与地方社会互动的结果。铁柱万寿宫历次修葺和重建费用主要来自朝廷和地方官员捐俸、乡绅商捐款，且都由官方组织主持，充分反映了铁柱万寿宫的官方属性。

① 参见俞兆鹏、李少恒：《中国地域文化通览·江西卷》，中华书局 2013 年版，第453 页。

二、铁柱万寿宫的宗教活动

（一）官方祭祀

明前期，从地方政府来看，崇奉铁柱万寿宫符合国家祀典，属于“正祀”。明英宗正统元年江西按察使石璞奏准将许逊、韦丹列入祀典。胡俨撰文说：“二君于民功德若此而报祀不举，岂非旷典欤？按察使石璞举二君之事封章上闻，遂命礼官具祝册许君仍旧观以祀，即铁柱延真宫也。”

根据《万寿宫通志》卷十一《志》的“铁柱万寿宫戊祭仪注”，铁柱万寿宫的仪式如下：

> 旧例：祭丁次日，各祠庙分祭汉晋而下历代忠孝理学诸先贤。自戊子变后，祠庙俱毁。今各立主，同许祖合祝于万寿宫。
>
> 祭丁次日，致祭，官府县诣万寿宫。到，通赞唱就位，鞠躬，拜、兴，拜、兴，拜、兴，拜、兴，奠帛，献爵，跪，读祝文。读毕通唱、俯伏，复位，拜、兴，拜、兴，拜、兴，拜、兴，焚祝帛，揖，礼毕。

《仪注》对祭祀的时间、到场官员、祭祀仪程都进行了清晰记载，尤其是作为官方祭祀的主场，官方必须有官员到场，以示对祭祀活动的重视和主导。有明一代，江西行省、州府、县都把万寿宫的祭祀列入祀典。

（二）民间祭祀

铁柱万寿宫的节日祭祀活动或依托于主神许真君的圣诞日或升飞日，或依托许真君的修道拜谒谌姆的日子，其中尤集中于真君的飞升日前后，亦即农历八月初前后。

纪念许真君有三个重要的节日：一是诞生日，即农历正月二十八日；一为飞升日，即农历八月初一；一是临凡传法日，即农历八月十五中秋节。故而民间对许真君祭祀分别举行于正月与八月前后。此外，正月上元节后一天，围绕铁柱万寿宫进行民间的“西抚”活动。

（三）王阳明与铁柱万寿宫

浙江余姚王守仁，字伯安，号阳明先生。据传，弘治元年（1488）

王守仁来赣就婚于江西布政司参议诸养和署中，合卺之夕，散步于铁柱宫，见一道士趺坐一榻，与论养生之说，遂忘归府，家人寻了一夜，到次日早晨才找到。王守仁于弘治十二年（1499）进士及第，授刑部主事，补兵部主事，正德元年（1506）因忤刘瑾，被杖四十，谪贵州龙场驿丞。他一日在家犹豫，外出散步，不觉抵闽界，登岸，蹑岩寺，叩寺投宿，僧故不纳，乃卧庙内香案旁，夜半有虎绕墙咆哮，竟鼾睡达旦。僧始惊曰："非常人也。"邀至寺，王守仁始知为二十年前所遇的铁柱宫道士，题诗有"二十年前曾见君，后来消息我先闻"之句。王守仁意欲远遁，道士曰："万一移逮汝父，奈何？"乃为蓍得明夷，题诗于壁，有"险夷原不滞胸中，何异浮云过太空"两句，后道士不知所终。

传说或有其事，但不足为凭，而王阳明与道教确有甚深渊源。王阳明早年体弱多病，一直受肺病困扰，"沉郁既久，旧疾复作，益委圣贤有分，偶闻道士谈养生，遂有遗世入山之意。"[①]31岁时因肺疾发作，他"筑室阳明洞中，行导引术"[②]，便在阳明洞里修炼导引术进行内丹修炼。通过导引、静坐，练习气功，前后两年，身体渐渐好转，使他对道教产生了浓厚兴趣。此外，王阳明自述："某十五六时，便有志圣人之道，但于先儒格致之说若无所入，一向姑放下了。于是又放情去学二氏，觉得二氏之学比之吾儒把反觉径捷，遂欣然去究竟其说。"[③]他的良知说、心学等理论便吸纳了道教内丹学、道本论等思想。

第三节　西山玉隆万寿宫的建设与发展

一、西山玉隆万寿宫重修与净明道的传播

（一）重修玉隆万寿宫

元顺帝至正十二年（1352），以刘福通、彭莹玉为首的红巾军攻下武

① 《王阳明全集》，上海古籍出版社2011年版，第1224页。

② 《王阳明全集》，上海古籍出版社2011年版，第1225页。

③ 王阳明：《阳明先生遗言录》，见《清华汉学研究》第一辑，清华大学出版社1994年版，第186页。

昌后进攻江西，西山玉隆宫在战火中遭焚毁。明初西山玉隆宫“仅葺小殿，祝厘祈祷”未见大修记载，直到明武宗才重新修葺，据《万寿宫通志》卷七《宫殿考》记载：

> 武宗正德十五年荐额，名妙济万寿宫。世宗嘉靖二十六年，重加修葺，复赐额名如故。神宗万历十年，乡先生万两溪恭、李蟠峰迁、洪西逊、吴自湖桂芳、张洪阳位、谢虬峰廷杰……偕中丞大埜曹公、御史如式贯公、郡伯胥公，并乡中好行其德者重建，三年落成。①

可见，正德十五年（1520）朝廷才赐金南昌府，重建高明殿，赐额妙济万寿宫。嘉靖二十六年（1547）明世宗重加修葺，复赐额名如故。清代熊益华在《万寿宫废兴颠末记》中写道：“明初草率数椽，薄修祀事。”其实明前期160年都是如此，净明道祀事只能在西山其他宫观继续进行。

（二）朱权修道西山

朱权是名道教学者，修养极高。他自改封南昌后，人生信仰和行事由儒转道，其崇尚道学、践行道法主要体现在：

1. 编撰道典，弘扬道学

《四库全书·史部·目录类存目》录有《宁藩书目》一卷，为宁波天一阁藏本，《四库全书总目提要》谓“初，宁献王以永乐中改封南昌，日与文士往还。所纂辑及刊刻之书甚多。嘉靖二十年得其书目，所载书凡一百三十七种，词曲院本，道家斋醮诸仪俱府焉”。因此，朱权在世时即刻印有至少137种著作。他编撰的《天皇至道太清玉册》② 载录其道教书目多达90余种，部分可能是宁府刻本，大部分为朱权所著。据考证，朱权编著及刊刻的书目涉及道家的就有53种，如《阴符性命集解》《内

① 陈立立等整理《万寿宫通志》，江西人民出版社2008年版，第110页。

② 参见朱权：《天皇至道太清玉册》，《道藏》第36册，文物出版社、上海书店、天津古籍出版社1988年版，第376—368页。

丹节要》《洞天秘典》《天皇至道太清玉册》等，以及与道教有关的医药著作5种，如《活人心法》《寿域神方》等，还有神仙道化戏曲作品，如《太和正韵谱》、戏曲《瑶天笙鹤》《白日飞升》《独步大罗》三种，均为弘扬道教出世思想之作。

2. 专心炼养，实践丹道

朱权素仰慕张三丰等高道，深受张三丰“隐仙”道派影响，著有《神隐》一书，将修道炼养融入日常生活之中，宣传日常修持理论和居家养生之法。他对于内丹外丹之术，更是身体力行，编纂的《庚辛玉册》被认为是“明代唯一主要的炼丹术巨著，是研究明代炼丹术史所不能缺见的现存中国炼丹术文献”，足见朱权对外丹研究和实践的用功之深。他的内丹专著《救命索》，以个人心得进行阐述发挥，深入浅出，使玄奥的理论变得通俗易懂。他的杂剧《冲漠子独步大罗天》虽是一部神仙道化剧，实则是他修道的原型记录。

3. 交往道友，切磋参道

朱权改封南昌之后，皇帝仍旧对他有所猜忌和防范，地方官员与他交往都有所顾忌，除了胡奎等少数文人外，朱权交往最多的是道士。朱权精通乐理，善交琴友，据《神奇秘谱序》记载，他与一群善琴的道友李吉之、蒋怡之、蒋康之、何勉之、徐穆之等五人颇投契。朱权还有《题敬赐内侍竹溪道人蒋康之手卷》等诗歌相赠。此外，朱权还与张天师过从甚密，有诗唱和，如《送天师》[①]。至于他与张三丰、周颠仙的往来歌咏更是闻名道史的传说。

朱权生前居于道观，死后葬于道宫，他的墓形制全仿道教宫殿风格，前有南极殿，左为泰元殿及冲霄楼，右为璇玑殿及凌红楼。墓中的朱权遗体身着道袍，头戴道冠，胸前另置两顶道冠，一为丝麻织，一为金丝织，均为道教服饰样式[②]。

朱权的道教思想集中体现在《天皇至道太清玉册》和《神隐》中，

① 谢枋得：《千家诗》，人民文学出版社2004年版，第180页。

② 参见陈文华：《江西新建明朱权墓发掘》，1962年第4期。

第一章中相关内容有更详细介绍。

（三）正一统领净明道

自龙虎山道士朱思本接管宫观后，许真君的净明道派由龙虎山道士扶植统领，黄元吉在京师得到正一派高层道士的推荐，张宇初为四十三代天师时对净明派进一步弘扬。

张宇初敬仰许真君和净明道，曾游黄堂观写过《用黄堂观韵答诸同游者》，在《妙灵观记》中谓："天下名山川，古今真仙之名迹，在在有焉，而大江之东西，尤为仙真窟宅，晋许旌阳兴于豫章，以地灵而法显，既祛蛟孽，遗五陵八百地仙之谶。"他同许多江西人一样，不带道派偏见，崇敬许旌阳，肯定其经章符箓。他说："其传尤著者，汉天师（张道陵）、茅真君、许旌阳、葛仙翁、丘真君也。"他在《道门十规》中指出："后之阐化则有祖天师、许真君、葛仙翁、茅真君。诸仙之派，世降不久，不究其源，各尊派系，若祖师（张道陵）之曰正许君之曰净明，仙公之曰灵宝，茅君之曰上清。此皆设教之异名，其本皆从太上而授。"从此净明与正一、灵宝、上清合为江南四大符箓道派，西山与龙虎山、閤皂山、茅山合称四大道教名山，不分上下。

（四）张逍遥西山传道

张逍遥是明代在西山有影响的净明道高道，据《万寿宫通志·传》"净明张真人传"：

> 师姓张，河南杞县人。其族世、名字未尝语人，故不详。生明万历乙未五月十三日。天性至孝，十八九时便知慕道。偶遇杜君，相语甚契，杜携同众，入仙人洞，时习采药茹草，修持祭斗，他如水火龙虎之机，未之讲也。……居四年，师慕净明之旨，感乌晶有谶，于是渡江，始至豫章之西山，寓洪井洞畔小亭四月。亭甚湫隘，而师处之浩然。樵牧目为逍遥，"逍遥"之号始此。……久之，师乃结小石室于古松涧，幅巾羽扇，瞑目静坐。士大夫闻而过访焉，禹港李康成者首先造诣，继而周公令树、李公太虚、陈公士业、黎公博庵、刘公旅庵，间与之谈休咎，率多奇中。或问以金丹

之术，辄曰："我中州产，壮岁自负其胆勇，横槊支剑；若而年，以母病，遂入山独静坐耳，安知其他？"每道明季事，历历可听，大类曾历朝者，卒不肯竟述其生平。嗣是求见者日广，咸有以发其衷，即或笑或骂，无不得其欢而去，二十九年若一日焉。每谒者有种种疑试，师亦应之，如疑而决。①

从上文可知他修持净明道，山居野处，独自静坐，一时间士大夫闻名频频造访，坐与论道，或向其求教金丹修炼之术，张逍遥都能答疑解惑，但独不传金丹之术和个人生平，在当时士大夫圈子和民间具有较大影响。

（五）明朝后期重建净明祖庭

前述明武宗正德十五年（1520）、明世宗嘉靖二十六年（1547）都先后对西山万寿宫进行了不同程度的修葺完善。三十年后万历四年（1576）春，司马万恭、司寇李迁、司空吴桂芳等几位地方名流故地重游，目击"故宫禾黍，不可复见"，归而与东阁大学士张位商议，又于万历十年（1582）中秋"宽仙迹，吊颓宫"，复与大理丞谢廷杰、太史邓以攒商定，由万恭作疏，巡抚曹大埜、按察院贾如式捐资倡修，新建县丞张濯董其事，于万历十一年（1583）动工，十三年（1585）而竣。正殿凡七楹，"缭以石垣，华以赭垩，广袤规制皆若故，而堂构则更新矣。"建成高明大殿，三清殿，三官殿，玉皇阁，逍遥靖庐，万寿宫门等。

二、西山玉隆万寿宫祭祀对象的变化

万寿宫一直以来主祀许真君，大量的科仪文献对祭祀的步骤、要求都有明确记载。但是随着民间多神崇拜的出现和时代变迁，为满足民间奉祀需求，万寿宫供奉对象也发生了变化。比如创建于明嘉靖（1522—1556）年间的北京的铁柱宫祭祀的就有许逊和鄱阳湖神肖公；嘉靖至万历年间（1522—1619）四川省巴县万寿宫祭祀的是许真君、观音、玉皇

① （清）金桂馨、漆逢源编纂，陈立立等整理：《万寿宫通志》卷之五《传》，江西人民出版社2009年版，第100页。

大帝；万历十六年贵州省石阡县豫章会馆祭祀的是许真君、萧公、圣帝；明末在湖南湘西建立的凤凰万寿宫祭祀的有许逊、萧公、晏公、雷祖、轩辕、观音、韦驮、杨泗将军；长沙铜铺街万寿宫祭祀的则是许逊、萧公、药王、观音、关羽、文昌帝君、赵公、杜康、雷祖。这些同一时期的省外万寿宫祭祀对象基本能反映省内祭祀对象的变化，因为他们多半是江西移民建造的万寿宫。

在西山万寿宫兼祀的神灵中，萧公、晏公是江西地方性崇拜的水神，所以当地商人和移民将他们作为本地的保护神。萧公、晏公二神的身世都是民间传闻，所司之职同为江水之神，都是江西地方性水神，明初因为朝廷推崇而成为具有全国性影响的水神，所以万寿宫中往往有神位供信众祭祀朝拜。

西山万寿宫祭祀对象由单一的许真君变为以许真君为主、其他神祇为辅，兼祀的神既有道教神，也有地方神，甚至还有佛教等其他宗教的神灵。每年按时祭祀许真君外，每年的农历二月二十九观音菩萨诞辰日、六月十九观音菩萨成道日、九月十九观音菩萨出家日，信众都会到西山万寿宫去给慈航道人、送子娘娘烧香朝拜，特别是女信众们结伴到西山万寿宫烧香许愿，请求送子娘娘保佑她们多子多福，请求慈航道人保佑在外谋生的亲人平安无灾。[①]

西山万寿宫祭祀对象的变化，由单独祭祀许真君，到兼祭祀玉皇大帝、关帝等其他神祇，具体的时代起源已经难以考究。但从文献记载和留存遗迹来看，这一过程反映了信众信仰和期望的多元化需求，所谓“后世求福情胜，往往创为臆说，曰某事某神司主，某业某神主之，支离附会”[②]。不论是宗教神祇、乡土神、福禄神还是行业神祇，抑或历史名人崇拜，神位的设置体现出信众希望神灵能保佑自己和所从事的行业，或子孙后代能继承发扬先辈优良传统和进取精神。同时，通过共同的信

① 陈立立等：《万寿宫民俗》，江西人民出版社 2005 年版，第 10 页。

② 《重修灶神庵老君殿碑记》，李华：《明清以来北京工商会馆碑刻选编》，文物出版社 1980 年版，第 40 页。

仰可以密切信众之间的宗教情谊，满足他们的精神需要，也有利于增强乡土的认同感和江西人的凝聚力、向心力和影响力。

三、西山玉隆万寿宫的朝圣活动与民间信仰的互动

江西民众对许真君的崇拜和敬仰主要表现为参与各种传统宗教仪式、进香及捐款等方式。西山玉隆万寿宫的朝圣活动与铁柱万寿宫的朝圣活动大都相同或相近似，也是以“开朝”“南朝”“西抚”“香会”等各种朝仙活动为主要内容。

1. 开朝

朝拜活动是民间普遍流行的一种奉神活动方式，即用仪仗、鼓乐、杂戏等迎神出庙，周游街巷，号称“出行大吉”“出行散富”。明代，“开朝”是西山万寿宫大规模仪式活动之一。每年的春、夏、秋三季，许真君诞生日和冲举日都要举行“开朝”活动，规模宏大。春、夏两季的仪式活动，由民间香客自行组织，秋季的仪式活动则由官民共同主持。

每年的农历正月二十八是许真君诞辰日，届时当地和周边的民众前往西山万寿宫朝拜。有里人建醮为其称贺的，有赛灯的，有接驾迎銮的，有游灯的，漫山遍野，有向真君祈求丰年、免除旱涝虫灾的，环绕逍遥山有数十里的盛大景象。这是许真君所遗留下来的一种宗教仪式。

农历七月二十八，真君仙驾登上万寿宫左边的五龙岗，能够禁辟蛇虎，自古以来如此，叫做禁坛。附近祈福的人昼夜往返，无须担心蛇虎。

上述即是许逊信仰所特有的民俗文化。

2. 南朝

“南朝”是西山万寿宫较为重要的传统宗教仪式之一。许逊信仰当中的“南朝”这一宗教仪式最早始于唐宋，但明代以前却缺少“南朝”这一宗教仪式的具体记载。

南朝的对象是黄堂宫之主神谌母。谌母为许真君参拜的师父。“南朝”是许真君前往黄堂隆道宫拜谒谌母，答谢师恩。关于南朝缘起，《万寿宫通志·志·南朝纪事》记载：

南朝者何？盖唐、宋以来相沿成俗，乡人奉许公仙仗南谒母，答师恩也。……后里人仰体许公忠孝之意，仍于八月三日奉仙驭往谒之，此南朝之所由昉也。①

每年中秋日，铁柱万寿宫修庆上升斋，以纪念许真君临凡传法。先一日建醮，次日黄君②来觐。明日，未至宫五里曰候陂，有亭名为若衣观，是黄君更衣的地方。

儒家提倡“忠孝仁义，礼义廉耻”，而忠孝为先，做人要懂得规矩，不以下犯上。“忠孝”是中国传统伦理观念中的核心内容之一。“忠孝”具体表现在对国家和君王作为臣子要尽忠，对父母作为人子应该尽孝。在封建社会“忠孝”自然会被看作为传统美德，忠和孝是封建社会的两大精神支柱，能够对社会成员起到教化，维护地方社会的稳定。许逊信仰之所以能够在江西经久不衰，乡民崇奉许逊“千载如一日，万姓如一人”，其原因在于许逊是净明忠孝道祖师，号为“忠孝神仙”，是忠孝的代表和正义的化身。地方政府积极参与，倡导许逊信仰自然也在情理之中。这样既顺应了民众的信仰要求，又符合中央集权的封建统治的要求，能够起到维护地方稳定，教化民众的作用。

3. 西抚

“西抚”是西山万寿宫的另一传统宗教仪式。每三年的上元后一天，民间传说人们抬着许逊塑像前往高安祥符观探视女婿黄仁览的巡游活动，称为西抚。凡所经游，皆竭诚设供，迎送悉遵常仪。西抚活动范围比

---

①（清）金桂馨、漆逢源编纂，陈立立等整理：《万寿宫通志》卷之十一《志·南朝纪事》，江西人民出版社 2008 年版，第 177 页。

② “黄君”指许真君女婿黄仁览。《万寿宫通志》卷十一《志》“黄君，真君之婿也。”同书卷之五《传·净明传教十一真人传》中有“黄仁览”传，说“真君以子妻之，尽传大道”，参见陈立立等整理，（清）金桂馨、漆逢源编纂：《万寿宫通志》，江西人民出版社 2009 年版，第 175、80 页。同书第 43 页《政和二年准诰封十一真人词·黄真人仁览》：“词略曰：以尔袭初平之庆，禀非常之姿，师事道君，洞该至妙。功行甫就，升游帝乡。大江之西，尚存故宅。可特封冲道真人。”今高安市原有黄仁览故居，《瑞州府志》卷之三“祥符观”条记载：“在郡东瓦窑铺黄仁览故居。邑人陈邦瞻有诗。顺治间，藻塘杨绍仪后裔重建二门。菱塘皮姓建神座牌坊。”

“南朝”大，经过新建、高安两地，每三年举行一次。

4. 香会

万寿宫朝圣期间，香会组织穿着同一的服装，演奏着固定音乐，表演着固定舞蹈。音乐以江南传统的古调为主，舞蹈以简单的采茶戏动作为主。

（1）香期

中国道教的大宫观乃至于著名的洞天福地，一般每年都有集中烧香的高峰期，称为香期。例如：茅山供奉三茅真君，农历十月初三是三茅圣诞，每年九月至十一月，江浙一带赴茅山进香的民众络绎不绝；武当山供奉真武玄天上帝，农历三月初三是真武诞辰，每年正月至三月是武当山的香期；泰山供奉东岳大帝，农历三月初八是东岳圣诞，每年三四月就成为泰山各道观进香人最多的季节。

江西万寿宫供奉许真君，农历八月十五是许真君升天的日子。因此，每年八月初一至十五成为当地人们朝山进香集中的“香期”。

在万寿宫香期，各地信民熏沐斋戒，纷纷前来进香，成千上万的进香者比肩接踵、张袂成荫，有骑马乘轿的达官贵人，有执香徒步的平民，有衣冠楚楚的学士，有扶杖背包缓缓而行的白发老妇。万寿宫内进香人潮，前批未出，后批又进，势如潮涌。人们将香烛鞭炮大捆投入，鞭炮声不绝于耳，昼夜不断，异香扑鼻，香火明烛通宵达旦，炉烟缥缈，钟声悠扬，一派仙家气氛。夜幕降临，因客栈有限而露宿山头的香客，高悬着红绿旗幡，随风飘扬，满目皆是。

（2）香社

旧时烧香者一般有零散香客和某社团、香会组织的香客两种。零散香客进香比较简单，到庙会时临时自愿结伴同行，活动由自己安排，不受约束，不用举行仪式，只是跪拜、烧香、献供，随心布施以表示虔诚之心即告结束。有组织的香客，其朝拜的日期、住宿地点、仪仗以及进香活动等一切事宜归“香会”的香头统一安排。香客先烧香，跪拜神灵，再由香头表诵。他们表诵的韵律一般比较简单、通俗，带有民间文学和神话传说的性质。部分香会表诵时由香头带领，香客齐声唱诵。香客表诵完毕再行献供、布施“香火钱”，最后在庙前举行文娱活动，仪式才告结束。

道教的法事往往是为民间香会做的，而香会的成员并不认为他们自己是“道教徒”。他们把道士当作民间信仰的专家，而他们的组织基本上属于当地的民间组织。这种香会组织在烧香集中的日期和庙会活动中，常常共同举办各类民间文艺活动，以欢娱神明，表达对神明的感激之情。

香会组织由同乡同姓之人组成，也有的香会由异地同姓或同地异姓之人组成，还有的香会组织是由同行业人士组成。香会组织的人数没有限制，一般由一村或数村的香客十几人、几十人或上百人组成。香会的会员称“善男信女”或“弟子”。各种香会组织在进香过程中，一般也以香会的名义向西山万寿宫捐款。

总之，以“开朝”“南朝”“西抚”“香会”这类对许真君的祭祀活动，体现出明代西山及周边民众对许真君的虔诚信仰。

第四节　万寿宫的文化建设

一、《铁柱延真万年宫纪录类编》的编撰及其价值

明代许真君信仰被官方接受的过程经历了一些曲折。明太祖鉴于宋元教训，加强了对宗教教派和活动的控制与管理，民间的神灵往往被打入“淫祠”之列，民间有装扮神像、鸣锣击鼓、迎神赛会等宗教活动，都会受到惩罚。而江西崇尚鬼神的习俗早在宋朝即被朝廷所关注，宋仁宗天圣元年专门下旨“毁其淫祠”。在明代严禁“淫祠”的政策下，江西更是朝廷重点关注的对象。这使得许真君信仰处于极为尴尬境地：一方面江西民间已将许真君视为江西福主，对其崇拜极为虔诚；但另一方面，官方却视之为“淫祠”，禁止为其举行各种祭祀活动。

地方官员、会首和士绅为改变这种局面做了种种努力。洪武初，道士熊常静编《铁柱延真万年宫纪录类编》曰：“是编之作，岂惟旌阳功德有稽凡帝王咨命所至，有司为民祷祈旱潦灾患祥应之效，玉册之降，宸

翰之颁，无不存乎其中矣。”时任翰林院修撰朱薯、会同馆校书熊钊等均为之序。如果考虑到明太祖严格管理宗教的背景，熊常静的编书举动可谓意味深长。其《铁柱延真宫纪录序》序文曰：

《铁柱延真万年宫纪录类编》者，豫章炼师熊君常静取宫之历代文字、石刻编次之，使来者有所考征也。按：是宫祀晋旌阳令许君，自晋时其德已及于民人，功施于国家，厥后尊崇敬奉之笃无明显上下者，以其用智如神，合阴阳之理，灭除水孽，冶铁为柱，下植诸地，以永镇遏之用，迨今无虞也。前代封号为“至道玄应神功妙济真君”，宫额赐“铁柱延真万年宫”，褒赐隆重。在《礼》：“能御大灾、能捍大患，则祀之。”其亦出于人心之所感慕而爱敬者乎？朝廷诰命之录，非止一代，公卿大夫士过者无不咏赞表志，铁柱有铭、有颂、有诗，宫祠有记，观者一览无遗。信乎旌阳遗化之迹无朽之嗟乎！典章文物，非载籍无以寓。

是编之作，岂惟旌阳功德有稽，凡帝王咨命所至，有司为民祷祈旱潦菑患祥应之效，玉册之降，宸翰之颁，无不存乎其中矣。是宫之在豫章也，以铁柱之镇而地益胜，严旌阳之祀而道益尊，老氏之流来游来瞻，若统之有宗、会之有元也。因文以征诸往昔，纪述方来，固亦为道者之志也。来者，其亦以常静之心为心，而继续编之？

是为序。

序文明确了《铁柱延真万年宫纪录类编》作者熊常静的编撰意图，即为表彰许真君“其用智如神，合阴阳之理，灭除水孽，冶铁为柱，下植诸地，以永镇遏之用，迄今无虞也”，为历代人民、国家保平安、保稳定的丰功伟绩。同时，作者认为：“严旌阳之祀而道益尊，老氏之流来游来瞻，若统之有宗、会之有元也。因文以征诸往昔，纪述方来，固亦为道者之志也。”无论政府如何严格约束，人民对许真君的信仰、对道的追求只能是越来越强烈。他还希望这个《铁柱延真万年宫纪录类编》只是迈出第一步，开个好头，希望后来者能“继续编之”，可谓用心良苦，也显示出其胆魄。

二、万寿宫的戏曲文化及其价值

明清时期是我国民间戏剧十分兴盛的时期，杂剧、南戏、弋阳腔、采茶戏、花鼓戏、京剧、豫剧、徽剧等数百种民间戏种遍地开花。在江西万寿宫在全国主要城市与长江南北普遍建立的前提条件下，万寿宫的庙会活动自然与戏曲文化结下了不解之缘。万寿宫文化表现为戏台文化与戏曲表演文化两大类。

（一）万寿宫戏台文化

万寿宫戏台起初来源于人们朝拜许真君的祭祀活动，后来逐步发展成为各地每年举行祭祀、聚会庆贺活动的一种需要和风俗习尚。戏台规模一般不大，多为木质结构，单檐歇山式构造。各地万寿宫戏台的台基多为砖石实垒，规格严谨，而且不是很注重外部的装饰，简单朴素。各地万寿宫的戏台文化大同小异，姑且列举较具代表性的三处戏台文化进行叙述。

1. 西山万寿宫戏台

西山万寿宫戏台在高明大殿正前方二道仪门外的大院内，是砖石木结构，布局呈“凸”字形。整个戏台宽约 5 米，高约 6 米，进深 6.7 米，台基高 1.67 米。戏台的天棚上还有彩绘藻井图案。在台前立有两根石柱，为方形花岗石。戏台的屋顶结构是歇山式翘角飞檐，上面盖的是琉璃瓦。前后台相连，中间以照壁隔开，左右为上下场门。后台系长方形砖瓦房，房左侧有一台阶供人上下，这是戏台的唯一通道。台前仅容纳观众五六百人，台右则为跨越 3 座仪门的宽长大院，可容纳五六千人。因戏台必须面对主神，大多数观众只能看偏台。每年农历正月二十七是万寿宫主神许真君的生日，届时宫里一定会到外地去请有名的大戏班来此唱戏，时间多则 10 天，少则 3 天，如同乡民赶集一般，人山人海，甚是热闹。

2. 吉安万寿宫戏台

吉安万寿宫戏台建筑是以砖木结构为主，进深 6.7 米，宽 6.5 米，高 8.5 米。戏台的台基是由大小不同的石头砌成。在戏台的两侧是高约 1.2

米的副台。在戏台前立有两根方形石柱，在石柱上刻写着一副对联："咫尺往来千里外，百年名利一宵中。" 戏台上方是人字形的屋顶，上面盖有青瓦。在戏台的两侧墙壁及后台墙板上都留有许多大班在此演出的题壁和许多彩绘的戏曲脸谱。据说当初庙宇戏台演出的戒规十分严格，在正式演出时就在戏台台前竖立一块禁碑，上面明确要求凡是属于"三脚班"之类的戏班，一律不准进庙演戏等项。万寿宫每年按惯例必请大班演出2—3次庙会剧，正月唱五贤戏，又称"大神戏"，五月唱端阳戏，六月唱关爷戏等，剧目多为历史戏。每当演戏的时候，四邻八乡的人们都会赶来看戏，将整个戏台周围挤得水泄不通。许多小商小贩看到这里人多，就把集市上的摊子摆到这里来，使得万寿宫更是热闹。附近的人们都借着看戏的机会，到此购物、买卖，互通有无，俨然集市一般。

3. 景德镇会馆戏台

景德镇是江西"四大名镇"之一，会馆林立，而附属于会馆的重要组成部分——戏台也随之应运而生。景德镇会馆戏台多以用材讲究、建筑宏伟壮观、雕刻精细而著称。以景德镇都昌会馆老会馆为例，砖木结构，从台底通过，进入大天井。天井两侧有高3米、宽2米的酒楼，楼与戏台相通。穿过青石铺地的天井，即是正殿，供奉关羽神像，面对戏台。台基高2.5米，台面至顶5.5米，宽18米，进深10米。戏台台前有两根石柱，台中天棚有藻井，台前大天井可容观众千人。大殿及会馆南北之间均有侧门可通。会馆除行业集会吃酒外，最主要的一项活动就是看戏，几乎长年不断。

（二）万寿宫的戏曲文化

明代描写许真君的戏剧，不乏佳作，且流行于各个剧种。

1. 许真君主题的杂剧

杂剧最早出现于宋代，至元代吸收各种民间曲调而趋于成熟。明代昆曲勃兴，杂剧作者吸收南方传奇的特点，冲破了尽填北词的框框，角色安排也突破末或旦和一些独唱到底的传统，折数亦不以四折为限，推陈出新。许真君的传说最早见于明代杂剧。

据傅惜华编《明剧杂剧全目》，在无名氏神仙杂剧中有《许真人拔宅飞升》一目，据云：《今乐考证》皆载此目。（一）明万历四十三年（1615）脉望馆钞校内府本，未题作者。又曰《锁蛟精弃官学道》正名《许真人拔宅飞升》，藏北京图书馆。（二）孤本《元明杂剧》第二十七册，又题简名《拔宅飞升》。剧情大意叙述许真君同吴猛带领群弟子与蛟精战斗，蛟精变成黄牛，许真君便剪纸化为黑牛。吴猛用剑砍除蛟精的左腿，蛟精逃回长沙，被许真君遣天兵天将擒住，铸一铁柱可立于井。许真君又用铁索一条，重三千六百斤，共三千六百圈，按一年三百六十日，将此畜锁在南昌紫霄观井中，永除后患，并说："兀那孽畜，你直等铁树开花，才放你出世。"最后许真君全家四十二口拔宅升天。

2. 许真君主题的弋阳腔

弋阳腔是元末明初起源于江西弋阳的剧种，其声腔特点是台上演员独唱，后台众人帮腔，只用打击乐伴奏。明永乐间，弋阳腔流传云南、贵州一带，嘉靖间于北京、南京、湖南、福建、广东均颇流行，并同各地语言、曲调、剧种结合，产生了青阳腔、潮剧等不同剧种。江西上演许真君的剧目，盛行不衰，如无名氏弋阳腔《铁树记》，共演出七晚。当时演出的班子，有南昌县厚田园家班，抚州南城戏班（木偶），赣州东河戏班，高安瑞河高腔班。除东河戏用《铁树记》外，余均用《许真君传》为戏名。叙许真君降孽龙的民间故事，为弋阳腔的传统剧目，明代弋阳腔连台大戏之一，内容与《警世通言》铁柱锁蛟大同小异。

3. 许真君主题的赣剧

赣剧源于明代的弋阳腔，吸收徽浙戏曲的优点，是带有江西特色的地方剧种。赣剧中有关于许真君的剧本以丰富的想象和巧妙的构思，生动描写许逊与孽龙斗法的曲折过程。故事从孽龙逼民献灯开始，到知县慑于孽龙起水的淫威，为虎作伥，命衙役追捕许逊。孽龙则乘机化成许逊模样，混入许宅，将许逊的幼儿夺走。之后许逊与夫人商议，立誓上山学道降妖，遂与许大、英妹拜西山谌母为师，学道十年，得剑下山，奔龙王庙与孽龙展开激战，要擒住孽龙，夺回儿子。此时许儿长大成人，十多年来以为被父母抛弃，由孽龙救活，认孽龙为父，并已练就一身功夫。在双方混战中，许儿帮助孽龙打败许逊，先后将许逊夫妻和许大一并俘去，关进水牢。后经许大耐心启发许儿，说破当年许儿被夺原委，后来许逊妻又取出绢布为凭，许儿才认自己的生身父母，深感后悔，遂打开牢狱，与父母一道共破孽龙。许逊又攀请天兵天将，终于将孽龙抓住，锁于西山井中。[①]

三、万寿宫的碑刻及其价值

关于明代万寿宫的碑刻非常丰富，初步发现的有70余件，主要见于如下：

梁寅：《仙驭观记》，见《道家金石略》；

刘崧：《紫霞沧州楼记》，见乾隆六十年刊《南昌文考》卷五及民国二十四年重印《南昌文征》卷十四。

张九韶：《重修崇真观记》，见崇祯刊本《清江县志》卷八。

张宇初：《故道录司演法朝天宫提点曹公墓志》，见四库全书本《岘泉集》卷三。

张宇初：《妙灵观记》，见四库全书本《岘泉集》卷二。

宋濂：《豫章铁柱颂》，见《万寿宫通志》卷十七。

刘渊然：《七星法剑铭》。

刘渊然：《刘渊然铜钟铭》。

杨士奇：《邵仲仁墓表》，见四库全书本《东里集》续集卷三十一。

胡俨：《重修高明宫记》，见明代隆庆刊本《胡祭酒集》卷九。

胡俨：《豫章许韦二君功德碑》，见《万寿宫通志》卷十四。

滕惟发：《重修乌石观记》，见《万寿宫通志》卷十八。

郑明选：《南京兵部右侍郎北陆公行状》，见《明文海》卷四五二。

王直：《送道士王贞白序》，见四库全书本《抑庵文集》卷十三。

① 参见陈立立等：《万寿宫民俗》，江西人民出版社2014年版。

王直：《长春刘真人祠堂记》，见四库全书本《抑庵文集》后集卷五。

王直：《紫霄观碑》，见四库全书本《抑庵文集》后集卷二十四。

《冲虚至道玄妙无为光范演教庄静普济长春真人渊然刘公墓志铭》，见《南京西善桥明代长春真人刘渊然墓》。

《龙泉观长春真人祠记》，见《道家金石略》。

邵以正：《重建白云观长春殿碑（略）》，见四库全书本《钦定日下旧闻考》卷九十四。

李贤：《重新许真君神像碑记》，见《万寿宫通志》卷十五。

孙原真：《铁柱延真宫许真君铜像记》，见《万寿宫通志》卷十五。

徐有贞：《福济观新建祠宇记》，见四库全书本《吴中金石新编》卷六。

《龙泉观通妙真人祠堂记》，见《道家金石略》。

范兆祥：《重修延真万年宫疏》，见《万寿宫通志》卷十六。

唐寅：《铁柱碑记》，见《万寿宫通志》卷十五。

李得晟：《长春殿增塑七真仙范记（略）》，见四库全书本《钦定日下旧闻考》卷九十四。

《嗣唐太师守播四拾柒代云霄紫霞石室碑记》，见道光《遵义府志》卷十一。

邹暘：《铁柱宫玄帝殿记》，见《万寿宫通志》卷十五。

魏良辅：《黄堂宫重修旌阳殿碑记》，见《万寿宫通志》卷十八。

《重修龙泉观记》，见《道家金石略》。

方涯：《重岩黄堂玄帝神像碑记》，道光《黄堂隆道宫志》卷十一。

罗洪先：《玄潭雪浪阁上梁文》，见四库全书本《念庵文集》卷十八。

李太原：《杖井记》，见《万寿宫通志》卷十八。

李迁：《杖井记》，见《万寿宫通志》卷十八。

万翔：《杖井记》，见《万寿宫通志》卷十八。

沈友儒：《吴山重阳庵天医行宫记》，见《重阳庵集》。

李汝宽：《晋郭璞读书处记》，民国七年石印本《闻喜县志》卷二十三。

万恭：《重新万寿宫化缘疏》，见《万寿宫通志》卷十六。

万恭：《重新玉隆万寿宫碑记》，见《万寿宫通志》卷十四。

万恭：《玉皇阁记》，见《万寿宫通志》卷十四。

沈友儒：《重建医灵道院记》，见光绪《嘉兴府志》卷十九。

陈文烛：《万寿宫碑》，见《万寿宫通志》卷十四。

张位：《重建万寿宫铁柱观疏》，见清康熙培风堂重刻本《闲云馆集钞》卷五。

张位：《重建万寿宫记》，见《万寿宫通志》卷十五。

张位：《修玉隆宫疏》，见清康熙培风堂重刻本《闲云馆集钞》卷五。

张位：《重建玉隆万寿宫上梁文》，见《万寿宫通志》卷十七。

张位：《沙井口慈航普度缘疏》，见清康熙培风堂重刻本《闲云馆集钞》卷五。

张位：《兴建江天阁记》，见光绪四年《逍遥山万寿宫志》卷十八。

周光镐：《重修灵济宫记》，见光绪《潮阳县志》卷二十一。

黎巽：《郡丞孙公修堤记（略）》，见《钟祥金石考》。

李鼎：《敕建万寿宫宝阁募缘疏》，见《万寿宫通志》卷十六。

高攀龙：《文学景耀唐公墓志铭》，见文渊阁四库全书本《高子遗书》卷十一。

罗大纮：《玄潭重建真君阁及修罗文恭雪浪阁纪事疏》，见明末刊本《紫原文集》卷八。

罗大纮：《重建真君阁上梁文》，刊本《紫原文集》卷八。

熊明遇：《铁柱宫敕书亭碑》，见顺治十七年刊本《文直行书诗文》文选卷一。

熊明遇：《重修玉隆官募缘题疏》，顺治十七年刊本《文直行书诗文》文选卷十七。

陈宗汤：《万寿宫续创赡田碑记》，见《万寿宫通志》卷十四。

钱槚：《新龙沙亭碑记》，见光绪四年《逍遥山万寿宫志》卷十八。

喻南玉：《募修憩真观引》，见光绪四年《逍遥山万寿宫志》卷十八。

陈弘绪：《重修玉隆万寿宫募缘疏》，见光绪四年《逍遥山万寿宫志》卷十六。

陈弘绪：《重建白马神庙募疏》，见光绪四年《逍遥山万寿宫志》卷十八。

黎元宽：《募鼎建万寿宫缘疏》，见光绪四年《逍遥山万寿宫志》卷十四。

黎元宽：《蕲州鼎建万寿宫缘起》，见康熙刊本《进贤堂稿》卷二十八。

黎元宽：《募兴清都观序》，见康熙刊本《进贤堂稿》卷二十八。

黎元宽：《万寿宫再闢明堂碑记》，见康熙刊本《进贤堂稿》卷十六。

黎元宽：《募大修丹霞观缘起》，见康熙刊本《进贤堂稿》卷二十六。

黎元宽：《募修玉台观疏》，见康熙刊本《进贤堂稿》卷二十六。

黎元宽：《募修万寿宫小引》，见康熙刊本《进贤堂稿》卷二十六。

黎元宽：《重修紫极宫序》，见康熙刊本《进贤堂稿》卷二十七。

魏逢虞：《重修接仙桥记》，见道光二十年《黄堂隆道宫志》卷十二。

佚名：《许真君像石刻暨题字》，见同治《南海县志》卷十一。

夏昺：《重修车桥庙记》，见光绪四年《逍遥山万寿宫志》卷十八。

熊文辅：《半边槐小记》，见道光二十年《黄堂隆道宫志》卷十二。

吴蕃昌：《青山孝子祠记》，见适园丛书本《祈欠庵集》卷三[①]。

这些碑文对研究西山万寿宫的发展和净明道在地方的传播具有很高的历史价值。比如根据万恭《重新玉隆万寿宫碑记》可以考察明代万历时期西山万寿宫的复兴过程，以及地方乡绅在地域构成上的特征，重建前后的社会活动、当地士绅与西山万寿宫的关系等[②]。

净明道在明代随着江右商帮的兴起与江西士绅文人的崛起而得到较大发展，它与龙虎山正一道所走的路线完全不一样，它走的是民间路线，围绕着民间对许真君的信仰而展开。作为净明道的祖庭，西山万寿宫与南昌铁柱万寿宫在净明道的传播中发挥了关键作用。围绕万寿宫及真君信仰而形成的万寿宫文化现象也是别具江西特色的道教文化现象，它内容丰富，形式多样，运用了多种民间艺术形式，呈现摇曳多姿的形态，对净明道信仰在民间的广泛传播发挥了重要的作用。

① 许蔚：《断裂与建构——净明道的历史与文献》，世纪出版集团、上海书店出版社 2014 年版，第 594—680 页。

② 参见李平亮：《地方神庙与社会文化变迁——南昌西山万寿宫碑刻研究》，原载郑振满主编：《碑铭研究》，社会科学文献出版社 2014 年版，第 415—437 页。

第五章　明代江西玉笥山道教风采依旧

第一节　玉笥山的道教宫观

玉笥山之道教宫殿楼阁星罗棋布。根据《玉笥实录》记载，玉笥山以观而名的道教场所就多达16所，如开明观、冲虚观（即九仙观）、清真观（即集仙观）、乾元观、南阳观、崇道观、韦山观、安静观、东阳观、彩云观、大真观、葆元观、会仙观、施仙观、祈真观、望仙观；规模稍小以坛称呼的道教场所有33处，包括大清坛、七元坛、禹坛、紫虚元君坛、赤松子坛、梅仙坛、麻姑坛、白鹿坛、步虚坛、葛仙坛、杏花坛、耀明坛、白鹤坛、精思坛、洞虚坛、王乔坛、皓月坛、阴君坛、太乙坛、五帝坛、东华坛、送仙坛、降真坛、左思坛、望仙坛、司命坛、孔真坛、杜真坛、埋金坛、萧真坛、谢真坛、明月坛、投龙坛等；庵有3所，即仆固仙师庵、白云庵、石门庵；祠有2所，即云腾祠、坚山祠。此外还有众多的亭、台、宅、园、石、洞、堂、道院，都与玉笥山道教关系密切。

明朝玉笥山的道教发展也进入了新的恢复、重建与越来越民间化的发展时期。由于玉笥山的道教宫观场所多毁于元末战乱兵燹，明朝玉笥山道教宫观场所经历了较长时期的恢复，大部分道教场所都被废弃成为历史遗迹，仅有少数几处主要的道教场所才得以恢复，较为代表的是玉梁观、大秀宫、飚驭祠与九仙台。

一、玉梁观的复建

据乾隆版《峡江县志》载："玉梁观，在玉笥山麓，相传汉武时坠玉梁于此，故名。后到梁武帝时化白虹飞去。"[①] 玉梁观于北宋时改赐"承天宫"。乾隆版《峡江县志》载："承天宫，在洞天山西三会峰下，玉涧上，即梅子真宅，初名梅仙观。"[②] 同治版《峡江县志》的介绍更为具体："覆箱峰，在玉笥山开明观后，即何紫霄覆箱处，又名狮子峰。……绝顶有仙坛，内奉三清像，祷祀辄应。前有香炉山麓，旧有玉梁观，今废。"[③] 由此可见，梅仙观、玉梁观、承天宫三者属于同一宫观在不同历史时期的名称，其具体位置在玉笥山洞天西三会峰下，香炉山麓，与覆箱峰相面对。

1. 玉梁观历史沿革

玉梁观是玉笥山道教宫观中最为主要的宫观。周必大《群玉诗集序》云："古有宫观二十余区，以承天宫为冠，在三会峰下，本梅福旧坛，五代号玉梁观，真宗祥符初赐今名。宣和间升观为宫。"[④] 在玉笥山大秀法乐洞天之西，是围绕玉笥山的洞天而建立的宫观，其位置在大秀法乐洞之西，三会峰之下，玉涧之上，是西汉末东汉初江西著名道人梅福在玉笥山的修炼之所，六朝、唐、宋、元的玉笥山为道教道士集中之所，也是唐宋时期朝廷设金箓醮的场所所在。

玉笥山玉梁观先后有不同名称，汉代始建之初叫"玉梁观"，唐代一分为三，玉梁观改称"灵宝院"，在观附近分建老君院与精思院，合称三院。南唐保大时期合三院而改用旧名"玉梁观"。北宋大中祥符元年（1008），玉梁观被朝廷赐额"承天"，改称"承天观"。一百多年后的

① 张九钺、乔大椿撰：乾隆三十二年《峡江县志》卷二，第217页。

② 张九钺、乔大椿撰：乾隆三十二年《峡江县志》卷二，第214页。

③ 暴大儒撰：同治十年《峡江县志》卷一上"地理志"之"山水"，第22页。

④ 参考周必大《群玉诗集序》。

北宋宣和（1119—1125）初，承天观升观为宫，称“承天宫”。元朝至元二十六年（1289），诏加“万寿承天宫”。从玉梁观名字的变迁可以看出，宋元时期，玉梁观发展臻于极盛，玉梁观由观升格为宫，屡受朝廷封赐。

元末玉梁观宫观被兵燹前，其规模格局达至历史顶峰，“栋宇之制，金碧之饰，象设之严，莫不度越于前矣”，元代诗人揭傒斯《承天宫记》对玉梁观沿革历史叙述最为详尽。

2. 明朝玉梁观状况

明朝鼎革，明太祖忙于统一寰宇，扫平北境边患，直至明成祖时期天下初安，人民乐业，玉笥山道教宫观才有了恢复振兴的条件。明正统年间李景椿撰写的《玉梁观》对此记载甚详：

> 元季壬辰兵燹，羽服散于四方，宫观坛壝邱墟者六十余年。天朝隆兴，山川草木皆献精彩。永乐初，牛寿法派弟子杨惟心以禅宗夙学，恍慕道缘，于是入山启土，追寻旧规，以洞天莫胜于大秀中峰。岁丙申，首建佛殿，以翼前左。至庚子，复建三清殿，以当峰秀。惜志未大就而入于圆寂。其徒如山居士李景椿，以名系归真，贯通二典，继承师志，于宣德丙午岁起文昌殿于前左，而三殿始并列焉。又谓旧址有玉皇天王二殿阁，宜复其制。乃与提典李悟仙，缁流张如本、周昌隆、张如海，劝首陈旭、吴宗明，纠集善众，经营于辛亥，迨正统丁巳而二殿又落成焉。由是炼真有所，禅定有寮，山门桥道，莫不整饬，黝垩丹漆，焕然一新。每羲和浴驾，玉笥收云，金碧之辉，上腾霄汉，真天人之宫阙，名山大川之壮观也。①

当时兴复玉梁观的不是高道，而是佛教禅师，且属于佛教的“牛寿法派”。查佛教禅宗并没有牛寿法派，牛寿法派或许是“牛首宗”之谐音误写，佛教有著名的牛头宗，亦可写作牛首宗。玉笥山最早恢复的也不

① 参考《玉笥实录》卷四收录李景椿撰写的《玉梁观记》，江西人民出版社 2020 年版，第 2—3 页。

是道教宫观，而是佛教的佛殿，置于玉梁观旧址之“前左”。至于当时新建的佛殿名称，引文中未予详明。永乐庚子年（即永乐十九年）开始建成三清殿，永乐十九年对应于公元 1420 年，也即三清殿的修建是在佛殿建成后的第 4 年。佛殿与三清殿都是由杨惟心禅师修建或恢复。之后杨惟心的弟子李景椿等于宣德丙午年修建了文昌阁，李景椿继续于正统丁巳年修建成玉皇与天王二殿。从明成祖永乐十四年（1416），中间经历明仁宗、明宣宗宣德元年，一直到明英宗正统二年（1437），跨越四代帝王共 21 年，玉笥山主要道教宫观才得以恢复。

正如前文所指出，梅仙旧宅、玉梁观与承天宫属于同一宫观的不同时代的称呼，然有明一代，于此宫观怀古的诗作并不多。胡云端有《玉梁观》诗，诗文“异境閟琳宇，深溪卧玉梁”[①]即点明玉梁。练子宁的《玉山谣赠时宪》，诗歌中有“仿佛梅仙旧时宅”[②]。明朝著名大臣解缙有诗《承天宫》二首，其中第一首叙述了承天宫在明前期的大体情况：“玉笥承天老子宫，平原十里万山中。三千岁后桃花老，二十四桥流水通。梅子庙荒榛树倒，何君石在古苔封。同游感慨知多少，云物凄凉夕雾重。”[③]诗中的梅子庙呈现出庙荒榛树倒的破败景象。

二、大秀宫的重修

1. 大秀宫历史沿革

大秀宫作为洞天之府，最早兴建于汉武帝时期，因汉武帝曾于此洞天驻跸建坛，受上清之箓，故而赐额“上清之宫”，也即大秀宫亦名“上清宫”。

上清宫重修于南北朝梁武帝天监年戊子岁（508），由当时南朝著名高道杜昙永与其弟子钱文咏、萧子云合力于旧址上兴建。

虞集《玉笥山清真观碑》中对宋元时期的大秀宫的改名及兴建记载较详。大秀宫宫殿在北宋宣和年间其规模有所扩大，“大其宫而新之”。

---

① 张九钺、乔大椿撰：乾隆三十二年《峡江县志》卷十三，“艺文志”之“诗”收录胡云端：《玉梁观》，第 1110 页。

② 《玉笥实录》卷三收录的练子宁：《玉山谣赠时宪》，江西人民出版社 2020 年版，第 32 页。

③ 暴大儒撰：同治十年《峡江县志》卷二“建置志”之“坛庙”，第 42 页。

到元贞年间，有鉴于“宫之屋日敝”，开始兴建新的殿堂，先后于元贞丙申年（1296）建法堂，至大戊申年（1308）建冲妙堂，元仁宗延祐五年（1318）建三清殿。[①]

在清真宫附近，元代的云心道士曾开创祝圣道场。佚名撰写的《清真观石洞记》云：“至元壬辰，云心道人从菊山诸弟子求此石为修真隐居之所，慨然得请，磐石之侧山地数百亩，悉以施之。于是开山创立祝圣道场，朝呵夕卫，此石遂免于煅。甲午，江西平章紫微史公为书‘神霄雷坛’四字，俾揭于殿前。大德丁酉，三十八代天师晋国公为书‘玉笥法海’四字赐之，揭于堂。”[②] 祝圣道场开创于元至元壬辰年，即元世祖至元九年，对应于公元1292年。至元甲午年（1294），江西平章紫微史公为祝圣道场题“神霄雷坛”，甚至于三十八代天师于大德丁酉年（1297）为之题写“玉笥法海”四字。可见于元朝新建的祝圣道场颇得朝廷的重视，地位似乎高于清真观。

宋朝保留下来的大秀宫殿与元朝增加的宫殿楼阁，二者总合起来有司命宫、上清殿、朝元阁、清虚馆、法堂、冲妙堂、三清殿、白雪堂、祝圣道场等，故而在元末兵燹之前，大秀宫的主要宫殿建筑亦达到了其历史之极盛。

2. 大秀宫的重修

明永乐年间，随着国家稳定，荒废已久的大秀宫才在佛道两教崇信人员的共同努力下得以恢复重建，明朝宋原端《重修大秀宫碑记》记载明朝重新兴建大秀宫的经过，碑文曰：

> 元季兵燹，基业荒废。迨于我朝龙兴，永乐壬申，道人杨惟心开基住持，惟心本汉大尉杨震之后，世为乐安河源人，壮游江湖，好持斋奉佛，礼金陵牛寿山海谷老禅受戒行，离俗出家，遍寻

① 乾隆版《临江府志》卷二“山川”，第14页。

② 《玉笥实录》卷四收录的佚名撰写的《清真观石洞记》，江西人民出版社2020年版，第5—6页。

名山胜境，直抵峡江，适逢同志张观善、丁子贯，果得玉笥大秀古仙遗迹，遂剪荆棘，刬瓦砾，斫茅卜居。越数月，远迩闻名，悉往取焉。岁甲午，肇创亭宇三间于基石以延宾友。丙申复造法堂方丈五间于基左，崇奉经典经年，募缘四方豪贵，以至鳌溪、北坑、石下。诸道友协力捐赀，越庚子，居中鼎建三清宝殿一所，其崇三丈有六，其广九丈有四，其深五丈有奇，翼然翚飞，高明壮观，克就兴复之功。当时士庶之来恭礼者咸曰宜有文志之，仰为圣皇混一区宇。五岳之外，大江之西，论洞天福地之名胜，当以淦之玉笥大秀为首称，群仙得道之真境也。宜其为清修之士，若惟心者所居，重复兴拓扩充制作以示将来……[①]

碑记叙述了大秀宫在元末明初的境况，交代了大秀宫兴复的年代及主持人，即从永乐壬申，杨惟心开基住持。不过，碑记中关于开基的年号即明成祖壬申年的记载有误，因为明成祖并没有壬申的年号。永乐甲午年（1414）即成祖十二年创亭宇；丙申年（1416）复造法堂方丈；庚子年（1420）建三清宝殿；其后所建的亭宇、法堂、三清宝殿的年代都很确定，由此大致可以推测，杨惟心最早开基的永乐“壬申”年应该是永乐“壬辰”年（1412），也即在其建亭宇之前两年。主持大秀宫兴复者乃道人杨惟心，本省抚州乐安人，与峡江玉笥山相距并不远。

重修后的大秀宫成为明代文人士大夫登临吟咏的对象。吟咏大秀宫最著名的是王守仁，他总共写了三首有关大秀宫的诗作，其中两首即以《大秀宫》为题，另一首为《大秀宫和一峰韵》。略举《大秀宫》之一：“清溪几曲转层林，始信桃源路未深。野树烟霞山阁静，古松雷雨石坛阴。丹炉遗火飞残药，仙乐浮空寄绝音。莫道山人才一到，千年陈迹此重寻。”[②] 作者崇寻修道者的千年陈迹，如石坛、丹炉、仙乐等。林志麟

① 张九钺、乔大椿撰：乾隆三十二年《峡江县志》卷十，“艺文志”之“碑记”收录的明朝宋原端：《重修大秀宫碑记》，第809—813页。

② 《玉笥实录》卷三收录的王守仁：《大秀宫》，江西人民出版社2020年版，第12页。

亦有《大秀宫》诗一首，诗句“半岩风静松香老，古洞林幽鹤梦闲”[①]，叙述大秀宫的松老洞古的景象。罗伦有《大秀宫》诗，有“野仙临玉笥，引袖拂天星”[②]之句。曾同亨的《登九仙台歌赠吴永斋》中亦提及大秀宫，“大秀宫前烟雾起，眠云石伴鸡犬闲”[③]。从明朝文人士大夫吟咏大秀宫的诗歌可知，大秀宫于明朝前期成祖年间恢复，直至明朝后期依然存在，依然是他们登临吟咏的对象。

三、民间重修飚驭祠

飚驭祠是玉笥山上道教宫观中兴起相对较晚的，可以追溯到唐天宝年间。但晚起的飚驭祠发展到宋明，大有取代大秀宫、玉梁观的趋势。

1. 飚驭祠历史沿革

据《玉笥实录》“云腾祠”载：“(云腾祠)在元阳峰下，即今南祠、飚驭祠。唐天宝六年始建，祀云储吴先生，为华岳府主，不知何时乃称金天大顺皇帝。”[④]引文中提及的与飚驭祠之建设相关之人吴真人，《玉笥实录》有较为详细的记载[⑤]。

2. 明朝飚驭祠

从唐开始建祠之后，飚驭祠的宫殿设置似乎变化不多，给人一种不温不火的感觉。它不像大秀宫与玉梁观那样，在宋元时期宫殿成群，红极一时，在元末兵燹时期，则一蹶不振。元末的兵燹对飚驭祠的破坏远不及对大秀宫与玉梁观的破坏。关于飚驭祠宫观建筑在明朝的恢复情况，明朝学者罗洪先《重修南祠疏》中有记载，介绍了明朝嘉靖年间飚驭祠修复更新的情况，主持者是乡俊彦与士大夫，参与者主要是乡人，民众捐款数额都不大，众多的民众积少成多，才得以完成新修祠庙。

康熙时期的吴之镐在其《重修玉笥山百花亭记》中亦有记载：

---

① 《玉笥实录》卷三收录的林志麟：《大秀宫》，江西人民出版社 2020 年版，第 13 页。

② 张九钺、乔大椿撰：乾隆三十二年《峡江县志》卷十三，“艺文志”之“诗”收录罗伦《大秀宫》，第 1132 页。

③ 《玉笥实录》卷三收录的曾同亨：《登九仙台歌赠吴永斋》，江西人民出版社 2020 年版，第 33 页。

④ 《玉笥实录》卷一收录的“云腾祠”，江西人民出版社 2020 年版，第 37 页。

⑤ 《玉笥实录》卷二收录的“吴真人”，江西人民出版社 2020 年版，第 5 页。

> 玉笥之东北隅有洞云储，唐吉州刺史吴英芝栖真于此。云储者，其号也。天宝中，敕建祠。宋政和中，赐额“飚驭”，事详《一统》暨郡邑志。祠前有亭曰百花，自宋迄明，兴废不一。旧传罗文恭公微时祷梦于祠，独寝亭中，众皆梦得“百花亭上有状元”之句，遂兆大魁。万历中，邑大夫黄公冲宇新之，改额“潺潺”。盖取水声泻出两峰间意。明季日就倾颓，牛羊踯躅者四十年于兹矣。①

此引文主要叙述了飚驭祠前之百花亭的来由。自宋到明，其亭一直以“百花”为名。在明朝万历中，邑大夫黄冲宇新修百花亭，并改名为“潺潺”。至清朝康熙年间，峡江县令佟公发起修复在明末已经倾颓的亭子，再次改回“百花”之名。

南祠、云储洞、百花亭在玉笥山属于同一道教区域，因其祈梦享誉遐迩，故而唐宋以来游历的文人士大夫来此祈梦者络绎不绝，尤其以明朝文人士大夫游览吟咏的诗作最为丰富。明朝吴节性有《题云储洞》②叙写正午云储洞的清幽；罗伦有《题云储洞》扣住梦的主题；郡伯夏久安有《秋日游南祠》描写去南祠路上的景致，此孤亭应该指南祠前的百花亭；顾应祥有《题梦楼》③诗文亦紧扣梦主题。刘晋卿有《同升入百花亭溪望玉笥》。罗洪先的《题南祠》最为有名，成为日后文人写作南祠步韵的对象，其诗云：“黄叶铺阶枕碧溪，白云深处不闻鸡。廿年尘土俱闲梦，肯受山灵幻境迷。”④诗中叙写南祠之景，枕于碧溪，居白云深处；抒发人生感慨，二十年如一梦，一切皆幻境。罗洪先此诗传扬开来后，后世文人写了不少步韵诗作。如明后期吴兰台《题南祠次念庵先生韵》：“叠叠霜枫下玉溪，梦回高枕忽闻鸡。披衣排闼香风度，洞口云深路又

① 张九钺、乔大椿撰：乾隆三十二年《峡江县志》卷十一，“记”收录的吴之镐撰写的《重修玉笥山百花亭记》，第49—50页。

② 《玉笥实录》卷三收录的吴节性：《题云储洞》，江西人民出版社2020年版，第6页。

③ 《玉笥实录》卷三收录的顾应祥：《题梦楼》，江西人民出版社2020年版，第15页。

④ 《玉笥实录》卷三收录的罗洪先：《题南祠》，江西人民出版社2020年版，第16页。

迷。”[①] 其步韵之作直到清朝仍未停止。如此众多以南祠为吟咏对象的诗作，也足以说明南祠在明朝及清前期的影响已经逾越了大秀宫与承天宫。

四、九仙台与神仙信仰

据《玉笥实录》记：“九仙台在承天宫东北五里，一峰独秀，峰顶平正，纵横可数百尺，前有炼丹台——本名送仙，自九真飞升后，方名为九仙。”[②] 显然，九仙台是为了纪念秦末孔邱明、骆法通等九位修真飞升之真人。避秦栖居玉笥山一同修真的真人本来是十位，然最后飞升的仅九真，唯有何紫霄修成地仙。

九仙台是历代文人士大夫登临吟咏之首选。文人士大夫攀登吟咏九仙台之风到了明朝不仅未见减弱，反而劲吹更盛。明初前期大儒胡俨有《九仙台》诗作曰：“高台千尺绝尘氛，长见仙都九老君。手把芙蓉浮碧落，身骑鸾鹤下青云。紫虚坛上花初发，金井源头路不分。自有灵踪通缥缈，谁来芳讯接氤氲。”[③] 诗中提及九仙台上的紫虚坛及金井。吴扬有诗作《游九仙台》，叙九仙台曰“直上层岩高一方”[④]。林志麟有诗作《游九仙台》及《台上遇雨》，前首诗中有“白云堆立九仙台，几度仙人跨鹤来”[⑤] 之句。罗洪先有《题九仙台》，诗文首句即曰：“九仙丹熟尽成仙，缥缈高台白日悬。”[⑥] 此外，罗洪先在其《玉笥歌赠吴冰斋》的篇首提及九仙台：“玉笥之西飞九仙，九仙之台高插天。”[⑦] 明代状元此外还有刘崧的《游九仙台》、苏光泰的《登九仙台》、马犹龙的《玉笥山九仙台》等

---

① 《玉笥实录》卷三收录的吴兰台：《题南祠次念庵先生韵》，江西人民出版社 2020 年版，第 20 页。

② 《玉笥实录》卷一，江西人民出版社 2020 年版，第 31 页。

③ 张九钺、乔大椿撰：乾隆三十二年《峡江县志》卷十三，“艺文志”之“诗”收录胡俨：《九仙台》，第 1117 页。

④ 《玉笥实录》卷三收录的吴扬：《游九仙台》，江西人民出版社 2020 年版，第 10 页。

⑤ 《玉笥实录》卷三收录的林志麟：《游九仙台》，江西人民出版社 2020 年版，第 12 页。

⑥ 《玉笥实录》卷三收录的罗洪先：《题九仙台》，江西人民出版社 2020 年版，第 14 页。

⑦ 《玉笥实录》卷三收录罗洪先：《玉笥歌赠吴冰斋》，江西人民出版社 2020 年版，第 34 页。

诗作。明朝文人士大夫吟咏九仙台的诗作接近10首，涉及的作者多达六七位，作者时代跨越明初到明末。

五、其他道教场所与地方文化

明朝玉笥山除了上述四大道教宫观依然保留外，还有其他一些道教场所，如何君洞、步虚坛、魏夫人坛、白鹿坛、清虚馆等。

1. 何君石洞

何君洞是玉笥山重要的道教遗址，是后人为纪念玉笥山之地仙何紫霄的场所。据乾隆版《峡江县志》载："何君洞，在玉笥山紫霄岩下，何紫霄隐居处，高可建五丈旗，旧传内有石床、石椅诸物，石巷阔尺许，长可百步，曲折通于洞左。"① 何君洞因玉笥山地仙何紫霄修炼成仙而出名，洞中之石之怪异亦为之增添神秘色彩。

何君洞在明清时期依然保留，明清文人士大夫游览吟咏何君洞的诗作仅次于吟咏九仙台的诗作。明朝文人士大夫诗作中提及何君洞的有多人。林志麟有诗《窥何君石洞》："石山削壁突平泮，精凿灵岩似广堂。不是鼋鳌幽怪窟，乾坤原有秘书藏。"② 诗文紧扣洞中怪石紫霄石来描述。罗洪先就何君洞写了5首诗，其中以《游何君洞》为题的诗共4首③，为组诗；另一首是《九日晦日何君洞》："云裳已远石床横，洞里菖蒲岁岁生。欲烛金书讨丹诀，月华未吐坐三更。"④ 诗中提及洞中之石床、菖蒲之景物。苏光泰《游何君洞》诗云："何处飞来一片石，屹然不与众山群。洞如虎踞藏真炁，人欲龙蟠卧白云。忆昔避秦称数子，至今游洞说何君。徘徊不尽登临兴，丝丝鸾笙送暮曛。"⑤ 诗中由洞中紫霄石之不群，

---

① 张九钺、乔大椿撰：乾隆三十二年《峡江县志》卷一"山川"，第103页。

② 《玉笥实录》卷三收录的林志麟：《窥何君石洞》，江西人民出版社2020年版，第13页。

③ 张九钺、乔大椿撰：乾隆三十二年《峡江县志》卷十三，"艺文志"之"诗"收录罗洪先《游何君洞》，第1140—1142页。

④ 《玉笥实录》卷三收录的罗洪先：《九日晦日何君洞》，江西人民出版社2020年版，第16页。

⑤ 《玉笥实录》卷三收录的苏光泰：《游何君洞》，江西人民出版社2020年版，第18页。

写到何紫霄之不与九仙同去的独特。马犹龙有诗《同吴毓贤、龚翰宇饮何君洞二绝》:“削出莲花分外奇，何君一去复何之。洞门不锁烟霞路，留得游人住几时。”“涪翁好事昔曾游，佳句题笺在石头。老树苍藤随意满，哦诗酌酒暂淹留。”[①] 诗中叙到游人登临、总好在紫霄石上题咏之情形。黄如桂的《游何君洞拜紫霄先生像》诗：“何来丹灶炼孤邱，野竹黄花处处秋。三十六峰皆泡影，玉容空被白云留。”[②] 从黄如桂的诗可知，当时何君洞内塑有何紫霄的像供人朝拜。

2. 罗浮庵

罗浮庵在玉笥山山腰，与山麓的大秀宫距离较近。罗浮庵是一座明朝才修建而成的庵堂，由文人士大夫草创，罗伦的《罗浮庵记》记载了作者于成化年间与朋友一起修建罗浮庵的状况：

> 成化丁未春，林缉熙自罗浮来，成真游焉。黄时宪、黄忠肃、许济川自吉水至，陈符用自庐陵至，自玉峡舍舟而陆，暮抵大秀宫，宛如梦境矣。翌日约道士徙宫于天王阁，约符用结庵于阁后最奇处，名曰罗浮庵，符梦也。予顾问君曰：“是游非梦矣？”缉熙曰：“安知其梦非乎？谓为非梦乎？”谓为非梦，复恐为道士笑也。明日各下山辞去，明年见缉熙于芗城，相与太息曰：“昨夜成梦矣。”符用来告庵成，书梦语刻于庵中，庶来者知人生之所遇，无非梦境矣，以得丧而心细戚何为？[③]

《罗浮庵记》在乾隆以前的《峡江县志》中作《云腾飏驭祠记》，然按照记中内容，此庵与云腾飏驭祠之关联仅仅建立在梦主题上，两者的

---

① 《玉笥实录》卷三收录的马犹龙：《同吴毓贤、龚翰宇饮何君洞二绝》，江西人民出版社 2020 年版，第 19—20 页。

② 张九钺、乔大椿撰：乾隆三十二年《峡江县志》卷十三，“艺文志”之“诗”收录黄如桂的《游何君洞拜紫霄先生像》，第 1155 页。

③ 张九钺、乔大椿撰：乾隆三十二年《峡江县志》卷十“艺文志”之“碑刻”，第 929—931 页。

地理方位并非一处。罗浮庵在玉笥山大秀宫附近，而云腾飚驭祠在云阳峰下；罗浮庵属于明朝新建的庵堂，飚驭祠乃建于唐。根据引文，此庵始建于明宪宗成化丁未年（1487），于次年告竣。罗伦此文借罗浮庵的建成及缘起，来感叹人生际遇莫非梦境。罗浮庵属于草庵，比较简陋，大概属于文人雅好之作，并未维持太久。乾隆版《峡江县志》中坛庙或古迹部分没有介绍罗浮庵，明朝中后期与清前期的文人也没有以罗浮庵为题的诗作，即是明证。

3. 步虚坛

据《玉笥实录》载："步虚坛，在九仙台之半崖，汉武帝登坛时紫气盖山，良久，崖间有金磬步虚之声。帝惊异。东方朔曰：'真仙降瑞，陛下圣感所致。'遂建坛，大表其异。"[①] 由此可见，步虚坛在九仙台之所在山峰之半山腰的位置大体确定。

步虚坛建筑时代远追汉武帝，应属后人传说，不可考稽。然明代前期，步虚坛遗址依然存在，却是事实。明前期大文人胡俨专为之写《步虚坛》诗："麻姑去后有仙坛，紫翠阴中碧树环。露泾星河秋耿耿，月明环珮夜珊珊。九霄灵籁清风发，万古天灯落叶般。白鹤不归瑶草长，青山长伴绿云间。"[②] 根据胡俨的诗文，步虚坛奉祀的神灵似乎是麻姑，与《玉笥实录》中记载的真仙好像不是同一仙人。大概因为九仙台的名气过大，故而在九仙台半崖的步虚坛得到明代文人士大夫的关注度远远不够，也由此可以看出，步虚坛或许在明中后期即已损毁。乾隆版《峡江县志》卷首"玉笥山图"中有魏夫人坛，却未标步虚坛，是无意疏忽，还是坛址不存，不得而知。

4. 魏夫人坛

魏夫人坛是玉笥山建立的纪念上清师祖魏夫人的道教场所。据乾隆版《峡江县志》载："魏夫人坛，即仙姑岭，在玉笥山左，连亘二十四

① 《玉笥实录》卷一，江西人民出版社 2020 年版，第 27 页。

② 张九钺、乔大椿撰：乾隆三十二年《峡江县志》卷十三，"艺文志"之"诗"收录胡俨：《步虚坛》，第 1117 页。

峰，络绎奔赴。庙在八九峰之间，背倚玉笥，面临白虎诸峰。”[①] 而根据乾隆版《峡江县志》载：“仙姑岭，县东三十里，上有魏夫人坛，相传南岳夫人尝治于此。”根据玉笥山在县东“四十里”，仙姑岭在玉笥山西十里左右。

魏夫人坛修建年代不可考稽，然明清时期，魏夫人坛一直是玉笥山道教的重要景观，乾隆版与同治版《峡江县志》卷首的“玉笥山图”中都标有此坛所。明朝文人于魏夫人坛登临吟咏者并不多，仅发现明朝学者李中有《魏夫人坛》诗：“仙坛遗迹在，苔合落花各。绛节何年返，白云终日生。旋新芳草色，依旧偃松声。欲问希夷事，音尘隔上清。”[②] 诗中明白告知，作者所在时代明中后期，魏夫人坛遗迹依然保存完好。

5. 白鹿坛

白鹿坛之所指，不太清楚，亦应属于玉笥山的道教祭祀场所。《玉笥实录》中记载有王凤洲《题白鹿坛》诗：“奉车犹忆上林秋，晚岁辞荣在一邱。万事从他夸指马，一身甘自任呼牛。失来秦苑谁堪逐，归去吴台好并游。世路未驯从此诀，长林丰草漫相愁。”[③] 王凤洲乃王世贞，生活于明晚期，著名诗人，“后七子领袖”。

6. 清虚馆

根据乾隆版《峡江县志》载：“清虚馆、洞阳馆在玉笥山。”[④] 然具体位置不详。明前期胡俨有《清虚馆》一诗：“仙家有琳馆，幽栖群玉山。碧窗瞰林壑，丹霞被冈峦。灵文宝笈秘，古鼎神丹寒。仙人梅郭彭，骑鹤下虚坛。窗间绿绮琴，宴坐时一弹。罗月挂秋镜，松风生夜澜。俯见尘寰中，烟雾浩漫漫。”[⑤] 诗中并未叙馆址的准确位置，只说在群玉山。对于清虚馆是谁的道场，诗文记载亦不确定，只说是“仙人梅郭彭，骑

---

① 张九钺、乔大椿撰：乾隆三十二年《峡江县志》卷二，第 198 页。

② 《玉笥实录》卷三收录的李中：《魏夫人坛》，江西人民出版社 2020 年版，第 15 页。

③ 《玉笥实录》卷三收录的王凤洲：《题白鹿坛》，江西人民出版社 2020 年版，第 16 页。

④ 张九钺、乔大椿撰：乾隆三十二年《峡江县志》卷二，第 221 页。

⑤ 张九钺、乔大椿撰：乾隆三十二年《峡江县志》卷十三，“艺文志”之“诗”收录胡俨：《清虚馆》，第 1113—1114 页。

鹤下虚坛”。此馆到明中后期或许也荒废成草莽，乾隆版《峡江县志》卷首的“玉笥山图”中没有标示此馆。

7. 开明观

根据乾隆版《峡江县志》载：“开明观，在玉笥乡覆箱峰下水湾，湾竹隐、梅坪紧叠山是也，孔真人坛及其居宅、母墓在焉。”[①]《玉笥实录》也有开明观的记载：“开明观，在洞天宫之西四五里间，覆箱峰西，即孔真坛，而居宅亦在其中。汉武帝褒道，崇修仙宇，开基得古铸三清圣像，累代有文□交掌，至今别殿严奉观前五里有孔真母坟。”[②]两处记载观的方位差不多，《玉笥实录》另叙观之来历，道教宫观除了主体孔真坛，并提及明清时期的别殿严奉观，以及孔真人母亲的坟墓等。罗文恭有《开明观》诗云：“覆箱峰下水湾湾，竹隐梅坪紧叠山。”[③]

8. 郁木洞

郁木洞是玉笥山道教洞天福地之重要组成部分。据乾隆版《峡江县志》载：“郁木洞，又名郁木坑，道书第八福地，梁萧子云携家隐于此，旧名耀真观，今改名乘光观。”[④]此县志关于乘光观亦载云：“乘光观，即郁木洞，梁萧子云携家二十八口来隐于此，观址即其室也，初名耀真观，宋大中祥符中改今名。”[⑤]同一县志的两处相关记载，内容大体相同，只是后者记载更为具体，梁萧子云携带的家口人数，改名的时代都交代得很清楚。两则引文都未叙述郁木洞的具体地址。《玉笥实录》则有关于郁木洞的位置记载：“道书云第八郁木福地，丹阳谷，在洞天之东二三里许。”[⑥]由此可知，郁木洞在洞天之东二三里之地。

明朝时期，郁木洞及其道教景观依然有登临咏吟者，如明前期的胡俨有《郁木洞》一诗：

---

① 张九钺、乔大椿撰：乾隆三十二年《峡江县志》卷二，第216页。

② 《玉笥实录》卷一，江西人民出版社2020年版，第15页。

③ 暴大儒撰：同治十年《峡江县志》卷二“建置志”之“坛庙”，第36页。

④ 张九钺、乔大椿撰：乾隆三十二年《峡江县志》卷一“山川”，第102页。

⑤ 张九钺、乔大椿撰：乾隆三十二年《峡江县志》卷二“祠庙”，第216页。

⑥ 《玉笥实录》卷二，江西人民出版社2020年版，第12页。

丹草清风一路赊，寻源不必问桃花。
千年仙鼠飞晴雪，五色灵芝绚彩霞。
瀑布岩前泉似乳，芙蓉峰下枣似瓜。
萧郎採药知何处，空见林中鹿引车。①

诗文中提及瀑布岩、芙蓉峰，大概属于郁木洞附近的地名，萧郎即指郁木洞地仙萧子云。

关于明清时期玉笥山道教宫观的颓圮衰落境况，明朝末年的曾文祐在《玉笥实录》“序”（代伯考作）说：“故或疑玉笥名胜兴极而衰，山灵之运会使然。而不知实由我祖宗二百余年范围曲成之泽，圣学昌而异端息之所贻也。”“故或疑玉笥名胜不复兴，都人士之怠废使然，而不知亦由吾乡诸先辈明道卫圣渊源之所渐，流风之所被也。”②

第二节　玉笥山的高道与道教信仰

元末兵燹，玉笥山道教走向衰落，宫观恢复力度不大，道教信徒数量骤减，在国内的影响十分沉寂。尽管如此，玉笥山道教并未完全衰落，它日渐民间化，道教信仰在民众中的影响并未减弱，尤其是以祈梦为中心的道教信仰在明清时期日渐成为玉笥山道教的重要特色。

一、玉笥山的修真道士

明代，玉笥山道教从宫观视角看，大有衰落的迹象，表现为宫观道场得不到恢复，即使恢复，也主要是地方官员为了方便吊古或地方民众为了信仰的维系。玉笥山道士许多转变为民间火居道士，住观清修道士锐减，知名道士更是寥寥无几。关于玉笥山道士的情况，我们只能从明宣德年间宋原端撰写的《重兴大秀宫碑记》有所了解，其相关叙述如下：

---

① 参考《玉笥实录》卷三《诗文》，胡俨诗，江西人民出版社2020年版。

② 参考《玉笥实录》收录的明末曾文祐撰写的《玉笥实录序》。

迨于我朝龙兴，永乐壬辰，道人杨惟心开基住持。惟心好持斋奉佛，礼金陵牛寿山海谷老禅受戒行，离俗出家，遍寻名山胜境，直抵峡江。适逢张观善、丁子贯，果得玉笥大秀古仙遗迹，遂剪荆棘，划瓦砾，断茅卜居。[①]

引文中提及杨惟善，应该属于先佛后道人物，张善观与丁子贯或许属于道士。李景椿在《玉梁观》中对杨惟心恢复玉梁观记述得更明晰，他是与提典李悟仙，缁流张如本、周昌隆、张如海一起进行宫观的恢复重建。

二、玉笥祈梦的信仰活动

玉笥山最具地方特色的道教信仰活动，应该是祈梦。祈梦活动的主要宫观是南祠，也即云腾飙驭庙；祈梦活动围绕的主要神灵是吴云储真人与陈抟老子。

据说明代吉州罗洪先来南祠祈梦，因祈梦人数太多，无处安睡，只得在云腾祠前的百花楼上过夜，结果当晚在云腾祠祈梦的人全都梦得“百花亭上有状元郎”之句。《玉笥实录》“百花亭”于此有记载云：

一在飚驭祠前桥上。宋朝[②]御修罗念庵先生祈梦于祠，值人众，无处设榻，遂宿亭中。是夜楼上人皆梦得百花亭上有状元之句，旦视之，惟先生偃卧其上，遂为大魁之兆。后改亭为潺潺，倾颓三十余年，康熙庚戌岁重建。[③]

清初峡江本地文人吴之镐写有《重修玉笥百花亭记》，亦记载了南祠祈梦与罗洪先的关系，其文曰：

① 张九钺、乔大椿撰：乾隆三十二年《峡江县志》卷十“艺文志”收录的明宣德年间宋原端撰写的《重兴大秀宫碑记》，第812页。

② 笔者注，应该为明朝。

③《玉笥实录》卷一“百花亭”，江西人民出版社2020年版，第34页。

玉笥之东北隅有洞曰云储，唐吉州刺史吴英芝栖真于此，云储者其号也。天宝中敕建祠，宋政和中赐额飚驭，事详一统暨郡邑志，祠前有亭曰百花，自宋迄明兴废不一。旧传罗文恭微时祷梦于祠，独寝亭中，众皆梦得百花亭上有状元之句，遂兆大魁。万历中邑大夫黄公冲宇新之，改额潺潺，盖取水声泻出两峰间意。明季日就倾颓，牛羊踯躅者四十余年于兹矣。三韩佟公奉天子简命来莅峡，峡故残邑也，地瘠民穷。

玉笥山祈梦场所及祈梦，成为后世文人吟咏的对象或主题。明朝顾应祥与罗洪先都有《题南祠》，吴兰台有《题南祠次念庵先生韵》。

第三节　玉笥山的道教文化及其影响

一、《玉笥实录》的修订

道教名山，多有山志。记载玉笥山道教的专史山志《玉笥实录》始编于唐，中经宋元，到明、清多次增补。

（一）《玉笥实录》的修订概况

关于《玉笥实录》的编修，大概进行过多次，如唐令狐道士有《玉笥山记》，谢修通有《玉笥实录》，今皆失传。宋右宣义郎杨扶补订《玉笥实录》，人亦罕有知者。

唐代两修《玉笥实录》，分别为令狐道士与谢修通道士。宋朝杨扶补订《玉笥实录》，关于杨扶补订《玉笥实录》，在其撰写的《玉笥实录序》中有记载：

然山有实录，唐□□人，撰次文字，首尾背戾，漫不可读，似后人嫁名者。有山记二，其一唐令狐道士编述已，失之简脱，不得三四，其一邑中窦滔指。二书为舛谬，欲精布叙之，又以不常到山，第取传闻附会臆说。今日之事，窃有待于子。愿统三者而折衷之，以为一书，庶几来者有所考焉。……非敢肆于翰墨为前光辉，聊用拾诸阙遗，备后采择，继有明哲尚赖芟夷。[①]

杨扶序中关于《玉笥实录》修撰情况，或许因为文字有缺失，语意不甚分明，似乎在杨扶拾诸阙遗之前，《玉笥实录》已经修撰过三次，最早的一次是在唐代，之后唐代令狐道士也曾编写过山记，本邑窦滔也曾编写山记。宋右宣义郎杨扶补订《玉笥实录》，有统三书为一的意图。

清道光戊申年吕纯阳也曾为《玉笥实录》作序，其当时作序的《玉笥实录》为《五集玉笥实录》。吕序云：

自元季一遭兵燹，可怜福地竟成焦土，明□洪兴，有高僧某卜居于此，募化钞帛，重新……未修其半，而亦差可观。越百余年，人心不古，承天法乐一洗而空之，而郁木坑之花草亦不灵，向时之胜境或营坟墓，或生荆棘，或居狐狸豺狼，昔时洞天非洞天……尤可恨者，笥山实录当年惨遭回禄焚毁至极，虽此乡居民间有抄本，家自为师，人自为学，几鲜真本，文多不公诸同好，竟使昔时诸仙名迹凭存一线，危乎。惜哉。设有力者出倡兹义举，重修旧本，付之寺僧，远方之士得购此书。[②]

吕纯阳作序的《玉笥实录》应该属于明清时期的修订本，也即是今本《玉笥实录》本子的原本，为五卷本。

曾文祐有《玉笥实录序》云：

余行天下，周游燕赵吴越齐楚闽粤之墟，则见夫胜地名区，兢侈互丽，其扬厉铺张者，亦往往尽情极态而不能推吾邑之玉笥。及阅豫章通志，所称龙虎麻姑匡庐华盖阁皂金精诸山，非不瑰伟殊特可愕可喜，然福地洞天之号仅能各踞乎一，而玉笥独兼而擅之……

① 见《玉笥实录》中杨扶撰写的《玉笥实录序》，江西人民出版社 2020 年版。
② 见《玉笥实录》中吕纯阳撰写的《玉笥实录序》，江西人民出版社 2020 年版。

自秦皇汉武僻好神仙，徐福栾大之徒矫诬附会，浸淫于梁之天监，洋溢于唐之开元，泛滥于宋之祥符，滔天于元之至元，中更十数朝，相继二千载，祷祀醮祭，后先相望，君臣上下几于若狂于符箓丹药之技，变化飞升之术，其说盛行于世，而御篆金书煌煌奕奕，殆遍于寰区。当是时，玉笥之表异标奇，卓乎驰域中而冠江右无惑也。皇祖受命，奄有六合，虽金峰颠仙之俦，未尝不雅与相善。然而所宗者周孔之教，所准者程朱之疏也。举薄海外，内刚柔，秀朴，粹然一泽……迨正统，玉笥始有给符撰文之役，此不过阉竖王振借口祝釐之为嗣，是而列圣不复为之矣。……予孙女甥吴生之镐，世家玉笥之麓，嗜古耽奇，偕族人某辑玉笥实录若干卷，偶于清业之余，呈予令序。予嘉其年力之富且强，而思有以进之于道也，书此遗之。[①]

曾文祐为明大学士曾公樱之侄，生于明季，主要活动于清朝前期。文中提及的其孙女甥吴之镐，是清朝时期《玉笥实录》的辑录者，他与同族某一同辑录《玉笥实录》若干卷，并请曾文祐为他们写序。

（二）《玉笥实录》的主要内容

现有《玉笥实录》乃清道光戊申年间由“本邑吴生、谢生者”所刻，吕纯阳书序“于南祠之先觉楼，后学吴如兰熏沐敬书”[②]。当时重刻之《玉笥实录》全称为《五集玉笥实录》，乐输人员有五人，即邑文学吴如兰、国学生吴汝兴、国学生吴汝盛、国学生吴撰、国学生吴如炳，外加谢养心堂与吴永思堂的捐助，总共获得七笔捐助再刻重印款。

现有《玉笥实录》本来有五卷，但保留下来的本子仅有四卷，其中第三卷似乎还有缺页，故而现今流传本《玉笥实录》其实是残本。残本《玉笥实录》篇幅单薄，现有四卷页码总共 104 页。残本《玉笥实录》题

① 张九钺、乔大椿撰：乾隆三十二年《峡江县志》卷十二，“序”收录的曾文祐撰写的《玉笥实录序》，第 14—16 页。

② 见《玉笥实录》中吕纯阳撰写的《玉笥实录序》，江西人民出版社 2020 年版。

记作者为唐真人谢修通撰，宋宣义郎杨扶校正，明体元法师李景椿重梓。

《玉笥实录》具体内容包括：第一卷之前，共19页，有玉笥山图、清道光年间吕纯阳的《五集玉笥实录》序、清道光时期吕纯阳为重刻作的序、杨扶《玉笥实录序》《一统志》中关于玉笥山的记录；第一卷30页，“原建洞天福地宫观”；第二卷13页，“山中得道之士”；第三卷40页，玉笥山诗文；第四卷11页，以碑刻为内容；第五卷，残缺。

从内容安排分析，《玉笥实录》以第一、二、三卷内容为主。第一卷记载玉笥山的洞天福地，主要记载18宫观、25峰、34坛、11台、9亭、1池、6宅、2庵、2祠、9石、1石人、1石鱼、3园。记载承天宫时，顺便记载了承天八祖及承天宫分出的支派及其知名的修道者。第二卷记载“山中得道之士”，包括十真人、梅真人、杜真人、萧真人、吴真人、罗冲虚、谢修通、聂师道、王元之、刘道平、毛真人，中间插有关于“福地”的介绍。第三卷叙述玉笥山诗文，主要以明清文人诗文为主，包括胡俨、吴简性、胡云端、胡子恭、罗伦、吴扬、王阳明等数十人作的诗。

二、玉笥山的道教诗文

高道与文人题咏玉笥山，最早可以追溯到五代。据不完全统计，道人与诗人于玉笥山修行或游历，写下了数百篇诗文，成为玉笥山道教文化的重要内容。

题咏玉笥山的文人诗作中，以明朝诗文数量最多，涉及文人墨客多达几十人。据不完全统计，明代题咏玉笥山的文人超过30人，其诗文超过60篇。题咏者中有危素、王守仁、解缙、金幼孜、练子宁、胡俨、罗洪先等知名人物，也有明代著名诗人李梦阳、王世贞，更多的是地方文人与士大夫。以下仅择其代表作者及其诗文进行简单介绍。

（一）王守仁的诗作

王守仁，明代著名的哲学家、思想家、军事家与教育家，心学的集大成者。王守仁尽管推崇心学，但却十分重视事功，他剿平赣南与闽西叛乱，并机智平定宁王之乱。王守仁一生很长时间在江西境内，故而玉笥山也成为他游学之地。王守仁写作的有关玉笥山的诗作代表性的有以下几首：

大秀宫

落日下清江，怅望阁山晚。
人言玉笥更奇绝，漳口停舟路非远。
有舆取径沿村落，心目先驰嫌足缓。
山昏且就云储眠，疏林月色鸣风泉。
梦魂忽忽到真境，侵晓寻踪来洞天。
洞天非人世，予亦非世人。
当年曾此一寄迹，屈指忽复三千春。
岩头坐石剑落，手种松柏枯龙鳞。
三十六峰仅如旧，涧谷渐改溪流新。
空中仙乐风吹断，化为鼓角惊风尘。
风尘惨淡半天地，何当一扫还吾真。
从行诸生骇吾说，问我恐是兹山神。
君不见，广成子高卧崆峒长不死，
到今一万八千年，阳明真人亦如此。①

游玉笥

玉笥之山仙所居，下有元窟名云储。
人言此中感异梦，我亦因之梦华胥。
碧山明月夜如昼，清溪涓涓流阶除。
地灵自与精神冥，忽入清虚睹真境。
贝阙珠宫眩凡目，銮舆鹤辂分驰骋。
金童两两吹紫箫，玉笥真人坐相并。
笑我尘寰久污浊，胡不来游凌倒竟。
觉来枕席尚烟霞，乾坤何处真吾家
醒眼相看世能几，梦中说梦空咨嗟。②

---

① 同治十年《临江府志》卷六“坛庙”，第12页。
② 同治十年《临江府志》卷六“坛庙”，第12页。

云腾飏驭祠

玉笥之山仙所居，下有元窟名云储。
人言此中感异梦，我亦因之梦华胥。
碧山明月夜如昼，清溪涓涓流阶除。
地灵自与精神冥，忽如清虚睹真境。
贝阙珠宫眩凡目，鸾舆鹤辂分驰骋。
金童两两吹紫箫，玉笥真人坐相并。
笑我尘寰久污浊，胡不来游陵倒景。
觉来枕席尚烟霞，乾坤何处真吾家。
醒眼相看世能几，梦中说梦空咨嗟。①

王守仁的诗歌气势非凡，诗中有一种舍我其谁的豪迈感，如“洞里乾坤别，壶中日月明”“洞天非人世，予亦非世人”，“君不见，广成子高卧崆峒长不死，到今一万八千年，阳明真人亦如此”，诗句中他以非世人相比，甚至直接以“阳明真人”称呼自己。

（二）解缙的文与诗

作为靠近玉笥山的文人，解缙曾在玉笥山“洞居四十日”，对玉笥山有着特别的感情，对玉笥山道教历史文化十分了解。他的《西游集序》中叙述玉笥山之来历及记载玉笥山的山志情况 ：“唐狐道士有《玉笥专志》，谢修道有《玉笥实录》，今皆失传。宋右宣义郎杨扶补订实录，人亦罕有知者。”②

解缙还有《具庆堂序》一文，亦涉及玉笥山历史上之道教传说或高道人物 ：“余乡于新淦旧邑为同郡，由淦而上几百里，由吉而下几百里，萧家峡之东，山川清华，有汉武、梅福、郭季伦、彭真一、袁景立、杜昙永、萧子云之遗迹，有太白、覆箱、芙蓉、赤松、金柱之台，瑞莲、

① 张九钺、乔大椿撰 ：乾隆三十二年《峡江县志》卷十三，“艺文志”之“诗”收录王守仁 ：《云腾飏驭祠》，第 1134 页。

② 张九钺、乔大椿撰 ：乾隆三十二年《峡江县志》卷一“山川”，第 81—82 页。

紫虚之峰，大秀、郁木之洞，白莲、金井、流杯、碧玉之泉，金英、碧茸、水晶、月华、芝草之祥。黄氏卜居于此，百余年……”①

此外，解缙还有关于玉笥山的诗歌，即《承天宫》二首。本章第一节介绍玉笥山道家建筑时已经引用，于此不再重复；《清江晚眺》：“清江临望处，一一见乡山。玉笥浮云去，金川夕照残。维舟访旧隐，飞鸟倦初还。归到仁山下，渔樵日日闲。”②

（三）金幼孜的赋

金幼孜，新淦（今吉安新干）人。他于建文二年考中进士，被授户科给事中，成祖即位后改翰林检讨，直文渊阁，与杨荣、杨士奇并称“三学士”，官至太子少保兼武英殿大学士。他侍成祖北征，成祖北征中驾崩，金幼孜“护梓宫归”，可见金幼孜在成祖与仁宗两代备受重用。金幼孜与练子宁同乡同时代人，祖籍都是新淦人。据《临江府志》载：“（练子宁）与金幼孜同学，尝曰：‘子异日为良臣，我当为忠臣。’”③金幼孜写下的《玉笥山赋》仅有一首：

玉笥山赋

鳌宫散兮彩云，鲸海飞兮黄尘。铜山渺兮寂寞，玉峰美兮嶙峋。占西江之上郡，表南纪之孤青。揽神秀于磅礴，通仙灵于杳明。割晨昏而轶云雨，薄光景而生风霆。登之者若广寒百万户之玉寓，望之者恍巫山十二峰之翠屏。

予尝攀萝绝涧，系马西风，断苍崖之秋骨，舒一笑于奇逢。攀危巢于栖鹘，附垂翅于冥鸿。发孤啸于岩端，振万籁于笙镛。但睹夫华盖倚天，芙蓉削玉，清霜利锷，剑插秋寒。初月修眉黛横空，缘其瑰玮万状。而东连临川诸山，列于前者乎重滩，来远千里如泄，烟消雨泱，隐若垂虹雪立，风涛疾如走马。行祠候龙女之暮

① 暴大儒撰：同治十年《峡江县志》卷九“文征”收录解缙的《具庆堂序》，第8页。
② 解缙：《文毅集》卷五，收入《钦定四库全书》中。
③ 同治十年《临江府志》卷二十六“忠义”，第5页。

归，别路泣骊驹之晓驾。其蜿蜒百折而南委者，非章贡之经流？其下者乎，西连石霜百丈之奇，北挹阁皂宝金之秀，或宽而坡陀，或卑而培塿，莫不瞻仰乎后先，罗列乎左右。则诸山耸处之尊，真足以配南山不崩之寿也。

方将临飞梁、凌绝顶、穷元微、入溟涬，抽石室之藏书，校黄庭之内经。俄遇鸿蒙先生，虚无诞叟，身佩苍精，手扪落斗，或处静而守嘿，或谈空而说有，相与吐罗秀之奇胸，骋悬河之辩口。候紫气于青牛，款浮云于苍狗。

诞叟起揖于先生曰：子亦通元者也。独不闻清江玉笥之山乎，洞之天者三十有六，而法乐固为第一；福之地者七十有二，而郁木固为无匹。盖天作而地藏，宜鬼没而神出。今子以凭虚吊古之才，拔俗出尘之质，不游于元都千树之时，而访于昆明劫灰之日，何其异哉！

……①

金幼孜乃经学宿儒与文章高手，撰有《北征二录》《春秋要旨》《五经肤见》《春秋直旨》《北征诗》等。② 宣宗在位时，作为总裁官修两朝实录。金幼孜的《玉笥山赋》，也许是玉笥山最长的赋体文。

（四）练子宁的玉笥谣

练子宁是峡江县水边镇黄家村人，生活于明初，洪武十八年（1385）殿试，钦点榜眼，官及工部侍郎。明成祖燕王南下夺得政权，练子宁坚守气节，不屈被杀，家族被诛。③ 练子宁后世被供于新淦县的忠义孝弟祠与峡江县的忠烈祠中。玉笥山在其家乡附近。明朝庐陵才子罗洪先曾到练子宁旧宅，写下了《练中丞宅诗》。

练子宁题咏玉笥山的诗作不多，仅两篇，但较有特色，他使用了山

① 同治十年《临江府志》卷二“山川”，第15—18页。此处仅节录部分原文。

② 同治十年《临江府志》卷十四“史部”，第5页；“经部”，第2页；“集部”，第10页。

③ 同治十年《临江府志》卷二十六“忠义”，第6页。

歌体，并为之取名为“玉笥山歌”或“玉笥谣”。

玉笥山歌

我所思兮玉山之岧峣，灿芙蓉兮凌青霄。
谪仙一去已千载，至今谁读庐山谣。
熊侯家住剑江侧，惯扫秋山之黛色。
闻予此兴为写之，仿佛梅仙旧时宅。
梅仙兮何在？邈清风兮沧海。
蹇夷犹兮孤舟，吊遗迹兮千载。
舟中所载非凡流，羌故人兮李与周。
接玉笙兮明月下，黄鹄兮清秋。
洞天兮石扇，芦雁兮路转。
横余剑兮视八方，访蓬莱兮几清浅。
张侯兮昂藏，骖白云兮青霓裳。
窥玉梁之宝笈，醉石髓之琼浆。
千岩万转路莫测，酒酣一笑三山窄。
待得君王赐鉴湖，锦袍重访山中客。[①]

三月望与饶隐君子宏游玉笥山谣

我怀谢康乐，独往游名山。
身同虚舟系，心与浮云闲。
清风澹荡洒六合，令我兴在云松间。
玉山高与南斗齐，云锦照耀庐山低。
三十六峰凌虹霓，飞湍喷雪临回溪，长松挂月青猿啼。
上有梅仙采药之幽居，下有萧云读书之故基。
洞天石扇杳莫测，瑶草漫长三春荑。
我欲因之览八荒，手拂青萝眠石床。

① 同治十年《临江府志》卷二“山川”，第15页。

回飚吹散碧大雾，清溟倒泻澄湖光。
偶为玉山谣，寄之双峰客。
兴来携妓秋复春，笑杀东山谢安石。[①]

上述两首诗歌，或名玉笥山歌，或名玉笥谣，都属于自由体诗歌，句式长短不一，开合自由，押韵也较随意，行文随兴所至，不拘一格，真真的山歌体例。两首诗作都是叙写与朋友游览玉笥山的经历，侧重抒情。诗中提及梅仙旧宅及其采药处，萧云读书之所。

（五）胡俨的玉笥系列诗作

在明代题咏玉笥山的作者中，数胡俨的诗文最多，《峡江县志》“艺文”中共载有13首之多，如：

题玉笥

佳哉古淦邑，有山郁苕荛。
昔年降玉笥，芳名标神霄。
有峰高插天，芙蓉金柱翘。
有坛布碧落，大乙皎素遥。
有台高巍巍，九仙东华朝。
有洞宝灵阙，白日闻笙箫。
阴瀑洒飞雨，石磴凌风飚。
煜煜金光草，森森琪树标。
仙人散绿发，乘晨晞阳乔。
流軿宴初景，元挺披氛嚣。
龙吟石涧隐，凤歌云路超。
仰漱金髓溢，流盼恣逍遥。
我欲从之游，黄鹤不可招。
怅望白云深，郁木何幽寥。[②]

---

① 同治十年《临江府志》卷二“山川”，第15页。
② 《玉笥实录》卷三“诗文”收录胡俨：《玉笥山》，江西人民出版社2020年版，第7页。

明代篇

玉笥草堂图

七十二峰三十涧，白云流水绕茅堂。

故园春色今何似，锦树西风梦更长。①

诗歌体例不一，有七律、五律、七绝、长律。诗作涉及玉笥山道教遗址包括郁木洞、太白峰、清虚馆、栖霞谷、九仙台、步虚坛、金牛坡、白龙岩、白莲池、桃花坞、天柱冈、玉笥草堂等著名景点。据《临江府志》载，胡俨有《颐庵集》。② 这些诗歌收录其集中。

（六）罗洪先的诗文

罗洪先，吉安市吉水县人，生活于明中后期，与王阳明时代稍晚。举进士及第，钦点状元。他官翰林院修撰，因上书立储而获罪夺职，后潜心学问，成为明代著名学者。罗洪先中晚年到处游学，曾到玉笥山游历，"先生年五十矣，徙居阳田。是秋，游玉笥山，等九仙台"③。罗洪先《自靖祠记》记叙了这次玉笥山之行曰："嘉靖癸丑年，登玉笥九仙台，道经废穴，土人告以练氏先垅，徘徊久之。"④ 罗洪先玉笥之游后写下了几首诗篇，如：

题云储洞梦楼

黄叶铺阶枕碧溪，白云深处不闻鸡。

廿年尘土俱闲梦，肯受山灵幻境迷。⑤

---

① 《玉笥实录》卷三"诗文"收录胡俨：《玉笥草堂图》，江西人民出版社 2020 年版，第 10 页。

② 同治十年《临江府志》卷十四"集部"，第 10 页。

③ 徐儒宗编校整理：《罗洪先集》附录一，明胡直撰《明故赐进士及第左春坊左赞善兼翰林院修撰经筵讲官赠奉议大夫光禄寺少卿谥文恭念庵罗先生行状》，凤凰出版社 2007 年版，第 1382 页。

④ 同治十年《临江府志》卷六"坛庙"，第 10 页。

⑤ 徐儒宗编校整理：《罗洪先集》下卷，凤凰出版社 2007 年版，第 1337 页。

九月晦日何君洞

云裳已远石床横，洞里菖蒲岁岁生。
欲烛金书讨丹诀，月华未吐坐三更。[①]

玉笥歌赠吴冰斋

玉笥之西飞九仙，九仙之台高插天。
少时梦想不得到，行年五十初攀缘。
是时十月天气肃，霜风露草迷深谷。
道遇幽人身姓吴，自谈曾授长生箓。
心性好洁住冰斋，不逐凡俗成群侪。
为予指点且前导，拍手云外开尘怀。
一别十年空羽翰，夜深风断啼猿乱。
惟有幽人山下留，杖履之时入星汉。
冉冉光阴五十春，容色无殊台上人。
竞道仙村长藜棘，常依洞石作比邻。
我已无心问五岳，知君犹慕彭铿学。
他年台上听吹笙，不知谁识王乔鹤？[②]

根据徐儒宗编校整理的《罗洪先集》，并结合《玉笥实录》，罗洪先为玉笥山总共赋诗八首，涉及道教景点包括九仙台、何君洞、云储洞梦楼，其中九仙台的诗歌多达五首。除此之外，罗洪先还写有《游玉笥山记》，见《临江府志》"寺观"之永兴寺[③]。

（七）李中的诗作

李中，罗洪先之老师，庐陵吉水人。《罗洪先传》载："(罗洪先）年十五，读王守仁《传习录》，好之，欲往受业，循不可而止。乃师事同邑

① 徐儒宗编校整理 :《罗洪先集》下卷，凤凰出版社 2007 年版，第 1337 页。
② 徐儒宗编校整理 :《罗洪先集》下卷，凤凰出版社 2007 年版，第 1093 页。
③ 同治十年《临江府志》卷四"寺观"，第 12 页。

李中，传其学。”[①]根据《玉笥实录》载李中游历玉笥山写作的诗歌仅三篇：

魏夫人坛

仙坛遗迹在，苔合落花各。
绛节何年返，白云终日生。
旋新芳草色，依旧偃松声。
欲问希夷事，音尘隔上清。[②]

石洞山

解老昔年游，洞居四十日。
霞外问仙翁，犹藏学士笔。[③]

石洞山

洞中明月挂山松，鹿豕能知野兴浓。
检点江湖成底事，百年莫负玉斋翁。[④]

李中的三首诗歌分别就玉笥山的两处道教景观进行描述，其中关于石洞山的写了两首，而其中之一诗中提及明代大才子解缙曾在石洞山居住四十日之旧事。

（八）黄用泰的诗作

黄用泰，明代明经科，教授。[⑤]《玉笥实录》中记载了其题咏玉笥山

---

① 徐儒宗编校整理：《罗洪先集》下卷收录的《罗洪先传》，凤凰出版社 2007 年版。

② 张九钺、乔大椿撰：乾隆三十二年《峡江县志》卷十三，“艺文志”之“诗”收录李中：《魏夫人坛》，第 1137 页。

③ 张九钺、乔大椿撰：乾隆三十二年《峡江县志》卷十三，“艺文志”之“诗”收录李中：《石洞山》，第 1137—1138 页。

④ 张九钺、乔大椿撰：乾隆三十二年《峡江县志》卷十三，“艺文志”之“诗”收录李中：《石洞山》，第 1137 页。

⑤ 同治十年《临江府志》卷十三“诸科”，第 9 页。

的诗歌仅一首：

玉笥山

翠耸层霄六六峰，青天削出玉芙蓉。
崖悬百尺飞流水，松老千年走蜕龙。
采药岂无仙客遇，看棋那有野樵逢。
当年金鼎烧丹处，拟向峰前问葛翁。

诗中描述的玉笥山很形象，让人神往。

除却上述作者外，明朝题咏玉笥山的文人还有罗伦、吴扬、林志麟、曾广汉、刘松（别驾）、邹仰崖、邓惺翁、谢久安（郡伯）、顾应祥、朱拙斋（邑侯）、钱琦、王凤洲、刘兑阳、茅鹿门、屠赤水、李文宪、苏光泰（郡伯）、黄如桂（明府）、刘廷举（别驾）、刘晋卿、马犹龙、吴兰台。这些文人中，有地方官吏如郡伯，有邑侯县令，有别驾。

第六章　明代江西华盖山道教的发展

第一节　明廷对华盖山的赐封

多数明代皇帝对于道教都较为重视，或是因为政治因素，或是个人的生活祈福，或是单纯对于宗教的兴趣等，而华盖山作为道教名山，也在一定程度上与皇帝发生着各种关联。与两宋题额华盖山、赐其主神谥号不同，明朝廷对华盖山主要采取的是御香谒拜祈福的方式，并敕谕保护华盖山。

一、朱元璋谒拜华盖山

明代道教分为正一与全真，朱元璋认为全真注重个人修真养性而正一用符箓、斋醮等法术解决民间问题，有“益人伦、厚风俗”，利济群生的作用，所以重视全真与正一派。而华盖山为天心正法的发源地，为正一一脉，所以亦得到朝廷的关注。1389 年，明太祖朱元璋命鸿胪寺卿邱鉴同龙虎山第四十三代天师张宇初，赍香诣拜华盖山，敕建华盖山第二门，重赐“敕赐崇仙观”匾额。鸿胪寺卿邱鉴作《奉敕谒华盖山》一首，对此次拜谒之事作了简要的记述：

宫酿才分禁署怀，诏从南下访崔嵬。

云于万叠山头起，人自九重天上来。

竹雨扑囱虹影断，松风入涧鹤声回。

曾知落落仙凡隔，且报皇恩拜上台。[①]

赍香诣拜华盖山的目的是为东宫太子殿下消病祈福。壬申（1392）年夏天，明太祖为答谢太子痊愈，再次遣龙虎山第四十三代天师张宇初赍香至华盖山答谢[②]。

二、明宪宗朱见深赍降御香华盖山

对于宗教，明宪宗号称“僧道双幸”，其个人对于道教较为迷信，为了长生与色欲，宠幸张正吉等道士，又任用道士干涉朝政，曾著有《御制全真群仙集》。此书为朱见深历览前代道教经典，辑录其中修炼内容，宫廷画师据以为像，虽名为“全真”，但修习法门并不囿于全真一派，书中显示他对于道教的全真清静修真理念与正一上清派存神服气道法都有兴趣，也吸纳了正一道法与道术乃至符箓咒镇。成化二十三年（1487）六月十五日，第四十七代天师张元庆奉明宪宗朱见深旨意，躬行赍降御香，供于三仙座前，祷告社稷永安。

三、明世宗朱厚熜敕谕华盖山

明世宗朱厚熜为历史上著名的崇道皇帝，其所采用多为正一派之法术，妄想长生，长期服用丹药，爱好青词，迷信乩仙，在宫中设坛，日夜斋醮，宠信道士邵元节、陶仲文等，政策上对道教采取支持放纵的做法。嘉靖二十四年（1545）二月初七，为保护华盖山的建筑、文化等不被侵害，颁布《敕谕华盖山》：

朕惟元仙之教其来尚矣，稽我祖宗以来，所在崇奉，有隆无

① （明）崔世召纂，余式高、曾球民、姜文吕编注：《华盖山志》，长春出版社 2004 年版，第 282 页。

② （明）崔世召纂，余式高、曾球民、姜文吕编注：《华盖山志》，长春出版社 2004 年版，第 82 页。

替。近该江西华盖山崇仙观主持黄云拥等奏，本观自宋迄今，崇奉香火，国朝屡遣使降香，重建殿宇，民有祷祈，远近相应，实惟祝厘佑民之所。但恐年岁经久或无知之徒，肆行侵扰、祈降敕禁，并将所收香银岁解万两赴京，已有旨著，前项香资送府支用，其余存留本观修理。特准所请，降敕护持。凡一应官员军民诸色人等，敢有不尊敕旨，肆行欺毁搅扰侵损作践者，必罪不宥。故谕。[①]

皇帝下旨告诫人们不得随意侵害。由此可以看出，华盖山作为道教名山，自太祖以来便屡受朝廷的庇佑。

第二节　华盖山的道教建筑及宗教活动

华盖山的道教建筑远追隋朝之前，然对华盖山道教建筑群记载最详细的还是明晚期修纂的《华盖山志》。道教建筑的保存是道教存续的物质基础，同时，围绕着道教建筑开展的道教信仰活动是道教存续的基本表征。明朝华盖山的道教活动主要表现为各种斋醮祈福形式。

一、华盖山的道教建筑群

华盖山既有峰、岩、洞、石、崖、谷、坳、岭、岗、潭、泉、池、溪、井、涧等胜迹70余处，自然天成，风物奇秀，还有许多布局严谨的人文建筑景观，如观、坛、宫、堂，并配以楼、台、亭、阁。

（一）华盖山道教主体建筑——宫观

华盖山仙观初创时有玉亭观、南真观、仙林观、桥仙观四观。到明朝时期，这些道教宫观仅保留了山脚的桥仙观、玉亭观、南真观与山巅的三仙正殿，其桥仙观的名字且已经改为“崇仙观”。

1. 崇仙观

崇仙观是华盖山道教的主体建筑，位于华盖山正南面山脚，绿竹峰

---

① （明）崔世召纂，余式高、曾球民、姜文吕编注：《华盖山志》，长春出版社2004年版，第83页。

之下。明朝晚期修纂的《华盖山志》对崇仙观及其附近的道教建筑的记载较为零散，稍微集中的记载仅见下文：

> 嘉靖二十年贵溪少师夏言建第一门，匾曰“大华山”。万历三十九年，邑人大学士吴道南，改书“大华盖山”。洪武二十二年，天师张宇初奉敕建第二门，匾曰“敕赐崇仙观”。万历二十九年，羽士吴玉明重建，冢宰蔡国珍记之。成化十六年，淮府差官马俊，建第三门，匾曰“蓬莱仙境”。再进为御香亭，亭后为三仙殿，殿后为敕书阁，最后为玉皇阁，形体庄严，规制宏丽，而道人丹房元室，曾附两旁，其十八寮皆万历辛卯回禄之后重复建造。

上述引文主要记载以崇仙观为中心的华盖山道教建筑情况，附带记载华盖山顶的三仙正殿。明朝华盖山崇仙观的第二门建得最早，由龙虎山第四十三代天师张宇初奉敕修建于洪武二十二年（1389），并于明后期万历二十九年（1601）重建；第三门修建年代居其次，建于明朝中期成化十六年（1480），匾曰“蓬莱仙境”；第一门修建最晚，建于明中后期嘉靖二十年（1541）年，匾曰“大华山”，并于明后期万历三十九年（1611）改额“大华盖山”。由第三门再进入，崇仙观的建筑则依次是御香亭、三仙殿、敕书阁、玉皇阁、丹房。御香亭乃纪念洪武年间张宇初奉皇帝之命赍降御香及其后成化年间龙虎山真人张元庆再次赍降御香而建。崇仙观的十八寮房建于中轴主体建筑的两边，皆是万历辛卯年（1591）之后修建。

崇仙观及其附近共有如下建筑：第一门（即大华山）、第二门（即敕赐崇仙观牌坊门）、第三门（即蓬莱仙境牌坊门）、御香亭、三仙殿（即三仙宝殿）、敕书阁、玉皇阁，以上建筑在崇仙观的中轴线上，作为崇仙观的主体建筑；崇仙观之右由前而后的建筑分别是元都门（与第三门并排）、真武阁、万法坛、寮房；崇仙观之左由前而后分别是福地门（与第三门、元都门并排）、三官阁、三皇阁、寮房、丹房、玄室。此外，《华盖山志》还记载“景云堂在崇仙观中”“万法堂在观东”“憩官堂在观西”“对越堂在观内，万历七年，抚州府知府古之贤建”“柳溪桥在崇仙观前”，记载中的景云堂、万法堂、憩官堂、对越堂与柳溪桥都在崇仙观内或附近。

2. 三仙正殿

三仙正殿居正南门方向，在华盖山顶，亦属于华盖山道教宫观的主体建筑内容。《华盖山志》对此正殿的记载更为简略：

> 由崇仙观至峰顶又二十里，峰顶三仙正殿在焉。榜曰“大华山”，中有圆光亭、憩霞轩、眠云轩、天官坛、宾仙阁诸胜，峰危地狭，较崇仙观规制更加宏丽。

由此引文可以看出，三仙正殿位于华盖山山巅，正如《华盖山志》的《胜迹志》载：“仙殿在第一峰，独出天表。”[①] 华盖山的第一峰即华盖山的最高峰浮邱峰，“今祀三仙，为四方进香之所”[②]。三仙正殿离山脚崇仙观有 10 公里距离，其基本建筑包括圆光亭、憩霞轩、眠云轩、天官坛、宾仙阁等。另据《华盖山志》记载，“圆光亭在正殿前，刘琛见圆光于此”“仙憩亭在眠云轩右”“憩霞轩在圆光亭左”“眠云轩在圆光亭右”。结合《华盖山志》图，三仙正殿的道教建筑还包括：入门为洞天门；由洞天门而入，中轴线上由前而后分别是敕建华盖山牌坊门、天官坛、圆光亭、三仙殿；敕建华盖山牌坊门右由前而后分别是东房、眠云轩、钟楼；敕建华盖山牌坊门左由前而后分别是西房、憩霞轩、鼓楼；三仙正殿左外前有礼文馆，后有宾仙馆。

3. 其他宫观

根据《华盖山志》图，除了正南面的崇仙观、三仙正殿，华盖山的道教宫观建筑还包括：南真观，在华盖山正西面，著棋峰下，崇仙观以

---

① （明）崔世召纂，余式高、曾球民、姜文吕编注：《华盖山志》，长春出版社 2004 年版，第 30 页。

② （明）崔世召纂，余式高、曾球民、姜文吕编注：《华盖山志》，长春出版社 2004 年版，第 32 页。

西，附近有玉皇阁，此玉皇阁并非崇仙观内的玉皇阁；玉亭观，亦居华盖山正西面，仙女峰山腰，其附近有丹井亭、琴馆、升仙桥等建筑。

另根据《华盖山志》载，华盖山还有“九天注生宫在正殿后”。根据《华盖山志》地形图，注生祠在种子亭附近，与三天门（接仙亭）在一条线上，相互间离得不远，都在华盖山西面。山志的记载也证实了地形图的真实性，“接仙亭在种子岩上，曰三天门”“种子亭在种子岩前”。

（二）华盖山道教其他建筑

华盖山的道教建筑除了以崇仙观与三仙正殿为中心的主体建筑外，其他的道家建筑还有不少，如各种坛、阁、台、堂、馆、祠、庵、亭、桥、关等。

1. 坛与台

坛与台都是道教建筑，以祭祀为主要功能。与宫观相比较，坛与台的建筑形式都相对简单。华盖山上的道教坛与台的分布也比较分散。

（1）坛

根据《华盖山志》记载，华盖山道教的坛有七所之多，即礼斗坛、雷坛、习静坛、五雷坛、土地坛、天官坛、拷鬼坛。

文中记载的七坛，除了雷坛建于元泰定元年（1324），元朝本土文人吴澄还专门为此作记，其他六坛的建筑时间都未予记载。记载较为详细的是礼斗坛，位于金鸡岩，“在著棋峰右”，而著棋峰即华盖山的“第三峰，山人常见二仙对弈于此置石枰焉”。礼斗是道教的常行仪式，即礼拜北斗或斗姆，礼斗的目的是祈求长生保命。礼斗坛面积较大，“横三十余丈”，道人巧用金鸡岩上的圆耸石峰，其石峰如屋檐一样覆盖着，景象恰如人礼斗之像。拷鬼坛的记载也较具体，在五岳峰下。五岳峰即华盖山的“第二峰，又名香炉峰”。另据《华盖山志》中的《胜迹志》载：“自南登者至半山土地坛，与东西两路亦会，至山之东偏五雷坛前合而为一。”引文中提及的土地坛与五雷坛的位置，前者在山南半山处，也即东西两路的会合处；后者在山的东面，也应该在山腰处。五雷坛在启明崖上，从“启明崖”的取名也可以看出，五雷坛是在山的东面。天官坛在五雷坛上，也应该在山之东，位置略高过五雷坛。

（2）台

作为华盖山的道教建筑形式之一的台并不多，分布也不集中。《华盖山志》中记载有 6 处：诵经台在紫元洞前，二仙诵经处；点易台在藏书岩左；涌翠台在五雷坛上；凝碧台在绿筠崖上；望师台在试剑石上；望云台在礼斗坛右。[①]

上述 6 台，有两处与坛在一起，即涌翠台在五雷坛上，在山的东面；望云台在礼斗坛右，在华盖山第三峰，著棋峰顶。其他四台：诵经台在紫元洞前，据《华盖山志》中的《胜迹志》载，“紫元洞在第一峰右，岩石上下相悬，洞隐其中，三阳八卦隐约壁上”[②]；点易台在藏书岩左，据《华盖山志》载，“藏书岩在紫元洞侧”[③]，如此则点易台与诵经台位置较接近；凝碧台在绿筠崖上，绿筠崖“在五岳峰之阳”[④]，五岳峰即华盖山的第二峰，又名香炉峰；望师台在试剑石上，而“试剑石在礼斗坛右”[⑤]，如此望云台与望师台都在礼斗台右，它们是否属于同一台，无法确定。

2. 亭与阁

亭与阁都是道教建筑的附属建筑。华盖山的道教建筑中的亭与阁都比较多，且较为分散。

（1）亭

瞻仙亭在退军岭上，曰一天门。驻仙亭在净手池上，曰二天门，明天师张懋承有记。接仙亭在种子岩上，曰三天门。种子亭在种子岩前。御香亭，洪武二十二年，鸿胪邱鉴同真人张宇初赍降御香；成化二十三

① （明）崔世召纂，余式高、曾球民、姜文吕编注：《华盖山志》，长春出版社 2004 年版，第 41 页。

② （明）崔世召纂，余式高、曾球民、姜文吕编注：《华盖山志》，长春出版社 2004 年版，第 33 页。

③ （明）崔世召纂，余式高、曾球民、姜文吕编注：《华盖山志》，长春出版社 2004 年版，第 32 页。

④ （明）崔世召纂，余式高、曾球民、姜文吕编注：《华盖山志》，长春出版社 2004 年版，第 34 页。

⑤ （明）崔世召纂，余式高、曾球民、姜文吕编注：《华盖山志》，长春出版社 2004 年版，第 33 页。

年，真人张元庆又赍降御香，故立。更衣亭在著棋峰侧。圆光亭在正殿前，刘琛见圆光于此。[①]

上述引文中所记载的亭共有 7 所，其中瞻仙亭即一天门，驻仙亭即二天门，接仙亭即三天门。除以天门相称的三亭外，另外四亭分别是：御香亭在崇仙观内，三仙宝殿之前；种子亭在种子岩上，三天门附近；更衣亭在著棋峰下，仙观坛侧；圆光亭在三仙正殿，属于三仙正殿的建筑之一。另根据《华盖山志》图，华盖山其实还有以下亭：八角亭，在甑盖岭附近；半山亭，在绿筠峰后，土地祠旁；洗脚亭，在南真观附近；风雨亭，在华盖山西，香炉峰之山脚，附近有古松洞、引仙岩；丹井亭，在仙女峰山脚、玉亭观附近。山志图上标明的亭与书中记载的亭相加，总共有 12 亭。

由相关记载观来，不少亭与门是所指相同，亭即是门，门即是亭，如三天门分别为三亭。

（2）阁

据《华盖山志》载，华盖山总共有以下 9 阁，即摘星阁、敕书阁、玉皇阁、凝春阁、宾仙阁、学士阁、真武阁、三官阁、三皇阁。[②]

上述引文中所记载的阁中，敕书阁、玉皇阁、凝春阁与宾仙阁等四个阁都在崇仙观及三仙正殿范围。其他五阁中的摘星阁在第三峰著棋峰后；学士阁在天官坛侧，也即在山的东面，与天官坛及五雷坛所处方位大体一致；真武阁也在山的东面，与学士阁、天官坛、五雷坛在同一方位；三官阁与三皇阁在山的西面。

3. 堂、馆、祠、庵

堂、馆、祠、庵也属于宗教建筑形式，比坛、台的构筑复杂，但不如宫观，大体介于坛台与宫观之间。根据《华盖山志》记载，华盖山道教建筑中堂所有 7 处，馆有 3 处，祠有 4 处，庵有 4 处，兹分别胪列

① （明）崔世召纂，余式高、曾球民、姜文吕编注：《华盖山志》，长春出版社 2004 年版，第 41 页。

② （明）崔世召纂，余式高、曾球民、姜文吕编注：《华盖山志》，长春出版社 2004 年版，第 40 页。

于下：

浮邱堂在浮邱坛下。集仙堂在乐安管坊。景云堂在崇仙观中。宝华堂在绿竹峰后。万法堂在观东。憩官堂在观西。对越堂在观内。礼文馆在紫元洞前。调琴馆在清丽峰。玉亭馆在乐安县南村。元坛祠一在半山亭，一在东塘沟，一在望仙亭，一在浴鹅泉。谭公庵在山东麓。饶公庵在山西麓。毛公庵在山东北麓。沈公庵在山西南麓。[①]

引文中的7处堂建筑，其中景云堂、万法堂、憩官堂、对越堂等4堂皆在崇仙观内或周边，属于崇仙观的建筑范畴；另外3堂，浮邱堂在浮邱坛下，集仙堂在乐安管坊，宝华堂在绿竹峰后。绿竹峰“与著棋峰相近，三仙手植竹处”[②]。

引文中的3处馆，礼文馆在紫元洞前，与诵经台所处位置相同，与点易台相近；调琴馆在清丽峰，乃浮邱公调琴上升之处；玉亭馆在乐安县南村，馆内有丹井。

引文中的4处祠均称元坛祠，是道教祭祀真武祖师的场所，分别分布于华盖山的半山亭、东塘沟、望仙亭、浴鹅泉。望仙亭是否即是瞻仙亭，无法考证。浴鹅泉在“山南三里”[③]。根据《华盖山志》所绘地图，华盖山还有注生祠、关王祠二祠，分别在种子亭的两侧，接仙亭在关王祠附近的上方；还有汉王祠，在觐仙桥与真君殿的附近。

华盖山的庵所建筑有4处，分别在华盖山的四个方位，即山东麓、山西麓、山东北麓、山西南麓。

---

① （明）崔世召纂，余式高、曾球民、姜文吕编注：《华盖山志》，长春出版社2004年版，第42—43页。

② （明）崔世召纂，余式高、曾球民、姜文吕编注：《华盖山志》，长春出版社2004年版，第32页。

③ （明）崔世召纂，余式高、曾球民、姜文吕编注：《华盖山志》，长春出版社2004年版，第36页。

4. 桥与关

桥与关，主要是连接外界的人工建筑。华盖山与道教建筑相关的桥有5座、关有6处，兹引述于下：

> 通仙桥，一在山麓，一在集善关。升仙桥在山西麓。柳溪桥在崇仙观前。会郭桥在南丰县，王仙会郭仙处。望云关通袁州、吉安、临江、瑞州路。神虎关通江南吴楚路。云龙关在山北。望仙关通抚州、建昌、福建路。集善关通南赣、两广路。企元关在石龙潭上。

华盖山道教圣地中的5座桥，其中两座通仙桥，一在山麓，一在集善关，而集善关是华盖山通往南赣、两广的通道关卡；柳溪桥在崇仙观前，属于崇仙观建筑范畴；升仙桥在山西麓，与饶公馆位置所处方位同；会郭桥在华盖山延伸到南丰县境内，乃王仙会晤郭仙的地方。

华盖山道教圣地所涉及的关卡有6处，其中4处关卡分别通往四个不同方向，如望云观通往北面的袁州、瑞州、临江、吉安，神虎关通往东面的吴地与东北的楚地，望仙关通往东面的抚州、建昌、福建，集善关往南通南赣与两广。另外两关，云龙关在山北，企元关在石龙潭上。

二、华盖山的道教活动

作为道教名山、三仙道场，华盖山的道教活动内容较为丰富，有朝廷的崇祀封敕投金龙等活动，更多的是由华盖山道士主持的各种形式的道教活动，如以灵箓驱邪活动、祷雨斋醮活动、驱雷斋醮活动等等。这些道教活动从隋唐及其以前开始，一直延续下来，明朝尤为兴盛。

（一）华盖山的灵箓与仙药

1. 华盖山的灵箓

灵箓是道教神力的一个重要形式，通过神秘的仪式，用朱砂将复杂的图形、文字书于纸上，又称为“丹书”，认为具有驱邪治病、召神劾鬼、镇魔降妖的功效。华盖山的灵箓与道教的其他符箓不同，不是人工制作印制，而是得之于“仙”。据《华盖山志》记载：“紫元洞洞口有仙箓灵符一道，刻于石崖，遇斜日照映，箓影时见于外。”[1] 紫元洞据说是三真君检校《神仙图》录功过的场所，由白玉蟾遍搜灵异，“见石崖上云篆灵符，因摹而出，始知三仙检阅图录于此。”[2] 故自宋至明，其灵符颇受信众崇信。

2. 华盖山的仙药

道教的丹药，分为外丹与内丹。外丹一般是道士通过烧炼铅汞获取，多有毒性；内丹指的是打坐行气，运转周天，于身体内结丹。而华盖山的丹药有别于此，其丹药非人力所为，属于山上自有的天然胜迹。华盖山的仙药分为三类，即仙水、仙丹与仙药。

传说王、郭二仙拜浮邱公在华盖山修炼时，留有丹井、丹砂。有诗云：“仙家旧馆玉为庭，白日山头笙鹤鸣。我来酌此丹井水，洗我读书双眼明。”

除了丹井胜迹，还有天然丹砂，作为治疗的仙药。[3] 此山石头圆丽宛若丹砂，相传为王、郭二真君撒丹砂于山顶所化。此石又名药圆子，有四方六角八楞等不同形状，似有金光笼罩，据说朝拜得到之后，在三真炉前默默祷告，回家斋戒后磨粉水服，有病则愈。

除此之外，三峰之上的草木也有治病功效，据说有疾的人祷告后采服，无不愈者。[4]

丞相张无尽作《青城山丈人观记》，对华盖山的仙药功效及服食方法进行了更为详细的介绍：

> 洞府之探，则神可修而凡可度，草木之灵，则寿可延而疾可

---

① （明）崔世召纂，余式高、曾球民、姜文吕编注：《华盖山志》，长春出版社 2004 年版，第 60 页。

② （明）崔世召纂，余式高、曾球民、姜文吕编注：《华盖山志》，长春出版社 2004 年版，第 32—33 页。

③ （明）崔世召纂，余式高、曾球民、姜文吕编注：《华盖山志》，长春出版社 2004 年版，第 50 页。

④ （明）崔世召纂，余式高、曾球民、姜文吕编注：《华盖山志》，长春出版社 2004 年版，第 50 页。

愈。今华盖之山，左右前后，一草一木，烹而饮之，可以疗病。考验古今，信有之矣。……今环山别有天然妙药，所恨不尽识其名。今书所闻，无虑数件，敬录于后：半夏、草乌、桔梗、山茵陈、黄精、龙须草、细辛、牛膝、鬼臼。[①]

引文所记尽管属于宋朝华盖山仙药之事，然与明晚期《华盖山志》所记载的华盖山仙药于民间之效用情形大体大同小异，如卜灵签而采何方位的草药，如酒煮水煎的方法。山上草木随手为药可能较为夸张，其实可能是山上自然环境较好，生长草药较多的缘故。

（二）华盖山的祷雨斋醮

作为护佑一方的道教名山，华盖山常受到四方祈祷，当四方有灾，多登华盖祈祷，"旱祷则雨，涝祷则晴，病祷则瘳"[②]。而诸灾之中，又以干旱为常见，故以祷雨斋醮为多。至明代，地方官吏祷雨成功事例更是不绝于书，如明朝崇仁知县王克义撰《灵应记》，记叙华盖山祷雨祷晴祷病的事迹[③]，历经晋唐宋元，直至明朝王克义为崇仁知县时，华盖山的斋醮活动已历千余年之久。

又如国子司业孟冬明朝宣德丁未写的《重建雷坛记》，记载了知县吴廷鉴祷雨的经历。[④] 明宣德丁未年（1427），吴廷鉴徒步登山祷雨，并把三仙神像迎请到县城治所亲自奉祀祈祷。

《华盖山志》中的《灵异志》还记载另外两则知县祷雨的事迹：

万历二十六年（1598），崇邑大旱，知县事陈瑛诣山致祷，甘澍随应。[⑤]

① 章元枢：《华盖山浮丘王郭三真君事实》，《道藏》第18册，文物出版社、上海书店、天津古籍出版社1988年版，第69页。

② 王克义：《灵应记》，《华盖山志》，第107页。

③ 王克义：《灵应记》，《华盖山志》，第107页。

④ 吴淳：《重建雷坛记》，《华盖山志》，第108—109页。

⑤（明）崔世召纂，余式高、曾球民、姜文吕编注：《华盖山志》，长春出版社2004年版，第62页。

万历三十六年（1608），自夏徂秋，旱魃为虐。邑令陈仲麟迎郭真君像到县城，而连雨，沾足。邑举人吴学夔记其事。[①]

华盖山的祷雨仪式一般是地方官带头，斋戒以示诚，反思自己政事的得失，自己或者派人登山请愿，或者迎像回城祷拜，甚至于在社稷坛设祭，由巫觋术士遵照祭礼，大小官绅士人虔诚跪拜，做祷雨之文，争取将诚意达至于天，请求神明降雨。

（三）华盖山的驱雷斋醮

华盖山祷雨辄应，除了有三仙之灵力，还有一个独特之神迹：雷洞。此洞位于第一峰。各地降雨时不一定会打雷，而华盖山降雨的特点是常常有雷相伴，而山洞在下雨前奇妙的自然现象使人们将其赋予神力，形成了雷神传说。如弘治七年（1494），道士驱雷雷击杀四大盗的传说：

明宏治七年，有谒仙者四人，方令道士宣白姓名，倏风雷大震，俱斥置圆光亭下而陨，访问无有识者。众拜求仙真指示，适有童子诣山，忽如睡梦奋袂，拍案备言雷击私人，皆剧盗头目。三真缉之，三年乃致同来，命雷诛之以除民害耳。[②]

又如嘉靖三十四年（1555），知县建醮驱雷击断后殿石梁并使杨葛二吏悔罪：

嘉靖三十四年，抚州府通判任效忠，署崇仁县事，至山修建经醮。四月十一日雷震数次，当午大雨骤至，俗谓之洗殿，移时供仪器皿，悉无所存，独经科全不沾湿。后迅雷击断后殿石梁火球滚烫

① （明）崔世召纂，余式高、曾球民、姜文吕编注：《华盖山志》，长春出版社2004年版，第62页。

② （明）崔世召纂，余式高、曾球民、姜文吕编注：《华盖山志》，长春出版社2004年版，第62页。

时，有杨葛二吏惊怖，莫知所为，虔跪悔罪，云雾顿开，四境清朗。①

华盖山雷神的神力不仅有自然力，兴云布雨，而且可以惩治人间的恶事。这也是宗教对百姓教化所起的独特作用。

第三节　华盖山的道教文化

一、《华盖山志》的编撰及其价值

（一）第四十三代天师张宇初与《华盖山志》

张宇初与华盖山的关系非常密切。明洪武二十二年（1389），他奉明太祖皇帝朱元璋旨意，至华盖山敕建第二门（即二天门），同年，又奉旨为保东宫太子安康，与鸿胪寺卿邱鉴诣华盖山降御香；洪武二十五年（1392）夏月，东宫太子疾病痊愈，又奉旨诣山降香答谢；永乐二年（1404），奉明成祖朱棣旨意，再次诣山进香拜谒三仙，并赋《辟华盖山路》五言律诗一首：

圆舆奠元运，灵迹昭神基。
卓绝大华顶，天真夙冥栖。
跬从幸追历，兹览荷先期。
奥诀启元授，丰功著渊仪。
炼形就金液，驰軏凌丹辉。
崆峒辟崖罅，虚坛席盘棋。
岩雷隐空窦，泉脉含冷兹。
化景出雄怪，琼旌耀联驰。
遐踪著弈世，川岳争幽奇。
晚谒膺夙慕，攀登遂研趋。

① （明）崔世召纂，余式高、曾球民、姜文吕编注：《华盖山志》，长春出版社2004年版，第62页。

群山互簪拥，一径萦盘危。
飞壁骇神睫，回峦走蛟螭。
云横带明缘，水曲环轻丝。
谷响度篁籁，林芳散蜿蜺。
琳宫既结构，回禄更茅茨。
宾蛇厂幽览，庾檐护寒霏。
八表尽崖际，万象敛希微。
寰区俯埃溘，嵩华何穹卑。
息倦藉烟霞，穷瞻漠天墀。
至德亮精祷，仙猷付潜希。
廖廓同一切，畴能测端倪。[①]

此诗开头用鲜明的道教语言表述对华盖山神迹的仰慕，然后描述了崖罅、坛台、山岩、泉脉、山峦、道路、山谷、林木、云、壁、峰以及景象的想象、各种楼宇旌旗等等，大量使用明喻暗喻等手法，几乎穷尽了华盖山的方方面面，最后结尾时站立山上感慨世界无涯、万象希微，又回到道教的至德与神仙道术。全诗以文带景，借景抒情，将山景的优美神奇与道教的神秘幽玄很好地融合起来，立足点较高，颇有境界，既是文人写景诗，也是优秀的道教诗。永乐五年（1407），他撰写了《华盖山浮邱王郭三真君事实序》（即《华盖山原序》），内云：

兹山秀颖拔萃，超出风尘，云軿飚毂，往来际会于其间固其所也，其洪贶灵庥，垂泽万世，有功于国家，有功于斯民者又如此，此志之所以不容不作也。惜乎后所述者，芜杂匆典，将以传信于人，人反致迷谬于人人也，久愿修敕而未遑。今年夏，蒙旨纂修道典，仅以是录正而附之，用序其实于首，使千万载之下，知慕乎仙

① （明）崔世召纂，余式高、曾球民、姜文吕编注：《华盖山志》，长春出版社2004年版，第156—157页。

者沂流求源而得所凭信也，而生民蒙惠之大，昭之国朝祀典兹山，相为悠久也，不其伟欤。[①]

张宇初生活的时代，统治者在政治上坚持三教并用的政策，思想文化领域弥漫着三教合流的氛围，加之道教从南北朝时期以来也一直坚持三教融合的主张，这使张宇初的思想具有三教融合的鲜明时代特征。

（二）汤显祖与《华盖山志》

汤显祖（1550—1616），汉族，江西临川人，字义仍，号海若、若士、清远道人。中国明代戏曲家、文学家。他于万历十一年（1583）中进士，任太常寺博士、礼部主事，因弹劾申时行，降为徐闻典史，后调任浙江遂昌知县，又因不附权贵而免官，未再出仕。他曾从罗汝芳读书，又受李贽思想的影响。在戏曲创作方面，他反对拟古和拘泥于格律，著有《紫箫记》（后改为《紫钗记》）、《牡丹亭》（又名还魂记）、《南柯记》、《邯郸记》，诗文《玉茗堂四梦》《玉茗堂文集》《玉茗堂尺牍》《红泉逸草》《问棘邮草》，小说《续虞初新志》等。

明万历三十八年（1610），汤显祖游览华盖山，为《华盖山志》撰写《序言》（即《汤显祖序》）一篇，表示他对道教的崇祀，并自号“清远道人”。

三真所起，或云浮邱公黄帝时人，历周汉晋而度王郭二真焉，或言王是主方平从孙，而郭其母弟，固无所考，大致空明绝世天宗云籍之人，亦非世所得而考也。独吾郡灵谷诸山，势接于崇仁华山，仙人之迹往往而在，其山隐蔽危峭，炫焕乎金石，而旖旎乎风云，晴雷乎殿藩，而阴火乎垠壑，狸豹之所蒙茸，而蛟龙之所迫折者，亦非人世所得而习也。世人形用则碍，碍则自其闻见，喜怒之外不能虚通，不通不灵，不灵不可以久。真人神用，故虚极而灵，

① （明）崔世召纂，余式高、曾球民、姜文吕编注：《华盖山志》，长春出版社 2004 年版，第 156—157 页。

常幽栖乎隈崔凌兢之处，而无方向之阴阳出没人意，病者与安，绝者以嗣，旱灾与之龙若云，誓不蠲者与之虎若雷，盖亿万于斯而无失应者，夫是以终古以存，无昼夜而悲呼跪拜者踵于道也，又何异乎？吾独异夫世之人贪嗜骜傲，居乎斯土者或以凌蔑其树宇，而颠倒其道具，吏于斯土者，或以冒乱其福威，而晦阏其风雨。虽神用者常以慈卫人，常以情动人，如何形用者之戾以顽如是也？然而观于其应感交运之迹，则前所为戾以顽者，有所患苦，祈祷未尝不至于斯焉，过而咏于斯者，又未尝不自惜其劳，生而祈灵于真际也，岂非道者万物之所保，而神者形之所不能不待与。予慨于中久矣，羽士求弁其志，而因以示世之人焉。①

从此可知，一代杰出的文学家、戏剧大师，同时也是一位向道之人。

（三）文渊阁大学士吴道南与《华盖山志》

吴道南，号曙谷，江西崇仁二都石庄（今石庄乡石庄村）人，官至礼部尚书，明代诗人。他幼时受其父一龙教诲，涉猎《书经》及儒家心学；万历十七年（1589）中进士，授为编修，知经筵日讲，预修正史，主纂《河渠志》；万历二十二年（1594），任浙江主考官；二十五年，晋升东宫直讲学士。他学识渊博，讲解经书，必多方引喻解说，务求明白晓畅。他于万历三十二年任武进士考试总裁；三十四年任顺天乡试主考；三十七年以礼部侍郎署理部事；三十八年（1610）升礼部尚书；四十一年（1613）为礼部尚书兼东阁大学士；四十三年五月入阁参预机务；四十四年（1616）主持会试，因考场出现舞弊行为，遭到言官的攻讦，皇帝虽然谅解他，但他决定辞职，先后上疏20余次；四十五年七月，致仕。他著有《日讲录》《河集志》《巴山草》《暖谷集》《奏议》《语录》等书。

明万历四十八年（1620）八月，时年七十四岁高龄的吴道南游览华

① （明）崔世召纂，余式高、曾球民、姜文吕编注：《华盖山志》，长春出版社2004年版，第20—21页。

盖山，为《华盖山志》撰写了《序言》和《重修山门记》各一篇，并创作了《和万两溪先生登华山》五言律诗和《华盖山》七言律诗各一首。在《华盖山序》中写道："余三谒兹山时，而雾霭溟朦，云生足下，时而籁寂空澄，星辰可摘，嗒然吾我之丧，杳不知身在何世？独渐终狃，凡心未证圣谛耳。羽士吴玉明、陈大用、管志让既集鸿裁，复索余言以弁，余骿枝之述，其何当于山灵，顾窃有祈焉。盖有此山川，则有此灵秀志载。巴华气合，异人攸生，继自今蕴隆勃窣，宣泄于人，文于以绍，明道德之绪，以赞我皇上，神道设教阴骘下民之治，三真独能无意乎。"①

吴道南在吴玉明等道士的请求下做了此序，主要是赞颂华盖山胜境及浮丘三真对于民众的护佑。而《重修山门记》记录了重修华盖山门的过程，并详细记录了山门的规制、形状，复建人为吴希周，山门题"紫气"二字，题字者是罗匡湖。

（四）崇仁知县陈英与《华盖山志》

陈英是万历年间的崇仁知县，应华盖山道士之请为《华盖山志》作序：

> 余未职斯土也，业知三真仙于巴陵之华山，其灵至走数千里，香火奕赫，间图一攀，寻唐刺史遗刻，少纡平生未能也。一日余梦层楼之下，见羽衣十余辈，婆娑突兀之顶，旋傍余稍稍前，若有告余者，然虬然其山嶷然，余起心甚异。顷之，有道士自华山来，出二册袖中投余省之，则华山志也。其若踞若蟠若蹲若突若拱若立，与夫层甍危宇，插紫霄而直上，瞰青溪而下临，虽出于一时子墨之所撰摹，然华盖之观想未始不肖也，斯亦奇矣哉。余用是深思，饮霞飞步如浮邱伯、河上公辈，其有无虚实之间不必索之，以其人与事而可索之以理，大都直峙苍苍之气内蕴其氤氲，故磅礴艳郁则吐而为杰为瑞，其幽清静一之气亦往往结为异人真士如浮邱伯河上公

① （明）崔世召纂，余式高、曾球民、姜文吕编注：《华盖山志》，长春出版社 2004 年版，第 23—24 页。

二真人，及其收也不过巍然此山耳。余之梦焉知十余辈之不三真，三真之非斯山耶。其山灵与心灵之相为构值耶。三真每旱辄出云为风雨事，具载山志中，余领百里之山川于兹，无亦假山川之灵以助余，抑余先以和召也，夫其助也不可知其召也，不敢知而知之，以梦而梦又不可知也有机焉，彼谷神婴儿之说，余则以有无虚实之间之耳。

万历戊戌（1598）之春知崇仁县事晋江陈英撰。

从文中可知，此序较有机缘，在梦中见到有十几个道士，后瞬间到了山上，这是前兆，然后就有华盖山道士来请求作序，似乎真有神明显灵，显然也是向道之人。不过，作者认为浮丘公等神仙事迹的真假不必过于索求，重要的是他们的思想，倒是很有见地的。

（五）道教居士崔世召与《华盖山志》

崔世召（1567—1642），字征仲，号霍霞，别号西叟，宁德一都（今蕉城城区城关下井堂）人，出身诗礼世家，自幼好学聪慧。他于万历三十七年（1609）中举人，历任江西崇仁知县、湖广桂东知县、浙江盐运副使、广东连州知州。他为官清正，为人耿直，一生喜好诗文与游乐，广交文友，著作等身，备受世人推崇。

《华盖山志》由崔世召于天启七年（1627）编纂而成，清同治八年（1869）又经过甘启祥（原崇仁县人）等增订，于民国十七年（1928）由彭先燮、包贡廷、吴瑞麟、傅士林（均系南城县人）等捐资刊印，得以流传。《华盖山志》共12卷，内容包括：序言、胜迹志、建置志、灵异志、栖贤志、崇祀志、艺文志和纪咏志等八部分。此志对华盖山道教文化的发生发展，对华盖山的沿革、胜迹、建置等均有详细记载，并完整地保存了历代名人的碑文、志序和诗赋。这是乐安地方志的重要组成部分，也是乐安不可多得的文化遗产，尤其是颜真卿、白玉蟾、吴澄、虞集、揭溪斯、张宇初、吴道南、汤显祖等历代名人留下的宝贵墨迹、诗词，很有历史价值和文化价值。

崔世召还亲自为《华盖山志》作序一篇，自称“华盖游人霍童居士崔世召撰”[①]。

二、华盖山与文学创作

（一）华盖山青词

明代青词在嘉靖时发展到极盛，由于经常斋醮祭天，需要大量的青词，嘉靖以青词是否合意来升黜大臣，不少大臣为求宠幸，努力学习此道，以为进身之阶。明代官吏对华盖山的祈祷也多采取青词的形式。明代华盖山的青词多用来祷雨，说明当时华盖山周边干旱现象较为严重。如崇仁知县逯崇义于嘉靖四十三年（1564）作有《祷雨青词》和抚州知府古之贤于万历五年（1577）作有《请仙祈雨青词》。又有宜黄知县冯舜臣作谒华盖真君青词，此文少见的不为祈雨，而是问询自己的命运前程，这是青词的又一种作用。作者貌似谦恭，实则官欲极强，“祈请神仙提携”。官员好道，大体多可作如是观。

（二）华盖山诗词

华盖山更多的是诗文，人们到此拜谒或游览，常常作文纪念，约二百首，较著名的有金溪危素、泰和周是修、南城罗汝芳、南昌张位、安福邹守益等乡贤名士，各选一首陈列于下。

送程朋游华山

危素

吾郡紫元洞，程先远游遨。
别怀不敢写，听我哀弦操。
兹山东南胜，秀色凌空高。
细路积霜雪，长林带湍涛。
天雷震汹汹，飞瀑鸣滔滔。
文豹昼深伏，穷猿夜嗷嘈。
行行发犹咏，陟险毋乃劳。

① （明）崔世召纂，余式高、曾球民、姜文吕编注：《华盖山志》，长春出版社 2004 年版，第 27—28 页。

昔绕洞室足，天风入衣袍。
王乔不可见，使我心忉忉。
余本尚书放，夙志思林皋。
何当绝埃遏，高举乘鲸鳌。
颉玩飞霞佩，不必烦圭刀。①

华盖山

周是修

东风吹大河，河水为上涌。
缅思华盖君，巢云绝尘冗。
吟时月满轩，耕处云生陇。
何当命巾东，相从服铅汞。②

谒华山遇雪

罗汝芳

蹑雪登华盖，清游兴正欢。
尖崖萌玉笋，奇石挂银盘。
地绝寻岩洞，天空隐鹤鸾。
何年横玉笛，吹沏万山寒。③

---

① （明）崔世召纂，余式高、曾球民、姜文吕编注：《华盖山志》，长春出版社 2004 年版，第 154 页。

② （明）崔世召纂，余式高、曾球民、姜文吕编注：《华盖山志》，长春出版社 2004 年版，第 155 页。

③ （明）崔世召纂，余式高、曾球民、姜文吕编注：《华盖山志》，长春出版社 2004 年版，第 188 页。

谒华盖山诗

张位[①]

万仞天梯有路通，儿孙罗列见群峰。

神游玉阙三千界，身在瑶台十二重。

华盖峰清丹极近，紫元春远碧云笼。

凡情定许资仙力，布气分灵赖化工。

华盖山

邹守益

华盖如双龙，天骄升天步。

三真据其巅，娱戏三珠树。

传闻紫霄洞，可望不可住。

金灯时晃耀，丹检或流露。

我携祝融烟，来拨浮邱雾。

会待仙真归，高歌踏云路。[②]

三、华盖山的道教碑刻考察

华盖山最早的碑刻，可以追溯到唐代颜真卿，他曾担任抚州刺史，寻得旧碑，沿记浮丘公及王郭二真君事，重修观宇，于大历四年（769）正月二十五日作文记之，名之为《桥仙观记》。

至明代，有翰林学士危素作《金灯金船记》、崇仁知县王克义的《灵应记》、南京国子监司业吴溥《重建雷坛记》等。

金灯金船是华盖山特有的祥瑞，据载："金灯，生于清夜，必天气朗清，山寒风寂乃见。初生三五十点，散为一二百后，合而复散，少则复多，须臾之间，百千万点，上下相接，星灯渺蒙相映。金船，有如

① 见康熙二十二年于成龙修纂的《江西通志》卷四十七"艺文"，"近体诗"，第32页。

② （明）崔世召纂，余式高、曾球民、姜文吕编注：《华盖山志》，长春出版社2004年版，第160—161页。

星之移踱、霞之晓夕，亦若飞烟一抹，过电骏奔，其状靡常，隐显莫测。”[①] 而危素为能求见金灯，作三真礼文以焚告，并立下重誓，而终于能够亲眼见到这样的奇观，对于他是十分激动惊喜的事情，故作文记此。危素、王克义之举，为三真信仰更增添了神秘色彩。

宣德丁未（1427）孟冬，长期无雨，当地官吏祈祷灵验，天降雷雨，于是重修旧雷坛，使南京国子监司业吴溥作《重建雷坛记》记之，这也是地方文人官员的常态之举。一代一代乐此不疲，也是爱乡兴教的一部分。

明代华盖山的道教特点有三：一是山本身的风景优美，名胜众多，草木旺盛，自然条件优越；其次是浮丘公与王、郭三真信仰与华盖山相互依托，有华盖山的众多景点，三仙传说的胜迹得存，而三真信仰中的治虫、祷雨与救济疾苦的功能对于广大民众有着巨大的吸引力，这些功能与华盖山的胜景结合起来，使人们的崇拜祈祷有合适的归属之处，历代华盖山建筑的碑刻、坛所与部分文学都与此相关；三是华盖山道教的主要功能不是个人修炼升天，而是护国佑民，这对于封建王朝的统治是十分有利的，所以也得到朝廷的重视。

① 《玉笄山道士沈庭瑞述〈华盖山浮丘主郭三真君事实〉》卷三，《正统道藏》洞神部。

第七章　明代江西武功山道教的地位及其影响

作为庐陵文化、袁州文化、湖湘文化相互交融的腹地，武功山文化内涵非常丰富，尤其是武功山的道教文化最具代表。武功山的道教文化与民间的仙家修炼传说有关，武功山名称的变更传说就突显了武功山与道教的密切联系。

第一节　武功山斋醮活动及其影响

武功山道教的发展历经三国、魏晋、南北朝、唐、宋、元。元朝包括武功山在内的各地道教兴盛，其时武功山也应朝廷之崇尚建立了东岳庙礼敬东岳大帝。

武功山道教与全国道教发展不同的是，在唐朝并没有达到发展顶峰，而是在明朝由于帝王的推崇与正一道的介入而形成鼎盛之势。

一、明世宗敕谕武功山与道教发展

作为天下道教名山，武功山在历史上曾三度得到朝廷的封谥，两次分别发生在北宋徽宗崇宁三年（1104）与南宋理宗淳祐六年（1246），一次发生在明朝世宗嘉靖六年（1527）。明朝敕谕武功山尽管发生于明世宗时期，但与明朝前期的崇道政策不无关系。

（一）明朝的崇道政策

明太祖和明成祖时期，朝廷对宗教既奉行扶持和奉崇政策，同时又进行限制和控制利用。从道教发展看，由于正一道嗣教张宇初撰《道门十规》，强调“务令一遵太祖成宪”，正一道适应了明王权的需要，与明初制定的“益人伦，厚风俗”的宗教政策相一致，因此正一教在明朝得到皇权的支持，明朝的龙虎山历代天师都得到朝廷的封谥，成为全国道教的掌舵者。

在明朝历代帝王中，醉心于道教的皇帝，首推嘉靖皇帝明世宗。关于嘉靖皇帝崇道，大体有以下几个方面：一是加封亲属及自己的道号。嘉靖三十五年，世宗为其生父睿宗复加上道号为“三天金阙无上玉堂都仙法主玄元道德哲慧圣尊开真仁化大帝”、生母献皇后复加道号为“三天金阙无上玉堂总仙法主玄元道德哲慧圣母慈化天后”、孝烈皇后（世宗的第三个皇后）复加道号为“九天金阙玉堂辅圣天后掌仙妙化元君”。同时，他自封为“灵霄上清统雷元阳妙一飞玄真君”，加封“九天弘教普济生灵掌阴阳功过大道思仁紫极仙翁一阳真人元虚玄应开化伏魔忠孝帝君”，再加“太上大罗天仙紫极长生圣智昭灵统三元证应玉虚总掌五雷大真人玄都境万寿帝君”。此后至嘉靖四十五年，世宗又一再自我加封，不可胜纪。[①] 二是重用道士干涉国政：加封龙虎山第四十八代天师张彦頨、第四十九代天师张永绪；重用道士邵元节、陶仲文等；“崇尚道教，享祀弗经，营建繁兴，府藏告匮。”[②] 三是兴修玄道土木工程以建斋醮，重用青词“能者”，继而青词宰相横行。上有所好，下必从之，嘉靖皇帝的崇道一定程度上推动了各地道教的发展。

（二）明世宗敕谕武功山

明世宗崇道政策具体表现为敕谕武功山一事。《武功山志》“褒崇志”

① 《弇山堂别集》卷六《皇明异典述》“天子别号”。

② （清）张廷玉等纂：《明史》卷十八、本纪第十八“世宗”二，中华书局 1974 年版，第 250 页。

记载世宗敕谕降香于武功山，其圣谕云：

大明世宗皇帝敕谕

朕以眇躬，君临大宝，每切敬天之念，特倾奉母之诚，兢兢业业，于兹有年矣。倏于往岁春母氏违和，遂成疮疾。朕躬持汤药，实据忧虞，虽诸法疗治，道今未痊。恩求救于神，庶臻安复。武功仙山，乃葛真君之福地。敬沥丹诚，尚祁师造。命正一嗣教天师张彦頨、知事郭宗远齐捧真香，远诣玉山，朝谒一会，用保母疾早安，寿年延水，恩须师造，即除见患之灾，仁降神威施护，匆药之喜，转狭为福，去旧从新。

嘉靖六年（1527） 月[1]

据引文内容，嘉靖皇帝的生母蒋太后罹患疮疾，世宗是个孝子，亲自伺奉汤药，虽然驱遣宫廷御医、民间名医“诸法疗治”，但迟迟不能痊愈，让这位孝子“实剧忧虞”。蒋太后和世宗都信奉道教，既然疮疾药石无效、人力难及，不如祈求仙道保佑，或许能有神效。为感谢武功山仙道的福泽之恩，世宗再下敕谕特加褒奖，并批拨款项在武功山大建道教丛林。不过，世宗朝于武功山的修建不到30年，毁于火灾，化为丘墟。明张程的《武功山志》中补叙道：“嘉靖丙辰毁于祝融，遂忘改建，至今亭地丘墟，见者兴嗟。”[2]

二、武功山道教的信仰情况

武功山的道教历史渊源甚远，其教派驳杂。正一道最终成为武功山道教的主导宗派，是从明朝开始的，与明朝重视正一道有密切关系，也与四十八天师奉敕赐封武功山葛仙有关系。

① （明）张程纂修、（清）张光勋增补、江春发点校：《武功山志点校本》卷三“褒崇志”，江西人民出版社2016年版，第16页。

② （明）张程纂修、（清）张光勋增补、江春发点校：《武功山志点校本》卷三“褒崇志”，江西人民出版社2016年版，第17页。

1. 明代以前武功山道教派别

武功山自有道教传播以来，明代以前道教派别纷呈。金顶古祭坛就成为祭奉在山修炼传道的上清派、灵宝派、正一派、净明派、金丹派等道教主要宗派的综合祭坛：（1）上清派。上清派开山祖师魏华存，亦称魏夫人，晋代人。道教尊她为高元神照紫虚至道元君。其儿刘遐，任安成太守。魏夫人随儿至安福传道，成为安福大姓笪桥刘氏始祖母，后卒于湖南衡山；（2）灵宝派。“还闻丹灶火，犹是赤乌年”。灵宝派开山祖师葛玄与其侄孙葛洪至山修道炼丹；（3）正一派。正一派三十三代天师张嗣宗，宋仁宗时，曾至山传道；（4）净明派。净明派开山祖师许逊，东晋人，诰封为“神功妙济真君”。传说，许真君用铁链缚住欲把武功山作码头、把江西变海洋的孽龙，为民除了大害；（5）金丹派。金丹派南宗五祖之一白玉蟾，南宋时人，本名葛长庚。善于内丹，兼行神霄雷法。传说他成仙后，于明洪武时，显身于武功山，在集云庵中，“令道童研墨，题诗壁上而去”。今金顶有雷崖。

2. 张彦頨与明朝武功山道教的发展

张彦頨（1490—1560），字士瞻，号湛然，玄庆长子，龙虎山第四十八代天师。关于张彦頨的生平，其墓志铭记录详尽，由此可大致了解张彦頨真人的一生奇事。嘉靖五年，世宗的母亲，也就是当朝太后背部生了恶疮，“虽诸法疗治，迄今未痊”。听说武功山葛仙灵验无比，即“齐捧真香、远诣玉山”，没想到“即除见患之灾，转殃为福”。嘉靖六年（1527），明世宗派龙虎山正一嗣张彦頨天师和安福县知事郭宗远赴感谢，赐封武功山葛仙为葛真君，并赐建仰圣亭、敕书阁等众多道教建筑，自此，武功山又多修建了数十座宫观，山上的宫观更是日益增多，影响远播湘、鄂，乃至当时的京城北京，“湖西诸郡争仰止祈福不绝，其他道院丛林，以其统于兹山”①。

① 江春发：《武功山与宗教》，江西人民出版社 2015 版，第 10—11 页。

第二节　武功山道教建筑群的形成

武功山出现的道教建筑物比较多。据《武功山志》中的《坛宇志》记载："坛"有葛仙坛、冲应坛、汪仙坛等9处，"庵"有图坪庵、集云庵、官冈庵等共18处，"宫"有紫极宫、太极宫等共3处，"观"有东林观、延真观、焦冲观等7处，"阁"有敕书阁、卧云阁、通明阁等7处，"楼"有观妙楼、飞仙楼、望仙楼等7处，另还有"亭""道院""灶""庐""台""祠"等多种道教建筑形式。在《坛宇志》所记载的102处建筑物中，绝大部分是道教场所。张程在《坛宇志》前言中说明了作此志的缘由："山自吴大帝赤乌元年（238）葛玄、葛洪二仙先后入山炼丹成真。洪武八年（1375），史谷蝉开创图坪大禅教，故葛仙坛、图坪、集云、箕峰诸庵，香火相望，湖西请都诸郡，争仰止祈福不绝。其他道院丛林，星列棋布，远或数十里，虽不大彰明，而间有玄踪寄寓，皆山之附庸，不可略也。乃若桥亭楼观也，以其统于兹山，亦附见之，作《坛宇志》。"可见，正是这些宗教建筑尤其是道教建筑滋养了武功山，可以说没有这些道教建筑武功山就会黯然失色不少。

明代武功山星罗棋布的道教建筑就区域分布而言，一般简单划分为金顶、山北、山南三大板块。金顶历来是武功山道教圣地，有古祭坛、白鹤观等道教古迹。山南主要集中在箕峰道教丛林以及图坪道教群，主要建筑有广济宫、太极宫、玉皇殿等。山北则有山腰的紫极宫、山脚的葛仙观。

一、金顶道教建筑群

金顶位于武功山最高峰——白鹤峰山顶，海拔1900多米。关于白鹤峰名称的由来当地有两种不同的说法：一是说白鹤峰由于峰高风大，不长树木，只生茅草，一到秋冬季节，茅吐白絮，冰封峰顶，站在其他高峰上远眺，俨然好似白鹤昂首挺立，故得名"白鹤峰"；二是说东汉葛玄、东晋葛洪先后来此修身炼丹，羽化成仙之时驭鹤飞升，飘然而去，所以名曰"葛仙峰"或者"白鹤峰"。作为武功山道教圣地，金顶的主要道教建筑包括古祭坛、白鹤观等。

（一）古祭坛

武功山古祭坛地处金顶海拔 1900 米处，朝向各异、建筑风格独特的石垒祭坛各有不同名称。其中有 4 座主要的古祭坛，它们分别称葛仙坛、汪仙坛、冲应坛、求嗣坛。这 4 座古祭坛不仅在研究道教文化中有着极高的价值，在建筑史上也是一大奇迹，是江南地区唯一以石头为材料搭建的圆穹顶式建筑，整座坛没有石灰和黏土之类的东西，处在一个连树都不能生长的大风之处，历经千载屹立不毁。

1. 葛仙坛

葛仙坛在武功山的绝顶处，全称“东吴太极雷霆玄省之坛”，始建于晋，传说最早由葛玄、从孙葛洪及葛玄弟子郑隐在此炼丹所用。葛仙坛前存有双龙戏珠“祖师太极教主真人葛”石匾一块。葛仙坛前旧有一铜瓦殿。道教宫观建筑一般从材料上看主要为石砌、木构两种居多，能使用铜瓦建筑则在当时属奢华建筑。葛仙坛的主要宗教功能最初是道士炼丹所用，后来赋予了求雨等功能，由于此地干旱对农作物会有较大损害，因此求雨仪式在武功山地区较为普遍。明朝正德年间进士刘鉴《武功记》载有求雨事件：“古传白鹤仙人撼龙至此。上有东吴太极雷霆玄省之坛。坛四望，灵甚多。每岁旱蝗疾疫，远近祷祀，享应甚速。坛前设有丹池，渊然湛映天碧，汲者累百千，饮之香甘，可以疗疾。瓶取而归，以救旱，则雷霆风雨随之，器亦自溢。”[①] 可见明朝时期，当地民众到葛仙坛求雨一度较为盛行。

2. 汪仙坛

汪仙坛在鹤峰庵后，尽管始建于清代，然是为了纪念“明吉安太守汪可受得道处”[②]。汪可受，字以虚，号静庵，湖北黄梅人。明万历二十年（1592），他出任吉安知府，体察民情，政通人和，在任知府六年间，将已被洪水冲毁达半世纪之久的白鹭洲书院复建如初，后升任陕西布政

① （明）张程纂修、（清）张光勋增补、江春发点校：《武功山志点校本》卷七“诗文志”收录的刘鉴：《武功记》，江西人民出版社 2016 年版，第 63 页。

② （明）张程纂修、（清）张光勋增补、江春发点校：《武功山志点校本》卷二“坛宇志”，江西人民出版社 2016 年版，第 10 页。

使、兵部左侍郎、蓟辽总督，抵御北侮，卒赠兵部尚书。在吉安为官期间，汪可受曾多次游览武功山，与王时槐、邹元标等大儒，切磋性命之学。他为官清正，人称天下清廉第一，故遭贬，脱俗出家。据传汪可受在武功山坛边诵读经文，研讨道法。此举被武功山神老感动，便托梦给白鹤峰主持，修建一坛，并封汪公为坛主，此是“汪仙坛”之由来。《吉安府志》载：吉州知府汪可受恤民脱俗武功山，死后，百姓把汪爷呼称“王爷”，立坛塑像，祭为武功山守护神，以保一方平安。

蒲松龄《聊斋志异》神仙传中“汪可受”原型，盖出于此。《聊斋志异》之《汪可受》云：

> 广黄梅县汪可受能记三生：一世为秀才，读书僧寺。僧有牝马产骡驹，爱而夺之。后死，冥王稽籍，怒其贪暴，罚使为骡偿寺僧。既生，僧爱护之，欲死无间。稍长，辄思投身涧谷，又恐负豢养之恩，冥罚益甚，遂安之。数年孽满自毙。生一农人家。堕蓐能言，父母以为不祥，杀之，乃生汪秀才家。秀才近五旬，得男甚喜。汪生而了了，但忆前生以早言死，遂不敢言，至三四岁人皆以为哑。一日父方为文，适有友人过访，投笔出应客。汪入见父作，不觉技痒，代成之。父返见之，问：“何人来？”家人曰：“无之。”父大疑。次日故书一题置几上，旋出，少间即返，翳行悄步而入，则见儿伏案间，稿已数行，忽睹父至，不觉出声，跪求免死。父喜，握手曰：“吾家止汝一人，既能文，家门之幸也，何自匿为？”由是益教之读。少年成进士，官至大同巡抚。

更有甚者，《金刚经灵感录》在《新异录》章节里，也对汪可受作了更进一步的神化。书中这样写道，“明朝万历时，黄梅人汪可受在船中拜梁王忏，到第五天半夜，有石触船，船夫下水，捞得一石匣，可受打开一看，内有三十二分金刚经一部，用篆法书写，各种体裁……”

3. 求嗣坛

求嗣坛在白鹤峰左，离金顶不过百米，从萍乡上金顶，需要经过求嗣坛，它在路边，信众经过求嗣坛，多驻足，或汲取泉水，或燃香祷拜。据说此坛始建于晋，“或云即葛仙炼丹池”，亦为泸水源头。求嗣坛本名龙王坛，据《武功山志》载，“泉中有龙，常跃池中，或有见其尾者”①，故名。此坛由整片麻岩砌成古坛，内供龙五爷神像，神台前有一泉井，上方下圆，泉水长年不枯味甘清心。离泉井八米处，有一半月形泉井，设计独具匠心，求饮者必须双膝着地，虔诚掬取。志载：“水甘洌不竭，中有小圆石，祈嗣者争捡以为验。祷旱、治疾，功效居多。”至此求嗣信众络绎不绝。相传，南宋文仪已届中年，膝下无子，遂上武功山，先拜葛仙坛，后至此处饮泉，摸到石子，遂生一代名相文天祥，龙王坛遂改称求嗣坛，灵名遐迩。

4. 冲应坛

冲应坛传说为建于金顶的第一个古祭坛，是在山修炼传道主要宗派的综合祭坛。明朝时期，冲应坛与武功山上的高道李道人关系尤为密切。据《武功山志》载，“冲应坛，李道人修炼处”，此李道人大抵是生活于元末与明初的李道真，他于至元间（1264—1294）重建“葛仙观”，并因樵遇仙而作“冲应坛”，明初且与史谷蟾共创“图坪庵”。

5. 金顶坛

武功山金顶除了四大古祭坛之外，在明朝晚期与清初，还保留有金顶坛。金顶坛“在汪仙坛后，中立设葛仙石像”②。

（二）白鹤观

白鹤观又名鹤峰庵，位于主峰下海拔 1846 米的一块平地上，为江西境内海拔最高的道观。《武功山志》载：“白鹤峰，一名金顶，在最高处。相传白鹤仙人挤土成坪，清刘开拓，然厄祝融。今刘乙垣恢复旧业梵刹，

① （明）张程纂修、（清）张光勋增补、江春发点校：《武功山志点校本》卷二“坛宇志”，江西人民出版社 2016 年版，第 10 页。

② （明）张程纂修、（清）张光勋增补、江春发点校：《武功山志点校本》卷二“坛宇志”，江西人民出版社 2016 年版，第 10 页。

称壮观云。"[①] 张程认为白鹤观是因白鹤仙人筑。《武功山志·仙释志》载"白鹤真人"条："真人至山中，师事葛公，后化白鹤翔空而去。今山名'白鹤峰'。《金陵六朝记》曰：'仲都葛公弟子，白日升天。'"刘乙垣正是当时的白鹤观住持，白鹤观屡遭损毁。

白鹤观俗称"茅庵"，旧址在吊马桩后山窝处，以石砌墙，茅草覆盖，故称"茅庵"。徐霞客于明崇祯十年（1637）游历武功山，写下《游武功山日记》，其中写道："……又二里，抵山顶茅庵中，有道者二人，止行囊于中。三石卷殿即在其上，咫尺不辨。道者引叩礼，遂返宿茅庵。"此处徐霞客所宿"茅庵"即指白鹤观。

二、山北（芦溪）建筑群

1. 紫极宫

位于武功山半山腰的紫极宫，又名官冈庵，当地人俗称中庵。紫极本是天上星斗之名，道教称其为天上仙人居所。紫极宫初建于何时不详，但明显最初属于道教场所。然明初，官冈庵重修，辟为佛教场所，重修者为游僧俞东明。俞东明于明洪武八年来到武功山，主持重修官冈庵，后又更庵名为紫极宫。为迎合当地民众崇拜武功王爷及江西福主许真君的传统民俗，俞东明又请人塑上武功王爷、许逊神像。如此之后，紫极宫中的神像呈现出驳杂的特色。武功王爷为俗世中人，许逊是净明道祖，俞氏把道教宫观改为佛教寺院，肯定立有佛教尊神。紫极宫呈现出民间神祇、释、道三家神祇共处一庵的格局。不过，这种现象在武功山区域并不鲜见，民众不分佛道，均能在这里找到自己信仰的神祇。

2. 葛仙观（脚庵）

葛仙古坛，又名葛仙观，位于武功山龙王潭村马头山，当地百姓习惯称为脚庵，"其地秋水寒潭、清流谷口、古木修竹，偃盖檐牙，不减缘天居胜境"[②]。

① （明）张程纂修、（清）张光勋增补、江春发点校：《武功山志点校本》卷二"坛宇志"，江西人民出版社 2016 年版，第 10 页。

② 见江春发编：《武功山历代诗文选注》收录（清）吴培元的《葛仙观记》，江西人民出版社 2016 年版，第 290 页。

葛仙观作为武功山山北三大道教斋醮场所之一，自古为袁、瑞、临各郡信士所看重，每年“每逢七八九月间，袁、瑞、临各郡虔诚进香者，此往彼来，络绎不绝”。同时，葛仙观、紫极官、白鹤观三大道观，从建筑学角度，正好连成一直线，这与道教的一步一赐福、步步飞升的教义是相吻合的。

三、山南（安福）建筑群

武功山山南范围较广，主要属于安福管辖范围。明朝，武功山山南道教宫观多达40余座，形成武功山的道教宫观群。其中图坪、箕峰与集云是其中道教建筑分布比较密集之地。

1. 图坪道教建筑群

图坪道教丛林（亦称三天门道教建筑群），地处白鹤峰与箕峰谷地间，白沙江与桃花江交汇处。因其地势平坦如坪，遂名图坪。明朝吴云《图坪山考》云：“自箕山而下如下梯，夹道绿荫中，闻水声潺潺、淙淙然，古言谓之无底坑。方文忠密之游是山也，至此乃名之为五里筝。五里筝下，即图坪矣。盖武功之多路多峻，惟此路至坪，似言登山者苦于峻，正欲图一坪而不可得，不图为平之至于此也。”①

图坪的道教建筑主要由三殿门遗址、广济宫遗址、太极宫遗址组成，建筑依山傍水而建，鼎盛时，宫观寺庙达上百余座，道僧日食千指。

武功山的道教建筑群以图坪最为著名。据《武功山志》载：“旧称武功四庵，曰图坪、曰箕峰、曰行宫、曰集云，而莫盛于图坪。图坪在高山下，四壁回环如帏，羽流众多，烁石为金，恒如秋月，至风雨之夕，有拥絮披褐者，真仙地也。”②图坪庵据说建于东晋，后由元末宰相史天泽之孙史谷蟾大规模重建，分前殿、中殿、后殿三大建筑，十分壮观，到明后期一度遭火，嘉靖间重建。据明末张程《重修图坪庵大极宫记》载：“葛宫自吴大帝赤乌二年（239）丹成，往閤皂山冲举成仙，嗣后史

① （明）张程纂修、（清）张光勋增补、江春发点校：《武功山志点校本》卷七“诗文志”收录吴云《图坪山考》，江西人民出版社2016年版，第92页。

② （明）张程纂修、（清）张光勋增补、江春发点校：《武功山志点校本》卷二“坛宇志”，江西人民出版社2016年版，第14页。

谷蟾以释迦之学来游其地，卓锡建刹，是山遂大彰显。四方祷祀，登览往来不绝，称‘江右福地’。乃其所祀，虽崇尚葛公，而乃庵名，从其教也。嘉靖丙辰（1556）毁于火，道人悟铨、元桂等率其徒与仙公木像募化四方，四方人士争先布施，凡得钱若干，刻日鸠工庀材，逾年而成。中为葛仙殿，乃题曰‘大极宫’。其后为观音堂，堂左为元坛殿，又左为玉皇殿，殿后为敕书阁。而道人私庐，若观妙、飞仙、白鹤诸楼，以此环向而举焉。”[①] 从引文可知，史可蟾对武功山道教的恢复做出了贡献，邹守益对此有很高的评价，“其所以衍东吴灵曹之派，而肇图坪开山之宗”。明嘉靖年间的修复，基本上是在其旧址上的重建。

2. 箕峰道教丛林

箕峰，又名箕尖峰（鸡峰）。《武功山志》之《山水志》载：“箕峰，在图坪东，或云有大小箕峰。大即香炉峰，此其小者。”[②] 箕峰位于武功山峡谷中，两旁山峦环抱如屏障，前则圆锐如笔，立峰顶又一望无际，颇有“群山万壑数千里，俱可指数”之感慨。明安福进士吴节在其诗作《望武功诸峰》中描述：“箕峰高万仞，一碧插青天。日出疑金表，云来助锦缠。香炉升突兀，石笋萃清妍。安得乘黄鹄，排空礼上元。”[③]

明朝时期，武功山箕峰道场丛林包括的道教建筑诸多。姚鼎燧在其《箕山记》之《记宫殿》中载：

> 中太极殿，上玉皇殿，西元觉宫，惟东金庭宫，竖以良木，缭以石垣，金碧辉煌，相映左右。山门内有池，水清不涸，天欲雨，云气蓬蓬出其中。池左右云房月楼，可吟可眺。前廊列大屏，锓古草堂仙人诗，龙蛇飞动，观者为之震骇，仿佛初洒墨时也。[④]

---

① （明）张程纂修、（清）张光勋增补、江春发点校：《武功山志点校本》卷七“诗文志”收录的《重修图坪庵太极宫记》，江西人民出版社 2016 年版，第 75 页。

② （明）张程纂修、（清）张光勋增补、江春发点校：《武功山志点校本》卷一“山水志”，江西人民出版社 2016 年版，第 3 页。

③ 江春发编：《武功山历代诗文选注》，江西人民出版社 2016 年版，第 47 页。

④ 江春发编：《武功山历代诗文选注》，江西人民出版社 2016 年版，第 266 页。

作者姚鼎燧是安福洋溪江上人，生活于明末清初，是顺治甲午年（1654）的乡举，他在明末清初动乱时期“凡两游武功，顷以避乱故再入箕山”。这段文字基本上勾绘了箕峰在明朝后期及清初道场建筑的分布和功能。其中的玉皇殿建于明洪武间，由道人周永定创建，祀奉葛仙翁与玉皇大帝；清康熙时，姚崇飚重修玉皇殿。金庭宫是由道人陈淑行率徒文芷、非金、非狂等共建，并建有奉文昌帝君的文昌阁；元觉宫于明万历间由郁真卞修复，清顺治时由聂崇见等修复；右月楼与左云房乃清顺治后由逸道人兴建。

箕峰道教丛林具体建筑分布为：中央为“太极殿”，上为“玉皇殿”，西为“元觉宫”，东有“金庭宫”，山墙绕建筑呈弧形。南面设两道山门，金庭宫前有内池，池左为云房，池右为月楼，前置高墙廊院。石墙较宽，以垒砌填隙而成墙垣，下宽上窄。玉皇殿（三寮）、太极宫以坐北朝南为主，金庭宫、云房、月楼等则坐东北朝西南，形成两组建筑群落。

根据明末清初安福文人王辰《箕峰火述》记载，箕峰的道教建筑在明末清初曾遭火灾，箕峰三庵焚毁，道人流离失所。究其起火之因，“巫携酒裹肉笼鸡牲以卜，卜后大饮嚼酣寝，莫之火起”。巫道混合，导致武功山道教管理混乱，最终酿成火灾，并因之而衰弱。

3. 集云宫观建筑

除了上述金顶、山北、山南之外，武功山上的道教宫观还有集云观，位于图坪东北，建观于三国赤乌年间，属于武功山最早的道场之一。集云观于元朝至元十三年（1276）重建，成为由仙径、仙公殿、玄帝殿、注生殿、积翠楼、葆光楼等组成的大道场。明嘉靖间，安福名士朱调、朱叔湘、王檄一起在集云学道。集云观中的铜钟知名度较高，明代永乐年间永新人戴礼专门为之写《集云铜钟铭》；明万历年间安福梅溪人张祉为之写有《钟铭》，文中有“一寇兮山川震动，再扣兮齿冥潜通，三扣兮天神降地”“振江南兮孰与争雄，与庙貌同休兮浩劫无穷”[①]之句。明崇祯丁丑年（1637）初三日上午，著名的旅游家徐霞客曾慕名来到集云观小

① 江春发著：《武功山与宗教》，江西人民出版社2015年版，第35页。

憩，在其《江右游记》记载了当时宫观情景："观为葛仙翁栖真之所，道流以新岁方群嬉正殿上，殿止一楹，建犹未完。"从徐霞客的记载可以看出，集云观到了明末已经破败不堪，没有了元末明初时期的规模。

集云除了集云观外，还有妙有观，是郁祖溯道士于明万历乙亥年（1575）创建的。此外，集云还有紫极宫、玉清宫、冲虚宫、泰清宫、瑶池宫等宫观。到清朝初年，集云的宫观在萎缩，紫极合于玉清，冲虚合于泰清，瑶池合于妙有，形成了以玉清、泰清、妙有三大宫观为主的道教建筑群。清中期乾隆嘉庆期间，集云的道教宫观有新发展，据王清骏《重修玉清宫紫极宫记》载，当时集云共有 7 宫，都环绕太极殿，玉清居其东南。

有人统计，"在明代的《武功山志》记载了 50 余座寺观，明代所建的就占了八成，其中图坪、金顶葛仙古坛等都是明代以来香火最为旺盛的宫观。"①

第三节　武功山的道教文化

入明之后，武功山的道教文化以正一道为主，然随着明朝廷倡导三教合一，武功山的道教文化呈现出明显的三教合一特色，道教宫观与佛教寺庙同处一山，甚至于儒佛道三教之神像同处于一寺庙或宫观之中。

一、《武功山志》的编撰及其价值

（一）《武功山志》编撰之时代环境

明朝中后期，特别是嘉靖、万历和崇祯三朝，是明代道教山志撰述的鼎盛期。

嘉靖到万历时期出现了大量的道教方志。从编撰者的身份来看，明代编撰道教山志的主要有道教名山宫观所在地区的地方官吏，应邀参与编修道教山志的文人名士以及道教名山宫观道士。地方官吏是明代编撰道教山志的主力军，占编撰者的绝大多数。地方官吏注重道教山志的编

① 江春发、何应葛著：《武功山》，中国旅游出版社 2008 年版，第 58 页。

撰，主要是因为明朝廷历来就重视编修志书，朝廷为了更好地了解地方上的实际情况，采取了鼓励山志编撰的措施，进一步推动了山志的编修。从明成祖在永乐十年（1412）及永乐十六年（1418）两次颁布《修志凡例》，到嘉靖初“分遣进士往天下藩臬，采取民风节义，凡诸一统志所关者，莫不广求博载，以备武宗毅皇帝实录”①，皆表明明代诸帝对修志的看重。正是由于中央政府的重视，使得明代各地修志活动不仅自上而下，督促甚紧，而且由地方长官主持此项工作，修成后由地方长官撰写序言，既可作为一种政绩，又可扬名于后世。②此外，一些官员看到道教名山宫观无专志，认为应该为这些道教名山宫观列专志，便于后人了解道教在这些地区的发展状况。

正是在这样的大时代环境下，张程的《武功山志》编撰而成。

（二）张程其人与其编撰事

现存《武功山志》为明代安福名宦张程纂修，清张光勋增修，是武功山地区历史上第一部冠以“武功山”地名的志书。张程（1537—1598）字扶九，号见洛，又字以孚，江西安福西乡梅溪（今安福县严田镇杨梅村）人。明代隆庆五年进士，选翰林院庶吉士，官至尚宝司少卿。

万历初年居丧期间，张程与乡贤名流多有交往，尤其与当时的理学名家王时槐、胡直、陈嘉谟等过从甚密。理学名家们和张氏兄弟阐发名教理学之余常一起饱览山水。张程经常跟随当时的硕学大儒邹守益游览武功山，并用文字抒写热爱大自然情怀：

登箕峰呈同游诸君

半雨半晴年后天，一丘一壑云边路。
采芝处处得灵苗，犹把丹青图大素。
天风吹下白玉台，珠蕊瑶花足下开。
炉峰一片白云生，苍狗变态绝尘埃。

① （明）姚鸣鸾：嘉靖《淳安县志》卷首《重修淳安县志引》。

② 张英聘：《明代南直隶方志研究》，社会科学文献出版社2005年版，第132页。

中有红日嵌金光，恍惚缥缈飞仙之蓬莱。

箕峰奇绝出云中，呼吸之气与天通。

看君白日生羽翰，并蹑层霄万里风。[①]

张程在游览之余，注意收集武功山的历史史料，并和武功山的庵堂庙宇的住持、方丈多有交流、交往。鉴于家乡的名山虽然“钟英毓秀”但“据兹僻邑，又在百里之外，四方之士非邀福山灵鲜能振衣揽辔者”，因此逐渐萌发了为武功山写一部志书的想法，“以俟探奇者采焉”。

万历九年（1581），张程收集到了武功山的大量史料，完成《武功山志》初稿，从《武功山志》的分卷可以看出来，这部志书比较全面地展现了武功山的自然生态、人文景观、宗教发展、历史地位、神秘传说和诗文吟咏。全书共七万多字，时间跨度1400多年（从三国到明万历），是武功山第一部也是唯一一部古代史志，可以说是总结武功山人文历史的集大成之作。但好事多磨，据张程记其书“未几祝融忌而毁之，遂不及广其传”。可见，张程所撰《武功山志》也遭火灾之祸。“越十七年为万历丁酉（1597），武林杨侯（即明代名宦杨廷筠）来令于邑，乃檄道人仙植、元柏等重刻，储之山中，异日者或足备大酉之藏乎，且俾游人按图而索，未必非兹之指南也。”[②]

《武功山志》在清朝初期由张程的从孙兵部方司主事张光勋增修重印，同样分赠了当地的官府、书院、乡贤和寺庵。

（三）《武功山志》主要内容

汇总现存萍乡、吉安、莲花三个《武功山志》版本，明张程纂修、清张光勋增修的这部《武功山志》从编撰体例看，主要包括山水志、坛宇志、褒崇志、仙释志、物产志、灵验志、诗文志七种（后有补编，当为张光勋所作）。其中山水志、坛宇志、褒崇志、仙释志、物产志、灵验

① 江春发编：《武功山历代诗文选注》，江西人民出版社2016年版，第84页。

② 江春发编：《武功山历代诗文选注》收录张程的《重刻武功山志跋》，江西人民出版社2016年版，第132页。

志各一卷，诗文志共四卷，共计十卷。加之补编一卷，则计十一卷。

《武功山志》卷一“山水志”。开篇张程以山史氏自称，交代了武功山的地理区域位置，并表明作山水志的目的：

> 山史氏曰：坤舆之象，于卦位四南，故岷、嶓诸山，皆自西南而趋东北。岷山之脉，东为衡山。自衡蜿蜒而东，则包武功、匡庐。大江以西，诸山而北，尽平建康。故武功山者，衡山之羽翼也。钟英毓秀，据吉袁八百余里：耸翠栖玄，邃旷并隆，盖豫章之南北，其乔岳矣。中藏一丘一壑、咸极诡异。与夫贯脉互之内，融结所成者。坛名纪胜，靡可殚述。是用标而表之，以俟探奇者采焉，作《山水志》。

“山水志”这一卷内容十分丰富，记载详细，地名或记录方位、或解释由来、或叙述特色。《安福县志》介绍了武功山名称由来的多种说法：与葛玄葛洪密切相关的“葛仙峰”、与武氏夫妇相关的“武公山”、与陈武帝相关的“武功山”，博采众说，传说悠长。“山水志”共计：记“山”名21处、记“岩”名16处、记“峰”名7处、记“崖”名7处、记“坪”名3处、记“岭”名13处、记“丘”名2处、记“峡”名2处、记“洞”名7处、记“泉”名8处、记“池”名5处、记“潭”名18处、记“石”名29处（含石柱、石床、石船、石笋等，同时含铁钉石这一村名）。“山水志”最末解释：“山者，连称峰岩洞石，皆山类也；水出于泉，溪池江潭皆泉之支也，故各以类见云。”

《武功山志》卷二“坛宇志”。所谓坛宇者，即道教佛教的祭拜修炼地，亦即今日之曰宗教活动场所。山史氏张程曰：“自昔真人炼形冋士卓锡，往往取名山福地、幽隐之乡，而所止之基，遂大丕显于世。后人诛茅建刹，亦寻此托迹焉。故琳宫梵宇皆以标著灵异，增重山川，非细故也。”此志为后世研究武功山与宗教提供了详细史料。“坛宇志”共计：记“坛”名10处（含紫极宫即老坛）、记“庵”名18处（庵名道佛通用）、记“寺”名16处、记“观”名7处、记“院”名2处、记“庙”

名2处（即二妃庙和黄龙庙，当为当时的民间信仰）、记“阁”名7处（含文昌阁2处）、记“亭”名6处、记“殿”名2处、记“宫”名3处（紫极宫2处、太极宫）、记“堂”名3处、记“楼”名7处、记“庐”名1处、记“灶”名1处、记“台”名2处、记“桥”名11处、记“塔”名3处。“坛宇志”最末还提及了旧时的“武功四庵”：图坪、箕峰、集云、行宫，尤以图坪盛。这些记载或详或略，史料价值较高。

《武功山志》卷三“褒崇志”，主要是记录历代皇帝对武功山的敕谕，包括《大明世宗皇帝敕谕》《宋徽宗皇帝敕谕》《宋理宗皇帝敕谕》（二则）。数量虽不多，但也显示封建王朝对武功山的重视与尊敬。

《武功山志》卷四“仙释志”。“仙”即道家神仙，此志兼介绍与武功山密切相关的道家术士；“释”自指佛家高僧。此志开篇山史氏张程即曰：“海内洞天福地，非贤人君子肥遁之乡，则黄冠缁衣冲寂之地，否则犹土壤耳，湮没而不彰，比比是也。武功自葛仙诛茅炼药，成无上道，继而羽流衲子各显玄迹，亦代有其人。荐绅父老，援古咨今，动必根据是山，增之而重，有由然乎。世谓神仙不足信者，岂其然，岂其然。作《仙释志》。”可见虽世人也知仙释不可信，但对于具体的地方百姓来讲，不可信却偏偏能增加地方历史的神秘性，故“岂其然？”“有由然也”。“仙释志”介绍道家术士主要有如下之人：葛玄葛仙翁（此部分文字占卷四一半以上，内容翔实地介绍了葛玄的生平轶事）、葛洪、郑思远、黄衣真人、白鹤真人、竺法兰、李道人、白玉蟾、双秀才、武氏夫妇、罗嘉仙、卢萧二道人、刘蓬头、胡仙人、金宝仙盘藤公等。从数目上看，道家术士18人远胜于释家僧人8人；从文字来看，介绍葛玄葛洪的文字就占整个卷四的一半以上；从历史起源看，武功山最早也是道家术士先有足迹。由此可见武功山历来就道教活跃，释家僧事是后来才在缝隙中出现的，影响力远不及道教。

《武功山志》卷五“物产志”，主要介绍武功山物产特色，寥寥数语，文字简单。“聊聊数种，书之以示山神，不失职也，作《物产志》。”内有石斑鱼、念佛鸟及一些奇珍异草，现科学家认为武功山植物化石多有，尤其是高山草甸景物颇为壮观。

《武功山志》卷六“灵验志”。虽张程作为儒家思想承继者，认为要尊儒家贤德，“怪神之事，圣人不语”，但又说：“暗室亏心，神目如见。语虽微，戒之哉，作《灵验志》。”“灵验志”共有10则：武公阴助欧阳頠、（武公）神助赵公裒剿寇得功2则说明武功山并非天高地远，同样有战事匪事发生；文天祥之父求子得应大兴坛宇、普立禅大兴集云庵、史谷蟾建图坪3则述说武功山的佛道奇迹；宋彭龟年求雨事件、明程文德求雨事件、明吴应明求雨事件3则既说明武功山周边多干旱之事实，又告知武功神灵对黎民百姓的眷顾；廖氏女应慧奇事当可解读谓世人拜武功山神之盛事；最后1则张程以自身说法，述雷岩之两奇事，感叹“其偶然耶？亦神之神焉耶？谓神无神。又独偶然若此耶”？

《武功山志》卷七、卷八、卷九、卷十皆“诗文志”。

二、武功山道教文学

武功山道教文学的研究主要以明代张程纂修、清代张光勋增修的《武功山志》为蓝本，结合其他典籍作补充，研究的时段为明代以前（含明代），研究的切入点从道教文学的内涵出发、结合文体类型分析。《武功山志》卷七、卷八、卷九、卷十皆“诗文志”。从时间跨度看，收录文字自三国葛玄（164—244）的《教语》至“国朝”张光勋（1763—1811）的《箕峰玉皇殿记》，历时当有1600余年时间的文章；从文体来看，含诗、颂、赞、铭、碑、赋、文、序、记、志、考、跋、笔记等13种之多；从作者来看，既有当地鸿儒如邹守益，又有大家名人如徐霞客、虞集、李廉等。由此可见，此“诗文志”实为武功山文学乃至武功山文化的集大成者，也是武功山道教文学的原始资料汇编，其文学史料价值不可估量。

（一）武功山道教文学类型文体丰富

在《武功山志》中，涉及明代武功山道教内容的文章收录很多，从文体角度看常见的主要有以下几个方面：

1. 碑铭类

关于武功山道教的碑文在《武功山志》中没有记载，而碑刻多散见于《武功山志》“诗文志”前面的文字记载中，如：《山水志》中“州字崖”、储云洞“许过云”、“睡客”石；“坛宇志”中葛仙坛“雷霆玄省”等。铭类主要有方俊《炼丹井铭》、戴礼《集云铜钟铭》、张祉《钟铭》等，多记录道教器物。

2. 记考类

记主要分两种：一种是纯游记类，虽有记录但不详尽，多带游玩性质、文学色彩较浓。有名的作品主要有：李濂《集云庵记》、刘阳《游武功山记》、刘鉴《武功山记》等，尤以徐霞客《武功山游记》为甚；另一种记为大事记，比较客观准确记录了一些道教主要地方或建筑的发展，如赵仪可《葛仙坛记》、张程《重修图坪庵大极宫记》等，这部分文章对武功山道教发展研究价值较大。《武功山志》“诗文志”部分记载的“考”多是对地点地名建筑的由来作详细记载，如吴云《铜瓦殿考》《图坪山考》《小桃源考》等一系列的“考”，史料价值较高。

3. 文赋类

赋主要有李濂《卢潇赋》、刘泉《游山赋》等作品，既有文学价值，又为武功山道教研究提供有力史料支撑。文则《武功山志》主要收录了程文德等的三篇《祷雨文》，这是记录武功山道教求雨这一科轨仪式的有力证据。

4. 诗词类

如吴节《望武功诸峰》四首、张程《登箕峰呈同游诸君》、邹守益《书集云壁》等，此类作品数量较多，其文学价值如何在此不多述说。

（二）徐霞客《武功山游记》影响力巨大

徐霞客（1586—1641），名弘祖，字振之，号霞客，明代著名地理学家、旅行家和文学家，被称为“千古奇人”。徐霞客一生志在四方，足迹遍及广泛，所到之处，探幽寻秘，并记有游记，记录观察到的各种现象、人文、地理、动植物等状况。他经 30 年考察撰成《徐霞客游记》，“达人所之未达，探人所之未知”。

崇祯十年（1637）正月初一到初十，徐霞客在武功山境内畅游了十天。在武功山的十天，徐霞客写下了六千九百多字的游记，其中对行走路线、地理特征、风土人情、佛寺道观、天象气候、山溪飞瀑、奇岩怪石、茂林修竹、人文掌故的描绘为后人了解三百多年前的武功山提供了珍贵的第一手资料。

武功山游记

徐霞客

武功山东西横若屏列，正南为香炉峰。香炉即西门家尖峰，东即箕峰。三峰俱峭削，而香炉高悬独耸，并列武功南，若棂门然。其顶有路四达。由正南者自风洞石柱，下至棋盘集云，经相公岭，出平田十八都为大道。余所从入山者也。由东南者自观间崖下，至江口，达安福。由东北去，二里出雷打石，下至山口，达萍乡。由西北者，自九龙抵攸县；由西南者，自九龙下钱山，抵茶陵州。为四境云。

丁丑正月初四，闻夙霾未开，僵卧久之，晨餐后方起，雾影忽开忽合。因从正道下，欲觅风洞石柱，直下者三里，渐见两旁山俱茅脊，无岩岫之奇，远见香炉峰顶亦时出时没，而半山犹浓雾召唤故.意风洞、石柱尚在二三里下，恐一时难觅，且疑道流装点之言，即觅得亦无奇。遂乃返山顶，再饭茅庵。乃从山脊西行，初犹弥漫，已而渐开，三里稍下，度一脊，忽雾景中望见峰中之北，轰崖崭柱，上刺层霄，下插九地，所为千丈崖。百崖丛峙迴环，高下不一，凹凸掩映。睛北而下，如门如阙，如幢如楼，直坠壑底，皆密树蒙茸，平铺其下，然雾犹时笼罩。及身至其侧，雾复倏开。若先之笼，故为罩掩袖之避，而后之开，又巧为献笑之迎者为。盖武功屏列，东西中共起三峰，而中峰最高，纯石，南面尤突兀而已，北则极悬崖迥奇。使不由此而由正道，即由此而雾不收，不几谓武功无奇胜哉！共三里过中岭之西，连度二脊，其狭仅尺五，至是南北俱石崖，而北尤崭削无底，环突多奇。（脊上双崖重剖如门，下睛至重壑），由此通道而下，可尽北崖诸胜，而惜乎山高路绝，无能至者。又西复下而上，是为西峰。其山与东峰无异，不若中峰之石骨棱增矣。又五里，过野猪，西峰尽处，得石崖突出，下容四五人，曰二仙洞。闻其上尚有金鸡洞，未之入也。（于是山分两支，路行其中。）又西稍下四里，至九龙寺。寺当武功之西陲，崇山至此，忽开坞成围，中有平壑，水带西出峡桥。坠崖而下乃神庙，时宁州禅师所开，与白云之开观音崖，东西并建寺，然观音崖开爽，下临九龙，幽奥中敞，形势固不若九龙之端密也。若以地势论，九龙虽稍下于顶，其高反在其观音崖之上多矣。寺中僧分东西两寮，昔年南昌王特进山至此，今其规模尚整。西寮僧留宿，余见雾已渐开，强别之出寺。西越溪口桥，溪从南下。复西越一岭，又过一小溪（二溪合而南坠谷中），溪坠于东，路坠于西，俱垂直南下。五里为紫竹林，僧寮倚危湍修竹间，幽爽兼得，亦精蓝之妙境也。从山上望此犹在重雾，渐下渐开，而破壁飞流，有倒峡悬崖湍之势。又下里，而至卢台，或从溪右，或从溪左，循度不一，靡不在轰雷倒雪中，但涧崖危耸，竹树翳密，悬坠不能下窥，及至渡涧、又复平流处矣。出峡至卢台，始有平畴一壑，乱流交通畦间，行履沾濡。思先日过相公岭求滴水不得，此处地高于彼，而石山潆绕，遂成沃泽。盖武功之东垂，其山乃一脊排支分派，武功之西垂，其山乃众峰耸石攒崖，土石之势既殊，故燥润之分亦异也。夹溪四五家，俱环堵离立，欲投托宿，各以新岁宴客辞。方徘徊路旁，有人一群，从东村过西家，正所宴客也。中一少年，见余无宿处，亲从各家为觅所栖，乃引至东村宴过者，唐姓家。得留止焉。是日行三十里。①

徐霞客在武功山境内的活动轨迹如下：永新县禾山—安福集云岩—白法庵—金顶—九龙山—莲花县界头岭。在游记中，徐霞客用拟人、比喻、夸张等修辞手法写到了武功山峰林之奇险。徐霞客在武功山不仅仅是进行了地理考察和风景考察，也顺带考察了山区境内的宗教和民俗。徐霞客游览武功山留下了七言绝句《游武功山》：千峰嵯峨碧玉簪，五岭堪比武功山。观日景如金在治，游人履步彩云间。

① 录自《徐霞客游记》卷二，163—165 页。

（三）文人诗词创作

作为道教名山，来武功山游览的文人墨客历来络绎不绝，代不乏人。有明一代，游览武功山的名人有邹守益、邹善、王时槐、刘元卿、罗洪先、周邦寀、方以智、邹德泳、张程、刘阳、杨廷筠、吴节、彭华、周述等。

1. 涉及道教人物类

（1）罗洪先的《睡起示武功道人》诗。

睡起示武功道人

白云深处闲人少，惟有希夷似不群。
今日高眠千丈岭，远风休遣迟云飞。①

罗洪先（1504—1564），字达夫，号念庵，江西吉水人，明世宗嘉靖八年（1529）中状元，授翰林院修撰，后罢官还乡，终日著书讲学。他是王阳明学派的重要继承人与开拓者，著有《念庵集》22卷、《冬游记》1卷。罗洪先创作的与武功山道教相关的诗歌仅2首，本诗对武功山道士的闲适的修道生活进行了写意的描述。罗洪先另外一首长诗《武功行寿罗克斋》，从文意推测，也是写给道人罗克斋的，如文中有“宝撰多传北斗文，金经总授中皇秘。中皇北斗度玄踪，九十韶光顷刻中”句。

（2）刘益与杨胤《简辑熙道友》诗。

简辑熙道友

刘益

人间万劫混尘沙，俯视茫茫战角蜗。
绝磴凌云得丹井，刚风护我到仙家。
暮年始悟长生妙，壮志宁论短发华。

① （明）张程纂修、（清）张光勋增补、江春发点校：《武功山志点校本》卷八“诗文志”，江西人民出版社2016年版，第114页。

秋晚登高谁极目，深期辟谷醉流霞。

道人昔日上邯郸，五色祥云护紫坛。
树杪尚巢千岁鹤，石函空锁九还丹。
风生高阁秋声厉，月转空廊夜气寒。
好是神仙应不泯，丰碑留与后人看。[①]

简辑熙道友

杨胤

十年清梦绕仙山，江海游来益厚颜。
屐齿未穷苍藓迳，珮声光到白云关。
丹霞画静天香度，瑶草春深羽客还。
自笑微生曾杵俗，挂瓢随处有余闲。

一笻春色翠成文，步入烟霞绝世纷。
小径惊飞山雉起，平崖怒激石泉分。
林端犬吠寻芝客，空外猿啼出岫云。
只好吹箫候明月，焚香重礼大茅君。[②]

刘益，又名刘朝佐，明初江西安福人，曾任通政司主事。这两首诗歌都是写给武功山简辑熙道友的。前一首书写自己攀登武功山到绝顶，来到祭祀坛，见到丹井依旧，顿发感慨，“暮年始悟长生妙”，“深期辟谷醉流霞”，尤其是在明朝初年战乱频仍如“战角蜗”之时。第二首诗歌追忆道友离去前往邯郸，武功山顶道观及祭祀坛空留九还丹之景象。物还在，道友却已远去。

① （明）张程纂修、（清）张光勋增补、江春发点校：《武功山志点校本》卷八“诗文志”，江西人民出版社 2016 年版，第 107 页。

② 江春发编：《武功山历代诗文选注》，江西人民出版社 2016 年版，第 43 页。

与刘益同时代的杨胤也写有《简辑熙道友》[1]诗歌5首。他是明初洪武与永乐年间安福龙云溪人，他所创作的关于武功山道教诗歌共6首，其中5首是写给简辑熙道友。上文引述其中第一与第二首。由此可见，明初武功山的简辑熙道人在当时还是很有影响的。

（3）王学礼的《登绝顶赠半仙道人》。

登绝顶赠半仙道人

山人高卧图坪阁，风雨冥冥万壑雷。
夜半梦魂飞渡外，天昏大叫入门推。
凌晨振袂团云上，百亿峰头一镜开。
归路烟飞依旧锁，奇踪留与后人猜。[2]

王学礼，字鲁卿，安福东乡人，嘉靖癸未年（1523）进士，授松江府推官。诗歌赠予武功山上的半仙道人，道人修炼于峰顶，风雨雷霆之夜，亦能高卧不惊，次日清晨依然振袂于云团之上，俯瞰百亿峰头如镜中景象，与半夜投宿惊魂于雷霆的作者形成鲜明对比。

（4）张程给宁道人的诗作。

宿武功宁道人家

地胜非因武，山灵故驻仙。
尘氛青嶂外，楼阁白云边。
图画自成象，阴晴别有天。
还闻丹灶大，犹是赤乌年。[3]

① （明）张程纂修、（清）张光勋增补、江春发点校：《武功山志点校本》卷八“诗文志”，江西人民出版社2016年版，第107页。

② （明）张程纂修、（清）张光勋增补、江春发点校：《武功山志点校本》卷八“诗文志”，江西人民出版社2016年版，第114页。

③ （明）张程纂修、（清）张光勋增补、江春发点校：《武功山志点校本》卷九“诗文志”，江西人民出版社2016年版，第130页。

示宁道人

半夜焚香诵蕊珠，丹心一片住元都。
闲中撇却红尘债，悟得清宁大道无。①

示棋道人

曾向风尘度早春，幡然一悟乐清贫。
闲观世事如棋局，就里输赢是假真。②

张程，明万历间人，《武功山志》之纂修者，对武功山道教文化资料搜集最全，前有介绍，于此不再重复。张程写作的关于武功山的诗作共有 37 首，其中与道教相关的诗歌占绝大多数。张程的诗歌中涉及宁道人的诗歌共 3 首。《宿武功宁道人家》诗，乃是作者因宿于武功山宁道人家而作。诗人开篇即认为武功山之所以成为天下名胜，绝非因人世间征战武功，而是因为道教修仙者在此修炼。武功山道教仙人修仙可以远追赤乌年间的葛仙翁，如今还传闻其丹灶犹在。作者在《示宁道人》诗中对宁道人的修道的虔诚十分首肯。在《示棋道人》诗中以下棋为喻，表达作者对道人看破尘世的纷争输赢的赞赏。

2. 涉及宫观建筑类

围绕道教宫观的诗作，也是道教文化的重要形式，这类诗作远远多于涉及道教人物类诗歌。围绕武功山道教宫观建筑的诗歌，比较聚焦的建筑是葛仙坛、图坪、聚仙桥等，尤其是写作葛仙坛的诗歌最多。举例如下：

（1）周述关于葛仙坛的诗作。

葛仙坛

白石香岩望欲迷，仙坛下瞰水江低。
灵泉雨过花初发，深谷春来鸟自啼。

① 江春发编：《武功山历代诗文选注》，江西人民出版社 2016 年版，第 90 页。
② 江春发编：《武功山历代诗文选注》，江西人民出版社 2016 年版，第 90 页。

剑气犹疑射牛斗，丹光常见拂虹霓。
世人谁复知行径，瑶草依依长欲齐。

再　游

重访元宫二十年，药炉丹井尚依然。
山中问道赤松子，壁上题诗白玉蟾。
蓬岛画阑猿献果，珠琳阁敞鹤翔烟。
登仙借问微缘路，月窟高拔咫尺天。①

周述（？—1436），字崇述，号东墅，江西吉水人，明永乐间宿儒。周述的这两首叙写葛仙坛的诗歌，其创作时间前后相隔 20 年。这 20 年间，葛仙坛的丹井与药炉依然，唯有的变化是，第二次访葛仙坛，发现了白玉蟾在坛壁留下了题诗。

（2）乌斯道关于葛仙坛的诗作。

访武功葛仙坛

长忆仙人葛稚川，远寻勾漏问丹泉。
烟霞不厌久为令，鸡犬谁知并化仙。
细水洞中流白乳，高峰天际削青莲。
怜予作县终何事，过此题诗意惘然。②

乌斯道（约 1367—1390），字继善，号春草，明朝浙江慈溪人，洪武二年乡试第一。按照诗中之意，作者似乎做过武功山附近的某知县。作者围绕葛仙坛的主人葛洪叙述，葛洪不愿做勾漏令，半路停于罗浮山修道。葛稚川辞去县令而修仙，让身为县令的作者深生愧意。

---

① 江春发编：《武功山历代诗文选注》，江西人民出版社 2016 年版，第 40 页。

② （明）张程纂修、（清）张光勋增补、江春发点校：《武功山志点校本》卷九“诗文志”，江西人民出版社 2016 年版，第 146 页。

（3）曾白的《葛仙坛》。

葛仙坛

片石空余短藓青，何年飞佩入苍冥。

岩前花发春常在，涧底泉流洞不扃。

宝鼎红光藏秘药，玉林龙气护仙经。

悬知此地修真者，时扫寒云夜礼星。[①]

曾白，江西永丰人，字子启，号西墅，永乐甲申状元，仕至詹事府少詹事，赠礼部尚书。作者因观景而发生联想，“何年飞佩入苍冥”，“宝鼎红光藏秘药”，“时扫寒云夜礼星”。

（4）习嘉言的《葛仙坛》。

葛仙坛

神仙谅渺茫，云何有遗迹。

经行不记年，踏破山中石。[②]

习嘉言（1388—1452），名敬以，字行，号寅清居士，新喻人，永乐十六年进士，授编修，累官詹事府詹事，有《寻乐文集》20卷、《四库总目》行于世。此诗行文简洁，意旨浅易。

除此之外，还有简迪与简继芳的《葛仙坛》，不再列举。

3. 一般道教景观类

一般道教名山景观类诗作最多，其道教文化的特色略微逊色于上述两类。姑列举数例。

① 江春发编：《武功山历代诗文选注》，江西人民出版社2016年版，第38页。

② 江春发编：《武功山历代诗文选注》，江西人民出版社2016年版，第41页。

（1）杨廷筠的《九日登武功绝顶》。

九日登武功绝顶

兹山迢递亘扶舆，玉府高真绛节居。
形势西来雄海岱，仙源向去接衡庐。
峰摩碧汉明更近，池长丹砂太乙余。
传道今朝须避障，不知身境入清虚。①

杨廷筠（1562—1627），字仲坚，号淇园居士，杭州仁和人。他生于明嘉靖时期，万历二十年（1592）进士，曾任江西吉安府安福县知县、湖广道监察御史、南直隶副使、江西副使，光禄少卿等职。他是我国较早的天主教徒，与徐光启、李之藻并称为中国天主教的“三大柱石”。诗文七律，文中对武功山的描写着眼于其雄伟高大之气势，如“亘扶舆”“雄海岱”“接衡庐”“摩碧汉”；并交代武功山道教文化的特色，“玉府高真”“仙源”“丹砂”“太乙”“清虚”等。

（2）吴节的《望武功诸峰》。

望武功诸峰

宦辙困西东，南还见武功。
联绵开锦绣，层叠出芙蓉。
星泛青冥表，仙居紫翠中。
何由升楚望，一览最高峰。

秀色占泸潇，青天去匪遥。
常疑云作幔，今睹虹成桥。
白日光堪驻，沧溟势可招。
西游三百里，处处见岧嶤。②

① （明）张程纂修、（清）张光勋增补、江春发点校：《武功山志点校本》卷八“诗文志”，江西人民出版社 2016 年版，第 99 页。

② 江春发编：《武功山历代诗文选注》，江西人民出版社 2016 年版，第 47 页。

吴节（1397—1481），字与金，号竹坡，江西安福人。他明宣德四年（1429）领江西乡试第一，五年（1430）会试第二，官终大常寺卿、兼侍读学士。吴节工于诗作，著有《吴竹坡公文集》《吴竹坡公文诗集》。《望武功诸峰》总共4首，皆为五律，以上列举其前两首。所引两诗，写武功山的景除了雄奇外，落笔于景色之烂漫。

（3）彭华的《登绝顶》。

登绝顶

摄衣飞步上层巅，回首人间一惘然。
千里渺茫云似水，诸峰罗列树连天。
风鸣石洞生寒雨，火伏丹炉袅篆烟。
何日归休无一事，闲身不惜访群仙。①

彭华（1431—1496），字彦实，江西安福人，景泰五年（1454）会试第一为会元，曾任文渊阁大学士。他是正统十三年状元、内阁首辅彭时的族弟，有《彭文思公文集》。文中“风鸣石洞生寒雨，火伏丹炉袅篆烟”两句，描绘了武功山顶道教祭祀坛的景象。

（4）邹守益的系列诗歌。

约同志游武功

病暑卧一榻，乘秋思万里。
手拄青琅玕，直蹑丹霄里。
乾坤无广狭，广狭由人耳。
葛许自千秋，孙曹乃逝水。

① （明）张程纂修、（清）张光勋增补、江春发点校：《武功山志点校本》卷八“诗文志”，江西人民出版社2016年版，第106页。

武功山游勉同志二首

溪庐望秋黄，岩柏春不改。
乃知宇宙间，浩气固有在。
请看葛仙翁，香火逾千载。
谁能睁双眼，跳身出苦海。

蜗牛雄一壳，鸿鹄隘四海。
人为天地心，撑住作元宰。
我重物自轻，万态安能浼。
及时振六翮，无为枋榆悔。①

邹守益（1491—1562），字谦之，号东廓，江西安福县北乡澈源人，著名理学家、教育家。他是王守仁“致良知”之学的主要继承人，并以之作为教育的指南，著有《东廓文集》《诗集》《学豚遗集》。邹守益描写武功山的诗作有 41 首之多，属于所有写作武功山诗作中诗作最多的一位。以上仅列举其中之三首。作为阳明心学的继承人，他的诗作中亦有反映，如第一首《约同志游武功》首句的“乾坤无广狭，广狭由人耳”，第三首中的“人为天地心，撑住作元宰。我重物自轻，万态安能浼”。对待神仙中人，他的态度亦比较豁达，“请看葛仙翁，香火逾千载。谁能睁双眼，跳身出苦海”，“葛许自千秋，孙曹乃逝水”，仙人之修行脱俗，需要有跳身出苦海的勇气，芸芸众生只能在有限的时空中生存，即使是葛玄、葛洪及许逊之后人，亦概莫能外。

（5）王时槐《游图坪》。

游图坪

逶迤千嶂合，突兀一峰高。
独蹑云霄迥，宁辞杖屦劳。

① （明）张程纂修、（清）张光勋增补、江春发点校：《武功山志点校本》卷八“诗文志”，江西人民出版社 2016 年版，第 109 页。

夜寒星傍帻，天近月侵袍。

此夕怜人世，无心到桔槔。[①]

王时槐（1522—1605），字子直，号塘南，安福人，嘉靖二十六年（1547）丁未进士，授南京兵部主事，累官到太仆卿。他是明代教育家，王守仁的再传弟子，曾主讲白鹭洲书院，著有《友庆堂合稿》七卷与《广仁类编》。本诗巧用夸张，描述武功山图坪的高不可攀，"夜寒星傍帻，天近月侵袍"，句尾感叹世人因为牵扯太多，无法真正了解道教奥义。

在周边道教名山的道教普遍进入衰落时期，明代武功山道教却呈现出良好的发展态势，具体表现为武功山的道教得到了朝廷的关注与封赐，道教宫观在武功山山脚、山腰与山顶普遍兴建或修复，道教信仰活动比较频繁。武功山道教以民间的祭天活动为特色与亮点，山顶的祭祀坛众多，形态各异，功能不一，别具一格。武功山道教的另一特点是王爷信仰，即武功王爷的信仰。围绕武功王爷信仰与葛仙信仰，在武功山周边的湘赣两地形成了民间的"朝武功"信仰活动，这一信仰活动在湖南攸县、茶陵、炎陵及江西萍乡、万载、安福等地民众社会产生较大影响。作为江西的第一高峰，武功山的道教文化积淀深厚，形式多样，成为围绕武功山周边的地方文人与士人游览题咏的胜地。当然，作为一种区域文化，武功山道教文化已经融入武功山周边湘赣两地边民的日常社会生活，成为他们精神文化的重要组成部分。

① （明）张程纂修、（清）张光勋增补、江春发点校：《武功山志点校本》卷八"诗文志"，江西人民出版社 2016 年版，第 117 页。

第八章　明代江西三清山道教与天人合一的文化内涵

三清山以道教的最高信仰“三清”命名，自古以来处于州县行政区划的交界点上，山体庞大，群峰环簇，常年云萦雾绕，恰似修仙之人所向往的“道妙惚恍之境”。正是三清山自然造化的“不言之教”，吸引了王氏家族举家迁徙至此，至明代，王氏家族作为当地颇有影响力的士绅望族，借着诠释三清山氤氲道气的契机，广结仕宦、文人墨客，三清山俨然成为道教文化重镇。三清山道教不同于江西龙虎山、閤皂山等道派流脉清晰分明的道教之风，而是颇有些儒风道韵民俗三者融通的意味。

第一节　三清山的历史与道教渊源

三清山在明代将其划归“广信府”管辖。明嘉靖《江西通志》即将三清山收在“广信府”一卷中，其载：“三清山在玉山县北一百里，与怀玉山并峙。有羽化坛、晋葛洪与德兴李尚书修炼处，山巅有老子宫。又有金沙冰玉洞、灵济庙、罗汉洞、李尚书铁炉诸奇胜。”[①] 广信府在元时“隶浙江行中书省”，明洪武二年，“改信州路为广信府”，管辖上饶、玉山、弋阳、贵溪、铅山与永丰等六县，属“江西布政司”。三清山即坐落于“玉山县北一百里”。

在《徐霞客游记》对三清山的体量有较为翔实的记述：

> 丙子十月十七日鸡鸣起饭，再鸣而行。五里，蒋莲铺，月色皎甚。转而南行，山势复簇，始有村居。又五里，白石湾，晓日甫升。又五里，白石铺。仍转西行，又七里，草萍公馆，为常山、玉山两县界，昔有驿，今已革矣。又西三里，即南龙北度之脊也。其脉南自江山县二十七都之小草岭，西转江西永丰东界，迤逦至此。南北俱圆峙一峰，而度处伏而不高，亦束而不阔。脊西即有一涧南流，下流已入鄱阳矣。涧西累石为门，南北俱属于山，是为东西分界。又十里为古城铺，转而南行，渐出山矣。又五里，为金鸡洞岭。仍转而西，又五里，山塘铺，山遂大豁。又十里，东津桥，石梁高跨溪上。其水自北南流，其山高耸若负扆，然在玉山县北三十里外。盖自草萍北度，即西峙此山，一名大岭，一名三清山。山之阴即为饶之德兴，东北即为徽之婺源，东即为衢之开化、常山，盖浙、直、豫章三面之水，俱于此分焉。[②]

徐霞客记载三清山的北面是饶州府的德兴县，东北方是徽州府的婺源县，东面就是衢州府的开化县、常山县，大体上浙江省、南直隶、江西省三面的水流，都是在这座山分流的。

根据清代地方志，可以将三清山更准确地描摹出来。据清康熙《江西通志》在“饶州府”的山川录中记载：

---

① （明）林庭棉主修、周广编纂：嘉靖《江西通志·广信府》卷十，影印明嘉靖四年（1525）刊本，第6页。

② （明）徐霞客撰，朱惠荣、李兴和译注：《徐霞客游记·江右游日记》第1册，中华书局2015年版，第313页。

少华山，又名三清山，在德兴县东十四都，根盘数百里。东由龙泉桥至元关为玉山路，西隶本县。由步云桥至元关，跨饶、信、衢三州之会。其山群峰罗立，岩洞幽奇迴绝，名状不一。其最高而特起者为玉京峰，值天朗气清，则匡庐、番水隐然指顾间。景泰间，里人王祐开山施田，以膳羽士。①

在“广信府”的山川录中亦有“三清山”之记：

三清山，在玉山县北一百二十里玉山乡。高七百余丈，周围二百余里。界衢、饶、信三州之境。三峰峻拔，与怀玉山并峙。山巅有方士羽化坛，老子宫观，又有金沙冰玉洞、灵济庙、罗汉洞、李尚书铁炉诸奇胜。②

可见三清山处于衢（衢州府③）、饶（饶州府④）、信（广信府）三州县区划的交界之处，可谓跨省而立。

一、三清山的得名及区位

（一）山名之来由

唐时尚未找到文献明确记载“三清”之名。唐代李翱在《来南录》中记载自己于元和三年（808）游历南方各地的行程，曾提道：

三月丁未，朔，翱在衢州。甲子，女某生。四月丙子，朔，翱在衢州，与侯高宿石桥。丙戌，去衢州。戊子，自常山上岭至玉

① 《中国地方志集成·省志辑·江西·康熙江西通志（一）》卷六，凤凰出版社2009年版，第82页。

② 《中国地方志集成·省志辑·江西·康熙江西通志（一）》卷六，凤凰出版社2009年版，第85页。

③ 衢州府，明代隶浙江行中书省（洪武九年改浙江承宣布政使司）。

④ 饶州府，治所在今江西省鄱阳县。明代为“鄱阳府后改饶州府”，参见（明）林庭㭿主修、周广编纂：嘉靖《江西通志·饶州府》卷八，影印明嘉靖四年（1525）刊本，第2页。明饶州府清不是饶州市，今上饶市地域历史上曾隶属于饶州，而饶州府地域大部分被今上饶市所辖。

山。庚寅，至信州。甲午，望君阳山，怪峰直耸，似华山。丙申，上于越亭。

自常山至玉山八十里，陆道谓之玉山岭。自玉山至湖七百有一十里，顺流谓之高溪。[①]

后世有学者认为上文的“君阳山”就是弋阳的“军阳山”，但也有学者从地理角度推测，此“君阳”也许正是三清山古代称谓“丫岩山”的俗称；“玉山岭”就是“目前所见记载三清山地区旅游情况的最早文献”[②]。

三清山最初俗称“丫岩山”“丫山”“椏山”。元代鲁贞曾作《三清山游记》一文，详细记录了三清山当时的建筑风景与道教文化面貌，是有关三清山文化的第一篇断代记录文。其中记叙“登香炉石上，望见丫岩山，见石仙君、仙人桥”[③]，游记中“三清”“丫岩”名称互用，可见当时仍有人沿用旧称。《玉山县志》对三清山名字的由来做出解释：“其山三峰峻拔，如三清列坐。其巅有方士羽化坛、老子宫观，故名。”[④]据此载可知，“三清山”之名，既在于山间多有道教宫观等建筑，更在于有心人将玉京峰、玉虚峰、玉华峰三座山峰与道教所崇奉的太清、玉清、上清三位尊神对应起来。

三清山横跨江西省内饶、信两府，地连德、玉两县地，因此饶州府的《德兴县志》中亦对三清之名有所记述：“少华山，名椏山，上奉三清，又名三清山，在县东十四都。”[⑤]

---

① （唐）李翱：《李文公集 · 来南录》卷十八，《钦定四库全书》选本（影印），第2页。

② 此一论述参见卢国龙主编：《三清之道 皇建其极》，宗教文化出版社2017年版，第38页。

③ （清）黄寿祺修、吴华辰等纂：清同治十二年刊本（影印）《中国方志丛书 · 华中地方 · 第二七四号 · 江西省玉山县志》卷一上，成文出版社有限公司1975年版，第206页。

④ （清）黄寿祺修、吴华辰等纂：清同治十二年刊本（影印）《中国方志丛书 · 华中地方 · 第二七四号 · 江西省玉山县志》卷一上，成文出版社有限公司1975年版，第203页。

⑤ （清）孟庆云修、杨重雅纂：清同治十一年刊本（影印）《中国方志丛书 · 华中地方 · 第二五九号 · 江西省德兴县志》卷一，成文出版社有限公司1975年版，第145页。

“少华”之称在元时已有，元代余济谷《云稿跋》中记载：“德之东，少华根盘百里，奇石拔起，岩壑灵奥，未尝不足与通都名胜相轩轾。”[①]

虽然《玉山县志》中载：“近好事者以抚之太华山三仙奉祠于此，又名以少华，混矣。”[②]看似是并不认同“少华”之名。但从宋元至清，“少华”与“三清”两名并举。《大清一统志》中也曾载“少华山在德兴县东三十里，一名三清山”[③]。可见“三清”与“少华”，皆为同一山之名，其并非历史先后的差别，而是地域称谓习惯性带来的差异。“文献出于玉山县或与玉山县相关的，多称三清山；文献出于德兴县或与德兴县相关的，多称少华山。要之，无论是称三清抑或少华，都根源于道教。称三清合乎其峰峦神韵，称少华反映出与崇仁县太华山道派的历史关联。”[④]

（二）江浙山水之宗

三清山在地理位置上不仅是长江与浙水的一道分水岭，亦是江西省内饶、信两府川流血脉之发源之地。《明史》记载：“府东，有三清山，又有怀玉山，玉溪出焉。分二流，东入浙，西为上饶江。”[⑤]《江西通志》亦载：

> 上干溪在玉山县东五里。其水一自三清山冰玉洞发源，一自浙江常山县界发源，至是合为一，抵新安堤南，与下干溪合流。下干溪一自江山县干溪发源，一自江山县上阳发源，至渎口合为一。[⑥]

---

① 同治《德兴县志》卷一引元余济谷《云稿跋》，转引自卢国龙主编：《三清之道 皇建其极》，宗教文化出版社 2017 年版，第 35 页。

② （清）黄寿祺修、吴华辰等纂：清同治十二年刊本（影印）《中国方志丛书·华中地方·第二七四号·江西省玉山县志》卷一上，成文出版社有限公司 1975 年版，第 203 页。

③ 《钦定大清一统志》卷二四○，《钦定四库全书》选本（影印），第 24 页。

④ 卢国龙主编：《三清之道 皇建其极》，宗教文化出版社 2017 年版，第 36 页。

⑤ （清）张廷玉等撰：《明史》卷四十三，中华书局 1974 年版，第 1059 页。

⑥ 雍正《江西通志》卷十一，《钦定四库全书》选本（影印），第 26 页。

三清山以其独特的地理位置，及群峰罗立、峰巅峻拔、岩洞幽奇的幻美景色，深得历代文人之喜爱。鲁贞的《三清山游记》写道：

> 山之下，水西出则入于江，东出则入于浙，江浙山水宗也，宜其高峻奇峭，为仙灵之窟宅哉。始约予游者程仲元，继相约者刘用悔、方平叔，后约者程得撝、江子挥。今独与元志、得撝游，是为记。①

可见在元明之时，三清山就已经是骚人墨客雅集的“美境”“奇境”，也是宗教信徒虔诚朝觐的“秘境”“仙境”。

> 三清山，考郡县志俱隶玉山乡二十五都，环山田粮俱输玉邑，版籍甚详。近因玉山贫弱，而此山横为德兴一二豪家招聚僧徒，岁自六月至十二月，办茶饭为远近男女朝谒之主，凡六阅月，括香火钱数百金入囊橐。余月无朝谒者，而僧众亦割背鸟散，逍遥还里，此山寂寥无一人。玉人稍持论，而德兴僧俗出其赢余累千百斗讼，玉噤不敢言。但玉失兹山数十载，嗣后恐有异类窃据，如明嘉靖及本朝戊子间事，玉吏既不敢问，而德民又复借口收厚实而嫁隐祸，何以置喙？如有任事者申白前议，恳于上敛诸钱币，为建广刹，募行僧守之，使隶旧治，不独名山开面，且可备萑苻伏莽之奸，谨伺出入，又可藉佛法为王法也。②

三清山虽有“观音阁”等佛教遗迹，但佛教信仰并未蓬勃发展，也许就与唐世征所记之事有关。总之山如其名，被誉为“江浙山水之宗”

---

①（清）黄寿祺修、吴华辰等纂：清同治十二年刊本（影印）《中国方志丛书·华中地方·第二七四号·江西省玉山县志》卷一上，成文出版社有限公司1975年版，第207页。

②（清）黄寿祺修、吴华辰等纂：清同治十二年刊本（影印）《中国方志丛书·华中地方·第二七四号·江西省玉山县志》卷一上，成文出版社有限公司1975年版，第207—208页。

的“三清”山，容纳着愈加深厚而绵长的道教信仰，在江西道教发展史的轨迹中留下自己的浓墨重彩。

二、三清山道教渊源

明代以前三清山道教的历史，只能从地方志、民间谱牒、山野传说和遗迹石雕、摩崖石刻等物质与非物质历史遗痕中寻找线索，而此类宗教史的征考，往往比正史文献中记载的宗教史更为久远。

1. 明代之前三清山道教已自成格局

鲁贞《三清山游记》中显示在元代以前三清山已有金沙灵济庙、冰玉洞、三清观、结须岩、神仙洞、李公丹炉，还有石刻三清仙君、葛仙翁、李尚书、金童、玉女及潘元帅像等。

> 岁癸卯月辛酉日甲寅，游三清山。出门遇雨，宿大乘寺谧公房。明日晴，过芹源，访诸亲至吕田，会程元志、程得撝，宿程得俊家。又明日，同元志、得撝至金沙灵济庙，叩冰玉洞，道缘石，草布其上，有水溢出。
>
> ……
>
> 又明日，登山步长路，峻崖五六里，至马鞍弯。路略下，衰如入井，以手按前行人肩，后行人挽其裾，惧其翻于前也。稍平，有林擒正生，从者摘以御渴。自此路直上，上如登梯。以帛系前行人腰，两手拽帛，前行人步亦步。既至，以为在绝顶也，路又下。凡二升降，至银瓶石下，仰望石与云齐。度风门，又二升降，至结须岩，岩上有巨石横亘，路在其下。相传李尚书结须而度，故以为号。又二升降，至神仙洞，有石可登。登其上，望怪石罗列，如二人弈，如一人试坐；如枪，如旗，如莲花者三；如浴盘，如僧，如道士，如将军，如人所叠，横五纵四；如人饭列于前。过此又三升降，至罗汉洞，石如普陀岩，观音中坐，如龟，如龙，如磨，如烛檠，如人以手指天。又二升降，三石齐立若排。又一石若屏，始至山顶，凡二十五里。
>
> 稍下得平地，宽可得八九亩，有老僧结屋其上，作三清观，用

匠三人。有石刻三清石仙君、葛仙翁、李尚书、金童、玉女及潘元帅像。宿屋中，雨作。明日己未，谒神，刻姓名香炉石上。白雾下山，再三乞晴于神。须臾，雾卷日出，登香炉石上，望丫岩山，见石仙君、仙人桥。铁炉如石上生成，尚书所铸也。卓旗石有窍圆深，旗竿所立也。雷公石、判官石、幞头石、钩刀石、帽石。西望彭蠡、饶、信，东望衢、严，隐隐在云雾中，万山俱在脚下，高低重叠，不知其限。

遂回。大略上时路之升者十之八，降者十之二。下时升者十之二，降者十之八。石壁直下，无路架木以度者十许处。凡人履峻崖，则望悬足掉，余所登处危险甚，而望不悬、足不掉者，草树茂密蔽之也。自此而上，又二十五里，始及其巅，峻绝不可登。亦有登者，李公丹炉在观上六七里。①

《大明一统志》中也记载：

（三清山）有羽化坛、晋葛洪与德兴李尚书修炼处，山巅有老子宫，又有金沙冰玉洞、灵济庙、罗汉洞、李尚书铁炉诸奇胜。②

可见，元以前的三清山道教已经初具规模、自成格局。“后来的方志资料证实，这种格局是由地方政府主导的祭祀礼仪与道教信仰互动一体的兼容模式，即山下的灵济庙祈雨由地方政府主导，山上的道教保持跨越历史朝代的持续发展，二者相结合，成为一种绵延不绝的信仰传统。”③

2. 葛洪与金丹道派

葛洪是三国方士葛玄之侄孙，世称小仙翁。他是道教史上一个承前

① （清）黄寿祺修、吴华辰等纂：清同治十二年刊本（影印）《中国方志丛书·华中地方·第二七四号·江西省玉山县志》卷一上，成文出版社有限公司1975年版，第205—206页。

② （明）李贤、彭时等纂修：《大明一统志》卷五十一，万寿堂刊本，第2页。

③ 卢国龙主编：《三清之道　皇建其极》，宗教文化出版社2017年版，第146页。

启后的划时代人物，不仅对神仙思想进行了系统总结，而且开启了金丹道派的传承。[①]

江西相关地方志资料中的各种逸闻遗迹提到结须岩、葛仙溪、乌龙井、丹井（相传葛仙翁炼丹处）等，既是葛洪、葛玄曾在三清山修炼与传教的表征，也是金丹道派滋养三清山的证明。

3. 李尚书与金丹术

三清山流传着神秘李尚书铸造炼丹铁炉的传说，明代三十六代天师张宇初称“德兴李尚书某”[②]，有姓而无名,“某”并非避名讳，而是亡佚了其真正的名号。这位“李尚书某”历史上有唐中叶信州刺史李位、唐末杨行密部将之李涛、两宋之际工部尚书李弥大三种说法，其中第一种说法与三清山的道教金丹修炼有关，姑引述于下：

> 唐中叶信州刺史李位：据新旧《唐书》《册府元龟》《唐会要》等相关文献记载，唐中叶信州刺史李位与山人王仁恭为合炼金丹而举行祷告仪式，被诬陷为僭越皇家礼制的不轨行为，遂成冤案。此案的发生地点，即合炼金丹的场所一直成谜。

后人考证，三清山周边地区连续发生类似案件，与当地在唐以前就发现蕴藏着丰富的有色金属具莫大关系。三清山高峻险拔，远离俗尘，正是修炼金丹的理想场所。所以据此“李位”冤案，反倒可以证明三清山道教多与金丹术相关，这也是与葛仙翁之修炼足迹一脉相承的。

第二节　三清山道教建筑群

明太祖与成祖对道教采取扶植、尊崇、规范的政策。一时间全国兴

---

① 关于葛洪的“金丹道派”，参见卿希泰主编：《中国道教史》（修订本）第一卷，四川人民出版社1996年版，第304—337页。

②（明）张宇初：《岘泉集·福庆观记》中记载：“三清山峰秀若笔立，吴葛仙公玄暨德兴李尚书某修炼其间”，见《岘泉集》卷二,《钦定四库全书》选本（影印），第60页。

起了建造道教宫观的高潮，然而此时的三清山道教宫观已基本废弃，直到明景泰七年有王霖后裔王永禖率王氏同族等人重建，一举奠定了三清山道教建筑群之雏形。根据九卷本《三清山王氏宗谱》[①]可以推断王氏宗族的发展史与三清山道教宫观建筑的演进史紧密相连，其历史可简述为：唐王鉴在三清山脚立基——宋王霖首创道教殿宇——明王永禖大规模扩建。

一、三清山与王氏家族

在《延溪王氏重修宗谱》和《泸田王氏重修宗谱》中有一篇《三清宫记》，全文如下：

> 在本都，地名少华山，土壤接玉山界，昔吴葛仙公、李尚书、李仙姑炼丹飞升登真之所。凡遇祈弭雨赐，无不显感。乾道庚寅岁，远祖二十八致敬翁讳霖，捐资营建殿宇，因世乱荒芜，至明景泰丙子岁，本族永禖乐善好施，偕弟永羽、永优，同族中长者景阳等，重整基址，起建宫殿并后阁、两廊、门、牌额、膳堂、斋舍、卧房及圣像等项，一新完美，特书以纪始末。仍勉后昆，遇捐宜体继葺。[②]

记文可见三清山道教建筑在宋乾道六年由王霖捐资营建。王霖被王氏后人称为“延溪十世祖致政王公”，其“寿过百岁”，“惟茹蔬”即常年吃素，善于养生之法，德贤兼备，为善不倦，闻名乡里。[③]由此可见，王霖之精神气质与生活方式皆与三清山自然之气相合，故有此嘉善之缘起。

若再前推，《三清山王氏宗谱》将唐末王鉴作为始祖。《三清山王

---

① 《三清山王氏宗谱》原简称为《王氏族谱》，建国初期不慎被烧，仅残存四卷，其中含《太原王氏延溪重修宗谱》《泸田王氏重修宗谱》等，藏上饶市档案馆；后于 2016 年续修族谱，订九卷本，改称《三清山王氏宗谱》。

② 《三清宫记》转引自王腾：《三清山道教建筑遗产研究》，南京大学 2014 年硕士论文，第 14 页。

③ （宋）王炎：《延溪十世祖致政王公墓铭》，出自《三清山王氏宗谱》卷一，转引自卢国龙主编：《三清之道　皇建其极》，宗教文化出版社 2017 年版，第 136—138 页。

氏宗谱》序中记载："盖出周王子晋之后，及至汉有武成毓公，生子元、威，元居琅琊，威居太原，泸田王氏溯本太原……"[①] 王子晋被奉为王氏始祖，也被《列仙传》收录，似乎从宗谱上，王姓便与道教神仙有些关联。

王炎称王霖"系出太原"[②]，那么三清山王氏为何从太原来到三清山脚下呢？据《新唐书》所载，王鉴之父王璠，曾于唐文宗太和六年（832）出为"浙西观察使"[③]，那么王鉴及其后人从太原迁至浙西之地，便有了历史线索，毕竟三清山及其周边区域，历史上被称为"衢之西鄙"[④]。

《新唐书》还记载了一番有关王璠的谶纬之言：

> 璠凿润州外隍，得石刻曰："山有石，石有玉，玉有瑕。"术家谓璠祖名崟，生礎，礎生璠，尽遐休，盖其应云。[⑤]

术士言此石为凶兆，因此最后有王璠"已而败"，其党友"皆被缚"，且璠子"遐休诛"[⑥] 的结局。王氏宗族经此失利，元气大伤，有学者认为"因此有人萌生世外之情，归隐一方清静乐土，休养生息，慕求神仙，大概也很容易理解"[⑦]。

王霖的父亲称"九世祖"王亮，"积德累仁""赋性闲处，学问深纯"，乡里称赞，可见王氏家族在当地堪为名门望族，因而无论是经济实力还是声望影响力都可以率众建设三清山。

---

① 黄上祈：《三清山道教文化考略》，江西人民出版社 2006 年版，转引自卢国龙主编：《三清之道　皇建其极》，第 9 页。

② 黄上祈：《三清山道教文化考略》，江西人民出版社 2006 年版，转引自卢国龙主编：《三清之道　皇建其极》，第 136 页。

③（宋）欧阳修、宋祁撰：《新唐书》（简体字本）卷一七九，中华书局 2000 年版，第 4114 页。

④ 光绪《江西通志》卷四，清光绪七年刊本，第 4 页。

⑤（宋）欧阳修、宋祁撰：《新唐书》（简体字本）卷一七九，中华书局 2000 年版，第 4115 页。

⑥（宋）欧阳修、宋祁撰：《新唐书》（简体字本）卷一七九，中华书局 2000 年版，第 4114—4115 页。

⑦ 卢国龙主编：《三清之道　皇建其极》，宗教文化出版社 2017 年版，第 140 页。

1. 王永禩重建三清山

王祐，字永禩，道号弗隐、帽峰，又称王祐、王玄、王祐玄，生于明永乐二十一年（1423），卒于明正德十年（1515），享年93岁。王氏后裔尊称其为“汾水永禩公”“延溪弗隐王公”。延溪在三清山西北麓，故而三清山石刻中多有其名，且多“王祐”“王祐”，因避明孝宗朱祐樘名讳，王祐便改“祐”为“祐”，以求形近，这也成了断定三清石刻建筑年代的重要标志。

上文提到《三清宫记》记载明景泰七年有王霖后裔王永禩率王氏同族等人重建三清宫，且建筑“一新完美”，堪为纪念。在王氏后人清时王懋勋的《汾水永禩公祠记》中也记载：

> 我祖武安公、鲁泰公由泸田而迁延溪。伯祖永禩公者，鲁同之冢嗣也，创建少华山，生有五子璁、玼、瑾、琎、琉。暮年之余，于塔湾之下建亭造桥，以微晚景。爰山明水秀，结茅甫就，分迁于汾水而居，耕凿自适，有泉石高尚之志焉。业居十四都界，连广玉，路通徽、浙。自夏徂秋，朝拜三清者，往来络绎，事集如云。[①]

此记中将王永禩作为创建少华之人，可见当时三清山“世乱荒芜”之情况严重；因此即使永禩是从旧址范围中复建，也相当于是重建了。清时的董谦在《延溪王玼公传》中也赞叹王永禩为“大司马孙公原贞赠颐乐翁，开创少华之山主者也”[②]。从家族史梳理三清山建筑的创建者当追溯到王霖，但从今天三清山建筑群的宏伟规模来看，王永禩不愧为开创三清山之主。

清代邱日荣的《延溪弗隐王公传》中记载了王永禩重建三清宫的原因：

① （清）王懋勋：《汾水永禩公祠记》，出自《三清山王氏宗谱》卷一，转引自卢国龙主编：《三清之道　皇建其极》，宗教文化出版社 2017 年版，第 147 页。

② （清）董谦：《延溪王玼公传》，出自《三清山王氏宗谱》卷一，转引自卢国龙主编：《三清之道　皇建其极》，宗教文化出版社 2017 年版，第 152 页。

庙中羽士为予条陈始末，则旧有遗址，景泰间，延溪王公讳赵祐、字永禩、号费隐翁者，始革故而鼎新之。予闻其言，景仰其人久矣。后复遇公裔孙，述公行状，乃得稔识其生平。

公自泸田随父鲁同公迁居延溪，父不幸早逝。弟兄三人，次曰羽祜，字永翀；三曰胜祜，字永优。公居其长，为人乐善好施，悯孤恤寡，造石桥以利行人，建书室以培后学。种种善事，难以枚举。至于重兴少华庙宇者，少华乃公已业也。然景泰丙子秋，旱蝗为灾，公率里民祷于少华山，神不逾时，沛然雨降，蝗尽灭。公感神祐，爰捐己资，鸠工庀材，兴造三清宫阙寥阳宝殿。邑志、郡志俱载其事。当时佥宪方公泌称其雅意山水，尊崇儒道。亚卿虞公瑶称其功可同此山，并峙不朽。①

首先王氏宗族的家风重视绍绪家族文脉，故有将“重兴少华庙宇者”，当作“公已业也”，王永禩将重建三清建筑当作了自己家族的志业去完成。

除此原因之外，还有另一原因：三清山祷验之灵。三清山素来就有祈雨神验之传说，故而即使三清山体峻拔，人迹难至，但仍然香火不绝，冥冥之中，自有神妙引人之处。景泰七年作为重建三清宫的标志性年份，正因为民众受干旱、蝗灾之苦，而道观的修建既是一种报恩，也为一方带来了甘霖，更给当地百姓带来了安全与繁荣的希望。由此三清道教的复兴更多了些许乡绅慈济百姓的烟火气。

王氏宗族从权力斗争的漩涡之中脱身之后趋向于追求个人的修心养性与对乡里的学功同济，这样的家风使得身体力行的永禩颇受乡里敬仰。他重建三清宫观的行为不仅传承了王氏宗风，更联通了广信府、玉山县乃至徽、浙的人文脉络。永禩尊崇儒道，并身体力行地大兴宫观，构建演化仪礼之场域，传授儒道，不仅地方志中记载其功绩，亚卿更将永禩

① （清）邱日荣：《延溪弗隐王公传》，出自《三清山王氏宗谱》卷一，转引自卢国龙主编：《三清之道　皇建其极》，宗教文化出版社 2017 年版，第 148—149 页。

的功德与亘古之青山相比，提升至古代文人所追求的“三不朽”之境中。

永禩晚年在三清山上筑颐乐亭，故又号颐乐翁。清代李大成的《汾水颐乐庵记》中解释“颐乐”：“颐者养也，天地养万物，圣人养万民。士君子达而在上，则钟鼎以养廉；穷而在下，则林泉以养性。得所养故乐，乐自忘忧，忘忧而世味淡。”① 由此可见永禩的追求是清虚以养性、淡然以忘忧。在明代黄士廉的《延溪云峰王公行述》中清晰记载了永禩的嗜好：“时禩公嗜玄学，谋辟少华石室以为修静之所。”② 由此推知其晚年已经完成由传统儒家士绅向道家清信弟子的过渡。于是他怀抱“道德，不乐仕进，辟创少华山，招羽士，奉神像，植花木，凿池塘，日游宴于其间”。不得不言，三清山与王永禩互相滋养，相互构建，彼此成就，共增颐乐。

2. 王永聃、王永优赞襄三清山

王永禩的弟弟王永聃“处心卜筑，因兼青囊家言”，其不重视事功，更重视个人的道德修养，且潜心堪舆术数之学，《延溪云峰王公行述》中载“所以贻后乃自卜吉于平林之枧儿凸，形取匣里金钗，丑山未向，偕孺人李余合墓焉。此公之卓卓挂人口碑如是”，可见永聃堪舆水平之精湛。众所周知，三清山道教建筑群是堪舆学的杰作，其中应当有王永聃的建议，是可以想见的。《延溪云峰王公行述》的叙述可以佐证：

> 性友干，昆季间相尚以道。时禩公嗜玄学，谋辟少华石室以为修静之所，公与季弟亦日夕勤瘁，竭力赞襄以成兄志。功既竣，即于少华天门之东列石像，营寿藏，以志同气怡怡之盛。③

① （清）李大成：《汾水颐乐庵记》，出自《三清山王氏宗谱》卷一，转引自卢国龙主编：《三清之道　皇建其极》，宗教文化出版社 2017 年版，第 148 页。

② （明）黄士廉：《延溪云峰王公行述》，出自《三清山王氏宗谱》卷一，转引自卢国龙主编：《三清之道　皇建其极》，宗教文化出版社 2017 年版，第 150 页。

③ （明）黄士廉：《延溪云峰王公行述》，出自《三清山王氏宗谱》卷一，转引自卢国龙主编：《三清之道　皇建其极》，宗教文化出版社 2017 年版，第 150 页。

可见永禖、永翀、永优三兄弟感情很好，永翀、永优两个弟弟一直襄助长兄完成其复兴三清宫观的志业，那永翀、永优的学养自然会倾注到三清山的建设之中。

3. 王祐五子与詹碧云

王永禖有五个儿子，分别是王璁、王玭、王瑾、王琎、王琉。其中长子王璁最受器重，后来证明王璁没有辜负永禖的期望，在襄助建设三清山上居功甚多。“敢因先生问此山助成之人，而并揭璁公之巅末以对”，可见后人认为王璁襄助之功，他人莫及。清代董文光的《延溪王璁公传》中记载：

> 王氏祖永禖公有子五人，曰璁，曰玭，曰瑾，曰琎，曰琉。而璁公居长，字尚莹，号平林樵者。少即颖异，兼孝友，父甚器之。及长，尚父开创少华，璁公恐支费不给，爰禀于父，欲经商异地以为帮贴之资。父依其言，临行之际，先拜别双亲，复与弟等嘱曰：“予今往外经商，父母晨夕，汝等当善视之，勿以不孝名。余见父之辛勤，苦无所辅，绝意诗书，汝等当奋志青云以偿亲愿。”相拜而别。于是寻贯江浙、滁州。[①]

由前文可知，王璁之于三清山的功绩首在于寻求并供给了大笔经费。他“绝意诗书”，放弃儒生传统的科举之业，外出经商而且财运颇好，“家几告匮，适公敛银若干自滁州来，人为以天助云”。古人认为行善累功，阴德充足，自然现世顺遂。故而王璁是为了开发三清山而经商，其财运好就会被王氏家族认为得到了天道的护佑。

不过他最重要的贡献是找到一位优秀的设计师、建筑师、高道住持、全真道长詹碧云。“詹碧云，羽士也，亦文人也。”[②]《延溪王璁公传》

① （清）董文光：《延溪王璁公传》，转引自卢国龙主编：《三清之道　皇建其极》，宗教文化出版社 2017 年版，第 150 页。

② （清）董仲和：《延溪尚德王公传》，转引自卢国龙主编：《三清之道　皇建其极》，宗教文化出版社 2017 年版，第 153 页。

记录了其被引荐至王家的过程：

> 时有碧云詹师者，尝来公贾之所，见公之为人，洒落襟期，便把谈不忍去。盘桓数日，公遂得詹师之生平，归，具告于父。父曰："少华鼎新，余正住持无人，汝其于予请。"公承命谒师，师欣然同来。夫詹师者，飘飘然有仙家风，不与世伍者也，何公一请即至？师固知公为不凡才也。詹师抵山，与永禩公规画，更欲有光大之意，凿石卷砌，穿洞架桥，备极精巧。[①]

王永禩于景泰年间（1450—1457）因着王璁的引荐，邀聘了詹碧云道长。詹碧云博学通达，设计、建筑、石刻、规划等都很拿手，诗歌唱对、修行养生自成体系，更兼人格高迈，深受王永禩的信任与倚重，更得到王璁、王琎、王玼等兄弟们的尊重与敬佩，王氏家族不仅让他作为三清山的宗教领袖，也让他成为三清山道教建筑群和石刻的设计师、建筑师与创作者。而詹氏以其卓越的才华令三清成为"东南巨观"。董文光赞叹道：

> 予登斯山，叹曰：壮哉，东南巨观也。遍览胜处，俱有王氏永禩公石记。予随询之，曰："永禩公顾如是其能，举天不能造，地不能设之境，而成之以人耶？恐有助其成功者也。"[②]

董文光此处既赞叹了王永禩，也钦佩詹碧云，认为二人率诸子弟建设的三清山建筑群与石刻群，是为"天不能造，地不能设之境"。

至今三清山的建筑格局，大体皆由詹碧云规划，他之于三清山设计规划和文化品位的意义不容小觑。王永禩四子王琎是当时王家最有文辞

① （清）董文光：《延溪王璁公传》，转引自卢国龙主编：《三清之道　皇建其极》，宗教文化出版社 2017 年版，第 151 页。

② （清）董文光：《延溪王璁公传》，转引自卢国龙主编：《三清之道　皇建其极》，宗教文化出版社 2017 年版，第 150 页。

成就之人，学问过人，被赞为“吾家千里驹”，其不仅与詹碧云“相得甚欢，名联著作，共相砥砺，意义深长，卓然大方，迄今过少华之巅，令人叹赏不已”[①]，当时德兴颇负声望、曾任四川参政等要职的舒清，就常与二人“往来华山之题咏”。舒清还应王氏家族之请，为詹碧云撰写了一通寿藏碑文：

> 尝闻少华冠绝东南，其山山岩怪石，高耸万丈，人迹不能到者，上皆镂刻以名之，游观士谁不叹神奇，非土木之工所能造。予慕久之，终必一借登然以览其胜。又读碧云詹炼师寿藏碑文，而始知公昆季礼厚炼师，而代请表于正治上卿舒公清者也。[②]

董谦赞叹三清山之山体奇伟，建筑与石刻皆巧夺天工，紧接着就开始赞叹詹碧云，可见是认为此功劳既在王氏家族，亦在詹碧云身上。王氏家族“礼厚炼师”，故敦请当时政界与士林界都声望颇高的舒清撰写寿藏碑文，只可惜该碑文目前已沉潜于历史遗迹之中，再寻不得。

詹碧云让三清山在王氏家族原有规划的基础之上更为光大，只是他的身世不详，除了上文《三清山王氏宗谱》中“羽士也，亦文人也”等零星记载外，便再难以找到史料考证。寿藏碑文的亡佚，更让詹的身世扑朔迷离。有学者认为王璁在滁州结识詹氏，休宁县有道教齐云山，世居詹姓道士，不知与詹碧云是否有关联[③]。也有学者推断其真实身份为出逃的建文帝朱允炆[④]。诸多线索中最令人感到费解的是王永禖被称为“山主王永禖”，尊开山主；詹碧云被尊为治山主，但詹碧云之墓规格明显高于王永禖之墓，建筑面积约为王永禖墓的三倍，其复杂程度也远远高于

---

① （清）董仲和：《延溪尚德王公传》，转引自卢国龙主编：《三清之道　皇建其极》，宗教文化出版社 2017 年版，第 153 页。

② （清）董谦：《延溪王玭公传》，出自《三清山王氏宗谱》卷一，转引自卢国龙主编：《三清之道　皇建其极》，宗教文化出版社 2017 年版，第 152 页。

③ 参见卢国龙主编：《三清之道　皇建其极》，宗教文化出版社 2017 年版，第 13 页。

④ 参见官涛：《三清山文化隐谜》，东华大学出版社 2013 年 12 月出版，第 18—20 页。

王永祼墓，史料中却并未解释这样设计的原因。

总之，诸如此类似是而非的线索，让詹碧云的身世更加的扑朔迷离，但这些终究不过是乡间野史，也许其存在的意义就是为三清山增添几分贵族气息与神秘气质。

王氏家族不仅奠定了三清山道教宫观的物质基础，也使三清成为一方文化重镇，广结文化之缘。如董谦记载了三清文人雅士云集之盛况：

> 随读游记杂录，而始知公当时缙绅士夫临眺此山者，无不造王公门。孙公、舒公外，他如佥宪方公泌、亚卿虞公瑶、都宪樊公莹、方伯叶公赞、吾公中书冔、郎中锡、陈郡守廷琏公、车待卫份公，皆与公携手登山，览胜道情而款洽敫敫者也。[1]

王氏家族固然是三清山道教建筑群的“创山之主”，不过三清山所呈现的人文品格，除了全真道长詹碧云道骨仙风的熏染，也多当是时往来三清的文人雅士、能工巧匠智慧之荟萃。

《三清山王氏宗谱》中显示王氏家族并没有十分确定的道教信仰传统，从权力斗争漩涡中抽身出来之后，颇有儒生克己复礼、耕读传家、兼济乡里的士绅面貌，那么这样的家族为何会将三清山打造成道教的殿堂呢?

这也许需要从三清山的先天环境论起，毕竟文化主体性是由自然造化所决定，天道自然将会选择其最适合的诠释者。

二、三清山道妙惚恍之境

三清山山体群峰环簇，林被葱郁，降水充足，林间常氤氲湿气，从山巅至地表，尽皆云萦雾绕，如此山林，自然是求道者最理想的修行之处。

三清山的中心腹地是一个山顶盆地小平原，众山环簇，乃是“壶中

① （清）董谦：《延溪王玭公传》，出自《三清山王氏宗谱》卷一，转引自卢国龙主编：《三清之道　皇建其极》，宗教文化出版社 2017 年版，第 152 页。

之山”式的格局，这种自然形态十分符合道教试炼金丹的鼎炉架构。这一山顶盆地海拔在1500米以上，以此山作为主山，其背靠九龙山，九龙山后就是玉京、玉虚、玉华三清三峰，是为祖山。主山左侧有龙首山，是为青龙山，右侧有虎头岩，是为白虎山；虽然因海拔限制，前方无水，但人工开掘丹井，即可作为朱雀之表征。主山前方对面是天口峰，作为案山。这样就形成了背枕主山龙脉，砂山左辅右弼，前方朝案屏照，水口夹砂收闭的天然之境。这样的生态自然能聚风藏气，是精通堪舆之人构建理想建筑的首选之地。

天人合一是中国传统哲学的共同追求，道教则是诸多流派中最为重视以宇宙自然之道规矩人之性命修炼之德的哲学体系。此种思维方式，必然带来建筑范式亦追求天人道合一的追求。

三清山中心建筑的八卦布局规划理念作为一种充满神道理念的空间艺术，充斥着道家追求天道以求天人合一最终飞升成仙的宗教诉求。这不但是对阴阳五行学的实现，也符合丹鼎派依卦练道的理念，是道教所求宇宙运气方法的象征。三清山的建筑体系包含了“道妙惚恍”的环境优势和后天八卦的建筑运作，是复杂的、鲜明的、独一无二的道教建筑体系标本。当然总观全国的道教建筑体系，用八卦形制寓意建造的有很多，而观陵合一、石构为主、保存完好的很少。在这一点上三清山道教建筑的八卦形制构成仍可看成是一个标本。

第三节　三清山神像表征与信仰内蕴

道教神像建制即用丰富的神学造型图案具象化展示道教的哲学思想和内部教义，以及体现与抚慰宗教信仰中神圣虔诚的种种心理。

一、三清宫与三清信仰

三清宫是三清山道教建筑群最主要的建筑之一。三清宫在三清山中心区域，位于山谷盆地的腹部，是“少华福地”之所在，也是三清山整体道教建筑的风水建制中心。

三清宫整体建筑由北向南分别建有灵官魁星殿、甬道、排云桥、牌楼、香亭、香炉、天井及三清宫主殿。所有建筑个体按照传统的建筑手法，呈中轴线对称格局，南北递进，构成一严密的群体建筑单元。

三清宫主殿建筑构造为前后两进、前殿后阁，有左右厢房（已毁）。根据《德兴县志》少华山图的记载，三清宫后又有一观音阁，今已不见。

三清殿因供奉三清尊神而得名。以元始天尊为首的“三清”尊神，是道教信仰的最高体现。与其他宗教不同的是，道教有关其最高信仰的阐述非常繁杂，阐述“三清”信仰内涵、意义与修持关系的教义经文与注解宣化的著作汗牛充栋，这更增添了厘清“三清”信仰的难度。

目前通常认为三清首先指道教的三位至高神，总称为“虚无自然大罗三清三境三宝天尊”，当然也指道教所尊的玉清、上清、太清三清胜境，而三位尊神就居于三清胜境中，分别为：玉清圣境无上开化元始天尊、上清真境玉宸道君灵宝天尊、太清仙境太上老君道德天尊。

对于“三清”的释义也是一个不断厘清的过程。将“三清”的三位尊神再附加上“过去”“现在”“未来”的时空定位，是道教吸收佛教“三身”“三世”之说，进一步强化道教之洪阔的宇宙时空观的必要进路；同时也是适应现世皇权抬高玉皇大帝的需要，请一向被认为是首位尊神的元始天尊禅让，长存于“过去世”，而将当时现世皇权需要推崇的玉皇大帝，树立为“现在世”的天界最高神。这一变化对明清及近代中国民间信仰影响甚大，玉皇大帝是天界最高神，曾经普受民间供奉，无人不知。《西游记》中对玉皇大帝的刻画，就是其深入文化与民俗的典范。

《道教三洞宗元》作为对《洞玄灵宝玄门大义》《道门大论》等一批南北朝后期道书的综述，标志着以“三洞宗元”为信仰的经教体系基本构建完成，后世《道藏》的编纂，就是以“三洞四辅”来分列的。由上文可见，道教此时形成的是一个融合性的经教体系，将儒家、佛家乃至神话民俗的元素以契应时代之机变的方式吸纳融汇，统括从元始化生到文明教化的万物万象。

《江西通志》中曾载三国时有豫章人徐整作《三五历纪》，记载了华夏民族耳熟能详的一个神话人物：盘古。有学者考证，“盘古则是东方各族‘氏姓之所出’的始祖”[①]，而“盘古真人”又是“元始天王”的前身，正是从“元始天王”演变为如今大家熟悉的“元始天尊”，这一渐进过程，完成了东吴族群融合更可广泛与至上神神格愈加高邈的双重推进。

元明之际江西著名道教学者王玠，曾注解《太上升玄说消灾护命妙经》，将元始天尊为无极众生所宣扬的有无、色空之理与性命修持结合起来，揭示出唐宋以后道教的基本范畴与观念，也摹化了道教修持的基本体验。

“三清”这一信仰符号既承担着融贯天人的道教信仰和教义体系，也肩负着融合族群与社会的历史使命。“三清”将华夏民族的神话传说、儒家传统、佛家观念都杂糅其中。这一文化符号不仅符合三清山的地理方位与山脉风骨，也更加契应王氏家族的士绅出身、文化品位与隐逸追求。因此“三清”“三清山”“王氏宗族”这三者互相成就，互相融合，在历史中留下浓墨重彩。

二、演教殿与鸡公神像

三清山道教建筑遗产群的演教殿有它独特的装饰图案。一般大殿的正脊大吻装饰造型都是鸱吻型脊吻，这里不同的是，演教殿的脊吻一反常态，雕凿的是一对公鸡头形的脊吻。鸡头的造型飘忽流畅，鸡冠如云，这种造型的脊吻在我国保留至今的宫观石构建筑中，实为罕见。

关于鸡头吻的来历，经考察，主持修建三清山道教建筑群的延溪王氏家族有这样一种传说。相传明代开山祖王永祼在准备修筑三清山道教建筑群之前，山下汾水村晒谷石之上，有一只大公鸡经常在此处偷食。一日王永祼发现此鸡偷食，遂追赶此鸡攀上三清山，公鸡躲进山间草窝之中，王永祼追至挥额欲砸之时，公鸡突然消失不见，王永祼掘地找寻，结果在此处挖出鸡首人身之物，遂信之为鸡公菩萨显灵，便散尽财产重修三清宫，并建庙供奉鸡公菩萨。相传此处以后每逢凌晨，便可听到清脆的雄鸡鸣叫。这个传说代代相传，在延溪当地的王氏后裔依然供奉的鸡公庙中，至今还供奉着开山祖王永祼和鸡公菩萨两尊神像，后者神像

---

① 卢国龙主编：《三清之道　皇建其极》，宗教文化出版社 2017 年版，第 282 页。

尤其神秘，乃用金柜密封，置于描金龙亭内，时至今日无人打开，所以也无人得知其中秘密。[①]

传说之神异特性，从另一个角度反映历史的真实。此处鸡头形脊吻的造型亦可别样考察。放眼中国古代建筑史和道教发展过程可知，建筑的装饰特别是道教建筑的造型艺术并非一个道教徒或个别匠师任意发挥灵感后的产物，而是通过长久的历史传承，富含极其深厚的民族传统思想意识和文化内容才诞生出来的产物。

1. 从古建筑屋脊脊吻的形制上分析，唐宋前的建筑的脊吻就有鸡头的形制了，虽然形象不尽相同，但也可做相似的推理，可参考的是宋代的泰宁甘露寺的脊吻，便是一个没有鸡冠的鸡头造型。根据考古发现和建筑遗存，这种脊吻宋代以后就很少见到了，因为明清以后，龙生九子的传说逐渐传播并被广泛地接受，正脊的脊吻就逐渐定型为龙首鱼尾的鸱吻（有时身插宝剑）造型了。根据王氏家谱的记载三清山道教建筑群的最早创建年代在宋乾道年间，现今的建筑遗存是明代王永禩在荒芜了的祖业基址上重建的，或可推论重建的过程中受到了一点前代留存和其旧型制的影响。所以如果演教殿的脊吻可以视作前代型制的延续，那便是很珍贵的历史标本，可以比较清晰地反映三清山道教建筑当时的鲜明时代风格和独特的地方艺术特色。

2. 再从道教的宗教信仰和宗教教义上去分析，设立演教殿的功能需求把它作为象征演法布道的教义根基建筑，这是道教赖以发展的主要支撑，因此它的建筑图案和造型需要贴切传教布道的主旨。天地生成，万物勃兴的道教认识论基础是建立在强烈的阴阳交感、天人合一的观念之上的。道教的发展局促，背后的理论支撑较少，完整的神灵体系也都是较晚才趋于完善的，出于造神的需要，道教在发展过程中极力推崇神灵的力量，认为木石有灵，动物有灵，万物皆有灵气，随之加以神化改造，都纳入神灵的意志范围之内，继而可从中塑造出道家推崇的超验幻像，

① 黄上祈：《三清山道教文化考略》，江西人民出版社 2006 年版，转引自卢国龙主编：《三清之道　皇建其极》，第 61 页。

以寄托自己的宗教信仰。

3. 如果再放眼民间信仰和民俗学，雄鸡作为一种力量的象征物和“辟恶之物”，更与中华民族久远的文化传承和风俗习惯密切相连。《青史子》中有“鸡者，东方之牲，岁终更始，辨秩东作，万物触户而出，故以鸡为祀祭也”之说，中国古代一向有东方崇拜，太阳崇拜甚至三足乌崇拜。这里不多引申，从东方的三足乌太阳鸟崇拜转化为对鸡的崇拜，说明人类社会已不再盲目地崇信想象之物，而是具象的可见的事物进行联想构画。

对于雄鸡辟邪之说，在《通俗演义》里就有“饲鬼神皆以雄鸡”以“御死辟恶”，这就是取雄鸡阳刚之气压抑邪气的民间信仰的由来。道教的斋醮、奠基等仪式和民间丧事都要用雄鸡血洒祭，这都和古已有之的民间信仰不无关系，很有可能是这种信仰的直接传承和发扬。

三、雷公殿与雷公神像

九天应元府乃是雷公殿，中国古神话中雷神很多，《山海经》《集说诠真》《铸鼎余闻》中都有不同记载。这里称九天应元府，主因雷神法号“九天应元雷声普化天尊”，其来历也较多，主要有四：

1.《九天应元雷声普化天尊玉枢宝经集注》中的详细说明。

> 黄帝封号为九天应元雷声普化真王，所居神雷玉府，在碧霄梵气之中，去雷城二千三百里。雷城高八十一丈，左有玉枢五雷使院，右有王府五雷使陀。真王之前有雷鼓三十六面，三十六神司之。凡行雷之时，真王亲击本部雷鼓一下，即时雷公雷师兴发雷声也。雷公即入雷泽而为神者也。力牧敕为雷师皓翁。三十六雷，皆当时辅相有功之臣。①

同样的描述《太平御览》卷八七二《休徵部一》中有云：“黄帝以

① 徐道龄：《九天应元雷声普化天尊玉枢宝经集注》，《道藏》第2册，文物出版社、上海书店、天津古籍出版社1988年版，第569页。

雷精起。"《史记·天官书》亦云："轩辕十七星，在七星北，黄龙之体，主雷雨之神。"此为黄帝之说。

2.《封神演义》中，姜子牙封太师闻仲为九天应元雷声普化天尊，下属邓忠、辛环、张节、陶荣等二十四员雷公，行"催云助雨法"，是为闻仲之说。

3.《无上九霄玉清大梵紫微玄都雷霆玉经》和《九天应元雷声普化天尊玉枢宝经》等书中有浮黎元始天尊第九子玉清真王，化生雷声普化天尊，专制九霄三十六天，执掌雷霆之政，称"神雷真王"的记载；又如《明史·礼志四》称："雷声普化天尊者，道家以为总司五雷，又以六月廿四为天尊现示之日，故岁以是日遣官诣显灵宫致祭。"此为元始天尊第九子玉清真王之说，是道教中对雷神最普遍接受的说法。正一派在大型斋醮礼仪中常设雷神牌位，科仪中心有召雷部诸天君的内容，符箓中亦有招请雷神的雷法，斩妖捉鬼炼度亡魂，兴云致雨。

4.神霄派与雷法在三清山的传播影踪。神霄派创始人北宋末道士王文卿，多被称为"王侍宸"，江西建昌南丰人。据《冲虚通妙侍宸王先生家语》称："昔游名山二百余所。"他自称早年遇火师汪君于扬子江，授以飞神谒帝之道，后游清真洞天（或曰在水泽），遇一老妪（据说是电母），授以嘘呵风雨之文，再经汪君指点，乃能役鬼神，致雷电。此后，他除旱治疾，济人甚众，名闻江湖间。徽宗末年，王文卿数以修政练兵为请，徽宗不纳，乃拂袖还南丰。

南宋初期，王文卿大多隐居故乡南丰，著书立说，讲道授徒，仍以弘扬神霄道法为己任。其弟子广布大江南北，历宋元至明清，道脉犹存。

如有弟子萨守坚，"见侍宸于青城山，而尽得神秘。游东南，祷祈劾治其神怪，有过于侍宸者。游江西，入闽，过神龟冈，乃知侍宸为数十年前人云"[①]。

虞集在《灵惠冲虚通妙真君王侍宸记》中记载："得其传者则新城高子羽，授之临江徐次举，以次至金溪聂天锡。其后得其传而最显者，

① （元）虞集：《道园学古录》卷二十五《灵惠冲虚通妙真君王侍宸记》。

曰临川谭悟真云。……庐陵有罗虚舟者，故宋时名士涧谷先生之诸孙也。得五雷之传，甚有符契。”[①]

罗虚舟传萧雨轩、周立礼二人，萧再“独传之道元胡君一人而已”[②]。

> 有番易胡道元先生，人间所谓神霄野客者也，得侍宸之真传，年二十余，道行关陕、荆襄、江汉、淮海、闽浙之间。……遇异人于武当大顶天柱峰，得修仙之道，徧游名山洞府，而归江东西之间。从蓬头金公游，甚相契许，他人莫之测也。于是收敛神异之迹，将求名地以归隐，是以谒浮丘君于华盖之上。道过黄茅之冈，故使予得见焉。[③]

可见王文卿归隐后多在南丰一带活动，历史可考其在青城山遇弟子萨守坚，南丰往青城山大概是要经过三清山的。而且王文卿弟子们也都是道行闽浙赣之间。

王文卿死后，由于弟子众多，分成许多支派，使得神霄雷法在江南地区十分流行，传承不绝。元代神霄派的著名人物莫月鼎先“入青城山丈人观，见徐无极，受五雷之法。又闻南丰有邹铁壁者，得王侍宸斩勘雷书……月鼎拜且泣……邹惊叹，即以其书相授”[④]。

元鲁贞在《三清山游记》中就曾记载三清山上已有“老屋”，作三清观，其“宿屋中，雨作。明日己未，谒神，刻姓名香炉石上。白雾下山，再三乞晴于神。须臾，雾卷日出”[⑤]。鲁贞畅叙金沙灵济庙龙神的《赠龙文》中描述了当地官民祈雨的场景，这些都受神霄派或多或少的影响。

明以后，神霄派转衰，但仍有传承。尤其是明代中叶，世宗宠信

① （元）虞集 :《道园学古录》卷二十五《灵惠冲虚通妙真君王侍宸记》。
② （元）虞集 :《道园学古录》卷二十五《灵惠冲虚通妙真君王侍宸记》。
③ （元）虞集 :《道园学古录》卷二十五《灵惠冲虚通妙真君王侍宸记》。
④ （清）乾隆《秘殿珠林》卷十九《莫月鼎先生传》。
⑤ （元）鲁贞 :《三清山游记》，出自清同治十二年玉山县令黄寿祺主修《玉山县志》卷一上。

神霄派道士陶仲文，神霄派一时占尽风光，成为道教诸宗之显。嘉靖三十五年（1556），世宗为皇考和皇妣上道教尊号，自号“灵霄上清雷元阳妙一飞元真君”，后加号“九天弘教普济生灵掌阴阳功过大道思仁紫极仙翁一阳真人元虚圆应开化伏魔忠孝帝君”，再号“太上大罗天仙紫极长生圣智昭灵统元证应玉虚总掌五雷大真人元都宝境万寿帝君”，俨然以道教教主自居，使整个明王朝几乎变成一个道教王国。正是在统治者的狂热崇信的驱使下，道教在明代的前中期发展到了极点。

因此有理由认为，明代王氏一族邀聘全真道士詹碧云在三清山进行大规模重建宫观工程时，建造九天应元府，是为神霄派之雷法的安顿之处。

第四节　三清山的道教文化

三清山作为道教名山，其道教历史文化积淀深厚，表现形式多样，表现为道教宗派活动十分活跃、文人题咏频繁的鲜明文化特色。

一、三清山周边地域之风俗文化与道教宗派

两宋以降，在三清山襟带左右的江浙地区，诸多新道派异军突起，比如阁皂山灵宝派、东华派、神霄派等，而人文地理上居于中心区位的三清山，也因此展现出诠释道教最高信仰的大格局，“譬如北辰，居其所而众星拱之”，代表道教信仰和文化之中央枢纽的象征意义，隐约可见。

三清山显然被高度密集的洞天福地所环绕，以三清山为中心的江浙闽苏皖五省，在一百零八处洞天福地中占有六十三处。尤其是江西、浙江两省，共计四十六处，约占总比例的43%。

作为“江浙山水之宗”的三清山，是地理造化的“皇建其有极”（《尚书·洪范》），那么对于这座山何以被冠以道教的最高信仰“三清”之名，也就很容易理解了。从自然造化之内景到人文地理之区位环境，最恰当的命名可能都同样是“三清”。

二、文人与三清山

山以道显，道以山名。自宋明以来，三清山道教人文曾走过辉煌时

代，儒释道名流纷纷踏山寻迹，留下了极多的文化遗产。明初期与三清山发生联系的外界文化人，主要集中在古徽州，到明中叶时，三清山与外界文化联系的人脉，日渐拓展开来。

明中叶，至少发生了两起相同的事件，即进士出身的官员宣布放弃官宦身份，投奔三清山入道。这种挂冠而去的慷慨行为，大概让很多同类人心有戚戚焉，这些人在太监政治碾压下，处境极其尴尬，风闻有同类脱官服，着道袍，难免心头顿生涟漪，于是围绕三清山赞美咏叹，交流道教的修行心得，以诗文和交游来分享其高举遐遁的快感，三清山因此成为道教文化和精神的新生代代表。

两起事件中，一起是由浙江绍兴籍进士周用宾肇起的。据当时颇负盛名的孙一元所作《送周用宾进士访道入少华山》的引言，"尝闻齐人安期生以策干项羽，羽不能用，欲封之侯，不受，遂亡去。予谓古之仙者，往往皆豪杰辈为之。友人周用賓弃官访道，入少华山。予喜安期生之风，感激于斯人，因作是诗以送之"®。从这个借古讽今的序言来看，可信周用宾曾提出过政治建议，但不被主政者接纳，所以干脆选择一条不与政治苟合的道路，上三清山去追求属于自己的人生理想。叹赏周用宾"豪杰"行为的孙一元更不寻常，原本是明宗室安化王的宗人，三十七岁时，安化王坐不轨罪诛，孙一元乃弃朱姓，变姓名以避难，字太初，号太白山人。其人才地超逸，诗文以悲壮激越著称，而且踪迹奇诡，携铁笛鹤瓢，游历半天下，是个在士林中很有影响的风云人物。

与周用宾相交游的，还有郑善夫、夏尚璞等。郑善夫（1485—1523）字继之，福建闽县（今属福州）人，弘治十八年（1505）进士，以清操而抵斥劈幸擅权，屡次任官而弃官。夏尚璞（1466—1538）字敦夫，号东岩，江西永丰人，正德初（1506），进京会试，见太监刘瑾擅权，不试而归，正德六年（1511）乃登进士第，授南京礼部主事，历南京太仆寺少卿，尝与王阳明、湛若水论学而自成一格。

制造另一起事件的，是三清山东麓的开化人吾谨。吾谨，字惟可，正德丁丑（1517）进士。史称吾谨异才杰出，总角能吟诗，博综经传子史、天文地理、兵家、阴阳、释、道等书，过目不忘。当时的文坛宗匠李梦阳，曾将吾谨拟配唐代的天才李贺。但吾谨志轻轩冕，得进士第后，旋即归隐三清山。为了让将来研究地域文化的人不至于因其未闻而忽略三清山，吾谨创作《少华山赋》，有序说："古者名山大川莫不有纪志，所以备观风辨物之采择也。少华山僻处东南之荒畷，近稍闻于世，而犹未显。予得造而登焉，实壮其形势，以为不可无辞章以表暴之，而使观风辨物者之泯于见闻也。"从这个创作的立意中，不难领会吾谨对于三清山的感情寄托和归属感。在学术上，吾谨与王阳明有交集，而徜徉山水诗文之间的性情吟咏，则交游者有李梦阳、何景明、孙一元等人。

李梦阳字献吉，甘肃庆阳人，弘治癸丑（1493）进士，官至江西提学副使。他曾起草弹劾弄权跋扈的太监刘瑾，气节震动士林他又倡导复兴古文，以振起八股痿疲文风为己任，在明中叶文坛上，声望与何景明相拮抗。何景明字仲默，号大复，河南信阳人，弘治十五年（1502）进士，官至陕西提学副使，力倡诗文复古，与李梦阳相表里，而风格互异，李梦阳主张模仿，何景明主张创造。吾谨不仅与这等人物交游，而且交游的内容还都涉及三清山道教，例如何景明作有《三清山人歌》，其中咏赞三清山说，"三清西南龙虎连，攒峰叠翠盘石莲。千崖万壑，不可以径度；玉梁倒挂银河前，青蜕下望凭云烟，石壁中开日月悬。傍通七十二福地，白玉楼台罗洞天"。说三清山与西南的龙虎山相连，有些诗意想象了，两山的距离有点远，但说三清山"傍通七十二福地，白玉楼台罗洞天"，却道出了三清山在道教传播大格局中的区位特质，三清山正处在洞天福地高度集中的浙江、江西两省中心。而借助这些文化名流的咏诵传播，吾谨大概就毋须担忧三清山不为人所知了。

无疑，通过周用宾、吾谨上三清山弃官入道，拓展了三清山在文化界、知识精英中的影响，而知识精英们围绕三清山的吟咏，既可能是对三清山自然与人文的理解，可能是对三清山文化发展方向的期待，也可能是参与三清山文化品格的塑造，站在哲学的角度看，他者的理解正是塑造主体品格的组成部分。

三、三清山诗词概述

有明一代，三清山的道门中人和道门外人写下许多诗词，内容大都跟修仙成道有关，或歌颂三清山景色，或反映道教生活，或彰显神仙境界，或借道教神仙意象抒写超凡脱俗的情感，这些或激扬，或幽深，或飘逸，或仙美之文，正如正德丁丑（1517）进士吾谨所言："于是得以罄其幽眇，尽其形势，恬然假寐，兀然长踞，观元化之始终，冥经天而纬地。与太初游于无端，曾何形气之足以凝滞。"

这些诗词大体都是游仙诗，歌咏神仙漫游之情的诗篇，其可分为以下几类：

1. 歌咏三清山水起兴之诗

此类文人游仙诗较多，比如御史胡靖作《少华山》：

少华山

江南何处是仙家，孤柱擎空见少华。
洞里有天开紫府，人间无地觅丹砂。
灵坛风雨莓苔匝，福地乾坤岁月赊。
方外更闻王子晋，金银楼阁住烟霞。

永乐十三年（1415）进士孙原贞的《延溪八景诗》：

少华捧日

峭壁最神奇，翘然天削出。
白云生足间，爽气舞岩室。
此中真意别，不让名山一。

金帽横云

淑气成金帽，嵯峨迥不群。
参差撑锦盖，环绕系祥云。
日映层峰丽，风迴五色芬。
悬冠知有待，簇簇拥高文。

泉桥驾月

皓皎新月色，光华入水摇。
金泉流耿耿，实镜对昭昭。
迥辟云衢道，潜通玉殿桥。
宛然仙子近，直步到青霄。

双峰毓灵

秀异潜凝久，双峰地脉良。
三阳开景运，两美焕文光。
月暅灵因启，延溪基肇长。
扶舆昭积淑，百世发其祥。

花园夜读

书声何处起？嘹亮出花园。
夜静音弥远，香幽韵愈轩。
灯明和月照，文湛任风掀。
读罢更阑久，学优禄自存。

荷池跃鳞

最爱情涟景，天机跃满池。
玉荷层泛泛，金鲤阵迟迟。
叶勋疑风舞，鳞翻党浪驰。
养成能变化，自有登龙时。

西洲牧雨

隐隐西山下，稀微细雨零。
珠垂笠蓑涧，风过羽毛馨。
频洒飞霞落，斜飘牧舞停。
毕来齐唱晚，乃梦献王庭。

大畈耕春

农时君国重，和气正当春。
紫燕帘前舞，仓庚陌上频。
海田傅孝子，耕野识王臣。
竭力常供职，应饶待聘人。

成化丙戌（1466）进士舒清的《游玉京诸峰题壁》两首：

游玉京诸峰题壁

其一

两腋生风上少华，始知人世有仙家。
丹炉无主犹存火，珠树非春自着花。
石向虚空排玉笋，地随高下布金沙。
题诗欲记兹游胜，翠壁挥毫染落霞。

其二

石磴攀萝上广平，恍如身在九天行。
未援北斗斟元气，谁决明河洗甲兵。
逸兴浩然思泛海，高风那复羡登瀛。
愁来不敢阅陶写，赖有王乔识此情。

成化戊戌（1478）进士丁玑的《游三清山》：

游三清山

三清插天如芙蓉，晴云赤日行其中。
攀缘飞磴立峰顶，一览四海双眸空。

而嘉靖八年（1529）进士夏浚亦有直以三清山为题之诗，名为《登三清山》：

登三清山

天童山下玉宵宫，千年老鹤巢云松。
羽客步斗月明中，锵然环佩声叮咚。
丹灶烟消人久去，紫芝香暖春长住。
双凫翩翩渺何许，华表归来鹤应语

2. 以三清山之宫观、故址等起兴之诗

此类诗歌相对不多，比如与丁玑同年第进士的林俊有一首《过真馆》：

过真馆

少华幽栖处，青霞几静功。
松脂传辟谷，羽服舞回风。
小有仙都观，清虚紫极宫。
五芝前道路，荒棘桂花丛。
少室秘青烟，空流了道玄。
玉书方外检，鸿宝枕中篇。
吐纳曾留诀，神仙祗谖傅。
晚晴看逝水，篝火梦三川。

嘉靖壬辰（1532）进士吕怀有《登青山绿树亭》：

登青山绿树亭

绿树青山入画图，少华顶上属虚无。
晚烟生处寻归路，攀落冈头六丈夫。

3. 独抒胸臆，澄清慕仙、隐逸情怀的诗

此类诗歌数量更少。如万历己丑（1589）进士祝世禄的《石林小隐》：

石林小隐

一径藏烟冷竹梧，石林斜抱野人区。
吟边月挂三珠树，行处云生五岳园。
匣吼风雷龙剑隐，榻悬山水玉琴孤。
闲情懒着郊居赋，白眼青天击唾壶。

四、融通——三清山道教文化特色

三清山融道教两大派（南方天师道和北方全真道）建筑于一体。三清宫东侧建龙虎殿与贵溪龙虎山于寥阳殿前建龙虎殿（旧正一元坛）大同小异，三清山为符合八卦型制，而将其从中轴线向东偏移。

“三清”是东晋衣冠南渡之后，在东南部整合北方移民和东南部土著共同信仰的标志。作为最高信仰的象征，“三清”信仰的内涵无疑需要不断推陈出新的诠释，否则难以弥合本来包含差异的南北方礼俗文化。带着这样的历史视角来看，道教经典、科仪、建筑与诗文中关于三清的繁复阐述，其实是努力融合信仰、融合社会的印证。

文化融合的根本目标，当然就是推动社会融合，而三清山所在的信州，宋以后正需要这样的融合。如清同治《玉山县志》所说，“按玉土著者少，寓籍者多。一村一里，语言判别。士人肄业，亦间杂方言”。玉山的方言之所以很复杂，是因为在宋室南渡后从北方来的移民很多，是一个在语言、习俗等方面都需要不断融合的移民社会。又如《广信府志·论》说，“信自永嘉东迁，衣冠避地，风气渐开。历唐而宋，文学之士间出。而南渡以后，遂为要区。人知敦本积学，日趋于盛。比入明朝二百余年，艺文学术，蔚为东南望郡。下逮田野小民，生理裁足，皆知以课子孙读书为事，好勇尚鬼之习，革易殆尽。吉凶之礼，今古兼行。明以前冠礼犹备，三加生员之冠，多于学宫行之，后寝废。婚不亲迎。丧事尚佛老，祭以俗节”。从这些叙述里，我们显然能获得一些明确的信息，即宋室南渡后，信州地区重教育、应科举、尚斯文的风气日盛，场屋间时有捷报，有明一代几乎县县都出过状元或者进士第一的人物，由北方传来的儒学，在信州大获硕果。但民间的丧祭等礼俗，却在道教和

佛教的影响下形成新的模式，并未移植儒家的经典礼仪。

在一个趋向于融合的社会，推行融合型的文化，大概就是宋以后三清山周边新道派崛起的内在动力，也是这些新道派所表现出来的历史文化作用。但正如张宇初所言，既然新道派是后世的宗师们“各立宗门”，那么这些宗门之间就同样需要融合或者整合，否则“一样风使百样航”，与融合的历史大方向背道而驰，自身的发展空间就必然塌缩。而道派之间的整合，最高境界无疑就是提振起最为崇高的“三清”信仰。在归信“三清”的意义上，一切道派的门户之别、教法之异，都是道教的思想和文化具有丰富内涵的具体呈现。

结合这样的历史背景来看，道教在一个人文地理被界定为“江浙山水之宗”的地方崛起，这个地方又被冠以道教的最高信仰“三清”之名，或许正印证了一句古语：“物无妄然，必由其理。”这个理就是江浙地区道教顺应移民社会需要融合的大势，发展出融合型却又千姿百态的新道派，而三清山以其独特的区位，被尊奉为融合型新道教的最高信仰象征。

第九章　明代江西道教文化

明代以来，随着社会商品经济的繁荣、资本主义萌芽及市民阶级的兴起，明代社会的民众构成、经济及社会关系等都产生了巨大变化。在这一新的历史条件下，道教对社会思潮作出回应，不论是在道教学说与文化、道教与文学关系、道教文学研究等方面都发生了具体的变化。相比其他宗教，道教更关注现实生命及人的基本需求。

第一节　江西道教文学

众所周知，明代以前的道教思想是在唐宋金元时期形成并发展起来的，它以内丹学理论为主，以外丹道的理论为辅。明代出现资本主义萌芽，商品经济的发展改变了人们的社会价值观，人们对道教信仰的追求也因此发生了变化。此外，明代帝王对宗教信仰的实用主义态度使得重方术的正一教显赫一时。人们不再注重空泛的说教和虚无缥缈的神仙世界，而是注重现实，希望宗教能帮助他们解决现实社会中的各种问题。对于道教来说，符咒禁忌、祛病禳灾、祈晴止雨等方术，都成了人们信仰中实际的需求。明代的道教信仰已经深入到人们的社会生活当中，成为人们社会活动不可缺少的组成部分。道士完全变成了满足社会宗教需要的从业人员。

明代道教更趋世俗化、民间化，赵宜真、张宇初、邵元节、伍守阳等人以先秦道家之学为正统，以清净无为之道为本，重修戒律，批判方士之术，减其陋习，尝试让道教徒返本归元，但这些道教学者的作为显然无法扭转明朝道教俗世化、民间化的发展趋势。相应的，明代的道教文学思想特点主要是趋向世俗化。具体言之，将道教的宗教思想与民间信仰结合，以更灵活的文艺形式互动，用更生动的方式向民众宣传道教信仰。从整体上看，明代道教在中国道教史上处于衰颓阶段，但具体看来，又呈现出不一样的态势。明代前中期较为兴盛，明代后期呈萧条之势。与此相应，明代道教文学也表现出不同阶段的特点。前期，援儒入道，把儒家的道德学识和道教的修炼相融合，尊儒崇儒思想明显。万历后，道教文学作品中崇儒倾向明显减弱。

一、江西道教诗词概述

从全国来看，江西诗词创作起步较晚。陶渊明之后直至唐代建立前的近二百年中，江西的诗歌创作处于低落时期，几乎没有什么有影响的诗人诗作。直至唐代，在全国诗歌处于高峰期间，江西才开始形成较大的诗人群体。这时期江西先后出现的诗人主要有奉新的刘昚虚、贵溪的吴武陵、南昌的施肩吾、鄱阳的陈陶、宜春的卢肇、南昌的来鹄、宜春的郑谷、永丰（今上饶广丰）的王贞白、筠州（今宜春高安）的沈彬、乐安的孙鲂等。到两宋时期，江西的诗词发展到高峰期，无论诗或词，以后历代的发展没有达到两宋的高度。这时期江西出现了许多全国著名的大诗人、大词人，如晏殊、欧阳修、晏几道、黄庭坚、杨万里、姜夔、刘辰翁、文天祥等，有一定成就的诗人、词人还有很多。进入元代后，江西诗词明显处于下降时期。元初尚有部分南宋遗民诗人、词人，如刘辰翁等成就较高，其次如罗志仁、赵文、刘螵、刘将孙、彭元孙等也有一定成就。元代较有成就的诗人、词人主要有燕公楠、何中、刘诜、范梈、虞集、揭傒斯、傅若金、曾允元、元淮、吴存、王玢、周伯琦等。

元代以曲闻名于世，江西在这方面较落后，著名曲家有刘时中、周德清、赵善庆、汪元亨等。

明代江西诗人最多，如危素、刘崧、张羽、杨士奇、解缙、刘炳、梁兰、胡俨、李时勉、汤显祖、郭子章、胡直、严嵩、万时华等等。明代江西词人不多，较有成就的是梁寅、聂大年、夏言和遗民曾灿。此外还有曲论家魏良辅和散文家王猷定。总之，明朝江西的诗人数量几乎不亚于两宋，成为江西诗歌的第二高峰期。

明代文坛，写道教诗词的文人、道教诗词的数量，与唐宋相比有明显减少，明代占据道教文学主要地位的是道教小说。考察明代的道教诗词，可以分为咏道的道教文人诗词、道士和文人间的赠答应和诗词、宫观题咏诗词、内丹诗词、斋醮诗词等，亦反映了明代道教生活的方方面面。道教文人诗词的内容多表现道人生活、神仙故事、灵怪故事、鬼蜮世界等。在道教思想的影响下，这些作品充满绚丽奇瑰的想象力，用道教思想观照世俗人生，消解掉世俗人生所追求的功业、富贵等人生理想，营造出闲静清雅的意境，展现出道教美学自由、平等、超越的仙真之美，体现出道人淡泊功名的非功利性的人格特点，也表现出得道者祥和平静的心理状态。

由于在本书“明代篇”中有关道教名山的章节中大都叙述过道教文化，引述了大量的道教诗词，创作群体涉及道教人士、江西地方文化名人与江西宦游的官绅，故于此不再展开。

二、道教青词概述

道教斋醮科仪中使用的文书种类很多，青词是科仪文书中重要的一类。青词作为敬呈天神的文书，亦沿袭世俗表奏文体并予以神圣化。青词采用四六金书的骈文格式，在书写上比较讲究对仗、用典，以收言简意赅、道韵深沉的效果。历史上青词中的上乘之作，都是文学与道教义理完美结合的作品。按照青词式严谨的书写格式，每首青词书字不能超过十七行，每行不拘字数，前空一掌，后空两掌。青词开始部分是“启圣”，启圣以后的正文不得超过十六句，应直述奏请事项。因青词是表达斋主之诚切，要求辞旨简而不华，实而不芜，不可堆砌华丽词藻，行文以质朴为上，这是青词与世俗骈文风格之不同处。道经中对青词的书写，历代都有书写格式及禁忌的规定，这在道经中称之为青词式。

明人周思得《上清灵宝济度大成金书》卷三十五，述青词的书写格式说："文用四六，或十二句，或十六句。修撰者务在实朴，言减意深，不可繁华多语。纸用一张，阳数也。不用二幅，盖偶数也。纸高一尺二寸，密行书写，阔不容纸，上空八分，下通走蚁，前留二寸，后空半张，以待太上判命。书法与书章并同，切在志诚，不可灭裂，戒之慎之。"①

道教认为青词是奏告太上老君的文书，书写青词是否遵行格式，关系到能否将其投送天界。明代道经《道法会元》卷二五〇就明确告诫："若书写不合格式，牵引文华，字画不真，干犯触秽，功曹不敢递去，三天亦不受领，已上醮官各受大不恭罪，三官考录，径奏三天。"②道教宣称在青词送呈的三天门下，有值日功曹（又称灵官）负责传递文书。管三天门的分别是阳精天门上元唐将军，洞华天门中元葛将军，正阳天门下元周将军。青词就由三将军负责送达。

由于道教盛行，明代写青词的人多了起来，青词的作者也多是文人，逐渐成为一种文体。明代徐师曾的《文体明辨》还专列"青词"一类，在《文体明辨序说》中引陈绎曾言曰："青词者，方士忏过之词也。或以祈福，或以荐亡，唯道家用之。"③

清人吴曾祺《文体刍言》有言："青词，亦于斋醮用之。唐人为之滥觞，宋人文集中亦常常有之。至于嘉靖中，道教盛行，天子一意焚修。一时词臣争以此迎上意。谓之青词者，盖以青纸书之也。"④文中提及青词在明朝因得到皇帝的推崇而渐趋繁盛。

明代道教盛行，嘉靖皇帝佞道最甚，对道教斋醮之事以及青词撰写格外重视，他所宠用的大臣如顾鼎臣、严讷、袁炜、李春芳、郭朴、夏言、严嵩等人，因写得一手好青词而位至宰相，时人称之为"青词宰

① 《藏外道书》第17册，巴蜀书社1992年版，第459页。

② 《道藏》第30册，文物出版社、上海书店、天津古籍出版社1998年版，第535页。

③ 徐师曾：《文体明辨序说》，人民文学出版社1998年版，第172页。

④ 《涵芬楼文谈》附录，商务印书馆1933年版，第51页。

相”。明世宗曾因喜爱的一只猫死去，便命朝中文士撰写青词以设醮祭祀。词臣袁炜费尽才思，所作青词有“化狮作龙”之语，在众臣之中脱颖而出。最为脍炙人口的当数《万历野获编》卷二《嘉靖青词》所列袁炜的一首青词：“洛水玄龟初献瑞，阴数九，阳数九，九九八十一数，数通乎道，道合元始天尊，一诚有感。岐山丹凤两呈祥，雄鸣六，雌鸣六，六六三十六声，声闻于天，天生嘉靖皇帝，万寿无疆。”[①]这首青词在宗教教义、文学审美、迎合统治等方面结合得比较完美。

江西籍的夏言与严嵩获得世宗信任，很大程度是依恃青词功力。他们善于揣摩皇帝心理，同样是投其所好。“初，言撰青词及他文，最当帝意”[②]。不过，夏言的青词常反映军中详情和弊端，在关乎国计民生和边防问题上有一己之见。他后来也因为青词写得不合嘉靖皇帝之意，“言所进青词，往往失帝旨”[③]而逐渐失宠，竟于嘉靖二十七年招来“弃市”之祸。而严嵩则极力谄媚，以青词为迎合皇帝喜祥瑞吉言的心理，在青词创作上猛下功夫，达到无原则颂赞、迁就的程度，“言去，醮祀青词，非嵩无当帝意者”[④]，严嵩以计让夏言倒阁后，又凭青词写作而获宠世宗。同样的，严嵩的倒台，青词也成为其中的道具之一。随着嘉靖皇帝年岁日增，佞道日盛，而同样昏髦的严嵩无法继续青词的创作，“所进青词，又多假他人，不能工”[⑤]，道士蓝道行的搬弄是非，直接导致严嵩的被弹劾。由此看来，生活于嘉靖年间的江西本土的两位内阁，皆因善写青词逢迎喜好青词的嘉靖皇帝而得宠，同样也因青词写作不工而受牵连倒阁。

不过，对文人学士们撰写的青词，道门人士自有宗教角度的看法，他们认为学士们对道教斋与醮的区别及建斋设醮的本旨把握不清。

不仅是文士，道门高道大德也撰写青词。第四十三代天师张宇初，建文时曾一度受贬，遂于乡里黄箬峰（今龙虎山东南十里处）建岘泉精

① 沈德符：《万历野获编》卷二，中华书局 1959 年版，第 59 页。
② 《明史》卷一九六，《夏言传》，第 5195 页。
③ 《明史》卷一九六，《夏言传》，第 5197 页。
④ 《明史》卷三〇八，《严嵩传》，第 7915 页。
⑤ 《明史》卷三〇八，《严嵩传》，第 7918 页。

舍居之。永乐四年（1406），张宇初受命编修道书，八年卒。其诗文集《岘泉集》卷六《青词斋意》，收录其所撰青词九首，如《酬醮早期青词》：

> 乾道统天，为凡世民彝之主宰。皇中建极，启玄科请祷之梯航。秉叩夙符，陈情昭谢。伏念臣某传宗未冠，袭职孔艰。灾非鼎沸之屡贻，继嗣渊临之数见。志实乖于修涤，躬有赖于祈禳。时历因循，圆宝台之万遍；恩垂罔极，答睿泽于一诚。仰怀高厚之慈，尤冀回旋之造。朝仪晓肃，盟款是酬。伏愿释宥无方，矜容有在仙曹。录命早育秀于春阳，玄教增晖日齐明于景曜。洪禧诞布，巨泽咸濡。①

这首作品对仗工整，典雅大气；在内容上，除了祈福禳灾外，对道教思想宗旨也有所发挥。该集在明代道教经籍中占有相当重要的地位。

道教以神仙信仰为特征，通过斋醮祀神仪节的渲染演绎，道教神仙思想得到仪式化的阐扬。青词是道教神仙信仰的文学化表达，它蕴含着道教的济度之“道”。青词在清代随道教的衰落而趋于沉寂。

第二节　江西道教小说

道教从创立以来，便与文学结下了不解之缘。“一方面是道士运用文学手段来进行教义宣传，抒发求道的理想情操，铺叙神仙胜境；另一方面是文人的崇道和对道教活动的文学表现。”② 道教小说发展到明代，呈现出新的特点，由于上层统治者的喜好和推动，道教诸神地位进一步提高，世俗化倾向鲜明，进入到城乡百姓生活的各个领域。如民间敬奉的门神、城隍、土地、八仙、关帝、天妃等诸神，在明代定型并得到祭祀。除官方崇祀的神祇外，随着经济的发展，在工商业兴起了行业神崇拜，

① 《中华道藏》第26册，华夏出版社2004年版，第216页。

② 卿希泰：《道教与中国传统文化》，福建人民出版社1990年版，第225页。

如打铁匠祀太上老君，文具商祀文昌帝君等，这些保护神也大多数属于道教系统。明代道教世俗化还体现在方术及术数著作的盛行和出版上。符箓斋醮之术不再局限于小范围的传授而呈现出平民化的态势，随之而来的是道教商业化的发展。明中期后，文禁渐松，在小说创作中甚至出现道士利用法术调侃社会各阶层人物的游戏之作。

明代江西小说中受道教影响的作品很多，作为本土宗教的道教，它与百姓的世俗生活紧密的联系，道化题材的小说植根于世俗生活中。江西道教小说可分为两类，第一类是明代小说与江西道教的关系，第二类是江西籍小说家创作的道教小说。文言短篇小说方面，有李昌祺的《剪灯余话》；白话小说方面，以邓志谟的《铁树记》《飞剑记》《咒枣记》三部神魔小说为主。

一、龙虎山与《水浒传》及其他小说

明代帝王之好道，到嘉靖时期达到了顶峰。明世宗沉迷炼丹，专宠道士，尤其是著名道士陶仲文，这些受宠的道士为官升职的不在少数。除了帝王好道，许多官僚、士人也醉心于修道和道术。可见，明代小说中的道士活动带有强烈的世俗化和教化的特点，道教思想与信仰已牢牢扎根于明代人民的日常生活中。

历史演义《水浒传》第一回《张天师祈禳瘟疫　洪太尉误走妖魔》就有一段文字对龙虎山进行了具体的描述：“左壁为掩，右壁为映。出的是云，纳的是雾。锥尖像小，崎峻似峭，悬空似险，削䃘如平。千峰竞秀，万壑争流。瀑布斜飞，藤萝倒挂。虎啸时风生谷口，猿啼时月坠山腰。恰似青黛染成千块玉，碧沙笼罩万堆烟。”[①] 小说开头写嘉祐三年春，天下瘟疫盛行，参知政事范仲淹奏道：“要禳此灾，可宣嗣汉天师星夜临朝，就京师禁院修设三千六百分罗天大醮，奏闻上帝，可以禳保民间瘟疫。”仁宗准奏，“钦差内外提点殿前太尉洪信为天使，前往江西信州龙虎山，宣请嗣汉天师张真人星夜临朝，祈禳瘟疫。”[②] 天师到京后，在东

① 施耐庵、罗贯中：《水浒传》，人民文学出版社 1997 年版，第 8 页。

② 施耐庵、罗贯中：《水浒传》，人民文学出版社 1997 年版，第 6 页。

京禁院做了七昼夜好事，普施符箓，禳救灾病，待瘟疫尽消，军民安泰后，天师辞朝，乘鹤驾云，且回龙虎山去了。原本被镇压在山上的一百零八位魔头被洪太尉不小心放走，家喻户晓的水浒故事在龙虎山道士禳灾的济世活动中拉开了序幕。书中渲染了梁山泊一百零八位好汉的特殊出身，认为他们是三十六天罡星和七十二地煞星降生尘世，这是道教神谱中天罡地煞说的表现。作为梁山泊的中心人物，宋江在梦里与道教神仙相会，有仅次于女娲、王母的道教女神九天玄女，还有土地龙君，以及罗真人、张天师等道士，这些道教人物对宋江梁山事业有着极大的帮扶作用。书中还有很多法师方术的介绍及道教仪式的描写，可见当时民间道教影响力的广泛及深远。

除了禳灾，龙虎山道士还有为民众超度、除妖和治疾等活动。如明中期陆延枝《说听》中的《太仓强生》一篇，讲述强生之父死，强生悲痛不已，特前往江西龙虎山请张真人荐拔，却未能度化，究其原因，乃其父每年于腊月二十五日吃狗肉，正月元日不点灯。在《太仓强生》中，还描述了某道士为了谋利，前往龙虎山学五雷法，张真人告诫其不得用来谋取财物。关于五雷法，本是宋代神霄派所传法术，也是正一派的重要道法，正一派道士也擅长用五雷法来驱邪。明代中后期王同轨的文言笔记小说集《耳谈》中的《龙虎山道士》一文讲述洪都村某户夜夜声响奇异，皆疑妖物作祟，恰逢从龙虎山而来的道士，举家大喜，特请除妖定当厚酬。道士杀妖后得重赂，后被天雷击中。显然，道士为牟取利益而施法的行为受到了惩罚，但正一派法术在民间得到广泛认同是不争的事实。施显卿《古今奇闻类记》中的《道士除鳝妖》中记载这样一则故事：常熟有农家生一子，四五岁不能行，终日坐于木榻上，善言人祸福，叩之皆应，其家亦因此致饶裕。一日，有龙虎山道士过其门，发现此子为妖物。道士潜书朱砂符，焚烧于道旁柳树根下，此子在家呕血。道士又行不久，再焚烧一符，则有一鳝死于水面，其首大如拳，长可寻许，询其家，此子死矣。有明一代，龙虎山道士施行法术为民除妖的故事在小说中占据一定比例，如周绍濂《鸳渚志余雪窗谈异》中《怪猿乞印》《鳌精受封》两篇写龙虎山张真人治猴妖、治鳌精的故事。这类记载奇闻逸事的笔记小说，给明清通俗文学创作提供了诸多素材，而书中描写的道士活动对后世小说也有一定影响。

二、李昌祺的传奇小说创作与道教文化

李昌祺（1376—1451），名祯，以字行，号运甓居士、侨庵、白衣山人，江西庐陵人。他于永乐二年（1404）中进士，官至河南左布政使；正统四年（1439），告病致仕，在家乡居住了二十多年，隐迹不进入公府，过着物质简朴的生活。李昌祺为官清厉刚正，救灾恤贫，声望甚好。他才华富赡，学识渊博，有诗集《运甓漫稿》七卷。他仿瞿祐《剪灯新话》创作了文言传奇小说集《剪灯余话》，成书于明永乐十八年（1420），此书谈男女风情谈鬼怪妖魔，也多嘲讽失节背恩及乡绅官吏的腐败，也因此李昌祺为君子所轻，其生平事迹亦鲜为人知。

《剪灯余话》收集的《胡媚娘传》中，狐女媚娘妖化为人，与人成婚后固阴采阳，使其致病，道士尹澹然“按剑书符，立召神将，须臾邓、辛、张三帅，森立坛前。澹然焚香誓神曰：‘州判萧裕，为妖狐所惑，烦公等即为剿除。’乃举笔书檄，付帅持去，其文曰：……俄而黑云滃墨，白雨翻盆，霹雳一声，媚娘已震死阛阓矣。急取其所赠诸物观之，其绿罗则芭蕉叶数番，胭脂则桃花瓣数片，以示于裕，裕始释然。尹公命焚死狐，瘗之僻处，镇以铁简，使绝迹焉”。[①] 据道教民间传说，雷部有二十四位天神，为首三位的名字是邓忠、辛环、张节。道士法力高深，召道教神仙收服了采阳补阴的狐妖媚娘。在弘治正德年间，神仙道士成了小说高度关注的对象之一，小说中道士的活动主要集中在驱鬼除妖、治病祈雨、度人成仙、超度亡魂、施展幻术、化解灾难、济穷致富等主题上。明中期及其后，驱鬼除妖的道士渐渐被“龙虎山道士”“龙虎山张真人”“张真人弟子”所代替。在很多小说中，采用符箓之术及五雷法来焚符驱恶的是龙虎山道士，这与明代正一道的兴盛有关。

道士设醮超度亡灵，又称为荐拔。《剪灯余话》卷六《秋夜访琵琶

① 刘世德、陈庆浩、石昌渝主编：《古本小说丛刊》第五辑（全五册），中华书局1990年版，第106—107页。

亭记》篇记载洪武初年士人沈韶与女鬼相恋的故事，结尾处为求圆满，沈韶为亡妻超度，“以条脱一枚，投回回肆中卖之，得镪万锭，于虎丘静处建坛，请道士鹤林周玄初设灵宝炼度三昼夜，荐妻正斋之夕，伺道士行朝皆退，亲写心词一封，潜于香炉焚之，以资丽人其福。”[①]女鬼也因此得以度化，驾云西去，做了瑶台金母的侍从，而沈韶“从此不复再娶，投礼玄初为师，授五雷斩勘之法，往来两浙间，驱邪治病，祷雨祈晴，多有应验，后失所在。近时有人于终南及嵩山诸处见之，疑其得道云”。[②]沈韶不仅为亡妻超度，还拜道士为师，最终得道，这体现了道教固有的教化世人的功能。在明代，这种教化作用得到了进一步强化。《剪灯余话》中的《凤尾草记》讲述龙生想念亡妻祖女，请张天师为其举行斋醮仪式，得以与亡妻鬼魂会谈。数年后，龙生“高科要职，烜赫于时，虽别娶妻妾，意不忘女。常与天师无为张真人论鬼神，偶及女事，真人见生求切，为飞章拔之”。[③]过了数日，龙生梦亡妻，亡妻告知他，蒙真人道力，天符忽下，将往河南府洛阳县胡氏家为男子，特感念君恩，生死不忘。天师通过斋醮活动，解了龙生心里的结，实现了龙生的愿望。道教的斋醮不再是单纯的丧葬习俗，还具备抚慰人心、解民众之心疾的功能。

同瞿祐《剪灯新话》一样，《剪灯余话》给后世文学带来了影响，书中的故事被引用到戏曲和拟话本中，有的还被改编成戏曲。如《田洙遇薛涛联句》被用到《二刻拍案惊奇》十七卷中的“入话”部分，《莺莺传》被南戏所采，《芙蓉屏记》和《秋千会记》被纳入拟话本小说集《初刻拍案惊奇》二十七卷和九卷中，后又被改编成戏曲。值得一提的是，书中关于人鬼恋、狐妇的描写，引导了文言短篇小说《聊斋志异》的创作。

---

① 刘世德、陈庆浩、石昌渝主编：《古本小说丛刊》第五辑（全五册），中华书局1990年版，第72页。

② 刘世德、陈庆浩、石昌渝主编：《古本小说丛刊》第五辑（全五册），中华书局1990年版，第73页。

③ 刘世德、陈庆浩、石昌渝主编：《古本小说丛刊》第五辑（全五册），中华书局1990年版，第87页。

三、邓志谟与道教小说

在万历时期，福建、江苏、浙江一带书坊较多，大量下层或科举失意的文人在此谋生，他们在依附于书坊主的基础上进行小说创作，这种特殊现象值得关注。在晚明的小说家中，邓志谟就是这样的文人。邓志谟，生卒年不详，字景南，号竹溪散人，江西饶州府安仁县人。清道光《安仁县志》称他好学沉思，不求闻达，其人弱不胜衣，而胸藏万卷，众称“两脚书橱”，曾被戏曲家汤显祖赞为异才。邓志谟才华横溢但科举落第，因家计所迫入闽，在建阳余泗泉处作塾师长达二十年左右，主要编辑并创作小说，故其所著书多为余氏书肆萃庆堂刊行。明代建阳是全国商业出版中心之一，在嘉靖二十年到明末，建阳所出版的小说杂书“其数当在千种左右，占全国出版总数之首位”[①]。邓志谟于明代万历、天启年间活跃于通俗小说界，著述颇丰，有传奇《凤头鞋记》《八珠环记》《玛瑙簪记》《玉连环记》《并头莲记》等，合称《五局传奇》，有用对话体建构的多种“争奇”系列小说，即《花鸟争奇》《童婉争奇》《风月争奇》《蔬果争奇》《山水争奇》《茶酒争奇》《梅雪争奇》。

邓志谟对道教经典、道坛科仪等极为熟悉，其在晚明有三部道教小说，即《铁树记》《咒枣记》和《飞剑记》，分别以三位道教史上重要的人物为描写对象，即净明道的祖师许逊、神霄派的真人萨守坚及钟吕金丹道的吕洞宾。在其序及文末的识语中，邓志谟一再表明对三仙的敬慕，这是促成他写作的动力。许逊斩蛟治水的事迹流传于江西各地及与邻近省份的交接处，在《铁树记》中，邓志谟描写许逊奇幻的修行经历，突出许逊斩杀蛟龙的故事，并插入民间传闻。如写孽龙“呼风作雨，握雾撩云，喜则变化人形，而淫人间之女子。怒则变化精怪，而兴陆地之波涛，或坏人屋舍，或食人精血，或覆人舟船，取人金珠，为人间大患。诞有六子，数十年间生息繁盛，约有千余，兼之族类蛟党甚多，常欲把

① 张秀明：《中国印刷史》，浙江古籍出版社 2006 年版，第 267 页。

江西数郡，滚成一个大中海”。[①]孽龙形象是水灾的象征，在其肆虐侵占百姓财物生命的关键时刻，许逊手握斩妖神剑竭力与之搏斗，救百姓于危难之中，许逊的济世行为值得赞颂。从第九回“玉帝差女童献剑，许旌阳一次斩蛟”到第十四回“孽龙精入赘长沙，许旌阳六次擒蛟”，对许逊斩妖除魔的行为，邓志谟反复渲染多达六次，近全文的一半篇幅。

相较前两位真人，萨真人形象是最生动的，有学者认为萨守坚弃医学道，师从张虚靖习“咒枣之术”，赴龙虎山，后历访各地普救众生，这一人物形象在邓志谟写这部小说前，就已广为人知。[②]《咒枣记》中萨真人与王恶（王善）交锋，王恶收服野猴、野马精，萨真人驱治疫鬼、收服恶癫鬼，最后二人交锋，萨真人战王恶的场面多达六处。斩妖除魔的情节描写，占据了大半篇幅，这与读者群对道教真人所怀的奇诡浪漫的审美心态有关，不仅吸引读者的兴趣，还带来了商业利润，此类小说也就不遗余力地加大斩妖除魔的情节比重。此外，书中有对天庭的描写，也有对地狱的描写，如《咒枣记》对九重地狱之第三重“火车之狱”的描摹，时空跨越极大，环境惨烈恐怖。

邓志谟为塑造道士的正面形象，会设置一些反面事件，在《飞剑记》的第四、五回分别写了吕洞宾斩杀蛟虎和黄龙的故事。对道士施行的道法，第七回也有细致描绘，“若谷请法师上坛，飞着灵符，召着神将，斩着妖邪，救那男子一命。好一个法师，遂升了高坛之上，捏着个三台的诀，步着个七星的罡。敲着五雷的令牌，焚符一道，只见毫光璨烂，如龙又不是龙，如凤又不是凤，隐隐约约直上天宫而去。”[③]此处涉及的道术有三种，即“步罡踏斗”“符箓”“五雷法”。邓志谟不仅对道术较为熟悉，在主人公的尘世修炼方法上，他认为内丹修炼是成仙不可或缺的。

---

① 邓志谟：《铁树记》，《古本小说集成》第1辑第118册，上海古籍出版社1991年影印本，第81页。

② （日）小野四平撰，陈桂声、刘红军摘译：《关于邓志谟的道教小说》，《明清小说研究（总第七辑）》1988年第1期，第141页。

③ 邓志谟：《飞剑记》，《古本小说集成》第1辑第119册，上海古籍出版社1991年影印本，第91—92页。

如第三回钟离权向吕洞宾详述了内丹的操作之法：

> 身中有真火，有真水。肾属水也，水中有气，名曰真火。心属火也，火中生液，名曰真水。真水以水生木，肾气足而肝气生。以绝肾之余阴而气过肝时，即为纯阳。藏真一之水，恍惚明真龙。真火以火克金，心液盛而肝液生。以纯心之余阳而液到肺时，即为纯阳。藏正阳之气杳冥，名真虎。气中取水，水中取气，正所谓龙从火里出，虎向水中生。此大丹也。[①]

虽然外丹在长生不老上具有极大功效，但内丹修炼才是道士们选择的主要方式。道士们持天人合一的观念，依照“重铸阴阳、再造乾坤”的内丹法诀进行修炼，在明代神魔小说中，这种表现更为明显。在邓志谟的笔下，三位道士性格迥异，其形象脱离了类型化，这是邓志谟道教小说的独特价值。

明代发展到中后期，出现了数量众多以道教生活为题材，以宣扬道教教义为主旨的神魔小说。陈大康在论及万历后期的神魔小说时，认为在万历二十年（1592）世德堂《西游记》刊出后，共有 19 部神魔小说作品问世，已成为重要的创作流派。[②] 在这 19 部书中，江西籍作者的作品共有 8 部，除了邓志谟的《铁树记》《咒枣记》《飞剑记》外，有朱鼎臣（临川人）的《唐三藏西游释厄传》《南海观音菩萨出身修行传》、朱星祚（临川人）的《二十四尊得道罗汉传》、吴还初（南昌人[③]）的《天妃济世出身传》、朱名世（临川人）的《新刻全像牛郎织女传》。可见江西小说家的影响与价值。

① 邓志谟：《飞剑记》，《古本小说集成》第 1 辑第 119 册，上海古籍出版社 1991 年影印本，第 37 页。

② 陈大康：《明代小说史》，人民文学出版社 2007 年版，第 381—382 页。

③ 关于吴还初籍贯，据程国赋《明代小说作家吴还初生平与籍贯新考》确定为南昌人，可参见《文学遗产》2007 年第 4 期，第 124—126 页。

第三节　江西道教戏曲

道教强调肉身永恒，要求长生。道教的主旨和民众所关心的生老病死问题，在某种程度上达到了统一。道教与戏曲的关系可谓密切。道教与戏曲的联系更明确地表现是在道情戏中。道情戏源于道情说唱活动，这种活动是道士采用敲渔鼓、击大简板的说唱方式来宣传道义的一种普及性的民间宣传活动。二者相互借鉴，丰富了戏曲剧种。从元代以来，文人戏曲创作有反映道教活动、表现神仙传说的作品，也有融道教离群出世神仙道化传说、典故于其他题材的作品。道教戏曲创作最典型的是马致远，他创作的神仙道化剧如《岳阳楼》《陈抟高卧》《任风子》《黄粱梦》对后世影响极大，贾仲明《录鬼簿续编》称他为"万花丛中马神仙"。明代吴江派领袖沈璟的《红蕖记》就有着死生有命的道教思想，传奇戏《坠钗记》将平凡人的至真爱情置于神仙度脱之中，道教思想浓厚。可以说道教的多神崇拜和追求长生不老的思想与中国古代戏曲的形成、成熟及繁荣有着密切联系。道教思想渗入到民众世俗生活的方方面面，影响了一代文学创作。

一、道教戏曲概述

道教在明代，尤其是世宗时期，受到特别的尊崇，故而地位及影响力都显胜于前。此外，作为深深根植于传统文化中的一种宗教形态，道教对下层百姓影响巨大，不仅如此，对志不得申又不愿安于寂灭的文人学者来说，道教也具有极强的心理安慰作用。

明代道教在中叶以前出现过中兴，此后道教逐渐衰落，文人学士三教合一的圆融思想仍是其基本面貌。道教劝善书是宋代以来道教文化的载体，与戏曲类似，它是维系封建社会后期社会结构和道德秩序的一种重要方式。劝善书里因果报应、劝善惩恶等思想对戏剧创作产生了重要影响。相应的，戏剧也成为道教劝善书及教义传播的重要媒介。英国学者弗兰希斯·爱德华在《仪式与戏剧》一书中明确指出戏剧与仪式之关系密不可分，又如简·艾伦·哈里森认为："艺术和仪式，这两个在今人看来好像水火不相容的事物，在最初都是同根连理的……最初，人们去教堂、上剧院是出于同一种相同的冲动。”①

从宋元到明清时期，戏曲从曲牌体变成了板腔体，明代形成了海盐、余姚、弋阳、昆山等四大声腔，尤其是明代万历年间，是古代戏曲继元代杂剧繁荣后的又一活跃期，也是宗教题材剧创作的高峰期。首先对道教戏曲的概念作一个界定，首先在情节和题材上，应具有一定的道教背景，或是道教人物或故事，或是道教历史题材；其次，道教戏曲应对道教信仰、道教教义和义理进行宣扬。这二者对道教戏曲来说，缺一不可。如仅仅宣扬了道教思想，在题材、形象及情节等方面并没涉及任何道教背景，这样的戏曲我们暂未纳入讨论范围。

明代道教戏曲，按描写对象和主题意义分，有神仙道化剧和世俗风情剧，前者特点在于道教理论增强，故事性强；后者特点是表现人性欲望与宗教戒律间的关系，世俗性强，语言泼辣直接，大胆讽刺。从内容上看，神仙道化剧包括度脱、隐逸、庆会、哲理、法术仪式这五种类型。

度脱剧把五祖、八仙的宗教行迹和民间传说融合在一起，将道书所载的道教故事大部分纳入戏曲，成为道教戏曲的主要内容。关于隐逸剧，朱权称之为“隐居乐道”或“林泉丘壑”。事实上，隐士和神仙一般有着密切联系，汉刘向《列仙传》、晋葛洪《神仙传》所载高人多半是神仙。庆会剧是以王母置宴、八仙庆寿等传说改编而来，具有为统治者点缀升平、庆寿吉祥的功能。明前期，皇族戏曲家创作了大量以神仙聚会、祈福祝寿为主要内容的庆会剧。哲理类主要是衍庄寓言剧，如以梦蝴蝶、叹骷髅、鼓盆歌等为内容的衍庄故事，即借寓言来阐述教义教理。道教的法术仪式，形式丰富，主要有三种：一种是以修炼自身形质企求长生不老，包括内外丹术、气功导引术、存想通神、房中术等；一种是以积极干预想象中的鬼神世界或外部对象为主，包括禳灾驱鬼、降妖除怪、符咒治病、隐形变化等；一种是以占验预测为主，包括相地、相宅、星命、相术、遁甲等。不同道派有各自的秘术，故芜杂不等。仙凡姻缘剧，

① ［英］简·艾伦·哈里森《古代艺术与仪式》，刘宗迪译，三联书店 2016 年版，第 1 页。

注重描写人物心理活动，从深层意义上剖析道人的内心世界，这是其写作特点。

关于世俗风情剧，有写道士被市井骗子讹诈钱财的故事，有写道士作奸犯科、贪财好色的故事，有强烈的讽刺性和批判性。还有一类写女冠爱情的剧本，她们置陈规陋俗、封建礼法于不顾，大胆表达对情欲的渴望。事实上，在明代中晚期个性解放的思潮下，道教的禁欲，是以王重阳为代表的全真道北派照搬佛教戒律形成，此外，全真道南派、天师道、太平道均无禁欲观念。这类女性是才子佳人风情剧中少有的历史形象，如薛涛、鱼玄机等，她们并非只凭色立足于世，她们以才艺德与文坛巨擘、各界名流密切来往，表明了明代女性意识的多元化和自主性，是正面的女性形象，具有时代进步性。

当然，这并非明代道教戏曲的全部。有些戏曲剧本反映了民间道教对寻常百姓思想及生活的影响，有借道教作掩护表达现实批判的戏曲，如汤显祖的《邯郸记》。有些明代的道教戏曲，其教化思想体现在强调忠孝的孝及妇女的贞操。

二、朱权与《太和正音谱》

《太和正音谱》是明清以来研究戏曲常常被征引的书目之一，也是当时作北曲者的常用工具书，它与《录鬼簿》等同为中国古典戏曲理论史上的要籍，其作者为朱权。

朱权被贬南昌彷徨之际，道教正一派第四十三代天师张宇初从龙虎山来到南昌，开导朱权，在张宇初的度化下，朱权加入道教组织。为进一步修习道法，朱权上奏朝廷，得到朱棣帝的批准，在南昌附近的西山缑岭建观修行。永乐三年，皇帝赐匾“南极长生宫”，内供南极仙翁、老庄塑像。此后，朱权在此宫修道研习，鼓琴啸歌，编写杂剧。据国内朱权研究专家姚品文统计，确定为其所著有《太和正音谱》《琴阮启蒙》《神奇秘谱》《琼林雅韵》等约 70 余种，其余不能确考的有 40 余种。[①] 朱权

① 可参姚品文：《学者朱权——纪念朱权诞辰 630 周年逝世 560 周年》，《江西师范大学学报》（哲学社会科学版）2008 年第 5 期。

的学术兴趣非常广泛，其著作存目60余种，今存20余种,《太和正音谱》即是其一。

《太和正音谱》又名《北雅》《北曲谱》，分为上、下两卷，列有《乐府体式》《古今英贤乐府格势》《杂剧十二科》《群英所编杂剧》《善歌之士》《音律宫调》《词林须知》《乐府》等八章。其序云：

> 礼乐之盛、声教之习，薄海内外，莫不咸被仁风于帝泽也，于今三十有余载矣。……余因清谳之余，采摭当代群英词章，及元之老儒所作，依声定调，按名分谱，集为二卷，目之曰《太和正音谱》；审音定律，辑为一卷，目之曰《琼林雅韵》；蒐猎群语，辑为四卷，目之曰《务头集韵》。以寿诸梓，为乐府楷式，庶几便于好事，以助学者万一耳。①

这篇自序不仅说明《太和正音谱》作在洪武末年，也证实除了此作外，当时已经完成的著作还有《琼林雅韵》和《务头集韵》数种。

《太和正音谱》内容大致可以分为两大部分。

第一部分为前七章，是有关古典戏曲（含散曲）的理论及史料，包括古曲的体例、流派、制曲技术、北“杂剧”题材分类、古剧角色源流考辨等方面。其中对有元一代曲家的风格流派之研究评价，属于开创性工作，也不乏精彩见解。朱权广泛地评论了元代剧作家、散曲家187人，明洪武时期剧作家、散曲家16人。其所录作品名目，也是研讨戏曲史的宝贵资料。此外，还有一些关于吸取声乐、歌唱方法、宫调性质的论述以及歌曲源流、历代歌唱家的史料，虽有不少蹈袭前人，但还是增加了许多新的东西。

另一部分为第八章《乐府》，即北杂剧曲谱，占全书篇幅的五分之四。根据北曲黄钟、正宫、大石调、小石调、仙吕、中吕、南吕、双调、

① 朱权：《太和正韵谱》,《中国古典戏曲论著集成》第三辑，中国戏剧出版社1959年版，第11页。

越调、商调、商角调、般涉调等十二宫调分类，逐一记述各个曲牌的句格谱式，以元明杂剧或散曲的作品为谱例，“依声定调，按名分谱”，详细说明四声平仄，用大小字体标清正字和衬字，共收曲牌335支。这是专为创作北曲制订的标本，明清人所撰北曲曲谱，都取材于此书。

《太和正音谱》为古典戏曲理论的研究提供了具有参考价值的史料，特别是曲谱部分，是现存最古的北杂剧曲谱。朱权关于音乐理论方面的著述，除了《太和正音谱》外，还有《太古遗音》《梦阮启蒙》《神奇秘谱》等。

朱权对近百年杂剧、散曲创作进行概括总结，并订出规格。他首推马致远之词“如朝阳鸣凤”，他书中“群英所编杂剧”一节，本是采自《录鬼簿》，应以关汉卿为首，他却将马致远改为首位，而将关汉卿排在宫大用之后，列为第五位，在“乐府格势”中还贬其为可上可下之才。故此，王国维在《宋元戏曲考》对朱权有所批评，认为“非笃论也”。马致远是元初大戏剧家，他写的“神仙道化”剧《黄粱梦》《岳阳楼》等，曲笔反映了社会生活，表达了他对社会愤懑和决绝之情。朱权因特别偏好此类题材，又喜欢他曲辞优美抒情，所以较为推崇。朱权首先强调的是政治原则，在“群英所编杂剧”中指出：“盖杂剧者，太平之胜事，非太平则无以出。”朱权从为明王朝服务的立场出发，提出以“治世之音”为原则，以“安以乐，其政和”为艺术标准，并将元明间的杂剧分为两大类：一为鸿儒硕士、骚人墨客所作的杂剧，由良家子弟扮演，谓之“行家生活”；一为娼优所撰，不入群英之列，又由娼优所扮，谓之“戾家把戏”。

朱权将“乐府体式”定为十五家，首为“丹丘体”，次为“宗匠体”，再次为“黄冠体”，最后为“俳优体”。朱权自号“丹邱先生”，在《冲漠子独步大罗天》杂剧中，又云东华帝君封冲漠子为丹邱真人，由此可知他首推具有“豪放不羁”风格的“丹丘体”。在其余十四家中，他推重“黄冠体”，“神游广漠，寄情太虚，有餐霞服日之思，名曰‘道情’”。朱权所称赞“神游广漠，寄情太虚”的“黄冠体”，与“神仙道化”剧及道家所唱“志在冲漠之上，寄傲宇宙之间”的“道情”剧，实际上是一脉相通的。朱权既然主张用戏剧“以饰太平”，自然也就不将反映现实社会的真实、深刻作为品评剧作家的标准，所以他特别推崇“神仙道化”内容的作家与作品，为巩固朱明王朝服务。同时，他想用道家思想慰藉自己，韬光养晦，以躲避明王室内部的互相猜忌与杀戮。

朱权在《太和正音谱》中，表达了对道家的看法：

> 道家所唱者，飞驭天表，游览太虚，俯视八极。志在冲漠之上，寄傲宇宙之间，慨古感今，有乐道徜徉之情，故曰道情。[①]

此外，他还对儒释两家，表明了态度，“儒家所唱者性理，衡门乐道，隐居以旷其志，泉石之兴”[②]，态度中立，适度地保持了尊重；“僧家所唱者，自梁方有丧门之歌，初谓之颂偈，‘急急修来急急修’之语是也。不过乞食抄化之语，以天堂地狱之说愚化世俗故也”[③]，可见鲜明的排斥态度。

朱权在“杂剧十二科”里将元戏分为十二科，第一科为“神仙道化”，第二科为“隐居乐道”，这里的道即隐遁修真、神化度人之道。可见，朱权以“神仙道化”为首，“忠臣孝义”杂剧居中，而“神佛”杂剧被其改称为“神头鬼面”，置于末尾。在“词林须知”内，他更进一步针对“道情”作了发挥。道教戏曲的概念乃是在此基础上通过概括抽象提出来的，它是以修炼成仙或隐居乐道为主导思想。

朱权并不具体研究作家的作品，主要是品评作家的艺术风格，所品评的形式采取古代传统的方法。这种方法最早见于六朝时钟嵘《诗品》和刘义庆《世说新语》，唐人司空图《诗品》与宋人严羽《沧浪诗话》便是这种批评方式之延续。朱权首先将这种批评方式引入戏曲品评之中，在某种程度上讲，也可谓是创举。朱权在品评作家风格时往往片面追求文词华丽和音韵和谐，认为语言“典雅清丽”“雍容典雅”“神彩烨然”

① 朱权：《太和正音谱》，上海涵芬楼影印艺芸书社藏本，1920 年，第 46 页。
② 朱权：《太和正音谱》，上海涵芬楼影印艺芸书社藏本，1920 年，第 46 页。
③ 朱权：《太和正音谱》，上海涵芬楼影印艺芸书社藏本，1920 年，第 46 页。

的作品，才是上乘之佳作，如他品评白朴“之词如鹏搏九霄”，乔梦符“之词如神鳌鼓浪”，费唐臣“之词如三峡波涛”，宫大用“之词如西风周鸟”。

在朱权之前，元人虽有《录鬼簿》《中原音韵》两部研究元曲的专著，却或偏于记述史料，或专论音韵，而忽略了对作家、作品的品评，正是在这种意义上，清代的戏剧理论家梁廷木丹、李调元在各自的专著《曲话》中，均以朱权《太和正音谱》为“最先”。

三、汤显祖与“临川四梦”

汤显祖的祖父汤懋昭仕途坎坷，转而寄情于道教。在祖父能阴骘好神仙术且积极宣传道教的影响下，汤显祖也深受道教思想的影响。在《和大父游域西魏夫人坛故址诗》序一文中，汤显祖回忆道：“（大父）晚言筌于道术，捐情末世，托契高云。家君恒督我以儒检，大父辄要我以仙游。”序文明白地道出家父和祖父对自己儒道方面的综合影响。祖母姓魏，与道教南岳魏夫人同姓，汤显祖常自夸家有魏夫人。汤显祖年少时的诗词老师徐良傅，也颇有怀仙之志。此外，从其自号“海若居士”也能窥见一斑，海若是庄子笔下的海神名，可见仙道思想都对汤显祖产生了深刻影响。宁愿修炼仙道也不愿追名逐利，这种思想烙印在少年汤显祖的心中，在他后来的仕途生涯和文学创作中都有体现。

汤显祖在诗歌以及哲学论文中都对道教赞誉有加，流露出浓厚的道教思想，如《阴符经解》。在其创作的剧作中，道教思想的流露更加显著。道教对汤显祖的影响超过了儒释二教，在早期的《紫箫记》和归隐后所作的《临川四梦》中，他深刻地揭露了明代社会的现实状况，对当时的社会政治作出了特有的批判。《紫箫记》作于万历五年至七年间（1577—1579），是汤显祖三十岁前，一部稚嫩的未竟之作。万历十五年（1587）前后，汤显祖在南京任职期间，将其改编为《紫钗记》。《紫箫记》中的《游仙》一出写霍小玉之父抛妻别女入华山修道，侍妾郑姬到西王母观中做了女冠。这即是当时上流社会求仙慕道之风的缩影。《紫钗记》中也融入了道教的影子，在《冻卖珠钗》一出中，为标榜自家神灵法术高超，西王母观中的道姑和水月观音院的尼姑展开一场骂战，虽然是游戏之笔，但增加了诙谐的效果。

纵观汤显祖一生，道教成其人生转折路上的慰藉。万历十六年，明朝灾荒，一片衰颓之势，汤显祖上书直言，被贬为徐闻典吏。汤显祖并未因此受到打击，他借此从南京的吏隐生活过渡到南方的仙隐生活。他一直想去游览罗浮、大蓬、葛洪丹井等这些道教名胜，这次正好可以了却夙愿。带着道教的热情，汤显祖踏上了征途，其间，多首诗歌表达了这种喜悦，如《初发瑶湖次宿广溪》《罗浮飞云岭》等诗作。到达遂昌后，汤显祖用道家的清净和儒家的仁政思想来治理政务。他感慨道："生死虚空一暮朝，由来得道始逍遥。"此后，他一生再也没有离开过道教。万历二十六年（1598），汤显祖辞官归乡，四年内创作完成了《牡丹亭》《南柯记》《邯郸记》。至此，四梦全部完成。

《牡丹亭》是汤显祖的代表作，展现了杜丽娘对自由、生命、爱情的鲜活追求，有着明代个性解放思潮的深刻烙印。剧中石道姑修宅祈禳驱除鬼魅；杜丽娘死后，她看守红梅观，为其做道场；为成全柳梦梅，她虽然畏惧开馆见尸、不分首从斩的明律，但还是帮助柳梦梅做了劫坟之事，成就了二人的姻缘。

《邯郸记》是一个度脱剧，讲述了吕洞宾度卢生成仙的故事。文中吕洞宾的师傅钟离权有飞升黄白之术；吕洞宾的磁瓦枕头，是用黄婆土筑了基，用七般泥封固，并用坎离为药物等等。类似法术的描写在文中很多，均可以看出汤显祖谙熟道教丹鼎派烧炼之术，有长期道教活动实践的经验。不仅如此，汤显祖还具有丰富的道教知识。众所周知，道教的天界神仙都是有品位的，没有官职的叫散仙。在《邯郸记》中，汤显祖写到蓬莱山门外的蟠桃林需要有人打扫落花，吕洞宾度了何仙姑专司此职。何仙姑被提拔后，张果老让吕洞宾再度一人来扫花，卢生便成了神仙的继承人。

四、汤显祖与宜黄清源师庙

汤显祖的戏曲理论，大多散见于剧本题词、诗文和书信中，而《宜黄县戏神清源师庙记》（以下简称《庙记》）是其唯一论述戏曲艺术的专论。《庙记》对戏曲本源、流传、发展、特征、价值乃至艺术创造与鉴赏等命题，都作了论述，是历史上最早的一篇戏曲学导言。

嘉靖四十年前后，时任大司马的宜黄县人谭纶（1520—1577）把海盐腔引进宜黄，他死后20年，当地唱海盐腔的艺人多至千人。按当时民间职业戏班的规模划分，大概有三四十个戏班。戏曲在当地的繁荣，使宜黄戏曲艺人深感有建立戏神庙的必要。

汤显祖晚年在潜心创作剧本之余，热衷于戏曲演出活动。在明万历三十年（1602）左右，他应宜黄戏曲艺人之请，根据自己多年来的戏剧创作和演出经验，写出了《庙记》一文，提高了戏曲的地位，对后世的戏剧家产生了很大影响。清初戏曲家李渔在《比目鱼》中，再次宣扬了汤显祖“一教就有一教”“二郎是我做戏的祖宗”的观点。值得一提的是，被称为二郎神的有李冰父子、赵昱、邓遐、独健二郎、杨戬、孟昶等数位。宋代流行的是李二郎信仰，李二郎与李冰关系甚密，有学者认为其为李冰二子。元代后，赵昱代替了李二郎，影响扩大。赵昱是传说中的道教人物，神迹是斩健蛟及庙食灌江口的经历，故被称为灌口神。到明代万历年间，二郎神杨戬成为近代民间最流行的说法。

当然，戏剧界的戏神并不局限于二郎神，从明代万历年间到入清后，二郎神逐渐被老郎神代替。清代的老郎庙随处可见，江苏、湖南、广东、云南等地都有。老郎神一般认为是唐明皇，因为他主持创立了梨园，梨园即后来的戏班，而唐明皇是进入道教神仙谱系的神。唐明皇的历史活动证实了他是道教坚定的信仰者和支持者，他在位期间，尊祭玄元皇帝，抬高老君地位，在各地修建玄元皇帝庙，大量制作其画像分发天下。此外，他提高了道教的地位，将崇道纳入科举体系，官吏选拔，多有道举出身者。玄宗一朝，道家发展鼎盛，举国上下狂热地尊崇道教。要补充的是，道教的“翼宿星君”也曾被作为戏神祭祀。“翼宿”是道教崇奉的二十八星宿之一，是乐星，主管乐事。对戏神，有崇奉与祭祀，戏曲艺人祭神仪式除了模仿佛道二教外，更多地保持了巫仪的神秘性。在民间迎神赛社的活动中，二郎神逐渐升华为祭祀的祖师、统治舞台的戏神了。

戏神诞生后，各类戏种祭祀戏神的仪式尽管各不相同，但都庄严神圣。在开戏前都要敬神，在演出后台的神龛中竖立牌位，摆设供品，悬挂对联或写上一些咒语，以此来供奉“祖师”。直到明中期，戏神都没有专门供戏剧从业人员拜奉的庙宇，汤显祖认为儒释二教均有祠，而“清源师号为得道，弟子盈天下，不减二氏，而无祠者。岂非非乐之徒，以其道为戏相诟病耶”？[①] 在汤显祖的倡议下，宜黄县的戏剧艺人立下戏神祠庙，汤显祖写下《宜黄县戏神清源师庙记》的碑文。

宜黄子弟祭祀清源师仪式较为简单，汤显祖对这种合唱一曲“啰哩嗹”的方式不满，便极力支持宜黄子弟兴建戏神庙。此后戏神祠庙在各地陆续出现，尽管供奉的戏神不一，但戏神总算有了专门的祭祀庙宇。梨园艺人把老郎神即唐明皇作为精神世界的最高权威，可见道教对当时戏班的思想支配性。由此，汤显祖把戏神推到了与儒释道三教圣人并列的席位，享有崇高的地位和隆重的祀礼。这篇碑文可以说是中国戏曲宗教化的重要标志。宜黄艺人每年农历六月二十日都要祭拜戏神，这种习俗一直延续到 20 世纪 60 年代。

五、弋阳腔与道教

元末明初起源于赣东北地区的弋阳腔，为我国现存最古老的民间古典戏曲声腔代表，是我国高腔戏曲的始祖，具有突出的历史和文化价值。数百年来，弋阳腔与昆山腔并驾齐驱，推动着中国戏曲的双轨发展。

中国南方早期戏曲存在方式是以目连戏为敬神的戏，南宋以后赣东北一带的道士在做道场法事时，就演唱南戏目连戏。目连戏虽出自佛教故事题材，但处处印有道教的烙印。道教仪式大多与剧情无关，借仪式镇邪扶正以保演戏平安顺利。“江西陋习，每届中元令节……在于省城内外店铺，逐户敛索钱文，聚众砌塔……夜则燃灯，鼓吹喧天，昼夜搬演《目连戏文》。”[②]

到元末，目连戏有了专业班社。当这种民间南戏进入江西弋阳时，

① 《宜黄县戏神清源师庙记》，《汤显祖诗文集》，上海古籍出版社 1982 年版，第 1128 页。

② 傅伯言、李国强 :《赣文化通志》，江西教育出版社 2004 年版，第 540 页。

便产生了弋阳腔。在江西弋阳县当地，弋阳腔原称为高腔，最早的高腔戏班，即由当地道士组成，称之为道士班，他们所唱的戏曲唱腔，即是法事中用的音乐，当地称之为道士腔。实际上，道士直接成为地方戏曲创作演奏成员在传统戏曲中是相当普遍的现象，这正是道教对戏曲产生直接影响的最重要途径之一。《中国龙虎山天师道音乐》谈到在106首龙虎山天师道乐曲中，有34首标明为弋阳腔，占全部乐曲的30%之多。

据南昌赣剧院青阳腔老艺人介绍："弋阳腔和青阳腔的老郎君是一样的，姓田，我们叫'田正山'。"他们所画的老郎君神位图，先画"三清"，下书"敕令封风火院铁板桥老郎君之位"[①]。可见高腔与道教的关系。

道教对弋阳腔的影响除了腔调之外，还体现在产生了道情等说唱艺术，而这些说唱形式又被广泛运用于弋阳腔戏剧中。明代还有一种"倒喇"的说唱艺术，也像极了道情。明杂剧《杨六郎调兵破天阵》头折中，萧天佑云："唤俺吃答剌孙、倒喇着耍子。"倒喇即意为"唱歌"。《金瓶梅词话》六十四回谈及太监喜欢听道情："他只喜《蓝关记》，倒喇小子胡歌野调，那里晓得大关目、悲欢离合。"这里的倒喇小子唱的《蓝关记》即为道情。

作为民间戏剧的弋阳腔受道教艺术的深远影响，它接受了道教的故事题材和音乐成分，逐渐摆脱原始的宗教意识形态，开始向曲牌体戏曲发展，在南诸宫调的直接影响下生成南戏声腔，但同时也吸收道教说唱艺术的吟诵腔，故而在唱腔上还保持着诗赞体的一些特点。

道教擅用道符、咒语等超自然手段来解决问题。佛道相杂的弋阳腔本《目连救母·过奈河桥》一戏中也融入了关于道教符咒的运用。亡魂要过三桥，善者从金银桥上过，恶者则过奈何桥。有一名叫江脱身的鬼犯，在阳间时偷盗钟鼓、骗人钱财，死后先是骗取他人衣物乔扮成杨和尚的样貌偷过金银桥，后又诱骗鬼卒说能传授其不怕挨打的法术，这样若鬼卒误了公事就不怕受罚，如："江脱身：你不学，不戴就不灵。鬼卒（白）：好，我就戴起来。江（白）：待我念起咒来。闭着眼睛，双手和掌。

① 刘念兹：《南戏新证》，中华书局1986年版，第325页。

一二三四五，金木水火土，要你文你就文，要你武你就武，太上老君急急如律令，我打，你记得丢，打。”①

在实际的中元节祭祀仪式中，也会运用到符咒，例如五猖符咒、破台收煞符咒、地保符咒等：

“五猖神”又称“五通神”或“五郎神”，实则是喜欢恶作剧的偏财神，对喜欢的人家就把东西给对方，对不喜欢的人家则偷他们的东西。人们把他祭起来祈求神降福于自己。从演目连戏剧本第二本开始，每晚开演前都要请五猖神。“破台”始于宋代，在演戏开始前夕为敬告四方鬼神、祝演出成功之意，“收煞”既有结束之意也有驱逐凶气、邪气之意。“地保符”则是为保一方平安的道符。

道教是多神教，在专门超度亡魂时的目连戏会在开演之前祭拜道教神灵，比如元始天尊、上清灵宝天尊、太清道德天尊、玉皇大帝、后土娘娘、四方神、护法四帅、八仙、九天玄女等等，其中还应当包括本地的神灵。

六、万寿宫庙会与戏曲

中国的庙会大都与宗教神仙信仰关系密切，万寿宫庙会也是如此。在赣地民俗文化上，许真君在江西被尊为“普天福主”，赣省各地修建了万寿宫。每年八月初一至十五，香客们都要进山拜祭。许真君崇拜早在宋代便已在民间广为传播。洪迈《夷坚三志》壬卷第七“滕王阁火”条载：“常年八月十五日，所至以真君生朝。自旦日即相率诣玉隆宫，四远毕集，凡半月，岁岁如是。灵仙威神，为人作敬。”江西中秋节多为纪念许真君而设，用弋阳腔演出许真君事迹的连台大戏《铁树传》及其他历史连台剧。万寿宫内大都建有戏台，较著名的有兴国县良材乡老圩镇万寿宫戏台，宁都县小布乡万寿宫戏台，上高县河南下街真君庙戏台，进贤县民和镇万寿宫风雨戏台等，尤以南昌新建县西山万寿宫戏台最为著名。

西山庙会的宗教内涵是以地域特色的民俗活动来演绎净明道许真君

① 江西省赣剧团：《目连救母：弋阳腔连台戏本》1982 年，第 149 页。

的仙话故事，可谓是道教斋醮科仪与民俗信仰完美结合的典范。诸如庙会中举行的黄中斋，相传就是许真君流传的仪式。据元代道经《许真君仙传》记载："每岁尚有黄中斋会，云八月十五日营斋会。遍召里人，长少毕集。至日中，祥云弥望，音乐腾空，羽盖龙车，从官兵卫，仙童彩女导从。"[①] 这是许真君八月十五日飞升仙话的仪式化演绎。参加庙会活动崇拜许真君的虔诚信众，在传说中许真君飞升的神圣时刻，通过仪式增强了对许真君功德的历史记忆。

西山庙会以许逊崇拜为显著特色，因此又称为真君会、朝仙会、敬香会。南昌府各县香客成群结队，前往西山虔诚朝拜，称为"万寿进香"。许真君上升的八月十五是庙会的高潮，因此有中秋节为江西第一之说。清同治《新建县志》卷十五《邑肇志·风俗》载："历元明迄今，自八月朔，四远朝拜不绝，至十五日而最盛。居民辐辏成市，中秋节为江西第一。"[②] 西山万寿宫八月庙会，是许真君飞升日的仪式活动，而历史上许真君的祭祀活动，在正月、五月、八月都有相应的仪式活动。正月是许真君圣诞日的祭祀活动，建醮赛灯祈丰年的仪式甚为丰富。许逊在西山传播孝道有功于民，净明道在民间社会有极大影响，许逊信仰成为当地百姓的精神寄托，民间相信他有祷则应，无感不通，这是西山庙会得以传承的社会原因。

万寿宫是净明道教活动的主要场所，也是民众供奉许真君的地方。万寿宫庙会是许真君民间崇拜信仰的产物，从最初的乡民朝拜活动发展成为敬祀神灵、交流感情和商贸往来的综合性群众大会。

演戏酬神、演戏娱神是万寿宫庙会的传统习俗，一方面是纪念许真君，感谢许真君恩德；另一方面是表达乡民对农作物生长消灾祈祥的意愿，庆贺当年农业生产丰收，期盼下一次的丰收。届时，万寿宫一定会到外地去请有名的大戏班来此唱戏，时间多则10天，少则3天，场面如同乡民赶集一般，人山人海，热闹空前。乡民通过看戏，暂时摆脱平时

① 《道藏》第6册，文物出版社、上海书店、天津古籍出版社1988年版，第813页。
② （清）承霈修，杜友棠、杨兆崧纂：《新建县志》，清同治十年（1871）刻本。

农田劳碌与乏味，身心得以暂时的放松和娱乐。在这里，乡民既可以观赏到许真君不辞辛苦为民治病救人、不顾高龄为民治水、不顾生死斗孽斩蛟的剧目，也可以欣赏到具有代表性的地方剧种，既展现了许真君的崇高人品和伟大功绩，又开阔了乡民的视野。

许真君崇拜的主体就是万寿宫庙会中的人流主体，包括信教乡民与不信教乡民两个部分。信仰净明道教的乡民，基于对净明道教的信仰和对许真君的崇拜，是满怀虔诚之心前来祭祀、朝拜许真君，同时，也为自己和亲人消灾祈福，希望凡事都能得到许真君的保佑和庇护。不信仰净明道教的乡民，出于仰慕许真君人品及其功绩，或是想在许真君面前虔诚地敬上一炷香，表达自己尊重和敬仰之情；或是慕名前来一瞻许真君仙容；或是久仰西山万寿宫道教圣地前来游览。

第四节　名流与江西道教

随着经济的发展，市民阶层文化需求逐渐增长，到明代中后期，儒、释、道三教合一的社会风尚也表现得更明确，道教思想从上层统治阶级波及士大夫群体及下层民众。在许多文人的生平、创作、交游及学术理论中，皆可见道家思想的深刻影响。不管是朝中大臣、权倾一时的宰相还是心学代表人物，他们以各自不同的方式与道教结下了不解之缘。

一、王阳明与江西道教

王阳明与江西结下了不解之缘。他年轻时在南昌铁柱万寿宫修习道教，之后途经湘赣古道远谪贵州龙场驿，在那里悟道而形成心学理论，成为他一生的转折点。他先后就任于江西庐陵知县、南赣巡抚，并在江西吉安组织军队指挥平定宁王之乱。王阳明一生的文治武功与哲学思想的形成，都与他在江西的政治军事实践有着密不可分的关系。江西作为全国道教的重镇乃至中心，江西的道家文化对王阳明亦产生了一定的影响。

（一）王阳明与铁柱万寿宫

阳明与道教内丹学有着不解之缘，在十七岁时，阳明驻留南昌，对道教产生浓密的兴趣，跟随铁柱宫的道士修习道教的内丹导引术。据

《年谱》记录，他因闻养生说，遂与道士相对而坐，连第二天要成亲这事都忘了。他后曾多次上九华山访道求仙，青年时身体抱恙，三十一岁时告病归越，在四明山的阳明洞中行导引术，静坐修习，前后长达两年。道教的修习让其身体大有恢复，此后阳明对道教的兴趣愈加浓厚，经过长时间的修炼，阳明的内丹工夫提高不少。到其晚年揭示致良知教义时，他在与学生陆澄的书信中，肯定了道家内丹的功效。他认为，如能专心于此，则神住、气住、精住，道家的长生说，就蕴含在此中。阳明相信，如能长期专注于此，护体长生是不难企及的目标。对道教内丹与点化金银、白日飞升等法术，阳明辨别得很清晰，在《答人问神仙》中，他认为：

> 古有至人，淳德凝道；和于阴阳，调于四时；去世离俗，积精全神；游行天地之间，视听八远之外。若广成子之千五百岁而不衰，李伯阳历商、周之代，西度函谷，亦尝有之。若是而谓之曰无，疑于欺子矣。然则呼吸动静，与道为体，精骨完久，禀于受气之始，此殆天之所成，非人力可强也。若后世拔宅飞升，点化投夺之类，谲怪奇骇，是乃秘术曲技，尹文子所谓"幻"，释氏谓之"外道"者也。若是谓之曰有，亦疑于欺子矣。夫有无之间，非言语可况。存久而明，养深而自得之，未至而强喻，信亦未必能及也。[①]

对烧炼金丹等所谓秘术曲技，阳明抱怀疑态度，他认为只有持久不断地修炼精、气、神，才能在信和疑中做出取舍。可见阳明对道教，是采取了同内丹修炼者一致的态度。

不仅如此，阳明对道教内丹的吸收和运用，还体现在其晚年致良知说上。所谓良知，是心之本体，阳明认为这个本体的实质是虚无的，如同太虚，"良知之虚，便是天之太虚；良知之无，即是太虚之无形。日、月、风、雷、山、川、民、物，凡有貌象形色，皆在太虚无形中发用流行，未尝作得天的障碍。圣人只是顺其良知之发用，天地万物，俱在我

① 《答人问神仙》,《王阳明全集》卷二十一，上海古籍出版社 2011 年版，第 887 页。

良知的发用流行中，何尝又有一物超于良知之外，能作得障碍？”[①]具体言之，良知本体也具有神妙遍在、发用流行、寂然不憧的特点。这里的“太虚”不是张载的“气之本体”，也不是道教的养生之说，是对二者吸纳基础上的超越。在同学生陆澄的书信往来里，阳明有这样的阐述：

> “精一”之“精”以理言，“精神”之“精”以气言。理者气之条理，气者理之运用；无条理则不能运用，无运用则亦无以见其所谓条理者矣。……后世儒者之说与养生之说各滞于一偏，是以不相为用。……夫良知一也，以其妙用而言谓之神，以其流行而言谓之气，以其凝聚而言谓之精，安可以形象方所求哉？真阴之精，即真阳之气之母；真阳之气，即真阴之精之父。阴根阳，阳根阴，亦非有二也。苟吾良知之说明，则凡若此类皆可以不言而喻。不然，则如来书所云“三关、七返、九还”之属，尚有无穷可疑者也。[②]

阳明认为，良知不可以形象方所求，它与内丹的精、气、神一样，不管如何变化，最后要到达的是与宇宙同体的境界。在致良知中，也有一个向本体复归的过程，最后达到类似内丹的极境，这就如阳明所说“真阴之精，即真阳之气之母；真阳之气，即真阴之精之父”。阴阳打通后，道教修炼理论如三关、七返、九还这些均已打通。显然，阳明以道家形上学中最重要的虚无、动静、太虚等概念论证其良知本体，间接地回答了关于良知如何致的问题，体现出对道家形上学的熟练融摄。

（二）王阳明与江西的其他道教宫观神庙

王守仁与江西道教的关系甚为密切，除了上文叙述的年轻时期在南昌铁柱万寿宫修习内丹导引外，还利用在江西担任地方行政与军事长官期间，游历了江西不少的道教宫观及与道教信仰密切相关的地方神庙，并写下了不少相关的诗歌。

---

① 《王阳明全集》卷三，上海古籍出版社 2011 年版，第 121 页。

② 《答陆原静书》，《王阳明全集》，上海古籍出版社 2011 年版，第 70 页。

王守仁曾一度为官于贵州，在湘赣古道江西境内的道教宫观与神庙留下了不少的诗作。如经过分宜，王守仁曾拜访过钤冈庙，写下了《过分宜钤冈庙》诗一首：

共传峰顶树，古庙有灵神。
楚俗多尊鬼，巫言解惑人。
望禋存旧典，捍御及斯民。
世事浑如此，题诗感慨新。[①]

钤冈庙在分宜去袁州府的路上，袁河边上，相传为龙姆信仰的庙宇，在整个赣西影响甚广。王守仁的诗歌对钤冈庙的信仰未置褒贬。

王守仁从分宜来到宜春，游历袁州府的主要景点宜春台，写下了《袁州府宜春台四绝》，其中最后一绝写到仰山龙神：

古庙香灯几许年，增修还费大官钱。
至今楚地多风雨，犹道山神惊铁船。[②]

诗中提及袁州府的镇山之神仰山龙神，其庙原在仰山，后移南庙，最后在袁州府治附近的春台建行祠。

王守仁由宜春经行萍乡，宿武云观，题诗一首《宿萍乡武云观》：

晓行山径树高低，雨后春泥没马蹄。
翠色绝云开远嶂，寒声隔竹隐晴溪。
已闻南去艰舟楫，满忆东归沮杖藜。

① 《王阳明全集》，第八条十九世卷，“外集一”，上海古籍出版社 2011 年版，第 676 页。

② 《王阳明全集》，第八条十九世卷，“外集一”，上海古籍出版社 2011 年版，第 687 页。

夜宿仙家见明月，清光还似鉴湖西。[①]

这首诗写作于作者路过萍乡夜宿武云观的所见所感。

王守仁亦曾为官于江西的吉安与赣州，必经之处有不少的道观宫观，在峡江玉笥山的道教宫观驻足游览时，写下了不少与道教相关的诗歌。如《和罗伦大秀宫韵》：

兹山堪道迹，上应少微星。
洞里乾坤别，壶中日月明。
道心空自警，圣梦苦难醒。
方峤由来此，虚无隔九溟。[②]

诗中对道教虚空缥缈之旨怀着复杂的感情。王守仁在玉笥山留下的诗作还有很多，在本卷玉笥山道教章节中还有相关叙述，于此不多赘述。

二、严嵩与江西道教

严嵩，作为古代袁州府历史上知名度最高的内阁大学士，亦即宰相，在历史上留下的名声并不好，被贴上奸臣的标签。严嵩之所以能荣登相位，与他的道教青词的写作有着密切的关系。他是明朝青词宰相中的一员，是嘉靖期间掌政时间最长的宰相。正如前文叙述江西道教青词概述所提及，严嵩因青词写作之才能而入阁，也因青词写作水准的降低而获罪。下文依次按照生平简介、青词撰写进行叙述。

严嵩所在朝的皇帝奉道，因身体不好，好长生，喜玄瑞恶直言，对撰写玄文一事极重视，对撰写玄文者也格外优待。嘉靖年间四任首辅杨廷和、夏言、严嵩、徐阶，除先朝遗老杨廷和外，其他三人均是精心撰写青词玄文而得以擢拔的。其时，整个官吏阶层争相献谀，奏进玄瑞、

① 《王阳明全集》，第八条十九世卷，“外集一”，上海古籍出版社 2011 年版，第 688 页。

② 康熙二十二年于成龙修纂的《江西通志》卷四十七，“艺文”类“近体诗”，第 11 页。

方书并私建斋醮为世宗祈祷寿福。

道教斋醮发展到明代，已形成一套复杂的礼仪形式，要设置坛场，要置办法服冠饰，要有经典文检，道士们要围绕坛场唱、念、做，进行诵经、手印、点弹、步罡、步虚、旋绕、散花等表演。真正以青词进献世宗的，顾鼎臣算第一人。据《明史》载，其于嘉靖初年“进《步虚词》七章，且列上坛中应行事。帝优诏褒答，悉从之。词臣以青词结主知，由鼎臣倡也”[①]。同时，世宗已开始进行斋醮活动，所费不赀。此后，经过大礼议之争后，顾鼎臣于嘉靖十七年入阁。嘉靖二十一年“壬寅宫变”后，世宗听从了大学士严嵩的建议，把化险为夷的经历归功于上天和祖宗，并迁出皇宫，落脚西苑。从嘉靖十八年到嘉靖四十五年，入阁为相的大学士共十三人，有夏言、顾鼎臣、严嵩、徐阶、袁炜、严讷、李春芳等人。这些人都是靠撰写与嘉靖帝道教活动有关的青词、玄文入阁。夏言死后，朝廷大权落到了严嵩手上。当时严嵩写的醮祀青词，独得世宗心意；后来又因所撰的青词达不到世宗的要求而被徐阶代替，继而被逐。

严嵩一生著述繁多，文集、诗选、稿件、奏章等加起来有几十种，共计200多万字，其中诗词作品就有1300多首。他的诗歌中最为著名的就是青词，他更是被称为“青词宰相”。

与严嵩同榜的状元顾鼎臣也因青词得宠而入内阁。严嵩文笔颇佳，所作青词无不合乎世宗之意，因而找到了一条升官的捷径。嘉靖十八年（1539）正月，皇帝举行“尊天重典”，礼部尚书严嵩尽职尽责，作青词颂德，被特加太子太保。当时，夏言与严嵩“俱以青词得幸”，时人讥为“青词宰相”。

《万历野获编》卷二“嘉靖青词”条目下载：

> 世庙居西内事斋醮，一时词臣以青词得宠眷者甚众，而最工巧最称上意者，无如袁文荣（炜）、董尚书（份），然皆谀妄不

① 《明史》卷一九三，《顾鼎臣传》。

典之言。如世所传对联云："洛水玄龟初献瑞，阴数九，阳数九，九九八十一数。数通乎道，道合元始天尊。一诚有感，岐山丹凤两呈祥。雄鸣六，雌鸣六，六六三十六声。声闻于天，天生嘉靖皇帝，万寿无疆。"此袁所撰，最为时所脍炙，他文可知矣。时每一举醮，无论他费，即赤金亦至数千两。盖门坛扁对皆以金书。屑金为泥，凡数十碗，其操笔中书官，预备大管，泚笔令满，故为不堪波画状，则袖之。又出一管，凡讫一对，或易数十管，则袖中金，亦不下数十铢矣。吾邑谈相辈，既以此得贰卿，且致富云。①

据沈德符载，最得世宗意的青词是袁炜所作"洛水"这首。时世宗疯狂崇道，不惜耗资无数，在用人上也唯玄文、青词为衡量之主要标准。这样的偏好让人钻了空子，有精心撰玄奉道者，以获巨资，更有甚者，因此飞黄腾达，时朝廷官爵之封泛滥成灾。君昏臣谀，士风、吏治由此江河日下。

严嵩晚年手订平生所撰诗文成《钤山堂集》一书。严嵩身后，尤在康熙后，严氏诗名一落千丈，《四库全书总目提要·凡例》将《钤山堂集》与明初助逆兴兵的姚广孝的著作等同，同列见斥不收之例。四库馆臣虽然认可严氏词华美，足以方轨文坛，但怙权蠹国。可见，严嵩诗名受累主要是政治原因。在此集中，严嵩撰有《步虚词》四首：

步虚词

其一

高高黄金阙，隐隐白玉楼。
中有虚皇居，华景荫丹霄。
朱阳洞明境，青炁散空寥。
寤寐思真域，但觉形神超。

① （明）沈德符：《万历野获编》，中华书局1959年版，第59—60页。

其二

绛宫吸灵气，玉诀飞天罡。

翕尔生光电，依然蹑洞阳。

赫奕三皇篆，灿烂九霞章。

飞神朝玉阙，羽盖凌扶桑。

其三

振佩入琼都，云扉是几重。

鸾情依日观，凤想结霞峰。

魂莹澄真识，心斋清道容。

五色金光发，相将随赤龙。

其四

凌晨吸丹景，入夜漱玉泉。

百关弥舒旷，灵台复湛然。

冥思玄霄上，驰神玉阙前，

无劳生羽翼，自可揖真仙。[①]

所谓步虚词，是道教祈福禳灾时所用的诗歌文体，可以说是一种特殊类型的游仙诗。[②]其特点是通过丰富的想象，辅以夸张铺饰的修辞手法，运用华丽富赡的语词描绘奇异瑰美的神仙境界，使作品富有浓厚的浪漫主义色彩。这是其最显著的艺术特征。严嵩的这四首步虚词，是其参与斋醮所感，引发出世向往所作，不仅仅是应酬之作，还有一定的文学欣赏价值。

此外，严嵩在祭祀颂文里表达了对皇天的诚意和对世宗的祈福，如

---

① （明）严嵩《钤山堂集》卷十六，《续修四库全书》集部·别集类，第1336册，上海古籍出版社2002年版，第150—151页。

② 关于步虚词的源起流变，参见孙昌武先生《游仙诗与步虚词》，《文史哲》2004年第2期。

《万寿宫颂》："法天行健，四隩咸宅耀曦；秩秩寅宾，出日亦有辉朗。素月澄璧，阴阳之精，左右互弼。"① 又如《祷雨灵应颂》："百谷蓁蓁，庶草繁庑。我皇圣德，上格于天。随祷而应，景福斯骈。维此乐岁，宜稼于田。工歌千廛，农歌于野。师歌塞垣，士饱腾马。戎虏潜驱，永奠中夏。小臣作颂，以告万方。祝我圣皇，万寿无疆。"② 另有《瑞应白鹊颂》："天子万寿，坐于明堂。去谗远慝，显忠遂良。天耀前星，煜煜煌煌。明受命溥将，自天申之，降福无疆。微臣作颂，以告万方。" ③ 这些作品用语老练，与道教活动休戚相关，可见严嵩对这一类文体的熟练驾驭。

三、张位与江西道教

张位也是明朝时期江西出生的内阁宰辅，主要活动于神宗万历年间，张居正之后主持万历朝政坛数年。作为南昌府新建县人，张位与南昌万寿宫的关系较为密切，也游历过江西的道教名山。

明万历二十八年（1600）铁柱万寿宫毁而复建，张位作《重建万寿宫记》，据其所载，万寿宫于这年冬十二月兴工，首创真君殿一重，高若干，方广若干，悉从旧制。……继前门二门，继诸仙殿两廊、铁柱池、钟鼓楼，又继圣像易铜以塑；继画四壁仙邮册迹，继建玉皇阁；继前街门，外用墙围之，左右开雍门，又前辟小沼，深三尺，宫以内诸水皆潴焉。至万历戊申（1608）冬告成。铁柱万寿宫的重建，吸引着来往南昌的商旅流连不已。

意大利传教士利玛窦于明神宗万历二十三年（1595）来赣，从南安乘船到南昌登岸，偶然观览铁柱宫，见其宫规模宏大，周围集市热闹不已，他便走进宫内，顿时被一群好奇的百姓围观。后来他在传记内记载了这段场景，认为万寿宫建筑宏伟，里外都是做生意的，好像天天开商展会似的，非常热闹。就这样，把铁柱万寿宫向欧洲做了介绍。

张位游历华盖山，写了一组由 5 首组合而成的《谒华盖山》诗，在

---

① （明）严嵩《钤山堂集》卷十八，《续修四库全书》本，第 163 页。
② （明）严嵩《钤山堂集》卷十八，《续修四库全书》本，第 166 页。
③ （明）严嵩《钤山堂集》卷十八，《续修四库全书》本，第 167 页。

明代华盖山道教相关章节中引用了其中一首，于此不再赘述。

明朝是江西人文鼎盛时期，明朝江西的文人士大夫群体十分可观，在朝廷出将入相的代不乏人。江西的文人士大夫与宦游于江西的士大夫深受江西道家文化的浸染与熏陶，上述所列举的三位，仅是其中受江西道教文化影响较为深刻的代表。除此之外，还有危素、练子宁、胡俨、金幼孜、解缙、夏言、邹守益、罗洪光、汤显祖等等。

清代篇

第十章　清代社会与江西道教

从清入关前到康熙朝，统治者为了稳固政权，对道教采取拉拢和利用的态度，没有从政策上对道教的发展进行限制，对作为道教代表的龙虎山天师也依例赐封，摆出了尊重的态度，但清初诸帝对于道教其实没有多少兴趣。雍正在位时，清朝的统治虽然已经十分稳固，尽管雍正个人对道教亲近，但朝廷对道教的态度没有发生改变。自乾隆朝开始，朝廷着手限制道教发展。乾隆制定了严格的度牒制度，以期使道教的规模不断缩小，同时贬抑张天师的地位，甚至禁止天师入京朝觐。朝廷的政策切断了道教与庙堂之间的联系，使道教的发展陷入了困境，持度牒道士的人数以及道观的数量不断减少，道教不得不转向民间发展，逐渐民间宗教化。道教的地位伴随着封建制度的衰亡而衰落，同时伴随着江西道教走向民间，道教也以另一种方式获得了活力，并一直在江西的民俗文化中占有一席之地。

第一节　清代道教政策与江西道教

清代道教的发展在总体上呈现出一种衰落的态势，

这与清代诸帝对道教相对抑制的态度密切相关。在这样的道教政策之下，清代的江西道教也走向了衰落。

一、清代道教政策

清政府的宗教政策大体沿袭明朝，进一步完备国家宗教祀典，尤其重视祭孔；同时崇信佛教和道教，但以佛教为重。尽管如此，清朝在道教管理特别是具体的执行过程中，与明朝亦有诸多不同，形成了清朝道教管理的新的特点。[①]总的来说，清朝统治者对道教采取的政策就是：在严格防范和抑制的条件下加以利用，且抑制不断加强。[②]

清代宗教政策的雏形形成于清入关前约30年间（1616—1644）。清军入关前，在坚持萨满教的主体地位的同时，采取了兼容并包的宗教态度，对儒释道三教都采取了吸收、融合和利用的政策。就道教而言，早在清太祖努尔哈赤建立后金政权之初，就已经在兴京（赫图阿拉）修建玉皇庙，供奉道教神祇玉皇上帝。康熙《盛京通志》载：“兴京显佑宫，即玉皇庙，在城之东北，国初建。崇德十七年置道士。顺治六年赐道士布匹。十五年，赐名显佑宫，立碑。康熙二十一年，赐供器十六事。”[③]顺治十五年御制《兴京显佑宫碑文》载：“惟兹兴京所建显佑宫，始于缔造之初，昭事上帝之所，其关甚重。运祚灵长，神实启之；臣民瞻仰，神实迪之。”[④]萨满教以天为崇拜对象，而玉皇上帝作为道教的最高天神同样受到了尊崇。天命十年（1625），努尔哈赤迁都沈阳，并改沈阳为盛京。迁都之后，把原沈阳城隍庙升为“都城隍庙”，这表明了他对城隍等道教神祇的接纳。[⑤]清太宗皇太极仿效其父的做法，继续对汉人崇信的儒释道三教采取吸纳包容的态度。他保留了毗邻皇宫的道教建筑三官庙，

---

① 牟钟鉴、张践：《中国宗教通史（下）》，社会科学文献出版社2000年版，第869页。

② 卿希泰、唐大潮：《道教史》，江苏人民出版社2006年版，第332页。

③（清）董秉忠等修，（清）孙成等纂：《盛京通志》卷二十“祠祀志”，康熙二十三年刻本，第1页。

④ 康熙《盛京通志》卷三十二“艺文”，第13页。

⑤ 康熙《盛京通志》卷二十，第1页：“都城隍庙，在城内大街鼓楼东路北，旧沈阳城隍庙也。……国初建都后，升都城隍庙。”

并将其恢复为道教活动场所，敕选道士在庙焚修，使之成为御用道观，还在盛京敕建关帝庙，在海城敕建娘娘庙，这些都是道教与民间信仰的庙宇，同时仿效明制，建立了僧道官制度、度牒制度等。道教文化作为汉文化的代表和象征，在皇太极时期也受到了一定程度的优待和重视。[①]

清初，基于稳固政权的考虑，对传统的道教主要采取利用的态度。顺治还是大致沿用明代的惯例，对以张天师为代表的道教给予了一定的重视，其对道教的态度是既利用道教，但对道教并不尊崇。而一旦王朝统治趋于稳定，统治者就逐渐开始贬抑道教。康熙对道教的态度颇为轻蔑，他曾表示："道法自然，为天地根，老氏之学，能养其真。流而成弊，刑名放荡，长生久视，语益惝恍。况神仙之杳渺，气历劫而难聚，纵白日兮飞升，与世道乎奚补？慨秦汉之往事，求方药而何愚！用清净而获效，宁化美于皇初，养身寿人。儒者有道，保合太和，何取黄老？"[②] 但康熙对道教的抑制尚不严厉，对张天师还是依例赐封，并于康熙五十二年（1713）赐帑修缮龙虎山大上清宫。雍正在位时，出于对三教一体和道教治世作用的肯定，以及个人对道教的兴趣等原因，对道教采取了优待和尊重的态度。他曾授第五十五代天师张锡麟为光禄大夫，并对龙虎山高道娄近垣十分宠信，赐封其为"妙正真人"，还曾赐银修缮大上清宫。但从清代道教政策的整体情况来看，雍正只是一个特例。

乾隆朝时，对道教的抑制大为强化，使道教的发展环境变得非常恶劣。登基伊始，乾隆就加强了对度牒的管理，试图通过收紧度牒的发放来管理和控制道教的发展。乾隆元年（1736）四月，礼部下令：

> 清厘僧、道之法，莫善于给度牒，而给度牒之法，必尽令其恪守清净。请令顺天府、奉天府、直省督抚转饬该地方官，于文到三月内，将各戒僧、全真道士，年貌籍贯，焚修处所，清查造册，取具印结，申送汇齐到部，发给度牒，转饬地方官，当堂给发。各

① 汪桂平：《清入关前的宗教政策探析》。

② 《文渊阁四库全书》，第495册，台北，商务印书馆1986年版，第27页。

僧、道收执，遇有事故，追出汇缴。嗣从情愿出家之人，必请给度牒，方准簪剃受戒。如有借名影射，及私行出家者，查出治罪……至清微正一道士，除龙虎山上清宫，由真人给与印照，各直省清微灵宝道士，仍给部照，毋庸给牒外，火居道士，俱令还俗，其年老不能还俗者，亦暂给部照，永不许招受生徒。[①]

全真道士由地方官当堂发放度牒，而清微、正一道士除上清宫由真人发放印照外，都发放部照凭证，私自出家会受到处罚。乾隆四年（1739），朝廷又下令停止颁发度牒和部照，转而实行师徒传牒的制度，弟子的度牒、部照只能从师傅手里继承而来。乾隆还下谕："今礼部颁发各省度牒，已三十余万张……盖未深知朕渐次裁减之本意，尔等可密寄信与各督抚，令其徐徐留心，使之日渐减少，需以岁月，不在取必于一时。"[②]可见他推行新度牒制度的目的就是减少僧道的数量，让佛、道教慢慢自行消灭。由于这一新度牒制度，持度牒的道士不断减少，道教被迫转向民间发展，私自簪剃的行为不断增多，朝廷屡禁不止，度牒制度慢慢失去了作用。后来乾隆也逐渐认识到，想把僧道从中国社会中完全清除掉是不可能的。乾隆三十九年（1774），持度牒道士的数量已经少到连选任道官都时有困难，乾隆于是下旨废除度牒制度："度牒不过相沿旧例，散给仍属具文，而稽查实虞烦扰，自以不办为妥。若防僧道滋事而设，未必有牒照者，悉能恪守清规，而犯法者，皆系私自簪剃。方今法纪森严，有犯必惩，更无庸为此鳃鳃过虑。至遇僧纲道纪需人，所在地方官，原可查明僧道中之实在焚修、戒法严明者，具结呈报上司，咨部给照充补，何必因此一二人之补缺，而令各省寺观通查滋扰耶。所有礼

① 中华书局影印《清高宗实录》卷十六，中华书局1985年版，《清实录》第9册，第433—434页。

② 中国第一历史档案馆编：《乾隆朝上谕档》，第1册，中国档案出版社1991年版，第412页。转引自卿希泰、由申：《乾隆朝的道教事务管理》，载《湖南大学学报》2016年第2期。

部奏充补僧道官，必须给有牒照之例，亦著停止。”[①] 度牒制度废除之后，清廷把道教看成了无关紧要的问题，对之更加轻视。乾隆之后的清帝都对道教采取了同样的态度，即使有少数高道能够得到朝廷的宠信，也不能改变这一基本趋势。

乾隆七年开始，对神乐观进行了全面的“去道教化”改革。对于这次改革的原委，《大清会典事例》载云：

> 朕因时飨，聆太常寺笙箫管之奏，至不能分别宫商，何以交神明而达诚敬？朕命庄亲王、三泰、张照为总领乐部大臣，非止辖和声署也。嗣后一应太常寺乐部事务，俱著管理。又闻向来太常寺乐员，系道士承充，夫二氏异学，不宜用之朝廷。今乃令道士掌宫悬、司燎瘗，为郊庙大祀骏奔之选，暇日则向民间祈禳诵经以糊其口，成何体制？太常寺乐员，嗣后毋得仍习道教，有不愿改业者削其籍，听为道士可也。[②]

从表面看来，乾隆下令改革神乐观的缘由，是因为他对太常寺的表演水准甚为不满，更为根本的原因，则是因为太常寺乐舞生乃由道士充任，儒道“二氏异学”，道士是“不宜用之朝廷”的，“朝廷乃别选儒士为乐官，而令道士改业”。归根结底，还是因为乾隆对道教的抑制态度。

乾隆朝对神乐观的改革，分为两个方面。一是清理太常寺和神乐观的道士。根据乾隆七年上谕，神乐观道士不得仍习道教，不然就必须离开神乐观。次年，改神乐观为神乐所。乾隆二十年，又改神乐所为神乐署。与此同时，乾隆八年，还对神乐观崇奉的神祇进行清理，除玄天上帝仍旧奉祀外，将天师、文昌等神尽行撤出。二是，改革乐舞生管理制度。乾隆七年，成立乐部，“凡太常寺神乐观所司祭祀之乐，和声署掌仪

---

① 中华书局影印《清高宗实录》卷九六〇，中华书局1986年版，《清实录》第20册，第1018页。转引自卿希泰、由申：《乾隆朝的道教事务管理》，载《湖南大学学报》2016年第2期。

② 《大清会典事例》卷五二四，“乐部·职掌”，第1页。

司所司朝会燕飨之乐，銮仪卫所司卤簿诸乐，均隶于乐部。钦派礼部并内务府大臣各一人，暨各部院大臣之谙于音律者，总理乐部事务。遇坛庙大祀，总理乐部官在御史侍班处，大朝日在都御史侍班处侍立，以监视奏乐”[①]。新成立的乐部，将神乐观与和声署（前身为教坊司）合而为一。经过这场改革，神乐观本身的职能并没有太大的改变，但是由于道教的因素被清洗，道士引导王朝祭祀礼仪的时代已成为过去。

晚清时期，道教继前朝进一步走向衰落。清政府对南方的正一道愈发不重视，而比较亲近北方全真道。

总而言之，正如牟钟鉴等人所说：“清代诸帝除雍正外，不大重视道教，没有出现明代嘉靖皇帝那样的道教狂热贵族信徒，道教与清廷的关系比较冷淡。”[②]失去了政治上的有力支持，道教的发展走向停滞，步履维艰，甚至不得不回到道教早期的民间宗教的境地。在清朝道教管理整体趋势的影响下，作为南方道教的中心，江西道教的发展态势既是清王朝道教政策影响下的地方道教发展缩影，同时也有着自己的发展特色。

二、清代道教管理对江西道教的影响

道官制度的形成和发展受制于道教与中央王权的关系，而世俗政权对道教的态度，也会影响到道官制度的变化。尽管清朝沿用了明朝的道观制度，但在一些方面也有所改变。而正是这些看似不大的变化，恰恰反映出清代统治者对于道教的态度。

（一）道教道官的设置

道官制度是清朝道教政策及其管理制度的具体反映。总体上，清朝的道官制度沿用了明朝的道官制度，各级道官的设置、名称与公署等，与明朝所定的制度框架基本无异，但执行起来并不严格，往往流于形式。[③]而且清代道官的品级更低，明代时道纪司都纪为从九品，副都纪以

① 《大清会典事例》卷五二四，“乐部·职掌”，第1页。

② 牟钟鉴、张践：《中国宗教通史（下）》，社会科学文献出版社2000年版，第869页。

③ 刘康乐：《明代道官制度与社会生活》，金城出版社2018年版，第38页。

下为未入流，而清代时自都纪以下均为未入流。[①]

明朝自洪武十五年（1382）正式实行道官制度，清朝沿用近300年。两个朝代不仅在京设置道录司作为掌管全国道教的行政中心，而且在全国各级府州县也建立了相应的道教管理机构，将国家对宗教的控制遍布各地。国内凡有道教活动的地方，都按照行政层级建立不同的道教管理机构，设立相应级别的道官。除了府州县各级地方道司以外，地方道官还有另一个相对独立的系统，即龙虎山正一道真人及诸山宫观的提点、灵官。龙虎山、太和山、齐云山、王屋山等诸山宫观灵官、提点受命于礼部，听命于皇帝及正一真人，其主要职责有：提督修理宫观等；统领本宫道众；掌领本派符箓等；修斋建醮焚修；皇室委派的其他事务等。尽管名山宫观所在的府州县都有道官的设置，但最高的官阶也不过是都纪的从九品，其他均为未入流，现实中无法统领名山宫观的众多事务。诸山宫观灵官、提点的设置，不仅高其品秩，有笼络道门的功效，而且每处重要宫观均设道官分掌其事，又有总提调等官统领全山，大大提高了道教衙门的工作效率。[②]

江西的龙虎山正一真人是象征意义上的道门领袖，名义上拥有统管全国道教的权力，但实际掌握着对全国道教管理权的却是代表国家的道录司。重要名山宫观的道官具有独立管辖本山道教的权力，实际上是中央钦定委派的高级道官，与道录司及当地道司之间并没有隶属关系。[③]

（二）正一真人位阶变化

进入清代中期，清朝皇帝开始对道教的态度显现出非常明显的贬抑倾向，具体到道官的官阶及身份的政策和限定方面，在江西最为突出的体现就是正一真人的职权范围和官阶变化。

在清初，朝廷对龙虎山的天师道的扶持力度明显下降，但保留一定的礼遇。如顺治六年（1649），第五十二代天师张应京入京觐见顺治

① 《清史稿》卷一一六·志九十一·职官三："府道纪司都纪、副都纪，州道正司道正，县道会司道会，各一人。俱未入流。遴通晓经义，恪守清规者，给予度牒。"

② 刘康乐：《明代道官制度与社会生活》，金城出版社2018年版，第116页。

③ 刘康乐：《明代道官制度与社会生活》，金城出版社2018年版，第73页。

帝，顺治帝赐宴，敕封张应京“正一嗣教大真人”，并赐予银印一枚，授权其管理龙虎山天师府及大上清宫等本山教属与教务。康熙二十六年（1687），第五十四代天师张继宗入京觐见，康熙帝赐号“碧城”及御书“大真人府”“大上清宫”匾额，此后又恩赐他乾坤玉剑和京师府第等。雍正帝在清代诸帝中算得上是比较“崇道”的一位，他对龙虎山天师道优崇有加，并集中体现在其对正一道士娄近垣的崇信。乾隆帝登基之初，娄近垣及龙虎山天师得到了一定的礼遇。乾隆七年（1742），伴随着士大夫梅瑴成的参奏，龙虎山张真人的待遇和地位开始急剧下滑。[①]

从乾隆开始，清皇室对道教的贬抑就愈来愈强。乾隆先是宣布藏传佛教为国教，道教为汉人的宗教。道教首领的地位也一再被降贬，对道教活动的限制也不断加强，道教的组织发展也渐渐趋于停滞。乾隆四年（1739）规定，“嗣后真人差委法员往各省开坛传度，一概永行禁止。如有法员潜往各省选道士，受（授）箓传徒者，一经发觉，将法员治罪，该真人一并议处”，[②]禁止正一真人到其他省区发展道徒，对正一真人的职权范围进行了限制。乾隆七年（1742）决定正一真人不得列入朝班行礼。[③]另一方面，对正一真人的官阶也进行了几次调整。乾隆十二年（1747）[④]十二月，乾隆皇帝认为前代对正一真人的封典逾分，将其品秩由二品降为五品，同时停正一真人朝觐。乾隆三十一年（1766），因第五十七代天师张存义祈雨有功，升正一真人品秩为正三品。乾隆五十四年（1789）又规定正一真人“五年一次至京”。

至清嘉庆、道光年间，不仅正一真人的地位被贬降，朝廷对龙虎山道官的选任和管理的规定也更加严格。嘉庆九年（1804），朝廷还给正一真人三品印。嘉庆二十四年（1819），正一真人仍定为五品，皇帝下谕，

---

① 卿希泰、由申：《乾隆朝的道教事务管理》，载《湖南大学学报（社会科学版）》2016 年第 2 期。

② 《清朝续文献通考》卷八十九 · 选举考六，商务印书馆 1955 年版，第 1 册，第 8494 页。

③ 郑永华：《清代乾隆初年道教史事两则考订》，载《宗教学研究》2009 年第 3 期。

④ 乾隆十二年为 1747 年，但此事发生在当年十二月，按公历已是 1748 年。见郑永华：《清代乾隆初年道教史事两则考订》。

“正一真人系属方外，原不得与朝臣同列，嗣后仍照旧例，朝觐、筵燕概行停止”。[①]道光元年（1821），第五十九代天师张钰恳请入京朝觐，但朝廷下谕，“张钰前经停其朝觐，著不准来京”，[②]之后正一真人再未入京朝觐过。同时，朝廷对龙虎山道官的选拔、管理作出更严格的规定：“龙虎山上清宫设提点一员，正六品；提举一员，从六品；副理二员，赞教四员，均七品；知事十八员，未入流。缺由正一真人于本山道众内选补，出具考语，报部补放给。每届年终，造各法官及道众年貌籍贯清册，报该抚咨部查核。如有私钤执照发给法官，及用空白札付向各省考选道士，并容士民投充挂名等事，该法官及投充之人，从重治罪。仍将正一真人职名咨送吏部议处。”[③]这都说明道光皇帝对道教的组织活动的控制愈发严厉。

（三）全真龙门派之复兴

全真道教自从明代元后，曾于明成祖时代一度兴盛，之后则因明神宗崇奉正一而在上层社会遇冷，这种情况一直持续到清朝前中期。然而，全真道士则在底层积聚力量，谋求发展，走上了道佛融合与民间化的发展之路。明末的伍守阳与清初的柳华阳在江西率先创立“伍柳派”，倡导儒佛道在金丹修炼上的趋同；著名高道王常月在道教理论方面则引进佛教的“三坛大戒”，创立“龙门心法”，并借明清更迭而谋求在京城的发展，在白云观公开传戒，逐渐获得了顺治与康熙的关注，顺治帝赐其“国师”之号及紫衣，康熙帝赠其“抱一高士”之号。王常月弟子众多，其弟子在京都的活动使长期沉寂的全真道有振兴的气象。龙门派弟子在江南创立的龙门南无派，更在江西等地得到较大发展。

三、清代统治者对江西道教代表人物的笼络

清朝统治者大多不尊崇道教，虽然对于南方道教的代表人物张天师给予了一定的优待，但并不亲近他们。在江西诸多高道当中，娄近垣与

① 《清朝续文献通考》卷八十九·选举考六，商务印书馆1955年版，第1册，第8494页。

② 《清朝续文献通考》卷八十九·选举考六，商务印书馆1955年版，第1册，第8494页。

③ 卿希泰、唐大潮：《道教史》，江苏人民出版社2006年版，第337页。

五十八代天师张起隆算是最受朝廷信赖的两位。

（一）雍正召见龙虎山娄近垣道长

综观整个清代，在诸位皇帝中，雍正帝对于道教，特别是对龙虎山天师道应是最为厚待的，对龙虎山多有赏赐。雍正帝对于龙虎山的这种态度，除其本人对于道教的兴趣所致，另一个非常重要的原因就是对清代著名道士娄近垣的宠信。

娄近垣（1689—1776），字朗斋，道号三臣，又号上清外史，又称妙正真人，浙江枫径（今上海金山枫泾镇）人。清代正一道士中，娄近垣应是最受统治者优待的，他也是清代正一道士中唯一能以著述流传后世者。娄近垣祖、父皆为道士，他自幼喜道，向父亲学道，后师从杨纯一在枫溪仁济观修道。因“慕龙虎之胜”，他乃入龙虎山，师从上清宫提点周大经，尽习其三洞五雷诸法及诸家符箓。在学道过程中，娄近垣不仅得到名师的指点，还学有所成，成为道法高妙之士。

雍正五年（1727），娄近垣随五十五代天师张锡麟入京，行至杭州，张病势增剧，于是嘱娄近垣：“吾无以报国家厚恩，子忠诚笃实，其体予志，以善事天子。”娄近垣奉命礼斗祈雨。因其言谈举止，受到雍正帝器重。

雍正九年（1731）正月，雍正帝染疾，娄近垣奉召入宫为雍正帝驱邪治病，大获效验。于是，雍正帝对其大加褒奖，封为龙虎山四品提点，供奉内钦安殿住持。后雍正学佛，娄近垣因能贯彻“三教一源”之理，解悟“禅宗妙旨”，深受雍正之称赞。

雍正十年（1732）三月，颁赐龙虎山上清宫提点印信，并给予提点、提举等员部札 25 道。

雍正十一年（1733）六月，颁《赐大光明殿上谕》，谕修大光明殿，赐娄近垣居住。在雍正帝支持下，娄近垣创立正一道支派正乙派。同年八月，朝廷封其为妙正真人；十月，赐其为大光明殿开山正主持，统领法官 48 名。

其后，雍正帝又晋其秩为三品，诰授通议大夫，还荣及其祖、父，又令其掌道录司印务事，东岳庙正主持。

雍正帝对娄近垣的这种恩宠，历朝历代实为少见。雍正帝对娄近垣的宠赉，并不仅仅是因为他治好了自己的病，更重要的是娄近垣“能以忠孝为心，利济为事，而不涉于丹药怪迂之说”。雍正帝认为娄近垣对朝廷一片忠心，行为举止合乎礼法，实在是堪为玄门表率，因而对其大加褒扬，“以表清修，以励后学”。[①]

到了乾隆年间，在乾隆皇帝对道教持极为贬抑的情况下，娄近垣依然受到了厚待。乾隆年间，正一真人张遇隆的爵秩由二品降至五品，取消其朝觐、筵宴资格，而娄近垣作为龙虎山上清宫法官却仍为三品通议大夫、御封妙正真人兼理道录司、龙虎山提点司和多处宫观住持，其品秩、职务已然超过了天师。[②]

（二）乾隆南巡召见第五十八代张天师

第五十八代天师张起隆（1745—1799），字绍武，号锦崖，又号体山，为第五十五代天师张锡麟继子。

据《张道陵天师世家》所载：

> 五十八代天师起隆：貌魁岸，深沉多智，能文善诗，四方知名之士，乐与之游。乾隆三十九年甲午，考入“四库全书馆”誊录，议叙一等，以县丞，分发河南，历署开封府经厅、粮储道库大使、布政使司都事。四十四年，堂侄五十七代存义遗疏，请袭□爵。四十五年，江西巡抚郝题咨调回江，奉旨，承袭。旋入觐，贺万寿。四十七年，再入觐。四十九年，乾隆六次南巡，又召见于行在。嘉庆时，卒于山。[③]

张起隆于乾隆四十五年（1780）承袭爵位教务，据《龙虎山志》和《补天师世家》载曾多次蒙乾隆皇帝召见赏赐，且于乾隆五十五年

① 卿希泰、唐大潮：《道教史》，江苏人民出版社 2006 年版，第 338 页。

② 孔令宏、韩松涛：《江西道教史》，中华书局 2011 年版，第 343 页。

③ 吴宗慈：《张道陵天师世家》，江西省文献委员会民国三十六年（1947），第 4950 页。

（1794）诰授为通议大夫。他九岁即入大学，乾隆三十六年（1771）游京，乾隆三十九年（1774）便考入四库全书馆誊录，“议叙一等”，后以县丞分发河南，历署开封府经厅、粮储道库大使、布政使司都事。乾隆四十四年（1779），其堂侄第五十七代张存义真人遗疏，恳请朝廷让张起隆承袭祖爵。乾隆四十五年（1780），江西巡抚郝题咨调回江，张起隆奉旨承袭，恰遇皇上七旬万寿，八月抵京，赴热河庆祝，进如意等物，蒙恩赏收《北斗延生真经》一部，奉恩旨在内廷听戏三天，受到赏赐上同大缎帽纬，及内造器同普洱茶食物等，并让他在万树园看放烟火。乾隆四十七年（1782）入觐，被皇上召见于乾清宫，蒙温旨，命于次年元旦大高殿拜进庆贺表文，礼成，赐老子绣像及藏香。乾隆四十九年（1784），乾隆皇帝第六次南巡，他接驾进贡。[①] 清仁宗嘉庆三年戊午（1798）届庆期，他行至苏州，告病回里，卒于山。

清统治者对于张天师及其天师府管理甚严，清代天师因朝廷贬抑道教而地位亦受到压抑，但第五十八代天师张起隆由于个人能力较为突出，因而还是在一定程度上得到了乾隆皇帝等高层统治者的认同。特别是乾隆帝第六次南巡的时候，还接受了张起隆的觐见进贡，并给予了一定的恩赐。“四十九年，恭遇圣驾六次南巡，循例于江苏无锡接驾进贡。蒙赏收鑪瓶等物。召见行在，又蒙赏给克食大缎四端，御题墨刻罗汉图。后数入觐，俱恩礼有加。”[②] 由此可见乾隆皇帝对第五十八代天师的看重。

四、清代江西道教的发展状况及特征

在清朝道教发展渐趋衰落的大环境下，江西道教的发展也比较好地诠释了这一发展趋势。

（一）江西道教祖庭与名山整体衰落

清廷尽管表面上维持了天师的地位，但其待遇显著下降，在朝中的品级远逊于明。曾经有“三山符箓”之称的閤皂山也已经衰败不堪，宫

① 张元旭：《补汉天师世家》，（日）小柳司气太编《白云观志》，东方文化学院东京研究所 1934 年版，第 353 页。

② 张元旭：《补汉天师世家》，（日）小柳司气太编《白云观志》，东方文化学院东京研究所 1934 年版，第 353 页。

观破败，法系传承不清。两大祖庭一者勉强维持表面的尊荣，实则难以为继；另一者灵宝祖庭则呈现出完全衰落的状况。江西其他的道教名山，如玉笥山、三清山、华盖山、武功山、西山、麻姑山、金精山等，也日渐衰微，不再重现往日的宫观数十上百、羽客数百上千的盛况。若与外省的著名宫观进行对比会发现，清朝时期除龙虎山之外，江西其他道教名山的名气日渐衰微，根本无法比肩于北京的白云观、四川的青城山、湖北的武当山、广东的罗浮山。道教上层的衰落，导致江西道教发展进一步民间化，道士下山的趋势成为时代潮流。

（二）江西道教人才的整体匮乏

清朝历时两个半世纪多，时间很长，但江西道教的人才却极其的匮乏，除了极个别与龙虎山相关的高道获得朝廷尊崇外，或个别在道教理论上略有建树的高道外，江西道教队伍中获得较大知名度的高道少之又少。翻阅清朝或民国编纂的江西地方志中关于清朝时期的仙释传，高道入列其中的寥寥可数，远少于佛教僧人，与宋、元、明形成较大的反差。清朝时期江西道教人才队伍不整齐、杰出高道匮乏的原因，与江西道教名观的整体衰落有密切的关系，没有了为道士专门清修的宫观，道教人才失去培养的基本条件，大多数道士都下山了，转身而变为民间火居道士，火居道士忙碌于民间法事，清修提升的可能性不大。

（三）江西道教的民间化与生活化

由于清朝政府对龙虎山符箓的有效控制，能获得正式授箓的道士毕竟有限。随着清中后期人口的急剧增长，民间社会的人生礼仪需求随着村落社会的发展而急剧增大，宫观道士由于受到宫观清规的约束，在服务民间社会的礼仪需求方面完全无法满足，如此导致大批宫观道士主动下山，发生身份的转变，由原先的宫观道士摇身一变而成为民间火居道士。民间火居道士群体在明清时期成为中国道教的主要载体。清朝的火居道士人数众多、活动范围广、涉及生活领域众多，展现出江西道教民间化与生活化的发展趋势。从调查中发现，江西村落社会活跃着的民间火居道士，大都属于某一观道士，如万载有汤周观、昊天观、耀灵观、九仙观、灵应观、广报观等，其中万载西片株潭、黄茅两镇的绝大多数道士都祖述昊天观，万载株潭东面、潭埠、高城、岭东等乡镇的道教道士大多属于汤周观，而万载中部偏西赤兴、双桥的道教道士多属于耀灵观。从这些调查资料可以看出，现在依然活跃在民间的道教火居道士，其祖上大多数都是清朝或更早明朝从宫观里下山的道士。

（四）江西道教与民间信仰的结合

江西的道教日益走向民间，与民间信仰结合更为紧密，开拓出另一片活动天地。最为典型的就是各地祭祀许真君的庙宇，都与当地百姓的日常生活联系在一起。西山万寿宫不仅在清代得到多次的重新修建，发展空前繁荣，同时至清后期，伴随着为数众多的香会组织前往西山万寿宫进香，西山万寿宫成为全省性的民间信仰中心。与此同时，青云谱在地方社会的地位也日渐提升，至清末已经成为地方士绅活动的政治舞台，转化为地方权力中心的象征。此外，自清中期开始，这些道家宫观逐渐与村落组织和基层行政组织互为一体，使道教逐渐融入江西民间社会生活，从而获得了新的活力。[①] 道士的修仙，转变为民间的仙道信仰。如赣西北对陈大仙人、杨孝仙人、蓝大仙、吴大仙、江大仙、黄大仙的信仰极其普遍。在抚州各县，普遍建有供奉“三仙”的宫观，其中南丰县的军峰山、宜黄县华盖山的三仙宫影响最大。这些民间崇奉的仙人在生时都有过修道的经历，或本身就是道士。民间仙道信仰的流行成为清朝江西道教的另一特色，还有法师信仰也有民间市场，如万载西黄茅的如龙法师的信仰、赣南会昌的赖公法师信仰、赣州的杨法师信仰等，传说中这些法师都在道教名山学法后成为法师的。

从以上叙述可以看出，清朝时期，江西道教的衰落其实是表象，要说真有衰落，也仅指宫观道教的衰落，就道教本身来说，它不仅没有衰落，而且是发展了，其发展的方向不同于宋元时期，它走上了一条民间化、民俗化的发展路径，道教与民众的日常生活更加息息相关。所以可以这样总结：江西道教在清朝表面上看似衰落，其实是有深层次的发展。

① 梁洪生、李平亮：《江西通史》（清前期卷），江西人民出版社 2012 年版。

第二节　清代江西道教宫观设置与特点

随着清代道教发展逐渐走向衰退，道教宫观的建设与发展也没有非常大的突破。这一时期修建的道教宫观一般都比较小，类似元明时期的大宗教建筑群几乎没有出现，道教宫观的发展主要局限在旧有宫观殿宇的维修或改建。清政府对道教的管理更多的是限制和收紧，特别是到了清朝中后期表现得更加明显。乾隆对道观的修造进行了严格的限制。雍正十三年（1735）九月，雍正下令各地不得擅自兴造寺观神祠，只能对破损的旧庙进行修葺："著传谕步军统领、及顺天府、五城地方官，并外省督抚，出示晓谕，嗣后官民人等，乐善好施，欲建寺庙，及僧道之发心募化者，惟许将旧寺旧庙，增修加葺……至若立愿广大，材力丰盈，特欲兴寺观神祠者，必呈明督抚，具题奉旨，方准营建。若不俟题请，擅为兴造者，必加究治。"[①] 而地方上修缮既有的道教宫观时，他也常命当地选派官员前去监督，以防道士借机聚敛民财。这种做法使得清代中后期各地道观数量逐渐减少。清朝各帝对道教宫观的建设也多出于安抚和利用的目的，因此也只有部分具有影响力的宫观得以修建，如重建西山万寿宫和维修龙虎山大上清宫。一些小的宫观庙宇，更多的是处于失修或废弃的状态。

一、江西十三府的元妙观

江西各地有多座元妙观，这些道观起源各不相同。宋真宗赵恒在位时，制造"天书下降"之事，为此诏令天下并修天庆观，有许多道观因此而改名天庆。到元代时，它们又被更名为玄妙观。清代为避康熙讳，玄妙观改称元妙观。

如前所述，明太祖朱元璋在京师设置道录司，"掌天下道士，在外府州县有道纪等司分掌其事"。清代沿袭明制，也在各府设置道纪司。根据

① 中国历史档案馆编：《雍正朝汉文谕旨汇编》，第2册，广西师范大学出版社1999年版，第288页。转引自卿希泰、由申：《乾隆朝的道教事务管理》，载《湖南大学学报》2016年第2期。

雍正《江西通志》卷十九、二十，江西十三府中，除南昌府、九江府将道纪司设于万寿宫，抚州府道纪司无记载以外，其余十府均将道纪司设于玄妙观。[①] 然而实际情况可能并非如此：

僧纲司、道纪司及各州县四合术俱无定所。（乾隆《南昌府志》：卷四·建置）

医学、阴阳学、僧纲、道纪均随所居供职，无专所。（乾隆《吉安府志》：卷十一·建置志）

僧纲、道纪二司无定处，凡为都纲、都纪者，即其所居寺观以为公所。（康熙《抚州府志》：卷十二·廨宇考）

阴阳学、医学、僧纲司、道纪司，按，四项土职历随所居供事，初无专所，今并依旧志开载。至七邑，更阙补不常，惟存其名而已。（乾隆《广信府志》：卷三·公署）

道纪司，亦明洪武十五年设在元妙观，正副都纪各一人，推各观领度牒道士有行者充之，不制冠服，不支俸。今无定处。（乾隆《南安府志》：卷之三·公署）

从各府志中的这些记载来看，清代江西的道纪司实际上并没有设在固定的场所。据乾隆《南安府志》，都纪应在有度牒的道士中遴选有德者充任，他并不一定居住在元妙观，将道纪司定于一处，则不便处理公务，因此道纪司所在处是随都纪而变动的。雍正《江西通志》中的记载可能只是“依旧志开载”，并非实情。而据乾隆《广信府志》，当时广信府所辖七县的道会司已经“阙补不常，惟存其名”，道纪司的情况虽无记载，但很可能也只是勉强维持。晚清时，道教转向民间发展，持度牒的道士和道观数量大为减少。光绪年间刘坤一等人编写《江西通志》时曾大量

① 其中，袁州府道纪司记为“在宜阳门外崇福观，今废”（卷十九），赣州府道纪司“在祥符宫，今废”（卷二十），根据雍正《江西通志》卷一一一和乾隆《赣州府志》卷三十七，袁州府崇福观和赣州府祥符宫都是当地元妙观的另一名称。

参考了雍正《江西通志》的内容，但其《建置略》中却没有了关于道纪司的记载，从这一变化来看，清末时道纪司或许已不复存在，又或者是此时道纪司的地位和作用已经小到不值一提了。因此，方志中关于多座元妙观“已废”“今废”的记载（见下表）是可以理解的。可能也是出于这个原因，方志中有关元妙观的记载都很简略，大部分内容均为前朝旧事。

清代江西十三府元妙观情况一览表

府名	所在地	情况
南昌府	省城广润门内	唐真人胡慧超过此，见樟树为妖，焚之，创信果观；宋改天庆观；元改元妙。已废。（光绪《江西通志》卷一二一）
瑞州府	府城朝天坊	唐天宝间建；明嘉靖间，道人晏普天修，规制弘敞，于此祝厘，范俊有记。本朝初，圮，康熙二年，巡抚董卫国捐修，并创火神庙。东有文昌宫，推官张凤翥重建，胡起龙记。（雍正《江西通志》卷一一一） 唐天宝十一年建；明万历三十六年重建。（光绪《江西通志》卷一二二）
袁州府	府城东门外	即崇福观。晋元康间建。（光绪《江西通志》卷一二二）
临江府	临江府学右	晋建；唐名三清；元改今名。明嘉靖十一年，分守陈大宾以其有碍文庙，改迁城东迎恩桥北。（光绪《江西通志》卷一二二）
吉安府	府城内	晋时建；唐开元九年为紫极宫；宋大中祥符三年为均庆观，天禧二年改天庆；元至元三十年易今名；明洪武六年作三清殿。旧属祝圣道场。（光绪《江西通志》卷一二三）
抚州府	府治西北	隋建；元改今名。（光绪《江西通志》卷一二三）
建昌府	府城内西南	旧名灵仙，唐邓紫阳栖真地；宋名天庆观；元改今名。（光绪《江西通志》卷一二四）
广信府	上饶县耆德坊	宋建炎间建；今废。（光绪《江西通志》卷一二四）
饶州府	府城东永平门魁辅坊	晋咸宁二年创，旧址在东湖百花洲；唐大中二年移至城东，改额开元观；宋大中祥符三年，诏额天庆观，创朝元阁；范文正知饶州时，为凿灵龟池、七星井，建钟楼；元元贞二年，诏改今额，至正间，兵毁；明洪武初重建，嘉靖间迁至城外烈女桥。本朝康熙四年，邑人查元长复舍地为观基（雍正《江西通志》卷一一三）

续表

府名	所在地	情况
南康府	星子县南	宋祥符间建，名天庆观；元改今名。明巡抚翁溥析为二，一迁浔阳门内旧慈化院基，为东观；一迁城西旧能仁寺基，为西观。国朝咸丰三年，东观毁，同治三年修复。（光绪《江西通志》卷一二四）
九江府	嘉靖《九江府志》、康熙《九江府志》、雍正《江西通志》、同治《九江府志》、光绪《江西通志》均无记载	
南安府	府城西南	宋端拱二年建，祥符间改今名；明初置道纪，每岁官僚于此习仪，雨暘弗时，则为坛而祷。（雍正《江西通志》卷一一三）
赣州府	府城城隍庙右	紫极宫在府城隍庙右，唐时建；宋改大中祥符宫，又改元妙观；明道士刘渊然受法于此，后改祝圣道场，地踞高阜，殿宇宏敞，像设三清；康熙六年丁未，赣镇姚自强倡同城文武绅士重修，乾隆元年丙辰，知县张照乘迁建县学于此。（乾隆《赣州府志》卷三十七）

二、龙虎山二宫、十二殿、二十四院的建设

龙虎山的大上清宫，历经宋、元、明、清四朝形成了“二宫、十二殿、二十四院”的格局，被誉为“江南第一道院”。

上清宫历代天师供祀神仙、阐教演法、传道授箓的主要宗教活动场所，有“仙灵都会”“百神受职之所”的美誉。上清宫在清代发展为“二宫、十二殿、二十四院”的格局，可以说是当时统治者对龙虎山天师道推崇利用的结果。康熙、雍正年间，张天师基本上保持了明代的地位。康熙二十年和四十二年，圣祖赐封第五十一代、五十二代、五十三代和五十四代天师为光禄大夫。康熙四十六年，清廷赐修天师府于京师正阳门外。雍正年间，清廷不仅在京师地安门外赐建天师府，还特地拨银十万两，对龙虎山上清宫进行了全面维修和扩建。

康熙二十六年（1687），清圣祖为上清宫御书宫额，改“大上清正一万寿宫”为“大上清宫”；五十二年（1713）又赐帑金修葺上清宫，并命江西巡抚佟国勷、杭州织造孙文成督修。

雍正九年（1731）清世宗尝敕迁京师张天师府第于地安门外，并特赐帑银十万两，对上清宫进行了一次规模较大的维修和扩建；遣大银台宫翰林学士詹留保、原直隶臬司浦文焯等督修，颁给“关防”（印）一颗；又命第五十六代天师府署理大真人张昭麟协同监修。于当年择造吉

日，鸠工庀材，众力俱举，至雍正十年（1732）八月告竣。除将原有殿宇葺修一新外，又新建“斗姆宫”等殿宇。经过此次修缮，上清宫形成了二宫、十二殿、二十四院的格局。其建置和布局，据清光绪十六年修《留侯天师世家宗谱》是如此记载：

宫门南临横街。街北建坊，坊北东西旗杆二。中甃巨石为路，东西缭以朱桓。又北为门，环砖为阙，以通往来。阙上建楼，重檐丹楹，周以朱栏。檐际悬圣祖仁皇帝御书大上清宫额。南望云林、琵琶诸峰，熛锐炎上，形家谓水制火，故奉真武于楼中。楼东西祀灵官、元坛。阙下东偏小屋，司香灯及门之启闭者居焉。进阙左右，绕以朱垣，垣之内外乔木森列，逶迤三折而北至“下马亭”。西向过亭折北，曰棂星门，凿石为之，中设朱栏。龙虎门在棂星北，望阙朝贺之地也。门外苍松两株，豫樟二株，皆高数百尺。门内东西向，祀雷部六帅。门之南，东西碑亭各一，碑勒明时修宫敕谕。亭四向，十字脊顶，置宝瓶。钟、鼓二楼又在两碑亭南门之旁，东西角门各一，门之北为甬道。又北为台阶，白石阶三重，上周朱栏。北为玉皇殿，旧之寥阳殿也。凡殿皆以所祀神像更名。玉皇殿北为后土殿，旧之真凤殿也。又北为三清阁，旧之玉皇阁也。阁下祀九宸，东西列三十六雷神。龙虎门以北，东西周廊共四十四间。玉皇殿之东西配殿曰三官，曰三省，旧之元坛文昌殿也。后土殿之东西配殿曰五岳、曰四渎，旧之三官、四圣殿也。三清阁旁，东曰文昌殿，又东曰天皇殿，旧之雷祖殿也；阁西曰关圣殿，又西曰紫微殿，旧之高真殿也。四殿俱南向，以上皆彤壁朱扉金铺铜沓冒。正殿重檐丹楹，藻井间以金碧，饰以云龙。三清阁复碧琉璃瓦，皆因宫之旧增修者也。

这样的格局，以及当时上清宫的发展状况，在我国南方诸道派中都是独一无二的。同时上清宫还拥有历代帝王恩赉的香田、膳地、山林、水塘约 70 余顷（每顷 100 亩），年收租谷 9000 余石。[1]

不过，雍正朝的这次修复，也是清廷给上清宫的最后一次惠泽。之后“因木料潮湿，山气郁蒸，渗漏甚多，易致朽烂。又以谷物缺额，不敷粘贴”[2]，于雍正十二年（1734），“抚臣常安将养廉银六百两，委员修葺”[3]。此次修葺是因大上清宫年久失修，且上清宫财政已入不敷出，因此抚臣常安动用自己的养廉银委派人员进行修葺。清光绪《江西通志》记载：“乾隆、嘉庆间，俱特旨动帑修葺。”乾隆五年（1740），因土殿中间梁木朽烂，脱榫坍塌，元帝殿西梁腐烂断裂，“龙虎门梁木亦复朽烂倾圮”，朝廷“饬令江西抚臣岳浚酌量查办”。

自乾隆时期始，张天师的政治地位就已经开始走向衰落，上清宫在清中后期亦未有大的修葺。至清末时期，上清宫中的许多建筑因年久失修而渐渐消失。[4]

三、全世界千座万寿宫的兴建

至清一代，以许真君为祖师的净明派已经成为道教中颇为重要的支系。在江西，以许真君崇拜为中心的福主崇拜和万寿宫网络的形成，是一个引人注目的历史现象。

明清时期，江西商人具有人数众多、经营行业广、活动地域范围广的特点。清前期江西人口流动的最大特点，就是在上百万江西人向西南川黔等省迁移的同时，江西本身也成为闽广移民的一个重要迁入区。伴随着江西人口的内外流动，一方面农业得到发展，另一方面手工业和商业也得到了发展良机。以“江右商帮”为代表的江西商人的兴起，更是将经商网络扩展到全国。特别是清朝之后，对许真君的崇拜经历了由局

① 张金涛编著：《中国龙虎山天师道（第二版）》，江西人民出版社 2000 年版，第 144—146 页。

② 《乾隆五年七月日钦奉圣恩敕江抚查修大上清宫折奏稿》，（清）娄近垣：《龙虎山志》卷一《恩赉》，江西人民出版社 1996 年版，第 8 页。

③ 《乾隆五年七月日钦奉圣恩敕江抚查修大上清宫折奏稿》，（清）娄近垣：《龙虎山志》卷一《恩赉》，江西人民出版社 1996 年版，第 8 页。

④ 梁洪生、李平亮著：《江西通史》（清前期卷），江西人民出版社 2012 年版，第 342 页。

部扩散到全省（由里社之神转变为全省之神）的过程，而全国各地的万寿宫数量也伴随着江右商帮的全国拓展，不断地由少至多，形成了以许真君信仰为中心的全国性万寿宫网络。

有学者考证，江西省省内各府县乡镇的万寿宫已查出近580所，而省外万寿宫总数多于省内，连同各乡约720多所。[①] 可见，全国各地有1000多所万寿宫。明清以前的万寿宫多属道观，分布的范围限于赣江下游和赣西、赣西北。到了明清，万寿宫数量迅速增多，江西万寿宫80%以上是在清代乾隆、嘉庆、道光、同治、光绪年间兴建的。由此可以推测，清代万寿宫的省内外数量应该已达千座。清代万寿宫数量的迅速增长，显然与江西商人的全国性发展以及地方政府的推动是分不开的。

明清时期，商业人口流动频繁，商人外出经商，为了共同的利益以及更好地同其他地域商人进行竞争，同籍商人往往凝聚在一起，以众帮众，形成商人组织团体。清代，随着江右商人的发展，江西商帮会馆也逐渐兴起。会馆作为同籍乡人的团体组织，能够加强同乡人的感情，几乎只要有江西商人聚住的地方，只要实现了一定的原始积累，每到一处，必定会建立万寿宫或会馆作为全帮的会聚之所。在省外经商的江右商帮，将其在当地兴建的万寿宫与江西会馆紧密结合在一起，为同乡间联络、商讨以及与其他商帮合作共事提供方便。万寿宫逐渐成为赣商们的聚会场所。

清前期，江西地方官员大力支持可以“维风俗，正人心”的许真君崇拜，以达到安抚民心、推行道德教化的目的，并将其列入国家祀典。与此同时，随着商品经济的发展，城镇和商业的兴盛，那些熟悉万寿宫庙会经济的江西地方官员和商绅们纷纷在其所在的城镇建起万寿宫，极大地推动了本地万寿宫的兴建。最为典型的西山万寿宫，在历任地方官员的大力倡导与支持下得以大规模重建。这些行为不仅强化了西山万寿宫的正统性与合法性，扩大了西山万寿宫的社会影响，同时也使得许真

① 章文焕：《万寿宫》，华夏出版社2003年版。

君由里社之神变为全省之神，西山万寿宫随之成为官方祭祀之地。[①]

千座万寿宫的形成，显然是清代万寿宫网络形成和发展的结果。万寿宫网络的形成，在不同社会阶层的共同推动下得以完成，是江西道教走向民间的生动体现。对民众，万寿宫是民众祈福禳灾、节庆聚会的场所；对商人，万寿宫是资源整合、同乡商帮议事的聚所；对于地方政府，万寿宫是谋求地方利益、构建地方权力体系的重要资源。正是在多方力量共同推动构建下，清代江西的万寿宫经历了由点到面、由省内到省外的扩散过程，由此清代的万寿宫数量才可能得以大规模增长到“千座”的规模。

第三节　清代江西道派和高道

明代中期以前天师拥有极高的政治地位，其在道教内部也取得了空前的影响力。但是进入清代以后，随着政治局面的变化和皇帝个人喜好的改变，天师的地位在政治上快速衰落：一方面天师境遇的衰落，逐渐失去觐见皇帝和参与政治活动的机会；另一方面儒释道的结合更加紧密，道派内部也互相融摄，各道派在保持自身传承的局面下参与地方宗教活动，逐渐成为社会生活的组成部分。

一、江西龙虎山正一派

清王朝是我国历史上最后一个封建王朝，同时也是一个入主中原的少数民族政权，因而在面对传统汉地宗教时采取了与以往王朝不同的策略。在这样的历史条件下，龙虎山天师府也迎来了发展的转折。

（一）龙虎山正一派地位急剧下降

在清朝前期，统治者面临立足不稳的局面，各种势力混杂，为了稳固自己的统治，对于龙虎山正一派采取了中性的态度。一方面承认龙虎山天师府的地位和作用，另一方面又控制龙虎山的势力遏制其发展，这

① 李平亮：《宋至清代江西西山万寿宫象征的转换及其意义》，《宗教学研究》2012年第3期。

是清初贯彻一致的基本政策。清朝仍给予龙虎山天师派首领“大真人”的封号，但并未给予更多宠遇，只是遵循旧典。据《龙虎山志》记载：

世祖章皇帝顺治六年（1649），以张应京袭封正一嗣教大真人。礼部题：为真人投诚，照例承袭优赏以广皇恩事，祠祭清吏司案呈到部。照得张真人历朝旧典，自唐宋元明皆有封赠。今真人张应京具表投诚，于本年正月二十五日入京，已奉旨赐宴，所有封典，应敕吏部查照旧例，铨授封号，给赐银印一颗。至于赏赉银缎，仍各给度牒，臣等未敢擅便。伏候圣裁。谨题。奉旨依议。①

光绪年间编纂的《重修留后世家张氏宗谱》中记录了1649年这次张应京朝贺定鼎时所颁谕旨：

皇清定鼎，入贺。世祖章皇帝颁赐敕谕，谕曰：“国家续天立极，光昭典礼，清静之教，亦所不废。尔祖张道陵博通五经，覃精玄教；治民疾病，俾不惑神怪；子孙嗣教，代有崇封。兹特命尔袭职，掌理道箓，统率族属，务使异端方术不得祸乱愚民。今朝纲整素，百度惟贞。尔其申饬教规，遵行正道，其附山本教族属，贤愚不同，悉听纠察，此外不得干预。尔尤宜法祖奉道，谨德修行，身立模范，禁约该管员役，俾之一守法纪，毋致生事，庶不负朝廷优加盛典。尔其钦承之，故谕。”

清廷认为通过支持龙虎山正一派可以对社会进行更好的控制，避免“异端方士”祸乱民众对其统治产生威胁。而在《圣祖实录》中有一段记载更是明确表现出清初对于佛道两教的态度：

① （清）娄近垣：《龙虎山志》，《藏外道书》第19册，巴蜀书社1992年版，第192页。

（康熙二十二年，1683 年）吏部题：正一真人张继宗疏请恩诏诰命及父母祭葬。查正一真人（亡）故，从无赐恤致祭之例，应不准行，其恩诏诰命应如所请。得旨：张继宗见号真人，即著照所袭衔名给予诰命。一切僧道原不可过于优崇，若一时优崇，日后渐加纵肆，或别致妄为。尔等识之。[①]

似乎清朝吸取了明朝崇道的教训对于僧道不再加以优崇，不过在清初顺治、康熙两朝仍然延续了前朝天师觐见的制度，并屡有赐宴，天师也能够给皇帝上奏疏。到了清王朝雍正、乾隆、嘉庆时期朝廷对于龙虎山正一派天师的态度发生了不小的转变。在整个清王朝时期对于龙虎山一系最为优渥的皇帝是雍正，他对于道教比其他皇帝都有兴趣，并且由于对龙虎山道士娄近垣宠信有加。与雍正不同，乾隆继位之后就下达命令整饬僧道，对于道教的管理更是严格，不仅限制道教宗派内度牒的数量，而且对于一般的火居道士也做出了规定：

（乾隆元年，1736 年）礼部遵旨详议，清厘僧道之法，莫善于给度牒，而给度牒之法，必尽令其恪守清净。请令顺天府、奉天府、直省督抚，转饬该地方官，于文到三月内，将各戒僧、全真道士年貌籍贯、焚修处所，清查造册，取具印结，申送汇齐到部，发给度牒。转饬地方官当堂给发，各僧道收执，遇有事故追出汇缴。嗣后情愿出家之人，必请给度牒，方准簪剃受戒。如有借名影射及私行出家者，查出治罪。至于应付僧人，令地方官一体给与度牒。若不愿受戒者，即行勒令还俗。其中老迈残疾，既难受戒又难还俗者，查实给与度牒，看守寺庙，以终天年。又如深山僻壤不能远出受戒，及俗家并无可归者，亦姑给与度牒，仍另行注册，永不许招受生徒。至清微、正一道士，除龙虎山上清宫由真人给与印照，各直省清微、灵宝道士仍给部照，毋庸给牒外，火居道士俱令还俗，

① 《圣祖实录》卷一一〇。

其年老不能还俗者，亦暂给部照，永不许招受生徒。又尼僧亦应照僧道之例，愿还俗者听其还俗，不能还俗者亦给度牒，永不许招受年少生徒。嗣后妇女必年逾四十方准出家，年少者严行禁止。从之。[①]

可以看出对于不同道派清政府给出了不同的管理办法。全真道士需要出家修行，其管理制度与僧尼相似，即清查造册后给予度牒；而其他不需要出家的道派如清微、正一等都有地方官进行管理，龙虎山正一派能够管理道士的范围则限制在了龙虎山上清宫的范围，那些火居道士则仍由地方官管理。当然这是官方的策略，表明官方严格限制僧道的发展，在现实执行层面则与地方官以及社会需要密切相关。在实质上使龙虎山正一派真人地位受到重大影响的是大臣梅瑴成的两次参奏：一次是关于龙虎山正一派天师朝觐时的礼仪问题，一次是关于孔子后裔和张天师后裔所受封赠待遇是否应当同等的问题。

（乾隆七年，1742 年）鸿胪寺卿梅瑴成奏：正一真人张遇隆恭祝万寿，据礼部文称，随班行礼应列左都御史下侍郎前。臣思真人乃道家之流，祈禳驱邪，时有小验，仍在不革可也，假以礼貌可也。乃竟入朝班，俨然与九卿并列，殊于观瞻有碍，应请敕部定议，不得必令入班行。得旨：此奏是，该部议奏。寻议应如所请，嗣后真人承袭谢恩，臣部带领引见，并遵三年来朝之例，准其入觐照例筵宴，宴毕还山；倘在京适值百官朝贺之期，免其列班行礼。从之。[②]

（乾隆十二年，1747 年）大学士等议复：副都御史梅瑴成奏称，真一真人秩视二品，原属明代旧制，近复加至光禄大夫，题请袭封。伏思孔子至圣后裔承袭公爵，颜曾思孟以下不过博士，今张氏

① 《高宗实录》卷十六。
② 《高宗实录》卷一七四。

所袭竟与圣裔无别，请照提点演法之类给予品级，停其朝觐筵宴等语。查正一真人世居江西龙虎山，至宋始有封号，元加封天师，秩视一品；明初改正一嗣教真人，秩视二品。本朝仍明之旧，而《会典》不载品级，盖以类于巫史方外，原不得与诸臣同列。即康熙、雍正间曾荷褒封，亦用以祈求雨泽，非如前代崇尚其教，而必阶以极品也。至从前给一品封典，亦因无案可稽，但凭旧轴题给，原未可为定制，嗣后应不许援例假借题请给封。至所奏授为提点、演法之类，所见亦是。但道录司左正一系六品，正一真人有统率道众之责，若授为提点演法，则亦系正六品。查太医院院使秩正五品，巫医本相类，请将正一真人亦授为正五品。其原用银印，即令缴部。嗣后缺出，应令该抚查其子孙应袭者，取具地方官印结，咨部袭补，照道官类注册。至朝觐筵宴，均如该副都御史所奏停止。从之。[①]

可以看出在此时的儒臣眼中天师等同于“巫史方外”，不过在祈雨和治病方面有“小验”，不能与孔圣后裔受到同等的待遇，其子孙袭补通过地方政府认可。清代乾嘉之后这一制度成为成例，龙虎山正一派对于官方的影响已经十分微弱了。

不仅如此，在乾隆时期对于龙虎山正一派天师的社会活动有了严格的限制：乾隆四年（1739）又奏准各省地方官，遇有真人府法官传度散帖之事，不行拿究及混行详请咨部者，府州县官，罚俸一年，督抚司道，罚俸六月。至嗣教真人，如有差委法官前往各省开坛传度之处，咨部请示，礼部堂司官，混行咨准者，将该司官罚俸一年，堂官罚俸六月。[②]

可以说在清代龙虎山正一派经历了在政治地位、宗教权利等方面由盛转衰的过程，其中有政治的原因，也有当时儒臣的推动。而在道教内部发展来看，龙虎山正一派在民间的影响力依然存在，道教的宗教活动也与百姓生活关系更加密切，深入人心，人们往往不再将其视为一种宗

① 《高宗实录》卷三四〇。

② 《清会典则例》卷二十。

教行为，而是习俗所成。

（二）娄近垣与正乙派

著名道士娄近垣被誉为“清代正一道士之冠”。他字朗斋，法号三臣，松江娄县人，祖、父皆为道士。他弱岁从枫溪仁济观杨纯一学道，后来“慕龙虎之胜”，乃入龙虎山，师从上清宫提点周大经学习。雍正五年（1727），五十五代天师张锡麟赴阙朝贺，娄近垣作为法员随行，行至浙江张锡麟病重，在病危之时叮嘱娄近垣“其体予志，以善事天子”。在娄近垣所作重修《龙虎山志》自序中说：“鄙以五十五代教主遗命，待值京师，备员法事。”

他在觐见雍正皇帝之后对奏称旨。雍正九年（1731）二月初四日，雍正在钦安殿面赐娄近垣御笔匾额“澡雪精神”，并要他把匾挂江西龙虎山提点司。雍正十年（1732）《封娄近垣上谕》中称：“法官娄近垣……道法精通，行止端方……朕于闲暇召见之时，将禅宗妙旨开示提撕，近垣豁然觉悟，竟能直透重关，而于三教一源之理，更能贯彻，实近代玄门中所罕见者。娄近垣着封妙正真人……钦此。”可见娄近垣与雍正皇帝乃是以谈禅为交流契机，而娄近垣熟知三教之理使得龙心大悦。雍正十一年（1733）八月，命娄近垣为大光明殿开山住持，统领法官四十八员，焚香顶礼，祝国佑民。雍正十三年（1735）九月十三日，诰授娄近垣晋秩三品，荣及祖父家人。乾隆元年（1736），敕娄近垣带管京师道箓司印务，东岳庙等处正住持，余如故。乾隆五年（1740）七月，娄近垣上表奏请修理上清宫以及增修殿阁及香田岁额租谷事，旨谕“照依酌情办理”。《松江府志》卷六十三《方外传》中记载：“四十一年（1776）正月，辟谷数日，端坐而化，时年八十有九，赐金治丧，命葬龙虎山。”

作为一代高道，娄近垣著述颇多。首先在道教科仪方面，他编成了具有承前启后作用的科仪法式集《黄箓科仪》，成为清代广为流行的科仪文书，在龙虎山、上海、苏州等地沿用至今。另外，还编写了《太极灵宝祭炼科仪》《先天奏斗玄科》《梵音斗科》等科仪文书。在娄近垣整理编写的科仪文书中，保存了不少道乐曲牌，这些材料为全面认识道教的发展历史保存了珍贵的资料[①]。娄近垣的著述除了科仪书外，还有在元代残本《龙虎山志》的基础上重修的《龙虎山志》（16卷本），以及收录他诗稿的《妙正真人语录》[②]。

娄近垣的修道思想通过对丹道的阐释体现出来。他的内丹思想追述南宗祖师张伯端的理论，并融合汲取禅宗思想，将二者融为一体，具有三教合一的理论特色。“无心”“无性”是娄近垣思想的核心内容。他在《性他颂》认为“心本无可明，性本无可见”，将佛教的空观思想和道教中的“道论”相结合，说“无名、无体、无住”是道的本质，认为道的作用就在于使人“融空有合真妄”。他认为修道的关键是“觉”，而达到“觉”的根本方法是“无心”，“无心”之后就能“泯照而觉圆”；同时，“无心”中还体现出儒释道三家合一的内涵，“万物皆备于我，而未尝有心于万物”。娄近垣认为，儒释道三教的圣人是殊途同归，他们所觉悟和达到的目标是一致的；道士的修炼从“无心”的理论出发，得道成仙不是靠终日冥思苦想，寂静修心，也不是脱离俗世，对世间事务不闻不问能够达到的。娄近垣融摄佛教思想，认为世间的一切差别，诸如圣凡、贤愚、生灭等一切，都是因为心得缘故。他从张伯端的话引出：“此四句，可知佛仙一贯之理。总以见性明心开导后学。”即要在心中泯灭一切差别、界限，心不追逐于外物，澄澈湛然，自然金丹可成与道合一。

雍正十一年（1733），雍正皇帝命令整修大光明殿给娄近垣居住，曾下谕旨说：“大光明殿现在修整与你作子孙常住，上清宫（龙虎山）去选些法官来，若上清宫人少，在苏州选几个来，你好好教他学法，将来光明殿你就是第一代开山的人了。钦此。”[③]从这则谕旨看来，雍正希望娄近垣以大光明殿为基地，培养自己一脉法派的子弟。后来娄近垣遵照皇

① 例如，在《黄箓科仪》卷十二附有《金字经》《川拔调》《对玉环》《清江引》《园林好》《十八指》《隔凡》《浪淘沙》《一封书》《桂枝香》《环山水》《梅梢月》《步步高》《碧桃花》等曲牌。《梵音斗科》后附有《隔凡》《青鸾舞》《桂枝香》《金字经》四首曲牌。

② 《妙正真人语录》中的一部分被雍正皇帝的《御选语录》收入，所以又称《御选妙正真人语录》。

③ （清）娄近垣：《重修龙虎山志》卷一《赐大光明殿上谕》。

帝的旨意在江西龙虎山大上清宫和苏州玄妙观选取道士去北京大光明殿，并从中挑选弟子以传自己的道法。

对于龙虎山上清宫所传法派，娄近垣在《重修龙虎山志》卷三“新定本宫法派”中认为：“（龙虎山）向分三派[①]，由来久矣，其师长之称，实同一脉，但无定派命名，使尊卑日久难考，非法也。因定四十字，从今至后，三派合一，依次名，四十字完，许‘辰’字辈再续四十字，完而复续，以此例垂于永久。续者字文不得重复。此非余敢为创作，欲使吾教祖师法裔名分尊卑，虽千百年不至凌紊，亦正宗之大要也。”[②]也就是说娄近垣重新整理了龙虎山正一派中的法派传承，并重新编订了四十派字：“近远资元运，久长保巨淳。道惟诚可宝，德用信为珍。秉敬宏丹箓，葆真启世人。鸿图赞景祚，圣泽振昌辰。”[③]在1926年北京白云观抄存的《诸真宗派总簿》中记载了被后世命名为“正乙派”的传代字派：“远近资元运，久长保巨浮。道惟诚可宝，德用信为珍。秉教宏丹箓，葆真启世人。鸿图辇景祚，圣泽振昌辰。玉局受经后，贵水传灵根。青城垂氏派，妙法继洪钧。”[④]将二者相比较，可以看出《诸真宗派总簿》中记录的正乙字派中前四十字与娄近垣修订的字派基本相同[⑤]，也就是说娄近垣所传法派在后世被命名为“正乙”。《诸真宗派总簿》中记录“正乙派”为天师张继先流传的法派，这似乎一方面展示出托古之意，另一方也展示出实际传法者娄近垣与龙虎山天师一脉的亲密关系。

娄近垣所传法派情况如何已经难以考证，只有少数文献有所记录。顾沅《玄妙观志》记载有一名“远”字辈弟子。此人名惠远谟，字虚中，号澹峰，苏州人。幼孤，稍长，出家苏州玄妙观，受业于潘元珪。肆力于学，博览儒书，尤潜心道藏。年三十，授道纪司。雍正九年（1731），

① 三派是指紫微、虚靖和灵阳。

② （清）娄近垣：《重修龙虎山志》卷三。

③ （清）娄近垣：《重修龙虎山志》卷三。

④ 《白云观志》卷三，《藏外道书》第20册。

⑤ 《诸真宗派总簿》中记录的字派传写有误，例如“近远”写作“远近”，“淳”字误写为“浮”，“敬”字误写为“教”，“赞”字误写为“辇”。

敕修龙虎山上清宫，被调主上清宫玉华院事。后二年（1733），京师光明殿成，被征至光明殿焚修。时娄近垣主光明殿，远谟师事之，受其道法。十三年（1735）二月，潘元珪化去，远谟闻讣南旋，经纪其丧，继主玄妙观方丈席。是年秋，娄近垣以龙虎山缺提点，奏准以远谟任之。乾隆九年（1744），娄近垣以年就衰，招之入都相赞助。明年充御前值季。遇雨暘愆期，行法辄应。娄近垣重修《龙虎山志》，远谟责任校雠考订，出力颇多。乾隆十五年（1750），南归苏州玄妙观。① 而惠远谟的再传弟子为张资理。张资理，字一枝，号友桐，吴邑人。本儒家子，年十一出家朝真观，师沈坚苍，嗜学不倦，由儒家言通五千道德之旨。符箓秘典，靡不洞贯，行法历有效应。雍正十二年（1734），被选入都，住光明殿，复从惠远谟受法，为御前值季法官。乾隆十四年（1749）回苏州，继奉娄近垣命，往龙虎山上清宫领迎华院事。乾隆四十二年（1777），为玄妙观方丈。祷雨祛邪，颇著应验。四十五年（1780），高宗南巡，率道众迎驾，奏对称旨。乾隆五十一年（1786）卒。得其传者，横山徐梧冈凤章。②《苏州府志》中则记载了娄近垣的弟子蒋真昕。蒋真昕，字偕乾，别字粟斋，吴邑人。年十九出家，投苏州穹隆山陈霄来为徒，受传道典经箓。乾隆戊午年（1728），入龙虎山拜娄近垣为度师，传习五雷正诀。七年（1742），入都，住大光明殿。十二年（1747）还龙虎山。三十一年（1766）继承山中法席。从这些记载可知，在大光明殿期间娄近垣确实培养了一批弟子，若按照其字派则可断定惠远谟、张资理为其派弟子无疑，而李湛然、蒋真昕则难以断定。另外，同治十年《贵溪县志》记载有清初道同治十年期间龙虎山上清宫道官表，其中记载：

> 娄近垣、徐远达、汪克诚、吴运茂、李元佐、毕运泰、周元定、邓久丰、杨运熙（共九人），以上俱提点。

① 参见《玄妙观志》卷四，《藏外道书》第20册，巴蜀书社1992年版，第476—468页。

② 参见《玄妙观志》卷四，《藏外道书》第20册，巴蜀书社1992年版，第468页。

倪久亮、毛保光（共二人），以上俱副理。

徐远诚、舒运本、欧久榕（共三人），以上俱赞教。

胡久锡、徐元机、汪运福、程久懋、鲁久章、刘久蕃、吴久畴、万长庆、饶长铭、刘运荣（共十人），以上俱知事。

在这些道官中除汪克诚外，其余都是按照娄近垣所定字派取名，从“远”字到“保”字[①]，可以确定到同治十年这一法派至少传承了八代。而根据该派进入《诸真宗派总簿》的记载，又说明直到民国时期这一法脉仍在传承。

二、江西全真派

明代中后期全真道处于沉寂的局面，而改变这一局面的是被誉为龙门派第七代律师王常月，经过他阐扬之后全真道龙门派迎来了中兴的局面。在这一局面下，江南地区全真教的发展也迎来了新局面。一方面，全真派吸收了许多正一派的内容；另外一方面将全真修炼与佛教禅宗思想结合得更加紧密。清代江西全真派的代表人物是石和阳与柳华阳。柳华阳继承了伍守阳“仙佛合宗”思想，在前人基础上加以理论化、系统化的论述，在江西开创了全真派发展的新局面。

（一）石和阳

石和阳，字嵩阳。少治经，精《河洛书》。他后来遇到战乱，于是往河南嵩山隐居，穷究心象理学，之后便四处云游，隐居于江西庐山木瓜洞数十年。他不仅潜心修炼，还注释了多部道教经典，如《黄庭经》《虚静经》《阴符经》等传统道教经典，撰写了《指元篇》《三洞元章》等道教论著。后来他的弟子尹诚斋承其衣钵，继续经营木瓜洞道院。石和阳在道教理论方面最具特色的内容便是注重道儒相结合，以儒阐道。云南巡抚刘荫枢来洞拜会，“从容扣问学问根底”，石和阳以“知止”二字回答，认为若实现“知止”，便能“心有专主，念不妄动，定静安虑，一以贯之，入圣超凡，指归不远”。在对《黄庭经注》《阴符经注》等注解

① 其中缺少“资”字辈。

时，石和阳灌注了自己的修炼思想，只谈性命，不谈成丹，认为性命全则达到了修道的目的。《阴符经注》曰："观天之道，是性学也；执天之行，是命学也。性命双修，更有何术。"修炼的方法，是体认心之本体。心之本体虚无自然，修炼的目的，就是恢复心的虚无自然状态："故太上千言万语教人，只是虚无以得道也。虚者，心如太虚；无者，一丝不挂。"石和阳认为，心为物所累，即成为欲，欲也可以称为游神，去游神而现元神，收真气，则全其性命。"心有千变万化，只这意思两个字，是成仙大路，余皆地狱心也。心之正动为意……意久而忘心，思久而忘意，神见而忘思矣。"

（二）柳华阳

柳华阳，在《慧命经》自序中说："华阳洪都（今江西南昌）之乡人也，幼而好佛，因入梵宇有悟，常怀方外想。"他曾经在皖水双莲寺落发出家，"凡三教之师，靡不参究"。在出家半年之后，他遇伍冲虚，得授秘旨，豁然通悟，自以为知慧命之道；又于匡庐遇壶灵老师，授其修炼奥窍，师嘱其曰："佛教双修，今已断灭，子当续其命脉，以度有缘。"基于师傅的传授和自身的修炼体现，他再与佛道经典互相印证，编撰了《慧明经》《金仙证论》以阐述自己的理论。与他的师傅伍守阳一样，他力主三教圆融，仙佛合宗，倡导性命兼修，对后世内丹学说影响极大，被后世尊为"伍柳派"。柳华阳称其得伍守阳之亲传，特别是在"仙佛合宗"上与伍守阳保持了高度的一致，不过在丹道思想上他仍然进行了丰富和发展，而且语言更加通俗易懂。

柳华阳对于佛教典籍和理论有深刻的认识和独特的见解，援用禅宗祖师语录以印证道教的内丹修炼之道，将佛教的名相概念与内丹术语加以对应解释。例如，他在《慧命经》中说："慧命者，乃如来当初所取以示人之名也，是西方之梵语，中华曰人之本源，儒谓之先天炁也。是修佛之舟梯，作祖之权柄，即孟子所谓善养浩然之炁者也。”[①]“慧命”[②]本是佛教术语，在这里则是“元炁之别名”，并解释说：“此炁者，又非呼吸之气，乃先天之炁也，即孟子所谓浩然之炁者也……炁之别名，释教曰拄杖，曰锡杖，曰禅那，曰摘芦，曰白雪，曰金莲，曰散果，曰洞水，曰海水，曰明星……众名纷纷不可胜计，究其实事，无非一炁也。”[③]“漏尽”也是佛教术语，柳华阳做出的解释是：“漏尽者，即世尊以示阿难所修之名也，亦西方之梵语，中华曰走漏，儒谓之走精，医谓之泄元炁。而漏尽即慧命（元炁）之所化，当其未动之先，本是命也，及其动而不知其修炼，出关则化为有形之漏尽矣。故儒谓之炁化精也。”[④]柳华阳认为实现“漏尽通”就是元炁不再泄漏，并且认为：“先有漏尽通成，然后有五通。若独修性，不知慧命，只有五通，漏尽不得成矣，少此一通不能成佛，只为灵鬼转劫而已。”[⑤]又如，“舍利”这一佛教概念则是“丹田所炼之炁”，是说有形之精经过道教炼精化炁的修行，就又还归元关（丹田），成无形之舍利、菩提、摩尼，这是修炼的结果，是成佛成仙的基础。关于佛教“涅槃”与道教内丹修炼的对应关系，柳华阳将之分为“有余涅槃”和“无余涅槃”。“有者，有息也。凡初入道胎之时，心依于息，息随于心，不急不缓，听其自然，又不可随其荒荡泛澜……即此心息相依之义也。”“无余者，无出入之息也。涅槃者，非死之谓。涅槃是禅定三昧之乐也。六根尽灭，诸缘无侣，一性圆融，慧光朗彻法界，是无余涅槃之妙境矣。”[⑥]“转法轮”是《慧命经》中的一个关键词，“法轮者，西方之梵语，此土曰升降，曰进退，即真种运归源也……凡真种产之时，必当运行一转，如若不运，则漏尽不能止，而舍利亦不成”。[⑦]那

---

① 《藏外道书》第五册，巴蜀书社 1992 年版，第 884 页。

② 丁福保：《佛学大辞典》解释“慧命”说：“法身以智慧为寿命。智慧之命夭伤，则法身之体亡失。盖慧为法身之寿命，故曰慧命。”

③ 《藏外道书》第五册，巴蜀书社 1992 年版，第 889 页。

④ 《藏外道书》第五册，巴蜀书社 1992 年版，第 884 页。

⑤ 《藏外道书》第五册，巴蜀书社 1992 年版，第 912 页。

⑥ 《藏外道书》第五册，巴蜀书社 1992 年版，第 897 页。

⑦ 《藏外道书》第五册，巴蜀书社 1992 年版，第 894 页。

么如何“转法沦”呢？“凡临机转法轮之际，一意驭二炁。而运行之法又在乎神之协真炁而同途。”即需要以意念引导二炁运行，而丹田是其契机，“凡转法轮之际，意主丹田而为轮心，神运炁而为轮爪，呼吸催逼而为轮楇，亦出乎自然而然之消息……转法轮之际，外除耳目，内绝思虑，一点真种领炁循环”。[1] 由此可见，柳华阳将内丹修炼的术语概念用佛教的名相术语加以表达，以此表明佛教的禅修之法于道教的内丹修炼乃是同一过程，不过是在不同宗教文化背景下的不同表达而已。

柳华阳是全真道龙门派的传人，也是后世所说伍柳派的代表人物，他继承和发展了陆西星、伍守阳佛道融合的“性命双修”思想，然而在内丹修炼方面仍有不少自己的阐释。

综上所述，柳华阳不仅继承了伍守阳的内丹思想，而且有所发展，特别是对于修炼方法和过程感受的论述更加简单清晰，便于后学者实际修炼，这也是在后世炼养一门下伍柳一派得以流行的原因。

三、江西净明道

净明道在明代中叶以后虽然有全真龙门派的渗入，但仍然传承不绝，并且有新派别产生，成为具有地方特色的道派。

（一）净明道的传承

在明末清初，有张逍遥在南昌西山修道，著名于时。《逍遥山万寿宫志》卷五《净明张真人传》记载：“师张姓，河南杞县人。其族世名字，未尝语人，故不详。”由于名不详，他被世人称为“张逍遥”。

张逍遥生明万历乙未（1595）五月十三日，天性至孝。十八九时，便知慕道。偶遇杜君，相语甚契，偕通同众入仙人洞，时习采药茹草，修持祭斗。他如水火龙虎之机，未之讲也。居无几，食且尽，众等意在出山，杜君诺之，师执不从。杜君以余粮斗许遗师，杜君遂同众出山，师送之……师叩首别后，惟茹药祭斗，精诚感格，蒙尊帝二星降焉，混合良久，自此得悟性命之要，还丹之道，皆神传也。间绝食且冻，将危，檀家何面店感梦，冒雪持馍馍以奉，乃得活。居二年……游湖广之黄陂，

① 《藏外道书》第五册，巴蜀书社 1992 年版，第 895 页。

比崇奉颇众，趋谒者无间。居四年，师慕净明之旨，感乌晶有谶，于是渡江，始至豫章之西山，寓洪井洞畔小亭四月，亭甚湫隘，面师处之浩然。樵牧目为逍遥，逍遥之号始此。一日，紫清宫道士告师以虎洞之状师遂慨然携杖以从……时无室庐，夜卧倾岩下……饥饮涧水，可累日不食。久之乃结小石室于古松涧，幅巾羽扇，瞑目静坐，士大夫闻而过访焉……与之谈休咎，率多奇中。或问以金丹之术，辄曰："我中州产，壮岁自负其胆勇，横槊支剑，若而年以母病，遂入山独静坐耳，安知其他。"每道明季事，历历可听，大类曾历朝者，卒不肯竟述其生平。嗣是求见者日广。[①]

其后，康熙年间有周德峰、胡之玟（或作玖字）等高道。周德峰，字思永，别号占月，自称铁汉，出身南昌官宦之家。"四书六经、诸子百家、天文地理、佛老之书，无不研究通贯。善属文，尤工诗、书法兼擅真行篆隶之长……髫龄游泮，十七廪于庠。弱冠遇异人于城市，谈净明忠孝之道，及天元玄牝之妙，超然感悟。中年过花啸老人家，机锋相对，道念弥坚。遂弃妻子，游历名山访真师，外修内炼，静习玄功，密居西山天宝洞数年，参悟微义，洒然有得。徐师野谷[②]企二慕之，同结圜于青云浦……时与沈君究竟玄关阖辟之机……又订正明净宗教等书，著述甚富……后因徐师敦请，遂来玉隆，大阐宗风，开示后学。高人名士闻其名者，时多过访……居常诲人必以忠孝为本，要在真知实践。所言简而有要，温而有理，或有悖义伤教者见之，虽高年名贵，必呵叱之，不少贷，人亦帖然心服。求翰墨者无虚日，摇笔伸纸，兴到即书，不起草……晚年道日尊，名日重，弟子辈迎入高安贞元观。讲求道法，多所成就。住世七十余，无疾而终。"[③]

另外，还有著名道士胡之玟，在他所辑《太上灵宝净明宗教录》的自序中曾记载此时净明一派的发展情况："良月朱先生、占月周先生与余

① 《逍遥山万寿宫志》,《藏外道书》第 20 册，巴蜀书社 1992 年版，第 737—738 页。
② 徐师野谷为全真龙门派第八代徐守诚。
③ 《逍遥山万寿宫志》,《藏外道书》第 20 册，巴蜀书社 1992 年版，第 821 页。

三人者，同游净明之门，瞻望龙光已三十有余年，每以净明道法统宗及净明宗教录，净明初真、正真、上真科戒，净明大法诸书，未得同归一轨，五陵之士虽共习一家之言，不同符一真之旨，未免南辕北辙。今合道法归一宗，以印合德合明之心。书凡十卷，仍名《宗教录》。"[①] 也就是说在明清时期，净明派在发展过程中通过书籍的编著试图整理道法与道派的传承，这一做法对净明道在江西地区的发展起了重要作用，无论是吸收融合了其他道派的科仪法术或是修炼技术，依然保持了自身的特色。

到了清末嘉道年间，净明道出了一位著名道士傅金铨，其生卒不详，活动事迹仅有零星记载。傅金铨前半生"以孝行闻于乡里"，直到五十岁时一直居住在家乡江西抚州金溪县。五十岁时傅金铨开始主持为本堂，一直持续到嘉庆二十二年（1817）。民国《巴县志》卷五记载："清嘉庆二十二年（1817），有傅金铨者，字鼎云，别号济一子，江西金溪人。入蜀寄居巴县，大开坛坫。自谓得纯阳符火不传之秘，所著有《道书十七种》。从游者众，其门下最知名者，有临川纪大奎，时官合州知州，有《易问》《老子注》行世。"[②] 嘉庆二十四年（1819），傅金铨似由蜀地到达湖南。湘阴张霭瑞为傅金铨诗集《自题所画》题词曰："先生世系出豫章，少小笃志拣缥湘……曩者极目游吴蜀，迩来寄迹居衡湘。"[③] 嘉庆二十五年（1820），傅金铨从湖南返回四川，定居合州合阳城，并建有丹室。[④] 阿应麟在给傅金铨的《怀溪集》作序中说："《怀溪集》者，济一道人傅子金铨证道之书也。道人淹通经史，工词翰，解声律，善画能琴，俊绝一时。以孝行闻于乡里，居善亲，与善邻，知夫宇宙事皆分内事，盖有由也……道人自言受训于纯阳吕祖，应八百之谶，首先忠孝，若尧舜禹文周孔，道统相承。为君止仁，为臣止敬，为父止慈，为子止

① 《逍遥山万寿宫志》，《藏外道书》第20册，巴蜀书社1992年版，第866页。

② 民国二十八年修《巴县志》，线装本。

③ 《藏外道书》第11册，巴蜀书社1992年版，第617页。

④ 傅金铨生平活动参见朱月利：《清代道士傅金铨小考》，载《世界宗教文化》2016年第3期，第9—15页。

孝，各止至善，即各证厥修矣。”[①] 可见傅金铨所传授乃是内丹修炼之法，并且多才多艺很受当时名士欢迎，而他也特别注重忠孝之道在修行中的作用。

傅金铨曾编撰道书多种，先后有《济一子道书》《济一子证道秘书》《济一子道书十七种》等刊行于世。其中《济一子道书十七种》[②] 是收书最多者，现有民国十年上海石印本，此书是将《济一子道书》与《证道秘书》合而为一，加上《许旌阳真君松水沙记》等五篇五卷（其中包括《玄微心印》后有《丹经示读》,《樵阳经》后有《附集》一卷,《吕祖五篇注》五卷），全书一共五十四卷。

在内丹学说上，傅金铨主张性命双修的理论。他认为："大道不用色身，只用神气，神出于心，气出于色。有先天之梵炁，有后天之血气，后天之气，生自先天，先天之炁，藏于后天。归根有窍，贮纳有所，出入有门，进退有度。二气合一，归于黄道，所谓气归元海寿无穷。”[③] 又说："性无命不立，命无性不全，性命双修，合一不离，则神恋气，气留神，神凝气住，归根复命，丹结下田。”[④]

净明道的核心教义是忠孝神仙，以修习人道为仙道的基础和阶梯。若是人不遵守忠孝的伦理之道，则无由入仙道之门。傅金铨非常认同此理，他认为："欺诈者，杀佛之戈矛；忠孝者，成仙之阶级。不尽三纲五常，必入四生六道。求道之士，恶可以不忠孝耶。”[⑤] 又说："君本我所当忠，父母我所当孝，兄弟我所当友爱。仁孝恻隐，义尽纲常。不欺是我

---

① 《杯溪集》序,《藏外道书》第 11 册，巴蜀书社 1992 年版，第 1 页。

② 其中篇目为：《怀溪集》3 卷,《赤水吟》1 卷,《外金丹》5 卷,《内金丹》1 卷,《邱祖全书》1 卷,《玄微心印》2 卷,《三丰丹诀》1 卷,《天仙正理读法点睛》1 卷,《道海津梁》1 卷,《道书一贯真机易简录》12 卷,《度人梯径》8 卷,《自题所画》1 卷,《性天正鹄》1 卷,《樵阳经》2 卷,《心学》3 卷,《吕祖五篇注》5 篇,《顶批上阳子原注参同契》3 卷,《顶批三注悟真篇》3 卷,《顶批金丹真传》2 卷,《顶批试金石》1 卷,《崔公入药镜注》1 卷,《吕祖沁园春注》1 卷,《邵子诗注》1 卷。

③ 《度人梯径》卷二,《藏外道书》第 11 册，巴蜀书社 1992 年版，第 552 页。

④ 《度人梯径》卷二,《藏外道书》第 11 册，巴蜀书社 1992 年版，第 552 页。

⑤ 《杯溪录》卷上,《藏外道书》第 11 册，巴蜀书社 1992 年版，第 16—17 页。

本心，不诈是我天良。”[1] 傅金铨也和明清以来的前辈一样倡导三教合一，特别在教理教义的阐释上和宗教修炼的过程中坚持与儒家伦理相结合，保持了净明道派的特色。

（二）青云派的创立与传承

清代道教虽然失去了皇权的支持，但是并没有丧失在民间的影响力，仍然有新的宗派诞生，体现出自己的生命力。江西是净明派的产生之地，到了明末清初新兴的“青云派”就是净明道的支派，创始人是明皇室后裔朱道朗，活动的中心是南昌“青云谱”道院。在民国庄严居士编的《道统源流志》中称为“净明续派”或“青云派”，北京白云观藏《诸真宗派总簿》将“净明派”与“净明续派”（青云派）的字谱合为一体，称“许真君净明派”。

清初江西按察使司前吏周体观曾撰写《青云谱道院落成记》中记载，南昌青云谱道院的创建者朱道朗是“宁藩宗室裔”[2]。这位朱道朗据说就是清初著名的艺术家“八大山人”朱耷[3]。周体观《青云谱道院落成记》中称青云谱的地址是传说中周灵王太子晋炼丹之处，也是汉南昌尉梅福飞升之地，而青云谱的创成者乃是明末清初的朱良月。

而在朱道朗所撰《青云谱志》跋中则记录了他的经历：

> 予少亦章句士也，家学未荒，静观三业四大之有，几向红炉中翻着筋斗。欲觅一个自在场头，全身放下，究竟亡羊梦鹿，专在邻家乞火，思之不觉通身自汗。是以殚心太上言之微、法之隐，乃依洪崖巅下筑室养亲，虔加窥领，半竿红日，数饷松风，不萌市朝想，虽未全栖真，较之愁魔病劫为隙中驹、石中火者，似有间矣。迨辛丑之夏，爰予弟先迎养吾母于南昌，予往省，路出城东南定山桥，桥圮矣，憩而后度。里中硕彦有旧识予者，为李通儒德仪，相揖而言曰：“子久为太上之徒矣……何爱洪井而弃云谱哉？”予曰：

① 《杯溪录》卷上，《藏外道书》第 11 册，巴蜀书社 1992 年版，第 17 页。

② “宁藩”是指明太祖朱元璋的十七子朱权。

③ 对于“八大山人”是儒是道，以及他是否为主持南昌青云谱的朱道朗颇有争议。

“唯。”……谱辟堂开，崇祀吕祖。[①]

根据这段记载说朱道朗先修道于洪崖，后建成青云谱崇祀吕洞宾。朱道朗称崇祀吕洞宾是因为“其受东华正阳之教，发明性命双修之旨”，并认为吕祖于净明祖师许逊乃是“道同而心皆一”。可见朱道朗乃是融摄全真丹道于净明派中，他说：

> 夫人能克其所欲以报君亲，非尽于忠孝二字，其实皆本分中事。故净明非忠孝不著，忠孝非净明不立。净明，体也；忠孝，用也。净明之心，道也；忠孝之心，教也。则又观其心，而道一也。一以冲之于六合则万象生，一以观之于当下则三元会矣。至此性命不分之根、五行不到之地，曰性命，曰神气，同为之名，同为之非名也，即忘中忘、见中见，皆落言后，又何有教外传。[②]

据《青云谱志》记载，朱道朗于顺治十八年（1661）买地而建，后“两边横阔七八丈”扩建，之后又有朱氏扩建该谱。由于朱道朗具有不一般的地位和背景，青云谱道院一直受到地方乡绅百姓的支持，直到民国时期仍然如此。

朱道朗不仅建立了青云谱，也创立了青云派。在《道统源流志》中记载其派谱为：“道德宏清静，法源广大成，东汉有章教，功果葆忠道。”并说：

> 净明派始于孝道明王，乃太上之弟子。二祖孝悌明王传道于兰公，兰公传道于谌母，立净明派，留于江西南昌府南昌县太极观。至清初，有朱道朗改太极观旧迹为青云谱，留净明续派，即青云派。[③]

---

① 《青云谱志》跋，《中国道观志丛刊》本，江苏古籍出版社 2001 年版。

② 《青云谱志》跋，《中国道观志丛刊》本，江苏古籍出版社 2001 年版。

③ 庄严居士：《道统源流志》卷中，民国刊本。

有学者根据《青云谱志》和《净明宗教录》整理出净明一派的谱系为：朱道朗—周德锋—胡德周与胡弘道父子—周弘谦、彭清源……徐广达—刘大志……熊东育—欧阳汉文……郭教仪—余功慈—刘果洪、谭果松—郭保基—徐忠庆……[①]

青云派通过一代代传人不断吸收融摄已有的道派，构建起了自身完整的戒律体系、修炼方法以及斋醮科仪。在《净明宗教录》卷五中记载有《净明初真戒经》《净明上真戒经》《净明在家奉持戒仪》《净明女真戒仪》《净明三真科戒威仪》；卷九“净明法藏图”中则记录了修炼的事项，如“选场”“立圜”“道侣”“性命双修起手说”“采取交媾”等；卷十则收录《朝真礼斗经忏戒坛等式》《净明祈禳炼度科文》《净明科仪早晚课诵》等。可见青云派是在清初新环境下产生的，能够适应社会文化宗教环境的道派。

第四节　清代江西老学文献概述

到了清代，江西的老学在继承传统的基础上出现了一些新的面貌，一些老学著述者使老学内容更加通俗化，以便于在一般大众中的传播，这样的状况与道教内丹技术及养生活动的大众化有密切关系。清代江西老学的主要代表人物是易学专家临川纪大奎、内丹家丰城黄裳、晚清萍乡名宦文廷式，依次分叙于下。

一、纪大奎、纪大娄《老子约说》及续篇

纪大奎[②]，字慎斋，江西临川人，清代比较有名的易学专家。他于乾隆四十三年（1778）充任四库全书馆誊录，乾隆四十四年（1779）考中举人，著有《双桂堂稿》《易问》《观易外编》《周易参同契集韵》《老子约说》等书。光绪《临川府志》说他：“于学无所不窥，至天文、地理、

① 参见郭武：《朱道朗与青云派》，《宗教学研究》2008 年第 4 期，第 6—11 页。

② 关于纪大奎的出生年目前有种记载，《抚州人物》认为纪大奎生于 1756 年，杨忠明等主编，方志出版社 2002 年版，第 93 页；《江西省人物志》认为他出生于 1746 年，方志出版社 2007 年版，第 271 页。

音律、历算、勾股、星命、壬遁诸书，皆抉其精微，正其讹谬，而古律一书，尤非秦汉以下所见及，时人亦无有知之者。”[①] 李祖陶认为纪大奎乃是江西地区程朱理学的代表人物，特别擅长易学，并且为他写作传记[②]。

《老子约说》上、中、下三篇，附纪大娄《续篇》。在纪大娄为《老子约说》所写的序言中说纪大奎认为《老子》被后人误解，因而为其作注以正之。他认为对《老子》的误读开始于申韩刑名之学，之后则是魏晋玄风和内丹之术。纪大娄的序中说：

> 昔人谓名士多喜读《老子》，顾老子之书，或强为之说，愈衍而愈离其宗。余兄慎斋为余言《老子》不可读，然兄暇时亦尝读之。非《老子》不可读，读《老子》自难也。《老子》厄于后世最深，其流祸最烈。《老子》谓：天地不仁，以万物为刍狗，圣人不仁，以百姓为刍狗。仁言肫切，情建乎辞。旧说直谓天地不仁，圣人不仁，遂以刍狗民物，流祸申韩，此一大厄也。《老子》谓：失道而后德，失德而后仁，失仁而后义，失义而后礼。旧说直谓重道德而轻仁义礼，遂以清言放诞流祸王何，此又一大厄也。余善病，尝问老子摄生之术于兄，兄谓后世修养术，非《老子》摄生之旨。因言《老子》谓：善摄生者，陆行不遇兕虎，入军不避甲兵。后世言摄生甚浅，其言不遇兕虎、甲兵，又甚幻，浅以迷其本，幻以罔其

---

① 《中国方志丛书》，台北，成文出版社 1989 年版，第 2547 页。

② 李祖陶所作纪大娄的传记说：“临川纪慎斋先生之学，粹然程朱理而旁通象数之原，于邵子亦深诣其奥。世俗所传占验前知等事，几于疑神疑鬼，要知皆先生之粗也。先生少时质最钝，其父谓是不可蹴，当听其自为，书慎独二字于斋，而注意邵诗，先生遂一意为身心之学，以求其所谓心安身自安，身安室自宽者，戒谨恐惧，以敬为所，以至善为归。久之，指视之严，皆化为身心之润，而心安如泰山，而室宽如天地间矣。此其诣于孔曾思孟为嫡髓传，宜其于戴东原之书痛加斥驳，而其见于文者亦如日之光，如玉之洁，探天根而蹑月窟，独能言人所不能言，而韩欧曾王奔赴于擘下而不可遏也。吾江为理学渊薮，自宋而元而明，见于史者，指不胜屈，至近代落落如晨星矣。国初有谢秋水先生讲学于程山，康熙朝有张篑山先生求道于玉山，雍正朝有陶存轩先生息心于庐山，至乾隆朝而先生出，磅礴郁积，暗然自修，卓然于澜倒波翻之中，独延正学之一脉，而世俗知其人者仅取其地理末学而钞之读之，而不知其大本大原之所在，予能不为之三叹也哉。”周骏富：《清代传记丛刊》第 162 册，台北，明文书局 1985 年版，第 599 页。

识，盖于是流祸于丹术，此又一大厄也。[①]

纪大奎作书的目的是廓清前代种种异端对《老子》的误读，他说："余尝取其书与后世之说是书者比而观之，盖文之足以害辞，辞之足以害意，而遂至于率天下之人而祸仁义礼智者，至老子之书极矣。顾吾于是书则诚有所未暇，仲弟曾庾好问疑义，故即其尤诬者略为之说如左，俾知所去取焉。"[②] 首先他认为《老子》与《易》都是论述天人之道的经典："盖于是知老子之善于言天之道、圣人之道也。天以道生万物，圣人以道成万物，皆不外于元德。是故圣人之作《易》也，将以顺性命之理，老子之言道德，亦欲示人以性命之理。元德者，所以顺性命之理也……读《老子》者，必其反求于天之道而后可，不然，宁无读焉可也；必其反求于圣人之道而后可，不然，宁无读焉可也。"[③]"天道"与"人道"本就是先秦诸家所关心的问题，可以说在这一点上《老子》与《易》有共通之处。纪大奎在《老子约说》中引入了程朱之学的思想，以此弥合儒、道之间的差异。例如，对于《老子》中"绝仁弃义，民复孝慈"一句他说："三者本于性，达于情焉；生于心，发于政焉，则感人也深，《孟子》曰君子所性仁义礼智根于心属之谓也。是故圣人不自圣也，智不自智也，浑浑焉，暭暭焉，而民利百倍矣。仁不为煦煦也，义不为孑孑也，亲亲焉，尊尊焉，而民复孝慈矣。直而行之，非凿圣智以为巧也；顺而导之，非悖仁义以为利也。荡荡焉，平平焉，而民不争竞矣。盖道之本体无不具，而圣智仁义巧利之用无不周，故体道之君子，知多言之不如守中，而发于外者有所属而不离乎其本。"[④] 可见纪大奎是认同《老子》中关于道论的部分，对于其中与儒家思想相矛盾的地方则采取了尽量弥合的方法。

二、黄裳《道德经讲义》

黄裳，字元吉，江西丰城人，晚清著名内丹家、道教思想家。他曾

① 《老子集成》(第十册)，宗教文化出版社 2011 年版，第 208—209 页

② 《老子集成》(第十册)，宗教文化出版社 2011 年版，第 209 页。

③ 《老子集成》(第十册)，宗教文化出版社 2011 年版，第 209 页。

④ 《老子集成》(第十册)，宗教文化出版社 2011 年版，第 212 页。

于清道光、咸丰年间在四川乐育堂传道讲学十余载，入门弟子众多。主要著作有《乐育堂语录》《道德经讲义》《道门语要》等。

《道德经讲义》，三卷。《道德经讲义》在近代的老学著作中很有代表性，学者萧天石曾给予这部书很高的评价："本人道以明仙道，字字金科玉律；体圣学以阐玄学，言言口诀心传。深入浅出，亲切平实。以之为用，可以明心见性，可以入圣登真，可以明哲学处世，可以治国平天下。可藏可守，仕隐咸宜。衡情而论，确为《道德经》解本中不朽名著。"[①] 黄裳解《老子》，论道常从常道、丹道、人道三个方面进行："每章首揭常道，次述丹道；首言世法，次言丹法。道学精微，文理密察。本末兼赅，体用咸宜。"而作为内丹家的黄裳在注释《老子》时其特色就是将内丹功法于老子思想联合起来，老子之道也就成为修炼内丹之道。黄裳的内丹思想对后世丹法影响很大，如现代著名道教学者陈撄宁所著《口诀钩玄录》是整理黄裳的《乐育堂语录》和《道德经讲义》而成。在《道德经讲义》中黄裳的内丹思想十分丰富，其中主要部分则是"玄关一窍"理论，而最终归宿仍然归于性命双修。关于"玄关一窍"，他说："下手工夫，在玄关一窍。太上首章即将无名有名、观妙观窍指出，足见修道之要，除此一个玄关窍，余无可进步也。"[②] 而从修炼的角度讲"玄关"在于人身，是修炼内丹者可以达到的某种境界。《道德经讲义》第三十八章注："至于修养一事，咽津服气出而道一变，采药炼丹出而道一变，迄于今纷纷左道，不堪言矣，谁复知玄关一窍为修道之要务乎。吾今为人示之：人欲识此玄关，须于大尘劳、大休歇后，方能了彻得这个玄关……但恐于玄关未开之前，先加一番意思去寻度；于玄关既开之后，又加一番意思去守护。此念虑纷纷，犹天本无云翳，云翳一散，即现太空妙景；而却于云翳已散之后，又复加一番烟尘，转令清明广大之天，因之而窄逼难容，昏暗莫辨矣……吾今示一要诀：任他思念纷纭莫可了却，我能一觉而动即便扫除，此即是玄关。足见人之修炼，只此觉照之

① 《老子集成》（第十一册），宗教文化出版社 2011 年版，第 65 页。
② 《老子集成》（第十一册），宗教文化出版社 2011 年版，第 69 页。

心，亦如天宫赤日，常须光明洞照，一毫昏黑不得，昏黑即落污暗地狱。苟能拨开云雾，青天白日，明明在前。如生他想，即落凡夫窠臼，非神仙根本。”[①] 黄裳认为，服气采药不过是方术小数，而能否找到“玄关一窍”才是修炼的关键所在，内丹修炼关键是“先天之铅汞”，采炼先天真一之气可以成就仙胎神丹，而采炼服食后天有形之精气不会有什么收获。

三、文廷式《老子枝语》

文廷式（1856—1904）[②]，字道希、芸阁，号纯常子、罗霄山人等，江西省萍乡市城花庙前（今属安源区八一街）人。文廷式学问渊博，撰写有《纯常子枝语》《补晋书艺文志》《闻尘偶记》《春秋学术考》等50余种。

《纯常子枝语》四十册，《老子枝语》乃是其中有关《老子》的部分。此书曾于民国三十二年在南京刊印，严灵峰从“国立中央”图书馆所藏原稿中辑录出来，题为《老子枝语》，收录其编辑的《无求备斋老子集成续编》。

此篇内容乃是由他人编辑，内容都是条目，没有连贯的体系，但是从这些条目中可以看出此时知识分子对《老子》的解读已经展现出与传统不同，即出现了许多对传统观念的批判，对其中的文字提出异议。例如，“老子：道冲而用之，或不盈。案：不字疑衍。言道虽冲虚，而用之则盈满为万物之宗也。王弼注冲而用之，又或不盈。似失其解。下文云：大盈若冲，其用不穷。是其证”[③]。

文廷式认为黄老有所不同，如《汉书·地理志》云：“昔在黄帝，

---

① 《老子集成》（第十一册），宗教文化出版社2011年版，第117页。

② 文廷式，清咸丰六年丙辰十二月二十六日辰时（公元1856年1月21日）生于广东潮州，成长于官宦家庭，为陈澧入室弟子。光绪十六年（1890）榜眼，授职翰林编修，擢侍读学士，甲午战争时主战反和，致力于维新变法。戊戌变法失败后被革职逐回原籍，在萍乡开设“广泰福”煤号，创办新学。1898年戊戌政变后出走日本。1900年八国联军侵华时，赶回上海参与组织自立军起义。1904年逝世于江西萍乡。中国近代著名爱国诗人、词家、学者，在甲午战争时期主战反和，并积极致力于维新变法运动，是晚清政治斗争中的关键人物之一。

③ 《老子集成》（第十一册），宗教文化出版社2011年版，第605页。

作舟车以济不通，旁行天下。”此一说法《世本》亦有记载，故为可信。而《老子》欲民“老死不相往来”，则知黄老之说有所不同，后人黄老并称，乃后世道家托始轩辕而已。又据《国语·鲁语》所载：“黄帝能命百物，以明民共财。”而《老子》乃言：“非以明民，将以愚之。”亦与黄帝之说不同，故谓老氏之言非尽出自黄帝。又论道家、儒家的不同。《老子》说“视之不见”“听之不闻”，即言“不见”“不闻”，则政治之所不及，六经之所不言，故曰“不可致诘”，此即《庄子》所谓“六合之外，圣人存而不论，六合之内，圣人论而不议”之意。由此可知政教之有区别，道家言其“不诘”“不论”之故，而儒家不言此事，即是孔子所谓“可使由之，不可使知之”。

第十一章　清代江西龙虎山道教

明清时期民间宗教的风起云涌正是底层社会信仰实践和选择的体现。同样，当龙虎山道教一旦因为帝王的冷落而失势，其地位就变得尴尬起来，清代以来龙虎山道教的衰颓正是这种体现。当然，19世纪以来科学实证主义的发展，西方思想的传入，对宗教的消解作用也是巨大的，使得龙虎山道教的信仰空间被不断挤压变小，面临巨大的信仰危机。

第一节　皇帝与龙虎山道教的关系及正一派天师的承袭

由于初期藏传佛教的崇奉，龙虎山道教作为明代道教的正统，渐渐为政权所冷落。相反，明清之际，从正统的道教中分离出来的各色民间宗教组织此起彼伏，满足了底层社会对苦难的解脱和对理想社会生活的幻想，通过借用正统道教的神灵体系、教仪和法术方法等等，以更具通俗化、世俗化、大众化特色的宗教形态影响社会，其中具有代表性的如白莲教、黄天教、八卦教、红阳教、长生教等，都带有浓烈的道教色彩。

一、皇帝与龙虎山道教的关系

（一）清世祖福临与第五十二代天师

第五十二代天师张应京（？—1651）跨明清两朝，于明思宗崇祯九年（1636）袭爵。1644年，清军入关，清世祖福临与五十二代天师张应京的关系，表明清初龙虎山道教与新政权关系的复杂性和矛盾性，主要从以下几个事情中体现出来。

首先，龙虎山道教从清初入关时便为清廷所猜忌和提防，而这应该是龙虎山道教与南明隆武政权的瓜葛相关联的。据娄近垣《重修龙虎山志》记载的第五十二代天师张应京行迹："皇朝定鼎，贝勒固山略地，江西副总兵王德仁疑真人走福建从隆武，潜兵将屠上清，未至二十里，真人迎谒道左，德仁诧曰：'君犹在此耶，何缘预知我来？'至真人府，父清素真人携杖出迎，苍颜鹤发，翩翩有凌云之气，德仁遂下拜称弟子。"这段话表明，清军入关初期，因为怀疑龙虎山天师帮助南明政权反清复明，当时的江西副总兵王德仁准备"屠"龙虎山，龙虎山道教也几临灭顶之灾，虽然最终化险为夷，但其时凶险情状一望可知。

其次，顺治三年（1646），第五十二代天师张应京曾通过江西巡抚李翔凤进献符瑞四十幅示好，以期获得新的政权的认可，但遭到清廷冷遇。《清朝续文献通考》卷八十九记载："顺治三年（1646），江西巡抚李翔凤进正一真人符四十幅。（顺治帝）谕曰：致福之道，惟在敬天勤民，安所事此，朝廷一用，天下必致效尤，其置之。"[①] 只是考虑到龙虎山正一道在江南民众中的影响力，故清廷依然予以借用。

最后，顺治六年（1649），"封张真人五十二代孙应京为正一嗣教大真人，赐敕印"，同月，又诏谕曰："凡僧道巫瞽之流，止宜礼神推命，不许妄行法术，蛊惑愚众。如有违犯，治以重罪。著礼部严行稽察。"[②] 顺治八年（1651），张应京入觐，礼秩咸如故。但顺治皇帝颁布的敕谕却充满警告意味："国家续天立极，光昭典礼，清静之教，亦所不废。尔祖

---

① 《清朝续文献通考》，第1册，商务印书馆1936年版，第8493页。

② 《世祖实录》卷四十四，《清实录》第3册，中华书局1985年版，第357页。

张道陵，博通五经，覃精玄教，治民疾病，俾不惑神怪，子孙嗣教，代有崇封。兹特命尔袭职掌理道箓，统率族属，务使异端方术，不得惑乱愚民。今朝纲整肃，百废惟贞，尔其申饬教规，遵行正道。其附山本教族属贤愚不同，悉听纠察，此外不得干预。尔尤宜法祖奉道，谨德修行，身立模范，禁约该管员役，俾之一守法纪，毋致生事。庶不负朝廷优加盛典，尔其钦承之。故谕给一品印，恩礼咸如故。”① 顺治皇帝对道教的态度一如既往。一方面授封号，让龙虎山天师继续掌理道教，一方面要求其遵纪守法，立身示范，管好族众，不要生事。其中“亦所不废”语却暗含冷淡的态度，而“务使异端方术，不得惑乱愚民”这样的措辞，其实包藏着对龙虎山天师的警诫之意，表明了王朝对宗教服务政权的基本态度，即“儒、释、道三教并垂，皆使人为善去恶，反邪归正，遵王法而免祸患”②。

清军入关之初，南明政权还在作最后的挣扎，龙虎山道教在明代所受皇权恩宠既深，与南明政权的关系依然会很密切，故此刻不可能获得新政权的信任，加之清统治者一向信仰萨满教和喇嘛教，其在宗教信仰方面冷落道教应该也是这种逻辑的内在体现。只要这种猜忌心理没有改变，则清政权与龙虎山道教的关系的基调也就难变，这也预示了龙虎山道教在清代衰颓的大致轨迹。当然，龙虎山道教在清代的衰颓还有其自身和社会发展方面的原因。从自身看，明代后期至清代，龙虎山道教缺乏如明初张正常、张宇初那样的有极高素养的天师，明代龙虎山道教天师的贵族化导致其与底层民众的疏离，自身呈现腐化和堕落之势，其在民间的影响力被新起的民间宗教派别所蚕食。掌天下道教事的龙虎山道教对全国道教的约束力已明显不足。

（二）清世宗胤禛与大上清宫

有清一代，世宗雍正皇帝是对道教最为崇奉的皇帝，也是龙虎山道

① 吴宗慈：《张道陵天师世家·序》，江西省文献委员会印行，民国三十六年（1947）九月。

② 《白云观志》卷四，《藏外道书》第20册，巴蜀书社1992年版，第592页。

教在清代最为顺利的时期，这与雍正皇帝对道教具有安抚社会人心的作用的认识有关。

首先，世宗雍正皇帝对三教教化人心的作用持肯定态度："域中有三教，曰儒，曰释，曰道。儒教本乎圣人为生民立命，乃治世之大经大法。而释氏之明心见性，道家之炼习凝神，亦于吾儒存心养气之旨不悖。且其教皆主乎劝人为善，戒人为恶，亦有补于治化。道家所用经箓符章，能祈晴祷雨，治病驱邪，其济人利物之功验，人所共知其来久矣。"[①] 雍正还认识到儒、佛、道三教各有不同的特点和特定功用，主张发挥各自的优势，分别加以利用，具体就是"以佛治心，以道治身，以儒治世"。心、身、世三者皆治，就可以"安天下"。他说："圣人同其性则广为道德，人能同诚其心，同斋戒其力，同推于人，则可以福吾亲，可以资吾君之安天下。"[②] 从以上言论来看，雍正对道教道法及儒佛二教是颇为支持的，他本人曾诏白云观道士贾士芳为其治病，曾诏正一道士娄近垣驱邪。他相信道士真能为其治病驱邪，所以作为回报，封他们为真人，并赐银修缮宫观及置买香火田。雍正不仅本人对道教持扶植态度，而且要求地方各级官吏同样要善待道教道士。在清代诸帝中雍正是唯一真正崇信道教的一个皇帝。

（三）清高宗弘历与张天师的品秩

张天师的品秩问题其实体现的是龙虎山天师道与政权的亲疏关系，因而也是龙虎山道教兴盛衰败的重要体现。娄近垣《重修龙虎山志》卷八记载："北魏泰常八年，立天师道场，而张氏始显。然唐以前未尝拜爵于朝，宋元而后或号先生，或封公，或恤典朝服视侯，皆出一时异数。至明初，更天师号，给正一嗣教大真人印，掌天下道教事，与世袭，国朝因之。"

清朝初期，张天师的品秩总体上延续了明代的惯例。《重修龙虎山志》卷八记载，顺治六年（1649），世祖以张应京袭封"正一教大真人，礼部题为真人投诚，照例承袭优赏，以广皇恩"。顺治八年（1651），第

① 《龙虎山志》卷一，《藏外道书》第19册，巴蜀书社1992年版。

② 《道藏辑要》第1册《雍正上谕》，巴蜀书社1986年影印本。

五十二代天师张应京入觐，礼秩如故，即应该还是正二品。此后，从康熙四十二年（1703）的诰赠看，已故张天师的品秩都保持原来的状态。康熙四十二年，第五十一代天师张显庸、第五十二代天师张应京、第五十三代天师张洪任、第五十四代天师张继宗都被诰赠“光禄大夫”，他们的夫人都诰授“一品夫人”，由于是对已故张天师的诰赠，故其品秩提升只能看成是一种死后的荣誉追加，不具有实际的意义，体现了清朝初期对天师的安抚之心。雍正十三年（1735），第五十五代天师张锡麟被追授“光禄大夫”。

清高宗乾隆年间，朝廷对道教的管束加强，张天师的品秩呈下降趋势。主要体现在：一、乾隆四年（1739），下令禁止正一教真人法员考选、传度道士，违令者治罪；同时，规定正一真人只能在龙虎山一带发展组织，不许外省发展道徒。次年，他又敕礼部定议，规定正一真人不许入朝臣班行。二、乾隆十七年（1752），因受左都御史梅瑴成弹劾，张天师的官职即由正三品降为正五品，停止朝觐、筵宴。三、乾隆三十一年（1766），第五十七代天师张存义因为祈雨有功，升品秩为三品。乾隆三十六年（1771），第五十六代天师张遇隆被追授为“通议大夫”，清朝的通议大夫是正三品官员，但只是安慰性的荣誉。此后，第五十七代天师张存义、第五十八代天师张起隆都被乾隆皇帝诰授“通议大夫”。总体上，乾隆时期张天师的品秩已经要低于康熙时期。四、乾隆五十四年（1789），又开始限制天师朝觐次数，令五年朝觐一次。总之，第五十六代天师张遇隆受人弹劾而被连降官品二级这一事件，对道教在清代的发展有着深刻的影响，可以看成是清代龙虎山道教走向衰弱的转折点，龙虎山道教的政治地位自此每况愈下，许多方面的政治待遇和权利受到限制。

乾隆之后，正一天师的政治地位更是进一步下降，至道光元年（1821），朝廷终于明令禁止正一真人入京朝觐。至此，道教正一派天师与清统治者的关系走入低谷，道教在政权层面和宗教界已无任何政治优势，而政治优势的彻底失去预示着龙虎山正一天师道在清代最终走向衰落。失去政权的支持，意味着话语权的弱化，龙虎山道教对社会各阶层尤其是士绅阶层的实际影响力也在降低，一定程度上助长了各种民间宗教和秘密社团的兴起，道教向更深的底层社会渗透，带来了明清民间宗教信仰多样化和复杂化的局面。

二、龙虎山正一派天师的承袭

清代龙虎山正一派虽然失去了统治者的支持，但是仍不断传承着自身的道派，进一步融入地方社会与民众生活中。现主要依据娄近垣编纂《龙虎山志》梳理清代天师传承谱系：

> 五十二代应京字翊宸，崇祯丙子袭爵。庚辰皇子病疹，命祈禳，怀宗亲诣祖坛行礼……怀宗将下拜，应京曰：臣祖天师臣道陵位在人臣，礼不当拜。怀宗曰：卿祖天师道德高深，正赖默赞元化，可晋封六合无穷高明大帝。卒成礼还，皇子病旋瘳，赏赉优渥。甲申三月，怀宗殉国，既而隆武僭号于隆平。贵溪与闽接壤，邻近，盗贼蜂起蚁聚。安仁妖僧某煽众焚掠及上清真人墓，乡勇御之不克。登老雷坛岭檄召神将，俄而阴云四塞，遥见一神驱黑虎逐贼，贼众奔溃，邑里以宁……顺治八年，入觐世祖章皇帝授正一嗣教大真人，掌天下道教事，礼秩咸如故。还抵扬州琼花观卒，葬南山，康熙庚戌迁窆深田源，承益藩郡主。
>
> 五十三代洪任字汉基。少访道于混成院何海曙，博通秘笈。顺治八年袭爵。十二年世祖章皇帝驾幸南海子，召见奏对称旨，敕免本户及上清宫各色徭役，外藩有妖邪为害闻于朝，世祖章皇帝命真人驱除，先后遣法员高惟泰、杨幼芬出塞，治之立应，诸部落感激皇恩，且崇信真人道法，至今不衰。康熙六年卒，葬金溪米坊。三十六年，恭遇覃恩诰赠光禄大夫，配顾氏诰封一品夫人。
>
> 五十四代继宗字善述。圣祖仁皇帝赐御书碧城，遂以为号。真人生八月而父洪任捐馆，叔洪偕摄大真人事，真人与生母杨夫人茕独依倚，几不免冻馁，既遭耿逆之乱，里中无赖，子乘机焚劫母子，流离奔避濒死者数。康熙十八年袭爵，而庐舍焚毁，田土荒芜。真人少历艰苦，淡泊一如寒素，生母杨夫人尤节俭能治家，拮

据数年始稍葺府第以居。入觐京师有觊夺大真人印者。圣祖仁皇帝命分坛祷雨，继宗奏应于某日得雨，既而雨果应，而觊印者之言不雠。圣祖仁皇帝嘉叹，命随觐法员吴士行等三人留京供事，三年一易，在京日给廪饩，往返给驿马，既复加坛二员为定例。还山御书大上清宫额以赐。三十三年。命进香五岳，道中开封，长史以苦旱疫疠请祷，不旬日雨澍而疫已。河水决□归界，日啮岸数十丈，吏民惶惧，走请，投以铁符，岸复故。过龙阳有妖神号五羊者为祟，焚其祠，既有白足鳖无算死溪中而妖绝。过苏州收赤猴、铁索二怪。三十五年，复命赐乾坤玉剑。三十六年覃恩诰授光禄大夫，妻牟氏封一品夫人。四十六年赐第京师。五十二年，赐帑修龙虎山殿宇。五十四年冬，将入觐，至扬州琼花观矍然曰：此先祖蝉蜕处也。余亦从此逝矣。示微疾卒，年五十九，葬筱岭背之南山。

五十五代锡麟字仁趾。康熙五十五年袭爵。有四弟俱幼，朝夕勖以向学，分甘同苦，室无闲言。世宗宪皇帝御极，覃恩例授光禄大夫，妻一品夫人。时尚未请封。雍正五年，例应入觐，命法员娄近垣偕行，至杭州病亟，嘱近垣曰：吾无以报天子，近垣既受命。越日真人卒，遗书以子，遇隆幼请以弟庆麟署大真人是，得□旨。世宗宪皇帝命近垣礼斗有灵应，圣躬悦豫，赐近垣四品龙虎山提点，司钦安殿住持。发库帑银令大臣修建大上清宫。九年三月，命锡麟第三弟昭麟署大真人印，协同监修龙虎山庙宇，复赐昭麟银币，殊恩异数旷世希有。近垣之遭际宠光皆锡麟培植有责。

五十六代讳遇隆字灵谷。乾隆七年袭爵，入觐赐御书教演宗传匾额，及朝服缎匹。十年赐山庄避暑，诗集并花缎二端等物。十六年，圣驾南巡，叠次召见，屡邀克食缎匹赏赉。十七年御史梅瑴成劾降正五品。三十一年卒。三十六年覃恩诰赠通议大夫。

五十七代讳存义字宜亭。年十四袭爵。以祈雨功晋秩三品，赐御书真灵福地匾额、宫绣老君像、御书法经等物。复奉恩旨嗣后正一真人并随带法官准其照旧例驰驿。三十四年，入觐，祈雪立应，赐珊瑚碧玉冠二具，满绣法衣一袭。三十六年，诰授通议大夫。

四十一年，恭逢孝圣宪皇太后梓宫，恩赏银一千两。真人家居侍养祖母，乐志承欢，笃志向学，能文章，遇事勤奋，暇日与诸弟子阐究元典，手录法秘数十卷。惜年不永，四十四年卒。无子，遗表请以嫡堂叔起隆承袭。

五十八代讳起隆字锦崖，署真人昭麟子也。深沉有智，善诗，名公卿乐与交游，尤精家学，动止严肃，丰颐美髯，望而令人敬畏，群弟子俱盛一时之选。凡祈祷无不响应。先以国学生议叙分发河南试用县丞。乾隆四十五年袭封，北上赴热河庆祝万寿日，侍内廷听戏看花。上温谕殷拳，念其冒暑远涉赐普洱茶及避暑丸散、大缎帽纬内造器物，而克食之赏无虚日。四十七年元旦，大高殿拜进庆贺表礼成，赐内绣老君像诸物。四十九年，迎驾江南，召见行宫，叠锡珍饫，并御笔墨刻五百罗汉手卷。先后数次朝觐，每见必喜，喜必赏大缎藏香，内府珍异供奉充室，虽封疆大吏不足过也。五十五年，诰授通议大夫。嘉庆三年，卒。

五十九代讳钰字琢亭。嘉庆五年承袭，北上谢恩请谒□□□旨褒免，叠日召见，屡赏克食、大缎、藏香。六年，恭逢覃恩诰授通议大夫。十年，入觐，赐玉如意一柄、荷包二对、金钱四□，奉恩旨换给三品印。先是五十六代降授五品，后虽晋秩尚沿故印也。十三年，面请重修上清宫。十四年，祝□赐宴并赐大缎宫锦氆氇诸物。十九年，赏借银二万两重修正一观，聿新府第，取赎田亩。二十三年十二月，赐御书福字，加厚年赏。真人风度端凝，酷类乃父，与人谦抑自下，和光可挹，尤善辞令，声若洪钟，敏于奏对，上特眷之奠。立心行事真率无伪，重师儒厚故旧，每旱涝辄结坛祈祷，四方呈请驱治，应如桴鼓。道光元年卒。以从弟铬署理子培源。道光九年嗣袭，今为六十代真人云。①

张培源，第六十代天师。字育成，号养泉。为人颖异淡朴，笃于孝

① （清）娄近垣：《龙虎山志》，清乾隆五年刊道光十二年修补本。

友。道光九年（1829）袭爵。平生好施。行藏似鹤，时以白鹤仙师称之。凡诸符法皆能一气浑成。研究《大梵斗母玄科》，尤能阐演入妙。曾以铁符两治浙江海宁潮患。二十五年秋，邑侯请醮治贵溪旱蝗之灾。设醮七日，雷风肃烈，大雨如注，持符水洒坛前后，蝗尽殪于河。《县志》赞曰："德著金绳，功追玉居。驱蝗虫而乡城争颂，息潮涌而寰海意称，盖纪实也。"咸丰九年（1859）十月中旬无疾而逝。

张仁晸，第六十一代天师。字炳祥，号清严。《天师世家》说："秉性祥和，研精秘典，事亲以孝闻。"同治元年（1862）袭爵。当值乱后，法书秘卷多简断篇残，且不易征集，乃日与弟子参考编订，续录成帙，寒冬不懈。四年（1866）游粤东，遇异人赠黑玉印一方。九年（1871），省祖墓于四川青城山，今山中有其遗墨。后潜心洞明三十代祖静修之功，年六十三而化。光绪三十年（1904），诰赠光禄大夫。

张元旭，第六十二代天师。字晓初。光绪三十年嗣教。本乃清光绪时廪生，精于道法，并善文章。续补五十至六十一代天师传，曰《补天师世家》。辛亥革命之后，中华民国成立，废其所封，袁世凯复辟之时复授"正一嗣教真人之号"。后上海曾酝酿成立中华民国道教总会，召集上海、江苏、浙江部分正一派代表，举办了"中华民国道教总会"发起人会议。1924 年，卒于上海，葬于龙虎山中。

第二节　龙虎山宫观的建设

一、大上清宫的重建

龙虎山大真人府清朝时曾经 4 次修缮大上清宫。

第一次修缮时间康熙二十六年（1687）。据《世宗宪皇帝御制大上清宫碑文》追述康熙时期修缮上大清宫的事迹曰："我朝康熙二十六年，圣祖仁皇帝亲灑宸翰，赐号碧城，并颁大上清宫匾额，赐帑金以修葺殿宇。"[①]

① 《藏外道书》第 19 册《龙虎山志》卷十二"艺文"之"世宗宪皇帝御制大上清宫碑文"，第 27 页。

第二次修缮年代是康熙五十二年（1713）。据《天师世家》载，康熙五十二年，“赐帑银修龙虎山殿宇”[①]，命江西巡抚佟国勤，抚州织造孙文成修葺，此为第一次上清宫的修建。

第三次是雍正九年（1731）。据《世宗宪皇帝御制大上清宫碑文》载：“历年既久，宜事鼎新。朕特发内帑，专遣廷臣，前往重修增饰庙貌。又以斗为帝车，群生之所托命，复令相方卜址创建斗殿以为祈禳善地。萃工庀材，百堵偕作，宏敞坚固，焕如翼如。经始于雍正九年五月，明年七月工竣。复赐田三千四百余亩，永为世业。”此碑文创作于“雍正十一年三月初十日”。[②]引文中明确了清朝第三次修建的时间是雍正九年五月到雍正十年七月，历时1年多。这次修葺，世宗皇帝恩赐帑银10万两重修大上清宫，遣大银台宫詹翰林学士留保和、原直隶臬司浦文焯会同署理大真人印务张昭麟协同监修，次年七月告竣。娄近垣《重修龙虎山志·恩赉》收录有雍正皇帝正月二十五日重修大上清宫的上谕：

……娄近垣一片忠悃，深属可嘉，因赐以四品龙虎山提点，司钦安殿住持。……查龙虎山真人府上清宫历唐、宋、元、明，代有修建，至我朝康熙二十六年，第五十四代真人张继宗陛见，蒙圣祖仁皇帝亲洒宸翰，赐号碧城，并颁真人府大上清宫匾额，赐以帑银修理宫殿，今历年已久，祠庙渐就零落，着发内库银两，命钦差前往，重加修建，务期宏敞坚固，焕然一新，朕之此举，非崇奉道教以祈福祥也。以娄近垣忠诚，实本于真人之道法，夫人见其家有贤，子孙必推本乎其祖先而称美之，况乎道法相传，阐教护国，著有明效，可忘所自乎？今兹崇饰庙貌，表示鸿规，乃情理之至当，而国家酬庸报功之典所不可缺者且使天下之人知正教常垂宇宙，其裨益于世道人心，非浅鲜也。特谕。[③]

① 《藏外道书》第19册《龙虎山志》卷九“天师世家”，第42页。

② 《藏外道书》第19册《龙虎山志》卷十二“艺文”之“世宗宪皇帝御制大上清宫碑文”，第27—28页。

③ 《藏外道书》第19册《龙虎山志》卷一“恩赉”之“修上清宫上谕”，第2—3页。

经此修建，上清宫形成了二宫（上清宫、斗姆宫）、十二殿（玉皇殿、后土殿、三宫殿、三省殿、五岳殿、四渎殿、文昌殿、天皇殿、关圣殿、紫微殿、斗姆前殿、斗姆正殿）、二十四院（三华、东隐、仙隐、崇元、太素、十华、郁和、清和、崇禧、崇清、繁禧、达观、明达、洞观、栖真、混成、紫中、清富、凤栖、高深、精思、真庆、玉华、迎华）的格局。

据《龙虎山志》“宫府”记载，清雍正时上清宫的建制是：

宫门南临大溪，溪北为横街通衢也。街北建坊，三脊四柱，坊北东西幡杆二，叠石为基，中甃巨石为路。又北为门，环砖为阙，以通往来。阙中朱户金铺。阙上楼七间，重檐丹楹，周以朱栏，檐际悬圣祖仁皇帝御书“大上清宫”额。

南望云林、琵琶诸峰，熛锐炎上，形家以谓惟水制火，故奉真武于楼中。旧像不称，易以脱沙。脱沙者，聚沙为像，漫帛其上，而髹之，已而去其沙，与宋之夹苎、元之抟换一法而异名耳，宫中新塑神像皆如之。楼东西祀灵官元坛。阙后东偏小屋二间，司香灯及门之启闭者居焉。北为大路，俱甃以巨石，缭以朱垣。垣之内外，乔木森列，逶迤三折。而北至下马亭，亭西向五间过亭，而折北曰“棂星门”，凿石为之，中设朱栅。旁为两门，门高网石柱三分之一。龙虎门五间。在棂星门北，望阙朝贺之地也。门外苍松二株、豫章二株，皆高数百尺。门内东西向祀雷部六帅。门之南东西碑亭各一，碑勒明时修宫敕谕。亭四向十字脊，脊顶置宝瓶。钟鼓二楼又在两碑亭南门之旁，东西角门各一，门之北为甬道，又北为台阶，白石陛三重，上周以石栏，凿莲花为柱饰。北为玉皇殿七间，旧之寥阳殿也。凡殿皆以所祀神像更名。玉皇殿北为后土殿七间，旧之真风殿也。又北为三清阁，上下各七间，旧之玉皇阁也。阁下祀九宸，东西列三十六雷神。龙虎门以北东西周廊共44间。玉皇殿之东西配殿曰三官，曰三省，各三间，旧之元坛、文昌殿也。后土殿之东西配殿曰五岳、曰四渎，各三间，旧之三官、四圣殿也。三清阁旁东曰文昌殿，一间，又东曰天皇殿，三间，旧之雷祖殿也；阁西曰关圣殿，一间，又西曰紫微殿，三间，旧之高真殿也。四殿俱南向，以上皆彤壁朱扉，金铺铜沓冒。正殿俱重檐丹楹藻井，间以金碧，饰以云龙；三清阁覆以碧琉璃瓦，此因宫之旧增修者也。

玉皇殿之东南为新建碑亭，亭覆以黄琉璃瓦，重檐丹楹，四面琐窗藻井金饰，雕石为基，内供世宗宪皇帝御制碑文。

龙虎殿前从西侧门向北循墉行，则新建之斗姆宫在焉，殿7间，正南向，覆以黄琉璃瓦，重檐罘罳，祀斗姆像，东西列从神四，南为穿堂7间，覆以碧琉璃瓦，以黄琉璃瓦饰檐端，蒙以罘罳，磨砖甃地，凿中道为云龙形，瞻礼者由左右拾级而上。东西为短垣，上为朱牖穿堂。南为前殿五间，碧瓦罘罳，一如穿堂。前祀真武，旁列从神四，后祀王灵官铜像。又南为朱门三，金铺铜沓冒，前檐悬世宗宪皇帝御书斗姆宫额，门旁东西角门二，前殿东西配殿各三间，东祀太岁，西祀送子。正殿东西焚修房各五间。房南东西亭各一。凡殿俱朱牖、丹楹、彤壁、藻井，间画金碧云龙。门外照墙以碧琉璃瓦为盘龙形，饰中央四角。龙虎门自东侧门向北为提点司，门屋一座，堂三间，后堂三间，后仓房七间，前后东西厢房八间。又斋堂三间，南向厨房二间，居其侧。前门屋一间，四周围墙，为醮坛斋食之所。在斗姆宫前，宫之东为道院八，宫之西为道院十六，其旧有而新之者十二院，其已废而重建者十二院。每院门屋一间，正厅三间。左右丹房共四间。后楼房三间，左右耳房各一间。周遭缭以短墙，各分院址。内新旧共二十四院，凡宫中之法官居焉。①

上清宫还拥有历代皇帝恩赉的香田、膳地、山林、水塘约70余顷（每顷100亩），年收租谷9000余石。

---

① 《藏外道书》第19册《龙虎山志》卷三“宫府”之“大上清宫新制”，第4—6页。

不过，当时修葺的上清宫，仅仅是修葺，不是翻新重建，故而很多殿宇没过几年又多有坍塌，面临重新修建。乾隆五年娄近垣奏文曰：

雍正九年三月，蒙世宗皇上天恩颁发内帑钦差监督修造龙虎山上清宫庙宇，添设道院，买置田亩为各殿香灯醮祝之费……告竣之后，因木料潮湿，山气郁蒸，渗漏甚多，易致朽烂。又以租谷缺额不敷粘补。雍正十二年，抚臣常安将养廉银六百两委员修葺。十三年后土殿中间梁木朽烂脱榫坍塌，申报府臣，委员查看卸下物料并查各殿渗漏。元帝殿西梁又复烂断，急用厚板长木支架。龙虎门梁木亦复朽烂倾圮。[①]

因殿宇朽塌不断，奏文继续提出具体的修葺方案曰：

余存租谷，原为随时增修粘补殿宇之用，应令该提点清出岁修之费，将龙虎门以内之各殿院及一切旧有工程，令其自行葺补。至正殿以西之斗姆宫、佑圣殿二处，原系世宗宪皇帝特恩新建，旷典钦工，非旧有殿宇可比，今既多有坍损之处，应行典修，以垂不朽。再查从前后土殿神像与玉皇殿并列一殿之中，嗣虽各奉一殿，而后土殿原为祖师殿所改，并非特建，即在玉皇殿之后，三清阁之前，相距丈余，势甚逼仄，且原殿五间，今倒三间，现存柱木不过三十余根，非各殿止须粘补者可比。若欲令其自行重建，不特工费浩繁，所存遗租不敷应用，而地势浅窄，风口不通，即再葺之后，亦仍归甚烂，应将此废殿所存柱木留为添补修葺玉皇殿、三清阁之用。[②]

---

①《藏外道书》第19册《龙虎山志》卷一“恩赍”之“娄近垣于乾隆五年的奏章”，第12—13页。

②《藏外道书》第19册《龙虎山志》卷一“恩赍”之“娄近垣于乾隆五年的奏章”，第14—15页。

从娄近垣的奏文中可以推测，世宗雍正时的修缮并不彻底，也基本上停留在修修补补的基础上，当时新建的仅有斗姆宫与佑圣殿。乾隆初年后土殿五间倒塌四间，娄近垣建议不再重建，让其遗留柱子用于修葺玉皇殿与三清阁。

第四次修缮于清乾隆后期与嘉庆年间，根据清朝汪正修等的《重修上清宫碑记》记载：

> 一修于康熙二十六年，再修于雍正九年，先后共发帑金十余万两。上清宫乃□□皇上御极。三十四春，真人五十九代袭封真人钰朝京师，陈请加修，奉旨报“可”。诏江西巡抚臣先勘估，兴修以万金为率，委会同郡守勘估工料，计费白金七千七□□□，八阅月而工竣。殿□庭所以妥神灵者，藻饰有加，其他为著、为陈、为庖、为湢，为□□□匽潴，为溜檩、□宫丽谯之所，靡不胪分殊事，以整以洁。落成后，增荣美观，四方之□□□之降临，鉴观之有赫也。……□□□役者，广信府通判汪正修了；贵溪县知县段克莹，襄其事者，则为上清司□□□周元定。例得备书，是为记。
>
> 大清嘉庆十五年岁次庚午季秋中赣[①]

刻碑时间是嘉庆十五年（1810），然重修始于三十四年真人五十九代张钰之呈请。五十九代天师生活于乾隆后期与嘉庆年间，引文中的“三十四”应该属于乾隆年号（1769），只是乾隆三十四年报请修缮，到嘉庆十五年刻碑，其间相隔40余年，不知何故？另据记载，嘉庆十九年，“五十九代大真人张钰获准借库银二万两修理祠宇，回赎田产，准其每年缴还银一千两，分20年还清。此银至光绪十六年（1890）还清。”[②]此次所借款修缮的祠宇，大概包括大清宫与天师府等。从这些记载可以

① 转引自张金涛：《嗣汉天师府志》“古代文献”，中国国际文化出版社2015年版，第208页。

② 转引自张金涛：《嗣汉天师府志》“大事记”，中国国际文化出版社2015年版，第13页。

看出，第四次修缮大清宫前后延续时间很长，大体处于断断续续的修修补补。

二、三十六道院及其他宫观庵堂的建设

三十六道院属于上大清宫中的院中之院，亦即寮院，可以纳入大上清宫之宫观，然因其院落众多，且与龙虎山内正一道派分支密切相关，故此从大上清宫宫观建设中分立出来处理。

宋代以后，道教兴盛，高道辈出，龙虎山道众盛时有千人之多，围绕着大上清宫，修建了大量的宫观道院，供道众参修栖息。元代吴澄《仙岩元禧观记》提到："逮及国朝，盛极甲天下，一本三十六支，冠褐千余。"[①] 明初张宇初天师曾论述宫中道院："吾山上清宫之寮院，凡三十有六，其源同而支异。"[②] 可见，自元以来，龙虎山道院有三十六院格局。"至明末天启年间（1621—1627），出现了'三派三十六道院'的说法"[③]，三派指正一道中的紫微、灵阳、虚靖三派。三十六道院包括上清宫东十五道院和上清宫西二十一道院，分属各派道士法官所居用。据《重修龙虎山志》卷三记载，其中属于紫微派的有宫东的东栖真、精思院、华阳院、洞元（玄）院、元（玄）隐院和宫西的紫微东、紫微西、西栖真、清富院、迎华院、郁和院、洞观院、混成院、养素院；属于灵阳派的有宫东的东隐院、崇东院、内十华、外十华、崇元（玄）院和宫西的达观院、高深院、凤栖院、明远院、深秀院、太素院；属于虚靖派的有宫东的玉华东、玉华西、中和院、仙隐院、三华院和宫西的崇禧院、内繁禧、外繁禧、崇清院、佑圣院、真庆院。

以上三十六道院至清代时已经多有荒废。清雍正九年，妙正真人娄近垣为世宗宠信，世宗以国帑大修龙虎山宫观。此次大兴，仅新修和重建了其中的24座道院，其中12座为新建。《重修龙虎山志》中对此有详细记载：

---

① （清）娄近垣：《重修龙虎山志》卷十四。

② 何建明主编：《岘泉集》卷三《诒善亭记》，《道藏集成》第98册，国家图书馆出版社2017年版，第538页。

③ 孔祥毓：《龙虎山大上清宫的"宫中道院"》，《中国道教》。

宫东道院八所：三华院在提点司之东，东隐院在三华之东南，以上二院旧有者；仙隐院在三华之东，崇元院在仙隐之前，太素院在仙隐院之东北数百武，十华院在太素之东，郁和院在东隐之南，清和院在郁和之南盖东隐之院西向而二院亦西向，皆在其左也，以上六院俱重建。

宫西道院十六所：崇禧院在三清阁后，崇清院在崇禧之北，繁禧院在崇清东北数十武，达观院在斗姆宫西而稍北，明远院在斗姆宫西而稍南，洞观院在明远之南，栖真院在洞观之南，盖明远之院东向而二院亦东向，皆在其右也；混成院在斗姆宫前而稍西，紫中院旧曰紫微院在混成之南，清富院在混成之西而东向，以上十院俱旧有者；凤栖院在繁禧之前，高深院在达观之东，精思院在明远之北，真庆院在栖真之南，玉华院在混成之东北，迎华院在紫中之西，以上六院俱重建。

三、嗣汉天师府的重修

有清一代，天师府也多次罹难又多次重修。其中比较重要的有三次。

清康熙十三年（1674），时“三藩之乱”，上清罹兵火，天师府大堂、穿堂、赞教厅、东西厢房、耳房俱毁，唯存后堂5间。大门、仪门毁后重葺，朴陋不称。私第之后堂，敕书阁及后堂之东西厢，与私第东之家庙、后殿、书院亦毁。万法宗坛毁后重建，而真武殿东西庑俱不存。玄坛殿虽存而圯两庑，仅存的牌坊碑亭亦废。

清乾隆四十三年（1778），五十七代大真人张存义对天师府又全面进行修建，府第气象焕然一新；又于真武殿址建绣像宝阁，供奉御赐宫绣老君像，其余建制如旧；玄坛殿毁两庑并复之。五十九代大真人张钰在嘉庆十三年（1808）修建“敕书阁”；嘉庆十九年，又借帑银2万两新修天师府、复立木坊2座，左榜曰“体德尊猷”，右榜曰“翊运宣化”。咸丰七年（1857）遭受兵灾，天师府仅余二门东玄坛殿3间，东西庑各3间，真武殿后小屋3间，万法宗坛5间，西庑3间，亦毁后复之。

同治四年（1865），六十一代大真人张仁晸重建二门3间，敕书阁东

"味腴书屋"上下两栋，共9间，分前后二进，后为正屋有楼，中有天井，两厢古门上有隶书对联曰"泮芹蔓衍芹期采，丹桂花开桂可攀"，后门额书"秀接衡阳"，灵芝园、纳凉居各1所；又于同治六年（1867）建头门1座，东西2间，大堂3间，堂后东西鼓楼各1座，宅门1座，东仓房10间，西门房3间，东西耳房各8间，保安楼西廊房5间，小屋3间，东耳房10间。同治十二年重建保安楼上下2栋共10间。光绪七年（1881）重建三省堂5间，即今之天师殿。

四、正一观的修建

作为祖天师的修炼处，正一观在清朝依然得到修葺。据娄近垣《龙虎山志》"宫府"载：

> 康熙癸巳，圣祖仁皇帝发帑重修，改玉皇殿为楼，余仍旧制。雍正九年，世宗宪皇帝特赐帑金，遣大臣重修龙虎山庙宇，复命裔孙张昭麟署理大真人事，协同办理，凡阅几月而告成。选募道流，永举香火，且严禁族属家人不得到观侵损，以崇祖祠。本观之新制：正殿五间，重檐丹楹彤壁，覆以碧琉璃瓦。东西周庑各九间，周以朱栏。元坛殿三间，在东庑中；从祀殿三间，在西庑中。仪门三间，朱扉，金铺，铜沓冒。阶下钟鼓二。楼以上殿楼门庑，梁栋间俱饰以彩绘。正门为阙者三，中额曰正一观。阙门皆朱漆铜沓冒。门外旛竿二。正殿之后楼屋五间。自阙门至楼前，甬道阶级俱甃以巨石。丹房三间，在大殿西。丹房后楼房三间，左右披厢各一。□庖湢。红门一座，在大殿后。东北隅门外有炼丹岩、濯鼎池诸古迹。观旧有田一百六十余亩。①

从以上记载可以了知，正一观在清代康熙年间与雍正年间相继得到重修，尤其是雍正年间的重修规模较大，初步呈现出清代正一观的基本格局。

① 《藏外道书》第19册《龙虎山志》卷四"院观"，第1—2页。

五、龙虎山周边的宫观

龙虎山面积辽阔，除了大上清宫、天师府、正一观外，星罗棋布众多卫星般宫观庵堂。当代新修《龙虎山志》卷四还对上清宫周遭的宫观及方位亦予以了统计说明，大致如下：

> 正一观，在龙虎山，祖天师炼丹处；至道宫在安仁县北，世为神仙之宅；紫霄宫，宋代嘉熙间崇禧道士黄崇鼎奉敕建；真元宫亦黄崇鼎奉敕建；仙源宫在上清宫西三十里，已经废弃；崇文宫在安仁县西崇文坊；元成宫在上清宫北二里，元大德中真人夏文泳奉敕建，今废；玉隆宫在逍遥峰下，元薛元曦有诗言及；外岳宫在蓬莱观下，祀玉帝八司，香火最盛；静应观在真人府第西百余步，宋崇宁间始建，今废止；凝真观在上清宫南七十里之鬼谷山；逍遥观在安仁相二十八都，旧名黄婆店；天谷观在上清宫南十五里，今废；灵宝观在君山下；祈真观在上清宫东南三十里；金仙观在上清宫东北九十里，宋嘉定中吏部郎应弥正建；真应观在上清宫东二里，宋嘉禧道士黄崇鼎建；瑞庆观在上清宫南二十里，三十五代真君葬其山；元都观在金溪县永和乡，三十八代真人留国公葬此；文惠观在饶州府郡治；乾元观在上清宫东八里筱岭下；龙泉观，元元贞中建；神德观在上清宫北十里，宗师张留孙葬此；仁静观在真人府南应山下；明成观在安仁县崇德乡山田村，今废；明盛观在安仁县青山；长生观在金溪县四十五都；元禧观在仙岩之北；先天观；蓬莱观在元禧观上二里；冲元观在上清宫东三里；玉清观在上清宫西南十五里；留云观在金溪县东；慈寿观在上清宫南琵琶峰顶；桃源观在仙岩北路从石峡入二里许；冲和观在上清宫东三十里；慈济观在上清宫北二里；北真观在上清宫北二里，四十四代真人葬此；南极观在上清宫西十里，四十五代真人和四十九代真人葬此；玉泉观在上清宫南五里；寿椿观在上清宫东三里；华山观在真人府后华山下，今废；元元观在龙虎山；慈庆观在上清宫北二里；招真观在象山；另有会真道院、望仙道院、紫霞道院、云山道院、清溪道院

（在上清宫南一里）、瑶峰道院（在上清宫上半里）、通真道院、仙源道院、天乐道院（在上清宫南鬼谷山）、归隐庵（在上清宫北二里）、紫云庵（在筱岭二里许）、太极庵（在上清宫后）、怡云庵；尘湖庵（在尘湖山下）。

以上60个院观的存在，见证了宋、元、明、清时期龙虎山道教鼎盛时期的境况。不过，根据记载，上述宫观庵堂除了极少部分（如仙源宫、静应观、天谷观、明成观、华山观）外，大多保存到了清朝。

六、大真人府的修建

龙虎山大真人府乃“循例朝觐斋居之所，其寮舍即值季法官之居停也”，是龙虎山天师直接对接朝廷的场所，天师朝觐或朝廷遣使，都必居于其间。大真人府不在龙虎山，是在京城，可以看作是龙虎山道教建筑的延伸。

正一嗣教大真人府印务张昭麟撰《敕赐重建大真人府第碑记》对此次修缮记载略有不同：“大真人府为循例朝觐斋居之所，其寮舍即值季法官之居停也。年久倾颓，屋宇狭隘，钦命易地于地安门外，东西广十三丈五尺，南北二十四丈零。颁式绘图，壮观轮奂，开虚室以凿牖，拟丹台以凌阶，并建法官从寮，合计房屋八十一间。始于雍正九年之春月，迄工于雍正十二年之冬月，经之成之，隆隆殖殖，高矣美矣，济济盘盘。”①

从碑记引文可以看出，北京的大真人府与龙虎山的大上清宫开始修建的时间相同，都是从雍正九年春天开始的，但结束的时间不同，龙虎山大上清宫仅用了一年多时间完成，而大真人府用了三年半的时间才竣工。建成后的大真人府有房屋共81间。

① 《藏外道书》卷十二“艺文”之《敕赐重建大真人府第碑文》，第29—30页。

第三节 龙虎山道教宫观的管理

清朝统治者进一步强化对龙虎山道教的管理，如对天师世系的确认的完全把控，从龙虎山高道中挑选管理人员，出台限制民间火居道士活动的政策等。龙虎山道观自身的管理机构和职位的丰简变化，可以看到龙虎山道教自身的兴衰转换。

一、龙虎山道教职官的设置

根据娄近垣的《龙虎山志》"爵秩"记载，龙虎山道教职官分为法职职官与府僚职官两大系列。然具体分析其中的职官名称后发现这两大职官的分界又比较模糊，有称上清宫法员，有称府僚职官。大概其分类以上清宫法员职官与非上清宫的府僚职官区分，前者与朝廷的关系更为密切，后者更带有龙虎山宫观内部职官设置性质。

（一）法员职官的设立

宫观的管理需要设官任职。龙虎山宫观管理从有明一代方正式纳入政府管理，故其职官的设置亦从明朝开始。有鉴于此，考察龙虎山宫观设置，必须适当延续前代，尤其得把明清两代统合起来，才能看到其职官的历史沿革中的变化。

龙虎山职官明代之前未列入政府官职体系，故上清宫法员的定额难以考证，只是散见于诸书。据《重修龙虎山志》记载：

> 上清宫法员，其定额、执掌旧无考证。其名之散见者，宋时则有留用光、薛应常为管辖，洪徽叟为都监，王袭明为道正，郭保宁为监宫，郑保和、徐处尚为知宫，李元溢为副知宫，吕惟一为知观等职。元时有张闻诗、李宗老为住持。明时有方日中为监临。旧志修于万历间，无以上诸职，其载本宫职事曰提点一员，提举一员，副官二员，上座二员，监斋一员，岁值一员，掌籍一员，书记一员，知事六员，知书一员，知库一员。国朝以来，上清宫无上座、监斋、值岁、掌籍、书记、知书、知库诸职，而副官则曰副理。又有赞教一职，爵次提举，□□益不知始于何时。而各员部札自明季

兵燹与提点印信俱遗失无存，遂停换给。五十四代、五十五代真人先后两咨礼部请给部札，未允行。雍正九年月上谕礼部议给提点印信，提点、提举及赞教以下札，付礼部复准，于雍正十年又五月颁给雍字一千九百七号，龙虎山上清宫提点司印信一颗，提点司提点札付一张，雍正十一年七月，颁给提举以下札付二十五张。定制：提点司提点一员，提举司提举一员，副理二员，赞教四员，知事十八员。[①]

从上述记载可以看出，龙虎山上清宫职官历史变革比较大，宋时有管辖、都监、道正、监宫、知宫、知观等职；元朝有住持；明朝有监临，明万历所修龙虎山志还载有提点、提举、上座、监斋、岁值、掌籍、书记、知事、知书、知库等职，职官日渐细化。清朝大体延续明朝的职官制度。不过从清朝开国后很长一段时间，龙虎山上清宫的职官设置都不太正常，四十四代与四十五代天师上奏设立，都未获批，直到雍正九年清政府才开始规范龙虎山上清宫职官设置，设立了提点、提举、赞教、知事等主要职官。

（二）府僚职官的设置

龙虎山道教宫观职官的历史变化不仅表现在法职职官的变化上，也反映在其府僚职官的变迁上。据娄近垣编撰的《龙虎山志·爵秩》载：

旧志部授知印、都目、司务各一员；掌事四员；监纪二员；赞教二员。宣德间（1426—1436）加二员，知事四员，掌事四员，监纪二员，赞教二员。按：赞教、掌书二职设于明太祖洪武元年，正统中敕以上清宫道士高缙云、周应翰为赞教，官彦矩、席克中为掌书。成化二年敕以道士邓玉元、王绍通为赞教，林智茂、朱文吉为掌书。嘉靖五年敕以道士傅德严、邵启南为赞教，余永寿、詹望奎为掌书，是二员者必以上清宫明习教典之法员为之，而受命于天

① 《藏外道书》第19册《龙虎山志》卷八“爵秩”之“法职附”，第33—34页。

子者也。监纪之设，相传为五十□代真人募兵捍御乡井，名其什百之长，并非法职，今沿，误为府中法官之首职矣。知印，掌大真人印信之用，□都目掌大真人府地亩、租税、钱粮之出入，掌事掌赍奉、表笺及一切差委之事，故三项皆以在家之人充补，而旧志乃以冠于赞教、掌书之上，失其伦矣。盖府僚原分出家在家二项，知印、都目、掌事、监纪等俱属在家，赞教、掌书、知事、法箓局提举俱为出家。今掌书久缺，惟法箓局提举尤用宫中法员，而赞教、知事则以在家之明习道法者补授，而以监纪为之统辖，时移名易，渐失故初。①

上述引文可见，明朝龙虎山的府僚职官有知印、都目、司务、掌事、监纪、赞教、知事、掌书。这些龙虎山宫观内的府僚职官大体都延用到清朝，而略有迁变。龙虎山宫观府僚职官分在家与出家两类，如知印、都目、掌事、监纪属于在家者，而赞教、掌书、知事、法箓局提举为出家者。其中赞教、掌书皆为辅佐天师的，是朝廷派给天师的副手，清代赞教秩为七品，掌书负责文书印信；上清宫设提点一职，而符箓局则设提举一职，秩六品，皆由皇帝任命。此外知事也是道官之一，顺治时设有，隶属于天师，依例升迁副理、赞教；都讲一职，李养正《道教概说》中提到，负责管理圜堂、钵堂、诸经讲义威仪等事情，一般熟悉经书者才能担任，经公议推选。

二、龙虎山道教职官的任职情况

（一）任职情况统计

近年新修《嗣汉天师府志》将各处散见可知的任职名单做了统计，其中关于清朝龙虎山的任职情况如下：

赞教：徐远达，饶州府余干县人；李元佐，建昌府泸溪县人（今资溪）；刘元斌，广信府贵溪县人；赵元治，江南江宁府上元县

① 《藏外道书》第19册《龙虎山志》卷八“爵秩”之“府僚附”，第34—35页。

人；徐运诚，贵溪人；舒运本，安仁人；欧久榕，贵溪人。

副理：涂元昌，抚州府金溪县人；周元定，建昌府南城县人；徐元善，广信府贵溪县人；王元良，广信府贵溪县人；唐元昇，建昌府南城县人；鲍元亮，建昌府南城县人；傅元相，广信府贵溪县人；童运正，饶州府余干县人；徐运亨，广信府贵溪县人；毕运泰，广信府贵溪县人；黄运登，建昌府南城县人；黄运隆，广信府贵溪县人；李运通，广信府贵溪县人；吴运茂，建昌府南城县人；龚运得，建昌村南城县人；赵文漠，饶州府余干县人；邓久丰，广信府贵溪县人；杨运熙，广信府贵溪县人；倪久亮，金溪县人；毛保光，贵溪县人。

知事：胡久锡，贵溪县人；徐元机，贵溪县人；江运福，贵溪县人；程久懋，体宁县人；鲁久章，贵溪县人；刘九蕃，南城县人；吴久畴，南城县人；万长庆，南昌人；饶长铭，贵溪县人；刘运芙，贵溪县人。

上清宫提点：高惟泰，字凌云，清初任上清宫提点，年九十卒；周大经，字子篆，南城人，妙正真人娄近垣之师，任上清宫提点；娄近垣，字郎斋，松江娄县（今属上海），雍正五年授四品龙虎山提点；汪克诚，字赞可，原为真人府监纪，乾隆三十六年随五十七代真人张存义入觐，蒙恩给玉道冠，三十九年奉旨留京，四十二年授上清宫提点，京畿道箓司。

署理提点：刘远任，抚州府金溪县人，雍正十年署理2年；金远宁，浙江嘉兴府嘉善县人，署理2年；惠远谟，苏州府吴县人，署理9年；夏远应，江宁府上元县人，署理13年；李资福，建昌府南城县人，署理9年；桂远馨，饶州府安仁县人，署理3年；詹资国，广信府贵溪县人，署理7处，协理4年；蔡远蕃，信州府贵溪县人，协理2年；施远恩，浙江杭州府钱塘县人，协理9年；闵远恺，浙江湖州府归安县人，协理13年；邓资裕，建昌府南城县人，协理7年；朱资学，浙江湖州府归安县人，协理7年；徐远达，饶州府余干县人，协理提点7年，又署理提点4年；李元佐，建昌府泸溪县（今资溪）人，署提点；舒运本，道光年间署提点。

此外，清代则有戴资琮、饶资根、江元鸿等。[①]

上述职级虽由大真人、提点指定，但须报礼部“部授”。

（二）娄近垣与上清宫提点

世宗雍正皇帝以后，清代龙虎山道教由于被王权疏离贬抑，每况愈下。几代天师虽然也勉励进取，但再没有出现如明初那样的人物，终难抵挡大势，唯娄近垣为佼佼者，其对王权的影响甚至超越了天师。

雍正五年（1727），娄近垣随张锡麟天师入京觐见雍正皇帝，奉命礼斗祈雨，其言谈举止，甚为灵通，很受好道的清世宗雍正皇帝器重，雍正皇帝表以“秉性忠实，居心诚敬”。雍正八年（1730），世宗身患疾病，召白云观道士贾士芳为其驱邪捉鬼。而贾士芳受命后在通读经咒时口出狂言，触怒了世宗雍正皇帝，被杀。雍正九年（1731），皇帝召娄近垣入宫治病，娄近垣设坛礼斗，以符水道法为皇帝治病，效果甚验，皇帝病愈后大喜，封娄近垣为四品龙虎山上清宫提点、钦安殿住持，封为“妙应真人”。

雍正十一年，朝廷封娄近垣为妙正真人，又拨官银修葺龙虎山宫观，修大光明殿，赐其居住，命娄近垣为大光明殿开山住持，统领法官四十八员，并使天师府得以置买香火田数千亩，诰授娄近垣晋秩三品，荣及祖、父、家人。乾隆元年，朝廷再封为通议大夫，食三品禄，管理道录司印务，住持北京东岳庙。娄近垣最后以九十岁高龄寿终正寝。在清代正一道天师地位每况愈下的情形中，娄近垣可谓极尽恩宠于一身。

三、龙虎山道教宫观的管理

明清两代对龙虎山道教宫观的管理主要落实在三个方面：一是宫观的建设；二是职官设置及授箓权力的许可程度；三是经济上的监控。朝廷没必要对龙虎山宫观进行全面监控，只要控制了以上三个方面，即基

① 张金涛编著：《嗣汉天师府志》第七章“管理体制”，中国国际文化出版社 2015 年版，第 60—61 页。

本掌控了龙虎山道教宫观。对于其内部日常运作，朝廷基本上放权天师。

（一）道教宫观建设的报批

雍正九年修缮上大清宫，雍正皇帝特为敕命，“著发内库银两，命钦差前往重加修建，务其宏敞坚固，焕然一新”[①]；雍正九年修缮正一观，“世宗宪皇帝特赐帑金，遣大臣重修龙虎山庙宇，复命裔孙张昭麟署理大真人事，协同办理”[②]。

请修制度的确立，既让龙虎山修缮宫观获得了朝廷经费之支持与政策的倾斜，也提升了龙虎山天师道在道教中的地位；朝廷也通过审批制度，对龙虎山道教宫观的发展状况能起到有效的监控。

（二）职官设置权与授箓权的控制

天师之下最为重要的职官是提点，清朝十分重视提点职官的设置。根据《龙虎山志》“恩赍”载，雍正十年四月十一日，礼部给娄近垣回复曰：“钦奉上谕事，该臣等议得龙虎山上清宫法官额，设提点、提举二司。前代旧例，历经给与印信札付。迨明季兵燹之后，印信久失，并停给札。康熙六十一年正一嗣教真人张锡麟请行颁给提点印信一颗，提举等员部札十道……伏思正一真人道传正教，功济生民，历代以来，优崇世袭，其所设提点、提举二司，均有阐教演法办理公务之责，应给与印札以昭职守。”[③]龙虎山三十六院提举法官的设立，也要获得清政府首肯后才能付诸实施。娄近垣在其《请广额颁给部札奏稿》云：“臣娄近垣叩奏，臣切思上清宫既蒙皇上特恩，颁给提点印信，其提举以下等员再恳圣恩敕部广额，按道院给部札一道，得二十四道，将来陆续添补至三十六院，部札亦添给至三十六道，则道员充足，教法昌盛。”

明清两代朝廷对道教弟子度牒的发放向来关注，对龙虎山授箓传度给予监督与指导乃至限制。清朝乾隆元年，“上谕请厘天下僧道，惟龙虎山上清宫道众不令领给度牒，部照听真人提点给与印照”，之后总事务王

① 《藏外道书》第19册《龙虎山志》卷一“恩赍”之“修上清宫上谕”，第2页。

② 《藏外道书》第19册《龙虎山志》卷四“院观”，第1页。

③ 《藏外道书》第19册《龙虎山志》卷一“恩赍”之“礼部题给印信札付稿”，第4—5页。

大臣上以奏折，提出设立道录管理制度，并建议“全真道士素守清规，具有保结者应颁给度牒”“至清微、正一道士，除龙虎山仍照礼部原议由真人提点司给与印照，在京各直省清微灵宝道士果无家室住庙焚修应事者，仍给部照，无庸给牒外，至火居道士但令其还俗，其中如有年老者别无营运不能还俗者，亦暂给与印照，永不许招受生徒”[①]。从乾隆之上谕与朝臣的奏议可以看出，龙虎山天师的度牒权已经被剥夺。

（三）经济上的监控

清顺治十二年，“敕免真人府本户及上清宫各色徭役。”引文明确仅免徭役，不免赋税，徭役免除对象也仅是真人府本户及上清宫范围的徭役，其他诸如天师府、散布各处宫观庵堂的不在免除之列。清朝政府对天师的田产是有数的，雍正九年龙虎山上清宫提点将天师名下田产列表上奏朝廷：

> 现今大真人府山塘田地千百十亩开具于后：
>
> 贵溪县三十六都又一图大真人府下田千百十亩，恩例每年免银六十四两零分厘。
>
> 金溪县都图甲大真人府户下田十亩零。
>
> ……
>
> 现今上大清宫山塘田地亩数俱开于后：
>
> 雍正九年帑银新制贵溪县三十七都又一图上大清宫斗阁香田共一十一顷零五厘。
>
> ……
>
> 旧存贵溪县三十七都又一图上大清宫常仕香田共一顷四十六亩零四厘。
>
> 山三百四十五亩七分，地九十一亩六分五厘，塘二十亩八分三厘。
>
> 额收租谷共二百五十七石，又租银七两四钱七分。

① 《藏外道书》第19册《龙虎山志》卷八“爵秩”，第35—37页。

以上新买赎贵溪弋阳二县田，併旧有贵溪县田，合共田二十一顷九十四亩一分二厘二毫八丝一忽三微。

同共每年额收租谷三千七百三十四石九斗九升八合一勺七捎九撮。

房屋山田等每年计收租银八两九钱七分，俱拨入上大清宫斗阁，永远供奉香灯，不许盗卖盗当。

大上清宫三华院奉拨帑银新置田二十亩，并旧有田一顷四十亩三分二厘，又补田二亩。

共田一顷六十二亩零三分二厘，地五十七亩零六厘，山六亩三分，塘三亩零四厘。

……①

原文很长，涉及大真人府、大上清宫及各道院的山塘店房田产等，记载具体到几分几厘甚至于几毫几丝几忽几微的地步。按照奏臣留保的奏书统计，龙虎山天师名下“共得田三千四百余亩，为阖庙香火之资”。由此可见，天师名下财产数额尽管巨大，但朝廷掌握得一清二楚。朝廷通过对龙虎山天师名下财产的掌控而达到全面控制其发展规模之目的。

第四节　龙虎山的文化建设

清朝龙虎山的文化建设方面主要表现为以下两个方面：一是与道教密切相关的山志编写或科仪的编订；一是围绕龙虎山道教的诗文唱和。前者主要与清朝龙虎山最知名高道娄近垣相关；后者则涉及面广，有与天师交往的唱和诗，有龙虎山高道的诗作。

一、娄近垣编纂《龙虎山志》与《黄箓科仪》

整个清朝龙虎山高道中，以娄近垣最受朝廷的器重。娄近垣历雍正与乾隆两代均受重用，提点龙虎山上清宫，官爵四品，正所谓“殊恩异

① 参考《藏外道书》第19册《龙虎山志》卷九“田赋”。

数，旷世稀有”[1]。朝廷重用娄近垣，恰恰看重他的文学与道学两方面的涵养。娄近垣在文学与道教方面的涵养具体表现为《龙虎山志》的编纂与《黄箓科仪》的编订。

（一）《龙虎山志》的编纂

作为道教名山，山志的编写是一代代道教修行者梦寐完成的伟业。龙虎山的天师与高道也以《龙虎山志》的编写为自己的历史使命，在元、明时期相继编写过《龙虎山志》。清朝最早编写的《龙虎山志》是在乾隆五年，离明朝万历年间由五十世与五十一世天师张国祥、张显庸编写的《龙虎山志》已越百余年。

《重修龙虎山志》共10册，包含16卷。其中第一册包含卷一到卷五，内容分别涉及恩赉、山水、宫府、院观、古迹（附僧寺）五个方面内容；第二册即卷六，内容为世家；第三册即卷七，内容为人物；第四册包括卷八、卷九，内容分别为爵秩和田赋；第五册至第十册均为艺文，其中第五册对应卷十，内容为艺文中的纶言；第六册对应卷十一，内容为艺文中的语录，并附妙正真人语录；第七册对应卷十二，内容为艺文中的碑文；第八册对应卷十三，内容为艺文中的诗，附知非赠言；第九册对应卷十四，内容为艺文中的记；第十册包含卷十五与卷十六，内容涉及序、表、赋、铭、赞、跋等。从上述内容分析，乾隆庚申年重修的《龙虎山志》，卷数超四十三世天师的十卷志，内容远比前志全面。《龙虎山志》从元朝的三卷，到明朝洪武年间的十卷，再到清朝乾隆间的十五卷，其卷数与内容都在随着时代的前进而递增。

（二）《黄箓科仪》的编订

《黄箓科仪》12卷，乃乾隆十五年（1750）和亲王之重刻本，其底本来自清雍正年间娄近垣亲手编修的科仪本。刻本有娄近垣序文曰：“近垣于雍正丙午以值年来京，幸荷圣恩，获司金箓，窃见斋醮科仪一帙，旧版散失，亥豕多讹。故不揣荒陋，勉为参考，略加增删，刊成十卷。敢诩探奇于石室，拟将藏秘于名山。兹者恭遇和硕和亲王，凝心内境，

[1] 《藏外道书》第19册《龙虎山志》卷六“世家”，第42页。

栖虑玄门，日华多暇，乃近取垣所刻科仪，亲加披阅，重为镂版，乃题之曰《黄箓科仪》。……大清乾隆十有五年，岁次庚午九月重阳日，龙虎山后学娄近垣拜手谨识。”序文叙述了《黄箓科仪》之来由，重刻本的年代。从序文可以看出，《黄箓科仪》的辑录编纂者乃娄近垣。

这是一部承前启后的重要科仪法事集，其将前代科范仪式删繁就简，编成了当时切实可行的科仪文书，共12卷，内容分为发奏、宿启、建坛、拜表、早朝、晚朝、午朝解坛、设等科仪、总圣位科、通用文检、步虚散花、符秘手诀、坛图印式、乐谱赞文等。各种清代常行的法事，基本上都汇于此编。此书主要在教内流行。有学者将其与龙门高道王常月所编《龙门心法》并称。

二、龙虎山道教与诗词

清代龙虎山诗词从内容上看，大致可以分为贵族、大臣与天师交往而表达艳羡之情者；道士以山水寄托成仙愿望者。

（一）皇亲国戚、大臣所作与龙虎山道教相关诗词

龙虎山天师在清朝尽管地位有所下降，然清政府为了笼络道教，依然谥天师以真人之号，给予爵禄。天师以其独特的身份活动于京城，结交皇亲国戚、王公大臣，相互之间以诗文唱和。略举数例如下：

其一，爱新觉罗·允禄的诗作。

别五十四代嗣师真人

双凫西至道风香，梅蕊含春入帝乡。
君掖风雷供吐吸，我于三一测阴阳。
南云夜月归舟急，旅雁秋声别思长。
可忆忘机重剪烛，心空物我释冰霜。

爱新觉罗·允禄，康熙第十六子，雍正元年（1723）袭庄亲王，乾隆二十三年（1758）薨，谥恪。诗句属七律，抒写作者与五十四代天师的离别之情。

其二，爱新觉罗·允礼的诗作。

长句奉祝妙正真人三臣娄先生七十寿

我闻神仙颜如童，踪迹隐显多不同。
半藏岩壑养真性，间历京国参元功。
函关竟去柱下史，汉帝偏逢河上公。
三臣娄公为时出，九峰佳气浮葱茏。
早岁多才独访道，俯视名利秋云空。
天浆向斗酌沆瀣，云篆落笔生雷风。
一蒙召对日三接，蒲团夜值明光宫。
深湫乘龙屡鞭起，每转旱岁歌年丰。
两朝宠锡不胜纪，焚香把卷神冲融。
悬孤节遇暖炉会，称殇时有方瞳翁。
王母交梨安期枣，须出内府盘殷红。
人言古稀公尚少，久视直拟齐华嵩。
由来名注丹台中，遨游偶爱时昌隆。
国恩稠叠难酬答，知公白日迟飞冲。

爱新觉罗·允礼，康熙第十七子。雍正元年（1723）封果郡王，六年（1728）晋封果亲王。乾隆三年（1738）薨，谥号毅。此诗为七言长诗，诗中叙写真人娄近垣极被朝廷器重，有“一蒙召对日三接，蒲团夜值明光宫”“两朝宠锡不胜纪，焚香把卷神冲融”之句子。作为庆寿诗作，诗中对娄近垣真人的高寿予以祝福。

其三，雍泰的诗作。

恭祝敕封妙正真人诰授通议大夫朗斋娄老先生七十荣寿诗并序

元英初届阳春回，驿使遥传庾岭梅。
南极一星辉九垓，葱茏佳气城西隈。
大光明殿超尘埃，瑶坛何必夸蓬莱。
娄星躔度连三台，金门待诏非凡才。
清虚心地勤栽培，一忱啸命驱风雷。

分颁玉馔天厨来，冰桃雪藕晶盘堆。
琼浆汪岁葡萄醅，金铛玉鼎琉璃杯。
肉芝拳蕨如芸苔，洁斋长筵绝喧豗。
丁当乐奏撒玫瑰，翔鸾舞凤相低徊。
缘余匏系难追陪，俚歌无叙同俳诙。
翳予小子如驽骀，钦承风范高徂徕。
豚蹄掺挚兼尊罍，于思聊为笑颜开。

从诗文可以知道，诗文作者雍泰时任镇守云南普洱沅威等处地方总兵，他对娄近垣真人自称法弟，“先生法门末派”。此诗为柏梁体放歌，共二十四句。在诗文前作者还写作了序文，叙述诗作之由来。作为贺寿诗作，文中概括了娄近垣真人古稀大寿时的祝寿盛况。

其四，笪重光的诗作。

山中奉怀碧城大真人

昔年奉使过仙山，曾遇真人谒帝还。
龙虎峰前飞鹤驾，风雷坛畔列神班。
桑田几见成沧海，金简频闻锡玉关。
回首蓬瀛三万里，犹惭凡骨恋尘寰。

笪重光（1623—1692）字在辛，号君宜，又号江上外史，亦称郁冈扫雪道人，江苏句容人，顺治进士，官御史，工书画。诗中的碧城大真人即第五十四代天师张继宗。作者以追忆的笔法叙写自己奉使到龙虎山与天师相交接的见闻及感触。

其五，李天馥的诗作。

送张真人还山

偶际朝正岳牧期，少年承箓已称师。
神仙家世编年远，风雨勋庸报国奇。

且共花辰翻白苎，何须宫使谱青词。

凤城小住归偏遽，愁见红龙著襜时。

李天馥，字湘北，号容斋，合肥人。他是顺治进士，官至吏部尚书，武英殿大学士，著有《容斋集》。诗为七律，叙写宋张天师回龙虎山之事。

清朝上自皇帝、皇室宗亲，下及各级官吏，与龙虎山真人诗文来往的自然不止上面所列举的数例。

（二）龙虎山道士所作诗词

清朝龙虎山宫观众多，修道之士云集，其中文学素养深厚者不乏其人，最杰出者当属娄近垣真人，此外还有夏远应、施远恩、张资理等高道。

1. 高道夏远应的诗作。

奉选登龙虎山

嵯峨云锦山，积翠深藏屋。

奉诏得兹来，振衣入空谷。

地胜离人寰，林幽绝尘轴。

远闻声泠泠，岩悬千丈瀑。

岚气与秋烟，不辨亭皋木。

金坛势凌霄，石室香云馥。

迥然净埃氛，乍到眩心目。

虚靖张隐君，旷怀辞天禄。

于此得长生，所食芝与菊。

野鹤依树巢，丹灶临溪筑。

置身在蓬瀛，何处寻天竺。

仰止意方深，巍巍龙虎肃。

夏远应，江宁府上元县人，龙虎山道士，署理13年。

2. 施远恩的诗作。

龙虎山早秋

上清花木记深幽，老桂婆娑报早秋。
风逗蛩声来别院，月明桐叶下高楼。
雷坛树碧当窗出，丹井泉香绕石流。
溪谷寂寥龙虎伏，岩前唯见露华浮。

龙虎山即事

龙虎郁峥嵘，灵山万古名。
登临一凭眺，身世即蓬瀛。
讲法参师秘，谈经祝圣明。
幽怀殊未已，花下坐吹笙。

施远恩，乃浙江杭州府钱塘县人，龙虎山道士，协理教务9年。以上共引其诗作2首,《龙虎山早秋》属于写景诗,《龙虎山即事》为叙事诗。

3. 张资理的诗作。

草亭新月并序

翰林留公奉敕修大上清宫，别于新建斗母宫之东偏，作草亭三间，为宴乐宾僚之所。理以方外，亦尝与歌咏于其间焉。视去今才十余年，同人半在，而草亭已废弛无存。后更数十年，谁复知有此亭者。因思往尝共作草亭新月等二十题。理既从事老子法，初不以斯务为急。所制诗与亭俱亡，漫不存稿。兹值山志之修，探囊一钱故在。亟请载之篇末，庶不泯草亭之名。

皓魄微呈顾兔灵，半规先喜到山亭。
树添暝色初惊鹊，书映纤晖不聚萤。
碧玉钩帘寒欲坠，清冰照席酒还醒。
庾公幽意知非浅，莫讶频开醉眼青。

张资理，乃上清宫道士。诗作由序及诗正文两部分构成。诗文为七律，内容为写景，行文工整。

清朝最高统治者信奉萨满教，道教信仰不是他们自身的宗教传统，所以对道教的扶持主要是以利用为主，加之不信任，所以戒备也更加谨严。此一情势下，龙虎山天师道的官方地位不断下降，势必带来对国家决策影响力的减弱，道教的民间化趋势逐渐彰显出来，并一定程度上带来了清代社会民间宗教信仰的多元化发展态势。故站在宗教信仰的角度，清代龙虎山道教在社会尤其是民众中的影响力并没有衰落，真正的传统宗教信仰衰落，是从晚清以来西方科技文明源源不断地输入开始的。

第十二章　清代江西閤皂山道教

閤皂山道教由明中后发展至清代，其宫观渐呈现逐年衰败的趋势，然其道派仍绵延不绝，继续传承自七十三代至七十六代。灵宝派和清微派相互融合在民间逐渐形成了清微灵宝派，并向江西南部与福建、云南等地传播。

第一节　閤皂山的宫观建设与道派传承

清代閤皂山的宫观建设远不如元、明二代。逾越两个半世纪的清朝，有记载的閤皂山的宫观建设仅发生过两次，即嘉庆年间的兴建与清晚期欧阳明性住持期间的修复；整个清代，閤皂山道士的传承世系也不够清晰。

一、閤皂山的宫观建设

崇真宫自初称灵仙馆开始，屡毁屡建。清人施润章在《閤皂山志·序言》中说："此编所述，皆明嘉靖丙戌（1526）以前之景况。时至清初，仅余荒榛茂草，虽仙公、东岳二殿，亦不复存。后虽有修葺，亦已破败。"[①]

① （明）俞策、（清）施闰章：《閤皂山志》，江西人民出版社1996年版，第15页。

他感慨地说："閤皂山荒棒茂草，丹井故在，即而求之，其亦有餐霞驭风之人，潜游其中，而不见之于世者耶？"至嘉庆二十三年，道士周步云募缘重修崇真宫。由此可见閤皂山自明至清不断衰败的状况。

二、閤皂山灵宝派的传承

清代，灵宝派继续传承。閤皂山现存出土墓碑、砖刻载，清代灵宝派至少从七十三代传承到七十六代。

雍正甲寅年（1734）有七十三代传人蔡云端、甘云彩。考古发现八块有字地砖，其内容为：

砖一至三：七十三代道士蔡云端立（三块）

砖四：三清殿张绍（ ）立

砖五：嘉庆辛未（ ）（ ）堂（孙？ ）

砖六：雍正甲寅閤皂蔡云端传

砖七：仙翁殿本山弟子蔡云端、甘云彩……

砖八：閤皂福地

由以上砖刻可知：蔡云端为雍正朝甲寅年人。甘云彩和蔡云端同为閤皂山仙翁殿道士，灵宝派七十三代"云"字辈传人。

閤皂山大万寿崇真宫现存有《蔡斗机墓碑》：

持志堂

原阳命生于雍正辛亥年九月初五日巳时受生大限满于

乾隆庚寅年正月初十日戌时身故当备衣棺选取本月二十

四日葬于地名祖山龟背埁穴作癸山丁向兼子午三分之地为坟

羽化恩师　蔡讳斗机　字北宿三先生之墓

孝徒杨世焕　徒孙张墉

皇清乾隆卅五年庚寅岁正月　日立血立

据此可知，蔡斗机（1731—1770），字北宿，有徒弟杨世焕，徒孙张墉。蔡斗机羽化于乾隆三十五年，距七十三代传人蔡云端、甘云彩仅36年，可能是灵宝派第七十四代传人。与此同时而稍后，有道士范斗枚住于山中。范斗枚（1738—1778）墓碑说：

生于乾隆戊午年十二月十四日亥时□于

戊戌年七月十七日未时葬于祖山金星穴作癸山丁向兼子午三分为坟

清故羽化恩师范斗枚先生

孝徒彭世燕

乾隆四十三年秋七月　日抆泪立

范斗枚有可能与蔡斗机同为灵宝派第七十四代传人，“斗”字派，范斗枚有徒弟彭世燕。[①]

蔡云端、甘云彩为雍正甲寅年（1734）人，为灵宝派七十三代传人，“云”字辈；蔡斗机羽化于乾隆三十五年，是七十四代，他和七年后羽化的范斗枚都是“斗”字辈，范斗枚、蔡斗机的徒弟彭世燕、杨世熯应该是第七十五代，而蔡斗机的徒孙张墉则是第七十六代传人。这表明，至迟在雍正年间，阁皂山灵宝派已经有派字，分别是七十三代“云”，七十四代“斗”，七十五代“世”。到乾隆年间，阁皂山灵宝派至少传到第七十六代。[②]

第二节　阁皂山道教文化建设

作为灵宝道的祖山，阁皂山的道教文化积淀深厚。阁皂山道教尽管在清朝时比较衰落，但其道教文化的影响依然存在，主要表现在以下几个方面。

---

① 蔡斗机和范斗枚二人墓碑现藏于阁皂山大万寿崇真宫。

② 参考陈文龙：《阁皂山宫观史及其灵宝派传承世系考》，《宗教学研究》2015年第4期。

一、施闰章与《閤皂山志》编修

（一）施闰章简介

施闰章（1618—1683），字尚白，号愚山，宣城人，出身于书香门第。其祖父施鸿猷为明万历年间著名学者；其父施譽，在施闰章童年时去世；其叔施誉学识渊博，世称砥园先生。施闰章自幼即在叔父教养之下发愤读书，孜孜不倦；稍长，擅作诗赋、古文，有《学余堂文集》《蠖斋诗话》等佳作存世。他个人性格涵养醇厚平和冲淡，反映了他温柔敦厚以及含而不露的诗风。

（二）《閤皂山志》的编修

《閤皂山志》一书，经过了三人之手：唐广明元年三洞道士许玄真首撰《閤皂山记》；明万历丙戌东吴俞策谓其"俚弗经，诞弗核，卮弗当，重为疏之"，且以閤皂三日游所得诸咏附其后，称《閤皂山注》；清康熙丙午，湖西道分守使（驻临江）施闰章得此书，患其漫漶伪漏至不可通晓，属陈公霖校，他自己稍加括定，又附以己诗及明末清初诸人的题，更名《閤皂山志》。

施闰章是清初杰出的诗人，他实际上是把旧本改写了。经历了草、修、润色三阶段，这才成了一部较好的志书。

该志在编撰过程中不断扩充内容。原来的山记和注本现在都不可得见。最初大概只是一篇记叙体的文章，篇幅不太长，加注后就成了两卷，在这样的基础上，施闰章将其改写成志书。经过一再扩充，内容就比当地的方志所载丰富得多。如名胜和宫观，方志记閤皂山只是峰六、岩二、原五、岭四、桥三、坛二、庵四、潭塘池各一，还有二官、一馆、一坛，共三十三处；山志名胜增为四十九，宫观增为二十二，共一百二十一处超过了三倍半。方志主要是列举其名称，山志则几乎处处有解说。这一百多处虽然现有一半多已经杳无踪迹了，但是也提供了很多可资考查的线索，至少可以说明这座道教名山在历史上是如何的兴盛，不愧为海内的名山福地。

该志还记载了很多珍贵的资料。山志中的诗文有不少是不见于他书的。例如朱熹的七律，及陶弼、吴澄、范梈诸人的诗篇，集本皆失载，唯存于此书之中。山中著名道士陈孟阳、张通玄和一群本里人士之诗皆赖此以传。至若广明许玄真、咸平张贺、熙宁双渐、杨申、元祐张商英诸人，虽皆有碑，林立其间，岁久劫多，亦荡然无存，碑文亦随之共失，唯杨申之《閤皂山景德观记》开卷可见，但其閤皂山记卷，当有全帙，却也只剩此一篇。由此可知撰志成书以收集资料的重要性和这部志书的可贵。

山志中虽没有全面系统的纵向的记述，但细细品读入选的作品，仍然可以了解此山的兴衰和道教的隆替。

该志行文简练清丽，每记一处，三言两语，择要介绍。如叙葛憩源："仙公燕息处也。西径揖仙桥，又西径放生池，又西径鸣水合，又北达黄枧，过丁仙峰，与会仙源合。"这是写得较长的。至于叙崇真宫，虽然显得特别长，却是把它一千多年的兴废史浓缩为二百一十五字，无一闲笔，偶有描绘，则甚清丽。

由施闰章修订的《閤皂山志》，依然保留"山考""名胜""宫观""记文""题咏""葛仙本传"，尽管施闰章序中说"得《閤皂山注》二卷"，但上述章节条目中内容都很单薄，无法与其他道教名山的山志相比较。施志完成于清康熙丙午年（1666）冬月。从明万历丙戌年（1586）余策撰《閤皂山注》，到施闰章修订的康熙丙午年，前后相隔120年。

二、《临江府志》与閤皂山道教

閤皂山所在樟树市旧归临江府管辖。临江府修撰府志，记载了大量的閤皂山的道教历史文化。同治十年刊《临江府志》卷二《山川》载：

> 其最著者曰閤皂山，县东四十里，形如阁色如皂，道书以为第三十三福地。汉张道陵，晋丁令威、葛孝仙修炼于此。有宫曰崇真；峰六，东峰、西峰、凤游、莲花、凌云、玉女；岩二，金钟、藏箓；原五，葛憩、会仙、桃花、南涧、揖仙；石四，双鲤、马迹、石门、朝斗；台二，鸣水，著衣；坛二，上升、礼斗；庵四，仙人、路山、郭公、卧云；潭曰投龙；塘曰九龙；泉曰漱玉；池曰磨剑。山中有灵仙馆；山北有高峰，为丁真人坛。閤皂山在唐宋时

宫观甚盛，碑记题咏颇多，自后迭修迭毁，散逸略尽，其可录者附见于下……

后附有周必大《阁皂山崇真宫记》和文人诗词，如明罗洪先诗《同万鹿园游阁皂》："阁山万木远苍苍，百尺风泉带雨香。丹井共窥容自好，仙台一宿道难忘。屋邻牛斗仍闻犬，石隐烟霞尽类羊。莫讶桃源千载事，与君前度是刘郎。"施闰章诗《阁山同治先用考亭韵》《石门》[①]，后文有介绍。

三、《清江县志》与阁皂山道教

阁皂山居于清江县南，作为清江县的南部屏障，阁皂山及其道教文化在清江县地方志中的地位更加突出。

（一）乾隆版《清江县志》记载阁皂山道教文化

乾隆版的《清江县志》纂修于乾隆四十五年（1780），离明末崇祯十五年（1642）秦镛首次修府志有138年。本次修志的总纂是邓廷辑。本府志涉及阁皂山道教的内容大概包括"阁皂山图"卷二中"山川"、卷六中的"寺观"及"艺文""杂志"等内容。

1."山川"中关于阁皂山的记载

卷二"山川"中的"阁皂山"记云："阁皂山，山蟠衍二百余里，其东北连丰城东乐安南新淦诸地。境形如阁，色如皂，故云。《道书》以为第三十三福地，汉张道陵、葛孝先，晋丁令威修炼于此，《寰宇记》以为神仙之馆，有灵仙馆毁于隋，唐道士程信然掘地得玉石像，创草堂居之。先天元年，孙道士为台殿，因山名观。其后江南李氏改名元都。宋政和八年赐号崇真宫，丞相周必大有碑记。峰六，曰东峰、曰西峰、曰凤游、曰莲花、曰凌云、曰玉女。岩二，曰金钟、曰藏箓。原五，曰葛憩、曰会仙、曰桃花、曰蚕原、曰石臼。岭四，曰观舍、曰鸡坑、曰峤岭、曰西巇。桥三，曰会仙、曰南涧、曰揖仙。石四，曰双鲤、曰马迹、曰石门、曰超斗。台二，曰鸣水、曰著衣。坛二，曰上升、曰礼斗。庵

① 同治十年刊本《临江府志》，台北，成文出版有限公司。

四，曰仙人、曰路山、曰郭公、曰卧云。潭曰投龙，塘曰九龙，泉曰漱玉，池曰磨剑。山北高峰为丁真人坛。今土名有牵驼、太极、芙城诸峰，疑即东西峰莲花峰之异名也。”[①]文中介绍了阁皂山名称之来由及其在道书中的地位，重点介绍阁皂山之峰、原、岭、桥、石、台、坛等与山川相关的自然景观。

2.“寺观”中关于阁皂山道教宫观的记载

卷六“寺观”中记载与阁皂山道教相关的条目有“崇真宫”：“崇真宫，在阁皂山东峰之麓，初名灵仙馆，唐改阁皂观，江南李氏改曰元都。宋曰景德。政和中，赐名崇真，易观为宫。崇宁、淳祐间加大万寿崇真宫。南部新书载，唐道士孙智谅于阁皂山掘得铜钟，下有玉像三，置阁皂观。宋时，赐敕书及铜印，传箓云板，台殿公馆千五百余间，称为极盛。后屡经兵火，明初稍修葺，旋罹火，存八景坛碑记及诗并见艺文。”[②]

3.“艺文”中关于阁皂山道教碑记的收录

在本府志“艺文”中共收录了宋朝杨申的《阁皂山景德观记》与周必大的《阁皂山崇真宫记》。其中杨申所写之记，叙述宋熙宁年间阁皂山的盛况曰：“今学道之士五百人，为屋一千五百间，呜呼盛哉。”[③]周必大的记中，叙述了宋庆元二年阁皂山的宫观情况：“次曰金阙廖阳殿，曰昊天殿，曰正一堂，曰靖应堂，其东岳祖师殿，曰藏经殿，最后玉像阁五间，其崇五丈四尺，雄杰冠于一宫。凡殿宇皆翼以修廊，道士数百仞环居其外，争占形胜，治厅馆，总为屋一千五百间，江湖宫观未有盛于此者。”[④]

4.“艺文”中关于《阁皂山志》的记载

卷三十“艺文”中收录了清施闰章的《阁皂山志序》全文，其序文

① 邓廷辑纂修：乾隆四十五年刻印《清江县志》卷二，“山川”，第41—42页。

② 邓廷辑纂修：乾隆四十五年刻印《清江县志》卷六，“寺观”，第95—96页。

③ 邓廷辑纂修：乾隆四十五年刻印《清江县志》卷二十六，“艺文”之“记”，第380页。

④ 邓廷辑纂修：乾隆四十五年刻印《清江县志》卷二十六，“艺文”之“记”，第383页。

曰："官临江数年，盖日与阁皂山相望也。既系于官，求登瞩之暇，不可得。则求其山川草木之志一观之，以释吾怀。庶几乎卧而游焉。于是得《阁皂山注》二卷，东吴俞策所集也，漫漶伪漏，至不可通晓，以南州陈子公霖加多藏书，嘱为校雠，而予稍括定更名《阁皂山志》。"① 序文交待了施闰章校订《阁皂山志》的缘起及简单经过。

5. "艺文"中收录与阁皂山道士相关之跋

卷三十一"艺文十二"收录了何中的《跋阁皂山道士陈宇心所藏白玉蟾墨迹》，其文曰："神仙者流诗文字画，皆信意所到，由其天资高迈，自然非人所及。故新宫之铭东老之诗，传之至今，玉蟾墨迹留阁皂为多，回禄之余，鲜有存者。宇心陈高士独能藏玉蟾赠其师郭常清诗一卷，非食烟火人语，固不可得。而宇心以此为传家之宝，益不可得矣。呼呼，人子孙而不能保其祖德者，其可愧也。夫至顺二年十有一月二十八日何中大虚题。"②

6. "杂志"中关于仙公传的记载

卷三十二"杂志"中收录葛仙公传记，其文曰："葛仙公以赤乌七年八月十五日飞升于阁皂福庭东峰之侧，弟子邹明等攀恋不已，于是仙公驻驾空中赋五言诗三篇付邹明，普令歌颂开悟方来。其一云'真人昔遗教，悯念孤痴子。襞邪不信道，祸乱由斯起。身随朝露晞，悔恨何有已。最大不可掩，流毒将谁理。'"③

7. "杂志"中关于阁皂山宋泽庙的记载

卷三十二"杂志"中有关于阁皂山宋泽庙的记载，其文曰："阁皂山有宋泽庙，旧志因谓宋齐邱为阁皂山任，遂云阁皂山有宋齐邱读书台。隆庆志尝辨之，此盖土人传闻之误。其实齐邱之有无不足辨……"④

8. "艺文"中关于阁皂山的诗歌

这方面的内容更多，下文还要进一步涉及，于此不予举例。

---

① 邓廷辑纂修：乾隆四十五年刻印《清江县志》卷三十，"艺文"十一，第456页。
② 邓廷辑纂修：乾隆四十五年刻印《清江县志》卷三十一，"艺文"十二，第460页。
③ 邓廷辑纂修：乾隆四十五年刻印《清江县志》卷三十二，"杂志"，第471—472页。
④ 邓廷辑纂修：乾隆四十五年刻印《清江县志》卷三十二，"杂志"，第473页。

（二）同治版《清江县志》记载阁皂山道教文化

阁皂山位于江西樟树市，旧称“清江县”。清江位于赣中腹地，八省通衢，八水环流，舟车交汇，山川绮丽，物阜资丰，堪称赣中明珠。其樟树药帮之技艺，袁赣两岸之粮桔，吴城、阁皂之胜迹，墨庄、芗林之文风，尤著称于世。

关于阁皂山，同治九年版《清江县志》卷二之《山川》这样记载：“县东四十五里，形如阁，色如皂，故名。周回绵亘二百余里，《寰宇记》以为神仙之府，道书以为第三十三福地。汉张道陵、葛孝仙、晋丁令威修炼与此，有宫曰崇真。南宋时丞相周必大为之记，峰六，曰东峰、曰西峰、曰凤游、曰莲花、曰凌云、曰玉女；岩二，曰金钟、曰藏箓；原五，曰葛憩、曰会仙、曰桃花、曰蚕原、曰石臼；岭四，曰观舍、曰鸡阬、曰峤岭、曰西巇；桥三，曰会仙、曰南涧、曰揖仙；石四，曰双鲤、曰马蹄、曰石门、曰朝斗；台二，曰鸣水，曰著衣；坛二，曰上升、曰礼斗；庵四，曰仙人、曰路山、曰郭公、曰卧云；潭曰投龙；塘曰九龙；泉曰漱玉；池曰磨剑。又有读书楼，引路松、丹井。山北有高峰，为丁真人坛。唐宋时宫观甚盛，碑记题咏颇多。嗣后迭修迭毁，今则仅存一楹，余者荡为灰烬矣。”[1]其记载与乾隆版《临江府志》中“山川”中关于阁皂山的内容大同小异。

后又附朱子诗三首，《阁皂山》二首、《送单应之往阁皂》；元吴澄诗两首，《阁皂山》《游葛仙坛》，明罗洪先诗《同万鹿园游阁皂》；施闰章诗《阁山同治先用考亭韵》《石门》。

四、樟树中医药与阁皂山道教

江西樟树，是与河北安国、河南禹州、安徽亳州并称的“四大药都”。明清以来，民间就广泛流传着“药不到樟树不齐，药不过樟树不灵”的说法。

中医界重要的文化意象——“悬壶”，其实源出于道教神仙卖药的传说。市药，即进入市集买卖药材，是隐逸山林的道士与民间社会进行交

① 归安潘懿撰：同治九年刻印《清江县志》卷二“山川”，第123—124页。

流的重要方式。道士修习服食的方术乃至炼制金丹，都需要搜集各种药材。每一个地方的物产是有限的，一些重要的药物如丹砂、雄黄甚至不产于中原，这就需要通过在市场上购买才能获得。神仙道士尽管志在方外，但为了搜集必需的药材，便不得不重返人间的集市。

购买药材，作为炼制金丹的重要环节，受到道教高度的重视。《黄帝九鼎神丹经诀》卷一云："黄帝曰：欲市其神药，必先斋七日，以子丑日沐浴，以执日市之，当于月德地坐，勿与人争贵贱。"① 在道教看来，市买药材是一件神圣的事情，因而规矩非常严格：首先必须斋戒七日，必须按照日历挑选沐浴、入市的日子，在集市中不可随便停留，而要根据神煞选择停留的地点和方位，购买药材时还不得讨价还价。在该经卷十的"市药法"中，除了方位、时日选择方式在细节上有所差异外，还特别对道士提出了"勿买凶服者物"的禁忌。② 道士如若违反了这些规定，即便买到了配方中的药材，也不可能炼制成功。

在人们的心目中，医药与道教的关系是非常密切的，对于樟树药市的见闻者而言，也是如此。清潘耒曾有《樟树镇》一诗："水市章江岸，由来药物赊。珍丛来百粤，异产集三巴。鲍靓应频过，韩康或此家。何须乞勾漏，即此问丹砂。"③ 潘耒描述了樟树镇的繁华风景，药市汇集巴蜀、岭南的珍稀药材，品类齐全，实在应当是道士买药的上佳选择。潘耒进而想象，有了樟树这个药市，鲍靓真人应当会时常过来买药，而晚年的葛洪也不必为了丹砂而请求到遥远的产地勾漏县去当县令。

樟树之所以有"药不过樟树不灵"的美誉，还与其境内的阁皂山有关。阁皂山是江南道教三大名山之一，道教灵宝派的宗坛，樟树因而不仅仅是药都，还是道教文化的重镇。阁皂山作为"祖山"，自然有着风水学上的意义，即源源不断地为"药都"灌输灵气。正所谓山不在高，有仙则灵。阁皂山之所以灵妙，是因为传说中这里曾是著名的仙公葛玄炼

---

① 韩吉绍校释：《黄帝九鼎神丹经诀校释》，中华书局 2015 年版，第 5 页。

② 韩吉绍校释：《黄帝九鼎神丹经诀校释》，中华书局 2015 年版，第 159 页。

③ 潘耒：《遂初堂诗集》卷十二，续修四库全书 1418 册，上海古籍出版社 2005 年版，第 308 页。

丹成道之所。《神仙传》中说葛玄“修炼勤苦不怠，尤长于治病、收劾鬼魅之术”。[1] 可见葛玄与费长房等方士一样，不但精通收劾鬼魅的法术，还擅长治病疗疾的医术。

五、阁皂山的文人诗歌

清代题咏阁皂山的文人士大夫尽管略逊色于前朝，但其数量依然可观。题咏阁皂山的文人诗作中，其中以施闰章、沈寿园、谢天翼、彭亭兰、杨如源等为清代题咏阁皂山的最具代表性作者。

1. 施闰章的题咏诗

施闰章，不仅修订了《阁皂山志》，还写作了不少关于阁皂山的诗歌，如：

就亭望阁皂山雪

去年见雪始作亭，雪残洗出芙蓉青。
今日登亭初见雪，雪满千峰倚天白。
夕阳倒射天门开，白云灿烂金银台。
群仙冉冉不肯下，万叠寒光向空泻。

石门

骆驼峰后近仙源，破剑犹传有石门。
多少游人留姓字，祇今惟见绿苔存。[2]

临江杂诗

阁山烟雨接虚无，碧幛清江翡翠铺。
好置亭台添画舫，为君唤取作西湖。[3]

这些诗歌，或引自《清江县志》，或引自《临江府志》。其中“多少游

① 葛洪撰、胡守为校释：《神仙传校释》，中华书局 2010 年版，第 269—270 页。
② 邓廷辑纂修：乾隆四十五年刻印《清江县志》卷二十四，“艺文”五，第 360 页。
③ 邓廷辑纂修：乾隆四十五年刻印《清江县志》卷二十四，“艺文”五，第 359 页。

人留姓字，只今惟见绿苔存”句，感慨中写出了閤皂山在当时的没落景象。

2. 沈寿园的诗作

登阁山次考亭韵

几年矫首望云林，藜杖闲探古洞阴。
药臼碧苔含雨润，斗坛荒草向秋深。
幽岩时有题名客，怪石徒怀控鲤心。
莫讶沧田人世变，神仙寥落到于今。①

考亭为朱熹之号，此诗延用朱熹诗之韵。施闰章和沈寿园同游阁山，同用朱熹韵。沈作末句对閤皂山道教衰落兴叹不已。

3. 谢天翼的诗作

游閤皂山

松风起寒涧，四山皆杳然。
我来觅仙踪，丹井如昔年。
著衣帐台圮，捣药惟鸟传。
攀藤过仄径，摩石跻危巅。
萧萧木叶落，片片随清泉。
白云能我期，草堂修竹边。②

诗中对清初閤皂山宫观的现状进行了叙述，如“丹井如昔年”“著衣帐台圮”，一片荒凉的景象。

4. 彭亭兰的诗作

望閤皂山和李沙圃广文韵

福地清江閤皂山，隔江缥缈认仙关。
著衣台畔云为幄，漱玉池边藓作斑。

① 邓廷辑纂修：乾隆四十五年刻印《清江县志》卷二十二，“艺文”三，第328页。
② 邓廷辑纂修：乾隆四十五年刻印《清江县志》卷二十，“艺文”一，第301页。

梅萼垂桥芳隐隐，松柯引路入湾湾。

何时得遂栖真意，读罢黄庭今日闲。[①]

诗作中提及著衣台与漱玉池，然漱玉池边藓作斑的景致，是因宫观萧条、游客少至所致，依然反映了清初閤皂山的衰败景象。

5. 杨如源的诗作

閤皂纪游十四韵

巍然閤皂镇临阳，欲觅仙踪未渺茫。

花放梅桥香馥馥，荫交松涧郁苍苍。

到来辄喜烟霞近，是处真堪甲子忘。

况有棋坪消永昼，何烦药臼捣元霜。

瞻依玉像蜜犹在，拂拭铜钟韵自长。

双鲤石移空碧浪，七星坛起见瑶光。

扪萝方与猿分径，听竹旋疑凤在冈。

索字青苔封断碣，谈经翠篆袅深堂。

遥思风景耽层汉，可许人民忆故乡。

蝉脱几时衣兢著，鹤慵谁信羽还翔。

劳生却笑头闲白，异日当辞肘后黄。

试侍草庐安砚席，聊逢樵客话山庄。

同林栖鸟寻盟熟，枕石鸣泉入梦凉。

夕照催归车马动，拾薪煨芋想闲房。[②]

这是清朝描述閤皂山篇幅较长的诗作，文中提及玉像、铜钟、双鲤石、七星坛等道教遗物，述意较为复杂。

① 邓廷辑纂修：乾隆四十五年刻印《清江县志》卷二十三，“艺文”四，第 347 页。

② 邓廷辑纂修：乾隆四十五年刻印《清江县志》卷二十三，“艺文”四，第 348 页。

第十三章　清代江西万寿宫的建设与许真君信仰的传播

入清以来，由于朝代变换、兵燹危害等多方面原因，西山万寿宫几近荒芜，唯逍遥靖庐废墟上还留有残迹。康熙二年（1663），在京城任少宰的熊雪堂支持徐守诚重修西山万寿宫，带头捐款，江西地方官员，从巡抚到县令纷纷捐资。经过数年的重修，西山万寿宫焕然一新，改变了自明初以来不断萎缩的局面。在康熙朝重修西山万寿宫过程中，徐守诚做出了重大贡献，他成为清代西山万寿宫第一任住持。此后，西山万寿宫宗教活动便没有停止过。[①]铁柱万寿宫在清朝也再度成为地方官举行官祭的祭拜场所。[②]

① 参见张圣才、陈立立等：《万寿宫文化发展报告（2018）》，社会科学文献出版社 2019 年版，第 7 页。

② 参见张圣才、陈立立等：《万寿宫文化发展报告（2018）》，社会科学文献出版社 2019 年版，第 9 页。

第一节　万寿宫在省内的兴建及许真君信仰的深入发展

一、铁柱万寿宫的重修

铁柱万寿宫原址在南昌市西湖区翠花街，与上海城隍庙、南京夫子庙同为江南三大著名宫观，以许真君铁柱镇蛟、治理水患而闻名于世，地位尊崇，声名远播，历来是官方祭祀的场所。

至清代，康熙十四年（1675）、雍正二年（1724）、乾隆四十六年（1781）、道光二十三年（1843）、同治九年（1870）及光绪二年（1876）皆曾重加修葺。道光十三年之重修，历时6年，至二十八年（1848）始告成。据说，重修后宫殿“宏壮瑰丽，倍逾于旧”。光绪二年之重修，还于谌姆殿后添造逍遥别馆一所。

铁柱万寿宫的历次修葺和重建费用主要来自朝廷，同时，当地各级地方官员捐俸、绅士和商人捐款、朝拜民众及香会组织的捐献也占了相当的比例。历次修葺和重建在官方的组织主持下，在朝廷赐金资助下才得以完成，这也从侧面反映了铁柱万寿宫属于官方祭祀的属性。

铁柱万寿宫在清代再度成为地方官举行官祭的祭拜场所。嘉庆八年（1803），江西大旱，巡抚秦承恩祷雨成功，奏请加封许逊。九年（1804），奉旨加封“灵感普济之神”，官为致祭，祭期以春秋仲月次丁日，祭品用帛一、羊一、豕一、尊一。这是又一次被清代批准列入祀典。《新建县志》记载：“自戊子变后，祀庙俱毁，近今立主合祀于万寿宫，致祭官到，通赞唱就位……读祝文。”当时，官方规定“重门凡三时以启闭，非其人不得入”，进一步强化了铁柱万寿宫的官方属性。

二、江西四大古镇万寿宫的兴建

（一）景德镇万寿宫

景德镇万寿宫，又名“洪都书院”，建于清代，是由南昌府的南昌、新建、进贤、丰城、奉新、靖安、安义、武宁8县同乡筹资共建的，占地面积（包括隔街相望的外戏台场地）约2300平方米。

（二）河口镇万寿宫

河口镇地处被称为“江南五大手工业基地”之一的铅山县。河口茶市兴于明朝中叶，盛于清乾嘉年间。河口既有“南扼八闽之喉吭，北据两浙之要会”的区位优势，又有发脉于怀玉山流经境区的信江水运便捷之优势。至清乾嘉年间，河口镇已是闽、浙、赣、皖、湘、鄂、苏、粤“八省码头”，商贾云集，沿江10多处码头泊船达数千艘，常有“船到三日不能靠码头”之状况。集镇沿江而建，有“九弄十三街”之称，设有店铺2000多家，各地商人在河口镇兴建的会馆有20多座。民间则有“买不尽的汉口，装不完的河口”之说。

因为河口镇的商业繁华，商人们在河口镇建万寿宫，祈求许真君保佑他们的商业活动顺风顺水。

（三）樟树镇万寿宫

樟树镇万寿宫，又称临江万寿宫，位于樟树市临江镇（原为临江府）。临江曾是赣中政治经济文化中心，鼎盛时期，“城内三万户，城外八千烟”，街道三十条，是个有近二十万人口的城市。万寿宫始建于明朝洪武年间，距今已有六百多年的历史。其宫深五进，面积一千四百三十平方米，砖木结构。宫内保存了一块嘉庆元年碑，碑文载：“旌阳许仙真君，盖江右忠孝神仙也，而实为江右福星，由省府以及各镇，莫不建立庙宇，崇祀圣像，所以专其诚敬，而乡人亦时借以叙桑梓之义焉。”宫内左边为戏台，右边为观戏台。

（四）吴城镇万寿宫

吴城镇万寿宫遗址位于吴城后河。这座吴城万寿宫初建于清顺治时期，嘉庆、道光年间，均加修葺，气象闳敞，杰阁巍然。正殿列许真君三神，旁列12真人。殿后为玉皇阁，右为谌姆阁，左为观音堂，后为三元佛祖堂。庙内有天花宫、龙王殿。庙西首为白马庙、五显庙。吴城万寿宫香火鼎盛时，其规模之大，与玉隆、铁宫二处相等。

另有吉安会馆，是吉安商人在嘉庆二十年至道光七年年间在原有基础上重修而成的，总建筑面积900多平方米，是吴城古镇众多会馆中的杰出代表。该工程共用工期12年，花费银两22534两。

三、江西万寿宫的兴建与许逊信仰的传播

清代许真君朝圣活动持续高涨的一个重要原因是全国各地先后出现

了大量的万寿宫。这一时期，江西万寿宫的数量就十分可观。据初步统计，明清以来江西各地万寿宫情况如下：九江9座，湖口6座，瑞昌2座，修水58座，铜鼓6座，德安7座，武宁27座，星子1座，余江1座，安义2座，南昌11座，新建10座，上高12座，靖安3座，奉新12座，万载27座，丰城16座，樟树7座，莲花2座，上栗6座，萍乡11座，铅山6座，弋阳5座，乐平1座，玉山2座，余干7座，上饶2座，万年6座，广丰2座，鄱阳1座，德兴3座，吉安4座，峡江1座，永丰22座，吉水2座，安福1座，新干5座，水新1座，井冈山2座，万安2座，遂川11座，泰和3座，临川9座，东乡3座，乐安3座，金溪1座，资溪2座，崇仁10座，南丰7座，广昌2座，宜黄7座，黎川8座，南城6座，兴国28座，瑞金2座，大余1座，上犹6座，信丰1座，石城2座，宁都19座，龙南1座，南康2座，崇义7座，赣县3座，寻乌1座，会昌6座，安远3座，定南4座[①]，合计463座。这些万寿宫少数建于明后期，可算为清朝的存量。

与清朝相比，明初至万历年间，仅仅有6个县建有万寿宫。明后期至雍正朝，也只有15个县建有万寿宫。乾隆时期，江西境内就有34个县拥有万寿宫，其中19个县的万寿宫为新建。嘉庆、道光两朝，建有万寿宫的县数量由34个增加到52个，建有万寿宫的县数量继续维持自乾隆朝以来快速增长的态势。咸丰时期，由于战乱影响，万寿宫往各县扩散的势头被中断，全省仅仅有1个县新建万寿宫。

重修或新建的万寿宫，体制大体相似。以西山万寿宫为例，作为净明道祖庭，其万寿宫的造型具有典型意义。西山万寿宫于同治六年（1867）重修过，同治十一年（1872）又重修，修葺了高明殿、关帝殿、谌姆殿、三官殿、三清殿、夫人殿、玉皇殿、财神殿八大殿，以及万寿阁、素食楼、宫门、仪门、道德门等。其中高明殿、关帝殿和三官殿的

---

① 参见张圣才、陈立立等：《万寿宫文化发展报告（2018）》，社会科学文献出版社2019年版，第19—21页。上述统计的“万寿宫”包括旌阳公、萧公庙、真君庙等以祭祀许真君为主的宫观庙宇。

横梁上刻的“同治十一年吉旦重修”字样清晰可见。高明殿是西山万寿宫的正殿，正中悬有“忠孝神仙”四个金字大匾。高明殿内供奉有许真君坐像3座，最高者高达八尺（约2.67米），坐像雍容端重，两侧供立的是吴猛、郭璞两尊塑像，仙风道骨。东、西龛内有其弟子群像，姿态各异，栩栩如生。殿中央神龛背面立有王灵官神位。宫内有许真君亲手种植的瘗剑柏。①

第二节　万寿宫在省外的兴建与许真君信仰的传播

作为江西福主庙宇，万寿宫在省外的兴建是随着江西人移民省外、江西士大夫携家人甚至族人为官于省外与江西商人经商于省外而逐渐兴建的。同时，万寿宫的建立有助于把赣人的许真君信仰传播到省外，让许真君信仰成为一个突破江西本省、在全国大部分区域都有传播的信仰。

一、万寿宫在政治与商业中心城市的兴建

（一）北京的万寿宫

万寿宫省外传播的一个重镇是京城北京。北京的江西会馆中兴建比较早的是于明嘉靖年间建立的铁柱宫。此宫又名灵佑宫，建于正阳门外打磨厂。

北京跨县域性的江西会馆建立于清朝晚期，地址在宣武门外。这是一个规模宏大的会馆，“本世纪初直到三十年代出现了可以唱戏的大会馆，宣外大街以东的江西会馆，是庚子之后新建的，因与张勋有关系，在所有大会馆中是最新、最有气派的。院子里有铁罩棚剧场，可坐一千五百人。”② 从邓云乡的记载可以知道，北京的江西会馆的兴建与晚清“辫帅”江西奉新人张勋有着密切的关系。

除了宣武门外的江西会馆外，清朝时期及民国，江西的各府、县纷

① 参见张圣才、陈立立等：《万寿宫文化发展报告（2018）》，社会科学文献出版社2019年版，第24页。

② 邓云乡：《燕京乡土记》，中华书局2015年版。

纷在北京建立江西会馆，这些会馆除了个别为跨府、县性质之外，大多数属于某府某县的江西会馆。由江西各州府县纷纷于京城建立江西会馆可以看出，清朝与民国时期，江西人在北京从政从军从商从学的远远多于前朝，不然就没有必要细分出各县的江西会馆。有学者曾列出了一份在北京的江西会馆表格，姑转列如下：

北京江西会馆一览表

序号	会馆名称	地址	序号	会馆名称	地址
1	南康会馆	东珠市口路北	34	分宜会馆	板章胡同路西
2	南康新馆	鲜鱼口内小桥路北	35	宜黄会馆	东间旺庙街路西
3	南城会馆	常巷下三条虎头西头	36	上新会馆	长巷下四条胡同
4	南城新馆	魏染胡同	37	鄱阳会馆	柴儿胡同西头路北
5	南昌会馆	长巷上三条胡同	38	高安会馆	燕家胡同西小胡同
6	南昌东馆	长巷下四条胡同	39	武宁会馆	北芦草园
7	南安会馆	革厂七条胡同	40	武宁会馆	前门外高井胡同
8	南丰会馆	北柳巷路西	41	进贤会馆	前门外高井胡同
9	抚州会馆	宣武门外大吉巷	42	庐陵会馆	大席儿胡同
10	抚州新馆	香炉营头条胡同路南	43	德化会馆	大席儿胡同
11	袁州会馆	革厂七条胡同路东	44	浮梁会馆	东河沿路南
12	赣州会馆	西珠市口路北	45	黎川会馆	宣武门外椿树胡同
13	九江会馆	西珠市口路北	46	永丰会馆	宣武门外大街
14	临江会馆	长巷上三条胡同	47	抚临会馆	宣武门外大街
15	吉安老会馆	前门外老抄手胡同	48	安福会馆	西革厂胡同路北
16	吉安新会馆	潘家河沿路西	49	义宁会馆	深沟高井胡同路南
17	广信会馆	宣武门外铁门	50	泸溪会馆	深沟内墙缝胡同
18	广丰会馆	花巷上三条胡同	51	永新会馆	报国寺对面
19	丰城会馆	宣武门外保安寺街	52	永新西馆	教场头条胡同路东
20	丰城会馆	长巷下头条胡同路南	53	新建会馆	王广福斜街路西
21	奉新会馆	东河沿中间路南	54	濮阳会馆	崇兴寺
22	奉新南馆	宣武门外护驴驹胡同路北	55	邦城会馆	草厂二条胡同
23	奉新北馆	羊肉胡同路南	56	惠安会馆	东羊肉胡同

续表

序号	会馆名称	地址	序号	会馆名称	地址
24	德兴会馆	上巷上四条胡同	57	西安会馆	前门外板章胡同
25	江西新馆	前门外潘家河沿	58	吉安二忠祠	鲜鱼口内抄手胡同路西
26	赣宁会馆	西珠市口路北	59	谢公祠	西砖胡同路北
27	赣宁新馆	煤市街南口外路北	60	肖公祠	打磨厂路北
28	金溪会馆	长巷上三条胡同路东	61	铁柱宫	打磨厂路北
29	新城会馆	长巷上四条胡同	62	惜字会馆	棉花胡同路南
30	新城会馆	椿树上三条胡同	63	婺源会馆	石猴街路西
31	乐平会馆	长巷长四条胡同	64	婺源会馆	大耳胡同路南
32	萍乡会馆	粉房琉璃街	65	赣宁会馆	前门外甘井胡同
33	临川会馆	宣武前门裘家街	66	金溪新馆	长巷四条胡同路西

上表罗列江西各地在京城建立的会馆多达66所，分布于北京的各条街道胡同。除此之外，江西人在北京还建立有漕运会馆，位于京城东，介于北运河与南漕运河之间，属于当时京城的运输中心。这些会馆成为旅京江西人的聚会场所、联谊场所、互助场所。①

（二）天津的万寿宫

天津地处大运河进入北京的中心枢纽地带，属于京津之地的大码头，那里商贾云集，货运繁忙，商业发达，历来成为各省商帮竞逐之地。江西商帮自然不甘落后，也在天津码头建立了江西会馆——万寿宫。此万寿宫居于天津北门外护城河北佑衣街，兴建于道光年间。光绪年间，江西靖安大商陈筱梅在天津开设钱庄。民国时期，天津的万寿宫依然保持完好。

（三）上海的万寿宫

上海的江西会馆又名豫章会馆，建于清道光二十年（1840）。当时在上海任知县的全南人曾承显见江西商人甚多，遂与这些商人商议购地

① 参考章文焕著：《万寿宫》第六章“省外万寿宫”，华夏出版社2003年版，第135—137页。

建立会馆，二者一拍即合。建成的江西会馆由正殿、偏殿、后院、戏台、门楼等组成。正殿奉许真君，上书“忠孝神仙”匾；偏殿奉五路财神与文昌帝君；门楼上挂着“万寿宫”三个大字。江西会馆位于上海市南区街57号，后改为同文学校。

（四）重庆的万寿宫

清朝与民国期间，重庆有两大万寿宫，即旧万寿宫与新万寿宫。旧万寿宫建于东水门内禹王宫左侧，临芭蕉园街。清末搬迁后，在此旧址上建赣江中学。新万寿宫建于重庆朝天门陕西街东侧坎下，其建筑规模之宏伟，可以容纳江西八府100多个小团体在内办公，内设有临江小学，堪称各省会馆之冠。

随着江西省商人足迹遍及重庆各地，万寿宫也在重庆各地建立，如奉节、巫溪、云阳、梁平、垫江、丰都、涪陵、秀山、綦江、江津、南川、荣昌等地各有1所万寿宫。彭水、黔江、璧山三县除县城外，各乡都有多所万寿宫。由万寿宫在重庆兴建的普及情况可以看出，江西商人在重庆具有举足轻重的影响，围绕万寿宫的许真君信仰也在此地传播开来。

二、万寿宫在两湖的兴建

随着明清时期江西填湖广移民运动的推进，大量的江西农业移民与商业移民来到两湖之地生活与经商，江西万寿宫也在两湖大地兴建开来。

（一）湖北的万寿宫

湖北地处中国南北的衔接点，湖北省省会武汉号称九省通衢，处于中国东西南北的物资交汇的枢纽。江西与湖北为西北—东南相接的邻省，距离相近，且有赣江水运与长江水运的天然优越条件。故而武汉在清朝与民国时期一直都是江右商帮的重要活动区域，江西商人在武汉及其周边县市建立了不少万寿宫。

1. 武汉万寿宫

汉口万寿宫，建立于清朝康熙年间，由江西南昌、临江、吉安、瑞州、抚州、建昌六府在汉商号集资建成，位于汉口民生路，原汉正街与长堤街之间。汉口万寿宫占地4000平方米，由门楼、戏台、真君殿、仁寿宫、扶桑宫、小宫殿、小花园、亭台楼阁、假山荷池等组成。太平军攻占汉口后，东王杨秀清曾入住万寿宫，由此可见其规模之宏伟。

武昌许真君庙位于大岩山，在黄鹤楼附近，兴建时间不详，只是清初的《古今图书集成》“方舆·职方典”篇中有记载，由此可推测，此许真君庙大概建立于明朝，或许由明朝迁徙此地的江西人所建。

2. 湖北其他区域的万寿宫

除了武汉的汉口万寿宫与武昌许真君庙外，湖北的万寿宫还分布于黄冈、咸宁、孝感、襄樊、十堰、荆门、天门、荆州、宜昌、恩施等地。如黄冈的黄安、蕲春、黄梅、武穴、麻城各有万寿宫 1 所；咸宁的嘉鱼、崇阳、通山、通城各有万寿宫 1 所；孝感的市区与安陆各有万寿宫 1 所；襄樊的宣城、保康、谷城、光华、均州各有万寿宫 1 所；十堰的市区、郧县、房县、竹山、郧西各有 1 所万寿宫；荆门的钟祥有 1 所万寿宫；天门有万寿宫 1 所；荆州的府辖区、江陵、沙市、石首、监利各有万寿宫 1 所；宜昌州府所在地有两所万寿宫，当阳、归州各 1 所万寿宫；恩施的州府所在地、建始、巴东、咸丰、宣恩、来凤各有 1 所万寿宫。

整个湖北省清朝的万寿宫超过 40 所。

（二）湖南的万寿宫

湖南与江西是东西近邻。两省民众的历史渊源关系十分密切，江西填湖广，其中江西人落户于湖南的最多，两地民众相互往来密切，故而湖南人称江西人为“老表”“江西老表”，表示二者依然是亲戚，尽管有些生分了。江西人在湖南建立的万寿宫或许真君庙也有不少。

1. 长沙的万寿宫

长沙市既有万寿宫，也有真君庙。长沙万寿宫位于铜铺路，建于清顺治四年（1647），由僧人瞿如向江右商人及绅士募集而建。此宫先为僧人所据，后通过官司而收回为真君庙。此庙中为真君殿，两侧为庑廊，前建戏楼，后建致斯楼，格局简洁。咸丰同治年间重建，增加了不少堂观，如石阳馆，为吉安合邑故址，下建观音堂；如临郡的仁寿宫，祀萧公，并附药王；又如南昌衣行的文昌阁。各邑堂馆环绕万寿宫，使之成为长沙最大的会馆。清末时期的同盟会会员黄兴曾想利用此万寿宫发动起义。

长沙的真君庙位于岳麓山抱赏洞下，建于明朝，毁于明末。善化县有两所万寿宫，刘少奇老家宁乡有两所万寿宫，浏阳有 1 所。

2. 湖南其他地区的万寿宫

醴陵的东南西北各乡都建有万寿宫，共有 16 所之多。此外，攸县有 2 所；炎陵县有 3 所万寿宫，居湖南各县万寿宫数量之首。

株洲市内有万寿宫 1 所，其下辖各县有众多万寿宫。

湘潭是清朝三藩之乱后由江西商人把握经济命脉的州府，其许真君信仰时代很早，可以追溯到宋。然清朝比较早建立江西会馆的时代是顺治七年（1650）。此会馆占地 21 亩，由大殿、山门、山水园亭、戏楼、长坪、两侧厢房、集会大厅、花园组织，其戏楼前的长坪可以容纳观众千人。嘉庆二十四年（1819）曾因戏楼演戏时，演员用赣方言遭湖南民众嘲笑而引起湘赣民众械斗事件，闹到朝廷才得以平息。湘潭县与湘阴县各有两所万寿宫。

常德万寿宫建于 19 世纪初，其周边澧州各县普遍建立万寿宫，即桃源、澧县、安乡各 1 所，临澧 2 所，石门 3 所。

岳州府所在地有万寿宫 1 所，建立年代较晚。巴陵 2 所，平江 1 所。

益阳万寿宫戏台众多，不下 10 个，沅江有万寿宫 1 所。

衡阳万寿宫建于清泉县境内。柴埠街 1 所万寿宫；衡山 1 所万寿宫，位于南岳庙南。

郴州市内有万寿宫 1 所，此外其附近的资兴、永兴各有 1 所万寿宫。

永州辖的永州、祁阳各有 1 所万寿宫。江华有 2 所万寿宫。

邵阳市区有万寿宫 1 所，此外城步、武冈、绥宁、东安各有 1 所万寿宫。

湘西土家族苗族自治州中，吉首、永顺各有 1 所，保靖 3 所，龙山 6 所。

怀化的溆浦、芷江、靖州、会同各有 1 所万寿宫，新晃与洪江各 2 所。

总而言之，湖南的东南西北中各地都有万寿宫，全省总共有万寿宫超过 70 所。

三、万寿宫在川、滇、黔的兴建

川、滇、黔处于中国西南，是我国多民族聚居的区域。此区域地形地貌多样，山高林密，喀斯特地貌特征显著。西南三省离江西有些距离，然江西商人不畏艰险，跋山涉水，来到西南经商或居住，并在这些区域建立起万寿宫。

（一）四川的万寿宫

江西人入四川，可以追溯到明朝，然大规模迁徙四川，则是明末清初，与明末张献忠在成都的屠杀民众有关。为了填补张献忠屠杀后的人口虚空，清朝政府动员湖广、闽、粤、赣人移民垦荒。江西移民大量迁徙四川，并在四川 80 多个县建立起 300 多座万寿宫。

1. 成都的万寿宫

作为四川的首府，清朝初定之后成都成为江西移民的重要分布区域，据说占到当时移民的 15%。成都的万寿宫基本上建立于清朝：如成都簸箕街的万寿宫建于乾隆二十七年（1762）；崇文桥的万寿宫建于嘉庆八年（1803）。成都西郊簇锦桥四川客家居住区建立了江西会馆。四川东部洛带镇万寿宫，也是由赣南客家迁徙移民建立的，是一座四合院式的万寿宫，院落三进，由门楼、前殿、中殿、乐楼、院坝、戏台、左右厢房、天井等组成，规模较大。

成都辖区的万寿宫还有双流 6 所，新都 4 所，金堂 2 所，郫县 3 所，都江堰 12 所，彭县、温江、浦江、大邑、新津与崇庆各 1 所。

2. 四川其他区域的万寿宫

乐山：城内 1 所；城南五通桥 1 所；辖区下夹江、峨边各 3 所，峨眉 4 所，井阱 1 所，犍为 19 所。乐山是四川县域范围万寿宫最多的县。

德阳：德阳万寿宫，是由江西南昌迁入的杨、宵、刘、温、阙、张、章等大姓建立。其宫规模宏大，仅殿前之门就分为山门、牌门、仪门，入门后即为虚皇坛，后为正殿，供南昌这几姓始迁祖的牌位；东西厢房。经过东厢房有璇玑殿、佑圣殿、许真君殿，经过西厢房则为张帝祠、佑圣殿、龙王仙官祠。正殿后为法堂，后为方丈室、道院等。整个建筑层次感强，井井有条。德阳外东小山门的东湖公园内清朝时有旌阳宫，现改名为玉皇观。德阳市的原德阳（县）、中江、什邡各有2所万寿宫。绵竹7所万寿宫。罗江、广汉各1所万寿宫。

绵阳：绵阳、安县、盐亭、三台、江由各1所万寿宫。

遂宁：仅1所万寿宫。

资阳：简阳与安岳都有多所万寿宫；乐至仅1所万寿宫。

内江：内江、威远各2所万寿宫；资中、隆昌各1所万寿宫。

自贡：荣县万寿宫1所，称萧公庙；富盛万寿宫1所万寿宫，明朝建，清朝增修。

宜宾：市内4所万寿宫；辖境内有20多所万寿宫，如高县7所，长宁、江安各1所，兴义3所，珙县2所，筠连4所。

广元：广元、苍溪各1所万寿宫。

巴中：市内及南江各1所万寿宫。

达州：宣汉、达县、开奖、渠县各1所万寿宫；万源4所；大竹12所万寿宫。

广安：邻水、岳池各1所万寿宫。

南充：南充、仪陇、营山、蓬安、阆中、南部各1所万寿宫。其中仪陇县还保留《土门铺新修万寿宫序》，其中介绍江西人善经商的特征："江右人善贾。贾辄得意去其不去者，必酎金为会，营治万寿宫，以时祭祀，用答神庥而联乡谊。"序文中还介绍此万寿宫修建于同治戊辰年（1868）。

雅安：市内4所万寿宫；天全3所万寿宫；名山、荥经各1所万寿宫。

阿坝：松潘、茂县各1所万寿宫。

凉山：大约10所万寿宫。

总而言之，四川万寿宫数量之多，竟然超过湖广。

（二）云南的万寿宫

江西人远徙边邑省份云南，始于宋元，以明清为多，迁入云南的情况有三，或随军征战，或经商，或到云南银矿做矿工。江西随征人员、矿业人员及商人在云南建立了属于自己特有的万寿宫，几乎县县都有。

1. 昆明的万寿宫

昆明万寿宫，在咸门外太平桥左，建于清，1956年拆。

昆明市辖区晋宁、宜良、禄劝各有1所万寿宫。

2. 云南其他地区的万寿宫

玉溪：江川、华宁、新平各有1所万寿宫；通海有2所万寿宫。

昭通：昭通、镇雄各有1所万寿宫；盐津有4所万寿宫；巧家乃铜矿所在地，有万寿宫2所。

曲靖：宣威4所万寿宫；会泽铜矿1所万寿宫，其戏台保留至今。

楚雄：楚雄、大姚各有1所万寿宫；姚安有3所万寿宫。

大理：州内万寿宫有1所万寿宫，祥云2所万寿宫，剑川1所万寿宫。

丽江：万寿宫1所，旧称萧公庙。

迪庆：维西有万寿宫1所，由乾隆年间江西人名大守者莅任当地而与同乡合谋所建。

文山：市内丘北有万寿宫1所；广南、富宁各有1所万寿宫；马关有6所万寿宫。

蒙自：有万寿宫3所。

个旧：云南著名的锡都，江西商人来得最早，建有万寿宫2所；石屏、弥勒、建水各有1所万寿宫。

宝山：有万寿宫，但不详数量；施甸县有万寿宫1所，是在明朝邓子龙祠基础上于清康熙四十九年（1710）改建而成。

总而言之，云南边省，明清时期的江西人到此地经商采矿居多，故而万寿宫兴建也很多，从以上数据统计已经超过50所。

（三）贵州的万寿宫

贵州也是明清时期江西人迁居、屯边与经商之地。江西人在贵州建立的万寿宫也不少。

1. 贵阳的万寿宫

贵阳市内有3所万寿宫，其中贵阳万寿宫位于太平路，规模与南昌万寿宫相等。

城区下辖花溪镇、清岩镇各有1所万寿宫；修文有4所万寿宫；息烽 2 所万寿宫。其中以贵南南 29 公里处的青岩镇万寿宫保留完整，建于清嘉庆三年（1798），有正殿、戏楼、南北配殿、两厢组合而成。如今仍保留有占地 2000 平方米的戏台，该镇上有不少江西人后裔。

2. 贵州其他地区的万寿宫

安顺：市内有万寿宫8所，遍及城乡，如织金、咸宁、大方各有1所。

遵义：遵义最早的万寿宫建于宋朝；仁怀有 5 所万寿宫；桐梓有 4 所万寿宫；绥阳、湄潭、正安、赤水各有 1 所万寿宫。

铜仁：市内万寿宫建于康熙年间；玉屏、石阡各有 4 所万寿宫；思南有 2 所万寿宫；铜仁、沿河、松桃各有 1 所万寿宫。

黔东南：岑巩县有万寿宫 7 所。其中以龙田万寿宫保持完整，它建于清嘉庆七年（1802），光绪十六年（1890）重修，由戏台、天井、前殿、后殿、围墙组成，占地 640 平方米。镇远县有万寿宫 5 至 6 所，其中以县城的万寿宫保持最完好，它建于康乾期间。其中清溪镇万寿宫建于光绪四年（1878），由江西移民及商人合建。黄平县有万寿宫 3 所。此外，麻江县有 4 所万寿宫，三穗县 3 所万寿宫；榕江、合江、黎平各有 1 所万寿宫。

黔南：龙里、瓮安各有 4 所万寿宫；惠水有 3 所万寿宫；独山、长顺各有 2 所万寿宫；三都、荔波、福泉各有 1 所万寿宫。

黔西南：兴义、兴仁各有 3 所万寿宫；晴隆、普安、安龙各有 1 所万寿宫。其中兴仁城内的万寿宫建于乾隆五年（1740）。

总而言之，清朝时期贵州的万寿宫总共有 90 多所，多于云南。川、滇、黔三省总共有四五百所万寿宫。

四、万寿宫在苏、浙、皖的兴建

苏、浙、皖属于中国的东南部三省，位于江西的东部、北部与东北部，居于长江下游，其中浙、皖比邻于江西，苏离江西也不算远。清朝时期江西人在这三省的活动以经商、宦游与学游为主，移民相对较少。

（一）江苏的万寿宫

江苏向来经济发达，商业兴盛，故江西商人也活跃在江苏的城乡，江西万寿宫也建到了江苏南北。

1. 南京的万寿宫

南京作为六朝首都，最早的万寿宫建于明朝，坐落评事街。

2. 江苏其他地方的万寿宫

苏州：江西商人于康熙二十二年（1683）于苏州留园五福路建江西会馆1所；市辖区吴县建2所万寿宫；宜兴也至少有1所万寿宫。

镇江：作为长江重要港口，江西商人在镇江建江西会馆1所；镇江辖区丹徒明末崇祯十年（1637）建铁柱宫1所。丹阳市有黄堂宫1所，奉许旌阳的师父谌姆。

常州、江阴皆至少有1所万寿宫。

扬州：新城花园巷有万寿宫1所。运河对岸的都江市有万寿宫1所。

苏北：皋市、东台、阜宁各有万寿宫。

（二）浙江的万寿宫

清嘉庆二十三年，赣商在杭州西河街建江西会馆。

衢州的大功坊建有万寿宫1所，建于清乾隆十一年（1746）。

嘉兴杭州湾，江西商人于乾隆年间建万寿宫1所。

龙泉市有万寿宫1所。

温州市、宁波都应该有万寿宫。

总而言之，浙江的万寿宫不多，可见江西商人在浙江的活动可能远不及在湖广与川黔滇的活跃程度。

（三）安徽的万寿宫

顺治五年（1648），江西商人在芜湖吉祥泰后建有万寿宫。宣城、宁国、黄山、六安各有万寿宫1所。安庆有2所万寿宫，即市内1所，太湖北山1所。

总之，苏、浙、皖的万寿宫数量较少，安徽、浙江二省的万寿宫都未上10所，江苏也不过10多所，这与此三省较少江西移民及江西商人在这些地方经商处于相对劣势有关。

另外，随着清代华人在海外活动的扩大，万寿宫也随着江西人的活动进入了其他国家。

第三节　万寿宫朝拜活动的多样化

清朝万寿宫依然保留明朝时期的基本朝拜活动，如南朝、西抚、剪柏会等。但随着万寿宫在全省与全国各地较普遍的兴建，随着真君信仰的逐渐普及，清朝万寿宫的朝拜活动更趋多样化，区域特色比较鲜明。如丰城的朝真君活动，各地万寿宫的朝拜活动，形形色色的庙会，北京万寿宫的文化功能的开发等等。

一、西山玉隆万寿宫的朝拜活动

清初，西山万寿宫曾一度成为废墟，逍遥靖庐为市佣占据。顺治十二年（1655），官方重新勘明地址，修缮宫观，召回道士，恢复祭祀活动。乾隆朝重建西山万寿宫后，因进香之人众多，官府发文规定设立木柜，随香客自愿捐助。

西山万寿宫的祭祀活动，既有官方参与的有组织的活动，据《逍遥山万寿宫志》卷十一记载“州府具香烛酒币词疏，遣衙史驰献玉隆”，也有民间自发的无组织的祭祀活动。在许逊拔宅飞升后，为了纪念许真君的恩泽，民间将其冲升的日子定为“升仙日”，家家斋戒礼拜，1600 多年来香火不断，形成一种朝仙的风俗。围绕许真君“升仙日”的祭祀，民间又将其祭祀的范围扩大，每年定期为其举办各种祭祀活动。

（一）开朝仪式

每年农历正月二十八许真君诞辰，西山万寿宫要举行祭祀活动，称为开朝，又叫小朝。届时，当地乡民至万寿宫朝拜，有用酒祭祀的、有赛灯的、有接驾迎銮的、有提着灯笼漫游田野的，祭祀的人遍布万寿宫周围数十里。据《逍遥山万寿宫志》卷十一记载：“正月二十八为真君圣诞日，邑中多谒宫上寿，其里人有建醮称贺者，有赛灯者，有接驾迎銮迁座尸祝者，抑又有游灯遍田野以祈丰年除旱涝虫螨者，环逍遥山数十里，至今尽然。”

（二）割瓜活动

清朝时期，每年七八月间，各乡村的人准备好香花、打着鼓、举着旗帜，到万寿宫真君的寝宫前迎请真君的圣像，当地百姓要打着旗、锣鼓、伞，抬着真君木塑偶像在各乡周游一遍，以祈求避凶除害。真君的圣像只有6个，除了前殿和寝殿的圣像不能用于迎请外，其他4个圣像都可以随着各祭祀组织的心愿让他们抬到乡里去，在两个月内要抬着真君圣像游遍洪州府和瑞州府全境，为感谢真君除凶降福。洪瑞府全境81乡的人一起到万寿宫去祭拜真君。在每年活动开始的前几天，各乡村及香社的组织者用新鲜瓜果供献于真君的前殿与寝宫，预先告诉宫观里的道士，说明迎请真君圣像的日期，到时再派人来万寿宫迎请圣像。七八月是江西豫章地区瓜果成熟期，使用瓜果敬献许真君，既是最容易获得的土特产，又是表达许真君保佑的成果，这一活动在豫章信众中代代相传。

（三）禁坛活动

据《逍遥山万寿宫志》卷十一载："七月二十八日，仙驾登宫左之五龙岗，禁辟蛇虎，自古为然，谓之'禁坛'，远近祈报之人昼夜往还，绝无蛇虎之患。"

在每年七月二十八，当地乡民要抬着许真君的圣像登上西山万寿宫左边的五龙岗（又名回龙岗），祈求避免蛇虎出现造成灾害。这样的活动自古以来就有，称为"禁坛"。为祈求消灾除害，远近朝拜的乡民都会昼夜赶来祈福，一路上都不用担心碰到蛇与虎。

（四）朝圣期

八月初一至十五为朝圣日期，实际往往延至八月底到九月仍朝拜不绝。史书上较详细地记载了朝拜的盛况："朝旌阳宫，村人争醵钱为香会，名朝仙会。自初一始会，或数十人，或十数人，一人为香头前导，刻蛟龙长二三尺佩于左，一人为香尾殿后，荷红旌书'万寿进香'四字。余皆缨帽长衫鼓乐群行，示大患既平，民气欢腾。佩蛟龙者，谓就驯扰，以象其功也。日数十百群，鼓乐喧阗道路。是日多轻阴，俗呼为朝拜天。"

由于朝圣时期正当秋高气爽，农忙暂告一段落，许多府县乡的香客在朝圣之前的日子里，以村为单位，筹措经费，组织了大小不等的朝觐会或香会，这些香会称为"朝仙会"。从八月初一开始，各朝仙会成员会合，有的十余人，有的几十人甚至上百余人不等，组成一个个朝香团体，买好供品和祀物，择吉日启程。香头缨帽长衫，肩背一只二三尺长的竹龙在朝香队伍中领头，称之为“香头”，队伍后面有肩荷红旗，上书“万寿进香”殿后的，称之为“香尾”，其余的香客都缨帽长衫，笙箫鼓乐，浩浩荡荡，从各县各乡步行数十里或数百里，或乘船自数里外到生米镇登岸，赶赴西山，进香队伍场面宏大，昭示着大的祸患已经平息，百姓安居乐业的喜悦。进香途中，每天都有数不清的香会，鼓乐喧天，不绝于道。邻近县乡还需轮流抬着真君神像，以巨幅“忠孝神仙”匾牌前导，红旗闪闪，杂以化妆彩轿，特别引人注目。方圆百里的高安、上高、新建、丰城、进贤等若干个县，都成群结队，有组织地以族、村、乡为团体，前往朝拜、进香。由于进香的当天，天气一般多轻阴，在民间就称为朝拜天。

朝拜前，必沐浴斋戒，要斋戒一个礼拜，再洗澡换衣。信众肩上斜挂黄色进香袋，敲锣打鼓结队出发。有些虔诚的老人，更是与众不同，他们在村里人动身之前，就提前几天上路，三步一拜，九步跪，手中捧一炷高香，不顾疲劳，不紧不慢地往西山万寿宫赶。

凡是第一个敬到了香的人，犹如中了状元。民间的烧香，有许多习俗，其中一个是所谓烧头香。头香就是第一炉香，民间认为头香功德最大，可以获福最多，所以常常争烧第一炉香。

到了祭祀期间，场面异常热闹。由各村组织的大大小小的朝觐香会，举着自己香会的标志性黄色旗帜，敲锣打鼓，燃放鞭炮，一路闹进宫中。到了殿上，信众便齐刷刷地跪倒一片。功德箱旁，那些想成正果、完成念想、祈福求财、脱祸消灾的男女，全不计较功德簿上的记载，只一个劲地将自己的念想钱往功德箱中扔。午夜时分，是宫中祭祀的高潮时刻，在为许逊换上新装后，每个村、每个朝觐会都会将自己的贡幔张挂，大家都在福主许逊的正殿献上自己的一份礼物。

乾隆朝重建西山万寿宫时，因进香之人众多，官府发文规定设立木柜，随香客自愿捐助。这说明至迟在乾隆朝，已有大量的外地信徒前往西山万寿宫进香朝拜。

（五）剪柏会

西山万寿宫殿前有6株参天古柏，苍老遒劲，四季常青，相传最大一株为许真君亲手所植。这株古柏已是一株千年古树，据说树下还埋藏着当年许逊用来与蛟龙搏杀的宝剑。《逍遥山万寿宫志》卷八云："在今露台之右柏，为真君手植，旧传有斩蛟剑埋于其下，识所谓五百年后，若蛇妖复作，以吾植柏为验者即此。"

此外，清朝时期像明朝一样，依然继续着声势浩大的"南巡""西抚"活动，在明朝西山道教章节中有介绍，于此不再赘言。

二、形形色色的万寿宫庙会

（一）西山万寿宫庙会

西山万寿宫庙会由来已久，已有千年历史。每年从农历七月二十起至九月初一止为庙会期间，各地到西山朝圣的男女信众达三四十万人，尤其七月三十这一天，西山街上人如潮涌，水泄不通，多达10多万人。宫内爆竹声通宵达旦，盛况空前。

前来朝拜者未必信奉道教，大都出于对许真君的向往和崇敬，把他视为治水除妖、拯救江西生灵的福主菩萨，以一睹仙容为快。在农历八月初一前后，庙会达到高潮，人声鼎沸，鞭炮齐鸣。前来进香者摩肩接踵，尽唱太平丰年。赶庙会的都是各地方的信徒和净明道徒，或盛装结彩礼拜，或举家虔诚礼拜，三步一叩首，盛况非凡。宫门外摆满货摊，小百货、土特产琳琅满目，叫卖声一片嘈杂，各种杂要围观重重。夜间戏台上演唱戏剧，灯火辉煌，笙歌嘹亮。街上几家店铺，已挤满香客，场内搭起几个临时帐篷，还有不少香客在山头露宿。朝拜人群除邻近县乡外，遍及赣北、赣西，还有不少来自湖南、浙江、广东、福建。

西山万寿宫庙会既是道教盛会，也是商贸文化交流会，集朝拜、旅游、商贸为一体。人们在赶西山庙会的同时，也不忘到南昌铁柱万寿宫购物。

一般香客先到西山万寿宫朝拜，然后再来南昌铁柱万寿宫烧香，最后在南昌购买一些日用品回家。不少来自边远山区的青壮农民经过西山朝圣，大都转到南昌市内铁柱宫进香，也有先朝南昌市内铁柱宫再赴西山的，以观光省城，并从市内为自己及其亲朋好友购买一些难以见到的常用物品以及在农业、手工业、生产上急需的优质工具或材料。

进香的香客，必须心诚，许的愿才会实现，如果胡乱说话，则会受到惩罚。

（二）黄屋干庙会

江西省于都县石灶村排上组的黄屋干真君庙，又名万寿宫和妙济仙宫，有数百年的历史，主祀神就是许真君。据传该庙最初仅仅是一个在水边供奉木头的所在地。很早的时候，该村的一伙放牛娃在庙旁的小河玩水时，就开玩笑似地把一根拾到的木头放在河边供奉。后来就有人来此朝拜许愿，居然灵验，再后来，人们就在供奉木头的地方盖了一座小庙。

黄屋干庙会期间，有一个其他庙会所没有的奇特现象，就是允许小孩子抢献给神灵的香、蜡烛、鞭炮等。按当地人的说法，这是许真君允许的。据说，自建庙开始，在庙会时期，常有些不太懂事的小孩到庙门口去抢香客敬献的香、烛、鞭炮等，再低价卖给摊贩。为制止这种行为，每次庙会时期，就有人手拿竹鞭，看到有这种行为的人，就用竹鞭打。结果有一次，一个拿竹鞭的人用竹鞭打了小孩之后，他的手却再也抬不起来了。当地人认为这是许真君显灵，不让管抢蜡烛这样的事情，于是小孩子们也就放心大胆地抢敬献之物了。

黄屋干庙会期间，为表示自己的虔诚，朝拜的人必须在庙会前后吃斋，否则就会受到神灵的惩罚。

（三）丰城庙会

丰城庙会是当地民间传统文化活动之一。丰城一带过去主要供奉许真君、天符大帝和杨泗将军。天符大帝原是一名白面书生，为了证实瘟神是否将毒药投入水井，他纵身投入井中，中毒而死，变成黑面麻脸，被玉皇大帝封为菩萨，专管瘟疫诸邪，保万民平安。每年农历五月十七传说是天符大帝下凡的日子，所以两湖两广及江西等地的信徒都会陆续赶至当地的庙宇上香，祭拜天符大帝。杨泗又称杨泗菩萨、杨泗将军，作为水神，主司航运农事，除病祛疾，为地方所奉，专管船民遇险落水时的守护水神，被广大船民所奉祀。

丰城在庙会期间，当地人们要举行游神出赛和游灯活动，同时伴有“舞狮子”“滚龙”“划龙船”等表演，届时，看热闹的车水马龙，人山人海，其中最壮观、最热闹的数正月初八张巷圩“天符老爷”出庙游乡活动。每年的正月初八，丰城张巷圩的居民与附近村民一起，把“天符老爷”从庙里抬到街道中心。在张巷圩的东南西北每条街道，各抬出一个由 8 至 10 岁的童男或童女扮演的京剧人物，附近几个村庄也每村抬出一个京剧人物，他们一齐在张巷街中心集合。在“天符菩萨”游行时，各地的京剧人物在前面，旁边有一班锣鼓手伴奏，接着“舞狮子”“滚龙”“划龙船”等队伍表演各式造型，最后才抬出黑面麻脸的“天符菩萨”，围观者重重，欢声雷动。而丰城小巷镇的百姓为了感谢“天符菩萨”的保佑，特意把“天符菩萨”的黑面麻脸塑造成一个白面书生，“不忍心将恩人的形象变丑”。丰城袁渡乡的庙会在每年农历十月十五举办。庙会期间，当地居民到南昌市请来京剧班，唱 10 天 10 夜的戏，南昌、临川、进贤三县群众都会来聚会看戏。祭神那天，老百姓在庙前杀鸡杀鸭，围着庙宇滴血，祈祷六畜兴旺，名叫“剪牲”。

（四）崇义上堡乡旌君庙会

道光年间，崇义县上堡狮背李姓搬迁祖坟，在坟基上盖起一座庙堂，用樟木给旌君神塑了菩萨金身，专请他来镇山保太平，这庙就叫旌君庙。旌君庙平日由庙祝供奉、上香。庙祝多由鳏寡之人充当。入夜则点天灯以驱邪逐鬼（天灯设在街东口离庙二三百米的街门边，是一株高竖的木柱，顶端放置松枝、茶油等燃物），逢时令节气则在街道鸣锣报告农事活动。

旌君庙会旧时每年八月初一举行，叫做八月会。在举行庙会时，要成立一个庙会组织，全权负责庙会的各项事宜。在头天下午，会首们聚集在庙里讨论庙会活动事情，清扫整个庙堂，请来专业的鼓乐队，准备桌凳和用来祭祀的水果。次日，选择一个吉祥的时辰，以鸣钟作为开始的信号，首事揭开菩萨帷幢，这时，鸣放鞭炮鼓乐齐奏，进香的香客一排排跪在旌君神像前，依次敬献香烛和水果。首事则诵念经文。所选经文多颂旌君功德、劝善扬德。祭祀结束后，就举办酒宴来庆祝。酒宴结束，庙会也随之结束。

旌君庙庙会在同治年间香火日盛，后来祭祀活动逐渐衰微。

（五）客家人的迎神庙会

江西兴国县一带的客家人由于信仰康王，每年抬着康王的神像出来巡游，在祭拜神灵和巡游的时候，客家人一般要举办隆重的文娱活动以及相关的祈求神明保佑的活动，经过不断的演变、发展，形成了具有多种文化内涵的客家人的迎神庙会。迎神庙会中各家要焚香祀神和敬祭祖先，并举行迎神赛会活动，最典型的就算是“替菩萨保奏”了。

所谓“替菩萨保奏”，就是客家人替其所信仰的“坊神”向天上玉皇大帝报功，请求对“坊神”进行奖励和册封的活动。

在客家人中，如果一方百姓几年来都比较平安，就会认为这是“坊神”在保护他们，因此就会向天上玉皇大帝报功，请求玉皇大帝对“坊神”进行奖励和册封，这就是前文所说的“替菩萨保奏”。而作为“江西福主”的许真君在其中发挥了上传下达的作用。

活动开始前先成立一个执事机构，向百姓募捐，筹集经费，再请道士来设坛念经，届时，前来敬香的、朝拜的、看热闹的数不胜数，人声鼎沸，热闹非凡。敲锣鼓声、吹唢呐声、鞭炮声交织在一起，此起彼伏，整个庙会场面香烟缭绕，灯火辉煌。由于万寿宫所祀奉的许真君是江西人的福主，为了让他向玉皇大帝转达“坊神”的功绩以及让他转达和执行玉皇大帝对“坊神”的册封和奖励，在道士们设坛念经活动进行了几天后，便抬着“康王”的神像，组织旗手、唢呐手、吹鼓手、炮仗手一行人到万寿宫去，通常用绿纱大轿抬着“康王”，前边有人鸣锣开道，后边跟随仪仗执事，旗牌伞盖。队伍中间还有各种游乐表演人员，在行进中表演十番锣鼓、花担子、舞龙、舞狮、跳大头娃娃、跑旱船、踩高跷等各种杂戏。一路上，活动队伍浩浩荡荡，沿途百姓对经过的队伍燃放鞭炮，迎接“坊神”的到来。到了万寿宫受到“荣封”后，第二天吃罢早饭，大家便仍按来时的顺序抬着“康王”的神像回到庙里，将“荣封”后的神像放回原位。道士们用黄纸印画的“神符”分发给捐了钱的人家，贴在门上，表示神明保佑，永保平安。至此，迎神庙会才算结束。

第四节　万寿宫文化建设

许真君作为江西的地方保护神，至清朝，随着江右商帮发展与大量赣民外迁两湖、云贵川并定居，带去了江西的许真君信仰，在全国大江南北兴建万寿宫数百多座。这些万寿宫一作祀奉，二作赣商联络乡情、聚会议事、宴集观剧的场所，故又称江西会馆。一时有"九州三省有会馆，江西只认万寿宫"之说，使之成为赣民联系的文化纽带和发展商品经济的精神依托。

一、《万寿宫通志》的编撰

由于《万寿宫通志》以逍遥山万寿宫为主要对象进行编纂，其他地方的万寿宫为辅助对象，因此《万寿宫通志》又称《逍遥山万寿宫通志》，即指由金桂馨、漆逢源编纂，刻印于光绪四年的《逍遥山万寿宫通志》。这是一部记录江西南昌万寿宫沿革、许逊事迹和净明道法嗣、教义等情况的道教方志。全书体例详备，内容翔实，是开展道教及地域文化研究的重要文献资料之一。

《逍遥山万寿宫通志》成书经历了一个长期纂修、续补、刊行和重刊的过程，自明洪武十年（1377）至清光绪四年（1878）500多年间，共经历了7次重要的纂修或刊行。《逍遥山万寿宫通志》卷端附有《历次编纂姓氏》，开列有历代编纂者姓名、身份和编纂时间，分别是：明洪武十年，铁柱宫主持熊常静编辑；明正德十五年（1520），铁柱宫主持邓继禹重编；清雍正四年（1726），新建人、内阁中书熊益华和新建举人陈以贵纂辑；康熙十九年（1680），福建崇安人黄煜汇梓；乾隆五年（1740），新建举人丁步上校订；道光二十六年（1846），丰城人刘芳重镌。这一《历代编纂姓氏》的不当处较为明显，如没有列入第七次光绪四年高安人金桂馨和南昌人漆逢源的纂辑记录；时序编排失当，将"康熙十九年黄煜汇梓"列在"国朝雍正四年熊益华、陈以贵纂辑"之后。此外，其部分纂修记录也与《逍遥山万寿宫通志》中的相关记载不完全相符。

康熙辛亥（1671），万寿宫遭遇火灾，所藏书板付之一炬，福建崇安人黄煜"于断简残编中辑其存者，更为诠次"，付梓刊行，名曰《万寿宫类编》。此为《逍遥山万寿宫通志》的第三次重编。黄煜在编订时重新拟定体例，分类编纂，在书前保留了熊常静、邓继禹的原序，将全书内容分为历代国典、名公碑记、古今题咏和实录四大类，前三类一仍其旧，无所增益，唯实录部分因原书"旧止载铁券而少本传"，故特地为之增入了本传内容。黄煜本刊于康熙十九年（1680），上距邓继禹续编之正德十五年（1520）已160年，其间自然有不少士大夫记录和文人题咏留存。对于邓本，因条件所限黄煜仅补足了部分本传内容，增扩微渺，且所刊行为汇辑本，除增加部分本传内容之外，余下的亦非邓继禹本之全貌，殊为可惜。付梓时，黄煜创造性地在每卷书板后留有一定的余板，以供后来者续补之用，这对于节约刊刻成本、推进书籍的增补与重刊等工作，有着一定的积极意义。当然，其不足处也很明显，那就是后续增补的内容无法与已刻板部分构成一个规范的体系，在时间或作者等体例分类上容易出现失序问题。

黄煜而后，纂辑《逍遥山万寿官通志》的为雍正年间的熊益华、陈以贵。据《逍遥山万寿宫通志》卷十五李长发《逍遥山读书纪胜》载，熊、陈二人自雍正元年（1723）始纂修宫志，然因公事所迫，历时二年书稿仍未辑为成书。后李长发受邀参与书稿的校订工作，终至完稿，但具体成书时间文中并未明确交代。另据金桂馨、漆逢源《逍遥山万寿宫通志·凡例》称，"至国朝雍正四年，新建程以贵、熊益华两先生搜罗采访，兼得同里喻非指先生录稿一帙，始成全书。厥后板毁于火。康熙十九年，温陵黄鸥叟煜复汇集而梓行之。"则熊、陈本的成书时间当在雍正四年（1726）。熊、陈二人历时4年之久，广搜博采，在黄煜本的基础上增入不少新的内容，如喻非指先生所录稿一帙等，其续补扩定之功不可掩。至于金、漆二人将黄煜本列于熊、陈本后，则属明显的时序失当问题，编志者未予校出，至有遗珠之憾。

乾隆五年（1740），新建人郭懋隆、丁步上续纂宫志，分为20卷。此次续纂奠定了《逍遥山万寿宫通志》的基本架构。岳濬《重修玉隆万寿宫志序》载："其间登载，仿各郡县志乘之式，斟酌咸宜，更易得体，分门派类，朗若列眉，较旧志倍觉精详。哀然成集，此又郭生之采择醇备而不留遗憾也。”郭懋隆在纂修时并未仿照旧本规行矩步，而是在体例上作了重大调整，即仿照地方史志的体例来编撰宫志。二宫关系上，他推尊本山以玉隆宫为主体，“省城宫殿古迹各以类从，系于玉隆，见统宗也”。体例的增扩使得文稿真正具备了“志”的特点，门类齐备，“条分缕析，原委井井”，从而摆脱了其前类编、集传类的初级形式，提高了宫志的地位。此外，地方史志的编纂方法带来的内容上的扩容也非常明显，吴同仁《重修万寿宫□□》载：“（郭懋隆）爰因其旧用集其新，大而旌阳之忠孝功德，小而远地之志行节廉，显而山川土田，微而器用名物，下逮民风土俗，以及潜德幽光，有善必登，罔致遗珠之叹，无美不录，用成集□□功。”故刘芳称“丁汗青、郭云崇两先生编次而书以寖备”，黄爵滋称“（《逍遥山万寿宫通志》）定于乾隆初之丁君汗青、郭君云崇”。

时移世易，郭、丁本书板复毁于灾，传世书稿也渐稀少。至道光二十六年（1846），丰城人刘芳搜检藏书，幸获全本，遂倡议捐费，制板重刊。据刘芳《捐赀重刻西山玉隆万寿宫志小引》称：“余愧学力荒芜，管窥蠡测，未敢稍添臆见，增易一字，疑则传疑，讹则传讹，凡体例款式切悉如原本。抄誊付梓，不独藉以藏拙，亦所以存前修之真本犹在也。”可知刘芳本实一依郭、丁原本，并无新创之功。但其保存原本，未更体例，不妄增删以待后人，值得肯定。

光绪四年（1878），江西高安人金桂馨、南昌人漆逢源纂辑宫志，二人针对旧志作了一些调整，主要集中在三个方面：一是坚持正统的编志观念，征引删削。征引取自典籍，删削止于村俗。如《凡例》所称：“特广搜《道藏》，博采群书，凡有涉旌阳事迹者悉为登录，以备文献之征。”“旧志诗古类村儒学究，凡有题咏无不登载，不免龙蛇杂蚯蚓之讥。兹于其不谐音律、不合体裁者悉为芟削，庶不致遗玷骚坛。”二是调整分卷内容，以清眉目。如公牍告示，旧本统归于艺文卷内，“今改为杂纪，庶免混淆”。三是新增卷目。全书在郭、丁本 20 卷的基础上，新增 2 卷。其一为调整分卷内容而增，如“《旧志》记、序、诗文列载艺文，而古迹卷内因事题咏者复分注于其下，未免两歧，今悉为提出，增入十八卷艺文志内，以归划一”。其二为补旧志之缺漏而增，如历代提举万寿宫，旧志仅载真德秀一人，“今为增出奉祀考一卷，凡提举诸名公悉，《宋史》列传及各书，撮其事实，照时代列入”。当然，基于多次重定体例和补充增扩，《逍遥山万寿宫通志》在体例和内容编排上还是存在一些问题的。如在卷端仅列录光绪四年本和道光二十六年本金桂馨、漆逢源、陈裔采、黄爵滋、刘芳所作志序，却将记录前期编纂情况的熊钊、邓继禹、黄煜、岳濬、朱允元等所作志序分列入卷十六或卷十八中，标准未统一。卷十四纪录艺文（碑），理应与卷十五至卷十九艺文同列，却将其列为志五卷，而非艺文卷。将旧志古迹卷中的作品提出，却未按照文体分类整合入其他艺文卷中，而是单独汇 1 卷（卷十八），使得其中的文体如记、引、疏等与其他艺文卷中的重复，纷见歧出，与其以文体、时序为经纬的艺文卷编纂体例相悖等。①

二、《太上灵宝净明宗教录》

（一）《太上灵宝净明宗教录》的作者及编纂时代

《太上灵宝净明宗教录》目前有北京图书馆藏万历版、新风楼发现的青云谱藏版等版本。

在书前的序和书后的跋都看不出具体的刊刻时间，只在第六卷《马真人常住传》中有马真人仙逝于康熙丙午年的记载。

《净明宗教录》的编辑者胡之玟何许人？目前所见到的最早的评论是清光绪三十二年（1906）彭定求编辑的《道藏辑要》，在该书第 109 册上指出《净明宗教录》是宋人胡之玟所辑。彭指出他所见到的只是《净明宗教录》这部书中的一卷。由于彭定求没有看到全书，而《净明宗教录》中有相当多的内容是从宋代的道教文献中摘下来的，故彭定求误认《净明宗教录》是宋版书籍，胡之玟是宋时人。

在光绪四年（1878）金桂馨、漆逢源等编纂的《逍遥山万寿宫志》第十六卷艺文《序疏引》中全文刊载了胡之玟撰写的《太上灵宝净明宗教录序》。在该序中看不出《净明宗教录》编纂于何时，在其书正文中也看不到关于《净明宗教录》的其他信息。可见金桂馨、漆逢源等编纂人

① 参见陈立立等整理：《万寿宫通志》，2008 年版，第 1—3 页。

员没有见过《净明宗教录》一书，该书在清光绪时代就已经存世不多了。

根据《净明宗教录》扉页上注明的“朱良月、周占月二师鉴定”，说明他对八大山人和周占月是非常尊重、执弟子之礼的。在第二卷开卷时，胡之玟标明“弟子胡之玟法名德周”，说明胡之玟对朱良月称师父，自称弟子。胡之玟撰写的《太上灵宝净明宗教录序》中有这样的话 :“良月朱先生、占月周先生与余三人者，同游净明之门，瞻望龙光，已十有余年。”可见胡之玟与朱良月、周占月是同时代的人。

在《净明宗教录》扉页上还印有“青云谱藏版”，联想到书中提到青云谱道院的记载，估计这部书与青云谱有关。在青云谱道院保存至今的“青云谱”三字的大门石额上书“良月始建”。通读朱良月在康熙二十年（1681）主持修订、刊刻的《青云圃志略》，发现了许多鲜为人知的信息。“青云圃”名称在前，而“青云谱”名称在后，《青云圃志略》刊刻于 1681 年，那么胡本《净明宗教录》刊刻时间就应该在 1681 年之后。

据北京白云观所收藏的文献记载，净明道派自清代以来，就按照“百字铭”来排辈分，具体是 :“道德弘清静，法源广大成，东汉有章敬功果保忠贞，守本高无量，昭明自古今，含元时抱一，长合圣贤心，业复宗前哲，基兴裕远程，返还修日茂，造就体恒新，至理通天地，微言悟典型，精神参化育，训诲著遗盟，达立原和厚，栽培定畅荣，启成千百代，后世永奇英。”白云观的记载与南昌净明道文献记载基本一致，与民间散居道士辈分的称谓也是相同的。以“道德弘清静”为首句，“道”字辈为第一代，“德”字辈为第二代，“弘”字辈为第三代，依次类推。

良月是字，朗是名，“朗”字拆开了即是良月，良月是青云谱创始人，是最早的师祖，他又自称朱道朗。青云谱自他起，即按此百字铭辈分排列。胡之玟，法名德周属于青云谱第二代道师 ; 胡之玟的儿子士信法名弘道，属于第三代道师。胡之玟自撰的《序》中说 :“良月朱先生、占月周先生与余三人者同游净明之门瞻望龙光，已三十有余年。”可见胡之玟刊印这部书的时间。经过考证，可以确定朱道朗、周占月和胡之玟“同游净明之门”的时间是在 1661 年，而三十年之后，就应该是 1691 年。那么胡本《净明宗教录》刊印的时间应该是 1691 年就确定无疑了。

（二）《太上灵宝净明宗教录》的内容

《净明宗教录》有两个本子，第一个是明万历本，现藏北京大学图书馆。其目录如下：

卷之一：净明道元正印经、净明四规明鉴经、净明中黄八柱经、净原即明洞神上品经。

卷之二：旌阳许真君传民。

卷之三：真君八十五化录。

卷之四：真君八十五化录。

卷之五：真君八十五化录。

卷之六：灵宝净明法序、灵宝净明入道品、玉真灵宝坛记、垂世八宝、醉思仙歌、净明大道说、净明道法说、净明法说、玉真立坛疏。

卷之七：灵剑子。

卷之八：引导子午记。

卷之九：石函记上。

卷之十：石函记下。

卷之十一：玉真语录内集。

卷之十二：玉真语录外集。

卷之十三：玉真语录别集。

卷之十四：中黄先生问答。

第二个本子就是清代胡之玟本，比较明万历本与清胡之玟本，可以发现两者有许多不同之处，主要有：

1. 胡本搜集的净明道经文更加丰富规范

与万历本《净明宗教录》比较，胡本增加了许多新的内容，胡之玟自撰的《序》中说："每以《净明道法统宗》及《净明宗教录》《净明初真》《正真》《上真》《科戒》《净明大法》诸书，未得同归一轨；五陵之士，虽共习一家之言，不同符一真之旨，未免南辕北辙。今合道法而归一宗，以印合德合明之心。”胡本《净明宗教录》在体例上更加系统和规范，万历本《净明宗教录》的经文几乎所有的都可以在《道藏》中找到。胡之玟本《净明宗教录》的经文则增加了许多民间散居道士的科仪内容，这些是在《道藏》中不经见的。

2. 胡本保留了许多珍贵的史料

万历本仅有旌阳许真君传一篇传记。而胡本整个第六卷都是传记，共有 31 篇，不光把古代净明派有影响的真君传记搜集整理刊印，还把明清有影响的真人传记刊印，为后世留下了珍贵的史料。

3. 胡本增添了药物修身治病的内容

在胡本第二卷中记载了净明派关于药物修身的内容，特别是在书的最后附载了《都仙真君神功妙济方》和《净明堂神功妙济诸方》。

胡本在编辑撰写《净明宗教录》的过程中，专门把在当时行之有效的药方收集起来编入书中，取名为《净明院神功妙济诸方》。朱良月作为第一代祖师，亲自撰写《净明院妙济神方引》，阐述自己的观点。他认为："盖人之有患，身也；身之有患，心也。身心互为其患病也。求患病之源，四感七伤，身心触染，神气不能招摄所由来也。求药之源，见人之性，可以见草木之性。见草木之性，可以见触染招摄之由来也。所以因病用药，以诚治心。心既能诚，则药自灵、病自愈矣。”其论纯粹是医家观点。[①]

三、万寿宫信仰与中国传统节日文化的融合

万寿宫在人们心中成了祈求平安、趋利避害的寄托，由此，民间在传统的三大节日中及举办各式庆典、传统文艺等活动时，也不忘江西福主菩萨“许真君”，到万寿宫进行祭祀。

（一）春节

在余干瑞洪西岗，人们常在春节期间到万寿宫举行游神活动，由活动的主持者先到万寿宫敬献香烛，拜请真君出驾巡游，得了顺卦后才能进行游神赛会，如果得的卦不好，只有作罢。游神队伍用轿抬着真君的

---

① 陈立立等整理：《净明宗教录》，江西人民出版社 2008 年版，第 2—7 页。

神像，轿子前面是锣鼓乐队，轿子后面是各类古装队伍，再后披红挂彩的活动主要举办成员数十人不等。队伍浩浩荡荡，在全镇各街各巷游行，所到之处，居民鞭炮迎接，围观人群，欢欣鼓舞。殿后道人抬一箩筐，接受各户红包。

（二）端午节

在端午节这天，新建县石岗、松湖、西山和义渡一带称上新建，另有一种乡俗，传说在许逊捉孽龙时，孽龙精沿江而上，躲身于箬叶（包粽子用）丛中，许逊寻见孽龙，一剑刺去，不料将箬叶连根削掉。从此，上新建再无箬叶，过端午节时，也无法扎粽子，人们只好以糯米团饼取代粽子，至今仍如此。

（三）中秋节

新建县的“中秋”，由于有了朝圣期，四处朝拜不绝，至十五最盛，居民辐辏成市，使新建县“中秋”成为江西第一。凡有庙处，士女朝拜络绎不绝。各地亲朋好友大都以橙子、月饼互相馈赠，中秋夜晚也以月饼、菱藕及瓜果之类的礼物来敬月亮，人们借中秋敬月这种形式来敬奉许真君的诞辰。

第十四章　清代青云谱净明道院的建设与发展

青云谱净明道院始建于清康熙年间，然其历史可追溯至汉代的梅仙祠。东晋时期，旌阳令许逊在梅仙祠基址上建立了“净明真境”，此观后改名为太极观。至唐代，刺史周逊奏请于梅福垂钓处复建道院，迎万振天师居之，贞观年间易名为“太乙观”。宋至和二年（1055），敕建天宁观，即将唐时的太乙观改名为天宁观。元代沿用了“天宁观”之名。明天顺年间，天宁观得以重修，但未更名。从梅仙祠到天宁观，道观屡废屡建，然其道统却未中断。到了清代，全真道士朱道朗集信众之力，于梅仙祠旧址上重建了道院，并更名为“青云谱”。

第一节　八大山人、朱道朗与青云谱道院

清康熙年间，道人朱道朗在梅仙祠旧址上重修了道院，额曰“青云谱”，至此，青云谱道院正式创立。

一、八大山人的生平

八大山人（1626—约1705），原名朱统鍌，一说谱名朱统桵，又名朱耷，字雪个，号八大山人、个山、个山驴、人屋、驴屋驴、书年、驴汉等。他明朝天启六年生

于江西南昌，乃是明太祖朱元璋之子宁王朱权的子嗣。朱权是明太祖朱元璋的第十七子，初封为宁王，本在大宁（今内蒙古宁城），靖难之役后被永乐帝朱棣改封在南昌。朱权在江西繁衍的子孙支系分为八支，分别是临川、瑞昌、宜春、乐安、石城、弋阳、钟陵、建安，后皆被封为王，号为八王。八大山人朱耷是朱权的九世孙，属于弋阳王支系，世居于南昌。

八大山人的生平经历，其同时人邵长蘅文集中有记载：

> 八大山人者，故前明宗室，为诸生，世居南昌。弱冠遭变，弃家遁奉新山中，剃发为僧。不数年，竖拂称宗师。住山二十年，从学者常百余人。临川令胡君亦堂闻其名，延之官舍。年余，意忽忽不自得，遂发狂疾，忽大笑忽痛哭竟日。一夕裂其浮屠服，焚之，走还会城，独身猖佯市肆。闲常戴布帽，曳长领袍，履穿踵决，拂袖翩跹，行市中，儿随观哗笑，人莫识也。其侄某识之，留止其家。久之，疾良已。山人工书法，行楷学大令鲁公，能自成家，狂草颇怪伟，亦喜画水墨芭蕉怪石花竹及芦雁汀凫，翛然无画家町畦，人得之争藏弆以为重。饮酒不能尽二升，然喜饮。贫士或市人屠沽，邀山人饮，辄往往饮辄醉，醉后墨沈淋漓，亦不甚爱惜。数往来城外僧舍雏僧，争嬲之索画，至牵袂捉襟，山人不拒也。士友或馈遗之，亦不辞。然贵显人欲以数金易一石不可得。或持绫绢至，直受之曰："吾以作袜材。"以故贵显人求山人书画，乃反从贫士山僧屠沽儿购之。一日忽大书哑字，署其门，自是对人不交一言，然善笑而喜饮益甚。或招之饮，则缩项抚掌，笑声哑哑，然又喜为藏钩拇阵之戏，赌酒胜则笑哑哑，数负则拳胜者背，笑愈哑哑不可止，醉则往往欷歔泣下。予客南昌，雅慕山人。属北兰澹公，期山人就寺相见。至日大风雨，予意山人必不出。顷之，澹公驰寸札曰："山人侵蚤已至。"予惊喜趣呼，笋舆冒雨行，相见握手，熟视大笑。夜宿寺中，剪烛谈。山人痒不自禁，辄作手语，已乃索笔书几上，相酬答烛见跋不倦。澹公语予，山人有诗数卷藏箧中，秘

不令人见。予见山人题画及他题跋，皆古雅，间杂以幽涩语，不尽可解。见与澹公数札，极有致，如晋人语也。山人面微赪，丰下而少髭。初为僧，号雪个，后更号曰人屋，曰驴屋驴，曰书年，曰驴汉，最后号八大山人。云澹公杭人，为灵岩继公高足，亦工书能诗，喜与文士交。[①]

邵长蘅曾见八大山人于北兰寺，二人秉烛畅谈，关系融洽，此事亦见于李元度《国朝先正事略》：

邵青门客南昌，见山人于北兰寺。握手熟视，大笑。夜宿寺中，剪烛谈，索笔书几上，相酬答。山人有诗数卷，藏箧中，秘不令人见。题跋尤古雅，间杂以幽涩语，不尽可解。尝与北兰寺僧澹公数札，不减晋人语也。[②]

因二公为同时人，又有交情在前，因此邵长蘅所记八大山人生平事迹更可征信。由邵长蘅所载可知：一、八大山人是明宗室后裔，尝为诸生，世居南昌，儒学功底深厚。二、在他弱冠时遭遇明王朝倾覆，随即遁入空门，于奉新山中落发为僧，数年后即称宗师。三、八大山人为僧二十年后，名噪一时，从学者甚众，临川令胡亦堂邀他归官舍，年余后忽发狂疾，其侄遇他于市中，留家中长住，久之狂疾痊愈。八大山人因何骤发狂疾，史无明载。或认为胡亦堂延他至家中是为了辩经，因二人意见相左，争辩激烈，最后引起山人思想上的混乱，进而发起了狂疾；也有说法认为是由家族遗传病史所致。四、八大山人工书画，且自成一家。五、他颇具名士风度，好酒，然酒量浅，爱与贫士及市人交游，求之书画无有不应，富贵人士求之则片纸不予。

关于八大山人的生平轶事，清人陈鼎的《留溪外传》可作补充：

---

① （清）邵长蘅：《邵子湘全集·青门旅稾》卷五，清康熙刻本。

② （清）李元度：《国朝先正事略》卷四十八《八大山人事略》，清同治刻本。

八大山人，明宁藩宗室，号人屋。人屋者，广厦万间之意也。性孤介，颖异绝伦。八岁即能诗，善书法，工篆刻，尤精绘事。尝写“菡萏一枝半开池中，败叶离披横斜水面，生意勃然。张堂中，如清风徐来，香气当满室”。又画龙，丈幅间蜿蜒升降，欲飞欲动，若使叶公见之亦必大叫惊走也。善诙谐，喜议论，娓娓不倦，尝倾倒四座。父某亦工书画，名噪江右，然喑哑不能言。甲申国亡，父随卒。人屋承父志，亦喑哑。左右承事者皆语以目，合则颔之，否则摇头。对宾客寒暄，以手听人言，古今事心会处则哑然笑。如是十余年，遂弃家为僧，自号曰雪个。未几，病颠。初则伏地呜咽，已而仰天大笑，笑已，忽趺踊踊跃，叫号痛哭，或鼓腹高歌，或混舞于市，一日之间颠态百出。市人恶其扰，醉之酒，则颠止。岁余病间，更号曰个山。既而自摩其顶曰：“吾为僧矣，何可不以驴名？”遂更号曰个山驴。数年，妻子俱死。或谓之曰：“斩先人祀，非所以为人后也，子无畏乎？”个山驴遂慨然蓄发，谋妻子，号八大山人。其言曰八大者，四方四隅皆我为大而无大于我也。山人既嗜酒无他好，人爱其笔墨，多置酒招之，预设墨汁数升，纸如于幅于座右。醉后见之，则欣然泼墨。……醒时欲求其片纸只字不可得，虽陈黄金百镒于前勿顾也。其颠如此！[①]

由陈鼎这篇文章我们了解到，八大山人幼年性诙谐，喜议论，呈现出与后期的孤介性格截然不同的个性。他八岁左右即能诗，精通书法、篆刻与绘画。这显然与他有深厚的家学渊源有密切的关系。他的父亲亦工书画，且名噪江右。良好的家世及浓厚的书香氛围为八大山人后来以书画名家打下了坚实的基础。而他父亲“喑哑不能言”，也成为他后期喑哑不语的原因之一。文中说他哑然不语是为“承父志”，则他的“喑哑”是甲申国亡后的自主选择，而非先天哑疾。八大山人晚年画中常有“个相如吃”的款，“个”指的是八大山人自已，相如指司马相如。史书载司

① 清陈鼎：《留溪外传》卷五，清康熙三十七年自刻本。

马相如有口吃的毛病，则他的这种近似自嘲之词或与禅宗的“闭口禅”有关系。八大山人出家为僧二十余年，精通佛法，然他在妻子俱死之后，慨然蓄发还俗，另娶妻生子，则他已跳出佛教清规戒律的藩篱，随性而为，虽与禅宗思想暗合，然终归不同于流俗，引世人侧目。

综上，八大山人的生平经历，概而言之，可分为三个阶段：一、读书求学时期（1626—1645）。这一阶段，他受到了良好的儒学教育和源自家庭的浓郁的艺术熏陶，既为诸生，又在书法、篆刻和绘画方面打下了深厚的基础。二、出家为僧时期（1645—1672）。1642年，八大山人弃家逃往奉新山中；1648年于畊香院剃度为僧，法号传綮；1653年受业于弘敏；及至1672年弘敏圆寂。这段时间他都是在寺庙中度过的。三、蓄发还俗时期（1672—1705？）。这个阶段，八大山人为绵延子嗣，蓄发还俗，娶妻生子。

需要指出的是，不管是邵长蘅撰写的《八大山人传》，还是陈鼎所作传记，我们都可以清楚地看到文中无一字提及他与道教、与青云谱道院有任何关系，反是与禅宗的渊源深厚，这从他长达二十多年的出家经历以及个山驴等字号可以窥见一斑。

二、八大山人与朱道朗

八大山人与朱道朗是否为同一个人，这是从事八大山人研究聚讼纷纭的问题，大概有两说：一是将八大山人等同于朱道朗，另一是把二者分别开来。

将八大山人等同朱道朗之说，源自民国九年（1920）重刊本《江西青云谱志》。谱中收录了署名为周体观的《青云谱道院落成记》一文，文称：

> 逮有明之末，宁藩宗室裔，自称八大山人者，伤世变国亡，托迹佛子，放浪形骸之外，佯狂于笔墨之间，后委黄冠，自号良月道人，又字破云樵者。访历代之仙踪，爱天籁之山水，得吕纯阳驾青云来降，示诸秘要。于是赎已失之基址，倾囊藏以建修。绍姬太子、许旌阳，以明忠孝之道。邀马道常诸道友，以讲净明之学，则青云谱之名于斯树焉。

这篇文章将八大山人与朱良月视为一人。同样的看法在民国九年（1920）陈绍箕所作《重修青云谱记》中也有体现。1960年，时任八大山人纪念馆馆长的李朝墩（笔名李旦）有《八大山人丛考及牛石慧考》发表于《文物》1960年第七期，随后又陆续撰写了《八大山人生平事略及有关问题考证》（载《八大山人研究论文选集》）、《八大山人创建青云谱考析》（载《八大山人研究论文选集》）、《八大山人即朱道朗考略》（载《故宫文物》1991年3月）等多篇文章，反复申述八大山人即朱道朗的说法。当代学者赞同此说的有著名道教学者郭武先生。郭武先生在他《朱道朗与青云派》，依然坚称八大山人即朱道朗的说法，可见同一人之说依然得到了部分学者的认可。

然考康熙十九年（1680）本《青云谱志略》及乾隆五十四年（1789）本《南昌府志》，二书均录入了周体观（一作周体国）一篇名为《定山桥梅仙道院记》的文章，文章内容与《青云谱道院落成记》显然同出一源，然细考之，文中皆无一字涉及八大山人。有文为证：

> 辛丑秋，道人朱良月来游于溪，就祠之基而扩之。起方壶之宫，建绛节之朝，以事列仙。崇苑宇，置丹灶，以待四方之羽客。飘飘然，翼翼然，疏林回屿，与钓溪云气相动，若安期羡门[①]之徒，仿佛可遇，向所为梅仙祠者，已成道院矣。度亦梅所乐也，观成虑失所自，其友章松樵请记于予曰："道人隐君子，其奉梅尉以其仙也。奉于钓所，从仙迹也。意乎其人！意乎其地！两有之，道人所以感也。愿公叙其事。"
>
> 余曰："尉自可传，史称梅福弃家而隐，又传其后卖药会稽，人犹见。云不闻其仙去也。抑或尉小吏，弃之不足为。梅多故尚贵于方外，致其慕也。尉之不及三公者，季世耳。汉法，官人重功曹吏事，沿及东汉，名臣辈出，绝不以资格限福。昔上书谏孝成，指切外戚。王臣蹇蹇，岂杜钦、谷永诸君所敢。方者，尉也云乎？宋

① 国图本缺二字，江图本为"门之"二字。

初，钱若水微时，希彝窃相之神骨疏异，谓可以仙质麻衣，要与钱会画箸于灰曰：'做不得。'徐曰：'急流中勇退人也。士而勇退，其去仙一间矣。又乌知梅之不仙也。'由史言之如彼，由传闻之如此，顾闻其风非直学仙者向往。盖于士大夫作敢言之气，厉高蹈之节，或有余也。余幸来南昌，且亲见其钓处，视昔废书而叹之日，何如哉？微松樵，为良月请余，固乐为之记。"

将二者与民国九年本两相对照，发现民国本不仅篇名改变了，而且文章内容改易过半，其中有关八大山人的文字似是凭空出现。不止如此，其文风也大变，一改原来典雅的文风，用语粗疏浅白。可见，这种将朱良月等同八大山人，民国九年本《江西青云谱志》首肇其端。将二人的事迹重合在一起，显然更为世人喜闻乐见，故这种说法不胫而走，至今仍为人所津津乐道。

康熙本《青云谱志略》是由沈兆奎订正，周伯衡、黎元宽、张爰则参订，舒成之、周占云、朱天函集次而成。而民国九年刊本《江西青云谱志略》是由延寿居士订正、青云谱住持徐云岩重刊。在康熙刻本中，收有两篇周体观的文章，一篇即作为前序的《定山桥梅仙道院记》，一篇是收录艺文类的《青云谱记》。周体观，字伯衡，直隶遵化（今河北）人，生卒年不详，顺治六年（1649）进士，改庶吉士，历官江西参议道，先后在江西任职多年。他于顺治十五年（1658）分巡岭北道，十八年（1661）分巡南瑞道，有《晴鹤亭诗集》十八卷等。康熙本《青云谱志略》原是经过周体观本人参订，可以说，至少在他的文章录入方面没有存疑的地方。至此，民国九年重刊本《江西青云谱志》所载周体观的文字似乎不足采信，文中新增的八大山人的事迹似乎不足征信。推而论之，将八大山人等同于朱道朗（朱良月）的说法似乎不能成立。

关于朱道朗与八大山人并非一人的说法，早有学者进行了详细考证。如叶叶的《论胡亦堂事变及其对八大山人的影响》《读朱道朗跋臞仙箧吉肘后经——再论八大山人非朱道朗》以及王方宇的《八大山人与朱道朗》等文均对此进行了多层面的考证。其后汪世清的系列文章《世系・后裔・为僧》《八大山人不是朱道朗》《八大山人的名与号》《八大山人的诗和文》《再论八大山人不是朱道朗》《三论八大山人不是朱道朗》《汪世清艺苑查疑补正散考》（下卷）等对此开展了一系列的考证，主要从名号使用的系年、活动地域的考证、诗文作品的比照、原始史料的辨伪、二人肖像的比较、对新朝态度的比较等多个视角进行全方位的分析和辩证，否定了八大山人等同于朱道朗的说法。此后，萧鸿鸣延续了叶叶、王方宇等人的思路，在对康熙本《青云谱志略》进行收集和整理的基础上，撰写了《道教"净明派"青云谱开山祖朱道朗》一书，对谬说作了全面而彻底的驳斥，再次厘定八大山人不是朱道朗，八大山人并没有做道士的经历。

总之，朱道朗与八大山人是否为同一个人，属于学术争论问题，本书不在这方面过多着墨。然有一点是可以肯定的，朱道朗为青云谱净明道院的修建者和青云谱志的创始人，这是没有争议的。

三、朱道朗修建青云谱道院

至清代，道人朱良月（道名朱道朗）隐居于豫章城南十五里原梅仙祠处。清顺治十八年（1661），朱道朗邀道友复建道观，取"吕纯阳（吕洞宾）架青云来降"之意，易名青云谱，青云谱道院至此创立，其名沿用至今。

青云谱或一度称为青云圃、青云浦。戴有祺在其《重修青云圃碑记》中写道："国朝顺治辛丑岁，全真朱道朗，访前贤之遗迹，爱山川之秀灵，复构堂宇，额曰：'青云圃。'征诸同志，习静修真，继净明忠孝之传者三世矣。"[①] 按戴氏所言，观名应为"青云圃"。然考朱道朗康熙二十年所刊谱志，今中国国家图书馆、上海图书馆、北京大学图书馆、江西省图书馆均有收藏，书名并非《青云圃志略》，而是《青云谱志略》，唯有卷首周体观《定山桥梅仙道院记》数页版心上题为"青云圃志略"。另书中收录康熙十四年（1675）黎元宽《青云谱志略序》称："良月视

① 该记作于清康熙四十一年（1702）。碑文来源于乾隆五十四年（1789）编纂的《南昌府志》卷二十三"寺观"篇。

之不过为修仙绪余，故其署榜曰青云谱。夫谱者，一以著仙垂也，又一以承教也。”[①] 舒性康熙六年（1667）《青云谱落成序》虽有“筑圃护谱”之语，但只称之为青云谱。而《青云谱志略》中“人物”篇马道常传有“郎遇之省城，同至谱内”云云，此与《净明宗教录》一致，则为谱名变更之事实添一实证。可见，道院起初称之为“青云谱”，后或有称“圃”者，大抵盛行于戴有祺作碑记之时。不过，该名并未延续应用，民国年间魏元旷编《南昌文征》录入戴氏此文时将“圃”一律改为“谱”。

在入主青云谱道院之前，朱良月曾在洪崖当道士。康熙乙卯年（1675），黎元宽应朱良月之请，撰写了《青云谱志略序》，文曰：“盖良月，具仙骨，素有仙志，自隐去洪崖，来归觐太母也，而心怡于憩息之场，乃止杖挂笠于此。”[②] 朱良月也不避讳这段经历，于其跋中称“依洪崖巅下，筑室养亲”。朱良月重建道观据说是为了寻一个自在道场，为此，他分别于康熙二十年（1681）、康熙六十年（1721）作了一篇跋文和一篇碑记，其跋略：

> 迨辛丑之夏，爰予弟先迎养吾母于南昌。予往省路，出城东南定山桥。桥圮矣，憩而后度。里中硕彦，有旧识予者，为李通儒德仪，相揖而言曰：“子久为太上之徒矣，以立德立功为尚。然禹治水有功，而孔子称以‘明德远矣’哉。正言水之难治也，则桥盖治水之一端乎？定仙桥向圮于蜃蜮，吾乡先达舒文侃先生尝撰文募修，有云：或支一木，行者危之。又有孝子不临深等语。今吾子之觐母，孝也。其临深而思乎？其因惧而募工石以立德乎？且桥原为太乙观畔流注之区，而桥上即观旧址，可购以编茅也。晋太子故迹未颓，可复以修炼也。且葛岭梅湖，皆经上仙所驻，何爱洪井而弃云谱哉？”予曰：“唯！”即邻村诸君子乘予之唯，咸以襄以翼焉。鸠工掘趾，得勒字古石一方，甚巨，果道院也，非定山桥也，而云

① 上海图书馆藏康熙二十年刊本《青云谱志略》，第3页。

② 上海图书馆藏康熙二十年刊本《青云谱志略》，第3页。

陈家桥者为是。噫！祖庭亡也，而兴于桥之顷。桥且定矣，当永辅祖庭以存乎！然桥也谱也，卒由子乔而存，子乔亦以了道而存。其道于弗隆，何也？上书寄舟，非忠乎？度亲于崩，非孝乎？此实能开许祖净明忠孝之教，而用之者也。知其道而人以存，知其人而地以名。儒者之言，非欺矣。

谱辟堂开，崇祀吕祖，以其受东华正阳之教，发明性命双修之旨。遂乃因地而教，因人而授法也。其视许祖，教同而道一也，道同而心皆一矣。夫人能克其所欲，以报君亲，非尽于忠孝二字，其实皆本分中事。故净明非忠孝不着，忠孝非净明不立。净明体也，忠孝用也。净明之心，道也。忠孝之心，教也。则又观其心而道一也。一以冲之于六合，则万象生一。以观之当下，则三元会矣。至此性命不分之根，五行不到之地，曰性命，曰神气，同为之名，同为之非名也。即忘中忘，见中见，皆落言后，又何有教外传也？名象立矣，必欲穷之于名象，索之于章句，恐非青州牛、益州马，难寻炙穴。予常饥飧渴饮中见精神而入忘，予常动常静时忘精神而亲见。噫！到这里莫被他人瞒去。先圣人悯兹后学，立言立教，大都借境鉴真。凡有所名，叩空谷之音。凡所有象，传鸢鱼之妙。

愿我同仁，体先圣继往开来之心，履践中当着实地。庶吾心藏不夜之珠，爝火奚借？吾人追无始之道，邪妄不生。今自破云作谱之期，俯愿于苍冥，期道可共存，地不自我而息而已。至于绍前圣启将来，为净明后学而知青云之象。向红尘得诸，离红尘而见诸。则又立言何法，立教何象，忘象入道者，朗将旦暮遇之，敢曰千百世而下。

辛酉夏日破云樵者朱道朗跋于黍居

该跋作于康熙辛酉年（1681）夏，文章有几个要点：一、交待作谱的缘由是受旧识李通儒德仪等人所托，又感于乡贤舒文侃“孝子不临深”等语，为弘扬孝道、彰明净明道而作；二、建立青云谱道院的主要目的是“欲觅一个自在场头，全身放下”；三、净明道旨在以忠孝立教，重视实践，不蹈虚文，青云谱作为净明道的祖庭，重建道院有着“绍前圣启将来”、为后学立法立教的作用。

其《青云谱碑记》云：

辛丑纯阳月望[1]，道人与客徘徊于豫章城南山水间，见桥圮于途，历涉称劳于童叟。磷纷于夜，晦霭鲜辨夫星萤，乡耆言徇馌之维艰，征人怵横流之遭溺。出世住世，漫说为舆为庐，任地天援止乃止。历溯遁革遁鼎，于年代莫非津梁之因，便作津梁之果。尔时愿力允协，群起而应者，实藉隐显诸公，辟无相中相，见无心中心。佐三才，开净明道院。理八索，竖灵宝丹梯。归游空千缕之青云，培未芟三晦之芳草，可云乐业，继已往心耕力锄之。哲人即曰：栖真幸趋来鹤，驾芒屦之贤侣。步步得药，何须门外斫青山。叠叠澄波，可向渠边煮渤海。自此浩浩烟霞，旦暮遇焉矣。堂堂仪范，次第昭焉矣。然植蓬中之麻，莫言涧中之水，无灌注叩圜前之石，自觉方壶之磬送虚清。于是志同千里不远。川原以式临风息半肩，共察星文而出指。云水相资，蒲团合理。得乐止于止中，运元之甲子，无虚度。究无象于象下。循行之丑，未不踌躇。此皆志道而心符者也。谁外立德而立功者乎。嗟乎！拨残灰而宝焰常红，剔孤灯而神光跃露。盖无异乎。峰头斗室，溪畔伞居，觅无相之果于有相，付护心之缘于无心。以心传法，以法传心，心法不二，惟一惟真。庶几哉！净明门户可共游而共止之也。至于堂阁寮垣，犹《易》所云：“立象以尽意也。”赖诸巨公之纪载，以垂卉石竹松，推书所云，鸢鱼之飞跃耳。受诸名人之吟咏倍畅，或曰：“言可勒也。”其何敢附立言？然立名之姓氏，瑱珉特书，损资之功，行梨枣并记。

破云樵者朱道朗识[2]

① 《南昌府志》所载碑文缺“辛丑”二字。

② 该记与康熙版《青云谱志略》中的记完全相同。

碑文叙述了重建青云谱的缘起，说明得以重建乃集众人之功，重点阐述了建谱的意义在于“立象以尽言”，从而做到以言传心，以心传法，以法立教，将净明忠孝之道弘扬宇内。

四、朱道朗与《太上灵宝净明宗教录》

《太上灵宝净明宗教录》，简称《净明宗教录》，10卷，附《如意仙丹方并浮明院诸方》1卷，清胡之玟、胡士信编，今江西省南昌市王氏新风楼、南京图书馆、日本漥德忠各藏全帙一部，又江西省图书馆藏残本二部。

关于《太上灵宝净明宗教录》的产生年代，秋月观暎指出该书卷六最后一篇传记《马道常传》乃朱道朗所撰，而朱道朗与马道常一起创建青云谱道院，且马道常殁于康熙五年（1666），则该书应在康熙五年后刊行。但是传记是否作于康熙五年不得而知，而《马道常传》的撰成年代是否等同于《太上灵宝净明宗教录》的刊行年代还是个疑问。另陈立立等人整理本《点校前言》认为该书的产生年代应在康熙三十年（1691），并认为新风楼藏本即康熙三十年刊本，而胡之玟《太上灵宝净明宗教录序》中说与朱良月、周占月三人同游净明之门已三十余年，进而认为《净明宗教录》的刊行即在朱道朗等人入青云谱后三十年，亦即康熙三十年。针对这个问题，许蔚《断裂与建构：净明道的历史与文学》一文辨之甚明。许蔚认为仅以胡之玟的行字及《序》作为依据，来证实《净明宗教录》刻于青云谱建立后三十年是不成立的。随后他以《新建县志》、乾隆《顺德府志》《南和县志》等史籍记载作为依据，认为胡之玟“在康熙二十一年（1682）已就任南和，大概在康熙二十年即已动身离开江西，可能卒于康熙二十二年（1683）或二十三年（1684）；而《净明宗教录》的编刊就应完成于康熙二十一年以前”[①]。

由秋月观暎的《净明道研究上の二・三の问题》可知，朱道朗与《太上灵宝净明宗教录》渊源深厚。首先，《马道常传》出自朱道朗之手，《青云谱志略》“人物”篇曰：

① 许蔚：《断裂与构建：净明道的历史与文学》，上海书店出版社2014年版。

谱之先时有升降，地有兴废。人之不幸而湮灭不传者或多，而其幸而传者或详或略焉。则人之姓氏与人之始终本末，知者不可不急为之传也。梅湖自汉之梅祖福而名，梅之为尉，讥切外戚，遁迹于尉山，冲举于霞岭，史能悉之。其钓此地，仅见之郡志，今从裔犹蕃衍凿凿，能指往年垂钓处。

太乙观，由唐之天师万振而名。万为天师固属采真而游，事不甚着。相传唐贞观十五年，刺史周逊疏奏万居此地，观名太乙后，万亦于此乘白云至帝乡，云其后越千余岁，朗于辛丑壬寅删葺是观为青云谱，而复得所谓马道人者。

道人生于蜀，本姓上官，莫知其名，后易姓，法名道常，号常住，亦莫知其易姓出世之故。涉大江，过越王城，至南浦，稍言其经历地。郎遇之省城，同至谱内。年可六十许，肢体雄伟，须眉间另具一色相。书法飞动有生气，然亦不甚书。昔之相识者叩之，辄不应。凡有馈遗，悉屏不受。计六载如一日，康熙丙午夏四月七日夜，索茶集众谢曰："吾今且去矣！"取片楮书偈而逝。偈曰："非恍非惚，清清白白，解下连环圈，丢去生死窟。咄！清风明月。六年无说，补还亏缺。一对聋耳根，三般真药物。与君诀！我非拙，静里守红炉，动中添白雪。去来来，一笑别。"次日焚化，举火烟腾，忽见一鹤盘旋烈焰中，时垂朱顶示人。久之绕谱三匝而去，数百人共睹焉。郎观其偈，已臻无上之诣，而书亦如平日而已。逝之后又如此，盖通昼夜之故，忘生死之大，而与天为徒者。其丰干懒残之流欤。郎既幸得其人，又窃幸其继梅祖与万天师，不与此身俱逝也。至于剪茆筑圃，同门同学者行止不一，每多祖庭分续其嗣，又有栖隐于岩穴者，不欲往问于人，间悉未记其名，但序载石勒，以广其传。①

① 《净明宗教录》卷六收录《常住马真人传》，文字更为简略，始于"道人生于蜀"，止于"朗既幸得其人，故不敢不为之传"，与《青云谱志略》所载颇有出入。

文中“郎遇之省城，同至谱内”“朗于辛丑壬寅删葺是观为青云谱，而复得所谓马道人者”云云，说明此“郎”即朱道朗自谓。朱道朗撰写此传，略述马道人的生平经历，重点介绍了马道人的神异之处，其坐化之际所留偈子、坐化之后的神迹显现均说明马道人的不同寻常。如前文所述，朱道朗非常重视“立言”的教化作用。因此，此文的撰写在成功塑造了一个洒脱睿智、颇具神通的道人形象之余，也为马道人在道教史上留下了浓墨重彩的一笔，不仅丰富了道教文献，同时也为青云谱道院镀上了一层神幻的色彩，进一步促进了净明道的传播和发展。

其次，《太上灵宝净明宗教录》中有张道遥传，该文亦为朱道朗所撰。全文如下：

> 师姓张，河南杞县人，其族世、名字未尝语人，故不详，生明万历乙未五月十三日。天性至孝。十八九时，便知慕道。偶遇杜君，相语甚契。杜偕同众入仙人洞，时习药茹草，修持祭斗。他如水火龙虎之机，未之讲也。居无几，食且尽，众等意在出山，杜君诺之，师执不从。杜君以余粮斗许遗师，杜君遂同众出山。师送之，痛哭乞言，但嘱曰：“汝志气如此，当自得道。至于世所流传，皆为道障，切不可行。”师叩首别后，惟茹药祭斗。精诚感格，蒙尊帝二星降焉。混合良久，自此始悟性命之要、还丹之道，皆神传也。间绝食且冻，将危，檀家河面店感梦，冒雪持馔以奉，乃得活。居二年，忽山神告师，当别徙避乱也。师遂过游湖广之黄陂，比崇奉颇众，趋谒者无间。居四年，师慕净明之旨，感乌晶有谶，于是渡江。
>
> 始至豫章之西山，寓洪井洞畔小亭四月。亭甚湫隘，而师处之浩然。樵牧目为逍遥，逍遥之号始此。一日，紫清宫道士告师以虎洞之状，师遂慨然携杖以从。道士携粮，引师至洞。尔时，三虎踞洞，樵采无径。道士虽同扪萝剪茆以行，不过以试师尔，而师坚志栖真，乃欣欣止焉。初居洞中，三虎常依为守护，叱之乃去。洞中阴湿，茆深石峭，人迹罕到，师手足胼胝，芟丛辟境，极尽勤

> 苦，为人不为，无求于世。而道高德重，应自感孚。雨港李君康成者，首先造诣。自此之后，至者日广。每见咸有以发其衷，即或笑或骂，无不得其欢而去。廿七年若一日焉。每谒者有种种疑试，师亦应之如疑决。至辛丑正月，有鹤翔半空，语弟子："吾将去矣！"众疑信间，左肋有孩儿十数声。于十五夜，忽霹雳一声，师兀然而逝。其时，师语众弟子云："此后玄风大振，子等勇猛精进，吾在碧空中待之矣。"①

由传文可知，张逍遥为河南杞县人，明万历乙未年（1595）五月十三日出生，后崇道修行，渡江至豫章（今南昌）西山，始居洪井洞畔小亭，后居于老虎洞（即逍遥洞），直至清顺治辛丑年（1661）正月十五夜仙逝。其传又见于康熙十九年刊行的《新建县志》卷三十，称"张逍遥居西山最深处老虎洞""其生平居山凡二十九年，顺治辛丑岁一夕尸解"，后附录赣州推官周公令树《访张逍遥记》；亦见乾隆五年刊本及光绪四年刊本《逍遥山万寿宫志》卷五附传，曰"二十九年若一日焉"，则诸传均认为张逍遥居西山二十九年，而新凤楼藏《太上灵宝净明宗教录》称"廿七年若一日焉"，据《访张逍遥记》谓乡民为建逍遥石室，时逍遥居山已二十八年，则当以"二十九年"为是。然徐世溥《寿张逍遥》一诗有序曰："逍遥，北人也，养真乌晶，自乙亥年到，影不出山，结茅、叠石、种树、刈草皆手自经营，无毫发干求于人，而亦未尝缺乏。既名动远近，曾无泰容，不矜贵游，不谈外事，视言黄白吐纳者天渊矣，可谓淡泊坚忍君子人也。甲午六旬，诗以寿之。"② 顺治甲午年（1654），这一年张逍遥六十大寿，此与张逍遥出生于万历乙未年（1595）的记载吻合，徐世溥此诗即为祝寿而作。而"自乙亥年到，影不出山"云云，乙亥年为崇祯八年（1635），则至顺治十八年（1661）有二十六年，若传记

① 江西南昌新凤楼藏清刊本《太上灵宝净明宗教录》卷六，第29页。

② 《瑜墩集》诗下，《四库全书存目丛书》集部二一一，齐鲁书社1996年景印吉林大学图书馆藏康熙舫斋刻本，第126页。

作于是年，恰与“廿七年若一日焉”相符。大抵“九”与“七”形似，在传抄和刻板过程中极易致误，故出现了以上记载互异的情况。

张道遥是朱道朗的授业恩师。朱道朗何时入于张道遥门下，此可于传记推知一二。若张道遥居西山二十九年，且他是顺治十八年仙去，那么，上推二十九年则在明崇祯五年（1632）至西山居住；若居西山二十七年，同理逆推，则他是在明崇祯八年（1635）入山。由此可知，朱道朗最早约在崇祯五年或八年入道。张道遥逝世后，朱道朗离开洪崖，于定山桥故梅仙祠旧址建立青云谱道院，弘扬净明忠孝之义，此可与其师遗言所谓“玄风大振”相呼应。

更为重要的是，《净明宗教录》署称“朱良月、周占月二师鉴定”，则朱道朗尝为该书做过鉴定工作，也就是说，最后的定稿经过了他的审阅和订正，其中付出的努力不言而喻。今检《净明宗教录》，该书卷十末附有朱道朗跋，文曰：

为善若水，盈科而进，从源达流，浩浩乎莫知所止。观其止，如流投隙，是还源之学也。惟恤人之心，滔流无所底止。是故沉溺爱河，一往而忘返，犹之日月困于薄蚀，山川厄于怀襄。至圣忧之，于是运心立教，以众人之心为心，反本而归诸大定，心得所止，而道益光明矣。我都仙真君，演净明宗教，有门庭，有径路，有宫墙数仞。登堂入室者，小大由之，虽风土不同，禀受各异，智愚杂质，而都仙之教，兼容并包，还盈还虚，就曲就伸，不因澎湃泛流，而济之以扬帆历岸，殆将援其可止而止之也。夫道者，衢也；教者，径也。从教获径，见道登衢，亦水盈科之谓也。净明宗教，首明道元洞章、中黄明鉴，分四径以补三才，更洽神气，互为其根，返还招摄，畅丹旨而定九论，又继以灵宝赤文，为飞仙度人宝筏。以上三帙，净明，体也；忠孝，用也。体用惟一，宗教之目也。以至续元合序，齐七政于动静之间；乾惕威仪，传神化于品籍之目。立言立德，今古同心。自千二百年来，南北分灯，千流杂派，授受未清，心心难问。我都仙梯空架高，使后学援级而升，履光践迹，莫不尽其薰修。嗟乎！教者，保合而折义；学者，循流以探源。得其门，因以跻宫墙，登堂奥；将非知止者，未能乐得所止也。夫乐止，定也，慧也，与道为一也。冲之于溥博渊泉，扩之于高明广大，极之于出灵入神。净明之心如是，净明之教，亦如是也。宗教刊成，敬疏其旨，以广其传焉。[①]

此跋可视为朱道朗对净明道的总结，也可视为整书的结语。跋末题为“净明法嗣青云谱全真弟子朱道朗熏沐谨跋”，至此，《太上灵宝净明宗教录》十卷终。从落款可知，朱道朗是以净明法嗣及全真弟子的双重身份自许的，这种宗教背景，为他能以开阔的眼界“兼容并包，还盈还虚，就曲就伸”创造了有利条件，提供了深厚的文化底蕴，同时也很好地解释了净明道青云宗的科仪多有取法全真教的原因。从这个层面上来说，朱道朗对《太上灵宝净明宗教录》的成书起着至关重要的作用。

第二节　青云宗的传承及其科仪

朱道朗创建了青云谱道院，开创了净明续派——青云宗，为净明道的延续和发展做出了不可磨灭的贡献。朱道朗的开创之功不止如此。青云谱之有志，自他始；建立严格的净明戒律，自他始；创建“百字谱系”，自他始。而经他与周占月鉴定的《太上灵宝净明宗教录》收录了系统的净明科仪文本，为青云宗扎根于本土文化、在民间获得广泛的群众基础提供了实现的途径和渠道，至此，青云宗在他手上得以“玄风大振”，信徒遍布。

一、朱道朗的弟子

朱道朗修建青云谱后，延请了马道常等高道入住，名动远近，吸引

① 朱良月、周占月二师鉴定，胡之汶等编纂，陈立立、邹付水整理：《净明宗教录》，江西人民出版社2009年，第293—294页。

了一批同道中人往来谈玄论道，入其门墙者也不在少数。从存世文献来看，可称之为朱道朗弟子的有以下数人：

（一）周德峰

据陈鼎《留溪外传》卷十七《天妃宫道士传》附周德峰传载："周德峰者，字思永，号占月，江西南昌荷湖人。博学工诗文，出仕。明亡，弃官为道士，遍游名山，与徐野鹤（疑为徐野谷）友善，相与为道义交。游广陵，太史许师六承家以师礼事之，皈依者甚众，皆教之忠孝。年七十六，预定死期，端坐而化，葬□金泉之麓。后有友人从武当来，道遇德峰云入终南，乃邮书于其徒云。友人归，始知其仙去也。"[①] 从这条材料可以看出：一、周德峰在明亡之后即弃官为道士；二、周德峰与徐野谷以道论交，交情甚笃；三、周德峰尝居西山天宝洞；四、他在广陵信众很多；五、其宣扬的是净明道忠孝之义；六、周德峰的神异之处在于能预定死期。朱道朗曾居于西山并受学于张逍遥，二者均有学道西山的经历，或此时即已建交，尽管如此，这段记载并不能看出周德峰与青云谱道院、与朱道朗有直接的联系。

又民国《南昌县志》卷四十四据冯景书《明亡九道人事》云："周德峰，原名定修，字思永，一字占月，自称铁汉，布政使者之孙，博学工诗，为诸生。明亡，遇异人谈净明忠孝之道及天元元牝之法，后遇花啸老人，益有悟。遂捐弃妻子，遍游名山，居西山天宝洞。数年，谒玉隆万寿宫，订正《净明宗教录》等书。晚住高安贞元观，年七十六，预卜死期，端坐而逝，葬于金泉之麓。后有所知从武当来，道遇之，云将入终南，乃邮书于其徒。其人归，始知其已化去。"[②] 此文所载与《留溪外传》略有出入，可喜的是增加了不少信息：一是指出了周德峰入道的契机是遇到了异人及花啸老人；二是他曾登玉隆万寿宫之门，订正《净明宗教录》等书；三是他晚年住在高安贞元观；四是其归天后能寄书其

① 《留溪外传》卷十七，《四库全书存目丛书》史部一二二，齐鲁书社 1995 年景印复旦大学图书馆藏康熙三十七年自刻本，第 798 下—799 页上。

② 《南昌县志》卷四十四，《中国方志丛书》华中地方第 103 号，台北，成文出版社 1970 年景印民国铅印本，第 1264 页。

徒。如前所言，朱道朗亦订正过《净明宗教录》，二人应共事过。

另同治《高安县志》卷二十六亦有周德峰传，载曰："周德峰，贞元观道人，南昌宦家子，少补弟子员，崇正末隐于僧，慕净明教，改修道。才敏工书，得导引术，脐上可热饼，临死谓其徒曰：某年某日吾将从孝悌明王游矣。至期，窗开如爆竹声而绝。"[①] 这段记载相对简略，增加了周德峰曾出家为僧的经历，但慕净明教这一点一以贯之。又《逍遥山玉隆万寿宫志》卷十三亦有传，其传曰："周先生名德峰，字思永，别号占月，又自称铁汉。南昌宦族，祖、父俱由乡荐起家，所在多惠政，积书万卷以贻后昆。师幼而徇齐，长而敦敏，四书六经、诸子百家、天文地理、佛老之书无不研究通贯。善属文，尤工诗，书法兼善真行篆隶之长，图章墨妙、操缦手谈无不殚精拔俗。髫龄游泮，十七廪于庠。弱冠遇异人于城市，谈净明忠孝之道及天元玄牝之妙，超然感悟。中年过花啸老人家，机锋相对，道念弥坚，遂弃妻子，游历名山访真。师外修内炼，静习玄功，密居西山天宝洞。数年，参悟微义，洒然有得。徐师野谷企而慕之，同结圜于青云谱……"[②] 同样，该宫志记载了周德峰密居西山天宝洞的史实，然是否有授业恩师、从学于谁并没有交代。不过后来与徐野谷结伴到青云谱居住这点则有明文记载。按徐野谷即徐守城，《逍遥山万寿宫志》卷十三有传，据载，顺治十年（1653）弃家居天宝洞，从孔玄微受道，曾游浮云宫数年，后与周占月同住青云谱，康熙二年（1663）往逍遥靖庐居住。则关于徐野谷的记载可与《逍遥山玉隆万寿宫志》所载周德峰传相互印证。

关于周德峰与朱道朗的关系，周德峰尝有诗三首，其一云：

> 黍居成德辟洪基，口口相传友即师。
> 午运再兴吾道日，秋旻正熟大还时。

---

① 《高安县志》卷二十六，《中国地方志集成》江西府县志辑三十八，江苏古籍出版社 1996 年景印同治刊本，第 790 页上。

② 光绪四年刊本《逍遥山万寿宫志》，第 557 页。

云中青鸟传金钥，壶内丹霞泛玉卮。
记得群真逢宴贺，天音细听尽新诗。[①]

“黍居”云云，据沈兆奎《序述》，“谒朱大师于黍居”，知为朱道朗在青云谱的居所。另据《青云谱志略》“殿宇”篇，“黍居，即方丈”。如此，“黍居成德辟洪基”即是说朱道朗在青云谱开宗立派，功德无量；“口口相传友即师”即是说二人亦师亦友，暗含早就相熟之意，则“师”之一说，当在周德峰入青云谱之后。周德峰另有诗云：“具瞻云谱望宫墙，授受真师出豫章。万脉源归宗道统，千秋名起选仙场。长庚炳炳辉重耀，古柏青青翠愈香。试拂冰弦弹碧玉，满空白鹤舞霓震。”[②]“真师”云云，当是对朱道朗而言。可见，周德峰入住青云谱，是为求得真师、归宗道统而来。入住青云谱期间，周德峰如鱼入海，为朱道朗的高深道法所折服，有诗为证：

信得蓬莱果在兹，梅仙旧隐足遐思。
长当皓月中天住，早见尊星北斗移。
碧海高源连碧汉，仙厨异味植仙芝。
寒岩久蓄先春蕊，承向芳荃展一旗。

综上，周德峰在青云谱道院期间受业于朱道朗，从其研习道法，收获良多，这为他后来成为净明派一代大师打下了坚实的基础。

（二）沈兆奎

沈兆奎，浙西（今浙江嘉兴）人，客居豫章，尝为江西德兴令，法名弘慈，生平事迹不详。《青云谱志略》录入他的一篇《序述》，其文后署曰“折西[③]弟子沈兆奎法名弘慈谷氏书于啸读山房”，又郑弘果《语略

① 《青云谱志略》，第59页。

② 《青云谱志略》，第59页。查北图本、江图本和民国版《江西青云谱志》本，皆为“震”。但是，根据前后文意及古体诗押韵规律来看，似应为“裳”字。

③ “折西”当作“浙西”。

附记》称“予同涞源沈公，先后师事良月朱先生”，则沈兆奎或为河北涞源人。《青云谱志略》称：

> 癸丑春，客豫章。同睢阳李襄水赴昆陵杨陶云之招。酒未半酣，襄水鼓掌谈去城十五里，有青云谱者，颇甲诸观。订次日偕往已而。慈病日甚，未果去。后读陶云、襄水诸咏，使人有凌云气，怅然于不与三山之游也。未几，有临汝、巴丘、浔阳之行，不遑往登涉，想追抵章门，岁暮冀春初，游所谓青云谱胜地而卒愿也。甲寅春，客路尤滞，讵遑理北固之棹。同燕山聂沛然、南州熊友篁夜读杨陶云游青云谱记，云良月大师对之静气可亲，令人置身小蓬莱等语，志往焉，而期乃定。次日买舟偕行，仰观西岭，下瞰章流，云树逶迤，不觉其十五里也。舟抵岸，步数里许。土人指前松阴东南即观，云至其处，前有洗心亭，犹昔之三笑亭也。亭之旁，浮云与沼水上下晴光潋射。入殿内，则殿宇另具阖辟气象。……因而谒朱大师于黍居，慈不觉内适外和，若相感以天，不知其然而然者久之。……是年之秋，心切皈依。遂于良月大师处领太上之蕴，而大师则固境出匡庐之境，而人为玉隆之人者也。大师洞庚生甲满之微，讲形神妙合之旨，而尤以净明忠孝之教为本。忆许祖为吾道宗，当出而出，当处而处。其出处之大旨，不外乎此。故其经亦以是名，始知仙有二境，而别无异道。大师之体之，已共诸人，宜乎？舍此莫由也。[①]

由叙述可知，沈兆奎客居豫章的时候，早就听闻过青云谱的盛名，只是因家慈病目而没有成行。后来读到杨大鹏陶云氏所作《青云道院游记》，遂偕友朋三四人同游青云谱，并拜访朱道朗于黍居，为其道法之精妙、为人之可亲所折服，乃生皈依之心。沈兆奎尝有诗作歌咏青云谱之景，其诗云：

---

① 见康熙二十年刊本《青云谱志略》。

控鹤群游望里凭，苍烟动处影层层。

总教散入琼楼去，宜雨宜晴尽未然。[①]

此诗大抵作于初游青云谱之时，其后亦收录了同游友朋如聂沛然、熊友篁等人的诗作。沈兆奎另有诗作抒发林下之趣的："浩气从来那为名，林泉更觉一身轻。人无孺子堪同好，客有青莲不负盟。逝去逍遥天外侣，生前笑傲汉家氓。须眉怎向波光老，敢蹑青云到玉京。"[②]沈兆奎皈依道门之后，从朱道朗受学，其文谓"吾师出处之妙，与许祖一辙"，在他眼中，朱道朗是深得净明真谛的。

（三）郑弘果

郑弘果，字象五，安徽鸠兹人。《青云谱志略》收录其《语略附记》，文后署名为"鸠兹弟子郑弘果象五子谨识"。郑弘果师事朱道朗在沈兆奎之后。沈兆奎《序述》云："先是，芜阴郑象五曾迎大师至其地，宣性命之学，亦以云水旧踪，宜出以广教也。"[③]则郑弘果在拜入朱道朗门墙之前，曾延请他到安徽讲学，宣扬净明道义。后入青云谱，受学于朱道朗。郑弘果在其《语略附记》中说：

记录之役，弟子职之。孔子有"小子听之"之呼，正记之命也。予同涞源沈公，先后师事良月朱先生。沈公三年侍侧无间，予则慈氏鹤发，齿指心动二十年，中往还跽教，而合计之，似有三年居谱之岁月。其奉指示于晨夕者，或同云水高人各鸣所学而隐于人者，或抒心得，可质诸天地鬼神，而与孺子以共证者，净明之旨，实昭昭于千百余年后，而师出豫章也乎。语凡则记于崃源沈公者半，予记之以付剞劂氏者亦半。先生止之曰："吾述也，虑不足启哲士之讨求，奚可梓也。"予拜手进曰："先生德弥盛，礼甚恭，易之谓矣。然太上三立垂训，勿谓立言，最后稽诸在位者，多立德而

① 见康熙二十年刊本《青云谱志略》。

② 见康熙二十年刊本《青云谱志略》。

③ 见康熙二十年刊本《青云谱志略》。

立言以明济世之道，可征于后世也。诸隐君子者，畅言探迹索隐之务，存神养气之理，以辅典坟，以度迷妄，如一灯可分千火，千火之光可敌皎日。人无昏夜之忧，非德乎？道无中晦之惧，非功乎？功德非立于言乎？所以吾师之言录之梓之，维亟诸门向予谓，善言三立之旨。”而沈公又曰：“吾所记录，已书绅矣。”其公于天下后世，以绍净明宗教诸集，并记吾两人弟子之职攸在。[①]

郑弘果早已心慕蓬莱，然老母年事已高，遂往还两地，间向朱良月求教。如其所言，他在青云谱待的时间，合计起来也有三年之久。与沈兆奎常住谱中、随侍左右不同，郑弘果并没有弃家入道，因此，他与朱道朗虽有师徒之实，却并非方外之人。

如其《语略附记》所述，郑弘果在青云谱修道期间，经常将朱道朗发明经旨、剖析净明道义的言论记录下来，并将其中一半的语录整理出来，付梓刊行。郑氏认为，将恩师的良言金句刊布发行，这是身为弟子所应有的觉悟，也是为了立功德于后世，让后学者学有所本，拨开虚妄，指明方向。

（四）陈德航

陈德航，安徽新安人。陈德航从学于朱道朗之事，在其《青云志略跋》中有明文记载：

予常游豫章，快瞻都仙宫阙于郭内，铁柱见于井中，其柱帖云：“八索纵横维地脉，一泓消长定江流。”盖应天卫人之旨，而歼蛟之志尚炽，然于千百年后也。有云：“其拔宅飞升处，手植柏株，苍劲亦如铁柱之不凋焉。”夫木不凋而金不磷，似天地崇都仙之德于无斁，而都仙之道有续。其统者，则人为都仙后身而教益垂矣。洪都人士闻予向慕宗教曰：“子欲闻其教乎？而其人复起于城南十五里中，曰定山青云谱。毋徒对铁柱怀古柏兴嗟叹乎！”未见

① 见康熙二十年刊本《青云谱志略》。

其人也，于是身陟其地，面觌其人，心酣其教。凡弟子若愚辈左右周旋者，谨行凛匭，皆静穆如三代人物。似于晋之尚清谈特异，乃伏裾师事先生。先生曰："黄冠家风，惟立行立德，以为修持根本。打坐参玄乃学人余力也。故吾侣吾徒从耕田整井中读易，课行无负。白云紫霞之照我庐，裊我裾耳。"予曰："先生此言，自道也，即诏我也。曷请披悉，至道如钓，深致远之义，以告奕祀乎。"先生曰："主臣有净明宗教在，惟鸿文佳句，为吾谱中扬揭松风，啸挹川阜者，集成一帙，曰《青云谱志略》。子其览之，有以知吾行，且共识遐迩诸公诸君之德也。"因拜授梓，向后同仁景企先生，能阐绎都仙之教，不仅拔去之宫墙在望，即云中之提咨得共闻也矣。

辛丑仲夏新安弟子陈德航熏沐谨跋[①]

文章反映了朱道朗重视德行轻言论、重行为实践的倾向。在陈德航看来，这种与魏晋清谈大异的做派恰是他师事朱道朗的原因。而《青云谱志略》的刊行，既是为了扬净明宗教之义、识诸公诸君之德的重要途径，也是陈德航欣然答应将此书付梓出版的原因。

（五）宋程六

由延寿居士订正、徐云岩重刊本民国九年版《江西青云谱志》"人物"篇记曰："宋程六，新建吴城镇人，皈依良月者也。于康熙三十年置石马之西挂榜丘与吴墩之业。三十二年，又买民田三亩，以捐助。"则宋程六虽皈依道门，拜朱良月为师，且慷慨捐助过土地给青云谱，但依然只是在家修行，并未遁入道门。

二、青云宗的"百字谱系"

现今记载在册的青云谱净明派传承谱脉络分明，体系严整。据北京白云观的文献记载，净明道自清代以来，就是按照朱良月手定的"百字铭"来排辈分，具体则是指："道德宏清净，法源广大成，东汉有章敬，功果葆忠贞，守本高无量，昭明自古今，含元始抱一，长合圣贤

① 康熙二十年刊本《青云谱志略》。

心，业复宗前哲，基兴裕远程，返还修日茂，造就体恒新，至理通天地，微言悟典型，精神参化育，训诲著遗盟，达立原和厚，栽培定畅荣，启成千百代，后世永齐英。”[1] 而从江西南昌青云派的实际传承情况来看，除第十五代为“教”字辈、第二十代为“真”字辈与白云观所记“敬”“贞”不同，其他均遵守了“百字铭”的排行顺序，其传承体系如下：

第一代祖师“道”字辈：朱道朗、朱道明、马道常；

第二代传人“德”字辈：周德锋、胡德周、张德维、朱德沁、陈德航；

第三代传人“弘”字辈：胡弘道、周弘谦；

第四代传人“清”字辈：彭清源；

第五代传人“静”字辈：（未详待考）；

第六代传人“法”字辈：（未详待考）；

第七代传人“源”字辈：（未详待考）；

第八代传人“广”字辈：徐广达；

第九代传人“大”字辈：刘大志；

第十代传人“成”字辈：（未详待考）；

十一代传人“东”字辈：熊东育；

十二代传人“汉”字辈：欧阳汉文；

十三代传人“有”字辈：（未详待考）；

十四代传人“章”安辈：（未详待考）；

十五代传人“教”字辈：郭教仪；

十六代传人“功”字辈：余功慈；

十七代传人“果”字辈：刘果洪、谭果松；

十八代传人“保”字辈：郭保基；

十九代传人“忠”字辈：汪忠信、徐忠庆；

① 朱良月、周占月二师鉴定，胡之玟等编纂，陈立立、邹富水等整理：《净明宗教录》“点校前言”。江西人民出版社 2009 年版，第 4 页。

二十代传人“真”字辈：王真祥；

二十一代传人“守”字辈：韩守松、胡守梅、杨守孝；

二十二代传人“本”字辈：刘本玄、王本威、季本应、揭本观。

白云观抄本《诸真宗派总簿》第四十九载：许真君净明派的行辈字谱是“天德高无量，照明自古今。玄元闻见处，总合圣贤心。道德宏清净，法源广大成，东汉有章教，功果保忠祯”，将净明派与净明续派（青云派）的行字谱合在了一起；《道统源流》则分录净明派字谱为“天德高无量，照明自古今，道元开处见，总合圣贤心”，净明续派（青云派）字谱为“道德宏清静，法源广大成，东汉有章教，功果葆忠道”。又此二种谱字实见于《净明宗教录》卷七及《逍遥山万寿宫志》卷十所载许逊《劝戒诗》八章，其首章作“天德高无量，昭昭自古今，到无闻见处，吻合圣贤心”，第五章作“道德弘清净，法源广大成。东汉有章教，功果实忠贞”。可见，青云谱净明派基本遵守了该派的行字谱，与许真君净明派判然有别。

第十五章 清代江西道教地方仙真信仰

江西道教的地方仙真信仰是江西道教地方神信仰中的重要组成部分，带有鲜明的江西道教地方特色。仙真信仰是道教信仰的一种表现形式，表现为对神仙与真人的崇拜。道教的仙真信仰具有通俗化的特点，很容易为普通百姓所接受，故亦具有民间化的特色。清朝道教在朝廷中的地位有所降低，统治者对道教的防患日趋严密，道教的发展重心转向民间，故而民间化特色的仙真信仰在地方社会依然得到较好的承传与发展。清朝江西的道教仙真信仰在同时代的全国的仙真信仰中占有重要的一席之位，形成了本土风格独特的仙真信仰体系。

区域性仙真信仰的影响范围一般不大，小的仅限于一县，大的在两县或相邻的数县之间。区域性的仙真信仰是最具地方特色的道教信仰，因为它属于“只此一家，别无分店”的性质。作为中国的道教信仰大省，江西的地方仙真信仰不仅有影响全省的许真君信仰、梅福信仰、二葛信仰，还有较大区域的仙真信仰，如浮丘王郭三仙信仰、女仙真信仰，更有区域范围较小的仙真信仰，如李八百信仰、谢仲初信仰、匡仙信仰、丁王二仙信仰、徐仙信仰、邓表信仰、张丽英信仰、丁秀英信仰、吴彩鸾信仰等等。清代江西道教地方仙真信仰可根据仙真的性别分为两大系列，即男性仙真信仰与女性仙真信仰。

第一节　男性仙真信仰

仙真是仙真信仰的主体。修道修仙尽管不分男女，然历史文献记载修成仙道的多为男性仙真。男性仙真是道教仙真的主流，江西道教仙真情况亦概莫能外。江西道教男性仙真从先秦的洪崖先生始，到秦汉时期的玉笥十真、梅福、王表仙人、栾巴，魏晋南北朝的“西山十二真”、浮丘王郭三仙、董奉真人、仙人王子瑶、仙人王长史、丁王二仙、苏耽仙人、汤周二仙、邓表真人、敖真人、赖仙人、白水真人吴丹、黄太古、杜昙永真人、钱文咏真人、萧子云真人、罗文通真人、范登云真人，再到隋唐时期的胡万二真人、邓紫阳真人、刘混成、匡王二仙、吴世云真人、叶真君，宋元的王文卿、杨仙师、祝仙，明清的周颠仙等。其中以魏晋南北朝时期的仙真人数最多。这些不同时代的仙真，都成为清代江西仙真信仰的对象。

一、浮丘、王、郭三仙信仰

之所以把浮丘、王、郭三仙信仰合并在一起，因为传说中他们属于师徒关系，浮丘是王、郭二仙的师父，江西方志所记载的民间信仰中，经常把他们合称为“三仙”，江西各地有不少祀奉“三仙”的坛庙。

历史上对浮丘的信仰在江南比较盛行，湖南有以浮丘命名的道教名山，安徽歙县亦有浮丘古坛。而相比较而言，江西的浮丘信仰更盛，特色更为鲜明，大量的“三仙祠”“二仙坛”分布于江西的群山峻岭间，江西的浮丘信仰与王、郭二仙信仰往往联系紧密。梳理清朝康熙、光绪编纂的《江西通志》相关内容，关于浮丘、王、郭三仙的信仰内容十分丰富，仅次于许真君信仰，与葛仙翁信仰、梅福信仰不相上下。

（一）专祀浮丘、王、郭三仙的宫观

作为江西道教的地方神灵，清代江西境内专祀浮丘与王褒、郭似的

宫观有10余所，以下是根据清末编修的光绪版《江西通志》所做的统计：

浮云宫，在奉新县浮云山，唐开元二十五年赐额浮云观，元至正间改为宫，有浮丘石室、李八百洞及剑池、丹井。[①]

荷山，在高安县南二十五里，其前为琴岭池，有红莲，故名。昔仙人王子乔驾白象来游，象化为石，名曰象石山。巅有丁王二仙坛，下有栖霞观、黄金城、小浮邱。

逍遥观，在南昌县三十六都，旧名龙泉观，唐乾元间建，宋治平四年更今额。相传为王郭二真人憩息处。

逍遥观，在安仁县长城乡招仙山，旧名黄婆店，世传东晋有黄婆市酒。王郭二仙于此经过，名招仙山。宣和间赐今额。

朝仙观，在庐陵县香城山。相传浮丘公与弟子王郭二真人见此。

迎仙观，在泰和县茶邨，王郭二真人炼丹处，隋仁寿四年建，明洪武二十二年重修。

昭清观，在崇仁县东二里，旧名游仙。二观俱晋王郭常游处。元吴澄记。

开元观，在崇仁县恭华山，初浮邱王郭三仙之祠，唐开元赐额，明洪武间吴用高与其子问学，相继修葺。

华盖山，在崇仁县南一百里，一名宝盖山，……唐颜真卿于山得隋开皇五年坏碑，言晋王郭二仙自玉笥经麻姑、军峰、西华等山，最后过此，喜而留焉，适浮邱公至；元康二年壬子，乘鸾升去。上有三仙观、上升坛……

临仙山，在临川县南十五里，上有集仙观，王郭二仙尝至此。

一在乐安县四十里玉庭观，乃王郭二仙炼丹所。[②]

---

① （清）于成龙纂修：康熙二十二年《江西通志》卷二十五，“寺观”，第44页。

② （清）刘坤一等纂修：光绪七年刻本《江西通志》卷五十九，“山川略”之“川”，第7—45页。

上述11则关于浮丘、王、郭三仙的宫观，仅有1所称宫，其他10所都称观。11所宫观中，专祀浮丘公的仅1所，即奉新的浮云宫；合祀浮丘、王、郭三仙的有3所，剩下7所则是合祀浮丘公弟子王郭二仙。

奉祀浮丘、王、郭三仙的11所宫观所在县级区域分别是高安、奉新、南昌、庐陵、泰和、崇仁、临川、乐安、兴安，其中崇仁县有3所，其他县级区域各1所。按照古代州郡来分析，9个县级区域中属抚州府有3个，即崇仁、临川、乐安；属吉安与南昌府的各2县，即吉安府的泰和、庐陵，南昌府的南昌、奉新；属瑞州府的仅1县，即高安；属于广信府的也是1县，即兴安县。这5个郡除广信府在赣东外，其他4个都在江西的中部，由北而南连成一片。11所宫观中属于抚州府的宫观占了5所，近一半；属于南昌府与吉安府的各占2所；属于瑞州府与广信府的各占1所。

上述11所宫观仅两所记载了在明朝初期进行了修葺，其他的都没有明确记载修葺或重建年代。本着史料出自清末光绪时期，且引文都未明确指明在修史时已经废弃，所以这些宫观在清朝时期应该还保留着。

（二）祀奉浮丘、王、郭三仙的祠坛

江西境内明清时期共祀浮丘王郭三仙的神祠与仙坛比专祀的宫观要多好多。根据清朝编纂的《江西通志》“坛庙”“山川”关于这方面的记载，共摘录出以下内容：

1. 神祠

三应真君殿，旧称三仙祠，在（南丰县）军山绝顶，祀晋三应真君浮邱翁及其徒王褒、郭似。

大和岭，在临川县北五十里；又北十里曰小门岭，与金山相近，有王郭二仙祠。

大富山，在南城县东五里；又东五里有东芙蓉山，连枝叠瓣，秀若芙蓉，上有三仙祠，祈祷多应。

红屏石，在南城县西五里，旧名赤面，其石高百仞，赤色，建之印山也，上有三仙祠，灵响特著，又名灵宝山。

中华山，在广昌县东二十里亭，亭孤峙，上有浮邱公王郭真君祠。

花尖岭，在东乡县南七都，两岸大小相对，曰大花尖、小花尖。相近有金峰岭，视诸峰尤高大，上有三仙祠，民祀之以御蝗蝻。[①]

上述6则引文全部出自光绪版《江西通志》。祀奉浮丘王郭三仙的神祠有6所，神祠分别分布于南丰、南城、广昌、临川、东乡5个县级区域，其中南城占有2所。这5个县级区域属于赣东建昌府的有2个（南丰与南城），属于广信府的1个（广昌），属于抚州府的2个（临川、东乡）。祀奉浮丘王郭的6所神祠，其中合奉浮丘王郭的“三仙祠”有5所，剩下1所“二仙祠”供奉王郭二仙。

2. 仙坛

感应山，在崇仁县东五十五里，上立仙坛祠王郭二仙，水旱疫疾，祷之辄应。

琉璃山，在新喻县北六十里，蒙山之右，有雷坛，祠浮丘王郭三仙坛。

天华山，在（吉安）府城西六里许，山自安成发脉……世传王郭二仙游焉，上建仙坛。[②]

麻山，在进贤县南二十里，上有麻姑坛，豫章记，晋王郭二仙憩息之地，后包真人于此升举，有龙井，祷雨辄应。

仙坛峰，在进贤县东七十里，上有三仙坛，岁旱祷辄应。

湓山，在新淦县东六十余里，一名玉华峰，又称湓峰，高十里，环十二峰，有紫元洞，上有王郭浮邱三仙坛。

般若岩，在吉水县东南九里……又县东桑洞山下有仙女岩，元

① （清）刘坤一等纂修：光绪七年刻本《江西通志》卷五十二，“山川略”之“山”，第4—40页。

② （清）于成龙纂修：康熙二十二年《江西通志》卷七“山川”，第2—13页。

大德三年立王郭浮邱三仙坛，祷雨辄应。

中华山，在吉水县二十里，众山环拥，一峰秀出如悬钟，有浮邱王郭三仙坛，祷雨辄应。

西华山，在永丰县西五里，形类覆钟，有浮邱王郭三仙殿，岁旱应祷。

仙桂峰，在临川县西北三十里，后有雷坛，山乘，相传浮邱仙祷雨，以桂竹插石罅中，有观曰会仙，人多祈梦，闻桂香者则吉。

云集岩，在乐安县南五十里，高数百丈，周二十里，其顶有浮邱坛石、会仙峰。

厥冈山，在南丰县四十五里，……又五里为紫云山……又北定尖山，上有翠云峰、浮邱仙坛。①

上述 12 则引文仅有 3 则来自清前期康熙版《江西通志》，其他 9 则全出自清末光绪版《江西通志》。祀奉浮丘王郭三仙的仙坛有 12 处，分别分布于进贤、新淦、新喻、吉安（庐陵）、吉水、永丰、崇仁、临川、乐安、南丰 10 个县级区域，其中进贤与吉水各有 2 处，其他 8 个县级区域各 1 处。这 10 个县级区域，新淦与新喻属于临江府，庐陵、吉水、永丰属于吉安府，临川、崇仁、乐安属于抚州府，南丰属于建昌府，进贤属于南昌府，以属于吉安府与抚州府的县级区域最多。

祀奉浮丘王郭三仙的 12 处仙坛，单祀浮丘的有 3 处，即临川桂仙峰的雷坛、乐安云集岩的浮邱坛、南丰厥冈山的浮邱仙坛；合祀王郭二仙的有 3 处，即崇仁感应山的仙坛、吉安天华山的仙坛与进贤麻山的麻姑坛；剩下 6 处即是合祀浮丘王郭三仙的“三仙坛”。

（三）与浮丘、王、郭相关的遗迹

根据清朝编纂的《江西通志》“山川”的梳理，江西境内与浮丘、王、郭相关的遗迹有以下 12 处，引述如下：

① （清）刘坤一等纂修：光绪七年刻本《江西通志》卷五十三，“山川略”之“山”，第 6—37 页。

虎迹石，在崇仁县西南四十里，昔王郭二仙跨虎憩其上，遗迹尚存。[①]

投龙洞，在奉新县南四十里，旧名浮邱石室，乃浮邱公游息处。唐明皇于此投金龙，因名。昭宗时里人费琯得金简玉环简，重四斤二十两，上有镂文八十字。宋大中祥符二年遣使复投金龙于此。

玉华峰，在新淦县北三十五里，俗呼北雷峰，相对者为著棋峰，或云王郭二仙弈处。

巘山，在永丰县北十五里，五峰森列，相传浮邱王郭三仙尝过此，上有凌空阁、寓仙馆、注生堂、文昌祠。明崇祯间阔注生堂为长春殿。

朝真山，在崇仁县南十五里，相传王郭二仙游此，相近为玉华山。

鲤石，在崇仁县南十五里，相传琴高先生于此修炼，所乘之鲤化而为石；又县西南四十里，有虎迹石，相传王郭二仙尝跨虎憩其上。

紫元洞，在崇仁县南华盖山，相传浮邱王郭三仙隐此山，有石屏、石屋、石棋局。

仙岩，在宜黄县北五里，昔王郭二仙尝问道寓此地，有朝真石、拂霓洞遗迹。

雪华峰，在乐安县南四十里，……又南二十里为仙女峰，相传王郭二仙飞升时，有侍女执旛其上。

金华山，在乐安县北四十里，形如覆瓢，昔王郭二仙登此，谓绝似婺州金华。

杨公山，在南城县南十里；县西五里有仙山，绝顶祠王郭二仙。

桃源洞，在南丰县西南五十里狂风障上，或称桃花洞。昔传王郭二仙夤夜堆结为就，闻鸡声而罢去，至今垒石欲堕不坠。[②]

① （清）于成龙纂修：康熙二十二年《江西通志》卷七“山川”，第5页。

② （清）刘坤一等纂修：光绪七年刻本《江西通志》卷五十三“山川略”之“山”，第4—43页。

上述12则引文，仅有1则出自康熙版《江西通志》，其他11处全出自清末光绪版《江西通志》。与浮丘王郭信仰相关的12处遗迹，分别分布于奉新、新淦、永丰、崇仁、宜黄、乐安、南城、南丰8个县级区域，其中崇仁的遗迹有4处，乐安2处，其他6县皆为1处。此8个县级区域，崇仁、乐安、宜黄属于抚州，南城与南丰属于建昌府，永丰、新淦、奉新分别属于吉安府、临江府与南昌府。12处浮丘王郭三仙遗迹中，抚州府范围共有7处，占了12处遗迹的一半以上；建昌府范围有2处，吉安府、临江府与南昌府各1处。

与浮丘王郭三仙相关的遗迹中，与王郭二仙相关的共9处，与浮丘公相关的仅1处，其他2处与浮丘王郭三仙相关。

综上所述，清朝时期江西境内保留有专祀浮丘王郭信仰的道教宫观有11所，与浮丘王郭道教信仰密切相关的神祠6所，与对浮邱王郭道教仙人信仰相关的民间仙坛共有12处，与浮丘王郭仙人道教活动相关的遗迹共12处，处所相加总数达到41处或所。江西境内与浮丘王郭相关的民间信仰分布在高安、奉新、南昌、庐陵、泰和、崇仁、临川、乐安、南丰、南城、广昌、进贤、新淦、新喻、吉水、永丰、宜黄、东乡、兴安共19个县级区域。这19个县级区域分属瑞州、南昌、吉安、抚州、建昌、临江、广信等7个州府，都是江西中部与东部的州府。这些州府与县级行政区域是江西境内浮丘王郭信仰的主要分布区域。由此可见，江西境内的浮丘王郭信仰主要分布在江西中部与东部，在江西南部、北部、西部几乎很少发现浮丘王郭信仰。按县级行政区域分析，拥有浮丘王郭信仰的处或所数量情况是：崇仁县8，乐安4，临川3，南城3，南丰3，吉水2，庐陵2，永丰2，进贤2，奉新2，新淦2，东乡1，高安1，泰和1，南昌1，新喻1，宜黄1，广昌1，兴安1。按照州府区域分析，拥有浮丘王郭信仰的处或所数量情况是：抚州17，吉安7，建昌7，南昌5，临川3，瑞州1，广信1。由统计数据可以看出，抚州是浮丘王郭信仰的中心，其信仰由抚州向东西北的建昌、吉安、南昌辐射，旁及附近的临江与瑞州。崇仁县应该是江西浮丘王郭信仰的发源地，与唐颜真卿于隋开皇五年在华盖山获得的残碑记载相吻合，其碑“言晋王郭二仙自玉笥经麻姑、军峰、西华等山，最后过此，喜而留焉，适浮邱公至。元康二年壬子，乘鸾升去。上有三仙观、上升坛”[1]。奉新的浮云山则是浮丘公信仰的先声，浮丘公先在奉新浮云山及八百洞天修炼，然后南下到崇仁华盖山收王郭为徒，从而正式形成江西境内独特的“三仙信仰”或“二仙信仰”。三仙信仰或二仙信仰是浮丘王郭信仰的主要表现形式。

二、李八百仙人信仰与敖真人信仰

瑞州地处赣中偏西北，东与北比邻南昌府，西紧挨袁州，南靠近临江，直辖高安、上高与新昌三县。瑞州的男性仙真最知名的除了梅福仙人外，还有李八百仙人与敖真人。

（一）李八百仙人信仰

李八百信仰是江西一个比较区域化的道教信仰。李八百属于道教中的神仙，是中国民间道教信仰的蜀中八仙之一，因为世寿八百或日行八百里而称李八百。李八百来自四川。关于他的身世，只知其姓李，名则有多种说法，或曰宽，或曰脱，或曰阿，或曰真，或曰洞宾，莫衷一是。对于他生活的时代，或曰汉，或曰三国，或曰唐，亦不可考稽。江西的李八百信仰主要分布于江西中部瑞州府的高安与南昌府的奉新，关于李八百的信仰遗迹基本上都集中于这两县。依据清朝编纂的《江西通志》“山川”“胜迹”，梳理出以下关于李八百信仰的相关记载：

> 葫芦井，在（瑞州）府城西三里逍遥山，世传李八百用剑画成葫芦形……[2]
>
> 丹井，有五，一在（瑞州）府廨后圃，仙人李八百炼丹之所；……
>
> 玉井亭，筠州郡圃有丹井，一区名玉井，有玉井亭，俗传李八百穿七井，象北极，此其一也。

---

① （清）刘坤一等纂修：光绪七年刻本《江西通志》卷五十二，“山川略”之“山”，第31页。

② （清）于成龙纂修：康熙二十二年《江西通志》卷七“山川”，第30页。

栖真堂，在（瑞州）府治，相传为李仙故居，中有遗像，后改为栖真亭。

磨剑池，在（瑞州）府廨后圃，相传仙人李八百淬剑于此中，产白莲。

迷仙洞，在（瑞州）府廨后，即碧落洞，又名李八百洞，闭塞不可入。

逍遥山，在（瑞州）府城西门外，唐元和十年徙元阳观于其上，宋改为妙真宫，有仙人李八百葫芦井及炼丹台。

浮云宫，在奉新县西华林山，有浮邱石室及李八百洞，又有剑池丹井。

李八百洞，在奉新县南三十里浮云宫西，洞口甚隘，但可侧肩而入……相传异人李真隐此，自称八百岁。高安亦有李八百洞，与此相通。唐开元初孙天师智谅于此藏道书，又名孙天师石室。①

上述9则引文，除了瑞州府廨后的葫芦井引自康熙版《江西通志》外，其他8则引文都引自清末光绪版的《江西通志》。引文中有2则叙述奉新境内与李八百信仰相关的遗迹，其他7则引文都是叙述高安境内与李八百信仰相关的遗迹。与李八百信仰相关的遗迹包括丹井、葫芦井、玉井亭、栖真堂、磨剑池、元阳观（后改称妙真宫）、浮云宫、李八百洞等内容，这些遗迹都与李八百的修炼有关。专祀与兼祀的宫观有二：浮云宫祀奉的浮丘公与李八百，妙真宫专祀李八百。

李八百洞在瑞州西北的华林山，其山乃高安与奉新两县之界山，李八百洞地跨高安与奉新，故而有说高安境内的李八百洞，也有说奉新境内的李八百洞。此外，高安除了华林山有李八百洞外，在瑞州府廨后有碧落洞（或称迷仙洞），也称李八百洞。由此可见，奉新、高安二县其实有两处称李八百的洞穴。

① （清）刘坤一等纂修：光绪七年刻本《江西通志》卷五十，“山川略”之“山”，第1—35页。

（二）敖真人信仰

敖真人生活于晋，修炼于瑞州府的上高与新昌境内。清末光绪版《江西通志》与同治《瑞州府志》“山川”“寺观”有以下记载：

> 冲真观，在（上高）县北一里，旧名敖真观，晋敖真人修炼处，旧真观宋治平元年赐额。
>
> 邓敖二仙洞，在（上高）县西四十里，相传邓敖二真人于此修炼，因名。[①]
>
> 敖仙观，在新昌县十三都步虚桥之西，相传敖真君修炼处，有丹灶、剑石、石坛仙迹。
>
> 敖岭，在上高县北三里，一名敖山，相传晋敖真人得道之所，上有磨剑石，炼丹灶。[②]

上述4则引文中，有关于敖仙观、冲真观、邓敖二仙洞及敖仙岭的记载。敖仙观在新昌县十三都，根据康熙版《江西通志》“寺观”，“敖仙观，在新昌县东一十里。”[③]敖岭在上高县城北三里，邓敖二仙洞在上高县西四十里，都在上高境内，但相距甚远。

三、谢仲初仙人信仰与邓表真人信仰

袁州在赣西偏北，属于湘赣之间的边境州郡。它东近临江，北为瑞州与南昌，西则为湖南，直辖宜春、分宜、萍乡与万载共4县。袁州的仙真都属于男性仙真，包括黄皮二仙、汤周二仙、谢仲初仙人、谢通道真人、邓表仙人、徐仙、武功仙人、黄太古仙人、杨孝仙、陈大仙，其中在地方志中较为知名的当属谢仲初仙人与邓表真人。

（一）谢仲初仙人信仰

谢仲初，为两晋时期仙人。据《列仙全传》，谢仲初为两晋仙人，

---

① （清）黄廷金修：同治十二年《瑞州府志》卷一，“山川”，第24—32页。

② （清）刘坤一等纂修：光绪七年刻本《江西通志》卷五十，“山川略”之“山”，第10—28页。

③ （清）于成龙纂修：康熙二十二年《江西通志》卷二十五，“寺观”，第56页。

万载人氏，修炼于清江阁皂山，道成回万载，恰逢万载县西干旱，于是以剑划地，地涌甘泉；渡万载县蜀江，不假舟楫，竹叶飞渡。如今万载县城西犹保留有竹渡的地名。清代编修《江西通志》关于谢仙的记载比较多，仅胪列于下：

灵应观，在万载县北谢山，谢仲初飞升处，山侧旧有福昌院。道士周与龄以仙迹奏，诏改今名。明宣德十年重建。

（万载）县西二百五十步有卓剑泉，在广报观右，世传谢仙以剑刺地泉涌出，旧有亭，今废。

真君井，在万载县城西厢外二百步，相传谢仙经此就妪求水，妪辞水远难致，谢指其地曰：凿此可得水。后过验。

谢君岭，在上高县西一百里，亦名大乌尖，高数百仞，相传谢仲初于此得道。

紫盖山，在万载县西北十五里，山势崇耸，屹若车盖。旧名云盖山，或云仙人谢仲初尝游此，有紫云上覆，故名。[①]

谢山，在万载县北七十里。《舆地记》《九域志》《一统志》皆以因宋康乐公谢灵运得名，或云谢仲初修真之所。上有仙坛、丹井、试剑石，遗迹犹存。而《筠志》载，仲初住高安西北山中，亦名谢山，意谢仙到处随以名山。以后谓因灵运得名者非与？有灵应观、刘长者读书堂，今废。

谢山，按方舆记在（瑞州）府城西北八十里，上有奇峰，谢仙君初炼丹之地，丹灶履迹犹存。

谢仙石，在万载县西四十里，一名麻鞋石，上有鞋印，相传为谢仙迹。[②]

① （清）刘坤一等纂修：光绪七年刻本《江西通志》卷五十一，“山川略”之“山”，第6—29页。

② （清）于成龙纂修：康熙二十二年《江西通志》卷七“山川”，第24—37页。

上述8则引文出自康熙版《江西通志》共3则，出自光绪版《江西通志》共5则，两志中对同一遗迹的大致相同记载，只取其较详细的记载。引文涉及谢仲初信仰范围包括万载、上高与高安3个县市，其中涉及万载县的引文6则，涉及高安与上高的各1则，由此观来，谢仲初信仰中心在万载，万载是谢仲初信仰的发源地。引文中涉及谢仲初信仰的宫观有二，即灵应观与广报观，这两个宫观在清朝与民国时期依然还保留，如今万载民间的火居道士还保存有灵应观门下一支。引文中涉及谢仲初修炼遗迹多处，包括真君井、卓剑泉、谢仙石、谢山、紫盖山、谢君岭。其中两处谢山，一处在万载，一处在高安。而根据康熙版《江西通志》编纂者考稽，高安其实有两处谢仲初修炼的足迹，即一处在高安县西八十里，一处在高安县西北山中。在北宋以前，万载县属于古筠州，方志中关于北宋前谢仲初的记载都应该纳入古筠州范围。

（二）邓表真人信仰

邓表，传说中晋道士，古袁州宜春县境内知名度最高的道教修炼者，宜春的名胜古迹“五台”之一的湖冈台因之获名。清朝编纂的康熙版《江西通志》“山川略”中有关于邓表修仙的记载：

> 小仰山，在（袁州）府城南三十里，晋邓表修炼于此，又号邓表峰，上有泉坛石，曰药灶，又名水晶山。宋萧炳诗：“万丈青山插碧天，真人炼药石依然。功成自此飞升去，屈指如今八百年。”
>
> 湖冈山，在（袁州）府南十五里，即湖冈台，晋邓表故宅，山顶有炼丹台、养丹池、朝斗石。[①]

湖冈台本宜春重要的道教创始之地，后来为佛教圣地。清顾岱《湖冈台明教寺碑》载：“昔晋中叶有邓表者，泥涂冠冕，遁迹岩阿，炼心修形，立序仙班，此湖冈台之所由著也。至盛唐，雪峰、存祖、五百头陀、丰、刘、杨、三际圣僧精修于此，易仙境而为佛地也。北宋复有明教嵩

① （清）于成龙纂修：康熙二十二年《江西通志》卷七“山川”，第31—33页。

禅师卓锡焉，宗风丕振，山色重光，于是湖冈之名益彰。至明，益聪禅师讲毗尼于此，摄化迹以归真，窣堵波现在此山。”[1] 从清朝文人的记载可以看出，湖冈台的道教传承时间并不长，但后世文人只要提起湖冈台，都铭记邓表仙人的开创之功。如清朝袁一菁《湖冈台》诗曰："邓仙留旧迹，明月照丹台。”

与邓表真人相关的遗迹还有小仰山，在宜春城南三十里的仙巩，居明月山的主道边。小仰山也称邓表峰，因邓表真人在此修炼成仙而得名。山上有紫云观，据说是后人在邓真人修炼旧址上兴建的。直到如今，此小仰山顶上还保留有两间被称为紫云观的土屋及矗立在土屋前的丹灶。

宜春境内除了紫云观与邓表真人有关外，还有紫微观也与邓表真人有关，据五代时期徐铉撰写的《袁州宜春县重造紫微观碑文》:“宜春县紫微观者，盖有晋邓表真人上升之地。左东山之奇峰，右洪阳之仙洞。”[2] 根据碑文，紫微观应该在宜春东境，靠近分宜的洪阳洞。此外，上高县境内有邓敖二仙洞，敖仙也是晋之修道者，邓仙或许即是邓表。此洞在上高西四十里，与历史上的宜春接壤相通。

四、匡仙信仰及其相关的王子瑶信仰

（一）匡仙信仰

江西号称匡仙者有二：一为九江庐山的匡俗仙人，生活于先秦，庐山亦名匡庐，即以匡俗仙人在此修仙而得名；一为吉安的匡智，生活于唐，常与魏晋仙人王子瑶联系在一起。传说中的匡俗有兄弟七人，结庐修仙于南障山；传说中的匡智修仙，与其兄子大郎同隐于泰和之王山。匡智修仙，亦曾抵达庐山，只是认为庐山属阴山，故而与兄子一同南下隐于泰和与永新之间。

清朝编纂的《江西通志》中关于匡俗仙人的记载并不多："匡君庙，在（德化县）南临驿前，祀匡俗兄弟。”[3]“匡俗墓，在瑞昌归义乡，一名

---

① （清）顾岱：《湖冈台明教寺碑》。

② 《全唐文》卷八八三《袁州宜春县重造紫微观碑文》。

③ （清）刘坤一等纂修：光绪七年刻本《江西通志》卷七十七，“建制略四”之“坛庙五”，第 36 页。

匡裕，裕兄弟七人同修炼道术于庐山。”[①] 与匡俗仙人相关的地方道教信仰的两则引文：一则记载“匡君庙”，在九江府德化县南；一则记载“匡俗墓”，在九江府瑞昌市归义乡。

清朝编纂的《江西通志》中对吉安府匡智仙人记载有多处：

辅顺庙，在（吉安府）永和市，神行匡名和，旧称匡仙，避宋祖讳改为王丹，绍兴间赐额辅顺。俗又称阳仙庙，以明初有欧阳子隐此，后脱化，故也。[②]

崇元观，在泰和县王山洞口，唐上元二年建，观后有王匡二仙上升之所，明洪武三十年重新。

通仙庙，在（泰和县）王山下，祀唐仙人匡智及其兄子大郎。唐天宝间建，宋绍兴间赐额辅顺。

义山，在永新县南二十里……相连为南华山，势如飞凤，相传仙人匡智栖化其中，今有仙坛、瀑布、泉疏、砚洞、仙人垅、仙人床……

清水岩，在泰和县西五十里，其广可容百人，深无底，世传道人入其中，有石燕飞来扑人……又县东王山之半有读书岩，形如瓦瓮，可容二十人，世传匡仙读书处。

王山，在泰和县东八十里，状如卓笔……晋永嘉中王子瑶隐此，故名，亦名子瑶山，又称紫瑶山。唐贞观初匡智与兄子大郎求仙至庐山，过异人，曰：“此阴山也，不如南求阳地。”入此得山，故名匡山。有送龙坛、钓鱼台、驾鹤峰、礼斗坛、炼丹井、衣冠冢、围棋石、读书岩、通仙桥、白莲池、崇元观……[③]

上述6则引文出自康熙版《江西通志》仅1则，其他5则均引自光

① （清）于成龙纂修：康熙二十二年《江西通志》，卷二十四，“丘墓”，第48页。
② （清）于成龙纂修：康熙二十二年《江西通志》卷二十四“祠祭”，第30页。
③ （清）刘坤一等纂修：光绪七年刻本《江西通志》卷五十二，“山川略”之“山”，第7—29页。

绪版《江西通志》。关于吉安府匡仙的引文其实不止上述6则，有些在光绪版与康熙版中重复出现的内容，则仅选择光绪版内容加以引述。

关于匡智仙人的记载，涉及道教宫观的有1所，即崇元观，在泰和东八十里的王山，亦称“匡山”[①]，明洪武初年还进行过重修。引文涉及匡智仙人的神庙有二,一为通仙庙，在泰和县王山下，祀奉匡智及其兄子大郎；一为辅顺庙，在吉安府永和市，俗称阳仙庙，明初欧阳子隐于此庙中。辅顺庙之所以俗称阳仙庙，与匡智修仙专觅阳地的经历有关。引文涉及的神坛1处，在永新县南20里的南华山，光绪版《江西通志》编写时还保留有仙坛遗迹。另据同治版《永新县志》，南华山上有南华庵，建于五代后梁时期，在明末清初重建过，同治间毁。引文涉及的匡仙读书岩，在泰和县西50里。

（二）王子瑶仙人信仰

王子瑶仙人，据说是汉仙人王乔之后裔，生活于晋。王子瑶与匡智的时代相隔了数百年，然民间把王匡二仙的信仰联系起来，如泰和王山山巅的崇元观，就因观后有传说中王匡二仙上升之所。泰和还有专祀王子瑶仙人的宫观，“延真观，在泰和县西黄茅冈，相传晋永嘉中王子瑶筑坛于此，白鹤翔集，唐宏道间立白鹤观，宋至道间改名洞虚，治平间改今名。内有紫微阁”[②]。

五、丁、王二仙信仰

神仙家族中，王氏仙人众多，周秦有王子乔，汉有王乔、王表、王褒，魏晋有王遥、王子瑶等。神仙家族被世人供奉，往往两仙或三仙相连。江西境内保留的仙人遗迹中，与王氏仙人联系最紧密的是王郭二仙或浮丘、王、郭三仙，其次为丁、王二仙，再其次则为匡、王二仙。

丁、王二仙，丁为丁仙，即丁令威，王为王仙，即王子乔。丁令威乃汉代人，王子瑶则是西周时仙人，二仙相隔时代亦数百载。二仙因王

---

① （清）于成龙纂修：康熙二十二年《江西通志》卷七“山川”，第14页。

② （清）刘坤一等纂修：光绪七年刻本《江西通志》卷一二三，“胜迹略四”之“寺观三”，第29—30页。

子乔访丁令威而结缘，故而王子乔可看作丁令威的师父，其情形恰如王郭二仙与浮丘公的关系。根据清朝编纂的《江西通志》《瑞州府志》梳理江西境内清朝关于丁王二仙信仰遗迹，大概有以下一些：

> 荷山，在（瑞州）府城南二十五里。豫章记，池有红莲，仙人王子乔驾白象来游，象化为石，名曰象石。今山巅有丁王二仙坛，坛下有栖霞观。
>
> 珠湖，在（瑞州）府城南二十里，世传丁王二仙遗珠于此。①
>
> 丁令威故居，在武宁县东三十里辽山之东，是丁仙冲举处；南有观鹤桥，北有礼星坛，后人于坛址又创丁仙观，近有青牛洞，洞口有巾石，相传令威飞腾时遗巾于此。
>
> 閤皂山，在清江县东六十里，跨乐安、丰城、新淦三县境。山形如閤，色如皂，道书第二十三福地，汉张道陵晋丁令威葛孝先修炼于此……山中有灵仙馆。北有高峰为丁真人坛。
>
> 紫鹿冈，在武宁县东三十里，与青牛洞相对峙，旧志云王子乔骑紫鹿访丁令威者，妄也。②
>
> 丁王二仙丹井，在（高安）崇元观。
>
> 琴岭，在（瑞州）荷山之前，上有仙井，俗传丁王二仙藏琴于此。
>
> 荷山丹井，在（高安）荷山，丁王二仙炼丹处。③

上述8则引文有1则出自康熙版《江西通志》，3则出自同治版《瑞州府志》，其他4则出自光绪版《江西通志》，内容大同小异的引文只选择其一，不重复两志中的同一内容引文。引文中祀奉丁王二仙的宫观有3所，即武宁县东30里辽山之东的丁仙观、瑞州府城南25里荷山的栖

① （清）于成龙纂修：康熙二十二年《江西通志》卷七“山川”，第24—29页。

② （清）刘坤一等纂修：光绪七年刻本《江西通志》卷五十，“山川略”之“山”，第16—32页。

③ （清）黄廷金修：同治十二年《瑞州》卷一，“山川”，第14—18页。

霞观与高安崇元观，丁仙观是丁令威的专奉宫观，栖霞观与崇元观是二仙共奉宫观。根据同治《瑞州府志》载，崇元观在高安“调露乡三十都，幸元龙有记”[①]。引文中涉及丁王二仙之仙坛的亦有2处，即瑞州府城南25里荷山山顶的丁王二仙坛与清江县东60里阁皂山北高峰丁仙坛。其中瑞州府南荷山山巅的仙坛与坛下的栖霞观出自同一条引文。引文还涉及与丁王二仙修炼相关的山冈、琴岭、珠湖与丹井。于明清时期依然保持丁王二仙信仰遗迹的县级区域包括武宁、高安（瑞州）、清江，其中瑞州境内的遗迹有5处，占了一半以上，武宁2处居其次。

第二节　女性仙真信仰

尽管现实中道教修行者以男性为主，然道教之修行不分男女，不存性别歧视。魏华存夫人即是道教开宗立派之人物，道教神仙家族中，西王母的地位几乎等同于玉皇大帝，比东王公出名。同样，带有道教色彩的天后妈祖、陈林李三奶夫人都被江南民间火居道士普遍恭奉。江西道教仙真信仰中，除了上述男性仙真外，女性仙真的信仰也是江西道教信仰的一大亮点与特色。与男性仙真信仰略有不同，江西境内的女性仙真信仰的对象除了麻姑之外，几乎都是汉代及其之后的修炼者，如张丽英、丁秀英、刘瑶英、黄华姑、吴彩鸾、刘懿真、李腾空、蔡寻真等，其中不少与男性仙人有联系，传说中的女仙丁秀英与仙人丁义、女仙吴彩鸾与吴猛真君，前者为兄妹关系，后者为父女关系。

一、女仙张丽英信仰与仙姑刘瑶英信仰

（一）女仙张丽英信仰

女仙张丽英，西汉初期人，乃道教神仙人物，以道教第三十五福地之主神而知名。不过，在道教神仙谱系中，女仙张丽英只能算作江西省境内的知名女仙而已，无法与以献寿为职能的麻姑相比拟。

女仙张丽英的传说主要流播于赣南，以江西的道教名山宁都金精山

① （清）黄廷金修：同治十二年《瑞州府志》卷三“寺观”，第29页。

为发源地。张丽英女仙修仙的经历，方志中有较详细记载，上卷相关章节有所涉及。关于明清时期张丽英女仙信仰状况，主要从《赣州府志》及《江西通志》中梳理相关内容。据明末嘉靖十五年修《赣州府志》“山川”载：“金精山县西北十五里，郁为巨镇，峰峦皆石，望之如阵云。丹崖翠壁，烟霭明灭，奇怪万状。道家列为堪舆第三十五福地。旧传汉张华女丽英年十五入山得道，长沙王吴芮闻而聘焉。丽英乃升高绐曰：‘山有石室，中通洞天，凿之当相见。’芮大发兵攻凿，既通，见女乘紫云半空语曰：‘吾为金星之精，降治此山。’言讫而去。山因以名。其峰凡十二，曰莲花合掌仙桃凌霄黄竹披发望仙……国朝每岁春秋仲月命有司致祭，有楼阁祠宇。”[①] 由此引文可知，金精山于明晚期还保留有祭祀女仙张丽英的祠宇，并把此祭祀纳入正祀范畴。

金精山祭祀张丽英的祠宇大体包括了宫观与祠庙。根据明朝朱敏《金精山记》载：“中则嵌砑洞，豁者为仙洞。有阳灵观在焉，有真人祠在焉，有御书阁、葆光亭在焉。相传谓长沙王吴芮求俪，真人诱令凿洞者是也。观之场有飞升坛，谓真人遐举之所也。”[②] 朱敏文中提及金精山祭祀张丽英的祠宇为阳灵观、真人祠、葆光亭、飞仙坛等。宋朝宁都进士曾原一《宁都金精山记》亦载，金精山曾建有“阳灵观”。明嘉靖《赣州府志》卷十二“外志”亦有“阳灵（观）”。[③] 由此看来，祭祀女仙张丽英的宫观阳灵观直到明末还依然保留着，也应该保留到了清朝。

另据光绪版《江西通志》“坛庙”载：“金精山祠，在（宁都）金精山，宋以前祀仙女张丽英，宣和间以祈雨有应，赐号灵泉普应真人，明洪武初改祭山神洞外双石下。”[④] 此引文中提及的“金精山祠”，或许即是

① （明）康河等修，董天锡、陈英、李国纪等纂：嘉靖十五年刻本《赣州府志》卷二“山川”，第16页。

② （明）康河等修，董天锡、陈英、李国纪等纂：嘉靖十五年刻本《赣州府志》卷十一“艺文”，第71页。

③ （明）康河等修，董天锡、陈英、李国纪等纂：嘉靖十五年刻本《赣州府志》卷十二“外志”，第5页。

④ （清）刘坤一等纂修：光绪七年刻本《江西通志》卷七十八，“建制略四”之“坛庙六”，第53—54页。

朱敏《金精山记》中提及的“真人祠”。根据光绪版《江西通志》关于“金精山祠”的记载内容分析，其祭祀对象在明朝时期发生过较大变化，即从明初开始，朝廷改祭山神以取代祭祀女仙张丽英。清末光绪《江西通志》的这一记载与明末嘉靖《赣州府志》记载存在矛盾，即二志关于祠宇主祀对象在明清时期前后不一。对此矛盾的合理解释是，改祀山神仅仅发生于明朝初期，到了明朝中后期，金精山的祭祀又改回到重新祭祀女仙张丽英，之后一直到清末都不再改变。

光绪版《江西通志》“胜迹略”中还记载了金精山的凌云亭：“凌云亭，在（宁都）金精山，汉女仙张丽英飞升之所，明正统间建。”[①] 此亭或许即是朱敏《金精山记》中提及的葆光亭，建于明英宗正统年间，既然清末省通志有记载，则此亭于清光绪年间修史时期亦应依然保留着。

女仙张丽英除在赣南宁都金精山有修炼遗迹外，在赣中临江府亦有关于仙人王长史与之相遇的传说。据康熙版《江西通志》“山川”载：“黄冈山，在（临江）府城西南三十五里，有仙女桥。东晋长史遇仙女张丽英居栖梧山，没葬此。”[②] 东晋与西汉初相隔数百年，仙人王长史与张丽英相遇时，女仙张丽英栖隐于栖梧山，蜕化后埋葬于临江府西南的黄冈山，后人建仙女桥以纪念。

（二）仙姑刘瑶瑛信仰

仙姑刘瑶瑛，出生时代略早于仙女张丽英，即秦末汉初时期。方志中关于仙姑的记载主要见诸《赣州府志》与《江西通志》，分列于下：

> 刘仙姑，名瑶瑛，秦末随父华避乱琉璃山，因食异果，遂绝粒。汉兴出山，容貌稍异。人见而恶之，遂远去（石城）县西二十里有山，峭拔幽邃，乃独栖其上，常跨一白鹤往来。后竟白日浮空而去。
>
> 琉璃山，（石城）县东二里，旧传秦末刘华家其上，有女啖异

① （清）刘坤一等纂修：光绪七年刻本《江西通志》卷一一八，“胜迹略二”之“署宅五”，第35页。

② （清）于成龙纂修：康熙二十二年《江西通志》卷七“山川”，第9页。

果仙去。

仙女（寨），（石城）县南三十里，两石夹涧，上架石桥石洞。旧传刘仙姑纺缉于此。[①]

石梁，在石城县南三十里，两石夹洞，上架桥梁，一名仙女石，亦以刘瑶英得名。[②]

其中前3则来自明末嘉靖版的《赣州府志》，最后1则来自清末光绪版《江西通志》。4则引文记载仙姑的事迹尽管出自赣南石城县，但却在县城的三个方位，一在县城西二十里，此乃仙姑跨鹤飞升之处；一在县城东二里琉璃山，乃仙姑食异果处；一在县城南三十里仙姑寨，那里有石梁，乃仙姑纺织之所。仙姑的事迹基本上没有超出石城县范围，与张丽英的事迹在赣州与临江二府间流播范围大小悬殊。

二、女冠黄华姑信仰与戚姑信仰

（一）女冠黄华姑信仰

黄华姑乃临川人，活动于盛唐，曾拜西山胡慧超为师学习净明道法，能役使鬼神、运呼雷霆，成为当地知名的道教女冠。黄华姑也是我国道教神灵系统之中的花神，等同于百花仙子。不过，这位花仙不同于自然崇拜的神祇，而是历史上出自江西临川的女冠，她不仅有师父唐朝著名高道胡慧超，还有女弟子黎琼英及徒孙曾妙行，唐代大书法家在黄华姑羽化近半世纪时为她写作了传记《抚州临川县井山黄华姑仙坛记》，可见作为女冠的黄华姑在世及羽化后都产生了较大的影响。黄华姑的活动范围基本上以临川为限，清末编修的《江西通志》有下列相关记载：

井山，在临川县南二十五里，黄华姑修真之所，上有丹井，唐颜真卿尝书碑记；又城西二十里有石井山，黄华姑初驻此。

---

① （明）康河等修，董天锡、陈英、李国纪等纂：嘉靖十五年刻本，《赣州府志》卷二“山川”，第8—25页。

② （清）刘坤一等纂修：光绪七年刻本《江西通志》卷五十六，“山川略”之“山”，第29页。

丹井，有三：一在抚州府廨西南魏坛观，乃魏夫人炼丹之所；一在临川县灵台乡明真观，乃黄华姑炼丹所；……

明真观，在临川县灵台乡，即井山观，有黄华姑仙坛。[①]

从方志引文可以看出，黄华姑在临川的活动基点有二：一是临川县南二十五里的井山，这是华姑修真之所，在那里建了井山观（即明真观）以资祀奉，并建“黄华姑仙坛”。明朝临川才子汤显祖曾经由坛所，赋诗一首《经黄华姑废坛石井山》：“龟原垣观即龟山，胧苑经曾射胧还。九曲违池皆到赏，七层花树好难攀。”由生活于明中后期的汤显祖诗文可以推测出，仙坛在明中后期已成废坛。一是临川县城西二十里的石井山，乃黄华姑出家初居之所。

（二）戚姑信仰

戚姑，非厕神，乃临川戚姑山之主神，相传为戚文秀之女。根据当地传说，戚姑与麻姑为姐妹，麻姑为姐，戚姑为妹。姐妹俩共镇青龙，分别化作南城的麻姑山与临川的戚姑山，以镇压青龙。据清末光绪版《江西通志》“山川略”载：“戚姑山，在临川县南四十五里，相传长安戚文秀之女修道于此，乘云上升，后人亦呼凌云山，上有仙坛观，下有洗甘池。”[②]明后期临川名士邱兆麟有《戚姑山赋》。仙坛观应该是在清末还保存的以戚姑为祀奉对象的宫观。此外，据临川传说，戚姑山上还有戚姑庙。

三、仙女吴彩鸾信仰与仙姑丁秀英信仰

（一）仙女吴彩鸾信仰

吴彩鸾是传说中女仙，生活于唐朝，吴猛真君之女，文箫之妻，丁秀英之女弟子。传说终究是传说，吴猛真君生活于晋，丁秀英也生活于晋，吴彩鸾生活于唐，父女或师徒却相隔了数百年。考证者或以为，吴彩鸾或许是唐代的女伎，以抄书为业，后来为文箫赎身。吴彩鸾在唐代

① （清）刘坤一等纂修：光绪七年刻本《江西通志》卷一二三，“胜迹略四”之“寺观三”，第7—44页。

② （清）刘坤一等纂修：光绪七年刻本《江西通志》卷五十二，“山川略”之“山”，第28页。

已经声名大作，唐裴铏的《传奇》与晚唐五代杜光庭改编的《仙传拾遗》中都叙述到她与文箫邂逅而成就一番仙与人结成伉俪的故事。江西清朝地方志关于吴彩鸾仙女的记载主要有以下几则：

> 紫极宫，在（新建）进贤门外，晋建，有孝子骑牛像，唐天宝间题额，吴彩鸾写韵轩在焉。
>
> 真常观，在奉新县新兴乡越王山，旧名招仙观，即文箫吴彩鸾跨虎地。宋治平中赐今额，明洪武元年道士彭秋远修，国朝康熙九年道士张含贞重修。
>
> 国清院，在安福县治东，唐建，旧名福圣院。唐时有仙女吴彩鸾种罗汉柏，又尝入小室七日写法华珠林经百二十卷，一夕不知所在，书经卷纸连外至今不绝，故又名神仙院。
>
> 綵鸾冈，在新建县西七十里，吴綵鸾与文箫相遇于此，有会仙亭。
>
> 药王山，在奉新县西北五十里，豫章记，晋吴猛骑虎入山处，或云文箫吴綵鸾寄食邹举家，俄跨虎仙去，留药一粒与主人，且遗以诗，一作越王山。[①]
>
> 娉婷镇，在建昌县北二十五里，唐大中仙女吴彩鸾舞鹤于此，故名。[②]

上述6则引文除1则出自康熙版《江西通志》外，其他5则都出自光绪版《江西通志》，内容大致相同的如果两志同载，则仅取光绪版通志。引文中祀奉吴彩鸾仙女或与仙女有关的紫极宫、真常观、国清院，分别在新建进贤门外、奉新新兴乡越王山、安福县治东。紫极宫与真常观为道教宫观，国清院则属佛教寺院。其中关于真常观的记载，都提及明清修缮之事，则此观在明清时期应一直为吴彩鸾仙女的道场。引文中

---

① （清）刘坤一等纂修：光绪七年刻本《江西通志》卷五十，“山川略”之“山”，第8—38页。

② （清）于成龙纂修：康熙二十二年《江西通志》，卷二十五，“古迹”，第15页。

与吴彩鸾仙女相关的遗迹有新建的綵鸾冈、奉新的药王山、建昌的聘婷镇。上述6则引文涉及4个县级区域，其中涉及奉新与新建的各2则，涉及安福与建昌的各1则。此4县级区域涉及南昌、吉安与建昌3府。奉新、新建、安福都在赣中范围，故而女仙吴彩鸾信仰涉及地域主要在赣中，核心区域在赣中南昌府，而奉新可能是吴彩鸾故事的发祥地，奉新越王山还有“云峰虎迹”之名胜，即越王山琵琶峰前留下了吴彩鸾与文箫跨虎去后的麻鞋、拄杖与虎迹。

（二）仙姑丁秀英信仰

丁秀英为东晋女冠，著名道士丁义之女。下文中关于丁秀英仙姑的记载主要见诸同治版《瑞州府志》与光绪版《江西通志》，兹引于下：

> 白鹤山，在（高安）县西北七十里，相传东晋时仙姑丁秀英白日乘鹤飞升，旧有白鹤观。
>
> 火石，在（高安）调露乡，色黑如铁，相传丁仙姑炼成者，丁氏覆以亭，世祀之。高安志载火石在丁坊明辉桥侧，色紫，丁絪知韶州，载归，覆亭世祀。
>
> 丁姑丹井，在（高安）调露乡。[①]
>
> 崇元观，在高安县治三十都，丁秀英炼丹之地。
>
> 丹井，有五：……在（高安）城西七十里，晋丁义君女秀英炼丹之所；……[②]

上述5则引文有3则出自《瑞州府志》，2则出自《江西通志》。引文涉及与丁秀英仙姑相关的宫观是白鹤观与崇元观，前者乃纪念丁仙姑驾鹤飞升而立观，后者乃因丁仙姑于此炼丹之故而立观。根据康熙版《江西通志》，崇元观在高安城“西北七十里”[③]，也即丁仙姑炼丹的丹井

① （清）黄廷金修：同治十二年《瑞州府志》卷一，“山川”，第10—19页。

② （清）刘坤一等纂修：光绪七年刻本《江西通志》卷五十七，“山川略”之“川”，第8—26页。

③ （清）于成龙纂修：康熙二十二年《江西通志》卷二十五，“寺观”，第56页。

所在地。引文还涉及丁仙姑修炼的丹井有2处，亭阁1所。上述5处引文所涉及的场所全部来自于瑞州府的高安境内。

四、女真李腾空与蔡寻真的修仙遗迹

女真李腾空尽管出生相府，但她不恋荣华，清心寡欲，隐迹庐山北凌云峰下，居昭德观数十年，成为唐朝著名女真。蔡寻真亦唐朝女真，出身豪门，与李腾空一同前往庐山隐居，居寻真观。方志中关于这两位女真的记载有以下几则：

> 延真观，在（南康）府城北四十里，唐李林甫女腾空所居。李白诗："羡君相门女，学道爱神仙。一往屏风叠，乘鸾着一鞭。"[①]
>
> 昭德观，在星子县卓岭东，唐女仙李腾空所居，一名延真观。
>
> 寻真观，一名冲虚观，在星子县北二十五里，唐贞元间女仙蔡寻真修炼于此，尝有诗名"阑干曲"，道书以为第八洞天。
>
> 石牛山，在星子县北三十里，一名斗牛山，相传女真李腾空、蔡寻真所憩，上有棋坪石。[②]

上述4则引文，单独涉及李腾空的2则，单独涉及蔡寻真的1则，同时涉及李蔡二真的1则。引文涉及的宫观有3所，专祀李腾空的有昭德观与延真观，专祀蔡寻真的有寻真观。与李、蔡二真修仙相关的遗迹1处，即星子县北三十里的石牛山，是李、蔡二真的憩息之所。所有遗迹都在星子县境内。

江西地方仙真信仰，凸显的是江西道教的地方特色，展示的是江西道教信仰的丰富内涵，是江西道教历史文化资源的重要组成部分。

---

① （清）于成龙纂修：康熙二十二年《江西通志》卷二十五，"寺观"，第48页。

② （清）刘坤一等纂修：光绪七年刻本《江西通志》卷五十四，"山川略"之"山"，第32—58页。

第十六章　清代江西地方民间信仰

江西道教信仰不仅包括正统道教信仰，它们代表着江西道教信仰的民间化形式，亦包括与道教密切相关的民间信仰。与国内其他宗教不一样，道教信仰与民间信仰的结合特别紧密。我国的民间信仰大多数属于道教化的民间信仰，即使是佛教民间化也带有浓郁的道教信仰色彩，如普庵信仰。我国的民间信仰呈现出十分明显的区域化特色，其信仰的区域大小各不相同，有小到一个乡镇的区域化信仰，也有大到整个国家的民间信仰。

第一节　江西的龙神信仰

关于龙信仰，史志中有两种大类，一为龙王信仰，一为龙神信仰，二者常并列出现，所指似乎非一。龙神信仰的对象龙神大多时候不具体，属于比较抽象的概念，笼统指龙这一神物，故而龙神信仰往往纳入明清时期朝廷的正祀范围。而龙王信仰的对象则比较具体，比较民间化，甚至于与没有具体历史或传说人物联系起来。有时，龙神信仰与龙王信仰也可以相互转化，所指大同小异。史志记载的这些特点显示，朝廷与民间对龙神信仰与龙王信仰的分界是不够清晰的，大多采取模糊处理方法。龙信仰中还有特殊类型，即龙母信仰。如此说来，龙信仰涉及龙神信仰、龙王信仰、龙母信仰三大类。

一、龙神信仰

龙神并非一定与水相关，民间道教中关于土地龙神、龙脉走向之类的表述，似乎有侧重于山而不侧重于水的感觉，可见民间对龙神的认识还是多维度的。不过，龙神与水的关系最为密切，民众心目中的龙神，一般情况下都属于分司雨水的神物。龙神既然分司人间的雨水，而雨水又是农耕民族在传统社会赖以进行农业经济生产的前提条件，故而我国传统时代民间的龙神信仰十分盛行。

农业是传统社会经济的命脉，农耕经济的好坏直接关系到国家及地方政府的兴衰，故而历代统治者对龙神的信仰十分虔诚，省、府、县各级政府都在城里或近郊建龙神庙。这些龙神庙的主神为龙神，然其身份多不具体，既没有具体的名字或所指，也不清楚其具体来历，几乎都只是神圣物的代称。围绕这种抽象化主神所形成的信仰，属于带有官方色彩较浓的龙神信仰。江西明清时期的龙神信仰即以此类型为主。清朝编修的地方志所记载的龙神庙多数亦属于此类，以下关于龙神庙的引文是从清朝编修的《江西通志》中随机择引的：

> 龙神庙，在（临江）府前街，旧在朝天坊，宋巡检马勉之建。
>
> 龙神庙，在（上饶）东门外，雍正间建。
>
> 龙神庙，在（德化县）湓浦门外，万寿宫右，雍正十一年知府胡式瑗建，咸丰间毁，巡道蔡锦青重建。
>
> 龙神庙，在（芦溪县）城隍庙右，乾隆十九年知县顾悳懋始立祀。
>
> 龙神庙，在（乐平县）学东，嘉庆二十年建，咸丰间重修。
>
> 龙神庙，在（定南县）火神庙侧，初在文昌山顶，乾隆五十二年叶道中建，嘉庆二十一年移厅署前旧总铺地，道光二十年复移下历堡，同治九年同知王言纶移建今所。

龙神庙，在（东乡县）余家陂，咸丰九年知县周溯贤捐建。

龙神庙，在（南昌）杨叉巷北贡院前，旧在府治中大街，雍正十一年巡抚常安移建；一在广润门外，南湾水关桥。

龙神庙，在（鄱阳）城西隅，雍正四年知县张以诚建，咸丰三年毁；一在义感乡。

龙神庙二，一在（丰城）西门外档上，明成化间主簿黄璲建；一在高陞门外，新砌七星帚侧，乾隆十七年知县满岱建。

龙神庙，在（吉水县）文江门外水次仓前；一在（吉水）南门外新堤上，乾隆半年知县徐大坤修堤立庙。

龙神庙，在（彭泽县）十三都富阳岭下，有泉，大旱泉出水，浑，三日内必雨；一在小孤洑矶头。

龙神庙，在（瑞昌县）治西沥石泉双峰尖侧。

龙神庙，在（分宜）钤山之阴。

塔山，在鄱阳县西十五里，上有龙神庙，俗呼龙王山，明万历乙巳知府叶云仍建塔其上。

龙神庙，在（南丰）上街，嘉靖十四年知县章耀曾建。[①]

因为每个省、府（州）、县都建有龙神庙，与火神庙相对应，属于朝廷各级机构常祀的对象。上述16则引文，除个别来自康熙版《江西通志》外，其他15则都来自光绪版的《江西通志》。引文所叙述的龙神庙，有省级的，有府（州）的，也有县级的，其中择引的县级的龙神庙较多。

上述随机择引的引文，总共涉及21所龙神庙。这21所龙神庙兴建的年代分别是：1所（临江府的那所）修建于宋代；3所（即丰城西门外档上的、鄱阳塔山的与南丰的）修建于明朝，8所（即南昌与彭泽各两所，瑞昌与分宜各1所，鄱阳义感乡与吉水文江门外各1所）修建年代不详，其中1所叙述了移建的年代；剩下9所都修建于清朝。从这些明

① （清）刘坤一等纂修：光绪七年刻本《江西通志》卷七十六，“建制略四”之“坛庙四”，第2—50页。

确叙述了修建年度的龙神庙情况分析，江西省的龙神庙绝大多数都是清朝时期修建的。

龙神庙的修建情况相对复杂。引文中明确叙述了修建或移建年代的14所龙神庙，明确叙述了地方官主持或捐建的有12所，未详明主持修建或移建的仅2所。这14所明确叙述年代的龙神庙，除东乡的龙神庙与鄱阳的龙神庙不在城郊外，其他12所全在城市或市郊。个别龙神庙，兴建之初并不在市区，然修复时都要移建到市郊。如定南的龙神庙即是如此，它于乾隆五十二年修建时在文昌山顶，嘉庆二十一年移厅署前，道光二十年移火神庙侧，嘉庆与道光两次的移建都是在县城。这种情况其实很好理解，大多数龙神庙之所以兴建在省城、府（州）城与县城，是为了方便地方官常祀或旱灾祈雨。从地方官主持或捐建龙王庙与龙王庙大多处于城郊这两种情况分析，明清时期的龙神庙带有很明显的官方性质。

一般说来，明清时期江西各级政府所在地城市至少有1所龙神庙；少数地方行政区所在地城市有2所龙王庙，如南昌（省城）、鄱阳（府城）、丰城（县城）与吉水（县城），这或许与这些城市面积较大有一定关系；较少数县级行政区所在城市似乎没有龙神庙，如彭泽、分宜、东乡、瑞昌，然这些县的龙神庙或许只是不在城区，在离城不太远之乡村；城乡都有龙神庙的情况也应该较普遍，如鄱阳城里有龙神庙，在县西十五里的龙王山亦立龙神庙，这一龙神庙在康熙版《江西通志》中被称为“龙王庙”。龙神庙不在城中或城郊的情况值得关注，如引文中彭泽县的两所龙神庙都不在城郊，分宜、瑞昌、东乡各1所龙神庙亦不在城郊。这6所不在城郊的龙神庙，只有东乡的龙神庙与鄱阳乡村那所龙神庙既记载了捐建官员，亦记载了捐建或修建时间，其他4所的兴建情况一概未载，可见，这些未处于城郊的龙神庙，其官方性质有所逊色，远不如处于城郊的龙神庙。

二、龙王信仰

龙神信仰与龙王信仰是有所区别的。龙神信仰的主神龙神，强调其主神的神格特征，而龙王信仰的主神，强调其主神的个性特征，即龙中之王者。根据其分管区域不同，不同区域的龙王都不尽相同，尽管称呼依然以龙王为总称。龙神信仰显现出较明显的官方化特征，龙王信仰则呈现出民间化特色。如上文提及的鄱阳龙王山上的龙神庙，康熙版《江西通志》中称“龙王庙”，而光绪版《江西通志》中改称“龙神庙”，其称呼由具体而抽象，或许因为其庙由明末嘉靖年间的地方知府兴建，有官方因素，所以此庙即使不列入朝廷正祀，也依然可以“龙神”称之。

清代江西境内的龙王信仰，其表现形式也呈现多样化特色，既有仅与区域相关的较为笼统的龙王信仰，也有人格化的龙王信仰，还有少数保留自然崇拜特征的龙王信仰。

（一）笼统的龙王信仰

较为笼统的龙王信仰，即其信仰对象龙王仅与具体区域联系起来，并不具有龙王的具体名称，龙王称呼本身依然带有概念化特征，这种龙王信仰与龙神信仰形式上差别不大。龙神信仰强调信仰对象的普遍性神格，而龙王信仰一般是与特定地域相关，呈现出一定的特殊性。清代江西区域化的龙王信仰较为普遍，梳理清朝编修的《江西通志》，发现这方面的记载还是十分丰富的，兹引述如下：

龙王庙，在（饶州府）义感乡双港龙王山石壁下，瞰浑潭，相传有龙居之，故立庙祀，为一郡水口，近建浮屠于其上，今浮屠落其顶，庙久废。

龙王庙，（南康）有五：一在南门外天妃宫左，一在青山，一在瀦溪，一在庐山龙潭，又一在都昌南门外。

敷潭，在萍乡县北七十里之秋江，盘旋若涡，有龙居之，旱祷即应，旁有惠泽龙王庙。[①]

龙王庙，在（兴安县）城南，道光十九年知县张良志自南岩移建，同治四年知县杨邦栋重建。

龙王庙，在（九江）湓浦门外茶引所旁，今废。又一在湖口县。

① （清）于成龙纂修：康熙二十二年《江西通志》卷七“山川”，第11—39页。

又（南丰）军山下龙王庙，唐开元间建。

西湖，在新城县西四十里，上有龙王庙。

天井潭，在南城县东七十里，内有龙蟠，欲雨则电光发。又东二十里为鱼蛇山，有潭，其深莫测，人呼海眼，侧有龙王庙，岁旱，以铁投潭，雨即如注。明成化间有巫者主坛，命儿投铁于潭，雷雨暴至，一黑犬追儿甚，遂死焉。

灵潭龙王庙，旧在（大庾县）双秀山。国朝同治十年知县陈荫昌重建。

落星湖，在分宜县西五里，广五十余亩，其深莫测，旁有龙王祠，岁旱祷之辄雨。

龙王庙，在（长宁县）阜城门外。

龙王庙，在（定南县）东门外先农坛之右，旧在县北三十里，明正德七年毁，知县李聪建，万历五年知县王继孝修，国朝康熙三十二年知县郑世逢重建，道光十六年知县梁之儒移今址。

救婴堂，在（龙泉县）县西门外龙王庙右，道光三年知县文海建。①

上述引文2则引自康熙版《江西通志》，其他10则皆引自清末光绪版《江西通志》。上述13则引文涉及18所龙王庙，引文中明确记载了建庙或兴修庙时间的引文仅5所，其1所建于唐，1所毁于明正德并相继兴建于万历、康熙、道光年间，3所兴建于清朝。由此可见，龙王庙的兴建也以明清时期为主。龙王庙多处乡村，属于民间崇祀的场所，其民间信仰性质更为鲜明。上述18所龙王庙仅有5所有明确的时间记载，这种情况恰与地方史志对民间庙宇记载不全这一事实相吻合。

上述引文涉及九江府、南康府、饶州府、建昌府（南城、新城）、袁州府（萍乡、分宜）、赣州府（定南、长宁）、南安府（南康、大庾）、

① （清）刘坤一等纂修：光绪七年刻本《江西通志》卷九十四，“经政略”之“恤政”，第2—58页。

广信府（兴安县）、吉安府（龙泉县），也即江西的东南西北各府州都有，唯独缺少赣中的南昌府、临江府、抚州、瑞州府的例子。对这一情形其实也比较好理解，赣中是许真君信仰的核心区域，这些区域因有真君镇治蛟龙，民间的龙王信仰相对弱化。当然，这些区域也非完全没有龙王庙，如瑞州的高安有幸龙王潭，南昌的新建有济顺王，下文将会涉及。

上述龙王庙并非都分布在乡村，如长宁、定南、龙泉、兴安的龙王庙都在县城，还有九江湓浦门外的龙王庙、南康府南门外的龙王庙与南康府都昌县南门外的龙王庙也在城郊。根据引文内容，这7所在城郊的龙王庙中有3所明确记载是由当地地方官主持兴建或移建，其龙王庙性质与龙神庙似乎差别不大。由此看来，围绕龙王庙的信仰与围绕龙神庙的信仰并非完全不同，无法截然分开。

这18所龙王庙，除了在城郊的7所之外，其他11所都在远离城市的乡村，其民间信仰特色比较明显。如分宜落星湖旁的龙王祠，民众“岁旱祷之辄雨”。萍乡县北七十里秋江边的惠泽龙王庙，因有龙居之，故“旱祷即应”，其龙还被称为“惠泽”。又如南城县东七十里天井潭旁的龙王庙，“岁旱，以铁投潭，雨即如注。明成化间由巫者主坛，命儿投铁于潭，雷雨暴至，一黑犬追儿甚，遂死焉”，主持龙王庙祷雨的是巫者，祷雨的方式也比较特别，即投铁于潭中，甚至还发生过投坛者死于祈祷仪式过程中的悲剧。

（二）人格化的龙王信仰

人格化的龙王信仰，其主神往往具体到某一龙王，有姓有名，与一般笼统的龙王信仰有明显的区别。人格化龙王神灵往往与历史人物或传说人物相关，或许由神格龙的人格化而来。人格化龙神信仰在明清时期江西境内保存得比较完整。下文即是依据清朝编纂的《江西通志》梳理出的关于人格化龙王神灵的方志史料：

> 金龙四大王庙，在（万安）县南六十里，康熙元年建。
>
> 金龙四大王庙，在（彭泽县）金刚庙。
>
> 龙神庙，在（庐陵）南门外金牛寺左，祀赣甘泽龙王，雍正元

年建，旁为甘雨亭，乾隆三十九年重修。[①]

龙王庙，在报功祠，在（袁州）府治西七里，唐李将顺于此疏陂水入城，民利之，遂立庙以祀。[②]

龙神祠，在（瑞州）府治新市铺（县志作义仓左）。雍正六年建显济庙在西北五里，神为邑人幸潭。

幸龙王潭，在高安县西五里，相传唐祭酒南容五世孙潭字子渊，有异术，经汴都，尝致书于乡人曰："城北门数里有潭，旁有古木，即吾家也，叩之必应。"持书者如所戒，果有二童子出，俄一丈夫继之，宛如汴都所见，邑人异之，为立庙，岁旱祷雨辄应，历代敕封龙王。

溥济庙，在（宁都）双鱼洲，又名龙王庙，元至元中建，祀水神谢端公，明万历间邑人重改其额曰灵济。国朝嘉庆十三年重修。[③]

灵济庙，在玉山，祀石仙君及龙神。其祠故陇西李公弥大，所谓冰玉洞龙与石仙君，相为影响。

顺济庙，在新建吴城山下，有龙穴，阔一丈，深不可测。宋大中祥符六年，于穴西立庙，封顺济侯，御制戒蛟文封于石。熙宁中，加封顺济王，遣太常林希逸致祭，有异蛇引首出，及使还，蛇蟠舳舻，送至彭蠡，累加号曰灵顺昭应安济。宋苏轼过此，得石砮，作《顺济庙石砮记》。[④]

总共引用9则引文，其中3则引自康熙版《江西通志》，6则引自光绪版《江西通志》。9则引文涉及江西境内吉安府的万安、庐陵，九江府的彭泽，瑞州府的高安，赣州府的宁都，广信府的玉山，袁州府的宜春，

① （清）刘坤一等纂修：光绪七年刻本《江西通志》卷七十五，"建制略四"之"坛庙三"，第2—56页。

② （清）于成龙纂修：康熙二十二年《江西通志》卷二十四"祠祭"，第33页。

③ （清）刘坤一等纂修：光绪七年刻本《江西通志》卷七十八，"建制略四"之"坛庙六"，第1—53页。

④ （清）于成龙纂修：康熙二十二年《江西通志》卷二十四"祠祭"，第7—16页。

南昌府的新建，其中关于高安的两则引文都围绕同一龙王。9 则龙王庙的建庙年代：1 则记载建于唐；1 则建于宋；1 则建于元；1 则只交代缘起于唐，但未明确庙建于哪朝；3 则明确建于清朝；2 则未明确建庙年代。建于元的宁都溥济庙，在清后期嘉庆十三年重修；袁州的龙王庙一直保留到清末。从上述庙宇的建筑时代或修复时代可以看出，明清的龙王庙最多，其民间龙王信仰最盛。

9 则引文涉及江西境内的 9 所龙王庙，个别称为龙神庙或龙神祠。引文中的信仰对象涉及的历史人物有：袁州的龙王庙，亦称报功祠，其龙王为唐代袁州刺史李将顺，他因在袁州开挖李渠而造福袁州人民，故而袁州人建庙祀之为龙王；瑞州的龙王庙，也叫龙神祠，主神为唐代祭酒幸南容之五世孙幸潭，朝廷赐予“龙王”封号；宁州的龙王庙，亦称灵济庙或溥济庙，祀水神谢端公；玉山的龙王庙，亦称灵济庙，其主神为冰玉洞龙，与陇西李公弥大有关，二者或即为同一对象。引文中信仰对象为龙神人格化的情况有：新建的顺济庙，其龙王被朝廷赐封为顺济王；庐陵南门外的龙神庙，祀赣甘泽龙王，或许为赣江的保护神，南昌、丰城与南丰都有祀赣甘泽龙王的龙王庙；万安与彭泽的龙王庙，其主神为金龙四大王。

（三）仰山孚惠龙神信仰

仰山孚惠龙神信仰之所以单列出来，因为它本属于人格化龙王信仰，但又呈现神格化龙神的特征，介于人格化与神格化之间的特殊类别。仰山龙神为大小龙神，为萧氏兄弟二人，有姓有名，大哥名大分，季弟名隆初。仰山龙神居于袁州府之镇山仰山，带有明显的山神性质。又因让地于仰山禅宗慧寂禅师，仰山龙神与佛教结缘匪浅。从唐代开始获得朝廷给予的郎封号，五代初获王与侯的封号。两宋之交，因仰山龙神显灵城墙间，御寇有功，再次被朝廷双双封王爵。到了明清时期，仰山龙神信仰进一步向外传播，形成江西别具一格的地方龙王信仰。地方史志关于仰山龙神信仰的记载有很多，下列引文根据清朝编纂的《江西通志》《瑞州府志》梳理出的，罗列于下：

仰山孚惠祠，在（龙泉）县南门外，今城基祠。一在（龙泉）县东门湖；一在旧学皇觉寺西偏。

仰山孚惠行祠，本袁州仰山龙神，一在（新喻）县北六十里赐护台；一在（新喻）北三十里塘口；一在（新喻）北十里仰天冈；一在（新喻）县南袁州冈。

仰山行祠，在（万载）邑西奇圃市，元至正七年达噜噶齐万努、县尹王国用祷雨灵应重建。

仰山行祠，在（分宜）钤冈之巅，祀仰山龙神，明洪武初邑人李成叔重建，后毁，永乐八年知县江树重建，崇祯十六年复毁。国朝乾隆二十五年知县杨宏纲重建。

孚惠行祠，在宜春台上，宋绍兴间建。（谢志，周必大记：袁府孚惠二王为司命，郡以宜春台为胜境，壮亭榭于林木之表，山川城郭俯视无遗。……按仰山距城七十里而远，二王既敬释氏，逊山兴寺，徙庙堵田，距城三十里而近。人犹患不得朝夕致敬也，故水旱疾疫迎神事上，以便祈禳，已事乃归，其来久矣。）建炎中，剧盗金兵继至，宋奉像设而驻师焉。贼薄称，若有御之者，最后望见二神黄衣白马往来雉堞间，骇异而走。绍兴初，即台立行祠。淳熙甲午易亭为殿，又移慈济院于台西，奉惠记禅师，即神所敬者。初寂归老韶州，将谢世，神往诀别，问岂无见属乎？寂曰："吾师灵佑禅师以正月八日游于沩山，宜就是日普设僧供。"神敬诺，自后及期，则……岁以为常。既迁城中，斋会滋盛，远人四集，陵虚馆阁以待有众。庆元己未九月丁未，融风为灾，一夕俱烬，仕民……

孚惠二王正祠，在（袁州）治南三十里堵田，唐广德间由仰山徙此，南唐保大间重修。（宋张商英记：仰山在州南六十里，二神姓萧氏，仲父曰大分，季子曰隆初。庙在山之獭迳潭。后徙于堵田。唐咸通中封秩文昌郎，南唐时大分封威烈王，隆封灵显公，本朝大中祥符二年政封王，曰灵济公。……）

仰山古庙，在（袁州）府治南六十里仰山獭迳潭之侧（今名古庙），祀龙神萧姓，仲曰大介（一作分），季曰七郎（一作隆），汉文帝时人，宋元符二年赐额孚惠，明弘治间知府朱华辟路甃石。[①]

仰山孚会行宫，在（临江府）城南，旧碑外不可读。仰山，袁州山也，祠在宜春，宋淳熙中，郡守沈镜以旱遣官祷神立雨，因建行祠。

仰山行祠，在宜春台上，相传宋建炎二年，金人寇城，见黄衣白马往来雉堞间，贼骇异而走，遂祀之。又分宜万载两县亦有行祠。[②]

仰山行祠，在（上高）县治西。神为宜春孚惠二圣，姓萧，自唐以来水旱疾疫，有祷必应。余祠同神异名者凡十一处。[③]

上述关于仰山龙神信仰的引文 10 则，来自同治版《瑞州府志》1 则，来自康熙版《江西通志》2 则，来自光绪版《江西通志》7 则。引文中提及建庙年代或修复庙宇年代的有 8 则，仅龙泉的两处仰山孚惠祠没有记载兴建与修复的年代。8 则有年代记载的引文，其仰山龙神庙明确记载保留到明清时期的有 3 则：龙泉南门外的今城基祠，今为修志年代光绪时期；袁州的仰山古庙，明弘治间还修葺过，其遗址实则保存到了近现代；分宜的仰山行祠，明朝多次重修，清朝乾隆年间还重修过。其他未明确记载修建年代的仰山祠或仰山行祠，如万载的仰山行祠、袁州春台的仰山行祠都保存到了清末民国时期。

仰山龙神信仰涉及袁州府的宜春、万载、分宜，临江府清江县、新喻县，吉安府的龙泉，瑞州府的上高县，共 4 府 7 县，其核心区域为袁州府的宜春县。仰山为古袁州府之镇山，其镇山之神即仰山龙神，龙神信仰由此兴起，远溯西汉。仰山龙神信仰的庙宇发展经由仰山古庙始，接着发展为仰山正庙，再发展为仰山行祠，最后发展为仰山子孙庙。仰

① （清）刘坤一等纂修：光绪七年刻本《江西通志》卷七十四，“建制略四”之“坛庙二”，第 15—54 页。

② （清）于成龙纂修：康熙二十二年《江西通志》卷二十四“祠祭”，第 28—33 页。

③ （清）黄廷金修：同治十二年《瑞州府志》（同治版）卷三，“建置”之“寺观”，第 30 页。

山龙神信仰以袁州府为中心，向周边区域扩散到临江府、吉安府等区域，甚至扩散到江西其他区域乃至省外。仰山龙神信仰除袁州府这一中心之外，临江府的仰山龙神庙比较多，仅新喻就有4所仰山龙神庙；瑞州府上高县与袁州府南北相邻，故而仰山行祠多达11处；吉安府的龙泉县有3所仰山龙神庙，也是仰山龙神信仰的一大重镇。另根据《清江县志》载："仰山孚惠行宫，在城南，旧碑剥落不可读。仰山，袁州山也，祠在宜春。宋淳熙中郡守沈铣以旱，遣官祷神立雨，因建行祠。又北乡距高桥里许及三都彭公塘，俱有仰山庙。"[①] 引文的前半部分内容与康熙版《江西通志》"祠祭"中所记载的仰山孚惠行宫基本一致，不过本引文补充了仰山龙神信仰在清江县除了县城附近外的其他两处的仰山祠情况。上述仅仅是方志文献记载的仰山龙神庙，民间的仰山龙神庙在袁州府下的宜春县、万载县几乎呈现出星罗棋布的态势，这两个县的仰山祠、仰山行祠几乎要以数十来统计。

（四）自然崇拜的龙王信仰

本类型的龙王信仰，带有更多的自然宗教色彩，其主神的神格并不高，抽象性不足。此类龙王信仰更多依附与地域龙潭、龙窟、龙池、龙泉，民众深信龙潭、龙窟、龙池、龙泉中潜藏有祸福本土的龙神，故而或立观坛以祷。下面的引文皆出自清朝编纂的《江西通志》与明代编纂的《赣州府志》，引述于下：

> 豢龙池，在广昌县城西南一里，有深潭无际，龙居焉，潭上有石盆，唐伍之奇常以食余置盆中，龙化为黑犬食之。至今豢龙池尚在，后人即其地建龙泉观。
>
> 陈石山，在瑞金县东北五十里，有岩深广十丈余，旧传陈霸先尝寄迹于此，上有龙，岁旱可祷。
>
> 三龙井，在金溪县东四十五里，有龙居之，昔刘仙师得豢龙

① （清）邓廷辑纂修：乾隆四十五年刻印《清江县志》卷五，"坛祠"，第87页。

术，能兴云雨。[①]

黄牛岭，在安福县东五里，一名龙山，上有三仙台，下有龙窟。

月山，在安福县西一百里，一名明月山，顶有石如月，下有月山寺，又西二十里为高峰山，山径峭险，上有龙潭，祷雨辄应。[②]

龙湖，(瑞金县)蓝田山巅，清澈如镜，旁有崖石林莽。盛暑至者，皆颤栗。中有龙穴，岁旱可祷。[③]

上述引文出自明末嘉靖版《赣州府志》1则，出自康熙版《江西通志》3则，出自光绪版《江西通志》2则。引文涉及的广信府的广昌县、赣州府的瑞金县、抚州府的金溪县、吉安府的安福县，其中安福与瑞金各2则。本类型的龙王信仰，因为依托与龙相关的自然物，大多没有建立专祀的庙宇，祭祀以祈雨为主。既然没有人工的祠庙为依托，则关于此龙王祭祀，多属于民间传说，史志记载均缺乏具体年代。

三、龙母信仰

在龙神家族中，龙女与龙母所代表的性别类型比较独特。民间信仰中，龙女主要与佛教产生联系，故而不在本书的论述范围。我国传统农耕时代，龙母信仰在民间信仰中占有一定的地位，尽管不能与龙神信仰、河神信仰、海神信仰相比拟。江西的龙母信仰可以追溯到唐，主要在江西的中部与南部流传，可以依龙母信仰区域分为赣中的龙母信仰与赣南的龙母信仰而分类。其中赣中的龙母信仰最具代表性。

(一)赣中的龙母信仰

赣中的龙母信仰对象龙母并非神龙，亦不是龙之生母。她只是人间一妇女，之所以被称为龙母，是因为她于龙的抚养有恩。赣中的龙母信仰依托于孝通庙，从庙的名称可以看出，龙母信仰有假借龙的孝行来

① (清)于成龙纂修：康熙二十二年《江西通志》卷七“山川”，第7—44页。

② (清)刘坤一等纂修：光绪七年刻本《江西通志》卷五十二，“山川略”之“山”，第11—20页。

③ (明)康河等修，董天锡、陈英、李国纪等纂：嘉靖十五年刻本《赣州府志》卷二，“山川”，第22页。

宣传民间之孝道。披览清朝编纂的《江西通志》与明朝正德版《袁州府志》，梳理出与龙母信仰相关的方志记载有以下几则：

孝通庙，在（庐陵）十都。（谢志有较详细叙述）

古孝通庙，在（峡江）县治南，初名永济，宋大观二年赐额孝通。

孝通庙，在（分宜）县西昌山渡，祀龙母。宋大观二年赐额，国朝顺治十五年知县吴南岱、十八年知县朱鼒修。康熙三年巡抚董卫国、六年守道施闰章修。（施闰章记：分宜昌山渡之西有庙焉，土人呼曰圣母，问之莫知所自。览郡志得卢肇氏《阅城君庙记》，其言颇怪，云嬴秦之季，有母温氏，□具无子，得巨卵于水涯，裹以衣袈，久之雷电交作，龙出其中，姥不怖骇，于是姥儿育而龙母事。龙日出扑鱼，为母□，一日，姥脍鱼江上，龙悠以尾触刃，断数寸许，遂惊去，姥嗟恨如丧厥子。后母卒，里人葬之岸侧，龙乃人形服哀，经语人曰：是当有水患，不可以藏吾母。夜大风雷，陟母于山巅，其封若厦屋，衰绖者滤失所在。土人异之，为立祠，既而龙降于祠堂，稍秃其尾，蜿蜒变化，视无常质。祷祠辄应。又称龙有伯叔季三人，唐元和中卢萼官南越，过祠下，梦龙伯语曰："君将宰邑西江其？我焉。"太和五年，萼果来宜春，遂治祠于昌山津。卢氏之言大略如此。且称为孝龙作铭，以美之曰："龙有孝思，俾民敦睦。"余读而嘉其言。袁州介在江西险僻之境，旧称蛟龙窟宅，如仰山之神二萧氏亦龙也。寓形于人，还自彭蠡，事与此近而此特以孝见称。且昌山峡，古谓之伤山，以其石齿铦厉波，舟多破溺也。迄今舟人上下，恃神以无恐。又若人子之事父母然。则神之孝笃其亲而慈及乎民，诗曰孝子不匮，永锡尔类。其龙之谓哉。庙当祀龙伯，而旧名龙母，盖崇其所报也。卢氏改书阅城君，谓母阅城人也。考稽方舆□记，古越城在广东之德庆州，有温媪墓，载媪死雍江险，龙子尝在墓侧萦浪转沙以成坟，与卢记小异。又按揭傒斯作峡江龙母祠记，称大观二年赐额曰孝通之庙。古祠在悦城，卢以悦为阅者，误也。余谓孝通之名正而可风，乃更榜曰孝通庙，书其梗概，仍别刻卢氏碑于庙左，俟博雅者并观焉。）雍正元年重修。①

孝通庙，在新淦南八十里峡江镇，相传秦时有温媪经程溪得巨卵，藏于家，生七龙，放之江。媪或至江口日，龙辄献嘉鱼，若祭养焉。媪死，葬程溪，将圯，一夕雷电迁之高冈，乡人为立祠，唐赐额曰孝通。②

昌山孝通庙，在（分宜）邑西昌山渡，唐大和间宜春令卢萼见，卢肇记。顺治十五年知府吴南岱檄修。十八年知县朱鼐修葺。康熙三年巡抚都御史董卫国发三千金饬县建前亭，层楹飞桷，视昔加盛。六年，守道施闰章刻卢氏碑于庙左，作孝通庙记。雍正元年，邑人张申基重修，增置门楼垣墙。乾隆十八年，知县陈大经倡建文昌阁于庙右。③

上述引文5则，来自康熙版《江西通志》1则、同治版《袁州府志》1则、光绪版《江西通志》3则。康熙版与光绪版引文互见者只选光绪版。引文祀奉龙母的庙宇全取名“孝通”，分布在袁州府分宜县、吉安府庐陵县、临江府的峡江及新淦县，这4县大体在赣中偏西区域。龙母信仰的祖庙应该在分宜昌山渡的孝通庙，因为它的源起可远溯唐大和年间，并与唐大和年间的宜春县令卢萼及江西历史上第一位状元卢肇有密切关系。临江府与吉安府的孝通庙都应属于分宜昌山孝通庙的分香庙。

孝通庙尽管肇兴于唐，宋朝获朝廷赐额，然真正被地方政府关注重视的朝代是清朝。清朝前与中期，袁州府台、江西省巡抚、宜春县令等多次修葺庙宇，江西省守道施闰章甚至亲自为庙作记，并有卢肇关于孝

---

①（清）刘坤一等纂修：光绪七年刻本《江西通志》卷七十四，“建制略四”之“坛庙二”，第2—48页。

②（清）于成龙纂修：康熙二十二年《江西通志》卷二十四“祠祭”，第28页。

③（清）骆敏修等主修：同治十三年科本《袁州府志》（同治）卷二，“建制”之“坛庙”，第16页。

通庙写的碑记立于庙左。

（二）赣南的龙母信仰

赣南的龙母信仰与许真君逐斩蛟龙有关，龙母乃蛟龙之母，蛟龙被许真君逐至岭下，回顾其母，故当地有惜母岭，康熙版《江西通志》“山川”曰：“惜母岭，在（南安）府治东二里，旧志云许旌阳斩蛟追至岭下，小蛟回顾其母，故名。岭下有惜母村。”① 在此传说基础上，赣南的南安府境内，民间兴建起龙母祠，康熙版《江西通志》中记载了关于龙母祠的4则材料，姑引于下：

> 龙母祠，在（南安府）广化寺左，水旱疾疫及艰嗣者，辄祷于此，同治五年捐修。②
>
> 龙母祠，在（南安）府治东一里，广化院左，郡人水旱疾疫求嗣者祷焉，山有泉颇灵异。
>
> 清惠泉，在（南安）府东一里，狮山之腰龙母祠左。
>
> 狮山，在（南安）府城一里，石壁右，石壁即此山迤左者也，如狮蹲踞，有泉清冽，一名会泉，泉右有龙母祠。③

上述4则引文所记的庙宇似乎是同一庙宇，只是引文的出自不同或记载的角度不同而已，第1则引文与第2则引文内容大致相同；第3则引文与第4则引文都只是在记载其他景观时涉及龙母祠。南安广化寺旁的龙母祠属于民祠范畴，影响不大。

第二节　江西的河神信仰

河神是我国民间信仰的重要对象。江西的江河因为直接发源域内的

① （清）于成龙纂修：康熙二十二年《江西通志》卷七“山川”，第53页。

② （清）刘坤一等纂修：光绪七年刻本《江西通志》卷七十八，“建制略”之“坛庙六”，第2页。

③ （清）于成龙纂修：康熙二十二年《江西通志》卷七“山川”，第38—56页。

山区，河道在崇山峻岭间穿行，落差大，峡口多，更容易造成水上交通祸患与农业生产的水灾。故而河神信仰在江西传统社会向来兴盛，重要的河神庙宇纳入朝廷的正祀范畴，民间对河神的祀奉尤其普遍而虔诚。

江西的河神信仰在全国的河神信仰中具有独特的地位，江西道教净明道的祖师许逊真君就是我国中世纪的治水英雄，许真君及其西山十二真君之所以在江西得到普遍奉祀，与他们治蛟龙业绩有莫大关系。明清时期，江西的河神信仰分两大系列：一是围绕水府庙的信仰，这种信仰大多被纳入朝廷的正祀范畴，官方色彩浓郁；一是从民间兴起的河神信仰，这种信仰往往围绕某一具体的历史人物而展开。

一、水府信仰

江西水神信仰的核心是围绕水府庙而展开的信仰，也即水府信仰。水府信仰的主神是水神，为水神专立的祠庙多以水府庙或水府祠称之。水府庙之主神水神，与龙神庙之龙神一样，也属于神格化、抽象化的神灵，故而也多纳入传统农耕时代的各级行政的正祀范围。水府庙的兴建或修缮，都以政府地方官亲自出面主持，故而水府信仰带有较强的官方色彩。根据清朝编纂的《江西通志》，梳理出下列关于水府庙的记载：

> 水府庙，一在（瑞金）朝阳门内，南折马道前，嘉庆五年移建大元观前；一在（瑞金）德义门内东折马道前；一在（瑞金）拱辰桥右。
>
> 下水府庙，在（定南县）西门外，临河，明宏治间毁为礼亭，正德初复为庙，八年毁于寇，十一年推官危寿建，万历三年知县王继孝修，国朝乾隆十六年知县梁其光修。
>
> 水府祠，在（会昌县）明山麓，明崇祯二年知县梁宏建修。[①]
>
> 水府庙，在（兴国县）治东江畔，明正德间建，国朝同治七年重建。

① （清）刘坤一等纂修：光绪七年刻本《江西通志》卷七十八，“建制略四”之“坛庙六”，第43页。

水府庙，在（雩都）东门外，明洪武间知县宫好礼建，万历间重修。

水府庙，在（信丰县）水北坊桃江。

水府庙，在（南康县）南关外西南隅。

水府庙，在（永宁县）六保回碧亭，明宣德九年建，国朝嘉庆二十五年重修。

水土神祠，在（永宁县）罗陂口巨石上，典史石彬为修陂塘而立。

水府庙，在（安福县）北门外。

水府庙，在（永丰县）二十都。

马颊庙，在（永新）县东四十里，祀水神。明隆庆间县丞应本泉捐修。

大廖庙，在（万安县）大廖滩上，祀河神。①

水府庙，在（九江）府西门外，又一在瑞昌县。

野猪河水，在万载县西三十里，源出金钟湖，北游会竹渡水合龙河，奔澎峻急，舟过甚险，立水府祠镇之。②

上述15则引文，出自康熙版《江西通志》2则，出自光绪版《江西通志》13则。引文涉及18所水府庙，记载了修建或移建年代的有永新马颊庙（明）、永宁水土神祠、永宁六保水府庙（明建、清修）、雩都水府庙（明）、兴国水府庙（明建、清修）、会昌水府祠（明）、定南下水府庙（明清复）、瑞金朝阳门内水府庙（清移建）8所，其中7所明确叙述为明清时期建或修，永宁县水土神祠由典史石彬修建，然很难查到石彬生活的具体时代，据推测亦应属于明清时期。

引文涉及的18所水府庙，其中瑞金3所，永宁县2所，定南、会昌、

① （清）刘坤一等纂修：光绪七年刻本《江西通志》卷七十五，"建制略四"之"坛庙三"，第7—62页。

② （清）于成龙纂修：康熙二十二年《江西通志》卷七"山川"，第21—39页。

兴国、雩都、信丰、南康、九江（德化）、瑞昌、安福、永丰、永新、万安、万载各1所。按照府州统计，则赣州府（瑞金、定南、会昌、兴国、雩都）有7所，吉安府（安福、永宁、永丰、永新、万安）有6所，九江府（德化、瑞昌）有2所，袁州府（万载）、广信府（广丰）、南安府（南康）各1所。水府庙主要分布于赣南（赣州与南安）与赣中（吉安），也即分布在赣江流域，尤其是赣江上游与中游。

18所水府庙，设在城外的有万载水府祠设在县西三十里、万安大廖庙设在大廖滩、永丰水府庙设在二十都、永新马颊庙设在县东四十里、永宁水土神祠设在罗陂口、永宁水府庙设在六保、会昌水府祠设在明山麓共7所，其他11所均设在城郊。由此可见，水府庙以设置在城郊为主，方便地方官吏祭祀祈祷水神。

二、民间河神信仰

如果说水府信仰带有更多的官方正祀色彩，那么民间的河神信仰则更加的民间化。江西的河神信仰主要兴起并盛行于元明清时期，主要的河神有晏公、萧公，还有知名度稍低的河神陶九相公及李公。

（一）晏公信仰

晏公信仰，若从其信仰对象晏公之生世，则可追溯到元朝；若从其成为较有影响的水神，则是明清时期的信仰。晏公信仰最早形成于江西中部，明朝初期因为得到朝廷封赐而逐渐成为全国性的信仰，尤其是在长江中下游地区较为流行。民间逐渐把晏公信仰与妈祖海神信仰结合起来，晏公成为妈祖的部将，这一身份的改变，对其传播范围的扩大有一定的帮助，但事实上会因为妈祖信仰的太强大而导致晏公信仰的衰弱，清朝时期，晏公信仰有所削弱即与此有关联。

《三教源流搜神大全》较详细地记载了晏公的生平事迹："公姓晏，名戍仔，江西临江府人也。浓眉虬髯，面如黑漆，平生疾恶如探汤。人少有不善，必曰：'晏公得无知乎？'其为人敬惮如此。大元初以人才应选入官，为文锦局堂长，因病归，登舟即奄然而逝，从人敛具一如礼。未抵家，里人先见其扬驺导于旷野之间，衣冠如故，咸重称之。月余以死至，且骇且愕，语见之日，即其死之日也。启棺视之，一无所有，盖尸解云。父老知其为神，立庙祀之。有灵显于江河湖海，凡遇风波汹涌，商贾叩投所见，水途安妥，舟航稳载，绳缆坚牢，风恬浪静，所谋顺遂也，皇明洪武初诏封显应平浪侯。”由此可见，《三教源流搜神大全》对晏公成为水神的前因后果及其功能都记载得十分详细。

江西作为晏公信仰的发祥地，晏公祠、晏公庙的修建尤为普遍，下文就江西本土方志中略引于下：

> 晏公祠，在（赣县）储树潭，祀明初封平浪侯元清江人晏戌仔。
>
> 晏公祠，在（鄱阳）城西，祀元文锦局堂长晏戌仔，明洪武间建，国朝顺治刘愈奇修，乾隆五十四年重修。
>
> 晏公庙，在（铅山）县治西三里西关水口上，祀元晏戌仔，明皇庆间建，国朝雍正间重建，附祀前明知县笪继良。
>
> 晏公庙，在（泰和县）三十九都，滨江，明洪武间建。①
>
> 晏公庙，在（饶州府）城西柳林□，明洪武间创，又一在安仁县南门外。
>
> 晏公庙，在（临江）府治东北三十里清江镇。旧传本镇人戌仔，元初为文锦局堂长，因病归，登舟即尸解，人以为神，立庙祀之有灵，显于江湖。明封平浪侯。②
>
> 晏公庙，在（清江县）清江镇，濒江。明洪武间建，郡人聂铉记、《一统志》云：“晏公名戌仔，本镇人，元初为文锦局堂长，因病归，登舟尸解，人以为神，立庙祀之，有灵江湖间，永乐中封平浪侯。”③
>
> 晏公庙，在（高安县）迎恩门内，颜曰平浪王，旧有祠。康熙甲辰本坊买基鼎建。辛亥，陈汝言建两廊并砌甬道。咸丰兵毁，同

① （清）刘坤一等纂修：光绪七年刻本《江西通志》卷七十五，“建制略四”之“坛庙三”，第4—56页。

② （清）于成龙纂修：康熙二十二年《江西通志》卷二十四“祠祭”，第10—28页。

③ （清）德馨等主修：同治十年科本《临江府志》卷六，“坛庙”，第9页。

治己巳众修。[①]

晏公祠，祀元文锦堂长戌仔，在多江，明洪武十四年龙明远建，万历十六年水圮，明远孙高腾重修。[②]

以上9则引文，分别引自康熙版《江西通志》、光绪版《江西通志》、同治版《瑞州府志》、同治版《临江府志》与民国《万载县志》。从引文可以看出，晏公信仰的场所或称晏公祠，或称晏公庙，但称庙的更为普遍。引文涉及的晏公祠庙有8所，其中引文第6则与第7则是同一晏公祠在不同志书的记载；第2则与第3则所涉及的鄱阳或饶州府城西的晏公庙所指亦是同一所，然第3则引文除了提及城西晏公庙，还提及安仁县南门外也有1所晏公庙。此外，临江府新喻仙女湖的萧公祠中，其实也供奉有晏公神像，属于兼祀。万载县“邑西五十里浩石”有“晏公庙渡”，建于嘉庆十年。[③] 此晏公庙与引文中万载多江晏公祠不属于同一庙宇。

上述引文中所涉及的晏公庙分布于赣县、鄱阳、安仁、铅山、泰和、清江、高安、万载共8个县级区域，涉及的府州有赣州（赣县）、饶州（鄱阳、安仁）、广信（铅山）、吉安（泰和）、临江（清江）、瑞州（高安）、袁州（万载），江西的东南西北中各个方位都涉及。当然，江西首府所在地南昌、赣中南的抚州与建昌、赣北的九江与南康，这些区域的晏公庙记载不多。

（二）萧公信仰

江西与福建都有萧公信仰，然二省信仰却有所不同。首先主神不同，江西的萧公是江西临江府新淦人，萧公非一人，而是有萧氏祖孙三人，即萧伯轩、儿子萧叔祥与孙子萧天任，而福建的萧公是福建大田人。

---

① （清）黄廷金修：同治十二年《瑞州府志》卷三，“建置”之“寺观”，第27页。

② （民国）龙赓言主修：民国二十九版《万载县志》卷二“营建”之“桥渡”，第16页。

③ （民国）龙赓言主修：民国二十九版《万载县志》卷二“营建”之“桥渡”，第16页。

其次，信仰兴起的时代不一样。福建的萧公信仰对象生于北宋，而江西的萧公三代活动于南宋后期及元。最后，信仰的内涵不一，福建的萧公信仰主要是民间俗信，惩恶扬善、祈雨保苗、祛病除灾，故主神被封为圣君；江西的萧公主要是河神或水神，其功能是显威灵于江湖。

与晏公信仰具有一定的全国性特点相比较，江西的萧公信仰更多表现为江西特色的水神信仰。江西的萧公信仰兴起于赣中临江府新淦县，其县与晏公信仰发祥地清江县属于一南一北的毗邻县。萧公信仰肇兴于南宋末与元初，盛行于明清时代，晏公信仰兴起于元与明初，略晚于萧公信仰。江西各地于明清时期建立了不少的萧公庙以祭祀河神萧公。兹根据明清时期编修的江西地方志，梳理出以下关于萧公信仰的内容。

萧公庙，在（九江）江之北。

阳湖庙，在安义县向阳门外，祀萧九真人，乡人有祈则应。

大唐庙，在安义县城隍庙西，祀萧七真人，市民每祷辄应。

萧公庙，在新淦北四十里大洋洲，宋咸淳间邑人萧伯轩死，为神，民为立庙。元时以其子祥叔合祀焉。明永乐中，其孙天任卒，屡著灵异，亦祀于此。诏封为水府灵通广济显应英佑侯。①

萧公庙，祀宋萧天任，在（兴安县）考棚前，乾隆四十年重建，同治四年重修。

水府庙，在（吉安）府南龙须寺右，祀水府萧伯轩之神，明正统初知县陈水深建，旧名英佑庙。

英佑侯庙，在（新淦）县北大洋洲，祀宋邑人萧伯轩及其子叔祥、孙天任，明成化间敕封天任英佑侯。（谢志，曾鼎记，天地化生万物，人为最灵。人而为神，又其人之最灵者也。盖山川扶舆清淑之气所萃，其生而为人能积功累仁，有以济人泽物，故其没也，神气流行于天地间，升降无穷，变化莫测，与山川岳渎相为悠久，灵应显著有不测而然者矣。临江新淦大洋洲萧氏，其先世居开

① （清）于成龙纂修：康熙二十二年《江西通志》卷二十四“祠祭”，第19—28页。

封，宋绍定中有曰永康，官至金紫光禄大夫、开府仪同三司，子兰芳登咸淳进士，仕为吉州刺史，卒于官。子伯轩遂择新淦山水之胜而家于大洋洲，不事家人生业，惟以济人泽物为务，晚有神，议事皆前知，其没，竟为水府之神，立庙于家，元至大间封五湖愿应真人。子叔祥复生而神异，往往能拥护舟楫于江湖风浪之间，至正五年封永宁神化普济显德舍人。太祖高皇帝平定天下，营建京都，常遣官以牲醴谕祭。其次子天任亦生有灵异，人有所叩，无不前知，永乐乙酉冬忽绝粮端坐，越旬，令庙祝杨文取一白石啖之，即坐而瞑目，后乡人商游者往往于川蜀江淮间见之，凡水旱疾疫有求皆应。今江湖行舟者莫不仰载之，即所谓英佑侯是也。嗟夫，生而为人，没而为神，灵应显迹，非人之所能测，意其神气所在，冥冥中必有受命于天帝，以赞化而司水土，故其功德显著，有不可掩如斯大。或曰神依人而灵，故诚之所感，神必应之。今江湖风波之险，舟楫侧摧，在于顷刻，叩之者未有不诚，故神之显应宜矣。奕世彰灵，湖海仰赖，名扬水府，庙祀无穷，是不可以无纪，故书其大概于石，系之以诗曰：紫淦之东山水雄，扶舆磅礴气所钟。迭生神人握化工，积德累仁由厥躬。济人利物苏疲癃，御灾捍患祛蛇虫。障风息浪走蛟龙，扶危振弱顾盼中。神游海上锡侯封，万古吁祈皆感通。三世显化福惠隆，祀典千年香火崇，吉庆绵绵子孙逢。）

萧公庙，在（清江县）清江镇，祀英佑侯萧天任，嘉庆二十三重修。

水府庙（新喻），祀萧公晏公，萧，宋清江人，晏，明新淦人。[①]

上述 9 则引文，引自康熙版《江西通志》有 4 则，引自光绪版《江西通志》有 5 则。引文涉及萧公信仰的庙宇有 8 所，其中第 6 则与第 7 则引文所涉及的庙宇属同一所。这 8 所萧公信仰庙宇只是江西省民间萧

① （清）刘坤一等纂修：光绪七年刻本《江西通志》卷七十四，“建制略四”之“坛庙二”，第 5—58 页。

公信仰的部分庙宇。

上述关于全省萧公信仰庙宇引用涉及的县级区域有德化、兴安、庐陵、安义、新淦、清江、新喻等，分别属于九江府、广信府、吉安府、南昌府、临江府，其中临江府所辖之3个县皆有萧公庙。由此可见，萧公庙的信仰中心在临江府。新喻祀奉萧公的庙宇是水府庙，它祀奉的水神为萧公与晏公，比较特别。

（三）其他河神信仰

除了晏公与萧公这几尊主要的河神外，江西省还有些知名度稍低的河神，如陶九相公与李公，前者属于九江德化县的河神，后者属于袁州府分宜县的河神。由于区域范围不大，康熙版与光绪版《江西通志》对之记载也不多，仅发现3则：

水府祠，在（分宜）县东五里耽江，世传土人李机殁为神，洪武十七年知县姜从道请建祠，万历二十六年敕封水府神、护国真人，岁久废，今修复。

陶九相公祠，在（德化县）九湾，明正德中九江大旱，有僧谓湖滨父老曰："诸神能救旱者，惟陶九耳。今其像在黄梅五祖寺庑下。"父老怪之，往访迎归，果大雨，因祀之。按陶九，天完之裨将也。[①]

陶九相公祠，在（九江）城外五里仁贵乡芳兰湖，九水会焉，曰九龙湾，即陶太母之墓处。墓所有社坛。正德中九江大旱，有僧谓湖滨父老曰："诸神能救兹旱者，惟陶九耳。今其像乃在黄梅五祖寺之庑下。"父老怪之，相率往访，果有像，凿沉香之质，具而未饰也。迎归，饰而吁之，果大雨，因祀之。[②]

---

①（清）刘坤一等纂修：光绪七年刻本《江西通志》卷七十七，"建制略四"之"坛庙五"，第22—36页。

②（清）于成龙纂修：康熙二十二年《江西通志》（康熙版）卷二十四"祠祭"，第21页。

上述引文中前两则所记载的内容大同小异，都是关于九江陶九相公的记载，二者的内容可以相互补充，如光绪版《江西通志》关于陶九相公的记载，明确交代了陶九公的身份，是天完之裨将，即元末农民起义首领徐寿辉的部将；而康熙版《江西通志》关于陶九相公的记载，进一步明确了陶九相公祠的具体位置，即在九江府城外五里的仁贵乡芳兰湖龙湾，地处九水交汇处。两则引文关于陶九相公如何由安徽黄梅五祖寺落户到九江，记载内容大体相同，即因祈雨因缘，有感后而被奉祀。

第 3 则引文介绍袁州府分宜东耽江的李机水神信仰来由。根据引文，李机乃分宜本土人，大约生活于元末明初，殁后为神。明初分宜的地方官知县姜某为其建祠，明末万历二十六年得到朝廷封谥为水府神与护国真人。明末与清朝很长一段时间祠宇废弃，到光绪年间得以修复。分宜耽江水府之神信仰属于明清时代的江西县域范围内的信仰，与此相类似的还有宜春城西的水府神供奉唐代袁州刺史李将顺，其情形大体相似。

第三节　江西道教民间俗神信仰

道教信仰类型复杂，有对道教天尊与教主之信仰，有对历史上修道成仙者的仙道信仰，有对道教虚构的神仙人物的信仰，还有对道教民间俗神的信仰。对道教天尊与教主的信仰，是道教正信之核心，以宫观为主要信仰场所；对道教历史上修道成仙者的信仰，这种道教仙道信仰属于道教正统信仰的重要组成部分，其信仰场所除了宫观外，主要以坛庙为主；对道教虚构的神仙人物之信仰，也是道教正信信仰的重要补充，一般没有信仰场所为依托；对道教民间俗神的信仰，是道教民间化的重要表现形式，其信仰场所以民间祠庙为主。

江西是道教大省，是道教民间信仰的大本营。江西民间道教信仰的神灵体系与正统道教神灵体系有所不同，它以民众认可且与民众生活息息相关的神灵为主，这些神灵或能为民众捍患御灾，或能祈保长寿安乐，或能满足民众期望。民众以村社为单位，为这些神灵建立祠庙、供以三牲、建以醮仪、娱以戏乐。在江西民间活跃着数不清的民间火居道士，是创设民间祠庙、供奉道教俗神与传播道教俗神信仰的主要群体，乡村或村镇民众是道教民间俗神信仰的基本群众。

以信仰对象为分类准则，江西道教民间俗神信仰类型众多，如南岳信仰、东岳信仰、康王太保信仰、刘猛将军信仰、三将军信仰、五通神信仰、杨泗将军信仰、傩神信仰、真武信仰、三奶信仰、梅山信仰、天符信仰、张王信仰、天后信仰，凡此等等，名目繁多，不胜枚举。这些道教神灵，大多收录于道教神仙谱系，大多不可考稽。道教的龙神信仰、水府神信仰、土地信仰、海神妈祖信仰、许真君信仰，都已经道教民间俗神化，甚至佛教的观音信仰也连带有一定的道教俗神化特点。

一、真武信仰

在民间俗神谱系中，真武的地位崇高，往往坐镇道场法坛，江西民间火居道士尊称真武为祖师，即“真武祖师”。在江西道教民间祠庙中，真武大帝往往作为配神合祀于正殿，得到民众的普遍信仰。除此之外，明清时期江西民间还有不少专奉真武的祠庙，根据笔者对康熙版与光绪版《江西通志》的梳理，并结合同治版《袁州府志》与明嘉靖版《赣州府志》，大体梳理出以下江西境内奉祀真武的部分庙宇：

> 升龙观，在瑞昌县治南半里，真武栋盘二龙一日忽不见，夜半殿角有声，如风雨骤至。翌日龙还如故，有藻荇在鳞甲间，故名升龙。
>
> 真武庙，在湖口县祐矶崇福山。
>
> 元帝庙，在（南康府）城北颜家山。
>
> 饶关真武庙，在（饶州府）祝君坊，明万历十八年知府杨际会从士民议，塞岭不使郡流外泄，建庙于上，乃水复冲堤，舟行如故，论者谓当日尚未得塞水之诀云，庙今废。①
>
> 莲花观，一名真武堂，在饶州府千秋乡，晋时……
>
> 武山，在万年县东四十里，一名武石峰，怪石巉岩，瞰江浒，

① （清）于成龙纂修：康熙二十二年《江西通志》卷二十四“祠祭”，第12—50页。

有仙人岩、龙虎穴诸胜。山顶有真武庙，庙后有池，泉流不竭。

元极庙，在（永宁县）北门外，明嘉靖三十年知县张节建，岁久渐圮，国朝乾隆四十七年知县沈肇泗修。

景德观，在赣州府城北，即今景凤山真武庙，南唐时建，元道士田纯静修炼于此。

治岩，在兴国县西里许，俗呼观音岩……顶有真武坛，越里许为江东祠，祠古桧二株。

西华山，在赣县东北一百里，上有真武殿，创自天宝六载，敕曰灵山，间有雷火扫殿宇。①

（安远县有）真武（宫）。②

太平山，在（南安）府治东北十里，……两山如龟，郡人为立元武庙，上有泉。

高灵山，在南康县东南三十里，……旧有元帝阁。③

云峰岭，在新昌县西北九十里，其山性腴，四时之菜自生，上有龙潭、真武坛、张梅二仙坛及仙人石迹。④

佑圣观，在（新昌县）左街正北，宋庆元间有龟蛇见于姚溉地上，人患之。有道士李石田募其地建真武殿于其上，以镇之，始灭迹。嘉庆十九年重修。⑤

下北帝观，在新淦县北三十里，许旌阳修道之所，晋永嘉时建，更有上北帝观，在善政乡钟山，有咸淳铁瓶二座，久废。

玉清观，在（南昌）进贤门外水次仓口，宋庆元二年九江道士

---

①（清）刘坤一等纂修：光绪七年刻本《江西通志》卷五十六，“山川略”之“山”，第2—61页。

②（明）康河等修，董天锡、陈英、李国纪等纂：嘉靖十五年刻本《赣州府志》卷二，“山川”，第22页。

③（清）于成龙纂修：康熙二十二年《江西通志》卷七“山川”，第51页。

④（清）刘坤一等纂修：光绪七年刻本《江西通志》卷五十，“山川略”之“山”，第30页。

⑤（清）黄廷金修：同治十二年《瑞州府志》卷三，“建置”之“寺观”，第35页。

黄自然来此，善疗疾疫，京相镗舍园为观，祀真武。[①]

（南昌府宁州）真武行祠。[②]

北极行宫，在宜春台下背后，旧为古刹，后没宦族。万历间融风煽焰，官民祷于元帝之神，赖以安，因捐金买复故基建宫以祀。推官徐之孟记。乾隆二十年，郡守陈廷枚倡修重新。[③]

上述关于明清时期江西境内祀奉真武主神的观宫祠庙共19则引文，引自康熙版《江西通志》有7则，引自光绪版《江西通志》有9则，引自同治版《袁州府志》1则，引自同治版《瑞州府志》1则，引自明嘉靖版《赣州府志》1则。这些引文记载的奉祀真武的场所或称“北极行宫”，或称“真武行祠”，或称“北帝观”，或称“真武坛”，或称“真武庙”，或称“元武庙”，或称“真武殿”，或称“真武宫”，或称“元帝阁”，或称“元极庙”，或称“真武堂”，名称可谓五花八门。少数祀于宫观中，如南昌进贤门外玉清观、新昌县左街正北的佑圣观与瑞昌县治南的升龙观。有些既称宫观，也以“真武”命名的，如赣州府城北的景德观，亦称“真武庙”。

上述引文提及的真武信仰场所，明确记载到明清时期修建的有宜春台背的北极行宫、永宁县的元极庙、饶州府的饶关真武庙共3所，记载明清时期还在重修的是新昌县左街的佑圣观，确切记载元朝仍有道士在宫观活动的是赣州府城北的景德观，其他14所都未明确记载确切朝代，然既然记载在志书，至少修志时代还应该保留有场所或遗迹。

上述19则引文关于祀奉真武的场所，涉及的县级行政区域包括宜春、宁州、南昌、新淦、新昌、赣县、兴国县、安远县、南康县、永宁、鄱阳、万年、湖口、瑞昌、星子等共15个，涉及的州府有袁州府（宜

---

① （清）刘坤一等纂修：光绪七年刻本《江西通志》卷一二一，“胜迹略四”之“寺观一”，第31—32页。

② （清）于成龙纂修：康熙二十二年《江西通志》卷二十四“祠祀”，第10页。

③ （清）骆敏主修：同治十三年刻印《袁州府志》卷二，“建置”之“坛庙”，第13页。

春县）、南昌府（南昌与宁州）、临江府（新淦）、瑞州府（新昌）、赣州府（赣县、兴国、安远）、南安府（南康）、吉安府（永宁）、饶州府（鄱阳、万年）、九江府（湖口、瑞昌）、南康府（星子）有10个，缺少抚州、建昌、广信3个州府。从引文中祀奉真武庙宇分布的州府分析，赣州府有4所，饶州府有3所，南安府、瑞州府、南昌府、九江府有2所，袁州府、吉安府、临江府、南康府各1所。从江西境内真武信仰场所的分布区域看，真武庙几乎分布于全省的东南西北中大部分区域，其中赣南（赣州府与南安府）、赣中（南昌府、瑞州府、吉安府）与赣北（九江府、南康府与饶州府）最多，各有6所；赣西的真武祀奉场所也相对较少，袁州府仅有1所；赣东（包括建昌、广信两府范围）则缺少关于真武祀奉场所的记载。

上述19处关于真武信仰的场所，并非江西境内所有的真武信仰场所，大量的真武信仰场所并未纳入地方史志，有些真武场所散见于修道者的经历中，如明朝的新喻道士钟山悬，“早岁出家，住北帝观，得内法”[①]。

二、刘猛将军信仰

明清时期，江西境内对刘猛将军信仰这一俗信，几乎是官民共享，极其普遍。官民共祀刘猛将军，把他当作司蝗之专职神，故刘猛有“虫王”之称号。刘猛本为南宋抗金英雄，死后被南宋朝廷封为执掌除蝗的天曹猛将，究其因，大体是把蝗虫喻作外族入侵，故而抗击外族如今又如民间驱蝗。

中国传统社会农耕为本，对农耕影响最大的除了水旱灾害外，就数虫灾最厉害，而虫灾中又以蝗虫之灾最难对付。本于重农传统，刘猛将军的信仰带有全国性特征，并非江西所特有，然江西作为稻作农业的重镇，民间对蝗虫神刘猛将军的信仰更为虔诚，更为普及。梳理明清时期的江西地方史志，有如下关于刘猛将军庙的记载，故引述于下：

① 《中国地方志佛道教文献汇纂·人物卷》，第65册，引《江西通志》（雍正十一年刻本）“人物志”，第95—96页。

刘猛将军庙，在（定南县）文昌山昭忠祠侧，咸丰九年同知邱文光建。

刘猛将军庙，在（雩都）城内鲸音阁。

刘将军庙，在（赣县）均井巷，旧在灵山庙左，祀驱蝗神。道光二十年建，寻圮。同治十一年移建今所。

刘猛将军庙，在（大庾县）城隍庙左。

刘猛将军庙，在（彭泽县）西门外河滨，道光二十六年仍关帝庙旧址新建，咸丰间毁。

刘猛将军庙，在（瑞昌县）县署后，道光十五年知县董思诚建。

刘猛将军庙，在（德化县）县治东东岳庙之左，雍正十二年知府蔡学颢、知县张思恬建。

刘猛将军庙，在（安义）夕山书院右，道光二十年知县潘尊贤奉文建。

刘猛将军庙，在（南城）县城隍庙东偏，道光十五年建。

刘猛将军庙，在（东乡县）兵备府，道光十六年建，寇毁，咸丰十年知县周溯贤建。

刘猛将军庙，在（金溪县）学东北，道光二十一年建。

刘猛将军庙，在（永丰县）城隍庙右，道光二十三年知县冯询建。咸丰间寇毁。

刘将军庙，在（庐陵）县廨左，旧为知府林逢春祠，雍正十一年知府张坦让、知县吴兰成因祠址改建。

刘猛将军庙，在（靖安县）文昌先代殿后，道光二十八年建。

刘猛将军庙，一在省城隍东偏，祀司蝗神，雍正二年始列祀典。（谨案神旧传为南宋刘宰或元元指挥刘永忠，祈州府志以为宋刘錡，王鏊《姑苏志》作刘锐，刘錡之弟）道光四年，两江总督陶澍奏请修庙，御赐神参乘畀额，始建于此。一在百花洲东湖书院右，咸丰八年布政使龙启瑞建。[①]

刘猛将军庙，有二：一在（宜春县）忠毅左侧横塘袁姓绅耆建，咸丰八年，蝗害，知县陈崑设立，为文以祭，遂大雨，蝗绝，因令建祠祀之；一在荐外乡十九福图，与斌兴寺合基。

刘猛将军庙，在（分宜）县东门外先农坛右，道光十六年知县曾兴仁建，有记。[②]

刘猛将军庙，二：（万载）城内福寿坊，并祀财神；三区朱溪桥。[③]

上述18则引文，引自同治版《袁州府志》的2则，引自民国版《万载县志》1则，其他15则全引自光绪版《江西通志》。引文关于江西省各处所建专祀刘猛将军坛庙，其坛庙名称基本一致，统称“刘猛将军庙”，与其他信仰很不一样，因为大部分俗信对祀奉同一俗神的称呼有多种。上述18则引文所涉及的刘猛将军庙共21所，其中明确记载建于或修复于清朝有16所，占绝大部分，其他5所未记载建筑或修建年代。由此可见，清朝是刘猛将军信仰的鼎盛时期。

上述引文所叙述的21所刘猛将军庙，具体分布在宜春、万载、分宜、南昌、靖安、庐陵、永丰、金溪、东乡、南城、安义、德化、瑞昌、彭泽、大庾、赣县、雩都、定南18个县，其中宜春、万载与南昌二县各有两所。从上述县所在州府分析，袁州府（宜春、万载与分宜）5所，赣州府（赣县、雩都、定南、大庾）4所，九江府（德化、瑞昌、彭泽）与南昌府（南昌与靖安）各3所，吉安府（庐陵、永丰）、抚州府（金溪、东乡）各2所，建昌府（南城）与南安府（大庾）各1所。江西境

① （清）刘坤一等纂修：光绪七年刻本《江西通志》卷七十三，“建制略四”之“坛庙一”，第2—50页。

② （清）骆敏主修：同治十三年刻印《袁州府志》卷二“建置”之“坛庙”，第15—16页。

③ （民国）龙赓言主修：民国二十九版《万载县志》卷二之三，“营建”之“祠祀”，第10页。

内所有州府中未涉及刘猛将军庙的州府仅有饶州、临江、南康3府。德化的刘猛将军庙纳入当地县政府常祀，“(德化县)刘猛将军庙祭银二两二钱八分六厘八毫”①。

三、康王信仰及其传播

康王信仰是江南比较盛行的民间信仰，其信仰对象为康王，也称康王大保。康王信仰大体兴起于南宋，于明清时期最为盛行。关于康王信仰的对象康王，方志的说法与民间的说法不同。地方志认为康王之南宋大将康保裔，见诸江西的乾隆《泰和县志》《新建县志》等江西地方志中，《中国民间诸神》也有记载，康保裔本为北方河南人，在与敌战斗中英勇牺牲，故被供奉。民间的康王则多认为是南宋开国皇帝赵构，因他在继承皇位之前曾被封为康王。康王的说法尽管不一，但时代大体相同，都是南宋初或前期。

康王信仰也是明清时期江西地方信仰中比较具有代表性的信仰。在江西民间，康王一般叫太保，其庙宇经常简称为太保庙。江西明清时期的地方史志中有很多康王庙的记载，胪列如下：

> 康侯祠，在(大庾县)孝友坊，祀宋康保裔，道光二十六年毁，合邑公建。
>
> 治平观，在兴国县西门外，晋太康元年建尧山堂。外纪称葛洪过兴国，凿池洗药，俗传即此地。旧有吹箫台，已废。前有井号葛洪井。今观内不奉葛洪而祀康保裔。②
>
> 太保庙，在德化县学前，一在南门外。
>
> 忠烈康王庙，在(饶州府)魁辅坊，神姓康名保裔，宋真宗时没于王事，故祀之，然康姓何以称康王，无考。③

① (清)刘坤一等纂修：光绪七年刻本《江西通志》卷八十一，“经政略六”之“祀典”，第22页。

② (清)刘坤一等纂修：光绪七年刻本《江西通志》卷一二五，“胜迹略四”之“寺观五”，第12—48页。

③ (清)于成龙纂修：康熙二十二年《江西通志》卷二十四“祠祭”，第11—21页。

康王庙，在（永宁县）八保横路，距城十里。

康王庙，在（龙泉县）水南长庆坊，祀宋康保裔，咸丰六年毁，同治元年重建。

康王庙，在（永丰县）城隍庙右，祀宋康保裔。

康王庙，一在（吉水）东门内，一在（吉水）城南。（府志，宋杨长儒记，圣天子即祚之六年，有盗弄兵，骚江湖瓯闽，郡邑民罹祸……睨吉水永丰安福三邑者，不一一将甘心焉。然及境弗能入，望郭弗能迩，盗每怪之。或讯其故，盗曰："吾欲屠三邑，甚而行，辄尼之，旌旗缤纷，戈甲布列，士马阗溢，威风震叠，吾前弗可，故溃故逃，徐而谋之。"野旷师寂，孰为此者，盖威显灵应英烈王之神为国为民，遂跻登兹，王之神灵大矣哉。惟王之神，东岳之毗，建炎四年夏四月，福建路制置使辛企宗以兵三千平江东魔寇数十万，王之神相之也。神繇兹著祀日以昌，庙昉于信州之弋阳县。神之言曰：吾康其姓，太保其称，而朝廷封爵公之王之，宜相曰威济。建炎曰善利。绍兴曰孚应，庆元曰英烈，字八而止。宝庆褒表以显易济，以灵易孚，加美而弗增焉。庙食之广于江于淮于闽于浙，若显若灵，□□弗终。凡水旱盗寇，凡札□凡祷祈，拜谢未终，心口相语，诚之所发，神已响答。能使死者生，疾者安，凶者吉，谒者遂，王之神灵大矣哉。王之功德庶矣哉。……）

康王庙，在（泰和县）东门外，祀宋康保裔。

灵佑康王庙，在（庐陵）白沙，祀宋康保裔。（谢志，宋欧阳守道记，详细记载了康王之历史来源。）

康王庙，在（峡江）小东门外，祀宋都护康保裔。

灵佑庙，祀宋都护康保裔，一在（新喻）县西风雨坛侧，曰北山庙。

冲真庙，在（上高县）北门，祀唐张巡、许远、宋康保裔，明洪武时建。[①]

四神庙，在（上高）县河南岸之东。四神者，秦赵昱、汉纪信、唐段秀实、宋康保裔。[②]

康王庙，在（进贤县）邑治西坛石山右，祀普利孚应康王，旧有失名庙碑，称神为宋将康保裔，谥忠烈，爵以王，神主镇钟陵，福善祸淫，水旱祷祀，无不响应。故民崇祀之。（府志，谨案进贤县志称康王神，或云周康王，或云楚康王，或云宋康王，或云康佑，或云康保裔。考宋史，康保裔传，洛阳人，官高阳关都部署，契丹犯河间，战殁，事在真宗本纪咸平三年。国朝南正爕《癸巳存稿》曰：江西泰和县康王庙，欧阳守道记云真宗时郡县请王封号者，即报可。南渡以后犹著灵，则宋时已为保裔立庙。县志又云或言唐时建，疑之。盖唐时古庙基也。建昌县志云保裔有德于建，保裔未曾至淮南，何由有德江西？按刘宋元嘉时刘子卿事庐山已有康王庙，山西介休康王庙，则祀康太尉浑。《岭南杂记》高州建太平□□土为仲，以蔗酒祭之，名曰康王，不知何神矣。）[③]

康王庙，在（丰城）坛石山，相传敕封善利孚应康王之庙，无考。[④]

英烈祠，祀宋康保裔，凡三：（万载）南浦坊；邑西水口，嘉庆庚午，八都一图建；石溪扶仙庙圮，明嘉靖时郭姓众建。[⑤]

上述17则引文，出自康熙版《江西通志》共3则，出自光绪版《江西通志》共12则，出自同治版《瑞州府志》与民国版《万载县志》各1

---

① （清）刘坤一等纂修：光绪七年刻本《江西通志》卷七十四，“建制略四”之“坛庙二”，第4—61页。

② （清）黄廷金修：同治十二年《瑞州府志》卷三，“建置”之“坛庙”，第20页。

③ （清）刘坤一等纂修：光绪七年刻本《江西通志》卷七十三，“建制略四”之“坛庙一”，第45页。

④ （清）于成龙纂修：康熙二十二年《江西通志》卷二十四“祠祭”，第8页。

⑤ （民国）龙赓言主修：民国二十九年《万载县志》卷二之三，“营建”之“祠祀”，第8页。

则。所有引文都出自清朝编修的地方史志，不少引文记载关于建于清朝或在清朝毁庙或毁后重建等情形。所有17则引文关于吉水县康王庙的内容最多，引文较详细补叙作为“东岳之毗”的康王在南宋大显神威的种种神迹；关于进贤县康王庙的内容居其次，引文除了交代主神康王的来历，并比较了各地康王庙主神信仰状况之同与异。

此17则关于祀奉康王的场所的引文，大多直接以主神康王作为庙之名称，称“康王庙”或“康侯祠”，个别称“太保庙”或“灵佑庙”或“英烈祠”，引文中关于上高两所与康王信仰相关的庙宇因为属于兼祀性质，所以都不以康王称呼。引文中关于兴国的康王信仰，属于由葛洪信仰的宫观而改奉康王的，故而还保留宫观名称。

17则关于康王信仰的引文，总共涉及22所坛庙，其中关于万载的引文提及3所；关于新喻、德化、上高、吉水的引文都提及2所。总共22所与康王信仰相关的坛庙分别分布于大庾、兴国、德化、湖口、永宁、龙泉、永丰、吉水、泰和、庐陵、峡江、新喻、上高、进贤、丰城、万载等16个县级区域。这16个县级区域分别涉及南安（大庾）、赣州（兴国）、九江（德化）、饶州、吉安（永宁、龙泉、永丰、吉水、泰和、庐陵）、临江（峡江、新喻）、瑞州（上高）、南昌（进贤、丰城）、袁州（万载）等9个州府。22所康王信仰场所，其中分布于吉安府的有7所，分布于临江、袁州府的各有3所，分布于瑞州、南昌、九江府的各2所，分布于南安与赣州府的皆为1所。从上述分布区域看，江西的康王信仰比较普遍，江西的东南西北中几乎均有康王信仰，然信仰的中心在江西中部偏西的吉安府。如果依据上述引文，则江西省总共13个州府中有4个州府没有康王庙的记载，即抚州、建昌、南康、广信。不过，做如此推断是不太符合实际的。上述关于进贤县康王庙的引文中提及建昌县也有康王庙。上述记载多属于省志记载，故而对各县区域内的坛庙记载难免不全，并不能反映江西省明清时期康王信仰的全貌，很多民间康王信仰也都没有纳入方志记载中，如万载县民间康王十分盛行，绝不止以上引文提及的3所。

四、五显信仰

五显神信仰，是广泛流传于江南与道教密切相关的民间俗神信仰，主要分布于江西、福建、浙江、江苏、安徽、广东、湖南、台湾地区、澳门地区等地，即元程钜夫所谓“五显神莫知何所始，在徽之婺源，楚、粤、闽之间，皆祀之”[①]。五通信仰的对象为五显神，或称五显大帝、灵官大帝、华光大帝，民间通称之为五通神。五显神崇拜或与火崇拜有关，民间火居道士崇拜的马灵官，其基本装束是脚踏风火轮。民间崇拜的五通神相当于财神，有五路来财之意，能给尊崇朝拜者带来他想要的一切。不过，民间的五通神正邪兼备，它既能满足崇拜者的贪欲，亦好淫，且喜作弄人，甚至于睚眦必报。人们对它稍有怠慢与得罪，必遭其报复。也正因为如此，作为民间俗信的五显信仰很难纳入朝廷正祀。

五显信仰唐宋时期兴起于江西德兴、婺源等地，后来流传到本省其他区域及周边省份。关于五显信仰之兴起，陈金凤博士撰写的《宋代婺源五显信仰的流变及其相关问题》对其进行了较详细的考证。[②]明清时期江西民间的五显信仰十分兴盛，五显或五通神庙几乎遍地开花。然由于五显神的神格不高，庙宇规模也不大，故地方史志一般都不予以记载。清初康熙版《江西通志》仅记载 3 则五显庙内容，府志对五显的信仰依然记载不多，姑引述于下：

> 五显庙，在（南康）各公署内及各县俱有庙祀。
>
> 五通庙，在（建昌县）日中桥侧，元大德间邑人黄化廷建。
>
> 五显庙，在（饶州府）硕辅坊，神张蒙，详载德兴志，各邑乡镇俱有庙。[③]
>
> 五显庙，在（高安）城北石桥，又曰观音阁。[④]

---

① 程钜夫：《雪楼集》卷十三收录的《婺源山万寿灵寿五菩萨庙记》。

② 陈金凤：《宋代婺源五显信仰的流变及其相关问题》，《地方文化研究》2014 年第 6 期，总第 12 期。

③（清）于成龙纂修：康熙二十二年《江西通志》卷二十四“祠祀”，第 11—18 页。

④（清）黄廷金修：同治十二年《瑞州府志》卷三，“建置”之“寺观”，第 37 页。

灵顺庙，在（清江县）清江镇。宋淳祐间建，神即婺源五显，庙有黄柏树如金，故号宝金山。[①]

上述5则关于五显信仰的记载，涉及4个州府，即南康、饶州、瑞州、临江。明确记载该州府内五显信仰分布极其普遍的是南康府与饶州府，南康府下辖星子、都昌、建昌、安义4县，饶州府下辖鄱阳、余干、浮梁、德兴、万年、安仁、乐平共7县，加上高安县与清江县，上述5则关于五显庙的记载，其实涉及的县级区域已经多达13个。

这些地方志记载的五显庙仅仅是江西民间五显庙中极少的一部分，大多五显庙都散布于民间，未上地方志。如宜春明月山风景区入口处，即有一座规模较小的五显灵官庙，建于明朝万历年间；婺源篁岭五显庙，属于婺源旅游线路上的一处景点；鹰潭贵溪市也有五显庙，始建于明万历年间；龙南县汶龙镇有五显古庙，此庙之神据说是当地客家所崇拜的最高神灵。九江府五显庙有副名对联："九江孔殷，以享以祀；五人为伍，乃圣乃神。"寻乌县民众每年农历九月二十八要在五显庙为五显大帝举行隆重的庙会，直至如今。景德镇昌江区竟成镇小港嘴村有五显庙。泰和县沿溪镇江畔村状元桥边有五显庙，香火一直旺盛。永修县吴城镇有五显码头，因在五显庙附近而命名。萍乡芦溪县洋田华光古庙[②]，建于宋，迄今千余年。清江县樟树镇有"五显华光楼"[③]；铜鼓县带溪佛堂山有五显庙。

五、傩神信仰

傩神信仰是古老的巫教信仰，远溯三代。傩神信仰在全国分布范围甚广，其中以江西、湖南、贵州等省的傩神信仰最有影响。

江西傩神信仰主要有三大区域，即赣东、赣西与赣北。赣东傩以南

① （明）秦镛纂修：崇祯十五年刻印《清江县志》卷二"营建"之"祠坛"，第27页。

② 江西省萍乡市泸溪县道教协会编纂：《芦溪道教》，2011年，第78—79页。

③ 刘辰翁：《须溪集》卷一《五显华光楼记》，四库全书本，第1186册，第420—421页。

丰傩为代表，赣西傩以萍乡傩与万载傩为代表，赣北傩以婺源傩为代表。其中南丰、萍乡、万载傩都列入国家级非遗文化保护名录。根据现有史志资料反映，江西的傩神信仰主要兴盛于明清时期，傩神信仰也因之而成为明清时期江西民间信仰的一大特色。

（一）赣西傩信仰

明清时期的赣西，主要指以袁州府为中心的江西西部区域，袁州府辖下的宜春、分宜、萍乡、万载，吉安的安福、莲花，南昌府之宁州，瑞州府的新昌等地。赣西傩以萍乡傩与万载傩为两大分支，这两分支傩自成体系，共同构成赣西傩文化的基本内核。

1. 万载县傩神信仰

万载的傩神信仰分为两大类，即开口傩与闭口傩。被收录为国家非遗文化项目名录的是万载开口傩。万载傩神信仰的对象是欧阳金甲将军，乃五代杨吴欧阳晃，故而万载傩神庙亦称为欧阳金甲将军庙。万载傩神庙最早建于明洪武初，主要分布于万载锦江河流域。据民国编纂的《万载县志》记载：

> 傩神庙祀杨吴将军欧阳晃，凡八：耕畲坊。范塘。沙江桥，明初，丁姓建，清嘉庆间重修；马鞍岭，嘉庆三年熊姓募建，道光二年复募拓修，县境傩神以马鞍岭为最灵，其住庙供奉香火及乡间奉迎诸神禳灾保病者，俱系熊姓人照应一切，数十百年历有修葺，俱系熊姓出首募捐。当春行傩，凡戴大神及念香眷亦均熊姓为之。每到人家，规矩严肃。而神之最老者惟黑容威武大将军一尊，乃龙才文本宅奉祀之神。历有约据，祖宗遗迹，无他意也。近年修造，曾题一联亟欲分注于下而一字都忘，不到堂皇半月，病少愈，纳凉。彭某忽以银花小供奉相质曰："此何来？"曰："此先生题马鞍岭傩神联也，汝能记。"即录云"金甲大将军万载驰驱马鞍在，银花小供奉两尊威武龙门来"。盖傩神统称欧阳金甲大将军，马鞍岭则庙所在地，习惯年以正月初一始傩，谓之出案。定于十五日清晨至龙才文公祠，凡得与祠祭者，往迎敬神，以敬祖也。神到人家，率以

银花插神帽，故云银花供奉。又十五佳节也。咸丰初年，曾由龙姓陪修一尊，亦系黑容，故云两也。祠中供奉后，香花爆竹通宵达旦，庙有兴作，才公嗣裔悉在人先，……下罗，道光三年汤竹轩裔重修，同治九年汤升云等倡捐重修。槠树潭上街河背古汤，汤姓募建。县署旁万寿宫内，嘉庆募建。铜溪，高姓建。廖家岭，众姓建。①

引文共记载万载明清民国时期的傩神庙有八座，即耕畲埇、范塘、马鞍岭、下罗、槠树潭上街河背古汤、县署万寿宫内、铜溪、廖家岭，分布于万载马步乡、白良镇、潭埠镇、黄茅镇、株潭镇、康乐镇等地，其中株潭镇与黄茅镇各有2座，即株潭镇的古汤、铜溪与黄茅镇的马鞍岭、下罗。除了地方志记载的傩神庙之外，万载县还有不少傩神庙未被方志所记录，如潭埠茵菓傩神庙、高村镇西坑窗前傩神庙等。根据民间普庵弟子科书记载，还有潭埠黄泥塘欧阳金甲将军、含家岭欧阳金甲将军、凤形庵欧阳金甲将军等②。把地方史志记载的傩神庙与民间未被收录于方志的傩神庙统计起来，万载傩神庙共有14座。

万载傩神庙基本上属于明清时期兴建，尤其以清朝修建为主。傩神活动多集中于农历大年到元宵期间，民间号称“出案”，是一种带有舞蹈性质的驱邪活动。万载傩神活动多以某一姓氏为主，如池溪傩由丁氏主持，马鞍岭傩与古汤傩由汤氏组织，跳傩活动也主要以本姓氏居民为服务对象。

2. 萍乡傩神信仰

赣傩信仰中，以萍乡的傩神信仰最为普遍。萍乡傩神信仰与万载傩神信仰不同，其所供奉的主神尽管也以将军称呼，但不称欧阳金甲将军，而称三将军，即唐葛周三将军，很鲜明的道教神灵特色。萍乡民俗社会

① （民国）龙赓言主修：民国二十九年《万载县志》卷二之三，“营建”之“祠祀”，第9—10页。

② 参考万载县株潭镇枣木村普庵教弟子杨昌祥科书：《法门解释科》，1994年抄。

中有“五里一将军，十里一傩庙”的说法，可见民间驱傩之风十分盛行。按照靳之林《萍乡傩田野考察记》中的统计，“萍乡原有大小傩庙74处，总占地面积约58000平方米……现保存下来的有48处。萍乡原有傩面具约4200面，现保存下来约700面。服装50余套……萍乡原有跳傩艺人2400余位，现仍健在的老艺人50多名，后继艺人150余名。”[①]

根据《芦溪道教》相关记载，萍乡芦溪县有7处傩神庙：新田傩神庙，“始建于清朝（1902）”；钟家源傩神庙，“位于上埠镇江霞村钟家源”“始建于清朝”；车湘傩神庙，在“南坑镇车湘下湾”，始建于北宋后期；七宝傩神庙，“坐落在南坑镇七宝村台下”，据说傩庙建于唐开元间；湖斗傩神庙，“坐落在南坑镇南溪河畔斗金潭河边的山上”，“建于明代万历年间”；铁子山傩神庙，“位于（南坑镇）南坑村铁子山”，“始建于清代乾隆年间”；枧下傩神庙，在南坑镇新尤村，据说建于唐初武德年间[②]。

除了芦溪县外，萍乡傩神信仰还分布在上栗县与湘东区。上栗县是傩文化之乡，据统计，上栗县大小傩庙有170多座，现存明清时代的傩庙还有20多座；保留傩舞500余折，傩面具400余种。关于上栗傩庙之统计数目大大超过上世纪末靳之林调查的数据。比较具有代表性的傩庙包括：上栗县东源乡上埠傩神庙修建于洪武五年；上栗县赤山镇丰泉村石洞口傩神庙，亦修建于洪武年间；上栗县山湾傩神庙等。湘东区的傩神信仰也十分盛行，其傩面具于2006年入列国家非遗文化遗产名录，麻山镇汶泉村的傩神庙也有一定的知名度。

（二）抚州傩神信仰及其他区域傩神信仰

抚州地处赣中偏东，与赣西傩遥相对应，二者组成赣傩信仰的基本格局。抚州傩以南丰傩、乐安傩及广昌孟戏为代表。除赣西萍乡傩、万载傩与赣中抚州傩外，赣傩还有一些小分支，如赣北的婺源傩、修水流域的傩文化、赣南的傩文化等。

---

① 白庚胜、俞向党、钟健华主编：《追根问傩——国际傩文化学术研讨会论文集》，江西人民出版社2007年版，第278页。

② 江西省萍乡市泸溪县道教协会编纂：《芦溪道教》，2011年，第92—176页。

1. 抚州傩神信仰

抚州傩以南丰傩为代表。南丰的傩文化资源积淀深厚，地区特色迥异，如南丰傩传自汉初吴芮，主神为傩公、傩婆、钟馗等，与万载的欧阳金甲将军及萍乡的唐葛周三将军属于完全不同傩文化系统。南丰亦有“傩舞之乡”的美称，“南丰跳傩”亦成功入列国家级非遗文化保护项目。据曾志巩《赣傩悠游看南丰》统计，南丰共“流传70多个傩舞节目和100多种傩面具计2000枚。有傩班100多个，艺人1800多人”[①]。其中南丰三溪乡石邮村的傩信仰保留着最完整的傩仪仪式，整个傩仪包括“开山”“纸钱”“雷公傩舞”“傩公傩母舞蹈”“酒壶子仔傩舞”“跳凳”“双伯郎”“关公逐疫”等节目。据石邮乡传承傩信仰的吴氏家族谱牒记载：“元宵后一夜，灯烛辉煌，金鼓齐喧，诗歌互唱，手执铁链，铮然有声。房屋厅堂，遍处驱逐，以除不祥，神威达旦。是夜寂然，鸡犬无声，乡人又曰‘搜傩’。”[②] 其次是南丰白舍镇上甘村的甘坊傩，地处军峰山南部山区，该村有两个傩班，保留了起傩、跳傩、搜傩、圆傩的古老仪式。

除了南丰县有傩神信仰外，乐安傩也是抚州傩的重要组成部分，乐安傩舞也属于国家非遗文化保护项目。乐安傩分为三大流派：增田镇东湖村“滚傩神”、古村流坑的“戏傩”、鳌溪镇罗山傩舞。此外，崇仁沙堤乡萱华古傩“跳八仙”与相山的“面仂公”、广昌的“跳魁星”与“孟戏”（即傩戏）、黎川县的“跳八戒”、宜黄的神岗乡神岗村的神岗傩戏都有一定的影响。

2. 其他区域的傩神信仰

除赣西与赣中抚州的傩神信仰比较广泛，在全国有一定影响外，江西其他区域的傩信仰相对说来影响要小得多，不过婺源傩舞有一定的影响，亦入列国家非遗文化保护名录。婺源傩舞俗称“鬼舞”。在婺源段莘乡庆源村、秋口乡长径村和李坑村一带颇为盛行。傩舞的面具有四五十

① 白庚胜、俞向党、钟健华主编：《追根问傩——国际傩文化学术研讨会论文集》江西人民出版社2007年版，第278页。

② 石邮乡《吴氏族谱》“乡傩记”。

种。其传统节目有《开天辟地》《刘海戏金蟾》《双猴捉虱》《后羿射日》《张飞祭枪》《判官醉酒》《猴王降耗子精》等数十个，舞蹈动作粗犷而朴实。除此之外，江西其他县市的傩神信仰不是很普遍。下列举来自江西地方志的相关史料如下：

元旦集少长祀祖先，叙尊卑拜于堂，饮椒柏酒，向吉方出行，谒外戚长者，元宵张花灯，有傩。[①]

傩神庙，在（南康）府城西五十里。[②]

（永修东岳庙之傩神殿）在大南乡欧麓区过岗吴村之南，为邹吴邓建立，祀司傩之神，每岁元旦请神出游以达春气。[③]

复有竹马、大傩、和合、狮子之类戏衣彩衣，戴面具而舞。[④]

娱事之乐，诸如杂慕百技，傩、傀、倡优、灯彩、戏剧等，城乡士庶成风。[⑤]

近代傩神多以生有功德于民者祀之。乡里演剧迎送，谓之行傩。分宁傩神之最灵者甚众，武乡二十六都。前明傩神俗称宣帝，素著灵异，灾害，祷无不应。[⑥]

傩神庙在三十九都石门楼，张玉湖公裔监生张宝善，履中者民张慰初倡修。[⑦]

执戈扬盾，十家九室，妇孺同同，尸祝孔多。[⑧]

上述引文都出自明清时期的江西地方志，以县级地方志为主。引文

---

① （清）张九钺、乔大椿主修：乾隆三十二年刻印《峡江县志》卷一“风俗志”，第139页。

② （清）于成龙纂修：康熙二十二年《江西通志》卷二十四“祠祀”，第18页。

③ （清）吴士仁总纂：光绪三十三年刻本《建昌乡土志》。

④ （清）孟炤主修：乾隆二十一年刻本《建昌府志》“风俗”。

⑤ （明）龚暹纂修：嘉靖二十二年刻本《宁州志》“风俗”。

⑥ （清）曾春晖修：道光四年刻本《义宁州志》。

⑦ （清）何庆朝纂修：同治九年刻印《武宁县志》。

⑧ （清）张国钧等主修：道光五年科本《靖安县志》卷一“风俗”。

关于明清时期江西境内傩神信仰习俗所涉及的县级区域包括峡江、星子、建昌、宁州、南城、武宁、靖安等7个县，涉及的州府包括临江、南康、南昌、建昌。此外，南昌府的奉新也有撣傩习俗记载。从引文所涉及的府县情况观之，赣北的九江、赣东的上饶、赣中的瑞州与吉安、赣南的赣州与南安这几个州府的傩神信仰习俗不够普遍。

六、东平王信仰

东平王，乃张巡，唐之忠烈将领，在阻击安禄山时英勇捐躯。后世历代朝廷为之立庙以褒奖，成为正祀对象。东平王信仰在江西古代十分流行，民间朝拜张巡，不仅把他当作英烈之忠臣来祭祀，更让这种信仰内容丰富起来，增加了俗信的因素，并与道教联系起来，“道家者流遂谓王受命上帝，为瘟部帅，察民善恶而赏罚焉，其说窈冥，盖不可究。然江淮之民慕王之忠烈，且信道流之说，故所在立庙，水旱疠疫必祷焉，且应如响”[①]。故而，本节把东平王信仰列为民间俗信。

江西明清时期的东平王信仰在民间影响较大，几乎是整个江西民间比较普遍的一种民间信仰。明清时期的江西地方志中对东平王信仰的记载还是比较多，罗列于下：

> 张王庙，在（永丰县）上西坊。（即祀张巡）。
>
> 忠靖王庙，在（永丰）县治东，祀唐张巡。
>
> 昭烈庙，在（宜黄县）治南，即张睢阳庙，明万历中建。[②]
>
> 张王庙，在（建昌府）郡治东，祀张巡，一在庙岭。
>
> 黄堂庙，在（建昌府）西五里，祀张巡。谚曰：“先有黄堂庙，后有建昌府。”[③]

① （清）刘坤一等纂修：光绪七年刻本《江西通志》卷七十六，“建制略四”之“坛庙四”，第38—39页。

② （清）刘坤一等纂修：光绪七年刻本《江西通志》卷七十六，“建制略四”之“坛庙四”，第21—39页。

③ （清）于成龙纂修：康熙二十二年《江西通志》卷二十四“祠祀”，第23页。

东平祠，在（清江县）东门外，祀唐张巡。[①]

张中丞庙，有二：一在（临江府）南门外，一在（临江府）东门外，祀唐张巡，庙门外有石人跪立，俗呼石人庙。

忠靖王庙，在（饶州）永平关，祀唐睢阳张巡，又一在双港，又余干、浮梁二县具有。

东平王庙，在广昌东，旧祀张睢阳。何椒丘记，芦溪城内亦有庙。[②]

昭忠庙，在（广昌县）东隅，旧名东平王庙，祀唐张巡。（府志，县志，明何乔新《碑记》：广昌之东园有祠曰东平王庙者，宋咸淳中县令朱汝贤所立，以祀唐忠臣张睢阳也。按史，王讳巡，举进士，累官真源令，禄山之乱，起兵讨贼……道家者流遂谓王受命上帝，为瘟部帅，察民善恶而赏罚焉。其说窈冥，盖不可究。然江淮之民慕王之忠烈，且信道流之说，故所在立庙，水旱疠疫必祷焉，且应如响。东园之祠一也。永乐甲申祀于水，正统庚申邑民始修复之。时先公为刑部侍郎，记之甚详。岁久滋敝，天顺八年冬十一月，予从兄本坚、弟乔福暨耆民吴大成、居士揭仲雍、大觉寺僧道霖等始合众力而新之，中为正殿，后为寝室，前为饮福之亭。越明年夏六月，庙成……）

张王庙，在（芦溪县）城北，明建，国朝康熙五十七年知县白洁重建，咸丰七年毁，同治七年福建。[③]

嘉应侯庙，相传神姓张，淮阴人，封显庆东平王，庙在（临川）清波门外，今废。

张巡许远庙，在靖安北楼元，一名朝天庙。[④]

---

① （清）刘坤一等纂修：光绪七年刻本《江西通志》卷七十四，“建制略四”之“坛庙二”，第 34 页。

② （清）于成龙纂修：康熙二十二年《江西通志》卷二十四“祠祀”，第 11—28 页。

③ （清）刘坤一等纂修：光绪七年刻本《江西通志》卷七十六，“建制略四”之“坛庙四”，第 38—40 页。

④ （清）于成龙纂修：康熙二十二年《江西通志》卷二十四“祠祀”，第 9—28 页。

双忠庙，在（武宁）北楼源，祀唐张巡、许远，一名朝天庙，明知县冯琦建，以漕运开兑致祭。

双忠庙，在（新淦县）治东新兴寺右，祀唐张巡、许远，旧在治南大石桥，宋绍兴中迁建，明宏治间参议董威、佥事王裕重修。

冲真庙，在（上高县）北门，祀唐张巡、许远、宋康保裔，明洪武时建。①

双忠庙，（万载县）城内武庙左侧，前志载为江东庙，谓秦石固行祠，邑拔贡辛汝骥见其诰勅云，是双忠庙，祀唐张巡、许远，有题咏。②

17 则引文，出自民国版《万载县志》1 则，引自康熙版《江西通志》7 则，其他 9 则引自光绪版《江西通志》。各地东平王庙宇称呼不一，或称东平王庙，或简称东平庙，或称双忠庙，或称张巡许远庙，或称张中丞庙，或称张王庙，或称嘉应侯庙，或称忠靖王庙，或称昭烈庙，或称昭忠庙，或称黄堂庙，围绕东平王信仰的庙宇称呼在省内并未得到统一。

17 则引文涉及的庙宇有 21 处。21 处庙宇大多属于单祀张巡的，称双忠的庙宇则合祀张巡与许远，上高冲真庙则合祀张巡、许远与康保裔。此 21 处东平王信仰庙宇明确记载了明清时期修建或保存着的仅有 7 处，其他 14 处尽管没有提及明清存废之事，但应该保存到了明清时期，不然明清的方志不会予以记载。

上述 21 所东平王信仰场所分布于万载、新淦、靖安、上高、武宁、临川、宜黄、广昌、芦溪、鄱阳、余干、浮梁、清江、南城、永丰共 15 所，其中南城有 3 所，鄱阳、清江、永丰各有 2 所，其他县每县 1 所。21 所东平王信仰场所涉及的州府包括袁州、临川、瑞州、南昌、抚州、建昌、饶州、临江、吉安，江西境内东西北中四方都有，唯独赣南没有。

① （清）刘坤一等纂修：光绪七年刻本《江西通志》卷七十四，“建制略四”之“坛庙二”，第 9—42 页。

② （民国）龙赓言主修：民国二十九版《万载县志》卷二之三，“营建”之“祠祀”，第 10 页。

第四节　江西区域性民间俗神信仰

明清时期是我国民间信仰十分兴盛的时期。处于吴头楚尾的江西，因为巫风炽盛，民间信仰种类繁多，纷繁复杂。除了上述龙神信仰、水府神信仰、与道教关系密切的俗神信仰外，还有与道教有一定联系的其他信仰类型，如孝仙信仰、江东神信仰、清源祖师信仰、妈祖信仰、普庵信仰、赖公信仰、风火神信仰等。这些神灵信仰其实也属于俗神信仰，只是与上节中相对普遍的俗神信仰不同，本节中的其他民间俗神信仰属于较小区域化的民间信仰。

一、孝仙信仰

孝文化与道教文化不仅并行不悖，甚至还互为促进。江西道教本土宗派净明忠孝道，直接把儒家文化中核心要素忠孝作为其宗派的教旨。道教的修仙法门，除了指印符咒、吐纳行气、内丹周天、意念修炼、丹鼎药理、起居摄生等外，信守孝道亦是其法门之一，故而民间道教仙列中单列孝仙一组。修孝可以成仙，对孝仙的信仰在道教民间信仰中有着不可小觑的一席之地。江西民间流传的因修孝而成仙的例子最早可以追溯到两晋时期的孝子石敬纯，唐代有杨孝仙与葛氏二孝女，明清时期有陈大仙等。根据孝仙性别，故分为男孝仙信仰与女孝仙信仰两类。

（一）男性孝仙信仰

方志中关于孝子的传记很多，但孝子能成神成仙，被立庙供之的并不多。江西境内明清时期最著名的孝仙是石敬纯。除此之外，还有黄孝子、李孝子、龚孝子、王孝子、杨孝仙等。

1. 孝仙石敬纯

石敬纯是江西境内被普遍供奉的孝仙，也是影响面积最大的孝仙。传说中的石孝子生活于五胡十六国时期，似乎与羯族石勒有同族关系。他的孝行并非孝侍父母，而是报杀父之仇。作为活动于中原的两晋时代羯族孝子，为何成为江西境内最出名的孝子，还有待进一步考证。江西境内供奉石孝子的坛庙主要分布在赣东区域。根据清朝康熙与光绪编写的《江西通志》，江西境内供奉石孝子的庙有以下几处：

三峰庙，在（安仁县）崇义乡，祀晋石敬纯。

孚惠庙，在（乐平）县西二十里自鸣山麓，祀晋石敬纯；一在万寿宫左，咸丰三年毁，同治七年重建。

忠孝行祠，在（鄱阳县）府城灵芝门内，祀晋石敬纯。宋咸淳间重修，内有古柏，人不敢伐。①

孚惠庙，在（上饶）府城南，唐时建，祀晋石敬纯。②

忠孝行祠，在（饶州府）城北灵芝门内，即鸣山庙。神姓石名敬纯，西晋时人，为父勤报仇，追……村昌隐，道经鄱阳，后人立祠祀之。庙有三十余处，类风雨山庙宇，排观，每八月十三日，居民竞集迎赛。又安仁有三峰庙，乐平有孚应庙，神俱同。

鸣山庙，在玉山仁孝乡，唐天宝间建，祀晋石敬纯之神。③

鸣山庙，在（贵溪）县北二十五都，祀晋孝子石敬纯。（谨案府志，孝子父勤佐石勒，以同姓属，结为兄弟，号武王。永和间，勒杀刘曜，太子熙奔上邽，命勤讨之，牛昌隐谮勤贰敌，召而杀之井，杀孝子兄八人，母崔氏携孝子走匿海上。母卒，孝子率故部曲起兵入邺，追昌隐于鄱阳之老田，手剑体解之，没而为神于此。唐赐号鸣山九郎庙。县志，宋袁甫记：绍定二年，余持江右宪节，是秋，盗起于江右，与信属邑，□饬官吏严提防。盗伺间迫贵溪境，望见戈甲银铮，旌旗照天。盗怖而走。时防守兵实不多，民间讙言有神助。越明年冬，余司臬事，又明年春，盗起衢之常山，声撼旁郡永、玉两邑，民奔逃匆可禁。余急集尉卒，纠乡豪募兵，昼夜警卫，檄郡守御，旋白于朝，益以大军扼冲要。我军少张。然乌合众滋，屡窥两邑，卒惮莫前，若有厄之者。民间又传神与往年贵邑事相类。余慨然叹曰：神人相依而行，惟自鸣山之神以孝闻天下，自

① （清）刘坤一等纂修：光绪七年刻本《江西通志》卷七十七，“建制略四”之“坛庙五”，第4—18页。

② （清）刘坤一等纂修：光绪七年刻本《江西通志》卷七十六，“建制略四”之“坛庙四”，第42页。

③ （清）于成龙纂修：康熙二十二年《江西通志》卷二十四“祠祀”，第12—16页。

晋迄今余八百载为民祈祷，灵应如响，销寇盗，安善良，功德茂焉。……）

鸣山庙，在（宜黄县）治西，祀晋石敬纯。

石孝子祠，在（南城县）麻州渡，祀晋孝子石三郎。

鸣山庙，在（芦溪县）城北。（谢志，谨案鸣山庙为石敬纯，父石勤为牛昌隐谮于石勒被杀，见贵溪县志。谢志于此下云，祀石勤，敕封曰鸣山翊化真君，未知何据？）①

上述引文共10则，引自康熙版《江西通志》共2则，其余8则引文全出自光绪版《江西通志》。引文涉及的祀奉石孝子的祠庙共30多所，其中饶州府的忠孝行祠与鄱阳县的忠孝行祠属于同一祠所，只是康熙版与光绪版《江西通志》记载详略不同而已；而乐平则记载有两所祠祀石孝子的孚惠庙；根据康熙版《江西通志》关于饶州府忠孝行祠记载，仅鄱阳县范围内的忠孝行祠就有30余所。祀奉石孝子的祠庙，不同区域的称呼略有不同，或称"鸣山庙"，或称"石孝子祠"，或称"孚惠庙"，或称"忠孝行祠"。"鸣山庙"之名，取由孝子曾被封为"鸣山翊化真君"，因为孝子为亲报仇后，曾经过鄱阳鸣山，乡人感其孝而为之立庙。

石孝子庙多分布在饶州，如鄱阳有忠孝行祠30余所，乐平县有2所孚惠庙，安仁有1所山峰庙，奉祀石孝子的庙在饶州就有30多所。其次是广信府，其辖下的玉山、上饶与贵溪都有祀石孝子的坛庙。最后是建昌府，其辖下的芦溪与南城亦有祀石孝子的坛庙。饶州、广信与建昌3府，均在江西东部。由此可见，江西省境内的石孝子信仰主要分布于赣东区域，以饶州为中心，鄱阳鸣山为其信仰的发祥地，在饶、信、建府扩散。江西省的其他区域比较少见此信仰，区域化特色十分鲜明。

2. 其他男性孝仙

江西境内的男性孝仙还有南丰县的王文佐、南城县的黄觉经、吉水

---

① （清）刘坤一等纂修：光绪七年刻本《江西通志》卷七十六，"建制略四"之"坛庙四"，第21—52页。

县的李孝子、万安县的郭静、龙泉县的龚氏兄弟，关于其孝行的种种情形，见以下引文：

孝子祠，在（南丰县）城内，祀孝子王文佐。

黄孝子祠，在（南城县）青绥铺，为元孝子黄觉经建，孝子卒，无嗣，浮屠人居之。明宏治末知府舒昆山驱浮屠，塑孝子母子像，扁曰孝子祠。屡经兵燹，塑像不毁。国朝巡抚郎廷枢檄南城知县范长发重建。[①]

孝子祠，在（南城）青绥，为孝子黄觉经建。孝子卒，无嗣，浮屠居其室以奉祀，名其堂曰“道堂山”，是佛事日盛而孝子之名渐泯。弘治末，知府舒昆山毁佛屏像，饰孝子母子像以正其食，修理堂室，改其扁曰孝祠。[②]

李孝子祠，在（吉水）县学左。（府志，明周叙孝子亭记，人子之于亲，当无往而不尽乎诚也。……吉水李孝子，隋大业中人，幼丧母，哀毁过甚。事父益至，每出逾里，辄反曰：“吾可暂时忘膝下乎？”父病十旬，衣不解带，既没，未葬，比舍失火，火骤至，遂恸哭，伏棺而死，事载县志，其墓在学宫之旁，墓之前有亭，废兴不一。国朝洪武初，知州李侯恒甫新之，进士陈公宗舜为之记。宣德间知州柯侯暹复新之，岁久，碑残缺。今武昌刘侯钊来知县事，既除治其墓，修其亭，慨石刻不村，乃嘱记于余……）

烈孝祠，在（万安）县北，祀明孝子郭静，万历初敕建。

灵济庙，在（龙泉县）三十都，唐天祐中，邑有龚姓兄弟七人，俱以孝友闻，兄堕水，诸弟救之，俱溺死，立庙祀之。一在（龙泉）县西北冯社墩；一在（龙泉）县西田塝，宋开禧元年赐额灵济。[③]

① （清）刘坤一等纂修：光绪七年刻本《江西通志》卷七十六，“建制略四”之“坛庙四”，第30—36页。

② （清）于成龙纂修：康熙二十二年《江西通志》卷二十四“祠祭”，第25页。

③ （清）刘坤一等纂修：光绪七年刻本《江西通志》卷七十五，“建制略四”之“坛庙三”，第34—57页。

上述6则引文，来自康熙版《江西通志》仅1则，其余5则皆引自光绪版《江西通志》。引文中第2、3则都是叙述南城黄孝子的事迹，只是出自《江西通志》的不同编纂时期。引文涉及的县有南丰、南城、吉水、万安、龙泉共5个，其中南丰与南城属于建昌府，吉水、万安、龙泉属于吉安府。孝子行孝事迹3则未予记载，剩下2则中，一则叙述孝事父母，另一则孝友兄弟。孝子生活时代有生活隋唐的，有元明的。所有这些孝子庙历史兴废不定，但在明清时期都得到修复。

民间的男性孝仙还有很多未载上地方志，纯粹属于民间奉祀性质的，如在袁州辖下的宜春县水江与万载县获富都有杨孝仙庙，在万载、铜鼓、宜春、萍乡还有陈大仙庙。杨陈二孝仙都属于小区域范围的民间信仰对象。

（二）女性孝仙信仰

我国传统社会，孝女信仰与孝子信仰略有不同，一来比较少，二来信仰对象主要是未出阁的闺中女；女孩一旦出阁为人妇后，地位卑贱，主要工作是侍候好公婆、丈夫，对她们来说，守好名节尤为重要。翻阅地方志，列女传中的节妇传远多于其他传记，毋庸证明。根据清朝光绪年间编修的《江西通志》，梳理出江西境内自古以来以孝载入方志史册的仅有葛氏孝女与饶氏孝女，其引文分见于下：

> 唐孝烈二女祠，在（金溪县）东关外，旧名孝烈庙，在鹧鸪岭，祀唐葛祐二孝女，元大德中县丞吴瑾迁于邑东滓堆。（胡元垲碑记，堂三间，祀二女子，表孝烈，垂世教也。三百年前，县初为镇，镇有银场，场有典史，银耗不能偿，将抵吏罪。惟二女相与谋曰："地产已竭，银不可得，罪不可逃，女生何所用？惟有投炉焰中一死赎父。乘炉火灼焰时，同时跃入炉焉。见者哀号，闻省，惊异事闻。即日罢场散冶，免吏罪，二女子生下里耳，不习诗礼之训，体不阅瑁璜之节，一旦孝心所发，轻身以死，求诸传记，未能或之双也。……"）明洪武中，主簿刘志民迁今所，万历中知县沈麟

祥修，易今名。邑人葛子先重建。[①]

孝女饶娥祠，在（乐平县）长城乡泪滩里。（唐柳宗元碑辞：饶娥，饶人，饶姓，娥名。世渔鄱阳。娥为室女，渊懿静专，虽小字，未尝出游。治丝葛供，女事循整，乡闾敬式。娥父醉渔，风卒起，不能舟，遂以溺死。求之不得。娥闻父死，走哭水上三日不食，耳鼻流血，气尽伏死。明日，尸出鼋鱼鼍蛟浮尸万数塞川，下流鄱旁。小民悲感怒号，以为神奇。县人乡人会钱具仪葬娥鄱水西横道上，追思不足，相与作石，以贻后世。其辞曰……）国朝康熙十一年，知县王道隆重建，十七年知县宋良翰修，乾隆三十三年，知县杨枝华重修。[②]

葛氏孝女有二，属于姐妹二人，乃唐朝葛祐之女。因父亲监管金溪银矿，矿产枯竭，父亲罪不可逃，二女悲愤之极，相约跳入炉火中，以免父亲受责罚之罪。后因此事，朝廷不得不罢免银矿，免除了当地官民的采矿之苦，地方民众因而建庙祀孝女，宋元时期庙宇多次兴修，明清时期孝女庙纳入金溪地方政府的正祀范畴。[③]

饶娥孝女信仰范围在乐平，其孝行故事主要为寻找外出渔猎而溺死的父亲，走哭水上三日不食而亡，孝女之孝，感动水族之鼋、鱼、蛟等塞川，找到孝女父亲的尸体。村民以为神奇，故而立庙祭祀。故事依然发生在唐朝。

二、江东神信仰

江东神信仰，是围绕江东庙主神秦朝石固而展开的信仰。江东神信仰属于江西本土较有影响的地方信仰。其信仰最早可以追溯到石固生活

① （清）刘坤一等纂修：光绪七年刻本《江西通志》卷七十六，“建制略四”之“坛庙四”，第18—19页。

② （清）刘坤一等纂修：光绪七年刻本《江西通志》卷七十七，“建制略四”之“坛庙五”，第13—14页。

③ 参见梁小红：《苛征、祠祀与地方利益：元代金溪二孝女祠祀研究》，《中国史研究》2012年第1期。

的汉初，西汉开国初大将灌婴击南粤经过豫章，江东神以克捷之期告，果然如愿，由是建庙祀神。据说南宋初裕隆太后逃难赣州，得到江东神的暗中相助，江东神也曾多次吓退南下的金兵，有护国保民之功，故而江东神信仰在宋朝被纳入正祀范畴。江东庙香火旺盛，朝拜民众络绎不绝，莆田人傅烨担任赣县东尉时，曾为赣县圣济庙写了一百首签诗，被收进《道藏》。明清时期，江东神在江西境内形成较大影响，各地都建江东庙，明朝初年宋濂曾专门为之写《江东庙记》，记载江东神在宋代显灵的16个故事，尤其是保护逃难于赣州的裕隆太后的故事。

江西境内的江东神信仰分布范围比较广，清朝编修的《江西通志》、《万载县志》与《清江县志》都记载有江西境内各地江东神庙的分布状况，兹引述于下：

江东庙，在（石城县）城西老人仓背。

江东庙，在（瑞金）西城内，祀秦石固，康熙四十六年重建。

江东庙，即嘉济庙，在（兴国县）治西南榴冈右，元至正中建。

江东庙，在（信丰县）治水东坊。

江东庙，在（赣县）府治四路口，旧在雷冈之上，祀秦石固，累著灵异。唐大中间，里人周诚重建。宋嘉祐中，赐额显庆。绍兴中加封昭烈。元加王号。明代移祀今所。[①]

江东王庙，在（广昌县）南隅，宋令赵彦博建，祀石固。

江东庙，在（崇仁）县东耆原，祀秦石固。[②]

昭灵王庙，在（龙泉）县东五里王邨，即今玉灵祠，宋治平间建，祀秦石固，南唐封为昭灵，宋嘉祐间赐额显庆，元加王号，国

① （清）刘坤一等纂修：光绪七年刻本《江西通志》卷七十八，“建制略四”之“坛庙六”，第14—59页。

② （清）刘坤一等纂修：光绪七年刻本《江西通志》卷七十六，“建制略四”之“坛庙四”，第12—38页。

朝咸丰六年毁，同治间修葺。①

江东庙，在（南昌）元妙观，神石固，秦世赣人。汉灌婴击南粤，睹灵应，故祀之。赣州亦有庙，宋濂为记。②

江东庙，祀秦石固，布溪邑庠生高斗权子孙建行祠，在静安院左，元至正间僧柏庭诣赣州，请香火，归创此祠。后毁，明洪武三年，昙云重修，清众姓复葺。③

江东庙，在（清江县）富寿岗，元延祐初万户杨仲明领兵讨蔡五九，次萧滩，一夕忽闻兵甲声，惊问左右，皆骇不能对，仿佛闻空中语曰江东神也，于是所向克捷，还立庙祀之。咸丰七年兵毁。④

上述11则引文，引自同治版《清江县志》、民国版《万载县志》与康熙版《江西通志》各1则，其余8则全引自光绪版《江西通志》。在上述四志中所指同一祠庙者，仅择其一，不重复引述。引文所记载的江东神信仰场所以“江东庙”为最普遍，个别称“昭灵王庙”。万载的“双忠庙”则有争议，当地拔贡辛汝骥认为是祭祀张巡、许远的庙，而非奉祀江东神的祠庙。引文中涉及明清时期兴建或重修或存在的江东神祠庙共有6则，2则记载元朝加封。

11则引文所记载的江东庙分别分布于万载、清江、南昌、龙泉、崇仁、广昌、赣县、信丰、兴国、瑞金、石城等11个县，其中万载的江东庙属于元至正间僧人从赣州请来的香火。此11县属于赣州府的有赣县、石城、瑞金、信丰、兴国，最多，属于袁州（万载）、南昌（南昌）、临江（清江）、抚州（崇仁）、吉安（龙泉）、建昌（广昌）6府的各1县。从其分布格局可以看出，江东神信仰在赣州府为中心，沿着赣江向北吉

---

①（清）刘坤一等纂修：光绪七年刻本《江西通志》卷七十五，“建制略四”之“坛庙三”，第53页。

②（清）于成龙纂修：康熙二十二年《江西通志》卷二十四“祠祀”，第4页。

③（民国）龙赓言主修：民国二十九年《万载县志》卷二之三，“营建”之“祠祀”，第7页。

④（清）归安、潘懿主修：同治九年刻印《清江县志》卷三“建置志”之“坛庙”，第23页。

安、临江、南昌等州府点状扩散。

三、清源真君信仰

清源真君，属于外来神，来自四川灌口。神名赵昱，隋朝人，做过嘉州太守，因治水杀蛟有德于民，故而北宋真宗时期被封为“清源妙道真君”，被纳入道教神灵系统。明清时期，清源妙道真君成为江西宜黄戏班供奉的戏神，即清源神。明大戏剧家汤显祖就宜黄县的清源师庙写记曰：“予闻清源，四川灌口神也，为人美好，以游戏而得道，流此教于民间。”[①] 抚州宜黄与乐安的傩班，也奉清源神为傩神，毛礼镁先生曾从事过细致的考证。[②]

江西境内明清时期的清源真君信仰范围较大，但不够密集，似乎带点状特点。根据清朝康熙与光绪年间的两修《江西通志》，梳理出以下关于清源信仰的地方史料：

> 清源真君庙，在（石城县）北关外忠节坛，祀灌口清源妙道真君赵昱，明天顺间建。[③]
>
> 洪源庙，在安义县依仁乡，为清源妙道真君赵昱建，世传曾于冷水泉港斩蛟，共七人，今为七圣将军庙。
>
> 三圣庙，在（清江）县治北，旧传神即清源真君、梓潼帝君、射洪县神。[④]
>
> 昭惠灵显王庙，在（新淦县）治北宁极观东，祀清源真君隋赵昱，宋宣和中建。
>
> 惠民庙，在（高安）城南，祀嘉州太守赵昱，唐封神勇将军，开元间封赤城王，宋赐惠民。
>
> 四神庙，在（上高）县南岸之东。四神者，秦赵昱、汉纪信、

---

① （明）汤显祖：《宜黄县戏神清源师庙记》。

② 毛礼镁：《江西傩及目连戏》，中国戏剧出版社 2004 年版，第 32 页。

③ （清）刘坤一等纂修：光绪七年刻本《江西通志》卷七十八，“建制略四”之“坛庙六”，第 59 页。

④ （清）于成龙纂修：康熙二十二年《江西通志》卷二十四“祠祀”，第 19—28 页。

唐段秀实、宋康保裔。[①]

清源庙，在（浮梁）新田，祀秦蜀郡太守李冰，邑人李涧使金资神之佑，为立庙。[②]

以上7则记载清源信仰的引文，引自康熙版《江西通志》的有2则，其余5则引自光绪版《江西通志》。清源信仰的场所以专祀为主，也有合祀的，如“三圣庙”与“四神庙”，前者合祀对象都属于从四川传播来的神灵，后者合祀的对象按照神生活的历史时代排列。祀奉清源真君的庙宇涉及的县级区域包括石城、安义、新淦、清江、高安、上高、浮梁，分属于赣州、南康、临江、瑞州、饶州。其中临江与瑞州二府各有两所。当然，根据临川汤显祖为宜黄清源庙所作记分析，明朝时期宜黄县应该有清源庙，根据毛礼镁的研究，抚州的宜黄、乐安等地是清源信仰的中心。

四、天后信仰

天后为海神，名妈祖，乃福建林氏女，俗称林默娘。妈祖信仰兴起于福建，沿江海流传，并深入河流湖泊分布区域。作为外来信仰，妈祖天后亦称天后娘娘，不论是天后称呼还是娘娘称呼，都说明天后信仰与道教信仰关系密切。同时，妈祖信仰与福建的三奶信仰关系密切，三奶即陈、林、李三位奶娘，属于福建、江西、湖南等地民间信仰中十分活跃的闾山派。而据学者考证，闾山派实则与江西庐山有着密切联系。

伴随着福建商人及客家移民经商或移居，天后信仰在江西扎根，成为明清时期江西有着重大影响的民间信仰。这一民间信仰还因为自宋之后历代朝廷对妈祖天后的加封而风行于民间，其地位尽管不能等同于江西本土的许真君信仰，但只要有福建商人或福建移民的地方，就有妈祖天后宫的建立。天后庙大多属于民间庙宇，尽管在不少地方纳入朝廷正祀范畴，但能够列入地方史志的并不太多，根据笔者对清朝康熙与光绪

① （清）刘坤一等纂修：光绪七年刻本《江西通志》卷七十四，“建制略四”之“坛庙二”，第2—42页。

② （清）刘坤一等纂修：光绪七年刻本《江西通志》卷七十七，“建制略四”之“坛庙五”，第15页。

两次编写的《江西通志》，仅梳理出如下条目：

> 天后庙，在（会昌县）排栅巷，嘉庆十八年建。
>
> 天后庙，在（赣县）福建会馆，祀宋都巡检林愿女。①
>
> 天后宫，在（永丰县）下西坊，道光间建。②
>
> 天妃庙，在（九江）城北江浒宣德门。③
>
> 天后宫，在（南昌）府署左，雍正中奉敕建，乾隆四十三年、五十一年先后修葺，嘉庆六年增设天后父母神坐，八年新建知县吴元吉建后殿，道光元年知县李荫枢重修。④
>
> （南昌府）天后祭银二十四两。
>
> （星子县）天后宫祭银四两九钱八分八厘。
>
> （上饶县）天后宫祭银四两四钱二分。⑤

上述8则关于天后信仰的引文，除了个别引自康熙时代编写《江西通志》外，其他7则都出自光绪时代编写的《江西通志》。从记载内容看，8则引文有3则记载了建庙年代，均属于清朝中后期。后面3则尽管未记载建庙时间，但从光绪时期地方政府拨划经费支持祭祀情形看，天后宫不仅存在，还享受着较高规格的正祀待遇。

上述8则引文涉及的县级区域包括会昌、赣县、永丰、德化、南昌、星子、上饶共7个，其所属的州府区域分别是赣州、吉安、九江、南昌、南康、上饶共6个，这些天后宫分布在赣南、赣中、赣北。

---

① （清）刘坤一等纂修：光绪七年刻本《江西通志》卷七十八，“建制略四”之“坛庙六”，第13—43页。

② （清）刘坤一等纂修：光绪七年刻本《江西通志》卷七十五，“建制略四”之“坛庙三”，第38页。

③ （清）于成龙纂修：康熙二十二年《江西通志》卷二十四“祠祭”，第21页。

④ （清）刘坤一等纂修：光绪七年刻本《江西通志》卷七十三，“建制略四”之“坛庙一”，第6页。

⑤ （清）刘坤一等纂修：光绪七年刻本《江西通志》卷八十九，“经政略六”之“祀典”，第3—20页。

五、普庵信仰

普庵是南宋初禅师，生活于赣西北湘赣边袁州府宜春县西北隅，其出生之地靠近萍乡上栗桐木镇、万载县的株潭与黄茅二镇、浏阳县的文家市镇，这些区域也即是明清时期民间兴起的普庵信仰的发祥地及中心地带。

普庵信仰起源于宋元以来民间的普庵香火弟子，这些香火弟子把来源于佛教寺庙的法事仪轨用于民间，结合赣西北本土的灵宝道信仰仪轨，而形成一种介于佛道巫之间以仪式为特征的民间信仰。普庵信仰的祖庭在江西省宜春市袁州区慈化镇，称慈化寺，它是赣西北佛教丛林大道场，兴起于南宋，于元明初发展到鼎盛，历经800多年，至今香火不断。

于明清兴起的普庵信仰与客家存在着密切的关系，明末清初来自闽粤赣客家移民把赣西北形成的普庵信仰传播到赣西北之外的闽西、粤东北、港台乃至东南亚客家分布区域。故而如今普庵信仰亦以赣西北客家分布区域、闽西客家分布区域、粤东北客家分布区域、台湾客家分布区域为主要分布区域。当然，随着明清移民的向西迁移以及客家移民的西迁北进、漂洋过海，普庵信仰在湖南的新化、贵州、云南等地都有遗存，甚至在中原大地的河南、河北以及荆楚大地的湖北、东南部的浙江温州等地都有普庵信仰的传播。当然，普庵信仰的中心依然是赣西北，主要区域在宜春市下辖的万载、铜鼓、靖安、奉新、袁州、浏阳等市县区。

作为南宋的名僧，围绕普庵形成的普庵信仰带有鲜明的佛教与道教共融的特质，民间普庵弟子也被称作道士，也到龙虎山授箓，也做民间的清醮与阴醮，甚至于从事民间跳觋、斩关之类的巫教活动。

六、赖公信仰

赖公信仰也是区域化特征比较明显的民间信仰，与道教关系十分密切，因为赖公信仰的祖师赖七、赖八、赖九都是得道于祁山的法师。赖公信仰可以远追到南宋绍兴年间，与普庵信仰的祖师生活的时代相当。赖公信仰的兴盛时期是明清时期。赖公信仰是由家族信仰走向区域社会信仰的较为典型的代表，它开始于瑞昌罗塘泊竹寨的凌氏金姓，后来与明朝时期的金氏家族的信仰相关，最后得到地方官的崇信而成为跨族姓的区域社会民间信仰。

赖公信仰的中心区域是赣州市会昌县。根据罗勇《张公、赖公信仰研究：以赣南为考察重点》一文，赖公信仰的分布区域包括于都、会昌、寻乌、安远、宁都、兴国、信丰、赣县、章贡等县区，甚至还向外扩展到与赣南毗邻的吉安及广东的和平、福建的武平等地。[①]法国著名学者劳格文先生在其为《赣南地区的庙会与宗教》所作序中说："在整个江西的东南部，赖公崇拜是至关重要的。"劳格文的论断尽管有些夸张，但也足以说明赖公信仰在江西东南部的影响不容忽视。

赣南赖公信仰的三大庙宇是寻乌县澄江镇的祁山庙、会昌县西部高排乡的填坑祖庙、会昌县城的赖公祠。明朝时于会昌任县官的梁澄是促使赖公信仰由家族式的民间信仰转变为区域社会的民间信仰的关键人物。明朝王阳明勘定南赣、闽、粤洞匪，班师之时曾在赖公庙祈雨。明朝与清朝多次战乱，都发生过赖公"显灵"帮助政府平叛的传说，尤其是清朝会昌地方官击退太平军进攻后，还发起一场向朝廷祈封赖公的事件，最终赖公庙被赐予"显应"之号，赖公也被当地民众亲切地称为"显应公"[②]。

七、风火神信仰

在传统农耕社会，火神信仰尽管也是官民共同拥有的信仰，与水神信仰的情形差不多，然就其庙宇的兴建与普及，火神信仰远不如水神信仰普遍。与龙神庙、水府庙、真君庙遍地开花不同，传统农耕时代的火神庙似乎只建在省、府、县三级行政机构的所在地，统统被纳入政府的正祀范畴，然在乡村及乡镇却不够普及。

江西境内的火神庙，基本上在省、府、县三级行政机关所在地，且绝大部分是明清时期兴建的，如："火神庙，在（弋阳县）市北上街，康熙二十四年知府谭瑄建，嘉庆九年重建，二十四年修。""火神庙，在（铅山县）常平仓门左，万历三十一年知县吴一麟建。""火神庙，在（广丰县）北门外，明万历二十二年知县李思敬重建，国朝嘉庆七年重

① 罗勇、凌焰：《张公、赖公信仰研究：以赣南为考察重点》，《人类学高级论坛：211卷》，黑龙江人民出版社2012年版。

② 钟永忠、宋瑞森主编：《会昌赖公庙会》，江西人民出版社2016年版，第40—41页。

修。”[①]“火神庙，在（鄱阳）城东隅，康熙二十五年知府黄家遴、知县王克生倡建，乾隆五十六年知府蔡齐明、知县陈盘言修，咸丰三年毁，同治二年重建。”[②]“火神庙，在（会昌县）城东，同治五年知县张辅宸重建。”[③]这方面的例子不胜枚举。

然而，江西景德镇有一种与陶瓷产业密不可分的火神庙，属于民间性质的火神庙，据光绪时期编修的《江西通志》载：

> 火神庙，在（浮梁县）南隅，乾隆建创建，咸丰间毁。又景德镇有火神庙，明万历间建，祀火神童宾。（谢志，国朝唐英《火神童公传》：神姓童氏，名宾，字定新，饶之浮梁县人，性刚直，幼业儒，父母早丧，遂就艺。浮地利陶，自唐宋及前明，其役日益盛。万历间，内监潘相奉御董造，派役于民。童氏应报火妖，人惧不敢往。神毅然执役。时造大器，累不完工，或受罹棰或苦饥羸，神恻然伤之，愿以骨作薪刍，器之成，遽跃入火。翌日启窑，果得完器。自是器无弗完者。家人收其余骸葬凤皇山，相感其诚，立祠祀之。盖距今百数十年矣。雍正戊辰，余衔命督理埏埴，来厂涓吉谒神祠，顾瞻之下，求所为□□之碑，阙焉。无□问神姓氏封号，率无能知者。而浮志亦复不载。最后神裔孙诸生兆龙等抱家牒来谒，牒称神曰风火仙，详死事一节，并载康熙庚申年□□□郎董制陶器，每见神指画呵护于窑火中，故饶守许拓祠地，加修葺焉。牒首有沈太史三曾序曰：“先朝嘉号而敕封之，不知所封何号也。岂即所谓风火仙邪？”夫五行各有专司，陶司于火而加以风，于义何取？且朝廷锡封之号，如金冶神、土木谷以及岳渎山川皆曰神，未

① （清）刘坤一等纂修：光绪七年刻本《江西通志》卷七十六，“建制略四”之“坛庙四”，第50—57页。

② （清）刘坤一等纂修：光绪七年刻本《江西通志》卷七十七，“建制略四”之“坛庙五”，第2页。

③ （清）刘坤一等纂修：光绪七年刻本《江西通志》卷七十八，“建制略四”之“坛庙六”，第43页。

闻仙也。岂相之私称云尔邪。敕封之语，殆不确邪？是皆莫可考也。当神之时，徭役繁兴，刑罚滋炽，孰不越趄瑟缩于前而涕泣狼狈于后。神闻役而趋，趋而尽其力，于工则已耳，物之成否，不□一人，器之美恶，非有专责，乃一旦身投烈焰，岂无妻子割舍之痛与血肉锻炼之苦？而皆不顾，卒能上济国事而下贷百工之命也，何其壮乎？然则神之死也，可以作忠臣之气而坚义士之心矣。神娶于刘，生一子儒坤，赴火后，刘苦节教子，寿八十有五，儒奉母以孝闻。）①

景德镇火神庙与省、府、县各级政府所奉祀的火神庙不同之处有三：其一，景德镇的火神庙并不修建在省、府、县城市所在地，而是修建在集镇；其二，火神庙主祀对象不同，一般的火神庙主祀火神祝融，而景德镇火神庙主祀明万历年间的窑工童宾；其三，火神庙的兴建与特殊的产业相关，其信众为从事本行业的民众，故其信仰范围受限制。

明清时期是我国民间信仰十分兴盛时期。地处吴头楚尾的江西由于长期浸润于楚巫越俗，其民间信仰更呈现出百花盛开的景象。民间庙宇遍地开花，民间俗神五花八门，不同的民间信仰类别其影响大小不一，有全国性的民间信仰，如龙神信仰、水神信仰、文昌信仰、关王信仰；有跨省区域性的信仰，如刘猛将军信仰、康王信仰、五显信仰、傩神信仰、天后信仰等；有本省范围内的信仰，如江东神信仰、清源真君信仰、东平王信仰；还有一些影响范围较小的信仰，如晏公信仰、萧公信仰、孝仙信仰、仰山龙神信仰、风火仙信仰等。上述信仰有的纳入政府的正祀范畴，如龙神信仰、水神信仰、火神信仰、文昌信仰、关王信仰等，但因为民众对这些正祀信仰依然虔诚，故而这些正祀信仰与民间信仰无法截然分开，它们属于亦官亦民的信仰。有不少信仰则纯粹属于民间信仰，如五显信仰、傩神信仰、仰山龙神信仰、普庵信仰、风火仙信仰等。

---

① （清）刘坤一等纂修：光绪七年刻本《江西通志》卷七十七，“建制略四”之“坛庙五”，第15页。

民国篇

第十七章　民国时期的江西道教

辛亥革命爆发，中国的历史进入了新的发展阶段，即民国时期。宗教活动必须调整自己的发展道路，以适应时代的发展方向，道教也不例外。与漫长的封建时代不同，道教在民国时期已经失去了统治者的政治支持，不断受到知识阶层的批判，道教内部也产生了深刻的裂变。道教界的有识之士仍然希望通过自己的努力使道教能够适应社会的变革，不断探索道教自身的现代转型。

第一节　民国宗教政策对江西道教的影响

民国时期宗教管理制度的最大特点之一是现代化。基于近现代社会的治理理念，各种管理制度、登记制度得以颁布，它们是民国时期国家管理宗教的主要依据。然而由于社会思潮的急剧变化，制度和政策过于极端，也会引起宗教界的反对。民国时期的宗教有识之士认识到应主动求变以适应社会变革，各种现代宗教组织应运而生，这不仅是传统宗教凝聚自身力量的过程，也是道教在探索如何现代化的路径。

一、民国政府的主要宗教政策

民国时期的宗教政策主要可以分为两个时期：一是北洋政府时期，一是国民政府时期。

北洋政府的统治时期，1913 年 6 月内务部颁布了《寺院管理暂行规则》，其中规定：寺院财产管理由其住持负责；任何人不得强取寺院财产；寺院住持及其他关系人不得将寺院财产变卖、抵押或赠与他人，但因特别事故得呈请该省行政长官许可者不在此限[①]。北洋政府虽然没有公布道教宫观财产的管理办法，但就一般情况而言，道教的管理政策往往与汉地佛教寺庙管理一并实行，所以说此时道教宫观已经丧失了对其财产的处置权利。1915 年 10 月，北洋政府在"庙产兴学"风潮背景下又公布了《管理寺庙条例》，其中规定："寺庙财产由住持管理，但不得抵押或处分之，但遇有公益事业必要得地方官之许可不在此限。寺庙住持违反管理制义务，或不遵守僧道清规，情节重大者由当地长官训戒，或予撤退。"[②] 这一政策同样适应于对道教宫观的管理，宫观不仅丧失了处置其财产的权利，而且宫观道士若有违反教规，地方官吏亦有惩罚的权利。

国民政府在南京成立之后，则制定通过了更加详细的宗教管理法规条例，以此从各方面加强对佛教、道教的管理和控制。

（一）宗教登记制度的确立

1928 年 9 月，国民政府公布《寺庙登记条例》[③]，其中规定该条例的登记范围为僧道住持或居住的一切公建、募建或私家独建的坛、庙、寺、院、庵、观；登记内容分为三项：人口登记，不动产登记，法物登记。人口登记以僧道为限，寺庙内置雇佣或寄居人等，不在登记之列。登记时，寺庙住持及其他有执事之僧道还要注明其职务，他们有变更或增减

① 《中华民国史档案资料汇编》（第五辑第 3 编），江苏古籍出版社 1999 年版，第 692—693 页。

② 《中华民国史档案资料汇编》（第五辑第 1 编），江苏古籍出版社 1994 年版，第 697—698 页。

③ 吴经熊：《中华民国六法理由 · 判解汇编》，会文堂新记书局 1936 年版，第 273—275 页。

时，要随时申请登记。寺庙不动产包括寺庙本身建筑物及其附属土地；法物包括宗教上、历史上或美术上有重要关系的佛像、神像、礼器、乐器、经典、雕刻、绘画及其他保存之一切古物。寺庙不动产或法物有增益或减损时要随时申请登记。条例还规定，在各县由县政府，在特别市或市由公安局负责办理登记，县政府或公安局在接到寺庙登记申请后，必须在三天内派员调查，如发现寺庙登记与事实不符，应责令申请人据实更正。另外，还要求"未成年人不得登记为僧道""僧道还俗时应申请注销登记"。在公布该条例的同时，还附带有"寺庙登记总簿""寺庙人口登记簿""寺庙不动产登记簿""寺庙法物登记簿"四种登记表格，并于1929年7月和1932年6月进行了两次调查和登记。在实际登记的过程中由于出现种种问题，特别是僧道由于文化水平、传统观念的限制无法完成登记，于是1936年1月制定了新的《寺庙登记规则》及其适用表格，并要求各省市以此为规则将辖区内所有寺庙一律重修登记。

（二）制定寺庙宫观财产管理政策

国民政府于1929年1月和12月分别颁布实施《寺庙管理条例》和《监督寺庙条例》，以此作为管理佛教、道教寺庙宫观财产的法律。《寺庙管理条例》规定："凡寺庙财产及僧道除本条例另有规定者外，与普通人民受同等之保护。""寺庙财产应照现行税则一体投税。""有僧道住持者，应由该管市县政府与地方公共团体以及寺庙僧道各派若干人合组庙产保管委员会管理之。""无僧道住持者，应由该管市县政府集合地方公共团体，组织庙产保管委员会管理之。""寺庙之财产处分或变更，由庙产保管委员会公议定之。"[①]庙产保管委员会人数不得超过11人，不得少于7人，僧道不得超过全体委员半数。由于该条例中没有列举需要保护的寺庙财产和法物，因而致使一些有历史价值、艺术价值的庙产流失，后来国民政府则以《监督寺庙条例》以取代。

《监督寺庙条例》是国民政府宗教管理方面的重要文献，后来国民

① 《中华民国史档案资料汇编》（第五辑第1编），江苏古籍出版社1994年版，第1017—1018页。

政府对佛教、道教的各项管理措施都以此为法律依据。其中第一条就明确了需要保护的寺庙财产和法物："寺庙及其财产法物除法律别有规定外，依照本条例监督之规定（前项法物谓于宗教上历史上美术上有关系之佛像、神像、礼器、乐器、法器、经典、雕刻、绘画及其他向由寺庙保存之一切古物）。"①《监督寺庙条例》规定了管理寺庙宫观产业管理的基本原则，后来为了避免诸多实行中的争议，国民政府司法院和内政部相继进行了司法与行政解释，以此作为其补充条款。其中规定："有住持居住之寺庙，其寺庙若系由地方官署拨归任何团体使用，即地方任何团体，亦不得擅行占用拆毁。"在内政部的解释中则明确规定："凡和尚之寺庙，均应属于佛教会，道士观宇均应属于道教会。"从此佛教组织和道教组织就开始参与寺庙宫观的管理事务。

国民政府对于佛教、道教寺庙宫观财产管理主要有以下几个方面：一是政府有对寺庙宫观财产的监督权，但不能自行处置。《监督寺庙条例》第八条规定："寺庙之不动产及法物，非经所属教会之决议并呈请该管官署许可，不得处分或变更。"二是严格区分寺产与私产。《监督寺庙条例》第六条规定："寺庙财产及法物为寺庙所有，由住持管理之。"司法院的司法解释进一步规定："僧道个人私有财产，系指以僧道私人身份所享有，或取得之财产。"三是严格规定寺庙宫观开支。《监督寺庙条例》第七条规定："住持于宣扬教义，修持戒律及其他正当开支外不得动用寺庙财产之收益。"司法解释中规定，因保全寺庙之费用（如修葺费），或清偿寺庙正当之债务属于正当开支，可以动用寺庙财产之收入。四是规定寺院宫观寺产登记和收支定期公开制度。《监督寺庙条例》第五条规定："寺庙财产及法物应向该管地方官署呈请登记。"第九条规定："寺庙收支款项及所兴办事业，住持应于每半年终报告该管官署并公告之。"

（三）对佛教、道教教职人员的管理

对佛教、道教教职人员的管理包括对宗教教职人员和住持身份的认

① 《中华民国史档案资料汇编》（第五辑第1编），江苏古籍出版社1994年版，第1028页。

定、颁发证件等工作。住持的认定，以僧道有无寺庙之管理权为标准。《监督管理条例》规定“非中华民国人民不得为住持”，《寺庙管理条例》规定“寺庙僧道住持之传继从其习惯，但非中华民国人不得继承之”；住持依照寺庙宫观历来传授之习惯产生，官署或所属教会（宗教协会）不得径行委派；《寺庙管理条例》规定了僧道出家的手续，即“凡僧道受道时，应由其度师出具受度证明书，载具法名、年貌、籍贯及受度之年月日交付该僧道，并由度师呈报该管市县政府备案”[①]，若僧道自愿还俗则听其自愿。

（四）对宗教活动进行管理

首先，国民政府禁止和取缔涉及迷信和营利性的宗教活动。国民政府先后颁布了一系列文件以规范佛教、道教活动，这些文件对道教的影响十分重大，如《废除卜筮星相巫觋堪舆办法》《严禁药签神方乩方案》《取缔经营迷信物品业办法》等，其中最重要的是1928年制定的《神祠存废标准》。神祠存废标准规定：凡对于民族发展确有功勋者，对于学术有所发明、利薄人群者，对于国家社会人民有捍患御侮、兴利除弊之事迹者；忠烈、孝义足为人类矜式者，均予以保存；凡附会宗教实无崇拜价值者，意图藉神敛钱或秘密供奉开堂惑众者，类似依附草木牛鬼蛇神者，根据齐东野语、稗官小说、世俗传说、毫无事迹可考者，一律从严取缔。[②]其次，规定寺庙宫观必须按照其财产情况兴办公益或慈善事业，否则住持或僧道要逐出寺庙或送法院究办。1932年9月，颁布《寺庙兴办公益事业实施办法》，该办法规定，寺庙必须每年分两次向政府缴纳兴

---

① 在传统中国的寺庙宫观中往往有幼童出家为僧道的现象，此时国民政府认为“违反人道，妨碍进化”，多次加以禁止。1929年颁布《寺庙管理条例》十六条规定：“未成年人不得度为僧道。”1930年，国民政府颁布《令禁止幼年剃度》，要求各地政府官署对已剃度者设法救济，劝令还俗，另外收留教养。这一规定因当时社会环境和政府的执行力不足实际上一直是禁而不止。

② 依据《神祠存废标准》具体而言：伏羲、神农、黄帝、太上老君、元始天尊、三官、风雨雷神、土地、灶神、岳飞、关羽、吕祖等予以保留；日、月、火、五岳、四渎、龙王、城隍、文昌、财神、送子娘娘、瘟神、赵玄坛、狐仙予以废除。这个标准执行时经常发生纠纷，也仅仅作为一种参考，具体执行办法在民国时期并没有出台。

办公益慈善事业的款项，用于民众教育、济贫救灾、育幼养老、公共卫生等公益慈善事业。该法公布实施后，遭到佛教、道教组织的强烈抵制，于是经行政院批准通令全国暂缓实行。

二、“庙产兴学”运动对道教的冲击

清代末年，政治社会危机频仍，社会变革呼声不断，发展现代教育成为改革者的聚焦话题。鉴于当时政府教育经费十分短缺，为了缓解这一情况，一些大臣提出了“庙产兴学”的主张。例如，张之洞提出：“今天下寺观何止数万，都会百余区，大县数十，小县十余，皆有田产，其物皆由布施而来，若改作学堂，则屋宇田产悉具，此亦权宜而简易之策也。方今西教日炽，二氏日微，其势不能久存，佛教已际末法中半之运，道家亦有其鬼不神之忧。若得儒风振起，中华义安，则二氏亦蒙其保护矣。大率每一县之寺观什取之七以改学堂，留什之三以处僧道，其改学堂之田产，学堂用其七，僧道仍食其三。计其田产所值，奏明朝廷旌奖僧道，不愿奖者，移奖其亲族以官职，如此则万学可一朝而起也。”[①]此时张之洞的主张认为“庙产兴学”是一种临时性策略，即“权宜而简易之策”，清政府在面临“救亡”与“启蒙”的巨大压力下将其转变为国家政策，然而随着国家内忧外患不断加深，这一政策则在民国一直持续下去，且随着传统宗教观念在现代科学冲击下不断瓦解，这一政策对佛教、道教所造成的冲击巨大。

清朝末期到民国十五年（1926）是“庙产兴学”运动的第一阶段，在这一阶段中与其他周边省份比较而言江西省的运动并不激烈。这与当时江西的社会经济、政治以及社会情况相关，江西此时不是经济发达的地域，方法上用以开展教育的资源也十分有限。“江西之教育在十年前之今日（1930），尚未发动至县以下，故只有‘省的教育’而无‘县以下的教育’，复以省教育基金连年被移作他用达80余万元，省教育机关经费积欠至一年以上，因此‘省的教育’亦陷于不能维持。”[②]据此可知，此

① 张之洞：《张文襄公全集》（第二册），中华书店1990年版，第126页。

② 《赣政十年》1941年12月“熊主席治赣十周年纪念特刊”。

时江西教育的发展并不普及，而不能进一步发展的原因是经费不足。在这样的情况下“庙产兴学”活动的主要内容是将道观等建筑占用为校舍。“自清季以迄民国，现世全县所立学校，除将大常书院、龙标书院、考棚及各乡文昌宫、乐津堂改为校舍外，其余保联小学、保立小学校舍一项多借祠庙公屋充用。”① 出现这一情况的原因是，虽然中华民国已经成立，但是江西地方行政体制受国家改制的影响并不大，地方社会的结构和治理仍然延续了传统社会的权力体系，因而大规模的“庙产兴学”活动将随着社会的变动产生。

民国十六年（1927）到民国二十六年（1937）是全国开展第二次“庙产兴学”运动时期。此时随着政治制度的改革深入发展，形成了中央、省、县乡三级政治制度的一致性，国家加强了对地方基层政权的控制逐渐走向政治的现代化。在熊式辉主政江西时期推行的保学制度直接促成了江西寺庙宫观的分化瓦解。此时国民政府大力宣传“提倡科学，反对迷信”，江西省地方政府也以此作为处理宗教问题的准则之一。“窃查迷信神权为国民惰性表现，淫祠邪祀，尤妨善良风俗，此科学竟进时代，凡附会藉神敛钱之类，亟应扫除净尽，以求我民族之发扬。”（《内政部礼字号第 83 号训令》民国江西省民政厅档案第 01211 卷）清末以降江西道教与民间社会融合非常多，因而与一般封建迷信活动难以做出明确的区分，并随着“科学”观念的宣传，道教的宗教活动也受到了限制，“僧道人为人诵念经忏及送殡游行亦属迷信，同在禁止之列”（江西省民政厅 18 年第 2 期行政工作计划书）。

民国二十四年（1935），熊式辉在行政的保甲制度之下创立了保学制度，“以每保设立一校为原则，并订立五年计划，分年完成，每年设 1/5 保，以期义务教育得以普及”，由此保学的数量得以迅速增长：民国二十年（1931）为 5150 所，民国二十三年（1934）为 8641 所，民国二十四年（1935）为 14448 所，民国二十五年（1936）为 17374 所，民国二十六年（1937）为 17938 所。随着保学数量的增多，江西教育经费的筹集成为重

① 《分宜县志》民国二十九年（1940）版。

要问题，此时的教育支出主要来自于公学款产、地方捐献以及中央和省级政府的补贴，其中最大的部分是公学款产。公学款产分为公款公产和学款学产，其中的公款公产是指寺、庙、观、祠、社、馆、公所、局、帮及其他团体的款产。寺院宫观的资产成为此时教育经费的重要来源。

第二节　民国江西道教的重要活动

随着社会生活的变化，国家不断追求现代化的进程，道教虽然遭受到了重大打击，但也迎来了对自身进行现代化改造的重要使命。在面对社会巨变的时候，道教界深感道教派别林立分散了道教的力量，希望建立起全国性的道教协会，以使总体力量得到增强，在社会中更具有竞争力，其道教思想在风起云涌的各种社会思潮中争得一席之地。这也是中国道教在现代化之路上的一次探索。总体来看，虽然不乏有识之士的大力推动，但此时江西道教的各种活动只能在基层社会中艰难地生存。

一、道教总会的筹备与成立

中国道教自古以来派别众多，许多内容与民间信仰相混融难以截然区分。明清以来道教最大的派别是正一和全真，民国时期在组织全国性的道教组织的时候也是以这两家为主要力量进行的。1912 年中华民国成立伊始，由北京白云观住持陈明霦、奉天承德县太清宫葛明新、江苏上海县白云观赵至中、奉天辽阳州千山无量观王理钧等十八位道教界代表，于北京发起成立道教会。十八位道教代表经过协商拟定了《道教会宣言书》《道教会大纲》《道教会请求国民政府承认条件》三份文献，并给当时的国务总理和总统上书。这次建立道教会的请求在国民政府得以立案，1912 年 8 月 4 日得到政府批复："查信教自由载在《约法》，该会信仰道教，设会研求，自系推阐道学起见，尚无不合，准于立案，仰即知照。"这是中国道教第一次在法律的框架下拥有了自己的合法组织。但是这一次成立的道教会基本以北方全真教派为主，有排斥其他教派尤其是正一派的倾向。在《道教会宣言书》中这样说："彼以符箓为道者是道贼也；以服食为道者是道魔也；以炼养为道者是道障也……尤其甚者，硁硁自守，顽石难移，语以天演之如何淘汰，人群之如何进化，则掉头不顾，充耳不闻，惟以募化为生活，疏懒为事业，在人类中为寄生物，为附属品，无怪乎道教之如江河日下，而为社会所鄙弃，地方所摧残，自侮人侮，势所必至，理有固然也，同道等目击心伤，慨然有道教会之建设。”基于全真派的传统，这一在北京成立的道教会排斥了以正一派为代表的其他派别，并认为这些派别的行为是脱离时代的。

基于这样的情况，1912 年 9 月，在北京成立中央道教总会之后，江西龙虎山的第六十二代天师张元旭，以参加世界宗教大会之机抵达上海，在尚贤堂的中外教务联合会上发表了演说，又在豫园翠秀堂召集上海各正一派宫观以及苏州、无锡、常熟、松江等江南一带正一派的代表，举行了中华民国道教总会发起人会议，之后在关帝庙宣布成立中华民国道教总会及中华民国道教会江西本部驻沪总机关部。这次会议得到一些绅商的支持，出席会议的有上千人。中华民国道教总会简章称以“黄老为宗，联络各派，昌明道教，本道德以维持世道，俾人类宫跻太和”。入会会员的条件是“无论在家出家，不分国界种界，凡素志好道者，均得入会”。这次会议试图建立以江西龙虎山为本部，北京为总部，上海为本部总机关部，其他省市县设立分部、支部的道教组织体系，并且准备办理福利医院、学校和实业，希望能够选派弟子出国留学以振兴道教。但是由于这一组织并没有得到国民政府核准，所以除在上海有活动外并没有进行全国范围内的活动。

到了 1946 年冬，第六十三代天师张恩溥，利用抗日战争胜利的有利社会形势，依靠当时上海民政局长的支持，提出再次组织全国性道教协会，在上海邀请道教界名流于三茅阁延真观召开了发起会议。张恩溥在会议上表示“宗教为重，团结为重”，强调了道教成立全国性道教协会的重要性，提出建立全国道教会先从地方道教会建立开始，而地方道教会应当由地方主要道观主持。

1947 年 3 月 15 日，上海市道教会在杭州玉皇山福星观上海分院召开成立大会，由正一、全真两派著名道士组成理事会，推选理监事和后补理监事 35 人。理监事会议推选李理山为理事长，他是上海玉皇山福星观分院住持，属于全真派。常务理事有保安司徒庙住持正一派张维新、桐柏宫住持全真派艾朗轩、松灵道院正一派王朗泉、清徐观住持全真派严洪清，另设理监事30人。会址设在福星观上海分院（武定路32弄20号）。解放战争爆发后的1947年秋，张恩溥和李理山再次就组织全国道教会一事进行商谈。会谈中，在筹建经费和由谁主持等问题上未能达成一致，最后只能不了了之。

道教会下设总务、宣导、组织、福利、调解5个组。为了便于对全市道士的管理，在全市成立15个分支机构，即把上海的本帮道士按区域分为沪东、沪南、沪西、沪北、沪中、钦赐仰殿、真如等7个区办事处；将客帮道士按籍贯分为姑苏、四明、无锡、金锡、常熟、南通、浙绍等7个组办事处；全真派的乾道、坤道成立全真组办事处。在这些区、组办事处里，各设总务、组织、研究、福利4个股，行使日常工作。各区、组办事处之间互不隶属，接受上海市道教会领导。

上海市道教会成立后，拟定了上海道教的发展计划，并由陈撄宁起草了《上海道教复兴计划书》，提出要组成"道教讲经坛、道学研究院、道教月报社、道教图书馆、道书流通处、道教救济会、道功修养院、道士农林化、科仪模范班"等9个方面的复兴计划。并在福星观上海分院开办施诊给药义诊所，设立"施材馆"，保证每月可以施舍棺材30口。

二、正一派道教活动

民国初，江西都督李烈钧曾撤销六十二代天师张元旭"真人"的名号，后来任江西巡阅使张勋呈文大总统袁世凯要求恢复张元旭"真人"称号[①]：

> 查今世之谈道教者，莫不以"正一"为正宗。而"正一"则始于汉张道陵……后其子孙世袭"真人"位号，居于江西贵溪县志龙虎山，阅二千年，至今真人张元旭盖已六十有二代矣……且其家法

① 关于"天师"称号撤销与恢复资料出自胡适于1914年11月10日所作《备作宗教史参考之两篇呈文》。

相承，世存道号，历朝递兴，莫不因而封之，如“法师”“天师”诸名位。清室则以列诸三品实官，与侪朝请，并颁给铜印一颗，以资信守……不谓民国肇兴未久，前江西都督李烈钧竟行呈请撤销，并其前清所赐香租岁额千余金一概停给……况“真人”本属法徽，非同爵秩，揆其性质，迨与私谥无殊，并不靡费国家俸给，似无妨仍准复其旧称。

收到此文，内务部核议后呈大总统：

值遇“天师”“真人”诸名号，本为教中信徒特立之称……信教自由，载在约法，人民愿沿旧称，在所不禁，断无由国家颁给封号印信之理。即前国务院所取消者，专指前朝所颁印信品秩而言，并已据张元旭呈，自愿遵照命令取消废撤，可无庸议。若张氏原有财产，自应按照法律保护，叠经本部一再咨行前江西都督饬属遵奉在案。

最后此建议获得批准：“准如所拟办理。至张氏原有财产，自应依照法律一体保护。即由该部转行江西巡案使查明办理，并行知长江巡阅使查照。”①

1926年12月21日《申报》刊登了国民党江西政务委员会取消张天师名号的命令：

江西省党部执行委员会日前函请政务委员会，取消贵溪张天师，经该委员会通过，现已令派专员，会同贵溪县长办理，兹觅录复省党部函如下：迳启者，案准贵党部函开，查张天师袭专治时代君主之奉爵，假借道术、邪说惑众，阻碍民智，影响社会进行甚

① 全文参见胡适：《胡适留学日记》（二），《胡适作品集》卷三十五，台北，远流出版事业股份有限公司，第201—205页。

巨。当此国民革命时代，岂能任此妖孽存在。兹经本当部六十九次执行委员会议议决，应即取消其名义，并没收其财产，拨归农民协会。为此相关，应请贵会查照办理为盼等因。准此，除派专员，会同贵溪县办理外，理应函复，请烦查照，并希饬行贵溪县当部协助为荷。①

1935 年，张恩溥于 12 月 12 日呈文内政部：

呈为仍恳准予备案，赐封给印事：恩溥世奉道教，自汉迄今，已达六十三世，曾于 9 月 23 日呈请钧部准予遵照蒋委员长提倡新生活意旨，注意礼义廉耻，宣扬德化，以邀天庥，乞准备案，赐封给印一节，施奉礼二十二第一四一七七号钧批内开：二十四年 9 月 20 日呈悉。查张天师暨正一真人各名号，业经民国元年明令取销在案，所请备案颁给印信各节，应毋庸议，仰即知照。此批。等因。奉此，伏查恩溥于民国四年 8 月间，曾奉前大总统明令回复正一真人封号，并颁给印信一颗，以资信守，历年继续无异，迨至民国 15 年废历腊月，忽被当地县党部无故将印信吊去，致难行使职权。闻此印信归江西省政府保管，是当时当地县党部吊取印信系属片面行为，并未奉有上级撤销之命令，而以前之封号，似应继续有效，相钧部尚未查知民国四年 8 月回复封号之明令，故奉批驳，离合续呈声明。除呈请行政院外，伏乞赐准查明原案，批准备案，赐封给印，俾资信守，实为公便。谨呈

内政部长黄

中华民国二十四年 12 月 12 日②

张恩溥请求南京国民政府内政部承认袁世凯恢复“天师”称号、给

① 《张天师业已取消》,《申报》1926 年 12 月 21 日。

② 中国第二历史档案馆 :《中华民国档案资料汇编》第 5 辑，江苏古籍出版社 1991 年版，第 1068—1069 页。

予印信，但是这一请求并没有得到同意："张天师请赐封给印，内政部决予批驳。"①

近代正一道虽然衰落，但仍传承不断。民国时期江西龙虎山天师府其传承经历了两代天师。

第六十二代天师张元旭（？—1924），字晓初，清光绪年生，精道法。自光绪三十年（1904）嗣位后，乃请封其祖培源、父仁晸为光禄大夫，虔修世教。曾云游淞沪，以符箓赐信徒，以职牒传道士，受度者众。1912年，江西都督府取消了张天师的封号，并取缔其封地。军阀张勋遣使将其迎至军府，建坛设醮。袁世凯上台后，在新华宫设醮三坛，为袁世凯复辟制造舆论。袁世凯复辟时，恢复其天师封号，赐号"洪天应道真君"，并发还江西天师府的田产，后又授张元旭为正一嗣教大真人。后与军阀吴佩孚、孙传芳多有接触，行迹遍及京津沪等地。1912年，张元旭应美国在华传教士李佳白等人的邀请，到上海参加中外教务联合会，并做了有关道教源流的讲演。他与江南部分正一道士酝酿成立中华民国道教总会，组织成立中华民国道教会上海总机关部及上海道教公会。近代以来，上海是龙虎山道教重要的活动和传播之地。

1928年，张元旭撰写了《补天师世家》，记述了第五十代至六十一代天师的传记。他于1919年，被推选为"万国道德会"名誉会长，于1920年被推举为"五教会道教会"会长。

张恩溥（1904—1969），字鹤琴，号瑞龄，谱号道生，正一派第六十三代天师。他儒道双修，擅长符箓斋醮道法，1924年继承其父职嗣教执掌天师道。1924年，张恩溥应湖北督军肖耀南之请，率众徒百余人在武汉组织了一大型斋醮活动，轰动三镇。1927年，龙虎山受到国民革命运动的冲击，天师府所拥有的田产、历代黄封银印、铜印以及世代天师传袭的玉印、宝剑被没收，张恩溥在这场运动中被囚于江西省农民协会。1927年，张恩溥被朱培德释放。后来蒋介石派人到龙虎山维修天师府和大上清宫。1927年"四一二"政变之后，张恩溥寄寓上海，会同上

① 此为《申报》报道此一事件的标题。《申报》1936年3月30日，第3版。

海道教界两次组织了7天7夜的禳醮，观者日数以万计。1930年江西苏区进行土地革命之后，张恩溥去了上海，在抗战时期返回了龙虎山。

抗日战争期间，张恩溥天师积极参与抗战，保家护乡，据《中共鹰潭地方史》记载，1939年沦陷区有一批难民避难到贵溪县，当时的县政府号召全县人民捐资、捐物，帮助难民渡过生活难关。张恩溥天师“积极参与捐献活动，慷慨解囊，捐资1000元、稻谷10担，还亲自上街动员商贾和富裕居民出钱、出物，积极宣传抗日救亡意义。短短几天内，在张天师带头下，共募集现金5000元、稻谷30多担，还有衣被鞋袜等生活用品。……1940年，上清区奉命建造一座‘抗日阵亡将士纪念碑’。……在立碑之日，张天师召集几名道士和道徒举行了一天一夜的超度祭典仪式，祭祝阵亡将士功垂史册，千古留名”[①]。

1945年8月，为庆祝抗日战争胜利，追祭忠魂，祈祷国泰民安，天师府举行了5天6夜的太平罗天大醮，第六十三代天师张恩溥临坛亲祀开启、上表等法事。

1947年9月，张恩溥先到台北法主庙、台中朝清宫主持醮事，次年在淡水举行了礼斗法会[②]。1947年10月17日台湾地区的《自立晚报》报道了张恩溥第一次出行台湾建醮的消息：

> 台北市法主公庙，例年农历九月二十二日，建醮三天，系祈求国家兴隆，人民平安，风调雨顺，并诸阵亡将士，暨男女无主孤魂，超度普施，本年如例进行，特请市内应成坛道士刘朝宗主坛，幸遇江西龙虎山六十三代教主张天师恩溥临台之机，本庙关系绅董，敦请天师临坛，共同参加主理醮事。如有善男信女诚心欲参加通疏登报丁口者，祈速向该本庙内事务所接洽。并定农历九月十九日夜亥时发表，二十一日巳时谢天，仝日午后四时普施孤魂。[③]

---

① 《中共鹰潭地方史》第一卷，中共党史出版社2009年版，第289页。

② 参见李丽凉：《二代天师：张恩溥与台湾道教》，台北，2013年，第59—70页。

③ 《张天师来台主持祈安建醮》，台北，《自立晚报》1947年10月17日。

与张恩溥一起主理醮事的刘朝宗曾于1925年到江西龙虎山嗣汉天师府受箓，并带回科仪书和天师府所书之符。

1948年张恩溥携带家眷转途澳门、香港地区，经转新加坡去了台湾地区。根据黎志添教授研究，在澳门期间，张恩溥曾授予一些正一道士法箓职牒，他们是吴庆云道院的传人吴锦文、吴天燊，以及李七、陈灶、陈厚坤、陈苏、周光、周庆、罗成就、梁新、林开，共十一人。1949年12月抵达台湾地区，住台北觉修宫。1968年7月，台湾地区成立“中华民国道教会”，他被选为该会第一届理事长。1969年，访问菲律宾弘扬道法，后因疾病于12月25日羽化于台北北投寓所。

三、庐山宫观道教活动

民国时期，庐山道教宫观整体上显现出日渐衰落的颓势，为数不多的道教宫观要么废弃成遗迹，要么成为其他宫观的下属宫观，新建的宫观少之又少。

谭延闿在《太平宫婆媳塔，即放翁所记之钟楼》诗中描绘了当时庐山太平宫的破败景象：“残砖坏础太平宫，曾有游题说放翁。众口浪传婆媳塔，鬼工谁记旧楼钟。”诗文中叙述到太平宫大殿留下的残砖坏础及残存的婆媳塔、钟楼与鼓楼，一片荒凉景象。

根据吴宗慈《庐山志》载，民国时期庐山上还有白云观：“由今大林寺右再向南登岭，至医生洼。过警冈驻所（即旧法堂庵址），转西下坡里余至白云观。观额为民国九年刘廷琛书，观为房道人民国初年建，近为武昌长春观属庙，由长春观住持侯永德自置道场，习静避暑之所。”“白云道院，在米斗洼，现住持李理祥，年八十余，有道之士也。”由记载可知，白云观乃民国初年由房道人修建，民国九年刘廷琛书额，然后即成为武昌长春观的下属宫观，成为长春观修道者习静避暑的所在。《庐山续志稿》卷二有关白云观更为具体的叙述：

白云观在祖师洼，侯永德创建，武昌长春观属庙也。近年由道人张某住持，原屋为两进。三十一年秋，铁皮瓦等被拆毁，道人移神像于医生洼静庐精舍内，鄂人方某住宅也。

附近山坡有小屋，为道姑静修处。三十一年，游击队将屋顶拆去，三十四年就原墙搭茅棚，为老圃居。道姑移房居大林寺。白云道院老道人李理祥二十四年逝世。该院售于莲花禅院，附近有聚仙台、庙屋三间。二十二年，道人王庆阳建，现鄂人李某居此，种菜为生。

《庐山续志稿》所载白云观内容与《庐山志》略有不同，如创建者直接是侯永德，而非房道人。其所涉及的道教场所还包括白云观附近的道姑静修处，并叙述到白云观后来被售给莲花禅院之事。文中出现了鄂人李某、方某，加上侯永德，则白云观的修建，似乎以鄂人为主。

民国初年，道士罗云仙在庐山重建清虚观，后更名紫云观。民国时期庐山道教宫观中，以仙人洞最为知名。仙人洞原名佛手岩，五代时即由僧人居住，直至清朝中叶嘉庆之后才改祀吕洞宾，成为道教场所。光绪三十一年（1905），长安道士静阳子在岩左创建老君殿，并重修重阳殿，增建藏经阁，始称仙人洞道院。次年，著名哲学家熊十力因策应萍浏醴起义失败而逃亡到庐山，在仙人洞讲述东汉张角的太平道与汉末张鲁的五斗米道，认为道士不仅要念经，还要佩剑，以斩妖除邪，宣传革命思想。民国二年，熊十力作为湖北军政府的参谋再次来到庐山仙人洞。民国七年，熊十力辞去军职，潜心研究哲学，又再次拜访周濂溪遗迹于庐山北麓，并题壁云："数荆湖过客，濂溪而后我重来。"

抗日战争期间，庐山曾落入日寇之手，山上有真隐道院，其中的道人曾掩护抗日游击队。真隐道院建于民国二十二年，是太和老人率弟子兴建的。民国三十五年九月，太和老人去世，葬于真隐道院旁，碑刻"太和老人三丰祖师之真墓"。

民国时期的庐山道教也进入了转型发展时期，其代表人物是戴公复、万启型、陈撄宁。

据当代学者考证[①]，戴公复本名戴振年，公复乃其字号，出生于1836

① 吴国富著：《庐山道教史》第六章"回归心灵：从清朝到民国的庐山道教"，江西人民出版社 2011 年版，第 355—362 页。

年，大庾人，曾在广东任过知县。于光绪六年（1880）前开始学道，并号观妙道人，主要活动于庐山，是明代内丹家陆西星的传人。

戴公复与近代史上著名的思想家郑观应有着密切的关系。郑观应是一位虔诚的道教弟子，他从小好道，在经历八国联军之役后，他游历庐山，作有《游庐山御碑亭读明太祖石刻御制周颠仙传歌以志感》，若干年后得到庐山观妙道人戴公复的引介，结识戴公复的弟子道人万启型，并得万启型授予的玄科密旨。戴公复还为郑观应的《盛世危言后编》作序，即《匡庐山观妙道人戴序》，作序之时为宣统二年（1910），时戴公复已七十五岁。在此序言中，戴公复提出了他的道教观点有三：其一，辨别"道"与"道术"，认为"道术"是修道者达到与"道"合一的技巧；其二，推崇内丹性命之功，并不提出外丹烧炼；其三，赞成以道术经世致用，体现了其道教的时代特征。

万启型，江西丰城人，字雯轩，光绪二十三年（1897）进士，清末曾做过扬州江都县最后一任县令，民国建立后他寄居扬州，怀才不遇，放浪歌酒之间弄坏身体，病入膏肓之际得到庐山老道戴公复的丹药治疗而愈。当时戴公复在扬州从事书画活动。万启型于是拜戴公复为师，习金丹大道，从此深居简出，在家潜心修炼，于民国十五年大丹炼成，无疾而终。万启型通过其师父戴公复而认识郑观应，并把自己修炼金丹的妙诀传授给郑观应，也为郑观应的《盛世危言后编》作过序。郑观应有《致万雯轩先生书》。

陈撄宁为安徽怀宁人，清末秀才，近代著名道学家，不喜仕宦，醉心道教仙学，于1939年创办《仙学月报》。陈撄宁曾将庐山当作扶乩之术。他在《庐山小天池乩坛实录缘起》文中说："乩坛之事，不知始自何时，而逊清二百六十年间为最盛，专家记录，多不胜书。民国纪元，于今十稔，前朝旧习，大事变更，唯此坛之设，几乎遍满国中，非徒未衰，反加盛焉……聚老幼男妇愚贤不孝于一堂，香云缭绕，裙屐翩跹，齐献赤心，罔涉邪趣。呜呼，是何神力以至于斯也？撄宁不敏，尝求其故矣。"他与白云观道士相约联系乩坛符咒，道士收获不多，而陈撄宁自己却"颇有所成"，致使好友黄忏华、崔女士等纷纷上庐山观瞻。陈撄宁在庐山亲自为亲朋道友试验乩坛之事，博得朋友的啧啧称赞。陈撄宁还撰写了《吕祖参黄龙事考证》，对吕洞宾在庐山黄龙宫观的事迹进行了详尽考证。总之，民国时期陈撄宁因痴迷道教仙学扶乩而与江西庐山结下了不解之缘。

四、江西其他名山的道教

（一）太平山道教

武宁县境内的太平山，历来是道教广惠宗的祖庭所在，其道教发轫于南宋后期的章哲，历经宋元明清，传承不绝，到清末民初已经传承到第四十一世，至今依然在宫观与民间广为传承。民国时期的太平山道教依然保存完整，发展形势良好，具体表现在以下几个方面。

根据《太平道谱》记载的“太平山佑圣宫广惠派下世系”载，从第三十五世即有生活到民国的道士，如理空，“第三十四世法顺徒。姓卢，道号宗正，江西武宁县升仁乡十二都人氏。初皈依太平山修道，于光绪戊戌年九月二十二日子时，殁于民国甲寅年十二月十五日申时……徒七：清、恩、仁、义、礼、智、信。”[①]理空的7位弟子大多数应活动于民国期间；第三十五世中的理忠，尽管殁于光绪乙巳年（1905），但“有徒二十三”，这些徒弟大多数理应活动于民国期间；第三十五世理善尽管也殁于光绪戊戌年（1898）年，他的6位弟子大多数亦应活动于民国时期。

广惠派门下第三十六世的道士众多，多生活于民国期间。如第三十六世万诚，“姓雷，字辟尘，道号卧云，亦号拙夫。江西武宁县丰乡三十都东岸人氏，住持宫事，开创基业，建仙坑巡王宫、崖山大平观辟尘洞，与方君万本合建城市太平行宫，实祖师之庇荫无穷矣。于民国二年癸丑岁，赣省道教会支部长徐举选武邑道教分部理财长。生于清同治己巳年……徒四十六。”[②]第三十六世万载，“姓全，道号斗方、坦然子，江西武宁升仁乡榜溪村人氏。幼性好善，诵念菩提，三十岁在家持斋，祀奉父母，四十岁皈依太平山，内有奇缘。道友和合，一气相投，行持

① 吴国富、徐臣金编撰：《太平山典籍汇编》，江西人民出版社2016年版，第216页。
② 吴国富、徐臣金编撰：《太平山典籍汇编》，江西人民出版社2016年版，第216页。

谦让，处世温和。招徒众，集良友，兴振山门，提修皇经殿、大殿、横屋，置买田租数十石，纂修志谱，永播万年。于民国二年癸丑岁，由北京陈明霍公发起道教会，整饬道纲，颁行天下，赖省道教支部会长徐选举武宁道教分部副部长。生于同治戊辰年……徒二十七。”[①] 此外，殁于民国壬子年（1912）的第三十六世万发有弟子 3 位。上述第三十六世的 3 位道士共有弟子 76 位，是为第三十七世。由此可推测，第三十七世的 76 位弟子中绝大多数都应生活于民国时期。第三十六世中，唯有生于咸丰乙卯年（1855）的万缘的 6 位弟子大体还生活于清末。

第三十八世弟子 29 位，除了 1 位殁于清末外，其他都生活于民国期间，有的生活到了中华人民共和国成立后，如大春，“姓明，字廷皇，江西武宁县甫田乡东坪合港人氏。自公元 1939 年皈依太平山，诚心炼道，谨守山门，在解放时期，合同弟子排忧解难，坚持侍奉祖师香灯，宫内住持。生于一九零一年辛丑岁……殁于一九五三年。”

第三十九世弟子共 18 位，除 1 位外，其他 17 位全部生活在民国及中华人民共和国期间。第四十世与第四十一世各有几十位弟子，大多生活于中华人民共和国成立后，甚至当代。

从以上统计数据可以看出，民国时期的太平山道士多达 100 位以上。其中不乏杰出代表，如上文提及的第三十六世的雷万诚、全万载，第三十八世的明大春等。此外还有第三十七世的段古灵，“江西武宁县升仁乡梅颜墩人氏，生于光绪丙子年……于宣统二年辛丑岁河南省南阳府敕赐元妙观大方丈，考取上乘一百五十七名天仙大戒，赏戴五岳黄冠，并给紫衣象简，护身照牒。至甲寅年，迁大乘山，重建武当山，住持。民国二年癸丑岁奉道教会武宁分部正会长熊选举评议员之职。”[②] 第三十八世卢大成，“姓卢，字静空，道号乐庵，江西武邑江阴乡四十五都三卷源人氏，分居崖山辟尘洞。生于清光绪丁亥年……殁于民国己未年

① 吴国富、徐臣金编撰：《太平山典籍汇编》，江西人民出版社 2016 年版，第 216—217 页。

② 吴国富、徐臣金编撰：《太平山典籍汇编》，江西人民出版社 2016 年版，第 218 页。

（1919）”[①]，他有诗《辞世诗》。

从罗列的道教人物情况看，民国时期太平山广惠派大多数来自于武宁本地，且以民间俗弟子居多。

太平山道教活动包括日常的侍奉香灯，修复宫观，坚持炼修，纂修志谱，参加政府的道教会活动等等。如上文引述的第三十六世全万载，兴镇山门，提修皇经殿、大殿、横屋，置买租田，纂修志谱，担任武宁道教会分部副会长等。如第三十六世雷万诚，建仙坑巡王宫、崖山太平观辟尘洞、城市太平行宫，任武宁道教会分部理财长等。第三十八世张大修，分居城市行宫，楚人武宁道教会分部评议员兼正调查等。

如《太平山典籍汇编》“附编”中收录有“民国重修太平山佑圣宫会议记录”，此会议记录时间跨于民国二十九年至民国三十四年，是重修太平山佑圣宫等活动的会议记录，总共有11次大会记录。姑引其第一次会议的记录如下：

重修太平山佑圣宫筹备会

时间：民国廿九年九月廿三日上午十时

空间：借澧溪街协康商店

发起人：刘占元、石淡仙、翟谟猷、邓春廷、李时彦、徐万邦、王见龙、朱介章、毕国斌、邓自勉、盛广来、邓方锡、方用明、王遐龄、陈先刚、张寿卿、华达之、王会龙、王更新、徐思进、杨月坛、郭芸帆、吕喜文、陈琼章

谈话结果：

1. 重修太平山佑圣宫，成立筹备处。

2. 发起人均为筹备员及劝募人员。

3. 筹备处设正副主任三人，下分三组，一、总务组，二、工程组，三、劝募组。

4. 暂公推刘占元为正主任，华达之、翟谟猷二人为副主任，又

① 吴国富、徐臣金编撰：《太平山典籍汇编》，江西人民出版社2016年版，第224页。

推王会龙为总务组长，徐万邦、张寿卿、朱介章三人为组员，又推潘北山、徐万邦为工程组组长，潘北山、李明露二人为组员。劝募组长公推石淡仙担任，并推定王更新、王见龙、李时彦、朱古岩四人为组员。

5. 公举七十八军夏军长首勋、二十三师盛师长逢尧、贵州省第一行政督察区华专员共三人为主修。

6. 筹备处暂借澧溪协康商店内设立驻澧办事处。

从会议记录看来，当地民众对太平山佑圣宫的重修是十分认真，把它当作一个重大的事件进行，有计划、有组织、分步骤依次展开重修事宜。

（二）阁皂山道教

清末民初，阁皂山宫观住持欧阳明性对破败的道教场所稍加修葺。欧阳明性（1841—1937），新余人，曾任阁皂山住持四十年。根据《阁皂山志》“辑补”载：

欧阳明性（1841—1937），新余人，十八岁出家为道士，中年云游四方，后居阁皂山，任崇真宫住持四十年。能诗文，且武功绝伦，曾在北京白云观全国道教方丈考试中，荣获天字号第一名。又精医药，富人来求医，则随缘募化，以修治宫观及山间胜迹。道徒百余，悉授以炼丹、制剂、治病之法。阁皂声名，因以复盛。[①]

欧阳明性本是龙门派第二十代弟子，因属于阁皂山附近的道士，故而回乡之后住持阁皂山宫观长达40年之久。他跨越清与民国两朝。他能文能武，曾在白云观全国道教方丈考试中荣获天字号第一名，极大地传播了阁皂山道教的声名。他传承阁皂山丹药治病之术，并有弟子百余人。在主持阁皂山道派期间，他广结善缘，多方募化，修复旧崇真宫，总面

① （明）俞策、（清）施闰章：《阁皂山志》，江西人民出版社1996年版，第123页。

积260平方米，八字门，歇山顶，正殿供葛玄塑像，殿前立四大天王，左右分列二十诸天王塑像。欧阳明性修复崇真宫，使阁皂山灵宝道声誉再起，影响遍及江南。可惜的是，宫中塑像于“文革”中被摧毁，其殿宇也破败不堪。

考古发现了欧阳明性的墓碑，只是由于保存不力，墓碑保存不善，刻字多为残字：

> 阁皂
>
> ……生于前清咸丰乙卯年二月初八日巳时建生
>
> 羽化龙门二十代欧阳方丈明性真人
>
> ……年六月十（一□）日……

碑文记载了欧阳明性的出生年月日时，交代了他的道派属于龙门二十代，羽化年代则不详。即使属于残碑，此碑在“文革”期间依然被毁。[①]

民国后期与建国初，阁皂山道教宫观仅剩3位道士。

（三）武功山道教

民国时期，作为传统的道教名山，武功山的道教因受战乱影响，亦处于衰落的发展态势。宫观倾颓，道士星散，修复不一。

1927年，武功山北芦溪县信士贺桂生等倡建紫极宫于古城村，民国八年改名“武功王爷庙”。

1928年冬天，武功山顶白鹤观被“破除封建迷信”的群众烧毁，当地信众刘腾瑞奔走四方化缘，历经数载，重新修复白鹤观。然此观在1934年国民党对中央苏区进行第五次“围剿”中被江西保安第六团陈惟刚焚毁。之后信士刘腾瑞继续带领信众修复了白鹤观，在白鹤观原址上兴建正殿即附属建筑。刘腾瑞于1946年病逝于白鹤观，其子刘庚林接任住持，开始修复白鹤观主殿，并将明末清初安福文人吴云题写的“白鹤

① 张国培，何明栋主编：《江西省宗教志》，方志出版社2003年版，第224页。

峰”三字镌刻于新修的山门之上。[①]

民国时期，江西道教名山的道教发展情况呈现出较大的差异，其中天师正一派道教因为传统地位而得以维持，并随着发展而逐渐变化，表现出对新文化的接受。庐山道教尽管明显衰落，但因为文化积淀深厚，往往成为民国时期道教学者修炼与实验的目的地。西山净明道教往往关涉民国的重大历史事件。走民间路线的太平山道教与武功山道教则借助民间信仰，在民间传承法脉。除此之外，江西其他道教名山进入民国之后的情况不得而知，大概处于较为衰落的状况。

五、江西道教宫观与新旧民主主义革命

江西是中国革命运动的重要发源地，因而许多近代以来的社会运动和革命运动都与道教宫观有千丝万缕的联系，这也是江西道教参与社会变革的重要方面，许多具有爱国主义精神的道教人物为中国革命运动做出了贡献。

（一）与万寿宫相关的近代革命

近代革命尤其是中国共产党独立领导革命之初，就与江西的万寿宫结下了不解之缘。

进入近代以来，西山万寿宫依然是香火旺盛之地，朝真君活动依然在进行。辛亥革命期间，江西的同盟会员丁立中、胡廷銮等在南昌铁柱万寿宫商会召开会议，响应武昌起义，宣布江西独立。民国四年（1915）铁柱万寿宫附近失火，延烧宫内，两座大殿被焚，只剩许真君铜像，省、市各界十分痛惜，市民焦灼，陈筱梅以南昌总商会和慈善总会长兼万寿宫重建总理名义与其他商绅向全省募捐重建，聘请能工巧匠，历经五年，费工30万个，终于在民国八年修缮完成。

中国共产党独立革命时期，江西最先发动的两次起义是南昌起义与秋收起义。1927年8月，毛泽东根据党的八七会议精神，以中央特派员身份来到湘赣边界组织秋收暴动。秋收起义的主力部队由四个团组成，

① 以上关于民国时期武功山道教发展情况参考江春发先生著的《武功山与宗教》“附录”中的“一、武功山宗教大事记”内容，江西人民出版社2015年版，第158—159页。

拟分三路进攻长沙。其中卢德铭的部队到达渣津集镇老街，与收编不久的工农革命军第一军第一师第四团邱国轩部（后叛变）会合。秋收起义总指挥部和师部机关驻扎老街万寿宫，其他官兵分散驻扎渣津老街商铺和附近民居。部队官兵与渣津民众联欢，提前欢度中秋佳节。当晚，卢德铭总指挥召集师部余洒度、余贲民、钟文璋等人及修水党组织负责人，在万寿宫左厢房召开秋收起义总指挥部会议，传达党的八七会议精神和举行秋收暴动指示，听取秋收暴动情况汇报，研究部署次日召开军民动员大会和部队向平江进军路线等事宜。秋收起义发动之后，四个团分三路进攻长沙相继受阻。为了保全革命队伍，毛泽东把撤退下来的起义军安顿在铜鼓排埠万寿宫，部队在万寿宫中修整了两三天，毛泽东住在守庙者利山老人的房间。居住在排埠万寿宫的两三天时间里，毛泽东思索着起义军的出路，同时也在思考中国革命的出路，终于下定了放弃攻打大城市的决心，改走开辟农村革命根据地的道路。

1930年7月，毛泽东指导的红军一路军被迫执行“左”倾冒进主义路线，挥师北上进攻南昌，7月底前锋直达南昌西山万寿宫与生米等地，总指挥部就设在万寿宫内。前卫部队第十二军罗炳辉在万寿宫召开军部会议，传达红一军团总部下达的《进占牛行车站的命令》。毛泽东在西山万寿宫举行多次会议，研究形势，并作出放弃攻打南昌的决定，之后发布《由南昌撤围向安义奉新休息整顿的命令》。红一路军在西山尽管只留驻几天，当时恰逢八月初，红一路军利用进驻西山万寿宫的机会，举行了纪念“八一南昌起义三周年大会”，临时搭建的简易大会主席台设在万寿宫桃园场地的东北角。会后红军还以西山万寿宫为中心，在周边广泛开展打土豪与发动群众的运动。8月2日，毛泽东、朱德从西山万寿宫向奉新进发。8月12日，红一军团进驻万载县城。8月20日，红一军团在湖南浏阳文家市取得大捷。8月23日，毛泽东、朱德率领红一军团同彭德怀率领的红三军团会合，并成立红一方面军。毛泽东主动撤离南昌后，迂回赣西北，与红三军会合，组建了红一军团，之后挥师南下，开辟中央革命根据地。

（二）赣州玉皇观与中共六届五中全会

玉皇观，现瑞金市道教协会驻地，史称“福主庙”。原庙始建于清朝1879年，位于瑞金市沙洲坝镇大埠村黄竹堪下。玉皇观原庙占地约1200平方米，建筑面积560余平方米，属老式土木结构。格局为中间大殿、左侧膳厅、右侧为住房，大殿前方两侧有偏殿和厨卫等附属用房。其中大殿面积为360多平方米，前段配有天井，在当时瑞金寺庙中属规模较大的一处。至1933年9月底，国民党对中央苏区发动了四次大“围剿”，都以失败告终，中央红军反而得到了迅速的发展。1933年9月底，国民党纠集一百多万军队围剿红军，其中50万用于对中央苏区的第五次“围剿”，为应对形势的需要，当时的中共中央和国家机关从瑞金的叶坪搬迁到沙洲坝。为研究和部署反“围剿”战争，中共中央决定召开六届五中全会。出于集中和确保安全的考虑，会议地址选在玉皇观原福主庙。为保障会议顺利召开，当时的住庙道长廖光辉立即发动群众，对庙内环境进行了全面整理，把主殿全部让出，清空殿内所有物资，按照会议要求布置好会场。为保证每个参会者都有座位，廖光辉发动群众借来椅子。为了安排参会人员的住宿，发动周边群众捐出物资，搭建住间，让周围百姓腾出空房，布置成参会人员住间。之后，廖光辉和周边群众，还承接了4天会议的后勤工作。廖光辉亲自指挥，烧水做饭无不倾力。会后廖光辉等人受到中央会议筹备组的表扬。随后，福主庙廖光辉道长的三个儿子，老大廖世湖，老二廖世沂和年仅16岁的老三廖汤生响应红军扩红的号召主动参加了红军。1934年1月15日—18日中国共产党六届五中全会在中华苏维埃共和国临时中央政府首都瑞京（瑞金）如期召开。全会通过了《中共五中全会政治解决案》《五中全会关于白色区域中经济斗争与工会工作的决议》和《五中全会给二次全苏大会党员的指令》三个文件。全会增选了朱德、王稼祥、顾作霖、何克全、李竹声等作为中共中央委员，增选彭德怀、刘伯承、杨尚昆、李富春、李维汉、孔原、陈昌浩、黄更生为中共中央候补委员；改选了中央政治局，秦邦宪、张闻天、周恩来、王稼祥、项英、陈绍宇、陈云、康生、朱德、毛泽东、顾作霖为中央政治局委员，李竹声、刘少奇和王稼祥为中央政治局候补委员。全会决定首设中央书记处（又称中央政治局常委），秦邦宪、张闻天、周恩来、项英为书记处书记，博古任总书记。这是中共中央在红军第五次反“围剿”时期召开的一次重要会议，也是中共中央在苏区时期召开的唯一的一次中央全会。1933 年 12 月至 1934 年 7 月，董必武和杨尚昆等中央和国家机关领导先后在“福主庙”内工作居住过八个月左右时间。

六、江西道教文化建设

魏元旷（1857—1936），原名焕奎，后改名元旷，字斯逸，号潜园、逸叟，又号紫侯，南昌县归德乡人，在方志与历史笔记等方面皆有著述，其《西山志略》是记载道教发展的重要资料。魏元旷修志向来主张收罗完备，但根据其所收集的材料，他认为不足以撰写完整的西山志，正所谓“盖欲求详，而载籍莫备，篮舆未能，然山之胜概，庶亦具诸此已”[①]，故改称之为《西山志略》。《西山志略》共分六卷，卷一记西山整体；卷二记西山各峰各岭；卷三记西由各岩、冈、洞、源；卷四记山上各宫殿；卷五记载山上之寺、庵；卷六记山上之古墓，并在卷末附上西山之物产。

在民国时期，雷万诚、全万载主持修建皇经殿、大殿期间，主持修撰《太平山志》与《太平道谱》。《太平山志》修撰于民国丙辰年（1916），于次年闰二月修成。修撰人为刘廷福，乃清末廪贡生，民国初年担任过赣省淮盐总局稽查员，离职居住武宁县城，接受雷万诚与全万载的邀请，参加《太平山志》的修撰。《太平道谱》也是由刘廷福修撰的，是在修完《太平山志》后接着修撰的，完成于民国六年春月。太平山道教从南宋晚期创建到民国初年，一直未曾进行山志与谱牒修撰，因此民国初年由雷、全二人主持的修志谱，具有重要的意义。《太平山志》总共有 7 卷，除了首卷介绍修志倡修、修撰人、凡例、目录，从第一卷到第六卷内容十分丰富，如第一卷介绍“来历”与“圣号”，第二卷介绍“仙迹”“物产”，

① 王咨臣：《西山志略校注前言》，江西省古籍整理规划办公室编：《江西名山志丛书》，江西人民出版社 2001 年版，第 2 页。

第三卷介绍“艺文”，第四卷记载“近体”诗歌与“异迹”，第五卷记载“杂纪”，最后一章第六章叙述“丘墓”与“契据”。《太平道谱》共三卷，首卷介绍倡修情况“规条”“倡修执事”“领谱志名目”等内容，卷上叙述道派源流，卷下叙述太平山宫观的神祇、“法派”、“太平山佑圣宫广惠派下世系”等内容。

随着历史的发展，民国时期的老学开始出现了与以往不同的面貌，对于当时国家内忧外患的局面，许多老学著述者将《老子》视为文化资源，希望能从这一经典著作中为救亡图存寻找新路径。

陈三立（1853—1937），字伯严，号散原，江西义宁（今修水）人，近代同光体诗派重要代表人物。陈三立生前曾刊行《散原精舍诗》及其《续集》《别集》，世后有《散原精舍文集》17卷出版。

《老子注》二卷。此书为陈三立29岁时所作，次年他即在乡试中举，此注释代表当时青年的一些基本思想。陈三立的注释较为简略，思想也不是很成熟，但体现出当时青年对实事的一些态度。例如，他在自序中说：

> 昔衰周之际，孔老并出，各专其道，不相为师。
>
> 老子之书，言道言德，澹泊宁静，窅然无为，儒与道不相兼，道家言道，儒家言礼，自是徒众益竞异同，或相奖诬以汩其真，数千年莫能明。
>
> 孔子固流以明用，老子养晦以观变，其志一也。故老子明其原，而孔子持其流。
>
> 盖天不一道，道不一圣，圣不一治，文质之变，各有其宜，升降之数，各有其情。①

序言表明陈三立认为儒道并立，认为“老庄乃忧世之书”，是周衰

① 《老子集成》（第十一册），宗教文化出版社2011年版，第691页。

的产物，而其所处也是中华处于千年未有之大变局的情况。他在乱世中求变，希望摆脱前代的积弊，“天不一道”是当时知识分子的主流。在注释“大道废”“绝圣弃智”及“上德不德”等几处儒道有冲突的经文时，陈三立各从其意，此时传统宋元理学的权威已经衰落，完全可以肯定老子学说的本来意义。在文中作者不再以《老子》为基础阐述自己的思想，而是在征引不同版本对文字进行比较，其中多处提到《永乐大典》中所引《老子》，在对文字的解释上多以先秦文献为依据，多征引《说文》《释文》等书。

蔡可权（1881—1953），号公谌，江西新建人，晚清秀才，古玉藏家、理论家，诗人，书画家。毕业于江西心远学堂。历任北洋政府交通部秘书，津浦铁路局课员、课长、秘书和北京公路局秘书等职。曾参加北京稊园诗社，为《学衡》杂志投稿。1951 年 12 月被聘任为“中央文史研究馆”馆员。1953 年 1 月 4 日病故，终年 68 岁。著有《或存斋诗文》《获古录》《阴符经初解》《墨子浅说》《蔡公谌诗集》《老子玄赞》《医理通诠》等。

《老子玄赞》上、下两篇。书前有徐世昌撰序以及李翊灼撰的题词。书后有杨僧若所撰题跋。跋云：“湛庵不注《老》，但于每章后附以玄赞，与湘绮（王闿运）不注《庄》，但于内七篇略述大恉，同一用意。”[①] 所谓“玄赞”，即在每章后以六句四言诗概括经义。例如，第一章赞为：“性与天道，圣者难言。执一不远，致虚极焉。诚无不成，惟曲则全。”[②] 徐世昌序称：“蔡君公谌既治老子书，乃独为之赞。每节之次，系以赞词。观理之切，裒义之精，览者当自得之。至其有慨于当世之患，将以阐引道德之真者，此固公谌之志所存也夫。”[③]

江西道教在历史上享有盛誉，然进入到民国时期，由于社会动荡，文化转型，江西的道教受到全面的冲击，其赖以生存的社会、文化环境

① 《老子集成》（第十四册），宗教文化出版社 2011 年版，第 10 页。

② 《老子集成》（第十四册），宗教文化出版社 2011 年版，第 2 页。

③ 《老子集成》（第十四册），宗教文化出版社 2011 年版，第 1 页。

逐渐丧失，生存状况日益艰难。面对这样的艰难局面江西道教依然探索现代化的道路，以顺应时代的要求，并主动参与社会各项活动，因而在民间仍保持有一定活力。可以说江西道教在自身的努力下进行适当的变革，谋求成为与社会发展相适应的宗教，在传承优秀传统文化与中国特色的宗教活动方面一定程度上进行了有益的实践，为江西道教将来的发展打下了基础。

主要参考文献

一、古籍文献

《道藏》，文物出版社、上海书店、天津古籍出版社，1988 年。

《藏外道书》，巴蜀书社，1992—1994 年。

《道藏辑要》，巴蜀书社，1995 年。

《道藏要辑选刊》，上海古籍出版社，1989 年。

《中华道藏》，华夏出版社，2004 年。

龚鹏程、陈廖安 :《中华续道藏》，台北，新文丰公司，1999 年。

何建明 :《道藏集成》，国家图书馆出版社，2017 年。

中国宗教历史文献集成编纂委员会 :《三洞拾遗》，黄山书社，2005 年。

（汉）司马迁 :《史记》，中华书局，1975 年。

（汉）班固 :《汉书》，中华书局，1962 年。

（汉）刘安 :《淮南子》，上海古籍出版社，2016 年。

（汉）应劭 :《风俗通义校注》，中华书局，1981 年。

（晋）陈寿 :《三国志》，中华书局，1959 年。

（晋）葛洪 :《抱朴子内外篇》，中华书局，1985 年。

（晋）陶潜：《陶渊明集》，中州古籍出版社，1986年。
（刘宋）范晔：《后汉书》，中华书局，1965年。
（唐）房玄龄等：《晋书》，中华书局，1974年。
（萧梁）沈约：《宋书》，中华书局，1974年。
（萧梁）萧子显：《南齐书》，中华书局，1972年。
（隋）姚思廉：《梁书》，中华书局，1973年。
（隋）姚思廉：《陈书》，中华书局，1972年。
（北齐）魏收：《魏书》，中华书局，1975年。
（唐）魏徵等：《隋书》，中华书局，1973年。
（唐）欧阳询：《艺文类聚》，上海古籍出版社，1965年。
（唐）李延寿：《南史》，中华书局，1975年。
（后晋）刘昫等：《旧唐书》，中华书局，1975年。
（宋）欧阳修、宋祁：《新唐书》，中华书局，1975年。
（宋）薛居正等：《旧五代史》，中华书局，1976年。
（宋）欧阳修：《新五代史》，中华书局，1974年。
（宋）马令：《南唐书》，南京出版社，2020年。
（宋）陆游：《南唐书》，南京出版社，2020年。
（宋）乐史：《太平寰宇记》，中华书局，2007年。
（宋）李昉等：《太平广记》，中华书局，1981年。
（宋）李昉等：《太平御览》，是华书局，1986年。
（宋）司马光：《资治通鉴》，中华书局，1956年。
（宋）张君房：《云笈七籤》，中华书局，2003年。
（宋）祝穆：《方舆胜览》，中华书局，2003年。
（清）吴任臣：《十国春秋》，中华书局，1983年。
（元）脱脱等：《宋史》，中华书局，1977年。
（元）刘大彬编纂：《茅山志》，上海古籍出版社，2016年
（明）桑乔：《庐山纪事》，江西教育出版社，2002年。
（明）李贤、彭时：《大明一统志》，万寿堂刊本。
（明）汤显祖：《汤显祖诗文集》，上海古籍出版社，1982年。

（明）俞策、（清）施闰章修订：《閤皂山志》，刻印本。

（明）伍冲虚、（清）柳华阳：《伍柳仙宗》，河南人民出版社，1987年。

（清）张廷玉：《明史》，中华书局，1974年。

（清）陈梦雷等：《古今图书集成》，中华书局，1934年。

（清）彭定求等：《全唐诗》，中华书局，1960年。

（清）董浩等：《全唐文》，上海古籍出版社，1990年。

（清）顾祖禹：《读史方舆纪要》，上海书店出版社，1998年。

（清）永瑢等：《四库全书总目》，中华书局，1965年。

（清）娄近垣：《重修龙虎山志》，清乾隆刊本、道光修补本。

（清）金桂馨、漆逢源：《逍遥山万寿宫志》，光绪四年（1878）刊本。

（清）白潢主修：《西江志》，康熙五十九年（1720）刻本。

（清）高其倬、谢旻主修：《江西通志》，雍正十年（1732）年刻本。

（清）曾国藩、刘坤一等修：《江西通志》，清光绪七年（1881）刊本。

（清）严可均辑校：《全上古三代秦汉三国六朝文》，中华书局，1958年。

（民国）赵尔巽：《清史稿》，中华书局，1998年。

（民国）吴宗慈编撰：《庐山志》，江西人民出版社，1996年。

（民国）刘锦藻：《清朝续文献通考》，商务印书馆，1955年。

（民国）魏元旷编纂：《西山志略》，（清）元鹏禅师编纂：《云居山志》，（明）张程纂修：《武功山志》，（清）朱承煦编纂：《怀玉山志》，（清）谢希桢编纂：《华盖山志》，五书合集，江西人民出版社，2002年。

（民国）延寿居士、徐云岩：《江西青云谱志》，民国九年（1920）刻本。

《中国道观志丛刊》，江苏古籍出版社，2001年。

张智、高小健主编：《中国道观志丛刊正续编》（64册），广陵书社，2016年。

二、今人著作

王明：《太平经合校》，中华书局，1960年。

王明：《抱朴子内篇校释》，中华书局，2002 年。

冯友兰：《中国哲学史》新编（1—4），人民出版社，1964—1984 年。

陈垣：《南宋初河北新道教考》，中华书局，1962 年。

陈垣：《道家金石略》，文物出版社，1988 年。

陈国符：《道藏源流考》，中华书局，1963 年。

陈国符：《道藏源流续考》，明文书局，1987 年。

陈国符：《中国外丹黄白法考》，上海古籍出版社，1997 年。

范文澜：《唐代佛教》，人民出版社，1979 年。

卿希泰：《中国道教思想史纲》，第一、二卷，四川人民出版社，1980 年。

卿希泰：《道教文化新探》，四川人民出版社，1988 年。

卿希泰：《道教与中国传统文化》，福建人民出版社，1990 年。

卿希泰主编：《中国道教史》（四卷本），四川人民出版社，1996 年。

卿希泰主编：《中国道教思想史》（四卷本），人民出版社，2010 年。

汤用彤：《汉魏两晋南北朝佛教史》，中华书局，1983 年。

汤用彤：《隋唐佛教史稿》，中华书局，1982 年。

逯钦立辑校：《先秦汉魏南北朝诗》，中华书局，1983 年。

任继愈主编：《中国佛教史》（三卷本），中国社会科学出版社，1985—1988 年。

王家祐：《道教论稿》，巴蜀书社，1987 年。

蒙文通：《蒙文通文集》（第一卷），巴蜀书社，1987 年。

任乃强：《华阳国志校补图注》，上海古籍出版社，1987 年。

葛兆光：《道教与中国文化》，上海人民出版社，1987 年。

葛兆光：《中国思想史》（二卷本），复旦大学出版社，2001 年。

葛兆光：《屈服史及其他：六朝隋唐道教的思想史研究》，三联书店，2003 年。

汤一介：《魏晋南北朝时期的道教》，东大图书公司，1988 年。

汤一介：《早期道教史》，昆仑出版社，2006 年。

詹石窗：《南宋金元的道教》，上海古籍出版社，1989 年。

詹石窗：《道教文学史》，上海文艺出版社，1992年。

詹石窗：《道教与戏剧》，厦门大学出版社，2004年。

詹石窗：《道教文化十五讲》，北京大学出版社，2012年。

李养正：《道教与中国社会》，中国华侨出版公司，1989年。

李养正：《道教概说》，中华书局，1989年。

陈撄宁：《道教与养生》，华文出版社，1989年。

胡孚琛：《〈抱朴子内篇〉研究》，人民出版社，1989年。

胡孚琛主编：《中华道教大辞典》，中国社会科学出版社，1995年。

胡孚琛、吕锡琛：《道学通论——道家·道教·仙学》，社会科学文献出版社，1999年。

罗宏曾：《魏晋南北朝文化史》，四川人民出版社，1989年。

任继愈主编：《中国道教史》，上海人民出版社，1990年。

任继愈主编：《中国道教史》（增订本），中国社会科学出版社，2001年。

张继禹：《天师道史略》，华文出版社，1990年。

郭树森主编：《天师道》，上海社会科学院出版社，1990年。

郭树森主编：《道教文化管窥——天师道及其他》，江西人民出版社，1996年。

郭树森：《道教文化钩沉》，华夏翰林出版社，2005年。

赵吉惠、赵馥洁、郭厚安、潘策：《中国儒学史》，中州古籍出版社，1991年。

郑学檬：《五代十国史研究》，上海人民出版社，1991年。

龚鹏程：《道教新论》，（台北）学生书局，1991年。

许地山：《道教史》，上海书店，1991年。

饶宗颐：《老子想尔注校证》，上海古籍出版社，1991年。

黄钊主编：《道家思想史纲》，湖南大学出版社，1991年。

刘国梁：《道教精粹》，吉林文史出版社，1991年。

刘国梁：《道教与周易》，燕山出版社，1994年。

柳存仁：《明儒与道教》，上海古籍出版社，1991年。

洪建林：《道家养生秘库》，大连出版社，1991年。

马西沙、韩秉方：《中国民间宗教史》，上海人民出版社，1992年。

潘桂明：《中国禅宗思想历程》，今日中国出版社，1992年。

王光德、杨立志：《武当道教史略》，华文出版社，1993年。

汤纲，南炳文：《明史》，上海人民出版社，1993年。

李才栋：《江西古代书院研究》，江西教育出版社，1993年。

方立天：《魏晋南北朝佛教论丛》，中华书局，1993年。

杜继文、魏道儒：《中国禅宗通史》，江苏古籍出版社，1993年。

马大品、程方平、沈望舒主编：《中国佛道诗歌总汇》，中国书店出版社，1993年。

严世芸主编：《中国医籍通考》，上海中医学院出版社，1993年。

张金涛主编：《中国龙虎山天师道》，江西人民出版社，1994年。

张金涛主编：《嗣汉天师府志》，中国国际文化出版社，2015年。

张金涛、盖建民主编：《中国历代张天师评传》（五卷本），江西人民出版社，2014年。

刘锋：《道教的起源与形成》，文津出版社，1994年。

汤其领：《汉魏两晋南北朝道教史研究》，河南大学出版社，1994年。

吕锤宽：《台湾的道教仪式与音乐》，（台北）学艺出版社，1994年。

张泽洪：《步罡踏斗：道教祭礼仪典》，四川人民出版社，1994年。

张泽洪：《道教斋醮符咒仪式》，巴蜀书社，1999年。

张泽洪：《道教神仙信仰与祭祀仪式》，文津出版社，2003年。

史宗主编：《20世纪宗教人类学文选》，上海三联书店，1995年。

陈兵：《道教之道》，今日中国出版社，1995年。

姜生：《汉魏两晋南北朝道教伦理论稿》，四川大学出版社，1995年。

姜生、汤伟侠：《中国道教科学技术史》（汉魏两晋卷），科学出版社，2002年。

姜生、汤伟侠：《中国道教科学技术史》（南北朝隋唐五代卷），科学出版社，2010年。

章文焕：《中华人杰许真君》，（台北）文芳印刷事务有限公司，1995年。

章文焕：《万寿宫》，华夏出版社，2004 年。

韩溥：《江西佛教史》，光明日报出版社，1995 年。

余悦、吴丽跃主编：《江西民俗文化叙论》，光明日报出版社 1995 年。

李刚：《汉代道教哲学》，巴蜀书社，1995 年。

李刚：《重玄之道开启众妙之门：道教哲学论稿》，巴蜀书社，2005 年。

李大华：《道教思想》，广东人民出版社，1996 年。

李大华、李刚、何建明：《隋唐道家与道教》，广东人民出版社，2003 年。

张智彦：《老子与中国文化》，贵州人民出版社，1996 年。

洪修平：《中国禅学思想史纲》，南京大学出版社，1996 年。

黄世中：《唐诗与道教》，漓江出版社，1996 年。

朱越利：《道教分类题解》，华夏出版社，1996 年。

朱越利：《道教考信录》，齐鲁书社，2014 年。

杨明照：《抱朴子外篇校笺》，中华书局，1997 年。

谢思炜：《白居易集综论》，中国社会科学出版社，1997 年。

李时人：《全唐五代小说》，陕西人民出版社，1998 年。

傅勤家：《中国道教史》，商务印书馆，1998 年。

许怀林：《江西史稿》，江西高校出版社，1998 年。

吴立民主编：《禅宗宗派源流》，中国社会科学出版社，1998 年。

萧登福：《周秦两汉早期道教》，文津出版社，1998 年。

萧登福：《道家道教与中土佛教初期经义发展》，上海古籍出版社，2003 年。

萧登福：《六朝道教上清派研究》，文津出版社，2005 年。

潘显一、冉昌光主编：《宗教与文明》，四川人民出版社，1998 年。

李泽厚：《中国思想史论》，安徽文艺出版社，1999 年。

杨曾文：《隋唐五代禅宗史》，中国社会科学出版社，1999 年。

黄小石：《净明道研究》，巴蜀书社，1999 年。

赖宗贤：《台湾道教源流》，中华道统出版社，1999 年。

田诚阳：《仙学详述》，宗教文化出版社，1999 年。

蔡守湘主编：《中国浪漫主义文学史》，武汉出版社，1999 年。

陈撄宁：《道教与养生》，华文出版社，2000 年版。

邹劲风：《南唐国史》，南京大学出版社，2000 年。

徐翠先：《唐传奇与道教文化》，中国妇女出版社，2000 年。

郭武：《道教与云南文化——道教在云南的传播、演变及影响》，云南大学出版社，2000 年。

郭武：《〈净明忠孝全书〉研究——以宋元社会为背景的考察》，中国社会科学出版社，2005 年。

叶至明主编：《庐山道教初编》，华文出版社，2000 年。

叶至明主编：《道教与人生》，宗教文化出版社，2002 年。

王卡主编：《道教三百题》，上海古籍出版社，2000 年。

王卡：《道教经史论丛》，巴蜀书社，2007 年。

李后强主编：《瓦屋山道教文化》，四川民族出版社，2000 年。

王志忠：《明清全真教论稿》，巴蜀书社，2000 年。

吕鹏志：《道教哲学》，文津出版社，2000 年。

王汉民：《八仙与中国文化》，中国社会科学出版社，2000 年。

蒙文通：《道书辑校十种》，巴蜀书社，2001 年。

唐大潮：《明清之际道教三教合一思想论》，宗教文化出版社，2000 年。

唐大潮：《中国道教简史》，宗教文化出版社，2001 年。

孙昌武：《道教与唐代文学》，人民出版社，2001 年。

汤伟侠：《汉魏六朝道教教育思想研究》，巴蜀书社，2001 年。

李丰懋、谢聪辉：《台湾斋醮》，（台北）传统艺术中心筹备处，2001 年。

张广保：《唐宋内丹道教》，上海文化出版社，2001 年。

张广保：《道家的根本道论与道教的心性学》，巴蜀书社，2008 年。

张广保：《尹志平学案》，齐鲁书社，2010 年。

张广保：《明代初期（1368—1434）全真教南北宗风研究》，青松出版社，2010 年。

张广保：《金元明全真教的创立与历史传承》，中华书局，2015 年。

张广保主编：《儒释道三教关系研究论文选粹》，华夏出版社，2016 年。

李申：《道教本论》，上海文化出版社，2001年。

张兴发：《道教神仙信仰》，中国社会科学出版社，2001年。

金正耀：《道教与炼丹术》，宗教文化出版社，2001年。

刘宁：《刘一明修道思想研究》，巴蜀书社，2001年。

戈国龙：《道教内丹学探微》，巴蜀书社，2001年。

林富士：《疾病终结者：中国早期的道教医学》，三民书局，2001年。

盖建民：《道教医学》，宗教文化出版社，2001年。

盖建民：《道教科学思想发凡》，社会科学文献出版社，2005年。

章军华：《临川傩文化》，江西高校出版社，2001年。

汪华光主编：《葛仙山志》，宗教文化出版社，2001年。

唐廷猷：《中国药业史》，中国医药科技出版社，2001年。

孔令宏：《宋明道教思想研究》，宗教文化出版社，2002年。

孔令宏：《从道家到道教》，中华书局，2004年。

孔令宏、韩松涛：《江西道教史》，中华书局，2011年。

孔令宏、韩松涛、王巧玲：《浙江道教史》，中国社会科学出版社，2015年。

刘仲宇：《道教法术》，上海文化出版社，2002年。

刘仲宇：《攀援集》，巴蜀书社，2011年。

刘仲宇：《道教授箓制度研究》，中国社会科学出版社，2014年。

王永平：《道教与唐代社会》，首都师范大学出版社，2002年。

王承文：《敦煌古灵宝经与晋唐道教》，中华书局，2002年。

程宗锦：《洞天福地——江西道教名山游》，百花洲文艺出版社，2002年。

李远国：《神霄雷法——道教神霄派沿革与思想》，四川人民出版社，2003年。

李远国、刘仲宇、马尚枢：《道教与民间信仰》，上海人民出版社，2011年。

张志坚：《道教神仙与内丹学》，宗教文化出版社，2003年。

李大华、李刚、何建明：《隋唐道家与道教》，广东人民出版社，

2003 年。

周永慎 :《历代真仙高道传》，中国社会科学出版社，2003 年。

湖南省道教文化研究中心编 :《道教与南岳》，岳麓书社，2003 年。

《江西省宗教志》编纂委员会 :《江西省宗教志》，方志出版社，2003 年。

牟钟鉴、张践 :《中国宗教通史》，社会科学文献出版社，2003 年。

余敦康、吕大吉、牟钟鉴、张践 :《中国宗教与中国文化》（四卷本），中国社会科学出版社，2003 年。

潘雨廷 :《道藏书目提要》，上海古籍出版社，2003 年。

潘雨廷 :《道教史发微》，上海社会科学院出版社，2003 年。

张立文主编 :《中国学术通史》（六卷本），人民出版社，2004 年。

孙亦平 :《杜光庭思想与唐宋道教的转型》，南京大学出版社,2004 年。

孙亦平 :《东亚道教研究》，人民出版社，2014 年

孙亦平 :《道教文化》，南京大学出版社，2009 年。

张崇富 :《上清派修道思想研究》，巴蜀书社，2004 年。

廖芮茵 :《唐代服食养生研究》，（台北）学生书局，2004 年。

吕大吉 :《宗教学通论新编》，中国社会科学出版社，2004 年。

毛礼镁 :《江西傩及目连戏》，中国戏剧出版社，2004 年。

尹志华 :《北宋〈老子〉注研究》，巴蜀书社，2004 年。

傅伯言、李国强 :《赣文化通志》，江西教育出版社，2004 年。

乐爱国 :《道教生态学》，社会科学文献出版社，2005 年。

李裴 :《隋唐五代道教美学思想研究》，巴蜀书社，2005 年。

方立天 :《中国佛教哲学要义》，中国人民大学出版社，2005 年。

钟国发 :《陶弘景评传》，南京大学出版社，2005 年。

金景芳、吕绍刚 :《周易全解》（修订本），上海古籍出版社,2005 年。

陈立立等编著 :《万寿宫民俗》，江西人民出版社，2005 年。

陈立立、邹付水编 :《净明宗教录》，江西人民出版社，2008 年。

陈立立、邓声国整理 :《万寿宫通志》，江西人民出版社，2008 年。

吴海、曾子鲁主编 :《江西文学史》，江西人民出版社，2005 年。

王丽英：《道教南传与岭南文化》，华中师范大学出版社，2006年。

赵益：《六朝南方神仙道教与文学》，上海古籍出版社，2006年。

伍成泉：《汉末魏晋南北朝道教戒律规范研究》，巴蜀书社，2006年。

容志毅：《道藏炼丹要辑研究——南北朝卷》，齐鲁书社，2006年。

林西朗：《唐代道教管理制度研究》，巴蜀书社，2006年。

游建西：《道家道教史略论稿》，光明日报出版社，2006年。

张勋燎、白彬：《中国道教考古》，线装书局，2006年。

唐明邦：《论道崇真集》，华中师范大学出版社，2006年。

丁培仁：《求实集——丁培仁道教学术研究论文集》，巴蜀书社，2006年。

丁强：《早期道教教职的研究》，四川大学博士学位论文，2006年。

蒋朝君：《道教生态伦理思想研究》，东方出版社，2006年。

刘涤凡：《道教入世转向与儒学世俗社学化的关系》，（台北）学生书局有限公司，2006年。

潘启明：《周易参同契解读》，光明日报出版社，2006年。

黄上祈：《三清山道教文化考略》，江西人民出版社，2006年。

《龙虎山志》编纂委员会：《龙虎山志》，江西科学技术出版社，2007年。

李显光：《混元仙派研究》，中国社会科学出版社，2007年。

丁常春：《伍守阳内丹思想研究》，巴蜀书社，2007年。

谢清果：《先秦两汉道家科技思想研究》，东方出版社，2007年。

萧霁虹：《云南道教史》，云南大学出版社，2007年。

范恩君：《道教神仙》，宗教文化出版社，2007年

谭伟伦主编：《民间佛教研究》，中华书局，2007年。

王永亮：《中国画和道家思想》，文化艺术出版社，2007年。

刘昭瑞：《考古发现与早期道教研究》，文物出版社，2007年。

卢国龙：《道教哲学》，华夏出版社，2007年。

卢国龙、汪桂平：《道教科仪研究》，方志出版社，2009年。

卢国龙：《三清之道　皇建其极》，宗教文化出版社，2017年。

步近智、张安奇：《中国学术思想史稿》，中国社会科学出版社，2007年。

白庚胜、俞向党、钟健华：《追根问傩——国际傩文化学术研讨会论文集》，江西人民出版社，2007年。

钟起煌主编：《江西通史》（11卷本），江西人民出版社，2008年。

钱贵成主编：《江西艺术史》（上下册），文化艺术出版社，2008年。

赵轶峰：《明代国家宗教管理制度与政策研究》，中国社会科学出版社，2008年。

江春发、何应葛：《武功山》，中国旅游出版社，2008年。

江春发：《武功山与宗教》，江西人民出版社，2015年

江春发：《武功山历代诗文选注》，江西人民出版社，2016年。

蔡振华：《唐宋道教文学思想史》，岳麓书社，2009年。

王小兰：《晚唐五代江浙隐逸诗人研究》，人民文学出版社，2009年。

《武宁县志》编辑委员会编：《明清武宁县志汇编》，江西人民出版社，2009年。

赖永海主编：《中国佛教通史》（15卷本），江苏人民出版社，2010年。

马新、贾艳红、李浩：《中国古代民间信仰（远古—隋唐五代）》，上海人民出版社，2010年。

王见川、皮庆生：《中国近世民间信仰（宋元明清）》，上海人民出版社，2010年。

胡守为：《神仙传校释》，中华书局，2010年。

熊铁基：《老子集成》（15卷本），宗教文化出版社，2011年。

吴国富：《庐山道教史》，江西人民出版社，2011年。

吴国富、徐臣金：《太平山典籍汇编》，江西人民出版社，2016年。

何建明：《陈致虚学案》，齐鲁书社，2011年。

何建明主编：《中国地方志佛道教文献汇纂》，国家图书馆出版社，2013年。

《青原山志》编纂委员会编：《青原山志》，方志出版社，2011年。

李志鸿：《道教天心正法研究》，社会科学文献出版社，2011年。

邱昌员 :《晋唐两宋江西小说史话》, 中国社会科学出版社, 2011 年。

刘守华 :《中国民间故事史》, 商务印书馆, 2012 年。

张践 :《中国古代政教关系史》(二卷本), 中国社会科学出版社, 2012 年。

郭朋 :《中国佛教思想史》(三卷本), 社会科学文献出版社, 2012 年。

俞兆鹏、李少恒 :《中国地域文化通览 · 江西卷》, 中华书局, 2013 年。

李平 :《宫观之外的长生与成仙——晚唐五代道教修道变迁研究》, 中央编译出版社, 2014 年。

许蔚 :《断裂与建构——净明道的历史与文献》, 上海书店出版社, 2014 年。

黎志添 :《十九世纪以来中国地方道教变迁》,(香港) 三联书店, 2014 年。

谢宗荣 :《台湾的道教文化与祭典仪式》,(台北) 博扬文化事业有限公司, 2014 年。

曾志巩 :《江西南丰傩文化》, 江西人民出版社, 2014 年

刘晓明 :《中国符咒文化研究》, 中央编译出版社, 2014 年。

江西省政协文史和学习委员会编 :《鄱阳湖文化志》, 江西人民出版社, 2014 年。

谢宗荣 :《台湾的道教文化与祭典仪式》,(台北) 博扬文化事业有限公司, 2014 年。

韩吉绍 :《黄帝九鼎神丹经诀校释》, 中华书局, 2015 年。

李超 :《元代江西文人群体研究》, 中国社会科学出版社, 2015 年。

赵芃 :《山东道教史》(上下卷), 中国社会科学出版社, 2015 年。

吴亚魁 :《吕洞宾学案》, 齐鲁书社, 2016 年。

钟永忠、宋瑞森 :《会昌赖公庙会》, 江西人民出版社, 2016 年。

虞文霞、王河 :《宋代江西文化史》, 江西人民出版社, 2017 年。

刘固盛等 :《湖北道教史》, 华中师范大学出版社, 2018 年。

刘康乐 :《明代道官制度与社会生活》, 金城出版社, 2018 年。

丁培仁 :《道教文献学》, 四川大学出版社, 2019 年。

周冶：《上阳子陈致虚生平及思想研究》，巴蜀书社，2019年。

戴训超点校：《玉笥实录》，江西人民出版社，2020年。

杨永俊：《普庵信仰研究》，宗教文化出版社，2020年。

三、国外著作

[德]马克思·韦伯：《儒教与道教》，商务印书馆，1995年。

[澳]柳存仁：《道教史探源》，北京大学出版社，2000年。

[英]李约瑟：《中国科学技术史》，科学出版社、上海古籍出版社，1990年。

[英]简·艾伦·哈里森：《古代艺术与仪式》，三联书店，2016年。

[日]小柳司气太：《白云观志》，东方文化学院东京研究所，1934年。

[日]窪德忠：《道教史》，上海译文出版社，1987年。

[日]小林正美：《六朝道教史研究》（李庆译），四川人民出版社，2001年。

[日]秋月观暎：《中国近世道教的形成——净明道的基础研究》（丁培仁译），中国社会科学出版社，2005年。

[日]吉川忠夫、麦谷邦夫：《真诰校注》，中国社会科学出版社，2006年。

[美]韩明士：《道与庶道：宋代以来的道教、民间信仰和神灵模式》，江苏人民出版社，2007年。

[美]约翰生：《中国炼丹术考》，上海文艺出版社，1992年。

[韩]吴金成：《矛盾的共存：明清时期江西社会研究》，江苏人民出版社，2018年。

后记

几历寒暑，几易其稿，《江西道教通史》终于杀青付梓，不由轻轻地舒了口气，如释重负。

编纂《江西道教通史》是江西学术界和宗教界多年来的夙愿。2017 年春，著名学者曹国庆先生受命调任江西省民族宗教事务局工作。在工作实践中，多次听到并且深刻感受到：江西作为宗教大省和中国道教的重要发源地、发祥地、兴盛地之一，却没有一部记述其历史地位和影响的通史，无疑是一件憾事。为此，在省民宗局和省内外学术界、道教界的通力支持下，2018 年 4 月组建写作班子，启动编纂工作，并且作为省民宗局推进我国宗教（道教）中国化的重点工作之一纳入工作计划。参加书稿写作的同志分别来自于江西省宗教文化交流协会、江西省道教协会、江西师范大学历史研究中心、宜春学院宗教文化研究中心、江西科技师范大学万寿宫文化研究中心、九江学院庐山文化研究中心等省内宗教教学科研及管理团体，可以说集聚了当下全省道教研究的骨干力量。

《江西道教通史》的编纂工作自始至终得到了全省统战民宗部门的领导、宗教界人士和学术界专家学者的关心与帮助。省委统战部长陈兴超、省政府副省长胡强高度重视。中国道教协会副会长张金涛、张高澄道长，中国道教协会秘书长李寒颖，省民宗局李新华、王希贤、马哲海、林剑卫、徐国政、胡卓诸同志，四川大学教授詹石窗、盖建民，北京大学教授张广保，华中师范大学教授刘固盛，香港中文大学教授黎志添，陕西社科院研究员樊光春，云南省社科院研究员萧霁虹等名家和省内相关高校、市县统战民宗部门、道教协会，龙虎山天师府、葛仙山玉虚观、袁州崇道宫、西山万寿宫、玉山龙王庙诸道教宫观给予多方面的支持与帮助，中文天地出版有限公司总编辑游道勤先生、责任编辑张志刚先生为本书的出版，付出了大量的心血，让我们铭记于心，感之念之！

《江西道教通史》分上、中、下三卷。每卷由一二人领衔、若干人参与，由曹国庆教授总其事。基本情况为上卷：第一至第七章由陈金凤撰稿，其中第一章曾勇部分参与，第一至第三章吴国富增补部分材料，第四至第七章郭鸿玲、梁琼增补部分材料；中卷：第一至第五章陈雅岚撰稿，第六、第七、第十、第十三章陈雅岚主撰，陈立立、吴启琳提供初稿；第十五、十七章陈雅岚主撰，吴国富提供初稿；下卷：杨永俊撰写第五章、第十五章、第十六章，郭鸿玲撰写第一章、第十章第三节第四节、第十七章，黄定华撰写第二章、第十一章，王卉撰写第三章、第十二章，罗智伟撰写第四章、第十三章，杨玉飞与朱均撰写第六章，魏军撰写第七章，刘丹撰写第八章，侯丹撰写第九章，乌媛撰写第十章第一节第二节，尹娟撰写第十四章，侯清娜、黄定华、罗智伟参与第十七章撰写，李福堂参与第一章撰写。曹国庆全书统稿。

毋庸讳言，由于本书成于众人之手，是集体智慧的结晶，从而也不可避免地带来了另一方面的问题，就是每人的学术背景、学术风格、学术修养不同，导致学术水平也参差不齐。虽然在发凡起例阶段，我们就不断强调并对编纂的指导思想、学术原则、编纂体例、史料取舍、写作风格、注释编排等作了统一的要求，同时在统稿的过程中，不断地努力去做去伪存真、纠谬补缺、整齐划一的功夫，终因力有不逮，舛谬多多，尚祈博雅之士和学界同仁有以教之。

编者

2021 年 12 月 31 日于南昌

图书在版编目（CIP）数据

江西道教通史：全3册／曹国庆主编．—南昌：江西人民出版社，2022.7

ISBN 978-7-210-13426-8

Ⅰ．①江… Ⅱ．①曹… Ⅲ．①道教史－江西 Ⅳ．①B959.2

中国版本图书馆CIP数据核字（2021）第187217号

江西道教通史（全3册）
JIANGXI DAOJIAO TONGSHI
曹国庆 主编

策划编辑：游道勤
责任编辑：张志刚
装帧设计：上尚设计

江西人民出版社 Jiangxi People's Publishing House 全国百佳出版社 出版发行

地　　址：江西省南昌市三经路47号附1号（330006）
网　　址：www.jxpph.com
电子信箱：jxpph@tom.com　web@jxpph.com
编辑部电话：0791-86898873
发行部电话：0791-86898815
承 印 厂：深圳市精彩印联合印务有限公司
经　　销：各地新华书店

开　　本：787毫米×1092毫米　1/16
印　　张：112.25
字　　数：1670千字
版　　次：2022年7月第1版
印　　次：2022年7月第1次印刷
书　　号：ISBN 978-7-210-13426-8
定　　价：280.00元
赣版权登字-01-2022-282